THE UNITED STATES OF AMERICA & CANADA

0 200 400 600 800 1000km

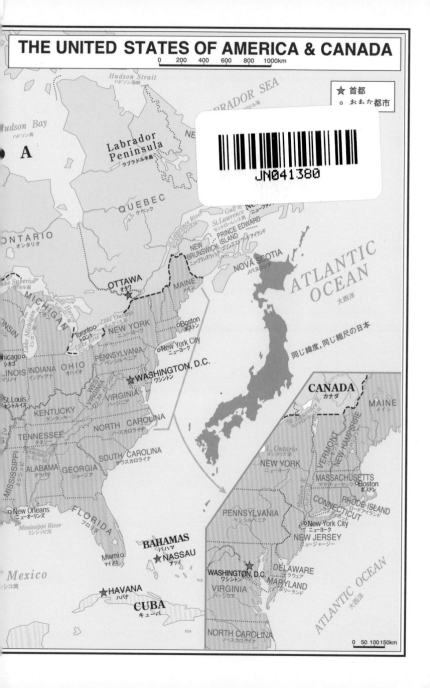

★ 首都
○ おもな都市

Hudson Strait
ハドソン海峡

Hudson Bay
ハドソン湾

A

LABRADOR SEA

Labrador
Peninsula
ラブラドル半島

QUEBEC
ケベック

St.Lawrence River
セントローレンス川

NEW

Gulf of
St.Lawrence
セントローレンス湾

ONTARIO
オンタリオ

NEW
BRUNSWICK
ニューブランズウィック

PRINCE EDWARD
ISLAND
プリンスエドワードアイランド

NOVA SCOTIA
ノバスコシア

ATLANTIC
OCEAN
大西洋

JN041380

L.Superior
スペリオル湖

MICHIGAN
ミシガン

Lake Huron
ヒューロン湖

OTTAWA
オタワ

MAINE
メイン

Toronto
トロント

Lake Ontario
オンタリオ湖

NEW YORK
ニューヨーク

oBoston
ボストン

Lake Erie
エリー湖

WISCONSIN

Lake Michigan
ミシガン湖

Chicago
シカゴ

ILLINOIS
イリノイ

INDIANA
インディアナ

OHIO
オハイオ

PENNSYLVANIA
ペンシルベニア

New York City
ニューヨーク

同じ緯度，同じ縮尺の日本

St.Louis
セントルイス

KENTUCKY
ケンタッキー

WEST
VIRGINIA

★WASHINGTON, D.C.
ワシントン

VIRGINIA
バージニア

CANADA
カナダ

MAINE
メイン

TENNESSEE
テネシー

NORTH CAROLINA
ノースカロライナ

St.Lawrence River

MISSISSIPPI

ALABAMA
アラバマ

GEORGIA
ジョージア

SOUTH CAROLINA
サウスカロライナ

L.Ontario
オンタリオ湖

NEW YORK
ニューヨーク

VERMONT
バーモント

NEW HAMPSHIRE
ニューハンプシャー

MASSACHUSETTS
マサチューセッツ

oBoston
ボストン

RHODE ISLAND
ロードアイランド

New Orleans
ニューオーリンズ

FLORIDA
フロリダ

PENNSYLVANIA
ペンシルベニア

CONNECTICUT
コネチカット

New York City
ニューヨーク

Mississippi River
ミシシッピ川

BAHAMAS
バハマ

NEW JERSEY
ニュージャージー

Gulf of
Mexico
メキシコ湾

Miami
マイアミ

★NASSAU
ナッソー

★WASHINGTON, D.C.
ワシントン

DELAWARE
デラウェア

MARYLAND
メリーランド

★HAVANA
ハバナ

CUBA
キューバ

VIRGINIA
バージニア

ATLANTIC OCEAN
大西洋

NORTH CAROLINA
ノースカロライナ

0 50 100 150km

～イラストでわかる～
英語発信辞典

1 学校 Our School

学校に関する表現①

体育館に行こう.
Let's go to the gym.

わかった.
OK.

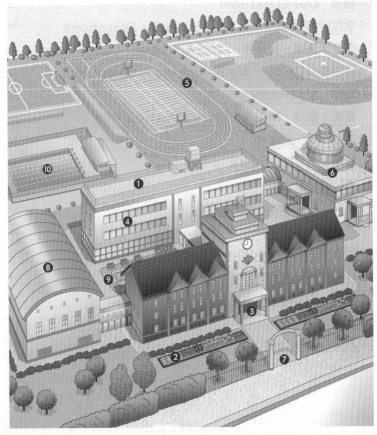

1. 屋上 roof / rooftop ［ルーふ／ルーふタップ］
2. 花壇 flower bed ［ふらウア ベッド］
3. 玄関 entrance ［エントゥランス］
4. 校舎 school building ［スクーる びるディンヶ］
5. 校庭 schoolyard ［スクーるヤード］
6. 講堂 auditorium ［オーディトーリアム］
7. 正門 main gate ［メイン ゲイト］
8. 体育館 gym ［ヂム］
9. 中庭 courtyard ［コートヤード］
10. プール swimming pool ［スウィミンヶ プーる］

学校に関する表現②

エマはどこにいるの？
Where is Emma?

彼女は今，美術室にいるよ．
She's in the art room now.

音楽室
music room
［ミューズィック ルーム］

カフェテリア
cafeteria
［キぁふェテリリア］

校長室
principal's office
［プリンスィプるズ オーふィス］

コンピュータ室
computer room
［コンピュータ ルーム］

視聴覚室
audio-visual room
［オーディオウヴィジュアる
ルーム］

職員室
teachers' room
［ティーチャズ ルーム］

3

進路指導室
career guidance room
［カリア ガイダンス ルーム］

図書室
library
［らイブレリ］

美術室
art room
［アート ルーム］

武道場
martial arts hall
［マーシャる アーツ ホーる］

放送室
public address system room
［パブリック あドゥレス スィステム ルーム］

保健室
nurse's office
［ナ～スィズ オーふィス］

理科室
science room
［サイエンス ルーム］

廊下
hallway
［ホーるウェイ］

ロッカールーム
locker room
［らカ ルーム］

理科室では何をするの？
What do you do in the science room?

化学の実験をするよ.
We do chemical experiments.

ぼくの兄は看護学校に通っています.
My brother goes to a nursing school.

外国語学校
a foreign language institute
［ふォーリン らぁングウィッチ インスティテュート］

看護学校
a nursing school
［ナ〜スィンッ スクーる］

社会福祉専門学校
a school of social welfare
［スクーる アヴ ソウシャる ウェるふェア］

塾
a cram school
［クラぁム スクーる］

調理師学校
a culinary institute
［カりネリ インスティテュート］

デザイン学校
a school of design
［スクーる アヴ ディザイン］

わたしの姉は女子校に通っているの.
My sister goes to a girls' school.

わたしのいとこは男子校に通っているよ.
My cousin goes to a boys' school.

5

~イラストでわかる~ 英語発信辞典

② 教室　Our Classroom

教室の中を見てみよう.
Let's see inside the classroom.

❶ 掛(か)け時計 **clock**［クらック］
❷ 黒板 **blackboard**［ブらぁックボード］
❸ 黒板消し **eraser**［イレイサ］
❹ チョーク **chalk**［チョーク］
❺ テレビ **television set**［テれヴィジャン セット］
❻ 地球儀(ぎ) **globe**［グろウブ］
❼ 地図 **map**［マぁップ］
❽ 時間割 **class schedule**［クらぁス スケヂューる］
❾ 掲示(けいじ)板 **bulletin board**［ブれトゥン ボード］
❿ 本棚 **bookcase**［ブックケイス］
⓫ いす **chair**［チェア］
⓬ 机 **desk**［デスク］

教室に関する表現①

何の教科が好きなの？
What subject do you like?

英語が好きだよ.
I like English.

英語
English
［イングりッシ］

音楽
music
［ミューズィック］

外国語
foreign language
［ふォーリン らぁングウィッヂ］

家庭科
home economics
［ホウム イーカナミクス］

国語（日本語）
Japanese
［ヂぁパニーズ］

社会
social studies
［ソウシャる スタディズ］

ぼくは体育が得意だよ．
I'm good at <u>P.E.</u>

ぼくは数学が苦手なんだ．
I'm not good at <u>math</u>.

書道
calligraphy
［カリグラふィ］

数学
math/mathematics
［マぁす／マぁせマぁティックス］

図工
arts and crafts
［アーツ アン クラぁふツ］

体育
physical education /
P.E.
［ふィズィクる
エヂュケイシャン / ピーイー］

美術
art
［アート］

理科
science
［サイエンス］

教室に関する表現②

わたしたちはときどき，授業で実験をします．
We sometimes <u>do experiments</u> in class.

8

インターネットで…を検索する
search the Internet for ...
[サ〜チ ずィ インタネット ふォ]

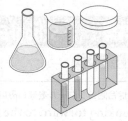

実験をする
do experiments
[ドゥー イクスペリメンツ]

スピーチをする
make speeches
[メイク スピーチズ]

地図を描く
draw maps
[ドゥロー マぁップス]

…について話し合う
discuss ...
[ディスカス]

発表をする
make presentations
[メイク プレゼンテイシャンズ]

ああ，今日は宿題がたくさんあるなあ．
Oh, I have a lot of homework today.

わたしはもう宿題を終わらせたよ．
I've already finished my homework.

わたしは中間テスト[期末]テストに備えて勉強をするつもりだよ．
I'm going to study for <u>midterm</u> [final] exams.

9

3 学校行事・休暇(きゅうか) School Events /Vacations

学校行事に関する表現①

わたしは合唱コンクールを楽しみにしています.
I'm looking forward to the chorus contest.

遠足
excursion
［イクスカ～ジャン］

合唱コンクール
chorus contest
［コーラス カンテスト］

授業参観日
class visit day/
school visit day
［クらぁス ヴィズィット デイ／
スクーる ヴィズィット デイ］

水泳大会
swim(ming) meet
［スウィム ミート／
スウィミンヶミート］

スピーチコンテスト
speech contest
［スピーチ カンテスト］

卒業式
graduation ceremony
［グラぁデュエイシャン セレモ
ウニ］

来週, 文化祭があります.
There will be the school festival next week.

球技大会
team sports day
［ティーム スポーツ デイ］

入学式
entrance ceremony
［エントゥランス セレモウニ］

文化祭
school festival
［スクール ふェスティヴる］

学校行事に関する表現②

ぼくは二人三脚に出場する予定です．
I'm going to take part in the three-legged race.

組体操
group gymnastics
［グループ ヂムナぁスティックス］

玉入れ
beanbag toss
［ビーンバぁグ トース］

ダンス
dance
［ダぁンス］

綱引き
tug of war
［タッグ アヴ ウォーア］

二人三脚
three-legged race
［すリーれッグド レイス］

100 メートル走
100-meter sprint
［ワンハンドゥレッドミータ
スプリント］

1 アンカー anchor［あんカ］
2 応援 cheerleading［チアリーディんグ］
3 走者 runner［ラナ］
4 たすき sash［サぁッシ］
5 トラック track［トゥラぁック］
6 鉢巻 headband［ヘッドバぁンド］
7 バトン baton［バぁタン］
8 リレー relay［リーれイ］

いけ！
Go get it!

次の休みに何か予定はあるの？
Do you have plans for next vacation?

わたしは休み中に祖父母を訪れる予定だよ.
I'm going to visit my grandparents during the vacation.

海で泳ぐ
swim in the sea
[スウィム イン ざ スィー]

沖縄に行く
go to Okinawa
[ゴウ トゥ オキナワ]

祖父母を訪れる
visit my grandparents
[ヴィズィット マイ
　グラぁン(ド)ペアレンツ]

富士山にのぼる
climb Mt. Fuji
[クらイム マウントフジ]

ボランティアに参加する
join a volunteer activity
[ヂョイン ア ヴァらンティア
あクティヴィティ]

湖でキャンプをする
camp by the lake
[キぁンプ バイ ざ れイク]

13

4 クラブ活動・委員会　Club Activities/Committees

クラブ活動に関する表現①

ぼくは映画研究部に入っています．
I'm in the cinema club.

映画研究部
cinema club
［スィネマ クラブ］

園芸部
gardening club
［ガードゥニンッ クラブ］

演劇部
drama club
［ドゥラーマ クラブ］

科学部
science club
［サイエンス クラブ］

合唱部
chorus club
［コーラス クラブ］

コンピュータ部
computer club
［コンピュータ クらブ］

わたしは茶道部に入りたいです．
I want to join the tea ceremony club.

14

茶道部
tea ceremony club
［ティー セレモウニ クラブ］

写真部
photography club
［ふォタグラふィ クラブ］

吹奏楽部
school (brass) band
［スクーる （ブラぁス） バぁンド］

地学部
geology club
［ヂアろヂィ クラブ］

天文学部
astronomy club
［アストゥラノミ クラブ］

美術部
art club
［アート クラブ］

クラブ活動に関する表現②

わたしはソフトボール部に入っています.
I'm on the <u>softball team</u>.

水泳部
swimming team
［スウィミンッ ティーム］

ソフトボール部
softball team
［ソーふトボーる ティーム］

卓球部
table tennis team
［テイブル テニス ティーム］

15

ダンス部
dance team
［ダぁンス ティーム］

テニス部
tennis team
［テニス ティーム］

バスケットボール部
basketball team
［バぁスケットボーる ティーム］

バドミントン部
badminton team
［バぁドミントン ティーム］

バレー部
volleyball team
［ヴぁりボーる ティーム］

ハンドボール部
handball team
［ハぁン（ド）ボーる ティーム］

野球部
baseball team
［ベイスボーる ティーム］

ラグビー部
rugby team
［ラグビ ティーム］

陸上部
track team
［トゥラぁック ティーム］

あの学校の野球部は強いんだ.
The baseball team at that school is good.

16

わたしは図書委員をしています.
I'm a member of the library committee.

学級委員
class representative
［クらぁス レプリゼンタティヴ］

図書委員
library committee
［らイブレリ コミティ］

美化委員
school beautification committee
［スクーる ビューティふィケイ
シャン コミティ］

放送委員
school broadcasting committee
［スクーる ブロードキぁスティンヶ
コミティ］

保健委員
healthcare committee
［へるすケア コミティ］

ぼくは生徒会長に選ばれたよ.
I was elected president of the student council.

それはすごいね!
That's great!

17

5 持ち物・パソコン　My Belongings / Computers

持ち物に関する表現

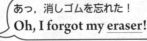

あっ，消しゴムを忘れた！
Oh, I forgot my eraser!

ぼくのを使っていいよ.
You can use mine.

ありがとう.
Thanks.

鉛筆
pencil
［ペンスる］

クリアファイル
plastic folder
［ぷらぁスティック ふォうるダ］

クリップ
paper clip
［ペイパ クリップ］

蛍光ペン
highlighter
［ハイらイタ］

消しゴム
eraser
［イレイサ］

コンパス
compasses
［カンパスィズ］

ぼくはいつもボールペンを携帯しています.
I always carry a ballpoint pen.

三角定規
triangle
［トゥライあんグる］

シャープペンシル
mechanical pencil
［メキぁニクる ペンスる］

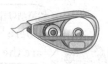

修正テープ
correction tape
［コレクシャン テイプ］

定規
ruler
［ルーら］

スコッチテープ
Scotch tape
［スカッチ テイプ］

スティックのり
glue stick
［グるー スティック］

はさみ
scissors
［スィザズ］

分度器
protractor
［プロウトゥラぁクタ］

ボールペン
ballpoint pen
［ボーるポイント ペン］

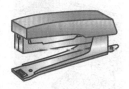

ホチキス
stapler
［ステイプら］

ホチキスの針
staples
［ステイプるズ］

マジック
marker
［マーカ］

鉛筆削り[画びょう]はどこ？
Where 「is the pencil sharpener
[are the thumbtacks]?

あの机の上にあるよ．
It's [They're] on that desk.

鉛筆削り
pencil sharpener
[ペンするシャープナ]

画びょう
thumbtack
[サムタぁック]

ダブルクリップ
clip
[クリップ]

パソコンに関する表現

ぼくの父は昨日，デスクトップパソコンを買いました．
My father bought a desktop computer yesterday.

ウェブカメラ
a Web camera
[ウェップ キぁメラ]

キーボード
a keyboard
[キーボード]

ケーブル
a cable
[ケイブる]

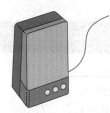

スピーカー
a speaker
［スピーカ］

デスクトップパソコン
a desktop computer
［デスクタップ コンピュータ］

ノート型パソコン
a laptop computer
［らぁっプタップ コンピュータ］

プリンター
a printer
［プリンタ］

マウス
a mouse
［マウス］

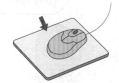

マウスパッド
a mouse pad
［マウス パぁッド］

わたしはよくネットから音楽をダウンロードして聴きます．
I often download music from the Internet and listen to it.

ぼくはよくネットで映画を見ます．
I often watch movies on the Internet.

わたしはときどき自分のパソコンで写真を編集します．
I sometimes edit pictures on my computer.

21

6 趣味 My Hobby

趣味に関する表現①

あなたの趣味[気晴らしによくすること]は何?
What's your hobby [favorite pastime]?

ぼくの趣味はギターを弾くことだよ.
[ぼくは気晴らしによく映画を見るよ.]
My hobby is playing the guitar.
[My favorite pastime is watching movies.]

アクセサリーを作る
making accessories
[メイキンッ あくセサリズ]

映画を見ること
watching movies
[ワッチンッ ムーヴィズ]

絵を描くこと
painting pictures
[ペインティンッ ピクチャズ]

ケーキを焼くこと
baking cakes
[ベイキンッ ケイクス]

テレビゲームをする
playing video games
[ブれイインッ ヴィディオウ ゲイムズ]

わたしは漫画を描くことを
楽しんでいます.
I enjoy drawing manga.

プラモデルを作る
building plastic models
[びるディンッ ぷらぁスティック マドゥるズ]

あなたは何をするのが好きなの？
What do you like doing?

ぼくは踊ることが大好きなんだ！
I like dancing very much!

編み物
knitting
［ニッティンッ］

サーフィン
surfing
［サ〜ふィンッ］

サイクリング
cycling
［サイクリンッ］

ダンス
dancing
［ダぁンスィンッ］

釣り
fishing
［ふィシンッ］

天体観測
stargazing
［スターゲイズィンッ］

わたしは天体観測に興味があります。
あなたは何に興味がありますか？
I'm interested in stargazing.
What are you interested in?

23

空いている時間には何をするの？
What do you do in your free time?

わたしは週末によく写真を撮るよ.
I often take pictures on weekends.

ぼくはときどき，空いている時間に小説を読むんだ.
I sometimes read novels in my free time.

音楽を聴く
listen to music
［**リ**スン タ ミュー**ズィ**ック］

写真を撮る
take pictures
［**テイ**ク **ピ**クチャズ］

小説を読む
read novels
［**リー**ド **ナ**ヴるズ］

美術館に行く
go to art museums
［**ゴ**ウ トゥ **アー**ト ミュー**ズィ**アムズ］

山にのぼる
climb mountains
［**くら**イム **マ**ウントゥンズ］

料理する
cook
［**ク**ック］

24

あなたはどんな映画を見るのが好きなの？
What kind of movies do you like to watch?

わたしはよくアクション映画を見るよ．
I often watch <u>action movies</u>.

ぼくは SF 映画が大好きなんだ．
I love <u>SF movies</u>.

アクション映画
action movies
［あクシャン ムーヴィズ］

アニメ映画
animated movies
［あニメイティッド ムーヴィズ］

SF 映画
**SF movies /
sci-fi movies**
［エスエふ ムーヴィズ／
サイふアイ ムーヴィズ］

冒険映画
adventure movies
［アドヴェンチャ ムーヴィズ］

ホラー映画
horror movies
［ホーラ ムーヴィズ］

恋愛映画
romantic movies
［ロウマぁンティック
ムーヴィズ］

7 音楽・楽器 Music / Musical Instruments

音楽に関する表現

きみはどんな音楽が好きなの？
What kind of music do you like?

ぼくはクラシック音楽が大好きなんだ.
I love classical music.

カントリー音楽
country music
[カントゥリ ミューズィック]

クラシック音楽
classical music
[くらぁスィクる ミューズィック]

ジャズ
jazz
[ヂぁズ]

ダンス音楽
dance music
[ダぁンス ミューズィック]

ハードロック
hard rock
[ハード ラック]

民謡
folk songs / folk ballads
[ふォウク ソーングズ／
ふォウク バぁらッヅ]

ぼくはよくジャズを聴くよ.
I often listen to jazz.

わたしはハードロックを聴くのが好きなんだ.
I like to listen to hard rock.

26

あなたは何か楽器を演奏するの？
Do you play any musical instruments?

わたしはアコースティックギターを弾くよ．
I play the acoustic guitar.

アコースティックギター
acoustic guitar
［ア**ク**ースティック ギ**ター**］

アコーディオン
accordion
［アコー**ディ**オン］

エレキギター
electric guitar
［イ**れ**クト**ゥ**リック ギ**ター**］

オーボエ
oboe
［**オ**ウボウ］

オルガン
organ
［**オ**ーガン］

カスタネット
castanets
［キぁスタ**ネッ**ツ］

クラリネット
clarinet
［くらぁリ**ネッ**ト］

コントラバス
double bass
［**ダ**ブる **ベ**イス］

サキソホン
saxophone
［**サ**ぁクソふォウン］

シンセサイザー
synthesizer
［スィンせサイザ］

シンバル
cymbals
［スィンばるズ］

タンバリン
tambourine
［タぁンバリーン］

チェロ
cello
［チェろウ］

ティンパニー
timpani
［ティンパニ］

鉄琴
glockenspiel
［グらケンスピーる］

トライアングル
triangle
［トゥライあんぐる］

ドラム
drums
［ドゥラムズ］

トロンボーン
trombone
［トゥランボウン］

わたしのいとこは次のコンサートでホルンを演奏する予定です．
My cousin is going to play the <u>French horn</u> in the next concert.

バイオリン
violin
［ヴァイオリン］

パイプオルガン
pipe organ
［パイプ オーガン］

ハープ
harp
［ハープ］

ハーモニカ
harmonica
［ハーマニカ］

ピッコロ
piccolo
［ピコロウ］

フルート
flute
［ふるート］

ホルン
French horn
［ふレンチ ホーン］

木琴
xylophone
［ザいらふォウン］

リコーダー
recorder
［リコーダ］

わたしは将来，サキソホンを上手に演奏できるように
なりたいです．
I want to be able to play the saxophone well
in the future.

29

⑧ スポーツ　Sports

スポーツに関する表現①

何かスポーツをしているの？
Do you play any sports?

サッカーをしているよ.
I play <u>soccer</u>.

アイスホッケー
ice hockey
［アイス ハキ］

クリケット
cricket
［クリケット］

ゴルフ
golf
［ガるふ］

サッカー
soccer
［サカ］

ソフトボール
softball
［ソーふトボーる］

卓球
table tennis
［テイブる テニス］

テニス
tennis
［テニス］

ドッジボール
dodge ball
［ダッヂ ボーる］

バスケットボール
basketball
［バぁスケットボーる］

バドミントン
badminton
［バぁドミントン］

バレーボール
volleyball
［ヴァりボーる］

ハンドボール
handball
［ハぁン(ド)ボーる］

野球
baseball
［ベイスボーる］

ラグビー
rugby
［ラグビ］

ラクロス
lacrosse
［らクロース］

スポーツに関する表現②

わたしの国では，アイスホッケーは人気があります．
Ice hockey is popular in my country.

カーリング
curling
［カ～りンッ］

水球
water polo
［ウォータ ポウろウ］

スキー
skiing
［スキーインッ］

スノーボード
snowboarding
［スノウボーディン*グ*］

フィギュアスケート
figure skating
［ふィギャ スケイティン*グ*］

フェンシング
fencing
［ふェンスィン*グ*］

ボクシング
boxing
［バクスィン*グ*］

ボウリング
bowling
［ボウリン*グ*］

レスリング
wrestling
［レスリン*グ*］

スポーツに関する表現③

オリンピックのどの競技が好きなの？
What's your favorite Olympic sport?

マラソンが好きだよ．
My favorite is <u>marathon</u>.

アーチェリー
archery
［アーチェリ］

カヌー
canoeing
［カヌーイン*グ*］

自転車競技
cycling
［サイクリン*グ*］

射撃
shooting
［シューティンｸﾞ］

重量挙げ
weightlifting
［ウェイトりふティンｸﾞ］

スケートボード
skateboarding
［スケイトボーディンｸﾞ］

セーリング
sailing
［セイりンｸﾞ］

体操
gymnastics
［ヂムナぁスティックス］

飛び込み
diving
［ダイヴィンｸﾞ］

トライアスロン
triathlon
［トゥライあすロン］

馬術
equestrian events
［イクウェストゥリアン イヴェンツ］

マラソン
marathon
［マぁラさン］

わたしはアーチェリーが見たいです.
I want to watch <u>archery</u>.

9 日常生活 Daily Life

日常生活に関する表現①

わたしは朝起きたら顔を洗うよ.
I wash my face when I get up in the morning.

ぼくは朝食の後，服を着るんだ.
I get dressed after breakfast.

顔を洗う
wash my face
［ワッシ マイ ふェイス］

髪の毛をとかす
comb my hair
［コウム マイ ヘア］

ごみを出す
take out the garbage
［テイク アウト ざ ガーベッヂ］

シャワーを浴びる
take a shower
［テイク ア シャウア］

テレビでニュースを見る
watch the news on TV
［ワッチ ざ ニューズ アン ティーヴィー］

花に水をやる
water my flowers
［ウォータ マイ ふらウアズ］

歯を磨く
brush my teeth
［ブラッシ マイ ティーす］

服を着る
get dressed
［ゲット ドゥレスト］

水を1杯飲む
drink a glass of water
［ドゥリンク ア グらぁス アヴ ウォータ］

ぼくは夕食前，宿題をするよ．
I do my homework before dinner.

わたしは夕食後，テレビを見るの．
I watch TV after dinner.

犬にえさをやる
feed my dog
［ふィード マイ ド(一)グ］

犬を散歩させる
walk my dog
［ウォーク マイ ド(一)グ］

音楽を聴く
listen to music
［リスン タ ミューズィック］

宿題をする
do my homework
［ドゥー マイ ホウムワ〜ク］

かばんの準備をする
pack my school bag
［パぁック マイ スクーる バぁッグ］

テーブルの上を片付ける
clear the table
［クリア ざ テイブる］

食器を洗う
do the dishes
［ドゥー ざ ディッシィズ］

ピアノを練習する
practice the piano
［プラぁクティス ざ ピアノウ］

ふろに入る
take a bath
［テイク ア バぁす］

35

あなたは今度の日曜日，何をするの？
What are you going to do this Sunday?

ぼくは DVD を見る予定だよ.
I'm going to <u>watch a DVD</u>.

クッキーを焼く
bake cookies
［ベイク **クキズ**］

サッカーの練習をする
practice soccer
［プラぁクティス **サカ**］

スーパーまで買い物に行く
go shopping at the supermarket
［ゴウ シャピング アット ざ スーパマーケット］

DVD を見る
watch a DVD
［ワッチ ア ディーヴィーディー］

テレビゲームをする
play video games
［プれイ **ヴィディオウ** ゲイムズ］

図書館に行く
go to the library
［ゴウ トゥ ざ らイブレリ］

鳥の世話をする
take care of my bird
［テイク ケア アヴ マイ バ〜ド］

部屋を掃除する
clean my room
［クリーン マイ ルーム］

漫画を読む
read comic books
［リード カミック ブックス］

36

ぼくはわくわくしています.
I'm excited.

うれしい
happy
[ハあピ]

怒(き)っている
angry
[あングリ]

驚いている
surprised
[サプライズド]

がっかりしている
disappointed
[ディスアポインティッド]

悲しい
sad
[サあッド]

緊張している
nervous
[ナ～ヴァス]

衝撃を受けている
shocked
[シャックト]

疲れた
tired
[タイアド]

わくわくしている
excited
[イクサイティッド]

10 買い物 Shopping

買い物に関する表現①

いらっしゃいませ.
May [Can] I help you? / What can I do for you?

シャツを探しているのですが.
I'm looking for a shirt.

腕時計
a watch
［ワッチ］

傘
an umbrella
［アンブレら］

風邪(かぜ)薬
cold medicine
［コウるド メディスン］

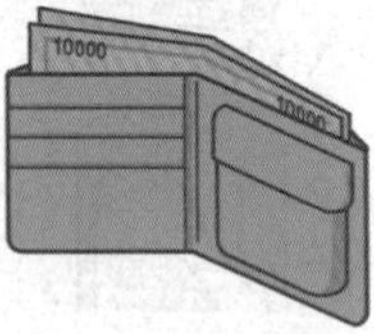

財布
a wallet
［ワれット］

シャツ
a shirt
［シャ～ト］

シャンプー
shampoo
［シぁンプー］

電球
a light bulb
［らイト バるブ］

ハンカチ
a handkerchief
［ハぁンカチふ］

レインコート
a raincoat
［レインコウト］

すみません．野菜売り場はどこですか？
Excuse me. Where can I find <u>vegetables</u>?

こちらです．
Please come this way.

インスタント食品
instant food
［インスタント ふード］

お菓子
sweets
［スウィーツ］

缶詰(かんづめ)
canned food
［キャンド ふード］

果物(くだもの)
fruit
［ふルート］

魚
fish
［ふィッシ］

食肉
meat
［ミート］

たまご
eggs
［エッグズ］

調味料
seasoning
［スィーズニンｸﾞ］

乳製品
dairy products
［デアリ プラダクツ］

パン
bread
［ブレッド］

野菜
vegetables
［ヴェヂタブるズ］

冷凍食品
frozen food
［ふロウズン ふード］

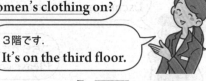

婦人服は何階ですか?
What floor is women's clothing on?

3階です.
It's on the third floor.

おもちゃ売り場
the toy section
［トイ セクシャン］

靴売り場
the shoe department
［シュー ディパートメント］

化粧品売り場
the cosmetics
department
［カズメティックス
ディパートメント］

子供服
children's clothing
［チるドゥレンズ クろうずィンヶ］

紳士服
men's clothing
［メンズ クろうずィンヶ］

スポーツ用品
sporting goods
［スポーティンヶ グッヅ］

婦人服
women's clothing
［ウィミンズ クろうずィンヶ］

めがね売り場
the glasses section
［ぐらぁスィズ セクシャン］

40

これの黒はありますか?
Do you have this in black?

はい, ございます.
Yes, we do.

青 **blue**
［ブるー］

赤 **red**
［レッド］

オレンジ色 **orange**
［オーレンヂ］

黄色 **yellow**
［イェろウ］

グレー **gray**
［グレイ］

黒 **black**
［ブらぁック］

紺(え)色 **navy**
［ネイヴィ］

白 **white**
［(ホ)ワイト］

茶色 **brown**
［ブラウン］

ピンク **pink**
［ピンク］

緑色 **green**
［グリーン］

紫(むらさき)色 **purple**
［パ～ぷる］

⓫ 道案内　Showing the Way

道を案内する

すみません. 地下鉄駅への道を教えてくださいますか?
Excuse me. Could you tell me the way to the subway station?

わかりました. この通りをまっすぐ行ってください. 左手に見えますよ.
Sure. Go straight down this street. You'll see it on your left.

この通りをまっすぐ行く
go straight down this street
［ゴウ ストゥレイト ダウン
ズィス ストゥリート］

2つ目の角を右に曲がる
turn right at the second corner
［ターン ライト アット ざ
セカンド コーナ］

次の角を左に曲がる
turn left at the next corner
［ターン れふト アット ざ
ネクスト コーナ］

通りを渡る
cross the street
［クロース ざ ストゥリート］

踏切を渡る
cross the railroad crossing
［クロース ざ レイるロウド
クロースィンヮ］

橋を渡る
cross the bridge
［クロース ざ ブリッヂ］

42

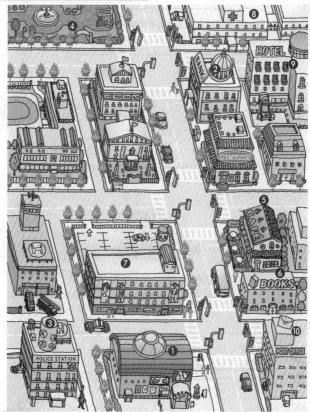

この近くに郵便局はありますか？
Is there a post office near here?

❶ 映画館 **a movie theater**
　[ムーヴィ スィーアタ]
❷ 銀行 **a bank** [バぁンク]
❸ 警察署 **a police station**
　[ポリース ステイシャン]
❹ 公園 **a park** [パーク]
❺ コーヒーショップ **a coffee shop**
　[コーふィ シャップ]

❻ 書店 **a bookstore** [ブックストーア]
❼ デパート **a department store**
　[ディパートメント ストーア]
❽ 病院 **a hospital** [ハスピトゥる]
❾ ホテル **a hotel** [ホウテる]
❿ 郵便局 **a post office**
　[ポウスト オーふィス]

43

美術館まではどのように行けばよいですか？
How do I get to the art museum?

観光案内所 **tourist information center**
［トゥ(ア)リスト インふォメイシャン センタ］

水族館
aquarium
［アクウェアリアム］

スタジアム
stadium
［ステイディアム］

バスターミナル
bus terminal
［バス タ〜ミヌる］

美術館
art museum
［アート ミューズィアム］

遊園地
amusement park
［アミューズメント パーク］

わたしはパン屋を探しています．
I'm looking for a bakery.

クリーニング店
dry cleaner
［ドゥライ クリーナ］

ケーキ屋
cake shop
［ケイク シャップ］

図書館
library
［らイブレリ］

ドラッグストア **drugstore**
［ドゥラッグストーア］

パン屋 **bakery**
［ベイカリ］

美容院 **beauty parlor**
［ビューティ パーら］

44

どうやってここに来たのですか？
How did you get here?

バスで来ました.
By bus.

歩いて
on foot
［アン フット］

車で
by car
［バイ カー］

自転車で
by bike
［バイ バイク］

タクシーで
by taxi
［バイ タぁクスィ］

地下鉄で
by subway
［バイ サブウェイ］

電車で
by train
［バイ トゥレイン］

バスで
by bus
［バイ バス］

モノレールで
by monorail
［バイ マノレイる］

45

⑫ 家・家族 My House / My Family

わたしの家

うちの猫は屋根裏部屋で昼寝をするのが好きです.
Our cat likes to nap in the <u>attic</u>.

❶ 居間 living room［リヴィンッ ルーム］
❷ ガレージ garage［ガラージ］
❸ 子供部屋 children's room
　　　　　［チるドゥレンズ ルーム］
❹ 食堂 dining room［ダイニンッ ルーム］
❺ 書斎 study［スタディ］
❻ 洗面台 sink［スィンク］

❼ 台所 kitchen［キチン］
❽ 地下室 basement［ベイスメント］
❾ 庭 yard［ヤード］
❿ 屋根裏部屋 attic［あティック］
⓫ 浴室 bathroom［バぁすルーム］
⓬ 両親の寝室 master bedroom
　　　　　　　［マぁスタ ベッドルーム］

ぼくは誕生日にテニスラケットをもらいました.
I got a tennis racket for my birthday.

❶ コンピューター
a computer
［コンピュータ］

❷ テニスラケット
a tennis racket
［テニス ラぁケット］

❸ テレビゲーム機
a video game console
［ヴィディオウ ゲイム カンソウる］

❹ 目覚まし時計
an alarm (clock)
［アらーム （クらック）］

このポスターを見てください.
Take a look at this poster.

❺ 写真
photo
［ふォウトウ］

❻ ステレオ
stereo
［ステリオウ］

❼ バッグ
bag
［バぁッグ］

❽ ポスター
poster
［ポウスタ］

47

この花びんはすてきですね.
This vase is cool.

❶ 絵 picture ［ピクチャ］
❷ カップ cup ［カップ］
❸ 花びん vase ［ヴェイス］
❹ コーヒーテーブル coffee table
　　　　　　　　　　［コーふィ テイブる］

❺ ソファ sofa ［ソウふァ］
❻ ティーポット teapot ［ティーパット］
❼ 電気スタンド table lamp
　　　　　　　　　　［テイブる らぁンプ］
❽ フロアスタンド floor lamp
　　　　　　　　　　［ふろーア らぁンプ］

ぼくは昨日，祖母と時間を過ごしました．
I spent time with my grandmother yesterday.

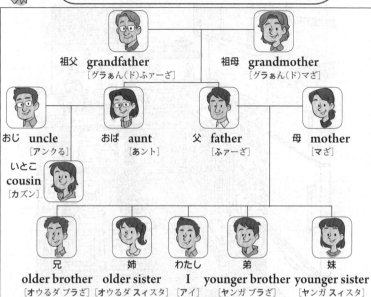

祖父 **grandfather**
［グラぁん(ド)ふぁーざ］

祖母 **grandmother**
［グラぁん(ド)マざ］

おじ **uncle**
［アンクる］

おば **aunt**
［アント］

父 **father**
［ふァーざ］

母 **mother**
［マざ］

いとこ
cousin
［カズン］

兄　　　　　姉　　　　わたし　　　　弟　　　　　　妹
older brother　older sister　I　younger brother　younger sister
［オウるダ ブラざ］［オウるダ スィスタ］［アイ］［ヤンガ ブラざ］　［ヤンガ スィスタ］

ぼくは犬を飼っています．
I have a dog.

犬　**a dog**
［ド(ー)グ］

ウサギ　**a rabbit**
［ラぁビット］

オウム　**a parrot**
［パぁロット］

カメ　**a turtle**
［タ〜トゥる］

金魚　**a goldfish**
［ゴウるドふィッシ］

猫　**a cat**
［キぁット］

49

⑬ 料理・食べ物　Cooking / Food

台所に関する表現

食器洗い機の使い方を教えてくれませんか？
Could you show me how to use the dishwasher?

❶ コーヒーメーカー **coffee maker**
　　［コーふィ メイカ］

❷ 食器洗い機 **dishwasher**
　　［ディッシワッシャ］

❸ フードプロセッサー **food processor**
　　［ふード プラセサ］

❹ ミキサー **blender**
　　［ブれンダ］

おたまを取ってもらえますか？
Could you pass me the <u>ladle</u>?

❺ おたま ladle ［れイドゥる］
❻ コップ glass ［グらぁス］
❼ 皿 plate ［プれイト］
❽ スプーン spoon ［スプーン］
❾ ナイフ knife ［ナイふ］
❿ (深い)なべ pot ［パット］
⓫ フォーク fork ［ふォーク］

⓬ フライ返し spatula ［スパぁチュら］
⓭ フライパン frying pan ［ふライインッパぁン］
⓮ まな板 cutting board ［カティンッボード］
⓯ 水差し pitcher ［ピチャ］
⓰ やかん kettle ［ケトゥる］

換気扇は掃除が必要です．
The <u>ventilator</u> needs cleaning.

⓱ ガスオーブン oven ［アヴン］
⓲ 換気扇 ventilator ［ヴェントゥれイタ］

⓳ 電子レンジ
microwave (oven)
［マイクロウウェイヴ (アヴン)］
⓴ レンジ stove ［ストウヴ］

朝ごはんに何を食べたの？
What did you have for breakfast?

トーストと牛乳だよ.
I had <u>a slice of toast</u> and <u>a glass of milk</u>.

牛乳1杯
a glass of milk
［ぐらぁス アヴ ミるク］

紅茶1杯
a cup of tea
［カップ アヴ ティー］

ごはん
rice
［ライス］

サラダ
salad
［サぁラド］

シリアル
cereal
［スィーリアる］

トースト1枚
a slice of toast
［スらイス アヴ トウスト］

ベーコンエッグ
bacon and eggs
［ベイコン アン エッグズ］

みそ汁
miso soup
［ミーソウ スープ］

ぼくは昼食にハムサンドイッチを食べました.
I had <u>a ham sandwich</u> for lunch.

チャーハン
fried rice
［ふらイド ライス］

ハムサンドイッチ
a ham sandwich
［ハぁム サぁン(ド)ウィッチ］

ハンバーガー
a hamburger
［ハぁンバ～ガ］

ピザ
pizza
［ピーツァ］

アップルパイが食べたいな.
I want to eat apple pie.

アップルパイ
apple pie
[あプル パイ]

イチゴのタルト
strawberry tart
[ストゥローベリ タート]

エビフライ
fried shrimps
[ふライド シュリンプス]

カレーライス
curry and rice
[カ～リ アン(ド) ライス]

コロッケ
croquettes
[クロウケッツ]

ステーキ
steak
[ステイク]

スパゲッティ
spaghetti
[スパゲティ]

チーズケーキ
cheesecake
[チーズケイク]

チョコレートケーキ
chocolate cake
[チョーコレット ケイク]

ドーナツ
doughnuts
[ドウナッツ]

トンカツ
pork cutlets
[ポーク カットれッツ]

ハンバーグ
hamburger steak
[ハぁンバ～ガ ステイク]

ビーフシチュー
beef stew
[ビーふ ステュー]

プリン
custard pudding
[カスタド プディンッ]

焼き魚
grilled fish
[グリるド ふィッシ]

ローストビーフ
roast beef
[ロウスト ビーふ]

⑭身体・健康　Human Body / Health

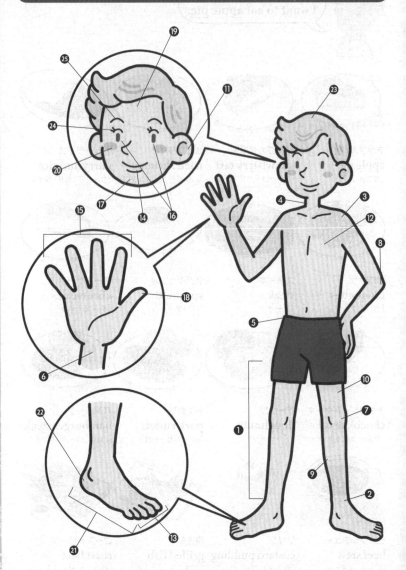

身体の部位を表すことば

首に痛みがあります.
I have pain in my neck.

1 脚 leg［れッぐ］
2 足首 ankle［あンクる］
3 肩 shoulder［ショウるダ］
4 首 neck［ネック］
5 腰 hips［ヒップス］
6 手首 wrist［リスト］
7 ひざ knee［ニー］
8 ひじ elbow［エるボウ］
9 ふくらはぎ calf［キぁふ］
10 太もも thigh［さイ］
11 耳 ear［イア］
12 胸 chest［チェスト］

指が腫れています.
My fingers are swollen.

13 足の指 toes［トウズ］
14 くちびる lips［リップス］
15 手の指 fingers［ふィンガズ］
16 目 eyes［アイズ］

額に切り傷をつくりました.
I got a cut on my forehead.

17 あご chin［チン］
18 親指 thumb［さム］
19 額 forehead［ふォーリッド］
20 ほお cheek［チーク］

歩くと足が痛みます.
My feet hurt when I walk.

21 足 feet［ふィート］
22 かかと heels［ヒーるズ］

わたしは髪の毛が豊かです.
I have thick hair.

23 髪の毛 hair［ヘア］
24 まつ毛 eyelashes［アイらぁッシズ］
25 まゆ毛 eyebrows［アイブラウズ］

どうかしましたか？
How may I help you?

熱があります．
I have a fever.

頭が痛い
have a headache
［ヘッドエイク］

おなかが痛い
have a stomachache
［スタマックエイク］

寒気がする
have chills
［チるズ］

せきが出る
have a cough
［コーふ］

のどが痛い
have a sore throat
［ソーア すロウト］

歯が痛い
have a toothache
［トゥーすエイク］

はき気がする
feel sick
［スィック］

鼻水が止まらない
have a runny nose
［ラニ ノウズ］

めまいがする
feel dizzy
［ディズィ］

どうかしたの？
What's wrong?

指を切ったの.
I cut my finger.

足首をねんざした
sprained my ankle
［スプレインド マイ アンクる］

足を骨折した
broke my leg
［ブロウク マイ れッグ］

腕が上がらない
can't raise my arm
［レイズ マイ アーム］

肩こりがする
have a stiff neck
［スティふ ネック］

手にやけどをした
burnt my hand
［バ〜ント マイ ハぁンド］

ドアに頭をぶつけた
hit my head on the door
［ヒット マイ ヘッド アン ざ
ドーア］

ハチに刺された
got stung by a bee
［スタング バイ ア ビー］

目がかゆい
have itchy eyes
［イチィ アイズ］

腰痛がする
have a backache
［バぁックエイク］

⑮職業　Occupations

職業に関する表現①

わたしの夢は科学者になることだよ.
My dream is to be a scientist.

ぼくはプロ野球選手になりたいんだ.
I want to be a pro baseball player.

アナウンサー
an announcer
［アナウンサ］

医者
a doctor
［ダクタ］

映画監督
a movie director
［ムーヴィ ディレクタ］

エンジニア, 技術者
an engineer
［エンヂニア］

画家
a painter
［ペインタ］

科学者
a scientist
［サイエンティスト］

歌手
a singer
［スィンガ］

看護師
a nurse
［ナ～ス］

客室乗務員
a flight attendant
［ふらイト アテンダント］

教師
a teacher
［ティーチャ］

警察官
a police officer
［ポリース オーふぃサ］

ゲームプログラマー
a game programmer
［ゲイム プロウグラぁマ］

公務員
a public servant
［パブリック サ～ヴァント］

作家
a writer
［ライタ］

歯科医
a dentist
［デンティスト］

獣医
a vet
［ヴェット］

消防士
a firefighter
［ふァイアふァイタ］

政治家
a politician
［パリティシャン］

大工
a carpenter
［カーペンタ］

通訳
an interpreter
［インタ～プリタ］

俳優　an actor ［あクタ］/
（特に女優）**an actress**
［あクトゥレス］

パイロット
a pilot
［パイろット］

パティシエ
a pastry chef
［ペイストゥリ シェふ］

花屋
a florist
［ふろ（ー）リスト］

パン屋
a baker
［ベイカ］

美容師
a hairdresser
［ヘアドゥレサ］

ファッションデザイナー
a fashion designer
［ふぁシャン ディザイナ］

ファッションモデル
a fashion model
［ふぁシャン マドゥる］

プロ野球選手
a pro baseball player
［プロウ ベイスボーる プれイア］

弁護士
a lawyer
［ろーヤ］

漫画家
a cartoonist
［カートゥーニスト］

ミュージシャン
a musician
［ミューズィシャン］

漁師
a fisher
［ふィシャ］

職業に関する表現②

わたしはアニメスタジオで働きたいです．
I want to work for an animation studio.

おもちゃメーカー
a toy company
［トイ カンパニ］

官公庁
a government office
［ガヴァ（ン）メント オーふィス］

航空会社
an airline
［エアらイン］

遊園地
an amusement park
［アミューズメント パーク］

電機メーカー
an electrical manufacturer
［イれクトゥリクる マぁニュふぁクチャラ］

動物園
a zoo
［ズー］

61

16 衣服 Clothes

衣服に関する表現

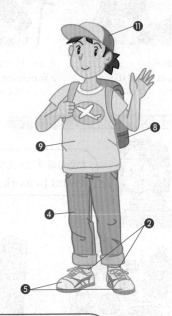

そのジーンズはどこで買ったのですか？
Where did you get [buy] the jeans?

❶ カットオフジーンズ cutoffs
  ［カト(ー)ふス］
❷ 靴下 socks ［サックス］
❸ サンダル sandals ［サぁンドゥるズ］
❹ ジーンズ jeans ［ヂーンズ］

❺ スニーカー sneakers ［スニーカズ］
❻ タンクトップ tank top
  ［タぁンク タップ］
❼ バスケット basket ［バぁスケット］
❽ バックパック backpack
  ［バぁックパぁック］

その麦わら帽子はあなたに似合っていますね.
That straw hat looks good on you.

❾ T シャツ T-shirt ［ティーシャ〜ト］
❿ ブレスレット bracelet［ブレイスれット］

⓫ 帽子 cap ［キぁップ］
⓬ 麦わら帽子 straw hat
  ［ストゥロー ハぁット］

このミトンはとても暖かいです.
These <u>mittens</u> are really warm.

⑬ ズボン pants ［パぁンツ］
⑭ タイツ tights ［タイツ］
⑮ 手袋 gloves ［ぐらヴズ］
⑯ ミトン mittens ［ミトゥンズ］

わたしはこのマフラーをとても気に入っています.
I really like this <u>scarf</u>.

⑰ 髪留め hair clip ［ヘア クリップ］
⑱ コート coat ［コウト］
⑲ タートルネックセーター
　 turtleneck sweater
　 ［タ〜トゥるネック スウェタ］
⑳ ダウンジャケット down jacket
　 　　　　　　　　［ダウン ヂャケット］
㉑ ハンドバッグ purse ［パ〜ス］
㉒ マフラー scarf ［スカーふ］
㉓ ワンピース dress ［ドゥレス］

このブーツは履きやすいです.
These <u>boots</u> are comfortable.

㉔ 革靴 leather shoes ［れざ シューズ］
㉕ ブーツ boots ［ブーツ］

63

17 天気 Weather

今日の東京の天気はどう？
How is the weather in Tokyo today?

よく晴れているよ.
It's sunny.

暖かい warm
［ウォーム］

暑い hot
［ハット］

雨が降っている raining
［レイニンッ］

風が強い windy
［ウィンディ］

曇っている cloudy
［くらウディ］

寒い cold
［コウるド］

涼しい cool
［クーる］

雪が降っている snowing
［スノウインッ］

よく晴れている sunny
［サニ］

64

NEW HORIZON
ENGLISH-JAPANESE DICTIONARY
ニューホライズン英和辞典
【第9版】

上智大学名誉教授
監修 **笠島 準一**

TOKYO SHOSEKI

監修————————笠島準一

編者————————阿野幸一　磐崎弘貞　緒方孝文　Tom Gally

校閲————————Christopher Clyne

ケースイラスト————ミヤタジロウ

本文イラスト————石橋えり子（スタジオ　あい-2）

　　　　　　　　　榊原ますみ（あーとすぺっく）

　　　　　　　　　佐藤隆志

　　　　　　　　　ハヤシナオユキ

地図製作—————木川六秀

写真および資料提供——アマナイメージズ, PPS通信社

編集協力————日本アイアール株式会社

はじめに

『ニューホライズン英和辞典』は，小学生，中学生のみなさんに英語をわかりやすく学習してもらえるように作られています．その特徴（とくちょう）を眺めてみましょう．

① **基本語がわかりやすい**

辞典には多くの語が示されています．でも，みなさんにとって最も大切なことは，最初に重要な基本語を学ぶことなのです．基本語はすべての英語教科書や全国の高校入試問題の語いデータに基づいて選定されています．基本語の重要度はすぐにわかるように♣, ♦で示されています．

② **英語力アップのためのコラムが豊富にある**

語の意味がわかれば，次はその使い方（ルール），似た意味を持つ語との比較（くらべよう），関連情報（参考），などのコラムを読んで理解を深めます．着実な理解を目ざしましょう．

③ **調べやすく，ひいて楽しいオールカラーの紙面である**

第9版では語の意味や使い方をわかりやすくするため，平易で具体的な用例を追加しました．また，イラストや写真をカラーにして，ひくのが楽しみになるようにしました．

④ **紙辞書の学習効果が実感できる**

電子辞書と比べると紙辞書の特色はひと目で全体を見渡せることです．この特色を発揮させるため，わかりやすさとひきやすさを高めるレイアウトを工夫しました．また，しおりひもを2本つけて学習をしやすくしました．

このように，『ニューホライズン英和辞典』第9版は，とても見やすく，わかりやすくなっています．この辞書はパラパラとめくり，目についたコラムなどの囲み記事を拾い読みするだけでも役に立つ情報が得られます．

英和辞典は知らない単語の意味を調べるためだけのものではありません．知っている単語もひいて意味を確認したり，コラムがあれば目を通したりすることにより，英語をよりよく理解することができます．この辞典を，英語力をつけるための身近な最強の道具として使いこなしてください．

笠島準一

使い方解説図

見出し語 ABC順に並んでいます. 重要な語は赤い大きな文字で示し, 特に重要な語は重要度の高い順に ⁑, ◆ のマークをつけました.

発音 発音記号とカナ表記で示してあります. いちばん強く発音する部分を, 発音記号では「´」(アクセント符号(ミシ))で示し, カナ表記では赤い太字で示しています. 詳(シ)しくは, *p.5* の「発音記号表」と, 「カタカナ語・英語の発音」の *pp.6-8* を参照してください.

品詞 見出し語の働きを示します. 名前を表す「名詞」, 動作・状態を表す「動詞」などがあります. 主に次のラベルで示してあります.

名詞 代名詞 動詞 助動詞 形容詞 冠詞 副詞 前置詞 接続詞 間投詞 接頭辞 接尾辞

名詞は C (数えられる名詞), U (数えられない名詞)に分けて説明しています. C は countable (数えられる)の意味です. U は uncountable (数えられない)の意味です. 動詞は, その使い方から ⾃ (自動詞), ⽥ (他動詞)に分けて説明しています. 自動詞は目的語を伴いません. 他動詞は目的語を伴います.

変化形 見出し語の変化形を示します. 重要語はすべてに, 一般語は不規則な変化やまぎらわしい変化, 形容詞・副詞では more-most 以外の比較変化のときに示しています.

複数: 名詞の複数形
三単現: 動詞の三人称単数現在形
過去: 動詞の過去形
過分: 動詞の過去分詞
現分: 動詞の現在分詞
比較: 形容詞・副詞の比較級
最上: 形容詞・副詞の最上級

⁑**address** [ədrés あドゥレス]

—**名詞** (**複数** addresses [-iz])
❶ C あて先, 住所
▶Write down your name and **address** here, please.
ここにお名前とご住所を書いてください.
(◆ address and name とはしない)
❷ C (公式な)あいさつ, 演説
❸ C 【コンピューター】(Eメールなどの)アドレス
▶Please tell me your e-mail **address**.
Eメールアドレスを教えてください.

—**動詞** (**三単現** addresses [-iz];
過去・過分 addressed [-t];
現分 addressing) ⽥
❶ (郵便物)に(…の)あて先を書く(**to ...**)
❷ …に話しかける, 演説する

nine 9

> ページを表す数字の読み方をつづりで示してあります.

> 見出し語がどの分野で使われているかを示します. ほかには, 『スポーツ』, 『音楽』, 『動物』, 『植物』, 『文法』などがあります.

> 複数の品詞を持つ語は, 品詞の変わり目に青い太い線(——)を入れてあります.

⁑**advice** [ədváis アドヴァイス]
(★ アクセントに注意) **名詞**
U 忠告, 助言
▶You should follow [take] your doctor's **advice**.
あなたは医者の忠告に従うべきだ.

> 下線を引いた語句が, 直後の [ ] の中の語句と置き換(カ)え可能なことを示します.

> いくつかの意味があるときは, ❶❷…で分けています.

[2]

そのページにふくまれる最初の見出し語と最後の見出し語を表します.

⁑again [əgén アゲン] [副詞]
もう一度, 再び, また([同義語] once more); もとのように

重要な意味は赤い太字で示しています.

▸Try **again**. もう一度やってみなさい.
▸See you **again** soon.
また近いうちに会いましょう.

例文 見出し語が実際にどのように使われるかを 示します. 見出し語, また見出し語と結びつきの強い語句は太字で示しています.

◆***agáin and agáin*** **何度も何度も**
▸She asked the same question **again and again**.
彼女は何度も何度も同じ質問をした.
(áll) óver agáin もう一度 ➡ **over**

成句 見出し語をふくんだ決まった言い方です. 太字の斜体(しゃたい)で示してあります. 重要なものには◆がついています. また, 成句の中で強く発音する語には,「´」(アクセント符号(ふごう))がついています. 成句の中に時おり使われている *one*, *one's*, *oneself* は主語と同じ人を, *a person's* は別の人を示します. これらは主語や状況(じょうきょう)により変化します.

( )は, その中の語句が省略できることを意味します.

⁎allow [əláu アラウ] (★発音に注意)
[動詞] ([三単現] **allows** [-z]; [過去・過分] **allowed** [-d]; [現分] **allowing**) [他]
❶ **…を許す**, 許可する;《**allow** ＋**人**＋**to** ＋**動詞の原形で**》(人)に…させておく
▸**Allow** me **to** introduce Ms. Jones.
ジョーンズさんを紹介(しょうかい)させていただきます.

見出し語が, ある決まった形でよく使われるときは, その形を《 》の中に示してあります.

[ダイアログ]
A: Can I take my dog into the park? 公園の中にイヌを連れて入ってもいいですか?
B: No, dogs are not **allowed** here. (= No, you are not **allowed to** bring your dog here.)
いいえ, ここはイヌはだめですよ.

対話(ダイアログ)形式の例文は, 話し手を *A:* と *B:* で示しています.

[くらべよう] **allow と permit**
allow:「許可をあたえる」という意味だけでなく,「単に黙認(もくにん)して反対しない」意味にも用います.
permit:「積極的な許可」という意味のかたい語です. 法律や規則にもとづく許可によく用います.

重要な文法事項や知っているとためになる事柄(ことがら)には次の**コラム**を設けています.
[ルール] [参考] [くらべよう] [文化] [おもしろ知識]

allowance [əláuəns アラウアンス] [名詞]
[C] 手当, 費用;《米》(子供の)こづかい (◆《主に英》pocket money)

《米》はアメリカで使われる英語,《英》はイギリスで使われる英語を表します. ほかに《口語》(話しことばで使われる英語),《掲示》(掲示物に使われる英語)などがあります.

analog, 《英》**analogue** [ǽnəlɔ̀ːg あナろーグ] [形容詞] アナログ(式)の ([対義語] digital デジタル(式)の)

必要に応じ, 同義語, 対義語, 類語を示しています.

見出し語のつづりがアメリカとイギリスで異なる場合はアメリカのものを先に示しています.

同じつづりでも, 語源が異なる場合には, 別々に項目を立てています.

ひとつの語にさまざまな重要な意味があるときは, 最初にまとめて示しています.

ことわざ 有名な英語のことわざです.

(♦)の中には語の使い方や, 詳(く)しい説明が示されています.

矢印(➡)は, 参照する場所を示しています.

さまざまな意味と使い方をもつ重要語のいくつかは, ほかの語とは別に大きくスペースをとって説明しています.

基本のイメージ さまざまな意味を持つ語の, その中心となる意味をイラストを使って示しています.

見開きページの左側には最初の見出し語の, 右側には最後の見出し語の, 1～3 文字めのアルファベットを示しています. 左側は大文字, 右側は小文字です.

'lead[1] [líːd リード]

——動詞 (三単現 **leads** [líːdz リーヅ]; 過去・過分 **led** [léd レッド]; 現分 **leading**)

他 ❶ …を導く
自 ❶ 通じる

——他 ❶ …を導く, 案内する
▶The waiter **led** us to the table.
ウェイターはわたしたちをテーブルに案内した.
❷ …を先導する; …を指揮する
▶**lead** a band 楽団を指揮する
——自 ❶ (道などが)(…に)**通じる**(to ...)
▶This road **leads to** the station.
この道は駅に通じている.
▶ ことわざ All roads **lead to** Rome.
すべての道はローマに通ず.
(♦「同じ目的を達するにもいろいろな手段がある」の意味)

security [sikjúrəti セキュリティ] 名詞 U
安全; 安心; 防衛

'see 動詞 ➡ p.540 see

'see 動詞

他 ❶ …が見える, …を見る
❷ (人)に会う
❸ …がわかる

[síː スィー]

(三単現 **sees** [-z]; 過去 **saw** [sɔ́ː ソー]; 過分 **seen** [síːn スィーン]; 現分 **seeing**) 基本のイメージ:目に入ってくる

——他 ❶ …が見える, …を見る; (人)を見かける(♦進行形にしない)
➡ **look** くらべよう

発音記号表

● 母音(ぼいん)

発音記号	カナ表記	例	発音記号	カナ表記	例
[iː]	[イー]	eat [íːt イート]	[əːr]	[ア〜]	early [ə́ːrli ア〜り]
[i]	[イ]	it [it イット]	[ʌ]	[ア]	up [ʌ́p アップ]
	[エ]	college [kálidʒ カれッヂ]	[ɑː]	[アー]	calm [káːm カーム]
[e]	[エ]	every [évri エヴリ]	[ɑːr]	[アー]	car [káːr カー]
[æ]	[あ]	apple [ǽpl あプる]	[ɑ]	[ア]	ox [áks アックス]
[ə]	[ア]	about [əbáut アバウト]	[uː]	[ウー]	noon [núːn ヌーン]
	[イ]	animal [ǽnəml あニムる]	[u]	[ウ]	look [lúk るック]
	[ウ]	today [tədéi トゥデイ]	[ɔː]	[オー]	all [ɔ́ːl オーる]
	[エ]	absent [ǽbsənt あブセント]	[ɔːr]	[オーア]	door [dɔ́ːr ドーア]
	[オ]	collect [kəlékt コれクト]	[ei]	[エイ]	aim [éim エイム]
[ər]	[ア]	after [ǽftər あふタ]	[ai]	[アイ]	I [ái アイ]
			[ɔi]	[オイ]	oil [ɔ́il オイる]
			[au]	[アウ]	out [áut アウト]
			[iər]	[イア]	ear [íər イア]
			[eər]	[エア]	air [éər エア]
			[uər]	[ウア]	your [júər ユア]
			[ou]	[オウ]	old [óuld オウるド]

● 子音(しいん)（次に来る母音によって，カナ表記は変化します）

発音記号	カナ表記	例	発音記号	カナ表記	例
[p]	[プ]	play [pléi プれイ]	[z]	[ズ]	is [íz イズ]
[b]	[ブ]	black [blǽk ブらぁック]	[ʃ]	[シ]	ash [ǽʃ あシ]
[t]	[ト]	hat [hǽt ハぁット]	[ʒ]	[ジ]	usually [júːʒuəli ユージュアり]
	[トゥ]	try [trái トゥライ]	[h]	[ハ]	hand [hǽnd ハぁンド]
[d]	[ド]	bed [béd ベッド]			
	[ドゥ]	dry [drái ドゥライ]	[m]	[ム]	move [múːv ムーヴ]
[k]	[ク]	clear [klíər クリア]		[ン]	stamp [stǽmp スタぁンプ]
[g]	[グ]	green [gríːn グリーン]	[n]	[ナ]	nice [náis ナイス]
[tʃ]	[チ]	teach [tíːtʃ ティーチ]		[ン]	pen [pén ペン]
[dʒ]	[ヂ]	large [láːrdʒ らーヂ]	[ŋ]	[ング]	king [kíŋ キング]
[ts]	[ツ]	hats [hǽts ハぁッツ]		[ン]	finger [fíŋgər ふィンガ]
[dz]	[ヅ]	beds [bédz ベッヅ]	[l]	[る]	look [lúk るック]
[f]	[ふ]	life [láif らいふ]	[r]	[ル]	room [rúːm ルーム]
[v]	[ヴ]	live [lív リヴ]	[j]	[イ]	yes [jés イェス]
[θ]	[す]	bath [bǽθ ハぁす]		[ユ]	you [júː ユー]
[ð]	[ず]	with [wíð ウィず]	[w]	[ワ]	want [wánt ワント]
[s]	[ス]	sky [skái スカイ]		[ウ]	wall [wɔ́ːl ウォーる]

*カナ表記の赤字部分は，そこを強く発音することを表します.
[əːr] の発音は，[ɑːr]，[ɔːr] と区別するために，[ア〜] のように [〜] の記号を使いました.
注意すべき音については，特にひらがなで示しています：
　　　　　　[æ] → [あ]，[f] → [ふ]，[θ] → [す]，[ð] → [ず]，[l] → [る]

カタカナ語・英語の発音

はじめに

みなさんはカタカナ語をよく口にすると思いますが,そのまま日本語どおりに発音しても,英語では通じないことがあります.それはアクセントや,英語の音がカタカナの日本語の音とはちがうからです.

例えば,リンゴの「アップル」です.英語では apple とつづります.アクセントは日本語も英語も最初のところにあります.ところが,アクセントの質がちがいます.

日本語では,川にかける「橋」と食べるときに使う「箸(はし)」をアクセントで使い分けます.

橋　は｜し　　　　箸　は｜し

橋は「し」が高くなります.箸は「は」が高くなります.つまり,音が高いところがアクセントです.

一方,英語では強く発音する部分がアクセントです.実際の英語を聞いてみるとわかりますが,「アップル」は「ア」の部分を強く,長めに発音します.

それでは,apple を辞典でひいてみましょう.31 ページです.

ˈapple [ǽpl あプる] 名詞

このように,発音がカナで示されています.アクセントのあるところが赤字になっています.「アップル」ではなく,「あプる」であることに気がつきましたか.この [あ] の音は,あとで説明する「日本語にない英語の音」の一つです.

この辞典のカナ表記法

この辞典では,英語の音を表すのにカナ表記を使っていますが,カナはもともと日本語の音を表すものです.したがって,英語の音を表す記号として使うための,特別の約束事があります.例えば,上で述べた [あ] などの日本語にない音はひらがなで示しています.また,見慣れないカタカナ「ヴ」も使っています.ただし,英語の音は日本語より数が多いので,カナ表記ではすべての音を表せません.カナ表記は,あくまでも発音記号に慣れるまでの仮の表記と考えてください.

それでは,次の「英語の発音のしかた」を参考にしながら英語の音に対する理解を深めましょう.

●英語の発音のしかた

次の①から④の発音は「日本語にない英語の音」なので,ひらがなが使われています.ふだんから気をつけて,できるだけ英語の実際の発音に近づけるようにまねしてみましょう.元気よく,おなかから大きな声を出しましょう.英語らしく発音できるようになると,英語の聞き取りも楽になります.

A. 日本語にない音

① [æ あ]

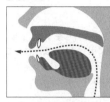

日本語の「エ」を言う口の形をして,「あ」の発音をします.口の開け方は大きめで,少し長めに発音します.

ほかの [ɑ] [ʌ] [ə] の [ア] と区別するために,ひらがなの [あ] を使っています.

例 **apple** [金pl あプる]　**answer** [金nsər あンサ]
　cat [kゐt **キ**ぁット]

② [f ふ] [v ヴ]

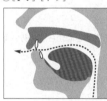

[f] は,日本語のハ行の「フ」とはちがう音です.上の前歯を下唇(したくちびる)に軽く当て,そのすき間から息を強く出します.そのとき,空気が漏(も)れる音がします.

who [húː フー] などの [フ] と区別するために,ひらがなの [ふ] を使っています.

例 **fish** [fíʃ ふィッシ]　**food** [fúːd ふード]
　life [láif らいふ]

[v] は,日本語のバ行の「ブ」とはちがう音です.[f] と同じように,上の前歯を下唇に軽く当て,すき間から息を出しながら,[ヴ] と声を出して発音します.このような「声を出す音」を有声音といいます.これに対し,[f] は声を出しませんから,無声音といいます.*p.9* の表を参考にしましょう.

black [blゐk ブらぁック] などの [ブ] と区別するために,カタカナの「ウ」に濁点(だくてん)をつけた [ヴ] を使っています.

例 **video** [vídiòu ヴィディオウ]　**five** [fáiv ふァイヴ]　**live** [láiv らイヴ](形容詞)

③ [θ す] [ð ず]

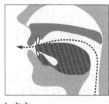

日本語の「ス」は舌先が歯に触(ふ)りませんが,英語の [θ] は舌先を上の歯の先に軽く当て(または上下の歯ではさみ),そのすき間から鋭(するど)い,こするような音を出します.

例 **think** [θíŋk すィンク]　**three** [θríː すリー]
　mouth [máuθ マウす]

[ð] は [θ] と同じように,舌先を上の歯の先に軽く当てて(または上下の歯ではさんで)発音しますが,このとき,[ず] と声を出します.

例 **this** [ðís ずィス]　**these** [ðíːz ずィーズ]　**rhythm** [ríðm リずム]

⑥の [s ス],⑦の [z ズ] と区別するために,ひらがなの「す」「ず」を使っています.

④[l る]

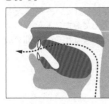

日本語の「ル」の発音とは、舌の位置がちがいます。[l]は舌先を
上の歯ぐきにつけたまま、[る]と発音します。
下の⑤[r ル]の[ル]と区別するために、ひらがなの「る」を使っ
ています。

例 **look** [lúk **るック**] **rule** [rú:l **ルーる**]
  cool [kú:l **クーる**]

B. 特に注意したい音

⑤[r ル]

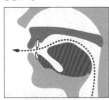

[l る]は舌先を上の歯ぐきにつけたまま発音しますが、[r ル]
は舌先をどこにもつけず、舌全体を奥に引っこめるようにして
(または舌先を奥に巻き上げるようにして)「ル」と発音します。

例 **roof** [rú:f **ルーふ**] **room** [rú:m **ルーム**]
  rule [rú:l **ルーる**]

⑥[s ス][ʃ シ]

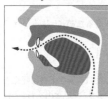

[s ス]は、舌先を上の前歯に近づけ、そのすき間から息を勢いよ
く出して発音します。

例 **seat** [sí:t **スィート**]

[ʃ]は日本語の「シャ、シュ、ショ」の「シ」に似た音です。

例 **sheet** [ʃí:t **シート**]

⑦[z ズ][ʒ ジ]

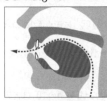

[z ズ]は、[s ス]と同じように舌先を上の前歯に近づけ、「ズ」と
声を出して発音します。

例 **music** [mjú:zik **ミューズィック**]

[ʒ]は、舌先をどこにも接触(せっしょく)させずに発音します。日本語の
「ジャ、ジュ、ジョ」の「ジ」に似た音です。

例 **usually** [jú:ʒuəli **ユージュアり**]

⑧[tʃ チ][dʒ ヂ]

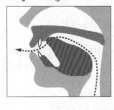

[tʃ チ]は日本語の「チ」とほぼ同じ音です。舌先を上の歯ぐきに
つけて、舌をはなすときに「チ」と言いながら、息を出します。

例 **child** [tʃáild **チャイるド**]

[dʒ ヂ]は[tʃ チ]の濁(にご)った音です。「チ」と同じように、舌先
を上の歯ぐきにつけてから舌をはなしますが、そのとき「ヂ」と
声を出して発音します。

例 **June** [dʒú:n **ヂューン**]

●つづり字と発音

日本語のカナは,それぞれの文字の音を表しています.文字と音が一致(いっち)しているので,「あいうえお,かきくけこ…」の50音を覚えれば,「あい」とか「かき」といった単語を読めるようになります.しかし,英語のアルファベット26文字「A, B, C …」を「エー,ビー,シー…」と覚えても単語を読むことはできません.なぜなら,これらは文字それぞれの「名前読み」で,実際に単語を声に出して言う場合の音とはちがうからです.

英語のアルファベット26文字が実際に単語の中で発音される場合の基本的な音は次の表にまとめてあります.これらの音を組み合わせれば,初めて見る単語を読むことができるようになります.例えば,"cap"の音は,それぞれ[k ク],[æ あ],[p プ]となり,この3つの音を組み合わせれば"cap"[kǽp キャップ]と読むことができるのです.

各文字の一般的な読み方

A, a	B, b	C, c	D, d	E, e	F, f	G, g
あ	ブ	ク*	ドゥ	エ	ふ*	グ
apple	baby	cat	dog	egg	fish	glass

H, h	I, i	J, j	K, k	L, l	M, m	N, n
ハ*	イ	ヂ	ク*	る	ム	ン
hand	ink	jet	key	lion	monkey	nurse

O, o	P, p	Q, q	R, r	S, s	T, t	U, u
ア	プ*	ク*	ル	ス*	トゥ*	ア
ox	pig	queen	rabbit	ski	tiger	umbrella

V, v	W, w	X, x	Y, y	Z, z		
ヴ	ウォ	クス*	ユ,イ	ズ		
violin	watch	box	yo-yo	zebra		

赤字で示された,a, e, i, o, u が母音(ぼいん)字で,その音を母音といいます.そのほかの文字の音を子音(しいん)といいます.y は母音字として使われることもあります.子音の中でカナに * がついているものは無声音です.

子音は次に来る母音によって変化します.例えば,[l る]は love[lʌ́v らヴ],leave[líːv リーヴ],lose[lúːz るーズ],lemon[lémən れモン],long[lɔ́ːŋ ろーンッ]のように発音されます.

●母音(ぼいん)字の読み方ルール1：基本の読み方

つづり	音	例
a	[æ あ]	apple [ǽpl あプる]，cap [kǽp キぁップ]
e	[e エ]	egg [ég エッグ]，pen [pén ペン]
i	[i イ]	ink [íŋk インク]，sit [sít スィット]
o	[ɑ ア]	cotton [kɑ́tn カトゥン]，ox [ɑ́ks アックス]
u	[ʌ ア]	under [ʌ́ndər アンダ]，cut [kʌ́t カット]

●母音字の読み方ルール2：母音字＋子音(しいん)字＋e

このパターンの子音字前の母音字は「名前読み」をし，子音字後の「e」は発音しません（このeを「サイレントe」といいます）．この場合の母音は「あ」や「エ」などの短い母音ではなく，「エイ」や「イー」などのような長い母音です．

つづり	音	例
a	[ei エイ]	name [néim ネイム]，safe [séif セイふ]
e	[iː イー]	eve [íːv イーヴ]，these [ðíːz ずィーズ]
i	[ai アイ]	ice [áis アイス]，time [táim タイム]
o	[ou オウ]	hope [hóup ホウプ]，note [nóut ノウト]
u	[juː ユー]	use [júːz ユーズ]（動詞），cute [kjúːt キュート]

●母音字の読み方ルール3：2つの連続する母音字①

母音字が2個並んでいる場合は，1つめの母音字を「名前読み」し，2つめの母音字は発音しません．

つづり	音	例
ai, ay	[ei エイ]	rain [réin レイン], play [pléi ㇷれイ]
ea	[i: イー]	seat [sí:t スィート], tea [tí: ティー]
ee	[i: イー]	deep [dí:p ディープ], tree [trí: トゥリー]
oa	[ou オウ]	boat [bóut ボウト], goal [góul ゴウる]

主な例外：said [séd セッド], bread [bréd ブレッド], ready [rédi レディ], abroad [əbrɔ́:d アブロード]

●母音字の読み方ルール4：2つの連続する母音字②

次の母音字は上のルール3が当てはまりません．

つづり	音	例
au	[ɔ: オー]	autumn [ɔ́:təm オータム], because [bikɔ́:z ビコーズ]
ei, ey	[ei エイ]	eight [éit エイト], they [ðéi ゼイ]
ie	[i: イー]	believe [bilí:v ビリーヴ], field [fí:ld ふィーるド]
oo	[u ウ]	book [búk ブック], foot [fút ふット]
	[u: ウー]	cool [kú:l クーる], food [fú:d ふード]
ou	[au アウ]	cloud [kláud クらウド], out [áut アウト]
	[ʌ ア]	touch [tʌ́tʃ タッチ]
oi, oy	[ɔi オイ]	voice [vɔ́is ヴォイス], boy [bɔ́i ボイ]
ue	[u: ウー]	blue [blú: ブるー], true [trú: トゥルー]
ui	[u: ウー]	fruit [frú:t ふルート], juice [dʒú:s ヂュース]

主な例外：aunt [ǽnt アント], receive [risí:v リスィーヴ], friend [frénd ふレンド], build [bíld ビるド]

●子音(しいん)字の読み方ルール1：子音字の連結

子音字が連続する場合, 単体の文字からは類推できない発音になることがあります.

つづり	音	例
ch	[tʃ チ]	church [tʃə́ːrtʃ チャ〜チ], lunch [lʌ́ntʃ らンチ]
ck	[k ク]	back [bǽk バぁック], sick [sík スィック]
dg	[dʒ ヂ]	bridge [brídʒ ブリッヂ], edge [édʒ エッヂ]
gh	[f ふ]	enough [inʌ́f イナふ], laugh [lǽf らぁふ]
ng	[ŋ ング]	long [lɔ́ːŋ ロ〜ング], sing [síŋ スィング]
ph	[f ふ]	phone [fóun ふォウン], graph [grǽf グラぁふ]
sh	[ʃ シ]	ship [ʃíp シップ], dish [díʃ ディッシ]
tch	[tʃ チ]	catch [kǽtʃ キぁッチ], watch [wátʃ ワッチ]
th	[θ す]	three [θríː すリー], mouth [máuθ マウす]
	[ð ず]	that [ðǽt ざぁット], mother [mʌ́ðər マざ]

●子音字の読み方ルール2：読まない子音字

次の子音字は発音しません.

つづり	例
語頭の kn の **k**	knock [nák ナック], know [nóu ノウ]
語頭の wr の **w**	write [ráit ライト], wrong [rɔ́ːŋ ローング]
語尾(び)の gh(t) の **gh**	night [náit ナイト], high [hái ハイ]
語尾の gn の **g**	design [dizáin ディザイン], sign [sáin サイン]
語尾の mb の **b**	bomb [bám バム], climb [kláim クらイム]
語尾の mn の **n**	autumn [ɔ́ːtəm オータム], column [kɑ́ləm カらム]

Aa *Aa*

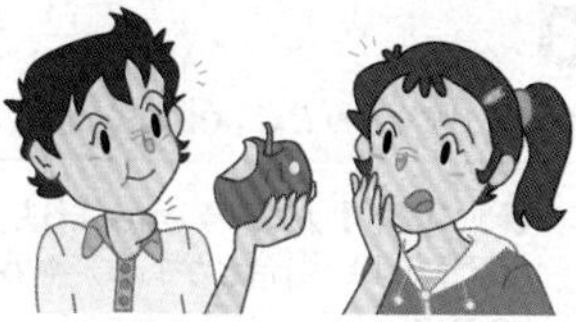

[Q]「アダムのリンゴ」って何？➡ Adam をひいてみよう！

A, a [éi エイ] [名詞] ([複数] **A's, a's** または **As, as** [-z]) ❶ [C] [U] エー(♦アルファベットの1番めの文字)
❷ [C]《**A** で》(成績の)A, 優(♦ふつう A, B, C, D, F の5段階評価で, F は不合格)
▸get an A in art　美術で A をとる

ᐧa [冠詞] ➡ p.2 **a**

@ [æt あット ; (弱く言うとき) ət アット]
❶【商業】単価…で
❷【コンピューター】アットマーク(♦メールアドレスなどに用いられる；英語では at sign, at symbol, at などという)

abacus [ǽbəkəs あバカス] [名詞] ([複数] **abacuses** [-iz]) [C] そろばん

abandon [əbǽndən アバぁンダン] [動詞] [他] (人など)を捨てる, 見捨てる；(計画など)をあきらめる；(希望など)を捨てる
▸Don't **abandon** hope.
希望を捨てるな.

abbey [ǽbi あビ] [名詞]
❶ [C] 大寺院, 大修道院
❷《**the Abbey** で》ウェストミンスター寺院(♦ロンドンにあるゴシック様式の教会; Westminster Abbey ともいう)

ABC [éibìːsíː エイビースィー] [名詞] ([複数] **ABC's** または **ABCs** [-z])
❶ [U] [C] アルファベット
([対義語] alphabet)
❷《**the ABC** で》(…の)初歩, 入門《of ...》

ability [əbíləti アビりティ] [名詞] ([複数] **abilities** [-z]) [U] [C] (…する)能力, …できること；才能([同義語] talent)
▸This robot has the **ability** to speak.
このロボットには話す能力がある.

ᐧable [éibl エイブる] [形容詞]
❶ ([比較] **better able** または **more able**; [最上] **best able** または **most able**)
《be able to ＋動詞の原形で》…することができる([対義語] unable …できない)
▸Ken **is able to** speak three languages.
ケンは3か国語を話すことができる.

[くらべよう] **be able to と can**

[1] どちらも「…することができる」の意味を表しますが, 現在のことを表すときはふつう can を用います.
[2] can は will や have などほかの助動詞のあとに続けて用いることができません. 未来の表現や完了形の文では, will be able to, have [has] been able to を用います.
▸You **will be able to** swim soon.
すぐに泳げるようになりますよ.
▸I **haven't been able to** find the book yet.
わたしはまだその本を見つけることができていない.
[3]「(能力があって)…することができた」は was [were] able to, could で表すことができます. ただし, could には「(しようと思えば)…できるのだが」という意味もあるので,「…できた」と事実を言うときはふつう was [were] able to を用います.
▸I **was able to** pass the exam.
わたしはそのテストに受かった.
[4] was [were] able to は, 過去のあるときに「(能力に関係なく)(一度だけ)…できた」という場合にも使えます.
▸I **was able to** catch the train.
わたしはその電車に乗ることができた.(♦能力に関係ないので, この場合, could は使わない)

❷ ([比較] **abler**; [最上] **ablest**)
有能な, 才能のある
▸an **able** doctor　有能な医者

-able [接尾辞] 主に動詞について「…できる」という意味の形容詞をつくる：drink(飲む)＋ -able → drinkable(飲める)

⁑a 冠詞

[ə ア；（強く言うとき）éi エイ]

❶ 1つの，1人の
❷ ある
❸ …というもの
❹ …につき

❶ 1つの，1人の（◆ one よりも意味が弱い；日本語に訳さなくてよい場合と，訳したほうがよい場合とがある）➡ **one** 1つめの くらべよう

▶**a** girl	1人の女の子
▶**a** bird	1羽の鳥
▶**a** house	1軒(貶)の家

■ a を日本語に訳さなくてよい場合：

▶I am **a** junior high school student.	わたしは中学生です．
▶Do you have **a** guitar?	ギターを持っていますか？
▶There is **a** big park near my house.	わたしの家の近くに大きな公園があります．
▶I have **a** friend in Australia.	わたしにはオーストラリアに友人がいる．

■ a を日本語に訳したほうがよい場合（◆「1つ[1人]の」という数が情報として重要な意味をもつとき；a はよく[éi エイ]と強く発音される）

ダイアログ

A: Do you have any brothers or sisters?	兄弟姉妹はいますか？
B: Yes, I have **a** brother and two sisters.	はい，兄[弟]が1人と姉[妹]が2人います．

ルール **a と an の使い方**

1 a は，「1つ，2つ」「1人，2人」などと数えることができる名詞の単数形の前につけて，その名詞が不特定のものであることを表します．water や money などの数えられない名詞にはふつうつけません．

2 a は，発音が子音(貶)で始まる語の前で使います．発音が母音で始まる語の前には an を使います．a と an のどちらを使うかは，語の始まりの文字だけでは判断できません．➡ **an**

- ▶**a** uniform [júːnəfɔ̀ːrm ユーニふォーム] 制服（◆ u は母音ではない）
- ▶**an** uncle [ʌ́ŋkl アンクる] おじ
- ▶**a** hobby [hábi ハビ] 趣味(貶)
- ▶**an** hour [áuər アウア] 1時間（◆ h は発音されない）

3 名詞の前に形容詞がついている場合，a はその形容詞の前に置きます．その形容詞の発音が母音で始まる場合は an になります．

[冠詞]	[形容詞]	[名詞]	
▶ **a**		house	家
▶ **a**	new [njúː ニュー]	house	新しい家
▶ **an**	old [óuld オウるド]	house	古い家

4 ふつうは数えられないものを表す名詞でも，まとまった形としてとらえる場合や，具体的な例を表すときには a または an がつきます．

‣**A** tea and **a** small cola, please.
紅茶を1つとコーラの小を1つください．
（♦カップやグラスに入った状態の形をもった紅茶とコーラ）

ダイアログ

A: Next, please.
（店で）次の方，どうぞ．

B: **A** hamburger and **a** large orange juice, please.
ハンバーガー1つとオレンジジュースの大を1つください．

---

5 1つのまとまりと見なすもの，または同一人物を表す2つの名詞の場合は，ふつう初めの名詞の前にだけ a, an をつけます．

‣**a** knife and fork　ナイフとフォーク
‣She is **a** poet and teacher.
彼女は詩人でもあり教師でもある．

6 名詞の前に my, your, his, her などの「所有者」を表す語や，this, that など「特定のもの」であることを表す語がある場合，a, an は使いません．

○ This is **a** bag.
× This is a my bag.

---

❷**ある**，ある1つ[1人]の（♦日本語には訳さないことも多い）

‣**A** man asked me the way to the station.
(ある)男の人がわたしに駅へ行く道をきいた．

‣I met the woman on **a** snowy day.
ある雪の日にわたしはその女性に出会った．

❸**…というもの**（♦1つのものではなく，その種類全体を指す）

‣**A** swan is a beautiful bird.　白鳥(という生き物)は美しい鳥だ．
（♦ Swans are beautiful birds. と複数形にするほうがふつう）

❹**…につき**，…ごとに（**同義語** per）（♦単位となる語をともなう）

‣once **a** day　日に一度
‣twice **a** week　週に二度

❺《有名な人などの名前の前につけて》…のような人；…の作品，…の製品

‣He wants to be **a** Picasso.
彼はピカソのような人になりたいと思っている．

‣This is **a** Picasso.　これはピカソの作品です．

❻《よく知らない人の名前の前につけて》…という人

‣**A** Ms. White called you about ten minutes ago.
10分ほど前，ホワイトさんという女性からあなたに電話がありましたよ．

aboard [əbɔ́ːrd アボード] 副詞
(飛行機・船・バス・列車などに)乗って
▶go **aboard** （乗り物に)乗り込む
Áll abóard! みなさん、ご乗車[乗船, 搭乗(とうじょう)]ください.
Wélcome abóard. ご乗車[乗船, 搭乗]ありがとうございます.
――前置詞 (飛行機・船・列車など)に乗って

A-bomb [éibàm エイバム]（★発音に注意）名詞 C 原子爆弾(ばくだん)，原爆
（◆*a*tom(ic) *bomb* を短縮した語)

aboriginal [æbərídʒənl アボリヂヌる]
形容詞 土着の，原生の；
《ふつう **Aboriginal** で》アボリジニの，オーストラリア先住民の

aborigine [æbərídʒəni アボリヂニ] 名詞
C 《ふつう **Aborigine** で》アボリジニ，オーストラリア先住民
➡ **Australia** 文化

about [əbáut アバウト]

前置詞	❶ …について
	❷ …のあちこちに[を]
副詞	❶ およそ，約
	❷ あちこち(に)

――前置詞 ❶ …について，…に関する
▶Let's talk **about** the school festival.
学園祭について話し合いましょう.

ダイアログ
A: Is this a book **about** fishing?
これは釣(つ)りについての本ですか?
B: No. It's a scientific book on fish.
いいえ. それは魚に関する科学書です.
（◆専門的な内容に関しては about ではなく on を用いる)

❷ …のあちこちに[を]；…の辺りに；…のまわりに(◆《主に米》around)
▶We walked **about** the town.
わたしたちは町じゅうを歩き回った.
*Hów about ...? …はどうですか?；

…についてどう思いますか? ➡ **how**
▶**How about** another cup of cocoa?
ココアをもう 1 杯どうですか?
Whát about ...? …はどうですか?；…についてどう思いますか? ➡ **what**
――副詞 ❶ （数・時間などが)およそ，約，…ごろ ➡ **almost** くらべよう
▶This ship is **about** thirty meters long.
この船は約 30 メートルの長さがある.
❷ あちこち(に)；辺りに；まわりに
（◆《主に米》around)
▶The dog ran **about** in the park.
イヌは公園を走り回った.
▶She looked **about** slowly.
彼女はゆっくりと辺りを見回した.
――形容詞 (◆次の成句で用いる)
be about to ＋動詞の原形
今にも…しようとしている
（◆「be going to ＋動詞の原形」よりも近い未来を表す)
▶I **was about to** leave home then.
そのとき，わたしは家を出ようとしていた.

above [əbʌ́v アバヴ]

前置詞	❶〖位置〗 …より上に[へ]，
	…より高く
	❷〖数量・程度〗…より上で
副詞	(位置が)上に[へ]

――前置詞 ❶〖位置〗…より上に[へ]，…より高く；…の上流に
(対義語 below …より下に) ➡ **on** くらべよう

above   below

▶This plane is flying **above** the clouds now.
この飛行機は現在，雲の上を飛んでいる.
▶The moon rose **above** the mountains. 山の上に月が出た.
❷〖数量・程度〗…より上で，…を超(こ)えて
▶My exam marks were just **above** average.
わたしの試験の点数はかろうじて平均より上だった.

❸ 〖地位・能力など〗…より上で

above áll 何よりもまず, とりわけ
▶**Above all**, you should help each other. 何よりもまず, きみたちはたがいに助け合うべきだ.
——**副詞** (位置が)**上に[へ]**, 頭上に, 階上に; (川の)上流に(**対義語** below 下に)
▶Some birds are flying **above**. 鳥たちが頭上を飛んでいる.

ᵃabroad [əbrɔ́ːd アブロード] **副詞**
(ふつう海をへだてた)**外国に[へ, で]**, 海外に[へ, で](♦ in, to などの前置詞をつけない)
▶travel **abroad** 海外旅行をする
▶study **abroad** 留学する
▶Have you ever been **abroad**? 外国へ行ったことがありますか?

from abróad 外国から(の)

absence [ǽbsəns アブセンス] **名詞**
Ⓤ Ⓒ 不在, 欠席, 欠勤, 留守(₷)
(**対義語** presence いる[ある]こと)

ᵃabsent [ǽbsənt アブセント] **形容詞**
(…を)**休んで, 欠席して**(《from ...》)
(**対義語** present 出席して)
▶Ann was **absent from** school today. アンは今日, 学校を休んだ.

ルール absent を使わないとき

absent は学校や職場を休んでいるときに用います. 訪問や電話を受けたときにその人がたまたまそこにいないような場合には, 次のように言います.
▶He's not here [in]. 彼はここにいません.
▶He's out. 彼は外出しています.

absolute [ǽbsəlùːt アブソるート] **形容詞**
完全な(**同義語** complete); 絶対の, 絶対的な(**対義語** relative 相対的な)

absolutely **副詞** ❶ [ǽbsəlùːtli アブソるートり] 完全に; 絶対に
▶It's **absolutely** impossible. それは絶対に不可能だ.
❷ [æ̀bsəlúːtli アブソるートり] **口語**
(返事で)そのとおり, そうですとも

ダイアログ

A: You like summer, right? 夏は好きだよね?
B: **Absolutely**! もちろん!

absorb [əbsɔ́ːrb アブソーブ] **動詞** ⑯
❶ (液体・熱など)を**吸収する**; (知識など)を吸収する
❷ (人)を夢中にさせる

be absórbed in ... …に夢中である

abstract [ǽbstrækt アブストゥラぁクト]
(★アクセントに注意) **形容詞** 抽象(ど₅)的な(**対義語** concrete 具体的な)

acacia [əkéiʃə アケイシャ] **名詞**
Ⓒ 〖植物〗アカシア(の木)

academic [æ̀kədémik あカデミック]
(★アクセントに注意) **形容詞**
学園の, 大学の; 学問的な; 理論的な

academy [əkǽdəmi アキぁデミ] **名詞**
(**複数** academies [-z])
❶ Ⓒ (特殊(ど₅)な)専門学校;
米 (私立の)中学校, 高等学校
❷ Ⓒ 学士院, 芸術院; (学問・美術などの)協会, 学会

Academy Award
[əkǽdəmi əwɔ́ːrd アキぁデミ アウォード]
名詞 Ⓒ アカデミー賞

文化 アカデミー賞とオスカー

アメリカの映画賞で, 授賞式前年にロサンゼルス(Los Angeles)で公開された世界じゅうの映画の中から選ばれ, 全世界の映画関係者やファンの注目を集めています. この賞は一般に「オスカー(Oscar)」とも呼ばれますが, これは受賞者に贈(₷)られる黄金の像のニックネームから来ています.

accent [ǽksent あクセント] **名詞**
❶ Ⓒ (ことばの)**なまり**;《ふつう **accents** で》口調
▶She speaks with a French **accent**. 彼女はフランス語なまりで話す.
❷ Ⓒ 強調, 力点
❸ Ⓒ アクセント, 強勢; アクセント符号(ど₅)
——**動詞** ⑯ …にアクセントを置く; …を強調する

A
B
C
D
E
F
G
H
I
J
K
L
M
N
O
P
Q
R
S
T
U
V
W
X
Y
Z

ˈaccept [əksépt アクセプト] 動詞

(三単現) accepts [əsépts アクセプツ];
(過去・過分) accepted [-id];
(現分) accepting) 他

❶ (喜んで)…を受け入れる, 受け取る
(対義語) refuse …を断る)
→ receive くらべよう

▶Our school accepts exchange
students from Canada.
わが校ではカナダからの交換留学生を
受け入れている.

▶Please accept this.
これを受け取ってください.

❷ …を(正しいと)認める(同義語 admit)

▶He accepted the story as true.
彼はその話を事実だと認めた.

acceptable [əkséptəbl アクセプタブる]

形容詞 受け入れられる, 満足できる

▶It is not acceptable to talk on
the phone on the train.
電車の中で電話で話すことは受け入れ
られない.

access [ækses あくセス] (★アクセント

に注意) 名詞

❶ U (…への)接近; (…を)利用する権利
[機会]

▶The hotel has easy access to the
beach.
そのホテルからはすぐに浜辺に出られる.

❷ U 【コンピューター】アクセス
(◆記憶(きおく)装置などのデータを読みこん
だり, データを書きこんだりすること)

──動詞 (三単現) accesses [-iz];
(過去・過分) accessed [-t];
(現分) accessing) 他

【コンピューター】(データ)にアクセスする

accessory [æksésəri あくセサリ]

(★アクセントに注意) 名詞

(複数 accessories [-z])

C 《ふつう accessories で》
(車・カメラ・機械類の)付属品;
(身につける)アクセサリー(◆かばん・ベル
ト・靴(くつ)・傘(かさ)など;「宝石類」は jewelry)

accident [æksidənt あクスィデント]

名詞 ❶ C 事故, 思いがけない出来事

▶He had a traffic accident last
year.
彼は昨年, 交通事故にあった.

▶a terrible accident
ひどい事故

ダイアログ
A: I'm sorry I dropped the vase.
花びんを落としてしまいごめんなさい.
B: Don't worry. It was an accident.
気にしないで. わざとではないのだから.
(◆「事故だったのだから」の意味から)

❷ U 偶然(ぐうぜん)

by áccident 偶然(に), たまたま
(同義語 by chance)

accompany [əkʌ́mpəni アカンパニ]

動詞 (三単現) accompanies [-z];
(過去・過分) accompanied [-d];
(現分) accompanying) 他

❶ (人)について行く, つき添(そ)う

❷ …の伴奏(ばんそう)をする

accomplish [əkʌ́mpliʃ アカンプリッシ]

動詞 (三単現) accomplishes [-iz];
(過去・過分) accomplished [-t];
(現分) accomplishing)

他 …を成し遂(と)げる, 達成する

according [əkɔ́ːrdiŋ アコーディング]

副詞 (◆次の成句で用いる)

accórding to ... …によれば; …に従って

▶According to the weather
report, it will snow tonight.
天気予報によれば, 今夜は雪が降るようだ.

accordion [əkɔ́ːrdiən アコーディオン]

名詞 C 【楽器】アコーディオン

→ musical instruments 図

account [əkáunt アカウント] 名詞

❶ C 会計, 勘定(かんじょう); 計算書;
(銀行の)口座

❷ C 【コンピューター】アカウント
(◆インターネットのサービスを利用する
際に必要な, 身分を証明するもの)

❸ C 報告, 説明, 記事

on account of ... …の理由で, …のせ
いで(◆(口語)ではふつう because of ...
を用いる)

──動詞 (自) 《account for ... で》

❶ …の説明をする

▶ことわざ There's no accounting
for taste(s). たで食(く)う虫も好き好き.
(◆「人の好みはさまざまで説明ができな
い」の意味から)

❷ …の原因になる

accountant [əkáuntənt アカウンタント]

名詞 C 会計係, 会計士

accuracy [ækjərəsi あキュラスィ] 名詞

U 正確さ, 正しさ

accurate [ǽkjərit あキュレット] [形容詞]
正確な, 正しい

accuse [əkjúːz アキューズ] [動詞] ([三単現] **accuses** [-iz]; [過去・過分] **accused** [-d]; [現分] **accusing**)
[他] (人)を(…の罪で)訴(うった)える, 告訴(こくそ)する; (人)を(…のことで)非難する《of ...》
▸She **accused** me **of** telling lies.
彼女はわたしがうそをついたことを非難した.

accustom [əkʌ́stəm アカスタム] [動詞]
[他] (人など)を(…に)慣れさせる《to ...》
be accústomed to +名詞[***...ing***]
…に慣れている
([同義語] be used to +名詞[...ing])
▸I'm **accustomed to getting** up early. 早起きには慣れています.

ace [éis エイス] [名詞]
❶ [U] (トランプ・さいころの)1;
[C] 1の札(ふだ), 1の目
❷ [C] 《口語》名手, じょうずな人, エース
❸ [C] 【スポーツ】サービスエース

ache [éik エイク](★発音に注意) [動詞] ([三単現] **aches** [-s]; [過去・過分] **ached** [-t]; [現分] **aching**)
[自] (鈍(にぶ)く長く)痛む, うずく
▸My tooth aches [is **aching**].
歯が痛い.
—[名詞] [C] 痛み, うずき ➡ [くらべよう]
▸I have a little **ache** in my leg.
脚(あし)が少し痛い.

[くらべよう] **ache と pain**
ache: 継続(けいぞく)的で鈍い痛み
pain: 鋭(するど)い痛み

[参考] **ache のいろいろ**
back**ache**: 背中・腰(こし)の痛み
ear**ache**: 耳の痛み
head**ache**: 頭痛
stomach**ache**: 腹痛, 胃痛
tooth**ache**: 歯痛

achieve [ətʃíːv アチーヴ] [動詞] ([三単現] **achieves** [-z]; [過去・過分] **achieved** [-d]; [現分] **achieving**) [他]
❶ …を成し遂(と)げる; (目的)を果たす
❷ (名声・成功など)を獲得(かくとく)する

achievement [ətʃíːvmənt アチーヴメント] [名詞] [U] 達成, 成就(じょうじゅ); [C] 業績

achievement test [ətʃíːvmənt tèst アチーヴメント テスト] [名詞] [C] 学力テスト

Achilles [əkíliːz アキりーズ] [名詞]
【ギリシャ神話】アキレス, アキレウス
(♦ホメロス(Homer)の叙事(じょじ)詩『イリアッド』(*the Iliad*)に出てくる英雄(えいゆう))

[文化] **なぜ「アキレス腱(けん)」っていうの?**
ギリシャ神話で, アキレスが生まれたとき, 母テティスはその水につかると不死身になるという死後の世界の川に彼を浸(ひた)しました. しかし, そのときにアキレスのかかとをつかんでいたため, そこだけが水につかりませんでした. そのため, のちにアキレスはかかとを毒矢で射抜(ぬ)かれて死んでしまいます. この話から Achilles(') heel「アキレスのかかと=アキレス腱」ということばが,「唯一(ゆいいつ)の弱点」という意味で使われるようになりました.

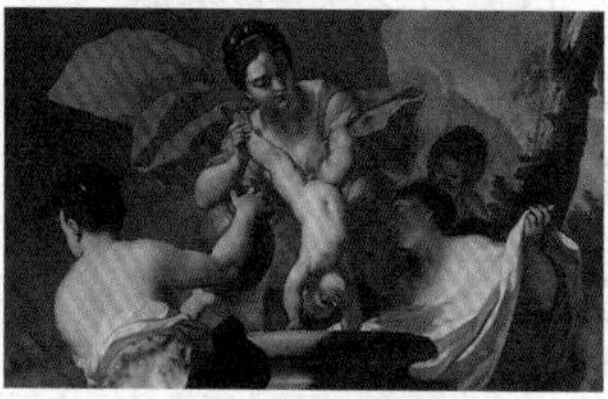

achoo [ətʃúː アチュー] [間投詞]
(くしゃみの音を表して)ハクション
(= atchoo) ➡ **sound** [図], **sneeze**

acid [ǽsid あスィッド] [名詞]
[U] [C] 【化学】酸([対義語] alkali アルカリ)
—[形容詞] ❶ 【化学】酸の, 酸性の
▸**acid** rain
酸性雨
❷ すっぱい([同義語] sour)

acknowledge [əknɑ́lidʒ アクナりッヂ] [動詞] ([三単現] **acknowledges** [-iz]; [過去・過分] **acknowledged** [-d]; [現分] **acknowledging**)
[他] (事実・存在など)を認める
▸They finally **acknowledged** the fact.
彼らはついにその事実を認めた.

acorn [éikɔːrn エイコーン] [名詞]
[C] 【植物】ドングリ(♦オーク(oak)の実)

acoustic [əkúːstik アクースティック] [形容詞] 聴覚(ちょうかく)の; (楽器が)生(なま)の ([対義語] electric 電気の)
▸an **acoustic** guitar
アコースティックギター, 生ギター

A B C D E F G H I J K L M N O P Q R S T U V W X Y Z

acquaint [əkwéint アクウェイント] [動詞]
[他] (人)に(…を)知らせる; (人)を(…と)知り合いにさせる《with ...》
be acquáinted with ...
…と知り合いである; (事実など)を知っている

acquaintance [əkwéintəns アクウェインタンス] [名詞] [C] 知り合い, 知人
(♦ friend ほどは親しくない人)

acquire [əkwáiər アクワイア] [動詞]
([三単現] **acquires** [-z]; [過去・過分] **acquired** [-d]; [現分] **acquiring**) [他]
(努力して)…を得る, 手に入れる; (知識など)を身につける(♦ get よりかたい語)

acre [éikər エイカ] [名詞]
[C] (面積の単位の)エーカー
(♦約 4,047 平方メートル)

acrobat [ǽkrəbæ̀t あクロバぁット]
(★アクセントに注意) [名詞]
[C] 曲芸師, 軽業(かるわざ)師 (♦主にサーカスで綱渡(つなわた)りや空中ブランコをする人)

⁑across [əkrɔ́ːs アクロース]
——[前置詞]

❶〔運動・方向〕…**を横切って**
❷〔位置〕…**の向こう側に[で]**

❶〔運動・方向〕…**を横切って**, 横断して; …のいたるところに
▸travel **across** Europe by train
列車でヨーロッパを横断旅行する
▸There were a lot of forests all **across** the country.
国じゅうにたくさんの森があった.

[くらべよう] **「移動」を表す語**

across: 道路など平面的なものの上を横切ること
along: 道路や川などの細長い線状のものに沿っていくこと
over: 立体的なものの上を越(こ)えること
through: 内部を通り抜(ぬ)けること
▸walk **across** the street
通りを歩いて横切る
▸walk **along** the street
通りに沿って歩く
▸climb **over** a fence
さくを乗り越える
▸walk **through** the woods
森を歩いて通り抜ける

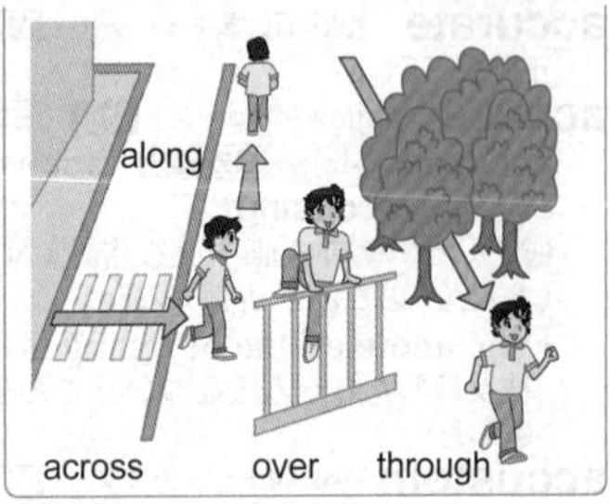

❷〔位置〕…**の向こう側に[で]**, …の反対側に[で]
▸He sat **across** the table from me.
彼はテーブルをはさんでわたしの向かいにすわった.
▸The city hall is **across** the street.
市役所は道の反対側にあります.
——[副詞] ❶ 横切って; 向こう側に
▸This river isn't wide. Let's swim **across**. この川は幅(はば)が広くない. 泳いで渡(わた)ろう.
❷ 直径が…で, 幅が…で
▸The lake is five kilometers **across**.
その湖は直径が 5 キロある.
❸ 交差して
acróss from ... …の向かいに, 反対側に
▸She was sitting **across from** the table.
彼女はテーブルの向かいにすわっていた.

act [ǽkt あクト] [名詞]
❶ [C] (個々の)行為(こうい), 行い
▸a kind [stupid] **act**
親切な[愚(おろ)かな]行為
❷ [C] 《しばしば **Act** で》(劇の)幕
▸**Act** V, Scene ii of *Hamlet*
『ハムレット』の第 5 幕第 2 場
(♦ act five, scene two と読む)
❸ [C] 《しばしば **Act** で》法律, 条例
——[動詞] [自] ❶ 行動する, 行う, ふるまう
▸She **acted** quickly and put out the fire.
彼女はすばやく行動して火を消した.
❷ (劇で)演じる; 出演する
——[他] (役)を演じる
▸Who **acted** Annie?
だれがアニーを演じたのですか?

action [ǽkʃn あクシャン] [名詞]
❶ [U] [C] 行動, 実行;
(個々の)行為(こうい), 行い

a b **c** **d** e f g h i j k l m n o p q r s t u v w x y z

▶take **action**
行動を起こす; 措置(キッ)をとる

❷ C U 演技; 動作, 体の動き
▶a quick **action**　すばやい動き

❸ C U 戦闘(セッ), 交戦

active [ǽktiv あクティヴ] 形容詞
❶ 活動的な; 積極的な
(対義語 passive 消極的な); 活動中の
▶Cats are **active** at night.
ネコは夜間, 活動的だ.

❷ 【文法】能動態の
(対義語 passive 受動態の)

activity [æktívəti あクティヴィティ] 名詞
(複数 **activities** [-z])
❶ U 活動; 活発さ, 活気
❷ C 《しばしば **activities** で》
(主に楽しみのための)活動
▶club **activities**　クラブ活動

actor [ǽktər あクタ] 名詞
C (女性をふくむ)俳優; 男優
(対義語 actress 女優)
▶a movie [film] **actor**　映画俳優

actress [ǽktris あクトゥレス] 名詞
(複数 **actresses** [-iz]) C 女優
(◆男女を区別せずに actor を用いることもある; 対義語 actor 男優)

actual [ǽktʃuəl あクチュアる] 形容詞
《名詞の前に用いて》現実の, 実際の

actually [ǽktʃuəli あクチュアり] 副詞
実際に, 現実に;《ふつう文頭・文末に用いて》本当は, 実は(同義語 really)
▶I **actually** saw the accident.
わたしは実際にその事故を見た.
▶**Actually**, I'm not hungry.
本当は, おなかがすいていないんだ.

acute [əkjúːt アキュート] 形容詞
(感覚・痛みなどが)鋭(するど)い, 激しい

ad [ǽd あッド] 名詞 C (口語)広告
(◆ advertisement を短縮した語)
▶a car **ad**　車の広告

A.D., A.D. [éidíː エイディー] 西暦(セキ)…年
(◆ラテン語の Anno Domini 「わが主キリストの年の」の略; 紀元前か紀元後かがまぎらわしい年代につける;
対義語 B.C., B.C. 紀元前…年)
▶in A.D. 300 ＝ in 300 A.D.
西暦 300 年に(◆年号の前に置くのが正式だが, あとに置いてもよい)

Adam [ǽdəm あダム] 名詞
【聖書】アダム(◆神が造った最初の人間)
➡ apple 文化

|文化| Adam's apple って何?

Adam's apple とは「のどぼとけ」のことです. 旧約聖書に出てくる最初の人間アダム(Adam)は, 食べてはいけないと言われていた禁断の実(今では一般にリンゴとされています)を食べようとして神に見つかりそうになります. あわてて飲みこんだところ, そのひとかけらがのどにつかえてしまい, のどがふくらんだ, という言い伝えに由来します.

adapt [ədǽpt アダぁプト] 動詞 他
…を(…に)合うように変える(to [for] ...)

add [ǽd あッド] 動詞
(三単現 **adds** [ǽdz あッヅ];
過去・過分 **added** [-id]; 現分 **adding**)
——他 ❶ (…に)…を加える, 足す(to ...)
(対義語 subtract 引く)
▶**Add** one and three, and you'll get four.　1 と 3 を足すと 4 になる.

ダイアログ
A: How do you like the stew?
シチューはどう?
B: Well, you should **add** a little more salt (**to** it).
そうだね, 塩をもう少し足したほうがいいね.

❷ …とつけ足して言う(that 節)
▶He **added that** he would show the picture to me later.
あとでその写真を見せてあげると彼はつけ加えた.

——自 足し算をする

addition [ədíʃn アディシャン] 名詞
U 足し算; 加えること; C 加えられたもの[人]

in addition そのうえ, さらに

in addition to ... …に加えて, …のほかに
▶**In addition to** English, she speaks French and Spanish.
英語のほかに, 彼女はフランス語とスペイン語も話す.

address [ədrés あドゥレス]
——名詞 (複数 **addresses** [-iz])
❶ C あて先, 住所
▶Write down your name and **address** here, please.
ここにお名前とご住所を書いてください.

A
B
C
D
E
F
G
H
I
J
K
L
M
N
O
P
Q
R
S
T
U
V
W
X
Y
Z

(◆ address and name とはしない)
❷ C (公式な)あいさつ, 演説
❸ C【コンピューター】(E メールなどの)
アドレス
▶Please tell me your e-mail
address.
E メールアドレスを教えてください.
——**動詞** (三単現 **addresses** [-iz];
過去・過分 **addressed** [-t];
現分 **addressing**) ⦿
❶ (郵便物)に(…の)あて先を書く《to ...》
❷ …に話しかける, 演説する

adequate [ǽdəkwit あデクウェット]
形容詞 十分な(同義語 enough);適した

adjective [ǽdʒiktiv あヂェクティヴ]
名詞 C【文法】形容詞

adjust [ədʒʌ́st アヂャスト] (★発音に注意)
動詞 ⦿ …を調節する;…を(…に)合わ
せる《to ...》

administration [ədminəstréiʃn
アドミニストゥレイシャン] **名詞**
U 管理, 経営, 行政

admirable [ǽdmərəbl あドミラブる]
形容詞 賞賛に値(あたい)する, みごとな

admiration [ædməréiʃn あドミレイシャ
ン] **名詞** U (…に対する)賞賛, 感心,
感嘆(かん)《of [for, at] ...》

admire [ədmáiər アドマイア] **動詞** (三単現
admires [-z]; 過去・過分 **admired** [-d];
現分 **admiring**)
⦿ …を賞賛する, …に感心する;
…に見とれる

admission [ədmíʃn アドミシャン] **名詞**
U (…へ)入ることの許可; (…への)入場,
入会, 入学; (…への)入場料《to ...》
▶**admission** fee [charge]
入場料, 入会金, 入学金
▶an **admission** ticket 入場券
▶No **Admission** 《掲示》入場禁止
▶**Admission** Free 《掲示》入場無料

admit [ədmít アドミット] **動詞** (三単現
admits [ədmíts アドミッツ]; 過去・過分
admitted [-id]; 現分 **admitting**) ⦿
❶ (人)を(…に)入れる, (人)に(…への)
入場[入会, 入学]を許す《into [to] ...》
▶She was **admitted to** the club.
彼女はクラブへの入会を許された.
❷ (誤りなど)を認める, …だと認める
▶Tom didn't **admit** his mistakes.
トムは自分の誤りを認めなかった.

adopt [ədápt アダプト] **動詞** ⦿

❶ …を養子にする
❷ (計画・意見など)を採用する

adore [ədɔ́ːr アドーア] **動詞** (三単現
adores [-z]; 過去・過分 **adored** [-d];
現分 **adoring**) ⦿ …にあこがれる,
…を敬愛する; (口語)…が大好きである

adult [ədʌ́lt アダるト] **名詞** C おとな,
(法律上の)成人(◆イギリスでは 18 歳(さい)
以上, アメリカでは多くの州で 18 歳以上;
grown-up よりかたい語; 対義語 child
子供);成長した動物
——**形容詞** (人が)成人した, おとなの;
(動物が)成長した;成人向けの

advance [ədvǽns アドヴぁンス] **動詞**
(三単現 **advances** [-iz]; 過去・過分
advanced [-t]; 現分 **advancing**)
⦿ (…へ)進む《to ...》; (…において)進歩
する, 上達する; 昇進(しょう)する《in ...》
▶Our team **advanced to** the final.
わたしたちのチームは決勝に進んだ.
——⦿ …を進める; …を進歩させる
——**名詞** C U 前進;進歩

in advance
① 前もって;予想より早く
▶Let me know **in advance**.
前もってお知らせください.
② 前金で

advanced [ədvǽnst アドヴぁンスト]
形容詞 進歩した, 高度な, 上級の
▶**advanced** technology 先端(たん)技術
▶an **advanced** course 上級コース

advantage [ədvǽntidʒ アドヴぁンテッ
ヂ] **名詞** C U 有利(であること);有利な
点, 強み (対義語 disadvantage 不利);
C (テニスの)アドバンテージ

take advántage of ... (機会など)を利
用する;(相手の弱点)につけこむ
▶Let's **take advantage of** this
chance. このチャンスを利用しよう.

adventure [ədvéntʃər アドヴェンチャ]
名詞 C U 冒険(ぼう); U 冒険心
▶He had a lot of **adventures**.
彼は冒険をたくさんした.

adventurer [ədvéntʃərər アドヴェンチャ
ラ] **名詞** C 冒険(ぼう)家

adverb [ǽdvəːrb あドヴァ〜ブ] **名詞**
C【文法】副詞

advertise [ǽdvərtàiz あドヴァタイズ]
動詞 (三単現 **advertises** [-iz];
過去・過分 **advertised** [-d];
現分 **advertising**)

他 (テレビ・新聞・雑誌などで)…を広告する, 宣伝する

――自 広告をする, 宣伝をする

advertisement [ӕdvətáizmənt

アドヴァタイズメント, ədvə́ːrtismənt

アドヴァ〜ティスメント] 名詞

C 広告, 宣伝(◆短縮形は ad)

▶put an **advertisement** in a newspaper 新聞に広告を出す

*advice [ədváis アドヴァイス]

(★ アクセントに注意) 名詞

U 忠告, 助言

▶You should <u>follow</u> [take] your doctor's **advice**.
あなたは医者の忠告に従うべきだ.

▶My mother gave me some **advice**.
母がアドバイスをしてくれた.

> **ルール advice の数え方**
>
> advice は数えられない名詞です. 数を表すときは次のようにします.
> ▶a piece of **advice** 1つの忠告
> ▶two pieces of **advice**
> 2つの忠告

advise [ədváiz アドヴァイズ] (★ advice と発音・つづりのちがいに注意)

動詞 (三単現 **advises** [-iz]; 過去・過分 **advised** [-d]; 現分 **advising**)

他 (人)に忠告する, 助言する

▶She **advised** me on [about] my future plans. わたしの将来の計画について彼女が助言してくれた.

adviser, advisor [ədváizər アドヴァイザ] 名詞 C 顧問(え); 相談相手, 助言者

aerobics [eəróubiks エアロウビクス]

(★ アクセントに注意)

名詞 U エアロビクス

aerogram, aerogramme

[éərəgræm エアログラぁム] 名詞

C 航空書簡(◆ air letter ともいう)

aeroplane [éərəplèin エアロプレイン]

名詞 C (英)飛行機(◆(米)airplane; plane と略すことが多い)

Aesop [íːsɑp イーサップ] 名詞 【人名】

イソップ(◆紀元前 600 年ごろのギリシャの寓話(ぐ)作家;『イソップ物語』 (*Aesop's Fables*)を書いたといわれる)

AET [éiìːtíː エイイーティー] 名詞

C (日本の)外国人英語指導助手
(◆ *Assistant English Teacher* の略)

⇒ **ALT**

affair [əféər アふェア] 名詞

❶ C 出来事; (個人的な)関心事

❷《**affairs** で》事務, 仕事; 事情

▶world **affairs** 世界情勢

affect [əfékt アふェクト] 動詞 他

❶ …に影響(えい)をあたえる

▶How will climate change **affect** our daily life? 気候変動はわたしたちの日常生活にどう影響しますか?

❷《**be affected** で》感動する

affection [əfékʃn アふェクシャン] 名詞

C U (穏(お)やかで長く続く)愛情

afford [əfɔ́ːrd アふォード] 動詞

他《**can afford (to** +動詞の原形)で》(金銭的・時間的に)…する余裕(ゆう)がある
(◆ふつう否定文・疑問文で用いる)

▶He **cannot afford (to** buy) a bike.
彼は自転車を買う余裕がない.

Afghanistan [ӕfgǽnəstæn アふギぁニスタぁン] 名詞

アフガニスタン(◆アジア南西部の共和国;首都はカブール Kabul)

*afraid [əfréid アふレイド] 形容詞

(比較 **more afraid**; 最上 **most afraid**)《名詞の前には用いない》

❶《**be afraid of** +名詞[...ing]で》…を恐(お)れる, こわがる, 心配する

▶You should not **be afraid of making** mistakes.
失敗することを恐れてはいけない.

❷《**be afraid of that** 節で》…ではないかと心配する, 恐れる

▶He **was afraid (that)** he would fail the test.
彼はそのテストに落ちるのではないかと心配した.

❸《**be afraid to** +動詞の原形で》こわくて…できない, …するのがこわい

▶I'm **afraid to** fly.
わたしは飛行機に乗るのがこわい.

I'm afráid not.
(残念ながら)そうではないようです.

> **ダイアログ**
>
> A: Can you go with us tonight?
> 今夜, いっしょに行けますか?
> B: **I'm afraid not.** My uncle is coming.
> 残念だけど行けません. おじが来るので.

A
B
C
D
E
F
G
H
I
J
K
L
M
N
O
P
Q
R
S
T
U
V
W
X
Y
Z

I'm afráid so.
（残念ながら）そのようです.

ダイアログ
A: It looks like rain.
雨が降りそうだ.
B: **I'm afraid so.**
（あいにく）そのようだね.

I'm afráid (that) ...
（残念ながら）…だと思う, …のようだ
▶I'm afraid (that) she doesn't like our plan.
（残念ながら）彼女はわたしたちの計画が気に入らないようだ.

Africa [ǽfrikə あふりカ] **名詞** アフリカ

African [ǽfrikən あふりカン] **形容詞**
アフリカの; アフリカ人の
──**名詞** C アフリカ人; 《**the Africans**
で》アフリカ人（全体）

African-American
[ǽfrikənəmérikən あふりカンアメリカン]
形容詞 アフリカ系アメリカ人の（◆アメリカ黒人の名称(めいしょう); 差別的な意味合いのない言い方として一般的に用いる）
──**名詞** C アフリカ系アメリカ人

:after [ǽftər あふタ]

前置詞 ❶《時間》…のあとに［で］
　　　 ❷《順序》…のあとに［で］
　　　 ❸《時刻》…過ぎ
接続詞 　　 …したあとで

──**前置詞** ❶《時間》…のあとに［で］
（**対義語** before …の前に）
▶**after** lunch　昼食後
▶the day **after** tomorrow　あさって
▶**after** July 6　7月6日以降
（◆6は (the) sixth と読む; 厳密には6日をふくまず, ふくむ場合は on and after July 6 という）
▶**After** doing my homework, I went to bed.
宿題をやったあと, わたしは寝(ね)た.

ダイアログ
A: What do you do **after** school?
あなたは放課後に何をしますか？
B: I usually play soccer.
たいていサッカーをします.

❷《順序》…のあとに［で］
（**対義語** before …より先に）
▶Repeat **after** me.
（授業で先生が生徒に対して）わたしのあとについて繰(く)り返して言いなさい.
❸《時刻》《米》…過ぎ
（◆《英》past, **対義語** before, to …前）
▶It's ten **after** five.
今, 5時10分です（5時10分過ぎです）.
❹《結果》…（のあと）だから; …の結果
▶He must be tired **after** such hard work.　あんなに一生懸命(けんめい)働いたのだから, 彼は疲(つか)れているにちがいない.
❺ …を追って; …を求めて
▶We ran **after** the dog.
わたしたちはそのイヌを追って走った.
❻ …にならって, ちなんで
▶He was named Alfred **after** his grandfather.　彼は祖父の名にちなんでアルフレッドと名づけられた.

after áll　結局, とうとう

After yóu.
（順番を譲(ゆず)るときに）どうぞお先に.
（◆「わたしはあなたのあとから」の意味から）

dáy after dáy　毎日 ➡ **day**

óne after anóther　次から次へと ➡ **one**

yéar after yéar　毎年毎年 ➡ **year**

──**接続詞** …したあとで, …してから
（**対義語** before …する前に）
▶**After** she read the book, she lent it to me.　その本を読んだあと, 彼女はそれをわたしに貸してくれた.
▶Let's go out **after** I finish writing this e-mail.　わたしがこのEメールを書き終えたら, 外に行こう.
（◆ after のあとは, 未来のことでも現在形を用いる; × after I will finish writing this e-mail とはいわない）

──**副詞**《時間・順序》あとで［に］

ever áfter　その後ずっと ➡ **ever**

:afternoon
[ǽftərnú:n あふタヌーン] **名詞**
（**複数** **afternoons** [-z]）
C U 午後（◆正午または昼食時から日

12　twelve

没(ぼっ)ごろまで) ⇒ **day** 図

▶Let's play tennis this **afternoon**.
今日の午後テニスをしましょう.

▶It will snow in the **afternoon**.
午後は雪が降るでしょう.

▶She arrived on the **afternoon** of
April 6.
彼女は4月6日の午後に着いた.
(◆6は (the) sixth と読む)

▶He often goes fishing on Sunday
afternoon.
彼は日曜日の午後によく釣(つ)りに行く.

ルール **afternoon につく前置詞**

1 単に「午後に」と言う場合の前置詞は
in を使い,「特定の日の午後に」と言う
場合には on を使います.

▶**in** the **afternoon** 午後に
▶**on** Sunday **afternoon**
日曜日の午後に

2 every, this, that, next, tomorrow,
yesterday などが前につくときには前
置詞は使いません.

▶**every afternoon** 毎日の午後に
▶**this afternoon** 今日の午後に(◆
× in this afternoon とはいわない)
▶**tomorrow afternoon**
明日の午後に

3 morning, evening も afternoon
と同様に用います.

Good afternóon. こんにちは.(◆正午
から夕方までに人と会ったときのあいさ
つ; まれに別れるときに Goodbye. の代わ
りに使うことがある)

afterward [ǽftərwərd あふタワド] 副詞
あとで, のちに, その後

afterwards [ǽftərwərdz あふタワヅ]
副詞 (英) = afterward(あとで)

again [əgén アゲン] 副詞
もう一度, 再び, また(同義語 once more);
もとのように

▶Try **again**. もう一度やってみなさい.
▶See you **again** soon.
また近いうちに会いましょう.

agáin and agáin 何度も何度も
▶She asked the same question
again and again.
彼女は何度も何度も同じ質問をした.

(áll) óver agáin もう一度 ⇒ **over**

(every) nów and agáin ときどき

once agáin もう一度 ⇒ **once**

against [əgénst アゲンスト] 前置詞

❶ …に逆(さか)らって; …に反対して
❷ …にぶつかって
❸ …に寄りかかって
❹ …に備えて

❶ …に逆らって; …に反対して
(対義語) for …に賛成して); …に対抗(たい)
して; …に違反(いはん)して
▶He swam **against** the tide.
彼は潮(しお)の流れに逆らって泳いだ.
▶Are you for or **against** our plan?
あなたはわたしたちの計画に賛成です
か, 反対ですか?

❷ …にぶつかって
▶He hit his head **against** the
wall. 彼は壁(かべ)に頭をぶつけた.

❸ …に寄りかかって, もたれて
▶He is leaning **against** the tree.
彼はその木に寄りかかっている.
▶My father put a ladder **against**
the tree.
父はその木にはしごを立て掛(か)けた.

❹ …に備えて, …から身を守るために
▶We were very careful to guard
against fire.
わたしたちは火災を起こさないように
とても注意した.

❺ …を背景として, …と対照して
▶The bridge was very beautiful
against the blue sky.
その橋は青空を背景にしてとても美し
かった.

age [éidʒ エイヂ]
——名詞 (複数) ages [-iz]

❶ 年齢(ねんれい)
❷ 成年
❸ 時代

❶ C U 年齢, 年
▶an **age** limit 年齢制限

▶books for **ages** 6 and up
6歳(さい)以上向けの本

▶We are the same **age**.
わたしたちは同じ年齢です.

▶She climbed the mountain at the **age** of eighty.
彼女は 80 歳でその山にのぼった.

▶He looks young for his **age**.
彼は年のわりには若く見える.

❷ Ｕ 成年(♦(米)では多くの州で 18 歳, (英)では 18 歳)

▶come of **age** 成年に達する

▶be under **age** 未成年である

❸《しばしば **Age** で》Ｃ 時代
(同義語)period

▶How should we live in the Internet **Age**?
わたしたちはインターネット時代にどう生きればいいのだろうか?

❹ Ｕ Ｃ (一生のうちの)一時期

▶middle [old] **age** 中[老]年

❺ Ｕ 老齢, 高齢

❻ Ｃ《しばしば **ages** で》長い間

▶Hi, Andy. I haven't seen you for **ages**.
やあ, アンディ. ずいぶん久しぶりだね.
(♦会っていない時間の長さを強調した言い方)

――動詞 (三単現) **ages** [-iz] (過去・過分) **aged** [-d]; (現分) **aging**, (英)**ageing**)

――自 年をとる

――他 …を老化させる

aged¹ [éidʒd エイヂド] (★ aged² との発音のちがいに注意) 形容詞
…歳(さい)の[で](♦数詞があとに続く)

▶a girl **aged** 12 12歳の少女

aged² [éidʒid エイヂッド] (★発音に注意) 形容詞《名詞の前に用いて》
年をとった

▶the **aged** 年をとった人たち, 高齢(こうれい)者(♦「the +形容詞」で「…な人々」の意味; elderly people と同じく複数あつかい)

agency [éidʒənsi エイヂェンスィ] 名詞
(複数 **agencies** [-z])

❶ Ｃ 代理店, 取次店

▶a travel **agency** 旅行代理店

❷ Ｃ《主に米》(政府の)機関, 庁, 局

agent [éidʒənt エイヂェント] 名詞
Ｃ 代理人, 代理店; スパイ

aggressive [əgrésiv アグレッスィヴ]

形容詞 ❶ 攻撃(こうげき)的な; けんか好きな

❷ 積極的な, 精力的な

aging society 名詞 [éidʒiŋ səsáiəti エイヂング ソサイアティ]
Ｃ 高齢(こうれい)(化)社会

ago [əgóu アゴウ] 副詞
《期間を表す語句を前につけて》
(今から)…**前に**

▶an [one] hour **ago** 1時間前に

▶five years **ago** 5年前に

▶The bus left ten minutes **ago**.
バスは 10 分前に出ました.
(♦ふつう過去形の文で使い, 現在完了の文では使わない)

a lóng tíme ago = lóng ago
ずっと前に

lóng, lóng agó (物語などで)昔々

agony [ǽgəni アゴニ] 名詞
Ｃ Ｕ 苦痛, 激しい痛み

agree [əgríː アグリー] 動詞
(三単現 **agrees** [-z]; 過去・過分 **agreed** [-d]; 現分 **agreeing**)

――自 ❶ 同意する
(対義語)disagree 意見が合わない);
《**agree with** +人で》(人)に賛成する, (人)と意見が一致(いっち)する;
《**agree to** +提案・計画で》
(提案・計画)に同意する, 賛成する

▶I **agree** with you.
あなた(の意見)に賛成です.

▶I can't **agree** to your plan.
あなたの計画には同意できません.

❷ (食物・気候などが)(人に)合う(with ...)

――他《**agree to** +動詞の原形で》
…することに同意する, 賛成する

▶She **agreed** to help them.
彼女は彼らを手伝うことに同意した.

agreeable [əgríːəbl アグリーアブル]
形容詞 受け入れられる; 感じのよい

agreement [əgríːmənt アグリーメント]
名詞 ❶ Ｕ (意見の)一致(いっち), 同意

❷ Ｃ 協定, 契約(けいやく)

agricultural [ægrikʌltʃərəl あグリカるチュラる] 形容詞 農業の

agriculture [ægrikʌltʃər あグリカるチャ] 名詞
Ｕ 農業(♦「産業」「工業」は industry)

ah [ɑː アー] 間投詞 (悲しみ・喜び・驚(おどろ)きなどを表して)ああ, おお

aha [əhá: アハー] **間投詞** (驚(おどろ)き・あざけり・喜び・納得(なっとく)などを表して)ははあ, なるほど, へえ

ahead [əhéd アヘッド] **副詞**
❶ 〖場所〗前方に, 前方へ
(**対義語** behind 後ろに)
▶Go straight **ahead**.
まっすぐに行きなさい.
▶The station is two kilometers **ahead**. 駅は2キロ先にあります.
❷ 〖時間〗先に, 前もって
▶Call **ahead** for reservations
(**掲示**)前もってお電話でご予約ください

ahead of ... 〖位置〗…の前に[を];
〖時間〗…より先に
▶We saw a river **ahead of** us.
わたしたちの前方に川が見えた.

go ahead
① 先へ進む
② (許可を表して)どうぞ;
(話を促(うなが)して)さあ, それで

┌─────────────┐
│ **ダイアログ**
│ *A:* May I ask you a favor?
│   お願いがあるのですが.
│ *B:* Yes, **go ahead**. ええ, どうぞ.
└─────────────┘

AI [éiái エイアイ] **名詞** 人工知能
(♦ *a*rtificial *i*ntelligence の略)

aid [éid エイド] **動詞** 他 (人)を助ける, 手伝う(♦ help よりややかたい語)
──**名詞** U 手助け, 援助(えんじょ);
C 助手;補助器具
▶give first **aid** to a child
子供に応急処置をする

aide [éid エイド] **名詞** C 補佐(ほさ)官, 側近

AIDS [éidz エイヅ] **名詞** U 〖医学〗エイズ(♦ *A*cquired *I*mmune *D*eficiency [*I*mmuno*d*eficiency] *S*yndrome 「後天性免疫(めんえき)不全症候(しょうこう)群」の略; immune と deficiency の発音は [imjú:n イミューン], [difíʃnsi ディフィシャンスィ])

aim [éim エイム] **動詞** 他 (…に)(銃(じゅう)・カメラなど)を向ける, ねらう《at ...》
▶**aim** the arrow **at** the target
矢を標的に向ける
──**自** ❶ (銃などで)(…を)ねらう《at ...》
▶He **aimed at** the bear.
彼はそのクマにねらいをつけた.
❷ (…を)目指す《at [for] ...》;《**aim to**＋動詞の原形で》…しようと志す

▶Our team is **aiming for** the championship.
わたしたちのチームは選手権での優勝をねらっている.
▶I'm **aiming to** become an actor.
わたしは俳優を志している.
──**名詞** ❶ U ねらい; C 目的, 目標

ain't [éint エイント] 〖口語〗am not, are not, is not の短縮形; have not, has not の短縮形(♦詩や歌詞などで見られるが, 日常の会話では使わないほうがよい)

Ainu [áinu: アイヌー] **名詞** (**複数** Ainu または Ainus [-z]) C アイヌ人; U アイヌ語
──**形容詞** アイヌの; アイヌ人の; アイヌ語の

ːair [éər エア]
──**名詞** (**複数** airs [-z])
❶ U 空気, 大気
▶Mountain **air** is fresh.
山の空気は新鮮(しんせん)だ.
❷ 《ふつう the air で》空中, 空
⇒ 成句 **in the air**
❸ C 外観, 様子;《ふつう **airs** で》気取った態度
▶He is always putting on **airs**.
彼はいつも気取っている.

by áir ① 飛行機で
▶He traveled to France **by air**.
彼は飛行機でフランスに旅行した.
② 航空便で(♦ by airmail ともいう)

in the áir 空中に
▶A plane was flying **in the air**.
飛行機が空を飛んでいた.

on (the) áir (ラジオ・テレビで)放送されて(♦日本語では「オンエア」と言うが, 英語ではふつう the を入れる)
──**動詞** 他 …を外気に当てる, (部屋などを)を換気(かんき)する; …を公表する

air-conditioned [éərkəndíʃnd エアコンディシャンド] **形容詞** 空調された; エアコンつきの

air conditioner [éər kəndíʃnər エア コンディシャナ] **名詞**
C エアコン, クーラー, 空気調節装置
(♦空調設備全般を表すときには air conditioning という) ⇒ **cooler**

aircraft [éərkræft エアクラぁフト] **名詞**
(**複数** aircraft: 単複同形)
C 航空機 (♦飛行機だけでなくヘリコプター・グライダー・気球などもふくむ)

airfare [éərfèər エアふェア] **名詞**
C 航空運賃

air force [éər fɔ̀ːrs エア ふォース]
C 《**the air force** で》空軍(◆「陸軍」は
the army, 「海軍」は the navy)

airline [éərlàin エアらイン] **名詞**
C 定期航空路;《**Airlines** でしばしば単
数あつかい》…航空会社(同義語 Airways)
▶China **Airlines** 中華(ちゅうか)航空

airmail, air mail [éərmèil エアメイる]
名詞 U 航空郵便, エアメール
▶by **airmail**
航空便で(◆ by air ともいう)

ˈairplane [éərplèin エアプれイン]
名詞 (複数 **airplanes** [-z])
C (米)(主に米)飛行機
(◆ plane と短縮することが多い;
(英)aeroplane)

ˈairport [éərpɔ̀ːrt エアポート]
(複数 **airports** [éərpɔ̀ːrts エアポーツ])
C 空港, 飛行場
▶Kansai International **Airport**
関西国際空港

airship [éərʃip エアシップ] **名詞** C 飛行船

airsick [éərsik エアスィック] **形容詞**
飛行機に酔(よ)った

airway [éərwèi エアウェイ] **名詞**
❶ C 航空路
❷ 《**Airways** で単数あつかい》
…航空会社(同義語 Airlines)

aisle [áil アイる] (★発音に注意)
名詞 C (列車・劇場などの座席間の)通路

AK [郵便] アラスカ州(◆ *Alaska* の略)

AL [郵便] アラバマ州(◆ *Alabama* の略)

-al 接尾辞 名詞について「…に関する,…の
(性質の)」という意味の形容詞をつくる:
nation(国)＋ -al → national(国の)

Alabama [æləbǽmə あらバぁマ] **名詞**
アラバマ州 (◆アメリカ南部の州; Ala.
または[郵便]で AL と略す)

alarm [əlɑ́ːrm アらーム] **名詞**
❶ C 警報; 警報器, 警報装置
▶a fire **alarm** 火災報知器
❷ C 目覚まし時計(＝ alarm clock)
▶Set the **alarm** for six.
目覚まし時計を6時にセットしなさい.
❸ U (よくないことが起こるという)
恐怖(きょう), (どきっとするような)驚(おど)き
——動詞 他 (人)を怖(こわ)がらせる

alarm clock [əlɑ́ːrm klɑ̀k アらームク
らック] **名詞** C 目覚まし時計
(◆単に alarm ともいう)
➡ **clocks and watches** 図

alas [əlǽs アらぁス] **間投詞**
(悲しみや残念な気持ちを表して)ああ!

Alaska [əlǽskə アらぁスカ] **名詞**
アラスカ州(◆アメリカ最北端(たん)の州;
Alas. または[郵便]で AK と略す)

Alaskan [əlǽskən アらぁスカン] **形容詞**
アラスカ州の; アラスカ人の
——名詞 C アラスカ人

album [ǽlbəm あるバム] **名詞**
❶ C (写真・サインなどの)アルバム
▶a photo **album** 写真のアルバム
❷ C (CD・レコードなどの)アルバム

alcohol [ǽlkəhɔ̀ːl あるコホーる] **名詞**
❶ U アルコール飲料, 酒
❷ U [化学]アルコール

alert [əlɔ́ːrt アら～ト] **形容詞** 油断しない
——名詞 C 警戒(けい)警報

Alexander [ǽligzǽndər あれグザぁンダ]
名詞 《**Alexander the Great** で》
[人名]アレクサンダー大王(◆ 356-323
B.C.; 古代マケドニアの王で近東諸国を
征服(ぷく)し, ギリシャ文明を広めた)

Alfred [ǽlfrid あるふレッド] **名詞**
《**Alfred the Great** で》
[人名]アルフレッド大王(◆ 849-899;
古英国ウェセックスの王)

algebra [ǽldʒəbrə あるヂェブラ] **名詞**
U [数学]代数(学)

Ali Baba [ǽli bǽbə あり バぁバ] **名詞**
アリババ(◆『アラビアン・ナイト』
(*The Arabian Nights*)の中の「アリババ
と 40 人の盗賊(ぞく)」の物語の主人公)

Alice [ǽlis ありス] **名詞** アリス(◆ Lewis
Carroll 作『不思議(ぎ)の国のアリス』
(*Alice's Adventures in Wonderland*)
の主人公)

『不思議の
国のアリス』
のさし絵
ジョン・
テニエル画

「アリス」といえば、英米人はたいてい『不思議の国のアリス』を連想します。少女アリスがウサギの穴からおとぎの国に入り、さまざまな不思議な体験をするという物語です。

alien [éiliən エイリアン] 形容詞
外国の, 外国人の
——名詞 **❶** C (他国在住の)外国人
❷ C 異星人

alike [əláik アライク] 形容詞《名詞の前には用いない》(人・ものが)似ている, 同様の
▶Those two sisters are very much **alike**. その2人の姉妹(しまい)はとてもよく似ている。
——副詞 同じように

alive [əláiv アライヴ] 形容詞
《名詞の前には用いない》生きて, 生きた状態で(対義語 dead 死んだ)
▶This fish is **alive**.
この魚は生きている。(♦「生きている魚」は a live [living] fish)

alkali [ǽlkəlài あるカライ] (★発音に注意)
名詞 C U 【化学】アルカリ
(対義語 acid 酸)

all [ɔ:l オール]

形容詞	**❶** すべての
代名詞	**❶** 全員
	❷ 全部
副詞	全く

——形容詞 **❶** すべての, 全部の
⇒ every (くらべよう)
▶All the boys went home.
その少年たちはみんな家に帰った。
▶She spent **all** her money.
彼女は自分のあり金を全部使った。
▶I played tennis **all** morning.
わたしは午前中ずっとテニスをした。

ルール all の使い方
1 all は, the や形容詞, また my や Tom's などの(代)名詞の所有格とともに使うときは, その前に置きます。
▶**all** new houses 新しい家全部
▶**all** my pens わたしのペン全部
2 all は, 数えられる名詞にも, 数えられない名詞にも使います。
▶**all** Tom's books トムの本全部

▶**all** the milk ミルク全部
3 all は, 場所を表す名詞などの単数形といっしょに使うことがあります。
▶**All** Tokyo is excited at the news.
東京じゅうの人々がそのニュースに興奮している。

❷《否定文で部分否定を表して》すべて…というわけでは(ない)
▶**Not all** children like milk.
子供がみな牛乳を好きだとはかぎらない。

all dáy (lóng) 一日じゅう ⇒ day
áll the tíme
その間ずっと; いつも ⇒ time
áll the wáy
途中(とちゅう)ずっと; はるばる ⇒ way
áll the whíle その間ずっと ⇒ while
áll (the) yéar róund
一年じゅう ⇒ year
——代名詞 **❶**《複数あつかいで》全員, みな, すべてのもの
▶**All** of them are hungry.
(= They are **all** hungry.)
彼らはみな腹をすかしている。
▶We **all** went to Nara by bus.
わたしたちは全員バスで奈良へ行った。
❷《単数あつかいで》全部, すべて
▶**All** we can see is the horizon.
見えるのは地平[水平]線だけです。
(♦「見えるものすべてが地平[水平]線だ」の意味から)
above áll 何よりもまず, とりわけ
after áll 結局, とうとう ⇒ after
at áll (♦強調を表す)
①《否定文で》少しも(…ない)
▶I can't swim **at all**.
わたしは少しも泳げない。
②《疑問文で》いったい, 少しでも
first of áll まず, 第一に ⇒ first
in áll 全部で, 合計で
Not at áll. 《主に英》(Thank you. に対して)どういたしまして, (♦《米》ではふつう You're welcome. を用いる)

ダイアログ
A: Thank you for your help.
手伝ってくれてありがとう。
B: **Not at all.** どういたしまして。

Thát's áll. (話の最後などにつけ加えて)それだけです, それで終わりです。

▸That's **all** for today.
今日はここまで.（♦授業の終わりなどで使われる）
——[副詞] 全く, すべて, すっかり
▸She was **all** alone in the house.
その家にいたのは彼女だけだった.

áll aróund いたるところに; 全員に
áll at ónce 突然(とつぜん); 全部同時に
♦***áll over (...)*** （…の）**いたるところに**
➡ **over** [前置詞], [副詞]
♦***all ríght***（♦ alright ともつづる）
① （相手への返事として, 同意・了承(りょうしょう)などを表して）**よろしい**, 了解した
（[同義語]《口語》OK）

> [ダイアログ]
> *A:* Will you open the window?
> 窓を開けてもらえますか？
> *B:* **All right**. いいですよ.

② （相手からのお礼やおわびの返事として）**いいんですよ**, どういたしまして

> [ダイアログ]
> *A:* I'm sorry. I used your pen by mistake. ごめんなさい. まちがってあなたのペンを使ってしまいました.
> *B:* That's **all right**.
> かまいませんよ.

③ **無事で**, 元気で
▸He is **all right**, but a little tired.
彼は無事だが, 少し疲(つか)れている.
④ 申し分ない, 満足な; まあまあの
▸Her English is **all right**.
彼女の英語は申し分ない.
（♦前後関係によっては「まあまあだ」の意味にもなる）
all togéther 全部いっしょに

allergic [əlɚ́ːrdʒik アら～ヂック] [形容詞]
（…に対して）アレルギー体質で《to ...》
▸I'm **allergic to** peanuts.
わたしはピーナッツアレルギーだ.

allergy [ǽlərdʒi あらヂィ]（★発音に注意）
[名詞]（[複数] **allergies** [-z]）
❶ [C]【医学】（…に対する）アレルギー《to ...》
▸I have an **allergy to** eggs.
わたしは卵アレルギーだ.
❷ [C]《口語》（…への）強い嫌悪(けんお)《to ...》

alley [ǽli あり] [名詞]
❶ [C] 路地;（公園などの）小道
❷ [C]（ボウリングの）レーン

All Fools' Day [ɔ́ːl fúːlz dèi オーるふーるズ デイ] [名詞] エープリルフール
➡ **April Fools' Day** [文化]

alligator [ǽligèitər ありゲイタ] [名詞] [C]
【動物】ワニ, アリゲーター（♦アメリカ・中国産のワニ; アフリカ・南アジア産のクロコダイル(crocodile)に比べ, 口が短い）

♦**allow** [əláu アらウ]（★発音に注意）
[動詞]（[三単現] **allows** [-z]; [過去・過分] **allowed** [-d]; [現分] **allowing**）[他]
❶ …を許す, 許可する;《**allow** ＋人＋ **to** ＋**動詞の原形**で》（人）に…させておく
▸**Allow** me **to** introduce Ms. Jones.
ジョーンズさんを紹介(しょうかい)させていただきます.

> [ダイアログ]
> *A:* Can I take my dog into the park? 公園の中にイヌを連れて入ってもいいですか？
> *B:* No, dogs are not **allowed** here.
> (= No, you are not **allowed to** bring your dog here.)
> いいえ, ここはイヌはだめですよ.

> [くらべよう] **allow と permit**
> **allow**:「許可をあたえる」という意味だけでなく,「単に黙認(もくにん)して反対しない」意味にも用います.
> **permit**:「積極的な許可」という意味のかたい語です. 法律や規則にもとづく許可によく用います.

❷（人）に（金など）をあたえる

allowance [əláuəns アらウアンス] [名詞]
[C] 手当, 費用;《米》（子供の）こづかい
（♦《主に英》pocket money）

all-purpose [ɔ́ːlpɚ́ːrpəs オーるパ～パス] [形容詞] 多目的の, 万能の

All Saints' Day [ɔ́ːl séints dèi オーるセインツ デイ] [名詞]【キリスト教】万聖節(ばんせいせつ), 諸聖人の祝日（♦ 11月1日を指す; すべての聖人の霊(れい)の平安を祈(いの)り, 神の豊かな恵(めぐ)みに感謝する日で, この日の前夜祭をハロウィーン(Halloween)と呼ぶ）➡ **Halloween** [文化]

almighty [ɔːlmáiti オーるマイティ] [形容詞]
全能の
——[名詞]《**the Almighty** で》全能者, 神
（[同義語] God）

almond [áːmənd アーモンド] [名詞]
[C]【植物】アーモンド（の木）

‡almost [ɔ́:lmoust オールモウスト] 副詞

❶ **ほとんど, たいてい**(同義語 nearly)

▶**almost** every night
ほとんど毎晩

▶It was **almost** eleven o'clock.
11時近かった.

▶He is **almost** fifteen.
彼はもうすぐ15歳(ミぅ)になる.

▶**Almost** all (the) boys in my class can play baseball.
わたしのクラスでは, ほとんどすべての男子が野球ができる.(♦×almost boysとはいわない)

[くらべよう] almost, nearly, about

数を表す語とともに用いる場合:
almost, nearly: その数に近いことを表しますが, その数を超(□)えません.
about: その数の前後であることを示します.

▶It's **almost** [**nearly**] six in the evening.
もう少しで夕方の6時だ.

▶I arrived there at **about** six in the morning.
朝の6時ごろにそこに着いた.

almost
nearly

about

❷ **もう少しで, すんでのところで**
(♦動詞を修飾(ᦲ)する場合は, その動作が行われていないことを表す)

▶I **almost** forgot the key.
危(ᦲ)うくかぎを忘れるところだった.

aloha [əlóuhɑ: アロウハー] 間投詞

こんにちは; ようこそ; さようなら
(♦もともと「愛」という意味の, ハワイ語のあいさつ)

‡alone [əlóun アロウン]

——副詞 **ひとりで, 1つで; ただ…だけ**

▶He lives **alone** in the apartment.
彼はアパートにひとりで住んでいる.

▶We solved the problem **alone**.
わたしたちはだれの助けも借りずにそ

の問題を解決した.
(♦aloneは2人以上にも用いる)

all alóne **全くひとりで**

▶She made the cake **all alone**.
彼女は自分ひとりでケーキを作った.

——形容詞《名詞の前には用いない》
ひとりだけの; ただ…だけ

▶You are not **alone**. We have the same problem.
きみひとりじゃないよ. わたしたちも同じ問題をかかえているんだ.

▶Yumi and I were **alone** in the classroom.
教室には由美とわたしの2人きりだった.(♦aloneは2人以上にも用いる)

▶She **alone** knows. 彼女だけが知っている. (= Only she knows.)

let ... alóne = *leave ... alóne* **(人・もの)を(かまわずに)そのままにしておく**

▶**Leave** me **alone**, please.
わたしにかまわないでください.

‡along [əlɔ́:ŋ アローング]

——前置詞 **(道路・川など)に沿って; …を通って** ⇒ **across** [くらべよう]

▶There are some trees **along** the street. その通りに沿って木がある.

▶We walked **along** the street.
わたしたちはその通りを歩いた.

[ルール] along の使い方

along には, 「…の外側に沿って」と「その上[中]を通って」という2つの意味があります.

▶She is running **along** the river.
彼女は川の(外側に)沿って走っている.

▶He is rowing **along** the river.
彼は川(の中)でボートをこいでいる.

——副詞 ❶ **(止まらずに)前へ, 進んで**

▶"Move **along**, please. Thank you,"

said the conductor.
「奥(おく)へ進んでください．ご協力ありがとうございます」と車掌(しゃしょう)が言った．

[ダイアログ]
A: Can I join you?
わたしも加わっていい？
B: Of course, come **along**!
もちろんだよ，さあこっちへ来て！

❷ (…と)いっしょに([同義語] together)；(…を)連れて《with ...》
▸Bring your brother **along** next time. この次は弟さん[お兄さん]も連れていらっしゃい．

get alóng
暮らしていく；うまくやる ➡ **get**

aloud [əláud アラウド] [副詞] 声を出して
▸Read the sentence **aloud**.
その文を声に出して読みなさい．

[くらべよう] **aloud と loudly**
aloud:「声に出して」という意味です．
▸Would you read it **aloud**?
声に出して読んでいただけますか？
loudly:「大声で」という意味です．
▸Would you read it **loudly**?
大きな声で読んでいただけますか？

alphabet [ǽlfəbèt あるふァベット] [名詞]
[C] アルファベット(♦26 文字全体を指す)

alphabetical [æ̀lfəbétikl あるふァベティクる] [形容詞] アルファベット(順)の

Alps [ǽlps あるプス] [名詞] 《**the Alps** で複数あつかい》アルプス山脈(♦ヨーロッパ中南部の山脈；最高峰(ほう)はモンブラン)

:already [ɔːlrédi オーるレディ]
[副詞] 《肯定文で》**すでに**，もう
▸He was **already** in bed then.
そのとき彼はすでに寝(ね)ていた．

[ルール] **already の使い方**
「もう…したのですか？」とたずねる場合はふつう yet を用います．疑問文で already を用いると，驚(おどろ)きや意外な気持ちを表すことがあります．
▸Have you had lunch **yet**?
もうお昼は済ませましたか？
▸Wow! Have you solved the puzzle **already**?
すごい！ そのパズルをもう解いたのですか？

:also [ɔ́ːlsou オーるソウ]
— [副詞] **…もまた；そのうえ**
(♦too よりかたい語)
▸Mr. Smith is a teacher and **also** a musician.
スミス氏は教師であり，音楽家でもある．
▸Tom is tall. Bob, his big brother, is **also** very tall.
トムは背が高い．彼の兄のボブもまたとても背が高い．

[ルール] **also の使い方**
[1] also は，ふつう一般動詞の直前か，助動詞・be 動詞の直後に置きます．文末では too のほうがふつうです．
▸She **also** knows it.
▸She knows it, **too**.
彼女もそれを知っている．
[2] also のある文では，also とそれがかかる語句を強く発音します．
[3] 否定文では使いません．「…もまた～ではない[しない]」のように言うときは，文末で either を使います．
▸He does **not** know it, **either**.
彼もそれを知らない．

♦***not ónly ... but (álso) ~***
…ばかりでなく～もまた ➡ **not**
— [接続詞] そのうえ，さらに

ALT [éièltíː エイエるティー] [名詞]
[C] 外国語指導補助教員(♦*A*ssistant *L*anguage *T*eacher の略) ➡ **AET**

alter [ɔ́ːltər オーるタ] [動詞]
[他] (部分的に)…を変える
— [自] (部分的に)変わる(♦「(全体的に)変わる[変える]」は change)

although [ɔːlðóu オーるぞウ] [接続詞]
…だけれども，…だが，…にもかかわらず
(♦though よりかたい語)
▸**Although** my car is old, it runs well. わたしの車は古いが，よく走る．

altitude [ǽltit(j)ùːd あるティテュード] [名詞]
[U] [C] 高さ，高度；海抜(かいばつ)，標高

altogether [ɔ̀ːltəgéðər オーるトゥゲざ]
[副詞] ❶ すっかり，完全に；
《否定文で部分否定を表して》全く…というわけでは(ない)
▸The plan changed **altogether**.
計画はすっかり変わった．
▸I do**n't altogether** trust him.
彼を完全に信用しているわけではない．

❷ 全部で, 合計で
▶How much will it be **altogether**?
全部でいくらになりますか?

:always [ɔ́:lweiz オールウェイズ]

副詞《ふつう be 動詞・助動詞の直後か, 一般動詞の直前に置いて》**いつも, 常に**
▶She **always** looks happy.
彼女はいつも幸せそうだ.
▶He is **always** playing video games. 彼はいつもテレビゲームばかりしている. (◆ always を進行形の文で用いると, 話し手の非難の気持ちを表すことがある)

参考| **頻度(ど)を表す副詞**		
always	いつも	100%
usually	たいてい	
often	しばしば	
sometimes	ときどき	
hardly scarcely	ほとんど …しない	
rarely seldom	めったに …しない	
never	決して…ない	0%

not álways いつも[必ずしも]…とはかぎらない(◆部分否定)
▶Adults are **not always** right.
おとながいつも正しいわけではない.

:am [ǽm あム; (弱く言うとき) m ム]

——**動詞** (**過去** was [wɑ́z ワズ; (弱く言うとき) wəz ワズ]; **過分** been [bín ビン]; **現分** being [bí:iŋ ビーイング])
(be の一人称単数現在形; 主語が I のとき用いる ➡ **be**) 〓

ルール| **I am の短縮形**

1《口語》ではふつう I am を I'm [áim アイム]と短縮します.
2 ただし, Yes, I am. のように am が文の最後にくるときは短縮しません.
3 否定の場合は I'm not となります.

❶《状態・性質》**…です, …だ**
▶I'm from Japan.
わたしは日本出身です.
▶I'm not a good tennis player.
わたしはテニスがうまくない.

|ダイアログ|
A: Are you hungry? おなかすいた?
B: Yes, I **am**. うん, すいた.

❷《存在》**(…に)いる, ある**

|ダイアログ|
A: Hello, Ken. Where are you?
(電話で)もしもし, ケン. どこにいるの?
B: I'm at Ueno Station.
上野駅だよ.

——**助動詞** (**過去・過分・現分** は **動詞** に同じ) ❶《進行形をつくる / am + ...ing》**…している;** (はっきり決まった未来の予定を表して)**…する予定だ ➡ be**
▶I'm **looking** for my key.
わたしはかぎをさがしています.
▶I'm **leaving** Japan next month.
わたしは来月, 日本を出発する予定だ.
❷《受け身の形をつくる / am + 他動詞の過去分詞》**…される, …されている**
▶I'm **called** Beth.
わたしはベスと呼ばれています.

a.m., A.M. [éiém エイエム] 午前

(**対義語** p.m., P.M. 午後)
▶The class starts at 8:30 **a.m.**
授業は午前 8 時 30 分に始まります.
(◆ 8:30 は eight thirty と読む)

ルール| **a.m. の意味と使い方**

1 a.m. はラテン語の *ante meridiem* (正午より前)の略語で, 夜中の 12 時から昼の 12 時までの時間帯のことです.
2 a.m. は時刻を表す数字のあとに置きます.
▶at 8:30 **a.m.**
午前 8 時 30 分に
3 ふつう会話では, 「午前 8 時半に」は at eight thirty **in the morning** のようにいいます.
4 o'clock といっしょには使いません.
▶at 10 **a.m.**
午前 10 時に

amateur [ǽmətʃùər あマチュア] (★アク

セントに注意) **名詞** C アマチュア, しろうと(**対義語** professional プロ)
——**形容詞** アマチュアの, しろうとの

amaze [əméiz アメイズ] **動詞** (**三単現**

amazes [-iz]; **過去・過分** **amazed** [-d]; **現分** **amazing**) 他 **…をびっくりさせる, 驚(おど)かせる;**《**be amazed** で》

a b c d e f g h i j k l **m** n o p q r s t u v w x y z

（…に）びっくりする，驚く《at [by] ...》

amazement [əméizmənt アメイズメント] 名詞 U 驚(おど)き，驚嘆(きょう)

in amázement 驚いて

amazing [əméiziŋ アメイズィング] 形容詞 驚(おど)くべき，驚くほどすばらしい

Amazon [æməzɑ̀n アマザン] 名詞 《the Amazon で》アマゾン川（◆南アメリカの大河で，流域面積は世界一）

ambassador [æmbǽsədər アンバぁサダ] 名詞 C 大使；使節，代表

ambition [æmbíʃn アンビシャン] 名詞 C U 大志，大望，野心

ambitious [æmbíʃəs アンビシャス] 形容詞 大志を抱(いだ)いた，意欲[野心]的な

ambulance [æmbjələns アンビュらンス] 名詞 C 救急車
▶Call an **ambulance**!
救急車を呼んで！

▲バックミラーで読めるようにボンネット上の AMBULANCE の文字が鏡文字になっている

amen [eimén エイメン]（★発音に注意）間投詞 【キリスト教】アーメン（◆祈(いの)りの終わりに唱えることば）

*America [əmérikə アメリカ]

名詞 ❶ アメリカ，アメリカ合衆国（◆正式名は the United States of America；アメリカ人自身は，the United States や the States という言い方を好む；印刷物では the U.S. または the U.S.A. とすることが多い；首都はワシントン Washington, D.C.）
❷ 北アメリカ（＝ North America）
❸ 南アメリカ（＝ South America）
❹《ときに the Americas で》

American football

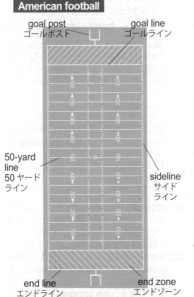

goal post ゴールポスト
goal line ゴールライン
50-yard line 50ヤードライン
sideline サイドライン
end line エンドライン
end zone エンドゾーン

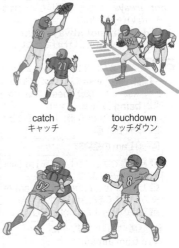

catch キャッチ
touchdown タッチダウン
tackle タックル
pass パス

アメリカ大陸(◆南・北両アメリカ)

American

[əmérikən アメリカン]

——形容詞 **アメリカの**; アメリカ人の
➡ **Japanese** 参考

▶the **American** national flag
アメリカ国旗(◆ the Stars and
Stripes「星条旗」ともいう)

▶My mother is **American**.
母はアメリカ人だ.

——名詞 (複数 **Americans** [-z])
C アメリカ人;《**the Americans** で》
アメリカ人(全体)

American Dream [əmérikən dríːm

アメリカン ドゥリーム] 名詞
《**the American Dream** で》
アメリカンドリーム
(◆アメリカでは, 才能と努力によりだれ
でも成功することができるという考え方)

American football

[əmérikən fútbɔ̀ːl アメリカン フットボール]
名詞 U (英)[スポーツ]アメリカンフッ
トボール(◆(米)では単に football とい
う)➡ p.22 図, **football**

American Indian [əmérikən índiən

アメリカン インディアン] 名詞 C アメリカ
インディアン(◆アメリカの先住民)
➡ **Indian** 文化, **Native American**

American League [əmérikən líːg

アメリカン リーグ] 名詞《**the American
League** で》アメリカン・リーグ
(◆ナショナル・リーグ(National
League)と並ぶアメリカのプロ野球, 大
リーグ(Major League))

American Revolution

[əmérikən rèvəlúːʃn アメリカン レヴォるーシャ
ン] 名詞《**the American Revolution**
で》アメリカ独立戦争
(◆ 1775-1783; the War of (American)
Independence ともいう)

文化 **自治・独立を求めた戦い**

アメリカ独立戦争は, 新大陸にできた
13 の植民地がイギリス本国の支配に反
発したことから, 1775 年に始まりまし
た. きっかけとなったのはボストン茶会
事件(the Boston Tea Party)(1773)
です. 植民地側が高い茶税に抗議(ぎ)し
てイギリス船を襲(おそ)い, 積み荷のお茶を
海に投げこみました. 植民地側は「代表

なくして課税なし」をスローガンに戦い
続け, 1783 年に独立を勝ちとりました.

◀
ボストン
茶会事件

among [əmʌ́ŋ アマング] 前置詞

❶ …の間で[に, を], …の中で[に, を];
…に囲まれて

▶He is popular **among** the
students. 彼は生徒の間で人気がある.

▶My dog is sitting happily **among**
the children. わたしのイヌは子供た
ちに囲まれてうれしそうにすわっている.

くらべよう **among** と **between**

among: ふつう 3 つ以上のものの間
にあることを表します.
between: ふつう 2 つのものの間に
あることを表します.

among   between

❷ …の一つ[一人]で(◆最上級をともな
うことが多い)

▶Tokyo is **among** the **biggest**
cities in the world.
東京は世界で最も大きな都市の一つだ.

amount [əmáunt アマウント]

——名詞 (複数 **amounts** [əmáunts
アマウンツ]) ❶《**the amount** で》
(…の)総額, 総計《of ...》

▶The **amount of** data is about
60MB.

A
B
C
D
E
F
G
H
I
J
K
L
M
N
O
P
Q
R
S
T
U
V
W
X
Y
Z

そのデータの容量は約60メガバイトだ。
❷ C 《(…の)量, 額《of …》
(♦数えられない名詞に使う)

▶a large **amount of** money
大金

――**動詞** (**三単現** amounts [-s]; **過去・過分**
amounted [-id]; **現分** amounting)
⾃ 総計(…に)なる《to …》; (…と)ほぼ等
しい《to …》

Amsterdam [ǽmstərdæm あムスタ
ダぁム] **名詞** アムステルダム(♦オランダ
の憲法上の首都; 行政府所在地はハーグ
(The Hague))

amuse [əmjúːz アミューズ] **動詞**
(**三単現** amuses [-iz]; **過去・過分** amused
[-d]; **現分** amusing)
⾍ (人)を(…で)おもしろがらせる,
楽しませる《with [by] …》
(**同義語** entertain); 《**be amused at**
[**by, with**] **...** で》…をおもしろがる, 楽
しむ

▶She **amused** us **with** magic.
彼女は手品でわたしたちを楽しませました.

amusement [əmjúːzmənt アミューズメ
ント] **名詞** U 楽しみ; C 娯楽(ぎ)

amusement park [əmjúːzmənt
pàːrk アミューズメント パーク] **名詞**
C 遊園地

amusing [əmjúːziŋ アミューズィング]
形容詞 (人を)楽しくさせる, おもしろい,
楽しい ➡ interesting 《くらべよう》

‡**an** [ən アン; (強く言うとき)æn アン] **冠詞**
《母音(ぼ)で始まる名詞の前に用いて》
1つの, 1人の; ある
➡ a 《ルール》, one 1つめの《くらべよう》

《ルール》**an の使い方**

an はあとの単語のつづり字に関係な
く, 発音が母音で始まる語につけます.
▶**an** hour[áuər アウア] 1時間
つづり字は h で始まるが, 発音は母
音[au]で始まるので an
▶**a** uniform
[júːnifɔ̀ːrm ユーニふォーム] 制服
つづり字は u で始まるが, 発音は子
音[j]で始まるので a
また, 名詞の前に母音で始まる形容詞
がくると an が用いられます. 子音で始
まる形容詞がくると a が用いられます.
▶**an** old [óuld オウるド] car 古い車
▶**a** big [bíg ビッグ] ant 大きなアリ

analog, (**英**)**analogue** [ǽnəlɔ̀ːg あ
ナろーグ] **形容詞** アナログ(式)の
(**対義語** digital デジタル(式)の)

analysis [ənǽləsis アナぁりスィス]
名詞 (**複数** analyses [ənǽləsìːz アナぁ
りスィーズ]) C U 分析(ぶ); 分解

analyze, (**英**)**analyse** [ǽnəlàiz あ
ナらイズ] **動詞** (**三単現** analyzes [-iz]
過去・過分 analyzed [-d];
現分 analyzing)
⾍ …を分析(ぶ)する; …を分解する

ancestor [ǽnsestər あンセスタ]
(★アクセントに注意) **名詞**
C 先祖, 祖先(**対義語** descendant 子孫)

anchor [ǽŋkər あンカ] **名詞**
❶ C (船の)いかり
❷ C たよりになるもの[人]
❸ C (テレビなどの)総合司会者, ニュー
スキャスター(♦ anchorperson
[ǽŋkərpə̀ːrsn あンカパ〜スン]ともいう)
❹ C (リレーの)最終走者[泳者]
be at ánchor 停泊(ぎ)している
――**動詞** ⾍ (船)を停泊させる

ancient [éinʃənt エインシェント] **形容詞**
《名詞の前に用いて》古代の
(**対義語** modern 現代の); 昔からの

‡**and** [ænd アンド; (弱く言うとき)
ənd アン(ド)] **接続詞**

❶ …と〜
❷ …つきの〜
❸ そして
❹ そうすれば
❺ …しに

❶《語・句・節を結んで》…と〜, …や〜;
そして

▶Are you **and** Tom brothers?
きみとトムは兄弟なの?
▶You, Jim, **and** I are the same
age. きみとジムとぼくは同い年だ.
(♦異なった人称を並べるとき, ふつう
「二人称(相手), 三人称(第三者), 一人
称(自分)」の順になる)
▶I'm going to visit London, Paris,
and Berlin. わたしはロンドンとパリとベルリンを
訪(ず)れるつもりだ.
(♦3つ以上の語句を並べるときは, ふ
つうA, B, and Cのように言い, 最後
の語句の前に and を置く; Bのあとの

コンマは省略することもある）

▶He's good-looking **and** very kind.
彼はハンサムでとても親切だ.

▶She goes for a walk before breakfast **and** after dinner.
彼女は朝食前と夕食後に散歩に出かける.（◆句と句を結んでいる）

▶Tom is Australian, **and** Mary is Canadian.
トムはオーストラリア人で，メアリーはカナダ人だ.（◆節と節を結んでいる；この場合，コンマを入れる）

▶Three **and** four make(s) seven.
3足す4は7（3＋4＝7）.

ルール	and の結ぶもの

and で結ばれる語は同じ品詞になります.
▶I sang **and** danced at the party.
　動詞　　　　動詞
わたしはパーティーで歌い，踊(お)った.

❷《単数あつかいで》…つきの〜
（◆一体となったものを表す；このときは[ən アン, n ン]と弱く発音する）
▶bread **and** butter
バターを塗(ぬ)ったパン（◆[brédnbátər ブレッドゥンバタ]と発音する）

❸ そして，それから
▶She opened the box **and** found a beautiful pendant.
彼女は箱を開け，すてきなペンダントを見つけた.

❹《命令文のあとで》そうすれば
（対義語 or そうしなければ）
▶Take this medicine, **and** you'll get better soon.
この薬を飲みなさい. そうすればすぐよくなりますよ.

❺《**come** [go, try など] ＋ and ＋動詞の原形で》《口語》…しに（◆ and は to の代わりで. ふつう命令文で；この場合 [ən アン, n ン]と弱く発音する；この and は省略されることもある）
▶**Come (and)** see me next week.
来週会いに来てください.
（＝ Come to see me next week.）

❻〖結果〗…ので，それで
▶He studied very hard **and** got a good grade. 彼は一生懸命(けんめい)勉強したので，よい成績をとった.

❼〖反復・強調〗《同じ語を and で結んで》ますます，どんどん

▶It became colder **and** colder.
ますます寒くなった.

◆**and só on** 《いくつか例をあげたあとで》
…など（◆人には用いない；同義語 etc.）
▶He can play the piano, the flute, the guitar, **and so on**.
彼はピアノ，フルート，ギターなどを演奏できる.

and thén そして，それから

and yet それでも ➡ yet

Andersen [ǽndərsn アンダスン] 名詞
【人名】アンデルセン
（◆ Hans Christian Andersen [hǽns krístʃən- ハ_ァンス クリスチャン -], 1805-75；デンマークの童話作家）

Andes [ǽndiːz アンディーズ] 名詞
《**the Andes** で複数あつかい》
アンデス山脈（◆南アメリカの大山脈）

angel [éindʒəl エインヂェる] 名詞
C 天使；天使のような人

anger [ǽŋgər アンガ] 名詞
U 怒(いか)り，腹を立てること

angle [ǽŋgl アングる] 名詞
❶ C 【数学】角(かく)，角度
❷ C 角(かど)，隅(すみ)（同義語 corner）

angrily [ǽŋgrəli アングリり]（★つづりに注意）副詞 怒(おこ)って

:**angry** [ǽŋgri アングリ] 形容詞
（比較 **angrier**；最上 **angriest**）
（…に）怒(おこ)った，腹を立てた
《**with** [about, over, at] …》
▶He got very **angry with** me.
彼はわたしにとても腹を立てた.

くらべよう	

angry with [about, over, at] …

「…に怒っている」と言う場合，「人に怒っている」のか，それとも「物事に怒っている」のか，対象によって，ふつう次のように前置詞を使い分けます.

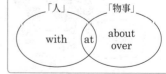

:**animal** [ǽnəml あ二ムる]
──名詞 （複数 **animals** [-z]）
C 動物（◆狭(せま)い意味では哺乳類を指す；

a b c d e f g h i j k l m n o p q r s t u v w x y z

「植物」は plant, 「鉱物」は mineral)
➡ 下図
▶a wild **animal** 野生動物
──**形容詞**《名詞の前に用いて》動物の

animate (★動詞・形容詞の発音のちがいに注意) **動詞** [ǽnəmèit あニメイト]
(**三単現** **animates** [ǽnəmèits あニメイツ]; **過去・過分** **animated** [-id]; **現分** **animating**) **他**
❶ …に生命を吹(ふ)きこむ; …を生き生きさせる
❷ …をアニメ化する
──**形容詞** [ǽnəmit あニメット]
生命のある; 生き生きとした

animated [ǽnəmèitid あニメイティッド] **形容詞** ❶ 活気のある, 生き生きとした
❷ アニメ(ーション)の
▶an **animated** movie
動画, アニメ(ーション)(◆ animated cartoon, animation ともいう)

animation [æ̀nəméiʃn あニメイシャン] **名詞** ❶ **U** 活気
❷ **C** 動画; マンガ映画, アニメ(◆ animated cartoon [movie] ともいう)

anime [ǽnəmèi あニメイ] **名詞**

U (日本の)アニメ

ankle [ǽŋkl あンクる] **名詞**
C 足首, くるぶし

anniversary [æ̀nəvə́ːrsəri あニヴァ～サリ] **名詞** (**複数** **anniversaries** [-z])
C (毎年の)記念日[祭], …周年記念日
▶the twentieth **anniversary**
20 周年記念日

announce
[ənáuns アナウンス] **動詞**
(**三単現** **announces** [-iz]; **過去・過分** **announced** [-t]; **現分** **announcing**)
他 (公式に)…を発表する, 告げる
▶The TV commercial is **announcing** the opening of a new mall.
テレビコマーシャルが新しいショッピングモールのオープンを知らせている.

announcement [ənáunsmənt アナウンスメント] **名詞** **C** **U** 発表, 公表

animals (鳴き声)

BUZZ [bʌ́z バズ] ブンブン

bee ハチ, ミツバチ

BOWWOW [báuwáu バウワウ] ワンワン

MEOW [miáu ミアウ] ニャー

dog イヌ

cat ネコ

COCK-A-DOODLE-DOO [kákədùːdlúː: カカドゥードゥるドゥー] コッケコッコー

rooster, cock おんどり

CAW [kɔ́ː コー] カー

crow カラス

NEIGH [néi ネイ] ヒヒーン

horse ウマ

mouse, rat ネズミ

SQUEAK [skwíːk スクウィーク] チューチュー

MOO [múː ムー] モー

cow 雌牛(めうし)

QUACK [kwǽk クワあッグ] ガアガア

OINK [ɔ́iŋk オインク] ブーブー

pig ブタ

duck アヒル

BAA [bǽ バあ] メー

sheep ヒツジ

announcer [ənáunsər アナウンサ]
名詞 © アナウンサー; (駅・空港などで)
アナウンスする人[係員]

annoy [ənɔ́i アノイ] **動詞** 他 (人)を悩(な)ます, 困らせる (同義語 bother);
(人)を怒(おこ)らせる, いらいらさせる

annoying [ənɔ́iiŋ アノイイング] **形容詞**
(人を)いらだたせるような, 迷惑(めいわく)な

annual [ǽnjuəl アニュアる] **形容詞**
毎年の, 年1回の; 1年(間)の
▶an **annual** event 年中行事
— **名詞 ❶** © 【植物】一年生植物
❷ © 年報, 年鑑(ねんかん)

:another [ənʌ́ðər アナざ]
— **形容詞 ❶** もう1つの, もう1人の
(♦数を強調するときは one more を用いる); 新たな, さらなる

ダイアログ
A: Would you like **another** cup of tea? もう1杯(ぱい)お茶をいかがですか?
B: No, thank you. いえ, けっこうです.

ルール another の使い方

１ another は「リンゴをもう1つ食べたい」や「あとからもう1人来ます」などのように, 目の前にはない[いない]ほかのものや人を指すときに用います.
▶I'm eating an apple. I want to eat **another** one.
わたしはリンゴを食べています. わたしはもう1つリンゴを食べたいです.
２ another はふつう数えられる名詞の単数形につきますが, 「数を表す語＋複数形の名詞」を1つのまとまりと考えることができる場合には, another をつけることができます.
▶**another** two weeks もう2週間
▶I waited **another** ten minutes.
わたしはさらに10分待った.

❷ ほかの, 別の, ちがった
▶This gift isn't from Jim. It's from **another** friend of mine.
この贈(おく)り物はジムからではなく, わたしの別の友達からです.
— **代名詞** 別のもの[人, こと]; もう1つ[1人]
▶This is too big for me. Would you show me **another**?
これはわたしには大きすぎます. 別のものを見せてくれませんか?

óne after anóther 次から次へと ⇒ **one**
one anóther たがいに[を] ⇒ **one**

:answer [ǽnsər アンサ] (★発音に注意)
— **動詞** (三単現 answers [-z]; 過去・過分
answered [-d]; 現分 answering)
— 他 **❶** …に答える (対義語 ask …をたずねる); (手紙など)に返事をする
▶Please **answer** me now.
今, お返事をください.
▶He didn't **answer** my question.
彼はわたしの質問に答えなかった.
▶Jane **answered**, "Yes."
ジェーンは「はい」と答えた.
▶"I'm OK," he **answered**.
「ぼくはだいじょうぶだ」と彼は答えた.
▶Mike **answered** me (that) he had no idea. マイクはわたしに全くわからないと答えた.
❷ (電話・ノックなど)に応答する
▶I'll **answer** the door.
わたしが玄関(げんかん)に出ます.
— 自 答える, 返事をする
ánswer báck 口答えをする, 言い返す
— **名詞** (複数 answers [-z]) © Ⓤ
(…への) 答え, 返事 (対義語 question 質問); (電話などへの)応答(to ...)
▶the right **answer** 正解
▶I got an **answer to** my letter from her.
わたしは彼女から手紙の返事をもらった.

ant [ǽnt アント] **名詞** © 【昆虫】アリ

Antarctic [æntɑ́ːrktik アンタークティック] **形容詞** 南極の, 南極地方の
(対義語 Arctic 北極の)
— **名詞** 《the Antarctic で》南極地方

antenna [ænténə アンテナ] (★ アクセントに注意) **名詞**
❶ (複数 antennae [ænténiː あんテニー])
© (昆虫(こんちゅう)・エビなどの)触角(しょっかく), (カタツムリなどの)角(つの)
❷ (複数 antennas [-z])
© 《主に米》(テレビ・ラジオなどの)アンテナ(♦《英》aerial [ériəl エリアる])

anthem [ǽnθəm あンせム] **名詞**
(神をたたえる)聖歌, 賛美歌; 賛歌
▶a national **anthem** 国歌

antique [æntíːk アンティーク] **形容詞**
アンティークの, 古くて値打ちのある

⁑any

形容詞	形容詞	代名詞
代名詞	❶ いくらかの	❶ いくらか；少しも
副詞	❷ 少しの…も	❷ どれでも
	❸ どんな…でも	

[éni エニ：(弱く言うとき)əni エニ]

──形容詞 ❶《疑問文・if 節で》**いくらかの**；何らかの ➡ **some** ルール

▶Is there **any** milk? 牛乳はありますか？

▶Do you have **any** pets? 何かペットを飼っていますか？

▶If you have **any** questions, please ask me now. もし何か質問があれば，今してください．

ルール any ＋「数えられる名詞の複数形」

1 疑問文で any を「数えられる名詞」とともに使う場合，その名詞はふつう複数形になります．

▶Do you have **any** brothers? あなたには兄弟がいますか？

2 答えの数が１つと予想されるときは any を使わず，単数形でたずねます．

▶Do you have **a** piano? （家に）ピアノはありますか？

❷《否定文で》**少しの…も**(…ない)，何も[だれも](…ない)（♦必ず not ... any の語順で用いる）

▶I **don't** have **any** sisters. わたしには姉妹(しまい)はひとりもいません．

❸《肯定(こうてい)文で》**どんな…でも**，どの…でも（♦ふつう単数名詞の前に置く）➡ **every** ルール

▶**Any** suggestion is welcome. どんな提案でもけっこうです．

▶She is taller than **any** other student in her class. 彼女はクラスのほかのどの生徒よりも背が高い．（♦× any other students）

ルール any の疑問文・否定文・肯定文

any は疑問文・否定文・肯定文によって意味が変わります．

疑問文：Do you have **any** pens? （何本か）ペンを持っていますか？

否定文：I don't have **any** pens. ペンを**1本も**持っていません．

肯定文：You can take **any** pen. **どのペンを取っても**いいよ．

any と同様に anybody, anyone, anything, anywhere も疑問文・否定文・肯定文によって意味が変わります．

──代名詞 ❶《疑問文・if 節で》**いくらか**；何か，だれか；《否定文で》**少しも**(…ない)，どれも[だれも](…ない)

▶Did you meet **any** of them? 彼らのうちのだれかに会いましたか？

▶Don't touch **any** of these switches. これらのスイッチのどれにも触(ふ)れてはいけません．

❷《肯定文で》**どれでも**，だれでも

▶You can eat **any** of these mushrooms. これらのキノコはどれでも食べられます．

if ány もしあれば；あるとしても

──副詞《疑問文・if 節で》**少しは**；《否定文で》**少しも**(…ない)

▶Do you feel **any** better? 少しは気分がよくなりましたか？

▶I can't walk **any** faster. これ以上速く歩くことはできない．

not ... any lónger もはや…でない

▶He is **not** here **any** longer. 彼はもうここにはいません．

——**名詞** C 骨董(ξ3)品, アンティーク, 古美術品

antonym [ǽntənìm アントニム] **名詞**
C 反意語, 対義語
(**対義語** synonym 同義語)

anxiety [æŋzáiəti アングザイアティ] **名詞**
(**複数** anxieties [-z]) C U 心配, 不安

ˈanxious [ǽŋkʃəs アンクシャス]
形容詞 (**比較** more anxious;
最上 most anxious)
❶《be anxious for [about] ... で》
…を心配している; 不安な, 気がかりな
▶I'm **anxious about** her health.
わたしは彼女の健康が心配だ.
❷《be anxious for ＋物事で》
(物事)を熱望している;《be anxious to
＋動詞の原形で》…したがっている
▶Parents **are anxious for** the
happiness of their children. 親は
(だれでも)子供の幸福を強く願っている.
▶We **were** very **anxious to** win
the game. わたしたちはその試合に
とても勝ちたかった.

anxiously [ǽŋkʃəsli アンクシャスリ]
副詞 心配して, 心配そうに; 切望して

ˈany **形容詞** **代名詞** **副詞** ➡ p.28 any

ˈanybody [énibàdi
エニバディ] **代名詞**
《ふつう単数あつかいで》
❶《疑問文・if 節で》だれか
▶Is **anybody** home?
(家を訪ねて)だれかいますか?
❷《否定文で》だれも(…ない)
▶I don't know **anybody** here.
ここには知り合いはだれもいない.
❸《肯定(菦)文で》だれでも ➡ every 〔ルール〕
▶**Anybody** knows that.
そんなことはだれでも知っている.

くらべよう anybody と anyone

1 anybody は anyone よりややくだ
けた語です.
2 肯定文で「だれか」を表すときはふつ
う somebody, someone を用います.

anyhow [énihàu エニハウ] **副詞** とにか
く, いずれにしても(**同意語** anyway)

anymore [ènimɔ́:r エニモーア] **副詞**
《否定文で》今(で)はもう…(でない)
(◆(**英**)では any more ともつづる)

ˈanyone [éniwʌn エニワン] **代名詞**
(◆anybody よりややかたい語)《ふつう
単数あつかいで》➡ **anybody** 〔くらべよう〕
❶《疑問文・if 節で》だれか
▶Can **anyone** come and help me?
だれか手伝いに来てくれますか?
▶If **anyone** sees my cat, please
contact me at this number.
どなたかわたしのネコを見かけたら, こ
の番号にご連絡(菦)ください.
❷《否定文で》だれも(…ない)
▶He didn't tell **anyone** about it.
彼はその事をだれにも話さなかった.
❸《肯定(菦)文で》だれでも ➡ every 〔ルール〕
▶It's easy. **Anyone** can do it.
かんたんです. だれにでもできますよ.

ˈanything
[éniθìŋ エニすィング] **代名詞**
❶《疑問文・if 節で》何か
▶Is there **anything** interesting in
today's paper? 今日の新聞に何かお
もしろいことは書いてありますか?
▶Can I get you **anything** to drink?
何かお飲み物をお取りしましょうか?

〔ダイアログ〕
A: **Anything** else?
(店などで)ほかに何か(ご希望[注文]
はありますか)?
B: No, thanks. That's enough.
いいえ, けっこうです. それで十分です.

〔ダイアログ〕
A: Do you have **anything** cheaper?
何かもっと安いものはありますか?
B: Sure. Here you are.
はい. こちらです.

❷《否定文で》何も(…ない)
▶She doesn't know **anything**
about baseball.
彼女は野球のことを何も知らない.

A
B
C
D
E
F
G
H
I
J
K
L
M
N
O
P
Q
R
S
T
U
V
W
X
Y
Z

(= She knows nothing about baseball.)

▶I've **never** seen **anything** like this before.

こんなものこれまでに見たことがない.

❸《肯定(ﾃｲ)文で》何でも

ダイアログ

A: Do you like chocolate?
チョコレートは好きですか?

B: Yes, I like **anything** sweet.
ええ, 甘(ｱﾏ)いものは何でも好きです.

ルール anything の使い方

1 肯定文で「何か」を表すときは something を用います.

2 否定文の主語には anything ではなく, nothing を用います.

▶**Nothing** happened today.
今日は何も起きなかった.

3 anything を修飾(ｼｭｳｼﾖｸ)する形容詞や不定詞(to+動詞の原形),「主語+動詞」は anything の後ろにつけます.

▶**anything** new　何か新しいもの
▶**anything** to do　何かすること
▶**anything** I can do
　　　　　何かわたしにできること

ánything but ...　①…のほかは何でも

▶I will do **anything but** that job.
その仕事以外なら何でもやります.

②少しも…でない

▶He was **anything but** friendly.
彼は少しも友好的ではなかった.

anytime [énitàim エニタイム] 副詞

❶《主に米》いつでも

《同義語》(at) any time

❷《米口語》どういたしまして
(♦お礼に対する返事に用いる)

anyway [éniwèi エニウェイ] 副詞
とにかく, いずれにしても

《同義語》anyhow

▶**Anyway**, let's do it.
とにかく, それをやってみましょう.

▶Thanks, **anyway**.
とにかく, ありがとう.

(♦相手の申し出などに感謝しながらも断るときなどに用いる)

anywhere [énihwèər エニ(ホ)ウェア]
副詞 ❶《疑問文・if 節で》どこかへ[に]
(♦肯定文で「どこかへ」と言うときは somewhere を用いる)

▶Did you go **anywhere** last Sunday?　この前の日曜日はどこかへ行きましたか?

❷《否定文で》どこにも(…ない)

▶I can't find my bag **anywhere**.
わたしのかばんがどこにも見当たらない.

❸《肯定(ﾃｲ)文で》どこへでも, どこでも

▶This plant grows almost **anywhere**.
この植物はほぼどこでも育つ.

apart [əpá:rt アパート] 副詞
はなれて, 分かれて, 別々に

apárt from ...

①…からはなれて

▶I sat **apart from** my friends on the plane.　わたしは飛行機の機内で, 友達からはなれてすわった.

②…を別にすれば; …のほかには

▶**Apart from** its price, I like this camera.　値段を別にすれば, わたしはこのカメラを気に入っている.

apartheid [əpá:rtait アパータイト]
(★発音に注意) 名詞 U アパルトヘイト
(♦南アフリカ共和国で実施(ｼﾞﾂ)された人種隔離(ｶｸﾘ)政策; 1993 年に廃止(ﾊｲｼ))

apartment [əpá:rtmənt アパートメント]
名詞《米》❶ C アパート[マンション]の部屋(♦1家族分の部屋を指す;《英》flat)

▶This building has twenty **apartments**.
この建物には 20 家族分の部屋がある.

❷ C アパート, マンション, 共同住宅
(= apartment house)(♦建物全体を指す;《英》flats; 英語の mansion は「大邸宅(ﾃｲﾀｸ)」の意味) ➡ mansion 屋裏

apartment house
[əpá:rtmənt hàus アパートメント ハウス]
名詞 C《米》アパート, マンション, 共同住宅(♦《英》flats; apartment ともいう)

ape [éip エイプ] 名詞
C【動物】サル; 類人猿(ﾙｲｼﾞﾝｴﾝ)
(♦ゴリラ・チンパンジーなどの尾(ｵ)のないものを指す; 尾のある猿は monkey)

Apollo [əpálou アパロウ] (★ アクセントに注意) 名詞【ギリシャ・ローマ神話】
アポロン, アポロ(♦音楽や光などをつかさどる太陽神; 理想的な美青年とされている)

apologize, 《英》**apologise**
[əpálədʒàiz アパロチャイズ] 動詞
(三単現 **apologizes** [-iz]; 過去・過分
apologized [-d]; 現分 **apologizing**)

目 (人に / …について) 謝(*)る, わびる
《to ... / for ...》
▶He **apologized to** me **for** lying.
彼はうそをついたことをわたしに謝った.

apology [əpάlədʒi アパロディ] **名詞**
(**複数** **apologies** [-z]) **C** **U** 謝罪, 弁解

app [æp アプ] **名詞**
U【コンピューター】アプリケーション, アプリ(◆ *application* の略)

apparel [əpǽrəl アパぁレる] **名詞**
U (米)(商品用の)衣料, アパレル

apparent [əpǽrənt アパぁレント] **形容詞**
❶ 明らかな, 明白な
❷ 見せかけの

apparently [əpǽrəntli アパぁレントり]
副詞 見たところは…らしい; 明らかに
▶**Apparently**, he is satisfied with
his new school. 見たところ, 彼は新
しい学校に満足しているようだ.

appeal [əpí:l アピーる] **動詞** **目**
❶ (人に / 援助(**じょ**)・同情などを)求める
《to ... / for ...》
▶The police **appealed** for
information.
警察は情報提供を求めた.
❷ (人の心に)訴(**う**)える, 気に入る《to ...》
▶The movie **appealed to** me.
その映画はわたしの心に訴えた.
——**名詞** ❶ **C** 訴え, 嘆願(**がん**), 呼びかけ
▶make an **appeal** for help
支援を呼びかける
❷ **U** 魅力(**りょく**)

appear [əpíər アピア] **動詞**
(**三単現** **appears** [-z];
過去・過分 **appeared** [-d]; **現分** **appearing**) **目**
❶ 現れる, 姿を現す; (テレビ・新聞などに)
出る(**対義語** disappear 姿を消す)
▶The moon **appeared** through
the clouds.
雲の間から月が現れた.
▶He **appeared** on TV yesterday.
彼は昨日テレビに出演した.
❷《**appear (to be)** ＋形容詞[**名詞**]で》
…のように見える, …らしい
(**同義語** seem, look)
▶She **appears (to be)** tired.
彼女は疲(**つか**)れているようだ.
▶He **appears (to be)** a good
swimmer.
彼はすぐれたスイマーのようだ.

appearance [əpíərəns アピアランス]
名詞 **U** **C** 現れること, 出現; 外観, 見かけ

appendix [əpéndiks アペンディクス]
名詞 (**複数** **appendixes** [-iz] または
appendices [əpéndisìːz アペンディスィー
ズ]) ❶ **C** 付録; 付加物
❷ **C**【医学】虫垂(**すい**)

appetite [ǽpitàit あぺタイト] (★アクセン
トに注意) **名詞** **U** **C** 食欲; 欲望
▶have a good [poor] **appetite**
食欲がある[あまりない]

applaud [əplɔ́ːd アプろード] **動詞**
目 拍手(**はくしゅ**)かっさいする
——**他** …に拍手する

applause [əplɔ́ːz アプろーズ] **名詞**
U 拍手(**はくしゅ**)かっさい; 賞賛

Apple [ǽpl あプる] **名詞** アップル社
(◆アメリカにあるコンピューター会社)

apple [ǽpl あプる] **名詞**
(**複数** **apples** [-z])
C【植物】リンゴ; リンゴの木

||文化|| リンゴは「禁断の木の実」

聖書によると, アダム(Adam)とイブ
(Eve)は, ヘビに惑(**まど**)わされて神の言い
つけを破り, 「善悪を知る木の実(今では
一般にリンゴとされています)」を食べ
てしまいました. 神はこれを罰(**ばっ**)するた
めに 2 人をエデン(Eden)の園(**その**)から
追放し, アダムには労働の苦痛を, イブ
には出産の苦痛をあたえました. なお,
リンゴの花ことばは「誘惑(**ゆうわく**)」です.

apple pie [ǽpl pái あプる パイ] **名詞**
U **C** アップルパイ

appliance [əpláiəns アプらイアンス]
名詞 **C** (家庭用の)電化製品, 電気器具

applicant [ǽplikənt あプりカント] **名詞**
C 志願者, 応募(**ぼ**)者

application [æplikéiʃn あプりケイシャ
ン] **名詞** ❶ **C** **U** (…への / …の)申しこみ,
願書《to ... / for ...》
▶make an **application** for
membership
入会の申しこみをする
❷ **C** **U** (…への)適用, 応用《to ...》
❸ **C**【コンピューター】アプリケーション
ソフト(＝ application software)
(◆ゲームやワープロなどのソフト)
▶I use this **application** every day.
わたしはこのアプリを毎日使う.

application software

[ǽplikéiʃn sɔ̀:ftweə*r* アプリケイション ソーフトウェア] **名詞** **U** アプリケーションソフト(◆単に application ともいう)

apply

[əplái アプらイ] **動詞**

(三単現 **applies** [-z]; 過去・過分 **applied** [-d]; 現分 **applying**) 他

❶ …を(…に)適用する，応用する，利用する(to …)

▶He **applied** the new idea **to** his plan. 彼はその新しい考えを自分の計画に応用した．

❷ (ペンキ・薬など)を(…に)塗(ぬ)る(to …)

──自 ❶ (人が)(…に)申しこむ(to …)

▶She **applied to** three colleges. 彼女は3つの大学に出願した．

❷ (物事が)(…に)当てはまる(to …)

appoint

[əpɔ́int アポイント] **動詞** 他

❶ 《appoint ＋人＋(to be [as]) ＋ 役職で》(人)を(役職に)任命する，指名する(◆役職を示す語には冠詞をつけない)

▶They **appointed** Mr. Smith (**to be**) chairperson. 彼らはスミス氏を議長に任命した．

❷ (日時・場所など)を指定する

appointment

[əpɔ́intmənt アポイントメント] **名詞** ❶ **C** (…との)(面会の)約束; (病院などの)予約(with …)

(◆「ホテル・切符(きっぷ)などの予約」は reservation; 日本語の「アポ(イント)」は英語では appointment)

▶make an **appointment with** the dentist 歯医者の予約をする

ダイアログ

A: Do you have an **appointment**? ご予約がおありですか？

B: Yes, I have an **appointment** at two. はい，2時に予約をしています．

❷ **U** 任命; **C** (任命された)役職

appreciate

[əprí:ʃièit アプリーシエイト] **動詞** (三単現 **appreciates** [əprí:ʃièits アプリーシエイツ]; 過去・過分 **appreciated** [-id]; 現分 **appreciating**) 他

❶ (真価)を認める，…を正しく理解する

▶**appreciate** the situation 状況をよく理解する

❷ …を鑑賞(かんしょう)する，味わう

▶**appreciate** music 音楽を鑑賞する

❸ (物事)に感謝する，…をありがたく思う

▶Thank you. I **appreciate** it. ありがとう. 感謝しています.

appreciation

[əprì:ʃiéiʃn アプリーシエイシャン] **名詞**

❶ **U** (真価などの)正しい理解，認識(にんしき)

❷ **C** **U** 鑑賞(かんしょう)(眼)

❸ **U** 感謝

approach

[əpróutʃ アプロウチ] **動詞** (三単現 **approaches** [-iz]; 過去・過分 **approached** [-t]; 現分 **approaching**) 他 …に近づく

▶**approach** the gate 門に近づく

──自 近づく

▶Christmas is **approaching**. クリスマスが近づいてきた.

──**名詞** (複数 **approaches** [-iz])

U 接近; **C** (…への)通路，入り口(to …)

appropriate

[əpróupriit アプロウプリエット] **形容詞** (…にとって)適当な，適切な(to [for] …)

▶Her speech was **appropriate for** the party. 彼女のスピーチはパーティーにふさわしいものだった.

approval

[əprú:vl アプルーヴる] (★発音に注意) **名詞**

U (…への)賛成; 承認，認可(of …)

▶They showed their **approval of** our proposal. 彼らはわたしたちの提案に賛成した.

approve

[əprú:v アプルーヴ] (★発音に注意) **動詞** (三単現 **approves** [-z]; 過去・過分 **approved** [-d]; 現分 **approving**) 他 …を承認(しょうにん)する，認可する

▶They **approved** the new plan. 彼らはその新しい計画を承認した.

──自 (…を)よいと認める，賛成する(of …)

▶My father won't **approve of** our marriage. 父はわたしたちの結婚(けっこん)を認めようとしない.

approximately

[əpráksəmitli アプラクスィメトり] **副詞** おおよそ，約(◆ about よりかたい語; approx. と略す)

Apr.

[éiprəl エイプりる] 4月(◆ *Apr*il の略)

apricot

[ǽprikɑt あプリカット] **名詞** **C** 【植物】アンズの実; アンズの木

：April

[éiprəl エイプりる] **名詞** 4月(◆ Apr. と略す)

→ **January** ルール, **month** 医委

▶School starts in **April** in Japan.
日本では学校は 4 月に始まる.

April Fools' Day [éiprəl fú:lz dèi エイプリるふーるズ デイ] 名詞
エープリルフール(同義語 All Fools' Day)

文化 欧米(熱)のエープリルフール

欧米でも, 4 月 1 日は友達や家族などに軽いいたずらをしたり, 人をかついだりすることがあります. イギリスでは, 新聞やテレビ放送などで事実ではないニュースを流すこともあります.

apron [éiprən エイプロン] (★発音に注意) 名詞
❶ C エプロン, 前掛(*)け
❷ C (空港の)エプロン, 駐機(_*_)場

apt [ǽpt あプト] 形容詞
❶ 《**be apt to** +動詞の原形で》
…しがちである

▶He **is apt to** catch colds at this time of year. 彼は 1 年のこの時期になると風邪(_*)をひきがちだ.
❷ 適切な(同義語 suitable)

aquarium [əkwéəriəm アクウェアリアム] 名詞 (複数 aquariums [-z] または aquaria [əkwéəriə アクウェアリア])
C 水族館; ガラスの水槽(_*)

AR¹ 【郵便】アーカンソー州
(♦ *Ar*kansas の略)

AR² [éi á:r エイ アー] 【コンピューター】
拡張現実(♦ augmented reality の略; 実写の映像などにコンピューターで作成した画像などを合わせて表示する技術のこと)

Arab [ǽrəb あラブ] (★アクセントに注意) 名詞 C アラブ人;《**the Arabs** で》アラブ民族(全体)
──形容詞 アラブ人の, アラブの

Arabia [əréibiə アレイビア] 名詞
(★発音に注意) 名詞 アラビア(♦アジア南西部にある半島; Arab. と略す)

Arabian [əréibiən アレイビアン] 形容詞
アラビアの; アラビア人の

▶the *Arabian Nights*
『アラビアンナイト』,『千(夜)一夜物語』(♦ 9 世紀ごろまとめられたアラビアの民話集; *The (Book of) Thousand and One Nights* ともいう)

Arabic [ǽrəbik あラビック] 形容詞
アラビアの; アラビア人の; アラビア語の
──名詞 U アラビア語

Arbor Day [á:rbər dèi アーバ デイ] 名詞 植樹の日, 植樹祭(♦ 4 月から 5 月ごろにアメリカ・カナダなどで行われる; arbor は樹木(tree)の意味)

arcade [a:rkéid アーケイド] (★アクセントに注意) 名詞 C アーケード(屋根つきの商店街); ゲームセンター

arch [á:rtʃ アーチ] 名詞 C (複数 arches [-iz])
アーチ, 弓形の門

archaeology [à:rkiálədʒi アーケアろヂィ] 名詞
U 考古学

archer [á:rtʃər アーチャ] 名詞
❶ C 弓の射手, アーチェリー選手
❷《**the Archer** で》【天文】いて座
→ **horoscope** 文化

arch

archery [á:rtʃəri アーチェリ] 名詞
U 【スポーツ】アーチェリー

Archimedes [à:rkəmí:di:z アーキミーディーズ] 名詞 【人名】アルキメデス
(♦ 287?–212B.C.; 古代ギリシャの数学・物理学者で,「てこの原理」や「アルキメデスの原理」などを発見した)

architect [á:rkitèkt アーキテクト] 名詞
C 建築家, 建築技師

architecture [á:rkitèktʃər アーキテクチャ] 名詞 U 建築, 建築学; 建築様式

Arctic [á:rktik アークティック] 形容詞
北極の, 北極地方の
(対義語 Antarctic 南極の)
──名詞《**the Arctic** で》北極地方

:are [á:r アー; (弱く言うとき) ər ア]
──動詞 (過去) **were** [wá:r ワ～; (弱く言うとき) wər ワ]; (過分) **been** [bín ビン]; (現分) **being** [bí:iŋ ビーイング]
(be の二人称単数現在形, また一・二・三人称複数現在形; 主語が you, we, they, および複数の名詞のとき用いる → **be**) 目

ルール 短縮形をつくるときの決まり

1《口語》ではふつう you're, we're, they're と短縮します.
2 ただし, Yes, we are. のように are が文の最後にくるときは短縮しません.
3 are not はふつう aren't と短縮します.

a b c d e f g h i j k l m n o p q r s t u v w x y z

A
B C D E F G H I J K L M N O P Q **R** S T U V W X Y Z

❶《状態・性質》…です, …だ
▸You **are** a good student.
きみはいい生徒だ.
▸They **are** very friendly.
彼らはとても親切だ.

ダイアログ
A: **Are** you hungry?
おなかがすきましたか?
B: Yes, I am. / No, I'm not.　はい,
すきました. / いいえ, すいていません.

ダイアログ
A: Who **are** those young people?
あの若者たちはだれですか?
B: They **are** junior high school
students from Tokyo.
東京から来た中学生です.

❷《存在》(…に)いる, ある
▸Emily and I **are** in the same
French class. エミリーとわたしは
同じフランス語のクラスにいます.

ダイアログ
A: Where **are** my textbooks?
ぼくの教科書はどこにある?
B: They **are** on the desk.
机の上にあるよ.

──**助動詞** (過去)・(過分)・(現分) は **動詞** に同
じ) ❶《進行形をつくる / are ＋ ...ing》
…している:(はっきり決まった未来の予
定を表して)…する予定だ ➡ be

ダイアログ
A: What **are** they **doing**?
彼らは何をしているの?
B: They **are making** lunch.
昼食を作っているんだよ.

▸We **are going** shopping this
afternoon.　わたしたちは今日の午
後, 買い物に行きます.
❷《受け身の形をつくる / are ＋他動詞
の過去分詞》…される, …されている
▸The Olympic and Paralympic
Games **are held** every four
years. オリンピックとパラリンピックは
4 年ごとに開催される.

area [éəriə エ(ア)リア] **名詞**
❶ U C 面積
▸a metropolitan **area**　大都市圏

❷ C 地域, 地方; 区域, 場所

▸a bicycle parking **area**　駐輪(ちゅうりん)場
❸ C (活動などの)領域, 分野

area code [éəriə kòud エ(ア)リア コウド]
名詞 C (米)(電話の)市外局番
(◆(英)dialling code)

arena [ərí:nə アリーナ] **名詞**
C (周囲に観覧席のある)競技場, アリーナ

‡**aren't** [á:rnt アーント]
(口語) are not の短縮形

Argentina [à:rdʒəntí:nə　アーヂェン
ティーナ] **名詞** アルゼンチン
(◆南アメリカの国; 首都はブエノスアイ
レス Buenos Aires)

argue [á:rgju: アーギュー] **動詞** (三単現)
argues [-z]; (過去・過分) **argued** [-d];
(現分) **arguing**)
自 (…について)論じる, 議論する《about
[over] ...》, (人と)議論する《with ...》
▸Tom often **argues with** Bill **over**
things.　トムはしょっちゅう, ビルと
何かについて口論している.
──他 …を論じる, 議論する;
《**argue** ＋ **that** 節で》…だと主張する
▸**argue** the problem
その問題を議論する

argument [á:rgjəmənt アーギュメント]
(★ つづりに注意) **名詞**
C U 議論, 論争, 主張

arise [əráiz アライズ] **動詞**
(三単現) **arises** [-iz]; (過去) **arose** [əróuz
アロウズ]; (過分) **arisen** [ərízn アリズン];
(現分) **arising**) 自 (…から)起こる, 生じ
る《from [out of] ...》

arisen [ərízn アリズン] **動詞**
arise(起こる)の過去分詞

Aristotle [ǽristàtl あリスタトゥる] **名詞**
【人名】アリストテレス(◆ 384-322B.C.;
古代ギリシャの哲学者; プラトン(Plato)
の弟子(で)であり, アレクサンダー大王
(Alexander the Great)の師)

プラトン(左)とアリストテレス(右)

arithmetic [əríθmətik アリ스メティック]
（★ アクセントに注意）**名詞** **U** 算数, 算術, 計算（♦数学は mathematics）

Arizona [ӕrəzóunə ありゾウナ] **名詞**
アリゾナ州（♦アメリカ南西部の州; Ariz. または【郵便】で AZ と略す）

ark [á:rk アーク] **名詞**《**the ark** で》
【聖書】ノアの箱舟（藺）（= Noah's ark）

Arkansas [á:rkənsɔ̀: アーカンソー]
名詞 アーカンソー州（♦アメリカ中南部の州; Ark. または【郵便】で AR と略す）

arm¹ [á:rm アーム] **名詞**

（**複数** **arms** [-z]）

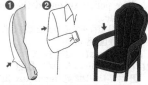

❶ **C** 腕(㎏)（♦ふつう肩(㎏)から手首までを指す; 手首から先の hand をふくむこともある）
▶She held me in her **arms**.
彼女はわたしを（両腕で）抱(だ)きしめた.
▶Ken has a racket under his **arm**.
ケンはラケットをわきにかかえている.
▶She caught Luke by the **arm**.
彼女はルークの腕をつかんだ.

❷ **C** 腕の形をしたもの; （いすの）ひじかけ; （服の）そで
▶The **arms** of this jacket are tight. この上着はそでがきつい.

árm in árm （…と）
腕を組んで《with ...》
▶Luke is walking **arm in arm** with Emma.
ルークはエマと腕を組んで歩いている.

arm² [á:rm アーム]
名詞《**arms** で複数あつかい》武器, 兵器

（全体）（**同義語** weapon）
──**動詞** 他 （人）を(…で)武装させる; （人）に(…で)備えさせる《with ...》

armchair [á:rmtʃèər アームチェア] **名詞**
C ひじかけいす ➡ chairs 図

armed [á:rmd アームド] **形容詞**
武装した; 武器による

ármed fórces
《ふつう the armed forces で複数あつかい》（陸・海・空軍などで構成される）軍隊

armor, **(英)armour** [á:rmər アーマ]
名詞 **U** よろいかぶと

army [á:rmi アーミ] **名詞** （**複数** armies [-z]）《**the army** で単数または複数あつかい》陸軍（♦「海軍」は the navy, 「空軍」は the air force）; **C** 軍隊

arose [əróuz アロウズ] **動詞**
arise（起こる）の過去形

around [əráund アラウンド]

前置詞	❶ …のまわりに
	❷ …のまわりを回って, …を曲がって
	❸ …のあちこちを
	❹ …の近くに
副詞	❶ まわりに[を]
	❷ めぐって
	❸ あちこち
	❹ 約

──**前置詞** ❶ …のまわりに, 周囲に
▶There is a fence **around** the pond. 池のまわりにさくがある.
❷ …のまわりを回って; …を曲がって
▶She is running **around** the pond.
彼女は池のまわりを走っている.
▶The earth goes **around** the sun.
地球は太陽のまわりを回る.
▶There is a bookstore just **around** the corner. ちょうどその角を曲がったところに書店がある.
❸ …のあちこちを
▶She traveled **around** the world.

a
b
c
d
e
f
g
h
i
j
k
l
m
n
o
p
q
r
s
t
u
v
w
x
y
z

彼女は世界のあちこちを旅行した.
▶Let's walk **around** town.
町をぶらぶら歩きましょう.
❹ …の近くに
▶Is there a hotel **around** here?
この近くにホテルがありますか?
――**副詞** ❶ **まわりに[を]**; 周囲に[を]
▶First, I looked **around**.
まず, わたしは辺りを見回した.
❷ めぐって, 一周して; 回転して
▶Wait until your turn comes **around**.
順番が回ってくるまで待ちなさい.
▶She is busy all year **around**.
彼女は一年じゅう忙(_{いそが})しい.
❸ **あちこち**
▶I'll show you **around** tomorrow.
あしたあちこち案内してあげるね.
❹ (数・時間などが)約, …ぐらい
(**同義語** about)
▶He came home **around** six.
彼は6時ごろ帰宅した.
áll aróund いたるところに; 全員に

arouse [əráuz アラウズ] (★発音に注意)
動詞 (**三単現** **arouses** [-iz] **過去・過分**
aroused [-d]; **現分** **arousing**) **他**
❶ (興味・疑いなど)を呼び起こす
❷ …の目を覚まさせる, …を起こす
(♦**(口語)** ではふつう awaken を用いる)

arrange [əréindʒ アレインヂ]
動詞 (**三単現** **arranges** [-iz];
過去・過分 **arranged** [-d];
現分 **arranging**)
――**他** ❶ …を整える, きちんと並べる
▶**arrange** flowers
花を生ける, 生け花をする
▶**Arrange** the cards alphabetically.
カードをアルファベット順に並べなさい.
❷ …を取り決める, 打ち合わせる;
…を準備する, 手配する
▶**arrange** a meeting
会合を取り決める
▶**arrange** a birthday party
バースデーパーティーの準備をする
❸ **(音楽)** …を(…用に)編曲する(for …)
――**自** (…の)準備をする(for …);
(人と / …について)打ち合わせをする
(with … / about …)
▶**arrange for** a taxi
タクシーを手配する

▶We **arranged with** Ms. Baker **about** the school festival.
わたしたちはベーカー先生と文化祭について打ち合わせをした.

arrangement
[əréindʒmənt アレインヂメント] **名詞**
❶ **C** **U** 配列; 整理(法)
▶flower **arrangement**
生け花(= flower arranging)
❷ **C** 《ふつう **arrangements** で》
準備, 手はず
❸ **C** **U** 協定, 取り決め

arrest [ərést アレスト] **動詞**
他 (人)を逮捕(_{たいほ})する, 捕(_{つか})まえる
▶The police **arrested** the man in the act.
警察は現行犯でその男を逮捕した.
――**名詞** **U** **C** 逮捕
under arrést 逮捕されて

arrival [əráivl アライヴる] **名詞**
U 到着(_{とうちゃく})(**対義語** departure 出発)

arrive [əráiv アライヴ] **動詞**
(**三単現** **arrives** [-z]; **過去・過分** **arrived**
[-d]; **現分** **arriving**) **自**
❶ (…に)到着(_{とうちゃく})**する**(at [in] …)
(♦ふつう at は「狭(_{せま})いところ」, in は「広いところ」に用いる; **対義語** leave, start, depart 出発する) ➡ **reach**
▶He **arrived in** Tokyo yesterday.
彼は昨日, 東京に到着した.
▶What time will the plane **arrive at** Narita?
その飛行機は何時に成田に到着しますか?
▶They soon **arrived in** a small village.
彼らはまもなく小さな村に着いた.
(♦ town や village には in を使うことが多い)
❷ (年齢(_{ねんれい})・結論などに)達する(at …)

arrived [əráivd アライヴド] **動詞**
arrive(到着(_{とうちゃく})する)の過去形・過去分詞

arriving [əráiviŋ アライヴィング] **動詞**
arrive (到着(_{とうちゃく})する) の現在分詞

arrow [ǽrou あロウ] **名詞** **C** 矢; 矢印
▶shoot an **arrow** 矢を射る

art [ɑ́ːrt アート] **名詞**
(**複数** **arts** [ɑ́ːrts アーツ])
❶ **C** **U** 芸術; 美術(= the fine arts)
▶an **art** museum 美術館

▶traditional **art** 伝統芸能
▶a work of **art** 芸術作品
❷ **C** **U** (教科・学科の)美術(◆大学では arts で歴史・文学・言語学などの人文系科目を意味することがある)
❸ **C** **U** 技術, こつ
❹ **U** 人工(**対義語** nature 自然)

article [ɑ́ːrtikl アーティクる] **名詞**
❶ **C** 品物, 物; 1 個(**同義語** piece)
▶an **article** of furniture 家具 1 点
❷ **C** (新聞・雑誌などの)記事
▶an **article** on sports
スポーツ記事
❸ **C** (法律などの)条項(じょう)
❹ **C** 【文法】冠詞(かん)(◆ a, an, the のこと)

artificial [ɑ̀ːrtəfíʃl アーティふィシャる]
形容詞 人工の, 人工的な, 人造の
(**対義語** natural 自然の)
▶an **artificial** satellite 人工衛星
▶an **artificial** flower 造花

artist [ɑ́ːrtist アーティスト] **名詞**
C 画家; 芸術家; 芸能人

artistic [ɑːrtístik アーティスティック]
(★ アクセントに注意) **形容詞**
❶ 芸術的な, 美しい
▶an **artistic** performance
(芸術的で)美しい演技
❷ 芸術の; 芸術家の

:as **接続詞** **副詞** **前置詞** **代名詞**
➡ p.38 as

ASAP, asap [éièsèipí: エイエスエイピー]
できるだけ早く(◆ as soon as possible の略)

ash [ǽʃ あシ] **名詞** (**複数** ashes [-iz])
❶ **U** 《ときに ashes で》灰, 燃えがら
▶cigarette **ash** タバコの灰
▶Many houses were burnt to **ashes**. 多くの家が全焼した.
❷《ashes で》遺灰, 遺骨

ashamed [əʃéimd アシェイムド] **形容詞**
❶《be ashamed of ... [that節] で》
…を恥(は)じている
▶You should be **ashamed** of yourself. 恥(は)を知りなさい.
▶I am **ashamed** that I told such a lie to her.
彼女にあんなうそをついたことが恥ずかしい.
❷《be ashamed to ＋動詞の原形で》
恥ずかしくて…したくない

▶I was **ashamed** to say that I couldn't swim. 泳げないとは恥ずかしくて言いたくなかった.

ashore [əʃɔ́ːr アショーア] **副詞**
岸に[へ], 浜(はま)に[へ]
▶go [come] **ashore** 上陸する

ashtray [ǽʃtrèi あシトゥレイ] **名詞**
C 灰皿

Asia [éiʒə エイジャ] (★発音に注意) **名詞**
アジア
▶Southeast **Asia** 東南アジア

Asian [éiʒn エイジャン] (★発音に注意)
形容詞 アジアの; アジア人の
▶Japan is an **Asian** country.
日本はアジアの国だ.
── **名詞** **C** アジア人;《the Asians で》
アジア人(全体)

aside [əsáid アサイド] **副詞**
わきに; 少しはなれて; 別にして
▶Step **aside**. A car is coming.
わきに寄りなさい. 車が来るよ.

:ask [ǽsk あスク] **動詞**
(**三単現** asks [-s]; **過去・過分** asked [-t];
現分 asking)
── **他** ❶ …を[に]たずねる, きく, 質問する(**対義語** answer, reply 答える)
▶May I **ask** your name, please?
お名前をうかがってもよろしいですか?
▶I don't know anything about computers, so don't **ask** me.
コンピューターのことは全然わからないから, わたしにきかないで.
▶"What's wrong, Peter?" **asked** his mother.
「どうしたの, ピーター?」と彼の母親はたずねた. (◆ asked his mother は his mother asked の語順でもよい)
(1)《ask ＋人＋ about ＋物事で》
(人)に(物事)についてたずねる
▶We **asked** Ms. Baker **about** her home country.
わたしたちはベーカー先生に, 彼女の出身国についてたずねた.
(2)《ask ＋人＋物事で》(人)に(物事)をたずねる
▶I **asked** Ann some questions.
わたしはアンにいくつか質問をした.
▶She **asked** me the way to the station.
彼女はわたしに駅へ行く道をたずねた.

:as

接続詞 前置詞
副詞 代名詞

[ǽz あズ；（弱く言うとき）əz アズ]

接続詞 ❶〖比較〗	…と同じくらい〜
❷〖理由〗	…なので
❸〖時〗	…のとき；…しながら
❹〖様態〗	…のとおりに

──接続詞 ❶〖比較〗(1)《as 〜 as ... で》…と同じくらい〜, …と同じ程度に〜
（◆後ろの as が接続詞, 前の as は副詞；〜には形容詞・副詞の原級がくる）

▸This dog is **as** big **as** that one. このイヌはあのイヌと同じくらい大きい.

▸Alice is **as** tall **as** I (am). アリスはわたしと同じくらいの背の高
(= Alice is **as** tall **as** me.) さだ.

（◆2番めの as の後ろに代名詞がくるときは,《口語》ではふつう目的格を使う）

▸John can jump **as** high **as** ジョンはジャックと同じくらい高く跳(と)
Jack (can jump). べる.

(2)《**twice** [― **times**] **as** 〜 **as** ... で》…の2倍[― 倍]〜

▸Ann has **twice as** many アンはわたしの2倍の数の本を持って
books **as** I (have). (= Ann has いる.
twice as many books **as** me.)

▸The country is three **times** その国は日本の3倍の広さだ.
as large **as** Japan.

(3)《**not as** 〜 **as** ... で》…ほど〜ではない

▸My dog is **not as** clever **as** わたしのイヌはあなたのイヌほど賢(かし)
yours. くない.

▸I **can't** cook **as** well **as** my わたしは母ほど料理がうまくない.
mother.

❷〖理由〗…なので, …だから ➡ **because** くらべよう

▸**As** I was very tired, I went to わたしはとても疲(つか)れていたので, 早く
bed early. に寝(ね)た.

❸〖時〗…のとき（同義語 when）；…しながら；…するにつれて

▸**As** I was watching TV, the テレビを見ていたとき, 電話が鳴った.
phone rang.

▸My mother was singing **as** 夕食の準備をしながら母は歌を歌って
she cooked dinner. いた.

❹〖様態〗…のとおりに, …するように

▸**As** you know, soccer is very ごぞんじのように, サッカーはヨーロッ
popular in Europe. パではとても人気があります.

ダイアログ

A: Please show me how to cook すき焼きの作り方を教えてください.
sukiyaki.
B: All right. Just do **as** I say. わかった. わたしの言うとおりにしな
さい.

▸ことわざ When in Rome, do **as** 郷(ごう)に入っては郷に従え.（◆「ローマでは
the Romans do. ローマ人のするようにせよ」の意味から）

❺ …だけれども（同義語 though）

▸Young **as** he was, he was rich. 彼は若かったが, 金持ちだった.
（◆ As he was young の語順にはならない）

——副詞 同じくらい

▸She speaks English well, and I can speak it just **as** well. — 彼女は英語をじょうずに話すし, わたしも同じくらいじょうずに話せる.

——前置詞 ❶ …として

▸We used the wooden boxes **as** chairs. — わたしたちはその木箱をいすとして使った.

▸I worked **as** a volunteer. — わたしはボランティアとして働いた.

❷ …のような ➡ **such** 成句 *such as ...*, *such ... as* 〜

——代名詞 〘関係代名詞〙《*such* 〜 *as* ...; *the same* 〜 *as* ... で》…のような〜

▸I want **such** a bag **as** you have now. — あなたが今持っているようなバッグがほしい.

▸Tom goes to **the same** school **as** my sister (does). — トムはわたしの姉[妹]と同じ学校に通っている.

as ... as one cán できるだけ…

▸Finish the homework **as** quickly **as** you **can**. — その宿題をできるだけ早く終わらせなさい.

as ... as póssible できるだけ… ➡ **possible**

as far as ... = so far as ... …まで; …のかぎりでは ➡ **far**

as for ... 《ふつう文頭で用いて》…はと言うと, …について言えば

▸Tom can't eat *natto*. **As for** Ann, she loves it. — トムは納豆(なっとう)が食べられない. アンはと言うと, 納豆が大好きなんだ.

as if ... = as though ... まるで…であるかのように (♦ as if [though] のあとの be 動詞はふつう were を用いるが, 《口語》では was や is も使われる)

▸He looked **as if** he were a professional musician. — 彼はまるでプロのミュージシャンのようだった.

as lóng as ... …である間は; …であるかぎりは ➡ **long**[1]

as mány as ... …と同じ数; …ほど(多くの); …だけ全部 ➡ **many**

as mány ... as 〜 〜と同じ数の… ➡ **many**

as much as ... …と同じ量, …だけ; …(ほど)も(たくさん) ➡ **much**

as múch ... as 〜 〜と同じ量の… ➡ **much**

as ..., so 〜 …であるのと同じように〜

▸**As** the French enjoy their wine, **so** the Germans enjoy their beer. — フランス人がワインを楽しむように, ドイツ人はビールを楽しむ.

as sóon as ... …するとすぐに

▸**As soon as** the sun came out, they left home. — 日が出ると, すぐに彼らは家を出発した.

as úsual いつものように

▸He walked his dog **as usual**. — いつものように彼はイヌを散歩させた.

... as wéll …もまた ➡ **well**[1]

... as well as 〜 〜と同様…も ➡ **well**[1]

(3)《**ask ＋人＋ wh-** 節・句で》
(人)に…かをたずねる

▶I **asked** my brother **how** to use the software.　わたしは兄[弟]にそのソフトの使い方をたずねた.

▶She **asked** me **why** I wanted to be a nurse.　彼女はわたしがなぜ看護師になりたいのかをきいた.

❷ …を[に]求める, …に[を]たのむ

▶**ask** permission
許可を求める

▶Why don't you **ask** Tom's help?
トムに助けをたのんだらどう?

(1)《**ask ＋人＋ for** ＋物事で》
(人)に(物事)を求める, たのむ

▶I'll **ask** her **for** help.　彼女に手伝ってくれるようたのんでみます.

(2)《**ask ＋人＋物事で**》
(人)に(物事)を求める, たのむ

ダイアログ

A: May I **ask** you a favor?
お願いがあるのですが.

B: Certainly. What is it?
いいですよ. 何ですか?

(3)《**ask ＋人＋ to** ＋動詞の原形で》
(人)に…するようにたのむ

▶I **asked** my father **to** buy me a new bike.
わたしは父に新しい自転車を買ってくれるようにたのんだ.

❸ …を(…に)招く, 招待する《to [for] ...》
(**同義語** invite)

――**(目)** (…について)たずねる, きく《about ...》

▶I **asked about** her new life in Canada.
わたしはカナダでの彼女の新しい生活についてたずねた.

ásk after ...
(人の健康・無事)をたずねる

ásk for ...
…を求める; …に面会を求める

▶Don't **ask for** help so soon.
そんなにすぐに助けを求めるな.

asleep [əslíːp アスリープ] **形容詞**
《名詞の前には用いない》眠って
(**対義語** awake 目が覚めて)

▶I was fast **asleep** when you called me.
あなたが電話をかけてきたとき, わたしはぐっすり眠っていた.

ルール 「眠っている…」と言う場合

「眠っている…」を表す場合は asleep ではなく, sleeping を用います.

▶a **sleeping** baby
眠っている赤ちゃん

---

fall asléep 寝(ね)入る

▶The child **fell asleep** soon.
その子供はすぐに寝入った.

asparagus [əspǽrəgəs アスパぁラガス]
名詞 U【植物】アスパラガス

aspect [ǽspekt あスペクト] **名詞**
C (物事の)局面, 側面; 外観

ass [ǽs あス] **名詞** (**複数** **asses** [-iz])
❶ **C**【動物】ロバ (◆古風な言い方; ふつうは donkey を用いる)
❷ **C**《口語》ばか者

assemble [əsémbl アセンブる] **動詞**
(**三単現** **assembles** [-z];
過去・過分 **assembled** [-d]; **現分** **assembling**)
他 ❶ (人)を集める
❷ (機械など)を組み立てる

▶I **assembled** this desk myself.
わたしはこの机を自分で組み立てた.

――**(自)** (人が)集まる

assembly [əsémbli アセンブり] **名詞**
(**複数** **assemblies** [-z])
❶ **C U** (特別な目的をもつ)集会, 会合
▶a morning **assembly**　朝礼
▶the United Nations General Assembly　国連総会
❷ **U** (機械などの)組み立て

assert [əsə́ːrt アサ～ト] **動詞**
他 …を断言する, 主張する

assessment [əsésmənt アセスメント]
名詞 U 評価, 査定

▶environmental **assessment**
環境(かんきょう)アセスメント(◆土地開発などが自然環境にあたえる影響(えいきょう)を前もって予測すること)

assign [əsáin アサイン] (★発音に注意)
動詞 他 (仕事など)を割り当てる; (人)を任命する; (期日)を指定する

▶Ms. Brown **assigned** us a lot of homework.　ブラウン先生はわたしたちに宿題をたくさん出した.

assignment [əsáinmənt アサインメント] (★発音に注意) **名詞**
❶ **U** (仕事などの)割り当て; **U C** 任務
❷ **C**《米》宿題(**同義語** homework);
課題; 仕事

▸a math **assignment**　数学の宿題

assist [əsíst アスィスト] [動詞]
[他] …を手伝う(♦ help よりかたい語)

assistance [əsístəns アスィスタンス]
[名詞] [U] 援助(えんじょ), 手助け

assistant [əsístənt アスィスタント] [名詞]
[C] 助手, アシスタント;《英》店員
▸a shop **assistant**　店員
——[形容詞]《名詞の前に用いて》
補助の, 補佐の, 副…

associate (★動詞・名詞の発音のちがいに注意) [動詞] [əsóuʃièit アソウシエイト]
([三単現] **associates** [əsóuʃièits アソウシエイツ]; [過去・過分] **associated** [-id]; [現分] **associating**)
[他] …から(…を)連想する;
…を(…と)結びつける《with ...》
▸I **associate** the word "sea" **with** summer.　わたしは「海」という単語から夏を連想する.
——[自] (…と)交際する《with ...》
——[名詞] [əsóuʃiit アソウシエット]
[C] 仲間, 同僚(どうりょう), 友人

association [əsòusiéiʃn アソウスィエイシャン] [名詞]
❶ [C] (特定の目的のための)会, 協会, 組合
❷ [U] (…との)提携(ていけい), 交際《with ...》
❸ [U] [C] 連想; [C] 連想されるもの

assume [əsúːm アスーム] [動詞]
([三単現] **assumes** [-z]; [過去・過分] **assumed** [-d]; [現分] **assuming**) [他]
❶ …を(証拠(しょうこ)はないが真実であると)仮定する, (当然のことと)思う
❷ (任務など)を引き受ける, (責任)を負う

assure [əʃúər アシュア] [動詞]
([三単現] **assures** [-z]; [過去・過分] **assured** [-d]; [現分] **assuring**)
[他] (人)に保証する; (人)に確信させる
▸You'll pass the exam, I **assure** you.
あなたは試験に受かりますよ. わたしが保証します.

asthma [ǽzmə あズマ] (★発音に注意)
[名詞] [U] 【医学】ぜんそく

astonish [əstániʃ アスタニッシ] [動詞]
([三単現] **astonishes** [-iz]; [過去・過分] **astonished** [-t]; [現分] **astonishing**)
[他] …をひどく驚(おどろ)かす, びっくりさせる;
《**be astonished at [by] ...** で》
…にひどく驚く
(♦ surprise よりも驚き方が激しい)
▸The news **astonished** them.
(= They **were astonished at** the news.)
彼らはその知らせを聞いてびっくりした.

astonishment [əstániʃmənt アスタニッシメント] [名詞] [U] 驚(おどろ)き
to a person's astónishment
(人が)驚いたことに

astro- [接頭辞] 「星, 宇宙」などの意味の語をつくる: astro- + physics(物理学)→ astrophysics [æ̀strəfíziks あストゥロふィズィクス] (天体物理学)

astronaut [ǽstrənɔ̀ːt あストゥロノート]
(★アクセントに注意) [名詞]
[C] 宇宙飛行士([同義語] spaceman)

astronomer [əstránəmər アストゥラノマ]
(★アクセントに注意) [名詞] [C] 天文学者

astronomy [əstránəmi アストゥラノミ]
(★アクセントに注意) [名詞] [U] 天文学

at [前置詞] ➡ p.42 **at**

atchoo [ətʃúː アチュー] [間投詞]
(くしゃみの音を表して)ハクション
(= achoo) ➡ **sound** 図, **sneeze**

ate [éit エイト] [動詞]
eat(…を食べる)の過去形

Athens [ǽθinz あセンズ] (★発音に注意)
[名詞] アテネ(♦ギリシャの首都)

athlete [ǽθliːt あすリート] (★アクセントに注意) [名詞] [C] 運動選手, アスリート

athletic [æθlétik あすレティック]
(★アクセントに注意) [形容詞]
運動競技の, 運動(用)の
▸an **athletic** meet　競技会, 運動会

athletics [æθlétiks あすレティックス]
[名詞] ❶《複数あつかいで》(戸外)運動競技
❷《単数あつかいで》(学科の)体育

-ation [接尾辞] 動詞について動作・状態などを表す名詞をつくる: invite(招待する) + -ation → invitation(招待)

-ative [接尾辞] 動詞について性質・状態などを表す形容詞をつくる: talk (話す) + -ative → talkative(話好きな)

Atlanta [ətlǽntə アトゥらぁンタ] [名詞]
アトランタ(♦アメリカのジョージア州の州都; 小説『風と共に去りぬ』(*Gone with the Wind*)の舞台(ぶたい)になった都市)

Atlantic [ətlǽntik アトゥらぁンティック]
[形容詞] 大西洋の, 大西洋岸の

⁺at 前置詞

[ǽt あット; (弱く言うとき)ət アット]

① 〖場所〗 …に, …で
② 〖時刻・年齢(れい)〗…に
③ 〖方向〗 …をめがけて, …に向かって
④ 〖従事・状態〗 …して; …の状態で

① 〖場所〗…に, …で

▶I got off **at** the bus stop. わたしはそのバス停で下車した.
▶I live **at** 7 Market Street. わたしはマーケット通り7番に住んでいる.

くらべよう 場所に用いる at と in

at: 店や駅, 小さな町や村などの比較(ひかく)的狭(せま)い場所に使います.
in: 都市や国など広い場所に使います.

▶meet **at** the station
　駅で会う
▶live **in** Australia
　オーストラリアに住む

ただし, 同じ場所でも1つの「点」と考えるときは at を, その場所や建物の「中で」という感じのときは in を用います.

at　　　in

▶stop **at** Kyoto　京都で停車する
▶live **in** Kyoto　京都に住む

② 〖時刻・年齢〗…に

▶**at** (the age of) twenty 20歳(さい)のときに
▶I usually get up **at** six. わたしはたいてい6時に起きる.

くらべよう 日時に用いる at, in, on

at: 時刻など「時の一点」を表すときに使います.
in: 年月や季節または「ある程度の長さ」をもった時間を表すときに使います.
on: 曜日や特定の月日を表すときに使います.

▶**at** noon　　正午(しょうご)に　　　▶**at** three　　　　3時に
▶**in** 2020　　2020年に　　　　　▶**in** December　12月に
▶**on** Friday　金曜日に　　　　　　▶**on** December 7　12月7日に

③ 〖方向〗…をめがけて, …に向かって

▶The dog jumped **at** a man. そのイヌは男性に飛びかかった.

④ 〖従事・状態〗…して; …の状態で

▶She's **at** work now. 彼女は今, 仕事[勉強]中です.

⑤ 〖原因・理由〗…によって; …を見て, …を聞いて, …を知って

▶I was surprised **at** his words. 彼のことばにわたしは驚(おどろ)いた.

⑥ 〖値段・割合など〗…で

▶The car went by **at** full speed. 車は全速力で通り過ぎた.

⑦ 〖方法・態度〗…で;《ふつう **at a** [**an, one**] ... で》一度の…で

▶**at** one time 同時に, 一度に

⁺**at áll** 《否定文で》少しも(…ない);《疑問文で》いったい ➡ **all**
⁺**at fírst** 初めは ➡ **first**
⁺**at lást** やっと ➡ **last¹**
⁺**at ónce** すぐに; 同時に ➡ **once**

（◆「太平洋の」は Pacific）

──**名詞**《the Atlantic で》大西洋

Atlantic Ocean [ətlǽntik óuʃn アトゥらぁンティック オウシャン] **名詞**
《the Atlantic Ocean で》大西洋
（◆「太平洋」は the Pacific Ocean）

Atlas [ǽtləs あトゥらス] **名詞**【ギリシャ神話】アトラス（◆天空をかつぐ巨人( )；オリンポスの神々と戦って敗れ、罰( )として一生天空を背負うことになった）

atlas [ǽtləs あトゥらス] **名詞**
（**複数** atlases [-iz]) **C** 地図帳（◆1枚ずつの「地図」は map) ⇒ **map** 図

atmosphere [ǽtməsfìər あトゥモスふィア] （★アクセントに注意）**名詞**
❶《the atmosphere で》
（地球を取り巻く）大気
❷ **U**《または an atmosphere で》
（ある場所の）空気
❸ **U C** 雰囲気( )
▶a friendly **atmosphere**
なごやかな雰囲気

atom [ǽtəm あトム] **名詞**
C【物理・化学】原子; 微粒子( )

atomic [ətámik アタミック]
（★アクセントに注意）
形容詞 原子(力)の
▶**atomic** energy 原子力

atomic bomb [ətámik bám アタミック バム] **名詞** **C** 原子爆弾( )

atopy [ǽtəpi アタピ] **名詞**
U【医学】アトピー
（◆特定の物質に非常に敏感( )な体質）

attach [ətǽtʃ アタぁッチ] **動詞** （**三単現** attaches [-iz]; **過去・過分** attached [-t]; **現分** attaching) **他**
❶ …を（…に）つける《to ...》
▶She **attached** a message to the flower.
彼女はその花にメッセージをそえた.
❷《be attached to ＋人・もので》
（人・もの）に愛着を感じている
▶I'm very **attached to** this house.
わたしはこの家にとても愛着がある.

˙attack [ətǽk アタぁック]
──**動詞** （**三単現** attacks [-s]; **過去・過分** attacked [-t]; **現分** attacking) **他**
❶ （人・場所など）を攻撃( )する（**対義語** defend 守る）; …を非難する
▶They **attacked** the building.

彼らはその建物を攻撃した.
❷ （病気などが）（人）を襲( )う
❸ （仕事など）に取りかかる
──**名詞** **C** **U** （…への）攻撃《on ...》
（**対義語** defense 防御( )）;
C 発病, 発作( )
▶have a heart **attack**
心臓発作を起こす

attain [ətéin アテイン] **動詞**
他 （目的）を達成する; …に到達( )する
▶Emma **attained** her goal.
エマは自分の目標を達成した.

attempt [ətémpt アテンプト] **動詞**
他 …を企( )てる, 試みる（**同意語** try)
▶The man **attempted** to swim across the lake.
その男性は湖を泳いで渡ろうとした.
──**名詞** **C** 試み, 企て

˙attend [əténd アテンド] **動詞**
（**三単現** attends [əténdz アテンヅ];
過去・過分 attended [-id];
現分 attending)
──**他** ❶ …に出席する, 参列する;
…に通う
（◆**口語**ではふつう go to を用いる）
▶**attend** a meeting
会議に出席する
▶A lot of people **attended** their wedding. 多くの人々が彼らの結婚( )式に参列した.
❷ （人）の世話をする, 看護をする
▶John **attends** his elderly parents.
ジョンは年老いた両親の世話をしている.
──**自** ❶ （…に）専念する《to ...》
❷ （人の）世話[看護]をする;
（客の）応対をする《to [on] ...》

attendance [əténdəns アテンダンス] **名詞** ❶ **U** **C** （…への）出席, 参列《at ...》
▶take [check] **attendance**
出席をとる
❷ **U** （人の）つき添( )い; 世話, 看護

attendant [əténdənt アテンダント] **名詞** ❶ **C** （公共施設( )などの）係員, 案内係, 接客係
▶a flight **attendant**
（旅客( )機の）客室乗務員
❷ **C** つき添( )い人, 随行( )者; 世話人
❸ **C** 出席者, 参加者

attention [əténʃn アテンシャン] **名詞**
U 注意, 注目（**同意語** notice); 配慮( );

A
B
C
D
E
F
G
H
I
J
K
L
M
N
O
P
Q
R
S
T
U
V
W
X
Y
Z

気をつけの姿勢[号令]

▶**pay attention** to ...
…に注意を払(はら)う

Atténtion, please! (場内放送などで)
みなさまにお知らせいたします.

attic [ǽtik あティック] 名詞
C 屋根裏(部屋)

attitude [ǽtitjù:d あティテュード] 名詞
❶ U C (…への)態度, 考え方, 心がまえ
《to [toward] ...》
❷ C 姿勢, 身がまえ, ポーズ

attorney [ətə́:rni アタ〜ニ] 名詞
C (米)弁護士(同義語 lawyer)

attract [ətrǽkt アトゥラぁクト] 動詞 他
❶ (人)をひきつける; (興味など)をひく
▶Her songs **attract** many people.
彼女の歌は多くの人をひきつける.
❷ (磁石などが)…をひきつける

attracted [ətrǽktid アトゥラぁクティッド]
形容詞 (…に)引きつけられる, 魅了(りょう)される《to ...》
▶I was **attracted to** the photo.
わたしはその写真に引きつけられた.

attraction [ətrǽkʃn アトゥラぁクシャン]
名詞 ❶ U 《または **an attraction** で》
魅力(りょく), 魅惑(わく)
❷ C 人をひきつけるもの, 呼び物, アトラクション

attractive [ətrǽktiv アトゥラぁクティヴ]
形容詞 魅力(りょく)のある, 魅力的な

auction [ɔ́:kʃn オークシャン] 名詞
C 競売, オークション

audience [ɔ́:diəns オーディエンス] 名詞
C 聴衆(ちょうしゅう), (劇場などの)観客; (テレビ・ラジオの)視聴者(◆一人ひとりではなく, 全体を指す)
▶There was a large [small] **audience** in the hall.
ホールには大勢の[少数の]聴衆がいた.
(◆ large または small で規模を表す; × many [(a) few] audiences とはいわない)

audio [ɔ́:diòu オーディオウ] 形容詞
《名詞の前に用いて》音声の

audio-visual [ɔ́:diouvíʒuəl オーディオウヴィジュアる] 形容詞 視聴覚(ちょうかく)の
▶an **audio-visual** room
視聴覚室

audition [ɔ:díʃn オーディシャン] 名詞
C (歌手・俳優などを採用するための)審査(さ), オーディション

auditorium [ɔ̀:ditɔ́:riəm オーディトーリアム] 名詞 (複数 **auditoriums** [-z]または **auditoria** [ɔ̀:ditɔ́:riə オーディトーリア])
❶ C (学校などの)講堂, 大講義室
❷ C (劇場などの)観客席, 傍聴(ちょう)席

Aug. [ɔ́:gəst オーガスト] 8月
(◆ *August* の略)

:August [ɔ́:gəst オーガスト]
名詞 8月(◆ Aug. と略す)
➡ **January** [ルール], **month** [参考]
▶in **August** 8月に

:aunt [ǽnt あント] 名詞
(複数 **aunts** [ǽnts あンツ])
C おば, おばさん(対義語 uncle おじ)
➡ **family** 図
▶I love **Aunt** Ann.
わたしはアンおばさんが大好きだ.
(◆名前につけて用いるときは Aunt と大文字で始める)

aural [ɔ́:rəl オーラる](★ oral「口頭の」と発音は同じ) 形容詞 耳の; 聴力(ちょう)の

aurora [ərɔ́:rə アローラ](★アクセントに注意) 名詞 (複数 **auroras** [-z]または **aurorae** [ərɔ́:ri: アローリー]) C オーロラ
(◆北極付近のものは the northern lights ともいう)

:Australia [ɔ:stréiljə オーストゥレイりャ] 名詞
オーストラリア
(◆首都はキャンベラ Canberra)

区化 オーストラリアの歴史

オーストラリアには先住民族のアボリジニが住んでいましたが, 1770 年に英国人が上陸し, オーストラリアは英国領であると宣言します. 1788 年に英国の流刑(るけい)植民地としてシドニーへの入植が始まると, 各地に植民地が築かれます. 植民地の経済は主に羊毛によって支えられ, 流刑囚が労働力となっていました. そして, 1850 年代のからのゴールドラッシュで多数の移民が流入したことにより, 英国の流刑植民地としての役割は終わります.
いくつかの戦争を経て, しだいに英国との関係は薄(うす)れ, 代わりにアメリカやアジアとの関係が深まっていきます. 現在は多民族・多文化を掲(かか)げるアジ

ア・太平洋国家として平等な社会を築こうとしています. しかし, 植民地時代に始まった先住民アボリジニへの差別が今も続き, そのためアボリジニの人々は貧困の中で生活しなければならないことなどが社会問題となっています.

Australian [ɔːstréiljən オーストゥレイりャン] 形容詞 オーストラリアの; オーストラリア人の
——名詞 C オーストラリア人; 《the Australians で》オーストラリア人(全体)

Austria [ɔ́ːstriə オーストゥリア] (★アクセントに注意) 名詞 オーストリア(◆ヨーロッパ中部の国; 首都はウィーン Vienna)

author [ɔ́ːθər オーさ] 名詞 C 著者, 作家(同義語 writer)

authority [əθɔ́ːrəti アそーリティ] 名詞
❶ U 《to +動詞の原形で》(…する)権限[許可]; 権威(いん), 権力
▶She has **authority to** hire people. 彼女には人を雇用(ほう)する権限がある.
❷ C 権威者, 大家(たい)
❸ C 《しばしば authorities で》当局
▶the city **authorities** 市当局

auto [ɔ́ːtou オートウ] 名詞 (複数 autos [-z]) C 《主に米口語》自動車
(◆ automobile を短縮した語; ふつう car を用いる)

autobiography [ɔ̀ːtəbaiágrəfi オートバイアグラふィ]
(複数 autobiographies [-z])
C 自叙(じょ)伝; U 自伝文学

autograph [ɔ́ːtəgræf オートグラふ] 名詞 C (自筆の)署名; (芸能人・スポーツ選手などの)サイン(◆×この意味では sign は使わない)

automatic [ɔ̀ːtəmætik オートマぁティック] 形容詞 (機械などが)自動式の; 機械的な, 無意識の(対義語 manual 手動式の)

automation [ɔ̀ːtəméiʃn オートメイシャン] 名詞 U オートメーション, 自動操作

automobile [ɔ́ːtəməbìːl オートモビーる] 名詞 C 《主に米》自動車
(◆《英》motorcar; 《口語》では《英》《米》ともにふつう car を用いる) ➡ cars 図

˙autumn [ɔ́ːtəm オータム]
(★発音に注意) 名詞
(複数 autumns [-z]) U C 秋

(◆《米》ではふつう fall を用いる)
➡ spring ルール

autumnal equinox [ɔːtʌ́mnlíːkwinàks オータムヌる イークウィナックス] 名詞 《the autumnal equinox で》秋分(点)

available [əvéiləbl アヴェイらブる] 形容詞
❶ (…に)利用できる(to [for] ...)
▶The room is **available for** dances. その部屋はダンスパーティーに利用できる.
❷ 入手可能な
▶The software is not **available** in Japan. そのソフトは日本では入手できない.
❸ (人が)手が空いている

Ave. [ǽvənjùː あヴェニュー] 大通り, …街(◆ Avenue の略)

avenue [ǽvənjùː あヴェニュー] 名詞
❶ C 大通り; …通り, …街(◆しばしば地名に用い, Ave. と略す; 米国の都市では直角に交差している道路の一方を Avenue, 他方を Street と呼ぶことが多い) ➡ road くらべよう
❷ C 並木道

average [ǽvəridʒ あヴェレッヂ] 名詞
C 平均(値); 水準
above [*below*] (*the*) *áverage*
平均以上 [以下]の [で]
▶I got **above average** grades in all the subjects. わたしは全教科で平均以上の成績をとった.
on (*the*) *áverage* 平均して
——形容詞 《名詞の前に用いて》平均の; ふつうの
▶the **average** score 平均点

avocado [ævəkɑ́ːdou あヴォカードウ]
(★アクセントに注意) 名詞 (複数 avocados または avocadoes [-z])
C 【植物】アボカドの実; アボカドの木

avoid [əvɔ́id アヴォイド] 動詞
他 …を避(さ)ける, よける;
《avoid +...ing で》…することを避ける
▶You should **avoid eating** too much. 食べ過ぎないようにしなさい.

awake [əwéik アウェイク] 動詞
(三単現 awakes [-s]; 過去 awoke [əwóuk アウォウク]または awaked [-t]; 過分 awoken [əwóukən アウォウクン]または awaked; 現分 awaking)

他 (人)の目を覚まさせる, (人)を起こす
(同義語 wake, waken)
▸That sound **awoke** me (from my sleep). その音で目が覚めた.
━自 目覚める ➡ wake
━形容詞《名詞の前には用いない》
目が覚めて(対義語 asleep 眠(ねむ)って)
▸She was **awake** all night.
彼女は一晩じゅう起きていた.

awaken [əwéikən アウェイクン] 動詞
他 (人)を目覚めさせる; (人)を(…に)気づかせる(to ...)(♦かたい語)
━自 目覚める; 自覚する

award [əwɔ́ːrd アウォード] 名詞
C (審査(しんさ)による)賞, 賞金, 賞品
━動詞 他 (人)に(賞など)をあたえる
▸She was **awarded** the prize.
彼女はその賞をあたえられた.

aware [əwéər アウェア] 形容詞
《名詞の前には用いない》気づいて, 知って;
《be aware of ... で》…に気づいている
▸They **were** not **aware of** the danger.
彼らはその危険に気づいていなかった.

away [əwéi アウェイ]

副詞 ❶ はなれて
❷ 不在で
❸ あちらへ

━副詞
❶《場所・時間》(…から)はなれて《from ...》
▸Stay **away from** the dog.
そのイヌからはなれなさい.
▸I live four kilometers **away from** here. わたしはここから4キロはなれたところに住んでいる.
▸Our summer vacation is still one month **away**.
夏休みはまだ1か月も先だ.
❷ 不在で, 外出して
▸My mother is **away** (from home) today. 今日, 母は家にいません.
❸《方向》あちらへ, 去って
▸Go **away**! あっちへ行け!
▸Put your book **away** in your bag.
本をかばんの中にしまいなさい.
❹ (消え)去って
▸The snowman melted **away** by noon. 雪だるまは昼までに溶(と)けてなくなった.

fár awáy はるか遠くに ➡ far
right awáy すぐに ➡ right¹
━形容詞 (試合が)敵陣(てきじん)での, 遠征(えんせい)地での, アウェーの(対義語 home 地元の)
▸an **away** game アウェーの試合

awesome [ɔ́ːsəm オーサム] 形容詞
❶ 畏敬(いけい)の念を起こさせる
❷《米口語》すばらしい; 最高の

awful [ɔ́ːfl オーふる] 形容詞
とてもひどい, とても不快な;
恐(おそ)ろしい(同義語 terrible)
▸an **awful** cold ひどい風邪(かぜ)

awfully [ɔ́ːfli オーふり] 副詞
《口語》とても, ものすごく(同義語 very)

awkward [ɔ́ːkwərd オークワド] 形容詞
❶ (人・動作が)ぎこちない, 不器用な;
(物事が)やっかいな
▸an **awkward** movement
ぎこちない動き
❷ 落ち着かない, どぎまぎした;
(雰囲気(ふんいき)が)気まずい
▸I felt **awkward** when she spoke to me. 彼女が話しかけてきたとき, わたしはどぎまぎした.

awoke [əwóuk アウォウク] 動詞 awake
(…の目を覚まさせる)の過去形の一つ

awoken [əwóukən アウォウクン] 動詞
awake(…の目を覚まさせる)の過去分詞の一つ

ax, 《主に英》**axe** [æks アックス] 名詞
(複数 **axes** [-iz]) C おの, まさかり

Ayers Rock [éərz rák エアズ ラック]
名詞 エアーズロック(♦オーストラリア中部にある世界最大級の一枚岩で, 高さ348メートル; ウルル(Uluru [ùːlərúː ウールルー])と呼ばれるのがふつう)

AZ 【郵便】アリゾナ州(♦ Arizona の略)

azalea [əzéiljə アゼイリャ] 名詞
C 【植物】アザレア, ツツジ, サツキ

Azerbaijan [àːzərbaidʒáːn アーザバイヂャーン] 名詞 アゼルバイジャン(♦カスピ海沿岸にある共和国; 首都はバクーBaku)

Q トイレを借りたいときは何て言う？➡ bathroom をひいてみよう！

B, b [bíː ビー] **名詞**

(複数 **B's, b's** または **Bs, bs** [-z])

❶ **C** **U** ビー（◆アルファベットの 2 番めの文字）

❷ **C**《**B** で》（成績の）B, 良 ➡ **A**

baa [bǽː バァ] **名詞** **C** （ヒツジ・ヤギの）メーと鳴く声 ➡ **animals** 図

――**動詞** ⦿（ヒツジ・ヤギが）メーと鳴く

Babel [béibl ベイブる] **名詞**【聖書】

バベルの塔(とう)（= the Tower of Babel）

《文化》神の怒(いか)りに触(ふ)れたバベルの塔

聖書によると、世界に言語がまだ一つしかなかったころ、バベル[バビロン]の市民が天まで届く塔を建てようとしました。しかし神はその人間の思い上がりに怒り、建築を中止させるために、ある日突然(とつぜん)人々がそれぞれちがったことばを話すようにしてしまいました。その結果、混乱が生じ、塔は完成しませんでした。今日(こんにち)多くの言語があるのは、このためだといわれています。

『バベルの塔』ピーター・ブリューゲル画

✲baby

[béibi ベイビ] **名詞** (複数 **babies** [-z])

❶ **C** 赤ちゃん, 赤ん坊(ぼう), 乳児;

《名詞の前に用いて》赤ん坊の

▶a **baby** boy [girl]

男[女]の赤ちゃん

（◆× a <u>boy</u> [girl] baby とはいわない）

▶My aunt is going to have a **baby** next month.

おばには来月、赤ちゃんが生まれる予定だ。

▶Don't be such a **baby**.

赤ちゃんみたいなこと言わないで。

ルール 赤ちゃんの代名詞は it?

赤ちゃんの性別がわからないときは it で受けることができますが、あまりていねいな言い方ではありません。ただし、赤ちゃんの性別をたずねるときは、次のようにいうことがあります。

▶Is **it** a he or a she? 男(の赤ちゃん)ですか、女(の赤ちゃん)ですか？

---

❷ **C** 赤ん坊みたいな人, 子供じみた人;《米口語》女の子; かわいい子（◆恋人(こいびと)・夫婦(ふうふ)間の呼びかけにも用いる）

baby buggy [béibi bʌ̀gi ベイビ バギ]

名詞 = baby carriage

baby carriage [béibi kæ̀ridʒ ベイビ キャリッヂ] **名詞**; **C** 《米》うば車, ベビーカー（◆「ベビーカー」は和製英語; 同義語 stroller）

babysit [béibisìt ベイビスィット] **動詞**

(三単現 **babysits** [béibisìts ベイビスィッツ]; 過去・過分 **babysat** [béibisæ̀t ベイビサット]; 現分 **babysitting**)

⦿ ベビーシッターをする, 子守(もり)をする

babysitter [béibisìtər ベイビスィタ]

名詞 **C** ベビーシッター, 子守(もり)

（◆単に sitter ともいう）

✲back [bǽk バぁック]

名詞	❶ 背中
	❷ …の後ろ
副詞	❶ 後ろに[へ]
	❷ もとに[へ]
形容詞	後ろの
動詞	❶ …を後退させる

――**名詞** (複数 **backs** [-s])

A B C D E F G H I J K L M N O P Q R S T U V W X Y Z

❶ C 背中, 背

▶She carried her baby on her **back**. 彼女は赤ちゃんをおぶった.

▶I lay on my **back**. わたしはあお向けに横たわった. (◆「うつぶせに」は on my face のようにいう)

背中の広い英米人!?

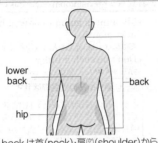

lower back

back

hip

back は首(neck)・肩(shoulder)からしり(hip)までの体の後ろの部分全体を指すので, ときには「腰(こし)」と訳したほうがいい場合もあります.

▶I have a pain in my **back**. わたしは腰が痛い.

---

❷《the back of ...》...の後ろ, 奥(おく), 裏(対義語 the front of ... ...の前)

▶the back of the head 後頭部

▶We sat in the back of the car. わたしたちは車の後部座席にすわった.

at the báck of ... =《米》(in) báck of ...
...の後ろに, ...の裏手に (対義語 in front of ... ...の前に)

▶Lockers are at the back of the classroom. ロッカーは教室の後ろにある.

báck to báck 背中合わせに

▶Stand back to back. 背中合わせに立ちなさい.

——副詞 ❶ 後ろに[へ], 後方に[へ]

▶He looked back at me. 彼は振(ふ)り返ってわたしを見た.

▶Please step back. 後ろに下がってください.

❷ (位置・状態が)もとに[へ], 戻(もど)って; (借りたものを)返して

▶Go back to your seat. 自分の席に戻りなさい.

▶He will be back in one hour. 彼は1時間後に戻ります.

▶Sorry, but I'm busy now. I'll call you back later. ごめん, 今は忙(いそが)しいんだ. あとで折り返し電話するよ.

báck and fórth
前後に, 左右に; 行ったり来たり

——形容詞《名詞の前に用いて》後ろの; 裏の(対義語 front 前の)

▶a back seat 後部座席

▶a back street 裏通り

——動詞 (三単現 backs [-s]; 過去・過分 backed [-t]; 現分 backing) 他

❶ ...を後退させる, バックさせる

▶John backed his car into the garage. ジョンは車をバックさせて車庫に入れた.

❷ (計画など)を後援(こうえん)する, 支持する (◆back up ともいう)(同義語 support)

▶We backed the project. わたしたちはその計画を支持した.

❸【コンピューター】《back up で》(データ)を保存用にコピーする

backache [bǽkèik バぁックエイク]
名詞 C U 背中[腰(こし)]の痛み

backbone [bǽkbòun バぁックボウン]
名詞 ❶ C 背骨
❷《the backbone で》(...の)主力, 中心となる人, 重要な要素《of ...》

background [bǽkgràund バぁックグラウンド] 名詞
❶ C (風景・絵などの)背景, バック
▶background music バックグラウンドミュージック, BGM (◆BGM という略語は英語にはない)
❷ U C (事件などの)背景
❸ C (人の)経歴

backpack [bǽkpæk バぁックパぁック]
名詞 C 《主に米》バックパック (◆金属の枠(わく)のついたリュックサック)

backstop [bǽkstàp バぁックスタップ]
名詞 C (野球場などの)バックネット; 【野球】キャッチャー

backup [bǽkλp バぁックアップ] 名詞
❶ U 支援(しえん), バックアップ
❷ C 代替(だいたい)品[要員];【コンピューター】バックアップ(◆万一に備えてディスクなどにコピーしたデータ)

backward [bǽkwərd バぁックワド]
副詞 後方に[へ] (対義語 forward 前方に); 逆に
▶walk backward あとずさりする, 後ろ向きに歩く

——形容詞 《名詞の前に用いて》後方への；（発達などが）遅(おく)れた

backwards [bǽkwərdz バぁックワヅ]
副詞 《英》= backward（後方に）

backyard [bǽkjáːrd バぁックヤード]
名詞 C 裏庭（♦アメリカではよく芝生(しばふ)が植えられており，洗濯(せんたく)物を干したり，バーベキューをしたりする）

bacon [béikən ベイコン] **名詞** U ベーコン
▶**bacon and eggs** ベーコンエッグ

bacteria [bæktíriə バぁクティリア]（★アクセントに注意）**名詞** 《複数あつかいで》バクテリア，細菌(さいきん)（♦単数形は bacterium だがあまり用いられない）

:**bad** [bǽd バぁッド] **形容詞**
（(比較) **worse** [wə́ːrs ワ〜ス]；
(最上) **worst** [wə́ːrst ワ〜スト]）

❶ 悪い
❷ …に有害な
❸ へたな
❹ 腐(くさ)った

❶ 悪い，よくない（(対義語) good よい）；不道徳な，不正な
▶**bad** news 悪い知らせ
▶a **bad** boy 悪い子；不良少年
▶The weather was **bad** yesterday.
昨日は天気が悪かった．

❷ 《**be bad for ...** で》…に有害な，悪い；（体調が）悪い；（病気などが）重い，ひどい
▶Eating too much **is bad for** your health. 食べ過ぎは健康に悪い．
▶I have a **bad** cold.
わたしはひどい風邪(かぜ)をひいている．

❸ へたな（(同義語) poor，(対義語) good じょうずな）；《**be bad at ＋名詞**[**...ing**]で》…がへただ，不得意だ
▶I'm **bad at** cooking.
（= I'm a **bad** cook.）
わたしは料理がへただ．

❹ （食べ物が）腐った
▶The apples in the box went **bad**.
箱の中のリンゴが腐った．

féel bád 後悔(こうかい)する；気分が悪い
▶I **felt bad** about cheating on the exam. わたしは試験でカンニングしたことを後悔した．

not bád = **not too** [**so**] **bád**
なかなかよい，まあまあだ

ダイアログ
A: How do you feel now?
今，気分はいかがですか？
B: **Not so bad.** まあまあです．

*That's tóo bád. それは残念です，それはいけませんね，お気の毒に．

ダイアログ
A: I have a headache.
頭痛がするの．
B: **That's too bad.**
それはいけないね．

badge [bǽdʒ バぁッヂ] **名詞**
C （団体・身分などを表す）記章，バッジ

badger [bǽdʒər バぁヂャ] **名詞**
C 【動物】アナグマ

badly [bǽdli バぁッドり] **副詞**
（(比較) **worse** [wə́ːrs ワ〜ス]；
(最上) **worst** [wə́ːrst ワ〜スト]）
❶ 悪く，まずく，へたに
（(対義語) well じょうずに）
❷ 大いに，とても

badminton [bǽdmintən バぁドミントン]
（★アクセントに注意）**名詞**
U 【スポーツ】バドミントン

:**bag** [bǽg バぁッグ] **名詞**
（(複数) **bags** [-z]）

school bag
通学用かばん

tote bag
手さげバッグ

handbag
ハンドバッグ

sports bag
スポーツバッグ

❶ C かばん，バッグ；袋(ふくろ)（♦スーツケースからポーチ・財布(さいふ)・ビニール袋まで，袋類のほとんどに用いる）
▶a paper **bag** 紙袋
▶a plastic **bag**
ビニール袋（♦plastic は日本語の「プラスチック」とは異なり，ビニールなどの柔(やわ)らかいものもふくむ）

❷ [C] 《a bag of ... で》1袋(の量)の…
▸a bag of potato chips
ポテトチップス1袋

baggage [bǽgidʒ バぁゲッヂ] [名詞]
[U] [主に米] (旅行者の)手荷物
(♦aがつかず，複数形にもならないので数え方に注意；[主に英] luggage)
▸a piece [two pieces] of **baggage**
手荷物1つ[2つ]
▸**baggage** claim
(空港などの)手荷物受け取り所

bagpipes [bǽgpàips バぁグパイプス]
[名詞] [C] 《ふつう **the bagpipes** で複数あつかい》【楽器】バグパイプ
(♦革袋(かわぶくろ)から空気を送って笛を鳴らすスコットランドの楽器)

bait [béit ベイト] [名詞]
[U] 《または **a bait** で》(釣(つ)り針・わななどにつける)えさ

bake [béik ベイク] [動詞]
([三単現] **bakes** [-s]; [過去・過分] **baked** [-t]; [現分] **baking**)
[他] (オーブンで)(パンなど)を焼く
➡ **cook** [図]
▸**bake** cookies　クッキーを焼く

baker [béikər ベイカ] [名詞]
[C] パン焼き職人，パンを焼く人

bakery [béikəri ベイカリ] [名詞]
([複数] **bakeries** [-z])
[C] パン製造所，パン販売(はんばい)店

balance [bǽləns バぁランス] [名詞]
❶ [U] バランス，つり合い，均衡(きんこう)
▸keep [lose] *one's* **balance**
バランスを保つ[失う]
▸**balance** between work and home
仕事と家庭のバランス
▸a sense of **balance**
平衡(へいこう)感覚
❷ [C] はかり，天びん([同義語] scale)
❸ 《**the Balance** で》【天文】てんびん座
➡ **horoscope** [文化]
—[動詞] ([三単現] **balances** [-iz]; [過去・過分] **balanced** [-t]; [現分] **balancing**)
[他] …のつり合い[バランス]をとる；…をはかりにかける

balcony [bǽlkəni バぁるコニ] [名詞]
([複数] **balconies** [-z])
❶ [C] バルコニー
❷ [C] (劇場の)2階さじき席

bald [bɔ́:ld ボーるド] [形容詞]
([比較] **balder**; [最上] **baldest**)
(人・頭などが)はげた；(木が)葉のない；(山などが)木[草]のない

⁑ball [bɔ́:l ボーる] [名詞]
([複数] **balls** [-z])
❶ [C] **ボール**，球，玉；球形のもの
▸kick a **ball**
ボールをける
▸throw [catch] a **ball**
ボールを投げる[捕(と)る]
▸a rice [snow] **ball**　おにぎり[雪玉]
❷ [U] 球技；[米] 野球
❸ [C] 【野球】ボール
([対義語] strike ストライク)
▸three **balls** and two strikes
スリーボール，ツーストライク
pláy báll
ボール遊びをする，球技[野球]をする

ballad [bǽləd バぁらッド] [名詞]
[C] バラッド(♦物語詩)；【音楽】バラード

ballet [bǽlei バぁれイ] (★発音に注意)
[名詞] [C] [U] バレエ；[C] バレエ団；バレエ曲(♦フランス語から)

balloon [bəlú:n バるーン] [名詞] [C] 気球；(ゴム)風船；(マンガの)吹(ふ)き出し

ballpark [bɔ́:lpɑ̀:rk ボーるパーク] [名詞]
[C] [米] 野球場(= baseball stadium)

ballpoint pen [bɔ́:lpɔ̀int pén ボーるポイントペン] [名詞] [C] ボールペン
(♦単に ballpoint ともいう)

bamboo [bæmbú: バぁンブー] (★アクセントに注意) [名詞] [C] [U] 【植物】竹
▸a **bamboo** basket　竹のかご

ban [bǽn バァン] 名詞
　　Ⓒ (法律などによる)(…の)禁止(on ...)
　　——動詞 (三単現) **bans** [-z];
　　(過去・過分) **banned** [-d]; (現分) **banning**)
　　他 …を禁止する

banana [bənǽnə バナァナ] (★アクセントに注意) 名詞 Ⓒ バナナ; バナナの木
　　▶a bunch of **bananas** バナナ1房(ふさ)

band [bǽnd バァンド] 名詞
　　❶ Ⓒ (ロック・ジャズなどの)楽団, バンド
　　(◆管楽器・弦(げん)楽器・打楽器などがそろっている本格的な「楽団」は orchestra)
　　▶a rock [jazz] **band**
　　ロック[ジャズ]バンド
　　❷ Ⓒ (ある目的をもった)一団, 一群
　　▶a **band** of robbers 盗賊(とうぞく)の一団
　　❸ Ⓒ ひも, 帯
　　(◆ズボンの「バンド」は belt)
　　▶a rubber **band** 輪ゴム

bandage [bǽndidʒ バァンデッヂ] 名詞
　　Ⓒ 包帯
　　——動詞 (三単現) **bandages** [-iz];
　　(過去・過分) **bandaged** [-d];
　　(現分) **bandaging**) 他 …に包帯をする

Band-Aid [bǽndèid バァンドエイド]
　　名詞 Ⓤ Ⓒ 【商標】バンドエイド(救急絆創膏(ばんそうこう))

b&b, B&B [bíː ən bíː ビー アン ビー]
　　bed and breakfast「朝食つき民宿」の
　　略 ➡ bed and breakfast

bang [bǽŋ バァング] 名詞
　　Ⓒ (衝突(しょうとつ)・銃(じゅう)・ドアなどの音を表して)バン, ズドン, バタン, ドン ➡ sound 図
　　——動詞 自 バタンと閉まる, ドンと鳴る,
　　ドンドンたたく
　　——他 …をバタンと閉める, ドンドンたたく

Bangladesh [bæ̀ŋglədéʃ バァングらデシ]
　　名詞 バングラデシュ(◆インド半島北東部の国; 首都はダッカ Dhaka)

banjo [bǽndʒou バァンヂョウ] 名詞 (複数)
　　banjos または **banjoes** [-z])
　　Ⓒ 【楽器】バンジョー(◆アメリカのカントリーミュージックでよく使われる弦(げん)楽器)

*__bank__*¹ [bǽŋk バァンク] 名詞
　　(複数) **banks** [-s])
　　❶ Ⓒ 銀行
　　▶the **Bank** of Japan [England]
　　日本[イングランド]銀行
　　▶get money from [out of] a **bank**
　　銀行からお金をおろす
　　▶I put the money in a **bank**.

わたしはそのお金を銀行に預けた.
　　❷ Ⓒ 蓄(たくわ)えておくところ, …銀行
　　▶a blood **bank**
　　血液センター, 血液バンク(◆輸血用の血液を保存・提供する機関)
　　▶a data **bank** データバンク(◆データベース(=コンピューターで利用できる大量のデータ)を保管・提供するシステムまたは機関)

bank² [bǽŋk バァンク] 名詞
　　Ⓒ 土手, 堤(つつみ), (川・湖の)岸

banker [bǽŋkər バァンカ] 名詞
　　Ⓒ 銀行家, 銀行経営者(◆「銀行員」は
　　bank employee [clerk])

bankrupt [bǽŋkrʌpt バァンクラプト]
　　形容詞 破産した
　　▶go **bankrupt** 破産する

banner [bǽnər バァナ] 名詞
　　❶ Ⓒ (スローガンなどを書いた)横断幕,
　　のぼり
　　❷ Ⓒ 旗; 国旗; 軍旗(◆(口語)flag)
　　❸ Ⓒ 【コンピューター】バナー
　　(◆ウェブページに表示される横長の広告)

bar [báːr バー] 名詞
　　❶ Ⓒ 棒; 棒状のもの
　　▶a chocolate **bar** (=a **bar** of chocolate) 板チョコ
　　❷ Ⓒ バー, 酒場; (カウンター式の)売り場
　　——動詞 (三単現) **bars** [-z];
　　(過去・過分) **barred** [-d]; (現分) **barring**)
　　他 (戸など)にかんぬきを掛(か)ける;
　　(人)を(場所から)締(し)め出す(from ...)

barbecue [báːrbikjùː バーベキュー]
　　名詞 Ⓒ バーベキュー; (米)バーベキューパーティー

barber [báːrbər バーバ] 名詞
　　Ⓒ 理髪(りはつ)師(◆「店」は(米)barbershop,
　　(英)barber's (shop))

〖文化〗 昔の barber は医者だった!?

かつてイギリスでは, 理髪師は外科(げか)や歯の治療(ちりょう)も行っていました. 理髪店の前でよく見かける赤・青・白のしま模様の柱(barber('s) pole)はそのなごりで, 赤は動脈, 青は静脈(じょうみゃく), 白は包帯を表しています.

A
B
C
D
E
F
G
H
I
J
K
L
M
N
O
P
Q
R
S
T
U
V
W
X
Y
Z

barbershop [báːrbərʃàp バーバシャップ] 名詞 C (米)理髪(はつ)店
(♦(英)barber's (shop))

bar code [báːr kòud バー コウド] 名詞 C バーコード

bare [béər ベア] 形容詞 (比較) barer; (最上) barest) 裸(はだか)の, むき出しの; 空の
▶with **bare** hands 素手(で)で
▶**bare** trees 葉の落ちた木

barefoot [béərfùt ベアフット] 形容詞 副詞 はだしの[で] (= barefooted [béərfútid ベアふッティド])

barely [béərli ベアり] 副詞 かろうじて
▶I **barely** passed the exam. わたしはかろうじて試験に通った.

bargain [báːrgin バーゲン] 名詞
❶ C 安い買い物, 掘出(ほりだ)し物 (♦「バーゲンセール」は sale という)
▶This bag was a real **bargain**. このバッグはほんとうに掘出し物だった.
❷ C 契約(やく), 取り引き

bark [báːrk バーク] 動詞 (イヌなどが)(…に)ほえる《at ...》

barley [báːrli バーり] 名詞 U【植物】大麦(類語 wheat 小麦)

barn [báːrn バーン] 名詞 C (農家の)納屋(や), 物置; (米)家畜(かちく)小屋

barometer [bərámitər バラメタ] (★発音に注意) 名詞 C 晴雨計, 気圧計; (世論の動向などの)バロメーター

barrel [bǽrəl バぁレる] 名詞
❶ C (胴(どう)のふくれた)たる; 《a barrel of ... で》1 たる(の量)の…
▶a **barrel of** beer [wine] 1 たるのビール[ワイン]
❷ C (液量の単位の) バレル (♦品物によって容量が異なる; 石油の場合は約 160 リットル; bbl. または bl. と略す)

barricade [bǽrikèid バぁリケイド] C バリケード; 障害物

barrier [bǽriər バぁリア] 名詞 C さく, 障壁(しょうへき); 障害
▶a language **barrier** ことばの壁(かべ)

barrier-free [bǽriərfrìː バぁリアふりー] 形容詞 バリアフリーの, 障壁(しょうへき)のない (♦建物の中や道で段差がないなど, 高齢(こうれい)者や障害者にやさしい環境(かんきょう)であること) ➡ universal ❶

base [béis ベイス] 名詞
❶ C 《ふつう the base で》(…の)土台, (山の)ふもと《of ...》; (…の)基礎(きそ)《of ...》

▶the **base of** a building [mountain] 建物の土台[山のふもと]
❷ C 基地; 本部, 本拠(きょ)
▶the U.S. **base** 米軍基地
❸ C U【野球】塁(るい), ベース
——動詞 (三単現 bases [-iz]; 過去・過分 based [-t]; 現分 basing) 他 (事実などに)…の基礎を置く(♦しばしば be based on [upon] の形で用いられる)
▶This movie **is based on** a true story. この映画は実話に基(もと)づいている.

:baseball [béisbɔ̀ːl ベイスボーる] 名詞 (複数 baseballs [-z])
❶ U【スポーツ】野球 (♦(米)ball, a ball game) ➡ p.53 図
▶play **baseball** 野球をする
▶a **baseball** stadium 野球場
▶watch a **baseball** game on TV テレビで野球の試合を見る
❷ C 野球のボール

basement [béismənt ベイスメント] 名詞 C 地階, 地下室 ➡ floor 座図(ざず)

bases [béisiːz ベイスィーズ] 名詞 basis(基礎(きそ))の複数形(♦ base の複数形 bases [béisiz ベイスィズ] との発音のちがいに注意)

basic [béisik ベイスィック] 形容詞 基本的な, 基礎(きそ)の; (…にとって)不可欠な, 基本となる《to ...》
▶a **basic** charge 基本料金

basin [béisn ベイスン] 名詞
❶ C たらい, 洗面器; (浅い)鉢(はち)
❷ C ため池; (川の)流域; 盆地(ぼんち)

basis [béisis ベイスィス] 名詞 (複数 bases [béisiːz ベイスィーズ]) C (知識などの)基礎(きそ), 原理, 根拠(きょ)(同義語 ground); 基準

:basket [bǽskit バぁスケット] 名詞 (複数 baskets [bǽskits バぁスケッツ])
❶ C かご, ざる, バスケット
▶a shopping **basket** 買い物かご
❷ C 《a basket of ... で》かご 1 杯(はい)(の量)の…
▶a **basket of** fruit かご 1 杯の果物(くだもの)

:basketball [bǽskitbɔ̀ːl バぁスケットボーる] 名詞 (複数 basketballs [-z])

baseball

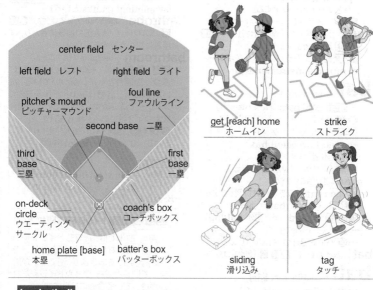

center field　センター

left field　レフト　　　right field　ライト

foul line
ファウルライン

pitcher's mound
ピッチャーマウンド

second base　二塁

third base
三塁

first base
一塁

on-deck circle
ウエーティング
サークル

coach's box
コーチボックス

home plate [base]
本塁

batter's box
バッターボックス

get [reach] home
ホームイン

strike
ストライク

sliding
滑り込み

tag
タッチ

basketball

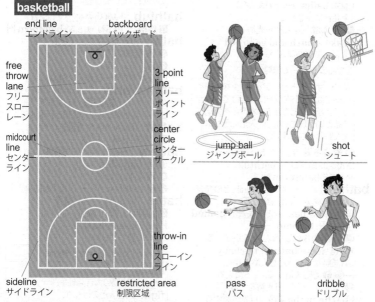

end line
エンドライン

backboard
バックボード

free throw lane
フリースローレーン

3-point line
スリーポイントライン

midcourt line
センターライン

center circle
センターサークル

throw-in line
スローインライン

sideline
サイドライン

restricted area
制限区域

jump ball
ジャンプボール

shot
シュート

pass
パス

dribble
ドリブル

❶ Ｕ【スポーツ】バスケットボール
➡ p.53 図
▶play **basketball**
バスケットボールをする
❷ Ｃ バスケットボールのボール

bass [béis ベイス] (★発音に注意) 名詞
(複数) **basses** [-iz]
Ｃ【楽器】コントラバス, ベースギター
➡ **musical instruments** 図

◆bat¹ [bǽt バぁット]
──名詞 (複数 **bats** [bǽts バぁッツ])
❶ Ｃ (野球・クリケットの) **バット**;
(卓球(なきゅう)などの)ラケット
▶a metal [wooden] **bat**
金属[木製]バット
❷ Ｃ (クリケットの)打者; 打順
at bát 打席について
▶Who is **at bat**? 打者はだれですか?
──動詞 (三単現 **bats** [bǽts バぁッツ];
過去・過分 **batted** [-id]; 現分 **batting**)
──他 …をバットで打つ
──自 バットで打つ, 打席に立つ

bat² [bǽt バぁット] 名詞 Ｃ【動物】コウモリ

◆bath [bǽθ バぁす] 名詞
(複数 **baths** [bǽðz バぁずズ])
(★発音に注意)
❶ Ｃ 入浴, 水浴び; 日光浴
▶Take a **bath** and go to bed.
入浴して寝(ね)なさい.

❷ Ｃ ふろ場, 浴室(= bathroom);
浴槽(よくそう), 湯ぶね(= bathtub)
➡ p.55 **bathroom** 図

bathe [béið ベイず] (★ bath との発音・
つづりのちがいに注意) 動詞
(三単現 **bathes** [-z]; 過去・過分 **bathed**
[-d]; 現分 **bathing**)
──他 (米)(赤ちゃん・病人)を入浴させる
▶The nurse **bathed** the baby.
看護師が赤ちゃんを入浴させた.
──自 ❶ (米)入浴する, ふろに入る
❷ 海水浴に行く; 日光浴をする
▶**bathe** in the sun 日光浴をする

bathing suit [béiðiŋ sù:t ベイずィング
スート] 名詞 Ｃ (主に女性用)水着
(同義語) swimsuit)(◆男性用は bathing
[swimming] trunks という)

bathrobe [bǽθròub バぁすロウブ] 名詞
Ｃ バスローブ(◆入浴の前後に着たり, 部
屋着に用いたりするガウン)

bathroom [bǽθrù:m バぁすルーム]
名詞 ❶ Ｃ 浴室(◆欧米(おうべい)の浴室には,
ふつう洗面台とトイレがついている; 洗
い場はなく, 浴槽(よくそう)の中で体を洗い,
シャワーで洗い流す; 2階建ての家の場合
はふつう2階にある) ➡ p.55 図
❷ Ｃ (米)(遠回しに)(個人住宅の)
トイレ, お手洗い ➡ **toilet** 参考

ダイアログ
A: May I use your **bathroom**?
トイレを使ってもよろしいですか?
B: Sure. どうぞ.

おもしろ知識 トイレのドアを開けておく?

欧米では, だれもトイレを使っ
ていない場合は浴室のドアを
開けておきます. 逆にドアが閉
まっていると, シャワーやトイレをだれ
かが使っている合図になります.

bathtub [bǽθtлb バぁすタブ] 名詞
Ｃ 浴槽(よくそう), 湯ぶね ➡ p.55 **bathroom** 図

baton [bætán バぁタン] 名詞
❶ Ｃ 指揮棒; 警棒
❷ Ｃ (リレー用の)バトン;
(バトントワラーなどの)バトン

baton twirler [bætán twə́:rlər バぁタ
ントゥワ〜ら] 名詞 Ｃ バトントワラー
(◆バトンを回しながら楽隊と行進する人)

batter [bǽtər バぁタ] 名詞
Ｃ【野球】打者, バッター

battery [bǽtəri バぁテリ] 名詞
(複数 **batteries** [-z])
❶ Ｃ 電池, バッテリー
❷ Ｃ【野球】バッテリー(◆投手と捕手(ほしゅ))

battle [bǽtl バぁトゥる] 名詞
Ｃ 戦闘(せんとう), 戦い; 闘争
▶**win** [lose] a **battle**
戦いに勝つ[負ける]

くらべよう battle, war, fight

battle: 局地的な個々の戦闘.
war: 国家間の大きな戦争.
fight: 人と人とのけんか.

——[動詞] ([三単現] **battles** [-z];
[過去・過分] **battled** [-d]; [現分] **battling**)
[自] (…と)戦う《with [against] ...》
▸**battle with** enemies
敵と戦う

battlefield [bǽtlfìːld バあトゥるふィーるド] [名詞] [C] 戦場; 闘争(とうそう)の場

battleship [bǽtlʃip バあトゥるシップ] [名詞] [C] 戦艦(せんかん)

bay [béi ベイ] [名詞] [C] 湾(わん), 入り江(え) (♦gulf より小さい)

bazaar [bəzɑ́ːr バザー] (★アクセントに注意) [名詞] [C] バザー, 慈善市(じぜんいち); (インド・トルコなどの街頭の)市場, バザール

BBC [bíːbìːsíː ビービースィー] [名詞] 《the BBC で》ビービーシー (♦ the British Broadcasting Corporation「英国放送協会」の略; 主に視聴(しちょう)料と国費で運営されるイギリスのラジオ・テレビ放送局)

B.C., B.C. [bíːsíː ビースィー] 《年号のあとに置いて》紀元前…年 (♦ *b*efore *C*hrist「キリスト以前」の略; [対義語] A.D., A.D. 西暦(せいれき)…年)
▸in 56 **B.C.** 紀元前 56 年に

be [動詞] [助動詞] ➡ p.56 **be**

beach [bíːtʃ ビーチ] [名詞] ([複数] **beaches** [-iz])
[C] (海・湖の)浜(はま), 浜辺, 波打ちぎわ
➡ **shore** [くらべよう]
▸play on the **beach** 浜で遊ぶ
▸swim at the **beach** 海で泳ぐ

bead [bíːd ビード] [名詞] [C] ビーズ, じゅず玉; 《**beads** で》じゅず, ロザリオ; ネックレス; [C] (汗(あせ)などの)しずく

beak [bíːk ビーク] [名詞] [C] (ワシ・タカなどの鋭(するど)く曲がった)くちばし (♦スズメなどの「まっすぐなくちばし」は bill)

beam [bíːm ビーム] [名詞]
❶ [C] (太陽・月・電灯などの)光線
❷ [C] (屋根などを支える)はり, けた
——[動詞] [自] 輝(かがや)く; にっこりほほえむ

bean [bíːn ビーン] [名詞]
[C] 【植物】豆, 豆のさや (♦ bean はソラ豆など, 大きい楕円(だえん)形の豆を指す; エンドウ豆のような丸く小さな豆は pea)

bear[1] [béər ベア] [名詞] [C] 【動物】クマ
▸a brown [white] **bear**
ヒグマ[白クマ]
▸a teddy **bear** テディベア
➡ **teddy bear** [文化]

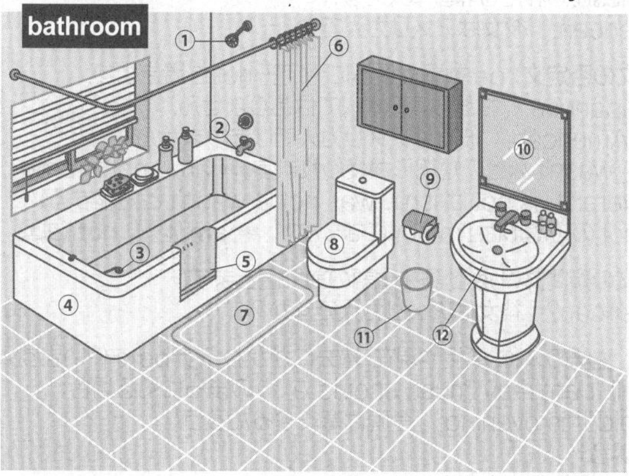

① shower シャワー
② faucet 蛇口(じゃぐち)
③ stopper 栓(せん)
④ bathtub 湯ぶね
⑤ towel タオル
⑥ shower curtain シャワーカーテン
⑦ bath mat バスマット
⑧ toilet 便器
⑨ toilet paper トイレットペーパー
⑩ mirror 鏡
⑪ wastebasket くずかご
⑫ sink 洗面台

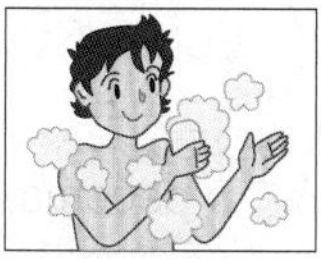
wash *oneself*
体を洗う

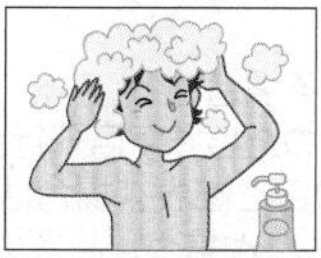
shampoo *one's* hair
髪(かみ)を洗う

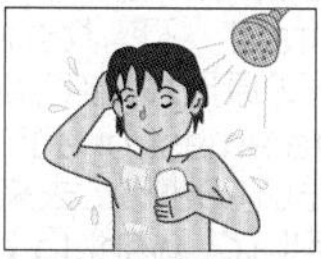
take a shower
シャワーを浴びる

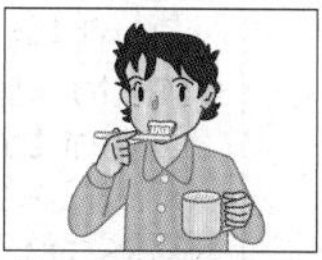
brush *one's* teeth
歯を磨(みが)く

‡be 動詞 助動詞

[bíː ビー ；（弱く言うとき）bi ビ]

——動詞 （現在 **am** [ǽm あム；（弱く言うとき）m ム], **are** [áːr アー；（弱く言うとき）ər ア], **is** [íz イズ；（弱く言うとき）s ス, z ズ, iz イズ]；過去 **was** [wάz ワズ；（弱く言うとき）wəz ワズ], **were** [wə́ːr ワ～；（弱く言うとき）wər ワ]；過分 **been** [bín ビン]；現分 **being** [bíːiŋ ビーイング]）

ルール be 動詞の使い方の基本

1 be 動詞は下の表のように主語の人称・単複と現在・過去により変化します。

	人称	単数	複数
現在	一	I **am**	we **are**
	二	you **are**	you **are**
	三	he she it } **is**	they **are**
過去	一	I **was**	we **were**
	二	you **were**	you **were**
	三	he she it } **was**	they **were**

単数	複数
I am → **I'm**	we are → **we're**
you are → **you're**	you are → **you're**
he is → **he's**	
she is → **she's**	they are → **they're**
it is → **it's**	
here is → **here's**	here are → **here're**
there is → **there's**	there are → **there're**
that is → **that's**	

▶I **am** Japanese.　わたしは日本人です。
▶She **is** American.　彼女はアメリカ人です。

2 be 動詞の文の否定文: be 動詞の後ろに否定語 not を置きます。
▶I **am** not Japanese.　わたしは日本人ではありません。
▶She **is** not American.　彼女はアメリカ人ではありません。
しばしば isn't, wasn't などの短縮形が使われます。（♦ are not は aren't, were not は weren't, is not は isn't, was not は wasn't と短縮する）
ただし, I am not の短縮形は I'm not になります。➡ **am** ルール, **not** 参考

3 be 動詞の文の疑問文: be 動詞を主語の前に置きます。
▶**Is** she American?　彼女はアメリカ人ですか？

4 次の場合は, 主語の人称・単複や現在・過去にかかわらず be を使います。
　(a) 助動詞（will, can, may, must, should など）の後ろにくる場合:
▶It will **be** cold this evening.　今晩は寒くなるだろう。
　(b) 命令文の場合:
▶**Be** careful.　気をつけなさい。
否定の命令文では, be の前に Don't を置きます。
▶Don't **be** afraid.　恐れるな。
　(c)《to +動詞の原形》の形で用いる場合:
▶I want **to be** an astronaut.　わたしは宇宙飛行士になりたい。
（♦「…になりたい」のように未来のことを表す場合は, ふつう become ではなく be を用いて, want to **be** ... と言う）

動詞	❶〖状態・性質〗	…である；…になる
	❷〖存在〗	（…に）いる，ある
助動詞	❶〖進行形をつくる〗	…している
	❷〖受け身の形をつくる〗	…される

❶〖状態・性質〗…である；…になる（同義語 become）

▸I **am** a junior high school student. わたしは中学生です.

▸**Are** you hungry? おなかがすいていますか？

ダイアログ
A: Who **is** that woman? あの女性はどなたですか？
B: That's Ms. Baker, our English teacher. わたしたちの英語の先生のベーカー先生です.
（♦ She ではなく That で答える）

▸The test **wasn't** difficult. そのテストは難しくなかった.

▸**Be** kind to your friends. 友人には優しくしなさい.

▸I want to **be** an engineer. わたしはエンジニアになりたい.

❷〖存在〗（…に）いる，ある

ダイアログ
A: Where **is** Becky? ベッキーはどこ？
B: She's in the backyard. 彼女なら裏庭にいるよ.

▸There **are** three bookstores near the school. 学校の近くに本屋が3軒ある.
（♦「There ＋ be 動詞＋ ...」（…がある[いる]）の文では, あとにくる名詞（...）が単数のときは There is [was]，複数のときは There are [were] を用いる）

▸He'll **be** back soon. 彼はすぐに戻ってきます.

──**助動詞** ❶《進行形をつくる / be ＋ ...ing で》…している；（はっきり決まった未来の予定を表して）…する予定だ（♦特に「発着往来」を表す動詞（go, come, arrive, leave）などとともに用いられる）

▸We **are playing** soccer. わたしたちはサッカーをしています.

▸**Were** you **watching** TV when I called you? 電話をしたとき, きみはテレビを見ていたの？

▸She **is leaving** this afternoon. 彼女は今日の午後に出発する予定だ.

ダイアログ
A: What **is** Tom **doing**? トムは何をしているの？
B: He's **making** sandwiches. サンドイッチを作っているよ.

❷《受け身の形をつくる / be ＋過去分詞で》…される, …されている

▸This letter **is written** in French. この手紙はフランス語で書かれている.

▸The accident **was seen** by many people. その事故は多くの人に目撃された.

▸The cat **is called** Tama. そのネコはタマと呼ばれている.

A B C D E F G H I J K L M N O P Q R S T U V W X Y Z

⁺bear² [béər ベア] 動詞 (三単現 bears [-z]; 過去 bore [bɔ́:r ボーア]; 過分 borne または ❸ で born [bɔ́:rn ボーン]; 現分 bearing) 他

❶ …に耐(た)える, …を我慢(がまん)する (◆ふつう can をともない, 疑問文・否定文で用いる)(同義語 stand)

▶I **can't bear** this cold.
この寒さには耐えられない.

❷ (物事が)…に耐える; (もの・重量)を支える(同義語 support)

▶The branch couldn't **bear** his weight.
その枝は彼の体重を支えることができなかった.

❸ 《was [were] born で》生まれた → born

▶I **was born** in Tokyo on March 5, 2010. わたしは 2010 年 3 月 5 日に東京で生まれた.

❹ (義務・責任など)を負う, 引き受ける
▶**bear** responsibility for ...
…について責任を負う

beard [bíərd ビアド] (★発音に注意)
名詞 C ひげ(◆特に「あごひげ」を指す; 「口ひげ」は mustache)

beard　　　　mustache

beast [bí:st ビースト] 名詞
C 獣(けもの), けだもの; ひどい人, 残酷(ざんこく)な人

beat [bí:t ビート] 動詞
(三単現 beats [bí:ts ビーツ]; 過去 beat; 過分 beat または beaten [bí:tn ビートゥン]; 現分 beating) 他

❶ (続けざまに)…を打つ, たたく
▶**beat** a drum　太鼓(たいこ)をたたく

❷ (人)を負かす, 破る(同義語 defeat)
▶She **beat** me at tennis.
彼女はテニスでわたしに勝った.

❸ (卵など)をよくかき混ぜる
──自 ❶ (続けざまに)打つ, たたく
❷ (心臓が)鼓動する; どきどきする; (太鼓などが)どんどん鳴る
──名詞 ❶ C (続けざまに)打つこと; 打つ音; (心臓の)鼓動
❷ C 【音楽】拍子(ひょうし), 拍(はく), ビート

beaten [bí:tn ビートゥン] 動詞
beat(…を打つ)の過去分詞の一つ

Beatles [bí:tlz ビートゥるズ] 名詞
《the Beatles で》ビートルズ

[文化] ビートルズを知っていますか？

ビートルズは 1962 年にイギリスのリバプールで結成されたロックバンドです. メンバーはジョン・レノン(John Lennon), ポール・マッカートニー(Paul McCartney), ジョージ・ハリソン(George Harrison), リンゴ・スター(Ringo Starr)の4人で, 1970 年の解散までに, *Yesterday*, *Let It Be* など, 数々のヒット曲を放ちました. 彼らの幅(はば)広い音楽性やファッションは, 当時の世界じゅうの音楽家や若者に大きな影響(えいきょう)をあたえました.

---

beautician [bju:tíʃn ビューティシャン]
名詞 C 美容師

⁺beautiful [bjú:təfl ビューティふる] 形容詞 (比較 more beautiful; 最上 most beautiful)

❶ 美しい, きれいな(対義語 ugly 醜(みにく)い)
▶a **beautiful** flower [city]
美しい花[都市]

❷ (口語)すばらしい, みごとな
▶(A) **beautiful** day, isn't it?
すばらしい天気ですね.

beautifully [bjú:təfli ビューティふり]
副詞 美しく; みごとに

beauty [bjú:ti ビューティ] 名詞
(複数 beauties [-z])

❶ U 美しさ, 美
▶natural **beauty**
自然の美

❷ C 美人, 美しいもの

beauty parlor [bjú:ti pà:rlər ビューティ パーら] 名詞 C (米)美容院
(◆ beauty salon, beauty shop ともいう)

beaver [bíːvər ビーヴァ] 名詞

C 【動物】ビーバー (♦北アメリカの川などにすみ, 倒(たお)した木で水中に巣を作る)

became [bikéim ビケイム] 動詞

become(…になる)の過去形

because

[bikɔ́ːz ビコーズ] 接続詞

❶ (なぜなら)…だから, …なので
(♦(口語)での短縮形は 'cause)

▸I was late **because** I overslept.
わたしは寝(ね)ぼうしたので遅刻(ちこく)した.

▸**Because** I was tired, I fell asleep.
わたしは疲(つか)れていたので, 眠(ねむ)ってしまった.

ダイアログ

A: Why were you absent last week?
先週はなぜ休んだのですか?

B: **Because** I had a bad cold.
ひどい風邪(かぜ)をひいたからです.

くらべよう because, since, as

because: 直接の原因・理由を述べる場合に用います. また, Why で始まる疑問文に対する応答にも用います.

since: because よりも意味が弱く, 話し手・聞き手がともに, ある程度承知している理由を言う場合に用います.

▸**Since** tomorrow is a holiday, I'll go surfing.
あしたは休みだから, サーフィンに行くことにしよう.

as: since と同様に用います.

▸**As** it rained heavily yesterday, I stayed home.
昨日は雨が激しく降っていたので, わたしは家にいた.

❷ 《否定文で》…だからといって(…ない)
(♦ just, only などの副詞が前につくことが多い)

▸Don't trust the man just **because** he is kind.
親切だというだけでその男を信用してはいけない.

ルール because とコンマ

❶ のときは because の前にコンマつけることもつけないこともありますが, ❷ のときはコンマをつけません.

because of ... 《原因・理由》…のために

▸He is absent from school **because of** a bad cold. ひどい風邪(かぜ)のために彼は学校を休んでいる.

become [bikʌ́m ビカム] 動詞

(三単現 **becomes** [-z]; 過去 **became** [bikéim ビケイム]; 過分 **become**; 現分 **becoming**)

⊜ 《**become** +名詞[形容詞]で》
…になる ➡ p.56 be ルール ❹ (c)

▸**become** clear 明らかになる

▸She **became** a famous singer.
彼女は有名な歌手になった.

── 他 …に似合う, ふさわしい(同義語 suit)

▸That dress really **becomes** her.
あの服は彼女にとてもよく似合う.

What becómes of ...? …はどうなるか?

▸**What became of** Urashima Taro? 浦島太郎はどうなったの?

becoming [bikʌ́miŋ ビカミング] 動詞

become(…になる)の現在分詞・動名詞

── 形容詞 (服装などが)よく似合う

bed [béd ベッド] 名詞

(複数 **beds** [bédz ベッヅ])

❶ C U ベッド, 寝台(しんだい), 寝床(ねどこ)
(♦「寝る」「眠(ねむ)る」の意味をふくむ場合は, ふつう bed に冠詞をつけない)
➡ bedroom 図

▸a single **bed** シングルベッド

▸twin **beds** ツインベッド(♦同じ形のシングルベッドが対(つい)になったもの)

▸Now, it's time for **bed**.
さあ, 寝る時間ですよ.

❷ C 花壇(かだん)(= flower bed), 苗床(なえどこ)

❸ C 海底; 地層

be in béd 寝ている

▸Bob is still **in bed**.
ボブはまだ寝ている.

be síck in béd =《英》*be íll in béd*
病気で寝ている

▸Becky is **sick in bed**.
ベッキーは病気で寝ている.

get out of béd 起床(きしょう)する, 起きる

go to béd 床につく, 寝る
➡ sleep くらべよう

▸I usually **go to bed** at eleven.
わたしはたいてい 11 時に寝ます.

máke a [the, one's] béd
ベッドを整える

[文化] ベッドの整え方

欧米(おうべい)の子供たちは，自分のベッドを整えるようにしつけられます．毎朝起床後に，マットレス(mattress)の下にシーツ(sheet)や毛布(blanket)をきちんと折りこみ，その上に，ほこりよけと装飾(そうしょく)のためのベッドカバー(bedspread)を掛(か)けます．

➡ **bedroom** [図]

bed and breakfast [béd ən brékfəst ベッド アン ブレックふァスト] [名詞] [C] [(英)]朝食つき民宿
(◆b&b または B&B と略す；安い料金で宿泊(しゅくはく)でき，翌日(よくじつ)の朝食もとれる宿)

bedroom [bédrù:m ベッドルーム] [名詞] [C] 寝室(しんしつ) ➡ 下図

bedside [bédsàid ベッドサイド] [名詞] [C] ベッドのそば；(病人の)まくらもと

bedspread [bédsprèd ベッドスプレッド] [名詞] [C] ベッドカバー
➡ **bed** [文化], **bedroom** [図]

bedtime [bédtàim ベッドタイム] [名詞] [U] [C] 寝(ね)る時間，就寝(しゅうしん)時間

bee [bí: ビー] [名詞] [C] 【昆虫】ミツバチ(= honeybee)，ハチ(◆アリとともに働き者の代表のようなイメージがある)
be (as) búsy as a bée [bées]
ひどく忙(いそが)しい，休む暇(ひま)もない
➡ **animals** [図]

beef [bí:f ビーふ] [名詞] [U] 牛肉(◆欧米(おうべい)の一般的な牛肉料理は，roast beef「ローストビーフ」，beefsteak「ビーフステーキ」，beef stew「ビーフシチュー」など)
➡ **meat** [参考]

beefsteak [bí:fstèik ビーふステイク] [名詞] [C] [U] ビーフステーキ用の厚切り肉；ビーフステーキ(◆単に steak というほうがふつう)

beehive [bí:hàiv ビーハイヴ] [名詞] [C] ミツバチの巣(箱)

:been [bín ビン] (be の過去分詞)

—[動詞]《現在完了形をつくる》

◆***have been to ...***
…に行ったことがある
▸**Have** you ever **been to** Africa?
アフリカへ行ったことがありますか？
▸I **have** never **been to** any foreign countries.
わたしは外国に行ったことがない．

[くらべよう] have been [gone] to ...

have been to ...:
…へ行ったことがある
have gone to ...:
…へ行ってしまった(今はここにはいない)
▸I **have been to** New York three times.
わたしはニューヨークに3回行ったことがある．
▸He **has gone to** New York, and I miss him.
彼がニューヨークへ行ってしまい，わたしは寂(さび)しい．

—[助動詞] ❶《現在完了進行形をつくる / **have been + ...ing** で》(過去のある時点から)ずっと…している，…し続けている
▸She **has been reading** a book for two hours.
彼女は2時間ずっと本を読んでいる．

❷《現在完了形の受け身をつくる / **have been +過去分詞**で》
…されてしまった；…されてきた；…されたことがある
▸My bike **has been stolen**.
わたしの自転車が盗(ぬす)まれてしまった．

beep [bí:p ビープ] [名詞] [C] (車の警笛やブザーなどの音を表して)ビーッ

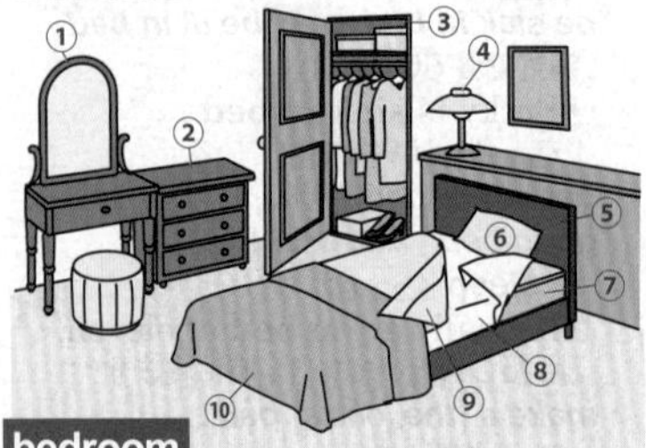

bedroom

① dressing table　化粧(けしょう)台
② chest of drawers　たんす
③ closet　クローゼット
④ bedside lamp　まくらもと用スタンド
⑤ bed　ベッド
⑥ pillow　まくら
⑦ mattress　マットレス
⑧ sheets　シーツ
⑨ blanket　毛布
⑩ bedspread　ベッドカバー

beer [bíər ビア] 名詞 Ｕ ビール
（◆種類を言うときや，「1 杯(燃)[1 本]の
ビール」という意味では，a をつけたり複
数形にしたりすることがある）

Beethoven [béithouvn ベイト(ホ)ウヴ
ン] 名詞【人名】ベートーベン
（◆ Ludwig van Beethoven [lú:dwig
væn- ルードウィグ ヴァン-]，1770–1827；
ドイツの作曲家）

beetle [bí:tl ビートゥる] 名詞
Ｃ【昆虫】甲虫(疑惑)(◆カブトムシ・クワガ
タムシなど，前羽がかたい昆虫(疑惑))

before [bifɔ́:r ビふォーア]

前置詞	①〖時間〗…の前に[の]
	②〖位置〗…の前に[で]
	③〖順序〗…より先に
接続詞	…する前に
副詞	以前に

——前置詞 ❶ 〖時間〗…の前に[の]
（対義語 after …のあとに）
▶before dinner 夕食の前に
▶(the) day before yesterday おととい
▶I got up before six this morning.
今朝は 6 時前に起きた．
▶It's ten before eleven now.
今，10 時 50 分(11 時の 10 分前)だ．
▶Please take off your shoes
before entering the room. 部屋
に入る前に靴(急)を脱(暖)いでください．
❷ 〖位置〗…の前に[で]
（◆ in front of よりかたい語；「ものや建
物の前に」を表すときはふつう in front
of を用いる；対義語 behind …の後ろに）
▶sing before a lot of people
たくさんの人の前で歌う
❸ 〖順序〗…より先に
（対義語 after …のあとに）
▶I want to sleep before anything
else. ほかの何よりもまず，わたしは
眠(急)りたい．
▶M is before N in the alphabet.
アルファベットでは M は N の前だ．
before lóng
まもなく，やがて(同義語 soon)
——接続詞 …する前に，…しないうちに
（対義語 after …したあとで）
▶Wash your hands before you
eat.
食事の前に手を洗いなさい．

（◆時を表す before のあとでは未来の
ことでも現在形を用いる）
——副詞 以前に，かつて；（過去のある時
点を基準にして）…前に
▶the day before その前日に
▶Have I met you before?
以前にお会いしましたか？

beforehand [bifɔ́:rhænd ビふォーア
ハぁンド] 副詞 あらかじめ，前もって

beg [bég ベッグ] 動詞
（三単現 begs [-z]；過去・過分 begged
[-d]；現分 begging）
——他 ❶ （食べ物・金など）を請(ζ)い求め
る，恵(惑)んでくれと言う
▶beg money
お金を恵んでくれと言う
❷ （許しなど）を請う；
《beg ＋人＋ to ＋動詞の原形で》
(人)に…してくれるようたのむ；
《beg ＋人＋ for ＋物事で》
(人)に(物事)をたのむ
▶I begged him to stay.
わたしは彼にいてくれるようたのんだ．
▶I begged her for help. わたしは
彼女に手伝ってくれるようたのんだ．
——自 （金などを）請う(for ...)；ものを請う
▶The cat is begging for food.
そのネコが食べ物をねだっている．
I bég your párdon. 《下げ調子↘で》
ごめんなさい．；すみませんが，失礼です
が．➡ pardon
I bég your párdon? 《上げ調子↗で》
もう一度言ってください．
➡ pardon

began [bigǽn ビギぁン] 動詞
begin(…を始める)の過去形

beggar [bégər ベガ] 名詞
Ｃ 物ごいをする人，ねだる人

begin [bigín ビギン] 動詞 （三単現
begins [-z]；過去 began [bigǽn ビギぁ
ン]；過分 begun [bigʌ́n ビガン]；
現分 beginning）
——他 …を始める
（同義語 start，対義語 finish 終える）；
《begin to ＋動詞の原形または
begin ＋ ...ing で》…し始める
▶Now, let's begin the lesson.
さあ，レッスンを始めましょう．

a b c d e f g h i j k l m n o p q r s t u v w x y z

▶It suddenly **began raining** [to rain]. 突然(ﾄﾂｾﾞﾝ), 雨が降り出した.

—⭘ 始まる(同義語 start, 対義語 end, finish 終わる); 始める

▶The quiz show **begins** at seven. そのクイズ番組は7時に始まる.

▶School **begins** on Monday [in April]. 学校は月曜日[4月]から始まる. (◆「…から」には from ではなく, on または in を使う)

▶Let's **begin on** [(英)at] page 11. 11ページから始めましょう.

begín with ... …から始まる[始める]

to begín with まず, 第一に

▶**To begin with**, I don't know the man. まず, わたしはその男を知らない.

beginner [bigínər ビギナ] 名詞 C 初心者

beginning [bigínin ビギニング] 名詞 C 初め, 最初; 最初の部分 (対義語 end 終わり);《beginnings で》起源

▶at the **beginning** of this year 今年の初めに

from begínning to énd 初めから終わりまで, 終始

▶The movie was exciting **from beginning to end**. その映画は最初から最後まで手に汗(ｱｾ)握(ﾆｷﾞ)る内容だった.

begun [bigán ビガン] 動詞 begin(…を始める)の過去分詞

behalf [bihǽf ビハぁフ] 名詞 U 味方, 利益(◆次の成句で用いる)

on a person's behálf =(米)*in a person's behálf* (人)のために; (人)の代わりに, (人)を代表して(同義語 in a person's place)

on behálf of ... =(米)in behálf of ... …のために; …の代わりに; …を代表して

behave [bihéiv ビヘイヴ] 動詞 (三単現 behaves [-z]; 過去・過分 behaved [-d]; 現分 behaving) ⭘ ふるまう; 行儀(ｷﾞｮｳ)よくする

behave oneself 行儀よくする

▶**Behave yourself!** 行儀よくしろ!

behavior, (英)behaviour [bihéivjər ビヘイヴィア] 名詞 U ふるまい, 行儀(ｷﾞｮｳ), (他人に対する)態度; (動物の)生態; (物質の)動き, 働き

▶**good** [bad] **behavior** よい[悪い]ふるまい

behind [biháind ビハインド]

—前置詞 ❶ 『場所』…の後ろに, …の陰(ｶｹﾞ)に(対義語 before, in front of ... …の前に)

▶hide **behind** the curtain カーテンの後ろに隠(ｶｸ)れる

▶He called me from **behind** the door. 彼はドアの陰からわたしを呼んだ. ➡ from ルール ❸

❷ 『時間・進度』…より遅(ｵｸ)れて, …より劣(ｵﾄ)って

▶The train is a little **behind** schedule. その列車は予定より少し遅れている.

—副詞 後ろに[を], 背後に; 遅れて

▶look **behind** 後ろを見る

Beijing [bèidʒíŋ ベイヂング] 名詞 ペキン(北京)(◆中華(ﾁｭｳｶ)人民共和国の首都; Peking [pì:kíŋ ピーキング] ともいう)

being [bí:iŋ ビーイング] 動詞 be(…である)の現在分詞・動名詞

—名詞 C 生き物; U 存在

▶human **beings** 人間(全体) (◆個々の人を表す場合は a human being を用いる)

Belgium [béldʒəm べるヂャム] 名詞 ベルギー(◆ヨーロッパの国; 首都はブリュッセル Brussels)

belief [bilí:f ビリーふ] 名詞 (複数 beliefs [-s]) U 信じること, 信念, 確信(対義語 doubt 疑い); 信頼(ｼﾝﾗｲ); C U 信仰(ｼﾝｺｳ)

believe [bilí:v ビリーヴ] 動詞 (三単現 believes [-z]; 過去・過分 believed [-d]; 現分 believing)

—他 ❶ …を信じる(対義語 doubt 疑う)

▶I **believe** her わたしは彼女を信じる.

▶I couldn't **believe** my eyes. わたしは自分の目[見た光景]を信じることができなかった.

❷《believe + that 節で》…だと思う(同義語 think)

▶I don't **believe** (that) he is telling the truth. 彼は本当のことを話していないと思います.(◆not の位置に注意)

➡ think ルール ❶

——**自** 信じる；思う

believe in ...
① …の存在を信じる
▶Do you **believe in** ghosts?
あなたは幽霊(恕)の存在を信じますか？
② （人）を信用する，信頼(蕊)する
▶**Believe in** yourself.
自分を信じなさい．

Bell [bél べる] **名詞** 【人名】ベル
(♦ Alexander Graham Bell
[ǽligzǽndər gréiəm- あれグザぁンダ グレイ
アム-]；1847-1922；イギリス出身のアメ
リカの科学者で，電話を発明した)

bell [bél べる] **名詞** (**複数** bells [-z])
C ベル，鈴(芝)，鐘(塗)；ベルや鈴の音
▶I rang the **bell** many times.
わたしは何回もベルを鳴らした．

belly [béli べり] **名詞** (**複数** bellies [-z])
C 《口語》(人の) 腹部，おなか
(**同義語** stomach)

belong [bilɔ́ːŋ ビろーング] **動詞**
(**三単現** **belongs** [-z]；**過去・過分**
belonged [-d]；**現分** **belonging**)
自《**belong to** ＋団体・人で》
(団体)に所属する；(人)のものである
▶He **belongs to** the chorus.
彼は合唱部に所属している．(♦×He is
belonging to .... と進行形にはしない)
▶This bike **belongs to** me.
この自転車はわたしのものです．

belongings [bilɔ́ːŋiŋz ビろーンギング
ズ] **名詞**《複数あつかいで》
所有物，所持品，身の回りのもの

below [bilóu ビろウ]
——**前置詞** ❶ 【場所・位置】…より下に[へ]
(**対義語** above …より上に)
➡ under 〈くらべよう〉
▶This area is **below** sea level.
この地域は海面より低い．
▶The sun sank **below** the horizon.
太陽は水平線の下に沈(ず)んだ．
❷ 【数量・程度】…以下の，…より劣(芝)る
The temperature is five degrees
below zero. 気温はマイナス５度だ．
——**副詞** 【場所・位置】下に，階下に
(**対義語** above 上に)
▶From the plane, I saw Mt. Fuji
below. 飛行機から富士山を下に見た．

belt [bélt べると] **名詞**
(**複数** belts [bélts べるツ])
❶ **C** ベルト
▶wear a **belt** ベルトをしている
▶Please fasten your seat **belts**.
(みなさんの)シートベルトを締(し)めてく
ださい．
❷ **C**《しばしば **Belt** で》
(特色のある)地帯，地域
▶the Cotton **Belt** （アメリカ南部の)
綿花地帯 ➡ cotton 〈区化〉

bench [béntʃ ベンチ] **名詞**
(**複数** benches [-iz])
❶ **C** (木・石などの)ベンチ，長いす
(♦背のないものもふくむ)
▶sit on a **bench** ベンチにすわる
❷ **C** (スポーツの)選手席，ベンチ
❸ **C** (職人などの)作業台，仕事台

bend [bénd ベンド] **動詞**
(**三単現** **bends** [béndz ベンヅ]；**過去・過分**
bent [bént ベント]；**現分** **bending**)
他 …を曲げる
▶The girl **bent** the spoon easily.
その少女はスプーンを簡単に曲げた．
——**自** 曲がる；かがむ
——**名詞** **C** 曲がり；カーブ(**同義語** curve)

beneath [biníːθ ビニーす] **前置詞**
…の下に(♦《口語》under, below)
——**副詞** 下に[で]

benefit [bénəfit ベネふィット] **名詞**
C **U** 利益，恩恵(恵)
▶for the public **benefit**
公共の利益のために
——**動詞** **他** …のためになる；…に役立つ
——**自** (…で)利益を得る《from ...》

bent [bént ベント] **動詞**
bend(…を曲げる)の過去形・過去分詞

Berlin [bəːrlín バ〜リン] **名詞** ベルリン
(♦ドイツの首都；第二次世界大戦後，東
西に分割(総)されたが，1990 年に再統合
された)

berry [béri ベリ] **名詞** (**複数** berries
[-z]) **C** 【植物】ベリー
(♦イチゴ(strawberry)，ブルーベリー
(blueberry)などの柔(き)らかい果実；
「かたい実」は nut)

beside [bisáid ビサイド] **前置詞**
(♦ besides と混同しないように注意)

…のそばに, …の隣(となり)に
▸She sat **beside** me.
彼女はわたしのそばにすわった.

besides [bisáidz ビサイヅ] 前置詞
(◆ beside と混同しないように注意)
❶《肯定文で》…のほかに, …に加えて
▸**Besides** English, she speaks French.
英語に加えて, 彼女はフランス語も話す.
❷《否定文で》…を除いて, …以外に
(同義語 except)
▸I have **no** brothers **besides** Tom.
わたしにはトム以外に兄弟はいない.
——副詞 そのうえ, さらに, おまけに
(同義語 moreover)
▸This car is very old. **Besides**, the color is too dark. この車はとても古い. おまけに色が暗すぎる.

best [bést ベスト]
——形容詞 (good または well の最上級; 比較級は better)
最もよい, 最上の; 最も健康な
(対義語 worst 最も悪い)
▸It is one of the **best** movies of this year.
それは今年の最もよい映画の一つだ.
▸This is Tom, my **best** friend.
こちらがぼくの一番の友人のトムです.

ルール **best** と **the**

best が名詞の前にくるとき, ふつう the をつけますが, my, his などがくる場合には the をつけません.
▸**the best** memory
いちばんよい思い出
▸**my best** memory
わたしのいちばんよい思い出

——副詞 (well または very much の最上級; 比較級は better)
最もよく, いちばんうまく, いちばん
(◆(米)では the をつけて使うことが多い; 対義語 worst 最も悪く)

ダイアログ
A: Which subject do you like (**the**) **best**? どの教科がいちばん好き?
B: Well, I like music (**the**) **best**.
そうだね, 音楽がいちばん好きだよ.

▸He swims (**the**) **best** in our class.
彼はクラスでいちばんじょうずに泳ぐ.

bést of áll 何よりも, いちばん
——名詞 U《the best または one's best で》最もよいもの, 最良の状態
▸She is **the best** in my class.
彼女はわたしのクラスで最も優秀(ゆうしゅう)だ.
at (the) bést よくても, せいぜい
(対義語 at (the) worst 最悪の場合でも)
◆**do one's bést** 全力を尽(つ)くす
▸Let's **do our best** in the game.
試合では全力を尽くそう.
máke the bést of ...
(悪い状況(じょうきょう)や不十分なもの)をできるだけうまく利用する
▸**make the best of** a bad situation
悪い状況をできるだけうまく利用する

best-known [béstnóun ベストノウン]
形容詞 well-known(有名な)の最上級

bestseller [béstsélər ベストセら] 名詞
C ベストセラー
(◆ best-seller ともつづる)

bet [bét ベット] 動詞
(三単現 **bets** [béts ベッツ] 過去・過分 **bet**
または **betted** [-id]; 現分 **betting**)
他 (金など)を(…に)かける(on ...)
I bét (that) ... 《口語》きっと…だ
▸**I bet** you will be all right.
きみならきっとだいじょうぶだよ.
You bét! 《口語》もちろん!; そのとおり!

betray [bitréi ビトゥレイ] 動詞
他 …を裏切る; (秘密など)を漏(も)らす

better [bétər ベタ]
——形容詞 (good または well の比較級; 最上級は best)
❶〖good の比較級〗もっとよい, もっとじょうずな(対義語 worse もっと悪い)
▸a **better** world よりよい世界
▸Their performance was much **better** than ours.
彼らの演技[演奏]はわたしたちよりずっとよかった. (◆比較級に「とても, ずっと」の意味を加えるときは, very ではなく much や a lot などを使う)
❷〖well の比較級〗《名詞の前には用いない》(体のぐあい・気分が)よくなって

ダイアログ
A: How's your cold?
風邪(かぜ)のぐあいはどうですか?
B: I feel **better**.
よくなりました.

——**副詞** （well または very much の比較級; 最上級は best）

もっとよく，もっとじょうずに

（**対義語** worse もっと悪く）

▶He sings **better** than I (do).
彼はわたしより歌がうまい.

ダイアログ

A: Which do you like **better**, soccer or baseball?
サッカーと野球では，どちらが好き？

B: I like soccer **better**.
サッカーのほうが好きだよ.

［参考］ best の意味を better で表す

▶Bob is **the best** singer in my class.
ボブはクラスで一番の歌い手だ.

▶Bob sings **better** than any other student in my class.
ボブはクラスのほかのどの生徒よりも歌がうまい.（◆ any other のあとの名詞はふつう単数形）

◆*had bétter* ＋動詞の原形

…するほうがよい，…しなさい（◆**（口語）**ではふつう 'd better ... を用いる；「…しないほうがよい」と言うときは，had better のあとに not を入れる）

▶I'd better go home.
家に帰るほうがよさそうだ.

ルール You had better .... の使い方

1 You had better .... は，ふつう親が子供に，先生が生徒に言うような場合に用いる命令口調の表現です. ときには「そうしないとひどいことになる」といった強い警告になります. 単に助言するような場合は，You should .... を用いるほうが無難です.

▶**You'd better** tell the truth. 本当のことを言ったほうが身のためだぞ.

▶**You should** take a taxi. タクシーで行くほうがよいと思いますよ.

2 had better を，had につられて，

「…したほうがよかった」と過去のことを表しているとまちがえないように注意しましょう.

▶**You'd better** see a doctor.
医者に診(*み*)てもらいなさい.

:between

[bitwíːn ビトゥウィーン] **前置詞**

（2つのもの）の間で［に，を］；**《between ... and ～で》**…と～の間で［に，を］

➡ **among 《くらべよう》**

▶**between** the two countries
その2か国の間で

▶**between** eleven **and** twelve
11時から12時の間に

▶the difference **between** the two products その2つの製品のちがい

▶Alex sat **between** Lisa **and** me.
アレックスはリサとわたしの間にすわった.

beverage [bévəridʒ ベヴァレッヂ] **名詞**

C 飲み物（◆ふつう水を除く）

◆beyond [bijánd ビヤンド] **前置詞**

❶ **《場所》**…の向こうに［へ，で］

▶The village is **beyond** the river.
その村は川の向こうにあります.

❷ **《能力・程度》**…を超(*こ*)えて，…以上に

▶The theory is **beyond** me [my understanding].
その理論はわたしの理解を超えている［わたしには難しくてわからない］.

❸ **《時間》**…を過ぎて

▶He stayed up **beyond** midnight.
彼は夜の12時を過ぎても起きていた.

Bible [báibl バイブる] **名詞**

《the Bible で》

【キリスト教】聖書，バイブル（◆旧約聖書(the Old Testament)と新約聖書(the New Testament)から成る；testament [téstəmənt テスタメント] は「（神と人間との）契約(*けいやく*)」の意）

◆bicycle [báisikl バイスィクる]

名詞 （**複数** bicycles [-z]）**C** 自転車（◆**（口語）**bike）➡ p.66 bicycle

▶My little brother can ride a **bicycle**.
わたしの弟は自転車に乗ることができる.

▶I went to the library by **bicycle** last Monday. 先週の月曜日，わたし

は自転車で図書館に行った.
(♦手段を表す by のあとは無冠詞)

[参考] bicycle は「2 輪車」

unicycle: uni-「1 つの」+ cycle「輪」で「1 つの輪をもつ車→ 1 輪車」
bicycle: bi-「2 つの」+ cycle「輪」で「2 輪車→自転車」
tricycle: tri-「3 つの」+ cycle「輪」で「3 輪車」

bid [bíd ビッド] [動詞] ([三単現] **bids** [bídz ビッヅ]; [過去・過分] **bid**; [現分] **bidding**)
[他] (競売などで)(…に)…の値をつける《for ...》
—[自] (競売などで)値をつける; せり合う
—[名詞] [C] (競売などでの)つけ値; 入札

:big [bíg ビッグ] [形容詞]
([比較] **bigger**; [最上] **biggest**)

❶ 大きい
❷ 年上の
❸ 重要な; 偉(えら)い

❶ (形・規模などが)**大きい**
([対義語] little, small 小さい)
▸a **big** house 大きな家

❷ **年上の** ([対義語] little 年下の)
▸my **big** brother [sister]
わたしの兄[姉] (♦ my older [elder] brother [sister] と表すこともできる)
❸ **重要な; 偉い**; (程度が)すごい
▸a **big** day 重要な日

[くらべよう] big, large, huge, great

big: 口語的で, 話し手の驚(おどろ)きや賞賛などの気持ちがふくまれることがあります.
▸What a **big** fish!
なんて大きな魚だ!
large: 客観的に大きいことを表します. また, 数量についても使います.
▸a **large** amount of money
大金
huge: 「とても大きな」と誇張(こちょう)して使います.
▸a **huge** stadium
巨大(きょだい)なスタジアム
great: 心理的な大きさを表すことが多く, また外観よりも中身の「偉大(いだい)さ」を表すのによく使います.
▸a **great** teacher 偉大な教師

bicycles

racing bike
ロードレーサー

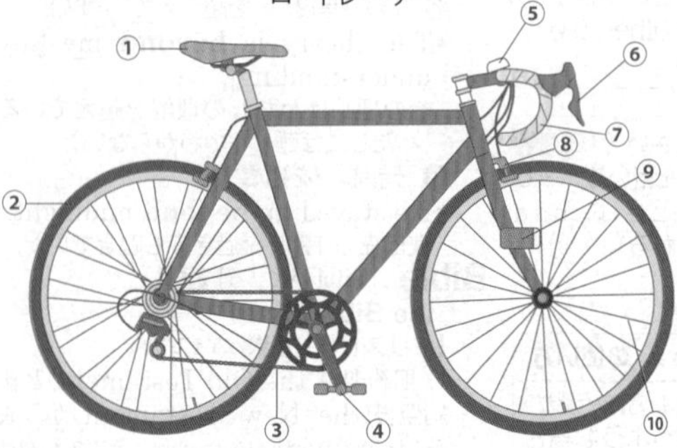

① saddle サドル
② tire タイヤ
③ chain チェーン
④ pedal ペダル
⑤ bell ベル
⑥ shift / brake lever シフト / ブレーキレバー
⑦ handlebars ハンドル
⑧ brake ブレーキ
⑨ headlight ヘッドライト
⑩ spoke スポーク
⑪ carrier 荷台
⑫ fender 泥(どろ)よけ
⑬ kick stand スタンド
⑭ basket バスケット

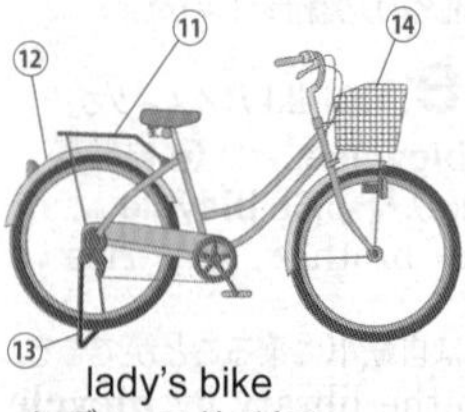

lady's bike
レディースサイクル

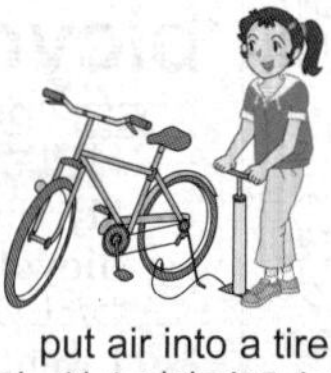

put air into a tire
タイヤに空気を入れる

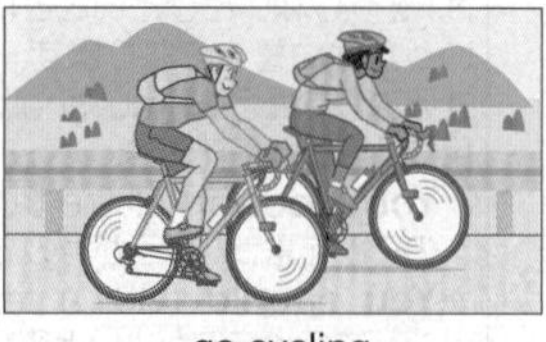

go cycling
サイクリングに行く

Big Ben [bíg bén ビッグ ベン] 名詞
ビッグベン（◆イギリス国会議事堂の時計塔(とう)の時鐘(じしょう)；またはその時計塔)

文化 鐘(かね)にもニックネーム

Big Ben という愛称(あいしょう)は，この鐘の工事責任者だったベンジャミン・ホールに由来しています. 彼は大男で，Big Ben と呼ばれていました. ビッグベンの鐘の音は英国放送協会(the BBC)の時報にもなり，多くの人々に親しまれています.

Big Dipper [bíg dípər ビッグ ディパ] 名詞《the Big Dipper で》
(米)【天文】北斗(ほくと)七星（◆おおぐま座(the Great Bear)にふくまれるひしゃく形の七星；(英)the Plough)

bigger [bígər ビガ] 形容詞
big(大きい)の比較級

biggest [bígist ビゲスト] 形容詞
big(大きい)の最上級

***bike**
[báik バイク] 名詞 (複数 bikes [-s])
C (口語)自転車(同義語 bicycle)；
オートバイ(同義語 motorcycle)
（◆日本語では，「バイク」はふつうオートバイを指すが，英語の bike は自転車(bicycle)の意味で使われる)
▶ride a **bike**
自転車に乗る
▶go for a **bike** ride
サイクリングに行く(= go cycling)

bilingual [bailíŋgwəl バイリングワル]
形容詞 2 言語を自由に話せる；2 言語で話された[書かれた]
——名詞 C 2 言語を話せる人

bill¹ [bíl ビル] 名詞
❶ C 請求(せいきゅう)書，勘定(かんじょう)(書)（◆(米)ではレストランの場合は check がふつう)
▶a telephone **bill**
電話料の請求書，電話代
▶pay a **bill**
勘定を払(はら)う
▶**Bill** [Check], please.
お勘定をお願いします.

❷ C ビラ；はり紙，ポスター
▶Post No **Bills** 《掲示》はり紙禁止
❸ C (米)紙幣(しへい)，札(さつ)（◆(英)note)
➡ **money** 図表
▶a thousand-yen **bill** 千円札
❹ C 議案，法案
——動詞 他 (人)に請求書を送る

bill² [bíl ビル] 名詞
C (まっすぐな)くちばし（◆ワシなどの「曲がったくちばし」は beak)

billiards [bíljərdz ビリヤツ] 名詞
U《単数あつかいで》ビリヤード，玉突(つ)き

billion [bíljən ビリョン] 名詞
(複数 billion または billions [-z])
C 10 億

billionaire [biljənéər ビリョネア] 名詞
C 億万長者

bind [báind バインド] 動詞 (三単現 binds
[báindz バインツ]；過去・過分 bound
[báund バウンド]；現分 binding) 他
❶ …を(…で)しばる，くくる(with ...)；
…を(…に)結びつける(to ...)
▶He **bound** the pile of newspapers with string.
彼は新聞の山をひもでしばった.
❷ …を巻きつける，…に包帯をする
❸ …をとじる，製本する

binder [báindər バインダ] 名詞
❶ C (糸・ひもなど)しばるもの；
バインダー
❷ C 製本屋

bingo [bíŋgou ビンゴウ] 名詞 U ビンゴ
（◆教会や慈善(じぜん)団体の主催(しゅさい)で，資金集めのためによく行われる)

binoculars [binákjələrz ビナキュラズ]
(★発音に注意) 名詞《複数あつかいで》
双眼鏡(そうがんきょう)，オペラグラス

biography [baiágrəfi バイアグラフィ]
(★アクセントに注意) 名詞
(複数 biographies [-z])
C 伝記；U 伝記文学

biology [baiálədʒi バイアらヂィ]
(★アクセントに注意) 名詞 U 生物学

biotechnology [bàiouteknálədʒi
バイオウテクナらヂィ] 名詞
U バイオテクノロジー，生物工学
（◆遺伝子組み換(か)えなど，生物の機能を応用する技術)

***bird** [bə́ːrd バ〜ド] 名詞
(複数 birds [bə́ːrdz バ〜ヅ]) C 鳥

A
B
C
D
E
F
G
H
I
J
K
L
M
N
O
P
Q
R
S
T
U
V
W
X
Y
Z

▸water **birds** 水鳥
▸**birds** of passage 渡(ﾜﾀ)り鳥
▸a flock of **birds** 鳥の群れ
▸ことわざ **Birds** of a feather flock together. 類は友を呼ぶ.
(♦「同じ羽の色の鳥は1か所に集まる」の意味から)
▸ことわざ The early **bird** catches the worm. 早起きは三文(ﾓﾝ)の徳.
(♦「早起きの鳥は虫を捕(ﾄ)まえる」の意味から)
▸ことわざ Kill two **birds** with one stone. 一石二鳥.
(♦「1つの石で2羽の鳥を殺す」の意味から)

参考 国鳥のいろいろ
アメリカ: bald eagle(ハクトウワシ)
イギリス: robin(ヨーロッパコマドリ)
オーストラリア: lyrebird (コトドリ)
[láiərbə:rd ライアバード]
日本: pheasant(キジ)

birdwatching, bird-watching
[bə́:rdwɑ̀tʃiŋ バ~ドワッチング] 名詞
Ⓤ バードウォッチング, 野鳥観察
(♦「野鳥観察をする人」は birdwatcher, bird-watcher)

birth [bə́:rθ バ~ス] 名詞
❶ Ⓒ Ⓤ 誕生, 出生(対義語 death 死亡)

ダイアログ
A: What's your date of **birth**?
生年月日はいつですか?
(♦ When ではなく What を用いる)
B: (It's) March 14, 2008.
2008年3月14日です.

❷ Ⓤ 生まれ, 家柄(ﾔﾅ)

‡birthday [bə́:rθdèi バ~スデイ]
名詞 (複数 birthdays [-z]) Ⓒ 誕生日
▸a **birthday** cake バースデーケーキ
▸a **birthday** card
バースデーカード
▸a **birthday** present [gift]
誕生日プレゼント

ダイアログ
A: When is your **birthday**?
誕生日はいつですか?
B: It's April 3.
4月3日です.

ダイアログ
A: Happy **birthday** (to you), Ken!
お誕生日おめでとう, ケン!
B: Thank you, Emma. ありがとう, エマ.

birthplace [bə́:rθplèis バ~スプれイス]
名詞 Ⓒ 《ふつう単数形で》
出生地; 発祥(ﾊﾂｼﾖｳ)の地

biscuit [bískit ビスケット] 名詞
Ⓒ (米)小型パン; (英)ビスケット

文化 アメリカとイギリスの biscuit
1 丸型の小さい菓子(ﾜｼ)パン, スコーンはアメリカで **biscuit**, イギリスで scone といいます.
2 クッキー, クラッカー, ビスケットはアメリカで cookie, cracker, イギリスで **biscuit** といいます.

bishop [bíʃəp ビショップ] 名詞
❶ Ⓒ (カトリックの)司教; (英国国教会・プロテスタントの)主教
❷ Ⓒ 【チェス】ビショップ(こまの一つ)

bison [báisn バイスン] 名詞
(複数 bison または bisons [-z])
Ⓒ 【動物】バイソン, アメリカ野牛
(♦(米)buffalo)

bit¹ [bít ビット] 名詞
❶ Ⓒ 少し, 少量, 小片(ｼﾖｳ);
《a bit of ... で》わずかな...
▸She drank **a bit of** coffee.
彼女はコーヒーを少し飲んだ.
❷ 《a (little) bit で副詞的に》少し, ちょっと

▶This cake is **a (little) bit** too sweet. このケーキは少し甘(ぁ)すぎる.

bít by bít 少しずつ, 徐々(じょ)に

not a bít 少しも…ない

bit² [bít ビット] 動詞 bite(…をかむ)の過去形, また過去分詞の一つ

bit³ [bít ビット] 名詞 Ｃ 【コンピューター】ビット(◆情報量の最小単位) → **byte**

⁺bite [báit バイト]

──動詞 (三単現 **bites** [báits バイツ]; 過去 **bit** [bít ビット]; 過分 **bitten** [bítn ビトゥン]または **bit**; 現分 **biting**)

──他 ❶ …をかむ, かみつく, かじる

▶**bite** an apple リンゴをかじる

▶The dog **bit** me on the hand. そのイヌがわたしの手をかんだ.
(◆bite my hand より bite me on the hand というほうがふつう)

❷ (虫などが)…を刺(さ)す

▶I was **bitten** by mosquitoes last night. 昨夜は蚊(か)に刺された.

──自 (…に)かみつく《at ...》; 刺す

──名詞 (複数 **bites** [báits バイツ])
Ｃ かむこと; ひとかじり

▶Take [Have] a **bite** of the cake. ケーキを一口食べてみて.

bitten [bítn ビトゥン] 動詞
bite(…をかむ)の過去分詞の一つ

bitter [bítər ビタ] 形容詞
(比較 **bitterer**; 最上 **bitterest**)

❶ 苦い(対義語 sweet 甘(あ)い)
→ **taste** 图墨

▶This coffee is **bitter**. このコーヒーは苦い.

❷ 痛烈(つうれつ)な; (体験などが)つらい

❸ 激しい; (寒さなどが)厳しい

⁺black [blæk ブラぁック]

──形容詞
(比較 **blacker**; 最上 **blackest**)

❶ 黒い, 黒色の

▶a **black** suit 黒いスーツ

▶a **black** and white film 白黒映画
(◆white and black とはいわない)

|图墨| 「黒い」はいつも black?

「黒い目」は **dark** eyes (日本人の目の場合はふつう **brown** eyes), 「黒い髪(かみ)の毛」は **black** [dark] hair といいます.

❷ 黒人の → **African-American**

▶**black** people 黒人

▶**black** music 黒人音楽

❸ (コーヒーが) ブラックの (◆クリームやミルクを入れない)

──名詞 (複数 **blacks** [-s])

❶ Ｕ 黒, 黒色; 黒い服, 喪服(もふく)

▶She was dressed in **black**. 彼女は黒い服を着ていた.

❷ Ｃ 黒人(◆個人を指して用いる場合, 軽蔑(けいべつ)的になることがあるので, African-American を用いるほうがよい)
→ **African-American**

⁺blackboard [blækbɔ̀ːrd ブラぁックボード] (★ [blækbɔ̀ːrd ブラぁックボード]と[ボ]も強く発音すると black board「黒い板」の意味になるので注意)

名詞 (複数 **blackboards** [blækbɔ̀ːrdz ブラぁックボーヅ])

Ｃ 黒板 (◆chalkboard や board ともいう;「ホワイトボード」は whiteboard;「電子黒板」は electoronic board)

▶Please erase the **blackboard**. 黒板を消してください.

black box [blæk báks ブラぁック バックス] 名詞 ❶ Ｃ ブラックボックス
(◆内部の複雑な構造はわからないが, 機能や使い方はわかる装置)

❷ Ｃ 【航空】ブラックボックス
(◆フライトレコーダー(飛行に関するデータを自動的に記録する装置)の別称(べつしょう))

blacksmith [blæksmiθ ブラぁックスミす] 名詞 Ｃ かじ屋職人

black tea [blæk tíː ブラぁック ティー] 名詞 Ｕ 紅茶 (◆ふつう単に tea という)

blade [bléid ブれイド] 名詞

❶ Ｃ (刃物(はもの)の)刃

❷ Ｃ (細長くて平たい)葉; (スケート靴(く)の)ブレード; (プロペラの)羽

blame [bléim ブれイム] 動詞
(三単現 **blames** [-z]; 過去・過分 **blamed** [-d]; 現分 **blaming**)

他 …を責める, 非難する;
《**blame** ＋人など＋ **for** ＋失敗などまたは **blame** ＋失敗など＋ **on** ＋人などで》
(失敗などを)(人など)のせいにする

▶They **blamed** me **for** the failure.
(＝ They **blamed** the failure **on** me.)
彼らは失敗をわたしのせいにした.

a
b
c
d
e
f
g
h
i
j
k
l
m
n
o
p
q
r
s
t
u
v
w
x
y
z

A
B
C
D
E
F
G
H
I
J
K
L
M
N
O
P
Q
R
S
T
U
V
W
X
Y
Z

▶Don't **blame** it **on** me.
わたしのせいにするな.

▶**ことわざ** A bad workman always
blames his tools.
弘法(ど)筆を選ばず.
(◆「へたな職人は失敗をいつも道具の
せいにする」の意味から; workman の
発音は [wə́ːrkmən ワ～クマン])

be to blame (…について)責めを負う
べきである《for ...》

▶You **are to blame for** that
accident. その事故はきみの責任だ.
──**名詞** U 非難; (失敗などの)責任

blank [blǽŋk ブラぁンク] **形容詞**
白紙の, 空白の

▶a **blank** page
何も印刷されて[書かれて]いないページ
──**名詞** C 空白, 空欄(弦), 空所

▶Fill in the **blanks**.
(試験問題などで)空欄を埋(う)めなさい.

blanket [blǽŋkit ブラぁンケット] **名詞**
C 毛布 ➡ **bedroom** 図

blast [blǽst ブラぁスト] **名詞**
❶ C 突風(ど)
❷ C 爆発(ど), 爆破
❸ C (らっぱ・笛などの突然の)大きな音
──**動詞** 他 …を爆破する; (爆弾(だ)で)…を
攻撃(ど)する, 破壊(だ)する

blazer [bléizər ブレイザ] **名詞**
C ブレザー

bleed [blíːd ブリード] **動詞**
(三単現 **bleeds** [blíːdz ブリーヅ];
過去・過分 **bled** [bléd ブレド];
現分 **bleeding**) 自 出血する, 血が出る

blend [blénd ブレンド] **動詞**
他 …を(…と)混ぜ合わせる《with ...》
(同義語 mix)

▶**blend** an egg **with** milk
卵を牛乳と混ぜ合わせる
── 自 混ざる; (…と)調和する《with ...》
──**名詞** C 混合物, ブレンド

bless [blés ブレス] **動詞** (三単現
blesses [-iz]; 過去・過分 **blessed** [-t]
または **blest** [blést ブレスト];
現分 **blessing**) 他 …を祝福する

Bléss me!
(驚(ど)きなどを表して)おやおや, おやま
あ.(◆「わたしに神の恵(め)みがありますよ
うに」の意味から)

Bléss you! あなたに神の恵みがありま
すように; (くしゃみをした人に)お大事に.

→ **sneeze** 区化

blessing [blésiŋ ブレスィング] **名詞**
C 神の恵(め)み, (牧師の)祝福; 幸福;
(食前・食後の)祈(ど)り

blest [blést ブレスト] **動詞** bless(…を祝
福する)の過去形・過去分詞の一つ

blew [blúː ブルー] **動詞**
blow(吹(ふ)く)の過去形

blind [bláind ブラインド]
──**形容詞**
(比較 **blinder**; 最上 **blindest**)
❶ 目の見えない, 目の不自由な

▶go **blind**
目が不自由になる, 失明する

▶a **blind** person
目の不自由な人

▶She is **blind** in one [the left] eye.
彼女は片[左]目が見えない.

❷ 盲目(ど)的な; (…に)気づかない《to ...》

▶Love is **blind**.
恋(こ)は盲目.

──**名詞** (複数 **blinds** [bláindz ブライン
ヅ]) C (窓の)日よけ, ブラインド
(◆1枚の布などを巻き上げて使うものを
指す; (米)window shade)

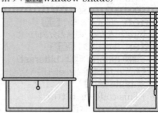
blind   venetian blind

blink [blíŋk ブリンク] **動詞**
自 まばたきをする; (明かりが)ちらつく,
(星が)またたく; (米)(車のライトが)
点滅(ど)する((英)wink)
── 他 (目を)まばたかせる

block [blάk ブロック] **名詞**
❶ C (木・石などの)かたまり;
(建築用の)ブロック

▶a **block** of ice 氷のかたまり
▶a concrete **block**
コンクリートブロック

❷ C (主に米)(周囲を道路で囲まれた)
1区画, 街区(ど); 1区画の1辺の長さ

▶Go straight for two **blocks**.
まっすぐ2区画行きなさい.

1区画

❸ C 障害物；(交通の)渋滞(じゅうたい)
❹ C 《米》積み木(♦《英》brick)
▶play with **blocks** 積み木で遊ぶ
──**動詞** 他 …をふさぐ；…を妨害(ぼうがい)する

block letters [blák lètərz ブラックれタズ] **名詞**《複数あつかいで》
ブロック字体，活字体の大文字
(♦ABC など；block capitals ともいう)

blog [blá:g ブローグ] **名詞**
C 【コンピューター】ブログ(♦日記的なウェブサイトの総称(そうしょう)；we**blog** の略)
▶He writes **blogs** about music.
彼は音楽についてのブログを書いている．

blond, blonde [blánd ブろンド] **形容詞** 金髪(きんぱつ)の；(人が)ブロンドの
(♦フランス語から；blond は男性に，blonde は女性にと男女区別して用いられてきたが，最近ではどちらにも blond を用いる傾向(けいこう)にある)
──**名詞** C ブロンドの人

blood [blád ブらッド]
(★発音に注意) **名詞**
❶ U 血，血液
▶**blood** pressure 血圧
▶give **blood** 献血(けんけつ)する
❷ U 血統，血縁(けつえん)

bloody [bládi ブらディ] **形容詞**
(比較 **bloodier**；最上 **bloodiest**)
❶ 出血している，血だらけの
❷ 流血の；血なまぐさい，残酷(ざんこく)な

bloom [blú:m ブるーム] **名詞**
❶ C (特に観賞用の)花
⇒ **flower** 〈くらべよう〉
❷ U 開花(期)；(…の)真っ盛(ざか)り(of ...)
▶The cherry trees are in full **bloom** now. 今，桜が満開だ．
──**動詞** 自 花が咲(さ)く

blossom [blásəm ブらサム] **名詞**
C U (特に果樹の)花；U 開花(期)
⇒ **flower** 〈くらべよう〉

▶apple **blossoms** リンゴの花
──**動詞** 自 花が咲(さ)く

blouse [bláus ブらウス] **名詞**
❶ C (女性用の)ブラウス
❷ C 仕事着

blow¹ [blóu ブろウ] **動詞**
(三単現 **blows** [-z]；過去 **blew** [blú: ブるー]；過分 **blown** [blóun ブろウン]；現分 **blowing**) 自
❶ (風が)吹(ふ)く
▶It **blew** very hard yesterday.
昨日は風がとても強く吹いた．
▶A warm wind is **blowing**.
暖かい風が吹いている．
❷ (人・動物などが)息を吐(は)く
❸ (笛などが)鳴る
──他 ❶ …を吹き飛ばす，動かす
▶The strong wind **blew** the plastic greenhouse away.
強風がビニールハウスを吹き飛ばした．
❷ (煙(けむり)など)を吐く；(風船など)を吹いてふくらます；…に息を吹きつける
❸ (楽器など)を吹く
▶**blow** the trumpet トランペットを吹く
❹ (鼻)をかむ
▶**Blow** your nose. 鼻をかみなさい．
❺ …を爆破(ばくは)する(up ...)

blow² [blóu ブろウ] **名詞**
❶ C 強打，一撃(いちげき)
❷ C (…への)(精神的な)打撃(to ...)

blown [blóun ブろウン] **動詞**
blow¹(吹(ふ)く)の過去分詞

blue [blú: ブるー]
──**形容詞** (比較 **bluer**；最上 **bluest**)
❶ 青い，空色の
▶The sky is **blue**. 空が青い．
▶That doll has **blue** eyes.
その人形は青い目をしている．

《参考》「青い」はいつも blue?

1 血の気がひいて青ざめた顔色には pale を使います．
▶You look **pale**. 顔が青いですよ．
2 交通の「青信号」，植物の「青葉」には green を使います．
▶a **green** light 青信号
▶**green** leaves 青葉

---

❷ 陰気(いんき)な，ゆううつな(同意語 sad)
▶You look **blue**. What's up?
ゆううつそうだね．どうしたの？

A
B
C
D
E
F
G
H
I
J
K
L
M
N
O
P
Q
R
S
T
U
V
W
X
Y
Z

──**名詞** Ⓤ 青, 空色, 水色; 青い服
▶She is dressed in **blue** today.
彼女は今日, 青い服を着ている.

blueberry [blúːbèri ブルーベリ] **名詞**
(**複数** **blueberries** [-z]) Ⓒ【植物】
ブルーベリー; ブルーベリーの木

bluebird [blúːbɜːrd ブルーバ〜ド] **名詞**
Ⓒ【鳥類】ルリツグミ
(◆北アメリカ産の青い羽をした鳥)

Blue Mountains [blúː máuntnz ブ
るー マウントゥンズ] **名詞**
《the Blue Mountains で複数あつかい》
ブルーマウンテンズ(◆オーストラリア南
東部の山地;世界自然遺産に登録されて
いる)

blunt [blʌ́nt ブラント] **形容詞**
(**比較** **blunter**; **最上** **bluntest**)
(ナイフ・刃(は)などが)切れ味の悪い, (えん
ぴつのしんなどが)とがっていない

blush [blʌ́ʃ ブラッシ] **動詞**
(**三単現** **blushes** [-iz];
過去・過分 **blushed** [-t]; **現分** **blushing**)
⊜ 赤面する, 顔を赤らめる; 恥(は)ずかしく
思う

board [bɔ́ːrd ボード]
──**名詞** (**複数** **boards** [bɔ́ːrdz ボーヅ])
❶ Ⓒ (薄(うす)い木の)板(◆「金属の板」は
plate); 黒板(= blackboard)
▶a bulletin [《英》notice] **board**
掲示(けいじ)板
▶a cutting **board** まな板
❷ Ⓒ (会社・官庁などの)**委員会, 会議**
▶a **board** of directors
役員[重役]会
❸ Ⓤ (ホテル・下宿などの)食事, 食費
on bóard (船・飛行機など)に乗って
▶The passengers went **on board**
the ship.
乗客たちは船に乗りこんだ.
──**動詞** (**三単現** **boards** [bɔ́ːrdz ボーヅ];
過去・過分 **boarded** [-id];
現分 **boarding**)
⊕ (船・飛行機など)に乗りこむ

boarding house [bɔ́ːrdiŋ hàus
ボーディング ハウス] **名詞**
Ⓒ (食事つきの)下宿; 寮(りょう)
(◆boardinghouse ともつづる)

boarding pass [bɔ́ːrdiŋ pæ̀s ボーディ
ング パぁス] **名詞** Ⓒ (飛行機の)搭乗(とうじょう)
券; 乗船券(◆boarding card ともいう)

boarding school [bɔ́ːrdiŋ skùːl
ボーディング スクール] **名詞**
Ⓒ Ⓤ 寄宿学校, 全寮(りょう)制学校
(◆「通学制の学校」は day school)

boast [bóust ボウスト] **動詞** ⊜
《boast about [of] ... で》
…を自慢(じまん)する
──**名詞** Ⓒ 自慢(のもの)

boat [bóut ボウト] **名詞**
(**複数** **boats** [bóuts ボウツ])
❶ Ⓒ ボート, 小舟(ぶね)(◆モーターボート
やヨットなどをふくむ)
▶row a **boat** ボートをこぐ
▶cross a river in a **boat** [by boat]
ボートで川を渡(わた)る
(◆手段を表す by のあとは無冠詞)
❷ Ⓒ《口語》船(同義語 ship), 汽船,
(大型の)客船
be in the sáme bóat 運命をともに
する, ともに悪い境遇(きょうぐう)にある

bobsled [bábslèd バブスレッド] **名詞**
Ⓒ ボブスレー(競技用のそり)

bobsleigh [bábslèi バブスれイ] **名詞**
《英》= bobsled

body [bádi バディ] **名詞**
(**複数** **bodies** [-z])
❶ Ⓒ (人・動物の)体, 肉体
(対義語 mind, soul, spirit 精神)
➡ 巻頭カラー 英語発信辞典⑭
▶She has a strong **body**.
彼女は体がじょうぶだ.
❷ Ⓒ (人・動物の)死体, 遺体(いたい)
❸ Ⓒ 主要部
▶the **body** of a car 車体
❹ Ⓒ (…の)集まり, かたまり《of ...》;団体
▶a **body** of cold air 寒気団

bodyguard [bádigàːrd バディガード]
名詞 Ⓒ ボディーガード, 護衛

body language [bádi læ̀ŋgwidʒ
バディ らぁングウィッヂ] **名詞**
Ⓤ ボディーランゲージ(◆自分の意思や
感情を伝える身振(みぶ)り・手まね・表情など)

boil [bɔ́il ボイる] **動詞**
⊜ (液体が)沸(わ)く, 沸騰(ふっとう)する
▶Water **boils** at 100℃.
水は℃氏 100 度で沸騰する.
(◆「100℃」は one hundred degrees
Celsius と読む)
──⊕ ❶ …を沸かす, 沸騰させる

▶**boil** water 湯を沸かす
❷ …を煮(に)る, ゆでる ➡ **cook** 図
▶**boil** eggs 卵をゆでる

boiled [bɔ́ild ボイルド] 形容詞
沸(わ)かした; ゆでられた
▶**boiled** water 沸かした湯
▶a **boiled** egg ゆで卵(◆かたゆでの
ものは a hard-boiled egg, 半熟(はんじゅく)
のものは a soft-boiled egg という)

boiler [bɔ́ilər ボイラ] 名詞
C ボイラー; 給湯器

boiling [bɔ́iliŋ ボイリング] 形容詞 煮(に)え
たぎった; (気候が)うだるように暑い
▶**boiling** water 沸騰(ふっとう)している湯

bold [bóuld ボウルド] 形容詞
(比較 **bolder**; 最上 **boldest**)
大胆(だいたん)な
▶a **bold** plan 大胆な計画

bolt [bóult ボウルト] (★発音に注意) 名詞
❶ C ボルト(◆ナット(nut)と合わせて
部品の締(し)めつけに使うねじ)
❷ C 差し錠(じょう), かんぬき
❸ C 稲妻(いなずま), 電光

bomb [bám バム] (★発音に注意) 名詞
C 爆弾(ばくだん)
▶an atomic **bomb** 原子爆弾
──動詞 他 …を爆撃(ばくげき)する
──自 爆撃する

bomber [bámər バマ] (★発音に注意)
名詞 C 爆撃(ばくげき)機[兵]; 爆破犯人

bond [bánd バンド] 名詞
❶ C (愛情などの)きずな
▶a **bond** between parents and a
child 親と子のきずな
❷ C 契約(けいやく); 債券(さいけん)
▶government **bonds** 国債
❸ U C 接着剤(ざい)

bone [bóun ボウン] 名詞 C U 骨
▶He broke a **bone** in his ankle.
彼は足首の骨を折った.

bonnet [bánit
バネト] 名詞
❶ C ボンネッ
ト(◆あごの下で
ひもを結ぶ女
性・子供用の帽
子(ぼうし))
❷ C 《英》ボン
ネット(◆自動車
のエンジンをお
おう部分; 《米》

bonnet ❶

hood)
➡ **cars** 図

bonus [bóunəs ボウナス] 名詞
(複数 **bonuses** [-iz])
C ボーナス, 賞与(しょうよ), 特別手当

:book [búk ブック]
──名詞 (複数 **books** [-s])
❶ C 本, 書物, 書籍(しょせき)
▶a comic [picture] **book**
マンガ本[絵本]
▶a Japanese **book**
(=a **book** in Japanese)
日本語で書かれた本
▶a **book** about [on] Japanese
history 日本の歴史についての本
(◆ on は内容が専門的なときに用いる)
▶read a **book** 本を読む
▶Close your **books**.
(教室で先生が生徒に)本を閉じなさい.
▶Open your **books** to [《英》at] page
seven. 本の7ページを開きなさい.
❷ C (書物の内容的な区分としての)巻,
編(◆何冊に分かれているかを表す「外形
上の区分」には volume を使う)
▶**Book** 1 第1巻
❸ C ノート, …帳; 帳簿(ちょうぼ)
▶keep **books** 帳簿をつける
❹ 《the **Book** で》聖書
(同義語 the Bible)
──動詞 (三単現 **books** [-s];
過去・過分 **booked** [-t]; 現分 **booking**)
他 《主に英》(座席・ホテルの部屋など)を
予約する(◆《米》reserve)
▶**book** a room in the hotel
そのホテルの1部屋を予約する
▶I **booked** three seats for the
concert.
わたしはそのコンサートのチケットを3
枚予約した.

bookcase [búkkèis ブックケイス] 名詞
C 本箱, 本棚(ほんだな)

bookend [búkènd ブックエンド] 名詞
C 《ふつう **bookends** で》ブックエンド,
本立て

booklet [búklit ブックレット] 名詞
C 小冊子, パンフレット

bookmark [búkmàːrk ブックマーク]
名詞 ❶ C (本の)しおり
❷ C 【コンピューター】ブックマーク
(◆よく使うウェブサイトのアドレスを登

録する機能, またそのアドレス)
──**動詞** 他【コンピューター】
(ウェブサイト)をブックマークに登録する

bookseller [búksèlər ブックセラ] **名詞**
　C 本屋(の主人); 書籍(しょせき)商

bookshelf [búkʃèlf ブックシェるふ] **名詞**
　(複数 **bookshelves**
　[búkʃèlvz ブックシェるヴズ])
　C 本棚(ほんだな)(◆本箱(bookcase)の中の一
　つの棚)

bookshop [búkʃàp ブックシャップ]
　名詞 C 《主に英》書店, 本屋
　(◆《米》bookstore)

bookstore [búkstɔ̀:r ブックストーア]
　名詞 C 《主に米》書店, 本屋
　(◆《英》bookshop)

bookworm [búkwə̀:rm ブックワ〜ム]
　名詞 C 【昆虫】シミ (◆本を食べる虫);
　読書好きの人, 「本の虫」

boom [bú:m ブーム] **名詞**
　C U 急激な増加, 急成長;
　C 急激な人気, ブーム

boomerang [bú:məræ̀ŋ ブーメラぁング]
　名詞 C ブーメラン
　(◆オーストラリア先住民
　の狩猟(しゅりょう)用具; またその
　形のおもちゃ・スポーツ用
　具)

boot [bú:t ブート] **名詞**
　(複数 **boots** [bú:ts ブーツ])
　C 《ふつう **boots** で》長靴(ながぐつ), ブーツ;
　(足首の上までくる)深靴 ➡ **skate** 図
　▶a pair of **boots**
　　1 足のブーツ
　▶put on [take off] *one's* **boots**
　　ブーツをはく[脱(ぬ)ぐ]

booth [bú:θ ブーす] **名詞**
　❶ C (用途(ようと)に応じて)小さく仕切られた
　部屋, ブース; (レストランなどの)仕切り席
　❷ C (定期市などの)屋台, 売店

border [bɔ́:rdər ボーダ] **名詞**
　C 国境, 境界; 縁(ふち), へり(同義語 edge)
　▶the **border** between Spain and
　　France
　　スペインとフランスの国境
　▶cross the **border**
　　国境を越(こ)える
　──**動詞** 他 …に(…で)縁をつける《with ...》;
　…に接している, 隣接(りんせつ)する
　──**自** (…に)接している《on ...》

borderline [bɔ́:rdərlàin ボーダらイン]
　名詞 C 国境線, 境界線

bore¹ [bɔ́:r ボーア] **動詞**
　(三単現 **bores** [-z]; 過去・過分 **bored**
　[-d]; 現分 **boring**)
　他 (人)を退屈(たいくつ)させる, うんざりさせる
　➡ **bored, boring**
　──**名詞** C うんざりさせる人[もの]

bore² [bɔ́:r ボーア] **動詞**
　bear²(…に耐(た)える)の過去形

bore³ [bɔ́:r ボーア] **動詞**
　(三単現 **bores** [-z]; 過去・過分 **bored** [-d];
　現分 **boring**)
　他 (穴)をあける; (トンネルなど)を掘(ほ)る;
　(板など)に穴をあける

bored [bɔ́:rd ボード] **形容詞**
　(…に)退屈(たいくつ)した, うんざりした《with ...》
　▶I was **bored with** the game.
　　わたしはその試合にうんざりした.

boring [bɔ́:riŋ ボーリング] **形容詞**
　退屈(たいくつ)な, うんざりさせる
　▶The meeting was really **boring**.
　　その会議はほんとうに退屈だった.

born [bɔ́:rn ボーン]
　──**動詞** bear²の過去分詞の一つ
　(◆「(子)を産む」の意味の, 受け身の文で
　用いる)
　be bórn 生まれる
　▶I was **born** in Kyoto in 2010.
　　わたしは 2010 年に京都で生まれた.
　▶He was **born** to a poor family.
　　彼は貧しい家に生まれた.
　──**形容詞** 《名詞を修飾(しゅうしょく)して》
　生まれながらの, 天性の
　▶a **born** actor
　　天性の俳優

-born 接尾辞 主に形容詞について「…生
　まれの」という意味の複合語をつくる)
　▶a Japanese-**born** tennis player
　　日本生まれのテニス選手

borne [bɔ́:rn ボーン] **動詞**
　bear²(…に耐(た)える)の過去分詞の一つ

borrow [bárou バロウ] **動詞**
　(三単現 **borrows** [-z];
　過去・過分 **borrowed** [-d];
　現分 **borrowing**)
　他 (もの・金)を(…から)借りる《from ...》
　(対義語 lend 貸す)
　▶Can I **borrow** your bike?

自転車を借りてもいいですか？
▶I **borrowed** a dollar **from** Ann.
わたしはアンから１ドル借りた.

〈くらべよう〉 borrow, use, rent

borrow: 本や自転車やお金など，持ち運びできるものを無料で借りるときに用います.

use: 電話やトイレなど，備えつけてあるものを無料で使わせてもらうときに用います.
▶Can I **use** your phone?
電話を借りてもいいですか？

rent: 有料で借りるときに用います.
▶I **rent** a room from Mr. Green.
わたしはグリーンさんから部屋を借りている.

---

boss [bɔ́ːs ボース] **名詞**
（**複数** **bosses** [-iz]）
C 上司，社長；親方，（政界の）有力者

Boston [bɔ́(ː)stn ボ(ー)ストゥン] **名詞**
ボストン（◆アメリカのマサチューセッツ州の州都；古い歴史がある文化都市）

botanical [bətǽnikl ボタぁニクる]
形容詞 《名詞の前に用いて》植物（学）の

botanical garden [bətǽnikl gɑ́ːrdn ボタぁニクる ガードゥン] **名詞** **C** 植物園

botany [bɑ́təni バタニ] **名詞** **U** 植物学

†both [bóuθ ボウす]

――**形容詞** ❶《名詞の前に用いて》
両方の（◆ the や my などといっしょに使うときは，それらの語の前に置く；
the はしばしば省略される）
▶**Both** (the) chairs are made of wood.
そのいすは両方とも木製だ.
▶**Both** my parents are teachers.
わたしの両親は２人とも教師だ.
❷《否定文で》両方の…が～というわけでは（ない）→ **代名詞** **ルール**
▶I don't need **both** dictionaries.
両方の辞書が必要というわけではない.

――**代名詞** ❶ **両方，２人とも**
▶**Both** of them are in good health.
彼らは２人とも健康だ.
▶**Both** of us speak French.
わたしたちは２人ともフランス語を話します.
▶**Both** of them like her.
彼らは２人とも彼女が好きだ.

〈ルール〉 both の位置

（代）名詞と同格に用いられるときの
both の位置は，次のようになります.
(a) be 動詞・助動詞があるときは，そのあとに置く.
▶They are **both** in good health.
彼らは２人とも健康だ.
▶They can **both** speak French well.
彼らは２人ともフランス語をじょうずに話す.
(b) 一般動詞があるときは，その前に置く.
▶They **both** like her.
彼らは２人とも彼女が好きだ.

---

❷《否定文で》両方とも…というわけでは（ない）（◆部分否定になる）
▶I can't buy **both** a hamburger and French fries.
わたしにはハンバーガーとフライドポテトの両方は買えない.

〈ルール〉 全否定する表現

「両方…ではない」と全否定する場合には not ... either ～ or ―か，... neither ～ nor ―を使います.
▶I can't buy **either** a hamburger **or** French fries.
= I can buy **neither** a hamburger **nor** French fries.
わたしにはハンバーガーとフライドポテトのどちらも買えない.

――**接続詞** 《**both ... and ～**で》
…も～も両方
▶**Both** my sister **and** brother go to the same college.
姉[妹]も兄[弟]も同じ大学に通っている.
▶She speaks **both** English **and** Chinese. 彼女は英語も中国語も話す.

bother [bɑ́ðər バざ] **動詞**
他 （人）を悩む（ã）ます；…のじゃまをする
（**同義語** annoy, trouble）
▶I'm sorry to **bother** you.
（人に話しかけるときに）おじゃましてすみません.
――**自** （…を）気にする，心配する《about [with] ...》；《**bother to** ＋動詞の原形》わざわざ…する
▶Don't **bother to** answer this e-mail. この E メールにわざわざ返事をくれなくていいですよ.

a b c d e f g h i j k l m n o p q r s t u v w x y z

A
B
C
D
E
F
G
H
I
J
K
L
M
N
O
P
Q
R
S
T
U
V
W
X
Y
Z

―**名詞** U 面倒(%); 《**a bother** で》
やっかいなもの[こと, 人]

*bottle [bátl バトゥル] **名詞**
(**複数** **bottles** [-z])

❶ C びん, ボトル
▶a milk [plastic] **bottle**
牛乳びん[ペットボトル]

❷ C 《**a bottle of ...** で》1びん(の量)
の…
▶**a bottle of** juice　ジュース1本

*bottom [bátəm バタム] **名詞**
(**複数** **bottoms** [-z])

❶ C (箱・容器などの)底, 底部
(**対義語** top 最上部)
▶the **bottom** of a box　箱の底
❷ 《the **bottom** で》海底; 最下部;
(山の)ふもと; (順番の)びり;
(ページの)下部
▶the **bottom** of the river
川底
▶Please sign at the **bottom**.
いちばん下に署名してください.

from tóp to bóttom 上から下まで
▶The boys were wet **from top to
bottom**.
その少年たちは全身びしょびしょだった.

bough [báu バウ] (★発音に注意) **名詞**
C (木の)大枝
(◆「小枝」は twig, 大きさに関係なく「枝」
という場合は branch) ➡ **branch**

*bought [bɔ́ːt ボート] (★ boat [bóut ボウト]
との発音・つづりのちがいに注意) **動詞**
buy (…を買う)の過去形・過去分詞

boulevard [búːləvɑ̀ːrd ブーれヴァード]
名詞 C 広い並木道; 《米》大通り
➡ **road くらべよう**

bounce [báuns バウンス] **動詞**
(**三単現** **bounces** [-iz];
過去・過分 **bounced** [-t];
現分 **bouncing**)
自 (ボールなどが)はずむ, バウンドする;
(人が)飛び上がる, 跳(は)ね回る
―他 (ボールなど)をはずませる

bound¹ [báund バウンド] **動詞**
bind (…をしばる)の過去形・過去分詞
―**形容詞** 《**be bound to** ＋動詞の原形
で》きっと…する, 必ず…する
▶She **is bound to** know the truth
soon.
きっとすぐに彼女は真相を知るだろう.

bound² [báund バウンド] **動詞**
自 跳(は)ねる, 飛び跳ねる;
(ボールなどが)はずむ
―**名詞** C はずみ, 跳ね返り; 跳躍(ちょう)

bound³ [báund バウンド] **形容詞**
《**be bound for ...** で》…行きの
▶This train **is bound for** Tokyo.
この列車は東京行きです.

boundary [báundəri バウンダリ] **名詞**
(**複数** **boundaries** [-z])
C 境界線, 国境線; 限界

bouquet [boukéi ボウケイ]
(★発音に注意) **名詞**
C 花束, ブーケ(◆フランス語から)

boutique [buːtíːk ブーティーク] (★発音に
注意) **名詞** C ブティック(◆流行の衣類・
装身具を売る小売店; フランス語から)

bow¹ [báu バウ]
(★ bow² との発音のちがいに注意) **動詞**
自 (…に)おじぎをする, 腰(こし)をかがめる
《**to** [**before**] ...》
(◆英米では個人間であいさつをすると
き, 握手(あくしゅ)をすることが多い)
▶She **bowed to** the audience.
彼女は観客におじぎをした.
―他 (頭)を下げる, (腰)をかがめる
―**名詞** C おじぎ, 会釈(えしゃく)

bow² [bóu ボウ]
(★ bow¹ との発音のちがいに注意) **名詞**
❶ C 弓(◆「矢」は arrow);
(バイオリンなどの)弓
▶a **bow** and arrows　弓矢
❷ C ちょう結び; ちょうネクタイ
(＝ bow tie)

bowl¹ [bóul ボウる] **名詞**
❶ C 鉢(はち), わん, どんぶり, ボウル;
《**a bowl of ...** で》鉢[わん]1 杯(はい)(の量)
の…
▶a salad **bowl**　サラダボウル
▶a **bowl of** rice　1 杯分のご飯
❷ C 《米》(アメリカンフットボールなど
の)野外競技場(◆すり鉢に似た形状から)

bowl² [bóul ボウる] **名詞**
C (ボウリング用の)ボール
―**動詞** 自 ボウリングをする

bowling [bóuliŋ ボウリング] **名詞**
U 【スポーツ】ボウリング

bowwow [báuwáu バウワウ] **間投詞**
(イヌのほえる声を表して)ワンワン
➡ **animals** 図
―**名詞** C 《小児語》イヌ, わんちゃん

box¹ [báks バックス] 名詞

(複数 **boxes** [-iz])

❶ C 箱;《**a box of ...** で》
1箱(の量)の…

▶a wooden [cardboard] **box**
木[段ボール]箱

▶a lunch **box**　弁当箱

▶**a box of** apples　1箱のリンゴ

❷ C 仕切られた場所;(劇場などの)ボックス席;(英)(電話などの)ボックス;交番

▶a police **box**　交番, 派出所

❸ C【野球】ボックス
(◆打者・コーチなどの立つ場所)

➡ **baseball** 図

▶a batter's **box**　バッターボックス

box² [báks バックス] 動詞

(三単現 **boxes** [-iz]; 過去・過分 **boxed**
[-t]; 現分 **boxing**)

⾃ ボクシングをする

――他 …をなぐる;(人)とボクシングをする

boxer [báksər バクサ] 名詞

C ボクサー, ボクシングの選手

boxes [báksiz バクスィズ] 名詞

box¹(箱)の複数形

boxing [báksiŋ バクスィング] 名詞

U【スポーツ】ボクシング

Boxing Day [báksiŋ dèi バクスィング
デイ] 名詞 C U ボクシングデー
(◆イギリスの祝日で, クリスマスの次の日
(12月26日;その日が日曜日ならば27日);
この日に使用人や郵便配達人などに感謝
して, クリスマスの贈り物(Christmas
box)をする慣習があった)

boy [bói ボイ]

――名詞 (複数 **boys** [-z])

❶ C 男の子, 少年(◆ふつう18歳くら
いまで; 対義語 girl 女の子)

▶a **boy** student　男子学生

▶a **boys'** school　男子校(◆アポストロ
フィ(')の位置に注意)

❷ C 息子(◆年齢に関係なく用い
る; 同義語 son)

▶He has two **boys**.
彼には息子が2人いる.

――間投詞《しばしば **Oh, boy!** で》《主に
米》(驚き・感嘆を表して)おや, まあ

boycott [bóikat ボイカット] 名詞

C ボイコット, 不買運動

boyfriend [bóifrènd ボイふレンド] 名詞

C ボーイフレンド, (男性の)恋人
(対義語 girlfriend)

✐おもしろ知識 boyfriend は友達?

boyfriend は, 「男の子の友達」
ではなく, 「男性の恋人」を意味
します. 「男の子の友達」を表し
たいときは単に friend を用いま
す. girlfriend も同様です.

Boy Scouts [bói skàuts ボイ スカウツ]
名詞《the Boy Scouts で》ボーイスカ
ウト(◆1908年イギリスで創設された少
年の心身を鍛えるための組織; 一人ひ
とりの団員は a boy scout;
対義語 the Girl Scouts ガールスカウト)

bracelet [bréislit ブレイスレット] 名詞

C ブレスレット, 腕輪

braille, Braille [bréil ブレイる] 名詞

U 点字(法)(◆点字は目の不自由な人のた
めの文字; 縦3つ×横2つの計6つの
出っ張った点の組み合わせで表され, それ
を指先で触れて読む; 名称はこの
方式を考案したフランス人ルイ・ブライ
ユ(Louis Braille)に由来する)

●アルファベットの点字

```
        ·        ·
        ·        ·
·  ·    A        B

··  ·   ·        ·
C   D   E   F    G   H

·   ·   ··  ·    ·   ·
I   J   K   L    M   N

·   ·   ·   ·    ·   ·
O   P   Q   R    S   T

··  ·   ·   ·    ·   ·
U   V   W   X    Y   Z
```

brain [bréin ブレイン] 名詞

❶ C 脳

▶the right [left] **brain**　右[左]脳

▶**brain** death　脳死(◆脳のすべての機
能が回復不可能になった状態)

❷ C U《ふつう **brains** で》頭脳, 知力

▶Use your **brain(s)**.
頭を使いなさい.

▶Tom has **brains**.　トムは頭がいい.

brake [bréik ブレイク] 名詞

C《しばしば **brakes** で》ブレーキ

A
B
C
D
E
F
G
H
I
J
K
L
M
N
O
P
Q
R
S
T
U
V
W
X
Y
Z

➡ **bicycles** 図
▶put on the **brakes**
ブレーキをかける
──**動詞** (**三単現** **brakes** [-s];
過去・過分 **braked** [-t]; **現分** **braking**)
自 ブレーキをかける
──**他** …にブレーキをかける

branch [brǽntʃ ブラぁンチ] **名詞**

(**複数** **branches** [-iz])

❶ **C** (木の)枝 (♦「大枝」は bough,「小枝」は twig)

branch ┌bough(大枝)
       └twig(小枝)

▶He broke a **branch** of the tree.
彼はその木の枝を折った.

❷ **C** 支社, 支店, 支部; (学問などの)部門
▶the Tokyo **branch** of the bank
その銀行の東京支店

❸ **C** (川などの)支流; (鉄道の)支線

brand [brǽnd ブランド] **名詞**
❶ **C** (商品の)銘柄(%), ブランド; 品質
❷ **C** (家畜(%)などの)焼き印(%)

brand-new [brǽndnjúː ブラぁン(ド)
ニュー] **形容詞** 真新しい, 新品の

brass [brǽs ブラぁス] **名詞**
❶ **U** 真ちゅう(♦銅と亜鉛(%)の合金)
❷《ふつう the brass で》(オーケストラの)金管楽器(部) (♦全体を指す; 個々の金管楽器は a brass instrument)

brass band [brǽs bǽnd ブラぁス バぁンド] **名詞** **C** ブラスバンド, 吹奏(%)楽団

brave [bréiv ブレイヴ] **形容詞**

(**比較** **braver**; **最上** **bravest**)
勇敢(%)な, 勇ましい
▶a **brave** act
勇敢な行為(%)
▶Be **brave**! 勇気を出して!

bravely [bréivli ブレイヴリ] **副詞**
勇敢(%)に(も), 勇ましく

Brazil [brəzíl ブラズィる] **名詞**
ブラジル(♦南アメリカの国; 首都はブラジリア Brasilia)

bread

whole-wheat bread
全粒(%)粉麦パン

French bread
フランスパン

roll
ロールパン

pita bread
ピタ

rye bread
ライ麦パン

bagel
ベーグル

croissant
クロワッサン

(white) bread
食パン

Indian naan bread
ナン

knead こねる

ferment 発酵(%)させる

bake 焼く

‡bread [bréd ブレッド] 名詞

Ⓤ パン, 食パン
(♦欧米(おうべい)の食パンは白だけではなく黒パン(brown bread)も多い) ➡ p.78図

ルール パンの数え方

■1 bread は数えられない名詞なので, 「1枚[2枚, 3枚, …]のパン」のように言うには次の表現を用います.
▶a slice of **bread**
▶two slices of **bread**
■2 「1かたまり[1斤(きん)]の食パン」は a loaf of **bread** といいます.

bread and butter [brédnbʌ́tər]

ブレッドゥンバタ 名詞《単数あつかいで》
❶ Ⓤ バターを塗(ぬ)ったパン
❷ Ⓤ (口語)生計(の手段)

breadth [brédθ ブレドす] 名詞

Ⓒ Ⓤ 幅(はば), 横幅
(♦「長さ」は length, 「高さ」は height, 「深さ」は depth; 同義語 width)

‡break [bréik ブレイク]

動詞	他 ❶ …を壊(こわ)す
	❷ (法律など)を破る
	自 ❶ 壊れる
名詞	破損; 中断

──動詞 (三単現 **breaks** [-s];
過去 **broke** [bróuk ブロウク];
過分 **broken** [bróukən ブロウクン];
現分 **breaking**)

──他 ❶ …を壊す, 割る, 砕(くだ)く, 折る, 破る, ちぎる, (糸など)を(刃物(はもの)を使わずに)切る, …を役に立たなくする

▶**break** a watch [piggy bank]
時計[ブタの形をした貯金箱]を壊す
▶**break** a branch 枝を折る
▶**break** a dish [an egg]
皿[卵]を割る
▶**break** thread 糸を切る
▶Who **broke** the window?
窓を割ったのはだれですか?
▶Bill **broke** his leg.
ビルは脚(あし)の骨を折った.

❷ (法律・習慣・約束・記録など)を破る; …を中断する
▶**break** the law [a rule]
法律[規則]を破る
▶He **broke** his word [promise].
彼は約束を破った.
▶She **broke** the world record.
彼女は世界記録を破った.

❸ (沈黙(ちんもく)など)を破る
▶**break** the silence 沈黙を破る

❹ (お札(さつ)など)をくずす
▶Please **break** a thousand-yen bill (into one hundred-yen coins).
千円札を(100円玉に)くずしてください.

──自 ❶ 壊れる, 割れる, 砕ける, 折れる, 破れる, ちぎれる
▶**break** into two 2つに割れる
▶This toy **breaks** easily.
このおもちゃは壊れやすい.

❷ (夜が)明ける; (天候が)急に変わる; 中断する
▶Day is **breaking**. 夜が明けてきた.

break dówn
① …を壊す
▶**break down** a wall 壁(かべ)を壊す
② 壊れる, (機械などが)故障する
▶My car **broke down** on a busy street.
わたしの車は混雑した通りで故障した.

break ínto ... ① 突然(とつぜん)…し出す
▶She **broke into** laughter [tears].
彼女は突然笑い出した[泣き出した].
② …に押(お)し入る, 侵入(しんにゅう)する

break óut (戦争・火事・伝染(でんせん)病などが)急に起こる(同義語 happen)
▶War may **break out** between the two countries.
その2国間で戦争が起こるかもしれない.
▶A fire **broke out** at the movie theater.
その映画館で火事が起きた.

A
B
C
D
E
F
G
H
I
J
K
L
M
N
O
P
Q
R
S
T
U
V
W
X
Y
Z

——名詞 (複数 **breaks** [-s])

C 破損; 中断, 小休止(類語 rest 休憩(ホム); (短い)休暇(ホぅ); 急変

▶a **break** in the ice
氷の割れ目

▶a coffee **break**
《主に米》コーヒーブレイク(◆仕事の合い間の短い休憩;《英》ではふつう紅茶を飲むので a tea break という)

▶have [take] a lunch **break**
昼休みをとる

Give me a bréak! 《米》冗談(シャョぅ)だろう, いいかげんにしろ.

‡**breakfast**

[brékfəst ブレックふァスト] 名詞

(複数 **breakfasts** [brékfəsts ブレックふァスツ]) U C 朝食

▶make [prepare] **breakfast**
朝食を作る

▶Becky had rice and miso soup for **breakfast**.
ベッキーは朝食にご飯とみそ汁(½)をとった.

ルール **breakfast の前に a はつく?**

1 「朝食をとる」というときは, have [eat] breakfast のように breakfast の前に冠詞(a や the)はつきません.

▶I have **breakfast** at seven.
わたしは7時に朝食をとる.

2 ただし, breakfast の前に, good 「十分な」, light「軽い」, heavy 「たくさんの」, late「遅(½)い」などの形容詞がつくと, その前に a がつきます.

▶I had **a good breakfast** this morning.
今朝, わたしは十分な朝食をとった.

3 lunch, dinner, supper, brunch も breakfast と同様です.

文化 **なぜ breakfast っていうの?**

breakfast は「断食(祭)(fast)」を「破る(break)」という意味からできた語です. つまり, 「夜寝(②)てから朝起きるまでの何も食べていない状態を破って食事をとる」がもとの意味です.

breast [brést ブレスト] 名詞

1 C (女性の)乳房(鯱)

2 C 胸(◆胸の表面を指す; 心臓・肺をふくめて「胸」という場合は chest を用いる)

breath [bréθ ブレす] (★ breathe との発音・つづりのちがいに注意) 名詞

1 U 息, 呼吸; C ひと息

▶take a deep **breath**
深呼吸をする

▶hold *one*'s **breath**
息を止める; かたずをのむ

2 U C 《ふつう a breath で》
(風・空気などの)そよぎ

cátch one's bréath (驚(㍗)きや恐怖(ホょぅ)で)息をのむ; ひと息つく

out of bréath 息を切らして

breathe [bríːð ブリーず] (★ breath との発音・つづりのちがいに注意) 動詞

(三単現 **breathes** [-z]; 過去・過分 **breathed** [-d]; 現分 **breathing**)

自 息をする, 呼吸する

▶**breathe** in [out] 息を吸う[吐(㍗)く]

——他 (空気)を吸いこんで吐く

breathtaking [bréθtèikiŋ ブレすテイキング] 形容詞 わくわくさせるような, 息をのむような, はらはらするような

breed [bríːd ブリード] 動詞

(三単現 **breeds** [bríːdz ブリーヅ]; 過去・過分 **bred** [bréd ブレッド]; 現分 **breeding**)

他 (動物が)(子)を産む; (家畜(鯱)など)を飼育する

——自 (動物が)子を産む; 繁殖(鯱)する

——名詞 C (動物の)品種

breeze [bríːz ブリーズ] 名詞

C (快い)そよ風, 微風(鯱)

bribe [bráib ブライブ] 名詞 C わいろ

——動詞 (三単現 **bribes** [-z]; 過去・過分 **bribed** [-d]; 現分 **bribing**)

他 (人)にわいろを使う, (人)を買収する

brick [brík ブリック] 名詞 C U れんが; C 《主に英》積み木(◆《米》block)

bride [bráid ブライド] 名詞 C 花嫁(鯱), 新婦(対義語 bridegroom 花婿(鯱))

▶**bride** and bridegroom 新郎新婦
(◆日本語とは順序が逆になる)

bridegroom [bráidgrùːm ブライドグルーム] 名詞 C 花婿(鯱), 新郎(鯱)
(対義語 bride 花嫁(鯱))

‡**bridge** [brídʒ ブリッヂ] 名詞

(複数 **bridges** [-iz])

1 C 橋; (船の)ブリッジ

▶cross a **bridge** 橋を渡(½)る

▶They built a **bridge** across [over] the river. 彼らは川に橋をかけた.

▶London **Bridge** ロンドン橋
（◆橋の名にはふつう冠詞をつけない）
❷ 🄲 橋渡し, 仲立ち
❸ 🅄 （トランプの）ブリッジ

brief [bríːf ブリーふ] 形容詞
（比較 **briefer**; 最上 **briefest**）
短い, 短時間の（◆ short よりかたい語）;
簡潔な
——名詞 （複数 **briefs** [-s]）
❶ 🄲 概要(がいよう), 要約
❷《**briefs** で複数あつかい》
（下着の）パンツ, ブリーフ
in brief 要するに, 簡単に言えば

briefcase [bríːfkèis ブリーふケイス]
名詞 🄲 （革(かわ)製の）書類かばん

briefly [bríːfli ブリーふり] 副詞
簡潔に, 手短に; 少しの間; 手短に言えば

bright [bráit ブライト]
——形容詞
（比較 **brighter**; 最上 **brightest**）
❶ 輝(かが)いている; 明るい
▶a **bright** star 明るい星
▶a **bright** day よく晴れた日
▶a **bright** future 明るい未来
❷ （色が）鮮(あざ)やかな
▶a **bright** red 鮮やかな赤
❸ りこうな, 頭のいい
▶a **bright** student 頭のいい生徒
❹ 生き生きした, 快活な, 晴れやかな
——副詞（比較 最上 は 形容詞 に同じ）
《ふつう **shine** とともに用いて》
明るく, 輝いて（同義語 brightly）

brighten [bráitn ブライトゥン] 動詞
⑭ …を明るくする; …を晴れ晴れとさせる
——⑯ 明るくなる; 快活になる

brightly [bráitli ブライトり] 副詞
明るく, 輝(かが)いて

brightness [bráitnəs ブライトネス]
名詞 🅄 明るさ, 輝(かが)き

brilliant [bríljənt ブリりャント] 形容詞
❶ 光り輝(かが)く; （色が）鮮(あざ)やかな
（◆ bright より輝きが強い）
❷ すばらしい, すぐれた, りっぱな

bring [bríŋ ブリング] 動詞
（三単現 **brings** [-z]; 過去・過分 **brought**
[brɔ́ːt ブロート]; 現分 **bringing**）⑭
❶ （もの）を持って来る, （人）を連れて来る
▶**Bring** me the paper, please.
新聞を持って来てください.

▶You can **bring** a friend of yours
to the party. そのパーティーには友
達を連れて来ていいですよ.

《くらべよう》 **bring** と **take**

bring: ものや人を自分（話し手）のい
るところへ持って[連れて]来る動作
です.
▶He **brought** me a glass of juice.
彼はわたしにグラス１杯のジュース
を持って来た.
take: ふつう行き先を示して, 自分（話
し手）のいるところからはなれたと
ころへ持って[連れて]行くという動
作です.
▶He **took** the empty glass.
彼は空のグラスを持って行った.

ただし, 話している相手のところへ持っ
て行く場合は take ではなく bring を
使います. これは, come と go の関係
と同じです. ➡ come ルール
▶I'll **bring** it to you tomorrow.
あしたそれを持って行きますね.

❷ …をもたらす
▶The typhoon **brought** a lot of rain.
台風は多量の雨をもたらした.
bring about …をひき起こす, もたらす
▶Winning the prize **brought**
about a great change in my life.
その賞を取ったことがわたしの人生に
大きな変化をもたらした.
bring back …を持って[連れて]帰る;
…を返す; …を思い出させる
▶**Bring back** this book by next
Friday.
次の金曜日までにこの本を返しなさい.
bring in …を持ちこむ, 連れこむ;
（利益など）をもたらす
bring up （子供）を育てる, しつける
▶He was born and **brought up** in
Tokyo. 彼は東京で生まれ育った.

a b c d e f g h i j k l m n o p q r s t u v w x y z

brisk [brísk ブリスク] [形容詞] ([比較] **brisker**; [最上] **briskest**)
❶ (人・態度が)きびきびした, 活発な
❷ (空気などが)心地(ここち)よい, さわやかな

Britain [brítn ブリトゥン] [名詞] = Great Britain(イギリス) ➡ **England** [参考]

◆**British** [brítiʃ ブリティッシ]
—[形容詞] **イギリスの**, 英国の;
イギリス人の, 英国人の
➡ **England** [参考], **Japanese** [参考]
▸the **British** government 英国政府
—[名詞] 《**the British** で複数あつかい》
イギリス人(全体), 英国人(全体)

British Museum [brítiʃ mju:zíəm ブリティッシ ミューズィアム] [名詞]
《**the British Museum** で》大英博物館
(♦ロンドンにある世界有数の博物館)

broad [brɔ́:d ブロード] [形容詞] ([比較] **broader**; [最上] **broadest**)
❶ (幅(はば)の)広い, 広々とした
(♦道路や廊下(ろうか)など細長いものに用い, 部屋などの面積には big や large を用いる; [対義語] narrow 狭(せま)い)
▸a **broad** road 広い道路
▸He has **broad** shoulders.
彼は肩(かた)幅が広い.
❷ (心・知識などが)広い
▸a **broad** knowledge
幅広い知識
▸She has a **broad** mind.
彼女は心の広い人だ.

broadcast [brɔ́:dkæ̀st ブロードキぁスト]
[動詞] ([三単現] **broadcasts** [brɔ́:dkæ̀sts ブロードキぁスツ]; [過去・過分] **broadcast** または **broadcasted** [-id];
[現分] **broadcasting**)
[他] (テレビ・ラジオで)…を放送する, 放映する
—[自] 放送する
—[名詞] [U] 放送; [C] 放送番組

broadcasting [brɔ́:dkæ̀stiŋ ブロードキぁスティング] [名詞] [U] 放送
▸digital **broadcasting**
デジタル放送
▸a **broadcasting** station 放送局

broaden [brɔ́:dn ブロードゥン] [動詞]
[他] …を広げる
—[自] 広がる

broad-minded [brɔ́:dmáindid ブロードマインディッド] [形容詞]
心の広い, 寛大(かんだい)な; 偏見(へんけん)のない

Broadway [brɔ́:dwèi ブロードウェイ]
[名詞] ブロードウエー (♦アメリカ, ニューヨークのマンハッタンを南北に走る大通り; 特にタイムズスクエア付近の劇場街)

broccoli [brákəli ブラコり] [名詞]
[U] 【植物】ブロッコリー

brochure [brouʃúər ブロウシュア]
(★発音に注意) [名詞] [C] (宣伝用の)パンフレット, 小冊子(♦フランス語から)

broil [brɔ́il ブロイる] [動詞] [他] 《主に米》(焼き網(あみ)を使って肉など)を直火(じかび)で焼く, あぶる(♦《英》grill) ➡ **cook** 図

◆**broke** [bróuk ブロウク] [動詞]
break(…を壊(こわ)す)の過去形

◆**broken** [bróukən ブロウクン]
—[動詞] break(…を壊(こわ)す)の過去分詞
—[形容詞] ❶ **壊れた**, 折れた; 故障した
▸a **broken** toy 壊れたおもちゃ
▸The phone is **broken**.
その電話は故障している.
❷ (ことばが)でたらめの, たどたどしい

bronze [bránz ブランズ] [名詞]
[U] 青銅, ブロンズ; [C] 青銅製品;
[U] ブロンズ色(黄色[赤]みがかった茶色)

brooch [bróutʃ ブロウチ] [名詞] ([複数] **brooches** [-iz]) [C] ブローチ([同義語] pin)

brook [brúk ブルック] [名詞] [C] 小川

broom [brú:m ブルーム] [名詞] [C] ほうき

brother [bráðər ブラザ] 名詞

(複数) brothers [-z])

C 兄, 弟; 兄弟 (対義語) sister 姉妹(は))
➡ family 図, sister (文化)

▶He is my brother.
彼はわたしの兄[弟]です.

ダイアログ

A: Do you have any brothers?
きみには兄弟がいるの?
B: I have no brothers or sisters.
兄弟も姉妹もいません.

brotherhood [bráðərhùd ブラザフッド] 名詞

U 兄弟の関係, 兄弟愛; C 組合, 団体

brother-in-law [bráðərinlɔ̀: ブラザインロー] 名詞 (複数 brothers-in-law [bráðərzinlɔ̀: ブラザズインロー])

C 義理の兄[弟] ➡ family 図

brought [brɔ́:t ブロート] 動詞

bring(…を持って来る)の過去形・過去分詞

brow [bráu ブラウ] (★発音に注意) 名詞

❶ C 《ふつう brows で》まゆ, まゆ毛
(同義語 eyebrow)

❷ C 額(ひたい)(同義語 forehead)

brown [bráun ブラウン]

——形容詞

(比較 browner; 最上 brownest)

褐色(かっしょく)の, 茶色の; 日に焼けた
➡ black (参考)

▶She has brown eyes [hair].
彼女は茶色の目[髪(かみ)]をしている.

▶brown bread 黒パン

——名詞 U 褐色, 茶色

browser [bráuzər ブラウザ] 名詞

C 【コンピューター】ブラウザ
(◆インターネット閲覧(えつらん)用のソフト)

brunch [brántʃ ブランチ] 名詞

(複数 brunches [-iz]) U C (口語)

(昼食を兼(か)ねた)遅(おそ)い朝食, ブランチ
(◆ breakfast と lunch の合成語)
➡ breakfast (ルール)

brush [bráʃ ブラッシ] 名詞

(複数 brushes [-iz]) C ブラシ, はけ; 筆

——動詞 (三単現 brushes [-iz]; 過去・過分 brushed [-t]; 現分 brushing) 他 …に
ブラシをかける, …を(ブラシで)磨(みが)く

▶I've just brushed my teeth.
わたしはたった今, 歯を磨いたところだ.

brush úp (on ...) (忘れかけた知識など)に磨きをかける, …をやり直す

Brussels [bráslz ブラスルズ] 名詞

ブリュッセル(◆ベルギーの首都;
EU(ヨーロッパ連合)の本部所在地)

bubble [bábl バブる] 名詞 C 泡(あわ), あぶく(◆ bubble の集まりは foam)

——動詞 (三単現 bubbles [-z]; 過去・過分 bubbled [-d]; 現分 bubbling)

⾃ 泡立つ

bucket [bákit バケット] 名詞

C バケツ, 手おけ; 《a bucket of ... で》
バケツ1杯(はい)(の量)の…

Buckingham Palace

[bákiŋəm pǽlis バッキンガム パあれス] 名詞 《the Buckingham Palace で》
バッキンガム宮殿(きゅうでん)
(◆ロンドンにあるイギリス王室の宮殿)

buckle [bákl バクる] 名詞

C (ベルトなどの)留め金, バックル

bud [bád バッド] 名詞 C つぼみ; 芽

——動詞 (三単現 buds [bádz バッツ];
過去・過分 budded [-id];
現分 budding)

⾃ つぼみをつける; 芽を出す

Buddha [búdə ブダ] 名詞 【人名】仏陀(ぶっだ)
(◆仏教の開祖, 釈迦(しゃか)の尊称(そんしょう);
463?-383? B.C.); C 仏像

Buddhism [búdizm ブディズム] 名詞

U 仏教

Buddhist [búdist ブディスト] 名詞

C 仏教徒

——形容詞 仏教の, 仏教徒の

budget [bádʒit バヂェット] 名詞

C 予算, 予算案; 経費, 生活費

buffalo [báfəlòu バふァろウ] 名詞

(複数 buffalo または buffalos または
buffaloes [-z])

C 【動物】(アジア・アフリカ産の)水牛

A
B
C
D
E
F
G
H
I
J
K
L
M
N
O
P
Q
R
S
T
U
V
W
X
Y
Z

(= water buffalo);（北アメリカ産の）
バイソン, バッファロー（同義語）bison

buffet [buféi ブフェイ]（★発音に注意）
名詞（◆フランス語から）
❶ C《主に英》ビュッフェ
（◆列車内・駅の軽食堂）
❷ C 自分で料理を取りに行く形式の食
事, バイキング（◆立食のことが多い）;
（料理が並べられた）テーブル

bug [bʌ́g バッグ] 名詞
❶ C《主に米》虫, 昆虫(こんちゅう)
❷ C（機械の）故障;【コンピューター】
（プログラム上の）誤り, バグ

Bugis [búːgis ブーギス] 名詞 ブギス駅
（◆シンガポールにある電車の駅）

：build [bíld ビるド] 動詞
（三単現）**builds** [bíldz ビるヅ];（過去・過分）
built [bílt ビるト];（現分）**building**) ⦿
❶ …を建てる, 造る, 作る
▶**build** a dam [bridge, ship]
ダム[橋, 船]を建造する
▶He **built** a new house recently.
最近, 彼は新しい家を建てた.
（◆自分で建てた場合にも, 業者にたの
んで建てた場合にも使える）
▶The company **built** a gym for its
staff. (=The company **built** its
staff a gym.)
その会社は従業員のためにジムを建てた.
❷（事業・名声など）を築き上げる
▶ことわざ Rome was not **built** in a
day. ローマは一日にして成らず.
❸（火）を起こす

：building [bíldiŋ ビるディング]
名詞（複数）**buildings** [-z]）
❶ C 建物, ビルディング（◆日本語の「ビ
ル」とはちがい, 木造家屋もふくむ）
▶a school **building** 校舎
❷ U 建築（すること）
▶**building** materials
建築材料

：built [bílt ビるト] 動詞
build（…を建てる）の過去形・過去分詞

bulb [bʌ́lb バるブ] 名詞
❶ C 球根
❷ C 電球（= light bulb）

bull [búl ブる] 名詞
❶ C【動物】雄牛(おうし) ➡ cow【参考】

❷《the Bull で》【天文】おうし座
➡ **horoscope**【文化】

bulldog [búldɔ̀ːg ブるドーグ] 名詞
C【動物】ブルドッグ（◆昔, イギリスで
ウシと戦わせられたためこの名がついた）

bulldozer [búldòuzər ブるドウザ] 名詞
C ブルドーザー

bullet [búlit ブれット] 名詞
C（ピストルやライフルなどの）弾丸(だんがん)

bulletin [búlitn ブれトゥン] 名詞
C 公報, 会報;（テレビなどの）ニュース速報

bulletin board
[búlitn bɔ̀ːrd ブれトゥン ボード] 名詞
C《米》掲示(けいじ)板（◆《英》notice board）;
【コンピューター】（ネットワーク上の）電子
掲示板（= electronic bulletin board）

bullfight [búlfàit ブるふァイト] 名詞
C 闘牛(とうぎゅう)

bully [búli ブり] 名詞
（複数）**bullies** [-z] C いじめっ子, がき
大将（◆「いじめ」は bullying という）
—— 動詞（三単現）**bullies** [-z];
（過去・過分）**bullied** [-d];（現分）**bullying**)
⦿ …をいじめる

bump [bʌ́mp バンプ] 動詞
⦿ …をドンと突(つ)き当てる, ぶつける
—— ⊜ ドンと突き当たる, ぶつかる
—— 名詞 C ドスンと当たること[音]; こぶ

bumper [bʌ́mpər バンパ] 名詞
C バンパー（◆自動車の前後の緩衝(かんしょう)
器）➡ **cars** 図

bun [bʌ́n バン] 名詞 C《米》（ハンバーガー
用の）パン, バンズ;《英》ふつうレーズン
の入った甘(あま)い菓子(かし)パン

bunch [bʌ́ntʃ バンチ] 名詞
（複数）**bunches** [-iz]）
❶ C《a bunch of ... で》（果物(くだもの)の）
1 房(ふさ)の…;（花などの）1 束の…
▶a **bunch of** bananas [grapes]
1 房のバナナ[ブドウ]
❷ C《口語》（動物・人の）群れ, 一団

bundle [bʌ́ndl バンドゥる] 名詞
C（手紙・札(ふだ)などの）束, 包み;
《a bundle of ... で》1 束の, 1 包みの…

bunny [bʌ́ni バニ] 名詞
（複数）**bunnies** [-z]）
C《小児語》ウサ(ギ)ちゃん

bunt [bʌ́nt バント] 名詞 C【野球】バント
—— 動詞 ⊜【野球】バントする

buoy [búːi ブーイ]（★発音に注意）名詞
C ブイ, 浮標(ふひょう); 救命ブイ

burden [báːrdn バ〜ドゥン] 名詞
ⓒ 重荷, 荷物; (精神的な)負担, 重荷
▶carry a **burden** 荷を運ぶ
——動詞 他 …に(…の)重荷を負わせる; (人)を(…で)悩(な)ませる《with ...》

bureau [bjúrou ビュロウ] 名詞
(複数 **bureaus** または **bureaux** [-z])
❶ ⓒ 事務所, 案内所;
ⓒ《主に米》(官庁の)局, 部
❷ ⓒ《米》(鏡のついた寝室(しつ)用の)たんす;《英》(引き出しつきの)大机

burglar [báːrglər バ〜グら] 名詞
ⓒ (特に夜に家に押(お)し入る)どろぼう, 夜盗(やと)(◆「こそどろ」は thief, 暴力や脅(おど)しを使う「強盗(ごう)」は robber, 「すり」は pickpocket)

burial [bériəl ベリアる] (★発音に注意)
名詞 Ⓤⓒ 埋葬(まい), 葬式

⁺burn [báːrn バ〜ン]
——動詞 (三単現 **burns** [-z];
過去・過分 **burned** [-d] または **burnt** [-t];
現分 **burning**)

——自 ❶ 燃える, 焼ける
▶The fire was **burning** brightly.
火は赤々と燃えていた.
❷ (明かり・火が)ともる
▶Candles are **burning** low.
ろうそくが細々とともっている.
❸ 焦(こ)げる; 日焼けする, ほてる
▶The toast has **burned**.
トーストが焦げてしまった.
❹ (感情が)燃え上がる, かっとなる
——他 ❶ …を燃やす, 焼く
▶She **burned** the dead leaves.
彼女は枯(か)れ葉を燃やした.

❷ …をやけどさせる
▶I **burned** my tongue on hot coffee.
わたしは熱いコーヒーで舌をやけどした.
❸ …を焦がす; …を日焼けさせる
búrn dówn (家などが)全焼する;
(家など)を全焼させる
▶Their house **burned down**.
彼らの家は全焼した.
——名詞 (複数 **burns** [-z])
ⓒ (火による)やけど; 焼け跡(あ)

burned-out [báːrndáut バ〜ンドアウト]
形容詞 (建物などが)燃え尽(つ)きた, 焼き払(はら)われた; (人が)疲(つ)れきった

burning [báːrniŋ バ〜ニング] 形容詞
《名詞の前に用いて》燃えている; 燃えるような; (感情が)激しい; 緊急(きんきすう)の

burnt [báːrnt バ〜ント] 動詞
burn(燃える)の過去形・過去分詞の一つ
——形容詞 焼けた, 焦(こ)げた; やけどをした

burnt-out [báːrntáut バ〜ントアウト]
形容詞《主に英》= burned-out

burst [báːrst バ〜スト] 動詞
(三単現 **bursts** [báːrsts バ〜スツ];
過去・過分 **burst**; 現分 **bursting**) 自
❶ 破裂(はれつ)する, 爆発(ばく)する
▶The balloon suddenly **burst** in the air.
突然(とつざん), その風船は空中で破裂した.
❷ (…で)はちきれそうになる《with ...》;
(つぼみが)ほころびる
——他 …を破裂させる, 爆発させる
▶**burst** a pipe
パイプを破裂させる
búrst into ... …にものすごい勢いで入る; 突然…し始める
▶Some boys **burst into** the room.
男の子が何人か部屋に飛びこんできた.
▶**burst into** tears [laughter]
突然泣き出す[笑い出す]
búrst óut ＋ ...ing 突然…し始める
▶**burst out** laughing
突然笑い出す

bury [béri ベリ] (★発音に注意) 動詞
(三単現 **buries** [-z]; 過去・過分 **buried**
[-d]; 現分 **burying**)
他 …を埋(う)める; …を埋葬(まい)する

⁺bus [bás バス] 名詞
(複数 **buses** または **busses** [-iz])
ⓒ バス(◆《英》では近距離(きょり)を走るバスを指し, 「長距離バス」は coach という)

A
B
C
D
E
F
G
H
I
J
K
L
M
N
O
P
Q
R
S
T
U
V
W
X
Y
Z

▶get on a **bus** バスに乗る
▶get off a **bus** バスを降りる
▶a sightseeing **bus** 観光バス
▶Let's take a **bus**.
バスを利用しましょう.
▶I go to school by **bus**.
わたしはバスで学校に行く.
(◆手段を表す by のあとは無冠詞)

buses [bʌ́siz バスィズ] 名詞
bus(バス)の複数形の一つ

bush [búʃ ブッシ] 名詞
(複数 bushes [-iz])
❶ C かん木, 低木
❷ C《しばしば **the bush** で》茂み,
やぶ;(オーストラリア・アフリカなどの)
未開の地

busier [bíziər ビズィア] 形容詞
busy(忙(いそが)しい)の比較級

busiest [bíziist ビズィエスト] 形容詞
busy(忙(いそが)しい)の最上級

busily [bízili ビズィリ] 副詞 忙(いそが)しそうに

✲business [bíznəs ビズネス]
(★発音に注意)名詞
(複数 businesses [-iz])
❶ U C 職業, 仕事

ダイアログ
A: What's your mother's **business**?
(= What **business** is your
mother in?)
お母さんの職業は何ですか?
B: She's a lawyer.
弁護士です.

❷ U 商売, 営業, 事業, 取引
▶The company does **business**
with Canada.
その会社はカナダと取引している.
▶**business** hours 営業時間
❸ C 店; 会社(同義語 company)
▶run a **business**
会社を経営する
❹ U 用事; 職務, 仕事
Mínd your ówn búsiness.
= (**That's**) **nóne of your búsiness.**
他人のことに口出しするな, 余計なお世
話だ.
on búsiness 用事で, 出張で
▶My father went to Sapporo **on**
business.
父は出張で札幌へ行った.

businessman [bíznəsmæn ビズネ
スマァン] 名詞 (複数 businessmen
[bíznəsmèn ビズネスメン])
C 実業家(◆ふつう会社の経営者や管理
職の人を指す;
女性実業家は businesswoman;
男女の性差別を避(さ)けるために男女の区
別のない businessperson を使うこと
もある)

businessperson [bíznəspə̀ːrsn
ビズネスパースン] 名詞
C 実業家 ➡ **businessman**

businesswoman [bíznəswùmən
ビズネスウマン] 名詞
(複数 businesswomen
[bíznəswìmin ビズネスウィミン])
C 女性実業家 ➡ **businessman**

busses [bʌ́siz バスィズ] 名詞
bus(バス)の複数形の一つ

bus stop [bʌ́s stàp バス スタップ] 名詞
C バス停

bust [bʌ́st バスト] 名詞 C 胸像(◆頭と胸
だけの像);(特に女性の)胸部, バスト

✲busy [bízi ビズィ](★発音に注意)
形容詞(比較 busier; 最上 busiest)
❶ (人などが)忙(いそが)しい 対義語 free 暇(ひま)
な;《**be busy with** [...**ing**] で》
…で[…するのに]忙しい
▶I'm **busy with** my homework
today. 今日は宿題で忙しい.
▶She **is busy** making a cake.
彼女はケーキを作るのに忙しい.
❷ (場所が)にぎやかな
▶a **busy** street にぎやかな通り
❸《主に米》(電話が)話し中で
(◆《英》engaged)
▶I called her up, but her line was
busy.
彼女に電話をかけたが, 話し中だった.

✲but [bʌ́t バット; (弱く言うとき) bət バット]
——接続詞 しかし, けれども, でも
▶I went to the library, **but** it was
closed.
図書館に行ったが, 閉まっていた.
▶This cap is nice **but** expensive.
この帽子(ぼう)はすてきだけれど, 高い.
▶I'm sorry, **but** I'm busy that day.
すみませんが, その日は忙(いそが)しいのです.
not ... but ～ …ではなくて～

▶She is **not** a doctor **but** a lawyer.
彼女は医者でなく弁護士だ.

***not ónly ... but** (**also**) ～**
…ばかりでなく～もまた ➡ **not**
──**前置詞** …を除いて(**同義語** except)
▶My father works every day **but**
Sunday.
父は日曜を除いて毎日働く.

***ánything but ...** …のほかは何でも;
少しも…でない ➡ **anything**

butcher [bútʃər ブチャ] (★発音に注意)
名詞 C 肉屋の主人
(◆店は(**米**)butcher('s) shop,
(**英**)butcher's)

butter [bátər バタ]

──**名詞** U バター
▶spread **butter** on a slice of bread
食パンにバターを塗(ぬ)る
──**動詞** (**三単現** **butters** [-z]; **過去・過分**
buttered [-d]; **現分** **buttering**)
他 …にバターを塗る

butterfly [bátərflài バタふらイ] **名詞**
(**複数** **butterflies** [-z])
❶ C 【昆虫】チョウ
❷《ふつう the butterfly で》
【水泳】バタフライ

button [bátn バトゥン] **名詞**
C (衣服の)ボタン;(機械の)押(お)しボタン
▶Push [Press] the **button**.
ボタンを押しなさい.
──**動詞** 他 …のボタンをかける

buy [bái バイ]

──**動詞** (**三単現** **buys** [-z]; **過去・過分**
bought [bɔ́ːt ボート]; **現分** **buying**) 他
❶ …を買う(**対義語** sell 売る)

ダイアログ
A: May I help you?
いらっしゃいませ.
B: Yes, I want to **buy** a sweater.
セーターを買いたいのですが.

▶He **bought** a computer at the
store.
彼はその店でコンピューターを買った.
▶He **bought** this bag for three
thousand yen.
彼はこのバッグを 3,000 円で買った.
❷《**buy** ＋人＋ものまたは **buy** ＋もの
＋ **for** ＋人で》(人)に(もの)を買う
▶My mother **bought** me a bike.
(= My mother **bought** a bike **for**
me.)
母はわたしに自転車を買ってくれた.
(◆文末にくる語句が強調される;
前者は「何を」買ったか, 後者は「だれに」
買ったかに重点が置かれる)

***búy báck** …を買い戻(もど)す
──**名詞** (**複数** **buys** [-z])
C (**口語**)買うこと; 買い得品, 格安品
(= bargain)
▶This camera is a good **buy**.
このカメラはお買い得品だ.

buyer [báiər バイア] **名詞**
C 買い手(**対義語** seller 売り手);
仕入れ係, バイヤー

buzz [bÁz バズ] **名詞**
(**複数** **buzzes** [-iz])
C (ハチ・機械などの)ブンブンいう音;
(人の)ざわめき, ガヤガヤいう声
(◆マンガなどでは bzzz と表す)
──**動詞** (**三単現** **buzzes** [-iz];
過去・過分 **buzzed** [-d]; **現分** **buzzing**)
自 (ハチ・機械などが)ブンブンいう;
(人が)ざわめく

buzzer [bÁzər バザ] (★発音に注意)
名詞 C ブザー; ブザーの音

by [bái バイ] **前置詞** **副詞** ➡ p.88 **by**

bye [bái バイ] **間投詞** (**口語**)さよなら,
バイバイ(= bye-bye)
▶**Bye** now!
(**主に米**)じゃあね, さよなら.

bye-bye [báibái バイバイ] **間投詞**
(**口語**)さよなら, バイバイ

bypass [báipæs バイパぁス] **名詞**
(**複数** **bypasses** [-iz])
C バイパス(◆交通量の多いところを避(さ)
けて通る自動車専用の迂回(うかい)路)

byte [báit バイト] **名詞**
C 【コンピューター】バイト(◆情報量の
単位; 1 バイトは 8 ビット(bits))

a b c d e f g h i j k l m n o p q r s t u v w x y z

✦by 〔前置詞〕〔副詞〕

[bái バイ]

〔前置詞〕	❶〔場所〕	…のそばに
	❷〔時間〕	…までに
	❸〔手段・方法・原因〕	…によって
	❹〔動作主〕	…によって

——〔前置詞〕 ❶〔場所〕…のそばに（類語 near 近くに）

▶There's a hotel **by** the river. 　川のそばにホテルがある。

▶The boy sat **by** his mother. 　その男の子は母親のそばにすわった。

❷〔時間〕…までに

▶Can you finish the job **by** ten o'clock? 　その仕事を10時までに終わらせることができますか？

くらべよう by と till, until

by:「…までに」の意味で、「ある時点までに動作が完了(かんりょう)すること」を表します。

▶We'll be back **by** six o'clock.
わたしたちは6時までに戻(もど)ってきます。

till, until:「…まで(ずっと)」の意味で、「ある時点まで動作・状態が続くこと」を表します。

▶I'll be here **till** [**until**] six o'clock.
わたしは6時までここにいます。

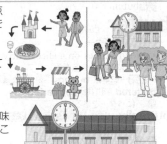

❸〔手段・方法・原因〕…によって （♦ by のあとの交通機関や通信手段を表す名詞は単数形で用い、冠詞(a, an, the)をつけない）

ダイアログ

A: How do you go to school? 　あなたはどうやって学校に通っていますか？

B: I go **by** train [bus, bike]. 　電車[バス、自転車]で通っています。

▶He sent the papers **by** mail [fax, e-mail]. 　彼はその書類を郵便 [ファックス、Eメール]で送った。

▶I'll pay **by** cash. 　現金で支払(はら)います。

▶What do you mean **by** that? 　それはどういう意味ですか？

▶You can learn a lot **by** working as a volunteer. 　ボランティアとして働けば、多くのことが学べる。

❹〔動作主〕《受け身の文で》…によって

▶This vase was made **by** him. 　この花びんは彼によって作られた。

▶English is spoken **by** a lot of people around the world. 　英語は世界じゅうの多くの人々によって話されている。

▶*Hamlet* was written **by** Shakespeare. 　『ハムレット』はシェークスピアによって書かれた。

▶We were excited **by** the news. 　わたしたちはその知らせに興奮した。

	⑤〖通過〗…を通って
	⑥〖基準〗…によって
副詞	❶ そばに
	❷ 通り過ぎて

⑤〖通過〗…を通って, 経由して

▸The bird came into the house **by** the window. — その鳥は窓から家の中に入ってきた.

▸We went to Los Angeles **by** way of Hawaii. — わたしたちはハワイ経由でロサンゼルスに行った.

⑥〖基準〗…によって, …に従って

▸Don't judge people **by** their looks. — 見た目で人を判断してはいけない.

❼〖単位〗…単位で, …ずつ

▸work **by** the hour — 時間単位で働く

▸Eggs are sold **by** the dozen. — 卵はダース単位で売られている.

❽〖程度〗…だけ

▸He is taller than I (am) **by** five centimeters. — 彼はわたしより5センチ背が高い.

▸She lost the race **by** just one second. — 彼女はわずか1秒差でそのレースに負けた.

▸win a game **by** three to two — 3対2で試合に勝つ

❾【数学】…で(掛(か)けて, 割って)

▸Ten multiplied **by** two is twenty. — $10 \times 2 = 20.$

▸Twenty divided **by** two is ten. — $20 \div 2 = 10.$

❿ (体の部分を表して)(人の)…を(♦ふつう続く名詞には the をつける)

▸The police officer caught the man **by** the arm. — 警官はその男の腕(うで)をつかんだ.

⓫〖関係〗…に関しては

▸I know the singer **by** name. — その歌手の名前は知っている.

◆**(all) by** onesélf ひとりぼっちで; 独力で; ひとりでに ➡ **oneself**

 by far はるかに ➡ **far**

◆**by the wáy** ところで ➡ **way**

 dáy by dáy 日ごとに ➡ **day**

 líttle by líttle 少しずつ, しだいに

 óne by óne 一人ずつ ➡ **one**

 stép by stép 一歩一歩 ➡ **step**

 yéar by yéar 毎年毎年 ➡ **year**

──副詞 ❶ そばに

▸A cat came **by**, so I gave it some food. — ネコが近寄ってきたので, 食べ物をあげた.

❷ 通り過ぎて

▸A dog passed **by** in front of us. — 一匹(ぴき)のイヌがわたしたちの前を通り過ぎた.

▸How fast time goes **by**! — 時が過ぎるのはなんて速いのだろう.

Cc *Cc*

Q 「アリとセミ」ってどんな話？ ➡ cicada をひいてみよう！

C, C [síː スィー] 名詞
（複数 **C's, c's** または **Cs, cs** [-z]）
❶ C U シー
（◆アルファベットの 3 番めの文字）
❷ C 《成績の》C, 可 ➡ A
❸ U （ローマ数字の）100

C 《温度を表す数字のあとにつけて》
（温度が）セ氏の（◆ Celsius または
centigrade の略；対義語 F カ氏の）
▶20℃ セ氏 20 度（◆ twenty degrees
Celsius [centigrade] と読む）

CA 【郵便】カリフォルニア州
（◆ California の略）

cab [kをb キぁブ] 名詞
❶ C 《主に米》タクシー（同義語 taxi）
❷ C （電車・トラック・バスの）運転席

cabbage [kをbidʒ キぁベッヂ] 名詞
C U 【植物】キャベツ；
U （料理した）キャベツの葉
▶two **cabbages** キャベツ 2 個
（◆ two heads of **cabbage** とも数える）

cabin [kをbin キぁビン] 名詞
❶ C 小屋, 小さな家
▶a log **cabin** 丸太小屋
❷ C （船の）キャビン, 船室；（飛行機の）
客室

cabinet [kをbənit キぁビネット] 名詞
❶ C 飾り戸棚, キャビネット
（◆ガラス戸などのついた戸棚で, 美術品・
食器・テレビなどを入れる）
❷ C 《しばしば **the Cabinet** で》内閣

cable [kéibl ケイブる] 名詞
❶ C U （針金・麻などでできた）太い
綱；（電話などの）ケーブル
❷ C （海外）電報；有線テレビ
──動詞 （三単現 **cables** [-z]；
過去・過分 **cabled** [-d]；現分 **cabling**）
他 （人）に（海外）電報を打つ

cable car [kéibl kàːr ケイブる カー]
名詞 C ケーブルカー；ロープウエー

cacao [kəkáu カカウ] 名詞
C カカオ（の実）
（◆チョコレートやココアの原料）

cactus [kをktəs キぁクタス] 名詞
（複数 **cacti** [kをktai キぁクタイ] または
cactuses [-iz]）C 【植物】サボテン

Caesar [síːzər スィーザ] 名詞 【人名】
カエサル, シーザー（◆ Julius Caesar
[dʒúːljəs ヂューリャス-], 100?-44B.C.；
古代ローマ帝国の将軍・政治家）

café, cafe [kをféi キぁフェイ] 名詞
C 軽食堂；喫茶店, カフェ
（◆フランス語から）

cafeteria [kをfətíriə キぁフェティリア]
名詞 C カフェテリア
（◆セルフサービス式の食堂；スペイン語
から）

cage [kéidʒ ケイヂ] 名詞
C 鳥かご；（動物の）おり

Cairo [káirou カイロウ] 名詞 カイロ
（◆エジプト・アラブ共和国の首都）

cake [kéik ケイク] 名詞
（複数 cakes [-s]）

❶ C U ケーキ, 洋菓子(*)（◆柔(*)らかい菓子を指し, パイやタルトはふくまない）
▶a birthday **cake** バースデーケーキ
▶Baking **cakes** is fun.
ケーキを焼くのは楽しい.
▶Let's make a fancy **cake**.
デコレーションケーキを作りましょう.
▶He ate a piece of **cake**.
彼はケーキを 1 切れ食べた.

ルール ケーキの数え方

1 切り分けられていない大きなケーキをまるごと 1 つ指す場合

▶a **cake**
ケーキ
▶two **cakes**
2 つのケーキ

2 切り分けられたケーキを指す場合

▶a piece [slice]
of **cake**
1 切れのケーキ
▶two pieces
[slices] of
cake
2 切れのケーキ

3 漠然(ばく)と「ケーキ」を指す場合
▶I like **cake**.
わたしはケーキが好きだ.
（◆a をつけず, 複数形にもしない）

❷ C （油であげたものやだんごなど）平たくて丸い形の食べ物
❸ C （平たくて小さい）かたまり

calculate [kǽlkjəlèit キぁるキュれイト]
動詞 （三単現 calculates [kǽlkjəlèits キぁるキュれイツ]; 過去・過分 calculated [-id]; 現分 calculating）
他 …を計算する
▶**calculate** the cost of the party
そのパーティーの費用を計算する

calculation [kæ̀lkjəléiʃn キぁるキュれイシャン] 名詞 U C 計算

calculator [kǽlkjəlèitər キぁるキュれイタ] 名詞 C （小型の）計算器, 電卓(でんたく)

calendar [kǽləndər キぁれンダア]
（★アクセントに注意）名詞
C カレンダー, 暦(こよみ); 年中行事表
▶a wall **calendar**
壁(かべ)掛(か)けカレンダー
▶a school **calendar**
学校年間行事予定表

calf¹ [kǽf キぁふ]（★発音に注意）
名詞 （複数 calves [kǽvz キぁヴズ]）
C 【動物】子ウシ ⇒ cow 区客図

calf² [kǽf キぁふ]（★発音に注意）
名詞 （複数 calves [kǽvz キぁヴズ]）
C ふくらはぎ

California [kæ̀ləfɔ́ːrnjə キぁりふォーニャ] 名詞 カリフォルニア州（◆アメリカ西部, 太平洋岸の州; 人口は 50 の州の中で最大; Cal., Calif. または【郵便】で CA と略す）

call [kɔ́ːl コール]

動詞	他	❶ …を呼ぶ
		❷ …を～と呼ぶ
		❸ …に電話をかける
	自	❶ 呼ぶ
		❷ 電話をかける
名詞		❶ 呼び声
		❷ 電話をかけること
		❸ 訪問

——動詞 （三単現 calls [-z]; 過去・過分 called [-d]; 現分 calling）
——他 ❶ （大声で）…を呼ぶ
▶The man **called** my name.
その男性がわたしの名前を呼んだ.
▶Someone is **calling** you.
だれかがきみを呼んでいます.
❷《call + ... +名詞[形容詞]で》
…を～と呼ぶ, 名づける
▶My name is Ando Saki. Please **call** me Saki. わたしの名前は安藤咲です. 咲と呼んでください.

ダイアログ
A: What do you **call** this fish in English?
この魚は英語で何と呼ぶのですか?
B: We **call** it "salmon."
「salmon(サケ)」と呼びます.

❸ …に電話をかける
（◆同義語 (tele)phone, 《英口語》ring）
▶I'll **call** you later.

A B **C** D E F G H I J K L M N O P Q R S T U V W X Y Z

あとでお電話しますね.（♦×call to you とはいわない）

▸I **called** Ann at home [on her cell phone]. わたしはアンの家［携帯(けいたい)電話］に電話した.

❹ …を呼び寄せる, 呼び出す

▸**Call** an ambulance [the police]! 救急車［警察］を呼んでください.

──🔊 ❶（大声で）**呼ぶ**

▸John **called** from downstairs. ジョンが階下から大声で呼んだ.

▸I **called** to Emma, but she didn't stop. エマに呼びかけたが, 彼女は立ち止まらなかった.

❷ 電話をかける（♦同義語 (tele)phone,《英口語》ring）

▸Thank you for **calling**. 電話をくれてありがとう.

ダイアログ

A: May I speak to Luke? （電話口で）ルークをお願いします.

B: Who's **calling**, please? どちらさまですか？

cáll at ... （家など）をちょっと訪ねる；（場所）に立ち寄る（同義語 visit）（♦「人をちょっと訪問する」は call on [upon]）

▸I **called at** the post office on my way home. わたしは家に帰る途中(とちゅう), 郵便局に立ち寄った.

cáll báck （人）にあとで電話する, 折り返し電話する；（人）を呼び戻(もど)す

▸Could you please tell him to **call** me **back**? 彼に折り返し電話をくださるようにお伝えいただけますか？

ダイアログ

A: I'm sorry, but she's out. すみませんが, 彼女は外出しています.

B: All right. I'll **call back** later. わかりました. あとでかけ直します.

---

cáll for ... …を大声で呼び求める；（人）を連れに寄る

▸I **called for** help. わたしは大声で助けを求めた.

cáll it a dáy 仕事などを終わりにする ➡ **day**

cáll óff …を中止する；（約束など）を取り消す（同義語 cancel）

▸The game was **called off**. その試合は中止された.

cáll on [upon] ... （人）をちょっと訪問する（同義語 visit）（♦「家などをちょっと訪ねる」は call at）

▸I **called on** my grandparents. わたしは祖父母を訪ねた.

cáll úp …に電話をかける

what is called = what we [you, they] call いわゆる ➡ **what**

──名詞（複数 **calls** [-z]）

❶ 🄒 呼び声, 叫(さけ)び

▸I heard a **call** for help. わたしは助けを求める叫び声を聞いた.

❷ 🄒 電話をかけること, 通話

▸an international **call** 国際電話

▸make a **call** 電話をかける

▸get a **call** 電話をもらう

▸Give Meg a **call**. メグに電話してね.

▸There's a **call** for you, Tom. トム, きみに電話だよ.

❸ 🄒（人への / 場所への）（短い）**訪問**, 立ち寄ること《on ... / at ...》

▸She made [paid] a **call on** the writer. 彼女はその作家を訪問した.

calligraphy [kəlígrəfi カリグラふぃ] （★アクセントに注意）名詞 Ⓤ 書道, 習字；書

calm [káːm カーム]（★発音に注意） 形容詞（比較 **calmer**; 最上 **calmest**）

❶（天候などが）穏(おだ)やかな

▸a **calm** day （天候の）穏やかな日

▸The sea was **calm** after the storm. あらしのあと, 海は穏やかだった.

❷（人が）落ち着いた, 平静な

▸Keep [Stay] **calm**. 落ち着きなさい.

──動詞 🔊 落ち着く, 静まる

▸**Calm** down. 落ち着きなさい.

calmly [káːmli カームり]（★発音に注意） 副詞 穏(おだ)やかに；落ち着いて

calorie [kæləri きゃロり] 名詞 🄒（熱量または栄養価の単位の）カロリー

calves [kǽvz キャヴズ] [名詞]
calf[1](子ウシ), calf[2](ふくらはぎ)の複数形

Cambodia [kæmbóudiə キャンボウディア] [名詞] カンボジア(♦東南アジアの国; 首都はプノンペン Phnom Penh)

Cambodian [kæmbóudiən キャンボウディアン] [形容詞] カンボジアの; カンボジア人の; カンボジア[クメール]語の
──[名詞] ❶ [C] カンボジア人
❷ [U] カンボジア[クメール]語

Cambridge [kéimbridʒ ケインブリッヂ] [名詞] ❶ ケンブリッジ(♦イギリスの都市; ケンブリッジ大学がある)
❷ ケンブリッジ(♦アメリカのマサチューセッツ州の都市; ハーバード大学やマサチューセッツ工科大学などがある)

came [kéim ケイム] [動詞]
come(来る)の過去形

camel [kǽml キャムる] [名詞]
[C]【動物】ラクダ

camera [kǽmərə キャメラ] [名詞]
([複数] **cameras** [-z])
[C] **カメラ**, 写真機; テレビカメラ
▸I took a lot of pictures with my digital **camera**.
わたしは自分のデジタルカメラでたくさん写真を撮(と)った.

cameraman [kǽmərəmæ̀n キャメラマぁン] [名詞] ([複数] **cameramen** [kǽmərəmèn キャメラメン])
[C] (テレビ・映画などの)撮影(さつえい)技師(♦男女の区別のない言い方は camera operator; 写真を撮(と)る人は photographer)

camp [kǽmp キャンプ]
──[名詞] ([複数] **camps** [-s])
❶ [U] **キャンプ**; [C] **キャンプ場**
▸We made **camp** near the river.
わたしたちは川の近くでキャンプした.
❷ [C] (囚人(しゅうじん)・難民などの)収容所
▸a refugee **camp** 難民収容所
──[動詞] [自] キャンプをする, 野営をする
▸go **camping** キャンプに行く
▸We **camped** in the mountains.
わたしたちは山でキャンプをした.

campaign [kæmpéin キャンペイン] (★発音に注意) [名詞]
[C] (社会的・政治的な)運動, キャンペーン
▸a **campaign** for road safety
交通安全運動

camper [kǽmpər キャンパ] [名詞]
[C] キャンプする人; 《主に米》キャンピングカー(♦「キャンピングカー」は和製英語)

campfire [kǽmpfàiər キャンプふァイア] [名詞] [C] キャンプファイア

campground [kǽmpgràund キャンプグラウンド] [名詞] [C] キャンプ場

camping [kǽmpiŋ キャンピング] [名詞]
[U] キャンプ(すること); キャンプ生活

campus [kǽmpəs キャンパス] [名詞]
([複数] **campuses** [-iz]) [C] [U] (大学の)構内, キャンパス; [C] (大学の)分校

can[1] [助動詞] ➡ p.94 **can**[1]

can[2] [kǽn キャン] [名詞] ([複数] **cans** [-z])
[C] (金属製の)缶(かん); 《主に米》缶詰(かんづめ)(の缶)(♦《英》tin)
▸a **can** of coffee 缶コーヒー1本
──[動詞] ([三単現] **cans** [-z]; [過去・過分] **canned** [-d]; [現分] **canning**)
[他] …を缶詰にする(♦《英》tin)

Canada [kǽnədə キャナダ] [名詞]
カナダ(♦世界で2番めに大きい面積をもち, 英語とフランス語を公用語としている; Can. と略す; 首都はオタワ Ottawa)

Canadian [kənéidiən カネイディアン]
[形容詞] カナダの; カナダ人の
▸the **Canadian** Rockies
カナディアンロッキー(♦カナダ西部の雄大(ゆうだい)なロッキー山脈)
──[名詞] [C] カナダ人; 《**the Canadians** で》カナダ人(全体)

canal [kənǽl カナぁる] (★アクセントに注意) [名詞] [C] 運河, 水路

canary [kənéri カネリ] (★発音に注意) [名詞] ([複数] **canaries** [-z])
[C]【鳥類】カナリア

Canberra [kǽnbərə キャンベラ] [名詞]
キャンベラ(♦オーストラリアの首都)

cancel [kǽnsl キャンスる] [動詞]
([三単現] **cancels** [-z]; [過去・過分] **canceled**, 《英》**cancelled** [-d]; [現分] **canceling**, 《英》**cancelling**)
[他] (約束・注文など)を取り消す, 中止する
▸The tour was **canceled** because of heavy snow.
大雪のためにそのツアーは中止になった.

cancellation [kæ̀nsəléiʃn キャンセれイシャン] [名詞] [U] 取り消し, キャンセル

:can¹ 助動詞

❶〔能力・可能〕 …**することができる**
❷〔許可・軽い命令〕…**してもよい**

[kǽn キぁン；(弱く言うとき)kən カン]

（過去）**could** [kúd クッド；(弱く言うとき) kəd クド]）
（◆否定形は cannot と1語につづり, （口語）では can't と略す）

❶〔能力・可能〕…することができる

▶I **can** swim fast. わたしは速く泳ぐことができる.

▶Saki **can** skate well. 咲はじょうずにスケートをすることができる.

▶I **cannot** play the trumpet. わたしはトランペットを吹(ふ)くことができない.

ダイアログ
A: **Can** you play the song on the piano? ピアノでその曲をひくことができますか？
B: No, I **can't**. It's too difficult for me. いいえ, できません. わたしには難し過ぎます.

▶I **can** go out now. わたしは今なら外出することができる.

▶Speak a little louder, Ann. I **cannot** hear you very well. （電話で）アン, 少し大きな声で話して. あまりよく聞こえないの.

ダイアログ
A: **Can** you come to my house sometime this week? 今週のいつか, わたしの家に来られますか？
B: Yes, I **can**. Is Thursday OK with you? ええ, だいじょうぶです. 木曜日でいいですか？

ルール can が使えない場合

1 can は, そのままの形では未来の表現で使えません.「…することができるようになるだろう」と言うには will be able to を用います. ➡ **able** （くらべよう）
▶You **will be able to** speak English soon.
あなたはすぐに英語を話せるようになりますよ.
2「（能力があって）…することができた」と過去について述べるには, could か was [were] able to を用います. ただし,「（能力に関係なく）（一度だけ）…できた」と述べるときは was [were] able to を用います.
➡ **able** （くらべよう）
▶I **was able to** win the match. わたしはその試合に勝つことができた.
3「（外国語など）を話せる」というような場合, can を使わないのがふつうです.（◆「話す能力がある[ない]」というように理解される恐(おそ)れがある）
▶Emma **speaks** French. エマはフランス語を話します.
▶**Do** you speak Spanish? スペイン語を話せますか？

❷〔許可・軽い命令〕…してもよい（◆（口語）では may より can を多く用いる）；
《否定文で》…してはいけない
▶You **can** bring your friends to the party. 友達をパーティーに連れて来てもいいよ.

94 ninety-four

❸〔可能性〕《肯定文で》…することがありうる
《否定文で》 …のはずがない
❹ …しましょうか?《Can I ...?》
❺ …してくれますか?《Can you ...?》

> **ダイアログ**
> *A:* **Can** I use your bike? 自転車を借りてもいい?
> *B:* Of course, you **can**. もちろん, いいよ.

▶I'm sorry, but you **cannot** 申し訳ないのですが, ここでの写真撮
take pictures here. 影(えい)はお控(ひか)えください.

❸〔可能性〕《肯定文で》…することがありうる;《否定文で》…のはずがない;
《疑問文で》《驚(おど)き・疑いなどを表して》はたして…だろうか

▶Anybody **can** make mistakes. だれだってまちがえることはある.
▶It **can** happen to anyone. それはだれにでも起こりうることだ.
▶His story is ridiculous. It 彼の話はばかげている. 本当であるはず
can't be true. がない.
▶**Can** it really be that easy? ほんとうにそんなに簡単なの?

❹《Can I ...? で》…しましょうか?

> **ダイアログ**
> *A:* **Can** I help you? お手伝いしましょうか?
> *B:* Yes, I'm looking for a pair of はい, スニーカーを1足探しています.
> sneakers.

▶What **can** I do for you? (店員が客に)何を差し上げましょう
か?;ご用は何ですか?

> **ダイアログ**
> *A:* **Can** I take a message? (電話で)伝言をうかがいましょうか?
> *B:* No, thank you. I'll call いいえ, けっこうです. あとでまたお
> again later. 電話します.

❺《Can you ...? で》…してくれますか?

> **ダイアログ**
> *A:* **Can you** help me? 手伝ってくれますか?
> *B:* Sure. もちろんです.

as ... as *one* **cán** できるだけ… (◆「...」は形容詞または副詞)
▶Run **as** fast **as** you **can**. できるだけ速く走りなさい.
▶She tried to be **as** nice **as** she 彼女はできるだけ親切にしようとした.
could.
cánnot hélp ...ing …しないではいられない
▶I **could** not **help** laughing. わたしは笑わずにはいられなかった.
cánnot ... too ~ どんなに…しても~し過ぎることはない
▶You **cannot** be **too** careful 英語でEメールを書くときは, どんな
when you write an e-mail in に注意しても注意し過ぎることはない.
English.

A
B
C
D
E
F
G
H
I
J
K
L
M
N
O
P
Q
R
S
T
U
V
W
X
Y
Z

cancer [kǽnsər キャンサ] 名詞
　C U【医学】がん；C (社会の)害悪

candidate [kǽndidèit キャンディデイト]
名詞 C (職・地位などへの)候補者, 立候補者《for ...》

candle [kǽndl キャンドゥる] 名詞
　C ろうそく
　▶light a **candle**
　　ろうそくに火をつける
　▶blow out a **candle**
　　ろうそくを吹(ふ)き消す

°candy [kǽndi キャンディ] 名詞
　(複数 **candies** [-z])
　C U 《主に米》キャンディー, 砂糖菓子(がし)
　(◆日本語の「キャンディー」よりも意味が広く, 砂糖やシロップで作った甘(あま)い菓子を指す；キャラメル, ドロップ, チョコレートなどもふくむ；《英》sweets)
　▶Give me a (piece of) **candy**.
　　キャンディーを１つちょうだい.

cane [kéin ケイン]
　❶ C つえ, ステッキ；むち
　❷ C U (竹・砂糖きびなどの)茎(くき)

°cannot [kǽnat キャナット]
　can の否定形(◆《口語》ではふつう can't と短縮される)

canoe [kənúː カヌー] (★アクセントに注意) 名詞 C カヌー, 丸木舟(ぶね)

°can't [kǽnt キャント]
　《口語》cannot の短縮形

canvas [kǽnvəs キャンヴァス] 名詞
　(複数 **canvases** [-iz])
　U ズック, キャンバス地(◆テント・帆(ほ)・ズック靴(ぐつ)などに使う厚地の布)；
　C U (絵画用の)カンバス

canyon [kǽnjən キャニョン] 名詞
　C 深い峡谷(きょうこく) (類語 valley 谷)
　▶the Grand **Canyon**
　　グランドキャニオン

°cap [kǽp キャップ]
　──名詞 (複数 **caps** [-s])
　❶ C (縁(ふち)がないか, ひさしのついた)帽子(ぼうし)(◆縁のある「帽子」は hat)
　➡ **hat** 図
　▶put on [take off] a **cap**
　　帽子をかぶる[脱(ぬ)ぐ]
　▶He is always wearing a baseball

cap. 彼ときたらいつも野球帽をかぶっている.
　❷ C (びんの)ふた；(ペンなどの)キャップ
　──動詞 (三単現 **caps** [-s]；
　過去・過分 **capped** [-t]；現分 **capping**)
　他 …にふたをする；…の上をおおう

capable [kéipəbl ケイパブる] 形容詞
　❶《be capable of ＋名詞[...ing]で》
　(人・ものが)…できる, …の能力がある
　▶He **is capable of** quick mental calculation [**calculating** in his head quickly].
　　彼は速く暗算ができる.
　❷ 有能な, 才能の ある

capacity [kəpǽsəti カパぁスィティ] 名詞
　(複数 **capacities** [-z])
　❶ U《しばしば a capacity で》
　(建物・乗り物などの)収容能力, 定員；容量
　▶This stadium has a (seating) **capacity** of fifty thousand.
　　このスタジアムは５万人を収容できる.
　❷ C U (…の)能力, 才能《for ...》；
　　C 資格

cape¹ [kéip ケイプ] 名詞 C 岬(みさき)；
　《the Cape で》喜望峰(きぼうほう)(＝ the Cape of Good Hope；
　アフリカ南端(なん)の岬)

cape² [kéip ケイプ]
　名詞 C ケープ
　(◆ゆったりした, そでのない外套(がいとう))

cape²

capital [kǽpitl キャピトゥる] 名詞
　❶ C 首都, 州都；中心地

ダイアログ

A: What is the **capital** of Japan?
　日本の首都はどこですか？
B: It's Tokyo. 東京です.
　(◆具体的な都市名をきくときは, where ではなく what を使う)

---

　❷ C 大文字；頭(かしら)文字
　(＝ capital letter)
　❸ U 資本(金), 元金
　──形容詞《名詞の前に用いて》
　主要な, 重要な；大文字の

capital letter [kǽpitl létər キャピトゥるれタ] 名詞
　C 大文字(対義語 small letter 小文字)；
　頭(かしら)文字

▸Write your family name in **capital letters**.
姓(せい)は大文字で書きなさい.

Capitol [kǽpitl キァピトゥる] [名詞]
《**the Capitol** で》(アメリカの)国会議事堂(♦首都ワシントン(Washington, D.C.)の小高い丘(おか)(hill)の上にある; そのため, Capitol Hill または the Hill で「アメリカ議会」を表すことが多い)

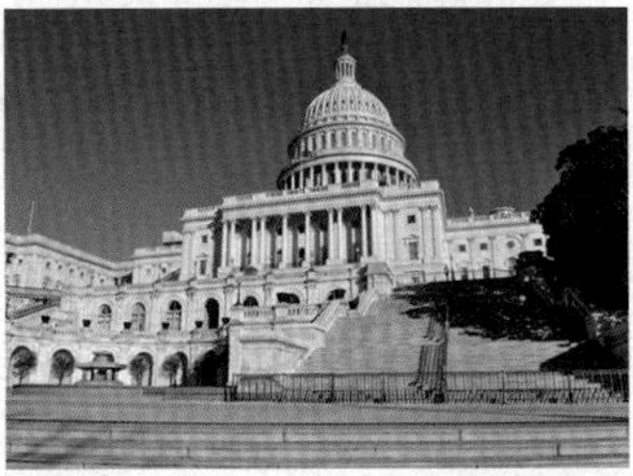

capsule [kǽpsl キァプスる] [名詞] [C] (薬の)カプセル; (宇宙ロケットの)カプセル

•captain [kǽptən キァプテン] [名詞]
([複数] **captains** [-z])
❶ [C] **船長, 艦長(かんちょう)**
▸My father is (the) **captain** of a fishing boat. 父は漁船の船長だ.
❷ [C] (チームの)**主将**, キャプテン
▸She is (the) **captain** of our basketball team.
彼女はわたしたちのバスケットボール部の主将だ.
❸ [C] 陸軍大尉(たい い), 《米》空軍・海兵隊の大尉; 海軍大佐(たい さ)

capture [kǽptʃər キァプチャ] [動詞]
([三単現] **captures** [-z]; [過去・過分] **captured** [-d]; [現分] **capturing**)
[他] …を捕(と)らえる, 捕(つか)まえる; …を捕虜(ほりょ)にする
— [名詞] [U] 捕らえること, 捕獲(ほかく); [C] 獲物(えもの), 捕虜

:car [kɑ́ːr カー] [名詞] ([複数] **cars** [-z])
❶ [C] **車, 自動車, 乗用車**(♦バスやトラックはふくまない; 《米》automobile, 《英》motorcar の日常語) ➡ 下図
▸drive a **car** 車を運転する
▸get into [in] a **car** 車に乗る
▸get out of a **car** 車から降りる
▸park a **car** 駐車(ちゅうしゃ)する

cars

《米》sedan 《英》saloon

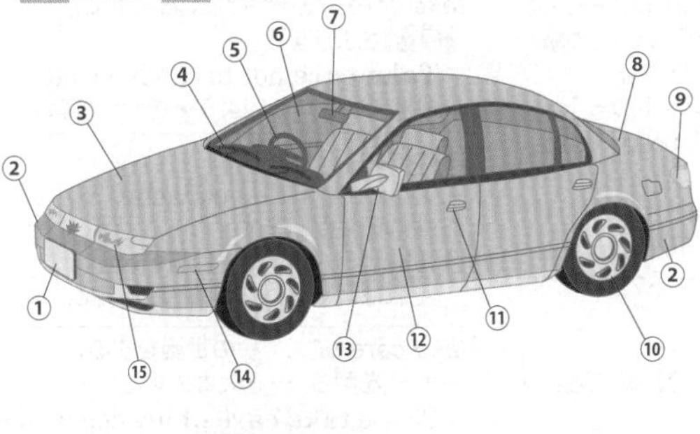

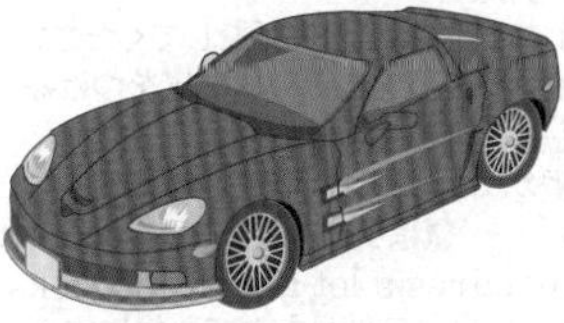
sports car

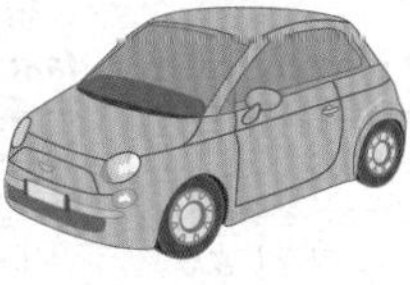
compact car

① 《米》license plate 《英》number plate ナンバープレート
② bumper バンパー
③ 《米》hood 《英》bonnet ボンネット
④ windshield wiper ワイパー
⑤ steering wheel ハンドル
⑥ 《米》windshield 《英》windscreen フロントガラス
⑦ rearview mirror バックミラー
⑧ 《米》trunk 《英》boot トランク
⑨ taillight テールランプ
⑩ 《米》tire 《英》tyre タイヤ
⑪ door handle ドアハンドル
⑫ door ドア
⑬ 《米》side-view mirror 《英》wing mirror サイドミラー
⑭ 《米》turn signal 《英》indicator 方向指示器
⑮ headlight ヘッドライト

A
B
C
D
E
F
G
H
I
J
K
L
M
N
O
P
Q
R
S
T
U
V
W
X
Y
Z

▶Let's go by **car**.
車で行きましょう.
(◆手段を表す by のあとは無冠詞)
❷ C (市街)電車 (◆《米》street*car*,
《英》tram*car* を短縮した語)
❸ C 《米》(列車の)車両, 客車
(◆《英》carriage, coach)
▶a passenger **car** 客車

caramel [kǽrəməl キャラメル] 名詞
❶ U カラメル (砂糖を煮(に)つめて作る;
食品の着色・風味づけに用いる)
❷ C U キャラメル

caravan [kǽrəvæn キャラヴァン] 名詞
C (隊列を組んで砂漠(ばく)を行く商人の)
一隊, 隊商, キャラバン;ほろ馬車;
《英》(車で牽引(けんいん)する)キャンピングカー

carbon [káːrbən カーボン] 名詞
❶ U 【化学】炭素(◆元素記号は C)
❷ C U (複写用の)カーボン紙
(=carbon paper)

carbon dioxide [káːrbən daiáksaid
カーボンダイアクサイド]
U 【化学】二酸化炭素(◆分子式 CO_2)

⁞card [káːrd カード] 名詞
(複数 cards [káːrdz カーヅ])
❶ C カード, 券;《口語》名刺(めいし)
▶a membership **card** 会員証
▶an ID **card** 身分証明書(◆ ID は
*id*entity または *id*entification の略)
▶a student ID **card** 学生証
▶a credit **card** クレジットカード
❷ C はがき(= postcard, postal card);
あいさつ状
▶a picture **card** 絵はがき
▶an invitation **card** 招待状
▶a birthday **card** バースデーカード
▶a Christmas **card**
クリスマスカード
▶I send about thirty New Year's
cards every year.
わたしは毎年 30 枚くらい年賀状を出し
ます.
❸ C トランプの札(ふだ)(◆ playing card
ともいう; trump [trʌ́mp トゥランプ]は「切
り札」の意味);《cards で》トランプ遊び
▶shuffle the **cards** カードを切る
▶Let's play **cards**. トランプをしよう.

cardboard [káːrdbɔ̀ːrd カードボード]
名詞 U 厚紙, ボール紙, 段ボール

cardigan [káːrdigən カーディガン] 名詞

C カーディガン (◆クリミア戦争で名をあ
げたイギリスの第 7 代カーディガン伯
爵(はくしゃく)(7th Earl of Cardigan)が愛用
していたといわれている)

⁞care [kéər ケア]

名詞	❶ 注意
	❷ 世話
	❸ 心配
動詞 ⽬	気にする
他	❶ …かどうか[…ということ]を 気にする
	❷ …したいと思う

── 名詞 (複数 cares [-z])
❶ U 注意, 用心
▶Handle With **Care**
《掲示》取りあつかい注意
❷ U 世話, 保護
▶He is under a doctor's **care**.
彼は医者にかかっている.
❸ U 心配, 苦労; C 《しばしば cares
で》心配事, 苦労の種
▶be free from **care** 何の心配もない
▶Do you have any **cares**?
何か心配事があるの?
care of ... (手紙のあて名などに用いて)
…様方, 気付(きづ)(◆ c/o と略す)
take cáre 気をつける;お大事に;
《口語》さようなら
▶**Take care** not to catch a cold.
風邪(かぜ)をひかないよう気をつけてね.

┌─ ダイアログ ─┐
A: I have a little headache.
少し頭痛がします.
B: That's too bad. **Take care**.
それはよくないですね. お大事に.
└──────────┘

⁞take cáre of ... …の世話をする;
…に気を配る, …を大事にする
▶Please **take care of** my dog while
I'm away.
留守(るす)の間, イヌの世話をしてください.
take cáre of *oneself* 体に気をつける
── 動詞 (三単現 cares [-z];
過去・過分 cared [-d]; 現分 caring)
── ⽬ (…を)気にする, 心配する《about ...》
▶Tony **cares** a lot **about** his looks.
トニーは自分の外見をとても気にする.
Whó cáres? 《口語》だれが気にするか,
かまうものか

—[他] ❶《care + wh- 節・if 節[that節]で》…かどうか[…ということ]を気にする
▸I don't **care what** he says about me. 彼がわたしのことをどう言おうと，わたしは気にしない．
❷《care to ＋動詞の原形で》…したいと思う
▸Would you **care to** have something to drink?
何かお飲みになりますか？

cáre for ... ①…を好む；…がほしい（♦ふつう否定文，または would を使った疑問文で用いる）
▸I **don't care for** cooking much.
わたしは料理をすることがあまり好きではない．
▸**Would** you **care for** some **sandwiches?**
サンドイッチをいかがですか？
②…の世話をする（[同義語] look after）
▸I **cared for** my grandparents that day.
その日はわたしが祖父母の世話をした．

career [kəríər カリア]（★発音に注意）
[名詞] [C]（一生の仕事としての）職業；生涯(しょうがい)；経歴
▸**Career** Day 職業体験日
▸I chose this job as my **career**.
わたしはこの仕事を一生の仕事として選んだ．

carefree [kéərfrìː ケアふリー] [形容詞]
心配[気苦労]のない，のんきな

***careful** [kéərfl ケアふる] [形容詞]
（[比較] **more careful**；
[最上] **most careful**）
注意深い，慎重(しんちょう)な（[対義語] careless 不注意な）；《**be careful of** [**about**] **...** で》…に気をつける
▸a **careful** driver 安全運転をする人
▸**Be careful of** your health.
体[健康]には注意しなさい．
(1)《**be careful with ...** で》…のあつかいに気をつける
▸He **was careful with** the watch.
彼はその腕(うで)時計を慎重にあつかった．
(2)《**be careful to** ＋動詞の原形[**that** 節]で》…するように気をつける
▸**Be careful** not **to** be late for the meeting.
（＝ **Be careful that** you aren't late for the meeting.）
会議に遅(おく)れないように注意しなさい．

carefully [kéərfəli ケアふり] [副詞]
注意深く，気をつけて，慎重(しんちょう)に
▸Listen **carefully**.
注意して聞きなさい．

careless [kéərləs ケアれス] [形容詞]
不注意な，軽率(けいそつ)な
（[対義語] careful 注意深い）
▸a **careless** mistake
不注意なミス，うっかりミス

carelessly [kéərləsli ケアれスり] [副詞]
不注意に，軽率(けいそつ)に

carelessness [kéərləsnəs ケアれスネス]
[名詞] [U] 不注意，軽率(けいそつ)

cargo [kάːrgou カーゴウ] [名詞]
（[複数] **cargoes** [-z] または **cargos** [-z]）
[C] [U]（船・飛行機などの）貨物(かもつ)，積み荷

Caribbean Sea [kæ̀rəbíːən síː キャリビーアン スィー] [名詞]
《**the Caribbean Sea** で》カリブ海
（♦ the Caribbean ともいう；中央アメリカ・南アメリカ北岸と西インド諸島に囲まれた海）

caribou [kǽrəbùː キャリブー] [名詞]
[C]【動物】カリブー
（♦北アメリカ産のトナカイ）

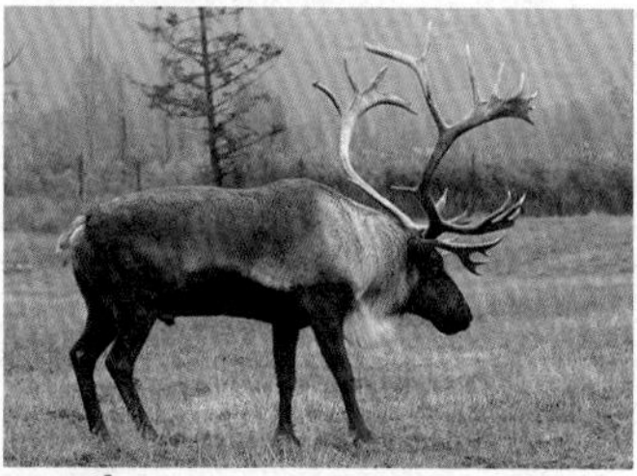

carnation [kɑːrnéiʃn カーネイシャン]
[名詞] [C]【植物】カーネーション

carnival [kάːrnəvl カーニヴる] [名詞]
❶ [U] カーニバル，謝肉祭
❷ [C] お祭り騒(さわ)ぎ，ばか騒ぎ

carol [kǽrəl キャロる] [名詞]
[C] 喜びの歌，祝歌，キャロル

carp [kάːrp カープ] [名詞]（[複数] **carp** または **carps** [-s]）[C]【魚類】コイ

carpenter [kάːrpəntər カーペンタ]
[名詞] [C] 大工(だいく)（♦「日曜大工をする人」は do-it-yourselfer）

carpet [kάːrpit カーペット] [名詞]
[C] [U] じゅうたん，カーペット

A B C D E F G H I J K L M N O P Q R S T U V W X Y Z

（◆部屋全体の床をおおう大きな敷物を指す; 小さいものは rug）

carport [ká:rpò:rt カーポート] 名詞
Ｃ カーポート, 簡易車庫

carriage [kǽridʒ キャリッヂ] 名詞
❶ Ｃ 《英》(鉄道の)客車（◆《米》car）
❷ Ｃ (4輪)馬車; 《米》うば車 (= baby carriage)
❸ Ｕ 運送; 運賃

carried [kǽrid キャリド] 動詞
carry(…を運ぶ)の過去形・過去分詞

carrier [kǽriər キャリア] 名詞
Ｃ 運ぶ人; 運送会社; (伝染病の)保菌者

carries [kǽriz キャリズ] 動詞
carry(…を運ぶ)の三人称単数現在形

Carroll [kǽrəl キャロる] 名詞
【人名】キャロル（◆ Lewis Carroll [lú:is- るーイス -], 1832-98; イギリスの数学者・作家; 『不思議の国のアリス』(Alice's Adventures in Wonderland) の作者）

carrot [kǽrət キャロット] 名詞
Ｃ Ｕ【植物】ニンジン

‡**carry** [kǽri キャリ] 動詞
（三単現 **carries** [-z]; 過去・過分 **carried** [-d]; 現分 **carrying**）
——他 ❶ …を運ぶ; …を持って行く
▶**Carry** this box to the next room.
この箱を隣の部屋まで運んで.
❷ …を(身につけて)持ち歩く, 持ち運ぶ
▶My big brother always **carries** his smartphone.
兄はいつもスマートフォンを持ち歩いている.
❸ (思想・伝言など)を伝える; (病気)を伝染させる
❹ (商品)をあつかっている
——自 (音・声が)届く, 伝わる
▶Her voice **carries** well.
彼女の声はよく通る.
cárry awáy …を運び去る
▶Those bikes were **carried away** yesterday.
昨日, それらの自転車は運び去られた.
cárry ón
(…を)続ける《with ...》; …を続ける
▶**Carry on with** the good work.
その調子で仕事[勉強]を続けなさい.
cárry óut (計画など)を実行する;

(義務・約束など)を果たす
▶Let's **carry out** our project.
わたしたちの計画を実行しよう.

cart [ká:rt カート] 名詞
❶ Ｃ (2輪または4輪の)荷車, 荷馬車
❷ Ｃ 《米》(スーパーマーケット・空港のロビーなどで使う)カート, 手押し車
（◆《英》trolley [tráli トゥラり]）

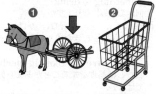

carton [ká:rtn カートゥン] 名詞
Ｃ カートン, ボール箱; (牛乳などの)紙[プラスチック]容器; 《**a carton of ...** で》1カートン[パック](の量)の…
▶a milk **carton** 牛乳パック
（◆×a milk pack とはいわない）
▶buy **a carton of** eggs
卵を1パック買う（◆欧米ではダース単位(12個で一組)で売られていることが多い）

cartoon [ka:rtú:n カートゥーン] 名詞
Ｃ (新聞・雑誌などの)時事風刺マンガ（◆ふつうは1こまのものを指す）; 連続マンガ（同義語 comic strip）; アニメ(ーション)(= animated cartoon)

cartoonist [ka:rtú:nist カートゥーニスト] 名詞 Ｃ マンガ家

cartridge [ká:rtridʒ カートゥリッヂ] 名詞 ❶ Ｃ (弾丸の)薬きょう
❷ Ｃ カートリッジ（◆万年筆, プリンター用のインク, 写真用フィルムなど, 容器ごと交換可能な部品）

carve [ká:rv カーヴ] 動詞
（三単現 **carves** [-z]; 過去・過分 **carved** [-d]; 現分 **carving**）他
❶ …を彫る, 彫刻する
❷ (食卓で)(肉)を切り分ける
（◆ふつう欧米では一家の主人の役目）

case [kéis ケイス]

case¹ 名詞	❶ 箱	
case² 名詞	❶ 場合; 事情	
	❷ 実例	
	❸ 事件	

case¹ [kéis ケイス] **名詞**

(複数 cases [-iz])

❶ C 箱, ケース, 容器, 袋(￥)

▶a pencil **case** 筆箱

❷ C 《a case of ... で》1 箱(分)の…

▶a **case of** wine ワイン 1 ケース

case² [kéis ケイス] **名詞**

(複数 cases [-iz])

❶ C 場合;《ふつう the case で》事情, 実情; 事実

▶in some **cases** 場合によっては

▶In that **case**, I agree with you.
その場合は, わたしはきみに賛成する.

❷ C 実例, 事例; 問題

▶a special [similar] **case**
特例[類例]

❸ C 事件; 訴訟(￥)

▶investigate a drug **case**
麻薬(￥)事件を捜査(ￜ)する

❹ C 症例(￥), 患者(￥)

in ány case とにかく, いずれにしても

▶**In any case**, wash your face first.
とにかく, まず顔を洗いなさい.

in cáse

① 《主に米》もし…の場合には(同義語 if)

▶**In case** I'm late, please go without me.
わたしが遅(ￜ)れたら, 待たずに先に行ってください.
(◆ in case のあとの動詞は未来のことでも現在形を使う)

② …するといけないから

▶Take this umbrella (with you) **in case** it rains. 雨が降るといけないから, この傘(ￜ)を持って行きなさい.

in cáse of ... …の場合には, …のときには

▶**In case of** trouble, call this number. トラブルの場合は, この番号に電話しなさい.

casework [kéiswə̀:rk ケイスワ〜ク] **名詞**
U ケースワーク (◆個人や家族の問題について調査・指導を行う福祉(ￜ)活動)

caseworker [kéiswə̀:rkər ケイスワ〜カ]
名詞 C ケースワーカー, 社会福祉(ￜ)相談員

cash [kǽʃ キぁッシ] **名詞** U 現金
➡ money 《参照》

▶Would you like to pay **in** [by] **cash** or with a card? [**Cash or** card?]
お支払(ￜ)いは現金になさいますか, それともカードになさいますか?

——**動詞** (三単現 **cashes** [-iz];
過去・過分 **cashed** [-t]; 現分 **cashing**)
他 (小切手など)を現金に(ￜ)える

▶Where can I **cash** this check?
どこでこの小切手を現金にできますか?

cashier [kæʃíər キぁシア] (★アクセントに注意) **名詞** C 会計係, レジ係;
(銀行などの)出納(ￜ)係

cassette [kəsét カセット] **名詞**
C カセット(テープ); フィルムカートリッジ

cast [kǽst キぁスト] **動詞**
(三単現 **casts** [kǽsts キぁスツ];
過去・過分 **cast**; 現分 **casting**) 他
❶ (人)に(劇などの)役を割り当てる
❷ …を投げる(◆ throw よりかたい語);
(さいころ)を振(ￜ)る; (票)を投じる

——**名詞** (複数 **casts** [kǽsts キぁスツ])
C (劇などの)配役, キャスト

caster [kǽstər キぁスタ] **名詞**
C キャスター(◆家具・いすなどの底や脚(ￜ)についている車)

castle [kǽsl キぁスる] (★発音に注意)
名詞 C 城; 大邸宅(ￜ)

casual [kǽʒuəl キぁジュアる]
(★発音に注意) **形容詞**
❶ カジュアルな, くだけた, ふだん着の
▶a **casual** conversation
くだけた会話
▶They wore **casual** clothes to the party.
彼らはそのパーティーにカジュアルな服を着て行った.
❷ 思いつきの, 何気ない; 不用意な, 無とんちゃくな
▶a **casual** question
何気ない質問

casually [kǽʒuəli キぁジュアり] **副詞**
❶ 偶然(ￜ)に; 何気なく; 不用意に, 無とんちゃくに
❷ (服装が)カジュアルに, ふだん着で

cat [kǽt キぁット] **名詞**
(複数 **cats** [kǽts キぁッツ])
C 【動物】ネコ ➡ animals 図
▶I have four **cats**.
わたしはネコを 4 匹(ￜ)飼っている.

[参考] **ネコのいろいろ**

a tortoiseshell [tɔ́ːrtəsʃèl トータスシェる] 三毛ネコ
a tabby (cat) [tǽbi タぁビ] とら[ぶち]ネコ
a stray cat　のらネコ
a tomcat [tɑ́mkæ̀t タムキャぁット] 成長した雄(おす)ネコ
a kitten　子ネコ

catalog, catalogue [kǽtəlɔ̀ːg キぁタろーグ] [名詞] [C] 目録, カタログ

:catch [kǽtʃ キぁッチ]

—[動詞] ([三単現] **catches** [-iz]; [過去・過分] **caught** [kɔ́ːt コート]; [現分] **catching**)

—[他] **基本のイメージ: 動いているものを捕(と)らえてつかむ**

❶ …を捕(つか)まえる, 捕らえる
❷ (乗り物)に間に合う
❸ (病気)にかかる
❹ (服・指など)をひっかける

❶ …を捕まえる, 捕らえる; …をつかむ; 《**catch ＋人＋ by the ...** で》(人)の…をつかむ
▸**catch** a ball　ボールを捕る
▸**Catch** that man!
その男を捕まえてくれ!
▸The man was **caught** by the police.
その男は警察に捕らえられた.
▸She **caught** me **by the** arm.
(=She **caught** my arm.)
彼女はわたしの腕(うで)をつかんだ.
❷ (乗り物)に間に合う ([対義語] miss 乗り遅(おく)れる); (人・もの)に追いつく
▸I ran and **caught** the bus.
わたしは走って, バスに間に合った.
▸Go ahead. I'll **catch** you later.
先に行って. あとで追いつくから.
❸ (病気)にかかる; (火)がつく
▸I **caught** (a) cold last week.
先週, わたしは風邪(かぜ)をひいた.
▸Dry wood **catches** fire quickly.
乾燥(かんそう)した木材はすぐに火がつく.
❹ (くぎ・戸などに)(服・指など) **をひっかける**, はさむ《on [in] ...》
▸I **caught** my shirt **on** a nail.
シャツをくぎにひっかけてしまった.
❺《**catch ＋人など＋ ...ing** で》
(人など)が(よくないことを)していると ころを見つける, 目撃(もくげき)する
▸Ann **caught** Meg **reading** her diary.　アンはメグが彼女の日記を読んでいるのを見つけた.
❻ …を理解する; …を聞き取る
▸We couldn't **catch** his meaning.
わたしたちは彼の言っている意味がわからなかった.
▸Sorry, but I couldn't **catch** your name.
すみませんが, お名前を聞き取れませんでした.

—[自] (…に)ひっかかる《on [in] ...》

be cáught in ...　(雨など)にあう
▸I **was caught in** a shower on my way home.　帰宅途中(とちゅう), わたしはにわか雨にあった.

cátch at ...　…をつかもうとする
▸[ことわざ] A drowning man will **catch at** a straw.
おぼれる者はわらをもつかむ.
(♦「困ったときには, どんな小さなことにもたよろうとする」の意味)

cátch úp with ...　…に追いつく
▸I'll **catch up with** you soon.
すぐにきみに追いつくよ.

—[名詞] ([複数] **catches** [-iz])
❶ [C] 捕らえること
❷ [C] 捕らえたもの; 漁獲(ぎょかく)高
▸We went fishing and had a good **catch**.　わたしたちは釣(つ)りに行き, 大漁だった.

play cátch　キャッチボールをする
(♦×この意味では play (a) catchball や catch (a) ball とはいわない)

catcher [kǽtʃər キぁチャ] [名詞] [C]【野球】キャッチャー, 捕手(ほしゅ)

catches [kǽtʃiz キぁチズ] [動詞] catch

（…を捕(ᵗᵘ)まえる）の三人称単数現在形

——名詞 catch(捕(ᵗ)らえること)の複数形

caterpillar [kǽtərpilər キャタピら]

名詞 ❶ C【昆虫】イモムシ, 毛虫

❷ C（戦車などの）キャタピラー

cathedral [kəθíːdrəl カθィードゥラる]

名詞 C（キリスト教の）大聖堂；（一般に）大寺院

Catholic [kǽθəlik キャそりック] 名詞 C

【キリスト教】(ローマ)カトリック教徒, 旧教徒(♦「新教徒」は Protestant)

——形容詞 （ローマ)カトリックの, 旧教の

cattle [kǽtl キぁトゥる]

U《複数あつかいで》【動物】（家畜(ᵏᵃ)としての）ウシ（全体）➡ **cow** [屋考]

▶The **cattle** are eating grass.
ウシが草を食べている.

CATV [síːèitìːvíː スィーエイティーヴィー]

❶ 有線テレビ
(♦ *cable television* の略)

❷ 共同アンテナテレビ(♦ *community antenna television* の略)

caught

[kɔ́ːt コート]（★発音に注意）動詞
catch(…を捕(ᵗᵘ)まえる)の過去形・過去分詞

cauliflower [kɔ́ːləflàuər コーりふらウア]

名詞 C U【植物】カリフラワー

cause [kɔ́ːz コーズ]

——動詞 （三単現 **causes** [-iz]；過去・過分
caused [-d]；現分 **causing**）他

❶ …の原因となる, …をひき起こす

▶Driving too fast **causes** accidents.
スピードの出し過ぎは事故の原因となる.

❷《**cause** ＋名詞＋**to** ＋動詞の原形で》
…に～させる

▶The heavy snow **caused** me to miss the train. 大雪のせいでわたしは電車に乗り遅(ᵘ)れた.

——名詞 （複数 **causes** [-iz]）

C（…の）原因《of ...》（対義語 effect 結果）

▶What was the **cause of** the fire?
火事の原因は何だったのですか？

caution [kɔ́ːʃn コーシャン] 名詞

U 用心；U C 警告, 注意

▶**Caution Wet Floor**
《掲示》ぬれた床(ᵘᵏᵃ)に注意

cautious [kɔ́ːʃəs コーシャス] 形容詞

用心深い, 慎重(ᵏᵃᵗᵘ)な（同義語 careful）

cave [kéiv ケイヴ] 名詞

C 洞(ᵏᵘ)くつ, ほら穴

caw [kɔ́ː コー] 動詞

自（カラスが）カアカア鳴く ➡ **animals** 図

——名詞 C カアカアという鳴き声

CD [síːdíː スィーディー] 名詞

（複数 **CDs** [-z]）

C CD, コンパクトディスク
(♦ compact *disc* の略)

CD-ROM [síːdìːrɑ́m スィーディーラム]

名詞 C シーディーロム
(♦音楽やコンピューター用データを収めた CD: ROM は *Read-Only Memory* 「読み出し専用メモリー」の略)

cease [síːs スィース] 動詞

（三単現 **ceases** [-iz]；
過去・過分 **ceased** [-t]；現分 **ceasing**）

他 …をやめる, 終える

——自 やむ, 終わる(♦ stop よりかたい語)

Cebu [seibúː セイブー] 名詞

セブ島(♦フィリピン中部にある島)

cedar [síːdər スィーダ] 名詞 C

【植物】ヒマラヤスギ；U ヒマラヤスギ材

ceiling [síːliŋ スィーりング] 名詞

（複数 **ceilings** [-z]）

C 天井(ᵗᵉⁿ)

▶The room has a high **ceiling**.
その部屋は天井が高い.

celebrate [séləbrèit せれブレイト] 動詞

（三単現 **celebrates** [séləbrèits
せれブレイツ]；過去・過分 **celebrated** [-id]；
現分 **celebrating**）

他 …を祝う；（式)をあげる

▶Our school **celebrated** its 50th anniversary this year. 今年, わたしたちの学校は 50 周年を祝った.

——自 祝う；式をあげる

celebration [sèləbréiʃn せれブレイシャン] 名詞 U 祝賀；C 祝賀会, 祝典

celery [séləri せラり] 名詞

U【植物】セロリ

a b c d e f g h i j k l m n o p q r s t u v w x y z

A B C D E F G H I J K L M N O P Q R S T U V W X Y Z

cell [sél セる] **名詞**
- ❶ C 細胞(さいぼう)
- ❷ C (刑務(けいむ)所の)独房(どくぼう)
- ❸ C 電池

cellar [sélər セら] **名詞**
C (食料・ワインなどを貯蔵(ちょぞう)する)地下室

cello [tʃélou チェろウ] (★発音に注意)
名詞 C 【楽器】チェロ
➡ musical instruments 図

cell phone [sél fòun セる ふォウン]
名詞 C 携帯(けいたい)電話
(◆cellular phone, mobile phone, portable phone ともいう)
▶turn on [off] one's cell phone
携帯電話の電源を入れる[切る]

cellular phone [séljələr fóun]
名詞
C 携帯(けいたい)電話

Celsius [sélsiəs セるスィアス] **形容詞**
(温度が)セ氏の(◆C と略す; 同義語 centigrade;「カ氏の」は Fahrenheit)
➡ Fahrenheit 区化
▶fifteen degrees Celsius
セ氏 15 度(◆15℃ と略す)

cement [səmént セメント] (★アクセントに注意)
名詞 U セメント; 接着剤(せっちゃくざい)

cemetery [sémətèri セメテリ] **名詞**
(複数 cemeteries [-z])
C (教会に付属しない)墓地, 共同墓地
(◆教会に付属する「墓地」は churchyard; 一つひとつの墓は tomb)

†cent [sént セント] **名詞**
(複数 cents [sénts センツ])
- ❶ C セント(◆アメリカ・カナダ・オーストラリアなどの貨幣(かへい)単位で, 1 セントは 1 ドルの 100 分の 1; c., ct. と略し, ¢ の記号で表す; 5¢ は five cents と読む); 1 セント銅貨(同義語 penny)
- ❷ U (単位としての)100 ➡ percent

†center, (英)centre
[séntər センタ]
—**名詞** (複数 centers [-z])

- ❶ C (…の)中心, 中央, 真ん中(of ...)
  ➡ middle
  ▶the center of a circle 円の中心
  ▶There is a large park in the center of the city.
  市の中心に大きな公園がある.
- ❷ C (活動などの)中心地, 中心人物; (施設(しせつ)としての)センター
  ▶a center of the world economy
  世界経済の中心地
  ▶a shopping center
  ショッピングセンター
- ❸ C 【スポーツ】(野球などの)センター, 中堅(ちゅうけん)(手)

—**動詞** (三単現 centers [-z]; 過去・過分 centered [-d]; 現分 centering)
他 (注意など)を(…に)集中させる; …を(…の)中心に置く(on ...)

centigrade [séntigrèid センティグレイド] **形容詞** 《しばしば Centigrade で》
セ氏の(◆C と略す; 同義語 Celsius;「カ氏の」は Fahrenheit)
➡ Fahrenheit 区化
▶twenty degrees centigrade
セ氏 20 度(◆20℃ と略す; 現在では Celsius を使うことのほうが多い)

centimeter, (英)centimetre
[séntəmìːtər センティミータ] **名詞**
C センチメートル(◆1 センチメートルは 1 メートルの 100 分の 1; c. や cm と略す)

central [séntrəl セントゥラる] **形容詞**
- ❶ 《名詞の前に用いて》中心の, 中央の
  ▶the central part of the city
  市の中心部
- ❷ 主要な

Central America [séntrəl əmérikə
セントゥラる アメリカ] **名詞**
中央アメリカ, 中米

Central Park [séntrəl páːrk セントゥラる パーク] **名詞** セントラルパーク
(◆アメリカのニューヨーク市マンハッタン島の中心部にある大きな公園)

centre [séntər センタ] 名詞 動詞
(英)=(米)center(中心)

century [séntʃəri センチュリ]
名詞 (複数 **centuries** [-z])
C 世紀, 100 年(◆ c. や cent. と略す)
▶in the twenty-first **century**
21 世紀に

ceramic [sərǽmik セラぁミック] 形容詞
陶磁(とう)器の, 陶製の

cereal [sí:riəl スィーリアる] 名詞
❶ C 《ふつう **cereals** で》穀物, 穀類
❷ C U シリアル
(◆穀物を加工した朝食用インスタント食品;
オートミール(oatmeal), コーンフレーク
(cornflakes)など)

ceremony [sérəmòuni セレモウニ] 名詞
(複数 **ceremonies** [-z])
C 儀式(ぎ), 式典, 式
▶an entrance **ceremony**　入学式
▶a graduation **ceremony**　卒業式

certain [sə́:rtn サ〜トゥン] 形容詞
❶《名詞の前に用いて》(はっきり言わず
に)ある…;《よく知らない人の名前につけ
て》…という(人); 決まった, 一定の
▶at a **certain** place
　ある場所で
▶a **certain** Mr. Brown
　ブラウンさんとかいう人
❷《**a certain** で》多少の, いくらかの;
かなりの
▶I lost a **certain** amount of money.
　わたしはかなりの額のお金をなくした.
❸《**be certain of ...** [**about ..., that**
節]で》…を確信している(◆ sure の場合
より客観的な理由があることを表す;
対義語 uncertain 確信がない)
▶He is **certain of** his success.
　(= He is **certain that** he will
　succeed.)
　彼は自分が成功すると確信している.
❹《**be certain to** +動詞の原形で》
必ず…する, きっと…する

▶She is **certain to** come. (= I'm
certain that she will come.)
彼女はきっと来るだろう.
❺ 確かな, 確実な
(対義語 uncertain 不確実な)
▶**certain** evidence　確かな証拠(しょう)
for cértain 確かに, はっきりと
▶I don't know **for certain**.
わたしははっきりとは知らない.

certainly
[sə́:rtnli サ〜トゥンり] 副詞
❶ 確かに, きっと, 必ず(同義語 surely)
▶She **certainly** came here.
彼女はここに来た.
❷ (返事で)もちろんです, 承知しました,
いいですとも(同義語 sure)

ダイアログ
A: May I use your computer?
　あなたのコンピューターを使っても
　いいですか?
B: **Certainly**.　もちろん.

certainty [sə́:rtnti サ〜トゥンティ] 名詞
(複数 **certainties** [-z])
❶ C 確実なもの[こと]
❷ U 確実[必然]性; 確信
with cértainty 確かに

certificate [sərtífikit サティふィケット]
(★アクセントに注意) 名詞
C 証明書; 免許(めん)状

cf. [sí:éf スィーエフ, kəmpéər コンペア,
kənfə́:r コンファ〜] 比較(かく)せよ, 参照せよ
(◆ラテン語 confer(= compare)の略)
▶**cf.** p. 327　327 ページ参照

CFC [sí:èfsí: スィーエふスィー] 名詞
C 【化学・環境】フロン(ガス)(◆オゾン層
を破壊(はい)する, 地球温暖化の原因物質の
一つ; chlorofluorocarbon の略)

CG [sí:dʒí: スィーヂー] コンピューターグラ
フィックス(◆ computer graphics の略)

chain [tʃéin チェイン] 名詞
❶ C U 鎖(くさ), チェーン
▶keep a dog on a **chain**
　イヌを鎖につないでおく
❷ C (…の)連(ら)なり, 連続(of ...)
▶a **chain of** events　一連の出来事

chain store [tʃéin stɔ̀:r チェイン ストー
ア] 名詞 C チェーンストア
(◆同一の経営者や資本に経営される小売
店の一つ)

A B C D E F G H I J K L M N O P Q R S T U V W X Y Z

chair [tʃéər チェア]

名詞（**複数** chairs [-z]）
❶ **C** （1人用で背のある）いす ➡ 下図
▶Please have a seat in [on] this chair.
このいすにおかけください。
（♦ in は「深々」という意味をふくむ）
❷《**the chair** で》議長（職）；委員長

chairman

[tʃéərmən チェアマン] **名詞**
（**複数** chairmen [tʃéərmən チェアマン]）
C 議長，司会者；委員長
（♦女性に対しては chairwoman という語もあるが，最近は男女の性差別を避(き)けるために chairperson も使われる）

chairperson [tʃéərpə̀ːrsn チェアパ〜スン] **名詞** **C** 議長，司会者；委員長
➡ **chairman**

chairwoman [tʃéərwùmən チェアウマン]
名詞（**複数** chairwomen [tʃéərwìmin チェアウィミン]）
C 女性の議長，司会者；委員長
➡ **chairman**

chalk [tʃɔːk チョーク] **名詞**
（**複数** chalks [-s]）
U C チョーク

ルール chalk の数え方

1 chalk は英語では数えられない名詞なので，ふつう a chalk, chalks とはしません。
2 数えるときは次のようにいいます。

▶a piece of **chalk**
チョーク1本
▶two pieces of **chalk**
チョーク2本

3 ただし，形容詞をともなって種類を表すときには，a white chalk「1本の白いチョーク」や some colored chalks「何本かの色チョーク」のようにいうことがあります。

challenge

[tʃælindʒ チあれンヂ]
—**名詞**（**複数** challenges [-iz]）
❶ **C U** 挑戦(ちょうせん)

---

chairs

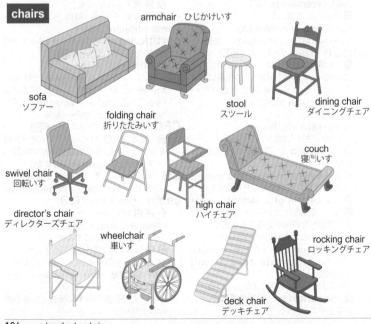

armchair　ひじかけいす

sofa
ソファー

stool
スツール

dining chair
ダイニングチェア

folding chair
折りたたみいす

swivel chair
回転いす

couch
寝(ね)いす

high chair
ハイチェア

director's chair
ディレクターズチェア

wheelchair
車いす

rocking chair
ロッキングチェア

deck chair
デッキチェア

▶She accepted my **challenge**.
彼女はわたしの挑戦を受けた.

❷ C U やりがいのあること,（能力を試されるような）難問

▶Becoming a lawyer is a big **challenge** for her. 彼女にとって弁護士になることは大きな挑戦だ.

—— 動詞 （三単現 **challenges** [-iz];
過去・過分 **challenged** [-d];
現分 **challenging**) 他

❶ （人）に挑戦する;
《**challenge** ＋人＋ **to** ＋試合などで》
（人）に（試合など）を挑む

▶I **challenged** my father **to** a game of *shogi*.
わたしは父に将棋(しょうぎ)を一局挑んだ.

> **ルール challenge の対象は人**
>
> 英語の challenge は「（人）に対して挑戦する」という意味なので，challenge の直後には「人」がきます.
> 「物事に挑戦すること」を表すには，try を使います.
> ▶I **tried** playing the piano.
> わたしはピアノをひくことに挑戦した.

❷ …に異議を唱える

challenged [tʃǽlindʒd チぁれンチド]
形容詞 （身体・心に）障害のある

▶physically **challenged**
体の不自由な

challenger [tʃǽlindʒər チぁれンチャ]
名詞 C 挑戦(ちょうせん)者

challenging [tʃǽlindʒiŋ チぁれンチング]
形容詞 （難しいが）やりがいのある

▶a **challenging** job
やりがいのある仕事

chamber [tʃéimbər チェインバ] 名詞
❶ C 会議所, 会館;《**the chamber** で》
議院

❷ C （特別な目的のための）部屋

chameleon [kəmíːliən カミーリオン]
名詞 C 【動物】カメレオン

champagne [ʃæmpéin シャンペイン]
名詞 C U シャンパン, シャンペン
（◆フランス語から）

champion [tʃǽmpiən チぁンピオン]
名詞 C （競技などの）優勝者; チャンピオン, 選手権保持者
（◆《口語》champ [tʃǽmp チぁンプ]）

▶become the world **champion**
世界チャンピオンになる

championship [tʃǽmpiənʃip チぁンピオンシップ] 名詞 C 選手権, 優勝;
《しばしば **championships** で単数あつかい》選手権大会

chance [tʃǽns チぁンス] 名詞

（複数 **chances** [-iz]）

❶ C 機会, チャンス
（同義語 opportunity）

▶Give me another **chance**.
わたしにもう一度チャンスをくれ.

▶She had a good **chance** to visit an old friend of hers.
彼女は旧友を訪問するよい機会を得た.

❷ C U 見こみ, 可能性

▶have no [little] **chance**
見こみが全く[ほとんど]ない

▶They have a good **chance** of winning the game.
彼らには試合に勝つ可能性が十分ある.

❸ U 偶然; 運, 運命

by chánce
偶然に（同義語 by accident）

▶meet **by chance** 偶然会う

take a chánce
運にまかせて[思いきって]やってみる

▶I **took a chance** and jumped into the sea. わたしはいちかばちかで海に飛びこんだ.

chandelier [ʃændəlíər シャンデリア]
（★アクセントに注意）名詞
C シャンデリア

change [tʃéindʒ チェインヂ]

動詞	他	❶ …を変える
		❷ …を交換(こうかん)する
		❸ …を両替(りょうがえ)する
	自	❶ 変わる
名詞		❶ 変化
		❷ つり銭

—— 動詞 （三単現 **changes** [-iz]; 過去・過分
changed [-d]; 現分 **changing**)
—— 他 ❶ …を変える;《**change ... into**
[**to**] ~で》…を~に変える

▶Let's **change** the topic [subject].
話題を変えましょう.

▶The magician **changed** the flowers into a bird.
手品師はその花を小鳥に変えた.

❷ …を交換する, 取り替(か)える, …を着替

a b c d e f g h i j k l m n o p q r s t u v w x y z

える；(電車など)を乗り換(か)える
(◆同じ種類のものを交換する場合, 目的
語は複数形になる；同義語 exchange)
▶Please **change** seats with me.
わたしと席を替(か)わってください.
▶He **changed** his clothes.
彼は衣服を着替えた.
▶**change** trains at Tokyo Station
東京駅で電車を乗り換える
❸ (お金)を(…に)**両替する**, くずす
《for [into] ...》(同義語 exchange)
▶I'd like to **change** yen **into**
dollars.
円をドルに両替したいのですが.
❹《change ... for 〜で》
…を〜と取り替える
▶Please **change** this red T-shirt
for a blue one. この赤いＴシャツを
青いものと取り替えてください.
──自 ❶ (…から / …に) **変わる**, 変化する
《from ... / to ...》
▶The traffic light **changed from**
yellow **to** red.
信号が黄色から赤に変わった.
▶This town has **changed** a lot
these days.
最近, この町は大きく変わった.
❷ (…から / …に)着替える《out of ... /
into ...》；(…から / …に)乗り換える
《from ... / to ...》
──名詞 (複数 changes [-iz])
❶ ⓒⓊ **変化**, 変更(☆う), 移り変わり
▶a sudden **change** in the weather
天候の急激な変化
❷ Ⓤ つり銭, 小銭(◆ small change と
もいう) ➡ money 巻末
▶Here's your **change**.
はい, おつりです.

for a chánge
いつもとちがって, 気分転換に, たまには
▶Let's eat out **for a change**.
気分転換に外食しよう.

changeable [tʃéindʒəbl チェインチャ
ブる] 形容詞 (天気などが)変わりやすい；
(人が)気まぐれな

channel [tʃǽnl チぁヌる] 名詞
❶ ⓒ 海峡(☆ょう)
❷ ⓒ (ラジオ・テレビの)チャンネル
▶**change** [switch] to another
channel チャンネルをほかにかえる
▶The World Cup is on **Channel** 1.
ワールドカップは１チャンネルで放映
されている.

chapel [tʃǽpl チぁブる] 名詞 ⓒ (学校・
病院などに付属する)礼拝堂, チャペル

Chaplin [tʃǽplin チぁプリン] 名詞
【人名】チャップリン卿(きょ)
(◆ Sir Charles Spencer Chaplin
[sɚ tʃɑːrlz spénsɚ- サ チャーるズ
スペンサ-], 1889–1977；イギリス出身の
映画俳優・監督(かん)・プロデューサー)

文化 おつりの渡(わた)し方

欧米(おう)では, おつりの渡し方が日本と
はちがいます. 店員は商品の値段にお
つりを足していき, 客の出した金額にな
るまで続けます.
1 ７ドル 90 セントの買い物をして
10 ドル札(さつ)を出す.
2 店員はまず 10 セント硬貨(こう)
(dime)を出しながら"Eight."と言う.
3 次に１ドル札を１枚出して"Nine."
と言う.
4 最後に"Ten."と言って１枚渡す.

chapter [tʃǽptər チャプタ] 名詞
C (書物・論文などの)章
▶the first **chapter** (= Chapter One) 第1章

character [kǽriktər キャラクタ] 名詞
❶ C U 性格, 性質; 人格; 特徴(ちょう)
(同義語 personality)
▶She has a good **character**.
彼女は性格がよい.
▶national **character** 国民性
❷ C (小説・劇などの)登場人物, 配役
▶the main **characters**
主要登場人物
❸ C (表意)文字(◆漢字など, 「意味」を表す文字)➡ letter
▶Chinese **characters** 漢字

characteristic [kæ̀rəktərístik キャラクタリスティック]
形容詞 (…に)特有の, 独特の, 特徴(ちょう)的な(of ...)
──名詞 C 特徴, 特色

charcoal [tʃá:rkòul チャーコウる] 名詞
❶ U 炭, 木炭
❷ U チャコールグレー(色)

charge [tʃá:rdʒ チャーヂ] 動詞
(三単現 **charges** [-iz];
過去・過分 **charged** [-d];
現分 **charging**)
他 ❶ (…の)(代金など)を請求(せいきゅう)する
(for ...)
▶The hotel **charges** 15,000 yen for one night. そのホテルの宿泊(はく)料は1泊(ぱく)15,000円だ.
❷ (…の罪で)(人)を告発する, 非難する
(with ...)
❸ (電池など)に充電(じゅうでん)する
──名詞 ❶ C U (サービスに対する)料金, 費用(for ...)
▶a service **charge**
サービス料, 手数料
▶an admission **charge** 入場料
▶free of **charge** 無料で
❷ U 世話; 責任; 管理
▶Ms. Kato is in **charge** of our class.
加藤先生がわたしたちのクラスの担任だ.
❸ C 非難; 罪
❹ C U 充電

charity [tʃǽrəti チャリティ]
名詞 (複数 **charities** [-z])
U 慈善(ぜん), ほどこし; C 慈善団体

▶a **charity** concert
チャリティーコンサート

charm [tʃá:rm チャーム] 名詞
❶ C U 魅力(りょく), 人をひきつける力
▶New York has great **charm** for artists. ニューヨークは芸術家にとってとても魅力がある.
❷ C まじない, お守り; 小さな飾(かざ)り

【文化】英米の魔(ま)よけのお守り

英米には冷えた鉄が悪魔を追い出すという言い伝えがあります. 玄関(げんかん)のドアに蹄鉄(ていてつ)(horseshoe)を打ちつけて魔よけにしている家もあります.

➡ **superstition** 【文化】

──動詞 他 ❶ (人)をうっとりさせる, ひきつける
❷ …に魔法をかける

charming [tʃá:rmiŋ チャーミング]
形容詞 魅力(りょく)的な; すてきな

chart [tʃá:rt チャート] 名詞 C 図表; 海図
▶a weather **chart** 天気図

charter [tʃá:rtər チャータ] 名詞
C《しばしば the Charter で》憲章
▶the **Charter** of the United Nations 国際連合憲章
──動詞 他 (船・飛行機・車など)をチャーターする, 借り切る

chase [tʃéis チェイス] 動詞
(三単現 **chases** [-iz];
過去・過分 **chased** [-t]; 現分 **chasing**)
他 …を追いかける, 追跡(ついせき)する
(同義語 pursue); …を追い払(はら)う
▶The cat was **chasing** a mouse.
そのネコはネズミを追いかけていた.
▶The police **chased** the man.
警察はその男を追跡した.
──自 (…を)追いかける(after ...)
──名詞 C 追跡; 追求(同義語 pursuit)

chat [tʃǽt チャット] 動詞
(三単現 **chats** [tʃǽts チャッツ]; 過去・過分 **chatted** [-id]; 現分 **chatting**) 自

A
B
C
D
E
F
G
H
I
J
K
L
M
N
O
P
Q
R
S
T
U
V
W
X
Y
Z

❶ おしゃべりをする
❷【コンピューター】チャットする
（♦インターネット上で，2人以上の人が
同時にメッセージをやり取りすること）
——名詞 ❶ C U おしゃべり
▶I had a **chat** with Becky over the
phone last night.
昨夜，わたしはベッキーと電話でおしゃ
べりをした．
❷ C U【コンピューター】チャット

chatter [tʃǽtər チャタ] 動詞 ⾃
❶（…について）ペチャクチャしゃべる
《about ...》
❷（鳥・サルなどが）けたたましく鳴く
❸（歯が）（寒さ・恐怖(きょうふ)などで）ガチガチ
いう
——名詞 U（くだらない）おしゃべり；
（鳥などの）鳴き声；（歯の）ガチガチいう音

cheap [tʃíːp チープ]
——形容詞
（比較 **cheaper**；最上 **cheapest**）
❶（品物・料金が）安い
（対義語 expensive 高価な）
▶Fresh fish is **cheap** at that shop.
あの店では新鮮(しん)な魚が安い．
❷ 安っぽい，質の悪い
▶This pendant looks **cheap**.
このペンダントは安っぽい．

（くらべよう）「安い」の言い方
1 cheap には ❷ の意味があるので，
単に「値段が安い」という場合には
inexpensive を用いるほうが無難です．
▶an **inexpensive** restaurant
高くないレストラン
2「安くて経済的な」には economical
を，「（値段など）が手ごろな」には
reasonable を用います．
▶an **economical** car
経済的な車
▶a **reasonable** price
手ごろな値段

——副詞（比較・最上 は 形容詞 に同じ）安く
▶I bought a hat **cheap** at that
shop.
あの店で帽子(ぼう)を安く買った．

cheat [tʃíːt チート] 動詞
（他 （人）をだます，ごまかす；
（人）から（…を）だまし取る《of [out, of] ...》
▶He **cheated** me **out of** my money.

彼はわたしから金をだまし取った．
——(⾃)（…で）不正をする；（試験で）カンニ
ングをする《on, [（英）in] ...》
▶**cheat on** the exam
試験でカンニングをする
——名詞 C だます人，詐欺(さぎ)師；不正行
為(い)，カンニング（♦ cunning は「ずる
い」「ずるさ」という意味）

check [tʃék チェック]

動詞	(他	❶ …を点検する
		❷ …に照合の印(✓)をつける
	(⾃	調べる
名詞		❶ 小切手
		❷ 勘定(かん)書

——動詞（三単現 **checks** [-s]；過去・過分
checked [-t]；現分 **checking**）
——(他 ❶ …を点検する，調べる，検査する；
（確認(にん)のために）…を（…と）照合する
《against [with] ...》
▶I'll **check** the website.
そのウェブサイトを調べてみますね．
❷ …に照合の印(✓)をつける
▶**Check** the right answer.
正解に✓をつけなさい．
❸ …を阻止(そ)する，止める；（感情・行為(こう)）
を抑(おさ)える
❹（チェスで）…に王手をかける
——(⾃ 調べる；（人に）確認する《with ...》
▶Wait, I'll **check with** my mom.
待って，お母さんに確認するから．

chéck ín
（…で）（宿泊(しゅく)や飛行機の搭乗(とうじょう)）
手続きをとる，チェックインする《at ...》
▶**check in at** the airport
空港で搭乗手続きをする

chéck óut
①（精算してホテルなどを）出る，チェック
アウトする
▶He has already **checked out of**
the hotel.
彼はすでにホテルを出ました．
②《米》（図書館の本）を（手続きして）借り
出す
——名詞（複数 **checks** [-s]）
❶ C《米》小切手
（♦《英》cheque）
▶**pay by check** 小切手で支払(はら)う
（♦手段を表す by のあとは無冠詞）
❷ C《米》勘定書（♦《英》bill）

▶**Check, please.** お勘定をお願いします.(♦欧米(訳)では食事したテーブル担当のウェイター[ウェイトレス]が勘定書を持っていることが多い)

❸ **C** 照合, 検査; (米)照合の印(✓)

❹ **C** **U** 格子(ご)じま, チェック模様

❺ **U** (チェスの)王手

checkout [tʃékàut チェックアウト] 名詞
❶ **C** **U** (ホテルの)チェックアウト
❷ **C** (スーパーなどの)レジ

checkup [tʃékʌp チェックアップ] 名詞
C 《口語》検査, 点検; 健康診断(訳)
▶a medical **checkup** 健康診断

cheek [tʃíːk チーク] 名詞 **C** ほお
➡ **head** 図
▶She kissed him on the **cheek.**
彼女は彼のほおにキスをした.

cheer [tʃíər チア] 動詞
他 …を元気づける, 励(訳)ます;
…に喝采(訳)[声援(訳)]を送る
▶The news of her recovery **cheered**
me. 彼女の回復の知らせはわたしを元気づけた.
━自 (…に)声援を送る《for ...》
▶We **cheered for** our home team.
わたしたちは地元のチームに声援を送った.

chéer úp (人)を元気づける; 元気づく
▶Alex seems down. Let's **cheer**
him **up.** アレックスが落ちこんでいるみたいだ. 元気づけてあげようよ.
▶**Cheer up!** 元気を出して.
━名詞
❶ **U** 激励(訳), 励まし; **C** 応援
❷ **C** 喝采, 歓呼(訳)
▶give three **cheers**
万歳(訳)を三唱する(♦リーダーが Hip!
Hip! [híp ヒップ] と言ったあとに全員で
Hurray! [həréi フレイ] と言うのを3回
繰(り)り返す)
▶get big **cheers** 大喝采を受ける
Chéers!
乾杯(訳); (英)ありがとう, さよなら.

cheerful [tʃíərfl チアふる]
形容詞 (比較) **more cheerful**;
(最上) **most cheerful**
元気のよい, 陽気な; 楽しい
▶a **cheerful** song 陽気な歌

cheerfully [tʃíərfli チアふり] 副詞
陽気に, 元気よく, 快活に

cheerfulness [tʃíərflnəs チアふるネス] 名詞 **U** 元気のよさ, 快活さ

cheerleader [tʃíərlìːdər チアリーダ]
名詞 **C** 《主に米》チアリーダー, (女性の)応援(訳)団員(♦「チアガール」は和製英語)

cheese [tʃíːz チーズ] 名詞
(複数 **cheeses** [-iz])
C **U** チーズ
▶two pieces [slices] of **cheese**
チーズ2切れ(♦×数えるときは two
cheeses とはいわない; ➡ **cake** ルール)
▶**Say cheese!**
(写真を撮(り)るときに)はい, チーズ!

cheeseburger [tʃíːzbəːrgər チーズ
バーガ] 名詞 **C** チーズバーガー

cheetah [tʃíːtə チータ] 名詞
C 【動物】チーター(♦アフリカ・南アジア産のヒョウに似たネコ科の動物)

chef [ʃéf シェふ] 名詞 (複数 **chefs** [-s])
C コック長, シェフ(♦フランス語から)

chemical [kémikl ケミクる] 形容詞
化学の
▶a **chemical** reaction 化学反応
━名詞 **C** 《ふつう **chemicals** で》
化学製品, 化学薬品

chemist [kémist ケミスト] 名詞
❶ **C** 化学者
❷ **C** (英)薬剤(訳)師
(同義語 pharmacist)

chemistry [kémistri ケミストゥリ] 名詞
U 化学

cheque [tʃék チェック] 名詞
C (英)小切手(♦(米)check)

cherry [tʃéri チェリ] 名詞
(複数 **cherries** [-z])
C 【植物】サクランボ; 桜の木(♦「桜の木」はふつう cherry tree という)

cherry blossom [tʃéri blàsəm
チェリ ブラサム]
C 《ふつう **cherry blossoms** で》桜の花

chess [tʃés チェス] 名詞
U チェス(♦日本の将棋(訳)に似たゲーム)
▶play **chess** チェスをする

chest [tʃést チェスト] 名詞
❶ **C** 胸, 胸部(♦心臓・肺をふくむ)
❷ **C** (ふたつきのじょうぶな)大きな箱;
たんす(♦ chest of drawers ともいう)
➡ **bedroom** 図
▶a toy **chest** おもちゃ箱

A
B
C
D
E
F
G
H
I
J
K
L
M
N
O
P
Q
R
S
T
U
V
W
X
Y
Z

chestnut [tʃésnʌt チェスナット]
（★発音に注意）名詞
© 【植物】クリ；クリの木；Ⓤ クリ色

chew [tʃúː チュー] 動詞 他 …を（繰(く)り返し）かむ（◆「一度だけかむ」は bite）

chewing gum [tʃúːiŋ gʌ̀m チューイングガム] 名詞 Ⓤ チューインガム

Chicago [ʃiká:gou シカーゴウ] 名詞
シカゴ（◆アメリカのイリノイ州にある大都市；経済・金融(きんゆう)の中心地）

chick [tʃík チック] 名詞
© （主にニワトリの）ひな，ひよこ
➡ chicken 参考

chicken [tʃíkin チキン] 名詞
（複数 chickens [-z]）
❶ © 【鳥類】ニワトリ ➡ animals 図；（ニワトリの）ひよこ
▸raise chickens ニワトリを飼う

参考 **ニワトリの言い方**

chicken:	「ニワトリ」一般
rooster:	おんどり
cock:	《英》おんどり
hen:	めんどり
chick:	ひよこ

❷ Ⓤ とり肉，チキン
▸fried chicken フライドチキン
❸ © 《口語》おくびょう者

chickenburger [tʃíkinbə̀:rgər チキンバ～ガ] 名詞 © Ⓤ チキンバーガー

chief [tʃíːf チーふ]
——名詞 （複数 chiefs [-s]）
© （団体・組織などの）長，頭(かしら)，チーフ
▸the Chief of Police
警察署長
in chief 最高位の
——形容詞 《名詞の前に用いて》
最高の；主要な，主な

（同義語 main, principal）
▸a chief cook コック長，シェフ
▸Toyota is one of the chief industrial cities in Japan.
豊田は日本の主な工業都市の一つです。

chiefly [tʃíːfli チーふり] 副詞
主に，主として（同義語 mainly）

child [tʃáild チャイルド] 名詞
（複数 children [tʃíldrən チるドゥレン]）
❶ © （おとなに対して）子供，児童
（◆《口語》kid；対義語 adult おとな）
▸a child of three 3 歳(さい)の子供
▸I lived in Hokkaido as a child.
子供のころ，わたしは北海道に住んでいた。
❷ © （親に対して）子供（◆年齢(ねんれい)に関係なく使う；対義語 parent 親）
▸an only child 一人っ子
▸bring up [raise] a child
子供を育てる
▸Mr. and Mrs. Jones have two children.
ジョーンズ夫妻には子供が 2 人いる。

ルール **child と性別**
１ child は日本語の「子供」と同じように，「おとなに対する子供」と「親に対する子供」の両方の意味があり，どちらも性別に関係なく使えます。
２ 性別をはっきりさせて言うときは，boy「男の子」や girl「女の子」，または son「息子(むすこ)」や daughter「娘(むすめ)」を使うこともよくあります。

childhood [tʃáildhùd チャイルドフッド]
名詞 © Ⓤ 子供のころ，幼年時代
▸in her childhood 彼女の幼年時代に

childish [tʃáildiʃ チャイるディッシ] 形容詞
❶ （年齢(ねんれい)より）子供っぽい，子供じみた（◆軽べつ的な意味で使われる）
▸Don't be childish.
子供じみたことをするな[言うな]．
❷ 子供の，子供らしい

children [tʃíldrən チるドゥレン]
（★ 単数形 child [tʃáild チャイるド] との i の発音のちがいに注意）名詞
child（子供）の複数形
▸Video games are popular for children.
テレビゲームは子供たちに人気がある。

chill [tʃíl チる] **名詞**

© (肌(はだ)を刺(さ)す)冷気; 寒け
▶have a **chill** 寒けがする
──**動詞** 他 …を冷やす(◆「…を凍(こお)らす」は freeze)
──**自** 冷える

chilly [tʃíli チり] **形容詞**

(比較 **chillier**; 最上 **chilliest**)
冷え冷えする, 肌(はだ)寒い; 冷淡(れいたん)な
➡ **cold** くらべよう

chime [tʃáim チャイム] **名詞**

© 《ふつう **chimes** で》(1 組の)鐘(かね), チャイム; 鐘の音

chimney [tʃímni チムニ] **名詞**

(複数 **chimneys** [-z])
© 煙突(えんとつ) ➡ **house** 図

chimpanzee [tʃìmpænzí: チンパぁンズィー] (★アクセントに注意) **名詞**

© 【動物】チンパンジー
(◆(口語)**chimp** [tʃímp チンプ])

chin [tʃín チン] **名詞** © あご(◆下あごの先端(せんたん)を指す; 「あご全体」は jaw)
➡ **head** 図

China [tʃáinə チャイナ] **名詞**

中国(◆正式名は the People's Republic of China「中華(ちゅうか)人民共和国」; 首都はペキン(北京)Beijing)

china [tʃáinə チャイナ] **名詞**

Ⓤ 陶磁(とうじ)器; 食器類(◆食器類全体を指し, many や数を表す語をつけない)
▶a piece of **china** 陶磁器 1 点

Chinatown [tʃáinətàun チャイナタウン] **名詞** © Ⓤ (外国の都市の)中国人街, チャイナタウン

Chinese [tʃàiní:z チャイニーズ]

──**形容詞** 中国の; 中国人の; 中国語の
➡ **Japanese** 屢較
──**名詞** (複数 **Chinese**: 単複同形)
❶ © 中国人; 《the **Chinese** で複数あつかい》中国人(全体)
❷ Ⓤ 中国語

chip [tʃíp チップ] **名詞**

❶ © (木などの)切れ端(はし); (石・陶器(とうき)・ガラスなどの)破片(はへん)
❷ © 《ふつう **chips** で》(米)ポテトチップス(◆(英)(potato) crisps); (英)フライドポテト
(◆(米)French fries)
❸ © 【コンピューター】チップ(◆集積回

路が取りつけられた半導体の小片)

chocolate [tʃɔ́:kəlit チョーコれット]
(★アクセントに注意) **名詞**

❶ © Ⓤ チョコレート(菓子(かし))
▶a **chocolate** bar (= a bar of **chocolate**) 板チョコ
▶a box of **chocolates** チョコレート 1 箱; 箱詰(ばこづ)めのチョコレート
▶I love **chocolate**.
わたしはチョコレートが大好きだ.
(◆チョコレート全般を指す場合は, a をつけず複数形にしない)
❷ Ⓤ © チョコレート飲料; ココア
❸ Ⓤ チョコレート色

choice [tʃɔ́is チョイス] **名詞**

❶ © 選択(せんたく), 選ぶこと
▶You made the right **choice**.
きみは正しい選択をした.
❷ © 選ばれたもの[人]
▶Which is your **choice**?
どちらにしますか?
❸ © Ⓤ 選択権, 選択の自由; 選択の範囲(はんい); © 選択肢(し)
▶You have three **choices**.
あなたには 3 つの選択肢がある.
──**形容詞** (比較 **choicer**; 最上 **choicest**) 高級な, 上等な

choir [kwáiər クワイア] (★発音に注意)
名詞 © 聖歌隊; 合唱団

choke [tʃóuk チョウク] **動詞**

(三単現 **chokes** [-s]; 過去・過分 **choked** [-t]; 現分 **choking**)
他 …を窒息(ちっそく)させる
──**自** 息が詰(つ)まる, むせる
──**名詞** © 窒息, 息が詰まること

choose [tʃú:z チューズ] **動詞**

(三単現 **chooses** [-iz]; 過去 **chose** [tʃóuz チョウズ]; 過分 **chosen** [tʃóuzn チョウズン]; 現分 **choosing**)
──他 ❶ …を選ぶ, 選択(せんたく)する
(同義語 select); 《**choose** ＋人＋ものまたは **choose** ＋もの＋ **for** ＋人で》(人)に(もの)を選ぶ
▶**Choose** one from the five.
5 つの中から 1 つ選びなさい.
▶Ann **chose** Tom a nice present.
(= Ann **chose** a nice present **for** Tom.) アンはトムにすてきなプレゼントを選んだ. (◆文末の語句が強調される; 前者は「何を」選んだか, 後者は「だ

れに」選んだかに重点が置かれる）

❷《**choose** ＋人＋ <u>as</u> [for, (to be)] ＋役職などで》

(人)を(役職など)に選ぶ(同義語 elect)

▶They **chose** Peter **as** captain.
彼らはピーターをキャプテンに選んだ.

❸《**choose to** ＋動詞の原形で》
…することに決める(同義語 decide)

▶I **chose** to study French.
フランス語を勉強することに決めた.

——(自) (…の中から)選ぶ, 選択する
《between [from] ...》

▶Please **choose between** the two [**from** these]. その2つのどちらかを[これらから]選んでください.

chop [tʃáp チャプ] 動詞
(三単現 **chops** [-s]; 過去・過分 **chopped** [-t]; 現分 **chopping**)

(他) (おのなどで)…をたたき切る;
(野菜など)を細かく切る

——名詞 C (ヒツジ・ブタなどの骨つきの)肉片(にく), チョップ

chopstick [tʃápstik チャプスティック] 名詞 C《ふつう **chopsticks** で》
(食事用の)はし

▶a pair of **chopsticks** はし1膳(ぜん)

chore [tʃɔ́ːr チョーア] 名詞
C 退屈(たいくつ)な仕事;

《(the [one's]) **chores** で》
(日常の)雑用, 家事

▶do (the) household **chores**
家事をする

chorus [kɔ́ːrəs コーラス] 名詞
(複数 **choruses** [-iz])

C 合唱団, コーラス; 合唱(曲)

in chórus 声をそろえて; 合唱して
▶sing **in chorus** 合唱する

chose [tʃóuz チョウズ]
動詞 choose(…を選ぶ)の過去形

chosen [tʃóuzn チョウズン]
動詞 choose(…を選ぶ)の過去分詞

chowder [tʃáudər チャウダ] 名詞
U チャウダー(◆魚介(ぎょかい)・野菜などを牛乳などで煮(に)こんだスープ)

Christ [kráist クライスト] 名詞
(イエス)キリスト

(◆Jesus Christ [dʒíːzəs- ヂーザス -]; キリスト教の祖; Christ はギリシャ語で「救世主」の意味; Jesus Christ で「救世

主であるイエス」という意味)

Christian [krístʃən クリスチャン] 名詞
C キリスト教徒, クリスチャン

——形容詞 キリスト教の; キリスト教徒の, クリスチャンの

Christianity [krìstʃiǽnəti クリスチアニティ] 名詞
U キリスト教, キリスト教信仰(しんこう)

Christian name [krístʃən néim クリスチャン ネイム] 名詞
C 洗礼名, クリスチャンネーム

(◆姓(せい)(family name)に対して個人にあたえられる名前のこと; 例えば, John Smith なら John がクリスチャンネーム; キリスト教徒ではない人の場合は given name または first name という)

Christmas [krísmas クリスマス] (★発音に注意) 名詞

U クリスマス(＝ Christmas Day), キリスト降誕祭(◆12月25日; 英米などの祝日; Xmas と略す; Christ(キリスト)と mass(ミサ)が結合してできた語で,「キリストの誕生を祝うミサ」がもとの意味)

▶a **Christmas** present [gift]
クリスマスプレゼント

▶a white **Christmas**
雪の降るクリスマス

(◆形容詞をともなうと a, an がつく)

ダイアログ
A: Merry **Christmas**!
クリスマスおめでとう!
B: Same to you! あなたもね!

|文化| **クリスマスの過ごし方**

英米では, 一般に12月24日から1月1日, または1月6日までをクリスマス休暇(きゅうか)(《米》the Christmas vacation, 《英》the Christmas holidays)と呼んでいます. 日本のような年賀状はないので, クリスマスカード (Christmas card) に "Merry Christmas & Happy New Year!"と新年のあいさつを加えることがあります. 受け取ったクリスマスカードは, 暖炉(だんろ)の上に立て掛(か)けたり, 壁(かべ)にピンで留めて飾(かざ)ったりします. プレゼントはクリスマスの日までクリスマスツリー(Christmas tree)の下に置いておいたり, プレゼント用につるされた

靴下(⟨つ⟩)の中に入れておいたりします。クリスマス当日は家族や親戚(しんせき)が集まって食事を楽しむのが一般的な過ごし方です。➡ **Christmas Eve** 文化, **greeting** 文化

Christmas card
[krísməs kà:rd クリスマス カード] 名詞 C クリスマスカード
➡ **Christmas** 文化, **greeting** 文化

Christmas carol
[krísməs kǽrəl クリスマス キャロル] 名詞 C クリスマスキャロル(♦クリスマスを祝う賛美歌)

Christmas Day
[krísməs déi クリスマス デイ] 名詞 クリスマス, キリスト降誕祭(♦12月25日; 単に Christmas ともいう)

Christmas Eve
[krísməs íːv クリスマス イーヴ] 名詞 クリスマスイブ, クリスマスの前日[(米)前夜]

文化 クリスマスの靴下(⟨くつした⟩)

12月24日の夜, キリスト教徒の家庭では, 子供たちはサンタクロース(Santa Claus)からプレゼントがもらえるように暖炉(だんろ)の上の飾(かざ)り棚(だな)などに靴下(Christmas stocking)をつるして眠(ねむ)ります。➡ **Christmas** 文化

Christmas holidays
[krísməs hálədèiz クリスマス ハリデイズ] 名詞 《**the Christmas holidays** で》(英)=(米)the Christmas vacation (クリスマス休暇(きゅうか))

Christmas tree
[krísməs trì: クリスマス トゥリー] 名詞 C クリスマスツリー(♦もみの木がよく用いられる)

➡ **Christmas** 文化

Christmas vacation
[krísməs veikéiʃn クリスマス ヴェイケイシャン] 名詞 《**the Christmas vacation** で》(米)クリスマス休暇(きゅうか), 冬休み(♦(英)the Christmas holidays)
➡ **Christmas** 文化

chrysanthemum
[krisǽnθəməm クリサぁンセマム] 名詞 C【植物】菊(きく)(の花)

chuckle
[tʃʌ́kl チャクる] 動詞
(三単現) **chuckles** [-z]; (過去・過分) **chuckled** [-d]; (現分) **chuckling**)
自 くすくす笑う, にやにやする
── 名詞 C くすくす笑い, ふくみ笑い

church
[tʃə́:rtʃ チャ〜チ] 名詞
(複数) **churches** [-iz])
❶ C U (キリスト教の)**教会**
(♦(英)ではイギリス国教会の教会だけを指し, ほかの派のものは chapel という)
❷ U (教会の)礼拝, お祈(いの)り
➡ **school¹** ルール
▶I go to **church** every Sunday.
わたしは毎週日曜日に教会へ(礼拝に)行く。

churchyard
[tʃə́:rtʃjà:rd チャ〜チヤード] 名詞 C 教会付属の墓地[庭]

a b c d e f g h i j k l m n o p q r s t u v w x y z

A B C D E F G H I J K L M N O P Q R S T U V W X Y Z

CIA [sí:àiéi スィーアイエイ] 名詞
(アメリカ) 中央情報局
(♦ the *Central Intelligence Agency*
の略; アメリカ国外で, 外国の政治・軍事
情報の収集や政治工作を行う大統領直属
の機関)

cicada [sikéidə スィケイダ] 名詞
C 【昆虫】セミ (同義語 (米)locust)

[文化] セミって何?

セミはイギリスなどヨーロッパ北部で
はほとんど見られず, セミを知っている
人はあまりいません. 『イソップ物語』の
中の『アリとキリギリス』の話も, もとは
『アリとセミ』でしたが, ギリシャから伝
わる過程で, より親しみのあるキリギリ
スに変わっていきました.

cider [sáidər サイダ] 名詞
❶ C U (英)リンゴ酒
(♦アルコールをふくむ飲み物; cyder と
もつづる; (米)hard cider)
❷ C U (米)リンゴジュース (♦ sweet
cider ともいう; 日本の「サイダー」とは
異なり, 炭酸をふくまない; 日本でいう
「サイダー」は soda pop)

cigar [sigá:r スィガー] (★アクセントに
注意) 名詞 C 葉巻き(タバコ)

cigarette, cigaret [sigərét
スィガレット] 名詞 C 紙巻きタバコ

Cinderella [sìndərélə スィンデレラ]
名詞 シンデレラ(♦童話の題名, およびそ
の女主人公の名); C 価値を認められな
いでいる人; いちやく有名になった人

cinema [sínəmə スィネマ] 名詞
❶ C (英)映画館(♦(米)movie theater)
❷ 《the cinema で》(英)映画
(♦(米)the movies); U 映画産業
▶go to the cinema 映画を見に行く

cinnamon [sínəmən スィナモン] 名詞
U 【植物】シナモン

circle [sə́:rkl サ〜クる]
——名詞 (複数 circles [-z])
❶ C 円, 丸; 円形のもの, 輪
➡ figures 図
▶draw a circle 円[丸]をかく
▶sit in a circle 輪になってすわる
❷ C 《ときに circles で》
仲間, 団体; …界
▶He has a large circle of friends.
彼には友達がたくさんいる.

——動詞 (三単現 circles [-z];
過去・過分 circled [-d]; 現分 circling)
——他 …のまわりを回る; …を丸で囲む
——自 (飛行機などが)旋回(%ぢ)する

circular [sə́:rkjələr サ〜キュら] 形容詞
円形の(同義語 round); 環状(%)の

circumstance [sə́:rkəmstæns サ〜カ
ムスタょンス] (★アクセントに注意) 名詞
C 《ふつう circumstances で》
(周囲の)事情, 状況(%ょ); 暮らし向き
under [in] *the circumstances*
そういう事情で(は), 現状では

circus [sə́:rkəs サ〜カス] 名詞
(複数 circuses [-iz])
❶ C サーカス
❷ C (英)(街路が集まる)円形広場

cities [sítiz スィティズ] 名詞
city(市)の複数形

citizen [sítizn スィティズン] 名詞
(複数 citizens [-z])
❶ C 市民
▶a citizen of Berlin ベルリン市民
▶senior citizens 高齢(%)者
❷ C 国民
▶a Japanese citizen 日本国民

city [síti スィティ] 名詞
(複数 cities [-z])
❶ C (行政上の)市; (地方に対して)
都市, 都会; (town より大きい)街
▶New York City
(= the City of New York)
ニューヨーク市
▶Tokyo is the biggest city in
Japan. 東京は日本最大の都市だ.

[くらべよう] city と town

city は厳密には行政で定められた「市」
を指します. town「町」よりも人口や政
治・経済の規模が大きいのがふつうです.

❷ 《the city で単数あつかい》市民(全体)
❸ 《the City で》(英)シティー
(♦ロンドンの中心部で, 金融(%)の中心地;
正式名称(%ょう)は the City of London)

City Lights [siti láits スィティ らイツ]
名詞 『街の灯』(♦ 1931年製作のアメリ
カ映画; 監督・脚本・主演はチャールズ・
チャップリン)

city hall [síti hó:l スィティ ホール] 名詞
C (米)市役所, 市庁舎

civic [sívik スィヴィック] 形容詞
市の, 都市の; 市民の

civil [sívl スィヴる] 形容詞
《名詞の前に用いて》
❶ 市民の, 公民の
▶a **civil** servant 公務員
❷ (軍人や役人に対して)一般市民の,
民間の(対義語 military 軍人の)
❸ 国内の(対義語 foreign 外国の)
❹ 礼儀(ぎ)正しい

civilization, 《英》**civilisation**
[sìvələzéiʃn スィヴィりゼイシャン] 名詞 U
文明; C 文明社会 ➡ culture 〈くらべよう〉

civilize, 《英》**civilise** [sívəlaiz スィ
ヴィらイズ] 動詞 (三単現 civilizes [-z];
過去・過分 civilized [-d]; 現分 civilizing)
他 …を文明化する; (人)を洗練させる

civilized, 《英》**civilised**
[sívəlaizd スィヴィらイズド] 形容詞
❶ 文明化した, 文化的な
❷ 礼儀(ぎ)正しい; 洗練された

civil rights movement [sívl ráits
múːvmənt スィヴる ライツ ムーヴメント]
《the Civil Rights Movement で》
《米》公民権運動(◆特に 1950〜1960 年代
の黒人を中心とした有色人種への公民権
(アメリカの市民としての諸権利)の適用と
人種差別の廃止(はい)を求めた運動を指す)

civil war [sívl wóːr スィヴる ウォーア]
名詞 ❶ C 内戦, 内乱
❷《the Civil War で》
(アメリカの)南北戦争(◆ 1861-1865)

〖文化〗 南北戦争とリンカーン

南北戦争は, 奴隷(どれい)制を存続させたい
南部諸州と, 廃止(はいし)すべきだとする北
部諸州との対立から始まりました. この
戦いは 4 年後に北軍の勝利で終わりま
すが, 戦争中にペンシルベニア州のゲ
ティスバーグ(Gettysburg)を訪(おとず)れ
たリンカーン(Lincoln)大統領は演説

の中で, "... government of the
people, by the people, for the
people ..."「人民の, 人民による, 人民
のための政治」という有名なことばを
残しました. ➡ Lincoln

claim [kléim クレイム] 動詞 他
❶《claim + that 節で》…を主張する
▶He **claimed (that)** he saw a UFO.
彼は UFO を見たと主張した.
❷ (当然の権利として)…を要求する
——名詞 C (権利の)要求; 主張(◆日本語
の「クレーム」(不平)にあたる意味はない)

clam [klǽm クらぁム] 名詞 C 【貝類】
ハマグリ, アサリ; (一般に)二枚貝

clap [klǽp クらぁップ] 動詞
(三単現 claps [-s]; 過去・過分 clapped
[-t]; 現分 clapping)
他 (手)をたたく; (人・演技など)に拍手(はく)
する; (人)をポンとたたく
▶**Clap** your hands, everyone.
みなさん, 拍手して.
——自 拍手する
——名詞 C パチパチ[ピシャリ, パチン]
という音;《ふつう a clap で》拍手, ぽん
とたたくこと ➡ sound 図

clarinet [klæ̀rənét クらぁリネット] 名詞
C 【楽器】クラリネット
➡ musical instruments 図

clash [klǽʃ クらぁッシ] 動詞 (三単現
clashes [-iz]; 過去・過分 clashed [-t];
現分 clashing) 自
❶ (…と)衝突(しょう)する, ぶつかり合う;
(意見などが)(…と)衝突する《with ...》
▶**clash with** police 警察と衝突する
❷ (かたいものが)ガチャンとぶつかる
——名詞 ❶ C 衝突(◆車の衝突や飛行機
の墜落(ついらく)などは crash); 対立

❷ [C] ガチャン[ジャーン]という音

⁑class [klǽs クらぁス] [名詞]

([複数] **classes** [-iz])

❶ [C] **学級, 組, クラス；クラスの生徒(全員)**(♦学級全体をひとまとまりと考えるときは単数あつかいで, 学級の一人ひとりに重点を置くときは複数あつかい)

▸Beth and I are in the same **class**. ベスとわたしは同じクラスだ.

▸What **class** are you in? あなたは何組ですか？

▸Good morning, **class**. (教師が生徒たちに向かって)みなさん, おはようございます.

❷ [C] [U] **授業**([同義語] lesson)

▸math **class** 数学の授業

▸I have an English **class** today. 今日は英語の授業がある.

▸We have six **classes** on Monday. 月曜日には授業が6時間あります.

▸They are in **class** now. 彼らは今, 授業中だ.

❸ [C] **等級**

▸travel first **class** ファーストクラスで旅行する

❹ [C]《しばしば **classes** で》(社会の)**階級**

▸the upper [middle, lower] **class(es)** 上流[中流, 下層]階級

classes [klǽsiz クらぁスィズ] [名詞]

class(学級)の複数形

classic [klǽsik クらぁスィック] [名詞] [C]

古典, 古典作品；一流の作品；一流の作家

──[形容詞]《名詞の前に用いて》

第一級の, 一流の；典型的な；古典の

▸a **classic** work of art 第一級の芸術品

▸a **classic** example 典型的な例

classical [klǽsikl クらぁスィクる]

[形容詞] **(古代ギリシャ・ローマの)古典の；【音楽】クラシックの；古典派の**

▸**classical** music クラシック音楽 (♦×classic music とはいわない)

classify [klǽsəfài クらぁスィふァイ]

[動詞] ([三単現] **classifies** [-z]; [過去・過分] **classified** [-d]; [現分] **classifying**)

[他] **…を分類する**

⁂classmate [klǽsmèit クらぁスメイト] [名詞] ([複数] **classmates** [klǽsmèits クらぁスメイツ])

[C] **級友, クラスメート, 同級生**

▸Sarah and I are **classmates**. サラとわたしは同級生だ.

⁑classroom

[klǽsrù:m クらぁスルーム] [名詞]

([複数] **classrooms** [-z])

[C] **教室**

➡ 巻頭カラー 英語発信辞典②

[文化] 先生はいつも同じ教室

アメリカの中学・高校では, 日本の場合と反対に, 先生が一つの教室を持っており, 生徒のほうが科目によって毎時間ごとに移動します.

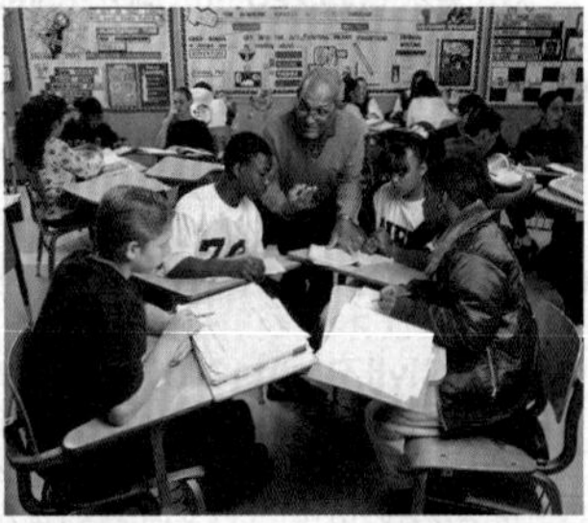

claw [klɔ́: クろー]

[名詞] [C] **(ネコ・タカなどの鋭(するど)く曲がった)つめ；(カニ・エビなどの)はさみ**(♦人間の「つめ」は nail)

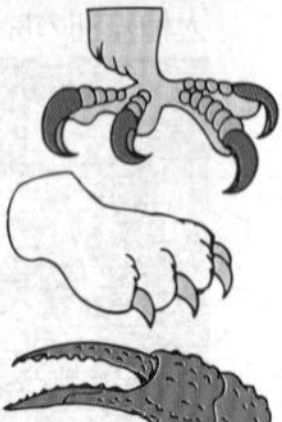

claws

clay [kléi クれイ] [名詞]

[U] **粘土(ねんど)；土**

⁑clean [klí:n クリーン]

──[形容詞]

([比較] **cleaner**; [最上] **cleanest**)

❶ **きれいな, 清潔な**([対義語] dirty 汚(きたな)い)；**環境(かんきょう)を汚染(おせん)しない**

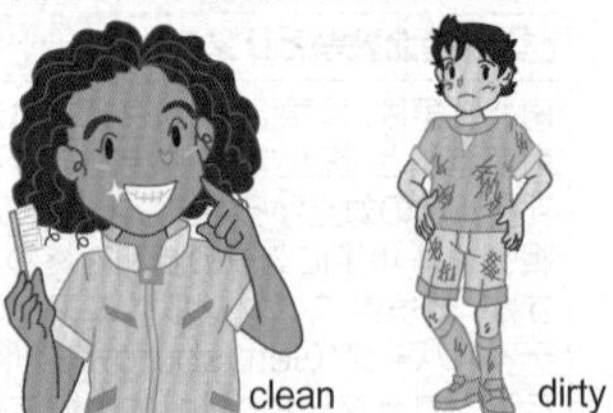

▶**clean** air きれいな空気

▶Her teeth are **clean**.
彼女の歯はきれいだ.

▶Keep your room **clean**.
自分の部屋をきれいにしておきなさい.

▶**clean** energy
（風力や太陽熱などの）クリーンエネルギー

❷ みごとな

▶a **clean** hit 【野球】クリーンヒット

——動詞（三単現 **cleans** [-z];
過去・過分 **cleaned** [-d]; 現分 **cleaning**）

他 …をきれいにする, …を掃除(そう)する

▶**Clean** the windows.
窓をきれいにふきなさい.

▶Did you **clean** your room?
自分の部屋を掃除しましたか?

cléan úp
…をきれいに掃除する, 片づける

cleaner [klíːnər クリーナ] 名詞
C 掃除(そう)をする人;電気掃除機;洗剤(せん);
《the cleaners, (英)the cleaner's で》
クリーニング店

cleaning [klíːniŋ クリーニング]
——動詞 clean（…をきれいにする)の現在
分詞・動名詞
——名詞 U 掃除(そう); クリーニング
▶do the **cleaning** 掃除をする

cleanup [klíːnʌp クリーナップ] 名詞
C 大掃除(そう);【野球】4 番(打者)
（♦日本語の「クリーンナップ」（3 番から
5 番打者）とは意味が異なる）

clear [klíər クリア]

形容詞	❶ 澄(す)みきった
	❷ はっきりした
動詞	他 …を片づける

——形容詞（比較 **clearer**; 最上 **clearest**）
❶ 澄みきった, 透明(とうめい)な; 晴れた
▶**clear** water 澄んだ水
▶You can see Mt. Fuji from here
on a **clear** day. 晴れた日にはここ
から富士山が見えますよ.
❷ はっきりした, 明白な; (文章などが)わ
かりやすい
▶a **clear** picture 鮮明(せんめい)な写真
▶Her message was quite **clear**.
彼女のメッセージはとても明確だった.
❸ (場所が)さえぎるもののない, 空いた

▶The road is **clear** now.
その道路はもう通れるようになっている.
——副詞 （比較・最上 は 形容詞 に同じ）
はっきりと; 完全に
——動詞（三単現 **clears** [-z];
過去・過分 **cleared** [-d]; 現分 **clearing**）
——他 (ものをどかして)…を片づける;
(…から)…を取り除く《from [off] …》
▶I'll **clear** the table.
わたしが食卓(しょく)を片づけます.
▶I **cleared** snow **from** the road.
わたしは路上の雪を取り除いた.
——自 (空・雲・霧(きり)などが)晴れる
▶Suddenly, the sky **cleared**.
突然(とつぜん), 空が晴れた.

clearly [klíərli クリアリ] 副詞
❶ はっきりと, 明瞭(めいりょう)に, わかりやすく
▶Please speak more **clearly**.
もっとはっきり話してください.
❷ 明らかに

Cleopatra [kliːəpǽtrə クリーオパぁトゥ
ラ] 名詞【人名】クレオパトラ
（♦69-30B.C.; 古代エジプトの女王）

clerk [kláːrk クらーク] 名詞 C 事務員;
（米)店員(♦(英)shop assistant)

clever [klévər クれヴァ] 形容詞
（比較 **cleverer**; 最上 **cleverest**）
❶ りこうな, 賢(かしこ)い (対義語 stupid ば
かな); 抜(ぬ)け目のない
▶a **clever** dog りこうなイヌ
▶He is the **cleverest** in the class.
彼はクラスでいちばん頭がいい.
❷ (手先などが)器用な, じょうずな《with …》
▶Mary is **clever with** her hands.
メアリーは手先が器用だ.

cleverness [klévərnəs クれヴァネス]
名詞 U 利口さ, 賢(かしこ)さ; 巧妙(こうみょう)さ

click [klík クリック] 名詞
C カチッという音(スイッチを押(お)す音,
コンピューターのマウスをクリックする音,
ドアの掛(か)け金を下ろす音など)
——動詞 自 カチッと音がする;
【コンピューター】(…を)(マウスで)クリッ
クする《on …》
▶**click on** an icon
アイコンをクリックする
——他 …をカチッと鳴らす; …を(マウスで)
クリックする
▶**click** the "save" button
「保存」ボタンをクリックする

a b **c** d e f g h i j k **l** m n o p q r s t u v w x y z

client [kláiənt クらイアント] [名詞]
[C] (弁護士・会計士などへの)依頼(いらい)人

cliff [klíf クリふ] [名詞] ([複数] **cliffs** [-s])
[C] 絶壁(ぜっぺき), がけ

climate [kláimit クらイメット] [名詞]
[C] [U] 気候(♦ある地域の年間の平均的な気候を指す; 一時的な「天気」は weather)
▸a tropical **climate** 熱帯性気候
▸**climate** change 気候変動
▸The **climate** of Tokyo is generally warm. 東京の気候は一般的に暖かい.

climax [kláimæks クらイマぁックス] [名詞]
([複数] **climaxes** [-iz])
[C] 最高潮, クライマックス

⁎climb [kláim クらイム]
(★発音に注意) [動詞]
([三単現] **climbs** [-z]; [過去・過分] **climbed** [-d]; [現分] **climbing**)
—[他] (山・木など)**にのぼる**, よじのぼる; (階段・はしごなど)をのぼる; (坂)をのぼる
▸I **climbed** Mt. Fuji last summer. この前の夏, わたしは富士山にのぼった.
▸**climb** a ladder はしごをのぼる
—[自] (…に)**のぼる**, よじのぼる《up ...》; 上昇(じょうしょう)する
▸Monkeys **climb** well. 猿(さる)は木のぼりがうまい.
▸I **climbed up** the tree. わたしはその木にのぼった.

climb dówn
(手足を使って)…を下りる

climber [kláimər クらイマ] [名詞]
[C] 登山者; よじのぼる人

climbing [kláimiŋ クらイミンヶ] [名詞]
[U] 登山, よじのぼること
▸rock **climbing** ロッククライミング

cling [klíŋ クリンヶ] [動詞]
([三単現] **clings** [-z]; [過去・過分] **clung** [kláŋ クらンヶ]; [現分] **clinging**)
[自] (…に)くっつく, しがみつく; 執着(しゅうちゃく)する《to ...》

clinic [klínik クリニック] [名詞]
[C] 診療(しんりょう)所, (かかりつけの)医院 (♦急病・重症(じゅうしょう)患者(かんじゃ)が行く大きな総合病院は hospital); (種々の)専門相談所

clip [klíp クリップ] [名詞]
[C] クリップ, 紙ばさみ; 留め金
—[動詞] ([三単現] **clips** [-s]; [過去・過分] **clipped** [-t]; [現分] **clipping**) [他]
❶ …をクリップで留める, 挟(はさ)む
❷ (はさみで)…を切り抜(ぬ)く; (毛・植木など)を刈(か)る

clipper [klípər クリパ] [名詞]
《**clippers** で複数あつかい》(木などを切る)はさみ, バリカン, つめ切り
▸nail **clippers** つめ切り

cloakroom [klóukrù:m クろウクルーム] [名詞] [C] (ホテル・劇場などの)携帯(けいたい)品預かり所, クローク(♦《米》checkroom)

⁎clock [klák クらック] [名詞]
([複数] **clocks** [-s]) [C] **時計** ➡ p.121 図
▸The **clock** struck three. 時計が 3 時を打った.
▸That **clock** is five minutes fast [slow]. あの時計は 5 分進んで[遅(おく)れて]いる.

[くらべよう] **clock と watch**
clock: 置き時計や柱時計など, 携帯(けいたい)できないものを指します.
watch: 腕(うで)時計や懐中(かいちゅう)時計など携帯できるものを指します.

clock tower [klák tàuər クらック タウア] [名詞] [C] 時計塔, 時計台

clockwise [klákwàiz クらックワイズ] [副詞] 時計回りに, 右回りに
—[形容詞] 時計回りの, 右回りの

⁑close

close[1] [klóuz クろウズ] [動詞] [他]
❶ (ドア・窓など)**を閉じる**
close[2] [klóus クろウス] [形容詞]
❶ **接近した**
❷ **親しい**

⁑close[1] [klóuz クろウズ]
(★ close[2] との発音のちがいに注意)
[動詞] ([三単現] **closes** [-iz]; [過去・過分] **closed** [-d]; [現分] **closing**)
—[他] ❶ (ドア・窓など)**を閉じる**, 閉める; (店など)を閉める, 休業する
([同義語] shut, [対義語] open 開く)
▸Please **close** the door. ドアを閉めてください.
▸**Close** your textbooks. 教科書を閉じなさい.
▸They **close** the store on Sundays. 彼らは日曜日には店を閉める.
❷ (仕事・会合など)を終える

▸**close** a meeting
会議を終える

——[自] 閉じる, 閉まる; 終わる

▸The library **closes** at six.
その図書館は6時に閉まる.

˙close² [klóus クろウス]

(★ close¹ との発音のちがいに注意)

——[形容詞] ([比較] **closer**; [最上] **closest**)

❶ (距離・時間が)**接近した**; (…に)ごく近い《to ...》(♦ near よりも近いことを表す)

▸My house is **close to** the park.
わたしの家はその公園のすぐ近くだ.

▸The exam is getting **closer**.
試験が近づいてきた.

▸You're very **close to** the answer.
正解にとても近いところにいますよ.

❷ **親しい**, 親密な([同義語] familiar)

▸a **close** friend of mine
わたしの親しい友人

▸Emma and I are very **close**.
エマとわたしはとても親しい.

❸ 綿密な; 注意深い([同義語] careful)

▸Pay **close** attention to him.
彼の言うことをよく注意して聞きなさい.

❹ (試合・競争などが)接戦の

▸win a **close** game 接戦で勝利する

——[副詞] ([比較]・[最上] は [形容詞] に同じ)

(…に)接近して; (…の)すぐ近くに《to ...》([同義語] near)

▸The dog came **closer to** me.
そのイヌはわたしのほうに近づいてきた.

closed [klóuzd クろウズド] [動詞]

close¹(…を閉じる)の過去形・過去分詞

——[形容詞] 閉じた; 閉店の, 休業の([対義語] open 開いている)

▸The shop is **closed** on Mondays.
その店は月曜日は休みだ.

closely [klóusli クろウスり] [副詞]

密接に; 綿密に, 念入りに; ぴったりと, ぎっしりと(詰(つ)まって)

closet [klázit クらゼット] [名詞]

[C] 《主に米》(壁(かべ)に作りつけの)物置, 収納室, クローゼット(♦台所用品, 食料, 衣類などを入れる; 《主に英》cupboard)

➡ **bedroom** 図

close-up [klóusʌ̀p クろウスアップ]

(★発音に注意) [名詞]

[C] (映画・写真などの)クローズアップ, 大写し, 接写

clocks and watches

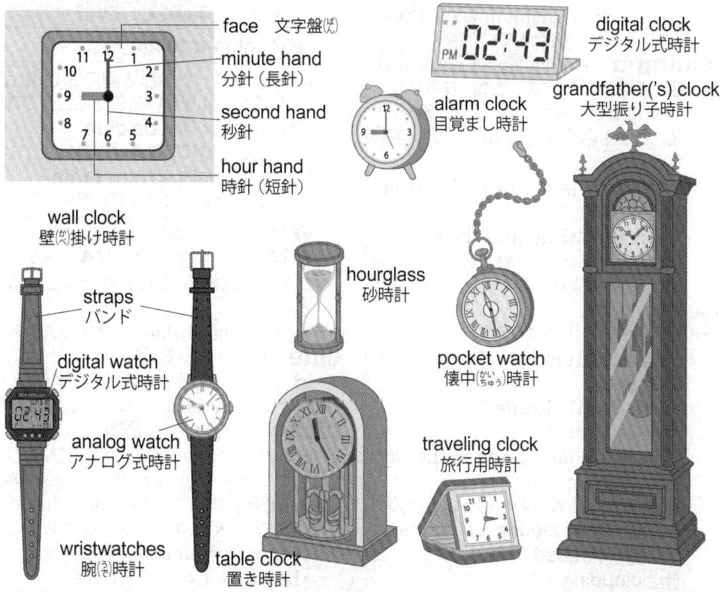
face 文字盤(ばん)
minute hand
分針 (長針)
second hand
秒針
hour hand
時針 (短針)
wall clock
壁(かべ)掛け時計
digital clock
デジタル式時計
alarm clock
目覚まし時計
grandfather('s) clock
大型振り子時計
straps
バンド
hourglass
砂時計
pocket watch
懐中(かいちゅう)時計
digital watch
デジタル式時計
analog watch
アナログ式時計
traveling clock
旅行用時計
wristwatches
腕(うで)時計
table clock
置き時計

closing [klóuziŋ クろウズィング] [動詞]
close (…を閉じる)の現在分詞・動名詞
——[名詞] [U] 閉鎖(へいさ); 終わり;
[C] 結びのことば
——[形容詞] 終わりの, 閉会の, 閉店の

cloth [klɔ́ːθ クろーす] [名詞]
([複数] **cloths** [klɔːðz クろーずズ])
(★複数形の発音に注意)
❶ [U] **布**, 服地; 織物
▸a piece of **cloth** 1枚の布
❷ [C] **布切れ**; テーブルクロス, ぞうきん
▸clean a desk with a **cloth**
ぞうきんで机をきれいにふく

clothe [klóuð クろウず] [動詞]
([三単現] **clothes** [-z];
[過去・過分] **clothed** [-d]; [現分] **clothing**)
[他] …に服を着せる; 《**be clothed in ...** で》(服)を着ている

clothes [klóuz クろウズ] (★発音に注意) [名詞]
《複数あつかいで》**衣服** (全体), 着物
➡ **巻頭カラー 英語発信辞典⑯**
▸casual **clothes** ふだん着
▸change **clothes** 服を着替える
▸put on [take off] *one's* **clothes**
服を着る[脱(ぬ)ぐ]
▸Ann was wearing new **clothes**.
アンは新しい服を着ていた.

clothing [klóuðiŋ クろウずィング] [名詞]
[U] 《単数あつかいで》 衣類, 衣料品
(♦身につけるもの全体を指し, 帽子(ぼうし)・靴(くつ)などもふくむ; clothes よりも意味が広い)
▸an article [a piece] of **clothing**
衣類1点
▸food, **clothing**, and shelter
衣食住(♦英語では「食」「衣」「住」の順になることに注意)

cloud [kláud クらウド]
——[名詞] ([複数] **clouds** [kláudz クらウヅ])
❶ [U] [C] 雲
▸dark [rain] **clouds**
暗雲[雨雲]
▸There are no **clouds** in the sky.
空には雲ひとつない.
❷ [C] 雲のようなもの; (雲のような)大群
——[動詞] ([三単現] **clouds** [kláudz クらウヅ];
[過去・過分] **clouded** [-id];
[現分] **clouding**)
[自] 曇(くも)る
▸Suddenly, the sky **clouded** over.
突然(とつぜん), 空一面が曇った.

cloudless [kláudləs クらウドれス] [形容詞]
雲のない, 晴天の

cloudy [kláudi クらウディ] [形容詞]
([比較] **cloudier**; [最上] **cloudiest**)
曇(くも)った, 曇りの ([対義語] fair, fine 晴れた); はっきりしない

[ダイアログ]
A: How's the weather in New York?
ニューヨークの天気はどうですか?
B: It's **cloudy**. 曇りです.

clover [klóuvər クろウヴァ] [名詞]
[C] [U] 【植物】クローバー, シロツメクサ

clown [kláun クらウン] [名詞]
[C] (サーカスなどの)道化(どうけ)役者, ピエロ

club [klʌ́b クらブ] [名詞]
([複数] **clubs** [-z])
❶ [C] **クラブ**, 部, サークル
▸**club** activities 部活動
▸Why don't you join our **club**?
わたしたちのクラブに入りませんか?
▸She is in the chess **club**.
彼女はチェス部に入っています.

[参考] **club と team**
チームスポーツの部活動には club ではなく team を用いるのがふつうです.
▸my school's judo **club**
わたしの学校の柔道(じゅうどう)部
▸my school's soccer **team**
わたしの学校のサッカー部

❷ [C] こん棒; (ゴルフなどの)クラブ
❸ [C] (トランプの)クラブ(♣) (♦かつてこん棒の図柄(ずがら)が使われたことに由来する)
▸the ace of **clubs** クラブのエース

clue [klúː クるー] [名詞]
[C] (問題などを解く)手がかり, 糸口
▸Give me a **clue**. ヒントをくれ.

clung [klʌ́ŋ クらング] [動詞]
cling(くっつく)の過去形・過去分詞

cm センチメートル(♦ centi*m*eter(s) の略)

CO 【郵便】コロラド州(♦ *Colorado* の略)

Co., co. [kóu コウ, kʌ́mpəni カンパニ]
会社, 商会(♦ *company* の略)
▸Brown & **Co.** ブラウン商会

（◆ Co. の前に人名がある場合は, その間に & (and) を入れる）

c.o., c/o [síː óu スィーオウ, kéər əv ケアアヴ]（手紙のあて名で）…方, …気付(きづけ)
（◆ (in) care of の略）
▶Ms. Ando Saki, **c/o** Mr. Wilson
ウィルソン様方, 安藤咲様

coach [kóutʃ コウチ] 名詞
（複数 coaches [-iz]）
❶ C （競技などの）コーチ; 家庭教師
▶a soccer **coach** サッカーのコーチ
❷ C （鉄道の）客車; (米)バス,
(英)（長距離(きょり)用の）大型バス
❸ C （大型4輪の）馬車
——動詞 （三単現 coaches [-iz]）
（過去・過分 coached [-t]; 現分 coaching）
他 …のコーチをする, 指導をする
▶Mr. Brown **coaches** our baseball team.
ブラウン先生はぼくたちの野球チームを指導している.

coal [kóul コウる] 名詞 U 石炭

coast [kóust コウスト] 名詞
（複数 coasts [kóusts コウスツ]）
C 海岸, 沿岸 → shore くらべよう
▶drive along the **coast**
海岸沿いをドライブする
▶off the **coast** 沖(おき)合いで
▶from **coast** to **coast**
(米)西海岸から東海岸まで; 全国いたるところに
▶We live in a small town on the Pacific **coast**. わたしたちは太平洋沿岸の小さな町に住んでいる.

coat [kóut コウト]
——名詞 （複数 coats [kóuts コウツ]）
❶ C （スーツの）上着; コート, オーバー
（同義語 overcoat）
▶Put on [take off] your **coat**.
コートを着なさい[脱(ぬ)ぎなさい].

くらべよう coat と jacket
coat: 丈(たけ)の長さや用途(ようと)に関係なく, 上着全般を指します.
jacket: coat のうち, 特に丈の短い上着を指します.
→ 巻頭カラー 英語発信辞典⑯

❷ C （ペンキなどの）塗装(とそう)

——動詞 （三単現 coats [kóuts コウツ];
過去・過分 coated [-id]; 現分 coating）
他 （ペンキなどで）…を塗(ぬ)る; (ほこりなどが)…をおおう（with [in] ...）
▶The book was **coated with** dust.
その本はほこりにおおわれていた.

Coca-Cola [kòukəkóulə コウカコウら]
名詞 C U （商標）コカコーラ
（◆アメリカのコカコーラ社の清涼(せいりょう)飲料水; 略称(りゃくしょう)は Coke）

cock [kák カック] 名詞
（複数 cocks [-s]）
❶ C (英)（鳥類）おんどり, 雄(おす)のニワトリ（◆(米)rooster, 対義語 hen めんどり）
→ chicken 座图, animals 図
❷ C （ガス・水道の）栓(せん), コック
（◆ 同義語 tap, (米)faucet）

cock-a-doodle-doo
[kákədùːdldúː カカドゥードゥるドゥー] 名詞
（複数 cock-a-doodle-doos [-z]）
C （おんどりの鳴き声を表して）
コケコッコー → animals 図

Cockney, cockney [kákni カクニ]
名詞 ❶ C （生粋(きっすい)の）ロンドン子
（◆特にイーストエンド(East End)地区に住む人を指す）
❷ U ロンドンなまりの英語
（◆ h を発音しないなどの特徴(とくちょう)がある）

cockpit [kákpìt カックピット]
（★アクセントに注意）
C （飛行機・レーシングカーなどの）
操縦(そうじゅう)室, 操縦席, コックピット

cockroach [kákròutʃ カックロウチ]
名詞 （複数 cockroaches [-iz]）
C 【昆虫】ゴキブリ

cocoa [kóukou コウコウ]（★発音に注意）
名詞 C U ココア

coconut [kóukənʌ̀t コウコナット] 名詞
C 【植物】ココナッツ, (ココ)ヤシの実

cod [kád カッド] 名詞
（複数 cod または cods [-z]）
C 【魚類】タラ（◆ cod fish ともいう）;
U タラの身

code [kóud コウド] 名詞
❶ C U 符号(ふごう), 暗号, コード, 略号
▶a zip **code** (米)郵便番号
❷ C （社会・団体の）おきて; 規則; 法典
▶the school **code** 校則
▶a dress **code** 服装(ふくそう)規定

A B C D E F G H I J K L M N O P Q R S T U V W X Y Z

coed, co-ed [kóuèd コウエッド]
（★発音に注意）形容詞 男女共学の

coeducation [kòuèdʒəkéiʃn
コウエデュケイシャン] 名詞 Ü 男女共学

coexistence [kòuigzístəns
コウイグズィステンス] 名詞 Ü 共存

coffee [kɔ́ːfi コーふィ] 名詞

（複数 coffees [-z]）

❶ Ü コーヒー
▶make **coffee** コーヒーをいれる
▶black **coffee** ブラックコーヒー
（◆クリームやミルクの入っていないもの）
▶strong **coffee** 濃(こ)いコーヒー
▶weak **coffee** 薄(うす)いコーヒー

ダイアログ
A: How would you like your
coffee?
コーヒーはどのようになさいますか？
B: With sugar [cream], please.
砂糖［クリーム］を入れてください．

参考 いろいろなコーヒー

ice(d) coffee	アイスコーヒー
instant coffee	インスタントコーヒー
caffè latte	カフェラテ
[kǽfei lǽtei キぁふェイ らぁテイ]	
cappuccino	カプチーノ
[kæputʃíːnou キぁプチーノウ]	
espresso	エスプレッソ
[esprésou エスプレソウ]	

❷ Ü （1杯(はい)の）コーヒー
▶Two **coffees**, please.
コーヒーを2つください．
（◆店で注文するときの言い方）

coffee break [kɔ́ːfi brèik コーふィ
ブレイク] 名詞 Ü （主に米）コーヒーブレ
イク（◆仕事の合い間にとる短い休憩(きゅうけい)；
（英）では紅茶を飲むので tea break と
いうことが多い）

coffee shop [kɔ́ːfi ʃàp コーふィ シャップ]
名詞 Ü （主に米）コーヒーショップ

coil [kɔ́il コイる] 動詞 他 …をぐるぐる巻く
——自 巻きつく，とぐろを巻く
——名詞 Ü ぐるぐる巻いたもの；一巻き；
【電気】コイル

coin [kɔ́in コイン] 名詞
Ü 硬貨(こうか)，コイン ➡ **money** 参考
▶pay in [with] **coins**
硬貨で払(はら)う

coincidence [kouínsidəns
コウインスィデンス] 名詞
Ü Ü （物事が）同時に起こること；
（好みなどの）偶然(ぐうぜん)の一致(いっち)
▶What a **coincidence**!
なんという偶然なのでしょう．

cola [kóulə コウら] 名詞
Ü Ü コーラ（◆炭酸清涼(せいりょう)飲料）

cold [kóuld コウるド]
——形容詞 （比較 colder; 最上 coldest）
❶ 寒い；冷たい，冷(さ)めた
（対義語 hot 熱い）
▶Oh, it's **cold**! うわっ，寒い．
▶**cold** water 冷たい水
▶Drink your tea before it gets
cold.
冷めないうちにお茶を飲みなさい．

くらべよう cold, cool, chilly

cold: 「寒い」を表す一般的な語です．
cool: 「心地よい涼(すず)しさ」を表します．
▶a **cool** wind さわやかな風
chilly: 「冷え冷えする，肌寒(はださむ)い」の
意味です．
▶a **chilly** morning 肌寒い朝

❷ （人・行為(こうい)が）冷淡(れいたん)な，冷たい
▶He was **cold** to me at first.
最初，彼はわたしに対して冷たかった．
——名詞 （複数 colds [kóuldz コウるヅ]）
❶ Ü Ü 風邪(かぜ)
▶catch (a) **cold** 風邪をひく
▶He has a bad **cold**.
彼はひどい風邪をひいている．

▶Erika is in bed with a **cold**.
エリカは風邪をひいて寝(ね)ている.

❷ U《ふつう **the cold** で》寒さ, 寒け

▶Don't stay out in **the cold**.
寒い場所にいてはいけません.

coldly [kóuldli コウるドリ] 副詞
冷淡(れいたん)に; 冷たく

collar [kálər から] 名詞 C (服の)えり,
(ワイシャツの)カラー; (イヌなどの)首輪

❖collect [kəlékt コれクト] 動詞
(三単現 **collects** [kəlékts コれクツ];
過去・過分 **collected** [-id];
現分 **collecting**)
——他 …を集める; (趣味(しゅみ)・研究で)…を
収集する

▶Ms. Baker **collected** the answer
sheets.
ベーカー先生は答案用紙を集めた.

▶Bob **collects** foreign coins.
ボブは外国のコインを集めている.

——自 (人・動物が)集まる

▶The students **collected** in the
gym.
生徒たちは体育館に集まった.

collect call [kəlékt kɔ́ːl コれクト
コール] 名詞 C (米)コレクトコール
(◆料金受信人払(ばら)いの電話)

▶make [receive] a **collect call**
コレクトコールをする[受ける]

collection [kəlékʃn コれクシャン] 名詞
❶ U 収集(すること)

▶garbage **collection**
ごみの収集

❷ C 収集したもの, コレクション

▶a **collection** of old toys
古いおもちゃのコレクション

collector [kəléktər コれクタ] 名詞
C 集金人; 収集家, コレクター

❖college [kálidʒ カれッヂ] 名詞
(複数 **colleges** [-iz])
❶ C U (単科)大学 (◆大学院や研究施
設(しせつ)をもつ「総合大学」は university
だが, しばしば区別なく用いられる)

▶enter (a) **college**
大学に入学する

▶go to **college**
大学に通う
(◆この意味では a や the はつかない
➡ **school**¹ ルール)

▶finish [graduate from] **college**
大学を卒業する

▶She studies Japanese history at
[in] **college**.
彼女は大学で日本史を勉強している.

❷ C U (総合大学の)学部

❸ C 専門学校, 各種学校

collide [kəláid コらイド] 動詞
(三単現 **collides** [-z]; 過去・過分 **collided**
[-id]; 現分 **colliding**) 自
❶ (…と)(激しく)衝突(しょうとつ)する(《with ...》)

❷ (意見などが)(…と)衝突する(《with ...》)

collision [kəlíʒn コリジャン] 名詞
U C 衝突(しょうとつ); (意見などの)衝突

colloquial [kəlóukwiəl コろウクウィアる]
形容詞 口語(体)の, 会話の

▶a **colloquial** expression
口語表現, 話しことば

colon [kóulən コウろン] 名詞
C コロン(:)(◆句読点の一つ; 例や説明
の前につけて,「すなわち」「つまり」の意味
を表すなどの働きをする)
➡ 巻末付録 Ⅳ. 句読点・符号(ふごう)

colony [káləni カろニ] 名詞
(複数 **colonies** [-z])
❶ C 植民地

❷ C 植民, 移民(全体)

❸ C 居留地; 居留民

❖color, (英)colour [kálər から]
——名詞 (複数 **colors** [-z])
❶ C U 色, 色彩(しきさい)

▶bright **colors** 明るい色

▶dark **colors**
暗色

▶What **color** is your bike?
(= What is the **color** of your
bike?)
あなたの自転車は何色ですか?

ダイアログ
A: What **color(s)** do you like?
何色が好きですか?
B: I like yellow and blue.
わたしは黄色と青が好きです.

ダイアログ
A: I want to buy a sweater.
(店で)セーターを買いたいのですが.
B: What **color** are you looking for?
何色のものをおさがしですか?

さまざまな色

■ black	黒	■ pink	ピンク
■ blue	青	■ purple	紫
■ brown	茶色	■ red	赤
■ gray	灰色	□ white	白
■ green	緑	■ yellow	黄色

❷《**colors** で》絵の具（同義語 paints）
▶Jane painted a picture in water [oil] **colors**.
ジェーンは水彩画[油絵]をかいた.
❸ U《ときに **a color** で》顔色，血色
▶She has (a) good **color** today.
彼女は今日，顔色がいい.
❹ C U（人種による）皮膚の色
❺ U 個性，特色
❻《**colors** で》旗（同義語 flag）；軍旗，国旗
chánge cólor 青ざめる；顔を赤くする
lóse cólor 顔色が青くなる
──動詞（三単現 **colors** [-z];
過去・過分 **colored** [-d]; 現分 **coloring**)
──他 …に色をつける
▶I **colored** the box yellow.
わたしはその箱を黄色に塗った.
──自（葉などが）色づく；（顔を）赤らめる

Colorado [kὰlərǽdou カララぇドウ]
名詞 ❶ コロラド州（◆アメリカ中西部の州; Col., Colo. または【郵便】で CO と略す）
❷《**the Colorado** で》コロラド川（◆アメリカ西部を流れる川）

colored,《英》**coloured** [kΛlərd カらド] 形容詞 色のついた; 有色（人種）の；《米》（遠回しに）黒人の（◆差別的なニュアンスがあるので用いないほうがよい）

colorful,《英》**colourful** [kΛlərfl からふる] 形容詞 色彩に富んだ，カラフルな；生き生きとした
▶The bird had **colorful** feathers.
その鳥は色鮮やかな羽をしていた.

colour [kΛlər から] 名詞 動詞
《英》=《米》color（色）

coloured [kΛlərd からド] 形容詞
《英》=《米》colored（色のついた）

colourful [kΛlərfl からふる] 形容詞
《英》=《米》colorful（色彩に富んだ）

Columbus [kəlΛmbəs コロンバス] 名詞
【人名】コロンブス（◆ Christopher Columbus [krístəfər- クリストふァ-], 1451-1506; 1492 年にアメリカ大陸に到達したイタリアの航海者）

Columbus Day [kəlΛmbəs dèi コロンバス デイ] 名詞
《米》コロンブス記念日（◆コロンブスのアメリカ大陸到達を祝う日; 10 月の第 2 月曜日とする州が多い）

column [kάləm カらム]（★発音に注意）名詞
❶ C（石造の）円柱，柱；円柱状のもの
❷ C（新聞・雑誌などの縦の）段；コラム

coma [kóumə コウマ] 名詞
C 昏睡（状態）

comb [kóum コウム]（★発音に注意）名詞
❶ C くし
❷ C（ニワトリなどの）とさか
──動詞 他（髪）をくしでとかす

combat（★発音に注意）名詞 [kάmbæt カンバット]
C U 戦い，戦闘
──動詞 [kəmbǽt コンバット] 他 …と戦う

combination [kὰmbənéiʃn カンビネイション] 名詞 C U 組み合わせ，結合（体），連合；U【化学】化合

combine（★動詞・名詞のアクセントのちがいに注意）動詞 [kəmbáin コンバイン]（三単現 **combines** [-z]; 過去・過分 **combined** [-d]; 現分 **combining**)
他 …を（…と）結びつける，化合させる；（…と）…を両立させる《**with** ...》
▶**combine** work **with** pleasure
仕事と楽しみを結びつける
──名詞 [kάmbain カンバイン]
C コンバイン（◆刈り取りと脱穀が同時にできる農機具）

come 動詞 → p.128 come

comeback [kΛmbæk カムバック] 名詞 C《ふつう単数形で》返り咲き，カムバック
▶make a **comeback** カムバックする

comedian [kəmíːdiən コミーディアン]（★発音に注意）名詞
C コメディアン，喜劇俳優

comedy [kάmədi カメディ] 名詞
（複数 **comedies** [-z]）

C U 喜劇, コメディー
(**対義語** tragedy 悲劇)

comet [kámit カメット] **名詞**
C【天文】すい星, ほうき星

comfort [kámfərt カンファト] **名詞**
❶ U 安楽, 快適さ
▶live in **comfort** 快適に暮らす
❷ U 慰(なぐさ)め; C 慰めとなるもの[人]
▶words of **comfort** 慰めのことば
——**動詞** 他 …を慰める, 元気づける

comfortable
[kámfərtəbl カンファタブル] **形容詞**
(**比較** more comfortable;
最上 most comfortable)
快適な, 気持ちのよい
▶a **comfortable** trip 快適な旅
▶This room is very **comfortable**.
この部屋はとても居心地がよい.
▶Make yourself **comfortable**
[at home], please.
(客に対し)どうぞおくつろぎください.

comfortably [kámfərtəbli カンファ
タブリ] **副詞** 心地よく, 快適に

comic [kámik カミック] **形容詞**
喜劇の; こっけいな
▶a **comic** book 《米》マンガ本
——**名詞** ❶ C 喜劇俳優, コメディアン
(**同義語** comedian)
❷ C マンガ本(= comic book);
《**comics** で》《主に米》マンガ
(= comic strip)

comical [kámikəl カミカル] **形容詞**
こっけいな, おかしな

comic strip [kámik strip カミック
ストゥリップ] **名詞**
C (新聞・雑誌などの)マンガ(♦ふつうは
こま続きのものを指す; 1こまマンガは
cartoon)

coming [kámiŋ カミング]
——**動詞** come (来る)の現在分詞・動名詞
——**形容詞** 《名詞の前に用いて》
次の, 来たるべき(**同義語** next)
▶the **coming** Monday 次の月曜日

comma [kámə カマ] **名詞** C コンマ(,)
➡ 巻末付録 Ⅳ. 句読点・符号(きごう)

command [kəmǽnd コマぁンド] **動詞** 他
❶ …を命じる;
《**command** +人+ to +動詞の原形で》
(人)に…することを命じる, 命令する

▶I **command** you to come at
once. 直ちに来ることを命じる.
❷ …を指揮する
❸ (場所)を見下ろす, 見渡(みわた)す
——**名詞** C 命令; U 指揮

commander [kəmǽndər コマぁンダ]
名詞 C (軍の)司令官, 指揮官;
(海軍の)中佐

commencement [kəménsmənt
コメンスメント] **名詞**
❶ C U 開始, 始まり
❷ C U 《米》学位授与(じゅよ)式; (高校の)
卒業式(の日)(《英》graduation)

comment [káment カメント]
(★アクセントに注意)
C U 論評, 批評, コメント
▶No **comment**. (質問に対して)何も
言うことはありません.
▶Do you have any **comments** on
[about] this movie? この映画につ
いて何か論評はありますか?
——**動詞** 自 (…について)論評する, 批評
する(**on** [upon] ...)

commerce [kámə:rs カマ～ス]
(★アクセントに注意) **名詞** U 商業, 貿易

commercial [kəmə́:rʃl コマ～シャル]
形容詞 ❶ 商業(上)の, 通商の
▶a **commercial** course 商業科
❷ (テレビ・ラジオなどが)民間放送の
——**名詞** C (テレビ・ラジオなどの)コマー
シャル, 宣伝(♦ふつう CM とは略さない;
messages ともいう)
▶a TV **commercial**
テレビコマーシャル

commit [kəmít コミット] **動詞**
(**三単現** commits [kəmíts コミッツ];
過去・過分 committed [-id];
現分 committing) 他
❶ (罪・過(あやま)ち)を犯(おか)す
▶**commit** a crime 罪を犯す
❷ …をゆだねる, 任せる; (人)を(刑務(けいむ)
所・病院などに)送る《**to** ...》
❸ (目的のために)(人・金・時間など)を使
う, 割り当てる《**to** [for] ...》

committee [kəmíti コミティ]
(★アクセントに注意) **名詞**
C (組織としての)委員会
(♦「会合」は committee meeting)
▶The **committee** usually meets
on Fridays.
その委員会はたいてい金曜日に集まる.

✦come [動詞]

❶ 来る;（相手のところへ）行く
❷ 起こる
❸ （ある状態）になる
❹ …するようになる

[kʌ́m カム]

（三単現 **comes** [-z]; 過去 **came** [kéim ケイム]; 過分 **come**; 現分 **coming**）

🔲 ❶ **来る**（対義語 go 行く）;（相手のところへ）**行く**;（季節などが）巡(ﾒｸﾞ)ってくる

▶**Come** here, John. — ジョン, こっちに来て.
▶I **came** to Sydney last week. — わたしは先週シドニーに来ました.
▶Here **comes** the bus. — ほらバスが来た.
▶The snowy season has **come**. — 雪の季節がやって来た.
▶What time will you **come** home? — 何時に(家に)帰ってくるの?

ダイアログ
A: Emma, dinner is ready. — エマ, 夕食の用意ができたわよ.
B: OK. I'm **coming**. — はい. 今行きます. (♦×I'm going. とはいわない) ➡ ルール

ルール come が「行く」?

「(今話している)相手のほうへ行く」という場合は, go ではなく come を使います.
(♦go は「(話し手のほうでも, 聞き手のほうでもない)ほかの場所へ行く」という意味)

OK. I'm coming.

❷ **起こる**, 生じる;（考えなどが）心に浮(ｳ)かぶ
▶A good idea **came** to me. — わたしはいい考えを思いついた.
❸《**come** ＋形容詞で》（ある状態）になる
▶**come** loose — 緩(ﾕﾙ)む, ほどける
❹《**come to** ＋動詞の原形で》…するようになる
▶I **came to** like Japanese food. — わたしは日本食が好きになった.

come abóut （たまたま）起こる, 生じる（同義語 happen）
▶How did that accident **come about**? — あの事故はどのようにして起こったのですか?

cóme across ... ① 偶然(ｸﾞｳｾﾞﾝ)…に出会う, …をふと見つける（同義語 come upon）
▶I **came across** an old friend of mine on the train. — わたしは電車で古い友人の一人に偶然出会った.
② …を横切る

come alóng （偶然）現れる, やって来る; いっしょに来る

cóme and gó 行ったり来たりする; 移り変わる

come and ＋動詞の原形 …しに来る
▶**Come and** see me tomorrow. — あしたわたしに会いに来てね.

come aróund （定期的に）巡(ﾒｸﾞ)ってくる

✦**come báck** ① 戻(ﾓﾄﾞ)る（同義語 return）
▶**Come back** by seven. — 7時までに戻ってきなさい.
② 再び流行する; カムバックする

come dówn ① 降りてくる; 落ちる; (雨などが)降る

② (伝説などが)伝わる

③ (価格・温度などが)下がる

♦*cóme from ...* **…の出身である**; …から生じる, …に由来する

ダイアログ
A: Where does she **come from**?　彼女はどこの出身ですか?
B: She **comes from** Boston.　彼女はボストンの出身です.

come ín ① 入る

▶May I **come in**?　入ってもいいですか?

▶Please **come in**.　(中から外の人に)どうぞお入りください.

② (競争などで)…着になる

▶He **came in** first in that race.　彼はそのレースで1位になった.

cóme into ... ① …に入ってくる

▶Don't **come into** my room without knocking.　ノックをせずに部屋に入ってこないで.

② (ある状態)になる

▶Tight jeans have **come into** fashion recently.　近ごろ, 細身のジーンズが流行している.

come óff (…から)外れる; (…から)落ちる

▶The paint is **coming off**.　ペンキがはげかかっている.

▶A button **came off** my coat.　ボタンが1個, コートからとれて落ちた.

Come ón. (催促(ᵇᵃᵗ)・励(ᵇ)まし・挑戦(ᵇᵃᵘ)・注意などを表して)さあさあ; さあ行こう; 急いで; がんばれ; さあ来い; よせよ

▶**Come on.** Don't be so afraid.　さあさあ, そんなにこわがらないで.

♦*come óut* ① 出てくる, 現れる

▶The sun **came out**.　太陽が出た.

② (花が)咲(ᵇ)く

③ (事実などが)明るみに出る

♦*come óut of ...* ① …から出てくる

▶She **came out of** the room.　彼女が部屋から出てきた.

② …から生じる

come óver (…から / …へ)はるばるやって来る《from ... / to ...》

▶She **came over from** Paris **to** Kyoto.　彼女ははるばるパリから京都にやって来た.

come to onesélf 正気に返る

come trúe 実現する ➡ **true**

come úp (…に)近づく《to ...》; 上がる, のぼる; (問題が)起こる

come úp with ... (考えなど)を思いつく

cóme upon [on] ... ① 偶然…に出会う(同義語 come across)

② (悪いことが)…を不意に襲(ᵇ)う, …にふりかかる

How cóme ...? なぜ…ですか? ➡ **how**

A B **C** D E F G H I J K L **M** N **O** P Q R S T U V W X Y Z

common [kámən カモン]

——形容詞 (比較) **more common** または **commoner**; (最上) **most common** または **commonest**)

❶ ふつうの, ありふれた, よくある, 平凡(ぽん)な(同義語 ordinary)

▸Rainy days are very **common** in this season.
この季節, 雨の日はごくふつうだ.

▸Sparrows were **common** birds in Japan.
スズメは日本ではありふれた鳥だった.

❷ (…に)**共通の**, 共有の(to ...)

▸a **common** language 共通の言語

▸This problem is **common** to all big cities in Japan.
これは日本の大都市のすべてに共通する問題だ.

❸ 公共の(同義語 public)

▸**common** welfare 公共の福祉(ぶくし)

——名詞 (複数) **commons** [-z])

❶ C 共有地; 公園

▸Boston **Common** ボストンコモン
(♦ボストン市の中心にある公園)

❷《the Commons で》
(イギリスなどの)下院議員(全体), 下院

in cómmon 共通に

▸We have a lot **in common**.
わたしたちには共通点がたくさんある.

commonly [kámənli カモンり] 副詞
ふつう, 広く, 一般的に

common sense [kámən séns カモン センス] 名詞
U (経験で身についた)常識, 良識

commonwealth [kámənwèlθ カモンウェるす] 名詞

(複数) **commonwealths** [-s])

❶《the Commonwealth で》
英連邦(れんぽう)(♦イギリスと, 経済・通商の面で相互(そうご)協力を行っている旧英国植民地の国々(カナダ, オーストラリア, インドなど)との連合体; the Commonwealth of Nations ともいう)

❷ C《Commonwealth で》
(州・国家で構成される)連邦

❸ C 国家, 共和国; 国民(♦かたい語)

communicate

[kəmjú:nikèit コミューニケイト]
(★アクセントに注意) 動詞

(三単現) **communicates**
[kəmjú:nikèits コミューニケイツ];
(過去・過分) **communicated** [-id];
(現分) **communicating**)

——自 (…と)**通信する**, 連絡(れんらく)する; (…と)交際する, 通じる(with ...)

▸I often **communicate with** my sister in London by e-mail.
わたしはよく, ロンドンにいる姉[妹]とE メールで連絡を取り合う.

——他 (…に)(意思・情報など)**を伝える**, 知らせる(to ...)

▸I **communicated** my idea **to** them.
わたしは彼らに自分の考えを伝えた.

communication

[kəmjù:nikéiʃn コミューニケイシャン] 名詞
(複数) **communications** [-z])

U 伝達, 連絡(れんらく), コミュニケーション, 通信, 報道; C《communications で》通信[報道]機関

▸E-mail is a useful means of **communication**.
E メールは役に立つ通信手段だ.

▸a **communications** satellite
通信衛星

communism [kámjənìzm カミュニズム] 名詞 U 共産主義

communist [kámjənist カミュニスト] 名詞 ❶ C 共産主義者

❷《Communist で》C 共産党員

——形容詞 共産主義(者)の

community [kəmjú:nəti コミュニティ] 名詞 (複数) **communities** [-z])

C 地域社会(の人々); (利害・宗教などを同じくする)共同体, 団体, 社会; 《the community で》一般社会

▸a **community** college
コミュニティーカレッジ
(♦地域密着型の短期大学)

▸a **community** center
コミュニティーセンター, 公民館

▸a **community** channel
コミュニティーチャンネル(♦地域に密着した番組を放送するチャンネル)

commute [kəmjú:t コミュート] 動詞
(三単現) **commutes** [kəmjú:ts コミューツ]; (過去・過分) **commuted** [-id];
(現分) **commuting**) 自 通勤[通学]する

——名詞 C《ふつう単数形で》

《口語》通勤, 通学

commuter [kəmjúːtər コミュータ] **名詞**
C (長距離(ホょ)) 通勤[通学]者

compact (★形容詞・動詞・名詞のアクセントのちがいに注意)
形容詞 [kəmpǽkt コンパぁクト]
小さくまとまった, コンパクトな, 小型の
▶a **compact** car 小型乗用車
——**動詞** [kəmpǽkt コンパぁクト]
他 …をぎっしりと詰める; …を圧縮する
——**名詞** [kámpækt カンパぁクト]
C (化粧(けしょう)品を入れる)コンパクト;
《米》小型自動車

compact disk [kámpækt dísk
カンパぁクト ディスク] **名詞**
C コンパクトディスク(◆ CD と略す)

companion [kəmpǽnjən コンパぁニョン] **名詞 C** 仲間; 道連れ; 話し相手

company [kámpəni カンパニ]
名詞 (複数 companies [-z])

❶ 会社
❷ 同席, 同行
❸ 仲間
❹ 一団

❶ **C** 会社 (◆会社名では Co. と略す)
▶an airline **company** 航空会社
▶start a **company** 会社を起こす

ダイアログ
A: What kind of **company** do you work for?
　どちらの会社にお勤めですか?
B: I work for a publishing **company**.
　出版社に勤めています.

くらべよう **company** と **office**

company: 「ビジネスを目的に作られた組織」としての「会社」を指します.
▶She works for a trading **company**.
彼女は商社に勤めている.
office: 「場所や建物としての「会社」を指します.
▶He usually comes to the **office** at 10.
彼はたいてい 10 時に出社する.

❷ **U** 同席, 同行; つき合い
▶I enjoyed your **company** very much. あなたとごいっしょできて

ても楽しかったです.
❸ **U** 仲間, 友達
▶He keeps good **company**.
彼はよい友達とつき合っている.
❹ **C** 一団; (俳優などの)一座
▶a **company** of tourists
観光客の一団
❺ **U** 来客
▶We're having **company** (over) for dinner. 夕食にお客さんが来ます.

comparatively [kəmpǽrətivli
コンパぁラティヴリ] **副詞**
比較(かく)的, 割合; 比較すると

compare [kəmpéər コンペア]
動詞 (三単現 compares [-z]; 過去・過分
compared [-d]; 現分 comparing)
——他 ❶ …を比べる, 比較(かく)する;
《compare ... with [to] ～で》
…を～と比べる
▶**compare** prices 値段を比較する
▶Let's **compare** London **with** [**to**] New York.
ロンドンをニューヨークと比べよう.
❷《compare ... to ～で》
…を～にたとえる
▶Life is often **compared to** a voyage by sea.
人生はよく航海にたとえられる.
——自《compare with ... で》
…に匹敵(ひってき)する, 同等である
(◆ふつう否定文で用いる)
▶My old computer doesn't **compare with** this new one.
わたしの古いコンピューターはこの新しいものとは比べものにならない.

comparison [kəmpǽrəsn コンパぁリスン] **名詞 C U** 比較(かく); 【文法】(形容詞・副詞の)比較変化

compartment [kəmpáːrtmənt
コンパートメント] **名詞**
❶ **C** (列車の)個室, コンパートメント
❷ **C** 仕切り, 区画

compass [kámpəs カンパス] **名詞**
(複数 compasses [-iz])
❶ **C** 羅針盤(らしん); (方位を示す)コンパス, 磁石
❷ **C**《ふつう compasses で》
(円をえがくための)コンパス

compel [kəmpél コンペる] **動詞** (三単現
compels [-z]; 過去・過分 compelled

A B C D E F G H I J K L M N O P Q R S T U V W X Y Z

[-d]; (現分) **compelling**) 他
❶《compel ＋人＋to ＋動詞の原形で》
(人)に無理に…させる, …することを強(し)
いる
▶My mother **compelled** me to
stay home.
母はわたしに家にいることを強いた.
❷(態度・物事)を(人に)強要する
《from ...》(◆かたい語)

compete [kəmpíːt コンピート] 動詞
(三単現) **competes** [kəmpíːts コンピー
ツ]; (過去・過分) **competed** [-id];
(現分) **competing**)
自(…と)競争する, 争う《with [against] ...》
▶I **competed** with Bill for the
trophy. わたしはビルとトロフィーを
めぐって争った.

competition [kàmpitíʃən カンペティシャ
ン] 名詞 U 競争; C 競技(会), 試合
▶I'm going to enter the tennis
competition. わたしはそのテニス
競技会に参加するつもりだ.

complain [kəmpléin コンプれイン] 動詞
自(…について / …に)不平[苦情]を言う
《about [of] ... / to ...》; (正式に)訴(えった)え
る; (苦痛などを)訴える《of ...》
▶I **complained** to the waiter
about the food. わたしはウェイ
ターに食事のことで苦情を言った.
▶He **complained of** a toothache.
彼は歯が痛いと訴えた.

complaint [kəmpléint コンプれイント]
名詞 C U 不平, 苦情

·complete

[kəmplíːt コンプリート]
──形容詞 ❶ 全くの, 完全な
▶a **complete** stranger
全く見ず知らずの人
❷ 全部の, 全部そろった
▶the **complete** works of Natsume
Soseki 夏目漱石全集
❸《名詞の前には用いない》
完成して, 完了(かんりょう)して
▶Is your work **complete**?
仕事は終わった?
──動詞 (三単現) **completes** [kəmplíːts
コンプリーツ]; (過去・過分) **completed**
[-id]; (現分) **completing**)
他…を完成させる, 完全なものにする;
…を仕上げる

▶The new school building has
been **completed**.
新しい校舎が完成した.

completely [kəmplíːtli コンプリートり]
副詞 完全に, すっかり

complex (★形容詞・名詞のアクセント
のちがいに注意) 形容詞
[kάmpleks コンプれックス]
複雑な; 複合の(対義語 simple 単純な)
▶a **complex** problem 複雑な問題
──名詞 [kάmpleks カンプれックス]
(複数) **complexes** [-iz])
C 複合体; (建物などの)集合体; コンビ
ナート; 【心理学】コンプレックス
▶a cinema **complex**
シネコン, 複合映画館

complicate [kάmplikèit カンプり
ケイト] 動詞 (三単現) **complicates**
[kάmplikèits カンプりケイツ];
(過去・過分) **complicated** [-id];
(現分) **complicating**)
他…を複雑にする, 難しくする

complicated [kάmplikèitid カンプり
ケイティッド] 動詞 complicate(…を複雑
にする)の過去形・過去分詞
──形容詞 複雑な, 難しい
▶a **complicated** question
難しい質問

compliment [kάmpləmənt カンプりメ
ント] 名詞 C ほめことば, 賛辞

ダイアログ
A: You look great!
すてきなかっこうですね.
B: Thank you for the **compliment**.
ほめていただいてありがとうございます.

──動詞 [kάmpləmènt カンプりメント]
他(…について)(人)をほめる《on ...》

compose [kəmpóuz コンポウズ] 動詞
(三単現) **composes** [-iz]; (過去・過分)
composed [-d]; (現分) **composing**) 他
❶ (文・詩など)を作る; …を作曲する;
…を作図する
▶**compose** a poem [song]
詩を作る[歌を作曲する]
❷ …を構成する, 組み立てる;
《be composed of ＋名詞で》
…で構成されている
▶Japan is **composed of** four
main islands.
日本は4つの主要な島で構成されている.

composer [kəmpóuzər コンポウザ]
名詞 C 作曲家, 作者

composition [kàmpəzíʃn カンポズィシャン] 名詞 ❶ C (音楽・詩などの)作品; 作文
❷ U 作曲(法), 作詩(法), 作文(法)
❸ U 構成, 組み立て; (絵・写真の)構図

compound [kámpaund カンパウンド]
形容詞 合成の, 混合の
——名詞 ❶ C 合成物, 混合物;
【化学】化合物
❷ C 【文法】複合語

comprehend [kàmprihénd カンプリヘンド] 動詞 他 …を(十分に)理解する
(♦understand よりかたい語)

comprehension [kàmprihénʃn カンプリヘンシャン] 名詞
❶ U 理解(力)
❷ U C 読解力[聞き取り]練習
▶a listening **comprehension** test
リスニングテスト

comprehensive [kàmprihénsiv カンプリヘンスィヴ] 形容詞
包括(ほう)的な, 広範囲(はん)の(♦かたい語)

compromise [kámprəmàiz カンプラマイズ] 名詞 C U 妥協(だきょう), 歩み寄り
——動詞 (三単現 **compromises** [-iz];
過去・過分 **compromised** [-d];
現分 **compromising**)
⾃ 妥協する, 歩み寄る
▶make a **compromise** with ...
…と妥協する

compulsory [kəmpʌ́lsəri コンパるソリ]
形容詞 強制的な, 義務的な;
(英)(学科が)必修の(♦(米)required;
対義語 optional 選択の)
▶**compulsory** education 義務教育

:computer

[kəmpjúːtər コンピュータ] 名詞
(複数 **computers** [-z])
C コンピューター ⇒ p.134 図
▶use a **computer**
コンピューターを使う
▶play a **computer** game
コンピューターゲームをする
▶**computer** graphics
コンピューターグラフィックス
(♦コンピューターによる図形・画像処理; CG と略す)

conceal [kənsíːl コンスィーる] 動詞
他 …を隠(かく)す, 秘密にする

conceive [kənsíːv コンスィーヴ] 動詞
(三単現 **conceives** [-z]; 過去・過分 **conceived** [-d]; 現分 **conceiving**)
他 (考え・計画など)を思いつく, 心にえがく

concentrate [kánsəntrèit カンセントゥレイト] (★アクセントに注意) 動詞
(三単現 **concentrates** [kánsəntrèits カンセントゥレイツ];
過去・過分 **concentrated** [-id];
現分 **concentrating**)
他 (努力・注意)を(…に)集中する
《on [upon] ...》
▶I **concentrated** my attention **on** the actions of the magician.
わたしは手品師の動作に注意を集中した.
——⾃ 集まる; 注意[努力]を集中する

concentration [kànsntréiʃn カンセントゥレイシャン] 名詞
❶ U (精神・注意などの)集中; 専心
▶I focused my **concentration** on her speech. わたしは彼女のスピーチに精神を集中した.
❷ U C (人・ものの)集中

concept [kánsept カンセプト] 名詞
C 概念(がい), 観念, 考え

concern [kənsə́ːrn コンサ〜ン] 動詞 他
❶ …に関係がある, かかわる;
…に関することである
▶The problem **concerns** us, too.
その問題はわたしたちにも関係がある.
❷《be concerned **in** [with] ... で》
…に関係している; …に関心がある
▶She is not **concerned with** the accident.
彼女はその事故には関係していない.
❸ (人)を心配させる;《be concerned **about** ... で》…について心配する
▶I'm **concerned about** his illness.
彼の病気について心配しています.

as far as ... be concerned
《ふつう文頭に用いて》…に関するかぎり
▶**As far as** I am **concerned**, I have nothing to say.
わたしに関するかぎり, 何も言うことはありません.
——名詞 ❶ U 心配
❷ C 関心事

concerned [kənsə́ːrnd コンサ〜ンド]
形容詞
❶《名詞の後ろについて》関係している…

▸The people **concerned** talked about the problem.
関係者が問題を話し合った.

❷ 心配そうな

▸with a **concerned** look
心配そうな表情で

concert [kάnsərt カンサト] [名詞]
[C] 音楽会, 演奏会, コンサート
([類語] recital 独演会)
▸go to a **concert** コンサートに行く

concise [kənsáis コンサイス] (★アクセントに注意) [形容詞] 簡潔な

conclude [kənklúːd コンクるード] [動詞]
([三単現] **concludes** [kənklúːdz コンクるーヅ]; [過去・過分] **concluded** [-id]; [現分] **concluding**) [他]
❶ …と結論を下す, 決定する《that 節》
▸They **concluded** (**that**) they should change the plan.
彼らはその計画を変更すべきだと結論を下した.
❷ …を(…で)終える《by [with] ...》
▸She **concluded** her speech **by** saying a word of thanks.
彼女は感謝のことばでスピーチを終えた.
—[自] (会・話などが)終わる

conclusion [kənklúːʒn コンクるージャン] [名詞] [C] 結論, 決定, 結末, 結び
▸reach [come to] a **conclusion**
結論に達する
▸in **conclusion** 最後に, 結論として

concrete [kάnkriːt カンクリート] [名詞]
[U] コンクリート
—[形容詞] ❶ 具体的な; 有形の
([対義語] abstract 抽象的な)
❷ コンクリート製の

condemn [kəndém コンデム]
(★発音に注意) [動詞]
[他] (人)を(厳しく)非難する; (人)に有罪の判決を下す

condition [kəndíʃn コンディシャン]
[名詞] ❶ [U] 状態; 健康状態, 体調

computers

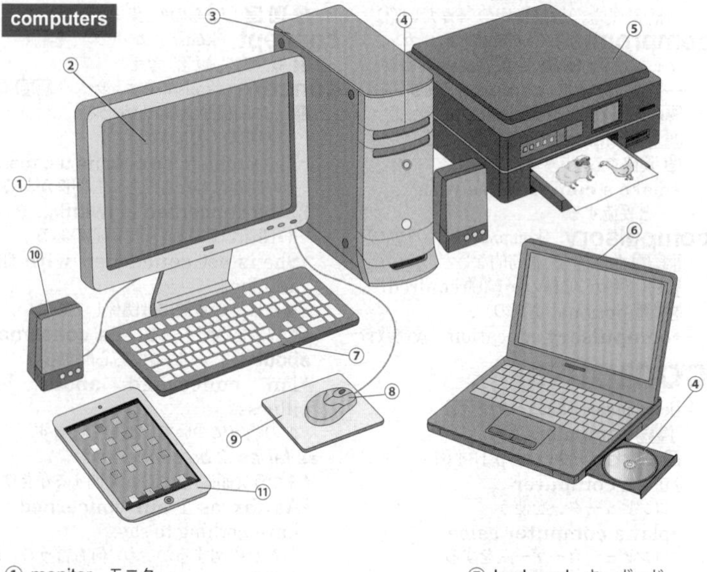

① monitor モニター
② screen スクリーン
③ tower computer タワー型コンピューター
④ CD / DVD-ROM drive CD / DVD-ROM ドライブ
⑤ printer プリンター
⑥ notebook computer, laptop ノート型コンピューター
⑦ keyboard キーボード
⑧ mouse マウス
⑨ mouse pad マウスパッド
⑩ speaker スピーカー
⑪ tablet (computer) タブレット型コンピューター

ダイアログ
A: How are you feeling?
体調はどうですか?
B: I'm in good [bad] **condition**.
調子がいい[悪い]です.

---

❷ Ⓒ《ふつう **conditions** で》
(周囲の)状況(じょうきょう)
▸Living **conditions** are improving
in the country.
その国の生活状況は改善しつつある.
❸ Ⓒ 条件
*on (the) condítion + that*節
…という条件で; もし…ならば(同義語 if)
▸I'll go to the party **on (the)
condition that** she'll be there.
彼女が出席するなら, そのパーティーに
行くよ.

conditioner [kəndíʃənər コンディショ
ナ] 名詞
Ⓒ 調整するもの; ヘアコンディショナー

condominium [kɑ̀ndəmíniəm カンド
ミニアム] 名詞
Ⓒ《米》分譲(ぶんじょう)マンション
(◆《米口語》condo ➡ mansion)

condor [kándər カンダ] 名詞
Ⓒ【鳥類】コンドル

conduct (★名詞・動詞のアクセントの
ちがいに注意) 動詞 [kəndʌ́kt コンダクト]
他 ❶ (オーケストラなど)を指揮する
▸**conduct** an orchestra
オーケストラを指揮する
❷ …を案内する, 導く;
【物理】(電気・熱)を伝える
❸ (調査・研究など)を行う, 指揮する
▸**conduct** a survey [research]
調査[研究]を行う
——名詞 [kándʌkt カンダクト]
Ⓤ (特に道徳的な)行い, ふるまい

conductor [kəndʌ́ktər コンダクタ]
名詞 ❶ Ⓒ (楽団の)指揮者; 案内人
▸a tour **conductor**
団体旅行のガイド, ツアーコンダクター
❷ Ⓒ (バス・列車などの)車掌(しゃしょう)
(◆《英》では列車の車掌は guard)
❸ Ⓒ (電気・熱などの)導体

cone [kóun コウン] 名詞
Ⓒ 円すい(形); 円すい形のもの
➡ **figures** 図
▸an ice-cream **cone**
アイスクリームのコーン

confectioner [kənfékʃənər コンフェ
クショナ] 名詞 Ⓒ 菓子(かし)屋, 菓子職人

confectionery [kənfékʃənèri コン
フェクショネリ] 名詞
(複数 **confectioneries** [-z])
Ⓤ 菓子(かし)類; Ⓒ 菓子店

conference [kánfərəns カンファレンス]
名詞 Ⓒ (…についての)会議, 協議会
《on ...》(◆ meeting より公式的な会議);
会見; Ⓤ 相談
▸a press **conference** 記者会見

confess [kənfés コンフェス] 動詞
(三単現 **confesses** [-iz]; 過去・過分
confessed [-t]; 現分 **confessing**)
他 …を白状[告白]する, 認める;
(罪)をざんげする
——自 白状する; ざんげする

confession [kənféʃn コンフェッシャン]
名詞 Ⓒ Ⓤ 自白, 告白; ざんげ

confidence [kánfidəns カンフィデンス]
名詞 ❶ Ⓤ (…に対する)信頼(しんらい), 信用
《in ...》(同義語 trust)
▸I have complete **confidence** in
her.
わたしは彼女を全面的に信頼している.
❷ Ⓤ (…に対する)自信, 確信《in ...》
▸Jim is always full of **confidence**
in himself.
ジムはいつも自信満々だ.

confident [kánfidənt カンフィデント]
形容詞 確信して, 自信をもって;
《be confident of ... [that節] で》
…を確信している
▸I'm **confident of** her victory.
わたしは彼女の勝利を確信している.

confine [kənfáin コンファイン] 動詞
(三単現 **confines** [-z]; 過去・過分
confined [-d]; 現分 **confining**) 他
❶ …を(ある範囲(はんい)に)限る, 制限する
《to ...》
❷ (人)を(…に)閉じこめる《to [in] ...》

confirm [kənfə́ːrm コンファ〜ム] 動詞
他 …を確認(かくにん)する

conflict (★名詞・動詞のアクセントのち
がいに注意) 名詞 [kánflikt カンふリクト]
Ⓒ Ⓤ 闘争(とうそう), 争い; (意見・利害などの)
衝突(しょうとつ), 対立
▸the **conflict** between the two
countries その2国間の対立
——動詞 [kənflíkt コンふリクト]
自 (…と)対立する《with ...》

A B C D E F G H I J K L M N O P Q R S T U V W X Y Z

confuse [kənfjúːz コンフューズ] **動詞**
(三単現 **confuses** [-iz]; 過去・過分
confused [-d]; 現分 **confusing**) 他
❶ …を混同する;
《**confuse ... with [and] ～で**》
…を～と取りちがえる
▶I always **confuse** Meg **with** her
little sister. わたしはいつもメグを
彼女の妹とまちがえる.
❷ …の頭を混乱させる, まごつかせる

confused [kənfjúːzd コンフューズド]
形容詞 混乱した, まごついた;
明確でない, わかりにくい

confusing [kənfjúːziŋ コンフューズィング]
形容詞 まぎらわしい, まごつかせる

confusion [kənfjúːʒn コンフュージャン]
名詞 ❶ U 混乱, 乱雑な状態; 混同
❷ U (精神的な)混乱, 当惑(とうわく)

Congo [káŋgou カンゴウ] 名詞 コンゴ
(♦アフリカ中部の共和国; 首都はブラザ
ビル Brazzaville)

congratulate [kəngrǽtʃulèit コングラぁ
チュレイト] 動詞 (三単現 **congratulates**
[kəngrǽtʃulèits コングラぁチュレイツ];
過去・過分 **congratulated** [-id];
現分 **congratulating**)
他 《**congratulate ＋人＋ on ＋名詞で**》
(人)の…を祝う, (人)に…のことでお祝い
を言う(♦「(誕生日など記念日)を祝う」は
celebrate を使う)
▶I'd like to **congratulate** you **on**
your victory.
あなたの勝利を祝いたい.

congratulation [kəngrǽtʃəléiʃn
コングラぁチュれイシャン] 名詞
❶ U 祝賀, 祝い
❷《**congratulations** で》
(…についての)祝いのことば《on ...》

ダイアログ
A: **Congratulations on** your
graduation! 卒業おめでとう！
B: Thank you. ありがとう.

138 one hundred and thirty-six

[参考] **Congratulations! の使い方**

Congratulations! は, ふつう努力に
より何かを達成した人に対して使いま
す. 結婚(けっこん)を祝うときにも使います
が, 誕生日などの記念日を祝うときは
使いません.

congress [káŋgres カングレス] 名詞
(複数 **congresses** [-iz])
❶ C 会議, 大会; 学会
❷ U《**Congress** で》
(アメリカの)国会, 議会(♦「日本の国会」は
Diet, 「イギリス議会」は Parliament)

connect [kənékt コネクト] 動詞
他 (2つ以上のもの)を結びつける, 接続
する(同義語 join, link);
…を結びつけて考える;《**connect ...
with [to] ～で**》…と～を結びつける
▶**connect** the speakers **to** a PC
スピーカーをパソコンに接続する
▶The train **connects** Boston **with**
New York. その列車はボストンと
ニューヨークを結んでいる.
━ 自 (…と)連絡(れんらく)する, つながる《with ...》
▶This flight **connects** in Paris
with a flight to Rome.
この航空便はパリでローマ行きの便と
接続します.

Connecticut [kənétikət コネティカッ
ト] 名詞 コネチカット(♦アメリカ北東部の
州; Conn. または【郵便】で CT と略す)

connection [kənékʃn コネクシャン]
名詞 ❶ C U (…との /…の間の)関係,
つながり《with ... / between ...》
▶There was no **connection**
between the two events. 2つの
出来事の間には何の関係もなかった.
❷ C 連結, 連絡(れんらく), (電話などの)接続,
(交通機関の)接続便
❸ C《**connections** で》縁故(えんこ), コネ

conquer [káŋkər カンカ] 動詞
他 …を征服(せいふく)する; …に打ち勝つ

conqueror [káŋkərər カンカラ] 名詞
C 征服(せいふく)者

conquest [kánkwest カンクウェスト]
名詞 U 征服(せいふく)

conscience [kánʃəns カンシェンス]
(★発音に注意) 名詞 C U 良心

conscious [kánʃəs カンシャス] 形容詞
《名詞の前には用いない》
❶ (…に)気づいて, (…を)意識して

《of ... [that節]》
(**対義語** unconscious 気づかない)
▶He is not **conscious of** his bad habits.
彼は自分の悪い癖(⬚)に気づいていない.
❷ 意識のある, 正気の
▶become **conscious** 意識を回復する
▶He was **conscious** during the operation.
手術の間, 彼は意識があった.

consensus [kənsénsəs コンセンサス]
名詞 U《または **a consensus** で》
(意見などの)一致(⬚), コンセンサス; 総意
▶reach **a consensus** 合意に達する

consent [kənsént コンセント] **動詞** 自
(…に)同意する(to ...)(**同義語** agree)
――**名詞** U 同意, 承諾(⬚)

consequence [kánsikwèns カンセクウェンス] **名詞** C 結果(**同義語** result)

consequently [kánsikwèntli カンセクウェントリ] **副詞** その結果, したがって

conservative [kənsə́ːrvətiv コンサ〜ヴァティヴ] **形容詞** 保守的な, 保守主義の

・consider [kənsídər コンスィダ]
動詞 (**三単現** considers [-z];
過去・過分 considered [-d];
現分 considering)
――他 ❶ …をよく考える, 熟考(⬚)する; …を考慮(⬚)に入れる
▶You should **consider** the plan carefully.
あなたはその計画を慎重に考慮すべきだ.
❷《**consider** ＋人・もの・こと＋(**to be** ＋)名詞[形容詞]で》
(人・もの・こと)を…とみなす[思う]
▶I **consider** her a great leader.
彼女は偉大(⬚)な指導者だと思う.
――自 よく考える

considerable [kənsídərəbl コンスィダラブる] **形容詞** かなりの, 相当な
▶**considerable** time かなりの時間

considerably [kənsídərəbli コンスィダラブり] **副詞** かなり, ひどく
▶His English has improved **considerably**.
彼は英語がかなり上達した.

considerate [kənsídərit コンスィダレット] **形容詞** 思いやりのある

consideration [kənsìdəréiʃn コンスィダレイシャン] **名詞**

❶ U よく考えること, 考慮(⬚);
C 考慮すべき事柄(⬚)
▶take ... into **consideration**
…を考慮に入れる
❷ U (…への)思いやり《for ...》

consist [kənsíst コンスィスト] **動詞** 自
❶《**consist of ...** で》…から成る
▶Indonesia **consists of** a lot of islands.
インドネシアは多くの島々から成る.
❷《**consist in ...** で》…にある, 存在する
▶The charm of Nara **consists in** the beauty of its old temples.
奈良の魅力(⬚)は古い寺の美しさにある.

consonant [kánsənənt カンソナント]
名詞 C 【音声】子音(⬚)
(♦「母音」は vowel)

constant [kánstənt カンスタント]
形容詞 不変の, 一定の; 絶え間のない

constantly [kánstəntli カンスタントり]
副詞 絶えず, いつも

constitute [kánstitjùːt カンスティテュート]
動詞 (**三単現** constitutes [kánstitjùːts カンスティテューツ];
過去・過分 constituted [-id];
現分 constituting)
他《進行形にしない》…を構成する

constitution [kànstitjúːʃn カンスティテューシャン] **名詞**
❶ C《しばしば **the Constitution** で》
(ある国の)憲法
▶the **Constitution** of Japan
日本国憲法
❷ C 構成, 構造, 組織; 体格, 体質

construct [kənstrʌ́kt コンストゥラクト]
動詞 他 …を組み立てる, (家など)を建造する(**対義語** destroy 破壊(⬚)する);
(文章・理論など)を組み立てる

construction [kənstrʌ́kʃn コンストゥラクシャン] **名詞**
U 建造, 建設(**対義語** destruction 破壊(⬚)); C 建築物; U 構造, 建て方
under constrúction 工事中で
▶The expressway is **under construction**.
その高速道路は工事中だ.

consult [kənsʌ́lt コンサるト] **動詞**
他 (専門家)に相談する; (医者)に診(⬚)てもらう; (本など)を調べる

a b c d e f g h i j k l m n o p q r s t u v w x y z

▶**consult** a lawyer
弁護士に相談する

consultant [kənsʌ́ltənt コンサるタント]
名詞 C （専門的な）相談役，顧問(ﾐﾝ)，コンサルタント

consume [kənsúːm コンスーム] 動詞
（三単現 **consumes** [-z]; 過去・過分
consumed [-d]; 現分 **consuming**）
他 …を消費する，使い果たす；
…を食べ[飲み]尽(ｸ)くす
▶**consume** a lot of energy
たくさんのエネルギーを消費する

consumer [kənsúːmər コンスーマ]
名詞 C 消費者（対義語 producer 生産者）

consumption [kənsʌ́mpʃn コンサンプ
シャン] 名詞 U 消費；消費量
▶the **consumption** tax 消費税

contact [kántækt カンタぁクト] 名詞
❶ U （…との）接触(ﾂ)；関係《with ...》
❷ C 《**contacts** で》縁故(ｴﾝ)，コネ
──動詞 他 …と連絡(ﾗｸ)をとる
▶Please **contact** me as soon as
possible.
できるだけ早く連絡してください.

contact lens [kántækt lènz カンタぁ
クト れンズ] 名詞 C 《しばしば **contact**
lenses で》コンタクトレンズ

contain [kəntéin コンテイン] 動詞
他 …が入っている，…をふくむ
▶This box **contains** apples.
この箱にはリンゴが入っている.

container [kəntéinər コンテイナ]
（★アクセントに注意）名詞
❶ C 容器，入れ物
❷ C （貨物(ﾓｯ)輸送用の）コンテナ

contemporary [kəntémpərèri
コンテMポレリ] 形容詞 現代の；同時代の
▶**contemporary** music 現代音楽
──名詞 （複数 **contemporaries** [-z]）
C 同時代の人

content¹ [kántent カンテント]
（★ content² とのアクセントのちがいに
注意）名詞
❶ 《**contents** で》（箱・びんなどの）中身
❷ 《**contents** で》（本などの）目次
❸ U 【コンピューター】コンテンツ
（◆ウェブサイトなどの情報内容）

content² [kəntént コンテント]
（★ content¹ とのアクセントのちがいに
注意）形容詞 《名詞の前には用いない》
（…に）満足している《with ...》

▶He is **content with** his job.
彼は自分の仕事に満足している.

contest [kántest カンテスト]
名詞 （複数 **contests** [-s]）
C 競争；コンクール，コンテスト，競技会
▶enter a speech **contest**
スピーチコンテストに参加する

continent [kántənənt カンティネント]
名詞 ❶ C 大陸（◆アジア，アフリカ，北
米，南米，南極，ヨーロッパ，オーストラ
リアのうちの一つ）
❷ 《the Continent で》
（イギリスから見た）ヨーロッパ大陸

continental [kàntənéntl カンティネン
トゥる] 形容詞 大陸の，大陸的な；《英》（イ
ギリスから見て）ヨーロッパ大陸の
▶**continental** breakfast
ヨーロッパ大陸風の朝食
（◆コーヒーとパン程度の簡単な朝食）
➡ **English breakfast**

continue [kəntínjuː コンティニュー] 動詞
（三単現 **continues** [-z]; 過去・過分
continued [-d]; 現分 **continuing**）
──他 …を続ける；（中断後，再び）…を続
ける
▶I **continued** reading [to read]
the book until ten.
わたしは10時までその本を読み続けた.
▶After a short break, Kevin
continued his work.
少し休んだあと，ケビンは仕事を続けた.
──自 続く；（…を）続ける《with ...》
▶The practice **continued** for two
hours. 練習は2時間続いた.
To be continued. （連続ドラマや小説
の終わりで）続く，以下次号[次回].

continuous [kəntínjuəs コンティニュア
ス] 形容詞 連続的な，絶え間ない

contract （★名詞・動詞のアクセントの
ちがいに注意）名詞 [kántrækt カントゥ
ラぁクト] C 契約(ﾔｸ)；契約書
──動詞 [kəntrǽkt コントゥラぁクト]
他 （…と）…の契約をする《with ...》
──自 （…と）…の）契約をする
《with ... / for ...》

contrary [kántreri カントゥレリ] 形容詞
反対の，逆の
▶a **contrary** opinion 反対意見

cóntrary to ... …に反して

——**名詞**《**the contrary** で》正反対, 逆

on the cóntrary
それどころか, それとは逆に

contrast (★名詞・動詞のアクセントのちがいに注意)

名詞 [kántræst カントゥラぁスト]

C **U** (…との)対比, 対照, コントラスト《**with** [**to**] ...》; (…の間の)相違(登), ちがい《**between** ...》

▶The black dog made a **contrast with** the white snow.
その黒いイヌは白い雪と対照をなしていた.

in cóntrast (…と)対照的に《**with** [**to**] ...》

——**動詞** [kəntrǽst コントゥラぁスト]

⊕ …を(…と)対比させる, 比べてちがいを明らかにする《**with** ...》

contribute [kəntríbju:t コントゥリビュート] (★アクセントに注意) **動詞** (**三単現** **contributes** [kəntríbju:ts コントゥリビューツ]; **過去・過分** **contributed** [-id]; **現分** **contributing**)

⊕ …を(…に)寄付する, ささげる《**to** ...》; …を(新聞・雑誌などに)寄稿(誉)する, 投稿する《**to** ...》

▶**contribute** money **to** that NGO
その NGO にお金を寄付する

——⊜ (…に)寄付する, 貢献(尝)する《**to** ...》

contribution [kɑ̀ntribjú:ʃn カントゥリビューシャン] **名詞**

U 寄付, 寄贈(尝); **C** 寄付金, 寄贈物; **U** 《または **a contribution** で》(…への)貢献(尝)《**to** ...》

control [kəntróul コントゥロウる]

——**動詞** (**三単現** **controls** [-z]; **過去・過分** **controlled** [-d]; **現分** **controlling**) ⊕
❶ (感情など)を抑(誉)える; …を調節する

▶**control** *one's* anger 怒(誉)りを抑える

❷ …を支配する, 統制する, 管理する

▶The government **controls** the import of some foods. 政府はいくつかの食品の輸入を管理している.

——**名詞** **❶** **U** 管理, 支配, コントロール

▶remote **control** 遠隔(登)操作

▶a **control** tower (空港(登)の)管制塔(登)

❷ **C** 《**controls** で》(機械の)操作装置

convenience [kənví:njəns コンヴィーニャンス] **名詞**

U 便利, 好都合; **C** 便利なこと[もの]

convenience store [kənví:njəns stɔ:r コンヴィーニャンス ストーア] **名詞** **C** コンビニエンスストア

convenient [kənví:njənt コンヴィーニャント] **形容詞**
(もの・場所・時間などが)便利な, 都合がいい(**対義語** inconvenient 不便な)

▶a **convenient** place for shopping
買い物をするのに便利な場所

▶Is next Monday **convenient** for you?
今度の月曜日はご都合がつきますか?
(♦ convenient は「人」を主語にしない; ×Are you convenient next Monday? とはいわない)

convention [kənvénʃn コンヴェンシャン] **名詞**

❶ **U** **C** (世間一般の)慣習, しきたり

❷ **C** 大会, 定例協議会

❸ **C** (多国間・国際組織の)協定

conventional [kənvénʃənl コンヴェンショヌる] **形容詞** 慣習による, 伝統的な, 従来の; 協定による; 月並みな

conversation [kɑ̀nvərséiʃn カンヴァセイシャン] **名詞** **C** **U** (くだけた)会話, 対談

▶an English **conversation** class
英会話の授業

▶have [start] a **conversation**
会話をする[始める]

convert (★動詞・名詞のアクセントのちがいに注意) **動詞** [kənvá:rt コンヴァ〜ト]
⊕ …を(…に)変える《**into** ...》; (人)を改宗させる, (人の信条)を転向させる

——**名詞** [kɑ́nvə:rt カンヴァ〜ト]

C 改宗者, 転向者

convince [kənvíns コンヴィンス] **動詞**
(**三単現** **convinces** [-iz]; **過去・過分** **convinced** [-t]; **現分** **convincing**)
⊕ …を確信させる, 納得(尝)させる; 《**be convinced of ...** [**that** 節] で》…を確信している

cook [kúk クック]

——**名詞** (**複数** **cooks** [-s])

C コック, 料理人; 料理をする人

▶Tom is a good **cook**. トムは料理がじょうずだ. (= Tom cooks well.)

——**動詞** (**三単現** **cooks** [-s];
過去・過分 **cooked** [-t]; **現分** **cooking**)

——⊕ (熱を加えて)…を料理する

A B **C** D E F G H I J K L M N **O** P Q R S T U V W X Y Z

(♦熱を加えないときは make, fix などを用いる);《**cook ＋人＋名詞**で》(人)に…を料理する ➡ 下図

▶**cook** fish for lunch
昼食に魚を料理する

▶**cook** dinner 夕食を作る

▶I **cooked** them Japanese food.
(＝ I **cooked** Japanese food for them.)
わたしは彼らに和食を作ってあげた.

——自 料理する;(食べ物が)料理される

▶I often **cook**.
わたしはよく料理をする.

▶**cook** quickly 火の通りが早い

cookbook [kúkbùk クックブック] 名詞
C 《米》料理の本(《英》cookery [kúkəri クカリ] book)

cooker [kúkər クカ] 名詞
C (なべ・かまなどの)料理用器具;
《英》(料理用の)レンジ, コンロ
(♦《米》stove)

▶a rice **cooker** 炊飯(はい)器

cookie, cooky [kúki クキ] 名詞
(複数 **cookies** [-z])
C 《主に米》クッキー(♦《英》biscuit)
➡ biscuit 文化

°cooking [kúkiŋ クキング]

——動詞 cook(…を料理する)の現在分詞・動名詞

——名詞 U 料理;料理法

▶Japanese **cooking**
日本料理

——形容詞《名詞の前に用いて》料理用の

°cool [kú:l クール]

——形容詞 (比較 cooler; 最上 coolest)

❶ 涼(す)しい;(適度に)冷たい
(対義語 warm 暖かい) ➡ cold くらべよう

▶It's **cool** today. 今日は涼しい.

❷ 冷静な, 落ち着いた (同義語 calm)

▶a **cool** head 冷静な頭脳

▶He is always **cool**.
彼はいつも冷静だ.

❸ (…に対して)冷淡(なん)な, 無関心な
《toward [to] ...》

▶a **cool** greeting 冷淡なあいさつ

▶He was **cool toward** me.
彼はわたしに対して冷たかった.

❹《米口語》かっこいい, すてきな

ダイアログ

A: This is a gift for you.
これ, きみにおみやげだよ.

B: Oh, thank you. It's so **cool**.
まあ, ありがとう. とてもすてきだわ.

cook

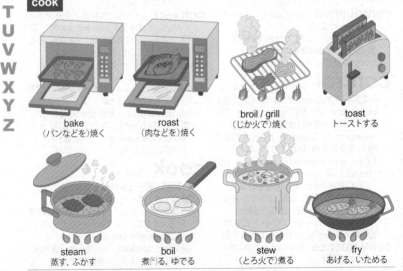

bake
(パンなどを)焼く

roast
(肉などを)焼く

broil / grill
(じか火で)焼く

toast
トーストする

steam
蒸す, ふかす

boil
煮(に)る, ゆでる

stew
(とろ火で)煮る

fry
あげる, いためる

——**動詞** (**三単現** cools [-z];
過去・過分 cooled [-d]; **現分** cooling)
他 (人・もの・場所)を冷やす, 涼しくする

cooler [kúːlər クーら] **形容詞**
cool(涼しい)の比較級
——**名詞** C (飲み物や食べ物の)冷却器, クーラーボックス(◆日本語の「クーラー(冷房装置)」は air conditioner)

co-op [kóuàp コウアプ] **名詞**
《the co-op で》
《口語》生活協同組合, 生協
(◆ cooperative society を短縮した語)

cooperate [kouápərèit コウアパレイト]
動詞 (**三単現** cooperates [kouápərèits コウアパレイツ]; **過去・過分** cooperated
[-id]; **現分** cooperating)
自 (人と)協力[協同]する《with ...》
▶We **cooperate with** the community in recycling.
わたしたちはリサイクルで地域の人々と協力しています.

cooperation [kouàpəréiʃn コウアパレイシャン] **名詞** U 協力, 協同
▶Thank you very much for your **cooperation**.
ご協力ほんとうにありがとうございます.

cop [káp カップ] **名詞** C (口語)おまわりさん, 警官(◆呼びかけでは officer)

copper [kápər カパ] **名詞**
U 【化学】銅(◆元素記号は Cu); C 銅貨

copy [kápi カピ]
——**名詞** (**複数** copies [-z])
❶ C 写し, 複写, コピー(◆コピー機によるもの以外に書き写したものも指す);
(絵画などの)複製
▶a **copy** of a Picasso
ピカソの作品の複製
▶I made two **copies** of the letter.
わたしは手紙のコピーを2通とった.
❷ C (同じ本などの)冊, 部
▶six **copies** of the Bible 聖書6冊
——**動詞** (**三単現** copies [-z];
過去・過分 copied [-d]; **現分** copying)

——他 …を写す, …のコピーをとる;
…をまねする
▶**copy** a few lines from the book
その本から数行を写す
——自 複写する, コピーする

copyright [kápiràit カピライト] **名詞**
C U 著作権, 版権

coral [kɔ́ːrəl コーラる] **名詞** U サンゴ

coral reef [kɔ́ːrəl ríːf コーラる リーふ]
名詞 C サンゴ礁

cord [kɔ́ːrd コード] **名詞**
C U 綱, ひも; (電気の)コード

core [kɔ́ːr コーア] **名詞** C (ナシ・リンゴなどの)しん; (物事の)核心

cork [kɔ́ːrk コーク] **名詞**
U コルク; C (びんの)コルク栓

corn [kɔ́ːrn コーン] **名詞**
❶ U 《主に米》トウモロコシ
(◆《英》maize, Indian corn)
▶a field of **corn** トウモロコシ畑

文化 最もアメリカ的な作物

アメリカの代表的な農作物の一つ, トウモロコシは, もともと先住民が栽培していたものです. コロンブスのアメリカ大陸到達以後, 世界じゅうに広まりました. ポップコーン(popcorn), コーンフレーク(cornflakes)などのほか, 最近ではバイオ燃料の原料としても注目されています.

❷ U 《英》小麦 (同義語 wheat); 穀物
(同義語 cereal)

corner [kɔ́ːrnər コーナ]
名詞 (**複数** corners [-z])
❶ C 角, 曲がり角
▶The bank is on the **corner**.
その銀行は角にある.
▶Turn left at the second **corner**.
2番めの角を左に曲がってください.
❷ C 隅, 端
▶in the **corner** of a room
部屋の隅に

around [round] the córner

① 角を曲がったところに
▶The theater is **around the corner**.
その劇場は角を曲がったところです.

② (距離(๒)的・時間的に)すぐそこに
▶Summer vacation is just **around the corner**.
夏休みはもうすぐだ.

cornfield [kɔ́ːrnfiːld コーンフィールド]
名詞 C (米)トウモロコシ畑; (英)小麦畑

cornflakes [kɔ́ːrnflèiks コーンふレイクス]
名詞 《複数あつかいで》コーンフレーク

corporation [kɔ̀ːrpəréiʃn コーポレイシャン] 名詞 C 法人; (米)株式会社, 有限会社(♦ corp., Corp. と略す)

correct [kərékt コレクト]
(★ collect との発音のちがいに注意)

——形容詞 (比較 more correct;
最上 most correct)
正しい, 正確な, 誤りのない (対義語 incorrect 不正確な, false まちがった)
▶a **correct** answer
正しい答え
▶the **correct** time
正確な時間
▶He is always **correct** in his calculations.
彼は計算がいつも正確だ.

——動詞 (三単現 corrects [kərékts コレクツ]; 過去・過分 corrected [-id];
現分 correcting)
⦿ (誤り)を訂正(ひ)する, 直す
▶She **corrected** the errors in my homework.
彼女はわたしの宿題のまちがいを直してくれた.

correction [kərékʃn コレクシャン]
名詞 U C 訂正(ひ); 校正; 添削(な);
訂正箇所(な)

correctly [kəréktli コレクトり] 副詞
正しく, 正確に

correspond [kɔ̀ːrəspánd コーレスパンド] 動詞 ⦿ (…と)一致(ぱ)する;
(人と)文通する《with ...》
▶My mother **corresponded** with a friend of hers in Canada.
わたしの母はカナダの友人と文通していた.

correspondence [kɔ̀ːrəspándəns コーレスパンデンス] 名詞
U C 通信, 文通; 書簡; 一致(ぱ)

correspondent [kɔ̀ːrəspándənt コーレスパンデント] 名詞
C 記者, 特派員; 文通する人

corridor [kɔ́ːridər コーリダ] 名詞
C (学校・ホテル・列車の)通路, 廊下(ろ)

corrupt [kərápt コラプト] 形容詞
道徳的でない, 堕落(ら)した
——動詞 ⦿ …を堕落させる, だめにする
——⦿ 堕落する, だめになる

cosmos¹ [kázməs カズモス] (★発音に注意) 名詞 (複数 cosmos または cosmoses [-iz]) C 【植物】コスモス

cosmos² [kázməs カズモス] 名詞
《the cosmos で》宇宙
(同義語 universe)

cost [kɔ́ːst コースト] (★発音に注意)
——名詞 (複数 costs [kɔ́ːsts コースツ])
C U 値段, 費用; 原価
▶the **cost** of living 生活費
▶I bought the picture at a **cost** of one million yen.
わたしは 100 万円でその絵を買った.

at áll cósts = at ány cóst
どんな犠牲(ば)を払(は)っても, ぜひとも
——動詞 (三単現 costs [kɔ́ːsts コースツ];
過去・過分 cost; 現分 costing) ⦿
❶ (費用)がかかる;(値段が)(金額)である

ダイアログ
A: How much did the party **cost** (you)?
そのパーティーにはいくらかかりましたか?
B: It **cost** (us) one hundred dollars.
100 ドルかかりました.

❷ (時間・労力)がかかる
▶The homework **cost** me a lot of time. 宿題にとても時間がかかった.

costly [kɔ́ːstli コーストリ] 形容詞
(比較 **costlier**; 最上 **costliest**)
高価な(同義語 expensive);ぜいたくな

costume [kɑ́stjuːm カスチューム] 名詞
C U (ある時代・民族・地方などに特有の)
服装;(演劇などの)衣装(いしょう)

cottage [kɑ́tidʒ カテッヂ] 名詞
C (郊外(こうがい)の)小さな家;(米)(避暑(ひしょ)
地などの小さな)別荘(べっそう), コテージ

cotton [kɑ́tn カトゥン] 名詞

❶ U 【植物】綿, 綿花
▶grow **cotton**
綿を栽培(さいばい)する
▶a **cotton** field 綿花畑
(♦アメリカ南部の綿花生産地帯)

文化 綿と奴隷(どれい)制度

1800年代, アメリカの綿の生産は, 主
に the Cotton Belt と呼ばれる南部の
地域で盛(さか)んでしたが, 綿花を摘(つ)み
取る人手が足りなかったため, アフリ
カから多くの黒人が奴隷として連れて
来られました. アメリカ南部で奴隷制
度が発達したのは, こうした綿の生産
とのかかわりによるものです. その後,
綿摘みは機械化されました.

❷ U 木綿(もめん), 木綿の糸
▶a **cotton** dress 綿のドレス

cotton candy [kɑ́tn kǽndi カトゥン
キャンディ] 名詞 U (米)綿菓子(わたがし)
(♦(英)candyfloss)

couch [káutʃ カウチ] (★発音に注意)
名詞 (複数 **couches** [-iz])
C 寝(ね)いす, 長いす ⇒ **chairs** 図

cough [kɔ́ːf コーふ] (★発音に注意)
動詞 (自 せきをする, せき払(ばら)いをする
▶I **cough** badly.
ひどくせきが出ます.
——名詞 C (単数形で)せき, せき払い
▶give a **cough**
せきをする

could [kúd クッド; kəd (クド)]
(★発音に注意) 助動詞 (can の過去形)

❶《過去の事実を述べて》…することが
できた, …する能力があった
⇒ **able** くらべよう
▶He **could** ski at age of five.
彼は5歳(さい)のときにはスキーをするこ
とができた.
▶We **could**n't win the game.
わたしたちは試合に勝つことができな
かった.
▶Ann said (that) she **could** swim
fast. アンは速く泳げると言った.
(= Ann said, "I can swim fast.")

❷《**Could you** ...? でていねいな依頼(いらい)
を表して》…していただけませんか?;
《**Could I [we]** ...? でていねいに許可を
求めて》…していいですか?
▶**Could you** speak a little more
slowly? もう少しゆっくり話していた
だけませんか?

ダイアログ
A: **Could I** take pictures here?
ここで写真を撮(と)ってもいいですか?
B: Of course, you can. / I'm afraid
you can't.
もちろんいいですよ. / 申し訳ありませ
んが, だめです. (♦返答にはふつう
could ではなく can を用いる)

❸《現在の事実に反することを仮定する
ときに用いて》(もし…ならば)…できるの
だが; (もし)…できるならば
▶If I had wings, I **could** fly in the
sky.
もし翼(つばさ)があれば, 空を飛べるのに.
⇒ **if** ルール ❷
▶I wish I **could** swim like a
dolphin.
イルカのように泳げたらなあ. ⇒ **wish** ❹

couldn't [kúdnt クドゥント]
(口語)could not の短縮形

council [káunsl カウンスる] 名詞
C 会議, 協議会; 地方議会
▶a student **council**
(米)生徒会

counsel [káunsl カウンスる] 名詞
U C (専門的な)助言(♦advice よりかた
い語); (法廷(ほうてい))弁護人

a b c d e f g h i j k l m n o p q r s t u v w x y z

A
B
C
D
E
F
G
H
I
J
K
L
M
O
P
Q
R
S
T
U
V
W
X
Y
Z

counseling, (英)counselling
[káunsliŋ カウンスリング] 名詞
Ｕ (専門家による) カウンセリング, 助言

counselor, (英)counsellor
[káunslər カウンスら] 名詞
❶ Ｃ 顧問(こもん), 助言者; カウンセラー
(◆悩(なや)みごとなどに助言する専門家)
❷ Ｃ (米)弁護士((同義語) lawyer)

*count [káunt カウント] 動詞

(三単現 counts [káunts カウンツ];
過去・過分 counted [-id];
現分 counting)
——他 ❶ …を数える, 合計する; …を計算する
▶count ten 10 まで数える
▶count the change
おつりを数える
▶Ms. Baker counted how many students were absent.
ベーカー先生は何人の学生が欠席しているか数えた.

文化 数の数え方

❶ 指で数える: 英米などでは, 指で数を数えるとき, 人差し指または親指から順番に開いていきます.
[人差し指から開いて]

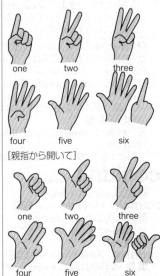

one　two　three

four　five　six

[親指から開いて]

one　two　three

four　five　six

❷ タリー(tally): 日本では, 数を数えるとき「正」の字を使い, 「正Ｔ」のように表しますが, 英米では「卌Ⅱ」のように「卌」を使って表します. この印を tally (marks) といいます.

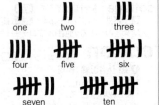

one　two　three

four　five　six

seven　ten

❷ …を数に入れる; …を仲間に入れる((in ...))
▶Count me in!
わたしも仲間に入れて!
❸ …とみなす, …と考える
▶I count him among the best students.
わたしは彼を最も優秀(ゆうしゅう)な生徒の一人だと考えている.
——自 (…まで)数える((to ...))
▶count from one to ten in English 英語で 1 から 10 まで数える
count dówn 数を多いほうから少ないほうへ逆に数える(◆ロケットの打ち上げや新年を迎(むか)えるときの秒読みなど)
cóunt on ... = cóunt upon ...
…を当てにする, たよりにする

counter [káuntər カウンタ] 名詞
❶ Ｃ (銀行・店などの)カウンター
❷ Ｃ 計算器

countless [káuntləs カウントれス]
形容詞 無数の, 数えきれないほどの

countries [kʌ́ntriz カントゥリズ] 名詞
country(国)の複数形

*country [kʌ́ntri カントゥリ]

——名詞 (複数 countries [-z])
❶ Ｃ 国, 国家; 《the country で単数あつかい》国民(全体)
▶a rich [poor] country
豊かな[貧しい]国
▶travel all over the country
国じゅうを旅行する
▶a developed [developing] country
先進[発展途上(とじょう)]国
▶What country do you want to go to? どこの国へ行きたいですか?

くらべよう country, nation, state

country: 地理的に国土を強調した語です.「国」を表す語としては最も一般的です.

nation: 国民の集まりとしての国を指します.
▸the **nations** of Europe
ヨーロッパ諸国

state: 政治的なまとまりとしての国を指します.
▸a democratic **state** 民主主義国家

❷ C 祖国, 故郷
▸His **country** is Brazil.
彼の故郷はブラジルだ.

❸ 《the country で》いなか, 農村
(**同義語** the countryside,
対義語 the town 都会)
▸live in **the country** いなかに住む

❹ U 地方, 地域, 土地
▸wooded **country** 森林地方
(♦ wooded の発音は[wúdid ウディッド])
──**形容詞**《名詞の前に用いて》
いなかの, 地方の

countryside [kʌ́ntrisàid カントゥリサイド] **名詞**
U《ふつう the countryside で》
いなか, 農村, 田園地帯

county [káunti カウンティ] **名詞**
(**複数** counties [-z])
❶ C (米)郡(♦ 州(state)の下位の行政区分)
❷ C (英)州(♦行政上の最も大きな区分; 日本の県にあたる)

couple [kʌ́pl カプる] **名詞**
(**複数** couples [-z])
❶ C 1組の男女; 夫婦(ふうふ), 婚約(こんやく)した男女(♦ 1組の男女をひとまとまりと考えるときは単数あつかい, 男女それぞれに重点を置くときは複数あつかい)
▸a married **couple** 夫婦
❷ C 一対(いっつい), (同種類のものの)2つ

a couple of ... ① 2つの…, 2人の…
▸a couple of dogs 2匹(ひき)のイヌ
② 2, 3の…; いくつかの…
▸a couple of weeks ago
2, 3週間前に
▸I have a couple of questions for you.
あなたにいくつかの質問があります.

coupon [kúːpɑn クーパン] **名詞**
C クーポン券(♦切り取って使う切符(きっぷ), 食券など); (広告・商品などの)景品引換(けいひんひきかえ)券, 割引券

courage [kə́ːridʒ カ～リッヂ] **名詞**
U 勇気
▸a person of **courage** 勇気のある人
▸He gathered [took] **courage** and spoke to her.
彼は勇気を出して, 彼女に話しかけた.

courageous [kəréidʒəs カレイヂャス] **形容詞** 勇気のある
▸a **courageous** action
勇気のある行動

course [kɔ́ːrs コース] **名詞**
(**複数** courses [-iz])
❶ C 進路, コース; U (時などの)経過, 進行
▸The plane changed its **course**.
飛行機は進路を変えた.
❷ C (学校の)課程, コース, 科目
▸I take a **course** in French.
わたしはフランス語の授業を受けています.
❸ C (マラソンやゴルフなどの)コース
▸a golf **course** ゴルフコース
❹ C (順に出る料理の)1品, 1皿
▸a five-**course** dinner
5品料理のディナー

as a matter of course
もちろん, 当然のこととして

***of course* もちろん**(♦ [əv kɔ́ːrs アヴ コース]または[əf kɔ́ːrs アフ コース]と発音する)
▸**Of course**, I love her. もちろん, わたしは彼女のことが大好きだ.

ダイアログ
A: Will you come with me?
わたしといっしょに来てくれますか?
B: Yes, **of course**.
(= **Of course**, I will.)
もちろん行きます.

court [kɔ́ːrt コート] **名詞**
(**複数** courts [kɔ́ːrts コーツ])
❶ C U 裁判所; 法廷(ほうてい)
▸a family [district] **court**
家庭[地方]裁判所
❷ C (テニス・バレーボールなどの)コート
▸a tennis **court** テニスコート

A B C D E F G H I J K L M N O P Q R S T U V W X Y Z

❸ C (建物に囲まれた)中庭

❹ C U 《しばしば **Court** で》宮廷, 王宮

cousin [kʌ́zn カズン]
(★発音に注意) 名詞

(複数 cousins [-z])

C (男女の別なく)いとこ; 親類

➡ **family** 図

▶I have a **cousin** on my father's side.
わたしには父方にいとこが1人いる.

cover [kʌ́vər カヴァ]

動詞	他	❶ …をおおう
		❷ …を隠す
		❸ …にわたる
名詞		おおい; 表紙

——動詞 (三単現 covers [-z]; 過去・過分 covered [-d]; 現分 covering) 他

❶ …をおおう, 包む;《cover ... with [in] ～で》…を～でおおう
(対義語 uncover …のおおいをとる)

▶Snow **covered** the village.
(= The village was **covered with** snow.)
雪が村をおおっていた.

❷ …を隠す

▶She smiled to **cover** her anger.
彼女は怒りを隠すためにほほえんだ.

❸ (範囲が)…にわたる, …をふくむ

▶This ticket **covers** every attraction in the amusement park.
この券は遊園地の施設すべてに使える.

▶The math exam **covers** pages twenty to forty.
数学の試験範囲は20ページから40ページまでだ.

——名詞 (複数 covers [-z]) C おおい; (本の)表紙(◆本の表紙にかける「カバー」は jacket);ふた

cover

jacket

cow [káu カウ]

(複数 cows [-z])

❶ C 【動物】雌牛, 乳牛

➡ **animals** 図

❷ U (一般的に)ウシ

ウシを表す語
ox: 食肉・荷役用の去勢された雄牛
bull: 去勢されていない雄牛
calf: (雌雄の別なく)子ウシ
cattle: (雌雄の別なく)家畜のウシ

coward [káuərd カウアド] 名詞
C おく病者, ひきょう者

cowboy [káubɔ̀i カウボイ] 名詞
C (アメリカ西部の)カウボーイ, 牛飼い

cozy, (英)cosy [kóuzi コウズィ]
形容詞 (比較 cozier; 最上 coziest)
居心地のよい, (暖かくて)気持ちのよい

crab [krǽb クラぁブ] 名詞
❶ C 【動物】カニ; U カニの肉
❷《the Crab で》【天文】かに座
➡ **horoscope** 文化

crack [krǽk クラぁック] 名詞
❶ C ひび, 割れ目
❷ C (銃声・むち・雷などの)鋭い音(◆バン, ボキッ, ピシッ, パリッ)
——動詞 他 …にひびを入れる;
(音を立てて)…を割る
——自 ひびが入る; (音を立てて)割れる

cracker [krǽkər クラぁカ] 名詞
❶ C (菓子の)クラッカー
➡ **biscuit** 文化
❷ C 爆竹(= firecracker);
(パーティーなどで使う)クラッカー

cradle [kréidl クレイドゥる] 名詞
❶ C 揺りかご
❷ C《ふつう the cradle で》
(民族・文化などの)発祥地

craft [krǽft クラぁふト] 名詞
❶ U (熟練を要する手先の) 特殊技術, 工芸; C (特殊な技術を要する)職業
❷ C 船(同義語 boat);
航空機(= aircraft)

craftsperson [krǽftspə̀:rsn クラぁふツパ～スン] 名詞 C 職人, 熟練工; 工芸家

cram [krǽm クラぁム] **動詞** (**三単現** **crams** [-z]; **過去・過分** **crammed** [-d]; **現分** **cramming**)
（他）…を詰(つ)めこむ; (人)に詰めこみ勉強をさせる
——（自）詰めこみ勉強をする

cram school [krǽm skùːl クラぁム スクール] **名詞** C (特に日本の)予備校, 塾(じゅく)

cranberry [krǽnbèri クラぁンベリ]
名詞 (**複数** **cranberries** [-z])
C 【植物】クランベリー, ツルコケモモ(の実); クランベリー[ツルコケモモ]の木

cranberry sauce [krǽnbери sɔːs クラぁンベリ ソース] **名詞** U クランベリーソース(♦七面鳥料理によく使う)

crane [kréin クレイン] **名詞**
❶ C 【鳥類】ツル
▶a paper **crane** 折り鶴(づる)
❷ C 起重機, クレーン

crash [krǽʃ クラぁッシ] **動詞** (**三単現** **crashes** [-iz]; **過去・過分** **crashed** [-t]; **現分** **crashing**) （自）
❶ 衝突(しょうとつ)する; (飛行機が)墜落(ついらく)する
❷ (大きな音を立てて)砕(くだ)ける, 壊(こわ)れる
▶The glass **crashed** to the floor.
グラスが床(ゆか)に落ちて割れた.
❸ 【コンピューター】(コンピューターが)クラッシュする, (突然(とつぜん))故障する
——（他）…をガチャンと壊す; …を衝突させる
▶He **crashed** his car into the wall. 彼は塀(へい)に車をぶつけた.
——**名詞** (**複数** **crashes** [-iz])
❶ C (車の)衝突; (飛行機の)墜落
➡ **clash**
❷ C (ものが壊れるような)ガチャン[ガラガラ, ドカーン]という大きな音
➡ **sound** 図
❸ C U 【コンピューター】クラッシュ

crater [kréitər クレイタ] **名詞**
C 噴火(ふんか)口; (隕石(いんせき)の衝突(しょうとつ)などによる地面の)穴; (月面の)クレーター

crawl [krɔːl クロール] **動詞** （自）
❶ (のろのろ)はう, 腹ばいで進む
❷ 【水泳】クロールで泳ぐ

——**名詞** ❶ 《a crawl で》
はうこと, のろのろ動くこと
❷ 《the crawl で》【水泳】クロール
（= crawl stroke）

crayon [kréiən クレイアン] **名詞**
C U クレヨン; C クレヨン画

crazy [kréizi クレイズィ] **形容詞**
(**比較** **crazier**; **最上** **craziest**)
❶ 正気でない(**同義語** mad)
▶a **crazy** idea ばかげた考え
❷ 《名詞の前には用いない》
(…に)熱中して, 夢中で《about ...》
▶He is **crazy about** rock music.
彼はロック音楽に夢中になっている.

cream [kríːm クリーム] **名詞**
(**複数** **creams** [-z])
❶ U クリーム(♦牛乳の脂肪(しぼう)分)
▶I always have my coffee with **cream**. わたしはいつもクリームを入れてコーヒーを飲む.
❷ C U クリーム菓子(がし)
▶ice **cream** アイスクリーム
❸ C U (化粧(けしょう)・薬用の)クリーム

cream puff [kríːm pʌ̀f クリーム パふ]
名詞 C シュークリーム(♦日本語はフランス語の chou à la crème から)

create [kriéit クリエイト] **動詞** (**三単現** **creates** [kriéits クリエイツ]; **過去・過分** **created** [-id]; **現分** **creating**) （他）
❶ …を創造する, 創作する; …を創設する
▶**create** the universe
宇宙を創造する
❷ …をひき起こす

creation [kriéiʃn クリエイシャン] **名詞**
U 創造, 創作, 創設; 《the Creation で》(キリスト教の神の)天地創造;
C 創造物, 創作品

creative [kriéitiv クリエイティヴ] **形容詞**
創造的な, 創造力のある; 独創的な
▶**creative** power 創造力

creature [kríːtʃər クリーチャ]
(★発音に注意) **名詞**
❶ C 生き物, 動物
❷ C 《軽べつ・同情・親しみなどを表す形容詞とともに用いて》人, やつ

credit [krédit クレディット] **名詞**
❶ U 信用; 名声, 評判; 名誉(めいよ);
C 名誉となる人
▶She is a **credit** to our school.
彼女はわたしたちの学校の名誉だ.

❷ [U] クレジット, 信用貸し
❸《**the credits** で》クレジット(タイトル)(= credit titles)(♦映画・テレビ作品の字幕に出る製作関係者の名前)
❹ [C] 《米》(大学の)履修(りしゅう)単位

credit card [krédit kɑ̀:rd クレディット カード] [名詞] [C] クレジットカード
▸pay by [with a] **credit card** クレジットカードで払(はら)う

creek [krí:k クリーク] [名詞]
[C] 《米》小川; 《英》(小さな)入り江(え)

creep [krí:p クリープ] [動詞] ([三単現] **creeps** [-s]; [過去・過分] **crept** [krépt クレプト]; [現分] **creeping**) [自]
❶ はう, こっそり進む; (植物が)はう
❷ (時間などが)ゆっくり過ぎる

crepe, crêpe [kréip クレイプ] [名詞] (♦フランス語から)
❶ [U] (絹織物の)ちりめん, クレープ
❷ [C] (洋菓子(かし)の)クレープ

crept [krépt クレプト] [動詞]
creep(はう)の過去形・過去分詞

crested ibis [kréstid áibis クレスティッド アイビス] [名詞] [C] 【鳥類】トキ

crew [krú: クルー] [名詞]
❶ [C] (船・飛行機・列車などの)乗組員, 乗務員(全体)
▸The airplane **crew** were preparing for landing. 飛行機の乗務員はみな着陸の準備をしていた.
❷ [C] (いっしょに働く)チーム, グループ

cricket[1] [kríkit クリケット] [名詞]
[U] 【スポーツ】クリケット

[文化] **イギリスの国民的球技**

クリケットはイギリスの代表的な球技で, 主に5月から9月にかけて行われます. 11名ずつの2チームで戦われ, 野球と同じく, 投手の投げたボールを打者が打ってゲームが進められます. 緑の芝生(しばふ), 白いユニフォーム, 赤いボールという風景はイギリスの夏の風物詩です.

cricket[2] [kríkit クリケット] [名詞]
[C] 【昆虫】コオロギ

cried [kráid クライド] [動詞]
cry(泣く)の過去形・過去分詞

cries [kráiz クライズ] [動詞]
cry(泣く)の三人称単数現在形
—[名詞] cry(泣き声)の複数形

crime [kráim クライム] [名詞]
[C] (法律上の)罪, 犯罪
(♦道徳的・宗教的な「罪」は sin)

criminal [krímənl クリミヌる] [形容詞]
犯罪の, 罪を犯(おか)した
—[名詞] [C] 犯人, 犯罪者

crises [kráisi:z クライスィーズ] (★発音に注意) [名詞] crisis(危機)の複数形

crisis [kráisis クライスィス] [名詞]
([複数] **crises** [kráisi:z クライスィーズ])
[C] 危機, 難局; (病気の)峠(とうげ)
▸a food **crisis** 食糧(しょくりょう)危機

crisp [krísp クリスプ] [形容詞]
([比較] **crisper**; [最上] **crispest**)
❶ (食べ物が)カリカリした, サクサクした; (野菜などが)ぱりっとして新鮮(しんせん)な
❷ (空気などが)ひんやりした, さわやかな
❸ てきぱきとした
—[名詞]《ふつう **crisps** で》
《英》ポテトチップス(♦《米》chips)

crispy [kríspi クリスピ] [形容詞]
([比較] **crispier**; [最上] **crispiest**)
(食べ物が)パリパリした, カリカリした

critic [krítik クリティック] [名詞]
[C] 批評家, 評論家

critical [krítikl クリティクる] [形容詞]
❶ 批判的な, あらさがしをする
▸a **critical** comment 批判的な論評
❷ 危機の; 重大な; 危篤(きとく)の
▸a **critical** situation 危機的状況
▸be in **critical** condition
危篤状態にある

criticism [krítəsìzm クリティスィズム]
[名詞] [C] [U] 批判; 批評, 評論

criticize [krítəsàiz クリティサイズ] [動詞]
([三単現] **criticizes** [-iz]; [過去・過分] **criticized** [-d]; [現分] **criticizing**)
[他] …を批判する; …を批評する
▸**criticize** a movie 映画を批評する
—[自] 批判する; 批評する

crocodile [krákədàil クラコダイる]
[名詞] [C] 【動物】ワニ, クロコダイル
(♦アフリカやアメリカ産の大型のワニ)
➡ **alligator**

crocus [króukəs クロウカス] **名詞**
(複数 crocuses [-iz])
C【植物】クロッカス

croissant [krwɑːsάːŋ クロワーサーング]
名詞 C (パンの)クロワッサン
(♦フランス語から) ➡ bread 図

crop [krάp クラップ] **名詞**
❶ C《しばしば crops で》
農作物, 収穫物
▶gather [harvest] a crop
農作物を収穫する
❷ C (作物の)収穫, 収穫高
▶We had a good [poor] crop this
year. 今年は豊作[不作]だった.

cross [krɔ́ːs クロース]

名詞	❶ 十字架(か)
	❷ 十字形
動詞	他 ❶ …を横切る
	❷ …を交差させる

——**名詞** (複数 crosses [-iz])
❶ C 十字架
❷ C 十字形, 十字記号(×, +)
——**動詞** (三単現 crosses [-iz];
過去・過分 crossed [-t]; 現分 crossing)
——他 ❶ …を横切る, 渡(わた)る
▶cross the river in a boat
川をボートで渡る
▶Look both ways carefully before
you cross the street.
道を渡る前に左右をよく見なさい.
❷ …を交差させる, (手・足)を組む
▶cross one's legs 足を組む
❸《cross oneself で》十字を切る
(♦キリスト教徒が祈(いの)るときの行為(こうい);
ふつうカトリック教徒は額, 胸, 左肩(かた),
右肩の順に, ギリシャ正教徒は額,
胸, 右肩, 左肩の順に右手の指で十字を
切る; プロテスタントはふつう十字を切
らない)

❹ …に横線を引く; …を線を引いて消す
——自 横切る, 渡る; 交差する, すれちがう

▶We crossed to the other side of
the street.
わたしたちは道路の反対側に渡った.

cross-country [krɔ́ːskʌ́ntri クロー
スカントゥリ] **形容詞**《名詞の前に用いて》
(道路を通らずに)山野を横断する
——**名詞** (複数 cross-countries [-z])
C U【スポーツ】クロスカントリー
(♦野原・森などを走る, またはスキーで
滑走(かっそう)する長距離(きょり)競走)

crossing [krɔ́ːsiŋ クロースィング] **名詞**
❶ C U 横断(すること); 航海
▶No Crossing 《標識》横断禁止
❷ C 交差点; 踏切(ふみきり); 横断歩道
▶a railway crossing
(鉄道の)踏切

crossroads [krɔ́ːsròudz クロースロウ
ヅ] **名詞**《単数または複数あつかいで》
交差点, 十字路

crosswalk [krɔ́ːswɔ̀ːk クロースウォーク]
名詞 C (米)横断歩道
(♦(英)pedestrian crossing, zebra
crossing)

crossword puzzle
[krɔ́ːswəːrd pʌ̀zl クロースワ～ド
パズる] **名詞**
C クロスワード
パズル
(♦単に crossword
ともいう)

crossword puzzle

crouch [kráutʃ クラウチ] **動詞** (三単現
crouches [-iz]; 過去・過分 crouched
[-t]; 現分 crouching)
自 しゃがむ, うずくまる; (恐怖(きょうふ)で)
すくむ, ひるむ
——**名詞** C《ふつう単数形で》しゃがむ[う
ずくまる]こと
▶a crouch start
(陸上競技の)クラウチングスタート

crow [króu クロウ] **名詞** C【鳥類】カラス
(♦鳴き声は caw) ➡ animals 図

crowd [kráud クラウド]
——**名詞** (複数 crowds [kráudz クラウヅ])
C 群集, 人ごみ(♦全体をひとまとまりと
考えるときは単数あつかい)
▶A large crowd is listening to her
speech.
大勢の人が彼女の演説を聞いている.

A B **C** D E F G H I J K L M N O P Q **R** S T U V W X Y Z

——**動詞**（**三単現** **crowds** [kráudz クラウヅ]; **過去・過分** **crowded** [-id]; **現分** **crowding**）

——自 群がる, 押(ぉ)し寄せる

▶The fans **crowded** around the singer.

ファンがその歌手のまわりに群がった.

——他 …に群がる; （人・もの）を詰(つ)めこむ; 《**be crowded with ...** で》…で混雑する

▶The store **was crowded with** shoppers.

その店は買物客でいっぱいだった.

crowded [kráudid クラウディッド] **形容詞** こみ合った, 満員の

▶a **crowded** train こみ合った列車

crown [kráun クラウン] **名詞** C 王冠(ぉぅかん); 《**the crown** または **the Crown** で》王位, 王権; 《**the crown** で》（勝利の）栄冠

crude [krú:d クルード] **形容詞** （**比較** **cruder**; **最上** **crudest**）天然のままの

▶**crude** oil 原油

cruel [krú:əl クルーエる] **形容詞** （**比較** **crueler**, **(英)crueller**; **最上** **cruelest**, **(英)cruellest**） （…に対して）残酷(ざんこく)な, 無慈悲(ひ)な 《**to ...**》; 悲惨(ひさん)な

▶Don't be **cruel to** animals. 動物を虐待(ぎゃくたい)してはいけない.

cruelty [krú:əlti クルーエるティ] **名詞** （**複数** **cruelties** [-z]） U 残酷(ざんこく)さ; C 残酷な行為(こうい)

cruise [krú:z クルーズ] **名詞** C 巡航, 遊覧

▶a **cruise** ship （遊覧旅行用の）巡航船

crumb [krám クラム] （★発音に注意） **名詞** C 《ふつう **crumbs** で》 （パンなどの）かけら, くず

crush [kráʃ クラッシ] **動詞** （**三単現** **crushes** [-iz]; **過去・過分** **crushed** [-t]; **現分** **crushing**）

他 …を押(お)しつぶす; （敵・希望など）をくじく; （人）を押しこむ

▶He **crushed** the box. 彼はその箱を押しつぶした.

crust [krást クラスト] **名詞**

❶ C U （かたい）パンの皮, パンの耳; パイ皮

❷ C U かたい表面, 殻(から); 地殻(ちかく)

crutch [krátʃ クラッチ] **名詞** （**複数** **crutches** [-iz]） C 松葉づえ

▶walk on **crutches** 松葉づえをついて歩く

:cry [krái クライ]

——**動詞**（**三単現** **cries** [-z]; **過去・過分** **cried** [-d]; **現分** **crying**）

——自 ❶ （声を出して）泣く

▶Please don't **cry**, Becky. お願いだから泣かないで, ベッキー.

❷ 叫(さけ)ぶ, 大声で言う（**同義語** shout）

▶He **cried** out with joy. 彼はうれしくて大声をあげた.

❸ （鳥・動物が）鳴く, ほえる

➡ **animals** 図

——他 …と叫ぶ, 大声で…と言う

▶"Wait!" **cried** Peter. 「待ってくれ！」とピーターは叫んだ.

crý for ... …を泣いて求める

▶A little girl is **crying for** her mother.

小さな女の子が泣いてお母さんを呼んでいる.

crý over ... （不幸など）を嘆(なげ)く

▶**ことわざ** It is no use **crying over** spilt milk.

覆水(ふくすい)盆(ぼん)に返らず.（◆「こぼれたミルクを嘆いてもむだだ」の意味から）

——**名詞**（**複数** **cries** [-z]） C 泣き声; 叫び声

くらべよう cry, weep, sob

cry: 声を出して泣くこと, または静かに涙(なみだ)を流すことを指します.

weep: 涙を流して, 静かにしくしく泣くことを指します.

sob: すすり泣く, しゃくりあげて泣くことを指します.

cry　　　weep　　　sob

crystal [krístl クリストゥる] **名詞** U 水晶(すいしょう); U クリスタルガラス （◆透明(とうめい)度の高いガラス）; C 結晶(けっしょう)

CT 【郵便】コネチカット州 （◆ *Connecticut* の略）

cub [káb カブ] **名詞** ❶ C （トラ・ライオンなど肉食動物の）子

❷ C 未熟者, 新米

cube [kjú:b キューブ] 名詞
　❶ C 立方体 ➡ **figures** 図
　▸an ice **cube** 角氷
　❷ C 【数学】3 乗, 立方
　(◆「2 乗, 平方」は square)
　▸The **cube** of 2 is 8. 2 の 3 乗は 8.

cuckoo [kúku: クックー] (★発音に注意)
　名詞 (複数 **cuckoos** [-z])
　C 【鳥類】カッコウ; カッコウの鳴き声

cucumber [kjú:kʌmbər キューカンバ]
　名詞 C U 【植物】キュウリ
　➡ **vegetable** 参考

cue [kjú: キュー] 名詞
　❶ C 合図, きっかけ; 手がかり, ヒント
　❷ C (ビリヤードの)キュー

cultivate [kʌ́ltəvèit カルティヴェイト]
　動詞 (三単現 **cultivates** [kʌ́ltəvèits
　カルティヴェイツ]; 過去・過分 **cultivated**
　[-id]; 現分 **cultivating**)
　他 (土地)を耕す; (作物など)を栽培
　する; (才能など)を養う

cultural [kʌ́ltʃərəl カルチュラル] 形容詞
　文化の, 文化的な, 教養の
　▸**cultural** activities 文化活動
　▸a **cultural** exchange 文化交流

ːculture [kʌ́ltʃər カルチャ] 名詞
　(複数 **cultures** [-z])
　❶ C U 文化
　▸Japanese [American] **culture**
　日本[アメリカ]文化

　くらべよう **culture** と **civilization**

　culture: その地域独特の習慣やもの
　　の考え方などを指します.
　civilization: 知識や技術が発達した
　　高い文化, つまり文明を指します.

　❷ U 教養
　❸ U 栽培, 養殖, 培養

culture shock [kʌ́ltʃər ʃàk カルチャ
　シャック] 名詞 C U カルチャーショック
　(◆異なった文化に接したときの驚きや精神的衝撃)

cunning [kʌ́niŋ カニング] 形容詞
　ずるい, 悪賢い
　——名詞 U ずるさ, こうかつさ(◆日本語
　の「カンニング」は cheating という)

ːcup [kʌ́p カップ] 名詞
　(複数 **cups** [-s])

❶ C (コーヒー・紅茶用などの) **カップ**,
茶わん
▸a coffee **cup** コーヒーカップ
▸a **cup** and saucer 受け皿つきの
カップ(◆[ə kʌ́pən sɔ́:sər ア カッパン ソー
サ]と発音する)

くらべよう **cup** と **glass**

cup: 温かい飲み物を入れる, 取っ手
　のついた容器を指します.
glass: 冷たい飲み物に使う, ガラスで
　できた容器を指します.

cup　　　　　glass

❷ C 《a cup of ... で》
カップ 1 杯(の量)の…

　ダイアログ
　A: Would you like **a cup of** coffee?
　　コーヒーを 1 杯いかがですか?
　B: Yes, please.
　　はい, お願いします.

❸ C 優勝杯

cupboard [kʌ́bərd カバド] (★発音に
注意) 名詞 C 食器棚; (壁面に作り
つけた)戸棚, 押し入れ

Cupid [kjú:pid キューピッド] 名詞
【ローマ神話】キューピッド(◆恋愛の
神; 弓矢を持った美少年で, その矢に当
たった人は恋に落ちるという; ギリ
シャ神話のエロス(Eros)にあたる)

cure [kjúər キュア] 動詞 (三単現 **cures**
[-z]; 過去・過分 **cured** [-d]; 現分 **curing**)
他 (病気・病人)を治す; (悪い癖など)を
直す; 《cure ＋人＋ of ＋病気・癖で》
(人)の(病気・癖)を治す, 直す
▸The medicine **cured** me **of** my

A B C D E F G H I J K L M N O P Q R S T U V W X Y Z

headache.
その薬はわたしの頭痛を治した.
▸The doctor **cured** my father **of** his stomachache.
その医師は父の腹痛を治した.
——**名詞** © (…の)治療[療], 治療法[薬]
《for ...》;(病気が)治ること;解決法
▸a **cure for** cancer
がんの治療(法)

Curie [kjúəri: キュ(ア)リー] **名詞**

【人名】キュリー
(◆ Marie Curie [məríː マリー-], 1867-1934; ポーランド生まれの物理・化学者;夫ピエールとともにラジウムを発見した)

curiosity [kjùːriάsəti キューリアスィティ]
(★アクセントに注意) **名詞**
(**複数** curiosities [-z])
Ⓤ 好奇[奇]心;© 珍[珍]しい品

curious [kjúəriəs キュ(ア)リアス] **形容詞**
❶ 好奇[奇]心の強い, せんさく好きな;
(…を)せんさくする《about ...》
▸Don't be so **curious about** him.
彼のことをそんなにせんさくするな.
❷《be curious to +動詞の原形》
…したがっている
▸I'm **curious to** know her opinion. 彼女の意見を知りたい.
❸ 奇妙[妙]な, 珍[珍]しい

curiously [kjúəriəsli キュ(ア)リアスり]
副詞 ❶《文全体を修飾[飾]して》奇妙[妙]にも, 妙なことに, 不思議なことに
❷ もの珍[珍]しそうに

curl [kɚːrl カ〜る] **名詞**
© 巻き毛, カール;うず巻き
——**動詞** ⑯ (髪[髪])をカールさせる
——⑲ 巻き毛になる;うず巻き状になる

curling [kɚːrliŋ カ〜リング] **名詞**
Ⓤ【スポーツ】カーリング(◆氷上で重い平円形の石を滑[滑]らせ, tee(標的)の周りのhouse(ハウス)に入れると得点になる)

curly [kɚːrli カ〜り] **形容詞**
(**比較** curlier;**最上** curliest)
巻き毛の, カールした;うず巻き状の, 丸まった

currency [kɚːrənsi カ〜レンスィ] **名詞**
(**複数** currencies)

Ⓒ Ⓤ (現在流通している)貨幣[幣], 通貨

current [kɚːrənt カ〜レント] **名詞**
Ⓒ (空気・水などの)流れ;
Ⓒ Ⓤ 電流(= electric **current**)
——**形容詞** 現在の;現在通用している
▸**current** English 現代英語

curriculum [kəríkjələm カリキュラム]
(★アクセントに注意) **名詞**
(**複数** curriculums [-z] または curricula [kəríkjələ カリキュら])
Ⓒ 教育課程, カリキュラム

curry [kɚːri カ〜リ] (★アクセントに注意)
名詞 (**複数** curries [-z]) Ⓤ カレー粉
(= curry powder);Ⓒ Ⓤ カレー料理
▸**curry and [with] rice** カレーライス

curse [kɚːrs カ〜ス] **名詞**
Ⓒ のろい;のろいのことば
——**動詞** (**三単現** curses [-iz];
過去・過分 cursed [-t];**現分** cursing)
⑯ …をのろう;…をののしる

curtain [kɚːrtn カ〜トゥン] **名詞**
❶ Ⓒ カーテン
▸draw a **curtain** カーテンをひく
(◆開閉どちらにも用いる)
❷ Ⓒ (劇場の)幕
▸The **curtain** will rise [fall] soon.
もうすぐ幕が上がる[降りる]だろう.

curve [kɚːrv カ〜ヴ] **名詞** Ⓒ 曲線,
カーブ;【野球】カーブ(= curve ball)
——**動詞** (**三単現** curves [-z];**過去・過分**
curved [-d];**現分** curving) ⑲ 曲がる
——⑯ …を曲げる

cushion [kúʃn クッシャン] **名詞**
Ⓒ クッション, ざぶとん

*custom [kástəm カスタム] **名詞**
(**複数** customs [-z])
❶ Ⓒ Ⓤ (社会の)慣習, しきたり;
(個人の)習慣 ➡ habit くらべよう
▸an old **custom** 古いしきたり
❷《customs で単数または複数あつかい》関税;《customs でふつう単数あつかい》税関

customer [kástəmɚr カスタマ] **名詞** Ⓒ
(商店・商社などの)顧客[客], 常連客, 取引先, 得意先 ➡ guest くらべよう

custom-made [kástəmméid カスタムメイド] **形容詞**
注文で作った, あつらえの
▸**custom-made** shoes
注文で作った靴[靴]

⁝cut [kʌ́t カット]

動詞	他	❶ …を切る
		❷ …を切断する
		❸ (経費など)を減らす
	自	切れる
名詞		❶ 切ること; 切り傷

——動詞 (三単現) **cuts** [kʌ́ts カッツ];
(過去・過分) **cut**; (現分) **cutting**)
——他 ❶ (刃物(はもの)で)…を切る
▶**cut** paper with scissors
　はさみで紙を切る
▶She **cut** her finger with a knife.
　彼女はナイフで指を切ってしまった.
❷ …を切断する, 切り分ける; …を刈(か)る
▶I **cut** the apple in half [two].
　わたしはリンゴを半分に切った.
▶I **cut** a slice of ham for my dog.
　わたしは飼いイヌに 1 切れのハムを
　切ってあげた.
❸ (経費など)を減らす; (時間)を短縮す
る; (文章など)を削除(さくじょ)する
▶**cut** costs　経費を減らす
▶I **cut** my speech short.
　わたしはスピーチを短くした.
❹ (穴)を空ける; (道など)を切り開く
▶**cut** a hole in the wall
　壁(かべ)に穴を空ける
❺ (口語)(授業など)をサボる
▶**cut** a class　授業をサボる
——自 《副詞をともない》
(刃物・ものが)切れる
▶This pair of scissors **cuts** well.
　このはさみはよく切れる.
cút acróss ...　…を横切って近道をする
✦*cút dówn*
　① (木など)を切り倒す
▶They **cut down** some trees.
　彼らは木を何本か切り倒した.
　② (…の量を)減らす; (出費などを)切り
　詰(つ)める《on ...》
▶**cut down on** salt
　塩分を控(ひか)える
cút ín (口語)(…に)口をはさむ;
(車などが)(…に)割りこむ《on ...》
cút óff ① …を切りはなす, 切り落とす
▶She **cut off** a slice of bread for us.
　彼女はわたしたちにパンを切り分けた.
　② (ガス・水道など)を止める
　③ …をさえぎる

cút óut ① (…から)…を切り取る, 切り
抜(ぬ)く《from [of] ...》
▶I **cut out** a picture **from** the
　magazine.
　わたしはその雑誌から写真を 1 枚切り
　抜いた.
　② (口語)…をやめる
▶**Cut** it [that] **out**!
　(冗談(じょうだん)などに対して)よせよ, やめろ.
——名詞 (複数) **cuts** [kʌ́ts カッツ])
❶ C 切ること; 切り傷
▶I got a **cut** on my left hand.
　わたしは左手に切り傷をつくった.
❷ C (肉などの)1 切れ
▶a **cut** of steak
　1 切れのステーキ
❸ C (…の)削減(さくげん), 値下げ《in ...》
▶a **cut in** prices　価格の値下げ

cute [kjúːt キュート] 形容詞
(比較) **cuter**; (最上) **cutest**)
(小さくて)かわいい
(✦男女の別なく用いる)
▶a **cute** baby　かわいい赤ちゃん

cutlet [kʌ́tlit カットレット] 名詞
C (子牛・ヒツジ・ブタなどの)骨つき肉の
切り身; カツレツ

cutter [kʌ́tər カタ] 名詞
❶ C カッター, 切る道具; 切る人
❷ C カッター(マストが 1 本の帆船(はんせん))

cutting [kʌ́tiŋ カティング] 動詞
cut(…を切る)の現在分詞・動名詞
——名詞 U C 切ること; C 切り取ったもの

cycle [sáikl サイクる] 名詞
❶ C 周期, ひと巡(めぐ)り; 循環(じゅんかん)
▶the **cycle** of the seasons
　季節のひと巡り
❷ C 自転車(= bicycle), 3 輪車(=
tricycle), オートバイ(= motorcycle)
❸ C (電波の)サイクル, 周波

cycling [sáikliŋ サイクりング] 名詞
U 自転車に乗ること, サイクリング

cyclone [sáikloun サイクろウン] 名詞
C サイクロン (✦インド洋上で発生する
熱帯性低気圧); 大竜巻(おおたつまき)

cylinder [sílindər スィりンダ] 名詞
❶ C 円筒(えんとう); 円柱; 円筒形のもの
➡ **figures** 図
❷ C (エンジンの)シリンダー

cymbal [símbl スィンブる] 名詞
C 《ふつう **cymbals** で》【楽器】シンバル
➡ **musical instruments** 図

A B C D E F G H I J K L M N O P Q R S T U V W X Y Z

Dd *Dd*

Q 「ネコの手」より役に立つイヌたちは？➡ dog をひいてみよう！

D, d [díː ディー] 名詞
（複数 **D's, d's** または **Ds, ds** [-z]）
❶ C U ディー（◆アルファベットの 4 番めの文字）
❷ C 《D で》（成績の）D, 可 ➡ **A**

'd [-d -ドゥ]（口語）did, had, should, would の短縮形
▶You**'d**(＝You had) better go home.
きみは家に帰ったほうがいい.
▶I**'d**(＝I would) like some water.
水がほしいのですが.

dachshund [dáːkshùnd ダークスフンド]
名詞 C【動物】ダックスフント（◆短足・胴長の小型犬；ドイツでアナグマ猟に使われていた；（英口語）sausage dog）

dad [dǽd ダッド] 名詞
（複数 **dads** [dǽdz ダッヅ]）
C（口語）お父さん, パパ（◆家庭では子供が父親に呼びかけるときに使う；大文字で始めることが多く, ふつう冠詞はつけない；対義語（米）mom,（英）mum お母さん）➡ **father** ルール
▶Good night, **Dad**.
お父さん, おやすみなさい.
▶How is your **dad**?
お父さんはお元気ですか.

daddy [dǽdi ダディ] 名詞
（複数 **daddies** [-z]）
C（小児語）お父さん, パパ（◆大文字で始めることが多く, ふつう冠詞はつけない；対義語（米）mommy,（英）mummy お母さん）➡ **father** ルール

daffodil [dǽfədìl ダぁフォディる] 名詞
C【植物】ラッパズイセン（◆イギリスのウェールズ地方を象徴する植物；春に黄色の花をつける）

dagger [dǽgər ダぁガ]（★発音に注意）
名詞 C 短剣, 短刀

dahlia [dǽljə ダぁりャ] 名詞
C【植物】ダリア

◆**daily** [déili デイリ]
―― 形容詞 毎日の, 日常の
▶**daily** life 日常生活
―― 副詞 毎日, 日々（同義語 every day）
▶I send e-mail to Becky **daily**.
わたしは毎日ベッキーに E メールを送ります.
―― 名詞（複数 **dailies** [-z]）C 日刊新聞（◆「週刊新聞, 週刊誌」は weekly,「月刊誌」は monthly）

dairy [déəri デアリ] 名詞（複数 **dairies** [-z]）❶ C 乳製品販売店
❷ C（農場内の）チーズ・バター製造所
❸ C 酪農場（＝ dairy farm）

dairy farm [déəri fɑːrm デアリ ふァーム]
名詞 C 酪農場（◆単に dairy ともいう）

daisy [déizi デイズィ] 名詞
（複数 **daisies** [-z]）
C【植物】デイジー, ヒナギク

dam [dǽm ダぁム] 名詞 C ダム, せき
―― 動詞（三単現 **dams** [-z]；過去・過分 **dammed** [-d]；現分 **damming**）
他 …にダムを造る,（川）をせき止める

damage [dǽmidʒ ダぁメッヂ] 名詞
U（…への）損害, 被害（to ...）
▶fire **damage** 火災損害
▶cause **damage** to ...
…に損害を与える
―― 動詞（三単現 **damages** [-iz]；過去・過分 **damaged** [-d]；現分 **damaging**）
他 …に損害をあたえる, 被害をあたえる
▶The typhoon **damaged** rice.
台風が稲に被害をあたえた.

damn [dǽm ダぁム] 動詞 他 …をののしる
―― 間投詞 ちくしょう, くそっ

damp [dǽmp ダぁンプ] 形容詞
（比較 **damper**；最上 **dampest**）
（不快に）湿った, じめじめした
（対義語 dry 乾いた）➡ **moist** くらべよう

dance [dǽns ダぁンス]

——**動詞**（**三単現** dances [-iz];
過去・過分 danced [-t]; **現分** dancing）
——**自** ❶ 踊(おど)る, ダンスをする
▶dance to the music
音楽に合わせて踊る
▶Please dance with me.
わたしと踊ってください.
❷ 跳(は)ねまわる, 小踊(こおど)りする
——**他** …を踊る
——**名詞**（**複数** dances [-iz]）
❶ C ダンス, 踊り
▶a folk dance
民族舞踊(ぶよう), フォークダンス

ダイアログ
A: May I have the next dance with you?
次に踊ってくださいますか?
B: I'd love to. 喜んで.

❷ C ダンスパーティー, 舞踏(ぶとう)会
（◆ふつう dance party とはいわない）
gó to a dánce ダンスパーティーに行く

dancer [dǽnsər ダぁンサ] **名詞**
C 踊(おど)り手, 踊り子, ダンサー

dancing [dǽnsiŋ ダぁンスィング] **動詞**
dance（踊(おど)る）の現在分詞・動名詞
——**名詞** U 踊り, ダンス

dandelion [dǽndilàiən ダぁンデライアン]
名詞 C 【植物】タンポポ
（◆フランス語の dent de lion「ライオン
の歯」から; 葉のギザギザをライオンの歯
にたとえたもの）

danger [déindʒər テインチャ] **名詞**
（**複数** dangers [-z]）
❶ U 《ときに a danger で》危険, 危険
性（**対義語** safety 安全）
▶Danger: Falling Rocks
《標識》危険 落石注意
▶There's no danger of fire.
火災の心配はありません.

❷ C （…にとって）危険なもの[人, こと],
脅威(きょうい)《to ...》
▶The virus is a danger to our
lives. そのウイルスはわたしたちの生
命にとって危険なものだ.

be in dánger
危険な状態である, 危険にさらされている
▶His life is in danger.
彼の生命が危険にさらされている.

be out of dánger
危険な状態を脱(だっ)している
▶The patient is out of danger
now. その患者(かんじゃ)は, 今はもう危険な
状態を脱している.

dangerous [déindʒərəs
テインヂャラス] **形容詞**
（**比較** more dangerous;
最上 most dangerous）
危険な, 危ない（**対義語** safe 安全な）
▶They say (that) boxing is a
dangerous sport. ボクシングは危
険なスポーツだといわれている.
▶The insect is dangerous.
その昆虫(こんちゅう)は危険だ.

dangerously [déindʒərəsli テインヂャ
ラスり] **副詞** 危険なほど; 危(あや)うく

Danish [déiniʃ テイニッシ] **形容詞** デンマー
クの; デンマーク人の; デンマーク語の
——**名詞** ❶ 《the Danish で複数あつか
い》デンマーク人（全体）
❷ U デンマーク語

dare [déər デア] **動詞**（**三単現** dares [-z];
過去・過分 dared [-d]; **現分** daring） **他**
❶ 《dare to ＋動詞の原形で》
あえて…する, 思い切って…する
▶She dared to jump into the cold
water. 彼女は思い切って冷たい水に
飛びこんだ.
❷ （危険など）に立ち向かう
——**助動詞** あえて…する, 思い切って[ずう
ずうしくも]…する
（◆否定文・疑問文で用いる）
▶I dare not tell him the truth.
わたしには彼に事実を告げる勇気がな
い.
▶How dare you say that?
よくもそんなことが言えるね.

I dare sáy 《口語》おそらく, たぶん
▶I dare say it'll snow soon.
おそらくもうすぐ雪が降るでしょう.

⁝dark [dɑ́ːrk ダーク]

[形容詞] ❶ 暗い
❷ 黒い
❸ 濃(こ)い
[名詞] ❶ 暗やみ

—[形容詞] ([比較] **darker**; [最上] **darkest**)
❶ **暗い**([対義語] light 明るい)
▸a **dark** room　暗い部屋
▸a **dark** night　暗い夜
▸It was **dark** when I came home.
帰宅したときは暗かった.
(♦この it は天候や状況(じょうきょう)を表す)
▸It's getting **dark**.　暗くなってきた.
(♦この it は天候や状況を表す)
❷ (髪(かみ)・皮膚(ひふ)・目などが) **黒い**
▸He has **dark** hair and **dark** eyes.
彼は黒い髪と黒い目をしている.
(♦目の色の黒さを表すにはふつう black ではなく dark を使う➡ **black** [参考])
❸ (色が) **濃い**
([同義語] deep, [対義語] light 薄(うす)い)
▸**dark** blue　濃い青色
❹ 陰気(いんき)な, 暗い
—[名詞] ❶《**the dark** で》**暗やみ**
▸The child was afraid of **the dark**.
その子は暗やみをこわがった.
❷ [U] 夕暮れ

after dárk　日が暮れてから
▸You must not go out **after dark**.
日が暮れてから外出してはいけません.

before dárk　日が暮れる前に

in the dárk ① 暗やみで
▸I couldn't see anything in **the dark**.
暗やみで, わたしは何も見えなかった.
② 知らないで, 知らせないで
▸She kept her parents **in the dark** about her grades.
彼女は両親に, 成績について知らせないでおいた.

darken [dɑ́ːrkən ダークン] [動詞]
[他] …を暗くする, 黒くする
—[自] 暗くなる, 黒くなる

darkness [dɑ́ːrknəs ダークネス] [名詞] [U]
暗さ, 暗やみ, 暗黒([対義語] light 明るさ)
▸in **darkness**　暗やみで

darling [dɑ́ːrliŋ ダーリング] [名詞]
❶ [C] かわいい人, 最愛の人, お気に入り
❷ [C] (呼びかけで) あなた, おまえ
(♦夫婦(ふうふ)や親子, 恋人(こいびと)どうしが使う)

dart [dɑ́ːrt ダート] [名詞]
❶ [C] 投げ矢, 投げやり
❷《**darts** で単数あつかい》
【スポーツ】ダーツ, 投げ矢遊び
▸play **darts**　ダーツをする

Darwin [dɑ́ːrwin ダーウィン] [名詞]
【人名】ダーウィン(♦Charles Darwin [tʃɑ́ːrlz- チャーるズ-], 1809-82; 進化論を唱(とな)えたイギリスの博物学者)

dash [dǽʃ ダぁッシ] [動詞]
([三単現] **dashes** [-iz];
[過去・過分] **dashed** [-t]; [現分] **dashing**)
[自] 突進(とっしん)する; (激しく) ぶつかる
▸**dash** for the finish line
ゴールに向かって突進する
—[名詞] ([複数] **dashes** [-iz])
❶《**a dash** で》突進; 衝突(しょうとつ)
❷ [C]《ふつう **a dash** で》
【スポーツ】短距離(きょり)競走
❸ [C] ダッシュ記号(—)
➡ **巻末付録 Ⅳ. 句読点・符号(ふごう)**

data [déitə デイタ] [名詞]
[U]《ときに複数あつかいで》資料, データ
(♦もともとは datum の複数形だが, 現在は単数, 複数両方で用いる)
▸collect **data**　データを集める
▸The **data** is [are] not enough.
その資料は十分ではない.

⁝date [déit デイト]

[名詞] ❶ 日, 日付
❷ デート
[動詞] ❶ …に日付を書く

—[名詞] ([複数] **dates** [déits デイツ])
❶ [C] 日, 日付

ダイアログ
A: What's the **date** today?
今日の日付は何ですか？
B: It's February 3.　2月3日です。

ダイアログ
A: What's your **date** of birth?
あなたの生年月日はいつですか？
B: It's March 26, 2010.
2010年の3月26日です。

[参考] 日付の書き方，読み方
1 アメリカでは「月・日・年」の順に書きます。
March 26, 2020(簡略式は 3/26/20)
読み方: March (the) twenty-sixth,
twenty-twenty
2 イギリス，オーストラリア，カナダでは「日・月・年」の順に書きます。
26(th) March, 2020
(簡略式は 26/3/20)
読み方: the twenty-sixth of March,
twenty-twenty

❷ C 《口語》デート; 《主に米口語》デートの相手
▶go out on a **date**　デートに出かける
▶John had a **date** with Cathy last week.
先週，ジョンはキャシーとデートした．
out of dáte　時代遅(おく)れの, 旧式の
▶VHS is **out of date**.
VHS は旧式だ．
úp to dáte　最新の
▶This software is **up to date**.
このソフトは最新だ．
——動詞 (三単現) **dates** [déits デイツ];
(過去・過分) **dated** [-id; (現分) **dating**) 他
❶ …に日付を書く
▶a letter **dated** December 25
12月25日付けの手紙
❷ 《主に米口語》(人)とデートする
▶Cathy is **dating** John.
キャシーはジョンと交際している．

datum [déitəm デイタム] 名詞 (複数)
data [déitə デイタ]) C 資料, データ(♦ふつう複数形 data が用いられる) ➡ **data**

daughter [dɔ́ːtər ドータ] 名詞
(複数) **daughters** [-z]) C 娘(むすめ)
(対義語) son 息子(むすこ)) ➡ **family** 図

▶I'm the oldest [(英)eldest]
daughter.　わたしは長女です．
▶Emma is my only **daughter**.
エマはわたしの一人娘だ．

David [déivid デイヴィッド] 名詞
【聖書】ダビデ(♦紀元前1000年ごろのイスラエルの王)

dawn [dɔ́ːn ドーン] (★発音に注意) 名詞
C U 夜明け(同義語 daybreak)
——動詞 ⾃ 夜が明ける

day [déi デイ] 名詞 (複数) **days** [-z])

❶ 日, 1日
❷ 昼間
❸ 時代

❶ C 日, 1日(♦午前0時からの24時間)

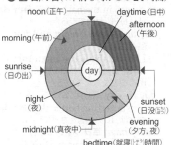

▶a sunny [rainy] **day**
晴れ[雨降り]の日
▶five **days** ago　5日前に

ダイアログ
A: What **day** is (it) today? (=What **day** of the week is it today?)
今日は何曜日ですか？
B: It's Thursday.　木曜日です．

ダイアログ
A: Have a nice **day**!　よい一日を！
B: Thank you. You, too.
ありがとう. あなたもね．

▶One summer **day**, I met a girl on the beach.
ある夏の日に，わたしは海岸で1人の少女と出会った．
▶I visited him the next **day**.
わたしは次の日，彼を訪ねた．
❷ C U 昼間, 日中
(♦日の出から日没まで; 対義語 night 夜)

A B **C** D E F G H I J K L M N O P Q R S T U V W X Y Z

▶Koalas sleep during the **day**.
コアラは昼間は寝ている.

❸ C 《しばしば **days** で》時代, 時期
▶in my school **days**
わたしの学生時代に

❹ C U 《しばしば **Day** で》
(特定の)日, 祝日, 祭日, 記念日
▶on New Year's **Day** 元日に

áll dáy (lóng) **一日じゅう**, 日中ずっと
▶She read a book **all day long**.
彼女は一日じゅう本を読んだ.

by dáy (夜に対して)昼間は, 昼間に

cáll it a dáy
《口語》(仕事などを)終わりにする
▶Let's **call it a day**.
今日はここまでにしましょう.

dáy after dáy 毎日, 来る日も来る日も
▶He ran in the park **day after day**.
彼は毎日, 公園で走った.

dáy and níght = níght and dáy
昼も夜も
▶I think about the mountain **day and night**. わたしは昼も夜もその山のことを考えている.

dáy by dáy 日ごとに
▶She is getting better **day by day**.
彼女は日ごとによくなっている.

évery dáy **毎日**(同義語 daily)
▶I play soccer **every day**.
わたしは毎日サッカーをしている.

every óther day 1日おきに

in thóse days **そのころは**, 当時は
▶There were no smartphones **in those days**.
当時はスマートフォンなどなかった.

óne day ① (過去の)**ある日**
▶**One day**, I saw a rainbow.
ある日, わたしはにじを見た.
② (未来の)いつか
▶I hope to visit America **one day**.
いつかアメリカへ行きたい.

óne of these dáys
近日中に, そのうちに

sóme day いつか ⇒ some
the dáy after tomórrow
あさって, 明後日(◆《米》では副詞的に用いるとき, the を省略することがある)
▶Let's go to a movie **the day after tomorrow**.
あさって, 映画に行こう.

the dáy before yésterday
おととい, 一昨日(◆《米》では副詞的に用いるとき, the を省略することがある)
▶We went shopping **the day before yesterday**.
わたしたちはおととい買い物に行った.

the other dáy **先日**, この間
▶We met **the other day**, didn't we? 先日, お会いしましたよね？

thése days 近ごろ(は), 最近では
▶This song is very popular **these days**.
近ごろ, この歌はとても人気がある.

daybreak [déibrèik デイブレイク] 名詞
U 夜明け(同義語 dawn)

day-care center [déikeər sèntər デイケア センタ] 名詞 C 《米》保育所; (日中の)高齢者介護施設

daydream [déidrì:m デイドゥリーム]
名詞 C (楽しい)空想, 夢想, 白昼夢
——動詞 (三単現 **daydreams** [-z]; 過去・過分 **daydreamed** [-d] または **daydreamt** [déidrèmt デイドゥレムト]; 現分 **daydreaming**) ⦿ 空想にふける

daylight [déilàit デイライト]
U 日光(同義語 sunlight); 昼間; 夜明け
▶in the **daylight** 昼間に, 日中に
▶**daylight** saving time
《米》サマータイム, 夏時間
(◆夏の間, 時計を1時間進める制度; 《英》summer time)

daytime [déitàim デイタイム] 名詞
U 《the daytime で》昼間, 日中
(◆夜明けから日没まで) ⇒ day 図

dazzle [dǽzl ダぁズる] 動詞 (三単現 **dazzles** [-z]; 過去・過分 **dazzled** [-d]; 現分 **dazzling**)
⦿ (強い光が)…の目をくらませる;
《be dazzled で》目がくらむ

D.C., DC [dí:sí: ディースィー]
コロンビア特別区
(◆ the District of Columbia の略)
⇒ **Washington, D.C.** 図

DE 【郵便】デラウェア州
(◆ Delaware の略)

dead [déd デッド]

(★発音に注意) 形容詞

❶ 死んだ, 死んでいる; 生命のない; 枯(か)れた(対義語 alive, living 生きている)

▶dead leaves 枯れ葉

▶Our dog is **dead**.
わたしたちのイヌは死にました.

【ルール dead と die の書き換(か)え表現】

▶The singer has been **dead** for three years.
(◆「死んでいる状態」が3年続いていることを表す文)

▶The singer **died** three years ago. (◆「3年前に死んだ」という事実を伝える文)

▶It has been three years since the singer **died**.
(◆「死んでから3年, という時間の経過」に重点を置く文)

❷ 機能しない, すたれた; (場所が)活気のない

▶My cell phone battery is **dead**.
携帯(はい)電話の電池が切れている.

dead end [déd énd デッド エンド] 名詞
C (道路などの)行き止まり; (物事の)行きづまり

deadline [dédlàin デッドライン] 名詞
C 締(し)め切り(時間), (最終)期限

deadlock [dédlàk デッドラック] 名詞
C U (交渉(こうしょう)などの)行きづまり

deadly [dédli デッドリ] 形容詞
(比較 deadlier; 最上 deadliest)
致命(ちめい)的な, 命にかかわる(同義語 fatal)

▶a **deadly** disease 命にかかわる病気
——副詞 ひどく, 死ぬほど; 徹底(てってい)的に

Dead Sea [déd síː デッド スィー] 名詞
《the Dead Sea で》死海
(◆イスラエルとヨルダンとの国境にある塩水湖; 塩分濃度(のうど)が非常に高く, 生物がほとんどいないため, この名がついた)

deaf [déf デフ] 形容詞 (比較 deafer; 最上 deafest) 耳の不自由な; 耳が遠い

deal [díːl ディール]
——動詞 (三単現 deals [-z]; 過去・過分 dealt [délt デルト]; 現分 dealing)
——他 …を分配する, 分ける; (トランプの札(ふだ)など)を配る

▶He **dealt** five cards to each of us.

彼はわたしたち一人ひとりに5枚ずつカードを配った.
——自 トランプの札を配る

déal in ...
…を売買する, (商品)をあつかう

▶**deal in** old clothes
古着を売買する

déal with ...
(書物・番組などが)…をあつかう, 論じる; …を処理する; …と取り引きをする

▶**deal with** some economic problems
いくつかの経済問題をあつかう

——名詞 (複数 deals [-z])

❶ C 取り引き, 契約(けいやく)

❷《a deal または one's deal で》
トランプを配ること

❸《a deal で》量, たくさん
(◆次の成句で用いる)

a good déal = a great déal
たくさん, 多量(◆数ではなく量を表す)

▶It snowed **a good deal** last year.
昨年はたくさん雪が降った.

a good déal of ... = a great déal of ...
たくさんの…(◆あとに数えられない名詞が続く)(同義語 much)

▶The project cost **a good deal of** money.
その事業は多額の金がかかった.

dealer [díːlər ディーラ] 名詞
C 業者, 販売(はんばい)人[店]; (トランプゲームで)カードを配る人, 親

dealt [délt デルト] 動詞
(★発音に注意)
deal(…を分配する)の過去形・過去分詞

dear [díər ディア]

形容詞 ❶ 親愛なる
❷ …様
❸ 大切な
間投詞 おや

——形容詞 (比較 dearer; 最上 dearest)

❶ 親愛なる, いとしい, かわいい

▶my **dear** child わたしのかわいい子

❷《ふつう Dear ... で》(手紙やメールの書き出しで)…様, 親愛なる ...

▶**Dear** Mr. Green, グリーン様

▶**Dear** Kumi, 久美様(◆友人どうしではふつう first name を用いる)

❸《名詞の前には用いない》
(…にとって)**大切な**, 貴重な《to ...》
▶This book is very **dear to** me.
この本はわたしにとってとても大切なものだ.

❹《主に英》(品質のわりに)値段の高い
(同義語 expensive, 対義語 cheap 安い)
▶This sweater is too **dear**.
このセーターは値段が高すぎる.

Déar Sír [Mádam], 拝啓《◆改まった手紙などの書き出し;名前を知らない男性には Sir を,女性には Madam を用いる; Dear Sir or Madam, と書くこともある》
──**名詞** (複数) **dears** [-z]
❶ C いとしい人,かわいい人;いい子
❷ C (呼びかけで)あなた,おまえ
(◆家族や恋人どうしなどの間で用いる;特に訳す必要はない)
──**間投詞** (驚き・悲しみ・失望などを表して)おや,まあ(◆主に女性が使う)

ダイアログ
A: My mother is sick in bed.
母は病気で寝ています.
B: Oh **dear**! That's too bad.
まあ! お気の毒に.

death [déθ デス] **名詞** C U 死
(対義語 life 生);死亡(対義語 birth 誕生)
▶a sudden **death** 突然死
▶The plane crash caused a lot of **deaths**.
その飛行機事故は多くの死者を出した.
to déath ① (…して,その結果)死ぬ
▶be frozen [starved] **to death**
凍死[餓死]する
② (口語)死ぬほど,ひどく
▶I was bored **to death**.
わたしは退屈で死にそうだった.

debate [dibéit ディベイト] **動詞**
(三単現 **debates** [dibéits ディベイツ];
過去・過分 **debated** [-id]; 現分 **debating**)
他 …について討論する,討議する
▶Let's **debate** school uniforms.
学校の制服について討論しましょう.
(◆×debate about school uniforms
とはしない)
──自 討論する,討議する
──**名詞** C U 討論,討議; C 討論会,ディベート
▶hold a **debate**
討論会を開く

debt [dét デット] (★発音に注意)
名詞 C U 借金,負債
▶pay a **debt** 借金を返す
be in débt (…に)借金がある《to ...》

debut, début [deibjú: デイビュー]
(★発音に注意)
C デビュー,初舞台(◆フランス語から)
▶make *one's* **debut** デビューする

Dec. [disémbər ディセンバ] 12月
(◆ *December* の略)

decade [dékeid デケイド] (★発音に注意)
名詞 C 10年間
▶for two **decades** 20年間

decay [dikéi ディケイ] **動詞**
自 腐る;(体力などが)衰える
──他 …を腐らせる,衰えさせる
▶a **decayed** tooth 虫歯

deceive [disí:v ディスィーヴ] **動詞**
(三単現 **deceives** [-z]; 過去・過分
deceived [-d]; 現分 **deceiving**)
他 (人)をだます,あざむく

*December
[disémbər ディセンバ] **名詞**
12月(◆ Dec. と略す)
➡ **January** ルール, **month** 参考

decent [dí:snt ディースント] **形容詞**
❶ 見苦しくない,りっぱな;上品な
❷ (いちおう)満足のいく,まあまあの

*decide [disáid ディサイド] **動詞**
(三単現 **decides** [disáidz ディサイヅ];
過去・過分 **decided** [-id]; 現分 **deciding**)
──他 ❶ …を決める;《**decide to** +動詞の原形または **decide** + **that** 節で》
…しようと決める,決心する,決定する
▶I **decided to** sell the bag.
(＝ I **decided that** I would sell the bag.)
わたしはそのバッグを売ることにした.
❷《**decide** + **wh-** 節・句で》
…かを決める
▶Let's **decide where** to go next.
次にどこに行くか決めよう.
❸ (問題)を解決する;(試合など)を決定づける
▶His goal **decided** the game.
彼のゴールがその試合を決めた.
──自 決める,決定する
▶Let me **decide**.
わたしに決めさせて.

decision [disíʒn ディスィジョン] 名詞
　C U 決定, 結論, 決心
　▶make a **decision** 決める

deck [dék デック] 名詞
　❶ C (船の)デッキ, 甲板(かんぱん);
　(電車・バスの)床(ゆか), 階
　❷ C (主に米)トランプ1組

declaration [dèkləréiʃn デクラレイション] 名詞 C 宣言, 発表, 布告

Declaration of Independence
[dèkləréiʃn əv indipéndəns デクラレイション アヴ インディペンデンス] 名詞
　《the Declaration of Independence
　で》(アメリカの)独立宣言
　→ Independence Day

|参考| アメリカの独立宣言

1776年7月4日, イギリスからの独立の際に発した宣言です. 起草者はトーマス・ジェファーソン(Thomas Jefferson [táməs dʒéfərsn タマス チェファスン], 1743-1826; 1803年に第3代米国大統領に就任)です.

declare [dikléər ディクれア] 動詞
　(三単現 **declares** [-z]; 過去・過分
　declared [-d]; 現分 **declaring**) 他
　❶ …を宣言する; …を断言する
　▶They **declared** that they would play fair.
　彼らは正々堂々と戦うことを宣言した.
　❷ …を申告(しんこく)する
　▶Do you have anything to **declare**? (税関で)何か申告するものはありますか?

decline [dikláin ディクライン] 動詞
　(三単現 **declines** [-z]; 過去・過分
　declined [-d]; 現分 **declining**)
　他 …を(穏(おだ)やかに)断る, 辞退する
　(対義語 accept …を受け入れる)
　▶I **declined** her invitation.
　わたしは彼女の招待を断った.
　▶He **declined** to speak about the case.

彼はそのことについて話すのを断った.
　—自 ❶ (穏(おだ)やかに)断る
　❷ (土地などが)傾(かたむ)く; (日が)傾く
　❸ (体力などが)衰(おとろ)える
　▶His health **declined** day by day.
　彼の健康は日に日に衰えていった.

decorate [dékərèit デコレイト] (★アクセントに注意) 動詞 (三単現 **decorates**
[dékərèits デコレイツ]; 過去・過分
decorated [-id]; 現分 **decorating**)
　他 (もの・場所)を(…で)飾(かざ)る(with ...)
　▶She **decorated** her room **with** pictures.
　彼女は自分の部屋を絵で飾った.

decoration [dèkəréiʃn デコレイション]
名詞 U 飾(かざ)ること; C 《しばしば
decorations で》装飾(そうしょく)物, 飾り

decrease (★動詞・名詞のアクセントのちがいに注意) 動詞 [dikríːs ディクリース] (三単現 **decreases** [-iz]; 過去・過分
decreased [-t]; 現分 **decreasing**)
　自 (数・量・規模などが)減る, 減少する
　(対義語 increase 増える)
　▶The number of children is **decreasing**.
　子供の数が減少している.
　—他 …を減らす
　—名詞 [díːkriːs ディークリース]
　C U (…の)減少(in [of] ...)

dedicate [dédikèit デディケイト] 動詞
　(三単現 **dedicates** [dédikèits デディケイツ]; 過去・過分 **dedicated** [-id];
現分 **dedicating**)
　他(時間・努力など)を(…に)ささげる(to ...)
　▶She **dedicated** herself [her life] **to** education.
　彼女は人生を教育にささげた.

deed [díːd ディード] 名詞
　C 行為(こうい), 行動(同義語 act)

deep [díːp ディープ]
　—形容詞 (比較 **deeper**; 最上 **deepest**)
　❶ 深い(対義語 shallow 浅い)
　▶a **deep** well 深い井戸(いど)
　❷ 深さが…で; 奥行(おくゆ)きが…で

ダイアログ
A: How **deep** is this pond?
　この池はどのくらいの深さですか?
B: It's about six meters **deep**.
　約6メートルです.

A B C **D** E F G H I J K L M N O P Q R S T U V W X Y Z

❸ (色が)濃(こ)い(同義語 dark)
▶**deep** blue　濃い青
❹ (音・声などが)低く太い
▶a **deep** voice　太い声
❺ (呼吸・眠(ねむ)りなどが)深い
▶take a **deep** breath　深呼吸をする
❻ (学問などが)深遠な, 難解な
――副詞 (比較・最上 は 形容詞 に同じ)
深く, 深いところで

deep-fry [díːpfrái ディープふライ] 動詞
(三単現 **deep-fries** [-z]; 過去・過分
deep-fried [-d]; 現分 **deep-frying**)
他 (食品)をたっぷりの油であげる

deeply [díːpli ディープり] 副詞
深く; 非常に

deer [díər ディア] 名詞
(複数 **deer**: 単複同形) ⓒ【動物】シカ

defeat [difíːt ディふィート] 動詞 他
❶ …を負かす, 打ち破る(同義語 beat)
▶We **defeated** them (by) 3 to 1.
わたしたちは 3 対 1 で彼らを破った.
❷ (計画・目的など)を阻止(そし)する, (希望
など)をくじく
――名詞 ❶ ⓒ Ⓤ 敗北, 負け
❷ ⓒ Ⓤ (…に対する)勝利(of ...)

defect [díːfekt ディーふェクト, difékt ディ
ふェクト] 名詞 ⓒ 欠点, 短所; 欠陥(けっかん)

defence [diféns ディふェンス] 名詞
《英》=《米》defense(防御(ぼうぎょ))

defend [difénd ディふェンド] 動詞 他
…を(…から)守る, 防ぐ《against [from] ...》
(対義語 attack …を攻撃(こうげき)する)

defense,《英》defence [diféns ディ
ふェンス] 名詞 ⓒ Ⓤ 防御(ぼうぎょ), 防衛;
ⓒ 防御物; ⓒ Ⓤ 【スポーツ】守備(側)
(対義語 attack, offense 攻撃(こうげき))
▶Offense is the best **defense**.
攻撃は最大の防御だ.

defensive [difénsiv ディふェンスィヴ]
形容詞 ❶ 防御(ぼうぎょ)の, 防衛の; 守備の
(対義語 offensive 攻撃(こうげき)の)
❷ 自己弁護的な, 守勢の
――名詞 《the defensive で》防御, 守勢

define [difáin ディふァイン] 動詞 (三単現
defines [-z]; 過去・過分 **defined** [-d];
現分 **defining**) 他
❶ …を(…と)定義する《as ...》
▶The dictionary **defines** "cascade"
as "a small waterfall."
辞書は"cascade"を「小さな滝」と定義
している.

❷ …を限定する, (境界など)を定める;
(立場など)を明らかにする

definite [défənit デふィニット] 形容詞
一定の; 明確な
(対義語 indefinite 不明確な)

definitely [défənitli デふィニットり]
副詞 明確に, きっぱりと;
《口語》もちろん, 確かに

definition [dèfəníʃn デふィニシャン]
名詞 ⓒ 定義, 語義; Ⓤ 定義すること
▶What is the **definition** of
"peace"?
「平和」の定義は何ですか?

degree [digríː ディグリー] 名詞
❶ ⓒ (温度・角度などの)度
▶It's two **degrees** below zero this
morning.　今朝は零下(れいか)2 度だ.
▶Water boils at 100 **degrees**
Celsius.
水はセ氏 100 度で沸騰(ふっとう)する.
❷ ⓒ Ⓤ 程度, 度合い
▶I'm interested in computers to
some **degree**.　わたしはコンピュー
ターに多少は興味がある.(◆to some
degree は「いくぶん, 多少」の意味)
❸ ⓒ (…の)学位(in ...)
▶a doctor's **degree**　博士号
by degrées　しだいに, だんだんと
▶Your English is getting better **by
degrees**.　あなたの英語はだんだん
上達していますよ.

Delaware [déləwèər デらウェア] 名詞
デラウェア州(◆アメリカ東部大西洋岸の
州; Del. または【郵便】で DE と略す)

delay [diléi ディれイ] 動詞
他 …を遅(おく)らせる, 延期する
▶Heavy rain **delayed** the train.
(= The train was **delayed** by
heavy rain.)
大雨のため列車が遅れた.
――自 ぐずぐずする, 手間どる
――名詞 ⓒ Ⓤ 遅れること; 延期
without deláy
すぐに, ぐずぐずしないで

delete [dilíːt ディリート] 動詞
(三単現 **deletes** [dilíːts ディリーツ];
過去・過分 **deleted** [-id];
現分 **deleting**)
他 (語・データなど)を削除(さくじょ)する
▶**delete** an e-mail from a computer
コンピューターから E メールを削除する

delicacy [délikəsi デリカスィ] **名詞**
(複数 **delicacies** [-z])
❶ U 繊細(せん)さ, 優美さ; 壊(こわ)れやすさ, 傷つきやすさ;(問題などが)微妙(びょう)なこと
❷ U 気づかい, 心配り
❸ C 珍味(ちん), ごちそう

delicate [délikit デリケット]
(★発音に注意) **形容詞**
❶ 上品な, 優美な; 繊細(せん)な
▶**delicate** design 上品なデザイン
❷ きゃしゃな, 壊(こわ)れやすい
▶a **delicate** glass 壊れやすいグラス
❸ 微妙(びょう)な; あつかいにくい

delicatessen [dèlikətésn デリカテスン] **名詞** C そうざい屋(◆サンドイッチやサラダ, 調理済みの肉・チーズなどを売る店; ドイツ語から)

:delicious [dilíʃəs デリシャス]
──**形容詞** (比較 **more delicious**; 最上 **most delicious**)
(食物が)とてもおいしい, うまい; 香(かお)りのよい(同義語 tasty)
▶a **delicious** dish
とてもおいしい料理
▶This cake is **delicious**!
このケーキはとてもおいしい.

delight [diláit ディライト] **名詞**
C U 大喜び, うれしさ, 楽しみ
──**動詞** 他 (人)を大喜びさせる
be delighted at [*with, by*] **...**
を喜ぶ
▶We **were delighted by** the news.
わたしたちはその知らせに喜んだ.

delightful [diláitfl ディライトふる]
形容詞 人を愉快(ゆかい)にさせる, 楽しい

deliver [dilívər デリヴァ] **動詞** 他
❶ …を(…に)配達する, 届ける(to ...)
▶I **deliver** newspapers **to** homes in this area. わたしはこの地域の家々に新聞を配達している.

❷ (演説など)をする, (意見など)を述べる
▶**deliver** a speech 演説をする

delivery [dilívəri デリヴァリ] **名詞**
(複数 **deliveries** [-z])
U C 配達; C 配達物; U 話しぶり
▶free **delivery** service
無料配送サービス

demand [dimænd ディマァンド] **動詞**
他 (権利として)…を(人に)要求する, 請求(せいきゅう)する(of [from] ...)
▶They **demanded** a lot of money **of** [**from**] the government.
彼らは政府にたくさんの金を要求した.
──**名詞** C (…に対する)(強い)要求, 必要(for ...); U 需要(じゅよう)(対義語 supply 供給)
▶There is a strong **demand for** motorcycles in the country.
その国ではバイクの需要が高い.

demo [démou デモウ] **名詞**
(複数 **demos** [-z])
(口語) C デモ, 示威(じい)行動
(◆ demonstration を短縮した語)

democracy [dimákrəsi ディマクラスィ]
名詞 (複数 **democracies** [-z])
U 民主主義; C 民主主義国

democrat [déməkræt デモクラぁット]
名詞 (複数 **democrats** [-s])
❶ C 民主主義者
❷《Democrat で》
C (アメリカの)民主党員

democratic
[dèməkrætik デモクラぁティック] **形容詞**
❶ 民主主義の; 民主的な
❷《Democratic で》
(アメリカの)民主党の

Democratic Party [déməkrætik
pάːrti デモクラぁティック パーティ] **名詞**
《the Democratic Party で》
(アメリカの)民主党
(◆共和党(the Republican Party)とともにアメリカの2大政党の一つ)

demon [díːmən ディーモン] (★発音に注意) **名詞** C 悪魔(あくま); 悪魔のような人;
(口語)(…の)非常な努力家, 鬼(おに)(for [at] ...)

demonstrate [démənstrèit デモンストゥレイト] (★アクセントに注意) **動詞**
(三単現 **demonstrates** [démənstrèits デモンストゥレイツ];
過去・過分 **demonstrated** [-id];
現分 **demonstrating**)
他 (実物などを使って)…を説明する, 証明

する，実演する

▸The salesperson **demonstrated** how to use the new camera.
店員は新型カメラの使い方を実演した.

――[自]（…を支持して / …に反対して）デモをする《for ... / against ...》

▸They are **demonstrating against** the new law.
彼らはその新しい法律に反対してデモをしている.

demonstration [dèmənstréiʃn デモンストゥレイシャン] [名詞]

❶ [C] [U] 実演，デモンストレーション
❷ [C]（…を求めての / …に反対しての）デモ，示威(じい)行動《for ... / against ...》
（♦《口語》demo）

Denali [dənáːli デナーり] [名詞] デナリ（♦アメリカのアラスカ州にある北アメリカ最高峰(ほう)；6,194メートル；旧称マッキンリー(Mount McKinley [-məkínli マキンり]))

Denmark [dénmɑːrk デンマーク] [名詞]
デンマーク（♦北ヨーロッパの国；首都はコペンハーゲン Copenhagen）

dense [déns デンス] [形容詞]
（[比較] **denser**；[最上] **densest**）
❶（霧(きり)などが）濃(こ)い
▸a **dense** fog　濃い霧
❷（人・ものが）密集した

dental [déntl デントゥる] [形容詞]
歯の；歯科の

dentist [déntist デンティスト] [名詞]
[C] 歯科医，歯医者
▸go to the **dentist**('s)　歯医者へ行く

deny [dinái ディナイ]（★発音に注意）
[動詞]（[三単現] **denies** [-z]；
[過去・過分] **denied** [-d]；
[現分] **denying**）
[他] …を否定する；《**deny** ＋ **that** 節で》
…ということを否定する，…でないと言う
▸I can't **deny** the fact.
その事実は否定できない.
▸John **denied that** he was there at that time.
ジョンはそのときそこにいたことを否定した.

depart [dipáːrt ディパート] [動詞]
[自]（人・乗り物などが）（…から / …へ向けて）出発する《from ... / for ...》
（♦ leave, start よりかたい語；
[対義語] arrive 到着(とうちゃく)する）
▸The plane **departed from** London **for** Berlin.
飛行機はベルリンに向けてロンドンを出発した.

◆department

[dipáːrtmənt ディパートメント] [名詞]
（[複数] **departments** [dipáːrtmənts ディパートメンツ]）
❶ [C]（会社などの）**部門**，部，課；（デパートの）売り場（♦日本語の「デパート」は department store）
▸the men's clothing **department**
紳士(しんし)服売り場
❷ [C]（行政組織の）《米》省；《英》局，課
❸ [C]（大学の）科，学部
▸the **department** of English (=the English **department**)　英語学科

department store [dipáːrtmənt stɔ̀ːr ディパートメント ストーア] [名詞]
[C] デパート，百貨店（♦英語の depart に日本語の「デパート」の意味はない）

departure [dipáːrtʃər ディパーチャ] [名詞]
[C] [U]（…から / …へ向けての）出発，発車《from ... / for ...》
（[対義語] arrival 到着(とうちゃく)）

◆depend

[dipénd ディペンド]
[動詞]（[三単現] **depends** [dipéndz ディペンヅ]；[過去・過分] **depended** [-id]；
[現分] **depending**）[自]
❶《**depend on** [**upon**] **...** で》
…**にたよる**，依存(いぞん)する，…を当てにする
（[同義語] rely on [upon] ...）
▸You can always **depend on** me.
いつでもわたしをたよりにしていいよ.
❷《**depend on** [**upon**] **...** で》
…による，…しだいである
▸It all **depends on** the weather.
すべては天気しだいだ.

It* (*áll*) *depénds.* = *That* (*áll*) *depénds.
《口語》それは時と場合による.

dependent [dipéndənt ディペンデント] [形容詞] ❶(資金などを)(…に)たよっている《on [upon] ...》([対義語] independent 独立した)
▸He is still **dependent on** his parents.
彼はまだ両親に生活をたよっている.
❷《名詞の前には用いない》(…に)よる, (…)しだいである《on [upon] ...》

deposit [dipázit ディパズィット] [動詞] [他](貴重品など)を預ける; (お金)を預金する
▸**Deposit** that money in a bank.
そのお金を銀行に預けなさい.
——[名詞] [C] 保証金, 手付け金; 預金

depression [dipréʃn ディプレシャン] [名詞] ([複数] **depressions** [-z])
❶ [U] [C] ゆううつ; 【医学】うつ病
❷ [C] [U] 不況(ふきょう), 不景気

deprive [dipráiv ディプライヴ] [動詞] ([三単現] **deprives** [-z]; [過去・過分] **deprived** [-d]; [現分] **depriving**)
[他]《**deprive** +人+ **of** ～で》
(人)から(権利・楽しみなど)を奪(うば)う, 取り上げる(♦しばしば受け身の形で用いる)
▸The government **deprived** them **of** their freedom.
(= They **were deprived of** their freedom by the government.)
政府は彼らから自由を奪った.

dept. (会社などの)部門, 部, 課; (デパートの)売り場; (行政組織の)《米》省; 《英》局, 課; (大学の)科, 学部(♦ *dep*artmen*t* の略)

depth [dépθ デプす] [名詞] [C] [U] 深さ; 奥行(おくゆ)き

Derby [də́ːrbi ダ～ビ] [名詞] 《**the Derby** で》ダービー競馬
(♦ロンドンに近いエプソム(Epsom)の町で毎年行われる競馬の祭典)

derive [diráiv ディライヴ] [動詞] ([三単現] **derives** [-z]; [過去・過分] **derived** [-d]; [現分] **deriving**) [他]
❶(…から)…を得る, 引き出す《from ...》
❷《**be derived from ...** で》
…に由来する, …から出ている
▸This word **is derived from** Dutch.
この語はオランダ語に由来する.
——[自](…に)由来する, (…から)出ている《from ...》

descendant [diséndənt ディセンダント] [名詞] [C] 子孫([対義語] ancestor 先祖)

describe [diskráib ディスクライブ] [動詞] ([三単現] **describes** [-z]; [過去・過分] **described** [-d]; [現分] **describing**) [他]
❶ …を(ことばで)描写(びょうしゃ)する; …の特徴(とくちょう)を述べる
▸I **described** the man to the police.
わたしはその男の特徴を警察に話した.
❷ …を(…と)評する, 言う《as ...》

description [diskrípʃn ディスクリプシャン] [名詞] [C] [U] (ことばで)記述すること, 描写(びょうしゃ); [C] 人相(書き)

***desert**[1] [dézərt デザト]
(★ desert[2] とのアクセントのちがいに注意)
——[名詞] ([複数] **deserts** [dézərts デザツ])
[C] **砂漠**(さばく); 荒野(こうや), 不毛の土地
▸the Sahara **Desert** サハラ砂漠
——[形容詞] 不毛の; 人の住んでいない
▸a **desert** island 無人島

desert[2] [dizə́ːrt ディザ～ト] (★ desert[1] とのアクセントのちがいに注意) [動詞]
[他](人)を捨てる, 見捨てる; (場所)を捨てる, 去る; (任務など)を放棄(ほうき)する
——[自](軍人などが)脱走(だっそう)する

deserted [dizə́ːrtid ディザ～ティッド] [形容詞] 人気(ひとけ)のない; さびれた, 人の住まなくなった, 打ち捨てられた

deserve [dizə́ːrv ディザ～ヴ] [動詞] ([三単現] **deserves** [-z]; [過去・過分] **deserved** [-d]; [現分] **deserving**)
[他](尊敬など)に値(あたい)する
▸Ken **deserves** respect.
(=Ken **deserves** to be respected.)
ケンは尊敬に値する[尊敬されて当然だ].

design [dizáin ディザイン] [動詞] [他]
❶ …を設計する; …を計画する
▸My aunt **designed** my house.
おばがわたしの家を設計した.
❷(衣服など)をデザインする
——[名詞] ❶ [U] デザイン; [C] 図柄(ずがら), 模様
❷ [C] 設計図; [U] 設計
▸draw a **design** for a new engine
新型エンジンの設計図をかく
❸ [C] 計画

designer [dizáinər ディザイナ] [名詞] [C] デザイナー; 設計者
▸a car **designer** カーデザイナー

desirable [dizáirəbl ディザイラブる] [形容詞] 望ましい, 好ましい

A B C D E F G H I J K L M N O P Q R S T U V W X Y Z

desire [dizáiər ディザイア] **動詞**
(三単現 **desires** [-z];
過去・過分 **desired** [-d]; 現分 **desiring**)
他 …を(強く)望む, 切望する
▶We all **desire** peace.
わたしたちはみな平和を望んでいる.
──**名詞** ❶ C U (…に対しての)(強い)
願望, 欲望, 要望《for ...》
▶a **desire** for money 金銭欲
❷ C 望みのもの

desk [désk デスク] **名詞**
(複数 **desks** [-s])
❶ C (勉強・事務用の)机《◆ふつう引き出
しがついている; table は食事・会議・ゲー
ム用, あるいは作業台を指す)

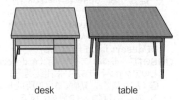

desk   table

▶Your glasses are on the **desk**.
あなたのめがねは机の上にありますよ.
▶She is at the **desk**.
彼女は机に向かって(勉強[仕事]をして)
いる.
❷ C 《ふつう the desk で》
(会社・ホテルなどの)受付, フロント

desktop [désktàp デスクタップ] **形容詞**
(コンピューターが)デスクトップ型の
──**名詞** C デスクトップコンピューター

despair [dispéər ディスペア] **名詞**
U 絶望(対義語 hope 希望)
──**動詞** 自 (…に)絶望する《of ...》

desperate [déspərit デスパレット]
形容詞 ❶ 死に物狂(ぐる)いの, 必死の
▶make a **desperate** effort
死に物狂いの努力をする
❷ 絶望的な(同義語 hopeless)
▶a **desperate** situation
絶望的な状況(じょうきょう)

desperately [déspəritli デスパレットり]
副詞 やけになって, 必死になって; ひどく

despise [dispáiz ディスパイズ] **動詞**
(三単現 **despises** [-iz]; 過去・過分
despised [-d]; 現分 **despising**)
他 …を軽蔑(けいべつ)する(対義語 respect …を

尊敬する); …を嫌悪(けんお)する

despite [dispáit ディスパイト] **前置詞**
…にもかかわらず(◆ in spite of よりかた
い語; 新聞などでよく使われる)
▶**Despite** the rain, they played
the baseball game.
雨にもかかわらず, 彼らは野球の試合を
した.

dessert [dizə́rt ディザ〜ト]
(★発音に注意) **名詞**
C U デザート(◆食事の最後に出される
菓子(かし)類など)

destination [dèstənéiʃn デスティネイ
シャン] **名詞** C 目的地, 行き先
▶What is your **destination**?
行き先はどちらですか?
(◆× Where is ...? とはいわない)

destiny [déstəni デスティ二] **名詞**
(複数 **destinies** [-z]) U C 運命, 宿命

destroy [distrɔ́i ディストゥロイ]
動詞 (三単現 **destroys** [-z]; 過去・過分
destroyed [-d]; 現分 **destroying**) 他
❶ (大きな激しい力で) …を破壊(はかい)する
(対義語 construct …を建造する)
▶The earthquake **destroyed** a lot
of buildings. その地震(じん)はたくさ
んの建物を破壊した.
▶That theater was totally
destroyed by fire.
あの劇場は火事で全焼した.
❷ (計画)をだめにする, (希望)をくじく
❸ (動物など)を殺す

destruction [distrʌ́kʃn ディストゥラク
シャン] **名詞** U 破壊(はかい)
(対義語 construction 建造); 滅亡(めつぼう)

destructive [distrʌ́ktiv ディストゥラク
ティヴ] **形容詞** 破壊(はかい)的な; 有害な

detail [ditéil ディテイる] **名詞**
C 細部; 《**details** で》詳細(しょうさい)
▶She told me all the **details**.
彼女は詳細をすべてわたしに語った.
in detail 詳(くわ)しく, 詳細に
▶Could you tell me about the
accident **in detail**?
その事故について詳しく話していただけ
ますか?

detailed [ditéild ディテイるド] **形容詞**
詳細(しょうさい)な

detection [ditékʃn ディテクシャン]
名詞 U 発見, 見破ること, 発覚

detective [ditéktiv ディテクティヴ]
名詞 C 探偵(蕊), 刑事(蕊)

detergent [ditá:rdʒənt ディタ～チェント] 名詞 C U 洗剤(蕊), 合成洗剤

determination [dità:rmənéiʃn ディタ～ミネイシャン] 名詞 U 決心; 決定

determine [ditá:rmin ディタ～ミン] 動詞
(三単現 **determines** [-z]; 過去・過分 **determined** [-d]; 現分 **determining**)
他 …を決定する(♦ decide よりかたい語)
▸Let's **determine** the date of our next meeting. わたしたちの次の会議の日取りを決めましょう.

determined [ditá:rmind ディタ～ミンド] 形容詞 決意のかたい, 断固とした;
《**be determined to** ＋動詞の原形で》…することを(かたく)決意している, 決心している
▸She **is determined to** start a company. 彼女は会社を設立する決意を固めている.

deuce [djú:s デュース] 名詞
U《スポーツ》(テニスなどの)ジュース(♦テニスや卓球(蕊)などで, あと1点をとればゲーム(またはセット)終了(蕊)というところで同点になること; 一方が続けて2回得点すれば勝ちになる)

develop [divéləp ディヴェロブ]
動詞 (三単現 **develops** [-s]; 過去・過分 **developed** [-t]; 現分 **developing**)
——他 ❶ …を発達させる, 開発する
▸She **developed** the little shop into a big company. 彼女はその小さな店を大会社に発展させた.
▸**develop** new technology 新しい科学技術を開発する
❷ (フィルム)を現像する
——自 (…から/…に)発達する, 発展する《from ... / into ...》
▸A flower **develops from** a bud. (– A bud **develops into** a flower.) 花はつぼみから生長する. [つぼみは花へと生長する.]

developed [divéləpt ディヴェロブト] 形容詞 (経済などが)発達した, 発展した
▸a **developed** country 先進国

developing [divéləpiŋ ディヴェロピング] 形容詞 (経済などが)発展[開発]途上(蕊)の
▸a **developing** country 発展[開発]途上国

development [divéləpmənt ディヴェロブメント] 名詞 ❶ U 発達, 発展, 開発
❷ U (フィルムの)現像

device [diváis ディヴァイス] 名詞
C 装置, しかけ, 工夫(蕊)
▸a safety **device** 安全装置

devil [dévl デヴル] 名詞
C 悪魔(蕊);《ふつう the Devil で》魔王, サタン(同義語 Satan)
▸ことわざ Talk [Speak] of the **devil** (, and he is sure to appear). うわさをすれば影(蕊)(がさす). (♦「悪魔の話をすると必ず現れる」の意味から)

devise [diváiz ディヴァイズ] 動詞
(三単現 **devises** [-iz]; 過去・過分 **devised** [-d]; 現分 **devising**)
他 (方法・装置など)を工夫(蕊)する, 考案する; …を発明する

devote [divóut ディヴォウト] 動詞 (三単現 **devotes** [divóuts ディヴォウツ]; 過去・過分 **devoted** [-id]; 現分 **devoting**)
他 …を(…に)ささげる《to ...》;《**devote** oneself **to ...** で》…に専念する
▸She **devoted** her life [herself] **to** helping poor people. 彼女は貧しい人々を助けることに生涯(蕊)をささげた[専念した]. (♦ to のあとは(動)名詞)

dew [djú: デュー] 名詞 U 露(蕊)

dewdrop [djú:dràp デュードゥラップ] 名詞 C 露(蕊)のしずく

diagram [dáiəgræm ダイアグラぁム] 名詞 C 図表, 図形; 図解

dial [dáiəl ダイアる] 名詞 C (時計などの)文字盤(蕊); (ラジオ・電話などの)ダイヤル
——動詞 他 (ダイヤルを回して・プッシュボタンを押(蕊)して)…に電話をかける
——自 電話をかける

dialect [dáiəlèkt ダイアれクト] 名詞 C U 方言

dialogue, (米)dialog [dáiəlò:g ダイアローグ] 名詞
C U 対話; (劇・小説などの)会話の部分

diameter [daiæmitər ダイあミタ] (★アクセントに注意) 名詞
C (円・球の)直径(♦「半径」は radius)

diamond [dáiəmənd ダイアモンド] 名詞
❶ C U ダイヤモンド
❷ C ひし形; (トランプの)ダイヤ
❸ C《ふつう the diamond で》(野球の)内野; 野球場

A B C D E F G H I J K L M N O P Q R S T U V W X Y Z

diary [dáiəri ダイアリ] 名詞
(複数 diaries [-z])
◉ 日記, 日記帳 ⇒ keep 他 ❹
▶write a **diary** 日記を書く
▶I keep a **diary** in English.
わたしは英語で日記をつけている.

dice [dáis ダイス] 名詞 (複数 dice: 単複
同形) ◉ さいころ; ◉ さいころ遊び
▶throw [roll] the **dice**
さいころを投げる

dictate [díkteit ディクテイト] 動詞 (三単現
dictates [díkteits ディクテイツ]; 過去・過分
dictated [-id]; 現分 dictating)
他 …を(…に)書き取らせる((to ...))
▶He **dictated** the sentence to us.
彼はその文をわたしたちに書き取らせた.
——自 (…に)書き取らせる, 口述する((to ...))

dictation [diktéiʃn ディクテイシャン]
名詞 ◉ 書き取り, 口述, ディクテーション

dictionaries [díkʃənèriz ディクショネ
リズ] 名詞 dictionary(辞書)の複数形

dictionary [díkʃənèri ディク
ショネリ] 名詞
(複数 dictionaries [-z]) ◉ 辞書, 辞典
(◆「百科事典」は encyclopedia)
▶an English-Japanese **dictionary**
英和辞典
▶I looked up the word in my
dictionary.
わたしはその単語を自分の辞書で調べた.

オックスフォード英語辞典(世界最大)の編集作業

did [díd ディッド]
——動詞 do(…をする)の過去形
——助動詞 do の過去形(◆過去の疑問文を
つくったり, not をともなって否定文をつ
くったりするときに用いる; また, 過去の
文の一般動詞を強調するときにも用いる)

ダイアログ
A: **Did** you have a good weekend?
いい週末でしたか?
B: Yes, I did. はい, いい週末でした.

▶I **did**n't have breakfast this
morning.
今朝は朝食を食べなかった.
▶She **did** say so.
彼女は確かにそう言った.
(◆ She said so. の said を強調した形)
——《代動詞》(◆同じ動詞(句)を繰(く)り返す
代わりに用いる)

ダイアログ
A: Who broke the window?
だれが窓ガラスを割ったんだ?
B: I'm sorry, I **did**.
ごめんなさい, ぼくが割りました.
(◆ did = broke the window)

die [dái ダイ] 動詞 (三単現 dies [-z];
過去・過分 died [-d]; 現分 dying) 自
❶ (…で)死ぬ(of [from] ...))(対義語 live
生きる); (植物などが)枯(か)れる
⇒ dead ルール
▶He **died** four years ago.
彼は 4 年前に死んだ.
▶That dog is **dying**.
そのイヌは死にかけている. (◆「そのイヌ
は死んでいる」は That dog is dead.)

くらべよう **die of, die from, be killed**

die of: 病気・飢(う)え・老齢(ろ)などで死
ぬことを指します.
▶**die of** cancer [hunger / old age]
がん[飢え / 老齢]で死ぬ
die from: けがなどで死ぬことを指し
ます. 代わりに die of を用いること
もよくあります.
▶**die from** a wound [old age]
けが[老齢]で死ぬ
be killed: 事故や災害, 戦争などで死
ぬことを指します.
▶**be killed** in an accident [a fire
/ the war] 事故[火事 / 戦争]で死ぬ

❷ 《口語》《be dying for ... で》
…がほしくてたまらない; 《be dying to
＋動詞の原形で》…したくてたまらない
▶I'm **dying for** an ice cream.
わたしはアイスクリームが食べたくて
たまらない.
▶I'm **dying to** ride that horse,

あの馬に乗りたくてたまらない.

díe awáy
(音・風などが)徐々(じょ)に消える[やむ]

díe óut 絶滅(ぜつめつ)する；すたれる

Diet [dáiit ダイエット] 名詞
　© 《ふつう **the Diet** で》(日本などの)国会 (◆「アメリカの国会」は Congress,「イギリス議会」は Parliament)

diet [dáiit ダイエット] 名詞
　❶ © Ü (日常の)食事, 飲食物
　▶a vegetable **diet**　菜食
　❷ © (治療(ちりょう)・減量のための)食事制限, ダイエット
　▶go on a **diet**　ダイエットをする
　▶I'm on a **diet**.
　　わたしはダイエット中だ.

differ [dífər ディファァ]
　(★アクセントに注意) 動詞
　⽬ (…と／…の点で)ちがう, 異なる 《from ... / in ...》;
　(人と)意見が合わない 《with [from] ...》

*difference [dífərəns ディファァレンス] 名詞 (複数 differences [-iz])
　© Ü (…の間の)ちがい, 差, 相違(そうい)点 《between ...》
　▶tell the **difference**
　　ちがいを述べる[見分ける]
　▶There is little **difference** between the two words.
　　その2つの語にはほとんどどちらがいがない.

make a dífference
変化をもたらす；重要である
　▶The movie **made a** big **difference** in my life.
　　その映画はわたしの人生に大きな変化をもたらした.

*different [dífərənt ディファァレント] 形容詞
　(比較 more different;
　最上 most different)
　❶ ちがう, 異なる, 別々の (対義語 same 同じ);《be different from ... で》…とちがっている (◆ 口語 では from の代わりに to や than を用いることがある)
　▶My idea **is different from** hers.
　　わたしの考えは彼女の考えとちがう.
　❷ いろいろな (同義語 various)
　▶The store has **different** kinds of

food.　その店にはいろいろな種類の食べ物がある.

*difficult [dífikəlt ディフィカルト] 形容詞 (比較)
　(more difficult; 最上 most difficult)
　難しい, 困難な
　(同義語 hard, 対義語 easy 簡単な)
　▶a **difficult** problem　難しい問題
　▶Singing the song well is **difficult** for me.　わたしにとってその歌をじょうずに歌うことは難しい.
　▶His name is **difficult** to pronounce.
　　彼の名前は発音するのが難しい.

difficulty [dífikəlti ディフィカルティ]
　名詞 (複数 difficulties [-z])
　❶ Ü (…における)難しさ, 困難(in ...)
　(対義語 ease 容易さ)
　▶I had a lot of **difficulty (in)** writing e-mails in English.
　　わたしは英語でEメールを書くのにとても苦労した.
　❷ © 困難なこと

with dífficulty 苦労して, やっと
　▶I finished my homework **with difficulty**.
　　わたしはやっと宿題を仕上げた.

without dífficulty 苦もなく, 楽々と

dig [díg ディッグ] 動詞 (三単現 digs [-z];
　過去・過分 dug [dʌg ダッグ];
　現分 digging) 他 …を掘(ほ)る
　▶**dig** the ground　地面を掘り返す

díg óut
…を取り[掘り]出す；…をさがし出す

díg úp …を掘り出す, 発掘(はっくつ)する；(新事実など)を見つける, 探(さぐ)り当てる

digest (★動詞・名詞のアクセントのちがいに注意) 動詞 [daidʒést ダイヂェスト]
　他 ❶ (食物)を消化する
　❷ (知識・考え・意味など)をよく理解する
　—— 名詞 [dáidʒest ダイヂェスト]
　© 要約, まとめ, ダイジェスト

digestion [daidʒéstʃn ダイヂェスチョン]
　名詞 Ü © 消化(作用), 消化力

digital [dídʒitl ディヂタる] 形容詞
　デジタル(式)の
　▶a **digital** camera　デジタルカメラ

dignity [dígnəti ディグニティ] 名詞
　Ü 威厳(いげん), 品位

dilemma [dilémə ディれマ] 名詞
　© ジレンマ, 板ばさみ(相反する選択肢(せんたくし)のどちらとも決めかねる状態)

a b c **d** e f g h **i** j k **l** m n o p q r s t u v w x y z

A
B
C
D
E
F
G
H
I
J
K
L
M
N
O
P
Q
R
S
T
U
V
W
X
Y
Z

diligence [dílidʒəns ディリヂェンス]
名詞 U 勤勉さ, 絶え間ない努力

diligent [dílidʒənt ディリヂェント] 形容詞
(…に)勤勉な, 熱心な(in …)
(対義語 lazy 怠惰(な)な)
▶a **diligent** student
勤勉な学生
▶She is **diligent in** her English
study [studying English].
彼女は英語の勉強[英語を学ぶの]に熱
心だ.

dim [dím ディム] 形容詞 (比較 dimmer;
最上 dimmest) 薄暗(うすぐら)い, (姿・形など
が)ぼんやりした, (目が)よく見えない

dime [dáim ダイム] 名詞
C (アメリカ・カナダの)10セント硬貨(こう)

dimly [dímli ディムり] 副詞
薄暗(うすぐら)く; ぼんやりと, かすかに

dimple [dímpl ディンプる] 名詞
C えくぼ; (地面などの)小さいくぼみ

dine [dáin ダイン] 動詞
(三単現 dines [-z]; 過去・過分 dined
[-d]; 現分 dining)
自 ディナーをとる, 食事をする
(◆ have dinner よりもかたい語)

ding-dong [díŋdɔ̀:ŋ ディングドーング]
名詞 U (鐘(かね)の音を表して)ゴーンゴー
ン, キンコン ⇒ sound 図

dining [dáiniŋ ダイニング] 名詞
U 食事, 食べること
▶a **dining** hall 食堂

ˈdining room
[dáiniŋ rù:m ダイニングルーム] 名詞
(複数 dining rooms [-z]) C
(家・ホテルなどの)ダイニングルーム, 食堂
⇒ 巻頭カラー 英語発音辞典⑫

ˈdinner [dínər ディナァ] 名詞
(複数 dinners [-z])
❶ U C 夕食; (一日のうちの主要な)食事,
ディナー(◆ふつう a をつけず, 複数形に
もしないが, 形容詞がつくと a がついた
り複数形になったりする)
⇒ breakfast ルール
▶What's for **dinner**?
夕食は何ですか?
▶I had **dinner** at seven last night.
昨夜は7時に夕食をとった.
▶before [after] **dinner**
夕食前[後]に
▶an early **dinner** 早めの夕食

▶a late **dinner** 遅(おそ)めの夕食

――――――――――――――――――――

参考 dinner は夕食だけではない
dinner は, 一日のうちの主要な食事を指します. 昼食が主要な食事のときは, 昼食を dinner, 夕食を supper といいます. また, 必ずしも「夕食」を指すわけではないので, 単に「食事」と訳したほうがよい場合もあります.

❷ C 晩さん会, 夕食会(= dinner party)

dinosaur [dáinəsɔ̀:r ダイナソーア] 名詞
C 恐竜(きょうりゅう)

dip [díp ディップ] 動詞 (三単現 dips [-s];
過去・過分 dipped [-t]; 現分 dipping)
他 (水などに)…をさっと浸(ひた)す
――自 (水などに)ちょっとつかる
――名詞 ❶ C さっと浸すこと
❷ C U (野菜などにつける)ディップ

diploma [diplóumə ディプろウマ] 名詞
C 卒業証書; 免状(めんじょう)

diplomat [dípləmæt ディプろマット]
名詞 C 外交官; 外交的手腕(しゅわん)のある人

diplomatic [dìpləmǽtik ディプろマ
ティック] 形容詞
❶《名詞の前に用いて》外交の, 外交上の
❷ 駆(か)け引きのうまい

dipper [dípər ディパ] 名詞
❶ C ひしゃく
❷《the Dipper で》《主に米》【天文】
北斗(ほくと)七星(= the Big Dipper)

direct [dirékt ディレクト, dairékt ダイレク
ト] 形容詞
❶ まっすぐな(同義語 straight)
▶a **direct** flight to Los Angeles
ロサンゼルスへの直行便
❷ 直接的な
▶**direct** sunlight 直射日光
❸ 率直(そっちょく)な(同義語 frank)
▶a **direct** answer
正直な答え
――副詞 まっすぐに; 直接に
▶He went home **direct** from work.
彼は職場からまっすぐに帰宅した.
――動詞 他 ❶ …を指図(さしず)する, …に命令
する; …を指揮する
▶A police officer was **directing**
(the) traffic.
警察官が交通整理をしていた.
❷ (人)に(…への)道を教える《to …》

direction [dirékʃn ディレクシャン,
dairékʃn ダイレクシャン] 名詞

❶ C U 方向, 方角(同義語 way)

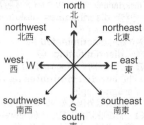

north
北

northwest
北西

northeast
北東

west
西 W

east
東 E

N
北

S
南

southwest
南西

southeast
南東

south
南

▶I have no sense of **direction**.
わたしは方向音痴(ち)だ.

ダイアログ
A: Which **direction** did he run?
彼はどの方向へ走って行きましたか?
B: That way. あっちです.

❷ U 指導, 指揮; 監督(とく)
▶The basketball team is under the **direction** of Mr. Suzuki.
バスケットボールチームは鈴木先生の指導を受けている.

❸ C《ふつう **directions** で》
指示, 使用法; 説明(書)

directly [diréktli ディレクトり, dairéktli ダイレクトり] 副詞
❶ 直接に; まっすぐに
▶I went **directly** to the station.
わたしは駅へ直行した.
❷ まさに, ちょうど; すぐ次に
(同義語 right)

director [diréktər ディレクタ] 名詞
❶ C 指導者; 重役
❷ C (映画などの)監督(とく), 演出家;
(楽団の)指揮者

directory [diréktəri ディレクトリ, dairéktri ダイレクトリ]
(複数 **directories** [-z])
C (特定の地域の)人名録, 住所録, 電話帳

dirt [dɔ́ːrt ダ〜ト] 名詞
❶ U 汚(よご)れ; ほこり(同義語 dust), ごみ
❷ U 泥(どろ)(同義語 mud); (ばらばらの)土

dirty [dɔ́ːrti ダ〜ティ] 形容詞
(比較 **dirtier**; 最上 **dirtiest**)
❶ 汚(きたな)い, 汚(よご)れた
(対義語 clean きれいな)
▶**dirty** dishes 汚れた皿
▶The floor of the room was very **dirty**. その部屋の床はとても汚かった.

❷ 不正な, ひきょうな; わいせつな

dis- 接頭辞 「否定」や「反対」などの意味の語をつくる: dis- + appear(現れる)→ disappear(姿を消す)

disable [diséibl ディスエイブる] 動詞
(三単現 **disables** [-z]; 過去・過分 **disabled** [-d]; 現分 **disabling**) 他
❶ …の体を不自由にする
❷ (機械など)を使えなくする

disabled [diséibld ディスエイブるド]
形容詞 身体障がいの, 体の不自由な
(◆差別的意味合いが強いとされる handicapped の代わりに用いられる)

disadvantage [dìsədvǽntidʒ ディスアドヴぁンテッヂ] 名詞
C U 不利, 不利益, 不都合; 不利な状況(じょう)[立場](対義語 advantage 有利)

disagree [dìsəgríː ディスアグリー] 動詞
(三単現 **disagrees** [-z]; 過去・過分 **disagreed** [-d]; 現分 **disagreeing**)
自 ❶ (人と)意見が合わない(with ...)
(対義語 agree 同意する); (話などが)(…と)一致(ち)しない, 異なる(with ...)
▶I **disagree with** him about the plan.
その計画のことで彼と意見が合わない.
❷ (食物・気候などが)(人に)合わない, 適さない(with ...)

disappear [dìsəpíər ディスアピア] 動詞
自 (…から)見えなくなる, 姿を消す(対義語 appear 現れる); 消滅(めつ)する(from ...)
▶The car **disappeared from** view.
その車は視界から消えた.

disappoint [dìsəpɔ́int ディスアポイント] 動詞 他 (人)を失望させる, がっかりさせる;《**be disappointed** で》(…に)がっかりする(at [in, with, about] ...)
▶The movie **disappointed** me.
その映画にはがっかりさせられた.
▶I **was disappointed at** the results of my final exams.
期末テストの結果にはがっかりした.

disappointment [dìsəpɔ́intmənt ディスアポイントメント] 名詞
U 失望; C がっかりさせる人[もの]
▶To my **disappointment**, they lost the game. がっかりしたことに, 彼らは試合に負けた.

disaster [dizǽstər ディザぁスタ] 名詞
C U 災害, 災難, 大惨事(じ), 不幸

disc [dísk ディスク] 名詞 = disk(円盤(ばん))

a b **d** e f g h **i** j k l m n o p q r **s** t u v w x y z

A
B
C
D
E
F
G
H
I
J
K
L
M
N
O
P
Q
R
S
T
U
V
W
X
Y
Z

discipline [dísəplin ディスィプリン]
名詞 C U 訓練, しつけ；U 規律

disc jockey [dísk dʒáki ディスク ヂャキ] 名詞 C ディスクジョッキー(♦音楽中心のラジオ番組などの司会者；DJ と略す；disk jockey ともつづる)

disclose [disklóuz ディスクロウズ] 動詞
(三単現 **discloses** [-iz]；過去・過分 **disclosed** [-d]；現分 **disclosing**)
他 (隠(%)れたもの)をあらわにする，(秘密)をあばく

disco [dískou ディスコウ] 名詞
(複数 **discos** [-z]) C (口語)ディスコ
(♦ *disco*theque [dískətèk ディスコテック] を短縮した語)

discount [dískaunt ディスカウント] 名詞
C 割引, 値引き
▶I bought this at a forty-percent **discount**.
わたしはこれを 40% 引きで買った.
▶Can you give me a **discount** on this? これ, 値引きしてもらえませんか?
──動詞 他 …を割引する

discourage [diskə́ːridʒ ディスカ～リッヂ] 動詞 (三単現 **discourages** [-iz]；過去・過分 **discouraged** [-d]；現分 **discouraging**) 他
❶ (人)をがっかりさせる；
《**be discouraged** で》がっかりしている
▶Don't **be discouraged**.
がっかりするな.
❷ (計画など)を思いとどまらせる；
(人)に(…するのを)思いとどまらせる
《from + ...ing》

discover [diskʌ́vər ディスカヴァ]
動詞 (三単現 **discovers** [-z]；過去・過分 **discovered** [-d]；現分 **discovering**)
他 …を発見する, 見つけ出す；…に気づく
《**discover** + that 節[wh- 節]で》
…だと[…かと]わかる, 気づく
▶They **discovered** a new comet.
彼らは新しいすい星を発見した.
▶I **discovered** (that) Ann was going out with Tom. わたしは, アンがトムと交際していることに気づいた.

discoverer [diskʌ́vərər ディスカヴァララ] 名詞 C 発見者

discovery [diskʌ́vəri ディスカヴァリ] 名詞 (複数 **discoveries** [-z])
U C 発見；C 発見物

discriminate [diskrímineit ディスクリミネイト] 動詞
(三単現 **discriminates** [diskrímineits ディスクリミネイツ]；過去・過分 **discriminated** [-id]；現分 **discriminating**) 自
❶ (…を)差別する(against ...)
▶The law **discriminates against** foreign people.
その法律は外国人を差別している.
❷ (…間を)区別する, 見分ける(between ...)
──他 …を区別する, 見分ける

discrimination [diskrìmənéiʃn ディスクリミネイシャン] 名詞
❶ U (…に対する)差別；差別待遇(%)(against ...)
▶sexual **discrimination** 性差別
❷ U 区別, 識別；識別する力, 眼識

discuss [diskʌ́s ディスカス] 動詞
(三単現 **discusses** [-iz]；過去・過分 **discussed** [-t]；現分 **discussing**)
他 …について(…と)話し合う, 論じる《with ...》
▶We **discussed** the problem **with** our teacher. わたしたちはその問題について先生と話し合った. (♦ discuss のあとに about や on などはつかない)

discussion [diskʌ́ʃn ディスカシャン] 名詞 (複数 **discussions** [-z])
C U 討議, 話し合い
▶a group **discussion**
グループディスカッション, 集団討論
▶We had a hot **discussion** on [about] the subject.
わたしたちはその話題について白熱した議論を戦わせた.
under discússion 討議中で
▶The problem is **under discussion**.
その問題は討議中だ.

disease [dizíːz ディスィーズ] (★発音に注意) 名詞 C U 病気
▶heart **disease** 心臓病

disguise [disgáiz ディスガイズ] 動詞
(三単現 **disguises** [-iz]；過去・過分 **disguised** [-d]；現分 **disguising**) 他
❶ …を(…に)変装[偽装(%)]させる《as ...》
(♦ふつう受け身の文, または disguise oneself の形で用いる)
▶He **disguised himself** [was **disguised**] **as** a police officer.

a b c **d** e f g h **i** j k l m n o p q r **s** t u v w x y z

彼は警官に変装した.

❷ (事実・感情)を隠(ﾞ)す, ごまかす

——名詞 C U 変装, 偽装, 仮装

in disgúise 変装して[た]

disgust [disɡʌ́st ディスガスト] **動詞**

他 …をむかつかせる, うんざりさせる; 《**be disgusted** で》(…に)うんざりする, 嫌気(ﾞ)がさす《**at [by, with]** ...》

——名詞 U (むかむかする)嫌悪(ﾞ), 嫌気

disgusting [disɡʌ́stiŋ ディスガスティング] **形容詞** むかむかさせる, いやな

dish [díʃ ディッシ] **名詞**

(**複数** **dishes** [-iz])

❶ C 皿, 鉢(ﾞ)(**類題** plate 浅い皿, saucer 受け皿);《**the dishes** で》食器類(◆ナイフ, フォークなどもふくむ)

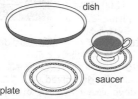

dish

plate

saucer

▶do [wash] **the dishes** 食器を洗う

▶wipe **the dishes** 食器をふく

▶clear (away) **the dishes** (食後に)食器を片づける

❷ C (料理の)**1皿**, **1品**; (一般に)料理
➡ food 〈くらべよう〉

▶Japanese **dishes** 日本料理

dishonest [disánist ディスアネスト] **形容詞** 不正直な, 不誠実な
(**対義語** honest 正直な)

dishwasher [díʃwàʃər ディッシワッシャ] **名詞** C 皿洗いをする人; 皿洗い機

disk [dísk ディスク] **名詞** C 円盤(ﾞ)(状のもの); レコード(◆ disc ともつづる); 【コンピューター】情報記録用ディスク

disk jockey [dísk dʒàki ディスク ヂャキ] **名詞** = disc jockey(ディスクジョッキー)

dislike [disláik ディスらイク] **動詞** (**三単現** **dislikes** [-s]; **過去・過分** **disliked** [-t]; **現分** **disliking**)

他 …を嫌(ﾞ)う(◆進行形にはできない; don't like を使うことのほうが多い; **同語語** hate, **対義語** like …を好む)

——名詞 C U 嫌うこと, (…に対する)嫌悪(ﾞ)《**of [for]** ...》

dismiss [dismís ディスミス] **動詞** (**三単現** **dismisses** [-iz], **過去・過分** **dismissed** [-t]; **現分** **dismissing**) 他

❶ (人の集まりなど)を解散させる

❷ (人)を解雇(ﾞ)する

Disneyland [díznilænd ディズニらぁンド] **名詞** ディズニーランド(◆アメリカのロサンゼルス近郊(ﾞ)にある, ウォルト・ディズニー(Walt Disney)が建設した大遊園地; 現在, ディズニーランドの名がつく遊園地は, 日本, フランス, 中国にもある)

dispenser [dispénsər ディスペンサ] **名詞** C 自動販売(ﾞ)機; ディスペンサー(◆飲料・食品・シャンプーなどを一定量ずつ出すことができる装置[容器])

displace [displéis ディスプれイス] **動詞** 他 …を移動させる; …を立ち退(ﾞ)かせる, 強制退去させる

display [displéi ディスプれイ] **動詞** 他 …を展示する, 陳列(ﾞ)する

——名詞 C U 展示, 陳列; C 【コンピューター】ディスプレー

disposal [dispóuzl ディスポウザる] **名詞**

❶ U 処分, 処理

❷ C 生ごみ処理器, ディスポーザー(◆流しに取りつけて, 野菜くずやごみなどを粉砕(ﾞ)して下水に流す電気器具)

dispute [dispjú:t ディスピュート] **動詞** (**三単現** **disputes** [dispjú:ts ディスピューツ]; **過去・過分** **disputed** [-id]; **現分** **disputing**)

他 …を議論する, 討論する; …に異議を唱える, 反論する

——自 議論する, 討論する

——名詞 C U 議論, 討論

distance [dístəns ディスタンス]

名詞 (**複数** **distances** [-iz])

C U (…までの / …からの / …間の)距離(ﾞ), 道のり, 間隔(ﾞ) 《**to** ... / **from** ... / **between** ...》

▶a long [short] **distance** 長い[短い]距離

▶The lake is within walking **distance**.
その湖は歩いて行ける距離にある.

▶What is the **distance from** here to your school?
ここからあなたの学校までのどのくらい距離がありますか?

at a dístance 少しはなれたところに

A B C D E F G H I J K L M N O P Q R S T U V W X Y Z

▶The park is **at a distance** from our school. その公園は学校から少しはなれたところにある.

in the dístance 遠くに

distant [dístənt ディスタント] 形容詞
❶ (距離・時間が)(…から)遠い, はなれて《from ...》
▶He lives in a **distant** place **from** here. 彼はここからはなれたところに住んでいる.
❷《名詞の前に用いて》遠縁の

distinct [distíŋkt ディスティンクト] 形容詞
明瞭な, はっきりとした(同義語 clear); (…とは)別個の, 異なった《from ...》

distinction [distíŋkʃn ディスティンクシャン] 名詞 C U (…の間の)区別, 差別, 相違点《between ...》; U 優秀性

distinguish [distíŋgwiʃ ディスティングウィッシ] 動詞 (三単現 **distinguishes** [-iz]; 過去・過分 **distinguished** [-t]; 現分 **distinguishing**)
⦿ (…と)…を区別する, 見分ける《from ...》; (はっきりと)…を認める
▶I couldn't **distinguish** the real jewel **from** the imitations. わたしには本物の宝石とにせ物が区別できなかった.

distinguished [distíŋgwiʃt ディスティングウィッシト] 形容詞
(…で)有名な《for ...》; すぐれた

distress [distrés ディストレス] 名詞
❶ U 苦痛, 苦悩; C 苦悩(悩み)の種
❷ U 貧困
❸ U 危険な状態; 遭難
――動詞 ⦿ (三単現 **distresses** [-iz]; 過去・過分 **distressed** [-t]; 現分 **distressing**)
(人)を苦しめる, 悲しませる

distribute [distríbju:t ディストゥリビュート](★アクセントの位置に注意) 動詞 (三単現 **distributes** [distríbju:ts ディストゥリビューツ]; 過去・過分 **distributed** [-id]; 現分 **distributing**)
⦿ …を配る, 分配する; …を配達する
▶The teacher **distributed** the test papers. 先生は試験用紙を配った.

district [dístrikt ディストゥリクト] 名詞
C 地区, 地方, 地域

District of Columbia [dístrikt əv kəlʌ́mbiə ディストゥリクト アヴ コランビア]

名詞《the District of Columbia で》コロンビア特別区(◆ D.C., DC と略す)
➡ **Washington, D.C.** 墨画

disturb [distə́:rb ディスタ～ブ] 動詞
⦿ …を妨げる, …のじゃまをする
▶I'm sorry to **disturb** you, but may I speak with you for a moment? おじゃましてすみませんが, ちょっとお話ししてもよろしいですか?
――⦿ (休憩などの)じゃまをする
▶Do Not **Disturb** 起こさないでください; 入室ご遠慮ください(◆ホテルの客室のドアに掛ける札の文句; 最初に please をつけるものもある)

ditch [dítʃ ディッチ] 名詞 (複数 **ditches** [-iz]) C 溝, 堀, どぶ

dive [dáiv ダイヴ] 動詞 (三単現 **dives** [-z]; 過去・過分 **dived** [-d] または《米》**dove** [dóuv ドウヴ]; 現分 **diving**)
⦿ (水中に)(頭から)飛びこむ, 潜る《into ...》
――名詞 C 飛びこみ; 潜水; 急降下

diver [dáivər ダイヴァ] 名詞
C 潜水夫, ダイバー; ダイビング選手

divide [diváid ディヴァイド] 動詞 (三単現 **divides** [diváidz ディヴァイヅ]; 過去・過分 **divided** [-id]; 現分 **dividing**)
――⦿ ❶ (いくつかに)…を分ける, 分割する《into ...》; (…の間で)…を分配する《between [among] ...》
▶I **divided** the cake **into** eight pieces. わたしはケーキを8つに切り分けた.
▶They **divided** the money **between** the two of them. 彼らは2人でその金を分けた.
❷【数学】(数)を割る
(対義語 multiply …に掛ける)
▶Six **divided** by three is [makes] two. 6割る3は2($6 \div 3 = 2$).
――⦿ (…に)分かれる, 割れる《into ...》
▶We **divided into** two groups. わたしたちは2つのグループに分かれた.

diving [dáiviŋ ダイヴィング] 名詞
U 潜水(せん), ダイビング(♦ skin diving, scuba diving がある);(水泳の)飛びこみ

division [divíʒn ディヴィジョン] 名詞
❶ U 分けること;分割(かつ);分配
❷ C (会社・官庁などの)部, 部門

divorce [divɔ́:rs ディヴォース] 名詞
C U 離婚(こん)
──動詞 (三単現 **divorces** [-iz]; 過去・過分
divorced [-t]; 現分 **divorcing**)
他 …と離婚する;…を離婚させる
──自 離婚する

D.I.Y., DIY [dí:àiwái ディーアイワイ]
日曜大工(だい)(♦ do-it-yourself の略)

dizzy [dízi ディズィ] 形容詞
(比較 **dizzier**; 最上 **dizziest**)
めまいがする
▶I feel **dizzy**. めまいがする.

DJ [dí:dʒèi ディーヂェイ] 名詞
C ディスクジョッキー
(♦ disc [disk] jockey の略)

DNA [dí:ènéi ディーエヌエイ] 名詞
U ディーエヌエー(♦ deoxyribonucleic acid「デオキシリボ核酸(かく)」の略)

do 動詞 助動詞 ➡ p.176 do

dock [dák ダック] 名詞
❶ C (造船所の)ドック(♦造船・修理のための施設(しせつ))
❷ C 波止場(ば), 船着き場

doctor [dáktər ダクタ] 名詞
(複数 **doctors** [-z])
❶ C 医者, 医師(♦(口語)doc [dák ダック]は主に呼びかけに用いられる; ❷ と区別するときには medical doctor ともいう)
▶go to the **doctor**('s)
医者に(診(み)てもらいに)行く
▶see [consult] a **doctor**
医者に診てもらう

参考 医者のいろいろ	
dentist	歯科医
surgeon	外科(げ)医
physician	内科医
eye doctor	眼科医
veterinarian(= **vet**)	獣医(じゅう)

❷ C 《しばしば **Doctor** で》博士, 博士号(♦敬称(けい)として名前の前につけるときは Dr. または Dr と略す)
▶a **Doctor** of Medicine 医学博士

document [dákjəmənt ダキュメント] 名詞 C 文書, 書類

documentary [dàkjəméntəri ダキュメンタリ] 形容詞 《名詞の前に用いて》文書の; 事実を記録した, ドキュメンタリーの
▶a **documentary** film [program]
ドキュメンタリー映画[番組]
──名詞 (複数 **documentaries** [-z])
C 記録作品, ドキュメンタリー

dodge ball [dádʒ bɔ̀:l ダッヂ ボーる] 名詞 U ドッジボール

dodo [dóudou ドウドウ] 名詞
(複数 **dodos** または **dodoes** [-z])
C 【鳥類】ドードー(♦絶滅(めつ)した, 飛ぶことのできない大型の鳥)

does [dʌ́z ダズ]
──動詞 do(…をする)の三人称単数現在形(♦主語が he, she, it または名詞の単数形のときに用いる)
▶John **does** his homework after dinner. ジョンは夕食後に宿題をする.
──助動詞 [dʌ́z ダズ;(弱く言うとき)dəz ダズ]
do の三人称単数現在形(♦疑問文をつくったり, not をともなって否定文をつくったりするときに用いる; また, 現在形の文の一般動詞の意味を強調するときにも用いる)
▶**Does** she play the piano?
彼女はピアノをひきますか?
▶Bob **doesn't** like baseball.
ボブは野球が好きではない.
▶She **does** want to see you.
彼女はほんとうにあなたと会いたがっています. (♦ does want とすることで, She wants to see you. より「…したがっている」の意味が強調される)
──《代動詞》(♦同じ動詞や動詞(句)を繰(く)り返す代わりに用いる)
▶You run faster than he **does**.
きみは彼より走るのが速い.
(♦ does = runs)

doesn't [dʌ́znt ダズント]
《口語》does not の短縮形

dog [dɔ́(:)g ド(ー)グ] 名詞 (複数 **dogs** [-z])
C 【動物】イヌ ➡ **animals** 図
▶walk a **dog** イヌを散歩させる
▶I have a black **dog**.
わたしは黒いイヌを飼っている.

do 動詞
助動詞
『代動詞』
[dú: ドゥー]

動詞 他 ❶ …をする
❷ (任務など)を果たす；(仕事など)を終える
❸ (人)に…をあたえる

――動詞 (三単現 **does** [dʌz ダズ]；過去 **did** [díd ディッド]；
過分 **done** [dʌn ダン]；現分 **doing**)
――他 ❶ …をする, 行う；(仕事・勉強など)をする

ダイアログ
A: What does your mother **do**? お母さんはどんな仕事をしていますか？
B: She is an English teacher. 英語の先生です．

▶I have a lot of homework to **do** today. 今日はやらなければならない宿題がたくさんある．

❷ (任務など)を果たす；(仕事など)を終える
▶She **did** a good job as a captain. 彼女はキャプテンとしていい仕事をした．
▶I've already **done** the work. その仕事はすでに終えています．

❸《ふつう do ＋人＋名詞で》(人)に…をあたえる, もたらす
▶Would you **do** me a favor? お願いがあるのですが．
▶Swimming will **do** you good. 水泳は体にいいですよ．

❹ …を片づける, 洗う, 掃除する；(髪など)を整える
▶**do** the dishes [room] 食器を洗う[部屋を掃除する]

――自 ❶ 行動する, 行う
▶ことわざ When in Rome, **do** as the Romans **do**. 郷に入っては郷に従え．(♦「ローマではローマ人のするようにせよ」の意味)

❷ 役に立つ, 間に合う, 十分である(♦ふつう will をともなう)
▶**Will** this box **do**? (代わりに)この箱で間に合いますか？

❸ 暮らす, やっていく；(ことが)運ぶ

ダイアログ
A: How are you **doing**? 元気にやっていますか？
B: Fine. How about you? はい．あなたはどうですか？

do awáy with ... …を廃止する, やめる
▶You should **do away with** staying up late. あなたは夜更かしをやめるべきだ．

do one's bést 全力を尽くす ➡ **best**

dó with ... …を処理する(♦what を使った疑問文で用いる)
▶What are you going to **do with** that old computer? その古いコンピューターをどうするつもりですか？

do withóut ... …なしで済ませる
▶I cannot **do without** computers in my work. わたしはコンピューターなしでは仕事はできない．

How do you dó? はじめまして．➡ **how**

Wéll dóne! よくやった, うまいぞ．➡ **done**

――助動詞 [dú: ドゥー；(弱く言うとき) du ドゥ, də ダ] (三単現 **does** [dʌz ダズ；(弱く言うとき) dəz ダズ]；過去 **did** [díd ディッド；(弱く言うとき) did ディド])

(自) ❶ 行動する
　❷ 役に立つ
助動詞 ❶《疑問文をつくる》
　　　❷《否定文をつくる》

❶《疑問文をつくる / **Do** ＋主語＋動詞の原形 ...?》(◆ふつう一般動詞といっしょに用いる; be 動詞, 助動詞とはいっしょに用いない ➡ ❷)

▸**Do** you like cats?　　　　　　あなたはネコが好きですか?
▸**Does** he speak English?　　　　彼は英語を話しますか?
▸**Did** you meet her yesterday?　　あなたは昨日, 彼女に会いましたか?

❷《否定文をつくる / 主語＋ **do not** [**don't**] ＋動詞の原形》
(◆ふつう一般動詞といっしょに用いる; ほかの助動詞とはいっしょに用いない)

▸I **don't** like math.　　　　　　わたしは数学が好きではない.
▸He **doesn't** know me.　　　　　彼はわたしのことを知らない.
▸She **didn't** come to the party.　彼女はパーティーに来なかった.
▸**Don't** stand there.　　　　　　そこに立たないで.
▸**Don't** be late.　　　　　　　　遅(おく)れないでね.

(◆ふつう助動詞 do は be 動詞とはいっしょに用いないが, 否定の命令文の場合には <u>Do</u> not [Don't] be .... の形でいっしょに用いる)

ルール do の変化形

1 三人称単数形の文では, do は does になります. 文中に does がある場合, 動詞は原形で用いられることに注意しましょう.

▸Meg **doesn't** <u>like</u> milk.　メグは牛乳が好きではありません.

ダイアログ
A: **Does** Meg <u>like</u> milk?　メグは牛乳が好きですか?
B: Yes, she **does**. / No, she **doesn't**.
　はい, 彼女は牛乳が好きです./いいえ, 彼女は牛乳が好きではありません.

2 過去形の文では, do は did になります. does の場合と同じく, 動詞は原形で用いられることに注意しましょう.

▸Jim **didn't** <u>like</u> candy.　ジムはキャンディーが好きではありませんでした.

ダイアログ
A: **Did** Jim <u>like</u> candy?　ジムはキャンディーが好きでしたか?
B: Yes, he **did**. / No, he **didn't**.
　はい, 彼はキャンディーが好きでした./いいえ, 彼はキャンディーが好きではありませんでした.

---

❸《一般動詞(現在形)の意味を強めて / **do** ＋動詞の原形で》
(◆ do は [dúː ドゥー] と強く発音する) ➡ **does**

▸I **do** think so, too.　　　　　　わたしもほんとうにそう思います.

──〖代動詞〗(三単現) **does** [dʌz ダズ]; (過去) **did** [díd ディッド]; (過分) **done** [dʌn ダン]; (現分) **doing**)(◆同じ動詞(句)を繰(く)り返す代わりに用いる)

▸I can swim as fast as he **does**.　わたしは彼と同じくらい速く泳げる.
　(◆ does ＝ swims)

ダイアログ
A: Who washed the dishes?　　だれが食器を洗ったのですか?
B: John **did**.　　　　　　　ジョンです.
　(◆ did ＝ washed the dishes)

A B **C** D E F **G** H I J K L M N **O** P Q R S T U V W X Y Z

【文化】 **欧米(おうべい)人にとってのイヌ**

1 欧米では, イヌは「人間の最良の友」(man's best friend)として尊重され, 家族の一員のようにあつかわれます. しかし, dog ということばのもつイメージは多くの場合, 決してよくありません.

▶lead a **dog**'s life
みじめな生活を送る

▶work like a **dog** あくせく働く

▶Barking **dogs** seldom bite.
ほえるイヌはめったにかみません. (◆「大声で脅(おど)したり, 自慢(じまん)したりする人は, たいしたことはできない」の意味)

2 最近では, 飼い主とともにイヌが入店することを認める商店, レストラン, カフェなどが多くなっています. また, 「盲導(もうどう)犬」(guide dog, (米)Seeing Eye dog), 「聴導(ちょうどう)犬」(hearing dog), 「介助(かいじょ)犬」(assistance dog, service dog)などが育成され, さまざまな場所で活躍(かつやく)しています.

doggie, doggy [dɔ́(ː)gi ド(ー)ギ] **名詞**
(複数 **doggies** [-z])
© (小児語)わんわん, わんちゃん

doggy bag [dɔ́(ː)gi bæg ド(ー)ギ バァッグ] **名詞** ドギーバッグ(◆レストランなどで食べ残した料理を持ち帰るための袋)

dogwood [dɔ́(ː)gwùd ド(ー)グウッド] **名詞** © U 【植物】ミズキ(ミズキ属の低木の総称(そうしょう)); (アメリカ産)ハナミズキ

doing [dúːiŋ ドゥーインヂ]
──**動詞** do(…をする)の現在分詞・動名詞
▶ことわざ Saying and **doing** are two things. 言うは易(やす)く, 行うは難(かた)し. (◆「言うこととすることは2つの別のことである」から, 「言うのは簡単だが, 実行するのは難しい」の意味)
──**名詞** (複数 **doings** [-z])
U 行動, 行い; 《**doings** で》行為(こうい)

---

do-it-yourself [dúːitʃərsélf ドゥーイチャセるふ] **形容詞** (組み立てなどを)自分でできる, 日曜大工(だいく)の
──**名詞** U 日曜大工
(◆D.I.Y. または DIY と略す; 日曜大工をする人は do-it-yourselfer)

doll [dɑ́l ダる] **名詞** (複数 **dolls** [-z])
© 人形
▶a rag **doll** ぬいぐるみの人形

dollar [dɑ́lər ダ5] **名詞**
(複数 **dollars** [-z])
© ドル(◆アメリカ・カナダ・オーストラリアなどの貨幣(かへい)単位; 1ドルは100セント; 記号は$または$で, $1のように数字の前につける); 1ドル紙幣, 1ドル硬貨(こうか))

ダイアログ
A: How much is this?
これはいくらですか?
B: It's seven **dollars** fifty cents.
7ドル50セントです. (◆7ドル50セントは$7.50とも書く)

dollhouse [dɑ́lhàus ダるハウス] **名詞**
(複数 **dollhouses** [dɑ́lhàuziz ダるハウズィズ]) © (米)人形の家; (おもちゃのような)小さな家(◆(英)doll's house)

dolphin [dɑ́lfin ダるふィン] **名詞**
© 【動物】イルカ

dome [dóum ドウム] **名詞** © 丸屋根, 丸天井(てんじょう), ドーム; 半球[ドーム]状のもの

domestic [dəméstik ドメスティック]
形容詞 ❶ 家庭(内)の, 家事の; 家庭的な
▶**domestic** troubles
家庭内の問題
❷ 自国(製)の, 国内の
(対義語 foreign 外国の)
▶a **domestic** flight
(飛行機の)国内便
❸ (動物が)飼いならされた, 家畜(かちく)化された(対義語 wild 野生の)
▶a **domestic** animal
ペット, 家畜

domino [dάmənòu ダミノウ] 名詞
(複数 dominoes [-z]) C ドミノの牌(はい);
《dominoes で単数あつかい》ドミノ
(♦ドミノの牌を用いて行うゲーム)

Donald Duck [dάnəld dʌ́k ダナるド
ダック] 名詞 ドナルドダック(♦ウォルト・
ディズニー(Walt Disney)のアニメ映
画などに登場するアヒルの名)

donate [dóuneit ドウネイト] (★アクセン
トの位置に注意) 動詞 (三単現 donates
[dóuneits ドウネイツ]; 過去・過分 donated
[-id]; 現分 donating)
他 …を(…に)寄付[寄贈(きぞう)]する;
(臓器などを)(…に)提供する(to ...)
▶donate money [blood]
お金を寄付する[献血(けんけつ)する]
──自 (…に)寄付[寄贈]する(to ...)

donation [dounéiʃn ドウネイシャン]
名詞 ❶ C 寄付金, 寄贈(きぞう)品
❷ U《または a donation で》寄付, 寄
贈; (臓器などの)提供
▶a blood donation 献血(けんけつ)

done [dʌ́n ダン] (★発音に注意)
動詞 do(…をする)の過去分詞
Wéll dóne! よくやった, うまいぞ.

donkey [dάŋki ダンキ] 名詞 C 【動物】
ロバ(♦ass よりもふつうに用いられる語)

donor [dóunər ドウナ] 名詞
❶ C 寄付者
❷ C (血液・臓器などの)提供者, ドナー
(対義語 recipient [risípiənt リスィピエント]
被(ひ)提供者)

don't [dóunt ドウント]
《口語》do not の短縮形

donut [dóunʌt ドウナット]
《米》ドーナツ= doughnut

door [dɔ́:r ドーア] 名詞
(複数 doors [-z])
❶ C ドア, 戸
▶Please close [open] the door.
ドアを閉め[開け]てください.
▶Someone knocked on [at] the
door. だれかがドアをノックした.
❷ C 玄関(げんかん), 出入り口
▶I'll wait for you at the door.
玄関であなたを待っていますね.
▶answer the door
(来客の)応対に出る
❸ C 1戸, 1軒(けん)

from dóor to dóor 1軒ごとに
▶He delivered newspapers **from
door to door**.
彼は1軒ずつ新聞を配達してまわった.
next dóor to ... …の隣(となり)に[の]
▶Ann lives **next door to** us.
アンはわたしたちの隣に住んでいる.
out of dóors 戸外で[に, へ], 家の外で
[に, へ] (同義語 outdoors)
▶Let's have lunch **out of doors**.
外でお昼を食べよう.

doorbell [dɔ́:rbèl ドーアべる] 名詞
C (戸口の)ベル, 呼び鈴(りん)

doorknob [dɔ́:rnὰb ドーアナブ]
(★発音に注意) 名詞
C ドアの取っ手, ドアノブ
(♦単に knob ともいう)

door-to-door [dɔ́:rtədɔ́:r ドーアトゥ
ドーア] 副詞 戸別に, 1軒ずつ(= from
door to door)
▶sell **door-to-door**
1軒ずつ売り歩く

doorway [dɔ́:rwèi ドーアウェイ] 名詞
C 出入り口, 戸口, 玄関(げんかん)

dorm [dɔ́:rm ドーム] (★ dome との発音
のちがいに注意) 名詞 C 《口語》寮(りょう)
(♦ dormitory を短縮した語)

dormitory [dɔ́:rmitɔ̀:ri ドーミトーリ] 名詞
(複数 dormitories [-z])
C 寮(りょう), 寄宿舎(♦《口語》dorm)

dot [dάt ダット] 名詞
❶ C 点; ピリオド, ドット(♦インターネッ
トのアドレスにあるピリオドの呼び方)
❷ C しみ; (点のように)小さいもの
──動詞 (三単現 dots [dάts ダッツ];
過去・過分 dotted [-id]; 現分 dotting)
他 …に点を打つ

double [dʌ́bl ダブる] (★発音に注意)
形容詞 ❶ 2重の, 2人用の, 2通りの
(♦「1人用の」は single)
▶a double window 2重窓
❷ 2倍の, 倍の
▶do **double** work (人の)倍働く
──動詞 (三単現 doubles [-z]; 過去・過分
doubled [-d]; 現分 doubling)
他 …を2倍にする
▶They **doubled** the amount of
training for the game.
彼らは試合に備えてトレーニングの量
を倍にした.
──自 2倍になる

A B C D E F G H I J K L M N O P Q R S T U V W X Y Z

▶The population of this town has **doubled**.
この町の人口は2倍になった.

——**名詞** ❶ U 2倍(の数・量)

▶Eight is the **double** of four.
8は4の2倍の数だ.

❷《**doubles** で単数あつかい》
【スポーツ】(テニスなどの)ダブルス
(**対義語** singles シングルス)

——**副詞** 2倍に, 2重に, 2人で, 2つで

▶ride **double** on a bike
自転車に2人乗りする

double bass [dʌ́bl béis ダブる ベイス]
名詞 (**複数** double basses [-iz])
C 【楽器】ダブルベース, コントラバス
➡ **musical instruments** 図

double-decker [dʌ́bldékər ダブるデ
カ] **名詞** ❶ C 2階建てバス(◆ロンドン
のものが有名)

❷ C (3枚のパンの)2重サンドイッチ

double-decker ❶

doubt [dáut ダウト] (★発音に注意)
動詞 他 …を疑う, 疑わしいと思う, 信じ
ない;《**doubt** + **if** [**whether**節]で》
…かどうか疑わしく思う;《**doubt** + **that**
節で》…ということを疑わしく思う

➡ **suspect** くらべよう

(**対義語** believe …を信じる)

▶I **doubt** the story.
わたしはその話を疑っている.

▶I **doubt** if [whether] he will
come. 彼が来るかどうかは疑わしい.

——**名詞** C U 疑い, 疑問, 疑惑(ぎわく)

(**対義語** belief 信じること)

▶feel **doubt** 疑念を抱(いだ)く

▶I have some **doubts** about the
news. そのニュースについてわたし
は疑いを抱いた.

▶There is no [little] **doubt** that
she will win the race.
彼女がそのレースで勝つことはまちが

いない[ほぼまちがいない].

no dóubt おそらく, たぶん

▶**No doubt** he will send an e-mail
to me.
きっと彼はEメールをくれるだろう.

without (a) dóubt 疑いもなく,
確かに(◆ no doubt より意味が強い)

▶**Without doubt**, she is the best
runner in this school.
疑いなく, 彼女はこの学校で最高のラン
ナーだ.

doubtful [dáutfl ダウトふる] **形容詞**
(物事が)疑わしい; (人が)(…について)
疑っている, 確信がない《about ...》

doughnut [dóunʌt ドウナット] **名詞** C
ドーナツ(◆アメリ
カではリング状,
イギリスではまん
じゅう形が多い;
donut とも書く)

イギリスのドーナツ

dove¹ [dʌ́v ダヴ]
(★ dove² との発
音のちがいに注
意)

名詞 C 【鳥類】
ハト(◆平和・柔和(にゅう)などの象徴(しょう)とさ
れる; pigeon より小さい野生種のハト)

dove² [dóuv ドウヴ] (★ dove¹ との発音
のちがいに注意) **動詞**
《米》dive (飛びこむ)の過去形

Dover [dóuvər ドウヴァ] **名詞**
❶ ドーバー(◆イギリス南東部の都市)
❷《**the Strait(s) of Dover** で》
ドーバー海峡(かいきょう)(◆イギリスとフランス
の間の海峡)

down¹ [dáun ダウン]

副詞 ❶

副詞 ❸
BOSTON
MIAMI

副詞 ❷
300
200

前置詞 ❶

━━**副詞 ❶ 下に, 下へ**(**対義語** up 上に)

▸Sit **down**, please.
どうぞすわってください.

▸The elevator came **down**.
エレベータが降りてきた.

▸The sun is going **down**.
日が沈(ㅤ)もうとしている.

❷(値段・程度・地位などが)**下がって, 落ちて**;(病気で)倒(ㅤ)れて

▸The price of vegetables is going **down**.　野菜の値が下がっている.

❸(中心地や話し手から)**はなれて, 下って**;南へ

▸She went **down** to the park.
彼女は公園のほうに去っていった.

▸fly **down** to Miami from Boston
ボストンからマイアミへ飛行機で南下する

❹(時代・順序が)(…に)至るまで(**《to ...》**)

úp and dówn 上がったり下がったり;行ったり来たり ➡ **up**

━━**前置詞 ❶ …を下って, …の下のほうに[へ]**(**対義語** up …の上へ)

▸go **down** a river　川を下る

▸Don't run **down** the stairs.
階段を走り降りてはいけません.

❷(川・道)に沿って(**同義語** along)

▸Let's go for a walk **down** the river.　川に沿って散歩しよう.

━━**形容詞 ❶ 《名詞の前に用いて》下りの**
(**対義語** up 上りの)

▸a **down** escalator [train]
下りのエスカレーター[電車]

❷《ふつう名詞の前では用いない》
落ちこんだ, 元気のない

down² [dáun ダウン] **名詞** **U** (鳥の)綿毛, ダウン(♦羽ぶとんなどに詰(ㅤ)める)

down jacket [dáun dʒæ̀kit ダウン ヂャケット] **名詞** **C** ダウンジャケット

download [dáunlòud ダウンロウド]
動詞 他【コンピューター】
(データなど)をダウンロードする

▸**download** software
ソフトウェアをダウンロードする

⁺downstairs

[dáunstéərz ダウンステアズ]

━━**副詞 下の階へ[で]**
(**対義語** upstairs 上の階へ)

▸The bathroom is **downstairs**.
トイレは下の階にあります.(♦2階建てなら1階にあたる)

▸go **downstairs**　階下へ行く
(♦×go to downstairs とはいわない)

━━**形容詞《名詞の前に用いて》下の階の**

▸a **downstairs** room　階下の部屋

━━**名詞《the downstairs で単数あつかい》下の階**

downtown [dáuntáun ダウンタウン]
《主に米》副詞　町の中心街へ, 繁華(ㅤ)街へ(**対義語** uptown 住宅地区へ)

▸go **downtown**　町へ出かける
(♦×go to downtown とはいわない)

━━**形容詞** [dáuntàun ダウンタウン]
町の中心街の, 繁華街の

━━**名詞** **C** **U** 町の中心街, 繁華街

> **[参考] 下町と downtown**
>
> 英語の downtown は日本語の「下町」という意味ではなく, 繁華街やオフィス街といったにぎやかな地域を指します.

Downtown Line [dáuntàun láin ダウンタウン らイン] **名詞《the Downtown Line で》**ダウンタウン線(♦シンガポールの鉄道路線)

downward [dáunwərd ダウンワド]
副詞 下のほうへ
(**対義語** upward 上のほうへ)

━━**形容詞《名詞の前に用いて》**
下方への, 下向きの

downwards [dáunwərdz ダウンワヅ]
副詞《英》= downward(下のほうへ)

doz. [dʌ́zn ダズン] **名詞**
ダース(♦*dozen*(s) の略)

doze [dóuz ドウズ] **動詞**(**三単現** dozes
[-iz]; **過去・過分** dozed [-d];
現分 dozing)

⃝ うたた寝(ㅤ)する, 居眠(ㅤ)りする

dóze óff ...　つい居眠りをしてしまう

⁺dozen [dʌ́zn ダズン]

(★発音に注意) **名詞**

(**複数** dozens [-z] または **dozen**)

C **1 ダース, 12個**(♦ **doz.** または dz. と略す;「およそ12個, 12人」という意味

A B
C
D E F G
H I J K
L M N O P Q
R
S T U V W X Y Z

で使うこともある)

▶half a **dozen** eggs　半ダースの卵

▶I bought a **dozen** pencils.
わたしはえんぴつを1ダース買った.

▶two **dozen** roses　24本のバラ

ルール dozen の使い方

1 前に a か数詞を, あとに名詞をつけて使うことができます.

▶a **dozen** eggs　1ダースの卵
▶two **dozen** eggs　2ダースの卵
このとき, dozen は複数形になりません.

2 あとに of をつけて複数形で使うことができます.

▶**dozens of** people
何十人もの人々

3 欧米(おうべい)では数え方の単位がダースなので, 12 が基本となります. 卵や果物(くだもの)といった品物だけではなく, 人もダース単位で数えることがあります.

---

by the dózen ダース単位で
▶Pencils are sold **by the dozen**.
えんぴつはダース単位で売られている.

dózens of ... 《口語》たくさんの…, 何十もの… ➡ ルール 2

Dr., Dr [dɑ́ktər ダクタ]《名前の前につけて》…博士, …先生(♦ *doctor* の略)

draft, 《英》**draught**
[drǽft ドゥラぁフト] 名詞

❶ C 下書き, 草案; C 設計図
(♦この意味では, 《英》でも draft とつづるのがふつう)

▶make a **draft** of a speech
スピーチの原稿(げんこう)を作る

❷ C U すき間風; C 通風孔(こう)

❸《the draft で》《主に米》徴兵(ちょうへい)制

❹ C 《主に米》《スポーツ》ドラフト制度

drag [drǽg ドゥラぁッグ] 動詞 (三単現 **drags** [-z]; 過去・過分 **dragged** [-d]; 現分 **dragging**) 他 ❶ (重いもの)をひっぱる, (足など)をひきずる

▶We **dragged** the boat up the beach.　わたしたちは浜辺へボートをひっぱり上げた.

❷【コンピューター】…をドラッグする
(♦マウスをボタンを押(お)したまま動かし, ファイルなどを移動すること)

dragon [drǽgən ドゥラぁガン] 名詞
C 竜(りゅう), ドラゴン

dragonfly [drǽgənflài ドゥラぁガンふらイ] 名詞 (複数 **dragonflies** [-z])

C【昆虫】トンボ

drain [dréin ドゥレイン] 動詞
他 (…から)(水など)を排出(はいしゅつ)させる《from ...》; (容器など)から水を抜(ぬ)く

―― 自 (水が)はける

―― 名詞 C 排水管, 排水溝(こう);
《drains で》下水施設(しせつ)

drama [drɑ́ːmə ドゥラーマ] 名詞

❶ C 劇, 戯曲(ぎきょく); ドラマ
(♦ play よりかたい語)

▶a TV **drama**　テレビドラマ

❷ U 演劇, 劇文学

▶She is a member of the **drama** club.　彼女は演劇部の部員だ.

❸ U 劇的な事件

dramatic [drəmǽtik ドゥラマぁティック]
形容詞 劇の; 劇的な, めざましい

drank [drǽŋk ドゥラぁンク] 動詞
drink(…を飲む)の過去形

draught [drǽft ドゥラぁふト] 名詞
《英》= draft(すき間風)

draw [drɔ́ː ドゥロー] 動詞
(三単現 **draws** [-z];
過去 **drew** [drúː ドゥルー]; 過分 **drawn**
[drɔ́ːn ドゥローン]; 現分 **drawing**)

他 ❶ (絵・図)をかく
　❷ …をひく
　❸ …を取り出す
自 ❶ 絵をかく

―― 他 ❶ (絵・図)をかく, えがく;
…の絵をかく; (線)をひく

くらべよう draw, paint, write

draw: ペン・えんぴつで絵や図をかいたり, 線をひいたりすること
paint: 絵の具を塗(ぬ)って絵をかいたり, ペンキを塗ったりすること
write: 文字を書くこと

‣**draw** a circle　円をかく

‣He **drew** a picture of the dog.
　彼はそのイヌの絵をかいた.

❷ …をひく, ひっぱって動かす

‣Please **draw** the curtains.
　カーテンをひいてください.（♦「開けてください」の意味にも「閉めてください」の意味にもなる）

‣Jim **drew** back his chair.
　ジムはいすを後ろにひいた.

❸ …を取り出す, ひき出す;（歯など）を抜(ぬ)く;（現金）をひき出す（同義語 withdraw）;（水など）をくみ出す;（結論）をひき出す

‣She **drew** a key from her pocket.
　彼女はポケットからかぎを取り出した.

❹（人）をひき寄せる;（興味など）をひきつける

‣The poster **drew** his attention.
　そのポスターは彼の注意をひいた.

❺（文書）を書く, 作成する

──⽬ ❶ 絵をかく, 図をかく

‣You really **draw** well.
　きみはほんとうに絵がうまいね.

❷ 動く;（時が）近づく

❸《主に英》（試合が）引き分けになる

drawer [drɔ́ːr ドゥローア]（★発音に注意）
名詞 Ｃ（たんす・机などの）引き出し

drawing [drɔ́ːiŋ ドゥローイング] **動詞**
draw(…をかく)の現在分詞・動名詞
──**名詞** ❶ Ｕ 絵をかくこと; 製図
❷ Ｃ 絵, 図, スケッチ

*✲**drawn** [drɔ́ːn ドゥローン]
──**動詞** draw(…をかく)の過去分詞
──**形容詞** ❶（顔が）ひきつった; やつれた
❷《主に英》（試合が）引き分けの

dreadful [drédfl ドゥレッドふる] **形容詞**
❶ 恐(おそ)ろしい, ものすごい
❷《口語》ひどい, いやな

*✲**dream** [dríːm ドゥリーム]
──**名詞**（複数 **dreams** [-z]）
❶ Ｃ（眠(ねむ)っているときに見る）夢

‣I had a **dream** about my childhood last night.
　昨晩, 子供のころの夢を見た.
　（♦動詞に have を用いることに注意）

‣Sweet **dreams**!
　よい夢を, おやすみ.
　（♦親が子供に言うことが多い）

❷ Ｃ（実現させたいと思っている）夢

‣She has a **dream** of becoming a doctor.
　彼女には医者になるという夢がある.

──**動詞**（三単現 **dreams** [-z]; 過去・過分
dreamed [dríːmd ドゥリームド, drémt ドゥレムト] または **dreamt** [drémt ドゥレムト]; 現分 **dreaming**）
──⽬ ❶（…の）夢を見る《of [about] ...》

‣I **dreamed about** my old friends last night.
　わたしは昨夜, 古い友人たちの夢を見た.

❷（…を）夢見る《of [about] ...》

‣I **dream of** becoming a singer.
　わたしは歌手になることを夢見ている.

──⽫ …の夢を見る;
《**dream** + **that** 節で》
…ということを夢に見る, 想像する

‣I **dreamed** a happy dream.
　わたしは楽しい夢を見た.（♦I had a happy dream. というほうがふつう）

‣I never **dreamed that** I would see you here.
　ここであなたに会うなんて夢にも思わなかった.

dreamer [dríːmər ドゥリーマ] **名詞**
Ｃ 夢想家; 夢を見る人

dreamland [dríːmlænd ドゥリームらぁンド] **名詞** Ｃ Ｕ 夢の国, 理想郷

dreamt [drémt ドゥレムト] **動詞** dream (夢を見る)の過去形・過去分詞の一つ

*✲**dress** [drés ドゥレス]
──**名詞**（複数 **dresses** [-iz]）
❶ Ｃ（ワンピースの）婦人服, ドレス
（♦上着とスカートに分かれている服は suit）

‣a wedding **dress**
　ウエディングドレス

❷ Ｕ（一般的に）服装; 正装

‣She changed into evening **dress**.
　彼女は夜会服に着替(きが)えた.

──**動詞**（三単現 **dresses** [-iz];
過去・過分 **dressed** [-t]; 現分 **dressing**）
──⽫ ❶ …に服を着せる;《**be dressed** (**in**) ... で》(…の服を)着ている

‣I don't like **dressing** dogs.
　わたしはイヌに服を着せるのは好きではない.

‣get **dressed**　服を着る

‣She **is dressed** (**in**) white today.
　彼女は今日, 白い服を着ている.

a b c d e f g h i j k l m n o p q r s t u v w x y z

A B
C D
E F
G H
I J
K L
M N
O P
Q **R**
S T
U V
W X
Y Z

❷ (肉・魚など)を(調理や食べるために)下ごしらえする，(サラダに)ドレッシングをかける

❸ …を美しく飾(な)る；(髪(な)など)を整える；(傷)の手当てをする

——⊜ 服を着る；正装する

dréss úp 着飾る，盛装(th)する；正装する；仮装(th)する

dresser [drésər ドゥレサ] 名詞
❶ C (米)鏡台；(鏡のついた)たんす
❷ C (英)食器戸棚(th)

dressing [drésiŋ ドゥレッスィング] 動詞
dress(…に服を着せる)の現在分詞・動名詞
——名詞 ❶ C U (サラダの)ドレッシング
❷ U (米)(鳥料理などの)詰(つ)め物
❸ C (包帯などの)傷の手当て用品
❹ C 身じたく；飾(かざ)りつけ；仕上げ

dressmaker [drésmèikər ドゥレスメイカ] 名詞 C (婦人服の)仕立て人，洋裁師
(類語 tailor(紳士(しん)服の)仕立て人)

dressmaking [drésmèikiŋ ドゥレスメイキング] 名詞 U 婦人服の仕立(業)，洋裁

drew [drú: ドゥルー] 動詞
draw(…をかく)の過去形

dribble [dríbl ドゥリブる] 動詞 (三単現 dribbles [-z]；過去・過分 dribbled [-d]；現分 dribbling) ⊜
❶ したたる
❷ 【スポーツ】ドリブルする
——⊜ ❶ …をしたたらせる
❷ 【スポーツ】(球)をドリブルする
——名詞 ❶ C したたり；(液体の)少量
❷ C 【スポーツ】ドリブル
➡ **basketball** 図, **soccer** 図

dried [dráid ドゥライド] 動詞
dry(…を乾(かわ)かす)の過去形・過去分詞
——形容詞 乾燥(かんそう)した，干した

drier [dráiər ドゥライア] 形容詞
dry(乾(かわ)いた)の比較級
——名詞 ＝ dryer(ヘアドライヤー)

drift [dríft ドゥリふト] 名詞 C (雪などの)吹(ふ)きだまり；漂流(ひょうりゅう)物；C U 漂流
——動詞 ⊜ 漂(ただよ)う，漂流する
——⊜ …を漂わせる，漂流させる；
(雪など)を吹き積もらせる

drill [dríl ドゥリる] 名詞
❶ C U (繰(く)り返しの)訓練，練習，ドリル
▶a fire **drill** 消防訓練
❷ C ドリル，穴空け器，きり

:**drink** [dríŋk ドゥリンク]

動詞	他 (飲み物)を飲む
	自 飲む
名詞	❶ 飲み物

——動詞 (三単現 **drinks** [-s]；過去 **drank** [dræŋk ドゥラぁンク]；過分 **drunk** [dráŋk ドゥランク]；現分 **drinking**)

——他 (飲み物)を飲む
▶**drink** water [coffee]
水[コーヒー]を飲む

ダイアログ
A: Would you like something to **drink**?
何か飲み物はいかがですか？
B: Tea, please.
紅茶をお願いします。

くらべよう 「飲む」を表す動詞

drink：水・ジュース・酒などを飲むことを表します．
eat：スープを飲むことを表します．
take：薬を飲むことを表します．
ただし，カップに入ったスープを直接口をつけて飲む場合は，drink も使えます．➡ **soup** くらべよう

——自 ❶ 飲む；酒を飲む(◆beer や wine などの目的語がなくても「酒を飲む」という意味になることに注意)
▶Don't **drink** and drive.
飲食運転をするな．
❷ (…に)乾杯(かんぱい)する(to ...)
——名詞 (複数 **drinks** [-s])
❶ C U 飲み物；酒，アルコール飲料
▶soft **drinks** 清涼(せいりょう)飲料水
(◆アルコールの入っていない飲み物)
❷ C (水・酒などの)1 杯(はい)

drinking [dríŋkiŋ ドゥリンキング] 動詞
drink(…を飲む)の現在分詞・動名詞
——名詞 U 飲むこと；飲酒
——形容詞 飲用の，飲用に適した

drinking water [dríŋkiŋ wàtər ドゥリンキング ワタ] 名詞 U 飲料水

drip [dríp ドゥリップ] 動詞
(三単現 **drips** [-s]；過去・過分 **dripped** [-t]；現分 **dripping**)
自 (液体が)したたる，ポタポタ落ちる；しずくを垂(た)らす
——他 …を垂らす

—**名詞** C したたること[音]；しずく，水滴(そ)；【医学】点滴

‡drive [dráiv ドゥライヴ]

動詞 他 ❶ (車など)を運転する
　❷ (人)を車で送る
　❸ (人・動物)を追い立てる
　自 (車などを)運転する
名詞 ❶ ドライブ

—**動詞** (三単現 **drives** [-z]；過去 **drove** [dróuv ドゥロウヴ]；過分 **driven** [drívn ドゥリヴン]；現分 **driving**)
—他 ❶ (車など)を運転する
▸Can you **drive** a car?
　あなたは車の運転ができますか？

(くらべよう) drive と ride

drive: 車・馬車などに腰(こ)かけて運転することを表します.

ride: 自転車・オートバイ・馬などにまたがって乗ることを表します.

❷ (人)を車で送る，乗せて行く
▸I'll **drive** you home.
　家まで車で送りますよ.
　(♦×to home とはならない)
❸ (人・動物)を追い立てる，追い払(はら)う
▸**drive** a cat out of the kitchen
　ネコを台所から追い出す
❹ (くぎ・くいなど)を打ちこむ
❺ (人)を(ある状態に)追いやる
《to ...》；《**drive** ＋人＋形容詞で》(人)を…の状態に追いやる
▸His rude words **drove** me crazy [to anger].
　彼の無礼なことばにわたしは怒(おこ)った.
—自 (車などを)運転する，(車などで)行く，ドライブする

▸You must **drive** on the right in America.
　アメリカでは，車は右側通行だ.
▸I **drove** to the airport.
　わたしは空港まで車で行った.
—**名詞** (複数 **drives** [-z])
❶ C ドライブ，自動車旅行
▸go for a **drive**　ドライブに出かける
▸Tom took Ann for a **drive**.
　トムはアンをドライブに連れて行った.
❷ C U (自動車で行く)道のり；
(一般道路から建物・ガレージなどに続く)自動車道，私道(同義語 driveway)
▸The station is a thirty-minute **drive** from here.
　駅はここから車で30分の所にある.

drive-in [dráivìn ドゥライヴイン] **名詞**
C 《主に米》ドライブイン(♦車に乗って利用できるレストランなど；日本語の「ドライブイン」は roadside restaurant)
—**形容詞** 《名詞の前に用いて》
《主に米》ドライブイン式の
▸a **drive-in** theater
　ドライブインシアター

‡driven [drívn ドゥリヴン] **動詞**
drive(…を運転する)の過去分詞

‡driver [dráivər ドゥライヴァ]
名詞 (複数 **drivers** [-z])
C 運転手，ドライバー
▸He's a good **driver**.
　彼は運転がうまい.

driver's license [dráivərz làisns ドゥライヴァズ ライセンス] **名詞**
C 《米》運転免許(めんきょ)証
(♦《英》driving licence)

drive-through [dráivθrù: ドゥライヴすルー] **名詞** C 《米》ドライブスルー
(♦車に乗ったまま利用することができるファストフードレストランなど)

driveway [dráivwèi ドゥライヴウェイ] **名詞** C (一般道路から建物・ガレージなどに続く)車を乗り入れる私道
(♦単に drive ともいう) ➡ **house** 図

driving [dráiviŋ ドゥライヴィング] **動詞**
drive(…を運転する)の現在分詞・動名詞
—**名詞** U (自動車などの)運転

drone [dróun ドゥロウン] **名詞** C ドローン(♦日本語の「ドローン」はふつう小型無人機を指すが，drone はさまざまな無人

航空機を意味する）
▶fly a **drone** ドローンを飛ばす

drop [dráp ドゥラップ]

動詞	**自**	❶ 落ちる；したたる
		❷ 下がる
	他	❶ …を落とす
名詞		❶ しずく
		❷ 落下

——**動詞**（**三単現** **drops** [-s]；**過去・過分**
dropped [-t]；**現分** **dropping**）
——**自** ❶ （急に）落ちる；（液体が）したたる
▶The dish **dropped** from her hands to the floor.
その皿は彼女の手から床(%)に落ちた.
▶Tears **dropped** from her eyes.
彼女の目から涙(%)がこぼれた.
❷ （値段・温度などが）下がる；（勢いが）衰(%)える；（声が）低く[小さく]なる
▶Computer prices will **drop**.
コンピューターの価格は下がるだろう.
▶The temperature **dropped** two degrees. 気温が2度下がった.
❸ （ばったりと）倒(%)れる
▶She **dropped** into the sofa.
彼女はソファーに倒れこんだ.
——**他** ❶ …を落とす；（液体）をしたたらせる
▶He **dropped** a glass on the floor.
彼はコップを床に落としてしまった.
❷ （勢い）を弱める；（声）を低くする
▶**drop** *one's* voice 声を小さくする
❸ （…から）（文字など）を落とす，抜(%)かす；（人）をはずす《from ...》
▶Don't **drop** an "n" from "running." "running"のnを1つ落としてはいけませんよ.
❹ （口語）（車などから）（人・荷物）を降ろす
▶Please **drop** me (off) at the next corner. 次の角で降ろしてください.
❺ 《口語》（人）に（短い手紙など）を出す
▶Please **drop** me a line sometime.
そのうちお便りをくださいね.
❻ …をやめる，中止する

dróp bý 《口語》ちょっと立ち寄る；
…にちょっと立ち寄る
dróp ín 《口語》（…に）ちょっと立ち寄る
《on [at] ...》
▶I **dropped** in on him [at his house] yesterday.
昨日, 彼の家に立ち寄った.

（◆立ち寄る先が「人」の場合は on を，「場所」の場合は at を用いる）
dróp óut （競争などから）脱落(%)する，
（…から）中途(%)退学する《of ...》
——**名詞**（**複数** **drops** [-s]）
❶ C （雨などの）しずく，水滴(%)
▶**drops** of rain 雨のしずく
❷ C 《ふつう a drop で》落下, 低下, 減少
▶a **drop** in prices 物価の下落
❸ C ドロップ, あめ玉

dropout [drápàut ドゥラプアウト] **名詞**
C 中途(%)退学者；脱落(%)者

drought [dráut ドゥラウト]（★発音に注意）**名詞** C U 干ばつ, 日照り

drove [dróuv ドゥロウヴ] **動詞**

drive(…を運転する)の過去形

drown [dráun ドゥラウン] **動詞**
他 …をおぼれ死にさせる；
《**be drowned** で》おぼれて死ぬ
——**自** おぼれて死ぬ, でき死する
▶**ことわざ** A **drowning** man will catch at a straw.
おぼれるものはわらをもつかむ.

drowsy [dráuzi ドゥラウズィ] **形容詞**
（**比較** **drowsier**；**最上** **drowsiest**）
眠(%)い；活気のない

drug [drág ドゥラッグ] **名詞** C 薬, 薬品
（◆medicine のほうがふつう）；麻薬(%)

druggist [drágist ドゥラギスト] **名詞**
❶ C 《米》薬剤(%)師
（**同義語** pharmacist,《英》chemist）
❷ C 《米》ドラッグストアの経営者

drugstore [drágstɔːr ドゥラッグストーア]
名詞 C 《主に米》ドラッグストア, 雑貨店

|文化| アメリカのドラッグストア

薬品(drug)のほか, 日用雑貨, 化粧(%)品, お菓子(%)類, 文具, 雑誌や新聞など, いろいろなものが売られています.

drum [drʌ́m ドゥラム] **名詞**
C【楽器】太鼓(たいこ), ドラム
→ **musical instruments** 図
▶beat the **drum** 太鼓をたたく
▶play the **drums** in a band
バンドでドラムをたたく
(♦ロック音楽のドラムセットは drums
[-z]と複数形になる)

drummer [drʌ́mər ドゥラマ] **名詞**
C ドラム奏者, 太鼓(たいこ)奏者, ドラマー

drunk [drʌ́ŋk ドゥランク]
——**動詞** drink(…を飲む)の過去分詞
——**形容詞** (**比較**
最上 **drunkest**)《名詞の前には用いない》
(酒や成功などに)酔(よ)った《with ...》

drunken [drʌ́ŋkən ドゥランクン] **形容詞**
《名詞の前に用いて》酒に酔(よ)った

dry [drái ドゥライ]
——**形容詞** (**比較** drier; **最上** driest)
❶ 乾(かわ)いた, 乾燥(かんそう)している (**対義語**
damp, wet 湿(しめ)った); 雨の降らない
▶a **dry** towel 乾いたタオル
▶the **dry** season 乾季
❷ のどが渇(かわ)いている (**同義語** thirsty)
▶feel **dry** のどが渇く
❸ おもしろくない; 無味乾燥な
❹ 辛口(からくち)の
——**動詞** (**三単現** dries [-z];
過去・過分 dried [-d]; **現分** drying)
——他 …を乾かす, 干す
▶I **dried** my hair with a towel.
わたしはタオルで髪(かみ)を乾かした.
——自 乾く
drý úp ① 完全に乾く, 干(ひ)上がる
② …を完全に乾かす

dryer [dráiər ドゥライア] **名詞**
C ヘアドライヤー; (洗濯(せんたく)物などの)
乾燥(かんそう)機(♦ drier ともつづる)

dub [dʌ́b ダブ] **動詞** (**三単現** dubs [-z];
過去・過分 dubbed [-d]; **現分** dubbing)
——他 (映画などのせりふ)を吹(ふ)き替(か)える;
(録音・録画したもの)をダビングする

Dublin [dʌ́blin ダブリン] **名詞**
ダブリン(♦アイルランドの首都)

duck [dʌ́k ダック] **名詞** (**複数** ducks
[-s] または duck) C【鳥類】アヒル;
カモ → **animals** 図

duckling [dʌ́kliŋ ダックリング] **名詞**
C アヒル[カモ]の子

due [djú: デュー] **形容詞**
❶ 当然の, 正当な; (金銭が) 当然支払(しはら)
われるべき; 期限[満期]がきた
▶The bill is **due** at the end of the
week.
その請求(せいきゅう)書は週末が期限だ.
❷《名詞の前には用いない》到着(とうちゃく)の予
定で; (…する)予定で《to +動詞の原形》
▶The plane is **due** at 6 p.m.
その飛行機は午後6時に到着の予定だ.
▶We are **due to** leave Japan
tomorrow.
わたしたちは明日, 日本をたつ予定だ.
dúe to ... …のために, …が原因で
(**同義語** because of ...)
▶The game was canceled **due to**
the heavy snow.
その試合は大雪のため中止になった.

duet [djuːét デューエット]
(★アクセントに注意) **名詞**
C【音楽】二重唱曲; 二重奏曲
(♦ duo [djúːou デューオウ] ともいう)

dug [dʌ́g ダッグ] **動詞**
dig(…を掘(ほ)る)の過去形・過去分詞

duke [djú:k デューク] **名詞**
C《しばしば Duke で》公爵(こうしゃく)
(♦イギリスの貴族の最高位)

dull [dʌ́l ダる] **形容詞**
(**比較** duller; **最上** dullest)
❶ 退屈(たいくつ)な, つまらない (**同義語** boring)
▶The movie was **dull**.
その映画はつまらなかった.
❷ 頭の鈍(にぶ)い; (動作・痛みなどが)鈍い
▶**ことわざ** All work and no play
makes Jack a **dull** boy.
よく学びよく遊べ. (♦「勉強ばかりして
遊ばないと子供はだめになる」の意味)
❸ (刃(は)物・刃が) 切れ味の悪い
(**対義語** sharp 鋭(するど)い)
❹ (色・光などが)明るくない, くすんだ;
(音が)はっきりしない, 低い

dumb [dʌ́m ダム] (★発音に注意) **形容詞**
(**比較** dumber; **最上** dumbest)
❶ 口のきけない, しゃべれない(♦差別的
な響(ひび)きをもつため, unable to speak
を用いるほうがよい)
❷《主に米》愚(おろ)かな

dump [dʌ́mp ダンプ] **動詞**
——他《口語》(ごみなど)を捨てる, 処分する;
…をどさっと降ろす
——**名詞** C ごみ捨て場

dump truck [dʌ́mp trʌ̀k ダンプ
トゥラック] 名詞 C（米）ダンプカー
（◆「ダンプカー」は和製英語；
（英）dumper [dʌ́mpər ダンパ]（truck））

durable [djúərəbl デュ(ア)ラブる] 形容詞
（ものが）長もちする，耐久(たいきゅう)性にすぐれた

:during [djúəriŋ デュ(ア)リング]
前置詞 ❶ …の間ずっと，…じゅう
▶He stayed in Hokkaido **during**
the summer vacation.
彼は夏休みの間ずっと北海道にいた．
❷ …の間（のある時）に
▶There was a phone call **during**
dinner.
夕食の間に電話がかかってきた．

┌─────────────────────┐
│ くらべよう **during** と **for**
│
│ **during**: 特定の期間を表す語とともに
│ 用います．
│ ▶**during** April　4月の間
│ **for**: 期間の長さを表す語とともに用い
│ ます．
│ ▶**for** two weeks　2週間
└─────────────────────┘

dusk [dʌ́sk ダスク] 名詞
U 夕暮れ，たそがれ；薄(うす)暗がり
（同義語 dawn 夜明け）

dust [dʌ́st ダスト] 名詞
❶ U ほこり，ちり
▶He cleared the **dust** off the table.
彼はテーブルのほこりを取り除いた．
❷ U 粉末；花粉
──動詞 他（ぞうきん・ブラシなどで）…の
ほこりを取る

dustbin [dʌ́stbìn ダストビン] 名詞
C（英）(ふたつきの)ごみ入れ，ごみ箱
（◆（米）garbage can, trash can）

duster [dʌ́stər ダスタ] 名詞
C ふきん，ぞうきん

dustpan [dʌ́stpæ̀n ダストパぁン] 名詞
C ちり取り

dusty [dʌ́sti ダスティ] 形容詞
（比較 dustier；最上 dustiest）
❶ ほこりをかぶった，ほこりだらけの
❷ （色が）灰色がかった，くすんだ

Dutch [dʌ́tʃ ダッチ] 形容詞 オランダの；
オランダ人の；オランダ語の
go Dútch 割り勘(かん)にする
（◆ split the bill を用いるほうがふつう）
──名詞 U オランダ語；《the Dutch で
複数あつかい》オランダ人(全体)（◆個人

を指すときは Dutchman, Hollander
[hɑ́ləndər ハランダ] を用いる）

Dutchman [dʌ́tʃmən ダッチマン] 名詞
（複数 Dutchmen [dʌ́tʃmən ダッチマン]）
C オランダ人

:duty [djúːti デューティ] 名詞
（複数 duties [-z]）
❶ C U 責務，義務，本分
▶do one's **duty**　義務を果たす
▶She has a strong sense of **duty**.
彼女には強い義務感がある．
❷ C U 《しばしば duties で》任務，職務
▶the **duties** of a teacher　教師の職務
❸ C U 《ときに duties で》税
▶custom **duties**　関税
ón dúty 勤務中で，当番で
▶I'm **on duty** from 9:00 a.m. to
5:00 p.m.　わたしは午前9時から午
後5時までの勤務だ．
óff dúty 勤務時間外で，非番で

duty-free [djúːtifrìː デューティフリー]
形容詞 免税(めんぜい)の
──副詞 免税で

DVD [díːvìːdíː ディーヴィーディー] 名詞
（複数 DVDs [-z]）C ディーブイディー
（◆ digital versatile [və́ːrsətl ヴァーサ
トゥる] [video] disc（多用途(たようと)デジタル
ディスク[デジタルビデオディスク]）の略）
▶I watched the **DVD** last night.
昨夜，わたしはその DVD を見た．

dwell [dwél ドゥウェる] 動詞
（三単現 dwells [-z]；過去・過分 dwelt
[dwélt ドゥウェるト]または dwelled [-d]；
現分 dwelling）
自（…に）住む（at [in] ...）
（◆ live よりかたい語）

dye [dái ダイ] 動詞（三単現 dyes [-z]；
過去・過分 dyed [-d]；現分 dyeing）
他（布・髪(かみ)など）を染める
──名詞 C U 染料(せんりょう)

dying [dáiiŋ ダイイング] 動詞
die(死ぬ)の現在分詞・動名詞
──形容詞 死にかかった；消えかかった

dynamic [dainǽmik ダイナぁミック]
形容詞 ❶ 活動的な，精力的な
▶a **dynamic** person　活動的な人
❷ 動的な；動力の

dynamite [dáinəmàit ダイナマイト]
名詞 U ダイナマイト

dz. ダース（◆ dozen(s) の略）

Ee *Ee*

Q ウサギは卵をどうするの？ ➡ Easter egg をひいてみよう！

E, e [iː イー] **名詞** (**複数**) **E's, e's** または **Es, es** [-z] C U イー
（♦アルファベットの5番めの文字）

E, E. 東（♦ *east* の略）；東の
（♦ *eastern* の略）

‡each [iːtʃ イーチ]
——**形容詞**《名詞の単数形の前に用いて》
それぞれの，めいめいの，各自の
➡ **every** 〈くらべよう〉

▶**each** day [week] 毎日[毎週]

▶He gave **each** child a pen.
彼は子供たち一人ひとりにペンをあげた。

▶**Each** one of the girls has her own computer. その少女たちはそれぞれ自分のコンピューターを持っている。
（♦×**each** the girl(s) とはいわない）

ルール **each** の使い方

1 「**each** ＋名詞」は単数あつかいにするのが原則です。
▶**Each** child **was** given a present. どの子供もそれぞれプレゼントをもらった。（♦×**Each** child **were** .... とはいわない）

2 「**each** ＋名詞」は，単数形の代名詞で受けるのが原則ですが，《口語》では名詞が「人」で性別がはっきりしない場合，複数形の代名詞で受けることもあります。➡ **every** ルール
▶**Each** boy has **his** own desk.
どの少年も自分の机を持っている。
▶**Each** girl has **her** own desk.
どの少女も自分の机を持っている。
▶**Each** box has **its** own number.
どの箱にもそれぞれの番号がついている。
▶**Each** student has **their** own desk. (= **Each** student has **his** or **her** own desk.)
どの生徒も自分の机を持っている。

*‡**each óther** たがいに[を]
▶We helped **each other**.
わたしたちはたがいに助け合った。
▶They talked to **each other**.
彼らはたがいに話し合った。

éach time 毎回，いつも，…するたびに
▶**Each time** I see Jane, she tells me an interesting story.
ジェーンに会うたびに，彼女はわたしにおもしろい話をしてくれる。

——**代名詞**《ふつう単数あつかいで》
各自，おのおの
▶**Each** of us shook hands with the actor. わたしたちはそれぞれ，その俳優と握手（むしゅ）をした。

——**副詞** 1人[1個]につき，それぞれ
▶These pens are three dollars **each**.
これらのペンは1本3ドルです。

eager [iːgər イーガ] **形容詞**
❶ …を切望している《for ...》；
《**be eager to** ＋動詞の原形で》
しきりに…したがっている
▶We are **eager for** peace.
わたしたちは平和を強く願っている。
▶He **was eager to** go to Paris.
彼はしきりにパリに行きたがっていた。
❷ （表情・人などが）熱心な

eagerly [iːgərli イーガリ] **副詞**
熱心に；しきりに

eagle [iːgl イーグる] **名詞** C 【鳥類】ワシ

‡ear [iər イア] **名詞** (**複数** ears [-z])
❶ C 耳 ➡ **head** 図
▶Mickey Mouse has big **ears**.
ミッキーマウスは耳が大きい。
▶〈ことわざ〉Walls have **ears**.
壁（かべ）に耳あり。
❷ C《ふつう単数形で》（ことば・音楽などを）聞き分ける力《for ...》；聴覚（ちょうかく），聴力
▶She has an [no] **ear** for music.

彼女は音楽のよしあしがわかる[全くわからない].

be áll éars 熱心に聞く

> ダイアログ
> *A:* I have something to tell you.
> 話したいことがあるんだよ.
> *B:* Go ahead. I'm all ears.
> いいよ. ぜひ聞かせて.

earl [ə́ːrl ア〜る] 名詞 C (イギリスの)伯爵(はくしゃく)(◆イギリス以外では count)

earlier [ə́ːrliər ア〜リア]
副詞 形容詞 early(早く[早い])の比較級

earliest [ə́ːrliist ア〜リエスト]
副詞 形容詞 early(早く[早い])の最上級

‡early [ə́ːrli ア〜リ]
——副詞 (比較 **earlier**; 最上 **earliest**)
(時刻・時期が)**早く**, 早めに; 初期に
(対義語 late 遅(おそ)く)

▶I left home **early** this morning.
今朝は早く家を出た.

▶I arrived thirty minutes **earlier** than usual.
わたしはいつもより 30 分早く着いた.

▶Let's meet **early** next week.
来週の早いうちに会いましょう.

> くらべよう **early** と **fast**
> **early**: 時刻や時期が「早い」ことを表します.
> **fast**: 動作や速度が「速い」ことを表します.

▶She gets up **early** in the morning. 彼女は朝早く起きる.
▶Her sports car runs very **fast**.
彼女のスポーツカーはとても速く走る.

——形容詞 (比較・最上 は 副詞 に同じ)
(時刻・時期が)**早い**, 早めの, 初期の
(対義語 late 遅い); すぐの

▶in **early** spring 早春に
▶Let's take an **early** train.
(時刻が)早めの列車に乗ろう.

▶ ことわざ The **early** bird catches the worm.
早起きは三文の得. (◆「早起きの鳥は虫を捕(つか)まえる」の意味から;「早起きの人」は an early bird という)

at the éarliest 早くとも, 早くて

keep éarly hóurs 早寝(はやね)[早起き]をする

‡earn [ə́ːrn ア〜ン] 動詞
(三単現 **earns** [-z];
過去・過分 **earned** [-d]; 現分 **earning**)
他 (金)**をかせぐ**, (生計)を立てる;
(地位・名声など)を得る

▶I **earn** five hundred dollars a week. わたしは週に 500 ドルをかせぐ.

earnest [ə́ːrnist ア〜ネスト] 形容詞
まじめな, 熱心な
——名詞 (◆次の成句で用いる)
in éarnest まじめに[な], 本気で[の]

earnestly [ə́ːrnistli ア〜ネストリ] 副詞
まじめに, 熱心に

earphone [íərfòun イアふォウン] 名詞
C《ふつう **earphones** で》イヤホン

earring [íərrìŋ イアリング] 名詞
C《ふつう **earrings** で》イヤリング

‡earth [ə́ːrθ ア〜す] 名詞
(複数 **earths** [-s])

❶ U《**the earth**, または **(the) Earth** で》地球(同義語 the globe)

▶The **earth** moves around the sun.
地球は太陽のまわりを回っている.

❷ U (空に対して) **地面**, 大地 (同義語 ground); (海に対して)陸地(同義語 land)

▶The **earth** shook for one minute.
(地震(じしん)で)地面が 1 分間揺(ゆ)れた.

❸ U **土**(同義語 soil)

▶poor **earth** やせた土

on éarth ① 世界中で, この世で
(◆形容詞の最上級を強める)

▶the largest animal **on earth**
世界最大の動物

Earth Day [ə́ːrθ dèi ア～す デイ] 名詞
地球の日(◆4月22日; 自然保護などについて考え, 実践(じっせん)する日)

earthquake [ə́ːrθkwèik ア～すクウェイク] 名詞 C 地震(じん)
(◆《口語》では単に quake ともいう)
▶We had a big **earthquake** last year. 去年, 大きな地震があった.

earthworm [ə́ːrθwə̀ːrm ア～すワ～ム] 名詞 C【動物】ミミズ

ease [íːz イーズ] U 容易さ; 気楽さ, くつろぎ(対義語 difficulty 難しさ)
▶He passed the exam with **ease**. 彼は楽々とその試験に合格した.
at éase くつろいで, 気楽に

easel [íːzl イーズる] 名詞 C 画架(がか), イーゼル

easier [íːziər イーズィア] 形容詞 副詞 easy(容易な・気楽に)の比較級

easiest [íːziist イーズィエスト] 形容詞 副詞 easy(容易な・気楽に)の最上級

*easily [íːzili イーズィり] 副詞
(比較 more easily; 最上 most easily)
簡単に, たやすく, 楽に(同義語 simply)
▶You can find the library **easily**. その図書館は簡単に見つかりますよ.

*east [íːst イースト]
——名詞 ❶《ふつう the east で》東, 東方, 東部(◆ E, E. と略す; 対義語 the west 西)➡ direction 図
▶The sun rises in **the east**. 太陽は東からのぼる.
(◆ from ではなく in を用いる)
▶a town in **the east** of the island 島の東部にある町
▶Nara lies to **the east** of Osaka. 奈良は大阪の東方に位置している.

[参考]「北南東西」?
4つの方角を表す順番は, 日本語と英語とでは異なります.
日本語: 東西南北
英語: north, south, east, and west
「東南アジア」は, 英語では Southeast Asia といいます.

❷《the East で》東洋(対義語 the West 西洋);《米》(アメリカの)東部(◆ミシシッピ川より東の地方)
——形容詞《名詞の前に用いて》東の, 東部の; 東向きの; (風が)東からの
▶the East Coast (アメリカの)東海岸
——副詞 東へ, 東に
▶go **east** 東へ行く

Easter [íːstər イースタ] 名詞
復活祭, イースター(◆キリストの復活を祝う祭り; 春分の日(3月21日ごろ)以降の最初の満月の日の次の日曜日に行われる)

Easter egg [íːstər èg イースタ エッグ] 名詞 C イースターエッグ; 復活祭の卵(◆復活祭の贈(おく)り物にする彩色(さいしょく)された卵)

[文化] 復活祭の卵とウサギ
復活祭で絵がえがかれた色つきの卵を贈(おく)る習慣があるのは, 卵が新たな命をもつことの象徴(しょうちょう)だからです. その卵を, 多産の象徴であるウサギ(Easter Bunny)がバスケットに入れて持って来て, あちこちに隠(かく)すといわれています. この説話に由来するゲーム Easter egg hunt では, 家の中のあちこちにイースターエッグを隠し, 子供たちはそれらを見つけることを楽しみます.

eastern [íːstərn イースタン] 形容詞
❶ 東の, 東部の; (風が)東からの(対義語 western 西の)
❷《Eastern で》東洋の;《米》(アメリカの)東部の

A B C D **E** F G H I J K L M N O P Q R S T U V W X Y Z

eastward [í:stwərd イーストワド]
形容詞 東方(へ)の
――**副詞** 東へ[に]

eastwards [í:stwərdz イーストワッ]
副詞 《主に英》= eastward(東へ)

East West Line [í:st wèst láin イースト ウェスト ライン] **名詞**
《the East West Line で》東西線
(◆シンガポールの鉄道路線)

*easy [í:zi イーズィ]
――**形容詞** (比較 **easier**; 最上 **easiest**)
❶ 容易な, やさしい, 簡単な
(対義語 difficult, hard 難しい)
▶an **easy** question やさしい問題
▶The test was very **easy**.
そのテストはとても簡単だった.
▶This book is **easy** for me to read.
(= It is **easy** for me to read this
book.) わたしにとってこの本を読む
のは簡単だ.
❷ 気楽な, 安楽な(対義語 uneasy 不安な)
▶I want to lead an **easy** life.
わたしは気楽な生活を送りたい.
――**副詞** (比較・最上 は 形容詞 に同じ)
気楽に; ゆっくり慎重(しんちょう)に
Take it éasy. ① 落ち着け; 気楽にやれ.

> ダイアログ
> A: Oh, I'm nervous. ああ, 緊張する.
> B: **Take it easy.** 落ち着いて.

② 《米口語》(別れのあいさつで)じゃあね.

easy chair [í:zi tʃèər イーズィ チェア]
名詞 C 安楽いす

easygoing [í:zigóuiŋ イーズィゴウイング]
形容詞 のんきな, 気楽な

*eat [í:t イート] **動詞** (三単現 **eats** [í:ts
イーツ]; 過去 **ate** [éit エイト]; 過分
eaten [í:tn イートゥン]; 現分 **eating**)
――他 …を食べる; (スープ)を飲む
➡ **drink** くらべよう, **soup**
▶What do you want to **eat** for
lunch? お昼に何が食べたいですか?

> くらべよう **eat** と **have**
>
> **eat**: 「食べる」という動作を強調します.
> **have**: 広く「飲食物をとる」の意味で使
> われます.
> ▶**eat** a hamburger
> ハンバーガーを食べる
> ▶**have** a hamburger [coffee]
> ハンバーガーを食べる[コーヒーを飲
> む]

eat   have

――@ 食べる, 食事をする
▶**eat** and drink
飲食する(◆日本語とは語順が逆になる)
éat óut 外食する

*eaten [í:tn イートゥン] **動詞**
eat(…を食べる)の過去分詞

eater [í:tər イータ] **名詞** C 食べる人
▶a big [good] **eater** よく食べる人

*eating [í:tiŋ イーティング]
――**動詞** eat(…を食べる)の現在分詞・動名
詞
――**名詞** U 食べること, 食事

ebb [éb エッブ] **動詞**
@ (潮(しお)が)引く(対義語 flow 満ちる)
――**名詞** 《the ebb で》 引き潮 (= ebb
tide; 対義語 flow, flood (tide) 満ち潮)

echo [ékou エコウ] **名詞** (複数 **echoes**
[-z]) C 山びこ, こだま; 反響(はんきょう)
――**動詞** (三単現 **echoes** [-z];
過去・過分 **echoed** [-d]; 現分 **echoing**)
@ こだまする, 反響する
――他 (音)を反響させる; (人のことば)を
繰(く)り返す

eclipse [iklíps イクリプス] **名詞**
C 【天文】(太陽・月の)食(しょく)
▶a **solar** [lunar] **eclipse** 日[月]食

eco(-)friendly [í:koufréndli イーコウ
フレンドリ] **形容詞** 環境(かんきょう)にやさしい

ecological [ì:kəládʒikl イーコらヂクる]
形容詞 ❶ 生態学の; 生態上の
❷ 【環境】環境(かんきょう)保護の

ecologist [ikálədʒist イカろヂスト]

[名詞] [C] 生態学者; 環境(かんきょう)[生態系]保護論者

ecology [ikálədʒi イカろヂィ] [名詞]
❶ [U] エコロジー, 生態学 (♦生物とその環境(かんきょう)との関係を研究する科学)
❷ [U] 生態; 環境

e-commerce [íːkámərs イーカマス]
[名詞] [U] 電子商取引, E コマース
(♦ electronic *commerce* を短縮した語)

economic [ìːkənámik イーコナミック]
[形容詞] 経済の, 経済上の; 経済学の

economical [ìːkənámikl イーコナミクる] [形容詞] 経済的な, 徳用の; 節約する, 倹約(けんやく)する ➡ **cheap** [くらべよう]

economics [ìːkənámiks イーコナミックス] [名詞] [U]《単数あつかいで》経済学

economist [ikánəmist イカノミスト]
[名詞] [C] 経済学者, エコノミスト

economy [ikánəmi イカナミ] [名詞]
([複数] **economies** [-z])
[C] 経済; [C] [U] 節約
▸the Japanese **economy** 日本経済

ecosystem [íːkousìstəm イーコウスィステム] [名詞] [C] (ある地域の)生態系

ecotourism [íːkoutù(ə)rizm イーコウトゥ(ア)リズム] [名詞]
[U] エコツーリズム(自然環境を損わないように配慮(はいりょ)した観光旅行)

Eden [íːdn イードゥン] [名詞]
【聖書】エデンの園 (= the Garden of Eden)(♦『旧約聖書』によると神は最初の人間アダム(Adam)とイブ(Eve)を造り, ここに住まわせた) ➡ **apple** [文化]

♦**edge** [édʒ エッヂ] [名詞]
([複数] **edges** [-iz])
❶ [C] 端(はし), 縁(ふち), へり
▸the **edge** of a swimming pool
プールの縁
❷ [C] 刃(は) ➡ **skate** 図
▸This knife has a sharp **edge**.
このナイフは刃が鋭(するど)い.

edible [édəbl エディブる] [形容詞]
食べられる, 食用になる

Edinburgh [édinbəːrə エディンバ〜ラ]
[名詞] エディンバラ (♦スコットランドの都市; 旧スコットランド王国の首都)

Edison [édisn エディスン] [名詞]
【人名】エジソン (♦ Thomas Alva Edison [táməs ǽlvə- タマス あるヴァ-], 1847-1931; アメリカの発明家で蓄音(ちくおん)機・白熱灯などを発明した)

edit [édit エディット] [動詞]
[他] (出版物・映画など)を編集する

edition [idíʃn イディシャン] [名詞]
[C] (本・新聞などの)版

editor [éditər エディタ] [名詞] [C] 編集者

educate [édʒəkèit エヂュケイト] (★アクセントに注意) [動詞] ([三単現] **educates** [édʒəkèits エヂュケイツ]; [過去・過分] **educated** [-id]; [現分] **educating**)
[他] …を教育する; (人)に(学校)教育を受けさせる

educated [édʒəkèitid エヂュケイテッド]
[形容詞] 教育を受けた; 教養のある

education [èdʒəkéiʃn エヂュケイシャン]
[名詞] [U]《または **an education** で》教育
▸receive (a) school **education**
学校教育を受ける
▸a lifelong **education** 生涯(しょうがい)教育

educational [èdʒukéiʃənl エヂュケイショヌる] [形容詞]
教育の, 教育に関する; 教育的な

eel [íːl イーる] [名詞] [C]【魚類】ウナギ

effect [ifékt イふェクト] [名詞]
❶ [C] [U] 結果([同義語] result, [対義語] cause 原因)
▸cause and **effect** 原因と結果
❷ [C] [U] (…への) 効果, 影響(えいきょう)《on [upon] ...》; 印象
▸an economic **effect** 経済効果

effective [iféktiv イふェクティヴ] [形容詞]
効果的な, 有効な; (薬などが)効き目のある

effectively [iféktivli イふェクティヴり]
[副詞] 効果的に, 有効に

efficient [ifíʃnt イふィシャント] [形容詞]
有能な; 効率的な, 能率的な

effort [éfərt エふォト] [名詞]
[C] [U] 努力, 骨折り
▸a constant **effort** たゆまぬ努力
▸I made an **effort** to master English. わたしは英語をマスターしようと努力した. (♦ make an effort で「努力する」という意味)

with (an) éffort 苦労[努力]して
without éffort 苦もなく, 楽に

e.g. [íːdʒíː イーヂー または fər igzǽmpl ふォ イグザぁンプる]
例えば(♦ラテン語 *exempli gratia* の略語; 英語の for example にあたる)

♦**egg** [ég エッグ] [名詞]
([複数] **eggs** [-z])
[C] [U] 卵

▶lay an **egg** 卵を産む

▶sit on **eggs** 卵を抱(た)く

ダイアログ

A: How would you like your **eggs**?
卵はどのように調理しますか？

B: Scrambled, please.
スクランブルエッグをお願いします。

[参考] 欧米(おうべい)の卵料理のいろいろ

1 代表的なものは次のとおりです。

hard-boiled: 固ゆで
soft-boiled: 半熟
poached: 落とし卵
scrambled: いり卵
sunny-side up: 目玉焼き
an omelet: オムレツ
ham and eggs: ハムエッグ

eggplant [ǽgplæ̀nt エッグプらぁント]
名詞 C U 【植物】《主に米》ナス
（♦日本のナスより大きく、卵形）

ego [íːgou イーゴウ]（★発音に注意）**名詞**
（複数 **egos** [-z]）
C U 自我, エゴ; 自尊心, うぬぼれ

Egypt [íːdʒipt イーヂプト]（★発音に注意）
名詞 エジプト（♦アフリカ大陸北東部の国;
首都はカイロ Cairo）

Egyptian [idʒípʃn イヂプシャン] **形容詞**
エジプトの; エジプト人の; 古代エジプト
語の
―**名詞** C エジプト人; U 古代エジプト語

eh [éi エイ] **間投詞**《上げ調子(ちょうし)で(↗)で》
《口語》(驚(おどろ)きや疑問を表して)えっ, 何;
(同意を求めて)…でしょう

Eiffel Tower [áifl táuər アイふる タウア]
（★発音に注意）**名詞**
《the Eiffel Tower で》エッフェル塔(とう)
（♦パリにある高さ約 320 メートルの鉄塔;
1889 年の万国博覧会のために建築家
エッフェル(A. G. Eiffel)が建てた）

eight [éit エイト]

―**名詞** (複数 **eights** [éits エイツ])

❶ C 《冠詞をつけずに単数あつかいで》
8;《複数あつかいで》8人, 8個;
U 8歳(さい); 8時

❷ C 8人[8個]1組のもの

―**形容詞** 8の; 8人の, 8個の; 8歳の

▶There are **eight** chairs in the
room. 部屋には8つのいすがある。

eighteen [èitíːn エイティーン]

―**名詞** (複数 **eighteens** [-z])

C 《冠詞をつけずに単数あつかいで》18;
《複数あつかいで》18人, 18個; U 18歳(さい)

―**形容詞** 18の; 18人の, 18個の; 18歳の

▶**Eighteen** people attended the
meeting.
18名がその会議に出席した。

eighteenth [èitíːnθ エイティーンす]

名詞 ❶ U 《the eighteenth で》第18,
18番め; (日付の)18日(♦18th と略す)

❷ C 18分の1

―**形容詞** ❶《the eighteenth で》
第18の, 18番めの

❷ 18分の1の

eighth [éiθ エイす]（★発音に注意）

―**名詞** (複数 **eighths** [-s])

❶ U 《the eighth で》第8, 8番め;
(日付の)8日(♦8th と略す)

❷ C 8分の1

―**形容詞** ❶《the eighth で》第8の,
8番めの

▶August is the **eighth** month of
the year. 8月は1年の8番めの月だ。

❷ 8分の1の

eightieth [éitiəθ エイティエす] **名詞**

❶ U 《the eightieth で》第80, 80番
め(♦80th と略す)

❷ C 80分の1

―**形容詞** ❶《the eightieth で》第80の,
80番めの

❷ 80分の1の

eighty [éiti エイティ]

―**名詞** (複数 **eighties** [-z])

❶ C 《冠詞をつけずに単数あつかいで》
80;《複数あつかいで》80人, 80個;
U 80歳(さい)

❷《one's eighties で》80歳代;
《the eighties で》(20世紀の)80年代

―**形容詞** 80の; 80人の, 80個の; 80歳の

Einstein [áinstain アインスタイン] 名詞
【人名】アインシュタイン（♦ Albert Einstein [ǽlbərt- あるバト-], 1879–1955; ドイツ生まれのアメリカの物理学者; 相対性理論の提唱者）

either [íːðər イーザ, áiðə アイザ]
（★発音に注意）
——形容詞《名詞の単数形の前に用いて》
❶ （2つのうちの）**どちらかの**; どちらの…でも
（対義語 neither どちらの…も〜でない）
▸You can take **either** cookie.
どっちのクッキーを取ってもいいよ.
❷ 《否定文で》（2つのうちの）**どちらの…も**（〜ない）
▸I don't like **either** picture.
わたしはどちらの絵も好きではない.
❸ （2つのうちの）どちらの…も, 両方の
（♦ふつうは both や each を用いる）
▸There are trees on **either** side [both sides, each side] of the street. 道の両側に木が植えてある.
——代名詞 ❶ （2つのうちの）**どちらか**, どちらでも
▸Does **either** of them play tennis?
彼らのうちどちらかテニスをしますか?

ダイアログ
A: Which ice cream would you like, vanilla or chocolate?
バニラとチョコ, どちらのアイスクリームにする?
B: **Either** will do. どちらでもいい.

❷ 《否定文で》（2つのうちの）**どちらも**（…ない）
▸I don't like **either** of the caps.
わたしはどちらの帽子(ぼう)も気に入らない.
——接続詞 ❶ 《**either ... or 〜**で》
…か〜のどちらか
▸You can go there **either** by bus **or** (by) train.
そこへはバスか電車で行けます.
▸**Either** you **or** I am wrong.
きみかぼくのどちらかがまちがっている.
（♦ either ... or 〜 が主語の場合, 動詞は「〜」の語に一致(いっ)させる）
▸He'll be back **either** today **or** tomorrow.
彼は今日か明日に戻(もど)るだろう.

❷ 《**not ... either 〜 or —**で》
〜も—も…ない ➡ both 2つめの ルール
▸I don't like **either** tea **or** coffee.
わたしは紅茶もコーヒーも好きではない.
——副詞《否定文の文末に用いて》
…もまた（〜ない）
（♦肯定(こう)文では too や also を用いる）

ダイアログ
A: I don't speak German.
わたしはドイツ語が話せません.
B: I don't, **either**. わたしもです.
（= Neither do I.）

ルール **either の使い方**
肯定文で「…もまた」と言うときには too を, 否定文で「…もまた（…ない）」と言うときには either を使います.
▸I speak German, **too**.
わたしもドイツ語が話せます.
▸I don't speak German, **either**.
わたしもドイツ語が話せません.

elbow [élbou エるボウ] 名詞
C ひじ; ひじ[L字]の形をしたもの
——動詞 他 …をひじで押(お)す

elder [éldər エるダ] 形容詞
（old の比較級の一つ）《名詞の前に用いて》（兄弟・姉妹(しまい)の間で）年上の, 年長の
（♦（米）ではふつう older を用いる;「年下の」は younger）➡ sister 文化
▸I have three **elder** brothers.
わたしには兄が3人いる.

ルール **elder の使い方**
elder は be 動詞などのあとに置いて, 補語として使うことはできません. このような場合は, older を使います.
▸He is **older** than I am.
彼はわたしより年上だ.（♦ ×He is elder than .... とはいわない）

——名詞 C 《*one's* elders で》
年長者, 年上の人

elderly [éldərli エるダり] 形容詞 年配の, 初老の（♦ old のていねいな言い方）
▸**elderly** people（= the **elderly**）
お年寄り（♦「the ＋形容詞」で「…な人々」の意味になる）

eldest [éldist エるデスト] 形容詞 （old の最上級の一つ）《名詞の前に用いて》
（3人以上の兄弟・姉妹(しまい)の間で）最年長の, 最も年上の（♦（米）ではふつう oldest

A B C D **E** F G H I J K **L** M N O P Q R S T U V W X Y Z

を用いる;「最年少の」は youngest)
▶I'm the **eldest**. (兄弟姉妹の中で)
わたしがいちばん年上だ.

elect [ilékt イれクト] **動詞**
⑯ (人)を(投票で)選ぶ, 選出する
(同義語 choose)
▶We **elected** Tom (to be) captain.
わたしたちはトムをキャプテンに選んだ. (◆ captain など一人しかいない役職には冠詞をつけない)

election [ilékʃn イれクシャン] **名詞**
ⓒ Ⓤ 選挙; 選出
▶a general **election** 総選挙

elective [iléktiv イれクティヴ] **形容詞**
❶ 選挙によって選ばれる
❷ (米)(科目・コースが)選択(災)の
(対義語 required 必修の)

ˈelectric [iléktrik イれクトゥリック]
形容詞《名詞の前に用いて》
電気の; 電動の; 電気を生じる
▶**electric** power 電力

electrical [iléktrikl イれクトゥリクる]
形容詞《名詞の前に用いて》電気関係の,
電気に関する; 電動の

electrician [ilèktríʃn イれクトゥリシャン]
名詞 ⓒ 電気工[技師]

electricity [ilèktrísəti イれクトゥリスィティ] (★アクセントに注意) **名詞**
Ⓤ 電気, 電力; 電流

electron [iléktrɑn イれクトゥラン] **名詞**
ⓒ 【物理】電子, エレクトロン

electronic [ilèktrɑ́nik イれクトゥラニック] **形容詞** 電子の; 電子工学の
▶an **electronic** dictionary
電子辞書

electronics [ilèktrɑ́niks イれクトゥラニックス] (★アクセントに注意) **名詞**
Ⓤ《単数あつかいで》電子工学

elegance [éligəns エりガンス] **名詞**
Ⓤ 優雅(兌), 上品

elegant [éligənt エりガント] **形容詞**
上品な, 優雅(兌)な

element [éləmənt エれメント] **名詞**
❶ ⓒ 【化学】元素
❷ ⓒ 要素, 成分
❸《the elements で》
(学問などの)原理, 基本, 初歩

elementary [èləméntəri エれメンタリ]
形容詞 初歩の; 簡単な

elementary school [èləméntəri

skù:l エれメンタリ スクーる] **名詞**
ⓒ (米)小学校(◆州によって6年制と8
年制にわかれる; grade school ともいう;
(英)primary school)
➡ **primary school** 文化

ˈelephant [éləfənt エれふァント]
名詞 (複数 **elephants** [éləfənts エれふァンツ]) ⓒ ゾウ

elevator [éləvèitər エれヴェイタ]
(★アクセントに注意) **名詞**
ⓒ (米)エレベーター(◆(英)lift)
▶go up [down] in an **elevator**
エレベーターで上[下]へ行く
▶Let's take the **elevator**.
エレベーターに乗ろう.

ˈeleven [ilévn イれヴン]
——**名詞** (複数 **elevens** [-z])
❶ ⓒ《冠詞をつけずに単数あつかいで》
11;《複数あつかいで》11人, 11個;
Ⓤ 11歳(烒); 11時
❷ ⓒ 11人[11個]1組のもの; イレブン
(◆サッカーやクリケットなどの選手)
——**形容詞** **11**の; 11人の, 11個の; 11歳の

ˈeleventh [ilévnθ イれヴンす]
——**名詞** (複数 **elevenths** [-s])
❶ Ⓤ《the eleventh で》第11, 11め;
(日付の)11日(◆ 11th と略す)
❷ ⓒ 11分の1
——**形容詞**《the eleventh で》第11の,
11番めの; 11分の1の
▶on the **eleventh** floor 11階に

elf [élf エるふ] **名詞** (複数 **elves** [élvz
エるヴズ]) ⓒ 小妖精(禅)(◆森や丘(努)に
住み, 人間にいたずらをするといわれる)

eliminate [ilímineit イリミネイト] **動詞**
(三単現 **eliminates** [ilíminèits イリミネイツ]; 過去・過分 **eliminated** [-id];
現分 **eliminating**) ⑯ …を(…から)除く, 削除(兌)する《from ...》

ˈelse [éls エるス] **副詞**
《some-, any-, every-, no- のつく語
や who, what などの疑問詞のあとにつけて》そのほかに, ほかに
▶Do you need **anything else**?
何かほかに必要なものはありますか?
▶**Who else** is coming?
ほかにはだれが来るのですか?

or **élse** さもないと
▶Hurry up, **or else** you'll be late for school.
急ぎなさい, さもないと学校に遅刻(ちこく)しますよ. (◆ふつう命令文のあとに用いる)

elsewhere [élshwèər エルス(ホ)ウェア]
副詞 どこかほかのところに[で, へ]

elves [élvz エるヴズ] **名詞**
elf(小妖精(ようせい))の複数形

'em [əm アム] **代名詞**
《口語》them の短縮形
▶Tell **'em**(= Tell them) where to go.
彼らにどこに行けばいいか教えなさい.

⁑e-mail, email, E-mail
[íːmèil イーメイル] **名詞**
U C E メール, 電子メール
(◆ electronic mail を短縮した語)
▶send [receive] an **e-mail**
E メールを送る[受け取る]
▶send a picture by **e-mail**
E メールで写真を送る
——**動詞** 他 …を E メールで送る;
…に E メールを送る
▶I **e-mailed** him the picture [the picture to him]. わたしはその写真を彼に E メールで送った.

embarrass [imbǽrəs インバぁラス]
動詞 (三単現 **embarrasses** [-iz];
過去・過分 **embarrassed** [-t];
現分 **embarrassing**)
他 (人)にばつの悪い思いをさせる, (人)をまごつかせる(◆しばしば受け身の文で)
▶The news **embarrassed** me.
(= I was **embarrassed** by the news.)
その知らせにわたしはまごついた.

embassy [émbəsi エンバスィ] **名詞**
(複数 **embassies** [-z])
C 《しばしば **Embassy** で》大使館
(◆「大使」は ambassador)

embrace [imbréis エンブレイス] **動詞**
(三単現 **embraces** [-iz]; 過去・過分
embraced [-t]; 現分 **embracing**)
他 (人)を抱(だ)きしめる
——**自** 抱き合う
——**名詞** **C** 抱き合うこと

embroidery [embrɔ́idəri エンブロイダリ]
名詞 (複数 **embroideries** [-z])
C U 刺繍(ししゅう)

emerald [émərəld エメラるド] **名詞**

❶ C エメラルド
(◆鮮(あざ)やかな緑色の宝石)
❷ U エメラルド色

emergency [imə́ːrdʒənsi イマ～ヂェンスィ] **名詞** (複数 **emergencies** [-z])
C 緊急(きんきゅう)事態, 非常の場合
▶an **emergency** number
緊急電話番号(◆アメリカでは 911 番, イギリスでは 999 番)
▶in an **emergency** 非常のときには

emigrant [émigrənt エミグラント] **名詞**
C (外国への)移民, 移住者
(対義語 immigrant(外国からの)移民)

emigrate [émigrèit エミグレイト] **動詞**
(三単現 **emigrates** [émigrèits エミグレイツ]; 過去・過分 **emigrated** [-id]; 現分
emigrating) **自** (外国へ)移住する(to ...)
(対義語 immigrate(外国から)移住する)

emigration [èmigréiʃn エミグレイシャン]
名詞
U C (外国への)移住; **U** 移民(全体)
(対義語 immigration(外国からの)移住)

emoji [imóudʒi イモウヂ] **名詞** **C** 絵文字
(◆スマートフォンなどのメッセージで用いられる小さな画像)

emotion [imóuʃn イモウシャン] **名詞**
C U (一時的で強い)感情, 感動

emotional [imóuʃənl イモウショネる]
形容詞
❶ (人が)感情的な, 情緒(じょうちょ)的な
▶Don't be **emotional**.
感情的になるな.
❷ 感動的な, 感情に訴(うった)える
❸ 感情の

emperor [émpərər エンペラ] **名詞**
C 皇帝(こうてい); (日本の)天皇
(対義語 empress 女帝)

emphasis [émfəsis エンふァスィス]
名詞 (複数 **emphases** [émfəsìːz エンふァスィーズ]) **C U**
(…の)強調, 重点(on [upon] ...); 強勢
▶put [place, lay] **emphasis** on ...
…を強調する

emphasize, 《英》emphasise
[émfəsàiz エンふァサイズ] **動詞**
(三単現 **emphasizes** [-iz];
過去・過分 **emphasized** [-d];
現分 **emphasizing**) 他 …を強調する, 力説する; …を強く発音する

empire [émpaiər エンパイア]
(★アクセントに注意) **名詞**

A B C D **E** F G H I J K L **M** N O **P** Q R S T U V W X Y Z

C《しばしば **Empire** で》帝国(ﾃｨ)

Empire State Building

[émpaiər stéit bíldiŋ エンパイア ステイト ビルディング] 名詞

《the Empire State Building で》エンパイアステートビル(◆ニューヨーク市にある 102 階建ての高層ビル; the Empire State はニューヨーク州の愛称(ﾀｯｾﾞｳ))

*employ [implói インプろイ] 動詞

(三単現 **employs** [-z]; 過去・過分 **employed** [-d]; 現分 **employing**)
他 …を(…として)雇(ﾔﾄ)う, 使う(as ...)
▶They **employed** Mr. Smith as an engineer. 彼らはスミス氏をエンジニアとして雇った.

employee [implóii: インプろイイー, emplóii: エンプろイイー]
(★アクセントに注意) 名詞
C 雇(ﾔﾄ)われている人, 使用人, 従業員
(対義語 employer 雇い主)

employer [implóiər インプろイア] 名詞
C 雇(ﾔﾄ)い主, 雇用(ﾖｳ)者
(対義語 employee 雇われている人)

employment [implóimənt インプろイメント] 名詞
❶ U (人の)雇用(ﾖｳ)
❷ C U (給料をもらって行う)仕事, 職

empress [émprəs エンプレス] 名詞
(複数 **empresses** [-iz]) C 女帝(ﾃｲ); 皇后(ｺｳｺﾞｳ)(対義語 emperor 皇帝)

*empty [émpti エンプティ]
―形容詞
(比較 **emptier**; 最上 **emptiest**)
空の(対義語 full いっぱいの); 人のいない
▶an **empty** can 空き缶(ﾝ)
―動詞 (三単現 **empties** [-z]; 過去・過分 **emptied** [-d]; 現分 **emptying**)
他 …を空にする

enable [inéibl インエイブる] 動詞 (三単現 **enables** [-z]; 過去・過分 **enabled** [-d]; 現分 **enabling**)
他 …を可能にする; 《enable ＋人＋ to ＋動詞の原形で》(人)が…できるようにする

▶Computers **enable** us **to** manage data easily.
コンピューターのおかげでわたしたちはデータを簡単に管理することができる.

enclose [inklóuz インクろウズ] 動詞
(三単現 **encloses** [-iz]; 過去・過分 **enclosed** [-d]; 現分 **enclosing**) 他
❶ (土地・建物など)を囲む
❷ (手紙などに)…を同封(ﾄﾞｳ)する
▶I am **enclosing** some pictures with this letter.
この手紙に写真を何枚か同封します.

encore [á:nkɔːr アーンコー(ア)]
(◆フランス語から) 名詞
C アンコール; アンコール曲
―間投詞 (演奏会などで)アンコール

encounter [inkáuntər インカウンタ]
動詞 他 …に(偶然(ｾﾞﾝ))出会う, 出くわす; (困難・危険など)に遭遇(ｿﾞｳｸﾞｳ)する
―名詞 C (…との)(偶然の)出会い, 遭遇(with ...)

encourage [inká:ridʒ インカ〜リッヂ]
動詞 (三単現 **encourages** [-iz]; 過去・過分 **encouraged** [-d]; 現分 **encouraging**)
他 (人)を勇気づける, 励(ﾊｹﾞ)ます(対義語 discourage …をがっかりさせる); …を奨励(ｼｮｳ)する; 《encourage ＋人＋ to ＋動詞の原形で》(人)を…するように励ます(勧(ﾊｹﾞ)める]
▶Ms. Baker **encouraged** me **to** take part in the speech contest.
ベーカー先生はわたしにそのスピーチコンテストに参加するよう勧めた.

encouragement [inká:ridʒmənt インカ〜リヂメント] 名詞
U 激励(ｹﾞｷﾚｲ), 奨励(ｼｮｳﾚｲ), 促進

encouraging [inká:ridʒiŋ インカ〜リヂング] 形容詞
(人を)勇気づける, 励(ﾊｹﾞ)みとなる

encyclopedia, encyclopaedia [insàikləpí:diə インサイクろピーディア] 名詞
C 百科事典(◆「辞典」は dictionary)

*end [énd エンド]

名詞	❶ 終わり
	❷ 端(ﾊｼ), 先
	❸ 目的
動詞	自 終わる
	他 …を終える

──名詞 (複数 ends [éndz エンヅ])

❶ C (期間・行為(ほう)などの)**終わり**, 最後; 結末(対義語 beginning 初め)

▶I must finish this task by the **end** of this month.
わたしは今月末までにこの仕事を終えなければならない.

▶Don't give up until the **end**.
終わりまであきらめるな.

▶the **end** of the story
その物語の結末

❷ C 端, 先, 先端(せん); 突(つ)き当たり

▶Hold both **ends** of the rope.
ロープの両端を持ちなさい.

▶Turn left at the **end** of this street.
この道の突き当たりで左に曲がりなさい.

❸ C《ときに ends で》目的

▶achieve *one's* **ends** 目的を達成する

❹ C (いらなくなった)端, くず

come to an énd 終わる

from beginning to énd
初めから終わりまで, 終始

in the énd ついに, 結局

put an énd to ... (物事)を終わらせる

──動詞 (三単現 ends [éndz エンヅ]; 過去・過分 ended [-id]; 現分 ending)

──自 終わる(対義語 begin 始まる)

▶The game **ended** at nine.
その試合は9時に終わった.

énd in ... (結局)…に終わる

▶The plan **ended** in failure.
その計画は失敗に終わった.

──他 …を終える; …を中止する

▶Let's **end** this useless discussion.
こんなむだな議論はやめましょう.

endanger [indéindʒər インデインヂャ] 動詞 他 …を危険にさらす, 危(あや)うくする

endangered [indéindʒəd インデインヂャド] 形容詞 (動植物が)絶滅(ぜつめつ)の危機にさらされている

▶an **endangered** species
絶滅危惧(きぐ)種

endeavor, (英)**endeavour** [indévər インデヴァ] 動詞 自 (…しようと)努力する, 試みる《to +動詞の原形》(◆ try よりかたい語)

──名詞 U C 努力, 試み
(◆ effort よりかたい語)

ending [éndiŋ エンディング] 名詞 C (映画・物語などの)終わり, 結末

▶a movie [story] with a happy ending
ハッピーエンドの映画[物語]
(◆× happy end とはいわない)

endless [éndləs エンドレス] 形容詞 終わりのない, 果てしない

endurance [indjú(ə)rəns インデュ(ア)ランス] 名詞 U 忍耐(にんたい)(力), 我慢(がまん)

endure [indjúər インデュア] 動詞 (三単現 **endures** [-z]; 過去・過分 **endured** [-d]; 現分 **enduring**)

他 (苦痛など)に耐(た)える, 我慢する

──自 (もの・名声などが)もちこたえる, 持続する

*°**enemy** [énəmi エネミ] 名詞 (複数 **enemies** [-z])

C 敵;《the enemy で》敵軍(全体), 敵国

▶a natural **enemy** 天敵

energetic [ènərdʒétik エナヂェティック] 形容詞 精力的な, エネルギッシュな, 活発な(◆「エネルギッシュ」という英語はない)

*°**energy** [énərdʒi エナヂィ] (★発音に注意) 名詞 (複数 **energies** [-z])

❶ U 精力, 活気; U《または energies で》活動力, 行動力

▶Ann is always full of **energy**.
アンはいつも元気いっぱいだ.

❷ U【物理】エネルギー

▶Recycling saves **energy**.
リサイクルはエネルギーの節約になる.

engage [ingéidʒ インゲイヂ] 動詞 (三単現 **engages** [-iz]; 過去・過分 **engaged** [-d]; 現分 **engaging**) 他

❶ (人)を(…に)従事させる, 没頭(ぼっとう)させる《in ...》;《be engaged in ... で》…に従事している, 没頭している

▶Tom is **engaged in** preparing for the school festival.
トムは文化祭の準備に忙(いそが)しい.

❷《be engaged to ... で》…と婚約(こんやく)している

▶Liz is **engaged to** Bob.
リズはボブと婚約している.

──自 (…に)従事する《in ...》

engagement [ingéidʒmənt インゲイヂメント] 名詞 C 婚約(こんやく); 約束

▶an **engagement** ring
婚約指輪, エンゲージリング
(◆「エンゲージリング」は和製英語)

A B C D **E** F **G** H I J K L M **N** O P Q R S T U V W X Y Z

engine [éndʒin エンヂン] 名詞
❶ C エンジン, 機関
❷ C 機関車(同義語 locomotive)
❸ C 消防車(同義語 fire engine)

＊engineer [èndʒiníər エンヂニア]
(★アクセントに注意) 名詞
(複数 engineers [-z])
❶ C 技師, 技術者, エンジニア
▶a mechanical **engineer** 機械技師
❷ C (船などの)機関士；(米)(列車の)
機関士, 運転士(◆(英)engine driver)

engineering [èndʒiníəriŋ エンヂニアリ
ング] 名詞 U 工学, エンジニアリング

＊England [íŋɡlənd イングランド]
名詞 **イングランド**(◆イギリスのグレート
ブリテン島からスコットランドとウェー
ルズを除いた部分；Eng. と略す)

Northern Ireland 北アイルランド
Scotland スコットランド
Ireland アイルランド
England イングランド
Wales ウェールズ
Great Britain グレートブリテン島

【参考】 **England はイギリスではない!?**

イギリスという国は, グレートブリテン
島のイングランド(England), スコッ
トランド(Scotland), ウェールズ
(Wales)に北アイルランド(Northern
Ireland)を加えた4つの地域で構成さ
れています. England はイギリスの一
つの地方を指すのであり, 国全体を指
すのではありません. イギリスの正式
名は the United Kingdom of Great
Britain and Northern Ireland「グ
レートブリテンおよび北アイルランド
連合王国」で, the United Kingdom ま
たは the UK と略します.

＊English [íŋɡliʃ イングリッシ]
――形容詞 ❶ 英語の；英語で書かれた
▶an **English** dictionary 英語の辞書
❷ **イングランドの**；イングランド人の
➡ **Japanese** 【参考】

▶**English** folk songs
イングランド民謡(みんよう)
▶I am **English**, and my wife is
Scottish.
わたしはイングランド人で, 妻はスコッ
トランド人です.
――名詞 ❶ U 英語(◆Eng. と略す)
▶American **English** アメリカ英語
▶British **English** イギリス英語
▶Do you speak **English**?
あなたは英語を話しますか？

【参考】 **「国際語」としての英語**

英語は, アメリカ・イギリス・カナダ・
オーストラリアなど多くの国々の公用語
(official language)です. しかし, 英語
にはそれとは別に「国際語」としての側面
もあります. 話すことばが異なる人々が
出会ったとき, たがいに自国のことばを
話していては言いたいことが相手に伝
わりません. そこで, どうしても共通の
ことばが必要になります. 英語はこのよ
うな場合に用いられる「国際語」として,
広く世界じゅうで使われています.

❷《the English で複数あつかい》
イングランド人(全体)

English breakfast [íŋɡliʃ brékfəst
イングリッシ ブレックふァスト] 名詞 C U
イギリス式朝食(◆紅茶・シリアル・ベーコ
ンエッグ・トーストなどから成る)
➡ **continental**

Englishman [íŋɡliʃmən イングリッ
シマン] 名詞 (複数 **Englishmen**
[íŋɡliʃmən イングリッシマン])
C (男性の)イングランド人

English-speaking [íŋɡliʃspíːkiŋ
イングリッシスピーキング] 形容詞
英語を話す, 英語圏(けん)の
▶**English-speaking** countries
英語圏の国々

‡**enjoy** [indʒɔ́i インヂョイ] **動詞**
（三単現 **enjoys** [-z]; 過去・過分 **enjoyed**
[-d]; 現分 **enjoying**）**他**
❶ …を楽しむ;
《**enjoy ＋ ...ing** で》…して楽しむ
（◆ enjoy の目的語に to 不定詞(to ＋動
詞の原形)はこない）
▶Did you **enjoy** the party?
パーティーは楽しかったですか?
▶We **enjoyed playing** games.
わたしたちはゲームをして楽しんだ.
❷ （よいもの）に恵(ぬ)まれている
▶I **enjoy** good health.
わたしは健康に恵まれている.
enjóy oneself 楽しい時を過ごす
▶I **enjoyed myself** (by) watching
TV last night.
昨夜はテレビを見て楽しく過ごした.

enjoyable [indʒɔ́iəbl インヂョイアブル]
形容詞 （物事が）楽しい, 愉快(ぬ)な

enjoyment [indʒɔ́imənt インヂョイメン
ト] **名詞** U 楽しむこと, 喜び; C 楽しみ
[喜び]をあたえるもの, 趣味(ぬ)

enlarge [inláːrdʒ インラーヂ] **動詞**
（三単現 **enlarges** [-iz]; 過去・過分
enlarged [-d]; 現分 **enlarging**）
他 …を大きくする;（写真）を引き伸(の)ばす
自 大きくなる, 広がる

enormous [inɔ́ːrməs イノーマス]
形容詞 とても大きな, 巨大(ぬ)な; ばく大な
▶an **enormous** fish 巨大な魚

‡**enough** [ináf イナフ]
（★発音に注意）
形容詞 （…にとって）**十分な**, 必要なだ
けの（for ...）;《**enough ＋名詞＋**（**for ＋
人＋**）**to ＋動詞の原形**で》
（人が）…するのに十分な〜
▶We don't have **enough**
doughnuts **for** everyone.
みんなに行き渡(た)るだけのドーナツが
ありません.
▶Do you have **enough** time **to**
read this book?
あなたにはこの本を読むのに十分な時
間がありますか?
副詞 《形容詞・副詞のあとに用いて》
十分に;《**enough**（**for ＋人＋**）**to ＋動詞
の原形**で》
（人が）…するのに十分なだけ
▶This table is large **enough for**

eight people **to** sit around.
このテーブルは 8 名が囲んですわるの
に十分な大きさだ.
▶She spoke English slowly
enough for me **to** understand.
彼女はわたしにもわかるくらいゆっくり
と英語を話してくれた.
代名詞 十分な量[数];《**enough to ＋
動詞の原形**で》…するのに十分な量[数]

ダイアログ
A: Will you have some more cake?
もう少しケーキをいかがですか?
B: Thank you, but I've had **enough**.
ありがとう, でも十分いただきました.

▶I didn't have **enough to** pay for
the bus ride.
わたしはバスの運賃を払(は)うだけのお
金を持っていなかった.

‡**enter** [éntər エンタ] **動詞**
（三単現 **enters** [-z]; 過去・過分 **entered**
[-d]; 現分 **entering**）
他 ❶ （場所）に入る
▶Don't **enter** the room.
その部屋には入るな.
（◆ to や into はつかない）
❷ …に入学する, 入会する, 参加する
▶All of them **entered** the school.
彼らは全員その学校に入学した.
❸ …を記入する, 記録する;
（データなど）を入力する
▶Please **enter** your password.
パスワードを入力してください.
自 入る, 入っていく[くる];
（競技などに）参加する, 申しこむ

ダイアログ
A: May I **enter**? 入っていいですか?
B: Sure. もちろん.

énter into ... （…と）（仕事・話し合いな
ど）を始める《with ...》
▶**enter into** a discussion
話し合いを始める

enterprise [éntərpràiz エンタプライズ]
名詞 ❶ C 企業(ぬ), 会社
❷ C 企(ぬ)て, 事業; 冒険(ぬ)
❸ U チャレンジ精神

entertain [èntərtéin エンタテイン] **動詞**
他 （人）を楽しませる （同義語 amuse）;
（人）をもてなす, （人）にごちそうする

a b c d e f g h i j k l m n o p q r s t u v w x y z

entertainer [èntərtéinər エンタテイナ]
名詞 C エンターテイナー, 芸人, 芸能人

entertainment [èntərtéinmənt エンタテインメント] 名詞
❶ U C 娯楽(ごらく), 楽しみ; 余興, 演芸
❷ U 歓待(かんたい), もてなし

enthusiasm [inθú:ziæzm インスーズィあズム] 名詞
U 熱中; C 熱中しているもの

enthusiastic [inθù:ziæstik インスーズィあスティック] 形容詞
(…に)熱狂的な, 熱心な《about ...》

entire [intáiər インタイア] 形容詞
❶《名詞の前に用いて》全体の
▶the **entire** building 建物全体
❷《名詞の前に用いて》完全な

entirely [intáiərli インタイアリ] 副詞
全く, すっかり

entrance [éntrəns エントゥランス] 名詞 (複数 entrances [-iz])
❶ C (…への)入り口, 玄関(げんかん), 戸口《to ...》(対義語 exit 出口)
▶Let's meet at the **entrance** to the theater. 劇場の入り口で会おう.
❷ C (…に)入ること, (…への)入場, 入学《to [into] ...》
▶an **entrance** examination 入学試験
▶No Entrance (掲示)入場禁止
❸ U 入場料, 入学[入会]金; 入る権利 (同義語 admission)
▶Entrance Free (掲示)入場無料

entry [éntri エントゥリ] 名詞 (複数 entries [-z])
❶ C U 入ること; 入る権利
▶No Entry (掲示)進入[立入]禁止
❷ C U 参加, 加入
❸ C (米)入り口
❹ C 記載事項(きさいじこう); U (コンピューターなどによる)データ入力
❺ C (競技などの)参加者

envelope [énvəlòup エンヴェろウプ]
名詞 C 封筒(ふうとう); 包み

envious [énviəs エンヴィアス] 形容詞
(…を)うらやましがる《of ...》; しっと深い

environment [inváirənmənt インヴァイロンメント] 名詞
U C 環境(かんきょう), 周囲
▶a home **environment** 家庭環境

環境 環境問題の用語	
air pollution	大気汚染(せん)
water pollution	水質汚染
noise pollution	騒音(そうおん)公害
acid rain	酸性雨
desertification	砂漠(ばく)化
[dizə̀:rtəfikéiʃn ディザ〜ティふィケイシャン]	
global warming	地球温暖化
greenhouse effect	温室効果
soil pollution	土壌(じょう)汚染
deforestation	森林伐採(ばっさい)
[di:fɔ̀(:)ristéiʃn ディーふォ(一)レステイシャン]	
natural [renewable] energy	自然[再生可能な]エネルギー
[rinjú:əbl リニューアブる]	

---

environmental [invàirənméntl インヴァイロンメントゥる] 形容詞
環境(かんきょう)の, 環境による
▶**environmental** problems 環境問題

envy [énvi エンヴィ] 名詞
U (…に対する)うらやみ, ねたみ《at [of] ...》;《the envy で》あこがれの的
——動詞 (三単現 envies [-z]; 過去・過分 envied [-d]; 現分 envying)
他 (人・もの)をうらやむ, ねたむ

e-pal [í:pæl イーパぁる] 名詞 C メール友達

episode [épisòud エピソウド] 名詞
C エピソード, 挿話(そうわ), 逸話(いつわ); (連続小説・連続ドラマなどの)1回分

equal [í:kwəl イークウォる] 形容詞
(比較 more equal; 最上 most equal)
(数量・大きさ・価値などが)(…に)等しい, 平等の《to [with] ...》
▶All people are **equal**. 人はみな平等である.
▶One mile is almost **equal** to 1.6 kilometers. 1マイルはおよそ1.6キロメートルに等しい.
——名詞 C
(…の点で)同等[対等]の人[もの]《in ...》; (…に)匹敵(ひってき)する人[もの]《of ...》
——動詞 他 …に等しい; …に匹敵する
▶Two times four **equals** eight. 4の2倍は8(に等しい)(4×2＝8).

equality [ikwáləti イクワリティ] 名詞
U 等しいこと, 対等, 平等

equally [í:kwəli イークウォり] 副詞

等しく，同様に；平等に，均一に

equator [ikwéitər イクウェイタ] 名詞
《the equator で》赤道

equinox [íːkwinɑks イークウィナックス]
名詞 (複数 equinoxes [-iz])
Ｃ 春分，秋分，昼夜平分時
▶the autumnal [ɔːtʌ́mnl オータムヌる]
equinox 秋分(点)
▶the vernal [vɚːrnl ヴァ〜ヌる] [spring]
equinox 春分(点)

equip [ikwíp イクウィップ] 動詞
(三単現 equips [-s]; 過去・過分 equipped [-t];
現分 equipping)
他 (必要なものを)…に備えつける，授(さず)
ける《with ...》；(…に備えて)…に力をつ
けさせる《for ...》

equipment [ikwípmənt イクウィップ
メント] 名詞 Ｕ 用品，装備，設備

ER 名詞 Ｃ (米)緊急治療(きんきゅうちりょう)室
(♦ emergency room の略)

er [ɚːr ア〜] 間投詞 えー，あー，あのー
(♦ためらったり，ことばにつかえたときな
どに用いる)

-er 接尾辞 動詞について「…をする人[もの]」
という意味の名詞をつくる：teach(教え
る)＋-er → teacher(先生)； erase(消
す)＋-er → eraser(消しゴム)

era [írə イラ] 名詞
Ｃ《しばしば the era で》時代，年代
▶the Meiji era 明治時代

erase [iréis イレイス] 動詞 (三単現
erases [-iz]; 過去・過分 erased [-t];
現分 erasing)
他 (文字・データなど)を消す，消去する，
削除(さくじょ)する

eraser [iréisər イレイサ] 名詞
Ｃ (主に米)消しゴム(♦(英)rubber)；
黒板消し(＝ blackboard eraser)

erect [irékt イレクト] 形容詞
まっすぐな，直立した

errand [érənd エランド] 名詞
Ｃ 使い，使い走り；(使いの)用向き，用事
run an érrand ＝ go on an érrand
使い走りをする

error [érər エラ] 名詞 Ｃ 誤り，まちがい
(♦ mistake よりかたい語)；【野球】エラー
▶I made an error on the exam.
わたしはその試験で１つまちがえた．

erupt [irʌ́pt イラプト] 動詞 自
❶ (火山が)噴火(ふんか)する
❷ (紛争(ふんそう)などが)勃発(ぼっぱつ)する

escalator [éskəlèitər エスカれイタ](★ア
クセントに注意) 名詞 Ｃ エスカレーター
▶take an escalator
エスカレーターに乗る

escape [iskéip イスケイプ] 動詞 (三単現
escapes [-s]; 過去・過分 escaped [-t];
現分 escaping)
自 ❶ (…から)逃(に)げる，脱出(だっしゅつ)する
《from [out of] ...》
▶The bird escaped from [out of]
its cage. その鳥はかごから逃げた．
❷ (ガス・水などが)漏(も)れる；
(ことば・ため息などが)漏れる
──他 (危険・災難(さいなん)など) から逃(のが)れる；
…を免(まぬが)れる
──名詞 Ｃ Ｕ (…からの)逃亡(とうぼう)，脱出
《from [out of] ...》

escort (★名詞・動詞のアクセントのち
がいに注意) 名詞 [éskɔːrt エスコート]
Ｃ 護衛者；つき添(そ)いの男性
──動詞 [iskɔ́ːrt エスコート] 他 …を護衛
する；(女性)につき添う，エスコートする

Eskimo [éskimòu エスキモウ] 名詞
(複数 Eskimos [-z] または Eskimo)
Ｃ エスキモー人(♦ Eskimo は差別的な
呼び名なので，Inuit「イヌイット」を使う
ことが多い)；Ｕ エスキモー語

especially

[ispéʃəli イスペシャリ] 副詞
特に，とりわけ(同義語 particularly)
▶I like ice cream, especially
chocolate. わたしはアイスクリーム
が好きだ，特にチョコレート味が．

essay [ései エセイ] 名詞
Ｃ 随筆(ずいひつ)，評論，エッセー；(学校の)作文

essayist [éseiist エセイイスト] 名詞
Ｃ 随筆(ずいひつ)家，エッセイスト；評論家

essence [ésns エセンス] 名詞
Ｕ 本質，根本；Ｃ Ｕ (植物などから抽
出(ちゅうしゅつ)した)エキス，エッセンス

essential [isénʃl イセンシャる] 形容詞
本質的な；(…にとって)なくてはならない，
絶対必要な《to [for] ...》
▶Water is essential to life.
水は生命にとってなくてはならないも
のだ．

essentially [isénʃəli イセンシャリ]
副詞 本質的には，基本的に

establish [istǽbliʃ イスタぁブリッシ] 動詞
(三単現 establishes [-iz]; 過去・過分

a b c d e f g h i j k l m n o p q r s t u v w x y z

established [-t]; (現分 **establishing**)
他 (学校・会社など)を設立する，創立する；(慣習・名声など)を確立する

▶Our school was **established** in 1943. 当校は1943年に創立された.

establishment [istǽbliʃmənt イスタぁブリッシメント] 名詞

❶ U (学校などの)設立，創立；(規則などの)制定

❷ C 公共施設(しせつ)；企業(きぎょう)

❸《the Establishment で》支配階級

estate [istéit イステイト] 名詞

❶ C 地所，所有地(♦ふつういなかの広大な土地を指す)；屋敷(やしき)

❷ U 財産(同義語 property)；遺産

▶real estate 不動産

estimate 動詞
[éstəmèit エスティメイト]
(三単現 **estimates** [éstəmèits エスティメイツ]； 過去・過分 **estimated** [-id]； 現分 **estimating**) 他

❶ (費用・損害など)を(…と)見積もる《**at** [**to be**] ...》

❷ (人物・能力など)を評価する

etc. [etsétərə エトセトラ] …など(♦ラテン語 et cetera の略；同義語 and so forth [on])

▶At the zoo, I saw lions, giraffes, monkeys, **etc.**
動物園で，わたしはライオン，キリン，サルなどを見た.

ルール etc. の使い方

1 2つ以上のものを列記したあと，コンマをつけて用います.

2 しばしば and so forth [ən sóu fɔːrθ アン ソウ フォーす] や，and so on [ən sóu ɑn アン ソウ アン] と読みます.

eternal [itə́ːrnl イタ～ヌる] 形容詞
永遠の，永久の

Ethiopia [iːθióupiə イーすィオウピア] 名詞
エチオピア
(♦アフリカ大陸北東部の国；首都はアディスアベバ Addis Ababa)

ethnic [éθnik エすニック] 形容詞
民族の，人種の；民族特有の

▶**ethnic** groups (少数)民族

etiquette [étikit エチケット] 名詞
U 礼儀(れいぎ)(作法)，エチケット(同義語 manners)

EU [íːjúː イーユー] ヨーロッパ連合
(♦European Union の略)

Euan Craig [júː(ː)ən kréig ユ(ー)アン クレイグ]【人名】ユアン・クレイグ
(♦1964-；オーストラリア人の陶芸家)

eucalyptus [jùːkəlíptəs ユーカリプタス] 名詞 (複数 eucalyptuses [-iz] または eucalypti [jùːkəlíptai ユーカリプタイ])
C U 【植物】ユーカリ(の木)
(♦オーストラリア原産の常緑の樹木(じゅもく))

euro, Euro [júərou ユ(ア)ロウ] 名詞 (複数 euros [-z]) C ユーロ
(♦EU の貨幣(かへい)単位；記号は€)

Europe [júərəp ユ(ア)ラプ] (★発音に注意) 名詞 ヨーロッパ(♦Eur. と略す；イギリスでは，自国を除いたヨーロッパ大陸の意味で使われることが多い)

European [jùərəpíːən ユ(ア)ラピーアン] (★アクセントに注意) 形容詞
ヨーロッパの；ヨーロッパ人の

──名詞 C ヨーロッパ人；
《the Europeans で》ヨーロッパ人(全体)

European Union [júərəpìːən júːnjən ユ(ア)ラピーアン ユーニョン] 名詞
《the European Union で》欧州(おうしゅう)[ヨーロッパ]連合(♦1993年のマーストリヒト条約によりヨーロッパ共同体を発展させて成立した国家共同体；EU と略す)

evacuation [ivæ̀kjuéiʃn イヴぁキュエイシャン] 名詞
U C 避難(ひなん)；撤退(てったい)，立ち退き

▶an **evacuation** drill 避難訓練

evaluate [ivǽljuèit イヴぁりュエイト] 動詞
(三単現 **evaluates** [ivǽljuèits イヴぁりュエイツ]； 過去・過分 **evaluated** [-id]； 現分 **evaluating**)
他 …を評価する

Eve [íːv イーヴ] 名詞【聖書】イブ(♦神が造った最初の女性；アダム(Adam)の妻)
➡ apple 区化

eve [íːv イーヴ] 名詞 C《ふつう Eve で》
(祝日・祭日の)前夜，前日，イブ

▶Christmas **Eve** クリスマスイブ

▶New Year's **Eve** 大みそか

⁺even [íːvn イーヴン]

──副詞 ❶《ふつう強調する語句の直前に置いて》…でさえ，…でも

▶It is very cold at the top of the mountain, **even** in summer.
その山の頂上は夏でさえとても寒い.

▶**Even** a child can do that.
そんなことは子供だってできる.

❷《比較級を強調して》**さらに**, いっそう
（同義語）still）

▶She studied **even harder** than
before. 彼女は前よりもさらに一生懸
命(はんめい)勉強した.

even if ... たとえ…だとしても
▶I want to be a singer, **even if** my
parents are against it.
たとえ両親が反対しても, わたしは歌手
になりたい.

even só 《口語》たとえそうでも
▶Jim was very tired, but **even so**
he finished his homework.
ジムはとても疲(つか)れていたが, それでも
宿題を終わらせた.

even though ... …ではあるが; たとえ
…だとしても（= even if ...）
▶**Even though** Emma is a child,
she knows a lot about movies.
エマは子供だが, 映画のことに詳(くわ)しい.

──形容詞
（比較）**more even** または **evener**;
（最上）**most even** または **evenest**
❶ **平らな**（同義語）flat）, 滑(なめ)らかな
（同義語）smooth）, 同じ高さの, 水平な
▶**even** ground 平らな地面
❷（数が）**偶数**(ぐうすう)**の**
（対義語）odd 奇数(きすう)の）
▶an **even** number 偶数
❸（数量が）等しい;（…と）対等な（《with ...》）
▶We were **even** in the game.
わたしたちはその試合で同点だった.

evening [íːvniŋ イーヴニング]

名詞 （複数）**evenings** [-z]）
© Ⓤ **夕方, 晩**（♦ふつう日没(にちぼつ)から寝(ね)
る時刻までを指す）
➡ day 図, **afternoon** ルール）
▶late in the **evening** 夕方遅(おそ)く
▶It's nine in the **evening**.
午後9時です.
▶on Sunday **evening**
日曜の晩に（♦「特定の日の晩に」という
場合, 前置詞は on を用いる）
▶The accident happened on the
evening of May 4.
その事故は5月4日の夕方に起こった.
（♦ 4 は (the) fourth と読む）
▶I'm busy this **evening**, but I'll
be free tomorrow **evening**.
わたしは今晩は忙(いそが)しいのですが, 明日

の晩なら暇(ひま)です.

Good évening. こんばんは.（♦夕方や
夜に人と別れるときに goodbye の代わ
りに使うこともある）

evening dress [íːvniŋ drès イーヴニ
ングドゥレス] 名詞 Ⓤ 夜会服(全体)（♦男・
女の礼服）; © イブニングドレス

evening paper [íːvniŋ péipər
イーヴニング ペイパ] 名詞 © 夕刊

event [ivént イヴェント] 名詞

（複数）**events** [ivénts イヴェンツ]）
❶ © （重要な）**出来事**, 事件; 行事
▶We have a lot of school **events**
in the fall.
秋にはたくさんの学校行事がある.
❷ © （競技の）**種目**, 1試合
▶The marathon is my favorite
event.
マラソンは大好きな種目だ.

eventually [ivéntʃuəli イヴェンチュアリ]
副詞 **最後には, ようやく**（同義語）finally）

ever [évər エヴァ] 副詞

❶《疑問文・否定文・最上級の文で》**今まで,
かつて; どんなときでも**（♦訳さないほうが
自然な日本語になることも多い）

ダイアログ
A: Have you **ever** been to
Hokkaido?
（今までに）北海道に行ったことがあり
ますか？
B: Yes, I've been there twice. /
No, I haven't.
ええ, 2度行ったことがあります. /
いいえ, 行ったことがありません.

▶This is **the most interesting**
movie that I've **ever** seen.
これは今まで見た中で最もおもしろい
映画だ.
❷《if 節で》**いつか**
▶If you **ever** come to Japan,
please visit me.
もしいつか日本に来ることがあったら,
わたしを訪ねてください.
❸《疑問詞を強調して》**いったい**
▶**Why ever** did you come home so
late?
いったいどうしてこんなに帰りが遅(おそ)
かったの？

A B C D E F G H I J K L M N O P Q R S T U V W X Y Z

❹ いつも, 常に

as ... as éver 相変わらず…

▶Ms. Brown is **as** busy **as ever**.
ブラウンさんは相変わらず忙(いそが)しくしている.

ever áfter その後ずっと

▶They lived happily **ever after**.
彼らはその後ずっと幸せに暮らしました.(◆童話などの結びによく使われる)

éver so
《口語》たいへん, 非常に(同義語 very)

▶Thank you **ever so** much.
ほんとうにありがとうございます.

for éver (and éver) 永遠に(◆(米)ではふつう forever と 1 語でつづる)

Everest [évərist エヴェレスト] 名詞
《**Mount**［**Mt.**］**Everest** で》エベレスト山, チョモランマ(◆ヒマラヤ山脈にある世界の最高峰(ほう); 8848 メートル)

evergreen [évərgrìːn エヴァグリーン]
名詞 C 常緑樹

‡**every** [évri エヴリ] 形容詞

❶《名詞の単数形または代名詞 one の前に用いて》**どの…もみな**, あらゆる

▶**Every** student in this class wants to study abroad.
このクラスの生徒はみな留学したがっている.

▶I like **every** kind of movie.
わたしはどんな種類の映画も好きだ.

▶**Every one** of them was kind to me.
彼らはみなわたしに親切にしてくれた.
(◆「of ＋複数(代)名詞」が続くときは everyone ではなく every one と 2 語になる)

ルール **every** の使い方

❶「every ＋単数名詞」は単数形の代名詞で受けるのが原則ですが, 名詞が

「人」で性別が特定できない場合は複数形の代名詞で受けることもあります.

▶**Every** guest brought their favorite DVD.
どの客も自分のいちばん好きな DVD を持ってきた.(◆his or her のほうがかたい言い方)

❷ everybody, everyone, any, anybody, anyone, each などについても ❶ と同様です.

くらべよう **all, every, each**

all: 全体を一つのまとまりと考え, 「すべての」という意味を表します. 名詞の複数形とともに使います.

every: 個々のものを意識しながら全体を表し, 「一つひとつどれもみな」という意味を表します. 名詞の単数形とともに使います.

each: 個々のものに重点を置いて「一つひとつそれぞれ」という意味を表します. 名詞の単数形とともに使います.

▶**All** the students are in the gym.
生徒たちはみな体育館にいる.

▶**Every** student has to take the test.
どの生徒もみなその試験を受けなければならない.

▶**Each** student has a dictionary.
生徒はそれぞれ辞書を持っている.

❷《否定文で部分否定を表して》
すべての…が〜であるわけでは(ない)

▶I **don't** know **every** country's name. わたしはすべての国の名前を知っているわけではない.

▶**Not every** boy likes soccer.
どの少年もサッカーが好きだとはかぎらない.

❸ 毎…, …ごとに

▶My father gets up early **every** morning. 父は毎朝早く起きる.
(◆ every と in, on はともに用いない)

▶I watch the TV program **every** Sunday evening. わたしは毎週日曜日の夕方にそのテレビ番組を見る.

▶Take this medicine **every** four hours. この薬を 4 時間ごとに飲みなさい.(◆この場合, hours と複数形になることに注意)

‡*every dáy* 毎日 ➡ day

every nów and thén ときどき
every óther day 1日おきに
évery tìme ① …するときはいつも
▶**Every time** I hear that song, I remember her. その歌を聞くたびにわたしは彼女を思い出す.
② その都度, 毎回
▶I called Alice three times, but **every time** she was out.
アリスに3回電話したが, 毎回外出していた.

everybody [évribàdi

エヴリバディ] **代名詞** 《単数あつかいで》
❶ だれでも, みんな
(♦意味・用法は everyone と同じだが, より口語的) ➡ **every** ルール
▶**Everybody** knows her name.
だれもが彼女の名前を知っている.
▶Good morning, **everybody**.
みなさん, おはよう.
❷《否定文で部分否定を表して》だれもが…とは(かぎらない)
▶**Not everybody** likes video games. だれもがテレビゲームを好きだとはかぎらない.

everyday [évridèi エヴリデイ] **形容詞**
《名詞の前に用いて》
毎日の, 日常の; ありふれた
(♦ every day「毎日」とのちがいに注意)
▶**everyday** clothes ふだん着
▶**everyday** life 日常生活

everyone
[évriwàn エヴリワン] **代名詞**
❶ だれでも, みんな(♦意味・用法は everybody と同じだが, よりかたい語; every one とつづることもある)
➡ **every** ルール
▶**Everyone** has his or her own textbook.
だれもが自分の教科書を持っている.
❷《否定文で部分否定を表して》だれもが…とは(かぎらない)
▶**Not everyone** likes dogs.
だれもがイヌを好きだとはかぎらない.

everything [évriθiŋ
エヴリすィング] **代名詞**《単数あつかいで》
❶ 何でも, すべてのもの[こと]
▶**Everything** in this store is 100 yen. この店の品物はすべて100円だ.
▶Thank you for **everything**.
いろいろどうもありがとう.
▶Babies show great interest in **everything** new.
赤ちゃんは新しいものには何でも興味を示す.(♦ everything を修飾する形容詞はあとに置く)
❷《否定文で部分否定を表して》すべてが…というわけでは(ない)
▶I **don't** know **everything** about the plan. わたしはその計画についてすべてを知っているわけではない.
❸ 最も大切なもの
▶Money is **everything** to him.
彼にはお金がすべてだ.
How's éverything? 調子はどう?

everywhere [évrihwèər エヴリ(ホ)ウェア] **副詞** どこでも, いたるところに[で]
▶You can find convenience stores almost **everywhere** in Japan.
日本では, ほぼどこにでもコンビニエンスストアがある.
▶You can**not** find these sneakers **everywhere**.
このスニーカーはどこにでもあるわけではない.(♦否定文では部分否定を表す)

evidence [évidəns エヴィデンス] **名詞** Ⓤ (…の)証拠(《of [for] ...》)

evident [évidənt エヴィデント] **形容詞** 明らかな, 明白な(同義語 obvious)

evil [íːvl イーヴる] **形容詞** 邪悪な, (道徳的に)悪い; 有害な; 不吉な; 不快な
──**名詞** Ⓤ 悪; Ⓒ 害悪(対義語 good 善)

evolution [èvəlúːʃən エヴォるーシャン] **名詞** Ⓤ 進化; (ゆるやかな)発展, 発達

ex. 例(♦ *example* の略)

exact [igzǽkt イグザぁクト] **形容詞**
(比較 more exact; 最上 most exact)
正確な(同義語 correct); 厳密な
▶What is the **exact** number of guests?
お客さまは正確には何名様ですか?

exactly [igzǽktli イグザぁクトり]
副詞 (比較 more exactly; 最上 most exactly)
❶ 正確に; ちょうど(同義語 just)
▶Tell me **exactly** what happened.
起きたことを正確に話してください.

❷ (返事で)**全くそのとおり**
(◆ yes の代わりに用いる)

ダイアログ
A: So you think I should see the movie.　その映画を見たほうがよいということだね.
B: **Exactly**.　そのとおり.

exaggerate [igzǽdʒərèit イグザぁチャレイト] **動詞**
(三単現 **exaggerates** [igzǽdʒərèits イグザぁチャレイツ];
過去・過分 **exaggerated** [-id];
現分 **exaggerating**)

⦿ …を大げさに言う[考える], 誇張(ちょう)する

▶**exaggerate** the facts
　事実を誇張する

──⦿ 大げさに言う[考える]

exam [igzǽm イグザぁム] **名詞**
⦿ 試験(◆ *exam*ination を短縮した語)

examination [igzæminéiʃn イグザぁミネイシャン] **名詞**

❶ ⦿ 試験, テスト
(◆《口語》ではふつう exam と短縮する)

▶an entrance **examination**
　入学試験

▶midterm [final] **examinations**
　中間[期末]試験

▶take an English **examination**
　英語の試験を受ける

❷ ⦿ ⦿ 調査, 検査; ⦿ 診察(しん)

▶a medical **examination**　健康診断

examine [igzǽmin イグザぁミン] **動詞**
(三単現 **examines** [-z]; 過去・過分
examined [-d]; 現分 **examining**) ⦿
…を調査[検査]する; (人)に試験をする;
…を診察(しん)する; (人)を尋問(じん)する

▶**examine** the cause of the accident　その事故の原因を調べる

example

[igzǽmpl イグザぁンプる] **名詞**
(複数 **examples** [-z])

❶ ⦿ (…の)例, 実例, 見本《of ...》
(◆ ex. と略す)

▶Could you give me an **example**?
　例を1つ挙げていただけませんか?

❷ ⦿ (…にとっての)模範(はん), 手本
(to [for] ...)(同義語 model)

▶Be [Set] a good **example** to [for]
　your sister.

妹のよいお手本になりなさい.

▶Follow his **example**.
　彼を手本にしなさい.

♦for exámple　例えば
(同義語 for instance)

excellent

[éksələnt エクセレント] **形容詞**(◆比較変化なし)

❶ (…に)**すぐれた**《in [at] ...》; (成績が)
優の

▶She is **excellent at** English.
　彼女は英語がとてもよくできる.

❷ (返事で)(たいへん)結構です, いいね

except

[iksépt イクセプト] **前置詞**

…を除いて, …以外は(同義語 but)

▶Everyone **except** Fred is here.
　フレッドを除いて全員出席している.

▶every day **except** Mondays
　月曜日を除く毎日

excépt for ...
…を除いては, …がなければ

▶**Except for** the weather, it was a wonderful holiday.
　天気を除けば, すばらしい休日だった.

exception [iksépʃn イクセプシャン]
名詞 ⦿ 例外

without excéption　例外なく

excess [iksés イクセス] **名詞**
⦿《または an excess で》超過(ちょう),
超過量[額]; ⦿ 過度

exchange

[ikstʃéindʒ イクスチェインヂ]

──**動詞** (三単現 **exchanges** [-iz];
過去・過分 **exchanged** [-d];
現分 **exchanging**)

⦿ ❶ …を(…と)**交換(こう)する**, 取り替(か)える《for [with] ...》(同義語 change);
(意見・あいさつなど)を(人と)交(か)わす
《with ...》

▶I **exchanged** the shirt **for** a bigger one.　わたしはそのシャツを大きいものと取り替えた.

▶I **exchanged** e-mail(s) **with** Judy a few times. わたしはジュディと数回, Eメールのやりとりをした.

❷ …を(…と)両替(½ネッ)する《for ...》

▶Please **exchange** dollars **for** yen. ドルを円に両替してください.

──名詞 (複数) exchanges [-iz]

❶ U C 交換, 取り替え; やりとり; 交流

▶cultural **exchange** 文化交流

▶an **exchange** student
交換(留)学生

❷ U 為替(饱)制度; 為替相場; 両替

▶an **exchange** rate 為替レート
(◆ある通貨を別の通貨と交換するときの比率)

excite [iksáit イクサイト] 動詞
(三単現 **excites** [iksáits イクサイツ];
過去・過分 **excited** [-id]; 現分 **exciting**)
他 …を興奮させる, 刺激(½ゃ)する;
(感情・興味など)をひき起こす

▶Her wonderful performance **excited** the audience. 彼女のすばらしい演技は観客を興奮させた.

°excited [iksáitid イクサイティッド]
形容詞 (比較 **more excited**;
最上 **most excited**)
興奮した, うきうきした, わくわくした
《at [about] ...》➡ **exciting** ルール

▶**excited** fans 興奮したファン

▶Lisa is **excited about** going to the concert. リサはそのコンサートに行くのでわくわくしている.

excitement [iksáitmənt イクサイトメント] 名詞 U 興奮; C 刺激(½ゖ)

°exciting [iksáitiŋ イクサイティング]
形容詞 (比較 **more exciting**;
最上 **most exciting**)
興奮させるような, はらはらさせるような, わくわくさせるような

▶That was an **exciting** game.
それは手に汗(½)握(½)る試合だった.

ルール **excited** と **exciting** の使い方

excited は「(人が)興奮した」, exciting は「(物事が)(人を)興奮させるような」という意味を表します.

▶I was **excited** when I saw the famous actor. 有名な俳優を見かけて, わたしは興奮した.

▶The action movie is really **exciting**. そのアクション映画はとてもエキサイティングだ.

excited　　exciting

exclaim [ikskléim イクスクれイム] 動詞
他 (驚(捻)き・喜びなどで)…と叫(蕥)ぶ
──自 叫ぶ, 大声を出す

exclamation [èksklǝméiʃn エクスクらメイシャン] 名詞 C (驚(捻)きや喜びの)叫(蕥)び, 感嘆(蕔)のことば

exclamation mark
[èksklǝméiʃn mɑ́ːrk エクスクらメイシャンマーク] (英)=(米)exclamation point(感嘆符(蕔蕔))

exclamation point [èksklǝméiʃn pɔ́int エクスクらメイシャン ポイント] 名詞 C (米)感嘆符(蕔蕔), エクスクラメーションマーク(!)(◆(英)exclamation mark)
➡ 巻末付録 Ⅳ. 句読点・符号(蕣)

exclude [iksklúːd イクスクるード] 動詞
(三単現 **excludes** [-z]; 過去・過分 **excluded** [-id]; 現分 **excluding**)
他 …を(…から)除外する; …を(…から)締(½)め出す《from ...》
(対義語 include …をふくむ)

excursion [ikskə́ːrʒn イクスカ～ジャン] 名詞 C 遠足, (団体の)小旅行

▶We went on a school **excursion** to Nara.
わたしたちは学校の遠足で奈良に行った.

°excuse

(★ 動詞・名詞の発音のちがいに注意)
──動詞 [ikskjúːz イクスキューズ]
(三単現 **excuses** [-iz]; 過去・過分 **excused** [-d]; 現分 **excusing**) 他
❶ (人・行為(½ぃ))を許す(同義語 forgive);
《**excuse** +**人**+**for** +名詞[**...ing**]で》(人)が…したことを許す;
《**be excused** で》(退室などを)許される

a b c d e f g h i j k l m n o p q r s t u v w x y z

▶I'll **excuse** you this time.
今回はきみを大目に見よう.

▶Please **excuse** me for being late.
遅刻(ぢ)してしまい, 申し訳(ﾜ)ございません.

▶May I **be excused**?
少し失礼してもよろしいでしょうか;
(生徒が学校で)トイレに行ってもいいですか?

❷ (人が)…の言い訳をする;
(事情などが)…の言い訳となる

❸ (人)を(責任・義務などから)免除(ﾒﾝ)する《from ...》;(責任・義務など)を免除する

✦*Excúse me.* 失礼します, すみません.
(➡ ﾙｰﾙ ❶(1)〜(3));
失礼しました. (➡ ﾙｰﾙ ❶(4));
もう一度言ってください. (➡ ﾙｰﾙ ❶(5))

ﾙｰﾙ Excuse me. の使用場面と用法

❶ 次のような場面で使います.
(1) 知らない人に話しかけるとき
▶**Excuse me**, (but) are you Ms. Jones?
失礼ですが, ジョーンズさんですか?
▶**Excuse me.** Water, please.
(レストランなどで)すみません. 水をください.
(2) 相手の話などを中断するとき
▶**Excuse me**, Mr. Smith. I must be going now.
すみません, スミスさん. もう帰らなくてはなりません.
(3) 中座したり, 人の前を通るとき
▶**Excuse me.** Let me through, please. すみません. 通してください.
(4) 人にぶつかったり, せきをしたりなど, 不作法をしたとき

ダイアログ
A: **Excuse me.** I stepped on your toe. 失礼しました. 足を踏(ﾞ)んでしまいました.
B: That's all right. / Never mind. いいんですよ. / かまいません.

より大きな迷惑(ﾜ)をかけた場合にはI'm sorry. と言います.
(5) (米)相手のことばが聞き取れなかったとき
▶**Excuse me**? すみませんが, もう一度おっしゃってください.
(◆文末を上げ調子(ﾉ)で言う)
❷ 2人以上いるときには Excuse us. となります. また, 日本語の感謝を表す「すみません」は Thank you. です.

---

excúse oneself (…の)言い訳をする
《for ...》;《…を》中座する《from ...》
—— **名詞** [ikskjúːs イクスキュース]
(**複数** excuses [-iz])
© Ⓤ (…の)**言い訳**, 弁解, 口実《for ...》
▶No **excuse**! (= Don't make an excuse!) 言い訳はよしなさい!

execute [éksikjùːt エクセキュート] **動詞**
(**三単現** executes [éksikjùːts エクセキューツ]; **過去・過分** executed [-id]; **現分** executing) **他**
❶ (人)に死刑(ﾙｲ)を執行(ﾄｳ)する, …を処刑する
❷ (命令・計画・職務・約束など)を実行する

executive [igzékjɐtiv イグゼキュティヴ]
—— **名詞** ❶ © (会社の)経営者[陣(ﾋﾞ)];
(組織の)執行(ﾄｳ)部
❷ © 行政官;《the executive で》
(政府の)行政部
—— **形容詞** 経営の, 実行する; 行政上の

✦exercise [éksɚsàiz エクササイズ]

名詞	❶ **練習問題**
	❷ **運動**
動詞	他 …に運動させる; …に練習させる
	自 運動をする

—— **名詞** (**複数** exercises [-iz])
❶ © **練習問題**; 練習
▶do **exercises** in English
英語の練習問題をする
❷ Ⓤ © **運動**, 体操
▶Swimming is good **exercise** for your health.
健康のために水泳はいい運動だ.
—— **動詞** (**三単現** exercises [-iz]; **過去・過分** exercised [-d]; **現分** exercising)
—— **他** …に運動させる; …に練習させる
▶Do you **exercise** your dog?
イヌに運動をさせていますか?
—— **自** 運動をする; 練習する
▶Kate **exercises** for an hour every day.
ケイトは毎日1時間運動をする.

exhaust [igzɔ́ːst イグゾースト] **動詞** 他
❶ (人)をひどく疲(ﾂ)れさせる
(◆ tire よりも度合いが強い)
❷ (お金など)を使い尽(ﾂ)くす

exhibit [igzíbit イグズィビット]
(◆発音に注意) **動詞**
他 …を展示する, 陳列(ﾁﾝ)する

▶This museum is now **exhibiting** Picasso's paintings.
この美術館では今, ピカソの絵画を展示している.

— 名詞 C 展示品, 陳列品; 展覧会

exhibition [èksibíʃn エクスィビシャン]
(★発音に注意) 名詞
C U 展示; C 展覧会(同義語 show)

exist [igzíst イグズィスト] 動詞
(三単現 **exists** [igzísts イグズィスツ]; 過去・過分 **existed** [-id]; 現分 **existing**)
⊜ 存在する; 生存する, 生きている
▶Various animals **exist** on the earth.
地球上にはさまざまな動物が存在している.

existence [igzístəns イグズィステンス]
名詞 U 存在すること; 生存
come into existence
生まれる, 発生する

exit [égzit エグズィット] 名詞
C (…からの)出口(対義語 entrance 入り口); 退場, 退出(from ...)
— 動詞 ⊜ (…から)出る(from ...)
(対義語 enter 入る)

expand [ikspǽnd イクスパあンド] 動詞
⊜ 膨張(ぼうちょう)する; 広がる; (事業・活動などが)拡大する
— 他 …を膨張させる; …を広げる; (事業・活動など)を拡大する

expect [ikspékt イクスペクト]
動詞 (三単現 **expects** [ikspékts イクスペクツ]; 過去・過分 **expected** [-id]; 現分 **expecting**) 他
❶ …を予期する, 予想する, 待ち受ける; 《expect ＋人＋ to ＋動詞の原形で》(人)が…すると予想する; 《expect ＋ to ＋動詞の原形で》…するつもりである
▶We **expect** a cold winter this year. ことしは寒い冬になりそうだ.
▶I **expect** her **to** come next Sunday.
彼女は今度の日曜日に来ると思う.
▶I **expect** to see you soon.
また近いうちにお会いしたいです.
❷ …を期待する, 求める
▶Don't **expect** too much of [from] your child. 自分の子供にあまり多く

を期待してはいけない.
❸ (口語) …と思う, 推定する, 想像する
《that 節》(同義語 think)

ダイアログ
A: Where's Tom? トムはどこ?
B: I **expect** (**that**) he's in the kitchen. 台所だと思う.

expectation [èkspektéiʃn エクスペクテイシャン] 名詞 U C 期待, 予想

expedition [èkspədíʃn エクスペディシャン] 名詞 C 遠征(えんせい)(隊), 探検(隊)

expense [ikspéns イクスペンス] 名詞
❶ U C 支出; 費用
❷《expenses で》経費, …費
▶school **expenses** 学費
▶living **expenses** 生活費
at the expense of ...
…を犠牲(ぎせい)にして

expensive [ikspénsiv イクスペンスィヴ] 形容詞
(比較 **more expensive**; 最上 **most expensive**)
(品物が)高価な; 費用のかかる
(同義語 costly, 対義語 cheap 安い, inexpensive 安価な)
▶an **expensive** watch
高価な腕(うで)時計
▶This book is too **expensive**.
この本は値段が高過ぎる.

experience [ikspíəriəns イクスピ(ア)リエンス]
— 名詞 (複数 **experiences** [-iz])
U C 経験, 体験
▶learn by [from] **experience**
経験から学ぶ
▶You had a good **experience**.
いい経験をしましたね.
— 動詞 (三単現 **experiences** [-iz]; 過去・過分 **experienced** [-t]; 現分 **experiencing**)
他 …を経験する
▶This is the hottest weather I have ever **experienced**. これは今まで経験した中で一番の暑さだ.

experiment
— 名詞 [ikspérimənt イクスペリメント]
C U (…での)実験(on [in] ...)

a b c d e f g h i j k l m n o p q r s t u v w x y z

▶perform [do] an **experiment**
実験をする ➡ 下図

▶a physical **experiment**
(＝ an **experiment in** physics)
物理の実験
——**動詞** [ikspérimènt イクスペリメント]
自 (…に対して)実験をする, (…を)試(ため)す
《**on** [**with**] ...》

expert [ékspəːrt エクスパ〜ト] **名詞**
C (…の)熟練者, 専門家, エキスパート
《**at** [**in, on**] ...》
——**形容詞** 熟練した, 専門家の

*explain [ikspléin イクスプれイン]
動詞 (**三単現** **explains** [-z]; **過去・過分**
explained [-d]; **現分** **explaining**)
——**他** (人に)…を説明する；弁解する《**to** ...》；
《**explain** + wh- 節 [**that** 節]で》
…かを[…だと]説明する[弁解する]

▶I will **explain** the reason to you.
その理由をあなたに説明しましょう.

▶He **explained that** the pond
had no fish.
彼はその池には魚が生息していないと
説明した.

——**自** 説明する；弁解する

explanation [èksplənéiʃn エクスプらネ
イシャン] **名詞**
C **U** (…の)説明；弁解《**of** [**for**] ...》

explode [iksplóud イクスプ**ろ**ウド] **動詞**
(**三単現** **explodes** [-z]; **過去・過分**
exploded [-id]; **現分** **exploding**)
自 爆発(ばくはつ)する；(人の感情が)爆発する
——**他** …を爆発させる

exploration [èksplǝréiʃn エクスプろレ
イシャン] **名詞** **C** **U** 探検, 実地調査

explore [iksplóːr イクスプ**ろ**ーア]
動詞 (**三単現** **explores** [-z]; **過去・過分**
explored [-d]; **現分** **exploring**)
他 …を探検する, 調査する

▶**explore** a jungle
ジャングルを探検する

explorer [iksplóːrər イクスプ**ろ**ーラ]
名詞 **C** 探検家

explosion [iksplóuʒn イクスプ**ろ**ウジャ
ン] **名詞** **C** 爆発(ばくはつ)；爆発音

expo [ékspou エクスポウ] **名詞**
(**複数** **expos** [-z])《しばしば **Expo** で》
C (万国)博覧会, 国際見本市
(◆ *expo*sition を短縮した語)

experiment

実験用具(**laboratory equipment**)

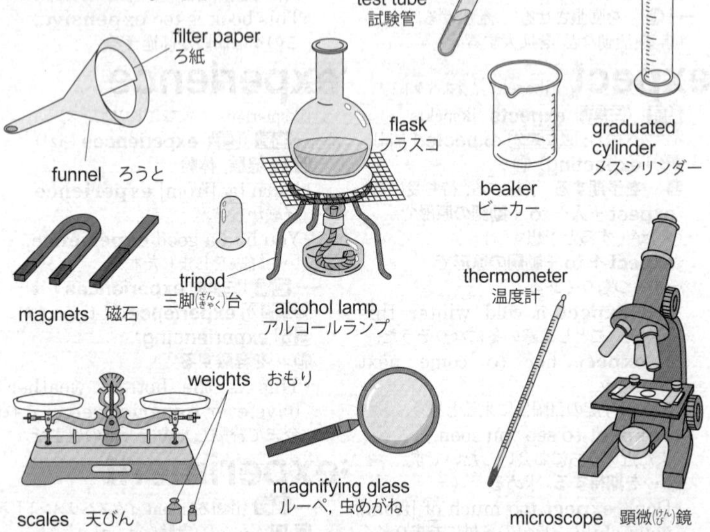

filter paper
ろ紙

funnel ろうと

test-tube
clamp
試験管ばさみ

test tube
試験管

flask
フラスコ

graduated
cylinder
メスシリンダー

beaker
ビーカー

magnets 磁石

tripod
三脚(きゃく)台

alcohol lamp
アルコールランプ

thermometer
温度計

weights おもり

scales 天びん

magnifying glass
ルーペ, 虫めがね

microscope 顕微(けんび)鏡

export （★動詞・名詞のアクセントのちがいに注意）**動詞** [ikspɔ́ːrt イクスポート]
他 …を輸出する
（**対義語** import …を輸入する）
──**名詞** [ékspoːrt エクスポート]
Ⓤ 輸出（**対義語** import 輸入）;
Ⓒ《しばしば **exports** で》輸出品

expose [ikspóuz イクスポウズ] **動詞**
（**三単現** **exposes** [-iz]; **過去・過分**
exposed [-d]; **現分** **exposing**）他
❶（日光・風雨・危険などに）…をさらす
《to ...》
❷ …を(…に)暴露(ば)する, あばく《to ...》
❸（写真のフィルム）を感光させる

exposition [èkspəzíʃn
エクスパズィシャン] **名詞**
Ⓒ 博覧会（◆短縮して expo ともいう）

exposure [ikspóuʒər イクスポウジャ]
名詞 Ⓤ Ⓒ（日光・危険などに）さらす[さ
らされる]こと; (秘密などの)暴露(ば)する;
(写真の)露出

'express [iksprés イクスプレス]
──**動詞**（**三単現** **expresses** [-iz];
過去・過分 **expressed** [-t];
現分 **expressing**）
他 …を表現する, 言い表す
▸She **expressed** her thanks for
the present. 彼女はプレゼントに対
する感謝の気持ちを表した.
──**形容詞**《名詞の前に用いて》急行の
（**対義語** local 各駅停車の);
《主に英》速達便の
▸an **express** train 急行列車
──**名詞**（**複数** **expresses** [-iz]）
Ⓒ 急行列車（= express train);
Ⓤ《主に英》速達便
（◆《米》special delivery）

expression [iksprésʃn イクスプレシャン]
名詞 ❶ Ⓒ Ⓤ (ことば・態度による)表現;
Ⓒ 言い回し, 語句
❷ Ⓒ 表情, 顔つき

expressway [ikspréswèi イクスプレス
ウェイ] **名詞** Ⓒ《米》高速道路
（**同義語** freeway, 《英》motorway）

extend [iksténd イクステンド] **動詞** 他
❶ …を延長する, 広げる
▸Ann **extended** her stay in
Hawaii for another three days.
アンはハワイ滞在(ぎ)をもう３日間延長
した.
❷（手・足など）を伸(の)ばす, 広げる
（**同義語** stretch）

extension [iksténʃn イクステンシャン]
名詞 Ⓤ 延長, 拡大; Ⓒ（電話の）内線（番
号）（◆ ext. 123 などと略す）

extensive [iksténsiv イクステンスィヴ]
形容詞 広い, 広大な; 広範囲(はんい)に渡(わた)る,
大規模な

extent [ikstént イクステント] **名詞**
Ⓤ 広さ, 大きさ, 長さ;
《または **an extent** で》範囲(はん), 程度
▸to some [a certain] **extent**
ある程度は

exterior [ikstíəriər イクスティ(ア)リア]
形容詞 外の, 外側の, 屋外用の
（**対義語** interior 内部の）
──**名詞** Ⓒ《ふつう単数あつかいで》
外部, 外側; 外面

external [ikstə́ːrnl イクスタ～ヌる]
形容詞 外部の, 外面の; 外からの（**対義語**
internal 内部の）; 外国の, 対外的な

extinct [ikstíŋkt イクスティンクト] **形容詞**
(生物が)絶滅(ぜつ)した

extinction [ikstíŋkʃn イクスティンク
ション] **名詞** Ⓤ (生物の)絶滅

extinguisher [ikstíŋgwiʃər イクスティン
グウィシャ] **名詞** Ⓒ 消火器
（= fire extinguisher）

extra [ékstrə エクストゥラ] **形容詞**
《名詞の前に用いて》余分の, 臨時の
▸an **extra** charge 追加料金
▸an **extra** train 臨時列車

extra- **接頭辞**「…の(範囲(はん))外の, …以
外の; 特(別な)…」などの意味の語をつく
る: extra- + ordinary(ふつうの)→
extraordinary(並外れた)

extraordinary [ikstrɔ́ːrdənèri
イクストゥローディネリ] **形容詞**
並外れた, 驚(おどろ)くべき; 異常な
（**対義語** ordinary ふつうの）

extreme [ikstríːm イクストゥリーム]
形容詞《名詞の前に用いて》
❶ 極端(きょく)な, はなはだしい
❷ いちばん端(は)の
──**名詞** Ⓒ Ⓤ 極端; 極端なもの[行為(こう)]

a b c d e f g h i j k l m n o p q r s t u v w x y z

A B C D E F G H I J K L M N O P Q R S T U V W X Y Z

extremely [ikstríːmli イクストゥリームり]
副詞 極端(きょくたん)に; とても

‡**eye** [ái アイ] **名詞** (**複数** eyes [-z])

❶ **C** 目; まなざし, 目つき ➡ 下図
▶He has dark **eyes**.
彼は黒い目をしている. ➡ **black** 参考

▸Close [Shut] your **eyes**.
目を閉じなさい.

❷ **C** 《ふつう **eyes** で》視力; 《ふつう **an eye** で》ものを見分ける力, 観察力
▶I have good [weak] **eyes**.
わたしは目がよい[悪い].

▶He has **an** [no] **eye** for Japanese paintings.
彼には日本画のよしあしを判断する力がある[全くない].

keep an éye on ... …から目をはなさないでいる, …を監視(かんし)する
▶Please **keep an eye on** my bag.
わたしのかばんを見ていてください.

eyeball [áibɔːl アイボーる] **名詞**
C 眼球, 目玉

eyebrow [áibràu アイブラウ] **名詞**
C まゆ, まゆ毛(◆単に brow ともいう)
➡ 下図

eye contact [ái kɑ̀ntækt アイ カンタぁクト] **名詞**
C **U** 視線を合わせること, アイコンタクト
▶make **eye contact** 視線を合わす

文化 アイコンタクトを忘れずに！

日本語でも英語でも, 人と話すときには相手の目を見ることが大切です. 下を向いたり目をそらしたりすると, 何か隠(かく)している, 自信がない, などと思われてしまうことがあります.

eyelash [áilæʃ アイらぁッシ] **名詞**
C (1本の)まつ毛;《eyelashes で》
まつ毛(全体)

eyelid [áilid アイりッド] **名詞**
C まぶた(◆単に lid ともいう)

eyesight [áisàit アイサイト] **名詞**
U 視力, 視覚(◆単に sight ともいう)

eyewitness [áiwìtnəs アイウィットネス] **名詞** (**複数** eyewitnesses [-iz])
C 目撃(もくげき)者, 証人

eye

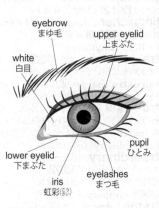

eyebrow
まゆ毛

upper eyelid
上まぶた

white
白目

pupil
ひとみ

lower eyelid
下まぶた

iris
虹彩(こうさい)

eyelashes
まつ毛

wink
ウィンクする

blink
まばたきする

shed tears
涙を流す

glare
にらむ

a
b
c
d
e
f
g
h
i
j
k
l
m
n
o
p
q
r
s
t
u
v
w
x
y
z

Q 1階って何て言う？➡ floor をひいてみよう！

F, f [éf エふ] **名詞** (**複数** **F's, f's** または **Fs, fs** [-s])

❶ C U エフ
(♦アルファベットの6番めの文字)

❷ C 《**F** で》(成績の)F, 不可 ➡ **A**

F 《温度を表す数字のあとにつけて》
(温度が)カ氏の(♦ Fahrenheit の略；
対義語 C セ氏の)

▶60°F (=sixty degrees Fahrenheit)
カ氏60度 ➡ **Fahrenheit** 〖文化〗

fable [féibl ふェイブる] **名詞**
C 寓話(ぐうわ), たとえ話(♦動物などが登場する風刺(ふうし)や教訓的な物語)

▶Aesop's **Fables** 『イソップ物語』

Fabre [fá:brə ふァーブラ] **名詞**
【人名】ファーブル(♦ Jean Henri Fabre
[ʒá:n ɑ:ŋríː- ジャーン アーンリー-], 1823-
1915；フランスの昆虫(こんちゅう)学者；
『昆虫記』の著者)

fabric [fǽbrik ふぁブリック] **名詞**
C U 織物, 布地(♦ cloth よりかたい語)

：face [féis ふェイス]

名詞	❶ 顔
	❷ 表面
動詞	他 ❶ …に面している

——**名詞** (**複数** **faces** [-iz])

❶ C 顔；顔つき ➡ **head** 図

▶a round **face** 丸顔

▶I wash my **face** before breakfast.
わたしは朝食の前に顔を洗う.

▶Susan spoke to me with a smile
on her **face**.
スーザンは顔にほほえみを浮(う)かべて
わたしに話しかけてきた.

[参考] 「顔」と face

日本語の「顔」は英語の face と必ずしも一致(いっち)しません. 例えば, 「窓から顔を出す」の「顔」は頭部を指すので, 英語

では head を使います.

▶Don't put your **head** out of the
window.
窓から顔を出さないように.

❷ C 表面, 面(**同義語** surface)；正面

▶The **face** of the moon is rough.
月の表面はでこぼこだ.

▶the **face** of a clock 時計の文字盤(ばん)
➡ **clocks and watches**

fáce to fáce (…と)向かい合って, 面と
向かって《with ...》

▶She sat **face to face with** her
mother.
彼女は母親と向かい合ってすわった.

in (the) fáce of ... …にもかかわらず；
…に直面して, …を前にして

make a fáce = **make fáces**
しかめっつらをする

——**動詞** (**三単現** **faces** [-iz]；
過去・過分 **faced** [-t]；**現分** **facing**) 他

❶ …に面している, 向いている

▶My room **faces** the sea.
わたしの部屋は海に面している.

❷ (困難・問題)に直面する, 立ち向かう

▶**face** a big problem
大問題に直面する

——**自** (…に)面している, 向いている
《to [toward] ...》

▶**face to** the south (=**face** south)
南に面している

facility [fəsíləti ふァスィリティ] **名詞**
(**複数** **facilities** [-z])《**facilities** で》
施設(しせつ), 設備；便宜(べんぎ), 手段

A
B
C
D
E
F
G
H
I
J
K
L
M
N
O
P
Q
R
S
T
U
V
W
X
Y
Z

‏*fact [fækt ふぁクト] 名詞

(複数 **facts** [fækts ふぁクツ])

❶ C **事実**, 現実に起こったこと

▶It is a **fact** that he got the prize.
彼がその賞をとったのは事実だ.

❷ U (空想・理論に対して)**現実**, 事実
(対義語 fiction 作り話)

▶This movie is based on **fact**.
この映画は事実に基(もと)づいている.

as a matter of fáct
実際のところは, 実は

ダイアログ

A: I heard Kate is going to get married.
ケイトが結婚(けっ)するって聞いたけど.

B: **As a matter of fact**, I'm her future husband.
実を言うと, 相手はぼくなんだ.

in fáct

① (ところが)**実は**, 実際は

▶John looked fine, but **in fact** he had a bad headache.
ジョンは元気そうに見えたが, 実はひどい頭痛がしていた.

② **実際に**, 事実上

▶Becky asked me to go to the party with her, and **in fact** I did.
ベッキーはわたしにそのパーティーへいっしょに行ってほしいとたのみ, 実際にわたしはそうした.

factor [fæktər ふぁクタ] 名詞

❶ C **要因**, 要素

❷ C 【数学】因数

*factory [fæktəri ふぁクトリ] 名詞

(複数 **factories** [-z])

C (機械を使って大量生産する)**工場**

▶I work in a car [paper] **factory**.
わたしは自動車[製紙]工場で働いている.

くらべよう 「工場」を表す語

factory: 「工場」を表す一般的な語です.
plant: 近代的な設備の, 大規模な工場を指します.
works: 小規模な工場・製作所を指します.

fade [féid ふぇイド] 動詞 (三単現 **fades** [féidz ふぇイヅ]; 過去・過分 **faded** [-id]; 現分 **fading**) 自

❶ (色・光・音・記憶(きおく)などが)**薄(うす)れる**, あせる, 消える(away ...)

❷ (若さ・美しさなどが)衰(おとろ)える; (花が)しぼむ, しおれる

Fahrenheit [fǽrənhàit ふぁレンハイト] 形容詞 (温度が)**カ氏の**(♦ F と略す; 「セ氏の」は Celsius, centigrade)

▶a hundred degrees **Fahrenheit**
カ氏 100 度(♦ 100°F と略す)

文化 セ氏とカ氏

1 気温や体温などの温度を表すとき, 日本ではセ氏(Celsius)を使いますが, 英米ではカ氏(Fahrenheit)を使います. ただし, イギリスではセ氏を併記(へいき)することもあります.

2 セ氏とカ氏の温度を比較(ひかく)すると次のようになります.

0℃ = 32°F	35℃ = 95°F
10℃ = 50°F	40℃ = 104°F
20℃ = 68°F	50℃ = 122°F
30℃ = 86°F	100℃ = 212°F

*fail [féil ふぇイル]

——動詞 (三単現 **fails** [-z]; 過去・過分 **failed** [-d]; 現分 **failing**)

——自 (…に)**失敗する**(対義語 succeed 成功する); (試験などに)落ちる; (学科の)単位を落とす(in ...)

▶Their plan **failed**.
彼らの計画は失敗に終わった.

▶I **failed in** French.
わたしはフランス語の試験に落ちた.

——他 ❶ (試験など)**に落ちる**; (学科の)単位を落とす(対義語 pass …に合格する)

▶He **failed** his driving test [math].
彼は運転免許(めんきょ)試験に落ちた[数学の単位を落とした].

❷ 《**fail to** +動詞の原形で》
…しそこなう, …できない, …しない

▶I **failed to** catch the bus.
わたしはそのバスに乗りそこねた.

——名詞 C (試験などの)失敗, 不合格, 落第

without fáil
必ず; 例外なく

▶I'll pay the money back tomorrow **without fail**.
明日必ずそのお金をお返しします.

failure [féiljər ふぇイリャ] 名詞

U (…での)**失敗**; 不合格(in [of] ...);

U C (必要なことを)しないこと, しそこねること(to +動詞の原形)

▸**failure in** business　事業での失敗
▸**end in failure**　失敗に終わる

faint [féint ふェイント] 形容詞
(比較 **fainter**; 最上 **faintest**)
❶ (音・光・色などが)かすかな, ぼんやりした
❷ 気を失いそうな
――動詞 ⓐ 気を失う, 失神する, 気絶する

fair¹ [féər ふェア]
――形容詞 (比較 **fairer**; 最上 **fairest**)

❶ 公平な
❷ 相当の
❸ 晴れた
❹ 金髪(きんぱつ)の

❶ 公平な, 公正な
(同義語 just, 対義語 unfair 不公平な)
▸**a fair trial**　公正な裁判
▸**fair trade**　フェアトレード
(♦発展途上国で生産された製品などを適正な価格で売買することで, 貧しい生産者の暮らしを支援する運動)
▸**That's not fair.**　それは不公平だ.
❷ 相当の, かなりの; (成績が)まあまあの, 中位の
▸**a fair amount of money**
かなりの額のお金
❸ (天候が)晴れた(同義語 fine)
▸**on a fair day**　晴れた日に
❹ 金髪の(同義語 blond); (肌(はだ)が)白い
▸**Bob has fair hair.**　ボブは金髪だ.
――副詞 (比較・最上 は 形容詞 に同じ)
正しく, 公平に; りっぱに
▸**Let's play fair.**
正々堂々と勝負しよう.

fair² [féər ふェア] 名詞
С 博覧会, フェア; (米)(農産物・畜産(ちくさん)物などの)品評会; (英)定期市

fairly [féərli ふェアリ] 副詞
❶ 公平に, 公正に
❷ かなり, 相当に(♦好ましい意味で用い, 好ましくない場合は rather を用いる)
▸**The movie was fairly good.**
その映画はかなりよかった.

fair play [féər pléi ふェア プれイ] 名詞
❶ Ʋ 【スポーツ】フェアプレー(正々堂々とした試合ぶり)
❷ Ʋ 公正な行動[態度]

fairy [féəri ふェ(ア)リ]
名詞 (複数 **fairies** [-z]) С 妖精(ようせい)

――形容詞 妖精の(ような), 優美な; 空想の

fairy tale [féəri teil ふェ(ア)リ テイル]
名詞 С おとぎ話, 童話; 作り話, うそ

faith [féiθ ふェイす] 名詞
Ʋ (…に対する)信頼(しんらい), 信用(in ...)
(同義語 trust); 信念, 信仰(しんこう)

faithful [féiθfl ふェイすふる] 形容詞
(人・約束などに)忠実な, 誠実な(to ...);
正確な

faithfully [féiθfəli ふェイすふり] 副詞
忠実に, 誠実に; 正確に
Yóurs fáithfully, = Fáithfully yóurs,
(改まった手紙の結びで)敬具

fake [féik ふェイク] 名詞
С にせ物; 詐欺(さぎ)師
――形容詞 《名詞の前に用いて》
にせの, 偽造(ぎぞう)の
――動詞 (三単現 **fakes** [-s];
過去・過分 **faked** [-t]; 現分 **faking**) ⓗ
❶ …のにせ物を作る
❷ …のふりをする

fall [fɔ́:l ふォーる]

動詞 ❶ 落ちる; 降る
　　 ❷ 転ぶ; 倒(たお)れる
　　 ❸ 下がる
名詞 ❶ 秋

――動詞 (三単現 **falls** [-z]; 過去 **fell** [fél
ふェる]; 過分 **fallen** [fɔ́:ln ふォーるン];
現分 **falling**) ⓐ

❶ 落ちる (♦急激な落下を表すときは drop) (対義語 rise 上がる);
(雨・雪が)降る
▸**An apple fell from the tree.**
リンゴが1つ木から落ちた.

▶A lot of snow has **fallen** since last night.
昨夜からたくさん雪が降っている.

❷(人が)転ぶ;(人・木・建物などが)倒れる;(国などが)滅(ほろ)びる

▶He **fell** at the first turn.
彼は最初のコーナーで転んだ.

▶Some trees **fell** (down) in the storm last night.
昨夜の暴風雨で木が何本か倒れた.

❸(値段・温度などが)**下がる**;(勢いが)弱まる

▶The temperature began to **fall**.
気温が下がり始めた.

❹《**fall** ＋形容詞[副詞]で》
(ある状態)になる,陥(おちい)る

▶He **fell** ill. 彼は病気になった.

▶She **fell** asleep soon.
彼女はすぐに寝入(ねい)った.

❺(髪(かみ)などが)垂れる;(幕などが)降りる

fáll apárt ばらばらに壊(こわ)れる

fáll behínd (仕事・支払(しはら)いなどが)遅(おく)れる《with [in] ...》

fáll dówn 転ぶ,倒れる;壊れる

▶The tree **fell down** in the strong wind. その木は強風で倒れた.

fáll on ... ①…に襲(おそ)いかかる
②(記念日などが)…にあたる

▶My birthday **falls on** (a) Sunday this year. ことしのわたしの誕生日は日曜日にあたる.

fáll óut (歯・髪などが)抜(ぬ)け落ちる

fáll over …につまずいて転ぶ

▶He **fell over** a stone.
彼は石につまずいて転んだ.

──**名詞** (複数) **falls** [-z]

❶ C U (米)秋(◆(英)autumn)
➡ **spring** ルール

▶in (the) **fall**   秋に

▶in (the) early [late] **fall**
初[晩]秋に

▶in the **fall** of 2020   2020年の秋に

▶They are going to get married this **fall**. 彼らはこの秋に結婚(けっこん)する.
(♦×in this fall とはいわない)

❷ C 落下,墜落(ついらく),転倒(てんとう);降雨(量),降雪(量)

❸《**falls** でふつう複数あつかい》滝(たき)
(同義語 waterfall)

▶Niagara **Falls** are [is] in North America.

ナイアガラの滝は北アメリカにある.
(◆固有名詞のときは単数あつかいも可能)

fallen [fɔ́:lən フォーるン]
──**動詞** fall(落ちる)の過去分詞
──**形容詞** 落ちた;倒れた
▶**fallen** leaves   落ち葉

false [fɔ́:ls フォーるス] (★発音に注意)
形容詞 ❶ まちがった,誤った
(同義語 wrong, 対義語 correct 正しい);うその,偽(いつわ)りの(対義語 true 本当の)

▶a **false** idea of Japan
日本に対する誤った考え

▶The rumor is **false**.
そのうわさは事実ではない.

❷ 人工の,人造の,本物でない

▶**false** teeth   入れ歯,義歯

fame [féim フェイム] **名詞** U 名声

familiar [fəmíljər ファミりャ] **形容詞**
❶(人に)よく知られている,なじみのある;《**be familiar to** ＋人で》(物事が)(人に)よく知られている

▶a **familiar** face   なじみの顔,知人

▶This song **is familiar to** me.
この歌はよく知っています.

❷《**be familiar with** ＋物事で》
(人が)(物事を)よく知っている

▶He **is familiar with** computers.
彼はコンピューターに詳(くわ)しい.

families [fǽməliz ふぁミりズ] **名詞**
family(家族)の複数形

family [fǽməli ふぁミり] **名詞**
(複数) **families** [-z])
❶ C 家族,一家,世帯 ➡ p.219図

ダイアログ
A: How is [are] your **family**?
ご家族はお元気ですか？
B: They're all fine, thank you.
みんな元気です,ありがとう.

ダイアログ
A: How many people are there in your **family**?
ご家族は何人ですか？
B: There are five. My parents, my two brothers, and me.
5人です.両親,兄(弟)2人,そしてわたしです.

▶Six **families** live in this

a b c d e **f** g h i j k l m n o p q r s t u v w x y z

apartment house.
このアパートには6世帯が住んでいる.

ルール family の使い方

1 家族全体をひとまとまりと考えるときは単数あつかいになります.
▶My **family** is large.
うちは大家族です.
2 家族の一人ひとりに重点を置くときは複数あつかいになります.
▶My **family** are all fine.
家族はみな元気です.
ただし, (米)ではどちらの場合も単数あつかいにすることがよくあります.

❷ Ｕ《ときに a family で》
(一家の)子供たち(同義語 children)
▶They raised a large **family**.
彼らはたくさんの子供を育てた.
❸ Ｃ 一族; Ｕ 家柄(いえがら)
▶the Brown **family**
ブラウン一家[一族]
❹ Ｃ (生物分類学上の)科
▶the cat **family** ネコ科

family name [fǽməli nèim ふぁミリ ネイム] 名詞 Ｃ 姓(せい), 名字(みょうじ), ファミリーネーム(◆ Susan Davis という名前の場合, Susan が名で, Davis が姓;

同義語 last name, surname)
➡ **first name** 図案, **name** 図案

family tree [fǽməli trí: ふぁミリ トゥリー] 名詞 Ｃ 家系図 ➡ 下図

ːfamous [féiməs ふェイマス]
形容詞 (比較 **more famous**; 最上 **most famous**)
(よい意味で) 有名な, 評判のよい
(同義語 well-known, 対義語 notorious 悪名高い); 《be famous for [as] ... で》…で[として]有名である
▶a **famous** writer 有名な作家
▶a **famous** doctor 評判のよい医者
▶Australia **is famous for** its unique animals.
オーストラリアはその地に特有の動物たちで有名だ.

fan¹ [fǽn ふァン] 名詞
Ｃ 扇(おうぎ), うちわ; 扇風(せんぷう)機, 送風機
——**動詞** (三単現 **fans** [-z]; 過去・過分 **fanned** [-d]; 現分 **fanning**)
他 …をあおぐ, …に風を送る

fan² [fǽn ふァン] 名詞
Ｃ (スポーツ・有名人などの)ファン, 熱心な愛好者
▶a soccer **fan** サッカーファン

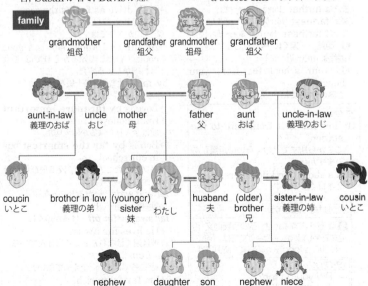

family

grandmother 祖母　grandfather 祖父　grandmother 祖母　grandfather 祖父

aunt-in-law 義理のおば　uncle おじ　mother 母　father 父　aunt おば　uncle-in-law 義理のおじ

cousin いとこ　brother-in-law 義理の弟　(younger) sister 妹　I わたし　husband 夫　(older) brother 兄　sister-in-law 義理の姉　cousin いとこ

nephew おい　daughter 娘　son 息子　nephew おい　niece めい

A
B
C
D
E
F
G
H
I
J
K
L
M
N
O
P
Q
R
S
T
U
V
W
X
Y
Z

fancy [fǽnsi ふぁンスィ] 名詞
(複数 **fancies** [-z])
❶ C (…に対する)好み《for [to] ...》
❷ U C 空想, 空想力《◆かたい語》
——動詞 (三単現 **fancies** [-z]; 過去・過分
fancied [-d]; 現分 **fancying**) 他
❶ …を空想する; (なんとなく)…と思う
❷ …を好む, …がほしい
——形容詞
(比較 **fancier**; 最上 **fanciest**)
装飾(でよ)的な, はでな; 高級な
▶a **fancy** cake
デコレーションケーキ
(◆「デコレーションケーキ」は和製英語)

fantastic [fæntǽstik ふぁンタぁスティック]
形容詞 ❶ 《口語》すばらしい, すてきな
▶Your performance was **fantastic**!
あなたの演技はすばらしかったよ!
❷ 空想的な; 風変わりな

fantasy [fǽntəsi ふぁンタスィ]
(★発音に注意) 名詞
(複数 **fantasies** [-z])
❶ U 空想, 幻想(げんそう)
❷ C 空想の産物; 幻想曲

ᵗfar [fáːr ふァー]
——副詞 (比較 **farther** [fáːrðər ふァーざ]
または **further** [fáːrðər ふァ〜ざ];
最上 **farthest** [fáːrðist ふァーゼスト]
または **furthest** [fáːrðist ふァ〜ゼスト])
❶ 〖距離(きょり)〗遠くに[へ], はるかに
(対義語 near 近くに)
▶Is your school **far** from your
house?
きみの学校は家から遠いの?

ダイアログ
A: How **far** is it from here to the
station?
ここから駅までどのくらいの距離があ
りますか?
B: It's about two kilometers.
2キロぐらいです。

ルール far の使い方
1 距離を表す far は, ふつう疑問文・否
定文で使います。肯定(こうてい)文では, far の
代わりに a long way をよく使います。
ダイアログ
A: Did you go **far**?
遠くまで行ったのですか?

B: Yes, I went **a long way**.
はい, 遠くまで行きました。

2 ただし, ほかの副詞や前置詞ととも
に用いるときは, 肯定文でも far を使い
ます。
▶The lake is too **far** to walk to.
その湖は歩いて行くには遠すぎる。
❷ 〖時間〗遠く, ずっと先《into ...》
▶Emily always looks **far into** the
future. エミリーは常にずっと先の
将来まで見通している。
❸ 〖程度〗《比較級・最上級を強調して》
はるかに, ずっと(同義語 much)
▶He can sing **far better** than I
(can). 彼はわたしよりずっとじょう
ずに歌える。

ルール far の2種類の比較級と最上級
1 「距離」を表すときはふつう farther,
farthest を使います。
2 「時間」「程度」を表すときはふつう
further, furthest を使います。
ただし, 《口語》ではどちらの意味でも
further, furthest をよく使います。

as far as ... = so far as ...
① (ある場所)まで
▶Let's drive **as far as** the sea.
海までドライブしよう。
② …のかぎりでは
▶**As far as** I know, she is a good
cook. わたしの知るかぎりでは, 彼女
は料理がじょうずだ。
by far 《比較級・最上級を強調して》
はるかに, ずっと
▶Love is **by far** more important
than money.
愛は金よりもはるかに大切だ。
▶Bob is **by far** the smartest boy
in our school.
ボブはわたしたちの学校で飛び抜(ぬ)け
て頭のよい少年だ。
fár and wíde いたるところを[に]
(同義語 everywhere)
fár awáy = fár óff はるか遠くに
▶He lives **far away**.
彼は遠くはなれたところに住んでいる。
far from ...
…どころではない, 全く…でない
▶I'm **far from** rich.
わたしはお金持ちというにはほど遠い。

só far 今まで(は), これまで(は)
▶Everything is fine **so far**.
今のところはすべて申し分ない.
──**形容詞** (**比較**・**最上** は **副詞** に同じ)
遠い(**対義語** near 近い); 向こうの
▶in the **far** distance
はるかかなたに

faraway [fɑ́ːrəwéi ふァーアウェイ] **形容詞**
《名詞の前に用いて》(場所・時間が)遠い
▶a **faraway** country
遠い国

fare [féər ふェア] **名詞**
C (乗り物の)料金, 運賃

ダイアログ
A: How much [What] is the **fare** to
Ueno? 上野までいくらですか?
B: It's one hundred and ninety
yen. 190円です.

Far East [fɑ́ːr íːst ふァー イースト] **名詞**
《the Far East で》極東(◆中国・朝鮮(ちょうせん)
半島・日本などの東アジア地域)

farewell [fèərwél ふェアウェる] **名詞**
C U 別れ; 別れのあいさつ
▶a **farewell** party 送別会
──**間投詞** さようなら, ごきげんよう
(◆good-by(e) よりかたい語)

:farm [fɑ́ːrm ふァーム] **名詞**
(**複数** farms [-z])
❶ C 農場, 農園; 飼育場, 養殖(ようしょく)場
▶work on a **farm** 農場で働く
(◆×in a farm とはいわない)

❷ C 【野球】ファーム(チーム), 二軍

:farmer [fɑ́ːrmər ふァーマ] **名詞**
(**複数** farmers [-z])
C 農場経営者, 農園主
(◆農場(farm)を経営する人を指す;
農場で雇(やと)われて農作業をする人は,
peasant, farmworker [fɑ́ːrmwə̀ːrkər
ふァームワ〜カ]や farmhand [fɑ́ːrmhæ̀nd
ふァームハぁンド]という)

farming [fɑ́ːrmiŋ ふァーミング] **名詞**
U 農場経営, 農業(**同義語** agriculture)

farmyard [fɑ́ːrmjɑ̀ːrd ふァームヤード]
名詞 C (農場の家や納屋(なや)に囲まれた)
農家の庭

farther [fɑ́ːrðər ふァーざ] **副詞**
(far の比較級の一つ)
〖距離(きょり)〗もっと遠くに
➡ **far** **副詞** ❸ **ルール**
▶His paper plane flew **farther**
than mine.
彼の紙飛行機はわたしのよりも遠くま
で飛んだ.
──**形容詞** (far の比較級の一つ)
〖距離〗《名詞の前に用いて》もっと遠い,
もっと先の
▶on the **farther** side of the river
川の向こう側に

farthest [fɑ́ːrðist ふァーゼスト] **副詞**
(far の最上級の一つ)
〖距離(きょり)〗最も遠くに
➡ **far** **副詞** ❸ **ルール**
▶Tom can throw a baseball (the)
farthest.
トムがいちばん遠くまで(野球の)ボー
ルを投げることができる.
──**形容詞** (far の最上級の一つ)
〖距離〗最も遠い

fascinate [fǽsənèit ふぁスィネイト]
動詞 (**三単現** **fascinates** [fǽsənèits
ふぁスィネイツ]; **過去・過分** **fascinated**
[-id]; **現分** **fascinating**)
⦿ …を魅惑(みわく)する, うっとりさせる

fascinating [fǽsənèitiŋ ふぁスィネイ
ティング] **形容詞** 魅力(みりょく)的な

fashion [fǽʃn ふぁシャン] **名詞**
❶ C U 流行; 流行しているもの
▶She always follows the latest
fashion.
彼女はいつも最新の流行を追っている.
❷ U 《または a fashion で》方法, 仕方
(**同義語** manner)
▶He speaks in a strange **fashion**.
彼は変わった話し方をする.
in fáshion 流行して
▶Short hair is **in fashion**.
ショートヘアーが流行している.
out of fáshion 流行遅(おく)れで

fashionable [fǽʃnəbl ふぁショナブる]
形容詞 流行の, はやりの
▶**fashionable** clothes 流行服

A
B
C
D
E
F
G
H
I
J
K
L
M
N
O
P
Q
R
S
T
U
V
W
X
Y
Z

‡**fast¹** [fæst ふぁスト]

——形容詞 (比較) **faster**; (最上) **fastest**)

❶ (動作・速度が)**速い**
(対義語) slow 遅(おそ)い） ➡ **quick** (くらべよう)

fast   slow

▶She is a **fast** runner.
彼女は走るのが速い.
(=She runs fast.)

▶A cheetah is **faster** than a tiger.
チーターはトラより(走るのが)速い.

❷ 《名詞の前には用いない》(時計が)進んでいる(対義語) slow 遅(おく)れている)

▶My watch is two minutes **fast**.
わたしの腕(うで)時計は2分進んでいる.

❸ しっかりした, 固定した
(対義語) loose ゆるんだ)

——副詞 (比較・最上) は 形容詞 に同じ)

❶ (動作・速度が) **速く** (対義語) slowly
ゆっくりと） ➡ **early** (くらべよう)

▶Please don't speak so **fast**.
そんなに速く話さないでください.

▶Lily swims (the) **fastest** in our class.
リリーはわたしたちのクラスで泳ぐのがいちばん速い.

❷ しっかりと, 固定して; ぐっすりと
▶Hold **fast**.
しっかりつかまっていなさい.

▶My baby is **fast** asleep.
赤ちゃんはぐっすりと眠(ねむ)っている.

fast² [fæst ふぁスト] 動詞

⊜ (宗教上の理由などで)断食(だんじき)する

——名詞 Ⓒ 断食期間

fasten [fæsn ふぁスン] (★発音に注意)

動詞 他 …をしっかり固定する, 留める, 締(し)める

▶Please **fasten** your seat belts.
(機内アナウンスなどで)シートベルトをお締めください.

——⊜ しっかりと留まる, 締まる

fastener [fæsnər ふぁスナ] (★発音に注意) 名詞 Ⓒ (衣類の)留め[締(し)め]金具
(◆いわゆる「ファスナー, ジッパー」にか

ぎらず, ボタン, ホックなどいろいろなものを指す)

fast food [fæst fú:d ふぁスト フード] 名詞 Ⓤ ファストフード

|文化| 人気のファストフード

ハンバーガー(hamburger), フライドポテト(French fries), フライドチキン(fried chicken)などは, あまり待たずに食べられることから fast food と呼ばれ, 人気があります. しかし, カロリーの高さや栄養価の低さなどが社会問題になっています.

‡**fat** [fæt ふぁット]

——形容詞 (比較) **fatter**; (最上) **fattest**)

❶ **太った**, 肥満の; 脂肪(しぼう)の多い
(◆人について使うと軽べつ的な意味になる; 遠回しな表現として overweight,
plump などがある; (対義語) thin やせた)

▶a **fat** cat 太ったネコ

▶grow [get] **fat** 太る

❷ (本・財布(さいふ)などが)分厚い

——名詞 Ⓒ Ⓤ 脂肪, (食肉の)脂身(あぶら)

fatal [féitl ふェイトゥる] 形容詞

❶ 致命(ちめい)的な, 命にかかわる
▶a **fatal** wound 致命傷

❷ 取り返しのつかない, 重大な
▶a **fatal** mistake 致命的な失敗

fate [féit ふェイト] 名詞
Ⓤ 《ときに **Fate** で》運命

‡**father** [fá:ðər ふァーざ] 名詞

(複数) **fathers** [-z])

❶ C 父, 父親; お父さん(♦《口語》dad; 対義語 mother 母) ⇒ family 図

【ダイアログ】
A: What does your **father** do?
お父さんは何(の仕事)をしているの?
B: He's a pilot.
パイロットだよ.

【ルール】 father の使い方

1 自分の父親を指すとき, 家族の間では固有名詞のように Father とよく言いますが, 他人に対しては my father を使うのがふつうです.

【ダイアログ】
A: Where's **Father**?
お父さんはどこ?
B: He's in the kitchen.
台所にいるよ.

▶This is **my father**.
こちらがわたしの父です.

2 Father は, ややかたい言い方です. 呼びかけには Dad や《小児語》Daddy がよく使われます.

3 mother の場合も同様で, 呼びかけには《米》Mom や《英》Mum がよく使われます.

❷《the father of ... で》
…の創始者, 生みの親, 父
▶George Washington is **the father** of his country, America.
ジョージ・ワシントンは彼の国アメリカの, 建国の父だ.

❸《fathers で》先祖, 祖先

❹ C《Father で》
(主にカトリックの)神父(しんぷ)

❺《the Father または Our Father で》
父なる神

Father Christmas [fáːðər krísməs ふァーザ クリスマス] 名詞
《英》サンタクロース(同義語 Santa Claus)

father-in-law [fáːðərinlɔ̀ː ふァーザ インロー] 名詞 (複数 fathers-in-law [fáːðərzinlɔ̀ː ふァーザズインロー])
C 義理の父, 義父, しゅうと ⇒ family 図

Father's Day [fáːðərz dèi ふァーザズ デイ] 名詞
《米》父の日(♦6月の第3日曜日)

faucet [fɔ́ːsit ふォーセット] 名詞
C 《米》(水道・ガスなどの)栓(せん), 蛇口(じゃぐち),

コック(♦《英》tap)

fault [fɔ́ːlt ふォールト] 名詞
❶ C 誤り, 過失; U (過失の)責任
▶a **fault** in calculation 計算ミス
▶It's not your **fault**.
きみのせいじゃないよ.

❷ C 欠点, 短所
▶Everyone has his or her **faults**.
だれにでも欠点はある.

❸ C (テニスなどの)フォールト
(♦サーブの失敗)

fínd fáult with ... …のあらさがしをする, …に(しつこく)けちをつける
▶Stop **finding fault with** others.
他人のあらさがしはやめなさい.

favor, 《英》favour [féivər ふェイヴァ] 名詞 ❶ C 親切な行為(こうい)

【ダイアログ】
A: May I ask you a **favor**?
(=Would you do me a **favor**?)
お願いがあるのですが.
B: Sure. / Well, it depends.
どうぞ. / (お願いごとの)内容によるよ.

❷ U 支持; 好意
in fávor of ... …に賛成して
(対義語 against …に反対して)
▶He is **in favor of** my proposal.
彼はわたしの提案に賛成している.

favorable, 《英》favourable [féivərəbl ふェイヴァラブる] 形容詞
好意的な, 賛成の

✲favorite, 《英》favourite
[féivərit ふェイヴァリット]
──形容詞《名詞の前に用いて》
いちばん好きな, お気に入りの
▶Who is your **favorite** singer?
あなたのいちばん好きな歌手はだれですか?

【ルール】 favorite は比較変化なし

favorite には「いちばん(好きな)」という意味がふくまれているので比較級, 最上級はありません.
▶My **favorite** sport is tennis.
わたしのいちばん好きなスポーツはテニスです.

──名詞 (複数 **favorites** [féivərits ふェイヴァリッツ]) C 大好きなもの[人], お気に入り, 人気者

a
b
c
d
e
f
g
h
i
j
k
l
m
n
o
p
q
r
s
t
u
v
w
x
y
z

A
B
C
D
E
F
G
H
I
J
K
L
M
N
O
P
Q
R
S
T
U
V
W
X
Y
Z

▶Chocolate is her **favorite**.
チョコレートは彼女の大好物だ.

favour [féivər ふェイヴァ] 名詞
《英》=《米》favor(親切な行為(に))

favourable [féivərəbl ふェイヴァラブる]
形容詞 《英》=《米》favorable(好意的な)

favourite [féivərit ふェイヴァリット]
形容詞 名詞
《英》=《米》favorite(大好きな)

fax [fæks ふぁックス] 名詞 (複数 faxes
[-iz]) C U ファックス, ファクシミリ
(◆ facsimile の読みを短縮した語)

FBI [éfbì:ái エふビーアイ] 名詞 《the FBI
で》(アメリカ)連邦(監)捜査(き)局(◆ the
Federal Bureau of Investigation の
略; 政府の警察組織で, 全米にまたがる犯
罪の捜査や公安情報の収集などが任務)

FC [éf sí: エふ スィー] 名詞
サッカークラブ(◆ football club の略)

fear [fíər ふィア]
——名詞 (複数 fears [-z])
① C U (…に対する)恐怖(き)(心),
恐(き)れ(of ...)
▶He was shaking with **fear**.
彼は恐怖で震(き)えていた.
▶She has a **fear** of dogs.
彼女はイヌをこわがっている.
② C U 不安, 心配
▶hopes and **fears** 期待と不安
for fear of ... = **for fear (that) ...**
…を恐れて; …しないように
▶We left home early **for fear** of
missing the train.
電車に乗り遅(き)れないように, わたした
ちは早めに家を出た.
——動詞 (三単現 fears [-z];
過去・過分 feared [-d]; 現分 fearing)
——他 ① …を恐れる, こわがる
▶Children **fear** the dark.
子供は暗やみを恐れるものだ.
② …を心配する, 気づかう;《fear + that
節で》…ということを心配する
▶I **fear** (that) the bus will be late.
バスが遅れるのではないかと心配だ.
——自 (…を)心配する, 気づかう(for ...)

fearful [fíərfl ふィアふる] 形容詞
① 恐(き)れて(いる), 心配して
② 恐ろしい; ものすごい

feast [fí:st ふィースト] 名詞
① C 祝宴(きく), ごちそう

② C (宗教的な)祝祭, 祭日

feather [féðər ふェざ] 名詞
C (鳥の1枚の)羽(◆「翼(き)」は wing)

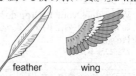

feather   wing

▶ことわざ Fine **feathers** make fine
birds. 美しい羽毛は美しい鳥を作る.
(◆「りっぱな服を着れば, だれでもりっ
ぱに見える」という意味)
▶ことわざ Birds of a **feather** flock
together. 同じ羽色の鳥は友を呼ぶ.(◆「同じ羽
色の鳥は1か所に集まる」の意味から)

feature [fí:tʃər ふィーチャ] 名詞
① C (目・口・耳など)顔の一部;
《ふつう **features** で》顔かたち, 目鼻立ち
▶The actor has fine **features**.
その俳優は目鼻立ちが整っている.
② C 特色, 特徴(き)
▶One **feature** of this house is its
windows.
この家の特徴の一つは窓にある.
③ C (演芸などの)呼び物; 特集記事, 特
集番組
——動詞 (三単現 features [-z]; 過去・過分
featured [-d]; 現分 featuring)
他 …を呼び物にする;
(新聞・雑誌が)…を大きくあつかう;
(映画などが)…を主演させる

Feb. [fébruèri ふェブルエリ] 2月
(◆ February の略)

February [fébruèri
ふェブルエリ] 名詞 2月(◆ Feb. と略す)
➡ **January** ルール, **month** 墜惷
▶in **February** 2月に
▶I'm going to give Jim a valentine
on **February** 14.
2月14日, わたしはジムにバレンタイ
ンのカードをあげるつもりです.
(◆ 14 は (the) fourteenth と読む)

fed [féd ふェッド] 動詞 feed (…にえさを
あたえる)の過去形・過去分詞

federal [fédərəl ふェデラる] 形容詞 連邦(きぢ)
の;《Federal で》アメリカ連邦政府の

fee [fí: ふィー] 名詞 C (入会金・入場料・
受験料・授業料などの)料金; (医者・弁護
士などへの)謝礼(金), 報酬(きぢ)

▸an admission **fee** 入場料

feeble [fíːbl ふィーブる] [形容詞]

([比較] **feebler**; [最上] **feeblest**)

(光・音などが)かすかな; (効果などが)弱い

feed [fíːd ふィード] [動詞]

([三単現] **feeds** [fíːdz ふィーヅ]; [過去・過分] **fed** [féd ふェッド]; [現分] **feeding**)

[他] (動物)にえさをあたえる, (病人・子供)に食べ物をあたえる; …を養う

▸Don't **feed** the animals 《掲示》動物にえさをあたえないこと

―[自] (動物がえさを)食べる

féed on ... (動物が)…を常食とする

feedback [fíːdbæk ふィードバぁック]

[名詞] [U] 意見, 反応, フィードバック

⁑feel [fíːl ふィーる] [動詞]

([三単現] **feels** [-z]; [過去・過分] **felt** [félt ふェるト]; [現分] **feeling**)

[他] ❶ …を感じる
❷ …に触(さわ)る
[自] ❶ …と感じる
❷ 触ると…な感じがする

―[他] ❶ (心・体で)…を感じる;

《**feel** +人・もの+動詞の原形[...ing]で》(人・もの)が…する[している]のを感じる

▸I **feel** a pain in my back. わたしは腰(こし)に痛みを感じる.

▸I **felt** an earthquake just now. たった今, 地震(じしん)を感じた.

▸He **felt** someone **watching** him. 彼はだれかが自分を見ているのを感じた.

❷ …に触る, 触ってみる;

《**feel** + **wh-** 節で》…かどうかを触ってみる

▸Just **feel how** soft this towel is. このタオルがどんなに柔(やわ)らかいか触ってみてごらん.

―[自] ❶《**feel** +形容詞で》

(人が)…と感じる, (…の)気持ちがする

▸I **feel** very happy. わたしはとてもうれしい.

▸I **felt** a little tired. わたしは少し疲(つか)れを感じた.

> [ダイアログ]
> *A:* How do you **feel** today?
> 今日のぐあいはどうですか?
> *B:* I **feel** much better.
> だいぶ気分がよくなりました.

❷《**feel** +形容詞で》

(ものが)触ると…な感じがする

▸This handkerchief **feels** smooth. このハンカチはすべすべしている.

féel for ... ① …を手さぐりでさがす

▸I **felt** in my bag **for** the key. わたしはかばんに手を入れてかぎをさがした.

② …に同情する

▸I **feel for** you. (気持ちを)お察しします, お気の毒に.

◆*féel like ...* ① …がほしい

▸I **feel like** a glass of water. 水を1杯(ぱい)飲みたい.

② …のような手触りがする

▸This **feels like** silk. これはシルクのような手触りがする.

③ …らしい

▸It **feels like** rain. 雨が降りそうだ.

◆*féel like* + *...ing* …したい気がする

▸I **feel like crying**. 泣きたい気分だ.

féel one's wáy 手さぐりで進む

·feeling [fíːliŋ ふィーりンヶ] [名詞]

([複数] **feelings** [-z])

❶ [C] (喜び・悲しみなどの)感情;

《**feelings** で》気持ち

▸I had a **feeling** of happiness. わたしは幸せを感じた.

▸My careless words hurt Jane's **feelings**. わたしの不用意なことばがジェーンの気持ちを傷つけた.

❷ [C] (漠然(ばくぜん)とした)感じ, 印象;

《ふつう **feelings** で》(…についての)意見, 考え《about [on] ...》

▸I have a **feeling** that everything will go well. すべてうまくいくような気がする.

▸What are your **feelings about** it? それについてどう思いますか?

❸ [C] [U] 感覚, 触覚(しょっかく)

▸a **feeling** of hunger 空腹感

▸I lost all **feeling** in my toes. つま先の感覚が全くなくなった.

·feet [fíːt ふィート] [名詞]

foot(足; フィート)の複数形

feint [féint ふェイント] [名詞]

[C] 【スポーツ】フェイント

―[動詞] [自] フェイントをかける

•fell [fél ふェる] [動詞]
fall(落ちる)の過去形

•fellow [félou ふェろウ] [名詞]
([複数] **fellows** [-z])
❶ [C] 《口語》男, やつ([同義語] guy)
▸He's a good **fellow**.
彼はいいやつだ.
❷ [C] 仲間, 同僚(どうりょう)

fellowship [félouʃìp ふェろウシップ]
[名詞] [U] 仲間であること; 親交, 友情
([同義語] friendship)

•felt[1] [félt ふェるト] [動詞]
feel(…を感じる)の過去形・過去分詞

felt[2] [félt ふェるト] [名詞]
[U] (布の)フェルト

felt-tip(ped) pen [félttìp(t) pén ふェるトティップ(ト) ペン] [名詞]
[C] フェルトペン, サインペン
(♦ felt pen ともいう)

female [fíːmeil ふィーメイる] [形容詞]
女性の; 雌(めす)の([対義語] male 男性の)
—[名詞] [C] 女性(♦ふつう学術用語として用いる); 雌

feminine [fémənin ふェミニン] [形容詞]
女性の; 女らしい, 女性的な
([対義語] masculine 男性の; 男らしい)

fence [féns ふェンス] [名詞] [C] (板・くい・鉄の棒などの)囲い, さく, 垣根(かきね), フェンス(♦石・れんがなどの「塀(へい)」は wall)

fencing [fénsiŋ ふェンスィング] [名詞]
[U] 【スポーツ】フェンシング, 剣術(けんじゅつ)

Ferris wheel [féris *h*wìːl ふェリス (ホ)ウィーる] [名詞] [C] 《主に米》(遊園地の)観覧車(♦《英》big wheel)

ferry [féri ふェリ] [名詞] ([複数] **ferries** [-z]) [C] フェリー, 連絡(れんらく)船, 渡(わた)し船
(♦ ferryboat ともいう); 船着場

ferryboat [féribòut ふェリボウト] [名詞]
[C] フェリー, 連絡(れんらく)船, 渡(わた)し船
(♦ferry ともいう)

fertile [fə́ːrtl ふァ〜トゥる, fə́ːtail ふァ〜タイる] [形容詞] (土地が)肥えた, 肥よくな

⁚festival [féstəvl ふェスティヴる]
[名詞] ([複数] **festivals** [-z])
[C] 祭り, 祝祭日; (定期的な)催(もよお)し物
▸a summer **festival**
夏祭り
▸a school **festival**
学園祭, 文化祭

fetch [fétʃ ふェッチ] [動詞]
([三単現] **fetches** [-iz];
[過去・過分] **fetched** [-t]; [現分] **fetching**)
[他] (行って)(もの)を取って来る, (行って)(人)を連れて来る;
《**fetch** ＋人＋ものまたは **fetch** ＋もの ＋ **for** ＋人で》(行って)(人)に(もの)を取って来る
▸**fetch** a ball
ボールを取って来る
▸I **fetched** my mother a glass of water.(= I **fetched** a glass of water **for** my mother.)
わたしは母に水を 1 杯(ぱい)取って来た.
—[自] (行って)ものを取って来る

fever [fíːvər ふィーヴァ] [名詞]
❶ [U] 《または **a fever** で》(病気の)熱; 熱病
▸have **a** slight [small] **fever**
微熱(びねつ)がある
❷ [U] 《または **a fever** で》熱狂(ねっきょう)

⁚few [fjúː ふュー]
—[形容詞] ([比較] **fewer**; [最上] **fewest**)
❶《**a few** で数えられる名詞の前に用いて》(数が)**少しの**; 2, 3 の
([対義語] many, a lot of たくさんの)
▸I have **a few** friends in London.
わたしにはロンドンに数人の友達がいます.
▸Do you have **a few** minutes?
少しお時間はありますか?
▸I met Jim **a few** days ago.
2, 3 日前にジムに会った.
❷《**few** で数えられる名詞の前に用いて》

（数が）ほとんどない，少ししかない
▶She made **few** mistakes.
彼女はほとんどまちがえなかった.
▶There are **few** eggs in the fridge.
冷蔵庫には卵が少ししかない.

ルール few と little の使い分け

1 a few と few は数えられる名詞に使い，数が少ないことを表します. a little と little は数えられない名詞に使い，量が少ないことを表します.

2 few と little のどちらも a をつけると「少しはある」という肯定(ﾃｲ)的な意味になります.
▶I have **a few** bananas.
少しバナナがある.
▶I have **a little** milk.
少しミルクがある.

3 few と little のどちらも a をつけないと「ほとんどない」という否定的な意味になります.
▶I have **few** bananas.
ほとんどバナナがない.
▶I have **little** milk.
ほとんどミルクがない.

肯定的　　　　　否定的

no féwer than ... 《数が多いことを強調して》…ほど(の)，…も(の)
▶She sent us **no fewer than** one hundred books.
彼女はわたしたちに 100 冊もの本を送ってくれた.

not a féw
少なからぬ，かなり多くの(♦かたい表現)

only a féw ... ほんの少しの…
▶**Only a few** students answered the question. その質問に答えた生徒はほんの数人だった.

quite a féw ... かなり多くの…
▶**Quite a few** people go abroad every year. 毎年かなり多くの人々が海外へ出かける.

—— **代名詞** 《複数あつかいで》少数の人[もの](♦ a few と few のちがいは **形容詞** と同じ; **対義語** many 多数の人[もの])
▶**Few** came to the party. パーティーに来た人はほとんどいなかった.
▶I met **a few** of my classmates at the city pool today. 今日，市のプールでクラスメート数人に会った.

fiber, 《英》fibre [fáibər ふァイバ] **名詞**
C U (植物・織物の)繊維(せん)

fiction [fíkʃn ふィクシャン] **名詞**
❶ U 小説，フィクション
(**対義語** nonfiction ノンフィクション)
❷ C U 作り話，作り事
(**対義語** fact 現実)

fiddle [fídl ふィドゥる] **名詞** **C** (**口語**)
【楽器】バイオリン(**同義語** violin)

˚field [fíːld ふィーるド] **名詞**
(**複数** fields [fíːldz ふィーるヅ])
❶ C 野原，田畑，牧草地
▶a **field** of corn
(**米**)トウモロコシ畑; (**英**)麦畑
▶work in the **fields** 畑仕事をする
❷ C 競技場，(陸上競技の)フィールド
(♦トラックの内側); 戦場
▶**field** events フィールド競技
(♦走り幅跳(は)び，棒高跳びなど)
❸ C (学問・研究の)分野，領域
▶the **field** of physics 物理学の分野

field day [fíːld dèi ふィーるド デイ] **名詞**
C(**米**)運動会(の日)(♦(**英**)sports day); (野外観察などで)学校の外に出る日，校外活動の日

field trip [fíːld trìp ふィーるド トゥリップ]
名詞 **C** 遠足，社会科見学

fierce [fíərs ふィアス] **形容詞**
(**比較** fiercer; **最上** fiercest)
(風雨などが)激しい，ものすごい; (人・動物・気性(しょう)などが)どう猛(もう)な

˚fifteen [fiftíːn ふィふティーン]
—— **名詞** (**複数** fifteens [-z])
❶ C 《冠詞をつけると単数あつかいで》**15**; 《複数あつかいで》15 人，15 個; **U** 15 歳(さい)
❷ C 15 人[15 個]1 組のもの; フィフティーン(♦ラグビーのチームを指す)
—— **形容詞** **15 の**; 15 人の，15 個の; 15 歳の
▶I will be **fifteen** next year.
わたしは来年 15 歳になる.

a b c d e f g h i j k l m n o p q r s t u v w x y z

A B C D E F G H I J K L M N O P Q R S T U V W X Y Z

fifteenth [fiftí:nθ ふぃふティーンす] 名詞
❶ Ｕ《the fifteenth で》第15, 15番め; (日付の)15日(♦15th と略す)
❷ Ｃ 15分の1
──形容詞 ❶《the fifteenth で》第15の, 15番めの
❷ 15分の1の

***fifth** [fifθ ふぃふす]
──名詞 (複数 fifths [-s])
❶ Ｕ《the fifth で》第5, 5番め; (日付の)5日(♦5th と略す)
▶on April (the) fifth 4月5日に
❷ Ｃ 5分の1
▶one fifth 5分の1
▶three fifths 5分の3
──形容詞 ❶《the fifth で》第5の, 5番めの
❷ 5分の1の

fiftieth [fiftiiθ ふぃふティエす] 名詞
❶ Ｕ《the fiftieth で》第50, 50番め (♦50th と略す)
❷ Ｃ 50分の1
──形容詞 ❶《the fiftieth で》第50の, 50番めの
❷ 50分の1の

***fifty** [fifti ふぃふティ]
──名詞 (複数 fifties [-z])

❶ Ｃ《冠詞をつけず単数あつかいで》50; 《複数あつかいで》50人, 50個; Ｕ 50歳(ⁱ)
❷《one's fifties で》50歳代; 《the fifties で》(20世紀の)50年代
──形容詞 50の; 50人の, 50個の; 50歳の

***fig** [fig ふぃッグ] 名詞
Ｃ【植物】イチジク; イチジクの木

***fight** [fáit ふぁイト]
──動詞 (三単現 fights [fáits ふぁイツ]; 過去・過分 fought [fɔːt ふぉート]; 現分 fighting)
──⾃ (…と)戦う, 争う; (なぐり合いの)けんかをする, 口げんかをする (《against [with] ...》)
▶Britain fought against Germany in World War Ⅱ. 第二次世界大戦でイギリスはドイツと戦った.

✐おもしろ知識 「がんばれ!」の言い方

英語の Fight! に日本語の「がんばれ!」の意味はありません. 「元気を出して!」なら Cheer up!, 何かに挑戦(ⁱ)する人に対しては, Good luck! と言います.

──他 (人・病気など)と戦う; …を得ようと争う
──名詞 (複数 fights [fáits ふぁイツ])

figures

triangle
三角形

square
正方形

rectangle
長方形

parallelogram
平行四辺形

trapezoid
台形

rhombus
ひし形

pentagon
五角形

circle
円

oval
だ円形

cube
立方体

triangular prism
三角柱

cone
円すい

triangular pyramid
三角すい

cylinder
円柱

sphere
球

❶ C 戦い; けんか, なぐり合い; 口げんか(同義語 quarrel) ➡ **battle** くらべよう

▶**win [lose] a fight**
戦いに勝つ[負ける]

▶I had a **fight** with him.
わたしは彼とけんかをした.

❷ U 闘志(とう), ファイト

fighter [fáitər ファイタ] 名詞
❶ C 戦う人, 戦士; (プロの)ボクサー
❷ C 戦闘(せんとう)機(= fighter plane)

fighting [fáitiŋ ファイティング] 動詞
fight(戦う)の現在分詞・動名詞
——名詞 U 戦い, 戦闘(せんとう)

figure [fígjər フィギャ] 名詞
(複数 figures [-z])

❶ C (人の)**体形**, スタイル(◆この意味では style は用いない); (人の)**姿**, 人影(ひとかげ)

▶have a good **figure**
スタイルがいい

▶I saw a dark **figure** in the park.
わたしは公園で黒い人影を見た.

❷ C **数字**; (数字の)けた; 金額;
《figures で》(口語)計算

▶an exact **figure**
正確な数字

▶single [double, three] **figures**
1[2, 3]けたの数字

▶He is good [bad] at **figures**.
彼は計算が得意[苦手]だ.

❸ C (説明のための)**図**, 図解(◆ fig. と略す);図形 ➡ p.228 図

▶See **Figure** 3. 図3参照.

❹ C (特別な)人, (重要な)人物; 名士(◆形容詞をともなう)

figure skating [fígjər skèitiŋ フィギャスケイティング] 名詞 U 【スポーツ】フィギュアスケート ➡ **skate** 図

file¹ [fáil ファイル] 名詞
❶ C (書類などの)ファイル
❷ C 【コンピューター】ファイル(◆整理されたデータやプログラムなどの集まり)

on file ファイルに整理されて
——動詞 (三単現 files [-z];
過去・過分 tiled [-d]; 現分 filing)
他 (書類など)をとじこむ, 整理する
《away ...》

file² [fáil ファイル] 名詞 C やすり

Filipino [filəpí:nou フィりピーノウ]
形容詞 フィリピンの,フィリピン語の
——名詞 U フィリピン語;
C フィリピン人

fill [fíl ふィる] 動詞 (三単現 fills [-z];
過去・過分 filled [-d]; 現分 filling)
——他 …を満たす, いっぱいにする;
《fill ... with ～で》…を～で満たす

▶She **filled** the bathtub **with** hot water.
彼女は浴槽(よくそう)をお湯で満たした.

▶The box was **filled with** letters.
箱は手紙でいっぱいだった.

——自 (場所・ものが)(…で)満ちる, いっぱいになる《with ...》

▶Her eyes **filled with** tears.
彼女の目は涙(なみだ)があふれそうだった.

fill ín (書類・空所など)に記入する(同義語 fill out)

▶**Fill in** the blanks.
空所に記入しなさい.

fill óut (書類・空所など)に記入する(同義語 fill in)

fill úp …をいっぱいに満たす; いっぱいになる

▶**Fill** it **up**, please. (ガソリンスタンドで)満タンにしてください.

▶The room **filled up** with people.
その部屋は人々でいっぱいになった.

film [film ふィるム] 名詞
❶ C U (写真の)フィルム
❷ C 映画(◆(米)movie)

filter [fíltər ふィるタ] 名詞 C ろ過装置, フィルター; (レンズの)フィルター
——動詞 他 …をろ過する, こす

fin [fín ふィン] 名詞 C (魚の)ひれ

final [fáinl ふァイヌる] 形容詞
❶《名詞の前に用いて》**最後の**, 最終の(◆ last は単に順番の最後を表すのに対し, final はそれで完結することを表す)

▶the **final** chapter 最終章

❷ 最終的な, 決定的な

——名詞 C《ときに finals で》**決勝戦**;学期末試験; (大学の)最終試験

▶We got through to the **final**.
わたしたちは決勝戦に進んだ.

finally [fáinəli ふァイナり] 副詞
ついに, やっと(同義語 at last, in the end); (演説の終わりなどで)**最後に**

▶We **finally** solved the problem.
わたしたちはついにその問題を解いた.

▶**Finally**, I'd like to thank Mr. and Mrs. Smith.

A B C D E F G H I J K L M N O P Q R S T U V W X Y Z

最後に, スミス夫妻にお礼を申し上げたいと思います.

finance [finǽns ふィナェンス, fáinæns ふァイナェンス] 名詞
❶ U 財政, 金融(きん)
❷《**finances** で》財源; 財政状態

financial [finǽnʃl ふィナェンシャル, fainǽnʃl ふァイナェンシャル] 形容詞 財政上の, 金融(きん)上の; 財界の

find [fáind ふァインド] 動詞
(三単現 **finds** [fáindz ふァインヅ];
過去・過分 **found** [fáund ふァウンド];
現分 **finding**) 他
❶ …を見つける, 発見する;
《**find** ＋人＋もの または **find** ＋もの＋**for** ＋人で》(人)に(もの)を見つける
▶I can't **find** my glasses.
めがねが見つからない.
▶Sally **found** me a job.
(＝Sally **found** a job **for** me.)
サリーがわたしに仕事を見つけてくれた.
❷《**find** ＋人・もの＋形容詞[…**ing**]で》(人・もの)が…である[…している]のを見つける
▶I **found** Bob **sleeping**.
わたしはボブが眠(ねむ)っているのに気づいた.
❸《**find** ＋ **that** 節[**wh**-節・句]で》…(ということ)に気がつく, …がわかる
▶I **found** (**that**) he didn't like cats.
彼はネコが好きではないということがわかった.
❹《**find** ＋人・もの ＋(**to be** ＋)形容詞[名詞]で》(人・もの)が…であると気がつく, わかる
▶I **found** Ann (**to be**) very honest [a very honest girl].
アンがとても正直であることが[とても正直な女の子であることが]わかった.
find oneself (気がつくと)自分が…にいる[…である]のがわかる
▶I **found** myself in the hospital.
気がつくと, わたしは病院にいた.
find óut (…だと)**わかる**《that 節》;
(調査などによって)…を見つけ出す
▶I **found** **out** that my answer was wrong.
わたしは自分の答えがまちがいであったことがわかった.

finder [fáindər ふァインダ] 名詞
❶ C 発見者
❷ C (カメラの)ファインダー

finding [fáindiŋ ふァインディング] 動詞
find (…を見つける) の現在分詞・動名詞
——名詞 C《ふつう **findings** で複数あつかい》発見したもの; 調査結果

fine¹ [fáin ふァイン] 形容詞
(比較 **finer**; 最上 **finest**)

❶ すばらしい
❷ けっこうな
❸ (天気が)よい
❹ 元気な

❶ すばらしい, みごとな; 美しい
▶It was a **fine** view.
それはすばらしい眺(なが)めだった.
❷《口語》けっこうな, 満足のいく

ダイアログ
A: How about eating out?
外で食事をしない?
B: That's **fine**.
いいね.

❸ (天気が)よい, 晴れた
(同義語 fair, 対義語 cloudy 曇(くも)った)

ダイアログ
A: What's the weather like there today?
そちらは今日の天気はどう?
B: It's **fine**.
晴れだよ.

❹《名詞の前には用いない》
(人が)元気な, 健康な

ダイアログ
A: How are you? 元気?
B: I'm **fine**, thank you. And you?
元気です, ありがとう. あなたは?
A: I'm **fine**, too, thank you.
わたしも元気です, ありがとう.

❺ 洗練された, 上品な
❻ 細い(同義語 thin); (粒(つぶ)などが)細かい
fine² [fáin ふァイン] 名詞 C 罰金(ばっ)
——動詞 (三単現 **fines** [-z];
過去・過分 **fined** [-d]; 現分 **fining**)
他 (人)に(…で)罰金を科す(for ...)
fine art [fáin áːrt ふァイン アート] 名詞
❶ U 美術品(全体)
❷《the fine arts で複数あつかい》

美術, 芸術

finer [fáinər ファイナァ] 形容詞
fine¹(すばらしい)の比較級

finest [fáinist ファイネスト] 形容詞
fine¹(すばらしい)の最上級

***finger** [fíŋɡər フィンガァ] 名詞
(複数 fingers [-z])

❶ C (手の)指 ⇒ hand 図

[参考] 指の呼び方

1 日本語の「指」は手・足のいずれにも使いますが, 英語の finger は「(親指以外の)手の指」を指し, 「足の指」は toe といいます.
2 手の指はそれぞれ英語で次のようにいいます. なお, 「親指」は thumb といい, ... finger とはいいません.

親指	thumb
人差し指	index finger, forefinger
中指	middle finger
薬指	ring finger
小指	little finger, pinkie

❷ C 指の形をしたもの(◆時計の針など); (手袋(ﾋﾞﾌくろ)・グローブの)指

cróss one's **fíngers**
(中指を人差し指に重ねて)成功[幸運]を祈(いの)る ⇒ gestures 図

***keep** one's **fíngers crossed**
幸運を祈る

ダイアログ

A: I have a job interview today.
今日, 仕事の面接があるんだ.
B: I'll **keep my fingers crossed**
(for you).
うまく行くよう祈っているよ.

finger bowl [fíŋɡər bòul フィンガ ボウる]
名詞 C フィンガーボール
(◆食卓(しょくたく)で指を洗うために水を入れておく器(うつわ))

fingerprint [fíŋɡərprìnt フィンガプリント] 名詞 C 指紋(しもん) ⇒ hand 図

***finish** [fíniʃ フィニッシ]

──動詞 (三単現 finishes [-iz];
過去・過分 finished [-t]; 現分 finishing)

──他 ❶ …を終える
(対義語 begin, start …を始める);
《finish + ...ing で》…し終える
(◆ finish の目的語に to 不定詞(to +動詞の原形)はこない)

▶I **finished** my homework before dinner.
わたしは夕食の前に宿題を終えた.

▶Mike **finished** high school last year.
マイクは去年高校を卒業した.

▶Have you **finished reading** the book yet?
その本はもう読み終わったの?

❷ 《ふつう finish off で》(作品など)を完成する, 仕上げる

▶I'll **finish off** this painting today.
わたしは今日, この絵を仕上げるつもりだ.

❸ (飲食物)を食べ[飲み]終わる

──自 終わる(同義語 end, 対義語 start 始まる); (仕事・話などを)終える

▶The concert **finished** at nine.
コンサートは9時に終わった.

──名詞

❶ U 終わり, 最後; C (競技の)ゴール
❷ U 《または a finish で》(最後の)仕上げ

finished [fíniʃt フィニッシト] 動詞
finish(…を終える)の過去形・過去分詞
──形容詞 (…を)終えて《with ...》
(同義語 done)
▶Are you **finished with** the job?
その仕事を終えましたか?

finishing [fíniʃiŋ フィニッシング] 動詞
finish(…を終える)の現在分詞・動名詞
──形容詞 仕上げの

Finland [fínlənd フィンらンド] 名詞
フィンランド(◆北ヨーロッパの国; 首都はヘルシンキ Helsinki)

fir [fə́ːr ファ〜] 名詞 C 【植物】モミ(の木)
(◆クリスマスツリーに使う)

a
b
c
d
e
f
g
h
i
j
k
l
m
n
o
p
q
r
s
t
u
v
w
x
y
z

A
B
C
D
E
F
G
H
I
J
K
L
M
N
O
P
Q
R
S
T
U
V
W
X
Y
Z

⁑fire [fáiər ファイア]

──名詞 (複数 fires [-z])

❶ Ⓤ 火, 炎(ほの); 燃焼(◆マッチ・ライター・タバコなどの「火」は light)

▶I'm afraid of **fire**.
わたしは火がこわい.

▶ことわざ There is no smoke without **fire**.
火のないところに煙(けむ)は立たない.
(◆「うわさになるからには根拠(こんきょ)がある」の意味)

❷ Ⓒ (料理・暖房(だんぼう)などの)火, たき火

▶make [build] a **fire**
火を起こす; たき火をする

▶put out a **fire** 火を消す

▶sit around the **fire**
たき火[暖炉(だんろ)の火]のまわりにすわる

❸ Ⓒ Ⓤ 火事, 火災

▶fight a **fire** 消火にあたる

▶There was a **fire** near my house.
家の近くで火事があった.

❹ Ⓤ (銃(じゅう)・大砲(たいほう)の)射撃(しゃげき), 砲火

cátch (on) fire 火がつく, 燃え出す

on fíre 燃えている

▶A car is **on fire**!
車が燃えている!

set fíre to ...
(燃やしてはならないもの)に火をつける

──動詞 (三単現 fires [-z];
過去・過分 fired [-d]; 現分 firing)

──他 ❶ (…に向けて) (銃・弾丸(だんがん)など)を撃(う)つ, 発砲[発射]する(at ...)

▶He **fired** the gun **at** the target.
彼は的(まと)に向けてその銃を撃った.

❷ …に火をつける, …を燃やす

❸ (口語)(人)を首にする, 解雇(かいこ)する

──自 (…に向けて)発砲する(at ...)

fire alarm [fáiər əlὰːrm ファイア アラーム] 名詞 Ⓒ 火災警報; 火災報知器

firecracker [fáiərkrὰkər ファイアクラぁカ] 名詞 Ⓒ 爆竹(ばくちく), かんしゃく玉
(◆単に cracker ともいう)

fire drill [fáiər drìl ファイア ドゥリル]
名詞 Ⓒ 消防訓練;
火災避難(ひなん)訓練

fire engine
[fáiər èndʒin
ファイア エンヂン]
名詞 Ⓒ 消防車,
消防自動車

firefighter
[fáiərfàitər
ファイアファイタ] 名詞

Ⓒ 消防士
(◆男女平等の考え方から, fireman に代わる語として用いられる; fire fighter ともつづる)

firefly [fáiərflài ファイアふらイ] 名詞
(複数 fireflies [-z]) Ⓒ 【昆虫】ホタル

firehouse [fáiərhàus ファイアハウス]
名詞 Ⓒ (米)(建物としての)消防署
(同義語 fire station)

fireman [fáiərmən ファイアマン] 名詞
(複数 firemen [fáiərmən ファイアマン])
Ⓒ 消防士(◆男女平等の考えから
firefighter を使う傾向(けいこう)にある)

fireplace [fáiərplèis ファイアプレイス]
名詞 Ⓒ 暖炉(だんろ)
(◆部屋の壁(かべ)に作りつけのもの; 上部には飾(かざ)り棚(mantelpiece)がついていて, そこにろうそくを立てたり, 時計を置いたり, 写真などを飾ったりする)

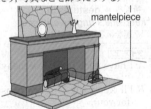

mantelpiece

fireproof [fáiərprùːf ファイアプルーふ]
形容詞 耐火(たいか)性の, 不燃性の

fire station [fáiər stèiʃn ふぁイア ステイシャン] 名詞 Ⓒ (建物としての)消防署
(同義語 (米)firehouse)

firewood [fáiərwùd ファイアウッド]
名詞 Ⓤ まき, たきぎ

firework [fáiərwə̀ːrk ファイアワ〜ク]
名詞 Ⓒ《ふつう fireworks で》花火

firm¹ [fə́ːrm ふぁ〜ム] 形容詞
(比較 firmer; 最上 firmest)

❶ かたい, 頑丈(がんじょう)な (同義語 solid)

▶a **firm** sofa かたいソファー

❷ (態度・動作などが)しっかりした, 力強い; (決心などが)ぐらつかない

▶ a **firm** belief　強い信念

firm² [fə́ːrm ファ～ム] 名詞 C 商会, 会社

firmly [fə́ːrmli ファ～ムリ] 副詞
かたく, しっかりと；断固として

⁑**first** [fə́ːrst ファ～スト]

──形容詞《**the** [*one's*] **first** で》
第1の, 1番めの, 最初の
(◆ 1st と略す；対義語 last 最後の)
▶Let's begin with **the first** lesson.
第1課から始めましょう.
▶My cousin is in **the first** grade.
わたしのいとこは小学1年生です.
▶Is this **your first** visit to Japan?
今回が初めての来日ですか？

at fírst sight
ひと目で；一見したところでは ➡ **sight**

◆*for the fírst time*　初めて
▶I talked with Becky **for the first time** yesterday.
わたしは昨日, 初めてベッキーと話した.

in the fírst place　第一に, まず

参考 順序の表し方	
first [**1st**]	1番めの
second [**2nd**]	2番めの
third [**3rd**]	3番めの
fourth [**4th**]	4番めの
fifth [**5th**]	5番めの
twelfth [**12th**]	12番めの
twenty-fourth [**24th**]	24番めの

──副詞 ❶ 第一に, 最初に
(対義語 last 最後に)；第1位に
▶**First**, let me introduce myself.
まず, わたしに自己紹介させてください.
▶Who came in **first**?
だれが1着でしたか？
❷ 初めて
▶Mark **first** learned *shogi* three years ago.　マークは3年前, 初めて将棋(しょうぎ)を覚えた.

◆*fírst of áll*　第一に
▶**First of all**, look up the word in your dictionary.
第一に, その語を辞書で調べなさい.
──名詞 ❶ C《**the first** で》
最初の人[もの]；始め, 始まり
▶He was **the first** to win the prize.

彼が最初にその賞をとった人だ.
❷ C《ふつう **the first** で》
(日付の)第1日
▶**the first** of May (＝May (the) first)　5月1日
❸ U【野球】一塁(るい)(＝first base)

◆*at fírst*　初めは, 最初は
▶**At first** I did not like classical music.
初めはクラシック音楽が好きではありませんでした.

first aid [fə́ːrst éid ファ～スト エイド]
名詞 U 応急手当て

first-class [fə́ːrstklǽs ファ～ストクらぁス] 形容詞
❶ 最高の, 一流の；《口語》すばらしい
❷ (乗り物が)ファーストクラスの, 1等の
──副詞 ファーストクラスで, 1等で

first-hand [fə́ːrsthǽnd ファ～ストハぁンド] 副詞 直接に, じかに
──形容詞 直接の

first lady [fə́ːrst léidi ファ～スト れイディ]
名詞《**the first lady** または **the First Lady** で》大統領夫人, 州知事夫人

first name [fə́ːrst nèim ファ～スト ネイム] 名詞 C (姓(せい)に対する)名, ファーストネーム(対義語 family name, last name, surname 姓) ➡ **name** 参考

参考 「名＋姓」or「姓＋名」
英語は日本語とは逆に「名(first name) ＋姓(family name)」の順に名前を言います. 例えば, Ellen Baker の場合は, Ellen が first name, Baker が family name です. 「安藤咲」は Saki Ando となりますが, 最近は日本語の語順のまま Ando Saki と言うこともあります. Saki is my first name. などと言い添(そ)えるとわかりやすいでしょう.

⁑**fish** [fíʃ ふィッシ]

──名詞 (複数 **fish** または **fishes** [-iz])
(◆ふつう複数形は fish を用いるが, 異なる種類について述べる場合には fishes が用いられることもある)

❶ C 魚
▶I caught five **fish** in the river.
わたしは川で魚を5匹(ひき)釣(つ)った.
▶Many **fish(es)** live in the sea.
海にはたくさんの(種類の)魚がいる.

a b c d e f g h i j k l m n o p q r s t u v w x y z

❷ Ⓤ（食物としての）魚, 魚肉
▶They had fried **fish** for dinner.
彼らは夕食に魚のフライを食べた.
❸《**the Fishes** で》【天文】うお座
→ **horoscope** 【文化】

――**動詞**（三単現 **fishes** [-iz];
過去・過分 **fished** [-t]; 現分 **fishing**）
――**自** 釣りをする;（…を）釣る《**for** ...》
▶We went **fishing** in the river.
わたしたちは川へ釣りに行った.
（♦×to the river とはいわない）
▶They are **fishing for** tuna.
彼らはマグロ漁をしている.
――**他**（魚を）捕まえる, 釣る;（川・海など）
で釣りをする
▶They often **fish** the Shimanto
River.
彼らはよく四万十川で釣りをする.

fish and chips

[fíʃ ən tʃíps ふィッ
シ アン チップス]
名詞 Ⓤ フィッ
シュアンドチップ
ス（♦白身の魚のフ
ライとフライドポ
テト（chips）を盛
り合わせた, イギ
リスの代表的なファストフード）

fishbowl [fíʃbòul ふィッシボウる] **名詞**
Ⓒ 金魚鉢(ぱち)

fisherman [fíʃərmən ふィシャマン]
名詞（複数 **fishermen** [fíʃərmən ふィシャ
マン]）Ⓒ 漁師（♦性差のない語は fisher
[fíʃər ふィシャ]）; 釣り師（♦趣味(しゅみ)で釣
りをする人は angler [ǽŋglər あングら]）

Fisherman's Wharf [fíʃərmənz
hwɔ́ːrf ふィシャマンズ（ホ）ウォーふ] フィッ
シャーマンズウォーフ（♦漁船の集まる埠
頭(ふとう); 特にサンフランシスコの埠頭が有
名で, 魚介(ぎょかい)料理のレストランやみやげ
物店などがある）

fishes [fíʃiz ふィシズ] **名詞**
fish（魚）の複数形の一つ
――**動詞** fish（釣りをする）の三人称単
数現在形
fishing [fíʃiŋ ふィシング] **動詞**
fish（釣りをする）の現在分詞・動名詞
――**名詞** Ⓤ 魚釣り; 漁業
▶a **fishing** boat
釣り船, 漁船
fist [físt ふィスト] **名詞**
Ⓒ 握(にぎ)りこぶし, げんこつ

†fit [fít ふィット]
――**形容詞**（比較 **fitter**; 最上 **fittest**）
❶（…に）適した, ふさわしい《**for** ...》
（同義語 suitable）;《**be fit to** ＋動詞の
原形で》…するのに適している
▶This book is **fit for** children.
この本は子供に向いている.
▶This fish **is** not **fit to** eat raw.
この魚は生で食べるのに適していない.
❷ 体調がよい, 元気な
▶She is always **fit** and well.
彼女はいつも元気がいい.
――**動詞**（三単現 **fits** [fíts ふィッツ];
過去・過分 **fitted** [-id] または《米》**fit**;
現分 **fitting**）
――**他**（大きさ・型が）…に合う;
（…に）…を適合させる《**to** ...》
▶This shirt **fits** me well.
このシャツはわたしにぴったりだ.

［くらべよう］ fit, become, suit

fit:「体型に合う, サイズがちょうどい
い」という意味です.
become, suit:「色や柄(がら)が人に合
う」という意味です.
▶That blue coat really **becomes**
[**suits**] her.
あの青いコートは彼女にほんとうに
よく似合う.

――**自** 合う, ぴったりする; 調和する
fitting [fítiŋ ふィティング] **動詞**
fit（…に合う）の現在分詞・動名詞
――**形容詞** 適当な, ぴったり合った
――**名詞 ❶** Ⓒ（仮縫(かりぬ)いの）着つけ; 試着
❷ Ⓒ《ふつう **fittings** で》家具; 備品
fitting room [fítiŋ rùːm ふィティング
ルーム] **名詞** Ⓒ 試着室

†five [fáiv ふァイヴ]

—**名詞** (**複数** fives [-z])
C《冠詞をつけず単数あつかいで》5;
《複数あつかいで》5人, 5個; **U** 5歳(⁵);
5時
▶Three plus two is **five**.
3プラス2は5(3 + 2 = 5).
—**形容詞** **5の**; 5人の, 5個の; 5歳の

⁺fix [fíks ふィックス] **動詞** (**三単現** fixes
[-iz]; **過去・過分** fixed [-t]; **現分** fixing) **他**

❶ …を修理する
❷ …を固定する
❸ (日時・場所・価格など)を決める

❶ …を修理する ➡ **mend** [くらべよう]
▶Can you **fix** this TV?
このテレビを修理できますか?
❷ …を固定する, すえつける
▶I **fixed** a shelf to the wall.
わたしは壁(⁵)に棚(⁴)を取りつけた.
❸ (日時・場所・価格など)を決める
▶Let's **fix** a place for the meeting.
ミーティングの場所を決めよう.
▶Have you **fixed** the date of your departure?
出発日はもう決めましたか?
❹ (視線・注意)を(…に)集中させる
《on ...》
❺《主に米》(食事)を用意する, 作る
❻ (服装・髪(⁴)など)を整える; (部屋など)を整理する; …の手はずを整える

fixed [fíkst ふィックスト] **動詞**
fix(…を修理する)の過去形・過去分詞
—**形容詞** 固定された; 不変の; 決まった
▶a **fixed** seat
固定されたいす

FL 【郵便】フロリダ州(♦*Fl*orida の略)

⁺flag [flǽg ふらッグ] **名詞**
(**複数** flags [-z]) **C** 旗
➡ **Stars and Stripes, Union Jack**
▶the national **flag** 国旗
▶the Canadian **flag**
カナダの国旗

▶raise [lower, wave] a **flag**
旗を掲(⁴)げる[下げる, 振(⁴)る]

① ② ③

④ ⑤

① イギリス　　④ アメリカ
② オーストラリア　⑤ カナダ
③ ニュージーランド

flake [fléik ふれイク] **名詞**
❶ **C** (雪・羽毛などの)1片(⁵), 薄片(⁵);
(はがれ落ちた)破片
❷ **C** フレーク(薄片状にした加工食品)
▶corn**flakes** コーンフレーク

flame [fléim ふれイム] **名詞** **C** **U** 炎(⁵⁴)
▶be in **flames** 燃えている

flamingo
[fləmíŋgou
ふらミンゴウ] **名詞**
(**複数** flamingos
または
flamingoes [-z])
C 【鳥類】
フラミンゴ

flap [flǽp
ふらップ] **動詞**
(**三単現** flaps [-s];
過去・過分 flapped [-t]; **現分** flapping)
他 (翼(⁴)など)を羽ばたかせる; (旗など)
をパタパタ動かす; …を(ピシャリと)打つ
—**自** (鳥が)羽ばたく; (旗などが)はためく
—**名詞** ❶ **C** 羽ばたき; パタパタという音
❷ **C** (ポケットの) 垂(⁴)れぶた; (帽子(⁴⁴)
の)垂れ縁(⁴); (封筒(⁴⁴)の)折り返し

flash [flǽʃ ふらぁッシ] **名詞**

(**複数** **flashes** [-iz])

❶ **C** (光の)ひらめき, ぴかっと光る光; **C** (考えなどの)ひらめき; **C U** (カメラの)フラッシュ

▸a **flash** of lightning　稲光(いなびかり)

❷ **C** (テレビ・ラジオの)ニュース速報

——**動詞** (**三単現** **flashes** [-iz]; **過去・過分** **flashed** [-t]; **現分** **flashing**) **自**

❶ ぴかっと光る, ひらめく

▸Lightning **flashed** in the night sky.

夜空に稲妻(いなずま)がぴかっと光った.

❷ (考えなどが心に)ぱっと浮(う)かぶ

——**他** (光など)をぱっと発する

flashlight [flǽʃlàit ふらぁッシライト] **名詞**

❶ **C** (**米**)懐中(かいちゅう)電灯

(◆(**英**)electric torch)

❷ **C U** (カメラの) フラッシュ

(◆単に flash ともいう)

⁺flat¹ [flǽt ふらぁット]

——**形容詞** (**比較** **flatter**; **最上** **flattest**)

❶ 平らな, でこぼこのない; 平たい

(**同義語** even)

▸a **flat** surface　平らな表面

❷《名詞の前には用いない》

(床(ゆか)・壁(かべ)などに)ぴったりつけて

▸I lay **flat** on my back.

わたしはあおむけに横たわった.

❸ (タイヤなどが)空気の抜(ぬ)けた, パンクした; (炭酸飲料などが)気の抜けた

▸I got a **flat** tire.

タイヤがパンクしてしまった.

——**副詞** ❶ きっぱりと, 断固として

❷ (**口語**)(時間が)きっかり, 正確に

▸The pizza was delivered in 20 minutes **flat**.

ピザは 20 分きっかりで配達された.

——**名詞** ❶《the flat で》平面, 平たい部分; **C**《ふつう flats で》平地, 沼(ぬま)地

❷ **C** 【音楽】フラット, 半音低い音; フラット記号(♭)(**対義語** sharp シャープ)

flat² [flǽt ふらぁット] **名詞**

C (**英**)アパート, マンション(◆いくつかの部屋に台所・浴室などをふくむ 1 世帯分の住居; (**米**)apartment)

flatter [flǽtər ふらぁタァ] **動詞**

他 (人)にお世辞を言う, こびへつらう

flavor, (**英**)**flavour** [fléivər ふれイヴァ] **名詞** **C U** (独特な)味; (香(かお)りもふくめた)風味

▸have a cheese **flavor** (＝have a **flavor** of cheese)　チーズ味がする

——**動詞** **他** …に(…で)味[風味]をつける《with ...》

flea [flíː ふりー] **名詞** **C** 【昆虫】ノミ

flea market

[flíː màːrkit ふりー マーケット] **名詞**

C ノミの市, フリーマーケット

(◆公園などで不要品などを売る市; free(無料の)market ではない)

flee [flíː ふりー] **動詞** (**三単現** **flees** [-z]; **過去・過分** **fled** [fléd ふれッド]; **現分** **fleeing**)

(…から)逃(に)げる《from ...》(◆かたい語)

——**他** …から逃げる; …を避(さ)ける

fleece [flíːs ふりース] **名詞**

❶ **U** 羊毛; **C** (1 頭分の)羊毛

❷ **U C** 羊毛に似たもの; フリース(◆羊毛に似せた化学繊維(せんい)の布地);

C (**英**)フリース地のジャケット

fleet [flíːt ふりート] **名詞**

C 艦隊(かんたい); (商船・車の)一団

flesh [fléʃ ふれッシ] **名詞**

❶ **U** (人間・動物の)肉(◆ meat は「食用の肉」); (果物(くだもの)の)果肉

❷《the flesh で》肉体(**同義語** body, **対義語** soul 魂(たましい), spirit 精神)

⁺flew [flúː ふるー] **動詞**

fly¹(飛ぶ)の過去形

flexible [fléksəbl ふれクスィブる] **形容詞**

曲げやすい, しなやかな; (性格・計画などが)柔軟(じゅうなん)な, 融通(ゆうずう)のきく

flier [fláiər ふらイア] **名詞** (◆ flyer ともつづる)

❶ **C** 飛行士

❷ **C** 飛ぶもの(◆鳥, 昆虫(こんちゅう)など)

❸ **C** (広告用の)ちらし, ビラ

flies [fláiz ふらイズ] **動詞**

fly¹(飛ぶ)の三人称単数現在形

——**名詞** fly¹,²(フライ, ハエ)の複数形

♦flight [fláit ふらイト] 名詞

（複数 flights [fláits ふらイツ]）

❶ C U 飛ぶこと，飛行；
C （飛行機の）便；空の旅

▶take **Flight** 785
785 便（の飛行機）に乗る
（◆ 785 は seven eight five と読む）

▶Please enjoy your **flight**.
空の旅をお楽しみください．

❷ C （ひと続きの）階段（◆ある階から次
の階まで；または踊り場まで）

flight attendant [fláit ətèndənt ふらイト アテンダント] 名詞

C （旅客機の）客室乗務員
（◆スチュワーデス(stewardess)，スチュ
ワード(steward)などの男女を区別する
ことばに代わって用いられる；
attendant は「係員」の意味）

fling [flíŋ ふリング] 動詞 （三単現 flings

[-z]；過去・過分 flung [flʌ́ŋ ふらング]；現分
flinging) 他 …を（荒々しく）投げつけ
る，放り出す；…を（放るように）急に動かす

float [flóut ふろウト] 動詞

自 浮（う）く，浮かぶ（対義語 sink 沈（しず）む）；
漂（ただよ）う

▶Oil **floats** on water.
油は水に浮く．
——他 …を浮かべる
——名詞 ❶ C 浮いているもの；(魚釣（つ）り
の)浮き
❷ C （パレードなどの）山車（だし）
❸ C フロート
（◆アイスクリームを浮かべた飲み物）

flock [flɑ́k ふらック] 名詞

C （ヒツジ・ヤギ・鳥などの）群れ；
(口語)(人の)群れ

▶a **flock** of sheep　ヒツジの群れ
——動詞 自 （動物・人が）集まる，群がる
➡ feather 2 つめの ことわざ

flood [flʌ́d ふらッド] (★発音に注意) 名詞

❶ C 《ときに **floods** で》洪水（こうずい），大水

❷ C （もの・人の）洪水，殺到（さっとう）；
《**a flood of ...** で》いっぱいの…
——動詞 他 （川など）をはんらんさせる；
(場所)を水浸（みず）しにする

▶The floor of the kitchen was
flooded.
台所の床（ゆか）は水浸しになった．

♦floor [flɔ́ːr ふろーア] 名詞

（複数 **floors** [-z]）

❶ C 床（ゆか）
（◆「天井（てんじょう）」は ceiling，「壁（かべ）」は wall)

▶We sat on the **floor**.
わたしたちは床の上にすわった．

❷ C （建物の）階

▶the top **floor**　最上階

参考 英米の階の数え方		
(米)	(英)	
the fourth floor	the third floor	4 階
the third floor	the second floor	3 階
the second floor	the first floor	2 階
the first floor	the ground floor	1 階
the basement	the basement	地階

1 アメリカでは，日本と同じように通
りと同じ高さの階から the first floor，
the second floor と階数を数えてい
きます。
2 イギリスでは「1 階」を the ground
floor といい，「2 階」を the first floor，
「3 階」を the second floor といいます。
3 イギリスのエレベーターで，押（お）し
ボタンに書かれている G の文字は the
ground floor「1 階」のことです。また，
R は roof「屋上」，B は basement「地
階」を表します。

くらべよう floor と story

floor: 建物の中の特定の階を指します。
story: 建物の階層を指し，「…階建て
の」というときに用います。

▶This elevator does not stop at
the fifth **floor**.
このエレベーターは 5 階には止まら
ない．

▶a five-**story** building
5 階建てのビル

A B C D E F G H I J K L M N O P Q R S T U V W X Y Z

Florida [flɔ́:ridə ふろ一リダ] 名詞 フロリダ州(◆アメリカ大西洋岸南端(なん)の州; Fla. または【郵便】で FL と略す)

florist [flɔ́(:)rist ふろ(一)リスト] 名詞
C 花屋, 花を売る人
(◆店は florist's (shop) または flower shop という); 草花栽培(さい)業者

flour [fláuər ふらウア] 名詞 (★ flower「花」と発音は同じ) U 小麦粉; (穀物の)粉

flow [flóu ふろウ] 動詞 @
(液体・気体が)流れる; 流れるように動く
▶This river **flows** through several towns.
この川はいくつかの町を流れている。
―― 名詞 C 《ふつう a flow で》流れ; 流出, 流入; 《the flow で》満ち潮(しお)
(対義語 the ebb 引き潮)
▶a **flow** of water 水の流れ

flower [fláuər ふらウア] (★発音に注意)
―― 名詞 (複数 flowers [-z])
C 花, 草花
▶wild **flowers** 野生の花
▶Let's water the **flowers**.
花に水をあげよう。
▶Spring **flowers** began to bloom.
春の花が咲(さ)き始めた。

―― くらべよう flower, blossom, bloom ――

flower: 一般的にすべての「花, 草花」を指します。

blossom: 特に「果樹の花」を指します。
▶orange **blossoms**
オレンジの花

bloom: バラなどの「観賞用の美しい花」を指します。
▶The garden was full of beautiful **blooms**.
その庭は美しい花でいっぱいだった。

blossom

bloom

―― 動詞 (三単現 flowers [-z]; 過去・過分 flowered [-d]; 現分 flowering)

@ 花が咲く; 栄える; (能力などが)花開く

flower arrangement [fláuər ərèindʒmənt ふらウア アレインヂメント] 名詞 U 生け花

flower bed [fláuər bèd ふらウア ベッド] 名詞 C 花壇(かだん)(◆単に bed ともいう)

flower garden [fláuər gàːrdn ふらウア ガードゥン] 名詞 C 花園(はなぞの), 花畑

flowerpot [fláuərpàt ふらウアパット] 名詞 C (草花の)植木鉢(ばち)

flown [flóun ふろウン] 動詞
fly¹(飛ぶ)の過去分詞

flu [flúː ふる一] 名詞
U 《しばしば the flu で》《口語》インフルエンザ, 流感(◆influenza を短縮した語)

fluent [flúːənt ふる一エント] 形容詞
(ことばが)流ちょうな, なめらかな

fluently [flúːəntli ふる一エントり] 副詞
流ちょうに, すらすらと

fluid [flúːid ふる一イッド] 名詞
U C 【化学】流動体
(◆液体と気体の総称(そうしょう)だが, 前者を指すことが多い); 水分
―― 形容詞 流動体の, 流動性の
(◆「固体の」は solid)

flunk [flʌ́ŋk ふらンク] 動詞
《主に米・口語》他 (試験などに)失敗[落第]する; (人に)落第点をつける
―― @ (試験などに)失敗[落第]する

flush [flʌ́ʃ ふらッシ] 動詞
(三単現 flushes [-iz]; 過去・過分 flushed [-t]; 現分 flushing) @
❶ (顔が興奮などで)赤くなる(◆恥(は)ずかしさで「赤面する」は blush を使う)
❷ (水が)どっと流れる
▶The toilet doesn't **flush**.
トイレの水が流れない。
―― 他 ❶ (トイレなど)に水をどっと流す; …を水で洗い流す
❷ (人・顔など)を赤くさせる, 興奮させる
―― 名詞 (複数 flushes [-iz])
❶ C 《a flush で》顔が赤くなること
❷ C 水をどっと流すこと, (トイレの)水洗

flute [flúːt ふる一ト] 名詞
C 【楽器】フルート
➡ musical instruments 図
▶play the **flute** フルートを吹(ふ)く

fly¹ [flái ふらイ] 動詞
(三単現 flies [-z]; 過去 flew [flúː]

ふる─]; 過分 **flown** [flóun ふろウン];
現分 **flying**)
──国 ❶ 飛ぶ; 飛行機で行く
▶The ball **flew** over the fence.
ボールはフェンスを越えて飛んでいった.
▶Our plane is **flying** over the
clouds now.
飛行機は今, 雲の上を飛んでいます.
▶I'm going to **fly** to Paris next week.
来週(飛行機で)パリに行きます.
❷ 飛ぶように走る, 大急ぎで行く;
(時が)飛ぶように過ぎる
▶He **flew** to the door.
彼は玄関に大急ぎで行った.
▶ことわざ **Time flies** (like an
arrow). 時は(矢のように)飛ぶ.
(=「光陰矢のごとし」)(◆英語ではふ
つう like an arrow をつけない)
❸ (旗・髪などが)風になびく
──他 (飛行機など)を飛ばす, (たこ・旗な
ど)をあげる
▶**fly** a kite　たこあげをする
──名詞 C 【野球】フライ
fly² [flái ふらイ] 名詞 (複数 **flies** [-z])
C 【昆虫】ハエ

flyer [fláiər ふらイア] 名詞
= flier(飛行士)

★flying [fláiiŋ ふらイイング]
──動詞 fly¹(飛ぶ)の現在分詞・動名詞
──形容詞 飛ぶ, 飛ぶことのできる
▶a **flying** saucer　空飛ぶ円盤
──名詞 U 飛ぶこと, 飛行
▶**flying** time　飛行時間

flying fish [fláiiŋ fíʃ ふらイング ふィッ
シ] 名詞 (複数 **flying fish** または
flying fishes [-iz])
C U 【魚類】トビウオ

foam [fóum ふォウム] 名詞 U 泡
(◆小さな泡(bubble)が集まったもの)
──動詞 目 泡立つ

focus [fóukəs ふォウカス] 名詞
(複数 **focuses** [-iz] または **foci**
[fóusai ふォウサイ])
C (レンズの)焦点, ピント;
《the focus で》(興味などの)中心
▶adjust the **focus** of a lens
レンズの焦点を合わせる
in fócus　焦点が合って; はっきりして
out of fócus
焦点[ピント]がずれて; ぼんやりして

──動詞 (三単現 **focuses** [-iz];
過去・過分 **focused** [-t]; 現分 **focusing**)
他 …の焦点を(…に)合わせる;
(注意など)を(…に)集中させる《on ...》
▶I **focused** my camera **on** the
flower.
わたしはその花にカメラの焦点を合わ
せた.

fog [fág ふァッグ] 名詞
C U (視界がきかないほどの濃い)霧,
もや(◆「薄い霧」は mist)
▶(a) heavy **fog**　濃霧

foggy [fági ふァギ] 形容詞
(比較 **foggier**; 最上 **foggiest**)
❶ 霧の深い
❷ (記憶などが)はっきりしない

foil [fóil ふォイる] 名詞
U (金属の)薄片, 箔; ホイル

fold [fóuld ふォウるド] 動詞
❶ …を折りたたむ, 折り曲げる
▶He **folded** the letter in half.
彼はその手紙を半分に折りたたんだ.
❷ (手・腕など)を組む
▶She was **folding** her arms.
彼女は腕組みをしていた.
❸ …を包む
──目 折りたためる
──名詞 C 折り目; ひだ

folder [fóuldər ふォウるダ] 名詞
❶ C (厚紙などを2つ折りにした)書類
ばさみ, フォルダ
❷ C 【コンピューター】フォルダ
(◆ファイルなどを分類・整理して保存す
る階層)

folding [fóuldiŋ ふォウるディング] 動詞
fold(…を折りたたむ)の現在分詞・動名
詞
──形容詞《名詞の前に用いて》
折りたたみ式の
▶a **folding** umbrella
折りたたみ傘

folk [fóuk ふォウク] (★発音に注意) 名詞
❶《(米)folks, (英)folk で複数あつか
い》人々(◆ふつう people を使う)
❷ C《ふつう one's folks で》
【口語】家族, 両親
❸《形容詞的に》民衆の, 民俗の
▶**folk** culture　民俗文化

folk dance [fóuk dǽns ふォウク ダぁン
ス] 名詞
C U 民俗舞踊, フォークダンス

a b c d e f g h i j k l m n o p q r s t u v w x y z

A B C D E F G H I J K L M N O P Q R S T U V W X Y Z

folk music [fóuk mjù:zik ふォゥク ミューズィック] 名詞 Ü 民俗(笑)音楽(♦民間の風習や宗教と深くかかわった音楽)

folk song [fóuk sò:ŋ ふォゥク ソーング] 名詞 C 民謡(愁), フォークソング

folk tale [fóuk tèil ふォゥク テイル] 名詞 C 民話, 説話

✝follow [fálou ふァロゥ] 動詞

(三単現 **follows** [-z]; 過去・過分 **followed** [-d]; 現分 **following**)
——他

❶ …のあとをついて行く[来る]
❷ …の次に来る
❸ (指示・忠告など)に従う
❹ (道など)に沿って行く
❺ …を理解する

❶ …のあとをついて行く[来る]
▶Please **follow** me.
わたしのあとをついて来てください.
▶I'll **follow** you.
あなたのあとをついて行きます.
❷ (時間・順序などが)…の次に来る, …に続く
▶Thunder **follows** lightning.
稲光(ध्ग्री)に続いて雷(ध्ग्रि)が鳴る.
❸ (指示・忠告など)に従う, …を守る
▶**Follow** your parents' advice.
両親の忠告に従いなさい.
❹ (道など)に沿って行く, …をたどる
▶**Follow** this street to the next signal.
次の信号までこの道沿いに行きなさい.
❺ …を理解する(同義語 understand), (話の内容)についていく
▶Do you **follow** me?
わたしの話がわかりますか?
——自 ❶ (…の)あとから行く[来る], (…に)ついて行く《after ...》
❷ 続いて起こる

as fóllows 次のとおりで[に]
▶The schedule is **as follows**.
スケジュールは次のとおりです.

follower [fálouər ふァロゥア] 名詞 C (思想・運動などの)信奉(愁)者; 弟子(で); 従者, 家来(紫)

✝following
[fálouiŋ ふァロゥウイング]
——形容詞《**the following** ＋名詞で》

次の…; 下記の…, 次に述べる…
▶the **following** chapter 次章
▶(on) the **following** day 次の日に
——名詞《**the following** で単数, または複数あつかい》以下のこと

✝fond [fánd ふァンド] 形容詞

(比較 **fonder**; 最上 **fondest**)
❶《**be fond of ...** で》…が大好きである
▶My father **is fond of** playing golf. 父はゴルフをするのが大好きだ.
❷《名詞の前に用いて》優(½)しい; 甘(½)やかす, でき愛する
▶a **fond** mother 子供に甘い母親

F1 [éf wʌ́n エふ ワン] フォーミュラワン(♦レース用自動車の区分の一つ; *Formula One* の略)

✝food [fú:d ふード] 名詞

(複数 **foods** [fú:dz ふーヅ])
Ü 食物, 食料, 食糧(ザ); (飲み物に対する)食べ物; C (個々の)食べ物, 食品
➡ 巻頭カラー 英語発信辞典⑬
▶Chinese **food** 中国料理
▶**food** and drink 飲食物
(♦日本語との語順のちがいに注意)
▶**food**, clothing, and shelter 衣食住
(♦日本語との語順のちがいに注意)
▶I like sweet **foods**.
わたしは甘(½)いものが好きだ.

くらべよう **food** と **dish**

food: 食べ物一般を指します.
dish: 調理された食べ物を指します.

food mile [fú:d màil ふード マイル] 名詞 C フードマイル(♦食品の生産地から消費地までの輸送距離)

fool [fú:l ふール] 名詞 C 愚(½)か者

foolish [fú:liʃ ふーリッシ] 形容詞 まぬけな, 愚(½)かな(対義語 wise 賢(½)い)
▶Don't be so **foolish**.
そんな愚かなことをするな[言うな].

✝foot [fút ふット] 名詞

(複数 **feet** [fí:t ふィート])
❶ C 足(♦足首(ankle)から下の部分を指す; 足首からもものつけ根までは leg)
➡ 巻頭カラー 英語発信辞典⑭
▶What size is your **foot**?
足のサイズはいくつですか?
▶My **feet** are cold. 足が冷たい.

a b c d e f g h i j k l m n o p q r s t u v w x y z

❷ © (長さの単位の)フィート
(♦ 1 フィート(one foot)は 12 インチ
(twelve inches), 約 30 センチ;
f. または ft. と略す)
▶Mary is five **feet** tall.
メアリーの身長は 5 フィートだ.
▶a four-**foot** rope
長さ 4 フィートのロープ(♦数を表す語
とハイフンで結ばれ, 形容詞として用い
られるとき, foot は複数形にしない)
❸《the **foot** で》(ものの)下部, (山の)
ふもと《of ...》(対義語 the top 頂上)
▶the **foot** of a page
ページの下の部分
▶My house is at the **foot** of a hill.
わたしの家は丘(影)のふもとにある.

on fóot 歩いて, 徒歩で
(♦ by car, by train などの交通手段の
表現と対比して用いることが多い)
▶Tom goes to school **on foot**.
(= Tom walks to school.)
トムは歩いて学校へ通っている.

to one's féet 立っている状態に[へ]

*football [fútbɔ̀ːl ふットボーる]

名詞 (複数 footballs [-z])
❶ Ⓤ 【スポーツ】フットボール
➡ American football 図
▶play **football**
フットボールをする

医医 英米の football
1 アメリカではアメリカンフットボー
ル(American football)を指します.
2 イギリスではサッカー(soccer,
Association football), またはラグ
ビー(rugby football)を指します.

(米) (英)

❷ Ⓒ (フットボールの)ボール

footlights [fútlàits ふットらイツ] 名詞
《複数あつかいで》(照明の)脚光(ﾟ)

footprint [fútprint ふットプリント] 名詞
Ⓒ 足跡(恷)

footstep [fútstèp ふットステップ] 名詞
Ⓒ 足音; 足跡(恷)

*for [前置詞 接続詞] ➡ p.242 for

forbid [fərbíd ふォビッド] 動詞

(三単現 **forbids** [fərbídz ふォビッヅ];
過去 **forbade** [fərbǽd ふォバッド,
fərbéid ふォベイド]または **forbad** [fərbǽd
ふォビッド]; 過分 **forbidden** [fərbídn
ふォビドゥン]または **forbid**;
現分 **forbidding**)
⑯ …を禁じる, 禁止する, 妨(≋)げる;
《**forbid** ＋人＋ **to** ＋動詞の原形[**from**
＋ ...**ing**]で》(人)が…することを禁じる
(対義語 permit …を許す)
▶Swimming is **forbidden** here.
ここでの遊泳は禁止されている.
▶My parents **forbade** me **to** go
out in the evening. 両親はわたし
が夜に外出することを許さなかった.

*force [fɔ́ːrs ふォース]

——名詞 (複数 **forces** [-iz])
❶ Ⓤ (物理的な)力, 強さ; 暴力
▶magnetic **force** 磁力
❷ Ⓒ 軍事力;《しばしば the **forces** で》
軍隊
▶the air **force** 空軍

by fórce 力ずくで, 強引(ﾟ)に

——動詞 (三単現 **forces** [-iz];
過去・過分 **forced** [-t]; 現分 **forcing**)
⑯ …を強制する;《**force** ＋人＋ **to** ＋
動詞の原形で》(人)に無理に…させる
▶They **forced** Daniel **to** join the
party. 彼らはダニエルを無理やり
パーティーに参加させた.

Ford [fɔ́ːrd ふォード] 名詞
❶ 【人名】フォード(♦ Henry Ford
[hénri- ヘンリ-], 1863-1947; アメリカの
自動車製造業者;「自動車王」と呼ばれた)
❷ Ⓒ フォード社製の自動車

forecast [fɔ́ːrkæ̀st ふォーキぁスト] 動詞
(三単現 **forecasts** [fɔ́ːrkæ̀sts ふォーキぁ
スツ]; 過去・過分 **forecast** または
forecasted [-id]; 現分 **forecasting**)
⑯ (天気など)を予報する; …を予測する,
予想する
▶**forecast** the weather
天気を予報する
——名詞 Ⓒ (天気などの)予報; 予測, 予想
▶the weather **forecast** 天気予報

forehand [fɔ́ːrhæ̀nd ふォーハ❛ンド]
名詞 Ⓒ (テニスなどの) フォアハンド

✝for

前置詞	❶《目的・用意》 …のために
前置詞	❷《利益・受取人》 …のために
接続詞	❸《方向・行き先》 …に, …へ, …行きの
[fɔːr ふォーア; (弱く言うとき)fər ふォ]	❹《時間・距離(ṣ̌)》…の間

——前置詞 ❶《目的・用意》…のために, …をするために; …を求めて, 得るために

▸What is this tool **for**?	この道具は何に使うのですか?
▸I took my dog **for** a walk.	わたしはイヌを散歩に連れて行った.
▸I'm waiting **for** Mary.	わたしはメアリーを待っている.
▸He called **for** help.	彼は助けを呼んだ.
▸He is getting ready **for** the finals.	彼は学期末試験の準備をしている.

❷《利益・受取人》…のために, …のための

▸Walking is good **for** your health.	歩くことは健康によい.
▸They had a party **for** Ken.	彼らは健のためにパーティーを開いた.
▸Ann made a cake **for** me.	アンはわたしにケーキを作ってくれた.
▸What can I do **for** you?	(店員が客に)何をして差し上げましょうか?[ご用は何ですか?]
▸This is a present **for** you.	これはあなたへのプレゼントです.

❸《方向・行き先》…に, …へ, …行きの, …あての ➡ **to** くらべよう

▸He left **for** school at eight.	彼は8時に学校へ出かけた.
▸She took a train **for** Tokyo.	彼女は東京行きの電車に乗った.
▸There's a message **for** you.	あなたあてに伝言があります.

❹《時間・距離》…の間 ➡ **during** くらべよう

| ▸**for** a long time | 長い間 |
| ▸She jogged **for** an hour. | 彼女は1時間ジョギングをした. |

ダイアログ

| A:How long are you going to stay? | どれくらい滞在(ṣ̌ṣ̌)する予定ですか? |
| B:**For** a week. | 1週間です. |

| ▸I've been in Paris **for** two months. | わたしはパリに2か月間滞在している. |
| ▸Tom and I walked **for** a few kilometers. | トムとわたしは数キロ歩いた. |

❺《原因・理由》…のために, …が原因[理由]で

▸I could not see anything **for** the fog.	霧(ṣ̌)のため, 何も見えなかった.
▸This park is famous **for** its cherry blossoms.	この公園は桜の花で有名だ.
▸Kate jumped **for** joy.	ケイトはうれしくて跳(と)び上がった.

❻《代理・代表》…の代わりに, …に代わって

| ▸Will you go there **for** him? | 彼の代わりにそこへ行ってくれますか? |
| ▸The Japanese word **for** "book" is "hon". | book に相当する日本語は「本」です. |

❺〔原因・理由〕…のために
❻〔代理・代表〕…の代わりに
❼〔適合〕…に適した
❽〔対比〕…としては
❾〔交換(こうかん)〕…と交換に
❿〔支持〕…に賛成して
[接続詞] というのは

❼〔適合〕**…に適した**, …にふさわしい

▸It was a very good day **for** a sports day. 運動会には絶好の日だった.

▸I brought a picture book **for** children. わたしは子供向けの絵本を持って行った.

❽〔対比〕**…としては**, …のわりに

▸He looks young **for** his age. 彼は年のわりには若く見える.

▸It's quite warm **for** January. 1月にしてはずいぶん暖かい.

❾〔交換〕**…と交換に**, …に対して

▸She bought the hat **for** ten thousand yen. 彼女はその帽子(ぼうし)を1万円で買った.

▸Thank you **for** your kindness. ご親切に感謝します.

▸I'm sorry **for** being late. 遅(おく)れてすみません.

❿〔支持〕**…に賛成して**([対義語] against …に反対して)

[ダイアログ]
A:Are you **for** or against this plan? きみはこの計画に賛成ですか, 反対ですか?
B:I'm all **for** it! 大賛成です.

⓫〔関連〕…については

▸**For** further information, please call 012-345-6789. より詳(くわ)しい情報については, 012-345-6789にお電話ください.

⓬ …として

▸What did you have **for** lunch? お昼には何を食べたの?

▸I took Jim **for** Ann's brother. わたしはジムをアンの兄[弟]だと思った.

⓭《**for**＋**人**＋**to**＋**動詞の原形で**》(人)にとって[(人)が]…すること
(♦forのあとの「人」が「to＋動詞の原形」の意味上の主語)

▸It is difficult **for** me **to** answer the question. その質問に答えるのは, わたしには難しい.

for áll ... …にもかかわらず(♦かたい表現)

▸**For all** her advantages, she lost the game. 有利だったにもかかわらず, 彼女はその試合に負けた.

****for exámple*** ＝ ***for ínstance*** **例えば** ➡ **example**, **instance**

for nów 今のところは, さしあたって

for oneself 自分のために; 自分で, 独力で ➡ **oneself**

****for the fírst tíme*** **初めて** ➡ **first**

—[接続詞] **というのは**, なぜなら(♦あとから理由をつけ足す言い方; 主に書きことばで用いる; ふつうコンマ(,)のあとに置かれる)

▸Tom is absent, **for** he has a bad cold. トムは欠席です. というのは, ひどい風邪(かぜ)をひいているからです.

（対義語 backhand バックハンド）

forehead [fɔ́:rid フォーリッド]
（★発音に注意）名詞 C 額(ひたい)
➡ **head** 図

foreign [fɔ́:rin フォーリン]
（★発音に注意）形容詞
外国の, 外国へ[から]の, 外国に関する
（対義語 domestic 国内の）
▶a **foreign** country　外国
▶a **foreign** language　外国語

foreigner [fɔ́:rinər フォーリナ] 名詞 C
外国人（◆「よそ者」という悪い意味合いが
あるので, American「アメリカ人」のよ
うに具体的に国籍(ティ)で言うほうがよい）

foresight [fɔ́:rsàit フォーサイト] 名詞
U 先見(の明), 洞察(ジ)力; 用心

forest [fɔ́:rist フォーレスト] 名詞
（複数 forests [fɔ́:rists フォーレスツ]）
C U 森, 森林
▶a rain **forest**　熱帯雨林

くらべよう **forest** と **woods**

forest: 人の住んでいるところからは
　なれた, 鳥や動物が生息する大きな
　森を指します.
woods: 人の住んでいるところに近い,
　小さな森や林を指します.

forever [fərévər フォエヴァ] 副詞
❶ 永久に, 永遠に（◆(英)ではこの意味
の場合 for ever ともつづる）
▶I will remember you **forever**.
　わたしはいつまでもあなたのことを覚
　えているでしょう.

❷ （非難などを表して）絶えず, いつも

forgave [fərgéiv フォゲイヴ] 動詞
forgive(…を許す)の過去形

forget [fərgét フォゲット] 動詞
（三単現 forgets [fərgéts フォゲッツ];
過去 forgot [fərgát フォガット];
過分 forgotten [fərgátn フォガトゥン]
または forgot; 現分 forgetting）
――他 ❶ …を忘れる, 思い出せない
（対義語 remember …を覚えている）
▶I **forget** [have **forgotten**] her
　family name.
　彼女の名字を忘れてしまった.
▶I'll never **forget** you.
　（別れのときなどに）あなたのことは決し
　て忘れません.
▶I **forgot** (that) today is Becky's
　birthday. 今日がベッキーの誕生日だ
　ということを忘れていた.

ルール **forget** の使い方

1 今, 思い出せないでいるときは現在
形か現在完了形を使います.
　▶I **forget** his name.
　▶I **have forgotten** his name.
　彼の名前を忘れてしまった.
2 「…し忘れた」「…を置き忘れた」な
ど, 過去の事実を述べるときは過去形
を使います. ➡ ❹
　▶I **forgot** my homework.
　わたしは宿題を忘れた.

❷ 《**forget to** ＋動詞の原形で》
…するのを忘れる（◆「to ＋動詞の原形」
は, 「まだなされていない行為(ティ)」を表す;
下の ❸ の意味とのちがいに注意）
▶Don't **forget to** take your
　umbrella (with you).
　傘(ボ)を持って行くのを忘れないで.
❸ 《**forget** ＋ ...**ing** で》
…したことを忘れる（◆...ing は「すでにな
された行為」を表す; will [shall] never
とともに用いることが多い;
上の ❷ の意味とのちがいに注意）
▶I completely **forgot reading** the
　book. わたしはその本を読んだことを
　完全に忘れていた.
▶I'll **never forget seeing** you.
　わたしはあなたにお会いしたことを決し
　て忘れないでしょう.
❹ …を置き忘れる, 持って来るのを忘れ

る（◆場所を表す副詞（句）をともなうときは, forget ではなく leave を用いる）

ダイアログ
A: I **forgot** my book!
　本を置き忘れた！
B: Where did you **leave** it?
　どこに忘れたの？

──⊜ （…のことを）**忘れる**《about ...》
▶She completely **forgot about** the meeting.
　彼女は会議のことを完全に忘れていた.

forgetful [fərɡétfl ふォゲットふる] **形容詞**
忘れっぽい, よく物忘れする
▶I've become **forgetful** recently.
　最近物忘れするようになった.

forgetting [fərɡétiŋ ふォゲティング]
動詞 forget（…を忘れる）の現在分詞・動名詞

forgive [fərɡív ふォギヴ] **動詞**
（三単現 **forgives** [-z];
過去 **forgave** [fərɡéiv ふォゲイヴ];
過分 **forgiven** [fərɡívn ふォギヴン];
現分 **forgiving**）
⊕（人・罪など）を許す;
《**forgive ＋人＋ for ＋名詞[...ing]**で》
（人）が…したことを許す
▶I'll **forgive** you this time only.
　今回だけはあなたを許しましょう.
▶Please **forgive** me for being late. 遅れたことを許してください.
──⊜ 許す
forgíve and forgét ＝ forgét and forgíve 過去を水に流す

forgiven [fərɡívn ふォギヴン] **動詞**
forgive（…を許す）の過去分詞

forgot [fərɡát ふォガット] **動詞**
forget（…を忘れる）の過去形; また, 過去分詞の一つ

forgotten [fərɡátn ふォガトゥン] **動詞**
forget（…を忘れる）の過去分詞の一つ

fork [fɔ́ːrk ふォーク] **名詞**
（複数 **forks** [-s]）
❶ **C**（食器の）フォーク
▶a knife and **fork**
（1組の）ナイフとフォーク（◆1組と考えるので fork の前に a はつかない）
❷ **C**（干し草などをかき上げる）熊手

forgetful — formation

fork ❷

form [fɔ́ːrm ふォーム]

名詞
　❶ 形
　❷ 形態; 形式
　❸ 用紙
動詞 ⊕ ❶ （団体）を結成する
　　　　　❷ …を形づくる

──**名詞**（複数 **forms** [-z]）
❶ **C U** 形; **C** 外観, 姿;（運動選手などの）フォーム
▶The rock has a simple **form**.
　その岩は単純な形をしている.
❷ **C** 形態; 種類; **C U**（内容に対する）形式, 表現形式（対義語 content 内容）
▶Ozone is a **form** of oxygen.
　オゾンは酸素の形態の一つだ.
❸ **C**（書きこむための）用紙, 書式
▶Fill in [out] this **form**, please.
　この用紙に記入してください.
❹ **C**（英）学年（◆（米）grade）
──**動詞**（三単現 **forms** [-z];
過去・過分 **formed** [-d]; 現分 **forming**）
──⊕ ❶（団体）を結成する, 組織する
▶**form** a band
　バンドを結成する
❷ …を形づくる
▶**form** clay into a house
　粘土で家を作る
──⊜（考え・計画などが）できあがる

formal [fɔ́ːrml ふォームる] **形容詞**
❶ 正式の, 公式の
（対義語 informal 非公式の）
▶wear **formal** dress　正装をする
❷ 形式ばった, かたくるしい

format [fɔ́ːrmæt ふォーマァット] **名詞**
❶ **C**（本・雑誌などの）判型; 体裁
❷ **C**【コンピューター】フォーマット, 書式

formation [fɔːrméiʃn ふォーメイシャン]
名詞 ❶ **U** 形成, 成立
❷ **U** 構造; **C** 形成物
❸ **C U**（軍隊などの）隊形,（飛行機の）編隊

a b c d e **f** g h i j k l m n **o** p q r s t u v w x y z

A B C D E F G H I J K L M N O P Q R S T U V W X Y Z

❹ U （サッカーなどの）フォーメーション

former [fɔ́ːrmər ふォーマ] 形容詞
❶《名詞の前に用いて》以前の，前の
▶Ms. Green, my **former** teacher, is now teaching my sister.
わたしが前に習っていたグリーン先生は，今は妹を教えている．
❷《the former で》（2つのもののうち順序が）前の；《代名詞的に》前者（のもの）（対義語 the latter あとの）
▶Of the two pictures, I like the **former** better than the latter.
2つの写真では，わたしは後者より前者のほうが好きだ．

formula [fɔ́ːrmjələ ふォーミュら] 名詞
（複数 formulas [-z] または formulae [fɔ́ːrmjəliː ふォーミュりー]）
❶ C 決まり文句（◆ Thank you.「ありがとう」など）；決まったやり方
❷ C （数学などの）式，公式

fort [fɔ́ːrt ふォート] 名詞 C とりで

forth [fɔ́ːrθ ふォーす]（★ fourth「第4」と発音は同じ）副詞
❶ 外へ，外部へ；前へ，先へ
❷（時間的に）先へ，…以後，…以降
and só forth …など（= and so on）
báck and fórth 前後に

fortieth [fɔ́ːrtiəθ ふォーティエす] 名詞
❶ U《the fortieth で》第40，40番め（◆ 40th と略す）
❷ C 40分の1
━━形容詞 ❶《the fortieth で》第40の，40番めの
❷ 40分の1の

fortunate [fɔ́ːrtʃənit ふォーチュネット] 形容詞 幸運な，幸せな（同義語 lucky，対義語 unfortunate 不運な）
▶You are **fortunate** to have such good friends. きみはこんないい友人がいて幸せだね．
▶It was **fortunate** that I caught the train.
その電車に間に合ったのは幸運だった．

fortunately [fɔ́ːrtʃənitli ふォーチュネットり] 副詞 幸運にも，運よく

fortune [fɔ́ːrtʃən ふォーチュン] 名詞
❶ U 運；幸運（同義語 luck，対義語 misfortune 不運）
▶I'm always favored by **fortune**.
わたしはいつも運に恵まれる．
❷ C U 財産；富（同義語 wealth）
▶make a **fortune** 財産を築く
❸ U C 運命（同義語 fate）；運勢
▶bring good [bad] **fortune**
幸運[不運]をもたらす

forty [fɔ́ːrti ふォーティ]
━━名詞（複数 forties [-z]）
❶ C《冠詞をつけず単数あつかいで》40；《複数あつかいで》40人，40個；U 40歳
❷《one's forties で》40歳代；《the forties で》（20世紀の）40年代
━━形容詞 40の；40人の，40個の；40歳の
▶forty students 40人の学生

forum [fɔ́ːrəm ふォーラム] 名詞
❶ C 公開討論会，フォーラム
❷ C （古代ローマの）公共広場

forward [fɔ́ːrwərd ふォーワド] 副詞
❶ 前方へ，先へ（対義語 backward 後方へ）
▶They moved **forward** to the gate.
彼らは門に向かって前進した．
❷ 今後，以後
lóok fórward to ＋名詞[...ing]
…を楽しみにして待つ（◆ しばしば進行形で用いる；look forward to の目的語に to 不定詞（to ＋動詞の原形）はこない）
▶I'm looking **forward** to your letter.
あなたのお手紙を楽しみにしています．
▶I'm looking **forward** to seeing you in Japan.
日本でお目にかかれるのを楽しみにしています．
━━形容詞 ❶ 前方の；前方への
❷（意見などが）進歩的な
━━名詞 C《スポーツ》前衛，フォワード

forwards [fɔ́ːrwərdz ふォーワツ] 副詞
= forward（前方へ）

fossil [fásl ふァスる] 名詞 C 化石
▶fossil fuel 化石燃料

foster [fɔ́ːstər ふォースタ] 動詞
他（他人の子供）を育てる，養育する
━━形容詞 養育による，里親の，里子の
▶a **foster** child 里子
▶**foster** parents 里親，養父母

fought [fɔ́ːt ふォート] 動詞
fight（戦う）の過去形・過去分詞

foul [fául ふァウる]（★発音に注意）形容詞
（比較 fouler；最上 foulest）

❶ 汚(きたな)い
❷ 《口語》不快な
▸a **foul** day ひどい１日
❸ 不正な
❹ (天候が) 荒(あ)れた
❺ 反則の;【野球】ファウルの
(♦名詞の前で用いる)
—[名詞] [C] 反則;【野球】ファウル

⁑found[1]
[fáund ふァウンド] [動詞]
find(…を見つける)の過去形・過去分詞

found[2] [fáund ふァウンド] [動詞]
[他] …を創立する, 設立する
▸Our school was **founded** in 1920.
わたしたちの学校は1920年に創立された.
be fóunded on ...
…に基(もと)づいている
▸The story **is founded on** fact.
その話は事実に基づいている.

foundation [faundéiʃn ふァウンデイシャン] [名詞] ❶ [U] 設立, 創立
❷ [C] 《しばしば **Foundation** で》財団
❸ [C] 土台, 基礎(きそ)
❹ [U] 根拠(こんきょ)([同義語] basis)

founder [fáundər ふァウンダ] [名詞]
[C] 創立者, 設立者

fountain [fáuntn ふァウンテン] [名詞]
[C] 噴水(ふんすい), 泉; (知識などの)源, 源泉《of ...》

fountain pen [fáuntn pèn ふァウンテン ペン] [名詞] [C] 万年筆

⁑four
[fɔ́ːr ふォーア]
—[名詞] ([複数] **fours** [-z])
[C] 《冠詞をつけず単数あつかいで》**4**;
《複数あつかいで》4人, 4個;
[U] 4歳(さい); 4時
—[形容詞] **4の**; 4人の, 4個の; 4歳の
▸A square has **four** sides.
正方形には4つの辺がある.

⁑fourteen
[fɔ̀ːrtíːn ふォーティーン]
—[名詞] ([複数] **fourteens** [-z])
[C] 《冠詞をつけず単数あつかいで》**14**;
《複数あつかいで》14人, 14個;
[U] 14歳(さい)
—[形容詞] **14の**; 14人の, 14個の; 14歳の
▸I'm **fourteen**. わたしは14歳です.

fourteenth [fɔ̀ːrtíːnθ ふォーティーンす]
[名詞] ❶ [U] 《**the fourteenth** で》
第14, 14番め; (日付の)14日
(♦14thと略す)
❷ [C] 14分の1
—[形容詞] ❶ 《**the fourteenth** で》
第14の, 14番めの
❷ 14分の1の

⁑fourth
[fɔ́ːrθ ふォーす]
—[名詞] ([複数] **fourths** [-s])
❶ [U] 《**the fourth** で》**第4**, 4番め; (日付の)4日(♦4thと略す)
❷ [C] 4分の1([同義語] quarter)
—[形容詞] ❶ 《**the fourth** で》**第4の**, 4番めの
▸the top of **the fourth** inning
(野球で)4回の表
❷ 4分の1の

Fourth of July [fɔ́ːrθ əv dʒulái ふォーす オヴ ヂュらイ] [名詞]
《**the Fourth of July** で》《米》7月4日, 独立記念日(♦アメリカの祝日; [同義語] Independence Day)
➡ **Independence Day** [文化]

fowl [fául ふァウる] (★発音に注意) [名詞]
([複数] **fowl** または **fowls** [-z])
[C] (成長した)ニワトリ; (アヒル・七面鳥などの)家禽(かきん)

fox [fáks ふァックス] [名詞] ([複数] **foxes** [-iz]) ❶ [C]【動物】キツネ
❷ [C] 《口語》ずる賢(がしこ)い人

Fr. ❶ 金曜日(♦*Fr*iday の略)
❷ フランス(♦*Fr*ance の略);
フランスの(♦*Fr*ench の略)

fraction [frǽkʃn ふラぁクシャン] [名詞]
❶ [C] (…の)わずかな部分, 断片(だんぺん), 破片(はへん)《of ...》
❷ [C]【数学】分数

fragile [frǽdʒəl ふラぁヂャる] [形容詞]
こわれやすい, もろい
▸**Fragile**: Handle With Care
《標示》こわれ物につき, 取りあつかい注意

fragrant [fréigrənt ふレイグラント]
[形容詞] 香(かお)りのよい, かんばしい

frame [fréim ふレイム] [名詞]
❶ [C] (建物などの) 骨組み, 構造;
[C] [U] (人・動物の)体格, 骨格
▸the **frame** of a ship
船の骨組み[構造]

▶a man of strong **frame**
がっしりした体格の男性

❷ C (窓などの)枠(%); 額縁(%%)

▶a window **frame** 窓枠

▶a picture **frame** 額縁

——**動詞**(**三単現** **frames** [-z];
過去・過分 **framed** [-d]; **現分** **framing**)
他 …を枠にはめる; …を額に入れる

framework [fréimwə̀ːrk ふれイムワ〜ク]

名詞 ❶ C 骨組み; (理論などの)構造,
枠組(%%)

❷ C 機構, 体制

France [fræns ふラぁンス] **名詞**

フランス
(♦ Fr. と略す; 首都はパリ Paris)

Frank [fræŋk ふラぁンク] **名詞**

【人名】フランク(♦ Anne Frank [ǽn- あン-], 1929-45; ユダヤ系ドイツ人の少女; 第2次世界大戦中, ヒトラー政権によるユダヤ人迫害(%%)政策のためオランダに隠(%)れ住んでいたが逮捕(%%)され, 15歳(%)で強制収容所で病死した; 隠れ住んでいたときに書いた日記が, 死後『アンネの日記』として出版された)

frank [fræŋk ふラぁンク] **形容詞**

(**比較** **franker**; **最上** **frankest**)
率直(%%)な, 正直な

▶Tell me your **frank** opinion,
please. あなたの率直な意見をお聞かせください.

to be fránk (with you)

率直に言えば(= frankly speaking)

▶**To be frank (with you)**, I don't
like his idea. 率直に言えば, わたしは彼の考えが好きではない.

frankfurter [fræŋkfərtər ふラぁンクふァタ] **名詞**

C フランクフルトソーセージ

Franklin [fræŋklin ふラぁンクリン]

名詞 【人名】フランクリン

(♦ Benjamin Franklin [béndʒəmin-ベンチャミン-], 1706-90; 避雷針(%%)の発明などで有名なアメリカの政治家・科学者・著述家)

frankly [fræŋkli ふラぁンクリ] **副詞**

率直(%%)に

fránkly spéaking 率直に言えば
(= to be frank (with you))

freckle [frékl ふレックる] **名詞**

C 《ふつう **freckles** で》そばかす, しみ

*free [fríː ふリー]

——**形容詞**(**比較** **freer**; **最上** **freest**)

❶ 自由な, 束縛(%%)されない; 独立した

▶**free** trade 自由貿易

▶You are **free** here.
あなたはここでは自由です.

❷ 無料の; 税金のいらない

▶a **free** ticket 無料のチケット

❸ 暇(%)な(**対義語** busy 忙(%%)しい);
(場所が)空いている

▶Are you **free** this afternoon?
今日の午後は暇ですか?

▶Is this seat **free**?
この席は空いていますか?

❹《be free to +動詞の原形で》
自由に…できる

▶You **are free to** use this room.
この部屋を自由に使っていいですよ.

feel frée to +動詞の原形 自由に…してよい(♦ しばしば命令形で使う)

▶Please **feel free to** ask me any
questions.
どうぞ自由に何でも質問してください.

for frée 《口語》無料で

frée from ... = frée of ... …がない; …を免(%%)れて

▶**free of** charge 無料で

set ... frée …を自由にする, 解放する

▶**Set** the bird **free**.
その鳥を放してやりなさい.

——**副詞**(**比較・最上** は **形容詞** に同じ)
自由に; 無料で

▶I got the ticket **free**. わたしは無料でそのチケットを手に入れた.

——**動詞**(**三単現** **frees**[-z];
過去・過分 **freed** [-d]; **現分** **freeing**)
他 …を(…から)自由にする, 解放する
《from ...》

freedom [fríːdəm ふリーダム] **名詞**

C U 自由(**同義語** liberty);

U（…からの）解放《from ...》
▶**freedom** of speech　言論の自由

freely [fríːli ふリーリ] 副詞
自由に；進んで；率直(きょく)に；気前よく

freeway [fríːwèi ふリーウェイ] 名詞 C
(米)高速道路 (◆ 同義語 expressway,
(英)motorway)

freeze [fríːz ふリーズ] 動詞
(三単現 **freezes** [-iz]；過去 **froze**
[fróuz ふロウズ]；過分 **frozen** [fróuzn
ふロウズン]；現分 **freezing**) 自
❶ 凍(こお)る，氷が張る；凍(こお)えるほど寒い
▶This lake **freezes** over every
winter.
この湖は毎冬一面に氷が張る.
▶Oh, it's **freezing**.　ああ，寒い.
❷（体が）凍える
❸（恐怖(きょう)などで）動けなくなる；
（コンピューターが）動かなくなる
▶**Freeze!** 動くな！
――他 …を凍らせる
▶**freeze** meat　肉を冷凍(れいとう)する

freezer [fríːzər ふリーザ] 名詞
C 冷凍(れいとう)庫；（冷蔵庫の）冷凍室，フリー
ザー

freezing point [fríːziŋ pòint ふリー
ズィング ポイント] 名詞 C U 氷点，セ氏０度

freight [fréit ふレイト] 名詞
U 貨物，積み荷；貨物運送，貨物便；
貨物運賃

freight train [fréit trèin ふレイト トゥ
レイン] 名詞 C (米)貨物列車
(◆(英)goods train)

✦**French** [frént∫ ふレンチ]
――形容詞 フランスの；フランス人の；
フランス語の ➡ **Japanese** (参考)
▶a French movie　フランス映画
――名詞 ❶《the French で複数あつか
い》フランス人(全体)
❷ U フランス語

French fries [frént∫ fráiz ふレンチ
ふライズ] 名詞
《複数あつかいで》(主に米)フライドポテ
ト (◆ French-fried potatoes ともいう；
(英)chips)
➡ **fast food**, **fish and chips**

French toast [frént∫ tóust ふレンチ ト
ウスト] 名詞 U (主に米)フレンチトース
ト (◆卵と牛乳に浸(ひた)したパンをフライパ
ンで焼いたもの)

frequency [fríːkwənsi ふリークウェン
スィ] 名詞 (複数 **frequencies** [-z]) U
しばしば起こること；C U 頻度(ひんど)，回数

frequent [fríːkwənt ふリークウェント]
形容詞 しばしば起こる；いつもの
▶a **frequent** customer　常連客

frequently [fríːkwəntli ふリークウェン
トリ] 副詞 たびたび，しばしば，頻繁(ひんぱん)
に (◆ often よりかたい語)

✦**fresh** [fré∫ ふレッシ] 形容詞
(比較 **fresher**；最上 **freshest**)
❶ 新鮮(しんせん)な，新しい；できたての；
新入りの
▶**fresh** vegetables　新鮮な野菜
▶**fresh** news　新しいニュース
▶**fresh** coffee　いれたてのコーヒー
▶Meg is **fresh** from college.
メグは大学を卒業したばかりだ.
❷（人・表情が）生き生きとした，元気な；
（空気・風などが）さわやかな，すがすがしい
▶breathe in the **fresh** mountain
air　すがすがしい山の空気を吸いこむ
❸（水などが）塩分のない
▶**fresh** water　真水(◆「塩水，海水」
は，それぞれ salt water, seawater)

freshman [fré∫mən ふレッシマン] 名詞
(複数 **freshmen** [fré∫mən ふレッシマ
ン]) C (米)（高校・大学の）1年生，新入
生；(英)（大学の）1年生，新入生(◆男女
の区別なく用いる；(米)(英)ともに「新入
社員」の意味はない)
▶I'm a **freshman** in high school.
わたしは高校１年生です.

(参考) 高校・大学の学年		
	高校	大学
1年生	freshman	
2年生	junior	sophomore
3年生	senior	junior
4年生		senior

Fri. [fráidèi ふライデイ] 金曜日
(◆ *Friday* の略)

friction [frík∫n ふリクシャン] 名詞
❶ U 摩擦(まさつ)
❷ U C 衝突(しょうとつ)，不和

✦**Friday** [fráidèi ふライデイ] 名詞
(複数 **Fridays** [-z])
C U 金曜日(◆ Fri. または Fr. と略す)
➡ **Sunday** (ルール)

A B C D E F G H I J K L M N O P Q R S T U V W X Y Z

▶**Friday** the 13th is an unlucky day.
13日の金曜日は不吉(きっ)な日だ.
➡ **thirteen** 区化

fridge [frídʒ ふリッヂ] 名詞
C 《口語》冷蔵庫(◆ refrigerator を短縮した語；つづりに d が入ることに注意)

fried [fráid ふライド] 動詞
fry(…を油であげる)の過去形・過去分詞
——形容詞 油であげた, 油でいためた

fried chicken [fráid tʃíkin ふライド チキン] 名詞 U フライドチキン, 鳥のからあげ➡ **fast food**

fried noodle [fráid núːdl ふライド ヌードゥる] 名詞
C 《ふつう fried noodles で》焼きそば

friend [frénd ふレンド] 名詞

(複数 friends [fréndz ふレンヅ])
C 友人, 友達；味方
▶Tom and I are good **friends**.
トムとわたしはとても仲がよい.
▶a **friend** of Bill's
ビルの友人(の一人)
▶Be my **friend**. 仲よくしようよ.
▶ことわざ A **friend** in need is a **friend** indeed.
困ったときの友こそ真の友.

ルール 「わたしの友達」の表し方

1 「友達が電話をくれた」というとき, "My **friend** called me."というと, 「わたしのたった一人の友人が電話をくれた」という誤解を招くことがあります. このような場合, ふつうは複数いる友人の一人という意味で"A **friend** of mine called me."といいます.

2 ただし, ある特定の友人を指している場合や, すでに話に出ていてだれのことかわかっている場合は my friend を用いることも可能です.
▶My **friend** Ted is a good cook.
わたしの友人のテッドは料理がじょうずだ.

*be friends with ... …と親しい
▶Emma is **friends** with Carol.
エマはキャロルと親しい.

*make friends with ... = become friends with ... …と親しくなる
▶I made **friends** with Becky.
わたしはベッキーと親しくなった.

参考 「親しくなる」は friends を使う

親しくなる相手が1人でも, 主語と合わせれば2人なので, make friends with と, friend は複数形になります.

*make friends with ... again …と仲直りする

friendly [fréndli ふレンドり] 形容詞

(比較 friendlier; 最上 friendliest)
(…に)好意的な, 親切な, 友好的な
《to [towards] ...》；(…と)親しい《with ...》
▶My host family was very **friendly** to me. わたしのホストファミリーはわたしにとても親切だった.
▶Ann is **friendly** with Ms. Brown.
アンはブラウンさんと親しい.

friendship [fréndʃip ふレン(ド)シップ] 名詞 C U 友情, 友好関係, 親交

fright [fráit ふライト] (★発音に注意) 名詞 C U (突然(とつぜん)の)恐怖(きょう), 激しい驚(おど)ろき

frighten [fráitn ふライトゥン] 動詞
他 …をこわがらせる, 驚(おど)かせる；
《be frightened by [at] ... で》
…をこわがる, …に驚く
▶The movie **frightened** me.
(＝I was frightened at [by] the movie.)
わたしはその映画がこわかった.

frightened [fráitnd ふライトゥンド] 動詞 frighten(…をこわがらせる)の過去形・過去分詞
——形容詞 おびえた, 驚(おど)いた

Frisbee [frízbi ふリズビ] 名詞
C 《しばしば frisbee で》
【商標】フリスビー(◆戸外で投げ合って遊ぶプラスチック製の円盤(えん))

frog [frág ふラッグ] 名詞
C 【動物】カエル
(◆「オタマジャクシ」は tadpole)

from 前置詞 ➡ p.251 from

front [fránt ふラント] (★発音に注意)

——名詞 (複数 fronts [fránts ふランツ])
C 《ふつう the front で》前, 前部；表, 表面(対義語 back 後ろ)；(建物の)正面
▶the **front** of a building 建物の正面
▶put a stamp on the **front** of the envelope 封筒(ふうとう)の表に切手をはる

⁑from 前置詞

❶〔場所〕…から **❸**〔起源・出所〕…から
❷〔時間〕…から **❹**〔数量・順序〕…から
❺〔分離(ぶん)・防止〕…から

[frám ふラム; (弱く言うとき) frəm ふラム]

ルール from の使い方

1 from は「家から学校まで」「午前 9 時から午後 7 時まで」「1 <u>から</u> 10 まで」のように, 場所・時間・順序などの「始まり」を表します.

2 from ... to ... の形では, 「...」に入る名詞にふつう冠詞をつけません.
▶**from** flower **to** flower 花から花へ

3 from のあとに場所や位置を表す副詞や前置詞(句)がくることもあります.
▶**from** abroad 外国から ▶**from** here ここから
▶**from** behind the curtain カーテンの後ろから

---

❶〔場所〕…から
▶walk **from** my house to school 家から学校まで歩く
▶fall **from** a tree 木から落ちる

❷〔時間〕…から
▶The library is open **from** 9 a.m. <u>to</u> [until] 7 p.m. その図書館は午前 9 時から午後 7 時まで開いている.

❸〔起源・出所〕…から, …出身の, …に由来する
▶a call **from** Ted テッドからの電話

ダイアログ

A: Where are you **from**? どちらのご出身ですか?
(＝Where do you come **from**?)
B: I'm **from** Chicago. シカゴ出身です.
(＝I come **from** Chicago.)
(♦ come from が現在時制である点に注意)

---

❹〔数量・順序〕…から
▶count **from** one to ten 1 から 10 まで数える

❺〔分離・防止〕…から
▶The little boy took the toy **from** the baby. その男の子は赤ちゃんからおもちゃを取り上げた.

❻〔原因〕…から, …で, …によって
▶die **from** [of] cancer がんで死ぬ

❼〔原料〕…から(♦原料の質が変化する場合に用いる) ➡ **make** くらべよう
▶Wine is made **from** grapes. ワインはブドウから作られる.

❽〔相違(そう)・区別〕…から, …と
▶She can tell right **from** wrong. 彼女は善悪の区別がつく.

from dóor to dóor 1 軒(けん)ごとに ➡ **door**

from héad to fóot ＝ ***from héad*** [***tóp***] ***to tóe***
頭のてっぺんからつま先まで; すっかり ➡ **head**

from nów ón これからは, 今後は

from pláce to pláce あちらこちらに ➡ **place**

from tíme to tíme ときどき(同義語 sometimes) ➡ **time**

from tóp to bóttom すっかり ➡ **bottom**

A B C D E F G H I J K L M N O P Q R S T U V W X Y Z

▶She took a seat at [in] the front of the bus.
彼女はバスの前方の座席にすわった.

*in frónt of ...
…の前に[で], 正面に[で]
(対義語) at the back of ... …の後ろに

くらべよう in front of と in the front of

in front of ...:
「…からはなれて前に」を表します.

in the front of ...:
「…の前の部分[最前部]に」を表します. at the front of ともいいます.

▶I'll wait for you **in front of** the theater.
劇場の前で待ってますね.

▶We took our seats **in** [**at**] **the front of** the theater.
わたしたちは劇場の最前部の席にすわった.

in front of   in the front of

——形容詞《名詞の前に用いて》
前の, 表の;正面の(対義語) back 後ろの)
▶a **front** seat   前列の席
▶a **front** door   玄関(げん)
▶the **front** page   (新聞の)第1面

front desk [fránt désk ふラント デスク]
名詞 C 《米》(ホテルの)フロント, 受けつけ(◆×単に front とはいわない;
《英》reception desk)

frontier [frʌntíər ふランティア] 名詞
❶ C 国境, 国境地方
❷《the frontier で》(アメリカの)辺境
(◆西部開拓(かいたく)時代の開拓地と未開拓地の境界地域)
❸ C 《しばしば frontiers で》
(学問などの)最先端(せんたん), 未開拓の分野

frost [fró:st ふロースト] 名詞 U 霜(しも)

frown [fráun ふラウン] 動詞
国 (怒(いか)り・不快・困惑(こんわく)などで)(…に)まゆをひそめる, 顔をしかめる(at ...)
——名詞 C しかめっつら, しぶい顔

froze [fróuz ふロウズ] 動詞
freeze(凍(こお)る)の過去形

frozen [fróuzn ふロウズン] 動詞
freeze(凍(こお)る)の過去分詞
——形容詞 凍った, 冷凍(れいとう)した;ものすごく寒い;(態度などが)冷淡(れいたん)な
▶**frozen** food   冷凍食品

‡fruit [frú:t ふルート] 名詞
(複数 fruits [frú:ts ふルーツ])
❶ C U 果物(くだもの), 果実

ルール fruit の使い方

1 漠然(ばくぜん)と「果物全体」を表すときは a をつけず, 複数形にもしません.
▶He doesn't eat **fruit** very often.
彼は果物をあまり食べない.
2 果物の種類を表すときには a をつけたり, 複数形にしたりします.
▶various **fruits**   いろいろな果物
▶The tomato is a vegetable, not a **fruit**.
トマトは野菜であり, 果物ではない.

❷ C 《しばしば fruits で》
(研究・努力などの)成果

fruitcake [frú:tkèik ふルートケイク]
名詞 C U (乾燥(かんそう)させた果実などが入っている)フルーツケーキ

fry [frái ふライ] 動詞 (三単現 fries [-z];
過去・過分 fried [-d]; 現分 frying)
他 …を油であげる, いためる ➡ cook 図
▶**Fry** the onions well.
タマネギをよくいためなさい.
——名詞 (複数 fries [-z])
C あげ物, フライ, いため物

frying pan [fráiiŋ pæn ふライイング パぁン] 名詞 C フライパン(◆《米》frypan ともいう)

frypan [fráipæn ふライパぁン] 名詞 C
《米》フライパン(◆ frying pan ともいう)

ft. フィート(◆ foot, feet の略)

fuel [fjú:əl ふューエる] 名詞 C U 燃料(ねんりょう)

-ful 接尾辞 名詞について「…がいっぱいの」「…の性質をもつ」という意味の形容詞をつくる: color(色)＋ -ful → colorful (色彩(しきさい)に富んだ);
beauty(美しさ)＋ -ful → beautiful (美しい)

fulfill, 《英》**fulfil** [fulfíl ふるふィる] 動詞
他 (義務・約束など)を果たす;
(希望)をかなえる

fulfillment [fulfílmənt ふるフィるメント]
　　名詞 U C (約束・義務などの)実行;
　　(希望などの)実現, 達成

full [fúl ふる]

　　──形容詞 (比較 **fuller**; 最上 **fullest**)
　❶ いっぱいの, 満ちた (対義語 **empty**
　空(ず)の); (口語)腹いっぱいの, 満腹の;
　《**be full of ...** で》…でいっぱいである
　(同義語 be filled with)
　▶The train **was full of** people, so
　I had to stand.
　　電車は満員だったので, わたしは立って
　いなければならなかった.

　ダイアログ
　A: Would you like another piece
　of cake?
　　ケーキをもう 1 切れいかがですか?
　B: No, thank you.　I'm **full**.　もう
　けっこうです. おなかがいっぱいです.

　❷ 完全な; 最大限の
　▶a **full** moon　満月
　▶at **full** speed　全速力で
　▶They spent a **full** two days in
　Hakone.　彼らは箱根で丸 2 日過ご
　した. (♦ two days をひとまとまりの
　ものと考えて a をつけるのがふつう;
　two **full** days ともいう)
　　──名詞 U 《ふつう the full で》
　完全; 全盛(ばい)
　in fúll 省略せずに, 全部
　to the fúll 十分に, 心ゆくまで
　　We enjoyed the trip **to the full**.
　　わたしたちは旅行を心ゆくまで楽しんだ.

full name [fúl néim ふる ネイム] 名詞
　　C (略さない)氏名, フルネーム

full stop [fúl stάp ふる スタップ] 名詞
　　C (英)ピリオド, 終止符(ゅ)
　　(♦(主に米)period)

full-time [fúltáim ふるタイム] 形容詞
　　フルタイムの, 常勤の
　　(対義語 part-time パートタイムの)

▶a **full-time** teacher　常勤の教師
　　──副詞 全時間勤務で, 常勤[専任]で
　▶work **full-time**　全時間勤務で働く

fully [fúli ふり] 副詞 十分に, 完全に;
　　《数を表す語の前で》たっぷり, まるまる
　▶It took **fully** three hours to solve
　the puzzle.
　　そのパズルを解くのにたっぷり 3 時間
　かかった.

fun [fÁn ふァン] 名詞
　　U おもしろさ, 楽しいこと[人, もの]; ふ
　ざけ
　▶We had a lot of **fun** at the party.
　　わたしたちはパーティーで大いに楽し
　んだ.
　▶It's great **fun** to play cards.
　　トランプをするのはとても楽しい.
　▶This is **fun**! これ, おもしろい!
　for fún ① 楽しみで, 楽しみのために
　▶I play the flute **for fun**.
　　わたしは楽しみでフルートを吹く.
　② 遊び半分で, 冗談(だ)で
　(♦ in fun ともいう)
　▶Maybe he said that just **for fun**.
　　おそらく彼はほんの冗談でそう言った
　んだよ.
　make fún of ... …をからかう
　▶Don't **make fun of** the dog.
　　そのイヌをからかってはいけない.

function [fÁŋkʃn ふァンクシャン] 名詞
　　C 機能, 働き; 役割, 職務
　　──動詞 (自) **❶** (機械などが)作動する
　❷ (…として)機能する, (…の)役目を果た
　す(as ...)

functional [fÁŋkʃənəl ふァンクショナる]
　　形容詞 機能本位の, 実用的な

fund [fÁnd ふァンド] 名詞 C 資金, 基金

fundamental [fÀndəméntl ふァンダメ
　ンタる] 形容詞 根本的な, 基本的な; 重要な
　▶**fundamental** human rights
　　基本的人権

funeral [fjúːnərəl ふューネラる] 名詞
　　C 葬式(ぎ), 告別式

funny [fÁni ふァニ] 形容詞
　　(比較 **funnier**; 最上 **funniest**)
　❶ おかしい, こっけいな, おもしろい
　➡ **interesting** くらべよう
　▶That was a really **funny** movie.
　　それは実におかしな映画だった.

a b c d e f g h i j k l m n o p q r s t u v w x y z

ABCDEFGHIJKLMNOPQRSTUVWXYZ

▶What's so **funny**?
何がそんなにおかしいのですか？

❷《口語》奇妙(きみょう)な, 変な

▶It's **funny** (that) nobody showed up. だれも来ないなんて奇妙だ.

fur [fə́ːr ファ〜] 名詞 C U 毛皮(けがわ);
C《しばしば **furs** で》毛皮製品, 毛皮の衣服; U (ほ乳動物の)柔(やわ)らかい毛

furious [fjúəriəs ふュ(ア)リアス] 形容詞
❶ (人が)激怒(げきど)した, すごく怒(おこ)った
❷《ふつう名詞の前に用いて》
(風雨・勢いなどが)激しい, 猛烈(もうれつ)な

furnish [fə́ːrniʃ ファ〜ニッシ] 動詞
(三単現 **furnishes** [-iz]; 過去・過分
furnished [-t]; 現分 **furnishing**) 他
❶ …に(必要なもの・家具などを)備えつける(with ...)
❷ (必要なもの)を供給する

furnished [fə́ːrniʃt ファ〜ニッシト]
形容詞 (部屋・家などが)家具つきの

✴furniture

[fə́ːrnitʃər ファ〜ニチャ] 名詞
U 家具(全体)(◆日本語の「家具」より意味が広く, じゅうたん・時計・冷蔵庫・洗濯(せんたく)機などもふくむ)

▶I don't have much **furniture**.
わたしはあまり家具を持っていない.

ルール furniture の使い方

1 furniture は数えられない名詞なので, 「たくさんの家具」というとき, many は使えません.
▶much [a lot of] **furniture**
たくさんの家具
2 数を表すときは次のようにいいます.
▶a piece [an article] of **furniture**
家具1点
▶two pieces [articles] of **furniture**
家具2点

further [fə́ːrðər ファ〜ざ] 副詞
(far の比較級の一つ)
➡ far 2つめの ルール
❶《程度》さらに, そのうえに
▶The book is useful. **Further**, it is very interesting. その本は役に立つ. そのうえ, とてもおもしろい.
❷《時間・距離(きょり)》もっと先に, もっと遠くに
▶They could not walk any **further**.
彼らはもうそれ以上歩けなかった.

──形容詞 (far の比較級の一つ)
❶《程度》それ以上の
▶For **further** detail(s), please read the manual.
さらに詳(くわ)しくは, 説明書をお読みください.
❷《時間・距離》もっと先の, もっと遠くの

furthermore [fə́ːrðərmɔ̀ːr ファ〜ざモーア] 副詞 そのうえ, さらに
(◆かたい語; 同義語 besides)

furthest [fə́ːrðist ファ〜ゼスト] 副詞
(far の最上級の一つ)
➡ far 2つめの ルール
❶《時間・距離(きょり)》最も遠くへ
❷《程度》最大限に

──形容詞 (far の最上級の一つ)
❶《時間・距離》最も遠くの
❷《程度》最大限の

fury [fjúəri ふュ(ア)リ] 名詞
(複数 **furies** [-z])
❶ U C 激しい怒(いか)り
❷ U (あらしなどの)猛威(もうい)

flý [gét] *into a fúry* 激怒(げきど)する

fuse [fjúːz ふューズ] 名詞
❶ C【電気】ヒューズ
❷ C (爆弾(ばくだん)などの)導火線, 信管

✴future

[fjúːtʃər ふューチャ]

──名詞 (複数 **futures** [-z])
❶ C U《ふつう the future で》
未来, 将来
(◆「現在」は present, 「過去」は past)
▶Please tell me your dreams for the future.
あなたの将来の夢を聞かせてください.
▶What will the future be like?
未来はどんなだろうか？
❷ C U 将来性, 前途(ぜんと)
▶You have a bright **future**.
きみの前途は明るい.
❸《the future で》【文法】未来

in fúture《英》これからは, 今後は
in the fúture 将来に; これからは
▶I want to teach English in the future.
わたしは将来, 英語を教えたい.
──形容詞《名詞の前に用いて》
未来の, 将来の
▶This is my **future** husband.
こちらがわたしの未来の夫[婚約(こんやく)者]です.

a b c d e f **g** h i j k l m n o p q r s t u v w x y z

Gg $\mathcal{G}$ g

Q 何の合図? ➡ p.259 gestures 図を見てみよう!

G, g [dʒíː ヂー] 名詞 (複数 **G's, g's** または **Gs, gs** [-z]) C U ジー
(♦アルファベットの 7 番めの文字)

g グラム(♦ gram(s) の略)

GA 【郵便】ジョージア州(♦ Georgia の略)

gadget [ɡ在dʒit ギぁヂェット] 名詞
C (気のきいた)小さな道具, 機械装置

ˈgain [ɡéin ゲイン]
——動詞 (三単現 **gains** [-z];
過去・過分 **gained** [-d]; 現分 **gaining**)
——他 ❶ (望ましいもの)を得る, (努力して)手に入れる
(同義語 get, 対義語 lose …を失う)
▸**gain** support 支持を得る
❷ (重さ・速度など)を増す
▸**gain** speed 速度を増す
▸I've **gained** some weight recently.
最近, 体重が増えてしまった.
❸ (時計が)…だけ進む
(対義語 lose …だけ遅(おく)れる)
——自 利益を得る;増える;(時計が)進む
——名詞 (複数 **gains** [-z])
U C 利益;増加

Galileo [ɡæləléiou ギぁりれイオウ] 名詞
【人名】ガリレオ(♦ Galileo Galilei
[-ɡæləléi -ギぁりれイ], 1564–1642;地動説
を唱えたイタリアの天文学者・物理学者)

gallery [ɡ在ləri ギぁらリ] 名詞
(複数 **galleries** [-z])
❶ C 画廊(がろう), 美術館
▸the National **Gallery**
(ロンドンの)国立美術館
❷ C (劇場の)天井桟敷(てんじょうさじき)
(♦最上階にあるいちばん安い席)
❸《the gallery で》天井桟敷の観客;
(ゴルフ・テニスなどの)観客

gallon [ɡ在lən ギぁろン] 名詞
C (液量の単位の)ガロン(♦日本やアメリカでは 1 ガロンは約 3.79 リットル, イギリスでは約 4.55 リットル; gal. と略す)

gallop [ɡ在ləp ギぁろップ] 名詞
U 《または **a gallop** で》ギャロップ
(♦馬のいちばん速い走り方)
——動詞 自 (馬が)ギャロップで走る
——他 (馬)をギャロップで走らせる

gamble [ɡ在mbl ギぁンブる] 動詞
(三単現 **gambles** [-z];
過去・過分 **gambled** [-d]; 現分 **gambling**)
自 かけ事をする; (…に)金をかける
《on ...》
——他 (…に)(金)をかける《on ...》
——名詞 C かけ事, ギャンブル

ˈgame [ɡéim ゲイム] 名詞
(複数 **games** [-z])
❶ C 遊び, ゲーム
▸Let's play a card [video] **game**.
トランプ[テレビゲーム]をしよう.
❷ C 試合, 競技;《games で》競技会
▸a **game** of soccer サッカーの試合
▸We won [lost] the baseball **game**
by five to two. わたしたちは野球の
試合に 5 対 2 で勝った[負けた].

くらべよう game と match

1 《米》では baseball や basketball
など, -ball のつく球技には game を
使い, tennis や golf などの個人競技
には match を使います.
2 《英》ではどちらも match をよく使
います.

❸ C (1 試合または 1 セットの中の)ゲーム(♦テニスでは game の集まりを set, set の集まりを match と呼ぶ)

Gandhi [gάːndi ガーンディー]
　名詞 【人名】ガンジー （◆Mohandas Karamchand Gandhi [mòuhəndάːs kɑ̀rəmtʃɑ́nd- モウハンダース カラムチャンド-], 1869-1948；インド独立運動の指導者；通称 Mahatma Gandhi [məhάːtmə- マハートマ-]）

gang [gǽŋ ギャング] 名詞
　❶ C (仲間の)一群, 一団
　▶a **gang** of workers　労働者の一団
　❷ C (悪漢の)一味, ギャング, 暴力団
　（◆1人のギャングは a gangster という）
　▶a **gang** of bank robbers
　　銀行強盗の一味
　❸ C (少年の)遊び仲間, グループ

Ganges [gǽndʒiːz ギャンチーズ] 名詞
　《the Ganges で》ガンジス川
　（◆ヒマラヤ山脈に発し, ベンガル湾に注ぐ；ヒンズー教徒にとって聖なる川）

gangster [gǽŋstər ギャングスタ] 名詞
　C ギャング(の一員), 暴力団員

gap [gǽp ギャップ] 名詞
　❶ C (塀や岩などの)割れ目, すき間
　❷ C (意見などの)へだたり, 相違
　▶a generation **gap**　世代間の断絶, ジェネレーションギャップ
　❸ C (時間の)空白, とぎれ

garage [gərάːʒ ガラージ] (★発音に注意)
　名詞 ❶ C ガレージ, 車庫 ➡ house 図
　❷ C 自動車修理工場；《英》ガソリンスタンド（◆《米》gas station）

garage sale [gərάːʒ sèil ガラージ セイる] 名詞 C 《主に米》ガレージセール

【文化】 **ガレージセールで買い物じょうず**
　引っ越しをするときなどに, 不用になった家具・電気製品・衣類・本などを自分の家のガレージや庭先などで安く売ることを garage sale, または yard sale といいます。

garbage [gάːrbidʒ ガーベッヂ]
　名詞 U 《主に米》(台所の)生ごみ, ごみ

（類語 《米》trash, 《英》rubbish がらくた）
　▶a **garbage** can
　　《米》ごみ入れ（◆《英》dustbin）
　▶take out [collect] **garbage**
　　ごみを出す[収集する]

garden [gάːrdn ガードゥン] 名詞
　（複数 **gardens** [-z]）
　❶ C 庭, 庭園；菜園
　▶a flower [vegetable] **garden**
　　花畑[菜園]（◆庭などの一角で花や野菜の栽培にあてられた場所）
　❷ C 《ときに **gardens** で》公園（同義語 park）；遊園地

〖くらべよう〗 **garden** と **yard**

garden: 草花や樹木でおおわれており, 石塀などで囲まれている庭です。イギリスでよく見られます。

yard: 芝生が植えられており, 塀がなく広々とした庭です。アメリカでよく見られます。

gardener [gάːrdnər ガードゥナ] 名詞
　C 植木屋, 庭師, 造園業者；園芸家

gardening [gάːrdniŋ ガードゥニング]
　名詞 U 園芸, ガーデニング

gargle [gάːrgl ガーグる] 動詞
　（三単現 **gargles** [-z]；
　過去・過分 **gargled** [-d]；現分 **gargling**）
　⊜ うがいをする
　――名詞 ❶《a gargle で》うがい
　❷ C U うがい薬

garlic [gάːrlik ガーリック] 名詞
　U 【植物】ニンニク(の球根)；ガーリック

gas [gǽs ギャス] 名詞
　（複数 **gases** または **gasses** [-iz]）
　❶ C U 気体, ガス
　（◆「液体」は liquid, 「固体」は solid）

❷ U（燃料用の）**ガス**
▶turn **on** [off] the **gas**
ガスをつける[消す]
❸ U（米口語）ガソリン
(♦ *gasoline* を短縮した語)

gasoline [gǽsəliːn ギァソリーン] 名詞 U
(米)ガソリン(♦(米口語)gas, (英)petrol)

gasp [gǽsp ギァスプ] 動詞
目 あえぐ，息を切らす；
(驚きなどで)息をのむ
━他 …をあえぎながら言う
━名詞 C あえぎ，息切れ；息をのむこと

gas station [gǽs stèiʃn ギァス ステイ
シャン] 名詞
C (米)ガソリンスタンド(♦「ガソリンスタ
ンド」は和製英語；(英)petrol station)

gate [géit ゲイト] 名詞
(複数 gates [géits ゲイツ])
C 門，出入り口(♦両開きの場合は門が一
つでも gates になる)；搭乗口

gateway [géitwèi ゲイトウェイ] 名詞
❶ C (壁・垣根などの)出入口；
(…への)入り口，通路(to ...)
❷ C 《ふつう the gateway で》
(…への)道，手段(to ...)

gather [gǽðər ギァざ] 動詞
(三単現 gathers [-z]；過去・過分
gathered [-d]；現分 gathering)
━他 **❶** …を集める；(花など)を摘む；
(農作物)を取り入れる
▶Ms. Baker **gathered** all the
students together. ベーカー先生は
生徒全員を一か所に集めた．
▶We **gathered** flowers in the field.
わたしたちは野原で花を摘んだ．
❷ (経験・速度など)を(徐々に)増す
▶The express train **gathered**
speed. 急行はスピードを上げた．
━目 (人・ものが)集まる，集合する
▶The players **gathered** around
their coach.
選手たちはコーチのまわりに集まった．

gathering [gǽðəriŋ ギァざリング] 名詞
C 集まり，集会

gave [géiv ゲイヴ] 動詞
give(…をあたえる)の過去形

gay [géi ゲイ] 形容詞 《口語》同性愛の
━名詞 C 同性愛者，ゲイ

gaze [géiz ゲイズ] 動詞
(三単現 gazes [-iz]；過去・過分 gazed
[-d]；現分 gazing)
目 (…を)見つめる，じっと見る
《at [into] ...》

GDP [dʒíːdíːpíː ヂーディーピー] 国内総生産
(♦ *gross domestic product* の略)

gear [gíər ギア] 名詞
❶ C U 歯車，ギア
❷ C 装置；U (スポーツなどの)用具，道
具一式

gee [dʒíː ヂー] 間投詞
《主に米・口語》うわあ，へえ，まあ
(♦驚き・感心などを表す)

geese [gíːs ギース] 名詞
goose(ガチョウ)の複数形

gem [dʒém ヂェム] 名詞
C 宝石；貴重なもの[人]

gene [dʒíːn ヂーン] 名詞 C 遺伝子
▶**gene** therapy 遺伝子治療

general [dʒénərəl ヂェネラる]
━形容詞 (比較 more general；
最上 most general)
❶ 全般的な，全体的な；世間一般の
▶a **general** election 総選挙
▶the **general** public 一般大衆
❷ 一般的な，総合的な
(対義語 special 専門の)
▶**general** education 一般教育
▶a **general** hospital 総合病院
❸ 大まかな；漠然とした
▶a **general** idea おおよその考え
━名詞 (複数 generals [-z])
C (アメリカ陸軍・空軍・海兵隊，イギリス
陸軍の)大将

in géneral
①《名詞のあとに用いて》一般の
▶people **in general** 一般の人々
②一般に，概して
(対義語 in particular 特に)
▶**In general**, women live longer
than men.
概して，女性は男性よりも長生きする．

generally [dʒénərəli ヂェネラリ] 副詞
❶ たいてい，ふつう
▶We **generally** go to Okinawa in
summer.
わたしたちはたいてい夏に沖縄に行く．

a
b
c
d
e
f
g
h
i
j
k
l
m
n
o
p
q
r
s
t
u
v
w
x
y
z

❷ 一般に, 広く; 概して

génerally spéaking
一般的にいえば(◆ふつう文頭で用いる)
▶**Generally speaking**, people in this village live long.
一般的にいえば, この村の人々は長生きだ.

generation [dʒènəréiʃn ヂェネレイシャン] 名詞
❶ C 代; 一世代(◆生まれた子が成長して親になるまでの約30年間)
▶from **generation** to **generation**
代々, 親から子へ
❷ C 同じ世代の人々
▶the young(er) **generation**
若い世代

generous [dʒénərəs ヂェネラス] 形容詞
❶ 気前がいい
▶He is **generous** with his money.
彼は気前よく金を出す.
❷ 寛大な, 度量が広い
▶She is **generous** to her friends.
彼女は友人に対して寛大だ.

Geneva [dʒəníːvə ヂェニーヴァ] 名詞
ジュネーブ(◆スイスの都市; 国際赤十字社やWHO(世界保健機関)の本部がある)

genius [dʒíːniəs ヂーニャス] (★発音に注意) 名詞 (複数 geniuses [-iz])
❶ C (人を指して)天才
❷ U (生来の)才能, 天分;《a genius で》(…に対する)非凡な才能(for ...)
▶He has a **genius for** music.
彼には音楽の才能がある.

gentle [dʒéntl ヂェントゥる] 形容詞
(比較 gentler; 最上 gentlest)
❶ 優しい, 親切な
▶She is **gentle** to the weak.
彼女は弱者に優しい.
❷ 穏やかな, 静かな, ゆるやかな
▶speak in a **gentle** voice
穏やかな声で話す

ˇgentleman [dʒéntlmən ヂェントゥるマン] 名詞 (複数 gentlemen [dʒéntlmən ヂェントゥるマン])
❶ C 男の人(◆man のていねいな言い方; 対義語 lady 女の人)
❷ C 紳士(◆人格がりっぱで教養がある男性; 対義語 lady 淑女)
❸《gentlemen で》(呼びかけで)みなさん, 諸君(◆女性がいる場合は Ladies

and gentlemen. と言う)

gentlemen [dʒéntlmən ヂェントゥるマン] 名詞 gentleman(男の人)の複数形

gently [dʒéntli ヂェントゥり] 副詞
穏やかに, 優しく, 静かに

genuine [dʒénjuin ヂェニュイン] 形容詞
本物の, 真の; 誠実な, 心からの

geography [dʒiágrəfi ヂアグラふィ]
(★アクセントに注意) 名詞
❶ U 地理, 地理学
❷《the geography で》
(ある地域の)地勢, 地形

geometry [dʒiámətri ヂアメトゥリ]
(★アクセントに注意) 名詞
U 幾何学(◆図形や空間に関する数学)

Georgia [dʒɔ́ːrdʒə ヂョーヂャ] 名詞
ジョージア州(◆アメリカ南東部の州; Ga. または《郵便》で GA と略す)

geothermal [dʒiːouθə́ːrməl ヂーオウさ～マる] 形容詞 地熱の

germ [dʒə́ːrm ヂャ～ム] 名詞
C ばい菌, 細菌

German [dʒə́ːrmən ヂャ～マン] 形容詞
ドイツの; ドイツ人の; ドイツ語の
──名詞 ❶ C ドイツ人;《the Germans で》ドイツ人(全体)
❷ U ドイツ語

Germany [dʒə́ːrməni ヂャ～マニ] 名詞
ドイツ(◆ Ger. と略す; 首都はベルリン Berlin)

ˇgesture [dʒéstʃər ヂェスチャ]
──名詞 (複数 gestures [-z])
C U 身振り, 手まね, ジェスチャー
➡ p.259図
▶communicate with **gestures**
ジェスチャーで意思の疎通をはかる
──動詞 (三単現 gestures [-z]; 過去・過分 gestured [-d]; 現分 gesturing)
⊜ 身振りをする
▶Ann **gestured** to [for] him to come.
アンは彼に, 来るようにと身振りをした.

ˇget 動詞 ➡ p.260 get

ˇgetting [gétiŋ ゲティング] 動詞
get(…を得る)の現在分詞・動名詞

get-together [géttəgèðər ゲットゥゲざ] 名詞 C (気楽な)パーティー, 集まり

Ghana [gáːnə ガーナ] 名詞 ガーナ
(◆アフリカ西部の国; 首都はアクラ Accra)

ghost [góust ゴウスト] (★発音に注意)
名詞 ❑ 幽霊(ゆうれい), お化け

giant [dʒáiənt ヂャイアント] 名詞
❶ ❑ (物語や伝説に出てくる)巨人(きょじん)
(対義語 dwarf 小人(こびと)); (一般に)大男
❷ ❑ 偉人(いじん), 非凡(ひぼん)な人, 大物
――形容詞《名詞の前に用いて》巨大な

gift [gíft ギフト] 名詞
(複数 gifts [gífts ギフツ])
❶ ❑ 贈(おく)り物(♦ present よりも改まった贈り物を表す)
▶Could you wrap it as a **gift**?
贈り物用に包装していただけますか?
❷ ❑ (生まれつきの)(…の)才能(for ...)
▶She has a **gift** for painting.
彼女には絵をかく才能がある.

gifted [gíftid ギフティッド] 形容詞
生まれつき才能のある

gigantic [dʒaigǽntik ヂャイギぁンティック] 形容詞 巨大(きょだい)な; 膨大(ぼうだい)な

giggle [gígl ギグる] 動詞
(三単現 giggles [-z];
過去・過分 giggled [-d]; 現分 giggling)
⾃ クスクス笑う

――名詞 ❑ クスクス笑い

ginkgo, gingko [gíŋkou ギンコウ]
名詞 (複数 ginkgoes, gingkoes または ginkgos, gingkos [-z])
❑【植物】イチョウ

giraffe [dʒərǽf ヂラぁフ] 名詞
❑【動物】キリン

girl [gɚ́ːrl ガ〜る] 名詞 (複数 girls [-z])
❑ 女の子, 少女(対義語 boy 男の子); 娘(むすめ)
▶a **girl** in her teens
10代の少女
▶a **girls'** school 女子校(♦アポストロフィ(')の位置に注意; girls は複数形)

girlfriend [gɚ́ːrlfrènd ガ〜るふレンド]
名詞 ❑ ガールフレンド, (女性の)恋人(こいびと)
(対義語 boyfriend ボーイフレンド)
➡ **boyfriend** ✐おもしろ知識

Girl Guides [gɚ́ːrl gáidz ガ〜る ガイヅ]
名詞《the Girl Guides で》
(英)ガールガイド(♦ 1909 年にイギリスで結成された, 少女を心身ともに健全な市民に育てるための組織; 一人ひとりの団員は a girl guide; (米)の the Girl Scouts にあたる)

gestures

ぼく / わたし

賛成 / 満足

反対 / 不満

うまくいったよ(OK)

うまくいきますように
(cross *one's* fingers)

当惑(とうわく) / あきらめ /
不賛成

おいで, おいで

だめ, だめ

おなかがすいた

もういいよ, 忘れて

うぬぼれている

A B C D E F G H I J K L M N O P Q R S T U V W X Y Z

⁺get 動詞
[gét ゲット]

他 ❶ …を得る
❷ …を買う
❸ …を取って来る
❹ …を理解する

基本のイメージ: ものや状態を手に入れる

(三単現 **gets** [géts ゲッツ]; 過去 **got** [gát ガット]; 過分 **got** または《米》**gotten** [gátn ガトゥン]; 現分 **getting**)

——他 ❶ …を得る, もらう, 受け取る (同義語 gain); 《**get ＋人＋もので**》(人)に(もの)を手に入れてあげる

▸My brother **got** a summer job.　兄は夏休みのアルバイトを得た.
▸Jim **got** Ann's help.　ジムはアンの手助けを得た.
▸I **got** (an) e-mail from her.　わたしは彼女からEメールをもらった.
▸I'll **get** you two tickets.　チケットを2枚, 手に入れてあげるよ.

❷ …を買う;《**get ＋人＋もの**または **get ＋もの＋ for ＋人で**》(人)に(もの)を買う

▸I **got** a new computer.　わたしは新しいコンピューターを買った.
▸He **got** me a school bag.　彼はわたしに通学かばんを買ってくれ (=He **got** a school bag **for** me.)　た.
(♦文末にくる語句が強調される; 前者は「何を」買ったか, 後者は「だれに」買ったかに重点が置かれる)

❸ …を取って来る, 持って来る;《**get ＋人＋もの**または **get ＋もの＋ for ＋人で**》(人)に(もの)を持って来る

▸I'll **get** my umbrella.　傘(🈂)を取って来ますね.
▸**Get** me a cup of coffee.　コーヒーを1杯(🈂)持って来て. (= **Get** a cup of coffee **for** me.)
(♦文末にくる語句が強調される; 前者は「何を」持ってくるのか, 後者は「だれに」持ってくるのかに重点が置かれる)

❹《口語》…を理解する (同義語 understand); …を聞き取る
▸I **got** it.　わかりました.
▸I didn't **get** the joke.　わたしにはその冗談(じょう)が理解できなかった.

❺《**get ＋名詞＋ to ＋動詞の原形で**》(説得などをして)(人)に…させる, …してもらう; (もの)を…させる ➡ let くらべよう
▸I **got** him **to** do the dishes.　わたしは彼に皿を洗わせた.
▸I couldn't **get** my computer **to** start.　わたしはコンピューターを起動させることができなかった.

❻《**get ＋もの＋過去分詞で**》(もの)を…してもらう, (もの)を…させる

❺ (人)に…させる
❻ (もの)を…してもらう

❶ 着く
❷ (ある状態)になる

▶I **got** my hair **cut**.　　　　　　　　わたしは髪(ﾟ)を切ってもらった.
（♦この cut は過去分詞）

❼ 《**get ＋人・もの＋形容詞**[**...ing**]で》(人・もの)を…の状態にする

▶Don't **get** your clothes dirty.　　　服を汚(ゟ)さないでね.

❽ …を捕(ﾟ)まえる; (電車など)に乗る

▶I couldn't **get** my usual bus　　今朝, わたしはいつものバスに乗れな
this morning.　　　　　　　　　　かった.

❾ (病気)にかかる, (罰(ぱ)・損害など)を受ける

▶I've **got** a cold.　　　　　　　　　　風邪(ﾟ)をひいてしまいました.

──**❶** (場所に)着く, 到着する《to ...》➡ p.262 成句 **get to ...**

▶I usually **get** home at six.　　　　わたしはふつう6時に帰宅する.

❷ 《**get ＋形容詞**[**過去分詞**]で》(ある状態)になる（**同義語** become, grow）

▶She'll **get** well soon.　　　　　　　彼女はすぐに元気になるだろう.

▶It is **getting** dark outside.　　　　　外が暗くなってきた.

▶They **got married** last month.　　　彼らは先月結婚(ﾟﾞ)した.

❸ 《**get ＋過去分詞**で》…される(♦受け身の形の一種)

▶My bike **got stolen** last week.　　先週, わたしの自転車が盗(ﾟ)まれた.

❹ 《**get to ＋動詞の原形**で》…するようになる

▶How did you **get to** know her?　　どうやって彼女と知り合ったのですか?

❺ 《**get ＋ ...ing** で》…し始める

▶Let's **get going**.　　　　　　　　　さあ出かけ[始め]よう.

get acróss　　(道など)を渡(ﾟ)る; …を(向こう側に)渡す

get alóng　　暮らしていく; うまくやる

　▶How are you **getting along**?　　いかがお過ごしですか?

get aróund* ＝ *get abóut　　(あちこち)歩き回る, 動き回る

gét at ...　　…に手が届く, 達する; (真実など)を知る

get awáy　　立ち去る, 逃(ﾟ)げる

get báck　　① 戻(ﾟ)る, 帰る

　▶When will he **get back** from　彼はいつ旅行から戻りますか?
　his trip?

　② …を取り戻す, もとに戻す

get dówn

　① (高いところから)下りる

　② (もの)を降ろす;
　《口語》(人)をがっかりさせる

get ín　　① (車などに)乗る;
　(中へ)入る ➡ 右図

　▶Please **get in** the car.
　車に乗ってください.

　② 到着する

　▶The train finally **got in**.
　列車がようやく到着した.

[狭(ﾟ)い乗り物]　　　　[広い乗り物]

get in
get into　　　　get out of　　get off　get on

◆get ínto ... ① …の中に入る; (車など)に乗りこむ ➡ p.261 図
  ▸**get into** a taxi   タクシーに乗りこむ
  ② (悪い状態)になる, 巻きこまれる
  ▸**get into** a traffic jam   交通渋滞(じゅうたい)に巻きこまれる

◆get óff ① (列車・バスなどから)降りる; …から降りる ➡ p.261 図
  ▸I'll **get off** at the next stop.   次の停留所で降ります.
  ▸She **got off** the train last.   彼女は最後に電車から降りた.
  ② …を脱(ぬ)ぐ; …を取りはずす

◆get ón ① (列車・バスなどに)乗る; …に乗る ➡ p.261 図
  ▸When the train stopped, he   電車が止まると, 彼はすばやく乗った.
  got on quickly.
  ▸We **got on** a bus for the   わたしたちは空港行きのバスに乗った.
  airport.
  ② なんとかやっていく, 暮らしていく
  ▸How are you **getting on**? いかがお過ごしですか?
  (= How are you getting
  along?)

get óut 外へ出る; …を取り出す
  ▸Let's **get out**.   外へ出よう.

◆get óut of ... …から出る; (車など)から降りる ➡ p.261 図
  ▸She **got out of** the taxi and 彼女はタクシーから降り, 歩み去った.
  walked away.

get óver ... …を乗り越(こ)える; (困難など)に打ち勝つ
  ▸I cannot **get over** the shock.   ショックから立ち直れません.

get thróugh ... …を通り抜(ぬ)ける; …を終える; …に合格する; (人・場所に)電話
  が通じる《(to ...)》

◆gét to ... …へ到着(とうちゃく)する; …を始める ➡ **reach**

ダイアログ
  A: How can I **get to** the library? 図書館へはどう行けばいいですか?
  B: Turn left at that corner.   あの角(かど)を左に曲がってください.

get togéther 集まる, 会う; …を集める
  ▸Let's **get together** next   次の日曜日に集まろう.
  Sunday.

◆get úp 起きる ➡ **wake** くらべよう; 立ち上がる
  ▸I usually **get up** at seven.   わたしはたいてい 7 時に起きる.

have gót 《口語》…を持っている
  (◆ I've got のように短縮されることが多い; 同義語 have)
  ▸I've **got** three sisters.   わたしには姉妹(しまい)が 3 人います.

have got to +動詞の原形 《口語》…しなければならない
  (◆ふつう I've got to のように短縮される; 同義語 have to +動詞の原形)
  ▸I've **got to** go.   もう行かなくては.

give 動詞

❶ …をあたえる, (人)に(もの)をあたえる, 渡(わた)す
❷ (代金)を支払(しはら)う

[gív ギヴ]

(三単現 **gives** [-z]; 過去 **gave** [géiv ゲイヴ]; 過分 **given** [gívn ギヴン]; 現分 **giving**) 他

❶ …をあたえる;《**give** ＋人＋ものまたは **give** ＋もの＋ **to** ＋人で》(人)に(もの)をあたえる, 渡す, 譲(ゆず)る, 預ける

▶She **gave** me the book. 彼女はわたしにその本をくれた.
(＝ She **gave** the book **to** me.)
(♦文末にくる語句が強調される; 前者は「何を」あげたか, 後者は「だれに」あげたかに重点が置かれる)

▶She **gave** it to me. 彼女はわたしにそれをくれた.
(♦「もの」の位置に it などの代名詞がくる場合, 必ず《**give** ＋もの＋ **to** ＋人》の形になる)

❷ (品物に)(代金)を支払う(**for** ...) (同義語 **pay**)

▶How much did you **give for** そのスニーカーはいくらしましたか?
the sneakers? (♦「いくら支払いましたか」の意味から)

❸ (許可・時間など)を(人など)にあたえる

▶Let's **give** her a chance. 彼女にチャンスをあげよう.

❹ (苦痛・喜びなど)を(人)にあたえる; (病気)を(人)にうつす

▶Music **gives** me pleasure. 音楽はわたしに喜びをあたえてくれる.

❺ …を供給する, もたらす

▶The sun **gives** us light. 太陽はわたしたちに光をもたらす.

❻ …を(人)に伝える

▶**Give** my best regards to Ann. アンによろしく伝えてください.

❼ (会など)を開く

▶**give** a party パーティーを開く

❽ (動作)をする; (声)を発する

▶**give** a speech [cry] スピーチをする[悲鳴を上げる]

gíve and táke 公平にやりとりする, たがいに譲り合う[妥協(だきょう)する]

give awáy …を(ただで)(人に)あたえる(**to** ...); (秘密など)をもらす

give báck …を(…に)返す(**to** ...)

▶**Give** it **back to** me tomorrow. 明日, それをわたしに返しなさい.

give ín (…に)降参する(**to** ...); (書類など)を(…に)提出する(**to** ...)

▶We will never **give in**! われわれは決して降参しない.

give óff ... (蒸気・光・声・におい)を発する

▶This milk is **giving off** a このミルクは変なにおいがしている.
strange smell.

give óut …を配る; …を発表する

give óver …を(…に)引き渡す, 預ける(**to** ...)

◆give úp **あきらめる**, 降参する; …をやめる, あきらめる; (…を)見限る(**on** ...)

▶Come on. Don't **give up** yet. ほら, まだあきらめないで.

▶I won't **give up** my dreams. わたしは夢をあきらめない.

A B C D E F **G** H I J K L M N O P Q **R** S T U V W X Y Z

Girl Scouts [gə́ːrl skàuts ガ～る スカウッ] 名詞《**the Girl Scouts** で》《(米)》ガールスカウト(♦イギリスのガールガイド(the Girl Guides)にならって1912年に結成された少女のための組織; 一人ひとりの団員は a girl scout; [対義語] the Boy Scouts ボーイスカウト)

ˈgive 動詞 ➡ p.263 give

ˈgiven [gívn ギヴン]
――動詞 give(…をあたえる)の過去分詞
――形容詞《名詞の前に用いて》あたえられた, 決められた, 一定の
▶at a **given** time and place
決められた時間に決められた場所で

given name [gívn néim ギヴン ネイム] 名詞 C 《(米)》(姓(せい)(family name)に対する)名(同義語 first name)

giving [gíviŋ ギヴィング] 動詞
give(…をあたえる)の現在分詞・動名詞

glacier [gléiʃər グレイシャ] 名詞 C 氷河

ˈglad [glæd グラぁッド] 形容詞
(比較) gladder; (最上) gladdest
《名詞の前には用いない》
❶ うれしい, 喜んで;《be glad **about** [of, at, for]... で》…でうれしい
▶I was **glad about** the news.
わたしはその知らせに喜んだ.
(1)《be glad to +動詞の原形で》…してうれしい
▶I'm very **glad to** meet you.
お会いできてたいへんうれしいです.
(2)《be glad + that 節で》…であることがうれしい
▶I'm **glad that** you joined our club.
あなたがわたしたちのクラブに入部してくれてうれしいです.
❷《be glad to +動詞の原形で》喜んで…する
▶I would **be glad to** help you.
ぜひお手伝いさせてください.

ダイアログ
A: Will you come with us?
わたしたちといっしょに行きませんか?
B: I'd **be glad to**.
喜んで.(♦ to のあとに come with you が省略されている)

glance [glæns グラぁンス] 動詞 (三単現) **glances** [-iz]; (過去・過分) **glanced** [-t]; (現分) **glancing**)
⨁ (…を)ちらっと見る, ひと目見る《at ...》
▶He **glanced at** me.
彼はわたしをちらりと見た.
――名詞 C (…を)ちらっと見ること《at ...》
at a glánce ひと目で, すぐに

ˈglass [glæs グラぁス] 名詞
(複数) **glasses** [-iz])
❶ U ガラス
▶two sheets of **glass** 2枚の窓ガラス
▶a **glass** bottle ガラスびん
❷ C (ガラス製の)コップ, グラス
➡ **cup** くらべよう
❸ C《a glass of ... で》コップ1杯(はい)(の量)の…
▶a **glass** [two **glasses**] of orange juice オレンジジュース1杯[2杯]
❹《glasses で》めがね; 双眼(そうがん)鏡
▶a pair of **glasses** めがね1つ
▶put on [take off] one's **glasses** めがねをかける[はずす]
▶wear **glasses** めがねをかけている
❺ C 望遠鏡; レンズ
▶a magnifying **glass**
拡大鏡, 虫めがね(♦ magnifying の発音は [mǽgnifaiiŋ マぁグニファイイング])
➡ **experiment** 図

glasses [glǽsiz グラぁスィズ] 名詞
glass(コップ)の複数形

glee [glíː グリー] 名詞
❶ U 歓喜(かんき)
❷ C 【音楽】グリー合唱曲(無伴奏(むばんそう)の3部またはそれ以上の男声合唱)

glide [gláid グライド] 動詞
(三単現) **glides** [-z]; (過去・過分) **glided** [-id]; (現分) **gliding**)
⨁ 滑(すべ)る, 滑るように動く; (飛行機などが)滑空(かっくう)する

glider [gláidər グライダ] 名詞 C グライダー

glimpse [glímps グリンプス] 名詞
C ちらっと見えること, ひと目
――動詞 (三単現) **glimpses** [-iz]; (過去・過分) **glimpsed** [-t]; (現分) **glimpsing**) 他 …をちらっと見る

glitter [glítər グリタ] 動詞
⨁ (反射して断続的に)ぴかぴか光る

global [glóubl グロウブる] 形容詞
❶ 全世界の, 世界的な, 地球上の

▸on a **global** scale　世界的規模で

❷ 全体的な

globally [glóubəli グロウバリ] 副詞

世界的に; 全体的に

global warming [glóubl wɔ́ːrmiŋ グロウブる ウォーミング] 名詞

Ⓤ 地球温暖化

[参考] **地球温暖化**

地球温暖化とは, 二酸化炭素などの温室効果ガス(greenhouse gas)の増加により, 地球上の平均気温が徐々(じょじょ)に上がることをいいます. 生態系の破壊(はかい), 干ばつや洪水(こうずい)のような異常気象の増加, 極地の氷が溶(と)けることによる海面の上昇(じょうしょう)などの要因と考えられています.

globe [glóub グロウブ] 名詞

❶《the globe で》地球

(同義語 the earth)

❷ Ⓒ 球(体), 球状のもの; Ⓒ 地球儀(ぎ)

gloomy [glúːmi グるーミ] 形容詞

(比較 gloomier; 最上 gloomiest)

❶ 薄暗(うすぐら)い; どんよりした

❷ (人が)ゆううつな

❸ (状況(じょうきょう)などが)希望のない

glorious [glɔ́ːriəs グろーリアス] 形容詞

❶ 栄光に満ちた, 輝(かがや)かしい

❷ 壮麗(そうれい)な

❸《口語》すばらしい, とても楽しい

glory [glɔ́ːri グろーリ] 名詞

Ⓤ 栄光, 名誉(めいよ);《the glory で》すばらしさ, 壮麗(そうれい)さ

glove [glʌ́v グらヴ](★発音に注意) 名詞 (複数 gloves [-z])

❶ Ⓒ《ふつう gloves で》手袋(てぶくろ)

(◆ gloves は指が分かれているものを指す; 親指だけ分かれた手袋は mittens)

gloves

mittens

▸a pair of **gloves**　1組の手袋

▸wear **gloves**　手袋をしている

▸put on [take off] one's **gloves**
手袋をはめる[脱(ぬ)ぐ]

❷ Ⓒ (野球・ボクシングなどの) グローブ, グラブ

glow [glóu グろウ] 動詞 ⒤

❶ 熱くなって光を発する, 白熱して光る

❷ (明かりなどが)輝(かがや)く; (目・顔が)輝く

❸ (顔が)赤くなる, (体が)ほてる

──名詞 ❶《単数形で》赤熱, 白熱; 燃えるような色

❷《a glow で》(顔・体の)紅潮(こうちょう); ほてり

glue [glúː グるー] 名詞

Ⓤ 接着剤(ざい), のり; にかわ

GNP [dʒíːènpíː ヂーエンピー] 国民総生産

(◆ gross national product の略)

◆**go** 動詞 ➡ p.266 go

goal [góul ゴウる] 名詞

❶ Ⓒ (サッカーなどの) ゴール, (ゴールに入れた)得点(◆バスケットボール・ラグビーの得点は point, 野球の得点は run)

▸score a **goal**　ゴールを決める

❷ Ⓒ 目標, 目的; 目的地

goalkeeper [góulkìːpər ゴウるキーパ] 名詞 Ⓒ (サッカーなどの)ゴールキーパー

goat [góut ゴウト] 名詞

❶ Ⓒ 【動物】ヤギ(◆英米では好色や罪・悪魔(あくま)を連想させる; 「子ヤギ」は kid)

❷《the Goat で》【天文】やぎ座

➡ **horoscope** [文化]

goblin [gáblin ガブリン] 名詞

Ⓒ ゴブリン(◆童話などに登場する, いたずら好きで醜(みにく)い小鬼(こおに))

◆**god** [gád ガッド] 名詞

(複数 gods [gádz ガッツ])

❶ Ⓤ《God で》(一神教の)神

▸believe in **God**　神を信じる

❷ Ⓒ (多神教の)男神

(対義語 goddess 女神(めがみ))

for Gód's sake

《口語》お願いだから, たのむから

Gód bléss you!

① 神の恵(めぐ)みがありますように.

②(くしゃみをした人に)お大事に.

➡ **sneeze** [文化]

Gód (only) knóws.

《口語》神のみぞ知る, だれにもわからない.

My Gód! = ***Óh (my) Gód!***

《口語》(驚(おどろ)き・悲しみ・苦痛などを表して)ああ困った, さあ大変だ.

Thánk Gód!　ありがたい, ああ助かった, やれやれ.

:go 動詞

[góu ゴウ]

❶ 行く；進む
❷ …しに行く
❸ （ある状態）になる
❹ 消え去る

（三単現）**goes** [-z]；（過去）**went** [wént ウェント]；（過分）**gone** [gɔ́ːn ゴーン]；
（現分）**going** ⓐ ❶ 行く（対義語 come 来る）；進む；去る ➡ come ルール
▶**go** home [abroad]　家に帰る[外国へ行く]
▶Let's **go** to the park.　公園に行こう.

ルール school に何しに行く？

go to のあとに無冠詞で school, church などの名詞が続く場合，「建物・場所」というより，それら本来の「目的」のために行くことを意味します.
➡ school¹ ルール
▶**go to** school　学校へ（授業を受けに）行く
▶**go to** the school　学校（という建物）へ行く

ダイアログ

A: Where are you **going**?　どこへ行くの？
B: I'm **going** to the library.　図書館だよ.

▶We're **going** to Yokohama this weekend.　わたしたちはこの週末に横浜へ行く予定です.
（♦「…へ行くつもりだ」はふつう be going to go to より be going to を用いる）
➡ 成句 *be going to* ＋動詞の原形
❷《go ＋ …ing で》…しに行く（♦ふつうスポーツや遊びに行く場合に用いる；「～へ」と言うとき，方向を表す to ではなく，場所を表す in や at などを用いる）
▶**go fishing in** a river　川へ釣(つ)りに行く
▶**go swimming in** a pool　プールへ泳ぎに行く
▶**go shopping at** a department store　デパートへ買い物に行く
❸《go ＋形容詞で》（ある状態）になる（♦ふつう好ましくない状態になることを表す）
▶The food **went** bad.　その食べ物は腐(くさ)ってしまった.
❹ （ものが）消え去る，なくなる；（時が）過ぎ去る
▶The apple pie **went** fast.　そのアップルパイはすぐに食べられてしまった.
▶My summer vacation **went** quickly.　夏休みはあっと言う間に過ぎた.
❺ （…に）至る，達する《to ...》
▶Where does this road **go**?　この道はどこへ通じていますか？
❻ （機械などが）動く
▶This copy machine won't **go**.　このコピー機は動かない.
❼ （物事が）進行する，運ぶ
▶Everything is **going** well.　万事(ばんじ)うまくいっている.

be going to ＋動詞の原形

① …するつもりだ（♦近い将来についての意志や予定を表す）
▶I'm **going to** study abroad next year.　来年，わたしは留学するつもりだ.

> **ダイアログ**
>
> *A:* Do you have any plans for 週末に何か予定はあるの？
> the weekend?
> *B:* Yes. **I'm going to** swim at うん. 海へ泳ぎに行くんだ.
> the beach.

> **ルール** be going to の使い方
>
> **1** be going to は「前もって考えられていた意思」を表します. その場で意思決定をした場合には will を用います.
> **2** be going to のあとに go, come がくる場合, I'm going to go [come] .... とすることもできますが, I'm <u>going</u> [<u>coming</u>] .... とするほうがふつうです. ➡ p. 266 **❶** 最後の用例

② **…しそうだ**(♦人の意志とは関係なく近い将来に起こると考えられる出来事を表す)
▸It's **going to** snow. 雪が降りそうだ.

cóme and gó 行ったり来たりする；移り変わる

go abóut ① 歩き回る, 動き回る
② (仕事)に取りかかる

gó after …を追う；…を求める

go agáinst …に反対する

go ahéad 先へ進む；どうぞ；さあ, それで ➡ **ahead**

go alóng (通り・道)を進む

go and sée [*búy*]
見に[買いに]行く(♦**(口語)**では and が省略されることがある)
▸I'll **go and buy** some milk. 牛乳を買いに行ってきます.

go aróund = go róund ① 歩き回る, 動き回る
② (病気などが)広がる

♦***go awáy*** **立ち去る**；(…を)持ち逃(に)げする《with ...》
▸**Go away.** あっちへ行きなさい.

♦***go báck*** **帰る**(**同義語** return)；(もとの状態に)戻(も)る；(過去に)さかのぼる
《to ...》
▸I **went back** home about six. わたしは 6 時ごろ家に戻った.

♦***go bý*** (人・車などが)**通り過ぎる**；(時などが)過ぎる
▸Two cars **went by**. 2 台の車が通り過ぎた.

go dówn 降りる；(値段・水準などが)下がる；(船・太陽などが)沈(しず)む
▸We **went down** to the first わたしたちは 1 階に降りた.
floor.

gó for ... …しに行く；…を取り[呼び]に行く；…を好む
▸**go for** a drive [walk, swim] ドライブ[散歩, 泳ぎ]に行く

Gó for it! **(口語)** がんばれ, 全力を尽(つ)くせ！

go ín 中へ入る(**対義語** go out 外へ出る)

[♦]*go into ...* ① …**に入る**(対義語 go out of ... …から出る)
▸The man **went into** this building. その男性はこのビルに入った.
② (職業)に就(つ)く; (ある業界)に入る

go óff ① 立ち去る
② (爆弾(ばくだん)などが)爆発する; (警報などが)鳴る

[♦]*go ón* ① (先へ)**進む**; **続く**; (…を)続ける《with, ...ing》
▸Please **go on**. (していることを)続けてください; (話などを)先に進めてください.
▸The meeting **went on** for three hours. その会議は3時間続いた.
▸He **went on eating** the cake. 彼はケーキを食べ続けた.
② (ことが)起こる(同義語 happen)
▸What's **going on** here? ここで何が起こっているんだ?

[♦]*go óut*
① **外へ出る**, 外出する(対義語 go in 中へ入る); (異性と)つき合う《with ...》
▸He **went out** in the rain. 雨の降る中, 彼は外へ出た.
② (火・明かりが)消える
▸All the lights **went out**. 明かりがすべて消えた.

go óut of ... …から出る(対義語 go into ... …に入る)
▸She **went out of** the room. 彼女は部屋を出ていった.

go óver ① (…へ)行く《to ...》; …を越(こ)える
② …を(よく)調べる

go róund ➡ **go around**

go thróugh ... ① …を通り抜(ぬ)ける
② (苦しいこと)を経験する

go togéther ① いっしょに行く
▸Why don't we **go together**? いっしょに行きませんか?
② 調和する, 合う

go úp 上がる, のぼる; (値段・温度などが)上がる
▸The temperature **went up** to thirty-five degrees. 温度は35度まで上がった.

gó with ... ① …といっしょに行く; …にともなう
▸Danger **goes with** this job. この仕事には危険がともなう.
② …と合う, 調和する
▸This shirt **goes** well **with** your suit. このシャツはあなたのスーツによく合います.

go withóut ... …なしで済ませる

It goes without sáying **+** *that 節* …ということは言うまでもない

to gó (米)(ファストフードレストランなどで)持ち帰り用の
▸Two hamburgers **to go**, please. ハンバーガーを2つ, 持ち帰り用でお願いします.

goddess [gádəs ガデス] 名詞
（複数 **goddesses** [-iz]）
C （ギリシャ・ローマ神話などの）女神(%る)
（対義語 god 男神）

Godzilla [gɑdzílə ガヅィら] 名詞 ゴジラ
（♦日本映画の中で作り出された怪獣）

°goes [góuz ゴウズ] 動詞
go(行く)の三人称単数現在形

Gogh [góu ゴウ] 名詞
【人名】ゴッホ（♦ Vincent van Gogh
[vínsnt væn- ヴィンスント ヴァン-], 1853–
90; オランダの画家）

°gold [góuld ゴウるド]
──名詞 U 【化学】金(%)（♦元素記号は Au）
▶pure **gold** 純金
──形容詞 金の; 金色の
▶a **gold** mine 金鉱, 金山

golden [góuldən ゴウるドゥン] 形容詞
❶ 金色の
▶a **golden** sun 金色に輝(%)く太陽
❷《名詞の前に用いて》
貴重な, すばらしい; 絶好の; 全盛の
▶a **golden** opportunity 絶好の機会

Golden Gate Bridge [góuldən gèit
brídʒ ゴウるドゥン ゲイト ブリッチ] 名詞
《**the Golden Gate Bridge** で》金門橋
（♦アメリカのサンフランシスコ湾(%)の入
り口にかかるつり橋）

goldfish [góuldfiʃ ゴウるドふィッシ] 名詞
（複数 **goldfish** または **goldfishes**
[-iz]）C 【魚類】金魚

golf [gálf ガるふ] 名詞
U 【スポーツ】ゴルフ

gondola [gándələ ガンドら] 名詞
❶ C ゴンドラ（♦イタリアの都市ベニス
の運河で用いられている平底の小舟(%)）

❷ C （軽気球・飛行船・ロープウエーなど
の）ゴンドラ, つりかご

°gone [gó:n ゴーン] 動詞
go(行く)の過去分詞 ➡ been くらべよう

gonna [gó:nə ゴーナ]
《米口語》going to の省略形

°good [gúd グッド]
──形容詞 （比較 **better** [bétər ベタ];
最上 **best** [bést ベスト]）

❶ よい	❺ 親切な
❷ ためになる	❻ 十分な
❸ 楽しい	❼ おいしい
❹ じょうずな	

❶ **よい**, りっぱな; 善良な; 正しい
（対義語 bad 悪い）
▶Be a **good** boy [girl].
いい子にしなさい.
❷ （…の）**ためになる**; （…に）適している;
（…に）都合がよい《for ...》
➡ p.270 成句 **good for ...**
❸ **楽しい**, 快い; うれしい
▶Have a **good** time!
楽しんできてね.
▶It's **good** to see you again.
またお会いできてうれしいです.
❹ **じょうずな**, うまい（対義語 bad, poor
へたな）;《**be good at ...** で》…がじょ
うずだ, 得意だ
▶My father **is good at** cooking.
（= My father is a **good** cook.）
父は料理がじょうずだ.
❺ （…に対して）**親切な**, 優(%)しい《to ...》
（同義語 kind）
▶He is very **good to** everyone.

A B C D E F **G** H I J K L M N O P Q R S T U V W X Y Z

彼はだれに対してもとても親切だ.

❻ **十分な**, かなりの

▶have a **good** sleep
十分な睡眠(熟)をとる

▶a **good** amount of food
かなりの量の食料

❼ （食べ物が）**おいしい**

▶It smells **good**.
おいしそうなにおいだね.

❽ **有効な**

▶This ticket is **good** for one day.
この券は１日有効です.

a good déal たくさん ➡ **deal**

a good déal of ...
たくさんの… ➡ **deal**

a good mány ...
かなり多くの… ➡ **many**

Good afternóon.
こんにちは. ➡ **afternoon**

Good évening.
こんばんは. ➡ **evening**

góod for ... …に適している,
…の役に立つ

▶These shoes are **good for** hiking.
この靴(ⓢ)はハイキングに適している.

Góod for yóu! よくやった！

Góod héavens!
おやまあ, 困った, とんでもない.

Good lúck (to you)!
（別れるときのあいさつとして）幸運を
祈(⑤)ります, がんばって.

ダイアログ
A: **Good luck!** がんばって.
B: Thank you. ありがとう.

Good mórning.
おはよう；こんにちは. ➡ **morning**

Good níght.
おやすみなさい；さようなら. ➡ **night**

——**名詞** ❶ Ⓤ 利益, 役に立つこと；幸福

▶Is this any **good** for you?
これは何かのお役に立ちますか？

❷ Ⓤ よいところ, 長所；善
（対義語 evil 悪）

▶see the **good** in others
他人のよいところを見る

do ... góod = do góod to ...
…のためになる

▶Keeping early hours will **do** you
good.
早寝(ⓢ)[早起き]は体によいでしょう.

it is nó góod + ...ing …してもむだだ

▶**It is no good trying** to
persuade me.
わたしを説得しようとしてもむだだよ.

——**間投詞** （承認(ⓢ)・容認・満足を表して）
よろしい, けっこう（◆しばしば立場が上
の人が用いる）

goodbye, goodby

[gudbái グッ(ド)バイ] （◆ good-by(e) と
もつづる；《口語》では単に bye ともいう）

——**間投詞** **さようなら**, ごきげんよう

ダイアログ
A: I'll see you later. **Goodbye!**
またね. さようなら.
B: See you, Luke. またね, ルーク.

——**名詞** （複数 goodbyes [-z]）
Ⓒ Ⓤ 別れのあいさつ, いとまごい

▶I must say **goodbye** now.
もう, おいとましなければなりません.

good-looking [gúdlúkiŋ グッドるキン
グ] **形容詞** 顔立ちのよい, 美しい
（◆男女両方に使える）

good-natured [gúdnéitʃərd グッドネ
イチャド] **形容詞** 気立てのよい, 親切な

goodness [gúdnəs グッドネス] **名詞**
Ⓤ （質・人柄(④)の）よさ

for góodness(') sake
《口語》お願いだから, たのむから

Góodness (me)! = My góodness!
《口語》（驚(ⓐ)きを表して）えっ, おや, ま
あ.

goods [gúdz グッツ] **名詞**
《複数あつかいで, ふつう数を表す語や
many などをつけない》

❶ 商品, 品物

▶sporting **goods** スポーツ用品

❷《英》貨物

goodwill [gúdwil グッドウィる] **名詞**
Ⓤ 好意, 親切；友好, 親善（◆ good will
ともつづる；対義語 ill will 悪意）

goose [gúːs グース] **名詞** （複数 geese
[gíːs ギース]）Ⓒ【鳥類】ガチョウ

gorgeous [gɔ́ːrdʒəs ゴーヂャス] **形容詞**
豪華(⑤)な；《口語》すばらしい, すてきな

gorilla [gərílə ゴリラ] **名詞**
Ⓒ【動物】ゴリラ

gospel [gáspl ガスペる] **名詞**
❶《**Gospel** で》Ⓒ 福音(⑤)書（◆新約聖
書の最初の４書「マタイ（Matthew）」

「マルコ(Mark)」「ルカ(Luke)」「ヨハネ(John)」のうちの一つ)
❷《**the gospel** で》福音(♦キリストとその使徒たちの教え)
❸ [U]【音楽】ゴスペル(♦アメリカ南部の黒人による教会音楽; gospel music ともいう)

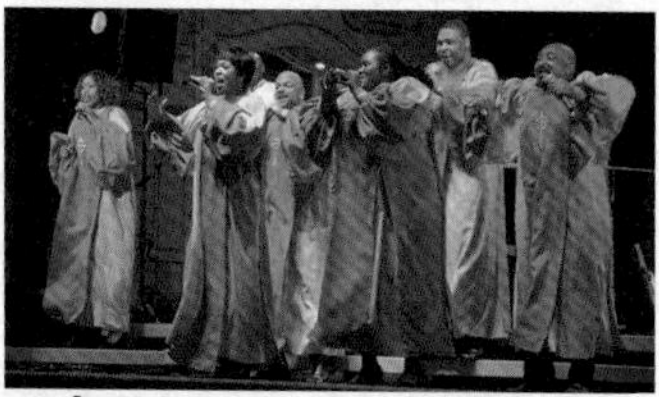

gossip [gásəp ガスィップ] [名詞]
[U] [C] うわさ話, 陰口(かげぐち); ゴシップ

:got [gát ガット] [動詞] get (…を得る)の過去形, また過去分詞の一つ

Gothic [gáθik ガスィック] [形容詞]
❶【美術】ゴシック様式の
(♦ 12〜15 世紀に西ヨーロッパで流行した美術様式; 特に寺院の建築様式を指すことが多い)

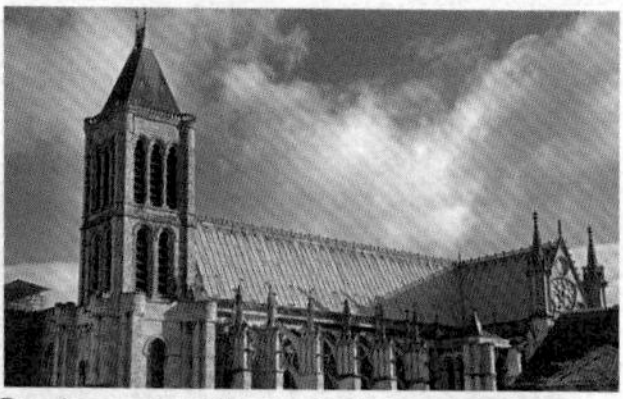

❷ ゴシック字体の, 太字の

gotta [gátə ガタ]
《口語》…しなければならない
(♦ (have [has]) got to を短縮した語)
▸I've **gotta** go. もう行かなくちゃ.

·gotten [gátn ガトゥン] [動詞]
《米》get(…を得る)の過去分詞の一つ

gourmet [gúərmei グアメイ, guərméi グアメイ] [名詞]
[C] グルメ, 食通(♦フランス語から)

govern [gʌ́vərn ガヴァン] [動詞]
[他] (国民・国など)を治める, 統治する
([同義語] rule)

government [gʌ́vərnmənt ガヴァ(ン)メント] [名詞]
❶ [C]《しばしば **Government** で》政府; 《英》内閣(ないかく)
▸the Japanese **government**
日本政府
❷ [U] 政治, 統治; 政治形態
▸**government** of the people, by the people, for the people
人民の, 人民による, 人民のための政治
(♦リンカーンがゲティスバーグで行った演説中の有名な一節)
➡ **civil war** [文化]

governor [gʌ́vərnər ガヴァナ] [名詞]
❶ [C]《ときに **Governor** で》
《米》(州)知事
❷ [C]《英》(官庁・学校・銀行・病院などの)長官, 理事(長), 頭取, 総裁

gown [gáun ガウン] [名詞]
❶ [C] (女性用の正式な)ロングドレス; 部屋着, 寝巻(ねまき)
❷ [C] (裁判官・牧師・大学教授などが着る)式服, ガウン

GPS [dʒíː píː és ヂー ピー エス] [名詞]
全地球測位システム
(♦人工衛星を利用して地球上の現在位置を正確に割り出すシステム;
*g*lobal *p*ositioning *s*ystem の略)

grab [grǽb グラぁブ] [動詞] ([三単現] **grabs** [-z]; [過去・過分] **grabbed** [-d]; [現分] **grabbing**)
[他] …をひっつかむ, ひったくる
—[自] (…を)ひっつかむ《onto ...》;
(…を)つかもうとする《at [for] ...》

grace [gréis グレイス] [名詞]
❶ [U] 優美さ, 優雅(ゆうが)さ, 気品
❷ [U] 親切, 好意; 神の恵(めぐ)み
❸ [C] [U] (食前・食後の)感謝の祈(いの)り

graceful [gréisfl グレイスふる] [形容詞]
(動作・姿などが)優美な, 上品な

·grade [gréid グレイド]
—[名詞] ([複数] **grades** [gréidz グレイヅ])
❶ [C] (能力・質などの)**等級**, **程度**, 階級
▸a high [low] **grade** 高[低]水準
❷ [C] 《米》**学年**(♦《英》form)

[ダイアログ]
A: What **grade** are you in?
きみは何年生ですか?
B: I'm in the seventh **grade**.
(= I'm a seventh grader.)
わたしは 7 年生です.
(♦ the seventh grade は日本の「中学 1 年生」に相当)

A B C D E F **G** H I J K L M N O P Q **R** S T U V W X Y Z

【参考】 **学年の数え方**

アメリカでは, 公立学校はふつう 6・3・3制か8・4制ですが, いずれも小学校1年(the first grade)から高校3年(the twelfth grade)までの学年を通しで数えます.

➡ freshman, high school 【文化】

❸ C 《主に米》成績, 評点(♦ふつう学期を通しての総合評価を指すが, テストの点数にも用いる; 【同義語】 mark)

【参考】 **アメリカの成績評価**

アメリカでは, ふつう成績はA, B, C, D, Fの5段階で評価します. 上からA, B, C, Dが合格で, Fは不合格です.

▶I got an **A** in English.
わたしは英語でA(優)を取った.

――**動詞** (三単現 **grades** [-z];
過去・過分 **graded** [-id]; 現分 **grading**)
他 …を等級に分ける;
《主に米》…を採点する, …に成績をつける

grader [gréidər グレイダ] **名詞**
C 《米》…年生, …学年の生徒
➡ grade ❷ ダイアログ

grade school [gréid skù:l グレイド スクール] **名詞** C 《米》小学校
(【同義語】 elementary school)
➡ primary school 【文化】

gradual [grǽdʒuəl グラぁヂュアる]
形容詞 徐々(じょじょ)の, 段階的な; (傾斜(けいしゃ)が)ゆるやかな

gradually [grǽdʒuəli グラぁヂュアり]
副詞 だんだんと, しだいに

graduate (★動詞・名詞の発音のちがいに注意) **動詞** [grǽdʒuèit グラぁヂュエイト] (三単現 **graduates** [grǽdʒuèits グラぁヂュエイツ]; 過去・過分 **graduated** [-id]; 現分 **graduating**)
⾃ (…を)卒業する《from ...》
(♦《英》では大学だけに用いる)
▶He **graduated from** college last year. 彼は去年大学を卒業した.
――**名詞** [grǽdʒuit グラぁヂュエット]
❶ C 卒業生(♦《英》では大学の卒業生だけに用いる)
❷ C 《米》大学院生(♦学部(大学1〜4年生)は undergraduate という)

graduation [grædʒuéiʃn グラぁヂュエイシャン] **名詞** U 卒業; C 卒業式
(♦《英》では大学だけに用いる;

【同義語】《米》commencement)

graffiti [grəfí:ti グラふィーティ] **名詞**
《単数または複数あつかいで》
(壁(かべ)などへの)落書き(♦イタリア語から)

grain [gréin グレイン] **名詞**
❶ U 《主に米》穀物(全体)(♦《英》corn)
❷ C (穀物などの)粒(つぶ); (塩・砂などの)粒

gram [grǽm グラぁム] **名詞**
C (重さの単位の)グラム
(♦ g や gm. または gr. と略す)

grammar [grǽmər グラぁマ] **名詞**
U 文法; C 文法書

Grammy [grǽmi グラぁミ] **名詞** (複数 **Grammys** または **Grammies** [-z])
C 《米》グラミー賞(♦毎年, 優秀(ゆうしゅう)な音楽作品に贈(おく)られる賞)

grand [grǽnd グラぁンド] **形容詞**
(比較 **grander**; 最上 **grandest**)
壮大(そうだい)な, 雄大(ゆうだい)な; 堂々とした

Grand Canal [grǽnd kənǽl グラぁンド カナぁる] **名詞** 《the Grand Canal で》大運河(♦イタリアのベネチアにある運河;リアルト橋など4つの橋がかかる)

Grand Canyon [grǽnd kǽnjən グラぁンド キぁニョン] **名詞**
《the Grand Canyon で》グランドキャニオン(♦アメリカのアリゾナ州のコロラド川沿いにある大峡谷(だいきょうこく))

grandchild [grǽntʃàild グラぁンチャイルド] **名詞** (複数 **grandchildren** [grǽntʃíldrən グラぁンチるドゥレン]) C 孫

grandchildren [grǽntʃíldrən グラぁンチるドゥレン] **名詞**
grandchild(孫)の複数形

granddaughter [grǽndɔ̀:tər グラぁンドータ] **名詞** C 孫娘(まごむすめ)
(対義語 grandson 孫息子(まごむすこ))

grandfather

[grǽndfà:ðər グラぁン(ド)ふァーざ] **名詞**
(複数 **grandfathers** [-z])
C 祖父, おじいさん(♦血縁(けつえん)関係にない

年配の男性を指すこともあり，呼びかけにも用いる；《口語》grandpa）
➡ **family** 図

grandfather('s) clock
[grǽndfɑ̀:ðər(z) klɑ́k グラぁン(ド)ふァーざ(ズ) クらック] [名詞] [C]（箱型で人の背よりも高い）大型振(ふ)り子時計
➡ **clocks and watches** 図

grandma [grǽnmɑ̀: グラぁンマー] [名詞] [C]《口語》おばあちゃん（=grandmother）

◆grandmother
[grǽndmʌ̀ðər グラぁン(ド)マざ] [名詞]
（[複数] **grandmothers** [-z]）
[C] **祖母**，おばあさん（◆血縁(けつえん)関係にない年配の女性を指すこともあり，呼びかけにも用いる；《口語》grandma）
➡ **family** 図

grandpa [grǽnpɑ̀: グラぁンパー] [名詞] [C]《口語》おじいちゃん（= grandfather）

grandparent [grǽndpèərənt グラぁン(ド)ペアレント] [名詞] [C] 祖父，祖母；《**grandparents** で》祖父母

grand slam [grǽnd slǽm グラぁンド スらぁム] [名詞]
❶ [C]《ふつう Grand Slam で》グランドスラム（◆テニスやゴルフなどで，1シーズン中に主要な大会すべてで優勝すること）
❷ [C]【野球】満塁ホームラン

grandson [grǽndsʌ̀n グラぁン(ド)サン] [名詞] [C] 孫息子(むすこ)
（[対義語] granddaughter 孫娘(むすめ)）

grant [grǽnt グラぁント] [動詞]
[他]（人）に（権利・許可など）をあたえる；（願い）を聞き入れる；…を認める
take (it) for gránted (that) ...
…を当然のことと思う

grape [gréip グレイプ] [名詞] [C]【植物】ブドウ（◆ grape は1粒(つぶ)の実を指し，ふつう複数形 grapes で用いる）；ブドウの木
▸a bunch of **grapes**　1房(ふさ)のブドウ

grapefruit [gréipfrù:t グレイプふルート] [名詞]（[複数] **grapefruit** または **grapefruits** [-s]）
[C]【植物】グレープフルーツ（の木）

graph [grǽf グラぁふ] [名詞]
[C] グラフ，図表
▸a bar [line] **graph**
棒[折れ線]グラフ

grasp [grǽsp グラぁスプ] [動詞] [他]
❶ …をしっかり握(にぎ)る，つかむ
❷ …を理解する（[同義語] understand）
—[自]（…を）つかもうとする《at ...》

◆grass [grǽs グラぁス] [名詞]
（[複数] **grasses** [-iz]）
❶ [C] [U] **草**，牧草（◆複数形は何種類かの草を表す場合に用いる）
▸cut [mow] the **grass**　草を刈(か)る
❷ [U] **芝生**(しばふ)
▸Keep Off the **Grass**
《掲示》芝生内立入禁止

grasshopper [grǽshɑ̀pər グラぁスハパ] [名詞] [C]【昆虫】キリギリス；バッタ；イナゴ（◆ grass「草」+ hopper「ピョンピョン跳(と)ぶもの」からできた語）

grassland [grǽslæ̀nd グラぁスらぁンド] [名詞] [U]《または **grasslands** で》（大）草原；牧草地

grateful [gréitfl グレイトふる] [形容詞]
《名詞の前には用いない》（人に / …について）感謝している《to ... / for ...》
▸I'm **grateful** (**to** you) **for** your help.　ご支援(しえん)に感謝しています．

gratitude [grǽtitjù:d グラぁティテュード] [名詞] [U] 感謝，感謝の気持ち

grave[1] [gréiv グレイヴ] [名詞]
[C] 墓穴(ぼけつ)，墓（◆英米では土葬(どそう)も多い；[同義語] tomb）

grave[2] [gréiv グレイヴ] [形容詞]
（[比較] **graver**；[最上] **gravest**）
❶ まじめな，厳粛(げんしゅく)な
❷ 重大な

gravestone [gréivstòun グレイヴストウン] [名詞] [C] 墓石，墓碑(ぼひ)

gravitation [græ̀vitéiʃn グラぁヴィテイシャン] [名詞] [U]【物理】引力(作用)，重力(作用)

gravity [grǽvəti グラぁヴィティ] [名詞]
❶ [U]【物理】重力，引力
❷ [U] 重大さ；まじめさ

gravy [gréivi グレイヴィ] [名詞]
[U] 肉汁(にくじゅう)，グレービー（◆肉を焼いたときに出る肉汁で作ったソース）

◆gray, 《英》grey [gréi グレイ]
—[形容詞]（[比較] **grayer**；[最上] **grayest**）
❶ **灰色の**，グレーの
▸He has **gray** eyes.
彼は灰色の目をしている．
❷ 白髪(はくはつ)の，白髪(しらが)混じりの
❸（空などが）暗い，どんよりした；ゆううつな，陰気(いんき)な

──**名詞** (**複数** grays [-z])
Ⓤ Ⓒ 灰色, グレー
▶dark **gray** 濃(こ)い灰色

⁑**great** [gréit グレイト] (★発音に注意)

──**形容詞**

(**比較** **greater**; **最上** **greatest**)

❶ 偉大(いだい)な
❷ 大きな
❸ すばらしい
❹ 重要な

❶ 偉大な, すぐれた
▶a **great** discovery 大発見
▶Einstein is a **great** scientist.
アインシュタインは偉大な科学者だ.
❷《名詞の前に用いて》(数量・規模が)
大きな;(程度の)大きな, すごい
➡ **big** 〔くらべよう〕
▶a **great** ocean 大洋
▶**great** pain 激しい痛み
❸《口語》すばらしい, とても楽しい

┌─────────────┐
│ **ダイアログ** │
└─────────────┘
A: I got a perfect score in math.
数学で満点をとったんだ.
B: That's **great**! それはすごいね!

❹《名詞の前に用いて》重要な, 重大な
▶a **great** occasion 重要な行事
a great déal たくさん ➡ **deal**
a great déal of ...
たくさんの… ➡ **deal**
a great mány ... 非常に多くの…
──**名詞** (**複数** greats [-s]) Ⓒ 偉大な人

Great Bear [gréit béər グレイト ベア]
名詞《the Great Bear で》
【天文】大ぐま座

Great Britain [grèit brítn グレイト ブリトゥン] **名詞** ➡ **England** 図, 〔座右〕
❶ グレートブリテン島
(◆イングランド, ウェールズ, スコットランドの３地方から成る)
❷ イギリス, 英国
(◆正式名は the United Kingdom of Great Britain and Northern Ireland「グレートブリテンおよび北アイルランド連合王国」; 単に Britain, あるいは the United Kingdom ともいう; the U.K. と略す)

Great Lakes [gréit léiks グレイト れイクス] **名詞**《the Great Lakes で》

五大湖(◆アメリカとカナダの国境にある５つの大きな湖; スペリオル(Superior)・ミシガン(Michigan)・ヒューロン(Huron)・エリー(Erie)・オンタリオ(Ontario)を指す)

ミシガン湖とシカゴ(Chicago)

greatly [gréitli グレイトり] **副詞**
おおいに, 非常に

greatness [gréitnəs グレイトネス] **名詞**
❶ Ⓤ 偉大(いだい)さ
❷ Ⓤ 巨大(きょだい)さ, 広大さ
❸ Ⓤ 重要性

Great Wall (of China) [gréit wɔ́ːl (əv tʃáinə) グレイト ウォーる (アヴ チャイナ)] **名詞**《the Great Wall (of China) で》
(中国の)万里(ばんり)の長城(◆北方の遊牧民族の侵入(しんにゅう)を防ぐために作られた総延長約１万２千キロメートルの城壁(じょうへき))

Greece [gríːs グリース] **名詞**
ギリシャ(◆南ヨーロッパの国; 首都はアテネ Athens)

greed [gríːd グリード] **名詞**
Ⓤ 貪欲(どんよく), 欲ばり

greedy [gríːdi グリーディ] **形容詞**
(**比較** **greedier**; **最上** **greediest**)
欲ばりな, 欲の深い; 食い意地のはった

Greek [gríːk グリーク] **形容詞**
ギリシャの; ギリシャ人の; ギリシャ語の
──**名詞** ❶ Ⓒ ギリシャ人;
《the Greeks で》ギリシャ人(全体)
❷ Ⓤ ギリシャ語

⁑**green** [gríːn グリーン]

──**形容詞**

(**比較** **greener**; **最上** **greenest**)

❶ 緑の, 緑色の; (信号が)青の; 草[木]で
おおわれた, 青々とした
▶a **green** door　緑色のドア
▶a **green** (signal) light　青信号
▶ことわざ The grass is always
greener on the other side of the
fence.　隣(となり)の芝は青い.（◆「他人
のものは自分のものより何でもよく見
える」の意味）
❷ (果物(くだもの)が) 熟していない, 青い;
(人が)未熟な, 未経験の
❸ 《口語》(顔が)青ざめた ➡ **blue**［意味］
❹ 環境(かんきょう)保護の; 環境に優(やさ)しい
▶**green** products　環境に優しい製品
――名詞 《複数》**greens** [-z]
❶ U 緑色, グリーン; (信号の)青
❷ 《**greens** で》野菜, 青物
❸ C 草地, 芝生(しばふ);
(ゴルフ場の)グリーン

greenery [grí:nəri グリーナリ] 名詞
U (装飾(そうしょく)用の)緑樹, 観葉植物

greengrocer [grí:ngròusər グリーング
ロウサ] 名詞 C 《英》八百屋(やおや)(の主人)

greenhouse [grí:nhàus グリーンハウス]
名詞 C 温室

greenhouse effect [grí:nhaus ifèkt
グリーンハウス イフェクト] 名詞
《the greenhouse effect で》温室効果
(◆大気中の二酸化炭素などの増加によっ
て気温が上昇(じょうしょう)する現象)

greenhouse gas [grí:nhaus gæs
グリーンハウス ギャス] 名詞
C 温室効果ガス ➡ **global warming**

green pepper [grí:n pépər グリーン
ペパ] 名詞 C 【植物】ピーマン, シシトウ
ガラシ(◆ sweet pepper ともいう)

green tea [grí:n tí: グリーン ティー]
名詞 U 緑茶

Greenwich [grínidʒ グリニッヂ] 名詞
グリニッジ(◆イギリスのロンドン東部の
行政区の一つで, 旧グリニッジ王立天文
台があった; 経度 0 度の子午(しご)線が通っ
ており, ここでの時刻が世界の標準時に
なっている)

greet [grí:t グリート] 動詞
他 …にあいさつをする; …を迎(むか)える, 歓
迎(かんげい)する

greeting [grí:tiŋ グリーティング] 名詞
C あいさつ;《ふつう **greetings** で》あい
さつのことば
▶a **greeting** card

(誕生日やクリスマスなどの)あいさつ
状, グリーティングカード
▶Season's **Greetings**!
(クリスマス[新年])おめでとう.

―――――――――――――――――

［文化］ クリスチャンでない人のカード

アメリカにはクリスマス, イースターな
ど, キリスト教の教義に由来する行事が
たくさんありますが, キリスト教徒でない
人も多いので, カード売場には Season's
Greetings! とだけ書かれたカードも
売っています.

―――――――――――――――――

grew [grú: グルー] 動詞
grow(成長する)の過去形

grey [gréi グレイ] 形容詞 名詞
《英》＝《米》gray(灰色の)

greyhound [gréihàund グレイハウンド]
名詞 C 【動物】グレーハウンド(◆足が速
いのでドッグレースにも使われる)

grief [grí:f グリーふ] 名詞 U 深い悲しみ

grieve [grí:v グリーヴ] 動詞
(三単現 **grieves** [-z]; 過去・過分 **grieved**
[-d]; 現分 **grieving**)
自 (人の死などを)深く悲しむ
《for [over] ...》
――他 …を深く悲しませる; …を深く悲しむ

grill [gríl グリる] 名詞
❶ C (魚・肉などを焼く)焼き網(あみ)
(◆《米》broiler [brɔ́ilər ブロイら])
❷ C 網焼き料理
❸ C (ホテルなどの)食堂
――動詞 他 《英》(焼き網を使って肉など)
を直火(じかび)で焼く(◆《米》broil)
➡ **cook** 図

Grimm [grím グリム] 名詞
【人名】グリム (◆兄 Jakob [já:kɑp
ヤーカップ-], 1785-1863; 弟 Wilhelm
[vílhelm- ヴィるへるム-], 1786-1859;
ともにドイツの言語学者・民話研究家;
兄弟でゲルマン民話を集め, 『グリム童話
集』を発表した)

grin [grín グリン] 動詞 (三単現 **grins** [-z];
過去・過分 **grinned** [-d]; 現分 **grinning**)
自 (歯を見せて)にっこり[にやりと]笑う
――名詞 C にっこり[にやにや]笑うこと

grind [gráind グラインド] 動詞
(三単現 **grinds** [gráindz グラインヅ];
過去・過分 **ground** [gráund グラウンド];
現分 **grinding**) 他

a b c d e f **g** h i j k l m n o p q r s t u v w x y z

A B C D E F **G** H I J K L M N O P Q **R** S T U V W X Y Z

❶ (穀物・肉など)をひく, すりつぶす
❷ …を磨(みが)く；(刃物(はもの))をとぐ

grip [gríp グリップ] **動詞** (**三単現** **grips**
[-s]； **過去・過分** **gripped** [-t]；
現分 **gripping**)
他 …をしっかりつかむ, ぎゅっと握(にぎ)る；
(注意など)をひく
▶**Grip** your bat.
バットをしっかり握りなさい.
── 自 しっかりつかむ
── **名詞** ❶ C 《ふつう **a grip** で》
しっかりつかむこと；握力(あくりょく)
❷ C 握り, 取っ手, グリップ

groan [gróun グロウン] **動詞** 自
❶ (悲しみ・痛みなどで)うめく
❷ (非難・不満などで)ブーブー言う
❸ (ものが)うなるような音を出す, きしむ
── 他 …をうめきながら言う
── **名詞** C うめき声, うなり声

grocer [gróusər グロウサ] **名詞**
C 食料雑貨店主

grocery [gróusəri グロウサリ] **名詞**
(**複数** **groceries** [-z])
❶ C (米)食料雑貨店(◆食料品や日用雑
貨類を売る店；(英)grocer's (shop))
❷ 《**groceries** で》食料雑貨類

gross [gróus グロウス] **形容詞**
(**比較** **grosser**； **最上** **grossest**)
《名詞の前で用いて》
❶ 全体の, 総計の (**同義語** total)
❷ (誤りなどが)ひどい, はなはだしい；
(口語)ひどくいやな

‡**ground**¹ [gráund グラウンド]
── **名詞** (**複数** **grounds** [gráundz グラウ
ンヅ])

❶ 地面
❷ 土
❸ 場所, 敷地(しきち)
❹ 根拠(こんきょ)

❶ U 《ふつう **the ground** で》地面
▶The **ground** is covered with
snow. 地面は雪でおおわれている.
❷ U 土；土地
▶poor **ground** やせた土
▶a small piece of **ground**
小区画の土地
❸ C 《しばしば **grounds** で》
(ある目的のための)場所, …場, グラウンド；
《**grounds** で》(建物のまわりの)敷地, 土地

▶the school **grounds** 学校の構内
❹ C U 《しばしば **grounds** で》
根拠, 理由
▶John has good **grounds** for
doubting her story.
ジョンには彼女の話を疑う十分な根拠
がある.
❺ C U (米)【電気】アース(◆(英)earth)
── **動詞** (**三単現** **grounds** [gráundz グラ
ウンヅ]； **過去・過分** **grounded** [-id]；
現分 **grounding**)
── 他 ❶ (…に)…の根拠を置く(**on** [**in**] ...)
❷ (飛行機)を強制着陸させる
❸ (口語)(子供)に(罰(ばつ)として)外出を禁
じる
── 自 ❶ (船が)座礁(ざしょう)する
❷ 【野球】ゴロを打つ

ground² [gráund グラウンド] **動詞**
grind (…をひく)の過去形・過去分詞

ground floor [gráund flɔ́ːr グラウンド
ふろーア] **名詞** C 《ふつう **the ground
floor** で》(主に英)1 階
(◆(米)the first floor) ➡ **floor** 【屋圖】

‡**group** [grúːp グループ]
── **名詞** (**複数** **groups** [-s])
C 群れ, 集団, グループ(◆(英)では単数
形で複数あつかいになることがある)；団体
▶A **group** of boys **is** [(英)are]
playing in the playground.
男の子の一団が校庭で遊んでいる.
in a gróup 一団となって
in gróups
(いくつかの)グループになって
▶The students are working **in
groups**. 生徒たちはグループに分か
れて作業をしている.
── **動詞** (**三単現** **groups** [-s]； **過去・過分**
grouped [-t]； **現分** **grouping**)
── 他 …を集める；…を分類する
── 自 集まる

‡**grow** [gróu グロウ] **動詞**
(**三単現** **grows** [-z]；
過去 **grew** [grúː グルー]； **過分** **grown**
[gróun グロウン]； **現分** **growing**)
自 ❶ 成長する
❷ (草・木が)育つ
❸ …になる
他 ❶ …を栽培(さいばい)する

a b c d **e** f **g** h i j k l m n o p q r s t **u** v w x y z

—⫿ ❶ 成長する，大きくなる
▶I **grew** three centimeters taller last year.
わたしは去年，3 センチ背が伸(の)びた.
❷ (草・木が)育つ，生える
▶This plant **grows** quickly.
この植物は速く育つ.
❸《**grow** ＋形容詞で》(しだいに)…になる(同義語 become, get);
《**grow to** ＋動詞の原形で》…するようになる
▶It **grew** cold after sunset.
日没(にちぼつ)後，しだいに寒くなった.
▶He **grew to** like her.
彼はしだいに彼女を好きになった.
❹ (量・程度が)増大する，増加する
▶The popularity of the band is **growing**.
そのバンドの人気が高まってきている.
—⫿ ❶ …を栽培する，育てる，飼育する(同義語 raise)
▶**grow** melons メロンを栽培する
❷ (ひげ・髪(かみ)など)を生やす，伸ばす
grow óut of ...
(成長して)(服など)が着られなくなる
♦***grow úp*** 成長する，おとなになる
▶She **grew up** and became a singer.
彼女はおとなになり，歌手になった.

growl [grául グラウル] (★発音に注意)
動詞 ⫿ (動物が)(…に)うなる;
(人が)(…に)がみがみ言う《at ...》
—名詞 C 《ふつう **a growl** で》うなり声

♦**grown** [gróun グロウン]
—動詞 grow(成長する)の過去分詞
—形容詞《名詞の前に用いて》成長した，おとなの

grown-up (★名詞・形容詞のアクセントのちがいに注意) 名詞 [gróunʌp グロウンアップ] (複数 **grown-ups** [-s])
C《口語》成人，おとな(♦ adult よりもくだけた語)
—形容詞 [gróunʌp グロウンアップ]
成人した，おとなの

growth [gróuθ グロウす] 名詞
U 成長; 発達;《または **a growth** で》増加
▶economic **growth** 経済成長

grumble [grʌmbl グランブる] 動詞
(三単現 **grumbles** [-z]; 過去・過分

grumbled [-d]; 現分 **grumbling**) ⫿
❶ (…について)不平を言う
《about [at] ...》
❷ (おなかが)鳴る; (雷(かみなり)などが)とどろく
—⫿ …を不平がましく言う

grunt [grʌnt グラント] 動詞 ⫿
❶ (人が)(不満などで)ぶうぶう言う
❷ (ブタなどが)ブーブー鳴く
—⫿ (人が)…をぶうぶう言う
—名詞 C うなり声; ブーブー鳴く声

Guam [gwáːm グワーム] 名詞
グアム(★太平洋のマリアナ諸島の最大の島; アメリカ領)

グアムの海岸

guarantee [gæ̀rəntíː ギャランティー]
(★アクセントに注意) 名詞 C U
(製品などの)保証; 保証書; 保証期間
—動詞 (三単現 **guarantees** [-z];
過去・過分 **guaranteed** [-d]; 現分
guaranteeing) ⫿ …を保証する

guard [gáːrd ガード] 名詞
❶ C 番人，見張り，守衛，ガードマン;
《ふつう the Guards で》(イギリスの)近衛(このえ)連隊
❷ C《英》列車の車掌(しゃしょう)
(♦《米》conductor)
be off one's guárd 油断している
be on one's guárd (…に)用心している，見張っている《against ...》
—動詞 ⫿ …を(…から)守る《against [from] ...》; …を見張る

Guatemala [gwàːtəmáːlə グワーテマーら] 名詞 グアテマラ(♦中央アメリカの国; 首都はグアテマラシティ Guatemala City)

♦**guess** [gés ゲス]
—動詞 (三単現 **guesses** [-iz]; 過去・過分
guessed [-t]; 現分 **guessing**)
—⫿ ❶ …を推測する，言い当てる
▶Can you **guess** the reason?
理由を推測できますか?
▶**Guess what!** あのね，何だと思う?
(♦びっくりするようなことを話し始めるときの前置き)

❷《guess + that 節で》[米口語]
…だと思う ➡ **suppose**
▸I **guess** he's right. (= He's right, I **guess**.) 彼は正しいと思う.

[ダイアログ]
A: Is she still in Japan?
彼女はまだ日本にいるかな？
B: I **guess** so [not].
まだいる[もういない]と思うよ.

—[自] 推測する, 言い当てる
—[名詞] ([複数] **guesses** [-iz])
[C] 推測, 推量
▸a good **guess** みごとな推測

˙guest [gést ゲスト] [名詞]
([複数] **guests** [gésts ゲスツ])
❶ [C] (招待された)客([対義語] host 主人)
▸We have a **guest** this evening.
今晩, 来客が1名あります.
❷ [C] (ホテルなどの)泊(と)まり客, (レストランなどの)客

[くらべよう] **「客」を表す英語**
guest: パーティーなどの招待客やホテルなどの客を指します.
visitor: 観光客や仕事上の訪問客, 一般の家の来客を指します.
customer: 商店などの客, 得意客を指します.

Bé my guést. (依頼に対して)どうぞご自由に; わたしがおごりますよ.

guidance [gáidns ガイダンス] [名詞]
[U] 指導, 案内; 学生指導, ガイダンス

˙guide [gáid ガイド]
—[名詞] ([複数] **guides** [gáidz ガイヅ])
❶ [C] **ガイド, 案内人**
▸We hired a **guide** in Paris.
わたしたちはパリでガイドを雇(やと)った.
❷ [C] (…の) 旅行案内書, ガイドブック; 入門書, 手引き書《to ...》(= guidebook)
▸a study **guide** 学習参考書
—[動詞] ([三単現] **guides** [gáidz ガイヅ]; [過去・過分] **guided** [-id]; [現分] **guiding**)
[他] ❶ (つき添(そ)って) (人) **を案内する** (♦「先頭に立って案内する」は lead)
▸She **guided** us around the city.
彼女はわたしたちを街のあちこちに案内してくれた.
❷ (人)を指導する

guidebook [gáidbùk ガイドブック]
[名詞] [C] 旅行案内書, ガイドブック; 手引書

guide dog [gáid dɔ̀ːg ガイド ドーグ]
[名詞] [C] 盲導(もうどう)犬 (♦[米]では Seeing Eye dog ともいう) ➡ **dog** [参考]

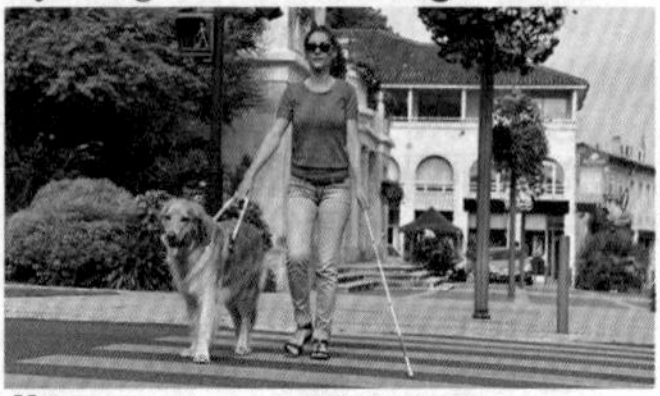

guilt [gílt ギるト] [名詞] [U] 有罪 ([対義語] innocence 無罪); 罪悪感

guilty [gílti ギるティ] [形容詞]
([比較] **guiltier**; [最上] **guiltiest**)
❶ 有罪の, (…の)罪を犯(おか)した《of ...》 ([対義語] innocent 無罪の)
❷ (…について) 罪の意識のある, やましい《about ...》
▸I feel **guilty about** lying. わたしはうそをついたことに気がとがめている.

˙guitar [gitáːr ギター] (★アクセントに注意) [名詞]
([複数] **guitars** [-z])
[C] **【楽器】ギター**
➡ **musical instruments** [図]
▸play the **guitar** ギターをひく

guitarist [gitáːrist ギターリスト] [名詞]
[C] ギター奏者, ギタリスト

gulf [gʌ́lf ガるふ] [名詞]
[C] 湾(わん)(♦ふつう bay より大きい)

gull [gʌ́l ガる] [名詞]
[C] 【鳥類】カモメ(= sea gull)

Gulliver [gʌ́livər ガリヴァ] [名詞]
ガリバー(♦イギリスの作家ジョナサン・スウィフト (Jonathan Swift) の小説『ガリバー旅行記』(*Gulliver's Travels*) の主人公)

gum[1] [gʌ́m ガム] [名詞]
❶ [U] ゴム([同義語] rubber)
❷ [U] チューインガム(= chewing gum)

gum[2] [gʌ́m ガム] [名詞]
[C]《ふつう **gums** で》歯ぐき
➡ **mouth** [図]

˙gun [gʌ́n ガン] [名詞] ([複数] **guns** [-z])
[C] 銃(じゅう), ピストル, けん銃; 大砲(たいほう)

gush [gʌ́ʃ ガッシ] [動詞] ([三単現] **gushes** [-iz]; [過去・過分] **gushed** [-t];

現分 **gushing**)

⾃ (液体・ことば・感情などが)勢いよく流れ出る, ほとばしる

——名詞 (複数 **gushes** [-iz])

C (液体などの)噴出(ふんしゅつ); 《**a gush** で》(感情の)ほとばしり

gutter [ɡʌ́tər ガタ] 名詞

C (屋根の)とい; (歩道と車道の境にある)溝(みぞ); ガーター(◆ボウリングのレーンの溝)

➡ **house** 図

guy [ɡái ガイ] 名詞

C 《口語》男, やつ(◆複数形の場合,《米》では男女両方を指すことが多い)

Guy Fawkes Night [ɡái fɔ́ːks nàit ガイ フォークス ナイト] 名詞

《英》ガイ・フォークス祭

文化 英国の秋の祭り

1605 年 11 月 5 日, 国王ジェームズ 1 世を国会議事堂もろとも爆破しようとした犯人の一人, ガイ・フォークスが逮捕されました. これを記念したお祭りが Guy Fawkes Night です. この祭りでは, ガイ・フォークスを模した人形をたき火に投げこんで焼いたり, 花火を打ち上げて楽しんだりします.

gym [dʒím ヂム] 名詞

(複数 **gyms** [-z])

❶ C 《口語》体育館(◆ *gym*nasium を短縮した語)

➡ 巻頭カラー 英語発信辞典①

❷ U 《口語》(学科の)体育(◆ *gym*nastics を短縮した語; physical education を略して P.E. ともいう)

gymnasium [dʒimnéiziəm ヂムネイズィアム] 名詞 C 体育館(◆《口語》では gym と短縮する)

gymnastics [dʒimnæstiks ヂムナぁスティックス] 名詞 U 《単数あつかいで》(学科の)体育(◆《口語》では gym と短縮する; physical education を略して P.E. ともいう);《複数あつかいで》体操

➡ 下図

Gypsy, 《英》**Gipsy** [dʒípsi ヂプスィ] 名詞 (複数 **Gypsies** [-z]) C ジプシー(◆ヨーロッパ・アジアに散在する移動型民族; 彼ら自身は Romany [ráməni ラマニ] という言い方を好んで用いる)

gymnastics

floor exercises
床(ゆか)運動

rings
つり輪

parallel bars
平行棒

balance beam
平均台

vault
[vɔ́ːlt ヴォーるト]
跳馬(ちょうば)

pommel
[pʌ́ml パムる]
horse あん馬

uneven bars
段ちがい平行棒

horizontal bar
鉄棒

A B C D E F G H I J K L M N O P Q R S T U V W X Y Z

Hh ℋℎ

Q カボチャをくり抜(ぬ)いてどうするの？ ➡ Halloween をひいてみよう！

H, h [éitʃ エイチ] **名詞** (**複数** H's, h's または Hs, hs [-iz]) **C U** エイチ
(◆アルファベットの8番めの文字)

ha, hah [háː ハー] **間投詞**
(驚(おど)き・喜び・ためらいなどの気持ちを表して)ほう，まあ，おや

*habit [hǽbit ハぁビット] 名詞

(**複数** habits [hǽbits ハぁビッツ])
C U (個人の)習慣，癖(くせ)；(動植物の)習性
▶a bad **habit** 悪い習慣
▶Susan has a **habit** of keeping early hours. スーザンには早寝(ねや)[早起き]の習慣がある.

くらべよう habit と custom
habit: 個人の「習慣」や「癖」を表します.
custom: 主に社会や地域などの「慣習」を指します.

habitat [hǽbitæt ハぁビタぁット] **名詞**
C (動物の)生息地；(植物の)自生地

hacker [hǽkər ハぁカ] **名詞**
C 【コンピューター】ハッカー
(◆他者のコンピューターシステムに不法侵入(にゅう)し，情報を盗(ぬす)んだり，プログラムを破壊(はかい)したりする人)

*had

——**動詞** [hǽd ハぁド]
have(…を持っている)の過去形・過去分詞

——**助動詞** [hǽd ハぁド; (弱く言うとき)həd ハド, əd アド, d ド] (have の過去形)
(◆**口語**では 'd と略すことがある)
《had ＋過去分詞で過去完了形をつくって過去のある時より前に起きたことを表す》
❶《継続》…していた
▶I **had been** walking all day and felt tired.
わたしは1日じゅう歩き詰(つ)めで，疲(つか)れていた.

❷《経験》…したことがあった
▶Liz felt nervous on the plane because she **had** never **flown** before.
リズはそれまで飛行機に乗ったことがなかったので，機内で落ち着かなかった.

❸《完了》…してしまった
▶When I arrived at the station, the train **had** already **left**.
駅に着くと，電車はすでに出てしまっていた.

had bést ＋動詞の原形
…するのがいちばんよい

*had bétter ＋動詞の原形
…するほうがよい ➡ better

had rather ... (than 〜)
(〜するより)むしろ…したい ➡ rather

*hadn't [hǽdnt ハぁドゥント]

《口語》had not の短縮形

ha-ha [háːháː ハーハー] **間投詞** (笑い声・軽べつした笑いを表して)はは，あはは

hail [héil ヘイる] **名詞 U** あられ，ひょう
——**動詞** **自**《it を主語にして》
あられ[ひょう]が降る

*hair [héər ヘア] 名詞 (複数 hairs [-z])

❶ **U** 髪(かみ)の毛(全体) ➡ head 図
▶She has long **hair**.
彼女は髪が長い.
▶She is brushing her **hair**.
彼女は髪にブラシをかけている.
▶a girl with short **hair**
髪の短い女の子
▶I **had** [got] my **hair** cut last week.
先週，わたしは髪を切ってもらった.
(◆「have [get] ＋名詞＋過去分詞」で「…を〜してもらう」)

❷ **C** (1本の)毛
▶A **hair** fell out. 髪が1本抜(ぬ)けた.

hairbrush [héərbrʌʃ ヘアブラッシ] 名詞
（複数 hairbrushes [-iz]）
C ヘアブラシ

haircut [héərkʌt ヘアカット] 名詞
C 散髪(さんぱつ), 理髪

hairdo [héərduː ヘアドゥー] 名詞 （複数
hairdos [-z]）C （口語）（主に女性的）ヘ
アスタイル, 髪形(かみがた)

hairdresser [héərdrèsər ヘアドゥレサ]
名詞 C 美容師

hair dryer, hair drier [héər dràiər
ヘア ドゥライア] 名詞 C ヘアドライヤー

:half [hǽf ハぁフ]

名詞	❶ 半分
	❷ （時刻の）30分
形容詞	半分の
副詞	半分だけ

——名詞 （複数 halves [hǽvz ハぁヴズ]）
❶ C U 半分, 2分の1
（♦「4分の1」は quarter）
▶an hour and a **half**
1時間半（＝one and a half hours）
▶**Half** of ten is five. 10の半分は5.

ルール half (of) ＋名詞の使い方

1 「half of ＋名詞」は, 名詞が単数のと
きは単数あつかい, 複数のときは複数
あつかいになります.
▶**Half** of the money is mine.
そのお金の半分はわたしのものだ.
▶**Half** of the boys are American.
少年たちの半分はアメリカ人だ.
2 half of の of は省略することもでき
ます. その場合の half は形容詞になり
ます.
3 代名詞が続く場合は必ず **half of**
them のようになり, of は省略できま
せん.

❷ U （時刻の）**30分**, 半
▶It's **half** past two. 時刻は2時半だ.
❸ C （競技などの）前半, 後半
▶the first [second] **half** 前[後]半戦
——形容詞《名詞の前に用いて》
半分の, 2分の1の
▶**half** an hour 30分
（♦《主に米》a **half** hour）
▶**Half** my class belongs to sport
clubs. わたしのクラスの半分は運動
部に入っている. ➡ 名詞 ルール 2

——副詞 半分だけ; 部分的に
▶The bottle was **half** empty.
びんは半分空(から)だった.
▶I was **half** asleep then.
そのとき, わたしはうとうとしていた.

halfway [hǽfwéi ハぁフウェイ] 副詞
中途(ちゅうと)で[に], 途中で[に], 途中まで
——形容詞 中途の, 中間の, 途中にある

:hall [hɔ́ːl ホール] 名詞
（複数 halls [-z]）
❶ C 会館, 公会堂, ホール
▶a city **hall** 市役所
❷ C 玄関(げんかん)（の広間）, ロビー;
《主に米》廊下(ろうか)（＝hallway）

hallelujah, halleluiah [hæ̀ləlúːjə
ハぁれるーヤ] 名詞 C ハレルヤ（♦神を賛美
する歌, またはその歓声(かんせい); alleluia(h)
[æ̀ləlúːjə あれるーヤ] ともいう）

hallo(a) [həlóu ハろウ] 間投詞 名詞
《主に英》＝ hello（やあ）

Halloween, Hallowe'en
[hæ̀louíːn ハぁろウィーン]（★アクセント
に注意）名詞 ハロウィーン

文化 ハロウィーンの過ごし方

10月31日の夜に行われるハロウィー
ンは, 万聖(ばんせい)節（All Saints' Day）の前
夜祭です. 子供や若者たちは魔女(まじょ)の
とんがり帽子をかぶったり, 吸血鬼(きゅうけつき)の
仮装をしたりして, 町じゅうを練り歩き
ます. また, カボチャをくり抜(ぬ)いて, 明
かりをともしたちょうちん（jack-o'-
lantern）を玄関(げんかん)や窓辺に飾(かざ)った
り, 子供は"Trick or treat!"「お菓子(かし)
をくれないと, いたずらするぞ！」と言い
ながら近所の家を回って, お菓子を
もらったりします.

hallway [hɔ́ːlwèi ホールウェイ] 名詞
❶ C 《主に米》玄関(げんかん), 玄関の広間
（♦単に hall ともいう）
❷ C 廊下(ろうか)

a b c d e f **h** i j k l m n o p q r s t u v w x y z

halo-halo [hæ̀louhǽlou ハぁロウハぁロウ] [名詞] [C] ハロハロ(♦フィリピンのパフェ; 「ハロ」はタガログ語で「混ざる」の意味)

halves [hǽvz ハぁヴズ] [名詞] half(半分)の複数形

ham [hǽm ハぁム] [名詞] [C] [U] ハム (♦ブタのもも肉の塩漬(づ)けやくん製)

hamburger [hǽmbə̀ːrgər ハぁンバ〜ガ] [名詞] ❶ [C] ハンバーガー; ハンバーグ ➡ **fast food**

> **[文化] ハンバーガーの由来**
>
> ハンバーガーは 19 世紀末にアメリカで生まれました. 名前の由来については, ドイツのハンブルク(Hamburg)地方のひき肉料理が Hamburger steak としてアメリカに伝わり, それをパンにはさんだものが hamburger といわれるようになった, というのが有力な説です.

❷ [U] 《米》牛ひき肉(♦《英》mince)

Hamlet [hǽmlit ハぁムレット] [名詞] ハムレット (♦シェークスピア(Shakespeare)が書いた四大悲劇の一つ; またその主人公の名)

hammer [hǽmər ハぁマ] [名詞] [C] 金づち, ハンマー
―[動詞] [他] …を金づちでたたく; …をトントン[ドンドン]たたく

hamster [hǽmstər ハぁムスタ] [名詞] [C]【動物】ハムスター

⁑hand [hǽnd ハぁンド]

[名詞]	❶ 手
	❷ (時計の)針
[動詞]	(人)に(もの)を手渡(てわた)す

―[名詞] ([複数] **hands** [hǽndz ハぁンヅ])
❶ [C] 手(♦手首から指先まで) ➡ 下図
▸his right [left] **hand** 彼の右[左]手
▸Raise your **hand**. 手をあげなさい.
▸She has a pen in her **hand**. 彼女は手にペンを持っている.
▸Wash your **hands**. 手を洗いなさい.
❷ [C] (時計の)針
▸an hour [a minute] **hand** 短[長]針 ➡ **clocks and watches** 図
❸《**a hand** で》(援助(えんじょ)の)手, 手助け

hand

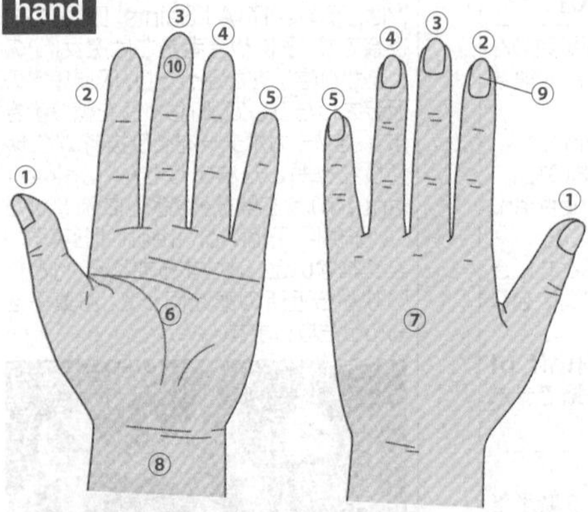

① thumb 親指
② index finger 人差し指
③ middle finger 中指
④ ring finger 薬指
⑤ little finger 小指
➡ **finger** [参考]
⑥ palm 手のひら
⑦ back of the hand 手の甲(こう)
⑧ wrist 手首
⑨ nail つめ
⑩ fingerprint 指紋(しもん)

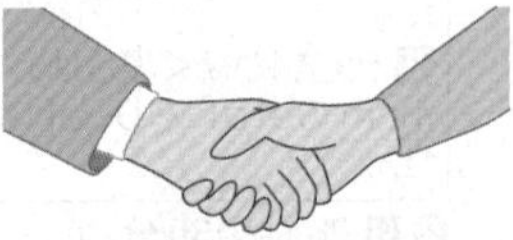

shake hands
握手(あくしゅ)する

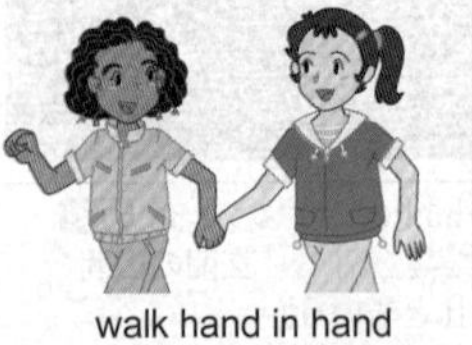

walk hand in hand
手をつないで歩く

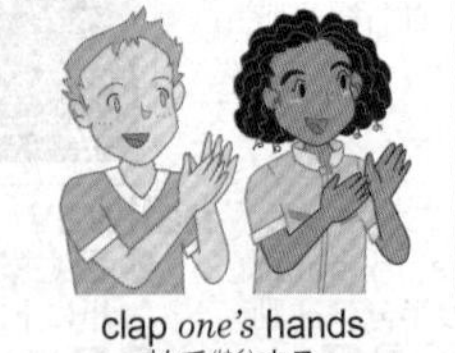

clap *one's* hands
拍手(はくしゅ)する

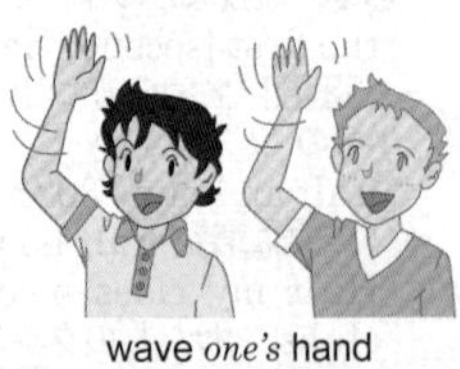

wave *one's* hand
手を振(ふ)る

▶Can you give me **a hand**?
手伝ってくれますか?

❹《a hand で》字の書き方, 筆跡(ひっせき)
(= handwriting)

❺《a hand で》拍手(はくしゅ)

▶Let's give Tom **a big hand**.
トムに大きな拍手を送りましょう.

(**at**) **first hánd** 直接, じかに

at hánd (時間的・位置的に)すぐ近くに

▶Christmas is near **at hand**.
もうすぐクリスマスだ.

by hánd (機械でなく)手で

hánd in hánd 手に手をとって

on (**the**) **óne hand ..., on the óther
hand ~** 一方では…, 他方では~

sháke hánds
(人と)握手(あくしゅ)する(with ...)
➡ shake, handshake 【文化】

——**動詞** (三単現) **hands** [hǽndz ハァン
ヅ]; (過去・過分) **handed** [-id];
(現分) **handing**)

他《hand +人+ものまたは hand +
もの+ to +人で》(人)に(もの)を手渡す,
渡す

▶I **handed** her the letter.
(=I **handed** the letter **to** her.)
わたしは彼女に手紙を手渡した.
(♦文末にくる語句が強調される; 前者
は「何を」手渡したか, 後者は「だれに」
手渡したかに重点が置かれる)

hánd dówn (伝統など)を(…に)伝える
(to ...)(♦ふつう受け身の形で用いる)

hánd ín (宿題など)を提出する

▶Have you **handed in** your paper
yet?
レポートはもう提出しましたか?

hánd óut
(ただで)…を配る, 分けあたえる

handbag [hǽndbæg ハァン(ド)バァッグ]
名詞 C (女性用の)ハンドバッグ(♦米)
ではふつう purse を用いる) ➡ bag 図

handball [hǽndbɔːl ハァン(ド)ボール]
名詞 ❶ U 【スポーツ】ハンドボール
(♦一般的な「ハンドボール」以外に, ボー
ルを手で壁(かべ)に打ちつけ, はね返った
ボールを相手に受けさせる, という米国
式ハンドボールも指す)
❷ C ハンドボールのボール

handbook [hǽndbùk ハァン(ド)ブック]
名詞 C 手引き書; 旅行案内書

handful [hǽndfùl ハァン(ド)ふる] 名詞

C ひとつかみ(の…)(of ...);
《a handful of ... で》少量の…, 少数の…

handicap [hǽndikæp ハァンディキぁッ
プ] 名詞 ❶ C 身体[精神]障がい
(♦差別的ととられることも多いので, 現在
は disability のほうがよく用いられる)
❷ C 不利な条件, 困難;【スポーツ】ハン
デ(キャップ)(♦競技を公平にするために,
強者にあたえられる不利な条件)

handicapped [hǽndikæpt ハァンディ
キぁプト] 形容詞 (身体・精神に)障がいのあ
る(♦差別的ととられることも多いので, 現
在は disabled のほうがよく用いられる)

handicraft [hǽndikræft ハァンディクラぁ
ふト] 名詞 C《ふつう handicrafts で》
手工芸; 手工芸品

handkerchief

[hǽŋkərtʃif ハァンカチふ] (★発音に注意)
名詞 (複数) **handkerchiefs** [-s] または
handkerchieves [hǽŋkərtʃivz ハァン
カチヴズ]) C ハンカチ(♦欧米(おうべい)では鼻
をかむために使われることが多い)

handle [hǽndl ハァンドゥる] 名詞
C 取っ手, 柄(え)(♦自動車の「ハンドル」は
(steering) wheel, 自転車の「ハンドル」
は handlebars)

▶the **handle** of my bag
わたしのバッグの柄

——**動詞** (三単現) **handles** [-z]; (過去・過分)
handled [-d]; (現分) **handling**) 他
❶ …に触(さわ)る; …をいじる

▶**Handle With Care**
《掲示》取りあつかい注意

❷ (人・動物・問題など)をあつかう, 処理
する; (道具)を使う

handlebar [hǽndlbàːr ハァンドゥる
バー] 名詞 C《ふつう handlebars で》
(自転車・オートバイなどの)ハンドル
➡ bicycles 図

handmade [hǽndméid ハァン(ド)メイ
ド] 形容詞 手製の, 手作りの
(♦食べ物には homemade を使う)

handout [hǽndàut ハァンダウト] 名詞
C ビラ, 印刷物; (学校などで配布され
る)プリント

a b c d e f g h i j k l m n o p q r s t u v w x y z

A
B
C
D
E
F
G
H
I
J
K
L
M
N
O
P
Q
R
S
T
U
V
W
X
Y
Z

handrail [hǽndrèil ハァンドレイる] 名詞
ⓒ (階段などの)手すり

handshake [hǽndʃèik ハァン(ド)シェイク] 名詞 ⓒ 握手(きく)

文化 おじぎよりも握手

日本では, あいさつとしてよくおじぎをしますが, 欧米(おく)では握手が一般的です. 握手をするときは相手の顔を見ながら右手を出し, 相手の右手を適度な強さで握(にぎ)ります. そして, 2, 3回振(ふ)ってから放します. ふつう目上の人が先に, 男女の場合は女性が先に手を差し出します.

handsome [hǽnsəm ハァンサム]
(★発音に注意) 形容詞
(比較 more handsome または
handsomer; 最上 most handsome
または handsomest)
❶ (男性が)顔立ちのよい, ハンサムな;
(女性が)堂々とした, りっぱな
❷ (金額などが)かなりの; (贈(おく)り物などが)気前のよい

handstand [hǽndstænd ハァン(ド)スタァンド] 名詞 ⓒ 逆立(さかだ)ち
▶do a handstand 逆立ちする

handwriting [hǽndràitiŋ ハァンドライティング] 名詞 Ⓤ 手書き; 筆跡(ひっせき), 書体

handy [hǽndi ハァンディ] 形容詞
(比較 handier; 最上 handiest)
(ものが)使いやすい, 便利な; 手近にある, すぐに使える; (人が)手先が器用な

hang [hǽŋ ハァング] 動詞
(三単現 hangs [-z]; 過去・過分 hung
[hʌ́ŋ ハング]; 現分 hanging) 他
❶ …を掛(か)ける, つるす
(同義語 suspend)
▶She hung the picture on the wall.
彼女はその絵を壁(かべ)に掛けた.
❷ (過去・過分 hanged [-d])
(人)を絞首刑(こうしゅけい)にする
── 自 掛かる, ぶら下がっている
háng ón ① (…に)しっかりつかまる
《to ...》; がんばる, 持ちこたえる
② 待つ; 電話を切らずにおく
(同義語 hold on)
háng úp (人との)電話を切る《on ...》;
…を(…に)掛ける, つるす《on ...》

hanger [hǽŋər ハァンガ] 名詞
ⓒ ハンガー, 洋服掛(か)け

hang glider [hǽŋ glàidər ハァング グらイダ] 名詞 ⓒ ハンググライダー

Hangul [háːŋguːl ハーングール] 名詞
Ⓤ ハングル(◆韓国(かんこく)[朝鮮(ちょうせん)]で使われている文字)

‡happen [hǽpn ハァプン] 動詞
(三単現 happens [-z];
過去・過分 happened [-d];
現分 happening) 自
❶ (偶然(ぐうぜん)に)起こる, 生じる
(同義語 occur)
▶A traffic accident happened
over there.
あそこで交通事故が起こった.

ダイアログ
A: What happened? どうしたの?
B: I lost my wallet.
財布(さいふ)をなくしたんだ.

❷《happen to +動詞の原形で》
偶然…する, たまたま…する
▶I happened to see the accident.
わたしは偶然その事故を目撃(もくげき)した.
▶Do you happen to know Sue?
ひょっとしてスーを知っていますか?

happening [hǽpniŋ ハァプニング] 名詞
ⓒ《しばしば happenings で》出来事,
事件

happier [hǽpiər ハァピア] 形容詞
happy(幸福な)の比較級

happiest [hǽpiist ハァピエスト] 形容詞
happy(幸福な)の最上級

happily [hǽpili ハァピり] 副詞
幸福に, 楽しく, 喜んで; 運よく

happiness [hǽpinəs ハァピネス] 名詞
Ⓤ 幸福, 満足; 幸運

‡happy [hǽpi ハァピ] 形容詞
(比較 happier; 最上 happiest)
幸福な, うれしい, 楽しい, 満足な(◆日本語の「幸福」よりももっと気軽に使う;
対義語 unhappy 不幸な, sad 悲しい)
▶a happy family 幸せな家族

▸I'm **happy** about [with] my exam results.
わたしは試験の結果に満足している.
▸He looks **happy**. 彼はうれしそうだ.
▸Helen's **happy** face made me **happy**, too.
ヘレンのうれしそうな顔を見て, わたしもうれしくなった.
▸The movie has a **happy** ending.
その映画はハッピーエンドを迎(むか)える.
(1)《**be happy to** ＋**動詞の原形で**》
…してうれしい; 喜んで…する;
▸I'm **happy to** see you.
あなたに会えてうれしい.
▸I'll **be happy to** help you.
喜んでお手伝いします.
(2)《**be happy** ＋ **that 節で**》
…ということがうれしい
▸I'm **happy that** you can go with us. あなたがわたしたちといっしょに来ることができてうれしいです.

harassment [həræ̀smənt ハラぁスメント] 名詞 U 悩(なや)ますこと, いやがらせ

˙harbor, 《英》**harbour**
[hɑ́ːrbər ハーバ] 名詞
(複数 **harbors** [-z]) C 港

くらべよう harbor と port

harbor: 地形を利用し, 船が強風や大波を避(さ)けて安全に停泊(ていはく)できる自然の港を指します.
port: 商船などが荷物を載(の)せたり降ろしたりできる施設(しせつ)のある港や, その港町全体を指します.

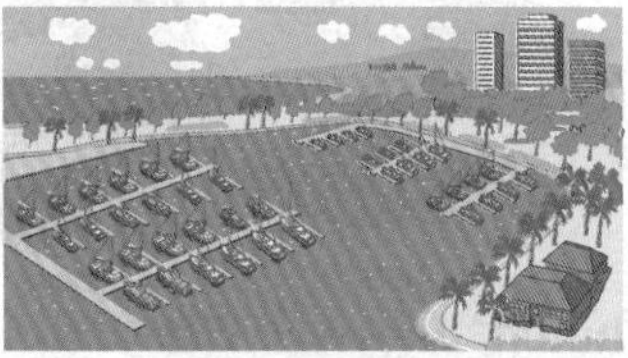

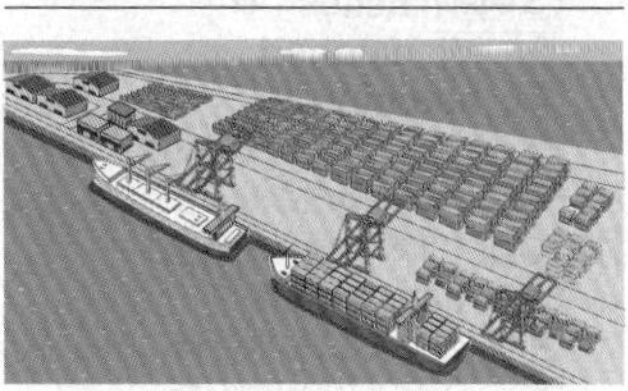

:hard [hɑ́ːrd ハード]

形容詞 ❶ かたい
❷ 難しい
❸ 熱心な
副詞 ❶ 熱心に
❷ 激しく

—形容詞
(比較 **harder**; 最上 **hardest**)
❶ (ものが) **かたい**
(対義語 soft 柔(やわ)らかい)
▸a **hard** stone かたい石
❷ **難しい**, 困難な
(同義語 difficult, 対義語 easy やさしい)
▸a **hard** question 難しい問題
▸It's **hard** for me to get there by five. 5時までにわたしがそこに着くのは難しい.
❸《名詞の前に用いて》**熱心な**, 勤勉な
▸a **hard** worker 勤勉な人[働き者]
❹ (人に)厳しい《on ...》; つらい
▸Don't be too **hard on** yourself.
自分に厳しくし過ぎないで.
▸have a **hard** time つらい経験をする
—副詞 (比較・最上 は 形容詞 に同じ)
❶ **熱心に**, 一生懸命(けんめい)に
▸He worked [studied] **hard** for the exam.
彼は試験に向けて一生懸命勉強した.
❷ **激しく**
▸It's raining **hard**.
雨が激しく降っている.

hard-boiled [hɑ́ːrdbɔ́ild ハードボイるド] 形容詞 ❶ (卵が) かたゆでの
(対義語 soft-boiled 半熟の)
❷ 《口語》感傷に流されない, 非情な; (小説が)ハードボイルドの

hardcover [hɑ́ːrdkʌ́vər ハードカヴァ]
名詞 C かたい表紙 [ハードカバー] の本
(対義語 paperback ペーパーバック)

hard disk [hɑ́ːrd dísk ハード ディスク]
名詞 C 【コンピューター】ハードディスク
(◆大容量の固定磁気記憶(きおく)装置)

harden [hɑ́ːrdn ハードゥン] 動詞
他 …をかたくする, かためる
(対義語 soften …を柔(やわ)らかくする)
—自 かたくなる, かたまる

hardly [hɑ́ːrdli ハードり] 副詞
《ふつう be 動詞・助動詞の直後か, 一般動詞の直前に置いて》ほとんど…ない

A B C D E F G H I J K L M N O P Q R S T U V W X Y Z

（同義語 scarcely）➡ **always** 【参考】
▶I can **hardly** swim.
わたしはほとんど泳げない.
　　hárdly éver めったに…しない
▶It **hardly ever** rains here.
ここではめったに雨が降らない.

hardship [háːrdʃip ハードシップ] 名詞
Ⓤ Ⓒ 苦難, 苦境

hardware [háːrdwèər ハードウェア]
名詞 ❶ Ⓤ 金物, 金属製品
❷ Ⓤ ハードウエア（♦コンピューターの
機械部分; 対義語 software ソフトウエ
ア）

hard-working [háːrdwə̀ːrkiŋ ハード
ワ～キング] 形容詞 勤勉な, よく働く

hare [héər ヘア] 名詞 Ⓒ【動物】野ウサギ

Harlem [háːrləm ハーレム] 名詞
ハーレム（♦アメリカのニューヨーク市マ
ンハッタン北部の地域）

harm [háːrm ハーム] 名詞
Ⓤ（物質的・精神的な）害, 損害, 危害
▶cause [do] **harm** 害をもたらす
▶He meant no **harm**.
彼に悪気はなかった.
――動詞 他 …を害する, …を傷つける

harmful [háːrmfl ハームふる] 形容詞
（…にとって）有害な,（…に）害をおよぼ
す《to ...》（対義語 harmless 無害な）

harmless [háːrmləs ハームれス] 形容詞
無害な（対義語 harmful 有害な）

harmonica [haːrmánikə ハーマニカ]
（★アクセントに注意）名詞 Ⓒ【楽器】
ハーモニカ（♦mouth organ ともいう）

harmoniously [haːrmóuniəsli ハーモ
ウニアスリ] 副詞（…と）調和して《with ...》
▶live **harmoniously** with nature
自然と調和して生きる

harmony [háːrməni ハーモニ] 名詞
（複数 harmonies [-z]）
❶ Ⓤ Ⓒ 調和, 一致; ハーモニー
❷ Ⓤ Ⓒ【音楽】和声, ハーモニー
　　in hármony
（…と）調和して;（…と）仲よく《with ...》

harp [háːrp ハープ] 名詞
Ⓒ【楽器】ハープ, たて琴
➡ **musical instruments** 図

Harry Potter [hǽri pátər ハぁリ パタ]
名詞 ハリー・ポッター（♦イギリスの作家
J・K・ローリングによるファンタジー小説
の主人公）

harsh [háːrʃ ハーシ] 形容詞

（比較 harsher; 最上 harshest）
❶ 厳しい, 過酷（こく）な
❷（色などが）どぎつい;（音が）耳ざわりな;
（表面が）粗（あら）い

harvest [háːrvist ハーヴェスト] 名詞
Ⓒ Ⓤ 収穫（しゅう）; 収穫物, 収穫量; 収穫期
――動詞 他（作物）を収穫する

has
――動詞 [hǽz ハぁズ] have（…を持ってい
る）の三人称単数現在形
――助動詞 [hǽz ハぁズ;（弱く言うとき）həz
ハズ, əz アズ, s ス, z ズ]
（have の三人称単数現在形）
《has ＋過去分詞で現在完了形をつくる》

hasn't [hǽznt ハぁズント]
（口語）has not の短縮形

haste [héist ヘイスト] 名詞 Ⓤ 急ぐこと,
あわてること（♦hurry よりかたい語）
　　in háste 急いで, あわてて
　　make háste 急ぐ

hastily [héistili ヘイスティり] 副詞
急いで, あわてて; 軽率（けい）に

hasty [héisti ヘイスティ] 形容詞
（比較 hastier; 最上 hastiest）
急ぎの, あわただしい; 軽率（けい）な

hat [hǽt ハぁット] 名詞
（複数 hats [hǽts ハぁッツ]）
Ⓒ（縁（ふち）のある）帽子（ぼう）
（♦「縁のない帽子」や「野球帽」は cap）

hats　　　　　caps

hatch¹ [hǽtʃ ハぁッチ] 動詞
（三単現 hatches [-iz];
過去・過分 hatched [-t];
現分 hatching）
⾃（卵・ひなが）かえる, ふ化する
――他（卵）をふ化させる,（ひな）をかえす

hatch² [hǽtʃ ハぁッチ] 名詞
（複数 hatches [-iz]）
Ⓒ（船の甲板（かんぱん）や飛行機にある）昇降（しょう）
口, ハッチ; 昇降口のふた

*have

動詞 [hǽv ハぁヴ]
助動詞 [hǽv ハぁヴ；(弱く言うとき)həv ハヴ, əv アヴ, v ヴ]
動詞 ❶ …を持っている
❷ …を食べる, 飲む

——**動詞** (三単現 **has** [hǽz ハぁズ]; 過去・過分 **had** [hǽd ハぁド]; 現分 **having**) 他

基本のイメージ: 持っている

idea

❶ **…を持っている, …がある, (友達など)がいる; (動物)を飼っている**

▶I **have** a lot of books.　　　　わたしはたくさんの本を持っている.
▶Do you **have** a pen?　　　　　ペンを持っていますか?
▶Tom **has** a computer.　　　　　トムはコンピューターを持っている.
▶We **had** two cars last year.　　わたしたちは昨年, 車を2台持っていた.
▶Ann **has** a kind heart.　　　　アンは優(*やさ*)しい心をもっている.
▶I **have** a good idea.　　　　　　わたしに名案があります.
▶I don't **have** any brothers or わたしには兄弟姉妹(*きょうだいしまい*)がいない.
　sisters.

ダイアログ

A: Do you **have** any pets?　　　何かペットを飼っていますか?
B: Yes, I do.　I **have** two dogs.　ええ. イヌを2匹(*ひき*)飼っています.

❷ **…を食べる**(同義語 eat), **(食事)をとる, 飲む**(同義語 drink) ➡ eat くらべよう

▶I'll **have** lunch now.　　　　　わたしはこれから昼食にします.
▶I'd like to **have** some milk.　　ミルクを飲みたいのですが.

参考 **have が進行形になるとき, ならないとき**

❶ 進行形は「進行中の動作」を表します. have が ❶ の意味のときは, 「動作」ではなく「状態」を表しているので進行形にしません.
❷ ただし, have が ❷ の意味のときは「動作」を表しているので進行形にすることができます.
　▶I **have** dinner at six.　　　わたしは6時に夕食をとる.
　▶She**'s having** breakfast now.　彼女は今, 朝食をとっている.

❸ **(ある経験)をする, (ある時)を過ごす; (病気)にかかっている; (ある動作)をする**

▶**have** an accident　　　　　　事故にあう
▶**Have** a good time!　　　　　　楽しんでいらっしゃい!
▶I **have** a headache.　　　　　　頭が痛い.
▶I **had** a swim in the river.　　わたしは川でひと泳ぎした.

a b c d e f **g** **h** i j k l m n o p q r s t u v w x y z

❸ （ある経験）をする
❹ …を〜させる
❺ （人）に…させる

❹《have ＋名詞＋過去分詞で》
…を〜させる, してもらう；（自分のもの）を…される
▸I **had** my hair **cut**.　　　　　　わたしは髪(ﾟ)を切ってもらった.
▸I **had** my bike **stolen**.　　　　わたしは自転車を盗(ﾇ)まれた.
❺《have ＋人＋動詞の原形で》（人）に…させる, してもらう ➡ **let** 〈くらべよう〉
▸I **had** him **repair** my bike.　　わたしは彼に自転車を直してもらった.
❻ …を取る, もらう；…を受ける（♦ take よりくだけた言い方）
▸Can I **have** this catalog?　　　　このカタログをいただけますか？
▸We don't **have** math today.　　　今日は数学の授業がない.
❼ （会合など）を開く, 開催(ﾊﾞ)する
▸Let's **have** a birthday party　エマのバースデーパーティーを開きま
　for Emma.　　　　　　　　　　しょう.

have ... ón　　…を身につけている, 着ている（同義語 wear）
▸He **had** a nice jacket **on**.　　　彼はすてきな上着を着ていた.

have ónly to ＋動詞の原形　　…しさえすればよい
▸You **have only to** stay here.　　きみはここにいるだけでよい.

♦***have to ＋動詞の原形***　　…しなければならない（♦《口語》では「have got to ＋
動詞の原形」もよく使われる）；《否定文で》…しなくてもよい ➡ **must** ル-ル
▸I **have to** go now.　　　　　　　わたしはもう行かなければならない.
▸She **has to** stay home.　　　　　彼女は家にいなければならない.
▸He **had to** wait a little.　　　　彼は少し待たなければならなかった.
▸Do I **have to** do that now?　　　それは今しないといけませんか？
▸You don't **have to** get up　　　あしたは早起きしなくてもいいですよ.
　early tomorrow.

〖参考〗 **have [has, had] to の発音**

have to	[hǽftə ハァフタ, hǽftu(:) ハァフトゥ(ー)]
has to	[hǽstə ハァスタ, hǽstu(:) ハァストゥ(ー)]
had to	[hǽttə ハァッタ, hǽttu(:) ハァットゥ(ー)]

have sómething [nóthing, líttle, múch] to dó with ...
…と関係がある［関係がない, ほとんど関係がない, 大いに関係がある］
▸He **had** <u>something</u> [nothing]　彼はその事故と関係があった［なかっ
　<u>to do with</u> the accident.　　　た］.
▸I **have** <u>little</u> [much] <u>to do</u>　わたしはそのプロジェクトとほとんど
　<u>with</u> the project.　　　　　　関係がない［大いに関係がある］.
――助動詞 ❶《have ＋過去分詞で現在完了形をつくる》
① 〖継続〗今まで…してきた, ずっと…している（♦ for, since などをともなうこ
とが多い）
▸I **have known** her **for** years.　わたしは彼女とは長年の知り合いだ.
▸She **has been** busy **since**　　彼女は昨日からずっと忙(ﾞ)しい.
　yesterday.
② 〖経験〗…したことがある（♦ never, ever, often, ... times などをともなう

助動詞 ❶ (◆現在完了形をつくる)
　(1)『継続』今まで…してきた
　(2)『経験』…したことがある
　(3)『完了』…してしまった

ことが多い)

▶I **have never been** abroad.　　わたしは海外に行ったことが一度もない.

ダイアログ

A: **Have** you **ever been** to New York?　あなたはニューヨークへ行ったことがありますか？

B: Yes, I **have**. / No, I **have**n't.　はい, あります. / いいえ, ありません.

③『完了』…してしまった, …したところだ (◆ already, just, yet などをともなうことが多い)

▶**Have** you **called** her **yet**?　　もう彼女に電話をしましたか？

▶He **has just arrived** here.　　彼はたった今ここに着いたところだ.

▶I've **already done** my homework.　わたしはもう宿題をやってしまった.

ルール **現在完了形の意味と用法**

1 現在完了形は, 過去の動作・状態などが現在まで続いていたり, 何らかの形で現在に影響を及ぼしたりしていることを表します.

2 過去の動作・状態などが, 現在とどのように関係しているかによって, 「継続」「経験」「完了」の３つに分けることができます.

『継続』過去の状態が現在まで続いていること

▶I **have lived** here for ten years.　わたしは 10 年間ここに住んでいる.

『経験』現在までに経験したこと

▶I **have skied** three times.　わたしは３回スキーをしたことがある.

『完了』過去の動作が現在の直前に完了したこと

▶I **have** just **finished** my lunch.　わたしは今, 昼食を終えたところだ.

3 現在完了形の have は助動詞なので, 疑問文や否定文をつくるときは動詞の have とちがって, do, does, did を使いません.

〈肯定文〉I **have met** him before.
　　　　　わたしは以前, 彼に会ったことがある.

〈疑問文〉**Have** you **met** him before?
　　　　　あなたは以前, 彼に会ったことがありますか？

〈否定文〉I **have** never **met** him before.
　　　　　わたしは今まで彼に会ったことがない.

❷ 《**have been** + **...ing** で現在完了進行形をつくる》ずっと…している

▶He **has been watching** TV for two hours.　彼は２時間ずっとテレビを見続けている.

❸ 《**will have** ＋過去分詞で未来完了形をつくる》

(未来のある時点では)…してしまっているだろう

▶I'll **have finished** this task by six.　わたしは６時までにはこの仕事を終えているでしょう.

have gót ... …を持っている ➡ **get**

have got to ＋動詞の原形　…しなければならない ➡ **get**

A B C D E F G **H** I J K L M N O P Q R S T U V W X Y Z

hate [héit ヘイト] **動詞**
（**三単現** **hates** [héits ヘイツ];
過去・過分 **hated** [-id]; **現分** **hating**）**他**
❶ …を憎(にく)む，ひどく嫌(きら)う
（**対義語** love …を愛する）
❷《**hate to** ＋動詞の原形 または hate
＋ ...ing で》…するのを嫌う，…したくない

hatred [héitrid ヘイトゥリッド] **名詞**
Ｕ 憎(にく)しみ，憎悪(ぞう)

haunt [hɔ́ːnt ホーント]（★発音に注意）
動詞 **他** ❶ …へしばしば行く
❷（幽霊(れい)などが）（ある場所に）出る
❸（考えなどが）（人に）取りつく

haunted [hɔ́ːntid ホーンティッド] **形容詞**
幽霊(れい)の出る，お化けの出る
▶a **haunted** house　お化け屋敷(やしき)

have **動詞** **助動詞** → p.287 **have**

haven't [hǽvnt ハァヴント]
《**口語**》have not の短縮形

having [hǽviŋ ハァヴィング] **動詞**
have(…を持っている)の現在分詞・動名詞

Hawaii [həwáii: ハワイイー]（★アクセン
トに注意）**名詞**
❶ ハワイ州(◆太平洋上にあるアメリカの
州; 【郵便】で HI と略す)
❷ ハワイ島(◆ハワイ諸島で最大の島)

Hawaiian [həwáiən ハワイアン] **形容詞**
ハワイの; ハワイ人の; ハワイ語の
——**名詞** Ｃ ハワイ人; Ｕ ハワイ語

hawk [hɔ́ːk ホーク] **名詞** Ｃ 【鳥類】タカ

hawthorn [hɔ́ːθɔ̀ːrn ホーソーン] **名詞**
Ｃ Ｕ 【植物】サンザシ
（◆イギリスに多く見られるバラ科の低
木; 生け垣(がき)によく使われる）

hay [héi ヘイ] **名詞** Ｕ 干し草

hay fever [héi fìːvər ヘイ フィーヴァ]
名詞 Ｕ 枯草(かれくさ)熱，花粉症(かふんしょう)（◆アメリ
カでは主にブタクサによるものを指す）

hazel [héizl ヘイズる] **名詞**
❶ Ｕ Ｃ 【植物】ハシバミ
❷ Ｕ 薄茶(うすちゃ)色，金褐色(きんかっしょく)

hazy [héizi ヘイズィ] **形容詞**
（**比較** **hazier**; **最上** **haziest**）
❶ もやのかかった，かすんだ
▶a **hazy** morning　もやのかかった朝
❷ 漠然(ばくぜん)とした;（意識が）もうろうとした

he [híː ヒー] **代名詞**《人称代名詞の三人称
単数男性の主格》（**複数** **they** [ðéi ぜイ])
彼は，彼が（**対義語** she 彼女は）
▶I have one brother. **He** is ten.
わたしには兄[弟]が１人います．彼は
10歳(さい)です．

参考 he の変化形と所有・再帰代名詞		
主格	**he**	彼は[が]
所有格	**his**	彼の
目的格	**him**	彼を[に]
所有代名詞	**his**	彼のもの
再帰代名詞	**himself**	彼自身を[に]

ルール he の使い方

1 he はすでに話題にあがっている男
性や，その場の状況(じょうきょう)からだれを指
しているのがわかる男性について用い
ます．
2 今まで話題になっていなかった男性
についてだれなのかをきくときは he
を用いず，次のようにいいます．
▶Who is that man?
あの男の人はだれですか？
（◆× Who is he? とはいわない）
3 人間だけではなく，動物の雄(おす)もし
ばしば he で表します．
▶I have a dog. **He** often barks.
わたしはイヌを飼っている．その(雄
の)イヌはよくほえる．

head [héd ヘッド]

名詞	❶ 頭
	❷ 頭脳
	❸ 長
動詞	…の先頭に立つ

——**名詞** （**複数** **heads** [hédz ヘッヅ])
❶ Ｃ 頭(◆顔をふくめて首から上の部分
を指す; 日本語では「顔」や「首」と訳した
ほうがいい場合がある)
→ p.291 図, face **参考**, neck **ルール**
▶She patted me on the **head**.
彼女はわたしの頭をなでた．
▶Don't put your **head** out of the
window.　窓から顔を出してはいけない．
❷ Ｃ 頭脳，頭(の働き)，知力
▶Use your **head**.　頭を働かせなさい．
❸ Ｃ 長，頭(かしら); 首席，先頭
▶the **head** of a school　校長
❹ Ｃ《ふつう **heads** で単数あつかい》
（硬貨(こうか)の）表（**対義語** tail 裏）

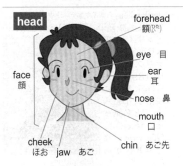

head

forehead
額(ひたい)

eye 目

ear
耳

face
顔

nose 鼻

mouth
口

cheek
ほお

jaw あご

chin あご先

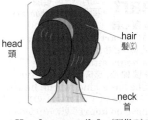

head
頭

hair
髪(かみ)

neck
首

▶**Heads** or tails? (硬貨の)表か裏か?(◆硬貨を投げて,勝敗やゲームの順番を決めるときの文句)

at the héad of ... …の首席[先頭]で[に]

bów one's héad おじぎをする

from héad to fóot = *from héad to tóe* 頭のてっぺんからつま先まで,全身

nód one's héad (了解(りょうかい)・賛成などを表して)首を縦に振る

sháke one's héad (否定・不満・悲しみなどを表して)首を横に振る

――**動詞** (三単現 **heads** [hédz ヘッヅ]; 過去・過分 **headed** [-id]; 現分 **heading**)

――他 …の先頭に立つ,…を率いる

▶She **headed** the parade.
彼女はパレードの先頭に立った.

――自 (…へ)向かう,進む《for [toward] ...》

▶Ann was **heading** for the exit.
アンは出口に向かっていた.

headache [hédèik ヘッドエイク]
(★発音に注意) **名詞** C 頭痛;
《口語》悩(なや)みの種 ➡ **ache** (巻末)

▶Do you have a **headache**?
頭が痛いのですか?

heading [hédiŋ ヘディング] **名詞**
❶ C (記事・章などの)表題,見出し
❷ C U 【サッカー】ヘディング
➡ **soccer** 図

headlight [hédlàit ヘッドライト] **名詞**
C《しばしば **headlights** で》
(自動車などの)ヘッドライト
➡ **bicycles** 図, **cars** 図

headline [hédlàin ヘッドライン] **名詞**
❶ C (新聞などの)(大)見出し
❷ C《ふつう **headlines** で》
(ニュースの)主な項目(こうもく)

headmaster [hédmæstər ヘッドマぁスタ] **名詞** C 校長(◆《米》では私立学校の,《英》では小・中学校の,男性の校長)

headmistress [hédmístrəs ヘッドミストゥレス] **名詞** (複数 **headmistresses** [-iz]) C 校長(◆《米》では私立学校の,《英》では小・中学校の,女性の校長)

headphone [hédfòun ヘッドふォウン] **名詞** C《ふつう **headphones** で》
ヘッドホン

headquarters [hédkwɔ̀:rtərz ヘッドクウォータズ] **名詞**《単数または複数あつかいで》本部,司令部,本社

heal [híːl ヒール] **動詞**
他 (傷など)を治す,(悩(なや)みなど)をいやす
――自 (傷などが)治る

health [hélθ へるす] **名詞**
U 健康(対義語 sickness, illness 病気);健康状態

▶Take care of your **health**.
健康には注意しなさい.

▶I'm in good **health**.
わたしは健康だ.

health and physical education [hélθ ənd fízikl èdʒəkéiʃn へるす アン(ド) ふィズィクる エヂュケイシャン] **名詞** U (学科の)保健体育

healthy [hélθi へるすィ] **形容詞**
(比較 **healthier**; 最上 **healthiest**)
健康な,健康そうな;健康的な
▶a **healthy diet** 健康的な食事

heap [híːp ヒープ] **名詞** C
(積み重ねられたものの)山,かたまり《of ...》
(同義語 pile)
――**動詞** 他 …を積み上げる

hear [híər ヒア] **動詞**
(三単現 **hears** [-z]; 過去・過分 **heard** [hə́ːrd ハ〜ド]; 現分 **hearing**)
――他 ❶ …が聞こえる,…を聞く
➡ **listen** くらべよう
▶I **heard** a voice in the distance.

a
b
c
d
e
f
g
h
i
j
k
l
m
n
o
p
q
r
s
t
u
v
w
x
y
z

遠くから声が聞こえた.
▶I can't **hear** you.
あなたの声が聞こえません.(◆「電話が遠い」の意味でもよく使う)

❷《**hear** +名詞+動詞の原形で》
〜が…するのが聞こえる
▶I **heard** him **call** my name.
彼がわたしの名前を呼ぶのが聞こえた.

❸《**hear** +名詞+ …**ing** で》
〜が…しているのが聞こえる
▶I **heard** Ann **singing** a song.
アンが歌を歌っているのが聞こえた.

❹…を耳にする, 聞いて知る
▶I **heard** the news from Emma.
わたしはその知らせをエマから聞いた.

——圓 耳が聞こえる
▶My dog can't **hear** well.
わたしのイヌは耳がよく聞こえない.

*héar about ...
…について(詳しく)聞く

ダイアログ
A: Did you **hear about** Lucy?
ルーシーのこと, 聞いた?
B: No. What happened to her?
ううん. 彼女がどうしたの?

*héar from ...
…から(手紙や電話で)連絡がある
▶I hope I will **hear from** you soon. すぐにあなたから連絡をもらえたらと思います, ご連絡をお待ちしています.(◆手紙の最後などに使うことば)

héar of ... …について聞く, …のうわさを聞く, …の存在を聞き知る(◆ふつう疑問文・否定文で用いる)
▶I've **never heard of** the name.
その名前は聞いたことがない.

I héar (that) ... (うわさでは)…だそうだ
▶I **hear** you moved recently.
最近, 引っ越したんだってね.

*heard [hə́ːrd ハ〜ド] **動詞**
hear(…が聞こえる)の過去形・過去分詞

hearing [híəriŋ ヒアリング] **動詞**
hear(…が聞こえる)の現在分詞・動名詞
——**名詞** U 聞くこと; 聴覚, 聴力
➡ **sense** 名表
▶a **hearing** dog 聴導犬(◆耳の不自由な人の生活を補助するイヌ)

Hearn [hə́ːrn ハ〜ン] **名詞**
【人名】ハーン(◆ Lafcadio Hearn

〔læfkǽdiòu- らぁフキぁディオウ-〕(1850-1904;小説・随筆(ホシ)家;ギリシャ生まれのイギリス人;アメリカのジャーナリストとなり,1890年来日;後に日本に帰化し,小泉八雲(ジヘ)と名乗った;『怪談(ホネ)』(*Kwaidan*)などの著作がある)

*heart [hɑ́ːrt ハート] **名詞**
(**複数** hearts [hɑ́ːrts ハーツ])

❶ C 心臓
▶My **heart** is beating fast.
心臓がどきどきしている.
▶a **heart** attack 心臓発作(ホッ)

❷ C U 心, 感情; 愛情, 思いやり
▶She has a kind [warm] **heart**.
彼女は優(ヤサ)しい[温かい]心のもち主だ.
▶have no **heart** 思いやりがない

❸ C 中心; 核心(カケ), 本質

❹ U 勇気; 元気; 熱意
▶lose **heart** 元気をなくす

❺ C ハート形(のもの); (トランプの)ハート

at héart 心の底では

from (the bóttom of) one's héart
心の底から, 心から

léarn ... by héart
…を(理解して)暗記する

with áll one's héart
真心をこめて; 心から

heartbeat [hɑ́ːrtbìːt ハートビート] **名詞**
C (心臓の)鼓動(コゥ)

heartbreak [hɑ́ːrtbrèik ハートブレイク]
名詞 U C 傷心, 悲嘆(ネン)

hearth [hɑ́ːrθ ハ〜ス] **名詞**
❶ C 炉床(ショ)(◆暖炉の火をたく床(ユカ))
❷ C 炉ばた(◆暖炉の前の場所を指し,家庭の団らんを象徴(ショゥ)する)

heart-warming [hɑ́ːrtwɔ̀ːrmiŋ ハートウォーミング] **形容詞** 心温まる, ほほえましい

hearty [hɑ́ːrti ハーティ] **形容詞**
(**比較** heartier; **最上** heartiest)
《名詞の前に用いて》
❶ 心からの, 温かい
▶a **hearty** gift 心のこもった贈(ホク)り物
❷ (食事の)量がたっぷりの;
(食欲が)旺盛(ホゥセイ)な

▸a **hearty** lunch
量がたっぷりの昼食

·heat [híːt ヒート]
—[名詞] [U] **熱**, **熱さ**; **暑さ**(♦病気の「熱」は fever)
▸the **heat** of the sun　太陽熱
▸the **heat** of summer　夏の暑さ
—[動詞] ([三単現] **heats** [híːts ヒーツ]; [過去・過分] **heated** [-id]; [現分] **heating**)
—[他] **…を熱する**, 暖める, 温める
▸I **heated** the milk.
わたしは牛乳を温めた.
—[自] 熱くなる, 暖まる, 温まる

heater [híːtər ヒータ] [名詞]
[C] 暖房(だんぼう)装置, ストーブ, ヒーター

heath [híːθ ヒーす] [名詞]
❶ [U] [C] 【植物】ヒース
(♦ツツジ科の常緑低木)
❷ [C] (ヒースの茂(しげ)る)荒野(こうや)

heather [héðər へざ] [名詞] [U]
【植物】ヘザー(♦ヒース(heath)の一種)

heating [híːtiŋ ヒーティング] [動詞]
heat(…を熱する) の現在分詞・動名詞
—[名詞] [U] 暖房(だんぼう)(装置)

heaven [hévn ヘヴン] [名詞]
❶ [U] 《しばしば **Heaven** で》天国, 極楽(ごくらく)([対義語] hell 地獄(じごく)); 楽園
❷ [U] 《**Heaven** で》神 ([同義語] God)
❸ [C] 《ふつう **the heavens** で》天, 空 ([同義語] sky)

for héaven's sáke
[口語]お願いだから, たのむから

Góod héavens! = Héavens!
おやまあ, 困った, とんでもない.

Thánk Héaven(s)!
ありがたい; やれやれ.

heavenly [hévnli ヘヴンリ] [形容詞]
([比較] **heavenlier**; [最上] **heavenliest**)
❶ 天(空)の
❷ 天国の; 天国のような
❸ [口語]すばらしい

heavily [hévili ヘヴィリ] [副詞]
❶ 大量に; 激しく, 非常に
❷ 重そうに; 重苦しく

·heavy [hévi ヘヴィ] [形容詞]
([比較] **heavier**; [最上] **heaviest**)
❶ **重い**([対義語] light 軽い)
▸a **heavy** bag　重いかばん
❷ (程度が)**激しい**; **大量の**; つらい
▸The traffic is **heavy**.
交通が激しい.
▸a **heavy** snow
大雪
▸**heavy** work
つらい仕事

Hebrew [híːbruː ヒーブルー] [名詞]
❶ [C] ヘブライ人, (古代の) イスラエル人; ユダヤ人
❷ [U] ヘブライ語
—[形容詞] ヘブライ人の; ヘブライ語の

hectare [héktear ヘクテア] [名詞]
[C] ヘクタール(♦面積の単位; 1ヘクタールは100アール(10,000㎡); ha と略す)

:he'd [híːd ヒード]
[口語]he would, he had の短縮形

hedge [hédʒ ヘッヂ] [名詞]
[C] 生け垣(がき), 垣根(かきね)

hedgehog [hédʒhɔ̀ːg ヘッヂホーグ]
[名詞] [C] 【動物】ハリネズミ;
[米]ヤマアラシ

heed [híːd ヒード] [動詞]
[他] (忠告)を心にとめる, …に注意を払(はら)う

heel [híːl ヒーる] [名詞] [C] (足の)かかと; (靴(くつ)・靴下などの)かかと, ヒール
➡ 巻頭カラー 英語発信辞典⑭

height [háit ハイト] (★発音に注意)
[名詞] ❶ [C] [U] 高さ; 高度; 身長
❷ 《**heights** で単数あつかい》高台, 高地
❸ 《**the height** で》最高潮(さいこうちょう); まっ盛(さか)り

heighten [háitn ハイトゥン] [動詞]
[他] …を高める, 強める, 増す
—[自] 高くなる, (量・程度などが)増す

heir [éər エア] (★発音に注意) [名詞]
[C] 相続人, 跡(あと)取り, 後継(こうけい)者

·held [héld へるド] [動詞]
hold(…を持つ)の過去形・過去分詞

helicopter [hélikàptər へりカプタ]
[名詞] [C] ヘリコプター
(♦日本語のように「ヘリ」とは略さない)

heliport [hélipɔ̀ːrt へりポート] [名詞]
[C] ヘリポート, ヘリコプター発着場

hell [hél へる] [名詞]
❶ [U] 《しばしば **Hell** で》地獄(じごく)
([対義語] heaven 天国)
❷ [C] [U] 生き地獄, 地獄のようなひどい場所[状態]

A B C D E F G H I J K L M N O P Q R S T U V W X Y Z

⁝he'll [híːl ヒーる]

[口語] he will の短縮形

⁝hello [helóu へろウ, hélou へろウ]

—[間投詞] ❶ やあ, こんにちは
(♦朝昼晩いつでも使える気軽なあいさつ; Good morning. などのほうがていねい)

[ダイアログ]
A: **Hello**, Jim! How are you?
やあ, ジム！元気？(♦ are を強く発音)
B: Fine. How are you?
元気だよ. きみは？(♦ you を強く発音)

[文化] **「ただいま」は何と言う？**

[1] 英語には「ただいま」「お帰りなさい」に相当する決まった言い方がなく, どちらも Hello. や Hi. などを使います. 家に帰ったときに I'm home. と言うことはありますが, 日本のように習慣にはなっていません.

[ダイアログ]
A: **Hello**, Mom. I'm home.
お母さん, ただいま.
B: **Hello**, John. How was school today?
お帰り, ジョン. 学校は今日どうだった？

[2] 「行ってきます」「行ってらっしゃい」に相当する決まった言い方もありません. どちらの場合も Good-bye. / See you later. / Have a nice day! などを使います.

❷ (電話で) **もしもし**
▸**Hello**, this is Tommy (speaking). May I speak to Mary?
もしもし, こちらトミーです. メアリーをお願いできますか？
❸ (注意をひくのに用いて) おーい, あのう
▸**Hello**? Is anyone there?
おーい！ だれかいますか？

—[名詞] ([複数] **hellos** [-z])
[C] [U] 「こんにちは」というあいさつ

♦***say helló to ...*** **…によろしくと言う**
(♦親しい間で用いる)
▸Bye. **Say hello to** your family.
じゃあ, ご家族によろしく.

helmet [hélmit へるメット] [名詞]

[C] ヘルメット; かぶと;
(フェンシングなどの) 面(めん)

⁝help [hélp へるプ]

[動詞]	❶ …を手伝う
	❷ (人)が…するのを手伝う
[名詞]	❶ 援助(えんじょ), 助け

—[動詞] ([三単現] **helps** [-s]; [過去・過分] **helped** [-t]; [現分] **helping**)

—[他] ❶ **…を手伝う**, 助ける, …の手助けをする; 《**help** + 人 + **with** [**in**] **...** で》(人)の…を手伝う ➡ **save** [くらべよう]
▸I often **help** my mother.
わたしはよく母の手伝いをする.
▸He **helped** the old man up.
彼はその老人を助け起こした.
▸Please **help** me **with** my homework.
宿題を手伝ってください. (♦「手伝う」という意味の help の目的語は「人」; × help my homework とはいわない)
❷ 《**help** + 人 + (**to** +) **動詞の原形**で》 **(人)が…するのを手伝う**
▸**Help** me (**to**) move this desk.
この机を動かすのを手伝ってくれ.
❸ (物事が)…の役に立つ
▸Bob's advice **helped** me a lot.
ボブの助言はとても役に立った.
❹ …を避(さ)ける; …を変える
(♦ can, can't とともに用いる)
▸I **can't help** it. (=It **can't** be **helped**.)
それはどうすることもできない, しかたがない.

Can I hélp you? = ***May I hélp you?***
① (店員などが客などに) いらっしゃいませ, 何かご用でしょうか？
② (道に迷った人などに) どうしましたか; お手伝いしましょうか？

cannot hélp ...ing
…しなくてはいられない
▸They **could not help laughing**.
彼らは笑わずにはいられなかった.

hélp onesélf
(…を)自分で自由に取って食べる《to ...》
▸Please **help yourself**.
ご自由にお召(め)し上がりください.

—[自] 手伝う, 助ける; 《**help with ...** で》(仕事)を手伝う; 役立つ
▸**Help**! 助けてくれ！
▸He often **helps with** the housework. 彼はよく家事を手伝う.

——名詞 (**複数** helps [-s])

❶ **U** 援助, 助け

▶She cried for **help**.
彼女は助けを求めて叫(さけ)んだ.

▶Do you need any **help**?
何か手伝いが必要ですか?

❷《**a help** で》役立つもの[人]

▶She was **a great help**.
彼女のおかげで大変助かりました.

❸ **C** 雇(やと)われている人, 使用人; 家政婦

helper [hélpər へるパ] **名詞**
C 助けてくれる人, 助手, 家政婦, ヘルパー; 役に立つもの

helpful [hélpfl へるプふる] **形容詞**
(…にとって)助けになる, 役に立つ《to ...》
(**同義語** useful)

helping [hélpiŋ へるピング] **動詞**
help(…を手伝う)の現在分詞・動名詞
——名詞 **C** (食べ物の)1杯(ぱい), ひと盛り

▶Would you like another **helping**?
お代わりはいかがですか?

helping hand [hélpiŋ hæ̀nd へるピング ハぁンド] **名詞** 援助(えんじょ)
(◆次の成句で用いる)

gíve [**lénd**] **... a helping hánd**
…に援助の手を差し伸(の)べる

helpless [hélpləs へるプレス] **形容詞**
無力な; たよるもの[人]のない

hemisphere [hémisfiər ヘミスふィア]
名詞 **C** (地球の)半球

▶the Northern [Southern]
Hemisphere 北[南]半球

hen [hén ヘン] **名詞** **C** 〖鳥類〗めんどり
(**対義語** cock おんどり) ➡ **chicken** 【参考】

:her [hə́ːr ハ〜; (弱く言うとき)hər ハ, ər ア] **代名詞**〖人称代名詞の三人称単数女性 she の所有格および目的格〗
(**複数** **❶** は their [ðéər ぜア], **❷** は them [ðém ぜム])

❶〖所有格〗彼女の(**対義語** his 彼の)
➡ **she** 【参考】

▶**Her** name is Beth.
彼女の名前はベスです

❷〖目的格〗彼女を, 彼女に
(**対義語** him 彼を) ➡ **she** 【参考】

▶I know **her** well.
わたしは彼女をよく知っている.

▶I teach **her** Japanese.
わたしは彼女に日本語を教えている.

❸《補語として用いて》〖口語〗彼女(です)

▶Oh, it's **her**. あ, 彼女だ.

herb [há:rb ハ〜ブ] **名詞** **C** 薬草, ハーブ

Hercules [há:rkjəli:z ハ〜キュリーズ]
名詞〖ギリシャ神話〗ヘラクレス
(◆ゼウス(Zeus)の子; 獅子(しし)を退治するなどの「12の難業」を成し遂(と)げたことにより, 死後, 神として認められた)

herd [há:rd ハ〜ド] **名詞**
C (牛などの)群れ

:here [híər ヒア]

——副詞 **❶** ここに, ここで, ここへ
(**対義語** there そこに)

▶Let's take a picture **here**.
ここで写真を撮(と)りましょう.

▶Come **here**. ここへおいでよ.

▶There is no rainy season **here** in
Hokkaido.
ここ北海道には梅雨(つゆ)がない.
(◆here と in Hokkaido は同じ場所
を指している)

ダイアログ

A: Mr. Yamamoto! 山本さん.
B: **Here**. はい.(◆出欠をとるときの返
事; Present. や Yes. とも答える)

▶**Here** are some cards.
ここに数枚のカードがあります.

▶**Here's** your umbrella.
ここにあなたの傘(かさ)がありますよ.

▶**Here** comes Tom.
トムがやって来た.(◆主語が代名詞のと
きは《Here ＋主語＋動詞》の語順にな
る:Here he comes.)

❷《間投詞的に》(相手の注意をひくとき
に用いて)さあ, ほら

hére and thére あちこちに[で]

Hére I ám.
さあ着いたぞ, ただいま.

⁺*Hére it ís.* (相手にものを渡(わた)すときに)
さあどうぞ, …はここにあります.
(**同義語** Here you are [go].)

ダイアログ

A: May I use your eraser?
消しゴムを借りてもいい?
B: **Here it is.** はい, どうぞ.

Hére we áre.
①(自分たちの目的地に着いたときに)さ
あ, 着いたぞ.
②(わたしたちの求めているものは)ほ
ら, ここにあります.

a b c d e f g h i j k l m n o p q r s t u v w x y z

A B C D E **F** G **H** I J K L M N O P Q **R** S T U V W X Y Z

Hére we gó. さあ行こう[始めよう].

◆*Hére you áre.* = *Hére you gó.*
(相手にものを渡(炊)すときに)**さあどうぞ**,
はいこれです. (**同義語** Here it is.)

> **ダイアログ**
> *A:* Can you pass me the salt?
> 塩を取ってくれますか?
> *B:* **Here you are.** はいどうぞ.

Lóok [Sée] hére! (相手の注意をひく
ときに用いて)**おい, ねえ, いいかい.**
(◆単に Look! ともいう)

over hére こちらに, こちらは
——**名詞** Ⓤ ここ
> ▶Is his house far from **here**?
> 彼の家はここから遠いのですか?
> ▶For **here** or to go? (ファストフード
> レストランなどで)ここで召(๑)し上がり
> ますか, (それとも)お持ち帰りですか?

‡**here's** [híərz ヒアズ]
(**口語**)here is の短縮形

heritage [héritidʒ ヘリテッヂ] **名詞**
Ⓒ (文化的な)遺産; 伝統
> ▶the World **Heritage** sites
> 世界(文化)遺産

hero [hí:rou ヒーロウ] **名詞**
(**複数** **heroes** [-z])
❶ Ⓒ 英雄(熱), ヒーロー
❷ Ⓒ (小説・劇などの男性の)主人公, ヒー
ロー(**対義語** heroine 女性の主人公)

heroic [həróuik ヘロウイック] **形容詞**
英雄(熱)的な; 非常に勇敢(熱)な

heroine [hérouin ヘロウイン] **名詞**
❶ Ⓒ (女性の)英雄(熱)
❷ Ⓒ (小説・劇などの女性の)主人公, ヒロ
イン(**対義語** hero 男性の主人公)

herring [hériŋ ヘリング] **名詞**
(**複数** **herring** または **herrings** [-z])
Ⓒ【魚類】ニシン

‡**hers** [hɔ́:rz ハ〜ズ] **代名詞**『人称代名
詞の三人称単数女性 she の所有代名詞』
(**複数** **theirs** [ðéɔrz ゼアズ])
彼女のもの(**対義語** his 彼のもの)
➡ **she** [**参考**]
> ▶Is this umbrella **hers**?
> この傘(翁)は彼女のものですか?
> ▶a friend of **hers** 彼女の友人

‡**herself** [hərsélf ハセルふ] **代名詞**

『人称代名詞の三人称単数女性 she の再
帰代名詞』(**複数** **themselves**
[ðəmsélvz ゼムセるヴズ])
❶《動詞・前置詞の目的語となって》**彼女
自身を, 彼女自身に**
(**対義語** himself 彼自身を)➡ **she** [**参考**]
> ▶Jenny looked at **herself** in the
> mirror.
> ジェニーは鏡に映る自分の姿を見た.
❷《she または her の意味を強調して》
彼女自身; 自ら(◆強く発音する)
> ▶She made the doll **herself**.
> 彼女は自分の手でその人形を作った.

(all) by hersélf ひとりぼっちで; 独力
で; ひとりでに ➡ **oneself**

for hersélf
自分のために; 自分で ➡ **oneself**

‡**he's** [hí:z ヒーズ]
(**口語**)he is, he has の短縮形

hesitate [hézitèit ヘズィテイト] **動詞**
(**三単現** **hesitates** [hézitèits ヘズィテイ
ツ]; **過去・過分** **hesitated** [-id];
現分 **hesitating**)
⃝ ためらう, ちゅうちょする
> ▶Don't **hesitate** to call me.
> 遠慮(炒)せずに電話してね.

hesitation [hèzitéiʃn ヘズィテイシャン]
名詞 Ⓒ Ⓤ ためらい, ちゅうちょ

hey [héi ヘイ] **間投詞** (主に男性が親しい
間での呼びかけ・驚(蛇)き・喜びなどを表し
て)やあ, おい, ちょっと

HI 【郵便】ハワイ州(◆ *Hawaii* の略)

‡**hi** [hái ハイ] **間投詞**
(**米口語**)やあ, こんにちは(◆親しい間で
のあいさつ; hello よりもくだけた語)

hiccup [híkʌp ヒカップ] **名詞**
Ⓒ《しばしば **hiccups** で》しゃっくり
——**動詞** (**三単現** **hiccups** [-s]; **過去・過分**
hiccupped または **hiccuped** [-t];
現分 **hiccupping** または **hiccuping**)
⃝ しゃっくりする

hid [híd ヒッド] **動詞** hide(…を隠(浴)す)の
過去形. また過去分詞の一つ

hidden [hídn ヒドゥン] **動詞**
hide(…を隠(浴)す)の過去分詞の一つ
——**形容詞** 隠された, 隠れた, 秘密の

‡**hide** [háid ハイド] **動詞**
(**三単現** **hides** [háidz ハイヅ]; **過去** **hid**
[híd ヒッド]; **過分** **hidden** [hídn ヒドゥン]

または **hid**; 現分 **hiding**)

他 (もの・事実など)を(…から)隠す
《from ...》

▶He **hid** the fact **from** us.
彼はその事実をわたしたちから隠した.

——自 (…から)隠れる, 身を隠す《from ...》

▶My cat is **hiding** under the bed.
うちのネコがベッドの下に隠れている.

hide-and-(go-)seek

[háidən(gòu)síːk ハイドゥン(ゴウ)スィーク]

名詞 Ⓤ 隠れんぼう

おもしろ知識 隠れんぼう

欧米でも子供は隠れんぼう
をして遊びます. 次のような表
現がよく使われます.

▶Ready or not, here I come!
さあ, さがしに行くぞ! (♦鬼のこ
とば)

▶I found Jack! ジャック, 見一つけた!

ˈhigh

[hái ハイ] (★発音に注意)

——形容詞 (比較 **higher**; 最上 **highest**)

❶ 高い (対義語 **low** 低い)

▶a **high** mountain 高い山

▶the **highest** building in our town
わたしたちの町で最も高い建物

くらべよう high と tall

high: ふつう山や建物などについて
「高い」というときに使います.

tall: 人や樹木・煙突など細長いもの
の「(背が)高い」というときに使いま
す. ただし, 建物の場合でも, 細長く
て高いものには tall を使います.

❷《高さを表す名詞のあとに用いて》
高さが…ある

▶That wall is about five meters
high.
あの壁は約5メートルの高さがある.

❸ (値段が) 高い; (程度が) 激しい

▶at a **high** price 高い値段で

▶at a **high** speed 高速で

❹ (質・水準などが) 高度な, 高級な;
(地位が)高い

❺ (音・声が) 高い

——副詞 (比較・最上 は 形容詞 に同じ) 高く

▶fly **high** in the sky
空高く飛ぶ

——名詞 (複数 **highs** [-z])

Ⓒ 高いところ; 最高記録

high jump [hái dʒʌ̀mp ハイ チャンプ]

名詞《**the high jump** で》【スポーツ】
走り高跳び ➡ **track and field** 図

highlands [háiləndz ハイランヅ] 名詞

《複数あつかい》高地, 山地

highly [háili ハイリ] 副詞

❶ 非常に, 大いに

❷ 高く評価して

think híghly of ...
…を重視する, 大いにほめる

high-rise [háiràiz ハイライズ] 形容詞

(建物が)高層(建築)の

high school [hái skùːl ハイ スクール]

名詞 Ⓒ 《米》ハイスクール(♦中等教育を
行う学校のことで, junior high school
「中学」と senior high school「高校」
がある; 単に high school という場合は
「高校」を指すことが多い)

文化 学校制度は州によってさまざま

日本は6・3・3制ですが, アメリカでは
次のように州によって異なります.

年齢	12	13	14	15	16	17	18
			中学		高校		
6·3·3制		junior high school			senior high school		
8·4制	(6歳〜) elementary school				high school		
6·2·4制		junior high school			senior high school		
4·4·4制	(10歳〜) middle school				high school		

A B C D E F G H I J K L M N O P Q R S T U V W X Y Z

high-tech [háiték ハイテック] 形容詞
ハイテクの, 先端(笊)技術を応用した
(♦ tech は *tech*nology を短縮した語)

highway [háiwèi ハイウェイ] 名詞
C (都市と都市を結ぶ)幹線道路, 公道
(♦日本語の「ハイウエー(高速道路)」は英
語では expressway や freeway という)

hijack [háidʒæk ハイヂャック] 動詞
他 (飛行機など)を乗っ取る, ハイジャッ
クする; (輸送中の品など)を強奪(笊)する
——名詞 C 乗っ取り(事件)

hike [háik ハイク] 名詞 C ハイキング
▶go on a hike ハイキングに行く
——動詞 (三単現) hikes [-s];
(過去・過分) hiked [-t]; (現分) hiking)
⾃ ハイキングをする
▶go hiking ハイキングに行く

hiker [háikər ハイカ] 名詞
C ハイカー, 徒歩旅行者

hiking [háikiŋ ハイキング] 名詞
U ハイキング, 徒歩旅行

hill [híl ヒる] 名詞 (複数 hills [-z])
❶ C 丘(滒), 小山(♦ mountain より低い
ものを指す; 《英》ではふつう約 600 メー
トル以下の山)

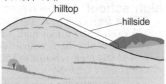

hilltop

hillside

❷ C 坂, 坂道(同義語 slope)

hillside [hílsàid ヒるサイド] 名詞
C 丘(滒)の中腹, 丘の斜面(笊) ➡ hill 図

hilltop [híltàp ヒるタップ] 名詞
C 丘(滒)の頂上 ➡ hill 図

him [hím ヒム; (弱く言うとき)him ヒム,
im イム] 代名詞 『人称代名詞の三人称単
数男性 he の目的格』
(複数 them [ðém ゼム])
❶ 彼を, 彼に (対義語) her 彼女を)
➡ he [参考]
▶Ann met him. アンは彼に会った.
❷《補語として用いて》《口語》彼(です)
▶Oh, it's him. あ, 彼だ.

Himalayas [hìməléiəz ヒマれイアズ]
名詞《the Himalayas で複数あつかい》
ヒマラヤ山脈(♦南アジアにある大山脈)

himself [himsélf ヒムセるふ]
代名詞 『人称代名詞の三人称単数男性 he
の再帰代名詞』 (複数 **themselves**
[ðəmsélvz ゼムセるヴズ])
❶《動詞・前置詞の目的語となって》
彼自身を, 彼自身に
(対義語) herself 彼女自身を) ➡ he [参考]
▶Jack is angry at **himself**.
ジャックは自分自身に腹を立てている.
❷《he または him の意味を強調して》
彼自身; 自ら(♦強く発音する)
▶Bob should try that **himself**.
ボブは自分でそれをやってみるべきだ.
(all) by himsélf ひとりぼっちで; 独力
で; ひとりでに ➡ oneself
for himsélf
自分のために; 自分で ➡ oneself

Hindi [híndi: ヒンディー] 名詞
U ヒンディー語(♦インドの公用語の一つ;
北部インドの言語)

Hindu [híndu: ヒンドゥー] 名詞
C ヒンズー教徒; インド人
——形容詞 ヒンズー教の; インド人の

hint [hínt ヒント] 名詞 C 暗示, ヒント
——動詞 他 …をほのめかす

hip [híp ヒップ] 名詞
C ヒップ, 腰(笊)(♦ウエスト(waist)の下
の左右に張り出した部分の片方; 両方を指
すときは hips となる; しりは bottom)
➡ 巻頭カラー 英語発信辞典⑭,
back [参考]

hippo [hípou ヒポウ] 名詞
(複数 hippos [-z]) C 【動物】《口語》カバ
(= hippopotamus)

hippopotamus
[hìpəpátəməs ヒパパタマス] 名詞
(複数 hippopotamuses [-iz] または
hippopotami [hìpəpátəmài ヒパパタマイ])
C 【動物】カバ(♦《口語》hippo)

hire [háiər ハイア] 動詞
(三単現 hires [-z]; 過去・過分 hired [-d];
現分 hiring) 他

❶ (人)を雇(やと)う(♦(英)では一時的に雇う場合に用いる;(同義語) employ)
▶**hire** a part-time worker
アルバイトを雇う

❷ (主に英)(料金を払(はら)って) …を借りる
(♦(米)rent)

──**名詞** U 賃借り;使用料,賃金

his

[híz ヒズ; (弱く言うとき)hiz ヒズ, iz イズ] **代名詞** 〖人称代名詞の三人称単数男性 he の所有格および所有代名詞〗 (複数 ❶ は their [ðéər ゼア], ❷ は theirs [-z])

❶ 〖人称代名詞〗 彼の
(対義語 her 彼女の) ➡ he (参考)
▶**His** house is close to mine.
彼の家はわたしの家に近い.

❷ 〖所有代名詞〗 彼のもの
(対義語 hers 彼女のもの) ➡ he (参考)
▶This book is **his**, not yours.
この本は彼のものだ. きみのじゃない.

Hispanic [hispǽnik ヒスパぁニック]
形容詞 (スペイン語を話す) ラテンアメリカ(系)の, ヒスパニックの
──**名詞** C (アメリカに住む)スペイン語を話すラテンアメリカ系の人

hiss [hís ヒス] **動詞**
(三単現 **hisses** [-iz]; 過去・過分 **hissed** [-t]; 現分 **hissing**) ⊜
❶ (蒸気・やかん・ヘビなどが)シューという音を立てる
❷ (非難・不満などを表して)(人に)シーッと言う(at ...)
──他 …にシーッと言う
──**名詞** (複数 **hisses** [-iz])
C シュー[シーッ]という音

historian [histɔ́:riən ヒストーリアン]
名詞 C 歴史家

historic [histɔ́:rik ヒストーリック] **形容詞**
歴史的に重要な, 歴史的に残る
▶**historic** sites 史跡(しせき)

historical [histɔ́:rikl ヒストーリクる]
形容詞 歴史の; 史実に基(もと)づいた
▶a **historical** novel
歴史小説

history

[hístəri ヒスタリ] **名詞**
(複数 **histories** [-z])
❶ U 歴史
▶world **history** 世界史
❷ C 歴史書
❸ C (人の)経歴; 由来

hit

[hít ヒット]
──**動詞** (三単現 **hits** [híts ヒッツ]; 過去・過分 hit; 現分 **hitting**)
──他 ❶ …を打つ, たたく, なぐる
▶**hit** a nail with a hammer
ハンマーでくぎを打つ
▶**hit** a ball [home run]
ボール[ホームラン]を打つ
▶Tom **hit** me (on the head).
トムがぼく(の頭)をぶった.
❷ …にぶつかる; …をぶつける; …に命中する
▶I **hit** my head against the door.
わたしはドアに頭をぶつけた.
▶A snowball **hit** my back.
雪玉がわたしの背中に当たった.
❸ (災害・不幸などが) …を襲(おそ)う
──⊜ 打つ; なぐる; ぶつかる
──**名詞** (複数 **hits** [híts ヒッツ])
❶ C 成功; (歌・小説などの)ヒット
▶The song was a big **hit**.
その歌は大ヒットした.
❷ C 打撃(だげき), ひと打ち; 命中
❸ C (野球)ヒット, 安打

hitchhike [hítʃhàik ヒッチハイク] **動詞**
(三単現 **hitchhikes** [-s]; 過去・過分 **hitchhiked** [-t]; 現分 **hitchhiking**)
⊜ ヒッチハイクをする(♦通りがかりの車に乗せてもらって旅行すること)

hitchhiker [hítʃhàikər ヒッチハイカ]
名詞 C ヒッチハイクする人

Hitler [hítlər ヒトゥら] **名詞**
〖人名〗ヒトラー(♦ Adolf Hitler [ǽdolf あだるふ-], 1889–1945; オーストリア生まれのドイツの政治家; ナチスの党員として 1933 年ドイツの首相(しゅしょう)になる; 翌年から 1945 年まで総統として独裁的な政治を行った)

HIV [éitʃàiví: エイチアイヴィー] **名詞**
U 〖医学〗ヒト免疫(めんえき)不全ウイルス(♦ *human immunodeficiency* [ìmjənoudifíʃnsi イミュノウディふぃシャンスィ] *virus* の略; エイズ(AIDS)をひき起こす)

hive [háiv ハイヴ] **名詞**
C ミツバチの巣箱(同義語 beehive)

h'm, hm, hmm [hm (フ)ム] **間投詞**
(疑い・ためらいなどを表して)ふうむ

hobby

[hábi ハビ] **名詞**

A B **C** D E F G **H** I J K L M N O P Q R S T U V W X Y Z

(複数) hobbies [-z] **C** 趣味(しゅみ)
▶Do you have any **hobbies**? 何か
趣味はありますか？（◆趣味をきく場
合，ふつう複数形 hobbies を用いる）

おもしろ知識「趣味」は何ですか？

hobby は，切手収集・絵をえが
くこと・ガーデニングなど，自
分から積極的に関わり，具体的
な成果をもたらす活動を指します．テ
レビや映画を見たり，音楽を聴(き)いた
り，読書をしたり，散歩をしたりする
のは娯楽(ごらく)(pastime) と見なされ，
hobby とはいいません．

---

hockey [háki ハキ] **名詞** **U**【スポーツ】
(英) ホッケー（◆**(米)** field hockey）；
(米) アイスホッケー（＝ ice hockey）

hoe [hóu ホウ] **名詞** **C** （農具の）くわ

hog [hó:g ホーグ] **名詞** **C**【動物】**(米)**（成
長した）ブタ；雄(おす)ブタ ➡ **pig**

:hold [hóuld ホウるド]

——**動詞** （**三単現** **holds** [hóuldz ホウるヅ]；
過去・過分 **held** [héld へるド]；
現分 **holding**）**他**

❶ …を持つ，つかむ
❷ …を支える
❸ …を（ある状態に）保つ
❹ …を入れることができる
❺ （感情・行動など）を抑(おさ)える
❻ （会・式など）を開く，行う

❶ （手に）…を持つ，つかむ，抱(だ)く

▶He was **holding** a cup in his
hand. 彼は手にカップを持っていた.
▶She was **holding** a book under
her arm.
彼女は本を1冊わきにかかえていた.
❷ …を支える（**同義語** support）
▶This shelf can **hold** all those
books.
この棚(たな)はそれらの本を全部載(の)せて
も支えることができる.
❸ …を（ある状態に）保つ（**同義語** keep）
▶Can you **hold** the door open?
ドアを開けたまま（閉まらないように）
押(お)さえてもらえますか？
❹ （容器・場所などが）…を入れることがで
きる，収容できる，（ある量）だけ入る
▶This room **holds** fifty people.
この部屋には50名が入る.
❺ （感情・行動など）を抑える，妨(さまた)げる
▶I couldn't **hold** my anger.
わたしは怒(いか)りを抑えられなかった.
❻ （会・式など）を開く，行う
▶Her birthday party will be **held**
next week. 彼女のバースデーパー
ティーは来週開かれる.
❼ （財産など）を持っている；（地位など）を
占(し)める；（記録など）を保持する
▶**hold** the world record
世界記録を保持している

hold báck …を押しとどめる
hold dówn
　① …を下に降ろす；…を押さえつける
　② （価格など）を低く抑える
hold ón 続ける；がんばる；
（電話を切らずに）待つ
▶**Hold on**, please.
（電話を切らずに）お待ちください.
hóld ón to ... …につかまっている
hold óut （手など）を差し出す
hold úp （手・もの）を上げる；…を停止
させる，妨げる；…を支える
——**名詞** （**複数** **holds** [hóuldz ホウるヅ]）
U **C** つかむこと，握(にぎ)ること

catch [*get*, *take*] *hóld of ...*
…をつかむ，握る

holder [hóuldər ホウるダ] **名詞**
❶ **C** 保有者，持ち主
❷ **C** 支えるもの，入れ物，…ホルダー

holding [hóuldiŋ ホウるディング] **名詞**
C【スポーツ】ホールディング（バレーボー
ルやバスケットボールなどでの反則）

hole [hóul ホウる] 名詞
（複数 holes [-z]）
C 穴，破れ目，くぼみ
▶dig a **hole** 穴を掘(ほ)る
▶My glove has a **hole** in it.
わたしの手袋(ぶくろ)には穴が開いている.

holiday [hálədèi ハりデイ] 名詞
（複数 holidays [-z]）
❶ C 休日，祝日，祭日（◆holy day「神聖な日」がもとの意味で，宗教上の祭日を指した; 日曜日はふくまない）
→ vacation 区別
▶a national **holiday**
国民の祝日

文化 アメリカの休日

アメリカには，国民の祝日 (national holidays)というものはありませんが，連邦(れんぽう)政府が法律で定めた休日(legal holidays)があり，これを州によって適用するかどうかを決めています.
・1月1日
New Year's Day 元日
・1月第3月曜日
Martin Luther King, Jr. Day
キング牧師誕生日
・2月第3月曜日
Washington's Birthday
ワシントン誕生日，または
Presidents' Day 大統領の日
（◆ワシントンとリンカーンの誕生日を記念）
・5月最終月曜日
Memorial Day
戦没(せんぼつ)将兵追悼(ついとう)記念日
・7月4日
Independence Day
独立記念日
・9月第1月曜日
Labor Day 労働祭
・10月第2月曜日
Columbus Day コロンブス・デー
・11月11日
Veterans Day 復員軍人の日
・11月第4木曜日
Thanksgiving Day 感謝祭
・12月25日
Christmas Day クリスマス

❷《holidays で》《主に英》休暇(きゅうか)

（◆《米》vacation）
on hóliday = on one's **hólidays**
休暇中で

Holland [hálənd ハランド] 名詞
オランダ（◆ヨーロッパの国; 首都はアムステルダム Amsterdam; ただし行政府所在地はハーグ The Hague）

hollow [hálou ハろウ] 形容詞
（比較 hollower; 最上 hollowest）
❶ 中が空(から)の，空洞(くうどう)の
❷ （表面が）へこんだ
▶**hollow** eyes and cheeks
くぼんだ目とこけたほお
——名詞 C へこみ，穴; 盆地(ぼんち)，くぼ地

holly [háli ハり] 名詞 （複数 hollies [-z]） C U 【植物】西洋ヒイラギ（◆赤い実のなる常緑樹; 枝葉(しよう)はクリスマスの飾(かざ)りに用いる）

Hollywood [háliwùd ハりウッド] 名詞
ハリウッド（◆アメリカのカリフォルニア州のロサンゼルス郊外(こうがい)にある町; 映画産業の中心地）

holy [hóuli ホウり] 形容詞 （比較 holier; 最上 holiest） 神聖な，信心深い
▶the **Holy** Bible
聖書（◆単に the Bible ともいう）

home [hóum ホウム]

名詞	❶ 家庭; 家
	❷ 故郷
副詞	❶ 家に
	❷ 故郷へ
形容詞	❶ 家庭の
	❷ 故郷の

——名詞 （複数 homes [-z]）
❶ C U 家庭; 家，自宅
▶grow up in a happy **home**
幸福な家庭で育つ
▶I usually leave **home** at seven.
わたしはふつう7時に家を出る.
▶My **home** is near here.
わたしの家はこの近くだ.

a b c d e f g h i j k l m n o p q r s t u v w x y z

A B C D E F G **H** I J K L **M** N **O** P Q R S T U V W X Y Z

くらべよう home と house

home: 家族が暮らす場所としての「家，家庭」を指します。**《米》**ではしばしば house の意味でも使われます。

house: 単なる建物としての「家，家屋」を指します。

❷ U 故郷；本国，故国
▸Hiroshima is my **home**.
広島はわたしの故郷だ．

❸《the **home** で》本場；（動植物の）生息地，原産地
▸the **home** of baseball　野球の本場

❹ C （孤児(じ)・病人などの）収容施設(せつ)，ホーム

❺ C U 【野球】本塁(るい)，ホームベース

*at hóme
① 家に，在宅して
▸Is Tom **at home**?
トムは（家に）いますか？
② 自国で，国内で（**対義語** abroad 海外で）
③ くつろいで，気楽に
▸feel **at home**　くつろいだ気分になる

make oneself *at hóme*
くつろぐ，気楽にする
▸Please **make yourself at home**.
どうぞ楽にしてください．

――**副詞** ❶ 家に，自宅へ
▸go (back) **home**　家に帰る
▸I'll be **home** late today.
今日は帰りが遅(おそ)くなります．

❷ 故郷へ；本国へ
▸Sue went (back) **home** last week.
スーは先週帰国した．

――**形容詞**《名詞の前に用いて》
❶ 家庭の；自宅の
▸**home** cooking　家庭料理
❷ 故郷の；本国の；国内の；地元の
▸one's **home** country　故国

homecoming [hóumkàmiŋ ホウムカミング] **名詞**
❶ U C 帰宅，帰省
❷ C 《米》ホームカミング（◆高校・大学で催(もよお)される卒業生を迎(むか)えての年一度の同窓会；フットボールの試合やマーチングバンドによるパレード，ダンスパーティーなどが行われる）

home economics
[hóum ì:kənámiks ホウム イーカナミクス] **名詞** U 《単数あつかいで》(学科の)家庭科

homeland [hóumlænd ホウムらぁンド]

名詞 C 本国，故国，母国

homeless [hóumləs ホウムれス] **形容詞**
住む家のない，ホームレスの

homemade [hóumméid ホウムメイド] **形容詞** （飲食物などが）手作りの，自家製の

homemaker [hóummèikər ホウムメイカ] **名詞** C 《主に《米》》(主に専業の)主婦（◆ housewife よりも好まれる）

homemaking [hóummèikiŋ ホウムメイキング] **名詞** U 家事；家庭科

home page, homepage
[hóum pèidʒ ホウム ペイヂ] **名詞**
C 【コンピューター】ホームページ；（ウェブサイトの）トップページ

home plate [hóum pléit ホウム プれイト] **名詞** C 【野球】本塁(るい)，ホームプレート ➡ baseball 図

Homer [hóumər ホウマ] **名詞**
【人名】ホメロス（◆紀元前8世紀ごろのギリシャの詩人；『イリアッド』，『オデュッセイア』の作者）
▸**ことわざ** (Even) **Homer** sometimes nods.　ホメロスでさえ居眠(ねむ)りすることがある；「弘法(こうぼう)も筆の誤り」

homer [hóumər ホウマ] **名詞**
C 《口語》【野球】ホームラン，本塁(るい)打（**同義語** home run）

homeroom [hóumrù:m ホウムルーム]
名詞 C U 《米》ホームルーム（◆出席をとったり，連絡(らく)事項(じこう)を伝えたりするためクラス全員が集まる教室，あるいはその生徒たち；また，その時間を指す）
▸a **homeroom** teacher　担任の先生

home run [hóum rán ホウム ラン] **名詞**
C 【野球】ホームラン（**同義語** homer）

homesick [hóumsìk ホウムスィック]
形容詞 家［故郷］を恋(こい)しがっている，ホームシックになっている
▸be [feel] **homesick**
ホームシックにかかっている

homestay [hóumstèi ホウムステイ]
名詞 C U ホームステイ
▸I did a three-week **homestay** in London.　わたしはロンドンで3週間ホームステイをした．

文化　海外のお父さん・お母さん

ホームステイでは寮(りょう)生活やアパート生活では体験できない家庭内の習慣や親と子の関係などを見ることができます．受け入れ家庭(host family)は留学

生を客ではなく，家族の一員としてあつかいます．

*hometown
[hóumtáun ホウムタウン] 名詞 （複数 hometowns [-z]）
C 故郷（♦生まれたところとはかぎらず，子供時代を過ごしたところや現在住んでいるところも指す；町（town）ではなく，村（village）や市（city）であっても hometown という）

:homework
[hóumwə̀ːrk ホウムワ〜ク] 名詞
U 宿題（♦《米》assignment）
▶I finished my **homework** before dinner.
わたしは夕食前に宿題を終えた．
▶I have a lot of **homework** today.
今日は宿題がたくさんある．

*honest
[ánist アネスト]（★発音に注意）形容詞 （比較 more honest; 最上 most honest）
正直な，誠実な
（対義語 dishonest 不正直な）
▶an **honest** person 正直な人
to be hónest (with you)
正直に言うと，率直（そっちょく）に言って

honestly [ánistli アネストり]
（★発音に注意）副詞
❶ 正直に，誠実に
❷《文全体を修飾（しゅうしょく）して》正直に言えば

honesty [ánəsti アネスティ]
（★発音に注意）名詞 U 正直，誠実

honey [háni ハニ] 名詞
❶ U はちみつ
❷ C 《米口語》（妻・夫・恋人（こいびと）・子供などへの呼びかけで）おまえ，あなた

honeybee [hánibìː ハニビー] 名詞
C 【昆虫】ミツバチ（♦単に bee ともいう）

honeycomb [hánikòum ハニコウム]
（★発音に注意）名詞 C U ハチの巣

honeymoon
[hánimùːn ハニムーン]
名詞 C 新婚（しんこん）旅行，ハネムーン

Hong Kong
[háŋ kàŋ ハング カング]
名詞 ホンコン（香港）（♦中国の特別行政区；イギリスの植民地だったが，1997年に中国に返還（へんかん）された）

Honolulu
[hànəlúːluː ハナるーるー] 名詞
ホノルル（♦アメリカのハワイ州の州都）

honor, 《英》honour
[ánər アナ]
（★発音に注意）名詞
❶ U 名誉（めいよ），名声；《an honor で》（…の）名誉となるもの[人]（to ...）
▶win [gain] **honor** 名声を得る
▶The prize was **an honor to** our school. その賞はわが校にとって名誉なことだった．
❷ U 尊敬，敬意（同義語 respect）
❸《honors で》（学校の）優等
in hónor of ...
…に敬意を表して；…を記念して

honorable, 《英》honourable
[ánərəbl アナラブる] 形容詞
尊敬すべき，りっぱな；名誉（めいよ）ある

hood
[húd フッド]（★発音に注意）名詞
❶ C （コートなどの）フード，ずきん
❷ C 《米》（自動車の）ボンネット（♦《英》bonnet）➡ cars 図

hook
[húk フック] 名詞
❶ C （ものをつるしたり引っかけたりする）かぎ；留め金；（洋服の）ホック；洋服掛（か）け；（電話の）受話器受け
❷ C 釣（つ）り針（= fishhook）
──動詞 他 …をかぎで引っかける；…をホックで留める；（魚）を釣る

hooray
[huréi フレイ] 間投詞
= hurray（フレー）

hop
[háp ハップ] 動詞 （三単現 hops [-s]; 過去・過分 hopped [-t]; 現分 hopping）
自 （人が片足で）跳（と）ぶ，（カエル・スズメなどが）両足でピョンピョンと跳ぶ
──名詞 C 片足跳び
▶the **hop**, step, and jump 三段跳び

:hope
[hóup ホウプ]
──動詞 （三単現 hopes [-s]; 過去・過分 hoped [-t]; 現分 hoping）
──他 ❶ …を望む；《hope + that 節で》…であることを望む，…だとよいと思う（♦《口語》では that はよく省略される）
▶We **hope (that)** you will come.
あなたが来てくれるといいのですが．

a b c d e f **g** **h** i j k l m n **o** p q r s t u v w x y z

A
B
C
D
E
F
G
H
I
J
K
L
M
N
O
P
Q
R
S
T
U
V
W
X
Y
Z

▶I **hope** it will be fine tomorrow.
あした晴れるといいですね。(◆よくない予想を言う場合には, I'm afraid .... または I fear .... を用いる)

ダイアログ
A: Will we be able to win the game?
わたしたちは試合に勝てるかな？
B: I **hope** so. 勝てるといいね。

❷《hope to ＋動詞の原形で》…したいと思う
▶I **hope to** see you soon.
近くお会いしたいと思っています。

くらべよう hope と wish

hope: 実現可能なことを望むとき, また実現不可能なことでも強く望むときに使います。
▶I **hope** I can pass the exam.
試験に合格できるといいな。

wish: 実現が難しい, または完全に不可能なことを望むときに使います。
▶I **wish** I could fly.
飛ぶことができたらいいな。

——(自)(…を)望む, 期待する《for ...》
▶I **hope for** your success.
あなたの成功を願っています。
——名詞 (複数 hopes [-s]) ❶ U C
希望, 見こみ(対義語 despair 絶望)
▶Don't give up **hope**.
希望を捨てるな。
❷ C 期待される人[もの], ホープ

hoped [hóupt ホウプト] 動詞 hope(…であることを望む)の過去形・過去分詞

hopeful [hóupfl ホウプふる] 形容詞
(…に)希望を持っている《about ...》,
(…を)期待している《of ...》; 有望な

hopefully [hóupfəli ホウプふり] 副詞
願わくば; うまくいけば

hopeless [hóupləs ホウプれス] 形容詞
絶望した, 希望のない;《口語》へたな

hoping [hóupiŋ ホウピング] 動詞 hope
(…であることを望む)の現在分詞・動名詞

horizon [həráizn ホライズン] 名詞 C
《ふつう the horizon で》地平線, 水平線
▶The sun rose above **the horizon**.
太陽が地平線の上にのぼった。

horizontal [hɔ̀:rəzántl ホーリザントゥる]
形容詞 ❶ 水平線の, 地平線の
❷ 水平な(対義語 vertical 垂直な)

horn [hɔ́:rn ホーン] 名詞
❶ C (ウシ・ヒツジ・ヤギなどの)角(つの)
❷ C 角笛(つのぶえ);【楽器】ホルン
➡ musical instruments 図
❸ C (車の)警笛(けいてき), クラクション

horoscope [hɔ́:rəskòup ホーロスコウプ]
名詞 C 星占(ぼし)い, 占星(せんせい)術

文化 星占い

星占いに用いられる星座は次の 12 星座で, 天球上の太陽の通り道に沿って並んでいます。
下の表のセミコロン(;)のあとのラテン語名も英語としてよく使われます。

おひつじ座 the Ram;
Aries [éri:z エリーズ]
3/21-4/20 ごろ

おうし座 the Bull;
Taurus [tɔ́:rəs トーラス]
4/21-5/21 ごろ

ふたご座 the Twins;
Gemini
[dʒémənài ヂェミナイ]
5/22-6/21 ごろ

かに座 the Crab;
Cancer
[kǽnsər キァンサ]
6/22-7/23 ごろ

しし座 the Lion;
Leo [lí:ou リーオウ]
7/24-8/23 ごろ

おとめ座 the Virgin;
Virgo
[vɔ́:rgou ヴァ～ゴウ]
8/24-9/23 ごろ

てんびん座 the Scales,
the Balance;
Libra [lí:brə リーブラ]
9/24-10/22 ごろ

さそり座 the Scorpion;
Scorpio
[skɔ́:rpiòu スコーピオウ]
10/23-11/22 ごろ

いて座 the Archer;
Sagittarius
[sædʒitériəs サぁヂテリアス]
11/23-12/22 ごろ

	やぎ座 the Goat; Capricorn [kǽprikɔ̀ːrn キぁプリコーン] 12/23-1/20 ごろ
	みずがめ座 the Water Bearer; Aquarius [əkwériəs アクウェアリアス] 1/21-2/20 ごろ
	うお座 the Fishes; Pisces [páisiːz パイスィーズ] 2/21-3/20 ごろ

horrible [hɔ́ːrəbl ホーリブる] 形容詞
❶ 恐(ᵒᵃ)ろしい, ぞっとするような
❷ 《口語》実にひどい, まったくいやな

horror [hɔ́ːrər ホーラ] 名詞 U 恐怖(ᵏょうふ);
C 恐ろしい人[もの], 惨事(ᵏゃ)

horse [hɔ́ːrs ホース] 名詞 (複数 horses [-iz]) C ウマ ➡ animals 図
▶ride a horse ウマに乗る

horseback [hɔ́ːrsbæk ホースバぁック]
名詞 U ウマの背
——副詞 ウマに乗って
——形容詞《名詞の前で用いて》ウマに乗った
▶horseback riding
《米》乗馬(♦《英》horse riding)

horseman [hɔ́ːrsmən ホースマン] 名詞
(複数 horsemen [hɔ́ːrsmən ホースマン]) C ウマの乗り手, 騎手(ᵏ)(♦女性は horsewoman; 競馬の騎手は jockey)

horsepower [hɔ́ːrspàuər ホースパウア]
名詞 U (仕事率の単位で)馬力
(♦75kg の重量を1秒間に1メートル上げる力; hp と略す)

horse race [hɔ́ːrs rèis ホース レイス]
名詞 C 【スポーツ】競馬(♦個々のレース)

horse racing [hɔ́ːrs rèisiŋ ホース レイスィング] 名詞 U 【スポーツ】競馬

horse riding [hɔ́ːrs ràidiŋ ホース ライディング] 名詞 C 《英》乗馬
(♦《米》horseback riding)

horseshoe [hɔ́ːrʃùː ホースシュー] 名詞
C 蹄鉄(ᵗᵉ)(♦ウマの蹄(ᵗ)を保護するための金具; 魔(ᵐ)よけのお守りとしても使われる) ➡ charm 文化

hose [hóuz ホウズ] (★発音に注意) 名詞
C U (水まき用の)ホース

hospice [háspis ハスピス] 名詞
C ホスピス(♦末期がんなどの患者(ᵏ)のための看護療養施設(ᵏᵉ²ᵉ²))

hospitable [háspitəbl ハスピタブる] 形容詞 手厚くもてなす, 親切な

hospital [háspitl ハスピトゥる] 名詞
(複数 hospitals [-z])
C U 病院(♦入院や手術などが必要な患者(ᵏ)を受け入れる大きな総合病院を指す; ふつう風邪(ᵏ)などで最初にかかる病院は clinic という)
▶go into [enter] (the) hospital
入院する(♦《米》ではふつう the をつけるが, 《英》ではつけないのがふつう)

hospitality [hàspitǽləti ハスピタぁリティ]
名詞 U 手厚いもてなし, 歓待(ᵏ²)

host¹ [hóust ホウスト] (★発音に注意)
名詞 (複数 hosts [hóusts ホウスツ])
❶ C (招待した客をもてなす)主人(役)の男性 (対義語 guest 客, hostess 主人(役)の女性)
(♦女性にも host を使う傾向(ᵏᵒ²)がある)
▶a host family
ホストファミリー
(♦留学生などがホームステイする家庭)
➡ homestay 文化
▶a host mother [father]
ホストマザー[ファーザー]
(♦ホストファミリーの母親[父親])
❷ C (テレビ番組などの)司会者

host² [hóust ホウスト] 名詞
《a host of ... または hosts of ... で》多数の…, 大勢の…

hostage [hástidʒ ハステッヂ] 名詞
C 人質(ᵏᵗ)

a b c d e f **g** **h** i j k l m n **o** p q r **s** t u v w x y z

A B C D E F G H I J K L M N O P Q R S T U V W X Y Z

hostel [hástl ハストゥる] [名詞]
[C] ユースホステル
(♦ youth hostel ともいう)

hostess [hóustəs ホウステス] (★発音に注意) [名詞] ([複数] **hostesses** [-iz])
❶ [C] (招待客をもてなす)主人(役)の女性
([対義語] guest 客, host 主人(役)の男性)
❷ [C] (テレビ番組などの)女性の司会者

hostile [hástl ハストゥる] [形容詞]
敵意のある; 敵の([同義語] unfriendly)

⁑hot [hát ハット] [形容詞]
([比較] **hotter**; [最上] **hottest**)
❶ (温度が)**熱い**; (気候が)**暑い**
([対義語] cold 冷たい) ➡ **warm** [参考]
▸**hot** water 湯
▸It is very **hot** today.
今日はとても暑い.
❷ (味が)**辛(から)い**, 舌がひりひりする
➡ **taste** [参考]
▸This curry is too **hot** for me.
このカレーはわたしには辛過ぎる.

hot cake [hát kèik ハット ケイク] [名詞]
[C] ホットケーキ ➡ **pancake**

hot dog
[hát dɔ̀ːg
ハット ドーグ]
[名詞] [C]
ホットドッグ

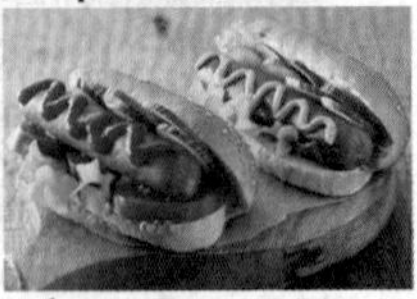

⁑hotel [houtél ホウテる]
(★発音に注意) [名詞] ([複数] **hotels** [-z])
[C] **ホテル**, 旅館
▸check in at a **hotel**
ホテルにチェックインする
▸check out of a **hotel**
ホテルをチェックアウトする
▸I stayed at a nice **hotel** in London.
わたしはロンドンでいいホテルに泊(と)まった.

hot line [hát làin ハット らイン] [名詞] [C]
(2国政府首脳間の)緊急(きんきゅう)用直通電話, ホットライン; (一般の)緊急直通電話(線)

hot spring [hát spríŋ ハット スプリンヶ]
[名詞] [C] 温泉

hotter [hátər ハタ] [形容詞]
hot(熱い)の比較級

hottest [hátist ハテスト] [形容詞]
hot(熱い)の最上級

⁑hour [áuər アウア] (★発音に注意)
[名詞] ([複数] **hours** [-z])
❶ [C] **1時間** (♦ 60分間という時間を表す;「…時」という時刻は o'clock で表す)
▸half an **hour**
(=[主に米]a half **hour**) 30分間
▸I watched TV (for) about an **hour**. わたしは約1時間テレビを見た.
▸We walked for **hours**.
わたしたちは何時間も歩いた.
▸I'll be back in one **hour** or two.
1, 2時間後に戻(もど)ります.
❷ [C] **時刻**
▸at an early [a late] **hour**
早い[遅(おそ)い]時刻に

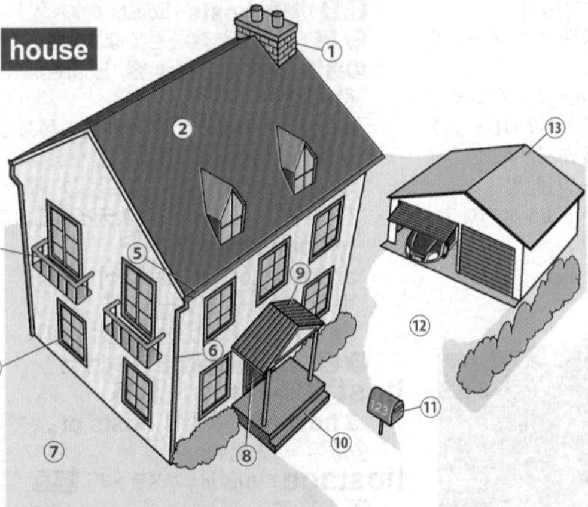
house
① chimney 煙突(えんとつ)
② roof 屋根
③ balcony バルコニー
④ window 窓
⑤ gutter とい
⑥ drainpipe 排水(はいすい)管
⑦ lawn 芝生(しばふ)
⑧ front door 玄関(げんかん)
⑨ porch ポーチ
⑩ doorstep のぼり段
⑪ mailbox 郵便受け
⑫ driveway (道路からガレージなどに続く)私道
⑬ garage ガレージ

▶The **hour** is 10:30. 時刻は 10 時 30 分だ.(♦ 10:30 は ten thirty と読む)

❸ C《しばしば **hours** で》(決まった)時間; 勤務[営業]時間, 授業時間

▶When is your lunch **hour**?
あなたの昼食時間はいつですか?

▶school **hours** 授業時間

by the hóur 時間単位で

keep éarly [góod] hóurs
早寝(ᵇⁱ)する; 早起きする

keep láte [bád] hóurs
夜更(ᵇ)かしする; 遅く帰宅する

hour hand [áuər hænd アウア ハぁンド]

名詞 C (時計の)短針, 時針
➡ **clocks and watches** 図

:**house** [háus ハウス] 名詞

(複数 **houses** [háuziz ハウズィズ])

❶ C 家, 住宅
➡ **home** (くらべよう), p.306 図

▶She lives in a large **house**.
彼女は大きな家に住んでいる.

▶I had a party at my **house**.
わたしの家でパーティーを開いた.

❷ C (特定の目的のための)建物, 施設

▶a customs **house** 税関

❸《the House で》議院, 議事堂

▶the House of Representatives
(アメリカの)下院; (日本の)衆議院

▶the Houses of Parliament
(イギリスの)国会議事堂

keep hóuse 家事を切り盛りする

play hóuse ままごと遊びをする

household [háushòuld ハウスホウルド]

名詞 C (使用人もふくめて)家族; 世帯
——形容詞 家庭の, 家族の

housekeeper [háuskì:pər ハウスキーパ] 名詞 C 家政婦

housekeeping [háuskì:piŋ ハウスキーピング] 名詞 U 家事(の切り盛り)

housewife [háuswàif ハウスワイふ]
名詞 (複数 **housewives** [háuswàivz ハウスワイヴズ]) C (専業の)主婦
(♦ homemaker のほうが好まれる)

housework [háuswà:rk ハウスワ〜ク]
名詞 U 家事

▶do (the) **housework** 家事をする

housing [háuziŋ ハウズィング] 名詞
U 住宅, 住居(全体); 住宅供給

:**how** 副詞 ➡ p.308 how

however [hauévər ハウエヴァ] 副詞

❶ しかしながら, けれども(♦ but よりかたい語; 前後にコンマをつけて文中に置かれることも多い)

▶I went to school early in the morning. The gate, **however**, wasn't open.
わたしは朝早く登校したが, 校門が開いていなかった.

❷《however +形容詞[副詞]で》
どんなに…でも(♦《口語》ではふつう no matter how を用いる)

▶**However** expensive the watch is, I will buy it.
どんなにその腕(ᵘ)時計が高価でも, わたしは買うつもりだ.

❸ どんなやり方で…しても

howl [hául ハウる] 動詞
⾃ (イヌなどが)遠ぼえする
——名詞 C (イヌなどの)遠ぼえ

:**how's** [háuz ハウズ]
《口語》how is の短縮形

hug [hʌ́g ハッグ] 動詞 (三単現 **hugs** [-z]; 過去・過分 **hugged** [-d]; 現分 **hugging**)
⾃ …を抱(ᵈ)きしめる, 腕(ᵘ)にかかえる
——名詞 C (軽く)抱きしめること(♦あいさつの一種), 抱擁(ᵇ)

huge [hjú:dʒ ヒューヂ] 形容詞
(比較 **huger**; 最上 **hugest**)
非常に大きい, 巨大(ᵇ)な
(対義語 tiny ちっぽけな)
➡ **big** くらべよう

huh [hʌ́ ハ] 間投詞
❶ (驚(ᵇⁱ)き・不信・軽べつなどを表して)ふん, へぇー, えっ; 何だって?
❷《文末で用いて》《主に米》(相手の同意を求めて)そうでしょう…だよね
(♦「?」とともにくだけた会話で用いる)

hula [hú:lə フーら] 名詞 C フラダンス
(♦ハワイの民族舞踊(ᵇ))

hullo [həlóu ハロウ] 間投詞 名詞
《英》= hello(やあ)

hum [hʌ́m ハム] 動詞
(三単現 **hums** [-z]; 過去・過分 **hummed** [-d]; 現分 **humming**)
❶ (ハチ・機械などが)ブンブンいう, ブーンとうなる
❷ 鼻歌を歌う, ハミングする
——名詞 C《ふつう単数形で》ブンブン, ブーン(という音)

◆how 副詞

[háu ハウ]

❶〖方法・手段〗どのようにして；…の仕方
❷〖状態〗どんなようす[ぐあい]で
❸〖程度〗どれくらい
❹〖感嘆(%)〗なんと

❶〖方法・手段〗**どのようにして**，どんなふうに；《**how to** ＋動詞の原形で》
…の仕方，…する方法

▶**How** do you go to school? | どうやって通学しているのですか？
▶**How** do you say "Thank you" in Japanese? | "Thank you" は日本語でどう言いますか？
▶I know **how to** play chess. | チェスの仕方はわかります．

ダイアログ	
A: Make your bed, Saki.	ベッドを整えてね，咲．
B: OK, but I don't know **how**.	はい，でもやり方がわかりません．
(◆ how のあとに to make my bed が省略されている)	

❷〖状態〗**どんなようす[ぐあい]で**

ダイアログ	
A: **How** is your father?	お父さんはお元気ですか？
B: He's fine, thank you.	元気です．ありがとうございます．

ダイアログ	
A: **How** would you like your steak?	(レストランで)ステーキの焼きぐあいはどのようにしましょうか？
B: Medium, please.	ミディアムにしてください．

❸〖程度〗《ふつう **how** ＋形容詞[副詞]で》**どれくらい**

▶**How many** DVDs do you have? | あなたは DVD をどれくらい持っていますか？
▶**How much** is this shirt? | このシャツはいくらですか？
▶**How long** is the movie? | その映画はどのくらいの長さですか？
▶**How old** is your father? | あなたのお父さんは何歳(%)ですか？
▶**How often** do you come here? | どのくらいよくここに来ますか？
▶I don't know **how far** it is to Chicago. | シカゴまでどのくらい距離(%)があるかわからない．

(◆「how ＋形容詞[副詞]」以下は「主語＋動詞」の語順)➡ p.692 **what** ルール ❶ ❸

❹〖感嘆(%)〗《**how** ＋形容詞[副詞]で》**なんと**，なんて，どんなに
(◆「主語＋動詞」が続き，文末で!を用いる)

▶**How pretty** that cat is! | あのネコはなんてかわいいのだろう！
▶**How fast** she swims! | 彼女はなんて泳ぐのが速いのだろう！

参考 感嘆文の使い方

感嘆文を話しことばで使うと，かたく，おおげさな感じをあたえてしまうことがあります．ふつうは肯定文で強調したいところを強く発音して，感嘆の気持ちを表します．

▶He runs very fast.(◆下線部を強く発音すると How fast he runs! とほぼ同じ意味になる)

❺ 〖理由〗どうして（同義語 why）
▶**How** can you say that? 　　　　どうしてそんなことが言えるのですか？

✦*Hów about ...?*
① 〖提案・勧誘(炊訪)〗…はどうですか？（同義語 What about ...?）
▶**How about** a cup of tea? 　　　お茶を1杯(株)いかがですか？
▶**How about** going cycling? 　　サイクリングに行くのはどうですか？

ルール **How about のあとは ...ing**

この about は前置詞なので，そのあとには名詞か動名詞(...ing)が続きます．
野球をしませんか？
　　How about playing baseball**?**

----

② …についてどう思いますか，…はどうしますか？（同義語 What about ...?）
▶Soccer is popular in Japan, 　日本ではサッカーは人気がありますが，
but **how about** rugby? 　　　　ラグビーはどうですか？
How about yóu? 　あなたはどうしますか［思いますか］？
▶I'll have a cheeseburger. 　　　わたしはチーズバーガーにします．
How about you? 　　　　　　あなたはどうしますか？
✦*Hów áre you?* 　こんにちは，お元気ですか；ぐあいはどうですか？

ダイアログ

A: How are you? 　　　　　　　元気ですか？
B: I'm fine, thank you. 　　　　　元気です，ありがとう．あなたは？
　　And you?

📝おもしろ知識 **How are you? の受け答え**

最初の問いかけの How are you? はふつう are を強く言い，返事の
How are you? は you を強く言います．これらは決まり文句のよう
なあいさつなので，多少体調が悪くても Fine. / Good. / OK. など
と答えます．

Hów are you dóing? 　《口語》元気かい，調子はどう？
How cóme ...? 　なぜ…ですか？（同義語 Why ...?）
▶**How come** you know John? 　なぜジョンを知っているのですか？
（✦ How come のあとは「主語＋動詞」の語順になる）
✦*Hów do you dó?* 　はじめまして．（✦初対面のあいさつ；返事も How do you
do? とする）
✦*Hów do you líke ...?*
（好き嫌(☆)いをたずねたり，意見を求めたりして）…**はどうですか？**
▶**How do you like** this song? 　この歌はどうですか？
How's éverything? 　調子はどう？

A B C D E F G H I J K L M N O P Q R S T U V W X Y Z

*human [hjúːmən ヒューマン]
──形容詞 《比較》 more human;
《最上》 most human)
人間の; 人間的な
▸the **human** body　人体
▸**human** rights　人権
──名詞 《複数》 humans [-z])
C 人間, 人

human being [hjúːmən bíːiŋ ヒューマ
ン ビーイング] 名詞
C （動物に対する）人間;
《**human beings** で》人間（全体）

humanity [hjuːmǽnəti ヒューマぁニ
ティ] 名詞 《複数》 humanities [-z])
❶ U 人間らしさ, 人間性
❷ U 《単数または複数あつかいで》人類,
人間（全体）（同義語）mankind）

humankind [hjúːmənkàind ヒューマン
カインド] 名詞 U 人間; 人類

human race [hjúːmən réis ヒューマン
レイス] 名詞 《the human race で》人類

humble [hʌmbl ハンブる] 形容詞
《比較》 humbler; 《最上》 humblest)
❶ けんそんした, 控(ひか)え目な; 卑屈(ひくつ)な
❷ （身分などが）低い; 粗末(そまつ)な

humid [hjúːmid ヒューミッド] 形容詞
湿(しめ)った, 湿気(しっけ)の多い
➡ moist 《くらべよう》
▸hot and **humid**　むし暑い

humidity [hjuːmídəti ヒューミディティ]
名詞 U 湿気(しっけ); 湿度(しつど)

hummingbird [hʌmiŋbə̀ːrd ハミング
バ〜ド] 名詞 C 【鳥類】ハチドリ
（◆アメリカ大陸産の世界最小の鳥; その
羽音がハチの羽音に似ているためこの名
がついた）➡ hum

humor, 《英》humour [hjúːmər ヒュー
マ] 名詞 U ユーモア, おかしさ, こっけいさ
➡ joke 《くらべよう》
▸Ann has a [no] sense of **humor**.
アンはユーモアがわかる[わからない].

humorous [hjúːmərəs ヒューモラス]
形容詞 こっけいな, おかしい, ユーモラ
スな

humour [hjúːmər ヒューマ] 名詞
U 《英》= humor（ユーモア）

Humpty Dumpty [hʌmpti dʌmpti
ハンプティ ダンプティ] 名詞 ハンプティー・
ダンプティー（◆英国の童謡(どうよう)に登場す
る卵型の人物）

『鏡の国のアリス』のさし絵
ジョン・テニエル画

*hundred
[hʌndrəd ハンドゥレッド]
──名詞 《複数》 hundreds [hʌndrədz ハ
ンドゥレッヅ]) C 《単数あつかいで》100;
《複数あつかいで》100 人, 100 個
▸a [one] **hundred**　100
*hundreds of ...
何百もの…, 何百という…
▸**Hundreds** of students came to
the park.
何百人もの学生がその公園にやってきた.

《ルール》 hundred の使い方
hundred は前に two, a few, several
などの複数を表す語がついても複数形
になりません. ただし, 「何百もの」とい
う表現では複数形になります.
▸two **hundred**　200
▸**hundreds** of books
何百冊もの本

──形容詞 100 の; 100 人の, 100 個の
▸a [one] **hundred** eggs　100 個の卵
▸five **hundred** cars　500 台の車

hundredth [hʌndrədθ ハンドゥレッドす]
名詞
❶ U 《the hundredth で》100 番め
❷ C 100 分の 1
──形容詞
❶《the hundredth で》100 番めの
❷ 100 分の 1 の

hung [hʌŋ ハング] 動詞
hang(…を掛(か)ける)の過去形・過去分詞

hunger [hʌŋgər ハンガ] 名詞
U 飢(う)え, 空腹; 飢饉(ききん)

hungrily [hʌŋgrili ハングリリ] 副詞
飢(う)えて, がつがつと; 切望して

*hungry [hʌŋgri ハングリ] 形容詞
《比較》 hungrier; 《最上》 hungriest)
❶ 空腹の, 飢(う)えた
▸I'm very **hungry**.　腹ぺこだよ.

❷ (…を)強く望んで(いる)《for ...》

hunt [hʌ́nt ハント] [動詞]
[自] 狩(か)りをする；(…を)さがす《for ...》
——[他] …を狩る；…を追跡(ついせき)する
——[名詞] [C] 狩り；追跡

hunter [hʌ́ntər ハンタ] [名詞]
[C] 猟師(りょうし)，狩猟(しゅりょう)家，ハンター

hunting [hʌ́ntiŋ ハンティング] [名詞]
[U] 狩(か)り，狩猟(しゅりょう)；さがし求めること

hurdle [hə́ːrdl ハ～ドゥる] [名詞]
❶【スポーツ】[C] ハードル；《**hurdles** で単数あつかい》ハードル競走 (= hurdle race) ➡ **track and field** 図
❷ [C] (克服(こくふく)すべき)障がい，困難

hurrah [hərɑ́ː フラー] [間投詞]
= hurray(フレー)

hurray [həréi フレイ] [間投詞]
フレー，万歳(ばんざい)(= hurrah, hooray)

hurricane [hə́ːrikèin ハ～リケイン]
[名詞] [C] ハリケーン (♦夏から秋にかけてカリブ海，メキシコ湾(わん)などで発生する強い熱帯性低気圧)

hurried [hə́ːrid ハ～リッド] [形容詞]
せきたてられた；大急ぎの，あわただしい

•hurry [hə́ːri ハ～リ]
——[動詞] ([三単現] **hurries** [-z]；[過去・過分] **hurried** [-d]；[現分] **hurrying**)
——[自] **急ぐ**，あわてる；急いで行く
▸**hurry** back　急いで戻(もど)る
▸We **hurried** to the station.
わたしたちは駅へ急いだ。
——[他] …を急がせる，あわてさせる
húrry úp　急ぐ(♦主に命令文で用いる)
▸**Hurry up**, or you'll be late.
急ぎなさい，さもないと遅刻(ちこく)するよ。
——[名詞] [U] 急ぐこと；急ぐ必要
in a húrry　急いで

hurt [hə́ːrt ハ～ト] [動詞]
([三単現] **hurts** [hə́ːrts ハ～ツ]；[過去・過分] **hurt**；[現分] **hurting**) [他]
❶ (人・体)にけがをさせる，(人・体)を傷つける([同義語] injure)
➡ **injure** [くらべよう]
▸Pat **hurt** her leg.
パットは脚(あし)にけがをした。
❷ (感情)を害する，傷つける
▸My words **hurt** her.　わたしのことばが彼女を傷つけてしまった。
húrt oneself　けがをする
——[自] (体が)痛む
▸Where does it **hurt**?
どこが痛みますか？
——[名詞] [C] [U] 傷，けが；(精神的な)苦痛

•husband
[hʌ́zbənd ハズバンド] [名詞]
([複数] **husbands** [hʌ́zbəndz ハズバンヅ])
[C] 夫([対義語] wife 妻) ➡ **family** 図
▸They are **husband** and wife.
彼らは夫婦(ふうふ)だ。
(♦この場合，a や the はつかない)

hush [hʌ́ʃ ハッシ] [動詞] ([三単現] **hushes** [-iz]；[過去・過分] **hushed** [-t]；[現分] **hushing**) [他] (人)を黙(だま)らせる
——[自] 静かになる，黙る
——[間投詞]《**Hush!** で》しっ，静かに
(♦人差し指を口の前に立てて言う)

husky [hʌ́ski ハスキ] [形容詞]
([比較] **huskier**；[最上] **huskiest**)
(声が)ハスキーな，しゃがれた

hut [hʌ́t ハット] [名詞] [C] (主に木造の)小屋
(♦ cabin より粗末(そまつ)な小屋を指す)

hyacinth [háiəsinθ ハイアスィンす] (★発音に注意) [名詞] [C]【植物】ヒヤシンス

hybrid [háibrid ハイブリッド] [名詞]
❶ [C] (動植物の)雑種，ハイブリッド
❷ [C] (異種の要素の)混成物
——[形容詞] 雑種の；混成の
▸a **hybrid** car　ハイブリッド車
(♦電気モーターとガソリンエンジンを併用(へいよう)する)

Hyde Park [háid pɑ́ːrk ハイド パーク]
[名詞] ハイドパーク(♦イギリスのロンドン市内の公園；だれでも自由に演説できる場所(Speakers' Corner)がある)
➡ **Speakers' Corner**

hydrogen [háidrədʒən ハイドゥロヂェン]
[名詞] [U]【化学】水素(♦元素記号は H)

hydrogen bomb [háidrədʒən bɑ̀m ハイドゥロヂェン バム] [名詞] [C] 水素爆弾(ばくだん)
(♦ H-bomb [éitʃbɑ̀m エイチバム]と短縮する)

hyena [haiíːnə ハイイーナ] (★発音に注意)
[名詞] [C]【動物】ハイエナ

hymn [hím ヒム] (★発音に注意) [名詞]
[C]【音楽】賛美歌，聖歌

hyphen [háifn ハイふン] [名詞]
[C] ハイフン(-)(♦2つ以上の単語をつなぐとき，また行末で単語を分割するときなどに用いる)
➡ **巻末付録 Ⅳ. 句読点・符号(ふごう)**

Ii *I i*

Q コロンブスの勘(%)ちがい? ➡ Indian をひいてみよう!

I, i [ái アイ] **名詞** (**複数** **I's, i's** または **Is, is** [-z]) **❶ C U** アイ(◆アルファベットの 9 番めの文字)

❷ U (ローマ数字の)1

I [ái アイ] **代名詞**
『人称代名詞の一人称単数主格』
(**複数** **we** [wíː ウィー])
わたしは[が], ぼくは[が]

> **ダイアログ**
> *A:* Your name, please.
> お名前は?
> *B:* I'm Ando Saki.
> 安藤咲です. ➡ ルール **4**

> **ダイアログ**
> *A:* Are you Ms. Baker?
> あなたはベーカーさんですか?
> *B:* Yes, I am. はい, そうです.

▶Bill and I are good friends.
ビルとわたしは親友だ. ➡ ルール **3**

▶I like tennis.
わたしはテニスが好きだ.

▶I'll do my best.
最善を尽(つ)くします. ➡ ルール **4**

【参考】**I** の変化形と所有・再帰代名詞		
主格	**I**	わたしは[が]
所有格	**my**	わたしの
目的格	**me**	わたしを[に]
所有代名詞	**mine**	わたしのもの
再帰代名詞	**myself**	わたし自身を[に]

ルール **I** の使い方

1 日本語には「わたしは」「ぼくは」「おれは」など, 自分を指すことばがいろいろありますが, 英語はいつでも **I** です.
2 **I** は文のどの位置にきても大文字で書きます.

3 ほかの人を指す語と並べる場合は, 「二人称の you, 三人称, 一人称の I」の順にします.
▶You, Ann, and I are all sixteen.
きみとアンとぼくはみんな 16 歳(%)だ.
4 (口語)ではよく I am を I'm, I will を I'll のように短縮して言います.

IA 【郵便】アイオワ州(◆ *Iowa* の略)

ice [áis アイス]
——**名詞** (**複数** **ices** [-iz])
❶ U 氷
▶Do you want some **ice** in your cola? コーラに氷を入れますか?
❷ C (シャーベットなどの) 氷菓子(%);
(英)アイスクリーム
——**動詞** (**三単現** **ices** [-iz];
過去・過分 **iced** [-t]; **現分** **icing**) **他**
❶ …を凍(%)らせる, 氷で冷やす
❷ (ケーキなど)に砂糖の衣(%)をかける

iceberg [áisbàːrg アイスバ〜グ] **名詞**
C 氷山

icebox [áisbàks アイスバックス] **名詞**
(**複数** **iceboxes** [-iz]) **C** アイスボックス(◆氷で冷やす冷蔵用の箱)

ice cream [áis kríːm アイス クリーム]
(★アクセントに注意) **名詞**
C U アイスクリーム
(◆(英)では単に ice ともいう)
▶Three **ice creams**, please.
アイスクリームを 3 つください.

iced [áist アイスト] **形容詞**
(飲み物が)(氷で)冷やした
▶**iced** tea アイスティー

ice hockey [áis hàki アイス ハキ] **名詞**
U 【スポーツ】アイスホッケー
➡ **skate** 図

Iceland [áislənd アイスらンド] **名詞**
アイスランド(◆北大西洋の国; 首都はレイキャビク Reykjavik)

ice-skate [áisskèit アイススケイト] **動詞**
(三単現 **ice-skates** [áisskèits アイススケイツ]; 過去・過分 **ice-skated** [-id]; 現分 **ice-skating**) **自** アイススケートをする
(♦単に skate ともいう)

ice skating [áis skèitiŋ アイス スケイティング] **名詞**
U 【スポーツ】アイススケート

icicle [áisikl アイスィクる] **名詞 C** つらら

icon [áikɑn アイカン] **名詞**
C 【コンピューター】アイコン
(♦ファイルやアプリケーションソフトなどの内容を絵や図で表したもの)
▶Click on the **icon**.
そのアイコンをクリックしなさい.

ICT [áisíːtíː アイスィーティー] **名詞**
C 【コンピューター】情報通信技術
(♦ *i*nformation and *c*ommunication *t*echnology の略)

ID¹ [áidíː アイディー] **名詞**
C U 身分を証明するもの, 身分証明書
(♦ *id*entification の略)
▶a student **ID**
学生証, 生徒証

ID² 【郵便】アイダホ州(♦ *Id*aho の略)

I'd [áid アイド]
(口語)I would, I had の短縮形

Idaho [áidəhòu アイダホウ] **名詞**
アイダホ(♦アメリカ北西部の州; Id., Ida. または【郵便】で ID と略す)

ID card [áidíː kàːrd アイディー カード]
名詞 C 身分証明書(♦ *id*entification *card* または *id*entity *card* を短縮した語; ID とだけいうことも多い)
▶a student **ID card** 学生証, 生徒証

idea [aidíːə アイディーア] (★アクセントに注意) **名詞** (複数 **ideas** [-z])
❶ C 考え, 思いつき, アイディア;
C U 計画
▶That's a good **idea**.
それはいい考えだ.
▶I have an **idea**.
わたしに考えがあります.
▶Do you have any **ideas**?
何かアイディアはありますか?
❷ C 意見; 思想; 観念
▶Tell me your **idea**.
あなたの意見を聞かせてください.
❸ C U 想像, 見当

ダイアログ
A: Where is Luke? ルークはどこ?
B: I have no **idea**. 見当もつかないよ.
(♦(口語)で I don't know. の代わりによく用いる)

ideal [aidíːəl アイディーアる] **形容詞**
(…にとって)理想的な, 最適な(《for ...》)
▶Today is an **ideal** day **for** walking.
今日はウォーキングに最適な日だ.
——**名詞 ❶ C**《しばしば **ideals** で》理想
❷ C 理想的な人[もの]

identification [aidèntəfikéiʃn アイデンティふィケイシャン] **名詞**
❶ U 身分[身元]を証明するもの, 身分証明書(♦ ID と略す)
❷ U 同一であることの証明, (身元などの)確認(ﾆ)
▶an **identification** card
身分証明書, ID カード
(＝an identity card, an ID card)

identify [aidéntəfài アイデンティふァイ]
動詞 (三単現 **identifies** [-z]; 過去・過分 **identified** [-d]; 現分 **identifying**) **他** …を見分ける, (身元など)を確認(ﾆ)する
▶Can you **identify** that star?
あの星は何という星かわかりますか?

identity [aidéntəti アイデンティティ]
名詞 (複数 **identities** [-z])
❶ U 同一の人[もの]であること
❷ C U 身元, 正体
❸ U C アイデンティティー, 独自性, 個性

idiom [ídiəm イディオム] **名詞 C** 慣用句, 成句, 熟語(♦2つ以上の語が集まって1つの意味を表すもの; get up(起きる)など)

idle [áidl アイドゥる] **形容詞**
(比較 **idler**; 最上 **idlest**)
❶ (人が)働いていない; (機械が)使われていない
▶These machines are **idle** now.
今, これらの機械は使われていない.
❷ (人が)怠(ﾅﾏ)けている(♦ lazy のほうがふつう)
——**動詞** (三単現 **idles** [-z]; 過去・過分 **idled** [-d]; 現分 **idling**) **他**
(時間)をぶらぶら過ごす, 怠けて過ごす
——**自** (エンジンが)空転[アイドリング]する

idol [áidl アイドゥる] **名詞**
C あこがれの人, アイドル; (信仰(ﾆﾝ)の

a b c d e f g h i j k l m n o p q r s t u v w x y z

A B C D E F G H I J K L M N O P Q R S T U V W X Y Z

対象としての)神像, 偶像(ぐうぞう)

▸a pop **idol** アイドル歌手

i.e. [áiíː アイイー] すなわち(♦that is (すなわち) を意味するラテン語の *id est* の略; 学術書や専門書で用いる)

⁑if [if イふ] [接続詞]

❶《条件・仮定を表して》**もし…ならば**
❷ **たとえ…でも**
❸ **…かどうか**

❶《条件・仮定を表して》**もし…ならば**;(ありえないことだが)**もし…なら**(…なのだが)

▸**If** you like it, you can keep it.
それが気に入ったのならあげるよ.

▸**If** the weather is good, let's go to the lake.
天気がよければ, 湖に行きましょう.
➡ [ルール] [1]

▸**If** I were you, I would buy a new computer.
もしわたしがあなたなら, 新しいコンピューターを買うのだが. ➡ [ルール] [2]

> [ルール] **if 節の動詞の形**
>
> [1] if 節や when 節など「条件・時」を表す副詞節の中では, 未来のことであっても will を使わず, 現在形を用います.
> ▸Friday's game will be canceled **if** it rains. もし雨が降れば, 金曜日の試合は中止されるだろう.
> (♦× if it will rain とはいわない)
>
> [2] 現在の事実に反することを仮定するときに用います. このとき, 主節では would などの助動詞を用います. if 節の動詞は過去形になります. be 動詞は通例 were を用いますが, 一人称・三人称の単数の場合, 口語では was を用いることもあります.

❷ **たとえ…でも**(= even if)

▸**If** you fail this exam, you can try again. たとえこの試験に落ちても, もう一度受けられます.

❸ **…かどうか**([同義語] whether)
(♦この if 節は名詞節で, ask, doubt, know, see, wonder などの動詞のあとに用いるが, 主語としては用いない)

▸Do you **know if** he will come to the party? 彼がパーティーに来るかどうか知っていますか?

▸I **wonder if** she is busy now.
彼女は今, 忙(いそが)しいだろうか.

as if ... まるで…であるかのように ➡ **as**

even if ... たとえ…だとしても ➡ **even**

if ány もしあれば; あるとしても ➡ **any**

if nécessary
もし必要ならば ➡ **necessary**

if póssible もしできれば ➡ **possible**

ignition [igníʃn イグニシャン] [名詞] [U]
発火, 点火; [C] (車のエンジンの)点火装置

ignorance [ígnərəns イグノランス] [名詞]
[U] 無知, 無学; (…を)知らないこと《of ...》

ignorant [ígnərənt イグノラント] [形容詞]
無知の, 教育を受けていない;
(…を)知らない《of ...》

ignore [ignɔ́ːr イグノーア] [動詞] ([三単現] **ignores** [-z]; [過去・過分] **ignored** [-d]; [現分] **ignoring**)
[他] …を無視する, 見て見ないふりをする

▸**ignore** the red light
赤信号を無視する

IL 【郵便】イリノイ州(♦*Il*linois の略)

·ill [íl イる]

―[形容詞] ([比較] **worse** [wɔ́ːrs ワ～ス]; [最上] **worst** [wɔ́ːrst ワ～スト])

❶《名詞の前には用いない》**病気で**
([対義語] well 健康で)

▸fall [become] **ill** 病気になる

▸be **ill** in bed 病気で寝(ね)ている

> [くらべよう] **ill と sick**
>
> 《米》では「病気で」の意味ではふつう ill ではなく sick を使います. 名詞の前に置いて「病気の」という意味では,《英》《米》ともに sick を使います.
> ▸a **sick** person 病人

❷《名詞の前に用いて》悪い; 有害な

―[副詞] ([比較]・[最上] は [形容詞] に同じ)
悪く, 不正に; 不十分に

▸No one speaks **ill** of him.
彼を悪く言う人はだれもいない.

⁑I'll [áil アイる]

《口語》I will の短縮形

illegal [ilíːgl イリーグる] [形容詞] 違法(いほう)な, 不法な([対義語] legal 合法的な)

Illinois [ilənɔ́i イりノイ] [名詞] イリノイ州
(♦アメリカ中西部の州; Ill. または【郵便】で IL と略す)

illiterate [ilítərit イリテレット] [形容詞]
❶ 読み書きができない

❷ 教養のない

illness [ílnəs イるネス] **名詞**
(**複数** illnesses [-iz]) **C** **U** 病気
(**同義語** sickness, **対義語** health 健康)

illuminate [ilú:mənèit イるーミネイト]
動詞 (**三単現** illuminates [ilú:mənèits
イるーミネイツ]; **過去・過分** illuminated
[-id]; **現分** illuminating)
⦿ …を照らす, 明るくする; (通り・建物
など)にイルミネーションを施(ほどこ)す

illumination [ilù:mənéiʃn イるーミネイ
シャン] **名詞** **U** 照明, 明かり

illusion [ilú:ʒn イるージャン] **名詞**
C 幻想(げんそう), 思いちがい, 錯覚(さっかく), 幻覚

illustrate [íləstrèit イらストゥレイト]
動詞 (**三単現** illustrates [íləstrèits イら
ストゥレイツ]; **過去・過分** illustrated [-id];
現分 illustrating)
⦿ (例をあげて)…を説明する;
…に挿絵(さしえ)・図版を入れる

illustration [íləstréiʃn イらストゥレイシャ
ン] **名詞** **C** 例; 挿絵(さしえ), 図, イラスト;
U (図・例などによる)説明

illustrator [íləstrèitər イらストゥレイタ]
(★アクセントに注意) **名詞**
C 挿絵(さしえ)画家, イラストレーター

im- **接頭辞** b, m, p で始まる語について
「否定」や「反対」などの意味の語をつく
る: im- + possible（可能な）→
impossible(不可能な)

I'm [áim アイム]
(**口語**) I am の短縮形

image [ímidʒ イメッヂ] (★アクセントに
注意) **名詞**
❶ **C** 像, 彫像(ちょうぞう), 肖像(しょうぞう)
❷ **C** (鏡・テレビなどの)映像
❸ **C** (心に浮(う)かぶ)像; 印象, イメージ

imaginary [imædʒənèri イマぁヂネリ]
形容詞 想像上の, 架空(かくう)の
▶an **imaginary** animal
想像上の動物

imagination [imædʒənéiʃn イマぁヂネ
イシャン] **名詞**
❶ **C** **U** 想像, 想像力
❷ **U** 想像の産物, 空想

imagine [imædʒin イマぁヂン]
動詞 (**三単現** imagines [-z]; **過去・過分**
imagined [-d]; **現分** imagining)
⦿ …を想像する, 思いえがく;

…と考える, 思う
▶Can you **imagine** life in the
twenty-second century?
22世紀の生活を想像できますか?

imitate [ímitèit イミテイト] **動詞** (**三単現**
imitates [ímitèits イミテイツ]; **過去・過分**
imitated [-id]; **現分** imitating) ⦿
❶ …をまねる; …を見習う
❷ …を模造する, …に似せて作る

imitation [ìmitéiʃn イミテイシャン] **名詞**
U まね, 模倣(もほう); **C** 模造品

immediate [imí:diit イミーディエット]
形容詞 ❶ 即時(そくじ)の, 即座の
❷《名詞の前で用いて》(関係・位置などが)
近い, すぐ隣(となり)の; 直接の

immediately [imí:diitli イミーディエトり]
副詞 すぐに, 即座(そくざ)に
(**同義語** at once, right away)
▶Call the police **immediately**.
すぐに警察を呼びなさい.

immense [iméns イメンス] **形容詞**
非常に大きな, 巨大(きょだい)な, 莫大(ばくだい)な

immigrant [ímigrənt イミグラント]
名詞 **C** (外国からの)移住者, 移民
(**対義語** emigrant(外国への)移民)

immigrate [ímigrèit イミグレイト] **動詞**
(**三単現** immigrates [ímigrèits イミグレ
イツ]; **過去・過分** immigrated [-id];
現分 immigrating)
⦿ (…へ / 外国から)(永住目的で)移住す
る(《to [into] ... / from ...》)
(**対義語** emigrate(外国へ)移住する)

immigration [ìmigréiʃn イミグレイシャ
ン] **名詞** ❶ **U** (外国からの)移住(**対義語**
emigration(外国への)移住); 移民
❷ **U** (空港などの)入国管理[審査(しんさ)]所

immortal [imɔ́:rtl イモートゥる] **形容詞**
❶ 不死の
❷ 不滅(ふめつ)の, 不朽(ふきゅう)の

impact [ímpækt インパぁクト] **名詞**
C **U** (強い)影響(えいきょう); 衝撃(しょうげき), 衝突(しょうとつ)
▶have [make] a strong **impact** on
…に強い影響をおよぼす

impatient [impéiʃnt インペイシェント]
形容詞 ❶ 短気な; (…に)我慢(がまん)できな
い(《with ...》)(**対義語** patient 我慢強い)
▶I got **impatient with** the noise.
わたしはその音に我慢ができなくなった.
❷ (…を)待ちきれない(《for ...》)
《be impatient to +動詞の原形で》
…したくてたまらない

a b c d e f g h i j k l m n o p q r s t u v w x y z

A B C D E F G H I J K L M N O P Q R S T U V W X Y Z

▶He **was impatient to** go out.
彼は外に出たくてたまらなかった.

imperfect [impə́ːrfikt インパ〜フェクト]
形容詞 不完全な, 不十分な; 未完成の

imperial [impíəriəl インピリアる] **形容詞**
《しばしば **Imperial** で》帝国の; 皇帝の, 天皇の, 皇室の(♦名詞の前で用いる)

imply [implái インプらイ] **動詞** (**三単現** **implies** [-z]; **過去・過分** **implied** [-d];
現分 **implying**) **他** …をほのめかす

impolite [impəláit インポらイト] **形容詞**
不作法な, 失礼な
(**対義語** polite 礼儀正しい)

import (★動詞・名詞のアクセントのちがいに注意) **動詞** [impɔ́ːrt インポート]
他 …を輸入する
(**対義語** export …を輸出する)

▶My company **imports** cars from Germany.
わたしの会社はドイツから車を輸入している.

——**名詞** [ímpɔːrt インポート]
U 輸入(**対義語** export 輸出);
C《ふつう **imports** で》輸入品

importance [impɔ́ːrtns インポータンス] **名詞** **U** 重要性, 重大さ

▶the **importance** of a healthy diet 健康的な食事の重要性

important

[impɔ́ːrtnt インポータント] **形容詞**
(**比較** **more important**;
最上 **most important**)
重要な, 大切な; 有力な, 地位の高い

▶This match is **important** to her.
この試合は彼女にとって大切だ.

▶Nothing is more **important** than time. 時間ほど大切なものはない.

impossible

[impásəbl インパスィブる] **形容詞**
❶ (物事が)**不可能な**, できない
(**対義語** possible 可能な)

▶It is **impossible** for me to get there by six.
6時までにそこに着くなんて, わたしにはできない. (♦×人を主語にして I am impossible to .... とはいわない)

❷ とてもありえない; 信じられない

▶an **impossible** story
信じられない話

impress [imprés インプレス] **動詞**
(**三単現** **impresses** [-iz];
過去・過分 **impressed** [-t];
現分 **impressing**) **他**
❶ …に感銘をあたえる, 強い印象をあたえる;《be impressed で》感動する

▶I **am** very much **impressed** with [by] your works. わたしはあなたの作品にとても感動しています.

❷ (人)に(…という)印象をあたえる
《as ...》

▶She **impressed** me **as** honest [an honest person].
彼女はわたしに正直な人という印象をあたえた.

impression [impréʃn インプレシャン]
名詞 ❶ **C** **U** 印象, 感動

▶What was your first **impression** of Japan?
日本の第一印象はどうでしたか?

▶The movie made [gave] a deep **impression** on us. その映画はわたしたちに深い感動をあたえた.

❷ **C** (漠然とした)感じ, 考え

impressive [imprésiv インプレスィヴ]
形容詞 印象的な, 感動的な; すばらしい

improve [imprúːv インプルーヴ] **動詞**
(**三単現** **improves** [-z]; **過去・過分**
improved [-d]; **現分** **improving**) **他**
…を改善する, 改良する; …を上達させる

▶I want to **improve** my English.
英語がうまくなりたい.

——**自** よくなる, 進歩する, 回復する

▶The weather is **improving**.
天気は回復しつつある.

improvement [imprúːvmənt インプルーヴメント] **名詞**
C **U** 改善, 改良, 進歩; **C** 改良点

impulse [ímpʌls インパるス] **名詞**
❶ **C** **U** 衝動
❷ **C** 推進力; 衝撃

IN 【郵便】インディアナ州(♦ Indiana の略)

in 前置詞 副詞 ➡ p.318 in

in- **接頭辞**「否定」や「反対」などの意味の語をつくる: in- + correct(正確な)→ incorrect(不正確な)

Inca [íŋkə インカ] **名詞** **C** インカ人;《the Incas で》インカ民族(♦ 16 世紀にスペインに征服される前に南アメリカに帝国を築いていた先住民族)

incapable [inkéipəbl インケイパブる]
　形容詞 ❶《be incapable of ＋ 名詞
　[...ing]で》…できない, …の能力がない
　❷ 無能な, 役に立たない

inch [íntʃ インチ] 名詞
　（複数 inches [-iz]）
　⦿（長さの単位の）インチ（◆1フィートの
　12分の1で, 約2.54センチメートル;
　in. と略す）
　▶He is five feet nine **inches** tall.
　　彼の身長は5フィート9インチだ.
　évery ínch あらゆる点で, どこから見ても
　ínch by ínch 少しずつ

incident [ínsidənt インスィデント] 名詞
　⦿ 出来事; 事件

incline [inkláin インクらイン] 動詞 （三単現
　inclines [-z]; 過去・過分 **inclined** [-d];
　現分 **inclining**）
　⦿ …を傾ける;《be inclined to ＋
　動詞の原形で》…したい気がする, …しが
　ちだ
　▶I'm **inclined** to think she will
　join us.
　　彼女がわたしたちに加わってくれると思
　いたい.
　—⦿ 傾く

include [inklú:d インクるード] 動詞
　（三単現 **includes** [inklú:dz インクるー
　ヅ]; 過去・過分 **included** [-id]; 現分
　including）⦿ …をふくむ, ふくめる
　（対義語 exclude …を除外する）
　▶The price **includes** tax.
　　その値段は税こみです.

including [inklú:diŋ インクるーディング]
　前置詞 …をふくめて
　▶There were seventeen people,
　including me.
　　わたしをふくめ, 17人いた.

income [ínkʌm インカム] 名詞
　⦿ U 所得, (定期的な)収入

incomplete [ìnkəmplí:t インコンプリー
　ト] 形容詞 不完全な, 不十分な; 未完成の
　（対義語 complete 完全な）

inconvenience [ìnkənví:niəns イン
　コンヴィーニエンス] 名詞
　❶ U 不便, 不都合（対義語 convenience
　便利）; 迷惑
　❷ ⦿ 不便[不都合, 迷惑]なこと

inconvenient [ìnkənví:niənt インコン
　ヴィーニエント] 形容詞 不便な, 都合の悪い;

迷惑な（対義語 convenient 便利な）

incorrect [ìnkərékt インコレクト]
　形容詞 不正確な, まちがった
　（対義語 correct 正確な）; ふさわしくない

increase （★動詞・名詞のアクセント
　のちがいに注意）動詞 [inkrí:s インクリー
　ス] （三単現 **increases** [-iz]; 過去・過分
　increased [-t]; 現分 **increasing**）
　⦿（数・量・規模などが）増える, 増加する,
　増大する（対義語 decrease 減る）
　▶The population of the city is
　increasing.
　　その市の人口は増加している.
　—⦿ （数・量など）を増やす
　（対義語 decrease …を減らす）
　▶They **increased** food production.
　　彼らは食料生産高を増やした.
　—名詞 [ínkri:s インクリース]
　⦿ U （…の）増加, 増大（in [of] ...）
　（対義語 decrease 減少）

increasingly [inkrí:siŋli インクリー
　スィングり] 副詞 ますます, だんだん

incredible [inkrédəbl インクレディブる]
　形容詞 信じられない, (口語)驚くべ
　き; すばらしい（同義語 unbelievable）

incredibly [inkrédəbli インクレディブり]
　副詞 信じられないほど; 非常に, すごく

indeed [indí:d インディード]
　—副詞 ❶《意味を強めて》
　ほんとうに, 全く（同義語 really）
　▶Thank you very much **indeed**.
　　ほんとうにありがとうございます.

ダイアログ
A: He is so kind.
　彼はとても親切ですね.
B: Yes, **indeed**. ええ, 全くです.

　❷ (それどころか)実は, 実際は
　▶He seems to be careless, but is
　indeed very careful. 彼は不注意な
　ように見えるが, 実はとても慎重だ.
　—間投詞 まあ, へーえ, まさか

independence [ìndipéndəns インディ
　ペンデンス] 名詞
　U （…からの）独立, 自立（from ...）

Independence Day [ìndipéndəns
　dèi インディペンデンス デイ] 名詞
　(アメリカの)独立記念日, 7月4日
　（◆ the Fourth of July ともいう）
　➡ holiday 文化

‧in 前置詞 副詞

[ín イン]

前置詞	❶〖場所・位置〗…の中に[で, の]	❺〖範囲(はん)〗 …において
	❷〖運動・方向〗…の中へ	❻〖方法・道具・材料〗…で
副詞	❸〖時間〗 …に	❼〖着用〗 …を身につけて
	❹〖状態・従事〗…の状態で	❽〖割合・比率〗…のうち

──**前置詞** ❶〖場所・位置〗…の中に[で, の]; …に ➡ **at** 1つめの くらべよう

▸What is **in** the box? — 箱の中には何が入っているのですか?
▸I live **in** Tochigi. — わたしは栃木に住んでいる.

❷〖運動・方向〗…の中へ, …に ➡ **into** くらべよう

▸I jumped **in** the river. — わたしは川に飛びこんだ.
▸The sun rises **in** the east and sets **in** the west. — 太陽は東からのぼり, 西に沈(しず)む.
(♦×from the east や to the west とはいわない)

❸〖時間〗…に, …の間に; …後に ➡ **at** 2つめの くらべよう

▸**in** the morning — 朝, 午前中
▸Sarah was born **in** 2010. — サラは2010年に生まれた.
▸School usually starts **in** April in Japan. — 日本では, 学校はたいてい4月に始まる.
▸I finished the work **in** a day. — わたしはその仕事を1日で終えた.
▸It is cold here **in** winter. — ここは冬の間は寒い.
▸I'll be back **in** ten minutes. — 10分後に戻(もど)ってきます.
(♦ within ten minutes なら「10分以内に」の意味)

❹〖状態・従事〗…の状態で; …で

▸I'm **in** love with her. — ぼくは彼女に恋(こい)をしている.
▸She is **in** (the) eighth grade. — 彼女は8年生[中学2年生]だ.

❺〖範囲〗…において, …に関しては ➡ **of** ルール

▸I'm the tallest **in** my class. — わたしはクラスでいちばん背が高い.
▸**In** my opinion, they are right. — わたしの意見では, 彼らは正しい.

❻〖方法・道具・材料〗…で, …をもって, …を使って

▸**in** this way — このやり方で
▸write **in** ink — インクで書く
▸speak **in** English — 英語で話す
▸pay **in** cash — 現金で支払(はら)う

❼〖着用〗…を身につけて, 着て, かぶって, はいて

▸a girl **in** a school uniform — 制服を着た女の子
▸**in** slippers — 上ばきをはいて
▸She was dressed **in** white. — 彼女は白い服を着ていた.

❽〖割合・比率〗…のうち; …につき

▸Nine **in** ten were against it. — 10人のうち9人がそれに反対だった.

──**副詞** ❶〖運動・方向〗中へ, 中に(対義語 **out** 外へ)

▸May I come **in**? — 中に入ってもいいですか?
▸Please let me **in**. — わたしを中に入れてください.

❷ 在宅して, 出勤して(対義語 **out** 外出して, 不在で)

ダイアログ

A: Is your father **in**? — お父さんはご在宅ですか?
B: No, he is out now. — いいえ, 父は今, 外出中です.

[文化] **アメリカじゅうが盛り上がる祝日**

7月4日は1776年同日の独立宣言採択(さい)を記念するアメリカの祝日です。全米各地で記念式典が行われ, パレード, コンテスト, ショー, パーティー, 花火の打ち上げなどでにぎわいます。

independent [indipéndənt インディペンデント] [形容詞] (…から)独立した, 自立した; (…に)たよらない(of ...)
(対義語 dependent たよっている)
▶He is **independent** of his parents.
彼は親から独立している.

index [índeks インデックス] (★アクセントに注意) [名詞] (複数 indexes [-iz], ❷で indices [índəsìːz インディスィーズ])
❶ C (本の)索引(さくいん)
❷ C 【数学】(統計の)指数

index finger [índeks fíŋɡər インデックス ふィンガ] [名詞] C 人差し指
(=forefinger)

India [índiə インディア] [名詞] インド
(♦南アジアの国; Ind. と略す; 首都はニューデリー New Delhi)

Indian [índiən インディアン] [形容詞]
❶ インドの; インド人の(♦ Ind. と略す)
❷ アメリカ先住民の
──[名詞] ❶ C インド人;《the Indians で》インド人(全体)
❷ C アメリカ先住民

[文化] **アメリカ先住民の呼び方**

コロンブスが1492年にアメリカ大陸の近くに到達(とうたつ)したとき, 彼はそこをインドと勘(かん)ちがいして, 先住民をインディアン(Indian)と呼びました. それ以来, アメリカ先住民は American Indian と呼ばれてきましたが, 最近では Native American(先住アメリカ人)と呼ばれるほうがふつうです.

Indiana [ìndiǽnə インディあナ] [名詞] インディアナ州(♦アメリカ中西部の州; Ind. または【郵便】で IN と略す)

Indian Ocean [índiən óuʃn インディアン オウシャン] [名詞]
《the Indian Ocean で》インド洋

indicate [índikèit インディケイト] (★アクセントに注意) [動詞]
(三単現 indicates [índikèits インディケイツ]; 過去・過分 indicated [-id]; 現分 indicating)
他 …を指摘(してき)する; (ことば・態度などで)…を示す; …を指し示す

indication [ìndikéiʃn インディケイシャン] [名詞] C U 指示, 表示; 兆候, しるし

indifference [indífərəns インディふァレンス] [名詞] U (…に対する)無関心, 無とんちゃく(to ...)

indifferent [indífərənt インディふァレント] [形容詞] (…に)無関心な, (…を)気にしない(to ...)

indigo [índiɡòu インディゴウ] [名詞]
U (染料(せんりょう)の)あい; あい色

indirect [ìndərékt インディレクト] [形容詞]
❶ まっすぐでない, 遠回りの
(対義語 direct まっすぐな)
❷ 間接の, 間接的な
(対義語 direct 直接の)

individual [ìndəvídʒuəl インディヴィチュアる] [形容詞] 個々の; 個人的な; 個性的な
──[名詞] C (集団に対して)個人, 個体

Indonesia [ìndəníːʒə インドニージャ] [名詞] インドネシア(♦東南アジアの国; 首都はジャカルタ Jakarta)

Indonesian [ìndəníːʒn インドニージャン] [形容詞] インドネシア(人, 語)の
──[名詞] C インドネシア人;
U インドネシア語

indoor [índɔːr インドーア] [形容詞]
《名詞の前に用いて》屋内の, 室内の
(対義語 outdoor 屋外の)

indoors [índɔ́ːrz インドーアズ] [副詞]
屋内に[で], 室内に[で]
(対義語 outdoors 屋外で)

industrial [indʌ́striəl インダストゥリアる] [形容詞] 産業の, 工業の; 産業が発達した
▶**industrial** products 工業製品

Industrial Revolution [indʌ́striəl rèvəlúːʃn インダストゥリアる レヴォるーシャン] [名詞]《the Industrial Revolution で》(イギリスなどの)産業革命

A B C **D** E F G H **I** J K L M **N** O P Q R S T U V W X Y Z

[参考] 産業革命とは?

18世紀後半, イギリスで起こった生産技術の大変革です. 動力機械の導入により, 工場での大量生産が可能になりました.

industrious [indʌ́striəs インダストゥリアス] 形容詞 よく働く, 勤勉な

industry [índəstri インダストゥリ] (★アクセントに注意) 名詞 (複数 industries [-z]) ❶ C U 産業, 工業; …業
▶the car **industry** 自動車産業
❷ U 勤勉, 努力

inevitable [inévitəbl イネヴィタブる] 形容詞 避(さ)けられない;《名詞の前に用いて》《口語》お決まりの

inexpensive [ìnikspénsiv インエクスペンスィヴ] 形容詞 安価な, 費用がかからない(対義語 expensive 高価な)
➡ **cheap** 〈らべよう〉

infamous [ínfəməs インファマス] (★発音に注意) 形容詞 悪名高い; 不名誉(めい)な

infancy [ínfənsi インファンスィ] 名詞
❶ U 幼年時代; 幼児(期)
❷ U (発達の)初期(段階)

infant [ínfənt インファント] 名詞
C 幼児; 乳児

infect [infékt インフェクト] 動詞
他 (病気が)…に伝染(でんせん)する; …に(病気を)うつす《with ...》

infection [infékʃn インフェクシャン]
名詞 U (病気の)感染(かんせん), 伝染;
C 伝染病, 感染症(しょう)

infectious [infékʃəs インフェクシャス]
形容詞 (病気が)感染(かんせん)[伝染]する

inferior [infíriər インフィリア] 形容詞
(階級・身分などが)(…より)下の, 低い;
(質・程度などが)(…より)劣(おと)った《to ...》
(対義語 superior すぐれた)

infinite [ínfənit インフィニット] 形容詞
果てしない, 無限の; 計り知れない

influence [ínfluəns インふるエンス]
名詞 U《または an influence で》(…に対する)影響(えいきょう)《on [upon] ...》; 影響力
——動詞 (三単現 influences [-iz];
過去・過分 influenced [-t];
現分 influencing)
他 …に影響をおよぼす, 作用する

influential [ìnfluénʃl インふるエンシャる]
形容詞 影響(えいきょう)をおよぼす, 有力な

influenza [ìnfluénzə インふるエンザ]
名詞 U 【医学】インフルエンザ, 流感
(◆《口語》では flu と略す)

inform [infɔ́ːrm インふォーム] 動詞 他
(人)に(…を)知らせる, 伝える, 通知する
《of ...》(◆《口語》ではふつう tell を用いる)

informal [infɔ́ːrml インふォームる]
形容詞 非公式の; 形式ばらない, くだけた, くつろいだ(対義語 formal 公式の)

information

[ìnfərméiʃn インふォメイシャン] 名詞
(複数 informations [-z])
❶ U 情報, 知識
▶useful **information** 役に立つ情報

[ルール] information の数え方など

1 information は数えられない名詞なので, × an information, × two informations のようには使えません.
2 「1つ[2つ]の情報」は次のようにいいます.
▶a piece of **information**
  1つの情報
▶two pieces of **information**
  2つの情報
3 some や a lot of などもよく使われます.
▶He has **some information** about it. 彼はそのことについて何らかの情報を持っている.

❷ C (ホテル・駅などの)案内係[所], 受付
▶an **information** desk
(ホテルなどの)案内所, 受付

-ing 接尾辞 ❶ 動詞の原形について「…している」という意味の現在分詞をつくる:
a laughing boy(笑っている少年)
❷ 動詞の原形について「…すること」という意味の動名詞をつくる:
singing(歌うこと)
❸ 動詞の原形について名詞をつくる:
a meeting(会合)

ingredient [ingríːdiənt イングリーディエント] 名詞 C (料理などの)材料, 成分

inhabitant [inhǽbitənt インハぁビタント] 名詞 C 住民, 居住者; (ある地域に)生息する動物

initial [iníʃl イニシャル] (★アクセントに注意) 形容詞《名詞の前に用いて》最初の; 語頭の
——名詞 C 頭(かしら)文字;《ふつう initials で》イニシャル, (姓名(せいめい)の)頭文字

initiative [iníʃətiv イニシャティヴ] 名詞 U《ふつう the initiative で》主導権, イニシアチブ; 率先(そっせん)(して行う能力)

injection [indʒékʃn インヂェクシャン] 名詞 C U 注射(同義語 shot); C 注射液

✢injure [índʒər インヂャ] 動詞
(三単現 injures [-z];
過去・過分 injured [-d]; 現分 injuring)
他 …にけがをさせる, …を傷つける; (感情など)を害する(同義語 hurt)
▶He was seriously **injured** in the accident.
彼はその事故で大けがをした.

（くらべよう）**injure, hurt, wound**
injure:「事故などでけがをさせる」という意味で用います.
hurt: injure より程度が軽い場合に用います.
wound: ふつう「武器で相手を傷つける」という意味で用います.

injured [índʒərd インヂャド] 動詞
injure(…にけがをさせる)の過去形・過去分詞
——形容詞 けがをした; (感情などを)傷つけられた

injury [índʒəri インヂュリ] 名詞 (複数 injuries [-z]) C U 負傷, けが; 損害

injustice [indʒʌ́stis インヂャスティス] 名詞 U 不正, 不公平(対義語 justice 正義); C 不正[不公平]な行為(こうい)

ink [íŋk インク] 名詞 U インク
▶write in red **ink**
赤インクで書く

inland 形容詞 [ínlənd インランド]
《名詞の前で用いて》内陸の, 奥地(おくち)の
——副詞 [ínlǽnd インらぁンド] 内陸に[へ], 奥地に[へ]

inn [ín イン] 名詞 C 宿屋, (小さな)旅館
(◆1階で飲食し, 2階に泊(と)まることができる安価な宿); 居酒屋

inner [ínər イナ] 形容詞《名詞の前に用いて》内部の, 内側の(対義語 outer 外側の)

inning [íniŋ イニング] 名詞 C【野球】回, イニング
▶the top [bottom] of the seventh **inning** 7回の表[裏]

innocence [ínəsns イノセンス] 名詞
❶ U 無邪気(むじゃき), 純粋(じゅんすい); 無知
❷ U 無罪, 潔白(けっぱく)(対義語 guilt 有罪)

innocent [ínəsnt イノセント] 形容詞
❶ 無邪気(むじゃき)な, 純粋(じゅんすい)な; 無知な
❷ (…について)無罪の; (罪を)犯(おか)していない(of ...)(対義語 guilty 有罪の)

innovation [ìnəvéiʃn イノヴェイシャン] 名詞 ❶ C 新しいもの, 新機軸(しんきじく)
❷ U 刷新, 革新, 新しいものの導入

input [ínpùt インプット] 名詞 U (コンピューター・電気などの)入力, インプット(対義語 output 出力)

inquire [inkwáiər インクワイア] 動詞
(三単現 inquires [-z]; 過去・過分 inquired [-d]; 現分 inquiring)
他 …をたずねる, 問い合わせる
(◆ ask よりかたい語)

inquiry [inkwáiri インクワイリ] 名詞
(複数 inquiries [-z])
C U 問い合わせ, 質問; 調査

insect [ínsekt インセクト] 名詞
❶ C (アリ・バッタ・トンボなどの)昆虫(こんちゅう)
➡ worm 図
❷ C (クモ・ミミズなどをふくめた)虫

insert [ínsəːrt インサート] 動詞 他 (…に)…を挿入(そうにゅう)する, はさむ(in [into] ...)

✢inside [ínsáid インサイド, ínsàid インサイド]
——名詞 (複数 insides [ínsáidz インサイツ]) C《ふつう the inside で》内側, 内部(対義語 outside 外側)
▶the **inside** of the house 家の内部
inside óut 裏返しで[に]
▶wear a T-shirt **inside out**
T シャツを裏返しに着ている
——形容詞《名詞の前に用いて》内側の, 内部の; 屋内の
▶an **inside** pocket 内ポケット
——副詞 内側に, 内部に
▶Let's go **inside**. 中に入りましょう.
——前置詞 …の中に, 内部に
(◆ in よりも「内部」が強調される)

insight [ínsàit インサイト] 名詞 U C (…に対する)洞察(どうさつ)(力); 理解(into ...)

insist [insíst インスィスト] [動詞]
[他] …だと主張する, 言い張る; …だと要求する《that 節》
▸I **insisted that** I was right.
わたしは自分が正しいと主張した.
——[自] (…を)主張する; (…を)要求する《on [upon] ...》
▸He **insisted on** taking a taxi.
彼はタクシーに乗ると言い張った.

inspect [inspékt インスペクト] [動詞] [他]
…を詳(くわ)しく調べる, 検査する, 視察する

inspection [inspékʃn インスペクシャン] [名詞] ❶ [U] [C] 詳(くわ)しい調査, 検査
❷ [U] [C] 視察; 検閲(けんえつ)

inspector [inspéktər インスペクタ] [名詞]
❶ [C] 調査員, 検査官, 検閲(けんえつ)者
❷ [C] 《米》警視; 《英》警部(補)

inspiration [ìnspəréiʃn インスピレイシャン] [名詞] [U] 霊感(れいかん), インスピレーション; [C] すばらしい思いつき; [C] [U] (…に)霊感をあたえる人[もの]《for ...》

inspire [inspáiər インスパイア] [動詞]
([三単現] **inspires** [-z]; [過去・過分] **inspired** [-d]; [現分] **inspiring**)
[他] (…するように)(人)を元気づける, 激励(げきれい)する《to ...》; (感情など)を(人に)抱(いだ)かせる《in ...》; …に霊感(れいかん)をあたえる

install [instɔ́:l インストーる] [動詞] [他]
❶ (装置など)を取りつける, 設置する
❷【コンピューター】(ソフトウエア)を組みこむ, インストールする

instance [ínstəns インスタンス] [名詞]
[C] 例, 実例; 場合
for instance
例えば ([同義語] for example)
▸Some Japanese sports, judo **for instance**, are popular all over the world. 日本のスポーツの中には, 例えば柔道(じゅうどう)のように, 世界じゅうで人気のあるものがある.

instant [ínstənt インスタント] [形容詞]
即座(そくざ)の, 緊急(きんきゅう)の; (食べ物が)即席の
▸**instant** food インスタント食品
——[名詞] [C] 瞬間(しゅんかん) ([同義語] moment)
▸for an **instant** 一瞬(の間)
▸in an **instant** 直ちに, たちまち

instantly [ínstəntli インスタントり] [副詞]
直ちに, すぐに, 即座(そくざ)に

⁺**instead** [instéd インステッド] [副詞]
その代わりに, そうではなく
▸I'm very busy, so I'll send Jim **instead**. わたしはとても忙(いそが)しいので, 代わりにジムを行かせます.
instéad of ... …の代わりに, …しないで
▸I'll have tea **instead of** coffee.
わたしはコーヒーの代わりに紅茶を飲もう.

instinct [ínstiŋkt インスティンクト]
(★アクセントに注意) [名詞]
[C] [U] 本能; 天性, 生まれながらの才能

instinctive [instíŋktiv インスティンクティヴ] [形容詞] 本能の, 本能的な; 直感的な

institute [ínstitjù:t インスティテュート]
(★アクセントに注意) [名詞] [C] 学会, 協会; 研究所; (理工系の)専門学校, 大学

institution [ìnstitjú:ʃn インスティテューシャン] [名詞] ❶ [C] (学校・病院・図書館などの)公共機関, 公共施設(しせつ); 協会, 団体
❷ [C] 慣習, 制度
❸ [U] 設立, 制定

instruct [instrʌ́kt インストゥラクト] [動詞]
[他] ❶ (人)に(…を)教える《in ...》
(♦《口語》ではふつう teach を用いる)
▸Ms. Baker **instructs** us **in** English.
ベーカー先生がわたしたちに英語を教えている.
❷《**instruct** +人+ **to** +動詞の原形で》(人)に…するよう指示する, 命令する

instruction [instrʌ́kʃn インストゥラクシャン] [名詞] ❶ [U] 教えること, 教育
❷ [C]《ふつう **instructions** で》指示, 命令;《**instructions** で》使用説明, 説明書, マニュアル

instructor [instrʌ́ktər インストゥラクタ]
[名詞] [C] 指導者, 教官; 《米》(大学の)講師

instrument [ínstrəmənt インストゥルメント] [名詞] ❶ [C] 道具, 器具, 器械
➡ **tool** [くらべよう]
❷ [C] 楽器(= musical instrument)

insult (★動詞・名詞のアクセントのちがいに注意) [動詞] [insʌ́lt インサるト]
[他] …を侮辱(ぶじょく)する, 恥(は)ずかしめる
——[名詞] [ínsʌlt インサるト] [C] 侮辱

insurance [inʃúərəns インシュ(ア)ランス] [名詞] [U] 保険; 保険金; 保険料

insure [inʃúər インシュア] [動詞] ([三単現] **insures** [-z]; [過去・過分] **insured** [-d]; [現分] **insuring**)
[他] (…に備えて)(人・財産など)に保険をかける《against ...》

intellectual [ìntəléktʃuəl インテれクチュ
アる] 形容詞 知性の; 知的な, 理知的な
——名詞 C 知識人, インテリ(◆軽べつ的
な意味がふくまれることもある)

intelligence [intélidʒəns インテリヂェ
ンス] 名詞 ❶ U 知能, 理解力
▶artificial **intelligence** 人工知能
❷ U (主に敵国についての)情報; 情報
機関, 諜報(ちょう)部

intelligent [intélidʒənt インテリヂェント]
形容詞 (人・動物が)知能の高い, 頭のよい,
理解力のある(同義語 smart)
▶an **intelligent** child 賢(かし)い子供

intend [inténd インテンド] 動詞 他
❶《intend to ＋動詞の原形で》
…するつもりだ(◆口語ではふつう
「be going to ＋動詞の原形」を用いる)
▶I **intend** to be a doctor in the
future. 将来, 医者になるつもりだ.
❷《be intended for ... で》
…向けである
▶This picture book **is intended**
for children. この絵本は子供向けだ.

intention [inténʃn インテンシャン] 名詞
C U 意図, 意向, 目的

interactive [intəræktiv インタあクティ
ヴ] 形容詞 ❶ 相互(ごう)に作用し合っている
❷【コンピューター】(コンピューターシ
ステムが)対話型の;【通信】双(そう)方向の(◆
テレビ放送などで, 受信者側からも情報
を発信することができる方式)

interchange [intərtʃèindʒ インタチェ
インヂ]
❶ C インターチェンジ
(◆自動車専用道路の立体式交差点)
❷ C U 交換(こう), 交代

interdependent [intərdipéndənt
インタディペンデント] 形容詞
相互に依存している

interest [íntərəst インタレスト]
(★アクセントに注意)
——名詞 (複数 interests [íntərəsts イン
タレスツ])
❶ U《または an interest で》(…への)
興味, 関心《in ...》; C 関心のあること[も
の], 趣味(しゅ)
▶show [lose] **interest**
興味を示す[失う]
▶I have [take] **a great interest in**
cars. わたしは車にとても興味がある.
❷ C《しばしば interests で》利益

❸ U 利子, 利息
——動詞 (三単現 interests [íntərəsts イ
ンタレスツ]; 過去・過分 interested [-id];
現分 interesting)
他 (人)に興味[関心]をもたせる
▶Her works **interest** me a lot.
わたしは彼女の作品にとても興味がある.

interested
[íntərəstid インタレスティッド]
(★アクセントに注意) 形容詞
(比較 more interested;
最上 most interested)
興味をもっている, 関心のある;
《be interested in ... で》
…に興味がある
▶Alex **is interested in** Japanese
culture. アレックスは日本の文化に
興味をもっている.

［参考］「人」が主語なら interested

1 主語に「人」がきて, 「興味をもって
いる」という意味を表すときには
interested を用います.
▶I am **interested** in science.
わたしは科学に興味がある.
2 主語に「物事」がきて, 「興味深い」と
いう意味を表すときには **interesting**
を用います.
▶Science is **interesting** to me.
科学はわたしにとって興味深い.

interesting
[íntərəstiŋ インタレスティング]
(★アクセントに注意) 形容詞
(比較 more interesting;
最上 most interesting)
おもしろい, 興味深い
➡ **interested** ［参考］

(くらべよう) 「おもしろい」を表す英語

interesting: 人に興味や関心を起こ
させる, という意味です.
amusing: 人を楽しませるような, 愉
快(ゆ)な, という意味です.
funny: 風変わりで, こっけいな, とい
う意味です.

▶That's an **interesting** idea.
それはおもしろい考えだ.
▶Her stories are **interesting** to
[for] me. 彼女の話はおもしろい.

A B C D E F G H I J K L M N O P Q R S T U V W X Y Z

interfere [ìntərfíər インタふィア] **動詞**
（**三単現** **interferes** [-z]; **過去・過分**
interfered [-d]; **現分** **interfering**）
自（…に）干渉（党とぁ）する，口出しする
《in ...》;（…の）じゃまをする《with ...》
▶Don't **interfere in** our lives.
わたしたちの生活に干渉しないでくれ．

interior [intíriər インティリア] **形容詞**
《名詞の前に用いて》内部の，内側の; 屋内
の; 内陸の（**対義語** exterior 外の）
▶**interior** design 室内装飾（むょく）
── **名詞** **C** 内部，内側;《**the interior**
で》内陸，奥地（むく）

internal [intə́:rnl インタ～ヌる] **形容詞**
❶ 内部の（**対義語** external 外部の）
▶**internal** organs 内臓
❷ 国内の，内政の（**対義語** foreign 外国の）

*international
[ìntərnǽʃənl インタナぁショナる] **形容詞**
（**比較** **more international**;
最上 **most international**）
国際的な，国家間の
（**対義語** domestic 国内の）
▶**international** trade 国際貿易
▶English is an **international**
language. 英語は国際語だ．

International Date Line
[ìntərnǽʃənl déit làin インタナぁショヌる
デイト ライン] **名詞**《**the International
Date Line** で》日付変更（むょぅ）線
（◆単に date line ともいう）

*Internet, internet
[íntərnèt インタネット] **名詞**
《**the Internet** で》インターネット
（◆ the Net ともいう）
▶find information on **the Internet**
インターネットで情報を見つける

interpret [intə́:rprit インタ～プリット]
（★アクセントに注意）**動詞** **他**
❶（ことば）を通訳する
▶I **interpreted** her speech into
Japanese.
わたしは彼女のスピーチを日本語に通
訳した．
❷ …を（…と）解釈（かいしゃく）する，理解する
《as ...》
── **自**（…のために）通訳する《for ...》

interpreter [intə́:rpritər インタ～プリタ]
名詞 **C** 通訳者; 解説者

interrupt [ìntərʌ́pt インタラプト] **動詞**
他（人）のじゃまをする;（仕事・話など）を
さえぎる，中断する
▶I'm sorry to **interrupt** you, but I
have a question. お話し中失礼いた
しますが，1つ質問があります．

interruption [ìntərʌ́pʃn インタラプシャ
ン] **名詞**
❶ **U** じゃま; 中断
❷ **C** じゃま物，妨害（ぼぅがい）物

intersection [ìntərsékʃn インタセクシャ
ン] **名詞** **C** 交差点; **U** 交差，横断

interval [íntərvl インタヴる]（★アクセン
トに注意）**名詞** **C**（時間・場所の）間隔（かんかく），
合い間
at íntervals 時々; あちこちに，所々に

*interview
[íntərvjù: インタヴュー] **名詞**
C インタビュー; 取材，（公式の）会見;
面接（試験），面談
▶a job **interview** 就職の面接
▶I had an **interview** with my
teacher today.
今日，先生との面談があった．
── **動詞** **他**（人）にインタビューする;
（人）と会見する，（人）を面接する

interviewee [ìntərvju:í: インタヴューイー]
（★アクセントに注意）**名詞**
C インタビュー［面接］を受ける人

interviewer [íntərvjù:ər インタヴューア]
名詞 **C** 面接官; インタビューする人

intimate [íntəmit インティミット]（★ア
クセントに注意）**形容詞** 親しい，親密な;
個人的な，私的な;（物事に）詳（くゎ）しい

*into
[íntu: イントゥー;（弱く言うとき）
intu イントゥ] **前置詞**
❶《運動・方向》…の中へ［に］
（**対義語** out of 外へ）
▶She went **into** the classroom.
彼女は教室に入っていった．
▶He looked **into** the hole.
彼はその穴の中をのぞきこんだ．
▶I don't want to get **into** trouble.
わたしはトラブルに巻きこまれたくない．

くらべよう into と in

into: 外から中への「運動」を表します．
in: 中にあるという「静止状態」を表し
ます．

ただし, in を into の代わりに使う場合もあります。

▶Put this book **in** [**into**] the bag.
この本をかばんに入れなさい。

❷《質の変化》…に(なる)

▶The rain changed **into** snow.
雨が雪に変わった。

▶Put this English **into** Japanese.
この英語を日本語に訳しなさい。

intonation [ìntənéiʃn イントネイシャン]
名詞 U C (声の)抑揚(よくよう), イントネーション

⁑introduce

[ìntrədjúːs イントゥロデュース] 動詞
(三単現 **introduces** [-iz];
過去・過分 **introduced** [-t];
現分 **introducing**) 他
❶《introduce +人(+ to +人)で》
(人)を(人に)紹介(しょうかい)する

▶May I **introduce** myself?
自己紹介をしてもよろしいですか?

▶Alex, let me **introduce** you **to**
my big sister, Emi. アレックス, きみ
をぼくの姉の絵美に紹介させてほしい。

[文化] 紹介のエチケット

人を紹介するときは, 年上の人に年下の
人を, また女性に男性を先に紹介するの
が基本的なエチケットです。
また, 名前を紹介するときには, This is
….(こちらは…です)と言います。自己
紹介をするときは Mr. や Ms. はつけ
ず, "I'm Ito Kota."のように言います。
➡ name [参考]

❷(もの)を(…に)導入する, 伝える, 取り
入れる《into [to] ...》

introduction [ìntrədʌkʃn イントゥロ
ダクシャン] 名詞

❶ C U《しばしば **introductions** で》
(…への)紹介(しょうかい)《to ...》

❷ U (…への)導入, 伝来《into [to] ...》

❸ C (本などの)序文, 序論; 入門書
《to ...》

Inuit [ínjuːit イニューイット] 名詞 (複数
Inuit または **Inuits** [ínjuːits イニューイッ
ツ]) C イヌイット族(の一人)(♦北アメ
リカ北部に住む先住民; Eskimo「エス
キモー(「生肉を食べる人」が原義)は差
別的な呼び名なので, Inuit(「人間」が原
義)を使うことが多い); U イヌイット語

invade [invéid インヴェイド] 動詞
(三単現 **invades** [invéidz インヴェイツ];
過去・過分 **invaded** [-id];
現分 **invading**) 他 …に侵入(しんにゅう)する,
攻(せ)め入る, 侵略する; (権利など)を侵(おか)す

invader [invéidər インヴェイダ] 名詞
C 侵略(しんりゃく)者[国], 侵入者

invasion [invéiʒn インヴェイジャン] 名詞
U C 侵略(しんりゃく), 侵入; 押(お)し寄せること;
(権利などの)侵害

invent [invént インヴェント] 動詞
他 …を発明する, 考案する

▶Who **invented** the computer?
だれがコンピューターを発明したの?

invention [invénʃn インヴェンシャン] 名詞
U 発明; C 発明品

▶**[ことわざ]** Necessity is the mother of
invention. 必要は発明の母。

inventor [invéntər インヴェンタ] 名詞
C 発明者; 発明家

invest [invést インヴェスト] 動詞
他 (金)を(…に)投資する; (時間など)を
(…に)使う《in ...》
——自 (…に)投資する《in ...》

investigate [invéstigèit インヴェスティ
ゲイト] 動詞 (三単現 **investigates**
[invéstigèits インヴェスティゲイツ];
過去・過分 **investigated** [-id];
現分 **investigating**)
他 …を調べる, 調査する; …を捜査(そうさ)する

investigation [invèstigéiʃn インヴェ
スティゲイシャン] 名詞
U C 調査, 研究, 捜査(そうさ)

investment [invéstmənt インヴェスト
メント] 名詞 U 投資, 出資; C 投資額

invisible [invízəbl インヴィズィブル]
形容詞 目に見えない
(対義語 visible 目に見える)

invitation [ìnvitéiʃn インヴィテイシャン]
名詞 U (…への)招待《to ...》; U C 勧誘(かんゆう);
C 招待状

A B C D E F G H I J K L M N O P Q R S T U V W X Y Z

▶accept an **invitation**
招待に応じる

▶Thank you for your **invitation**.
ご招待ありがとうございます.

invite

[inváit インヴァイト] 動詞
(三単現 **invites** [inváits インヴァイツ];
過去・過分 **invited** [-id]; 現分 **inviting**)
他 ❶ (人)を招待する, 招く; 《invite +
人＋ to ＋名詞で》(人)を…に招待する
▶He **invited** Ann **to** the party.
彼はアンをパーティーに招待した.

❷ (意見・寄付など)を(ていねいに)求め
る; 《invite ＋人＋ to ＋動詞の原形で》
(人)に…するようにたのむ[すすめる]
▶I **invited** him **to** stay for dinner.
わたしは彼に, 夕食までいるようにすす
めた.

invited [inváitid インヴァイティッド] 動詞
invite(…を招待する)の過去形・過去分詞

inviting [inváitiŋ インヴァイティング]
動詞 invite(…を招待する)の現在分詞・
動名詞

involve [inválv インヴァるヴ] 動詞 (三単現
involves [-z]; 過去・過分 **involved** [-d];
現分 **involving**) 他
❶ (事件・犯罪などに)(人)を巻きこむ
《in ...》
▶I was **involved in** the accident.
わたしはその事故に巻きこまれた.
❷ (必然的に)…をふくむ, ともなう

inward [ínwərd インワド] 形容詞
《名詞の前に用いて》内部の, 内側(へ)の
(対義語 outward 外部の)
——副詞 内部へ[に], 内側へ[に]

inwards [ínwərdz インワツ] 副詞
(英) ＝ inward(内部へ)

-ion 接尾辞 「…の状態」「動作」「結果」など
の意味の名詞をつくる: create(…を創
造する)＋ -ion → creation(創造)

Iowa [áiəwə アイオワ] 名詞 アイオワ州
(♦アメリカ中西部の州; Ia. または【郵便】
で IA と略す)

iPS cell [áipìːés sèl アイピーエス セる]
名詞 C iPS細胞, 人工多能性幹細胞
(♦皮膚細胞などからつくる万能細胞;
iPS は *induced pluripotent stem* の
略)

IQ [áikjúː アイキュー] 知能指数
(♦ *intelligence quotient* [kwóuʃənt ク
ウォウシェント]の略) ➡ **intelligence**

Iran [iréæn イラーン] 名詞 イラン(♦西アジ
アの国; 首都はテヘラン Teh(e)ran)

Iraq [iréæk イラーク] 名詞 イラク(♦西アジ
アの国; 首都はバグダッド Bag(h)dad)

Ireland [áiərlənd アイアランド] 名詞
❶ アイルランド島(♦ヨーロッパ北西部,
グレートブリテン島の西の島; その北部
Northern Ireland「北アイルランド」は
イギリスの一部) ➡ **England** 図, 國國
❷ アイルランド
(♦アイルランド島の大部分を占(し)める国;
首都はダブリン Dublin)

iris [áiris アイリス] 名詞 (複数 **irises** [-iz])
❶ C 【植物】アイリス
(♦アヤメ科の多年草)
❷ C (眼球の光の量を調整する)虹彩(こうさい)
➡ **eye** 図

Irish [áiriʃ アイリッシ] 形容詞
アイルランドの; アイルランド人[語]の
——名詞 U アイルランド語; 《the Irish
で複数あつかい》アイルランド人(全体)

iron

[áiərn アイアン] (★発音に注意)
——名詞 (複数 **irons** [-z])
❶ U 【化学】鉄(♦元素記号は Fe)
❷ C アイロン
——形容詞 (比較 **more iron**;
最上 **most iron**)《名詞の前に用いて》
鉄の, 鉄製の; (鉄のように)強固な
——動詞 (三単現 **irons** [-z];
過去・過分 **ironed** [-d]; 現分 **ironing**)
他 (衣服)にアイロンをかける ➡ **press**

irony [áirəni アイロニ] 名詞 (複数 **ironies**
[-z]) U 皮肉, 反語; C U 皮肉な結果

irregular [irégjələr イレギュら] 形容詞
不規則な; ふぞろいの; だらしのない;
不法な(対義語 regular 規則的な)

irritate [íritèit イリテイト] 動詞 (三単現
irritates [íritèits イリテイツ]; 過去・過分
irritated [-id]; 現分 **irritating**) 他
❶ …をいらいらさせる, 怒(おこ)らせる
❷ (皮膚(ひふ)など)をひりひり[ちくちく]さ
せる, 刺激(しげき)する

is

[íz イズ; (弱く言うとき)s ス, z ズ, iz イズ]
——動詞 (過去 **was** [wáz ワズ; (弱く言う
とき)wəz ワズ]; 過分 **been** [bín ビン];
現分 **being** [bíːiŋ ビーイング])
(♦ be の現在形の一つ; 主語が he, she,
it または名詞の単数形のときに用いる;
➡ be) 自

a b c d e f g h **i** j k l m n o p q r s **t** u v w x y z

1《口語》ではふつう he is → **he's**, she is → **she's**, it is → **it's** のように短縮します。
2 ただし, Yes, he is. のように is が文の最後にくるときは短縮しません。
3 is not を短縮させるときは **isn't** とします。

❶《状態・性質》…です, …だ
▶My mother **is** a doctor.
わたしの母は医者だ.

ダイアログ
A: **Is** this book yours?
この本はあなたのものですか?
B: Yes, it **is**. /
No, it's not. / No, it **isn't**.
はい, そうです. / いいえ, ちがいます.

❷《存在》(…に)いる, ある
▶This building **is** in Paris.
この建物はパリにある.

——助詞 (過去・過分・現分 は 動詞 に同じ) ❶《is ＋ ...ing で進行形をつくる》
…している; (はっきり決まった未来の予定を表して)…する予定だ ➡ be

ダイアログ
A: Who **is playing** the piano?
だれがピアノをひいているの?
B: Meg **is**. メグだよ.

▶He **is leaving** Japan soon.
彼はもうすぐ日本を去る予定だ.
❷《is ＋他動詞の過去分詞で受け身の形をつくる》…される, …されている
▶This book **is written** in English.
この本は英語で書かれている.

Islam [islá:m イスラーム, izlá:m イズラーム] 名詞 ■ イスラム教, 回教; イスラム教徒(全体)

Islamic [islǽmik イスらぁミック] 形容詞
イスラムの

¦island [áilənd アイランド]
(★発音に注意) 名詞
(複数 **islands** [áiləndz アイらンヅ])
■ 島;《形容詞的に》島の
▶the Japanese **Islands**
日本列島

¦isn't [íznt イズント]

《口語》is not の短縮形

isolate [áisəlèit アイソれイト] 動詞
(三単現 **isolates** [áisəlèits アイソれイツ];
過去・過分 **isolated** [-id];
現分 **isolating**) 他 …を孤立(ξ)させる; (患者(ξ)を隔離(ξ)する

Israel [ízriəl イズリアる] 名詞 イスラエル
(◆西アジアの国; 首都はエルサレム Jerusalem)

Israeli [izréili イズレイり] 形容詞
イスラエルの; イスラエル人の
——名詞 (複数 **Israelis** [-z] または **Israeli**) ■ イスラエル人

issue [íʃu: イシュー] 名詞
❶ ■ (新聞・雑誌・通貨・切手などの)発行; (法律の)発布
❷ ■ 出版物; (雑誌などの)…号; 発行部数
❸ ■ 問題(点), 論点
——動詞 (三単現 **issues** [-z];
過去・過分 **issued** [-d]; 現分 **issuing**) 他 (新聞・雑誌・通貨・切手など)を発行する; (命令など)を出す

Istanbul [ìstænbúl イスタぁンブる] 名詞
イスタンブール(◆トルコの都市)

IT [áití: アイティー]
【コンピューター】情報技術; 情報工学
(◆ *information technology* の略)

¦it [ít イット]
——代名詞《人称代名詞の三人称単数中性の主格・目的格》(複数主格 they [ðéi ゼイ]; 目的格 them [ðém ゼム])
❶ それは[が]; それを[に](◆前述のもの・事柄(ξ), 性別を問題にしないときの動植物・人, 漠然(ξ)とした状況(ξ)を指す; 日本語に訳さないことも多い)
➡ one 2つめの くらべよう, that くらべよう
▶He has a dog. **It** is cute.
彼はイヌを飼っている. それはかわいい.

ダイアログ
A: Is that a Canadian flag?
あれはカナダの(国)旗ですか?
B: Yes, **it** is. はい, そうです.

ダイアログ
A: What's that? それは何ですか?
B: **It**'s a calculator. 電卓(ξ)です.

▶I will be on TV tomorrow. Can you believe **it**? 明日, わたしはテレビに出ます. 信じられますか?(◆ it は「明

A B C D E F G H I J K L M N O P Q R S T U V W X Y Z

日, わたしがテレビに出ること」を指す）

ダイアログ
A: Who is **it**?
（ドアのノック音を聞いて）どなたですか？（♦相手が見えないので, he でも she でもなく it でたずねる）
B: **It's** me. わたしです。

▶**It's** your turn now.
さあ, あなたの番です。（♦この it は漠然とその場の状況を指す）

[参考] it の変化形と再帰代名詞

主格	**it**	それは[が]
所有格	**its**	それの
目的格	**it**	それを[に]
再帰代名詞	**itself**	それ自身を[に]

[ルール] it の使い方

1 it は「すでに話題になっている事柄やもの」を指すのに使います。したがって, 「初めて話題にのぼるもの」を指して What is it? とは言いません。このような場合は that を用います。
▶What is **that**?
あれ[それ]は何ですか？
2 it は「前に述べたものと同一のもの」を指しますが, one は「同種類の別のもの」を指します。
▶I bought an umbrella, but I left **it** in the train.
わたしは傘を買ったが, （買ったその傘を）電車内に置き忘れてしまった。

▶I lost my umbrella, so I have to buy a new **one**.
傘をなくしたので, 新しいもの（＝別の傘）を買わなければならない。

❷（♦天候・時間・距離(きょり)などを表す文の主語に用いる；日本語には訳さない）
▶**It** is snowing. 雪が降っている。
▶Oh, **it's** cold! ああ, 寒い！

ダイアログ
A: What time is **it**? 何時ですか？
B: **It's** ten thirty. 10時30分です。

ダイアログ
A: How far is **it** from here to your school? ここからあなたの学校までどのくらいの距離ですか？
B: **It's** about a mile.
約1マイルです。

❸《**it is ～ to＋動詞の原形** ［**…ing, that節**]で》…する[―という]ことは～だ（♦仮の主語として, あとにくる不定詞(to＋動詞の原形), 動名詞(...ing), that節, wh- 節などの内容を表す；日本語には訳さない）
▶**It is** a good idea **to** visit her.
彼女を訪問するというのはいい考えだ。
▶**It is** easy (for me) **to** use this software. このソフトを使うのは（わたしには）簡単だ。
▶**It is** no use **crying**.
泣いてもむだだ。
▶**It is** true **that** I passed the exam.
わたしがその試験に受かったというのは本当だ。

[参考] 仮の主語 it への書き換(か)え

主語が不定詞(to＋動詞の原形)や動名詞(...ing)の文は, 仮の主語 it で始まる文に書き換えることができます。
▶**To play** tennis is fun.
▶**Playing** tennis is fun.
↓
▶**It** is fun **to play** tennis.
　　　　　　　it の表す内容
テニスをするのは楽しい。
英語には主語が長くなるのを避(さ)ける傾向(けいこう)があるので, ふつうは仮の主語 it を用いて, 不定詞を後ろに置いた文にします。

❹（♦仮の目的語として, あとにくる不定詞(to＋動詞の原形), 動名詞(...ing), that節, wh- 節などの内容を表す；日本語には訳さない）
▶I found **it** difficult **to** solve the

problem. その問題を解決するのは難しい, ということがわかった.

❺《**it is ... that** 節[**wh-** 節]で》
〜のは…だ
(♦「...」の部分を強調する言い方)
▶**It was** Jim **that** made this cake.
このケーキを作ったのは(ほかでもない)ジムだ.(♦ Jim made this cake. の Jim を強調)
▶**It was** yesterday **that** Ann came here. アンがここに来たのは(ほかでもない)昨日だ.(♦ Ann came here yesterday. の yesterday を強調)

Thát's ít. それだ; これでおしまいだ.
➡ that
──**名詞** U (鬼(ⁿᵉ)ごっこの)鬼
➡ hide-and-(go-)seek　🖊おもしろ知識

Italian [itǽljən イタぁリャン] **形容詞**
イタリアの; イタリア人の; イタリア語の
──**名詞** ❶ C イタリア人;
《**the Italians** で》イタリア人(全体)
❷ U イタリア語

italic [itǽlik イタぁリック] **名詞**
C《ふつう **italics** で》イタリック体
(♦ *italic* のような斜体(ⁿᵉ)の文字; 強調したい語句や書名などに用いる)
──**形容詞** イタリック体の, 斜体の

Italy [ítəli イタリ] (★アクセントに注意)
名詞 イタリア(♦南ヨーロッパの国; 首都はローマ Rome)

itch [ítʃ イッチ] **動詞** (三単現 **itches** [-iz]; 過去・過分 **itched** [-t]; 現分 **itching**) ⊜ かゆい, むずむずする
──**名詞** (複数 **itches** [-iz])
U C かゆみ, かゆいこと

itchy [ítʃi イチィ] **形容詞**
(比較 **itchier**; 最上 **itchiest**)
かゆい; (セーターなどが)ちくちくする

it'd [ítəd イトゥッド]
《口語》it would, it had の短縮形

item [áitəm アイテム] **名詞** (複数 **items** [-z]) ❶ C 項目(ⁿᵉᵘ), 品目
❷ C (新聞・雑誌などの)記事

it'll [ítl イトゥる]
《口語》it will の短縮形

its [íts イッツ] **代名詞** 『人称代名詞の三人称単数中性 it の所有格』
(複数 **their** [ðéər ゼア])

それの, その(♦日本語に訳さないことが多い) ➡ **it** 1 つめの 参考
▶I have a bike. **Its** color is blue.
わたしは自転車を持っている. 色は青だ.

it's [íts イッツ]
《口語》it is, it has の短縮形

itself [itsélf イトセるふ] **代名詞**
『人称代名詞の三人称単数中性 it の再帰代名詞』(複数 **themselves** [ðəmsélvz ゼムセるヴズ])

❶《動詞・前置詞の目的語となって》
それ自身を[に], それ自体を[に]
➡ **it** 1 つめの 参考
▶ことわざ History repeats **itself**.
歴史は繰(ⁿᵉ)り返す.

❷《it の意味を強調して》
それ自身, それ自体(♦強く発音する)
▶The problem **itself** is not so difficult.
その問題自体はそんなに難しくない.

by itsélf
① 単独で, ほかとはなれて
② ひとりでに, 自然に, 自動的に
in itsélf それ自体は, 本来は

IUCN [áijú:sí:èn アイユースィーエン] **名詞**
国際自然保護連合(♦ 1948 年設立; *International Union for Conservation of Nature* の略)

I've [áiv アイヴ]
《口語》I have の短縮形

ivory [áivəri アイヴォリ] **名詞**
(複数 **ivories** [-z]) U ぞうげ; ぞうげ色;
C《しばしば **ivories** で》ぞうげ製品

ivy [áivi アイヴィ] **名詞**
U C 【植物】ツタ; (一般に)ツル植物

Ivy League [áivi lí:g アイヴィ リーグ]
名詞《**the Ivy League** で》アイビーリーグ(♦アメリカ東部の名門私立 8 大学からなるグループ)

A B C D E F G H I J K L M N O P Q R S T U V W X Y Z

Jj

Q 小文字の日本？⇒ japan をひいてみよう！

J, j [dʒéi ヂェイ] **名詞** (**複数** **J's, j's** または **Js, js** [-z]) **C** **U** ジェイ
(♦アルファベットの 10 番めの文字)

jack [dʒǽk ヂャック] **名詞**
❶ **C** ジャッキ, 起重機
❷ **C** (トランプの)ジャック
❸ **C** (電気機器の)ジャック, 差しこみ口

jacket [dʒǽkit ヂャケット] **名詞**
❶ **C** ジャケット, ジャンパー, (丈(たけ)の短い)上着(♦丈の長い上着は coat)
⇒ **coat** 〈らべよう〉
❷ **C** (本の)カバー(♦英語の cover は「本の表紙」を意味する); **(米)**(レコード・CD の)ジャケット

jacket ❶　　　jacket ❷

jack-in-the-box [dʒǽkinðəbàks ヂャックインざバックス] **名詞**
(**複数** **jack-in-the-boxes** [-iz] または **jacks-in-the-box** [dʒǽks- ヂャックス-])
C びっくり箱

jack-o'-lantern [dʒǽkələntərn ヂャカらぁンタン] **名詞** **C** カボチャちょうちん

(♦ハロウィーン(Halloween)のときに

カボチャの中身をくり抜(ぬ)いて作る大きなちょうちん)⇒ **Halloween** 〈文化〉

jaguar [dʒǽgwɑːr ヂャグワー] **名詞**
C 【動物】ジャガー(♦中南米産のヒョウに似たネコ科の動物)

jail [dʒéil ヂェイる] **名詞** **C** **U** 刑務(けいむ)所; 拘置(こうち)所(♦**(英)**では同じ発音で gaol ともつづる; **同義語** prison)

Jakarta [dʒəkɑːrtə ヂャカータ] **名詞**
ジャカルタ(♦インドネシアの首都)

jam¹ [dʒǽm ヂャム] **名詞**
U (果実で作った)ジャム ⇒ **preserve**
▶spread strawberry **jam** on bread
パンにイチゴジャムを塗(ぬ)る

jam² [dʒǽm ヂャム] **動詞**
(**三単現** **jams** [-z]; **過去・過分** **jammed** [-d]; **現分** **jamming**)
他 …を(…に)押(お)しこむ(into ...);
(人・車などが)(場所)をふさぐ;
《be jammed で》(場所などが)(…で)ぎっしりである, いっぱいである(with ...)
——**名詞** ❶ **C** 詰(つ)まること; 混雑(すること), 渋滞(じゅうたい)
▶a traffic **jam** 交通渋滞
❷ **C** **(口語)**苦境, ピンチ

Jamaica [dʒəméikə ヂャメイカ] **名詞**
ジャマイカ
(♦英連邦(れんぽう)に属する西インド諸島の国; 首都はキングストン Kingston)

Jan. [dʒǽnjuèri ヂャニュエリ] 1 月
(♦ *January* の略)

janitor [dʒǽnitər ヂャニタ] **名詞**
C **(主に米)**(ビルなどの)管理人; (学校の)用務員(♦**(英)**caretaker [kéərtèikər ケアテイカ])

January

[dʒǽnjuèri ヂャニュエリ] **名詞**
1 月(♦ Jan. と略す)⇒ **month** 〈参考〉
▶It's **January** 1. (＝It's **January** the first., It's the first of

January.） 今日は 1 月 1 日だ。
（◆ January 1 は January (the) first と読む）

▶We have a music festival in **January**. 1 月に音楽祭がある。

▶I was born on **January** 10, 2005. わたしは 2005 年の 1 月 10 日に生まれた。（◆ January 10 は January (the) tenth と読む）

ルール **January** などの月名の使い方

1 「…月に」と言う場合は前置詞の in をつけますが，「…月〜日に」と日付について言う場合は前置詞 on をつけます。
▶in **January**　1 月に
▶on **January** 2　1 月 2 日に

2 this, last, next, every などが前につく場合，前置詞はつけません。
▶this **January**　この 1 月に
▶last **January**　この前の 1 月に
▶next **January**　今度の 1 月に
▶every **January**　毎年 1 月に

3 ほかの月名の使い方も January と同様です。

:Japan [dʒəpǽn チャパぁン] 名詞

日本（◆ Jpn. と略す）
▶**Japan** is an island country. 日本は島国だ。
▶You can find cherry blossoms all over **Japan**. 桜の花は日本じゅうどこでも見ることができる。

japan [dʒəpǽn チャパぁン] 名詞

U 漆(うるし)；C 漆器(しっき)

:Japanese

[dʒæpəníːz ヂぁパニーズ]
——**形容詞** **日本の**；日本人の；日本語の
▶a **Japanese** lantern　ちょうちん
▶**Japanese** culture　日本文化
▶I'm **Japanese**.
わたしは日本人です。

参考 国籍(こくせき)の言い方

1 「わたしは日本人です」と言うとき，次の 2 つの表現が可能です。
▶a) I'm **Japanese**.
▶b) I'm a **Japanese**.
a) の Japanese は形容詞で，b) の Japanese は名詞です。どちらも正しい英語ですが，a) のほうが一般的です。

2 書類などの Nationality（国籍）の欄(らん)には，Japanese と書きます。

——**名詞** 《**複数** **Japanese**: 単複同形》
❶ C 日本人；《the **Japanese** で複数あつかい》日本人（全体）
▶Many **Japanese** travel abroad. 多くの日本人が海外旅行をする。
❷ U 日本語

ダイアログ
A: Do you speak **Japanese**? あなたは日本語を話しますか？
B: Yes, a little.　ええ，少し。

▶make a speech in **Japanese** 日本語でスピーチをする

Japanese-American

[dʒæpəniːzəmérikən ヂぁパニーズアメリカン] **形容詞** 日系アメリカ人の；日米（間）の
——**名詞** C 日系アメリカ人

jar [dʒɑːr ヂャー] 名詞

C びん，つぼ（◆ガラス，陶器(とうき)，プラスチックなどの口の広い円柱形の容器；日本語のジャー（魔法(まほう)びんや炊飯(すいはん)器）の意味はない）
▶a jam **jar**　ジャムのびん

jaw [dʒɔː ヂョー] 名詞

C あご（◆「あごの先端(せんたん)」は chin）；《**jaws** で》（上下のあごと歯をふくめた）口部 ➡ **head** 図
▶the upper [lower] **jaw** 上 [下] あご

jazz [dʒæz ヂぁズ] 名詞

U 【音楽】ジャズ

文化 ジャズの歴史

19 世紀から 20 世紀にかけて，米国ルイジアナ州ニューオーリンズで生まれました。港町のニューオーリンズには，世界のさまざまな文化が集まり，音楽文化も混在していました。讃美(さんび)歌，民謡(みんよう)，ブルースなどが融合(ゆうごう)して生まれたのがジャズです。

a b c d e f g h i **j** k l m n o p q r s t u v w x y z

jealous [dʒéləs ヂェらス] [形容詞]
(…を)ねたんでいる, しっとしている《of ...》; しっと深い
▸He is **jealous of** Tom's success.
彼はトムの成功をねたんでいる.

jealousy [dʒéləsi ヂェらスィ] [名詞]
([複数] **jealousies** [-z]) [U] しっと, ねたみ; [C] しっと[ねたみ]から出た言動

jeans [dʒíːnz ヂーンズ] [名詞]《複数あつかいで》ジーンズ, ジーパン (♦ blue jeans ともいう; ×「ジーパン」は jeans と pants(ズボン)を組み合わせた和製英語)

[文化] ジーンズの歴史

ジーンズ(jeans)ということばは, 北イタリアの町ジェノバ(Genoa [dʒénouə ヂェノウア]) の水夫たち(Genoese [dʒenouíːz ヂェノウイーズ])が厚くじょうぶな生地(きじ)でできた服を着用していたことからきているとされています. 米国でも, 古くからインディゴで染めた厚手の綿布がテントや労働着に使われていました. 1850 年代のゴールドラッシュに沸(わ)く西海岸で綿布などの卸売(おろしうり)をしていたリーバイ・ストラウス(Levi Strauss [líːvai stráus リーヴァイストラウス])は, 客の一人から綿布で作った作業ズボンをリベットで補強するというアイディアを持ちこまれました. この特許を得て作られたものが最初のジーンズであるリーバイス(Levi's [líːvaiz リーヴァイズ])です.

1900 年ごろのリーバイスの広告

Jefferson [dʒéfərsn ヂェふァスン] [名詞]
【人名】ジェファーソン(♦ Thomas Jefferson [táməs- タマス-], 1743-1826; アメリカ合衆国第 3 代大統領; アメリカ独立宣言の起草者)
➡ **Declaration of Independence**

jelly [dʒéli ヂェり] [名詞] ([複数] **jellies** [-z])
[U] [C] ゼリー; [U] (ゼリー状の)ジャム

jellyfish [dʒélifiʃ ヂェりふィッシ] [名詞]
([複数] **jellyfish** または **jellyfishes** [-iz])
[C]【動物】クラゲ

jersey [dʒə́ːrzi ヂャ～ズィ] [名詞]
❶ [U] ジャージ (♦メリヤス編みの柔(やわ)らかく伸縮(しんしゅく)性のある生地(きじ))
❷ [C] ジャージのセーター[シャツ]; スポーツ用ジャージ

Jerusalem [dʒərúːsələm ヂェルーサれム] [名詞] エルサレム(♦古代パレスチナの都市; イスラエルの首都(国際的には未承認); キリスト教・ユダヤ教・イスラム教の聖地)

Jesus [dʒíːzəs ヂーザス] [名詞]
【人名】イエス(= Jesus Christ)
(♦キリスト教の祖)

jet [dʒét ヂェット] [名詞]
❶ [C] (ガス・水などの)噴出(ふんしゅつ); 噴出口
❷ [C] ジェット機(= jet plane)

jet lag [dʒét læg ヂェット らぁグ] [名詞]
[U] 時差ぼけ(♦時差のある場所への飛行機旅行により, 時間の感覚が狂(くる)う現象)

jet plane [dʒét pléin ヂェット プれイン]
[名詞] [C] ジェット機(♦単に jet ともいう)

Jew [dʒúː ヂュー] [名詞]
❶ [C] ユダヤ人
❷ [C] ユダヤ教徒

jewel [dʒúːəl ヂューエる] [名詞] [C] 宝石

jeweler, 《英》**jeweller** [dʒúːələr ヂューエら] [名詞] [C] 宝石商[職人]

jewelry, 《英》**jewellery** [dʒúːəlri ヂューエるリ] [名詞] [U] 宝石類(全体)
(♦一つひとつの宝石は a jewel); (貴金属製の)装身具類

Jewish [dʒúːiʃ ヂューイシ] [形容詞]
ユダヤ人の; ユダヤ教の

JFK ケネディ(♦ *J*ohn *F*itzgerald *K*ennedy の略) ➡ **Kennedy**

jigsaw [dʒígsɔ̀ː ヂグソー] [名詞] [C] ジグソーパズル(♦ jigsaw puzzle ともいう)

jingle [dʒíŋgl ヂングる] [動詞] ([三単現] **jingles** [-z]; [過去・過分] **jingled** [-d]; [現分] **jingling**)
[他] …をチリンチリン鳴らす
—[自] チリンチリン鳴る

——名詞 ❶ Ｕ《または **a jingle** で》
チリンチリン鳴る音
❷ Ｃ（短い）CM ソング

:job [dʒáb ヂャブ] 名詞 （複数 jobs [-z]）
❶ Ｃ 職, 勤め口, 仕事 ➡ **work** くらべよう
▶She got a **job** as a nurse.
彼女は看護師の仕事を得た.
▶He has a part-time **job**.
彼はパートタイムの仕事[アルバイト]
をしている.
▶quit *one's* **job** 退職する
▶lose *one's* **job** 失業する
❷ Ｃ（具体的な）仕事, 役目
▶It is his **job** to look after the dog.
そのイヌの世話をするのは彼の仕事だ.

ダイアログ
A: Good **job**. よくやったよ.
B: Thank you. ありがとう.

Jobs [dʒábz ヂャブズ] 名詞 【人名】
スティーブ・ジョブズ
（◆ Steve Jobs [stíːv- スティーヴ -],
1955-2011：アメリカの実業家；
アップル社の設立者の1人）

jockey [dʒáki ヂャキ] 名詞
Ｃ（競馬の）騎手（ん）, ジョッキー

jog [dʒág ヂャグ] 動詞 （三単現 jogs [-z];
過去・過分 jogged [-d]; 現分 jogging）
⾃ ゆっくり走る, ジョギングする

John Bull [dʒán búl ヂャン ブる] 名詞
ジョン・ブル（◆イギリス（人）を指すあだ
名）；Ｃ 典型的なイギリス人

区化 **典型的なイギリス人**

John Bull は典型的なイギリス人, ま
たはイギリスを指す
ニックネームです.
マンガでは赤ら顔に
シルクハットをかぶ
り, 長靴（くつ）をはいた
太った農場主風の男
にえがかれています.
これに対して, 典型
的なアメリカ人は
Uncle Sam といい
ます. ➡ **Uncle Sam** 区化

:join [dʒóin ヂョイン] 動詞
（三単現 joins [-z];
過去・過分 joined [-d]; 現分 joining）

——他 ❶ …に加わる, 参加する；（団体）に
加入する

ダイアログ
A: Will you **join** us for dinner?
いっしょに夕食を食べませんか？
B: Oh, sure. ええ, もちろん.

▶I **joined** the line for the bus.
わたしはバスの列に並んだ.
▶He is going to **join** our band.
彼はわたしたちのバンドに加わるつも
りです.
▶Aya **joined** the soccer team.
あやはそのサッカーチームに入った.
❷（…に）…をつなぐ, 結びつける；
（…に）…を取りつける《to ...》
（同義語 connect, link）
▶**join** hands 手をつなぐ
▶**Join** this hose **to** the tank.
このホースをタンクにつないで.
❸（川・道路などが）…と合流する
▶This river **joins** the Thames a
little ahead.
この川は少し先でテムズ川と合流する.
——⾃ つながる；（…に）参加する《in ...》
▶The two buildings **join** through
a passage on the fifth floor.
その2棟（む）のビルは5階の通路でつな
がっている.
▶**join in** a discussion 討議に加わる

joint [dʒóint ヂョイント] 名詞
Ｃ 関節(部), 節(ふ)；継(つ)ぎ目
▶a knee **joint** ひざの関節
——形容詞《名詞の前に用いて》
合同の, 共同の

joke [dʒóuk ヂョウク] 名詞
Ｃ 冗談(じょう), しゃれ, ジョーク
▶tell a **joke** ジョークを言う
▶It's no **joke**. 冗談ではありません.

くらべよう **joke, humor, wit**

joke: 人を笑わせる行動やことばを指
し, これらの語の中で最もよく使わ
れます.
humor:「こっけいなこと」や「ばかげ
たこと」をおもしろく表現することを
指します. しばしば, なごやかで思い
やりのある心情がふくまれます.
wit: 状況(じょう)に応じて, 気のきいた表
現を用いて人を喜ばせるような「知的
な物言い」を指します.

a b c d e f g h i **j** k l m n **o** p q r s t u v w x y z

A B C D E F G H I **J** K L M N **O** P Q R S T U V W X Y Z

in jóke 冗談で，冗談半分に

pláy a jóke on ... …をからかう
▶Don't **play a joke on** me.
からかわないでくれ．
――**動詞** (三単現) **jokes** [-s];
(過去・過分) **joked** [-t]; (現分) **joking**)
自 冗談を言う，からかう
▶You must be **joking**!
冗談でしょう．(◆「信じられない」という
意味)

joker [dʒóukər ヂョウカ] **名詞**
❶ **C** 《口語》冗談(ぴき)好きな人，ひょうき
ん者
❷ **C** (トランプの)ジョーカー

jolly [dʒáli ヂャリ] **形容詞**
(比較) **jollier**; (最上) **jolliest**)
陽気な，楽しい，明るい

journal [dʒə́ːrnl ヂャ〜ヌる] **名詞**
❶ **C** (日刊)新聞，雑誌; 定期刊行物
▶a weekly **journal**
週刊誌
❷ **C** 日誌，日記

journalism [dʒə́ːrnəlìzm ヂャ〜ナリズ
ム] **名詞** **U** ジャーナリズム (◆新聞・雑
誌・テレビなど，報道関係の仕事・業界)

journalist [dʒə́ːrnəlist ヂャ〜ナリスト]
名詞 **C** ジャーナリスト(◆新聞・雑誌・テ
レビの記者や編集者・解説者など，報道関
係者を指す)

journey [dʒə́ːrni ヂャ〜ニ] **名詞**
(複数) **journeys** [-z])
C (比較(ぴき)的長い)旅行，旅
➡ **trip** 〈くらべよう〉
▶go on a **journey**
旅に出る
▶Have a safe **journey**!
気をつけて行ってらっしゃい．
(◆「安全なご旅行を」の意味から)

joy [dʒói ヂョイ] **名詞** (複数) **joys** [-z])
❶ **U** 喜び，うれしさ
(◆ pleasure よりさらに強い喜びを表す)
(対義語) sorrow 悲しみ)
▶She was full of **joy**.
彼女は喜びでいっぱいだった．
❷ **C** 喜びをもたらす人[もの，こと]
▶It's a great **joy** to hear from you.
あなたから便りをもらうのはとてもうれ
しいことです．
for jóy = with jóy

喜んで，うれしさのあまり
▶He jumped **for joy**.
彼はうれしさのあまり跳(と)びあがった．
to a person's jóy うれしいことには
▶**To my joy**, I got two tickets for
the concert.
うれしいことに，そのコンサートのチ
ケットを２枚手に入れた．

joyful [dʒóifl ヂョイふる] **形容詞**
非常にうれしい; (表情が)うれしそうな;
(物事などが)楽しい，喜ばしい

Jr., jr. [dʒúːnjər ヂューニャ]
…ジュニア，…2世(◆ *junior* の略;
同姓(ぴき)同名の父親と息子(ぴき)の息子の姓
名のあとにつけて区別する)

judge [dʒʌ́dʒ ヂャッヂ] **名詞**
❶ **C** 《しばしば **Judge** で》裁判官，判事
❷ **C** (競技などの)審判(ぴき)員，審査員
❸ **C** 鑑定(ぴき)家
――**動詞** (三単現) **judges** [-iz]; (過去・過分)
judged [-d]; (現分) **judging**)
他
❶ (人・事件など)を裁く，…に判決を下す
▶The court is **judging** his case.
法廷(ぴき)は彼の事件を裁いている．
❷ …を判断する; …を審査する
▶I **judged** that she was telling
the truth.
わたしは彼女が本当のことを言ってい
ると判断した．
▶**judge** a speech contest
スピーチコンテストの審査員を務める
――**自** 審査する，審判を務める; 判断する
*júdging from [by] ... = to júdge from
[by] ...* …から判断すると

judgment, 《英》judgement
[dʒʌ́dʒmənt ヂャッヂメント] **名詞**
U 裁判，判決; 判断; **U** 判断力

jug [dʒʌ́g ヂャッグ] **名詞**
❶ **C** 《米》首が細く取っ手のついたびん
❷ **C** 《英》ピッチャー，水差し

juice [dʒúːs ヂュース] **名詞**
U **C** (果物(ぴき)などの)ジュース，果汁(ぴき);
(肉・野菜などの)汁(ぴき)

ルール **juice の数え方**
1 juice を数えるときは，次のように いいます．
▶a glass of orange **juice** オレンジジュース１杯(ぴき)
▶two glasses of orange **juice** オレンジジュース２杯

2 店で注文するときは，juice を「1杯のジュース」の意味で用いて，次のようにいうこともあります．

▶One orange **juice**, please.
オレンジジュースを1杯ください．
▶Two orange **juices**, please.
オレンジジュースを2杯ください．

juicy [dʒúːsi ヂュースィ] 形容詞
（比較 juicier; 最上 juiciest）
❶ 果汁[肉汁]をたっぷりふくんだ
❷《口語》(話などが) 興味をそそる

Jul. [dʒulái ヂュライ] 7月（◆ *July* の略）

:July [dʒulái ヂュライ] 名詞
7月（◆ Jul. と略す）
➡ January ルール, month 参考

jumbo [dʒámbou ヂャンボウ] 名詞
（複数 jumbos [-z]）
❶ C とても大きな人[もの，動物]
❷ C《口語》ジャンボジェット機
（= jumbo jet）
—— 形容詞《名詞の前に用いて》
《口語》とても大きな

jumbo jet [dʒámbou dʒét ヂャンボウ ヂェット] 名詞 C ジャンボジェット機
（◆《口語》では単に jumbo ともいう）

:jump [dʒámp ヂャンプ]
—— 動詞（三単現 jumps [-s];
過去・過分 jumped [-t]; 現分 jumping）
—— 自 跳ぶ，跳躍(ちょう)する
▶jump out of bed
ベッドから跳び起きる
▶jump into the river　川に飛びこむ
▶jump off the roof
屋根から飛び降りる
—— 他 …を跳び越(こ)える
▶The dog **jumped** the fence.
そのイヌはさくを跳び越えた．
▶jump [《英》skip] rope
縄跳(なわと)びをする
—— 名詞（複数 jumps [-s]）
C 跳躍，ジャンプ
▶the high [long] **jump**
走り高[幅(はば)]跳び

jumper [dʒámpər ヂャンパ] 名詞
❶ C 跳(と)ぶ人，跳躍(ちょう)の選手
❷ C《米》ジャンパースカート;
《英》セーター
❸ C 作業服，ジャンパー

jump rope [dʒámp ròup ヂャンプ ロウプ] 名詞 U 縄跳(なわと)び; C《米》(縄跳びの)縄（◆《英》skipping rope）

Jun. [dʒúːn ヂューン] 6月（◆ *June* の略）

junction [dʒáŋkʃn ヂャンクシャン] 名詞
C (道路などの)合流点，(鉄道の)連絡(れんらく)駅; 交差点

:June [dʒúːn ヂューン] 名詞
6月（◆ Jun. と略す）
➡ January ルール, month 参考

jungle [dʒáŋgl ヂャングる] 名詞 C
《ふつう the jungle で》ジャングル，密林

jungle gym [dʒáŋgl dʒìm ヂャングる ヂム] 名詞 C ジャングルジム

:junior [dʒúːnjər ヂューニャ]
—— 形容詞 ❶《…より》年下の，下級の《to ...》
（対義語 senior 年上の）
▶She is two years **junior** to me.(= She is **junior** to me by two years.)
彼女はわたしより2歳(さい)年下だ．
❷ 若いほうの，2世の（◆氏名のあとに用いる; Jr. または jr. と略す）
▶John Smith, **Junior**
ジョン・スミス2世
—— 名詞（複数 juniors [-z]）
❶ C《ふつう one's junior で》年少者，後輩（対義語 senior 年長者）
▶Tom is two years **my junior**.
トムはわたしより2歳年下だ．
❷ C《米》(4年制大学・高校の)3年生，(3年制高校の)2年生，(短大の)1年生
➡ freshman 参考

junior college [dʒúːnjər kálidʒ ヂューニャ カれッヂ] 名詞
C U《米》(2年制の)短期大学

:junior high school
[dʒúːnjər hái skùːl ヂューニャ ハイ スクーる]
名詞 C《米》中学校，ジュニアハイスクール（◆ふつう3年制; 州によっては2年制のものもある; 単に junior high ともいう）➡ high school 文化
▶I'm a **junior high school** student.　わたしは中学生です．

junk [dʒáŋk ヂャンク] 名詞
U《口語》くず，がらくた，つまらないもの
▶junk food　ジャンクフード
（◆スナック菓子(がし)など，高カロリーで栄

a b c d e f g h i j k l m n o p q r s t u v w x y z

養価の低い食品)

Jupiter [dʒúːpitər ヂューピタ] [名詞]

❶【ローマ神話】ユピテル, ジュピター(◆神々の主神で天の支配者; ギリシャ神話のゼウス(Zeus)にあたる)

❷【天文】木星

juror [dʒú(ə)rər ヂュ(ア)ラ] [名詞]

[C] 陪審(ばいしん)員 ➡ **jury**

jury [dʒú(ə)ri ヂュ(ア)リ] [名詞] ([複数] **juries** [-z]) [C] ((米))陪審(ばいしん), 陪審員団(◆陪審員全体を指す; 1人の陪審員は a juror)

> **[参考] 陪審員と裁判員**
>
> [1] ふつう, 市民から選ばれた12人の陪審員が法廷(ほうてい)で被告(ひこく)の有罪, 無罪を評決し, それに基(もと)づいて裁判官が判決を下します.
>
> [2] 日本の「裁判員」には, a citizen [lay] judge などの訳語が用いられています. lay は「専門家でない, 一般の」という意味の形容詞です.

⁑just

[dʒʌ́st ヂャスト; (弱く言うとき) dʒəst ヂャスト]

[副詞]	❶ ちょうど
	❷ たった今
	❸ ただ…だけ, ほんの
[形容詞]	正しい

—[副詞] ❶ **ちょうど**, まさに ([同義語] exactly)

> **[ダイアログ]**
>
> *A:* What time is it? 何時ですか?
>
> *B:* It's **just** six o'clock.
> ちょうど6時です.

▸This jacket is **just** my size.
このジャケットはわたしにぴったりのサイズだ.

▸I met him **just** before Christmas.
クリスマスの直前に彼に会った.

▸It's **just** what I wanted.
(プレゼントを開封(かいふう)して)ちょうどこれがほしかったんです.

❷《完了形に用いて》
たった今(…したところ)

▸I **have just finished** my lunch.
たった今, 昼食を終えたところです.

❸ **ただ…だけ, ほんの** ([同義語] only);
《命令文に用いて》ちょっと

▸I **just** wanted to hear your voice.
ただ, きみの声が聞きたかったんだ.

> **[ダイアログ]**
>
> *A:* May I help you?
> いらっしゃいませ.
>
> *B:* No, thank you. I'm **just** looking.
> いや, けっこうです. 見ているだけです.

▸**Just** a moment, please.
ちょっとお待ちください.

❹《しばしば **only just** で》
やっと, かろうじて

▸I **only just** caught the bus.
やっとのことでバスに間に合った.

❺ ((口語))実に, まったく, ほんとうに

▸The concert was **just** great.
そのコンサートは実にすばらしかった.

just abóut
ほとんど, ほぼ ([同義語] almost)

just nów
① 《過去形の文で》たった今, 今しがた

▸I came home **just now**.
たった今, 家に帰ってきたところです.

② 《現在形の文で》ちょうど今

▸I'm busy **just now**.
今は忙(いそが)しいのです.

—[形容詞] [dʒʌ́st ヂャスト]
([比較] **more just** または **juster**; [最上] **most just** または **justest**)
正しい, 公平な ([同義語] fair)

▸a **just** society 公平な社会

justice [dʒʌ́stis ヂャスティス] [名詞]

[U] 正義, 公平 ([対義語] injustice 不正); 正当性

▸a sense of **justice** 正義感

justify [dʒʌ́stəfài ヂャスティふァイ]

[動詞] ([三単現] **justifies** [-z]; [過去・過分] **justified** [-d]; [現分] **justifying**)

[他] …を正当化する, 弁明する

▸[ことわざ] The end **justifies** the means. うそも方便.
(◆「目的は手段を正当化する」が文字どおりの意味; 「目的が正しければ, どんな手段を用いてもよい」の意味)

Q 男性がスカート？➡ kilt をひいてみよう！

Kk *Kk*

K, k [kéi ケイ] 名詞 (複数 **K's, k's** または **Ks, ks** [-z]) C U ケイ
(♦アルファベットの 11 番めの文字)

Kamchatka [kæmtʃǽtkə キャムチァトカ] 名詞 カムチャツカ半島(♦シベリア東端にある半島)

kangaroo [kæŋgərú: キャンガルー] (★アクセントに注意) 名詞
(複数 **kangaroo** または **kangaroos** [-z]) C 【動物】カンガルー

Kansas [kǽnzəs キャンザス] 名詞
カンザス州(♦アメリカ中部の州；Kans. または【郵便】で KS と略す)

Kat(h)mandu [kætmændú: キャトマぁンドゥー] 名詞
カトマンズ(♦ネパールの首都)

kayak [káiæk カイあック] 名詞
❶ C カヤック(♦北極圏の先住民イヌイットが使う皮張りの小舟)
❷ C 競技用カヤック

kayak ❶

kayak ❷

keen [kí:n キーン] 形容詞
(比較 **keener**；最上 **keenest**)
❶ (感覚・知性などが) 鋭い
▶Dogs have a **keen** sense of smell.
イヌは鋭い嗅覚をもっている。
❷ (…に) 熱心な(《about [on] ...》)；
《**be keen to** ＋動詞の原形で》
…することに意欲的な(同義語 eager)
▶He **is keen to** learn English.

彼は英語を学ぶことに意欲的だ。
❸ (寒さ・苦痛などが) 厳しい；
(願望などが) 激しい, 強い

:**keep** [kí:p キープ] 動詞
(三単現 **keeps** [-s]；過去・過分 **kept** [képt ケプト]；現分 **keeping**)

他 ❶ …を持っている
❷ …を養う；…を飼う
❸ …を守る
❹ (日記など)をつける
❺ (人・もの)を…の状態にしておく；…を保つ
自 ❶ ずっと…(の状態)である
❷ …し続ける

基本のイメージ：そのままの状態で保つ

――他 ❶ (ずっと)…を持っている；
(一時的に)…を持っている, 預かる；
…をしまっておく
▶You can **keep** this book if you like.
よかったら, この本を差し上げます。
(♦「この本を持っていてもよい」から)
▶I **keep** old letters in this box.
古い手紙はこの箱にしまっています。
❷ (家族など)を養う；(家畜など)を飼う(♦「(ペット)を飼う」は have を用いる)；(人)を雇う
▶We **keep** chickens for their eggs.

A B C D **E** F G H I J **K** L M N O P Q R S T U V W X Y Z

わたしたちは卵を得るためにニワトリを飼っている.

❸ (約束・規則など)**を守る**
▶She always **keeps** her promise.
彼女はいつも約束を守る.

❹ (日記など)**をつける**, 記入する
▶**keep** a diary 日記をつける

❺《keep +人・もの+形容詞[副詞]で》
(人・もの)を…の状態にしておく
▶Please **keep** this door open.
このドアは開けておいてください.

⑴《keep +人・もの+ ...ing で》
(人・もの)に…させ続ける
▶I'm sorry to have **kept** you **waiting**. お待たせしてすみません.

⑵《keep +名詞で》…を保つ, 維持する
▶**keep** (the) peace 平和を維持する

❻ (商店・旅館など)を経営する
▶She **keeps** a small hotel.
彼女は小さなホテルを経営している.

❼《keep +名詞+ from + ...ing で》
~に…させない
▶The heavy snow **kept** me **from driving**. 大雪のせいで, 車で行くことができなかった.

──圓 ❶《keep +形容詞[副詞]で》
ずっと…(の状態)である
▶**Keep** quiet for a while.
しばらく黙(だま)っていなさい.

❷《keep + ...ing で》…し続ける
➡ 成句 keep on + ...ing
▶It **kept** raining all day.
一日じゅう雨が降り続いた.

❸《keep from + ...ing で》
…するのを控(ひか)える, …しないようにする
▶I couldn't **keep** from laughing.
わたしは笑わずにはいられなかった.

keep ... awáy
…を(…から)遠ざけておく《from ...》
▶**Keep** the medicine **away from** children. その薬は子供の手の届かないところに保管してください.

keep in tóuch
(…と)連絡(れんらく)をとり合う《with ...》

keep óff
…に近づかない; …を近づけない

keep ón
① 進み続ける; (仕事などを)続ける
② (衣類など)を身につけたままでいる

kéep on + ...ing …し続ける
▶I **kept on studying** until ten.

わたしは 10 時まで勉強を続けた.

kéep to ... (道など)からはなれない;
(約束・規則など)を守る
▶**Keep to** the Right 《掲示》右側通行

keep úp with ... (人・流行・勉強など)に遅(おく)れないでついて行く
▶No other runner could **keep up with** her. ほかの走者はだれも彼女について行けなかった.

keeper [kíːpər キーパ] 名詞
Ⓒ 番人; (宿屋・店などの)経営者, 管理者; 飼育係; ゴールキーパー

Keller [kélər ケら] 名詞
【人名】ケラー(♦ Helen Keller [hélən ヘれン-], 1880–1968; アメリカの著述家・社会奉仕(ほうし)家; 目・耳・口が不自由という三重苦を克服(こくふく)した)

Kennedy [kénədi ケネディ] 名詞【人名】ケネディ(♦ John Fitzgerald Kennedy [dʒán fitsdʒérəld- ヂャン ふィッツヂェラるド-], 1917–63; アメリカ合衆国第 35 代大統領; テキサス州のダラスで暗殺された)

Keller   Kennedy

kennel [kénl ケヌる] 名詞 Ⓒ イヌ小屋
(同義語 doghouse); 《米》ペット預かり所

Kentucky [kəntʌki ケンタキ] 名詞
ケンタッキー州(♦アメリカ中東部の州; Ken., Ky. または【郵便】で KY と略す)

Kenya [kénjə ケニァ] 名詞 ケニア
(♦アフリカ大陸東部の国; 首都はナイロビ Nairobi)

kept [képt ケプト] 動詞 keep(…を持っている)の過去形・過去分詞

ketchup [kétʃəp ケチャプ] 名詞
Ⓤ ケチャップ
(♦ catchup, catsup ともつづる)

kettle [kétl ケトゥる] 名詞 Ⓒ やかん

key [kíː キー]
──名詞 (複数 keys [-z])

❶ **C** **かぎ**, キー（◆「錠(じょう)」は lock）
▶the **key** to the locker room
ロッカールームのかぎ
▶turn a **key** かぎを回す
▶put a **key** in the lock
錠にかぎを差しこむ

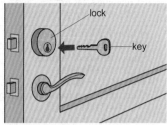

lock

key

❷ **C** （問題解決の）**かぎ**, 手がかり;
（成功の）秘けつ《to ...》
▶They found the **key to** the
mystery.
彼らはそのなぞの手がかりを見つけた.
▶the **key to** success 成功の秘けつ
❸ **C** （ピアノ・コンピューターなどの）
鍵(けん), キー
❹ 【音楽】（長・短の）調
——**形容詞** 重要な; 主要な
▶a **key** point 要点
▶a **key** person 重要な人物

keyboard [kíːbɔ̀ːrd キーボード] **名詞**
❶ **C** （ピアノなどの）鍵盤(けんばん);
（楽器の）キーボード
❷ **C** （コンピューターなどの）キーボー
ド, キー（全体）**➡ computers** 図

❶

❷

keyhole [kíːhòul キーホウる] **名詞**
C かぎ穴
kg キログラム（◆ *kilogram*(s) の略）
kick [kík キック] **動詞**
他 …をける, けとばす

▶He **kicked** the ball into the goal.
彼はボールをゴールにけり入れた.
kíck óff （サッカーなどで）キックオフす
る, （ボールをけって）試合を開始する
——**名詞** **C** けること;（サッカーなどの）
キック
kickoff [kíkɔ̀ːf キックオーふ] **名詞**
（**複数** kickoffs [-s]）
C 《ふつう単数形で》（サッカーなどの）
キックオフ, 試合開始時刻; 始まり, 開始
kid¹ [kíd キッド] **名詞**
❶ **C** （口語）子供（同義語 child）
❷ **C** 子ヤギ; **U** 子ヤギの革(かわ)
kid² [kíd キッド] **動詞** （**三単現** kids [kídz
キッヅ]; **過去・過分** kidded [-id];
現分 kidding）
他 （口語）（人）をからかう
——自 （口語）からかう
▶You're **kidding**. (=You must be
kidding. / No **kidding**.)
冗談(じょうだん)でしょう.
kiddy, kiddie [kídi キディ] **名詞**
（**複数** kiddies [-z]）**C** （口語）子供
kidnap [kídnæp キッドナップ] **動詞**
（**三単現** kidnaps [-s]; **過去・過分**
kidnapped または kidnaped [-t];
現分 kidnapping または kidnaping）
他 …を誘拐(ゆうかい)する
kidney [kídni キドニ] **名詞** **C** 腎臓(じんぞう)
Kilimanjaro [kìləməndʒáːrou キリマン
ヂャーロウ] **名詞** 《**Mount Kilimanjaro**
で》キリマンジャロ山（◆タンザニアにあ
るアフリカの最高峰(ほう); 5,895 メートル）

◆kill [kíl キる] **動詞** （**三単現** kills [-z];
過去・過分 killed [-d]; **現分** killing）他
❶ （人・動物）を殺す,（植物）を枯(か)らす;
《be killed in ... で》…で死ぬ
➡ die くらべよう
▶The man **killed** a snake.
その男はヘビを殺した.
▶The heat **killed** crops.
暑さで作物が枯れた.
▶He **was killed in** the war.
彼はその戦争で死んだ.
❷ （時間）をつぶす
▶**kill** time with a crossword puzzle
クロスワードパズルで時間をつぶす
kíll onesélf 自殺する
killer [kílər キら] **名詞** **C** 殺人者, 殺し屋;
（ほかの動物を）殺す動物

a b c d e f g h i j k l m n o p q r s t u v w x y z

A B C D E F G H I J **K** L M N O P Q R S T U V W X Y Z

kilo [kíːlou キーロウ] 名詞 C 《口語》キロ
(♦ *kilogram* を短縮した語)

kilogram, 《英》kilogramme
[kíləgræm キログラㇺ] 名詞
C (重量の単位の)キログラム(♦ 1 キロ
グラムは 1,000 グラム; kg と略す)

kilometer, 《英》kilometre
[kilάmitər キラミタ] (★アクセントに注意)
名詞 C (距離の単位の)キロメートル
(♦ 1 キロメートルは 1,000 メートル;
km と略す)

kilt [kílt キㇽト] 名詞
C キルト; キルト風のスカート

[文化] 男性用スカート

キルトは, イギリスのスコットランド
(Scotland)地方の男性がはく短い巻
きスカートのことです. タータンチェッ
クと呼ばれる格子(ごう)じまと縦ひだが特
徴(ちょう)で, 民族衣装(しょう)や軍隊のユニ
フォームとして着用されます.

kind [káind カインド]

kind¹	形容詞	親切な
kind²	名詞	種類

ᵏkind¹ [káind カインド] 形容詞
(比較 **kinder**; 最上 **kindest**)
(…に)親切な, 優(やさ)しい(to ...)
(対義語 unkind 不親切な);
《it is kind of +人+ to +動詞の原形で》
(人)が親切にも…してくれる
▶Sarah is a very **kind** girl.
サラはとても親切な少女だ.
▶Bob is **kind** to everyone.
ボブはだれに対しても親切だ.
▶It is **kind** of you **to** help me.
手伝ってくれるなんて, あなたは親切な
方です.

ᵏkind² [káind カインド] 名詞

(複数 **kinds** [káindz カインヅ])
C 種類(同義語 sort)

ダイアログ
A: What **kind** of music do you like?
どんな種類の音楽が好きですか?
B: I like classical music.
クラシック音楽が好きです.

▶I like this **kind** of movie.
わたしはこういう種類の映画が好きだ.
▶many **kinds** of animals
いろいろな種類の動物

*ᵏa kind of ...** 一種の…; …のようなもの
▶The whale is **a kind of** mammal.
クジラはほ乳類の一種だ.
▶He is **a kind of** gentleman.
彼はまあちょっとした紳士(しん)だ.
kind of 《口語》ちょっと, 少し
(♦[káində カインダ]と発音する)
▶She is **kind of** cool.
彼女はちょっとかっこいい.

kindergarten [kíndərgàːrtn キンダガー
トゥン] 名詞 C U 幼稚(よう)園(♦アメリカ
では, ふつう 5 歳(さい)のときに 1 年間通う)

kindly [káindli カインドリ] 副詞
(比較 **more kindly** または **kindlier**;
最上 **most kindly** または **kindliest**)
❶ 親切にも, 優(やさ)しく
▶He **kindly** showed me the way
to the station. 彼は親切にもわたし
に駅への道を教えてくれた.
❷《命令文や依頼(らい)を表す疑問文で》
すみませんが, どうか
▶Would you **kindly** move over?
すみませんが, 詰(つ)めていただけますか?
──形容詞(比較 **kindlier** または
more kindly; 最上 **kindliest** または
most kindly)親切な, 優しい

kindness [káindnəs カインドネス] 名詞
(複数 **kindnesses** [-iz])
U 親切; C 親切な行為(こう)
▶Thank you for your **kindness**.
ご親切に感謝します.

King [kíŋ キング] 名詞 【人名】キング
(♦ Martin Luther King, Jr. [máːrtin
lúːθər kíŋ dʒúːnjər マーティン るーさ キング
ヂューニャ]; 1929–68; アメリカの黒人公
民権運動指導者・牧師; テネシー州で暗殺
された; アメリカではキング牧師の業績
をたたえ, 誕生日(1 月 15 日)に近い 1 月
の第 3 月曜日を Martin Luther King

Day とし, 法定休日と定めている)

king [kíŋ キング] 名詞

(複数 kings [-z])

❶ C 《しばしば King で》王, 国王(対義語 queen 女王); (特定の分野の)第一人者

▶The lion is the **king** of the beasts.

ライオンは百獣(ひゃくじゅう)の王だ.

❷ C (トランプ・チェスの)キング

kingdom [kíŋdəm キングダム] 名詞

❶ C (王または女王が統治する)王国

▶the **Kingdom** of Cambodia

カンボジア王国(♦国名の一部のときはふつう大文字で始める)

❷ C (学問などの)分野; (自然界を動物・植物・鉱物の3つに分けたうちの)界

▶the plant [animal, mineral] **kingdom** 植物[動物, 鉱物]界

kingfisher [kíŋfiʃər キングふィッシャ]

名詞 C 【鳥類】カワセミ

(♦水中に飛びこんで魚を捕(と)らえる鳥)

kiosk [kíːɑsk キーアスク] 名詞

C (駅・公園などの)売店, キオスク

kiss [kís キス] 名詞 (複数 kisses [-iz])

C キス, くちづけ

▶My mother gave me a **kiss**.

母はわたしにキスをした.

——動詞 (三単現 kisses [-iz]; 過去・過分 kissed [-t]; 現分 kissing)

他 …にキスをする

▶Ann **kissed** me on the cheek.

アンはわたしのほおにキスをした.

▶He **kissed** his son good-night.

彼は息子(むすこ)におやすみのキスをした.

—— 自 キスをする

kit [kít キット] 名詞 C (仕事などのための)道具[用具]一式; 道具箱[袋(ぶくろ)]

kitchen [kítʃən キチン] 名詞

(複数 kitchens [-z])

C 台所, キッチン

➡ 巻頭カラー 英語発信辞典⑬

▶My father is making dinner in the **kitchen**.

父は台所で夕食のしたくをしている.

kite [káit カイト] 名詞

❶ C 凧(たこ)

▶fly a **kite** 凧あげをする

❷ C 【鳥類】トビ

kitten [kítn キトゥン] 名詞

C 【動物】子ネコ ➡ cat 屬層

kitty [kíti キティ] 名詞 (複数 kitties [-z]) (小児語)(子)ネコちゃん

kiwi [kíːwi キーウィー] 名詞

❶ C 【鳥類】キーウィ

(♦ニュージーランドの国鳥; 飛べない)

❷ C キーウィフルーツ(= kiwi fruit)

kiwi fruit [kíːwi frùːt キーウィー ふルート] 名詞 C キーウィフルーツ

(♦単に kiwi ともいう)

Kleenex [klíːneks クリーネックス] 名詞

(複数 Kleenex 単複同形)

U C 【商標】クリネックス; ティッシュペーパー(♦普通名詞としても用いられる)

km キロメートル(♦ kilometer(s) の略)

knack [nǽk ナあック] (★発音に注意) 名詞 U 《または a knack で》 (口語)こつ, 要領

knapsack [nǽpsæk ナあップサあック] (★発音に注意) 名詞

C ナップサック, リュックサック

knee [níː ニー]（★発音に注意）[名詞]
[C] ひざ, ひざ頭(がしら) ➡ **lap**[1]
▸on *one's* hands and **knees**
四つんばいになって

kneel [níːl ニーる]（★発音に注意）[動詞]
（[三単現] **kneels** [-z]; [過去・過分] **knelt** [nélt ネるト] または **kneeled** [-d]; [現分] **kneeling**）[自] ひざまずく

knelt [nélt ネるト] [動詞]
kneel（ひざまずく）の過去形・過去分詞の一つ

⁑**knew** [njúː ニュー]（★発音に注意）
[動詞] know（…を知っている）の過去形

*__knife__ [náif ナイふ]（★発音に注意）
[名詞]（[複数] **knives** [náivz ナイヴズ]）
[C] **ナイフ**, 小刀, 包丁;（手術用の）メス
▸eat steak with a **knife** and fork
ナイフとフォークでステーキを食べる

knight [náit ナイト]（★発音に注意）
[名詞] [C]（中世の）騎士(きし);（英）ナイト爵(しゃく)の人（♦国の功労者にあたえられる１代限りの爵位で, Sir の称号(しょうごう)を許される）

knit [nít ニット]（★発音に注意）[動詞]
（[三単現] **knits** [níts ニッツ]; [過去・過分] **knitted** [-id] または **knit**; [現分] **knitting**）[他] …を編む
―[自] 編み物をする

knives [náivz ナイヴズ]（★発音に注意）
[名詞] knife（ナイフ）の複数形

knob [náb ナブ]（★発音に注意）
[名詞] ❶ [C]（ドア・引き出しなどの）取っ手, ノブ;（ラジオなどの）つまみ
❷ [C]（木の枝の）こぶ, 節(ふし)

*__knock__ [nák ナック]（★発音に注意）
―[動詞]（[三単現] **knocks** [-s]; [過去・過分] **knocked** [-t]; [現分] **knocking**）
―[自] ❶（ドアを）**ノックする**, コツコツたたく《on [at] ...》
▸Someone **knocked on** the door.
だれかがドアをノックした.
❷（…に）**ぶつかる**《against ...》
▸He **knocked against** the desk.
彼は机にぶつかった.
―[他] ❶ **…を強く打つ**, なぐる
▸Bob **knocked** Brian in the stomach.
ボブはブライアンの腹をなぐった.
❷ …を（…に）ぶつける《against ...》

knóck dówn …を打ち倒(たお)す, なぐり倒す;（車が）（人）をはねる
knóck óut【ボクシング】（相手）をノックアウトする; …を打ち負かす
knóck óver
ぶつかって…をひっくり返す, 倒す
―[名詞]（[複数] **knocks** [-s]）
[C] 打つこと, ノック; たたく音

knocker

knocker [nákər ナカ]（★発音に注意）[名詞]
[C]（玄関(げんかん)の）ノッカー

knockout [nákàut ナックアウト]（★発音に注意）[名詞]
[C]【ボクシング】ノックアウト（♦ KO と略す）

knot [nát ナット] [名詞]（★発音に注意）
❶ [C]（ひも・縄(なわ)などの）結び目;（木の）こぶ, 節(ふし)

❷ [C]（船の速度を表す単位の）ノット（♦１ノットは時速約 1,852 メートル）
―[動詞]（[三単現] **knots** [-s]; [過去・過分] **knotted** [-id]; [現分] **knotting**）
[他] …を結ぶ; …に結び目を作る

⁑**know** [nóu ノウ]（★発音に注意）
[動詞]（[三単現] **knows** [-z]; [過去] **knew** [njúː ニュー]; [過分] **known** [nóun ノウン]; [現分] **knowing**）
―[他] ❶ **…を知っている**, 知る; …をわかっている, わかる;
《**know** ＋ **that 節** [**wh- 節・句**] で》
…ということを[…かを]知っている
▸I **know** that song.
わたしはその歌を知っています.
▸I **know** (**that**) we are in a difficult situation.
わたしたちが困難な状況(じょうきょう)にあることはわかります.
▸Do you **know who** that girl is?
あの少女がだれだか知っていますか？

❷ (人)と知り合いである

▶I **know** Ms. Baker. She lives next door.
ベーカーさんなら知っています. 彼女はわたしの隣(ﾄﾅﾘ)に住んでいます.

❸ …を見分けることができる, 認めることができる

▶**know** right from wrong
善悪の区別ができる

▶My father **knows** a good dog when he sees one.
父はよいイヌを見ればそれとわかる.

――**(自)** (…について)知っている
《about [of] …》

▶I **know about** the singer a little.
その歌手については少しだけ知っています.

▶I **know of** a similar case.
似た事例を知っています.

✦I don't knów. わからない.(◆質問に答えられない場合のほかに, 不確かなときや, 賛成できないときにも用いる)

──ダイアログ──
A: What's the answer to No. 5?
5番の答えは何?
B: I'm sorry, but **I don't know.**
悪いけど, わからない.

✦I knów. (同意を表して)**わかる**; わかっている; (思いついて)わかった.

──ダイアログ──
A: Becky is a very good girl.
ベッキーはとても親切な女の子なんだ.
B: **I know.**
わかるよ.

knów bétter than to ＋動詞の原形
…するほどおろかではない

▶I **know better than to** talk back to my mother when she's angry.
お母さんが怒(ｵｺ)っているときに口答えするほどおろかじゃないよ.

✦you know ねえ, …でしょう
(◆文頭・文中・文末のいずれにも用い, 表現を和(ﾔﾜ)らげたり, 相手の同意を求めたり, 念を押(ｵ)したりするのに用いる)

▶Mary is kind, **you know**.
メアリーは優(ﾔｻ)しいよね.

know-how [nóuhàu ノウハウ]
(★発音に注意)**名詞**
U《口語》ノウハウ, 実際的知識; こつ

knowledge [nálidʒ ナれッヂ] (★発音に注意)**名詞** **U**《または **a knowledge** で》知識, 知っていること; 理解

✦known [nóun ノウン]

(★発音に注意)

――**動詞** know(…を知っている)の過去分詞

――**形容詞**《名詞の前に用いて》知られている, 有名な
(**対義語** unknown 知られていない)

KO [kéióu ケイオウ] **名詞**
(**複数** KO's [-z]) **C**《口語》ノックアウト
(◆ *knockout* を短縮した語)
――**動詞** (**三単現** KO's [-z];
過去・過分 KO'd [-d]; **現分** KO'ing)
他《口語》…をノックアウトする

koala [kouá:lə コウアーら] (★アクセントに注意)**名詞** **C**
【動物】コアラ
(◆オーストラリア産のクマに似た動物; 子供を入れる袋(ﾌｸﾛ)が腹部にある; koala bear ともいう)

koala

Korea [kəríːə コリーア] **名詞**
❶ 朝鮮(ﾁｮｳｾﾝ)半島
❷ 朝鮮, 韓国(ｶﾝｺｸ)(◆東アジアの国; 第二次世界大戦後, 南北２つに分割(ﾌﾞﾝｶﾂ)された; 北は the Democratic People's Republic of Korea「朝鮮民主主義人民共和国」で, 首都はピョンヤン Pyongyang; 南は the Republic of Korea「大韓民国」で, 首都はソウル Seoul)

Korean [kəríːən コリーアン] **形容詞**
朝鮮(ﾁｮｳｾﾝ)[韓国(ｶﾝｺｸ)]の; 朝鮮[韓国]人の; 朝鮮語の
――**名詞** **❶** **C** 朝鮮人
❷ **U** 朝鮮語

KS 【郵便】カンザス州(◆ *Kansas* の略)

Kuwait [kuwéit クウェイト] **名詞**
クウェート(◆アラビア半島北東部の立憲君主国; 首都名もクウェート Kuwait)

KY 【郵便】ケンタッキー州
(◆ *Kentucky* の略)

a b c d e f g h i j k l m n o p q r s t u v w x y z

A B C D E F G H I J K L M N O P Q R S T U V W X Y Z

Ll *Ll*

Q どちらが縦？ どちらが横？ ➡ length をひいてみよう！

L, l [él エる] 名詞 (複数 L's, l's または Ls, ls [-z]) C U エル
(♦アルファベットの 12 番めの文字)

LA 【郵便】ルイジアナ州
(♦ *Louisiana* の略)

L.A. [éléi エるエイ] ロサンゼルス
(♦ *Los Angeles* の略；LA とも書く)

lab [léb らぁブ] 名詞
C (口語)実験室, 研究室, 研究所
(♦ *laboratory* を短縮した語)

label [léibl れイブる] (★発音に注意) 名詞
C はり札(を), ラベル, レッテル

labor, (英)labour [léibər れイバ] 名詞
❶ U 労働；(大変な)仕事
❷ U 労働者(全体)

laboratory [lǽbrətɔ̀:ri らぁブラトーリ] 名詞 (複数 laboratories [-z])
C 実験室, 研究室, 研究所
(♦(口語)では lab ともいう)

Labor Day [léibər dèi れイバ デイ] 名詞 (米)労働祭(♦アメリカの祝日；9 月の第 1 月曜日；イギリスでは May Day または Early May Bank Holiday (5 月の第 1 月曜日)がこれにあたる)

laborer [léibərər れイバラ] 名詞
C (肉体)労働者

labour [léibər れイバ] 名詞
(英)=(米)labor(労働)

lace [léis れイス] 名詞
❶ U (布地の)レース
❷ C (靴(を)などの)ひも(= shoelace)
➡ **skate** 図

lack [lǽk らぁック] 名詞
U (または **a lack** で)不足, 欠乏(を)
▶(a) **lack** of water 水不足
▶Our problem was **a lack** of money.
わたしたちの問題はお金の不足だった.
——動詞 他 …を欠いている；…が不足している
▶He **lacks** experience.
彼には経験が不足している.

lacrosse [ləkrɔ́:s らクロース] 名詞
U 【スポーツ】ラクロス
(♦先に網(を)のついたスティックを使う, ホッケーに似た球技)
▶play **lacrosse** ラクロスをする

ladder [lǽdər らぁダ] 名詞 C はしご

lady [léidi れイディ] 名詞
(複数 ladies [-z])
❶ C 女性, 女の人, ご婦人
(♦ woman, girl のていねいな言い方；
対義語 gentleman 男の人)
▶a young **lady** 若い女性
▶Carry this **lady**'s baggage to the train. こちらの女性の荷物を列車まで運んで差し上げなさい. (♦本人を目の前にしたときは lady を用いる)
❷ C 淑女(を), 貴婦人
(対義語 gentleman 紳士(を))
▶the First **Lady** 大統領夫人
❸ 《ladies で》《女性への呼びかけで》みなさん(♦相手が 1 人の場合は madam, ma'am, miss などを用いる)
▶**Ladies** and gentlemen! みなさん！
❹ 《Lady で》(英)…夫人, …嬢(を)
(♦貴族の称号(を)をもつ男性の夫人またはその娘(を)の名前の前につけて用いる)
▶**Lady** Churchill チャーチル夫人
▶**Lady** Anne アン嬢

ladybird [léidibə̀:rd れイディバ〜ド] 名詞
(英)=(米)ladybug(テントウムシ)

ladybug [léidibʌ̀g れイディバッグ] 名詞
C (米)【昆虫】テントウムシ

(♦(英)ladybird)

laid [léid れイド] 動詞

lay¹(…を置く)の過去形・過去分詞

lain [léin れイン] 動詞

lie¹(横たわる)の過去分詞

lake [léik れイク] 名詞

(複数 lakes [-s])

C 湖, 湖水

▶Lake Michigan ミシガン湖

Lake District [léik dìstrikt れイク ディストゥリクト] 名詞

《the Lake District で》湖水地方
(♦イギリスのイングランド北西部にある湖の多い地域;『ピーターラビット』の舞台(ぶたい)としても有名)

lamb [lém らぁム] (★発音に注意) 名詞

① C 【動物】子ヒツジ
⇒ **sheep** 〖墨裏〗

② U 子ヒツジの肉, ラム(♦成長した「ヒツジの肉」は mutton) ⇒ **meat** 〖墨裏〗

lamp [lémp らぁンプ] 名詞

(複数 lamps [-s])

C (移動可能な) 明かり, 電気スタンド, ランプ

▶Turn on [off] the **lamp**.
ランプをつけ[消し]なさい.

LAN [lén らぁン] 名詞 【コンピューター】

ラン, ローカルエリアネットワーク
(♦ local area network の略; 同じ建物の中にあるコンピューター, プリンターなどを接続するネットワーク)

land [lénd らぁンド]

名詞	❶ 陸
	❷ 土地
動詞	着陸する; 上陸する

——名詞 (複数 lands [léndz らぁンヅ])

❶ U 陸, 陸地(対義語 sea 海)
▶on land 陸地で, 陸上で

❷ U 土地, 土壌(どじょう)
▶rich land 肥えた土地

❸ C 国, 国土(= country)
▶India is his native **land**.
インドは彼の母国だ.

by lánd 陸路で
▶travel **by land** 陸路で旅をする

——動詞 (三単現 lands [léndz らぁンヅ];
過去・過分 landed [-id]; 現分 landing)

(飛行機が) 着陸する, 着水する;
(人が)上陸する; (船が)陸に着く

▶The plane will **land** at Narita at
three. その飛行機は3時に成田に着陸する予定だ.

landing [léndiŋ らぁンディング] 名詞

① C U 着陸, 上陸; (荷物の)陸あげ

② C (階段の)踊(おど)り場

landing card [léndiŋ kà:rd らぁンディング カード] 名詞 C 入国カード
(♦入国管理局に提出する書類;
飛行機の乗客に機内で配られる)

landlady [léndlèidi らぁンドれイディ]
名詞 (複数 landladies [-z])

C (旅館・下宿などの女性の)主人; (女性の)家主, 地主(対義語 landlord 主人)

landlord [léndlò:rd らぁンドロード]
名詞 C (旅館・下宿などの) 主人; 家主, 地主(対義語 landlady 女性の主人)

landmark [léndmà:rk らぁンドマーク]
名詞 ❶ C (ある場所の)目標, 目印(となるもの), ランドマーク

❷ C (歴史上の)画期的な事件

landmine, land mine [léndmàin らぁンドマイン] 名詞 C 地雷(じらい)(♦単に mine ともいう)

A
B
C
D
E
F
G
H
I
J
K
L
M
N
O
P
Q
R
S
T
U
V
W
X
Y
Z

landscape [lǽndskèip らぁンドスケイプ]
名詞 C 風景, 景色；風景画
▶a beautiful **landscape**
美しい景色

lane [léin れイン] 名詞
❶ C 小道, 路地 ➡ **road** くらべよう
❷ C （道路の）車線, レーン；（競走・競泳の）コース；（船・飛行機などの）航路
❸ C （ボウリングの）レーン

language

[lǽŋgwidʒ らぁングウィッヂ] 名詞
（複数 **languages** [-iz]）
❶ U （一般的な意味での）**言語**, ことば
（◆個々の単語は word）
▶spoken **language**　話しことば
▶written **language**　書きことば
❷ C （ある国の）**言語**, 国語, …語
（同義語 tongue）
▶a foreign **language**　外国語
▶the Japanese **language**　日本語
▶He speaks four **languages**.
彼は4か国語を話す.
▶What is your <u>first</u> [native]
language?
あなたの母語は何語ですか？
❸ U C （文字や音声を用いない）**言語**,
伝達記号
▶sign **language**　手話

language laboratory [lǽŋgwidʒ
lǽbrətɔ̀ːri らぁングウィッヂ らぁブラトーリ]
名詞 C 語学演習室, LL 教室

lantern [lǽntərn らぁンタン] 名詞
C 手さげランプ, ちょうちん, ランタン

lap¹ [lǽp らぁップ] 名詞 C ひざ

くらべよう **lap** と **knee**

lap: すわったときの両ももの上の部分
を指します. （◆×一人のひざの場合,
laps とはいわない）
knee: ひざ頭(鬱)を指します.

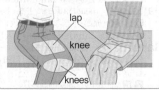

lap

knee

knees

---

lap² [lǽp らぁップ] 名詞
C （競技場のトラックの）1周；（競泳の）
1往復

▶a victory **lap**　ビクトリーラン
（◆レースの優勝者がゴールインしたあ
とで競技場を1周すること）

lap time [lǽp tàim らぁップ タイム]
名詞 U C 【スポーツ】ラップタイム
（◆競技トラックや競泳コースの, 1周・
1往復の所要時間）

laptop [lǽptàp らぁップタップ] 形容詞
【コンピューター】ラップトップ型の
——名詞 C ラップトップ型コンピューター,
ノート型パソコン ➡ **computer** 図

large

[lɑ́ːrdʒ らーヂ] 形容詞
（比較 **larger**；最上 **largest**）
❶ （大きさ・規模が）**大きい**, （面積が）**広い**
（対義語 small 小さい）➡ **big** くらべよう

large

small

▶a **large** house　大きな家
▶a shirt in a **large** size
Lサイズのシャツ

ダイアログ

A: How **large** is this room?
この部屋はどのくらいの広さですか？
B: It's forty square meters.
40平方メートルです.

---

❷ （数・量が）**多い**；多数の, 多量の
（対義語 small 少ない）
▶a **large** amount of water　大量の水
▶He has a **large** family.
（=His family is **large**.）
彼は家族が多い.
▶Tokyo has a **large** population.
東京は人口が多い.

largely [lɑ́ːrdʒli らーヂり] 副詞
主として, 大部分は

larger [lɑ́ːrdʒər らーヂャ] 形容詞
large（大きい）の比較級

largest [lɑ́ːrdʒist らーヂェスト] 形容詞
large（大きい）の最上級

lark [lɑ́ːrk らーク] 名詞
C 【鳥類】ヒバリ（= skylark）

laser [léizər れイザ] **名詞** **C** レーザー
（◆特殊(とくしゅ)な光線を出す装置; 通信や
医療(りょう)などで利用されている）

:last¹ [lǽst らぁスト]

——**形容詞** （late の最上級の一つ; 比較級
は latter）**❶**《ふつう the last で》
（順序・時間が）**最後の**, 最終の
（**対義語** first 最初の）

▶the last train　最終電車

▶Today is the last day of summer
vacation.　今日は夏休み最後の日だ.

▶This is the last chance.
これが最後のチャンスだ.

▶I was (the) last runner in the
race.　わたしはそのレースで最下位の
走者だった.

❷ （時間が）**この前の**, 昨…, 先…
（**対義語** next 次の）; 最近の

▶last week [month, year]
先週[先月, 去年]

▶I met him last Tuesday.
この前の火曜日に彼に会った. ➡ ルール

▶The weather has been good for
the last few days.
この数日間, ずっと天気がいい.

【**参考**】**last ... か, yesterday ... か**

1 「昨日の朝[午後]」は yesterday
morning [afternoon] といい, ✕ last
morning [afternoon] とはいいません.

2 「昨日の夕方」は yesterday
evening, または last evening といい
ますが, yesterday evening のほうが
好まれます.

3 「昨日の夜」は last night といい,
yesterday night とはいいません.

	yesterday ...	last ...
morning	○	✕
afternoon	○	✕
evening	○	○
night	✕	○

【**ルール**】**「この前の」はいつのこと？**

1 last は「現在にいちばん近い過去
の」という意味なので, 仮に今日が土曜
日だとすると, last Tuesday は「今週
の火曜日」を意味します.

2 「先週の火曜日に」と言いたい場合は,
on Tuesday last week とします.

➡ **next** ルール

last Tuseday

火 水 　 火 水 木 金 土

on Tuseday last week

❸《the last ～ to ＋動詞の原形で》
最も…しそうでない～

▶He's the last person to tell a lie.
彼はうそをつくような人では全くない.

——**副詞** **❶**《主に動詞の後ろで用いて》
最後に, いちばん終わりに
（**対義語** first 最初に）

▶She came last.　彼女は最後に来た.

❷ **この前**, 前回

▶When did I last see you?
（＝When did I see you last?）
前回お会いしたのはいつでしたか？

——**名詞**《単数形》《ふつう the last で》
最後の人[もの, こと]; 最後

▶the last of July　7月の最後

▶She was the last to arrive.
彼女が最後に到着(とうちゃく)した人だ.

▶I met Tom the week before last.
先々週, わたしはトムに会った.

◆at lást **やっと**, ついに（**同義語** finally）

▶At last, I solved the problem.
ついにわたしはその問題を解決した.

to the lást 最後まで; 死ぬまで

last² [lǽst らぁスト] **動詞**
⊜ 続く; 長もちする; もちこたえる

▶last long　長もちする

▶The festival lasted (for) three
days.
その祭りは3日間続いた.

lastly [lǽstli らぁストり] **副詞**
最後に, 終わりに

last name [lǽst nèim らぁスト ネイム]
名詞 **C** 姓(せい), 名字(みょうじ), ラストネーム
（**同義語** family name, surname,
対義語 first name 名）➡ **name** 【参考】

:late [léit れイト]

——**形容詞** （**比較** later または latter;
最上 latest または last）
（◆ later, latest は「時間」に用い,
latter, last は「順序」に用いる）

❶ （時間に）**遅(おく)れた**, 遅刻(ちこく)した;
（時刻・時期が）**遅(おそ)い**
（**対義語** early 早い）➡ **slow** くらべよう

A
B
C
D
E
F
G
H
I
J
K
L
M
N
O
P
Q
R
S
T
U
V
W
X
Y
Z

▶I'm sorry I'm **late**.
遅れてすみません.

▶She was **late** for school.
彼女は学校に遅刻した.

▶You're thirty minutes **late**.
きみは 30 分遅刻だ.

▶We had a **late** breakfast.
わたしたちは遅い朝食をとった.

❷《名詞の前に用いて》最近死んだ, 故…

▶the **late** Dr. King
故キング博士(はかせ)

❸《名詞の前に用いて》最近の, 近ごろの

──**副詞**(比較 later; 最上 latest)
(時間に)遅れて, 遅刻して;
(時刻・時期が)遅く(対義語 early 早く)

▶I got to the station ten minutes
late.
わたしは駅に 10 分遅れて着いた.

▶ことわざ Better **late** than never.
遅くともしないよりはまし.
(♦遅れたことへの言い訳(わけ)や, 遅れた
人への励(はげ)ましに使う)

▶She called me **late** in the evening.
彼女は夜遅くに電話をしてきた.

▶I went to bed **late** last night.
わたしはゆうべ遅く寝た.

──**名詞**(♦次の成句で用いる)

of láte 最近, 近ごろ
(♦かたい語; 同義語 recently)

lately [léitli れイトり] **副詞**
《ふつう現在完了形とともに用いて》
最近, このごろ(♦過去時制のときは,
ふつう recently を用いる)

▶I've been very busy **lately**.
最近, わたしはとても忙(いそが)しい.

‡later [léitər れイタ]

──**形容詞**(late の比較級の一つ)(時間が)
(…より)**もっと遅(おそ)い**, もっとあとの
《than ...》; より最近の

▶a **later** bus あとから来るバス

──**副詞**(時間が)(…より)**もっと遅く**
《than ...》; あとで

▶My father came home **later than**
usual.
父はいつもより遅く帰宅した.

▶I'll call you **later**. あとで電話します.

ダイアログ
A: Bye now! じゃあね!
B: See you **later**! またあとでね!

▶A few years **later**, they married.
数年後, 彼らは結婚(けっこん)した.

sóoner or láter 遅かれ早かれ, いつかは

latest [léitist れイテスト] **形容詞**
(late の最上級の一つ)最近の, 最新の;
(時間が)最も遅(おそ)い

▶the **latest** news 最新のニュース

at (the) látest 遅くとも

▶Come by ten **at (the) latest**.
遅くとも 10 時までには来なさい.

Latin [lǽtn らぁトゥン] **名詞**

❶ U ラテン語(♦古代ローマ人の言語
で, 中世の学問用語)

❷ C ラテン民族の人, ラテン系の人
(♦イタリア語・フランス語・スペイン語・
ポルトガル語などを話す人々)

──**形容詞** ❶ ラテン語の

❷ ラテン民族の, ラテン系の

Latin America [lǽtn əmérikə
らぁトゥン アメリカ] **名詞** ラテンアメリカ
(♦スペイン語・ポルトガル語が話されて
いる中南米諸国)

latitude [lǽtitjùːd らぁティテュード] **名詞**
C U 緯度(いど)
(♦ lat. と略す; 対義語 longitude 経度)

latter [lǽtər らぁタ] **形容詞**(late の比較
級の一つ)《名詞の前に用いて》

❶《ふつう the latter で》後半の, あと
のほうの

▶the **latter** half of the year
その年の後半

❷《the latter で》(2 つのうち, 順序
が)あとの;《代名詞的に》後者(のもの)
(対義語 the former 前の)→ **former**

‡laugh [lǽf らぁふ](★発音に注意)

──**動詞**(三単現 **laughs** [-s];
過去・過分 **laughed** [-t]; 現分 **laughing**)
⑤ (声を出して)笑う → **smile** くらべよう

▶Don't **laugh**. I'm serious.
笑わないで. わたしは真剣(しんけん)なんだから.

láugh at ...
…を見て[聞いて]笑う; (人)をあざ笑う

▶They **laughed at** the joke.
彼らはそのジョークを聞いて笑った.

▶John often **laughed at** Bob.
ジョンはよくボブをばかにした.

──**名詞**(複数 **laughs** [-s])
C 笑い, 笑い声

▶Tom gave a loud **laugh**.

トムは大きな笑い声をたてた.

laughter [lǽftər らぁフタ] (★発音に注意) 名詞 U 笑い, 笑い声

launch [lɔ́ːntʃ ろーンチ] 動詞 (三単現 **launches** [-iz]; 過去・過分 **launched** [-t]; 現分 **launching**) 他
❶ (船)を進水させる
❷ (ロケットなど)を打ち上げる, 発射する
❸ (事業など)を始める, (新製品)を出す
——名詞 (複数 **launches** [-iz])
C 進水; 打ち上げ, 発射

laundry [lɔ́ːndri ろーンドゥリ] 名詞
(複数 **laundries** [-z]) C クリーニング店, ランドリー;《the laundry で》洗濯物
▸do **the laundry** 洗濯する
▸hang **the laundry** on a line
洗濯ひもに洗濯物を干す

laurel [lɔ́ːrəl ろーレる] 名詞
C【植物】ゲッケイジュ (月桂樹)(◆古代ギリシャでは競技の優勝者に月桂樹やオリーブの冠をあたえた)

laurel

lavatory [lǽvətɔ̀ːri らぁヴァトーリ] 名詞
(複数 **lavatories** [-z]) C 洗面所, トイレ (◆主に公衆トイレの標示に使われる;《英口語》lav [lǽv らぁヴ])

LAVATORY
← This Way

law [lɔ́ː ろー] 名詞
❶ C (一つひとつの)法律;
U《ふつう the law で》法, 法律(全体);
U 法学
▸keep **the law** 法律を守る
▸break **the law** 法律を破る
❷ C (学問上の)法則, 原理
▸the **law** of gravity
引力[重力]の法則

lawn [lɔ́ːn ろーン] 名詞
C U 芝生, 芝地 ➡ house 図
▸mow the **lawn** 芝を刈る

lawn mower [lɔ́ːn mòuər ろーン モウア] 名詞 C 芝刈り機
(◆単に mower ともいう)

law school [lɔ́ː skùːl ろー スクール] 名詞 U C《米》ロースクール
(◆学士号取得後に進学する法科大学院)

lawyer [lɔ́ːjər ろーヤ] 名詞
C 弁護士, 法律家

*lay¹ [léi れイ] 動詞 (三単現 **lays** [-z]; 過去・過分 **laid** [léid れイド]; 現分 **laying**) 他 ❶ …を置く, 横たえる
(◆「横たわる」は lie);…を敷く, 広げる
▸He **laid** a pencil on the desk.
彼は机の上にえんぴつを置いた.
▸**Lay** a sheet of newspaper there.
新聞紙をそこに敷いてください.
❷ (卵)を産む
▸This hen **lays** an egg every day.
このめんどりは毎日卵を1つ産む.

lay aside …をわきに置く;(お金・時間)をとっておく, ためる;…を中断する
▸He **laid** the magazine **aside**.
彼は(読んでいた)雑誌をわきに置いた.

lay óut …を広げる, 並べる;
(庭・都市など)を設計する;
(ページなど)のレイアウトをする

［参考］まぎらわしい lay

lie「横たわる」の過去形も lay となるので注意しましょう.

	過去	過分	現分
lay「横たえる」:	laid	- laid	- laying
lie「横たわる」:	lay	- lain	- lying

▸**Lay** the baby on the bed.
赤ちゃんをベッドに寝かせなさい.
▸The dog **lay** on the grass.
(◆この lay は lie の過去形)
そのイヌは芝生の上に横たわった.

A

lay² [léi レイ] **動詞** lie¹(横たわる)の過去形

layer [léiər レイア] **名詞** C 層；ひと重ね
▶the ozone **layer** オゾン層

layoff [léiɔ̀:f レイオーふ] **名詞**
(複数 **layoffs** [-s])
C (労働者の一時的な)解雇(かいこ)，レイオフ

layout [léiàut レイアウト] **名詞**
❶ C (都市・建物などの)設計，配置
❷ C (雑誌のページなどの)レイアウト

lazy [léizi レイズィ] **形容詞**
(比較 **lazier**；最上 **laziest**)
❶ 怠(なま)けている，怠惰(たい)な，不精(しょう)な
(対義語 deligent 勤勉な)
▶Don't be **lazy**. 怠けてはいけません.
❷ けだるい；のんびりとした；(動きが)
ゆっくりした

◆lead¹ [lí:d リード]
——**動詞**(三単現 **leads** [lí:dz リーツ]；
過去・過分 **led** [léd レッド]；現分 **leading**)

他 ❶ …を導く
自 ❶ 通じる

——他 ❶ …を導く，案内する
▶The waiter **led** us to the table.
ウェイターはわたしたちをテーブルに
案内した.
❷ …を先導する；…を指揮する
▶**lead** a band 楽団を指揮する
❸ …の先頭に立つ，首位である
▶She **leads** the class in English.
彼女は英語ではクラスで1番だ.
❹ (…な生活)を送る，過ごす
▶**lead** a happy life
幸福な生活を送る
——自 ❶ (道などが)(…に)通じる《to ...》
▶This road **leads to** the station.
この道は駅に通じている.
▶(ことわざ) All roads **lead to** Rome.
すべての道はローマに通じる.
(◆「同じ目的を達するにもいろいろな手
段がある」の意味)
❷ (…で)先頭[首位]である《in ...》
▶Who is **leading in** the marathon?
そのマラソンで先頭を走っているのは
だれですか？
——**名詞**(複数 **leads** [lí:dz リーツ])
《the **lead** で》先頭，首位；
C 指導，先導，模範(はん)，手本
▶take the **lead** in the race
レースで先頭に立つ

lead² [léd レッド] (★発音に注意) **名詞**
❶ U 【化学】鉛(なまり)(◆元素記号は Pb)
❷ U C えんぴつのしん

leader [lí:dər リーダ] **名詞**
C 指導者，先導者，リーダー
▶She is our **leader**.
彼女がわたしたちのリーダーだ.

leadership [lí:dərʃip リーダシップ]
名詞 U 指導者の地位[任務]；指導力，
リーダーシップ；指導

leading [lí:diŋ リーディング] **形容詞**
主要な；先頭に立つ；一流の
▶Meg played the **leading** role.
メグは主役を演じた.
▶a **leading** company 一流会社

◆leaf [lí:f リーふ] **名詞**
(複数 **leaves** [lí:vz リーヴズ])
❶ C (草木の)葉
▶fallen **leaves** 落ち葉
▶The **leaves** are turning red and
yellow. 葉が紅葉し始めている.
❷ C (本などの)紙の1枚

leaflet [lí:flit リーふレット] **名詞**
C リーフレット，チラシ(◆1枚刷りの印刷
物で，しばしば折りたたんである)；小冊子

league [lí:g リーグ] **名詞** C 同盟，連盟；
(スポーツの)競技連盟，リーグ

leak [lí:k リーク] **名詞** C (水・ガス・空気・
秘密などの)漏(も)れ；漏れ口
▶a gas **leak** ガス漏れ
——**動詞** 漏れる，(容器などが)漏る
——他 …を漏らす

lean¹ [lí:n リーン] **動詞**
(三単現 **leans** [-z]；過去・過分 **leaned** [-d]
または **leant** [lént レント]；
現分 **leaning**) 自
❶ (…に)もたれかかる，もたれる
《against [on] ...》
▶**lean against** a tree
木にもたれかかる
▶She was **leaning on** her elbows.
彼女は両ひじをついていた.
❷ 傾(かたむ)く；かがむ
▶The tower **leans** a little.
その塔(とう)は少し傾いている.
——他 …を(…に)立てかける《against
[on] ...》；(ある方向に)…を傾ける

lean² [lí:n リーン] **形容詞**
(比較 **leaner**；最上 **leanest**)
(体つきが)引き締(し)まった，やせた
(対義語 fat 太った)；(肉が)脂肪(しぼう)のな

い, 赤身の

leant [lént レント] **動詞** lean¹(もたれかかる)の過去形・過去分詞の一つ

leap [líːp リープ] **動詞**
(三単現 **leaps** [-s]; 過去・過分 **leaped** [-t] または **leapt** [lépt レプト, líːpt リープト]; 現分 **leaping**)
自 跳(と)ぶ, 跳びはねる
(◆《口語》ではふつう jump を用いる)
▶**leap** over a fence
塀(へい)を跳び越(こ)える
——**他** …を跳び越える
——**名詞** C 跳びはねること, 跳躍(ちょうやく); 飛躍

leapfrog [líːpfràɡ リープふラッグ] **名詞**
U 馬跳(と)び(◆子供の遊び)

leapt [lépt レプト, líːpt リープト] **動詞**
leap(跳(と)ぶ)の過去形・過去分詞の一つ

leap year [líːp jìər リープ イア] **名詞**
C U (4年に1度の)うるう年

:learn [lə́ːrn ら～ン] **動詞**
(三単現 **learns** [-z]; 過去・過分 **learned** [-d], 《主に英》**learnt** [lə́ːrnt ら～ント]; 現分 **learning**)
——**他** ❶ …を習う, 学ぶ, 習得する; …を覚える; …を知る, 聞く
▶We're **learning** English from an American. わたしたちはアメリカ人から英語を習っている.
▶**Learn** these words by tomorrow. 明日までにこれらの単語を覚えなさい.
▶I **learned** the news from her. わたしは彼女からその知らせを聞いた.

《くらべよう》 learn と study

learn: 授業や練習などで学ぶことを表します. 学習し, その結果が身についたことも意味します.
study: 意識的に努力して, 勉強や研究をすることを表します.
▶We **study** hard. わたしたちは一生懸命(けんめい)に勉強している. (◆×We learn hard. とはいわない)

❷《**learn to** +動詞の原形で》
…できるようになる, …するようになる
▶She **learned** to play the song on the piano. 彼女はその曲をピアノでひけるようになった.
——**自** 学ぶ, 習う

▶I want to **learn** about the history of this town.
わたしはこの町の歴史を学びたい.
▶ ことわざ You are never too old to **learn**.
どんなに年をとっても学ぶことはできる. (◆「学ぶのに年をとり過ぎているということはない」の意味から)
léarn ... by héart …を暗記する
▶He **learned** the sentence **by heart**. 彼はその文を暗記した.

learned¹ [lə́ːrnd ら～ンド] **動詞** learn (…を習う)の過去形・過去分詞の一つ

learned² [lə́ːrnid ら～ニッド] **形容詞**
《名詞の前に用いて》学問のある, 博学な

learner [lə́ːrnər ら～ナ] **名詞**
C 学習者; 初心者

:learning [lə́ːrniŋ ら～ニング]
——**動詞** learn(…を習う)の現在分詞・動名詞
——**名詞** U 学問, 学識; 学ぶこと
▶a process of **learning** 学習の過程

learnt [lə́ːrnt ら～ント] **動詞** 《主に英》
learn(…を習う)の過去形・過去分詞の一つ

lease [líːs リース] **名詞**
C (家・土地などの)賃貸借(ちんたいしゃく)契約(けいやく)
《on ...》; 賃貸借契約書; 賃貸借期間

leash [líːʃ リーシ] **名詞** (複数 **leashes** [-iz]) C 《米》(イヌの)ひき綱(づな), 鎖(くさり)

:least [líːst リースト] (little の最上級; 比較級は less)
——**形容詞** ❶《ふつう **the least** で》
最も少ない, いちばん小さい
(対義語 most 最も多い)
▶This air conditioner uses **the least** electricity among these.
このエアコンがこの中でいちばん省エネだ. (◆「いちばん少ない電気を使う」の意味から)
❷《否定文で》少しも[全く]…ない
▶I **don't** have **the least** interest in computers. わたしはコンピューターには全く興味がない.
——**副詞** 最も少なく; 最も…でなく
(対義語 most 最も多く)
▶I like math (the) **least**.
わたしは数学がいちばん嫌(きら)いだ.
——**名詞** U 《ふつう **the least** で》
最少, 最小

A B C D **E** F G H I J **K** L M N O P Q R S T U V W X Y Z

at (the) léast 少なくとも
▶We need one thousand yen **at least**. わたしたちは少なくとも 1,000 円は必要です.

not in the léast
少しも…ない, 全く…ない
▶I'm **not in the least** worried.
わたしは全く心配していません.

leather [léðər れざ] **名詞**
Ⓤ 革(ﾜ), なめし革; Ⓒ 革製品

‡leave [líːv リーヴ] **動詞**

(三単現 **leaves** [-z]; 過去・過分 **left** [léft れフト]; 現分 **leaving**)

他 ❶ (場所)を去る, 出発する
❷ (学校)を退学[卒業]する;
(仕事など)をやめる
❸ …を置いていく; …を置き忘れる
❹ …を〜のままにしておく
自 去る, 出発する

――他 ❶ (場所)を去る, 出発する, はなれる
(対義語 arrive 着く);
《**leave ... for 〜**で》〜へ向けて…を出発する
▶Ms. Brown will **leave** Japan next month.
ブラウン先生は来月, 日本を去る予定だ.
▶The ship **left** Japan **for** China.
船は中国に向けて日本を出港した.

くらべよう **leave** と **start**

leave: 前置詞は不要です.
start: 前置詞が必要です.
▶**leave** Boston for Chicago
▶**start from** Boston for Chicago
シカゴに向けてボストンを出発する

❷ (学校)を退学[卒業]する;
(仕事など)をやめる(同義語 quit)
▶**leave** school 退学[卒業]する
▶He **left** the basketball team.
彼はバスケットボール部をやめた.
❸ …を置いていく; …を置き忘れる
➡ forget 他 ❹
▶**leave** a message 伝言を残す
▶I **left** my umbrella on the train.
わたしは電車に傘(ﾜ)を置き忘れた.
❹ 《**leave ... 〜**で》…を〜のままにしておく(◆「…」は名詞,「〜」は形容詞, 現在分詞または過去分詞)
▶Please **leave** the window open.

その窓を開けたままにしておいてください.
▶Don't **leave** the water **running**.
水を出しっぱなしにしないで.
❺ 《**leave ＋物事＋ to[with]＋人**で》(人)に(物事)を任せる, 預ける
▶May I **leave** my cat **with** you?
ネコを預かってもらえますか?

ダイアログ
A: Which way shall we go?
どっちの方向に行こうか?
B: I'll **leave** it **to** you.
きみに任せるよ.

❻ (家族・友人など)のもとを去る
――自 (…へ向けて)去る, 出発する(**for ...**)
▶He **left for** London yesterday.
彼は昨日, ロンドンに向けて出発した.
léave ... alóne (人・もの)を(かまわずに)そのままにしておく ➡ alone
léave ... behínd
…を置き忘れる, (人)を置き去りにする
▶Ah, I **left** my ticket **behind**!
あっ, チケットを置いてきちゃった!

leaves [líːvz リーヴズ] **名詞**
leaf(葉)の複数形

leaving [líːviŋ リーヴィング] **動詞**
leave(…を去る)の現在分詞・動名詞

lecture [léktʃər れクチャ] **名詞**
Ⓒ (…についての)講義, 講演
《**on [about] ...**》
▶give a **lecture on** Japanese culture
日本文化についての講義をする

lecturer [léktʃərər れクチャラ] **名詞**
Ⓒ 講演者; (大学の)講師

LED [élíːdíː エるイーディー] **名詞**
Ⓒ 発光ダイオード
(◆ *l*ight-*e*mitting *d*iode の略)

‡led [léd れッド] **動詞**
lead¹(…を導く)の過去形・過去分詞

‡left [léft れフト]

left¹	動詞	leave の過去形・過去分詞
left²	形容詞	左の
	副詞	左に[へ]
	名詞	❶左

‡left¹ [léft れフト] **動詞**
leave(…を去る)の過去形・過去分詞

left²   [léft れふト]

——**形容詞**《名詞の前に用いて》
左の, 左側の（**対義語** right 右の）
▶He sat on my **left** side.
　彼はわたしの左側にすわった.
▶I write with my **left** hand.
　わたしは左手で字を書く.

——**副詞** **左に**[へ], 左側に
（**対義語** right 右に）

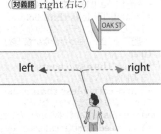

left ◄ · · · · · · · · ▶ right

▶Turn **left** at the corner.
　その角(ﾄど)を左に曲がってください.

——**名詞**（**複数** lefts [léfts れふツ]）
❶ **U**《ふつう the left または one's left
で》**左**, 左側, 左方（**対義語** right 右）
▶Keep **Left** 《掲示》左側通行
▶You can see Mt. Fuji on **your left**.
　左に富士山が見えますよ.
❷ **C** 【野球】レフト, 左翼(ﾖく)手

left-handed [léfthæ̀ndid　れふトハぁン
ディッド] **形容詞**
左利(ﾞ)きの; (道具などが)左利き用の

leg   [lég れッグ] **名詞**（**複数** legs [-z]）
❶ **C** (人・動物の)**脚**(ﾞ), 足
（♦もものつけ根から足首までを指すが,
足首から先の部分 foot までふくめる場
合もある）
➡ 巻頭カラー 英語発信辞典⑭
▶cross one's **legs** 脚を組む
▶Spiders have eight **legs**.
　クモには足が8本ある.
❷ **C** (机・いすなどの)脚

legacy [légəsi れガスィ] **名詞**
C 遺産（♦個人の財産だけでなく, 文化
的・社会的なものも言う）

legal [líːgl リーグる] **形容詞**
❶ 法律の, 法律上の
❷ 法律で認められた, 合法的な
（**対義語** illegal 違法(ﾟ)の）
▶a **legal** act　合法的行為(ﾟう)

legal holiday [líːgl hálədèi　リーグる
ハりデイ] **名詞** **C**《米》法定休日
➡ holiday 《区化》

legend [lédʒənd れヂェンド] **名詞**
C **U** 伝説, 言い伝え; **C** 伝説的な 人物

lei [léi れイ] **名詞**
C レイ（♦ハワイで
首に掛(ﾟ)ける花輪）

leisure [líːʒər
リージャ] **名詞**
U 暇(ﾟま), 余暇(ﾟか), 自
由時間;《形容詞的
に》暇な
at one's léisure
暇なときに, 都合が
よいときに

lemon [lémən れモン] **名詞**
❶ **C** **U** 【植物】レモン(の実); レモンの木
▶a slice of **lemon**　レモン1切れ
❷ **U** レモン色

lemonade [lèmənéid れモネイド] **名詞**
U《米》レモネード（♦レモン果汁(ﾟゅう)に
水・砂糖を加えたもの）;《英》レモンスカッ
シュ（♦レモン果汁に砂糖・炭酸水を加えた
もの）

lend   [lénd れンド] **動詞**
（**三単現** lends [léndz れンヅ]; **過去・過分**
lent [lént れント]; **現分** lending） **他**
❶ (もの・金など) **を貸す**
（**対義語** borrow 借りる）

lend ◟ ／ 　　　　　　　borrow

▶The library **lends** out books,
comics, and DVDs.
　その図書館は本, マンガ, DVD を貸し
出している.
❷《**lend** ＋人＋ものまたは **lend** ＋もの
＋ **to** ＋人で》**(人)に(もの)を貸す**
▶Would you **lend** me your bike?
(＝Would you **lend** your bike **to**
me?) 自転車を貸してくれませんか?
（♦文末にくる語句が強調される; 前者
は「何を」貸すか, 後者は「だれに」貸すか
に重点が置かれる）
▶Who **lent** it **to** you?
　だれがそれをあなたに貸したのですか?

A B C D **E** F G H I J **K** **L** **M** **N** O **P** Q R S T U V W X Y Z

▶She always **lends** a hand **to** poor people. 彼女はいつも貧しい人々に援助(☆)の手を差し伸(の)べる.

lender [léndər れンダ] 名詞
Ⓒ 貸し手, 貸し主

length [léŋkθ れンクす]
(★発音に注意) 名詞
(複数 **lengths** [-s])
❶ Ⓤ Ⓒ (距離(☆)・寸法(☆)の)長さ, 縦
▶The **length** of the Shinano River is about 370 kilometers.
信濃川の長さは約 370 キロメートルだ.

《参考》 距離・寸法を表すことば

英語では長いほうの辺を length「縦」, 短いほうを width「横」といいます.

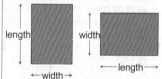

length width
←— width —→
←—— length ——→

▶The card is four centimeters in **length** and three in **width**.
そのカードは縦 4 センチ, 横 3 センチだ.

❷ Ⓒ Ⓤ (時間の)長さ, 期間; (本・映画などの)長さ

lengthen [léŋkθən れンクすン] 動詞
⾃ 長くなる, 伸(の)びる
—⽋ …を長くする, 伸ばす

lens [lénz れンズ] 名詞 (複数 **lenses** [-iz]) Ⓒ レンズ; (眼の)水晶(☆)体

lent [lént れント] 動詞
lend(…を貸す)の過去形・過去分詞

Leonardo da Vinci [li:əná:rdou də víntʃi リーオナードウ ダ ヴィンチ] 名詞
【人名】レオナルド・ダ・ビンチ
(♦ 1452–1519; イタリアの画家・彫刻(☆)家・建築家・科学者)
➡ 右図

leopard [lépərd れパド] (★発音に注意) 名詞
Ⓒ 【動物】ヒョウ

less [lés れス]
(little の比較級; 最上級は least)
——形容詞 (量が) (…より) もっと少ない
《than ...》(対義語 more もっと多くの);
(…より)もっと小さい《than ...》
▶We had **less** snow this year **than** last year.
今年は去年より雪が少なかった.
——副詞 (…より)もっと少なく《than ...》
▶I watch TV **less than** before.
わたしは以前よりテレビを見なくなった.
——名詞 (…より)もっと少ない量 [数]
《than ...》
▶in **less than** two hours
2 時間かからずに
▶You're eating **less than** usual.
いつもより食べないじゃないの.
móre or léss 多かれ少なかれ; だいたい
▶You need 1,800 calories every day, **more or less**.
きみには毎日だいたい 1,800 カロリーは必要だ.

lesson [lésn れスン] 名詞
(複数 **lessons** [-z])
❶ Ⓒ 授業; けいこ, レッスン
▶How many **lessons** do you have on Monday?
月曜日にはいくつ授業がありますか?
▶I take piano **lessons** twice a week.
わたしは週に 2 回, ピアノのレッスンを受けている.
❷ Ⓒ (教科書などの)課
▶Read **Lesson** 5 aloud.
第 5 課を声に出して読みなさい.
❸ Ⓒ 教訓, 教え, いましめ
▶learn a **lesson**
教訓を得る

let [lét れット] 動詞 (三単現 **lets** [léts れッツ]; 過去・過分 **let**; 現分 **letting**)
⽋ ❶《let +人+動詞の原形で》
(人) に…させる, させておく;
《**Let us** +動詞の原形で》
わたしたちに…させてください
(♦この意味では, Let's と短縮しない);
…しよう(♦ふつう Let's と短縮する)
➡ **let's**
▶**Let** me introduce myself.
自己紹介(☆)させてください.

a b c d **e** f g h i j k **l** m n o p q r s t u v w x y z

▶She **let** her children watch TV.
彼女は子供たちにテレビを見させておいた.

▶**Let us** help you.
わたしたちにお手伝いさせてください.

くらべよう let, make, get, have

let:「本人が望むことをさせる」という「許可」の意味合いがあります.

make:「本人の望みとは関係なく…させる」という「強制」の意味合いがあります.

get, have: 強制の意味が弱く, 特にget には「説得して…してもらう」という意味合いがあります.

▶**Let** him do it.
(彼がしたいなら)彼にそれをさせればいい.

▶**Make** him do it.
(本人がどう言おうと)彼にそれをさせなさい.

▶I'll **get** him to do it.
(説得などして)彼にそれをしてもらおう. (♦ get の場合, to ＋動詞の原形になることに注意)

▶I'll **have** him do it.
(たのんで)彼にそれをしてもらうつもりだ.

❷《英》(土地・家など)を賃貸しする
(♦《米》rent)

▶House to **Let** (=To let)
《掲示》貸家

let ... alóne (人・もの)を(かまわずに)そのままにしておく ➡ **alone**

let gó (…を)放す《of ...》

let ín …を中に入れる
▶Please **let** me **in**.
中に入れてください.

◆**Let me sée.** = **Let's sée.**
《口語》ええと, そうですね.
(♦返事がすぐに出てこないときなどに, つなぎのことばとして用いる) ➡ **see**

ダイアログ
A. What time ıs it now?
今, 何時?
B: **Let's see.** It's eleven.
ええとね. 11 時です.

⁂**let's** [léts れッツ]

《口語》(let us の短縮形)《let's ＋動詞

の原形で)…しよう, …しましょう
▶**Let's** go to the beach.
海辺に行きましょう.

ルール Let's の使い方

1 Let's .... の文に対して「うん, そうしよう」と答えるときは, ふつう Yes, let's. といいます. そのほかに, All right.「いいよ」, Sure.「もちろん」などということもあります.「いや, よそうよ」と答えるときは, No, let's not. といいます.

ダイアログ
A: **Let's** play tennis.
テニスをしよう.
B: **Yes, let's. / No, let's not.**
うん, そうしよう. / いや, やめよう.

2 Let's .... を付加疑問文にするには文末にコンマ(,)と shall we? をつけます.「…しましょうか?」のような意味になります.

▶**Let's** try it**, shall we?**
それをやってみましょうか?

3 Let's .... の否定文は Let's not .... となります.

▶**Let's not** ride on the roller coaster.
ジェットコースターに乗るのはやめようよ.

⁂**letter** [létər れタ] 名詞

(複数) **letters** [-z]

❶ ⓒ 手紙, 封書(ふうしょ) ➡ p.357 **How To Write a Letter of Thanks**
▶a love **letter** ラブレター
▶a **letter** of thanks
お礼状
▶send [receive] a **letter**
手紙を送る[受け取る]
▶I wrote a **letter** to Becky.
わたしはベッキーに手紙を書いた.

❷ ⓒ (表音)文字(♦アルファベットなど, 音を表す;漢字などの「表意文字」は character) ➡ **character**
▶a capital [small] **letter**
大文字[小文字]

letter box [létər bàks れタ バックス]
名詞 ⓒ 《英》郵便受け;郵便ポスト
(♦《米》mailbox)

letting [létiŋ れ́ティング] 動詞
let((人)に…させる)の現在分詞・動名詞

A B C D **E** F G H I J K **L** M N O P Q R **S** T U V W X Y Z

lettuce [létis れタス] 名詞
C U【植物】レタス(の葉)

leukemia, 《英》leukaemia
[lu:kímiə るーキミア] 名詞
U【医学】白血病
(♦血液中の白血球が異常に増加する病気)

level [lévl れヴる] 名詞
❶ C U 水平, 水平面；(水平面の)高さ；
高度
▶the water **level** in the river
川の水位
❷ C U (技術・文化・学問などの)水準,
レベル
▶His cooking is on a professional
level.
彼の料理の腕(2)はプロレベルだ.
——形容詞 ❶ 平らな, 水平の
▶on **level** ground 平らな地面の上で
❷ (…と)同じ高さの《with ...》

lever [lévər れヴァ] 名詞
C てこ；(機械などの)レバー

LGBT [eldʒ:bi:tí: えるジービーティー] 名詞
エルジービーティー(♦性的少数者の総称；
*l*esbian, *g*ay, *b*isexual, *t*ransgender
「女性同性愛者, 男性同性愛者, 両性愛者,
性別越境者」の略)

liable [láiəbl らイアブる] 形容詞
《be liable to ＋動詞の原形で》
…しがちである, …しやすい
(♦好ましくないことに用いる)
▶I'm **liable to** catch colds.
わたしは風邪(2)をひきやすい.

liar [láiər らイア] 名詞
C うそつき(♦日本語よりはるかに強い非
難の意味がある)

liberal [líbərəl リベラる] 形容詞
❶ 気前のよい；寛大(2)な, 偏見(2)のない
▶My host family was very **liberal**.
わたしのホストファミリーはとても気前
がよかった.
❷ 自由主義の

liberation [lìbəréiʃn リベレイシャン]
名詞 U (…からの)解放《from ...》；
解放運動

liberty [líbərti リバティ] 名詞
(複数 liberties [-z])
U 自由, 解放
(♦ freedom よりかたい語；特に国家・
政府による制限からの「自由」を指す)；
C 《liberties で》(自由に使う)権利
▶civil **liberties** 市民としての自由

Liberty Bell
[líbərti bèl リバ
ティ べる] 名詞
《the Liberty
Bell で》自由の
鐘(2)(♦ 1776 年,
アメリカの独立
宣言を記念して
鳴らされた鐘；
フィラデルフィ
アの独立記念館
に保存されている)

librarian [laibrériən らイブレリアン]
名詞 C 図書館員, 司書

libraries [láibreriz らイブレリズ]
名詞 library(図書館)の複数形

※library [láibreri らイブレリ] 名詞
(複数 libraries [-z])
❶ C 図書館, 図書室
▶a public **library** 公立図書館
▶I went to the **library** yesterday.
わたしは昨日, 図書館へ行った.
❷ C (個人の)蔵書；書斎(2)
▶He has a large **library** of jazz
CDs.
彼はジャズの CD をたくさん持っている.

license, 《英》licence [láisns らイセ
ンス] 名詞 C U 免許(2), 許可；
C 免許証[状]
▶《米》a driver's **license**
(=《英》a driving **licence**)
運転免許証

license plate [láisns plèit らイセン
ス プれイト] 名詞 C 《米》(自動車の)ナ
ンバープレート(♦単に plate ともいう；
《英》numberplate)➡ cars 図

lick [lík リック] 動詞 他 …をなめる
——名詞 C なめること；ひとなめ

lid [líd リッド] 名詞 ❶ C ふた
❷ C まぶた(= eyelid)

lie [lái らイ]

lie¹	動詞	自	❶ 横たわる
			❷ 位置する
lie²	名詞		うそ
	動詞	自	うそをつく

※lie¹ [lái らイ] 動詞 (三単現 lies [-z]；
過去 lay [léi れイ]；過分 lain [léin れイン]；

a
b
c
d
e
f
g
h
i
j
k
l
m
n
o
p
q
r
s
t
u
v
w
x
y
z

① 差出人の氏名
② 差出人の住所
③ 相手の氏名
④ 相手の住所

* 英語で住所を書くときは，まず番地から始め，「狭(せま)いところから広いところ」へ順に並べる。国名は大文字で書く．
* アメリカの州名は，CA(= California)のように，2文字の略語で表し，そのあとに郵便番号(zip code)を書く．

⑤ 日付　　⑥ 書き出し
⑦ 本文　　⑧ 結び　　⑨ 署名

```
Sasaki Ayaka ①
X-X-X Okamura, Isogo-ku
Yokohama-shi, Kanagawa  ②          Stamp
235-0021 JAPAN

③  Ms. Jane Procter
    XXXX Madison Ave.
④  El Cajon, CA 92019
    U.S.A.

AIR MAIL
```

⑤ Aug. 25, 2025

⑥ Dear Jane,

⑦　　How are you doing? I'm now very busy doing my summer homework. Our second school term begins next week.

　　Thank you very much for all your help during my stay in California. I often think of you and your family, and look at the pictures that I took in Disneyland.

　　When you visit Japan next year, I'll show you around in Yokohama. I hope you'll like Japan.

　　I'm looking forward to hearing from you.

⑧ Your friend,

⑨ *Sasaki Ayaka*

2025 年 8 月 25 日

　ジェーンへ

　お元気ですか？　わたしは今，夏休みの宿題でとても忙(いそが)しくしています。来週から2学期が始まります。

　カリフォルニアに滞在(たいざい)したときは，たいへんお世話になり，どうもありがとうございました。わたしはよくジェーンやご家族のことを思い出し，ディズニーランドで撮(と)った写真を眺(なが)めています。

　来年あなたが日本に来たときには，横浜をあちこちご案内しますね。あなたが日本のことを気に入ってくれるといいな。

　お便りを楽しみにしています。

友達の佐々木彩花より

表 現 集

I'm busy ...ing「…するのに忙しくしています」/ Thank you very much for ....「…をどうもありがとうございます」/ I'll show you around in ....「…を(あちこち)ご案内しますね」/ I hope you'll like ....「あなたが…のことを気に入ってくれるといいのですが」/ I'm looking forward to ...ing「…するのを楽しみにしています」/ hear from ...「…から便りをもらう」

現分 lying [láiiŋ らイイング]) **自**
❶ (人・動物が)**横たわる**, 横になる; 横たわっている ➡ **lay¹** [参考]
▸Kate **lay** on the sofa.
ケイトはソファーに横になった.
▸Tom is **lying** on his back.
トムはあおむけに寝(¹²)ている.
▸Emma is **lying** on her stomach.
エマはうつぶせになっている.
❷ **位置する**, ある
▸Yokohama **lies** to the southwest of Tokyo. 横浜は東京の南西にある.
❸ …の状態にある, …のままである
▸A book **lay** open on the desk.
本が机の上に開いたまま置いてあった.
líe dówn 横になって休む

> **[参考] lie の変化形のちがい**
>
> 「横たわる」という意味の lie と「うそをつく」という意味の lie では, 変化形が異なるので注意しましょう.
>
> | | 過去 | 過分 | 現分 |
> |---|---|---|---|
> | lie「横たわる」 | lay | lain | lying |
> | lie「うそをつく」 | lied | lied | lying |

‌lie² [lái らイ]
——**名詞** (**複数** lies [-z])
C うそ, 偽(いつわ)り(**対義語** the truth 真実)
▸Don't tell a **lie**. うそをつくな.
——**動詞** (**三単現** lies [-z]; **過去・過分** lied [-d]; **現分** lying [láiiŋ らイイング])
自 うそをつく ➡ **lie¹** [参考]
▸I **lied** to my father.
わたしは父にうそをついた.

‌life [láif らイふ] **名詞**
(**複数** lives [láivz らイヴズ])

❶ **生命**
❷ (人の)**一生**
❸ **人生**
❹ **生活**

❶ **U 生命**, 命; 生; **C** (個人の)命
(**対義語** death 死); **U** 活力, 活気
▸The doctor saved her **life**.
その医者は彼女の命を救った.
▸Ann is always full of **life**.
アンはいつも元気いっぱいだ.
❷ **U C** (人の)**一生**, 生涯(しょうがい)
▸His **life** was short.
彼の一生は短かった.

▸I wrote an e-mail in English for the first time in my **life**.
わたしは生まれて初めて英語で E メールを書いた.
❸ **U 人生**, この世に生きること
▸He has much experience of **life**.
彼は人生経験が豊富だ.
❹ **C U 生活**, 暮らし
▸a busy **life** 忙(いそが)しい生活
▸How is your school **life**?
学校生活はどうですか?
❺ **U 生物**(全体), 生き物
▸animal [plant] **life** 動物[植物]
▸Is there **life** on Mars?
火星に生物はいるのかな?
❻ **C 伝記**(◆ life story ともいう;
同義語 biography)
▸a **life** of George Washington
ジョージ・ワシントンの伝記
áll one's lífe 一生涯
for one's [déar] lífe 命がけで, 必死で
▸He fought **for his life**.
彼は命がけで戦った.
in (all) one's lífe
生まれてこのかた, 一生で
▸She's never been abroad **in her life**. 彼女は生まれてこのかた外国に行ったことがない.

lifeboat [láifbòut らイふボウト] **名詞**
C 救命艇(てい), 救命ボート

lifeguard [láifgàːrd らイふガード] **名詞**
C (海・プールの)救助員, 監視(かんし)員
(◆ life guard ともつづる)

lifelong [láiflɔ̀ːŋ らイふろーング] **形容詞**
《名詞の前に用いて》一生の, 生涯(しょうがい)にわたる
▸a **lifelong** friend 一生の友

life-size(d) [láifsáiz(d) らイふサイズ(ド)]
形容詞 (写真・彫刻(ちょうこく)などが)等身大の

lifestyle [láifstàil らイふスタイる] **名詞**
C 生活様式, 生き方

lifetime [láiftàim らイふタイム] **名詞**
C 生涯(しょうがい), 一生

lifework [láifwə́ːrk らイふワ〜ク] **名詞**
U 一生の仕事, ライフワーク

lift [líft りふト] **動詞 他** …を持ち上げる
(**同義語** raise); (目・顔など)を上に向ける
——**名詞** ❶ **C** (好意で車などに)乗せること(**同義語** ride)
▸Can I have a **lift**?
乗せてもらえませんか?

❷ C （英）エレベーター
（♦（米）elevator）；（スキー場の）リフト

♦light [láit らイト]（★発音に注意）

light¹	名詞	❶ 光
		❷ 明かり
	動詞 他	❶ …に火をつける
	形容詞	❶ 明るい
light²	形容詞	❶ （重量が）軽い
		❷ （量が）少ない

♦light¹ [láit らイト]

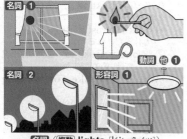

名詞 1
動詞 他 1
名詞 2
形容詞 1

──名詞 （複数 lights [láits らイツ]）

❶ U 光，光線；日光；明るさ
（対義語 darkness 暗さ）

▶strong [bright] light
強い光

▶The light came into my room.
光がわたしの部屋に差しこんだ.

❷ C 明かり，照明，電灯；（交通）信号
➡ lamp

▶a street light　街灯

▶turn on [off] the light
明かりをつける[消す]

▶Turn left at the next (traffic)
light.
次の信号で左に曲がりなさい.

❸ 《a light で》
《口語》（マッチ・タバコなどの）火

──動詞 （三単現 lights [láits らイツ]；
過去・過分 lighted [-id] または lit [lít
リット]；現分 lighting）

──他 ❶ …に火をつける，（火）をつける

▶light a candle [the gas]
ろうそくに火をつける[ガスに点火する]

❷ …を明るくする（♦しばしば up をとも
なう）；（明かり）をつける

▶light up the stage
舞台を照らす

──自 火がつく；（表情が）明るくなる

──形容詞 （比較 lighter；最上 lightest）

❶ 明るい（対義語 dark 暗い）

▶a light room
明るい部屋

▶It's getting light outside.
外が明るくなってきた.

❷ （色が）薄い（対義語 dark 濃い）

▶light blue　淡い青

♦light² [láit らイト] 形容詞

（比較 lighter；最上 lightest）

1　2

❶ （重量が）軽い（対義語 heavy 重い）

▶a light package　軽い小包

▶Oil is lighter than water.
油は水よりも軽い.

❷ （量が）少ない；（強さ・程度が）弱い；
簡単な，楽な

▶a light meal　軽い食事

▶Traffic is light today.
今日は交通量が少ない.

❸ （内容が）軽い

make light of ...　…を軽んじる

lighten¹ [láitn らイトゥン] 動詞 他

❶ …を明るくする，照らす

▶A large window lightened the
room.
大きな窓が部屋を明るくしていた.

❷ （表情など）を輝かせる

──自 （空・表情などが）明るくなる

lighten² [láitn らイトゥン] 動詞

他 …を軽くする

──自 ❶ （ものが）軽くなる；緩和される

❷ （気分などが）楽になる，陽気になる

lighter [láitər らイタ] 名詞

C （たばこ用の）ライター

lighthouse [láithàus らイトハウス]
名詞 C 灯台

lighting [láitiŋ らイティング] 名詞
U 照明，照明方法

lightly [láitli らイトり] 副詞

❶ 軽く；少しだけ

❷ 軽率に，軽々しく
（♦ふつう否定文で用いる）

lightning [láitniŋ らイトニング] 名詞
U 稲妻，稲光
（♦「雷鳴」は thunder）

a b c d e f g h i j k l m n o p q r s t u v w x y z

like [láik ライク]

like¹	動詞	他 ❶ …を好む
		❷ …するのが好きである
	自	好む
like²	前置詞	…のような[に]

like¹ [láik ライク] 動詞

(三単現 **likes** [-s]; 過去・過分 **liked** [-t]; 現分 **liking**)

—他 ❶ …を好む, …が好きである

(対義語 dislike …を嫌(きら)う)

▶I **like** soccer very much.
わたしはサッカーが大好きだ.

▶He **likes** dogs. 彼はイヌが好きだ.
(◆一般的な好みを言うときは, 目的語となる数えられる名詞は複数形になる)

❷《**like** + ...ing または **like to** +動詞の原形で》…するのが好きである

▶I **like** traveling [to travel].
わたしは旅行をするのが好きだ.

—自 好む, 望む

▶Do as you **like**.
好きなようにしなさい.

Hów do you líke ...? (好き嫌いをたずねたり, 意見を求めたりして)
…はどうですか?

ダイアログ
A: **How did you like** this book?
この本はどうだった?
B: I really enjoyed it.
とてもおもしろかったよ.

if you like よろしかったら
would like ... =《英》*should like ...*
① …がほしい(のですが)
(◆ want よりていねいな言い方;
I'd like のように短縮されることが多い)

▶I'd **like** a large size.
Lサイズのものがほしいのですが.

▶I'd **like** a second helping, please.
(食事のときに)お代わりをください.

---

②《**Would you like ...?** で》
…はいかがですか?

ダイアログ
A: **Would you like** a piece of cake?
ケーキを1切れいかがですか?
B: Yes, please.
はい, いただきます. (◆いらないときは No, thank you. などと答える)

I would like to +動詞の原形
=《英》*I should like to* +動詞の原形
① …したい(のですが)
(◆ want to +動詞の原形よりもていねいな言い方; I'd like to .... と短縮されることが多い)

▶I'd **like to** rest a little.
少し休みたいのですが.

②《**Would you like to** +動詞の原形? で》…してはいかがですか?

▶**Would you like to** try some Japanese food?
和食を食べてみてはいかがですか?
(◆人にすすめるときには, 疑問文でも any ではなく some を用いる)
➡ some ルール

③《**I would** [《英》**should**] **like** +人+ **to** +動詞の原形で》
(人)に…してほしい(のですが)

▶I'd **like** you **to** stay here.
ここにいてほしいのですが.

like² [láik ライク]

—前置詞 …のような[に], …に似た, …らしい

▶She is **like** a sister to me.
彼女はわたしにとって姉[妹]のようなものだ.

▶It tastes **like** an orange.
それはオレンジのような味がする.

▶Do it **like** this.
こんなふうにやってごらん.

▶Is Ed sick in bed? That's not **like** him. エドが病気で寝(ね)ているんだって? 彼らしくないね.

féel like ... …がほしい; …のような手触(ざわ)りがする; …らしい; …したい気がする
《...ing》➡ feel

lóok like ... …に似ている; …のように見える; …になりそうだ ➡ look

Whát is ... like?
…はどういうもの[人]ですか?

a b c d e f g h **i** j k l **l** m n o p q r s t u v w x y z

▶**What is** Ann **like?**
アンはどんな人ですか?
――**形容詞** 似ている, 同様の
――**名詞** (**複数** likes [-s])
C《ふつう **the like** または **one's like** で》
似たもの[人]

and (*all*) *the like*
《口語》およびそのほかの同じようなもの

-like 接尾辞 名詞について「…のような」という意味の形容詞をつくる: child(子供)
+ -like → childlike(子供のような)

liked [láikt らイクト] **動詞**
like¹(…を好む)の過去形・過去分詞

likely [láikli らイクり] **形容詞**
(比較 more likely または likelier;
最上 most likely または likeliest)
❶ ありそうな, 起こりそうな
(対義語 unlikely ありそうもない)
▶**a likely** end ありそうな結末
❷《**be likely to** +動詞の原形で》
…しそうだ;《**it is likely** + **that** 節で》
たぶん[おそらく]…だろう
▶Tom **is likely to** come to the
party. (=**It is likely that** Tom
will come to the party.)
トムはパーティーに来そうだ.(おそらくトムはパーティーに来るだろう.)
――**副詞** おそらく, たぶん
▶She is **likely** at home.
彼女はおそらく家にいるだろう.

liking [láikiŋ らイキング] **動詞**
like¹(…を好む)の現在分詞・動名詞

lilac [láilək らイらック] **名詞**
C【植物】ライラック, リラ
(♦モクセイ科の落葉低木)

lily [líli りり] **名詞** (**複数** lilies [-z])
C【植物】ユリ; ユリの花

limb [lím リム] (★発音に注意)
名詞 ❶ C 手足(の1本); 翼(つばさ)
❷ **C** (木の)大枝(同義語 bough)

limit [límit リミット] **名詞**
❶ **C** 限界, 限度; 制限
▶**the upper limit** 最大限
▶**the speed limit** 速度制限
❷ **C**《ふつう **limits** で》範囲(はんい), 境界
▶**Off Limits**
《掲示》《主に米》立入禁止区域
――**動詞** 他 …を(…に)制限する《**to** ...》

limited [límitid リミティッド] **形容詞**
(数・量などが)限られた, 限定の;
《米》(列車・バスなどが)特別(急行)の

▶**a limited** edition
(本などの)限定版

limousine [líməzìːn リムズィーン] **名詞**
❶ **C** リムジン(♦高級大型乗用車)
❷ **C** リムジンバス(♦空港と駅などを結ぶ送迎(そうげい)用大型バス)

Lincoln [líŋkən リンカン] **名詞**
【人名】リンカーン
(♦ Abraham
Lincoln [éibrəhæm-
エイブラハ厶-],
1809-65; アメリカ
合衆国第 16 代大統
領; 奴隷(どれい)解放に貢
献(こうけん)した)

ˈline [láin らイン]
――**名詞** (**複数** lines [-z])

❶ 線
❷ (文章の)行
❸ 列
❹ ひも; 電話線

❶ **C** 線
▶draw a straight **line** 直線をひく
❷ **C** (文章の)行;《ふつう **lines** で》
(役者の)せりふ;《**a line** で》短い手紙
▶the seventh **line** from the top
[bottom] 上[下]から7行め
▶I forgot my **lines** on stage.
わたしは舞台(ぶたい)でせりふを忘れた.
❸ **C** 列, 並び, 行列
(♦ 同義語 row,《英》queue)
▶I stood in **line** for the tickets.
わたしはチケットを買う列に並んだ.
❹ **C** ひも, 綱(つな); 糸; 電話線, 電線
▶Hold the **line**, please.
(電話を)切らずにお待ちください.
▶She is on the **line** now.
彼女は今, 電話中です.
❺ **C** (列車・バスなどの)路線, 航(空)路

ダイアログ
A: Which **line** should I take?
何線に乗ればいいですか?
B: Take the Tozai **Line**.
東西線に乗ってください.

――**動詞** (三単現 **lines** [-z];
過去・過分 **lined** [-d]; 現分 **lining**) 他
❶ …に沿って並ぶ;
…に(…を)並べる《**with** ...》

A B C D E F G H **I** J K L M N O P Q R S T U V W X Y Z

❷ …に線をひく

líne úp
① 1 列に並ぶ, 整列する
② …を 1 列に並べる

linen [línin リネン] 名詞 U リネン, 亜麻(あま)
布; U《しばしば **linens** で》
リネン製品(◆シーツ, タオルなど)

liner [láinər ライナ] 名詞
❶ C (大洋航路の)定期船;
(大型)定期旅客(りょかく)機
❷ C 〔野球〕ライナー
(◆ line drive ともいう)

lining [láiniŋ らイニング] 名詞
U C (衣服・箱などの)裏張り, 裏地

link [líŋk リンク] 動詞
他 …を(…と)つなぐ, 連結する
《with [to] ...》
(同義語 connect, join)
——名詞 C (鎖(くさり)の)輪;
結びつけるもの[人]; きずな; 接続

lion [láiən ライアン] 名詞
(複数 lions [-z])
❶ C 〔動物〕**ライオン**; 雄(おす)ライオン
(◆特に「雌(めす)ライオン」を指すときは
lioness [láiənəs ライオネス]を用いる)
❷《the Lion で》〔天文〕しし座
➡ horoscope 文化

lip [líp リップ] 名詞 (複数 lips [-s])
C 唇(くちびる)(◆鼻の下までふくむ)
➡ mouth 図
▸the upper [lower] lip　上唇[下唇]
▸She put her finger to her lips.
彼女は唇に指を当てた.(◆「静かにする
ように」というジェスチャー)

lipstick [lípstik リップスティック] 名詞
C U (スティックタイプの)口紅

liquid [líkwid リクウィッド] 形容詞
液体の, 液状の
——名詞 C U 液体
(◆「気体」は gas, 「固体」は solid)

liquor [líkər リカ] 名詞
U 《米》(ウイスキーなどの)強い酒,
蒸留(じょうりゅう)酒; 《英》酒類, アルコール飲料

list [líst リスト]
——名詞 (複数 lists [lísts リスツ])
C 表, リスト; 名簿(めいぼ)
▸a price list　価格表
▸a passenger list
(旅客機・客船の)乗客名簿

▸make a list　表を作る
——動詞 (三単現 lists [-s];
過去・過分 listed [-id]; 現分 listing)
他 …を表にする; …を(表・名簿などに)
載(の)せる
(◆×英語では list up とはいわない)

listen [lísn リスン]
(★発音に注意) 動詞
(三単現 listens [-z]; 過去・過分 listened
[-d]; 現分 listening) 自
❶ (…を)聴(き)く, 聞く, (…に)耳を傾(かたむ)
ける《to ...》;《命令形で》ねえ(◆注意をひ
くときの呼びかけ)
▸listen carefully　注意して聞く
▸Listen to me.
わたしの言うことを聞きなさい.
▸I was listening to rock music in
my room.
わたしは部屋でロック音楽を聴いていた.
▸Listen, Meg.　ねえ, メグ.
❷《listen to +人+動詞の原形[...ing]
で》(人)が…する[している]のを聞く
▸I listened to Ann singing.
わたしはアンが歌っているのを聴いた.

lísten (óut) for ...
…を聞こうと耳を澄(す)ます

くらべよう listen と hear

listen: 自ら進んで聞こうと, 意識的に
耳を傾けることを表します.
▸She is listening to music.
彼女は音楽を聴いている.
hear: 自分の意思とは関係なく, 自然
に聞こえることを表します.
▸I heard some noise then.
わたしはそのとき騒音(そうおん)を聞いた.

listener [lísnər リスナ] 名詞 C 聞く人;
(ラジオなどの)聞き手, リスナー

lit [lít リット] 動詞
light¹(…に火をつける)の過去形・過去分
詞の一つ

liter, 《英》**litre** [líːtər リータ]
（★発音に注意）名詞
C（容積の単位の）リットル
（◆ L. または lit. と略す）

literally [lítərəli リテラリ] 副詞
文字どおりに；ほんとうに，実際に

literary [lítərèri リテレリ] 形容詞
文学の，文学的な；文語の

literature [lítərətʃər リテラチャ] 名詞
U 文学；文学作品（全体）；文献(はん)

litre [líːtər リータ] 名詞
《英》＝《米》liter（リットル）

litter [lítər リタ] 名詞
U（特に戸外に捨てられた）ごみ，くず
▶pick up **litter** ごみを拾う
──動詞 他 …を散らかす，汚(よご)す
──自 ものを散らかす

ロンドンの
旧王立海軍
大学のごみ箱

ˈlittle [lítl リトゥる]

形容詞	❶ 小さい
	❷ 少量の
	❸ ほとんど（ない）
副詞	❶ 少し（は）
	❷ ほとんど…ない
代名詞	❶ ほとんど（…ないもの）
	❷ 少し

──形容詞 （比較）**less** [lés れス]；
（最上）**least** [líːst リースト]）
❶《名詞の前に用いて》**小さい**，かわいい
（対義語 big 大きい）
（◆この意味では比較級に smaller，最上
級に smallest を用いる）
▶a **little** dog 小イヌ
▶a cute **little** baby
　かわいい赤ちゃん

くらべよう little と small

little:「かわいらしい」などの感情がふ
くまれます．

small: 感情はふくまれず，単に大きさ
が「小さい」ことを表します．

▶a **little** cat 小さくてかわいいネコ
▶The cat is **small**.
　そのネコは小さい．

❷《a little で数えられない名詞の前に用
いて》**少量の**，少しの
（対義語 much 多くの）➡ **few** ルール
▶I have a **little** money.
　わたしは少しお金を持っている．
▶I speak a **little** French.
　わたしは少しフランス語を話す．

❸《little で数えられない名詞の前に用い
て》**ほとんど（ない）**➡ **few** ルール
▶We had **little** rain last year.
　去年は雨がほとんど降らなかった．

❹《名詞の前に用いて》（時間・距離(きょり)など
が）短い（同義語 short）
▶for a **little** while 少しの間

❺ 年下の，若い（対義語 big 年上の）
▶my **little** brother わたしの弟

only a little
ほんのわずかの，ほとんど（…がない）
──副詞 （比較）**less** [lés れス]；
（最上）**least** [líːst リースト]）
❶《a little で》少し（は）

ダイアログ
A: Do you speak Spanish?
　あなたはスペイン語を話しますか？
B: Yes, just a **little**.
　はい，少しだけなら．

▶This jacket is a **little** too small
　for me.
　この上着はわたしには少し小さ過ぎる．
❷《very little で》ほとんど…ない
▶He slept **very little** last night.
　彼はゆうべほとんど眠(ねむ)らなかった．

──代名詞 ❶《little で》ほとんど（…ない
もの）（対義語 much 多量）
▶**Little** is known about the
　writer. その作家については，ほとん
　ど知られていない．
❷《a little で》少し，少量
▶Give me a **little** of that cake,
　please. そのケーキを少しください．

little by little 少しずつ，しだいに

Little Bear [lítl béər リトゥる ベア]
名詞《the Little Bear で》
【天文】こぐま座

little finger [lítl fíŋgər リトゥる フィン
ガ] 名詞 C 小指 ➡ **finger** 図

a b c d e f g h i j k l m n o p q r s t u v w x y z

A B C D E F G H I J K L M N O P Q R S T U V W X Y Z

‡live¹ [lív リヴ] 動詞

（三単現 **lives** [-z]; 過去・過分 **lived** [-d];
現分 **living**)
——自

❶ 住む
❷ 生きる
❸ 暮らす

❶《場所を表す副詞(句)をともない》
住む, 住んでいる

ダイアログ
A: Where do you **live**?
あなたはどこに住んでいますか？
B: I **live** in Osaka.
わたしは大阪に住んでいます.

▶My uncle is **living** in London.
わたしのおじは(今は)ロンドンに住ん
でいる.(◆進行形は一時的に住んでいる
ことを表す)

❷ 生きる, 生存する(対義語 die 死ぬ)
▶We cannot **live** without air.
空気がなければ生きられない.
▶He **lived** to be ninety-seven.
彼は 97 歳(ぷ)まで生きた.

❸ 暮らす, 生活する;
(…で)生計を立てる《by ...》
▶**live** well [in poverty]
裕福(茶)に[貧しく]暮らす
▶They **lived** happily ever after.
彼らはその後幸せに暮らしました.
(◆おとぎ話の結びでよく用いられる)

❹ (記憶(撈)・歴史などに)ずっと残る
——他《**live a** [**an**]＋形容詞＋**life** で》
…な生活[人生]を送る
▶**live a** happy [quiet] **life**
幸福な[静かな]人生を送る

líve ón ... ＝ *líve upón ...*
① (給料など)で暮らしていく, 生計をた
てる
② …を常食とする
▶The bird **lives on** small insects.
その鳥は小さな昆虫(぀뇡)を常食とする.

live úp to ... (期待など)にこたえる;
…に従って行動する

live² [láiv ライヴ] (★ live¹ との発音のち
がいに注意) 形容詞

❶《名詞の前に用いて》
(動植物が)生きている(◆人の場合には
living を, be 動詞などのあとには alive

を用いる; 対義語 dead 死んだ)
▶a **live** animal 生きている動物
❷ (放送などが)生(籈)の, 実況(籍랳)の
▶a **live** concert ライブコンサート

lived [lívd リヴド] 動詞
live¹(住む)の過去形・過去分詞

livelihood [láivlihùd らイヴリフッド]
名詞 U《または **a livelihood** で》
生計(の手段), 暮らし(同義語 living)

lively [láivli らイヴリ] 形容詞
（比較 **livelier**; 最上 **liveliest**)
元気のよい, 活発な

liver [lívər リヴァ] 名詞
C 肝臓(꺁); U (食用にする)レバー, 肝臓

Liverpool [lívərpùːl リヴァプール] 名詞
リバプール(◆イギリスのイングランド北
西部の港湾(꺁)都市)

lives [láivz らイヴズ] 名詞
life(生命)の複数形

‡living [líviŋ リヴィング]

——動詞 live¹(住む)の現在分詞・動名詞
——形容詞(人・動物が)**生きている**
(対義語 dead 死んだ) ⇒ **alive**;
(言語などが)現在使われている;
生活の, 生活に適した
▶**living** things 生物
▶**living** English 生きた英語
▶the **living** standard 生活水準
——名詞(複数 **livings** [-z]) U 生活; C
《ふつう **a living** または *one's* **living**
で》生計, 暮らし(同義語 livelihood)
▶**make** [**earn**] *one's* **living**
生計をたてる

living room [líviŋ rùːm リヴィング ルー
ム] 名詞(複数 **living rooms** [-z])
C 居間, リビングルーム(◆家族がくつろ
ぐ部屋; (英)sitting room)
⇒ 巻頭カラー 英語発信辞典⑫

lizard [lízərd リザド] 名詞
C 【動物】トカゲ

-'ll will, shall の短縮形: I'll, They'll
などをつくる

load [lóud ろウド] 名詞
C 積み荷, 荷;(心の)重荷
▶a heavy **load** 重い荷物
——動詞 他 (荷)を積む, (荷)を載(²)せる

loaf [lóuf ろウふ] 名詞
（複数 **loaves** [lóuvz ろウヴズ])
C (パンの)ひとかたまり, パン 1 個
(◆「切ったもの」は slice) ⇒ **bread**

▸a **loaf** of bread パン1個

loan [lóun ろウン] 名詞 U C 貸すこと，貸しつけ；C 貸し出したもの，貸付金
——動詞 他 《主に米》《loan ＋人＋もの・金で》（人）に（もの・金）を貸す

lobby [lábi らビ] 名詞 《複数 **lobbies** [-z]》C（ホテル・劇場などの）広間，ロビー

lobster [lábstər らブスタ] 名詞 C【動物】ロブスター，ウミザリガニ（◆大型のエビで，はさみをもつ；中型のエビは prawn，小エビは shrimp）；U ロブスターの肉

local [lóukl ろウクる] 形容詞
❶（ある）地方の，その土地の，地元の（◆「都会」に対する「いなか」の意味はない）
▸a **local** paper 地元の新聞
❷（列車が）短区間の；各駅停車の（対義語 express 急行の）
▸a **local** train 普通列車

locally [lóukli ろウカリ] 副詞 その地方で，局地的に

locate [lóukeit ろウケイト] 動詞 （三単現 **locates** [lóukeits ろウケイツ]；過去・過分 **located** [-id]；現分 **locating**）他
❶（建物など）を（ある場所に）設置する，設ける；《be located in [on] ... で》（建物などが）…にある，位置する
▸Our school **is located in** the center of the city.
わたしたちの学校は市の中心部にある．
❷ …の場所[位置]を見つけ出す

location [loukéiʃn ろウケイシャン] 名詞
❶ C 位置，場所
❷ C U（映画の）野外撮影（地），ロケ（地）

lock [lák ラック] 名詞 C 錠（；）（◆key「かぎ」は lock を開けるためのもの）➡ **key** 図
▸turn [open] a **lock** かぎをあける
——動詞 他 ❶（ドアなど）にかぎをかける
▸**lock** the door ドアにかぎをかける
❷ …を（かぎのかかる場所に）閉じこめる，しまいこむ（in ...）
（◆しばしば up をともなう）

locker [lákər らカ] 名詞 C ロッカー

locker room [lákər rùːm らカ ルーム] 名詞 C ロッカールーム，更衣（；）室

locomotive [lòukəmóutiv ろウコモウティヴ] 名詞 C 機関車
▸a steam **locomotive** 蒸気機関車（◆英語では SL と略さない）

locust [lóukəst ろウカスト] 名詞 C【昆虫】イナゴ，バッタ；

（米）セミ（同義語 cicada）

lodge [ládʒ らッヂ] 名詞 C（邸宅（；）などの）番小屋；山小屋，ロッジ

loft [lɔːft ろーふト] 名詞 C 屋根裏（部屋）；（米）（アパートなどの）上階，ロフト

log [lɔːg ろーグ] 名詞 C 丸太，丸木
▸a **log** cabin 丸太小屋，ログキャビン

logging [lɔː(ː)giŋ ろ(ー)ギング] 名詞 U 伐採

logic [ládʒik らヂック] 名詞 U 論理；論理学

logical [ládʒikl らヂクる] 形容詞 論理的な，筋の通った

lollipop, lollypop [lálipàp らりパップ] 名詞 C 棒つきキャンディー；（英）アイスキャンディー

◆London [lándən らンダン]（★発音に注意）名詞 ロンドン（◆イギリスの首都）

London Bridge [lándən brídʒ らンダン ブリッヂ] 名詞 ロンドン橋（◆テムズ川にかかる橋；現在まで何度もかけ直されてきた）

Londoner [lándənər らンダナ] 名詞 C ロンドン市民，ロンドンっ子

loneliness [lóunlinəs ろウンリネス] 名詞 U 孤独（；），寂（；）しさ

lonely [lóunli ろウンリ] 形容詞 （比較 **lonelier**；最上 **loneliest**）ひとりぼっちの；寂（；）しい；人里はなれた，人気（；）のない
▸I felt **lonely** then.
そのときわたしは孤独（；）を感じた．
▸a **lonely** island 孤島（；）

lonesome [lóunsəm ろウンサム] 形容詞 （米）寂（；）しい，孤独（；）な；人里はなれた

‡long¹ [lɔ́ːŋ ローング]

—**形容詞** (比較 **longer**; 最上 **longest**)

❶ (長さ・距離(ゼ)が)**長い**
(対義語 **short** 短い)

▶a **long** dress （丈(ﾀ)の）長いドレス

▶Kate has **long** hair.
ケイトは髪(ﾗ)が長い.

❷ (時間が)**長い**
(対義語 **little, short** 短い)

▶He took a **long** vacation.
彼は長い休暇(ﾇ)をとった.

▶I haven't seen you for a **long** time.
お久しぶりです.（◆「わたしは長い間, あなたに会っていない」の意味から）

❸《長さを表す語のあとに用いて》
…の長さがある

▶This table is five feet **long**.
このテーブルは長さが5フィートだ.

ダイアログ
A: How **long** is this bridge?
この橋の長さはどのくらいですか？
B: It's about four hundred meters **long**.
約400メートルです.

—**副詞** (比較・最上 は 形容詞 に同じ)
《疑問文・否定文で》
(時間的に)**長い間**; ずっと

▶all year **long** 一年じゅう

ダイアログ
A: How **long** did you stay there?
そこにはどのくらい滞在(ﾀ)したの？
B: For three days.
3日間だよ.

▶I didn't have to wait **long**.
わたしは長く待たずに済んだ.

参考 「どのくらいの期間…？」の表し方

「どのくらいの期間…？」とたずねるときは How long ...? を使います. 具体的な日数や時間数をたずねる How many ...? とのちがいに注意しましょう.

▶**How long** do you watch TV a day?
1日にどのくらいテレビを見ますか？

▶**How many** hours do you watch TV a day?
1日に何時間テレビを見ますか？

a lóng tíme ago = *lóng ago*
ずっと前に

as lóng as ...
① …である間は; …であるかぎりは
▶Stay here **as long as** you like.
好きなだけここにいなさい.
▶I'll love you **as long as** I live.
生きているかぎり, あなたを愛します.
② …でありさえすれば
(同義語 **so long as**)
▶Any book will do, **as long as** it's interesting.
おもしろい本なら, 何でもいい.

lóng, lóng ago
(物語の語り出しで)昔々

no lónger ... = *not ... any lónger*
もはや…ない
▶They **no longer** live here. (=They **don't** live here **any longer**.)
彼らはもうここに住んでいない.

Lóng tíme nó sée.
《口語》久しぶりですね. → see

So lóng!《主に米口語》さようなら！
so lóng as ... = as long as ... ②
—**名詞** U 長い間
▶It won't take **long**.
長い時間はかかりません.

before lóng
まもなく, やがて(同義語 **soon**)

for lóng
《ふつう否定文・疑問文で用いて》長い間

long² [lɔ́ːŋ ローング] **動詞**
⊜ (…を)心から望む(for ...);
《long to ＋動詞の原形で》…することを切望する
▶Everyone **longs for** peace.
だれもが平和を心から望んでいます.
▶She **longed to** visit the country again.
彼女はその国を再び訪(ﾄ)れることを切望していた.

longing [lɔ́ːŋiŋ ローングイング] **名詞**
C U (…への/…したいという)切望, あこがれ《for ... / to ＋動詞の原形》

longitude [lándʒitjùːd らンヂテュード] **名詞** C U 経度 (◆lon. または long. と略す; 対義語 **latitude** 緯度(ﾄﾞ))

‡look [lúk るック]

—**動詞** (三単現 **looks** [-s];
過去・過分 **looked** [-t]; 現分 **looking**) ⊜

a b c d e f g h i j k **l** m n o p q r s t u v w x y z

基本のイメージ：見ようとして見る

LOOK!

❶ (…を)(注意して)**見る**，(…に)目を向ける《at ...》

▶**Look**! What's that?
見て！ あれは何？

▶**Look at** this picture.
この写真を見てください．

(くらべよう) **look, see, watch**

look: 意識的に見ようとして目を向けることを表します．
see: 自然に目に入ることを表します．
watch: 人やものの動き・変化を観察したり，テレビやスポーツの試合などを継続的に見たりすることを表します．

▶I **looked**, but **saw** nothing.
目をこらしたが，何も見えなかった．

▶I **watched** the wild birds.
わたしは野鳥を観察した．

❷《look at＋名詞＋動詞の原形[...ing]で》〜が…する[している]のを見る

▶We **looked at** John **skating**.
わたしたちはジョンがスケートをしているのを見た．

❸《**look (to be)**＋形容詞[名詞]で》…のように見える(同義語) seem)

▶He **looks** young. 彼は若く見える．

▶My parents **looked (to be)** surprised.
両親は驚(ど)いたように見えた．

❹ (建物が)(ある方向に)向いている，面している

▶Tom's house **looks** toward the ocean. トムの家は海に面している．

look áfter ...

…の世話をする；…に気をつける

▶I **looked after** her baby that night. その晩，わたしは彼女の赤ちゃんのめんどうを見た．

＊*look aróund ＝ look róund* (まわりを)ぐるりと見回す；(辺りを)見て回る

▶Martin came out and **looked around**.
マーティンは外に出て，辺りを見回した．

＊*look at ...*

…を見る(➡ 🔵 ❶ ❷)；…を調べる

▶Please **look at** my computer.
わたしのコンピューターを調べてください．

look báck 振(を)り返る；回想する

look dówn 下を見る；目を伏(を)せる

look dówn on ...

＝ *look dówn upon ...*

① …を見下ろす

② (人)を見下(を)す

(対義語) look up to(人)を尊敬する)

▶Don't **look down on** others.
他人を見下してはいけない．

＊*look for ...* …をさがす，求める

▶I'm **looking for** the key to my house.
わたしは家のかぎをさがしています．

＊*look fórward to ...*

…を楽しみにして待つ ➡ forward

Look hére! (相手の注意をひくときに)おい，ねえ，いいかい
(◆単に Look! ともいう)

look ín ① …の中をのぞく

▶She **looked in** the box.
彼女はその箱の中をのぞいた．

② (人のところに)立ち寄る《on [at] ...》
(◆at は場所，on は人に用いる)

look ínto ... ① …をのぞきこむ

▶He **looked into** my face.
彼はわたしの顔をのぞきこんだ．

② …の内容[原因]を調べる

▶The police are **looking into** the case. 警察はその事件を調べている．

＊*look like ...* …に似ている；…のように見える；…しそうだ，…になりそうだ

▶Your bag **looks like** mine.
きみのかばんはわたしのものに似ている．

(ダイアログ)

A: What does he **look like**?
彼は(外見は)どんな人？

B: He's very tall.
とても背が高いよ．

▶It **looks like** rain. 雨が降りそうだ．

look ón [upón]

① 傍観(を)する，そばで見る

② …を(…と)みなす，…を(…と)思う《as ...》

ABCDEFGHIJKLMNOPQRSTUVWXYZ

lóok óut
① （…から）外を見る《of …》
▶I **looked out** of the window.
わたしは窓から外を見た.
② （…に）気をつける《for …》
▶**Look out**! 気をつけて！

lóok óver
① （…越しに見る
② （書類など）に目を通す；…を調べる
▶Could you **look over** these papers? これらの書類に目を通してくださいますか？

lóok through
① …を通して見る
② …に目を通す，…をよく調べる

lóok úp
① 見上げる
▶He **looked up** at the sky.
彼は空を見上げた.
② （辞書などで）…を調べる《in …》
▶**Look up** these words **in** your dictionary.
これらの単語を辞書で調べなさい.

lóok úp to ... （人）を尊敬する
（同義語 respect, 対義語 look down on ...（人）を見下す）
▶I **look up to** my parents.
わたしは両親を尊敬している.

—— 名詞 （複数 looks [-s]）
❶ C 《ふつう a look で》見ること, ひとめ
▶Have **a look**. 見て.
▶I took a quick **look** at my watch.
わたしはちらっと腕時計を見た.
❷ C 《ふつう a look で》顔つき, 目つき；外観；《しばしば looks で》容ぼう, ルックス
▶She wore a serious **look**.
彼女はまじめな顔つきをしていた.
▶He has good **looks**.
彼はよいルックスの持ち主だ.

lookout [lúkàut ルックアウト] 名詞
《a lookout または the lookout で》（…に対する）見張り, 警戒《for …》

loop [lú:p ループ] 名詞
C （糸・針金などの）輪；環状のもの

‡loose [lú:s ルース]
（★発音に注意）形容詞
（比較 looser；最上 loosest）
❶ （結び目・服などが）ゆるい, ゆるんだ；（ものが）束ねられていない
（対義語 fast しっかりした, tight きつい）

▶a **loose** jacket だぶだぶの上着
❷ 《名詞の前には用いない》つながれていない
▶Don't let the dog **loose**.
そのイヌを放してはいけません.
❸ だらしない；ルーズな；不正確な

loosen [lú:sn ルースン] 動詞
他 …をゆるめる
—— 自 ゆるむ

lord [lɔ́:rd ロード] 名詞
❶ C 君主, 領主；支配者
❷ C 《英》貴族；《Lord ... で》…卿
（◆貴族・高官などの尊称）；
《the Lords で》（イギリスの）上院議員（全体）, 上院
❸ 《the Lord または our Lord で》（キリスト教の）神, 主, キリスト

lorry [lɔ́:ri ローリ] 名詞 （複数 lorries [-z]） C 《英》トラック（◆《米》truck）

Los Angeles [lɔ:s ǽndʒələs ロースあンヂェらス] 名詞 ロサンゼルス
（◆アメリカのカリフォルニア州の都市；LA, L.A. と略す）

ロサンゼルスのハリウッド大通り

‡lose [lú:z ルーズ]
（★発音に注意）動詞
（三単現 loses [-iz]；過去・過分 lost [lɔ́:st ロースト]；現分 losing）

他 ❶ …を失う, なくす
　　❷ （道・方向・人）を見失う；（道）に迷う
　　❸ （試合など）に負ける
自 　　負ける

—— 他 ❶ …を失う, なくす
（対義語 gain 得る）；（人）を亡くす
▶**lose** one's wallet 財布をなくす
▶She **lost** her son in an accident.
彼女は息子を事故で亡くした.
❷ （道・方向・人）を見失う；（道）に迷う
▶She **lost** her way in the street.
彼女は町中で道に迷った.
❸ （試合など）に負ける（対義語 win 勝つ）

▶We **lost** the final game.
わたしたちは決勝戦で負けた.
❹ (機会)を逃(のが)す; …をむだにする
▶He **lost** his chance.
彼は機会を逃した.
❺ (時計が)…だけ遅(おく)れる
(対義語) gain (時計が)…だけ進む)
——⊜ (…に)**負ける**《to …》; (…で)損をする《on …》
▶Argentina **lost to** Germany in the finals.
アルゼンチンは決勝戦でドイツに敗れた.

loser [lúːzər るーザ] 名詞
ⓒ 負けた人, 敗者(対義語 winner 勝者)

losing [lúːzɪŋ るーズィング] 動詞
lose (を失う)の現在分詞・動名詞

loss [lɔ́ːs ろース] 名詞 (複数 losses [-ɪz]) ❶ Ⓤ Ⓒ 失うこと, 喪失(そうしつ), 紛失(ふんしつ)
▶**loss** of memory 記憶喪失(きおくそうしつ)
❷ Ⓤ Ⓒ 損害, 損失; 損害額
▶The company had big **losses**.
その会社は大損害をこうむった.
❸ Ⓒ 敗北
at a lóss 途方(とほう)に暮れて
▶Ann was at a **loss**.
アンは途方に暮れていた.

lost [lɔ́ːst ろースト]
——動詞 lose (…を失う)の過去形・過去分詞
——形容詞 ❶ 失われた, なくした; 行方(ゆくえ)不明の; 道に迷った
▶I looked for my **lost** watch.
わたしはなくした腕(うで)時計をさがした.
▶a **lost** child 迷子
❷ 負けた

lost and found [lɔ́ːst ən fáund ろースト アン ふァウンド] 名詞 《the lost and found で》《米》遺失物取扱(とりあつかい)所

lot [lát らット] 名詞
(複数 lots [láts らッツ])
❶ 《a lot または lots で》《数・量が》たくさん(◆ lots はよりくだけた表現)
▶Japan learned a **lot** from other countries then. 当時, 日本は外国から多くのことを学んだ.
▶I have a **lot** [lots] to do today.
今日はすることがたくさんある.
❷ 《a lot または lots で副詞的に》たいへん, とても

▶Thanks a **lot**. ほんとうにありがとう.
❸ Ⓒ くじ
❹ 《a lot または one's lot で》運命
❺ Ⓒ 1区画(の土地)
▶a parking **lot** 駐車(ちゅうしゃ)場

a lót of ... = lóts of ...
(数・量の)**たくさんの**…
➡ **many** 〈くらべよう〉
▶A **lot** [Lots] of people were there.
たくさんの人がそこにいた.
▶a **lot** [lots] of love たくさんの愛情

lottery [látəri らタリ] 名詞
(複数 lotteries [-z]) Ⓒ 宝くじ

lotus [lóutəs ろウタス] 名詞
(複数 lotuses [-ɪz]) Ⓒ 【植物】ハス

loud [láud らウド] 形容詞
(比較 louder; 最上 loudest)
(声・音が)大きい; 騒々(そうぞう)しい, うるさい
(対義語 quiet 静かな);
(服装などが)はでな
▶Bill has a **loud** voice.
ビルは声が大きい.
——副詞 (比較・最上 は 形容詞 に同じ)
大声で
▶Speak a little **louder**, please.
もう少し大きな声で話してください.

loudly [láudli らウドリ] 副詞
大声で, 騒々(そうぞう)しく ➡ **aloud** 〈くらべよう〉

loudspeaker [láudspìːkər らウドスピーカ] 名詞
Ⓒ 拡声器, (ラジオなどの)スピーカー
(◆単に speaker ともいう)

Louisiana [luːìːziǽnə るーイーズィあナ] 名詞 ルイジアナ (◆アメリカ南部の州; La. または【郵便】で LA と略す)

lounge [láundʒ らウンヂ] 名詞
Ⓒ (ホテル・空港などの)休憩(きゅうけい)室, 待合室, ラウンジ

Louvre [lúːvrə るーヴル] 名詞
《the Louvre で》ルーブル美術館
(◆フランスのパリにある国立美術館で, もとは王宮だった)

A B C D E F G H I J K L M N O P Q R S T U V W X Y Z

‡love [lív ラヴ]

——名詞 (複数 loves [-z])

❶ Ⓤ《または a love で》(…に対する)愛《for [of] ...》; 恋(ⓒ), 恋愛(ⓒⓒ)

▶Susan has **a deep love for** her children.
スーザンは自分の子供たちに深い愛情を抱(ⓘ)いている.

▶It was **love** at first sight.
それはひとめぼれだった.

❷ Ⓤ《または a love で》愛着, 愛好心; Ⓒ 愛好していること[もの]

▶Lisa has **a strong love of** [for] music.
リサには音楽に対する強い愛好心がある.

▶Soccer is one of my **loves**.
サッカーは大好きなものの一つです.

❸ Ⓒ 恋人

❹ Ⓤ【テニス】(得点が)ゼロ, 零(ⓒ)点

be in lóve (…に)恋をしている《with ...》

▶Ann **is in love with** Tom.
アンはトムに夢中だ.

fáll in lóve (…に)恋をする《with ...》

▶Bob **fell in love with** Meg.
ボブはメグに恋をした.

Gíve [Sénd] my lóve to ....
…によろしくお伝えください.

With lóve, = Lóve,
(手紙やメールの結びで)愛をこめて, さようなら(◆ふつう女性が用いる; そのほかに Lots of love, とすることもある)

——動詞 (三単現 loves [-z];
過去・過分 loved [-d]; 現分 loving) ⓘ

❶ …を愛している(対義語 hate …を憎む)

▶I **love** you.
あなたが好きです, 愛しています.

❷ …が大好きである;《love ＋ ...ing または love to ＋動詞の原形で》…するのが大好きである
(◆疑問文・否定文ではふつう like を使う)

▶I **love** candy.
わたしはキャンディーが大好きだ.

▶We **love dancing** [to dance].
わたしたちはダンスが大好きだ.

would lóve to ＋動詞の原形 …したい
(◆「would like to ＋動詞の原形」の代わりに, 主に女性が用いる; I'd love to ... と短縮できる)

▶I'd **love to** interview her.
ぜひ彼女にインタビューしたいわ.

ダイアログ
A: Let's go to a movie.
映画に行こうよ.
B: I'd **love to**. ええ, ぜひ.

loved [lívd ラヴド] 動詞
love(…を愛している)の過去形・過去分詞

love game [lív gèim ラヴ ゲイム] 名詞
Ⓒ【テニス】ラブゲーム
(◆一方が 0 点で負けたゲーム)

‡lovely [lívli ラヴリ] 形容詞

(比較 lovelier; 最上 loveliest)

❶ 美しい, 愛らしい

▶a **lovely** child 愛らしい子供

❷《口語》すばらしい, 楽しい

▶**lovely** weather すばらしい天気

lover [lívər ラヴァ] 名詞

❶ Ⓒ (特に女性からみた)恋人(ⓘⓒ), 愛人
(◆ boyfriend や girlfriend のほうがふつう)

❷ Ⓒ (…の)愛好者(of ...)

loving [lívin ラヴィング] 動詞 love
(…を愛している)の現在分詞・動名詞

——形容詞 ❶ 愛情に満ちた; 優(ⓒ)しい

❷ (人を)愛する

▶Your **loving** daughter, Sarah
(あなたを)愛する娘, サラより
(◆手紙, メールなどで用いる)

‡low [lóu ロウ]

——形容詞 (比較 lower; 最上 lowest)

❶ (高さ・位置などが)低い
(◆山や建物などが低い場合に用いる;「人の背が低い」と言うときは short を用いる; 対義語 high 高い)

high

low

▶a **low** hill 低い丘(ⓒ)

▶This chair is a little too **low**.
このいすは少し低過ぎる.

❷ (値段・程度などが)低い, 小さい;
(地位・身分が)低い

▶a **low** price 安い値段

▶This food is **low** in calories.

この食品は低カロリーだ.

❸ (声・音が)小さい; (音程が)低い
▶Chris spoke in a **low** voice.
クリスは小声で話した.
── **副詞** (**比較・最上** は **形容詞** に同じ)低く
── **名詞** (**複数** **lows** [-z]) **C** 最低値

lower [lóuər ロウア] **形容詞**
(low の比較級)
❶ より低い
❷ 《名詞の前に用いて》下のほうの, 低い
ところの(**対義語** upper 上のほうの)
▶the **lower** Amazon アマゾン川下流
── **動詞** 他 …を下げる, 低くする
▶**lower** the blinds
ブラインドを下げる
── **動詞** 自 下がる, 低くなる

loyal [lóiəl ロイアる] **形容詞**
(友人・主義・国家などに)忠実な(to ...)
▶**loyal** supporters of the team
そのチームの忠実なサポーター

loyalty [lóiəlti ロイヤるティ] **名詞**
(**複数** **loyalties** [-z]) **U** 忠誠, 誠実;
C 《ふつう loyalties で》忠誠心

Ltd., ltd. (**英**)(会社が)有限責任の
(♦会社名のあとにつける; *limited* の略)

luck [lʌk らック] **名詞**
U 運(**同義語** fortune); 幸運, つき
▶have good **luck** ついている
▶**Luck** is with us.
つきはわたしたちにある.
▶Good **luck** with [on] your math
test. 数学のテスト, がんばってね.

ダイアログ
A: I lost my wallet.
財布(さいふ)をなくしたんだ.
B: Bad **luck**. ついてなかったね.

Góod lúck (to you)!
幸運を祈(いの)ります; がんばって.

luckily [lʌkili らキり] **副詞**
運よく, 幸いにも

lucky [lʌki らキ] **形容詞**
(**比較** luckier; **最上** luckiest)
幸運な, ついている; 幸運をもたらす
(**同義語** fortunate, **対義語** unlucky
不運な)
▶a **lucky** person 幸運な人
▶**Lucky** you.
きみはついているね.
▶I was **lucky** to get a ticket for

the concert.
そのコンサートのチケットが手に入るな
んて, わたしは幸運だった.

luggage [lʌgidʒ らゲッヂ] **名詞**
U (**主に英**)(旅行者の)手荷物(全体)
(♦(**主に米**)baggage)

lullaby [lʌləbài ららバイ] **名詞**
(**複数** lullabies [-z]) **C** 子守(もり)歌

lumber [lʌmbər らンバ] **名詞**
U (**米**)材木, 木材(♦(**英**)timber)

lump [lʌmp らンプ] **名詞**
❶ **C** (小さな)かたまり;(1個の)角砂糖
❷ **C** こぶ, はれもの

lunar [lú:nər るーナ] **形容詞**
月の(♦「太陽の」は solar)

:lunch [lʌntʃ らンチ] **名詞**
(**複数** lunches [-iz])
❶ **U** **C** 昼食(♦ふつう a をつけず複数形
にもしないが, 修飾(しゅうしょく)する語がつくと a
がついたり, 複数形になったりする)
➡ **breakfast** **ルール**
▶a school **lunch** 給食
▶What did you have for **lunch**?
昼食には何を食べたの?
▶Let's take a walk after **lunch**.
昼食後に散歩しよう.
❷ **U** **C** (**米**)軽い食事; 弁当

lunchbox, lunch box [lʌntʃbàks
らンチバックス] **名詞** (**複数** lunchboxes
[-iz]) **C** 弁当入れ, 弁当ケース

luncheon [lʌntʃən らンチョン] **名詞**
C **U** 昼食(♦lunch よりかたい語);
(正式な)昼食会

lunchtime [lʌntʃtàim らンチタイム]
名詞 **C** **U** 昼食時間, ランチタイム

lung [lʌŋ らング] **名詞** **C** 肺
(♦左右両方の肺は lungs という)

luxury [lʌkʃəri らクシャリ] **名詞**
(**複数** luxuries [-z])
U ぜいたく, 豪華(ごうか); **C** ぜいたく品

-ly **接尾辞** ❶ 名詞について「…の性質を
もつ」「 らしい」「…のような」の意味
の形容詞をつくる:friend(友人)+
-ly → friendly(親しい)
❷ 形容詞について副詞をつくる:loud
(声が大きい)+ -ly → loudly(大声で)

lying [láiŋ らイング] **動詞** lie¹(横たわ
る), lie²(うそをつく)の現在分詞・動名詞

lyric [lírik リリック] **名詞**
《lyrics で》歌詞

a b c d e f g h i j k **l** m n o p q r s t u v w x **y** z

A B C D E F G H I J K L M N O P Q R S T U V W X Y Z

Mm *Mm*

Q マラソンの由来は？➡ marathon をひいてみよう！

M, m [ém エム] 名詞 (複数 M's, m's または Ms, ms [-z]) C U エム
(♦アルファベットの 13 番めの文字)

m, m. ❶ (長さの単位の)マイル
(♦ mile(s) の略)
❷ メートル(♦ meter(s) の略)
❸ (時間の)分(♦ minute(s) の略)

MA 【郵便】マサチューセッツ州
(♦ Massachusetts の略)

ma [má: マー] 名詞 《しばしば Ma で》
C (口語)お母ちゃん，ママ

ma'am [mém マァム] 名詞 C (米口語)
(呼びかけで)奥(おく)様；お嬢(じょう)様；先生
(♦ madam の短縮形；目上の女性や女性教師などへのていねいなことば)

Mac [mæk マァック] 名詞 C 【商標】マック(♦アメリカのアップル社製のパソコンであるマッキントッシュの愛称)

macaroni [mækəróuni マァカロウニ] 名詞 U マカロニ

machine [məʃí:n マシーン]
名詞 (複数 machines [-z])
C 機械；機械製品；コンピューター
▶a washing **machine**
洗濯(せんたく)機
▶a vending **machine**
自動販売(はん)機
▶a sewing **machine** ミシン
(♦日本語の「ミシン」は machine の発音がなまったもの)

machinery [məʃí:nəri マシーナリ] 名詞
U 《単数あつかいで》機械(類)(全体)
(♦個々の機械は machine という)

mad [mæd マァッド] 形容詞
(比較 madder; 最上 maddest)
❶ 怒(おこ)って
▶Mary got **mad** at [with] Tom.
メアリーはトムに腹を立てた.
❷ 正気のさたではない
❸ 夢中になって

▶John is **mad** about tennis.
ジョンはテニスに夢中だ.
go mád 気が変になる

madam [mædəm マァダム] 名詞
(複数 mesdames [meidá:m メイダーム])
C《ふつう Madam で》
(呼びかけで)奥(おく)様，お嬢(じょう)様
(♦ていねいな言い方；男性には sir を用いる；(口語)ma'am)

made [méid メイド] 動詞
make(…を作る)の過去形・過去分詞

madness [mædnəs マァッドネス] 名詞
U 狂気(きょう)；無謀(ぼう)な行動

Madrid [mədríd マドゥリッド] 名詞
マドリード(♦スペインの首都)

magazine [mǽgəzì:n マァガズィーン, mǽgəzí:n マァガズィーン] 名詞
(複数 magazines [-z]) C 雑誌
▶a comic [fashion] **magazine**
マンガ[ファッション]雑誌
▶a weekly **magazine** 週刊誌
▶a monthly **magazine**
月刊誌
▶subscribe to a **magazine**
雑誌を定期購読(こうどく)する

magic [mædʒik マァヂック] 名詞
❶ U 魔法(ほう)，魔術；魔力
▶use [work] **magic** 魔法を使う
❷ U 手品，奇術(きじゅつ)
▶perform **magic**
手品をして見せる
── 形容詞 魔法の；手品の
▶a **magic** carpet
魔法のじゅうたん

magician [mədʒíʃn マヂシャン] 名詞
C 手品師，奇術(きじゅつ)師；魔法(ほう)使い

magnet [mǽgnit マァグネット] 名詞
C 磁石 ➡ experiment 図

magnetic [mægnétik マァグネティック]

形容詞 磁石の, 磁気を帯びた
▶**magnetic** force　磁力

magnificent [mæɡnífəsnt　マぁグニ
ふィスント] 形容詞 壮大(だい)な, 華麗(かれい)な;
《口語》すばらしい
▶a **magnificent** view of the
Pyramids　ピラミッドの壮大な眺(なが)め

magnitude [mæɡnitjùːd　マぁグニテュー
ド] 名詞 ❶ U 大きさ; 重要さ
❷ C マグニチュード
(◆地震(じん)の規模を表す単位)

Mahatma [məháːtmə　マハートマ] 名詞
C マハトマ(◆インドの聖人・偉人に付け
る敬称(しょう)) ➡ **Gandhi**

Mahomet [məhámit　マハメット] 名詞
＝**Muhammad**(ムハンマド)

maid [méid メイド] 名詞
C メイド, お手伝い(＝**housekeeper**)

*mail [méil メイる]

郵便ポスト　　　　郵便受け

——名詞 U 《主に米》郵便; 郵便物(全体)
(◆《主に英》**post**); (E)メール
(同義語 **e-mail**); C 1通の(E)メール
▶I sent him a book by **mail**.
わたしは彼に郵便で本を送った.
▶receive a lot of **mail**
たくさんの郵便物を受け取る
▶I got a few **mails** from her.
彼女から数通のメールが来た.

——動詞 (三単現 **mails** [-z];
過去・過分 **mailed** [-d]; 現分 **mailing**)
他 …を郵便で送る,　投函(かん)する,
(◆《英》**post**); …を(E)メールで送る
▶I **mailed** the letter today.
わたしは今日, その手紙を投函した.

mailbox [méilbàks メイるバックス] 名詞
(複数 **mailboxes** [-iz])
《米》❶ C 郵便ポスト
(◆《英》**postbox**, **pillar box**)
❷ C 郵便受け(◆《英》**letter box**)
➡ **house** 図

［文化］ 青いポスト

1 アメリカの郵便ポストは箱型で青
く, 国鳥のハクトウワシ(bald eagle)
のマークがついています.
2 郊外(がい)の一軒(けん)家の郵便受けには
横に旗がついていることがあります. そ
の旗を上げておけば集配人が中に入れ
た郵便物を持って行ってくれるので,
ポストが近くにない地域でも便利です.

mailman [méilmæn メイるマぁン] 名詞
(複数 **mailmen** [méilmèn メイるメン])
C 《米》郵便配達[集配]人
(◆性別差を避(さ)けるため mail carrier や
letter carrier ともいう; 《英》**postman**)

mail order [méil ɔ́ːrdər メイる オーダ]
名詞 U 通信販売(ばい)

main [méin メイン] 形容詞 《名詞の前に
用いて》主な, 主要な(同義語 **chief**)
▶the **main** characters in the story
その物語の主な登場人物
▶a **main** street　大通り
▶the **main** event　(ボクシングなどの)
主要試合, メインイベント
▶the **main** dish　主菜

Maine [méin メイン] 名詞 メーン州
(◆アメリカ北東部の州; Me. または【郵便】
で ME と略す)

mainland [méinlænd メインらぁンド]
名詞 C 《ふつう the **mainland** で》
(島・半島に対して)本土
▶**mainland** China　中国本土

mainly [méinli メインり] 副詞
主に, 主として(同義語 **chiefly**); 大部分は

maintain [meintéin メインテイン] 動詞
他 ❶ (いい状態に)…を維持(じ)する, …を
保持する; …を整備する
▶**maintain** world peace
世界平和を維持する
▶The city **maintains** the park.
市がその公園の整備を行っている.
❷ …を主張する
❸ (家族など)を養う(同義語 **support**)

maintenance [méintənəns メインテナ
ンス] 名詞 U 維持(じ), 保持; 管理, メンテ
ナンス

maize [méiz メイズ] 名詞
U 《英》トウモロコシ(◆《米》**corn**)

majestic [mədʒéstik マヂェスティック]
形容詞 威厳(げん)のある, 荘厳(そうごん)な

majesty [mǽdʒəsti マ▲ヂャスティ] 名詞
❶ Ｕ 威厳(いげん); 雄大(ゆうだい)さ
❷ Ｃ 《Majesty で》陛下(♦男性には His, 女性には Her, 両者に対しては Their をつけて用いる尊称(そんしょう); 直接呼びかけるときには Your をつける)
▶Your Majesty 陛下
▶Her Majesty the Queen 女王陛下

major [méidʒər メイヂャ] 形容詞
❶ (数・量・質などが)大きい[多い]ほうの; 過半数の, 多数の
(対義語 minor 小さいほうの)
▶the major part of the area その地域の大半
❷ 主要な, 一流の
▶a major airport 主要な空港
―― 名詞 ❶ Ｃ 《米》専攻(科目); 専攻学生
▶My major is history. わたしの専攻科目は歴史だ.
❷ Ｃ 《音楽》長調(対義語 minor 短調)
―― 動詞 自 《主に米》(…を)専攻する(in ...)

majority [mədʒɔ́:rəti マヂョーリティ]
名詞 《the majority または a majority で単数または複数あつかい》大多数, 大部分(対義語 minority 少数); 過半数
▶The majority of the class knew the song.
クラスの大多数はその歌を知っていた.
▶gain [get, win] a majority 過半数を得る

major league [méidʒər lí:g メイヂャ リーグ] 名詞 Ｃ 《ふつう Major League で》(アメリカのプロ野球の)大リーグ, メジャーリーグ

major leaguer [méidʒər lí:gər メイヂャ リーガ] 名詞 Ｃ (アメリカのプロ野球の)大リーグの選手, 大リーガー

make 動詞 名詞 ⇒ p.376 make

maker [méikər メイカ] 名詞
❶ Ｃ 作る人, 製造業者
❷ 《the Maker または our Maker で》創造主, 神

makeup [méikʌp メイクアップ] 名詞
❶ Ｕ 化粧(けしょう), メイクアップ; 化粧品
▶She was wearing no makeup. 彼女は全く化粧をしていなかった.
❷ Ｃ 《米》追試験(= make-up exam)

making [méikiŋ メイキング] 動詞
make(…を作る)の現在分詞・動名詞

Malay [méilei メイレイ, məléi マレイ] 名詞
Ｃ マレー人; Ｕ マレー語
―― 形容詞 マレー半島の; マレー人[語]の

Malaysia [məléizə マレイジャ] 名詞
マレーシア(♦東南アジアの国; 首都はクアラルンプール Kuala Lumpur)

male [méil メイる] 形容詞
男性の, 雄(おす)の(対義語 female 女性の)
―― 名詞 Ｃ 男性, 雄

mall [mɔ́:l モーる] 名詞
Ｃ 《米》(車が乗り入れできない)商店街, ショッピングモール

malt [mɔ́:lt モーるト] 名詞
Ｕ モルト, 麦芽(ばくが)

mama, mamma [mɑ́:mə マーマ]
名詞 Ｃ 《米口語》お母さん, ママ
(♦呼びかけにも用いる; 《米》mommy, 《英》mummy のほうがふつう)
(対義語 papa お父さん)

mammal [mǽml マ▲むる] 名詞
Ｃ ほ乳動物, ほ乳類
▶Dolphins are mammals. イルカはほ乳類だ.

mammoth [mǽməθ マ▲もす] 名詞 Ｃ 《動物》マンモス (★発音に注意)(♦氷河時代に生きていた巨象(きょぞう))

mammy [mǽmi マ▲ミ] 名詞
(複数 mammies [-z])
Ｃ 《米口語》《小児語》お母さん, ママ

man [mǽn マ▲ン] 名詞
(複数 men [mén メン])
❶ Ｃ (成人した)男性, 男の人
(対義語 woman 女性)
▶a tall man 背の高い男性
▶act like a man 男らしく行動する
▶Who are those men? あの男の人たちはだれですか?
❷ Ｃ (一般的に)人(♦女性もふくむ; 性差別を避(さ)けるために person, people を使うことが多い)
▶All men are born equal. 人はすべて生まれながらにして平等である.
❸ Ｕ 人類(♦ほぼ同じ意味の語に mankind があるが, 性差別を避けるために, これらよりも the human race, humans, human beings を使うことが多い)
▶the evolution of man 人類の進化

❹ C《ふつう **men** で》(男性の)部下

manage [mǽnidʒ マぁネッヂ] 動詞
(三単現 **manages** [-iz]; 過去・過分
managed [-d]; 現分 **managing**) 他
❶ …を経営する, 管理する
▶He **manages** a flower shop.
彼は花屋を経営している.
❷《**manage to** +動詞の原形で》
どうにか…する
▶I **managed to** finish my
homework.
わたしはなんとか宿題を終えた.

management [mǽnidʒmənt マぁネヂ
メント] 名詞
❶ U 経営, 管理
❷ C U《単数または複数あつかいで》
経営者(側)(全体)(対義語 labor 労働者)

manager [mǽnidʒər マぁネヂャ]
(★アクセントに注意) 名詞
C (会社などの)経営者, 支配人; 部長;
(スポーツなどの)監督; マネージャー

Mandela [mændélə マぁンデラ] 名詞
【人名】マンデラ(◆Nelson Mandela
[nélsn ネるスン-], 1918-2013: 南アフリ
カ共和国の反アパルトヘイト運動指導者
で, 人種隔離政策撤廃後の初代大統領;
1993年にノーベル平和賞を受賞する)

mandolin [mǽndəlin マぁンダリン]
名詞 C【楽器】マンドリン

manga [mǽŋgə マぁンガ] 名詞
C U (ふつう日本の)マンガ

参考 世界に通用する manga

日本のマンガは海外でも高い評価を得
ており, そのため manga という語が
広く通用するようになりました.

mango [mǽŋgou マぁンゴウ] 名詞
(複数 **mangoes** または **mangos** [-z])
C【植物】マンゴー(の実); マンゴーの木

mangrove [mǽŋgrouv マぁングロウヴ]
名詞 C【植物】マングローブ
(◆熱帯・亜熱帯地方の河口付近や沼地
などに群生する樹木)

Manhattan [mænhǽtn マぁンハぁトゥン]
名詞 マンハッタン(◆アメリカのニューヨー
ク市内の島; 経済・金融・文化の中心地)

mania [méiniə メイニア] 名詞
❶ C U《口語》(…への)異常な執心,
熱狂, …熱《for ...》(◆「熱狂する人」を
意味する日本語の「マニア」は maniac)
❷ C U【医学】躁病

maniac [méiniæk メイニアック] 名詞
C 正気を失った人, 粗暴な人;
《口語》熱狂的愛好者, マニア

manicure [mǽnikjùər マぁニキュア]
名詞 U C 手とつめの手入れ

mankind [mǽnkáind マぁンカインド]
名詞《ふつう単数あつかいで》人類, 人
間(全体)(◆ほぼ同じ意味の語に man が
あるが, 性差別を避けるために, これら
よりも the human race, humans,
human beings を使うことが多い)

man-made [mǽnméid マぁンメイド]
形容詞 人工の, 人造の(同義語 artificial,
対義語 natural 自然の)

mannequin [mǽnikin マぁネキン]
名詞 C マネキン人形(◆フランス語から)

manner [mǽnər マぁナ] 名詞
(複数 **manners** [-z])
❶ C 方法, やり方(同義語 way)
▶Use your knife and fork in this
manner. ナイフとフォークはこのよ
うに使いなさい.
▶learn a **manner** of speaking
話し方を学ぶ
❷ U《または a manner で》態度
▶He spoke to us in a friendly
manner. 彼は気さくな態度でわたし
たちに話しかけた.
❸《**manners** で》行儀, 作法
▶Where are your **manners**?
お行儀はどうしたの?
(◆親が子をしかるときの表現)
▶table **manners** テーブルマナー
➡ **table manners** 文化
❹《**manners** で》風習, 風俗

⁑make 動詞 名詞

[méik メイク]

動詞 ❶ …を作る
❷ （友人など）をつくる，（名声など）を得る，（金）をかせぐ
❸ …になる

基本のイメージ: 手を加えて新たなものを作る

――動詞 （三単現 makes [-s]; 過去・過分 made [méid メイド]; 現分 making） 他

❶ …を作る; …を製造する; （文書など）を作成する;
《make ＋人＋ものまたは make ＋もの＋ for ＋人で》（人）に（もの）を作る

▶Let's **make** a cake. ケーキを作ろう.
▶Who **made** this doll? だれがこの人形を作ったのですか？
▶This car is **made** in Japan. この車は日本製です.
▶Meg **made** me a dress. メグはわたしにドレスを作ってくれた.
（＝Meg **made** a dress **for** me.）
（◆文末の語句が強調される; 前者は「何を」作ったか, 後者は「だれに」作ったかに重点が置かれる）

くらべよう 「BからAを作る」の表し方

make A from B: 原料・材料の質が変化する場合に用います.
make A (out) of B: 原料・材料の質が変化しない場合に用います.

▶Wine is **made from** grapes.
ワインはブドウから作られる.
▶This box is **made of** wood.
この箱は木でできている.
make A from B は, make B into
A に言いかえることができます.
▶We **make** grapes **into** wine.
わたしたちはブドウをワインに加工
する.

be made from　　be made of

❷ （友人など）をつくる，（名声など）を得る，（金）をかせぐ

▶Ann soon **made** friends with her new classmates. アンはすぐに, 新しいクラスメートと友達になった.
▶I **made** good grades on the exams. わたしはその試験でよい成績をとった.
▶Bill **made** a lot of money. ビルは大金をかせいだ.

❸ …になる

▶He will **make** a great singer. 彼はすばらしい歌手になるだろう.
▶One and one **make(s)** two. 1 足す 1 は 2（1 ＋ 1 ＝ 2）.

❹ (人など)に[を]…させる
❺ (人・もの)を…の状態にする
❻ (行為(こう)・動作)をする, 行う

---

❹《make ＋人など＋動詞の原形で》(人など)に[を]…させる ➡ let くらべよう

▸I **made** him **go** there. わたしはそこに彼を行かせた.

▸He was **made to go** there. 彼はそこに行かされた.
（♦受け身の文では「…させられる」の部分が「to ＋動詞の原形」になる）

❺《make ＋人・もの＋名詞[形容詞]で》(人・もの)を…の状態にする

▸Her coach **made** her a great runner. 彼女のコーチは彼女をすばらしい走者にした.

▸The news **made** her sad. その知らせは彼女を悲しませた.

参考 make❺ の言いかえ表現

英語で「彼はその知らせに喜んだ」という場合, 次のような表現を用いることができます.

▸The news **made** him happy. その知らせは彼を喜ばせた.

▸He was happy about [at] the news. 彼はその知らせに喜んだ.

▸He was happy to hear the news. 彼はその知らせを聞いて喜んだ.

❻ (行為・動作)をする, 行う

▸**make** a bow おじぎする
▸**make** a call 電話する
▸**make** an effort [efforts] 努力する
▸**make** an excuse 言い訳をする
▸**make** a mistake まちがえる
▸**make** peace 仲直りする
▸**make** plans [a plan] 計画を立てる
▸**make** progress 進歩する
▸**make** a promise 約束する
▸**make** a speech 演説する
▸**make** a trip 旅行する; へまをする

❼ …を用意する, 整える

▸She **made** tea for me. 彼女はわたしにお茶を入れてくれた.

máke it 《口語》うまくいく, 成功する

▸We **made it**! （自分たちの成功などに対して）やったあ!

make óut ① (書類など)を作成する
② …を理解する; …を(何とか)見分ける

make úp ① (話など)をでっち上げる

▸**make up** a good excuse うまい言い訳を思いつく
② …に化粧(じょう)をする

make úp for ... …を埋(う)め合わせる, 補う

▸We must **make up for** the delay. わたしたちは遅(おく)れを取り戻(もど)さなければならない.

——名詞 (複数 makes [-s]) C U …製; 型

▸What **make** is your computer? あなたのコンピューターは何社の製品ですか?

A
B
C
D
E
F
G
H
I
J
K
L
M
N
O
P
Q
R
S
T
U
V
W
X
Y
Z

mansion [mǽnʃn マァンシャン] 名詞

❶ C 大邸宅(ﾃﾞｨﾀｸ)

使え mansion とマンション

1 英語の mansion は広大な敷地(ﾁ)をもつ大邸宅を指します.

2 日本語の「マンション」にあたる英語は, 賃貸なら《米》apartment (house), 《英》flat, 分譲(ﾌﾞﾝｼﾞｮｳ)なら《米》condominium です.

❷ 《**Mansions** で》《英》(固有名詞につけて)…マンション, …アパート

manta [mǽntə マァンタ] 名詞

C 【魚類】マンタ(◆エイの一種)

mantelpiece [mǽntlpìːs マァントゥルピース] 名詞 C マントルピース(◆暖炉(ﾀﾞﾝﾛ)の上の飾(ｶｻﾞ)り棚(ﾀﾅ)) ➡ fireplace

manual [mǽnjuəl マァニュアる] 形容詞

手の; 手動式の
(対義語 automatic 自動式の)

――名詞 C 手引き, 説明書, マニュアル

manufacture [mæ̀njəfǽktʃər マァニュふぁクチャ] 動詞 (三単現 **manufactures** [-z]; 過去・過分 **manufactured** [-d]; 現分 **manufacturing**)

他 (機械を使って大量に)…を生産する

――名詞 U 大量生産;

C 《ふつう **manufactures** で》製品

manufacturer [mæ̀njəfǽktʃərər マァニュふぁクチャラ] 名詞

C 《しばしば **manufacturers** で》(大規模な)製造業者, メーカー

manuscript [mǽnjəskrìpt マァニュスクリプト] 名詞

❶ C (印刷前の)原稿(ﾍﾞﾝ)

❷ C 写本(◆印刷技術発明以前に手で書き写されたもの)

˸many [méni メニ]

――形容詞 (比較 **more** [mɔ́ːr モーア]; 最上 **most** [móust モウスト])

《数えられる名詞の複数形につけて》たくさんの, 多くの(対義語 few 少しの)

▶**Many** people like the singer.
その歌手を好きな人は多い.

▶I don't have **many** books.
わたしはあまり本を持っていない.

くらべよう many, much, a lot of

many:「数」について「多い」ことを表します.

much:「量」について「多い」ことを表します.

a lot of, lots of:「数」についても,「量」についても「多い」ことを表します.

▶I don't have **many** CDs.
わたしは CD をあまり持っていない.

▶I don't have **much** money.
わたしはお金をあまり持っていない.

1《口語》では, many と much は主に否定文・疑問文で使います.

➡ **much** ルール

2 肯定(ﾃｲ)文で many を使うのは次のような場合です.

(1) so, too とともに用いる場合

▶She has **so many** friends. 彼女にはとてもたくさんの友達がいる.

▶He has **too many** T-shirts.
彼は T シャツを持ちすぎだ.

(2) There are .... の文

▶**There are many** stores on the street.
その通りにはたくさんの店がある.

(3) the, these, those, 所有代名詞(my, your など)とともに用いる場合

▶He painted **these many** pictures in his twenties.
彼はこれらたくさんの絵を 20 代にえがいた.

(4) 時間の長さを表す場合

▶for **many** years 長年にわたって

これら以外の場合, 肯定文では a lot [lots] of を使うのがふつうです.

――代名詞 《複数あつかいで》多数, 多数の人[もの] (対義語 few 少数の人[もの])

▶**Many** of his fans are children.
彼のファンの多くは子供たちだ.

a good mány ... かなり多くの…

a great mány ... 非常に多くの…

as mány as ... …と同じ数;《数を強調して》…ほど(多くの), …もの; …だけ全部

▶You can take **as many as** you like. 好きなだけ取っていいですよ.

▶He ate **as many as** six hot dogs.
彼はホットドッグを 6 本も食べた.

as mány ... as 〜 〜と同じ数の…

▶I have **as many** books **as** she (does). わたしは彼女と同じくらいたくさんの本を持っている.

How mány ...? いくつ(の)…?, 何人(の)…?(◆ How many に続く名詞は複数形になる)➡ long¹ 参考

▶**How many** sisters do you have? あなたには姉妹(しまい)が何人いますか?

só mány ... そんなに多くの…

▶Do you have **so many** DVDs? あなたはそんなに多くの DVD を持っているのですか?

Maori [máuri マウリ] 名詞 C マオリ人(◆ニュージーランドの先住民);U マオリ語
——形容詞 マオリ人の; マオリ語の

map [mǽp マぁップ] 名詞
(複数 maps [-s]) C (1枚の)地図(◆ map を集めた「地図帳」は atlas)

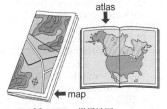

atlas

← map

▶a world **map** 世界地図
▶draw a **map** to the station 駅までの地図をかく
▶study [read] a **map** 地図を調べる[地図を読む]

maple [méipl メイプる] 名詞
C 【植物】カエデ, モミジ(◆カエデの葉(maple leaf)はカナダの国章で, 国旗にえがかれている)➡ flag 図
▶**maple** syrup メープルシロップ

Mar. [máːrtʃ マーチ] 3月(◆ *March* の略)

marathon [mǽrəθàn マぁラさン] 名詞
C 【スポーツ】マラソン

文化 マラソンの由来

紀元前5世紀に, ギリシャがマラトン(Marathon)の戦いでペルシャ(今のイラン)を破ったとき, 一人の兵士がアテネまで, 約40km を走り, 勝利を伝えると同時に息絶えました. マラソンはこの故事にちなんだ競技です. 現在の走行距離(きょり)は 42.195km(26 マイル385 ヤード)に統一されています.

---

marble [máːrbl マーブる] 名詞
❶ U 大理石
❷ C ビー玉;《**marbles** で単数あつかい》ビー玉遊び

March [máːrtʃ マーチ] 名詞
3月(◆ Mar. と略す)
➡ January ルール, month 参考

march [máːrtʃ マーチ]
——名詞 (複数 marches [-iz])
C U 行進, 行軍; C 行進曲, マーチ
▶join a peace **march** 平和行進に参加する
——動詞 (三単現 marches [-iz];過去・過分 marched [-t];現分 marching)
自 行進する, 進軍する
▶They **marched** through the streets. 彼らは通りを行進した.

mare [méər メア] 名詞
C 【動物】(成長した)雌(めす)ウマ, 雌ロバ

margarine [máːrdʒərin マーヂャリン](★発音に注意)名詞 U マーガリン

margin [máːrdʒin マーヂン] 名詞
❶ C (ページなどの)余白, 欄外(らんがい);(経費・時間などの)余裕(よゆう);(得点などの)差
❷ C (商売上の)利ざや, マージン
❸ C へり, 縁(ふち)(同義語 edge)

marimba [mərímbə マリンバ] 名詞
C 【楽器】マリンバ(◆アフリカが起源の木琴(もっきん))

marine [mərín マリーン](★アクセントに注意)形容詞 海の; 海に住む; 海運の
——名詞 C 海兵隊員

marionette [mæriənét マぁリオネット] 名詞 C 操(あやつ)り人形, マリオネット

mark [máːrk マーク]
——名詞 (複数 marks [-s])
❶ C 跡(あと), 汚(よご)れ, 印, 記号(同義語 sign)
▶a question **mark** 疑問符(ふ)
❷ C (主に英)点数, 成績(◆(米)ではふつう grade を用いる)
▶He got full **marks** in English. 彼は英語で満点をとった.
❸ C 的(まと), 目標
▶hit the **mark** 的に当たる
▶miss the **mark** 的をはずす
❹ C (競技の)スタートライン, 出発点

A
B C D E F G H I J K L **M** N O P Q R S T U V W X Y Z

▶On your **mark(s)**, get set, go!
位置について，用意，どん！
――**動詞** (**三単現**) **marks** [-s]; (**過去・過分**)
marked [-t]; (**現分**) **marking**) **他**
❶ …に印をつける；…に跡をつける
▶He **marked** some difficult words.
彼はいくつかの難しい単語に印をつけた．
❷《主に英》(答案など)を採点する

market

[má:rkit マーケット] **名詞**
(**複数** **markets** [má:rkits マーケッツ])
❶ **C** 市場(いちば)，市
▶a fish [vegetable] **market**
魚市場[野菜市場]
▶go to (the) **market** 買い物に行く
❷ **U** **C**《ふつう **the market** で》
市場(しじょう)
▶the stock **market** 株式市場

marmalade [má:rməlèid マーマれイド]
名詞 **U** マーマレード(◆オレンジ・レモ
ンなどの実と皮(かわ)で作ったジャム)

marriage [mǽridʒ マぁリッヂ] **名詞**
C **U** 結婚(けっこん)；**U** **C** 結婚生活；
C 結婚式(**同義語** wedding)

married [mǽrid マぁリド] **形容詞**
結婚(けっこん)した，結婚している
(**対義語** single 独身の)；結婚の
▶a **married** couple 夫婦(ふうふ)
▶He has been **married** for four
years. 彼は結婚して 4 年になる．
get márried (…と)結婚する(《to ...》)
▶She **got married to** a doctor.
彼女は医者と結婚した．

marry

[mǽri マぁり] **動詞**
(**三単現** **marries** [-z];
(**過去・過分**) **married** [-d]; (**現分**) **marrying**)
――**他** ❶ …と結婚(けっこん)する
▶Ken **married** Liz that year.
その年，ケンはリズと結婚した．
❷ …を(…と)結婚させる(《to ...》)
――**自** 結婚する
▶Jane **married** late.
ジェーンは晩婚だった．
be márried 結婚している ➡ married
get márried
(…と)結婚する(《to ...》) ➡ married

Mars [má:rz マーズ](★発音に注意) **名詞**
❶【ローマ神話】マルス(◆戦争の神)
❷【天文】火星

marshmallow [má:rʃmèlou マーシメ
ろウ] **名詞** **C** **U** マシュマロ

marvelous,《英》marvellous
[má:rvələs マーヴェらス] **形容詞**
驚(おどろ)くべき，不思議(ふしぎ)な；すばらしい

Mary [méəri メアリ] **名詞**
聖母マリア(＝Virgin Mary)
➡ **Virgin Mary**《関連》

Maryland [mérilənd メリランド] **名詞**
メリーランド州(◆アメリカ東部の州；
Md. または【郵便】で MD と略す)

mascot [mǽskət マぁスコット]
(★アクセントに注意) **名詞**
C マスコット
(◆幸運をもたらすと考えられているもの)

masculine [mǽskjəlin マぁスキュリン]
形容詞 男性の；男らしい，男性的な
(**対義語** feminine 女性の)

mash [mǽʃ マぁシ] **動詞**
(**三単現** **mashes** [-iz];
(**過去・過分**) **mashed** [-t]; (**現分**) **mashing**)
他 …をすりつぶす，押(お)しつぶす
▶**mashed** potatoes マッシュポテト

mask [mǽsk マぁスク] **名詞**
C 仮面，面，覆面(ふくめん)
(◆顔の一部分だけを隠(かく)すものもふくむ)；
(防護用の)マスク
▶put on a **mask** 仮面をかぶる
▶a gas **mask** ガスマスク
――**動詞** **他** …に仮面[マスク]をつける

Mass [mǽs マぁス] **名詞** (**複数** **Masses**
[-iz]) ❶ **C** **U**《しばしば **mass** で》
(カトリックの)ミサ(◆神をたたえ，罪の
あがないを神に祈(いの)る儀式(ぎしき))
❷ **C**《ふつう **mass** で》【音楽】ミサ曲

mass [mǽs マぁス] **名詞** (**複数** **masses**
[-iz]) ❶ **C** かたまり，集まり，集団
▶a **mass** of snow 雪のかたまり
▶in a **mass** ひとかたまりになって
❷《a **mass** of ... または **masses** of
... で》《口語》多数の…，多量の…；
《the **mass** of ... で》大部分の…
▶I have **a mass of** books.
わたしはたくさんの本を持っている．
❸《the **masses** で》大衆

Massachusetts [mǽsətʃú:sits マぁ
サチューセッツ] **名詞** マサチューセッツ州
(◆アメリカ北東部の州；Mass. または
【郵便】で MA と略す)

mass communication [mǽs
kəmjù:nikéiʃn マぁス コミューニケイシャン]
名詞 **U** (テレビ・新聞・インターネットな
どのメディアによる情報の)大量伝達，マ

スコミ

mass media [mǽs míːdiə マぁス ミーディア] 名詞 《the mass media で単数または複数あつかい》マスメディア, マスコミ機関（◆テレビ・新聞・インターネットなどを指す; 単に the media ともいう）

mass production [mǽs prədʌ́kʃn マぁス プロダクシャン] 名詞 U 大量生産

mast [mǽst マぁスト] 名詞
C （船の）マスト, 帆柱(ほばしら)

✲master [mǽstər マぁスタ]
——名詞 （複数 masters [-z]）
❶ C 主人, 支配者, 長; （動物の）飼い主
（対義語 mistress 女主人）
▶the **master** of a house　家の主人
▶a dog's **master**　イヌの飼い主
❷ C 名人, 大家; 親方
▶a **master** of an art　一芸の達人
❸ C 《ふつう Master で》（大学院の）修士(号)
——動詞 （三単現 masters [-z]; 過去・過分 mastered [-d]; 現分 mastering） 他
…を修得する, マスターする; …を支配する
▶He **mastered** several languages.
彼は複数の言語を習得した.

masterpiece [mǽstərpiːs マぁスタピース] 名詞 C 傑作(けっさく), 名作; 代表作

mat [mǽt マぁット] 名詞
C 敷物(しきもの), マット（◆ござ・畳(たたみ)なども指す）; （体操・レスリングなどの）マット

✲match¹ [mǽtʃ マぁッチ]
——名詞 （複数 matches [-iz]）
❶ C 試合, 競技 ➡ game くらべよう
▶a tennis **match**　テニスの試合
▶We won our home **match**.
わたしたちは地元での試合に勝った.
❷ C 好敵手, 競争相手, （…と）対等の人［もの］《for ...》
▶Bob is a good **match** for Chris in tennis.
ボブはテニスでクリスの好敵手だ.

ダイアログ
A: You're an excellent singer.
あなたはすばらしい歌手ですね.
B: Thank you. But I'm no **match** for Emma. ありがとう. でも, エマにはとてもかないません.

❸ C （…と）似合う人［もの］《for ...》

▶This tie will be a good **match** for your red jacket.　このネクタイはあなたの赤い上着によく合うでしょう.
——動詞 （三単現 matches [-iz]; 過去・過分 matched [-t]; 現分 matching）
——他 …と調和する; …に匹敵(ひってき)する
▶That blouse will **match** this skirt.
そのブラウスはこのスカートに合うでしょう.
▶No one **matches** Ann in math.
数学では, だれもアンにかなわない.
——自 調和する

match² [mǽtʃ マぁッチ] 名詞
（複数 matches [-iz]） C （1本の）マッチ
▶strike a **match**　マッチをする

mate [méit メイト] 名詞 ❶ C 仲間, 友達

参考 mate の複合語	
classmate	同級生, クラスメート
roommate	ルームメート, 同室者
schoolmate	学友
teammate	チームメート

❷ C （…の）配偶(はいぐう)者（◆妻または夫）; （1対(つい)のものの）片方《to ...》

material [mətíriəl マティリアる] 名詞 ❶ U C 原料, 材料（◆料理の材料は ingredient）; （服などの）生地(きじ)
▶raw **materials**　原材料
❷ C U 資料; U （本などの）題材《for ...》
▶teaching **materials**　教材
❸ 《**materials** で》用具, 道具
▶writing **materials**　筆記用具
——形容詞 物質の, 物質的な
（対義語 spiritual 精神の）

✲math [mǽθ マぁす] 名詞
U 《米口語》数学（◆ mathematics を短縮した語; 《英口語》maths）

mathematician [mæθəmətíʃn マぁすマティシャン] 名詞 C 数学者

✲mathematics
[mæθəmǽtiks マぁすマぁティックス] 名詞
U 《単数あつかいで》数学
（◆《米口語》では math, 《英口語》では maths と短縮する）
▶**Mathematics** is my strong subject.　数学はわたしの得意科目だ.

maths [mǽθs マぁすス] 名詞
U 《英口語》数学（◆ mathematics を短縮した語; 《米口語》math）

a b c d e f g h i j k l **m** n o p q r s t u v w x y z

A
B
C
D
E
F
G
H
I
J
K
L
M
N
O
P
Q
R
S
T
U
V
W
X
Y
Z

ˈmatter [mǽtər マぁタ]

名詞	❶ 事柄(だから), 問題
	❷ 物質
動詞	重要である

——名詞 (複数 matters [-z])

❶ C 事柄, 問題;《matters で》事情
▸I don't know much about the **matter**.
そのことについてはよく知らない.
▸It's a private **matter**.
それはプライベートな問題だ.
▸That's no laughing **matter**.
それは笑いごとではない.

❷ U 物質, もの
▸solid **matter** 固体

❸《the matter で》困ったこと, めんどうなこと, 故障 ➡ 成句 *What's the matter (with you)?*

as a matter of córse
もちろん, 当然のこととして

as a matter of fáct
実際のところは, 実は ➡ fact

no mátter hów [whát, whén, whére, whó] ... たとえどんなに[何が, いつ, どこで, だれが]…しても
▸**No matter what** others say, I won't change my mind. ほかの人が何と言っても, わたしは決心を変えない.

What's the mátter (with you)?
どうしたのですか?

——動詞 (三単現 matters [-z]; 過去・過分 mattered [-d]; 現分 mattering)
⾃ (…にとって)重要である《to ...》(◆主にit を主語として, 疑問文・否定文で用いる)
▸It **matters** little to him.
それは彼にとってはたいした問題ではない.

mattress [mǽtrəs マぁトゥレス] 名詞
(複数 mattresses [-iz])
C (ベッドの)マットレス ➡ bedroom 図

mature [mətʃúər マチュア] 形容詞
(比較 more mature または maturer; 最上 most mature または maturest)
(人・動物・精神が)成熟した, おとなの; (果物(ﾄだ)などが)熟した
▸She is **mature** for her age.
彼女は年のわりに大人びている.
——動詞 (三単現 matures [-z]; 過去・過分 matured [-d]; 現分 maturing)

⾃ 成熟する, おとなになる;
(果物・チーズなどが)熟す, 熟成する

maximum [mǽksəməm マぁクスィマム]
名詞 (複数 maxima [mǽksəmə マぁクスィマ] または maximums [-z])
C 最大限, 最大量[数]; 最高点
(対義語 minimum 最小限)
——形容詞 最大限の, 最大の; 最高の
(対義語 minimum 最小限の)

ˈMay [méi メイ] 名詞
5月 ➡ January ルール, month 参考

ˈmay [méi メイ] 助動詞
(過去 might [máit マイト])

❶ 『許可』…してもよい
(◆(口語)では can を用いることが多い)
▸You **may** sit down.
すわってもいいですよ.

ダイアログ
A: **May** I use your eraser?
消しゴムをお借りしてもいいですか?
B: Sure, go ahead.
ええ, どうぞ.

ダイアログ
A: **May** I come in?
入ってもいいですか?
B: Yes, of course.
ええ, もちろん.

ルール **May I ...?** に対する答え方

1 「はい, どうぞ」と答えるときは Certainly. / Yes, of course. / Sure. / Why not? などと言います. Yes, you may. は子供や目下の人に対して使います.
2 「いいえ」と答えるときは No, I'm sorry. / I'm afraid you can't. などと言います. No, you may not. は子供や目下の人に対して使います. また, 強い禁止を表すときには No, you must not. と言います.

ルール **May I help you?**

1 May I help you? は店員が客に対して使う決まり文句です.「いらっしゃいませ」「何かおさがしですか?」などの日本語にあたります. 答え方としては, 次のような表現を覚えておくと便利です.

▶Yes, please. I'm looking for a jacket.
はい, お願いします. ジャケットをさがしています.

▶No, thank you. I'm just looking.
いいえ, けっこうです. 見ているだけです.

2 May I help you? は道に迷った人など困っている人に対して「どうしましたか?」「お手伝いしましょうか?」の意味でも使います.

ダイアログ
A: **May I help you?**
どうしましたか?
B: Could you tell me the way to the station? 駅までの道を教えてくださいますか?

❷〖推量〗**…かもしれない**, (たぶん)…だろう

▶It **may** rain this afternoon.
今日の午後は雨が降るかもしれない.

▶She **may** not come today.
彼女は今日, 来ないかもしれない.

❸〖願望〗《**May** ＋主語＋動詞の原形で》…しますように

▶**May** you be very happy! お幸せに!

may ..., but なるほど…かもしれないが

▶He **may** be famous, **but** I don't like him. 彼は有名かもしれないが, わたしは彼が好きではない.

máy (just) as wéll ＋動詞の原形
…するほうがよい ➡ **well**¹

may wéll ＋動詞の原形
…するのももっともだ ➡ **well**¹

ˈmaybe [méibi: メイビー] 副詞

たぶん, もしかすると, ひょっとすると
➡ **perhaps**〖くらべよう〗

▶**Maybe**, he's right.
たぶん, 彼は正しい.

▶**Maybe**, you can do it.
もしかすると, きみならできるかもね.

May Day [méi dèi メイ デイ] 名詞

❶ 五月祭(♦ 5月1日に行われるヨーロッパの春の祭り)

❷ メーデー(♦ 5月1日に行われる国際的な労働者の祭典;イギリスでは5月の第1月曜日で, 休日となる)

Mayflower [méiflàuər メイふらウア] 名詞《the Mayflower で》メイフラワー

号(♦ 1620年にイギリスの清教徒たち(the Pilgrim Fathers)がアメリカ大陸に渡(ふた)ったときに乗っていた船)

mayonnaise [méiənèiz メイオネイズ]
(★発音に注意) 名詞 Ｕ マヨネーズ

mayor [méiər メイア] 名詞
Ｃ 市長, 町長, 村長

maze [méiz メイズ] 名詞 Ｃ 迷路(めいろ), 迷宮

McKinley [məkínli マキンり] 名詞
《Mount McKinley で》マッキンリー山
(♦ アメリカのアラスカ州にある北アメリカでいちばん高い山; 6,194メートル;正式には Denali という)➡ **Denali**

MD [émdí: エムディー] 名詞
【郵便】メリーランド州(♦ *Maryland* の略)

ME 【郵便】メーン州(♦ *Maine* の略)

ˈme [mí: ミー] 代名詞 〖人称代名詞の一人称単数 I の目的格〗

(複数) **us** [ʌs アス])

❶ わたしを[に], ぼくを[に] ➡ **I**〖使い方〗

▶He knows **me** well.
彼はわたしをよく知っています.

▶Come with **me**.
わたしといっしょに来て.

❷ 《補語として用いて》
《口語》わたし(です)

ダイアログ
A: Who is it?
(ドアのノックを聞いて)どなたですか?
B: It's **me**, Sarah. わたし, サラです.

ダイアログ
A: I'm tired. 疲(つか)れたよ.
B: **Me**, too. わたしも.

meadow [médou メドウ] (★発音に注意)
名詞 Ｃ Ｕ 牧草地, 草地

ˈmeal [mí:l ミーる] 名詞

(複数) **meals** [-z]) Ｃ 食事

▶prepare [fix] a **meal**
食事の準備をする[料理を作る]

A
B
C
D
E
F
G
H
I
J
K
L
M
N
O
P
Q
R
S
T
U
V
W
X
Y
Z

▶eat between **meals** 間食をする
▶We have three **meals** a day.
わたしたちは1日3回食事をする.

‡mean¹ [mí:n ミーン] 動詞

（三単現 **means** [-z]; 過去・過分 **meant**
[mént メント]; 現分 **meaning**）他

❶ …を意味する; …のことを言う;
…を本気で言う

▶What does this word **mean**?
この単語はどういう意味ですか?

▶A green light **means** "Go ahead."
青信号は「進め」を意味する.

ダイアログ
A: What do you **mean** by that?
それはどういう意味ですか?
B: I **mean** (that) it's possible.
それは可能だという意味です.

▶I **mean** what I say.
わたしは本気で言っているのです.

❷《**mean to** ＋動詞の原形で》
…するつもりである

▶I didn't **mean** to hurt him.
彼を傷つけるつもりはなかった.

I mean （訂正したり補足したりする
ときに）いや（…と言いたかった）; つまり

▶He's from Cambridge — **I mean**
Cambridge in Britain.
彼はケンブリッジ, いや, イギリスのケ
ンブリッジの出身だ.

mean² [mí:n ミーン] 形容詞

（比較 **meaner**; 最上 **meanest**）
ひきょうな, 意地が悪い; けちな

▶Why are you so **mean** to him?
なぜきみは彼にそんなに意地悪なの?

meaning [mí:niŋ ミーニング] 名詞

Ｕ Ｃ 意味; Ｕ 意義, 価値

▶I didn't know the **meaning** of
the word.
わたしはその単語の意味を知らなかった.

meaningful [mí:niŋfl ミーニングふる]
形容詞 有意義な, 意味のある; 意味ありげな

means [mí:nz ミーンズ] 名詞

（複数 **means**: 単複同形）

❶ Ｃ《単数または複数あつかいで》方法,
手段（同義語 way）

▶E-mail is a very useful **means** of
communication. Eメールはとても
便利なコミュニケーション手段だ.

❷ Ｕ《複数あつかいで》財産, 資産

by all means ① 必ず, ぜひとも
② （返事で）もちろん, いいですとも

ダイアログ
A: May I visit your house?
おうちにうかがってもいいですか?
B: By all means.
もちろん.

by means of ...
…によって（◆手段を表す）

by no means 決して…ない

▶This problem is **by no means**
easy.
この問題は決してやさしくない.

◆meant [mént メント]
（★発音に注意）動詞

mean¹(…を意味する)の過去形・過去分詞

meantime [mí:ntàim ミーンタイム]
名詞《the meantime で》その間

in the méantime その間に, そうして
いるうちに; 話は変わって, 一方では

meanwhile [mí:nhwàil ミーン(ホ)ワイ
ル] 副詞 その間に; その一方では

measles [mí:zlz ミーズるズ] 名詞
Ｕ《単数あつかいで》【医学】はしか

◆measure [méʒər メジャ]

──名詞 （複数 **measures** [-z]）

❶ Ｕ 寸法, 大きさ, 重さ, 分量（◆長さ・
面積・体積・重量のいずれにも用いる）

❷ Ｃ《しばしば **measures** で》
手段, 処置, 対策

▶first-aid **measures** 応急処置

❸ Ｃ 計量の単位; Ｕ 計量(法), 測定(法)

▶The gram is a **measure** of
weight. グラムは重さの単位だ.

❹ Ｃ 計量[測定]器具（◆物差しなど）

──動詞 （三単現 **measures** [-z];
過去・過分 **measured** [-d];
現分 **measuring**）

──他 （長さ・大きさ・量・重さなど）をはか
る, …の寸法をとる

▶**measure** the width of a desk
机の幅をはかる

──自《ふつう寸法を表す語をともなって》
（…の）幅[長さ, 高さ]がある

measurement [méʒərmənt メジャ
メント] 名詞

❶ Ｃ《ふつう **measurements** で》
（はかった）寸法, 大きさ, 量

❷ Ｕ 測定, 測量; 測量法

meat [míːt ミート] **名詞**
(**複数** meats [míːts ミーツ])
U (食用の)肉(◆ふつう魚肉・鳥肉はふくまない; 種類をいう場合には meats が用いられることもある);
(米)(果物(蒸)・カニ・貝などの)肉, 身
▶**meat** loaf ミートローフ
(◆ハンバーグに似た家庭料理)
▶Which would you like, fish or **meat**?
魚料理と肉料理のどちらにしますか?

[參考] 食用の肉

beef: cow(ウシ)の肉
veal [víːl ヴィール]: calf(子ウシ)の肉
pork: pig(ブタ)の肉
mutton: sheep(ヒツジ)の肉
lamb: lamb(子ヒツジ)の肉
chicken: chicken(ニワトリ)の肉

Mecca [mékə メカ] **名詞**
❶ メッカ(◆サウジアラビアの都市; イスラム教の聖地)

❷ **C**《しばしば **mecca** で》
あこがれの地; (活動などの)中心地

mechanic [məkænik メキぁニック]
名詞 **C** 機械工, 修理工

mechanical [məkænikl メキぁニクる]
形容詞 ❶ 機械の, 機械による
▶a **mechanical** pencil シャープペンシル(◆「シャープペンシル」は和製英語; **(英)**propelling pencil)
❷ (人・動作が)機械的な; 自動的な

mechanism [mékənìzm メカニズム]
名詞 ❶ **C** 機械装置(の一部); 仕組み, メカニズム
❷ **C** 体系的な手法; 機構

medal [médl メドゥる] **名詞**
C メダル, 勲章(分)

media [míːdiə ミーディア](★発音に注意)
名詞 ❶ medium(媒介(%)物)の複数形の一つ
❷《the media で単数または複数あつかい》マスメディア(=mass media)

medical [médikl メディクる] **形容詞**

医学の, 医療(分)の; 内科の
▶**medical** science 医学
▶a **medical** checkup 健康診断(分)

medicine [médəsn メディスン]
(**複数** medicines [-z]) **名詞**
❶ **U** **C** 薬, 内服薬
(◆「丸薬」は a pill, 「錠剤(分)」は a tablet, 「カプセル」は a capsule)
▶take (a) **medicine** 薬を飲む
▶**[ことわざ]** A good **medicine** tastes bitter. 良薬口に苦し.
❷ **U** 医学; 内科(学)

Mediterranean [mèditəréiniən メディタレイニアン] **形容詞** 地中海(沿岸)の
▶the **Mediterranean** Sea 地中海
——**名詞**《the Mediterranean で》地中海

medium [míːdiəm ミーディアム] **名詞**
(**複数** mediums [-z] または media [míːdiə ミーディア]) **C** 媒介(%)物; 手段
——**形容詞** (程度・大きさなどが)中くらいの, 中間の, M サイズの; (ステーキなどが)中くらいに火の通った, ミディアムの
▶a **medium**-size(d) sweater
M サイズのセーター

meet [míːt ミート]
——**動詞** (**三単現** meets [míːts ミーツ];
過去・過分 met [mét メット];
現分 meeting)

他 ❶ (人)と出会う; (人)に会う
❷ (人)と知り合いになる
❸ (人・乗り物など)を出迎(%)える

自 会う

——**他** ❶ (偶然(分)に)(人)と出会う;
(約束して)(人)に会う; …と面会する
▶I met Ellen at the supermarket by chance. スーパーマーケットで, 偶然エレンと出会った.
❷ (人)と知り合いになる
▶I'm glad to **meet** you.
(初対面で)はじめまして; よろしく.

A B C D
E
F G H I J K L
M
N O P Q R S T U V W X Y Z

（♦2度目からは see を使う）➡ ルール

> ### ルール 初対面のあいさつ
>
> **1** I'm glad to meet you. は「お会いできてうれしい」という意味ですが、「はじめまして」とほとんど同じ意味で使われます。
>
> **2** I'm glad to meet you. のほかに、Nice to meet you. や Pleased to meet you. などもよく使われます。

> **ダイアログ**
> *A:* Nice to **meet** you.
> お会いできてうれしいです。
> *B:* Nice to **meet** you, too.
> わたしもです。

❸ (人・乗り物など)を出迎える
▶I'll **meet** you at the station.
駅にあなたを迎えに行きますね。
❹ (道・川などが)…と合流する
❺ (要求などに)応じる、…を満たす
──⊜ 会う；知り合う；集まる、会合する；合流する
▶Let's **meet** in the park at five.
5時に公園で会いましょう。
▶They **met** at the party.
彼らはそのパーティーで知り合った。
méet with ...
(事故・不幸などに)あう、…を経験する
──名詞 (複数 **meets** [míːts ミーツ])
© 《主に米》競技会 (♦《英》meeting)
▶an athletic **meet** 陸上競技会

⁑meeting [míːtiŋ ミーティング]

──動詞 meet(…と出会う)の現在分詞・動名詞
──名詞 (複数 **meetings** [-z])
© 会合、集会、会議、ミーティング；《英》競技会 (♦《米》meet)
▶hold [have] a **meeting**
会合を開く
▶attend a **meeting**
会議に出席する

melancholy [mélənkὰli メランカリ]
(★アクセントに注意) 名詞
Ⓤ 物悲しさ、深い悲しみ；ゆううつ
──形容詞 物悲しい、ゆううつにさせる；(人が)陰気(いんき)な、ふさぎこんだ

Melbourne [mélbərn メルバン] 名詞
メルボルン
(♦オーストラリア南東部の港湾(こうわん)都市)

melody [mélədi メロディ] 名詞

(複数 **melodies** [-z]) © Ⓤ 【音楽】メロディー、旋律(せんりつ)；Ⓤ 美しい調べ
▶a sweet **melody** 美しい調べ

melon [mélən メロン] 名詞
© 【植物】メロン(♦マスクメロン・スイカなどのウリ科植物の総称(そうしょう))

melt [mélt メルト] 動詞
⊜ 溶(と)ける；(心・感情などが)やわらぐ
▶The snow will **melt** away soon.
雪はもうすぐ溶けてなくなるだろう。
──⊜ …を溶かす；…をやわらげる

⁑member [mémbər メンバ] 名詞
© (団体の)一員、会員、メンバー；議員
▶a **member** of the judo club
柔道(じゅうどう)部員

membership [mémbərʃip メンバシップ]
名詞 ❶ Ⓤ (グループの)会員[メンバー]であること；会員資格
▶a **membership** card 会員証
❷ Ⓤ 《または a membership で》会員数；《単数または複数あつかいで》会員(全体)

memo [mémou メモウ] 名詞
(複数 **memos** [-z])
© 《口語》(職場での)事務連絡(れんらく)票
(♦ *memo*randum を短縮した語；日本語で使う「(個人的な)メモ」は note)

memorandum [mèmərǽndəm メモラあンダム] 名詞
(複数 **memorandums** [-z] または **memoranda** [mèmərǽndə メモラあンダ])
❶ © 覚え書き；(職場での)事務連絡(れんらく)票
❷ © (外交上の)覚え書き

memorial [məmɔ́ːriəl メモーリアる]
名詞 © (…の)記念物、記念碑(ひ)、記念館、記念行事(to ...)
▶a war **memorial** 戦没(せんぼつ)者記念碑
──形容詞 記念の、追悼(ついとう)の
▶a **memorial** event 記念行事

Memorial Day [məmɔ́ːriəl dèi メモーリア る デイ] 名詞 《米》戦没(せんぼつ)将兵追悼(ついとう)記念日(♦アメリカの祝日；南北戦争以後の戦死者を追悼する日；5月の最終月曜日とする州が多い)

memorize, 《英》memorise
[méməràiz メモライズ] 動詞
(三単現 **memorizes** [-iz]；過去・過分 **memorized** [-d]；現分 **memorizing**)
⊜ …を暗記する、記憶(きおく)する(♦無意識のうちに「覚えている」は remember)

▶**memorize** English words
英単語を暗記する

memory [méməri メモリ] 名詞
(複数 memories [-z])

❶ C U 記憶(きょく); 記憶力
▶He has a **good** [bad] **memory**.
彼は記憶力がいい[悪い].

❷ C 思い出
▶I have happy **memories** as a child. わたしには子供のころの幸せな思い出がある.

❸ C 【コンピューター】記憶装置[容量]
in mémory of ... …を記念して

men [mén メン] 名詞
man(男性)の複数形

mend [ménd メンド] 動詞
(三単現 mends [méndz メンヅ];
過去・過分 mended [-id];
現分 mending) 他

❶ (もの)を直す, 修理する
▶He **mended** my shoes.
彼はわたしの靴を直してくれた.

くらべよう mend, repair, fix

mend: 衣服・家具などのような手先で修理できるものを直すときに用いられます.

repair: 車・テレビ・パソコンなど複雑なものを修理するときに用いられます.

fix: (米)簡単なものでも複雑なものでも用いられます.

▶She **mended** the socks [broken chair].
彼女はその靴下をつくろった[壊(こわ)れたいすを直した].

▶She **repaired** the car.
彼女はその車を直した.

❷ (行儀(ぎょうぎ)など)を改める
—— 自 (行儀などを)改める
▶ことわざ It is never too late to **mend**. 過(あやま)って改むるにはばかることなかれ. (♦「行いを改めるのに遅(おそ)過ぎることはない」の意味から)

men's room [ménz rù:m メンズ ルーム] 名詞 C (米)(公共の)男性用トイレ (対義語 women's room 女性用トイレ)

-ment 接尾辞 動詞について結果・動作などを表す名詞をつくる:agree(同意する)+ -ment → agreement(同意)

mental [méntl メントゥる] 形容詞

❶ 心の, 精神の(同義語 spiritual, 対義語 physical 身体の); 知能の; 頭の中の
▶**mental** health 心の健康
▶a **mental** test 知能テスト

❷ 精神病の

mention [ménʃn メンシャン] 動詞
他 …のことを言う, …に(簡単に)触(ふ)れる
▶He often **mentions** you to us.
彼はあなたのことをわたしたちによく話します.

Don't méntion it. 《主に英》(礼を言われたときの返事で)どういたしまして.
(♦(米)You're welcome.)

menu [ménju: メニュー] 名詞

❶ C メニュー, 献立(こんだて)表

❷ C 【コンピューター】メニュー(作業[コマンド]の一覧表)

meow [miáu ミアウ] 名詞
C (米)(ネコの鳴き声を表して)ニャー
(♦(英)miaow) ➡ animal 図
—— 動詞 自 (米)(ネコが)ニャーと鳴く

merchant [mə́:rtʃənt マ〜チャント]
名詞 C (卸(おろ)し売り・貿易商などの)商人; (米)小売り商人, 商店主

Mercury [mə́:rkjəri マ〜キュリ] 名詞

❶ 【ローマ神話】マーキュリー, メルクリウス(♦商業・交通などの神で, 神々の使者も務める)

❷ 【天文】水星

mercury [mə́:rkjəri マ〜キュリ] 名詞
U 【化学】水銀(♦元素記号は Hg); 《the mercury で》(温度計などの)水銀柱

mercy [mə́:rsi マ〜スィ] 名詞
U 慈悲(じ), 哀(あわ)れみ, 情け

mere [míər ミア] 形容詞
《名詞の前で用いて》ほんの, 単なる
(♦比較級はなく, 特に強調するときは merest を用いる)
▶a **mere** child ほんの子供

merely [míərli ミアリ] 副詞
ただ…だけの, 単に
(♦ only よりもかたい語)
▶He is **merely** a child.
彼はほんの子供だ.
(=He is a mere child.)

merit [mérit メリット] 名詞
C U 長所, とりえ(♦日本語の「メリット(利点)」は英語の advantage に近い)

A B C D **E** F G H I J K L **M** N O P Q **R** S T U V W X Y Z

Merlion [mə́ːrlàiən マ〜ライアン] 名詞
《the Merlion で》マーライオン(♦シンガポールのマーライオン公園(Merlion Park)にある上半身がライオン,下半身が魚の像)

mermaid [mə́ːrmèid マ〜メイド] 名詞
Ｃ (女の)人魚 (♦男の人魚は merman [mə́ːrmæn マ〜マぁン])

merrily [mérili メリリ] 副詞
陽気に,楽しく,愉快(ゆかい)に

merry [méri メリ] 形容詞
(比較 merrier; 最上 merriest)
陽気な,楽しい
▶a merry song 楽しい歌

ダイアログ
A: **Merry** Christmas!
メリークリスマス!
B: **Merry** Christmas (to you, too)!
(あなたにも)メリークリスマス!

merry-go-round [mérigouràund メリゴウラウンド] 名詞
Ｃ メリーゴーランド,回転木馬
(同義語 carousel [kærəsél キぁラセる])

mess [més メス] 名詞
Ｕ《または a mess で》乱雑,めちゃくちゃ(な状態);困った状態
▶His room is (in) a mess.
彼の部屋はめちゃくちゃだ.

†message [mésidʒ メセッヂ] 名詞
(複数 messages [-iz])
❶ Ｃ 伝言,言づて,メッセージ
▶a message board 伝言板
▶Could you take a message?
(= Can I leave a message?)
伝言をお願いできますか?
❷ Ｃ (映画・本・演説などの)メッセージ,意図,ねらい

messenger [mésəndʒər メセンヂャー] 名詞 Ｃ メッセンジャー,伝言を伝える人;(書類などの)配達者,使いの者

messy [mési メスィ] 形容詞
(比較 messier; 最上 messiest)
散らかった;(状況(じょうきょう)が)こみ入った

†met [mét メット] 動詞
meet(…と出会う)の過去形・過去分詞

metal [métl メトゥる] 名詞
Ｃ Ｕ 金属

metallic [mətǽlik メタぁりック] 形容詞
金属(製)の,金属に似た

meteorite [míːtiəràit ミーティオライト] 名詞 Ｃ いん石

meter¹, (英)**metre** [míːtər ミータ]
(★発音に注意) 名詞 Ｃ (長さの単位の)メートル(♦ m または m. と略す)

meter² [míːtər ミータ] 名詞
Ｃ (ガス・水道などの)メーター,計量器

method [méθəd メソッド] 名詞
Ｃ (系統だった)方法;Ｕ (物事の)筋道

metre [míːtər ミータ] 名詞
(英)=(米)meter¹(メートル)

metropolis [mətrápəlis メトゥラポリス]
(★アクセントに注意) 名詞
(複数 metropolises [-iz])
Ｃ (国・地方の)主要都市,大都市;首都

metropolitan [mètrəpálitn メトゥロパリトゥン] 形容詞
大都市の,主要都市の;首都の

mew [mjúː ミュー] 動詞 名詞 (ネコが)ニャーと鳴く;(ネコの)泣き声(=meow)

Mexican [méksikən メクスィカン]
形容詞 メキシコの;メキシコ人の
——名詞 Ｃ メキシコ人

Mexico [méksikòu メクスィコウ] 名詞
メキシコ(♦北アメリカ南部の国;首都はメキシコシティMexico City)

MI [郵便]ミシガン州(♦ Michigan の略)

miaow [miáu ミアウ] 名詞 動詞
(英)=meow (ネコの)ニャーという泣き声;ニャーと鳴く

mice [máis マイス] 名詞
mouse(ハツカネズミ)の複数形

Michelangelo [màikəlǽndʒəlòu マイケらぁンヂェろウ] 名詞
【人名】ミケランジェロ(♦ 1475-1564;イタリアの画家・彫刻(ちょうこく)家・建築家;代表作として,『最後の審判(しんぱん)』,『ピエタ像』などがある)

Michigan [míʃigən ミシガン] 名詞
ミシガン州(♦アメリカ北部の州;Mich.または【郵便】で MI と略す)

Mickey Mouse [míki máus ミキ マウス] 名詞 ミッキーマウス
(♦ウォルト・ディズニー(Walt Disney)によるアニメの主人公のネズミ)

microphone [máikrəfòun マイクロフォウン] 名詞 Ｃ マイクロホン,マイク(♦《口語》mike) ➡ video 図

microscope [máikrəskòup マイクロスコウプ] 名詞 Ｃ 顕微(けんび)鏡

➡ **experiment** 図

microwave [máikrouwèiv マイクロウ
ウェイヴ] 名詞
❶ C【電気】マイクロ波，極超短波
❷ C 電子レンジ（＝microwave oven）
──動詞 （三単現 **microwaves** [-z]；
過去・過分 **microwaved** [-d]；
現分 **microwaving**）
他 …を電子レンジにかける

microwave oven [máikrouweiv ʌ̀vn
マイクロウウェイヴ アヴン] 名詞
C 電子レンジ
（◆単に microwave ともいう）

mid- 接頭辞 名詞について「中の…」「中
間の…」「真ん中の…」という意味の語を
つくる：mid- ＋ summer（夏）→
midsummer（真夏）

midday [míddèi ミッドデイ] 名詞
U 正午，真昼
（同義語 noon，対義語 midnight 真夜中）

middle [mídl ミドゥる]
──名詞 《the middle で》中央，真ん中
（◆ center は「中心点」で，middle は周
辺もふくむ）；（期間の）中ごろ
▶Who's the boy in **the middle**?
真ん中の男の子はだれですか？
in the míddle of ... …の真ん中に
▶**in the middle of** the city
市の中心部に
▶**in the middle of** June
6月の中旬に
──形容詞 真ん中の，中間の；中流の，中程
度の

Middle Ages 名詞 [mídl éidʒiz ミドゥ
る エイヂズ]
《the Middle Ages で複数あつかい》
中世（◆西洋史では一般に5世紀後半の
西ローマ帝国滅亡から16世紀の
ルネサンス期にわたる時代）

Middle East [mídl íːst ミドゥる イース
ト] 名詞 《the Middle East で》中東（◆
リビアからアフガニスタンにいたる地域）

middle name [mídl néim ミドゥる ネ
イム] 名詞 C ミドルネーム（◆姓と名の
間の名前；例えば John Paul Jones の
Paul を指す）➡ **name** 屈

middle school [mídl skùːl ミドゥる
スクール] 名詞 C ミドルスクール（◆(米)
ではふつう 4・4・4 制の中間の 4 学年を
教える学校，(英)では 8 歳から 12 歳

までの公立学校）➡ **high school** 医化

midnight [mídnàit ミッドナイト] 名詞
U 夜の12時，真夜中
（対義語 midday 真昼）➡ **day** 図
▶**at midnight** 夜の12時に

midsummer [mídsʌ́mər ミッドサマ]
名詞 U 真夏；夏至のころ

midterm [mídtəːrm ミッドター〜ム] 名詞
U （学期・任期の）中間；
C 《しばしば midterms で》(米口語)中
間試験

midway [mídwéi ミッドウェイ] 形容詞
中間に[の]，中途に[の]

Midwest [mídwést ミッドウェスト] 名詞
《the Midwest で》(アメリカの)中西部

might¹ [máit マイト] 助動詞
（may の過去形）
❶ 《時制の一致を受け，may の過去形
として》
(1) 《推量》…かもしれない
▶Ann thought (that) Bill **might**
be angry.
ビルは怒っているかもしれないと，ア
ンは思った．
(2) 《許可》…してもよい
▶He asked me if he **might** call
me. （＝He said to me, "May I call
you?"）
彼はわたしに電話してもよいかときいた．
❷ 《現在の実現性の低い可能性》
…かもしれない
▶I **might** join you later.
あとであなたがたに合流するかもしれ
ません．（◆合流する可能性が低い）

might² [máit マイト] 名詞
U 力，権力；勢力
▶ことわざ **Might** is right.
力は正義なり．（◆「勝てば官軍」）

mighty [máiti マイティ] 形容詞
（比較 **mightier**；最上 **mightiest**）
強大な，強力な（同義語 strong）；大きな

migrate [máigreit マイグレイト]
（★発音に注意）動詞
（三単現 **migrates** [máigreits マイグレイ
ツ]；過去・過分 **migrated** [-id]；
現分 **migrating**）
自（人が）（一時的に仕事などを求めて）移
住する；（鳥・魚などが）（季節によって定期
的に）移動する，渡る

mike [máik マイク] 名詞
(口語)マイクロフォン（＝microphone）

a b c d e f g h i j k l **m** n o p q r s t u v w x y z

A B C D E F G H I J K L M N O P Q R S T U V W X Y Z

mild [máild マイるド] 形容詞
（比較 **milder**; 最上 **mildest**）
❶ （気候などが）穏やかな, 温暖な
（対義語 severe 厳しい）
▸a mild climate 穏やかな気候
❷ （人・態度などが）穏やかな
（同義語 gentle）
▸a mild voice 穏やかな声
❸ （味・香りなどが）強くない, まろやかな
▸mild flavor まろやかな香り

mile [máil マイる] 名詞
（複数 **miles** [-z]）
❏ （距離の単位の）マイル
（◆m や mi または mi. と略す; 1マイル
は 1,609 メートル）
▸The bank is two miles from my
house. その銀行はわたしの家から2
マイルのところにある.
▸fifty miles an [per] hour
時速 50 マイル（◆ 50 mph と略す）

military [mílitèri ミりテリ] 形容詞
軍隊の, 軍人の（対義語 civil 市民の）;
陸軍の

milk [mílk ミるク]
——名詞 ❏ 乳, 牛乳, ミルク
▸a glass [carton] of milk
グラス1杯の牛乳[牛乳1パック]
▸I want some milk in my coffee.
コーヒーに少しミルクがほしい.
——動詞 （三単現 **milks** [-s];
過去・過分 **milked** [-t]; 現分 **milking**）
他 …の乳をしぼる

milkman [mílkmən ミるクマン] 名詞
（複数 **milkmen** [mílkmən]）
❏ 牛乳屋, 牛乳配達人

milk shake [mílk ʃèik ミるク シェイク]
名詞 ❏ ミルクセーキ
（◆単に shake ともいう）

milky [mílki ミるキ] 形容詞
（比較 **milkier**; 最上 **milkiest**）
ミルクのような; 乳白色の

Milky Way [mílki wéi ミるキ ウェイ]
名詞 《the Milky Way で》
【天文】銀河, 天の川

mill [míl ミる] 名詞
❶ ❏ 製粉所; （製紙・製粉・紡績などの）工場
❷ ❏ 製粉機; （コーヒー・コショウなどの）
粉ひき器, ミル

millennium [miléniəm ミれニアム]
名詞 （複数 **millenniums** [-z] または
millennia [miléniə ミれニア]）
❏ 千年（間）; 千年紀

miller [mílər ミら] 名詞
❏ 粉屋, 製粉業者

millimeter, (英)millimetre
[míləmì:tər ミりミータ] 名詞
❏ （長さの単位の）ミリメートル
（◆1ミリメートルは1メートルの 1,000 分
の 1; mm と略す）

million [míljən ミりョン]
——名詞 （複数 **millions** [-z]）❏ 100 万
▸a [one] million 100 万
▸ten million 1,000 万

ルール million の複数形

1 hundred や thousand とは異な
り, million は前に数を表す語がつくと
複数形になることがあります.
▸three million(s) 300 万
2 million のあとにさらに数を表す語
が続くときは複数形にはなりません.
▸three million, five hundred and
sixty thousand 356 万
3 「何百万もの」の意味の millions of
は必ず複数形で用います.

millions of ...
何百万もの…; 多数の…, 無数の…
▸millions of people 何百万の人々
——形容詞 100 万の; （口語）多数の, 無数の
▸twenty million people
2,000 万の人々

millionaire [miljənéər ミりョネア] 名詞
❏ 百万長者, 大金持ち

min. （時間の）分（◆ minute(s) の略）

mind [máind マインド]

名詞	❶ 心, 精神
	❷ 考え
動詞 他	❶ …をいやがる
	❷ …に気をつける

——名詞 （複数 **minds** [máindz マインヅ]）
❶ ❏❏ 心, 精神（対義語 body 肉体）; 知
力, 知性; ❏ 理性
▸peace of mind 心の平安
▸She has a quick mind.
彼女は頭の回転が速い.
❷ ❏❏ 考え, 意見

▶I've changed my **mind**.
わたしは気が変わりました.

❸ **C** **U** 記憶(きおく)(力)(同義語 memory)

▶ことわざ Out of sight, out of **mind**.
去る者は日々に疎(うと)し.(♦「見えなくなると, 記憶からも消える」の意味から)

be on a person's **mínd**
気がかりである, 心配である

▶What's **on your mínd**?
何を考えているのですか?

come to mínd
(物事が)(突然(とつぜん))心に浮(う)かぶ

make úp one's **mínd (to)**
(…しようと)決心する(同義語 decide)

▶I can't **make up my mind to**
buy the computer. そのコンピューターを買う決心がつかない.

──動詞 (三単現 **minds** [máindz マインヅ];
過去・過分 **minded** [-id];
現分 **minding**)

──他 ❶ …をいやがる, 気にする;
《mind + ...ing で》…するのをいやがる
(♦主に疑問文・否定文で用いる)

▶I don't **mind** a short walk.
少しくらい歩くのはかまわない.

▶Would you **mind carrying** this
to my room? これをわたしの部屋まで運んでいただけませんか?

───

ルール Do [Would] you mind ...? に対する答え方

1「はい, どうぞ」と答えるときは, 日本語では肯定(こうてい)でも, 英語では Yes ではなく No を使って答えます.

ダイアログ

A: **Do you mind** my **asking** a
question?
質問をしてもよろしいですか?

B: **No**, I don't. Go ahead.
はい. どうぞ.
(♦ my は asking の意味上の主語)

2「いいえ, やめてください」と答えるときは, Well, I'd rather you didn't. や Would you not, please? などと答えます.

───

❷ …に気をつける, 注意する
(♦主に命令文で用いる)

▶**Mind** Your Step
《掲示》足もとに注意

──自 いやがる, 気にする
(♦主に疑問文・否定文で用いる)

▶I want to stay longer, if you
don't **mind**. よろしければ, わたしはもう少しいたいのですが.

Mínd your ówn búsiness. 他人のことに口出しするな, 余計なお世話だ.

Néver mind.
気にするな, たいしたことではない.

ːmine¹ [máin マイン] 代名詞《人称
代名詞の一人称単数 I の所有
代名詞》(複数 **ours** [áuərz アウアズ])

わたしのもの, ぼくのもの ➡ I 图表

▶Those shoes are **mine**.
あの靴(くつ)はわたしのものです.

▶His bag is bigger than **mine**.
彼のかばんはわたしのものより大きい.

▶Bob is a friend of **mine**.
ボブはわたしの友達だ.
➡ friend ルール

mine² [máin マイン] 名詞
❶ **C** 鉱山
❷ **C** 地雷(じらい); 水雷; 機雷

mineral [mínərəl ミネラる] 名詞
C 鉱物; 無機物; ミネラル
──形容詞 鉱物(性)の, 鉱物をふくんだ

▶**mineral** water
鉱泉水, ミネラルウォーター

miniature [míniətʃər ミニアチャ] 名詞
❶ **C** 小型模型, ミニチュア
❷ **C** 小さな肖像(しょうぞう)画; 細密画
──形容詞 小型の, 小さな, ミニチュアの

mini debate [míni dibéit ミニ ディベイト] 名詞 **C** ミニディベート(♦日常的な話題について少人数で意見を述べ合う簡単なディベート) ➡ debate

minimum [mínəməm ミニマム] 名詞
(複数 **minima** [mínəmə ミニマ] または
minimums [-z])
C 最小限, 最小量, 最低限
(対義語 maximum 最大限)
──形容詞 最小限の, 最低限の
(対義語 maximum 最大限の)

mining [máiniŋ マイニング] 名詞
U 採鉱, 採掘

minister [mínəstər ミニスタ] 名詞
❶ **C** (イギリス・ヨーロッパ・日本などの)
大臣(♦アメリカでは secretary という)
▶the Prime **Minister** 総理大臣
❷ **C** 公使, 使節
❸ **C** 牧師

ministry [mínəstri ミニストゥリ] 名詞
(複数 **ministries** [-z])

❶ C 《ふつう **Ministry** で》
(イギリス・ヨーロッパ・日本などの)省, 庁
(♦(米)department)
▶the **Ministry** of the Environment
環境省
❷ 《the ministry で》
聖職, 司祭[牧師]の職

Minnesota [mìnəsóutə ミネソウタ]
名詞 ミネソタ州(♦アメリカ北部の州;
Minn. または【郵便】で MN と略す)

minor [máinər マイナ] **形容詞**
小さい[少ない]ほうの; 過半数に達しな
い; あまり重要でない
(対義語) major 大きいほうの)
——**名詞** C 【法律】未成年者

minority [minɔ́:rəti ミノーリティ,
main ɔ́:rəti マイノーリティ] **名詞**
(複数) **minorities** [-z]) C 少数(派)
(対義語) majority 大多数); 少数民族

minor league [máinər líːg マイナ リー
グ] **名詞** C 《ふつう **Minor League** で》
(アメリカのプロ野球の)マイナーリーグ
(♦大リーグ(major league)の下位の連
盟)

mint [mínt ミント] **名詞**
U 【植物】ハッカ, ミント
(♦香料(こうりょう)に用いる)

minus [máinəs マイナス] **前置詞**
…をひいて(対義語) plus …を加えて)
▶Ten **minus** six is four.
10 ひく 6 は 4(10 − 6 = 4).
——**形容詞** マイナスの, 負の
(対義語) plus プラスの)

‡**minute** [mínit ミニット] **名詞**
(複数) **minutes** [mínits ミニッツ])
❶ C (時間の単位の)分
(♦ m や m. または min. と略す;「時」は
hour,「秒」は second)
▶It's ten **minutes** past nine.
現在, 9 時 10 分過ぎです. (♦(米)では
past の代わりに after も用いる)
▶It's ten **minutes**' [a ten-**minute**]
walk from here to the station.
ここから駅まで歩いて 10 分です.
❷ U 《a minute で》
(口語)瞬間(しゅんかん); ほんのしばらくの間
(同義語) moment)
▶May I borrow your dictionary for
a minute? あなたの辞書を少しの
間お借りしてもいいですか?

in a mínute すぐに
▶I'll be back **in a minute**.
すぐに戻(もど)ります.
Just a mínute.＝Wáit a mínute.
ちょっと待ってください.

minute hand [mínit hænd ミニット
ハァンド] **名詞** C (時計の)長針, 分針
➡ **clocks and watches** 図

miracle [mírəkl ミラクる] **名詞**
C 奇跡(きせき), 奇跡的な出来事

mirror [mírər ミラ] **名詞**
C 鏡; 反射鏡 ➡ **bathroom** 図
▶I looked at myself in the **mirror**.
わたしは鏡(に映る自分)を見た.
(♦ look at the mirror とすると,「鏡
そのものを見る」という意味になる)

mis- **接頭辞**「悪い」「誤った」「不利な」な
どの意味の語をつくる: mis- ＋ fortune
(運)→ misfortune(不運)

mischief [místʃif ミスチふ] **名詞**
(複数) **mischiefs** [-s])
❶ U いたずら, 悪さ; ちゃめっけ
❷ U 害, 危害

mischievous [místʃivəs ミスチヴァス]
形容詞 いたずら好きな; 有害な

miserable [mízərəbl ミゼラブる] **形容詞**
みじめな; (物事が人を)みじめな気持ちに
させる; みすぼらしい

misery [mízəri ミゼリ] **名詞**
(複数) **miseries** [-z])
❶ U みじめさ, 悲惨(ひさん)さ
❷ C 《miseries で》不幸, 苦難

misfortune [mìsfɔ́:rtʃən ミスふォー
チュン] **名詞** U 不運, 不幸; C 災難(さい
なん)
(対義語) fortune 幸運)

misjudge [mìsdʒʌ́dʒ ミスヂャッヂ] **動詞**
(三単現) **misjudges** [-iz]; (過去・過分)
misjudged [-d]; (現分) **misjudging**)
他 (距離(きょり)・時間など)の判断を誤る;
…を不当に評価する

misprint [mísprint ミスプリント] **名詞**
C 印刷の誤り, 誤植, ミスプリント

‡**Miss** [mís ミス] **名詞**
(複数) **Misses** [-iz])
❶ C (未婚(みこん)の女性を指して)…さん,
…嬢(じょう); …先生 ➡ **Ms.** (墨麗)
▶This is **Miss** Kate Smith.
こちらはケイト・スミスさんです.
▶**Miss** Miller is our homeroom
teacher.

ミラー先生はわたしたちの担任です.

❷《ふつう miss で》(呼びかけで)お嬢さん, 娘(ਊ)さん; 先生; (ウェイトレス・女子店員などに対して)おねえさん, きみ(◆特に日本語に訳す必要はない)

▸Excuse me, miss.
すみませんが.

*miss [mís ミス] **動詞**

(三単現 **misses** [-iz]; 過去・過分 **missed** [-t]; 現分 **missing**) 他

❶ **(的など)を外す**

❷ **(乗り物)に乗り遅(ぉ)れる**

❸ **…しそこなう**

❹ **…がいないのを寂(ẇ)しく思う**

❶ **(的など)を外す**; …を打ちそこなう, 捕(ọ)まえそこなう

▸His shot **missed** the goal.
彼のシュートはゴールを外した.

▸The catcher **missed** the ball.
捕手(ẇ)はボールを取りそこなった.

❷ **(乗り物)に乗り遅れる**, 乗りそこなう(対義語 catch …に間に合う)

▸I **missed** my usual train.
わたしはいつもの電車に乗りそこねた.

❸ **…しそこなう**, …することに失敗する, …を逃(ǿ)す(◆「見そこなう」「聞きそこなう」など, 目的語に応じて訳語を使い分ける);《**miss ＋ ...ing** で》…しそこなう

▸I **missed (watching)** the TV program.
わたしはそのテレビ番組を見逃した.

▸Just go straight. You can't **miss** it. まっすぐ行ってください. それを見逃すことはないですよ.(◆道案内で)

❹ **…がいないのを寂しく思う**; …の不在に気づく

▸I'll **miss** you.
(長い間別れる人に対し)あなたがいなくなると寂しくなります.(◆カードや手紙にもよく使われる)

❺ (事故・災害など)を免(ẅ)れる

❻ …を抜(ᵃ)く, 欠かす; …に出席しない

missile [mísl ミスる] (★発音に注意) **名詞** C ミサイル

missing [mísiŋ ミスィング] **形容詞**
あるべき場所にない; 行方(ẇ)不明の; 欠けている; 紛失(ẅ)した

▸a **missing** person 行方不明者

mission [míʃn ミシャン] **名詞**

❶ C (政治・外交の)使節団

❷ C 使命, 任務; 天命

❸ C 伝道; 宣教師団

missionary [míʃənèri ミシャネリ]
名詞 (複数 **missionaries** [-z])
C 宣教師, 伝道者

Mississippi [mìsisípi ミスィスィピ]
名詞 ❶ ミシシッピ州(◆アメリカ南部の州; Miss. または【郵便】で MS と略す)

❷《**the Mississippi** で》ミシシッピ川(◆アメリカ中部を流れ, メキシコ湾(ẇ)に注ぐ)

Missouri [mizúri ミズーリ] **名詞**

❶ ミズーリ州(◆アメリカ中部の州; Mo. または【郵便】で MO と略す)

❷《**the Missouri** で》ミズーリ川(◆アメリカ中部を流れ, ミシシッピ川に合流する)

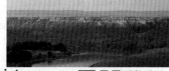

mist [míst ミスト] **名詞** C U 霧(ẇ), もや, かすみ(◆fog より薄(ẇ)い霧)

*mistake [mistéik ミsteイク]

——**名詞** (複数 **mistakes** [-s])

C 誤り, まちがい

▸I made a spelling **mistake** on the English exam.
英語の試験でつづりを１つまちがえた.

by mistáke 誤って, まちがって

▸He got on the wrong train **by mistake**.
彼は誤ってちがう電車に乗ってしまった.

——**動詞** (三単現 **mistakes** [-s];
過去 **mistook** [mistúk ミストゥック];
過分 **mistaken** [mistéikən ミステイクン];
現分 **mistaking**)

他 **…をまちがえる**, 誤解する;
《**mistake ... for 〜** で》
…を〜とまちがえる, 取りちがえる

▸He **mistook** my words.
彼はわたしの言ったことを誤解した.

a b c d e f g h i j k l m n o p q r s t u v w x y z

▶I often **mistake** Sarah **for** Lisa, her twin sister.
わたしはよくサラを彼女の双子(ふた)の姉[妹]のリサとまちがえる.

mistaken [mistéikən ミステイクン] **動詞**
mistake(…をまちがえる)の過去分詞
──**形容詞**《名詞の前には用いない》
(…を)誤解した, まちがった《about ...》
▶I was **mistaken about** the date.
わたしは日付をまちがえていた.

mister [místər ミスタ] **名詞**
❶ **C** …氏, …先生(◆ふつう Mr. と略す)
❷ **(口語)**(知らない男性への呼びかけで)
きみ, おにいさん, おじさん

mistletoe [mísltòu ミスるトウ] **名詞**
U【植物】ヤドリギ
(◆小枝をクリスマスの飾(かざ)りに用いる)

mistook [mistúk ミストゥック] **動詞**
mistake(…をまちがえる)の過去形

mistress [místrəs ミストゥレス] **名詞**
(**複数** mistresses [-iz]) **C** (女性の)主人(**対義語** master 主人); 愛人

misty [místi ミスティ] **形容詞**
(**比較** mistier; **最上** mistiest)
霧(きり)のかかった, 霧の深い

misunderstand [mìsʌndərstǽnd ミスアンダスタぁンド] **動詞**
(**三単現** misunderstands [mìsʌndərstǽndz ミスアンダスタぁンツ]; **過去・過分** misunderstood [mìsʌndərstúd ミスアンダストゥッド]; **現分** misunderstanding)
他 …を誤解する, …の意味を取りちがえる
▶I **misunderstood** her.
わたしは彼女のことを誤解していた.
──**自** 誤解する

misunderstanding [mìsʌndərstǽndiŋ ミスアンダスタぁンディング] **名詞** **C** **U** 誤解, 思いちがい

misunderstood [mìsʌndərstúd ミスアンダストゥッド] **動詞** misunderstand (…を誤解する)の過去形・過去分詞

mitt [mít ミット] **名詞** **C** (野球用の)ミット(◆「グローブ」は glove)

mitten [mítn ミトゥン] **名詞** **C** ミトン
(◆親指の部分だけ分かれた手袋(てぶくろ))
➡ **glove** 図
▶a pair of **mittens** ひと組のミトン

mix [míks ミックス] **動詞** (**三単現** mixes [-iz]; **過去・過分** mixed [-t]; **現分** mixing)

他 …を(…と)混ぜる《with ...》
▶**mix** eggs **with** [and] sugar
卵と砂糖を混ぜる
──**自**
❶ (…と)混ざる《with ...》
▶Oil and water don't **mix**.
(=Oil doesn't **mix with** water.)
油と水は混ざらない.
❷ (人と)親しくつき合う《with ...》

mixed [míkst ミックスト] **形容詞**
❶《名詞の前で用いて》混じり合った, 混合した; (年齢(ねんれい)・人種など)種々雑多な人々からなる
▶**mixed** feelings 複雑な気持ち
❷ **(主に英)** 男女混合の; 共学の

mixer [míksər ミクサ] **名詞**
C 混合機, ミキサー; (料理用の)ミキサー
(◆ケーキなどの材料を混ぜる器具)

mixture [míkstʃər ミクスチャ] **名詞**
U 混合; **C** **U** 混合物

mm, mmm [mm ンー] **間投詞**
(相づち・同意を表して)うん; ええと

MN【郵便】ミネソタ州(◆ *Minnesota* の略)

MO【郵便】ミズーリ州(◆ *Missouri* の略)

moan [móun モウン] **名詞**
C うめき声, うなり声
──**動詞** **自** うめく, うなる; 文句を言う
──**他** …をうめくように言う

mob [máb マブ] **名詞** **C** 暴徒(全体), 群衆

mobile [móubl モウブる, móubail モウバイる] **形容詞** 動きやすい; 移動できる
▶a **mobile** computer
モバイルコンピューター
──**名詞** **C** モビール(◆空気の流れによって動く造形品); 携帯(けいたい)電話

mobile home [móubl hóum モウブるホウム, móubail- モウバイる-] **名詞**
C **(米)** 移動住宅, モービルホーム
(◆車輪つきの一戸建て住宅; 車でひいて移動できる)

mobile phone [móubl fóun モウブるフォウン, móubail- モウバイる-] **名詞**
C **(主に英)** 携帯(けいたい)電話

(♦単に mobile ともいう；
《米》cell [cellular] phone)

mock [mák マック] [動詞]
[他] …をあざける，(人・動作など)をまねてからかう
—[自] (…を)あざける《at ...》
—[形容詞] 偽(にせ)の；模擬(もぎ)の
▸a **mock** examination　模擬試験

mode [móud モウド] [名詞]
❶ [C] 方法，様式，やり方
❷《**the mode** で》流行；モード

model [mádl マドゥる] [名詞]
❶ [C] 模型；原型
❷ [C] 手本，模範(もはん)
▸He is a **model** for every soccer player.　すべてのサッカー選手にとって彼は手本だ.
❸ [C] (絵・写真などの)モデル；ファッションモデル
❹ [C] (自動車などの)型
▸the latest **model**　最新型
—[形容詞]《名詞の前に用いて》
模型の；模範的な
▸a **model** ship　模型の船
▸a **model** student　模範的な学生

moderate [mádərit マデレット] [形容詞]
❶ 適度の，中くらいの
▸**moderate** exercise　適度の運動
❷ (人が)穏健(おんけん)な，節度ある

moderator [mádərèitər マデレイタ]
[名詞] ❶ [C] 仲裁(ちゅうさい)者，調停者
❷ [C] (討論会・クイズ番組などの)司会者

*__modern__ [mádərn マダン] [形容詞]
([比較] **more modern**;
[最上] **most modern**)
現代の；近代の([対義語] ancient 古代の)；
現代的な，最新(型)の
▸**modern** times　現代
▸**modern** society　現代社会
▸**modern** furniture　最新型の家具

modest [mádist マデスト] [形容詞]
(人・態度が)謙虚(けんきょ)な，控(ひか)え目な，
慎(つつ)み深い；適度の

modesty [mádəsti マデスティ] [名詞]
[U] 謙虚(けんきょ)さ，慎(つつ)み深さ；適度

modify [mádəfài マディふァイ] [動詞]
([三単現] **modifies** [-z]; [過去・過分] **modified** [-d]; [現分] **modifying**) [他]
❶ …を修正する，変更(へんこう)する
❷【文法】…を修飾(しゅうしょく)する

moist [mɔ́ist モイスト] [形容詞]
([比較] **moister**; [最上] **moistest**) 湿(しめ)った，湿気(しっけ)のある([対義語] dry 乾(かわ)いた)

> [くらべよう] **moist, damp, humid, wet**
>
> **moist**:「心地(ここち)よい湿り」を表します.
> **damp**: ふつう「冷たく不快な湿気」を表します.
> **humid**:「多湿の」という意味を表し，天候などに用います.
> **wet**: ぬれて「湿った」状態を表します.

moisture [mɔ́istʃər モイスチャ] [名詞]
[U] 湿気(しっけ)，水分

mold[1], 《英》**mould**[1] [móuld モウるド]
[名詞] [C] 鋳型(いがた)，型；(ゼリーやプディングなどの)流し型

mold[2], 《英》**mould**[2] [móuld モウるド]
[名詞] [U] [C] かび

mole[1] [móul モウる] [名詞] [C]【動物】モグラ

mole[2] [móul モウる] [名詞] [C] ほくろ，あざ

mom [mám マム] [名詞]
[C]《米口語》お母さん(♦《英口語》mum;
[対義語] dad お父さん) ➡ **mother**

*__moment__ [móumənt モウメント]
[名詞] ([複数] **moments** [móumənts モウメンツ]) [C] **瞬間**(しゅんかん)，ちょっとの間
([同義語] minute, instant)；《ふつう **a moment** または **the moment** で》
(特定の)時，時点
▸Just **a moment**, please.
(=Wait **a moment**, please.)
ちょっと待ってください.

(at) ány mómentt いつなんどき；今にも
▸An accident can happen **at any moment**.
事故はいつ起こるかわからない.

for a móment しばらく，少しの間

mommy [mámi マミ] [名詞]
([複数] **mommies** [-z])
[C]《米》《小児語》お母さん，ママ(♦《英》mummy; [対義語] daddy お父さん)

Mon. [mʌ́ndèi マンデイ] 月曜日
(♦ *Monday* の略)

monarch [mánərk マナク] (★発音に注意) [名詞] [C] 君主，(女)王，皇帝(こうてい)，女帝

:**Monday** [mʌ́ndèi マンデイ]
[名詞] ([複数] **Mondays** [-z])
[C] [U] **月曜日**
(♦ Mon. と略す) ➡ **Sunday** [ルール]

a b c d e f g h i j k l **m** n o p q r s t u v w x y z

A B C D E F G H I J K L M N O P Q R S T U V W X Y Z

‡money [mʌ́ni マニ] 名詞
- Ⓤ 金(ネォ), 金銭; 通貨
  - ▶borrow [lend, earn] **money**
  金を借りる[貸す, 稼(ネォ)ぐ]
  - ▶I have no **money with** [on] me.
  わたしはお金を持ちあわせていない.
  - ▶Don't spend so much **money** on clothes. 衣服にそんなにたくさんのお金を使ってはいけない.
  - ▶How much **money** do you need?
  いくらお金が必要ですか?

make móney 金をもうける, 金持ちになる

> **[参考] お金のいろいろ**
>
> 《米》a bill, 《英》a note 紙幣(ネォ) / cash 現金 / change つり銭, 小銭(ォォ) / e-money 電子マネー / a coin 硬貨(ッォ)

Mongolia [maŋgóuliə マンゴウリア] 名詞 ❶ モンゴル国(◆中央アジア東部の国; 首都はウランバートル Ulan Bator)
❷ モンゴル(中央アジア東部の高原地帯)

Mongolian [maŋgóuliən マンゴウリアン] 形容詞 モンゴルの; モンゴル人の; モンゴル語の
――名詞 Ⓒ モンゴル人; Ⓤ モンゴル語

monitor [mánitər マニタ] 名詞 ❶ Ⓒ (画像などをチェックする)監視(ォォ)用テレビ, モニター; 【コンピューター】モニター(画面), 表示装置, ディスプレー
→ **computers** 図
❷ Ⓒ 学級委員; (学級内の)委員, 係

monk [mʌ́ŋk マンク] 名詞 Ⓒ 修道士, 修道僧(ォォ)(対義語) nun 修道女)

monkey [mʌ́ŋki マンキ] 名詞 Ⓒ 【動物】サル(◆ふつう「尾(ォ)のある小型のサル」; チンパンジーやゴリラなど, 「尾のない大きいサル」は ape)

monocycle [mánəsàikl マノサイクル] 名詞 Ⓒ 一輪車

monopoly [mənápəli モナポリ] 名詞 (複数 **monopolies** [-z])
❶ Ⓒ 独占(ォォ)(権); 専売品; 独占企業
❷《**Monopoly** で》【商標】モノポリー(◆不動産の売買をするボードゲーム)

monorail [mánərèil マノレイる] 名詞 Ⓒ モノレール

monotone [mánətòun マナトウン] 名詞 Ⓤ《または **a monotone** で》(話し方・歌い方の)一本調子; (音・色彩(ォォ)の)単調さ

monotonous [mənátənəs モナトナス] 形容詞 単調な, 変化のない; 退屈(ォォ)な

monsoon [mansú:n マンスーン] 名詞 ❶ Ⓒ (インド洋・南アジアの)モンスーン, 季節風; (モンスーンがもたらす)大雨
❷ Ⓒ (モンスーンがもたらす)雨期

monster [mánstər マンスタ] 名詞 Ⓒ 怪物(ォォ), 化け物; 巨大(ォォ)なもの[人]

montage [mantá:ʒ マンタージ] 名詞 Ⓒ 合成写真, モンタージュ写真(◆フランス語から)

Montana [mantǽnə マンタぁナ] 名詞 モンタナ州(◆アメリカ北西部の州; Mont. または【郵便】で MT と略す)

‡month [mʌ́nθ マンす] 名詞
(複数 **months** [mʌ́nts マンツ])
Ⓒ (暦(ォォ)の上での)月; 1か月
- ▶this [last, next] **month**
今[先, 来]月
- ▶What day of the **month** is (it) today? 今日は何日ですか?
(=What's the date today?)
- ▶I'm going to stay there for two **months**. わたしはそこに2か月間滞在(ォォ)する予定です.

> **[参考] 12 か月の名**
>
> | 日本語 | 英語 | 略 |
> |---|---|---|
> | 1月 | **January** | Jan. |
> | 2月 | **February** | Feb. |
> | 3月 | **March** | Mar. |
> | 4月 | **April** | Apr. |
> | 5月 | **May** | (略さない) |
> | 6月 | **June** | Jun. |
> | 7月 | **July** | Jul. |
> | 8月 | **August** | Aug. |
> | 9月 | **September** | Sep., Sept. |
> | 10月 | **October** | Oct. |
> | 11月 | **November** | Nov. |
> | 12月 | **December** | Dec. |

monthly [mʌ́nθli マンすり] 形容詞《名詞の前で用いて》毎月の, 月1回の; 月刊の
――副詞 毎月, 月に1回
――名詞 (複数 **monthlies** [-z]) Ⓒ 月刊誌

Montreal [màntrió:l マントゥリオーる] 名詞 モントリオール
(◆カナダ南東部の港湾(ォォ)都市)

monument [mánjəmənt マニュメント] 名詞 Ⓒ 記念碑(ッ), 記念像, 記念建造物

moo [mú: ムー] **動詞**
　自 (ウシが)モーと鳴く
　— **名詞** (**複数** **moos** [-z])
　C (ウシの鳴き声を表して)モー
　➡ **animals** 図

mood [mú:d ムード] **名詞** C (一時的な)
気分; (人々の)雰囲気(ふんいき), 気分
　▶She is in a good [bad] **mood**
　today.
　今日, 彼女は機嫌(きげん)が良い[悪い].

⁑moon [mú:n ムーン] **名詞**
　(**複数** **moons** [-z])
　❶《ふつう **the moon** で》(天体の)月
　▶**The moon** is shining brightly.
　月が明るく輝(かがや)いている.

　ルール the moon と a moon

　月は一つしかない天体なので, ふつう
　は the moon としますが, 「月が出て
　いるかいないか」や「月の時期・形」につ
　いて言うときは, a をつけます.
　　▶There is **a moon** tonight.
　　今夜は月が出ている.
　　▶**a** new [half, full] **moon**
　　新月[半月, 満月]
　「三日月」は a crescent [krésənt クレ
　セント] といいます.

　文化 月の模様とイメージ

　西洋では, 一般に月の光は魔力(まりょく)を
　もち, 人を狂(くる)わすと考えられ, 文学や
　演劇などの背景としてもよく使われて
　きました. また, 日本では月面の模様に
　ウサギのもちつきを想像しますが, 欧
　米(おうべい)では女性の横顔, 大きなはさみの
　カニ, ワニ, 本を読む老婆(ろうば)などと見
　る慣習があります.

　❷ C (惑星(わくせい)の)衛星(**同義語** satellite)

moonlight [mú:nlàit ムーンライト]
　名詞 U 月光, 月明かり

mop [máp マップ] **名詞**
　C モップ(◆長い柄(え)のついたぞうきん)

moral [mɔ́:rəl モーラる] **形容詞**
　道徳の; 道徳的な
　— **名詞** ❶ C (物語中の)教訓
　❷《morals で》品行; 道徳

⁑more [mɔ́:r モーア]
　— **形容詞** (many または much の比較級;
　最上級は most)
　❶〖many の比較級〗

《数えられる名詞の複数形につけて》
(数が)**もっと多くの**, もっと多数の;
《**more ... than ～**で》～より多くの…
(**対義語** fewer より少ない)
　▶I have **more** CDs **than** he does.
　ぼくは彼より多くの CD を持っている.
❷〖much の比較級〗
《数えられない名詞につけて》
(量が)**もっと多くの**, もっと多量の;
《**more ... than ～**で》～より多くの…
(**対義語** less もっと少ない)
　▶You need **more** practice.
　あなたはもっと練習が必要だ.
　▶She makes **more** money **than** he
　does.
　彼女は彼よりももっと多くお金を稼(かせ)ぐ.
❸ **それ以上の**, あと…(◆ any, some や
数を表す語をともなうことが多い)
　▶Would you like **some more**
　cake? ケーキをもう少しいかがですか?
　▶We need two **more** chairs.
　いすがあと 2 脚(きゃく)必要だ.
⁑móre and móre ... **ますます多くの…**
　▶**More and more** young people
　will visit this city.
　この街を訪(おとず)れる若者はますます増え
　るでしょう.
much móre ... 《数えられない名詞につ
けて》ずっと多くの…
　▶We have had **much more** rain
　this year than last.
　今年は去年よりずっと雨が多い.
　— **代名詞** ❶〖many の比較級〗
《複数あつかいで》**もっと多くのもの**
　▶Some students like my idea, but
　more don't (like it).
　わたしの案を好ましく思う生徒もいる
　が, そうでない生徒のほうが多い.
❷〖much の比較級〗《単数あつかいで》
もっと多くの量, もっと多くのもの[こと]
　▶Please tell me **more** about you.
　あなたのことをもっと教えてください.
　— **副詞** (much の比較級; 最上級は most)
❶《more ＋形容詞[副詞]で比較級をつ
くり》**もっと…**(◆主に形容詞[副詞]が
2 つ以上の母音をふくむ場合; **対義語** less
もっと少なく);
《more ＋形容詞[副詞]＋ than ～で》
～よりもっと…
　▶Speak **more** slowly, please.
　もっとゆっくり話してください.

A B C D E F G H I J K L M N O P Q R S T U V W X Y Z

▶This movie is **more** interesting **than** that one. この映画はあの映画よりもっとおもしろい.
❷《動詞を修飾(じ̇ょく)して》もっと
▶You should sleep **more**.
もっと眠(ねむ)ったほうがいいですよ.
❸ さらに, これ以上; そのうえ
▶We need five days **more** to finish this work. わたしたちがこの作業を終えるには, さらに5日必要だ.

◆*móre and móre* ますます
▶Recycling will be **more and more** important in the future.
リサイクルは将来ますます重要になるだろう.

móre or léss 多かれ少なかれ

◆*móre than ...*
① (数が)…以上に[の] (同義語 over)

╭─ ルール **more than** の使い方 ─╮
1 「more than one ＋単数名詞」は, 意味は複数ですが, 単数としてあつかいます.
▶**More than one** passenger was injured. 複数の[2人以上の]乗客がけがをした.
2 「5日以上」を表すとき, 厳密には five days **or more** とします. **more than** five days とすると, 「5日より多い=6日以上」の意味になり, 「5日」はふくまれません.
╰──────────────────╯

② (程度などが)とても…で
(◆形容詞などの前で用いる)
▶I'm **more than** glad to hear that.
それを聞いてとてもうれしいです.

no móre＝not ... any móre
もうこれ以上…ない, もう二度と…しない
▶I can eat **no more**.
(＝I ca**nnot** eat **any more**.)
もうこれ以上食べられません.

no móre than ...
(ただ)…にすぎない; (たった)…だけ
▶He is **no more than** a boy.
彼はただの少年にすぎない.
▶She spoke **no more than** a few words.
彼女は二言三言しゃべっただけだった.

not móre than ...
多くても…, せいぜい…
▶It's **not more than** 50 meters to the top.

頂上までせいぜい50メートルだ.

once móre もう一度 ➡ once

the móre ..., the móre ~
…すればするほど, ますます~する
▶**The more** I talk with her, **the more** I like her.
彼女と話せば話すほど, わたしは彼女を好きになる.

moreover [mɔːróuvər モーアオウヴァ]
副詞 なおそのうえに, さらに
(◆かたい語; 同義語 besides)

❖morning [mɔ́ːrniŋ モーニング]
名詞 (複数 mornings [-z])
C U 朝(◆日の出から正午ごろまで);
午前(◆0時から正午まで)
➡ afternoon ルール, day 図
▶My mother gets up at six every **morning**. 母は毎朝6時に起きる.
▶We have four classes in the **morning**. 午前中に授業が4つある.
▶at five in the **morning** 朝5時に
▶early in the **morning** 朝早く
▶on Sunday **morning** 日曜日の朝に
▶on the **morning** of July 4
7月4日の朝に
(◆4は (the) fourth と読む)
▶from **morning** till [to] night
朝から晩まで
▶I had pancakes this **morning**.
今朝, ホットケーキを食べた.

Good mórning. おはよう; こんにちは.
(◆朝や午前中に人と会ったときのあいさつ; まれに別れるとき goodbye の代わりに使うこともある)

morning glory [mɔ́ːrniŋ glɔ̀ːri モーニング グローリ] **名詞** C U 【植物】アサガオ

morning paper [mɔ́ːrniŋ péipər モーニング ペイパ] **名詞** C (新聞の)朝刊
(◆「夕刊」は evening paper)

mortal [mɔ́ːrtl モートゥる] **形容詞**
死から逃(のが)れられない, 死ぬべき運命にある(対義語 immortal 不死の)

mosaic [mouzéiik モウゼイイック] **名詞**
C U モザイク画[模様]

Moscow [máskau マスカウ] **名詞**
モスクワ(◆ロシア(連邦(れんぽう))の首都)

Moslem [mázləm マズれム] **名詞** **形容詞**
イスラム教徒(の)(＝Muslim)

mosque [másk マスク] **名詞**
C モスク, イスラム教寺院

mosquito [məskíːtou モスキートウ]
名詞 (**複数** **mosquitoes** または
mosquitos [-z]) **C** 【昆虫】蚊(か)

moss [mɔ́ːs モース] **名詞** **C** **U** 【植物】コケ
▶**ことわざ** A rolling stone gathers no
moss. 転石(てんせき)苔(こけ)を生ぜず.
(♦「転がる石に苔は生えない」の意味)

:**most** [móust モウスト]
――**形容詞** (many または much の最上
級; 比較級は more)
❶ 〖many の最上級〗
《数えられる名詞の複数形につけて》
(数が) **最も多くの**, いちばん多くの
(♦ふつう the をつける; **対義語** fewest
最も少ない)
▶She has **the most** books among
us.
わたしたちの中では, 彼女が最も多くの
本を持っている.
❷ 〖much の最上級〗
《数えられない名詞につけて》
(量が) **最も多くの**, いちばん大量の
(♦ふつう the をつける; **対義語** least 最も
少ない)
▶He spent **the most** money last
month.
先月は彼がいちばんお金を使った.
❸ 《ふつう冠詞をつけずに》
たいていの, 大部分の
▶**Most** students like comic books.
たいていの生徒はマンガが好きだ.
――**代名詞** ❶ 《**most of** +名詞で》
…の大部分, …のほとんど
▶**Most of** the students study hard
before the tests.
学生の大部分はテスト前に一生懸命(けん
めい)勉強する.
❷ 《**the most** で》最多数, 最大量, 最大限
at (the) móst 多くて, せいぜい
▶It will take ten minutes **at most**
to walk to the station.
駅まで歩いても, せいぜい 10 分だろう.
――**副詞** (much の最上級; 比較級は more)
❶ 《**the most** +形容詞[副詞]で最上級
をつくり》**いちばん…**, 最も…
(♦主に形容詞[副詞]が 2 つ以上の母音を
ふくむ場合; **対義語** least 最も…でなく)
▶This is **the most** delicious cake
in this shop. これはこの店でいちば
んおいしいケーキだ.

▶She eats **(the) most** slowly of us.
彼女はわたしたちの中で食べるのがい
ちばん遅(おそ)い.

《**くらべよう**》 **the most** と **most**

最上級の形容詞の前には, 「the most
＋形容詞＋名詞」のように, 必ず the を
つけますが, 副詞の最上級には, 「most
＋副詞」のように, the をつけないこと
もあります.
▶This is **the most** interesting
book of the five.
これは 5 冊の中でいちばんおもしろ
い本だ.
▶She speaks **most** clearly of all.
彼女はみんなの中で最もはっきりと
話す.

❷ 《動詞を修飾(しゅうしょく)して》**いちばん**, 最も
(**対義語** least 最も少なく)
▶Who worked (the) **most**?
だれがいちばん勉強しましたか?
❸ 《形容詞・副詞を修飾して》
非常に, たいへん, とても (**同義語** very)
▶She is a **most** active woman.
彼女はとても活動的な女性です.

mostly [móustli モウストり] **副詞**
たいていは; 主に

motel [moutél モウテる] (★アクセントに
注意) **名詞** **C** モーテル
(♦自動車旅行者用の駐車(ちゅうしゃ)場つきホテ
ル; motor「自動車」＋ hotel「ホテル」か
らできた語)

moth [mɔ́ːθ モーす] **名詞**
C 【昆虫】ガ(蛾)

:**mother** [mʌ́ðər マざ] **名詞**
(**複数** **mothers** [-z])
❶ **C** 母, 母親, お母さん(♦**(米口語)**mom,
(英口語)mum; **対義語** father 父)
➡ **family** 図, **father** **ルール**
▶Where's **Mother**? お母さんはどこ?
▶My **mother** is a teacher of
English. わたしの母は英語の先生です.
▶the **mother** country 母国, 祖国
❷ 《**the mother of ...** で》
(物事を生み出す)母, 源
▶**ことわざ** Necessity is **the mother**
of invention.
必要は発明の母; 「窮(きゅう)すれば通ず」

Mother Goose rhymes
[mʌ́ðər gúːs ràimz マざ グース ライムズ]

[名詞] マザーグースのうた(♦イギリスの民俗(みんぞく)的な童謡(どうよう)を集めたもの; Mother Goose(ガチョウおばさん)という伝説的な人物の作とされる)

mother-in-law [mʌ́ðərinlɔ̀: マザインろー] [名詞]
([複数] **mothers-in-law** [mʌ́ðərzinlɔ̀: マざズインろー]または **mother-in-laws** [-z]) [C] 義理の母, 義母, しゅうとめ

Mother's Day [mʌ́ðərz dèi マざズ デイ] [名詞] 母の日(♦アメリカ・カナダでは5月の第2日曜日; イギリスでは四旬(しじゅん)節(Lent)の第4日曜日で, 3月初めから4月初めのいずれかの日曜日)

Mother Teresa [mʌ́ðər tərí:sə マざ テリーサ] [名詞]【人名】マザー・テレサ
(♦ 1910–97; 旧ユーゴスラビア出身の修道女; インドで貧しい人々を救った)

mother tongue [名詞] [mʌ́ðər tʌ́ŋ マざ タング] [C] 母語
(♦生まれてから最初に覚えた言語)

motif [mouti:f モウティーふ] [名詞]
([複数] **motifs** [-s])
❶ [C] (デザインなどの)モチーフ, 基調となる模様
❷ [C] (芸術作品などの)主題, モチーフ

motion [móuʃn モウシャン] [名詞]
❶ [U] 動き, 運動, 移動
([同義語] movement)
▸slow **motion** スローモーション
❷ [C] 動作, 身振(みぶ)り; 身のこなし

motion picture [móuʃn píktʃər モウシャン ピクチャ] [名詞]
[C] [米]映画([同義語] movie)

motive [móutiv モウティヴ] [名詞]
[C] (行動の)動機; (…の)目的《of [for] ...》

motocross [móutoukrɔ̀:s モウトウクロース] [名詞] [U] モトクロス(♦険しい坂, 急カーブ, ぬかるみなどのコースを走るオートバイのクロスカントリーレース)

motor [móutər モウタ] [名詞]
❶ [C] モーター, エンジン
❷ [C] [英]自動車

motorbike [móutərbàik モウタバイク]
[名詞] ❶ [C] [米]小型オートバイ(♦原動機つき自転車をふくむ; ふつうのオートバイは motorcycle; 「オートバイ」は和製英語)
❷ [C] [英口語]オートバイ

motorboat [móutərbòut モウタボウト]
[名詞] [C] モーターボート

motorcycle [móutərsàikl モウタサイクる] [名詞] [C] オートバイ ➡ **motorbike**

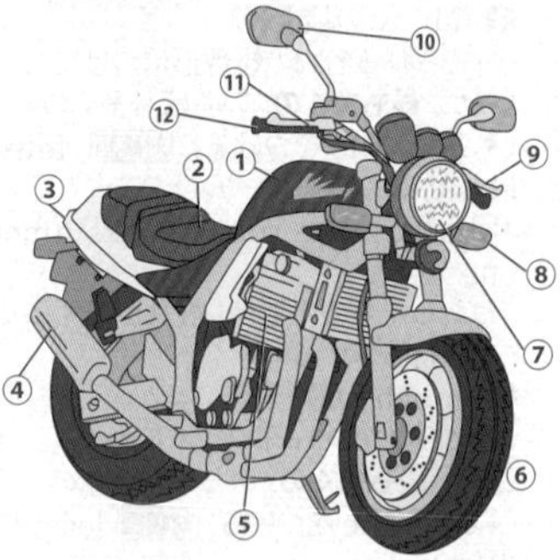

① fuel tank 燃料タンク
② seat シート
③ taillight テールライト
④ muffler マフラー
⑤ engine エンジン
⑥ tire タイヤ
⑦ headlight ヘッドライト
⑧ turn signal 方向指示器
⑨ clutch lever クラッチレバー
⑩ mirror ミラー
⑪ brake lever ブレーキレバー
⑫ throttle スロットル

motor home [móutər hòum モウタホウム] [名詞] [C] (旅行用の)移動住宅車, モーターホーム(♦後部が生活用の部屋になっている自動車)

motorist [móutərist モウタリスト] [名詞]
[C] 車を運転する人, ドライバー

motorway [móutərwèi モウタウェイ]
名詞 Ⓒ (英)高速道路
(♦(米)expressway, freeway; 英米で
はふつう通行料は無料)

motto [mátou マトウ] 名詞
(複数 **mottoes** または **mottos** [-z])
Ⓒ モットー, 標語; 格言

mound [máund マウンド] 名詞
Ⓒ 塚, 土手; 小山(のようなもの);
【野球】マウンド ➡ **baseball** 図

Mount [máunt マウント] 名詞
(山の名の前につけて)…山(♦Mt. と略す)
▸**Mount [Mt.] Fuji** 富士山

mount [máunt マウント] 動詞
他 (山・はしご・木など)にのぼる
(同義語 climb);
(馬・自転車など)に乗る(同義語 ride)

†mountain [máuntn マウントゥン] 名詞 (複数 **mountains** [-z])
Ⓒ 山;《**mountains** で》山脈
▸**climb a mountain** 山にのぼる
▸Let's go to the **mountains** next Sunday. 次の日曜日に山へ行こうよ.

ダイアログ
A: What is the highest **mountain** in the world?
世界でいちばん高い山は何ですか?
B: Mt. Everest is. エベレスト山です.

▸the Rocky **Mountains**
ロッキー山脈

mountainous [máuntnəs マウントナス]
形容詞 山の多い, 山地の

mountainside [máuntnsàid マウントゥンサイド] 名詞 Ⓒ 山腹

mourn [mɔ́ːrn モーン] 動詞
自 (人の死などを)悲しむ, 悼む
《for [over] ...》
——他 (人の死など)を悲しむ, 嘆く

mournful [mɔ́ːrnfl モーンふる] 形容詞
悲しみに沈んだ; 哀れを誘う

mouse [máus マウス] 名詞
❶ (複数 **mice** [máis マイス])
Ⓒ 【動物】ハツカネズミ
(♦ヨーロッパの小さなイエネズミ; 日本の家にすむ大型のネズミは rat)
➡ **animals** 図
▸ ことわざ When the cat's away, the **mice** will play. ネコの留守にネズミが遊ぶ;「鬼のいぬ間に洗濯」

❷ (複数 **mouses** [-iz] または **mice**)
Ⓒ 【コンピューター】マウス
➡ **computers** 図

mousse [múːs ムース] 名詞 Ⓤ Ⓒ
ムース(♦泡立てたクリームや卵白にゼラチンなどを加えて冷やしたデザート); (ヘア)ムース(♦泡状の整髪料)

moustache [mʌ́stæʃ マスタぁシ] 名詞
(英)=(米)mustache(口ひげ).

†mouth [máuθ マウす] 名詞
(複数 **mouths** [máuðz マウずズ])
❶ Ⓒ (人・動物の)口 ➡ **head** 図

lip 唇
gum 歯茎
tooth 歯
tongue 舌

▸**open [close, shut] one's mouth**
口を開ける[閉じる]
▸The dog had a bone in his **mouth**.
そのイヌは骨を口にくわえていた.
▸Don't speak with your **mouth** full. (食べ物で)口をいっぱいにしたまましゃべるな.

❷ Ⓒ (びんなどの)口; (トンネルなどの)出入り口; 河口

†move [múːv ムーヴ]
——動詞 (三単現 **moves** [-z];
過去・過分 **moved** [-d]; 現分 **moving**)
他 ❶ (もの)を動かす
❷ (人)を感動させる
自 ❶ 動く
❷ 引っ越す

——他 ❶ (もの)を動かす, 移動させる
▸Can you **move** your bike? あなたの自転車を移動させてくれますか?
❷ (人)を感動させる(♦感動だけでなく怒り・同情・悲しみなど, さまざまな感情を起こさせる場合にも使う)
▸Her music will **move** a lot of people. 彼女の音楽は多くの人々を感動させるだろう.
▸The movie **moved** me to tears.
わたしはその映画に感動して泣いた.
——自 ❶ 動く, 移動する
▸**move fast [slowly]**
速く[ゆっくりと]動く

A B C D E F G H I J K L **M** N **O** P Q R S T U V W X Y Z

❷ 引っ越す, 移転する
▶He **moved** from Tokyo to Kobe.
彼は東京から神戸へ引っ越した.

móve aróund
動き回る, …のまわりを回る
▶The earth **moves around** the sun.
地球は太陽のまわりを回る.

móve ín 移り住む, 入居する

móve ón 前進する; 移る

móve óver 席を詰(つ)める
▶Would you **move over** a little,
please? 少し詰めていただけますか?

——名詞 (複数) **moves** [-z])
❶《a move で》動き, 動作
❷ C 移動; 引っ越し
❸ C (打つべき)手, 対策; (チェスなどの)
こまの動き, 指し手

movement [múːvmənt ムーヴメント]
名詞 ❶ U C 動き, 運動;
C 身振(みぶ)り, 動作(同義語 motion)
▶the **movement** of the sun
太陽の動き
❷ C (政治的・社会的な)運動
▶a peace **movement** 平和運動

:**movie** [múːvi ムーヴィ] 名詞

(複数) **movies** [-z])
❶ C 《米口語》映画 (♦同義語 motion
picture, 《主に英》film);
《the movies で》映画の上映
▶see [watch] a **movie** 映画を見る
▶go to the **movies** [a **movie**]
映画を見に行く(♦特定の映画を指すと
きは the movie となる)
▶I watched the **movie** on TV.
わたしはその映画をテレビで見た.
❷ C 《米口語》映画館
(=movie theater)

moving [múːviŋ ムーヴィング] 動詞
move(…を動かす)の現在分詞・動名詞
——形容詞 ❶ 感動させる, 感動的な
▶a **moving** scene 感動的な場面
❷ 動く, 動かすことができる

mow [móu モウ] 動詞
(三単現 **mows** [-z]; 過去 **mowed** [-d];
過分 **mowed** または **mown** [móun モ
ウン]; 現分 **mowing**)
⾃ 芝生(しばふ)を刈(か)る, 穀物を刈り取る
——⾛ …を刈る, 刈り取る

mower [móuər モウア] 名詞
❶ C 芝刈(しばか)り機

❷ C (穀物の)刈り取り機

mown [móun モウン] 動詞 mow(芝生(しばふ)
を刈(か)る)の過去分詞の一つ

Mozart [móutsɑːrt モウツァート] 名詞
【人名】モーツァルト(♦ Wolfgang
Amadeus Mozart [wúlfgæŋ
æmədéiəs- ウるふガァング あマデイアス-],
1756–91; オーストリアの作曲家で, 古典
派音楽の確立者)

:**Mr., Mr** [místər ミスタ] 名詞

❶ C (男性を指して)…氏, …さん, …先
生(♦ *Mister* の略; 《英》ではピリオドを
つけずに用いることが多い; 複数形は
Messrs.)
▶**Mr.** Brown ブラウン氏
▶**Mr.** and **Mrs.** Green
グリーン夫妻
▶Our homeroom teacher is
Mr. Smith.
わたしたちの担任はスミス先生です.

ルール **Mr.** の使い方

Mr. は姓(せい)または姓名の前につけます.
名前だけの場合にはつけません.
▶**Mr.** Smith スミスさん
▶**Mr.** Joe Smith ジョー・スミスさん
(♦× Mr. Joe とはいわない)

❷ (役職名や官職名の前につけ, 呼びかけ
に用いて)…殿(どの)
▶**Mr.** President 大統領閣下(かっか)
❸ (土地・スポーツ・職業などを代表するよ
うな男性を指して)ミスター…
▶**Mr.** Baseball
ミスター・ベースボール, 野球の名手

:**Mrs., Mrs**

[mísiz ミスィズ] 名詞
❶ C (結婚(けっこん)している女性を指して)
…夫人, …さん(♦ *Mistress* の略;
《英》ではピリオドをつけずに用いることが
多い; 複数形は Mmes.) ➡ **Ms.** 区別

▶**Mrs.** Farrow ファロウ夫人
▶**Mrs.** Maria Brown
マリア・ブラウン夫人

ルール **Mrs.** の使い方

❶ Mrs. は姓(せい)または姓名の前につけ
ます. 名前だけの場合にはつけません.
▶**Mrs.** Smith スミスさん
▶**Mrs.** Jane Smith

ジェーン・スミスさん
(♦× Mrs. Jane とはいわない)

2 公式の場では夫の姓名の前につけます．また「…夫妻」という場合は Mr. and Mrs. ... とします．
▸**Mrs. Joe Smith** ジョー・スミス夫人
▸**Mr. and Mrs. (Joe) Smith** (ジョー・)スミス夫妻

❷ (土地・スポーツ・職業などを代表するような既婚(きこん)女性を指して)ミセス…
▸**Mrs. UN** ミセス国連

MS 【郵便】ミシシッピ州(♦ *Mississippi* の略)

‡Ms., Ms [míz ミズ] 名詞

C (女性を指して)…さん，…先生
(♦ (英)ではピリオドをつけずに用いることが多い; 複数形は Mses. または Mss., Ms's [mízíz ミズィズ])
▸**Ms. Baker** ベーカーさん
▸**Ms. Ellen Baker** エレン・ベーカーさん

ルール **Ms. の使い方**

Ms. は姓(せい)または姓名の前につけます．名前だけの場合にはつけません．
▸**Ms. Brown** ブラウンさん
▸**Ms. Mary Brown** メアリー・ブラウンさん
(♦× Ms. Mary とはいわない)

歴史 **Ms. は Mrs. より新しいことば**

1 Ms. は，既婚(きこん)女性を指す Mrs. と未婚女性を指す Miss からできたことばです．
2 男性は既婚でも未婚でも Mr. なのに対して，女性について Mrs. と Miss を分けるのは差別だという考えから，話しことばでも書きことばでも Ms. が用いられるようになりました．

MT 【郵便】モンタナ州(♦ *Montana* の略)

‡Mt., Mt [maunt マウント]
(山の名の前につけて)…山(♦ *Mount* の略)
▸**Mt. Everest** エベレスト山

‡much [mʌtʃ マッチ]

——形容詞 (比較 **more** [mɔ́ːr モーア]; 最上 **most** [móust モウスト])
《数えられない名詞につけて》**多くの，多量**

の(対義語 little 少しの)
➡ **many** くらべよう
▸**much** water　多量の水
▸She had too **much** cake. 彼女はケーキを食べ過ぎた．
▸I don't have **much** time. わたしにはあまり時間がない．
▸Did you have **much** snow last winter?　去年の冬は雪がたくさん降りましたか？

ルール **much の使い方**

1 much は量が多いことを表し，数えられない名詞の前で用います．
2 主に否定文・疑問文で用います．
3 肯定文ではふつう so, too, very とともに用います．
▸I had **too much** coffee. わたしはコーヒーを飲みすぎた．

——副詞 (比較・最上 は 形容詞 に同じ)
❶ 《動詞を修飾(しゅうしょく)して》**おおいに，たいへん**(♦しばしば very much の形で用いられる)
▸Thank you **very much**. どうもありがとうございます．

ダイアログ
A: Do you like this picture? この絵が好きですか？
B: Yes, **very much**. はい，とても．

▸I'm **much** surprised to hear the news.　わたしはそのニュースを聞いて，たいへん驚(おどろ)いています．
▸I didn't enjoy the movie **much**. その映画はあまりおもしろくなかった．
❷ 《形容詞・副詞の比較級・最上級を強調して》**ずっと，はるかに**(同義語 far)
➡ **very** ルール
▸Jim is **much taller** than I am. ジムはわたしよりずっと背が高い．
▸This is **much the best** song of the three.　これは3つの中ですば抜(ぬ)けていい曲だ．

——代名詞 《単数あつかいで》**たくさん，多量**(対義語 little 少量)
▸I didn't eat **much** for breakfast this morning.　わたしは今朝，あまり朝食を食べなかった．

as much as ...
…と同じ量，同じだけ(たくさん); 《量を強調して》…(ほど)も(たくさん)

a b c d e f g h i j k l **m** n o p q r s t **u** v w x y z

▶Eat **as much as** you like.
好きなだけ食べなさい.

▶He had **as much as** a thousand
dollars. 彼は 1,000 ドルも持っていた.

as múch ... as ～ ～と同じ量の…

▶I have **as much** money **as** he
(does).
わたしは彼と同じだけお金を持っている.

✦*How múch ...?*
いくら…, どれほどの量(の)…?

▶**How much** milk do you need?
どのくらい牛乳が必要ですか?

ダイアログ
A: **How much** is this jacket?
このジャケットはいくらですか?
B: It's thirty-five dollars.
35 ドルです.

much móre ... 《数えられない名詞につ
けて》ずっと多くの…

so múch for ... …についてはこれだけ

mud [mʌ́d マッド] 名詞 U 泥(る), ぬかるみ

muddy [mʌ́di マディ] 形容詞
(比較 **muddier**; 最上 **muddiest**)
泥(る)だらけの, 泥んこの, 泥の

muffin [mʌ́fin マフィン] 名詞
C マフィン(✦(米)カップケーキの一種;
(英)平たく丸いパン)

(米)

(英)

muffler [mʌ́flər マふら] 名詞
❶ C マフラー, えり巻き
❷ C (米)(車などの)マフラー, 消音装置
(✦(英)silencer [sáilənsər サイれンサ])
➡ **motorcycle** 図

mug [mʌ́g マッグ] 名詞 C マグ, ジョッキ
(✦取っ手のついた大型のコップ)

Muhammad [muhǽməd ムハぁマッド]
名詞 【人名】ムハンマド, マホメット
(✦イスラム教の開祖;570?-632;
Mahomet または Mohammed
[mouhǽmid モウハぁメッド]ともいう)

mule [mjúːl ミュール] 名詞
C 【動物】ラバ(✦ロバと馬の雑種)

multi- 接頭辞「多くの…」「多数の…」の意
味の語をつくる:multi- + cultural(文
化の)→ multicultural(多文化の)

multicultural [mʌ̀ltikʌ́ltʃərəl マるティ
カるチュラる] 形容詞 多文化の

multimedia [mʌ̀ltimíːdiə マるティミーディ
ア] 名詞 U マルチメディア(✦コンピュー
ター上で映像・音声などを組み合わせた情
報の表現; テレビ・新聞などさまざまなメ
ディアを組み合わせた情報通信の形態)

multiply [mʌ́ltəplài マるティプらイ] 動詞
(三単現 **multiplies** [-z]; 過去・過分
multiplied [-d]; 現分 **multiplying**)
他 ❶【数学】…に(…を)掛(か)ける《by ...》
(対義語 divide 割る)
▶5 **multiplied** by 2 is 10.
5 掛ける 2 は 10(5 × 2=10).
❷ …を増やす(同義語 increase)
── 自 掛け算をする;増える

mum [mʌ́m マム] 名詞
C (英口語)お母さん, ママ
(✦(米)mom; 対義語 dad お父さん)

mummy[1] [mʌ́mi マミ] 名詞
(複数 **mummies** [-z]) C (英)(小児語)
お母さん, ママ(✦(米)mommy;
対義語 daddy お父さん)

mummy[2] [mʌ́mi マミ] 名詞
(複数 **mummies** [-z]) C ミイラ

munch [mʌ́ntʃ マンチ] 動詞
(三単現 **munches** [-iz]; 過去・過分
munched [-t]; 現分 **munching**)
他 …をむしゃむしゃ食べる
── 自 むしゃむしゃ食べる

murder [mə́ːrdər マ〜ダ] 名詞
C U 殺人;殺人事件
── 動詞 他 (人)を(意図的に)殺害する
(✦ kill は意図的・偶発(ぐう)的のどちらの
場合にも用いる)

murderer [mə́ːrdərər マ〜ダラ]
名詞 C 殺人者, 殺人犯

murmur [mə́ːrmər マ〜マ] 名詞
C ささやき, つぶやき;
(木の葉・小川などの)サラサラ[ザワザワ]
いう音;《a murmur で》不平の声
── 動詞 自 ささやく, かすかな音を立て
る;ブツブツ不平を言う
── 他 …を低い声で言う, ささやく

muscat [mʌ́skət マスカット]
名詞 C 【植物】マスカット
(✦大粒(おお)のブドウの一種)

muscle [mʌ́sl マスる] (★発音に注意)

名詞 C U 筋肉；U 筋力

muscular [mʌ́skjələr マスキュら] 形容詞
❶ 筋肉の
❷ 筋肉の発達した，筋骨たくましい

*museum [mju:zíəm ミューズィアム]（★アクセントに注意）名詞 （複数 **museums** [-z]）
C 博物館，美術館
▶an art **museum** 美術館

mushroom [mʌ́ʃru:m マッシルーム] 名詞 C 〔植物〕（食用の）キノコ，マッシュルーム

*music [mjú:zik ミューズィック]
名詞 ❶ U 音楽
▶classical [rock, pop] **music**
クラシック[ロック, ポップ]ミュージック
▶listen to **music** 音楽を聴(き)く
▶dance to [write] **music**
音楽に合わせて踊(き)る[作曲する]
❷ U 楽譜(がふ)

musical [mjú:zikl ミューズィクる]
形容詞 音楽の，音楽的な；音楽好きな，音楽の才能のある

▶a **musical** instrument 楽器
➡ 下図
——名詞 C ミュージカル

music box [mjú:zik bàks ミューズィック バックス] 名詞 C 《米》オルゴール
（◆《英》musical box）

musician [mju:zíʃn ミューズィシャン]
（★アクセントに注意）名詞 C 音楽家
（◆作曲家・指揮者・演奏者・歌手などを指す）；音楽の得意な人

Muslim [mʌ́zləm マズりム] 名詞
C イスラム教徒，回教徒
（◆ Moslem [mάzləm マズれム]ともいう）
——形容詞 イスラム教[回教]の；イスラム教[回教]徒の

*must [mʌ́st マスト；
(弱く言うとき) məst マスト] 助動詞
❶〔義務・命令・必要〕
…しなければならない
▶I **must** go to the dentist. わたしは歯医者に行かなければならない.
▶You **must** wear your seat belt.
シートベルトをしなければなりません.

musical instruments

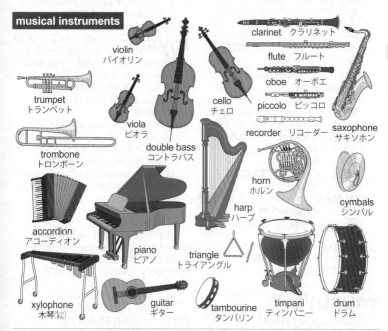

violin バイオリン
trumpet トランペット
viola ビオラ
trombone トロンボーン
double bass コントラバス
cello チェロ
accordion アコーディオン
piano ピアノ
triangle トライアングル
xylophone 木琴(きん)
guitar ギター
tambourine タンバリン
clarinet クラリネット
flute フルート
oboe オーボエ
piccolo ピッコロ
recorder リコーダー
saxophone サキソホン
horn ホルン
harp ハープ
cymbals シンバル
timpani ティンパニー
drum ドラム

A B C D E F G H I J K L M N O P Q R S T U V W X Y Z

ダイアログ

A: **Must** I do this now?
今，これをしなければなりませんか？

B: Yes, you **must**.
はい，しなければなりません．
（◆「いいえ，しなくてもけっこうです」
と言う場合は，No, you need not. /
No, you don't have to. を用いる）

ルール must と have to

1 must には過去形がないので，「…し
なければならなかった」という場合は
have to の過去形 had to を代わりに
使います．また，「…しなければならない
だろう」と未来について言う場合は will
have to を使います．

▶I **had to** walk in the rain.
わたしは雨の中を歩かなければなら
なかった．

▶I **will have to** do a lot of
homework tomorrow.
わたしは明日，たくさんの宿題をし
なければならないだろう．

2 must は話し手の意志や命令を示し
ます．それに対し，have to には周囲の
事情からそうせざるを得ないという意
味合いがあり，must よりも穏(おだ)やかな
表現になります．よって，《口語》では
have to が好まれます．

2 《強い禁止》《must not ... で》
…してはいけない
（◆短縮形は mustn't [mʌ́snt マスント]）

▶You **must not** speak like that.
そんな口のきき方をしてはいけません．

3 《現在の推量》…にちがいない

▶They **must** be hungry.
彼らは空腹にちがいない．

——**名詞** 《a **must** で》《口語》必見[必読]
のもの，絶対に必要なもの

mustache [mʌ́stæʃ マスタぁシ] **名詞**
C 《しばしば **mustaches** で》
《米》口ひげ（◆《英》では moustache
とつづる）⇒ **beard** 図

mustard [mʌ́stərd マスタド]
（★アクセントに注意）**名詞**
1 **U** 【植物】カラシナ
2 **U** からし，マスタード

mustn't [mʌ́snt マスント]
（★発音に注意）
《口語》must not の短縮形

mutton [mʌ́tn マトゥン] **名詞**
U ヒツジの肉，マトン（◆子ヒツジの肉は
lamb）⇒ **meat** 《腰巻》

mutual [mjúːtʃuəl ミューチュアる] **形容詞**
たがいの，相互(そうご)の；共通の，共同の
▶**mutual** understanding 相互理解

MVP [émvìːpíː エムヴィーピー] **名詞**
最優秀(ゆうしゅう)選手
（◆ the *most valuable player* の略）

my [mái マイ]
——**代名詞** 《人称代名詞の一人称単数Iの
所有格》（**複数** our [áuər アウア]）
1 わたしの，ぼくの ⇒ I 《腰巻》
▶**My** uncle is a baker.
わたしのおじはパン職人です．
2 （◆呼びかけに名詞の前につけて，親し
み・同情などを表す；特に訳す必要はない）
▶How are you, **my** friend?
やあ，元気？
——**間投詞** 《口語》おや，まあ．
▶Oh, **my**! What a surprise!
おやまあ，驚(おどろ)いた！

Myanmar [mjáːnmɑːr ミャンマー] **名詞**
ミャンマー（◆東南アジアの国；旧称(きゅう
しょう)ビルマ Burma；首都はネーピードー
Naypyidaw）

myself [maisélf マイセるふ] **代名詞**
《人称代名詞の一人称単数
Iの再帰代名詞》（**複数** **ourselves**
[auərsélvz アウアセるヴズ]）
1 《動詞・前置詞の目的語となって》
わたし自身を[に]，ぼく自身を[に]
⇒ I 《腰巻》
▶Let me introduce **myself**.
自己紹介(しょう)をさせてください．
2 《I または me の意味を強調して》わた
し自身，ぼく自身，自ら（◆強く発音する）
▶I did it **myself**. (=I **myself** did
it.) わたしはそれを自分でやりました．

(all) by mysélf
ひとりぼっちで；独力で ⇒ **oneself**
for mysélf
自分のために；自分で ⇒ **oneself**

mysterious [mistíriəs ミスティリアス]
形容詞 神秘的な，不思議な，なぞの

mystery [místəri ミステリ] **名詞**
（**複数** **mysteries** [-z]）
1 **C** **U** 神秘，なぞ；ミステリー
2 **C** 推理小説；ミステリー映画

myth [míθ ミす] **名詞** **C** 神話

Nn *Nn*

Q 窓から首…は出さない？➡ **neck** をひいてみよう！

N, n [én エン] 名詞 (複数 **N's, n's** また は **Ns, ns** [-z]) C U エヌ
(♦アルファベットの14番めの文字)

N, N. 北(♦ north の略);
北の(♦ northern の略)

'n' [ən アン] 接続詞 …と～
(♦ and を短縮した語)
▶rock'n'roll ロックンロール

nail [néil ネイる] 名詞
❶ C (手・足の指の)つめ ➡ **hand** 図
❷ C くぎ, びょう

Nairobi [nairóubi ナイロウビ] 名詞
ナイロビ(♦ケニアの首都)

naked [néikid ネイキッド]
(★発音に注意) 形容詞
裸(はだか)の, むき出しの; ありのままの
▶a **naked** body [light bulb]
裸体(らい)[裸電球]

:name [néim ネイム]

——名詞 (複数 **names** [-z])
C 名前, 氏名, 姓名(せい); 名称(めいしょう)
▶My **name** is Ellen Baker.
わたしの名前はエレン・ベーカーです.
▶May I ask [have] your **name**, please? お名前を教えてください.
▶How do you spell your **name**?
お名前はどうつづりますか?

[参考] 名前の表し方

1 日本人の名前は「姓+名」の順に言いますが, 英米人の名前は, Thomas Alva Edison (トマス・アルバ・エジソン)のように「名(first name)+ミドルネーム (middle name)+姓 (family name)」の順に言います.

2 first name は given name または Christian name と, family name は last name または surname といいます. ミドルネームはしばしば省略されたり, 頭(かしら)文字だけを書いたりします.

3 日本人の名前を英語で言うときは, 日本語の「姓+名」の順にする人も, 英語の慣習に従って「名+姓」の順にする人もいます. 日本語の順序で日本人の名前を書くときには, ITO Kota のように姓を大文字にするか, Ito, Kota のようにコンマで区切ることで, どちらが姓なのかをはっきりさせることがあります.

by náme 名前は, 名前で; 名指しで
▶I know about her only **by name**.
彼女の名前だけは知っている.

——動詞 (三単現 **names** [-z];
過去・過分 **named** [-d]; 現分 **naming**)
——他 ❶ …に名前をつける;
《**name** +人など+**名前で**》(人など)に… という名前をつける
▶He **named** his dog John.
彼はイヌにジョンという名前をつけた.

náme +人など(+**名前**) + **after** [(米) **for**] ~ ~にちなんで(人など)を(…と)名づける
▶I **named** my daughter Mary **after** my grandmother.
わたしは祖母の名にちなんで娘をメアリーと名づけた.

❷ …の名前を言う
▶Can you **name** all the Presidents of the United States?
すべての合衆国大統領の名前を言うことができますか?

namely [néimli ネイムり] 副詞
すなわち, 詳(くわ)しく言うと
(同義語 that is to say)

nameplate [néimplèit ネイムプれイト]
名詞 C 表札, 名札

nap [nǽp ナップ] 名詞
C うたた寝(ね), 居眠(いねむ)り, 昼寝
▶take [have] a **nap**
うたた寝をする
——動詞 (三単現 **naps** [-s];

A B C D E F G H I J K L M **N** O **P** Q R S T U V W X Y Z

(過去・過分 **napped** [-t]; 現分 **napping**)
⊜ うたた寝[居眠り]する, 昼寝をする

napkin [nǽpkin ナぁプキン] 名詞
❶ C (食卓(しょくたく)用の)ナプキン
❷ C 《英》おむつ; 《米》生理用ナプキン

Naples [néiplz ネイプるズ] ナポリ
(◆イタリア南部にある港湾都市)

Napoleon [nəpóuliən ナポウりオン] 名詞
【人名】ナポレオン1世(◆ Napoleon
Bonaparte [-bóunəpɑːrt -ボウナパート],
1769–1821; フランスの皇帝(こうてい))

Narcissus [nɑːrsísəs ナースィサス]
名詞 【ギリシャ神話】ナルキッソス

【文化】自分の姿に恋(こい)した美青年

美青年のナルキッソスは泉に映る自分
の姿に恋をし, 最後は泉に身を投げてし
まいます. それを見た神が彼をスイセン
(narcissus)に変えたといわれていま
す. この話から narcissism [nɑːrsísizm
ナースィスィズム]「ナルシシズム, 自己陶
酔(とうすい)」という語ができました.

narcissus [nɑːrsísəs ナースィサス]
名詞 (複数 narcissuses [-iz] または
narcissi [nɑːrsísai ナースィサイ] または
narcissus) C 【植物】スイセン

narration [næréiʃn ナぁレイシャン] 名詞
U 物語ること, ナレーション; C 物語

narrator [nǽreitər ナぁレイタ] 名詞
C (劇・放送などの)語り手, ナレーター

narrow [nǽrou ナぁロウ]
——形容詞
(比較 **narrower**; 最上 **narrowest**)
❶ (幅(はば)の)狭(せま)い, 細い
(対義語 wide, broad 広い)

くらべよう narrow と small

narrow:「幅が狭い」という意味にな
ります. 道や廊下(ろうか)などに用います.
▶a **narrow** road 狭い道
small:「面積が狭い」という意味にな
ります.
▶a **small** room 狭い部屋

❷ (範囲(はんい)などが)限られた;
(心などが)狭い
▶He has a **narrow** mind.
彼は心が狭い.
❸ かろうじての
▶win a **narrow** victory
辛勝(しんしょう)する

——動詞 (三単現 **narrows** [-z]; 過去・過分
narrowed [-d]; 現分 **narrowing**)
——⊜ 狭くなる
——⊜ …を狭くする
——名詞 (複数 **narrows** [-z])
《**narrows** で》海峡(かいきょう), 瀬戸(せと)

NASA [nǽsə ナぁサ] 名詞
ナサ, アメリカ航空宇宙局
(◆ *National Aeronautics and Space
Administration* の略)

nasty [nǽsti ナぁスティ] 形容詞
(比較 **nastier**; 最上 **nastiest**)
不快な, いやな(対義語 nice すてきな);
不潔な; 意地の悪い
▶a **nasty** smell いやなにおい

nation [néiʃn ネイシャン] 名詞
(複数 **nations** [-z])
❶ C 国家, 国 ➡ country くらべよう
▶Asian **nations** アジア諸国
❷ C 《ふつう the nation で》国民(全
体)(◆全体をひとまとまりと考えるとき
は単数あつかい, 一人ひとりに重点を置
くときは複数あつかい)
▶the Japanese **nation** 日本国民
➡ p.409 図解

national
[nǽʃnəl ナぁショナる] 形容詞
❶ 国の, 国家の; 国内の
▶a **national** flag 国旗
▶**national** news 全国のニュース
❷ 国民の
▶a **national** hero 国民的英雄(えいゆう)
❸ 国立の, 国有の
▶a **national** university 国立大学

national holiday [nǽʃnəl hálədèi
ナぁショナる ハりデイ] 名詞 C 国の祝祭日

nationality [nǽʃənǽləti ナぁショナぁり
ティ] 名詞 (複数 **nationalities** [-z])
U C 国籍(こくせき)

National League [nǽʃnəl líːg
ナぁショナる リーグ] 名詞
《the National League で》

ナショナル・リーグ(♦米国プロ野球の
大リーグ(Major League)の一つ)

national park [nǽʃnəl pάːrk ナぁショナる パーク] 名詞 C 国立公園

National Trust [nǽʃnəl trˈʌst ナぁショナる トゥラスト] 名詞
(英)《the National Trust で》
ナショナルトラスト(♦自然環境(かんきょう)や史跡(しせき)を守る世界的な団体)

native [néitiv ネイティヴ] 形容詞
❶《名詞の前に用いて》
自国の, 生まれた国(故郷)の
▸one's **native** language
母語(♦幼いころ, 最初に習得した言語)
▸a **native** speaker of English
英語の母語話者
❷ (その土地に)固有の, 原産の(to ...);
生粋(きっすい)の
▸Potatoes are **native to** South America. ジャガイモは南米原産だ.
❸ 生まれつきの, 生来の
――名詞 C (…)生まれの人; 土地の人; (ある土地の)固有の動[植]物(of ...)

Native American [néitiv əmérikən ネイティヴ アメリカン] 名詞
C 先住アメリカ人, アメリカ先住民
(♦一般に American Indian より好ましい言い方とされる) ➡ Indian [文化]

NATO [néitou ネイトウ] (★発音に注意)
名詞 ナトー, 北大西洋条約機構
(♦ *North Atlantic Treaty Organization* の略)

natural [nǽtʃərəl ナぁチュラる]
形容詞 (比較 more natural;
最上 most natural)
❶ 自然の, 天然の, 自然のままの
(対義語 artificial, man-made 人工の)

[参考] 国名・国民(の一人)・形容詞

国民(の一人)と形容詞は, 多くの場合, 同じ語を使います.

国名	国民(の一人)	形容詞
Australia(オーストラリア)	an Australian	Australian
Brazil(ブラジル)	a Brazilian [brəzíliən ブラズィりアン]	Brazilian
Canada(カナダ)	a Canadian	Canadian
China(中国)	a Chinese	Chinese
France(フランス)	(男)a Frenchman (女)a Frenchwoman	French
Germany(ドイツ)	a German	German
Greece(ギリシャ)	a Greek	Greek
India(インド)	an Indian	Indian
Italy(イタリア)	an Italian	Italian
Japan(日本)	a Japanese	Japanese
Korea(韓国(かんこく)・朝鮮(ちょうせん))	a Korean	Korean
Mexico(メキシコ)	a Mexican	Mexican
Russia(ロシア)	a Russian	Russian
Singapore(シンガポール)	a Singaporean [siŋəpóːriən スィンガポーリアン]	Singaporean
Spain(スペイン)	a Spaniard	Spanish
Switzerland(スイス)	a Swiss	Swiss
the United Kingdom (イギリス)	a British / (男)an Englishman (女)an Englishwoman	British ➡ England [参考]
the United States of America(アメリカ合衆国)	an American	American

A
B
C
D
E
F
G
H
I
J
K
L
M
N
O
P
Q
R
S
T
U
V
W
X
Y
Z

▶the **natural** environment
自然環境
▶**natural** foods 自然食品
▶**natural** gas 天然ガス
❷ 生まれつきの, 天性の
▶**natural** talent
もって生まれた才能
❸ 当然の, もっともな
▶It is **natural** that you (should)
get angry. (＝It is **natural** for
you to get angry.)
あなたが怒(おこ)るのももっともだ.
❹ (言動などが)気どらない, ありのままの

naturally [nǽtʃərəli ナぁチュラり] 副詞
❶ 自然に; ふだんのように
❷ 生まれつき, 生来(同義語 by nature)
❸ 当然, もちろん

┌─ ダイアログ ─┐
A: Are you going to the party?
パーティーへ行きますか?
B: **Naturally**. もちろんです.
└──────────┘

nature [néitʃər ネイチャ] 名詞
(複数 **natures** [-z])
❶ U 自然, 自然界(対義語 art 人工)
▶the forces of **nature** 自然の力
▶protect **nature** 自然を保護する
❷ U C (人の)性質, 性格; 天性; 本質
▶She has a good **nature**.
彼女は気立てがいい.
by náture 生まれつき, 生来
▶She is quiet **by nature**.
彼女は生まれつきおとなしい.

naughty [nɔ́ːti ノーティ] (★発音に注意)
形容詞
(比較 **naughtier**; 最上 **naughtiest**)
いたずらな, わんぱくな

navel [néivl ネイヴる] 名詞 C へそ

navigation [nævigéiʃən ナぁヴィゲイシャ
ン] 名詞 ❶ U (船・飛行機などの)操縦,
航行, 航海; (車の)誘導(ゆうどう)
❷ U 航海[航空]術

navigator [nǽvigèitər ナぁヴィゲイタ]
名詞
❶ C 航海士, 航法士, ナビゲーター
❷ C ナビ(ゲーター)
(◆運転者に道順を指示する人[機械])

navy [néivi ネイヴィ] 名詞
(複数 **navies** [-z])
C 《しばしば the Navy で単数または複数
あつかい》海軍(◆「陸軍」は the army,

「空軍」は the air force)

Nazi [nɑ́ːtsi ナーツィ] 名詞 C ナチ党員;
《the Nazis で》ナチス, ナチ党
(◆ヒトラーを党首としたドイツの政党)
── 形容詞 ナチスの

NBA 全米バスケットボール協会
(◆ National Basketball Association
の略)

NC 【郵便】ノースカロライナ州
(◆ North Carolina の略)

ND 【郵便】ノースダコタ州
(◆ North Dakota の略)

NE 【郵便】ネブラスカ州
(◆ Nebraska の略)

‡near [níər ニア]
── 副詞 (比較 **nearer**; 最上 **nearest**)
(場所・時間が)近くに[へ]
(同義語 close, 対義語 far 遠くに[へ])
▶A boy came **near** to me.
一人の少年がわたしに近寄ってきた.
▶Summer vacation is getting
near. 夏休みが近づいてきた.
néar at hánd すぐ近くに; 間近に
▶Keep your dictionary **near at
hand**.
辞書を手元に置いておきなさい.
── 形容詞 (比較・最上 は 副詞 に同じ)
❶ (場所・時間が)近い, 近くの
(対義語 far 遠い)
▶My house is quite **near** here.
わたしの家はここからすぐ近くだ.
▶Where is the **nearest** station?
いちばん近い駅はどこですか?
❷ (関係が)近い, 親しい
── 前置詞 (場所・時間が)…の近くに[で]
(類語 by …のそばに)
▶Our school is **near** the park.
わたしたちの学校は公園の近くにある.

nearby [nìərbái ニアバイ] 形容詞
《名詞の前に用いて》近くの
── 副詞 近くに[で]

‡nearly [níərli ニアり] 副詞
(比較 **more nearly**;
最上 **most nearly**)
❶ ほとんど, ほぼ ➡ almost くらべよう
▶The homework took me **nearly**
an hour. 宿題に1時間近くかかった.
▶His answer was **nearly** perfect.
彼の解答はほとんど完ぺきだった.

❷ あやうく，もう少しのところで

▶I was **nearly** late for school.
わたしはもう少しで学校に遅(%)れるところだった．

near miss [níər mís ニア ミス] 名詞
C (航空機の)異常接近，ニアミス

neat [níːt ニート] 形容詞 (比較 neater; 最上 neatest) きちんとした，こぎれいな；(人が)きれい好きな(同義語 tidy)；(米口語)すばらしい，かっこいい

▶a **neat** room 整とんされた部屋
▶He always wears **neat** clothes.
彼はいつもきちんとした服を着ている．

Nebraska [nəbrǽskə ネブラぁスカ]
名詞 ネブラスカ州(♦アメリカ中部の州；Neb., Nebr. または【郵便】で NE と略す)

necessarily [nèsəsérəli ネセセリり]
副詞 ❶ 必ず，どうしても

▶War **necessarily** brings sadness.
戦争は必ず悲しみをもたらす．

❷《否定語をともなって部分否定を表す》
必ずしも…でない

▶Money does **not necessarily** bring happiness.
お金は必ずしも幸福をもたらさない．

necessary [nésəsèri ネセセリ] 形容詞 (比較 more necessary; 最上 most necessary)
❶ (…に)必要な(for ...)
(対義語 unnecessary 不必要な)

▶Dictionaries are **necessary for** all learners of a language.
ことばを学ぶすべての人に辞書は必要だ．

▶It is **necessary for** you to have a good sleep.
あなたには十分な睡眠(%)が必要だ．

❷ 必然的な

if nécessary もし必要ならば

▶You can use my bike, **if necessary**. 必要なら，わたしの自転車を使ってもいいですよ．

necessity [nəsésəti ネセスィティ] 名詞 (複数 necessities [-z])
❶ U (…の)必要，必要性(of [for] ...)

▶the **necessity of** [for] exercise
運動の必要性

▶out of **necessity**
必要にせまられて

❷ C《しばしば **necessities** で》
(…に)不可欠なもの(for ...)，必需(%)品

▶the **necessities** of life
生活必需品

neck [nék ネック] 名詞 (複数 necks [-s])
❶ C 首 ➡ head 図

▶She is wearing a scarf around her **neck**.
彼女は首にスカーフを巻いている．

《ルール》 **neck** の場所

neck は頭と胴(%)とをつなぐ部分を指します．日本語では「窓から首[顔・頭]を出す」「首[顔・頭]を縦[横]に振(%)る」のように言うことがありますが，英語ではこの場合すべて head を使います．

▶Don't put your **head** out of the window.
窓から首を出してはいけません．

▶She nodded [shook] her **head**.
彼女は首を縦[横]に振った．

❷ C (衣服の)えり；首状の部分，(びん・つぼなどの)首

necklace [nékləs ネクれス] 名詞
C ネックレス，首飾(%)り

necktie [néktài ネクタイ] 名詞
C (米)ネクタイ(♦ふつう tie という)

need [níːd ニード]
——動詞 (三単現 needs [níːdz ニーヅ]; 過去・過分 needed [-id]; 現分 needing)
他 ❶ …を必要とする(同義語 require)

▶They **need** food and drink.
彼らには食べ物と飲み物が必要だ．

▶I **need** your help.
わたしにはあなたの助けが必要だ．

❷《**need to** ＋動詞の原形で》
…する必要がある

▶We **need to** save energy.
わたしたちはエネルギーを節約する必要がある．

▶You don't **need to** worry.
心配する必要はありません．

❸《**need** ＋ ...ing で》
…される必要がある

▶This shirt **needs washing**.
(＝ This shirt **needs** to be washed.)
このシャツは洗う必要がある．

——助動詞 …する必要がある(♦ふつう否定文・疑問文で用いる；肯定(%)文では have to を用いる)

A
B
C
D
E
F
G
H
I
J
K
L
M
N
O
P
Q
R
S
T
U
V
W
X
Y
Z

▶You **need not** come so early.
きみはそんなに早く来る必要はない.

ダイアログ

A: **Need** I go there?
そこへ行く必要はありますか?

B: No, you **needn't**. / Yes, you
must. いえ, 行く必要はありません. /
はい, 行く必要があります.

ルール need の使い方

need は助動詞としてよりも, 動詞とし
てよく使われます. 例えば, 次の2つ
の文はどちらも「彼は来る必要がない」
という意味ですが, 特に《米》では a) の
文のほうがよく使われます.

a) He doesn't **need** to come.
  動詞

b) He **need** not come.
  助動詞

助動詞 need は主語が三人称単数でも
needs とならず, 過去形もありません.

——名詞 (複数 needs [níːdz ニーヅ])

❶ U《または a need で》必要(性)

▶There's no **need** for you to come.
あなたが来る必要はありません.

▶They are in **need** of help.
彼らは助けを必要としている. (◆ be in
need of ... で「…を必要としている」)

❷ C《ふつう needs で》必要なもの

❸ U 困っている状態; 貧困(ひん)

▶ことわざ A friend in **need** is a
friend indeed.
まさかの時の友こそ真の友.

needle [níːdl ニードゥる] 名詞
C (注射器や編み物などの)針

needless [níːdləs ニードれス] 形容詞
不必要な, むだな

néedless to sáy
言うまでもなく, もちろん

‡**needn't** [níːdnt ニードゥント]
《口語》need not の短縮形

needy [níːdi ニーディ] 形容詞
(比較 needier; 最上 neediest)
貧乏(びんぼう)な, 貧困(ひんこん)の

▶the **needy** 貧しい人々(= the poor)
(◆複数あつかい)

negative [négətiv ネガティヴ] 形容詞

❶ 消極的な; 否定の, 否認(にん)の
(対義語 positive 積極的な; 肯定(こうてい)の)

▶a **negative** attitude 消極的な態度

▶a **negative** sentence 否定文

❷ (写真が)ネガの; 陰(いん)性の

——名詞 ❶ C 否定; 拒否(きょ)

❷ C (写真の)ネガ

neglect [niglékt ネグれクト] 動詞
他 …を怠(おこた)る, おろそかにする;
…を無視する; …(するの)を忘れる

▶**neglect** one's job [responsibility]
仕事[責任]をおろそかにする

——名詞 U 怠慢(たいまん); 無視, 放置すること

negotiate [nigóuʃièit ネゴウシエイト]
動詞 (三単現 **negotiates** [nigóuʃièits ネ
ゴウシエイツ]; 過去・過分 **negotiated** [-id];
現分 **negotiating**)
自 (…と / …について)交渉(こうしょう)する
《with ... / about ...》

negotiation [nigòuʃiéiʃn ネゴウシエイ
シャン] 名詞
C U《しばしば **negotiations** で》
交渉(こうしょう), 協議

Negro [níːgrou ニーグロウ] 名詞
(複数 **Negroes** [-z]) C ニグロ, 黒人
(◆差別的な語なので, 現在では black ま
たは《米》African-American を用いる)

neigh [néi ネイ] 動詞 自 (馬が)いななく
——名詞 C (馬の)いななき ➡ animals 図

‡**neighbor,**
《英》**neighbour** [néibər ネイバ]
(★発音に注意) 名詞
(複数 **neighbors** [-z]) C 近所の人, 隣
人(りんじん); 隣(となり)の席の人; 隣国

▶He is my **neighbor**.
彼はわたしの隣人です.

▶They are next-door **neighbors**.
彼らの家は隣どうしだ.

neighborhood,
《英》**neighbourhood** [néibərhùd
ネイバフッド] (★発音に注意) 名詞

❶ U 近所, 付近

▶I live in this **neighborhood**.
わたしはこの近所に住んでいます.

❷《the neighborhood で》
近所の人たち(全体)(◆全体をひとまと
りと考えるときは単数あつかい, 一人ひ
とりに重点を置くときは複数あつかい)

neighboring,
《英》**neighbouring** [néibəriŋ
ネイバリング] 形容詞《名詞の前に用いて》
近所の, 隣(となり)の

neighbour [néibər ネイバ] 名詞
(英)=(米)neighbor(近所の人)

neighbourhood [néibərhùd ネイバ
フッド] 名詞
(英)=(米)neighborhood(近所)

neighbouring [néibəriŋ ネイバリング]
形容詞 (英)=(米) neighboring(近所の)

⁑neither [níːðər ニーざ]

——副詞 ❶《neither ... nor 〜で》
…でも〜でもない, …も〜も(―し)ない
(♦「…」と「〜」は常に同じ品詞の語(句))
➡ both 2 つめのルール

▶He plays **neither** baseball **nor**
soccer. 彼は野球もサッカーもしない.

▶**Neither** you **nor** I am right.
あなたもわたしも正しくありません.
(♦ neither ... nor 〜 が主語のとき,
動詞の人称・数は「〜」の(代)名詞に一
致(いっち)させるが,《口語》ではしばしば複
数あつかい)

❷《否定文に続けて neither +(助)動詞
+主語で》…もまた〜ない

▶She can't play the guitar, and
neither can I.
彼女はギターをひけないし, わたしもひ
けない.

ダイアログ
A: I don't want to go there again.
もうあそこには行きたくない.
B: **Neither** do I. わたしも.
(♦ Nor do I. や I don't, either. と
もいう; 後者のほうがくだけた言い方)

——形容詞《単数名詞の前につけて》
(2 つのうち)どちらの…も〜でない
(♦《口語》では文頭以外では neither の代
わりに not ... either を用いることが多い)

▶I know **neither** girl.
わたしはどちらの女の子も知らない.
(= I don't know **either** girl.)

——代名詞 (2 つのうち)どちらも…ない
(♦原則として単数あつかいだが,《口語》
ではしばしば複数あつかい)

▶**Neither** of us eats [《口語》eat]
meat.
わたしたちは 2 人とも肉を食べない.

neon [níːɑn ニーアン]
❶ U【化学】ネオン(♦元素記号は Ne)
❷ C ネオン灯(= neon light, neon
lamp), ネオンサイン(= neon sign)

Nepal [nəpɔ́ːl ナポール](★発音に注意)
名詞 ネパール(♦インドと中国の間の国;
首都はカトマンズ Kat(h)mandu)

nephew [néfjuː ネフュー] 名詞
C おい(♦兄弟や姉妹の息子(むすこ);
対義語 niece めい)➡ family 図

Neptune [néptjuːn ネプテューン] 名詞
❶【ローマ神話】ネプチューン(♦海の神)
❷【天文】海王星

nerve [nə́ːrv ナ〜ヴ] 名詞 C 神経
get on a person's **nérves**
(人の)神経にさわる

nervous [nə́ːrvəs ナ〜ヴァス] 形容詞
❶ 神経質な; 緊張(きんちょう)して(いる); (…に
ついて)不安になって(いる)《about ...》

▶I was very **nervous** just before
the interview. その面接の直前, わ
たしはとても緊張していた.
❷《名詞の前に用いて》神経の

-ness 接尾辞 形容詞について「…の状態」
や「…の性質」の意味の名詞をつくる:
dark(暗い)+ -ness → darkness(暗さ)

nest [nést ネスト] 名詞
C (鳥・小動物・昆虫(こんちゅう)の)巣

net [nét ネット] 名詞
❶ C 網(あみ); ネット
➡ tennis 図, volleyball 図
❷ (コンピューター・放送などの)ネット
ワーク(= network);《the Net で》イン
ターネット(= the Internet)

netball [nétbɔːl ネトボール] 名詞
U ネットボール(♦バスケットボールに似
た競技)

Netherlands [néðərləndz ネざランヅ]
名詞《the Netherlands で単数あつか
い》オランダ(♦西ヨーロッパの国; 通称
(つうしょう)Holland; 首都はアムステルダム
Amsterdam)

netiquette [nétikit ネティケット] 名詞
U ネチケット(♦インターネット上で通信
を行う上でのエチケット; network「ネッ
トワーク」+ etiquette「エチケット」か
らできた語)

network [nétwəːrk ネットワ〜ク] 名詞
❶ C (鉄道・道路などの)網状(もうじょう)組織
▶a **network** of roads 道路網
❷ C (ラジオ・テレビの)放送網, (コン
ピューターなどの)ネットワーク

▶The Internet is a worldwide
network. インターネットは世界
じゅうに広がるネットワークだ.

a b c d **e** f g h i j k l m **n** o p q r s **t** u v w x y z

A B C D **E** F G H I J K L M **N** O P Q R S T U V W X Y Z

neutral [njúːtrəl ニュートゥラる] 形容詞
中立の; あいまいな;【化学・環境】中性の;
(車のギアが)ニュートラルの

Nevada [nəvǽdə ネヴァダ] 名詞
ネバダ州(♦アメリカ西部の州; Nev. ま
たは【郵便】で NV と略す)

:**never** [névər ネヴァ] 副詞

❶ 決して…ない(♦ not よりも強い否定)
➡ **always** 屡둥

▶**Never** do such a thing again.
二度とそんなことをしてはなりません.

▶She is **never** late for school.
彼女は決して学校に遅刻(ちこく)しない.

❷ 今までに一度も…しない

▶I have **never** met him. わたしは
今まで一度も彼に会ったことがない.

ルール never の使い方

1 ふつう be 動詞・助動詞の直後か,
一般動詞の直前に置きます.

2 never は副詞なので, 現在時制の文
で主語に三人称単数がくる場合には,
動詞に (e)s をつける必要があります.
一方, doesn't は助動詞なので, 動詞は
原形になります.

▶He **never** sings.
彼は決して歌わない.

▶He **doesn't** sing. 彼は歌わない.

nevertheless [nèvərðəlés ネヴァざれ
ス] 副詞 それにもかかわらず
(同義語 however)

▶It was snowing. **Nevertheless**,
they played soccer outside.
雪が降っていた. それにもかかわらず,
彼らは外でサッカーをした.

:**new** [njúː ニュー] 形容詞
(比較 **newer**; 最上 **newest**)

新しい(対義語 old 古い), 新鮮(しん)な; 新品
の; 新任の, 新入りの; 不慣れな, 経験のな
い, 初めての

▶a **new** book 新刊本

▶a **new** student 新入生

▶a **new** face 新顔

▶This word is **new** to me.
この単語は初めて目にします.

What's new? 元気?, 変わりはない?
(♦親しい間でのあいさつ)

newcomer [njúːkʌ̀mər ニューカマ]
名詞 C 新しく来た人; 新任者, 新人

New England [njùː íŋɡlənd ニュー イ
ングランド] 名詞 ニューイングランド
(♦アメリカ北東部のメーン, ニューハン
プシャー, バーモント, マサチューセッ
ツ, ロードアイランド, コネチカットの6
州を指す)

New Hampshire [njùː hǽmpʃər
ニュー ハあンプシャ] 名詞
ニューハンプシャー州(♦アメリカ北東部
の州; N.H. または【郵便】で NH と略す)

New Jersey [njùː dʒə́ːrzi ニュー ヂャ〜
ズィ] 名詞 ニュージャージー州
(♦アメリカ東部の州; N.J. または
【郵便】で NJ と略す)

newly [njúːli ニューり] 副詞
最近; 新しく, 新たに

▶a **newly** married couple
新婚(しんこん)夫婦(ふうふ)

New Mexico [njùː méksikòu ニュー
メクスィコウ] 名詞 ニューメキシコ州
(♦アメリカ南西部の州; N.M., N. Mex.
または【郵便】で NM と略す)

New Orleans [njùː ɔ́ːrliənz ニュー
オーリアンズ] 名詞 ニューオーリンズ
(♦アメリカのルイジアナ州の都市; ジャ
ズ発祥(はっしょう)の地として有名)

:**news** [njúːz ニューズ]
(★発音に注意) 名詞

U ニュース, 報道;《the news で単数
あつかい》ニュース番組; 知らせ, 便り;
新しい情報

▶sports **news** スポーツニュース

▶world **news** 世界のニュース

▶Did you see **the** ten o'clock **news**?
10 時のニュースを見ましたか?

ルール news の数え方

news は数えられない名詞で, a がつく
ことも複数形になることもありません.
数えるときは a piece of ... や an item
of ... を用います.

▶**a piece of** good news
よいニュース1本

▶I have some good **news** for you.
あなたによい知らせがあります.

▶That's **news** to me.
それは知らなかった[初耳だ].

▶ことわざ No **news** is good **news**.
便りのないのはよい便り.

newscaster [njúːzkæ̀stər ニューズ
キャスタ] 名詞 C ニュースキャスター

newspaper

[njúːzpèipər ニューズペイパ]

名詞 (**複数** **newspapers** [-z]) C **新聞**
(◆単に paper ともいう); U **新聞紙**

▶a morning **newspaper**　朝刊
▶an evening **newspaper**
夕刊
▶a local [national] **newspaper**
地方[全国]紙
▶subscribe to a **newspaper**
新聞を購読(ミズク)する
▶What **newspaper** do you read?
(ふだん)何新聞を読んでいますか?
▶I read the news in a **newspaper**.
わたしはそのニュースを新聞で読んだ.

newsstand [njúːzstænd　ニューズス
タぁンド] **名詞**
C (街頭などの)新聞雑誌売り場

Newton [njúːtn ニュートゥン] **名詞**
【人名】ニュートン (◆ Isaac Newton
[áizək　アイザック-], 1642-1727; 万有
(ばんゆう)引力の法則を発見したイギリスの物
理学者・数学者・天文学者)

new year

[njúː jíər ニュー イヤ] **名詞**
❶ C 《ふつう the new year で》
新年, 新しい年
❷ 《New Year で》
正月, 元日, 年始の数日間

ダイアログ
A: Happy **New Year**!
新年おめでとう!
B: And the same to you!
新年おめでとう!

New Year's Day [njúː jìərz déi
ニュー イヤズ デイ] **名詞**
U 元日(◆ 1 月 1 日; 祝日; New Year's
または New Year ともいう)

New Year's Eve [njúː jìərz íːv
ニュー イヤズ イーヴ] **名詞**
U 大みそか(◆ 12 月 31 日)

New York

[njùː jɔ́ːrk ニュー ヨーク] **名詞**
❶ **ニューヨーク市**(◆アメリカ東部の大都
市)(= New York City)
❷ **ニューヨーク州** (◆アメリカ東部の
州; N.Y. または【郵便】で NY と略す)

New York City

[njúː jɔ̀ːrk síti ニュー ヨーク スィティ] **名詞**
ニューヨーク市(◆アメリカ東部の大都市;
ブルックリン(Brooklyn), マンハッタン
(Manhattan)などの 5 つの地区に分か
れている; N.Y.C. または NYC と略す)

New Yorker [njùː jɔ́ːrkər ニュー ヨー
カ] **名詞** C ニューヨーク市民

New Zealand [njùː zíːlənd ニュー
ズィーらんド] **名詞** ニュージーランド
(◆オーストラリアの南東にある国; 首都
はウェリントン Wellington; N.Z. また
は NZ と略す)

next

[nékst ネクスト]

──**形容詞** ❶《時を表す名詞につけて》
次の, 今度の, 来…, 翌…
(**対義語**) last この前の)

▶See you **next** week.
来週会いましょう.
▶Are you free **next** Sunday?
今度の日曜は暇(ひま)ですか?
(◆現在を基準にして「次の」というとき
は, next に the をつけない)
▶He visited me **the next** morning.
その翌朝, 彼が訪ねてきた.
(◆過去を基準にして「次の」というとき
は, next に the をつける)
▶She will arrive here on Saturday
and leave **the next** day.
彼女は土曜日に到着(とうちゃく)し, 翌日出発す
る.(◆未来を基準にして「次の」というと
きは, next に the をつける)

ルール next Friday はいつ?
1 今日が月曜日だとすると, next
Friday は「今週の金曜日」を指します.
▶Let's play tennis **next Friday**.
今週の金曜日にテニスをしよう.
2 「来週の金曜日」と言いたい場合は,
次の表現を用います. ➡ **last**¹ **ルール**
▶Let's play tennis **on Friday next
week**.
来週の金曜日にテニスをしよう.

next Friday

| 月 | 火 | 水 | 木 | 金 | | 木 | 金 |

on Friday next week

❷ (順番が)**次の**, 今度の

a b c d **e** f **g** h i **j** k l m **n** o p q r s t u v w **x** y z

A B C D **E** F G H I J K L M **N** O P Q R S T U V W **X** Y Z

▶The **next** train is the last one.
次の電車が終電です.

▶The picture is on the **next** page.
その写真は次のページに載(⁰)っている.

❸ (場所・位置が)隣(⁰⁰)の, 次の

▶Turn right at the **next** corner.
次の角で右に曲がりなさい.

next dóor to ... …の隣に[の] ➡ **door**

next to ... (場所が)…の隣に[の], …に最も近く[い]; (順番・程度が)…の次に[の]

▶Our school is **next to** the park.
わたしたちの学校は公園の隣にある.

▶What is your favorite sport **next to** soccer? サッカーの次に好きなスポーツは何ですか?

(the) néxt time 今度…なときは

――副詞 次に, 今度は

▶What shall we do **next**?
次は何をしましょうか?

――代名詞 次の人; 次のもの

▶**Next**, please. 次の方どうぞ.

next-door [nékstdɔ́ːr ネクストドーア]
形容詞 隣(⁰⁰)の家の

▶a **next-door** neighbor 隣人(⁰⁰)

NGO [éndʒíːóu エンヂーオウ] 名詞
(複数 **NGOs** [-z])
◯ エヌジーオー, 非政府組織
(◆ non-governmental organization の略; 民間の国際協力団体)

NH [郵便]ニューハンプシャー州
(◆ New Hampshire の略)

Niagara [naiǽɡərə ナイあガラ] 名詞
❶《the Niagara で》ナイアガラ川
(◆アメリカとカナダの国境, エリー湖とオンタリオ湖を結ぶ川)
❷ ナイアガラの滝(⁰)(= Niagara Falls)

Niagara Falls [naiǽɡərə fɔ́ːlz ナイあガラ ふォールズ] 名詞
《ふつう単数あつかいで》ナイアガラの滝(⁰)
(◆ナイアガラ川にある滝)

‡**nice** [náis ナイス] 形容詞
(比較 **nicer**; 最上 **nicest**)
❶ すてきな, よい; 気持ちのよい, 楽しい; 天気のよい
▶a **nice** jacket すてきな上着

ダイアログ
A: We're going camping tomorrow.
明日, キャンプに行くんだ.
B: That's **nice**.
それはいいね.

▶You look **nice** in that shirt.
そのシャツ似合うね.

▶Have a **nice** weekend.
(金曜日に別れるときに)よい週末を.

▶**Nice** meeting you.
(初対面の人と別れるときに)お会いできてよかったです.

▶**Nice** talking to [with] you.
(別れるときに)お話しできて楽しかったです.

❷ 親切な(同義語 kind)

▶They are really **nice** to me.
彼らはわたしにとても親切だ.

nice and ... 《「...」の形容詞や副詞を強調して》(口語) 十分に, とても

▶This water is **nice and** cold.
この水はとても冷たくておいしい.

nicer [náisər ナイサ] 形容詞
nice(すてきな)の比較級

nicest [náisist ナイセスト] 形容詞
nice(すてきな)の最上級

nickel [níkl ニクる] 名詞
❶ ◯ 【化学】ニッケル(◆元素記号は Ni)
❷ ◯ (アメリカ・カナダの)5セント白銅貨

‡**nickname**
[níknèim ニックネイム] 名詞
(複数 **nicknames** [-z])
◯ あだ名, ニックネーム; 愛称(⁰⁰)
▶Bill is a **nickname** for William.
ビルはウィリアムの愛称だ.

niece [níːs ニース] 名詞
◯ めい(◆兄弟や姉妹の娘(⁰⁰));
対義語 nephew おい) ➡ **family** 図

Nigeria [naidʒíəriə ナイヂリア] 名詞
ナイジェリア(◆アフリカ大陸西部の国; 首都はアブジャAbuja)

‡**night** [náit ナイト] 名詞

(**複数** nights [náits ナイツ])

C U 夜, 晩(♦日没(ぼつ)から日の出まで; **対義語** day 昼間) ➡ **day** 図

▸every **night** 毎晩

▸a quiet **night** 静かな夜

▸on the **night** of August 10
8月10日の夜に(♦特定の日の夜を指すときは前置詞は on)

▸I went to bed early last **night**.
昨晩は早く寝(ね)た.

áll níght (lóng) 一晩じゅう, 夜通し

▸I read the book **all night** (**long**).
わたしは一晩じゅうその本を読んだ.

at níght 夜に, 夜間に

▸at 11 o'clock **at night** 夜の11時に

▸stay up late **at night**
夜更(ふ)かしをする

by níght (昼に対して)夜は, 夜に

Good níght. おやすみなさい.(♦あとに相手の名前などを添(そ)えることが多い)

ダイアログ

A: **Good night,** Mom.
おやすみなさい, お母さん.

B: **Good night**, Tom. Sweet dreams! おやすみ, トム. いい夢が見られるといいわね.

have a góod [bád] níght
よく眠(ねむ)る[あまり眠れない]

níght and dáy = dáy and níght
昼も夜も ➡ **day**

nightdress [náitdrès ナイトドゥレス]
名詞 **C** 寝巻(まき)(=(**主に米**)nightgown)

nightgown [náitgàun ナイトガウン]
名詞 **C** (**主に米**)(女性・子供用の丈(たけ)の長いゆったりした)寝巻(まき), ネグリジェ(♦単に gown ともいう; **同義語** nightdress)

Nightingale [náitngèil ナイティンゲイル] **名詞** 【人名】ナイチンゲール(♦ Florence Nightingale [fló:rəns-フローレンス-], 1820-1910; イギリスの看護師; クリミア戦争に従軍; 近代看護法の創始者)

nightingale [náitingèil ナイティンゲイル] **名詞** **C** 【鳥類】ナイチンゲール(♦アフリカ・ヨーロッパ産のツグミに似た渡(わた)り鳥; 夜に美しい声でさえずる)

nightmare [náitmèər ナイトメア] **名詞** **C U** 悪夢;
C 悪夢のような恐(おそ)ろしい経験

night school [náit skù:l ナイト スクール] **名詞** **U C** 夜間学校, 夜学

Nile [náil ナイル] **名詞**
《the Nile で》ナイル川(♦アフリカ北東部を流れる大河)

‡**nine** [náin ナイン]

――**名詞** (**複数** nines [-z])

❶ **C** 《冠詞をつけずに単数あつかい》9; 《複数あつかいで》9人, 9個; **U** 9歳(さい); 9時

▸I got up at **nine** this morning.
わたしは今朝, 9時に起きた.

❷ **C** 9人[9個]1組のもの; (**米**)野球のチーム, ナイン

――**形容詞** **9の**; 9人の, 9個の; 9歳の

nine tímes out of tén
十中八九, たいてい

▸**Nine times out of ten**, he will win. 十中八九, 彼は勝つだろう.

‡**nineteen**

[nàintí:n ナインティーン]

――**名詞** (**複数** nineteens [-z])

C 《冠詞をつけずに単数あつかい》19; 《複数あつかいで》19人, 19個; **U** 19歳(さい)

――**形容詞** **19の**; 19人の, 19個の; 19歳の

▸My brother is **nineteen** years old. 兄[弟]は19歳だ.

nineteenth [nàintí:nθ ナインティーンす] **名詞** ❶ 《the nineteenth で》第19, 19番め; (日付の)19日(♦ 19th と略す)

❷ **C** 19分の1

――**形容詞** ❶ 《the nineteenth で》第19の, 19番めの

❷ 19分の1の

ninetieth [náintiəθ ナインティエす] **名詞**
❶ **U** 《the ninetieth で》第90, 90番め

❷ **C** 90分の1

――**形容詞** ❶ 《the ninetieth で》第90の, 90番めの

❷ 90分の1の

‡**ninety** [náinti ナインティ]

――**名詞** (**複数** nineties [-z])

❶ **C** 《冠詞をつけずに単数あつかい》90; 《複数あつかいで》90人, 90個; **U** 90歳(さい)

❷ 《one's nineties で》90歳代; 《the nineties で》(20世紀の)90年代

a b c d e f g h **i** j k l m **n** o p q r s t u v w x y z

A
B
C
D
E
F
G
H
I
J
K
L
M
N
O
P
Q
R
S
T
U
V
W
X
Y
Z

▶in the nineteen-**nineties**
1990 年代に

――**形容詞** 90 の；90 人の，90 個の；
90 歳の

▶He is **ninety** years old.
彼は 90 歳だ.

‡**ninth** [náinθ ナインす]

――**名詞** (**複数** ninths [-s])
❶ U《the ninth で》**第9，9番め**；
(日付の)9日(◆9th と略す)

▶on **the ninth** of May
(=on May 9) 5月9日に(◆May 9
は May (the) ninth と読む)

❷ C **9分の1**

――**形容詞**
❶《the ninth で》**第9の，9番めの**
❷ **9分の1の**

nitrogen [náitrədʒən ナイトゥロヂェン]
名詞 U【化学】窒素(ちっそ)(◆元素記号は N)

NJ 【郵便】ニュージャージー州
(◆ New Jersey の略)

NM 【郵便】ニューメキシコ州
(◆ New Mexico の略)

‡**no** [nóu ノウ]

――**副詞** ❶ (質問に答えて)**いいえ**，いや，
だめだ；(否定の質問に答えて)**はい**
(**対義語** yes はい)；《間投詞的に用いて》
まさか(◆驚(おどろ)き，非難，不信を表す)

ダイアログ
A: Do you know Mr. Brown?
ブラウンさんとお知り合いですか？
B: **No**, I don't. いいえ，知りません.

ルール **No でも「はい」**

質問が肯定(こうてい)文でも否定文でも，答え
の内容が否定なら No を使います.
➡ yes ルール

ダイアログ
A: Don't you like dogs?
イヌは好きじゃないんですか？
B: **No**, I don't.
はい，好きじゃないです.

▶Oh, **no**! I missed the bus.
まさか！ バスに乗りそこなうなんて.

❷《比較級の前に用いて》**少しも…ない**

▶The kitten was **no bigger** than
my hand. その子ネコはわたしの手
の大きさと同じくらいだった. (◆「わた

しの手より少しも大きくない」の意味か
ら)

no lónger ... もはや…ない **➡ long¹**

no móre もうこれ以上…ない **➡ more**

――**形容詞** ❶ **1つ[1人]も…ない**，
少しも…ない ➡ ルール

▶They have **no** food.
彼らには食料が全くない.
(= They don't have any food.)

▶**No** people live on the island.
だれもその島に住んでいない.

ルール **no の使い方**

1 数えられる名詞にも，数えられない
名詞にも使います.
▶I have **no DVDs**.
わたしは DVD を1枚も持っていない.
▶I have **no money** with me.
わたしは(今,)お金を少しも持ってい
ない.

2 数えられる名詞と使う場合，名詞は
ふつう1つしかないものは単数形に，
複数あるものは複数形にします.
▶The party has **no leader**.
その党にはリーダーがいない.
▶I have **no sisters**.
わたしには姉[妹]がいない.

3 文頭にある no 以外は，not any に
言い換(か)えることができます.
▶I have **no** money with me.
= I **don't** have **any** money with
me.

❷ **決して…ではない**，…どころではない
▶He is **no** poet.
彼は詩人なんかじゃない.

❸《掲示で》…**してはいけない**，…禁止
▶**No** Smoking 禁煙(きんえん)

There is nó ...ing
…することはできない **➡ there**

――**名詞** (**複数** nos または noes [-z])
C U **「いいえ」ということば[返事]**，拒否(きょひ)，
拒絶

▶She said **no** to me.
彼女はわたしにノーと言った.

▶His answer was a clear **no**.
彼の返事は明らかなノーだった.

No., no. [nʌ́mbər ナンバ] **名詞**
《数字の前に用いて》**第…番，第…号，…番
地**(◆ number を表すラテン語の略；複
数形は Nos. または nos. [nʌ́mbərz ナン
バズ])

▶No. 1 第1番(♦1は one と読む)

Noah [nóuə ノウア] 名詞【聖書】ノア
(♦ヘブライの族長;神のお告げにより
箱舟(誌)を作り,家族や動物とともに
大洪水(誌)の難を免(鯊)れた)

Nobel [noubél ノウベる] 名詞
【人名】ノーベル(♦ Alfred Bernhard
Nobel [ǽlfrid béərnhɑːrt- あるフレッド ベ
アンハート-], 1833-96; スウェーデンの
化学者で, ダイナマイトを発明した;
遺産でノーベル賞が設立された)

◆Nobel Prize

[nóubel práiz ノウベる プライズ] 名詞
(複数 Nobel Prizes [-iz])
Ⓒ ノーベル賞 (♦スウェーデンの化学者
ノーベルの遺言(然)と遺産によって設けら
れた賞;毎年, 物理学, 化学, 生理学・医
学, 文学, 経済学, 平和の6部門に貢献(炭)
した人々にあたえられる)

▶win the **Nobel** Peace **Prize**
ノーベル平和賞をとる

2014年のノーベル平和賞受賞者マララ・ユスフザイ

noble [nóubl ノウブる] 形容詞
(比較 nobler; 最上 noblest)
❶ 気高い, 高潔な, りっぱな
❷ 貴族の, 高貴な
▶a **noble** family 名家, 貴族の家柄(赫)

◆nobody

[nóubədi ノウバディ] 代名詞
《三人称単数あつかいで》だれも…ない
(♦ no one より口語的)
▶**Nobody** knows his address.
だれも彼の住所を知らない.
▶**Nobody** is perfect.
完ぺきな人などいない.
▶There was **nobody** in the house.
その家にはだれもいなかった.

nod [nád ナッド] 動詞 (三単現 nods
[nádz ナッヅ]; 過去・過分 nodded [-id];
現分 nodding) ⊜
❶ (あいさつ・同意などを表して)うなずく,

会釈(&)する
▶Ann **nodded** with a smile.
アンは笑顔でうなずいた.
❷ (居眠(&)りをして)こっくりする
──名詞 Ⓒ 《ふつう単数形で》うなずき;
会釈

◆noise [nɔ́iz ノイズ] 名詞
(複数 noises [-iz])
Ⓒ Ⓤ (不快な)音, 騒音(絞), 物音
Ⓤ (ラジオなどの)雑音, ノイズ
(♦快不快に関係なく, 一般的に「音」は
sound)
▶a loud **noise** 大きな騒音
▶Don't make so much **noise**.
そんなに騒(&)がしい音を立てるな.

◆noisy [nɔ́izi ノイズィ] 形容詞
(比較 noisier; 最上 noisiest)
騒(&)がしい, やかましい, うるさい
(対義語 quiet 静かな)
▶**noisy** children 騒がしい子供たち
▶The classroom was too **noisy**.
教室はとても騒がしかった.

non- 接頭辞 名詞・形容詞について「否定」
や「反対」などの意味の語をつくる:non-
+ fiction(小説; 作り話)→ nonfiction
(ノンフィクション)

◆none [nán ナン] (★発音に注意)
代名詞 《ふつう none of ... で》
…のだれも[どれも]~ない
▶**None of** these children speak
Japanese. この子供たちはだれも日
本語を話さない.

ダイアログ
A: Do you have any brothers?
兄弟はいますか?
B: No, I have **none**.
いいえ, いません.

ルール **none of ...** の使い方
❶「none of +名詞の複数形」はふつう
複数あつかいにします.
▶**None of** us were late.
わたしたちはだれも遅刻(&)しなかっ
た.
❷「none of +数えられない名詞」は単
数あつかいにします.
▶**None of** the food was left.
食べ物は何も残っていなかった.

a b c d e f g h i j k l m n o p q r s t u v w x y z

A B C D E F G H I J K L M **N O** P Q R S T U V W X Y Z

(*That's*) *nóne of your búsiness.*
きみには関係ない，余計なお世話だ．

nonfiction [nὰnfíkʃn ナンふィクシャン]
名詞 Ｕ ノンフィクション（◆伝記・随筆(ずいひつ)など，事実に基(もと)づいて書かれた作品；
対義語 fiction 小説；作り話）

nonsense [nάnsens ナンセンス] 名詞
Ｕ《または **a nonsense** で》
無意味なことば[行い]，ばかげたこと，ナンセンス
▶talk **nonsense** ばかなことを言う
──間投詞 ばかな，まさか，くだらない

nonstop [nὰnstάp ナンスタップ] 形容詞
《名詞の前に用いて》途中(とちゅう)で止まらない，直行の，ノンストップの

non-violence [nὰnváiələns ナンヴァイオレンス] 名詞 Ｕ 非暴力

non-violent [nὰnváiələnt ナンヴァイオレント] 形容詞 非暴力の

noodle [núːdl ヌードゥる] 名詞
Ｃ《ふつう **noodles** で》ヌードル，めん

noon [núːn ヌーン] 名詞
Ｕ 正午，真昼（同義語 midday）
➡ **day** 図
▶at **noon** 正午に
▶It's **noon**. 12時[正午]です．

nor [nɔ́ːr ノーア；（弱く言うとき）nər ノ]
接続詞 ❶《neither ... nor 〜で》
…でも〜でもない，…も〜も（…し）ない
（◆「...」と「〜」は常に同じ品詞の語(句)）
▶I like **neither** summer **nor** winter.
わたしは夏も冬も好きではない．
▶**Neither** Ken **nor** I am a student of this school.
ケンもわたしもこの学校の生徒ではありません．（◆動詞の人称・数は nor のあとの主語に一致(いっち)させる）
❷《否定文のあとで nor ＋(助)動詞＋主語で》…もまた〜ない
▶I couldn't see the star, **nor** could he. わたしにはその星が見えなかったし，彼にも見えなかった．

ダイアログ
A: I don't like P.E.
体育は好きじゃないんだ．
B: Nor do I. わたしも．
（= Neither do I. / I don't, either.）

normal [nɔ́ːrml ノームる] 形容詞
ふつうの，通常の；正常な
（対義語 abnormal 異常な）

north [nɔ́ːrθ ノーす]
──名詞
❶《ふつう the north で》北，北方，北部
（◆N, N. と略す；対義語 south 南）
➡ **direction** 図，**east** 参考
▶A cold wind was blowing from **the north**.
冷たい風が北から吹(ふ)いていた．
▶The village is in **the north** of France.
その村はフランスの北部にある．
❷《the North で》(米)アメリカ北部；
(英)イングランド北部地方
──形容詞《名詞の前に用いて》北の，北部の；北向きの；(風が)北からの
▶a **north** wind 北風
──副詞 北へ，北に
▶Swans are going back **north**.
白鳥が北に帰ろうとしている．

North America [nɔ́ːrθ əmérikə ノーす アメリカ] 名詞 北アメリカ，北米

North Carolina [nɔ́ːrθ kὰrəláinə ノーす キャロライナ] 名詞
ノースカロライナ州（◆アメリカ東部の州；N.C. または【郵便】で NC と略す）

North Dakota [nɔ́ːrθ dəkóutə ノーす ダコウタ] 名詞 ノースダコタ州
（◆アメリカ北部の州；N.D., N. Dak. または【郵便】で ND と略す）

northeast [nɔ̀ːrθíːst ノーすイースト]
名詞 ❶《the northeast で》北東（◆NE, N.E. と略す）；北東部 ➡ **direction** 図
❷《the Northeast で》アメリカ北東部
（◆ニューイングランド州など）
──形容詞 北東の；(風が)北東からの
──副詞 北東へ

northeastern [nɔ̀ːrθíːstərn ノーすイースタン] 形容詞 北東の；(風が)北東からの

northern [nɔ́ːrðərn ノーざン] 形容詞
❶ 北の，北部の；(風が)北からの
（対義語 southern 南の）
▶**Northern** Europe 北欧(ほくおう)
❷《しばしば Northern で》
(米)(アメリカの)北部の

Northern Ireland [nɔ́ːrðərn áiərlənd ノーざン アイアランド] 名詞
北アイルランド

（♦イギリスに属するアイルランド島北東部地方）➡ **England** 図, 《麥蓭》

northern lights [nɔ́:*r*ðə*r*n láits ノーザン ライツ] 名詞《**the northern lights** で》(北半球に現れる)オーロラ ➡ **aurora**

North Pole [nɔ́:*r*θ póul ノーす ポウる] 名詞《**the North Pole** で》北極, 北極点（対義語 the South Pole 南極）

North Star [nɔ́:*r*θ stá:*r* ノーす スター] 名詞《**the North Star** で》【天文】北極星（= the Polestar, the polar star）

northward [nɔ́:*r*θwə*r*d ノーすワド] 形容詞 北方(へ)の, 北向きの
——副詞 北へ[に]

northwards [nɔ́:*r*θwə*r*dz ノーすワッ] 副詞《主に英》= northward(北へ)

northwest [nɔ̀:*r*θwést ノーすウェスト] 名詞 ❶《**the northwest** で》北西（♦ NW, N.W. と略す）; 北西部 ➡ **direction** 図
❷《**the Northwest** で》アメリカ北西部（♦ワシントン州, オレゴン州, アイダホ州の３州）
——形容詞 北西の;（風が)北西からの
——副詞 北西へ

northwestern [nɔ̀:*r*θwéstə*r*n ノーすウェスタン] 形容詞 北西の;（風が)北西からの

Norway [nɔ́:*r*wei ノーウェイ] 名詞 ノルウェー（♦北ヨーロッパの国; 首都はオスロ Oslo)

Norwegian [nɔ:*r*wí:dʒən ノーウィーヂャン] 形容詞 ノルウェー(人, 語)の
——名詞 ❰ ノルウェー人; ❱ ノルウェー語

:nose [nóuz ノウズ] 名詞
（複数 **noses** [-iz]）
❰ 鼻;《**a nose** で》嗅覚(きゅうかく) ➡ **head** 図
▶a big [long] **nose**
高い鼻
▶a small [short] **nose**
低い鼻（♦鼻の高低には high や low を使わない)
▶blow *one's* **nose**
鼻をかむ
▶Your **nose** is bleeding.
鼻血が出ているよ.

:not [nát ナット] 副詞
❶《文全体を否定して》…でない, …しない ➡ ルール
▶I am [I'm] **not** busy now.

わたしは今, 忙(いそが)しくありません.
▶He is [He's] **not** from Canada.
(=He isn't from Canada.)
彼はカナダの出身ではない.
▶I do **not** [don't] like cats.
わたしはネコが好きではない.
▶She will **not** [won't] come.
彼女は来ないでしょう.

ダイアログ
A: Is that a park?
あれは公園ですか?
B: No, it's **not**. (=No, it isn't.)
It's a zoo.
いいえ, ちがいます. 動物園です.

▶Don't be late.
遅(おく)れないでね.（♦否定の命令文では be 動詞にも Don't を用いる)

ルール **not** の短縮形

❶「be 動詞＋not」「do [does, did] + not」「助動詞＋not」は, しばしば次のように短縮されます. ただし, am not は短縮形がないので, **I'm not** になります.

are not	→ **aren't**
was not	→ **wasn't**
does not	→ **doesn't**
did not	→ **didn't**
cannot	→ **can't**
could not	→ **couldn't**
will not	→ **won't**
would not	→ **wouldn't**
should not	→ **shouldn't**
must not	→ **mustn't**

❷ be 動詞のある否定文では, 次の2通りの短縮形のつくり方があります.
a) **That's not** my pen.
b) That **isn't** my pen.
それはわたしのペンではありません.
《口語》では, a)のほうをよく用います.

❷《語句を否定して》…ではなく（♦ふつう否定する語句の直前に置く)
▶He's John, **not** Jack.
彼はジョンよ, ジャックじゃないわ.

ダイアログ
A: Who broke my cup?
だれがわたしのカップを割ったの?
B: Tom did. **Not** me.
トムだよ. ぼくじゃないからね.

A B C D E F G H I J K L M N O P Q R S T U V W X Y Z

❸《**all**, **both**, **every**, **always** などとともに用いて部分否定を表して》
必ずしも…ではない
▶**Not all** boys like soccer.
男の子がみなサッカーが好きだとはかぎらない.
▶She is **not always** in a bad mood.
彼女はいつも機嫌(きげん)が悪いわけではない.
❹《**not any** で全体を否定して》
何も[だれも]…でない
▶I **don't** have **any** coins.
わたしはコインを全く持っていない.
(＝I have no coins.)
❺《否定をふくむ文の代わりに用いて》

ダイアログ
A: Is Jenny coming?
ジェニーは来ますか?
B: Probably **not**.
おそらく来ないでしょう. (♦She is *probably not* coming. の略)

Not at áll. どういたしまして. ➡ all
not ... but ～ …ではなくて～ ➡ but
not ónly ... but (also) ～ …ばかりでなく～もまた
▶The bike is **not only** light **but (also)** strong. その自転車は軽いだけでなく, 頑丈(がんじょう)だ.
▶**Not only** you **but (also)** I was wrong.
あなただけでなく, わたしもまちがっていた. (♦主語に用いられるときは, 動詞の人称・数は「～」に一致(いっち)する)

†note [nóut ノウト]

名詞	❶ メモ, 覚え書き ❷ 短い手紙 ❸ 注 ❹ 紙幣(しへい)
動詞	他 ❶ …を書き留める

──名詞 (複数 notes [nóuts ノウツ])
❶ C メモ, 覚え書き;《ふつう **notes** で》記録(♦日本語の「ノート」は notebook)

note   notebook

▶I took [made] a **note** of Mary's address.
わたしはメアリーの住所をメモした.
▶take [make] **notes** in class
授業でノートをとる
❷ C (形式ばらない)短い手紙
▶a thank-you **note** 礼状
❸ C 注, 注釈(ちゅうしゃく)
▶See the **notes** at the bottom of the page. ページ下の注を参照せよ.
❹ C (英)紙幣(♦(米)bill)
➡ **money** [素養]
❺ C 【音楽】音符(おんぷ); (楽器の)音
──動詞 (三単現 **notes** [nóuts ノウツ]; 過去・過分 **noted** [-id]; 現分 **noting**) 他
❶ …を書き留める, …のメモをとる
▶I **noted** down the number.
わたしはその数字を書き留めた.
❷ …に注意を向ける, 気づく

†notebook
[nóutbùk ノウトブック] 名詞
(複数 **notebooks** [-s])
C ノート, 手帳; ノート型パソコン
▶Write this sentence down in your **notebook**.
この文をノートに書き留めなさい.

noted [nóutid ノウテッド] 動詞
note(…を書き留める)の過去形・過去分詞
──形容詞 有名な, 著名な

†nothing [nʌ́θiŋ ナスィング]
──代名詞《三人称単数あつかいで》
何も…ない
(♦no＋thing からできた語)
▶I know **nothing** about her.
わたしは彼女について何も知らない.
(♦I don't know anything about her. のほうが口語的)
▶He said **nothing**.
彼は何も言わなかった.
▶**Nothing** interesting happened yesterday. 昨日はおもしろいことが何も起こらなかった. (♦nothing を修飾(しゅうしょく)する語句はそのあとに置く)
▶There is **nothing** to do today.
今日は何もすることがない.
──名詞 (複数 **nothings** [-z])
❶ C U とるに足りない人[もの]
▶It's **nothing**. たいしたことではないよ.
❷ U 無; ゼロ

be **nóthing** to ... …にとって何でもない
do **nóthing** but＋動詞の原形
…してばかりいる
▶Tom **does nothing but** play.
トムは遊んでばかりいる.
for **nóthing** ただで
have **nóthing** to dó with ...
…とは全く関係がない
▶He **had nothing to do with** the accident.
彼はその事故とは何の関係もなかった.

notice [nóutis ノウティス]

――名詞 （複数 notices [-iz]）
❶ C 掲示(☆), 告知, はり紙
▶put up a **notice** 掲示をはる
❷ U 注意, 注目
▶The poster drew everyone's **notice**.
そのポスターはみなの注目をひいた.
❸ U C 通知, 予告
▶Please give me **notice** in advance. 前もってお知らせください.
――動詞 （三単現 notices [-iz];
過去・過分 noticed [-t]; 現分 noticing）
他 …に気づく; …に注意する
▶She **noticed** the sound.
彼女はその音に気づいた.

notion [nóuʃn ノウシャン] 名詞
C 考え, 意見; 概念(☆)

notorious [noutɔ́:riəs ノウトーリアス]
形容詞 (…で)悪名高い, (悪い意味で)有名な(for ...)
(◆「(よい意味で)有名な」は famous)

noun [náun ナウン] 名詞
C 【文法】名詞(◆ n. と略す)

nourish [nə́:riʃ ナ〜リッシ] 動詞 （三単現
nourishes [-iz]; 過去・過分 nourished
[-t]; 現分 nourishing）
他 (食物・栄養分をあたえて)…を養う, 育てる

Nov. [nouvémbər ノウヴェンバ] 11 月
(◆ November の略)

novel [nάvl ナヴる] 名詞 C (長編)小説
(◆「短編小説」は short story)

novelist [nάvəlist ナヴリスト] 名詞
C 小説家

November
[nouvémbər ノウヴェンバ]
名詞 11 月(◆ Nov. と略す)

➡ January ルール, month 参考

now [náu ナウ]

――副詞 ❶ 今, 現在は; 今では
▶What are they doing **now**?
彼らは今, 何をしているの?
▶I had a headache this morning, but **now** I'm all right.
今朝は頭痛がしましたが, もうだいじょうぶです.
❷ 今すぐ, ただちに(同義語 at once)
▶Do your homework **now**.
今すぐ宿題をしなさい.
❸ (注意をひいたり話題を変えたりするときに)さて, ところで, さあ
▶**Now**, let's start today's lesson.
さあ, 今日の授業を始めましょう.
❹《過去形の文で》今や, そのとき
▶The frog **was now** a handsome prince.
そのカエルは, 今や美しい王子となりました.

(every) nów and thén [agáin]
ときどき
▶I see her **every now and then**.
わたしはときどき彼女を見かける.

just nów
①《過去形の文で》たった今, 今しがた
▶I finished breakfast **just now**.
たった今朝食を済ませたところです.
②《現在時制の文で》ちょうど今
▶She's not here **just now**.
彼女は今ここにいません.

right nów 今すぐに; ちょうど今
▶I'll send the picture to you **right now**.
すぐにその写真を送りますね.

――名詞 U 今, 現在
▶**Now** is the time to tell the truth.
今こそ本当のことを言うときだ.

by nów 今ごろまでには, 今はもう
for nów 今のところは
▶Bye **for now**! じゃあね, さよなら.
from nów ón これからは, 今後は
▶I'll do my best **from now on**.
これからはベストを尽(?)くします.

――接続詞《しばしば now that で》
今はもう…であるから
▶**Now (that)** everyone is here, let's start the game.
全員そろったので, 試合を始めよう.

A B C D E F G H I J K L M N O P Q R S T U V W X Y Z

nowadays [náuədèiz ナウアデイズ]
副詞 このごろは, 今日(きょう)では

nowhere
[nóuhwèər ノウ(ホ)ウェア] 副詞
どこにも…ない
▶I went **nowhere** last summer.
去年の夏はどこにも出かけなかった.

NPO [énpì:óu エンピーオウ] 名詞
C エヌピーオー, (民間)非営利団体
(♦ *nonprofit organization* の略; 民間
の支援(しえん)のもとに, 利益を目的としな
い, 社会的な活動を行う組織)

nuclear [njú:kliər ニュークリア] 形容詞
核(かく)の; 原子核の; 原子力の
▶a **nuclear** bomb　核爆弾(ばくだん)

nuclear energy [njú:kliər énərdʒi
ニュークリア エナヂィ] 名詞
U 原子力, 核(かく)エネルギー

nude [njú:d ニュード] 形容詞
裸(はだか)の, 全裸(ぜんら)の, ヌードの

nuisance [njú:sns ニュースンス]
(★発音に注意) 名詞
C 迷惑(めいわく)なもの[こと, 人]

number [nʌ́mbər ナンバ]
——名詞 (複数 numbers [-z])
❶ C U 数, 数字; (…の)数, 総数((of ...))
▶an odd [even] **number**
奇数(きすう)[偶数(ぐうすう)]
▶The **number of** houses in this
village is eighty.
この村の家の戸数は 80 軒(けん)だ.
❷ C (電話・住所などの)番号, …番
(♦ No. と略す)
▶Can I have your phone **number**?
電話番号を教えてくれませんか?
❸ C (雑誌などの)号数, …号; 曲目
a númber of ... 《複数あつかいで》たく
さんの…(♦ large や great で意味を
はっきりさせることがある); いくつかの…
▶A large **number of** people visit
the country.
たくさんの人がその国を訪(おとず)れている.
númbers of ... たくさんの…
——動詞 (三単現 numbers [-z]; 過去・過分
numbered [-d]; 現分 numbering)
他 ❶ …に番号をつける
❷ …の数に達する, 総計…になる

number one [nʌ́mbər wʌ́n ナンバ ワ
ン] 名詞 U (口語)第一人者; 最上のもの

number plate [nʌ́mbər plèit ナン
バ プれイト] 名詞 C (英)(自動車の)ナン
バープレート(♦(米)license plate)

numeral [njú:mərəl ニューメラる] 名詞
C 数字; 【文法】数詞
▶Arabic **numerals**　アラビア数字

numerous [njú:mərəs ニューメラス]
形容詞 たくさんの, 多数の

nun [nʌ́n ナン] 名詞 C 修道女, 尼僧(にそう)
(対義語 monk 修道士)

nurse [nə́:rs ナ〜ス]
——名詞 (複数 nurses [-iz])
❶ C 看護師, 看護人
▶a head **nurse**　主任看護師
▶the **nurse**'s office　保健室
❷ C 乳母(うば), 子守(こもり)の
——動詞 (三単現 nurses [-iz];
過去・過分 nursed [-t]; 現分 nursing)
他 …を看護する; …に乳を飲ませる

nursery [nə́:rsəri ナ〜サリ] 名詞
(複数 nurseries [-z])
❶ C 育児室, 子供部屋
❷ C 保育所, 託児(たくじ)所

nursery rhyme [nə́:rsəri ràim ナ〜
サリ ライム] 名詞 C 童謡(どうよう), わらべ歌

nursery school [nə́:rsəri skù:l ナ〜
サリ スクーる] 名詞 C U 保育園[所]

nursing [nə́:rsiŋ ナ〜スィング] 名詞
U 看護, 介護(かいご)
▶a **nursing** home
(私立の)老人ホーム, 老人医療施設(しせつ)

nut [nʌ́t ナット] 名詞
❶ C (クリ・クルミなど殻(から)のかたい)
木の実, ナッツ
❷ C (ボルトを締(し)める)ナット, 留めねじ

nutrient [njú:triənt ニュートゥリアント]
名詞 C 栄養になるもの, 栄養素

nutritious [njutríʃəs ニュートゥリシャ
ス] 形容詞 栄養のある

NV 【郵便】ネバダ州(♦ *Nevada* の略)

NY 【郵便】ニューヨーク州
(♦ *New York* の略)

N.Y.C., NYC ニューヨーク市
(♦ *New York City* の略)

nylon [náilɑn ナイらン] 名詞
U ナイロン; 《**nylons** で》(女性用)ナ
イロン製ストッキング

nymph [nímf ニンふ] 名詞
C 【ギリシャ・ローマ神話】ニンフ
(♦ 森・泉・海などにすむ少女の妖精(ようせい))

Oo *Oo*

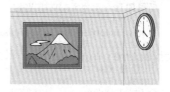

Q 「壁(尮)に掛(か)かっている絵」は英語で何という？➡ **on** をひいてみよう！

O, o [óu オウ] **名詞** (**複数** O's, o's また は Os, os [-z]) **❶** C U オー (♦アルファベットの 15 番めの文字) **❷** C (数字の)ゼロ (♦例えば, 電話番号 の 2390-7503 は, two three nine o, seven five o three のようにいう)

O [óu オウ] **間投詞** おお, ああ (♦驚(おど)き・恐怖(きょう)・痛み・喜びなどを表 す; ふつう oh のほうがよく用いられる)

oak [óuk オウク] **名詞** C 【植物】オーク(♦ カシ・ナラなどブナ科の樹木の総称(そう)); U オーク材

文化 イギリスを代表するオークの大木

樹齢(尮)何百年もの大木に生長するオー クは, そのたくましい姿からイギリス 精神を代表する木とされます. 材質が かたく木目が美しいので, 船材をはじ め家具や床(尮)材としてよく使われます.

oar [ɔ́ːr オーア] **名詞** C (ボートの)オール, かい

oasis [ouéisis オウエイスィス] (★発音に 注意) **名詞** (**複数** oases [ouéisiːz オウエイスィーズ]) C オアシス(♦砂漠(ばく)の中の緑地); 憩(いこ)いの場所

oat [óut オウト] **名詞** 《oats で単数または 複数あつかい》【植物】オート麦, カラス麦, エンバク(♦飼料やオートミールの原料)

oath [óuθ オウす] (**複数** oaths [óuðz オウずズ]) C (神にかけての)誓(ちか)い; (法廷(ほう)での) 宣誓(せん)

oatmeal [óutmiːl オウトミール] **名詞** **❶** U ひき割りオート麦 **❷** U 《米》オートミール (♦シリアル(cereal)の一つ)

Obama [oubáːmə オウバーマぁ] **名詞** 【人名】オバマ(♦ Barack Obama [bərɑ́ːk- バぅラク-], 1961- : 黒人初のアメ リカ合衆国大統領; 2009 年にノーベル 平和賞を受賞する)

obedience [oubíːdiəns オウビーディエン ス] **名詞** U (人・命令などへの)服従; 従順(to ...)

obedient [oubíːdiənt オウビーディエント] **形容詞** (…に)従順な, 忠実な(to ...)) ▶Liz is **obedient** to her parents. リズは両親の言うことをよく聞く.

obey [oubéi オウベイ] **動詞** 他 (命令・目 上の人など)に従う, (規則など)を守る ▶The players **obeyed** their coach well. 選手たちはコーチの言うことに よく従った. ――自 服従する, 言うことを聞く

✦object (★名詞・動詞のアクセン トのちがいに注意) ――**名詞** [ábdʒikt アブヂェクト] (**複数** objects [ábdʒikts アブヂェクツ]) **❶** C もの, 物体 ▶What's that shining **object**? あの光っているものは何だろう? **❷** C 対象, 目標: 目的 ▶an **object** of study 研究の対象 **❸** 【文法】目的語 ――**動詞** [əbdʒékt オブヂェクト] (**三単現** objects [əbdʒékts オブヂェクツ]; **過去・過分** objected [-id]; **現分** objecting) 自 (…に)反対する, 異議を唱える(to ...)) ▶He **objected to** the new plan. 彼はその新しい案に反対した.

objection [əbdʒékʃn オブヂェクシャン]
名詞 U C (…に対する)反対, 異議;
C 反対理由(to [against] …)
▶I have no **objection to** your plan.
あなたの計画に異議はありません.

objective [əbdʒéktiv オブヂェクティヴ]
形容詞 ❶ 客観的な
(対義語 subjective 主観的な)
❷【文法】目的格の
——名詞 C 目標, 目的

oblige [əbláidʒ オブライヂ] 動詞 (三単現
obliges [-iz]; 過去・過分 **obliged** [-d];
現分 **obliging**)
他 (人)にやむをえず…させる;
《be obliged to +動詞の原形で》
…せざるをえない
▶I **was obliged to** agree with
him. 彼に同意せざるをえなかった.

oboe [óubou オウボウ] (★発音に注意)
名詞 C【楽器】オーボエ(◆木管楽器の一
種) ➡ musical instruments 図

observation [ὰbzərvéiʃn アブザヴェイ
シャン] 名詞 U C 観察, 観測; 観察力

observe [əbzə́ːrv オブザ〜ヴ] 動詞
(三単現 **observes** [-z]; 過去・過分
observed [-d]; 現分 **observing**) 他
❶ …を観察する, 観測する; …に気づく
▶**observe** stars 星を観測する
❷ (法律・規則など)を守る
▶**observe** the speed limit
速度制限を守る

observer [əbzə́ːrvər オブザ〜ヴァ] 名詞
❶ C 観察者, 観測者
❷ C (会議などの)オブザーバー, 立会人

obstacle [ɑ́bstəkl アブスタクる] 名詞
C 障害(物); じゃまなもの

obstruct [əbstrʌ́kt オブストゥラクト] 動詞
他 (道など)をふさぐ; …を妨げる

obstruction [əbstrʌ́kʃn オブストゥラク
シャン] 名詞 U 障害; 妨害; C 障害物

obtain [əbtéin オブテイン] 動詞
他 (努力して)…を得る; (目的)を達成する
(◆ get よりもかたい語)

obvious [ɑ́bviəs アブヴィアス] 形容詞
明らかな, 明白な
▶an **obvious** fact [lie]
明らかな事実[うそ]

obviously [ɑ́bviəsli アブヴィアスり]
副詞 明らかに

occasion [əkéiʒn オケイジャン] 名詞
C 場合, (何かが起こった)時; 機会;

(特別の)行事
▶on one **occasion** あるとき
▶miss an **occasion** 機会を逃す
▶dress up for a special **occasion**
特別な行事のために正装する

occasional [əkéiʒənl オケイジョヌる]
形容詞《ふつう名詞の前に用いて》
ときどきの, ときおりの
▶We had **occasional** rain this
morning. 今朝, ときおり雨が降った.

occasionally [əkéiʒənəli オケイジョナ
り] 副詞 ときどき, ときおり

occupation [ὰkjəpéiʃn アキュペイシャ
ン] 名詞 ❶ C 職業(◆かたい語)
➡ 巻頭カラー 英語発信辞典⑮
▶Please write your name and
occupation here.
ここにあなたのお名前とご職業をお書
きください.
❷ U 占領; 占有, 居住

occupy [ɑ́kjəpài アキュパイ] 動詞
(三単現 **occupies** [-z]; 過去・過分
occupied [-d]; 現分 **occupying**) 他
❶ (国・場所)を占領する
▶**occupy** a village 村を占領する
❷ (地位・場所など)を占める; (時間)を
とる(同義語 take up)
▶**Occupied**
(掲示)(公共のトイレなどで)使用中
be óccupied with [in] ...
…に従事している; …で忙しい
▶My father **is occupied with** his
new project.
父は新プロジェクトで忙しい.

occur [əkə́ːr オカ〜] 動詞 (三単現
occurs [-z]; 過去・過分 **occurred** [-d];
現分 **occurring**) 自
❶ (事故などが)起こる, 発生する
(同義語 happen)
▶A train accident **occurred** at 10
a.m.
午前10時に列車事故が発生した.
❷ (考えなどが)(人に)浮かぶ(to ...)
▶An idea **occurred to** me.
わたしにある考えが浮かんだ.

ocean [óuʃn オウシャン] 名詞
(複数 **oceans** [-z])
U C《ふつう the ocean で》大洋, 海洋,
U《ふつう the ocean で》海
➡ sea

［参考］世界の主な大洋

the Pacific **Ocean**	太平洋
the Atlantic **Ocean**	大西洋
the Indian **Ocean**	インド洋
the Arctic **Ocean**	北極洋(北極海)
the Antarctic **Ocean**	南氷洋(南極海)

⁑o'clock [əklάk オクロック] 副詞

…時(♦ of the clock を短縮した語)
▶It is eleven **o'clock** in the morning.　午前 11 時です.
▶the five **o'clock** train　5 時発の列車

［ルール］ o'clock の使い方

1 o'clock は「(ちょうど)…時」と言うときに用い, 「…時~分」と言うときには用いません.
　▶It is three ten.　3 時 10 分です.
2 o'clock はしばしば省略されます.
　▶He gets up at seven (**o'clock**).
　彼は 7 時に起きる.

Oct. [ɑktóubər アクトウバ] 10 月
(♦ *October* の略)

⁑October [ɑktóubər アクトウバ] 名詞

10 月(♦ Oct. と略す)
➡ **January** ［ルール］, **month** ［参考］

octopus [άktəpəs アクトパス] 名詞
(複数 **octopuses** [-iz] または **octopi** [άktəpài アクトパイ]) C 【動物】タコ

odd [άd アッド] 形容詞
(比較 **odder**; 最上 **oddest**)
❶ 変な, 奇妙(きみょう)な(同義語 strange)
▶an **odd** person　変人
❷ 奇数の(対義語 even 偶数(ぐうすう)の)
▶**odd** numbers　奇数
❸ (名詞の前で用いて)(一対(いっつい)のうちの)片方の, はんぱな, 対になっていない

odor, 《英》**odour** [óudər オウダ] 名詞
C U (特に不快な)におい

⁑of 前置詞 ➡ p.428 of

⁑off [ɔ́ːf オーふ]

副詞	**❶** (位置・時間が)**はなれて, 去って**
	❷ 脱(ぬ)いで
	❸ (電気・ガス・水道などが)**切れて**
前置詞	**❶** …からはなれて

――副詞
❶ (位置・時間が)**はなれて, 去って**; 先に
▶Hands **Off** 《掲示》手を触(ふ)れるな
▶The exams are three days **off**.
試験まであと 3 日だ.
▶The station is one kilometer **off**.
駅は 1 キロ先だ[はなれたところにある].
❷ 脱いで(対義語 on 身につけて)
▶He took **off** his coat.
(=He took his coat **off**.)
彼はコートを脱いだ.
❸ (電気・ガス・水道などが)**切れて,** 止まって(対義語 on ついて)
▶turn **off** the TV　テレビを消す
▶The air conditioner is **off** now.
エアコンは今ついていません.
❹ (仕事を)休んで
▶She's **off** today.
今日, 彼女は休みです.
❺ (値段を)値引きして
▶at 30 percent **off**　30%引きで
óff and ón = **ón and óff**
断続的に, ときどき
▶A strong wind is blowing **off and on.**　強い風が断続的に吹(ふ)いている.
――前置詞 **❶** …からはなれて, 外れて
▶get **off** the train　列車を降りる
▶Keep **Off** the Grass
《掲示》芝生(しばふ)内立入禁止
❷ (仕事を)休んで
▶He is **off** work with a cold.
彼は風邪(かぜ)で仕事を休んでいる.
――形容詞 はなれた; まちがった; 休みの; 暇(ひま)な; 季節外れの
▶during the **off** season
シーズンオフ中に

offence [əféns オふェンス] 名詞
《英》= offense(犯罪)

offend [əfénd オふェンド] 動詞
他 (人)の感情を害する, (人)を怒(おこ)らせる
▶She was **offended** by his words.
彼女は彼のことばに怒った.
――自 罪を犯(おか)す, (法律・規則などを)破る

offense, 《英》**offence**
[əféns オふェンス] 名詞
❶ C 犯罪; (…に対する)違反(いはん)
《against ...》
❷ U (人の)感情を害すること;
C 不快なもの[こと]
❸ U 攻撃(こうげき); 【スポーツ】攻撃(側)
(対義語 defense 防御(ぼうぎょ))

✢of 前置詞

［ʌ́v アヴ；（弱く言うとき）əv アヴ］

❶〖所属・所有〗…の
❷〖分量〗　　…の量の
❸〖部分〗　　…の中の［で］
❹〖材料・要素〗…で；…から

❶〖所属・所有〗…の；…の所有する，…に属する

▶the door **of** his house　　彼の家のドア
▶a member **of** the tennis team　テニス部の部員
▶a friend **of** mine　　わたしの友達 ➡ **friend** ルール
▶that car **of** Sally's　あそこにあるサリーの車
（♦ that Sally's car とすると，「"あのサリー"の車」の意味となる）

くらべよう of ... と ...'s

1 人や動物について「…の」と言うときは ...'s を用います．
　▶my father**'s** jacket　父の上着　▶a dog**'s** tail　イヌの尾(お)
2 生物ではないものについて「…の」と言うときは，ふつう of で表します．
　▶the door **of** a car　車のドア　▶the cap **of** a bottle　びんのふた
3 時などを表す名詞や慣用表現では，「…の」を ...'s で表します．
　▶today**'s** paper　　　今日の新聞
ただし，o'clock を用いる場合には 's はつけません．
　▶the three **o'clock** train　3 時の列車

❷〖分量〗…の量の，…分の；〖種類〗…種類の

▶a cup **of** coffee　　　　　1 杯(はい)のコーヒー
▶two pieces **of** paper　　　2 枚の紙
▶three kinds **of** tea　　　　3 種類のお茶

❸〖部分〗…の中の［で］，…の

▶One **of** my friends is from　わたしの友達の一人は中国の出身だ．
China.
▶I know some **of** the girls.　その女の子たちの何人かを知っています．
▶He is the tallest **of** all.　　全員の中で彼がいちばん背が高い．

ルール 「…の中で」は of か in か

最上級の文で「…の中でいちばん～」と言うとき，「…の中で」は of ... または
in ... で表しますが，次のような使い分けをします．
a) of ＋数，of ＋ all，of ＋複数名詞
　▶**of** the four　4 つ［人］の中で　▶**of** all　すべての中で
　▶Yurika likes tennis (the) best **of** all sports.
　　百合香はすべてのスポーツの中でテニスがいちばん好きだ．
b) in ＋グループ名・場所などを表す単数名詞
　▶**in** my family　家族の中で　▶**in** my class　クラスの中で
　▶**in** Japan　日本で
　▶He is the tallest student **in** the school.
　　彼は学校でいちばん背が高い生徒だ．

❹〖材料・要素〗…で（作った）；…から（成る）（♦材料の質が変化をしない場合に用
いる；材料の質が変化する場合は from を使う ➡ **make** くらべよう）

▶a dress **of** silk　　　　　絹のドレス
▶This desk is made **of** steel.　この机はスチール製だ．

❺〖距離・分離〗…からはなれて　　　❾〖主題〗…について
❻〖原因・動機〗　…のため
❼〖起源・出所〗　…から
❽〖同格〗　　　…という

❺〖距離・分離〗…からはなれて, …から
▶My house is within five minutes' walk **of** the station.　わたしの家は駅から歩いて5分以内です.
(♦ within を使う場合はふつう from ではなく of を用いる)

❻〖原因・動機〗…のため, …で
▶He died **of** a heart attack.　彼は心臓発作(ほっ)で死んだ.

❼〖起源・出所〗…から, …出の
▶She comes **of** a good family.　彼女は名門の出だ.
(♦ of の代わりに from を用いることもある)

❽〖同格〗…という, …の
▶the city **of** Hiroshima
広島市
▶at the age **of** six
6歳(さい)のときに
▶The four **of** us are junior high school students.
わたしたち4人は中学生だ.
(♦ the をつけずに four of us とすると「わたしたちのうちの4人」の意味になる ➡ 右図)

the four of us　　　four of us

❾〖主題〗…について
▶a story **of** a soccer player　あるサッカー選手の物語
▶I heard **of** the accident.　その事故については聞きました.

❿〖行為(い)の主体〗…が, …の, …による
▶the works **of** Shakespeare　シェークスピアの作品
▶the arrival **of** the first train　始発電車の到着(とう ちゃく)

⓫〖行為の対象〗…を, …の, …への
▶a fear **of** water　水をこわがること
▶a teacher **of** English　英語の先生
(♦ an English teacher ともいうが, その場合は English を強く発音しないと「イングランド人の先生」の意味になる)
▶love **of** music　音楽への愛着

⓬〖性質・特徴〗…の(性質をもった)
▶a person **of** great talent　大変な才能のある人物
▶a sister **of** sixteen　16歳の姉[妹]

⓭《**It is ... of ＋人＋ to ＋動詞の原形**で》(人)が〜するのは…である
(♦ of のあとの「人」が「to ＋動詞の原形」の意味上の主語;「...」は good, kind, foolish など人の性質を表す形容詞 ➡ **for** ⓭)
▶**It's** very kind **of** you **to** come.　来てくださってありがとうございます.

⓮〖時刻〗〖米〗(…分)前(♦〖英〗to)
▶It's ten **of** five.　5時10分前です.

a b c d e **f** g h i j k l m n **o** p q r s t u v w x y z

A B C D E F G H I J K L M N O P Q R S T U V W X Y Z

offer [ɔ́ːfər オーふァ]

—動詞 (三単現 offers [-z];
過去・過分 offered [-d]; 現分 offering)
他 …を提供する, 申し出る, 差し出す;
《offer ＋人＋名詞または offer ＋名詞＋
to ＋人で》(人)に…を提供する;
《offer to ＋動詞の原形で》
…しようと申し出る
▶He offered her a ride.
(＝He offered a ride to her.)
彼は彼女に車で送っていくと申し出た.
▶I offered to help him.
わたしは彼を手伝おうと申し出た.

—名詞 (複数 offers [-z])
Ｃ 申し出, 提案
▶accept an offer
申し出を受け入れる

office [ɔ́ːfis オーふィス] 名詞
(複数 offices [-iz])
❶ Ｃ 事務所, 事務室, 会社, 営業所
➡ company くらべよう
▶the head office 本社, 本店
▶a doctor's office
(医者の)診察(しんさつ)室, 診療(しんりょう)所
▶go to the office 出勤する
▶an office worker
(事務職の)サラリーマン, 会社員
▶office hours
(会社などの)業務時間
❷ Ｃ 役所, 官庁;《ふつう Office で》
(英)省, (米)(省の下の)局
▶a post office 郵便局

officer [ɔ́ːfisər オーふィサ] 名詞
❶ Ｃ (地位の高い)役人, 公務員; (団体の)
役員
▶a public officer 公務員
❷ Ｃ 将校, 士官
❸ Ｃ 警官, (主に呼びかけで)おまわりさ
ん(＝police officer)
➡ policeman ルール

official [əfíʃl オふィシャる] 形容詞
公式の, 正式の; 公(おおやけ)の, 公務上の
▶an official record 公式記録
—名詞 Ｃ (地位の高い)公務員, 役人

official language [əfíʃl lǽngwidʒ
オふィシャる らぁングウィッヂ]
Ｃ 公用語(♦国によって公式に使用が認め
られた言語)

officially [əfíʃəli オふィシャリ] 副詞
公式に; 職務上; 公式には

often [ɔ́ːfn オーふン, ɔ́ːftn オーふトゥン] 副詞
(比較 more often または oftener;
最上 most often または oftenest)
《ふつう be 動詞・助動詞の直後か, 一般動
詞の直前に置いて》
しばしば, よく, たびたび
➡ always 参考
▶I often go to the library.
わたしはよく図書館に行く.
▶He is often late for school.
彼はよく学校に遅刻(ちこく)する.
▶She changes her hairdo quite
often.
彼女はしょっちゅう髪型(かみがた)を変える.

every so óften ときどき

How óften ...? 何回…?, 何度…?
(♦ How many times ...? ともいう)

ダイアログ
A: How often do you play tennis?
どのくらい(頻繁(ひんぱん)に)テニスをしま
すか?
B: About three times a week.
週3回くらいです.

OH 【郵便】オハイオ州(♦ Ohio の略)

oh [óu オウ] 間投詞
❶ (驚(おどろ)き・喜び・悲しみなどを表して)
まあ, あら, ああ, おや
▶Oh, I'm sorry.
あら, ごめんなさい; まあ, お気の毒に.
▶Oh, boy. おやまあ.
❷ (返事をするときや, ことばをつなぐとき
に)ああ, えーと

Ohio [ouháiou オウハイオウ] 名詞
❶ オハイオ州(♦アメリカ中東部の州;
O. または【郵便】で OH と略す)
❷《the Ohio で》オハイオ川

oil [ɔ́il オイる]
—名詞 (複数 oils [-z]) Ｕ 油; 石油
(♦複数形は種類を言うときに用いる)
▶salad oil サラダ油
▶an oil painting 油絵
—動詞 (三単現 oils [-z];
過去・過分 oiled [-d]; 現分 oiling)
他 …に油を差す, 油を塗(ぬ)る

oily [ɔ́ili オイリ] 形容詞
油を含んだ; 油のような

OK¹, O.K. [òukéi オウケイ]

──形容詞《名詞の前には用いない》
《口語》よろしい，だいじょうぶ
(♦ okay ともつづる；同義語 all right)
➡ gestures 図

▶Everything is **OK**.
すべてうまくいっています．

ダイアログ
A: I'm sorry. ごめんなさい．
B: That's **OK**. 気にしなくていいよ．

▶Is that **OK** (with you)?
(あなたは)それでいいですか？

▶Are you **OK**? だいじょうぶ？

──間投詞《口語》❶ よろしい，はい；
(相手をなだめて)わかった
❷ (話題を変えたり，間を置いたりする
ときに)それでは，さて

──副詞 うまく，順調に

──名詞 (複数 **OK's, O.K.'s** [-z])
Ⓒ オーケー，許可

──動詞 (三単現 **OK's** [-z])
過去・過分 **OK'd** [-d]；現分 **OK'ing**)
他 …をオーケーする，…に賛成する

OK² 【郵便】オクラホマ州
(♦ *Ok*lahoma の略)

okay [òukéi オウケイ] 形容詞 間投詞 副詞
= OK(よろしい)

Oklahoma [òukləhóumə オウクらホウマ]
名詞 オクラホマ州 (♦アメリカ中南部の
州；Okla. または【郵便】で OK と略す)

old [óuld オウるド] 形容詞

(比較 **older** または **elder**；
最上 **oldest** または **eldest**)

❶ 年をとった
❷ …歳の
❸ 年上の
❹ 古い
❺ 昔からの

❶ 年をとった，年老いた
(対義語 young 若い)
▶an **old** person 年寄り
▶get [become, grow] **old** 年をとる
▶He looks **old** for his age.
彼は年のわりにはふけて見える．
▶the **old** (=**old** people) 高齢(ぶ)者
❷ 《ふつう数を表す語のあとで》…歳の，
(生まれて[作られて]から)…年[月]になる

▶a six-month-**old** baby (=a baby
six months **old**)
生後 6 か月の赤ちゃん(♦ハイフンで結
ばれるときには month, year などに s
をつけない)

ダイアログ
A: How **old** is Tom?
トムは何歳ですか？
B: He's thirteen (years **old**).
13 歳です．

❸ 年上の，年長の(♦《英》では兄弟または
姉妹(ぷ)関係を表すときに elder や
eldest を名詞の前につけて用いる)
▶He is two years **older** than I
(am). 彼はわたしより 2 歳年上だ．
▶Paul has two **older** [《英》**elder**]
sisters. ポールには姉が 2 人いる．
❹ 古い (対義語 new 新しい)
▶**old** clothes 古着
▶an **old** town 古い町
❺《名詞の前に用いて》
昔からの；古代の；以前の
▶He is an **old** friend of mine.
彼は古くからの友人だ．
▶in the **old** days 昔は

old-fashioned [óuldfæʃnd オウるド
ふぁッシャンド] 形容詞
旧式の，流行遅(ぎ)れの

olive [áliv アりヴ] (★発音に注意) 名詞
Ⓒ 【植物】オリーブの木；オリーブの実
▶an **olive** branch オリーブの枝
(♦平和の象徴(ぎ)；国連の旗にもえがか
れている)

Olympia [əlímpiə オリンピア] 名詞
オリンピア(♦ギリシャのペロポネソス半
島にある遺跡(ぎ)および平原；オリンピッ
ク発祥(ぎ)の地)

Olympic Games
[əlímpik géimz オリンピック ゲイムズ] 名詞
《the Olympic Games で複数あつか
い》国際オリンピック競技大会

a b c d e f g h i j k l m n o p q r s t u v w x y z

A B C D E F G H I J K **L** M N **O** P Q R S T U V W X Y Z

Olympics [əlímpiks オリンピックス]
名詞 《**the Olympics** で単数または複数あつかい》国際オリンピック競技大会
(= the Olympic Games)

omelet, omelette [ámlit アムれット]
名詞 C オムレツ

omit [oumít オウミット] **動詞** (三単現)
omits [oumíts オウミッツ]; (過去・過分)
omitted [-id]; (現分) **omitting** 他
❶ …を省略する; …を書き落とす
❷ (…すること)を忘れる

:on 前置詞 副詞 ⇒ p.434 on

:once [wʌ́ns ワンス]

副詞	❶ 1度
	❷ かつて
接続詞	一度…すれば

——**副詞** ❶ 1度, 1回 ⇒ time ❻
▶We have a school festival **once** a year. 年に1回, 文化祭があります.
▶I came here **once** before.
以前に1度ここに来たことがある.
❷ かつて, 以前, 昔
▶She **once** lived in Nagoya.
彼女は以前, 名古屋に住んでいた.
▶This building was **once** a school.
この建物はかつて学校だった.

(every) ónce in a whíle
ときどき, たまに
▶I eat at that restaurant **once in a while**. わたしはときどきあのレストランで食事をする.

once agáin = once móre もう一度
▶Would you say that **once again**?
もう一度言っていただけませんか?

ónce upon a tíme
(おとぎ話などの始まりで)昔々
▶**Once upon a time**, there was a king. 昔々, 一人の王様がいました.
——**接続詞** 一度…すれば
▶**Once** you meet him, you'll like him. 一度彼に会えば, 好きになるよ.
——**名詞** U 1度, 1回

áll at ónce 突然(鯊);まったく同時に, みないっしょに, いっせいに
▶They stood up **all at once**.
彼らはいっせいに立ち上がった.

*at ónce すぐに(同義語) right away, immediately);同時に, いっせいに

▶Come here **at once**.
すぐにここに来なさい.

:one [wʌ́n ワン]

名詞	1
形容詞	❶ 1つの
	❷ ある…
代名詞	❶ 1つ, 1人; …なもの
	❷ 人

——**名詞** (複数) **ones** [-z])
U C 《ふつう冠詞をつけずに》**1**; 1人, 1個; U 1歳(鯊); 1時;《**one of** ＋複数名詞で》…の中の1つ[1人]
▶**One** and two make(s) three.
1足す2は3(1＋2＝3).
▶Only **one of** the members speaks English. メンバーのうち1人だけが英語を話す.
▶The lesson starts at **one**.
レッスンは1時に始まる.
óne by óne 1人ずつ, 1つずつ
▶Five players shot the ball **one by one**. 5人の選手が1人ずつボールをシュートした.
——**形容詞**
❶ 1つの; 1人の, 1個の; 1歳の
▶I have two daughters and **one** son. わたしには娘(鯊)が2人と息子(鯊)が1人いる.
▶**One** coffee, please. コーヒーを1つください. (◆店での注文では, one coffee, two coffees などという)

くらべよう a, an と one

a, an: ふつう「1つの」「1人の」と言うときに用います.
▶I have **a** dog.
わたしはイヌを(1匹(鯊))飼っている.
one: 特に「1つの」「1人の」と, 数を強調したいときに用います.
▶I have **one** dog and two cats.
わたしはイヌを1匹とネコを2匹飼っている.
また, 「1つだけの…」と言うときは「only one ＋名詞」になります.
▶I have **only one** dog.
わたしはイヌを1匹だけ飼っている.

❷ 《時を表す名詞の前に用いて》ある…
▶**One** morning, I went to the beach.
ある朝, わたしは海辺に行った.

＊óne day ある日; いつか ➡ **day**

── **代名詞** (**複数** **ones** [-z])

❶《前に出てきた名詞の代わりとして》
1つ, 1人; …なもの ➡ it ルール 2

▶My bike is old. I want a new **one**.
わたしの自転車は古い. 新しいものがほしい. (◆ one は bike の代わり)

▶Do you want a bike? That shop has a lot of good **ones**. 自転車がほしいの？ あの店にいいのがたくさんあるよ. (◆ ones は bikes の代わり)

ダイアログ
A: Which dictionary should I buy?
どの辞書を買えばいいかな？
B: How about this **one**? これはどう？ (◆ one は dictionary の代わり)

くらべよう **one** と **it**

one: 前に出てきた名詞の繰り返しを避けるために使われます. ただし, 特定のものではなく, 「同種類の別のもの」(複数なら ones)を表します.
▶Your watch is very nice. Where can I get **one**?
あなたの時計はとてもいいですね. (同じものは)どこで買えますか？

it: すでに述べられた特定のものを指して「それ」と言うときに用います.
▶I bought a new watch. **It** was expensive.
新しい時計を買いました. それは高価でした. (◆ It は The new watch の代わり)

❷ (一般に)**人, だれでも**(◆かたい語; ふつう you, we, they を用いる)
▶**One** should do **one**'s best.
人は最善を尽くすべきだ.

❸ (いくつかのうちの)**1つ**(◆ the other, another と対応する)
➡ 下の成句, **other** ルール

óne after anóther
(3つ以上のものについて)次から次へと
▶She sang five songs **one after another**.
彼女は5曲の歌を次から次へと歌った.

óne after the óther
(2つのものが)代わる代わる, 交互(ごう)に
▶Mary and Sue sang **one after the other**.
メアリーとスーは代わる代わる歌った.

óne anóther たがいに[を]
▶We all helped **one another**.
わたしたちはみなたがいに助け合った.

＊óne ... the óther ～
(2つのうち)**一方は…もう一方は～**
▶I bought two T-shirts. **One** is yellow, and **the other** is blue.
わたしはTシャツを2枚買った. 1枚は黄色で, もう1枚は青だ.

one's [wʌ́nz ワンズ] **代名詞**
(one の所有格)自分の, その人の

＊oneself [wʌnsélf ワンセるふ]

代名詞《one の再帰代名詞》

❶《動詞・前置詞の目的語となって》
自分自身を, 自分自身に
▶Ann made **herself** some coffee.
アンは(自分自身に)コーヒーを入れた.

❷《主語または目的語の意味を強調して》
自分自身, 自ら(◆強く発音する)
▶Tom painted the house **himself**.
トムは自分で家にペンキを塗(ぬ)った.

ルール **oneself** の使い方

英和辞典では, ふつう再帰代名詞の代表の形として oneself を使います. 成句や例文の中で oneself となっている場合, 主語に応じて次のように形を変えて用います. ただし, 主語が one のときは oneself を使います.

人称	数	主格	再帰代名詞
一	単数	I	**myself**
	複数	we	**ourselves**
二	単数	you	**yourself**
	複数	you	**yourselves**
三	単数	he	**himself**
		she	**herself**
		it	**itself**
	複数	they	**themselves**

＊(all) by onesélf
① **ひとりぼっちで**(同義語 alone)
▶He lives **by himself**.
彼はひとり暮らしをしている.
② **独力で, ひとりで**
▶I found the answer **(all) by myself**. わたしは(全くの)独力でその答えを見つけた.
③ **ひとりでに, 自然に**
▶The door opened **by itself**.
そのドアはひとりでに開いた.

a b c d e f g h i j k l m n o p q r s t u v w x y z

		前置詞 ❶〖場所〗…(の上)に[で]
on 前置詞 副詞		❷〖日時〗…に
		❸〖状態〗…している最中で

[án アン]

――前置詞 ❶〖場所〗…(の上)に[で]；(本などに)載⁽ᵒ⁾って；…の身につけて

▶get **on** a bus	バスに乗る
▶sit **on** a chair	いすにすわる
(◆ひじかけいす(armchair)などに深くすわるときには, in を用いる)	
▶Your book is **on** the table.	きみの本はテーブルの上にある.
▶The painting is **on** the wall.	その絵は壁⁽ᵏᵃᵇᵉ⁾に掛⁽ᵏᵃ⁾かっている.
▶He had a smile **on** his face.	彼の顔には笑⁽ᵉ⁾みが浮⁽ᵘ⁾かんでいた.
▶Look at the picture **on** page one.	1 ページの写真を見なさい.
▶I had no money **on** me then.	そのとき, わたしはお金を全く持ち合わせていなかった.

〔くらべよう〕 on, above, over

on: 表面に接していることを表します. on the wall「壁に」, on the ceiling「天井⁽ᵗᵉⁿʲᵒ̄⁾に」や on his face「彼の顔に」のように, 必ずしも「上」とはかぎりません.

above: 表面からはなれて「上のほう」にあることを表します. 必ずしも真上とはかぎりません.

over:「真上」にあること, また表面をおおっていることを表します.

on the ceiling
above the table
on the wall
on the table
over the table

---

❷〖日時〗…に (◆特定の日時を表す) ➡ **at** 2 つめの〔くらべよう〕

▶play tennis **on** Friday	金曜日にテニスをする
▶Let's meet **on** <u>May 3</u> [the 3rd of May].	5 月 3 日に会いましょう.
▶**on** the morning of the 12th	12 日の午前に
(◆「午前に」は in the morning だが, 特定の日の午前には on を用いる)	

❸〖状態〗…している最中で, …中で

▶Sarah is **on** vacation.	サラは休暇⁽ᵏʸū ᵏᵃ⁾中だ.
▶The building is **on** fire.	ビルが火事だ[燃えている].
▶I'm **on** my way home.	わたしは家に帰る途中⁽ᵗᵒᶜʰū⁾です.
▶Tom is **on** the phone.	トムは電話中だ.
▶The DVD is now **on** sale.	その DVD は今, 発売中だ.

❹〖近接〗…の近くに；(川など)のほとりに；(道など)に沿って

▶The hotel is **on** the lake.	そのホテルは湖のほとりにある.
▶I live **on** 3rd Avenue.	わたしは 3 番街に住んでいます.
▶You'll find the shop **on** your left.	その店は左手に見えるでしょう.

副詞	❶（ものの）上に［へ］
	❷（洋服などを）身につけて
	❸（動作を）続けて
	❹（電気・水道・ガスなどが）通じて

❺〖理由・根拠(えんきょ)〗…で, …の理由で; …に基(もと)づいて
▸I went to Izu **on** business. わたしは仕事で伊豆へ行った.
▸This movie is based **on** facts. この映画は事実に基づいている.
❻〖手段〗…で, …によって
▸**on** foot 徒歩で
▸I watched the game **on** TV. わたしはテレビでその試合を見た.
❼〖主題〗…に関して, …について(◆about より内容が専門的であることを表す)
▸a book **on** Japan 日本に関する本
❽〖所属〗（チームなど）の一員で, …に属して
▸Ted is **on** the rugby team. テッドはラグビー部の一員だ.
❾〖対象〗…に対して, …に
▸make an attack **on** the enemy 敵に対して攻撃(こうげき)をかける
❿〖直後〗…するとすぐ, …と同時に (◆動作を表す名詞や動名詞とともに用いる)
▸**On** my arrival [arriving] home, I took a shower. わたしは家に帰るとすぐシャワーを浴びた.

──**副詞** ❶ （ものの）上に［へ］
▸When the bus arrived, they got **on** in a hurry. バスが着くと, 彼らは急いで乗った.
❷ （洋服などを）身につけて (**対義語** off 脱(ぬ)いで)
▸He sometimes has his glasses **on**. 彼はときどきめがねをかけている.
▸She put her coat **on**. 彼女はコートを着た.
(＝She put **on** her coat.)
▸May I try **on** these shoes? この靴(くつ)をはいてみてもいいですか?
(＝May I try these shoes **on**?)
❸ （動作を）続けて, 進行中で
▸Please go **on** with your work. どうぞ仕事を続けてください.
▸We worked **on** for five hours. わたしたちは5時間働き続けた.
▸What's **on** at the theater? その映画館では何を上映しているの?
❹ （電気・水道・ガスなどが）通じて, ついて, 出て (**対義語** off 切れて)
▸turn **on** the light 明かりをつける
(＝turn the light **on**)
▸The water isn't **on**. 水が出ません.

⁺and só on …など ➡ **and**
from nów ón これからは, 今後は
▸From now on, I'll take care of the dog. これからは, わたしがイヌの世話をします.
ón and óff ＝（米）**óff and ón** 断続的に, ときどき
▸It snowed **on and off** all day yesterday. 昨日は1日じゅう雪が降ったりやんだりした.
ón and ón どんどん, 休まずに
▸walk **on and on** till night 夜まで歩き続ける

ABCDEFGHIJKLMNOPQRSTUVWXYZ

for onesélf ① 自分のために
▶She saves money **for herself**.
彼女は自分のために貯金している.
② 自分で, 独力で
▶Look that word up **for yourself**.
自分でその単語を調べなさい.

one-way [wánwéi ワンウェイ] 形容詞
❶ 一方通行の, 一方向の
▶a **one-way** street 一方通行路
❷ (米)(切符(ホッ)が)片道の(◆(英)single)
▶a **one-way** ticket 片道切符

onion [ʌ́njən アニョン] (★発音に注意)
名詞 C U 【植物】タマネギ

online, on-line [ánláin アンライン]
形容詞【コンピューター】オンラインの
(◆ネットワークに接続されている状態)
——副詞 オンラインで, インターネット上で

:only [óunli オウンリ] (★発音に注意)
——形容詞《名詞の前に用いて》
ただ1人の, ただ1つの, 唯一(ホミ)の
▶I'm the **only** girl on my team.
わたしはチームでただ1人の女子だ.
▶He is an **only** child.
彼は一人っ子だ.
(◆ He is only a child. だと「彼はほんの子供にすぎない」の意味になる; この only は副詞)
——副詞 ただ…だけ, ほんの…にすぎない, たった, つい(同義語 just)
▶He **only** smiled.
彼はただ笑っただけだった.
▶She is **only** twelve years old.
彼女はほんの12歳(ホミ)だ.
▶**Only** you understand me.
あなただけがわたしのことをわかってくれる.
▶She called me **only** five minutes ago.
彼女はつい5分前に電話をくれた.

ルール **only の使い方・訳し方**

1 only はしばしば強調したい語句のすぐ前に置かれます. 強調したい語句は強く発音します.
▶**Only** Tom washed the car.
トムだけがその車を洗った.
(◆トム以外は洗っていない)
▶Tom **only** washed the car.
トムはその車を洗っただけだった.
(◆それ以外のことはしていない)

▶Tom washed **only** the car.
トムはその車だけを洗った.
(◆それ以外の車は洗っていない)
2 ただし会話では, only はふつう一般動詞の前か be 動詞・助動詞のあとに置かれ, 強調したい語句を強く発音します.
▶He **only** drinks French wine.
彼はフランスのワインしか飲まない.
▶She **only** watches action movies.
彼女はアクション映画しか見ない.
3 only は次のように肯定(ホヌ)的にも否定的にも訳せます. どちらに訳すかは状況(ホョシ)や文の前後関係によります.
▶She has **only** three DVDs.
彼女は DVD を3枚だけ持っている.
彼女は DVD を3枚しか持っていない.

have ónly to +動詞の原形
…しさえすればよい ⇒ **have**
not ónly ... but (**also**) ~
…ばかりでなく~もまた ⇒ **not**

onto [ántu: アントゥー, (母音(母)の前で)ántu
アントゥ, (子音の前で)ántə アンタ] 前置詞
…の上へ[に]
(◆(英)ではふつう on to と分けて書く)
▶jump **onto** the table
テーブルの上に跳(と)び上がる

onward [ánwərd アンワド] 副詞
前方へ, 先へ(同義語 forward)
——形容詞《名詞の前に用いて》
前方への; 前進する

onwards [ánwərdz アンワヅ] 副詞
《主に英》=(米)onward(前方へ)

oops [úps ウップス] 間投詞
(驚(ホタ)いたり, 失敗したりしたときなどに)
おっと, うわっ, しまった

:open [óupn オウプン]

形容詞	❶ 開いている
	❷ (店などが)開いている
動詞 他	❶ …を開ける, 開く
	❷ (会議など)を開始する
自	❶ 開く
	❷ 始まる

——形容詞
(比較 more open または opener;
最上 most open または openest)
❶ 開いている, 開いた

([対義語] closed 閉じた)
▸an **open** door　開いているドア
▸Leave the window **open**.
その窓を開けたままにしておきなさい.
❷《名詞の前には用いない》
(店などが)**開いている**, 営業している
▸We are **open** until six.
当店は6時まで開いています.
❸《名詞の前に用いて》広々とした;
屋根のない, おおいのない
▸an **open** field　広々とした野原
❹ 公開の; 自由参加の
▸The class is **open** to the public.
その授業は一般に公開されている.
❺ (心・性格などが)あけっぴろげな, 率直(そっちょく)な; 偏見(へんけん)のない
▸an **open** smile　飾(かざ)らない笑顔(えがお)
▸She has an **open** mind.
彼女は偏見のない考えの持ち主だ.
——[動詞] ([三単現] **opens** [-z]; [過去・過分] **opened** [-d]; [現分] **opening**)
——[他] ❶ **…を開ける, 開く**
([対義語] close, shut 閉める)
▸**open** the window　窓を開ける
▸He slowly **opened** his eyes.
彼はゆっくりと目を開けた.
▸**Open** your textbook to [[英]at] page 35.
教科書の35ページを開きなさい.
❷ (会議など)**を開始する**, (商売など)を始める
▸**open** a meeting
会議を開始する
▸He is going to **open** a restaurant.
彼はレストランを始める予定だ.
——[自] ❶ **開く**; (花が)咲(さ)く
▸Suddenly, the door **opened**.
突然(とつぜん), ドアが開いた.
❷ **始まる**, 開始する
▸The bank **opens** at nine.
その銀行は9時に開く.
▸A new flower shop **opened** yesterday.
昨日, 新しい花屋が開店した.

open-air [óupnéər オウプンエア] [形容詞]
野外の, 戸外の([同義語] outdoor)

opener [óupnər オウプナ] [名詞]
[C] 開ける道具; 開ける人
▸a can **opener**
[米]缶(かん)切り(◆[英]tin **opener**)

open house [óupn háus オウプン ハウス] [名詞] ❶ [C] [米]授業参観; (学校・施設(しせつ)などの)一般公開日
❷ [C] 自宅開放パーティー(◆個人の家で開かれる気楽なパーティー)

opening [óupniŋ オウプニング] [動詞]
open (…を開ける) の現在分詞・動名詞
——[名詞] [U] 開始, 開くこと; [C] 初め; すき間
▸the **opening** of a new airport
新空港の開港
▸an **opening** between the walls
壁(かべ)の間のすき間
——[形容詞] 開始の, 最初の
▸an **opening** ceremony　開会式

openly [óupnli オウプンリ] [副詞]
公然と; 率直(そっちょく)に, あからさまに

opera [ápra アペラ] [名詞]
[U] [C] 【音楽】
オペラ, 歌劇

operate [ápərèit アペレイト] [動詞] ([三単現] **operates** [ápərèits アペレイツ]; [過去・過分] **operated** [-id]; [現分] **operating**) [自]
❶ (機械・器官などが)動く, 働く
▸This machine **operates** well.
この機械はよく動く.
❷ (…を)手術する《on ...》, (…の)手術をする《for ...》
▸The doctor **operated on** him **for** stomach cancer.
その医師は彼に胃癌(いがん)の手術をした.
——[他] (機械)を動かす, 操作する

operation [àpəréiʃn アペレイシャン]
[名詞] ❶ [U] (機械などの)操作, 運転;
[C] (器官などの)働き, 作用
▸Easy **operation** is a strong point of this computer.
操作のしやすさがこのコンピューターの長所だ.
❷ [C] (…の)手術《on [for] ...》
▸perform an **operation**
手術を行う

operator [ápərèitər アペレイタ]
(★アクセントに注意) [名詞]
[C] (機械を)操作する人, 運転する人,
オペレーター; (電話の)交換(こうかん)手

A B C D E F G H I J K L M N **O** P Q R S T U V W X Y Z

˚**opinion** [əpínjən オピニョン] 名詞

(複数 opinions [-z])

❶ C U (…についての)意見, 考え 《of [about] ...》(同義語 view)

▶express an **opinion**
意見を言う

▶In my **opinion**, you should listen to your parents.
わたしの考えでは, あなたは両親の言うことをきくべきです.

❷ U 世論(= public opinion)

❸ 《a ... opinion で》評価(◆「...」は high や low などの形容詞); C 判断, 見解

▶have a high [low] **opinion** of ...
…を高く[低く]評価する

opponent [əpóunənt オポウネント]

名詞 C (試合・議論などの)相手, 敵; (計画などに)反対する人《of ...》

opportunity [àpərtjúːnəti アパテュー

ニティ] 名詞 (複数 opportunities [-z])

U C 機会, 好機(同義語 chance)

▶I had an **opportunity** to meet the singer. わたしにはその歌手に会う機会があった.

oppose [əpóuz オポウズ] 動詞

(三単現 opposes [-iz]; 過去・過分 opposed [-d]; 現分 opposing)

他 …に反対する, 対抗(総)する

▶He **opposes** our plan.
彼はわたしたちの計画に反対している.

opposite [ápəzit アポズィット] 形容詞

(…の)向こう側の; (…と)反対側にある; (…と)反対の《to ...》

▶The bus stop is on the **opposite** side of the street.
バス停は通りの向こう側にあります.

▶go in the **opposite** direction
反対の方向に行く

── 名詞 C 《ふつう the opposite で》 正反対のもの[人]; 対義語

▶"Long" is **the opposite** of "short." 「長い」は「短い」の対義語だ.

── 前置詞 …の向こう側に, …に向かい合って

▶He lives **opposite** my house.
彼はわたしの家の向かいに住んでいる.

opposition [àpəzíʃn アポズィシャン]

名詞 ❶ U (…に対する)反対, 抵抗(総); (…との)対立《to ...》

❷ U 《しばしば the Opposition で》 野党, 反対勢力

oppression [əpréʃn オプレシャン]

名詞 U C 圧迫(総), 圧制; U 重苦しさ

option [ápʃn アプシャン] 名詞 U 選択(総)

(の自由); C 選択肢(総)

OR 【郵便】オレゴン州(◆ *Oregon* の略)

˚**or** [ɔ́ːr オーア; (弱く言うとき)ər ア] 接続詞

❶ …かまたは〜, …あるいは〜
❷ すなわち
❸ そうしなければ

❶ 《肯定(認)文・疑問文で》…かまたは〜, …あるいは〜, …や〜; 《否定文で》…も〜も(―ない)(◆語・句・節を結ぶ)

▶Who is taller, Jim **or** Tom?
ジムとトムの, どちらがより背が高いですか?(◆どちらかを選ばせる疑問文では, 最初(Jim)は上げ調子(↗)で, 次(Tom)は下げ調子(↘)で発音する)

▶Would you like coffee, tea, **or** cocoa?
コーヒー, 紅茶, それともココアのどれがいいですか?(◆3 つ以上の中から選ばせる選択肢(総)では最後以外(coffee と tea)は上げ調子(↗)で, 最後(cocoa)は下げ調子(↘)で発音する)

▶I'll call you in a day **or** two.
一両日中にあなたに電話をします.

▶They speak Chinese **or** English in this town. この町では人々は中国語かまたは英語を話す.

▶Will you come tomorrow **or** not?
明日来るの, それとも来ないの?

▶You **or** Fred has to stay here.
あなたかフレッドのどちらかがここにいなければなりません.(◆動詞の人称は or のあとの主語に一致(総)させる)

▶Time goes by. We **can't** stop it **or** change it.
時は過ぎ去る. それを止めることも, 変えることもできない.

ルール or で結ぶもの

or で結ぶ語句は, ふつう同じ品詞や対等の句・節になります.

ダイアログ

A: Meat **or** fish? 肉にしますか, それとも魚にしますか?
B: Fish, please.
魚でお願いします.

❷《ふつう or の前にコンマをつけて》
すなわち, 言い換(")えれば
▸a mile, **or** 1,609 meters
1マイル, すなわち 1,609 メートル
❸《主に命令文のあとで》そうしなければ,
さもないと (同義語 otherwise,
対義語 and そうすれば)
▸Get up, **or** you'll be late.
起きなさい. さもないと遅刻(ᵗ)するぞ.

either ... or 〜
…か〜のどちらか ➡ either 接続詞
... or so …くらい ➡ so

-or 接尾辞 動詞について「…する人[もの]」
という意味の名詞をつくる:act(演じる)
＋ -or → actor(俳優)

oral [ɔ́ːrəl オーラる]
(★ aural「耳の」と発音は同じ) 形容詞
口頭の, 口述の (同義語 spoken,
対義語 written 書面の);口の
▸an **oral** examination 口頭試験

:orange [ɔ́ːrindʒ オーレンヂ]
(★アクセントに注意)
——名詞 (複数 oranges [-iz])
❶ C【植物】オレンジ;オレンジの木
(◆ミカン科の常緑高木; 日本のミカンは
mandarin orange または satsuma)
❷ U オレンジ色, だいだい色
——形容詞《名詞の前に用いて》
オレンジ(色)の

orbit [ɔ́ːrbit オービット] 名詞
C【天文】(惑星(ᵗ)・人工衛星などの)
軌道(ᵗ)

orchard [ɔ́ːrtʃərd オーチャド] 名詞
C 果樹園

orchestra [ɔ́ːrkəstrə オーケストゥラ]
(★アクセントに注意) 名詞
C オーケストラ, 管弦(ᵗ)楽団

orchid [ɔ́ːrkid オーキッド] 名詞
C【植物】ラン

:order [ɔ́ːrdər オーダ]

動詞	❶ …を命じる
	❷ …を注文する
名詞	❶ 命令
	❷ 順序;整理;秩序(ᵗ)
	❸ 注文

——動詞 (三単現 orders [-z]; 過去・過分
ordered [-d]; 現分 ordering) 他
❶ …を命じる, 指示する;

《order ＋人＋ to ＋動詞の原形または
order ＋ that 節で》
(人に)…するように命じる
(◆tell や ask より強い命令を表す)
▸He **ordered** me **to** go home.
(＝ He **ordered that** I (should)
go home.)
彼はわたしに家に帰るように命じた.
(◆that 節で should を用いるのは主
に《英》)
❷ …を注文する;
《order ＋もの＋ from ＋店などで》
(もの)を(店など)に注文する;
《order ＋人＋ものまたは order ＋もの
＋ for ＋人で》
(人)のために(もの)を注文する
▸I **ordered** the book **from** the
bookstore.
わたしはその本を書店に注文した.
▸I **ordered** a coffee **for** her.
(＝I **ordered** her a coffee.)
わたしは彼女(のため)にコーヒーを注
文した.(◆文末の語句が強調される;前
者は「だれのために」, 後者は「何を」に重
点が置かれる)

——名詞 (複数 orders [-z])
❶ C《しばしば orders で》命令, 指図(ᵗ)
▸give an **order** 命令する
❷ U C 順番, 順序; U 整理;秩序, 規律
▸in alphabetical **order**
アルファベット順に
▸Keep your room in **order**.
部屋をきちんとしておきなさい.
(◆ in order は「秩序よく, 整然と」の意味)
❸ C 注文;注文品
▸May I take your **order**?
ご注文をおうかがいしましょうか?

in order to ＋動詞の原形
…するために, …しようと
▸I studied hard **in order to** pass
the exam.
試験に合格するために, わたしは一生懸
命(ᵗ)勉強した.

out of órder
(機械などが)故障して; 順序が狂(ᵗ)って
▸The elevator is **out of order**.
エレベーターが故障している.

ordinary [ɔ́ːrdənèri オーディネリ] 形容詞
ふつうの(同義語 common);ありふれた
(対義語 extraordinary 並外れた)
▸**ordinary** people ふつうの人々

a b c d e f g h i j k l m n **o** p q r s t u v w x y z

A B C D E F G H I J K L M N **O** P **Q** **R** S T U V W X Y Z

Oregon [ɔ́:rigən オーレガン] 名詞
オレゴン州(◆アメリカ北西部の州;
Ore., Oreg. または〔郵便〕で OR と略す)

organ [ɔ́:rgən オーガン] (★発音に注意)
名詞 ❶ C 〔楽器〕パイプオルガン
(= pipe organ);オルガン
▶an electronic **organ** 電子オルガン
❷ C (生物の)器官, 臓器
❸ C (公的な)機関, 組織

organic [ɔ:rgǽnik オーギぁニック]
(★アクセントに注意) 形容詞
有機(体)の, 生物の;有機栽培(ಏ)による

organization,
(英)organisation [ɔ̀:rgənəzéiʃn
オーガニゼイシャン] 名詞
❶ C 団体, 協会
❷ U 組織, 構造;組織化

organize, (英)organise
[ɔ́:rgənàiz オーガナイズ] 動詞
(三単現 **organizes** [-iz]; 過去・過分
organized [-d]; 現分 **organizing**)
他 (団体)を組織[結成]する;(行動・行事
など)を準備する
▶They **organized** a tennis club.
彼らはテニス同好会を結成した.

organizer [ɔ́:rgənàizər オーガナイザ]
名詞 C 組織者;(会などの)幹事

Orient [ɔ́:riənt オーリエント] 名詞
《the Orient で》東洋;アジア

Oriental [ɔ̀:riéntl オーリエントゥる]
形容詞 東洋の, 東洋風の

orientation [ɔ̀:riəntéiʃn オーリエンテイ
シャン] 名詞 ❶ C U 興味, 方針
❷ U (新しい環境(ಏ)などへの)適応
❸ U オリエンテーション(◆新入生・新入
社員などが環境に慣れるように行う指導)

orienteering [ɔ̀:riəntíəriŋ オーリエン
ティアリング] 名詞 U オリエンテーリング
(◆地図と磁石をたよりに決められたコー
スを通り, 時間を競(ぉ)う競技)

origin [ɔ́:ridʒin オーリヂン] 名詞
C U 起源, 始まり, 由来;
U 《しばしば **origins** で》生まれ
▶the **origin** of life 生命の起源

original [ərídʒənl オリヂヌる] 形容詞
❶ 《名詞の前に用いて》最初の, もとの
▶the **original** plan 最初の計画
❷ 独創的な, 独自の
▶Her idea is very **original**.
彼女のアイディアはとても独創的だ.
——名詞

C (複製などに対する)原物, 原作, 原文

originality [ərìdʒənǽləti オリヂナぁり
ティ] 名詞
U 独創性, 創造力;斬新(ಏ)さ, 目新しさ

originally [ərídʒənəli オリヂナリ] 副詞
❶ もとは, 初めは
❷ 独創的に

Orion [əráiən オライオン] 名詞
❶【ギリシャ神話】オリオン
(◆狩(ゃ)りを得意とした巨人(ಏ))
❷【天文】オリオン座

ornament [ɔ́:rnəmənt オーナメント]
名詞 U 装飾(ʃゃ);C 装飾品, 装身具

orphan [ɔ́:rfn オーふン] 名詞 C 孤児(ಏ)
(◆両親または片親を失った子供)

orthodox [ɔ́:rθədɑ̀ks オーそダックス]
形容詞 ❶ 正統な, 正しいと認められた
❷ (宗教上)正統派の

ostrich [ɑ́stritʃ アストゥリッチ] 名詞
(複数 **ostriches** [-iz] または **ostrich**)
C【鳥類】ダチョウ

Othello [əθélou オせロウ] 名詞 オセロ
(◆シェークスピア(Shakespeare)が書
いた四大悲劇の一つ;またその主人公の
名) ➡ **Shakespeare** 文化

✶other 形容詞 代名詞
➡ p.442 other

otherwise [ʌ́ðərwàiz アざワイズ] 副詞
❶ もしそうでなければ, そうしないと
(同義語 or)
▶Hurry up, **otherwise** you'll miss
the bus. 急いで, さもないとバスに
乗り遅(ぉ)れるよ.
❷ 別のやり方で, ちがうふうに
▶They think **otherwise**.
彼らはちがうふうに考えている.
❸ そのほかの点では
▶The movie was a little long, but
otherwise it was good.
その映画は少し長かったが, そのほかの
点ではよかった.

Ottawa [ɑ́təwə アタワ] 名詞
オタワ(◆カナダの首都)

ouch [áutʃ アウチ] 間投詞 (突然(ಏ)の痛
みに発することば)痛いっ, 熱い
➡ **sound** 図

ought [ɔ́:t オート] (★発音に注意)
助動詞 ❶《ought to +動詞の原形で》
…すべきである;…したほうがいい
(◆ should より意味が強い)

▶You **ought to** follow the school rules.　あなたは校則に従うべきです.

❷《**ought to ＋動詞の原形**で》
(当然)…するはずだ

▶She **ought to** be home by now.
彼女はもう(今ごろは)家にいるはずだ.

ounce [áuns アウンス] (★発音に注意)
名詞 C (重さの単位の)オンス(◆１オンスは 16 分の１ポンドで, 約 28.35 グラム; oz. と略す)

⁂our [áuər アウア] **代名詞**
〖人称代名詞の一人称複数 we の所有格〗
わたしたちの, われわれの ➡ **we** 〖墨墨〗

▶**our** house　わたしたちの家

⁂ours [áuərz アウアズ] **代名詞** 〖人称代名詞の一人称複数 we の所有代名詞〗
わたしたちのもの ➡ **we** 〖墨墨〗

▶These textbooks are **ours**.
これらの教科書はわたしたちのものだ.

▶Their uniform is red, and **ours** is blue.　彼らのユニフォームは赤く, わたしたちのものは青い.
(◆ ours = our uniform)

▶a friend of **ours**　わたしたちの友達

⁂ourselves [auərsélvz アウア
せるヴズ] **代名詞** 〖人称代名詞の一人称複数 we の再帰代名詞〗

❶《動詞・前置詞の目的語となって》
わたしたち自身を, わたしたち自身に
➡ **we** 〖墨墨〗

▶We enjoyed **ourselves** at the party.
わたしたちはパーティーを楽しんだ.

❷《we または us の意味を強調して》
わたしたち自身; 自ら(◆強く発音する)

▶We made this plan **ourselves**.
わたしたち自身でこの計画を立てた.

(*all*) *by ourselves*
自分たちだけで; 独力で ➡ **oneself**

for ourselves
自分たちのために; 独力で ➡ **oneself**

⁂out [áut アウト] **副詞**

❶〖運動・方向〗**外へ; 外出して**
❷(燃料・品物などが)**なくなって**;
(火・照明などが)**消えて**

❶〖運動・方向〗**外へ**, 外に; **外出して**,

不在で(**対義語** in 中へ; 在宅して)

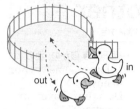

▶go **out** for a walk　散歩に出かける

▶Let's eat **out** tonight.
今晩は外食しよう.

▶Tom is **out** now.
トムは今, 外出中です.

❷(燃料・品物などが)**なくなって**, 品切れで; (火・照明などが)**消えて**;
(期間などが)終わって

▶The tickets are sold **out**.
チケットは売り切れです.

▶Time is running **out**.
時間がなくなってきた.

❸(外に)現れて; (月・星などが)出て; (花が)咲(さ)いて; (本などが)出版されて

▶The roses will be **out** in a week.
バラの花は１週間で咲くだろう.

❹すっかり, 徹底(てってい)的に, 最後まで

▶The cake dried **out** in the fridge.
冷蔵庫の中でケーキがすっかり乾(かわ)いてしまった.

❺はっきりと, 大声で

▶He shouted **out** for help.
彼は助けを求めて大声で叫(さけ)んだ.

❻(提案などが)不可能で, 問題外で

❼【野球】アウトになって

⁑*out of ...* ①…**から**, …から外へ
(**対義語** into …の中へ)

▶Please get **out of** the car.
車から降りてください.

②(いくつかあるもの)**の中から**

▶Four **out of** the five members are girls.　５人の会員のうち４人は女子だ.

③…を切らして, …がなくなって

▶We are **out of** sugar.
砂糖を切らしている.

outcome [áutkλm アウトカム] **名詞**
C 結果, 成果(**同義語** result)

outdoor [áutdɔːr アウトドーア] **形容詞**
《名詞の前に用いて》屋外の, 野外の; 野外活動を好む(**対義語** indoor 屋内の)

▶**outdoor** sports　屋外スポーツ

:other 形容詞 代名詞

形容詞 ❶ ほかの, 別の
❷ (2つの中で)もう1つの…; (3つ以上の中で)残りすべての…

[ʌ́ðər アざ]

——形容詞 ❶ ほかの, 別の

▶I have some **other** things to buy.
わたしにはほかにいくつか買うものがあります.

▶Do you have any **other** questions?
何かほかに質問はありますか?

▶Chinese is spoken by **more** people than **any other** language.
中国語は, ほかのどの言語よりも多くの人々に話されている.

(♦比較級と any other をいっしょに用いるときは, ふつう単数名詞が続く)

❷《**the other** ＋単数名詞で》(2つの中で)**もう1つの…**, もう一方の…; 《**the other** ＋複数名詞で》(3つ以上の中で)**残りすべての…**

▶I can't find **the other** sock.
靴下(ぶ)のもう片方が見つからない.

▶The park is on **the other** side of the street.
その公園は通りの反対側にあります.

▶Jane agreed, but **the other** members didn't.
ジェーンは同意したが, 残りのメンバーは同意しなかった.

▶Two of his movies are interesting, but **the other** three are not.
彼の映画は2本はおもしろいが, 残り3本はおもしろくない.

every óther day 1日おきに

▶She goes to the gym **every other day**.
彼女は1日おきにジムに行く.

on the óther hand 他方では(♦ふつう on (the) one hand「一方では」と対(?)で用いる)

▶**On one hand**, people waste so much food daily; **on the other hand**, many people don't get enough food.
一方では, 人々は毎日大量の食べ物を無駄(ぶ)にしている. 他方では, たくさんの人々が十分に食べ物を得られないでいる.

óther than ... …以外の[に, は](♦主に否定文で用いる)

▶I met **no** one **other than** Mark today.
今日はマーク以外のだれとも会わなかった.

:*the other dáy* 先日 ➡ day

——代名詞 (複数 others [-z])

❶《しばしば **others** で》別の人[もの], ほかの人[もの];《**others** で》他人

▶This sweater is too large for me. Will you show me some **others**?
このセーターはわたしには大き過ぎます. ほかのものを見せてくれませんか?

▶He is like no **other**.
彼はほかのだれともちがう.

▶Be kind to **others**.
他人には親切にしなさい.

❷《**some ... others ～**で》…(する)ものもあれば～(する)ものもある

▶**Some** like tea, **others** like coffee.
紅茶が好きな人もいれば, コーヒーが好きな人もいる.

代名詞	❶ 別の人[もの];他人
	❸ (2人[2つ]の中で)もう一方の人[もの]; (3人[3つ]以上の中で)残りすべての人[もの]

❸ 《the other で》(2人[2つ]の中で)もう一方の人[もの];
《the others で》(3人[3つ]以上の中で)残りすべての人[もの]

▶I have two brothers.　One is in Tokyo, and **the other** is in Osaka.　わたしには兄が2人いる. 1人は東京にいて, もう1人は大阪にいる.

▶Tom and I went home, but **the others** stayed.　トムとぼくは家に帰ったが, ほかの人たちは全員残った.

✦*each óther*　たがい(に[を])

▶Jack and Jill looked at **each other**.　ジャックとジルはたがいに見つめ合った.

óne after the óther　(2つのものが)代わる代わる, 交互(ミラ)に ➡ **one**

✦*óne ... the óther ~*　(2つのうち)一方は…もう一方は~ ➡ **one**

ルール one, some と the other, (the) others の関係

1 「the other(＋単数名詞)」
→ 2つのうちの, 残りの一方を表します.

▶I have two dogs.　**One** is white, and **the other** is black.
わたしは2匹(ਂ)のイヌを飼っている. 1匹(ਂ)は白く, もう1匹は黒い.

one　the other

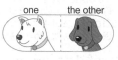

2 「the others」または「the other ＋複数名詞」
→ 3つ以上の特定の数のうちの, 残りのすべてを表します.

▶There are three children.　**One** is a boy, and **the others** are girls.
子供が3人いる. 1人は男の子で, ほかは女の子だ.

one　the others

▶There were ten cookies.　Ken ate **some**, and Aya ate **the others**.
クッキーが10枚あった. ケンが何枚か食べ, アヤが残り全部を食べた.

some　the others

3 「others」または「other ＋複数名詞」→不特定多数のうちのいくつかを表します.

▶A lot of people like sports.　Some play soccer, and **others** play baseball.
多くの人はスポーツが好きだ. サッカーをする人もいれば, 野球をする人もいる.

some　others

A B C D E F G H I J K L M N **O** P Q R S T U V W X Y Z

outdoors [àutdɔ́:rz アウトドーアズ]
副詞 屋外で[へ]（**対義語** indoors 屋内で）
▸sleep **outdoors** 野宿する

outer [áutər アウタ] **形容詞**《名詞の前に用いて》外の, 外側の, 外部の
（**対義語** inner 内側の）
▸**outer** space 宇宙（空間）

outfit [áutfit アウトふィット] **名詞**
C 衣装（いしょう）（ひとそろい）; 装備[用具]一式

outing [áutiŋ アウティング] **名詞**
C 遠足, 遠出, ピクニック

outlet [áutlèt アウトれット] **名詞**
❶ C（水・ガスなどの）出口;（感情などの）はけ口《for ...》
❷ C 直売店; アウトレット（余った在庫品を割引価格で販売（はんばい）する店）
❸ C（米）(電気の) コンセント
（◆（英）power point, socket）

outline [áutlàin アウトライン] **名詞**
❶ C 概略（がいりゃく）, おおよその内容
▸an **outline** of the speech
その演説の概略
❷ C（ものの）輪郭（りんかく）《of ...》; 略図

outlook [áutlùk アウトるック] **名詞**
C 見晴らし, 眺（なが）め;《単数形で》(将来の) 見通し

out-of-date [áutəvdéit アウトオヴデイト] **形容詞** 時代遅（おく）れの, 旧式の
（**対義語** up-to-date 最新の）

output [áutpùt アウトプット] **名詞**
U《または an output で》
(一定期間内の)生産高; U（コンピューターなどからの)出力, アウトプット
（**対義語** input 入力）

:outside
[àutsáid アウトサイド, áutsàid アウトサイド]
——**名詞**（**複数** **outsides** [àutsáidz アウトサイツ, áutsàidz アウトサイツ]）
C《ふつう the outside で》外側, 外部; 外観, 外見（**対義語** inside 内側）
▸the **outside** of a building
建物の外側
——**形容詞**《名詞の前に用いて》
外側の, 外部の; 戸外の
——**副詞** 外側で[に, へ]; 外で[に, へ]
▸I went **outside** for some fresh air.
新鮮（しんせん）な空気を吸うために外に出た.
▸It's getting dark **outside**.
外はだんだん暗くなってきた.
——**前置詞** …の外側で[に, へ]

▸**outside** the room 部屋の外で[に]

outstanding [àutstǽndiŋ アウトスタぁンディング] **形容詞** 目立つ; 抜群（ばつぐん）の

outward [áutwərd アウトワド] **形容詞**
《名詞の前に用いて》外部の, 外側の(へ)の
（**対義語** inward 内側の）
——**副詞** 外部へ[に], 外側へ[に]

outwards [áutwərdz アウトワツ] **副詞**
（英）= outward(外部へ)

oval [óuvl オウヴる] **形容詞**
卵形の; 楕円（だえん）形の
——**名詞** C 卵形（のもの）, 楕円形（のもの）

oven [ʌ́vn アヴン]（★発音に注意）**名詞**
C オーブン, 天火（てんか）

:over [óuvər オウヴァ]

前置詞	❶《位置》…の上に
	❷…(の上)をおおって
	❸《動作》…を越（こ）えて
	❹《数量》…より多く
副詞	❶ 上方に
	❷ 一面に
	❸ 終わって

——**前置詞**
❶《位置》…の上に, 真上に
（**対義語** under …の下に）⇒ **on** くらべよう
▸A bird was flying **over** me.
鳥がわたしの頭上を飛んでいた.
❷…(の上)をおおって; …のいたるところに, 一面に
▸She put a cloth **over** the table.
彼女はテーブルに布を掛（か）けた.
❸《動作》…を越えて, …の向こう側に
⇒ **across** くらべよう
▸The horse jumped **over** the bar.
その馬はバーを跳（と）び越えた.
❹《数量》…より多く, …を超（こ）えて
（**対義語** more than, **対義語** under …未満で）
▸This watch costs **over** ten thousand yen.
この時計は 1 万円以上する.
（◆ over ten は厳密には「10」をふくまない; 10 をふくめるときは ten and [or] over という ⇒ **副詞** ❻）
❺《時間》…の間じゅう, …が終わるまで
▸I stayed on the island **over** the weekend.
週末はずっとその島で過ごした.
❻ …しながら

▶We made our travel plan **over** lunch. わたしたちは昼食をとりながら旅行の計画を立てた.

❼〖主題〗…について，…に関して（同義語）about）

▶talk **over** school uniforms 学校の制服について話し合う

❽〖手段〗（電話など）で（同義語）on）

▶Let's talk about it **over** the phone. それについては電話で話しましょう.

✦**áll over** …のいたるところに，…の一面に

▶**all over** the world 世界じゅうに

──副詞 ❶ 上方に；真上に

▶A plane is flying **over**. 飛行機が頭上を飛んでいる.

❷ 一面に，いたるところに

▶The ground is covered **over** with snow. 地面は一面雪でおおわれている.

❸ 終わって，済んで

▶The lesson was **over** at four. レッスンは4時に終わった.

❹ 向こうへ，あちらへ，こちらへ

▶Ms. Brown went **over** to France. ブラウンさんはフランスへ渡(わた)った.

▶Bring him **over** next time. 次は彼を連れて来て.

❺ 始めから終わりまで，すっかり

▶I read the book **over**. わたしはその本を一通り読んだ.

❻（ある数量を）超えて

▶People seventy and **over** are free. 70歳(さい)以上の方は無料です.

❼ ひっくり返って

▶**Over**. 《米》（答案などで）裏面に続く.（♦《英》では Please turn over. の略 PTO または P.T.O. を使う）

❽ 繰(く)り返して；《米》もう一度

✦**áll óver** いたるところに[で]，一面に

▶Mountains are **all over** in Japan. 山は日本のいたるところにある.

（**áll**）**óver agáin** もう一度

▶Check the answers **all over again**. もう一度解答を確かめなさい.

óver hére こちらに，こちらは

✦**over thére** あちらに，向こうに

▶Can you see a bridge **over there**? あそこに橋が見えますか?

over- 接頭辞 ❶「上に」「外側に」「…を越(こ)えて」などの意味の語をつくる：over-

+ head（頭）→ overhead（頭上に）

❷「過度の」「…過ぎる」などの意味の語をつくる：over- + work（働く）→ overwork（働き過ぎる）

overall [óuvərɔ̀ːl オウヴァオール] 名詞

❶《**overalls** で》《米》オーバーオール（♦胸当てつきの作業ズボン）

❷ C 《英》スモック，上っ張り

overcame [òuvərkéim オウヴァケイム] 動詞 overcome（…に打ち勝つ）の過去形

overcoat [óuvərkòut オウヴァコウト] 名詞 C オーバー，コート

overcome [òuvərkʌ́m オウヴァカム] 動詞 （三単現 **overcomes** [-z]；過去 **overcame** [òuvərkéim オウヴァケイム]；過分 **overcome**；現分 **overcoming**） 他 （敵など）に打ち勝つ；（困難など）を克服(こくふく)する

overflow （★動詞・名詞のアクセントのちがいに注意）動詞 [òuvərflóu オウヴァふろウ] 自 （水・人・ものが）あふれる；（川などが）はんらんする

──他 …からあふれ出る；…にはんらんする

──名詞 [óuvərflòu オウヴァふろウ] U C あふれ出ること；（川などの）はんらん

overhead （★副詞・形容詞のアクセントのちがいに注意）副詞 [òuvərhéd オウヴァヘッド] 頭上に，（空）高くに；階上に

──形容詞 [óuvərhèd オウヴァヘッド] 頭上の，高架(こうか)の

overhear [òuvərhíər オウヴァヒア] 動詞 （三単現 **overhears** [-z]；過去・過分 **overheard** [òuvərhə́ːrd オウヴァハ〜ド]；現分 **overhearing**） 他 …を偶然(ぐうぜん)耳にする，もれ聞く

overlook [òuvərlúk オウヴァるック] 動詞 他 ❶（建物・場所などが）…を見下ろせる，見渡(みわた)せる

❷ …を見落とす，見過ごす

❸ …を大目に見る

overnight （★副詞・形容詞のアクセントのちがいに注意）副詞 [òuvərnáit オウヴァナイト] ❶ 一晩(ばん)（じゅう），夜通し

❷ 一夜にして，突然(とつぜん)

❸《米》前夜のうちに；夜のうちに

──形容詞 [óuvərnàit オウヴァナイト]《名詞の前に用いて》夜通しの，1泊(ぱく)の

overseas [òuvərsíːz オウヴァスィーズ] 形容詞 外国への，海外への；海外（から）の

▶an **overseas** student

a b c d e f g h i j k l m n **o** p q r s t u **v** w x y z

A
B
C
D
E
F
G
H
I
J
K
L
M
N
O
P
Q
R
S
T
U
V
W
X
Y
Z

（海外からの）留学生
──**副詞** 外国へ[で]，海外へ[で]

oversleep [òuvərslíːp オウヴァスリープ]
動詞 (**三単現** **oversleeps** [-s]; **過去・過分**
overslept [òuvərslépt オウヴァスれプト];
現分 **oversleeping**)
自 寝過(す̄)ごす，寝坊(ぼ̄う)する

overtake [òuvərtéik オウヴァテイク]
動詞 (**三単現** **overtakes** [-s]; **過去**
overtook [òuvərtúk オウヴァトゥック];
過分 **overtaken** [òuvərtéikən オウヴァ
テイクン]; **現分** **overtaking**) **他**
❶ (人・車)に追いつく；…を追い抜(ぬ̄)く
❷ (災難などが)…を不意に襲(お̄そ)う

overweight [òuvərwéit オウヴァウェイ
ト] **形容詞** 重量超過(ちょ̄うか)の；太り過ぎの

overwork (★動詞・名詞のアクセント
のちがいに注意) **動詞** [òuvərwə́ːrk オウ
ヴァワ～ク] **他** …を働かせ[使い]過ぎる
──**自** 働き過ぎる
──**名詞** [óuvərwə̀ːrk オウヴァワ～ク]
U 過労，働き過ぎ

owe [óu オウ] **動詞** (**三単現** **owes** [-z];
過去・過分 **owed** [-d]; **現分** **owing**) **他**
❶ (金)を借りている；
《owe ＋人＋金 または owe ＋金＋ to ＋
人で》(人)に(金)を借りている
▶You **owe** me ten dollars.
(＝You **owe** ten dollars **to** me.)
きみはぼくに 10 ドルの借りがある．
❷《owe ＋こと＋ to ＋人で》
(こと)は(人)のおかげである；
《owe ＋人＋義務など または owe ＋
義務など＋ to ＋人で》
(義務など)を(人)に負っている
▶I **owe** my success **to** her.
わたしの成功は彼女のおかげだ．

owing [óuiŋ オウイング] **形容詞** 《owing
to ... で》…のために，…のおかげで
(**同義語** because of, …due to)

owl [ául アウる] (★発音に注意) **名詞**
C 【鳥類】フクロウ

own [óun オウン]

──**形容詞** ❶《one's own で》
自分自身の；独自の，特有の
(◆冠詞といっしょには用いない)
▶Write down **your own** ideas.
あなた自身の考えを書きなさい．
❷《one's own で名詞的に》
自分自身のもの，自分のもの
▶This bike is **my own**.
この自転車はわたし自身のものだ．
(**áll**) **on** one's **ówn**
単独で；独力で；ひとりぼっちで
of one's **ówn** ① 自分自身の
▶I want a car **of my own**.
わたしは自分自身の車がほしい．
② それ[その人]独特の，特有の
──**動詞** (**三単現** **owns** [-z];
過去・過分 **owned** [-d]; **現分** **owning**)
他 …を所有する
▶My aunt **owns** this hotel. わたし
のおばがこのホテルを所有している．

owner [óunər オウナ] **名詞**
C 所有者，持ち主

ox [áks アックス] **名詞** (**複数** **oxen** [áksn
アクスン]) **C** 【動物】雄牛(お̄うし) ➡ **cow** [墨̄欄]

oxcart [ákskɑ̀ːrt アックスカート] **名詞**
C 牛車(ぎ̄ゅう)

oxen [áksn アクスン] **名詞**
ox(雄牛(お̄うし))の複数形

Oxford [áksfərd アクスふォド] **名詞**
❶ オックスフォード(◆イギリスの都市；
オックスフォード大学の所在地)
❷ オックスフォード大学
(＝ Oxford University)

oxygen [áksidʒən アクスィチャン] **名詞**
U 【化学】酸素(◆元素記号は O)

oyster [ɔ́istər オイスタ] **名詞**
C 【貝類】カキ

oz. [áuns(iz) アウンス(イズ)]
(重さの単位の)オンス(◆ ounce(s) の略)

ozone [óuzoun オウゾウン]
(★発音に注意) **名詞**
U 【化学】オゾン
▶the **ozone** layer オゾン層

Pp *Pp*

Q パンドラの箱を開けると？ ➡ **Pandora's box** をひいてみよう！

P, p [píː ピー] 名詞 (複数 **P's, p's** または **Ps, ps** [-z]) C U ピー
(♦アルファベットの 16 番めの文字)

p [píː ピー] (通貨単位の)ペニー, ペンス
(♦ *penny, pence* の略)

p. ❶ [péidʒ ペイヂ] ページ
(♦ *page* の略; 複数形は pp.)
❷ 過去(♦ *past* の略)

PA 【郵便】ペンシルベニア州
(♦ *Pennsylvania* の略)

pace [péis ペイス] 名詞
❶ C 一歩, 歩幅(はば)
❷ U 《または **a pace** で》歩調, 速度
▶walk at **a** slow **pace**
ゆっくりした歩調で歩く

keep páce (…に)遅(おく)れずについていく, (…と)同じ速さで行く《with ...》
▶I couldn't **keep pace with** him.
わたしは彼に遅れずについていけなかった.

˙Pacific [pəsífik パスィふィック]
――形容詞 太平洋の, 太平洋岸の
(対義語 Atlantic 大西洋の)
――名詞 《**the Pacific** で》太平洋
(= the Pacific Ocean)

Pacific Ocean [pəsífik óuʃn パスィふィック オウシャン] 名詞
《**the Pacific Ocean** で》太平洋
➡ **ocean** [参考]

˙pack [pǽk パぁック]
――名詞 (複数 **packs** [-s])
❶ C (人が背負ったり, 馬に積んだりする)包み, 荷物
❷ C 《主に米》1 箱; (トランプの)1 組; (オオカミなどの)群れ, (悪人などの)一味
▶two **packs** of gum ガム 2 箱
▶a **pack** of cards トランプ 1 組
――動詞 (三単現 **packs** [-s];
過去・過分 **packed** [-t]; 現分 **packing**)

――他 …を荷造りする; …を詰(つ)めこむ
▶**pack** a suitcase
スーツケースに詰めこむ
▶The hall was **packed** with children.
ホールは子供たちでいっぱいだった.
――自 荷造りする

package [pǽkidʒ パぁケッヂ] 名詞
C 小包, 小荷物(♦《主に英》parcel);
包装した商品

packet [pǽkit パぁケット] 名詞
C 小包, 小荷物; (手紙などの)束(たば)

pad [pǽd パぁッド] 名詞
❶ C (もの・体を保護するための)当て物, 詰(つ)め物; (服の肩(かた)につける)パッド
▶shoulder **pads** 肩パッド
❷ C (便せんなどの)ひとつづり, はぎ取り式ノート[メモ帳, 便せん]
❸ C スタンプ台
❹ C (ロケットの)発射台
(= **launch** [launching] pad)

paddle [pǽdl パぁドゥる] 名詞
❶ C (カヌーなどで使う短く幅広(はば)の)かい, パドル
❷ C (かき混ぜるための)へら;
(卓球(たっきゅう)の)ラケット
――動詞 (三単現 **paddles** [-z]; 過去・過分 **paddled** [-d]; 現分 **paddling**)
――自 パドルでこぐ
――他 (カヌーなど)をパドルでこぐ

paddy [pǽdi パぁディ] 名詞
(複数 **paddies** [-z]) C 水田
(♦ **paddy field** ともいう)

˙page¹ [péidʒ ペイヂ] 名詞
(複数 **pages** [-iz])
C (本などの)ページ; (新聞などの)面
▶turn a **page** (over)
ページをめくる
▶Open your textbooks to [《英》at]
page 17.
教科書の 17 ページを開きなさい.

▸Look at the pictures on **pages** four and five.
4ページと5ページの写真を見なさい.

> [参考] **page の表し方と読み方**
>
> page は p. と, pages(複数ページにわたる場合)は pp. と略します. どちらも数字の前につけて使います.
>
> ▸See **p.** 85.
> 85ページ参照. (♦ p. 85 は page eighty-five と読む)
>
> ▸See chapter 5, **pp.** 85-90.
> 第5章85ページから90ページ参照.
> (♦ pp. 85-90 は pages eighty-five to ninety と読む)

page² [péidʒ ペイヂ] [動詞]
([三単現] **pages** [-iz];
[過去・過分] **paged** [-d]; [現分] **paging**)
[他] (場内放送などで)…を呼び出す

pageant [pǽdʒənt パぁヂェント]
(★発音に注意) [名詞]
[C] (歴史的な出来事などをあつかった)野外劇; (時代衣装(いしょう)を身につけ, 歴史的な場面を見せる)華麗(かれい)な行列

paid [péid ペイド] [動詞]
pay(…を払(はら)う)の過去形・過去分詞

pail [péil ペイる] [名詞]
[C] 《主に米》バケツ, 手おけ
([同義語] bucket); 《**a pail of ...** で》バケツ1杯(ぱい)(の量)の…

*pain [péin ペイン] [名詞]

([複数] **pains** [-z])
❶ [U] [C] (鋭(するど)い)**痛み**; [U] (肉体的・精神的な)苦痛 ➡ **ache** [くらべよう]
▸a sharp **pain** 鋭い痛み

> [ダイアログ]
> *A:* What's the matter?
> どうしたのですか?
> *B:* I feel a **pain** in my shoulder.
> 肩(かた)が痛いのです.

▸He is in great **pain**.
彼はとても苦しんでいる.
❷《**pains** で》骨折り, 苦労
▸She took great **pains** with the job.
彼女はその仕事で大変な苦労をした.

painful [péinfl ペインふる] [形容詞]
❶ 痛い, 痛みをともなう
▸My tooth is **painful**.
歯が痛い.
❷ (精神的に)つらい; 骨の折れる
▸a **painful** experience
苦い経験
▸It's **painful** for me to hear you say that.
あなたの口からそんな言葉を聞くのはつらい.

*paint [péint ペイント]

—[名詞] ([複数] **paints** [péints ペインツ])
❶ [U] **ペンキ**; **絵の具**; 塗料(とりょう)
▸a can of red **paint**
赤いペンキ1缶(かん)
▸Wet [《英》Fresh] **Paint**
《掲示》ペンキ塗(ぬ)りたて
❷《**paints** で》絵の具(一式)
▸oil [water] **paints**
油[水彩(すいさい)]絵の具
—[動詞] ([三単現] **paints** [péints ペインツ];
[過去・過分] **painted** [-id];
[現分] **painting**)
—[他] ❶ **…にペンキを塗る**;
《**paint** +**もの**+**色で**》(もの)を…色に塗る
▸We **painted** the wall white.
わたしたちは壁(かべ)を白く塗った.
❷ (絵の具で絵)**をかく**
➡ **draw** [くらべよう]
▸She **painted** the mountain in oil.
彼女はその山を油絵の具でかいた.
—[自] ペンキを塗る; 絵をかく

painter [péintər ペインタ] [名詞]
❶ [C] 画家; 絵をかく人
❷ [C] ペンキ屋, 塗装(とそう)業者

painting [péintiŋ ペインティング] [名詞]
❶ [C] (絵の具でかいた)絵, 絵画
▸an oil **painting** 油絵
▸a watercolor **painting**
水彩(すいさい)画
❷ [U] 絵をかくこと

*pair [péər ペア] [名詞]

([複数] **pairs** [-z])
❶ [C] (2つで1つの)**1対**(つい), 1組, ペア;
《**a pair of ...** で》1対の…
▸**a pair of** gloves
1組の手袋(てぶくろ)
▸**a pair of** shoes 靴(くつ)1足
▸**a pair of** socks ソックス1足
▸**a pair of** scissors はさみ1丁
(♦刃(は)が2枚そろって切る役目を果た

すから)

▶**a pair of** pants [jeans]
ズボン[ジーンズ]1本

▶**a pair of** glasses
めがね1つ

gloves　　shoes　　socks

scissors　pants　glasses

❷ C 男女2人(1組); 夫婦(ふう), 恋人(びと)
どうし, 2人組; (動物の)1つがい
(◆1組の人[もの]をひとまとまりと考える
ときは単数あつかい, 一人ひとり[一つひ
とつ]に重点を置くときは複数あつかい)

▶They will make a nice **pair**.
彼らはいいカップルになるだろう.

in páirs 2つ[2人]1組になって
▶dance **in pairs**
2人1組で踊(おど)る

pajamas, 《英》pyjamas

[pədʒáːməz パヂャーマズ] 名詞
《複数あつかい》パジャマ, 寝巻(ねまき)

▶**a pair of pajamas** パジャマ1着
(◆上下で1組; パジャマのズボンは
pajama pants のようにいう)

▶**a pajama** party
《米》パジャマパーティー
(◆主に10代の女の子どうしで友達の
家に泊(と)まり, おしゃべりなどをして楽
しむこと)

Pakistan [pǽkistæn パぁキスタぁン]
名詞 パキスタン(◆インドの西隣(にな)にある
国; 首都はイスラマバード Islamabad)

pal [pǽl パぁる] 名詞
C 《口語》友達, 仲間(同義語 friend)

palace [pǽlis パぁれス] 名詞
❶ C 《しばしば **Palace** で》
宮殿(きゅうでん), 王宮
▶Buckingham **Palace**
(イギリスの)バッキンガム宮殿
❷ C 大邸宅(ていたく), 御殿(ごてん)

pale [péil ペイる] 形容詞
(比較 **paler**; 最上 **palest**)
❶ (顔が)青い, 青白い, 顔色が悪い
(同義語 white) ➡ **blue** 巻頭
▶Erika, you look **pale**. Are you
all right?
エリカ, 顔色が悪いよ. だいじょうぶ?
❷ (色が)薄(うす)い(対義語 deep 濃(こ)い)
▶**pale** pink 淡(あわ)いピンク

Palestine [pǽləstàin パぁれスタイン]
名詞 パレスチナ
(◆アジア南西部に位置する地中海沿岸地
域; ユダヤ教・キリスト教・イスラム教の
聖地エルサレム(Jerusalem)がある)

palette [pǽlit パぁれット] 名詞
C パレット

palm¹ [páːm パーム] (★発音に注意) 名詞
C 手のひら ➡ **hand** 図

palm² [páːm パーム] 名詞
C 【植物】ヤシ, シュロ(◆ palm tree と
もいう; 「ヤシの実」は coconut)

pamphlet [pǽmflit パぁンふれット]
名詞 C パンフレット, 小冊子

pan [pǽn パぁン] 名詞
C (片手の)平なべ, なべ
(◆深いなべは pot)
▶a frying **pan** フライパン

pancake [pǽnkèik パぁンケイク] 名詞
C パンケーキ, ホットケーキ

文化 おなべでケーキ

pancake は, 小麦粉に卵や牛乳, 砂糖
を加えたものを平なべ(pan)で焼くこ
とから, このように呼ばれるようにな
りました. アメリカではふつうバター
やメープルシロップなどをつけて食べ
ます.

panda [pǽndə パぁンダ] 名詞【動物】

❶ C パンダ, ジャイアントパンダ
(= giant panda)

❷ C レッサーパンダ
(= lesser [lésər れサ] panda)
(♦アライグマの一種)

Pandora's box

[pændɔ́:rəz báks パぁンドーラズ バックス]
名詞【ギリシャ神話】パンドラの箱

〔文化〕 パンドラの箱を開けると…?

ギリシャ神話の神ゼウス(Zeus)は, パンドラ(Pandora)という美しい女性を地上に送るとき, 一つの箱を持たせました. 彼は絶対に開けてはいけないと言いましたが, 好奇心に駆(か)られた彼女はそれを開けてしまいます. すると, 中から人類のあらゆる「悲しみ」「病気」「災(わざわ)い」などが飛び出し, 地上に広がってしまいました. あわててふたを閉めたところ, 最後に「希望」だけが箱の中に残っていたといいます. このことから, Pandora's box は「決して手を触(ふ)れてはいけないもの」という意味を表すようになりました.

---

pane [péin ペイン] 名詞

C (1枚の)窓ガラス(= windowpane)

panel [pǽnl パぁネ ヲ] 名詞

❶ C 羽目(はめ)板, 鏡板, パネル
(♦壁(かべ)・天井(てんじょう)などに飾(かざ)りのためにつける四角形の板)

❷ C (専門家の)委員会;
(討論会・座談会などの)討論者グループ;
(クイズ番組の)解答者グループ;
(コンテストなどの)審査(しんさ)員団

▸a panel discussion 公開討論会

panelist, (英)panellist

[pǽnəlist パぁネリスト] 名詞

❶ C (パネルディスカッションの)討論者, パネラー

❷ C (クイズ番組などの)解答者

panic [pǽnik パぁニック] 名詞

U C 恐慌(きょうこう), 大混乱, パニック

---

panorama [pæ̀nərǽmə パぁノラぁマ]
(★アクセントに注意) 名詞

C パノラマ, 全景

pansy [pǽnzi パぁンズィ] 名詞

(複数) pansies [-z]

C 【植物】パンジー, 三色スミレ

panties [pǽntiz パぁンティズ] 名詞

《複数あつかいで》(女性・子供用の)パンティー, パンツ

pantomime [pǽntəmaim パぁントマイム] 名詞 C U パントマイム, 無言劇

˙pants [pǽnts パぁンツ] 名詞

《複数あつかいで》

❶ 《主に米》ズボン(同義語 trousers)
▸a pair of pants ズボン1本

❷ (英)(女性・子供用の)パンティー, パンツ

papa [pá:pə パーパ] 名詞

C (米小児語)お父さん, パパ
(♦ dad, daddy のほうがふつう;
対義語 mama, mamma お母さん)

papaya [pəpáiə パパイア] 名詞

C 【植物】パパイヤ(♦メキシコなどの熱帯地方原産の果樹); パパイヤの実

˙paper [péipər ペイパ]

——名詞 (複数 papers [-z])

❶ U 紙, 用紙
▸blank paper 白紙
▸letter paper 便せん
▸Do you have paper and a pen?
紙とペンを持っていますか?
▸She wrapped the book in blue paper.
彼女はその本を青い紙に包んだ.

〔ルール〕 paper の数え方

1 紙や用紙の意味の paper は数えられない名詞なので, 枚数を言うときは次のように言います.

▸a piece [sheet] of paper
1枚の紙

▸two pieces [sheets] of paper
2枚の紙

2 sheet はふつう規格で大きさや形の決まった紙に, piece は不定形の紙に用いられます.

---

❷ C 新聞
(◆ newspaper よりくだけた語)
▶a morning **paper** 朝刊
▶an evening **paper** 夕刊
▶I read an interesting story in today's **paper**.
今日の新聞でおもしろい話を読んだ.
❸ C 研究論文, 学術論文; (学生の)レポート(◆ report は「報告書」の意味)
▶Hand in your **paper** by four o'clock tomorrow. 明日の4時までにレポートを提出しなさい.
❹《papers で》書類, 文書; 証明書(◆パスポートや身分証明書など)
❺ C 答案, 試験用紙; 試験問題
——**形容詞** 紙の, 紙で作った
▶a **paper** bag 紙袋(ほくろ)

paperback [péipərbæk ペイパバァック]
名詞 C U ペーパーバック
(◆紙の表紙の軽装本;「かたい表紙の本」は hardcover)

paper money [péipər mλni ペイパ マニ] **名詞 U** 紙幣(いへい)

paperweight [péipərwèit ペイパウェイト] **名詞 C** 文鎮(ぶんちん), ペーパーウェイト

parachute [pǽrəʃùːt パ ラシュート] **名詞 C** 落下傘(らっかさん), パラシュート

parade [pəréid パレイド] (★アクセントに注意) **名詞 C** 行進, パレード, 行列
——**動詞** (三単現 **parades** [pəréidz パレイヅ]; 過去・過分 **paraded** [-id]; 現分 **parading**)
自 行進する, パレードする

paradise [pǽrədàis パ ラダイス] **名詞**
❶《Paradise で》天国, 極楽(ごくらく); エデンの園(◆旧約聖書に出てくる楽園)
➡ **Eden**
❷《a paradise で》絶好の場所;(地上の)楽園

paragraph [pǽrəgræf パ ラグラァふ] **名詞 C** (文章の)段落, パラグラフ
(◆いくつかの文が集まって一つの内容を表す, 文章構成の上での区切り)

parallel [pǽrəlèl パ ラれる] **形容詞**
❶ (…と)平行の(《to [with] …》)
(対義語 vertical 垂直の)
▶**parallel** lines 平行線
❷ (…と)同様の, 類似(るいじ)の(《to …》)
——**名詞 ❶ C** 平行線[面]
❷ C 類似のもの; 匹敵(ひってき)するもの

Paralympics [pǽrəlímpiks パ ラリンピックス] **名詞**
《the Paralympics で》パラリンピック
(◆身体障がい者の国際スポーツ大会; Paralympics Games ともいう)

parasol [pǽrəsɔ̀ːl パ ラソーる] **名詞**
C 日傘(ひがさ), パラソル
(◆「雨傘」は umbrella,「ビーチパラソル」は beach umbrella)

parcel [pɑ́ːrsl パースる] **名詞**
C 《主に英》小包, 小荷物
(◆《主に米》package)

‡pardon [pɑ́ːrdn パードゥン]
——**名詞** (複数 **pardons** [-z])
C U 許し, 許すこと

I bég your párdon.
① 《I beg your pardon? で》何とおっしゃいましたか, (すみませんが)もう一度お願いします.(◆相手のことばが聞き取れなかったときに用いる; 文末を上げ調子で発音する; 《口語》では Beg your pardon?, Pardon? ということも多い)

ダイアログ
A: Change trains at Shinjuku Station.
新宿駅で乗り換えてください.
B: I beg your pardon?
すみませんが, もう一度お願いします.

② 失礼ですが, すみません.(◆知らない人に話しかけるときに用いる; 文末を下げ調子で発音する)
▶**I beg your pardon**, but could you tell me what time it is?
すみませんが, 今何時か教えていただけますか.
③ ごめんなさい, 失礼しました.(◆小さな過失や非礼を謝(あやま)るときに用いる; 文末を下げ調子で発音する; I'm sorry. よりもていねいな表現)
——**動詞** (三単現 **pardons** [-z]; 過去・過分 **pardoned** [-d]; 現分 **pardoning**)

a b c d e f g h i j k l m n o p q r s t u v w x y z

A B C D E F G H I J K L M N O P Q R S T U V W X Y Z

他 (人・過($\,^\mathrm{あやま}$)ちなど)を許す
Párdon me.* = *I bég your párdon.
➡ 名詞 成句

pare [péər ペア] 動詞 (三単現 **pares** [-z]; 過去・過分 **pared** [-d]; 現分 **paring**) 他
❶ (つめなど)を切る、切りそろえる
❷ (ナイフなどで)…の皮($\,^\mathrm{かわ}$)をむく

‡parent [péərənt ペ(ア)レント] 名詞
(複数 **parents** [péərənts ペ(ア)レンツ])
C 親(◆文脈によって父の場合もあるし、母の場合もある);《**parents** で》両親
(対義語 child 子供)
▶These are my **parents**.
こちらがわたしの両親です。

parfait [pɑːrféi パーフェイ] 名詞
U C パフェ(◆アイスクリーム・果物などを盛り付けたデザート)

Paris [pǽris パぁリス] 名詞
パリ(◆フランスの首都)

‡park [pɑ́ːrk パーク]
——名詞 (複数 **parks** [-s])
❶ C 公園;自然公園(◆ふつう樹木・池・散歩道などのある広いものを指す;街角の「小さな公園」は square)

park square

▶a national **park** 国立公園
▶Central **Park** (ニューヨークの)セントラルパーク(◆固有名詞の場合にはふつう冠詞がつかない)
❷ C 遊園地(= amusement park);《(米)》運動場、競技場;《the park で》《(英)》サッカー場
▶a baseball **park** (=a ball **park**)
野球場
❸ C 駐車($\,^\mathrm{ちゅう}$)場
(◆《(米)》parking lot, 《(英)》car park)
——動詞 (三単現 **parks** [-s];
過去・過分 **parked** [-t]; 現分 **parking**)
——他 (自動車など)を駐車する
▶I **parked** my car across the street. 道の向こう側に車を駐車した。
——自 駐車する

---

parking [pɑ́ːrkiŋ パーキング] 名詞
U 駐車($\,^\mathrm{ちゅう}$);駐車場所(◆ P と略す)
▶No **Parking** (掲示)駐車禁止

parking area [pɑ́ːrkiŋ èəriə パーキングエ(ア)リア] 名詞 C 駐車($\,^\mathrm{ちゅう}$)場、駐車区域

parking lot [pɑ́ːrkiŋ lὰt パーキング らット] 名詞
C 《(米)》駐車($\,^\mathrm{ちゅう}$)場(◆《(英)》car park)

parliament [pɑ́ːrləmənt パーらメント] (★発音に注意) 名詞
❶ C 議会、国会
❷《**Parliament** で》イギリス議会
(◆ the House of Lords「上院」と the House of Commons「下院」から成る;「アメリカの国会」は Congress、「日本の国会」は the Diet)
▶a member of **Parliament**
下院議員

parlor, 《(英)》**parlour** [pɑ́ːrlər パーら] 名詞 C 《ふつう a ... parlor で》
《(米)》…店、営業所
▶a beauty **parlor** 美容院

parrot [pǽrət パぁロット] 名詞
C【鳥類】オウム

parsley [pɑ́ːrsli パースり] 名詞
U【植物】パセリ

‡part [pɑ́ːrt パート]

名詞	❶ 部分
	❷ (仕事の)役目
動詞	自 (人が)別れる;
	(川などが)分かれる
	他 …を分ける

——名詞 (複数 **parts** [pɑ́ːrts パーツ])
❶ C 部分; C U 《part of ... で》…の一部(対義語 whole 全体)
▶I cut the apple into six **parts**.
わたしはリンゴを6つに切った。
▶Japan is (a) **part** of Asia.
日本はアジアの一部だ。
▶The last **part** of his report isn't right.
彼の報告書の最後の部分は正しくない。

ルール part of の使い方

❶ part of には、ふつう a をつけません。ただし、large, small など形容詞がつくと a が必要になります。
▶The fire destroyed **a large part of** the factory.

その火事で工場のかなりの部分が焼失した。

2 ふつう part of の次の名詞が単数形のときは単数あつかい, 複数形のときは複数あつかいになります.

▶**Part of** the building **was** damaged by strong winds.
強風で建物の一部が壊(こわ)れた.
(◆ building は単数形なので was)

▶**Part of** the apples **were** bad.
(いくつかある)リンゴの一部は腐(くさ)っていた. (◆ apples は複数形なので were)

2 C (仕事の)役目; (芝居(しばい)などの)役
(同義語 role)

▶She played the **part** of Alice.
彼女はアリスの役を演じた.

3 C 《しばしば **parts** で》地方, 地域

▶the northern **parts** of England
イングランドの北部地方

4 C (機械の)部品, パーツ

▶auto **parts** 自動車の部品

5 C (本の)部; 【音楽】パート

▶**Part** I 第1部(◆ Part one と読む)

▶a piano **part** ピアノのパート

pláy a párt
(…において)役目を果たす(in ...)

▶She **played a** big **part in** this project. このプロジェクトで彼女は大きな役割を果たした.

take párt (…に)加わる, 参加する(in ...)

▶I **took part in** the cleaning of the beach. わたしは浜の清掃(せいそう)に参加した.

──**動詞** (三単現 **parts** [pά:rts パーツ]; 過去・過分 **parted** [-id]; 現分 **parting**)

──**自** (人が)(…と)**別れる**(from ...);
(川などが)**分かれる**; 分離(ぶんり)する

▶I **parted from** her at the station. わたしは駅で彼女と別れた.

▶The river **parts** into two branches here.
その川はここで2つの支流に分かれる.

──**他** …を**分ける**; (人を)ひきはなす

▶He **parts** his hair at the side.
彼は髪(かみ)を横分けにしている.

párt with ... …を手放す

▶I have to **part with** my cat.
わたしはネコを手放さなければなりません.

partial [pά:rʃl パーシャる] 形容詞

1 一部分の, 部分的な

2 不公平な, えこひいきする

3 (…が)大好きで(to ...)

participant [pɑ:rtísəpənt パーティスィパント] 名詞
C (…の)参加者, 関係者(in ...)

participate [pɑ:rtísəpèit パーティスィペイト] 動詞 (三単現 **participates** [pɑ:r-tísəpèits パーティスィペイツ]; 過去・過分 **participated** [-id]; 現分 **participating**)
自 (…に)参加する, 加わる(in ...)
(同義語 take part in)

▶She **participated in** the party.
彼女はそのパーティーに参加した.

particular [pərtíkjələr パティキュら] 形容詞 **1** 特定の, (ほかではなく)その;
個々の, 特有の

▶He was at home on that **particular** day.
彼はまさしくその日に家にいた.

2 《名詞の前に用いて》格別の, 特別の

▶**particular** reason 特別な理由

3 (…について)好みがうるさい, 気難しい(about ...)

▶She is **particular about** tea.
彼女はお茶にはうるさい.

──名詞 《**particulars** で》詳細(しょうさい)

in partícular 特に, なかでも
(対義語 in general 一般に)

▶I don't want anything **in particular** now.
今は特にほしいものはありません.

particularly [pərtíkjələrli パティキュらり] 副詞
特に, なかでも(同義語 especially)

▶She likes animals, **particularly** dogs. 彼女は動物, 特にイヌが好きだ.

partly [pά:rtli パートり] 副詞
部分的に, 一部分は; 少しは

partner [pά:rtnər パートナ] 名詞
C (ダンスやテニスなどで組む)相手, パートナー; (活動をともにする)仲間

part-time [pά:rttáim パートタイム] 形容詞 パートタイムの, 非常勤の
(対義語 full-time 常勤の)

▶a **part-time** job
パートタイムの仕事, アルバイト

──副詞 パートタイムで, 非常勤で

▶work **part-time** パートタイムで働いている, アルバイトをしている

A B C D E F G H I J K L M N O P Q R S T U V W X Y Z

part-timer [páːrttáimər パートタイマ]
　名詞 C パートタイマー，非常勤で働く人

party [páːrti パーティ] 名詞
（複数 **parties** [-z]）

❶ C パーティー，（社交上の）会，集まり
▶a birthday **party**
　誕生日パーティー
▶<u>have</u> [give, hold] a **party**
　パーティーを開く
▶attend a **party**
　パーティーに出席する
▶a welcome **party**　歓迎(款)会
▶a farewell **party**　送別会

[文化] いろいろなパーティー

日本語で「パーティー」というと，特別な
催(款)しという感じをあたえますが，英
語では何人かの友達を家に招待すれば，
それを party といいます。
欧米(款)ではいろいろな機会にパー
ティーを開きます。

▶a tea **party**
　お茶会，ティーパーティー
▶a garden **party**
　ガーデンパーティー
　（♦自宅の庭で楽しむバーベキュー）
▶a surprise **party**
　サプライズパーティー
　（♦直前まで主賓(款)に知らせずに行う）
▶a pajama **party**
　パジャマパーティー ➡ **pajamas**
なお，「ダンスパーティー」はふつう単
に a dance といいます。

❷ C 党，政党（♦党全体をひとまとまり
と考えるときは単数あつかい，党の一人
ひとりに重点を置くときは複数あつかい）

[参考] 英米の主な政党

[アメリカ]	
the Republican **Party**	共和党
the Democratic **Party**	民主党
[イギリス]	
the Labour **Party**	労働党
the Conservative **Party**	保守党
the Liberal Democratic **Party**	
	自由民主党

❸ C 一行，一団，仲間（♦1つの集団と
考えるときは単数あつかい，一人ひとり
に重点を置くときは複数あつかい）
▶a rescue **party**　救助隊

pass [pées パぁス]
――動詞（三単現 **passes** [-iz]；
過去・過分 **passed** [-t]；現分 **passing**）
――自 ❶ 通る，通り過ぎる
▶Let me **pass**, please.
　（人ごみを通り抜(款)けるときなどに）
　通してください。
❷ （時が）たつ，過ぎる
▶Time **passes** quickly.
　時がたつのは速い。
❸ （試験などに）合格する
❹ （苦痛などが）なくなる，消える
❺ 【スポーツ】（ボールを）パスする
――他 ❶ …のそばを通る，…を通り過ぎ
る；…を追い越(款)す
▶This bus **passes** the city library.
　このバスは市立図書館のそばを通る。
▶Ann **passed** me just now.
　今，アンがわたしを追い越して行った。
❷ （試験）に合格する；（議案・法律）を可決
する
▶He **passed** the entrance exam.
　彼は入学試験に合格した。
❸ （時）を過ごす
▶We **passed** a few hours on the
　beach.
　わたしたちは海辺で2，3時間過ごした。
❹ 《**pass** ＋人＋ものまたは **pass** ＋もの
＋ **to** ＋人で》（人）に（もの）を手渡(款)す；
（伝統など）を伝える
▶**Pass** me the salt, please.
　塩を取ってください。
❺ 【スポーツ】（ボールを）パスする

páss aróund [*róund*] …を順々に回す

páss awáy 亡くなる
(♦die の遠回しな言い方)

páss bý
① …のそばを通り過ぎる
② (時が)過ぎ去る

páss ón
…を(…に)伝える, 回す, 譲(ゆず)る《to ...》

páss óut 《口語》気絶する, 意識を失う

páss thróugh ... …を通過する, 通り抜ける;(危機など)を経験する, 切り抜ける

──**名詞** (複数) **passes** [-iz]

❶ C 通行証, パス;無料乗車[入場]券
▶a boarding **pass**
(飛行機の)搭乗(とうじょう)券;乗船券

❷ C 【スポーツ】(ボールの)パス, 送球
➡ **American football** 図,
basketball 図

passage [pǽsidʒ パぁセッヂ] **名詞**
❶ C 廊下(ろうか), 通路;U 通行, 通過
❷ C (文章の)一節

passenger [pǽsindʒər パぁセンヂャ]
名詞 C (列車・船・飛行機などの)乗客, 客
▶a **passenger** boat 客船

passerby [pǽsərbái パぁサバイ] **名詞**
(複数) **passersby** [pǽsərzbái パぁサズ
バイ]) C 通行人, 通りがかりの人
(♦passer-by ともつづる)

passion [pǽʃn パぁシャン] **名詞**
❶ U C 激(はげ)しい感情, 情熱;
《a passion で》(…への)熱中《for ...》
▶He has **a passion** for baseball.
彼は野球に熱中している.

❷ 《a passion で》激しい怒(いか)り

passive [pǽsiv パぁスィヴ] **形容詞**
❶ 消極的な, 受け身の
(対義語 active 積極的な);逆らわない

❷ 【文法】受動態の, 受け身の
(対義語 active 能動態の)

passport [pǽspɔːrt パぁスポート] **名詞**
❶ C パスポート, 旅券 (♦ある国へ行くのに必要な身分・国籍(こくせき)証明書) ➡ **visa**

❷ C (…へ至る)方法, 手段《to ...》

password [pǽswəːrd パぁスワ〜ド]
名詞 C 合いことば;パスワード

past [pǽst パぁスト]

──**前置詞**
❶ 〖時間・年齢(ねんれい)〗…を過ぎて
▶It is half **past** [《米》after] eleven.
11 時半です.

▶He looks **past** fifty. 彼は 50 歳(さい)を過ぎているように見える.

❷ 〖場所〗…を通り過ぎて
▶They walked **past** my house.
彼らはわたしの家を通り過ぎて行った.

▶The bus stop is just **past** that corner.
バス停はその角(かど)を過ぎてすぐです.

──**形容詞** (♦比較変化なし)

❶ 過去の, 過ぎ去った;過ぎたばかりの, ここ…(対義語 present 現在の)
▶**past** experiences 過去の経験

▶I haven't seen him for the **past** few days.
ここ 2, 3 日, 彼に会っていない.

❷ 【文法】過去(時制)の
▶the **past** tense 過去時制
(♦tense の発音は [téns テンス])

──**名詞** 《the past で》過去
▶In **the past**, Mr. Izumi was a professional tennis player.
昔, 泉さんはプロのテニス選手だった.

──**副詞** (場所を)通り過ぎて;(時間が)過ぎて
▶Several cars ran **past**.
車が数台走り去った.

▶Days went **past** quickly.
月日がまたたく間に過ぎ去った.

pasta [páːstə パースタ] **名詞** U パスタ
(♦スパゲッティ・マカロニなど, イタリアのめん類の総称(そうしょう))

paste [péist ペイスト] **名詞**
❶ U (接着用の)のり;のり状のもの

❷ U C (菓子(かし)などの材料にする)練り粉;U ペースト (♦魚・肉・果実などを練ったものでパンなどにつける);ペースト状のもの (♦練り歯みがきなど)

──**動詞** (三単現 **pastes** [péists ペイスツ];
過去・過分 **pasted** [-id];現分 **pasting**)
他 ❶ …をのりではる

❷ 【コンピューター】…をはりつける, ペーストする

pastime [pǽstàim パぁスタイム] **名詞**
C 娯楽(ごらく), 気晴らし(♦余暇(よか)に楽しみですること) ➡ **hobby** (墜蜃)

pastry [péistri ペイストゥリ] **名詞**
(複数 **pastries** [-z])
U ペストリー(パイ皮などの生地(きじ));
C ペストリー菓子(がし)(♦パイ・タルトなど)

pasture [pǽstʃər パぁスチャ] **名詞**
C U 牧草地, 牧場

A
B
C
D
E
F
G
H
I
J
K
L
M
N
O
P
Q
R
S
T
U
V
W
X
Y
Z

pat [pǽt パぁット] 動詞
(三単現 **pats** [pǽts パぁッツ];
過去・過分 **patted** [-id]; 現分 **patting**)
他 …を軽くたたく，（やさしく）なでる
（◆激励（ぽぽ）や慰（なぐさ）めを表すしぐさ；
同義語 tap）
▶Sally **patted** me on the shoulder.
サリーは軽くわたしの肩（かた）をたたいた.
——名詞 C 軽くたたくこと

patch [pǽtʃ パぁッチ] 名詞
(複数 **patches** [-iz]) C （衣服などの）
継（つ）ぎ；（補強のための）当て布

patchwork [pǽtʃwɜ:rk パぁッチワ〜ク]
名詞 U パッチワーク
（◆さまざまな布を縫（ぬ）い合わせる手芸）

patent [pǽtnt パぁトゥント] 名詞
C U 特許，特許権，パテント

path [pǽθ パぁす] 名詞
❶ C （人・動物が自然に踏（ふ）みならした）
道；（車が通れない）小道
➡ **road** くらべよう
❷ C 通り道，進路；（天体の）軌道（きどう）

patience [péiʃns ペイシェンス] 名詞
U 忍耐（にんたい）（力），我慢（がまん）（強さ）

patient [péiʃnt ペイシェント] 名詞
C 患者（かんじゃ）
——形容詞 我慢（がまん）強い，忍耐（にんたい）強い；
根気のある
（対義語 impatient 我慢できない）
▶Be **patient**. 我慢しなさい.

patiently [péiʃntli ペイシェントり] 副詞
我慢（がまん）強く；根気よく

patrol [pətróul パトゥロウる] 名詞
U （警官・兵隊の）巡回（じゅん），巡視，パト
ロール；C パトロール隊（全体）；巡回者
——動詞 (三単現 **patrols** [-z]; 過去・過分
patrolled [-d]; 現分 **patrolling**)
他 …を巡回する，パトロールする
——自 巡回する，パトロールする

patrol car [pətróul ká:r パトゥロウる カー]
名詞 C パトカー（同義語 police car）

pattern [pǽtərn パぁタン]（★アクセント
に注意）名詞
❶ C （布・壁紙（かべがみ）などの）模様，柄（がら）
▶a flower **pattern** 花柄
❷ C （行動などの）型，様式，パターン
❸ C 原型；（服の）型紙；鋳型（いがた）

pause [pɔ́:z ポーズ] 名詞 C 小休止，
間（ま）；休息；（機械などの）停止，ポーズ
▶take [make] a **pause** 小休止する
——動詞 (三単現 **pauses** [-iz];

過去・過分 **paused** [-d]; 現分 **pausing**)
自 休止する；ちょっと休む；立ち止まる
——他 （CD・DVD など）を一時停止する

pave [péiv ペイヴ] 動詞 (三単現 **paves**
[-z]; 過去・過分 **paved** [-d];
現分 **paving**)《**be paved** で》
《（…で）舗装（ほそう）されている《with ...》

pavement [péivmənt ペイヴメント]
名詞 ❶ U （道路の）舗装（ほそう）面
❷ C （英）（舗装した）歩道
（◆（米）sidewalk）；（米）舗装道路

pavilion [pəvíljən パヴィリョン] 名詞
❶ C （博覧会などの）展示館，パビリオン
❷ C 大型テント

paw [pɔ́: ポー] 名詞
C （イヌ・ネコなどつめのある動物の）足，手

pay [péi ペイ]
——動詞 (三単現 **pays** [-z]; 過去・過分
paid [péid ペイド]; 現分 **paying**)
——他 ❶ （代金など）を払（はら）う，支払う；
《**pay＋人＋金銭** または **pay＋金銭＋to
＋人で**》（人）に（金銭）を支払う
▶**pay** a bill 勘定（かんじょう）を払う
▶I **paid** ten dollars for the shirt.
わたしはそのシャツに 10 ドル支払った.
▶I **paid** him 500 yen.
（＝ I **paid** 500 yen **to** him.）
わたしは彼に 500 円払った.
❷ （注意・敬意など）を払う；（訪問）をする
▶They **pay** no attention to my
words. 彼らはわたしの言うことに全
く注意を払わない.
▶I **paid** a visit to him yesterday.
わたしは昨日，彼を訪問した.
——自 ❶ （…の）代金を払う《for ...》
▶I **paid for** the meal in cash.
わたしは食事の代金を現金で払った.
❷ （仕事などが）割に合う，ひき合う
▶That business does not **pay**.
あの仕事は割に合わない.
——名詞 U 給料，賃金（ちんぎん）

payment [péimənt ペイメント] 名詞
U （金の）支払（はら）い，納入；C 支払い金
▶make (a) **payment** 支払う

PC [pí:sí: ピースィー] 名詞
C パソコン，パーソナルコンピューター
（◆ personal computer の略）
➡ **computers** 図

P.E., PE [pí:í: ピーイー] 名詞
U 体育（◆ physical education の略）；

（同義語 gymnastics）

pea [píː ピー] 名詞
Ⓒ【植物】エンドウ，エンドウ豆
▶green **peas** グリーンピース

like twó péas in a pód
うり二つで（◆「さやの中の 2 つの豆のようによく似ている」の意味）
▶They are **like two peas in a pod**. 彼らはうり二つだ.

‡peace [píːs ピース] 名詞
❶ Ⓤ《または **a peace** で》**平和**（対義語 war 戦争）；和平；《**the peace** で》治安
▶world **peace** 世界平和
▶keep **the peace** 治安を守る
❷ Ⓤ 平穏（ᵃ），安らぎ
▶**peace** of mind 心の平穏

at péace
平和に[な]；（…と）仲よくして《with …》

in péace 平和に[な]，安らかに[な]
▶They lived together **in peace**. 彼らは仲よく暮らした.

make (one's) péace with …
…と仲直りする，和解する
▶Bob **made peace with** Lisa. ボブはリサと仲直りした.

peaceful [píːsfl ピースふる] 形容詞
平和な，静かな，平和的な

peacefully [píːsfəli ピースふり] 副詞
平和に；穏（ᵃ）やかに，静かに

Peace Memorial Park
[píːs məmɔ́ːriəl páːrk ピース メモーリアる パーク] 名詞（広島の）平和記念公園（◆公園内とその周辺には原爆関連の記念建造物や記念碑がある）

peach [píːtʃ ピーチ] 名詞
（複数 **peaches** [-iz]）
Ⓒ【植物】モモ，モモの実；モモの木

peacock [píːkàk ピーカック] 名詞
Ⓒ【鳥類】（雄（ᵃ）の）クジャク
（◆雌（ᵃ）は peahen [píːhèn ピーヘン]）

peak [píːk ピーク] 名詞
❶ Ⓒ（とがった）山頂，峰（ᵃ）
（同義語 top, summit）
❷ Ⓒ 最高点，絶頂，ピーク

peanut [píːnʌt ピーナット] 名詞
Ⓒ ピーナッツ，落花生

Peanuts [píːnʌts ピーナッツ] 名詞
『ピーナッツ』（◆スヌーピーやチャーリー・ブラウンが登場するアメリカの人気マンガ）

pear [péər ペア] 名詞
Ⓒ【植物】西洋ナシ；西洋ナシの木

pearl [páːrl パ〜る] 名詞 Ⓒ 真珠（ᵃ）
▶a **pearl** necklace
真珠のネックレス

peasant [péznt ペズント] 名詞 Ⓒ 小作農，農民（◆「農場経営者」は farmer）

pebble [pébl ペブる] 名詞 Ⓒ（川や海の水に洗われて丸くなった）小石

peck [pék ペック] 動詞 自
（…を）（くちばしで）つつく，ついばむ
《at …》
——他 …を（くちばしで）つつく，ついばむ
——名詞 Ⓒ つつくこと

peculiar [pikjúːljər ペキューりゃ] 形容詞
❶ 奇妙（ᵃ）な，風変わりな
（同義語 strange）
❷（…に）特有の《to …》；特別の，特殊（ᵃ）な

pedal [pédl ペドゥる] 名詞
Ⓒ（自転車・オルガンなどの）ペダル
➡ **bicycles** 図

pedestrian [pədéstriən ペデストゥリアン] 名詞 Ⓒ 歩行者，通行人
——形容詞 歩行者用の；徒歩の
▶a **pedestrian** crossing 横断歩道

peekaboo [píːkəbùː ピーカブー]
名詞 いないいないばあ
（◆赤ちゃんをあやすときのことば）
——間投詞 いないいないばあ

peel [píːl ピーる] 動詞
他（果物（ᵃ）・野菜など）の皮（ᵃ）をむく
——自（皮が）むける；（ペンキなどが）はげ落ちる
——名詞 Ⓤ（果物・野菜などの）皮

peep¹ [píːp ピープ] 動詞
自（…を）（こっそり）のぞき見る《at …》
——名詞《**a peep** で》のぞき見，こっそり
[ちらっと]見ること

peep² [píːp ピープ] 名詞
Ⓒ（ひな鳥などの）ピーピー鳴く声；

A B C D **E** F **G** H I J K L M N O **P** Q R S T U V W X Y Z

（ネズミの）チューチュー鳴く声

peg [pég ペッグ] **名詞** Ｃ くぎ;
掛(か)けくぎ; (テントの)ペグ, くい

pelican [pélikən ペリカン] **名詞**
Ｃ【鳥類】ペリカン

‡**pen**¹ [pén ペン] **名詞**
（**複数** pens [-z]）
Ｃ ペン(♦万年筆・ボールペンもふくむ)
▶a ballpoint **pen**　ボールペン
▶a fountain **pen**　万年筆
▶She wrote a letter with a **pen**.
彼女はペンで手紙を書いた.

pen² [pén ペン] **名詞**
Ｃ (家畜(かちく)の)おり, 囲い

penalty [pénəlti ペナルティ] (★アクセ
ントに注意) **名詞** （**複数** penalties
[-z]）Ｃ Ｕ 刑罰(けいばつ), 処罰; Ｃ 罰金;
【スポーツ】(反則に対する)ペナルティー

pence [péns ペンス] **名詞** penny(ペ
ニー)の複数形の一つ(♦ p と略す)

‡**pencil** [pénsl ペンスる] **名詞**
（**複数** pencils [-z]）Ｃ えんぴつ
▶a red **pencil**　赤えんぴつ
▶a set of colored **pencils**
色えんぴつ１組
▶write in **pencil** [with a **pencil**]
えんぴつで書く(♦ in を用いるときは冠
詞をつけない)

pencil case [pénsl kèis ペンスる ケイ
ス] **名詞** Ｃ 筆箱, ペンシルケース

pencil sharpener [pénsl ʃàːrpnər
ペンスる シャープナ] **名詞**
Ｃ えんぴつ削(けず)り

pendant [péndənt ペンダント]
名詞 Ｃ ペンダント

pendulum [péndʒələm ペンヂュらム]
名詞 Ｃ (時計などの)振(ふ)り子

pen-friend [pénfrènd ペンふレンド]
名詞 Ｃ 《主に英》ペンフレンド, ペンパ
ル, 文通相手(♦《主に米》pen pal)

penguin [péŋgwin ペングウィン]
名詞 Ｃ【鳥類】ペンギン

peninsula [pəninsələ ペニンスら]
名詞 Ｃ 半島

penmanship [pénmənʃip ペンマンシッ
プ] **名詞** Ｕ 書法, (ペン)習字

pen name [pén nèim ペン ネイム]
名詞 Ｃ ペンネーム, 筆名

pennant [pénənt ペナント]
❶ Ｃ 《米》(三角形の)優勝旗, ペナント;

応援(おうえん)旗
▶a **pennant** race
(野球の)ペナントレース
❷ Ｃ (船の信号用)三角旗

Pennsylvania [pènslvéinjə ペンスる
ヴェイニャ] **名詞** ペンシルベニア州
(♦アメリカ東部の州; Pa., Penn. また
は【郵便】で PA と略す)

penny [péni ペニ] **名詞** **❶** （**複数** pence
[péns ペンス]）Ｃ ペニー, ペンス
(♦イギリスの貨幣(かへい)単位で 100 分の 1
ポンドを指す; 数字のあとでは p と略す)
❷ （**複数** pennies [-z]）
Ｃ ペニー硬貨(こうか); (アメリカ・カナダの)
1 セント硬貨(同義語 cent)

pen pal [pén pæl ペン パぁる] **名詞**
Ｃ 《主に米》ペンフレンド, ペンパル, 文
通相手(♦《主に英》pen-friend)

pension¹ [pénʃn ペンシャン] **名詞**
Ｃ 年金, 恩給

pension² [pɑːnsjóun パーンショウン]
(★発音に注意) **名詞** Ｃ (ヨーロッパの)
小ホテル, 民宿(♦フランス語から; 日本
の観光地にある西洋風の宿泊(しゅくはく)施設(しせつ)
は resort lodge などと表す)

‡**people** [píːpl ピープる] **名詞**
（**複数** peoples [-z]）
❶ Ｕ《複数あつかいで》人々(♦ persons
よりくだけた語;（同義語 folks);
世間(の人々); (動物に対する)人間
▶young **people**　若者
▶**People** say I'm careless.
世間はわたしのことを注意不足だという.
▶Do animals laugh like **people**?
動物は人間のように笑いますか?
❷ Ｃ 国民;《しばしば **peoples** で》民族
▶the **peoples** of Japan and China
日本と中国の国民
▶all the **peoples** on the earth
地球上のすべての民族
❸《the people で複数あつかい》一般大
衆, (政府や支配者に対する)国民, 人民
▶government of **the people**, by
the people, for **the people**
人民の, 人民による, 人民のための政治
(♦アメリカ大統領リンカーンの演説の
一節 ➡ civil war【文化】)

pepper [pépər ペパ] **名詞**
❶ Ｕ (香辛(こうしん)料の)コショウ
❷ Ｃ【植物】コショウ; トウガラシ

peppermint [pépərmìnt ペパミント] 名詞
❶ U【植物】西洋ハッカ, ペパーミント
❷ C U ハッカ入りキャンデー

per [pə́:r パー; (弱く言うとき)pər パ] 前置詞
…につき(♦ふつうは a, an を使う)
▶at fifty kilometers **per** hour
時速50キロメートルで

perceive [pərsí:v パスィーヴ] 動詞
(三単現) **perceives** [-z] (過去・過分)
perceived [-d]; (現分) **perceiving**
他 (五感を使って)…を知覚する;
…に気づく;…を理解する

percent, 《主に英》**per cent**
[pərsént パセント] 名詞 (複数) **percent**
または **per cent**: 単複同形)
C パーセント(♦ per「…につき」+ cent
「100分の1」の意味から;記号は%)
▶Two **percent** of this milk is fat.
この牛乳の2パーセントは脂肪(しぼう)分だ.
(♦ percent of のあとの名詞が単数の
ときは単数あつかい, 複数のときは複数
あつかい)

percentage [pərséntidʒ パセンテッヂ]
(★アクセントに注意) 名詞
C パーセンテージ, 百分率; 割合

perception [pərsépʃn パセプシャン]
名詞 U 知覚(力); U C 認識(にしき), 理解

percussion [pərkʌ́ʃn パカシャン]
名詞 《the percussion で》打楽器(全
体);(オーケストラの)打楽器部門(♦一つ
ひとつの打楽器を指すときは percussion
instrument を用いる)

perfect [pə́:rfikt パ〜フェクト] 形容詞
❶ 完全な, 完ぺきな; 最適な; 正確な
▶a **perfect** game (野球の)完全試合
▶Nobody is **perfect**.
完ぺきな人などいない.
▶the **perfect** place for a picnic
ピクニックに最適な場所
❷《名詞の前に用いて》全くの
▶He is a **perfect** stranger.
彼は全く知らない人です.
❸《名詞の前に用いて》
【文法】完了(かんりょう)(時制)の

perfection [pərfékʃn パフェクシャン]
名詞 U 完全(なこと), 完ぺき

perfectly [pə́:rfiktli パ〜フェクトリ]
副詞 完全に, 申し分なく; 全く, すっかり
(同義語) completely)
▶Our plan is working **perfectly**.
わたしたちの計画は申し分なく進行し

ている.

perform [pərfɔ́:rm パフォーム] 動詞 他
❶ (役など)を演じる;(楽器など)を演奏
する
▶**perform** a play 劇を上演する
❷ (仕事など)を行う;(義務など)を果たす
▶She **performed** the job well.
彼女はその仕事をよくこなした.
── 自 演じる, 演奏する
▶He often **performs** abroad.
彼はよく海外で公演する.

performance [pərfɔ́:rməns パフォー
マンス] 名詞
❶ C 演技, 演奏;(劇などの)上演, 公演
❷ U (義務などを)行うこと, 実行

performer [pərfɔ́:rmər パフォーマ]
名詞 C 演技者, 役者, 演奏者, 歌手;
実行者, 行為(こうい)者

performing arts [pərfɔ́:rmiŋ ɑ́:rts
パフォーミングアーツ] 名詞
《the performing arts で》舞台(ぶたい)芸術

perfume [pə́:rfju:m パ〜フューム] 名詞
U C 香水(こうすい); 香(かお)り, におい
▶put on [wear] **perfume**
香水をつける[つけている]

perhaps
[pərhǽps パハぁップス] 副詞
もしかすると, ひょっとしたら, たぶん
▶**Perhaps**, he is right. もしかする
と, 彼が正しいのかもしれない.

ダイアログ
A: Will it rain tomorrow?
明日は雨が降るかな?
B: **Perhaps**. / **Perhaps** not.
たぶんね. / たぶん降らないよ.

くらべよう perhaps, maybe,
possibly, probably

いずれも「もしかすると, たぶん」とい
う意味ですが, 実現の可能性の低いほ
うから並べると次のようになります.

possibly → perhaps → probably
　　　　　　maybe
ことによると　おそらく　十中八九

period [píəriəd ピ(ア)リオド] 名詞
(複数) **periods** [píəriədz ピ(ア)リオヅ])
❶ C 期間
▶for a long **period** 長期間

A B C D **E** F G H I J K L M N O **P** **Q** **R** S T U V W X Y Z

❷ C 時代
▶This book is about the Edo **period**. この本には江戸時代について書かれている.
❸ C (授業の)**時間**, 時限
(同義語 class, lesson)
▶the first **period** 1時間目
❹ C 《主に米》ピリオド, 終止符(ふ)
(◆《英》full stop)
➡ 巻末付録 Ⅳ. 句読点・符号(ごう)

perish [périʃ ペリッシ] 動詞
(三単現 **perishes** [-iz]; 過去・過分 **perished** [-t]; 現分 **perishing**) ⾃
❶ (事故・災害などで)死ぬ, 滅(ほろ)びる
(◆新聞などで用いる)
❷ (ゴムなどが)ぼろぼろになる;
(食べ物などが)腐(くさ)る

permanent [pə́ːrmənənt パ~マネント]
形容詞 永久の, 永続する; 耐久(たいきゅう)性のある
▶a **permanent** tooth 永久歯

permission [pərmíʃn パミッシャン] 名詞
Ⓤ 許可, 承諾(しょうだく)
▶**get** [**give**] **permission**
許可を得る[あたえる]
▶without **permission** 許可なく

permit [pərmít パミット] 動詞
(三単現 **permits** [pərmíts パミッツ]; 過去・過分 **permitted** [-id]; 現分 **permitting**) ⾚ …を許す, 許可する;
《**permit** ＋人＋ **to** ＋動詞の原形で》
(人)が…するのを許す ➡ allow (くらべよう)
▶Smoking is not **permitted** here.
ここは禁煙(きんえん)です.
▶My parents **permitted** me **to** use the room. 両親はわたしがその部屋を使うのを許した.

Perry [péri ペリ] 名詞 【人名】ペリー
(◆ Matthew Calbraith Perry [mǽdʒu- kǽlbreiθ- マぁすュー キぁるブレイす-], 1794-1858; アメリカの提督(ていとく); 1853 年, 日本に来航し開国を要求した)

Persia [pə́ːrʒə パ~ジャ]
名詞 ペルシャ(◆イランの旧称(きゅうしょう))

Persian [pə́ːrʒn パ~ジャン] 形容詞
ペルシャの; ペルシャ人の; ペルシャ語の
▶the **Persian** Gulf ペルシャ湾(わん)
――名詞 C ペルシャ人; Ⓤ ペルシャ語

persimmon [pərsímən パスィモン]
名詞 C 【植物】カキ; カキの木
(◆ kaki [kɑ́ːki カーキ]ともいう)

·person [pə́ːrsn パ~スン] 名詞
(複数 **persons** [-z])
C **人**, 個人(◆性別・年齢(ねんれい)の区別なく用いる; 複数の場合は persons よりも people を用いることが多い)
▶He is a nice **person**.
彼はいい人だ.
·in pérson 自分で, 本人自ら
▶You should thank her **in person**.
あなたは彼女に自分でお礼を言ったほうがいい.

personal [pə́ːrsənl パ~ソヌる] 形容詞
個人の, 個人的な(同義語 private)
▶a **personal** matter 個人的な問題
▶**personal** information
個人情報
▶This CD is for **personal** use only. この CD は個人で聴(き)く以外に使用してはいけません.

personal computer [pə́ːrsənl kəmpjúːtər パ~ソヌる コンピュータ] 名詞
C パソコン(◆ PC と略す)

personality [pə̀ːrsənǽləti パ~ソナぁりティ] 名詞 (複数 **personalities** [-z])
❶ C Ⓤ 個性, 性格; 人格
❷ C (テレビ・ラジオ番組の) パーソナリティー, (芸能・スポーツなどの) 有名人
▶TV **personalities**
テレビタレント

personally [pə́ːrsənəli パ~ソナり] 副詞
❶《文全体を修飾(しゅうしょく)して》
個人的な意見では, 自分としては
▶**Personally**, I think this plan is fine.
個人的な意見では, この計画はいいと思います.
❷ 個人的に; 一個人として
❸ (代理ではなく)自分自身で
(同義語 in person)

persuade [pərswéid パスウェイド] 動詞
(三単現 **persuades** [pərswéidz パスウェイヅ]; 過去・過分 **persuaded** [-id]; 現分 **persuading**)
⾚ (人)を説得する;
《**persuade** ＋人＋ **to** ＋動詞の原形で》
(人)を説得して…させる
▶He **persuaded** her **to** make a speech. 彼は彼女を説得してスピーチをしてもらった.

Peru [pərúː ペルー] (★アクセントに注意)
名詞 ペルー(◆南アメリカの国; 首都はリマ Lima)

pet [pét ペット]
——**名詞** (**複数** **pets** [péts ペッツ])
❶ **C** ペット, 愛がん動物

ダイアログ
A: Do you have any **pets**?
何かペットを飼っていますか?
B: Yes, I have two dogs.
はい, イヌを2匹飼っています.

▶I have a cat as a **pet**.
わたしはペットとしてネコを飼っている.
❷ **C** お気に入り(◆しばしば悪い意味で使われる); (呼びかけで)かわいい子
——**形容詞**《名詞の前に用いて》
❶ ペットの, 愛がん用の
❷ 得意の, おはこの; お気に入りの

petal [pétl ペトゥる] **名詞**
C 花弁, 花びら

Peter Pan
[píːtər pǽn ピータ パぁン] **名詞** ピーターパン(◆イギリスの作家バリー(J. M. Barrie)による劇, またはその主人公)

Peter Rabbit
[píːtər rǽbit ピータ ラぁビット] ピーターラビット(◆イギリスの作家ベアトリクス・ポッター(Beatrix Potter)による童話の主人公のウサギ)

petrol [pétrəl ペトゥらる] **名詞**
U (英)ガソリン(◆(米)gas, gasoline)

petroleum [pətróuliəm ペトゥロウりアム] **名詞** **U** 石油

phantom [fǽntəm ふぁントム] **名詞**
❶ **C** 幽霊, お化け(**同義語** ghost)
❷ **C** 幻, 幻影

pharmacist [fáːrməsist ふァーマスィスト] **名詞** **C** (英)薬剤師
(◆(米)druggist)

pharmacy [fáːrməsi ふァーマスィ] **名詞** (**複数** **pharmacies** [-z])

❶ **C** 薬店, 薬局(◆(米)drugstore, (英)chemist's (shop))
❷ **U** 薬学; 調剤

phase [féiz ふェイズ] **名詞**
❶ **C** (発達・変化などの)段階, 局面, 時期
(**同義語** stage)
▶enter a new **phase**
新たな段階に入る
❷ **C** (問題などの)面, 側面
(**同義語** aspect)

pheasant [féznt ふェズント] **名詞**
(**複数** **pheasant** または **pheasants**
[féznts ふェズンツ]) **C** [鳥類]キジ

phenomena [finámənə ふェナメナ]
名詞 phenomenon(現象)の複数形

phenomenon [finámənàn ふェナメノン] **名詞** (**複数** **phenomena** [finámənə
ふェナメナ]) **C** 現象
▶a natural **phenomenon** 自然現象

Philadelphia [filədélfiə ふィらデるふィア] **名詞** フィラデルフィア(◆アメリカのペンシルベニア州の大都市; 1776年に「独立宣言」が読み上げられた)

Philippine [fíləpìːn ふィりピーン] **形容詞** フィリピン(諸島)の; フィリピン人の
(◆「フィリピン人」は Filipino [filəpíːnou
ふィりピーノウ])

Philippines [fíləpìːnz ふィりピーンズ]
名詞《the Philippines で》
❶《単数あつかいで》フィリピン(◆東南アジアの国; 首都はマニラ Manila)
❷《複数あつかいで》フィリピン諸島
(= the Philippine Islands)

philosopher [filásəfər ふィらソふァ]
名詞 **C** 哲学者; (物事を)深く考える人

philosophy [filásəfi ふィらソふィ]
名詞 (**複数** **philosophies** [-z])
U 哲学; **C** 人生観

phone [fóun ふォウン]
——**名詞** (**複数** **phones** [-z])
U (口語)電話; **C** 電話器, 受話器
(◆tele*phone* を短縮した語)
▶answer the **phone** 電話に出る
▶talk on [over] the **phone**
電話で話す
▶Bob, Sue is on the **phone**.
ボブ, スーから電話です.
▶pick up the **phone**
受話器を取り上げる
▶hang up the **phone** 電話を切る

a b c d e f g h i j k l m n o p q r s t u v w x y z

—[動詞] ([三単現] phones [-z]; [過去・過分] phoned [-d]; [現分] phoning)
—[他] …に電話をかける
▸Please **phone** me later. あとで電話をください.
—[自] 電話をかける

phone book [fóun bùk ふォウン ブック] [名詞] [C] 電話帳 ([同義語] telephone directory)

phone call [fóun kɔ̀ːl ふォウン コーる] [名詞] [C] 電話をかけること, 電話がかかってくること; 通話

phone number [fóun nʌ̀mbər ふォウン ナンバ] [名詞] [C] 電話番号

phonics [fɑ́niks ふァニックス] [名詞] [U] 《単数あつかい》フォニックス(♦アルファベットの文字と発音の関係に基(もと)づいて単語の読み方を教える指導法)

˙photo [fóutou ふォウトウ] [名詞] ([複数] photos [-z]) [C] 《口語》写真 (♦ *photo*graph を短縮した語)
▸take a **photo** 写真を撮(と)る
▸Please take a **photo** of us. わたしたちの写真を撮ってください.

photograph [fóutəgræ̀f ふォウトグラぁふ] [名詞] [C] 写真(♦《口語》picture, photo)

photographer [fətɑ́grəfər ふォタグラふァ] (★アクセントに注意) [名詞] [C] 写真を撮(と)る人; 写真家

photography [fətɑ́grəfi ふォタグラふィ] (★アクセントに注意) [名詞] [U] 写真撮影(さつえい); 写真術

phrase [fréiz ふレイズ] [名詞]
❶ [C] 【文法】句
❷ [C] 成句, 熟語, 慣用句, 言い回し

physical [fízikl ふィズィクる] [形容詞]
❶ 肉体の, 身体の([対義語] mental 精神の)
▸**physical** exercise 体操, 運動
❷ 《名詞の前に用いて》物質の, 自然(界)の; 物理的な; 自然科学の; 物理学の

physical education [fízikl èdʒəkéiʃn ふィズィクる エヂュケイシャン] [名詞] [U] 体育(♦ P.E. または PE と略す)

physically [fízikəli ふィズィカり] [副詞] 身体的に, 肉体的に; 物理的に

physician [fizíʃn ふィズィシャン] [名詞] [C] 内科医; 医者, 開業医 (♦「外科医」は surgeon,「歯科医」は dentist; 一般的には「医者」は doctor という)

physicist [fízəsist ふィズィスィスト] [名詞] [C] 物理学者

physics [fíziks ふィズィクス] [名詞] [U] 《単数あつかいで》物理学

pianist [piǽnist ピあニスト] (★アクセントに注意) [名詞] [C] ピアニスト, ピアノをひく人

˸piano [piǽnou ピあノウ] [名詞] ([複数] pianos [-z]) [C] 【楽器】ピアノ
➡ **musical instruments** 図
▸play the **piano** ピアノをひく

Picasso [pikɑ́ːsou ピカーソウ] [名詞] 【人名】ピカソ (♦ Pablo Picasso [pɑ́blou- パブろウ-], 1881-1973; スペインで生まれ, 主にフランスで活動した画家・彫刻(ちょうこく)家)

Piccadilly Circus [píkədìli sə́ːrkəs ピカディり サ～カス] [名詞] ピカデリーサーカス(♦イギリスのロンドンの中心にある円形広場; 近くに大英博物館やトラファルガー広場があり, 観光客が多く訪(おとず)れる)

piccolo [píkəlòu ピコろウ] [名詞] [C] 【楽器】ピッコロ(♦横笛の一種; フルートより小型で, より高い音が出る)
➡ **musical instruments** 図

˙pick [pík ピック] [動詞] ([三単現] picks [-s]; [過去・過分] picked [-t]; [現分] picking) [他]
❶ (花・実など)をつむ, もぐ
▸Don't **pick** flowers in the park. 公園の花をつんではいけない.
❷ …を選ぶ ([同義語] choose)
▸She **picked** the shirt for his birthday present. 彼女は彼の誕生日プレゼントにそのシャツを選んだ.

pick óut …を選ぶ; …を見つけ出す
▸You can **pick out** any cake in

the box.
箱の中のどのケーキを選んでもいいよ.

♦*pick úp* …を拾い上げる; 取り上げる;
…を車で迎(むか)えに行く, 車に乗せる

▶**pick up** the phone
(鳴っている電話の)受話器を取る

▶Would you **pick** me **up** at the
station (at) around five?
5時ごろ駅に車で迎えに来ていただけ
ますか?

pickle [píkl ピクる] 名詞
　Ｃ《ふつう **pickles** で》ピクルス, (キュ
ウリなどの)酢漬(す)け

pickpocket [píkpàkit ピックパケット]
名詞 Ｃ すり(◆人を指す)

pickup [píkλp ピックアップ] 名詞
　❶ Ｃ (人・客などを)車で拾うこと, (荷物
などを)車で集配すること
　❷ Ｃ 小型トラック
　(◆ pickup truck ともいう)

picnic [píknik ピクニック] 名詞
　❶ Ｃ ピクニック, 遠足
▶They went on a **picnic** to the
lake. 彼らは湖へピクニックに行った.
　❷ Ｃ 屋外の食事(◆郊外(こうがい)や自宅の庭
でする食事)
▶We had a **picnic** in the park.
わたしたちは公園で食事をした.

❗picture [píktʃər ピクチャ]
　──名詞 (複数 **pictures** [-z])
　❶ Ｃ 絵, 絵画
▶a **picture** postcard 絵はがき
▶draw a **picture** 絵をかく
　(◆ draw はえんぴつ・ペン・クレヨンな
どでえがくこと)
▶Liz painted a **picture** of her
father. リズは父親の絵をかいた.
　(◆ paint は絵の具を使ってえがくこと)
　❷ Ｃ 写真(同義語 photograph)
▶Will you take a **picture** of us?
わたしたちの写真を撮(と)ってくれませ
んか?

　❸ Ｃ(英口語)映画(同義語 movie, film)
　❹ Ｃ (テレビ・映画の)映像, 画像;
(心にえがく)イメージ

　──動詞 (三単現 **pictures** [-z]; 過去・過分
pictured [-d]; 現分 **picturing**)
　他 …を(心に)えがく; …を絵にえがく

picture book [píktʃər bùk ピクチャ
ブック] 名詞
　Ｃ (主に子供用の)絵本; 図鑑(ずかん)

picture card [píktʃər kɑːrd ピクチャ
カード] 名詞 Ｃ (トランプの)絵札(ふだ)

pie [pái パイ] 名詞 Ｃ Ｕ パイ
　(◆肉や果物(くだもの)などをパイ生地(きじ)で包ん
で焼いたもの)
▶(a) meat **pie** ミートパイ

❗piece [píːs ピース] 名詞
　(複数 **pieces** [-iz])
　❶ Ｃ《a piece of ... で》1つの…,
1個の…, 1本の…, 1枚の…,
1切れの…
▶a **piece of** paper 1枚の紙, 紙片
▶a **piece of** furniture 家具1点
▶**two pieces of** chalk
チョーク2本

(ルール) a piece of の使い方

1 数えられる名詞の場合, 数を表すと
きは a book「1冊の本」, two books
「2冊の本」のようにします. しかし, 数
えられない名詞の場合, a, an をつける
ことも複数形にすることもできません.
このような名詞は a piece of ...「1つ
の…」, two pieces of ...「2つの…」
などを使って数を表すことがあります.
▶a **piece of** cake
ケーキ1切れ
▶**two pieces of** cake
ケーキ2切れ

2 a piece of 以外の, 数えられない
名詞の数量を表す言い方には次のよう
なものがあります.
▶a **cup of** coffee コーヒー1杯(ぱい)
▶a **bottle of** wine ワイン1本
▶a **sheet of** paper 紙1枚
▶a **slice of** bread パン1枚

A B C D E F G H **I** J K L M N O **P** Q R S T U V W X Y Z

❷ C (全体から分けられた)**部分**, 断片(だん), 破片(はん); (機械などの)**部品**; (チェスなどの)こま; (パズルなどの)ピース

▶She cut the cake into six **pieces**.
彼女はケーキを6つに切った.

▶Cut the onion into **pieces**.
タマネギを細かく刻みなさい.

❸ C (芸術上の)**作品** (同義語 work); (新聞などの)**記事** (同義語 article)

▶a fine **piece** of music
すばらしい音楽作品

to pieces 粉々に, ばらばらに

▶A glass fell and broke **to pieces**.
コップが落ちて, 粉々に砕(くだ)けた.

pier [píər ピア] 名詞 C 船着き場, 桟橋(さんばし)

pierce [píərs ピアス] 動詞 (三単現 **pierces** [-iz]; 過去・過分 **pierced** [-t]; 現分 **piercing**)

他 …を突(つ)き通す, 貫通(かんつう)する; …に穴を空ける

pig [píg ピッグ] 名詞 C ブタ; (米)子ブタ (◆(米)ではふつう「若いブタ」に用い, 「成長したブタ」は hog という)
➡ **animals** 図, **hog**

pigeon [pídʒən ピヂョン] 名詞 C 【鳥類】ハト (◆ dove よりも大型のものを指す)

piggy [pígi ピギ] 名詞 (複数 **piggies** [-z]) C (口語・小児語)ブーちゃん, 子ブタ

piggy bank [pígi bæŋk ピギ バぁンク] 名詞 C (子ブタの形の)貯金箱

pilaf [pilá:f ぴらーふ] 名詞 U C ピラフ (◆米に肉・野菜などを加えて炊いた料理)

pile [páil パイる] 名詞 C 積み重ね, (ものの)山 (同義語 heap); 《a pile of ... または piles of ... で》たくさんの…

▶Put this **piles** of magazines away.
この雑誌の山を片づけなさい.

——動詞 (三単現 **piles** [-z]; 過去・過分 **piled** [-d]; 現分 **piling**)

他 …を積み上げる (◆しばしば up をともなう)

——自 積もる, たまる (◆しばしば up をともなう)

▶Snow **piled up** on the roof.
屋根に雪が積もった.

pill [píl ぴる] 名詞 C 丸薬(がんやく) (◆「粉薬」は powder, 「(円形で平らな)錠剤(じょうざい)」は tablet)

pillar [pílər ぴら] 名詞 ❶ C 柱, 支柱;

(火・煙(けむり)などの)柱状のもの
❷ C 中心人物, 大黒柱

pillow [pílou ピろウ] 名詞 C まくら ➡ **bedroom** 図

pillowcase [píloukèis ピろウケイス] 名詞 C まくらカバー

pilot [páilət パイろット] 名詞 C (飛行機の)パイロット, 操縦士; (港の)水先案内人

pin [pín ピン]

——名詞 (複数 **pins** [-z]) C ピン, 留め針; 飾(かざ)りピン; (留め針のついた)ブローチ, バッジ, 記章

▶a safety **pin** 安全ピン

▶She was wearing her school **pin** on her blouse.
彼女はブラウスに校章をつけていた.

——動詞 (三単現 **pins** [-z]; 過去・過分 **pinned** [-d]; 現分 **pinning**)

他 …を(ピンで)留める

▶He **pinned** a poster on the wall.
彼は壁(かべ)に(ピンで)ポスターをはった.

pinch [píntʃ ピンチ] 動詞 (三単現 **pinches** [-iz]; 過去・過分 **pinched** [-t]; 現分 **pinching**) 他

❶ …をつねる; …をはさむ; …をつまむ
❷ (靴(くつ)・衣服などが)…を締(し)めつける

——名詞 (複数 **pinches** [-iz])

❶ C つねること; はさむこと
❷ 《a pinch of ... で》ひとつまみ(の量)の…

▶a **pinch** of salt ひとつまみの塩
❸ 《the pinch で》ピンチ, 危機

pine [páin パイン] 名詞 C 【植物】松; 松の木

pineapple [páinæpl パイナぁプる] (★アクセントに注意) 名詞 C U 【植物】パイナップル; パイナップルの木

ping-pong [píŋpàŋ ピングパング] 名詞 U (口語)卓球(たっきゅう), ピンポン (同義語 table tennis)

pink [píŋk ピンク]

——形容詞 (比較 **pinker**; 最上 **pinkest**) ピンクの, 桃(もも)色の

——名詞 ❶ U ピンク(色), 桃色

▶The girl was dressed in **pink**.
その女の子はピンク色の服を着ていた.

❷ C 【植物】ナデシコ

Pinocchio [pinóukiòu ピノウキオウ]

名詞 ピノキオ（♦イタリアの作家コッローディ（Collodi）の童話『ピノキオの冒険』（*The Adventures of Pinocchio*）の主人公で木製の人形）

pint [páint パイント] 名詞 ☑ （液量の単位の）パイント（♦(米)では約 0.47 リットル, (英)では約 0.57 リットル）

pioneer [pàiəníər パイオニア]
（★アクセントに注意）名詞
☑ 開拓者；先駆者, パイオニア

pipe [páip パイプ] 名詞
❶ ☑ 管, パイプ
❷ ☑ （喫煙用の）パイプ
❸ ☑ 笛, 管楽器；《**pipes** で》
(英口語)バグパイプ（同義語 bagpipes）

pipeline [páiplàin パイプらイン] 名詞 ☑
（石油・ガスなどの）輸送管, パイプライン

pirate [páirət パイレット] 名詞
❶ ☑ 海賊；海賊船
❷ ☑ 著作権[特許権]を侵害する人；《形容詞的に》海賊版の

pistol [pístl ピストゥる] 名詞
☑ ピストル, けん銃 ➡ **gun** 区化

pit [pít ピット] 名詞
❶ ☑ （地面の）穴, くぼみ
❷ ☑ 採掘坑, 炭坑
❸ ☑ （人体の）くぼみ
❹ 《the pit で》オーケストラ席
（♦ the orchestra pit ともいう）
❺ 《the pit(s) で》（自動車レース場の）ピット（♦給油・整備を行う場所）

pitch [pítʃ ピッチ] 動詞 （三単現 **pitches** [-iz]；過去・過分 **pitched** [-t]；現分 **pitching**）他
❶ （ねらって）（もの・ボールなど）を投げる（同義語 throw）
▶**pitch** a ball ボールを投げる
❷ （テントなど）を張る
──自 ❶ 投げる, 投球する
❷ （船・飛行機が）縦揺れする
（♦「横揺れする」は roll）
──名詞 （複数 **pitches** [-iz]）
❶ ☑ 投げること, （野球などの）投球
❷ Ⓤ 《または a pitch で》
（声・音などの）高さ, ピッチ
❸ Ⓤ 《または a pitch で》縦揺れ

pitcher[1] [pítʃər ピチャ] 名詞
☑ 【野球】ピッチャー, 投手

pitcher[2] [pítʃər ピチャ] 名詞
☑ (米)ピッチャー, 水差し
（♦耳形の取っ手と口がついている）

pitfall [pítfɔ̀ːl ピットふォーる] 名詞
☑ 落とし穴, わな

pity [píti ピティ] 名詞
❶ Ⓤ 哀れみ, 同情
（同義語 sympathy）
▶I felt **pity** for the boy.
わたしはその少年がかわいそうになった.
❷ Ⓤ 《ふつう a pity で》残念なこと
（同義語 a shame）
▶It's **a pity** (that) he can't come.
彼が来られないのは残念だ.
What a pity!
かわいそうに；残念なことだ.

ダイアログ
A: We have to go now.
わたしたちはもう行かなくては.
B: What a pity!
それは残念です.

Pixar [píksər ピクサ] 名詞
ピクサー（♦アメリカにある映像制作会社）

pizza [píːtsə ピーツァ] 名詞
☑ Ⓤ ピザ, ピッツァ（♦イタリア語から）

placard [plǽkɑːrd プらぁカード]（★アクセントに注意）名詞 ☑ （広告などの）はり紙, ポスター, プラカード

place [pléis プれイス]

名詞	❶ 場所
	❷ 立場, 地位
動詞	…を置く

──名詞 （複数 **places** [-iz]）
❶ ☑ 場所, ところ；地域, 土地
▶a good **place** for skiing
スキーに適した場所
▶I don't know this **place** well.
この土地はよく知りません.
❷ ☑ 立場, 地位, 身分, 職；（競技などでの）順位
▶Please put yourself in my **place**.
わたしの立場にもなってみてください.
▶She took third **place** in the race.
彼女はそのレースで3位になった.
❸ ☑ 席；（定められた）位置
▶Always put the key in the same **place**.
かぎはいつものところに置きなさい.
❹ ☑ (口語)家, 住居
▶Why don't you come to my **place** now? 今からわたしの家に来ない？

A B C D E F G H I J K L M N O P Q R S T U V W X Y Z

from pláce to pláce あちらこちらに
▸My uncle traveled **from place to place** in Europe.
わたしのおじはヨーロッパのあちこちを旅行した.

in pláce of ... = *in a person's pláce*
(人・もの)の代わりに; (人)の代理で
▸I will attend the meeting **in place of** Jim.
ジムの代わりにわたしがその会議に出席します.

take pláce 起こる(同義語 happen),
(予定されていたことが)行われる
▸A speech contest **takes place** every spring.
弁論大会は毎年春に開かれる.

take the pláce of ...
= *take a person's pláce*
…の代わりをする, …にとって代わる
▸My sister **took the place of** my mother and cooked dinner.
母の代わりに妹が夕食を作った.
——**動詞** (三単現 **places** [-iz];
過去・過分 **placed** [-t]; 現分 **placing**)
他 …を置く, 配置する
▸**place** the books on the shelves
本を本棚(たな)に並べる

plain [pléin プレイン] **形容詞**
(比較 **plainer**; 最上 **plainest**)
❶ 明らかな; わかりやすい
(同義語 simple)
▸a **plain** fact 明らかな事実
▸He speaks **plain** English.
彼はわかりやすい英語を話す.
❷ 質素な, 地味な, 飾(かざ)らない
——**名詞** C 平原, 平野
▸the Kanto **Plain** 関東平野

plainly [pléinli プレインり] **副詞**
❶ はっきりと, わかりやすく; 明らかに
❷ 率直(そっちょく)に
❸ 地味に, 質素に

plan [plǽn プらぁン]
——**名詞** (複数 **plans** [-z])
❶ C (…の)計画, 案, プラン(for ...)
▸make a **plan** 計画を立てる
▸Do you have any **plans for** next Sunday?
今度の日曜は何か予定がありますか?
❷ C 設計図, 図面; (街などの)地図
——**動詞** (三単現 **plans** [-z]; 過去・過分

planned [-d]; 現分 **planning**) 他
❶ …を計画する; 《**plan to** +動詞の原形で》…することを計画する
▸**plan** a concert
コンサートを計画する
▸We're **planning to** go cycling.
サイクリングを計画しています.
❷ …の設計をする, 設計図をかく

plane¹ [pléin プレイン] **名詞**
(複数 **planes** [-z])
❶ C 飛行機(♦ air**plane** を短縮した語)
▸The **plane** took off for China.
飛行機は中国に向けて離陸(りりく)した.
▸travel by **plane** 飛行機で行く
(♦手段を表す by のあとは無冠詞)
❷ C 面, 平面

plane² [pléin プレイン] **名詞** C かんな

planet [plǽnit プらぁネット] **名詞**
C 【天文】惑星(わくせい)

【参考】 太陽系の惑星			
太陽 (the sun) から近い順			
Mercury	水星	**Jupiter**	木星
Venus	金星	**Saturn**	土星
Earth	地球	**Uranus**	天王星
Mars	火星	**Neptune**	海王星

Venus

Saturn

Mars

Uranus

Jupiter

Neptune

planetarium [plænətériəm プらぁネテリアム] (★アクセントに注意) **名詞**
C プラネタリウム

plankton [plǽŋktən プらぁンクトン]
名詞 U 【生物】プランクトン

˙plant [plǽnt プらぁント]

—[名詞] ([複数] **plants** [plǽnts プらぁンツ]) ❶ [C] (動物に対して)**植物**
(♦「動物」は animal,「鉱物」は mineral);
(樹木に対して)草; 苗(なえ)
▸tropical **plants**
熱帯植物
▸**plants** and animals 動植物
▸a potato **plant** ジャガイモの苗
❷ [C] **工場** ➡ **factory** [くらべよう]; 発電所
▸a cement **plant** セメント工場
▸a nuclear power **plant**
原子力発電所
—[動詞] ([三単現] **plants** [plǽnts プらぁンツ]; [過去・過分] **planted** [-id];
[現分] **planting**)
[他] (植物)**を植える**, (種)**をまく**
▸**plant** a tree 木を植える
▸**Plant** tulips in fall.
秋にチューリップを植えなさい.

plantation [plæntéiʃn プらぁンテイシャン] [名詞] [C] 大農園, プランテーション
(♦特に熱帯・亜(あ)熱帯地方の綿・コーヒー・ゴムなどの大農園)

plaster [plǽstər プらぁスタ] [名詞]
❶ [U] しっくい, 壁土(かべつち); 石こう
❷ [C] [U] ばんそうこう; [C] こう薬

˙plastic [plǽstik プらぁスティック]
(★アクセントに注意)
—[名詞] ([複数] **plastics** [-s])
[U] **プラスチック**, **ビニール** (♦日本語の「プラスチック」と異なり, ビニールなど柔(やわ)らかいものもふくむ);
[C] 《しばしば **plastics** で》プラスチック[ビニール]製品
▸a sheet of **plastic**
ビニールシート1枚
—[形容詞] **プラスチック製の**, **ビニール製の**
▸a **plastic** bag ビニール袋(ぶくろ)
▸a **plastic** bottle ペットボトル

˙plate [pléit プれイト] [名詞]
([複数] **plates** [pléits プれイツ])
❶ [C] (浅い)(**取り**)**皿** (♦各自が料理を取り分ける皿) ([類語] dish (大)皿, saucer 受け皿 ➡ **dish** 図);
料理1皿; 料理1人前
▸a soup **plate** スープ皿
▸a **plate** of meat 肉料理1皿
❷ [C] 金属板, 板金, ガラス板
❸ [C] (金属板の)表札(ひょうさつ), 看板
▸a name **plate** 名札(なふだ)
▸a license **plate**
ナンバープレート
(♦[英]では number plate)
❹ 《**the plate** で》【野球】本塁(ほんるい)

platform [plǽtfɔːrm プらぁットふォーム]
(★アクセントに注意) [名詞]
❶ [C] (駅の)プラットホーム;
(バス・列車の)乗降口, デッキ
❷ [C] 壇(だん); 演壇; 教壇

platinum [plǽtnəm プらぁティナム]
[名詞] [U] 【化学】白金, プラチナ
(♦元素記号は Pt)

⁑play [pléi プれイ]

[動詞] [他] ❶ (競技・ゲームなど)**をする**
❷ (曲・楽器など)**を演奏する**
❸ (役)**を演じる**
[自] ❶ **遊ぶ**
❷ **競技[試合]をする**
❸ **演じる**
[名詞] ❶ **遊び**
❷ **劇**

—[動詞] ([三単現] **plays** [-z];
[過去・過分] **played** [-d]; [現分] **playing**)
—[他] ❶ (競技・ゲームなど)**をする**
(♦競技名・ゲーム名にはふつう冠詞をつけない) ➡ **sport** [参考]
▸**play** cards トランプをする
▸**play** chess チェスをする
▸**play** soccer サッカーをする
▸I **play** video games after dinner.
わたしは夕食後にテレビゲームをする.
❷ (曲・楽器など)**を演奏する**
(♦楽器名にはふつう the をつける);
(ラジオ・CD・DVD など)をかける, 再生する
▸She **plays** the drums very well.
彼女はドラムの演奏がとてもうまい.
▸I **played** her new CD.
わたしは彼女の新しい CD をかけた.
❸ (役)**を演じる**
▸She **played** the leading role.
彼女は主役を演じた.
❹ (役割)を果たす; …らしくふるまう
▸He **played** an important role in the project. 彼はそのプロジェクトで重要な役割を果たした.

A B C D E F G H I J K L M N O P Q R S T U V W X Y Z

❺ (人に)(いたずらなど)をする《on ...》

──⽬ ❶ 遊ぶ (対義語 work 働く)

▸I often **played** with Kate in those days.
当時，わたしはよくケイトと遊んだ.

❷ 競技[試合]をする，プレーする

▸Nancy **played** in the volleyball finals. ナンシーはバレーボールの決勝戦に出場した.

❸ 演じる，出演する；演奏する；(曲・楽器などが)演奏される；(劇・映画などが)上演される

▸The actor often **plays** in foreign movies.
その役者はよく外国映画に出演する.

▸My favorite song is **playing** on the radio now.
大好きな曲が今，ラジオでかかっている.

▸What's **playing** at the theater now? 現在，その映画館では何が上映されていますか？

──名詞 (複数 **plays** [-z])

❶ Ｕ 遊び (対義語 work, study 勉強)

▸ことわざ All work and no **play** makes Jack a dull boy. よく学びよく遊べ. (♦「勉強ばかりして遊ばないと子供はだめになる」の意味から)

❷ Ｃ 劇，芝居；脚本
(同義語 drama)

▸go to a **play** 芝居を見に行く

▸a **play** of Shakespeare's
シェークスピアの劇

❸ Ｕ 競技すること，勝負，試合ぶり；Ｃ (個々の)プレー；Ｕ 競技をする番

▸fair **play** フェアプレー

▸Judy made another nice **play**.
ジュディがまたいいプレーをした.

▸It's your **play**. きみの番だよ.

player [pléiər プレイア] 名詞

(複数 **players** [-z])

❶ Ｃ 競技者，選手；ゲームをする人

▸a professional soccer **player**
プロのサッカー選手

▸Bob is a good [poor] tennis **player**.
ボブはテニスがじょうず[へた]だ.

❷ Ｃ 演奏者

▸a piano **player**
ピアノ奏者(= a pianist)

❸ Ｃ (CD・DVD などの)プレーヤー

▸a CD **player** CD プレーヤー

---

playful [pléifl プレイふる] 形容詞
ふざけた，ふざけたがる；冗談(じょうだん)の

playground [pléigràund プレイグラウンド] 名詞 (複数 **playgrounds** [pléigràundz プレイグラウンヅ])
Ｃ (学校の)運動場；(公園などの)遊び場

▸play soccer on the **playground**
運動場でサッカーをする

playing card [pléiiŋ kàːrd プレイングカード] 名詞 Ｃ トランプの札(ふだ)(の 1 枚)
(♦単に card ともいう；英語の trump [trʌ́mp トゥランプ] は「切り札」を指す)

play-off [pléiɔ̀ːf プレイオーふ] 名詞
(複数 **play-offs** [-s]) Ｃ (同点・同率首位などのときの)優勝決定戦，プレーオフ

playtime [pléitàim プレイタイム] 名詞
Ｕ (学校での)遊び時間，休み時間
(♦(米) recess)

plaza [pláːza プラーザ] 名詞
Ｃ (都市の)広場

pleasant [pléznt プ레즌ント] 形容詞
(比較 more pleasant または pleasanter；最上 most pleasant または pleasantest)

❶ (物事が)楽しい，愉快(ゆかい)な，気持ちのよい (対義語 unpleasant 不愉快な)

▸We had a **pleasant** time.
わたしたちは愉快な時を過ごした.

▸**pleasant** weather
気持ちのよい天気

❷ (人が)愉快な，感じのよい

▸a **pleasant** person 感じのよい人

please [pliːz プリーズ]

──副詞 《命令文や依頼(いらい)の疑問文でていねいに言うときに用いて》どうぞ

▸**Please** come in.
(=Come in, **please**.)
どうぞお入りください.
(♦命令文では please は文の最初か最後に置く；最後に置く場合はふつう please の前にコンマ(,)をつける)

▸Two ice creams, **please**.
アイスクリームを 2 つください.
(♦動詞を使わない場合には please は最後に置く)

▸Will you **please** open the window?
すみませんが窓を開けてくれませんか？(♦ Will you please ...? は Will you ...? よりていねいな言い方；疑問文

では please は主語の次か, コンマをつけて文末に置く)

ダイアログ
A: May I help you? いらっしゃいませ.
B: Yes, **please**. I want a hot dog.
すみません. ホットッグを1つください.

──**動詞** (三単現 **pleases** [-iz]; 過去・過分 **pleased** [-d]; 現分 **pleasing**)
──他 (人)を喜ばせる, 楽しませる
▸The news **pleased** her.
その知らせは彼女を喜ばせた.
▸We cannot **please** everybody.
すべての人が気に入るようにすることはできない. (◆部分否定の文)
──自 したいと思う, 気に入る, 好む

if you pléase
よろしければ; どうか, 恐(おそ)れ入りますが

pleased [plíːzd プリーズド] 動詞
please(…を喜ばせる)の過去形・過去分詞
──**形容詞** (…に)喜んでいる, 満足している; (…を)気に入って(いる)((with [at] …))
▸She is **pleased with** her new car.
彼女は新しい車を気に入っている.

be pléased to +動詞の原形
喜んで…する; …してうれしい
▸We **are pleased to** help you.
わたしたちは喜んでお手伝いします.
▸I'm **pleased to** meet you.
お会いできてうれしいです. (◆初対面のあいさつ; Nice to meet you. より少しあらたまった表現)

pleasing [plíːzɪŋ プリーズィング] 動詞
please (…を喜ばせる)の現在分詞・動名詞

pleasure [pléʒər プレジャ] 名詞
U 楽しみ, 喜び, 満足;
C 楽しみをあたえるもの, 楽しいこと
▸Reading is one of my **pleasures**.
読書はわたしの楽しみの一つだ.

It's mý pléasure. (礼を言われたときの返事で)どういたしまして, こちらこそ. (◆単に My pleasure. ともいう)

ダイアログ
A: Thank you for your help.
手伝ってくれてありがとう.
B: **It's my pleasure.**
どういたしまして.

with pléasure 喜んで; (返事で)いいですとも, かしこまりました

ダイアログ
A: Will you help me?
手伝っていただけますか?
B: Yes, **with pleasure**.
ええ, 喜んで.

plentiful [pléntɪfl プレンティふる]
形容詞 (あり余るほど)豊富な; 十分な

plenty [plénti プレンティ] 名詞
U《ふつう肯定文で》たくさん, 十分;
《**plenty of ...** で》たくさんの…(◆数えられる名詞にも数えられない名詞にも使う; 否定文・疑問文では enough を用いる)
▸We still have **plenty of** time.
わたしたちにはまだ時間はたっぷりある.

ダイアログ
A: Have some more salad.
もう少しサラダをどうぞ.
B: Thanks, but I've had **plenty**.
ありがとう. でも十分いただきました.

▸We had **plenty** to eat, but we didn't have enough to drink.
食べ物はたくさんあったが, 飲み物は十分でなかった.

plop [plɑp プラップ] 名詞
C ポチャンという音

plot [plɑt プラット] 名詞
❶ C 陰謀(いんぼう), たくらみ
❷ C (小説・劇などの)あら筋, プロット

plow, (英)**plough** [pláu プラウ]
(★発音に注意)
名詞 C (耕作・農作業の)すき
(◆牛やトラクターでひくものを指す)

plug [plʌɡ プラッグ] 名詞
❶ C (穴や管の口に詰(つ)める)栓(せん)
❷ C (電気の)差しこみ, プラグ
❸ C (エンジンの)点火プラグ

plug ❶   plug ❷

──**動詞** (三単現 **plugs** [-z]; 過去・過分

plugged [-d]; 現分 **plugging**)
他 (穴など)に栓をする，…をふさぐ；
(電気器具)を(…に)接続する《into ...》

plúg ín
…のプラグをコンセントに差しこむ

▶I **plugged in** the coffee maker.
わたしはコーヒーメーカーのプラグを
コンセントにつないだ．

plum [plʌ́m プラム] 名詞
ⓒ【植物】西洋スモモ，プラム(♦干したも
のは prune という)；西洋スモモの木

plump [plʌ́mp プランプ] 形容詞 (比較
plumper; 最上 **plumpest**) まるまる
と太った，ぽっちゃりした(♦ふつう子供
や女性に対してよい意味で用いる)

plunge [plʌ́ndʒ プランヂ] 動詞 (三単現
plunges [-iz]; 過去・過分 **plunged** [-d];
現分 **plunging**) 他
❶ …を(…に)突(つ)っこむ，投げこむ
《into ...》
❷ …を(ある状態に)陥(おちい)れる《into ...》
——自 (…に)飛びこむ；突入(とつにゅう)する
《into ...》

▶He **plunged into** the swimming
pool. 彼はプールに飛びこんだ．
——名詞 ⓒ《ふつう a plunge で》
飛びこむこと；突進

plural [plúərəl プルゥラる] 形容詞
【文法】複数の
(♦ pl. と略す；対義語 singular 単数の)
——名詞 Ⓤ【文法】複数(形) (♦ pl. と略
す)；ⓒ 複数形(の語)(対義語 singular 単
数)

plus [plʌ́s プラス] 前置詞 …を加えて，足
して(対義語 minus …をひいて)
▶Eight **plus** two is [equals] ten.
8 プラス 2 は 10 (8 ＋ 2 ＝ 10)．
——形容詞 ❶ プラスの，正の
(対義語 minus マイナスの)
▶a **plus** number 正の数
❷《数字などのあとにつけて》…以上；
《成績評価などのあとにつけて》…の上(じょう)，
…プラス
▶A **plus** A の上
(♦ふつう A⁺ と表記される)

Pluto [plúːtou プるートウ] 名詞
【ローマ神話】プルートー (♦黄泉(よみ)の国
の神；ギリシャ神話のハデス(Hades)に
あたる)

p.m., P.M. [píː ém ピーエム] 午後
(対義語 a.m. 午前) ➡ **a.m.** ルール

▶5:30 **p.m.** 午後 5 時 30 分
▶My watch says 3:05 **p.m.**
わたしの時計では午後 3 時 5 分だ．
(♦ 3:05 は，three o five と読む)

pneumonia [njuːmóuniə ニューモウニ
ア] (★発音に注意) 名詞
Ⓤ【医学】肺炎(はいえん)

P.O. [píːóu ピーオウ] 郵便局
(♦ *post office* の略)

POB, P.O.B. [píːòubíː ピーオウビー]
(郵便局の)私書箱
(♦ *post-office box* の略)

P.O. Box [píːòu báks ピーオウ バックス]
名詞 ⓒ (郵便局の)私書箱
(♦ *post-office box* の略)

pocket [pɑ́kit パケット]

——名詞 (複数 **pockets** [pɑ́kits パケッツ])
ⓒ ポケット
▶a breast **pocket** 胸ポケット
▶an inside **pocket** 内ポケット
▶I put the ticket in my **pocket**.
わたしはチケットをポケットに入れた．
——形容詞 小型の，ポケットサイズの

pocketbook [pɑ́kitbùk パケットブック]
名詞 ❶ ⓒ (米)札(さつ)入れ(♦ wallet のほ
うがふつう)；(女性の平たい)ハンドバッグ
❷ ⓒ (英)手帳
❸ ⓒ (米)ペーパーバック，文庫本

pod [pɑ́d パッド] 名詞 ⓒ (豆の)さや

Poe [póu ポウ] 名詞
【人名】ポー(♦ Edgar Allan Poe
[édɡər ǽlən- エドガ あらん-]，1809-49；
アメリカの詩人・短編小説家)

poem [póuəm ポウエム] 名詞
ⓒ (一つの作品としての)詩
▶write a **poem** 詩を 1 編書く

poet [póuit ポウエット] 名詞 ⓒ 詩人

poetic [pouétik ポウエティック] 形容詞
詩の；詩的な；詩人(特有)の

poetry [póuitri ポウエトゥリ] 名詞
Ⓤ (小説・エッセーなどに対する)詩(全体)
(♦「一つひとつの詩」は poem；
対義語 prose 散文)

point [pɔ́int ポイント]

名詞	❶ (とがったものの)先
	❷ (時間的・空間的な)点
	❸ 点数
動詞 他	…を(…に)向ける

—**名詞** (複数 points [póints ポインツ])

❶ **C** (とがったものの)先, 先端(さき); 岬(みさき), 崎(さき)(◆地名の一部にも用いる)

▶the **point** of a needle 針の先
▶**Point** Omaezaki 御前崎

❷ **C** (時間的・空間的な)点, 地点, 時点

▶the starting **point** 出発点, 始点
▶I didn't know him at that **point**.
その時点ではわたしは彼を知らなかった.

❸ **C** 点数, 得点

▶win [lose] by five **points**
5点差で勝つ[負ける]
▶I got 85 **points** out of a hundred.
わたしは100点満点で85点をとった.

❹ **C** (計器の目盛りの)点, 度

▶the freezing **point** 氷点

❺ **C** (記号の)小数点(.)

▶A mile is about 1.61 kilometers.
1マイルは約1.61キロメートルだ.
(◆1.61は one **point** six one と読む)

❻ **C** 特質, 特徴(とくちょう); (話などの)論点, 《ふつう the **point** で》要点, ポイント

▶a strong **point** 長所, 強み
▶a weak **point** 短所, 弱点
▶I see her **point**.
彼女の言おうとしていることはわかる.
▶**The point** is that it is almost impossible. 要は, それはほとんど不可能だということだ.

—**動詞** (三単現 **points** [póints ポインツ]; 過去・過分 **pointed** [-id]; 現分 **pointing**)

—**他** …を(…に)向ける(at ...)

▶He **pointed** his camera at me.
彼はわたしにカメラを向けた.

—**自** (…を)指差す(to [at] ...)

▶He **pointed** to the door.
彼はドアを指差した.

póint óut …を指摘(してき)する

▶She **pointed out** my spelling mistakes. 彼女はわたしのつづりのまちがいを指摘した.

poison [póizn ポイズン] **名詞**

C **U** 毒, 毒薬

—**動詞** 他 ❶ …に毒を入れる, …を毒殺する

❷ …を汚染(おせん)する; (精神的に)…を毒する, 害する

poisoning [póizniŋ ポイズニング] **名詞**

U 中毒

▶food **poisoning** 食中毒

poisonous [póizənəs ポイズナス] **形容詞** 有毒な, 有害な

poke [póuk ポウク] **動詞** (三単現 **pokes** [-s]; 過去・過分 **poked** [-t]; 現分 **poking**) 他

❶ …をつつく, 押(お)す

❷ …を突(つ)っこむ; …を突き出す

—**自** (…を)つつく(at ...); 突き出る

—**名詞** **C** つつくこと, 突くこと

Poland [póulənd ポウランド] **名詞**
ポーランド(◆東ヨーロッパの国; 首都はワルシャワ Warsaw)

polar [póulər ポウラ] **形容詞** 《名詞の前に用いて》北極の, 南極の, 極地の

▶the **polar** star 北極星
(= the North Star, the Polestar)
▶a **polar** bear 北極グマ, シロクマ

Pole [póul ポウル] **名詞**
C ポーランド人, ポーランド系の人

pole¹ [póul ポウル] **名詞** **C** 棒, さお, 柱
▶a telephone **pole** 電柱

pole² [póul ポウル] **名詞**

❶ **C** (**Pole** で)(天体・地球の)極, 極地

▶the North [South] **Pole** 北[南]極

❷ **C** 磁極, 電極

Polestar [póulstɑːr ポウルスター] **名詞**
《the **Polestar** で》【天文】北極星(◆ the polar star, the North Star ともいう)

police [pəlíːs ポリース] **名詞**
《ふつう the **police** で複数あつかい》
警察; 《複数あつかいで》警察官(全体)
(◆1人の警察官には police officer, policeman, policewoman などを用いる) ➡ **policeman** ルール

▶a **police** box 交番
▶Call the **police**! 警察を呼んで!
▶The **police** are looking into the case.
警察がその事件を捜査(そうさ)している.

police car [pəlíːs kɑːr ポリース カー]
名詞 **C** パトカー(同義語 patrol car)

policeman [pəlíːsmən ポリースマン] **名詞**
(複数 **policemen** [pəlíːsmən ポリースマン]) **C** 警察官, 巡査(じゅんさ)

ルール 「警察官」の呼び方

1 policeman は, 警察(police)に属する一人ひとりの警察官のことで, 女性

の警察官は policewoman といいます.
[2] しかし, 現在では男女を区別する呼び方を避(さ)けて, police officer または単に officer と呼びます. 「おまわりさん」と呼びかけるときには, "Officer." と言います.
[3] 警察組織, あるいは警察官全体を指すときは, (the) police を用います.

アメリカの警察官

イギリスの警察官

policemen [pəlíːsmən ポリースマン]
[名詞] policeman(警察官)の複数形

police officer [pəlíːs ɔ̀ːfisər ポリースオーふィサ] [名詞] [C] 警察官
➡ **policeman** [ルール]

police station [pəlíːs stèiʃn ポリーステイシャン] [名詞] [C] 警察署

policewoman [pəlíːswùmən ポリースウマン] [名詞] ([複数] **policewomen** [pəlíːswìmin ポリースウィミン])
[C] 女性警察官, 婦人警官
➡ **policeman** [ルール]

policy [pɑ́ləsi パりスィ] [名詞]
([複数] **policies** [-z])
[C] [U] 方針, 政策; 方策, 手段
▸a foreign **policy** 外交政策
▸[ことわざ] Honesty is the best **policy**. 正直の頭(こうべ)に神宿る.
(◆「正直は最善の方策」の意味から)

polish [pɑ́liʃ パリッシ] [動詞] ([三単現] **polishes** [-iz]; [過去・過分] **polished** [-t]; [現分] **polishing**) [他]
❶ …を磨(みが)く; …を光らせる
([同義語] shine)
▸My father is **polishing** his shoes.
父は靴(くつ)を磨いている.
❷ (技術)に磨きをかける; (外国語など)を勉強し直す(◆しばしば up をともなう)
—[名詞] ❶ [U] つや, 光沢(こうたく)
❷ [U] 磨き粉, つや出し

polite [pəláit ポらイト] [形容詞]
([比較] **politer** または **more polite**;
[最上] **politest** または **most polite**)
ていねいな, 礼儀(れいぎ)正しい
([対義語] impolite, rude 失礼な)
▸She is always **polite** to others.
彼女はいつも他人に対して礼儀正しい.
▸It's not **polite** of you to ask such a question.
そういう質問をするなんて失礼ですよ.

[参考] **「敬語」と polite expressions**

[1] 英語には基本的に日本語の敬語にあたる表現はありません. 「手伝ってあげるよ」も「お手伝いいたしましょう」も次のように言います.
▸Let me help you.
[2] しかし, 何かをたのむ場合に「ていねいな言い方」を心がけることは英語でも大切です.
▸**Could you please** open the window**?**
窓を開けていただけますか?
➡ **could, would**

politely [pəláitli ポらイトり] [副詞]
礼儀(れいぎ)正しく, ていねいに

politeness [pəláitnəs ポらイトネス]
[名詞] [U] 礼儀(れいぎ)正しさ, ていねいさ

political [pəlítikl ポリティクる] [形容詞]
政治(上)の, 政治に関する
▸a **political** party 政党

politically [pəlítikəli ポリティカり]
[副詞] 政治的に; 政治上, 政略的に

politician [pɑ̀litíʃn パりティシャン] [名詞]
[C] 政治家

politics [pɑ́litiks パりティックス] [名詞]
[U] 《単数または複数あつかいで》政治; 《単数あつかいで》政治学; 《複数あつかいで》政治に関する意見, 政見

poll [póul ポウる] [名詞] ❶ [C] 世論調査
(◆ opinion poll ともいう)
❷ [C] 《しばしば **the polls** で》
選挙; 投票; 《**the polls** で》投票所

pollen [pɑ́lən パれン] [名詞] [U] 花粉
▸I have **pollen** allergy.
わたしは花粉アレルギーだ.

pollute [pəlúːt ポるート] [動詞] ([三単現] **pollutes** [pəlúːts ポるーツ]; [過去・過分] **polluted** [-id]; [現分] **polluting**)
[他] (水・空気など)を汚(よご)す, 汚染(おせん)する

pollution [pəlúːʃn ポるーシャン] [名詞]
[U] 汚染(おせん); 汚(よご)れ; (汚染による)公害; 汚染物質➡ **environment** [参考]

▶air **pollution** 大気汚染
▶environmental **pollution**
環境汚染

polo [póulou ポウロウ] 名詞 【スポーツ】
❶ U ポロ(♦ホッケーに似た球技; ウマに乗った4人1組の2チームが, 長い柄の木づちで木球を打ち合う)
❷ U 水球(= water polo)

polo ❶

*pond [pánd パンド] 名詞
(複数 ponds [pándz パンヅ])
C 池(♦ふつう lake よりも小さく, pool より大きい)
▶go fishing at [in] the **pond**
池に釣りに行く
▶row a boat on the **pond**
池でボートをこぐ

pony [póuni ポウニ] 名詞 (複数 ponies [-z]) C 【動物】ポニー(♦小型の品種のウマ)

ponytail [póunitèil ポウニテイル] 名詞
C ポニーテール(♦後ろで一つに結んで垂らす髪型; 「(編みこんだ)お下げ髪」は pigtail [pígtèil ピッグテイル])

pool [púːl プール] 名詞
❶ C 水たまり, 池
▶a **pool** of water 水たまり
❷ C (水泳のための)プール
(= swimming pool)
▶an indoor **pool** 室内プール

*poor [púər プア] 形容詞
(比較 poorer; 最上 poorest)
❶ 貧しい, 貧乏な
(対義語 rich 金持ちの)
▶We were **poor** at the time.
当時, わたしたちは貧乏だった.
▶the **poor** 貧しい人々
(♦「the +形容詞」で「…な人々」の意味)
❷《名詞の前に用いて》
かわいそうな, みじめな

▶Oh, **poor** Jane.
ああ, かわいそうなジェーン.
▶**Poor** John is still sick in bed.
かわいそうに, ジョンはまだ病気で寝こんでいる.
❸ 貧弱な, 粗末な; 乏しい; へたな
(同義語 bad, 対義語 good じょうずな);
《be poor at ...》…がへただ, 不得意だ
▶a **poor** excuse へた言い訳
▶She is in **poor** health.
彼女は健康がすぐれない.
▶I'm **poor** at cooking.
(= I'm a **poor** cook.)
わたしは料理がへただ.

poorly [púərli プアリ] 副詞
❶ 貧しく, みすぼらしく; 不十分に
▶He was **poorly** dressed.
彼はみすぼらしい身なりをしていた.
❷ まずく, へたに
▶She sang **poorly**.
彼女の歌はへただった.

pop¹ [páp パップ] 動詞
(三単現 pops [-s]; 過去・過分 popped [-t]; 現分 popping) 自
❶ ポン[パン, パチン, スポン]と音がする, ポンと鳴る
❷ ひょいと動く, 突然入る[出る]
——他 ❶ …をポンと鳴らす
❷ …を突然動かす
——名詞 ❶ C ポンと鳴る音 ➡ sound 図
❷ U 炭酸水, ソーダ水(♦ふたを取るとポンと音を立てる飲み物; 同義語 soda)

pop² [páp パップ] 形容詞 《口語》大衆的な
(♦ popular を短縮した語)
▶a **pop** song
ポップス, 流行歌
——名詞 U ポピュラー音楽, 流行歌

popcorn [pápkòːrn パップコーン] 名詞
U ポップコーン

Popeye [pápai パパイ] 名詞 ポパイ
(♦アメリカのマンガ『シンブルシアター
(Thimble Theatre)』の主人公)

poplar [páplər パプら] 名詞
C 【植物】ポプラ

poppy [pápi パピ] 名詞 (複数 poppies [-z]) C 【植物】ケシ, ポピー

*popular [pápjələr パピュら]
形容詞 (比較 more popular;
最上 most popular)

a b c d e f g h i j k l m n **o p** q r s t u v w x y z

A B C D E F G H I J K L M N **O** P Q R S T U V W X Y Z

❶ 人気のある; 流行の
▶a **popular** writer
人気作家
▶The singer is **popular** with [among] the students.
その歌手は学生に[の間で]人気がある.
▶This novel is very **popular** in Japan.
この小説は日本でとても人気がある.
❷《名詞の前に用いて》
大衆的な, 大衆向きの; 安い
▶a **popular** newspaper
大衆紙(♦通俗(？)的な話題が多い新聞)
❸ 一般的な
▶a **popular** belief
通説(♦一般に信じられている説)

popularity [pàpjəlǽrəti パピュラぁリティ]
名詞 Ⓤ 人気, 評判; 流行; 大衆性

population [pàpjəléiʃn パピュれイシャン] 名詞 Ⓒ Ⓤ 人口, 住民数
▶What is the **population** of Japan?
日本の人口はどのくらいですか?
(♦× How many is the population ...? とはいわない)
▶India has a large **population**.
インドは人口が多い.(♦少ない場合は large の代わりに small を用いる)

populous [pápjələs パピュらス] 形容詞
人口の多い

porch [pɔ́:rtʃ ポーチ] 名詞
(複数 porches [-iz])
❶ Ⓒ (母屋(？)から突(？)き出た屋根のある)玄関(？), 入り口, ポーチ; 車寄せ
❷ Ⓒ (米)ベランダ(同義語 veranda(h))

porch ❶

pork [pɔ́:rk ポーク] 名詞
Ⓤ ブタ肉, ポーク ➡ meat 参考

porridge [pɔ́:ridʒ ポーリッチ] 名詞
Ⓤ《主に英》ポリッジ(♦オートミールやほかのシリアル(cereal)などを水や牛乳で煮(？)たおかゆの一種)

port [pɔ́:rt ポート] 名詞
(複数 ports [pɔ́:rts ポーツ])
Ⓒ Ⓤ 港; Ⓒ 港町 ➡ harbor くらべよう
▶come into **port** 入港する
▶leave **port** 出港する
▶Yokohama **Port** 横浜港

portable [pɔ́:rtəbl ポータブる] 形容詞
携帯(？)用の, 持ち運びのできる

porter [pɔ́:rtər ポータ] 名詞
Ⓒ (空港・駅などの)ポーター
(♦旅行者の荷物を有料で運ぶ);
《主に英》(ホテルの)ボーイ
(♦《米》doorman)

portion [pɔ́:rʃn ポーシャン] 名詞
Ⓒ 部分, 一部(同義語 part); 分け前;
(食べ物の)1 人前

portrait [pɔ́:rtrit ポートゥレット] 名詞
Ⓒ 肖像(？)画, 肖像写真, ポートレート

Portugal [pɔ́:rtʃəgl ポーチュグる] 名詞
ポルトガル(♦西ヨーロッパの国; 首都はリスボン Lisbon)

Portuguese [pɔ̀:rtʃəgí:z ポーチュギーズ] 形容詞 ポルトガルの; ポルトガル人の; ポルトガル語の
──名詞 (複数 Portuguese: 単複同形)
❶ Ⓒ ポルトガル人;《the Portuguese で複数あつかい》ポルトガル人(全体)
❷ Ⓤ ポルトガル語

pose [póuz ポウズ] 名詞
Ⓒ (写真・絵などのための)ポーズ, 姿勢
──動詞 (三単現 poses [-iz];
過去・過分 posed [-d]; 現分 posing)
⾃ (写真・絵などのために)ポーズをとる

position [pəzíʃn ポズィシャン]
名詞 (複数 positions [-z])
❶ Ⓒ 位置, 場所
▶Check your **position**.
(地図・計器などで)現在地を確認(？)してください.
▶From this **position**, I can see the stage well.
この位置からは, ステージがよく見える.
❷ Ⓒ 姿勢
▶sit in a comfortable **position**
楽な姿勢ですわる
❸ Ⓒ Ⓤ 地位, 身分; Ⓒ (重要な地位にある人の)職(♦かたい語); 立場
▶a person of high **position**
高い地位にいる人

▸He is in a difficult **position**.
彼は難しい立場に置かれている.

positive [pázitiv パズィティヴ] [形容詞]
❶ 積極的な; 肯定(こうてい)の
([対義語] negative 消極的な; 否定の)
▸She has a **positive** attitude.
彼女は前向きな考え方の持ち主だ.
▸a **positive** opinion
肯定的な意見
❷ 明確な, はっきりとした; 確信のある
❸【医学】陽性の
([対義語] negative 陰(いん)性の)

possess [pəzés ポゼス] [動詞]
([三単現] **possesses** [-iz]; [過去・過分] **possessed** [-t]; [現分] **possessing**)
[他] …を所有する, 持っている; (能力・特性)をもっている(♦ have よりかたい語)
▸She **possesses** many paintings.
彼女は絵画をたくさん所有している.

possession [pəzéʃn ポゼシャン] [名詞]
[U] 所有; [C] 《しばしば **possessions** で》所有物, 財産

possibility [pɑ̀səbíləti パスィビりティ]
[名詞] ([複数] **possibilities** [-z])
[U]《または **a possibility** で》可能性, 実現性; [C] 可能性のある[起こりうる]こと; 《**possibilities** で》将来性

♦**possible** [pásəbl パスィブる]
[形容詞] ([比較] **more possible**; [最上] **most possible**)
❶ (物事が) **可能な**, できる
([対義語] impossible 不可能な)
▸a **possible** plan 実行可能な計画
▸It is **possible** for him to swim across this lake. 彼にはこの湖を泳いで渡(わた)ることが可能だ. (♦人は be possible の主語にはならない; × He is possible .... とはいわない)
▸Rapid reading is **possible** for everyone. 速読はだれにでもできる.
❷ ありうる, 起こりうる
▸That's quite **possible**.
それは十分にありうる.

as ... as póssible できるだけ…
▸I ran **as** fast **as possible**.
わたしはできるだけ速く走った.

if póssible もしできれば
▸I'd like to see you tomorrow, **if possible**.
できれば, 明日にお会いしたいのですが.

possibly [pásəbli パスィブり] [副詞]
❶ ことによると, ひょっとしたら
➡ **perhaps** [くらべよう]
▸He will **possibly** come.
彼はひょっとしたら来るかもしれません.
❷《**can** をともなって》できるかぎり, なんとかして; 《否定文で》どうしても
▸**Could** you **possibly** help me?
なんとか手伝ってもらえないでしょうか?
▸I **can't possibly** forget his words.
わたしはどうしても彼のことばが忘れられない.

♦**post**[1] [póust ポウスト] (★発音に注意)
— [名詞] ❶ [U] 《主に英》**郵便**, 郵便制度; 郵便物(全体)(♦《米》mail)
▸send ... by **post** …を郵便で送る
▸Emma checked today's **post** quickly. エマは今日の郵便物をすばやく確認(かくにん)した.
❷《**the post** で》
《英》郵便ポスト(♦《米》mailbox); 郵便局(♦《米》post office)
— [動詞] ([三単現] **posts** [póusts ポウスツ]; [過去・過分] **posted** [-id]; [現分] **posting**)
[他]《英》**…を郵送する**; …を投函(とうかん)する, ポストに入れる(♦《米》mail)
▸This letter was **posted** in Tokyo.
この手紙は東京で投函された.

post[2] [póust ポウスト] [名詞] [C] 柱, くい
▸a telephone **post** 電柱
— [動詞] [他] (壁(かべ)・柱などに)…をはる, はり出す, 掲示(けいじ)する; (インターネットで)(情報など)を書きこむ

post[3] [póust ポウスト] [名詞] [C] 地位, 職, ポスト; (警官・看護師などの)持ち場

postage [póustidʒ ポウステッヂ] [名詞]
[U] 郵便料金, (郵)送料

postage stamp [póustidʒ stæ̀mp ポウステッヂ スタぁンプ] [名詞]
[C] 郵便切手(♦単に stamp ともいう)

postal [póustl ポウストゥる] [形容詞]
郵便の; 郵便局の

postal card [póustl kɑ̀ːrd ポウストゥる カード] [名詞] [C] 《米》(官製)はがき

postal code [póustl kòud ポウストゥる コウド] [名詞] [C] [U] 郵便番号
(=《米》zip code) ➡ **postcode**

♦**postcard** [póustkɑ̀ːrd ポウストカード] [名詞] ([複数] **postcards**)

A B C D E F G H I J K L M N O **P** Q R **S** T U V W X Y Z

[póustkàːrdz ポウストカーヅ])

C郵便はがき（♦(米)postal card）;
絵はがき（♦ picture postcard, または
単に card ともいう）

▶send a **postcard**　はがきを送る

postcode [póustkòud ポウストコウド]
名詞 C U (英)郵便番号（♦イギリスの
郵便番号はアルファベットと数字を組み
合わせたもので, あて名の最後につける;
(米)zip code）

poster [póustər ポウスタ] 名詞
C ポスター, 広告, ビラ

▶put up a **poster**
ポスターをはる

postman [póustmən ポウストマン] 名詞
(複数) **postmen** [póustmən ポウストマ
ン]）C (英)郵便集配[配達]人
（♦(米)では mailman, または性差別を
避(さ)けて mail carrier を用いる）

postmaster [póustmæstər ポウストマぁ
スタ] 名詞 C 郵便局長

post office [póust ɔ̀ːfis ポウスト オー
フィス] 名詞 C 郵便局（♦ P.O. と略す）

postpone [poustpóun ポウストポウン]
動詞 (三単現) **postpones** [-z]; (過去・過分)
postponed [-d]; (現分) **postponing**)
他 …を延期する（同義語 put off）

▶The game was **postponed** to
next Sunday.
その試合は次の日曜日に延期された.

postscript [póustskrìpt ポウストスクリ
プト] 名詞 C (手紙の)追伸(ついしん)
（♦ P.S. と略す）;(本などの)後書き

pot [pát パット] 名詞
C つぼ, かめ, 鉢(はち); (深い)なべ, ポット

▶ ことわざ A little **pot** is soon hot.
心の狭(せま)い人はすぐ怒(おこ)る.
（♦「小さなべはすぐ熱くなる」の意味から）

*potato [pətéitou ポテイトウ] 名詞
(複数) **potatoes** [-z]）
C U 【植物】ジャガイモ（♦ sweet
potato「サツマイモ」と区別して Irish
potato, white potato ともいう）

ダイアログ
A: How would you like your
potatoes?　ポテトはどのようにい
たしましょうか?
B: Baked, please.
ベイクトポテトでお願いします.

potato chip [pətéitou tʃìp ポテイトウ
チップ] 名詞 ❶ C 《ふつう **potato chips**
で》(米)ポテトチップス（♦単に chips と
もいう; (英)(potato) crisps）

❷ 《ふつう **potato chips** で》
(英)フライドポテト
（♦(主に米)French fries）

potluck [pátlʌ̀k パットラック] 名詞
C あり合わせの食事; (米)食べ物を持ち
寄る食事

potluck party [pátlʌ̀k pàːti パット
ラック パーティ] 名詞
C 持ち寄りパーティー（♦招かれた人たち
が食べ物を持ち寄るパーティー）

pottery [pátəri パテリ] 名詞
U 陶器(とうき), 陶磁器(全体); 陶芸

*pound [páund パウンド] 名詞
(複数) **pounds** [páundz パウンヅ]）

❶ C (重量の単位の)ポンド
（♦ 1 ポンドは 16 オンスで約 454 グラム;
lb. と略す）

▶a **pound** of meat　1 ポンドの肉

❷ C (英)(貨幣(かへい)の単位の)ポンド
（♦ 1 ポンドは 100 ペンス; £ と略す）

▶£8.10　8 ポンド 10 ペンス
（♦ eight pounds ten (pence) と読む）

*pour [pɔ́ːr ポーア] 動詞
(三単現) **pours** [-z]; (過去・過分) **poured**
[-d]; (現分) **pouring**)
——他 (液体)を注ぐ, つぐ;
《pour ＋人＋液体または pour ＋液体＋
for ＋人で》(人)に(液体)をつぐ

▶**pour** coffee into a cup
カップにコーヒーを注ぐ

▶He **poured** me a cup of tea. (=
He **poured** a cup of tea **for** me.)
彼はわたしに紅茶を入れてくれた.

──📖 (水・煙(煙)などが急速に)流れる;
(雨が激しく降る(◆しばしば down を
ともなう)

▶It **poured down** all day
yesterday.
昨日は一日じゅうどしゃ降りだった.

▶ ことわざ When it rains, it **pours**.
降れば必ずどしゃ降り;泣きっ面(面)に
蜂(蜂).

poverty [pávərti パヴァティ] 名詞
Ｕ 貧乏(乏), 貧困;《または **a poverty** で》
欠乏

powder [páudər パウダ] 名詞
Ｃ Ｕ 粉, 粉末;(各種の)粉末剤(剤)
▶milk **powder** 粉ミルク

power [páuər パウア] 名詞

(複数 **powers** [-z])

❶ Ｕ Ｃ 力, 能力;《**powers** で》体力,
知力;Ｕ 権力;Ｃ 権力者
▶the **power** of nature 自然の力
▶the **power** of speech 言語能力
▶Save your **powers** for the next
game. 次の試合のために体力を蓄(蓄)
えておきなさい.

❷ Ｕ 動力, 電力
▶electric [water, wind] **power**
電力[水力, 風力]

powerful [páuərfl パウアふる] 形容詞
力強い, 勢力のある;効(効)き目のある;
有力な
▶The car has a **powerful** engine.
その車には強力なエンジンがついている.
▶**powerful** medicine
効き目のある薬
▶a **powerful** nation 強国

power plant [páuər plænt パウア
プラぇント] 名詞 ❶ Ｃ (米)発電所
(同義語 power station)
❷ Ｃ 動力装置;発電装置

power station [páuər stèiʃn パウア
ステイシャン] 名詞 Ｃ 発電所
(同義語 (米)power plant)

pp. [péidʒiz ペイヂイズ] ❶ ページ
(◆ p. の複数形; pages の意味)
▶See chapter 2, **pp.** 59-60.

第 2 章 59 ページから 60 ページ参照.

❷ 過去分詞(◆ past participle
[pá:rtəsipl パーティスィプる]の略;
p.p. とも書く)

PR, P.R. [pí:á:r ピーアー] 宣伝活動, 広報
活動(◆ public relations の略)

practical [præktikl プラぇクティクる]
形容詞 ❶ 実際の, 現実的な
▶You need some **practical**
experience for this job.
この仕事には多少の実務経験が必要だ.
▶Your plan is not **practical**.
きみの計画は現実的ではない.
❷ 実用的な, 実際の役に立つ
▶**practical** English 実用的な英語

practically [præktikəli プラぇクティカり]
副詞 ほとんど, ほぼ;事実上
(同義語 almost);実際[実用]的に

practice [præktis プラぇクティス]

──名詞 (複数 **practices** [-iz])

❶ Ｃ Ｕ 練習, けいこ
▶a **practice** game 練習試合
▶Anybody can ride a bike with
practice.
練習すればだれでも自転車に乗れる.
▶ ことわざ **Practice** makes perfect.
習うより慣れろ.(◆「練習は完成を生む」
の意味から)
❷ Ｕ 実行, 実践(実践)
(対義語 theory 理論)
▶He put his ideas into **practice**.
彼は考えを実行に移した.
❸ Ｃ Ｕ 習慣, 慣習
──動詞 (◆(英)では practise とつづる)
(三単現 **practices** [-iz]; 過去・過分
practiced [-t]; 現分 **practicing**) 他
❶ …を練習する;《**practice** + ...ing で》
…することを練習する; …を実行する
▶I **practice** (playing) the piano
every day.
わたしは毎日ピアノの練習をする.
❷ (医者・弁護士業など)を開業する
▶**practice** medicine 医者を開業する

prairie [préri プレリ] 名詞
Ｃ 《しばしば **prairies** で》(特にアメリカ
西部の)大草原, プレーリー

praise [préiz プレイズ]

──名詞 Ｕ 賞賛, ほめたたえること

▶Their activities received a lot of **praise**.
彼らの活動は多くの賞賛を得た.

▶He won high **praise** for his novel.
彼の小説は大いに賞賛された.

──**動詞** (**三単現** **praises** [-iz];
過去・過分 **praised** [-d]; **現分** **praising**)
他 …をほめたたえる, 賞賛する;
《**praise** ＋人＋ **for** ＋理由で》
(人)を(理由)でほめる

▶People **praised** her **for** her courage.
人々は彼女の勇気をほめたたえた.

prawn [prɔ́:n プローン] **名詞**
C クルマエビ(◆中型のエビの総称(そうしょう))
➡ **lobster**

pray [préi プレイ] **動詞** **自**
(人・神に／…を)祈(いの)る, 願う
《**to** ... / **for** ...》
▶**pray for** peace 平和を祈る

prayer¹ [préər プレア] (★ prayer² との発音のちがいに注意) **名詞**
U **C** 祈(いの)り; **C** 《しばしば **prayers** で》祈りのことば, 願いごと

prayer² [préiər プレイア] (★ prayer¹ との発音のちがいに注意) **名詞**
C 祈(いの)る人

pre- **接頭辞** 「…前(の)」や「…以前(の)」などの意味の語をつくる：pre- ＋ view(眺(なが)め)→ preview(予告編)

preach [prí:tʃ プリーチ] **動詞** (**三単現** **preaches** [-iz]; **過去・過分** **preached** [-t]; **現分** **preaching**)
他 (神の教えなど)を説教する, 説く
──**自** **❶** 説教する, 説く
❷ 小言を言う, お説教をする

preacher [prí:tʃər プリーチャ] **名詞**
C 説教者, 伝道者, 牧師

precious [préʃəs プレシャス] **形容詞**
貴重な, 高価な; 大切な
▶a **precious** experience 貴重な体験
▶a **precious** metal 貴金属
▶a **precious** stone 宝石

precise [prisáis プリサイス] **形容詞**
正確な, 精密な(**同義語** exact)
▶a **precise** report 正確な報告書

precisely [prisáisli プリサイスり] **副詞**
❶ 正確に, ちょうど; まさに, まさしく
❷ (返事で)全くそのとおり

predict [pridíkt プリディクト] **動詞**
他 …を予言する; …を予測する

preface [préfis プレふィス]
(★発音に注意) **名詞**
C (著者による)序文, はしがき

prefectural [priféktʃərəl プリふェクチュラる] **形容詞** 県[府]の, 県立[府立]の

prefecture [prí:fektʃər プリーふェクチャ] **名詞**
C (日本・フランスなどの)県, 府
▶Wakayama **Prefecture** 和歌山県

prefer [prifə́:r プリふァ〜] (★アクセントに注意) **動詞** (**三単現** **prefers** [-z]; **過去・過分** **preferred** [-d]; **現分** **preferring**) **他**
❶ …のほうを好む, …を選ぶ
▶Which do you **prefer**, coffee or tea?
コーヒーと紅茶, どちらが好きですか？
❷ 《**prefer** ... **to** ～で》～より…のほうが好きである(◆ like ... better than ～よりも改まった言い方)
▶I **prefer** soccer **to** tennis.
テニスよりサッカーのほうが好きだ.
▶He **prefers** playing baseball **to** watching it.
彼は野球を見るよりプレーするほうが好きだ.

pregnant [prégnənt プレグナント]
形容詞 妊娠(にんしん)している

prehistoric [prì:histɔ́:rik プリーヒストーリック] **形容詞** 有史以前の, 先史時代の

prejudice [prédʒədis プレデュディス]
名詞 **C** **U** 偏見(へんけん), 悪い先入観

prelude [prélju:d プレりュード] **名詞**
❶ **C** (…の)前触(まえぶ)れ, 前兆《序章《to ...》
❷ **C** 【音楽】前奏曲, プレリュード

premier [primíər プリミア] **名詞**
《**Premier** で》**C** 首相(しゅしょう), 総理大臣
(**同義語** prime minister)
──**形容詞** 首位の, 最も重要な, 最高の

premium [prí:miəm プリーミアム] **名詞**
C 割り増し金, プレミアム; 保険料
──**形容詞** 《名詞の前に用いて》
高級な, 上等な;(価格が)ほかより高い

prep [prép プレップ] **名詞**
C 《米口語》(大学進学を目的とする)私立高校(◆ *preparatory* school を短縮した語) ➡ **preparatory school**

preparation [prèpəréiʃn プレパレイシャン] **名詞** **U** **C** 準備, 用意
▶the **preparation** of dinner
夕食の準備

▶She studied very hard in **preparation** for the exam.
彼女は試験に備えてとても熱心に勉強した.

preparatory [pripǽrətɔ̀ːri プレパぁラトーリ] (★アクセントに注意) 形容詞
準備の, 予備の;(大学などへの)進学準備の

preparatory school

[pripǽrətɔ̀ːri skùːl プレパぁラトーリ スクール] 名詞 ❶ C 《米》(大学進学を目的とする)私立高校(◆《口語》prep (school))
❷ C 《英》(パブリックスクールへの進学を目的とする)私立小学校
➡ **public school**

prepare [pripéər プリペア]

動詞 (三単現 **prepares** [-z]; 過去・過分 **prepared** [-d]; 現分 **preparing**)
——⊕ ❶ …の準備をする, …を用意する
▶He is **preparing** dinner.
彼は夕食の準備をしている.
▶**prepare** food for a party
パーティーのために物を用意する
❷ …に(…の)覚悟(なく)をさせる(for ...)
▶She **prepared** me **for** the bad news. 彼女はその悪い知らせを伝える前にわたしに心の準備をさせた.
——⊜ (…の)準備をする, (…に)備える(for [against] ...)(◆against は災害など悪いことに備えるときに用いる)
▶You should **prepare** for tomorrow's lessons.
明日の授業の予習をしたほうがいいよ.
▶**prepare against** an earthquake
地震(じん)に備える

prepared [pripéərd プリペアド] 形容詞
用意ができている, 備えた

preposition [prèpəzíʃn プレポズィシャン] 名詞 C 【文法】前置詞
(◆ prep. と略す)

prescription [priskrípʃn プリスクリプシャン] 名詞 C 処方せん; 処方薬

presence [prézns プレズンス] 名詞
U (ある場所に)いる[ある]こと, 存在; 出席, 同席(対義語 absence 欠席)
in the présence of a person =
in a person's présence
(人の)前で, 面前で
▶I feel nervous **in his presence**.
彼の前では緊張(きん)してしまう.

present

present[1] [préznt プレズント]
形容詞 ❶ 出席して
❷ 現在の
名詞 ❶ 現在
present[2]
動詞 [prizént プリゼント]
⊕ ❶ (贈(おく)り物・賞など)を贈る
❷ …を提出する
名詞 [préznt プレズント]
贈り物

present[1] [préznt プレズント]

(★ present[2] の動詞とのアクセントのちがいに注意)
——形容詞 (◆比較変化なし)
❶《名詞の前には用いない》
(…に) 出席して(at ...)
(対義語 absent 欠席して)
▶Mark was **present at** the meeting.
マークはその会議に出席していた.

ダイアログ
A: Mr. Mori? 森さん.
B: **Present**. はい.
(◆出席の返事; Here. や Yes. ともいう)

❷《名詞の前に用いて》現在の, 今の
(対義語 past 過去の)
▶the **present** situation 現状
▶*one's* **present** address 現住所
▶the **present** owner 現在の所有者
❸【文法】現在(時制)の
▶the **present** tense 現在時制
(◆ tense の発音は [téns テンス])
——名詞 ❶《the present で》現在, 今
(◆「過去」は past,「未来」は future)
▶ ことわざ There is no time like the **present**. 善は急げ, 思い立ったが吉日.
(◆「現在ほどよい時はない」の意味から)
❷《the present で》
【文法】現在時制, 現在形
at présent 現在は, 今のところ(は)
▶I am busy **at present**.
今, わたしは忙(いそが)しい.
for the présent 当分は, さしあたり
▶Stay warm in bed **for the present**.
当分はベッドで温かくしていなさい.

•present² (★ present¹ との，また動詞と名詞のアクセントのちがいに注意）

—[動詞] [prizént プリゼント]（[三単現] **presents** [prizénts プリゼンツ]；[過去・過分] **presented** [-id]；[現分] **presenting**）[他]

❶（贈(おく)り物・賞など）**を贈る**；《**present** ＋人＋ **with** ＋**もの**または **present** ＋**もの**＋ **to** ＋**人**で》（人）に（もの）を贈る

▸They **presented** Meg **with** a bouquet. (=They **presented** a bouquet **to** Meg.) 彼らはメグに花束を贈った．

❷ **…を提出する**；（問題など）を提起する；（問題など）をひき起こす

▸Bob **presented** his report to his boss. ボブは上司に報告書を提出した．

❸《**present** *oneself* で》出席する，出頭する，現れる

❹（劇・番組など）を上演する，放送する，提供する

❺（高い地位の人に）…を紹介(しょうかい)する

—[名詞] [préznt プレズント]（[複数] **presents** [-s]）[C] **贈り物**，プレゼント（♦親しい者どうしの日常的な贈り物を指す；改まった贈り物には gift を用いる）

[ダイアログ]
A: Happy birthday, Ann! Here's a **present** for you.
お誕生日おめでとう，アン！ これ，あなたへのプレゼントよ．
B: Thank you, Mom. Can I open it?
ありがとう，お母さん． 開けてもいい？
（♦欧米(おうべい)では，プレゼントをもらうと，ふつうその場で開けて，贈り主にお礼を言う）

presentation [prèzntéiʃn プレゼンテイシャン] [名詞]

❶ [U] 提示；[C] 発表，説明，プレゼンテーション

▸make a **presentation** 発表をする

❷ [C] 授与（式）

present-day [prézntdéi プレズントデイ] [形容詞]《名詞の前に用いて》現代の，現在の，今日(こんにち)の

presently [prézntli プレズントり] [副詞]

❶ まもなく，やがて（[同義語] soon）

❷ 現在，目下（[同義語] now）

preserve [prizə́ːrv プリザ～ヴ] [動詞]（[三単現] **preserves** [-z]；[過去・過分] **preserved** [-d]；[現分] **preserving**）

[他] ❶ …を保存する，保護する；…を保つ，維持(いじ)する

▸**preserve** wildlife 野生生物を保護する

▸**preserve** world peace 世界平和を維持する

❷（食物など）を保存する，保存加工する（♦乾燥(かんそう)・冷凍(れいとう)・缶詰(かんづめ)・酢漬(すづ)けなど）

—[名詞] [C] [U]《ふつう **preserves** で》（野菜・果物(くだもの)の）砂糖煮(に)；ジャム；（缶詰・酢漬けなどの）保存食品

•president [prézidənt プレズィデント] [名詞]（[複数] **presidents** [prézidənts プレズィデンツ]）

❶ [C]《しばしば **the President** で》**大統領**

▸**President** Kennedy ケネディ大統領

▸**the President** of Russia ロシア大統領

❷ [C]《ときに **President** で》議長，会長，学長，総裁；《主に米》社長

•press [prés プレス]

—[動詞]（[三単現] **presses** [-iz]；[過去・過分] **pressed** [-t]；[現分] **pressing**）[他]

❶ **…を押(お)す**，押しつける；…にアイロンをかける

▸**Press** this button, and the machine will stop. このボタンを押せば機械は止まります．

▸He **pressed** his ear against the door. 彼は耳をドアに押し当てた．

▸**press** a shirt シャツにアイロンをかける

❷ …を押し［握(にぎ)り］つぶす；（汁(しる)など）をしぼり出す

▶**press** grapes to get juice
ブドウから果汁(か♭ゅう)をしぼり出す

❸《主張・もの》を押しつける, 無理に勧(すす)
める;《人》にせがむ

▶Don't **press** your idea on me.
きみの考えをわたしに押しつけるな.

▶I'm not **pressing** you to come.
無理に来てとは言っていません.

——名詞 《複数 **presses** [-iz]》

❶ C 押すこと; プレス機

▶a trouser **press**
ズボンプレッサー

❷《the press で単数または複数あつか
い》報道機関; 出版物, 新聞, 雑誌, 報道
(陣)(じ♭)(◆全体を指す)

▶freedom of **the press**
報道の自由

❸ C 印刷機;印刷所; U 印刷

pressure [préʃər プレシャ] 名詞

❶ C U 圧力; 気圧

▶blood **pressure**　血圧

▶high [low] **pressure**
高[低]気圧

❷ U C 抑圧(よく), (精神的な)圧迫(ぱく)

pretend [priténd プリテンド] 動詞 他

❶ …のふりをする;
《**pretend to** +動詞の原形で》…する
ふりをする;《**pretend** + that 節で》
…というふりをする

▶He **pretended** illness.
(＝He **pretended to** be ill. /
He **pretended that** he was ill.)
彼は病気のふりをした.

❷ …ごっこをする, …をまねて遊ぶ

▶The boys are **pretending** that
they are pirates.
少年たちは海賊(かい)ごっこをしている.

prettier [prítiər プリティア] 形容詞
pretty(かわいい)の比較級

prettiest [prítiist プリティエスト] 形容詞
pretty(かわいい)の最上級

ꞏ**pretty** [príti プリティ]

——形容詞

(比較 **prettier**; 最上 **prettiest**)
(女性や小さなものに対して)かわいい,
きれいな; (声などが)心地(ここ)よい, すて
きな

▶Who is that **pretty** girl?
あのかわいい女の子はだれですか?

▶a **pretty** bird　きれいな鳥

▶She has a **pretty** voice.
彼女の声は心地よい.

▶What a **pretty** dress!
なんてすてきなドレスなのでしょう!

——副詞 《口語》かなり, 相当;《主に米》と
ても(◆比較変化なし;形容詞・副詞を修
飾(しょく)する)

▶Ann speaks Japanese **pretty**
well.
アンはかなりじょうずに日本語を話す.

ダイアログ
A: How are you, Jack?
元気, ジャック?
B: **Pretty** good, thanks.
とても元気だよ. ありがとう.

pretzel [prétsl プレッツる] 名詞
C プレッツェル(◆結び目状, または棒状
のかたい塩味のビスケット)

prevent [privént プリヴェント] 動詞
他 …を妨(さまた)げる; (事故・病気など)を防
ぐ, 予防する;
《**prevent** +名詞+ **from** + ...**ing** で》
～が…するのを妨げる[防ぐ]

▶A storm **prevented** us from
going out.　あらしのせいでわたした
ちは外出できなかった.

prevention [privénʃn プリヴェンシャン]
名詞 U (…の)防止, 予防(of ...)

preview [prí:vju: プリーヴュー] 名詞

❶ C (映画の)試写会; (演劇の)試演, プ
レビュー

❷ C (映画・テレビの)予告編

❸ C【コンピューター】プレビュー
(◆印刷などをする前に, その仕上がり状
態を画面上で見ること)

previous [prí:viəs プリーヴィアス]
形容詞《名詞の前に用いて》
(時間・順序が)その前の, 先の

▶the **previous** day　その前日

▶I have a **previous** engagement.
先約があるのです.

A B C D E F G H I J K L M N O **P** Q **R** S T U V W X Y Z

previously [prí:viəsli プリーヴィアスり]
副詞 以前に, かつて；前もって

prey [préi プレイ] **名詞**
❶ **U** (肉食獣(じゅう)の)えじき, えさ, 獲物(えもの)
❷ **U**《または **a prey** で》犠牲(ぎせい)者
(同義語) victim

˚price [práis プライス] **名詞**
(複数) prices [-iz]
❶ **C U** 値段；《prices で》物価
▸at a high [low] **price**
高い[安い]値段で
(◆ price が「高い」は high,「安い」は
low を用いる)
▸What is the **price** of this T-shirt?
このTシャツの値段はいくらですか？
▸**Prices** are a little higher here.
ここは物価が少し高い.
❷ **U**《または **a price** で》
犠牲(ぎせい), 代償(だいしょう)
▸We paid **a high price** for
independence. わたしたちは独立の
ために多大な犠牲を払った.
at ány price
どんな犠牲を払っても, なにがなんでも
▸I'll do it **at any price**.
どんな犠牲を払ってもわたしはそれを
するつもりです.

pride [práid プライド] **名詞**
❶ **U**《または **a pride** で》
誇(ほこ)り, プライド, 自尊心；満足(感)
▸Her words hurt his **pride**.
彼女のことばは彼の自尊心を傷つけた.
▸She takes **pride** in her work.
彼女は自分の仕事に誇りをもっている.
❷ **U** 高慢(こうまん), うぬぼれ
❸ **U** 自慢の種, 誇りとするもの
▸She is our **pride**.
彼女はわたしたちの誇りだ.

priest [prí:st プリースト] **名詞**
❶ **C** (主にカトリックの)司祭
❷ **C** (キリスト教以外の)聖職者, 僧侶(そうりょ),
祭司

prima donna [prí:mə dánə プリーマ
ダナ] **名詞** **C** プリマドンナ
(◆オペラの女性の主役)

primary [práiməri プライマリ] **形容詞**
《ふつう名詞の前に用いて》
❶ 第一の, 主要な **(同義語)** main)
▸the **primary** goal 第一の目標
❷ 最初の, 初期の；原始的な；《名詞の前
に用いて》(教育が)初級の, 初歩の

▸**primary** education 初等教育
❸ 根本の, 根本的な；本来の

primary school [práiməri skù:l プ
ライメリ スクール] **名詞** **C**《英》小学校

《文化》**前・後期に分かれる公立小学校**
1 イギリスの公立小学校はふつう前期
2年と後期4年の計6年制です. 厳密
には後期4年を指して primary
school といいますが, 小学校全体を指
すこともあります.
2 アメリカの小学校は州により6年
制と8年制があります.「小学校」は
elementary school, または grade
school といいます.

prime [práim プライム] **形容詞**
《名詞の前に用いて》
❶ 第一の, 最も重要な, 主要な
❷ 最上の, 最良の
——**名詞** **U**《ふつう the **prime** または
one's **prime** で》全盛(ぜんせい)期, 盛(さか)り

prime minister [práim mínistər プラ
イム ミニスタ] **名詞**
C《しばしば **Prime Minister** で》
総理大臣, 首相(しゅしょう)
(◆ PM と略す；**(同義語)** premier)

prime time [práim táim プライム タイ
ム] **名詞** **U** ゴールデンタイム
(◆テレビ・ラジオなどの最も視聴(しちょう)率
の高い時間帯のこと)

primitive [prímitiv プリミティヴ] **形容詞**
原始(時代)の；原始的な；素朴(そぼく)な,
幼稚(ようち)な
▸a **primitive** man 原始人

primrose [prímrouz プリムロウズ] **名詞**
C 【植物】サクラソウ, プリムラ

prince [príns プリンス] **名詞**
C《しばしば **Prince** で》王子, 皇子
(対義語) princess 王女)
▸**Prince Edward**
エドワード王子
▸the **Prince** of Wales
(イギリスの)皇太子

▶the crown **prince**
(イギリス以外の)皇太子

princess [prínsəs プリンセス] 名詞
(複数 **princesses** [-iz])
C 《しばしば **Princess** で》王女, 皇女
(対義語 prince 王子)
▶the **Princess** of Wales
(イギリスの)皇太子妃(º)

principal [prínsəpl プリンスィプる]
形容詞 《名詞の前に用いて》主な, 主要な
(同義語 chief)
▶the **principal** food 主食
——名詞 ❶ C 《しばしば **Principal** で》
(小学校・中学校・高校の)校長; (英)学長
➡ headmaster
▶the **principal**'s office 校長室
❷ (劇などの)主演者
❸ (米)社長, 会長

principle [prínsəpl プリンスィプる] 名詞
❶ C 原理, 原則; 法則
▶the **principles** of democracy
民主主義の原則
❷ C U (個人の)主義, 信条
▶It's against my **principles**.
それはわたしの主義に反している.

print [prínt プリント]
——動詞 (三単現 **prints** [prínts プリンツ];
過去・過分 **printed** [-id]; 現分 **printing**)
他 ❶ …を印刷する; …を出版する
▶Important words are **printed** in
red.
重要な単語は赤で印刷されています.
▶His new novel was **printed** last
month.
彼の新しい小説は先月出版された.
❷ …を活字体[ブロック体]で書く
▶Please **print** your name here.
名前をここに活字体で書いてください.
❸ (フィルムなど)を焼きつける, プリン
トする; (模様・型など)を押(お)してつける;
(布地など)に模様をつける
prínt óut 【コンピューター】(データ・文
書など)を打ち出す, 印刷する
——名詞 (複数 **prints** [prínts プリンツ])
❶ U 印刷; 印刷された字体
▶The **print** in this handout is not
clear.
このプリントの印刷は鮮明(ぜん)ではな
い. (◆授業などで配られる「プリント」は
handout という)

❷ C 版画; (写真の)印画; (押しつけて
できた)跡(あと); U プリント生地(きじ)
▶a **print** dress
プリント生地のワンピース
in prínt 印刷物になって, 出版されて
out of prínt
(本などが)絶版(ぜっぱん)になって

printer [príntər プリンタ] 名詞
❶ C 印刷工; 印刷業者
❷ C 印刷機; (コンピューターの)プリン
ター ➡ computers 図

printing [príntiŋ プリンティング] 名詞
❶ U 印刷(術), 印刷業
❷ C (1回分の)印刷部数; (第…)刷, 版

printout [príntàut プリントアウト] 名詞
C U 【コンピューター】プリントアウト
(◆印刷された出力データ)

priority [praió:rəti プライオーリティ]
名詞 (複数 **priorities** [-z])
U 優先(権), 重要性; C 優先事項(じこう)
▶**priority** seats 優先席

prism [prízm プリズム] 名詞
❶ C プリズム(◆光を屈折(くっせつ)・分散させ
る三角柱のガラス)
❷ C 【数学】角柱

prison [prízn プリズン] 名詞
C 刑務(けいむ)所, 監獄(かんごく), 拘置(こうち)所
(同義語 jail)

prisoner [príznər プリズナ] 名詞
❶ C 囚人(しゅうじん); 拘置(こうち)されている人
❷ C 捕虜(ほりょ)

privacy [práivəsi プライヴァスィ]
(★発音に注意) 名詞
U プライバシー, 他人から干渉(かんしょう)され
ないこと; (個人の)秘密

private [práivit プライヴェット]
(★発音に注意) 形容詞
❶ 《名詞の前に用いて》個人の, 個人的な;
私有の, 私立の(同義語 personal, 対義語
public 公(おおやけ)の)
▶a **private** life 私生活
▶a **private** hospital 私立病院
▶a **private** school 私立学校
❷ 秘密の
▶a **private** talk ないしょの話
in prívate ないしょで, 非公式に
▶I need to talk to you **in private**.
2人だけで話したいのですが.

privilege [prívəlidʒ プリヴィれッヂ]
(★アクセントに注意) 名詞
C U 特権, 特典

A B C D E F G H I J K L M N O **P** Q **R** S T U V W X Y Z

prize [práiz プライズ] 名詞

(複数 **prizes** [-iz])

U C 賞, 賞品, 賞金

▶the Nobel **Prize** ノーベル賞

▶win [take, get] (the) first **prize**
1等賞をとる

pro [próu プロウ] 名詞 (複数 **pros** [-z])

C(口語)プロスポーツ選手, プロ;
専門家(◆ *professional* を短縮した語)

probable [prábəbl プラバブる] 形容詞

ありそうな, 起こりそうな, 見こみがある

▶Rain is **probable** this afternoon.
今日の午後は雨になりそうだ.

probably [prábəbli プラバブり] 副詞

十中八九, たぶん ➡ **perhaps** くらべよう

▶It'll **probably** snow tomorrow.
たぶん明日は雪だろう.

ダイアログ

A: Is she home now?
彼女は今家にいるかな?

B: **Probably**. / **Probably** not.
たぶんね. / たぶんいないよ.

problem [prábləm プラブれム]

名詞 (複数 **problems** [-z])

C 問題(同義語 question), 難問;
(数学などの)問題

▶a social **problem** 社会問題

▶solve a **problem** 問題を解く

▶I have a **problem** with my computer.
コンピューターの調子が悪い. (◆「コンピューターに問題がある」の意味)

Nó próblem.

(依頼(らい)に対して)いいですよ, もちろん; (礼・謝罪に対して)どういたしまして, かまいません, だいじょうぶです.

ダイアログ

A: Would you take a picture of us?
わたしたちの写真を撮(と)ってくださいますか?

B: **No problem.** いいですよ.

procedure [prəsí:dʒər プロスィーヂャ]

名詞 U C 手続き; 手順, 方法

proceed [prəsí:d プロスィード] 動詞 自

❶(…を)続ける, 続行する((with ...));
《**proceed to** +動詞の原形で》
続けて…する

▶Please **proceed with** your work.
どうぞ仕事を続けてください.

▶The officer asked my name and **proceeded to** ask me some questions. 警官はわたしの名前をたずね, 続けていくつか質問した.

❷(…へ)進む, 向かう((to ...))
(◆ go よりかたい語)

process [práses プラセス] 名詞

(複数 **processes** [-iz])

❶ U C (進行)過程; (時の)経過

▶the **process** of evolution
進化の過程

❷ C 製法, (製造)工程, 手順

▶the **process** of making soy sauce
しょう油の製法

procession [prəséʃn プロセシャン]

名詞 C 行列, 列

in procéssion 行列をつくって

produce

(★動詞・名詞のアクセントのちがいに注意)

——動詞 [prədjú:s プロデュース] (三単現)

produces [-iz]; 過去・過分 **produced**
[-t]; 現分 **producing**) 他

❶ …を生産する, 製造する; …を生じる, 産出する; (人)を輩出(はい)する;
(子)を産む

▶This factory **produces** car parts.
この工場は自動車部品を生産している.

▶The country **produces** oil.
その国は石油を産出する.

❷(劇・映画)を制作する, 上演する;
(本など)を出版する

▶This movie was **produced** by Kurosawa Akira.
この映画は黒澤明によって制作された.

❸ …を取り出す; …を見せる

——名詞 [prádju:s プラデュース]

U 農産物(全体)

producer [prədjú:sər プロデューサ]

名詞 ❶ C 生産者, 生産国
(対義語 consumer 消費者)

❷ C (映画・テレビ番組などの)制作者,
プロデューサー

product [prádəkt プラダクト] 名詞

❶ C (自然の)産物; (人工の)製品

▶farm **products** 農産物

▶dairy **products** 乳製品

▶a new **product** 新製品

❷ C 結果, 成果(同義語 result)

a b c d e f g h i j k l m n **o** **p** **q** **r** s t u v w x y z

production [prədʌ́kʃn プロダクシャン]
名詞 ❶ U 生産; 生産高
▶mass **production**
大量生産
▶**Production** is increasing.
生産高が上がってきている。
❷ U (映画・演劇などの)制作, 上演
❸ C (芸術)作品; (研究などの)成果

productive [prədʌ́ktiv プロダクティヴ]
形容詞 生産力のある; (土地などが)肥(こ)え
た; (議論などが)実り多い

Prof. [prəfésər プロフェサ] (肩書(がき)きと
して用いて)…教授(◆ *professor* の略)

profession [prəféʃn プロフェシャン]
名詞 C (医師・弁護士・教師などの専門的
な)職業

professional [prəféʃənl プロフェショ
ヌル] **形容詞** ❶《名詞の前に用いて》
知的職業の, 専門の
▶**professional** advice
専門家の助言
❷ プロの, 本職の(◆ pro ともいう;
対義語 amateur アマチュアの)
▶a **professional** soccer team
プロのサッカーチーム
――**名詞** C プロ(選手); 専門家
(**対義語** amateur アマチュア)

professor [prəfésər プロフェサ] **名詞**
C (大学の)教授

profile [próufail プロウファイル]
(★発音に注意)
❶ C U (人の)横顔; 輪郭(りんかく)
❷ C (短い)人物紹介(しょうかい), プロフィール

profit [práfit プラフィット] **名詞**
❶ C U (金銭的な)利益, もうけ
▶make a **profit** 利益を得る
❷ U 有益, 得
――**動詞**
(自)(…から)利益を得る《from [by] ...》

profitable [práfitəbl プラフィタブル]
形容詞 利益になる, もうかる; ためになる,
有益な

profound [prəfáund プロファウンド]
形容詞 (**比較** profounder;
最上 profoundest)
❶ (程度が)大きい, 深い, 強い
▶a **profound** change
多大な変化
❷ (学識が)深い; 難解な
▶a **profound** book
難解な本

program,
(英)**programme** [próugræm プロ
ウグラぁム] **名詞** (**複数** programs [-z])
❶ C 番組, プログラム
▶The show is my favorite TV
program. そのショーはわたしの大
好きなテレビ番組です。
▶plan a concert **program**
コンサートのプログラムを立てる
❷ C 計画, 予定; 予定表
▶a study **program** 学習計画(表)
▶What is the **program** for today?
今日の予定はどうなっていますか?
❸ C (コンピューターの)プログラム
(◆この意味では(英)でも program とつ
づる)
▶write a **program**
プログラムを組む

programmer, programer
[próugræmər プロウグラぁマ] **名詞**
C (コンピューターの)プログラマー, プロ
グラム作成者

progress (★名詞・動詞のアクセント
のちがいに注意)**名詞** [prágres プラグレス]
❶ U 前進, 進行
▶They made slow **progress**
against the wind.
向かい風の中を, 彼らはゆっくり進んだ。
❷ U 進歩, 発達
▶She is making great **progress** in
her English.
彼女は英語の力をどんどんつけている。
in prógress 進行中で
▶The project is now **in progress**.
その計画は現在進行中だ。
――**動詞** [prəgrés プログレス]
(**三単現** progresses [-iz]; **過去・過分**
progressed [-t]; **現分** progressing)
(自)前進する; 進歩する
▶Information technology is
progressing rapidly.
情報技術は急速に進歩している。

prohibit [prouhíbit プロウヒビット] **動詞**
(他)(法律・規則などが)…を禁止する

project (★名詞・動詞のアクセントのち
がいに注意)**名詞** [prádʒekt プラヂェクト]
C 計画, 企画(きかく); (大規模な)事業;
研究課題
▶a research [building] **project**
研究プロジェクト[建設計画]

A B C D E F G H I J K L M N O P Q R S T U V W X Y Z

——動詞 [prədʒékt プロヂェクト] 他
❶ (光・影(かげ)など)を投影(とうえい)する，映写する
▶**project** a film onto the screen
スクリーンに映画を映す
❷ …を計画する，企画する
——自 突(つ)き出る，出っ張る

projector [prədʒéktər プロヂェクタ]
名詞 C プロジェクター，映写機

◦promise [prámis プラミス]
——名詞 (複数 promises [-iz])
❶ C 約束
▶make a **promise** 約束をする
▶keep [break] *one's* **promise**
約束を守る[破る]
❷ U 見こみ，将来性
▶That young singer shows real **promise**.
あの若い歌手は大いに将来性がある．
——動詞 (三単現 promises [-iz]；
過去・過分 promised [-t]；
現分 promising)
——他 ❶ …を約束する；
《promise(＋人)＋to＋動詞の原形で》
(人に)…すると約束する
▶He **promised** a quick reply.
彼はすぐに返事をすると約束した．
▶I **promise** (you) **to** tell the truth.
(＝I **promise** (you) that I'll tell the truth.)
真実を述べることを(あなたに)約束します．
❷ …の見こみがある
——自 約束する

promising [prámisiŋ プラミスィング]
動詞 promise (…を約束する)の現在分詞・動名詞
——形容詞 見こみのある，将来有望な

promote [prəmóut プロモウト] 動詞
(三単現 promotes [prəmóuts プロモウツ]；過去・過分 promoted [-id]；
現分 promoting) 他
❶ (人)を(…に)昇進(しょうしん)させる《to ...》
(♦ふつう受け身の文で用いる)
▶Mr. Brown **was promoted to** manager.
ブラウンさんは支配人に昇進した．
❷ …を促進(そくしん)する，奨励(しょうれい)する；
…の販売(はんばい)を促進する
▶**promote** world peace [free trade]
世界平和[自由貿易]を促進する

promotion [prəmóuʃn プロモウシャン]
名詞 ❶ C U 昇進(しょうしん)
❷ C U 促進(そくしん)，奨励(しょうれい)；
販売(はんばい)促進活動

prompt [prámpt プランプト] 形容詞
(比較 prompter；最上 promptest)
すばやい；即座(そくざ)の
▶give a **prompt** answer 即答する

promptly [prámptli プランプトり] 副詞
すばやく；即座(そくざ)に

pronoun [próunàun プロウナウン]
(★アクセントに注意) 名詞
C 【文法】代名詞(♦ pron. と略す)

pronounce [prənáuns プロナウンス]
動詞 (三単現 pronounces [-iz]；
過去・過分 pronounced [-t]；
現分 pronouncing) 他
❶ …を発音する
▶How do you **pronounce** this word?
この単語はどう発音するのですか？
❷ …を宣言する，公言する
——自 発音する

pronunciation [prənʌnsiéiʃn プロナンスィエイシャン] 名詞 U C 発音

proof [prúːf プルーふ] 名詞
U 証拠(しょうこ)，証明(同義語 evidence)；
C 証拠品；試験
——形容詞《名詞の前には用いない》
(水・火・震動(しんどう)などに)耐(た)えられる，持ちこたえる《against ...》(♦しばしば名詞のあとに続けて複合語をつくる)
➡ **fireproof, waterproof**

propeller [prəpélər プロペら]
(★アクセントに注意) 名詞
C (飛行機の)プロペラ；(船の)スクリュー

proper [prápər プラパ] 形容詞
❶ 適切な，正しい，ふさわしい
(同義語 fit, right)
▶a **proper** way of brushing teeth
歯の正しい磨(みが)き方
▶choose **proper** clothes for the party
そのパーティーにふさわしい服を選ぶ
❷《ふつう名詞の前には用いない》
(…に)固有の，特有の《to ...》
▶The custom is **proper** to Japan.
それは日本に特有の慣習だ．

properly [prápərli プラパり] 副詞
❶ 適切に，正確に；正しく
❷ きちんと，礼儀(れいぎ)正しく

property [prάpərti プラパティ] 名詞
（**複数** properties [-z]）
❶ U 財産, 所有物; C U 所有地
▶private **property** 私有財産
❷ C 《しばしば **properties** で》
特性, 特質

proportion [prəpɔ́ːrʃn プロポーシャン]
名詞 ❶ U C （…の / …に対する）割合,
比率《of ... / to ...》
▶The **proportion of** boys **to** girls
in this club is about the same.
このクラブの男子と女子の比率はだい
たい同じです.
❷ U C つり合い, 調和
▶a sense of **proportion**
バランス感覚
❸ C 割り当て, 分け前; 部分
in propórtion
（…に）比例して;（…と）比べると《to ...》

proposal [prəpóuzl プロポウズる] 名詞
❶ U C 提案, 申しこみ
▶make a **proposal** 提案をする
❷ C プロポーズ, 結婚（53）の申しこみ

propose [prəpóuz プロポウズ] 動詞
（**三単現** proposes [-iz]; **過去・過分**
proposed [-d]; **現分** proposing）
他 …を提案する
▶He **proposed** (having) a party.
彼はパーティーを開こうと提案した.
▶I **propose** to cancel the trip.
旅行を中止することを提案します.
——自（…に）結婚（53）を申しこむ《to ...》
▶Tom **proposed** to Ann.
トムはアンにプロポーズした.

prose [próuz プロウズ] 名詞
U 散文; 散文体（◆ふだん使っている話し
ことばや書きことばでつくった文章;
対義語 poetry, verse 詩）

prospect [prάspekt プラスペクト] 名詞
❶ U C （将来の）見通し, 予想;
《**prospects** で》（成功などの）見こみ,
可能性
❷ C 見晴らし, 景色（**同義語** view）

prosper [prάspər プラスパ] 動詞
自 繁栄（訟）する; 成功する

prosperity [praspérəti プラスペリティ]
名詞 U 繁栄（訟）, 成功

prosperous [prάspərəs プラスペラス]
形容詞 繁栄（訟）している,（経済面で）成功
している（**同義語** successful）

protect [prətékt プロテクト] 動詞

他（危険などから）…を守る, 保護する
《from [against] ...》
▶**Protect** yourself **from** danger in
the jungle.
ジャングルでは危険から身を守りなさい.
▶The coat **protected** me **against**
the cold.
そのコートでわたしは寒さをしのいだ.

protection [prətékʃn プロテクシャン]
名詞 U 保護; C 防御物, 保護者

protest （★動詞・名詞のアクセントのち
がいに注意）動詞 [prətést プロテスト]
自（…に）抗議（き）する, 強く反対する
《about [against] ...》
▶**protest against** war
戦争に対して抗議する
——他 ❶ …を主張する, 断言する
▶Steve **protested** his innocence.
スティーブは自分の無実を主張した.
❷《**米**》…に抗議する, 強く反対する
——名詞 [próutest プロウテスト]
U 抗議, 反対; C 抗議行動
▶They made a **protest** against
the new tax.
彼らは新しい税に抗議した.

Protestant [prάtəstənt プラテスタント]
名詞 C 【キリスト教】プロテスタント, 新
教徒（◆宗教改革を通じてカトリック教会
から分離（㏄）した）

proud [práud プラウド] 形容詞
（**比較** prouder; **最上** proudest）
❶ 誇（ほ）りをもった, 光栄に思う;
《**be proud of ...** で》…を誇りに思う;
《**be proud to** ＋動詞の原形で》
…することを誇りに思う
▶I'm **proud of** you.
あなたのことを誇りに思います.
▶I'm **proud to** know her.
わたしは彼女と知り合いであることを
光栄に思っています.
❷ 高慢（訟）な, うぬぼれた; 自尊心のある

proudly [práudli プラウドり] 副詞
誇（ほ）らしげに, 得意そうに; いばって

prove [prúːv プルーヴ] 動詞 （**三単現**
proves [-z]; **過去** proved [-d]; **過分**
proved [-d] または《**主に米**》proven
[prúːvn プルーヴン]; **現分** proving）
他 …を証明する;
《**prove** ＋人・もの＋（**to be** ＋）名詞［形
容詞］で》（人・もの）が…であることを証

a b c d e f g h i j k l m n o p q r s t u v w x y z

明する
▸The police **proved** her alibi.
警察は彼女のアリバイを立証した.
▸Can you **prove** him **(to be)** innocent? (=Can you **prove** he is innocent?)
彼が無実だと証明できますか？
——[自]《**prove** (**to be**)＋**名詞**[**形容詞**]で》…であることがわかる
▸The rumor **proved (to be)** false.
そのうわさは誤りであることがわかった.

proven [prúːvn プルーヴン] [動詞]
[主に米]prove(…を証明する)の過去分詞の一つ

proverb [právəːrb プラヴァ～ブ] [名詞]
[C] ことわざ, 格言([同義語] saying)
▸as the **proverb** says [goes]
ことわざにあるとおり

provide [prəváid プロヴァイド] [動詞]
([三単現] **provides** [prəváidz プロヴァイヅ]; [過去・過分] **provided** [-id];
[現分] **providing**)
[他] …を用意する, 供給する, あたえる;
《**provide** ＋**もの**＋ **for** ＋**人**または
provide ＋**人**＋ **with** ＋**もの**で》
(人)に(もの)を供給する
▸They **provide** information **for** tourists.(= They **provide** tourists **with** information.)
彼らは旅行者に情報をあたえている.
——[自] ❶ (…に)備える《for [against] ...》
▸We should **provide for** the future.
わたしたちは将来に備えるべきだ.
❷ (人を)養う《for ...》

province [právins プラヴィンス] [名詞]
❶ [C] (カナダ・オーストラリアなどの)州
(♦アメリカの州は state); (中国の)省
❷《**the provinces** で》地方, いなか

provision [prəvíʒn プロヴィジャン] [名詞]
❶ [U] (…の/…への) 供給《of ... / for [to] ...》
▸the **provision of** food **for** [to] poor people
貧しい人々への食糧(しょくりょう)の支給
❷ [U] [C] (…の/…に対する)用意, 準備《for ... / against ...》
❸《**provisions** で》食糧
(♦ food よりかたい語)

prune [prúːn プルーン] [名詞]
[C] プルーン, 干しスモモ
(♦西洋スモモ(plum)を干したもの)

P.S., p.s. [píːés ピーエス] 追伸(ついしん)
(♦ *postscript* の略; 手紙を書き終えたあと, つけ加えたいことがあるときに用いる)

psalm [sáːm サーム] (★発音に注意) [名詞]
❶ [C] 賛美歌, 聖歌
❷《**the Psalms** で》(旧約聖書の) 詩編

psychologist [saikálədʒist サイカろヂスト] (★発音に注意) [名詞]
[C] 心理学者

psychology [saikálədʒi サイカらヂィ] (★発音に注意) [名詞]
❶ [U] 心理学
❷ [U] [C] (個人・集団の)心理(状態)

PTA, P.T.A. [píːtìːéi ピーティーエイ]
ピーティーエー(♦ *P*arent-*T*eacher *A*ssociation「父母と教師の会」の略)

PTO, P.T.O. [píːtìːóu ピーティーオウ]
裏面へ続く(♦ *P*lease *t*urn *o*ver. の略)

pub [pʌ́b パブ] [名詞]
[C] [英口語]パブ, 居酒屋
(♦イギリスの伝統的な大衆酒場; ビールや簡単な食事を出し, その地域の人々の社交の場にもなっている)

ˈpublic [pʌ́blik パブリック]
——[形容詞] **公(おおやけ)の, 公共の**; 公立の;
公衆の, 大衆の; 公開の
([対義語] private 個人の)
▸**public** opinion 世論
▸a **public** library 公立図書館
▸**public** transport [英]公共交通機関
(♦[米]では public transportation)
▸a **public** space 公共の場
▸The scandal was made **public**.
そのスキャンダルは公になった.
——[名詞]《**the public** で》
一般大衆, 一般の人々
▸This castle is open to **the public**.
この城は一般に公開されている.
in públic 人前で, 公然と

▶speak **in public** 人前で話す

publication [pÀblikéiʃn パブリケイシャン] 名詞 ❶ Ｕ 発表, 公表

❷ Ｕ 出版, 発行; Ｃ 出版物

public relations [páblik riléiʃnz パブリック リれイシャンズ] 名詞

Ｕ 《単数あつかいで》広報[宣伝]活動, ピーアール(♦ PR または P.R. と略す)

public school [páblik skùːl パブリック スクール] 名詞 ❶ Ｃ 《米》(小学校から高校までの)公立学校

❷ Ｃ 《英》パブリックスクール

(♦大学進学の予備教育, または公務員養成を目的とする私立の中・高一貫校)

publish [pÁbliʃ パブリッシ] 動詞 (三単現 publishes [-iz]; 過去・過分 published [-t]; 現分 publishing) 他

❶ …を出版する, 発行する

▶This book was **published** in 1987. この本は 1987 年に出版された.

❷ …を公表する, 発表する

▶The news was **published** today. 今日, そのニュースは発表された.

publisher [pÁbliʃər パブリシャ] 名詞

Ｃ 出版社, 出版業者, (新聞・本などの)発行人

pudding [púdiŋ プディング] 名詞

Ｃ Ｕ プディング(♦小麦粉・卵・牛乳などを混ぜて焼いた[蒸した]菓子; 日本の「プリン」は custard pudding という)

puddle [pÁdl パドゥる] 名詞

Ｃ (道路などの)水たまり

puff [pÁf パふ] 名詞 (複数 puffs [-s])

❶ Ｃ (息・風などの)ひと吹き; ぷっと吹くこと[音]; (たばこなどの)一服

❷ Ｃ 《ほかの語について》ふっくらした菓子

▶a cream **puff** シュークリーム

――動詞 自 ❶ (煙などが)ぱっと吹き出す; (たばこを)ふかす

❷ 《口語》ぜいぜいと息を切らす

――他 (息・煙など)をぷっと吹き出す; (たばこ)をふかす

Pulitzer Prize [púlitsər práiz プリッツァ プライズ] 名詞 Ｃ ピューリッツァー賞

(♦毎年アメリカのジャーナリズム・文学・音楽などで優秀な作品を残した人に贈られる)

pull [púl プる]

――動詞 (三単現 pulls [-z]; 過去・過分 pulled [-d]; 現分 pulling)

――他 ❶ …を引く, 引っ張る (対義語 push …を押す)

▶Two dogs are **pulling** a sled. 2 頭のイヌがそりを引いている.

▶She **pulled** the window curtain. 彼女は窓のカーテンを引いた.

▶The boy **pulled** his mother by the arm. 少年は母親の腕を引っ張った.

❷ (果実など)をもぐ; (花など)を引き抜く; (栓・歯など)を抜く

(♦しばしば out をともなう)

▶**pull** weeds 雑草を抜く

▶The dentist **pulled out** my bad tooth. 歯医者はわたしの虫歯を抜いた.

❸ (車)を寄せる; (ボート)をこぐ

――自 ❶ (…を)引く, 引っ張る《at [on] ...》

▶**pull on** a rope ロープを引く

❷ (車・船などが)(…の側へ)寄る, 進む《to [toward] ...》; (人が)ボートをこぐ

púll dówn

…を引き下ろす; (家など)を取り壊す

▶He **pulled down** the blind. 彼はブラインドを下ろした.

▶The old house was **pulled down**. その古い家は取り壊された.

púll ín (車などが)(…に)入って止まる; (列車・船などが)(…に)入ってくる, 到着する《at [to] ...》

▶The train **pulled in at** the station just on time. その列車は駅に定刻に到着した.

púll óff …を引っ張って脱ぐ

púll ón …を引っ張って着る, はく

▶He **pulled on** his gloves. 彼は手袋をはめた.

púll óut

(車・列車・船などが)(…から)出る《of ...》

▶A car **pulled out of** the garage. 車が車庫から出た.

púll úp

(車などが)止まる; (車など)を止める

a b c d e f g h i j k l m n o p q r s t u v w x y z

──名詞 (複数 **pulls** [-z])

C (…を)引くこと，引っ張ること《at [on] ...》
(対義語) push 押(お)すこと

pullover [púlòuvər プルオウヴァ] 名詞

C プルオーバー(◆頭からかぶって着るセーターやトレーナーなど)

pulp [pʌ́lp パルプ] 名詞

❶ U《または a pulp で》(果物(なもの)などを)つぶしてどろどろにしたもの

❷ U パルプ
(◆木材・植物を処理した紙の原料)

pulse [pʌ́ls パルス] 名詞

C《ふつう単数形で》脈拍(はく)，鼓動(どう)；リズム

pump [pʌ́mp パンプ] 名詞 C ポンプ

──動詞 他 (水など)をポンプでくむ；
(タイヤなど)にポンプで空気を入れる

pumpkin [pʌ́mpkin パンプキン] 名詞

C U 【植物】カボチャ

punch [pʌ́ntʃ パンチ] 動詞 (三単現
punches [-iz]； 過去・過分 **punched**
[-t]； 現分 **punching**) 他

❶ …をこぶしでなぐる

❷ …に(穴空け器で)穴を空ける；
(切符(ぷ))にはさみを入れる

──名詞 (複数 **punches** [-iz])

❶ C パンチ，なぐること

❷ C 穴空け器，パンチ

punctual [pʌ́ŋktʃuəl パンクチュアる]
形容詞 時間を守る，遅刻(こく)しない

punctuation [pʌ̀ŋktʃuéiʃən パンクチュ
エイシャン] 名詞 U 句読法； C 句読点
(= punctuation mark)
➡ 巻末付録Ⅳ．句読点・符号(ごう)

punctuation mark [pʌ̀ŋktʃuéiʃn
mà:rk パンクチュエイシャン マーク] 名詞 C
句読点(◆コンマ(,)，ピリオド(.)，クエ
スチョンマーク(?)などの総称(しょう))；単に
punctuation ともいう)

punish [pʌ́niʃ パニッシ] 動詞 (三単現
punishes [-iz]； 過去・過分 **punished**
[-t]； 現分 **punishing**)

他 (人)を(…の罪で)罰(ぱっ)する《for ...》；
(人)をひどい目にあわせる

▶He was **punished for** breaking
the rules.
彼は規則を破ったことで罰せられた．

punishment [pʌ́niʃmənt パニッシメン
ト] 名詞 C U 罰(ぱっ)，刑罰(けいばつ)，処罰

pupil [pjú:pl ピューブる] 名詞

(複数 **pupils** [-z])

C 生徒，児童(◆(米)では主に小学生を指
すが，(英)では小・中・高校生を指す)；
教え子；弟子(し)

▶This school has about 800 **pupils**.
当校には約 800 人の児童がいる．

puppet [pʌ́pit パペット] 名詞

C 操(あやつ)り人形，指人形

puppy [pʌ́pi パピ] 名詞 (複数 **puppies**
[-z]) C 子イヌ

purchase [pə́:rtʃəs パ～チェス] 動詞
(三単現 **purchases** [-iz]； 過去・過分
purchased [-t]； 現分 **purchasing**)

他 …を買う，購入(にゅう)する
(◆ buy よりかたい語)

──名詞 U C 購入，買うこと； C 購入品，
買ったもの

pure [pjúər ピュア] 形容詞

(比較 **purer**； 最上 **purest**)

❶ 純粋(じゅん)な，混じり気のない；
生っ粋(すい)の；清潔な

▶**pure** gold 純金

▶**pure** white 純白

▶a sweater of **pure** wool
純毛のセーター

▶**pure** water きれいな水

❷ (道徳的に)清らかな，汚(けが)れのない

❸《名詞の前に用いて》(口語)全くの

▶by **pure** chance 全く偶然(ぜん)に

Puritan [pjúritn ピュリトゥン] 名詞

C 【キリスト教】清教徒，ピューリタン
(◆イギリスのプロテスタントの一派)

purple [pə́:rpl パ～ぷる] 名詞

U 紫(むらさき)色(◆ violet「スミレ色」より赤
味がかった色)

──形容詞

(比較 **purpler**； 最上 **purplest**) 紫色の

purpose [pə́:rpəs パ～パス]

名詞 (複数 **purposes** [-iz])

C 目的，目標；意図

▶We couldn't accomplish [achieve]
our **purpose**. わたしたちは目的を
達成することができなかった．

ダイアログ

A: What's the **purpose** of your
stay? 滞在(ざい)の目的は何ですか？

B: Sightseeing. 観光です．

for the púrpose of ...
…の目的で，…のために

on púrpose わざと, 故意に
▶He lied **on purpose**.
彼はわざとうそをついた.

*purse [pə́rs パ〜ス] 名詞
(**複数** purses [-iz])
❶ C 財布(さい), 小銭(ぜに)入れ
(♦通例女性用の留め金がついたもの;
「札入れ」は wallet)

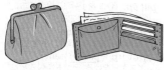

purse　　　　wallet

❷ C (米)ハンドバッグ
(**同義語** handbag)

purser [pə́rsər パ〜サ] 名詞
C (飛行機・船などの)事務長, パーサー

pursue [pərsúː パス〜] (★アクセント
に注意) 動詞 (**三単現** pursues [-z];
過去・過分 pursued [-d];
現分 pursuing) 他
❶ (犯人・獲物(もの)など)を追う, 追跡(つい
せき)する;(目的など)を追い求める
(**同義語** chase)
❷ (仕事など)を続ける, …に従事する

pursuit [pərsúːt パスート] 名詞
❶ U 追跡(つい); 追求(**同義語** chase)
❷ 《ふつう **pursuits** で》趣味(しゅ), 娯楽(らく)

*push [púʃ プッシ]
━━ **動詞** (**三単現** pushes [-iz];
過去・過分 pushed [-t]; **現分** pushing)
━━ 他 ❶ …を押(お)す, 押して動かす
(**対義語** pull …を引く)
▶**push** a button　ボタンを押す
▶She **pushed** the cat off her book.
彼女はネコを本から押しのけた.
❷ (人)に強(し)いる;(要求など)を押し進
める;(商品など)を売りこむ
▶I'm not **pushing** you.
あなたをせかしているわけではない.
━━ 自 ❶ 押す
▶**push** hard from the back
後ろから強く押す
❷ 押しのけて進む, 突(つ)き進む
▶**push** through the crowd
人ごみを押し分けて進む
━━ **名詞** (**複数** pushes [-iz])

C ひと押し, 押すこと
(**対義語** pull 引くこと)

push-up [púʃʌp プッシアップ] 名詞
C (米)腕立(うでた)て伏(ふ)せ
((英)press-up)

pussy [púsi プスィ] 名詞
(**複数** pussies [-z])
C (小児語)ネコちゃん

*put [pút プット] 動詞
(**三単現** puts [púts プッツ];
過去・過分 put; **現分** putting)

他 ❶ …を(場所に)置く
　　❷ (人・物事)を…の状態にする
　　❸ …を表現する

基本のイメージ: ある場所にものを置く

━━ 他 ❶ …を(場所に)置く, 載(の)せる;
…を入れる, つける
▶**Put** the box on this desk.
その箱をこの机の上に置きなさい.
▶He **put** something in his bag.
彼はかばんに何かを入れた.
❷《**put** +人・物事+副詞句で》
(人・物事)を…の状態にする, させる
▶His lie **put** him in a difficult
position.　うそをついたことで, 彼は
苦しい立場に立たされた.
❸ …を表現する, 述べる, 書く;
《**put ... into ~** で》…を~に訳す, 翻訳(ほんやく)
する
▶**Put** your name here.
ここにお名前を書いてください
▶**Put** the sentence **into** English.
その文を英語に訳しなさい.
❹ (問題・質問など)を出す, 提起する;
(罪・責任など)を課す

put asíde …を取っておく, 蓄(たくわ)える
▶I'll **put aside** this money for my
next trip.　このお金は次の旅行のた
めに取っておきます.

A B C D E F G H I J K L M N O **P** Q R S T U V W X Y Z

put awáy
…を片づける; …を取っておく
▶I will **put** the dishes **away**.
わたしが食器を片づけますね.

put báck …をもとに返す, 戻(೬)す
▶**Put** the book **back** on the shelf.
その本を本棚に戻しなさい.

put dówn ① …を下に置く
② …を書き留める
▶I **put down** his address.
わたしは彼の住所を書き留めた.

put óff
…を延期する, 延ばす(同義語 postpone)
▶ことわざ Never **put off** till
tomorrow what you can do today.
今日できることは決して明日に延ばすな.

*▶**put ón**
…を身につける, 着る, はく, かぶる
▶**Put on** your boots. It's raining.
長靴(೬೬)をはきなさい. 雨が降っているよ.

┌─ ルール 「…を着る」の表し方 ─┐

1 目的語が名詞のときは「put on +名
詞」または「put +名詞+ on」の語順に
なります.
▶He **put on** his coat.
▶He **put** his coat **on**.
彼はコートを着た.
2 目的語が代名詞のときは「put +代
名詞+ on」の語順だけです.
▶He found his coat and **put** it
on quickly.
彼はコートを見つけて, (それを)
急いで着た.

└────────────────┘

┌─ くらべよう **put on** と **wear** ─┐

put on:「身につける」という動作を表
します.
wear:「身につけている」という状態
を表します. ただし「ある時点で一時
的に身につけている」という場合は進
行形になります.

put on   wear

└────────────────┘

put óut ① (火・明かりなど)を消す
▶**Put out** the light when you
leave the room.
部屋を出るときは, 明かりを消しなさい.
② (手・舌など)を出す

put togéther …を組み立てる, 作る;
…を集める; (考えなど)をまとめる
▶**put together** a plastic model
プラモデルを組み立てる

put úp ① …を上げる, 掲(かか)げる;
(家・小屋など)を建てる
▶**put up** *one's* hand
(質問などをするために)手を上げる
▶**put up** a poster [tent]
ポスターをはる[テントを張る]
② (人)を泊(と)める; 泊まる
▶We **put up** at a hotel.
わたしたちはホテルに泊まった.

put úp with ... …を我慢(೯೯)する
▶I can't **put up with** that noise.
あの騒音(ಕ)には我慢できない.

putting [pútiŋ プティング] 動詞
put(…を置く)の現在分詞・動名詞

puzzle [pázl パズる] 動詞 (三単現
puzzles [-z]; 過去・過分 **puzzled** [-d];
現分 **puzzling**)
他 …をとまどわせる, 困らせる, 悩(ಕ)ませる
(♦しばしば受け身の形で用いられる)
▶Her questions **puzzled** me. (= I
was puzzled by her questions.)
わたしは彼女の質問にとまどった.
──自 (…に)頭を悩ます(about [over] ...)
──名詞 ❶ ◯ パズル
▶a crossword [jigsaw] **puzzle**
クロスワード[ジグソー]パズル
▶do [solve] a **puzzle**
パズルを解く
❷ ◯《ふつう単数形で》難問, なぞ;
なぞの人

pyjamas [pədʒáːməz パヂャーマズ]
名詞 (英) = pajamas(パジャマ)

pyramid [pírəmid ピラミッド]
(★アクセントに注意) 名詞
◯《しばしば **Pyramid** で》ピラミッド
(♦古代エジプトの国王を葬(ほか)った巨大
(ಕ)な墓); ピラミッド形のもの
▶the three Great **Pyramids** of
Giza
ギザの3大ピラミッド
▶a population **pyramid**
人口ピラミッド

a b c d e f g h i j k l m n o p **q** r s t **u** v w x y z

Qq ２q

Ｑ 女王さまの英語って，どんな英語？➡ Queen's English をひいてみよう！

Q, q [kjú: キュー] 名詞 （複数）**Q's, q's**
または **Qs, qs** [-z] Ｃ Ｕ キュー
（◆アルファベットの 17 番めの文字）

quack [kwǽk クワぁック] 名詞
Ｃ（アヒルの鳴き声を表して）ガアガア
──動詞 ⾃（アヒルが）ガアガア鳴く

quake [kwéik クウェイク] 動詞 （三単現
quakes [-s]；過去・過分 **quaked** [-t]；
現分 **quaking**）⾃
❶（恐怖(きょう)・寒さなどで）震(ふ)える
《with ...》
❷（地面・建物などが）激しく揺(ゆ)れる
──名詞 ❶ Ｃ（口語）地震(じん)
（同義語 earthquake）
❷ Ｃ 震え

qualification [kwὰləfikéiʃn クワりふぃ
ケイシャン] 名詞
Ｃ《しばしば **qualifications** で》
（…の／…する）資格，資質，能力，適正
《for ... / to ＋動詞の原形》；資格証明書

qualify [kwáləfài クワリふァイ] 動詞
（三単現 **qualifies** [-z]；過去・過分
qualified [-d]；現分 **qualifying**）
⾃（人）に（…の／…する）資格をあたえる
《for [as] ... / to ＋動詞の原形》
▶She is **qualified** to teach [for
teaching].
（＝She is **qualified** as a teacher.）
彼女には教師の資格がある.
──⾃（…の／…する）資格を得る
《for [as] ... / to ＋動詞の原形》；
【スポーツ】（…の）予選を通過する
《for ...》
▶He **qualified** as a doctor.
彼は医師の資格を得た.

quality [kwáləti クワリティ] 名詞
（複数）**qualities** [-z]）
❶ Ｕ 質，品質（対義語 quantity 量）；
良質
▶water **quality** 水質
▶butter of good **quality**

良質のバター
▶**Quality** is more important than
quantity. 量より質のほうが重要だ.
▶a **quality** paper （新聞の）高級紙
（◆報道内容の質が高い新聞）
❷ Ｃ 特性，特質；長所
▶He has the **qualities** of a leader.
彼にはリーダーの素質がある.

quantity [kwántəti クワンティティ] 名詞
（複数）**quantities** [-z]）
❶ Ｕ 量（対義語 quality 質）；Ｃ 分量
▶a small **quantity** of water
少量の水
▶a large **quantity** of milk
たくさんの（量の）牛乳
❷《**quantities** で》多量，多数
▶We ordered large **quantities** of
food for the party.
わたしたちはパーティーのために大量
の食べ物を注文した.
in quántity＝in (large) quántities
多量に，たくさん

quarrel [kwɔ́:rəl クウォーれる] 名詞
Ｃ 口論，(口での)けんか
（◆なぐり合いの「けんか」は fight）
▶I had a **quarrel** with Jim.
わたしはジムと口論をした.
──動詞 ⾃（…と）けんかをする，口論を
する，仲たがいをする《with ...》
▶They are always **quarreling**
with each other.
彼らときたらいつも言い争いをしている.
（◆ be always ＋...ing で「しょっちゅ
う…している」という意味になる）

˙quarter [kwɔ́:rtər クウォータ]
名詞 （複数）**quarters** [-z]）
❶ Ｃ 4 分の 1（◆「2 分の 1」は half）
▶a **quarter** of a mile
4 分の 1 マイル
▶three **quarters** 4 分の 3

A B C D E F G H I J K L M N O P Q R S T U V W X Y Z

▶the first **quarter** of the 21st century
21世紀の最初の25年間

▶He cut the apple into **quarters**.
彼はリンゴを4等分した.

▶About a **quarter** of the seats are still available.
まだ, 約4分の1の席が空いている.
(◆動詞は of のあとの名詞に合わせる)

❷ C (時刻の)15分(◆1時間の4分の1;《口語》ではしばしば a を省略する)

▶The movie starts at (a) **quarter** after [《英》past] six.
映画は6時15分(過ぎ)に始まる.

▶It's (a) **quarter** of [before, 《英》to] ten.
10時15分前です.

❸ C (アメリカ・カナダなどの)25セント(◆1ドルの4分の1); 25セント硬貨(ミッ)

▶Will you change this **quarter** into nickels?
この25セント硬貨を5セント硬貨にくずしてもらえませんか?

❹ C 四半期(◆1年の4分の1), 3か月;《米》(4学期制の大学などの)学期;【スポーツ】クオーター(◆競技時間の4分の1)

❺ C 地区, 地域, 街

▶the residential **quarter** 住宅地
(◆residential「住宅向きの」の発音は[rèzidénʃl レジデンシャル])

▶the student **quarter** 学生街

quartet, quartette [kwɔːrtét クウォーテット] 名詞 C 【音楽】カルテット; 四重唱[四重奏]団; 四重唱[四重奏]曲

quartz [kwɔːrts クウォーツ] 名詞 U 石英(◆透明(ム)な結晶(ムュ)は水晶(crystal)と呼ばれる)

Quebec [kwibék クウィベック] 名詞 ケベック(◆カナダ東部の州)

ˈqueen [kwíːn クウィーン] 名詞

(複数 queens [-z])

❶ C《しばしば Queen で》女王; (国王の妻としての)王妃(ゥ)(対義語 king 王); C 花形, 女王

▶the **Queen** of England
イングランド女王

▶**Queen** Elizabeth II
エリザベス2世
(◆II は the second と読む)

▶*God Save the **Queen***
『女王陛下万歳(歳)』(◆イギリスの国歌; 男性の国王が治めているときは *God Save the King* という)

▶a **queen** bee 女王バチ

❷ C (トランプの)クイーン

▶the **queen** of diamonds
ダイヤのクイーン

Queen's English [kwíːnz íŋgliʃ クウィーンズ イングリッシ] 名詞
《the Queen's English で》
(イギリスの)標準英語(◆女王が治めているときの言い方; 男性の国王が治めているときは the King's English という)

queer [kwíər クウィア] 形容詞
(比較 queerer; 最上 queerest)
奇妙(きょう)な, 変な, 風変わりな
(同義語 strange)

ˈquestion

[kwéstʃən クウェスチョン]
——名詞 (複数 questions [-z])

❶ C 質問, 問い; (試験の)問題
(対義語 answer 答え)

▶answer a **question**
質問に答える

▶Can I ask you a **question**?
質問してもいいですか?

ダイアログ

A: Do you have any **questions**?
何か質問はありますか?

B: Yes, I have one.
はい, 1つあります.

▶That's a good **question**.
それはいい質問ですね. (◆答えるのが難しい質問や, 答えがわからない質問に対しても用いる)

▶Did you know the answer to **Question** 4?
問い4の答えはわかりましたか?

❷ U《または a question で》疑問, 疑い

▶There's no **question** about it.
それについては疑いの余地がない.

❸ C (解決すべき)問題; 事柄(がら)
(同義語 problem, matter)

▶Let's talk about the **question**.
その問題について話し合おう.

▶Her success as a musician is just a **question** of time.
彼女が音楽家として成功するのは時間

の問題だ.

beyond (áll) quéstion
疑いなく, 確かに
▶The team's victory is **beyond question**.
そのチームの勝利はまちがいない.

out of the quéstion
問題外の, ありえない
▶Going out in this storm is **out of the question**. このあらしの中を外に出るなんて問題外だ.

──**動詞** (三単現 **questions** [-z];
過去・過分 **questioned** [-d];
現分 **questioning**)
他 (人)に質問する, (人)を尋問(じん)する
▶They were **questioned** by the police.
彼らは警察に尋問された.

question mark [kwéstʃən màːrk
クウェスチョン マーク] **名詞**
C 疑問符(ふ), クエスチョンマーク(?)
➡ 巻末付録Ⅳ, 句読点・符号(ごう)

questionnaire [kwèstʃənéər クウェ
スチョネア] **名詞** C (特に調査研究用の)
質問表, アンケート(♦フランス語から)

queue [kjúː キュー] **名詞**
C (英)(順番を待つ)列(♦(米)line)
▶Please wait in a **queue** for the ticket. チケットをお求めの方は, 列に並んでお待ちください.
──**動詞** (三単現 **queues** [-z];
過去・過分 **queued** [-d];
現分 **queuing** または **queueing**)
自 (英)(待つために) 列をつくる

*quick [kwík クウィック]
──**形容詞**
(比較 **quicker**; 最上 **quickest**)
(速度が)**速い**, (動作が)すばやい; 理解が早い; 時間のかからない
(対義語 slow 遅(おそ)い)
▶Be **quick**! Here comes the bus.
急げ! バスが来たぞ.
▶She was **quick** to make our dinner.
彼女はわたしたちの夕食を手ばやく作った.
▶I had a **quick** breakfast.
わたしは朝食を急いで食べた.
▶Jack is a **quick** learner.
ジャックは理解が早い.

▶What is the **quickest** way to get to the airport?
空港に行くのにいちばん時間のかからない手段は何ですか?

くらべよう quick と fast

quick: 主として「瞬間(しゅんかん)的な動きの速さ」を表します.
fast: 主として「一定したスピードの速さ」を表します.

──**副詞** (比較・最上 は 形容詞 に同じ)
速く, すばやく(♦ quickly より口語的)
▶Get up **quick**! 早く起きなさい!
▶Come as **quick** as you can.
できるだけ早く来て.

*quickly [kwíkli クウィックり]
副詞 (比較 **more quickly**;
最上 **most quickly**)
速く, すばやく, 急いで; すぐに
(対義語 slowly ゆっくりと)
▶He finished lunch **quickly**.
彼はすばやく昼食を済ませた.
▶The news went around **quickly**.
そのニュースはすぐに広まった.

quick-tempered [kwíktémpərd
クウィックテンパド] **形容詞**
怒(おこ)りっぽい, 短気な

*quiet [kwáiət クワイエット]
──**形容詞**
(比較 **quieter**; 最上 **quietest**)
❶ 静かな, 音のしない
(対義語 noisy, loud 騒々(そうぞう)しい)
▶speak in a **quiet** voice 小声で話す
▶Be **quiet**! 静かにしなさい!
▶The room was **quiet**.
部屋はひっそりとしていた.
❷ 穏(おだ)やかな, 落ち着いた;
(人が) おとなしい, もの静かな, 無口な
▶live a **quiet** life
平穏(へいおん)な生活を送る
▶have a **quiet** weekend

のんびりと週末を過ごす
▸a **quiet** child おとなしい子供
——名詞 U 静けさ; 平穏

quietly [kwáiətli クワイエトり] 副詞
静かに, 穏(㊉)やかに; 落ち着いて
▸She closed the door **quietly**.
彼女は静かにドアを閉めた.

quietness [kwáiətnəs クワイエットネス]
名詞 U 静けさ, 静寂(㊉㋒); 平穏(㋬㋒)

quilt [kwílt クウィるト] 名詞 C キルト
(◆2枚の布の間に綿・羽毛(㋑㋒)などを入れ
て刺(㋛)し子に縫(㋟)った掛(㋛)け布団(㋟㋩);
キルト風に仕上げたもの

quintet, quintette [kwintét クウィ
ンテット] 名詞 C 【音楽】クインテット; 五
重唱[五重奏]団; 五重唱[五重奏]曲

quit [kwít クウィット] 動詞 (三単現 **quits**
[kwíts クウィッツ]; 過去・過分 **quit** または
quitted [-id]; 現分 **quitting**)
他 (口語)(仕事など)をやめる, 中止する
▸He **quit** school and began to
work. 彼は学校をやめて働き始めた.
▸My father **quit** drinking.
父は酒をやめた.
——自 やめる, 中止する

quite [kwáit クワイト] 副詞
❶ 全く, 完全に, すっかり;
《否定文で部分否定を表して》すっかり
[全く]…というわけでは(ない)
▸You are **quite** right.
全くあなたの言うとおりです.
▸He isn**'t** **quite** well yet.
彼はまだ完治したわけではない.
▸I'm **not** **quite** sure about it.
それについてはっきりとわからない.
❷ かなり, 相当; なかなか; (英)まあまあ
▸It's **quite** cold this morning.
今朝はかなり寒い.
▸She is **quite** a fast runner.

彼女は走るのがかなり速い.

ルール quite の意味の使い分け

1 quite の意味が「全く」になるか,
「かなり」になるかは, quite が修飾(㋛㋒)
する語の性格によって決まります.
2 「全く」の意味になるのは, right「正
しい」, perfect「完全な」のような, 内
容が絶対的で比較(㋛㋒)できない語を修飾
するときです.
3 「かなり」の意味になるのは, cold
「寒い」や rich「裕福(㋑㋒)な」のような,
その内容にいろいろな程度がある語を修
飾するときです. ただし, quite は比
較級を修飾しません.

❸《主に英》(返事で)はい, 全く;
そうです

ダイアログ
A: That's a beautiful horse!
美しいウマですね!
B: **Quite** (so). 全くです.
(◆(米)では That's for sure. または
True enough. などという)

quiz [kwíz クウィズ] 名詞
(複数 **quizzes** [-iz])
❶ C 《主に米》(簡単な)試験, 小テスト
▸We have a **quiz** in English every
Friday.
毎週金曜日に英語の小テストがある.
❷ C クイズ
▸a **quiz** program [show]
(テレビなどの)クイズ番組

quotation [kwoutéiʃn クウォウテイシャ
ン] 名詞
U (人のことば・書物などからの)引用;
C 引用文[句, 語]
▸**quotations** from the Bible
聖書からの引用

quotation mark [kwoutéiʃn mà:rk
クウォウテイシャン マーク] 名詞
C 《ふつう **quotation marks** で》
引用符(㋑), クオーテーションマーク(" "
または ' ')
➡ 巻末付録Ⅳ. 句読点・符号(㋑㋒)

quote [kwóut クウォウト] 動詞
(三単現 **quotes** [kwóuts クウォウツ];
過去・過分 **quoted** [-id]; 現分 **quoting**)
他 (…から)(ことば・文章など)を引用する
《from ...》; …を引き合いに出す
——自 (…から)引用する《from ...》

Rr $\mathcal{R}r$

Q お米で作ったデザートって何？ ⇒ rice をひいてみよう！

R, r [áːr アー] 名詞 (複数 R's, r's また
は Rs, rs [-z]) C U アール
(♦アルファベットの 18 番めの文字)

rabbit [rǽbit ラぁビット] 名詞
C 【動物】(飼い)ウサギ
(♦「(大型の)野ウサギ」は hare)

raccoon, (英)**racoon** [rækúːn ラぁ
クーン] 名詞 C 【動物】アライグマ

raccoon dog [rækúːn dɔ̀ːg ラぁクーン
ドーグ] 名詞 C 【動物】タヌキ

race¹ [réis レイス]
——名詞 (複数 races [-iz]) C (…との)
競走, 競争, レース《against [with] ...》
▶win [lose] a race
競走に勝つ[負ける]
▶have [run] a race 競走する
——動詞 (三単現 races [-iz];
過去・過分 raced [-t]; 現分 racing)
——自 (…と/…を求めて) 競走する
《against [with] ... / for ...》; 突進(とっしん)する
▶I raced for the bus.
わたしはバスに乗ろうと, 全力で走った.
——他 …と競走する

race² [réis レイス] 名詞
C U 人種, 民族; C (生物の)種族
▶the black [white, yellow] race
黒色[白色, 黄色]人種

racial [réiʃl レイシャる] 形容詞
《ふつう名詞の前に用いて》人種の, 民族の

rack [rǽk ラぁック] 名詞
C (ものを)掛(か)けるもの, …掛け;
(乗り物の)網棚(あみだな)

racket [rǽkit ラぁケット] 名詞
C (テニスなどの)ラケット

racoon [rækúːn ラぁクーン] 名詞
(英)= raccoon(アライグマ)

radar [réidɑːr レイダー] 名詞
U レーダー; C 電波探知機

radiation [rèidiéiʃn レイディエイション]
名詞 U 放射線, 放射能

radio
[réidiòu レイディオウ] (★発音に注意)
名詞 (複数 radios [-z])
❶ C ラジオ(受信機)(= radio set)
▶turn on [off] the radio
ラジオをつける[消す]
▶turn up [down] the radio
ラジオの音を大きく[小さく]する
❷ U 《ふつう the radio で》ラジオ(放送)
▶listen to the radio
ラジオを聴(き)く
▶I heard the song on the radio.
わたしはその歌をラジオで聞いた.
❸ U 無線, 無線電信, 無線電話

radioactive [rèidiouǽktiv レイディオウ
あクティヴ] 形容詞 放射性の, 放射能のある

radioactivity [rèidiouæktívəti レイ
ディオウあクティヴィティ] 名詞 U 放射能

radish [rǽdiʃ ラぁ
ディシ] 名詞 (複数
radishes [-iz])
C 【植物】ラディッ
シュ, ハツカダイコ
ン(♦日本のダイコ
ンより小さくて丸
く, 色は白または赤)

radium [réidiəm レイディアム] 名詞
U 【化学】ラジウム
(♦放射性金属元素; 元素記号は Ra)

radius [réidiəs レイディアス] 名詞
(複数 radii [réidiài レイディアイ] または
radiuses [-iz]) C (円・球の)半径
(♦「直径」は diameter)

Raffles Place [rǽflz pléis ラぁふるズ
プれイス] 名詞 ラッフルズ・プレイス
(♦シンガポールの中心地区)

raft [rǽft ラぁふト] 名詞
C いかだ; (救命用の)ゴムボート

rag [rǽg ラぁッグ] 名詞 C U 布切れ, ぼろ
切れ; 《rags で》ぼろ服

A
B
C
D
E
F
G
H
I
J
K
L
M
N
O
P
Q
R
S
T
U
V
W
X
Y
Z

rage [réidʒ レイヂ] 名詞
❶ Ｕ Ｃ 激しい怒(いか)り
▶in a **rage** 激怒(げきど)して
❷ Ｕ Ｃ (波・風などの)激しさ, 猛威(もう)
―― 動詞 (三単現 **rages** [-iz];
過去・過分 **raged** [-d]; 現分 **raging**) 自
❶ (…に)激怒する《at ...》
❷ (あらし・病気などが)猛威をふるう

ragged [rǽgid ラぁギッド] (★発音に注意) 形容詞 ❶ (衣服などが)ぼろぼろの;
(人が)ぼろを着た
❷ ぎざぎざの, でこぼこした;
(髪(かみ)などが)ぼさぼさの

rail [réil レイる] 名詞
❶ Ｃ《ふつう rails で》(鉄道の)レール,
線路; Ｕ 鉄道(＝ railroad)
▶travel by **rail** 列車で旅行する
(◆手段を表す by のあとは無冠詞)
❷ Ｃ (階段などの)手すり;
(ものを掛(か)けるための)横棒, レール

railroad [réilròud レイるロウド]
名詞 (複数 **railroads** [réilròudz レイる
ロウヅ]) Ｃ (米)鉄道; 線路; 鉄道会社
(◆(英)railway)
▶a **railroad** crossing 踏切(ふみきり)
▶a **railroad** station
鉄道の駅(◆単に station ともいう)

railway [réilwèi レイるウェイ] 名詞
Ｃ (英)鉄道; 線路; 鉄道会社
(◆(米)railroad)

rain [réin レイン]
―― 名詞 Ｕ 雨, 雨が降ること
▶We have a lot of **rain** in June.
6月は雨が多い.
▶It looks like **rain**. 雨になりそうだ.
▶walk in the **rain** 雨の中を歩く

【ルール】 **rain** と冠詞
❶ 一般的に「雨」を指す場合, rain に冠詞はつけません.
▶We need **rain**. 雨が必要だ.
❷ 今降っている雨, 降りやんだばかりの雨など, 「ある特定の雨」には the をつけます. また, rain の前に形容詞をつけて, 「いろいろな状態の雨」を指すときは冠詞をつけることがあります.
▶**The rain** has stopped.
雨はやんだ.
▶We had **(a)** <u>heavy</u> **rain**

yesterday. 昨日は大雨だった.
❸ ただし, little「ほとんど(ない)」や much「たくさん」をつけて「雨量」を表すときは, rain に冠詞をつけません.
▶We have **little rain** in winter.
冬はほとんど雨が降りません.

―― 動詞 (三単現 **rains** [-z];
過去・過分 **rained** [-d]; 現分 **raining**)
自《it を主語にして》雨が降る
▶It's **raining** hard.
雨がひどく降っている.
▶It has already stopped **raining**.
雨はもうやんだ.

rainbow [réinbòu レインボウ] 名詞
Ｃ にじ
▶A lovely **rainbow** hung in the sky.
空に美しいにじがかかっていた.

raincoat [réinkòut レインコウト] 名詞
Ｃ レインコート

raindrop [réindràp レインドゥラップ]
名詞 Ｃ 雨だれ, 雨粒(あまつぶ)

rainfall [réinfòːl レインふォーる]
Ｕ Ｃ 降雨; (降)雨量, 降水量

rain forest [réin fòːrist レイン ふォーレ
スト] 名詞 Ｃ 多雨林; 熱帯雨林

rainstorm [réinstòːrm レインストーム]
名詞 Ｃ 暴風雨

rainwater [réinwòːtər レインウォータ]
名詞 Ｕ 雨水

rainy [réini レイ二] 形容詞
(比較 **rainier**; 最上 **rainiest**)
雨の, 雨降りの, 雨の多い
▶the **rainy** season 雨季, 梅雨(つゆ)
▶on a **rainy** day 雨の日に
▶It is **rainy** today.
今日は雨が降っている.
for a ráiny dáy
いざというときに備えて
▶save money **for a rainy day**
いざというときに備えてお金をためる

raise [réiz レイズ] (★発音に注意)
動詞 (三単現 **raises** [-iz];
過去・過分 **raised** [-d]; 現分 **raising**) 他
❶ …を上げる, 持ち上げる
(◆同義語 lift;「上がる」は rise)
▶**Raise** your hand.
手をあげなさい.
❷ (値段・温度など)を上げる;

(声)を張り上げる

▶The bus fares were **raised**.
バス料金が値上げされた.

▶He never **raises** his voice.
彼は決して声を荒立(あらだ)てたりしない.

❸ (子供)を育てる(同義語 bring up);
(作物)を栽培(さいばい)する;(家畜(かちく))を飼育する(同義語 grow)

▶**raise** pigs ブタを飼育する

❹ (資金)を集める

▶They **raised** money for the new project. 彼らはその新プロジェクトのために資金を集めた.

❺ (高いもの)を建てる

raisin [réizn レイズン] 名詞
C レーズン, 干しブドウ

rake [réik レイク] 名詞 C 熊手(くまで)
──動詞 (三単現 **rakes** [-s];
過去・過分 **raked** [-t]; 現分 **raking**)
他 …を熊手でかく, 熊手でかき集める
──自 熊手でかく

rally [ræli ラぁり] 名詞 (複数 **rallies** [-z])
❶ C (政治的・宗教的な)大集会, 大会

▶hold a political [protest] **rally**
政治[抗議(こうぎ)]集会を開催(かいさい)する

❷ C (自動車の)ラリー, 長距離(きょり)レース

❸ C (テニスなどの)ラリー, 打ち合い

Ramadan [ræmədáːn ラぁマダーン]
名詞 U【イスラム教】ラマダーン
(♦イスラム暦(れき)9月の断食(だんじき)月)

ran [rǽn ラぁン] 動詞
run(走る)の過去形

random [rændəm ラぁンダム] 形容詞
手当たりしだいの, 無作為(むさくい)の
──名詞 (♦次の成句で用いる)
at rándom (なんの規則性もなく)手当たりしだいに, でたらめに, 無作為に

▶He chose some books **at random**.
彼は無作為に数冊の本を選んだ.

rang [rǽŋ ラぁング] 動詞
ring(鳴る)の過去形

range [réindʒ レインヂ] 名詞
❶ U《または a range で》範囲(はんい), 幅(はば)

▶We have **a** wide **range** of sizes.
幅広いサイズをとりそろえています.

❷ C 山脈, 山並み

❸ C (米)料理用レンジ(♦(英)cooker;
「電子レンジ」は microwave (oven))

──動詞 (三単現 **ranges** [-iz]; 過去・過分

ranged [-d]; 現分 **ranging**) 自
❶ (範囲が)およぶ

▶The members **range** in age from 12 to 15. 会員の年齢(ねんれい)は 12 歳(さい)から 15 歳におよんでいる.

❷ (山などが)連なる; (一直線に)並ぶ

ranger [réindʒər レインヂャ] 名詞
C (米)森林警備員; レンジャー部隊員

rank [rǽŋk ラぁンク] 名詞
❶ C U 階級, 位, 地位; 高い地位

▶people of all **ranks**
あらゆる階級の人々

▶a painter of the first **rank**
一流の画家

❷ C 列, (兵隊の)横列
──動詞 自 位置する, 占(し)める

▶**rank** high 上位に位置する
──他 …を位置づける, 評価する

ransom [rænsəm ラぁンサム] 名詞
C 身代(みのしろ)金

rapid [rǽpid ラぁピッド] 形容詞
速い, 急速な(対義語 slow 遅(おそ)い)

▶a **rapid** train 快速列車

▶He made a **rapid** recovery.
彼は急速に回復した.

rapidly [rǽpidli ラぁピッドり] 副詞
速く, 急速に(対義語 slowly ゆっくりと)

▶speak **rapidly** 早口で話す

rare¹ [réər レア] 形容詞
(比較 **rarer**; 最上 **rarest**)
まれな, 珍(めずら)しい

▶**rare** animals 希少な動物

▶It is **rare** for her to be late for school.
彼女が学校に遅刻(ちこく)するのは珍しい.

rare² [réər レア] 形容詞
(ステーキなどが)生(なま)焼けの, レアの
➡ **steak**

rarely [réərli レアり] 副詞
《ふつう be 動詞・助動詞の直後, または一般動詞の直前に置いて》めったに…しない
➡ **always** 医園

▶He **rarely** goes to the movies.
彼はめったに映画を見に行かない.

▶This butterfly is **rarely** seen.
このチョウはめったに見られない.

rascal [rǽskl ラぁスクる] 名詞
C 悪党; いたずらっ子

raspberry [rǽzbèri ラぁズベリ] (★発音に注意) 名詞 (複数 **raspberries** [-z])
C 【植物】ラズベリー, 木イチゴ

A
B
C
D
E
F
G
H
I
J
K
L
M
N
O
P
Q
R
S
T
U
V
W
X
Y
Z

rat [rǽt ラぁット] 名詞 C【動物】ネズミ
(♦ mouse より大型のネズミ)
➡ **animals** 図

rate [réit レイト] 名詞
❶ C 率，割合；速度
▶a low birth **rate** 低い出生率
▶drive at the **rate** of 60 miles an
hour 時速60マイルで運転する
❷ C 料金，値段
▶a telephone **rate** 電話料金
❸ U 等級(♦ハイフン(-)で複合語をつく
る)
▶a **first-rate** hotel 一流ホテル
at ány rate とにかく，いずれにしても

rather [rǽðər ラぁざ] 副詞
❶ いくぶん，やや；かなり(♦否定的な意味
合いをもつことがある)
▶It's **rather** hot today.
今日はかなり暑い．
▶It is a **rather** [**rather** a] sad story.
それはちょっと悲しい話です．
❷《... **rather than** ～ または **rather** ...
than ～で》～よりむしろ…
▶I'd like coffee **rather than** tea.
紅茶よりむしろコーヒーをいただきたい
のですが．
would ráther ...(than ～)
= had ráther ...(than ～)
(～するより)むしろ…したい
(♦「...」も「～」も動詞の原形)
▶I'd **rather** stay home (**than** go
out) today.
今日は(外出するより)むしろ家にいたい．

rattle [rǽtl ラぁトゥる] 動詞
(三単現 **rattles** [-z]; 過去・過分 **rattled**
[-d]; 現分 **rattling**)
自 ガラガラ[ガタガタ]と音がする；
(車などが)ガタガタと走る
他 …をガラガラ[ガタガタ]鳴らす
名詞 U《または a rattle で》
ガラガラ[ガタガタ]という音；
C (おもちゃの)がらがら

rattlesnake [rǽtlsnèik ラぁトゥるスネ
イク] 名詞 C【動物】ガラガラヘビ
(♦南北アメリカ産の毒ヘビで，尾(お)の先
でガラガラと音を出す)

raven [réivn レイヴン] 名詞
C【鳥類】ワタリガラス(♦ crow よりも大
きく，不吉(きっ)な鳥とされる)

raw [rɔ́ː ロー] 形容詞

(食べ物が)生(なま)の，火を通していない；
原料のままの，加工していない
▶a **raw** egg 生卵
▶**raw** material(s) 原料

ray [réi レイ] 名詞
C 光線；《**rays** で》放射線；太陽光線

razor [réizər レイザ] 名詞 C かみそり

Rd, Rd. 道路(♦ *Road* を略した語)

re- 接頭辞「再び」「改めて」「…し直す」など
の意味の語をつくる：re- ＋ write(…を
書く)→ rewrite(…を書き直す)

-'re 《口語》are の短縮形
▶They**'re** friends.
彼らは友達どうしだ．

reach [ríːtʃ リーチ]
動詞 (三単現 **reaches** [-iz];
過去・過分 **reached** [-t]; 現分 **reaching**)
他 ❶ …に着く，到着(とうちゃく)する
(♦ get to, arrive at よりかたい語)
▶They finally **reached** the South
Pole. 彼らはついに南極点に到着した．
❷ …に届く，達する
▶My message didn't **reach** her.
わたしの伝言は彼女に届かなかった．
❸《しばしば **reach out ...** で》
(手を)伸(の)ばす；(手を伸ばして)…を取る；
…に手が届く
▶I **reached out** my hand for the
glass. わたしはそのグラスを取ろうと
手を伸ばした．
▶Can you **reach** the top shelf?
いちばん上の棚(たな)に手が届きますか？
❹ …に連絡(れんらく)をとる
▶How can I **reach** you?
どうすればあなたと連絡がとれますか？
自 ❶ 達する，届く；広がる
▶The ivy **reaches** to the roof of
the house.
ツタはその家の屋根まで伸びている．
❷《しばしば **reach out** で》
(…を求めて)手を伸ばす《for ...》
▶I **reached out for** my smartphone.
わたしは自分のスマートフォンを取ろう
と手を伸ばした．
名詞 (複数 **reaches** [-iz])
❶ U 手の届く範囲(はんい)；
《a reach で》腕(うで)の長さ，リーチ
▶The boxer has **a long reach**.
そのボクサーはリーチが長い．
❷ U (行動・理解などのおよぶ)範囲

react [riǽkt リあクト] **動詞**
　　 自 (…に)反応する《to ...》; (…に)反発する, 反抗(ほう)する《against ...》
　▶How did he **react to** the news?
　　彼はその知らせにどんな反応を示しましたか?

reaction [riǽkʃn リあクシャン] **名詞**
　❶ **U** **C** (…に対する)反応, 反響(はんきょう) 《to ...》
　▶an allergic **reaction**
　　アレルギー反応
　❷ **U** **C** (…に対する)反発《to [against] ...》; **U** 反動
　❸ **U** **C** 【化学】反応; 【物理】反作用

✲read [ríːd リード] **動詞** (**三単現** **reads**
[ríːdz リーヅ]; **過去・過分** read [réd レッド];
現分 **reading**)
　(★過去形・過去分詞の発音に注意)
　—**他** ❶ …を読む; …を読んで理解する;
　《**read** +人+ものまたは **read** +もの+
　to +人で》(人)に(もの)を読んで聞かせる
　▶I was **reading** a magazine then.
　　わたしはそのとき雑誌を読んでいた.
　▶Please **read** this poem aloud.
　　この詩を声に出して読んでください.
　▶Ann can **read** French.
　　アンはフランス語を読むことができる.
　▶Mr. Brown **read** his daughter a
　　picture book. (= Mr. Brown **read**
　　a picture book to his daughter.)
　　ブラウン氏は娘(むすめ)に絵本を読んで聞か
　　せた. (◆文末の語句が強調される; 前者
　　は「何を」読んだか, 後者は「だれに」読ん
　　だかに重点が置かれる)
　❷ (計器が)…を示す, …表示する
　▶The thermometer **reads** 30
　　degrees. 温度計が30度を示している.
　—**自** ❶ 読む, 読書する; 読んで知る
　▶My little brother can't **read** yet.
　　弟はまだ本を読めない.
　▶I **read** after dinner.
　　わたしは夕食後に読書する.
　▶I **read** about the accident in the
　　paper.
　　わたしは新聞でその事故について知った.
　❷ 読める; 書いてある
　▶Your report **reads** easily.
　　あなたのレポートは読みやすい.

reader [ríːdər リーダ] **名詞**
　❶ **C** 読者; 読書家

　▶a fast **reader** 読むのが速い人
　❷ **C** (語学学習などの)読本, リーダー

readier [rédiər レディア] **形容詞**
　ready(用意ができて)の比較級

readiest [rédiist レディエスト] **形容詞**
　ready(用意ができて)の最上級

readily [rédili レディり] **副詞**
　❶ 快く, 喜んで
　❷ 簡単に, すぐに (**同義語** easily)

✲reading [ríːdiŋ リーディング]
　—**動詞** read(…を読む)の現在分詞・動
　名詞
　—**名詞** **U** 読書, 読むこと (**対義語**
　writing 書くこと); 読み方; 読み物
　▶**reading** and writing 読み書き

✲ready [rédi レディ] **形容詞**
　(**比較** **readier**; **最上** **readiest**)
　❶《名詞の前には用いない》用意ができて;
　《**be ready for ...** で》…の用意ができてい
　る;《**be ready to** +動詞の原形で》…する
　用意ができている, 今にも…しそうである
　▶Dinner is **ready**.
　　食事の準備ができました.
　▶She **is ready for** the exam.
　　彼女は試験の準備ができている.
　▶**Are** you **ready to** go?
　　出かける準備はできていますか?
　▶The boy **was ready to** cry.
　　その男の子は今にも泣きそうだった.
　❷《**be ready to** +動詞の原形で》
　喜んで…する, 進んで…する
　▶I'm always **ready to** help you.
　　いつでも喜んであなたの手伝いをしま
　　す.
　❸《名詞の前に用いて》
　即座(そくざ)の, すばやい
　▶give a **ready** answer
　　即答する

get réady = **make réady**
　(…の /…するための)準備をする
　《for ... / to +動詞の原形》
　▶**Get ready to** go out.
　　出かける準備をしなさい.

Réady, sét, gó!
　(競走などで)位置について, 用意, ドン!
　(◆On your mark(s), get set, go! な
　どともいう)

ready-made [rédiméid レディメイド]
　形容詞 出来合いの, 既製(きせい)の

A B C D **E** F G H I J K L M N O P Q **R** S T U V W X Y Z

ʳreal [ríːəl リー(ア)る] 形容詞
❶ 現実の, 実在する
▸a **real** person 実在の人物
▸a **real** experience 実際の経験
❷ 本当の, 本物の
▸Please tell me the **real** reason.
本当の理由を教えてください.

realistic [rì(ː)əlístik リ(ー)アリスティック] 形容詞
❶ 現実的な, 実際的な; 現実主義の
▸a **realistic** way 現実的な方法
❷ 写実主義の, リアルな

reality [riǽləti リあリティ] 名詞
(複数 realities [-z])
U 現実(性), 実在; U C 現実, 事実
▸Her dream became a **reality**.
彼女の夢は現実のものとなった.
in reálity 実際は, 現実は

realize,《英》realise [ríː(ː)əlaiz リ(ー)あらイズ] 動詞 (三単現 realizes [-iz]; 過去・過分 realized [-d]; 現分 realizing) 他
❶ …を(十分に)理解する, 実感する
(同義語 understand)
▸He **realized** his mistake.
彼は自分の失敗に気づいた.
❷ (希望・理想など)を実現する
▸She **realized** her dreams.
彼女は自分の夢を実現した.

ʳreally [ríːəli リー(ア)り] 副詞
❶ ほんとうに, 真に
▸It's **really** hot today.
今日はほんとうに暑い.

ダイアログ
A: Are you hungry?
おなかがすいていますか?
B: Not **really**. / I'm **really** not hungry.
そうでもありません. / 全くすいていません.

❷ 実際は, ほんとうは (同義語 actually)
▸This watch looks expensive, but **really** it's cheap. この腕(う)時計は高そうに見えるが, 実際は安い.
❸《間投詞的に驚(おど)き・感心などを表して》ほんとうですか?(◆上げ調子(↗)で用いる); へえ, そうなんだ(◆下げ調子(↘)で用いる)

ダイアログ
A: I climbed Mt. Fuji yesterday.
昨日, 富士山にのぼったんだ.
B: Oh, **really**? How was it?
えっ, ほんとう? どうだった?

reap [ríːp リープ] 動詞
他 (作物など)を刈(か)り取る;
(畑など)の作物を収穫(しゅう)する
——自 刈り取る

rear [ríər リア] 名詞
U《ふつう the rear で》後ろ, 後部
(同義語 the back, 対義語 the front 前)
▸the **rear** of a bus バスの後部
——形容詞 後ろの, 後部の

rearview mirror [ríərvjuː mírər リアヴュー ミラ] 名詞
C (車の)バックミラー ➡ cars 図

ʳreason [ríːzn リーズン] 名詞
(複数 reasons [-z])
❶ C U (…の)理由, 訳(わけ), 根拠(こんきょ)《for ...》
▸the **reason for** the train's delay
電車が遅(おく)れた理由
▸I have good **reason for** my anger [to be angry].
わたしには怒(いか)るだけの理由がある.
▸That's the **reason** (why) John didn't come.
そういう訳でジョンは来なかったのです.(◆ふつう the reason か why のどちらかが省略される ➡ **why** 副詞)
❷ U 理性, 分別; 正気
▸I almost lost my **reason**.
わたしはもう少しで理性を失うところだった.
▸ことわざ Love is without **reason**.
恋は盲目(もうもく).
(◆「恋は理性を失わせる」の意味から)
❸ U 道理, 理屈(りくつ)

reasonable [ríːznəbl リーズナブる] 形容詞 ❶ (人・行為(こうい)が)道理に合った, 道理をわきまえた; もっともな
▸a **reasonable** request
もっともな要求
❷ (値段が)手ごろな, 妥当(だとう)な, 安い
▸a **reasonable** price 手ごろな値段
➡ cheap くらべよう

rebound (★動詞・名詞のアクセントのちがいに注意)動詞 [ribáund リバウンド]
自 (ものが)はね返る
——名詞 [ríːbàund リーバウンド]

❶ C はね返り

❷ C 【バスケットボール】リバウンド

recall [rikɔ́ːl リコール] 動詞 他

❶ …を思い出す;
…を(人に)思い出させる《to ...》

▶I can't **recall** the title of the movie.
その映画のタイトルが思い出せない.

❷ (人)を呼び戻す, 召還する

❸ (不良品など)を回収する, リコールする

❹ (米)(市長など)を解任する

——名詞 ❶ U 思い出すこと

❷ U 《または a recall で》召還(状)

❸ U C (不良品の)回収

❹ C (米)リコール(◆住民投票によって市長などを解任すること)

receipt [risíːt リスィート] (★発音に注意)
名詞 ❶ U 受け取ること

❷ C 領収書, レシート

▶Can I have a **receipt**?
領収書をもらえますか?

receive [risíːv リスィーヴ] 動詞
(三単現 **receives** [-z]; 過去・過分
received [-d]; 現分 **receiving**) 他

❶ …を受け取る, 受ける

▶**receive** a gift [call]
贈り物を受け取る[電話を受ける]

▶We **received** a warm welcome.
わたしたちは温かい歓迎を受けた.

くらべよう receive と accept

receive: 単に「受け取る」ことを表します.
▶I **received** his invitation.
わたしは彼の招待状を受け取った.

accept: 積極的に「受け入れる」ことを表します.
▶She **accepted** his proposal.
彼女は彼のプロポーズを受け入れた.

❷ 【スポーツ】(サーブ)をレシーブする

receiver [risíːvər リスィーヴァ] 名詞
❶ C 受取人; (球技で)レシーブする人

❷ C (電話の)受話機; (ラジオ・テレビなどの)受信機, 受像機

recent [ríːsnt リースント] 形容詞
最近の, 近ごろの

▶a **recent** event 最近の出来事

▶in **recent** years ここ数年

recently [ríːsntli リースントり] 副詞
《過去形・現在完了形とともに用いて》

最近, 近ごろ

▶She got married **recently**.
彼女は最近, 結婚した.

▶Have you met Jim **recently**?
最近, ジムに会いましたか?

reception [risépʃn リセプシャン] 名詞
C 歓迎; 歓迎会, レセプション

reception desk [risépʃn dèsk リセプシャン デスク] 名詞
C (ホテルなどの)フロント, 受付

receptionist [risépʃənist リセプショニスト] 名詞 C (ホテル・会社などの)受付係

recess [riːsés リーセス] 名詞
(複数 **recesses** [-iz]) U C 休憩,
休み; (米)(授業と授業の間の)休み時間

recipe [résəpi レセピ] (★発音に注意)
名詞 C (料理の)調理法, レシピ《for ...》

recital [risáitl リサイトゥる] 名詞
C リサイタル, 独奏会, 独唱会

recitation [rèsitéiʃn レスィテイシャン]
名詞 U C 暗唱; 朗読

recite [risáit リサイト] 動詞
(三単現 **recites** [risáits リサイツ];
過去・過分 **recited** [-id]; 現分 **reciting**)
他 …を(人前で)暗唱する, 朗読する;
(米)(生徒が)(学課)を復唱する
——自 暗唱する; (米)課題を暗唱する

reckless [rékləs レックれス] 形容詞
向こう見ずな; (…を)かえりみない《of ...》

recognition [rèkəgníʃn レコグニシャン] 名詞
❶ U (見たり聞いたりして)それとわかること, 見分け

❷ U 《または a recognition で》
認めること, 承認

recognize, (英)recognise
[rékəgnàiz レコグナイズ] (★アクセントに注意) 動詞 (三単現 **recognizes** [-iz];
過去・過分 **recognized** [-d];
現分 **recognizing**) 他

❶ (見たり聞いたりして)…とわかる, …に見覚え[聞き覚え]がある

▶I **recognized** you at once.
すぐにあなただとわかりました.

❷ …を承認する, 認める

▶They **recognized** her talent.
彼らは彼女の才能を認めた.

recollect [rèkəlékt レコれクト] 動詞
他 …を(努力して)思い出す, 回想する
(◆ remember よりかたい語)
——自 思い出す

A B C **D** E F G H I J K L M N O P Q **R** S T U V W X Y Z

recommend [rèkəménd レコメンド]
動詞 他 …を勧(ず)める; …を推薦(ず)する;
《**recommend** ＋もの＋ **to** ＋人で》
(人)に(もの)を推薦する
▶What do you **recommend**?
(レストランで)お勧めは何ですか？
▶I **recommend** this book **to** you.
あなたにこの本をお勧めします.

recommendation [rèkəmendéiʃn
レコメンデイシャン] **名詞**
❶ U 推薦(ず); C 推薦状[文]
▶a letter of **recommendation**
推薦状
❷ U C 勧告(ず), 忠告

*record (★名詞・動詞のアクセン
トのちがいに注意)
——**名詞** [rékərd レカド]
(**複数** **records** [rékərdz レカツ])
❶ C 記録, 記録されたもの;
(運動競技などの)最高記録《for ...》
▶an official **record** 公式記録
▶He set [made] a new **record for**
the high jump.
彼は走り高跳(と)びの新記録を出した.
❷ C (学校の)成績, 経歴
▶a school **record** 学校の成績
❸ C レコード, レコード盤(ば)
——**動詞** [rikɔ́ːrd リコード] (**三単現**
records [rikɔ́ːrdz リコーツ]; **過去・過分**
recorded [-id]; **現分** **recording**)
——他 ❶ …を記録する; …を書き留める
▶**Record** the results of the
experiment.
実験の結果を記録しなさい.
❷ …を録音する; …を録画する
▶I **recorded** the TV program on
(a) DVD.
わたしはそのテレビ番組を DVD に録
画した.
❸ (計器などが)…を示す
——自 録音する, 録画する

recorder [rikɔ́ːrdər リコーダ] **名詞**
❶ C 記録者, 記録係
❷ C 記録装置; 録音機, 録画機
❸ C 【楽器】リコーダー
→ **musical instruments** 図

recording [rikɔ́ːrdiŋ リコーディング]
名詞 ❶ U 録音, 録画, レコーディング
❷ C 録音[録画]に使用するもの
(♦テープ, CD-ROM, DVD-ROM など)

recover [rikʌ́vər リカヴァ] **動詞**
自 (病気などから)回復する《from ...》
▶He **recovered from** his illness.
彼は病気から回復した.
——他 …を取り戻(ど)す; …を回復する
▶She **recovered** her powers.
彼女は体力を取り戻した.

recovery [rikʌ́vəri リカヴァリ] **名詞**
U《または **a recovery** で》(病気などか
らの)回復; 復旧, 復興《from ...》; U 回収

recreation [rèkriéiʃn レクリエイシャン]
名詞 U C 休養, 娯楽(ご), 気晴らし, レク
リエーション

recruit [rikrúːt リクルート] **動詞** 他 (社員・
会員・兵など)を新しく入れる, 募集(ず)する
——自 新人を募集する
——**名詞** C 新入社員, 新会員, 新兵

rectangle [réktæŋgl レクタ ングる]
名詞 C 長方形(♦「正方形」は square)

recycle [riːsáikl リーサイクる]
動詞 (**三単現**
recycles [-z]; **過去・過分** **recycled** [-d];
現分 **recycling**)
他 (廃品(ば))を再生利用する, リサイクルする
▶**recycle** plastic bottles
ペットボトルをリサ イクルする

recycling [riːsáikliŋ リーサイクリング]
名詞 U (廃品(ば)の)
再生, 再生利用,
リサイクル

携帯電話
などのリ
サイクル
ボックス

*red [réd レッド]
——**形容詞** (**比較** **redder**; **最上** **reddest**)
赤い, 赤色の
▶a **red** jacket 赤い上着
▶Stop! The light is **red**.
止まりなさい！ 信号が赤ですよ.
▶She turned **red** with shame.
彼女は恥(は)ずかしくて顔を赤らめた.
——**名詞** U 赤, 赤色; 赤い服
▶Jane is (dressed) in **red**.
ジェーンは赤い服を着ている.

red card [réd káːrd レッド カード] **名詞**
C 【スポーツ】(サッカーなどの)レッド
カード

Red Carpet [réd ká:*r*pit レッド カーペット] 名詞
　C《ふつう the red carpet で》
　(人を迎えるための)赤じゅうたん

Red Cross [réd kró:s レッド クロース]
　名詞《the Red Cross で》国際赤十字社

Red List [réd líst レッド リスト] 名詞
　《the Red list で》レッドリスト(♦絶滅
　のおそれのある野生生物のリスト)

Red Sea [réd sí: レッド スィー] 名詞
　《the Red Sea で》紅海
　(♦アラビア半島とアフリカ大陸の間の海)

reduce [ridjú:s リデュース] 動詞 (三単現
　reduces [-iz]; 過去・過分 **reduced** [-t];
　現分 **reducing**) 他
　❶ (サイズ・数量・程度など)を減らす,
　縮小する
　▶**reduce** prices [waste]
　価格を下げる[むだを減らす]
　❷ …を(よくない状態)にする《to ...》
　▶The fire **reduced** the house **to**
　ashes.
　その火事はその家を灰にした.
　──自 減る, 縮小する; 衰(おとろ)える

reduction [ridÁkʃn リダクシャン] 名詞
　U C 減少(量), 縮小(量); 値下げ(額)

redwood [rédwùd レッドウッド] 名詞
　C【植物】アメリカスギ, イチイモドキ
　(♦セコイア(sequoia)の一種; カリフォ
　ルニア産の巨木(きょぼく))

reed [rí:d リード] 名詞
　❶ C【植物】アシ, ヨシ
　❷ C (クラリネット・サキソホンなどの)
　リード

reef [rí:f リーふ] 名詞 (複数 **reefs** [-s])
　C 岩礁(がんしょう), 暗礁, 砂洲(さす)

reel [rí:l リール] 名詞 C リール
　(♦録音テープ・フィルムなどを巻きつける
　巻き軸(じく)); (釣(つ)り用の)リール (♦(米)
　spool [spú:l スプール])

refer [rifá:*r* リふァ～] (★アクセントに注
　意) 動詞 (三単現 **refers** [-z]; 過去・過分
　referred [-d]; 現分 **referring**) 自
　❶《reter to ... で》…のことを言う,
　…に言及(げんきゅう)する, 触(ふ)れる
　▶In her speech, she **referred to**
　some Japanese customs.
　彼女はスピーチで, いくつか日本の慣習
　について触れた.
　❷《refer to ... で》…を参照[参考に]す
　る

　▶**refer to** a dictionary
　辞典を参照する

referee [rèfərí: レふェリー] (★アクセン
　トに注意) 名詞
　C【スポーツ】レフェリー, 審判(しんぱん)員

reference [réfərəns レふェレンス] 名詞
　❶ U 言及(げんきゅう); C 言及した事項(じこう)
　❷ C U 参照, 参考(♦ ref. と略す)
　▶a **reference** book 参考図書, 資料
　集(♦百科事典・年鑑(ねんかん)・辞書などを指
　す; 学習参考書は a study guide)

refine [rifáin リふァイン] 動詞 (三単現
　refines [-z]; 過去・過分 **refined** [-d];
　現分 **refining**) 他
　❶ …を精製する, 精錬(せいれん)する
　▶**refine** oil 石油を精製する
　❷ (ことばづかいなど)を洗練する;
　(技術など)を磨(みが)く

reflect [riflékt リふレクト] 動詞 他
　❶ (光・熱)を反射する;
　(音)を反響(はんきょう)する
　▶Snow **reflects** sunlight.
　雪は日光を反射する.
　❷ (鏡・水面などが)…を映す
　▶The moon was **reflected** in the
　lake. 月が湖面に映っていた.
　──自 ❶ 反射する
　❷ (…について)よく考える《on ...》

reflection [riflékʃn リふレクシャン]
　名詞 U 反射, 反映; C 映像, 映った影(かげ)

reform [rifɔ́:*r*m リふォーム] 動詞 他
　(制度・法律など)を改善[改良, 改革]する;
　(人)を改心させる
　──名詞 U C 改善, 改良, 改革

refrain [rifréin リふレイン] 名詞
　C (詩歌(しいか)の)繰(く)り返しの句, リフレイ
　ン

refresh [rifréʃ リふレッシ] 動詞 (三単現
　refreshes [-iz]; 過去・過分 **refreshed**
　[-t]; 現分 **refreshing**) 他
　❶ (人の)気分をさわやかにする, …を元
　気づける
　▶The hot shower **refreshed** me.
　熱いシャワーを浴びてさっぱりした.
　❷ (記憶(きおく))を新たにする, よみがえらせる

refreshing [rifréʃiŋ リふレシング] 形容詞
　❶ 新鮮(しんせん)な, 気分を一新させる
　❷ さわやかな, 元気づける

refreshment [rifréʃmənt リふレッシメ
　ント] 名詞
　❶ U 元気の回復; C U 元気を回復させ

るもの(♦少量の飲食物)
❷《**refreshments** で》(会議やパーティーで出される)軽い飲食物

refrigerator [rifrídʒərèitər リふリヂレイタ] (★アクセントに注意) [名詞]
[C] 冷蔵庫(♦《[口語]》fridge)

refugee [rèfjudʒíː レふュヂー]
(★アクセントに注意) [名詞]
[C] (国外への)難民, 避難(ひなん)者; 亡命者

refusal [rifjúːzəl リふューザる] [名詞]
[U] [C] 拒絶(きょぜつ), 辞退, 拒否

refuse [rifjúːz リふューズ] [動詞] ([三単現] **refuses** [-iz]; [過去・過分] **refused** [-d]; [現分] **refusing**)
[他] …を断る, 辞退する, 拒否(きょひ)する
([対義語] accept …を受け入れる);
《**refuse to** +**動詞の原形**で》
…することを拒(こば)む ➡ **reject**
▸She **refused** my offer.
彼女はわたしの申し出を断った.
▸He **refused to** comment.
彼はコメントすることを拒んだ.
—[自] 断る, 辞退する, 拒否する

regard [rigɑ́ːrd リガード] [動詞] [他]
《**regard** +**人・物事**+ **as** +**名詞**[**形容詞**]で》(人・物事)を…とみなす, 考える
▸Some people **regard** him **as** a genius. 彼を天才とみなす人もいる.
—[名詞]
❶ [U] 尊敬, 敬意; 配慮(はいりょ), 心づかい
❷《**regards** で》(伝言・手紙などでの)よろしくというあいさつ
▸Please give my best **regards** to your parents. ご両親にくれぐれもよろしくお伝えください.(♦かたい言い方; 親しい間では Say hello to your parents. などを用いる)
▸With best **regards**,
(手紙の結びで)敬具
with regárd to ... = in regárd to ...
…に関して(は)

reggae [régei レゲイ] (★発音に注意)
[名詞] [U] 《しばしば **Reggae** で》【音楽】
レゲエ(♦ジャマイカ生まれの音楽)

region [ríːdʒən リーヂョン] [名詞]
[C] 地方, 地域([同義語] area)
▸a forest **region** 森林地帯

register [rédʒistər レヂスタ] [名詞]
❶ [U] 記録, 登録; [C] 記録簿(ぼ), 名簿
▸a hotel **register**
ホテルの宿泊(しゅくはく)者名簿
❷ [C] レジスター, 自動記録器
▸a cash **register** レジ, 金銭登録機
—[動詞] [他]
❶ …を登録する, 記録する
▸**register** the birth of a baby
赤ちゃんの出生届を出す
❷ (計器が)…を示す; (感情)を表す
❸ (郵便物)を書留にする
—[自] 登録する

regret [rigrét リグレット] [動詞] ([三単現] **regrets** [rigréts リグレッツ]; [過去・過分] **regretted** [-id]; [現分] **regretting**)
[他] …を残念に思う, 後悔(こうかい)する;
《**regret** + **...ing** [**that 節**] で》
…したことを残念に思う, 後悔する;
《**regret to** +**動詞の原形**で》
残念ながら…する
▸Sue **regrets** her careless act.
スーは自分の不注意な行動を後悔している.
▸I **regretted making** fun of Tom.
トムをからかったことを後悔した.
▸I **regret to** say **(that)** the experiment was a failure.
残念ながら, 実験は失敗だったと言わなければなりません.
—[名詞] [C] [U] 残念; 後悔

regular [régjələr レギュら] [形容詞]
❶ 規則正しい, 規則的な
([対義語] irregular 不規則な); 整った
▸lead a **regular** life
規則正しい生活を送る
▸have **regular** teeth 歯並びがよい
❷ 正規の, 正式の
▸a **regular** player
正選手, レギュラー
❸ 定期の; 一定の, 決まった; いつもの
▸a **regular** meeting 定例会議
❹《[米]》(サイズなどが)標準の, ふつうの; 並みの, 一般的な
▸**regular** French fries
レギュラーサイズのフライドポテト
—[名詞] [C] 正選手, レギュラー

regularly [régjələrli レギュらりィ] [副詞]
規則正しく, きちんと; 定期的に

regulation [règjəléiʃn レギュれイシャン]
[名詞] [C]《しばしば **regulations** で》
規則, 規定([同義語] rule); [U] 規制; 調節
▸school **regulations** 校則

rehabilitation [rìːhəbilitéiʃn リーハビりテイシャン] [名詞]

a b c d **e** f g h i j k l m n o p q **r** s t u v w x y z

U リハビリテーション, 社会復帰訓練

rehearsal [rihə́ːrsl リハ～スる] 名詞
U C (劇・演奏会などの)リハーサル, 下げいこ, 予行演習

reign [réin レイン] (★発音に注意) 名詞
C 治世, 在位期間; U 統治, 支配
——動詞 ⾃ 君臨する; (国などを)支配する, 統治する《over ...》

reindeer [réindiər レインディア] 名詞
(複数 reindeer または reindeers [-z])
C 【動物】トナカイ

reject [ridʒékt リヂェクト] 動詞
他 …を(断固として)拒絶する, 拒否する(◆ refuse より断り方が強い)
▶reject an offer 申し出を拒絶する

rejection [ridʒékʃn リヂェクシャン]
名詞 U C 却下; 拒絶, 拒否

rejoice [ridʒɔ́is リヂョイス] 動詞 (三単現
rejoices [-iz]; 過去・過分 rejoiced [-t];
現分 rejoicing) 他 …を喜ばせる
——⾃ (…を)喜ぶ《at [over] ...》
▶She rejoiced at my success.
彼女はわたしの成功を喜んでくれた.

relate [riléit リれイト] 動詞
(三単現 relates [riléits リれイツ];
過去・過分 related [-id]; 現分 relating)
⾃ (…に)関係がある《to ...》
——他 ❶ …を(…に)関係させる《to ...》
❷ …を(…に)話す, 語る《to ...》

relation [riléiʃn リれイシャン] 名詞
❶ U 関係;《relations で》
(人・組織との具体的な)関係, 人間関係
▶relations between Japan and America 日米関係
❷ C 親類, 親戚(◆ relative のほうがふつう); U 親類関係

relationship [riléiʃnʃip リれイシャンシップ] 名詞 C U 関係, 関連, 結びつき;
U 親類関係

relative [rélətiv レらティヴ] 形容詞
❶ (…に)関係のある, 関連している
《to ...》
❷ 相対的な(対義語 absolute 絶対的な)
——名詞 C 親類(の人); 身内
▶He is a near relative of mine.
彼はわたしの近い親類だ.

relatively [rélətivli レらティヴり] 副詞
比較的, わりあいに; 相対的に

relax [rilǽks リらックス] 動詞 (三単現
relaxes [-iz]; 過去・過分 relaxed [-t];
現分 relaxing) 他

❶ (人)をくつろがせる, リラックスさせる
▶Music always relaxes me.
音楽はいつもわたしをくつろいだ気分にしてくれる.
❷ (規則など)をゆるめる
▶relax school rules
校則を緩和する
——⾃ (人が)くつろぐ, リラックスする;
(緊張などが)ほぐれる

relay [ríːlei リーれイ] (★アクセントに注意) 名詞 ❶ C 【スポーツ】リレー競走(=relay race) ⇒ track and field 図
❷ C (ラジオ・テレビの)中継(放送)
❸ C (仕事などの)交替; 交替要員
——動詞 他 …を中継放送する;
(伝言など)を取り次ぐ

release [rilíːs リリース] 動詞 (三単現
releases [-iz]; 過去・過分 released
[-t]; 現分 releasing) 他
❶ …を解放する, 放す, 自由にする
▶release a fox from a trap
キツネをわなから解放する
❷ (ニュースなど)を公表する; (CD など)を発売する; (映画)を劇場公開する
❸ (ガス・熱など)を発散する, 放出する
——名詞 ❶ U C 解放, 免除; U 放出
❷ U (ニュースなどの)公表; (CD などの)発売; (映画の)劇場公開

reliable [riláiəbl リらイアブる] 形容詞
信頼できる; 確実な

relief [rilíːf リリーふ] 名詞
❶ U (不安・苦痛などを)和らげること;
U《または a relief で》ほっとすること, 安心
▶The news gave me some relief.
その知らせを聞いて少しほっとした.
❷ U 救助; 救援物資
❸ U 交替; C 交替する人
▶a relief pitcher リリーフピッチャー

relieve [rilíːv リリーヴ] 動詞 (三単現
relieves [-z]; 過去・過分 relieved [-d];
現分 relieving) 他
❶ (苦痛・心配など)を和らげる;
(人)を安心させる; …を救助する
▶This medicine will relieve your pain.
この薬はあなたの痛みを和らげます.
❷ (人)と交替する, (人)を交替させる

religion [rilídʒən リリヂョン] 名詞
U 宗教; C …教; 信仰
▶believe in religion 宗教を信仰する

A B C D **E** F G H I J K **L** M N O P **Q** **R** S T U V W X Y Z

religious [rilídʒəs リリヂャス] 形容詞
宗教(上)の; 信心深い, 敬けんな

reluctant [rilʌ́ktənt リラクタント] 形容詞
いやいやながらの;《be reluctant to ＋
動詞の原形で》…するのは気が進まない
▶I'm **reluctant to** meet her.
彼女に会うのは気が進みません.

rely [rilái リライ] 動詞
(三単現 **relies** [-z]; 過去・過分 **relied** [-d];
現分 **relying**)
⊜《rely on [upon] ... で》
(…を)…にたよる, …を当てにする《for ...》;
《rely on [upon]＋人＋to＋動詞の
原形[...ing]で》
(人)が…するのを当てにする
(同義語 depend)
▶He always **relies on** others.
彼はいつも他人をたよる.
▶You can **rely on** me **to** help you.
わたしの助けを当てにしていいですよ.

remain [riméin リメイン]
——動詞 (三単現 **remains** [-z]; 過去・過分
remained [-d]; 現分 **remaining**) ⊜
❶ 残る; とどまる
▶They left the town, but Jack
remained.
彼らは町を去ったが, ジャックは残った.
❷ …のままである
▶She **remained** silent during the
meal. 食事中, 彼女は黙(ﾟﾏﾞ)っていた.
——名詞《**remains** で複数あつかい》
残り, 残り物; 遺体; 遺跡(ﾟﾏﾞ)

remark [rimάːrk リマーク] 名詞
◎ 意見, 感想, 寸評
▶She made a **remark** about the
painting.
彼女はその絵について意見を述べた.
——動詞 ⊕ (意見・感想などとして)…と言
う, 述べる《that 節》
▶He **remarked that** the movie
was great.
その映画はすばらしいと彼は言った.

remarkable [rimάːrkəbl リマーカブる]
形容詞 注目すべき, 目立った

remarkably [rimάːrkəbli リマーカブり]
副詞 非常に, 目立って, 著(ﾟﾏﾞ)しく

remedy [rémədi レメディ] 名詞
(複数 **remedies** [-z])
❶ Ⓤ Ⓒ 治療(ﾟﾏﾞﾁﾞ), 治療法[薬]
❷ Ⓒ Ⓤ 改善方法, 救済策

＊remember [rimémbər
リメンバ] 動詞 (三単現 **remembers** [-z];
過去・過分 **remembered** [-d];
現分 **remembering**)
——⊕
❶ …を思い出す; …を覚えている
❷ 忘れずに…する
❸ …したことを覚えている
❹ …のことを～によろしく伝える

❶ …を思い出す; …を覚えている;
《remember＋that 節[wh- 節]で》
…ということを[…かを]思い出す, 覚えて
いる(対義語 forget 忘れる)
▶I can't **remember** the man's
name. その男性の名前が思い出せない.
▶I still **remember** her happy
smile. わたしは彼女のうれしそうな
笑顔を今でも覚えている.
▶Of course, I **remember** (that)
today is your birthday.
もちろん今日があなたの誕生日だって
ことは覚えています.
▶I can't **remember** what the
title of the movie is.
わたしはその映画のタイトルが何か思い
出せない.
❷《remember to＋動詞の原形で》
忘れずに…する ➡ ルール
▶Please **remember to** call me.
忘れずに電話をください.
❸《remember＋...ing で》
…したことを覚えている
▶Do you **remember meeting** me
in London? ロンドンでわたしに会っ
たことを覚えていますか?

ルール **remember のあとの動詞の形**

1 「過去に…したことを覚えている」は
「remember＋...ing」で表します.
▶I **remember seeing** her.
わたしは彼女に会ったことを覚えて
いる.
2 「これから…することを覚えておく」
「忘れずに…する」は「remember to＋
動詞の原形」で表します.
▶Please **remember to see** her.
忘れずに彼女に会ってください.

❹《remember ... to ～で》
…のことを～によろしく伝える

▶Please **remember** me **to** your parents.
ご両親によろしくお伝えください.

——⒠ 思い出す; 覚えている

▶Now, I **remember**. ああ, 思い出した.

remind [rimáind リマインド] **動詞**
⒣ (人)に(…を)思い出させる, 気づかせる((of ...))

▶This song **reminds** me **of** my childhood.
この歌を聞くと子供のころを思い出す.

remote [rimóut リモウト] **形容詞**
(**比較** **remoter** または **more remote**; **最上** **remotest** または **most remote**)
(距離・時間・関係が)遠い

removal [rimú:vl リムーヴル] **名詞**
❶ Ⓤ Ⓒ 除去, 取りはずし; 解任
❷ Ⓤ Ⓒ (英)移動, 引っ越し

remove [rimú:v リムーヴ] **動詞** (**三単現** **removes** [-z]; **過去・過分** **removed** [-d]; **現分** **removing**)
⒣ …を取り除く, 取り去る, 片づける; (衣服など)を脱ぐ

▶**remove** a stain from a shirt
シャツのしみを取り除く

▶She **removed** the dishes from the table.
彼女はテーブルから皿を片づけた.

——⒠ 引っ越す, 移転する

Renaissance [rènəsá:ns レナサーンス] **名詞** 《**the Renaissance** で》
ルネサンス, 文芸復興(♦14〜16世紀にイタリアを中心にヨーロッパで起こった文学・芸術の改革運動)

renew [rinjú: リニュー] **動詞** ⒣
❶ (活動など)を再開する
❷ (元気・力など)を回復する, 取り戻す; (友情など)を復活させる
❸ …を更新する

▶**renew** one's driver's license
運転免許証を更新する

❹ (古くなったもの)を取り替える

renewable [rinjú:əbl リニューアブル] **形容詞** ❶ 再生可能な
▶**renewable** energy
再生可能なエネルギー
❷ (契約など)が更新可能な

rent [rént レント] **動詞** ❶
❶ (使用料を払い)…を借りる
➡ **borrow** くらべよう
▶He **rented** a car. 彼は車を借りた.

❷ (主に米)…を賃貸しする
(♦しばしば out をともなう; (英)let)
——**名詞** Ⓤ Ⓒ (…の)賃貸料, 使用料, レンタル料(for ...)

for rént (米)賃貸の(♦(英)to let)
▶House [Room] **for Rent**
(= **For rent**) **(掲示)**貸家[貸間あり]

rent-a-car [réntəkà:r レンタカー] **名詞** Ⓒ (米)レンタカー

rental [réntl レントゥル] **名詞**
❶ Ⓒ (家・車などの)賃貸料, 使用料
❷ Ⓒ 賃貸の物件(♦貸家・レンタカー・貸し衣装などを指す)
——**形容詞** 賃貸の, レンタルの

repair [ripéər リペア] **動詞**
⒣ …を修理する, 直す
➡ **mend** くらべよう
▶Will you **repair** this clock?
この時計を修理してくれますか?

——**名詞** Ⓤ 修理; 回復; Ⓒ《しばしば **repairs** で》修理作業[工事]
under repáir 修理中で
▶The bridge is **under repair**.
その橋は補修工事中だ.

repeat [ripí:t リピート] **動詞**
(**三単現** **repeats** [ripí:ts リピーツ]; **過去・過分** **repeated** [-id]; **現分** **repeating**)
——⒣ …を繰り返し言う; …を繰り返す
▶She **repeated** the question.
彼女はその質問を繰り返した.
——⒠ 繰り返し言う; 繰り返す
▶**Repeat** after me.
(授業で先生が生徒に)わたしのあとについて言いなさい.

repeatedly [ripí:tidli リピーティッドり] **副詞** 繰り返して, たびたび

repetition [rèpitíʃn レペティシャン] **名詞** Ⓒ Ⓤ 繰り返し, 反復; 復唱

replace [ripléis リプれイス] **動詞** (**三単現** **replaces** [-iz]; **過去・過分** **replaced** [-t]; **現分** **replacing**) ⒣
❶ …に取って代わる; …を(…と)取り替える(with [by] ...)
▶He **replaced** the old tires with [by] new ones. 彼は古いタイヤを新しいものと取り替えた.
❷ …を(もとの場所に)返す, 戻す
▶Sarah finished the call and **replaced** the receiver. サラは電

A B C D **E** F G H I J K L M N O **P** Q **R** S T U V W X Y Z

話を終え，受話器をもとに戻した．

replacement [ripléismənt リプレイス
メント] 名詞 ❶ U 取り替(か)え，交換(こう)
❷ C （…の）代わりの人［もの］；
（…の）代用品《for ...》

replica [réplikə レプリカ] 名詞
C レプリカ，複製品，正確な模写

reply [riplái リプライ]
──動詞 （三単現 replies [-z]；
過去・過分 replied [-d]；現分 replying）
──自 （…に）返事をする，答える《to ...》
（◆ answer よりかたい語；
対義語 ask たずねる）
He didn't **reply to** my question.
彼はわたしの質問に答えなかった．
──他 …と答える
▶Emily **replied** that she had no
comment.
エミリーはノーコメントだと答えた．
──名詞 （複数 replies [-z]）C 答え，返事
▶I got her **reply** today.
今日，彼女から返事をもらった．

report [ripɔ́ːrt リポート]
──名詞 （複数 reports [ripɔ́ːrts リポー
ツ]）❶ C （…についての）報告，報告書，
レポート；報道，記事《of [on] ...》
▶I gave a **report on** yesterday's
meeting.
わたしは昨日の会議の報告をした．
▶TV **reports** テレビ報道
▶a weather **report** 天気予報
❷ C 《英》成績表，通信簿(ぼ)
（◆《米》report card）
──動詞 （三単現 reports [ripɔ́ːrts リポー
ツ]；過去・過分 reported [-id]；
現分 reporting）
──他 （…に）…を報告する《to ...》；
…を報道する
▶He **reported** the accident **to** the
police. 彼は事故を警察に通報した．
──自 （…について）報告する《on ...》；
（…の）記者を務める《for ...》；
（…に）出頭する《to ...》
▶The radio news is **reporting on**
a forest fire. ラジオのニュースが森
林火災を報じている．

reporter [ripɔ́ːrtər リポータ] 名詞
C 報道記者，レポーター；報告者，通報者

represent [rèprizént レプリゼント] 動詞 他

❶ …を表現する，えがく；…を象徴(しょう)する
▶What does the mark **represent**?
そのマークは何を表していますか？
❷ …を代表する，…の代理をする
▶He **represented** our school.
彼はわたしたちの学校の代表をつとめた．

representative [rèprizéntətiv レプリゼ
ンタティヴ] 名詞 C 代理人，代表者；代議士
──形容詞 代表的な，（…を）代表する
《of ...》；代理の，代表の

reproduce [riːprədjúːs リープロデュース]
動詞 （三単現 reproduces [-iz]；
過去・過分 reproduced [-t]；
現分 reproducing）
──他 …を再生する，再現する；…を複製［複
写］する；（生物）を繁殖(はんしょく)させる
──自 再生できる；複製［複写］できる；
繁殖する

reproduction [rìːprədʌ́kʃn リープロ
ダクシャン] 名詞
❶ U 再生，再現
❷ U C 複製，複写，模造(品)
❸ U 繁殖(はんしょく)

republic [ripʌ́blik リパブリック] 名詞
C 共和国

republican [ripʌ́blikən リパブリカン]
形容詞 ❶ 共和国の；共和制の
❷《Republican で》
（アメリカの）共和党(員)の
──名詞 ❶ C《Republican で》
（アメリカの）共和党員
❷ C 共和主義者

Republican Party [ripʌ́blikən
pɑ́ːrti リパブリカン パーティ] 名詞
《the Republican Party で》
（アメリカの）共和党
（◆民主党(the Democratic Party)と
ともにアメリカの二大政党の一つ）

reputation [rèpjətéiʃn レピュテイシャン]
名詞 U《または a reputation で》評判；
名声
▶She has **a** good **reputation**.
彼女は評判がいい．

request [rikwést リクウェスト] 名詞
C 願い，たのみ；リクエスト(曲)
▶Any **request**? 何かご要望は？
by requést 求めに応じて
on requést 請求(せいきゅう)がありしだい
──動詞 他 （人）にたのむ；…を要求する
（◆ ask よりかたい語）
▶**request** help 援助(えんじょ)を要請(ようせい)する

require [rikwáiər リクワイア] [動詞] ([三単現] **requires** [-z]; [過去・過分] **required** [-d]; [現分] **requiring**)
[他] …を必要とする, 要する(♦ need よりかたい語); (…することを)…に要求する《to +動詞の原形》(♦ふつう受け身の形で)
▸My job **requires** computer skills. わたしの仕事はコンピューターの技能を必要とする.
▸Passengers **are required** to wear seat belts. 乗客はシートベルトを着用しなければならない.

requirement [rikwáiərmənt リクワイアメント] [名詞]
[C]《ふつう **requirements** で》必要なもの, 必需(ひつじゅ)品; 要求されるもの; (…の)必要条件, 資格《for ...》

rescue [réskju: レスキュー] [動詞] ([三単現] **rescues** [-z]; [過去・過分] **rescued** [-d]; [現分] **rescuing**)
[他] …を(危険な状況(じょうきょう)・場所から)救い出す《from ...》([同義語] save)
▸She **rescued** a child **from** the fire. 彼女が子供を火事から救い出した.
—[名詞] [U] [C] 救助, 救出

research [risə́:rtʃ リサ〜チ] [名詞] ([複数] **researches** [-iz])
[U]《または **researches** で》(…の)(科学的な)研究, 調査, リサーチ《into [on] ...》
▸do **research into** [**on**] viruses ウイルスの研究をする

researcher [risə́:rtʃər リサ〜チャ] [名詞] [C] 研究者, 調査員

resemblance [rizémbləns リゼンブらンス] [名詞] [U] 類似; [C] (…との / …間の)類似点《to ... / between ...》

resemble [rizémbl リゼンブる] [動詞] ([三単現] **resembles** [-z]; [過去・過分] **resembled** [-d]; [現分] **resembling**)
[他] …に似ている(♦進行形にしない)
▸Ann **resembles** her mother. アンは母親に似ている.

reservation [rèzərvéiʃn レザヴェイシャン] [名詞] [C] (部屋・座席などの)予約, 指定
▸make a **reservation** 予約をする

reserve [rizə́:rv リザ〜ヴ] [動詞] ([三単現] **reserves** [-z]; [過去・過分] **reserved** [-d]; [現分] **reserving**) [他]
❶ …を(…のために)取っておく《for ...》
▸He **reserved** the whole day **for** her. 彼はまる1日を彼女のために空けておいた.
❷ (部屋・座席など)を予約する (♦《主に英》book)
▸I **reserved** a room at the hotel. わたしはそのホテルに部屋を予約した.
—[名詞] ❶ [C]《しばしば **reserves** で》蓄(たくわ)え, 備え
❷ [U] 遠慮(えんりょ), 控(ひか)えめ

reserved [rizə́:rvd リザ〜ヴド] [形容詞]
❶ 予備の; 予約済みの, (席などが)指定の
❷ 控(ひか)えめな, 遠慮(えんりょ)がちな

residence [rézidəns レズィデンス] [名詞]
[C] 住宅, (大)邸宅(ていたく)(♦かたい語); [U] 居住

resident [rézidənt レズィデント] [名詞]
[C] 住民, 居住者

resign [rizáin リザイン] (★発音に注意)
[動詞] [他] …を辞職[辞任]する
—[自] (…を)辞職[辞任]する《from ...》

resignation [rèzignéiʃn レズィグネイシャン] [名詞] ❶ [C] [U] (会社・職などからの)辞職, 辞任《from ...》; [C] 辞表
❷ [U] あきらめ

resist [rizíst リズィスト] [動詞] [他]
❶ …に抵抗(ていこう)する, 反抗する; (化学作用・病気など)に耐(た)える
▸**resist** the military government 軍事政権に抵抗する
❷ …を我慢(がまん)する, こらえる (♦ふつう否定文で)

resistance [rizístəns リズィスタンス] [名詞] ❶ [U]《または **a resistance** で》(…に対する)抵抗(ていこう), 反抗; 抵抗力《to ...》
❷ [U]《しばしば **the Resistance** で単数または複数あつかい》(地下)抵抗運動組織, レジスタンス

resolution [rèzəlú:ʃn レゾるーシャン] [名詞] ❶ [C] 決意, 決心
▸New Year('s) **resolutions** 新年の決意
❷ [C] 決議(案); 決議文
❸ [U]《または **a resolution** で》(問題・争いなどの)解決; (疑問などの)解明

resolve [rizálv リザるヴ] [動詞] ([三単現] **resolves** [-z]; [過去・過分] **resolved** [-d]; [現分] **resolving**) [他]
❶ (問題など)を解決する; (疑いなど)を晴らす
▸**resolve** a problem 問題を解決する

A B C D E F G H I J K L M N O P Q R S T U V W X Y Z

❷《**resolve to** ＋動詞の原形で》
…しようと決心する, 決意する
▸She **resolved to** go to college.
彼女は大学に進学しようと決心した.
❸ …を決議する

resort [rizɔ́ːrt リゾート] 名詞
Ｃ 行楽地, 保養地
▸a summer **resort** 避暑(ひ)地

resource [ríːsɔːrs リーソース] 名詞
Ｃ《ふつう **resources** で》資源
▸natural **resources** 天然資源

respect [rispékt リスペクト] 名詞
❶ Ｕ（…に対する）尊敬, 敬意; 尊重
《for ...》
▸I have **respect for** my parents.
わたしは両親を尊敬している.
❷ Ｃ 点, 箇所(しょ)
▸in every **respect** あらゆる点で
❸《**respects** で》よろしくとの伝言
――動詞 他 …を尊敬する, 尊重する
（同義語 look up to, 対義語 despise
…を軽蔑(けい)する）
▸I **respect** Ms. Baker.
わたしはベーカー先生を尊敬している.
▸Tom **respected** my wishes.
トムはわたしの希望を尊重してくれた.

respectable [rispéktəbl リスペクタブる]
形容詞 （世間的に）まともな; 見苦しくない

respectful [rispéktfl リスペクトふる]
形容詞 （人・ことに）敬意を表す, ていねい
な, 礼儀(ぎ)正しい

respective [rispéktiv リスペクティヴ]
形容詞《複数名詞の前に用いて》
それぞれの, めいめいの

respond [rispánd リスパンド] 動詞 自
（…に）答える, 応じる;（…に）反応する
《to ...》
▸**respond to** a question
質問に答える

response [rispáns リスパンス] 名詞
Ｕ Ｃ（…への）応答; 反応《to ...》
▸make [give] no **response to** ...
…に答えない

responsibility [rispànsəbíləti リスパ
ンスィビりティ] 名詞
（複数 **responsibilities** [-z]）
Ｕ 責任, 義務; Ｃ 責任を負うもの;（個々の）
責任
▸a sense of **responsibility** 責任感
▸take **responsibility** 責任を取る

responsible [rispánsəbl リスパンスィ

ブる] 形容詞 （人が）（物事に対して）責任
がある《for ...》;（人が）信頼(らい)できる;
（物事が）（…の）原因である《for ...》
▸I'm **responsible for** this accident.
この事故の責任はわたしにあります.

⋆rest¹
[rést レスト]
――名詞 （複数 **rests** [résts レスツ]）
Ｃ Ｕ 休み, 休息, 休養; 休止, 睡眠(みん)
（類語 break 小休止）
▸have [take] a **rest** ひと休みする
▸Did you have a good **rest**?
よくお休みになれましたか?
――動詞 （三単現 **rests** [résts レスツ];
過去・過分 **rested** [-id]; 現分 **resting**）
――自 休む, 休息する; 眠(ねむ)る
▸Let's **rest** for a while.
少し休みましょう.
――他 …を休ませる, 休息させる

rest² [rést レスト] 名詞
《the **rest** で》残り, 残りのもの[人]
（◆数えられるものを指す場合は複数あつ
かい, 数えられないものを指す場合は単数
あつかい）
▸**The rest** of the cake is in the
fridge. ケーキの残りは冷蔵庫にある.
▸Jim is Canadian, and **the rest**
are British. ジムはカナダ人で, そ
のほかの人たちはイギリス人だ.

⋆restaurant
[réstərənt レストラント] 名詞
Ｃ レストラン, 料理店
▸a Chinese [fast-food] **restaurant**
中国料理店[ファストフード店]

アメリカのレストラン

restless [réstləs レストれス] 形容詞
❶ 落ち着きのない, そわそわした
❷ 眠(ねむ)れない, 休めない

restore [ristɔ́ːr リストーア] 動詞 （三単現
restores [-z]; 過去・過分 **restored** [-d];
現分 **restoring**）他
❶ …を（…に）戻(もど)す, 返還(かん)する《to ...》
（同義語 return）
❷ （秩序(ちつ)・健康など）を回復させる;
（建物など）を修復する;

(人)を(もとの地位に)復帰させる《to ...》

restrain [ristréin リストゥレイン] 動詞
他 (感情など)を抑(ホミ)える; …を制限する

restrict [ristríkt リストゥリクト] 動詞
他 (行動・動き・量・範囲(はんい)など)を(…に)制限する《to ...》

restriction [ristríkʃn リストゥリクシャン] 名詞 C U (…に対する)制限, 制約, 規則《on ...》

rest room [rést rùːm レスト ルーム] 名詞 C (米)(ホテル・劇場などの)手洗い, 化粧(けしょう)室, トイレ(◆家庭のものは, ふつう bathroom という)

***result** [rizʌ́lt リザるト]
——名詞 (複数 results [rizʌ́lts リザるツ])
C U 結果(同義語 effect), 結末;
C (試験や試合などの)成績, 結果
▸the **result** of the experiment
実験結果

as a result (…の)結果として《of ...》

——動詞 (三単現 results [rizʌ́lts リザるツ]; 過去・過分 resulted [-id];
現分 resulting) 自
❶《result from ... で》…から結果として生じる
▸The accident **resulted from** the driver's carelessness.
その事故は運転者の不注意から起きた.
❷《result in ... で》…という結果になる, …に終わる
▸Her efforts **resulted in** success.
彼女の努力は成功につながった.

retire [ritáiər リタイア] 動詞
(三単現 retires [-z]; 過去・過分 retired [-d]; 現分 retiring)
自 (…を)退職する, 引退する; (試合などから)リタイアする, 途中(とちゅう)退場する《from ...》
▸Chris **retired from** the company.
クリスはその会社を退職した.

***return** [ritə́ːrn リターン]
——動詞 (三単現 returns [-z]; 過去・過分 returned [-d]; 現分 returning)

——自 帰る, 戻る;
(季節などが)再び訪(おとず)れる
(同義語 come back, go back)
▸They **returned** to Japan last week. 彼らは先週, 日本に帰国した.
——他 …を(…に)返す, 戻す《to ...》
▸I have to **return** this book **to** John tomorrow. 明日, ジョンにこの本を返さなければならない.

——名詞 (複数 returns [-z])
❶ U C 帰り, 帰宅, 帰国
▸I'm waiting for her **return**.
わたしは彼女の帰りを待っている.
❷ C (…に対する)お返し, 返礼, 返事《for ...》; U 返すこと
❸ C (季節などが)再び巡(めぐ)ってくること
▸Many happy **returns** (of the day)! 今日のよき日が何度も巡ってきますように. (◆バースデーカードにそえることば)

in return
(…の)お返しに, お礼に《for ...》
▸I invited him to dinner **in return for** his help. 手伝ってくれたお礼に, わたしは彼を夕食に招いた.
——形容詞 帰りの; 返礼の; 2度目の;
(英)往復の
▸a **return** ticket (英)往復切符(きっぷ)
(◆(米)a round-trip ticket)

reunion [riːjúːnjən リーユーニョン] 名詞 U 再会; C 再会の集まり, 同窓会
▸a class **reunion** クラスの同窓会

reuse (★動詞・名詞の発音のちがいに注意) 動詞 [riːjúːz リーユーズ] (三単現 reuses [-iz]; 過去・過分 reused [-d];
現分 reusing) 他 …を再利用する
——名詞 [riːjúːs リーユース] U 再利用

reveal [rivíːl リヴィーる] 動詞
他 …を(…に)明らかにする, (秘密など)を(…に)もらす《to ...》; (見えなかったもの)を見せる

revenge [rivéndʒ リヴェンヂ] 名詞
U 復讐(ふくしゅう), 仕返し; (スポーツなどでの)雪辱(せつじょく)
——動詞 (三単現 revenges [-iz];
過去・過分 revenged [-d]; 現分 revenging) 他 …のかたきを討(う)つ, (侮辱(ぶじょく)など)に仕返しをする

reverse [rivə́ːrs リヴァ〜ス] 名詞
❶《the reverse で》逆, 反対; 逆転;
U C (車などの)逆進, バック

A B C D E F G H I J K L M N O P Q R S T U V W X Y Z

❷《the reverse で》裏, 裏面(ﾒﾝ)
▶See the reverse.
　裏面を見よ.
——動詞 (三単現 reverses [-iz];
過去・過分 reversed [-t];
現分 reversing) 他 …を逆にする, 反対にする, 裏返す; …を後退させる
——形容詞《名詞の前に用いて》
逆の, 反対の; 裏の; バックの, 逆進の
▶in reverse order　逆の順序に

reversible [rivə́ːrsəbl リヴァ〜スィブる]
形容詞 逆にできる, もとに戻(ﾓﾄ)せる;
(衣類が)両面着られる, リバーシブルの

review [rivjúː リヴュー] 動詞 他
❶ …をよく調べる, 見直す;
(米)…を復習する(♦(英)revise)
▶review the last lesson
　前回の授業の復習をする
❷ …を批評する, 論評する
▶review a book　書評をする
——名詞 ❶ U C 再調査; (米)復習;
C 復習問題
❷ U C 批評, 論評; C 論評記事

revise [riváiz リヴァイズ] 動詞 (三単現
revises [-iz]; 過去・過分 revised [-d];
現分 revising) 他
❶ (本など)を改訂(ｶｲﾃｲ)する;
(意見・法律など)を改める, 修正する
❷ (英)…を復習する(♦(米)review)

revision [rivíʒn リヴィジャン] 名詞
❶ U C 改訂(ｶｲﾃｲ), 修正; C 改訂版
❷ U (英)復習(♦(米)review)

revival [riváivl リヴァイヴる] 名詞
U C 生き返ること; (健康などの)回復;
(伝統などの)復活; 再上映, 再演

revive [riváiv リヴァイヴ] 動詞 (三単現
revives [-z]; 過去・過分 revived [-d];
現分 reviving) 自
❶ 生き返る; 回復する; よみがえる
❷ 復活[復興]する
——他 ❶ …を生き返らせる;
…を回復させる; …をよみがえらせる
❷ …を復活[復興]させる
❸ …を再上映[再演]する

revolution [rèvəlúːʃn レヴォるーシャン]
名詞 ❶ U C 革命; C 大変革
▶the French Revolution
　フランス革命
❷ U C (天体などの)回転; 公転

revolutionary [rèvəlúːʃənèri レヴォ
るーシャネリ] 形容詞 革命の; 革命的な

revolve [riválv リヴァるヴ] 動詞 (三単現
revolves [-z]; 過去・過分 revolved [-d];
現分 revolving) 自 回転する, 回る
▶The moon revolves around the
earth.　月は地球の周りを回る.
——他 …を回転させる, 回す

revolver [riválvər リヴァるヴァ] 名詞
C リボルバー(♦回転式連発ピストル)

reward [riwɔ́ːrd リウォード] 名詞
U C 報酬(ﾎｳｼｭｳ), ほうび, 報(ﾑｸ)い; C 賞金
——動詞 他 (…に対して)…に報酬をあたえる; …に報いる《for ...》

rewrite [riːráit リーライト] 動詞
(三単現 rewrites [riːráits リーライツ];
過去 rewrote [riːróut リーロウト];
過分 rewritten [riːrítn リーリトゥン];
現分 rewriting) 他 …を書き直す

Reyhan Jamalova
[réihən dʒáməlòuvə レイハン ヂャマろウ
ヴァ] 名詞 【人名】レイハン・ジャマロバ
(♦ 2002-; 15歳のとき, 雨を利用して電力を発生させる装置を発明したアゼルバイジャンの女性)

Rhine [ráin ライン] 名詞
《the Rhine で》ライン川
(♦スイスに発し, ドイツ・オランダなどを流れ, 北海に注ぐ川)

rhino [ráinou ライノウ] 名詞 (複数 rhino
または rhinos [-z]) C 【口語】【動物】サイ
(♦ rhinoceros を短縮した語)

rhinoceros [rainásərəs ライナセラス]
名詞 (複数 rhinoceros または
rhinoceroses [-iz])
C 【動物】サイ(♦【口語】rhino)

Rhode Island [ròud áilənd ロウド アイ
らンド] 名詞 ロードアイランド州
(♦アメリカ北東部の州; R.I. または
【郵便】で RI と略す)

rhyme [ráim ライム](★発音に注意)
名詞 ❶ U 韻(ｲﾝ)(♦単語や, 特に詩の行末で同じ音を繰(ｸ)り返すこと)
❷ C 同韻語; (韻を踏(ﾌ)んだ)詩

rhythm [ríðm リズム](★発音に注意)
名詞 U C (音楽・ことばなどの)リズム,
調子

rhythmic [ríðmik リずミック] 形容詞
リズムのある, リズミカルな

rhythmical [ríðmikl リずミクる] 形容詞
= rhythmic(リズムのある)

RI 【郵便】ロードアイランド州
(♦ Rhode Island の略)

Rialto Bridge [riǽltou brídʒ リあるトウ ブリッヂ] 名詞 《**the Rialto Bridge**で》リアルト橋(◆イタリアのベネチアにある大運河にかかる4つの橋の1つ)

rib [ríb リブ] 名詞 C 肋骨(ミラ), あばら骨; (骨つきの)あばら肉

ribbon [ríbn リボン] 名詞 C U リボン
▶tie a **ribbon** around a gift box プレゼントの箱にリボンを結ぶ

rice [ráis ライス] 名詞
U 米, 稲(マ); ご飯
▶grow **rice** 稲を育てる
▶boil [cook] **rice** ご飯をたく
▶**rice** cake もち
▶**rice** pudding ライスプディング(◆米・砂糖・牛乳で作る甘(ホョ)いデザート)

rice field [ráis fi:ld ライス ふぃーるド] 名詞 C 水田(同義語 paddy field)

rich [rítʃ リッチ] 形容詞
(比較 **richer**; 最上 **richest**)
❶ 金持ちの, 裕福(ホ)な, 富んだ(同義語 wealthy, 対義語 poor 貧しい)
▶a **rich** country 富める国
▶the **rich** 裕福な人々(◆「the +形容詞」で「…な人々」の意味)
❷ 豊かな; (土地が)肥(ニ)えている; (食べ物が)栄養価が高い, こってりした; 《**be rich in ...** で》…が豊富である
▶**rich** land 肥えた土地
▶This country **is rich in** water. この国は水が豊富だ.
❸ 貴重な, 高価な, ぜいたくな

riches [rítʃiz リチズ] 名詞
《複数あつかいで》富, 財産(同義語 wealth)

rickshaw [ríkʃɔ: リクショー] 名詞 C 人力車(◆日本語から)

rid [ríd リッド] 動詞 (三単現 rids [-z]; 過去・過分 rid または ridded [-id]; 現分 ridding) 他 《**rid ... of ~**で》…から~(望ましくないもの)を取り除く
▶**rid** a house **of** harmful insects 家から害虫を駆除(ミ)する
get ríd of ... (不用なもの)を処分する; (やっかいなもの)を取り除く
▶I **got rid of** my old piano. わたしは古いピアノを処分した.

ridden [rídn リドゥン] 動詞
ride(…に乗る)の過去分詞

riddle [rídl リドゥる] 名詞
C なぞなぞ; なぞ
▶solve a **riddle** なぞを解く

ride [ráid ライド]
——動詞 (三単現 **rides** [ráidz ライヅ]; 過去 **rode** [róud ロウド]; 過分 **ridden** [rídn リドゥン]; 現分 **riding**)
——他 (乗り物・馬など)**に乗る**, 乗っていく
➡ **drive** (くらべよう)
▶He **rode** his bike to the station. 彼は駅まで自転車に乗っていった.
——自 (乗り物に)**乗る**, 乗っていく
▶Let's **ride** to the museum on the bus. バスに乗って博物館まで行きましょう.
——名詞 (複数 **rides** [ráidz ライヅ]) C (馬・乗り物などに)**乗ること**, 乗せること
▶go for a **ride** ドライブに行く
give a person a ríde (人)を(車など)に乗せる
▶She **gave** me a **ride** home. 彼女はわたしを家まで乗せてくれた.

rider [ráidər ライダ] 名詞
C (馬・自転車などに)乗る人, 騎手(ど)

ridge [rídʒ リッヂ] 名詞 C (山の)尾根(ぁ); 山脈; (屋根の)棟(ガ); (畑の)うね

ridiculous [ridíkjələs リディキュらス] 形容詞 ばかげた; こっけいな

riding [ráidiŋ ライディング] 動詞
ride(…に乗る)の現在分詞・動名詞
——名詞 U 乗馬, 乗車

rifle [ráifl ライふる] 名詞 C ライフル銃(ジ)

right [ráit ライト] (★発音に注意)

right¹	形容詞	❶ 正しい
		❷ 適切な
	副詞	❶ 正しく
		❷ ちょうど
	名詞	❶ 正しいこと
		❷ 権利
right²	形容詞	右の
	副詞	右に「へ」
	名詞	❶ 右

right¹ [ráit ライト]
——形容詞
(比較 **more right** または **righter**; 最上 **most right** または **rightest**)
❶ **正しい**, 正確な; 正当な, 正義の

A B C D E F G H I J K L M N O P Q R S T U V W X Y Z

（対義語 wrong まちがった）
▶the **right** answer　正解
▶What's the **right** time now?
　正確な時間は今何時ですか？
▶Is this the **right** bus to Shibuya?
　渋谷へはこのバスでいいのですか？
▶You're **right**, Beth.
　あなたの言うとおりです，ベス．
▶He'll come at two, **right**?
　彼は2時に来るのですよね？
　（◆ ..., right? は自分の言ったことが正
　しいかどうか確認(なく)する表現）
❷ **適切な**，適当な，ふさわしい
（同義語 proper）；好都合の
▶You are the **right** person for this
　job.　きみはこの仕事に適任の人物だ．
▶Sue, you came at the **right** time.
　スー，ちょうどよいときに来ましたね．
❸ **健康な**（同義語 healthy）；
調子がいい；正気の
▶I'm not feeling **right** today.
　今日は調子がよくありません．
✦**all right** よろしい，いいんですよ；
無事で；申し分ない ➡ all
　――副詞（比較・最上は形容詞に同じ）
❶ **正しく**，正当に，公正に；正確に
（対義語 wrong まちがって）
▶She guessed **right**.
　彼女は正しく推測した．
▶If I remember **right**, they have
　five cats.
　わたしの記憶(きおく)が正しければ，彼らは
　ネコを5匹(びき)飼っている．
❷ **ちょうど**，まさに（同義語 just）；
すっかり；まっすぐに（同義語 straight）；
すぐに
▶The accident happened **right** in
　front of me.
　その事故はちょうどわたしの目の前で
　起きた．
▶I'll be **right** back.
　すぐに戻(もど)ります．
right away（口語）すぐに
（同義語 at once, immediately）
▶Come down **right away**, John.
　ジョン，すぐに降りていらっしゃい．
right nów
今すぐに；ちょうど今 ➡ now
　――名詞（複数 rights [ráits ライツ]）
❶ Ｕ **正しいこと**，善，正義
（対義語 wrong 悪）

▶know **right** from wrong
　善悪の区別がつく
❷ Ｃ Ｕ **権利**，法的権利
▶human **rights**　人権
▶civil **rights**　公民[市民]権
▶We have the **right** to vote from
　the age (of) twenty.　わたしたちに
　は20歳(さい)から選挙権がある．

⁺right² [ráit ライト]
　――形容詞《名詞の前に用いて》
右の，右側の（対義語 left 左の）
▶He had a bag in his **right** hand.
　彼は右手にバッグを持っていた．
　――副詞 **右に**[へ]，右側に（対義語 left 左に）
▶Turn **right** at the next corner.
　次の角を右折しなさい．
▶Keep **Right**《標識》右側通行
　（◆ Keep to the right. ともいう）
　――名詞 ❶ Ｕ《ふつう **the right** または
one's right で》**右**，右側（対義語 left 左）
▶Turn to **the right**.
　右に曲がりなさい．
▶You'll find the library on **your**
　right.
　右手にその図書館が見えるでしょう．
❷ Ｕ【野球】ライト，右翼(うよく)

right-handed [ráithǽndid ライトハぁ
ンディッド] 形容詞
右利(き)きの；右利き用の

rigid [rídʒid リヂッド] 形容詞
❶ （ものが）**かたい**；（考えなどが）かたい
❷ **厳しい**，厳格な

ring [ríŋ リング]

ring¹	動詞	自 ❶（ベル・電話などが）鳴る
		他 ❶（ベルなど）を鳴らす
ring²	名詞	❶ 輪
		❷ 指輪

⁺ring¹ [ríŋ リング]
　――動詞（三単現 **rings** [-z]；
過去 **rang** [rǽŋ ぅぁング]；
過分 **rung** [rʌ́ŋ ラング]；現分 **ringing**）
　――自 ❶ （ベル・電話などが）**鳴る**，響(ひび)く；
（耳などが）鳴る
▶The telephone is **ringing**.
　電話が鳴っている．
▶My ears are **ringing**.
　耳鳴りがしている．

❷ (ベルを鳴らして)(…を)呼ぶ《for ...》
──他 ❶ (ベルなど)を鳴らす
▶He **rang** the doorbell twice.
彼は玄関(げん)のベルを2度鳴らした.
❷《主に英》(人)に電話をかける
(◆《米》call)
▶I'll **ring** you back later.
あとで電話をかけ直します.
──名詞 (複数 rings [-z])
❶《a ring または the ring で》
(ベル・電話などの)鳴る音;
C (ベルなどを)鳴らすこと, 鳴ること
❷《a ring で》
《主に英口語》電話をかけること

˚ring² [ríŋ リング] 名詞

(複数 rings [-z])
❶ C 輪, 円形のもの
▶a key **ring** (輪の形の)キーホルダー
▶**rings** of a tree 木の年輪
❷ C 指輪
▶a wedding **ring** 結婚(けっ)指輪
▶She wears an engagement **ring**.
彼女は婚約指輪をしている.
❸ C (ボクシングなどの)リング;
(すもうの)土俵; (円形の)競技場

rink [ríŋk リンク] 名詞
C アイススケート場; ローラースケート場

rinse [ríns リンス] 動詞 (三単現 rinses
[-iz]; 過去・過分 rinsed [-t];
現分 rinsing) 他 …をすすぐ, ゆすぐ
──名詞 C U すすぎ; リンス液; 毛染め液

riot [ráiət ライオット] 名詞 C 暴動, 騒動(そう)
──動詞 自 暴動を起こす, 暴動に加わる

ripe [ráip ライプ] 形容詞
(比較 riper; 最上 ripest)
熟した, 実った; 円熟した
▶a ripe tomato 熟したトマト

ripple [rípl リプル] 名詞 C さざ波;
波紋(もん);《a ripple で》さざ波の音;
(笑いなどの)さざめき
──動詞 (三単現 ripples [-z];
過去・過分 rippled [-d]; 現分 rippling)
他 (水面)にさざ波を立てる
──自 さざ波が立つ; さざめく

˚rise [ráiz ライズ]

──動詞 (三単現 rises [-iz] 過去 rose
[róuz ロウズ]; 過分 risen [rízn リズン];
現分 rising) 自
❶ (太陽・月などが)のぼる(対義語 set)

沈(しず)む; (煙(けむり)などが)**上がる**;
(幕などが)上がる(対義語 fall 降りる)
▶The sun **rises** in the east.
太陽は東からのぼる.
▶Smoke is **rising** to the sky.
煙が空にのぼっている.
❷ (高い山・建物が)**そびえ立つ**;
(地形が)上りになる
▶The tower **rises** above other
buildings. その塔(とう)は, ほかの建物
の上にそびえ立っている.
❸ (値段・温度などが)**上昇(じょう)する**;
(数量・程度などが)上がる
▶The temperature **rose** to 36℃.
気温がセ氏36度まで上がった.
❹ 立ち上がる; 起床(しょう)する
(◆ stand up や get up よりかたい語)
──名詞 (複数 rises [-iz])
C 上がること, 上昇; 増加
(対義語 fall 落下)
▶a **rise** in crime 犯罪の増加

˚risen [rízn リズン] 動詞
rise(のぼる)の過去分詞

rising [ráiziŋ ライジング] 動詞
rise (のぼる)の現在分詞・動名詞
──形容詞 のぼる, 上がる; 成長しつつある
──名詞 C 上昇(じょう), 上がること

risk [rísk リスク] 名詞
U C 危険, 危険性; 冒険(ぼう)
▶take [run] a **risk** 危険を冒(おか)す
at the risk of ... …の危険を冒して
──動詞 他 (命など)をかける, 危険にさらす

rival [ráivl ライヴル] 名詞
C 競争相手, ライバル
▶Bill has no **rival** in skiing.
スキーでビルにかなう者はいない.

˚river [rívər リヴァ] 名詞

(複数 rivers [-z]) C 川, 河
▶the mouth of a **river** 河口
▶Let's go fishing in the **river**.
川に釣(つ)りをしに行こう.

┌ルール┐ 川の名前
常に the をつけますが, 《米》と《英》で は語順が異なります. また, River を省 略する場合もあります. ▶《米》the Mississippi (**River**) 　　　　　　　　　　ミシシッピ川 ▶《英》the (**River**) Thames テムズ川

a b c d e f g h **i** j k l m n o p q **r** s t u v w x y z

A B C D E F G H **I** J K L M N O P Q **R** S T U V W X Y Z

riverside [rívərsàid リヴァサイド] 名詞
《the riverside で》川岸, 川辺

road [róud ロウド] 名詞

(複数 **roads** [róudz ロウヅ])

❶ C 道路, 道, 街道

▶Don't cross the **road** here.
ここで道路を横断してはいけない.

▶This **road** goes to London.
この道はロンドンに出る.

くらべよう いろいろな道

road: 主に都市間を結ぶ, 車の通る道路を指します.
street: 建物が立ち並ぶ街路を指します.

road

street

avenue: (南北に走る)大通りを指します.
path: 人が通る小道・散歩道を指します.
boulevard: 広い並木道・大通りを指します.
lane: (家などの間の)小道, また道路の車線を指します.
way: 通り道や道筋を指します.

❷《Road で》(都市の)…街(が), …通り
(◆ Rd, Rd. と略す)

❸ C (…に至る)道, 方法, 手段(to ...)

▶a **road** to success 成功への道

road map [róud mæp ロウド マ*ぇ*ップ]
名詞 ❶ C (自動車用の)道路地図
❷ C (目的達成のための)工程表

roadside [róudsàid ロウドサイド]
名詞《the roadside で》道端(なた)

road sign [róud sàin ロウド サイン]
名詞 C 道路標識

roar [rɔ́ːr ローア] 動詞
自 (ライオンなどが)ほえる; (海・風などが)とどろく; (人が)大声を出す, どよめく

―名詞 C ほえる声; とどろき; どよめき

roast [róust ロウスト] 動詞
他 (肉など)を(オーブン・じか火で)焼く,
あぶる; (豆など)をいる ⇒ cook 図
▶**roast** some meat 肉を焼く

rob [ráb ラブ] 動詞 (三単現 **robs** [-z];
過去・過分 **robbed** [-d]; 現分 **robbing**)
他《**rob** +人+ of +もので》
(人)から(もの)を奪(う), 強奪(ぎ)する
▶A man **robbed** me of my bag.
男がわたしからかばんを奪った.

くらべよう rob と steal

rob: 無理やり奪うことを指します.
▶The man **robbed** Eric of his money. その男はエリックからお金を奪い取った.
steal: こっそり見つからないように盗(ぬ)むことを指します.
▶Someone **stole** my wallet.
だれかがわたしの財布(ふ)を盗んだ.

rob

steal

robber [rábər ラバ] 名詞
C 強盗(ごう), どろぼう

くらべよう robber, thief, burglar, pickpocket

robber: 脅(どう)しや暴力によって盗(ぬ)む者を指します.
thief: ひそかに盗む者を指します.
burglar: 家屋に押(お)し入って盗む者を指します.
pickpocket: すりを働く者を指します.

▶a bank **robber** 銀行強盗

robbery [rábəri ラバリ] 名詞
U 強盗(ごう); C 強盗事件

robe [róub ロウブ] 名詞
❶ C ローブ(◆すそまであるゆったりした上着), ガウン; バスローブ
(同義語 bathrobe)
❷ C 《しばしば robes で》礼服, 式服;
法服(◆聖職者・裁判官などが着る長衣)

robin [rábin ラビン] 名詞
　C《鳥類》(英)コマドリ(◆イギリスの国鳥)
　→ bird 表語；(米)コマツグミ

robot [róubɑt ロウバット] (★発音に注意)
名詞 C ロボット；自動機械装置
　▶an industrial **robot**　産業用ロボット

*rock¹ [rák ラック] 名詞
　(複数 rocks [-s])
　❶ U C 岩，岩壁(然)；C 岩石
　▶(a) hard **rock**　かたい岩
　❷ C《ふつう rocks で》岩礁(かた)，暗礁
　❸ C (米) (さまざまな大きさの)石
　(同義語 stone)

rock² [rák ラック] 動詞
　他 …を揺(ゆ)り動かす，揺らす；激しく揺
　らす
　──自 揺れる；激しく揺れる
　──名詞 C 揺れ，動揺(どう)
　❷ U【音楽】ロック，ロックンロール
　(◆ rock music, rock'n'roll ともいう)

rocket [rákit ラケット] (★アクセントに
　注意) 名詞
　❶ C ロケット；ロケット弾(だん)
　❷ C のろし；ロケット花火

Rockies [rákiz ラキズ] 名詞
　《the Rockies で》ロッキー山脈
　(◆ the Rocky Mountains ともいう)

rocking chair [ráking tʃèər ラキング
　チェア] 名詞 C ロッキングチェア，揺(ゆ)り
　いす → chairs 図

rocking horse [ráking hɔ̀:rs ラキング
　ホース] 名詞 C 揺(ゆ)り木馬(◆子供の遊具)

rock music [rák mjù:zik ラック ミュー
　ズィック] 名詞
　U【音楽】ロック(◆単に rock ともいう)

rock'n'roll [rákənróul ラックンロウる]
　名詞 U【音楽】ロックンロール(◆ 1950
　年代にアメリカで生まれた音楽；正確に
　は rock-and-roll；単に rock ともいう)

rocky [ráki ラキ] 形容詞 (比較 rockier；
　最上 rockiest) 岩の多い

Rocky Mountains [ráki máuntnz
　ラキ マウントゥンズ] 名詞 《the Rocky
　Mountains で》ロッキー山脈(◆北アメ
　リカ西部の山脈；the Rockies とも)

rod [rád ラッド] 名詞 C (細長い)棒，さ
　お；釣(つ)りざお(= fishing rod)

*rode [róud ロウド] 動詞
　ride(…に乗る)の過去形

rodeo [róudiòu ロウディオウ] 名詞
　(複数 rodeos [-z]) C (米)ロデオ
　(◆荒馬(あ)を乗り回したり，投げ縄(な)でウ
　シを捕(と)らえたりするカウボーイの競技)

role [róul ロウる] 名詞
　C (劇の)役；役割，任務(同義語 part)
　▶play the **role** of a doctor
　医者の役を演じる

role model [róul màdl ロウる マドゥる]
　名詞 C 模範(はん)となる人，お手本

role-play [róulplèi ロウるプれイ] 名詞 U
　【心理学】ロールプレイング(◆ある役割を
　演じさせる心理療法(りょう))；(語学演習で)
　役割演技(◆ role-playing ともいう)

*roll [róul ロウる]
　──動詞 (三単現 rolls [-z]；
　過去・過分 rolled [-d]；現分 rolling)
　──自 ❶ 転がる；(車などが)進む，走る
　▶A ball **rolled** into the pond.
　ボールが池に転がり落ちた.
　▶The train **rolled** into the station.
　列車が駅に入っていった.
　❷ (船が)横揺(よ)れする；(波が)うねる
　──他 ❶ …を転がす，回転させる
　▶He **rolled** a ball toward the dog.
　彼はイヌに向かってボールを転がした.
　❷ …を巻く，丸める；包む
　▶**roll** up a poster　ポスターを巻く
　──名詞 (複数 rolls [-z])
　❶ C 巻いたもの；《a roll of ... で》ひと
　巻きの…；ロールパン → bread 図
　▶a **roll** of film　フィルム 1 本
　❷ C 名簿(ぼ)，出席簿；目録
　▶call the **roll**　出席をとる

roll call [róul kɔ̀:l ロウる コーる] 名詞
　U C 出欠調べ，点呼

roller [róulər ロウら] 名詞 C ローラー
　(◆塗装(そう)・地ならし・印刷などに使う)

roller coaster [róulər kòustər ロウら
　コウスタ] 名詞 C ジェットコースター

roller-skate [róulərskèit　ロウらス
　ケイト] 動詞 (三単現 roller-skates
　[róulərskèits ロウらスケイツ]；
　過去・過分 roller-skated [-id]；
　現分 roller-skating)

ウまたは óu オウ] six と読む)

❷ U (…のための)**場所**, 空間; 余地
《for ...》
▶His story left no **room for** doubt.
彼の話には疑いをはさむ余地がない.

make róom for ...
…のために場所を空ける

roommate [rúːmmèit ルームメイト]
名詞 C (学生寮(%)などの)ルームメート, 同室の人; 《米》(アパートや家の)同居人(♦《英》flatmate)

Roosevelt [róuzəvèlt ロウズヴェると]
名詞 ❶【人名】ルーズベルト
(♦ Franklin Delano Roosevelt [frǽŋklin délənou- ふラぁンクリン デらノウ-], 1882-1945; アメリカ合衆国第32代大統領)

❷【人名】ルーズベルト(♦ Theodore Roosevelt [θíːədɔːr- すィーァドーァ-], 1858-1919; アメリカ合衆国第26代大統領) ➡ **teddy bear** |文化|

rooster [rúːstər ルースタ] **名詞**
C 《米》【鳥類】おんどり, 雄(%)のニワトリ
(同義語)cock; (対義語)hen めんどり)
➡ **animals** 図, **chicken** |参考|

root [rúːt ルート] **名詞**
❶ C 《しばしば **roots** で》(植物の)根;
(髪(%)・歯などの)つけ根, 根元
▶the **roots** of a tree 木の根
❷ C 《ふつう the **root** で》根源, 根本
❸ C 【数学】根(%), ルート
▶a square **root** 平方根
❹《**roots** で》(伝統・習慣などの)起源;
(心の)ふるさと; 祖先
── **動詞** 他 (植物)を根づかせる;
(考えなど)を定着させる
── 自 根づく; 定着する
róot óut …を根絶する, 根絶やしにする

rope [róup ロウプ] **名詞**
U C 縄(%), 綱(%), ロープ
▶tie a **rope** to the tree
木にロープを結ぶ
▶Let's jump **rope**.
縄跳(%%)びをしよう.

ropeway [róupwèi ロウプウェイ] **名詞**
C ロープウエー

❖rose¹ [róuz ロウズ] **名詞**
(複数 **roses** [-iz])
❶ C 【植物】バラ(の花); バラの木
▶a bunch of **roses** バラの花束

(自) ローラースケートをする
(♦単に skate ともいう)

roller skate [róulər skèit ロウら スケイト] **名詞** C 《ふつう **roller skates** で》
ローラースケートの靴(%)
(♦単に skates ともいう)

roller-skating [róulərskèitiŋ ロウらスケイティング] **名詞**
U ローラースケートをすること

ROM [rám ラム] **名詞** C
【コンピューター】ロム, 読み出し専用メモリ(♦ read-only memory を略した語)

Roman [róumən ロウマン] **形容詞**
(古代)ローマ(人)の; (現代の)ローマ市の
── **名詞** C (古代)ローマ人; (現代の)ローマ市民

romance [rouǽns ロウマぁンス] **名詞**
❶ C 恋愛(%%), ロマンス
❷ C 中世騎士(%)物語
❸ C 空想小説; 恋愛小説

romantic [rouǽntik ロウマぁンティック] **形容詞** 空想的な, ロマンチックな;
非現実的な(対義語)realistic 現実的な);
恋愛(%%)の, 恋愛に関する

Rome [róum ロウム] **名詞** ローマ(♦イタリアの首都; 古代ローマ帝国(%%)の首都)
▶|ことわざ| **Rome** was not built in a day. ローマは1日にして成らず.
(♦「大事業は短期にはできない」の意味)

Ronald Mace [ránəld méis ラナるド メイス] **名詞**【人名】ロナルド・メイス(♦ 1941-1998;アメリカの建築家;障がいの有無などに関係なく利用できる「ユニバーサルデザイン」という概念を提唱した)

❖roof [rúːf ルーふ] **名詞**
(複数 **roofs** [-s])
C 屋根; 屋上 ➡ **house** 図
▶A cat is sleeping on the **roof**.
屋根の上でネコが寝(%)ている.

rookie [rúki ルキ] (★発音に注意)
名詞 C 《米口語》ルーキー, 新人; 初心者

❖room [rúːm ルーム] **名詞**
(複数 **rooms** [-z])
❶ C 部屋
➡ 巻頭カラー 英語発信辞典⑫
▶a dining **room** 食堂
▶a living **room** 居間
▶He is in **Room** 206. 彼は206号室にいる.(♦ 206 は two o [zíːrou ズィーロ

▶ ことわざ Roses have thorns.
(= No **rose** without thorn.)
すべてのバラにはとげがある.
(◆「美しいものや，よいことにも悪い面
が必ずある」という意味)
❷ Ⓤ バラ色

rose² [róuz ロウズ] 動詞
rise(のぼる)の過去形

rosy [róuzi ロウズィ] 形容詞
(比較 rosier; 最上 rosiest)
❶ バラ色の; 血色のよい
❷ (前途などが)明るい

rot [rát ラット] 動詞 (三単現 rots [-s];
過去・過分 rotted [-id]; 現分 rotting)
自 腐る，腐敗する，朽ちる
——他 …を腐らせる，腐敗させる

rotary [róutəri ロウタリ] 形容詞
回転する; 回転式の
——名詞 (複数 rotaries [-z])
Ⓒ (米)ロータリー，円形交差点
(同義語 traffic circle,
(英)roundabout)

rotate [róuteit ロウテイト] 動詞 (三単現
rotates [róuteits ロウテイツ]; 過去・過分
rotated [-id]; 現分 rotating) 他
❶ …を回転させる
❷ …を交替させる
——自 ❶ 回転する
❷ 交替する

rotation [róuteiʃn ロウテイシャン] 名詞
❶ ⓊⒸ 回転(運動)，循環;
(天体の)自転
❷ ローテーション; 交替(制)

rotten [rátn ラトゥン] 形容詞
(比較 rottener; 最上 rottenest)
腐った，腐敗した; (木が)朽ちた

rough [ráf ラふ]
(★発音に注意) 形容詞
(比較 rougher; 最上 roughest)
❶ (表面が)でこぼこした，ざらざらした，
粗い (対義語 smooth 滑らかな)
▶a **rough** road でこぼこ道
❷ (天候・海などが)荒れた;
(人・行為などが)荒っぽい，乱暴な
▶**rough** weather 荒天
▶The sea is **rough** today.
今日は海が荒れている.
▶He has **rough** manners.
彼は無作法だ.

❸ 大まかな，だいたいの
▶a **rough** plan 大まかな案
▶draw a **rough** map to the station
駅までの略図をかく

roughly [ráfli ラふり] 副詞
❶ およそ，だいたい
❷ 乱暴に，雑に; 無作法に

round [ráund ラウンド]

形容詞	❶ 丸い
	❷ 丸々とした
名詞	❶ 連続
	❷ 一周; 巡回
動詞	❶ (曲がり角など)を曲がる
	❷ …を丸める

——形容詞
(比較 rounder; 最上 roundest)
❶ 丸い; 円形の，球形の; 円筒形の
▶a **round** table 丸いテーブル
▶The earth is **round**. 地球は丸い.
❷ 丸々とした，ふっくらとした
▶She has **round** cheeks.
彼女はふっくらとしたほおをしている.
❸ ぐるっと回る，一周の
▶make a **round** trip of America
アメリカ一周旅行をする
——名詞 (複数 rounds [ráundz ラウン
ヅ]) ❶ Ⓒ (同種の出来事の)連続，繰り
返し; (交渉などの)ひと区切り
▶the daily **round** 日課
▶the **round** of the seasons
季節の繰り返し
❷ Ⓒ 一周，ひと回り;
《しばしば rounds で》巡回
▶The doctor made his **rounds**.
その医者は回診をした.
❸ Ⓒ 円，球，輪(同義語 circle)
❹ Ⓒ (ボクシングの)ラウンド; (ゴルフ
の)ラウンド; (トランプの)ひと回り
❺ Ⓒ 【音楽】輪唱
——動詞 (三単現 rounds [ráundz ラウン
ヅ]; 過去・過分 rounded [-id];
現分 rounding) 他
❶ (曲がり角など)を曲がる，回る
▶**round** a corner 角を曲がる
❷ …を丸める，丸くする
▶He **rounded** his lips and
whistled. 彼はくちびるをすぼめて
口笛を吹いた.
——前置詞 (◆(米)では around を用いる

a b c d e f g h i j k l m n o p q r s t u v w x y z

A B C D E F G H I J K L M N **O** P **Q** **R** S **T** U **V** W X Y Z

ことが多い)

❶ …のまわりに，周囲に

▶They sat **round** the table.
彼らはテーブルを囲んですわった.

❷ …のまわりを回って；…を曲がって

▶It's **round** the corner.
それは角を曲がったところですよ.

❸ …のあちこちを

▶I showed him **round** the town.
わたしは彼を町のあちこちに案内した.

❹ およそ，…ごろ

▶**round** midnight　夜の 12 時ごろ

──**副詞** (◆《米》では around を用いることが多い)

❶ ぐるりと，回って

▶She walked **round** in the garden.　彼女は庭をひと回りした.

❷ まわりに，周囲に

▶People gathered **round** at the accident site.
事故現場のまわりに人々が集まった.

❸ あちこちに[を]

▶He took me **round** in the town.
彼はわたしを町のあちこちに連れて行ってくれた.

áll (the) yéar róund
一年じゅう ➡ **year**

roundabout [ráundəbàut ラウンドアバウト] **形容詞**
回り道の；(言い方などが)遠回しの

──**名詞** C ❶《英》C ❶ ロータリー，環状(かん)交差点(◆《米》rotary)

❷ C メリーゴーランド
(◆《米》merry-go-round, carousel)

round-trip [ráundtríp ラウンドトゥリップ] **形容詞**《米》(切符(きっ)・料金が)往復の
(◆《英》return)

round trip [ráund tríp ラウンド トゥリップ] **名詞**
C《米》往復旅行(◆《英》return trip)；
《英》周遊旅行

route [rú:t ルート] **名詞** C 道筋，ルート；
(国道などの)…号線，航路，経路

routine [ru:tí:n ルーティーン] **名詞**
C U (日常の)決まりきった仕事，日課；
いつもの手順

──**形容詞** 決まりきった；日常的な

row[1] [róu ロウ] **動詞** (三単現 **rows** [-z]；
過去・過分 **rowed** [-d]；現分 **rowing**)
他 (オールで)(ボート)をこぐ

▶**row** a boat　ボートをこぐ

──自 ボートをこぐ

──**名詞** C《ふつう単数形で》こぐこと；
ボート遊び

row[2] [róu ロウ] **名詞** C (ふつうまっすぐな)列，並び(同義語 line)；(劇場などの)座席の列

▶a **row** of houses　家並み

▶He took a seat in the front **row**.
彼は最前列にすわった.

rowboat [róubòut ロウボウト] **名詞**
C《米》オールでこぐボート
(◆《英》rowing boat)

royal [rɔ́iəl ロイアる] **形容詞**
《名詞の前に用いて》国王の，王室の；
王立の

▶the **royal** family
王室，王家

rub [rʌ́b ラブ] **動詞** (三単現 **rubs** [-z]；
過去・過分 **rubbed** [-d]；現分 **rubbing**)
他 …をこする，磨(みが)く；…をすりこむ

▶Don't **rub** your eyes.
目をこすってはいけません.

▶She **rubbed** cream into her face.
彼女は顔にクリームをすりこんだ.

rubber [rʌ́bər ラバ] **名詞**
U ゴム(同義語 gum)；C ゴム製品；
《主に英》消しゴム(◆《米》eraser)；
《**rubbers** で》《米》(ゴム製の)オーバーシューズ(◆防水用に靴(くつ)の上にはくもの)

rubber band [rʌ́bər bǽnd ラバ バぁンド] **名詞** C 輪ゴム，ゴムバンド

rubbish [rʌ́biʃ ラビッシ] **名詞**
U《主に英》がらくた，くず；つまらないもの，ばかげた考え[話](◆《米》trash)

ruby [rú:bi ルービ] (★発音に注意) **名詞**
(複数 **rubies** [-z]) C (宝石の)ルビー；
U ルビー色，真紅(しん)

rude [rú:d ルード] **形容詞** (比較 **ruder**；
最上 **rudest**) 失礼な，無作法(ほう)な
(対義語 polite ていねいな)

▶It is **rude** to say such a thing.
そんなことを言うのは失礼だ.

rug [rʌ́g ラッグ] **名詞**
❶ C (床(ゆか)の)一部に敷(し)く敷き物
(◆床全体をおおうものは carpet)

❷ C《主に英》ひざ掛(か)け
(◆《主に英》lap robe)

rugby [rʌ́gbi ラグビ] **名詞**
U《しばしば **Rugby** で》
【スポーツ】ラグビー
➡ **football** [参考]

rugged [rʌ́gid ラギッド]
（★発音に注意）**形容詞**
でこぼこの, ごつごつした; 岩だらけの

ruin [rúːin ルーイン] **名詞**
❶ Ⓤ 崩壊(ほう); 破滅(ほう)
❷ Ⓒ《ふつう **ruins** で》遺跡(せき), 廃墟(きょ)
──**他** …を破壊する, だめにする
▶The rain **ruined** our picnic.
雨でピクニックが台なしになった.

⋆rule [rúːl ルーる]

名詞	❶ 規則
	❷ 支配
	❸ 習慣
動詞	他 …を支配する

──**名詞** （複数 **rules** [-z]）
❶ Ⓒ 規則, 規約, （競技の）ルール
（同義語 **regulation**）
▶follow [break] the school **rules**
校則に従う[を破る]
❷ Ⓤ 支配, 統治
▶This country was once under British **rule**. この国はかつてイギリスの統治下にあった.
❸ Ⓒ 習慣, 習わし（同義語 habit）;
《the rule で》いつものこと
as a rúle 一般に, 概(がい)して, ふつうは
▶**As a rule**, students hate exams.
一般に, 学生は試験が大嫌(きら)いなものだ.
make it a rúle to ＋動詞の原形
…することにしている, …するのが習慣だ
▶She **makes it a rule to** jog every morning. 彼女は毎朝ジョギングをするのが習慣だ.
──**動詞** （三単現 **rules** [-z];
過去・過分 **ruled** [-d]; 現分 **ruling**）
──**他** …を支配する, 統治する
▶The queen **ruled** the country for a long time.
長い間, 女王がその国を統治した.
──**自** （…を）支配する, 統治する《over ...》

ruler [rúːlər ルーら] **名詞**
❶ Ⓒ 支配者, 統治者
❷ Ⓒ 定規(じょう)

rumor, （英）**rumour** [rúːmər ルーマ]
名詞 Ⓤ Ⓒ うわさ

⋆run [rʌ́n ラン]
──**動詞** （三単現 **runs** [-z]; 過去 **ran**
[rǽn ラぁン]; 過分 **run**; 現分 **running**）

自 ❶ （人・動物が）**走る**
❷ （車・列車などが）**走る**
❸ （機械などが）**動く**
❹ （川・液体などが）**流れる**
他 ❶ （ある距離・道）を**走る**
❷ …を**経営する**

──**自** ❶ （人・動物が）**走る**;
（競走に）出場する
▶He **runs** fast. 彼は走るのが速い.
▶I **ran** to school this morning.
今朝, わたしは学校まで走っていった.
▶**run** in a marathon
マラソン大会に出場する
❷ （車・列車などが）**走る**;
（定期的に）運行している
▶This car **runs** silently.
この車は静かに走る.
▶The buses to the airport **run** every hour.
空港行きのバスは１時間ごとに運行している.
❸ （機械などが）**動く**, 作動する
▶The car **runs** on electricity.
その車は電気で動く.
❹ （川・液体などが）**流れる**;
（流れるように）動く
▶The river **runs** into the sea.
その川は海に流れこんでいる.
❺ （道などが）通じている, 延びる;
（物事が）続く; 続けて上演される
▶This road **runs** over the hill.
この道は丘(おか)の向こうまで続いている.
▶The musical **ran** for three years.
そのミュージカルは３年間上演された.
──**他** ❶ （ある距離・道）を**走る**;
（競走）をする; （人・動物）を走らせる
▶We **ran** a 100-meter race.
わたしたちは 100 メートル競走をした.
❷ …を**経営する**, 管理する
▶**run** a French restaurant
フランス料理店を経営する
❸ （機械など）を動かす, （自動車など）を走らせる; （手・視線など）をさっと走らせる
▶Can you **run** this machine?
あなたはこの機械を動かせますか?
rún across ... ① …を走って横切る
② （人）に偶然(ぐう)出会う
run áfter ... …を追いかける
▶The dog **ran after** the ball.
そのイヌはボールを追いかけた.

a b c d e f g h i j k l m n o p q r s t u v w x y z

A B C D E F G H I J K L M N O P Q **R** S T U V W X Y Z

run aróund 走り回る

♦***run awáy*** 《(…から)逃げる《from ...》；
(液体などが)流れ出る

▶**run away from** home 家出する

run ínto ... ①(困難などに)遭遇(穏)する；
《口語》(人)に偶然会う

▶I **ran into** Jim yesterday.
昨日，わたしはジムに偶然出会った．

②(人・車などが)…にぶつかる

run óut なくなる；(契約(穏)などが)切れる

run óut of ...
…を使い果たす，…がなくなる

▶Our car is **running out of** gas.
車のガソリンがなくなりそうだ．

run óver ①(液体が)(…を)あふれ出る

②(車などが)…をひく

──**名詞** (複数 **runs** [-z])

❶ C 走ること；競走；走行距離

▶go for a **run** 走りに行く

❷ C (野球などの)得点

▶score three **runs** 3点入れる

❸ C 《**a run** で》(ある状態の)連続；
(映画・劇などの)連続上映[公演]

▶The movie had a long **run**.
その映画は長期間上映された．

in the lóng run 結局，長期的には

in the shórt run 当面，短期的には

⁺rung [rʌ́ŋ ラング] **動詞**
ring(鳴る)の過去分詞

runner [rʌ́nər ラナ] **名詞**
C 走る人[動物]；(競技の)走者，ランナー

⁺running [rʌ́niŋ ラニング]
──**動詞** run(走る)の現在分詞・動名詞
──**名詞** U 走ること，ランニング；
《**the running** で》経営，(機械などの)運転
──**形容詞** 《名詞の前に用いて》
走っている，走りながらの；
(水が)流れている

runny [rʌ́ni ラニ] **形容詞**
(比較 **runnier**；最上 **runniest**)
《口語》流れやすい；鼻水[目やに]の出る

▶have a **runny** nose 鼻水が出る

runway [rʌ́nwèi ランウェイ] **名詞**
C 滑走(穏)路

rupee [ruːpíː ルーピー] **名詞** C ルピー
(♦インド・パキスタンなどの貨幣(穏)単位)

rural [rúərəl ルラる] **形容詞**
いなかの，田園の；いなか風の
(対義語 urban 都会の)

rush [rʌ́ʃ ラッシ] **動詞** (三単現 **rushes**
[-iz]；過去・過分 **rushed** [-t]；
現分 **rushing**)
⊜ 突進(穏)する；急ぐ；(勢いよく)流れる
──他 …を大急ぎでする；
…を大急ぎで運ぶ；(人)をせかす
──**名詞** (複数 **rushes** [-iz])

❶ C 突進；勢いのよい流れ

❷ C 《ふつう単数形で》
(人・注文などの)殺到(穏)，ラッシュ

❸ U 《または **a rush** で》急ぐこと；
あわただしさ

rush hour [rʌ́ʃ àuər ラッシ アウア]
名詞 C U ラッシュアワー

Rushmore [rʌ́ʃmɔːr ラシモーア] **名詞**
《**Mount Rushmore** で》ラシュモア山
(♦アメリカのサウスダコタ州にある
山；4人の米国大統領の顔が岩に刻ま
れている；大統領は左からワシントン
(Washington)，ジェファーソン
(Jefferson)，セオドア・ルーズベルト
(Theodore Roosevelt)，リンカーン
(Lincoln))

Russia [rʌ́ʃə ラシャ] **名詞**
ロシア(連邦(穏))
(♦首都はモスクワ Moscow)

Russian [rʌ́ʃn ラシャン] **形容詞**
ロシアの；ロシア人の；ロシア語の
──**名詞**

❶ C ロシア人；《**the Russians** で
複数あつかい》ロシア人(全体)

❷ U ロシア語

rust [rʌ́st ラスト] **名詞** U (金属の)さび
──**動詞** 他 …をさびつかせる
──⊜ さびる，さびつく

rusty [rʌ́sti ラスティ]
形容詞
(比較 **rustier**；
最上 **rustiest**) さびた

rye [rái ライ] **名詞** U
【植物】ライ麦
(♦黒パンやウイス
キーの原料)

rye

Ss *S s*

Q くしゃみをするとどうなる？➡ sneeze をひいてみよう！

S, s [és エス] 名詞 (複数 S's, s's または Ss, ss [-iz]) C U エス
(◆アルファベットの 19 番めの文字)

S, S. 南の(◆ south の略);
南の(◆ southern の略)

's¹ ❶ 名詞について所有格をつくる
▶Jim**'s** car ジムの車
❷ 職業や人の名前について「…の店, …の家」などの意味の語をつくる
▶go to the dentist**'s** 歯医者に行く

ルール **'s の使い方**

1 s で終わる複数名詞には, アポストロフィ(')だけをつけます.
▶the **students'** hope
生徒たちの希望

2 s で終わる固有名詞には**'s**, または ' だけをつけます.
▶**James's** [**James'**] house
ジェームズの家
(◆前者は [dʒéimziz チェイムズィズ],
後者は [dʒéimz チェイムズ] と発音する)

's² ❶ (口語)is, has の短縮形(◆'s のあとに名詞・形容詞・副詞などがくるときは is, 過去分詞がくるときは has)
▶She**'s** Ann. 彼女はアンです.
(◆この 's は is の短縮形)
▶He**'s** gone to America.
彼はアメリカに行ってしまった.
(◆この 's は has の短縮形)
❷ us の短縮形(◆ Let's でのみ用いる)
▶Let**'s** go. さあ行こう.

-s 接尾辞 ❶ 名詞について複数形をつくる
▶three dog**s** 3 匹(芯)の犬
❷ 動詞について三人称単数現在形をつくる
▶She sing**s** well. 彼女は歌がうまい.

$, $ ドル(◆ dollar(s) の記号)
▶**$**5.50 5 ドル 50 セント
(◆ five dollars (and) fifty cents と読む)

sack [sǽk サぁック] 名詞
❶ C (布製のじょうぶで大きな) 袋(袋),
麻(萦)袋(◆穀物・石炭・ジャガイモなどを入れる); (米)買い物袋 (◆スーパーなどでくれる紙袋・ビニール袋)
❷ C 《**a sack of ...** で》
1 袋分(の量)の…

sacred [séikrid セイクリッド] 形容詞
神聖な(同義語 holy); 宗教的な;
厳粛(炊)な

sacrifice [sǽkrəfàis サぁクリふァイス]
名詞 ❶ U 生けにえをささげること;
C 生けにえ
❷ U C 犠牲(蒜); C 【野球】犠打
——動詞 (三単現 **sacrifices** [-iz];
過去・過分 **sacrificed** [-t];
現分 **sacrificing**) 他 …を犠牲にする;
…を生けにえとしてささげる

:sad [sǽd サぁッド] 形容詞
(比較 **sadder**; 最上 **saddest**)
悲しい, 悲しそうな
(対義語 happy うれしい)
▶a **sad** story 悲しい話
▶You look **sad**. What's up?
悲しそうだけど, どうしたの？
▶I was very **sad** to hear the news.
その知らせを聞いてとても悲しかった.

sadder [sǽdər サぁダ] 形容詞
sad(悲しい)の比較級

saddest [sǽdist サぁデスト] 形容詞
sad(悲しい)の最上級

saddle [sǽdl サぁドゥる] 名詞
C (馬などの)くら; (自転車などの)サドル
➡ **bicycles** 図

sadly [sǽdli サぁッドり] 副詞
悲しんで; 悲しそうに

sadness [sǽdnəs サぁッドネス] 名詞
U 悲しみ, 悲しさ(同義語 sorrow)

safari [səfáːri サふァー리] 名詞 U C
(アフリカでの)狩猟(乃ょぅ)旅行, サファリ

A
B
C
D
E
F
G
H
I
J
K
L
M
N
O
P
Q
R
S
T
U
V
W
X
Y
Z

*safe [séif セイふ]

——形容詞 (比較 safer; 最上 safest)
❶ 安全な, 危険のない
(対義語 dangerous 危険な); 無事な
▶a safe place 安全な場所
▶Judy had an accident, but she was safe. ジュディーは事故にあったが, 無事だった.
❷ 無事に, 安全に(◆come, arrive, find などの動詞のあとで用いる)
▶They all came back safe.
彼らは全員無事に帰ってきた.
❸【野球】セーフの
——名詞 (複数 safes [-s]) C 金庫

safely [séifli セイふり] 副詞
安全に, 無事に

safety [séifti セイふティ] 名詞 U 安全, 安全性(対義語 danger 危険); 無事
▶the safety of food 食品の安全性
in sáfety 無事に, 安全に

safety belt [séifti bèlt セイふティ べルト] 名詞 C 安全ベルト, シートベルト
(= seat belt)

Sahara (Desert) [səhǽrə (dézərt) サハぁラ (デザト)] 名詞 《the Sahara (Desert) で》サハラ砂漠(ばく)

*said [séd セッド] (★発音に注意) 動詞
say(…を言う)の過去形・過去分詞

*sail [séil セイる]

——名詞 (複数 sails [-z])
❶ C 帆(ほ); U (船全体の)帆
▶put up a sail 帆を上げる
❷《a sail で》(帆船(はんせん)での)帆走, 航海
▶go for a sail 航海に出る
❸ (複数 sail: 単複同形) C 帆船
——動詞 (三単現 sails [-z];
過去・過分 sailed [-d]; 現分 sailing)
⾃ 帆走する, 航海する; (…に向けて)出航する《for ...》
▶They sailed across the Atlantic Ocean. 彼らは大西洋を船で横断した.

sailboat [séilbòut セイるボウト] 名詞
C (米)帆船(はんせん), ヨット
(◆(英)sailing boat)

sailing [séiliŋ セイりング] 名詞
U 帆走(はんそう), ヨット競技; C 航海, 航行

sailor [séilər セイら] 名詞
❶ C 船員, 船乗り, 水夫; 水兵

❷ C 船に…な人
▶I'm a bad [good] sailor. わたしは船に酔(よ)いやすい[船酔いしない].

saint [séint セイント] 名詞
❶ C 聖人, 聖者(◆ローマカトリック教会で, 生前, 特に信仰(しんこう)の厚かった人や殉教(じゅんきょう)者の尊称(そんしょう))
❷ C 《St. と略し, 人名の前につけて》聖…
▶St. Patrick 聖パトリック
(◆アイルランドの守護聖人)

Saint Valentine's Day [sèint vǽləntainz dèi セイント ヴぁれンタインズ デイ] 名詞 = St. Valentine's Day

sake [séik セイク] 名詞 C U 目的; 利益
(◆ふつう次の成句で用いる)
for Gód's [héaven's, góodness'] sake (口語)お願いだから, たのむから
for the sake of ... …のために
▶for the sake of safety
安全のために

salad [sǽləd サぁらド] 名詞 C U サラダ

salaried [sǽlərid サぁリド] 形容詞
給料をかせいでいる
▶a salaried worker 給与所得者, サラリーマン(◆女性にも使う)

salary [sǽləri サぁらり] 名詞 (複数 salaries [-z]) C U 給料, サラリー
▶get a monthly salary 月給をかせぐ

参考 「サラリーマン」の英語は?

1 「サラリーマン」という英語はありません. 英語で「会社員」はふつう an office worker のようにいいます.
2 英語で職業をきかれたときは, a salesperson「販売(はんばい)員」や an engineer「エンジニア」のように, 具体的に職名を答えるのがふつうです.

*sale [séil セイる] 名詞 (複数 sales [-z])

❶ U C 販売(はんばい)
▶the sale of vegetables 野菜の販売
❷ C 特売, 安売り
▶I got this jacket at [in] a sale.
この上着はバーゲンセールで買った.
❸《sales で》売上高
for sále (特に個人のものが)売りに出されて, 売り物の
▶This doll is not for sale.
この人形は売り物ではありません.
on sále (特に店頭で)売りに出されて;
(米)特売中で

salesclerk [séilzklə̀ːrk セイルズクラ～ク] 名詞 C (米)店員(♦単に clerk ともいう;(英)shop assistant)

salesgirl [séilzgə̀ːrl セイルズガ～ル] 名詞 C (若い)女性の店員(♦salesperson のほうがよく用いられる)

salesman [séilzmən セイルズマン] (★発音に注意) 名詞 (複数 salesmen [séilzmən セイルズマン]) C (男性の)店員;外交販売員, セールスマン(♦salesperson のほうがよく用いられる)

salesperson [séilzpə̀ːrsn セイルズパ～スン] 名詞 C (性別を問わず)店員,販売(はんばい)係;外交販売員, セールスマン

saleswoman [séilzwùmən セイルズウマン] 名詞 (複数 saleswomen [séilzwìmin セイルズウィミン]) C 女性の店員;外交販売(はんばい)員, セールスウーマン(♦salesperson のほうがよく用いられる)

salmon [sǽmən サぁモン] (★発音に注意) 名詞 (複数 salmon:単複同形) C 【魚類】サケ;U サケの肉

salon [səlán サロン] 名詞
① C (美容・服飾(ふくしょく)の)しゃれた)店(♦フランス語から)
▶a beauty **salon** 美容院
② C (邸宅(ていたく)の)大広間, 客間
③ C (上流の女性の間で開かれた)名士の集まり, サロン

saloon [səlúːn サルーン] 名詞
① C (ホテルなどの)大広間, 談話室
② C (米)酒場, バー(♦西部劇などに登場する 19 世紀の酒場)
③ C (英)セダン型自動車

:salt [sɔ́ːlt ソールト]
──名詞 U 塩, 食塩
▶Would you please pass me the **salt**? 塩を取っていただけますか?
➡ table manners [文化]

──形容詞 《名詞の前に用いて》塩気のある;塩辛(しおから)い;塩漬(しおづ)けの
▶**salt** water 塩水, 海水

salty [sɔ́ːlti ソールティ] 形容詞 (比較 saltier; 最上 saltiest) 塩気のある;塩辛(しおから)い ➡ taste [参考]

samba [sǽmbə サぁンバ] 名詞 C 《the samba で》サンバ(♦ブラジル起源のダンス);サンバの曲

:same [séim セイム]
──形容詞 《the same で》同じ, 同一の;同じような (対義語 different ちがう)
▶We're in **the same** class. わたしたちは同じクラスだ.
▶Bill and Pat are (of) **the same** age. ビルとパットは同い年だ.
▶This is **the same** watch that I lost. これはわたしがなくしたのと同じ時計です.

in the sáme wáy 同じように
──代名詞 《the same で》同じもの[こと];同様のもの[こと]
▶Sarah is wearing a nice dress. I want **the same**. サラはすてきな服を着ている. わたしも同じものがほしい.
▶**(The) same** for me, please. (店で)わたしにも同じものをください. (♦the は省略されることがある)

all the sáme = just the sáme
① (口語)全く同じ, どうでもよい
② とはいうものの, それでもやはり
▶I didn't have to use your bike, but thanks **all the same**. あなたの自転車は使わなくて済んだけれど, とにかくありがとう.

(The) sáme to yóu! = And the sáme to yóu! (口語)あなたもね.

ダイアログ
A: Have a good weekend! よい週末を!
B: Thank you. **Same to you!** ありがとう. あなたもね.

sample [sǽmpl サぁンプル] 名詞 C 見本, 標本, サンプル

sanctuary [sǽŋktʃùeri サぁンクチュエリ] 名詞 (複数 sanctuaries [-z]) ① U 避難(ひなん);C 避難所

a b c d e f g h i j k l m n o p q r s t u v w x y z

A B C D E F G H I J K L M N O P Q R S T U V W X Y Z

❷ C 禁猟(きんりょう)区，(動物の)保護区域

❸ C 神聖な場所，聖域

sand
[sǽnd サァンド] 名詞
(複数 sands [sǽndz サァンヅ])
U 砂；C《sands で》砂地；砂浜(すなはま)

sandal [sǽndl サァンドゥる] 名詞
C サンダル
▶a pair of **sandals** サンダル1足

sandbox [sǽndbàks サァンドバックス]
名詞 (複数 sandboxes [-iz])
C《米》(子供が遊ぶ)砂場
(◆《英》sandpit [sǽndpit サァンドピット])

sandpaper [sǽndpèipər サァンドペイ
パ] 名詞 U 紙やすり，サンドペーパー

sandwich
[sǽn(d)witʃ サァン(ド)ウィッチ] 名詞
(複数 sandwiches [-iz])
C サンドイッチ
▶a ham **sandwich** ハムサンド

||文化|| サンドイッチは伯爵(はくしゃく)の名前

イギリスにトランプのかけ勝負が大好きなサンドイッチ伯爵という人がいました．伯爵は食事のためにゲームを中断したくないと思い，パンの間に肉を挟(はさ)んだものを食べながらゲームを続けたことから，その食べ物がサンドイッチと呼ばれるようになりました．

sandy [sǽndi サァンディ] 形容詞
(比較 sandier; 最上 sandiest)
砂の；砂地の，砂だらけの

San Francisco [sǽn frənsískou
サァン フランスィスコウ] 名詞
サンフランシスコ
(◆アメリカのカリフォルニア州の都市；坂とケーブルカー，金門橋(the Golden Gate Bridge)などで有名)

sang
[sǽŋ サァング] 動詞
sing(歌う)の過去形

sank [sǽŋk サァンク] 動詞
sink(沈(しず)む)の過去形の一つ

Santa Claus [sǽntə klɔ̀:z サァンタク
ローズ] 名詞 サンタクロース(◆子供の守護聖人である聖ニコラス(St. Nicholas)の愛称(あいしょう)；単に Santa ともいう；《英》Father Christmas)

Santiago [sæntiá:gou サァンティアーゴ
ウ] 名詞 サンティアゴ(◆チリの首都)

sapphire [sǽfaiər サァふァイア]
(★アクセントに注意) 名詞 C サファイア
(◆青色で透明(とうめい)な宝石)

sardine [sɑːrdíːn サーディーン] (★アクセントに注意) 名詞 (複数 sardine または sardines [-z]) C 【魚類】イワシ

sari [sáːri サーリ] 名詞 C サリー
(◆インド・パキスタンなどの女性の民族衣装(いしょう)；長い1枚の布を体に巻きつけるようにして着る)

sari

sash [sǽʃ サァッシ] 名詞 (複数
sashes [-iz])
C 窓枠(まどわく)，サッシ

sat
[sǽt サァット] 動詞
sit(すわる)の過去形・過去分詞

Sat. [sǽtərdèi サァタデイ] 土曜日
(◆ Saturday の略)

Satan [séitn セイトゥン] (★発音に注意)
名詞 悪魔(あくま)，サタン，魔王
(同義語 the Devil)

satellite [sǽtəlàit サァテらイト] 名詞
❶ C 【天文】衛星(◆惑星(わくせい)(planet)のまわりを回る天体)
▶The moon is a **satellite** of the earth. 月は地球の衛星である．
❷ C 人工衛星(= artificial satellite)
▶a weather **satellite** 気象衛星

satisfaction [sætisfǽkʃn サァティス
ふァクシャン] 名詞
U 満足；C 満足させるもの

satisfactory [sætisfǽktəri サァティス
ふァクトリ] 形容詞 満足のいく；十分な

satisfy [sǽtisfài サぁティスふァイ] **動詞**
（三単現 **satisfies** [-z]; 過去・過分
satisfied [-d]; 現分 **satisfying**)
他 (人・欲望など)を満足させる;
《**be satisfied with ...** で》
…に満足している

▶I'm **satisfied with** my new
school.
わたしは新しい学校に満足している.

Saturday

[sǽtərdèi サぁタデイ] **名詞**
（複数 **Saturdays** [-z]) U C 土曜日
（◆ Sat. と略す）➡ **Sunday** ルール

Saturn [sǽtərn サぁタン] **名詞**
❶【ローマ神話】サトゥルヌス, サターン
（◆農耕の神）
❷【天文】土星

sauce [sɔ́ːs ソース] **名詞** U C ソース
▶soy **sauce**
しょうゆ

saucepan
[sɔ́ːspæn ソースパぁン]
名詞
C シチューなべ
（◆長い柄(え)のついた
深なべ）

saucepan

saucer [sɔ́ːsər ソーサ] **名詞**
❶ C (カップなどの)受け皿
（類語 dish 皿, plate 浅い皿）
➡ **dish** 図
▶a cup and **saucer**　カップと受け皿
❷ C 受け皿状のもの
▶a flying **saucer**　空飛ぶ円盤(ばん)

Saudi Arabia [sáudi əréibiə サウディ
アレイビア] **名詞** サウジアラビア(◆アラ
ビア半島の大部分を占(し)める王国; 首都
はリヤド Riyadh)

Saudi Arabian [sáudi əréibiən
サウディ アレイビアン] **形容詞**
サウジアラビアの; サウジアラビア人の
——**名詞** C サウジアラビア人

sausage [sɔ́ːsidʒ ソーセッチ] **名詞**
U C ソーセージ, 腸詰(ちょう)め

savage [sǽvidʒ サぁヴェッヂ] **形容詞**
❶ 野蛮(ばん)な, 未開の
❷ 残忍(にん)な
——**名詞** C 野蛮人; 残忍な人

savanna(h) [səvǽnə サヴぁナ] **名詞**
C U サバンナ
（熱帯・亜(あ)熱帯地方の草原）

save

[séiv セイヴ] **動詞**
（三単現 **saves** [-z];
過去・過分 **saved** [-d]; 現分 **saving**) 他
❶ …を救う, 救助する;
《**save** ＋人など＋ **from** ＋危険などで》
(人など)を(危険など)から救う
▶The firefighters **saved** the child
from the fire.
消防士たちはその子を火事から救った.

くらべよう save と help

save: 命にかかわる危険から救助する
ことを表します.
▶The doctor **saved** my life. その
医師がわたしの命を救ってくれた.
help: 人の手助けをすることを表しま
す.
▶She **helped** me with my
homework. 彼女はわたしの宿題
を手伝ってくれた.

❷ (金・ものなど)を蓄(たくわ)える, 取ってお
く; 【コンピューター】(データなど)を保存
する; …を節約する
▶He is **saving** money for the trip.
彼はその旅行のために貯金している.
▶Let's **save** Ann some cake.
アンに少しケーキを取っておこう.
▶**save** a file [time]
ファイルを保存する[時間を節約する]

saving [séiviŋ セイヴィング] **動詞**
save(…を救う)の現在分詞・動名詞
——**名詞** U C 節約;《**savings** で》貯金,
預金

savior, (英)saviour [séivjər
セイヴィア] **名詞**
❶ C 救済者, 救い主
❷《**the** [**our**] **Savior** で》
【キリスト教】救世主, キリスト

saw¹ [sɔ́ː ソー] **名詞** C のこぎり
（◆英米ののこぎりは歯の向きが日本のも
のと逆で, 押(お)して切る）

saw²

[sɔ́ː ソー] **動詞**
see(…が見える)の過去形

sax [sǽks サぁックス] **名詞**
《口語》= saxophone

saxophone [sǽksəfòun サぁクソふォウ
ン] **名詞** C 【楽器】サキソホン, サックス
（◆《口語》では単に sax ともいう）
➡ **musical instruments** 図

say 動詞 → p.531 **say**

saying [séiiŋ セイイング] 動詞
say(…を言う)の現在分詞・動名詞
——名詞 C ことわざ, 格言
(同義語 proverb)

SC 【郵便】サウスカロライナ州
(♦ South Carolina の略)

scale¹ [skéil スケイる] 名詞
❶ C 目盛り；物差し, 定規(じょう)
▶a ruler with **scales**
目盛りのついた定規
❷ C U 規模, スケール
▶They ran farms on a large **scale**.
彼らは農場を大規模に経営した.
❸ C (地図の)縮尺

scale² [skéil スケイる] 名詞
❶ C 《(英)では **scales** で》
天びん, はかり(同義語 balance)
➡ **experiment** 図
❷ 《the Scales で》【天文】てんびん座
➡ **horoscope** 区化

scan [skǽn スキぁン] 動詞 (三単現 **scans**
[-z]；過去・過分 **scanned** [-d]；
現分 **scanning**) 他
❶ (ものをさがして)…をよく調べる
《for ...》
❷ …に急いで目を通す
❸ (人体・手荷物など)をスキャンする；
(画像など)をスキャナーで読み取る,
スキャナーでコンピューターに取りこむ
——名詞 ❶ C 急いで目を通すこと
❷ C 【医学】スキャン

scandal [skǽndl スキぁンドゥる] 名詞
U C よくない評判；汚職(しょく)事件

Scandinavia [skæ̀ndənéiviə スキぁン
ディネイヴィア] 名詞 スカンジナビア (諸国)
(♦ノルウェー, スウェーデン, デンマーク
の総称(しょう)；フィンランドとアイスランドを
ふくめることもある)；スカンジナビア半島

scar [skάːr スカー] 名詞
C (皮膚(ふ)の)傷跡(あと)；(家具などの)傷

scarce [skéərs スケアス] 形容詞
(比較 **scarcer**；最上 **scarcest**)
《名詞の前には用いない》
乏(とぼ)しい, 不足して

scarcely [skéərsli スケアスり] 副詞
ほとんど…ない (同義語 hardly)
➡ **always** 区考；かろうじて
▶I **scarcely** know the family.
その一家のことはほとんど知りません.

▶I could **scarcely** see Mt. Fuji
through the clouds.
雲の向こうにかろうじて富士山が見えた.

scare [skéər スケア] 動詞 (三単現
scares [-z]；過去・過分 **scared** [-d]；
現分 **scaring**)
他 …をびっくりさせる, こわがらせる
▶You **scared** me! おどかすなよ.
——名詞《a scare で》(突然(とつぜん)の)恐怖(きょう)

scarecrow
[skéərkròu
スケアクロウ]
名詞 C かかし
(♦英米のかかしは
2本足で, 服を着
ているものが多
い)

scarecrow

scared [skéərd
スケアド] 形容詞
おびえた；(…を)こ
わがって《(of ...)》(同義語 afraid)
▶I'm **scared** of snakes.
わたしはヘビが苦手だ.

scarf [skάːrf スカーふ] 名詞 (複数
scarfs [-s] または **scarves** [skάːrvz ス
カーヴズ]) C スカーフ；マフラー

scarlet [skάːrlit スカーれット] 名詞
U 緋色(ひいろ)(♦鮮(あざ)やかな赤い色；「濃(こ)い
赤色」は crimson [krímzn クリムズン])
——形容詞 緋色の

scary [ské(ə)ri スケ(ア)リ] 形容詞
(比較 **scarier**；最上 **scariest**)
《口語》恐(おそ)ろしい, こわい
▶a **scary** movie こわい映画

scatter [skǽtər スキぁタ] 動詞
他 …をまき散らす；(人・動物)を追い散
らす

scene [síːn スィーン] 名詞
(複数 **scenes** [-z])
❶ C (劇・映画などの)場面, シーン
▶Act II, **Scene** 3 第2幕第3場
▶the last **scene** ラストシーン
❷ C (事件などの)現場
▶the **scene** of a crime 犯行現場
❸ C 景色, 光景(同義語 view)
▶I enjoyed the beautiful **scenes**
along the way. わたしは道沿いの
美しい景色を楽しんだ.

scenery [síːnəri スィーナリ] 名詞
U (ある地域全体の美しい)風景, 景色；
(舞台(ぶたい)の)背景, 道具立て

˚say 動詞

[séi セイ]

(三単現 **says** [séz セズ](★発音に注意); 過去・過分 **said** [séd セッド] 現分 **saying**)
——他 ❶ …を言う, 述べる; 《**say** + **that** 節[**wh-** 節]で》…だと[…かを]言う

▶Sorry, but what did you **say**? 　ごめんなさい, なんて言ったのですか?
▶My father **said** to me, "Be quiet!" 　父はわたしに「静かにしなさい」と言った. (◆言った内容が目的語)
▶She **said (that)** she didn't like tennis. (=She **said**, "I don't like tennis." / "I don't like tennis," she **said**.) 　彼女はテニスが好きではないと言った.
（◆最後の文は ...," said she. の語順にもなる）

くらべよう say, tell, speak, talk

say: あることばや, だれかの言ったことをそのまま口に出して言うときに使います.
　▶She **said**, "I'm going on a trip to London."
　彼女は「わたし, ロンドンへ旅行に行くの」と言った.
tell: 「知らせる, 教える」という意味です.
　▶He **told** me the truth.　彼はわたしに真実を伝えた.
speak: 「話しかける」「ことばを発する」という意味です. 一言二言話す場合や, 演説などをする場合にも使えます.
　▶She **speaks** Chinese.　彼女は中国語を話す.
talk: 「話し合う」「おしゃべりをする」という意味です.
　▶We **talked** about the book.　わたしたちはその本について話した.

❷《**say** + **that** 節で》(本などに)…と書いてある, (時計などが)…と示している
▶His e-mail **says (that)** he has a cold. 　彼の E メールには, (彼が)風邪(ﾟ)をひいていると書いてある.
——自 ❶ 言う, 話す
❷《副詞的に》例えば, まあ
▶It takes, **say**, an hour. 　まあ, 1 時間は必要かな.
It goes without sáying that ....　…ということは言うまでもない
˚*sáy to oneself*　(…と)心の中でつぶやく, (心の中で)自分に言い聞かせる
▶I **said to myself**, "Great!" 　わたしは「すごい!」と心の中でつぶやいた.

that is to say　すなわち, つまり
▶Sue is two years older than I (am), **that is to say**, twenty. 　スーはわたしより 2 歳(ﾟ)年上, つまり 20 歳です.
They say (that) .... = It is sáid that ....　…といううわさだ, …だそうだ.
▶**They say that** Susan is sick in bed. 　スーザンは病気で寝(ﾈ)ているそうだ.
Whát do you sáy to + 名詞[*...ing*]?　〖提案・勧誘(ﾟ)〗…はいかがですか?
▶**What do you say to** playing tennis tomorrow? 　明日テニスをするのはどうですか?
Yóu said it!　《口語》あなたの言うとおりだ, 全くそのとおりだ.

A
B
C
D
E
F
G
H
I
J
K
L
M
N
O
P
Q
R
S
T
U
V
W
X
Y
Z

scent [sént セント] 名詞
U C (快い)香(り);
(動物・人が残した)におい

schedule [skédʒuːl スケデュール,
ʃédʒuːl シェデュール]) 名詞
❶ C 予定(表), 計画(表)
▶the class **schedule** for this year
今年度の授業の時間割
▶The **schedule** is tight this week.
今週はハードスケジュールだ.
(◆ hard は使わない)
❷ C 表;《米》時刻表(◆《英》timetable)
▶a bus **schedule**
バスの時刻表
ahead of schédule 予定より早く
▶We arrived **ahead of schedule**.
わたしたちは予定より早く着いた.
behind schédule 予定より遅(おく)れて
▶The flight is **behind schedule**.
飛行機は予定より遅れている.
on schédule 予定どおりに, 定刻に
▶The train started **on schedule**.
列車は予定どおりに出発した.
——動詞 (三単現 **schedules** [-z];
過去・過分 **scheduled** [-d];
現分 **scheduling**)
他《be scheduled for ＋日時で》
(ある日時)に予定されている;
《be scheduled to ＋動詞の原形で》
…する予定である
▶The school trip **is scheduled
for** next month.
修学旅行は来月に予定されている.
▶John **is scheduled to** leave
tomorrow.
ジョンは明日, 出発する予定だ.

scheme [skíːm スキーム] (★発音に注
意) 名詞 C 《主に英》計画,(公共)事業案
(同義語 program); たくらみ

scholar [skálər スカラ] (★発音に注意)
名詞 ❶ C (特に人文科学系の)学者
(対義語 scientist 自然科学者)
❷ C 奨学(しょうがく)生

scholarship [skálərʃip スカらシップ]
名詞 ❶ C 奨学(しょうがく)金(制度)
❷ U 学問, 学識

‡**school**¹
[skúːl スクール] 名詞 (複数 **schools** [-z])
❶ C U 学校, 校舎; U 授業
➡ 巻頭カラー 英語発信辞典①

ルール **school の使い方**

1 school は, 学校本来の目的である
「授業」を表すときは冠詞をつけずに使
いますが, 「建物としての学校」を表す
ときは冠詞をつけます.
▶I go to **school** five days a week.
わたしは週に5日学校へ行く.
▶I often go to **the school** on
business.
わたしはよく仕事でその学校へ行く.
2 college「大学」や church「教会」な
ども同様です.

go to school　　go to the school

▶Our **school** begins at 8:30.
わたしたちの学校は8時半に始まる.

ダイアログ
A: What **school** do you go to?
どこの学校に通っていますか?
B: I go to Kita Junior High **School**.
北中学校に通っています.

▶**School** is over at three.
学校[授業]は3時に終わる.
▶We have no **school** tomorrow.
明日, 学校は休みだ.
❷《the school で》全校生徒(および教
職員)(◆全体をひとまとまりと考えると
きは単数あつかい, 一人ひとりに重点を
置くときは複数あつかい)
▶**The** whole **school** gathers in the
gym once a week.
週に1度, 全校生徒が体育館に集まる.
❸ C (大学の)専門学部; 大学院;
教習所, 専門学校
▶the Columbia **School** of Law
コロンビア大学法学部
after schóol 放課後(に)
▶What do you do **after school**?
あなたは放課後に何をしますか?

school² [skúːl スクール] 名詞
C (魚・クジラなどの)群れ《of ...》

schoolboy [skúːlbɔ̀i スクールボイ]
名詞 C (小・中学校の)男子生徒
(対義語 schoolgirl 女子生徒)

school bus [skúːl bʌ̀s スクール バス]
名詞 C スクールバス

schoolchild [skúːltʃàild スクールチャイルド] 名詞 (複数 schoolchildren [skúːltʃìldrən スクールチるドゥレン])
C (小・中学校の)生徒

school festival [skúːl féstəvl スクールふェスティヴる] 名詞 C 学園祭, 文化祭

schoolgirl [skúːlgə̀ːrl スクールガ〜る]
名詞 C (小・中学校の)女子生徒
(対義語 schoolboy 男子生徒)

schoolhouse [skúːlhàus スクールハウス] 名詞 C (主に小さな村の学校の)校舎

schooling [skúːliŋ スクーリング] 名詞
U 学校教育;(通信教育の)スクーリング

schoolmate [skúːlmèit スクールメイト]
名詞 C 学校の友達, 学友;同窓生

schoolteacher [skúːltìːtʃər スクールティーチャ] 名詞
C (小・中・高等学校の)教師

school trip [skúːl tríp スクール トゥリップ] 名詞 C 修学旅行, 遠足

schoolwork [skúːlwə̀ːrk スクールワ〜ク] 名詞 U 学校の勉強
(◆学校での勉強と学校の宿題)

schoolyard [skúːljàːrd スクールヤード]
名詞 C (学校の)運動場, 校庭

school year [skúːl jìər スクール イア]
名詞 C 学年(= academic year)(◆授業が行われている期間を指す;欧米では9月に始まり翌年の6月に終わるところが多い)

Schweitzer [ʃwáitsər シュワイツァ]
名詞 【人名】シュバイツァー(◆ Albert Schweitzer [ǽlbərt- あるバト-], 1875-1965;ドイツ生まれのフランスの神学者・医師・音楽家;1952年ノーベル平和賞受賞)

⁑science [sáiəns サイエンス] 名詞
(複数 sciences [-iz])
❶ U 科学;自然科学
▶science and technology 科学技術
▶a science teacher 理科の先生
❷ U C (学問の分野の)…学, …科学
▶social science 社会科学
▶medical science 医学

science fiction [sáiəns fíkʃn サイエンス ふィクシャン] 名詞 U 空想科学小説
(◆ SF と略す)

scientific [sàiəntífik サイエンティふィック](★アクセントに注意)形容詞
科学の;科学的な
▶scientific evidence 科学的証拠(しょう)

⁑scientist [sáiəntist サイエンティスト] 名詞
(複数 scientists [sáiəntists サイエンティスツ]) C 科学者, 自然科学者
(対義語 scholar 人文科学者)
▶I want to be a scientist in the future.
わたしは将来,科学者になりたい.

scissors [sízərz スィザズ] 名詞
《複数あつかいで》はさみ
▶a pair of scissors はさみ1丁
▶two pairs of scissors はさみ2丁
▶These scissors cut well.
このはさみはよく切れる.(◆ this ではなく these になることに注意)

scold [skóuld スコウるド] 動詞
他 (…の理由で)…をしかる(for ...)
▶Mr.Yamada scolded me for being late.
遅刻(ちこく)したので,山田先生はわたしをしかった.

scone [skóun スコウン] 名詞
C スコーン(◆小型の柔(やわ)らかな菓子(かし)パン;(米)biscuit) ➡ biscuit 区化

scoop [skúːp スクープ] 名詞
❶ C (小麦粉などをすくう)ひしゃく, 大さじ;(小さい)シャベル, スコップ
❷ C《a scoop of ... で》ひとすくいの量の…
▶two scoops of ice cream
アイスクリームふたすくい
❸ C (新聞などの)特ダネ, スクープ
──動詞 他 ❶ …をすくう
❷《口語》(新聞などが)(他社)を特ダネで出し抜(ぬ)く

score [skɔ́ːr スコーア] 名詞
❶ C (競技の)得点, スコア;(試験の)成績
▶What's the score now?
今,得点はどうなっていますか?
▶Our team won the game by a score of 2-0.
わたしたちのチームはその試合に2対0で勝った.
(◆ 2-0 は two to nothing と読む)

▶Kota got a high **score** on the English exam. 光太はその英語の試験で高得点を取った.

❷ © 楽譜(がく)

——**動詞** (三単現 **scores** [-z]; 過去・過分 **scored** [-d]; 現分 **scoring**)
他 …を得点する, (点)を入れる

▶**score a goal** 1 ゴール決める

scoreboard [skɔ́ːrbɔ̀ːrd スコーアボード] 名詞 © 得点掲示(けいじ)板, スコアボード

scorebook [skɔ́ːrbùk スコーアブック] 名詞 © 得点記入帳, スコアブック

scorpion [skɔ́ːrpiən スコーピオン] 名詞
❶ © 【動物】サソリ

❷《**the Scorpion** で》【天文】さそり座
➡ **horoscope** 文化

Scotch [skátʃ スカッチ] 形容詞
スコットランドの; スコットランド人の; スコットランド語の(♦ウイスキーなどに使うほかは, Scottish や Scots [skáts スカッツ] などのほうが好まれる)

——**名詞** Ū © スコッチ(ウイスキー)

Scotland [skátlənd スカットランド] 名詞 スコットランド(♦イギリスのグレートブリテン島北部の地方)
➡ **England** 図, 文化

Scottish [skátiʃ スカティッシ] 形容詞 スコットランドの; スコットランド人の; スコットランド語[方言]の

——**名詞** ❶《**the Scottish** で複数あつかい》スコットランド人(全体)

❷ Ū スコットランド語[方言]

scout [skáut スカウト] 名詞
❶ © 斥候(せっこう), 偵察(ていさつ)機

❷ ©(スポーツ・芸能などの)スカウト

❸ ©《しばしば **Scout** で》ボーイ[ガール]スカウト(the Boy [Girl] Scouts)の一員

——**動詞** ⾃ 偵察する; (…を)さがし回る; (チームなどの)スカウトを務める(for ...)

scramble [skrǽmbl スクラぁンブる]
動詞 (三単現 **scrambles** [-z]; 過去・過分 **scrambled** [-d]; 現分 **scrambling**)
⾃ ❶ (すばやく)よじのぼる

❷ (…を)奪(うば)い合う(for ...)

❸ (軍用機が)緊急(きんきゅう)発進する

——他 ❶ (卵)をかき混ぜながら焼く

❷ …を混乱させる, ごちゃごちゃにする

scrambled eggs [skrǽmbld égz スクラぁンブるド エッグズ] 名詞
《複数あつかいで》いり卵, スクランブルエッグ ➡ **egg** 参考

scrap [skrǽp スクラぁップ] 名詞
❶ © 断片(だんぺん), かけら, 切れ端(はし)

❷ Ū くず, くず鉄, スクラップ

scrapbook [skrǽpbùk スクラぁップブック] 名詞 © スクラップブック(♦新聞・雑誌の切り抜(ぬ)きなどを保存するアルバム)

scratch [skrǽtʃ スクラぁッチ] 動詞
(三単現 **scratches** [-iz]; 過去・過分 **scratched** [-t]; 現分 **scratching**)他
❶ …をひっかく, …にかき傷をつける

▶The cat **scratched** my hand. そのネコはわたしの手をひっかいた.

❷ (かゆいところなど)をかく

——⾃ ひっかく

——**名詞** (複数 **scratches** [-iz])
© かすり傷; きしる音; 《a scratch で》ひっかくこと

from scratch 最初から, ゼロから

scream [skríːm スクリーム] 動詞
⾃ 悲鳴をあげる, 金切り声をあげる

▶**scream for help** 助けを求めて悲鳴をあげる

——他 …と大声で叫ぶ

——**名詞** © 悲鳴, 金切り声

▶**give a scream** 悲鳴をあげる

screen [skríːn スクリーン] 名詞
❶ © (映画の)スクリーン; (テレビ・コンピューターの)画面
➡ **computers** 図

《**the screen** で》映画界, 映画

❷ © ついたて, 仕切り; 幕; 網戸(あみど)

screw [skrúː スクルー] (★発音に注意) 名詞 ❶ © ねじ, ねじくぎ

❷ © (船の)スクリュー; (飛行機の)プロペラ

screwdriver [skrúːdràivər スクルードゥライヴァ] 名詞 © ねじ回し, ドライバー

script [skrípt スクリプト] 名詞
❶ Ū《または a script で》手書き; 手書きの文字

❷ © (放送・演劇などの)台本, 脚本(きゃくほん)

scroll [skróul スクロウる] 動詞
他 (画面)をスクロールさせる

——⾃ (画面が)スクロールする

scuba [skúːbə スクーバ] 名詞
© スキューバ(♦潜水(せんすい)用呼吸器)

scuba diving [skúːbə dàiviŋ スクーバ ダイヴィング] 名詞
Ū 【スポーツ】スキューバダイビング(♦スキューバ(scuba)や潜水(せんすい)服を身

につけて水に潜(ぐ)るスポーツ)

sculptor [skʌ́lptər スカるプタ] **名詞**
　C 彫刻(ちょうこく)家

sculpture [skʌ́lptʃər スカるプチャ]
名詞 U 彫刻(ちょうこく); C U 彫刻品, 彫像

SD 【郵便】サウスダコタ州
　(♦ *South Dakota* の略)

ˈsea [síː スィー] **名詞** (**複数** **seas** [-z])

　❶ C 《ふつう **the sea** で》海, 海洋
　(♦一時的な状態を表す形容詞をともなう
　ときは a, an がついたり, 複数形 seas
　で用いたりする; **対義語** land 陸)
　▶Beth went to **the sea** yesterday.
　　ベスは昨日, 海へ行った.
　▶**a rough sea** [rough seas]
　　荒(あ)れた海
　❷ U 《しばしば **Sea** で固有名詞に用い
　て》…海(♦ Ocean より小さい海を指し,
　ときに大きな湖にも用いられる)
　▶the Japan **Sea**　日本海
　▶the Dead **Sea**　死海
　at séa 海上に[で]; 航海中で
　by séa 船で, 海路で(**同義語** by ship)
　▶He sent me a package **by sea**.
　　彼はわたしに小包を船便で送った.
　　(♦手段を表す by のあとは無冠詞)
　go to séa
　　船乗りになる; 船出する (♦ go to the
　　sea は「海に遊びに行く」の意味)

seafood [síːfùːd スィーふード] **名詞**
　U 海産食品, 海産物, シーフード

sea gull [síː ɡʌ̀l スィー ガる] **名詞**
　C 【鳥類】カモメ

seal¹ [síːl スィーる] **名詞**
　❶ C 印(いん), 印鑑(いんかん), 判子(はんこ)(♦英米では
　官庁・大学などの公文書に用い, 溶(と)かし
　たろうなどの上に押(お)す場合もある)
　❷ C 封(ふう), 封印; シール
　──**動詞** ❶ …に封をする, 封印をする
　❷ (取り引きなど)を確定させる

seal² [síːl スィーる] **名詞** (**複数** seal また
　は seals [-z])

　C 【動物】アザラシ(♦広くはアシカ・オッ
　トセイ・トドもふくむ)

sea level [síː lèvl スィー れヴる] **名詞**
　U 平均海面, 海水面
　▶1,200 meters above **sea level**
　　海抜(かいばつ)1,200 メートル

sea lion [síː làiən スィー らイアン] **名詞**
　C 【動物】アシカ, トド

seam [síːm スィーム] **名詞**
　C 縫(ぬ)い目, 継(つ)ぎ目

seaman [síːmən スィーマン] **名詞**
　(**複数** **seamen** [síːmən スィーマン])
　C 船員, 船乗り, 水夫; (海軍の)水兵

sea otter [síː àtər スィー アタ] **名詞**
　C 【動物】ラッコ

seaport [síːpɔ̀ːrt スィーポート] **名詞**
　C 海港; 港町(♦単に port ともいう)

search [sə́ːrtʃ サ〜チ] **動詞** (**三単現**
　searches [-iz]; **過去・過分** **searched**
　[-t]; **現分** **searching**) **他**
　(場所など)をさがす, 調べる;
　《**search ＋場所＋ for ＋**もので》
　(もの)を求めて(場所)をさがす
　▶Bob **searched** every pocket **for**
　　the key.
　　ボブはかぎが入っていないか確認(かくにん)す
　　るために全てのポケットを探(さが)った.
　──**自** (…を)さがす(**for** [**after**] ...)
　▶They **searched for** the lost boy.
　　彼らは迷子の男の子をさがした.
　──**名詞** (**複数** **searches** [-iz])
　C 捜索(そうさく), 追求; 調査;
　【コンピューター】検索
　in séarch of ... …をさがして, 求めて

seashell [síːʃèl スィーシェる] **名詞**
　C 貝殻(かいがら)

seashore [síːʃɔ̀ːr スィーショーア] **名詞**
　《the seashore で》海辺, 海岸
　(♦単に shore ともいう)

seasick [síːsìk スィースィック] **形容詞**
　船に酔(よ)った, 船酔いの

ˈseaside [síːsàid スィーサイド]
　名詞 U 《ふつう the seaside で》
　《主に英》(休日を過ごす場所としての)
　海岸, 海辺(♦《米》beach)
　▶spend a summer by **the seaside**
　　夏を海辺で過ごす

ˈseason [síːzn スィーズン]
　──**名詞** (**複数** **seasons** [-z])

❶ [C] 季節, 四季の一つ
▸Summer is my favorite **season**.
夏はわたしのいちばん好きな季節だ.
▸Spring is the best **season** for a picnic.
春はピクニックにいちばんいい季節だ.
❷ [C] 時期, シーズン
▸the baseball **season**
野球のシーズン
▸the rainy **season** 雨季, 梅雨(つゆ)
in séason (食べ物が)旬(しゅん)で
▸Peaches are **in season** now.
モモは今が旬だ.
out of séason 季節はずれで
▸Strawberries are **out of season** now. イチゴは今, 季節はずれだ.
Séason's Gréetings! 時候のごあいさつを申し上げます.(♦クリスマスカードなどに書くあいさつのことば)
➡ **greeting** [文化]
—[動詞] ([三単現] **seasons** [-z]; [過去・過分] **seasoned** [-d]; [現分] **seasoning**)
[他] …を(…で)味つけする《with ...》

seasonal [síːzənəl スィーズナる]
[形容詞] 季節の
▸a **seasonal** word (俳句の)季語

seasoning [síːzəniŋ スィーズニング]
[名詞] [U] [C] 調味料, 香辛(こうしん)料

season ticket [síːzn tíkit スィーズン ティケット] [名詞]
❶ [C] 定期券, 回数券
(♦《米》commutation ticket)
❷ [C] (演奏会・試合などの)定期入場券

⁑seat [síːt スィート]
—[名詞] ([複数] **seats** [síːts スィーツ])
❶ [C] **座席**, 席
▸the front [back] **seat** of a car
車の前[後]部座席
▸an aisle [a window] **seat**
通路[窓]側の席
▸reserve a **seat** 席を予約する
▸take [have] a **seat** すわる

[ダイアログ]
A: Is this **seat** taken?
この席はふさがっていますか?
B: Yes, it is. / No, it's not.
はい, ふさがっています. / いいえ, ふさがっていません.

❷ [C] (いすなどの)座部, すわる部分
—[動詞] ([三単現] **seats** [síːts スィーツ]; [過去・過分] **seated** [-id]; [現分] **seating**)
[他] ❶ …を着席させる, すわらせる; 《**be seated** または **seat** *oneself* で》すわる
▸Please **be seated**.
どうぞおすわりください.
(♦Please sit down. よりかたい言い方)
❷ 座席数が…ある, …人を収容する

seat belt [síːt bèlt スィート べるト] [名詞]
[C] (自動車・飛行機などの)シートベルト, 安全ベルト(♦safety belt ともいう)
▸Please fasten your **seat belt**.
シートベルトをお締(し)めください.
(♦飛行機内でのアナウンス)

Seattle [siːǽtl スィーあトゥる] [名詞]
シアトル
(♦アメリカのワシントン州の都市)

sea turtle [síː tə̀ːrtl スィー タ〜トゥる]
[名詞] [C] 【動物】ウミガメ
(♦単に turtle ともいう)

seawater [síːwɔ̀ːtər スィーウォータ]
[名詞] [U] 海水([対義語] fresh water 真水)

seaweed [síːwìːd スィーウィード] [名詞]
[U] [C] 海草, 藻(も)

sec, sec. 秒(♦*second*(s) の略)

second [sékənd セカンド]

second[1]
[名詞] ❶ **第 2**
[形容詞] ❶ **第 2 の**
[副詞] **第 2 に**
second[2]
[名詞] ❶ (時間・角度の)**秒**
❷ **ちょっとの間**

⁑second[1] [sékənd セカンド]
—[名詞] ❶ [U] 《**the second** で》
第 2, 2 番めの人[もの]; (日付の) 2 日
(♦2nd と略す)
▸on **the second** of May (=on May 2) 5月2日に(♦May 2 は May (the)

second と読む)
▶Tom was **the second** to come.
トムが 2 番めにやって来た.
❷ U《the Second で》2 世
▶Elizabeth **the Second** エリザベス 2 世(♦ふつう Elizabeth II と書く)
❸ U【野球】二塁(㍻)(= second base)
❹《seconds で》お代わり
▶May I have **seconds**?
お代わりしてもいいですか?
──形容詞 ❶《the second で》
第 2 の, 2 番めの(♦ 2nd と略す)
▶She is in **the second** grade [the **second** grader].
彼女は小学 2 年生だ.
▶This is my **second** time to come here. ここに来るのは 2 回めだ.
❷《a second で》
もう一つ[一人]の, 別の
(同義語 another)
▶a **second** helping お代わり
▶Give me a **second** chance, please.
もう一度わたしに機会をください.

be sécond to nóne
《口語》だれ[何]にも劣(㊦)らない
▶He **is second to none** in swimming.
彼は泳ぎではだれにも負けない.
──副詞 第 2 に, 2 番めに
▶the **second** largest city in Japan
日本で 2 番めに大きい都市

*second² [sékənd セカンド]

名詞 (複数 seconds [sékəndz セカンズ]) ❶ C (時間・角度の)秒
▶a **second** hand (時計の)秒針
▶There are sixty **seconds** in a minute. 1 分は 60 秒だ.
❷ C《ふつう a second で》
ちょっとの間, 瞬間(㊟)
(同義語 moment)
▶I'll be ready in **a second**.
すぐに用意します.

secondary [sékəndèri セカンデリ]
形容詞 ❶ 第 2 の, 2 番めの; 二次的な
❷ (教育が)中級の, 中等の

secondary school [sékəndèri skù:l セカンデリ スクール] 名詞 C 中等学校(♦日本の中学校・高校に相当する)

secondhand [sékəndhæ̀nd セカンドハぁンド] 形容詞 中古の(同義語 used)

▶a **secondhand** car 中古車

secondly [sékəndli セカンドり] 副詞
《文頭に用いて》第 2 に, 次に

secret [sí:krit スィークレット] 形容詞
秘密の, ないしょの
▶**secret** talks ないしょの話; 秘密会談
──名詞 ❶ C 秘密, 機密
▶keep a **secret** 秘密を守る
❷ C ひけつ, こつ
❸《ふつう **secrets** で》(自然界の)神秘

in sécret 秘密に, こっそりと

secretary [sékrətèri セクレテリ] 名詞
(複数 secretaries [-z])
❶ C 秘書; 書記(官)
❷《the Secretary で》
(米)(各省の)長官(♦アメリカ以外の国の大臣に相当する); (英)大臣
▶the **Secretary** of State
(米)国務長官

secretly [sí:kritli スィークレットり] 副詞
秘密に, こっそりと, ひそかに

section [sékʃn セクシャン] 名詞
❶ C (切断された)部分; 地域, 区域
❷ C 部門; (官庁などの)部, 課
▶the stationery **section**
文具売り場
❸ C (本の)節(♦記号は§);
(新聞などの)欄(㊟)
▶**Section** two 第 2 節
▶the sports **section** スポーツ欄

sector [séktər セクタ] 名詞
❶ C (経済・産業などの)部門, 分野, 領域
❷ C【数学】扇形(㊟)

secure [sikjúər セキュア] 形容詞
(比較 more secure または securer;
最上 most secure または securest)
❶ 安全な(同義語 safe);
(…の)危険がない《from ...》
▶This area is **secure** from flooding.
この地域は洪水(㊟)の心配はない.
❷ しっかりした, じょうぶな
❸ 確実な, 安定した
──動詞 (三単現 secures [-z]; 過去・過分 secured [-d]; 現分 securing) 他
❶ …を安全にする, 守る
❷ …を手に入れる, 確保する

security [sikjúərəti セキュリティ] 名詞 U
安全; 安心; 防衛

*see 動詞 ⇒ p.540 see

A B C D **E** F G H I J K L M N O P Q R **S** T U V W X Y Z

seed [síːd スィード] **名詞**
(複数 **seeds** [síːdz スィーヅ])
C U 種, 種子 (♦梅・桃などの「種」は stone, リンゴ・ナシ・オレンジなどの「種」は pip [píp ピップ] ともいう)
▶sow **seeds** 種をまく

Seeing Eye dog [síːiŋ ái dɔ̀ːɡ スィーイング アイ ドーグ] C 盲導(もうどう)犬 (♦盲導犬の商標名が広く用いられるようになったもの; 一般には guide dog という)

seek [síːk スィーク] **動詞** (三単現 **seeks** [-s]; 過去・過分 **sought** [sɔ́ːt ソート]; 現分 **seeking**) 他 …をさがす, 求める
▶**seek** a job [advice]
仕事をさがす[助言を求める]

seem [síːm スィーム] **動詞** (三単現 **seems** [-z]; 過去・過分 **seemed** [-d]; 現分 **seeming**) 自
❶《主に **seem** (to be) +名詞[形容詞]または **it seems** + **that** 節で》
…のように見える, 思われる; …らしい (同義語 look, appear)
▶He **seems to be** a kind person. (=He **seems** kind.)
彼は親切な人物に見える.
▶She **seems (to be)** sick. (=**It seems that** she is sick.)
彼女は病気だと思われる.
❷《**seem to** +動詞の原形で》
…するように見える, …するらしい
▶Jim doesn't **seem to** like dogs.
ジムはイヌが好きではないようだ.

seen [síːn スィーン] **動詞**
see(…が見える)の過去分詞

seesaw [síːsɔ̀ː スィーソー] **名詞**
C シーソー

seize [síːz スィーズ] (★発音に注意) **動詞** (三単現 **seizes** [-iz]; 過去・過分 **seized** [-d]; 現分 **seizing**)
他 ❶ …を(急に強く)つかむ;
…を捕(と)まえる; …を力ずくで奪(うば)う
▶I **seized** him by the arm.
わたしは彼の腕(うで)をつかんだ.
❷ (病気・恐怖(きょうふ)などが)…を襲(おそ)う
—— (機会などを)つかむ《**on [upon]** ...》

seldom [séldəm セルダム] **副詞**
《ふつう be 動詞・助動詞の直後か, 一般動詞の直前に置いて》めったに…しない
➡ **always** [参考]

▶Ann is **seldom** late.
アンはめったに遅刻(ちこく)しない.
▶My father **seldom** gets angry.
父はめったに怒(おこ)らない.

select [silékt セレクト] **動詞**
他 (多くのものの中から)…を選ぶ, 選び出す《**from** ...》(同義語 choose)
▶You should **select** a computer carefully.
コンピューターは慎重(しんちょう)に選んだほうがいい.
▶The best players were **selected** from each team.
各チームから最高の選手たちが選ばれた.

selection [silékʃn セレクシャン] **名詞**
❶ U C 選ぶこと, 選択(せんたく)
❷ C 選ばれたもの[人], 精選品, 選集

self [sélf セるふ] **名詞**
(複数 **selves** [sélvz セるヴズ])
U 自己, 自身;
C (特定の時期・状態の)自分

self-help [sélfhélp セるふヘるプ] **名詞**
U 自助, 自立

self-introduction [sélfintrədákʃn セるふイントゥロダクシャン] **名詞**
U C 自己紹介(しょうかい)

selfish [sélfiʃ セるふィッシ] **形容詞**
(人・言動などが)わがままな, 自分勝手な

self-portrait [sélfpɔ́ːrtrit セるふポートゥレット] **名詞** C 自画像

self-service [sélfsə́ːrvis セるふサ〜ヴィス] **名詞** U セルフサービス
—— **形容詞** セルフサービスの

sell [sél セる] **動詞**
(三単現 **sells** [-z]; 過去・過分 **sold** [sóuld ソウるド]; 現分 **selling**)
—— 他 ❶ …を売る(対義語 buy …を買う);
《**sell** +人+ものまたは **sell** +もの+ **to** +人で》(人)に(もの)を売る
▶Sarah **sold** her painting for three thousand yen.
サラは自分の絵を 3,000 円で売った.
▶Would you **sell** me this book? (= Would you **sell** this book **to** me?)
この本をわたしに売ってくれませんか? (♦文末の語句が強調される; 前者は「何を」売るか, 後者は「だれに」売るかに重点が置かれる)
❷ (店などが)…を売っている

▶This store **sells** fresh bread.
(=They **sell** fresh bread at this store.)
この店では焼きたてのパンを売っている.
──⽬ (ものが)**売れる**; (人が)売る
▶Her novels **sell** well.
彼女の小説はよく売れる.
séll óut 売り切れる; …を売り切る
▶The tickets **sold out** in one day.
チケットは1日で売り切れた.

ダイアログ
A: Two ice creams, please.
アイスクリームを2つください.
B: Sorry, but we're **sold out** today.
すみませんが, 今日は売り切れです.

seller [sélər セラ] 名詞
❶ C 売る人(対義語 buyer 買い手)
❷ C 《形容詞をともなって》
売れ行きが…なもの
▶a longtime **seller** ロングセラー
▶a best**seller** ベストセラー
(♦2語に分けて best seller ともつづる)

semester [siméstər セメスタ] 名詞
C (2学期制の)学期
(♦「(3学期制の)学期」は term)

semicolon [sémikòulən セミコウロン]
名詞 C セミコロン(;)(♦句読点の一種;
コンマ(,)とピリオド(.)の中間の区切り)
➡ 巻末付録 Ⅳ. 句読点・符号

senate [sénit セネット] 名詞
U 《ふつう the Senate で》
(アメリカ・カナダ・フランスなどの)上院
(同義語 the Upper House)

senator [sénətər セネタ] 名詞
C 《しばしば Senator で》(アメリカ・カ
ナダ・フランスなどの)上院議員

send [sénd センド] 動詞
(三単現 **sends** [séndz センヅ];
過去・過分 **sent** [sént セント];
現分 **sending**)
──⽷ ❶ …を送る, 届ける;
《**send** ＋人＋ものまたは **send** ＋もの
＋ **to** ＋人で》(人)に(もの)を送る
▶**send** (an) e-mail
Eメールを送る
▶He **sent** me some books by mail.
(=He **sent** some books **to** me by mail.)
彼はわたしに本を何冊か郵送してくれ

た. (♦by mail の直前の語句が強調さ
れる; 前者は「何を」送ったか, 後者は
「だれに」送ったかに重点が置かれる)
▶Please **send** my best wishes **to**
your parents.
ご両親によろしくお伝えください.
❷ (人)**を行かせる**, 派遣する
▶They **sent** their children to a
summer camp.
彼らは子供たちをサマーキャンプに行
かせた.
▶They **sent** Ms. Brown to the
international meeting. 彼らはブ
ラウンさんを国際会議に派遣した.
──⽬ 使いをやる, 便りを出す
send ín …を提出する
▶He **sent in** an application form
for a new passport. 彼は新しいパ
スポートの申請書を提出した.
send óut
(手紙など)を発送する; (人)を派遣する
send-off [séndɔ̀ːf センドオーふ] 名詞
C (口語)見送り; 送別会

senior [síːnjər スィーニャ]
(★発音に注意)
──形容詞 ❶ (…より)**年上の**, 年長の
(対義語 junior 年下の); (地位が)上の
《**to** …》
▶They are five years **senior to** us.
彼らはわたしたちより5歳年上だ.
❷ 父親のほうの(♦父親と息子が同じ
名前のときに, 父親の姓名のあとにつ
けて区別する; Sr. または sr. と略す)
▶Martin Luther King, **Sr.** (父親の
ほうの)マーチン・ルーサー・キング
❸ (米)(大学・高校の)最上級の, 最高学年
の; (英)(学年が)上級の
▶a **senior** student 最上級生
──名詞 (複数 **seniors** [-z])
❶ C 年長者; 先輩
(対義語 junior 年少者)
▶Tom is two years my **senior**. (=
Tom is my **senior** by two years.)
トムはわたしより2つ年上だ.
❷ C (米)(大学・高校の)最上級生;
(英)上級生
senior citizen [síːnjər sítizn スィーニャ
スィティズン] 名詞
C 高齢者, お年寄り
(♦old person の遠回しな言い方)

✦see 動詞

❶ …が見える, …を見る
❷ (人)に会う
❸ …がわかる

[síː スィー]

(三単現) **sees** [-z]; (過去) **saw** [sɔ́ː ソー]; (過分) **seen** [síːn スィーン]; (現分) **seeing**) 基本のイメージ:目に入ってくる

── 他 ❶ …が見える, …を見る; (人)を見かける(♦進行形にしない)
➡ **look** くらべよう

▶What do you **see** from there?　そこから何が見えますか?

▶I **saw** Ann in the library yesterday.　昨日, 図書館でアンを見かけた.

▶Have you ever **seen** a panda?　今までにパンダを見たことがありますか?

❷ (人)に会う, …と面会する; (医者)に診(み)てもらう

▶I'm glad to **see** you again.　またお会いできてうれしいです.

▶I had a fever, so I went to **see** a doctor.　熱があったので, 医者に行って診てもらった.

❸ …がわかる, …を理解する, 知る

▶I didn't **see** her point.　彼女の話の主旨(しゅし)がわからなかった.

▶I **see** what you mean.　あなたの言いたいことはわかります.

▶I **see** (that) you're tired.　お疲(つか)れのようですね.

❹ 《**see** +名詞+動詞の原形で》~が…するのを見る

▶I **saw** him **cut** the cake.　わたしは彼がケーキを切るのを見た.

(♦ ❺ とのちがいに注意;「ケーキを切り始めるときから切り終わるまでの動作を全部見た」という意味になる)

❺ 《**see** +名詞+ **...ing** で》~が…しているのを見る

▶I **saw** him **cutting** the cake.　わたしは彼がケーキを切っているのを見た.

(♦ ❹ とのちがいに注意;「ケーキを切っている, という進行中の動作の一部を見た」という意味になる)

❻ …を見物する, (映画など)を見る

▶I want to **see** the sights of Kyoto.　わたしは京都を見物したい.

▶Let's go to **see** a movie.　映画を見に行こう.

❼ …を確かめる, 調べる; …を参照する

▶Can I **see** your passport?　パスポートを見せていただけますか?

⊜ ❶ 見える
❷ わかる

❽ (人)を見送る, 送っていく
▸I'll **see** you home.　　　　　　　　家まで送りましょう.
❾《ふつう完了形で》…を経験する
▸My grandparents have **seen**　　祖父母は戦争を経験した.
war.
──⊜ ❶ 見える, 見る
▸Cats can **see** in the dark.　　　　ネコは暗いところでも目が見える.
❷ わかる, 理解する
▸We don't have much time.　　　　あまり時間がないのです. わからない
Don't you **see**?　　　　　　　　　のですか?
▸As you **see**, the sea is too　　見てわかるように, 海は泳ぐには荒^(あ)
rough for swimming.　　　　　　れ過ぎている.
✦I sée.　**わかりました**, なるほど.

> ダイアログ
> *A:* Is that a school?　　　　　　　　あれは学校ですか?
> *B:* No, it's a hospital.　　　　　　いいえ, 病院です.
> *A:* Oh, **I see**.　　　　　　　　　ああ, わかりました.

✦Let me sée. = **Let's sée.**　《口語》(返事がすぐに出てこないときなどのつなぎ
のことばとして)**ええと, そうですね. ➡ let**

> ダイアログ
> *A:* Can we meet tomorrow?　　　　明日, お会いできますか?
> *B:* **Let me see.** Would five　　ええと, 5時でよろしいですか?
> o'clock be OK with you?

Lóng tíme nó sée.　《口語》久しぶりですね.
　▸Hi, Tom! **Long time no see.**　　やあ, トム. 久しぶりだね.
sée ... óff　…を見送る
　▸I went to the station to　　わたしはアンを見送りに駅まで行った.
　see Ann **off**.
✦Sée you (láter).　《口語》**またね, さようなら.** (✦ See you again. や See you
soon. ともいう; 次に会う日がはっきりわかっているときは, See you on
Sunday.「じゃあ, 日曜日に」のようにいう; また「行ってきます」「行って
らっしゃい」の意味で使うこともある)
　▸**See you** tomorrow.　　　　　　じゃあ, またあした.
you sée　《口語》ですから, ほら, あのね; いいですか(✦相手に何かをわからせ
たいときや, ことばをやわらげるために用いる)

> ダイアログ
> *A:* Mom, I have a toothache!　　お母さん, 歯が痛いんだ.
> *B:* **You see**, you should brush　　だからね, 食事のあとに歯を磨^(みが)かな
> your teeth after meals.　　　いとだめなのよ.

senior high school [síːnjər hái skùːl スィーニャ ハイ スクール] 名詞

Ⓒ《米》高等学校(◆単に senior high または high school ともいう)

➡ high school 文化

sensation [senséiʃn センセイシャン] 名詞 ❶ C 大評判, 物議, センセーション

❷ U 感覚, 知覚; Ⓒ U 感じ, 気持ち

sensational [senséiʃənl センセイショヌる] 形容詞 世間をあっと言わせるような, センセーショナルな

sense [séns センス] 名詞 (複数 senses [-iz])

❶ Ⓒ 感覚; 五感の一つ

参考 **五感(the five senses)とは?**

視覚	sight	味覚	taste
聴覚(ちょうかく)	hearing	きゅう覚	smell
触覚(しょっかく)	touch		

このほかに, いわゆる"勘(かん)"とされる第六感(the sixth sense)もあります.

▶Dogs have a keen **sense** of smell.
イヌは鋭(するど)いきゅう覚をもっている.

❷ U《ふつう a sense または one's sense で》(…を)理解する能力, (…に対する)意識, …感, センス《of ...》

▶a **sense** of humor
ユーモアのセンス

▶I have no **sense** of direction.
わたしは方向音痴(おんち)だ.

❸ U 分別, 正常な判断力

▶common **sense** 常識

❹《ふつう senses で》正気(◆五感の正常な状態), (正常な)意識

▶The man lost his **senses**.
その男性は意識を失った.

❺ Ⓒ (ことばの)意味(同義語 meaning)

▶In what **sense** did he use this word? どういう意味で, 彼はこの単語を使ったのだろうか?

in a [óne] sénse
ある意味では, ある程度

make sénse
意味を成す, 道理にかなっている

▶His story doesn't **make** any **sense**. 彼の話は全く意味を成さない.

sensible [sénsəbl センスィブる] 形容詞 分別のある, 賢明(けんめい)な(同義語 wise)

▶a **sensible** person 分別のある人

sensitive [sénsitiv センスィティヴ] 形容詞 (…に)敏感(びんかん)な, 影響(えいきょう)を受けやすい《to ...》; (人が)(…について)傷つきやすい《about ...》(同義語 nervous)

▶**sensitive** skin 敏感肌(はだ)

▶The eyes of cats are **sensitive to** light. ネコの目は光に敏感だ.

sent [sént セント] 動詞
send(…を送る)の過去形・過去分詞

sentence [séntəns センテンス] 名詞
❶ Ⓒ 【文法】文

▶a negative **sentence** 否定文

❷ Ⓒ U (刑(けい)の)宣告, 判決; 刑

▶a death **sentence** 死刑の判決

── 動詞 (三単現 **sentences** [-iz]; 過去・過分 **sentenced** [-t]; 現分 **sentencing**) 他《しばしば受け身の文で》(人)に(…の)判決を下す《to ...》

▶He **was sentenced to** three years in prison.
彼は懲役(ちょうえき)3年の判決を受けた.

sentiment [séntəmənt センティメント] 名詞 ❶ Ⓒ U 感情, 心情; 意見

❷ U 多感, 涙(なみだ)もろさ

sentimental [sèntəméntl センティメントゥる] 形容詞 感傷的な, 涙(なみだ)もろい, センチメンタルな

Seoul [sóul ソウる] 名詞
ソウル(◆大韓(だいかん)民国の首都)

Sep. 9月(◆*September* の略)

separate (★動詞・形容詞の発音のちがいに注意) 動詞 [sépərèit セパレイト] (三単現 **separates** [sépərèits セパレイツ]; 過去・過分 **separated** [-id]; 現分 **separating**) 他 …を分ける; …を(…から)引きはなす《from ...》

▶The referee **separated** the two boxers. レフェリーは2人のボクサーを引きはなした.

▶The monkey was **separated from** its parents.
そのサルは両親から引きはなされた.

── 自 別れる; 分かれる; 分離(ぶんり)する

▶The country **separated** into two after the war.
戦後, その国は2つに分離した.

── 形容詞 [sépərit セパレット]
別々の; 独立した

▶They have **separate** rooms.
彼らは別々の部屋を持っている.

separately [sépəritli セパレットり] 副詞
はなれて, 分かれて; 別々に

separation [sèpəréiʃn セパレイシャン]
名詞 U 分離(ぶん)

Sept. [septémbər セプテンバ] 9月
(♦ *September* の略)

September

[septémbər セプテンバ] 名詞
9月(♦ Sep. または Sept. と略す)
➡ **January** ルール, **month** 墨愛

sequence [síːkwəns スィークウェンス]
名詞 C (…の)連続((of …)), 連続して起こること[もの]; U (一連のことが起こる)順序

serial [síːriəl スィリアる] 形容詞
通しの, 連続した, 連続して起こる
▶a **serial** number 通し番号, 製造番号
——名詞 C (小説などの)続き物, 連載(さい)物, シリーズ

series

[síːriːz スィリーズ] 名詞
(複数) series: 単複同形
❶ C 連続, ひと続き;《**a series of** … で》一連の, ひと続きの…
▶a **series of** discoveries 一連の発見
❷ C (出版物・テレビ番組などの)続き物, シリーズ;(野球などの)シリーズ
▶a TV **series** 連続テレビ番組

serious [síːriəs スィリアス] 形容詞
❶ まじめな, 本気の
▶a **serious** look 真剣な表情
▶Are you **serious**?
本気で言っているのですか?
❷ 重大な, (病気などが)重い
▶a **serious** problem 重大な問題
▶His injury is not **serious**.
彼のけがはひどくない.

seriously [síːriəsli スィリアスり] 副詞
❶ まじめに, 本気で
▶Don't take the news so **seriously**.
その知らせをそんなに深刻に受けとらないで.
❷ 重大に, ひどく
▶He is **seriously** ill.
彼の病状はとても重い.

sermon [sə́ːrmən サ〜モン] 名詞 C
(教会での)説教;(口語)お説教, 小言

servant [sə́ːrvənt サ〜ヴァント] 名詞
❶ C 召(め)し使い, 使用人
(対義語 master 主人)
❷ C 公務員, 役人
▶a public **servant** 公務員

serve

[sə́ːrv サ〜ヴ] 動詞
(三単現 **serves** [-z]; 過去・過分 **served** [-d]; 現分 **serving**)
——他 ❶ (客)に応対する;
(食べ物など)を出す
▶Are you being **served**?
(店員が客に)ご用をうかがっておりますか?
▶**serve** ice cream for dessert
デザートにアイスクリームを出す
❷ …に仕える, …のために働く, (職務・任期など)を務める
▶She **served** the company for 25 years.
彼女はその会社に25年間勤めた.
▶He **served** five years as mayor.
彼は5年間, 市長を務めた.
❸ …に(必要なものを)供給する
《**with** …》
▶The lake **serves** this town **with** water.
その湖はこの町に水を供給している.
❹ (人)の役に立つ;
(目的・用途(と)に適している
❺ 【スポーツ】(球)をサーブする
——自 ❶ 務める, 働く, 仕える
▶My sister **serves** as a clerk in the bookstore.
わたしの姉[妹]はその書店で店員として働いている.
❷ 給仕(きゅう)する, 食事を出す
❸ (…として)役に立つ(**as** [for] …)
▶This box **serves as** a chair.
この箱はいすの代わりになる.
❹ 【スポーツ】サーブする

server [sə́ːrvər サ〜ヴァ] 名詞
❶ C 料理を取り分ける道具, サーバー
❷ C 給仕(きゅう)(人), ウェイター, ウェイトレス(♦男女の性差別を避(さ)けるために, waiter, waitress の代わりに使われる)
❸ C 【スポーツ】 サーブをする人
❹ C 【コンピューター】サーバー
(♦ネットワーク上のほかのコンピューターに機能やデータなどを提供するコンピューター)

service

[sə́ːrvis サ〜ヴィス] 名詞
❶ U (ホテル・レストランなどの)接客, サービス; U C (商品に対する)アフターサービス, 修理, 点検

A B C D E F G H I J K L M N O P Q R S T U V W X Y Z

(◆日本語の「サービス」のような「おまけ」や「無料」の意味はない)

▶door-to-door delivery **service**
宅配サービス

▶The **service** is very good in this restaurant.
このレストランは非常にサービスがいい.

▶repair **service**　修理サービス

❷ C U 公共事業, (交通の)便; (医療(りょう)・福祉(ふくし)などの)公的事業

▶public **services**　公共事業

▶bus **service**　バスの便

▶mail **service**　郵便事業

❸ C U 奉仕(ほうし), 務め, 勤務

▶social **service**　社会奉仕

❹ C (教会の)礼拝, 儀式(ぎしき)

▶morning **service**　朝の礼拝

❺ C (テニスなどの)サーブ ➡ **tennis** 図

service dog [sə́ːrvis dɔ̀ːg サ〜ヴィス ドーグ] 名詞 介助(かいじょ)犬 ➡ **dog** [参考]

sesame [sésəmi セサミ] 名詞
U [植物]ゴマ; ゴマの実

session [séʃn セシャン] 名詞
❶ U C (議会・法廷(ほうてい)などの)開会, 開廷; C 会期
❷ C 集会, 講習会; 《主に米》(大学の)学期, 授業(時間)

*set [sét セット]

動詞	他	❶ …を置く
		❷ …を準備する
		❸ (人・物事)を…の状態にする
		❹ (規則・日時・値段など)を定める
	自	(太陽・月が)沈(しず)む
名詞		1 組

基本イメージ: 決められた場所に置く

――動詞 (三単現 **sets** [séts セッツ]; 過去・過分 **set**; 現分 **setting**)
――他 ❶ …を置く, すえる, 配置する

▶He **set** the vase on the table.
彼はテーブルの上に花びんを置いた.

❷ …を準備する, 整える; …を調節する, 合わせる; (髪(かみ)を)セットする

▶**set** the table for dinner
夕食のために食卓(しょくたく)を準備する

▶**set** the alarm clock for six o'clock
目覚まし時計を6時に合わせる

❸《**set** ＋人・物事＋形容詞[副詞]で》(人・物事)を…の状態にする

▶She **set** the bird free.
彼女はその鳥を逃(に)がした.

❹ (規則・日時・値段など)を定める

▶They **set** the date of their wedding ceremony.
彼らは結婚(けっこん)式の日取りを決めた.

❺ (人)に(仕事・目標・課題など)を課す

――自 (太陽・月が)沈む (対義語 rise のぼる)

▶The sun **sets** in the west.
太陽は西に沈む.

set aside (金など)を取っておく

set in (病気・悪天候などが)始まる

▶A severe winter has **set in**.
厳しい冬が始まった.

set off ① (旅などに)出発する

▶**set off** on a trip　旅に出る

② (ロケット・花火など)を打ち上げる

set out
① (…に向けて)出発する《for ...》

▶**set out for** New York
ニューヨークに向けて出発する

② …し始める《to ＋動詞の原形》

set up
…を建てる, 設立する, 立ち上げる

▶**set up** a tent　テントを張る

▶**set up** a hospital　病院を設立する

――名詞 (複数 **sets** [séts セッツ])

❶ C 1 組, ひとそろい; 《**a set of ...** で》…の1 組

▶a tea **set**　ティーセット

▶a **set of** tools　道具一式

❷ C (ラジオ・テレビの)受信装置

▶a TV **set**　テレビ

❸ C (映画・演劇の)舞台(ぶたい)装置

❹ C (テニスなどの試合の)セット

❺《**a set** で》(髪の)セット

――形容詞 定められた; 型にはまった; 準備が整った

▶a **set** phrase　決まり文句

On your márk(s), get sét, gó!
(競走で)位置について, 用意, ドン！

setting [sétiŋ セティング] 動詞
set (…を置く)の現在分詞・動名詞

——名詞 ❶ **C** 《ふつう単数形で》
(出来事の)舞台(臺), 背景, 環境(鯨);
(小説などの)舞台(設定)
❷ 《the setting で》セットすること;
(太陽・月が)沈(傷)むこと

settle [sétl セトゥる] **動詞**
(三単現 **settles** [-z]; 過去・過分 **settled**
[-d]; 現分 **settling**) **他**
❶ …を (きちんと) 解決する, 片づける;
(勘定(鯊))を支払(騰)う, 清算する
▶**settle** a problem 問題を解決する
▶**settle** a bill 勘定を払う
❷ …を(動かないように)置く, 安定させる;
…を定住させる, (場所)に移民させる;
…を静める, 落ち着かせる
——自 定住する, 落ち着く;
(天候・心などが)静まる
▶They finally **settled** in London.
　彼らは最後にロンドンに落ち着いた.
▶The wind **settled**.
　風が静まった.
séttle dówn 落ち着く;身を固める

settlement [sétlmənt セトゥるメント]
名詞 ❶ **U** 植民, 移民; **C** 植民地
❷ **C** **U** 解決, 和解, 清算

:seven [sévn セヴン]
——名詞 (複数 **sevens** [-z])
C 《冠詞をつけずに単数あつかい》
7; 《複数あつかいで》7人, 7個;
U 7歳(鯊); 7時
▶It's **seven** now.
　今, 7時だ.
——形容詞 7の; 7人の, 7個の; 7歳の

:seventeen
[sèvntíːn セヴンティーン]
——名詞 (複数 **seventeens** [-z])
C 《冠詞をつけずに単数あつかい》
17; 《複数あつかいで》17人, 17個;
U 17歳(鯊)
——形容詞 17の; 17人の, 17個の;
17歳の
▶She is **seventeen**. 彼女は17歳だ.

seventeenth [sèvntíːnθ セヴンティー
ンす] **名詞**
❶ **U** 《the seventeenth で》第17, 17
番め; (日付の)17日(♦ 17th と略す)
❷ **C** 17分の1
——形容詞 ❶ 《the seventeenth で》
第17の, 17番めの

❷ 17分の1の

:seventh [sévnθ セヴンす]
——名詞 (複数 **sevenths** [-s])
❶ **U** 《the seventh で》第7, 7番め;
(日付の)7日(♦ 7th と略す)
❷ **C** 7分の1
▶one **seventh** 7分の1
——形容詞 ❶ 《the seventh で》
第7の, 7番めの
❷ 7分の1の

seventieth [sévntiəθ セヴンティエす]
名詞 ❶ **U** 《the seventieth で》
第70, 70番め(♦ 70th と略す)
❷ **C** 70分の1
——形容詞 ❶ 《the seventieth で》
第70の, 70番めの
❷ 70分の1の

:seventy [sévnti セヴンティ]
——名詞 (複数 **seventies** [-z])
❶ **C** 《冠詞をつけずに単数あつかい》
70; 《複数あつかいで》70人, 70個;
U 70歳(鯊)
❷ 《one's seventies で》70歳代;
《the seventies で》(世紀の)70年代
——形容詞 70の; 70人の, 70個の;
70歳の

:several [sévrəl セヴラる]
——形容詞 《名詞の前に用いて》
いくつかの, 数人の, 数個の
(♦ 3以上で, many より少ない数を表す)
▶**several** apples リンゴ数個
▶I called you **several** times.
　あなたに何回か電話をしました.
——代名詞 《複数あつかいで》数人, 数個
▶I went to the beach with **several**
　of my friends.
　わたしは友達数人と海辺に行った.
▶**Several** of them saw the movie.
　彼らのうち数人がその映画を見た.

severe [səvíər セヴィア] **形容詞**
(比較 **severer**; 最上 **severest**)
❶ (人・規則などが)厳しい, 厳格な
(同義語 strict)
▶My parents are **severe** with me.
　両親はわたしに厳しい.
❷ (天候・病気などが)厳しい, ひどい, 激
しい(対義語 mild 穏(鯊)やかな)
▶a **severe** winter 厳しい冬

a b c d **e** f g h i j k l m n o p q r **s** t u **v** w x y z

severely [səvíərli セヴィアリ] 副詞
ひどく；厳しく

sew [sóu ソウ] （★発音に注意）動詞
（三単現 **sews** [-z]; 過去 **sewed** [-d];
過分 **sewn** [sóun ソウン]または **sewed**;
現分 **sewing**) 他 …を縫(ぬ)う，縫いつける
▶I **sewed** this dress.
わたしはこのドレスを縫った.
——自 縫う，裁縫(ほう)をする

sewing [sóuiŋ ソウイング] 名詞
U 裁縫(ほう)，針仕事

sewing machine [sóuiŋ məʃiːn
ソウイング マシーン] 名詞 C ミシン

sewn [sóun ソウン] 動詞
sew(…を縫(ぬ)う)の過去分詞の一つ

sex [séks セックス] 名詞 （複数 **sexes**
[-iz]) ❶ C U 性，性別，雌雄(しゆう)の別
▶the male [female] **sex** 男[女]性
▶a school for both **sexes**
共学の学校
❷ U 性行為(こうい)，セックス

sexual [sékʃuəl セクシュアる] 形容詞
性の，性的な；男女の，雌雄(しゆう)の

SF, sf [éséf エスエふ] エスエフ，空想科学
小説(♦ science fiction の略)

sh [ʃː シー] 間投詞 静かに，シーッ(= shh)

shabby [ʃǽbi シャビ] 形容詞
（比較 **shabbier**; 最上 **shabbiest**)
(もの・衣服などが)みすぼらしい，ぼろの

shade [ʃéid シェイド] 名詞
（複数 **shades** [ʃéidz シェイヅ])
❶ U 《しばしば **the shade** で》
陰(かげ)，日陰，物陰 ➡ shadow くらべよう
▶We rested in **the shade** of a
tree. わたしたちは木陰で休んだ.
❷ C 日よけ，(窓の)ブラインド；
(電球などの)かさ
▶a window **shade** 窓のブラインド
▶a lamp **shade** ランプのかさ
❸ C (色の)濃淡(のうたん)，色合い
——動詞 （三単現 **shades** [-z];
過去・過分 **shaded** [-id]; 現分 **shading**)
他 (場所・もの)を陰にする；(目など)を
(光などから)さえぎる《from ...》

shadow [ʃǽdou シぁドウ] 名詞
（複数 **shadows** [-z])
C (光が当たってできる)影(かげ)
▶The tree threw a long **shadow**
on the ground.
その木は地面に長い影を投げていた.

くらべよう **shadow** と **shade**

shadow: 輪郭(りんかく)のはっきりした人・
ものなどの「影」です. ただし, shade
の意味で使うこともあります.
shade: 光が当たらず, 輪郭のはっき
りしない「日陰(ひかげ)」を指します.

shadow　　shade

shake [ʃéik シェイク] 動詞 （三単現
shakes [-s]; 過去 **shook** [ʃúk シュッ
ク]; 過分 **shaken** [ʃéikən シェイクン];
現分 **shaking**)
他 …を振(ふ)る，揺(ゆ)さぶる
▶He **shook** me and said, "Wake
up!" 彼はわたしを揺すって「起き
ろ！」と言った.
——自 揺れる；(人・声などが)震(ふる)える
▶The earth is **shaking**.
地面が揺れている.
▶I **shook** with joy.
わたしは喜びに体が震えた.
shake hands (…と)握手(あくしゅ)する
《with ...》 ➡ handshake 文化
▶They **shook** hands with each
other. 彼らはたがいに握手をした.
shake one's head （否定・不満・悲しみ
などを表して）首を横に振る
▶She **shook** her head.
彼女は首を横に振った.
——名詞 ❶ C 《ふつう a shake で》
振ること；震動(しんどう)
❷ C 《米》ミルクセーキ

shaken [ʃéikən シェイクン] 動詞
shake(…を振(ふ)る)の過去分詞

Shakespeare
[ʃéikspiər シェイク
スピア] 名詞
【人名】
シェークスピア
（♦ William
Shakespeare
[wíljəm- ウィりゃ
ム-], 1564–1616;
イギリスの劇作
家・詩人）

文化 イギリスの誇(ほこ)る劇詩作家

シェークスピアは四大悲劇といわれる『ハムレット』(*Hamlet*),『オセロ』(*Othello*),『マクベス』(*Macbeth*),『リア王』(*King Lear*) をはじめ,『ロミオとジュリエット』(*Romeo and Juliet*),『ヴェニスの商人』(*The Merchant of Venice*) など,劇詩の傑作(けっさく)を多く残しました.

ロミオ(右)ジュリエット(左)

shaking [ʃéikiŋ シェイキング] **名詞**
U C 揺れ,振動

shall [ʃæl シぁる; (弱く言うとき)ʃəl シャる] **助動詞**

(過去) **should** [ʃúd シュッド]

❶《**Shall I ...?** または **Shall we ...?** で相手の意思をたずねて》
…しましょうか?
▶**Shall I** turn the TV down?
テレビの音量を下げましょうか?

ダイアログ
A: **Shall we** go to the movies?
映画に行きましょうか?
B: Yes, let's. ええ,行きましょう.

▶What **shall I** do?
わたしは何をしたらいいのでしょうか?

❷《**Let's ..., shall we?** で》
…しませんか,…しましょうか?

ダイアログ
A: **Let's** go shopping, **shall we**?
買い物に行きませんか?
B: Yes, let's. / No, let's not.
ええ,行きましょう. / いいえ,やめておきましょう.

❸《単なる未来》《**I shall ....** または **We shall ....** で》…だろう,…でしょう
(♦ふつう shall ではなく will を用いる; 'll と短縮する)
▶**I shall** be fifteen next month.
わたしは来月で 15 歳(さい)になる.

❹《話者の意志》…させる,…させよう

(♦親が子供に,目上の人が目下の人に言うときなど)
▶He **shall** keep his promise.
彼に約束を守らせよう.

shallow [ʃǽlou シぁろウ] **形容詞**
(比較 **shallower**; 最上 **shallowest**)
浅い(対義語 deep 深い)
▶a **shallow** river 浅い川

shame [ʃéim シェイム] **名詞**
❶ U 恥(は)ずかしさ; 恥(はじ)
▶I was filled with **shame**.
わたしは恥ずかしさでいっぱいだった.
❷《**a shame** で》恥になること[人];
残念なこと(同義語 a pity)
▶It is **a shame** that you told such a lie. きみがそんなうそをついたなんて,恥ずべきことだ.
▶What **a shame**!
なんて残念なことでしょう; お気の毒に.
Sháme on you!
恥を知りなさい!; みっともない!

shampoo [ʃæmpú: シャンプー] (★アクセントに注意) (複数 **shampoos** [-z]) C シャンプー; C 洗髪(せんぱつ)
——**動詞** 他 (髪(かみ))をシャンプーで洗う

Shanghai [ʃæŋhái シャングハイ] **名詞**
シャンハイ(上海)(♦中国東部の都市)

shape [ʃéip シェイプ]
——**名詞** (複数 **shapes** [-s])
❶ C U 形,かっこう
▶a round **shape** 丸い形
▶What **shape** is it?
それはどんな形をしていますか?
❷ U 状態,調子
▶I'm in good **shape** these days.
最近,わたしは調子がいい.
——**動詞** (三単現 **shapes** [-s];
過去・過分 **shaped** [-t]; 現分 **shaping**)
他 …を(…に)形作る(into ...)
▶**shape** clay **into** a cat
粘土(ねんど)でネコを形作る

share [ʃéər シェア] **名詞**
❶ C《**a share** または **one's share** で》
分け前,取り分; 割り当て,分担,負担
▶She did **her share** of the work.
彼女は割り当てられた分の仕事をした.
❷ C《ふつう **shares** で》株式,株
(同義語 stock)
——**動詞** (三単現 **shares** [-z]; 過去・過分 **shared** [-d]; 現分 **sharing**) 他

A B C D E F G H I J K L M N O P Q R S T U V W X Y Z

…を(…と)共同で使う；…を(…と)分け合う, 分かち合う
《with [among, between] ...》
▸**share** a room　部屋を共同で使う
▸**share** the dishes　料理を分け合う

shark [ʃáːrk シャーク] [名詞]
([複数] **sharks** [-s] または **shark**)
[C]【魚類】サメ, フカ

sharp [ʃáːrp シャープ]
——[形容詞]
([比較] **sharper**; [最上] **sharpest**)
❶ (刃(は)などが)**鋭**(するど)**い**, よく切れる；(先が)**とがった**
([対義語] dull 切れ味の悪い)
▸The knife is very **sharp**.
そのナイフはとてもよく切れる.
▸a **sharp** pencil
先のとがったえんぴつ(◆日本語「シャープペンシル」は a mechanical pencil または[英] a propelling pencil という)
❷ (輪郭(りんかく)・細部が)**はっきりした**, くっきりした, 鮮明(せんめい)な
▸Our new TV has a **sharp** picture.
新しいテレビは映像がくっきりしている.
▸a **sharp** contrast
はっきりとしたちがい
❸ (人が)頭が切れる；感覚が鋭い
▸Jane has a **sharp** mind.
ジェーンは頭が切れる.
▸Cats have **sharp** ears.
ネコは鋭い耳を持っている.
❹ (カーブ・坂などが)急な, 険しい
▸a **sharp** curve　急カーブ
❺ (音が) 鋭い, かん高い；
(痛みが) 激しい；(寒さなどが)厳しい
▸a **sharp** cry　かん高い悲鳴
▸a **sharp** pain　激痛
——[副詞]《時刻を表す語のあとに置いて》
ぴったりに
▸at six o'clock **sharp**　6時ちょうどに
——[名詞] ([複数] **sharps** [-s])
[C]【音楽】シャープ, 半音高い音；
シャープ記号(♯)([対義語] flat フラット)

sharpen [ʃáːrpn シャープン] [動詞]
[他] …を鋭(するど)くする, とがらせる, とぐ
——[自] 鋭くなる, とがる

sharpener [ʃáːrpnər シャープナ] [名詞]
[C] とぐ[削(けず)る]道具
▸a pencil **sharpener**　えんぴつ削り

sharply [ʃáːrpli シャープり] [副詞]
急激に；すばやく；厳しく；くっきりと

shave [ʃéiv シェイヴ] [動詞]
([三単現] **shaves** [-z]; [過去] **shaved** [-d]; [過分] **shaved** または **shaven** [ʃéivn シェイヴン]; [現分] **shaving**) [他]
(ひげなど)をそる；(人)のひげなどをそる
▸My father **shaves** his face every day.　父は毎日ひげをそる.
——[自] ひげをそる
——[名詞] [C]《ふつう **a shave** で》
そること, ひげそり

shaved ice [ʃéivd áis シェイヴド アイス] [名詞] [C] [U] かき氷

shaven [ʃéivn シェイヴン] [動詞]
shave(…をそる)の過去分詞の一つ

she [ʃíː シー] [代名詞]
《人称代名詞の三人称単数女性の主格》
([複数] **they** [ðéi ゼイ])
彼女は, 彼女が ([対義語] he 彼は)
▸Ann is a friend of mine. **She** is American.　アンはわたしの友人です. 彼女はアメリカ人です.

[参考] **she の変化形と所有・再帰代名詞**

主格	**she**	彼女は[が]
所有格	**her**	彼女の
目的格	**her**	彼女を[に]
所有代名詞	**hers**	彼女のもの
再帰代名詞	**herself**	彼女自身を[に]

[ルール] **she の使い方**

[1] she はすでに話題にあがっている女性や, その場の状況(じょうきょう)からだれを指しているのかが必ずわかる女性について用います. ➡ **he** [ルール]
[2] 今まで話題になっていなかった女性についてだれなのかをきくときには, Who is that woman?「あの女の人はだれですか？」といいます(× Who is she? とはいいません).
[3] 人間だけではなく, 動物の雌(めす)や月・国家・船・車なども she で表すことがあります.
▸I have a dog. **She** likes milk.
わたしはイヌを飼っています. そのイヌ(雌)はミルクが好きです.

shed[1] [ʃéd シェッド] [名詞]
[C] 小屋, 物置, 倉庫

shed² [ʃéd シェッド] [動詞]
([三単現] **sheds** [ʃédz シェッヅ];
[過去・過分] **shed**; [現分] **shedding**)
[他] (植物が)(葉など)を落とす;
(動物が)(皮(かわ)・毛皮など)を脱(ぬ)ぐ;
(涙(なみだ))・血など)を流す

⁑she'd [ʃíːd シード]

[口語]she would, she had の短縮形

sheep [ʃíːp シープ] [名詞]
([複数] **sheep:** 単複同形)
[C]【動物】ヒツジ ➡ **animals** 図
▸a flock of **sheep** ヒツジの群れ

> [参考] **ヒツジの表し方**
>
> [1] 単複同形なので「2頭のヒツジ」は two sheep といいます.
> [2] 子ヒツジ(の肉)は lamb,「成長したヒツジの肉」は mutton,「羊毛」は wool といいます.
> [3] 「従順」「すなお」というイメージがあり,キリスト教では「民衆」を sheep にたとえることもあります.

sheepdog [ʃíːpdɔ̀ːg シープドーグ] [名詞]
[C] 牧羊犬

*sheet [ʃíːt シート] [名詞]

([複数] **sheets** [ʃíːts シーツ])
❶ [C] **シーツ**, 敷布(しきふ)
▸put **sheets** on a bed
ベッドにシーツを敷(し)く
➡ **bedroom** 図
❷ [C] (紙・ガラスなどの)**1枚**
▸a **sheet** of paper 紙1枚
➡ **paper** [ルール]
❸ [C] (雪・炎などの)一面の広がり

shelf [ʃélf シェるふ] [名詞] ([複数] **shelves** [ʃélvz シェるヴズ]) [C] 棚(たな)
▸My bookcase has five **shelves**.
わたしの本箱には棚が5つある.

shell [ʃél シェる] [名詞]
[C][U] 貝殻(かいがら), (カニなどの)甲羅(こうら);
(卵などの)殻; (豆の)さや

⁑she'll [ʃíːl シーる]

[口語]she will の短縮形

shellfish [ʃélfìʃ シェるふィッシ] [名詞]
([複数] **shellfish** または **shellfishes** [-iz]) [C][U] (食用の)貝類; 甲殻(こうかく)類
(♦エビ・カニなど)

shelter [ʃéltər シェるタ] [名詞]
❶ [C] (風雨・攻撃(こうげき)などから)守ってくれるもの[場所], 避難(ひなん)所; [U] 住居
❷ [U] 保護, 避難
▸take **shelter** from the rain
雨宿りする
—[動詞] [他] (…から)…を保護する
《from ...》([同義語] protect)
—[自] (…から)避難する, 隠(かく)れる
《from ...》

shepherd [ʃépərd シェパド] (★発音に注意) [名詞] [C] ヒツジ飼い

sherbet [ʃə́ːrbit シャ〜ベット] [名詞]
[U] [米]シャーベット(♦[英]sorbet)

sheriff [ʃérif シェリふ] [名詞]
[C] [米](郡の)保安官(♦警察権と司法権をもつ郡の最高職); [英]州長官

Sherlock Holmes [ʃə́ːrlak hóumz シャ〜らック ホウムズ] [名詞] シャーロック・ホームズ(♦イギリスの作家コナン・ドイル(Conan Doyle)による一連の推理小説の主人公である探偵(たんてい))

ホームズ(右)と助手のワトソン(左)

⁑she's [ʃíːz シーズ]

[口語]she is, she has の短縮形
(♦ she's のあとに名詞・形容詞・副詞などがくるときは she is, 過去分詞がくるときは she has)

shh [ʃː シー] [間投詞] 静かに(= sh)

shield [ʃíːld シーるド] [名詞] [C] 盾(たて)

shift [ʃíft シふト] [動詞]
[他] (場所・方向など)を変える; …を移す;
[主に米](車のギア)を変える
—[名詞] ❶ [C] 変化, 変換(へんかん), 交換
▸a **shift** in direction 方向転換
❷ [C] (仕事の)交替(こうたい)(制), 交替時間
▸work in **shifts** 交替で勤務する

shilling [ʃíliŋ シリング] [名詞]
❶ [C] シリング (♦イギリスの旧貨幣(かへい)単位; 1ポンドの20分の1で, 12ペンスにあたる)
❷ [C] 1シリング硬貨(こうか)

A
B
C
D
E
F
G
H
I
J
K
L
M
N
O
P
Q
R
S
T
U
V
W
X
Y
Z

*shine [ʃáin シャイン] **動詞**（**三単現**
shines [-z]; **過去・過分** **自** では shone
[ʃóun ショウン], **他** では shined [-d];
現分 shining）
――**自** 輝(かがや)く, 光る, 照る
▸The moon was **shining** in the
sky. 空では月が輝いていた.
――**他** …を磨(みが)く（**同義語** polish）
▸He **shined** his leather shoes.
彼は革靴(くつ)を磨いた.

shining [ʃáiniŋ シャイニング] **形容詞**
❶ 光る, 明るい, きらめく
❷ すぐれた, 群を抜(ぬ)いた

shiny [ʃáini シャイニ] **形容詞**
（**比較** shinier; **最上** shiniest）
❶ 輝(かがや)く, 光る, ぴかぴかの
❷ 晴れた

*ship [ʃíp シップ]
――**名詞**（**複数** ships [-s]）
C （大型の）船
（◆代名詞は she を用いることが多い）
▸They got on the **ship**.
彼らはその船に乗った.
by shíp = on a shíp
船で, 船便で（**同義語** by sea）
▸We went there **by ship**.
わたしたちは船でそこに行った.
――**動詞**（**三単現** ships [-s];
過去・過分 shipped [-t]; **現分** shipping）
他 …を（船・列車・飛行機などで）送る,
運ぶ; …を船に積む

shipyard [ʃípjɑːrd シップヤード] **名詞**
C 造船所

*shirt [ʃə́ːrt シャ～ト] **名詞**
（**複数** shirts [ʃə́ːrts シャ～ツ]）
❶ **C** （主に男子用の）シャツ, ワイシャツ
（◆「ワイシャツ」は和製英語で, 英語では
単に shirt という）
❷ **C** （米）（下着の）シャツ, 肌着(はだぎ)

Shishmaref [ʃíʃmərèf シシマレふ]
名詞 シシュマレフ
（◆アメリカのアラスカ州にある村）

shiver [ʃívər シヴァ] **動詞** **自**
（寒さ・恐(おそ)れなどで）震(ふる)える（with ...）
――**名詞** **C** 震え, 身震い

*shock [ʃák シャック]
――**名詞**（**複数** shocks [-s]）

❶ **C** **U** 衝撃(しょうげき); （地震(じしん)の）震動
▸The glass was broken by the
shock of the fall.
落とした衝撃でそのコップは割れた.
❷ **C** **U** （精神的な）打撃, ショック
▸The news was a **shock** to me.
その知らせはわたしにはショックだった.
――**動詞**（**三単現** shocks [-s]; **過去・過分**
shocked [-t]; **現分** shocking）
他 …に衝撃[ショック]をあたえる
▸The letter from her **shocked** us.
彼女からの手紙はわたしたちにショッ
クをあたえた.

shocking [ʃákiŋ シャッキング] **形容詞**
衝撃(しょうげき)的な, ショッキングな

*shoe [ʃúː シュー] **名詞**
（**複数** shoes [-z]）
C 《ふつう shoes で》靴(くつ), 短靴
（◆長靴は boots）
▸a pair of **shoes** 靴 1 足
▸He was putting on his **shoes**.
彼は靴をはいているところだった.
▸Please take off your **shoes** here.
ここで靴を脱(ぬ)いでください.

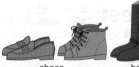

shoes   boots

shoelace [ʃúːlèis シューれイス] **名詞**
C 《ふつう shoelaces で》靴(くつ)ひも
（**同義語** shoestring）

shoemaker [ʃúːmèikər シューメイカ]
名詞 **C** 靴(くつ)職人, 靴屋

shoestring [ʃúːstrìŋ シューストゥリング]
名詞 **C** 《ふつう shoestrings で》
（主に米）靴(くつ)ひも（**同義語** shoelace）

shone [ʃóun ショウン] **動詞**
shine（輝(かがや)く）の過去形・過去分詞の一つ

shook [ʃúk シュック] **動詞**
shake（…を振(ふ)る）の過去形

*shoot [ʃúːt シュート]
――**動詞**（**三単現** shoots [ʃúːts シューツ];
過去・過分 shot [ʃát シャット];
現分 shooting）
――**他** （銃(じゅう)・弓などで）…を撃(う)つ, 射る;
（銃)を発砲(はっぽう)する
▸He **shot** his gun into the air.

彼は銃を空に向けて撃った.

—[自] ❶ (…をねらって)撃つ, 射る《at ...》; 狩(かり)をする

▸**shoot at** a bird
鳥をねらって撃つ

❷【球技】シュートする
(◆日本語の名詞「シュート」は shot)

> [くらべよう] **shoot と shoot at**
>
> 次の2つの文の意味のちがいに注意しましょう.
>
> ▸He **shot** the target.
> 彼は標的を撃った.
> (◆標的に弾(たま)が当たった)
>
> ▸He **shot at** the target.
> 彼は標的をねらって撃った.
> (◆標的に弾が当たったかどうかはわからない)

Shóot! 《米》話してください.
(◆くだけた会話で用いる)

> [ダイアログ]
>
> *A:* May I ask a question?
> 質問をしてもいいですか?
>
> *B:* OK, **shoot!**
> ええ, どうぞ.

—[名詞] ([複数] **shoots** [ʃúːts シューツ])
❶ [C] 新芽
❷ [C] 射撃(しゃげき); 発射

shooting star [ʃúːtiŋ stáːr シューティングスター] [名詞] [C]【天文】流れ星

⁑shop [ʃáp シャップ]

—[名詞] ([複数] **shops** [-s])
❶ [C] 《主に英》店, 小売店, 商店

▸a flower **shop** 花屋
▸a beauty **shop** 美容院
▸This **shop** closes at nine.
この店は9時に閉まる.

❷ [C] 作業場, 仕事場(＝workshop)

▸a repair **shop** 修理工場

—[動詞] ([三単現] **shops** [-s]; [過去・過分] **shopped** [-t]; [現分] **shopping**) [自]
買い物をする, (…を)買いに行く《for ...》

go shópping 買い物に行く

▸**go shopping** in Akihabara
秋葉原に買い物に行く
(◆×go shopping to とはいわない)

shopkeeper [ʃápkìːpər シャップキーパ] [名詞] [C] 《英》小売店の経営者, (商店の)主人(◆《米》storekeeper)

˙shopping [ʃápiŋ シャピング]

—[動詞] shop(買い物をする)の現在分詞・動名詞

—[名詞] [U] **買い物**, ショッピング

▸a **shopping** bag 買い物袋(ぶくろ)
▸do the **shopping** 買い物をする

˙shore [ʃɔ́ːr ショーア] [名詞]

([複数] **shores** [-z])
[C] [U] (海・湖などの)**岸**, 岸辺; 海岸

▸The hotel stands on the **shore** of a lake.
そのホテルは湖のほとりに立っている.

> [くらべよう] **shore, coast, beach**
>
> **shore**: 「海岸(seashore)」だけでなく, 湖や大きな川の「岸」も指します.
>
> **coast**: 地理的な意味で「海岸, 海岸線」を指すときによく使います.
>
> **beach**: 海水浴を楽しめる「小石や砂の浜辺(はまべ)」を指します.

⁑short [ʃɔ́ːrt ショート]

—[形容詞]
([比較] **shorter**; [最上] **shortest**)

❶ (長さ・距離(きょり)が)**短い**
([対義語] long 長い)

▸a **short** story 短編小説
▸She has **short** hair.
彼女は髪(かみ)が短い.

❷ (時間が)**短い**

▸The days are getting **shorter**.
日が短くなってきている.
▸in a **short** time
短時間で

❸ **背が低い**([対義語] tall 背が高い)

▸John is **shorter** than Tom.
ジョンはトムより背が低い.

❹ 不足して, 足りない;
《**be short of ...** で》…が不足している

▸The change is ten-yen **short**.
おつりが10円足りません.
▸I'm **short of** time.
わたしには時間が足りない.

❺ 簡潔な; 無愛想(ぶあいそう)な; 気が短い

▸His answer was **short** and clear.
彼の返事は簡潔で明瞭(めいりょう)だった.

—[名詞] ([複数] **shorts** [ʃɔ́ːrts ショーツ])
[C]【野球】ショート, 遊撃(ゆうげき)手
(＝shortstop [ʃɔ́ːrtstàp ショートスタップ])

for shórt 略して

▶Benjamin is often called Ben **for short**. ベンジャミンは略してベンと呼ばれることがよくある.

in shórt 要するに, 簡単に言えば
▶**In short**, she likes him.
要するに, 彼女は彼が好きなんだ.

shortage [ʃɔ́ːrtidʒ ショーテッヂ] **名詞**
C U 不足, 欠乏

shortcut [ʃɔ́ːrtkʌt ショートカット] **名詞**
C 近道;(コンピューターの)ショートカット
take a shórtcut 近道をする

shorten [ʃɔ́ːrtn ショートゥン] **動詞**
他 …を短くする, 縮める, 短縮する
▶**shorten** a string ひもを短くする
——**自** 短くなる, 縮む

shorthand [ʃɔ́ːrthænd ショートハェンド] **名詞** **U** 速記, 速記術

shortly [ʃɔ́ːrtli ショートり] **副詞**
❶ まもなく, すぐに(**同義語** soon)
❷ 簡潔に;そっけなく

shorts [ʃɔ́ːrts ショーツ] **名詞**
《複数あつかいで》半ズボン, (運動用の)ショートパンツ;《**主に米**》パンツ(◆男性用の下着)

shortsighted [ʃɔ́ːrtsáitid ショートサイティッド] **形容詞** 《**主に英**》近眼の, 近視の(◆《**主に米**》nearsighted)

shot¹ [ʃát シャット] **名詞**
❶ **C** (銃などの)発射, 発砲;銃声
▶fire a **shot** 発砲する
❷ **C** 【スポーツ】シュート, ショット, 1打
➡ **basketball** 図, **soccer** 図
▶make a **shot** シュートを決める
❸ **C** 注射(**同義語** injection)
▶give [get] a **shot** 注射をする[される]
❹ **C** 《口語》写真

shot² [ʃát シャット] **動詞**
shoot(…を撃つ)の過去形・過去分詞

shotgun [ʃátgʌn シャットガン] **名詞**
C 散弾銃(さんだんじゅう)

should [ʃúd シュッド;(弱く言うとき)ʃəd シャド] (★発音に注意) **助動詞**
❶ …すべきである, …したほうがよい
(◆ had better のほうが強制の度合いが強い)
▶You **should** take a rest.
休んだほうがいいよ.
▶You **should** not miss the movie.
その映画は見逃(みのが)さないほうがいいよ.
▶**Should** I go now?

もう行ったほうがいいでしょうか?
▶How **should** I solve this problem?
この問題はどうやって解けばよいのですか?

❷ 《時制の一致(いっち)を受け, shall の過去形として》…だろう
▶I said I **should** call Tom later.
わたしはあとでトムに電話すると言った.
(＝ I said, "I shall call Tom later.")

❸ 《見こみ・推量》…のはずだ, おそらく…だろう
▶She **should** be home by now.
今ごろ, 彼女は家にいるはずだ.

❹ 《感情・判断を表す文の that 節で》…なんて, …だなんて
▶It is strange **that** he **should** break his promise.
(当然守るはずなのに)彼が約束を破るなんて変だ.(◆意外・驚(おどろ)きを表す)

❺ 《命令・提案・要求などを表す文の that 節で》…するように
(◆《**米**》ではふつう should を省略し, 動詞の原形を用いる)
▶I suggested **that** he (**should**) see a doctor. わたしは医者に診(み)てもらうよう彼に勧(すす)めた.

❻ 《if 節で》《万一》…ならば
▶If you **should** change your mind, please let me know.
もし気が変わったら, お知らせください.

❼ 《疑問詞とともに用いて》《不可解さ・驚きを表して》いったい, なんと
▶How **should** I know?
いったいどうしてわたしが知っているというんだ?(◆知るわけがない)

should like ... …がほしい(のですが)
➡ **like¹**

✦***should like to ＋動詞の原形***
《**主に英**》…したい(のですが);
《**should like ＋人＋ to ＋動詞の原形**で》(人)に…してほしい(のですが) ➡ **like¹**

✦shoulder [ʃóuldər ショウるダ]
名詞 (**複数** shoulders [-z])
C 肩(かた);《**shoulders** で》両肩の部分, 両肩(りょうかた)(◆日本語の「肩」より広く, 上背部全体を指す) ➡ **back** 《巻頭(かんとう)》
▶Ann patted him on the **shoulder**.
アンは彼の肩をポンとたたいた.
▶I have stiff **shoulders**.
わたしは肩がこっている.

shouldn't [ʃúdnt シュドゥント]

《口語》should not の短縮形

shout [ʃáut シャウト]

──動詞 （三単現） **shouts** [ʃáuts シャウツ];
（過去・過分） **shouted** [-id];
（現分） **shouting**

──自 叫(ぶ); 大声で言う （同義語 cry）

▶**shout** for help
助けを求めて叫ぶ

▶Don't **shout**. I can hear you.
大声を出さないで. 聞こえるから.

──他 …と叫ぶ; …を大声で言う

▶"A robber!" she **shouted**.
「どろぼう!」と彼女は叫んだ.

──名詞 （複数） **shouts** [ʃáuts シャウツ]）

C 叫び, 叫ぶ声, 大声

shovel [ʃávl シャヴる] 名詞

C シャベル; シャベル1杯(ぱ)の量

show [ʃóu ショウ]

動詞	他	❶ …を見せる, 示す
		❷ （人）を案内する
		❸ …を教える
		❹ …を上映する
	自	見える
名詞		展示会

──動詞 （三単現） **shows** [-z]; （過去）
showed [-d]; （過分） **shown** [ʃóun ショ
ウン] または **showed**; （現分） **showing**）

──他 ❶ …を見せる, 示す;《**show** ＋人
＋ものまたは **show** ＋もの＋ **to** ＋人
で》（人）に（もの）を見せる, 示す

▶Please **show** your ticket at the
gate.
入り口でチケットをお見せください.

▶He **showed** no interest.
彼は全く興味を示さなかった.

▶Will you **show** me your
passport? (= Will you **show**
your passport **to** me?)
パスポートをわたしに見せてください.
（◆文末の語句が強調される; 前者は「何
を」見せるか, 後者は「だれに」見せるか
に重点が置かれる）

▶Her face **showed** that she was
worried.
彼女の顔つきから, 彼女が心配している
のがわかった.

❷ （人）を案内する

▶I **showed** her around the town.
わたしは彼女を町のあちこちに案内した.

❸ （実例などをあげて）…を教える

▶My mother **showed** me how to
make cookies.
母はクッキーの作り方を（実際に作りな
がら）教えてくれた.

❹ …を上映する, 上演する; …を展示する

▶This theater sometimes **shows**
Chinese movies. この映画館はとき
どき中国映画を上映する.

──自 見える; 現れる

▶The worry **shows** on his face.
彼の顔には心配の色が見える.

shów úp （会などに）姿を現す, 現れる

▶He didn't **show** up at the party.
彼はパーティー会場に姿を現さなかった.

──名詞 （複数） **shows** [-z]) C 展示会,
展覧会; ショー, 映画, （テレビの）番組

▶an automobile **show**
自動車の展示会

▶a quiz **show** クイズ番組

showcase [ʃóukèis ショウケイス] 名詞

C 陳列(ちん)ケース, ショーケース

shower [ʃáuər シャウア] 名詞

❶ C シャワー ➡ bathroom 図

▶take a **shower** シャワーを浴びる

❷ C にわか雨

▶I was caught in a **shower**.
わたしはにわか雨に降られた.

shown [ʃóun ショウン] 動詞

show(…を見せる)の過去分詞の一つ

showroom [ʃóurùːm ショウルーム]

名詞 C （商品の）展示室, ショールーム

shrank [ʃrǽŋk シュランク] 動詞

shrink(縮む)の過去形の一つ

shriek [ʃríːk シュリーク] 動詞

自 金切り声を出す, 悲鳴をあげる

──名詞 C 金切り声, 悲鳴

shrimp [ʃrímp シュリンプ] 名詞

（複数） **shrimps** [-s] または **shrimp**)

C 【動物】小エビ ➡ lobster

shrine [ʃráin シュライン] 名詞

C 聖堂, 神殿(しん); （日本の）神社
（◆日本の「寺」は temple）

▶the Meiji **Shrine** 明治神宮

shrink [ʃríŋk シュリンク] 動詞

（三単現） **shrinks** [-s];

（過去） **shrank** [ʃrǽŋk シュランク]

A B C D E F G H I J K L M N O P Q R S T U V W X Y Z

または《米》で **shrunk** [ʃrʌ́ŋk シュランク];
(過分) **shrunk** または《米》で **shrunken**
[ʃrʌ́ŋkən シュランクン]; (現分) **shrinking**)
(自) (衣服などが)縮む, 小さくなる

shrug [ʃrʌ́g シュラッグ] 動詞
(三単現) **shrugs** [-z]; (過去・過分) **shrugged** [-d];
(現分) **shrugging**) (他) (肩(かた))をすくめる
(◆当惑(とうわく)・あきらめ・不賛成などの気持ちを表す) → **gesture** 図
▶Luke **shrugged** his shoulders.
ルークは肩をすくめた.

shrunk [ʃrʌ́ŋk シュランク] 動詞
shrink(縮む)の過去形・過去分詞の一つ

shrunken [ʃrʌ́ŋkən シュランクン] 動詞
shrink(縮む)の過去分詞の一つ

shudder [ʃʌ́dər シャダ] 動詞
(自) (寒さ・恐怖(きょうふ)などで)身震(みぶる)いする
——名詞 C 身震い, 戦りつ

shut [ʃʌ́t シャット] 動詞
(三単現) **shuts** [ʃʌ́ts シャッツ];
(過去・過分) **shut**; (現分) **shutting**)
——(他) …を閉める, 閉じる, たたむ
(同義語) close, (対義語) open …を開く)

▶I **shut** the window.
わたしは窓をバタンと閉めた. (◆close よりも勢いよく閉める, という意味合いがある)
▶He **shut** the book.
彼は本をバタンと閉じた.
▶She **shut** her umbrella.
彼女は傘(かさ)をサッとたたんだ.
——(自) 閉まる, 閉じる
▶This window doesn't **shut** easily.
この窓はなかなか閉まらない.

shút óut
① …をさえぎる; …を締(し)め出す
② …を(試合で)完封(かんぷう)する
Shút úp! 黙(だま)りなさい!

shutter [ʃʌ́tər シャタ] 名詞
❶ C 《ふつう **shutters** で》
雨戸, シャッター
❷ C (カメラの)シャッター

shuttle [ʃʌ́tl シャトゥる] 名詞
❶ C (近距離(きんきょり)用の)往復バス
(=shuttle bus);
往復列車(=shuttle train)
❷ C スペースシャトル
(=space shuttle)
❸ C (バドミントンの)羽根
(=shuttlecock)

shuttlecock [ʃʌ́tlkɑ̀k シャトゥるカック] 名詞 C (バドミントンの)羽根
(◆単に shuttle ともいう)

shy [ʃái シャイ] 形容詞 (比較) **shyer** または **shier**; (最上) **shyest** または **shiest**)
内気な, 恥(は)ずかしがりの; おくびょうな
▶a **shy** boy 内気な男の子

sick [sík スィック] 形容詞
(比較) **sicker**; (最上) **sickest**)
❶ 病気の, 病気で(対義語) well 健康な)
→ **ill** (くらべよう)
▶a **sick** child 病気の子供
▶He's **sick** in bed with the flu.
彼はインフルエンザで寝(ね)こんでいる.
❷《名詞の前には用いない》
吐(は)き気がする, むかむかする
▶I feel **sick**. 吐き気がする.
❸ (口語) (…に)うんざりして《of ...》
▶I'm **sick of** fast food.
ファストフードにはあきあきしています.

sickness [síknəs スィックネス] 名詞
(複数) **sicknesses** [-iz])
❶ C U 病気
(同義語) illness, (対義語) health 健康)
❷ U 吐(は)き気

side [sáid サイド]
——名詞 (複数) **sides** [sáidz サイヅ])

❶ 側, 面, 側面
❷ わき; 横腹; 山腹
❸ (敵・味方の)側

❶ C (前後・左右の)側, 側面; (裏・表の)面; (図形の)辺, 面; (物事の)側面, 局面
▶Both **sides** of the street were crowded. 道の両側ともこんでいた.
▶Look at the other **side** of that sheet. その紙の裏面(うらめん)を見なさい.
▶Look on the bright **side** of things.
物事の明るい面を見なさい.
❷ C わき, 横; (人の)横腹, わき腹;
山腹, (山の)斜面(しゃめん);

▶Could I sit by your **side**?
あなたの横にすわってもいいですか?

▶I feel [have] a pain in my **side**.
わき腹が痛い.

❸ C (敵・味方の)側, 味方

▶They're on our **side**.
彼らはわたしたちの味方だ.

from side to side 左右に, 横に

▶Our ship rolled **from side to side**.
わたしたちの船は左右に揺(ゆ)れた.

side by side 並んで

▶They walked **side by side**.
彼らは横に並んで歩いた.

──形容詞 側面の, 横の; 副…, 二次的な

sidewalk [sáidwɔ̀ːk サイドウォーク]
名詞 C (主に米)(舗装(ほそう)した)歩道
(◆(英)pavement)

siesta [siéstə スィエスタ] 名詞
C シエスタ
(◆昼食後の昼寝(ひるね); スペイン語から)

『シエスタ』ゴッホ画(ミレー作品の模写)

sigh [sái サイ] (★発音に注意) 動詞
自 ため息をつく
──名詞 C ため息

sight [sáit サイト] (★発音に注意)
名詞 (複数 sights [sáits サイツ])
❶ U 視力; 視覚 ➡ sense 区別

▶have good [poor] **sight**
視力がよい[悪い]

▶She lost her **sight** in the accident.
彼女はその事故で失明した.

❷ U 見ること, 見えること; 一見

▶I don't like the **sight** of snakes.
わたしはヘビを見るのが好きではない.

❸ U 視界; 視野

▶An island came into **sight**.
島が見えてきた.

❹ C 光景, 眺(なが)め;
《ふつう **the sights** で》名所

▶a common **sight** よく見る光景

▶see **the sights** of Nara
奈良の名所を見る

at first sight
ひと目で, 直ちに; 一見したところでは

▶She fell in love with him **at first sight**. 彼女はひと目で彼に恋(こい)をした.

at the sight of ... …を見て

▶Jim ran away **at the sight of** a big bug.
ジムは大きな虫を見て逃(に)げていった.

catch sight of ...
…を見かける, 見つける

▶I **caught sight of** Emma at the station. 駅でエマを見かけた.

in sight 見えるところに; 間近に

lose sight of ... …を見失う

out of sight
見えないところに, 見えなくなって

sightseeing [sáitsìːiŋ サイトスィーイング] 名詞 U 観光, 見物

sign [sáin サイン] (★発音に注意)

名詞 ❶ 記号, 符号(ふごう)
　　 ❷ 標識
　　 ❸ 合図
動詞 他 ❶ (書類など)に署名する
　　 ❷ …に合図する

──名詞 (複数 signs [-z])
❶ C 記号, 符号, 印 (同義語 mark)

▶a plus **sign** プラス記号(+)

▶a sharp **sign** シャープ記号(♯)

❷ C 標識, 看板, 掲示(けいじ)

▶a traffic **sign** 交通標識

▶a road **sign** 道路標識

▶What does this **sign** say?
この掲示は何を表しているのですか?

❸ C 合図; 身振(みぶ)り, 手まね

▶talk by **signs** 身振りで話す

▶He gave us a **sign** to stop.
彼はわたしたちに止まれと合図した.

❹ C 前兆, 徴候(ちょうこう), 印

▶The clouds show **signs** of rain.
雲が雨の前兆を示している.

❺ C (十二宮の)星座
➡ **horoscope** 区別

──動詞 (三単現 signs [-z];
過去・過分 signed [-d]; 現分 signing)
──他 ❶ (書類など)に署名する, サインする(◆「署名」は signature)

▶Emma **signed** the letter.
エマはその手紙にサインした.

❷ (身振り・手まねで)…に合図する, …を

A B C D E F G H I J K L M N O P Q R S T U V W X Y Z

知らせる

——働 署名する, サインする

▶Please **sign** here.
ここに署名してください.

signal [sígnl スィグヌる] 名詞
(複数 signals [-z])

C 信号, 合図; 信号機

▶a traffic **signal** (米)交通信号

▶give a **signal** 合図を送る

signature [sígnətʃər スィグナチャ] 名詞

C 署名, サイン

文化 署名は印鑑(いん)の代わり

欧米(おう)の多くの国では, 契約(けい)書, 申込(もうし)書, 手紙, 小切手などによく署名をします. 日本のように印鑑を押(お)す習慣はなく, 署名によって本人であることの証明にします. そのため, ほかの人がまねできないような独特な書き方をする人もいます.

significance [signífikəns スィグニふィカンス] 名詞 U 重要性, 重大さ; 意義

significant [signífikənt スィグニふィカント] 形容詞

重要な (同義語 important);
(特別に)意味のある; 意味ありげな

sign language [sáin læŋgwidʒ サイン らぁングウィッチ] 名詞 U 手話

▶talk in **sign language** 手話で話す

silence [sáiləns サイれンス] 名詞

❶ U 静けさ, 物音がしないこと

▶A cry broke the **silence**.
叫(さけ)び声が静寂(せい)を破った.

❷ U 沈黙(ちん); 無口

▶They walked in **silence**.
彼らは黙(だま)って歩いた.

❸ U 音信のないこと, ごぶさた;
C 音信のなかった期間

silent [sáilənt サイれント] 形容詞

(比較 more silent; 最上 most silent)

❶ 静かな, 物音がしない

(対義語 noisy, loud 騒々(そうぞう)しい)

▶a **silent** night 静かな夜

▶The room fell **silent**.
その部屋は物音ひとつしなくなった.

❷ 黙(だま)っている, 声を出さない

▶a **silent** prayer 黙祷(もくとう)

▶He was **silent** during dinner.
彼は夕食の間, ずっと黙っていた.

❸ (文字が)発音されない

▶a **silent** letter 黙字(もく)
(♦knife や know の k など)

silently [sáiləntli サイれントり] 副詞
静かに; 黙(だま)って, 無言で

silhouette [siluét スィるーエット]
(★発音に注意) 名詞

C シルエット, 影絵(かげ); 輪郭(りんかく)

silk [sílk スィるク] 名詞

U 絹(きぬ), シルク; 絹糸; 絹織物

silkworm [sílkwə̀ːrm スィるクワ〜ム]
名詞 C 【昆虫】カイコ(蚕)

silly [síli スィり] 形容詞

(比較 sillier; 最上 silliest)

愚(おろ)かな, ばかな, ばかげた
(同義語 foolish, stupid)

▶a **silly** question ばかげた質問

▶Don't be **silly**.
ばかなことをするな[言うな].

silo [sáilou サイろウ] 名詞 C サイロ
(♦飼料にする穀物や牧草を貯蔵(ちょぞう)する円筒(えんとう)形の建物)

silver [sílvər スィるヴァ]

——名詞 ❶ U 【化学】銀(♦元素記号は Ag)

▶This ring is made of **silver**.
この指輪は銀製だ.

❷ U 銀貨; 銀食器 (全体)

——形容詞 銀の; 銀色の

▶a **silver** spoon 銀のスプーン

similar [símələr スィミ ら] 形容詞

(…と)同じような, 同様の, (…に)似た
《to ...》

▶Your bag is **similar to** his.
きみのバッグは彼のものと似ている.

simple [símpl スィンプる] 形容詞

(比較 simpler; 最上 simplest)

❶ 単純な, 簡単な (同義語 easy)

▶a **simple** job 簡単な仕事

▶Her idea was **simple**.
彼女のアイディアは単純だった.

❷ 質素な, 地味な, 飾(かざ)り気のない
(同義語 plain)

▶a **simple** lunch 質素な昼食

❸ 無邪気(むじゃき)な; お人よしな

simply [símpli スィンプり] 副詞

❶ 単に, ただ (同義語 only)

▶I was **simply** bored.
わたしはただ退屈(たいくつ)していた.

❷ 簡単に, わかりやすく (同義語 easily);
質素に

a
b
c
d
e
f
g
h
i
j
k
l
m
n
o
p
q
r
s
t
u
v
w
x
y
z

▶He explained things **simply**.
彼は事情をわかりやすく説明した.

simulate [símjəlèit スィミュレイト] **動詞**
(三単現 **simulates** [símjəlèits スィミュれ
イツ]; 過去・過分 **simulated** [-id]; 現分
simulating) 他 …の模擬(ぎ)実験をする,
シミュレーションを行う

simulation [sìmjəléiʃn シミュれイシャ
ン] **名詞**
C U シミュレーション, 模擬(ぎ)実験

sin [sín スィン] **名詞** C U (宗教的な)罪;
C《ふつう **a sin** で》(道徳的に)悪いこと
(◆「法律上の罪」は crime)

since [síns スィンス]

──**前置詞**《ふつう現在完了形とともに用い
て》…以来, …から(ずっと)
▶He **has lived** here **since** 2015.
彼は 2015 年からずっとここに住んで
いる.
▶I **haven't seen** her **since** then.
それ以来, 彼女には会っていない.
──**接続詞** ❶《ふつう現在完了形とともに
用いて》…して以来(ずっと)
▶They **have been** good friends
since they met in school.
彼らは学校で出会って以来, ずっと親友
どうしだ.
❷ …なので, …だから
➡ **because** くらべよう
▶**Since** it was Sunday, I went
fishing in the river.
日曜日だったので, わたしは川に釣(つ)り
に行った.
──**副詞**《現在完了形とともに用いて》
それ以来(ずっと), その後
▶I met Ann last summer, but I
haven't seen her **since**.
アンには去年の夏に会ったが, それ以来
彼女とは会っていない.
ever since それ以来ずっと

sincere [sinsíər スィンスィア] **形容詞**
(比較 **sincerer** または
more sincere; 最上 **sincerest**
または **most sincere**)
本心からの, 誠実な

sincerely [sinsíərli スィンスィアり]
副詞 心から, 本気で, 誠実に
Sincérely (yóurs),
= (英)*Yóurs sincérely*,
(手紙の結びで)敬具

sing [síŋ スィング] **動詞**
(三単現 **sings** [-z]; 過去 **sang** [sǽŋ
サぁング]; 過分 **sung** [sʌ́ŋ サング];
現分 **singing**)
──**自** ❶ 歌う
▶Tom **sings** well.
トムは歌がじょうずだ.
▶She **sang** to her children.
彼女は自分の子供たちに歌を歌った.
▶They **sang** to the piano.
彼らはピアノに合わせて歌った.
❷ (小鳥・虫などが)鳴く, さえずる
▶The birds were **singing** in
the woods.
森で鳥たちがさえずっていた.
──**他**(歌)を歌う
▶He **sang** the song for me.
彼はわたしにその歌を歌ってくれた.

Singapore [síŋgəpɔ̀ːr スィンガポーア]
名詞 シンガポール(◆東南アジアの国;
首都はシンガポール Singapore)

Singapore Flyer [síŋgəpɔ̀ːr fláiər
スィンガポーア ふらイア] **名詞**
《**the Singapore Flyer** で》
シンガポール・フライヤー(◆シンガポー
ルにある大観覧車)

singer [síŋər スィンガ] **名詞**
C 歌手, 歌う人
▶Ann is a good **singer**.
アンは歌がうまい.

singer-songwriter
[síŋərsɔ̀ːŋràitər スィンガソーングライタ]
名詞 C シンガーソングライター, 歌手
兼(けん)作詞作曲家

singing [síŋiŋ スィンギング]
──**動詞** sing(歌う)の現在分詞・動名詞
──**名詞** U 歌うこと, 歌唱;
(鳥などの)さえずり

single [síŋgl スィングる]

—形容詞《❶ ❸ ❹ の意味では名詞の前に用いて》

❶ たった1つの, たった1人の
▶I didn't say a **single** word.
わたしはただのひと言も発しなかった.

❷ 独身の
(対義語 married 結婚している)
▶He is **single**. 彼は独身だ.

❸ 1人用の(◆「2人用の」は double)
▶a **single** bed シングルベッド

❹ (英)(切符が)片道の
(◆(米)one-way; 対義語 (英)return, (米)round-trip 往復の)
▶a **single** ticket 片道切符

—名詞 (複数 **singles** [-z])
❶ C (ホテルの)1人部屋
❷ C 【野球】シングルヒット
❸ 《singles で単数あつかい》
(テニスなどの)シングルス(◆1対1の試合; 対義語 doubles ダブルス)
❹ C (CD などの)シングル盤

singular [síŋɡjələr スィンギュら] **形容詞**
【文法】単数の(◆ s. または sing. と略す; 対義語 plural 複数の)
—名詞 U 《the singular で》【文法】単数(形)(◆ s. または sing. と略す);
C 単数形(の語)(対義語 plural 複数)

sinigang [sínigæŋ シニギャング] **名詞**
U シニガン(◆酸味のあるフィリピンのスープ)

sink [síŋk スィンク]
—動詞 (三単現 **sinks** [-s] 過去 **sank** [sǽŋk サぁンク] または **sunk** [sʌ́ŋk サンク]; 過分 **sunk**; 現分 **sinking**)

—@ ❶ (水中に)沈む, 沈没する
(対義語 float 浮く);
(太陽・月が)沈む(同義語 set)
▶A boat **sank** in the storm.
あらしの中, ボートが沈んだ.
▶The sun is **sinking** behind the mountains.
太陽が山陰に沈もうとしている.
❷ (地盤などが)沈下する

—@ …を沈める, 沈没させる
▶**sink** a ship 船を沈める

—名詞 C (台所の)流し; (米)洗面台
(◆(英)washbasin)
➡ 巻頭カラー 英語発信辞典⑬

sip [síp スィップ] **動詞** (三単現 **sips** [-s]; 過去・過分 **sipped** [-t]; 現分 **sipping**)

—@ …をちょっとずつ飲む, すする

sir [sə́ːr サ〜; (弱く言うとき)sər サ] **名詞**
(複数 **sirs** [-z])

❶ U 《ときに Sir で》
(呼びかけで)あなた, お客さま, 先生
(◆目上・年上の男性や男性の客などに用いて敬意を表す; 日本語にするときは特に訳す必要はない)
▶Excuse me, **sir**.
すみません; もしもし.
▶Can I help you, **sir**?
(店員が客に)いらっしゃいませ.

❷ C 《しばしば Sir で》
(手紙の書き出しで)拝啓
▶Dear **Sir**,
拝啓(◆知らない人への手紙や商用文に用いる)

❸ 《Sir でナイト・准男爵の人の姓名または名前につけて》(英)…卿
▶**Sir** Charles Chaplin
チャールズ・チャップリン卿

siren [sáirən サイレン] **名詞**
❶ C (列車などの)警笛, サイレン
▶sound a **siren** 警笛を鳴らす
❷ C 《しばしば Siren で》
【ギリシャ神話】セイレン(◆美しい歌声を持つ, 半身が女性でもう半身が鳥の海の精)

sister [sístər スィスタ] **名詞**
(複数 **sisters** [-z])

❶ C 姉, 妹; 姉妹
(対義語 brother 兄弟) ➡ family 図
▶This is Becky, my **sister**. こちらはベッキー, わたしの姉[妹]です.

ダイアログ
A: How many **sisters** do you have?
あなたには何人姉妹がいますか?
B: I have three. 3人です.

文化 **sister** は姉か妹か?

1 英語では, 年齢の上下を区別して「姉」「妹」のようにいうことはあまりなく, ふつうは sister で済ませます.
2 特に「姉」と「妹」を区別する場合は次のようにいいます.

姉:	an older	sister
	(米)a big	sister
	(英)an elder	sister

妹： a younger **sister**
（米）a little **sister**
3 「お姉さん」と呼びかける場合は
sister を用いず、名前で呼びます。
4 brother（「兄」「弟」）の場合も同様で
す。

2 C （カトリックの）修道女、シスター

sister-in-law [sístərinlɔ̀ː スィスタ
インロー] **名詞** （**複数** **sisters**-in-law
[sístərzinlɔ̀ː スィスタズインロー]）
C 義理の姉[妹] ➡ **family** 図

:sit [sít スィット] **動詞**
（**三単現** **sits** [síts スィッツ]; **過去・過分**
sat [sǽt サット]; **現分** **sitting**) ⽬
① すわる、腰（さ）かける；すわっている
（**対義語** stand 立つ）
▶Tom **sat** on the grass.
トムは芝生（こ）の上に腰を下ろした。
▶**sit** in an armchair
ひじかけいすに（深く）すわる
（◆ in は「深々と」という意味をふくむ）
▶I **sat** at the table.
わたしは食卓（た）についた。
② （鳥が）止まる；（鳥が）（卵を）抱（だ）く
▶Some birds were **sitting** on the
wire. 鳥が何羽か電線に止まっていた。

◆**sit dówn** すわる、着席する
▶Please **sit down** here.
どうぞここにすわってください。

sit úp ① きちんとすわる；
（ベッドの上などで）起き上がる
▶**Sit up** straight.
背を伸（の）ばしてすわりなさい；
ちゃんとすわりなさい。
② （寝（ね）ないで）起きている
（**同義語** stay up）
▶They **sat up** late.
彼らは遅（お）くまで起きていた。

site [sáit サイト] **名詞** C 用地、敷地（ち）；
跡（あ）、遺跡（せ）；（事件などの）現場；
【コンピューター】（インターネットの）サ
イト（◆ website ともいう）
▶the World Heritage **Site** 世界遺産

:sitting [sítiŋ スィティング] **動詞**
sit（すわる）の現在分詞・動名詞

sitting room [sítiŋ rùːm スィティング
ルーム] **名詞** C 《主に英》居間
（◆《主に米》living room）

sitting volleyball [sítiŋ válibɔ̀ːl
スィティング ヴァりぼーる] **名詞**
U シッティングバレーボール
（◆座ったままプレーするバレーボール）

situated [sítʃuèitid スィチュエイテッド]
形容詞 （ある場所に）位置して
（◆名詞の前では用いない）

situation [sìtʃuéiʃn スィチュエイシャン]
名詞 **①** C 立場、境遇（きょう）；状況（じょう）、情
勢、場面
▶He was in a difficult **situation**.
彼は難しい立場に立っていた。
▶the economic **situation** 経済情勢
② C （建物などの）位置、場所

sit-up [sítʌp スィットアップ] **名詞**
C 腹筋運動
▶do **sit-ups** 腹筋運動をする

:six [síks スィックス]
——**名詞** （**複数** **sixes** [-iz]）
C 《冠詞をつけずに単数あつかい》
6；《複数あつかいで》6 人、6 個；
U 6 歳（さ）；6 時
▶I get up at **six**.
わたしは 6 時に起きる。
——**形容詞** **6 の**；6 人の、6 個の；6 歳の

:sixteen
[sìkstíːn スィクスティーン]
——**名詞** （**複数** **sixteens** [-z]） C 《冠詞
をつけずに単数あつかい》**16**；《複数あつ
かいで》16 人、16 個；U 16 歳（さ）
——**形容詞** **16 の**；16 人の、16 個の；
16 歳の
▶Her daughter is **sixteen**.
彼女の娘（むすめ）は 16 歳だ。

sixteenth [sìkstíːnθ スィクスティーンす]
名詞 **①** U 《the sixteenth で》第 16、
16 番め；（日付の）16 日（◆ 16th と略す）
② C 16 分の 1
——**形容詞** **①** 《the sixteenth で》
第 16 の、16 番めの
② 16 分の 1 の

:sixth [síksθ スィックすす]
——**名詞** （**複数** **sixths** [-s]）
① U 《the sixth で》第 6、6 番め；
（日付の）6 日（◆ 6th と略す）
② C 6 分の 1
——**形容詞** **①** 《the sixth で》
第 6 の、6 番めの

A B C D E F G H I J K L M N O P Q R S T U V W X Y Z

▶the sixth principal 第6代校長
❷6分の1の

sixtieth [síkstiəθ スィクスティエす] 名詞
❶ U《the sixtieth で》
第60, 60番め(◆60th と略す)
❷ C 60分の1
——形容詞 ❶《the sixtieth で》
第60の, 60番めの
❷ 60分の1の

sixty [síksti スィクスティ]
——名詞 (複数 **sixties** [-z])
❶ C《冠詞をつけずに単数あつかい》
60;《複数あつかいで》60人, 60個;
U 60歳(さい)
❷《one's sixties で》60歳代;
《the sixties で》(20世紀の)60年代
——形容詞 **60**の; 60人の, 60個の;
60歳の

size [sáiz サイズ] 名詞
(複数 **sizes** [-iz])
❶ C U 大きさ, 規模
▶actual [life] size 実物大
❷ C (衣服などの)サイズ, 寸法
▶We have all sizes of shoes.
当店ではあらゆるサイズの靴(くつ)を取り
そろえております.

ダイアログ
A: What size shirt do you wear?
シャツのサイズは何ですか?
B: I wear a medium. Mサイズです.

skate [skéit スケイト]
——名詞 (複数 **skates** [skéits スケイツ])
C《ふつう skates で》
アイススケートの靴(くつ)(= ice skate);
ローラースケートの靴(= roller skate)
➡ p.561 図
▶a pair of skates
スケート靴1足
——動詞 (三単現 **skates** [skéits スケイツ];
過去・過分 **skated** [-id]; 現分 **skating**)
⽬ スケートをする
▶go skating on the lake
湖へスケートに行く

skateboard [skéitbɔ̀ːrd スケイトボード]
名詞 C スケートボード
——動詞 ⽬ スケートボードをする

skater [skéitər スケイタ] 名詞
C スケートをする人

skating [skéitiŋ スケイティング] 動詞
skate(スケートをする)の現在分詞・動名
詞
——名詞 U スケート(をすること)

skeleton [skélətn スケルトゥン] 名詞
C (人間・動物の)骨格, がい骨;
(建物の)骨組み

sketch [skétʃ スケッチ] 名詞
(複数 **sketches** [-iz]) C スケッチ;
下絵; 略図; 概要(がいよう), あらまし
——動詞 (三単現 **sketches** [-iz];
過去・過分 **sketched** [-t];
現分 **sketching**)
他 …のスケッチ[写生]をする;
…の略図をかく

sketchbook [skétʃbùk スケッチブック]
名詞 C スケッチブック, 写生帳

ski [skíː スキー]
——名詞 (複数 **skis** [-z])
C《ふつう skis で》 スキー(の板)
(◆スポーツとしての「スキー」は skiing)
➡ p.561 図
▶a new pair of skis 新品のスキー1組
▶You can rent skis here.
ここでスキー板が借りられます.
——動詞 (三単現 **skis** [-z];
過去・過分 **skied** [-d]; 現分 **skiing**)
⽬ スキーをする
▶go skiing in Nagano
長野にスキーに行く

skier [skíːər スキーア] 名詞
C スキーヤー, スキーをする人
▶She's a good skier.
彼女はスキーが得意だ.

skies [skáiz スカイズ] 名詞
sky(天気)の複数形

skiing [skíːiŋ スキーイング] 名詞
U【スポーツ】スキー(で滑(すべ)ること)

skill [skíl スキる] 名詞
❶ U 腕前(うでまえ), 熟練
▶She has great skill in painting.
彼女は絵をかくのがうまい.
❷ C (特殊(とくしゅ)な)技術, 技能
▶I want to learn useful PC skills.
わたしは役に立つパソコン技能を習得
したい.

skilled [skíld スキるド] 形容詞
腕(うで)のいい, (…に)熟練した(in [at] ...);
特殊(とくしゅ)技能をもっている

skate

tongue
舌革（したがわ）

lace
靴（くつ）ひも

boot
ブーツ

edge
エッジ

blade / runner
ブレード

toe picks
トウ・ピックス

slap skate
スラップスケート

in-line skate
インラインスケート

figure skating
フィギュアスケート

speed skating
スピードスケート

ice hockey
アイスホッケー

ski

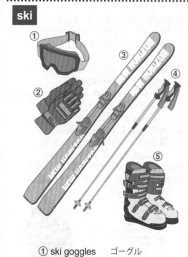

① ski goggles　ゴーグル
② ski gloves　グローブ
③ skis　スキー板
④ ski poles　ストック
⑤ ski boots　スキーブーツ

slalom
[slá:ləm スラーろム]
スラローム

moguls
[móuglz モウグるズ]
モーグル

cross-country skiing
クロスカントリー・
スキー

ski jump
ジャンプ

a b c d e f g h i j k l m n o p q r **s** t u v w x y z

A B C D E F G H I J **K** L M N O P Q R **S** T U V W X Y Z

skillful, 《英》skilful [skílfl スキるふる]

形容詞 熟練した; (…が)うまい(in [at] ...)

▶a **skillful** doctor 腕(^{うで})のいい医者

skin [skín スキン] 名詞

(**複数** skins [-z])

❶ **U** **C** 皮膚(^{ひふ}), 肌(^{はだ}); (動物の)皮(^{かわ})

▶Beth has sensitive **skin**.
ベスは敏感(^{びんかん})肌の持ち主だ.

❷ **C** **U** (果物(^{くだもの})・野菜などの)皮

skin diving [skín dàiviŋ スキン ダイヴィング] 名詞

U 【スポーツ】スキンダイビング
(◆潜水(^{せんすい})服を着ず, シュノーケルや足ひれなどだけで潜水すること)

skinny [skíni スキニ] 形容詞

(**比較** skinnier; **最上** skinniest)
《口語》やせこけた, がりがりの

skip [skíp スキップ] 動詞 (三単現 skips [-s]; 過去・過分 skipped [-t]; 現分 skipping) 他

❶ …を跳(^と)ぶ, (軽く)跳び越(^こ)す

❷ …を省略する, 抜(^ぬ)かす; …を飛ばす, 飛ばして読む; (授業)をさぼる

▶**skip** breakfast 朝食を抜(^ぬ)く

▶You should **skip** Chapter 8.
第8章は飛ばして読んだほうがいい.

—**自** 軽く跳ぶ, スキップをする; 《英》縄跳びをする

▶A girl was **skipping** in the street.
女の子が通りでスキップをしていた.

skirt [skə́:rt スカ～ト] 名詞

(**複数** skirts [skə́:rts スカ～ツ])

C スカート; (衣服の)すそ

▶wear [put on] a long **skirt**
長いスカートをはいている[はく]

skit [skít スキット] 名詞 **C** 寸劇, スキット

skunk [skʌ́ŋk スカンク] 名詞

C 【動物】スカンク
(◆危険がせまると悪臭(^{あくしゅう})を出す;「いやなやつ」「鼻つまみ」の意味でも用いる)

sky [skái スカイ] 名詞

(**複数** skies [-z])

❶ **C** 《ふつう the sky で》空, 大空
(◆形容詞をともない, 一時的な状態を表すときは a, an をつける)

▶Stars were shining in **the sky**.

空に星が輝(^{かがや})いていた.

▶a blue **sky** 青空

❷ **C** 《ふつう skies で》天気, 空模様

skydiving [skáidàiviŋ スカイダイヴィング] 名詞

U 【スポーツ】スカイダイビング
(◆パラシュートで降下する技術を競(^{きそ})うスポーツ)

skylark [skáilὰːrk スカイらーク] 名詞

C 【鳥類】ヒバリ
(◆単に lark ともいう)

skyline [skáilὰin スカイらイン] 名詞

C スカイライン
(◆空を背景とした, 建物や山などの輪郭(^{りんかく})線)

skylark

skyscraper [skáiskrèipər スカイスクレイパ] 名詞 **C** 超(^{ちょう})高層ビル, 摩天楼(^{まてんろう})

slacks [slǽks スらックス] 名詞

《複数あつかいで》スラックス
(◆ふだん着のズボン)

slang [slǽŋ スらング] 名詞

U 俗語(^{ぞくご})(全体), スラング(◆個々の俗語は a slang word などという)

slap [slǽp スらップ] 名詞

C 平手打ち, ピシャリと打つこと

—**動詞** (三単現 slaps [-s]; 過去・過分 slapped [-t]; 現分 slapping) 他 …を平手でピシャリと打つ; …をパタンと置く

slash [slǽʃ スらッシ] 名詞

C 【印刷】斜線(^{しゃせん}), スラッシュ(/)
(◆ slash mark ともいう)

slave [sléiv スれイヴ] 名詞 **C** 奴隷(^{どれい})

slavery [sléivəri スれイヴァリ] 名詞

U 奴隷(^{どれい})制度; 奴隷の身分

sled [sléd スれッド] 名詞

C 《米》(小型の)そり ➡ 写真
(◆《英》sledge [slédʒ スれッヂ])

sleep [slíːp スリープ]

——**動詞** (三単現 **sleeps** [-s]; 過去・過分
slept [slépt スレプト]; 現分 **sleeping**)
——⊜ 眠(ね)る, 寝(ね)ている
→ **asleep** ルール
▸Did you **sleep** well last night?
昨夜はよく眠れましたか?
▸Jim **sleeps** late on holidays.
休みの日, ジムは遅(おそ)くまで寝ている.

くらべよう sleep と go to bed

sleep: 「眠っている」という意味になります.

go to bed: 眠るかどうかに関係なく, 「床(とこ)につく」という動作を表します.
▸I **went to bed** early last night, but I couldn't get to **sleep**.
昨夜わたしは早く床についたが, 眠れなかった.

——**名詞** Ⓤ《または **a sleep** で》
睡眠(すいみん), 眠り
▸a deep **sleep** 深い眠り
▸have [get] **a good sleep** よく眠る
(♦この good は「十分な」の意味)
go to sléep
寝入る, 眠る; (手足が)しびれる
▸I **went to sleep** late that night.
その晩, わたしは寝るのが遅かった.

sleeper [slí:pər スリーパ] **名詞**
❶ Ⓒ 眠(ねむ)る人
❷ Ⓒ (列車の)寝台(しんだい)車
(♦ sleeping car ともいう)

sleeping bag [slí:piŋ bæg スリーピングバッグ] **名詞** Ⓒ 寝袋(ねぶくろ)

sleeping car [slí:piŋ kɑ̀:r スリーピングカー] **名詞** Ⓒ (列車の)寝台(しんだい)車
(♦ sleeper ともいう)

sleepless [slí:pləs スリープれス] **形容詞**
眠(ねむ)れない, 不眠(ふみん)の

sleepy [slí:pi スリーピ] **形容詞**
(比較 **sleepier**; 最上 **sleepiest**)
眠(ねむ)い, 眠そうな; 活気のない
▸I'm **sleepy** now. わたしは今眠い.

sleepyhead [slí:pihèd スリーピーヘッド]
名詞 Ⓒ (口語)(起きぬけで)眠(ねむ)そうな
人[子供]; 朝寝坊(あさねぼう)の人

sleeve [slí:v スリーヴ] **名詞**
Ⓒ (衣服の)そで, たもと

sleigh [sléi スレイ] (★発音に注意) **名詞**
Ⓒ (ウマなどが引く大型の)そり(♦「小型のそり」は(米)sled, (英)sledge [slédʒ スれッヂ])

slender [sléndər スれンダ] **形容詞** (比較
slenderer または **more slender**;
最上 **slenderest** または
most slender)
(人が)ほっそりとした, すらりとした
(同義語 slim); (ものが)細長い

ˈslept [slépt スれプト] **動詞**
sleep(眠(ねむ)る)の過去形・過去分詞

slice [sláis スライス] **名詞**
Ⓒ (薄(うす)く切ったものの)1 切れ, 1 枚;
《**a slice of ...** で》1 切れの…
→ **piece** ルール
▸a slice of bread パン 1 切れ
——**動詞** (三単現 **slices** [-iz];
過去・過分 **sliced** [-t]; 現分 **slicing**)
⊕ …を薄く切る

slid [slíd スリッド] **動詞** slide(なめらかに
滑(すべ)る)の過去形・過去分詞

slide [sláid スライド] **動詞** (三単現
slides [sláidz スライヅ]; 過去・過分 **slid**
[slíd スリッド]; 現分 **sliding**)
なめらかに滑(すべ)る, 滑走(かっそう)する;
【野球】滑りこむ
(♦「うっかり滑る」場合は slip を用いる)
▸The runner **slid** into second
base. ランナーは二塁(にるい)に滑りこんだ.
——**名詞** ❶ Ⓒ 滑ること, 滑走;
【野球】滑りこみ, スライディング
❷ Ⓒ 滑り台
❸ Ⓒ (映写機・顕微鏡(けんびきょう)の)スライド

slight [sláit スライト] **形容詞**
(比較 **slighter**; 最上 **slightest**)
わずかな, 少しの, 軽い
▸I have a **slight** headache.
少し頭痛がします.

slightly [sláitli スライトり] **副詞**
わずかに, 少しばかり

slim [slím スリム] **形容詞**
(比較 **slimmer**; 最上 **slimmest**)
ほっそりとした, すらりとした
(同義語 slender)

slip [slíp スリップ] **動詞** (三単現 **slips**
[-s]; 過去・過分 **slipped** [-t];
現分 **slipping**) ⊜
❶ 滑(すべ)る, 滑って転ぶ; 滑り落ちる
(♦「意図的に滑る」場合は slide を用いる)
▸I **slipped** on the ice.
わたしは氷の上で滑って転んだ.
❷ そっと動く, こっそり入る[出る]
▸He **slipped** out of the room.

A B C D E F G H I J K L M N O P Q R S T U V W X Y Z

彼は部屋をこっそり出た.
—他 ❶ …を滑らす; …をそっと置く
❷ …をさっと着る[はく, 脱(ぬ)ぐ]
—名詞 ❶ C 滑ること; (ちょっとした)
まちがい
❷ C スリップ(◆女性用下着)

slipper [slípər スリパ] 名詞 C《ふつう
slippers で》上ばき, 室内ばき(◆日本語
の「スリッパ」とは異なり, 主にかかとのあ
る靴(くつ)のようなものを指す)
▶a pair of **slippers** 上ばき1足

slippery [slípəri スリパリ] 形容詞
(比較 **slipperier**; 最上 **slipperiest**)
(道路などが)(ぬれて)滑(すべ)りやすい;
(ものが)(滑って)つかみにくい

slit [slít スリット] 名詞
C (細長い)切れ目;
(硬貨(こうか)・郵便物などの)投入口

slogan [slóugən スロウガン] 名詞
C スローガン, 標語; 宣伝文句

slope [slóup スロウプ] 名詞
C 坂, 坂道, 斜面(しゃめん)
▶a gentle **slope** ゆるやかな坂

sloppy [slápi スラピ] 形容詞
(比較 **sloppier**; 最上 **sloppiest**)
いいかげんな, ずさんな; だらしない

slot [slát スラット] 名詞
C (自動販売(はんばい)機などの)料金差し入れ口

slot machine [slát məʃiːn スラット マ
シーン] 名詞 ❶ C (米)スロットマシーン
❷ C (英)自動販売(はんばい)機
(同義語 vending machine)

slow [slóu スロウ]
—形容詞
(比較 **slower**; 最上 **slowest**)
❶ (動作・速度などが)遅(おそ)い, のろい
(対義語 fast, quick, swift 速い)
▶a **slow** runner 走るのが遅い人
▶a **slow** train 普通(ふつう)列車
▶I'm **slow** at figures.
わたしは計算が遅い.
▶ことわざ **Slow** <u>and</u> [but] steady
wins the race.
急がば回れ. (◆「ゆっくりでも着実な者

が競走に勝つ」の意味から)

(くらべよう) **slow** と **late**
slow: 「動作」「速度」が遅いことを表し
ます. (対義語 fast 速い)
▶**slow** music ゆっくりした音楽
late: 「時刻」「時期」が遅いことを表し
ます. (対義語 early 早い)
▶in **late** May 5月末に

❷ (時計が)遅(おく)れている
(対義語 fast 進んでいる)
▶My watch is two minutes **slow**.
わたしの時計は2分遅れている.
—副詞 (比較・最上 は 形容詞 に同じ)
ゆっくり, 遅く(= slowly)
▶He speaks very **slow**.
彼は非常にゆっくり話す.
—動詞 (三単現 **slows** [-z];
過去・過分 **slowed** [-d]; 現分 **slowing**)
—自《しばしば **slow down** で》遅くなる
▶The runners **slowed down** at
the slope. その坂道でランナーたちは
ペースが落ちた.
—他《しばしば **slow down** で》
…の速度を遅くする
▶He **slowed** the car **down**.
彼は車のスピードを落とした.

slowly [slóuli スロウリ] 副詞
(比較 **more slowly**;
最上 **most slowly**)ゆっくりと, 遅(おそ)く
(対義語 fast, quickly 速く)
▶walk **slowly** ゆっくりと歩く

slum [slám スラム] 名詞
C《しばしば **the slums** で》
スラム, 貧民(ひんみん)街

slump [slámp スランプ] 名詞
C (主に米)スランプ, 不調
▶break a **slump** スランプを脱(だっ)する

small [smɔ́ːl スモール] 形容詞
(比較 **smaller**; 最上 **smallest**)
❶ 小さい, (面積が)狭(せま)い
(対義語 large, big 大きい)
➡ **little** (くらべよう), **narrow** (くらべよう)
▶a **small** town 小さな町
▶a **small** room 狭い部屋
▶Bill is **small** for his age.
ビルは年のわりに小柄(こがら)だ.
❷ 少ない, わずかな; ささやかな; ささいな
(対義語 large 多い)

▶a **small** amount of water
少量の水

▶a **small** mistake ささいなまちがい

small letter [smɔ́ːl létər スモール れタ]
名詞 C 小文字
(**対義語** capital letter 大文字)

smart [smɑ́ːrt スマート] **形容詞**
(**比較** smarter; **最上** smartest)
❶ りこうな, 頭のいい, 抜(ぬ)け目のない
(◆日本語の「スマート」(体つきがほっそり
した)の意味はない;「ほっそりした」は
slender, slim; **同義語** clever, bright)
▶a **smart** child 頭のいい子供
❷ (身なりが)しゃれた
▶a **smart** dress しゃれたドレス

smartphone [smɑ́ːrt fòun スマート
ふォウン] **名詞** C スマートフォン
(◆一般的に, パソコンに近い性能を持た
せた多機能携帯(けい)電話を指す)

smash [smǽʃ スマぁッシ] **動詞**
(**三単現** **smashes** [-iz]; **過去・過分**
smashed [-t]; **現分** smashing) **他**
❶ …を粉々にする, 打ち壊(こわ)す
❷ …を強打する; (テニスなどで)(ボール)
をスマッシュする
——**名詞** (**複数** smashes [-iz])
❶ C 粉砕(ふんさい), 衝突(しょうとつ)(**同義語** crash)
❷ C (テニスなどの)スマッシュ
❸ C 大ヒット(= smash hit)

smell [smél スメる]
——**動詞** (**三単現** **smells** [-z]; **過去・過分**
(**主に米**)smelled [-d], (**主に英**)smelt
[smélt スメるト]; **現分** smelling)
——**他** …のにおいをかぐ
▶She **smelled** the roses.
彼女はバラのにおいをかいだ.
▶I **smell** something burning.
何かがこげているにおいがする.
——**自** 《smell ＋形容詞 または smell like
[of] ... で》…のにおいがする
▶It **smells** good. いいにおいですね.
▶It **smells** like mint.
ミントのにおいがします.
——**名詞** (**複数** smells [-z])
C U におい; U きゅう覚
➡ sense 【参考】
▶a **smell** of gas ガスのにおい

smelly [sméli スメり] **形容詞**
(**比較** smellier; **最上** smelliest)
いやなにおいのする, 臭(くさ)い

smelt [smélt スメるト] **動詞** 《**主に英**》
smell(…のにおいをかぐ)の過去形・過去
分詞の一つ

smile [smáil スマイる]
——**動詞** (**三単現** **smiles** [-z];
過去・過分 smiled [-d]; **現分** smiling)
自 (…に)ほほえむ, 微笑(びしょう)する《at ...》
(◆声を出さないでほほえむこと)
▶He **smiled** at the children.
彼は子供たちにほほえみかけた.
——**名詞** (**複数** smiles [-z])
C ほほえみ, 微笑
▶She gave me a gentle **smile**.
彼女はわたしに優(やさ)しくほほえんだ.

くらべよう laugh と smile

laugh:「声を出して笑う」ことを表し
ます.
smile:「ほほえむ」ことを表します.

laugh   smile

smiled [smáild スマイるド] **動詞**
smile(ほほえむ)の過去形・過去分詞

smiley [smáili スマイり] **名詞**
C 【コンピューター】スマイリー, 顔文字
(◆ e-mail などで使う感情を表す絵文字;
smiley face ともいう)

【参考】 よく使われるスマイリー

欧米(おうべい)で使われるものは日本と異な
り, 横倒(よこだお)しになっています.

:-)	にこにこ, 笑顔
:-D	笑っています, ワハハ
;-)	ウインク
;'-)	泣いています
:-O	びっくり！

smiley face [smáili féis スマイり ふェ
イス] **名詞** C スマイリー, 笑顔マーク
(◆単に smiley ともいう)

smiling [smáiliŋ スマイりング] **動詞**
smile(ほほえむ)の現在分詞・動名詞

smog [smág スマッグ] **名詞**
U C スモッグ(◆車の排気(はいき)ガスなど
で汚(よご)れた空気が霧状(きりじょう)になったもの;

A B C D E F G H I J K L **M** N **O** P Q R **S** T U V W X Y Z

smoke「煙(けむ)」＋ fog「霧(きり)」から)

˚**smoke** [smóuk スモウク]

──名詞 (複数 **smokes** [-s])

❶ U 煙(けむり)

▶ ことわざ There's no **smoke** without fire.
火のないところに煙は立たぬ. (◆「悪いうわさは事実であることが多い」の意味)

❷ C 《ふつう **a smoke** で》
タバコを吸うこと, (タバコの)一服(いっぷく)
▶have **a smoke** 一服する

──動詞 (三単現 **smokes** [-s];
過去・過分 **smoked** [-t]; 現分 **smoking**)

──⾃ ❶ タバコを吸う
▶My father doesn't **smoke**.
父はタバコを吸わない.

❷ 煙を出す, くすぶる

──他 ❶ (タバコを)吸う, ふかす

❷ (肉・魚など)をくんせいにする

smoked [smóukt スモウクト] 形容詞
くんせいの
▶**smoked** salmon スモークサーモン

smoker [smóukər スモウカ] 名詞
C 喫煙(きつえん)者, タバコを吸う人

smoking [smóukiŋ スモウキング] 動詞
smoke(タバコを吸う)の現在分詞・動名詞
──名詞 U タバコを吸うこと, 喫煙(きつえん)
▶No **Smoking** 《掲示》禁煙

smooth [smúːð スムーず]
(★発音に注意) 形容詞
(比較 **smoother**; 最上 **smoothest**)

❶ 滑(なめ)らかな, すべすべした, でこぼこのない (同義語 even, 対義語 rough 粗(あら)い)
▶**smooth** skin すべすべした肌(はだ)

❷ (海などが)静かな (同義語 calm)

smoothly [smúːðli スムーずリ] 副詞
滑(なめ)らかに, 円滑(えんかつ)に

snack [snǽk スナぁック] 名詞
C 軽い食事, 軽食(◆間食のサンドイッチやドーナツなどを指す)

snail [snéil スネイる] 名詞
C 【動物】カタツムリ

snake [snéik スネイク] 名詞
C 【動物】ヘビ

snap [snǽp スナぁップ] 動詞
(三単現 **snaps** [-s]; 過去・過分 **snapped** [-t]; 現分 **snapping**) 他

❶ …をポキッと折る《off ...》
▶**snap off** a piece of a chocolate bar 板チョコをポキッと折る

❷ …をポキッ[パチン, カチッ]と鳴らす
▶He **snapped** his fingers.
彼は指をパチンと鳴らした.

──⾃ ❶ ポキッと折れる

❷ ポキッ[パチン]と鳴る

──名詞 ❶ C ポキッ[パチン]という音

❷ C スナップ写真(= snapshot)

❸ C (米)(衣服などの)ホック, スナップ
(= snap fastener)(◆(英)press-stud
[présstʌd プレススタッド])

snapshot [snǽpʃɑt スナぁップシャット]
名詞 C スナップショット, スナップ写真
(◆単に snap ともいう)

sneaker [sníːkər スニーカ] 名詞
C 《ふつう **sneakers** で》(米)運動靴(ぐつ),
スニーカー(◆(英)trainers)
▶a pair of **sneakers** スニーカー1 足

sneeze [sníːz スニーズ] 動詞 (三単現
sneezes [-iz]; 過去・過分 **sneezed** [-d];
現分 **sneezing**) ⾃ くしゃみをする
──名詞 C くしゃみ

文化 くしゃみをすると…

英米では, 人がくしゃみをすると, 周囲の人が (God) bless you!(神のご加護を!)と言うことがあります. これは, くしゃみとともにその人の魂(たましい)が逃(に)げていくと思われていたからです. こう言われたら, くしゃみをした人は Thank you. と答えます.

Bless you.

Achoo!

---

sniff [sníf スニふ] 動詞 ⾃
❶ (…を)クンクンかぐ《at ...》

❷ (風邪(かぜ)などで)鼻をすする

Snoopy [snúːpi スヌーピ] 名詞 スヌーピー(◆アメリカのチャールズ・シュルツ
(Charles Schulz)のマンガ『ピーナッツ』
(*Peanuts*)に登場するビーグル犬)

snore [snɔ́ːr スノーア] 名詞 C いびき
──動詞
(三単現 **snores** [-z]; 過去・過分 **snored**
[-d]; 現分 **snoring**) ⾃ いびきをかく

snorkel [snɔ́ːrkl スノークる] 名詞 C
シュノーケル(◆ダイバーが使う呼吸管;

先端(せん)を水面に出し空気を取り入れる)
——**動詞** (自) シュノーケルをつけて潜(もぐ)る

:**snow** [snóu スノウ]

——**名詞** U 雪, 降雪(◆冠詞をつける場合は rain と同じ ➡ **rain** ルール)
▶It looks like **snow**. 雪が降りそうだ.
▶We had a lot of **snow** yesterday.
昨日は雪がたくさん降った.
▶a heavy **snow** 大雪
(◆形容詞をつけて,「ある状態の雪」を指すときには a, an をつけることがある)
▶We went to town in **the snow**.
わたしたちは雪の降る中を町に行った.
(◆そのとき降っている雪など「特定の雪」を指すときには the をつける)
——**動詞** (三単現 **snows** [-z];
過去・過分 **snowed** [-d]; 現分 **snowing**)
(自) 《it を主語にして》**雪が降る**
▶**It snowed** a lot last night.
昨夜は大雪だった.

snowball [snóubɔ̀ːl スノウボール]
名詞 C 雪玉
▶have a **snowball** fight
雪合戦をする

snowboard [snóubɔ̀ːrd スノウボード]
名詞 C スノーボード
——**動詞** (自) スノーボードをする

snowboarding [snóubɔ̀ːrdiŋ
スノウボーディング]
U スノーボード(をすること)

snowfall [snóufɔ̀ːl スノウフォール] **名詞**
C 降雪; U《ときに a snowfall で》
降雪量

snowflake
[snóuflèik スノウふれイク] **名詞**
C 雪のひとひら

snowman
[snóumæ̀n スノウマぁン] **名詞**
(複数 **snowmen**
[snóumèn スノウメン])
C 雪だるま ➡ 写真

snowmobile [snóuməbìːl スノウモビール] **名詞** C スノーモービル

snowshoe [snóuʃùː スノウシュー] **名詞**
C《ふつう snowshoes で》雪靴(ぐつ)

snowstorm [snóustɔ̀ːrm スノウストーム] **名詞** C ふぶき, 暴風雪(ぼうふうせつ)

snowy [snóui スノウイ] **形容詞**

(比較 **snowier**; 最上 **snowiest**)
雪の降る, 雪の多い; 雪の積もった

SNS [és én és エス エン エス] **名詞**
ソーシャル・ネットワーキング・サービス
(◆ social *networking* *service* の略; インターネットを介(かい)してコメントなどをやり取りすることで, 多数の人々とコミュニケーションをはかることのできるネットワークを提供する)

:**so** [sóu ソウ]

副詞	❶《程度》そんなに	
	❷《強調》とても	
	❸《先行語句の代用》そのように	
接続詞	❶ だから	

——**副詞** ❶《程度》**そんなに, それほど**
▶Why were you **so** late?
どうしてそんなに遅(おく)れたのですか?
▶The movie wasn't **so** bad.
その映画はそんなにひどくなかった.
❷《強調》**とても, 非常に**(◆特に女性や子供が very の代わりに用いる)
➡ **such** ルール
▶The game was **so** exciting!
その試合はすごくおもしろかった!
❸《先行語句の代用》**そのように, そう**; そのようで(◆ think, believe, say, tell, hope などのあとに用い, 前に話された内容の繰(く)り返しを避(さ)ける)
▶I don't think **so**.
わたしはそう思いません.
▶I told you **so**.
だからそう言ったでしょう.

ダイアログ
A: Will the rain stop soon?
雨はすぐにやむかな?
B: I hope **so**.
そう願うよ.

▶Is that **so**? そうなのですか?
❹《so + be動詞[助動詞, do]+ 主語で》…もそうである
▶Ann is absent, and **so** is Tom.
アンは休みで, トムもそうだ.

ダイアログ
A: I went to his concert yesterday.
昨日, 彼のコンサートに行ったんだ.
B: Really? **So** did I.
本当? わたしもよ.

a b c d e f g h i j k l m n o p q r **s** t u v w x y z

A
B
C
D
E
F
G
H
I
J
K
L
M
N
O
P
Q
R
S
T
U
V
W
X
Y
Z

❺《**so** ＋ 主語 ＋ be 動詞[助動詞, do]で強い肯定(②)を表して》そのとおりだ

ダイアログ
A: Jim is a good baseball player.
ジムはよい野球選手だ.
B: So he **is.** 全くだね.

ルール ❹ ❺ の使い分け
1 両方とも, 前の文が be 動詞の文の場合は be 動詞, 助動詞の文の場合は助動詞, 一般動詞の文の場合は do か does, または did を用います.
2 ❹ は主語(Tom, I)を, ❺ は動詞(is)の部分を強く発音します.

◆ *... and só on* …など ➡ and
not so ... as ～＝ *not as ... as ～*
　～ほど…ではない
　▶She is **not so** busy **as** you are.
　彼女はあなたほど忙(②)しくはない.
... or so (数量が)…くらい
　▶I'll be back in ten minutes **or so.**
　10分くらいで戻(②)ります.
só far 今まで(は) ➡ far
So lóng! 《主に米口語》さようなら
so lóng as ... …でありさえすれば
　➡ long¹
◆ *só ... (that) ～*
　とても…なので～だ(◆《口語》では that を省略することが多い) ➡ too [参考]
　▶He ran **so** fast **that** I couldn't catch up with him.
　彼はとても速く走ったので, わたしは追いつけなかった.
so to speak いわば ➡ speak
──接続詞 ❶ だから
　▶I felt thirsty, **so** I had a cola.
　のどが渇(②)いたので, コーラを飲んだ.
❷《文頭で》それで, では

ダイアログ
A: I found that I had lost my wallet. 財布(②)をなくしたことに気づいたんだ.
B: **So** what did you do?
それでどうしたの?

as ..., so ～
　…であるのと同じように～ ➡ as
soak [sóuk ソウク] 動詞 ⒤
❶ (液体に)つかる, 浸(②)る《in ...》
❷ (液体が)しみこむ

──他 ❶ …を(液体に)つける, 浸す《in ...》
❷ …をびしょぬれにする

◆**soap** [sóup ソウプ] 名詞
Ⓤ せっけん
　▶a bar of **soap** せっけん1個
　▶He washed his hands with **soap.**
　彼はせっけんで手を洗った.

soap opera [sóup àpərə ソウプ アペラ]
名詞 Ⓒ 《口語》(ラジオ・テレビの)連続メロドラマ(◆番組のスポンサーにせっけん会社が多かったことから)

sob [sáb サブ] 動詞 (三単現 **sobs** [-z]; 過去・過分 **sobbed** [-d]; 現分 **sobbing**)
⒤ すすり泣く, むせび泣く
　➡ cry くらべよう
──名詞 Ⓒ すすり泣き

so-called [sóukɔ́:ld ソウコールド]
形容詞《名詞の前に用いて》いわゆる
(◆「そういわれてはいるが, 実際は疑わしい」という意味をふくんでいることが多い)
　▶He is a **so-called** expert.
　彼はいわゆる専門家だ.

◆**soccer** [sákər サカ] 名詞
Ⓤ 【スポーツ】サッカー(◆《英》football, Association football) ➡ p.569 図
　▶a **soccer** player サッカー選手
　▶Let's play **soccer.**
　サッカーをしようよ.

◆**social** [sóuʃl ソウシャる] 形容詞
(比較 **more social**; 最上 **most social**)
❶《名詞の前に用いて》
社会の, 社会的な; 社会生活をする
　▶a **social** worker
　ソーシャルワーカー
　(◆社会福祉(②)事業に従事する人)
　▶**social** problems 社会問題
❷《名詞の前に用いて》社交の;
(人・性格が)社交的な
　▶a **social** club 社交クラブ
　▶a **social** person 社交的な人

social media [sòuʃəl mí:diə ソウシャる ミーディア] 名詞《単数または複数あつかいで》ソーシャルメディア(◆インターネットを通じた交流を可能にするウェブサイトやアプリケーションソフト)

social networking [sòuʃəl nétwə̀:rkiŋ ソウシャる ネットワ～キング]

ソーシャルネットワーキング(♦
インターネットを通じて交流すること)

social studies [sóuʃl stǻdiz ソウシャ
る スタディズ] 名詞《単数または複数あつ
かいで》(学校の教科の)社会科

society [səsáiəti ソサイアティ]
名詞 (複数 **societies** [-z])
❶ U 社会; 世間
▶a member of **society** 社会の一員
❷ C 協会, 会, クラブ
▶a medical **society** 医師会
❸ U 社交界, 上流社会(の人々)

*sock [sák サック] 名詞
(複数 **socks** [-s])
C《ふつう **socks** で》靴下(じた), ソックス
▶a pair of **socks** 靴下1足
▶put on *one's* **socks** 靴下をはく

socket [sákit サケット] 名詞
❶ C (ものをはめこむ)くぼみ;
(電球の)ソケット
❷ C 《英》(電気の)コンセント(♦ 同義語
《英》power point,《米》outlet)

Socrates [sákrətìːz サクラティーズ]
名詞【人名】ソクラテス(♦ギリシャの哲
学(がく)者, 470?–399 B.C.; プラトン
(Plato)の師)

soda [sóudə ソウダ] 名詞
❶ U C (味のない)ソーダ水, 炭酸水
(♦ soda water ともいう)
❷ U C (味つきの)炭酸入り清涼(せいりょう)飲
料水, サイダー(♦ soda pop ともいう)
❸ C U 《米》クリームソーダ
(♦ ice-cream soda ともいう)

soda pop [sóudə pàp ソウダ パップ]
名詞 U C (味つきの)炭酸入り清涼(せいりょう)
飲料水, サイダー(♦単に soda ともいう)

soda water [sóudə wòːtər ソウダ ワタ]
名詞 U C (味のない)ソーダ水, 炭酸水
(♦単に soda ともいう)

sofa [sóufə ソウファ] (★発音に注意) 名詞
C ソファー, 長いす
➡ 巻頭カラー 英語発信辞典⑫,
chairs 図

*soft [sɔ́ːft ソーふト] 形容詞
(比較 **softer**; 最上 **softest**)
❶ 柔(やわ)らかい(対義語 hard かたい)
▶a **soft** bed ふわふわしたベッド
▶This bread is very **soft**.
このパンはとても柔らかい.
❷ (色・光・音などが)穏(おだ)やかな;
(性格が)優(やさ)しい
▶a **soft** voice 穏やかな声

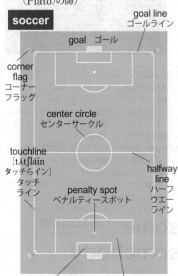

soccer

goal line
ゴールライン

goal ゴール

corner
flag
コーナー
フラッグ

center circle
センターサークル

touchline
[tʌ́tʃlàin
タッチらイン]
タッチ
ライン

penalty spot
ペナルティースポット

halfway
line
ハーフ
ウエーー
ライン

goal area
ゴールエリア

penalty area
ペナルティーエリア

kickoff
キックオフ

shot
シュート

heading
ヘディング

dribble
ドリブル

A B C D E F G H I J K L M N O P Q R S T U V W X Y Z

▶a **soft** light　柔らかい光

softball [sɔ́:ftbɔ̀:l ソーフトボール] 名詞
【スポーツ】U ソフトボール;
C ソフトボール用のボール

soft-boiled [sɔ́:ftbɔ́ild ソーフトボイルド]
形容詞 (卵が)半熟の
(対義語 hard-boiled 固ゆでの)

soft drink [sɔ́:ft drínk ソーフト ドゥリンク] 名詞 C 清涼飲料水, ソフトドリンク(♦アルコールをふくまない飲み物)

soften [sɔ́:fn ソーふン] (★発音に注意)
動詞 他 …を柔らかくする;
(態度・痛みなど)を和らげる
(対義語 harden …をかたくする)
——自 柔らかくなる, 和らぐ

softly [sɔ́:ftli ソーふトり] 副詞
柔らかく; 穏やかに, 優しく

software [sɔ́:ftwè ər ソーふトウェア]
名詞 U 【コンピューター】ソフトウエア
(♦プログラムの総称;
対義語 hardware ハードウエア)

soil [sɔ́il ソイる] 名詞 U 土, 土壌;
土地, 国
▶rich **soil**　肥えた土地

solar [sóulər ソうら] 形容詞 太陽の
▶**solar** energy　太陽エネルギー
▶a **solar** panel　太陽光パネル

solar cooker [sóulər kúkər ソうらクカ] 名詞 C 太陽熱調理器, ソーラークッカー(♦太陽熱を利用して, お湯を沸かしたり, 加熱調理したりする器具)

solar system [sóulər sístəm ソうらスィステム] 名詞
《**the solar system** で》太陽系(♦太陽と, それを中心に運行する天体の集団)

sold [sóuld ソウるド] 動詞
sell(…を売る)の過去形・過去分詞

soldier [sóuldʒər ソウるヂャ]
(★発音に注意)
❶ C (陸軍の)軍人
❷ C 兵士(類語 officer 将校)

sole¹ [sóul ソウる] 形容詞
❶ 唯一の, ただ一人[一つ]の

❷ 独占的な, 単独の

sole² [sóul ソウる] 名詞
C 足の裏, 靴底, ソール

solemn [sáləm サれム] (★発音に注意)
形容詞 厳粛な, おごそかな; まじめな

solid [sálid サリッド] 形容詞
(比較 **solider**; 最上 **solidest**)
❶ 固体の(♦「液体の」は liquid)
▶**solid** fuel　固形燃料
❷ 中身の詰まった; 頑丈な
▶a **solid** wall　頑丈な壁
——名詞 C 固体
(♦「液体」は liquid, 「気体」は gas)

solo [sóulou ソウロウ] (★発音に注意)
名詞 (複数 **solos** [-z] または **soli**
[sóuli: ソウリー])
C 【音楽】独唱, 独奏; 独唱[独奏]曲, ソロ
——形容詞 独唱の, 独奏の, ソロの

Solomon [sáləmən サろモン] 名詞
【聖書】ソロモン(♦紀元前 10 世紀のイスラエルの王; 賢者として有名)

ソロモン(右)とシバの女王(左)

solution [səlú:ʃn ソるーシャン] 名詞
❶ U (問題などの)解決, 解明;
C (…の)解決法, 解答《to [for] ...》
▶I found a **solution to** the problem.
わたしはその問題の解決法を見つけた.
❷ U 溶解; U C 溶液

solve [sálv サるヴ] 動詞 (三単現 **solves**
[-z]; 過去・過分 **solved** [-d];
現分 **solving**) 他
(問題など)を解く, (困難など)を解決する
▶He **solved** the puzzle easily.
彼はそのパズルを簡単に解いた.

some 形容詞 代名詞 副詞
➡ p.572 some

somebody
[sʌ́mbàdi サムバディ] 代名詞
《ふつう単数あつかいで》だれか, ある人
▶**Somebody** is calling me.

だれかがわたしを呼んでいる.

ルール somebody と someone

1 ふつう somebody, someone は肯定(ほう)文に使い, 疑問文・否定文・if 節には anybody, anyone を使います.
▶There was **somebody** in the room. 部屋にだれかいた.

▶There wasn't **anybody** in the room. 部屋にはだれもいなかった.

2 疑問文でも, 相手に何かをたのんだり, 勧(すす)めたりする場合は somebody, someone を使うほうがていねいです.
▶Will **someone** come with me**?** だれかいっしょに来てくれませんか?

someday [sʌ́mdèi サムデイ] 副詞
(未来の)いつか(♦ some day ともつづる)

somehow [sʌ́mhàu サムハウ] 副詞
❶《ときに **somehow or other** で》
何とかして, どうにかして
▶I want to contact him **somehow**.
どうにかして彼と連絡(れんらく)をとりたい.

❷ どういうわけか, 何だか
▶**Somehow** I like her.
どういうわけか, 彼女のことが好きだ.

someone

[sʌ́mwʌ̀n サムワン] 代名詞
《ふつう単数あつかいで》**だれか, ある人**
➡ **somebody** ルール
▶**Someone** rang the doorbell.
だれかが呼び鈴(りん)を鳴らした.
▶I'll ask **someone** else.
だれかほかの人にたのみます.

somersault [sʌ́mərsɔ̀:lt サマソールト]
名詞 C とんぼ返り, 宙返り;
(背中を地面につけて回る)前転, 後転

something

[sʌ́mθiŋ サムすィング]
──代名詞《ふつう肯定(こう)文で》
何か, あるもの
▶There's **something** wrong with this computer. (=**Something** is wrong with this computer.)
このコンピューターはどこかおかしい.

▶I want **something** cold to drink.
何か冷たい飲み物がほしい.

▶He picked up **something** small.

彼は何か小さなものを拾い上げた.

ダイアログ
A: Here's **something** for you, Ben.
ベン, これをあなたに.
B: Oh, thank you, Ann.
えっ, ありがとう, アン.

ルール something の使い方

1 something はふつう肯定文に使い, 否定文・疑問文・if 節には anything を使います. ただし, 疑問文であっても, 相手に何かをたのんだり, 勧(すす)めたりする場合には, something を使うほうがていねいです.
▶Would you like **something** to drink? 何か飲み物はいかがですか?

2 something を修飾(しゅうしょく)する形容詞, 不定詞(to ＋動詞の原形), 「主語＋動詞」は something の後ろにつけます.
▶**something** new
何か新しいもの
▶**something** to read
何か読むもの, 読むべきもの
▶**something** I want
わたしがほしいもの

... or something (口語)…か何か
▶Do you want tea **or something**?
お茶か何かいかがですか?
(♦ tea と something のあとを上げ調子(↗)で発音する)

sómething like ... …のようなもの
▶The animal looked **something like** a big cat.
その動物は大きなネコのように見えた.

sómething of a ...
(口語)かなりの, ちょっとした
▶Beth is **something of a** musician.
ベスはちょっとした音楽家だ.
──名詞 U たいしたもの[人]

sometime [sʌ́mtàim サムタイム] 副詞
(♦ some time ともつづる)
❶ (未来の)いつか, そのうち
▶Please come and see me **sometime** next year. 来年になったらいつか遊びに来てください.
❷ (過去の)あるとき, いつか

sometimes

[sʌ́mtàimz サムタイムズ] 副詞

a b c d e f g h i j k l m n o p q r **s** t u v w x y z

A B C D E F G H I J K L M N O P Q R S T U V W X Y Z

形容詞	❶ いくつかの	代名詞	❶ いくらか
	❷ 一部の		❷ ある人たち
	❸ ある		

᛫some

形容詞
代名詞
副詞

[sám サム；(弱く言うとき)səm サム]

——形容詞《ふつう肯定(ਵਿ)文で用いて》

❶ **いくつかの**, いくらかの, 少しの ➡ this ルール

▸I bought **some** apples.　　　　　わたしはリンゴを(いくつか)買った.
▸**Some** people are absent today.　今日は何人かが欠席している.
▸Let's have **some** tea.　　　　　お茶にしましょう.

ルール **some の使い方**

1 some は, 数えられる名詞の複数形や数えられない名詞の前につけて使います. 意味が弱く, 日本語に訳す必要のないこともよくあります.
2 ふつう some は肯定文に使われ, 疑問文・否定文・if 節には any を使います.
　▸I have **some** money.　わたしはお金をいくらか持っている.
　▸Do you have **any** money?　あなたはお金をいくらか持っていますか?
　▸I do**n't** have **any** money.　わたしはお金を少しも持っていない.
3 形は疑問文でも, 肯定の答えを期待して, 相手に何かをたのんだり, 勧(ਤ)めたりする場合は, some を使うほうがていねいです.
　▸Would you like **some** coffee?　コーヒーをいかがですか?

❷ (全部ではなく) **一部の**, (中には)…もある;《**some ... others ～** または **some ... some ～**で》…(する)ものもあれば～(する)ものもある ➡ other 区别

▸**Some** students walk to school, 歩いて学校に行く生徒もいれば, バス
and **others** go by bus.　　　で行く生徒もいる.

❸《数えられる名詞の単数形につけて》**ある**, 何かの, どこかの
(◆よくわからないもの, 不特定のものに用いる)

▸I read the story in **some** その話は何かの雑誌で読んだ.
magazine.

❹《口語》相当の, かなりの; たいした(◆皮肉の意味で使うこともある)

▸That's **some** price!　　　　それはかなり(高額)の値段ですね!

᛫**sóme day** (未来の)**いつか**, いつの日か(◆ someday ともつづる)

▸We'll meet again **some day**.　いつかまた会いましょう.

sóme tíme ① しばらくの間, かなりの間

▸We talked (for) **some time**.　わたしたちはしばらくの間話をした.
② (未来の)いつか, そのうち; (過去の)あるとき, いつか(◆ sometime ともつづる)

▸I'll come and [to] see you 来週にうかがいますね.
some time next week.

——代名詞《ふつう肯定文で用いて》

❶ **いくらか**, 多少, 少し, 数人

▸I read **some** of the books.　それらの本のうち何冊かは読んだ.

❷《複数あつかいで》**ある人たち**, あるもの;《**some ... others ～** または **some ... some ～**で》…(する)ものもあれば～(する)ものもある ➡ other ルール

▸**Some** say you're a genius.　あなたを天才だという人もいます.
▸**Some** are kind, **some** are not.　親切な人もいれば, そうでない人もいる.

——副詞《数を表す語とともに用いて》**約**, およそ

▸**some** two weeks ago　　　　約2週間前

ときどき(♦ふつう一般動詞の前, be 動詞・助動詞のあとに置くが, 強調するときは文頭や文末に置くこともある)
→ **always** 座文

▸They **sometimes** play catch.
彼らはときどきキャッチボールをする.

▸The window is **sometimes** open.
その窓はときどき開いている.

▸**Sometimes**, he oversleeps.
ときどき, 彼は寝坊する.

somewhat [sámhwàt サム(ホ)ワット]
副詞 いくぶん, 少し

▸She looked **somewhat** tired.
彼女は少し疲れているようだった.

somewhere [sámhwèər サム(ホ)ウェア] 副詞《ふつう肯定文で》どこかに[へ, で](♦疑問文・否定文・if 節にはふつう anywhere を使う)

▸He went **somewhere** near Paris.
彼はどこかパリの近くに行った.

:son [sán サン] 名詞 (複数 sons [-z])

C 息子(対義語 daughter 娘)
→ **family** 図

▸I have a **son**.
わたしには息子が1人いる.

▸Tom is my only **son**.
トムはわたしの一人息子だ.

▸the oldest **son** 長男

sonata [səná:tə ソナータ] (★アクセントに注意) 名詞 C 【音楽】ソナタ, 奏鳴曲(♦器楽曲の一つ)

:song [sɔ́:ŋ ソーンヶ] 名詞
(複数 songs [-z])

❶ C 歌; U 歌うこと

▸sing a **song** 歌を歌う

▸She has a talent for **song**.
彼女には歌の才能がある.

❷ U C 鳥のさえずり, 鳴き声

sonnet [sánit サネット] 名詞
C ソネット(♦14行の定型詩)

:soon [sú:n スーン] 副詞
(比較 sooner; 最上 soonest)

すぐに, まもなく; 早く

▸She'll be back **soon**.
彼女はすぐに戻ります.

▸His birthday comes **soon**.
もうすぐ彼の誕生日だ.

▸See you **soon**! またね.

▸Get well **soon**! 早くよくなってね.

as sóon as ... …するとすぐに

▸**As soon as** he had lunch, he went fishing. 昼食を食べるとすぐ, 彼は釣りに出かけた.

as sóon as póssible = **as sóon as one cán** できるだけ早く

▸Come here **as soon as possible [you can]**.
できるだけ早くここに来て.

sóoner or láter 遅かれ早かれ

sophomore [sáfəmɔ̀:r サふォモーア]
名詞 C 《米》(4年制の大学・高校の)2年生 → **freshman** 座文

soprano [səprǽnou ソプラぁノウ] 名詞
(複数 **sopranos** [-z] または **soprani** [səprǽni: ソプラぁニー])

U 【音楽】ソプラノ(♦女声または子供の声の最高音域); C ソプラノ歌手

sore [sɔ́:r ソーア] 形容詞
(比較 sorer; 最上 sorest)

(触ると)痛い, ひりひりする

▸I have a sore throat.
わたしはのどが痛い.

sorrow [sárou サロウ] 名詞
U 悲しみ(同義語 sadness);
C 《しばしば **sorrows** で》不幸, 悲しいこと(対義語 joy 喜び)

:sorry [sári サリ] 形容詞
(比較 sorrier; 最上 sorriest)
《名詞の前には用いない》

❶ すまなく思って, 後悔して;
《be sorry for [about] ... で》
…についてすまなく思っている;
《be sorry + that 節で》
…ということをすまなく思っている

ダイアログ
A: Oh! I'm sorry.
うわっ! ごめんなさい.
B: That's OK. いいのよ.
(♦親しい間柄では単に Sorry. ともいう) → **excuse** ルール

▸I'm sorry (that) I'm late.
(=I'm sorry for being late.)
遅れてすみません.

ルール **I'm sorry. の使い方**

日本語では相手に呼びかけるときや感謝の意味で「すみません」と言うことが

a b c d e f g h i j k l m n o p q r s t u v w x y z

ありますが, 英語の I'm sorry. は「申しわけありません」と謝(ﾏﾏ)るときだけに用います. 相手に呼びかけるときには Excuse me. と, 相手が自分のために何かをしてくれたときなどには, Thank you. と言います.

❷ (…について) **気の毒で**, かわいそうで 《for [about] ...》
▸I felt **sorry for** the children.
その子供たちがかわいそうだった.
▸I'm **sorry** to hear that.
(不幸な話を聞いて)それはお気の毒に.
❸ (ていねいに断ったり, 不賛成を表したりする場合に)**残念で**
▸I'm **sorry**, but I don't agree with you. 申し訳ないのですが, あなたの意見には賛成できません.
——**間投詞** ❶ **すみません**, 失礼ですが
▸**Sorry**, but we're sold out.
すみません, 売り切れです.
❷ 《上げ調子↗で》
もう一度言ってください.

sort [sɔ́ːrt ソート] **名詞**
(**複数** **sorts** [sɔ́ːrts ソーツ])
C 種類(**同義語** kind)
▸a new **sort** of camera
新型のカメラ
▸all **sorts** of people
あらゆる人々
▸What **sort** of music do you like?
どんな種類の音楽が好きですか?
a sort of ... 一種の…, …のようなもの
▸It's **a sort of** fantasy movie. それはファンタジー映画のようなものだ.
sort of 《口語》いくぶん, 少し

SOS [ésòués エスオウエス] **名詞**
(**複数** **SOS's** または **SOSs** [-iz])
C エスオーエス, 遭難(ﾏﾏ)信号

so-so [sóusòu ソウソウ] **形容詞** **副詞**
よくも悪くもない[なく], まあまあ(の)

sought [sɔ́ːt ソート] **動詞**
seek (…をさがす)の過去形・過去分詞

soul [sóul ソウる] **名詞**
❶ C 魂(たましい)(**対義語** body, the flesh 肉体); C U 精神
❷ C 《ふつう否定文で単数形で用いて》人
▸There was **not a soul** on the street. 道にはひとりも人がいなかった.

sound¹ [sáund サウンド]
——**名詞** (**複数** **sounds** [sáundz サウンヅ]) C U 音, 物音, 響(ひび)き
(**類語**) noise 雑音 ➡ p.575 図
▸make a **sound** 音をたてる
▸the **sound** of bells 鐘(かね)の響き
——**動詞** (**三単現** **sounds** [sáundz サウンヅ]; **過去・過分** **sounded** [-id];
現分 **sounding**)
——**自** ❶ 鳴る, 響く
▸Thunder **sounded** behind us.
わたしたちの背後で雷(なり)が鳴った.
❷ (…のように)**聞こえる**, 思える
▸That **sounds** like fun.
それはおもしろそうだね.

ダイアログ
A: How about going swimming?
泳ぎに行かない?
B: **Sounds** good. いいね.
(◆主語の省略)

——**他** …を鳴らす

sound² [sáund サウンド] **形容詞**
(**比較** **sounder**; **最上** **soundest**)
❶ 健全な, 健康な(**同義語** healthy)
▸ **ことわざ** A **sound** mind in a **sound** body. 健全な身体に健全な精神(が宿らんことを).
❷ 堅実(けん)な, 安定した;
(睡眠(すい)などが)十分な
▸have a **sound** sleep
熟睡(じゅく)する
——**副詞** (**比較**・**最上** は **形容詞** に同じ)
ぐっすりと
▸She is **sound** asleep.
彼女はぐっすり眠(ねむ)っている.

soundproof [sáundprùːf サウンドプルーふ] **形容詞** 防音の

soundtrack [sáundtræk サウンドトゥ
ラァック] **名詞** ❶ C サウンドトラック
(◆映画のフィルムの端(はし)の録音帯)
❷ C 映画音楽

a b c d e f g h i j k l m n **o** p q r **s** t u v w x y z

soup
[súːp スープ] 名詞
（複数 soups [-s]）
C U スープ（◆複数形は何種類かのスープを表すときに用いる）
→ table manners 文化
▶He ate **soup** for lunch.
彼は昼食にスープを飲んだ.
（◆ eat soup は「スプーンを使って飲む」ことを, drink soup は「カップなどに口をつけて飲む」ことを表す）

eat soup　　drink soup

sour
[sáuər サウア] 形容詞
（比較 sourer; 最上 sourest）
すっぱい, 酸味のある → taste 参考
▶a **sour** apple すっぱいリンゴ

source
[sɔ́ːrs ソース] 名詞
❶ C 源, 源泉; 水源
▶a **source** of energy エネルギー源

❷ C 原因;《しばしば **sources** で》（ニュースなどの）出所
▶**sources** of information 情報源

sour grapes
[sáuər gréips サウア グレイプス] 名詞 U 負け惜(お)しみ

文化 負け惜しみ
キツネが, 木になっているブドウの実を取ろうとしましたが手が届かず,「あのブドウはまだすっぱい」と負け惜しみを言った, という『イソップ物語』に由来します.

south
[sáuθ サウす]
──名詞 ❶《ふつう the south で》南; 南方, 南部
（◆ S, S. と略す; 対義語 the north 北）
→ direction 図, east 参考
▶He lives in **the south** of London.
彼はロンドンの南部に住んでいる.
▶New York is to **the south** of Boston.
ニューヨークはボストンの南にある.
❷《the South で》南部地方;

sound

[nák nák ナック ナック]
トントン

[smúːtʃ スムーチ]
チュッ

[z: ズー]
グーグー

[bǽŋ バぁング] バン

[páp バップ] ポン

[áutʃ アウチ]
イテッ

[krǽʃ クラぁッシ]
ガチャン

[splǽʃ スプらぁッシ]
バシャッ

[klǽp klǽp くらぁップ くらぁップ] パチパチ

[tík tæk ティック タぁック] カチカチ

[díndɔ̀ːŋ ディング ドーング]
ゴーンゴーン

[ətʃúː アチュー]
ハクション

[米](アメリカの)南部; [英](イングランドの)南部地方
—[形容詞]《名詞の前に用いて》
南の, 南部の; 南向きの; (風が)南からの
—[副詞] 南へ, 南に
▸go south 南へ行く

South Africa [sàuθ ǽfrikə サウす あふリカ] [名詞] 南アフリカ(♦アフリカ大陸南部の国; 行政上の首都はプレトリア Pretoria, 立法上の首都はケープタウン Cape Town)

South America [sáuθ əmérikə サウす アメリカ] [名詞] 南アメリカ, 南米

South Carolina [sáuθ kæ̀rəláinə サウす キぁロらイナ] [名詞]
サウスカロライナ州(♦アメリカ南東部の州; S.C. または【郵便】で SC と略す)

South Dakota [sáuθ dəkóutə サウす ダコウタ] [名詞] サウスダコタ州
(♦アメリカ中北部の州; S.D., S. Dak. または【郵便】で SD と略す)

southeast [sàuθíːst サウすイースト]
[名詞]《the southeast で》南東(♦ S.E. と略す); 南東部 ➡ **direction** 図
—[形容詞] 南東の; (風が)南東からの
—[副詞] 南東へ, 南東に

Southeast Asia [sáuθìːst éiʒə サウすイースト エイジャ] [名詞] 東南アジア

southern [sʌ́ðərn サざン] (★発音に注意) [形容詞] ❶ 南の, 南部の; (風が)南からの([対義語] northern 北の)
❷《**Southern** で》[米](アメリカの)南部の

Southern Cross [sʌ́ðərn krɔ́ːs サざン クロース] [名詞]《**the Southern Cross** で》【天文】南十字星

southpaw [sáuθpɔ̀ː サウすポー] [名詞]
[C] 左利(き)きの人; [米]左腕(さわん)投手; [英]左利きのボクサー ➡ **left-handed**

South Pole [sáuθ póul サウす ポウる]
[名詞]《**the South Pole** で》南極
([対義語] the North Pole 北極)

southward [sáuθwərd サウすワド]
[形容詞] 南(へ)の, 南向きの
—[副詞] 南へ[に]

southwards [sáuθwərdz サウすワヅ]
[副詞] =[主に英]southward(南へ)

southwest [sàuθwést サウすウェスト]
[名詞]《**the southwest** で》
南西(♦ S.W. と略す); 南西部
➡ **direction** 図
—[形容詞] 南西の; (風が)南西からの
—[副詞] 南西へ, 南西に

souvenir [sùːvəníər スーヴェニア] [名詞]
[C] 記念品, みやげ(♦「(自分でとっておく)旅の記念品」を意味することが多い; 人にあげる「みやげ」はふつう present または gift という)

sow [sóu ソウ] [動詞] ([三単現] **sows** [-z]; [過去] **sowed** [-d]; [過分] **sowed** [-d] または **sown** [sóun ソウン]; [現分] **sowing**)
[他] …に(種を)まく《with ...》; (種)をまく
▸**sow** the field **with** seed (=**sow** seed in the field) 畑に種をまく
—[自] 種をまく

sown [sóun ソウン] [動詞]
sow(…にまく)の過去分詞の一つ

soy [sɔ́i ソイ] [名詞] [U] しょうゆ(= soy sauce); [C] 大豆(だいず)(= soybean)

soybean [sɔ́ibìːn ソイビーン] [名詞]
[C] 大豆(だいず)(♦ soy bean ともつづる; 単に soy ともいう)

soy sauce [sɔ́i sɔ̀ːs ソイ ソース] [名詞]
[U] しょうゆ(♦単に soy ともいう)

·space [spéis スペイス] [名詞]
([複数] **spaces** [-iz])
❶ [C] [U] (ある目的のための)**場所**; 余地, 余白; 間隔(かんかく)
▸a wide open **space** 広い空き地
▸find a parking **space**
駐車(ちゅうしゃ)する場所を見つける
❷ [U] (時間に対して)**空間**
▸time and **space** 時間と空間
❸ [U] (大気圏(けん)外の)**宇宙**, 宇宙空間
▸**space** travel 宇宙旅行
▸go into **space** 宇宙に行く

spaceman [spéismæ̀n スペイスマぁン]
[名詞] ([複数] **spacemen** [spéismèn スペイスメン]) [C] 宇宙飛行士
(♦ astronaut のほうがふつう)

spaceship [spéisʃìp スペイスシップ]
[名詞] [C] 宇宙船 (♦ spacecraft [spéiskræ̀ft スペイスクラぁふト] ともいう)

space shuttle
[spéis ʃʌ̀tl スペイス シャトゥる] [名詞] [C]
スペースシャトル(♦アメリカが開発した有人宇宙船; 宇宙と地球の間を何度も往復できる; 2011 年 6 月に退役(たいえき))

space station
[spéis stèiʃn スペイス ステイシャン] [名詞]

[C] 宇宙ステーション

spade[1] [spéid スペイド] [名詞]
[C] (農具の)すき

spade[2] [spéid スペイド] [名詞]
[C] (トランプの)スペードの札

spaghetti [spəgéti スパゲティ] [名詞]
[U] スパゲッティ

Spain [spéin スペイン] [名詞] スペイン
(♦西ヨーロッパの国; 首都はマドリード Madrid)

span [spǽn スパぁン] [名詞]
❶ [C] (ある一定の)期間, 短い時間
❷ [C] 長さ, 全長

Spaniard [spǽnjərd スパぁニャド] [名詞]
[C] スペイン人(♦一人ひとりを指す; 国民全体を指すときは the Spanish という)

Spanish [spǽniʃ スパぁニッシ] [形容詞]
スペインの; スペイン人の; スペイン語の
—[名詞] ❶《**the Spanish** で複数あつかい》スペイン人(全体)
(♦一人ひとりを指すときは Spaniard)
❷ [U] スペイン語

spank [spǽŋk スパぁンク] [動詞]
[他] (罰(ばつ)として子供のしりなど)を(平手やスリッパで)ピシャリと打つ

spare [spéər スペア] [動詞] ([三単現] **spares** [-z]; [過去・過分] **spared** [-d]; [現分] **sparing**) [他]
❶ (時間・費用)を割(さ)く; …を分ける
▸Could you **spare** me a few minutes?
少しお時間を(割いて)いただけますか?
❷《ふつう否定文で》
(労力・費用など) を惜(お)しむ, 節約する
▸He did**n't spare** any efforts to become a professional soccer player.
彼はプロのサッカー選手になるために努力を惜しまなかった.
—[形容詞] 予備の, スペアの; 余分の
▸a **spare** tire　スペアタイヤ
▸**spare** time　余暇(よか)

spark [spɑ́ːrk スパーク] [名詞]
[C] 火花, 火の粉; (電気の)スパーク

sparkle [spɑ́ːrkl スパークる] [動詞] ([三単現] **sparkles** [-z]; [過去・過分] **sparkled** [-d]; [現分] **sparkling**) [自]
(きらきらと)輝(かがや)く, 光る; 火花を発する
—[名詞] [U] [C] (宝石・星・目などの)輝き, きらめき; 火花

sparrow [spǽrou スパぁロウ] [名詞]
[C] 【鳥類】スズメ

:speak [spíːk スピーク] [動詞]
([三単現] **speaks** [-s]; [過去] **spoke** [spóuk スポウク]; [過分] **spoken** [spóukən スポウクン]; [現分] **speaking**)
基本のイメージ: 声を出して話す

—[自] ❶ **話す**, しゃべる, 口をきく
➡ **say** [くらべよう]
▸Please **speak** more slowly.
もっとゆっくり話してください.
▸Would you **speak** in Japanese?
日本語で話していただけますか?
▸He didn't **speak** at all.
彼は全く口をきかなかった.

[ダイアログ]
A: Hello. This is Mike **speaking**. May I **speak** to Ellen?
もしもし. マイクですが, エレンをお願いできますか?
B: **Speaking**.
わたしよ. (♦電話で名乗るときは名前のあとに **speaking** をつける;「わたしです」と答えるときは主語を省略し, **Speaking**. と言う)

❷ (…について) **演説する**, 講演する《on [about] ...》
▸She **spoke on** the environment.
彼女は環境(かんきょう)について演説をした.
—[他] (ある言語) **を話す**, 使う;
(ことば)を話す, (真実・本心など)を言う
▸He **speaks** five languages.
彼は5つの言語を話す.

[ダイアログ]
A: Do you **speak** English?
あなたは英語を話せますか?
B: Just a little.　ほんの少しなら.
(♦ Can you speak ...? は「言語の運用能力」を話題にすることになり, 失礼な印象をあたえることもある)

A B C D E F G H I J K L M N O P Q R S T U V W X Y Z

▶What language <u>do</u> they **speak** [is **spoken**] in Canada?
カナダでは何語を話していますか?

▶She only **spoke** a few words.
彼女は二言三言しか話さなかった.

génerally spéaking
一般的にいえば ➡ **generally**

not to spéak of ... …はいうまでもなく

so to speak 《口語》いわば, いってみれば(◆文中や文末で用いる)

▶She's my sun, **so to speak**.
彼女は, いわばぼくの太陽だ.

spéak of ... …について話す

spéak to ... …と話す; …に話しかける

▶A stranger **spoke to** me in French. 知らない人がフランス語でわたしに話しかけてきた.

spéak úp
① (もっと)大きな声で話す, はっきり話す

▶**Speak up**, please.
大きな声で話してください.

② 思いきって意見を言う

▶Sometimes, you need to **speak up**. 時には, 思いきって意見を言うことも必要だ.

③ (…への支持を)表明する《for ...》

spéak wéll [íll] of ... …のことをよく[悪く]言う, …をほめる[けなす]

speaker [spíːkər スピーカ] 名詞

❶ 🄲 話す人, 演説者

▶Saki is a good **speaker**.
咲は話がうまい.

❷ 🄲 (音響(${}$)機器の)スピーカー
(= loudspeaker)

➡ **computers** 図

Speakers' Corner [spíːkərz kɔ́ːrnər スピーカズ コーナ] 名詞

スピーカーズコーナー
(◆イギリスのロンドン市内にある, だれでも自由に演説することができる場所)

spear [spíər スピア] 名詞 🄲 やり

◆special [spéʃl スペシャる]

— 形容詞 特別な; 専門の

▶He is my **special** friend.
彼はわたしにとって特別な友達だ.

▶My **special** field is physics.
わたしの専門分野は物理だ.

— 名詞 (複数 specials [-z])

🄲 特別なもの; (テレビの)特別番組;
《米口語》(割安の)特別料理

specialist [spéʃəlist スペシャリスト] 名詞 🄲 (…の)専門家; 専門医《in ...》

specialize, 《英》specialise [spéʃəlàiz スペシャらイズ] 動詞 (三単現 specializes [-iz]; 過去・過分 specialized [-d]; 現分 specializing)

⺃ (人が)(…を)専門にする, 専攻(${}$)する; (店などが)(…を)専門にあつかう《in ...》

▶**specialize in** Japanese history
日本史を専攻する

specially [spéʃəli スペシャり] 副詞 特別に; 特に(同義語 especially)

specialty [spéʃəlti スペシャるティ] 名詞 (複数 specialties [-z])

(◆《英》speciality [spèʃiǽləti スペシありティ])

❶ 🄲 専門(分野), 専攻(${}$);
特技, 得意なもの

❷ 🄲 特産品, 名物; 名物料理

species [spíːʃiːz スピーシーズ] (★発音に注意) 名詞 (複数 species: 単複同形)

🄲 (生物学上の)種(${}$); 種類

▶an endangered **species**
絶滅危惧(${}$)種

specific [spəsífik スペスィふィック] (★アクセントに注意) 形容詞 明確な, 具体的な; 特定の, 一定の

specimen [spésəmən スペスィメン] 名詞 ❶ 🄲 標本; (検査などのための)サンプル

❷ 🄲 見本(同義語 sample); 典型的な例

spectacle [spéktəkl スペクタクる] 名詞

❶ 🄲 光景, 壮観(${}$); (壮大な)見せ物

❷ 《spectacles で》めがね
(◆ glasses のほうがふつう)

spectator [spékteitər スペクテイタ] 名詞 🄲 (スポーツなどの)観客, 見物人

sped [spéd スペッド] 動詞 speed(速く行く)の過去形・過去分詞の一つ

◆speech [spíːtʃ スピーチ] 名詞

(複数 speeches [-iz])

❶ 🄲 演説, 話, スピーチ

▶make [give] a **speech** 演説をする

❷ Ⓤ 話すこと, 話し方; 話す力, 言語能力

▶freedom of **speech** 言論の自由

▶I was very surprised, and I lost my power of **speech**.
わたしはとても驚（おどろ）いてしまい, 口がきけなかった.

▶ **ことわざ** **Speech** is silver, silence is golden.
言わぬは言うにまさる; 言わぬが花.
（♦「雄弁（ゆうべん）」は銀, 沈黙（ちんもく）は金」の意味から）

speech contest [spíːtʃ kàntest スピーチ カンテスト] **名詞**
Ⓒ スピーチコンテスト, 弁論大会

▶She won the **speech contest**.
彼女はスピーチコンテストで優勝した.

*speed [spíːd スピード]

——**名詞** （**複数** **speeds** [spíːdz スピーツ]）
Ⓒ Ⓤ 速度, スピード; Ⓤ 速いこと

▶She ran at full **speed**.
彼女は全速力で走った.

▶He drove his car at a **speed** of 50 kilometers an hour.
彼は時速 50 キロで車を走らせた.

——**動詞** （**三単現** **speeds** [spíːdz スピーツ]; **過去・過分** **sped** [spéd スペッド] または **speeded** [-id]; **現分** **speeding**）
⊜ （車などが）速く行く, 急ぐ;
《ふつう進行形で》スピードを出しすぎる;
スピード違反（いはん）をする

▶A car **sped** along the street.
1 台の車が通りを疾走（しっそう）した.

spéed úp 速度を上げる; …を加速する

speed limit [spíːd limit スピード リミット] **名詞** Ⓒ Ⓤ （道路上の）最高速度制限

speedometer [spiˈ(ː)dámitər スピ（ー）ダミタ] （★アクセントに注意） **名詞** Ⓒ
（自動車などの）速度計, スピードメーター

speedy [spíːdi スピーディ] **形容詞**
（**比較** **speedier**; **最上** **speediest**）
速い, すばやい; 即刻（そっこく）の

*spell [spél スペる] **動詞**

（**三単現** **spells** [-z]; **過去・過分** 《主に米》 **spelled** [-d], 《主に英》 **spelt** [spélt スペルト]; **現分** **spelling**）
⊕ （語）をつづる, …のつづりを言う［書く］

▶I couldn't **spell** the word.
わたしはその単語をつづれなかった.

ダイアログ

A: How do you **spell** your name?
あなたの名前はどうつづるのですか？

B: (It's **spelled**) E-L-L-E-N.
E, L, L, E, N とつづります.
（♦読むときは文字ごとに区切る）

spelling [spéliŋ スペリング] **名詞**
Ⓒ （語の）つづり, スペリング;
Ⓤ つづり方

spelling bee [spéliŋ bìː スペリング ビー] **名詞** Ⓒ 《米》つづり字競争［競技会］（♦単語のつづりの正しさを競（きそ）う）

spelt [spélt スペルト] **動詞**
《主に英》spell（…をつづる）の過去形・過去分詞の一つ

*spend [spénd スペンド] **動詞**

（**三単現** **spends** [spéndz スペンツ];
過去・過分 **spent** [spént スペント];
現分 **spending**） ⊕

❶ （お金・労力など）を使う, 費（つい）やす;
《**spend** ＋お金・労力など＋ **on** ＋名詞で》
（お金・労力など）を…に使う

▶He **spends** a lot of money **on** books. 彼は本にお金をたくさん使う.

❷ （時）を過ごす, 費やす;
《**spend** ＋時＋ **...ing** で》
（時）を…して過ごす

▶Where did you **spend** your vacation?
どこで休暇（きゅうか）を過ごしたのですか？

▶She **spends** a lot of time **playing** video games. 彼女は多くの時間をテレビゲームをして過ごす.

*spent [spént スペント] **動詞**
spend（…を使う）の過去形・過去分詞

sphere [sfíər スふィァ] **名詞**

❶ Ⓒ 球（**同意語** ball, globe）; 天体
➡ **figures** 図

❷ Ⓒ （生活・行動などの）範囲（はんい）, 領域

Sphinx [sfíŋks スふィンクス] **名詞**
《**the Sphinx** で》

❶ 【ギリシャ神話】スフィンクス
（♦体はライオンで翼（つばさ）をもち, 人間の女の顔と胸をもつ）

❷ Ⓒ （エジプトにある）スフィンクス像

spice [spáis スパイス] **名詞**
Ⓒ Ⓤ 薬味, 香辛（こうしん）料, スパイス
（♦コショウ・ショウガ・シナモンなど）

A B C D E F G H I J K L M N O P Q R **S** T U V W X Y Z

spicy [spáisi スパイスィ] **形容詞**
（比較 **spicier**; 最上 **spiciest**）
香辛(ξ)料のきいた, 香(む)ばしい

spider [spáidər スパイダ] **名詞**
C 【動物】クモ

spike [spáik スパイク] **名詞**
❶ C 大くぎ
❷ C （靴(ξ)の底につける）スパイク;
《**spikes** で》スパイクシューズ
❸ C 【バレーボール】スパイク

spill [spíl スピる] **動詞** （三単現 **spills**
[-z], 過去・過分 《主に米》**spilled** [-d], 《主
に英》**spilt** [spílt スピるト];
現分 **spilling**）他 （液体・粉など）をこぼす
▶He **spilled** milk on the carpet.
彼はカーペットに牛乳をこぼした.

spilt [spílt スピるト] **動詞**
《主に英》**spill**（…をこぼす）の過去形・過
去分詞の一つ

spin [spín スピン] **動詞** （三単現 **spins**
[-z]; 過去・過分 **spun** [spán スパン];
現分 **spinning**）他
❶ （糸）をつむぐ; （カイコ・クモが）（糸）を
出す
▶**spin** threads from cotton
綿から糸をつむぐ
❷ …を回す, 回転させる
▶**spin** a top こまを回す
——自 回る, 回転する
——名詞 U C 回転

spinach [spínitʃ スピニッチ] （★発音に
注意） **名詞** U 【植物】ホウレンソウ

spirit [spírit スピリット] **名詞**
❶ U 精神, 心（対義語 body, the flesh
肉体）; C 霊魂(ξ), 幽霊(ξ)
▶body and **spirit** 肉体と精神
▶evil **spirits** 悪霊(ξ)
❷ U 気迫(ξ), 熱情; …精神
▶the fighting **spirit** 闘争(ξ)心
❸ 《**spirits** で》気分; 元気, 快活
▶in high **spirits** 元気よく
❹ C 《ふつう **spirits** で》蒸留(ξ)酒
（◆ウイスキー・ブランデーなど）

spiritual [spíritʃuəl スピリチュアる]
形容詞 精神の, 精神的な
（同義語 mental, 対義語 physical 肉体
の, material 物質的な）; 霊(ξ)的な; 宗教
上の; 気高い
——名詞 C 【音楽】黒人霊歌
（◆アメリカの黒人の宗教歌）

spit [spít スピット] **動詞** （三単現 **spits**
[spíts スピッツ]; 過去・過分 **spat** [spæt
スパット]または **spit**; 現分 **spitting**）
自 つばを吐(は)く
——他 （つば・血など）を吐く

spite [spáit スパイト] **名詞** U 悪意; 恨(う)み
in spite of ... …にもかかわらず
▶They played the game in **spite**
of the snow.
雪が降っていたにもかかわらず, 彼らは
試合を行った.

splash [splæʃ スプらッシ] **動詞** （三単現
splashes [-iz]; 過去・過分 **splashed**
[-t]; 現分 **splashing**）
他 《**splash** ＋水・泥(ξ)など＋ on ＋名詞
または **splash** ＋名詞＋ with ＋水・泥
などで》（水・泥など）を…にはねかける
▶A car **splashed** water on my
jeans. 車がわたしのジーンズに水を
はねかけた.
——自 （液体が）はねる, 飛び散る
——名詞 （複数 **splashes** [-iz]）
C （泥などの）はね; はねること; バシャッ
[ザブン]という音 ➡ sound 図

splendid [spléndid スプれンディッド]
形容詞 華麗(ξ)な, みごとな; すばらしい
▶a **splendid** view みごとな眺(ξ)め

split [splít スプリット] **動詞**
（三単現 **splits** [splíts スプリッツ];
過去・過分 **split**; 現分 **splitting**）他
❶ （木材など）を（縦に）割る, （布など）を
裂(ξ)く; …を分裂(ξ)させる
▶He **split** the board in two.
彼はその板を2つに割った.
❷ …を分ける; …を分配する, 分担する
▶Let's **split** the bill.
割り勘(ξ)にしよう.
——自 割れる, 裂ける; 分裂する

spoil [spɔ́il スポイる] **動詞**
（三単現 **spoils** [-z]; 過去・過分 **spoiled**
[-d]または **spoilt** [spɔ́ilt スポイると];
現分 **spoiling**）
他 …をだめにする, 台なしにする;
（子供）を甘(ξ)やかしてだめにする
▶The bad weather **spoiled** the
picnic.
悪天候でピクニックはさんざんだった.
▶a **spoiled** child
甘やかされてわがままになった子

spoilt [spɔ́ilt スポイると] **動詞**
spoil（…をだめにする）の過去形・過去分
詞の一つ

spoke [spóuk スポウク] 動詞
speak(話す)の過去形

spoken [spóukən スポウクン]
——動詞 speak(話す)の過去分詞
——形容詞 話される; 口語の
(対義語 written 書かれた)
▶spoken language　話しことば

spokesman [spóuksmən スポウクスマン] 名詞 (複数 spokesmen
[spóuksmən スポウクスマン])
C (団体などの)代弁者, スポークスマン
(◆性差のない言い方は spokesperson
[spóukspə̀ːrsn スポウクスパ～スン])

sponge [spándʒ スパンヂ] 名詞
C U スポンジ, 海綿(於)

sponsor [spánsər スパンサ] 名詞
❶ C 保証人
❷ C 発起(嬉)人, 後援(荒)者
❸ C 番組提供者, スポンサー
——動詞 他 …の保証人になる;
…を後援する; …のスポンサーになる

spontaneous [spɑntéiniəs スパンティニアス] 形容詞
❶ (行動が)自然に起こる; 自発的な; 無意識の
❷ (現象が)自然発生的な

spoon [spúːn スプーン] 名詞 (複数 spoons [-z])
C スプーン, さじ; 《a spoon of ... で》
スプーン1杯(時)(の量)の…
▶I ate the soup with a spoon.
わたしはスプーンでスープを飲んだ.

spoonful [spúːnful スプーンふる] 名詞
(複数 spoonfuls [-z]または spoonsful
[spúːnzful スプーンズふる])
C 《a spoonful of ... で》
スプーン1杯(時)(の量)の…
▶a spoonful of sugar
スプーン1杯の砂糖

sport [spɔ́ːrt スポート] 名詞
(複数 sports [spɔ́ːrts スポーツ])
❶ C U スポーツ, 運動競技(◆狩(ゕ)り, 釣(つ)りなどもふくむ; スポーツ全体を指すときは(米)sports, (英)sport)
▶do sports　スポーツをする
▶What's your favorite sport?
いちばん好きなスポーツは何ですか?
❷ 《sports で》(英)運動会, 競技会

参考 スポーツに関する表現

具体的なスポーツ競技を「する」と言うには, 次の3つの表現があります.
① play を使う(◆主に球技の場合)
▶I play **baseball** [**tennis** / **soccer** / **basketball**] after school.
わたしは放課後に, 野球[テニス / サッカー / バスケットボール]をする.
②動詞をそのまま使う
▶I **swim** [**ski** / **skate** / **jog** / **bowl**] on Sundays.
わたしは日曜日に, 水泳[スキー / スケート / ジョギング / ボウリング]をする.
③ practice や do を使う
▶My sister **practices judo** [**kendo**] almost every day.
わたしの姉[妹]はほとんど毎日, 柔道(じゅう)[剣道]のけいこをする.
▶My mother **does aerobics** twice a week.
わたしの母は週に2回, エアロビクスをする.

---

sports day [spɔ́ːrts dèi スポーツ デイ]
名詞 C (英)運動会の日
(◆(米)field day)

sportsman [spɔ́ːrtsmən スポーツマン]
名詞 (複数 sportsmen [spɔ́ːrtsmən スポーツマン])
C スポーツマン, スポーツが好きな人
(◆女性に対しては sportswoman
[spɔ́ːrtswùmən スポーツウマン]という語もあるが, 最近は男女の性差別を避(さ)けるために sportsperson [spɔ́ːrtspə̀ːrsn スポーツパ～スン]が使われる)

sportsmanship [spɔ́ːrtsmənʃip スポーツマンシップ] 名詞 U スポーツマン精神, スポーツマンシップ

sporty [spɔ́ːrti スポーティ] 形容詞
軽快な, スポーティーな

spot [spɑ́t スパット] 名詞
❶ C 地点, 場所
▶The park is a nice **spot** for viewing cherry blossoms.
その公園はお花見に適した場所だ.
❷ C 斑点(はん), しみ, 汚(よご)れ
▶a blue tie with white **spots**
青地に白の水玉のネクタイ
on the spot 即座(そく)に; その場で

a b c d e f g h i j k l m n o p q r s t u v w x y z

A B C D E F G H I J K L M N O P Q R S T U V W X Y Z

▶They helped her **on the spot**.
彼らは即座に彼女を助けた.

――**動詞** (三単現) **spots** [-s]; (過去・過分)
spotted [-id]; (現分) **spotting**) 他

❶ …を見つける, 見抜(き)く

▶**spot** an error
誤りを見つける

❷ …を(…で)汚(よ)す, …に(…で)しみを
つける《with ...》

sprain [spréin スプレイン] **動詞**
他 (足首など)をくじく, ねんざする

sprang [sprǽŋ スプラぁング] **動詞**
spring(飛び上がる)の過去形の一つ

spray [spréi スプレイ] **名詞**
Ⓤ しぶき; Ⓒ (香水(すい)・殺虫剤(ざい)などの)
噴霧(ふんむ)器, スプレー

――**動詞** 他 …にしぶきをかける; (殺虫剤
など)を(…に)吹(ふ)きかける《on [over] ...》

˚spread [spréd スプレッド]

――**動詞** (三単現) **spreads** [sprédz スプ
レッツ]; (過去・過分) **spread**;
(現分) **spreading**)

――他 ❶ …を広げる

▶**spread** a newspaper on the
table
テーブルの上に新聞を広げる

▶The eagle **spread** its wings.
ワシは翼(つばさ)を広げた.

❷《**spread ... on ~**; **spread ~ with
...**で》…を~に塗(ぬ)る

▶**spread** butter **on** a slice of toast
(＝**spread** a slice of toast **with**
butter)
トーストにバターを塗る

❸ (ニュースなど)を広める;
(病気)をまん延させる

――自 広がる, 広まる

▶The news **spread** quickly.
そのニュースはまたたく間に広がった.

――**名詞** (複数) **spreads** [sprédz スプレッ
ツ]) ❶ Ⓒ《ふつう単数形で》広がり, 幅(はば)

❷《**the spread**で》普及(ふきゅう)

❸ Ⓤ Ⓒ パンに塗るもの, スプレッド

˚spring [spríŋ スプリング]

名詞	❶ 春
	❷ ばね
	❸ 泉
動詞	飛び上がる

――**名詞** (複数) **springs** [-z])

❶ Ⓒ Ⓤ 春

▶early [late] **spring** 早[晩]春

▶My town holds a big festival in
(the) **spring**.
わたしの町では春に大きなお祭りがあ
る.(◆ the を用いるのは主に《米》)

▶Ann came to Japan in the
spring of 2018.
アンは 2018 年の春に日本に来た.

▶I entered junior high school this
spring.
この春, わたしは中学校に入学した.

▶I will go to China next **spring**.
来春, わたしは中国に行くつもりだ.

ルール spring の使い方

1 ある年の, 特定の春を指すときは
the をつけ, 不特定の春を指すときは
つけないのがふつうですが, 《米》では
不特定の春にも the をつけることがあ
ります.

2 this, last, next, every などがつく
とき, 前置詞の in はつけません.

3 summer, fall [autumn], winter
の使い方も spring と同様です.

❷ Ⓒ ばね, ぜんまい

▶Some **springs** in the mattress of
the bed are broken. ベッドのマッ
トレスのばねのいくつかが壊(こわ)れている.

❸ Ⓒ《しばしば **springs** で》泉

▶hot **spring** 温泉

❹ Ⓒ《ふつう **a spring** で》跳躍(ちょうやく)

▶with **a spring** ひと跳(と)びで

――**動詞** (三単現) **springs** [-z];
(過去) **sprang** [sprǽŋ スプラぁング]
または **sprung** [sprʌ́ŋ スプラング];
(過分) **sprung**; (現分) **springing**)

――自 飛び上がる, 跳(は)ねる

(同義語) jump, leap); 出る, 生じる

▶He **sprang** from the chair in
surprise. 彼は驚(おどろ)いていすから跳
ねるように立ち上がった.

sprinkle [spríŋkl スプリンクる] **動詞**
(三単現) **sprinkles** [-z]; (過去・過分)
sprinkled [-d]; (現分) **sprinkling**)

他 (水・粉など)をまく, まき散らす

――自《it を主語にして》小雨がぱらつく

sprinkler [spríŋklər スプリンクら] **名詞**
Ⓒ スプリンクラー
(◆芝生(しばふ)・火災防止用の散水装置)

sprung [sprʌ́ŋ スプラング] **動詞**
spring(飛び上がる)の過去形の一つ；
また過去分詞

spun [spʌ́n スパン] **動詞**
spin(…をつむぐ)の過去形・過去分詞

spy [spái スパイ] **名詞** (**複数** spies [-z])
C スパイ
——**動詞** (**三単現** spies [-z]；
過去・過分 spied [-d]；**現分** spying)
⊜ (…を)ひそかに見張る，スパイする
《on …》

*square [skwéər スクウェア]
——**名詞** (**複数** squares [-z])
❶ C 正方形，四角，四角いもの
➡ figures 図
▶draw a square　正方形をかく
▶a square of cloth　四角い布
❷ C (四角い)広場(◆「円形の広場」は
(米)circle，(英)circus) ➡ park
▶Washington Square
ワシントン広場
❸ C 【数学】平方，2 乗
▶Sixteen is the square of four.
16 は 4 の 2 乗だ．
——**形容詞** 正方形の，四角な；平方の
▶a square room
四角い部屋

squash¹ [skwɑ́ʃ スクウォッシ] **名詞**
U (英)スカッシュ
(◆果汁(かじゅう)を入れた飲み物)

squash² [skwɑ́ʃ スクウォッシ] **名詞**
U 【スポーツ】スカッシュ(＝ squash
rackets)(◆壁(かべ)に囲まれたコートで，
壁に向かってボールを打ち合う球技)

squash³ [skwɑ́ʃ スクウォッシ] **名詞** (**複数**
squashes [-iz] または squash) C U
【植物】カボチャ(類)(◆ウリ類の総称(そうしょう))

squeak [skwíːk スクウィーク] **動詞**
⊜ (ネズミなどが)チューチュー鳴く；
(ドア・車輪などが)ギーギーきしむ

——**名詞** C チューチュー(鳴く声)；
ギーギー(きしむ音)；金切り声

squeeze [skwíːz スクウィーズ] **動詞**
(**三単現** squeezes [-iz]；**過去・過分**
squeezed [-d]；**現分** squeezing) ⊕
❶ …をしぼる，しぼり出す
▶squeeze a lemon　レモンをしぼる
❷ …を握(にぎ)りしめる，抱(だ)きしめる
▶She squeezed my hand.
彼女はわたしの手をぎゅっと握った．
——**名詞** C しぼること；しぼり汁(じる)

squid [skwíd
スクウィッド] **名詞**
(**複数** squid または
squids [skwídz
スクウィッヅ]) C
【動物】イカ
(◆特にヤリイカ・
スルメイカなど)

squid

squirrel [skwə́ːrəl
スクワ～れる]
(★発音に注意)
名詞 C 【動物】リス

squirrel

Sr.，sr. **名詞** ❶ 年長の
(◆Senior の略)
❷ 修道女，シスター
(◆Sister の略)

Sri Lanka [srìː láːŋkə スリー らーンカ]
名詞 スリランカ(◆インド洋にある共和
国；首都は Sri Jayawardenepura
Kotte スリジャヤワルダナプラコッテ)

St.¹ [séint セイント] 《キリスト教の聖者や
使徒，また聖者にちなんだ地名や病院名
などの前につけて》聖…，セント…
(◆Saint の略；複数形は SS. または Sts.)
▶St. Valentine's Day
聖バレンタイン祭の日(◆2 月 14 日)
▶St. Louis　セントルイス
(◆アメリカのミズーリ州の大都市)

St.² [stríːt ストゥリート] …街，…通り
(◆street の略；手紙のあて先などに使う)
▶7339 Tomwood St.
トムウッド通り 7339 番地

stab [stǽb スタぁブ] **動詞** (**三単現** stabs
[-z]；**過去・過分** stabbed [-d]；
現分 stabbing) ⊕ …を(刃物(はもの)などで)
(突(つ)き)刺(さ)す《with …》

stable¹ [stéibl ステイブる] **形容詞**
(**比較** stabler または more stable；
最上 stablest または most stable)
安定した，しっかりした

A
B
C
D
E
F
G
H
I
J
K
L
M
N
O
P
Q
R
S
T
U
V
W
X
Y
Z

stable² [stéibl ステイブる] 名詞
❶ 🄲 馬小屋, 厩舎(きゅうしゃ)
❷ 🄲 (ある管理のもとにある, スポーツ選手などの)集団, グループ
▶a *sumo* **stable** すもう部屋

stack [stǽk スタぁック] 名詞
🄲 (干し草などの)(きちんと)積み重ねられた山
——動詞 他 …をきちんと積み重ねる, 積み上げる; (場所)に(ものを)きちんと積み重ねる, 積み上げる(with ...)

stadium [stéidiəm ステイディアム]
(★発音に注意) 名詞 (複数 **stadiums**
[-z] または **stadia** [stéidiə ステイディア])
🄲 スタジアム, 野球場, 競技場
▶I went to Yankee **Stadium**
yesterday. わたしは昨日, ヤンキースタジアムへ行った.

staff [stǽf スタぁふ] 名詞 (複数 **staffs**
[-s] 🄲 職員, 従業員, 部員, スタッフ(全体)
(♦全体をひとまとまりと考えるときは単数あつかい, 一人ひとりに重点を置くときは複数あつかい; 具体的な従業員数を述べる場合は staff member(s) を用いる)
▶a hotel **staff** ホテルの従業員(全体)
▶a **staff member** スタッフの一員
▶We have ten **staff members** in
the office. わたしたちの職場には従業員が 10 人いる.

stage [stéidʒ ステイヂ] 名詞
(複数 **stages** [-iz])
❶ 🄲 舞台(ぶたい), ステージ
▶perform a drama on the **stage**
舞台で芝居(しばい)をする

❷《the stage で》演劇; 俳優業
▶go on [leave] **the stage**
俳優になる[俳優業をやめる]
❸ 🄲 (発達などの)段階, 時期
▶the early **stage** of development
発達の初期段階

stagecoach [stéidʒkòutʃ ステイヂコウ
チ] 名詞 (複数 **stagecoaches** [-iz])
🄲 駅馬車(♦かつて定期的に旅行者や郵便物などを運んだ馬車)

stagger [stǽgər スタぁガ] 動詞
🄵 よろめく, ふらつく, よろよろ歩く

stain [stéin ステイン] 動詞 他
❶ …にしみをつける, …を(…で)汚(よご)す
(with ...)
❷ (木材など)を着色する
——名詞 🄲 🄴 汚れ, しみ

stained glass
[stéind glǽs ステ
インド グらぁス]
名詞 🄴
ステンドグラス
(♦教会の窓など
を飾(かざ)るための
色ガラス)

stained glass

stainless
[stéinləs ステイン
れス] 形容詞
❶ 汚(よご)れのない;
(評判などが)汚点(おてん)のない
❷ ステンレス製の; (金属が)さびない

stainless steel [stéinləs stíːl ステイ
ンれス スティーる] 名詞 🄴 ステンレス
(♦「さびない鋼(はがね)」の意味)

stair [stéər ステア] 名詞
(複数 **stairs** [-z])
❶ 🄲《stairs で単数または複数あつかい》
(屋内の)階段(♦「屋外の階段」は steps)
▶I went up the **stairs** to the third
floor.
わたしは 3 階まで階段を上がった.
❷ 🄲 (階段の)1 段

staircase [stéərkèis ステアケイス] 名詞

ⓒ (手すり・踊(ﾞ)り場をふくめた)階段(全体)(同義語 stairway)

stairway [stéərwèi ステアウェイ] 名詞
= staircase(階段)

stalk [stɔ́ːk ストーク] 名詞
ⓒ (植物の)茎(￥)，葉柄(ﾟ)

stall [stɔ́ːl ストール] 名詞
❶ ⓒ (台に商品を並べて売る)売店，屋台
❷ ⓒ (馬小屋などの中の家畜(ﾞﾟ)1頭分の)仕切り，囲い;
(米)(シャワー・トイレなどの)個室

stamp [stǽmp スタぁンプ]
──名詞 (複数 stamps [-s])
❶ ⓒ 切手(= postage stamp); 印紙
▸put [stick] a **stamp** on a postcard はがきに切手をはる
❷ ⓒ スタンプ，判(ﾟ);(押(ﾟ)された)印
──動詞 (三単現 stamps [-s]; 過去・過分 stamped [-t]; 現分 stamping) 他
❶ …を踏(ﾟ)みつける
❷ …に判を押す
❸ …に切手をはる

stand [stǽnd スタぁンド]
──動詞 (三単現 stands [stǽndz スタぁンヅ]; 過去・過分 stood [stúd ストゥッド]; 現分 standing)
自 ❶ 立つ
❷ 立ち上がる
他 ❶ …を立てる
❷ …を我慢(ﾟﾟ)する

──自 ❶ 立つ; 立っている(対義語 sit すわる); 《**stand** + ...ing で》…しながら立っている
▸**stand** before the mirror 鏡の前に立つ
▸She **stood looking** into the show window. 彼女はショーウィンドーの中をのぞきこみながら立っていた.
❷ 立ち上がる，起立する(♦しばしば up とともに用いる)
▸**Stand up**, please. ご起立ください.
❸ 《ふつう進行形にはしない》(ものが)立っている，…にある
▸A church **stands** in the center of the city. 教会が市の中心部にある.
❹ (車・列車などが)停止している
❺ (ある状態に)ある;

(高さ・身長・温度などが)…である
▸The window **stood** open. その窓は開いていた.
▸He **stands** over two meters. 彼の身長は2メートル以上ある.
──他 ❶ …を立てる，立たせる
▸I **stood** candles on the cake. わたしはケーキにろうそくを立てた.
❷ …を我慢する，…に耐(ﾟ)える; 《**stand to** +動詞の原形または **stand** + ...ing で》…することを我慢する(♦ふつう否定文・疑問文で can とともに用いる; 同義語 bear)
▸I **can't stand** this heat. この暑さには耐えられない.
▸I **can't stand to** wait [waiting] any longer. もうこれ以上待つなんて我慢できない.

stand bý ① 待機する
② (人)を支援(ﾟﾟ)する，(人)の味方をする
▸Bill always **stands by** me. ビルはいつもわたしの味方をしてくれる.
stánd for ① …を表す，…の略である
▸USA **stands for** the United States of America. USA はアメリカ合衆国の略だ.
② (考えなど)を支持する，…に賛成する
stand óut ① (…から)突(ﾟ)き出る，飛び出る《of [from] ...》
② 目立つ，際立(ﾟﾟ)つ
stand úp 立ち上がる ➡ 自❷; (ものが)耐える，もつ
──名詞 (複数 stands [stǽndz スタぁンヅ]) ❶ ⓒ 台，…掛(ﾟ)け，…立て
▸an umbrella **stand** 傘(ﾟ)立て
❷ ⓒ 売店，屋台
❸ ⓒ 《しばしば **the stands** で》観覧席，観客席，スタンド

standard [stǽndərd スタぁンダド] (★アクセントに注意) 名詞
❶ ⓒ Ⓤ 《しばしば **standards** で》標準，基準; 水準
▸the **standard** of living 生活水準
❷ ⓒ スタンダードナンバー(♦いつの時代にも人気のある歌や曲)
──形容詞 ❶ 標準の; 規格に合った
▸**standard** English 標準英語
❷ 《名詞の前に用いて》定評ある

standard time [stǽndərd tàim スタぁンダド タイム] 名詞 Ⓤ (国・地方の)標準時
➡ **time zone**, **time difference**

a b c d e f g h i j k l m n o p q r **s** **t** u v w x y z

A B C D E F G H I J K L M N O P Q R S T U V W X Y Z

standby [stǽndbài スタぁンドバイ] 名詞
C (いざというとき)代わりになる人[もの];
交替(ぎ)要員

on stándby
① 待機中で, スタンバイして
② キャンセル待ちで

standpoint [stǽndpòint スタぁンドポイ
ント] 名詞
C《ふつう単数形で》観点, 見地; 立場

staple [stéipl ステイプる] 形容詞
主な, 主要な
——名詞 C 基本的食料品; 主食; 主産物,
主要製品

stapler [stéiplər ステイプら] 名詞
C ホッチキス(◆ Hotchkiss は商標名で,
英語では使われない)
➡ 巻頭カラー 英語発信辞典⑤

:star [stáːr スター]
——名詞 (複数 stars [-z])

❶ C 星, 【天文】恒星(ぎ); 星印, 星形のもの
▶a fixed star 恒星(◆「惑星(ぎ)」は
planet, 「彗星(ぎ)」は comet)
▶Stars were shining bright in the
sky.
空には星がきらきらと輝(ぎ)いていた.
▶a shooting [falling] star 流れ星
❷ C スター, 人気者, 花形
▶a movie [film] star 映画スター
▶a star in the classroom
クラスの人気者
——動詞 (三単現 stars [-z];
過去・過分 starred [-d]; 現分 starring)
他 …を主演させる, 主役とする
——自 主役を演じる, 主演する

starch [stáːrtʃ スターチ] 名詞
❶ U でんぷん;
U《ふつう starches で》でんぷん食
品(◆米, 小麦, いもなど)
❷ U (洗濯(ぎ)用の)のり

stare [stéər ステア] 動詞 (三単現 stares
[-z]; 過去・過分 stared [-d];

現分 staring) 自 (…を)じっと見つめる,
じろじろ見る(at …))
▶She was staring at the poster.
彼女はそのポスターをじっと見ていた.
——他 …をじっと見つめる

starfish [stáːrfiʃ スターふィッシ] 名詞
(複数 starfish または starfishes [-iz])
C【動物】ヒトデ

Stars and Stripes
[stáːrz ən stráips スターズ アン ストゥライプ
ス] 名詞《the Stars and Stripes で単
数あつかい》星条旗(◆アメリカ合衆国の
国旗; 星の数は現在の州の数 50 を, 横じ
まの数は独立当時の州の数 13 を表す)

:start [stáːrt スタート]
——動詞 (三単現 starts [stáːrts スターツ];
過去・過分 started [-id]; 現分 starting)

start   finish

——自 ❶ 始まる; 始める(同義語 begin,
対義語 finish 終わる); 起こる
▶The first lesson starts at nine.
最初の授業は 9 時に始まる.
▶Let's start with some warm-up
exercises.
準備運動から始めよう.

a b c d e f g h i j k l m n o p q r **s** **t** u v w x y z

▶The fire **started** in the kitchen.
火事の火元は台所だった.

❷ (人・乗り物などが) (…から / …へ向けて)**出発する**(from ... / for ...) (対義語) arrive 到着する) ➡ **leave** (くらべよう)

▶**start** from Tokyo for Kyoto
京都へ向かって東京を出発する

▶I'm going to **start** tomorrow morning.
わたしは明日の朝に出発するつもりだ.

❸ (機械などが)**動き出す**, 始動する

▶The engine **started** easily.
エンジンは簡単にかかった.

──⊕ ❶ …を始める, 開始する (同義語) begin, (対義語) finish …を終える)

《**start** + **...ing** または **start to** +動詞の原形で》…し始める

▶**start** a new life 新しい生活を始める

▶It **started** snowing.
(=It **started to** snow.)
雪が降り始めた.

❷ (出来事)をひき起こす

▶He **started** a fire with a match.
彼はマッチで火を起こした.

❸ (機械など)を始動させる, 動かす

▶**start** a computer
コンピューターを立ち上げる

get stárted 始める, 取りかかる

▶Let's **get started**.
では始めましょう.

to stárt with まず第一に; 最初は

▶**To start with**, let's clean up the room.
まずはじめに, 部屋を片づけよう.

──名詞 (複数) **starts** [stáːrts スターツ])

❶ ⓒ 開始, 始まり; 出発(点), スタート

▶the **start** of a baseball season
野球シーズンの始まり

▶The song is slow at the **start**.
その歌は, 始まりはスローテンポだ.

▶make an early [a good] **start**
早くに出発する[いいスタートを切る]

❷ ⓒ 《ふつう **a start** で》
(驚いて)びくっと動くこと

▶He looked back with **a start**.
彼はびくっとして振り向いた.

starter [stáːrtər スタータ] 名詞
❶ ⓒ (スポーツの)先発メンバー
❷ ⓒ スタート合図係, スターター

startle [stáːrtl スタートゥる] 動詞 (三単現 **startles** [-z]; 過去・過分 **startled** [-d];

現分 **startling**)
⊕ …をびっくりさせる, ぎょっとさせる

starvation [staːrvéiʃn スターヴェイシャン] 名詞 ⓤ 飢餓(きが); 餓死

starve [stáːrv スターヴ] 動詞 (三単現 **starves** [-z]; 過去・過分 **starved** [-d]; 現分 **starving**) ⊜ 餓死(がし)する; 飢(う)える

▶**starve** to death 餓死する

▶I'm **starving**!
おなかがぺこぺこだ.

†state [stéit ステイト]

──名詞 (複数 **states** [stéits ステイツ])

❶ ⓒ 状態, ようす

▶a **state** of emergency 非常事態

▶He is in a good **state** of health.
彼は良好な健康状態にある.

❷ ⓒ ⓤ 《しばしば **State** で》国家, 国
➡ **country** (くらべよう);
(アメリカ・オーストラリアなどの)州

▶a welfare **state** 福祉(ふくし)国家

▶the **State** of Texas テキサス州

❸ 《**the States** で》
(口語)アメリカ合衆国(♦ふつうアメリカ人が国外で, 自国を指して用いる)

──動詞 (三単現 **states** [stéits ステイツ]; 過去・過分 **stated** [-id]; 現分 **stating**)
⊕ (意見など)を明確に述べる

▶She always **states** her opinions clearly. 彼女はいつも自分の意見をはっきりと述べる.

statement [stéitmənt ステイトメント] 名詞 ⓒ 述べること; (公式)声明, 声明書

statesman [stéitsmən ステイツマン] 名詞 (複数 **statesmen** [stéitsmən ステイツマン]) ⓒ 政治家(♦女性に対しては stateswoman [stéitswùmən ステイツウマン] (複数 stateswomen [stéitswìmin ステイツウィミン])という語もあるが, 最近は男女の性差別を避(さ)けるために statesperson [stéitspəːrsn ステイツパ〜スン]が使われる)

†station [stéiʃn ステイシャン] 名詞
(複数 **stations** [-z])

❶ ⓒ 駅; (バスの)発着所, ターミナル
(♦ Sta. と略す)

▶a subway **station** 地下鉄の駅

▶a bus **station** バスターミナル
(♦ a bus terminal ともいう;「バス停」は bus stop)

▶Tokyo **Station** 東京駅

（♦駅名にはふつう the をつけない）

▶Change trains at the next **station**.
次の駅で電車を乗り換(^か)えなさい.

❷ 🄲 署, 局, …所

▶a police **station**　警察署
▶a TV **station**　テレビ放送局
▶a power **station**　発電所
▶a gas [filling, (英)petrol] **station**
ガソリンスタンド（♦「ガソリンスタンド」は和製英語）

stationery [stéiʃənèri ステイショネリ]
名詞 🅄 文房(^{ぼう})具; （封筒(^{ふうとう})とそろいのデザインの)便せん
➡ 巻頭カラー 英語発信辞典⑤

stationmaster [stéiʃnmæstər ステイシャンマぁスタ] 名詞 🄲 駅長

statue [stætʃuː スタぁチュー] 名詞
🄲 像, 彫像(^{ちょうぞう})（♦ふつう等身大以上の大きさのものを指す）

Statue of Liberty [stætʃuː əv líbərti スタぁチュー アヴ リバティ] 名詞
《the Statue of Liberty で》
自由の女神(^{めがみ})像

文化 フランスからのプレゼント

the Statue of Liberty は, ニューヨーク湾(^{わん})のリバティー島(Liberty Island)にある高さ約 46 メートル(台をふくめると約93メートル)の像で, 右手で高くたいまつを掲(^{かか})げ, 左手には独立宣言書をかかえています. この像は, アメリカ合衆国の独立百周年を記念してフランスから贈(^{おく})られました. 像の内部はのぼることができます.

status [stéitəs ステイタス] 名詞
（複数 **statuses** [-iz]）
❶ 🅄 （社会的)地位, 身分; 高い地位
❷ 🄲 状態; 情勢

⸭stay [stéi ステイ]

—動詞 （三単現 **stays** [-z]; 過去・過分 **stayed** [-d]; 現分 **staying**） 🄸
❶ （ある場所に)とどまる; いる

▶**stay** home　家にいる
▶Bob **stayed** in bed until noon.
ボブは昼までベッドの中にいた.
▶Could you **stay** here?
ここにいてもらえますか?

❷ 滞在(^{たいざい})する, 泊(^と)まる;《**stay at** [**in**]＋場所で》(場所)に滞在する;
《**stay with**＋人で》(人)の家に滞在する

▶**stay at** a hotel　ホテルに泊まる
▶Please come (and) **stay with** us.
うちに泊まりに来てください.

ダイアログ

A: How long are you going to **stay in** the United States?
アメリカにはどのくらい滞在する予定ですか?
B: For two weeks.
2週間です.

❸《**stay**＋形容詞で》…のままでいる
▶**stay** cool　冷静でいる

stay awáy （…から)はなれている;
（…を)欠席する《**from** ...》
▶He has **stayed away from** school for a week.
彼は1週間学校を休んでいる.

stay úp
（寝(^ね)ないで)起きている（同義語 sit up）
▶**stay up** all night　徹夜(^{てつや})する

—名詞 （複数 **stays** [-z]） 🄲 滞在
▶a short **stay**　短い滞在
▶Kota visited a lot of places during his **stay** in London.
光太はロンドン滞在中にたくさんの場所を訪(^{おとず})れた.
▶Have a nice **stay** in our hotel.
当ホテルでのご滞在をお楽しみください.

steadily [stédili ステディリ] 副詞
着実に, 着々と; しっかりと

steady [stédi ステディ] 形容詞
（比較 **steadier**; 最上 **steadiest**）
一定の; 着実な; 安定した, しっかりした

a b c d e f g h i j k l m n o p q r s t u v w x y z

▶**steady** progress 着実な進歩

▶a **steady** job 定職

▶Keep your camera **steady**.
カメラを動かさないようにしなさい.

——名詞 (複数) **steadies** [-z]

C (米口語)恋人(ほど), 決まった異性の友人

steak [stéik スティク] (★発音に注意)

名詞 U C ステーキ, ビーフステーキ
(= beefsteak);(肉や魚の)厚い切り身

ダイアログ
A: How would you like your **steak**
(done)? ステーキの焼きかげんは
かがいたしましょうか?
B: Rare [Medium, Well-done],
please. レア[ミディアム, ウェルダ
ン]でお願いします.

steal [stí:l スティール] 動詞

(三単現) **steals** [-z]; (過去) **stole**
[stóul ストウル]; (過分) **stolen**
[stóulən ストウルン]; (現分) **stealing**)

——他 ❶ (人・場所から)…を盗(ぬす)む, こっそ
り取る《from ...》(◆力ずくで奪(うば)う場合は
rob ➡ rob くらべよう)

▶Someone **stole** my bike.
だれかがわたしの自転車を盗んだ.

▶My bag was **stolen**.
わたしのかばんが盗まれた.

❷ 【野球】…に盗塁(とうるい)する

▶**steal** second base 二塁に盗塁する

——自 ❶ (…から)盗みをする《from ...》

❷ こっそり行く[来る]

▶A cat **stole** into the kitchen.
ネコが台所に忍(しの)びこんだ.

❸ 【野球】盗塁をする

steam [stí:m スティーム]

——名詞 U 蒸気, 湯気(ゆげ), スチーム

▶a **steam** locomotive
蒸気機関車

——動詞 (三単現) **steams** [-z]; (過去・過分)
steamed [-d]; (現分) **steaming**)

——自 蒸気を出す, 湯気を立てる

▶The kettle is **steaming**.
やかんから湯気が出ている.

——他 …を蒸(む)す, ふかす ➡ cook 図

steel [stí:l スティール] 名詞 U 鋼鉄, 鋼(はがね)

steep [stí:p スティープ] 形容詞

(比較 **steeper**; 最上 **steepest**)
(斜面(しゃめん)などが)急な, 険しい

▶a **steep** slope 急な坂

steer [stíər スティア] 動詞

他 (船など)の舵(かじ)をとる;(車)のハンド
ルを切る, …を操縦する

▶**steer** a boat ボートの舵をとる

steering wheel [stíəriŋ hwí:l
スティ(ア)リング (ホ)ウィール] 名詞

C (自動車の)ハンドル
(◆×英語では handle といわない)

➡ cars 図; 舵輪(だりん)(◆船の舵(かじ)を操(あやつ)
る輪状の取っ手)

stem [stém ステム] 名詞

❶ C (草木の)茎(くき), 幹(みき)

❷ C (道具の)柄(え), (グラスの)脚(あし)

step [stép ステップ]

名詞	❶ 歩み, 1歩
	❷ 足どり
	❸ 足音; 足跡(あしあと)
	❹ 段; 階段
動詞	❶ 歩く

——名詞 (複数) **steps** [-s])

❶ C 歩み, 1歩; わずかな距離(きょり)

▶Take one **step** forward, please.
1歩前に出てください.

▶The station is only a **step** from
here. その駅はここからすぐです.

❷ C 足どり; 歩き方, 走り方, 踊(おど)り方

▶She came with slow **steps**.
彼女はゆっくり歩いてやって来た.

❸ C 足音; 足跡(= footstep)

▶I heard **steps** outside the room.
部屋の外で足音が聞こえた.

❹ C (階段・はしごなどの)段, 踏(ふ)み段;
(バスなどの) ステップ;
《**steps** で》(ふつう屋外の)階段, 石段
(◆「屋内の階段」は stairs)

▶miss the bottom **step**
いちばん下の段を踏み外す

▶a flight of **steps** ひと続きの階段

❺ C 手段, 方法;(目標への)一歩

▶a big **step** to success
成功への大きな一歩

stép by stép 一歩一歩, 着実に

wátch one's stép
足もとに気をつける; 用心して行動する

▶**Watch Your Step**
《掲示》足もと注意

——動詞 (三単現 **steps** [-s]; 過去・過分
stepped [-t]; 現分 **stepping**) 自

❶ (短い距離を)**歩く**, 進む
▶**step** into the room
部屋に足を踏み入れる
❷ (…を)踏む(*on* ...)

stép asíde わきへ寄る, 道を空ける
▶He **stepped aside** for her.
彼は彼女のために道を空けた.

stepladder [stéplædər ステップらぁダ]
名詞 C 脚立(_{きゃたつ})

stereo [stériòu ステリオウ] 名詞
C ステレオ装置(= stereo set)
U ステレオサウンド, 立体音響(_{おん})

stern [stáːrn スターン] 形容詞
(比較) **sterner**; (最上) **sternest**)
(人・規則・処置などが)厳しい, 厳格な
(同義語) severe); (表情などが)厳しい,
いかめしい

stew [stjúː ステュー] 名詞 C U シチュー
▶beef **stew** ビーフシチュー
——動詞 他 …を(とろ火で)煮(_に)る, シチュー
にする ➡ cook 図

steward [stjúːərd ステューアド] (★発音
に注意) 名詞 C (船・列車などの)(男性
の)乗客係(◆旅客機の客室乗務員はふつ
う flight attendant という;
(対義語) stewardess(女性の)乗客係)

stewardess [stjúːərdəs ステューアデス]
(★発音に注意) 名詞
(複数 **stewardesses** [-iz])
C (船・列車などの)(女性の)乗客係, ス
チュワーデス(◆旅客機の客室乗務員はふ
つう flight attendant という;
(対義語) steward (男性の)乗客係)

⁺stick¹ [stík スティック] 動詞
(三単現 **sticks** [-s]; 過去・過分 **stuck**
[sták スタック]; 現分 **sticking**)
——他 ❶《**stick ... into ～**または **stick
～ with ...** で》…を～に突(_つ)き刺(_さ)す
▶**stick** a fork **into** a potato
(=**stick** a potato **with** a fork)
フォークをポテトに突き刺す
❷ …をはりつける, くっつける
▶I'll **stick** a stamp on the
envelope.
その封筒(_{ふうとう})に切手をはりますね.
❸ …を突っこむ
▶He **stuck** his hands in [into] his
coat pockets.
彼はコートのポケットに手を突っこんだ.
——自 ❶ 突き刺さる

▶A fish bone **stuck** in my throat.
魚の骨がのどに刺さった.
❷ くっつく; はまりこむ
▶A lizard was **sticking** to the
window.
トカゲが窓にくっついていた.

stick óut …を突き出す; 突き出る
▶He **stuck out** his tongue.
彼は舌を突き出した.
(◆軽べつを表すしぐさ)

stick to ...
(主義・考えなど)に忠実である, …を守り
抜(_ぬ)く; (仕事など)を最後までやり抜く
▶I'll **stick to** my decision.
わたしは自分の決心を貫(_{つらぬ})く.

stick² [stík スティック] 名詞
(複数 **sticks** [-s])
❶ C 棒切れ, 棒; (切り取った)小枝
▶a **stick** of celery セロリ1本
❷ C《主に英》つえ, ステッキ
(= walking stick)(同義語 cane)
❸ C (ホッケーなどの)スティック

sticker [stíkər スティカ] 名詞
C ステッカー, はり札

sticky [stíki スティキ] 形容詞
(比較 **stickier**; 最上 **stickiest**)
ねばねばした, べとべとする; 蒸(_む)し暑い

stiff [stíf スティふ] 形容詞
(比較 **stiffer**; 最上 **stiffest**)
❶ (紙・革(_{かわ})などが)(曲がらずに)かたい;
(筋肉が)こわばった
❷ (態度などが)かたくるしい

⁺still [stíl スティる]
——副詞 ❶ **まだ**, 今でも(◆物事が予想以
上に長く続いているときに用いる)
▶Is John **still** in bed?
ジョンはまだ寝(_ね)ているの?
▶Mary **still** lives in Boston.
メアリーは今でもボストンに住んでいる.
❷《比較級を強調して》
さらに, なおいっそう(同義語 even)
▶I have a **still** better idea.
わたしにはさらにいい考えがあります.
❸ **それでも**, それにもかかわらず
▶The watch is expensive, but **still**
I want it.
その腕(_{うで})時計は高いが, それでもほしい.
——形容詞 (比較 **stiller**; 最上 **stillest**)
静かな, 音のしない; 静止した, 動かない
▶a **still** night (風のない)静かな夜

stilt [stílt スティルト] 名詞
C 《ふつう **stilts** で》竹馬

sting [stíŋ スティング] 動詞
(三単現 **stings** [-z]; 過去・過分 **stung**
[stʌ́ŋ スタング]; 現分 **stinging**)
他 …を針[とげ]で刺す; (体)をひりひ
りさせる
▶A bee **stung** my arm [me on the
arm]. ハチがわたしの腕(^{うで})を刺した.
——自 刺す; ひりひりする
——名詞 ❶ C (ハチの)針; (植物の)とげ
❷ C 刺すこと; 刺し傷

stir [stə́:r スタ〜] 動詞 (三単現 **stirs** [-z];
過去・過分 **stirred** [-d]; 現分 **stirring**)
他 ❶ …をかき回す, かき混ぜる;
…を(…に)入れて混ぜる《into ...》
❷ …を(軽く)動かす, 揺(^ゆ)り動かす

stitch [stítʃ スティッチ] 名詞 (複数
stitches [-iz]) C ひと針, ひと縫(^ぬ)い;
C U (刺繍(^{ししゅう})の)ステッチ
▶ ことわざ A **stitch** in time saves
nine. 今日の一針, 明日の十針.
(◆「早めに一針縫っておけば, あとで九
針縫う手間が省ける」の意味から)

stock [stάk スタック] 名詞
❶ U C 在庫品, ストック;
C 貯蔵(^{ちょぞう}), 蓄(^{たくわ})え
▶We have a large **stock** of
children's shoes.
当店では子供用の靴(^{くつ})を豊富に置いて
います.
▶The DVD is in [out of] **stock**.
その DVD は在庫があります[切れてい
ます].
❷ C U 株, 株式
——動詞 他 (店が) (商品)を置いている;
(品物)を仕入れる; …を蓄える

Stockholm [stάkhoum スタックホウム]
名詞 ストックホルム
(◆スウェーデンの首都)

stocking [stάkiŋ スタキング] 名詞
(複数 **stockings** [-z])
C 《ふつう **stockings** で》ストッキング,
(長い)靴下(^{くつした})(◆ひざ, またはひざ上まで
あるものを指す)
▶a pair of **stockings**
ストッキング1足

stole [stóul ストウる] 動詞
steal(…を盗(^{ぬす})む)の過去形

stolen [stóulən ストウるン] 動詞
steal(…を盗(^{ぬす})む)の過去分詞

stomach [stʌ́mək スタマック]
(★発音に注意) 名詞
❶ C 胃
▶He has a strong [weak] **stomach**.
彼は胃がじょうぶだ[弱い].
▶I have a pain in my **stomach**.
胃[おなか]が痛いんです.
❷ C 《口語》腹, 腹部

stomachache [stʌ́məkèik スタマック
エイク] 名詞 C U 胃痛, 腹痛
▶I've had a **stomachache** since
this morning.
今朝からずっと胃[おなか]が痛い.

stone [stóun ストウン] 名詞
(複数 **stones** [-z])
❶ C 石, 小石, 石ころ
(◆《米》では rock ということが多い)
▶Don't throw **stones**. 石を投げるな.
❷ U (材料としての)石, 石材
▶These buildings are made of
stone. これらの建物は石造りです.
❸ C (サクランボなどのかたい)種

stony [stóuni ストウニ] 形容詞
(比較 **stonier**; 最上 **stoniest**)
❶ (地面が)石の多い, 石だらけの
❷ 冷ややかな; (目つきなどが)無表情な

stood [stúd ストゥッド] 動詞
stand(立つ)の過去形・過去分詞

stool [stú:l ストゥーる] 名詞
C (背・ひじかけのない)いす, 腰(^{こし})かけ,
スツール ➡ **chairs** 図

stoop [stú:p ストゥープ] 動詞
自 かがむ, 前かがみになる
——名詞 《**a stoop** で》前かがみ(の姿勢),
猫背(^{ねこぜ})

stop [stάp スタップ]

動詞 自 ❶ 止まる
❷ 泊(^と)まる
他 ❶ …を止める
❷ …を妨(^{さまた})げる
名詞 ❶ 止まること
❷ 停留所

——動詞 (三単現 **stops** [-s]; 過去・過分
stopped [-t]; 現分 **stopping**)
——自 ❶ 止まる, 停止する; やむ
▶The bus **stopped** near the park.
バスはその公園の近くで止まった.

A B C D E F G H I J K L M N O P Q R **S** T U V W X Y Z

▶Will the snow **stop** soon?
雪はすぐにやむでしょうか？

❷ 泊まる，滞在(㐬)する（同義語 stay）
▶**stop** at a hotel　ホテルに泊まる
――他 ❶ …を止める，停止させる；
…を中止する，中断する；
《**stop ＋ ...ing** で》…することをやめる
▶**Stop** the car.　車を止めなさい．
▶Don't **stop** the music, please.
音楽を止めないでください．
▶I must **stop eating** too much.
わたしは食べ過ぎをやめなければならない．

> **ルール stop のあとの動詞の形**
>
> **1** 「stop ＋ ...ing」は「…することをやめる」という意味です．
> ▶I **stopped watching** TV.
> わたしはテレビを見るのをやめた．
> **2** 「stop ＋ to ＋動詞の原形」は「…するために立ち止まる」という意味です．
> ▶I **stopped to** watch TV.
> わたしはテレビを見るために立ち止まった．

stop watching　　　stop to watch

❷ …を妨げる，やめさせる；
《**stop ＋人＋(from ＋) ...ing** で》
（人）が…するのを妨げる，やめさせる
▶She **stopped** him **(from)** talking without a break.
彼女は彼が休みなく話し続けるのをやめさせた．

stóp bý 《口語》立ち寄る；…に立ち寄る
▶I'll **stop by** your place later.
あとであなたの家に寄りますね．

stóp ín ① 《口語》（人の家・店などに）途中(㐬)で立ち寄る《at ...》
② 《英》（外出しないで）家にいる

stóp óver
（旅行の途中で）（…に）泊まる；（飛行機などが）途中で（…に）立ち寄る《at [in] ...》
――名詞 （複数 stops [-s]）

❶ C 止まること，停止，停車
▶This train will make a brief **stop** at the next station.
この列車は次の駅に短時間停車します．

❷ C 停留所，駅
▶a bus **stop**　バスの停留所

stopped [stápt スタップト] 動詞
stop（止まる）の過去形・過去分詞

stopping [stápiŋ スタピング] 動詞
stop（止まる）の現在分詞・動名詞

ˈstore [stɔ́ːr ストーア]
――名詞 （複数 stores [-z]）
❶ C 店
▶a food **store**　食料品店
▶run [keep] a **store**　店を経営する
❷ C （…の）蓄(㐬)え；多量の(…)《of ...》
▶a **store** of food　食糧(㐬)の蓄え
――動詞 （三単現 stores [-z]；
過去・過分 stored [-d]；現分 storing）
他 …を蓄える，貯蔵(㐬)する
▶**store** important data
重要なデータを蓄える

stored [stɔ́ːrd ストーアド] 動詞
store（…を蓄(㐬)える）の過去形・過去分詞

storehouse [stɔ́ːrhàus ストーアハウス]
名詞 C 倉庫，貯蔵(㐬)所

storekeeper [stɔ́ːrkìːpər ストーアキーパ] 名詞 C 《米》店主，小売商人
（♦《英》shopkeeper）

storeroom [stɔ́ːrrùːm ストーアルーム]
名詞 C 貯蔵(㐬)室，物置

storey [stɔ́ːri ストーリ] 名詞
《英》＝ story²（階）

stories [stɔ́ːriz ストーリズ] 名詞
story¹（話），story²（階）の複数形

storing [stɔ́ːriŋ ストーリング] 動詞
store（…を蓄(㐬)える）の現在分詞・動名詞

stork [stɔ́ːrk ストーク] 名詞 C
【鳥類】コウノトリ（♦欧米(㐬)には赤ちゃんを運んで来るという言い伝えがある）

storm [stɔ́ːrm ストーム] 名詞
C あらし，暴風雨；《**a storm of ...** で》
（拍手(㐬)など）のあらし
▶He went out in the **storm**.
彼はあらしの中を出ていった．
▶**a storm of** applause
あらしのような拍手

stormy [stɔ́ːrmi ストーミ] 形容詞
（比較 stormier；最上 stormiest）
あらしの，暴風雨の；（議論などが）激しい

story¹

[stɔ́ːri ストーリ] 名詞

(複数 stories [-z])

❶ C (事実に基(もと)づく)話; (新聞などの)記事

▶Tell me the story.
その話をわたしにしてください.

▶It's a long story.
話せば長くなりますよ.

❷ C (作られた)物語, 話; 小説
(♦ novel より短い「小説」を指す); 伝記

▶a short story 短編小説

▶a ghost story 怪談(かいだん)

❸ C 由来, 経歴; うわさ

❹ C 《口語》作り話, うそ

▶tell stories 作り話をする, うそを言う

story², (英)storey

[stɔ́ːri ストーリ]
名詞 (複数 stories [-z])

C (建物の)階(♦「…階建て」を表すときに用いる; 個々の「階」は floor)

▶a six-story building 6階建ての建物

stout

[stáut スタウト] 形容詞

(比較 stouter; 最上 stoutest)

❶ 体格のよい, 太った(♦ fat よりていねいな語); (ものが)頑丈(がんじょう)な, じょうぶな

❷《名詞の前に用いて》強い, 勇敢(ゆうかん)な
(同義語 brave)

stove

[stóuv ストウヴ] 名詞

❶ C (米)(料理用の)レンジ, こんろ
(= cooking stove)(♦(英)cooker)

❷ C (暖房(だんぼう)用の)ストーブ

St. Paul's

[sèint pɔ́ːlz セイント ポールズ]

名詞 セントポール大聖堂
(= St. Paul's Cathedral)
(♦ロンドンの名所の一つで有名人の墓が多くある)

straight

[stréit ストゥレイト]

(★発音に注意)

——形容詞 (比較 straighter;
最上 straightest)

❶ まっすぐな

▶a straight line 直線

▶a straight road まっすぐな道

❷ 正直な, 率直(そっちょく)な(同義語 honest)

▶a straight opinion 率直な意見

——副詞 (比較・最上 は 形容詞 に同じ)

まっすぐに; 直立して; 率直に

▶Go straight along this road.
この道をまっすぐに行きなさい.

▶Come straight home.
まっすぐ帰ってきなさい.

straighten

[stréitn ストゥレイトゥン]

動詞 他

❶ (体・もの)をまっすぐにする, 伸(の)ばす

❷ …をきちんとする, 整とんする

strain

[stréin ストゥレイン] 名詞

C U (精神的な)緊張(きんちょう); 負担, 重圧

——動詞 他

❶ (ロープなど)を張る, 引っ張る

❷ (体の一部など)を最大限使う;
(使い過ぎて)…を痛める

strait

[stréit ストゥレイト] 名詞

C 海峡(かいきょう)

strange

[stréindʒ ストゥレインヂ] 形容詞

(比較 stranger; 最上 strangest)

❶ 不思議(ふしぎ)な, 変な, 奇妙(きみょう)な
(同義語 odd, queer)

▶A strange thing happened.
奇妙なことが起きた.

▶That's strange. それは変ですね.

❷ 見知らぬ, 未知の; 初めての

▶a strange place 見知らぬ場所

strangely

[stréindʒli ストゥレインヂり]

副詞 《文全体を修飾(しゅうしょく)して》
奇妙(きみょう)なことに; 奇妙に, 変に

stranger

[stréindʒər ストゥレインヂャ]

名詞 ❶ C 見知らぬ人

▶The man is a total stranger to me.
その男性はわたしの全く知らない人だ.

❷ C 初めて来た人, 不案内な人

> ダイアログ
>
> A: Could you tell me the way to the city library? 市立図書館への道順を教えてくださいますか?
>
> B: I'm sorry. I'm a stranger here.
> すみません. この辺りはわたしも初めてなのです.

strap

[stræp ストゥラぁップ] 名詞

C ひも, 革(かわ)ひも, バンド; (携帯(けいたい)電話などの)ストラップ; (電車などの)つり革; (ドレスなどの)肩(かた)ひも

➡ clocks and watches 図

strategy [strǽtədʒi ストゥラぁテティ]
名詞 (**複数** **strategies** [-z])
U 戦略；作戦；**C** 計画，対策

straw [strɔ́: ストゥロー] **名詞**
C **U** わら，麦わら；**C** ストロー
▶a **straw** hat　麦わら帽子(ぼう)
▶**ことわざ** A drowning man will catch at a **straw**.
おぼれる者はわらをつかむ.
(◆「困ったときにはどんな小さなことにもたよろうとする」の意味)

strawberry [strɔ́:bèri ストゥローベリ]
(★アクセントに注意) **名詞**
(**複数** **strawberries** [-z])
C 【植物】イチゴ(の実)

stray [stréi ストゥレイ] **動詞**
自 道に迷う，はぐれる；さまよう
──**形容詞** 《名詞の前に用いて》
道に迷った，はぐれた
▶a **stray** dog
のらイヌ

stream [strí:m ストゥリーム] **名詞**
❶ **C** 小川(◆ river より小さく，brook より大きい川を指す)
▶cross a **stream**　小川を渡(わた)る
❷ **C** (水・空気・人・車などの)流れ
──**動詞** **自** 流れる，流れ出す

streamlined [strí:mlàind ストゥリームらインド] **形容詞** 流線型の

street [strí:t ストゥリート] **名詞**
(**複数** **streets** [strí:ts ストゥリーツ])
❶ **C** (両側に建物の並んでいる)**通り**，街路 → road **くらべよう**
▶a shopping **street**
商店街
▶a busy **street**
人通りの激しい通り
▶cross the **street**
通りを横切る
▶walk along the **street**
通りを歩く
▶Go down this **street**, and you'll find the post office.
この通りを行けば，郵便局があります.
▶I met Meg on [**(英)**in] the **street**.
わたしは通りでメグに会った.
❷ 《**Street** で》…通り，…街(◆ St. と略す)

streetcar [strí:tkà:r ストゥリートカー]
名詞 **C** **(米)**市街電車，路面電車(◆**(英)** tram, tramcar [trǽmkà:r トラぁムカー])

strength [stréŋkθ ストゥレンクす] **名詞**
U 力，体力；**C** **U** (人・性格などの)強さ，長所
▶**strength** of will　意志の強さ

strengthen [stréŋkθn ストゥレンクすン]
動詞 **他** …を強くする
──**自** 強くなる

stress [strés ストゥレス] **名詞**
(**複数** **stresses** [-iz])
❶ **U** **C** 圧迫(あっ)，緊張(きん), (精神的)ストレス
▶She is under great **stress**.
彼女は強いストレスを感じている.
❷ **U** 強調，重点，重視；
C 【音声】強勢，アクセント
──**動詞** (**三単現** **stresses** [-iz]；
過去・過分 **stressed** [-t]；
現分 **stressing**) **他**
❶ …を強調する，力説する
❷ 【音声】…に強勢[アクセント]を置く

stretch [strétʃ ストゥレッチ] **動詞**
(**三単現** **stretches** [-iz]；**過去・過分**
stretched [-t]；**現分** **stretching**) **他**
(手足など)を伸(の)ばす(**同義語** extend)；
(ロープなど)を張る；…を広げる
▶**stretch** one's arm　腕(うで)を伸ばす
──**自** 広がる；手足を伸ばす；伸びる
──**名詞** (**複数** **stretches** [-iz])
❶ **C** 《ふつう単数形で》伸びること，伸ばすこと；伸び
❷ **C** (空間・時間などの)広がり，ひと続き

stretcher [strétʃər ストゥレッチャ] **名詞**
C 担架(たん)

strict [stríkt ストゥリクト] **形容詞**
(**比較** **stricter**；**最上** **strictest**)
厳格な，厳しい(**同義語** severe)
▶a **strict** teacher　厳格な教師

strictly [stríktli ストゥリクトり] **副詞**
厳しく；厳密に

stridden [strídn ストゥリドゥン] **動詞**
stride(大またで歩く)の過去分詞

stride [stráid ストゥライド] **動詞** (三単現 **strides** [-z]; 過去 **strode** [stróud ストゥロウド]; 過分 **stridden** [strídn ストゥリドゥン]; 現分 **striding**)
⃝ 大またで歩く
——**名詞**
❶ C 大またで歩くこと；大またの1歩
❷ C 進歩, 前進

strike [stráik ストゥライク]
——**動詞** (三単現 **strikes** [-s]; 過去 **struck** [strák ストゥラック]; 過分 **struck**; 現分 **striking**)
——⃝ ❶ …を打つ, たたく, なぐる；(時計が)(時)を打つ
▶**strike** a ball with a bat
バットでボールを打つ
▶The clock **struck** ten.
時計が10時を打った.
❷ …にぶつかる；(体の一部など)を(…に)ぶつける《**against** [on] …》
▶The car **struck** a tree.
その車は木にぶつかった.
❸ (マッチ)をする；(火)をつける
❹ (考えなどが)(人の心)に急に浮(う)かぶ；(人)の心を打つ(◆進行形にはしない)
▶A wonderful idea **struck** me.
すばらしい考えが急に浮かんだ.
——⃝ ❶ (…をめがけて)打つ, なぐりかかる《**at** …》；(…に)ぶつかる, 衝突(しょうとつ)する《**against** [on] …》
❷ ストライキをする
——**名詞** (複数 **strikes** [-s])
❶ C 打つこと
❷ C U ストライキ
❸ C 【野球】ストライク (対義語 **ball** ボール)；(ボウリングの)ストライク
➡ **baseball** 図

strikeout [stráikàut ストゥライクアウト] **名詞** C 【野球】三振(さん)

striking [stráikiŋ ストゥライキング] **動詞**
strike(…を打つ)の現在分詞・動名詞
——**形容詞** 際立(きわだ)った, 目立つ, 印象的な

string [stríŋ ストゥリング] **名詞**
❶ U C ひも, 糸 (◆ **thread** より太く **cord** より細いものを指す)；C (衣服などの)ひも, リボン
▶a piece of **string** 1本の糸
▶I tied the package with (some) **string**.
わたしはその包みをひもでしばった.

❷ C (糸などを通した)ひとつなぎ(の…), (人・車などの)ひと続き《**of** …》
▶a **string of** beads 糸に通したビーズ
❸ C (弓の)つる；(楽器の)弦(げん)；《**the strings** で》弦楽器(全体)

strip¹ [stríp ストゥリップ] **動詞** (三単現 **strips** [-s]; 過去・過分 **stripped** [-t]; 現分 **stripping**)
⃝ (服など)を脱(ぬ)がせる, (人など)をはだかにする；(果物(くだもの)など)の皮(かわ)をむく

strip² [stríp ストゥリップ] **名詞**
C (布などの)細長い一片(いっぺん)；(土地などの)細長い部分《**of** …》
▶a **strip of** paper 細長い紙切れ

stripe [stráip ストゥライプ] **名詞**
C しま, 筋, ストライプ

striped [stráipt ストゥライプト] **形容詞**
しま[筋]のある, ストライプの

strode [stróud ストゥロウド] **動詞**
stride(大またで歩く)の過去形

stroke¹ [stróuk ストゥロウク] **名詞**
❶ C 一撃(いちげき), 一打
❷ C (水泳の)ひとかき；(テニスなどの)一打；(ボートの)ひとこぎ；一筆
❸ C 脳卒中；発作(ほっさ)

stroke² [stróuk ストゥロウク] **動詞** (三単現 **strokes** [-s]; 過去・過分 **stroked** [-t]; 現分 **stroking**) ⃝ …をなでる, さする
——**名詞** C なでること, ひとなで

stroll [stróul ストゥロウる] **動詞**
⃝ ぶらつく, 散歩する
▶**stroll** along the beach
海辺をぶらぶら歩く
——**名詞** C 《ふつう **a stroll** で》ぶらぶら歩き, 散歩

stroller [stróulər ストゥロウら] **名詞**
C (米)ベビーカー

strong [stró:ŋ ストゥローング] **形容詞**
(比較 **stronger**; 最上 **strongest**)
❶ 強い, じょうぶな；(意志など)強固な；強烈(きょうれつ)な (対義語 **weak** 弱い)
▶a **strong** person 力の強い人
▶a **strong** wind 強い風
▶**strong** cloth じょうぶな布
▶a **strong** will 強固な意志
▶a **strong** smell 強烈なにおい
❷ 《口語》得意な, じょうずな (対義語 **weak** 苦手な)
▶I'm **strong in** [at] science.

A B C D E F G H I J K L M N O P Q R S T U V W X Y Z

わたしは科学が得意だ.
❸ (茶などが)濃(こ)い
(対義語) weak 薄(うす)い); (酒・薬が)強い
▶**strong** coffee
濃いコーヒー
❹《数詞のあとに用いて》
人員が…の, 総勢…の
▶four thousand-**strong** members
総勢4千人の会員

strongly [strɔ́:ŋli ストゥローングリ] 副詞
強く; 強硬(きょう)に; 強固に

strove [stróuv ストロウヴ] 動詞
strive(奮闘(ふんとう)する)の過去形

struck [strʌ́k ストゥラック] 動詞
strike(…を打つ)の過去形・過去分詞

structure [strʌ́ktʃər ストゥラクチャ]
名詞 U C 構造; 組織; C 建造物

struggle [strʌ́gl ストゥラグる] 動詞
(三単現) **struggles** [-z]; (過去・過分)
struggled [-d]; (現分) **struggling**) 自
❶ もがく; (…と)戦う《with ...》
▶**struggle with** illness
病気と闘(たたか)う
❷ (…を求めて)奮闘(ふんとう)する《for ...》
▶**struggle for** peace
平和を求めて奮闘する
——名詞 ❶ C もがき, 戦い
❷ C 努力

stubborn [stʌ́bərn スタボン] 形容詞
頑固(がんこ)な, 強情(ごうじょう)な

stuck [stʌ́k スタック] 動詞 stick
(…を突(つ)き刺(さ)す)の過去形・過去分詞

student [stjú:dnt ステューデント]
名詞 (複数 **students**
[stjú:dnts ステューデンツ])
❶ C 学生, 生徒
▶We are junior high school
students. わたしたちは中学生です.
▶a college **student** 大学生
▶a **student** at Tokyo University
東京大学の学生
❷ C (…の)研究者, 研究家《of ...》

student teacher [stjú:dnt tí:tʃər ス
テューデント ティーチャ] 名詞 C 教育実習生

studied [stʌ́did スタディド] 動詞
study(…を勉強する)の過去形・過去分詞

studies [stʌ́diz スタディズ] 動詞
study(…を勉強する)の三人称単数現在
形
——名詞 study(研究)の複数形

studio [stjú:diòu ステューディオウ] (★発音
に注意) 名詞 (複数 **studios** [-z])
C (画家・写真家などの)仕事場, アトリエ,
スタジオ; (放送局の)スタジオ

study [stʌ́di スタディ]
——動詞 (三単現 **studies** [-z];
(過去・過分) **studied** [-d]; (現分) **studying**)
——他 …を勉強する, 学ぶ, 研究する
➡ **learn** (くらべよう)
▶**study** math 数学を勉強する
▶I'm going to **study** Japanese
history in [at] college.
わたしは大学で日本史を研究するつも
りだ.
▶I **studied** English for three
hours yesterday.
わたしは昨日, 3時間英語の勉強をした.
——自 勉強する, 研究する
▶Sarah is **studying** in her room
now. サラは今, 自室で勉強している.
——名詞 (複数 **studies** [-z])
❶ U (一般的な)勉強, 勉学
(対義語) play 遊び)
▶English **study** 英語の勉強
❷ C《しばしば **studies** で》
(特定分野の)研究, 調査
▶**studies** of Canadian wild
animals カナダの野生動物の研究
❸ C 書斎(しょさい), 勉強部屋

stuff [stʌ́f スタふ] 名詞
❶ U 材料, 原料(同義語) material)
▶cooking **stuff** 料理の材料
❷ U (口語) (漠然(ばくぜん)とした)もの, 物質;
物事(◆何だかわからない, またははっき
り言う必要がない場合に用いる)
▶Don't leave your **stuff** here.
ここにあなたのものを置いていかないで.
——動詞 他 …に詰(つ)めこむ; …に詰め物
をする; …を詰めこむ
▶I **stuffed** my clothes in the bag.
わたしはかばんに洋服を詰めた.

stuffed animal [stʌ́ft ǽnəml スタふ
ト あニムる] 名詞 C (米) ぬいぐるみ
(◆(英)soft toy)

stumble [stʌ́mbl スタンブる] 動詞
(三単現 **stumbles** [-z]; (過去・過分)
stumbled [-d]; (現分) **stumbling**)
自 (…に)つまずく《over [on] ...》;
よろめきながら歩く

stump [stʌ́mp スタンプ] 名詞

❶ 🇨 (木の)切り株

❷ 🇨 切れ端(ﾊﾟﾚ),(えんぴつなどの)使い残し

stun [stʌ́n スタン] **動詞** (三単現 **stuns** [-z]; 過去・過分 **stunned** [-d]; 現分 **stunning**) …をぼう然とさせる; 《**be stunned** で》ぼう然とする

stung [stʌ́ŋ スタング] **動詞** sting(…を針[とげ]で刺(ﾟ)す)の過去形・過去分詞

stupid [stjúːpid ステューピッド] **形容詞** (比較 **stupider** または **more stupid**; 最上 **stupidest** または **most stupid**) ばかな, 愚(ﾟ)かな(同義語 foolish, silly)
▶a **stupid** question
ばかげた質問
▶Don't be so **stupid**!
ばかを言うな; ばかなことをするな.

St. Valentine's Day
[sèint vǽləntainz dèi セイント ヴぁれンタインズ デイ] **名詞** 聖バレンタイン祭, バレンタインデー(♦2月14日に恋人(ﾟﾟ)・友人・先生などにカードやプレゼントを贈(ﾟ)る) ➡ valentine

|文化| 男性からも贈り物

日本では女性から男性にチョコレートを贈り, 愛を告白する日とされていますが, 欧米(ﾟﾟ)では男性からもプレゼントやカードを贈ります. また, 感謝の意味で家族や友人に贈ることもあります. なお, 3月14日の「ホワイトデー」は欧米にはありません.

style [stáil スタイる] **名詞**
❶ 🇨 🇺 (生活・行動などの)様式, やり方; (芸術・建築などの)様式; 文体
▶the Japanese **style** of living
日本の生活様式
▶her **style** of speaking
彼女の話し方
▶the Gothic **style** ゴシック様式
❷ 🇨 🇺 (服などの)(流行の)型, スタイル(♦「体型」の意味の「スタイル」は figure)
▶These clothes are in [out of] **style** now. 今, これらの洋服は流行している[流行遅(ﾟ)れだ].

stylish [stáiliʃ スタイりッシ] **形容詞** おしゃれな, かっこいい

subject [sʌ́bdʒikt サブヂェクト] **名詞** (複数 **subjects** [sʌ́bdʒikts サブヂェクツ])
❶ 🇨 教科, 科目, 学科
➡ 巻頭カラー 英語発信辞典②

|ダイアログ|
A: Which **subject** do you like (the) best?
どの科目がいちばん好きですか?
B: I like English (the) best.
英語がいちばん好きです.

❷ 🇨 (研究・論文などの)主題, 題目; 話題(同義語 theme)
▶a **subject** of research 研究のテーマ
▶Let's change the **subject**.
話題を変えましょう.
❸ 🇨 【文法】主語, 主部

subjective [səbdʒéktiv サブヂェクティヴ] **形容詞**
❶ 主観的な(対義語 objective 客観的な)
❷ 【文法】主格の

submarine [sʌ́bməriːn サブマリーン] **名詞** 🇨 潜水艦(ﾟﾟﾟﾟ)

subscribe [səbskráib サブスクライブ] **動詞** (三単現 **subscribes** [-z]; 過去・過分 **subscribed** [-d]; 現分 **subscribing**) 🇨 (新聞・雑誌などを)定期購読(ﾟﾟ)する[している]; (ケーブルテレビなどに)加入する[している]《to ...》

substance [sʌ́bstəns サブスタンス] **名詞** ❶ 🇨 物質, 物体, もの
❷ 🇺 本質, 内容, 中身

substitute [sʌ́bstitjùːt サブスティテュート] **名詞** 🇨 (…の)代用品, 代理人; 代役, 補欠《for ...》
——**動詞** (三単現 **substitutes** [sʌ́bsti-tjùːts サブスティテューツ]; 過去・過分 **substituted** [-id]; 現分 **substituting**)
🇨 …を(…の)代わりに使う《for ...》
——🇨 (…の)代わりをする《for ...》

subtle [sʌ́tl サトゥる] (★発音に注意) **形容詞** (比較 **subtler**; 最上 **subtlest**) かすかな, ほのかな; 巧(ﾟ)みな

subtract [səbtrǽkt サブトゥラぁクト] **動詞** 🇨 (…から)…をひく, 減らす 《from ...》(対義語 add …を加える)
▶**Subtract** three **from** eight and you have five. 8ひく3は5.
——🇨 ひき算をする

subtraction [səbtrǽkʃn サブトゥラぁクシャン] **名詞** 🇨 🇺 ひき算

suburb [sʌ́bəːrb サバ〜ブ] **名詞** (複数 **suburbs** [-z])

Ⓒ 郊外(ﾟ)(の1地区);
《**the suburbs** で》郊外(全体), 近郊
▶We live in **the suburbs** of Tokyo.
わたしたちは東京の郊外に住んでいる.

˚subway [sʌ́bwèi サブウェイ]

名詞 (複数 **subways** [-z])

❶ Ⓒ (米)地下鉄
(♦(英)underground, (英口語)tube)
▶She goes to work by **subway**.
彼女は地下鉄で通勤している.
(♦手段を表す by のあとは無冠詞)

❷ Ⓒ (英)地下道 (♦(米) underpass
[ʌ́ndərpæ̀s アンダパぁス])

˚succeed [səksíːd サクスィード]

動詞 (三単現 **succeeds** [səksíːdz サク
スィーヅ]; 過去・過分 **succeeded** [-id];
現分 **succeeding**)
── 🅐 ❶ 成功する, うまくいく
(対義語 fail 失敗する);
《**succeed in ...** で》…に成功する
▶She **succeeded** as an actor.
彼女は俳優として成功した.
▶They **succeeded in** climbing
Mt. Everest.
彼らはエベレスト山の登頂に成功した.

❷《**succeed to ...** で》
(仕事・財産など)を引き継(ﾞ)ぐ
▶Tom **succeeded to** the family
business. トムは家業を引き継いだ.
── 🅑 (人)のあとを継ぐ

˚success [səksés サクセス]

(★アクセントに注意) **名詞**
(複数 **successes** [-iz])

❶ Ⓤ (…における)成功, 出世(in ...)
(対義語 failure 失敗)
▶I wish you **success**.
ご成功をお祈(ﾞ)りしています.
▶As a singer, she has a chance of
success. 歌手として, 彼女には成功
する見こみがある.

❷ Ⓒ 成功者, 成功したこと
▶The concert was a great **success**.
コンサートは大成功だった.

successful [səksésfl サクセスふる]

形容詞 成功した, うまくいった; 出世した
▶a **successful** person 成功者
▶His operation was **successful**.
彼の手術は成功した.

successfully [səksésfli サクセスふり]

副詞 首尾(ﾞ)よく, みごとに, うまく

succession [səkséʃn サクセシャン]

名詞 ❶ Ⓒ Ⓤ 連続(同義語 series);
《**a succession of ...** で》一連の…
❷ Ⓤ (財産・地位などの)相続, 継承(ﾞ)
in succéssion 連続して, 次々に

successor [səksésər サクセサ] **名詞**

Ⓒ (…の)あとにくるもの, 後継(ﾞ)者, 後
任; 相続人(to ...)

˚such [sʌ́tʃ サッチ] **形容詞**

❶《**such** + (**a** [**an**] +) 名詞で》
そのような, このような, そんな, こんな
▶I don't know **such** a person.
そのような人は知りません.
▶Correct all **such** mistakes.
そのような誤りはすべて訂正(ﾟ)しなさ
い. (♦ all, any, many, no, some な
どは such の前に置く)

❷《**such** + (**a** [**an**] +) 形容詞+名詞で》
そんなに…な, このように…な; 非常に…な
▶I can't get ready in **such** a short
time.
そんなに短い時間で準備はできません.

┃ルール┃ **such** と **so**

どちらも形容詞を強調しますが, such
はあとに「(**a** [**an**])+形容詞+名詞」が
くるのに対して, so はふつう形容詞だ
けが続きます.
▶He is **such** a kind person.
彼はとても親切な人だ.
▶He is **so** kind.
彼はとても親切だ.

such as ... (例えば)…のような, …などの
▶Tom doesn't eat vegetables **such
as** carrots and broccoli.
トムはニンジンやブロッコリーのような
野菜を食べない.

such ∴ as ～ ～のような…
▶Kate likes **such** winter sports **as**
skiing and skating.
ケイトはスキーやスケートのようなウイ
ンタースポーツが好きだ.

súch ... that ～ とても…なので～だ
▶It was **such** a lovely day **that** we
played soccer outside.
とてもいい天気だったので, わたしたち
は外でサッカーをした.

suck [sʌ́k サック] **動詞**

[他] (液体)を吸う，すする；
(指・あめなど)をしゃぶる
—[自] 吸う；しゃぶる

sudden [sʌ́dn サドゥン] [形容詞]
突然(とつぜん)の，不意の
▸a **sudden** stop　急停車
—[名詞]《次の成句で用いる》
áll of a súdden
突然，不意に([同義語] suddenly)

•suddenly [sʌ́dnli サドゥンリ]
[副詞] **突然**(とつぜん)，不意に，急に
▸**Suddenly**, he started laughing.
突然，彼は笑い出した．

suffer [sʌ́fər サふァ] [動詞]
[他] (苦痛・傷害など)を受ける，被(こうむ)る
▸**suffer** pain　苦痛を受ける
—[自] (…で)苦しむ，悩(なや)む《from [for, with] ...》；(病気に)かかっている《from ...》
▸He is **suffering from** a bad cold.
彼はひどい風邪(かぜ)をひいている．

suffering [sʌ́fəriŋ サふァリング] [名詞]
[U] 苦痛；《ふつう **sufferings** で》苦難

sufficient [səfíʃnt サふィシェント]
[形容詞] (…に) 十分な《for ...》
([同義語] enough)

•sugar [ʃúgər シュガ] [名詞]
[U] **砂糖**
▸a lump of **sugar**　角砂糖 1 個
▸He put two spoonfuls of **sugar** in his tea.
彼は紅茶に 2 さじの砂糖を入れた．
(◆《口語》では角砂糖や 1 さじの砂糖を a sugar, two sugars のように数えることもある)

sugarcane [ʃúgərkèin シュガケイン]
[名詞] [C]【植物】サトウキビ
▸**sugarcane** fields
サトウキビ畑

•suggest
[səgdʒést サ(グ)ヂェスト] [動詞]
([三単現] **suggests** [səgdʒésts サ(グ)ヂェスツ]；[過去・過分] **suggested** [-id]；
[現分] **suggesting**) [他]
❶ (考え・計画など)**を提案する**；
《**suggest + ...ing** で》…することを提案する
▸He **suggested** a change in the plan.　彼は計画の変更を提案した．
▸She **suggested going** skiing.
彼女はスキーに行くことを提案した．
▸I **suggested** that she (should) take the test.
わたしは彼女にその試験を受けてみてはどうかと提案した．(◆《米》ではふつう should を省略し，動詞の原形を用いる)
❷ …を暗に示す，ほのめかす
▸Her way of talking **suggested** anger.　彼女の話しぶりから，彼女が怒(おこ)っていることが読み取れた．

suggestion [səgdʒéstʃən サ(グ)ヂェスチョン] [名詞] [U] [C] 提案；示唆(しさ)

suicide [sú:əsàid スーイサイド] [名詞]
[U] [C] 自殺；[C] 自殺的行為(こうい)

•suit [sú:t スート]

[名詞]	(衣服の)**1 着；スーツ**
[動詞]	❶ **…に適する** ❷ **…に似合う**

—[名詞] ([複数] **suits** [sú:ts スーツ])
[C] (衣服の)**1 着；スーツ** (◆男性用は上着(jacket)とズボン(trousers)，ときにベスト(vest)を加えたものを指し，女性用は上着と，スカート(skirt)またはズボン(trousers)を指す)

▸My father rarely wears **suits**.
父はめったにスーツを着ない．
—[動詞] ([三単現] **suits** [sú:ts スーツ]；
[過去・過分] **suited** [-id]；[現分] **suiting**) [他]
❶ **…に適する**，合う，都合がよい
▸The climate here doesn't **suit** me.　ここの気候はわたしに合わない．
❷ (服・色などが)**…に似合う**
([同義語] become)
▸Jeans really **suit** her.　彼女にはジーンズがほんとうによく似合う．

suitable [sú:təbl スータブる] [形容詞]
(…に)適当な，ふさわしい《for ...》

A B C D E F G H I J K L M N O P Q R **S** T U V W X Y Z

(同義語 fit)

▶This book is **suitable for** small children.
この本は幼い子供向きだ.

suitcase [súːtkèis スートケイス] 名詞
◯ スーツケース,(小型の)旅行かばん
(♦「大型の旅行かばん」は trunk)

sum [sʌ́m サム] 名詞
❶《the sum で》合計, 総計, 和
(= sum total)

▶**The sum** of six, seven, and nine is twenty-two.
6と7と9の合計は 22.

❷ ◯ 金額

▶a large **sum** of money 大金

——動詞 (三単現 **sums** [-z]; 過去・過分 **summed** [-d]; 現分 **summing**)
他《**sum up** で》…を合計する;
…を要約する, …の要点を述べる

▶He **summed up** our opinions.
彼はわたしたちの意見を要約した.

summary [sʌ́məri サマリ] 名詞
(複数 **summaries** [-z]) ◯ まとめ, 要約
in súmmary 要約すると

summer [sʌ́mər サマ] 名詞

(複数 **summers** [-z])
◯ ◯ 夏 ⇒ **spring** ルール

▶We often go to the sea in (the) **summer**.
わたしたちは夏によく海へ行く.
(♦ the をつけるのは主に《米》)

▶in the **summer** of 2020
2020 年の夏に

▶next **summer** 来年の夏に

▶a **summer** school
夏期学校[講習会]

▶a **summer** resort 避暑(ひしょ)地

▶**summer** time 《英》サマータイム,
夏時間(《米》daylight saving time)

summer camp [sʌ́mər kæmp サマキャンプ] 名詞 ◯ ◯ サマーキャンプ
(♦夏期の林間[臨海]学校)

summer vacation [sʌ́mər veikéiʃən サマ ヴェイケイシャン] 名詞
◯ 《米》夏休み, 夏期休暇(きゅうか)
(♦《英》summer holidays)

文化 長い夏休み

アメリカの夏休みは, 6月ごろから約3か月間あります. 夏休みは学年の区切

りでもあるため, ふつう宿題はほとんどなく, また学校主催(しゅさい)の林間[臨海]学校や部活動の合宿といったものもあまりありません. その代わり, 民間主催のサマー

キャンプや, 友人とのキャンプに出かけたり, 家族と旅行を楽しんだりします.

summit [sʌ́mit サミット] 名詞
❶ ◯ 頂上(同義語 top, peak)
❷ ◯ (先進国間の)首脳会談, サミット

Sun. [sʌ́ndèi サンデイ] 日曜日
(♦ *Sunday* の略)

sun [sʌ́n サン] 名詞

❶《the sun で》太陽, 日
(♦「月」は the moon)

▶the rising [setting] **sun**
朝[夕]日

▶**The sun** rises in the east and sets in the west.
太陽は東からのぼり, 西に沈(しず)む.
(♦前置詞は in を用いることに注意)

▶**The sun** was shining bright.
太陽が明るく輝(かがや)いていた.

❷ ◯《ふつう the sun で》日光, ひなた

▶This room gets a lot of **sun**.
この部屋はよく日が当たる.

▶The cat was sitting in **the sun**.
そのネコはひなたにすわっていた.

sunburn [sʌ́nbəːrn サンバ〜ン] 名詞
◯《または a sunburn で》
(炎症(えんしょう)を起こすほどの)日焼け
(♦健康的な日焼けは suntan)

sundae [sʌ́ndei サンデイ] 名詞
◯ サンデー(♦アイスクリームに果物(くだもの)をのせてシロップをかけたもの)

Sunday [sʌ́ndèi サンデイ] 名詞

(複数 **Sundays** [-z])
◯ ◯ 日曜日(♦ Sun. と略す)

▶**Sunday** is the first day of the week. 日曜日は週の最初の日だ.

▶This store is open on **Sunday(s)**.
この店は日曜日に開いている.

▶We went fishing last **Sunday**.
わたしたちはこの前の日曜日に釣(つ)りに行った.

ルール Sunday の使い方

1 「…曜日に」と言うとき, 前置詞は on を使います. 冠詞はつけません.
▶on **Sunday** 日曜日に
2 next, last, every などが前につくときは, on をつけずに使います.
▶I met him last **Sunday**.
わたしはこの前の日曜日に彼に会った.
3 曜日名を複数形にして on をつけると, 「…曜日はいつも」の意味になります.
▶Saki goes to judo school **on Sundays**.
咲は毎週日曜日に柔道(どう)教室に通っている.
4 使い方はほかの曜日も同様です.

sunflower [sʌ́nflàuər サンふらウア]
名詞 C 【植物】ヒマワリ

sung [sʌ́ŋ サング] 動詞
sing(歌う)の過去分詞

sunglass [sʌ́nglæs サングらぁス] 名詞
(複数 sunglasses [-iz])
《sunglasses で》サングラス

sunk [sʌ́ŋk サンク] 動詞 sink(沈(しず)む)の過去形の一つ, また過去分詞

sunlight [sʌ́nlàit サンらイト] 名詞
U 日光(同義語 sunshine)

sunny [sʌ́ni サニ] 形容詞
(比較 sunnier; 最上 sunniest)
❶ 日の当たる, 日が照って明るい; 晴れた
▶a **sunny** room 日当たりのよい部屋
▶a **sunny** day よく晴れた日
❷ 陽気な, 快活な(同義語 cheerful)

sunny-side up [sʌ́nisàidʌ́p サニサイドアップ] 形容詞 《名詞の前に用いない》
(米)(卵が)片面焼きの, 目玉焼きの
➡ **egg** 座落

sunrise [sʌ́nràiz サンライズ] 名詞
U 日の出; 日の出の時刻;
C U 日の出の空
(対義語 sunset 日没(ぼつ)) ➡ **day** 図

sunset [sʌ́nsèt サンセット] 名詞
C U 日没(ぼつ); 日没の時刻;
C U 夕焼け空(対義語 sunrise 日の出)
➡ **day** 図

sunshine [sʌ́nʃàin サンシャイン] 名詞
U 日光, 日ざし; ひなた
(同義語 sunlight)
▶I enjoyed the **sunshine** in the garden.
わたしは庭で日光浴を楽しんだ.

suntan [sʌ́ntæn サンタぁン] 名詞
C (健康的な)日焼け(◆単に tan ともいう; 炎症(えんしょう)を起こすほどの日焼けは sunburn)

super [súːpər スーパ] 形容詞
(口語)最高級の, すばらしい
——名詞 (口語)
❶ C (映画などの)エキストラ
❷ C 監督(かんとく)者, (アパートなどの)管理人
❸ C 特級品, 特製品

superb [supə́ːrb スパ〜ブ] 形容詞
すばらしい, みごとな, 最高の

superhighway [sùːpərháiwèi スーパハイウェイ] 名詞 C (米)高速幹線道路

superior [supíəriər スピリア] 形容詞
(…より)すぐれた; 上位の, 上役の(《to …》)
(対義語 inferior 劣(おと)った)
▶This computer is **superior to** that one. このコンピューターはあのコンピューターの上位機種だ.
——名詞 C 先輩(せんぱい), 上司

superman [súːpərmæn スーパマぁン]
名詞 (複数 supermen [súːpərmèn スーパメン]) C 超人(ちょうじん)的な能力のある人

supermarket
[súːpərmàːrkit スーパマーケット]
(★アクセントに注意) 名詞
(複数 supermarkets [súːpərmàːrkits スーパマーケッツ])
C スーパー(マーケット)
(◆×super と略さない)

superstar [súːpərstàːr スーパスター]
(★アクセントに注意) 名詞
C スーパースター

A B C D E F G H I J K L M N O P Q R S T U V W X Y Z

superstition [sùːpərstíʃn スーパスティシャン] 名詞 C U 迷信(%%)
➡ **charm** 文化

文化 西洋の迷信いろいろ

[幸運なことに関する例]
・ウサギの足は幸運を呼ぶとされ, お守りなどにします.
・馬蹄(%%)を入り口に打ちつけると, その家に幸せが訪れるといわれます.

[不吉(%%)なことに関する例]
・鏡が割れるのは縁起(%%)が悪いとされます.
・黒ネコが行く手を横切るのは不吉とされます.

supervisor [súːpərvàizər スーパヴァイザ] (★アクセントに注意) 名詞
C 監督(%%)者, 管理責任者

supper [sʌ́pər サパ] 名詞
(複数 suppers [-z])
U C 夕食(◆ふつう a をつけず, 複数形にもしないが, 形容詞がつくと a がついたり複数形になったりする)
➡ **breakfast** ルール, **dinner** 参考

▸I had spaghetti for **supper**.
わたしは夕食にスパゲッティを食べた.
▸They had a late **supper**.
彼らは遅(%%)い夕食をとった.

supplement [sʌ́pləmənt サプるメント] 名詞 ❶ C (…への)追加, 補足, 補充(%%)《to ...》; 栄養補助食品, サプリメント
❷ C (書物・新聞などの)補遺(%%), 増補, 付録, 増刊

supply [səplái サプらイ]
——動詞 (三単現 supplies [-z]; 過去・過分 supplied [-d]; 現分 supplying) 他
…を供給する, あたえる
《supply ＋もの＋ to ＋人などまたは supply ＋人など＋ with ＋もので》
(もの)を(人など)に供給する

▸**supply** electricity
電気を供給する
▸The government **supplied** food and drink **to** them.
(＝The government **supplied** them **with** food and drink.)
政府は彼らに飲食物を供給した.
——名詞 (複数 supplies [-z])
❶ C U 供給(量), 支給
(対義語 demand 需要(%%))

▸the **supply** of water 給水
❷ C ストック, 備蓄(%%); 在庫
❸《**supplies** で》生活必需品

support [səpɔ́ːrt サポート]
——動詞 (三単現 supports [səpɔ́ːrts サポーツ]; 過去・過分 supported [-id]; 現分 supporting) 他
❶ (人・考えなど)を支持する, 支援(%%)する; 《主に英》(特定のチーム)を応援する
▸I will **support** your opinion.
わたしはあなたの意見を支持します.
▸My father **supports** the football team.
父はそのサッカーチームを応援している.
❷ …を支える (同義語 hold)
▸Please **support** the ladder.
はしごを支えてください.
❸ (人)を養う, 扶養(%%)する
▸**support** a large family
大家族を養う
——名詞 (複数 supports [səpɔ́ːrts サポーツ]) U 援助, 支持, 支え; 扶養;
C 支えになるもの

supporter [səpɔ́ːrtər サポータ] 名詞
C 支持者, 支援(%%)者; (サッカーチームなどの)ファン, サポーター

suppose [səpóuz サポウズ]
動詞 (三単現 supposes [-iz]; 過去・過分 supposed [-d]; 現分 supposing) 他《suppose ＋ that 節で》
(たぶん)…と思う, 推測する(◆ that はしばしば省略される; 同義語 guess)
▸I **suppose** (that) he is right.
たぶん彼の言うことが正しいのだろう.

ダイアログ
A: Is everything all right?
すべて順調ですか？
B: I **suppose** so.
そう思います.

be supposed to ＋動詞の原形
① …することになっている
▸He **is supposed to** come by six.
彼は6時までに来ることになっている.
② (一般には)…すると考えられている
Suppose ＋ **that** 節(◆ふつう that は省略される)
① もし…なら (同義語 if)

▶**Suppose** it snows tomorrow, the game will be canceled.
もし明日雪が降ったら,その試合は中止になるだろう.
② (提案として)…はどうですか

supreme [suprí:m スプリーム] 形容詞
最高の,最上の;最高位の
▶the **Supreme** Court　最高裁判所

:**sure** [ʃúər シュア]
――形容詞 (比較) **surer**; (最上) **surest**)
❶ 確信して,《**be sure of** [**about**] ... で》…を確信している,信じている;
《**be sure** + **that** 節 [**wh-** 節・句] で》…だと […かを] 確信している
▶Are you **sure**? 確かなのですか?
▶He **was sure of** her success.
(=He **was sure that** she would succeed.)
彼は彼女の成功を確信していた.
▶I'm not **sure whether** he can swim (or not).
彼が泳げるかどうかはわからない.
❷《**be sure to** +動詞の原形で》きっと…する,…するのは確実だ;
《**Be sure to** +動詞の原形で》必ず…しなさい
▶He's **sure to** come.
(=I'm **sure that** he will come.)
彼はきっと来る.(◆確信しているのは「彼」ではなく,話し手)
▶**Be sure to** lock the door.
必ずドアにかぎをかけなさい.
❸ 確実な,確かな,信頼できる
▶**sure** information　確かな情報
for súre 確かに,はっきりと
▶She's very kind, that's **for sure**.
彼女がとても親切であることは確かだ.
make súre (…を)確かめる《**of** ...》
▶**make sure of** the fact
その事実を確かめる
to be súre (口語)確かに,なるほど
▶**To be sure**, this book is very interesting.
確かに,この本はすごくおもしろい.
――副詞 《主に米口語》
❶ 確かに,ほんとうに

ダイアログ
A: Oh, it's cold! ああ,寒い!
B: It **sure** is. ほんとうに寒いね.

② (返事で) もちろん,いいとも
(同義語 certainly)

ダイアログ
A: May I borrow this book?
この本を借りてもいい?
B: **Sure**. もちろん.

sure enóugh (口語)案の定,思ったとおり

:**surely** [ʃúərli シュアリ] 副詞
(比較) **more surely**;
(最上) **most surely**)
❶ まちがいなく,きっと,確実に
▶She's **surely** the best guitarist in our school.
彼女はまちがいなくわたしたちの学校で最高のギタリストだ.
❷ 確かに,着実に
▶His English is getting better slowly but **surely**.
彼の英語はゆっくりだが着実に上達している.

surf [sə́:rf サ〜ふ] 名詞 U 打ち寄せる波
――動詞 自 サーフィン [波乗り]をする
súrf the Nét = súrf the Ínternet
【コンピューター】(インターネット上で)ウェブサイトを次々と見て回る,ネットサーフィンをする

surface [sə́:rfis サ〜ふェス] (★発音に注意) 名詞 C 表面,外面;水面;
《**the surface** で》外見,うわべ
▶the **surface** of the earth
地球の表面
on the súrface 表面上は,うわべは

surfboard [sə́:rfbɔ̀:rd サ〜ふボード] 名詞 C サーフボード,サーフィンの板

surfer [sə́:rfər サ〜ふァ] 名詞 C サーファー,サーフィンをする人

surfing [sə́:rfiŋ サ〜ふィング] 名詞 U サーフィン,波乗り

surgeon [sə́:rdʒən サ〜ヂャン] 名詞 C 外科医(対義語 physician 内科医)

surgery [sə́:rdʒəri サ〜ヂャリ] 名詞 U 外科(学); 外科手術

surname [sə́:rnèim サ〜ネイム] 名詞 C 姓,名字(同義語 family name, last name) ➡ name 巻末

:**surprise** [sərpráiz サプライズ]
――動詞 (三単現 **surprises** [-iz];

A B C D E F G H I J K L M N O P Q R S T U V W X Y Z

過去・過分 surprised [-d];
現分 surprising)
他 …を驚(おどろ)かす, びっくりさせる
▶The news **surprised** all of us.
その知らせはわたしたち全員を驚かせた.
▶You **surprised** me!
びっくりしたじゃないですか！
(1)《be surprised at ... で》…に驚く
▶They **were surprised at** the price of the food.
彼らはその食品の値段に驚いた.
(2)《be surprised to ＋動詞の原形で》…して驚く
▶I **was surprised to** see her there.
わたしはそこで彼女に出会って驚いた.
——名詞 (複数 surprises [-iz])
C 驚くべきこと, 意外なもの[こと];
U 驚き
▶The result was a great **surprise** to them.
その結果は彼らにとってほんとうに意外だった.
▶What a **surprise**!
これは驚いた！
▶a **surprise** party
《米》不意打ちパーティー(◆本人には知らせずに計画して驚かせるパーティー)

in surprise 驚いて
▶She looked at him **in surprise**.
彼女は驚いて彼を見た.

to a person's surprise
驚いたことには
▶**To my surprise**, he turned down the offer.
驚いたことに, 彼はその申し出を断った.

surprised

[sərpráizd サプライズド] 形容詞
(比較 more surprised;
最上 most surprised)
驚(おどろ)いた, びっくりした ➡ surprise
▶They looked **surprised**.
彼らはびっくりしたようだった.

surprising [sərpráiziŋ サプライズィング]
形容詞 驚(おどろ)くべき; すばらしい
▶a **surprising** fact 驚くべき事実

surprisingly [sərpráiziŋli サプライズィングリ] 副詞 驚いたことに, 意外にも

surrender [səréndər サレンダ] 動詞
自 (…に)降伏(こうふく)する《to ...》
——他 …を明け渡(わた)す, あきらめる

surround [səráund サラウンド] 動詞
他 …を囲む, 取り巻く

surrounding [səráundiŋ サラウンディング] 形容詞
《名詞の前に用いて》周囲の, 付近の
——名詞 《**surroundings** で複数あつかい》周囲の状況(じょうきょう), 環境(かんきょう)
(同義語 environment)

survey (★動詞・名詞のアクセントのちがいに注意)
動詞 [sərvéi サヴェイ] 他
❶ …を調査する; …の聞き取り[意識]調査をする; …を測量する
❷ …を見渡(みわた)す; …の全体を見る
——名詞 [sə́rvei サ〜ヴェイ]
❶ C 調査; 測量
❷ C 概観(がいかん), 概説

survival [sərváivl サヴァイヴる] 名詞
U 生き残ること, 生存; C 生存者; 遺物

survive [sərváiv サヴァイヴ] 動詞
(三単現 **survives** [-z]; 過去・過分
survived [-d]; 現分 **surviving**) 自
(事故・危機などを切り抜(ぬ)けて)生き残る
——他 ❶ …を切り抜けて生き残る, (困難など)を乗り切る
▶He **survived** the accident.
彼はその事故で生き残った.
❷ …より長生きする

survivor [sərváivər サヴァイヴァ] 名詞
C 生存者, 生き残った人;
(困難などを乗り越(こ)えて)立ち直った人

suspect (★動詞・名詞のアクセントのちがいに注意)動詞 [səspékt サスペクト]
他 ❶ …を怪(あや)しいと思う;
…に(…の)疑いをかける《of ...》
▶Sue **suspected** Bob **of** hiding something. スーはボブが何かを隠(かく)しているのではないかと疑った.
❷《suspect ＋ that 節で》…だと疑う;
《口語》…だろうと思う

くらべよう suspect と doubt

suspect: 「…だろうと思う」と, that 節の内容を肯定(こうてい)する推測になります.
▶I **suspect that** he is sick.
彼は病気だと思う.
doubt: 「…ではないと思う」と, that 節の内容を否定する推測になります.
▶I **doubt that** he is sick.
彼は病気ではないと思う.

──名詞 [sʌ́spekt サスペクト] C 容疑者

suspend [səspénd サスペンド] 動詞 他
❶ …をつるす, ぶら下げる(同義語 hang)
❷ (活動など)を一時停止[中止]する, 見合わせる; …を停学にする

suspender [səspéndər サスペンダ]
名詞 ❶《suspenders で》
《主に米》ズボンつり, サスペンダー
❷ C《ふつう suspenders で》
《英》靴下(とき)留め, ガーター

suspense [səspéns サスペンス]
(★アクセントに注意) 名詞
U (はらはらさせる)緊張(きんちょう)感, (どうなるのだろうかという)不安感, サスペンス

suspicion [səspíʃn サスピシャン] 名詞
U C 疑い; 容疑

suspicious [səspíʃəs サスピシャス]
形容詞 ❶ 疑い深い; (…を)疑っている, 怪(あや)しいと思っている《of [about] ...》
❷ (人・ことが)疑いを起こさせる, 疑わしい; 怪しげな

sustainable [səstéinəbl サステイナブる] 形容詞 (環境に害をあたえずに)持続可能な, 長続きする

Swahili [swɑːhíːli スワーヒーり] 名詞
(複数 Swahilis [-z] または Swahili)
U スワヒリ語(◆東アフリカで公用語として用いられる言語); C スワヒリ語を話す人

swallow¹ [swɑ́lou スワろウ] 動詞 他
❶ …を飲みこむ, …を急いで食べる[飲む]
❷ (口語)(人の話など)をうのみにする

swallow² [swɑ́lou スワろウ]
C【鳥類】ツバメ

swam [swǽm スワぁム] 動詞
swim(泳ぐ)の過去形

swamp [swɑ́mp スワンプ] 名詞
C U 沼地(ぬまち), 湿地(しっち)

swan [swɑ́n スワン] 名詞
C【鳥類】ハクチョウ(白鳥)

swarm [swɔ́ːrm スウォーム] 名詞
C (人・虫などの)群れ
──動詞 自 群がる

sway [swéi スウェイ] 動詞
他 …を(左右に)揺(ゆ)らす;
(意見など)を変えさせる
──自 (左右に)揺れる
──名詞 U 揺れ, 動揺(どうよう)

swear [swéər スウェア] 動詞
(三単現 swears [-z]; 過去 swore
[swɔ́ːr スウォーア]; 過分 sworn [swɔ́ːrn

スウォーン]; 現分 swearing)
他 …を誓(ちか)う, 宣誓(せんせい)する;
…を(本当だと)断言する
▶I **swear** to tell the truth.
真実を述べると誓います.
──自 ❶ 誓う
▶Do you **swear**?
誓いますか?
❷ (…を)ののしる《at ...》

sweat [swét スウェット] (★発音に注意)
名詞 U 汗(あせ)
──動詞 (三単現 sweats [swéts スウェッツ]; 過去・過分 sweat または sweated
[-id]; 現分 sweating) 自 汗をかく

sweater [swétər スウェタ] (★発音に注意) 名詞 C セーター
▶put on a **sweater** セーターを着る

文化 なぜセーターっていうの?

もともとは船乗りが着たウールで編んだシャツでしたが, スポーツ選手などが減量を目的として汗(sweat)をかくために着用したことから, sweater と呼ばれるようになりました.

sweat pants [swét pænts スウェット パぁンツ] 名詞《複数あつかいで》
《米》スウェットパンツ

sweat shirt [swét ʃəːrt スウェット シャ〜ト] 名詞 C スウェットシャツ, トレーナー
(◆「トレーナー」は和製英語)

Sweden [swíːdn スウィードゥン]
(★発音に注意)
スウェーデン(◆北ヨーロッパの国; 首都はストックホルム Stockholm)

sweep [swíːp スウィープ] 動詞 (三単現
sweeps [-s]; 過去・過分 swept [swépt
スウェプト]; 現分 sweeping) 他
❶ …を掃(は)く, 掃除(そうじ)する
▶I'll **sweep** the floor.
床(ゆか)を掃きます.
❷ (波・風などが)…を押(お)し流す, 吹(ふ)き飛ばす; …を一掃(いっそう)する
──自 掃く, 掃除する
──名詞《a sweep で》
掃くこと, 掃除; C 一掃

sweet [swíːt スウィート]
──形容詞
(比較 sweeter; 最上 sweetest)
❶ 甘(あま)い, 砂糖の入った
(対義語 bitter 苦い) ➡ taste 参考

a b c d e f g h i j k l m n o p q r s t u v w x y z

▶a **sweet** apple 甘いリンゴ
▶This cake is too **sweet** for me.
このケーキはわたしには甘すぎる.
❷ 香(鸞)りがいい, 甘い香りの
▶This flower smells **sweet**.
この花はいい香りがする.
❸ 心地(悰)よい, 気持ちよい, 楽しい;
(性質が)優(鸞)しい, 親切な(同義語) kind)
▶**sweet** music 耳に心地よい音楽
▶It's very **sweet** of you to help
me. 手伝ってくれるなんて, あなたは
ほんとうに親切ですね.
──名詞 (複数) **sweets** [swí:ts スウィー
ツ] ❶ C C (英)甘い菓子(鸞), キャンディー
(♦(米)candy)
❷ C U (英)(食後の)デザート
(♦(米)dessert)

sweetheart [swí:thà:rt スウィートハー
ト] 名詞 ❶ C 恋人(鸞)
❷ (呼びかけで)ねえ, きみ
(♦恋人・家族などに対して用いる)

sweet pea [swí:t pì: スウィート ピー]
名詞 C [植物]スイートピー

sweet potato [swí:t pətèitou スウィー
ト ポテイトウ] 名詞 C [植物]サツマイモ

swell [swél スウェる] 動詞
(三単現 **swells** [-z]; 過去 **swelled** [-d];
過分 **swelled** [-d] または **swollen**
[swóulən スウォウるン]; 現分 **swelling**)
自 膨(鸞)れる, 膨らむ, はれる;
(数・量が)増える
──他 …を膨らませる

swept [swépt スウェプト] 動詞
sweep(…を掃(鸞)く)の過去形・過去分詞

swift [swíft スウィふト] 形容詞
(比較 **swifter**; 最上 **swiftest**)
速い, すばやい(対義語 slow 遅(鸞)い);
即座(鸞)の
▶a **swift** runner 走るのが速い人

swiftly [swíftli スウィふトり] 副詞
速く, すばやく; すぐに

:**swim** [swím スウィム]
──動詞 (三単現 **swims** [-z]; 過去
swam [swǽm スワぁム]; 過分 **swum**
[swʌ́m スワム]; 現分 **swimming**)
──自 (人・動物が)泳ぐ, 水泳をする
▶She can **swim** very fast.
彼女はとても速く泳げる.
▶He **swam** across the lake.
彼は湖を泳いで渡(鸞)った.

▶He went **swimming** in the
ocean [sea]. 彼は海へ泳ぎに行った.
(♦× to the ocean とはいわない)
──他 (場所・距離(鸞))を泳ぐ, 泳いで渡(鸞)
る
▶I **swam** two kilometers today.
今日, わたしは2キロ泳いだ.
──名詞 (複数) **swims** [-z]
C (ふつう a swim で)泳ぐこと, 水泳
▶have a **swim** 泳ぐ
▶go for a **swim** 泳ぎに行く

swimmer [swímər スウィマ] 名詞
C 泳ぐ人, 泳ぎ手; 水泳選手

*:**swimming**
[swímiŋ スウィミング] 動詞
swim(泳ぐ)の現在分詞・動名詞

swimming pool [swímiŋ pù:l スウィ
ミング プーる] 名詞 C (水泳用の)プール
(♦単に pool ともいう)

swimming trunks [swímiŋ trʌ̀ŋks
スウィミング トゥランクス] 名詞
《複数あつかいで》(男性用の)水泳パンツ

swimsuit [swímsù:t スウィムスート]
名詞 C (ワンピース型の女性用)水着

swing [swíŋ スウィング] 動詞
(三単現 **swings** [-z]; 過去・過分 **swung**
[swʌ́ŋ スワング]; 現分 **swinging**)
他 …を揺(鸞)り動かす, 振(鸞)る;
…を(孤(鸞)をえがくように)ぐるりと回す,
回転させる
▶The girl was **swinging** her legs
under the table.
女の子はテーブルの下で脚(鸞)をぶらぶ
らさせていた.
──自 揺れる; ぶら下がる;
(孤をえがくように)ぐるっ[くるっ]と動く
▶The sign was **swinging** in the
wind. その看板は風に揺れていた.
──名詞 ❶ C 揺れ; 振ること
❷ C ぶらんこ

swing door
[swíŋ dò:r スウィ
ング ドーア] 名詞
C スイングドア
(＝ swinging
door)(♦押(鸞)し
てもひいても開
き, はなすともとへ戻(鸞)るドア)

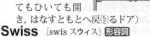

Swiss [swís スウィス] 形容詞
スイスの; スイス人の

——**名詞** 《**複数** Swiss: 単複同形》

C スイス人;《**the Swiss** で複数あつかい》スイス人(全体)

switch [swítʃ スウィッチ] **名詞** 《**複数** switches [-iz]》C (電気器具の)スイッチ

▸turn **on** [**off**] the **switch**
スイッチを入れる[切る]

——**動詞** 《**三単現** switches [-iz];
過去・過分 switched [-t];
現分 switching) **他**

❶ …を変える;(場所など)を取り替(か)える

▸**switch** seats 席を交換(こうかん)する

❷ …のスイッチを切り換(か)える
《**on** [**off**] …》

▸**switch** the light **on** [**off**]
照明のスイッチを入れる[切る]

Switzerland [swítsərlənd スウィッツァランド] **名詞** スイス(◆ヨーロッパ中部の国; 首都はベルン Bern)

swollen [swóulən スウォウラン] **動詞**
swell(膨(ふく)れる)の過去分詞の一つ

sword [sɔ́ːrd ソード] (★発音に注意)
名詞 C 剣(けん), 刀

swore [swɔ́ːr スウォーア] **動詞**
swear(…を誓(ちか)う)の過去形

sworn [swɔ́ːrn スウォーン] **動詞**
swear(…を誓(ちか)う)の過去分詞

ˈswum [swʌ́m スワム] **動詞**
swim(泳ぐ)の過去分詞

swung [swʌ́ŋ スワング] **動詞** swing
(…を揺(ゆ)り動かす)の過去形・過去分詞

Sydney [sídni スィドゥニ] **名詞** シドニー
(◆オーストラリア南東部の大都市)

▲シドニーのオペラハウス(Opera House)

syllable [síləbl スィらブる] **名詞**
C 音節, シラブル(◆単語をさらに区切ったもので, ふつう母音がふくまれている)

symbol [símbl スィンブる] **名詞**
C シンボル, 象徴(しょうちょう);(化学・数学などの)記号, 符号(ふごう)

▸a **symbol** of peace 平和の象徴

▸a chemical **symbol** 化学記号

sympathetic [sìmpəθétik スィンパせティック] **形容詞**

❶ 思いやりのある, (…に)同情的な
《**to** [**toward**] …》

❷ (…に)共感して《**to** [**toward**] …》

sympathize, 《**英**》**sympathise**
[símpəθàiz スィンパさイズ] **動詞**
《**三単現** sympathizes [-iz];
過去・過分 sympathized [-d];
現分 sympathizing) **自**

❶ (…に)同情する, (…を)気の毒に思う
《**with** …》

▸I **sympathized with** her.
わたしは彼女に同情した.

❷ (…に)共感する, 同意する《**with** …》

sympathy [símpəθi スィンパすィ]
名詞 《**複数** sympathies [-z]》

U 同情(**同義語** pity);

C 《**sympathies** で》共感

▸I felt great **sympathy** for them.
わたしは彼らに深く同情した.

symphony [símfəni スィンふォニ]
名詞 《**複数** symphonies [-z]》

C 【音楽】交響(こうきょう)曲, シンフォニー;
《**米**》交響楽団

symptom [símptəm スィンプトム] **名詞**

C (病気の)兆候, 症状(しょうじょう);
(よくないことの)兆候

▸the **symptoms** of influenza
インフルエンザの症状

synonym [sínənim スィノニム] **名詞**

C 同義語, 類(義)語
(**対義語** antonym 対義語)

synthesizer [sínθəsàizər スィンせサイザ] **名詞** C 【楽器】シンセサイザー
(◆音を電気的に合成する楽器)

syrup [sírəp スィラップ] **名詞**

U シロップ, 糖みつ

ˈsystem [sístəm スィステム] **名詞**

《**複数** systems [-z]》

C 組織, 制度; 体系, 系統, **方法**, 方式

▸a **system** of education 教育制度

▸the solar **system** 太陽系

systematic [sìstəmǽtik スィステマぁティック] **形容詞** 組織的な, 体系的な,
系統的な;規律正しい, 計画的な

▸a **systematic** movement
組織的な運動

a b c d e f g h i j k l m n o p q r **s** t u v w x y z

A B C D E F G H I J K L M N O P Q R S T U V W X Y Z

T t 𝒯𝓉

Q 大統領とクマのぬいぐるみ？　その関係は？➡ teddy bear をひいてみよう！

T, t [tíː ティー] 名詞 （複数）**T's, t's** または **Ts, ts** [-z]) **C U** ティー
（♦アルファベットの 20 番めの文字）

t. （重さの単位の）トン（♦ ton(s) の略）

tab [téb タぶ] 名詞
❶ **C** （内容表示のための）ラベル
❷ **C** （持ったり，つるしたりするための布や皮(か)などの）垂れ，つまみ；（米）（缶(か)の）プルタブ
❸ **C** （米）（レストランなどの）勘定(かんじょう)書
❹ **C** 【コンピューター】タブ；タブキー
（♦ tab key ともいう）

‡**table** [téibl テイブる] 名詞
（複数 **tables** [-z]）
❶ **C** テーブル，食卓(しょく)；台
（♦「勉強・事務用の机」は desk）
➡ **desk** 図
▶a dining **table** 食卓
▶set the **table** 食卓の用意をする
（♦食事のために食器などをテーブルに並べること）
▶clear the **table** 食卓を片づける
▶reserve a **table** for two
（レストランの）2 名の席を予約する
▶He put some dishes on the **table**.
彼はテーブルの上に皿を置いた.
❷ **C** 表，一覧表
▶a **table** of contents　（本の）目次
at (the) táble 食事中で
（♦（英）ではふつう the をつけない）
▶They were **at the table** when I dropped in.
わたしが立ち寄ったとき，彼らは食事中だった.

tablecloth [téiblklɔ̀ːθ テイブるクろーす] 名詞 **C** テーブルクロス
（♦単に cloth ともいう）

table manners [téibl mæ̀nərz テイブるマぇナズ] 名詞 《複数あつかいで》テーブルマナー，食事の作法

文化 テーブルマナーは大事

一般的に日本人が注意すべきことには，次のようなものがあります.

▶スープはスプーンを手前から向こうへすくうように動かし，飲むときには音を立てない.

▶塩，コショウ，バターなどを取ろうと腰(こし)を浮(う)かしたり，ほかの人の前に手を伸(の)ばしたりせず，Would you pass me the salt, please? （塩を取っていただけますか？）などと言って取ってもらう.

パーティーだけではなく，一般の家庭でも大皿に盛られた料理を各自で取ることがよくあります. Help yourself. （自分で自由に取って食べてください）の原則に従い，あまり遠慮(えんりょ)する必要はありません. また，食卓(しょく)は会話を楽しむ場でもあるので，自分から話題を提供して楽しい雰囲気(ふんいき)をつくるように心がけましょう.

> Would you pass me the salt?

> Sure.

tablespoon [téiblspùːn テイブるスプーン] 名詞 **C** テーブルスプーン，大さじ
（♦ teaspoon 3 杯と同量；約 15ml）

tablet [téblit タぁブれット] 名詞
❶ **C** （薬の）錠剤(じょう)；
（石けん・菓子(かし)などの）小片(しょう)
❷ **C** （金属・石などの）銘板(めい)（♦文字を刻んで記念碑(ひ)などに埋(う)めこむ）

tablet computer [tˈæblit kəmpjúːtər タァブレット コンピュータ] 名詞
Ｃ タブレット型コンピューター(♦持ち運びの可能な薄型の携帯コンピューター)

table tennis [téibl tènis テイブる テニス] 名詞 Ｕ 【スポーツ】卓球(たっきゅう)
(♦(口語)ping-pong)

taboo [təbúː タブー] 名詞 (複数 taboos
[-z]) Ｃ Ｕ タブー, 禁制; 禁句

tackle [tˈækl タぁクる] 名詞
Ｃ (アメリカンフットボール・ラグビーなどの)タックル
➡ **American football** 図
——動詞 (三単現 **tackles** [-z]; 過去・過分 **tackled** [-d]; 現分 **tackling**) 他
❶ (困難な任務・問題など)に取り組む
❷ (人)を組み伏(ふ)せる, 捕(つか)まえる; 【スポーツ】(敵)にタックルする

tadpole [tˈædpòul タぁドポウる] 名詞
Ｃ 【動物】オタマジャクシ

tag¹ [tˈæg タぁッグ] 名詞
Ｃ つけ札(ふだ), 下げ札, 荷札
▶a **name** [price] **tag** 名札[値札]

tag² [tˈæg タぁッグ] 名詞 Ｕ 鬼(おに)ごっこ
▶Let's play **tag**. 鬼ごっこをしよう.

tail [téil テイる] 名詞 (複数 **tails** [-z])
❶ Ｃ 尾(お), しっぽ; 尾に似たもの
▶That dog is wagging its **tail**.
あのイヌがしっぽを振(ふ)っているよ.
▶the **tail** of a comet すい星の尾
❷ Ｃ 後部; (シャツの)すそ; (列の)最後尾(び)
❸ Ｃ《ふつう **tails** で単数あつかい》(コインの)裏(対義語 head 表)
▶Heads or **tails**? 表か裏か?
(♦コインを投げ, 勝敗や試合の先攻(せんこう)後攻などを決めるときのことば)

tailor [téilər テイら] 名詞
Ｃ (紳士(しんし)服の)仕立屋
(類語 dressmaker (婦人服の)仕立屋)

take 動詞 ➡ p.610 take

takeaway [téikəwèi テイクアウェイ]
名詞 Ｃ (英)=(米)takeout(持ち帰り用の料理(店))
——形容詞 (英)=(米)takeout(持ち帰り用の)

taken [téikən テイクン] 動詞
take(…を取る)の過去分詞

takeout [téikàut テイクアウト] 名詞
Ｃ (米)持ち帰り用の料理(店)
(♦(英)takeaway)
——形容詞 (米)持ち帰り用の
(♦(英)takeaway)

taking [téikiŋ テイキング] 動詞
take(…を取る)の現在分詞・動名詞

tale [téil テイる] 名詞
Ｃ 物語, (架空(かくう)または実際の)話
(♦ story よりかたい語)
▶a fairy **tale** おとぎ話

talent [tˈælənt タぁレント] 名詞
❶ Ｕ Ｃ (…の)才能, 天分《for ...》
(同義語 ability)
▶He has a **talent for** music.
彼は音楽の才能がある.
❷ Ｕ 才能のある人々; Ｃ (米)才能のある人(♦日本語の「テレビタレント」は TV personality や entertainer という)

talented [tˈæləntid タぁレンティッド]
形容詞 (生まれつき)才能のある, 有能な

talk [tˈɔːk トーク]
——動詞 (三単現 **talks** [-s];
過去・過分 **talked** [-t]; 現分 **talking**)
——⾃ (…に /…と /…について)話す, しゃべる《to ... / with ... / about ...》
➡ **say** くらべよう
▶They **talked** overnight.
彼らは一晩じゅう, おしゃべりをした.
▶Mary **talked with** Jim **about** the camp. メアリーはジムとキャンプについて話した.
▶I'm **talking to** you, Jack.
あなたに言っているんだよ, ジャック.
——他 …について話す, 論じる

talk back
(…に)言い返す, 口答えをする《to ...》

talking of [about] ...
《ふつう文頭に用いて》(口語)…と言えば

talk over …について(十分に)話し合う
▶We should **talk over** our future.
わたしたちは自分たちの将来について話し合うべきだ.

talk to oneself ひとり言を言う
▶She often **talks to herself**.
彼女はよくひとり言を言う.
——名詞 (複数 **talks** [-s])
Ｃ Ｕ 話, 話し合い, 相談;
Ｃ《ふつう **talks** で》会談
▶summit **talks** 首脳会談

‡take 動詞

❶ …を(手に)取る
❷ (もの)を持って行く；(人)を連れて行く
❸ …を手に入れる
❹ …を選ぶ

[téik テイク]

(三単現 takes [-s]；過去 took [túk トゥック]；過分 taken [téikən テイクン]；現分 taking) 他

❶ …を(手に)取る, つかむ, 抱(だ)く；…を捕(と)らえる(同義語 hold)

▶She took an apple from the basket. 彼女はかごからリンゴを1つ取った.

▶She took his hand. 彼女は彼の手をつかんだ.
(=She took him by the hand.)

▶I took my cat in my arms. わたしはネコを腕(うで)に抱いた.

❷ (もの)を持って行く；(人)を連れて行く ➡ bring くらべよう

▶Take an umbrella (with you). 傘(かさ)を持って行きなさい.

▶My aunt took me to the zoo. おばが動物園に連れて行ってくれた.

▶Sue took her dog for a walk. スーはイヌを散歩に連れて行った.

❸ …を手に入れる, もらう；(もの・金)を受け取る；(助言など)を受け入れる

▶Who took (the) first prize? だれが1等賞をとりましたか？

▶She took my advice. 彼女はわたしの助言を受け入れた.

❹ …を選ぶ；(試験など)を受ける；(ある道・席)をとる

▶I took his class last year. わたしは去年, 彼の授業をとった.

▶Which way did you take? どちらの道を行ったのですか？

▶Take your seats, everyone. みなさん, 席に着いて.

❺ (乗り物など)に乗る, …を利用する

▶I take the 7:30 bus every morning. わたしは毎朝, 7時30分のバスに乗る.
(♦7:30 は seven thirty と読む)

▶We took the elevator to the eighth floor. わたしたちは8階までエレベーターを使った.

❻ (薬・飲み物)を飲む(♦「飲み物」の場合は口語ではふつう drink を用いる)；…を食べる(♦口語ではふつう eat または have を用いる) ➡ drink くらべよう

▶Take this medicine after each meal. 毎食後, この薬を飲みなさい.

▶take breakfast at six 6時に朝食をとる

❼ (写真)を撮る；…を書き留める, 記録する

▶Jack likes to take pictures. ジャックは写真を撮るのが好きだ.

▶Did you take notes? メモをとりましたか？

❽ (時間・労力・費用など)を必要とする, (時間・労力・費用など)がかかる(♦it を主語にすることが多い)

▶How long does it take to get to the station? 駅までのどのくらいの時間がかかりますか？

▶This homework will take (me) two days. この宿題(を終えるに)は(わたしには)2日かかるだろう.

❾ (ある行動)をとる, する

▶take a bath / take a walk ふろに入る / 散歩する

▶take a rest / take action ひと休みする / 行動を起こす

❺ (乗り物など)**に乗る**
❻ (薬・飲み物)**を飲む**
❼ (写真)**を撮る**
❽ (時間・労力・費用など)**を必要とする**

❿ …を買う; (新聞など)を購読する; …を借りる
▸I'll **take** this one. (お店で)これを買います.
▸She **takes** an English 彼女は英字新聞を購読している.
 newspaper.
⓫ …を持ち去る, 盗む(同義語 steal); …を取り去る
▸A monkey **took** my cap. サルに帽子を持って行かれた.

tàke áfter ... (親など)に似ている
▸Sue **takes after** her mother. スーは母親に似ている.

◆*take awáy* (もの)**を持ち去る**, (人)を連れ去る
▸Please **take away** this dish. この皿を持って行ってください.

take báck (買ったもの・借りたもの)を(…に)返す《to ...》; …を取り戻す
▸I **took** the sweater **back to** わたしは店にそのセーターを返品した.
 the shop.

take cáre 気をつける; お大事に; さようなら ➡ **care**

◆*take cáre of ...* **…の世話をする**; …に気を配る ➡ **care**

take dówn ① …を降ろす, 下げる
 ② (建物など)を取り壊す, (機械)を解体する
 ③ …を書き留める(同義語 write down)

táke ... for ～ …を～と思う; …を～とまちがえる
▸People often **take** my voice わたしの声はよく母の声とまちがえら
 for my mother's (voice). れる.

take ín ① (水・空気など)を吸収する
 ② (意味・状況など)を理解する

take it éasy 気楽にやる; じゃあね ➡ **easy**

◆*take óff* ① (もの)**を取り除く**; (服など)を脱ぐ
▸He **took off** his jacket. 彼は上着を脱いだ.
 ② (飛行機などが)離陸する
▸The plane **took off** on time. その飛行機は時間どおりに離陸した.

take óut (もの)を取り出す, 持ち出す; (人)を連れ出す; 《米》(買った食べ物など)を持ち帰る
▸I **took out** the garbage. わたしはゴミを出した.

táke ... out of ～ …を～から取り出す; …を～から除く
▸He **took** a map **out of** his 彼はリュックから地図を取り出した.
 backpack.

take óver (仕事など)を引き継ぐ
▸She **took over** her father's 彼女は父親のパン屋を継いだ.
 bakery.

take párt (…に)加わる《in ...》 ➡ **part**

take pláce 起こる ➡ **place**

take úp (もの)を取り上げる; (時間・場所など)をとる
▸His speech **takes up** too 彼のスピーチは時間をとりすぎる.
 much time.

talkative [tɔ́ːkətiv トーカティヴ] 形容詞
話好きな, おしゃべりな

‡**tall** [tɔ́ːl トール] 形容詞
(比較 **taller**; 最上 **tallest**)
❶ 背が高い (対義語 **short** 背が低い),
(木・建物などが)(細長く)高い
➡ **high** くらべよう

tall

short

▸a **tall** person 背の高い人
▸a **tall** tower 高い塔(とう)
▸Kate is **taller** than her father.
ケイトは彼女の父親よりも背が高い.
▸Tom is the **tallest** in his class.
トムはクラスでいちばん背が高い.
❷《身長・高さを表す名詞のあとに用いて》身長が…ある, 高さが…ある

ダイアログ
A: How **tall** is Lisa?
リサは身長がどれくらいあるの?
B: She's 155 centimeters **tall**.
155 センチだよ.

❸ (話などが)信じられない, 大げさな

tambourine [tæmbəríːn タンバリーン]
(★アクセントに注意) 名詞
C【楽器】タンバリン
➡ **musical instruments** 図

tame [téim テイム] 形容詞
(比較 **tamer**; 最上 **tamest**)
(動物が人に)なれた, 飼いならされた
(対義語 **wild** 野生の);
(人や動物が)従順な
——動詞 (三単現 **tames** [-z];
過去・過分 **tamed** [-d]; 現分 **taming])
他 (動物)を飼いならす

Tamil [tǽml タムル] 名詞 U タミル語
(◆インド東南部などで話されている言語)

tan [tǽn タン] 動詞 (三単現 **tans** [-z];
過去・過分 **tanned** [-d]; 現分 **tanning);
他 …を日焼けさせる
——名詞 C (健康的な)日焼け
(同義語 **suntan)**

tangerine [tændʒəríːn タンジェリーン]
名詞 C【植物】タンジェリン
(◆日本のミカンに似た果物(くだもの))

tank [tǽŋk タンク] 名詞
❶ C (液体・ガスなどを入れる)タンク,
貯水槽(そう)
❷ C 戦車, タンク

tank top [tǽŋk tàp タンク タップ]
名詞 C タンクトップ(◆そでなしのシャツ)

tap¹ [tǽp タップ] 動詞
(三単現 **taps** [-s]; 過去・過分 **tapped** [-t];
現分 **tapping)**
他 …を軽くたたく, トントン[コツコツ]たたく(同義語 **pat)**
▸He **tapped** my shoulder. (=He
tapped me on the shoulder.)
彼はわたしの肩(かた)を軽くたたいた.
——名詞 C トントン[コツコツ]たたく音;
たたくこと

tap² [tǽp タップ] 名詞
❶ C (水道などの)蛇口(じゃぐち), 栓(せん)
(◆《米》**faucet)**
▸turn the **tap** on [off]
蛇口を開ける[閉める]
▸**tap** water 水道水
❷ C (たるなどの)飲み口

‡**tape** [téip テイプ]
——名詞 (複数 **tapes** [-s])
❶ U C (布・紙などの)テープ, (平たい)
ひも, リボン
❷ U 接着テープ (◆《米》Scotch tape,
《英》Sellotape [sélətèip セロテイプ])
❸ U C (録音・録画用の)テープ
▸play back a **tape**
テープを再生する
❹《the tape で》(開通式・ゴールなどの)
テープ
——動詞 (三単現 **tapes** [-s];
過去・過分 **taped** [-t]; 現分 **taping)** 他
❶ …をテープに録音[録画]する
(◆ tape-record ともいう)
❷ …をテープで留める[縛(しば)る];
《米》…に包帯を巻く, テーピングする

tape measure [téip mèʒər テイプ

メジャ] [名詞] [C] 巻き尺, メジャー

tape recorder [téip rikɔ̀ːrdər テイプリコーダ] [名詞] [C] テープレコーダー

target [tɑ́ːrgit ターゲット] [名詞]
❶ [C] (射撃(しゃげき)などの)的(まと), 標的
❷ [C] 目標; 目標額
❸ [C] (非難などの)的; (調査などの)対象

tart [tɑ́ːrt タート] [名詞] [C] [U] タルト
(♦果物(くだもの)・ジャムなどを入れたパイ)

Tarzan [tɑ́ːrzən ターザン] [名詞] ターザン
(♦アメリカの小説家バローズ(Edgar Rice Burroughs) による冒険(ぼうけん)小説『類人猿(るいじんえん)ターザン』(*Tarzan of the Apes*)の主人公)

task [tǽsk タぁスク] [名詞]
[C] 仕事, 課題; (つらい)任務
▸a difficult **task**
難しい仕事

♦taste [téist テイスト]

—[動詞] ([三単現] **tastes** [téists テイスツ]; [過去・過分] **tasted** [-id]; [現分] **tasting**)

—[他] ❶ (飲食物)**の味見をする**
▸I **tasted** the soup.
わたしはスープの味見をした.
❷《しばしば **can** をともなって》
…の味がわかる, 味を感じる
▸I **can taste** orange in this cake.
このケーキはオレンジの味がする.

—[自]《**taste** +**形容詞** または **taste of** [**like**] ... で》…**の**[…**のような**]**味がする**
▸What does it **taste like**?
それはどんな味がしますか?

[ダイアログ]
A: How does the apple **taste**?
そのリンゴの味はどう?
B: It **tastes** a little sour, but good.
少しすっぱいけれど, おいしいよ.

—[名詞] ([複数] **tastes** [téists テイスツ])
❶ [U]《または **a taste** で》(飲食物の)**味**; [U] 味覚 ➡ **sense** [参考]
▸the **taste** of lemon　レモンの味
▸This vegetable has a bitter **taste**.
この野菜は苦味がある.

[参考] **味のいろいろ**

sweet	甘(あま)い
salty	塩辛(から)い
hot, spicy	辛い
sour	すっぱい
sweet-and-sour	甘ずっぱい
bitter	苦い

❷ [C] [U] (…の)趣味(しゅみ), 好み《in [for] ...》; [U] (…の)センス《in ...》
▸She has good **taste in** clothes.
彼女は服装の趣味がいい.
❸ [C]《通例単数形で》(…の)ひと口; 試食; ちょっとした経験《of ...》
▸I had a **taste of** the cake.
わたしはそのケーキをひと口味見した.

tasty [téisti テイスティ] [形容詞]
([比較] **tastier**; [最上] **tastiest**)
おいしい, 味がよい([同義語] delicious)

tattoo [tætúː タぁトゥー] [名詞]
([複数] **tattoos** [-z]) [C] 入れ墨(ずみ), タトゥー

♦taught [tɔ́ːt トート] [動詞]

teach(…を教える)の過去形・過去分詞

tax [tǽks タぁックス] [名詞] ([複数] **taxes** [-iz]) [C] [U] 税, 税金
▸the consumption **tax**　消費税

—[動詞] ([三単現] **taxes** [-iz]; [過去・過分] **taxed** [-t]; [現分] **taxing**)
[他] (人・もの)に税金をかける
▸Gasoline is heavily **taxed**.
ガソリンには高い税金がかかっている.

♦taxi [tǽksi タぁクスィ] [名詞]

([複数] **taxis** または **taxies** [-z])
[C] **タクシー**(=taxicab [tǽksikæ̀b タぁクスィキぁぶ])(♦《口語》cab)
▸I took a **taxi** to the station.
わたしは駅までタクシーで行った.
▸Could you call a **taxi**, please?
タクシーを呼んでくれますか?
▸He went home by **taxi**.
彼はタクシーで家に帰った. (♦手段を表す by のあとは無冠詞)

[文化] **タクシーのドア**

アメリカのタクシーのドアは自動ではないため, 乗客が自分でドアを開け閉めしなければなりません. イギリスや

A B C D E F G H I J K L M N O P Q R S T U V W X Y Z

カナダ, オーストラリアでも同じです.

*tea [tíː ティー] 名詞 (複数 **teas** [-z])

❶ U 茶, 紅茶(◆単に tea というときはふつう「紅茶」(black tea)を指す)

▶green **tea** 緑茶

▶I made **tea** for the guest.
わたしは来客にお茶を入れた.

▶Would you like another cup of **tea**?
お茶をもう1杯(愍)いかがですか?

❷ C (1杯の)茶, 紅茶

▶Two **teas**, please.
(お店で)紅茶を2つください.
(◆注文するときなどは, two cups of tea よりも two teas のほうがふつう)

❸ C U (英)アフタヌーンティー, 午後のお茶(=afternoon tea)

《文化》 **紅茶とイギリス人**

イギリスでは, afternoon tea といって, 友人や知人を招いて, 午後3時ごろから5時ごろまでの間に紅茶を飲む習慣があります. そのとき, サンドイッチやスコーンなどの軽食もとります. 紅茶はふつう牛乳を混ぜたミルクティー(tea with milk)が好まれます. また, high tea と呼ばれる5時から6時ごろの食事もあります. この食事は夕食(supper)を兼(⑦)ねることもあります.

tea break [tíː brèik ティー ブレイク]
名詞 C (主に英)お茶の時間
(◆(米)coffee break)

*teach [tíːtʃ ティーチ] 動詞
(三単現 **teaches** [-iz]; 過去・過分 **taught**
[tɔ́ːt トート]; 現分 **teaching**)

——他 (学科など)を教える:《**teach** +人 +名詞または **teach** +名詞+ **to** +人 で》(人)に…を教える(◆ teach は学問や技術などを教える場合に用い, 道順などの情報を教える場合には tell を用いる)
➡ **tell** 《参考》

▶My father **teaches** mathematics at a high school.
父は高校で数学を教えている.

▶Ms. Baker **teaches** us English.
(=Ms. Baker **teaches** English **to** us.)
ベーカー先生は, わたしたちに英語を教えている.(◆文末にくる語句が強調される; 前者は「何を」教えているか, 後者は「だれに」教えているかに重点が置かれる)

▶They are **taught** Chinese at school.
彼らは学校で中国語を教わっている.

——自 教える, 教師をする

▶Where does he **teach**?
彼はどこの先生ですか?

*teacher [tíːtʃər ティーチャ] 名詞
(複数 **teachers** [-z])

C 先生, 教師

▶a science **teacher** 理科の先生

▶a **teachers'** room 職員室

▶Mr. Ito is our English **teacher**.
伊藤先生はわたしたちの英語の先生です.

▶She wants to be a kindergarten **teacher**. 彼女は幼稚(荽)園の先生になりたいと思っている.

▶He is a **teacher** at a high school.
彼は高校の先生だ.

《参考》 **先生の呼び方**

1 英語で「林先生」と呼びかけるときは Teacher Hayashi とはいわず, 名前に Mr. や Ms. または Mrs. や Miss をつけて呼びます.

▶Good morning, **Mr.** Hayashi.
林先生, おはようございます.

> [2] 大学の先生には Professor Hayashi ということができます.
> また,「英語の先生」は a teacher of English ですが, an English teacher ともいいます. この場合は, English を teacher よりも強く発音します. English より teacher を強く発音すると,「イギリス[イングランド]人の先生」の意味になります.

teaches [tíːtʃiz ティーチズ] [動詞]
teach(…を教える)の三人称単数現在形

teaching [tíːtʃiŋ ティーチング] [動詞]
teach(…を教える)の現在分詞・動名詞
——[名詞] [U] 教えること; 教職

⁑team [tíːm ティーム] [名詞] ([複数] **teams** [-z])
[C] (仕事や競技をいっしょにする)**チーム**, 組 (◆全体をひとまとまりと考えるときは単数あつかい, 一人ひとりに重点を置くときは複数あつかい) ➡ **club** [参考]
▸a baseball **team** 野球チーム
▸He is on [《英》in] our volleyball **team**.
彼はわたしたちのバレーボールチームのメンバーだ.

teammate [tíːmmèit ティームメイト]
[名詞] [C] チームの仲間, チームメイト

teamwork [tíːmwəːrk ティームワ〜ク]
[名詞] [U] チームワーク, 共同作業

teapot [tíːpɑ̀t ティーパット] [名詞]
[C] ティーポット, きゅうす

⁎tear¹ [tíər ティア] (★ tear² との発音のちがいに注意) [名詞] ([複数] **tears** [-z])
[C] 《ふつう **tears** で》**涙**(なみだ)
▸burst into **tears** わっと泣き出す
▸**Tears** ran down his cheeks.
涙が彼のほおを流れ落ちた.
in téars 涙を浮(う)かべて, 泣きながら
▸Ann was **in tears**.
アンは涙を浮かべていた.

tear² [téər テア] (★ tear¹ との発音のちがいに注意) [動詞] ([三単現] **tears** [-z]; [過去] **tore** [tɔ́ːr トーア]; [過分] **torn** [tɔ́ːrn トーン]; [現分] **tearing**)
[他] …を引き裂(さ)く, 破る; …をもぎ取る
▸She **tore** the sheet into pieces.
彼女はその紙を細かく破いた.
——[自] 裂ける, 破れる

teardrop [tíərdrɑ̀p ティアドゥラップ]
[名詞] [C] 涙(なみだ)のしずく; 涙形のもの

tearoom [tíːrùːm ティールーム] [名詞]
[C] 喫茶(きっさ)店, 喫茶室

tease [tíːz ティーズ] [動詞] ([三単現] **teases** [-iz]; [過去・過分] **teased** [-d]; [現分] **teasing**) [他] …をからかう, いじめる
——[自] からかう, いじめる

teaspoon [tíːspùːn ティースプーン] [名詞]
[C] ティースプーン, 小さじ(◆約 5ml)

technical [téknikl テクニクる] [形容詞]
❶ 技術の; 工業の
▸a **technical** school 工業学校
❷ 専門の, 専門的な

technician [tekníʃn テクニシャン] [名詞]
[C] (ある分野の)専門家, 技術者;
(芸術・スポーツなどの)技巧(ぎこう)家

technique [tekníːk テクニーク]
(★アクセントに注意) [名詞]
[C] (芸術の)手法, テクニック;
[U] (専門的な)技術

technology [teknɑ́lədʒi テクナらディ]
[名詞] ([複数] **technologies** [-z])
[U] 科学技術, テクノロジー;
[C] (具体的な)技術
▸a communications **technology**
通信技術

teddy bear [tédi bèər テディ ベア]
[名詞] [C] クマのぬいぐるみ, テディーベア

> [文化] **テディーは大統領の愛称(あいしょう)!**
> 狩猟(しゅりょう)家であったアメリカの第 26 代大統領セオドア・ルーズベルト (Theodore Roosevelt)は, クマ狩(が)りのときに子グマを見逃(みのが)してやりました. この話が新聞のマンガを通じて評判となり, 大統領の愛称(あいしょう)の Teddy にちなんだ Teddy Bear という名の子グマのぬいぐるみが売り出されました. イギリスではミルン(A. A. Milne)の『クマのプーさん』(*Winnie-the-Pooh*)の影響(えいきょう)もあって, teddy bear を持つ子供が多いようです.

A B C D **E** F G H I J K L M N O P Q R **S** T U V W X Y Z

teenage [tíːnèidʒ ティーンエイヂ] 形容詞
ティーンエージャー（向け）の，ティーン
エージャー特有の（＝teenaged）

teenaged [tíːnèidʒd ティーンエイヂド]
形容詞 ティーンエージャー（向け）の，
ティーンエージャー特有の（＝teenage）

teenager [tíːnèidʒər ティーンエイヂャ]
名詞 C 10 代の少年［少女］，ティーン
エージャー
（◆正確には語尾⑤に -teen がつく 13 歳(さい)
(thirteen)から 19 歳(nineteen)までの
少年少女を指す）

teeth [tíːθ ティース] 名詞
tooth(歯)の複数形

telegram [téləgræm テレグラぁム] 名詞
C 電報(文)（◆送られるメッセージその
ものを指す；《米口語》wire）
▶send [receive] a **telegram**
電報を打つ［受け取る］

telegraph [téləgræf テレグラぁふ] 名詞
U (telegram を送る制度としての)電報，
電信；C 電信機

telephone [téləfòun テレふォウン]
――名詞 (複数 telephones [-z])
U (制度としての)電話；
C 電話機(＝telephone set)
（◆《口語》phone）
▶a public [pay] **telephone**
公衆電話
▶The **telephone** is ringing.
電話が鳴っていますよ．
▶answer the **telephone**
電話に出る
▶May I use your **telephone**?
電話をお借りしてもいいですか？
▶I talked with Ann on [over] the
telephone.
わたしは電話でアンと話をした．
▶We talked by **telephone**.
わたしたちは電話で話した．
（◆手段を表す by のあとは無冠詞）
――動詞 (三単現 telephones [-z]；
過去・過分 telephoned [-d]；
現分 telephoning)
他 …に電話をかける
▶Please **telephone** me tonight.
今晩，電話をください．

telephone booth [téləfoun búːθ テれ
ふォウン ブーす] 名詞 C 電話ボックス
（◆単に booth ともいう；《英》telephone
box）

telephone directory
[téləfoun dirèktəri テれふォウン ディレクトリ]
名詞 C 電話帳

telescope [téləskòup テれスコウプ]
名詞 C 望遠鏡

television
[téləvìʒn テれヴィジャン] 名詞
(複数 televisions [-z])（◆TV と略す）
❶ U テレビ(放送)
▶Susan is watching **television**.
スーザンはテレビを見ている．
（◆「テレビ番組を見る」というときは
television に a や the はつかない）
▶What's on **television** now? 今，
テレビで何(の番組)をやっていますか？
▶He watches a news program on
television every evening.
彼は毎晩，テレビでニュース番組を見る．
❷ C テレビ(受像機)(＝television set)
▶turn on [off] the **television**
テレビをつける［消す］

tell [tél テる] 動詞
(三単現 tells [-z]；過去・過分 told [tóuld
トウるド]；現分 telling)
――他

❶ …を話す；…を教える
❷ (人)に…することを命じる
❸ …がわかる；…を見分ける

❶ …を話す，言う；…を教える，
知らせる；《tell ＋人＋ about ＋ことで》
(こと)について(人)に話す，教える
➡ **say** くらべよう
▶He **told** a strange story.
彼は奇妙(きみょう)な話をした．
▶Don't **tell** a lie.
うそを言ってはいけないよ．
▶**Tell** me **about** your school life.
学校生活について話してください．
❷《tell ＋人＋ to ＋動詞の原形で》
(人)に…することを命じる，…するように
言う(同義語 order)
▶I **told** him to be quiet.
わたしは彼に静かにするように言った．
▶Ms. Smith **told** us not **to** swim
in that river.

スミス先生はわたしたちに, あの川で泳がないようにと言った.

❸ …がわかる; …を見分ける, 区別する; 《tell ... from 〜で》…と〜を見分ける; (♦ふつう can, be able to をともなう)

▶I **can tell** that he is lying.
彼がうそをついているのはわかる.

▶I **can't tell** Beth **from** Emily, her twin sister.
わたしはベスと彼女の双子(ふたご)の姉[妹]のエミリーを区別できない.

❹ 《tell ＋人＋ことまたは tell ＋こと＋to ＋人で》(人)に(こと)を話す, 教える

▶Could you **tell** me his phone number? (＝Could you **tell** his phone number **to** me?) 彼の電話番号を教えていただけませんか?

[參考] 「道を教える」の表し方

1 「道」をことばで教える場合は, teach ではなく tell を使います.
▶Would you **tell** me the way to the station?
駅への道を教えていただけませんか?
2 実際に連れて行く, または地図を書いて示す場合には, show を使います.
▶Would you **show** me the way to the station?
3 teach は学問や技術などを教える場合に使います. 道を教える場合には使いません.

---

❺ 《tell ＋人＋ that 節[wh- 節・句]で》(人)に…だと[かを]言う

▶She **told** me (**that**) Chris had a bad cold.
彼女はわたしにクリスがひどい風邪(かぜ)をひいていると言った.

▶I'll **tell** you **what** happened after that. そのあとに何が起こったか話してあげよう.

──**⦿ ❶** 話す, 語る

❷ わかる, 見分ける (♦ふつう can または be able to をともなう)

Don't téll me (that ...)
まさか(…ではないでしょうね)

▶**Don't tell me** you forgot your wallet. まさか財布(さいふ)を忘れたのではないでしょうね.

I can téll you 確かに, ほんとうに
▶The dog is cute, **I can tell you**.
そのイヌはほんとうにかわいい.

I'll téll you whát. 《口語》いい考えがある; こうしたらどうだろう.

I tóld you so. だから言ったでしょう, それごらん.

to téll (you) the trúth 実は ➡ truth

You're télling mé. 《口語》全く同感だ; そんなことは百も承知だ.

temper [témpər テンパ] **名詞**

❶ ◯ Ⓤ 気分, きげん; 気質, 気性(きしょう)
▶Ann is in a <u>good</u> [bad] temper today.
アンは今日, きげんがいい[悪い].

❷ Ⓤ 《または a temper で》短気, かんしゃく; 落ち着き
▶He can't control his **temper**.
彼は怒(おこ)りっぽい感情を抑(おさ)えられない.

temperature [témpərətʃər テンペラチャ] **名詞**

❶ ◯ Ⓤ 温度, 気温
▶<u>high</u> [low] **temperature** 高[低]温

ダイアログ
A: What's the **temperature** now?
今, 気温は何度ですか?
B: It's about 20℃. セ氏 20 度くらいかな. (♦ 20℃は twenty degrees Celsius [centigrade] と読む)

---

❷ Ⓤ 体温; 《a temperature で》(平熱より高い)熱(同義語 fever)
▶Take your **temperature**.
体温をはかりなさい.

temple [témpl テンプる] **名詞**

◯ (古代ギリシャ・ローマなどの)神殿(しんでん); (ユダヤ教, ヒンドゥー教, 仏教など, キリスト教以外の)寺, 寺院
▶the Todai-ji **Temple**
東大寺

ヒンドゥー教の寺院　　ユダヤ教の寺院

temporary [témpərèri テンポレリ]
形容詞 一時的な, 臨時の, 仮の

tempt [témpt テンプト] [動詞]
[他] …を誘惑(ゆうわく)する, 誘(さそ)う, そそのかす

temptation [temptéiʃn テンプテイシャン] [名詞] [U] [C] (…したいという)誘惑(ゆうわく)《to +動詞の原形》; [C] 誘惑するもの

:ten [tén テン]

—[名詞] ([複数] **tens** [-z])
[C]《冠詞をつけずに単数あつかい》**10**; 《複数あつかいで》10 人, 10 個;
[U] 10 歳(さい); 10 時
▸I got up at **ten** (o'clock).
わたしは 10 時に起きた.
tén to óne 十中八九, きっと
▸**Ten to one**, Mike will win.
十中八九, マイクは勝つだろう.
—[形容詞] **10 の**; 10 人の, 10 個の; 10 歳の
▸My brother is **ten** (years old).
弟は 10 歳だ.

tend [ténd テンド] [動詞]
[自]《**tend to** +**動詞の原形**で》
…する傾向(けいこう)がある, …しがちだ
▸He **tends to** eat between meals.
彼は間食する傾向がある.

tendency [téndənsi テンデンスィ] [名詞]
([複数] **tendencies** [-z])
[C] (…する)傾向(けいこう), 風潮(ふうちょう); 癖(くせ)《to +動詞の原形》

tender [téndər テンダ] [形容詞]
([比較] **tenderer**; [最上] **tenderest**)
❶ 優(やさ)しい, 親切な
▸Mary has a **tender** heart.
メアリーは優しい心の持ち主だ.
❷ (肉などが)柔(やわ)らかい (◆肉には soft や hard は使わない; [対義語] tough かたい)
▸The steak was very **tender**.
ステーキはとても柔らかかった.

tenderly [téndərli テンダりィ] [副詞]
優(やさ)しく, 親切に

Tennessee [tènəsíː テネスィー] [名詞]
❶ テネシー州 (◆アメリカ南部の州; Tenn. または【郵便】で TN と略す)
❷《**the Tennessee** で》テネシー川

:tennis [ténis テニス] [名詞]

[U]【スポーツ】テニス, 庭球 ➡ p.619 図
▸I played **tennis** with Alice.
わたしはアリスとテニスをした.
▸She won a **tennis** match.
彼女はテニスの試合に勝った.

tenor [ténər テナ] [名詞]
[U]【音楽】テノール, テナー (◆男声の最高音域); [C] テノール[テナー]歌手

tense[1] [téns テンス] [形容詞]
([比較] **tenser**; [最上] **tensest**)
❶ 緊張(きんちょう)した, 張りつめた
▸a **tense** situation 緊迫(きんぱく)した事態
❷ (綱(つな)・筋肉などが)張った
▸a **tense** rope ぴんと張ったロープ

tense[2] [téns テンス] [名詞]
[U] [C]【文法】(動詞の)時制
▸the present [past] **tense**
現在[過去]時制

tension [ténʃn テンシャン] [名詞]
❶ [U] (精神的な)緊張(きんちょう), 不安
❷ [U] (糸・筋肉などが)ぴんと張ること

·tent [tént テント] [名詞]

([複数] **tents** [ténts テンツ])
[C] テント
▸pitch [put up] a **tent** テントを張る
▸take down [strike] a **tent**
テントをたたむ

:tenth [ténθ テンす]

—[名詞] ([複数] **tenths** [-s])
❶ [U]《**the tenth** で》
第 10, 10 番め; (日付の) 10 日
(◆ 10th と略す)
▸**the tenth** of July (=July 10)
7 月 10 日(◆ July 10 は July (the) tenth と読む)
❷ [C] 10 分の 1
—[形容詞] ❶《**the tenth** で》
第 10 の, 10 番めの
❷ 10 分の 1 の

term [tə́ːrm ターム] [名詞]
❶ [C] (ある一定の)期間; 任期; 《英》(3 学期制の)学期(◆アメリカなどの「2 学期制の学期」は semester)
▸The US President's **term** of office is four years.
アメリカ大統領の任期は 4 年です.
▸the spring **term** 春学期
▸the first **term** 1 学期
❷ [C] 専門[学術]用語, ことば
▸a technical **term** 専門用語
be on ... térms
(人と)…の間柄(あいだがら)[仲]である《with ...》
▸She **is on** good **terms with** Jack.
彼女はジャックと仲がいい.

a b c d **e** f g h i j k l m n o p q **r** s **t** u v w x y z

terminal [tə́ːrmənl タ～ミヌる] 形容詞
終わりの; 終点の, 終着駅の;
(病気などが)末期の
▶a **terminal** station 終着駅
——名詞 © 終点; (鉄道・バスなどの)終着
駅, 始発駅; (空港の)ターミナル;
【コンピューター】端末(たん)(機)

terrace [térəs テラス] 名詞
❶ © テラス(◆建物の外で, 石やレンガ
などを敷(し)き詰(つ)め, 地面より少し高く
した部分)
❷ © 台地, 高台; 段丘(だんきゅう)

terrace ❶

terrible [térəbl テリブる] 形容詞
❶《口語》ひどく悪い, ひどい
▶This is a **terrible** cake.
これはまずいケーキだ.

ダイアログ
A: How was the movie?
映画はどうだった？
B: It was **terrible**. ひどかったよ.

❷ (程度が)ひどい, 猛烈(もうれつ)な;
恐(おそ)ろしい(同義語 awful)
▶He went out in a **terrible** rain.
彼はすさまじい雨の中を出かけた.

terribly [térəbli テリブり] 副詞
《口語》すごく, 非常に; 恐(おそ)ろしく
▶I'm **terribly** sorry.
ほんとうに申し訳ありません.

terrific [tərífik テリふィック] 形容詞
❶《口語》すばらしい, すごくいい
▶That's **terrific**! すごくいいね！
❷ (程度・大きさなどが)ものすごい;
恐(おそ)ろしい

terrify [térəfài テリふァイ] 動詞 (三単現
terrifies [-z]; 過去・過分 **terrified** [-d];
現分 **terrifying**)
他 …を恐(おそ)れさせる, こわがらせる

territory [térətɔ̀ːri テリトーリ] 名詞
(複数 **territories** [-z])
❶ © Ⓤ 領土, 領地; 地域, 地方

tennis

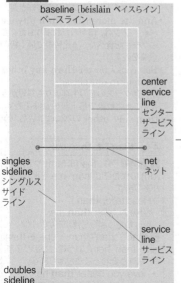

baseline [béislàin ベイスライン]
ベースライン

center
service
line
センター
サービス
ライン

net
ネット

singles
sideline
シングルス
サイド
ライン

service
line
サービス
ライン

doubles
sideline
ダブルスサイドライン

service
サーブ

point
ポイント

forehand
フォアハンド

backhand
バックハンド

A B C D **E** F G H I J K L M N O P Q **R** S **T** U V W X Y Z

▶India was a British **territory**.
インドはイギリスの領土だった.
❷ C U (活動などの)範囲(はん); (動物の)
縄張(なわば)り

terror [térər テラ] 名詞
U《または **a terror** で》(強い)恐怖(きょう);
C 恐(おそ)ろしいもの[人, こと]

˙test [tést テスト]
──名詞 (複数 tests [tésts テスツ])
C テスト, 試験; 検査
▶a test paper
問題用紙, 答案用紙
▶I took three **tests** yesterday.
わたしは昨日, 3つの試験を受けた.
▶I passed [failed] the **test**.
わたしはその試験に合格した[落ちた].
▶The doctor gave me a blood **test**.
医者はわたしの血液検査をした.

──動詞 (三単現 tests [tésts テスツ];
過去・過分 tested [-id]; 現分 testing)
他 …を試験する, 検査する
▶They **tested** the performance of
the new car.
彼らは新しい車の性能を試験した.
▶Mr. Suzuki **tested** us on history.
鈴木先生はわたしたちに歴史の試験を
した.

Texas [téksəs テクサス] 名詞 テキサス州
(♦アメリカ南部の州; Tex. または【郵
便】で TX と略す)

text [tékst テクスト] 名詞
❶ U (序文・挿(さし)絵などに対して)本文
❷ C 原文, 原典
❸ C 教科書(=textbook)

˙textbook
[tékstbùk テクストブック] 名詞
(複数 textbooks [-s])
C 教科書, 教本(♦単に text ともいう)
▶a science **textbook**
理科の教科書
▶Open your **textbooks** to [《英》at]
page three.
教科書の3ページを開きなさい.

textile [tékstail テクスタイル] 名詞
C 織物,(の材料), 布地

-th 接尾辞 ❶ 動詞・形容詞について状態・
性質・動作などを表す名詞をつくる:
grow(成長する)+ -th → growth(成長)
❷ 4以上の数詞について序数をつくる:

seven(7) + -th → seventh(第7)

Thai [tái タイ] 形容詞
タイの; タイ人の; タイ語の
──名詞 C タイ人; U タイ語

Thailand [táilænd タイラぁンド] 名詞
タイ(♦東南アジアの国; 首都はバンコク
Bangkok)

Thames [témz テムズ]
(★発音に注意) 名詞
《the Thames で》テムズ川(♦イギリス
のロンドンを流れ, 北海に注ぐ川)

˙than
[ðæn ざぁン; (弱く言うとき) ðən ざン]
──接続詞 ❶《形容詞・副詞の比較級のあ
とに用いて》…よりも
▶Tom is younger **than** I (am).
トムはわたしよりも若い. ➡ ルール
▶Pat sings better **than** I (do).
パットはわたしよりも歌がうまい.
▶I like cats better **than** dogs.
わたしはイヌよりネコのほうが好きだ.
▶Ann ate more cake **than** anyone
else. アンは, ほかのだれよりもたくさ
んケーキを食べた. (♦比較級で最上級の
意味を表す)
▶Bob cooks better **than** any other
student in our class.
ボブはクラスのどの生徒よりも料理がう
まい. (♦比較級で最上級の意味を表す;
than any other の次には単数名詞が
くる)

ルール **than I** と **than me**

1 《口語》では, than I (am) や than I
(do) の代わりに than me を使うこと
があります.
▶He is taller **than** I.
=He is taller **than** me.
彼はわたしよりも背が高い.
2 than he や than she も than
him, than her ということがあります
が, 意味が変わることがあります.
▶I love you better **than** he.
わたしは彼(があなたを愛する)より

も，あなたを愛しています．(♦ than he は than he loves you の意味)
▸I love you better **than** him.
わたしは彼よりも，あなたのほうを愛しています．(♦ than him は than I love him の意味)

❷《other, otherwise, else などのあとに用いて》…よりほかに，…とは別の
▸I have no **other** dogs **than** Ben.
ベン以外のイヌは飼っていません．

❸《**rather** のあとに用いて》
…するよりはむしろ
▸I'd **rather** read this book now **than** watch TV. テレビを見るより，今はこの本を読みたい．

——[前置詞]《形容詞・副詞の比較級のあとに用いて》…よりも
▸More **than** 5,000 runners joined the marathon. 5,000人以上のランナーがマラソンに参加した．

⁑thank [θǽŋk さぁンク]

——[動詞] ([三単現] **thanks** [-s]; [過去・過分] **thanked** [-t]; [現分] **thanking**)
[他] **…に感謝する**，礼を言う；
《**thank** ＋人＋ **for** ＋名詞[**...ing**]で》
(人)に…のことで感謝する
▸I **thanked** him **for coming**.
わたしは彼に，来てくれたことの礼を言った．

♦***No, thánk you.*** (相手の申し出をていねいに断るときに)**いいえ，けっこうです**．

[ダイアログ]
A: How about some more salad?
サラダをもう少しいかがですか？
B: **No, thank you.** I've had enough. いいえ，けっこうです．十分いただきました．

Thánk Gód! ありがたい，ああ助かった，やれやれ．
Thánk Héaven! ありがたい；しめた．
♦***Thánk you.***
① **ありがとう**．
(♦感謝の気持ちを表す一般的な言い方)
▸**Thank you** very [so] much.
どうもありがとうございます．
(♦ so much は主に女性が使う)
▸**Thank you** for calling.
お電話ありがとう．

[ダイアログ]
A: **Thank you** for the nice present.
すてきなプレゼントをありがとう．
B: You're welcome.
どういたしまして．

[ダイアログ]
A: Excuse me, you dropped your glove.
あのう，手袋(てぶくろ)を落としましたよ．
B: Oh, **thank you.** あら，すみません．

② (スピーチ，アナウンスなどの終わりに)以上です．
▸**Thank you** (for listening).
ご清聴(せいちょう)ありがとうございます．

[文化] Thank you. と「すみません」
日本語では相手に何かしてもらったとき，相手に面倒(めんどう)をかけたことをわびて「すみません」とよく言いますが，英語では感謝を表して Thank you. または Thanks. と言います．日本語につられて I'm sorry. と言わないように気をつけましょう．➡ **sorry** [ルール]

[参考] Thank you. への返事
「どういたしまして」にあたる言い方には次のようなものがあります．
▸You're welcome.
▸That's all right.
▸Don't mention it.
▸Not at all.
▸It's my pleasure.
▸The pleasure is mine.
また，「こちらこそありがとう」と言うときは Thank you. と返しますが，この場合は you を強く発音します．

——[名詞] ([複数] **thanks** [-s])
《**thanks** で》**感謝**，感謝のことば
▸express *one's* **thanks**
お礼を言う
▸send a letter of **thanks**
お礼の手紙を送る
No, thánks. いいえ，けっこうです．
(♦ No, thank you. よりくだけた言い方)
♦***Thánks.*** **ありがとう**．
(♦ Thank you. よりくだけた言い方)
▸**Thanks** a lot.
どうもありがとう．
thánks to ... …のおかげで；…のせいで

A B C D E F G H I J K L M N O P Q R S T U V W X Y Z

▶**Thanks to** his help, I was able to finish my homework.
彼が手伝ってくれたおかげで, 宿題を終えることができた.

thankful [θǽŋkfl さぁンクふる] 形容詞
感謝して, ありがたく思って

thanksgiving [θæŋksgíviŋ さぁンクスギヴィング] 名詞
❶ U (特に神に対する)感謝
❷《Thanksgiving で》《米》感謝祭(の日)(＝Thanksgiving Day)

Thanksgiving Day [θǽŋksgíviŋ dèi さぁンクスギヴィングデイ] 名詞
《米》感謝祭(の日)

文化 何を感謝するの?

11月の第4木曜日は感謝祭と呼ばれるアメリカの祝日です. 感謝祭は, 1620年にメイフラワー号でアメリカのプリマスに上陸した清教徒(ピューリタン)たちが, 翌年の秋にアメリカでの最初の収穫(しゅうかく)を祝って, 神に感謝の祈(いの)りをささげたことから始まったといわれています. 家族で食卓(しょくたく)を囲み, クランベリーソース(cranberry sauce)をつけ合わせにした七面鳥の丸焼き(roast turkey)やカボチャのパイ(pumpkin pie)などを食べて祝う習慣があります. ➡ **turkey** 文化

Thanksgiving Day の食卓

七面鳥の丸焼き

thank-you [θǽŋkju: さぁンクユー]
形容詞 感謝の, お礼の
▶a **thank-you** letter 礼状
——名詞 C 感謝[お礼]のことば

that 形容詞 代名詞 副詞 接続詞
➡ p.624 that

that'll [ðǽtl ざぁトゥる；(弱く言うとき) ðətl ざトゥる]《口語》that will の短縮形

that's [ðǽts ざぁッツ；(弱く言うとき)ðəts ザッツ]
《口語》that is, that has の短縮形

the 冠詞 副詞 ➡ p.626 the

theater, 《英》theatre [θíːətər すィーアタ] 名詞 (複数) theaters [-z] C 劇場, 《米》映画館
(◆ movie theater ともいう；《英》cinema；《米》でも劇場名や映画館名では theatre とつづることがある)
▶Ben often goes to the **theater**.
ベンはよく劇場に足を運ぶ.

their [ðéər ゼア] 代名詞 〖人称代名詞の三人称複数 they の所有格〗
彼らの, 彼女らの, それらの ➡ they 参考
▶**Their** mother is a good cook.
彼らの母親は料理がうまい.

theirs [ðéərz ゼアズ] 代名詞
〖人称代名詞の三人称複数 they の所有代名詞〗
彼らのもの, 彼女らのもの, それらのもの ➡ they 参考
▶This computer is **theirs**.
このコンピューターは彼らのものだ.
▶Our bus is bigger than **theirs**.
わたしたちのバスは彼らのバスより大きい. (◆ theirs は their bus を指す)

them [ðém ゼム] 代名詞 〖人称代名詞の三人称複数 they の目的格〗
彼らを[に], 彼女らを[に], それらを[に] ➡ they 参考
▶We met **them** yesterday.
わたしたちは昨日, 彼らに会った.
▶Those shoes look cool. I like **them**.

あの靴(⑤), かっこいい. 好きです.

theme [θíːm すィーム] (★発音に注意)

名詞 ❶ C 主題, 題目, テーマ; 話題
(**同義語** subject)

❷ C 【音楽】(楽曲の)主題, 主旋律(せんりつ)

❸ C (米)(学校の)課題作文

✦themselves

[ðəmsélvz ゼムセるヴズ]

代名詞 《人称代名詞の三人称複数 they の再帰代名詞》

❶ 《動詞・前置詞の目的語となって》
彼ら自身を[に], 彼女ら自身を[に], それら自体を[に] → they **⚫基**

▶The children enjoyed **themselves** at the party.
子供たちはパーティーで楽しい時を過ごした.

❷ 《they または them の意味を強調して》彼ら自身, 彼女ら自身, それら自体; 自分自身(◆強く発音する)

▶They made a plan **themselves**.
彼らは自分たちで計画を立てた.

(*all*) *by themsélves*
自分たちだけで; 独力で → oneself
for themsélves
自分たちのために; 自分たちで
→ oneself

✦then [ðén ゼン]

副詞	❶ そのとき(に)
	❷ それから
	❸ それでは
名詞	そのとき

——**副詞** ❶ そのとき(に), そのころ, その当時(◆過去にも未来にも用いる)

▶Just **then**, it started to rain.
ちょうどそのとき, 雨が降り始めた.

ダイアログ
A: Let's meet here at four.
4 時にここで会おう.
B: Sure. See you **then**.
いいよ. じゃ, またそのときに.

▶The town wasn't this big **then**.
その当時, 町はこれほど大きくはなかった.

❷ 《順序を表して》それから, その次に

▶First we had lunch, and **then** (we) played tennis.

わたしたちはまず昼食を食べ, それからテニスをした.

❸ 《ふつう文頭・文末で用いて》
それでは, それなら, そうすると

▶**Then** why did you do that?
それなら, なぜそんなことをしたの?

(*every*) *nów and thén* ときどき

——**名詞** U 《ふつう前置詞＋ **then** で》
そのとき

▶before **then**
それ以前に

▶by **then**
そのときまでに

▶since **then**
そのとき以来

theory [θíːəri すィーアリ] **名詞**
(**複数** theories [-z]) C U 理論(**対義語** practice 実践(じっせん)); C 学説; 意見, 自説

▶music **theory** 音楽理論

✦there

[ðéər ゼア ; (弱く言うとき)ðər ざ]

——**副詞** ❶ そこに, そこで, そこへ
(**対義語** here ここに)

▶The key is right **there**.
カギはすぐそこにあるよ.

▶Put your bag **there**.
バッグをそこへ置きなさい.

▶Are you **there**?
そこにいるの?; (電話で)もしもし, 聞いて[聞こえて]いますか?

▶I went **there** last summer.
わたしは去年の夏, そこへ行った.

▶The people **there** were very kind.
そこの人々はとても親切だった.

❷ 《**there is ...** または **there are ...** で》
…がある, いる; …が存在する
(◆あとにくる名詞(主語)が単数のときis, 複数のときは are を用いる)

▶**There is** a big desk in my room.
わたしの部屋には大きな机があります.

▶**There are** two libraries in this town.
この町には図書館が 2 つある.

▶**There aren't** many people (walking) in the street.
通りにはあまり人が(歩いて)いない.

▶**There was** no time for eating.
食べている時間はなかった.

▶**Are there** enough chairs?
いすは足りていますか?

‡that 形容詞 副詞 代名詞 接続詞

[ðǽt ざぁット；（弱く言うとき）ðət ざト]

形容詞	あの, その; 例の
代名詞	❶ あれ, それ
	❷ そのこと
	❸ …のそれ

——**形容詞**〖指示形容詞〗（**複数** **those** [ðóuz ぞウズ]）

あの, その（◆this「この」よりはなれた人・物事や過去のことを指す）;
例の（◆おたがいに了解(かい)していることを指す）

▸**That** boy is John. ……… あの男の子はジョンです.
▸Is **that** building a school? ……… あの建物は学校ですか?
▸**that** idea of his ……… 彼のその考え
　（◆×that his idea, his that idea とはいわない）➡ **this** ルール
▸We played soccer **that** day. ……… その日, わたしたちはサッカーをした.
▸Did you forget **that** promise? ……… 例の約束を忘れたのですか?

——**代名詞**〖指示代名詞〗（**複数** **those** [ðóuz ぞウズ]）

❶ **あれ, それ**; **あの人[もの, こと], その人[もの, こと]**（◆this「これ」よりはなれた人や物事を指す）

▸**That**'s our school. ……… あれはわたしたちの学校です.
▸Which do you choose, this or **that**? ……… これとあれの, どちらを選びますか?
▸Is **that** you, John? ……… ジョン, （そこにいるのは）きみなの?
　　　　　　　　　　　　　　（◆相手の顔が見えないときに用いる）

くらべよう **that** と **it**

that: 話し手からはなれた人や物事を指します.
▸Mom, what's **that**?
　お母さん, あれは何?

it: 距離(きょ)に関係なく, すでに話題になっている物事を指します.
▸It's a UFO!
　UFO だわ!

What's that?

---

❷ （すでに述べた事柄(がら)を指して）**そのこと, それ**

▸**That**'s right. ……… そのとおりです.
▸What does **that** mean? ……… それはどういう意味ですか?

❸《しばしば **that of ...** で》**…のそれ**
（◆前に出た「the +名詞」を繰(く)り返す代わりに用いる）

▸The population of Japan is smaller than **that of** China. ……… 日本の人口は中国の人口より少ない.
（◆that = the population）

❹〖関係代名詞〗[ðət ざト] **…するところの**（◆主格・目的格として用いられる; 目的格の場合は省略されることが多い; ふつう日本語には訳さない）

▸Do you know the girl **that** is sitting next to Tom? ……… トムの隣(となり)にすわっている女の子を知っていますか?
▸The book (**that**) you gave to me is very interesting. ……… あなたがくれた本はとてもおもしろいです.

❹〚関係代名詞〛…するところの

a
b
c
d
e
f
g
h
i
j
k
l
m
n
o
p
q
r
s
t
u
v
w
x
y
z

接続詞 ❶ …ということ
　　❷ …という

ルール **関係代名詞の that の使い方**

1 that は, 先行詞（関係代名詞が受ける名詞）が人・もの・動物のいずれの場合にも使えます.

2 以下のような場合は, ふつう that を使います（♦ただし, 先行詞が人の場合は who がよく使われます）.

a) 先行詞に形容詞の最上級, only, first, last などの「唯一(ゆいいつ)であること」を表す修飾(しゅうしょく)語がついている場合

▸This novel is <u>the most</u> important work (**that**) he has written.
この小説は, 彼が今までに書いた中で最も重要な作品だ.

▸He is <u>the only</u> student **that** knows how to use that machine.
彼はその機械の使い方を知っている唯一の生徒だ.

b) 先行詞に all, every, no, anything, nothing など, 「すべての（もの）」や「全く…ない」を表す語がふくまれている場合

▸I like <u>all</u> the poems (**that**) she wrote.
わたしは彼女が書いたすべての詩が好きだ.

c) 先行詞が「人＋もの［動物］」の場合

▸He studies <u>the people and animals</u> **that** live on the island.
彼はその島に住む人々と動物について研究している.

---

that is (***to say***)　すなわち, つまり
▸She came back to Japan three years later, **that is to say**, in 2019.
彼女は 3 年後, すなわち 2019 年に日本に帰国した.

Thát's áll.　それだけだ. ➡ **all**

Thát's ít.　それだ, そのとおり; これで終わりだ, もうたくさんだ.

ダイアログ
A: Is "B" the answer?　　　　　　「B」が答えですか?
B: Yes, **that's it.**　　　　　　　はい, そのとおりです.

――副詞 (口語)そんなに
▸Is the story **that** funny?　　　その話はそんなにおもしろいのですか?

――接続詞 [ðət ざト] ❶《名詞節をつくって》…ということ（♦動詞の目的語になる場合などは, しばしば省略される）

▸I know (**that**) he is honest.　彼が正直だということはわかっている.

▸The reason is **that** I cannot drive a car.　理由はわたしが車を運転できないことだ.

▸I'm afraid (**that**) I don't know.　申し訳ないのですが, わかりません.

▸It's true (**that**) she was here.　彼女がここにいたのは事実だ.
（♦ It は仮の主語で, that 以下の内容を指す）➡ **it** ❸

❷《同格を表して》…という

♦***só ∴ that ～***　とても…なので～だ ➡ **so**

súch ∴ that ～　とても…なので～だ ➡ **such**

冠詞 ❶❷❸ その
❹《一つしかないものを指して》
❺《最上級・序数・only などにつけて》

ˈthe 冠詞 副詞

[(子音の前で)ðə ざ, (母音の前で)ði ずィ; (強く言うとき)ðíː ずィー]

――冠詞 〔定冠詞〕

ルール the の使い方1

the は, すでに話題にのぼっていたり, たがいに知っていてすぐわかる特定のものを指したりするときに, その名詞の前に置きます. また, the は日本語に訳さなくてもよい場合が多くあります.

❶《一度述べた名詞を繰り返す場合》**その**, この, あの, 例の
▸Once upon a time, there was an old king. **The** king had two sons. | 昔々, 年老いた王様がいました. (その)王様には 2 人の息子(で)がいました.

ルール the の使い方2

the は, 同じように特定のものを表す this, that, my, his などといっしょに使うことはできません.「彼のその本」は that book of his といいます.
➡ this ルール
○**the** book　　その本
○**his** book　　彼の本
✕the his book　その彼の本

❷《前後関係・修飾(しゅう)語句から何を指すかわかる場合》**その**
▸**the** right answer　　　　　正解
▸**the** capital of Japan　　　日本の首都
(♦ of Japan によって「日本の首都」と特定される)
▸Let's meet at **the** usual place. | いつもの場所で会いましょう.
❸《その場の状況(じょう)から, 何を指すかわかる場合》**その**
▸Pass me **the** salt, please. | 塩を取ってください.
▸Let's go to **the** library. | 図書館へ行こう.
❹《天体・時・方角など, 一つしかないものを指す場合》
▸**the** moon / **the** sky　　　　月 / 空
▸in **the** morning　　　　　　朝に; 午前中に
▸**the** north　　　　　　　　　北

ルール 形容詞がつくと a, an

一つしかないものであっても, 形容詞がついて, ある一時的な状態を表す場合は, the ではなく, a または an をつけます.
▸**a** <u>new</u> moon　新月　　　　▸**a** <u>blue</u> sky　青空

❺《形容詞・副詞の最上級,「…番め」を表す数, only, next などの前につけて》
▸This is **the** shortest way to the station. | これが駅までの最短の道です.
▸Who is **the** fourth batter? | 4 番打者はだれですか?
▸**The** only vegetable I don't like is green pepper. | わたしが唯一(ゆいいつ)嫌(きら)いな野菜はピーマンだ.
▸**The** next day, it snowed. | 次の日, 雪が降った.

❻《固有名詞につけて》

❼ …というもの

副詞　《**the** ＋比較級 ..., **the** ＋比較級 ～で》
…すればするほど～

ルール 副詞の最上級と the

副詞の最上級は the をつける場合と，つけない場合の両方があります．
▶He runs (**the**) fastest in the class.
彼はクラスでいちばん速く走る.

---

❻《固有名詞につけて》(♦ふつう固有名詞には冠詞をつけないが，慣用的に海・川・山脈・複数形の国名・新聞・乗り物・公共の建物・団体・家族などにはつける; ただし，公園・駅・橋・通りの名・学校などにはつけないことが多い)
▶the Pacific Ocean　　　　　太平洋
▶the Thames　　　　　　　テムズ川
▶the Alps　　　　　　　　アルプス山脈
▶the United States of America　アメリカ合衆国
　(♦×America だけの場合は，the America としない)
▶the British Museum　　　大英博物館
▶the Times　　　　　　　　タイムズ紙
▶the Shinkansen　　　　　新幹線(しんかんせん)
▶the Kennedy family　　　ケネディ家
　(＝**the** Kennedys)
▶the Germans　　　　　　ドイツ人(全体)
❼《単数名詞につけて種類全体を表す》…というもの (♦かたい言い方; また楽器名につける)
▶The cheetah runs fast.　　チーター(という動物)は速く走る.
　(♦Cheetahs run fast. のほうがふつう)
▶play the piano　　　　　　ピアノをひく
❽《the ＋形容詞で》…の人々 (♦複数名詞の意味になる);
…であること (♦抽象(ちゅうしょう)的な名詞の意味になる)
▶the poor　　　　　　　　貧しい人々 (♦poor people の意味)
▶the beautiful　　　　　　美しさ (♦beauty の意味)
❾《年代の 10 年をまとめて表す場合》
▶the 2010s [twenty tens]　2010 年代
❿《身体の部分につけて》
▶He patted me on the shoulder.　彼はわたしの肩(かた)をたたいた.
　(♦「わたし」に重点を置いた言い方; He patted my shoulder. だと「肩」に重点が置かれる)
⓫《単位を表す名詞につけて》
▶They sell oranges by the kilogram at the store.　その店では，オレンジはキログラム単位で売られている.
▶She is paid by the hour.　彼女は時間給で働いている.
　(♦「時間単位で支払(しはら)われている」の意味)
──副詞《the ＋比較級 ..., the ＋比較級 ～で》 口語 …すればするほど～
▶The more, the better.　　多ければ多いほどよい.
▶The sooner, the better.　早ければ早いほどよい.

a b c d e f **g** **h** i j k l m n o p q r s **t** u v w x y z

A
B
C
D
E
F
G
H
I
J
K
L
M
N
O
P
Q
R
S
T
U
V
W
X
Y
Z

ルール **there の使い方**

1 there is [are] ... は「…がある」ということを表します. この there には「そこに」という場所の意味はありません.「そこに」と言いたい場合は, 別に there をつけ加えます.

▶**There were** two pens <u>there</u>.
そこに 2 本のペンがあった.

2 be 動詞の代わりに live や stand, seem などの動詞が使われることもあります.

▶**There lived** a woman in the village.
その村に 1 人の女性が住んでいた.

3 there is [are] ... のあとには, a girl「(1 人の)女の子」や some cars「数台の車」, something「何か」のような不特定な名詞や代名詞がきます. ふつう the book「その本」, this pen「このペン」, my bag「わたしのかばん」のようなすでに特定された名詞はきません.

▶<u>My book</u> is on the desk.
わたしの本は机の上にある.
(♦×There is my book on the desk. とはいわない)

❸ 《相手の注意をひくために文頭に用いて》ほら, そら

▶**There** she comes at last.
ほら, ようやく彼女が来た.

▶**There** comes our bus.
そら, わたしたちの乗るバスが来た.
(♦主語が代名詞以外の場合は,「There ＋動詞＋主語」の語順になる)

hére and thére あちこちに[で]

◆**over thére** あちらに ➡ **over**

There is nó ...ing
…することはできない

▶**There is no denying** the fact.
その事実を否定することはできない.
(＝It is impossible to deny the fact.)

Thére you áre. (相手にものを渡(ﾜﾀ)すときに)さあどうぞ.(同義語 Here you are.)

up thére あそこで, あの上のほうで

——間投詞 (慰(ﾅｸﾞ)め・励(ﾊｹﾞ)まし・満足などを表して)そら, それ, まあまあ

▶**There! There!** Never mind.
まあまあ, 気にするな.

▶<u>Hello</u> [Hi] **there**! やあ !

——名詞 Ｕ そこ

▶**from there** そこから

therefore [ðéərfɔːr ゼアふォーア] 副詞
それゆえに, したがって, だから

▶**The result was expected and therefore** no surprise to us.
その結果は予想されたことだった. それゆえ, わたしたちには驚(ｵﾄﾞﾛ)きではなかった.

▶I think, **therefore** I am.
われ思う, ゆえにわれあり. (♦フランスの哲学(ﾃﾂｶﾞｸ)者・数学者デカルトのことば)

there'll [ðéərl ゼアる; (弱く言うとき)ðərl ざる] (口語)there will の短縮形

there're [ðéərə ゼアﾗ; (弱く言うとき)ðərə ざﾗ] (口語)there are の短縮形

there's

[ðéərz ゼアズ; (弱く言うとき)ðərz ざズ]
(口語)there is, there has の短縮形

thermometer [θərmámitər さﾏﾐﾀ]
(★アクセントに注意) 名詞
Ｃ 温度計, 寒暖計; 体温計
(＝clinical thermometer)
➡ **experiment** 図

thermos [θə́ːrməs さ〜ﾏス] 名詞 (複数 **thermoses** [-iz]) Ｃ 【商標】魔法(ﾏﾎｳ)びん

thermos bottle [θə́ːrməs bátl さ〜ﾏス バﾄﾙ] 名詞 Ｃ (米)魔法(ﾏﾎｳ)びん
(♦ vacuum bottle ともいう;
(英)thermos [vacuum] flask)

these [ðíːz ずィーズ]

——形容詞 《指示形容詞》(this の複数形)
これらの (♦日本語に訳すときは「この」としたほうが自然なことが多い;
対義語 those あれらの)

▶**These** people are *sumo* fans.
この人たちはすもうファンだ.

▶Are **these** books interesting?
これらの本はおもしろいですか?

óne of these dáys
近日中に, そのうちに

thése dáys 近ごろ ➡ **day**

——代名詞 《指示代名詞》(this の複数形)
これら, この人たち (♦日本語に訳すときは「これ」としたほうが自然なことが多い;
対義語 those あれら)

▶**These** are my classmates.
この人たちはわたしの同級生だ.

▶**These** are my scissors.
これはわたしのはさみだ.

‡they [ðéi ゼイ] 代名詞

〖人称代名詞の三人称複数の主格〗

❶ 彼らは[が], 彼女らは[が], それらは[が]

▶I have two brothers. **They** like soccer. わたしには兄弟が2人いる. 彼らはサッカーが好きだ.

ダイアログ
A: What are those trees? あの木は何ですか?
B: **They**'re peaches. それはモモの木です.

参考 they の変化形と所有・再帰代名詞		
主格	**they**	彼らは[が]
所有格	**their**	彼らの
目的格	**them**	彼らを[に]
所有代名詞	**theirs**	彼らのもの
再帰代名詞	**themselves**	彼ら自身を[に]

ルール they の使い方

they は, 男性か女性か, また生物か無生物かを問わず, すべての三人称の複数を指します.

❷ (一般に)人々は; (ある地域・店などの)人々は(♦日本語に訳さない場合が多い)

▶**They** speak English in Australia. オーストラリアでは英語を話す.

▶**They** say (that) Sarah got married. サラが結婚したそうだ.

‡they'd [ðéid ゼイド]

《口語》they would, they had の短縮形

‡they'll [ðéil ゼイる]

《口語》they will の短縮形

‡they're [ðéiər ゼイア]

《口語》they are の短縮形

‡they've [ðéiv ゼイヴ]

《口語》they have の短縮形

‡thick [θík すィック]

──形容詞 (比較 thicker; 最上 thickest)
❶ (板・本などが)厚い; (糸・指などが)太い(対義語 thin 薄い); 厚さが…の

▶a **thick** book 厚い本
▶a **thick** neck 太い首

thick　　　　thin

ダイアログ
A: How **thick** is this glass? このガラスの厚さはどれくらいですか?
B: It's five millimeters **thick**. 5ミリです.

❷ (液体・霧(きり)などが)濃(こ)い
▶**thick** soup
(どろっとした)濃いスープ
(♦「味が濃い」は strong)
▶in a **thick** fog 濃い霧の中で[に]
❸ 密集した, (髪(かみ)が)濃い
▶a **thick** forest 密林
──副詞 (比較・最上 は 形容詞 に同じ)
厚く; 濃く; 密に

thief [θíːf すィーふ] 名詞 (複数 **thieves** [θíːvz すィーヴズ]) C どろぼう, こそどろ
(♦「強盗(ごうとう)」は robber;「夜間や留守(るす)中に家に押(お)し入るどろぼう」は burglar)
➡ **robber** くらべよう

thigh [θái サイ] (★発音に注意)
名詞 C 太もも

‡thin [θín すィン] 形容詞

(比較 **thinner**; 最上 **thinnest**)
❶ (板・本などが)薄(うす)い; (糸・指などが)細い(対義語 thick 厚い) ➡ **thick** 図
▶This wall is very **thin**.
この壁(かべ)はとても薄い.
▶a **thin** line 細い線
❷ (病気などで)やせた, 細い(♦よい意味では使わない; ほめる場合は slender や slim を用いる; 対義語 fat 太った)
▶He looks **thinner** than before.
彼は前よりもやせたみたいだ.
❸ (液体が)薄い, 水っぽい(♦軽べつ的に用いる); (気体が)希薄(きはく)な
▶**thin** soup 薄いスープ
❹ まばらな, (髪(かみ)が)薄い

‡thing [θíŋ すィング] 名詞

(複数 **things** [-z])

a b c d e f g h i j k l m n o p q r s t u v w x y z

A B C D E F G **H** I J K L M N O P Q R S **T** U V W X Y Z

❶ C (形のある)もの; (形のない)こと

▶an important **thing**
大切なもの[こと]

▶living **things**
生き物

▶I don't like sweet **things**.
わたしは甘(㋐)いものが好きではない.

▶Don't say such a **thing**.
そんなことを言わないで.

▶A strange **thing** happened.
不思議(㋑)なことが起こった.

❷《things で》事態, 状況(㋒㋓)

▶**Things** are getting better.
事態はよくなりつつある.

▶How are **things** (with you)?
調子はどうですか?

❸《things で》身の回り品; 着るもの

▶Leave your **things** here.
持ちものはここに置いておきなさい.

⁝think [θíŋk すィンク] 動詞

（三単現）**thinks** [-s]; （過去・過分）
thought [θɔ́:t ソート]; （現分）**thinking**

――他 ❶《think + that 節で》…だと思う,
考える（◆ that はしばしば省略される）

▶I **think** (that) he is honest.
彼は正直だと思う.

▶Bob **thought** (that) Liz loved
John.
リズはジョンのことが好きなのだとボブ
は思った.

▶I don't **think** she knew me then.
当時, 彼女はわたしのことを知らなかっ
たと思う. ➡ ﾙｰﾙ 1

ﾀﾞｲｱﾛｸﾞ
A: Do you **think** she will win?
彼女は勝つと思いますか?
B: Yes, I **think** so.
ええ, 勝つと思います.

▶Where do you **think** he comes
from? 彼はどこの出身だと思う?
➡ ﾙｰﾙ 2

ﾙｰﾙ **think の使い方**

1 英語では「…ではないと思う」という
とき, think を否定します.
彼は来ないと思う.
○I **don't think** he will come.
✕I think he will not come.

2 Do you think ...? 「あなたは…思い
ますか?」を疑問詞(how, what など)
のある疑問文に入れるには, do you
think を疑問詞のあとに入れ, 残りの部
分を肯定(㋓)文の形にします.
○**Where do you think** he
comes from**?**
✕Do you think where does he
come from?

❷《**think** ＋人・物事＋ (**to be** ＋) 名詞
[形容詞]で》

(人・物事)を…だと思う, みなす

(◆《口語》ではふつう think that ... を
用いる)

▶I **think** him polite.
(＝I think (that) he is polite.)
彼は礼儀(㋐)正しいと思う.

――自 考える, 思う

▶**Think** carefully before you act.
行動する前に, 慎重(㋑㋒)に考えなさい.

thínk about ...

…について考える, よく考える

▶I often **think about** my future.
わたしはよく自分の将来について考える.

▶What do you **think about** their
decision?
彼らの決定についてどう思いますか?
(◆✕ How do you think about ...?
とはいわない)

thínk bétter of ...

…をより高く評価する, 見直す

thínk híghly of ... = *thínk múch of ...*

…を重視する, 高く評価する

thínk of ...

① …について考える, …のことを思う

▶What do you **think of** Mark?
マークのことをどう思う?
(◆✕ How do you think of ...? とは
いわない)

②《ふつう進行形で》…しようかと考える

▶I'm **thinking of** going abroad.
外国に行こうかと思っています.

③ …を思い出す, 思いつく

thínk óver …をじっくり考える

a b c d e f **g** **h** **i** **j** k l m n o p q r s **t** u v w x y z

third [θə́ːrd さ～ド]

——名詞 (複数 thirds [θə́ːrdz さ～ヅ])

❶ Ⓤ《the third で》第3, 3番め;
(日付の)3日(♦ 3rd と略す)

▸on **the third** of May 5月3日に
(♦ on May 3 ともいう; May 3 は May
(the) third と読む)

❷ Ⓒ 3分の1(♦分子が2以上の場合は
分母が複数形になる)

▸a [one] **third** 3分の1

▸I finished two **thirds** of my
homework.
わたしは宿題の3分の2を終えた.

❸《the Third で》3世

▸George **the Third** ジョージ3世
(♦ふつう George III と書く)

❹ Ⓤ【野球】サード, 三塁(⻚)
(= third base)

——形容詞 ❶《the third で》第3の;
3番めの

▸May is in **the third** grade.
メイは小学校3年生だ.

❷ 3分の1の

——副詞 第3に, 3番めに

thirdly [θə́ːrdli さ～ドリ] 副詞
第3に, 3番めに

thirst [θə́ːrst さ～スト] 名詞
Ⓤ《または a thirst で》のどの渇(⻚)き;
(…への)渇望(⻚), 切望(for ...)

thirsty [θə́ːrsti さ～スティ] 形容詞
(比較 thirstier; 最上 thirstiest)

❶ のどの渇(⻚)いた

▸I'm **thirsty**. のどが渇いた.

▸Do you feel **thirsty**?
(=Are you **thirsty**?)
のどが渇いていますか?

❷《be thirsty for ... で》
…を渇望(⻚)している, 切望している

▸They **are thirsty for** freedom.
彼らは自由を強く求めている.

thirteen [θəːrtíːn さ～ティーン]

——名詞 (複数 thirteens [-z])

Ⓒ《冠詞をつけずに単数あつかい》
13;《複数あつかいで》13人, 13個;
Ⓤ 13歳(⻚)

——形容詞 **13** の; 13人の, 13個の;
13歳の

▸I'm **thirteen** (years old).

わたしは13歳です.

〖文化〗13は不吉(⻚)な数

欧米(⻚)では13は不吉な数字とされ,
ホテルや病院では13号室や13階を
設けていないところもあります. キリ
ストが十字架(⻚)にかけられる前に最後
の食事をしたとき, テーブルにいた弟
子(⻚)が13人だったという理由をはじ
め, さまざまな説があります.

---

thirteenth [θə̀ːrtíːnθ さ～ティーンす]

名詞 ❶ Ⓤ《the thirteenth で》第13,
13番め; (日付の)13日(♦ 13th と略す)

❷ Ⓒ 13分の1

——形容詞 ❶《the thirteenth で》
第13の, 13番めの

❷ 13分の1の

thirtieth [θə́ːrtiəθ さ～ティエす] 名詞

❶ Ⓤ《the thirtieth で》第30, 30番め;
(日付の)30日(♦ 30th と略す)

❷ Ⓒ 30分の1

——形容詞 ❶《the thirtieth で》
第30の, 30番めの

❷ 30分の1の

thirty [θə́ːrti さ～ティ]

——名詞 (複数 thirties [-z])

❶ Ⓒ《冠詞をつけずに単数あつかい》30;
《複数あつかいで》30人, 30個;
Ⓤ 30歳(⻚)

❷《one's thirties で》30歳代;
《the thirties で》(20世紀の)30年代

——形容詞
30 の; 30人の, 30個の; 30歳の

▸There are **thirty** students in our
class. わたしたちのクラスには30人
の生徒がいる.

this [ðís ずィス]

——形容詞《指示形容詞》(複数 these [ðíːz
ずィーズ]) ❶ この(♦ that「その」より近
くの人や物事を指す)

▸Look at **this** map.
この地図を見なさい.

▸What's **this** yellow box?
この黄色い箱は何ですか?
(♦ this はふつう形容詞の前に置く)

▸I like **this** watch of mine.
わたしのこの(自分の)腕(⻚)時計を気に
入っている. (♦× this my watch, my
this watch とはいわない)

A B C D E F G **H** I J K L M N O P Q R **S** T U V W X Y Z

ルール 名詞を修飾(しゅうしょく)する語句の順

名詞を前から修飾する語句は, 次の①から④の順に並びます.
① 冠詞(a, an, the), my や Tom's などの(代)名詞の所有格, this, that などの指示形容詞, some, all, any, every, each, no などの形容詞
② first などの「…番目」を表す語
③ two などの数を表す語
④ interesting, black, beautiful などの性質や状態などを表す形容詞

[順番の例]
始発電車
▶the first train
　　① 　②

いくつかのおもしろい考え
▶some interesting ideas
　　①　　②

彼女の3匹(びき)の黒ネコ
▶her three black cats
　① 　③ 　④

❷ 今の, 現在の
▶**this** morning　今朝
▶**this** afternoon　今日の午後
▶**this** evening
　今晩(♦「今夜」は this night ではなく tonight, 「今日」は this day ではなく today)
▶**this** month　今月
▶**this** year　今年
▶I think I can do well **this** time.
　今回はうまくできると思う.

――**代名詞** 〖指示代名詞〗
(複数) these [ðíːz ヂィーズ]
❶ これ, この人[もの, こと](♦that「それ」より近くの人や物を指す)
▶**This** is my bike.
　これはわたしの自転車だ.
▶What is **this**?　これは何ですか?
▶Sarah, **this** is my friend Mark.
　サラ, こちらは友人のマークです.
　(♦紹介(しょうかい)のときは, he や she よりも this のほうがふつう)

ダイアログ
A: Hello, may I speak to John, please?　(電話で)もしもし, ジョンをお願いできますか?
B: Who is **this**, please?
　どなたですか?

ダイアログ
A: Can I talk to Ann?
　(電話で)アンさんをお願いします.
B: **This** is Ann [she].　わたしです.
　(♦単に Speaking. ともいう)

❷ 今, 現在, 今日; 今回
▶**This** is my birthday.
　今日はわたしの誕生日だ.
▶**This** is my first visit to London.
　今回が初めてのロンドン訪問だ.
❸ 次に述べること; 今, 述べたこと
▶Listen to **this**.　これを聞いて.

thistle [θísl すィスる] 名詞
Ⓒ【植物】アザミ(♦イギリスのスコットランド地方を象徴(しょうちょう)する花)

thorn [θɔ́ːrn そーン] 名詞
Ⓒ (植物の)とげ, 針

thorough [θə́ːrou さ～ロウ] (★発音に注意) 形容詞 完全な, 徹底(てってい)的な
(同義語 complete)

thoroughly [θə́ːrouli さ～ロウリ]
(★発音に注意) 副詞
完全に, 徹底(てってい)的に
(同義語 completely)

ˈthose [ðóuz ぞウズ]

――**形容詞** 〖指示形容詞〗(that の複数形)
あれらの, それらの(♦日本語に訳すときは, 「あの」「その」としたほうが自然なことが多い; 対義語 these これらの)
▶Who painted **those** pictures?
　あれらの絵をかいたのはだれですか?
*in thóse dáys そのころは ➡ day
――**代名詞** 〖指示代名詞〗(that の複数形)
❶ あれら, それら; あの人たち, その人たち(♦日本語に訳すときは, 「あれ」「それ」としたほうが自然なことが多い; 対義語 these これら)
▶**Those** are my paintings.
　あれ(ら)はわたしの絵です.
▶Can you take **those** for me?
　それ(ら)を取ってもらえますか?
❷《しばしば **those of ...** で》…のそれら(♦前に出た複数形の名詞を繰(く)り返す代わりに用いる)
▶His opinions were quite different from **those of** other people.
　彼の意見はほかの人たちの意見とは全く異なっていた.
❸《**those who** で》…する人々

▶**Those who** can't see, please come forward. 見えない人は，どうぞ前へ．

*though

[ðóu ゾウ]（★発音に注意）

——**接続詞** **…だけれども，…にもかかわらず**（◆ although よりくだけた語）

▶Jimmy hasn't come home yet, **though** it's past ten.
10時を過ぎたというのに，ジミーはまだ帰ってこない．

▶**Though** (he was) busy, he helped me. 彼は忙(いそが)しかったのに，わたしを手伝ってくれた．（◆ though 節の主語と主節の主語が同じ場合，though 節の「主語＋ be 動詞」は省略できる）

as though ...
…ではあるが；まるで…であるかのように ➡ **as**

even though ...
たとえ…だとしても ➡ **even**
——**副詞**《文末で用いて》けれども

▶I don't want to go. I'll go, **though**.
行きたくないなあ．行くけどさ．

*thought

[θɔ́ːt ソート]（★発音に注意）

——**動詞** think（…だと思う）の過去形・過去分詞

——**名詞**（**複数** thoughts [θɔ́ːts ソーツ]）

❶ C U （…についての）**考え，意見，思いつき**《about [on] ...》

▶What are your **thoughts on** this case? この事件について，あなたはどうお考えですか？

❷ U **考えること，思考**

▶She was deep in **thought**.
彼女はもの思いにふけっていた．

❸ U C （…に対する）**思いやり；配慮**(はいりょ)《for [to] ...》

▶Thank you for your **thoughts**.
お気遣(づか)いありがとうございます．

thoughtful [θɔ́ːtfl ソートふる] **形容詞**

❶ **考えこんだ，もの思いにふけった；思慮**(しりょ)**深い**

（**対義語** thoughtless 考えのない）

❷ **思いやりのある，親切な**

▶It's very **thoughtful** of you to help me.
手伝ってくれて，どうもありがとうございます．

*thousand

[θáuznd サウザンド]

——**名詞**（**複数** thousands [θáuzndz サウザンツ]）C 《単数あつかいで》**1,000，千**；
《複数あつかいで》1,000 人，1,000 個

▶three **thousand** 3,000

▶ten **thousand** 1万

▶a hundred **thousand** 10万

▶a **thousand** six hundred 1,600
（◆ a thousand と six hundred の間に and を入れない）

> **ルール** 「1,000」「2,000」の言い方
>
> **1** 「1,000」はふつう a thousand とし，強調するときは one thousand とします．
>
> **2** 「2,000」「3,000」は，それぞれ two thousand, three thousand とします．前に複数を表す語がきても thousand に s はつけません．

thóusands of ... 何千もの…，多くの…

▶**thousands of** stars 何千もの星々

——**形容詞** ❶ **1,000 の；1,000 人の，1,000 個の**

▶three **thousand** people 3,000人

❷《a thousand で》**多数の，無数の**

▶**A thousand** thanks.
ほんとうにありがとう．

thread [θréd すレッド] **名詞**

U C **糸，縫**(ぬ)**い糸**（**同義語** string）

▶a needle and **thread**
糸を通した針

——**動詞** 他 **…に糸を通す；…を糸を通してつなぐ**

threat [θrét すレット] **名詞**

C **脅**(おど)**し，脅迫**(きょう)

threaten [θrétn すレトゥン] **動詞**

他 （凶器(きょう)などで）（人）を**脅**(おど)**す，脅迫**(きょう)**する**《with ...》

▶The man **threatened** me with a gun.
その男はわたしを銃(じゅう)で脅した．

*three [θríː すリー]

——**名詞**（**複数** threes [-z]）

C 《冠詞をつけずに単数あつかい》**3**；
《複数あつかいで》3人，3個；

U **3歳**(さい)**；3時**

▶Four and **three** make(s) seven.
4足す3は7（4＋3＝7）．

a b c d e f g h i j k l m n o p q r s t u v w x y z

A B C D E F G H I J K L M N O P Q R S T U V W X Y Z

——**形容詞 3**の；3人の，3個の；3歳の
▶He has **three** daughters.
彼には娘(músê)が3人いる.

⁺threw [θrúː すルー] **動詞**
throw(…を投げる)の過去形

thrill [θríl すリる] **名詞** C (喜び・恐怖(ﾞ☆ð)
で)ぞくぞく[わくわく]する感じ，スリル
▶I get my **thrills** from skydiving.
わたしはスカイダイビングでスリルを
味わう.
——**動詞** ⑪ …をぞくぞく[わくわく]させる
——**⑥** (…に)ぞくぞくする，感動する
《to ...》

thriller [θrílər すリら] **名詞**
C (小説・映画などの)スリラー(物)

thrilling [θríliŋ すリリング] **形容詞**
ぞくぞくさせる，わくわくさせる

throat [θróut すロウト] **名詞**
C のど；(容器などの)口，首
▶He had a sore **throat** yesterday.
彼は昨日，のどが痛かった.

throne [θróun すロウン] **名詞**
C 王座；《**the throne** で》王位，王権

⁺through [θrúː すルー] (★発音に注意)

前置詞	❶ 〖貫通(むぅ)〗…を通り抜(ﾞ)けて
	❷ 〖時間〗…の間じゅう
副詞	❶ 通り抜けて
	❷ 始めから終わりまで

——**前置詞**
❶ 〖貫通〗…を通り抜けて，…を通って
➡ **across** 〈くらべよう〉
▶The moonlight came in **through**
the window.
月の光が窓から差しこんできた.
▶The boy ran **through** the crowd.
その男の子は人ごみを走り抜けた.
▶The train went **through** a
tunnel.
列車はトンネルを通り抜けた.
❷ 〖時間〗…の間じゅう，…の始めから終
わりまで
▶The lights were on (all) **through**
the night.
明かりは一晩じゅうついていた.
▶The children sat still **through**
the movie.
子供たちはその映画の始めから終わり

までじっとすわっていた.
❸ 〖場所〗…のいたるところを[に]
▶He searched **through** the house
for his car key.
彼は車のキーを家じゅうさがし回った.
▶travel **through** Japan
日本じゅうを旅する
❹ 〖原因・手段〗…のために，…によって
▶The accident happened **through**
my carelessness.
その事故はわたしの不注意のために起
きた.
▶communicate **through** gestures
ジェスチャーで意思を伝える
❺ 〖時間の終点〗《米》…まで(同義語) to)
▶from September **through** April
9月から4月まで
(♦「4月の終わりまで」を意味する)
——**副詞** ❶ 通り抜けて
▶Let me **through**.
通してください.
❷ 始めから終わりまで，通して
▶I've just read this book **through**.
ちょうどこの本を読み通したところです.
❸ すっかり，全く
▶It rained hard, and she was wet
through.　雨がひどく降り，彼女はすっ
かりぬれてしまった.
❹ 《主に英》(電話が)つながって，通じて
▶Put me **through** to Mr. Brown.
ブラウンさんにつないでください.
——**形容詞** 終わって；
《**be through with ...** で》…をやり終え
る，使い終わる
▶I'm **through with** the computer.
コンピューターを使い終えました.

throughout [θruːáut すルーアウト]
(★発音に注意) **前置詞**
❶ 〖場所〗…のいたるところを[に]，…じゅ
う
▶The news spread **throughout**
the world.
そのニュースは世界じゅうに広まった.
❷ 〖時間〗…じゅう，…を通して
▶**throughout** the week
一週間ずっと
——**副詞** 始めから終わりまで，すっかり

⁺throw [θróu すロウ]
——**動詞** (三単現 **throws** [-z]；
過去 **threw** [θrúː すルー]；過分 **thrown**

[θróun すラウン]; 現分 **throwing**)
──他 ❶ …を投げる，ほうる；
《**throw** ＋人＋ものまたは **throw** ＋もの
＋ **to** ＋人で》(人)に(もの)を投げる；
《**throw** ＋もの＋ **at ...** で》(もの)を…め
がけて投げつける
▸**throw** a ball　ボールを投げる
▸Tom **threw** me a can of juice.
(＝Tom **threw** a can of juice **to**
me.)　トムはわたしに缶(缶)ジュースを
投げてよこした．(♦文末にくる語句が強
調される; 前者は「何を」投げたか, 後者
は「だれに」投げたかに重点が置かれる)
▸He **threw** a book **at** me in anger.
彼は怒(怒)って，わたしに本を投げつけた．
❷ (視線・ことば・光など)を投げかける
▸She **threw** me a glance.
彼女はわたしをちらりと見た．
▸The tree **threw** a long shadow
on the grass.　その木は芝生(しば)に長
い影(かげ)を落としていた．
❸ …を投げ飛ばす，投げ倒(そ)す
──自 投げる；投球する

thrów awáy　(もの)を投げ捨てる；
(金・機会など)をむだにする
▸She **threw** the receipts **away**.
彼女は領収書を投げ捨てた．
▸Don't **throw away** this chance.
この機会をむだにしないで．

thrów óff
…をさっと脱(ぬ)ぐ，脱ぎ捨てる

thrów óut
…を投げ出す，捨てる；…を追い出す

thrów úp　(口語)(食べたものを)吐(は)く，
もどす；…を吐く，もどす(＝ vomit)
──名詞 (複数 **throws** [-z])
❶ C 投げること；【野球】投球
▸His first **throw** was a strike.
彼の第 1 球はストライクだった．
❷ C 投げて届く距離(きょり)[範囲(はん)]
▸The park is just a stone's **throw**
away.
公園はすぐ近くです．(♦「石を投げれば
届く距離にある」という意味)

*†**thrown**　[θróun すロウン] 動詞
throw(…を投げる)の過去分詞

thrust　[θrʌst すラスト] 動詞
(三単現 **thrusts**　[θrʌsts すラスツ];
過去・過分 **thrust**; 現分 **thrusting**)
──他 …を強く押(お)す；(もの)を(…に)突(つ)っ

こむ，(刃物(はもの)など)を(…に)突き刺(さ)す
《**into** [in] ...》
▸He **thrust** his hands **into** his
pockets.
彼は両手をポケットに突っこんだ．
──自 強く押す，突く；
(…を)かき分けて進む《**through ...**》
──名詞 C ひと突き，ひと押し

thumb　[θʌm さム]（★発音に注意）名詞
C (手の)親指(♦「足の親指」は big toe)
➡ **finger** [医療], **hand** 図
▸a **thumb** and four fingers
(手の)5 本の指(♦英語では親指を
finger として数えないことが多い)

Thúmbs dówn!
(口語)だめだ!，反対だ!
(♦「不満」「失望」「反対」の気持ちを表す)

Thúmbs úp!　(口語)いいぞ!，賛成だ!
(♦「勝利」「成功」「賛成」を表す)

Thumbs down!　　Thumbs up!

thunder　[θʌ́ndər さンダ] 名詞 U 雷(かみなり)，
雷鳴(らい)(♦「稲光(いなびかり)」は lightning, 「雷
雨」は thunderstorm)
▸a clap of **thunder**　雷鳴
──動詞 自《**it** を主語にして》雷が鳴る

thunderstorm　[θʌ́ndərstɔ̀ːrm さンダ
ストーム] 名詞 C 激しい雷雨(らいう)

Thur., Thurs.　[θə́ːrzdèi さ〜ズデイ]
木曜日(♦ *Thursday* の略)

*†**Thursday***
[θə́ːrzdèi さ〜ズデイ] 名詞
(複数 **Thursdays** [-z]) C U 木曜日
(♦ Thur. または Thurs. と略す)
➡ **Sunday** ルール

thus　[ðʌ́s ざス] 副詞
したがって，そのため；このように
(♦かたい語)

*†**ticket**　[tíkit ティケット] 名詞
(複数 **tickets** [tíkits ティケッツ])
C 切符(きっぷ)，乗車券，入場券，チケット
▸a one-way **ticket**　(米)片道切符
(♦(英)a single **ticket**)

A
B
C
D
E
F
G
H
I
J
K
L
M
N
O
P
Q
R
S
T
U
V
W
X
Y
Z

▸a round-trip **ticket** 《米》往復切符
（◆《英》a return **ticket**）

▸a **ticket** for the concert
（＝a concert **ticket**）
コンサートのチケット

▸a **ticket** for [to] Paris
パリまでの切符

ticket agency [tíkit èidʒənsi ティケット エイヂェンスィ] 名詞 C （演劇・映画など の)チケット取次販売(ばい)所

ticket office [tíkit ɔ́:fis ティケット オーフィス] 名詞 C 切符(きっ)売り場
（◆《英》booking office)

tickle [tíkl ティクる] 動詞 （三単現 **tickles** [-z]; 過去・過分 **tickled** [-d]; 現分 **tickling**) 他 (人・体)をくすぐる
──自 くすぐったいと感じる, むずむずする

ticktack [tíktæk ティックタック] 名詞 C （時計などの)チクタク[カチカチ]いう 音; (心臓の)ドキドキいう音
➡ **sound** 図

tick-tack-toe
[tíktæktóu ティックタックトウ]
名詞 U 《米》三目 並べ(◆縦横３つ ずつ計９つのます 目に, ○と×を２ 人が交互(ごう)に記 入し, 同じ符号(ごう) を早く３つ並べた ほうが勝ちという 遊び; 《英》noughts [nɔ́:ts ノーツ] and crosses)

tide [táid タイド] 名詞
❶ U C 潮(しお), 潮の干満(ちょう); 潮流(ちょう)
▸high [low] **tide** 満[干]潮
❷ C《ふつう単数形で》
(世論などの)風潮, 傾向(けい)

tidy [táidi タイディ] 形容詞
（比較 **tidier**; 最上 **tidiest**)
(部屋・服装・人などが)きちんとした, 整 然とした(同義語 neat)
▸a **tidy** room
整然とした部屋

◆**tie** [tái タイ]
──動詞 （三単現 **ties** [-z]; 過去・過分 **tied** [-d]; 現分 **tying** [táiiŋ タイイング])
──他 ❶ (ひもなどで)…を結ぶ, 縛(しば)る, つなぐ

▸**Tie** your shoelaces.
靴(くつ)ひもを結びなさい.

▸She **tied** the package with a rope.
彼女はロープで荷物を縛った.

▸The dog was **tied** to a tree.
そのイヌは木につながれていた.

❷ …と同点になる, ひき分ける;
(試合・スコア)をひき分ける, 同点にする

▸I **tied** her in the bowling game.
ボウリングのゲームで彼女とひき分けた.

▸His homer **tied** the game.
彼のホームランで試合は同点になった.

──自 ❶ 結べる

▸This string is too short to **tie**.
このひもは短すぎて結べない.

❷ (…と)同点になる, ひき分ける
《with ...》

▸We **tied with** the Tigers in the game. その試合でわたしたちはタイ ガースとひき分けた.

tíe úp …をしっかり結ぶ
▸He **tied up** the box with a rope.
彼はその箱をひもでしっかり結んだ.

──名詞 （複数 **ties** [-z]）
❶ C ネクタイ(同義語 necktie); ひも
❷ C《ふつう **ties** で》つながり, きずな
▸family **ties** 家族のきずな
❸ C 同点, 引き分け

◆**tiger** [táigər タイガ] 名詞
（複数 **tigers** [-z] または **tiger**)
C 【動物】トラ
（◆特に雌(めす)のトラは tigress という)

tight [táit タイト] 形容詞 （比較 **tighter**; 最上 **tightest**) きつい, ぴったりした; (ひもなどが)ピンと張った; (結び目・ふた などが)かたい(対義語 loose ゆるい)
▸This dress is a little **tight** for me.
このドレスはわたしには少しきつい.
▸a **tight** rope ぴんと張ったロープ
──副詞 （比較・最上 は 形容詞 に同じ)
しっかりと, きつく;ぴったりと; ぴんと; ぐっすりと
▸Hold **tight**!
しっかりつかまれ！
▸sleep **tight**
ぐっすり眠(ねむ)る

tightly [táitli タイトり] 副詞
しっかりと, きつく, ぴったりと; きちんと

tigress [táigrəs タイグレス] 名詞
（複数 **tigresses** [-iz]) C 雌(めす)のトラ

tile [táil タイる] 名詞 C タイル; 屋根がわら

‡till [tíl ティる]

――**前置詞 ❶** …まで(ずっと)

(同義語 until) ➡ **by** くらべよう

▶I studied **till** eleven last night.
ゆうべは 11 時まで勉強した.

▶from morning **till** night
朝から晩まで

▶We are open from Monday **till**
Friday. わたしたちは月曜日から金
曜日まで営業しています.

▶Can I borrow this **till** Monday?
月曜日までこれを借りてもいいです
か?(◆「月曜日に返す」という意味)

❷《否定文で》…まで(…しない), …に
なって初めて(…する)

▶I did**n't** get up **till** noon.
わたしは正午まで起きなかった.

――**接続詞 ❶** …まで(ずっと)

▶Please wait here **till** he comes
back. 彼が戻るまで, どうぞここで
お待ちください.(◆till で始まる節の時
制は, 未来のことでも現在形を用いる)

❷《否定文で》…するまで(…しない),
…して初めて(…する)

▶He **never** gets up **till** the alarm
rings. 彼は目覚まし時計が鳴るまで
決して起きない.

timber [tímbər ティンバ] **名詞**

❶ U(英)材木, 木材(◆(米)lumber)

❷ U 樹林, 森林(全体)

‡time [táim タイム] **名詞**

(複数 times [-z])

❶ 時刻
❷ 時間
❸(…するべき)**時**
❹ 時代
❺ …倍
❻ …回

❶ U 時刻

▶What **time** do you eat breakfast?
あなたは何時に朝食をとりますか?

ダイアログ

A: What **time** is it? (=What's the
time?) 今, 何時ですか?
B: It's half past five. 5 時半です.

▶What **time** do you have?
(=Do you have the **time**?)
何時ですか?(◆時計をしている人に時

刻をたずねるときに用いる)

❷ U(空間に対して)**時間**;《または **a time**
で》(ある一定の)**時間, 期間, 暇**

▶ことわざ **Time** flies. 光陰矢のご
とし.(◆「時は飛ぶように過ぎる」の意
味から)

▶for **a long time** 長い間ずっと

▶I had no **time** to have breakfast
this morning.
今朝は朝食をとる時間がなかった.

▶**Time** is up. 時間切れです.

▶Do you have **time**? お暇ですか?
(◆ Do you have the time? とすると
「何時ですか?」の意味 ➡ **❶**)

❸ U C(…するべき)**時**, (…にふさわし
い)時機;(特定の)時, 時期

▶It's **time** for lunch. 昼食の時間だ.

▶It's **time** to go to bed, Mike.
マイク, 寝る時間ですよ.

▶I was watching TV at the **time**.
そのときわたしはテレビを見ていた.

❹ C《しばしば **times** で》**時代**

(同義語 age)

▶in modern **times** 現代に[では]

▶in ancient **times** 古代に[では]

❺《**times** で》…**倍**(◆「2 倍」は twice,
「3 倍」以上は … times で表す; ほかの回
数とのちがいを強調するときは two
times ともいう)

▶Four **times** three is [are] twelve.
3 の 4 倍は 12(3 × 4=12).

▶America is about twenty-six
times as large as Japan.
アメリカは日本の約 26 倍の広さだ.

❻ C …**回**, …度(◆「1 回[度]」は once,
「2 回[度]」は twice, 「3 回[度]」以上は
… times で表す)

▶How many **times** have you ever
been to London? 今までにロンドン
へは何回行ったことがありますか?

▶three **times** a day 1 日 3 回

❼ U《または **a time** で》
(ある経験をした)**時間**

▶I had **a wonderful time** at the
party. パーティーではすばらしい時
間を過ごした.

❽ U(競技などの)**タイム, 所要時間**

áll the tíme その間ずっと; いつも

▶He chattered **all the time**. 彼は
その間ずっとしゃべりっぱなしだった.

at a tíme 一度に

a b c d e f g h **i** j k l m n o p q r s **t** u v w x y z

A B C D E F G H I J K L M N O P Q R S T U V W X Y Z

(at) ány time いつでも
▶You can call me (at) any time.
いつでも電話してくれていいよ。

at óne time かつては；同時に，一度に

at thát [the] tíme
その当時(は)，そのとき(は)

at the sáme tíme 同時に
▶They began to cry at the same
time. 彼らはいっせいに泣き出した。

at thís tíme of ... …の今ごろは
▶at this time of the year
1年のうち今ごろは

éach tíme
毎回，…するたびに ➡ each

évery tíme
…するときはいつも；その都度 ➡ every

✦**for the fírst tíme** 初めて ➡ first

from tíme to tíme
ときどき（同義語 sometimes）

✦**have a góod tíme** 楽しく過ごす
▶Have a good time!
楽しんでいらっしゃい！

have a hárd tíme つらい経験をする

in tíme 間に合って；そのうち，やがて
▶We're just in time. The play is
beginning. ちょうど間に合ったね．
劇が始まるところだ.

keep góod [bád] tíme
（時計が）正確である[でない]

(the) néxt tíme ... 今度…なときは

on tíme 時間どおりに
（◆「時間より早く」は ahead of time,
「時間に遅れて」は behind time）

ónce upon a tíme 昔々 ➡ once

sóme tíme
しばらくの間；いつか ➡ some

take one's **(ówn) tíme**
ゆっくり[のんびり]やる

time capsule [táim kæpsl タイム キぁ
プスる] 名詞 C タイムカプセル

time difference [táim dífərəns タイ
ム ディふァレンス] 名詞 U 時差

timely [táimli タイムり] 形容詞
（比較 timelier；最上 timeliest）
ちょうどよい時の，時宜(ぎ)を得た，タイム
リーな

time machine [táim məʃiːn タイム
マシーン] 名詞 C タイムマシン

time-out [táimáut タイムアウト] 名詞
❶ C U 【スポーツ】タイムアウト；
U 短時間の中断，小休止

❷ C タイムアウト（◆子供にあたえる，
ひとりでおとなしくさせておく罰(ぱ)）

Times [táimz タイムズ] 名詞
《新聞名に用いて》…タイムズ
▶The New York Times
ニューヨークタイムズ

times [táimz タイムズ] 前置詞
…倍した，…かける ➡ time ❺

timetable [táimtèibl タイムテイブる]
名詞 ❶ C （列車などの）時刻表
❷ C （行事などの）予定表
❸ C （英）（授業の）時間割
（◆（米）schedule）

time zone [táim zòun タイム ゾウン]
名詞 C 時間帯（◆同一の標準時を用いる
地帯）➡ zone

timid [tímid ティミッド] 形容詞
おくびょうな，内気な；おどおどした

timing [táimiŋ タイミング] 名詞
U 間合い，タイミング，時機を選ぶこと

timpani [tímpəni ティンパニ] 名詞
U《単数または複数あつかいで》【楽器】
ティンパニー（◆2つ以上の太鼓(だいこ)を組
み合わせたもの）
➡ musical instruments 図

tin [tín ティン] 名詞
❶ U 【化学】スズ（◆元素記号は Sn）
❷ U ブリキ；C （英）缶詰(がんづめ)(の缶)
（◆（米）can）

tinkle [tíŋkl ティンクる] 動詞 （三単現
tinkles [-z]；過去・過分 tinkled [-d]；
現分 tinkling)
他 (鈴(すず)など)をチリンチリン鳴らす
──自 チリンチリン鳴る
──名詞 C （鈴・グラスの中の氷などの）
チリンチリン[リンリン]という音

✦**tiny** [táini タイニ] 形容詞
（比較 tinier；最上 tiniest）
ごく小さい，ちっぽけな
（対義語 huge 巨大(きょだい)な）
▶a tiny village とても小さな村

-tion 接尾辞
動詞について動作・状態・結果などを表す
名詞をつくる：communicate(通信す
る)＋ -tion → communication(通信)

tip¹ [típ ティップ] 名詞 C 先，先端(せん)
（同義語 point）；頂，頂上（同義語 top）
▶the tip of a finger 指先

tip² [típ ティップ] 名詞 C チップ，心づけ
▶I gave the waiter a tip. わたしは
そのウェイターにチップを渡(わた)した．

——動詞 (三単現 tips [-s];
過去・過分 tipped [-t]; 現分 tipping)
他 (人)にチップを渡す

tip³ [tip ティップ] 名詞 C【野球】チップ(◆
球がバットをかすって打者の後方などに
飛ぶこと);軽くたたくこと

tiptoe [típtòu ティップトウ] 名詞
(◆次の成句で用いる)
on típtoe(s) つま先立ちで

tire¹ [táiər タイア] 動詞 (三単現 tires
[-z]; 過去・過分 tired [-d]; 現分 tiring)
他 (人)を疲れさせる;(人)を飽きさ
せる, うんざりさせる

tire² [táiər タイア] 名詞
C【米】タイヤ(◆【英】tyre)
➡ bicycles 図, cars 図
▶Oh, I've got a flat **tire**.
ああ, タイヤがパンクしている.

tired [táiərd タイアド] 形容詞
(比較 more tired; 最上 most tired)
❶ 疲れた;《**tired from ...** で》…で疲
れた
▶You look so **tired**.
とても疲れているみたいですね.
▶He was **tired from** hard work.
彼は骨の折れる仕事で疲れていた.
❷《**tired of ...** で》…に飽きた, うん
ざりした(◆名詞の前には用いない)
▶I'm **tired of** playing this game.
わたしはこのゲームをするのに飽きた.

tissue [tíʃu ティシュー] 名詞
❶ U C (筋肉などの)組織
❷ C ティッシュペーパー, ちり紙
(◆英語の tissue paper は「(包装用の)
薄い紙」を指す)

title [táitl タイトゥる] 名詞
❶ C 題名, 表題
▶What's the **title** of the book?
その本の題名は何ですか?
❷ C 肩書き, 称号, 敬称
(◆Dr., Mr., Sir, Prof. など)
❸ C (競技の)選手権, タイトル

TN【郵便】テネシー州
(◆Tennessee の略)

to 前置詞 ➡ p.640 to

toast¹ [tóust トウスト] 名詞 U トースト
▶a slice [piece] of **toast** トースト1枚
——動詞 他 (パンなど)をこんがり焼く,
トーストにする(◆小麦粉をこねたものを

焼いてパンを作るときは bake を用い
る)➡ cook 図

toast² [tóust トウスト] 名詞
C 乾杯, 祝杯
——動詞 他 …のために祝杯をあげる, 乾杯
する

||参考|| **乾杯のことば**

乾杯のときに言うことばには, 次のよ
うなものがあります.
▶Cheers! / Bottoms up! 乾杯!
▶Here's to you! きみのために乾杯!
▶To your good health!
きみの健康を祝して乾杯!

toaster [tóustər トウスタ] 名詞
C トースター, パン焼き器

tobacco [təbǽkou タバぁコウ] 名詞
(複数 tobaccos または tobaccoes
[-z]) U C タバコ(◆ふつうパイプ用のタバ
コを指す;「紙巻きタバコ」は cigarette);
U【植物】タバコ

today [tədéi トゥデイ]
——名詞 ❶ U 今日
▶**Today** is Monday.
今日は月曜日だ.
▶**today's** paper 今日の新聞
❷ U 現代, 今日
▶**today's** Japan 現代の日本
▶(the) kids of **today** 現代の子供たち
——副詞 ❶ 今日(は)
▶I'm busy **today**. 今日は忙しい.

ダイアログ
A: What day (of the week) is it
today? 今日は何曜日ですか?
B: It's Wednesday. 水曜日です.

ダイアログ
A: What's the date **today**?
今日は何日ですか?
B: It's May 3. 5月3日です.
(◆May 3 は May (the) third と読む)

▶【米】a week from **today**
来週の今日(◆【英】**today** week)
▶【米】a week ago **today** 先週の今日
(◆【英】this day last week)
❷ 今日では, 現在では, 最近では
▶**Today**, a lot of people use
smartphones. 今日では, 多くの
人々がスマートフォンを使っている.

‡to 前置詞

[túː トゥー；（弱く言うとき）（子音の前で）tə タ；（母音の前で）tu トゥ]

❶ 〖方向・到達(とう)〗…へ
❷ 〖対象・関連〗…に；…にとって
❸ 〖範囲(はんい)・限界〗…まで
❹ 〖時間・時刻〗…まで；…（分）前

❶ 〖方向・到達〗…へ，…に，…のほうへ[に]
▶Let's go **to** the movies. 映画を見に行きましょう.
▶The car turned **to** the left. その車は左に曲がった.
▶the way **to** the station 駅へ行く道
▶My house is **to** the south of the park. わたしの家はその公園の南のほうにある.

―――――――――――――――――
〈くらべよう〉 方向を表す to, toward, for

to: 方向だけでなく，そこに到達することを意味します.

toward, for: 単に行く方向だけを表し，到達するかどうかは問いません.
―――――――――――――――――

❷ 〖対象・関連〗…に，…へ；…にとって
▶Give that **to** him. それを彼にあげなさい.
▶She listened **to** the song. 彼女はその曲に耳を傾(かた)けた.
▶May I speak **to** Meg? （電話で）メグはいますか？
▶She is a good teacher **to** John. 彼女はジョンにとってよい先生だ.

❸ 〖範囲・限界〗…まで
▶from beginning **to** end 始めから終わりまで
▶This bus goes **to** Yokohama. このバスは横浜まで行きます.
▶**to** my knowledge わたしの知るかぎりでは

❹ 〖時間・時刻〗…まで；…（分）前
▶from Monday **to** Saturday 月曜日から土曜日まで
▶It's five **to** ten. 10時5分前です.

❺ 〖比較(ひかく)・対照〗…に対して；…よりも
▶We won by two **to** one. わたしたちは2対1で勝った.
▶I prefer summer **to** winter. わたしは冬より夏のほうが好きだ.

❻ 〖結果〗…（に至る）まで
▶She lived **to** one hundred. 彼女は100歳(さい)まで生きた.
▶The book moved me **to** tears. わたしはその本に感動して泣いた.

❼ 〖目的〗…のために
▶go **to** work 仕事に行く
▶They sat down **to** lunch. 彼らは昼食の席についた.

❽ 〖一致(いっち)・適合〗…に合わせて
▶We danced **to** the music. わたしたちは音楽に合わせて踊(おど)った.

❾ 〖所属・付着〗…に，…へ
▶attach a name tag **to** every box すべての箱に名札(なふだ)をつける
▶He belongs **to** the brass band. 彼はブラスバンドに入っている.

《**to** ＋動詞の原形》
 ❶ …すること
 ❷ …するための
 ❸ …するために；…して；…となる

⓾《感情を表す名詞といっしょに，文全体を修飾(ぷ)する副詞句をつくる》
▶to *a person's* surprise   驚(おど)いたことに
——《**to** ＋動詞の原形で不定詞をつくって》
❶《名詞的用法》…**すること**(♦主語・目的語・補語として用いる)
▶I want **to** have some coffee.   コーヒーが飲みたい.
▶It's easy **to** make doughnuts.   ドーナツを作るのは簡単だ.
 (♦ It は仮の主語で，to make doughnuts を指す) ➡ **it** ❸
❷《形容詞的用法》…**するための**，…すべき(♦前の(代)名詞を修飾する)
▶I have a lot of work to do.   やるべき仕事がたくさんある.
▶She bought something **to** read.   彼女は読むものを買った.
❸《副詞的用法》⑴『目的』…**するために**
▶save money **to** study abroad   留学するために貯金する
⑵『原因・理由』…**して**，…するとは
▶I'm glad **to** hear that.   それを聞いてうれしいよ.
⑶『結果』…**となる**
▶He grew up **to** be a teacher.   彼は成長して教師になった.
⑷『独立した不定詞』《副詞句として文全体を修飾する》
▶**To** be honest, I'd like to go   正直なところ，きみといっしょに行きた
 with you.   いよ.
❹《疑問詞＋ **to** ＋動詞の原形で》
(♦ただし why to ... とはいえない；whether もこの形で用いる)
▶I don't know **what to** do.   どうしたらいいのかわからない.
▶She showed me **how to** cook.   彼女が料理の仕方を教えてくれた.

┌───┐
│ ［ルール］ **不定詞の使い方**   │

1 不定詞の否定: 不定詞の部分を否定にするときは，to の直前に not や never を置きます.
▶Try **not to** make a mistake.
 まちがいをしないように心がけなさい.
2 不定詞の意味上の主語: 不定詞の主語は「for ＋人・もの」で表し，to の直前に置きます.
▶It's easy **for me to** make dinner.
 夕食を作ることはわたしには簡単だ.
ただし，話し手が人の行為(こう)について何らかの判断を下すときは「of ＋人」で表します.
▶It was kind **of him to** help me.
 彼は親切にも手伝ってくれた.
 (♦話し手が「手伝ってくれたのは親切だ」と判断している)
3 動詞の省略: 同じ動詞(句)を繰(く)り返すのを避(さ)けるために，不定詞の動詞を省略することがあります.
▶I just did it because I wanted **to**.   やりたかったから，やっただけです.
 (♦ to のあとに do it が省略されている)

A B C D E F G H I J K L M N O P Q R S T U V W X Y Z

toddle [tádl タドゥる] **動詞** (三単現 **toddles** [-z]; 過去・過分 **toddled** [-d]; 現分 **toddling**)
⊜ (赤ちゃんなどが)よちよち歩く

toe [tóu トウ] (★発音に注意) **名詞**
C 足の指(◆「手の指」は finger); (靴(⑤)などの)つま先
▶on *one's* **toes** つま先立ちで

【庵考】**足の指の呼び方**

① big [great] **toe**
② second **toe**
③ third [middle] **toe**
④ fourth **toe**
⑤ little [small] **toe**

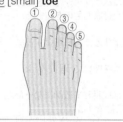

TOEFL [tóufl トウふる] **名詞**
U トーフる(◆ *Test of English as a Foreign Language* の略; アメリカの大学・大学院へ留学を希望する人のための英語能力テスト)

TOEIC [tóuik トウイック] **名詞**
U トーイック(◆ *Test of English for International Communication* の略; 国際コミュニケーションのための英語能力テスト)

together

[təɡéðər トゥゲザ] **副詞**
❶ いっしょに, ともに; 合わせて
▶We had dinner **together**.
わたしたちはいっしょに夕食をとった.
▶We must work **together**.
わたしたちは協力して働かなければならない.
▶Mix red and blue **together**, and you (will) get purple.
赤と青を混ぜ合わせると, 紫(⑤⑤)になる.
❷ 同時に, いっせいに
all together 全部いっしょに
▶The students began to run (all) **together**.
生徒たちはいっせいに走り始めた.

get together
集まる; …を集める ➡ **get**
put together …を組み立てる; …を集める; (考えなど)をまとめる ➡ **put**
together with ...
…といっしょに; …に加えて

toilet [tɔ́ilit トイれット] **名詞** C 便器; 《主に英》トイレ, (水洗)便所; 洗面所 ➡ **bathroom** 図

【庵考】**主なトイレの呼び方**

一般家庭の場合	《米》	bathroom
	《英》	toilet, lavatory
公共の場合	《米》	rest room, washroom, men's [women's] room
	《英》	public convenience, gents(男性), ladies(女性)

token [tóukən トウクン] **名詞**
❶ C (…の)印, 象徴(しょう), 証拠(しょう) 《of ...》; 記念品
❷ C 代用硬貨(ふ), 専用コイン, トークン

told [tóuld トウるド] **動詞**
tell(…を話す)の過去形・過去分詞

tolerant [tálərənt タらラント] **形容詞**
(…に対して)寛容(かんよう)な, 寛大な 《of [toward] ...》

tolerate [tálərèit タらレイト] **動詞** (三単現 **tolerates** [tálərèits タらレイツ]; 過去・過分 **tolerated** [-id]; 現分 **tolerating**)
⊕ …を大目に見る, 寛大(かん)にあつかう

toll [tóul トウる] **名詞**
C (有料道路などの)通行料(金), 使用料(金)

toll-free [tóulfríː トウるふりー] **形容詞** 《米》(電話が)フリーダイヤルの(◆「フリーダイヤル」は和製英語)
——**副詞** 《米》フリーダイヤルで

tollgate [tóulgèit トウるゲイト] **名詞**
C (有料道路などの)通行料金徴収(ちょうしゅう)所

tomato [təméitou トメイトウ] (★発音に注意) **名詞** (複数 **tomatoes** [-z])
C U 【植物】トマト(の実), トマトの木

tomb [túːm トゥーム] (★発音に注意) **名詞** C 墓; 納骨所(◆「墓地」は cemetery; 同義語 grave)

*tomorrow

[təmɔ́rou トゥマロウ]

——**名詞** ❶ Ⓤ **あした，明日，明日(みょう)**

▶**Tomorrow** is Sunday.
明日は日曜日だ．

▶**tomorrow** morning
明日の朝(に)

▶**tomorrow** afternoon
明日の午後(に)

▶See you **tomorrow** evening.
では，あしたの晩に(会いましょう)．

❷ Ⓤ《または **a tomorrow** で》未来，将来

the dáy after tomórrow
あさって，明後日(♦(米)では副詞的に用いるときは the を省略する)

——**副詞** **あした(は)，明日は**

▶It will rain **tomorrow**.
あしたは雨が降るでしょう．

ton [tʌ́n タン](★発音に注意)

名詞（**複数** tons [-z] または ton）

❶ Ⓒ（重量単位の）**トン**(♦日本などのメートル法では 1,000 キログラム；t. または tn. と略す)

❷ Ⓒ（船の容積単位の）**トン**

tone [tóun トウン]**名詞**

❶ Ⓒ **音色(いろ)，音調**

❷ Ⓒ《ときに **tones** で》**口調(ちょう)，語気**；(新聞などの)論調

▶She spoke in an angry **tone**.
彼女は怒(おこ)ったような口調で話した．

❸ Ⓒ **色調，色合い**

*tongue [tʌ́ŋ タング]

(★発音に注意)**名詞**

（**複数** tongues [-z]）

❶ Ⓒ **舌**

❷ Ⓒ **国語，言語**(**同義語** language)

▶Her mother **tongue** is Spanish.
彼女の母語はスペイン語だ．

tongue twister [tʌ́ŋ twistər タング トゥウィスタ]**名詞** Ⓒ **早口ことば**

《参考》早口ことばを言えますか？

twister は「(舌を)からませるもの→発音しにくいことば」という意味です．英語の早口ことばには，"Kitty caught the kitten in the kitchen.（キティが台所で子ネコを捕(つか)まえた", "Six thick thistles stick.（6 本の太いアザミの枝木）などがあります．

*tonight [tənáit トゥナイト]

——**名詞** Ⓤ **今夜，今晩**

▶**Tonight**'s TV programs look interesting.
今夜のテレビ番組はおもしろそうだ．

——**副詞** **今夜(は)，今晩は**

▶It's cold **tonight**.
今夜は冷える．

*too [tú: トゥー]**副詞**

❶ **…もまた；そのうえ**
(♦ also よりくだけた語)

▶She's kind, and she's bright, **too**.
彼女は親切で，そのうえ頭もいい．

ダイアログ
A: I want to go skiing.
スキーに行きたいな．
B: Me, **too**. わたしもよ．

ルール too「…も」の使い方

1 次の文は文脈によって下の a)，b) いずれの意味にもなります．

▶Tom went to London, **too**.
 a) トムもロンドンに行った．
 b) トムはロンドンにも行った．

a)の意味のときは Tom と too を強く，b)の意味のときは London と too を強く発音します．

2 意味があいまいになるのを避(さ)けるために，修飾(しょく)する語の直後に too を置くことがあります．

▶Tom, **too**, went to London.
トムもロンドンに行った．

3 否定文では too の代わりに either を使います． ➡ **either 副詞 ルール**

▶I do**n't** want to go, **either**.
わたしも行きたくないな．

❷《形容詞・副詞を強めて》

あまりに(…過ぎる)，…過ぎる

▶This question is **too** difficult for him. この質問は彼には難し過ぎる．

▶That's **too** bad.
それはお気の毒に．

▶He ate **too** much.
彼は食べ過ぎた．

cannót ... too ~
どんなに…しても～し過ぎることはない

▶I **cannot** thank you **too** much.
あなたには感謝のしようもありません．

A B C D E F G H I J K L M N **O** P Q R S **T** U V W X Y Z

too ... to ～ **～するにはあまりに…；**
あまりに…なので～できない
▶I'm **too** busy **to** go to the movies.
忙(いそが)し過ぎて映画を見に行けない。
▶That's **too** good a story **to** be
true. それは話があまりにうま過ぎて
信用できない。(◆語順「**too** ＋形容詞＋
a ＋名詞」に注意)

参考 「**too ... for ＋人＋ to ～**」
の内容を別の文で表す

「(人)にとってあまりに…なので～できな
い」は「**too ... for ＋人＋ to ～**」のほかに
「**so ... (that) ＋人＋ cannot [can't] ～**」
の文でも表すことができます。
▶The book is **too** difficult **for** me
to read.
＝The book is **so** difficult **that**
I **can't** read it.
その本はわたしには難し過ぎて読む
ことができない。
2 つめの文の read it の it を落とさない
ように注意しましょう。

---

took [túk トゥック] 動詞
take(…を取る)の過去形

tool [túːl トゥーる] 名詞
(複数 tools [-z]) C 道具, 工具
▶carpenter's **tools** 大工(だいく)道具

くらべよう **tool** と **instrument**

tool: 大工道具のような, 手で使う単
純な道具を指します。
instrument: より専門的で, 精密な
機器を指します。

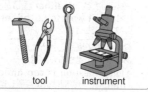

tool   instrument

---

tooth [túːθ トゥーす] 名詞
(複数 teeth [tíːθ ティーす]) C 歯
▶a baby [(英)milk] **tooth** 乳歯
▶a back [front] **tooth** 奥(おく)[前]歯
▶brush *one's* **teeth** 歯を磨(みが)く
▶I have two decayed [bad] **teeth**.
わたしは虫歯が 2 本ある。

toothache [túːθèik トゥーすエイク]
名詞 C U 歯痛
▶I have a **toothache**. 歯が痛い。

toothbrush [túːθbrʌʃ トゥーすブラッシ]
名詞 (複数 **toothbrushes** [-iz])
C 歯ブラシ

toothpaste [túːθpèist トゥーすペイスト]
名詞 U 練り歯みがき

toothpick [túːθpìk トゥーすピック] 名詞
C つまようじ

top[1] [táp タップ]
——名詞 (複数 **tops** [-s])
❶ C《ふつう **the top** で》
頂上, てっぺん (同義語 summit,
対義語 the bottom, the foot ふもと)
▶I climbed to **the top** of the
mountain.
わたしは山頂までのぼった。
▶**the top** of a ladder
はしごの最上段
❷《**the top** で》首位, 首席, トップ; 絶頂
▶The team is at **the top** of the
league now.
そのチームは現在, リーグの首位にいる。
▶He cried at **the top** of his voice.
彼は声を限りに叫(さけ)んだ。
❸ C《ふつう **the top** で》表面, 上部;
(車などの)屋根; (びんなどの)ふた;
【野球】(回の)表
▶She cleaned **the top** of the desk.
彼女は机の上をきれいにした。
▶put **top** on a bottle
びんにふたをする
from tóp to bóttom すっかり
from tóp to tóe
頭のてっぺんからつま先まで; すっかり
on (the) tóp of ...
…の上に; …に加えて
——形容詞 (位置・地位・程度が)いちばん上
の; 最高の
▶a **top** secret 最高機密

top[2] [táp タップ] 名詞 C こま
▶spin a **top** こまを回す

topic [tápik タピック] 名詞
(複数 **topics** [-s])
C 話題, トピック; テーマ
▶current **topics** 時事問題
▶Let's change the **topic**.
話題を変えよう。

torch [tɔ́ːrtʃ トーチ] [名詞]
([複数] **torches** [-iz])
❶ [C] たいまつ
❷ [C] 《英》懐中(かいちゅう)電灯
(♦《米》flashlight)

tore [tɔ́ːr トーア] [動詞]
tear[2] (…を引き裂(さ)く)の過去形

torn [tɔ́ːrn トーン] [動詞]
tear[2] (…を引き裂(さ)く)の過去分詞

tornado [tɔːrnéidou トーネイドウ] ([複数] **tornadoes** または **tornados** [-z]) [名詞]
[C] (アメリカ中西部・南部などに発生する)大竜巻(たつまき)

Toronto [tərɑ́ntou トラントウ] [名詞]
トロント(♦カナダ南東部の都市)

torrent [tɔ́ːrənt トーレント] [名詞]
[C] 急流; ほとばしり; (質問などの)連発

tortoise [tɔ́ːrtəs トータス]
(★発音に注意) [名詞]
[C] 【動物】(陸上・淡水(たんすい)にすむ)カメ, リクガメ(♦「ウミガメ」は turtle)

torture [tɔ́ːrtʃər トーチャ] [名詞]
[U] 拷問(ごうもん); [U] [C] 《口語》(激しい)苦痛
—[動詞] ([三単現] **tortures** [-z]; [過去・過分] **tortured** [-d]; [現分] **torturing**) [他]
…を拷問にかける; …をひどく苦しめる

toss [tɔ́ːs トース] [動詞] ([三単現] **tosses** [-iz]; [過去・過分] **tossed** [-t]; [現分] **tossing**) [他] …を(軽く)投げ上げる, 投げる([同義語] throw, pitch)
▸**toss** a ball　ボールを(軽く)投げる
—[自] ❶ (船などが)(上下に)揺(ゆ)れる
❷ 寝返(ねがえ)りをうつ
❸ (硬貨(こうか)を)投げて決める《up ...》

total [tóutl トウトゥる] [形容詞]
❶ 《名詞の前に用いて》総計の, 全体の
▸the **total** number of students
生徒総数
❷ 完全な, 全くの([同義語] complete)
▸That was a **total** failure.
それは完全な失敗だった.
—[名詞] [C] 合計, 総額
▸How much is it **in total**?
全部でいくらですか?
(♦ in total は「全部で」の意味)
—[動詞] ([三単現] **totals** [-z]; [過去・過分] **totaled**,《英》**totalled** [-d]; [現分] **totaling**,《英》**totalling**)
[他] …を総計[合計]する
(♦しばしば up をともなう)

totally [tóutəli トウタり] [副詞]
全く, すっかり, 完全に

totem pole
[tóutəm pòul トウテム ポウる] [名詞]
[C] トーテムポール
(♦特にアメリカ先住民が, 丸太に崇拝(すうはい)する動植物の像(totem)を彫(ほ)り, 色を塗(ぬ)ったもの)

·touch [tʌ́tʃ タッチ]
—[動詞] ([三単現] **touches** [-iz]; [過去・過分] **touched** [-t]; [現分] **touching**) [他]
❶ **…に触(さわ)る, 触(ふ)れる**
▸Don't **touch** the wet paint.
塗(ぬ)りたてのペンキに触らないで.
❷ **…を感動させる**
▸The novel **touched** me deeply.
その小説はわたしをとても感動させた.
—[名詞] ([複数] **touches** [-iz])
❶ [U] 触覚(しょっかく); 感触(かんしょく), 手触(てざわ)り;
[C] 触れること, 接触 ➡ **sense** [参考]
▸I felt a slight **touch** on my back.
背中に何かが軽く触れるのを感じた.
❷ [C] [U] (絵画などの)ひと筆; 筆の運び
❸ 《**a touch of ...** で》少量の…; …ぎみ
▸This stew needs **a touch of** salt.
このシチューには少し塩が必要だ.
▸I have **a touch of** a cold.
わたしは風邪(かぜ)ぎみです.

get in tóuch
(…と)連絡(れんらく)をとる《with ...》
▸I'll **get in touch with** you soon.
近いうちに連絡しますね.

keep in tóuch
(…と)連絡をとり合う《with ...》
▸Let's **keep in touch with** each other.　たがいに連絡を取り合おう.

touchdown [tʌ́tʃdàun タッチダウン]
[名詞] ❶ [C] [U] (飛行機などの)着陸
❷ [C] (アメリカンフットボールなどの) タッチダウン
➡ **American football** 図

tough [tʌ́f タふ] (★発音に注意) [形容詞]
([比較] **tougher**; [最上] **toughest**)
❶ 困難な, 難しい([同義語] difficult)
▸a **tough** problem　難しい問題
❷ 強い, じょうぶな, 頑丈(がんじょう)な
▸**tough** rope　じょうぶなロープ

A B C D E F G H I J K L M N O P Q R S T U V W X Y Z

❸ (肉などの食べ物が)かたい
▶This steak is **tough**.
このステーキは硬い.
(対義語 tender 柔(ぷ)らかい)
❹ (指導・処置などが)厳しい, 手ごわい

tour [túər トゥア] 名詞
ⓒ (観光・視察などの)旅行, ツアー;
見学, 見物 ➡ **trip** くらべよう
▶a package **tour**
パッケージツアー, パックツアー
▶go on a **tour** 旅行に出かける
▶They took a **tour** of Europe.
彼らはヨーロッパを旅行した.
(◆to や in ではなく, of を用いる)

tourist [túərist トゥ(ア)リスト] 名詞
ⓒ 観光客, 旅行者

tournament [túərnəmənt トゥアナメント] 名詞 ⓒ トーナメント, 勝ち抜(ぬ)き戦,
選手権大会

⁺toward
[tɔ́ːrd トード, təwɔ́ːrd トゥウォード] 前置詞
❶ 〖方向〗…のほうへ, …に向かって
➡ **to** くらべよう
▶The plane was flying **toward** the east.
飛行機は東に向かって飛んでいた.
❷ 〖対象〗…に対して, …に関して
▶his attitude **toward** me
わたしに対する彼の態度
❸ 〖時間・数量〗…に近く, …ごろ
▶**toward** the end of the month
月末にかけて

⁺towards
[tɔ́ːrdz トーヅ, təwɔ́ːrdz トゥウォーヅ]
前置詞 《主に英》=**toward**(…のほうへ)
➡ **to** くらべよう

towel [táuəl タウエる] (★発音に注意)
名詞 ⓒ タオル, 手ふき
▶a bath **towel** バスタオル

tower [táuər タウア] 名詞 ⓒ 塔(ぷ), タワー
▶a control **tower** (空港の)管制塔
▶the Eiffel **Tower**
エッフェル塔

Tower of London [táuər əv lʌ́ndən タウア アヴ らンドン] 名詞
《the Tower of London で》ロンドン
塔(ぷ)(◆ロンドンにある古城で, かつての
王宮; その後, 監獄(ごく)や処刑(けい)場にな
り, 現在は博物館として公開されている)

⁺town
[táun タウン] 名詞 (複数 towns [-z])
❶ ⓒ 町
➡ **city** くらべよう, 巻頭カラー 英語発信
辞典⑪
▶I live in a small **town** in Ohio.
わたしはオハイオ州の小さな町に住ん
でいます.
❷ ⓤ 《ふつう冠詞をつけずに》
町の中心部, 繁華(か)街(=downtown)
▶We went to **town** for dinner.
わたしたちは食事をしに町へ行った.
❸ 《the town で単数または複数あつか
い》町民, 市民(全体)
❹ 《the town で》都会
(対義語 the country いなか); 都会生活

town hall [táun hɔ́ːl タウン ホーる] 名詞
ⓒ 町役場, 市役所; 町[市]公会堂

toy [tɔ́i トイ] 名詞 ⓒ おもちゃ
▶play with a **toy** おもちゃで遊ぶ
▶a **toy** piano おもちゃのピアノ

toyshop [tɔ́iʃɑp トイシャップ] 名詞
ⓒ おもちゃ屋

trace [tréis トゥレイス] 名詞
ⓒ ⓤ (人・動物の)足跡(ぷ), (車などの)跡;
(事件などの)痕跡(ぷ), 形跡; なごり
―― 動詞 (三単現 traces [-iz];
過去・過分 traced [-t]; 現分 tracing) 他
❶ …の跡をたどる, …をさがし出す
❷ (図面など)を書き写す, トレースする

track [trǽk トゥラぁック] 名詞
❶ ⓒ 《しばしば tracks で》
(人・車などの)通った跡(ぷ), 足跡
(◆連続した跡を指す)
▶tire **tracks** タイヤの跡
❷ ⓒ (踏(ふ)みならされた)小道, 通り道
❸ ⓒ (鉄道の)線路, 軌道(どう); …番線
▶Take the train on **track** No. 2.
2番線の電車に乗りなさい.

（◆No. 2 は number two と読む）

❹ C （陸上競技の）トラック

（◆トラックの内側の競技場は field）

track and field [trǽk ən fíːld トゥラぁックアンふぃーるド] 名詞

U 【スポーツ】陸上競技 ➡ 下図

tractor [trǽktər トゥラぁクタ] 名詞

C トラクター；けん引車

＊trade [tréid トゥレイド]

——名詞（複数 trades [tréidz トゥレイヅ]）

❶ U 貿易，通商；商売（同義語 business）

▶foreign **trade** 海外貿易

▶Japan does a lot of **trade** with China.
日本は中国と盛んに貿易をしている.

❷ C U （手先の技術を必要とする）職業

▶She is an engineer by **trade**.
彼女の職業は技師だ.

——動詞（三単現 **trades** [tréidz トゥレイヅ]；過去・過分 **traded** [-id]；現分 **trading**）

⾃ （…と）貿易する，取り引きする《with ...》；（…を）売買する《in ...》

▶The US **trades with** a lot of countries.
アメリカはたくさんの国々と貿易をしている.

trademark [tréidmὰːrk トゥレイドマーク] 名詞 C トレードマーク，商標

＊tradition [trədíʃn トゥラディシャン] 名詞（複数 **traditions** [-z]）

C U 伝統，しきたり，慣例；伝説

▶Japanese **traditions** 日本の伝統

＊traditional [trədíʃənl トゥラディショヌる] 形容詞

（比較 **more traditional**；最上 **most traditional**）

track and field

sprint [sprínt スプリント]
短距離走

middle-distance race
中距離走

long-distance race 長距離走

steeplechase
[stíːpltʃèis スティープるチェイス]
障害物競走

hurdle race ハードル競走

relay race リレー競走

long jump
走り幅跳び

triple jump
三段跳び

shot put
砲丸投げ

hammer throw
ハンマー投げ

high jump
走り高跳び

pole vault [vɔ́ːlt ヴォーるト]
棒高跳び

discus [dískəs ディスカス] throw 円盤投げ

javelin [dʒǽvəlin ヂぁヴェリン] throw
やり投げ

traffic — trainer

伝統的な; 伝説の
▶**traditional** sports
伝統的なスポーツ
▶Japanese **traditional** music
日本の伝統音楽

˟**traffic** [trǽfik トゥラぁふィック]

名詞 Ⓤ 交通, (人・車の)行き来; 交通量
▶air **traffic** control
航空交通管制
▶There's heavy **traffic** around here.
この辺りは交通量が多い.
▶have a **traffic** accident
交通事故にあう

traffic light [trǽfik làit トゥラぁふィック ライト] 名詞 Ⓒ 交通信号(灯)
(同義語 traffic signal)

文化 アメリカの歩行者用信号

アメリカの歩行者用信号では, 青信号の上に WALK「進め」と, 赤信号の上に DON'T WALK「止まれ」と表示されていることがあります. また, 文字ではなく, 青信号では人が歩いている姿, 赤信号では「止まれ」の意味で手の平を見せているものもあります.

tragedy [trǽdʒədi トゥラぁヂェディ]
名詞 (複数 tragedies [-z])
Ⓤ (劇のジャンルで)悲劇; Ⓒ (作品としての)悲劇 (対義語 comedy 喜劇);
Ⓤ Ⓒ 悲惨(ポ)な出来事

trail [tréil トゥレイる] 動詞 他
❶ …をひきずる
❷ …の跡(ポ)を追う
——名詞 ❶ Ⓒ (人・動物の)通った跡
❷ Ⓒ (通ってできた)小道

trailer [tréilər トゥレイら] 名詞
❶ Ⓒ トレーラー(◆荷物の運搬(だ)などのために, ほかの車にひかれる車両)
❷ Ⓒ (米)トレーラーハウス, 移動住宅
(◆同義語 mobile home; (英)caravan)
➡ mobile home 写真

˟**train** [tréin トゥレイン]

——名詞 (複数 trains [-z]) Ⓒ 列車, 電車
(◆連結された電車全体を指す; 一台一台の車両は(米)car, (英)carriage, coach)
▶get on [off] a **train**
列車に乗る[から降りる]
▶catch [miss] a **train**
列車に間に合う[乗り遅(ポ)れる]
▶change **trains** 列車を乗り換(ポ)える
▶a **train** for Tokyo 東京行きの列車
▶I'll take the 10:15 **train** to Sendai. 10 時 15 分発の仙台行きの列車に乗ることにしますね.
(◆ 10:15 は ten fifteen と読む)

by tráin 列車で
(◆手段を表す by のあとは無冠詞)
▶Mary goes to school **by train**.
メアリーは電車で通学している.

参考 いろいろな列車

a local (train)	普通(ポ)列車
an express (train)	急行列車
a rapid train	快速列車
a limited [(英)special] express	特急列車
a super express train = a bullet train	超(ポ)特急列車
a night train	夜行列車
a freight train	貨物列車

——動詞 (三単現 trains [-z]; 過去・過分 trained [-d]; 現分 training) 他
(…するように)(人・動物)を訓練する, しつける; 養成する(to +動詞の原形)
▶This dog is **trained** to guide the blind.
このイヌは目の不自由な人を案内するように訓練されている.

trainee [treiníː トゥレイニー] 名詞
Ⓒ 実習生, 研修生, 訓練生
(対義語 trainer トレーナー)

trainer [tréinər トゥレイナ] 名詞
Ⓒ トレーナー, 訓練する人; 調教師

(♦衣服の「トレーナー」は sweat shirt; 対義語 trainee 実習生)

training [tréiniŋ トゥレイニング]
名詞 U《または a training で》
訓練, 練習, トレーニング

▶I'm in **training** for the game.
わたしは試合に向けてトレーニングしている.

tram [trǽm トゥラぁム] 名詞
C (英)路面電車(♦ tramcar [trǽmkà:r トゥラぁムカー] ともいう; (米)streetcar)

trans- 接頭辞 「越(こ)えて, 横切って」「別の状態[場所]へ」「…間の」などの意味の語をつくる:trans- + form(…を形づくる)→ transform(…をすっかり変える)

transfer (★動詞・名詞のアクセントのちがいに注意) 動詞 [trænsfá:r トゥラぁンスふぁ~] (三単現 transfers [-z]; 過去・過分 transferred [-d]; 現分 transferring)
他 …を移す, 運ぶ;(人)を転勤[転任, 転校]させる

▶Tom was **transferred** from London to New York.
トムはロンドンからニューヨークに転勤になった.
——自 ❶ 転勤[転任, 転校]する
❷ 乗り換(か)える(同義語 change)

▶I **transferred** to the subway at Tokyo. 東京駅で地下鉄に乗り換えた.
——名詞 [trænsfə:r トゥラぁンスふぁ~]
U C 移転; 転任, 転勤, 転校; 乗り換え

transform [trænsfó:rm トゥラぁンスふォーム] 動詞 他 (…に)(形・外見・性質など)をすっかり変える, 一変させる《into ...》(類語 change 変える)

transit [trǽnsit トゥラぁンスィット, trǽnzit トゥラぁンズィット] 名詞
❶ U 輸送, 移送
❷ U (米)交通機関

translate [trænsléit トゥラぁンスれイト] 動詞 (三単現 translates [trænsléits トゥラぁンスれイツ]; 過去・過分 translated [-id]; 現分 translating)
他 …を(…から / …に)訳す, 翻訳(ほんやく)する《from ... / into ...》

▶Many of his works were **translated** from English into Japanese. 彼の作品の多くが英語から日本語に翻訳された.

translation [trænsléiʃn トゥラぁンスれイシャン] 名詞 U 翻訳(ほんやく); C 翻訳書, 訳本

translator [trænsleitər トゥラぁンスれいタ] 名詞 C 翻訳(ほんやく)家, 訳者; 通訳者

transmit [trænsmít トゥラぁンスミット] 動詞 (三単現 transmits [trænsmíts トゥラぁンスミッツ]; 過去・過分 transmitted [-id]; 現分 transmitting)
他 (信号・メッセージなど)を伝える, 送信する

transparent [trænspǽərənt トゥラぁンスパぁレント] 形容詞
❶ 透明(とうめい)な; 透(す)けている
❷ (文体が)わかりやすい; (うそなどが)見えすいた; (性格・態度が)率直(そっちょく)な

transport (★動詞・名詞のアクセントのちがいに注意) 動詞 [trænspó:rt トゥラぁンスポート] 他 …を(大量に)輸送する
——名詞 [trænspo:rt トゥラぁンスポート]
U (主に英)輸送, 運送; 輸送機関
(♦(主に米)transportation)

transportation [trænspərtéiʃn トゥラぁンスパテイシャン] 名詞
U (主に米)輸送, 運送; 輸送機関
(♦(主に英)transport)

▶public **transportation**
公共交通機関

trap [trǽp トゥラぁップ] 名詞
C わな, 落とし穴; 計略

▶fall into a **trap** わなにはまる
——動詞 (三単現 traps [-s]; 過去・過分 trapped [-t]; 現分 trapping)
他 (動物など)をわなで捕(と)らえる; (人)をわなにかける

trash [trǽʃ トゥラぁッシ] 名詞
U (米)ごみ, くず, がらくた
(♦(英)rubbish; 類語 garbage 生ごみ)
▶take out the **trash** ごみを外に出す

trash can [trǽʃ kæn トゥラぁッシ キぁン] 名詞 (乾(かわ)いたごみを入れる) くず入れ(♦(英)dustbin)

travel [trǽvl トゥラぁヴる]
——名詞 (複数 travels [-z])
❶ U (一般に)旅行, 旅;《travels で》長期の旅行, 海外旅行 ➡ trip (くらべよう)

▶How were your **travels**?
旅行はどうでしたか?
❷《travels で》旅行記
▶*Gulliver's Travels* 『ガリバー旅行記』

a b c d e f g h i j k l m n o p q r s t u v w x y z

A B C D E F G H I J K L M N O P Q **R** S **T** U V W X Y Z

──**動詞** (三単現 **travels** [-z];
過去・過分 **traveled**, 《英》**travelled** [-d];
現分 **traveling**, 《英》**travelling**) 自
❶ 旅行する
▶**travel** around the world
世界一周旅行をする
❷ 行く, 進む; (光・音などが)伝わる
▶Swans **travel** north in (the)
spring. 白鳥は春になると北へ行く.
▶Light **travels** faster than sound.
光は音より速く進む.

traveler, 《英》**traveller** [trǽvələr
トゥラァヴェラ] **名詞** C 旅行者, 旅人

traveler's check,
　《英》**traveller's cheque**
[trǽvələrz tʃèk トゥラァヴェラズ チェック]
名詞 C トラベラーズチェック, 旅行者用
小切手

traveling, 《英》**travelling**
[trǽvəliŋ トゥラァヴェリング] **動詞**
travel(旅行する)の現在分詞・動名詞
──**形容詞** 旅行(用)の; 巡業(じゅんぎょう)の

tray [tréi トゥレイ] **名詞**
C 盆(ぼん), トレー; (浅い)盛り皿

tread [tréd トゥレッド] **動詞** (三単現 **treads**
[-z]; 過去 **trod** [trɑ́d トゥラッド];
過分 **trodden** [trɑ́dn トゥラッドゥン]
または **trod**; 現分 **treading**)
自 (…を)踏(ふ)む, 踏みつける《on ...》
──他 …を踏む, 踏みつける

treasure [tréʒər トゥレジャ] **名詞**
❶ U 宝物, 財宝
▶find **treasure** 財宝を見つける
❷ C《ふつう **treasures** で》貴重品;
C《口語》貴重な存在
▶a national **treasure** 国宝
──**動詞** (三単現 **treasures** [-z];
過去・過分 **treasured** [-d];
現分 **treasuring**) 他 …を大切にする

treat [tríːt トゥリート]
──**動詞** (三単現 **treats** [tríːts トゥリー
ツ]; 過去・過分 **treated** [-id];
現分 **treating**) 他
❶ (もの・人・動物)を(…のように)あつか
う《like ...》; …を(…と)みなす《as ...》
▶Don't **treat** me like a child.
わたしを子供あつかいしないで.
▶They **treated** their dog **as** a
family member.
彼らはイヌを家族の一員とみなしていた.

❷ (人・病気)を治療(ちりょう)する(◆必ずしも
治すことを意味しない; 類語 cure 治す)
▶He **treated** me for my injury.
彼がわたしのけがを治療してくれた.
❸ …に(…を)おごる, 買う《to ...》
▶I'll **treat** you **to** lunch.
お昼をごちそうします.
──**名詞** (複数 **treats** [tríːts トゥリーツ])
C 楽しみ; おごり
▶This is my **treat**.
これはわたしのおごりです.

treatment [tríːtmənt トゥリートメント]
名詞 ❶ U 取りあつかい, 待遇(たいぐう)
❷ U 治療(ちりょう); C 治療法

treaty [tríːti トゥリーティ] **名詞** (複数
treaties [-z]) C (国家間の)条約, 協定

tree [tríː トゥリー] **名詞**
(複数 **trees** [-z])
C 木, 樹木(◆生け垣(がき)などに用いる「低
い木」は bush, shrub [ʃrʌ́b シュラブ],
「木材としての木」は wood)
▶climb a **tree** 木にのぼる
▶He planted a pine **tree** in the
garden.
彼は庭に松(まつ)の木を植えた.

trek [trék トゥレック] **動詞**
(三単現 **treks** [-s]; 過去・過分 **trekked**
[-t]; 現分 **trekking**)
自 (徒歩で)旅行する, トレッキングをする

tremble [trémbl トゥレンブる] **動詞**
(三単現 **trembles** [-z]; 過去・過分
trembled [-d]; 現分 **trembling**) 自
❶ (恐怖(きょうふ)・寒さなどで)(体や声が)震(ふる)
える《with ...》
▶**tremble with** fear
恐怖で震える
❷ (風・地震(じしん)などで)(ものが)揺(ゆ)れる,
(木の葉が)そよぐ

tremendous [triméndəs トゥリメンダ
ス] **形容詞**
❶ (大きさ・量・程度が)ものすごい, すさ
まじい
❷《口語》すばらしい(同義語 wonderful)

trend [trénd トゥレンド] **名詞**
C (…への)傾向(けいこう), 動向; 流行
《toward ...》

trendy [tréndi トゥレンディ] **形容詞**
(比較 **trendier**; 最上 **trendiest**)
《口語》流行の先端(せんたん)をいく;
流行に敏感(びんかん)な

trial [tráiəl トゥライアる] 名詞
1 C U 試(ぷ)し, 試験; C 試み, 努力
2 C 試練, 苦難
3 C U 裁判

triangle [tráiæŋgl トゥライあングる]
(★アクセントに注意) 名詞
1 C 三角形 ➡ **figures** 図
2 C【楽器】トライアングル
➡ **musical instruments** 図
3 C (米)三角定規(◆(英)set square)

triathlon [traiæθlən トゥライあすろン]
名詞 U トライアスロン(◆1人で水泳・自
転車・長距離走の3種目を連続して行う
競技)

tribe [tráib トゥライブ] 名詞 C《単数また
は複数あつかいで》種族, 部族(全体)

trick [trík トゥリック] 名詞
1 C たくらみ; ごまかし; 手品, トリック
▶a card **trick** トランプの手品
2 C (意味のない)いたずら
▶Bob always plays **tricks** on me.
ボブはいつもわたしにいたずらをする.
— 動詞 他 …をだます
Trick or treat! (米)お菓子(し)をくれな
いと, いたずらするぞ! (◆ハロウィーン
(Halloween)で, 子供たちがお菓子を
ねだるときの決まり文句)
➡ **Halloween** 図化

tricky [tríki トゥリキ] 形容詞
(比較) trickier; (最上) trickiest)
(人などが)ずる賢(ざ)い, 油断ならない;
(問題などが)あつかいにくい

tricycle [tráisikl トゥライスィクる]
(★発音に注意) 名詞
C 3輪車 ➡ **bicycle** 座蘭

tried [tráid トゥライド] 動詞
try(…を試(ぷ)す)の過去形・過去分詞

tries [tráiz トゥライズ] 動詞
try(…を試(ぷ)す)の三人称単数現在形
— 名詞 try(試み)の複数形

trifle [tráifl トゥライふる] 名詞
C くだらないこと[もの], つまらないこと
[もの]

trigger [trígər トゥリガ] 名詞
C (銃(じ)の)ひき金(が)
▶pull the **trigger** ひき金を引く
— 動詞 他 …をひき起こす, …のきっかけ
となる

trillion [triljən トゥリリャン] 名詞
1 C 1兆(◆前に数を表す語がついても

s はつけない)
▶three **trillion** yen 3兆円
2《**trillions** で》(口語)無数(の…)《(of ...)》

trim [trím トゥリム] 動詞
(三単現 **trims** [-z]; 過去・過分 **trimmed**
[-d]; 現分 **trimming**)
他 …を刈(か)りこむ, きれいに手入れする
— 形容詞
(比較 **trimmer**; 最上 **trimmest**)
きちんとした, こぎれいな

trio [tríːou トゥリーオウ] (★発音に注意)
名詞 1 C 3人組, 3つ組, トリオ
2 C【音楽】三重唱[奏]団; 三重唱[奏]曲

trip [tríp トゥリップ]
— 名詞 (複数 **trips** [-s]) C 旅行
▶a day **trip** 日帰り旅行
▶a round **trip**
(米)往復旅行; (英)周遊旅行
▶take [make] a **trip**
旅行する
▶go on a business **trip** to Paris
出張でパリに行く
▶Have a nice **trip**!
よいご旅行を!

くらべよう **trip, journey, tour, travel**

trip: 比較(ぶ)的短い旅行で, 帰ってく
ることが暗示されています.
journey: 比較的長い陸路の旅で, 必
ずしもその旅から戻(じ)ってくるとは
かぎりません.
▶a long train **journey**
電車による長旅
tour: 主に観光や視察の目的で名所な
どを巡(じ)る旅を指します.
▶a package **tour**
パッケージツアー
▶a **tour** of Italy イタリア周遊旅行
travel: もともとは遠くへの旅行や外
国への旅行を指していましたが, 今
では一般的に「旅行」を表します.
▶foreign **travel** 海外旅行
▶**travel** abroad [overseas]
海外旅行をする

— 動詞 (三単現 **trips** [-s];
過去・過分 **tripped** [-t]; 現分 **tripping**)
— 自 (…に)つまずく《(on [over] ...)》
— 他 (人)をつまずかせる

triple [trípl トゥリプる] 形容詞
3倍の, 3重の; 3部から成る

a b c d e f g h i j k l m n o p q r s t u v w x y z

A B C D E F G H I J K L M N O P Q R S T U V W X Y Z

triumph [tráiəmf トゥライアンふ]
(★発音に注意) 名詞 C 大勝利; 大成功
(同義語 victory)
▸in **triumph** 勝ち誇(ほこ)って

trivia [tríviə トゥリヴィア]
名詞 U 雑学的な知識
▸a **trivia** quiz 雑学クイズ

trivial [tríviəl トゥリヴィアる] 形容詞
つまらない, 重要でない; ありふれた

trod [trád トゥラッド] 動詞
tread(踏(ふ)む)の過去形・過去分詞の一つ

trodden [trádn トゥラドゥン] 動詞
tread(踏(ふ)む)の過去分詞の一つ

trombone [trambóun トゥランボウン]
名詞 C 【楽器】トロンボーン
➡ **musical instruments** 図

troop [trúːp トゥループ] 名詞
❶ C (移動中の人・動物の)群れ, 一団
▸a **troop** of lions ライオンの群れ
❷《**troops** で》軍隊, 部隊

trophy [tróufi トゥロウふィ] (★アクセントに注意) 名詞 (複数 **trophies** [-z])
C トロフィー, 優勝記念品; 戦利品

tropic [trápik トゥラピック] 名詞
《**the tropics** で》熱帯地方

tropical [trápikl トゥラピクる] 形容詞
熱帯の, 熱帯地方の; 熱帯産の
▸**tropical** fish 熱帯魚

trot [trát トゥラット] 名詞
《**a trot** で》(馬の)速足(◆いちばん速い走り方は gallop); (人の)急ぎ足
——動詞 (三単現 **trots** [-s];
過去・過分 **trotted** [-id]; 現分 **trotting**)
⾃ (馬が)速足で駆(か)ける;(口語)(人が)小走りで行く
——他 (馬)を速足で駆けさせる

†trouble [trábl トゥラブる]

名詞	❶ 心配
	❷ 困難, めんどう
	❸ もめ事
動詞	❶ (人)を心配させる

——名詞 (複数 **troubles** [-z])
❶ U 心配, 悩(なや)み;
C《ふつう **a trouble** で》心配事, 悩みの種, やっかい者
▸Do you have any **trouble** with your studies?
勉強のことで, 何か悩みがありますか?
▸What's the **trouble** (with you)?
どうしたのですか?
❷ U 困難, めんどう, 迷惑(めいわく), 苦労
▸Ann had a lot of **trouble** with the homework.
アンはその宿題にずいぶん苦労した.
▸I found the house without any **trouble**.
わたしはその家を難なく見つけた.
❸ U《または **troubles** で》もめ事, 紛争(ふんそう), トラブル
▸political **troubles** 政治的紛争
❹ U 病気; (機械の)故障
▸liver **trouble** 肝臓(かんぞう)病
▸engine **trouble** エンジンの故障
be in tróuble
困っている; …ともめている《with ...》
▸I'm in big **trouble**.
わたしはとても困っています.
——動詞 (三単現 **troubles** [-z]; 過去・過分
troubled [-d]; 現分 **troubling**) 他
❶ (人)を心配させる, 悩ませる, 苦しめる
▸She is **troubled** with headaches.
彼女は頭痛に苦しんでいる.
❷ (人) に迷惑をかける, めんどうをかける (同義語 bother)
▸I'm sorry to **trouble** you.
ご迷惑をおかけしてすみません.

troublesome [tráblsəm トゥラブるサム] 形容詞 やっかいな; あつかいにくい

†trousers
[tráuzərz トゥラウザズ] 名詞
《複数あつかいで》ズボン(◆(米)pants)
▸a pair of **trousers** ズボン1本
▸He is wearing black **trousers**.
彼は黒いズボンをはいている.

trout [tráut トゥラウト] 名詞
(複数 **trout** または **trouts** [tráuts トゥラウツ]) C 【魚類】マス

†truck [trák トゥラック] 名詞
(複数 **trucks** [-s])
❶ C《主に米》トラック, 貨物自動車
(◆(英)lorry)
▸a **truck** driver トラックの運転手
❷ C《主に英》屋根のついていない貨車
❸ C 手押(てお)し車, トロッコ

†true [trúː トゥルー] 形容詞
(比較 **truer**; 最上 **truest**)
❶ 本当の, 真実の(対義語 false うその)
▸Is the story **true**?
その話は本当ですか?

▶That's **true**. そのとおりです.

▶It's **true** (that) he was there.
彼がそこにいたのは, 本当だ.

❷ (…に)**誠実な**, 忠実な《to ...》

▶She was **true to** her word.
彼女は約束を忠実に守った.

❸ 本物の, 純粋(じゅんすい)な

▶**true** love　真実の愛

▶a **true** signature　本物の署名

come trúe (希望などが)実現する

▶My dream finally **came true**.
わたしの夢がついに実現した.

It is trúe (that) ..., but ～
なるほど…だが, しかし～

▶**It is true (that)** money is important, **but** it is not everything.　確かにお金は大切だが, それがすべてというわけではない.

truly [trúːli トゥルーリ] 副詞

❶ ほんとうに, とても(同義語 really)

▶I was **truly** touched by his words.　彼のことばにとても感動した.

❷ 事実のとおりに, 偽(いつわ)りなく

▶speak **truly**　事実のとおりに話す

Yóurs (very) trúly,* = *Trúly yóurs,
《主に米》(改まった手紙の結びで)敬具

trumpet [trʌ́mpit トゥランペット] 名詞

C 【楽器】トランペット

➡ **musical instruments** 図

trunk [trʌ́ŋk トゥランク] 名詞

❶ **C** (木の)幹; (人の)胴体(どうたい)

❷ **C** トランク, 大型旅行かばん

❸ **C** (ゾウの)鼻

❹ **C** (米) (自動車の)トランク

(◆(英)boot) ➡ **cars** 図

trunks [trʌ́ŋks トゥランクス] 名詞

《複数あつかいで》(ボクシング・水泳用などの)男子用パンツ, トランクス

trust [trʌ́st トゥラスト] 動詞

他 (人・誠意など)を信頼(しんらい)[信用]する; …を当てにする;

(人)を信頼して(…を)預ける《with ...》, 信頼して…を(…に)預ける《to ...》

▶I **trust** him.　彼を信頼している.

▶I **trusted** her **with** my money.
(= I **trusted** my money **to** her.)
わたしは彼女にお金を預けた.

── 名詞 **U** (…に対する)信頼, 信用《in ...》

(同義語 confidence, faith)

▶I have **trust in** her.
わたしは彼女を信頼している.

truth [trúːθ トゥルーす] 名詞

(複数 **truths** [trúːðz トゥルーずズ])

❶ **U** **C** 《しばしば **the truth** で》**真実**, 事実(対義語 lie うそ); **U** 真実性[味]

▶Tell me **the truth**, please.
わたしに本当のことを話してください.

▶There's no **truth** in his words.
彼のことばには真実味がない.

❷ **C** 真理, 証明された事実

▶a scientific **truth**　科学的真理

***The trúth is that ....* 実は…である.**

▶**The truth is that** I cannot swim.　実は, わたしは泳げないのです.

to téll (you) the trúth
実は, 本当のことを言うと

▶**To tell (you) the truth**, I'm late because I overslept.
本当のことを言うと, わたしは寝坊(ねぼう)して遅(おく)れました.

try [trái トゥライ]

── 動詞 (三単現 **tries** [-z];

過去・過分 **tried** [-d]; 現分 **trying**)

── 他 ❶ …を試(ため)す, やってみる;

《try + ...ing で》試しに…してみる

➡ **challenge** ルール

▶Would you like to **try** some *tempura*?　てんぷらを食べてみますか?

▶I **tried** my best on the exam.
試験では, できるだけのことはした.

▶He **tried** opening the door, but it was locked.　彼はドアを開けようとしたが, かぎがかかっていた.

▶I **tried** the medicine.
わたしはその薬を飲んでみた.

❷《try to ＋動詞の原形で》…しようと試みる, 努力する(◆「try + ...ing」との意味のちがいに注意)

▶She **tried** to be a teacher.
彼女は教師になろうと(努力を)した.

❸ …を裁判にかける

── 自 **やってみる**, 試みる; 努力する

▶ことわざ You never know what you can do till you **try**.
やってみるまでは, 自分に何ができるか決してわからない.

***trý ón* …を試しに身につける, 試着する**

▶May I **try** these shoes **on**?
この靴(くつ)をはいてみてもいいですか?

── 名詞 (複数 **tries** [-z]) **C** 試み, 試し

▸have a **try** 試してみる
▸I made it on the third **try**.
わたしは３度目の挑戦(ちょうせん)で成功した。

T-shirt [tíːʃəːrt ティーシャート] 名詞
　C Tシャツ

tub [táb タブ] 名詞
　❶ C おけ，たらい
　❷ C 《口語》ふろおけ（＝bathtub）

tuba [tjúːbə テューバ] 名詞
　C 【楽器】チューバ（◆大型の金管楽器）

tube [tjúːb テューブ] 名詞
　❶ C 管，筒(つつ)，(歯みがきなどの)チューブ
　▸a test **tube** 試験管
　❷ C 《しばしば the tube で》
　《英口語》(ロンドンの)地下鉄
　（◆同義語 underground，《米》subway）
　➡ **underground** 文化

Tue., Tues. [tjúːzdèi テューズデイ]
　火曜日（◆*Tues*day の略）

Tuesday

[tjúːzdèi テューズデイ] 名詞
（複数 **Tuesdays** [-z]）U C 火曜日
（◆ Tue. または Tues. と略す）
➡ **Sunday** ルール

tug [tág タッグ] 動詞 （三単現 **tugs** [-z]；
過去・過分 **tugged** [-d]；現分 **tugging**）
　他 …を強く引っ張る
　──自 (…を)強く引っ張る《at ...》
　──名詞 C 《ふつう a tug で》強くひくこと
　▸a **tug** of war 綱(つな)ひき

tulip [tjúːlip テューリップ] 名詞
　C 【植物】チューリップ

tumble [támbl タンブる] 動詞 （三単現
tumbles [-z]；過去・過分 **tumbled** [-d]；
現分 **tumbling**）自
　❶ 転ぶ，倒(たお)れる；転がり落ちる；
　転がるように出る[入る]
　❷ (価値などが)急落する
　──名詞 C 転倒(てんとう)；転落；急落

tumbler [támblər タンブら] 名詞
　C タンブラー
　（◆平底で，取っ手や脚(あし)のないコップ）

tuna [tjúːnə テューナ] 名詞
　（複数 **tuna** または **tunas** [-z]）
　C 【魚類】マグロ；U マグロの肉，ツナ

tundra [tándrə タンドゥラ]
　（★発音に注意）名詞
　U C ツンドラ，凍土(とう)帯

tune [tjúːn テューン] 名詞
　❶ C 曲，調べ，旋律(せんりつ)，メロディー

▸play a **tune** 曲を演奏する
❷ U (音の)正しい調子；調和
▸ in [out of] **tune**
音程が合って[はずれて]
──動詞 （三単現 **tunes** [-z]；
過去・過分 **tuned** [-d]；現分 **tuning**）
他 (楽器の)調子を合わせる，…を調律する；(機械)を調整する；(テレビ・ラジオ)を(特定の局・番組に)合わせる《to ...》

túne ín (テレビ・ラジオの) チャンネル
[周波数]を(…に)合わせる《to ...》

túne úp
(楽団などが)楽器の調子を合わせる

tunnel [tánl タヌる] （★発音に注意）
　名詞 C トンネル；地下道

turban [táːrbn ターバン] 名詞
　C ターバン（◆インド人やイスラム教徒
　などが頭に巻く布）

turf [táːrf ターふ] 名詞 （複数 **turfs** [-s]，
《主に英》**turves** [táːrvz ターヴズ]）
　U 芝(しば)，芝地；
　C 《主に英》(移植用に切られた１枚の)芝

Turk [táːrk ターク] 名詞 C トルコ人

Turkey [táːrki ターキ] 名詞 トルコ（◆西
アジアの国；首都はアンカラ Ankara）

turkey [táːrki ターキ] 名詞 C 【鳥類】
七面鳥 ➡ **Thanksgiving Day** 文化

文化 七面鳥はごちそう

七面鳥はもともとアメリカ特産の鳥で，特に感謝祭(Thanksgiving Day)とクリスマス(Christmas)のごちそうとして，丸焼きが出されます。

Turkish [tə́ːrkiʃ タ〜キッシ] **形容詞**
トルコの；トルコ人[語]の
——**名詞** U トルコ語

turn [tə́ːrn タ〜ン]

動詞 他 ❶ …を回す
　　 ❷ …の向きを変える；…を曲がる
　　 ❸ …をひっくり返す
　　 自 ❶ 回る
　　 ❷ 向く；曲がる
名詞 ❶ 回転
　　 ❷ 方向転換(かん)
　　 ❸ 順番

——**動詞** (三単現 **turns** [-z];
過去・過分 **turned** [-d]; 現分 **turning**)

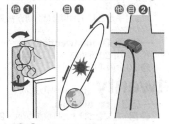

他 ❶　　自 ❶　　他 自 ❷

——他 ❶ …を回す, 回転させる
▶**turn** a knob　ドアのノブを回す
▶**turn** the key in the lock
　錠(じょう)に差しこんだかぎを回す
▶**turn** a steering wheel
　ハンドルを切る
❷ …の向きを変える；…を(…へ)向ける
《to [toward, on] ...》；…を曲がる
▶He **turned** his back **to** me.
　彼はわたしに背を向けた.
▶**turn** a corner　角(かど)を曲がる
❸ …をひっくり返す, 裏返す；
(ページ)をめくる
▶**turn** a page　ページをめくる
❹《**turn** ... **into** 〜で》…を〜に変える；
(ある言語)を(別の言語に)翻訳(ほんやく)する
(同義語 translate)
▶**Turn** this sentence **into** English.
　この文を英語に訳しなさい.
——自 ❶ 回る, 回転する
▶The earth **turns** around the sun.
　地球は太陽のまわりを回っている.
❷ (…へ)向く, 振(ふ)り向く；
(…へ)曲がる《to [toward] ...》
▶She **turned** around and waved

at me.
　彼女は振り向いて, わたしに手を振った.
▶**Turn** (**to** the) left at the next
　corner.　次の角を左に曲がりなさい.
❸ ひっくり返る, 転覆(てんぷく)する
▶The boat **turned** upside down.
　その船は転覆した.
❹ (…に)変わる, なる《**into** [**to**] ...》
▶Ice **turned into** water.
　氷が溶(と)けて水になった.
❺《**turn** ＋名詞[形容詞]で》…になる
▶He **turned** pale when he heard
　the news.
　その知らせを聞いて, 彼は青くなった.

turn aróund
(反対方向に) 向きを変える, 回転する；
…の向きを変える ➡ 自 ❷
▶He **turned** his car **around** and
　went back.　彼はぐるっと車の向きを
　変えてひき返した.
turn báck　ひき返す；(もとに)戻(もど)る
turn dówn
① (ガス・明かりなど)を弱くする；
(音量)を下げる
② (申し出など)を断る
③ (ページなど)を折り返す
turn óff　(水・ガスなど)を止める；
(テレビ・明かりなど)を消す
▶**turn off** the water
　(水道の)水を止める
▶**turn off** the light　明かりを消す
turn ón　(水・ガスなど)を出す；
(テレビ・明かりなど)をつける
▶**turn on** the gas　ガスをつける
▶**turn on** the TV　テレビをつける
turn óut
① …だとわかる；…という結果になる
▶He **turned out** to be innocent.
　彼は無実だということが明らかになった.
② (明かり・火など)を消す
turn óver　① …をひっくり返す；
ひっくり返る, 寝返(ねがえ)りをうつ
② (ページ)をめくる；めくる, 裏返す
turn úp　① (人が) ひょっこり現れる；
(ものが)偶然(ぐうぜん)見つかる；(事件などが)
起こる；…を発見する
② (ガスの火など)を強くする；
(音量)を上げる
——**名詞** (複数 **turns** [-z])
❶ C 回転
▶give the key a **turn**　かぎを回す

a b c d e f g h i j k l m n o p q r s t u v w x y z

turning — twice

A B C D E F G H I J K L M N O P Q R S T U V W X Y Z

❷ C **方向転換**, 曲がる[曲げる]こと
▶The car made a quick **turn** to the left. 車は左へすばやく曲がった.
❸ C 順番, 番
▶Now, it's your **turn** to draw a card. さあ, 今度はきみがカードをひく番だよ.
❹ C 曲がり角
by túrns かわるがわる, 交替(ほう)で
in túrn 交替で, 順番に

turning [tə́ːrniŋ ターニング] 動詞
turn(…を回す)の現在分詞・動名詞
——名詞 U 回転; C 曲がり角(かど)

turnip [tə́ːrnip ターニップ] 名詞
C U【植物】カブ

turnpike [tə́ːrnpàik ターンパイク] 名詞
《米》有料高速道路

turtle [tə́ːrtl タートゥる] 名詞
(複数 turtles [-z] または turtle)
C【動物】ウミガメ(◆「陸上・淡水(たん)にすむカメ」は tortoise)

tutor [tjúːtər テュータ] 名詞
❶ C 個人教師, 家庭教師
❷ C 《英》(大学の)個人指導教師;《米》(大学の)講師

:TV [tíːvíː ティーヴィー] 名詞
(複数 TVs または TV's [-z])
U テレビ放送; C テレビ受像機
(=TV set)(◆television の略)
▶watch **TV** three hours a day 1日3時間テレビを見る
▶watch a baseball game on **TV** テレビで野球の試合を見る
▶a **TV** program テレビ番組

:twelfth [twélfθ トゥウェるふす]
——名詞 (複数 twelfths [-s])
❶ U 《the twelfth で》第12, 12番め;(日付の)12日(◆12th と略す)
▶on **the twelfth of** June (=on June 12) 6月12日に
(◆June 12 は June (the) twelfth と読む)
❷ C 12分の1
——形容詞 ❶ 《the twelfth で》第12の, 12番めの
❷ 12分の1の

:twelve [twélv トゥウェるヴ]
——名詞 (複数 twelves [-z])
❶ C 《冠詞をつけずに単数あつかい》12;《複数あつかいで》12人, 12個;

U 12歳(さい); 12時
❷ 《the Twelve で》キリストの12使徒
——形容詞 **12の**; 12人の, 12個の; 12歳の
▶There are **twelve** months in a year. 1年は12か月ある.

twentieth [twéntiəθ トゥウェンティエす]
名詞 ❶ U 《the twentieth で》第20, 20番め;(日付の)20日(◆20th と略す)
▶on **the twentieth of** May (=on May 20) 5月20日に
(◆May 20 は May (the) twentieth と読む)
❷ C 20分の1
▶a [one] **twentieth** 20分の1
▶three **twentieths** 20分の3
(◆分子が2以上の場合は分母が複数形になる)
——形容詞 ❶ 《the twentieth で》第20の, 20番めの
❷ 20分の1の

:twenty [twénti トゥウェンティ]
——名詞 (複数 twenties [-z])
❶ C 《冠詞をつけずに単数あつかい》20;《複数あつかいで》20人, 20個; U 20歳(さい)
▶My sister will be **twenty** next month. 姉は来月20歳になる.
❷ 《one's twenties で》20歳代;《the twenties で》(20世紀の)20年代
▶She is in **her** early **twenties**. 彼女は20代前半だ. (◆「後半」は early の代わりに late を用いる)
——形容詞 **20の**; 20人の, 20個の; 20歳の
▶a break of **twenty** minutes 20分間の休憩(きゅう)

:twice [twáis トゥワイス] 副詞
❶ **2度**, 2回(◆two times ともいう)
▶Tom called me up **twice**. トムは2度わたしに電話をしてきた.
▶**twice** a week 週に2回
▶once or **twice** 1, 2回
❷ **2倍**
▶**Twice** five **is** [are] ten. 5の2倍は10(5×2=10).
▶This room is **twice** as large as mine. この部屋はわたしの部屋の2倍の広さ

がある.

twig [twíg トウウィッグ] 名詞 C 小枝(♦一般に「枝」は branch,「大枝」は bough)

twilight [twáilàit トウワイらイト] 名詞 U (日没(意)後・日の出前の)薄(為)明かり; たそがれ時

twin [twín トウウィン] 名詞

❶ C 双子(た)の一方; 対(為)になったものの一方;《**twins** で》双子, 対

▸Bob is a **twin**.
ボブは双子(のうちの一人)だ.

▸Bob has a **twin** brother [sister].
ボブには双子の兄弟[姉妹(意)]がいる.

▸Sarah and Susan are **twins**.
サラとスーザンは双子だ.

❷《the Twins で》【天文】ふたご座
➡ **horoscope** [文化]

━━形容詞《名詞の前に用いて》双子の, 1 対の

▸**twin** sisters 双子の姉妹

twinkle [twíŋkl トウウィンクる] 動詞
(三単現 **twinkles** [-z];
過去・過分 **twinkled** [-d];
現分 **twinkling**)
(目 (星などがまたたくように)きらきら光る, 輝(為)く;(目が)輝く

▸A lot of stars were **twinkling** in the sky.
空にはたくさんの星がきらきら光っていた.

twirler [twə́:rlər トウワ〜ら] 名詞
C バトントワラー(= baton twirler)

twist [twíst トウウィスト] 動詞 他
❶ …を巻きつける;(糸など)をよる
❷ …をねじる;(手足など)をねんざする, くじく

▸He **twisted** a wet cloth.
彼はぬれたぞうきんをしぼった.

▸**twist** one's ankle
足首をねんざする

━━目 ねじれる, よれる

━━名詞 C ねじれ;(道路の)カーブ

▸That road has many **twists**.
あの道路はカーブが多い.

twitter [twítər トウウィタ] 動詞 目
❶ (鳥が)さえずる
❷ (人が)ぺちゃくちゃしゃべる

━━名詞《the twitter で》(鳥の)さえずり

two [túː トゥー]
━━名詞 (複数 **twos** [-z])

C《冠詞をつけずに単数あつかい》**2**;《複数あつかいで》2 人, 2 個;
U 2 歳(ジ); 2 時

▸**Two** and three is [are] five.
2 足す 3 は 5（2＋3＝5）.

▸**two** of my classmates
クラスメートのうち 2 人

▸It's **two** p.m. 午後 2 時だ.

━━形容詞 **2** つの; 2 人の, 2 個の; 2 歳の

▸**Two** students come to school by bus. 2 人の生徒がバスで学校に来る.

▸**Two** hamburgers, please.
ハンバーガーを 2 つください.

▸This boy is **two** (years old).
この男の子は 2 歳だ.

TX 【郵便】テキサス州(♦ *Texas* の略)

tying [táiiŋ タイイング] 動詞
tie(…を結ぶ)の現在分詞・動名詞

type [táip タイプ]
━━名詞 (複数 **types** [-s])

❶ C 型, タイプ; 種類(同義語 kind, sort);(口語)(好みの)タイプ

▸I bought a new **type** of computer.
わたしは新型のコンピューターを買った.

❷ C 典型, 見本

❸ U (印刷の)活字(全体);
C (1 個の)活字

▸italic **type** 斜(ぎ)字体, イタリック体

━━動詞 (三単現 **types** [-s];
過去・過分 **typed** [-t]; 現分 **typing**)
━━他 …をタイプライター[ワープロ]で打つ;【コンピューター】…を入力する
━━目 キーボード[タイプライター, ワープロ]を打つ

typewriter [táipràitər タイプライタ]
名詞 C タイプライター

typhoon [taifúːn タイふーン](★アクセントに注意) 名詞
C 台風(♦太平洋西部で発生するもの)

▸A **typhoon** hit [struck] Japan.
台風が日本を襲(為)った.

typical [típikl ティピクる](★発音に注意)
形容詞 典型的な;(…に)特有の(of ...)

▸These problems are **typical of** our country. これらの問題はわたしたちの国に特有のものだ.

typist [táipist タイピスト] 名詞
C タイプライターを打つ人, タイピスト

tyre [táiər タイア] 名詞
(英)=(米)tire(タイヤ)

A B C D E F G H I J K L M N O P Q R S **T** U V W X Y Z

Uu *Uu*

Q この人はだれ？➡ Uncle Sam をひいてみよう！

U, u [júː ユー] 名詞 (複数 U's, u's または Us, us [-z]) © Ⓤ ユー
(♦アルファベットの 21 番めの文字)

UFO [júːèfóu ユーエふオウ, júːfou ユーふォウ] 名詞 (複数 UFOs または UFO's [-z]) © 未確認(ホンムへ)飛行物体
(♦ *u*nidentified *f*lying *o*bject の略)

ugly [ʌ́gli アグリ] 形容詞
(比較 uglier; 最上 ugliest)
❶ 醜(ネン)い，見苦しい，ぶかっこうな
(♦人の容姿について言う場合は，遠まわしに plain を用いる; 対義語 beautiful 美しい)
▶an **ugly** building 見苦しい建物
▶an **ugly** duckling
醜いアヒルの子(♦子供のときは醜い[将来性がない]と思われていても，後に美しく[りっぱに]なる人のこと; アンデルセン (Andersen) の童話から)
❷ 不快な，いやな; ひどい
▶an **ugly** smell 不快なにおい

uh [ʌ́ ア] 間投詞 (次に言うことばを考えているときなどに)えー，あー，うーん

uh-huh [əhʌ́ アハ] 間投詞 (相づちや同意を表して)うん，ふむふむ，なるほど

uh-uh [ʌ́ʌ́ アア] 間投詞
(否定や不賛成を表して)ううん

UK, U.K. [júːkéi ユーケイ]
《the UK で》英国，連合王国
(♦ the *U*nited *K*ingdom の略)
➡ England 屋至

ultimate [ʌ́ltəmit アるティメット] 形容詞
最後の，最終の，究極の

ultra [ʌ́ltrə アるトゥラ] (★発音に注意) 形容詞 極端(キョン)な，過激な

ultraviolet [ʌ̀ltrəváiəlit アるトゥラヴァイオれット] 形容詞
紫外線(シガン)の(♦ UV と略す)
──名詞 Ⓤ 紫外線

um, umm [ʌ́m アム] 間投詞
(ためらいや疑いを表して)ううん，ええ

umbrella [ʌmbrélə アンブレら]
名詞 (複数 umbrellas [-z])
© 傘(ミャ)，雨傘(♦「日傘」は parasol)
▶open [put up] an **umbrella**
傘をさす
▶close [put down] an **umbrella**
傘をたたむ
▶Take your **umbrella** with you.
傘を持って行きなさい．

umpire [ʌ́mpaiər アンパイア] (★アクセントに注意) 名詞
© (野球・テニス・バドミントン・バレーボールなどの)審判(シンハン)員，アンパイア

UN, U.N. [júːén ユーエン]
国連，国際連合(♦ the *U*nited *N*ations の略)

un- 接頭辞 ❶ 形容詞・副詞・名詞について「否定」「反対」の意味の語をつくる: un- + happy(幸福な)→ unhappy(不幸な)
❷ 動詞について「逆の行為(ホン)」の意味の語をつくる: un- + lock(…にかぎをかける)→ unlock(…のかぎをあける)

unable [ʌnéibl アンエイブる] 形容詞
《be unable to ＋動詞の原形で》
…することができない
(対義語 able …できる)
▶I was **unable to** find the shop.
その店を見つけることができなかった．

unanimous [juːnǽnəməs ユーナぁニマス] 形容詞 満場一致(イッチ)の，全員同意の

unbelievable [ʌ̀nbilíːvəbl アンビリーヴァブる] 形容詞 信じられない(ほどの)

uncertain [ʌnsə́ːrtn アンサ〜トゥン]
形容詞 ❶ 不確実な; (…について)確信がない《(of [about] ...)》(対義語 certain 確かな)
▶**uncertain** information
不確実な情報
▶I'm **uncertain of** [about] his true feelings.

彼の本当の気持ちがよくわからない.
❷ 不安定な, 変わりやすい
▶**uncertain** weather 不安定な天気

:uncle [Áŋkl アンクる] 名詞

(複数 **uncles** [-z])

C おじ, おじさん(◆血縁(袋)関係にない男の人を指すこともあり, 呼びかけにも用いる; 対義語 aunt おば)
➡ **aunt**, **family** 図

▶I have two **uncles**.
わたしにはおじが2人いる.

▶I met **Uncle** Brian yesterday.
わたしは昨日, ブライアンおじさんに会った.(◆名前につけて用いるときは Uncle と大文字で始める)

unclean [Ànklí:n アンクリーン] 形容詞
汚(蕊)い, 不潔な(対義語 clean きれいな)

Uncle Sam [Áŋkl sǽm アンクる サぁム]
名詞 アンクルサム(◆アメリカ政府や典型的なアメリカ人を一人の人間として表す)

文化 典型的なアメリカ人

マンガなどによく登場するアンクルサムは, 長身でやせ型の男性で, 白いあごひげを生やし, 鋭(慫)い目つきをしています. 星条旗を表すシルクハットをかぶり, 青のえんび服に赤と白のしまのズボンをはいています. 政治風刺(愆)マンガに登場するときはふつうアメリカ政府を表しています. Uncle Sam という名前は the United States の頭(鬤)文字 U.S. をもじったものといわれています. これに対して, 典型的なイギリス人を John Bull といいます.

uncomfortable [Ànkámfərtəbl アンカンふァタブる] 形容詞 心地(蕊)よくない; 気持ちの落ち着かない, 気まずい (対義語 comfortable 快適な)

▶These shoes are **uncomfortable**.
この靴(⑤)ははき心地が悪い.

uncommon [Ànkámən アンカモン]
形容詞 めったにない, 珍(祝)しい
(対義語 common ふつうの)

unconscious [Ànkánʃəs アンカンシャス] 形容詞 ❶ 意識を失った, 意識不明の

(対義語 conscious 意識のある)
❷ (…に)気づかない(◆名詞の前には用いない)(of ...)

▶I was **unconscious of** her gaze.
わたしは彼女の視線に気づかなかった.
❸ 無意識の

uncover [Ànkávər アンカヴァ] 動詞 他
…のおおい[ふた]を取る(対義語 cover …をおおう); (秘密など)を明らかにする, あばく; (発掘(鬈)で)…を発見する

:under [Ándər アンダ] 前置詞

❶ 〖位置・場所〗…の下に[で]
❷ 〖年齢(鬞)・時間・価格・数量など〗…未満で
❸ 〖状態〗…中で

❶ 〖位置・場所〗…の下に[で], …の真下に, …におおわれて; …の表面下に
(対義語 over …の上に)

▶The cat is **under** the table.
ネコはテーブルの下にいるよ.

▶John was wearing a blue shirt **under** his jacket.
ジョンは上着の下に青いシャツを着ていた.

▶She is holding a book **under** her arm. 彼女はわきに本をかかえている.

▶Look! There are a lot of fish **under** the sea.
見て！海の中に魚がたくさんいるよ.

くらべよう **under** と **below**

under: 「…の真下に」を表します. 下を通って, 一方からもう一方へ, という動きをともなう場合もあります.

▶The ducks passed **under** the bridge. カモが橋の下を通り過ぎた.

below: 真下とはかぎらず, 漠然(幺)と「下のほうに」を表します. above の対義語です.

▶He saw a yacht and lighthouse **below** him.
彼は眼下にヨットと灯台を見た.

under   below

❷〔年齢・時間・価格・数量など〕…**未満で**（[対義語] over …より多く）

▸Children **under** five are admitted free.
5歳(さい)未満のお子さんは入場無料です.
（♦「5歳以下の子供」は children of five and under）

❸〔状態〕…**中で**

▸The soccer stadium is **under** construction.
そのサッカースタジアムは建設中だ.

❹〔支配・保護・監督(かんとく)〕…**のもとに**

▸He's studying **under** Dr. Ito.
彼は伊藤博士のもとで研究している.

undergo [ʌ̀ndərgóu アンダゴウ] [動詞]
（[三単現] **undergoes** [-z]; [過去] **underwent** [ʌ̀ndərwént アンダウェント]; [過分] **undergone** [ʌ̀ndərgɔ́ːn アンダゴーン]; [現分] **undergoing**）
[他]（苦しいこと）を経験する, …に耐(た)える;（検査・手術など）を受ける

undergone [ʌ̀ndərgɔ́ːn アンダゴーン]
[動詞] undergo（…を経験する）の過去分詞

underground [ʌ́ndərgràund アンダグラウンド] [形容詞]

❶ 地下の

▸**underground** water
地下水

❷ 秘密の;（演劇などが）前衛的な

——[名詞] [C]《ふつう **the underground** で》《英》地下鉄（♦《米》subway）;《**the Underground** で》（ロンドンの）地下鉄

[文化] ロンドンの地下鉄

the Underground と呼ばれるロンドンの地下鉄は円筒(えんとう)形のトンネル内を走るために, 車両の多くは天井(てんじょう)が丸いかまぼこ形をしています. 口語でよく the tube「管」とも呼ばれるのはそのためです. なお, アメリカで「地下鉄」を指す subway は, イギリスでは「地下道」を指します.

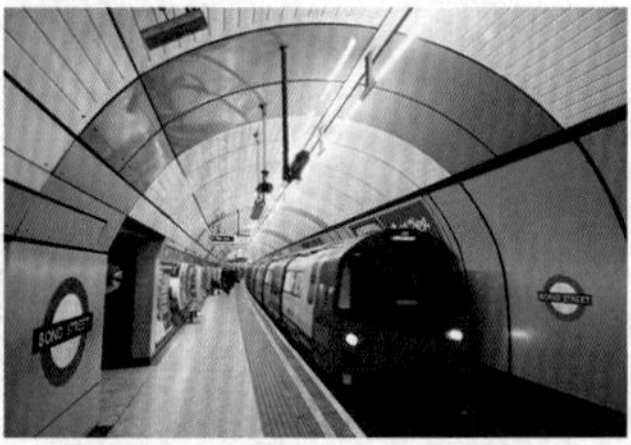

underline [ʌ́ndərlàin アンダライン]
[動詞]（[三単現] **underlines** [-z]; [過去・過分] **underlined** [-d]; [現分] **underlining**）
[他] …に下線をひく; …を強調する

▸I **underlined** important words with a red pencil.
重要な単語に赤えんぴつで下線をひいた.

——[名詞] [C] 下線, アンダーライン

underneath [ʌ̀ndərníːθ アンダニーす]
[前置詞] …の（すぐ）下に（[同義語] under）

▸I hid **underneath** the table.
わたしはテーブルの下に隠(かく)れた

undershirt [ʌ́ndərʃə̀ːrt アンダシャ～ト]
[名詞] [C]《米》下着, 肌着(はだぎ)（♦《英》vest）

⁑understand [ʌ̀ndərstǽnd アンダスタぁンド] [動詞]

（[三単現] **understands** [ʌ̀ndərstǽndz アンダスタぁンヅ]; [過去・過分] **understood** [ʌ̀ndərstúd アンダストゥッド]; [現分] **understanding**）

——[他] ❶ **…を理解する**, …がわかる

▸I **understand** him.
彼の言ったことはわかる.

▸I don't **understand** the meaning of this word.
この単語の意味がわからない.

▸Do you **understand** Japanese?
あなたは日本語がわかりますか?
（♦ Can you understand ...? は相手に理解する能力があるかどうかを問うので, 失礼になることがある ➡ **speak** [他]）

❷《**understand** + **that** 節で》
…と聞いている, 聞いて知っている
（♦ていねいな言い方; [同義語] hear）

▸I **understand** (**that**) he is in Paris.　彼はパリにいると聞いている.

❸《**understand** + **that** 節で》
…と思う, 解釈(かいしゃく)する, 推察する

▸I **understand** (**that**) Sarah is angry with me.
サラはわたしに腹を立てていると思う.

——[自] **理解する**, わかる

▸Do you really **understand**?
ほんとうにわかっているのですか?

make oneself understóod
自分の考えを人にわからせる

▸I couldn't **make myself understood** in English.
わたしは英語で自分の考えをわからせることができなかった.（♦「わたしの英

語は通じなかった」の意味)

understanding [ʌ̀ndərstǽndiŋ アンダスタぁンディング] [動詞] understand(…を理解する)の現在分詞・動名詞
——[名詞] ❶ [U] 理解力, 知性;《または **an understanding** で》理解, 知識
❷ [C]《**an understanding** で》合意, 意見の一致
▸come to **an understanding** 合意に達する

·**understood** [ʌ̀ndərstúd アンダストゥッド] [動詞] understand(…を理解する)の過去形・過去分詞

undertake [ʌ̀ndərtéik アンダテイク] [動詞] ([三単現] **undertakes** [-s]; [過去] **undertook** [ʌ̀ndərtúk アンダトゥック]; [過分] **undertaken** [ʌ̀ndərtéikən アンダテイクン]; [現分] **undertaking**) [他]
❶ (仕事など)を引き受ける
▸She **undertook** the work. 彼女はその仕事を引き受けた.
❷《**undertake to** +動詞の原形で》…することを約束する
▸I **undertook to** finish the report by Friday. わたしはその報告書を金曜日までに仕上げると約束した.
❸ …に着手する

undertaken [ʌ̀ndərtéikən アンダテイクン] [動詞] undertake(…を引き受ける)の過去分詞

undertook [ʌ̀ndərtúk アンダトゥック] [動詞] undertake (…を引き受ける)の過去形

underwater [ʌ̀ndərwɔ́:tər アンダウォータ] [形容詞] 水面下の, 水中の
——[副詞] 水面下で[に], 水中で[に]

underwear [ʌ́ndərwèər アンダウェア] [名詞] [U] 下着類, 肌着(はだぎ)類 (全体)

underwent [ʌ̀ndərwént アンダウェント] [動詞] undergo(…を経験する)の過去形

undid [ʌndíd アンディッド] [動詞] undo(…をほどく)の過去形

undo [ʌndú: アンドゥー] [動詞] ([三単現] **undoes** [ʌndʌ́z アンダズ]; [過去] **undid** [ʌndíd アンディッド]; [過分] **undone** [ʌndʌ́n アンダン]; [現分] **undoing**) [他]
❶ (ひもなど) をほどく; (包みなど) を開く; (ボタンなど)をはずす
▸**undo** a knot 結び目をほどく
▸**undo** a package 小包を開く
❷ (一度したこと)をもとに戻(もど)す

undone [ʌndʌ́n アンダン] [動詞] undo(…をほどく)の過去分詞

undoubtedly [ʌndáutidli アンダウティッドり] [副詞] 疑いもなく, まちがいなく, 確かに ([同義語] certainly)

uneasy [ʌní:zi アンイーズィ] [形容詞] ([比較] **uneasier**; [最上] **uneasiest**) 落ち着かない, 不安な, 心配な ([対義語] easy 気楽な); きゅうくつな
▸I feel **uneasy** about the exams. わたしは試験のことが心配だ.

unequal [ʌní:kwəl アンイークウォる] [形容詞] 等しくない; 不平等な

UNESCO [ju:néskou ユーネスコウ] [名詞] ユネスコ, 国連教育科学文化機関 (◆国連の専門機関の一つ; the *U*nited *N*ations *E*ducational, *S*cientific and *C*ultural *O*rganization の略)

unexpected [ʌ̀nikspéktid アンイクスペクティッド] [形容詞] 予期しない, 思いがけない, 不意の
▸The news was **unexpected**. その知らせは予想外だった.
▸an **unexpected** visitor 不意の客

unexpectedly [ʌ̀nikspéktidli アンイクスペクティッドり] [副詞] 思いがけず, 突然(とつぜん)に, 不意に

unfair [ʌnféər アンふェア] [形容詞] 不公平な, 不当な; 不正な, ずるい ([対義語] fair 公平な)

unfairly [ʌnféərli アンふェアり] [副詞] 不公平に, 不当に; 不正に

unfamiliar [ʌ̀nfəmíljər アンふァミりャ] [形容詞]
❶ (物事が)(人に)知られていない《to ...》
❷ (人が)(物事を)よく知らない《with ...》
▸I'm **unfamiliar with** the rules of *go*. わたしは碁(ご)のルールをよく知らない.

unforgettable [ʌ̀nfərgétəbl アンふォゲタブる] [形容詞] 忘れられない, いつまでも記憶(きおく)に残る

unfortunate [ʌnfɔ́:rtʃənit アンふォーチュネット] [形容詞] 不運な, 不幸な; 残念な ([対義語] fortunate 幸運な)

A B C D E F G H I J K L M N O P Q R S T U V W X Y Z

▶an **unfortunate** accident
不幸な事故

▶It's **unfortunate** that you cannot attend the meeting.
きみが会議に出席できないのは残念だ.

unfortunately [ʌnfɔ́ːrtʃənitli アンふォーチュネトリ] 副詞
運悪く, あいにく; 残念ながら
(対義語 fortunately 幸運にも)

▶**Unfortunately**, he was out then.
あいにく, そのとき彼は外出中だった.

unfriendly [ʌnfréndli アンふレンドリ]
形容詞 (比較 **unfriendlier**;
最上 **unfriendliest**)
好意的でない, 不親切な, よそよそしい,
敵意をもった(対義語 friendly 親切な)

unhappy [ʌnhǽpi アンハぁピ] 形容詞
(比較 **unhappier**; 最上 **unhappiest**)
不幸な, 不運な; 悲しい; (…に)不満な
《about [at, with] ...》(対義語 happy 幸福
な)

▶an **unhappy** ending 不幸な結末

▶She looked **unhappy with** the taste of the coffee.
彼女はそのコーヒーの味に不満なよう
だった.

uni- 接頭辞 「単一の」の意味の語をつく
る: uni- + cycle(自転車)→
unicycle(1輪車)

UNICEF [júːnəsèf ユーニセふ] 名詞
ユニセフ, 国連児童基金(♦ the *United Nations International Children's Emergency Fund* 「国連国際児童緊急(きんきゅう)基金」の略; 1953 年に the *United Nations Children's Fund* 「国際連合児童基金」と改称(かいしょう)されたが, 今も UNICEF という略称が使われている)

unicorn [júːnikɔ̀ːrn ユーニコーン] 名詞
C 一角獣(じゅう), ユニ
コーン(♦額(ひたい)にねじ
れた 1 本の角(つの)があ
る想像上の動物; ウマ
の頭と胴(どう), シカの
脚(あし), ライオンの尾(お)
をもつ)

unicycle
[júːnəsàikl ユーニサイ
クる] 名詞 C 1 輪車 ➡ bicycle 【墨登】

˙uniform [júːnəfɔ̀ːrm ユーニ
ふォーム] 名詞 C U 制服, ユニフォーム

▶wear a school **uniform**
学校の制服を着ている

——形容詞 同一の, そろいの; 一定の

▶These boxes are **uniform** in size.
これらの箱は大きさが同じだ.

union [júːnjən ユーニョン] 名詞
❶ U 結合, 連合, 団結

▶ ことわざ **Union** is strength.
団結は力なり.

❷ C 組合, 協会, 連盟

▶a labor **union**
《米》労働組合(♦《英》trade **union**)

❸ C 連合国家, 連邦(ぽう)

Union Jack [júːnjən dʒǽk ユーニョン
ヂぁック] 名詞 《the Union Jack で》
イギリス国旗, ユニオンジャック
(♦①イングランド, ②スコットランド,
③アイルランドの, 3 つのシンボルを重
ねてできた国旗) ➡ England 【墨登】

① ②

③

the Union Jack

unique [juːníːk ユーニーク] (★発音に注
意) 形容詞 ただ一つの, 唯一(ゆいいつ)の; 特有
の, 独特な(♦日本語の「ユニーク」にある
「おかしな」「変わった」という意味はない)

unit [júːnit ユーニット] 名詞
❶ C (構成)単位; (全体の中の)1 人,
1 個; (設備などの)一式; (学科の)単元

❷ C (数・量の)単位

▶The meter is a **unit** of length.
メートルは長さの単位だ.

unite [juː(ː)náit ユ(ー)ナイト] 動詞
(三単現 **unites** [juː(ː)náits ユ(ー)ナイツ];
過去・過分 **united** [-id]; 現分 **uniting**)
⦿ …を結合する; …を団結させる

——⦿ 一つになる, 結合する; 団結する, 協力

する
▶We must **unite** to win the game.
わたしたちはその試合に勝つために一
つにならなければならない.

united [ju(:)náitid ユ(ー)ナイティッド]
形容詞 団結した, 結ばれた; 連合した
▶The players were **united** under
the new coach. 選手たちは新しい
コーチのもとに団結した.

United Kingdom

[ju(:)náitid kíŋdəm ユ(ー)ナイティッド キング
ダム] **名詞** 《the United Kingdom で》
イギリス, 連合王国(◆ (the) UK または
(the) U.K. と略す; 首都はロンドン
London) ➡ **England** [墨風]

United Nations [ju(:)náitid néiʃnz
ユ(ー)ナイティッド ネイシャンズ] **名詞**
《the United Nations で》**国際連合**, 国
連(◆世界平和と人類の進歩を目指す世
界最大の国際機構; 1945 年設立; 本部は
アメリカのニューヨーク市にある; (the)
UN または (the) U.N. と略す)

United States (of America)

[ju(:)náitid stéits (əv əmérikə) ユ(ー)ナイ
ティッド ステイツ (アヴ アメリカ)] **名詞**
《the United States of America で
単数あつかい》**アメリカ合衆国**
(◆ (the) US や U.S. または (the)
USA や (the) U.S.A. と略す; 首都は
ワシントン Washington, D.C.)

unity [júːnəti ユーニティ] **名詞**
❶ **U** 単一(性); 統一(性), まとまり;
不変性
❷ **U** (…との)一致(と); 調和《with ...》

universal [juːnəvə́ːrsl ユーニヴァ～サル]
形容詞 ❶ すべての人々の; 全世界の, 世界
共通の; 宇宙の
▶**universal** peace 全世界の平和
▶a **universal** design
ユニバーサルデザイン

(◆言語や文化, 年齢(炻)のちがい, 障が
いの有無(む)などにかかわらず, だれもが
快適に利用できるような設計)
➡ **barrier-free**
❷ 一般的な, 普遍(炻)的な

universe [júːnəvəːrs ユーニヴァ～ス]
名詞 《the Universe または the
universe で》**宇宙**;
《the universe で》**全世界**

university

[juːnəvə́ːrsəti ユーニヴァ～スィティ]
名詞 (**複数** universities [-z])
C (総合)**大学**(◆いくつかの学部をもつ大
学を指す;「単科大学」は college だが, し
ばしば区別なく用いられる)
▶the **University** of Pennsylvania
ペンシルベニア大学
▶Oxford **University**
オックスフォード大学
▶a **university** student 大学生
▶My sister goes to (《米》the [a])
university.
わたしの姉は大学に通っている.
(◆《英》ではふつう冠詞をつけない)

unkind [ʌnkáind アンカインド] **形容詞**
(**比較** unkinder; **最上** unkindest)
不親切な, 思いやりのない
(**対義語** kind 親切な)

unknown [ʌnnóun アンノウン]
(★発音に注意) **形容詞**
(…に)知られていない《to ...》; 不明の,
未知の(**対義語** known 知られている)
▶an **unknown** singer 無名の歌手

unless [ənlés アンレス] **接続詞**
もし…でなければ(◆ if ... not よりかたい
語); …でないかぎり
▶I'll be late for school **unless** I
catch the bus.
(=I'll be late for school **if** I do**n't**
catch the bus.)
そのバスに乗らないと, 学校に遅刻(と)
してしまう. (◆ unless 節や if 節の中で
は, 未来のことも現在形で表す)

unlike [ʌnláik アンライク] **前置詞**
…とちがって; …らしくなく
(**対義語** like …のような)
▶**Unlike** you, I can't sing well.
きみとちがって, わたしは歌が下手(を)だ.
――**形容詞** 似ていない, 同じではない
(**同義語** different, **対義語** like 似ている)

A B C D E F G H I J K L M N O P Q R S T U V W X Y Z

unlikely [ʌnláikli アンライクリ] **形容詞**
(比較) **more unlikely** または **unlikelier**;
(最上) **most unlikely** または
unlikeliest)
❶ ありそうもない, 起こりそうもない
(対義語 likely ありそうな)
▸an **unlikely** story
ありそうもない話
❷《**be unlikely to** ＋動詞の原形で》
…することはありそうもない, …しそうに
ない;《**It is unlikely** ＋ **that** 節で》
…ということはありそうもない
▸He **is unlikely to** win the match.
(＝**It is unlikely (that)** he will
win the match.)
彼はその試合に勝てそうもない.

unlock [ʌnlɑ́k アンロック] **動詞**
他 (ドアなど)のかぎをあける
(対義語 lock …にかぎをかける)

unlucky [ʌnlʌ́ki アンラキ] **形容詞**
(比較) **unluckier**; (最上) **unluckiest**)
不運な, 不幸な; 不吉(きつ)な
(対義語 lucky 幸運な)

unnecessary [ʌnnésəsèri アンネセセ
リ] **形容詞** 不必要な, 余計な
(対義語 necessary 必要な)

unpleasant [ʌnplézənt アンプレズント]
形容詞 不愉快(ゆかい)な, いやな
(対義語 pleasant 愉快な)

‡until [əntíl アンティる]
──**前置詞** ❶《動作・状態の継続(けいぞく)》
…まで(ずっと), …になるまで
(同義語 till) ➡ by くらべよう
▸We stayed up **until** midnight.
わたしたちは夜の 12 時まで起きていた.
❷《否定文で》…までは(…しない), …に
なって初めて(…する)
▸I didn**'t** know about that **until**
yesterday.
わたしは昨日までそのことを知らなかった.
──**接続詞** ❶《動作・状態の継続》
…するまで(ずっと)
▸Let's take a rest **until** they catch
up with us. 彼らがわたしたちに追い
つくまで休んでいよう. (◆ until 節の中
では未来のことも現在形で表す)
❷《否定文で》…するまで(…しない), …
して初めて(…する)
▸We didn**'t** start the party **until**
Bob came. わたしたちはボブが来る

までパーティーを始めなかった.

unused [ʌnjúːzd アンユーズド] **形容詞**
使われていない, 未使用の

unusual [ʌnjúːʒuəl アンユージュアる]
形容詞 ふつうでない, 異常な; 珍(めずら)しい
(対義語 usual いつもの)
▸I had an **unusual** experience
there.
わたしはそこで異常な体験をした.

unusually [ʌnjúːʒuəli アンユージュアリ]
副詞 異常に; 珍(めずら)しく; 非常に, とても
(対義語 usually たいてい)

unwilling [ʌnwíliŋ アンウィりング]
形容詞 いやいやながらの;
《**be unwilling to** ＋動詞の原形で》
しぶしぶ…する
▸John **was unwilling to** accept
defeat at first.
ジョンは最初, 敗北を認めるのをしぶっ
ていた.

unwillingly [ʌnwíliŋli アンウィりングり]
副詞 いやいやながら, しぶしぶ

‡up [ʌ́p アップ]

副詞	❶ 上へ, 上に
	❷ 起立して, 起きて
	❸ 近づいて
	❹ すっかり
前置詞	❶ …の上へ

──**副詞** ❶ 上へ, 上に, 上のほうへ
(対義語 down 下へ)
▸A balloon is going **up** slowly.
風船がゆっくりと上がっていく.
▸We ran **up** to the third floor.
わたしたちは 3 階まで駆(か)け上がった.
▸He looked **up** at the sky.
彼は空を見上げた.
❷ 起立して, 起きて
▸Stand **up**! 起立!
▸I get **up** at six thirty.
わたしは 6 時 30 分に起きる.
▸Don't stay **up** late.
遅(おそ)くまで起きていてはいけません.
❸ 近づいて, 向かって; 北へ;
(英)大都市へ, 都会へ
▸A dog came **up** to me.
イヌがわたしに近づいてきた.
▸drive from New York **up** to
Boston ニューヨークからボストンま
で車で北上する

▶I've just come **up** to this town.
わたしはつい最近この町にやって来た.
❹ **すっかり**, すべて, 完全に; 終わって
▶He ate **up** all the sushi.
彼はそのすしをすべて食べた.
▶Time is **up**.　もう時間です.
（♦試験の終了(しゅうりょう)などを告げるときに）
❺（程度・価格などが）上がって, 増して
▶Please turn **up** the volume.
ボリュームを上げてください.
▶Prices are going **up**.
物価が上がっている.

úp and dówn
上がったり下がったり; 行ったり来たり

úp to ...
①（時間・程度・数量などが）…まで
▶The girl can count **up** to twenty.
その女の子は 20 まで数えられる.
②《be up to ... で》
…の責任である, …しだいである

ダイアログ
A: What shall we have for dinner?
夕食は何にする？
B: It's **up** to you.　あなたに任せるわ.

③《be up to ... で》（よくないこと）をし
ようとしている
Whát's úp?（口語）どうしたの, 何事だ;
元気かい, 調子はどう？
──**前置詞** ❶ …の上へ, …を上がって
（対義語 down …の下へ）
▶Salmon were swimming **up** the
river.　サケが川をのぼっていた.
❷ …に沿って（同義語 along）
▶Go straight **up** this street.
この通りをまっすぐに行きなさい.
──**形容詞**《名詞の前に用いて》
上へ向かう; 北へ向かう;
《英》大都市［都会］へ向かう, のぼりの
（対義語 down 下りの）

upgrade［ˈʌpgréid アプグレイド］**動詞** 他
❶ …の性能［質］を向上させる
❷【コンピューター】…をアップグレード
［バージョンアップ］する

upload［ˈʌplòud アプロウド］**動詞**
他【コンピューター】（ファイルなど）を
アップロードする（対義語 download …を
ダウンロードする）

upon［əpán アパン］**前置詞** …の上に
（♦ on とほとんど同じ意味だが, on のほ
うが口語的; ただし, upon のみを用いる

表現があるので注意）
▶once **upon** a time
（物語の語り出しで）昔々
（♦× once on a time とはいわない）

upper［ˈʌpər アパ］**形容詞**
《名詞の前に用いて》**上のほうの**; 上位の;
上流の（対義語 lower 下のほうの）
▶the **upper** lip　上唇(うわくちびる)
▶the **upper** floor　上の階
▶the **upper** class　上流階級
▶the **upper** Missouri
ミズーリ川上流

upright［ˈʌpràit アプライト］**形容詞**
直立した, まっすぐの
▶an **upright** piano
アップライトピアノ（♦縦型のピアノ）

upset［ʌpsét アプセット］**動詞**
（三単現 **upsets**［ʌpséts アプセッツ］;
過去・過分 **upset**; 現分 **upsetting**）他
❶ …をひっくり返す
▶**upset** a tray　トレーをひっくり返す
❷（人）をうろたえさせる, 動揺(どうよう)させる;
怒(おこ)らせる
▶The news **upset** me.
その知らせにわたしはうろたえた.
❸（計画など）をだめにする
──**形容詞** うろたえて, 動揺して; 怒って
（♦名詞の前には用いない）
▶Don't be **upset**.　あわてないで.

upside［ˈʌpsàid アプサイド］**名詞**
C 上部, 上側;《主に米》（悪いことの中
の）よい側面

úpside dówn
さかさまに, ひっくり返って
▶That picture is **upside down**.
あの絵はさかさまだよ.

upside-down［ˈʌpsàiddáun アプサイド
ダウン］**形容詞**
❶ さかさまの, ひっくり返った
❷ 混乱した, めちゃくちゃの

upstairs
［ˈʌpstéərz アプステアズ］
──**副詞** 上の階へ［で］
（対義語 downstairs 下の階へ）
▶Tom is sleeping **upstairs**.
トムは上の階で眠(ねむ)っている.
▶Let's go **upstairs**.
上（の階）に行きましょう.
──**形容詞**《名詞の前に用いて》上の階の

A B C D E F G H I J K L M N O P Q R S T U V W X Y Z

──**名詞**《**the upstairs** で単数あつかい》
上の階

up-to-date [ʌ́ptədéit アプタデイト]
形容詞 最新の, 最新の情報が盛りこまれた; 現代的な, はやりの
（**対義語** out-of-date 時代遅(おく)れの）
▶**up-to-date** information 最新情報

upward [ʌ́pwərd アプワド] **副詞**
上のほうへ, 上向きに
（**対義語** downward 下のほうへ）
▶She looked **upward**.
彼女は目を上に向けた.
──**形容詞**《名詞の前に用いて》
上方への, 上向きの
▶an **upward** slope のぼり坂

upwards [ʌ́pwərdz アプワツ] **副詞**
（**英**）＝upward（上のほうへ）

Uranus [júrənəs ユラナス] **名詞**
❶【ギリシャ神話】ウラノス
（◆天の神; 大地の女神(めがみ)を妻にもち, 最初に宇宙を支配したとされる）
❷【天文】天王星

urban [ə́ːrbn ア~ブン] **形容詞**
《名詞の前に用いて》都市の; 都市に住む; 都会的な（**対義語** rural いなかの）

urge [ə́ːrdʒ ア~ヂ] **動詞** （**三単現** **urges** [-iz]; **過去・過分** **urged** [-d]; **現分** **urging**）
他 （人・動物）をせき立てる;
《urge ＋人＋ to ＋動詞の原形で》
（人）に…するよう強く勧(すす)める
▶I **urged** him to go at once.
わたしは彼にすぐ行くよう強く勧めた.

urgent [ə́ːrdʒənt ア~ヂェント] **形容詞**
緊急(きんきゅう)の, 差しせまった
▶an **urgent** meeting 緊急会議

US, U.S. [júːés ユーエス]
アメリカ合衆国, 米国
（◆ the United States の略）

ː us [ʌ́s アス; （弱く言うとき）əs アス] **代名詞**
〖人称代名詞の一人称複数 we の目的格〗
わたしたちを, わたしたちに → we 〖表〗
▶Come and see **us**.
わたしたちに会いにきて.
▶Would you like to go shopping with **us**? わたしたちといっしょに買い物に行きませんか？

USA, U.S.A. [júːèséi ユーエスエイ]
アメリカ合衆国, 米国
（◆ the United States of America の略）

ː use
（★動詞・名詞の発音のちがいに注意）
──**動詞** [júːz ユーズ] （**三単現** **uses** [-iz]; **過去・過分** **used** [-d]; **現分** **using**）他
❶ …を使う, 用いる; …を利用する
➡ **borrow** 〖くらべよう〗
▶**use** a computer
コンピューターを使う
▶She often **uses** the library.
彼女はその図書館をよく利用する.

ダイアログ
A: Can I **use** your phone?
電話をお借りしてもいいですか？
B: Sure. もちろん.

❷ （頭など）を働かせる
▶**Use** your imagination.
想像力を働かせなさい.
❸ …を消費する
▶This car doesn't **use** much gas.
この車はあまりガソリンを消費しない.
──**名詞** [júːs ユース] （**複数** **uses** [-iz]）
❶ U 使うこと, 使用; 使い方
▶These scissors are for cooking **use**. このはさみは料理用だ.
❷ C U 使い道, 用途(と); U 役に立つこと
▶Computers have many **uses**.
コンピューターには多くの使い道がある.
be in úse 使われている
be out of úse 使用されていない
It is nó use ...ing …してもむだだ
▶〖ことわざ〗 It is no use crying over spilt milk.
覆水(ふくすい)盆(ぼん)に返らず. （◆「こぼれたミルクを嘆(なげ)いてもむだだ」の意味から）
make úse of ... …を使う, 利用する
▶**Make** good **use of** your time.
時間を有効に使いなさい.
of úse 役に立つ（**同義語** useful）
▶The guidebook was **of** great **use**.
そのガイドブックはたいへん役立った.

used¹ [júːzd ユーズド] **動詞**
use（…を使う）の過去形・過去分詞
──**形容詞** 使った, 使い古した, 中古の
（**同義語** secondhand）
▶a **used** car 中古車

used² [júːst ユース(ト)] （★発音に注意）
動詞 自《**used to** ＋動詞の原形で》
以前はよく…した; 以前は…だった（◆常に used の形で用いられ, 変化形はない）

▶I **used to** go fishing when I was young.
わたしは若いころ, よく釣(つ)りに行った.
▶There **used to** be a park here.
ここにはかつて公園があった.
―[形容詞]《**be used to** ＋名詞[**...ing**]で》
…に慣れている;
《**get used to** ＋名詞[**...ing**]で》
…に慣れる
(♦ to のあとに動詞の原形は続かない)
▶He's **used to cooking**.
彼は料理をすることに慣れている.
▶Liz soon **got used to** her new life. リズはすぐに新しい生活に慣れた.

> [ルール] **be [get] used to の使い方**
>
> be [get] used to のあとに動詞を続けるには, ...ing の形にします.
> 彼女は早起きに慣れている.
> ○She **is used to getting** up early.
> ×She is used to get up early.

⁑useful
[jú:sfl ユースふる] [形容詞]
([比較] **more useful**;
[最上] **most useful**)
役に立つ, 有用な, 有益な
([対義語] useless 役に立たない)
▶**useful** information 有益な情報
▶The TV program is **useful** to [for] children.
そのテレビ番組は子供にとって有益だ.

useless [jú:sləs ユースれス] [形容詞]
役に立たない, 無用な, 無益な
([対義語] useful 役に立つ)

user [jú:zər ユーザ] [名詞]
[C] 使用者, 利用者, ユーザー

user-friendly [jú:zərfréndli ユーザふレンドり] [形容詞] (機械などが) 利用者にとって使いやすい, わかりやすい

˙using
[jú:ziŋ ユーズィンゲ] [動詞]
use (…を使う) の現在分詞・動名詞

˙usual
[jú:ʒuəl ユージュアる]
[形容詞] ([比較] **more usual**;
[最上] **most usual**) **いつもの, ふだんの**
([対義語] unusual ふつうでない)
▶the **usual** excuse いつもの言い訳
▶He took his **usual** seat.
彼はいつもの席にすわった.

as úsual いつものように
▶She walked to school **as usual**.
彼女はいつものように歩いて登校した.

⁑usually
[jú:ʒuəli ユージュアり]
[副詞] **たいてい**, ふつう, いつも
([対義語] unusually 珍(めずら)しく)
➡ **always** [参考]
▶What do you **usually** do after dinner?
夕食後はいつも何をしますか？

UT 【郵便】ユタ州(♦ *Ut*ah の略)

Utah [jú:tɔ: ユートー] [名詞] ユタ州
(♦アメリカ西部の州; Ut. または【郵便】で UT と略す)

utility [ju:tíləti ユーティりティ] [名詞]
([複数] **utilities** [-z])
❶ [U] 役に立つこと, 実用性
❷ [C]《しばしば **utilities** で》
(電気・水道・ガスなどの) 設備(♦公共事業を利用するもの); 公益事業

utility room [ju:tíləti rù:m ユーティりティ ルーム] [名詞]
[C] [米]ユーティリティールーム

> [文化] **ユーティリティールーム**
>
> ふつう台所の隣(となり)や地下室にあり, 洗濯(せんたく)などの家事や, 日曜大工(だいく)の仕事場として使われます.
>
> 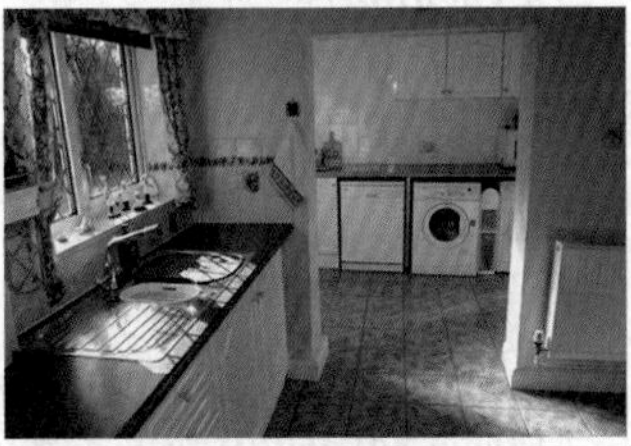

utilize [jú:təlàiz ユーティらイズ] [動詞]
([三単現] **utilizes** [-iz];
[過去・過分] **utilized** [-d]; [現分] **utilizing**)
[他] …を利用する, 役立たせる(♦かたい語)

utmost [ʌ́tmòust アトモウスト] [形容詞]
《名詞の前で用いて》最大(限)の, 最高の
―[名詞]《**the** [*one's*] **utmost** で》
最大限度, 極限
do one's útmost 最大限の努力をする

utopia [ju:tóupiə ユートウピア] [名詞]《時に **Utopia** で》[C] [U] ユートピア, 理想郷

UV [ju:ví: ユーヴィー] [形容詞] [名詞]
紫外線(しがいせん)(の)(♦ *u*ltra*v*iolet の略)

A B C D E F G H I J K L M N O P Q R S T U V W X Y Z

Vv

Q V サインはいつするの？➡ V sign をひいてみよう！

V, v [ví: ヴィー] 名詞 (複数) **V's, v's** また
は **Vs, vs** [-z]) ❶ C U ブイ
(◆アルファベットの 22 番めの文字)
❷ U (ローマ数字の)5

VA 【郵便】バージニア州(◆ Virginia の略)

vacancy [véikənsi ヴェイカンスィ] 名詞
(複数 **vacancies** [-z])
❶ C 空室，空き部屋
▶**Vacancy**
《掲示》(ホテルなどで)空室あり
▶No **Vacancy** 《掲示》満室
❷ C (職・地位などの)空席，欠員
❸ U ぼんやりしていること

vacant [véikənt ヴェイカント] 形容詞
❶ 空(ぐ)の，空虚(ぐう)な(同義語 empty)；
(座席・部屋・時間などが)空いている，
使用されていない
(対義語 occupied 使用中)
▶a **vacant** seat 空席
❷ (心などが)ぼんやりした

‡vacation

[veikéiʃn ヴェイケイシャン] 名詞
(複数 **vacations** [-z])
C U 《主に米》休暇(きゅう)，休日，休み
(◆《主に英》holiday)
▶Christmas **vacation** クリスマス休暇
▶take a **vacation** 休暇をとる

ダイアログ
A: When does (the) summer
vacation begin at your school?
あなたの学校では，夏休みはいつから
始まりますか？
B: Around the middle of June.
6 月の中ごろです。

ダイアログ
A: Have a nice **vacation**!
よい休暇を！
B: You too! あなたもね！

参考 「休暇，休日」を表す語

❶ 《米》では，ふつう「1 日の休日」に
holiday を，「連続した休み」に
vacation を使います。
❷ 《英》では，ふつう「1 日の休日」に
holiday を，「連続した休み」に
holidays を使います。そして，大学や
法廷(きい)が休みになる期間について
vacation を使います。
❸ 会社などで「(個人的に)1 日休暇を
とる」は《米》《英》とも take a [one's]
day off といいます。➡ **holiday**

on vacation 《主に米》休暇中で
▶Tom is in Hawaii **on vacation**.
トムは休暇でハワイにいる。

vaccine [væksí:n ヴぁクスィーン]
(★発音に注意) 名詞
❶ U C 【医学】ワクチン
❷ U C 【コンピューター】ワクチン
(◆コンピューターウイルスを除去するた
めのプログラム)

vacuum [vækjuəm ヴぁキュウム]
(★発音に注意) 名詞
❶ C 真空，《ふつう a vacuum で》
空虚(きょ)，空白
❷ C 《口語》電気掃除(そう)機
(=vacuum cleaner)
——動詞 他 《口語》(部屋など)に掃除機を
かける
——自 《口語》掃除機をかける

vacuum cleaner [vækjuəm klì:nər
ヴぁキュウム クリーナ] 名詞
C 電気掃除(そう)機
(◆《口語》では単に vacuum という)

vague [véig ヴェイグ] (★発音に注意)
形容詞 (比較 **vaguer**; 最上 **vaguest**)
(ことば・考えなどが)あいまいな，漠然(ばく)
とした；(輪郭(りん)などが)ぼんやりした

vain [véin ヴェイン] 形容詞
(比較 **vainer**; 最上 **vainest**)

❶ むだな, 無益な; むなしい
(◆かたい語)
▶make a **vain** effort
むだな努力をする
❷ うぬぼれ[虚栄(␣␣)心]の強い;
(…を)鼻にかけた《of [about] ...》
in váin むだに, むなしく
▶I tried to cheer him up, but **in vain**. わたしは彼を励(␣␣)まそうとしたが, むだだった.

valentine [vǽləntàin ヴぁれンタイン]
名詞 ❶ C バレンタインデーのカード
[贈(␣␣)り物](◆差出人の名前を書かないこ
とも多い) ➡ **St. Valentine's Day**
▶Did you get any **valentines**?
バレンタインのカードはもらった?
❷ C《しばしば **Valentine** で》
バレンタインカードを送られる人;
(一般に)恋人(␣␣)(◆バレンタインカード
にしばしば "Be my Valentine!"「わた
しの恋人になって!」という決まり文句を
書く)

Valentine's Day [vǽləntainz dèi
ヴぁれンタインズ デイ] 名詞
聖バレンタイン祭, バレンタインデー
➡ **St. Valentine's Day**
▶Happy **Valentine's Day**!
バレンタインデーおめでとう!

valley [vǽli ヴぁり] 名詞 (複数 **valleys**
[-z]) C 谷, 谷間, 渓谷(␣␣)(類語 canyon
深い渓谷); (大河の)流域
▶the Amazon **valley**
アマゾン川流域

valuable [vǽljuəbl ヴぁりュアブる]
形容詞 貴重な; 有益な; 高価な
▶**valuable** information 貴重な情報
▶a **valuable** diamond ring
高価なダイヤの指輪
——名詞
《**valuables** で》(宝石などの)貴重品

value [vǽlju: ヴぁりュー] 名詞

❶ U 価値, 値打ち, 重要性
▶She talked about the **value** of
studying. 彼女は勉強することの大
切さについて話した.
❷ U C 価格, 値段(同義語 price);
U (金額に)相当するもの
of válue 価値のある(同義語 valuable)
▶The information is **of** great [little]
value to me.
その情報はわたしにとってとても価値
がある[ほとんど価値がない].
——動詞 (三単現 **values** [-z];
過去・過分 **valued** [-d]; 現分 **valuing**)
他 …を高く評価する, 尊重する;
(金銭的に)…を評価する, 見積もる

valve [vǽlv ヴぁるヴ] 名詞
C (機械などの)弁, バルブ;
(心臓・血管の)弁, 弁膜(␣␣)

van [vǽn ヴぁン] 名詞
❶ C バン, ワンボックス車
❷ C《英》(鉄道の)屋根つきの貨車

Vancouver [vænkú:vər ヴぁンクー
ヴァ] 名詞 バンクーバー(◆カナダ南西部
の港湾(␣␣)都市)

vanilla [vəníllə ヴァニら](★アクセントに
注意) 名詞 C【植物】バニラ(◆中央アメ
リカ原産; アイスクリームや菓子(␣␣)などの
香料(␣␣)に用いる); U バニラエッセンス

vanish [vǽniʃ ヴぁニッシ] 動詞 (三単現
vanishes [-iz]; 過去・過分 **vanished**
[-t]; 現分 **vanishing**)
自 (突然(␣␣))見えなくなる, 消える;
消えてなくなる, 絶滅(␣␣)する
(同義語 disappear)

vanity [vǽnəti ヴぁニティ] 名詞
U うぬぼれ; 虚栄(␣␣)心, 見栄(␣␣)

vapor,《英》vapour [véipər ヴェイパ]
名詞 U C 蒸気(◆霧(␣␣)・かすみ・水蒸気・
湯気(␣␣)など)

variable [vériəbl ヴェリアブる] 形容詞
変わりやすい, 気まぐれな; 変えられる

variation [vèriéiʃn ヴェリエイシャン]
名詞 U C 変化; C 変種; 【音楽】変奏曲

variety [vəráiəti ヴァライエティ](★発音
に注意) (複数 **varieties** [-z]) 名詞
❶ U 変化(に富んでいること)
▶My life here is full of **variety**.
ここでのわたしの生活は, 変化に満ちあ
ふれている.
❷《**a variety of ...** で》(同類のものが)
さまざまな…, いろいろな…

a b c d e f g h i j k l m n o p q r s t u **v** w x y z

A

B C D E F G H I J K L M N O P Q R S T U V W X Y Z

（同義語 various）
▶a **variety** of animals
さまざまな動物
❸ **C** (同類の中での)種類, 品種
▶This dog is a rare **variety**.
このイヌは珍種(ちんしゅ)だ.

various [véəriəs ヴェ(ア)リアス]

形容詞 （比較 more various;
最上 most various)
いろいろな, さまざまな
▶for **various** reasons
さまざまな理由で
▶Students from **various** countries
study at my school.
いろいろな国から来た学生がわたしの
学校で学んでいる.

vary [véəri ヴェ(ア)リ] 動詞
（三単現 **varies** [-z]; 過去・過分 **varied**
[-d]; 現分 **varying**) 自
❶ (状況(じょうきょう)により)変わる, 変化する
▶The restaurant's menu **varies**
with the season. そのレストランの
メニューは季節によって変わる.
❷ (同類のものが)異なる, さまざまである
▶Homemade products **vary** in
shape.
手作りの製品は形がさまざまだ.
——他 …を変える

vase [véis ヴェイス] 名詞
C 花びん; (装飾(そうしょく)用の)つぼ

vast [vést ヴぁスト] 形容詞
（比較 **vaster**; 最上 **vastest**)
広大な; (数・量・程度が)ばく大な
（同義語 huge)

Vatican [vétikən ヴぁティカン] 名詞
《the Vatican で》バチカン宮殿(きゅうでん)
（=the Vatican Palace)(♦バチカン市
国にあるローマ教皇の宮殿);
ローマ教皇庁

vegetable

[védʒətəbl ヴェヂタブる] 名詞
（複数 **vegetables** [-z]）
C《ふつう **vegetables** で》野菜
（♦豆類・キノコ類もふくむ)
▶fresh **vegetables** 新鮮(しんせん)な野菜
▶raw **vegetables** 生野菜
▶**vegetable** oil 植物油
▶grow **vegetables**
野菜を栽培(さいばい)する

参考 **野菜のいろいろ**

asparagus	アスパラガス
broccoli	ブロッコリー
cabbage	キャベツ
carrot	ニンジン
cauliflower	カリフラワー
celery	セロリ
cucumber	キュウリ
eggplant	ナス
green pepper	ピーマン
leek [líːk リーク]	ニラネギ
lettuce	レタス
onion	タマネギ
parsley	パセリ
pea	エンドウ豆
potato	ジャガイモ
pumpkin	カボチャ
radish	ハツカダイコン
spinach	ホウレンソウ
tomato	トマト
zucchini	ズッキーニ

vegetarian [vèdʒitériən ヴェヂテリアン]
名詞 **C** 菜食主義者, ベジタリアン

vehicle [víːikl ヴィーイクる] (★発音に
注意) 名詞 **C** 車, 乗り物
（♦自動車・自転車・バス・トラックなど,
主に陸上の乗り物・輸送機関を指す)

veil [véil ヴェイる]
名詞 **C** ベール
（♦女性が顔を隠(かく)す
ための薄(うす)い布);
おおい隠すもの
▶wear a **veil**
ベールをかぶって
いる
——動詞 他 …にベー
ルをかける; …を隠す

vein [véin ヴェイン] 名詞
❶ **C** 静脈(じょうみゃく); 血管
❷ **C** (植物の)葉脈; (昆虫(こんちゅう)の羽の)
翅脈(しみゃく)

velvet [vélvit ヴェるヴェット] 名詞
U ビロード, ベルベット

vending machine [véndiŋ məʃíːn
ヴェンディング マシーン] 名詞
C 自動販売(はんばい)機(♦ vendor ともいう;
(英)slot machine)
▶buy coffee from a **vending
machine**
自動販売機でコーヒーを買う

[文化] 欧米(熱)の自動販売機

欧米では飲食物の自動販売機は, 食堂や休憩(熱)所にはあっても, 道路際(熱)に並んでいることはほとんどありません. 年齢(熱)制限のあるたばこやビールなどは対面販売が基本となっていることや, 販売機荒らしなどの犯罪を防ぐためです.

vendor [véndər ヴェンダ] 名詞
❶ C (屋台の)物売り, 行商人; 販売(熱)者
❷ C 自動販売機(=vending machine)

Venice [vénis ヴェニス] 名詞 ベネチア, ベニス(♦イタリア北東部の都市)

venture [véntʃər ヴェンチャ] 名詞
C 冒険(熱); 冒険的な新事業; 投機
——動詞 (三単現 ventures [-z]; 過去・過分 ventured [-d]; 現分 venturing) 他
(生命・財産など)を危険にさらす, かける; …を思いきってする
——自 危険を冒(熱)して行く

Venus [ví:nəs ヴィーナス] 名詞
❶ 【ローマ神話】ウェヌス, ビーナス
(♦愛と美の女神(熱))
❷ 【天文】金星

veranda(h) [vərǽndə ヴェランダ]
名詞 C ベランダ(♦ふつう1階の窓の外側にあり, 屋根がついている;(米)porch)

verb [vá:rb ヴァ～ブ] 名詞
C 【文法】動詞(♦v. と略す)

Vermont [vərmánt ヴァマント] 名詞
バーモント(♦アメリカ北東部の州; Vt. または【郵便】でVT と略す)

vernal [vá:rnl ヴァ～ヌる] 形容詞
春の(ような); 春に現れる

vernal equinox [vá:rnl í:kwinàks ヴァ～ヌる イークウィナックス] 名詞
《the vernal equinox で》春分(点)
▸**Vernal Equinox** Day 春分の日

verse [vá:rs ヴァ～ス] 名詞
U 詩歌(熱), 詩全体(同義語 poetry); 韻文(熱)(♦似た響(熱)きのことばを特定の位置に置いてリズムをもたせた文; 対義語 prose 散文)

version [vá:rʒn ヴァ～ジャン] 名詞
❶ C …版, バージョン(♦もともとは異なる形に変えられたもの;「第3版」「改訂(熱)版」などの「版」にはふつう edition を用いる)
▸a film **version** of *Hamlet*
『ハムレット』の映画版
❷ C 翻訳(熱)書, …訳
❸ C (出来事の)(個人的な)解釈(熱)
❹ C 【コンピューター】
(ソフトの)バージョン, 版(♦「バージョンアップ(する)」は和製英語で, 英語では upgrade [ʌpgréid アプグレイド]という)

versus [vá:rsəs ヴァ～サス] 前置詞
(競技・訴訟(熱)などで)…対…
(♦「…」と「～」には人[チーム・国]名などが入る;vs. または v. と略す)

vertical [vá:rtikl ヴァ～ティクる] 形容詞
垂直の, 縦の, 直立した
(対義語 horizontal 水平の)

✲very [véri ヴェリ]
——副詞 ❶ 非常に, とても, たいへん
▸It is **very** hot today.
今日はとても暑い.
▸This is a **very** difficult problem.
これはとても難しい問題だ.
▸He runs **very** fast.
彼はとても速く走る.
▸Thank you **very** much.
ほんとうにありがとうございます.
❷《否定文で》あまり(…でない), たいして(…でない)
▸I do**n't** like this painting **very** much.
わたしはこの絵があまり好きではない.

ダイアログ
A: Are you hungry?
おなかすいている?
B: No, **not very**. Are you?
いや, あんまり. きみは?

a b c d e f g h i j k l m n o p q r s t u v w x y z

A B C D **E** F G H I J K L M N O P Q R **S** T U **V** W X Y Z

---

1 形容詞・副詞の原級に「とても」の意味を加えるときは very を使います.
▸John is **very** tall.
ジョンはとても背が高い.
▸Emma sang **very** well.
エマはとてもうまく歌った.

2 形容詞・副詞の比較級に「とても」の意味を加えるときは much を使います.
▸John is **much taller** than Tom.
ジョンはトムよりずっと背が高い.
▸Emma sang **much better** than I did.
エマはわたしよりずっとうまく歌った.

3 very は「全く，まさに」の意味で，形容詞・副詞の最上級を修飾(しゅうしょく)することもあります.
▸This song is his **very best**.
この歌は彼の歌の中でもまさに最高だ.

4 形容詞化した現在分詞の修飾には very を使い，受け身であることが明らかな過去分詞には (very) much を使います.
▸The boxing match was **very** exciting.
そのボクシングの試合はとても興奮させる内容だった.
▸Ms. Baker is (**very**) **much** loved by her students.
ベーカー先生は生徒にとても好かれている.

Very góod. たいへんけっこうです；かしこまりました.
Very wéll. たいへんけっこうです；(しばしば不本意な賛同を表して)いいですよ，はいはい.
——**形容詞**《あとに続く名詞を強調して》まさにその，ちょうどその
▸This is the **very** watch I lost.
これはまさにわたしがなくした時計だ.

vessel [vésl ヴェスる] 名詞
❶ C (液体を入れる)容器，入れ物
(♦コップ・びん・たるなど；かたい語)
❷ C (大型の)船(♦かたい語)

vest [vést ヴェスト] 名詞
❶ C (米)ベスト，チョッキ
(♦(英)waistcoat)
❷ C (英)下着，肌着(はだぎ)
(♦(米)undershirt)

vet [vét ヴェット] 名詞 C 獣医(じゅうい)
(♦ *vet*erinarian を短縮した語)

veteran [vétərən ヴェテラン] 名詞
❶ C 経験豊富な人，ベテラン(♦日本語の「熟練者」の意味で使われる「ベテラン」はふつう expert で表す)
❷ C 老兵，古参兵；(米)退役(たいえき)軍人

Veterans Day [vétərənz dèi ヴェテランズ デイ] 名詞
(米)退役(たいえき)軍人の日，終戦記念日(♦アメリカの法定休日；11 月 11 日；退役軍人の名誉(めいよ)をたたえる日)

veterinarian [vètərənéəriən ヴェテリネ(ア)リアン] 名詞 C (米)獣医(じゅうい)
(♦(英)*veterinary* [vétərənèri ヴェテリネリ] surgeon；(口語)では(米)(英)とも vet と短縮する)

via [váiə ヴァイア] 前置詞
❶ …を経由して，…を通って
(同義語 by way of ...)
▸Mr. Jones came back to London **via** Amsterdam. ジョーンズ氏はアムステルダム経由でロンドンに帰ってきた.
❷ …によって；…を通して(同義語 by)
▸**via** airmail 航空便で

vibrate [váibreit ヴァイブレイト] 動詞
(三単現 **vibrates** [váibreits ヴァイブレイツ]；過去・過分 **vibrated** [-id]；現分 **vibrating**)
🄑 揺(ゆ)れる，振動(しんどう)する；(声が)震(ふる)える
——🄣 …を振動させる

vice- 接頭辞 役職名の前について「副…」「…代理」「次…」などの意味の語をつくる：
vice- + president(大統領)
→ vice-president(副大統領)

victim [víktim ヴィクティム] 名詞
C 犠牲(ぎせい)者，被害(ひがい)者，被災者
▸war **victims** 戦争の犠牲者

victory [víktəri ヴィクトゥリ] 名詞
(複数 **victories** [-z]) C U 勝利(同義語 triumph；対義語 defeat 敗北)；優勝
▸win [gain, get, have] a **victory** 勝利を収める

***video** [vídiòu ヴィディオウ]
——名詞 (複数 **videos** [-z])
❶ C U (口語)ビデオ(テープ)
(=videotape) ➡ p.673 図
▸I watched the movie on **video**.
その映画はビデオで見た.
❷ C (ビデオやコンピューター，DVD

などに録画された)映像, 動画
▸I took this **video** yesterday.
わたしは昨日, この動画を撮(と)った.
—[形容詞]《名詞の前に用いて》
テレビの; 映像の; ビデオの, 動画の

video camera [vídiou kǽmərə ヴィディオウ キャメラ] [名詞] [C] ビデオカメラ

video game [vídiou gèim ヴィディオウ ゲイム] [名詞] [C] テレビゲーム
(♦「テレビゲーム」は和製英語)
▸play **video games**
テレビゲームをする

videotape [vídioutèip ヴィディオウテイプ] [名詞] [C] [U] ビデオテープ
(♦《口語》では単に video ともいう)
▸a **videotape** recorder
ビデオテープレコーダー
(♦ VTR と略す)
—[動詞] ([三単現] **videotapes** [-s]; [過去・過分] **videotaped** [-t]; [現分] **videotaping**)
[他] …をビデオテープに録画する

Vienna [viénə ヴィエナ] [名詞] ウィーン
(♦オーストリアの首都)

Vietnam, Viet Nam [vìːetnáːm ヴィーエトナーム] [名詞] ベトナム
(♦東南アジアの国; 首都はハノイ Hanoi)

view [vjúː ヴュー] [名詞]
❶ [C] 眺(なが)め, 景色, 見晴らし
▸We enjoyed a wonderful **view** from the top. わたしたちは頂上からのすばらしい眺めを楽しんだ.
❷ [U] 視界, 視野; 視力
▸Excuse me, but you're blocking my **view**.
すみません, 前が見えないのですが.
▸The finish line was coming into **view**. ゴールが視界に入ってきた.
(♦ come into view は「視界に入る」という意味)
❸ [C] (…についての) 意見, 考え, 見方《on [about, of] ...》([同義語] opinion)
▸I want to know her **view on** Japanese culture. 日本の文化についての彼女の考えを知りたい.
▸The book changed my **view of** nature.
その本はわたしの自然観を変えた.

a póint of víew
見地, 立場, 観点([同義語] viewpoint)
▸from this **point of view**
この観点からすれば

in a pérson's view (人の)考えでは
▸**In my view**, you should talk with your parents about it.
わたしの考えでは, あなたはそれについて両親と話すべきだ.

viewer [vjúːər ヴューア] [名詞]
[C] (テレビの)視聴(しちょう)者; 観察者, 見物人

viewpoint [vjúːpɔ̀int ヴューポイント]
[名詞] [C] 見地, 立場, 観点
([同義語] point of view)

villa [vílə ヴィラ] [名詞] [C] (郊外(こうがい)の)大邸宅(ていたく); (南欧(なんおう)の)別荘(べっそう)

⁑village [vílidʒ ヴィレッヂ] [名詞]
([複数] **villages** [-iz])
❶ [C] **村**, 村落
▸He was born in a small fishing **village**. 彼は小さな漁村で生まれた.
❷《**the village** で》村人(全体)
▸The whole **village** looks up to

video

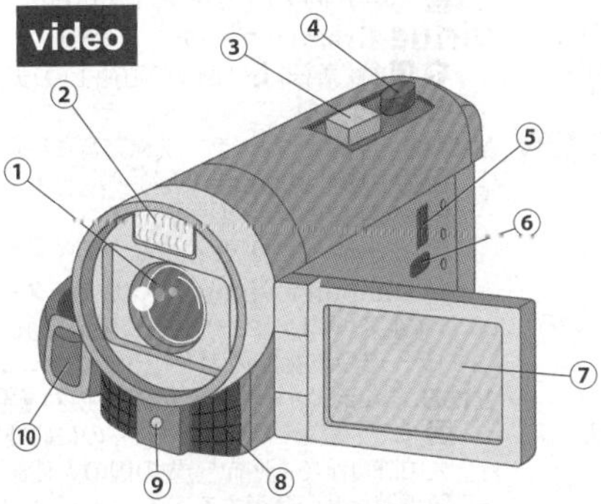

① lens レンズ
② built-in flash 内蔵フラッシュ
③ zoom lever ズームレバー
④ photo button
シャッターボタン
⑤ USB terminal USB 端子(たんし)
⑥ power button 電源ボタン
⑦ LCD monitor / touch panel
液晶(えきしょう)モニター / タッチパネル
⑧ built-in microphones
内蔵マイク
⑨ light ライト
⑩ hand strap ハンドストラップ

the doctor.
村人はみなその医師を尊敬している.

villager [vílidʒər ヴィれチャ] 名詞
Ⓒ 村人, 村の住人(♦一人ひとりを指す)

vine [váin ヴァイン] 名詞
❶ Ⓒ ブドウのつる[木](♦ **grapevine**
[gréipvàin グレイプヴァイン] ともいう)
❷ Ⓒ つる性植物
(♦ツタ・メロン・エンドウなど)

vinegar [vínigər ヴィネガ] 名詞
Ⓤ ビネガー, 酢(す)

vineyard [vínjərd ヴィニャド] (★発音に
注意) 名詞
Ⓒ (ワイン製造用の)ブドウ園[畑]

vinyl [váinl ヴァイヌる] (★発音に注意)
名詞 Ⓒ Ⓤ 【化学】ビニール(♦「ビニー
ル製の」の意味ではふつう plastic を用
いる)

viola [vióulə ヴィオウら] (★アクセントに
注意) 名詞 Ⓒ 【楽器】ビオラ(♦バイオリ
ンよりやや大型で低音の弦(げん)楽器)
➡ **musical instruments** 図

violence [váiələns ヴァイオれンス] 名詞
Ⓤ 乱暴, 暴力;(感情・天候などの)激しさ

violent [váiələnt ヴァイオれント] 形容詞
激しい, 猛烈(もうれつ)な; 乱暴な
▶a **violent** storm 激しい嵐(あらし)
▶a **violent** act 乱暴な行為(こうい)
▶a **violent** temper 激しい気性(きしょう)

violet [váiəlit ヴァイオれット] 名詞
Ⓒ 【植物】スミレ
(♦「三色スミレ」は pansy); Ⓤ スミレ色

*__**violin**__ [vàiəlín ヴァイオリン] (★アク
セントに注意) 名詞 (複数 **violins** [-z])
Ⓒ 【楽器】バイオリン
➡ **musical instruments** 図
▶play the **violin** バイオリンをひく

violinist [vàiəlínist ヴァイオリニスト]
名詞 Ⓒ バイオリン奏者

VIP, V.I.P. [ví:àipí: ヴィーアイピー] 名詞
(複数 **VIPs** または **VIP's** [-z])
Ⓒ 《口語》重要人物, 要人
(♦ *very important person* の略)

virgin [vá:rdʒin ヴァ〜ヂン] 名詞
❶ Ⓒ 処女, 童貞(どうてい)(♦男女ともに用いる)
❷ 《the Virgin で》聖母マリア
(=the Virgin Mary)
❸ 《the Virgin で》【天文】おとめ座
➡ **horoscope** 文化
──形容詞

❶ 《名詞の前に用いて》処女の, 童貞の
❷ 汚(けが)れのない, 純潔な; 最初の;
未開拓(みかいたく)の
▶a **virgin** forest 原生林

Virginia [vərdʒínjə ヴァヂ二ャ] 名詞
バージニア州(♦アメリカ東岸の州;
Va. または【郵便】で VA と略す)

Virgin Mary [vá:rdʒin méri ヴァ〜ヂン
メリ] 名詞 《the Virgin Mary で》
聖母マリア(♦単に the Virgin ともいう)

参考 **聖母マリアの呼び名**

聖母マリアはイエス・キリスト(Jesus
Christ)の母で, 聖霊(せいれい)によって身ご
もり, 処女のままでイエスを産んだとい
われています. 英語では, the Virgin
Mary のほかに the Virgin, the Virgin
Mother などと呼びます. また, 単に
Mary あるいは Our Lady などと親し
みをこめて呼ぶこともあります.

▲聖母マリアと幼子(おさなご)イエス・キリスト

Virgin Mother [vá:rdʒin mʌ́ðər ヴァ
〜ヂン マざ] 名詞
《the Virgin Mother で》聖母マリア
➡ **Virgin Mary** 参考

virtual reality [vá:rtʃuəl riǽləti ヴァ
〜チュアる リありティ] 名詞
Ⓤ バーチャルリアリティ, 仮想現実

virtue [vá:rtʃu: ヴァ〜チュー] 名詞
❶ Ⓤ 徳, 美徳; Ⓒ (個々の道徳上の)美点
❷ Ⓒ Ⓤ 長所

virus [váirəs ヴァイラス] (★発音に注意)
名詞 (複数 **viruses** [-iz])
Ⓒ (病原体の)ウイルス;
【コンピューター】ウイルス
▶a computer **virus** コンピューターウ
イルス(♦コンピューターに感染(かんせん)して
データの破壊(はかい)などを行うプログラム)

visa [ví:zə ヴィーザ] (★発音に注意) 名詞
Ⓒ ビザ, 査証(♦ある国へ行くのに必要な
入国許可証で, 渡航(とこう)先の国の大使館や
領事館などが発行する)

visible [vízəbl ヴィズィブる] 形容詞
目に見える(対義語 invisible 目に見えない); 明らかな, (見て)それとわかる

vision [víʒn ヴィジャン] 名詞
❶ Ｕ 視力, 視覚
❷ Ｕ (未来を見通す)想像力; 先見の明
▶a person of **vision**
先見の明がある人
❸ Ｃ (心にえがく)空想; 未来像, 理想像
▶Jack has a clear **vision** of his future.
ジャックは自分の将来について明確なビジョンを持っている.

visit [vízit ヴィズィット]
——動詞 (三単現 **visits** [vízits ヴィズィッツ]; 過去・過分 **visited** [-id]; 現分 **visiting**)
——他 ❶ (人)を訪問する, 訪ねる; (病人)を見舞う
▶I'm going to **visit** Ms. Baker next Sunday.
今度の日曜日にベーカー先生を訪ねようと思っています.
▶Ann **visited** John in (《米》the) hospital. アンは入院中のジョンを見舞った.
❷ (場所)を訪ねる, …へ行く, …見物に行く
▶I want to **visit** London.
ロンドンを訪ねてみたい.
❸ 【コンピューター】(ホームページ)を見る, 訪問する
▶**visit** the company's website
その会社のウェブサイトを見る
——自 訪問する; (《米》滞在(ぶ)する
——名詞 (複数 **visits** [vízits ヴィズィッツ]) Ｃ 訪問; 見舞い; 見物
▶an official **visit**
公式訪問

ダイアログ
A: Is this your first **visit** to Japan?
日本に来るのは今回が初めてですか?
B: No. It's my second **visit**.
いいえ, 2度目です.

go on a vísit to ...
…を訪問する; …を見物に行く
▶Our class **went on a visit to** the museum last Saturday.
わたしたちのクラスは先週の土曜日にその博物館へ行った.

pay a vísit to ... …を訪問する
▶Sarah **paid a visit to** her aunt last week.
先週, サラはおばに会いに行った.

visiting [vízitiŋ ヴィズィティング] 動詞
visit (…を訪問する)の現在分詞・動名詞
——形容詞 訪問の, 遠征(ねん)の; 巡回(じゅん)の
▶**visiting** hours
(病院などの)面会時間
▶a **visiting** team 遠征チーム

visitor [vízitər ヴィズィタ] 名詞
(複数 **visitors** [-z])
Ｃ 訪問客, 来客, 見舞(みま)い客; 泊(と)まり客; 観光客, 見学者
➡ guest くらべよう
▶The museum was crowded with **visitors**. 博物館は訪(おとず)れた人たちで混雑していた.

visual [víʒuəl ヴィジュアる] 形容詞
視覚の; 視覚に訴(うった)える; 目に見える
▶the **visual** arts
視覚芸術(◆絵画・彫刻(ちょう)など)
▶**visual** aids 視覚教材
(◆絵・地図・ビデオ・DVD など)

vital [váitl ヴァイトゥる] 形容詞
❶ 《名詞の前に用いて》生命の, 生命活動に必要な
▶the **vital** organs 生命維持(じ)に必要な器官(◆心臓・脳・肺など)
❷ (…にとって)きわめて重要な, 不可欠な 《for [to] ...》; 致命(ちめい)的な
▶English is **vital to** modern education.
英語は現代の教育に不可欠だ.

vitamin [váitəmin ヴァイタミン]
(★発音に注意) 名詞 Ｃ ビタミン

vivid [vívid ヴィヴィッド] 形容詞
❶ (色・光などが)鮮(あざ)やかな, 強烈(きょう)な
▶a **vivid** color 鮮やかな色
❷ (表現などが)生き生きとした, 真にせまった; (記憶(きおく)が)鮮明(せん)な
▶a **vivid** sentence 真にせまった文

vocabulary [voukǽbjəlèri ヴォウキぁビュれリ] 名詞 (複数 **vocabularies** [-z])
❶ Ｃ Ｕ 語い; 用語範囲(はん), 用語数
▶Kate likes reading and has a large **vocabulary**.
ケイトは読書好きで, 語いが豊富だ.
(◆× many [much] vocabulary とはいわない; 少ない場合は small を用いる)
❷ Ｃ 単語集

A B C D E F G H I J K L M N **O** P Q R S T U **V** W X Y Z

vocal [vóukl ヴォウクる] 形容詞
❶《名詞の前に用いて》声の, 音声の
❷【音楽】声楽の
▶vocal music　声楽
——名詞 C《しばしば vocals で》
【音楽】ボーカル(◆バンド演奏をともなった歌の部分;「歌い手」の意味の「ボーカル」は vocalist)

vocalist [vóukəlist ヴォウカリスト] 名詞
C (ロックバンドなどの)ボーカリスト, ボーカル

voice
[vóis ヴォイス] 名詞 (複数 voices [-iz])
❶ U C 声, 音声
▶a loud [small] voice
大きな[小さな]声
▶They were talking in low voices.
彼らは低い声で[声をひそめて]話し合っていた.
▶She has a soft voice.
彼女は穏(おだ)やかな声をしている.
❷ C《ふつう the voice で》【文法】態(たい)
▶the active voice　能動態
▶the passive voice　受動態, 受け身
❸ U C (訴(うった)える)声, 意見

vol., Vol. (本・書類などの)巻
(◆volume の略, 複数形は vols.)
▶vol. 2
第2巻(◆volume two と読む)

volcano [valkéinou ヴァるケイノウ]
(★発音に注意) 名詞
(複数 volcanoes または volcanos [-z])
C 火山
▶an active volcano　活火山

volleyball
[válibɔ:l ヴァりボーる] 名詞
(複数 volleyballs [-z])
❶ U【スポーツ】バレーボール
➡ p.677 図
▶play volleyball
バレーボールをする
❷ C バレーボール用のボール

volume [válju:m ヴァりューム]
(★アクセントに注意) 名詞
❶ C (特に大きな)本, 書物;
(2巻以上から成るものの)巻, 冊
(◆vol., Vol. と略す)
▶an encyclopedia in twenty
volumes　全20巻の百科事典

▶Vol. III
第3巻(◆volume three と読む)
❷ U 体積, 容積
▶the volume of a tank
タンクの容積
❸ U 音量, ボリューム
▶The TV is too loud.　Turn the
volume down. テレビの音が大き過ぎる. 音量を下げなさい.

voluntary [váləntèri ヴァらンテリ]
(★アクセントに注意) 形容詞
自発的な, 自分から進んでする;
無償(むしょう)の, ボランティアの
▶a voluntary worker
ボランティア, 無償で働く人

volunteer
[vàləntíər ヴァらンティア]
(★アクセントに注意)
——名詞 (複数 volunteers [-z])
❶ C (…への)ボランティア, 志願者, 有志
《for ...》; 志願兵
▶We clean the park as
volunteers.
わたしたちはボランティアとしてその公園を掃除(そうじ)している.
❷《形容詞的》ボランティアの
▶do volunteer work
ボランティア活動をする
——動詞 (三単現 volunteers [-z];
過去・過分 volunteered [-d];
現分 volunteering)
他…を自発的にする;
《volunteer to +動詞の原形で》
進んで…する
▶Haruki volunteered to teach
Japanese to the students from
abroad.
春樹は留学生に進んで日本語を教えた.

vomit [vámit ヴァミット] 動詞 他
❶ (胃の中のもの)を吐(は)く, もどす
❷ (煙(けむり)など)を吹(ふ)き出す
——自 ❶ 吐く, もどす(= throw up)
❷ (煙などが)吹き出る

vote [vóut ヴォウト] 名詞 C (…についての)投票, 票決《on [about] ...》;(個々の)票; 投票用紙;《the vote で》選挙権
▶Let's have [take] a vote.
採決しよう.
——動詞 (三単現 votes [vóuts ヴォウツ];
過去・過分 voted [-id]; 現分 voting)

voter — vulture

vote 動 （…に賛成の／…に反対の）投票をする《for ... / against ...》
▸I **voted for** [**against**] the bill. わたしはその議案に賛成[反対]の投票をした.

voter [vóutər ヴォウタ] 名詞
Ｃ 投票人[者]; 有権者

vowel [váuəl ヴァウエル] 名詞
❶ Ｃ【音声】母音(ぼいん)
（◆「子音」は consonant）
❷ Ｃ 母音字（◆英語では a, e, i, o, u; また, y が i と同じ役割をすることがある）

voyage [vóiidʒ ヴォイエチ] 名詞
（複数 voyages [-iz]）
Ｃ 航海, 船旅; 空の旅; 宇宙旅行
（◆「陸上の旅行」はふつう journey）
▸make a **voyage** from Japan to Hawaii 日本からハワイへ航海する
▸He went on a **voyage** around the world by yacht.
彼はヨットで世界一周の航海に出た.

VR [ví:áːr ヴィーアー] 名詞
Ｕ 仮想現実, バーチャルリアリティー, ブイアール（◆ virtual reality の略）

vs. …対〜（◆ versus の略）
V sign [ví: sàin ヴィー サイン] 名詞
Ｃ ブイサイン
（◆ V は victory「勝利」の意味）

【文化】 何でも V サイン?

指で V の字をつくる V サインは, スポーツ競技などに勝利したときに見せるしぐさです. 日本でよく見られるように, 日常の集合写真を撮(と)るときなどに V サインをすることはあまりありません.

VT [郵便]バーモント州（◆ Vermont の略）
vulture [vʌltʃər ヴァるチャ] 名詞
Ｃ【鳥類】ハゲワシ, コンドル

volleyball

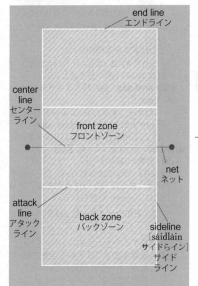

serve a ball
ボールをサーブする

spike a ball
ボールをスパイクする

receive a ball
ボールをレシーブする

toss a ball
ボールをトスする

six hundred and seventy-seven　**677**

A B C D E F G H I J K L M N O P Q R S T U V W X Y Z

W w *Ww*

> **Q** 水は water. お湯は… water？ ➡ water をひいてみよう！

W, w [dʌ́blju: ダブリュー] 名詞
（複数 **W's, w's** または **Ws, ws** [-z]）
C U ダブリュー
（◆アルファベットの 23 番めの文字）

W, W. 西（◆ *west* の略）;
西の（◆ *western* の略）

WA 【郵便】ワシントン州
（◆ *Washington* の略）

wafer [wéifər ウェイふァ] 名詞
C ウエハース（◆薄（うす）い焼き菓子（がし））

waffle [wɑ́fl ワふる] 名詞
C 《主に米》ワッフル
（◆小麦粉・牛乳・卵などを混ぜて，格子（こう）模様の焼き型で薄（うす）くパリパリに焼き上げた菓子（がし）; バター，はちみつ，シロップなどをつけて，よく朝食に食べる）

wag [wǽg ワッグ] 動詞 （三単現 **wags**
[-z]; 過去・過分 **wagged** [-d];
現分 **wagging**）
他 （尾（お）・頭など）を振（ふ）る
▶Koro, my dog, was **wagging** its
tail.
わたしの飼いイヌのコロはしっぽを
振っていた.
──自 （尾・頭などが）揺（ゆ）れる

wage [wéidʒ ウェイヂ] 名詞
C 《ふつう **wages** で》（しばしば肉体労働に対する）賃金; （主に時間給・日給などの）給料

wagon, 《英》**waggon**
[wǽgən ワぁガン] 名詞
❶ C （4 輪の）荷馬車

❷ C 《英》(鉄道の)屋根なしの貨車
❸ C 《米》小型の運搬（ぱん）自動車, ワゴン
車（＝ station wagon）
❹ C 《米》(料理や飲み物を運ぶ)ワゴン

waist [wéist ウェイスト] (★発音に注意)
名詞 ❶ C ウエスト, 腰（こし）
（◆胴（どう）のくびれた部分）
➡ 巻頭カラー 英語発信辞典⑭
❷ C （服の）胴部, ウエスト

*wait [wéit ウェイト] 動詞
（三単現 **waits** [wéits ウェイツ];
過去・過分 **waited** [-id]; 現分 **waiting**)
自 《**wait for ...** で》…を待つ;
《**wait to ＋動詞の原形**で》…するのを待つ
▶**Wait** a minute. ちょっと待って.
▶You have to **wait** while the light
is red.
信号が赤の間は待たなくてはならない.
▶Ann **waited for** Tom (for) an
hour.
アンはトムを 1 時間待った.
▶I can't **wait to** hear from her.
彼女からの手紙が待ち遠しい.
wáit and sée 成り行きを見守る
wáit on ...
…に給仕（きゅう）する; （客）に応対する
▶Have you been **waited on**?
（店で）ご用はうかがっておりますか?

waiter [wéitər ウェイタ] 名詞
C （男性の）給仕（きゅう）(人), ウェイター
（◆女性に対しては waitress という語もあるが, 最近は男女の性差別を避（さ）けるために, server が使われる）

文化 どのウェイターだっけ?

英米のレストランではふつう各テーブルを担当する給仕人が決まっていて, 給仕から清算まですべてその担当者が受け持ちます. テーブルで支払（はら）いを済ませたあと, 担当者にチップを残します.

waiting room [wéitiŋ rù:m ウェイティングルーム] [名詞]
[C] (駅・病院などの)待合室

waitress [wéitrəs ウェイトゥレス] [名詞]
([複数] **waitresses** [-iz])
[C] (女性の)給仕(きゅうじ)(人), ウェイトレス(♦男性に対しては waiter という語もあるが, 最近は男女の性差別を避(さ)けるために, server が使われる)

†wake [wéik ウェイク] [動詞]
([三単現] **wakes** [-s]; [過去] **woke** [wóuk ウォウク]または **waked** [-t]; [過分] **woken** [wóukən ウォウクン]または **waked**; [現分] **waking**)
—[自] **目が覚める**, 目を覚ます《up ...》
▸I **woke (up)** at four this morning.
今朝, わたしは4時に目が覚めた.

> [くらべよう] **wake (up) と get up**
>
> **wake (up)**:「目を覚ます」ことを表します.
> **get up**:「横になっている状態から起き上がる」ことを表します.
>
> 
>
> wake up　　get up

—[他] **…の目を覚まさせる**, …を起こす《up ...》([同義語] awake, waken)
▸Please **wake** me **up** three hours later.
3時間したら起こしてください.

waken [wéikən ウェイクン] [動詞]
[他] …の目を覚まさせる, …を起こす(♦かたい語; [同義語] wake, awake)

Wales [wéilz ウェイるズ] [名詞]
ウェールズ(♦イギリスのグレートブリテン島南西部の地方)
➡ **England** 図, [参考]

‡walk [wɔ́:k ウォーク]
—[動詞] ([三単現] **walks** [-s]; [過去・過分] **walked** [-t]; [現分] **walking**)
—[自] **歩く**, 歩いて行く; **散歩する**
▸He **walks** fast.　彼は歩くのが速い.
▸I usually **walk** to school.
わたしはたいてい歩いて学校へ行く.
▸We **walked** along the river.
わたしたちは川沿いを散歩した.
—[他] ❶ (道・場所など)**を歩く**
▸Bill and Emma **walked** the street arm in arm.
ビルとエマは腕(うで)を組んで通りを歩いた.
❷ (イヌなど)を歩かせる, 散歩させる; (人)につき添(そ)って歩く
▸I **walk** my dog in the park every morning.
わたしは毎朝, 公園でイヌを散歩させる.
—[名詞] ([複数] **walks** [-s])
❶ [C] **散歩**, 歩くこと, 歩行
▸go for a **walk**　散歩に出かける
▸take [have] a **walk**　散歩する
▸Please take Pochi for a **walk**.
ポチを散歩させてください.
❷ [C]《ふつう **a walk** で》
道のり, 歩く距離(きょり)
▸It's **a** ten-minute **walk** from here to the station.
ここから駅までは歩いて10分です.
❸ [C] 歩道; 散歩道

walkie-talkie [wɔ́:kitɔ́:ki ウォーキトーキ] [名詞] [C] 《[口語]》携帯(けいたい)用無線電話機, トランシーバー

†walking [wɔ́:kiŋ ウォーキング]
—[動詞] walk (歩く) の現在分詞・動名詞
—[名詞] [U] 歩くこと, 歩行
—[形容詞]《名詞の前に用いて》
歩く; 歩行用の;《ユーモアをまじえて》歩く…, 生きている…
▸**walking** shoes
ウォーキングシューズ, 散歩靴(ぐつ)
▸a **walking** dictionary　生き字引

‡wall [wɔ́:l ウォーる] [名詞]
([複数] **walls** [-z])
[C] (部屋の)壁(かべ); (石・れんがなどの)塀(へい)
▸an inside [outside] **wall**　内[外]壁(へき)
▸That picture on the **wall** is nice.
壁に掛(か)かっているあの絵はいいね.
▸[ことわざ] **Walls** have ears.
壁に耳あり. (♦日本語では「障子(しょうじ)に目あり」と続けることが多い)

wallet [wálit ワれット] [名詞]
[C] 札(さつ)入れ, 財布(さいふ) ➡ **purse**

A B C D E F G H I J K L M N O P Q R S T U V W X Y Z

wallpaper [wɔ́ːlpèipər ウォールペイパ]
名詞 U C 壁紙(かべがみ);【コンピューター】
壁紙(◆表示画面の背景に置かれた画像)

walnut [wɔ́ːlnʌt ウォールナット] **名詞**
C【植物】クルミ(の実);クルミの木

waltz [wɔ́ːlts ウォーるツ](★発音に注意)
名詞(複数) **waltzes** [-iz]
C【音楽】ワルツ;ワルツ曲, 円舞(えんぶ)曲

wand [wɑ́nd ワンド] **名詞**
C 魔法(ほう)のつえ
(◆魔法使いや奇術(きじゅつ)師が使う)

wander [wɑ́ndər ワンダ] **動詞** 自
❶ (ぶらぶら)歩き回る, さまよう, 放浪(ほうろう)
する
❷ はぐれる, 道に迷う, 迷子になる

wanna [wɑ́nə ワナ] **動詞**《口語》
❶ want to を短縮した語
▶I **wanna** see him. 彼に会いたい.
❷ want a を短縮した語
▶I **wanna** chicken sandwich.
チキンサンドイッチがほしい.

:**want** [wɑ́nt ワント]
——**動詞**(三単現) **wants** [wɑ́nts ワンツ];
(過去・過分) **wanted** [-id];(現分) **wanting**) 他

❶ …がほしい
❷ …したい
❸ (人)に…してほしい

❶ …がほしい, …を望む, ほしがる
▶I'm thirsty. I **want** a drink.
のどが渇(かわ)いた. 飲み物がほしい.

ダイアログ
A: What do you **want** for your
birthday?
誕生日に何がほしい?
B: I **want** a baseball glove, Dad.
野球のグローブがほしいんだ, お父さん.

❷《**want to** +動詞の原形で》
…したい, …したがる
▶I **want to** study abroad.
わたしは留学したい.
▶I **want to** be a singer in the
future. わたしは将来, 歌手になりたい.
▶Liz **wanted to** go skating.
リズはスケートに行きたがっていた.
❸《**want** +人+ **to** +動詞の原形で》
(人)に…してほしい, (人)が…すること
を望む(◆ふつう目上の人には使わない)

▶I **want** you **to** clear the table.
食卓(たく)を片づけてほしいのですが.
(◆軽い命令を表す)

ダイアログ
A: Do you **want** him **to** call you
back?
彼に折り返し電話をさせましょうか?
B: Yes, please.
はい, お願いします.

❹ …を必要とする(同義語) need);
《**want** + **...ing** で》…される必要がある
▶This radio **wants** repair
[repairing]. (= This radio
needs to be repaired.)
このラジオは修理が必要だ[修理される必
要がある]. (◆1文めの repair は名詞)
❺ (人)に用事がある, (人)を呼ぶ
▶Ken, you're **wanted** on the
phone. ケン, あなたに電話ですよ.
——**名詞** U《または **a want** で》
不足, 欠乏(けつぼう)(同義語) lack);
貧困(ひんこん)(同義語) poverty)
for [from] wánt of ...
…不足のため;…がないので
in wánt of ... …を必要として

wanted [wɑ́ntid ワンティッド] **形容詞**
指名手配の; (広告などで)求む

:**war** [wɔ́ːr ウォーア](★発音に注意)
名詞(複数) **wars** [-z])
❶ U (国家間の) **戦争**
(対義語) peace 平和); C (個別の)戦争
➡ **battle** くらべよう
▶nuclear **war** 核(かく)戦争
▶No more **war**.
戦争反対, 戦争を繰(く)り返すな.
▶**War** broke out between the two
countries.
その2国間で戦争が起こった.
▶World **War** II ended in 1945.
第二次世界大戦は1945年に終わった.
(◆ II は two と読む)
▶win [lose] a **war** 戦争に勝つ[負ける]
❷ C U (…に対する)戦い, 闘(たたか)い, 争い
《against [on] ...》
▶the **war against** poverty
貧困(ひんこん)との闘い
at wár (…と)戦争中で《with ...》
▶The two countries were **at war**
then. 当時, 両国は戦争中だった.

ward [wɔ́:rd ウォード] 名詞
❶ C 病棟(びょう), 病室
❷ C (都市の)区; 選挙区

wardrobe [wɔ́:rdròub ウォードロウブ]
(★発音に注意) 名詞
❶ C 洋服だんす; 衣装(いしょう)部屋
❷ C 衣類, 持ち衣装(全体)

ware [wéər ウェア] 名詞 U …焼, …製品
▸Arita **ware** 有田焼

warehouse [wéərhàus ウェアハウス]
名詞 C (商品などの)倉庫, 保管所

warm [wɔ́:rm ウォーム]

——形容詞
(比較) **warmer**; (最上) **warmest**)
❶ 暖かい, 温暖な; 温かい
(対義語) cool 涼(すず)しい)
▸It's **warm** today. 今日は暖かい.
▸You will need a **warm** coat
tomorrow. 明日は暖かいコートが必
要になるでしょう.
▸Eat your dinner while it's **warm**.
温かいうちに夕食を食べなさい.

[英考] イギリスの夏は warm

夏の暑さはよく hot で表しますが, イ
ギリスではふつう(very) warm を
使って表します. イギリスは緯度(いど)が
高いので(樺太(からふと)(サハリン)北部とほ
ぼ同じ), 夏でもそれほど暑くなく, a
hot day といえる日があまりないから
です. また, 「冬にしては暖かい」という
意味では, ふつう mild で表します.

❷ (心の)温かい, 思いやりのある
▸Meg has a **warm** heart.
メグは心の温かい人だ.
▸receive a **warm** welcome
温かい歓迎(かんげい)を受ける
——動詞 (三単現) **warms** [-z];
過去・過分) **warmed** [-d]; (現分) **warming**)
——他 (人・もの)を暖める, 温める;
…を温かい気持ちにさせる
⇒ 成句 **warm up** ①

▸He **warmed** the milk for me.
彼はわたしにミルクを温めてくれた.
▸Her story **warmed** my heart.
彼女の話を聞いて心が温まった.
——自 (ものが)暖かく[温かく]なる《up》
warm úp ① 暖まる; …を暖める;
(料理など)を温め直す
▸The room hasn't **warmed up** yet.
その部屋はまだ暖まっていない.
② 準備運動をする
▸**Warm up** before the race.
レース前に準備運動をしなさい.

warmer [wɔ́:rmər ウォーマ] 形容詞
warm (暖かい)の比較級
——名詞 C 暖める器具[衣類]
(♦「暖房(だんぼう)装置」はふつう heater)

warm-hearted [wɔ́:rmhá:rtid
ウォームハーティッド] 形容詞
心の温かい, 思いやりのある, 親切な

warmly [wɔ́:rmli ウォームり] 副詞
暖かく; 温かく, 心から

warmth [wɔ́:rmθ ウォームす] 名詞
U 暖かさ, 温かさ, ぬくもり;
(心の)温かさ, 思いやり

warm-up [wɔ́:rmʌ̀p ウォームアップ]
名詞 C 準備運動, ウォーミングアップ

warn [wɔ́:rn ウォーン] 動詞
他 (人)に(危険などを)警告する, 注意する
《of [about] …》;
《**warn** +人+ **not to** +動詞の原形で》
(人に)…しないように警告する, 注意する
▸He **warned** me **of** the risk.
彼はわたしにその危険性を警告した.
▸She **warned** me **not to** eat too
much. 彼女はわたしに食べ過ぎない
よう注意した.

warning [wɔ́:rniŋ ウォーニング] 名詞
C U 警告, 警報, 注意; 戒(いまし)め

was [wáz ワズ; (弱く言うとき) wəz ワズ] (be の一・三人称単数過去形; 現在形は am, is)

——動詞 《状態・性質》…だった;
《存在》(…に)いた, あった
▸Yesterday **was** my birthday.
昨日はわたしの誕生日だった.
▸Beth **was** in China when she
was a child.
ベスは子供のころ, 中国にいた.
——助動詞
❶ 《過去進行形をつくる / was + …ing》

a b c d e f g h i j k l m n o p q r s t u v **w** x y z

A
B
C
D
E
F
G
H
I
J
K
L
M
N
O
P
Q
R
S
T
U
V
W
X
Y
Z

…していた

▶My brother **was playing** the piano when I came home.
わたしが家に帰ったとき，兄[弟]はピアノをひいていた．

❷《過去の受け身の形をつくる / was + 過去分詞》…された，…されていた

▶The cat **was hit** by a car.
そのネコは車にはねられた．

ːwash [wɑ́ʃ ワッシ]

——動詞 (三単現 **washes** [-iz];
過去・過分 **washed** [-t]; 現分 **washing**)
——他

❶ (手・服など)**を洗う**，洗濯する；
(汚れ)を洗い落とす

▶I **wash** my face after I get up.
わたしは起床後に顔を洗う．

▶**Wash** your hands before dinner.
夕食前に手を洗いなさい．

▶I **washed** the clothes and dried them in the sun.
わたしは服を洗濯して，ひなたに干した．

❷ (海・波などが)(岸)を洗う，(岸)に打ち寄せる；(水の流れなどが)…を押し流す
——自 手[顔，体]を洗う；洗濯をする；
(衣服が)洗濯がきく，洗える

wásh awáy
(水の流れなどが)…を押し流す

wásh oneself
体[手，顔]を洗う

——名詞 Ⓤ《または a wash で》
洗うこと，洗濯；洗濯物(全体)
(= washing)

▶Give your hair **a** good **wash**.
髪をよく洗いなさい．

washbasin [wɑ́ʃbèisn ワッシベイスン]
名詞 Ⓒ 《英》洗面器；洗面台
(♦《米》washbowl)

washbowl [wɑ́ʃbòul ワッシボウる] 名詞
Ⓒ 《米》洗面器；洗面台
(♦《英》washbasin)

washcloth [wɑ́ʃklɔ̀:θ ワッシクろーす]
名詞 Ⓒ 《米》(小さい)浴用タオル

washer [wɑ́ʃər ワシャ] 名詞
Ⓒ 《口語》洗濯機
(= washing machine)

washes [wɑ́ʃiz ワシズ] 動詞
wash(…を洗う)の三人称単数現在形

washing [wɑ́ʃiŋ ワシング] 動詞
wash(…を洗う)の現在分詞・動名詞

——名詞 Ⓤ 洗濯；洗濯物(全体)
(= wash)

washing machine [wɑ́ʃiŋ məʃi:n]
ワシング マシーン 名詞
Ⓒ 洗濯機(= washer)

Washington [wɑ́ʃiŋtən ワシングトン]
名詞
(★アクセントに注意)

❶ ワシントン市(♦アメリカの首都)
(= Washington, D.C.)
➡ **Washington, D.C.** 区墨

❷ アメリカ政府

❸ ワシントン州(♦アメリカ北西部，太平洋岸の州；Wash. または【郵便】で WA と略す)

❹ 【人名】ワシントン
(♦ George Washington [dʒɔ́:rdʒ-ヂョーヂ-]，1732-99；アメリカ合衆国の初代大統領)

Washington, D.C. [wɑ́ʃiŋtən di:sí:]
ワシングトン ディースィー 名詞
ワシントン市(♦アメリカの首都)

区墨 首都ワシントンとワシントン州

大西洋側にあるアメリカの首都ワシントンはどの州にも属さず，行政的には連邦政府直轄の特別区になっています．太平洋岸にあるワシントン州とまちがえられないように，市名のあとに the District of Columbia「コロンビア特別区」の頭文字をつけて，Washington, D.C. と呼びます．

ːwasn't [wɑ́znt ワズント]
《口語》was not の短縮形

ːwaste [wéist ウェイスト]

——動詞 (三単現 **wastes** [wéists
ウェイスツ]; 過去・過分 **wasted** [-id];
現分 **wasting**)
他 (時間・金など)を(…に)むだに使う，浪費する《on ...》

▶**waste** water [energy]
水をむだに使う[エネルギーを浪費する]

▶He **wasted** money **on** comic books.
彼は金をマンガ本に浪費した.

▶We have no time to **waste**.
わたしたちにはむだにする時間はない.

──**形容詞**《名詞の前に用いて》

❶ 不用の, 廃物(はいぶつ)の

▶**waste** gas 排気(はいき)ガス

▶**waste** materials 廃棄(はいき)物

❷（土地が）荒(あ)れた, 不毛の

──**名詞**（**複数** **wastes** [wéists ウェイスツ]）❶ U《または **a waste** で》
むだ, むだ使い, 浪費

▶She said, "Gambling is **a waste**
of time and money."
「かけ事は時間とお金のむだよ」と彼女は言った.

❷ U《または **wastes** で》ごみ, 廃棄物

▶household **waste** 家庭ごみ

▶industrial **wastes** 産業廃棄物

wastebasket [wéistbæskit ウェイストバぁスケット] **名詞** C （米）(紙)くずかご
（◆（英）wastepaper basket）

wastepaper [wéistpèipər ウェイストペイパ] **名詞** U 紙くず

▶a **wastepaper** basket
（英）(紙)くずかご
（◆（米）wastebasket）

:**watch** [wátʃ ワッチ]

──**動詞**（**三単現** **watches** [-iz]; **過去・過分**
watched [-t]; **現分** **watching**）
基本のイメージ: 動いているものを
じっと見つめる

──他 ❶ …を(注意して)**見る**, じっと見る,
見守る ➡ **look** 〈くらべよう〉

▶I often **watch** TV after dinner.
わたしは夕食のあと, よくテレビを見る.

▶I **watched** the soccer game with
my family.

わたしは家族といっしょにそのサッカーの試合を見た.

❷《**watch** ＋名詞＋動詞の原形[**...ing**]
で》〜が…する[している]のを(じっと)
見る ➡ see 他❹❺

▶I **watched** Liz get on the train.
わたしはリズが列車に乗るのを見た.

▶I **watched** some children
swimming in the river.
わたしは何人かの子供たちが川で泳いでいるのを見た.

❸ …に注意する, 気をつける

▶**Watch** [Mind] Your Step
《掲示》足もとに注意

❹ …を見張る, …の番をする;
…の世話をする

▶Would you **watch** my suitcase
for a minute?
少しの間, わたしのスーツケースを見ていていただけませんか？

▶I **watch** my little brothers when
my mother is out.
母が外出中のときは, わたしが弟たちの世話をする.

──自 ❶ じっと見る, 見守る

❷ 見張る, 番をする; 世話をする

Wátch óut! 危ない！; 気をつけなさい！

▶**Watch out** for cars!
車に気をつけなさい！

──**名詞**（**複数** **watches** [-iz]）

❶ C 腕(うで)時計, 懐中(かいちゅう)時計（◆特に「腕時計」であることをはっきりさせる場合は, wristwatch を用いる;「置き時計」「掛(か)け時計」は clock）
➡ clock 〈くらべよう〉, clocks and watches 図

▶wear a **watch** 腕時計をしている

▶It's three by my **watch**.
わたしの腕時計では3時だ.

❷ U《または **a watch** で》
見張り, 警戒(けいかい); C 見張り番

watches [wátʃiz ワチズ] **動詞**
watch(…を見る)の三人称単数現在形
──**名詞** watch(腕(うで)時計)の複数形

:**water** [wátər ワタ, wɔ́ːtər ウォータ]
（**複数** **waters** [-z]）

──**名詞** ❶ U 水

▶a glass of **water**
コップ1杯(はい)の水

▶boiling **water** 熱湯

▶drink **water** 水を飲む

a
b
c
d
e
f
g
h
i
j
k
l
m
n
o
p
q
r
s
t
u
v
w
x
y
z

A
B
C
D
E
F
G
H
I
J
K
L
M
N
O
P
Q
R
S
T
U
V
W
X
Y
Z

【参考】「湯」も water

日本語では，温度によって「水」と「湯」の２つのことばを使い分けますが，英語では温度に関係なく water を次のように使います．
▶cold **water** 冷水
▶hot **water** お湯

❷《the water で》水中；Ⓤ 水面
▶I saw a big fish in **the water**.
水の中にすごく大きな魚がいるのを見た．
▶I went down under **the water**.
わたしは水中に[水面下に]潜(もぐ)った．

❸《**waters** で》(海・川などの)水，流れ；近海，領海；海域
——**動詞** (三単現 **waters** [-z];
過去・過分 **watered** [-d]; 現分 **watering**)
他 (植物)に水をやる，…に水をまく；(動物)に水を飲ませる
▶I **watered** the plants in the garden.
わたしは庭の植物に水をやった．

Water Bearer [wátər bèərər ワタベアラ] 名詞《**the Water Bearer** で》【天文】みずがめ座(◆ Aquarius [əkwéəriəs アクウェ(ア)リアス]ともいう)
➡ **horoscope** 【文化】

watercolor, (英)**watercolour** [wátərkʌ̀lər ワタカラ]
名詞 ❶ Ⓒ Ⓤ《ふつう **watercolors** で》水彩(すいさい)絵の具
❷ Ⓒ 水彩画

waterfall [wátərfɔ̀:l ワタふォール] 名詞
Ⓒ 滝(たき)(◆単に falls ともいう)

watermelon [wátərmèlən ワタメロン]
名詞 Ⓒ Ⓤ 【植物】スイカ

waterproof [wátərprù:f ワタプルーふ]
形容詞 水を通さない，防水の

water-skiing [wátərskì:iŋ ワタスキーイング] 名詞 Ⓤ 【スポーツ】水上スキー

watt [wát ワット] 名詞
Ⓒ (電力の単位の)ワット
(◆ W または w と略す；イギリスの発明家ジェームズ・ワット(James Watt)の名からつけられた)

ˈwave [wéiv ウェイヴ]
——名詞 (複数 **waves** [-z])
❶ Ⓒ 波
▶a big **wave** 大波
▶The **waves** are very high today.

今日は波がとても高い．
❷ Ⓒ (光・音などの)波
❸ Ⓒ (髪(かみ)の)ウエーブ
——**動詞** (三単現 **waves** [-z];
過去・過分 **waved** [-d]; 現分 **waving**)
——自 ❶ 揺(ゆ)れる，ひるがえる
▶A flag was **waving** in the wind.
旗が風に揺れていた．
❷ 手を振(ふ)る，手を振って合図をする
▶We **waved** to each other.
わたしたちはたがいに手を振った．
——他 ❶ (…に)…を振る《at [to] …》
▶We **waved** flags **at** the marathon runners.
わたしたちはマラソン選手たちに旗を振った．
❷ (手・旗などを振って)…に合図する

wax [wǽks ワックス] 名詞
Ⓤ ろう；みつろう；
(床(ゆか)などを磨(みが)く)ワックス

ˈway [wéi ウェイ] 名詞
(複数 **ways** [-z])
❶ Ⓒ (…への)道，道路(to …)；道筋，通り道；《ふつう単数形で》戸口
➡ **road** 〔くらべよう〕
▶We took the wrong **way**.
わたしたちは道をまちがえた．
▶Beth asked the **way to** the station.
ベスは駅への道をたずねた．
▶**Way In** [**Out**] 【掲示】入り口[出口]
❷《**a way** で》道のり，距離(きょり)(同義語 distance)
▶It's **a** long **way** home.
家までの道のりは遠い．
❸ Ⓒ 方向，方角(同義語 direction)
▶This **way**, please.
こちらへどうぞ．
▶**One Way**
【掲示】一方通行
❹ Ⓒ 方法，やり方；《しばしば **ways** で》習慣(同義語 manner)
▶Do it (in) this **way**.
この方法でやってごらん．
▶Telling the truth is the best **way** for you.
真実を話すことがあなたにとって最良の方法だ．
▶She should change her **way** of thinking.
彼女は考え方を変えるべきだ．

❺ **C** 点, 方面
▶It's a perfect answer in every **way**.
それはあらゆる点で完ぺきな解答だ.

áll the wáy 途中(ちゅう)ずっと; はるばる
▶He drove **all the way** to Boston by himself.
彼はボストンまでずっと一人で車を運転した.

♦***by the wáy***
(話題を変えるときに)**ところで**
▶**By the way**, how's your father?
ところで, きみのお父さんは元気かい?

by way of ... …を通って, …経由で
(同義語) via
▶I went to London **by way of** Paris.
わたしはパリ経由でロンドンへ行った.

in a wáy ある意味では
▶**In a way**, he is right.
ある意味では, 彼は正しい.

in the sáme wáy 同じように

in the wáy ＝ *in a person's wáy*
(人の)じゃまになって; (人の)行く手をふさいで
▶Don't get **in my way**.
わたしのじゃまをしないでください.

lose one's wáy 道に迷う
▶Tom **lost his way** in the forest.
トムは森の中で道に迷った.

make one's wáy
進む, 前進する; 成功する
▶I **made my way** through the crowd.
わたしは人ごみをかき分けて進んだ.

nó wáy (口語)いやだ; とんでもない

ダイアログ
A: Do my homework for me.
わたしの代わりに宿題をやって.
B: **No way!**
とんでもない!

♦***on the wáy*** ＝ *on one's wáy*
(…へ行く)途中で(to ...)
▶I'm **on the** [my] **way to** the library.
わたしは図書館へ行くところだ.
▶He was **on the** [his] **way** home.
彼は帰宅途中だった.

out of the wáy ＝ *out of a person's wáy* (人の)じゃまにならないところに

▶Please keep this box **out of the** [my] **way**.
この箱をじゃまにならない場所に片づけてください.

WC, W.C. [dʌ́bljuːsíː ダブリュースィー]
名詞 **C** (英) (水洗)トイレ
(♦*water closet* の略)

:**we** [wíː ウィー] 代名詞
『人称代名詞の一人称複数の主格』
❶ **わたしたちは, わたしたちが**
▶**We** are junior high school students. わたしたちは中学生だ.
▶Shall **we** go swimming?
泳ぎに行きませんか?

参考 we の変化形と所有・再帰代名詞		
主格	**we**	わたしたちは[が]
所有格	**our**	わたしたちの
目的格	**us**	わたしたちを[に]
所有代名詞	**ours**	わたしたちのもの
再帰代名詞	**ourselves**	わたしたち自身を[に]

❷ 《自分をふくめた人々を指して》人は, われわれはみな(♦日本語に訳さない場合が多い); 当地では; わが国では; 《自分の所属している団体を指して》当校では, 当社では
▶**We** must not break the law.
法律に違反してはならない.
▶**We** had a little rain last year.
(当地では)昨年は雨が少なかった.

♦**weak** [wíːk ウィーク] 形容詞
(比較 **weaker**; 最上 **weakest**)
❶ (力・体力などが) **弱い**, 病弱な; (ものが)もろい(対義語 strong 強い)
▶He's still **weak** after his illness.
彼は病後でまだ弱っている.
▶a **weak** branch
折れやすい枝

❷ 不得意な, 苦手な; 劣(おと)った, へたな
(対義語 strong じょうずな)
▶a **weak** point 弱点
▶a **weak** team
弱いチーム
▶I'm **weak in** [at] science.
わたしは理科が苦手だ.

❸ (量・程度が)かすかな, 弱々しい
▶a **weak** voice
か細い声

a
b
c
d
e
f
g
h
i
j
k
l
m
n
o
p
q
r
s
t
u
v
w
x
y
z

A
B
C
D
E
F
G
H
I
J
K
L
M
N
O
P
Q
R
S
T
U
V
W
X
Y
Z

❹ (茶・コーヒーなどが)薄(ゑ)い
(対義語) strong 濃(こ)い
▶**weak** coffee 薄いコーヒー

weaken [wíːkən ウィークン] 動詞
他 …を弱くする
――自 弱くなる

weakly [wíːkli ウィークり] 副詞
(比較) **weaklier**; (最上) **weakliest**)
弱く, 弱々しく

weakness [wíːknəs ウィークネス] 名詞
(複数) **weaknesses** [-iz])
❶ U 弱さ; C 弱点
(対義語) strength 強さ)
❷ C とても好きなもの;
《ふつう a **weakness** で》(…が)とても
好きであること

wealth [wélθ ウェるす] 名詞
U 富, 財産(同義語) fortune)
▶ことわざ Health is better than
wealth. 健康は富にまさる.

wealthy [wélθi ウェるすィ] 形容詞
(比較) **wealthier**; (最上) **wealthiest**)
裕福(ぶく)な, 金持ちの(同義語) rich)

weapon [wépn ウェプン] 名詞
C 武器, 兵器; 凶器(きょう)
▶nuclear **weapons** 核(かく)兵器

˚wear [wéər ウェア]
――動詞 (三単現) **wears** [-z]; (過去) **wore**
[wɔ́ːr ウォーア]; (過分) **worn** [wɔ́ːrn ウォー
ン]; (現分) **wearing**)
――他 ❶ …を着ている, 身につけている
(◆服だけではなく, 帽子(ぼう)・靴(くつ)・めが
ね・アクセサリーなど, 身につけているも
のにはみな wear を用いる)

▶**wear** glasses めがねをかけている
▶**wear** contact lenses
コンタクトレンズをつけている
▶**wear** shoes 靴をはいている
▶**wear** a tie ネクタイを締(し)めている

▶**wear** a ring 指輪をはめている
▶**wear** makeup 化粧(けしょう)をしている
▶She usually **wears** jeans.
彼女はたいていジーンズをはいている.
▶The man was **wearing** a black
hat and a black coat.
その男性は黒い帽子をかぶり, 黒いコー
トを着ていた. (◆ wear を進行形で用
いると「一時的に着ている」ことを表す)

くらべよう **wear** と **put on**

wear:「身につけている」という状態を
表します.
put on:「身につける」という動作を表
します.
➡ **put on** くらべよう

❷ (態度など)を表している, (表情)を浮(う)
かべている
▶**wear** a smile ほほえみを浮かべる
❸ (もの)をすり減らす, 使い古す;
(人)を疲(つか)れさせる
――自 ❶ (ものが)長もちする, もちがよい
▶This shirt **wears** well.
このシャツはもちがいい.
❷ すり減る, すり切れる
――名詞 U 衣類(全体), 着物
▶children's **wear** 子供服
▶everyday **wear** ふだん着

weary [wíəri ウィ(ア)リ] 形容詞
(比較) **wearier**; (最上) **weariest**)
❶ 疲(つか)れきった, とても疲れた
(◆ tired よりかたい語)
▶He looked **weary**.
彼は疲れきった様子だった.
❷ (…に)あきあきして, うんざりして
《of ...》; 退屈(たいくつ)な

weasel [wíːzl ウィーズる] 名詞
C【動物】イタチ; ずるいやつ

˚weather [wéðər ウェざ] 名詞
U 天気, 天候, 気象 (◆「一時的な天候」
を表す;「ある地域の平均的な気候」は
climate)
▶good **weather** 好天

ダイアログ
A: How was the **weather** in
Okinawa?
沖縄の天気はどうでしたか?
B: It was beautiful.
すばらしかったです.

▶unusual **weather** 異常気象
▶a **weather** map 天気図

weathercock
[wéðərkàk ウェ
ざカック] 名詞
C 風見鶏(かざみ)

weather forecast
[wéðər fɔ̀ːrkæst
ウェざ ふォーキぁ
スト] 名詞
C 天気予報
(◆ weather
report ともいう)

weathercock

[英][差] 天気予報の英語

1 短い天気予報では，ふつう「地名」
「天候」「気温」の順番で述べられます。

▶In New York, cloudy with a high
of 42, and ...
ニューヨークでは，曇(くも)り，最高気温
カ氏 42 度，…

2 次のような天候を表すことばがよく
使われます。

▶fair	晴れ
▶cloudy	曇り
▶mostly cloudy	おおむね曇り
▶partly cloudy	ところにより曇り
▶rain	雨
▶cloudy with rain	曇りときどき雨
▶occasional rain	ときどき雨

3 次のような気温に関係することばが
よく使われます。気温はふつうカ氏で
表されます。 ➡ **Fahrenheit** [文化]

▶(a) temperature	気温
▶a [the] high	最高気温
▶a [the] low	最低気温

weather vane [wéðər vèin ウェざ
ヴェイン] 名詞 C 風見(かざみ)，風向計

weave [wíːv ウィーヴ] 動詞
(三単現 weaves [-z];
過去 wove [wóuv ウォウヴ];
過分 woven [wóuvn ウォウヴン];
現分 weaving)
他 …を織る，編む；…を編んで(…を)作る
《into ...》; (クモが)(巣)を張る
──自 はたを織る，織物を作る

web [wéb ウェッブ] 名詞
❶ C クモの巣(= cobweb [kábweb
カブウェッブ]); クモの巣状のもの
❷ C (水鳥・カエルなどの)水かき

❸ 《the Web で》【コンピューター】
ウェブ(◆ the World Wide Web
(WWW)のこと；世界じゅうにクモの巣
状に情報通信網(もう)が広がっていることか
ら)

website [wébsàit ウェッブサイト] 名詞
C (インターネットの)ウェブサイト，ホー
ムページ(◆ Web site ともつづる；単に
site ともいう)
▶start a **website**
ウェブサイトを開設する

Wed. [wénzdèi ウェンズデイ] 水曜日
(◆ Wednesday の略)

:we'd [wíːd ウィード]
《口語》we would, we had の短縮形

wedding [wédiŋ ウェディング] 名詞
❶ C 結婚(けっこん)式
(= wedding ceremony)
❷ C 結婚記念日
(= wedding anniversary)
▶a silver **wedding** (anniversary)
銀婚式(◆結婚 25 周年)
▶a golden **wedding** (anniversary)
金婚式(◆結婚 50 周年)

:Wednesday
[wénzdèi ウェンズデイ] (★発音に注意)
名詞 (複数 Wednesdays [-z])
C U 水曜日
(◆ Wed. と略す) ➡ Sunday [ルール]

weed [wíːd ウィード] 名詞 C 雑草
▶pull out **weeds** 雑草を抜(ぬ)く
──動詞 他 (庭など)の雑草を抜く
──自 草取りをする

:week [wíːk ウィーク] 名詞
(複数 weeks [-s])
C 週，1 週間
▶this **week** 今週
▶next **week** 来週
▶last **week** 先週
▶every **week** 毎週

ダイアログ
A: What day of the **week** is (it)
today? 今日は何曜日だっけ？
B: It's Friday. 金曜日だよ。

▶She stayed in (the) hospital for a
week. 彼女は 1 週間入院した。
▶a **week** ago 1 週間前

ABCDEFGHIJKLMNOPQRSTUVWXYZ

日本語	英語	略
日曜日	**Sunday**	Sun.
月曜日	**Monday**	Mon.
火曜日	**Tuesday**	Tue. または Tues.
水曜日	**Wednesday**	Wed.
木曜日	**Thursday**	Thu. または Thurs.
金曜日	**Friday**	Fri.
土曜日	**Saturday**	Sat.

weekday [wíːkdèi ウィークデイ] 名詞
C 平日, ウイークデー
(♦ふつう月曜日から金曜日までを指す)
▶I get up early in the morning on **weekdays**.
平日, わたしは朝早くに起きる.

weekend [wíːkènd ウィーケンド] 名詞
C 週末(♦土曜日と日曜日, または金曜日の夜から月曜日の朝までを指す)

ダイアログ
A: Have a nice **weekend**!
よい週末を!
B: Thank you. You, too.
ありがとう. あなたもね.

weekly [wíːkli ウィークリ] 形容詞
毎週の, 週1回の; 週刊の
▶a **weekly** magazine 週刊誌
——副詞 毎週, 週に1回
——名詞 (複数 **weeklies** [-z])
C 週刊誌, 週刊紙

weep [wíːp ウィープ] 動詞
(三単現 **weeps** [-s]; 過去・過分 **wept** [wépt ウェプト]; 現分 **weeping**)
自 (涙を流して)しくしく泣く; 悲しむ
➡ **cry** くらべよう

weigh [wéi ウェイ] (★発音に注意) 動詞
他 …の重さをはかる
▶I **weighed** the meat on the scales. わたしはその肉の重さをはかりではなかった.
——自 …の重さがある
▶How much does your cat **weigh**?
あなたのネコ, 体重はどのくらい?

weight [wéit ウェイト] (★発音に注意) 名詞 ❶ U 重さ, 重量; 体重
▶put on [gain] **weight**
体重が増える, 太る

▶lose **weight** 体重が減る, やせる
▶What is the **weight** of this box?
この箱の重さはどれくらいですか?
(♦× How much is the weight of …? とはいわない)
❷ C 重いもの; (重量あげの)ウェイト; 分銅, おもり; 文鎮(ちん)

weightlifting [wéitlìftiŋ ウェイトりふティング] 名詞 U 【スポーツ】重量あげ

welcome
[wélkəm ウェるカム]
——名詞 (複数 **welcomes** [-z])
C (人を)喜んで迎(むか)えること, 歓迎(かんげい)
▶My host family gave me a warm **welcome**. ホストファミリーはわたしを温かく迎えてくれた.
——間投詞 ようこそ, いらっしゃい
▶**Welcome** to our home!
わが家にようこそ!
▶**Welcome** back [home]! (長い不在から戻(もど)った人に)お帰りなさい!
——形容詞 (比較 more welcome; 最上 most welcome)
歓迎される, 喜ばしい
▶a **welcome** guest
歓迎される客
▶A holiday is always **welcome**.
休みはいつでも歓迎だ.
***You're wélcome.** どういたしまして.
(♦ Thank you.「ありがとう」に対する最も一般的な返事) ➡ **thank** 参考
——動詞 (三単現 **welcomes** [-z]; 過去・過分 **welcomed** [-d]; 現分 **welcoming**)
他 (特に好意的に)…を迎える, 歓迎する, 喜んで受け入れる
▶I **welcomed** them at the door.
わたしは彼らを玄関(げんかん)で出迎えた.

welfare [wélfèər ウェるフェア] 名詞
U 福祉(ふくし); 幸福; 福祉事業; 《米口語》生活保護
▶social **welfare** 社会福祉

well¹ [wél ウェる]

副詞	❶ じょうずに
	❷ 十分に, よく
形容詞	❶ 健康で
	❷ よい

——副詞 (比較 **better** [bétər ベタ];

最上 best [bést ベスト])

❶ **じょうずに**, うまく (対義語 badly へたに); 適切に

▶You speak Japanese very **well**.
日本語がとてもおじょうずですね.

▶Things are going **well** at school.
学校ではうまくいっているよ.

❷ **十分に**, よく, 申し分なく

▶Did you sleep **well** last night?
昨夜はよくお休みになれましたか?

▶Shake the dressing **well**.
ドレッシングをよく振(ふ)りなさい.

▶I don't know this place **well**.
この辺りはよく知りません.

...as wéll

…もまた, そのうえ…も(同義語 too)

▶Liz speaks English, and French **as well**. リズは英語を話し, そのうえフランス語も話す.

...as well as ～

～と同様…も, ～だけでなく…も
(♦「...」の部分を強調する)

▶Jim speaks Japanese **as well as** English.
ジムは英語だけでなく日本語も話す.

▶Saki **as well as** Kota is going to travel abroad.
光太だけでなく, 咲も海外旅行をする予定だ. (♦主語として用いるときは, 動詞の人称・数は「...」に合わせる)

máy (just) as wéll ＋動詞の原形

…するのも悪くない, …してみればよい
(♦消極的な提案を表す)

▶You **may as well** say you are sorry to Emma.
エマに謝(あやま)ったらどうでしょう.

may wéll ＋動詞の原形

…するのももっともだ; おそらく…だろう

▶John **may well** get angry.
ジョンが腹を立てるのも無理はない.

▶The rumor **may well** be true, but I can't prove it.
そのうわさはおそらく真実だろうけれど, わたしには証明できない.

Wéll dóne! よくやった, うまいぞ!

──**形容詞** (比較・最上 は **副詞** に同じ)

《ふつう名詞の前には用いない》

❶ **健康で**, 元気で(対義語 ill, sick 病気の)

▶Get **well** soon!
早く元気になってね! (♦お見舞(みま)いのカードなどによく書かれる)

▶I don't feel **well** today.
今日は気分がよくない.

ダイアログ
A: Hi, Ann. How are you?
やあ, アン. 元気?
B: I'm **well**, thanks. And you?
元気よ, ありがとう. あなたは?

❷ **よい**, 申し分ない, 都合のよい

▶ことわざ All's **well** that ends well.
終わりよければすべてよし. (♦「仕上げが肝心(かんじん)」の意味; 文末の well は副詞)

Very wéll. たいへんけっこうです; いいですよ. ➡ very

──**間投詞** ❶ (話を切り出したり, 再び始めたりして)さて, ところで, それでは

▶**Well**, how about having lunch?
さて, 昼食でもどうですか?

❷ (ためらったり, 返事に詰(つ)まったりして) ええと, そうですね

▶**Well**, let's see. ええと, そうですねえ.

❸ (驚(おどろ)き・怒(いか)りなどを表して)
おや, まあ, ええっ

▶**Well, well!** I never thought you would come.
いやー, きみが来てくれるとは思わなかったよ.

❹ (相手の話を促(うなが)して)それで, どうなの

well² [wél ウェる] **名詞**

C 井戸(いど); 油田, 油井(ゆせい)

we'll [wíːl ウィーる]

《口語》we will の短縮形

well-done [wéldʌ́n ウェるダン] **形容詞**

❶ (ステーキなどが)よく焼けた

❷ (仕事などが)きちんとなされた

Wellington [wéliŋtən ウェリントン]
名詞 ウェリントン
(♦ニュージーランドの首都)

well-known [wélnóun ウェるノウン]
形容詞 (比較 **better-known**
[bétərnóun ベタノウン]
または **more well-known**;
最上 **best-known** [béstnóun ベストノウン]または **most well-known**)
有名な, よく知られた(♦ famous とは異なり, よい意味でも悪い意味でも使う)

▶a **well-known** pianist
有名なピアニスト

well-off [wélɔ́(ː)f ウェるオ(ー)ふ] **形容詞**
裕福な

A B C D E F G H I J K L M N O P Q R S T U V **W** X Y Z

Welsh [wélʃ ウェルシ] 形容詞 ウェールズの; ウェールズ人の; ウェールズ語の
― 名詞 ❶《the Welsh で複数あつかい》ウェールズ人（全体）
❷ Ⓤ ウェールズ語

went [wént ウェント] 動詞
go(行く)の過去形

wept [wépt ウェプト] 動詞
weep(しくしく泣く)の過去形・過去分詞

were [wə́ːr ワ～; (弱く言うとき)wər ワ] (be の二人称単数過去形, また一・二・三人称複数過去形; 現在形は are)
― 動詞
❶〖状態・性質〗…だった;〖存在〗(…に)いた, あった
▶We **were** surprised at the news.
わたしたちはその知らせに驚(おどろ)いた.
▶There **were** two parks in the town. その町には公園が２つあった.
❷〖仮定〗…であるとしたら(◆現在の事実に反する過程を表す if 節などですべての人称と共に用いる;《口語》では was が用いられることもある)
― 助動詞
❶《過去進行形をつくる / were ＋ …ing》…していた
▶They **were playing** chess when I opened the door. わたしがドアを開けたとき, 彼らはチェスをしていた.
❷《過去の受け身の形をつくる / were ＋過去分詞》…された, …されていた
▶Many people **were killed** in the war. その戦争で多くの人が殺された.

we're [wíər ウィア]
《口語》we are の短縮形

weren't [wə́ːrnt ワ～ント]
《口語》were not の短縮形

west [wést ウェスト]
― 名詞 ❶《the west で》西, 西方; 西部(◆ W, W. と略す; 対義語 the east 東)
⇒ **direction** 図, **east** 座考
▶The sun sets in **the west**.
太陽は西に沈(しず)む.
(◆ to ではなく in を用いる)
▶Kobe is to **the west** of Osaka.
神戸は大阪の西方にある.

❷《the West で》西洋, 欧米(おう)(対義語 the East 東洋); 西側(諸国);《米》(アメリカの)西部(◆ミシシッピ川より西の地方)
― 形容詞《名詞の前に用いて》西の, 西部の; 西向きの; (風などが)西からの
▶the **West** Coast (アメリカの)西海岸
― 副詞 西へ, 西に

western [wéstərn ウェスタン] 形容詞
❶ 西の, 西部の; (風が)西からの(対義語 eastern 東の)
▶Oregon is in the **western** United States. オレゴンは合衆国西部にある.
❷《Western で》西洋の, 西欧(せいおう)の, 欧米(おう)の;《米》(アメリカ)西部の
▶**Western** culture 西洋文化
― 名詞 Ⓒ《しばしば Western で》西部劇, ウエスタン

West Indies [wést índiz ウェストインディズ] 名詞《the West Indies で》西インド諸島(◆北アメリカと南アメリカの間の大西洋上に連なる島々)

Westminster [wéstminstər ウェス(ト)ミンスタ] ウエストミンスター(◆ロンドン中央部の地区; ウエストミンスター寺院・国会議事堂・バッキンガム宮殿などがある)

Westminster Abbey
[wéstminstər ǽbi ウェス(ト)ミンスタ あび] 名詞 ウエストミンスター寺院(◆ロンドンにあるゴシック式建築の大寺院; 英国国王・女王の戴冠(たいかん)式を行う教会として有名; 単に the Abbey ともいう)

West Virginia [wést vərdʒínjə ウェスト ヴァヂニャ] 名詞 ウエストバージニア州(◆アメリカ東部の州; W.Va. または【郵便】で WV と略す)

westward [wéstwərd ウェストワド]
形容詞 西方(へ)の
― 副詞 西へ[に]

westwards [wéstwərdz ウェストワヅ]
副詞《主に英》= westward(西へ)

wet [wét ウェット] **形容詞**
(比較) **wetter**; (最上) **wettest**
❶ ぬれた, 湿(しめ)った(対義語 dry 乾(かわ)いた)
▶a **wet** towel 湿ったタオル
▶Ken was **wet** to the skin.
ケンはずぶぬれだった.
▶**Wet Paint**
《掲示》ペンキ塗(ぬ)りたて
❷ 雨の, 雨降りの(同義語 rainy)
▶the **wet** season 雨季

wetland [wétlænd ウェットらンド]
名詞 C U《しばしば **wetlands** で》
湿地(しっち)

we've [wíːv ウィーヴ]
《口語》we have の短縮形

whale [hwéil (ホ)ウェイる] **名詞**
(複数) **whale** または **whales** [-z]
C【動物】クジラ
▶a blue **whale** シロナガスクジラ

wharf [hwɔ́ːrf (フ)ウォーふ] **名詞**
(複数) **wharves** [hwɔ́ːrvz (フ)ウォーヴズ]
または **wharfs** [-s])
C 波止場(はとば), 埠頭(ふとう)

wharves [hwɔ́ːrvz (フ)ウォーヴズ] **名詞**
wharf(波止場(はとば))の複数形の一つ

what
代名詞 形容詞 間投詞 → p.692 what

whatever [hwὰtévər (ホ)ワットエヴァ]
代名詞 ❶ …するもの[こと]は何でも
▶You may use **whatever** you need (to use).
必要なものは何でも使ってよろしい.
❷ どんなもの[こと]が…しようとも
(♦《口語》no matter what)
▶**Whatever** happens, don't give up. どんなことが起こっても, あきらめないで.
——**形容詞** ❶ どんな…でも
▶Tom bought **whatever** books he wanted to read.
トムは読みたい本は何でも買った.
❷ どんな…が[を]〜しようとも
▶**Whatever** excuse you make, I won't forgive you.
どんな言い訳(わけ)をしたって, わたしはあなたを許さない.

what's [hwáts (ホ)ワッツ]
《口語》what is, what has の短縮形

wheat [hwíːt (ホ)ウィート] **名詞**
U【植物】小麦
▶Spaghetti is made from **wheat**.
スパゲッティは小麦から作られる.

wheel [hwíːl (ホ)ウィーる] **名詞**
❶ C 車輪, 輪
❷《the wheel で》(自動車の)ハンドル
(= steering wheel)(♦× handle とはいわないことに注意)

wheelchair [hwíːltʃèər (ホ)ウィーるチェア] **名詞** C 車いす → chairs 図

when
副詞 接続詞 代名詞 → p.694 when

whenever [hwènévər (ホ)ウェンエヴァ]
(★発音に注意) **接続詞**
❶ …するときはいつでも
▶Come and see us **whenever** you like. 気が向いたらいつでもわたしたちのところに遊びにいらっしゃい.
❷ いつ…しようとも
(♦《口語》no matter when)
▶He'll welcome you **whenever** you visit him. いつ訪ねても, 彼はあなたを歓迎(かんげい)しますよ.

when's [hwénz (ホ)ウェンズ]
《口語》when is, when has の短縮形

where
副詞 接続詞 代名詞 → p.695 where

where're [hwéərə (ホ)ウェアア]
《口語》where are の短縮形

where's [hwéərz (ホ)ウェアズ]
《口語》where is, where has の短縮形

wherever [hwèərévər (ホ)ウェアエヴァ]
(★発音に注意) **接続詞**
❶ …するところならどこ(へ)でも
▶I sleep well **wherever** I am.
わたしはどこでもよく眠(ねむ)れる.
❷ どこへ[で]…しようとも
(♦《口語》no matter where)
▶She takes Kuro, her dog, with her **wherever** she goes.
どこへ行くにも, 彼女は飼いイヌのクロを連れて行く.

✲what 代名詞 形容詞 間投詞

代名詞 ❶〖疑問代名詞〗何
❷〖関係代名詞〗…するところのもの〔こと〕

[*h*wάt (ホ)ワット]

——**代名詞** ❶〖疑問代名詞〗**何**, どんなもの, どんなこと ➡ p.696 **which** くらべよう

▶**What** is in this box? この箱には何が入っているの?

ダイアログ
A: **What**'s (=**What** is) this? これは何?
B: It's a tablet computer. タブレット型コンピューターよ.

▶**What** is your favorite movie? お気に入りの映画は何ですか?
▶**What** do you call this flower この花は英語で何というのですか?
in English?

ダイアログ
A: **What** do you do? お仕事は何ですか?
B: I'm a musician. 音楽家です.

▶**What** are you looking for? 何をさがしているのですか?
▶**What** do you think of my idea? わたしのアイディアをどう思いますか?
(◆「…をどう思いますか?」とたずねるときは how ではなく what を用いる)
▶**What** can I do for you? どういったご用でしょうか?
▶**What** do you think Tom トムは何をしたかったと思いますか?
wanted to do? ➡ **think** ルール **2**

ルール 文中の what

1 what で始まる疑問文が別の肯定(ﾃﾞ)文・否定文の中に組みこまれる場合, what 以下は「主語＋(助)動詞」の語順になります. 別の文の中に組みこまれたら, クエスチョンマーク(?)は消えます.
　I don't know ....「わたしは…を知りません」＋
　What is this?「これは何ですか?」
　→ I don't know **what** this is. わたしはこれが何なのか知りません.
2「what to ＋動詞の原形」で「何を…するべきか」という意味になります.
▶I asked my mother **what to** do next.
　わたしは母に, 次に何をすればよいかたずねた.
3 which, who, whom, whose, when, where, why, how も what と同様の使い方をします.

❷〖関係代名詞〗…**するところのもの**〔**こと**〕
(◆関係代名詞の who, which, that とは異なり, what は先行詞をふくむ)
▶This is **what** was left at the これが現場に残されていたものだ.
site.
▶John got **what** he wanted. ジョンはほしいものを手に入れた.
So whát? 《口語》だから何だって言うのですか?

形容詞 ❶〖疑問形容詞〗何の
　　　❷〖感嘆(かん)〗　なんと

Whát about ...? ①〖提案・勧誘(かんゆう)〗…はどうですか？（同義語 How about ...?）
  ▶**What about** some snacks?　軽食はいかがですか？

ダイアログ
A: **What about** playing soccer?　サッカーをするのはどうですか？
B: Sounds good.　いいね.

　② …についてどう思いますか, …はどうしますか？（同義語 How about ...?）

ダイアログ
A: Ann is interested in　アンは日本の文化に興味を持っていま
  Japanese culture.　す.
B: **What about** Tom?　トムはどうなのですか？

Whát do you sáy to ...? …はいかがですか？ ➡ **say**
Whát (...) for? 《口語》何のために, なぜ（同義語 Why ...?）
  ▶**What** did you go to Canada　あなたはなぜカナダに行ったのですか？
  for?
what is called = ***what we [you, they] call*** いわゆる
  ▶He is **what is called** a　彼はいわゆるコンピューターマニアだ.
  computer maniac.
What is ... like? …はどういうもの[人]ですか？ ➡ **like²**
Whát's néw? 元気?, 変わりはない?（◆親しい間でのあいさつ）
Whát's the mátter (with you)? どうしたのですか？ ➡ **matter**
Whát's úp? どうしたの?；元気?（◆親しい間でのあいさつとしても使う）
  ➡ **up**
――**形容詞** ❶〖疑問形容詞〗何の, 何という, どんな
  ▶**What** time is it now?　今, 何時ですか？
  ▶**What** day of the week is it　今日は何曜日ですか？
  today?
  ▶**What** (kind of) food do you　あなたはどんな食べ物が好きですか？
  like?
❷〖感嘆〗《ふつう what (a [an]) ＋形容詞＋名詞で》なんと, なんて
  ➡ **how** ❹〖参考〗
  ▶**What** an exciting movie　なんとおもしろい映画なんだ！
  (it is)!
  (= How exciting the movie is!)
  ▶**What** expensive shoes (they　なんと高価な靴(くつ)なんだ！
  are)!
  (= How expensive the shoes
  are!)
――**間投詞** （驚(おど)き・怒(いか)りなどを表して）なんだって, まあ！
  ▶**What!** You won the game?　なんだって！ あの試合に勝ったのか？

✦when 副詞 接続詞 代名詞

[hwén (ホ)ウェン]

副詞 ❶《疑問副詞》いつ
❷《関係副詞》(1) …する(とき)
(2) …するとそのとき(に)

接続詞 …するときに

—— 副詞 ❶《疑問副詞》いつ, どんなときに

▸**When** is your birthday? あなたの誕生日はいつですか?

ダイアログ

A: **When** will you take me to the zoo? いつ動物園に連れていってくれるの?

B: I'll take you there next Sunday. 今度の日曜日に連れていくよ。

▸**When** did you arrive? いつ着いたのですか?

▸I know **when** Halloween is. ハロウィーンはいつだか知っています。

(♦when 以下は「主語＋動詞」の語順) ➡ p.692 **what** ルール **1 3**

▸I don't know **when** he will come back to Japan. 彼がいつ日本に戻(も)ってくるか知りません。

(♦when 以下は「主語＋助動詞」の語順) ➡ p.692 **what** ルール **1 3**

▸Please tell me **when** to push the button. いつボタンを押せばいいのか教えてください。

(♦「when to ＋動詞の原形」で「いつ…すべきか」という意味になる)
➡ p.692 **what** ルール **2 3**

▸**When** do you think Jack met her? ジャックはいつ彼女に会ったと思いますか? ➡ **think** ルール **2**

❷《関係副詞》(1) …する(とき)(♦先行詞は「時」を表す語句になる)

▸The day **when** I first met her was Sunday. わたしが初めて彼女と会った日は日曜日だった。

(2) …するとそのとき(に)

(♦when の前にコンマをつける)(＝ and then)

▸Please wait until six, **when** I'll have some time. 6時まで待ってください。そのときには少し時間ができますので。

—— 接続詞 …するときに; …してから

▸**When** you make a speech, speak slowly and clearly. スピーチをするときは、ゆっくりと、そしてはっきりと話しなさい。

▸Come and see us **when** you are free. 暇(ひま)なときに、わたしたちに会いに来てくださいね。

▸Let's watch this DVD **when** John comes. ジョンが来たら、この DVD を見よう。

(♦「…するときに; …してから」の意味を表す when 節の中では未来のことでも現在形で表す) ➡ **if** ❶ ルール

▸**When** (I was) walking down the street, I saw a cute dog. 通りを歩いていたときに、かわいいイヌを見た。

(♦when 節の主語と主節の主語が同じ場合、when 節の「主語＋ be 動詞」は省略できる)

—— 代名詞《前置詞のあとに置いて》いつ

▸Until **when** can you stay here? あなたはいつまでここにいられますか?

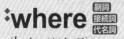

⁑**where** 副詞 接続詞 代名詞

副詞 ❶《疑問副詞》どこに
❷《関係副詞》(1) …するところの
(2) そしてそこで[に, へ]

[hwéər (ホ)ウェア]

——副詞 ❶《疑問副詞》**どこに**, どこで, どこへ

ダイアログ
A: **Where** do you live? / どこに住んでいるの？
B: I live in Yokohama. / 横浜だよ.

▸**Where** is your school? / あなたの学校はどこにありますか？

ダイアログ
A: I didn't see you during the lunch break. **Where** were you? / 昼休みに見かけなかったよ. どこにいたの？
B: In the library. / 図書室だよ.

▸The police officer asked me **where** I was going. / 警察はわたしにどこへ行くのかとたずねた.
(♦ where 以下は「主語＋動詞」の語順) ➡ p.692 what ルール **1** **3**
▸I didn't know **where** to go. / わたしはどこへ行けばいいのかわからなかった.
(♦「where to ＋動詞の原形」で「どこへ…すべきか」という意味になる)
➡ p.692 what ルール **2** **3**

ダイアログ
A: **Where** do you think she is now? / 彼女は今どこにいると思いますか？
➡ think ルール **2**
B: I think she is at Jenny's house. / ジェニーの家にいると思います.

❷《関係副詞》(1) **…するところの**, …であるところの(♦先行詞は「場所」を表す語句になる；意味があいまいにならなければ，先行詞を省略してもよい)
▸I visited the house **where** Beethoven was born. / わたしはベートーベンが生まれた家を訪(たず)れた.
▸This is (the place) **where** she lost her bag. / ここが彼女がバッグをなくした場所だ.
(2) **そしてそこで[に, へ]** (♦ where の前にコンマをつける)(= and there)
▸We went to London, **where** we stayed for a week. / わたしたちはロンドンへ行き, そこに1週間滞在(たいざい)した.

——接続詞 …するところに[で]；…するところはどこへでも
▸Stay **where** you are now. / 今いる場所にいなさい.

——代名詞《前置詞の目的語として用いて》どこ

ダイアログ
A: **Where** are you from? / どちらのご出身ですか？
B: I'm from Australia. / オーストラリアの出身です.

✦which

代名詞
形容詞

代名詞 ❶ 《疑問代名詞》どちら, どれ
❷ 《関係代名詞》(1) …するところの
(2) そしてそれは[を]

[hwitʃ (ホ)ウィッチ]

形容詞 《疑問形容詞》　どちらの

——**代名詞** ❶ 《疑問代名詞》**どちら, どれ**, どちらの人[もの]

▸**Which** is your bike? あなたの自転車はどれですか?

ダイアログ

A: **Which** is larger, Japan or Mexico?
日本とメキシコでは, どちらが広いのですか?

B: Mexico is.
メキシコです.

▸My mother asked me **which** I wanted.
母はどちら[どれ]がほしいのかわたしにたずねた.

(♦ which 以下は「主語＋動詞」の語順) ➡ p.692 what **ルール** **1** **3**

▸I don't know **which** to buy.
どちら[どれ]を買うべきかわからない.

(♦「which to ＋動詞の原形」で「どれを…すべきか」という意味になる)

➡ p.692 what **ルール** **2** **3**

▸**Which** do you think is better?
どちらがいいと思いますか?

➡ think **ルール** **2**

くらべよう **which と what**

which: 限られた範囲(はんい)内での選択(せんたく)に使います.

what: 範囲が限られていない選択に使います.

▸**Which** of the three colors do you like (the) best?
その3色のうち, どれがいちばん好きですか?

▸**What** color do you like (the) best?
何色がいちばん好きですか?

❷ 《関係代名詞》

(1) …**するところの**, …であるところの(♦ 主格・目的格として用いる; 目的格の場合, しばしば省略される)

▸I have a cat **which** [that] catches mice very well.
わたしはネズミを捕(つか)まえるのがとてもうまいネコを飼っている. (♦ 主格)

▸The book **which** [that] is on the table is mine.
テーブルの上にある本はわたしのものだ. (♦ 主格)

▸This is the pen (**which** [that]) I bought yesterday.
これはわたしが昨日買ったペンだ. (♦ 目的格)

ルール **前にコンマのつかない関係代名詞 which の使い方**

1 which は先行詞が「もの・こと・動物」のときに使います.

2 多くの場合, which よりも that が使われます.

(2) **そしてそれは[を]**

(♦ which の前にコンマをつける; (1)とは異なり, 省略できない)

▸I made an apron, **which** I gave to my mother.
わたしはエプロンを作り, そしてそれを母にあげた.

——**形容詞** 《疑問形容詞》**どちらの**, どの

▸**Which** bag is yours?
どちらのかばんがあなたのものですか?

whether [hwéðər (ホ)ウェざ]

接続詞 ❶《名詞節をつくって》…かどうか
（**同義語** if）

▶Tell me **whether** he is at home.
彼が家にいるかどうか教えてください.

▶**Whether** it will rain (or not)
tomorrow matters a lot to our
plan. 明日，雨が降るかどうかはわた
したちの計画にとって重要だ.（◆
Whether から tomorrow までが主語）

❷《副詞節をつくって》

《**whether ... or not** で》
…であろうとなかろうと；

《**whether ... or ～** で》
…であろうと～であろうと

▶**Whether** I win **or not**, I'm
happy to be in the final round.
勝っても勝てなくても，決勝に出られる
のがうれしい.

which

代名詞 形容詞 ➡ p.696 **which**

whichever [hwitʃévər (ホ)ウィチエヴァ]

代名詞 ❶ …するものはどれ[どちら]でも

▶Drink **whichever** you like.
どれでも好きなものを飲みなさい.

❷ どれ[どちら]が[を]…しても
（◆《**口語**》no matter which）

▶**Whichever** you buy, the prices
are almost the same. どちらを買
うにしても，値段はほぼ同じだ.

——**形容詞** …するものはどちらの～でも；
どちらの…が[を]～しようとも

▶Use **whichever** pen you like.
どちらでも好きなペンを使いなさい.

while [hwáil (ホ)ワイる]

——**接続詞**

❶《しばしば進行形とともに用いて》
…する間に

▶**While** you were out, Ann called
you. あなたが外出している間に，ア
ンから電話がありましたよ.

▶Ed was watching TV **while** I
was reading a book.
わたしが本を読んでいる間，エドはテレ
ビを見ていた.

▶**While** (he was) in New York, he
studied painting.
ニューヨークにいる間，彼は絵を学んだ.

（◆ while 節の主語と主節の主語が同じ
場合，while 節の「主語＋ be 動詞」は
省略できる）

❷ …なのに（**同義語** although）；
（ところが）一方では

▶**While** the team had no star
players, it won the tournament.
そのチームにはスター選手がいなかっ
たのに，トーナメントで優勝した.

▶Some people like dogs, **while**
others don't (like them).
イヌを好きな人もいる一方，嫌(きら)いな人
もいる.

——**名詞** U《ふつう a while で》
（少しの）時間，（しばらくの）間

▶We played soccer for **a while**.
わたしたちは少しの間サッカーをした.

after a whíle しばらくして

▶**After a while**, the fog cleared.
しばらくして，霧(きり)が晴れた.

áll the whíle その間ずっと

▶He kept talking **all the while**.
彼はその間ずっとしゃべり続けた.

It is wórth whíle ＋ ...ing [**to** ＋動詞の
原形] …する価値がある

ónce in a whíle ときどき

whip [hwíp (ホ)ウィップ] **名詞** C むち

——**動詞**（**三単現** **whips** [-s]；**過去・過分**
whipped [-t]；**現分** **whipping**）**他**

❶ …をむちで打つ

❷ （卵・クリームなど）を泡(あわ)立てる

whirl [hwə́ːrl (ホ)ワ〜る] **動詞**

自 ぐるぐる回る，うず巻く

——**他** …をぐるぐる回す，うず巻かせる

——**名詞** C《ふつう a whirl で》
回転；うず巻き

whisker [hwískər (ホ)ウィスカ] **名詞**

C《ふつう whiskers で》
（ネコなどの）ひげ；ほおひげ

whiskey, whisky [hwíski
(ホ)ウィスキ] **名詞** U C ウイスキー

whisper [hwíspər (ホ)ウィスパ] **動詞**

他 …をささやく，小声で言う

▶Meg **whispered** something to
me. メグはわたしに何かささやいた.

——**自** ささやく，小声で話す

——**名詞** ❶ C ささやき声；ないしょ話

❷ C （小川・木の葉の）サラサラいう音
（**同義語** murmur）

whistle [hwísl (ホ)ウィスる]（★発音に
注意）**動詞**（**三単現** **whistles** [-z]；

過去・過分 **whistled** [-d];
現分 **whistling**) 🔊
口笛を吹(ふ)く; 警笛(けい)[ホイッスル]を鳴らす; (風が)ヒューと鳴る
——名詞 C 口笛; 警笛, ホイッスル; ヒューという音

‡**white** [hwáit (ホ)ワイト]

——形容詞 (比較 **whiter**; 最上 **whitest**)
❶ 白い, 白色の
▶a **white** dress 白いドレス
❷ (顔色が恐怖(きょう)などで)青ざめた, 血の気のない(同義語 pale)
▶Beth turned **white** when she heard the news.
ベスはそのニュースを聞いて青ざめた.
❸ 白色人種の, 白人の
▶the **white** race 白色人種
——名詞 (複数 **whites** [hwáits (ホ)ワイツ]) ❶ U 白, 白色; 白い服
▶Doctors and nurses wear **white** in the hospital. その病院では医者と看護師は白衣を着ている.
❷ C 白人
❸ C U (卵の)白身, 卵白(らん)
(対義語 yellow 黄身); C (目の)白目
➡ eye 図

White House [hwáit hàus (ホ)ワイトハウス] (★アクセントに注意) 名詞

《the White House で》ホワイトハウス
(♦アメリカの首都ワシントンにある大統領官邸(かん))

WHO [dÁblju:èitʃóu ダブリューエイチオウ, hú: フー] 名詞 世界保健機関

(♦ the World Health Organization の略; 国連の専門機関)

‡**who** 代名詞 ➡ p.700 who

whoever [hù:évər フーエヴァ] 代名詞

(所有格 **whosever** [hù:zévər フーズエヴァ]; 目的格 **whomever** [hù:mévər フームエヴァ])

❶ …する人はだれでも (= anyone who)
▶**Whoever** wants to join our club will be welcomed.
わたしたちのクラブに入りたい人はだれでも歓迎(かん)します.
❷ だれが[を]…しようとも
(♦口語)no matter who)
▶**Whoever** comes, tell them I'm not home. だれが来ても, わたしは家にいないと言いなさい.

‡**whole** [hóul ホウル]

——形容詞 ❶《名詞の前に用いて》
全体の, すべての, 全…
▶the **whole** country 全国(民)
▶She devoted her **whole** life to science.
彼女は科学に全生涯(しょう)をささげた.
❷ (期間・距離(きょ)などが)まる…, ちょうど…; まるごとの
▶I stayed in New York for a **whole** month. わたしはまる1か月の間, ニューヨークに滞在(たい)した.
——名詞 U《ふつう the whole で》
全体, 全部(対義語 part 部分)
▶the **whole** of Asia アジア全体
as a whóle 全体として
on the whóle
全体から見れば, 概(がい)して
▶On the **whole**, the concert was a success. 全体的に見ると, そのコンサートは成功だった.

wholesale [hóulsèil ホウルセイる]

形容詞 卸(おろ)し売りの

wholly [hóulli ホウ(る)り]

副詞 すっかり, 全く, 完全に

‡**whom** [hú:m フーム] 代名詞

(who の目的格)

❶《疑問代名詞》だれに, だれを
(♦口語)ではふつう whom の代わりにwho を用いる)
▶**Whom** did you see in the park?
公園でだれに会いましたか?
▶**Whom** are you looking for?
だれをさがしているのですか?
▶Please tell me **whom** Liz likes.
リズはだれを好きなのか教えてください. (♦ whom 以下は「主語+動詞」の語順) ➡ p.692 what ルール 1 3
▶**Whom** do you think Bob likes?
ボブはだれを好きだと思いますか?

➡ **think** ルール **2**

▸From **whom** did you get this?
だれからこれをもらいましたか?
(♦ whom の前に前置詞があるときは
who に言い換(ゕ)えられない)

❷〖関係代名詞〗

(1) …するところの (♦先行詞は「人」を表
す語句になり, 目的格として用いる;
《口語》では省略されることが多い)

▸The girl (**whom**) I like (the) best
is Beth.
ぼくがいちばん好きな女の子はベスだ.

▸The man with **whom** Sue is
talking is Mr. Lee.
(=The man (**whom**) Sue is
talking with is Mr. Lee.)
スーが話をしている男の人はリー先生
だ. (♦前置詞が前につくと whom は省
略できない)

(2) そしてその人に[を] (♦ whom の前
にコンマをつける; この whom は省略で
きない)

▸Mr. Cook, **whom** I know well, is
a gentleman. クック氏のことはよく
知っていますが, あの人は紳士(しん)です.

▸I called Ann, to **whom** I told the
truth. わたしはアンに電話をして, 彼
女に本当のことを伝えた.

ːwho's [húːz フーズ]

《口語》who is, who has の短縮形

ːwhose [húːz フーズ] 代名詞

❶〖疑問代名詞 who の所有格〗
だれの; だれのもの

▸That bike is cool. **Whose** is it?
あの自転車かっこいいね. だれの?

ダイアログ
A: **Whose** book is this?
これはだれの本ですか?
B: It's mine.
わたしのです.

▸**Whose** novels do you like best?
だれの小説がいちばん好きですか?

▸Do you know **whose** car that is?
あれはだれの車か知っていますか?
(♦ whose 以下は「主語+動詞」の語順)
➡ p.692 **what** ルール **1 3**

❷〖関係代名詞 who または which の
所有格〗

(1) その…が[を, に]〜するところの
(♦主格の who, 目的格の whom の場合
は「人」を表す語句が先行詞になるが, 所
有格の whose の場合は「人」のほかに「も
の」や「動物」を表す語句も先行詞になる)

▸I have an American friend **whose**
name is Sue.
わたしにはスーという名のアメリカ人の
友人がいる.

▸Those mountains **whose** tops are
white are the Canadian Rockies.
頂上が白いあの連峰(れん)はカナディアン
ロッキーだ.

(2) そしてその
(♦ whose の前にコンマをつける)

▸Ellen, **whose** parents live in
Boston, now lives in Japan.
エレンは, 両親はボストンに住んでいる
が, 今は日本で暮らしている.

ˑwhy 副詞 間投詞 ➡ p.701 why

WI 【郵便】ウィスコンシン州
(♦ *Wisconsin* の略)

wicked [wíkid ウィケッド]
(★発音に注意)形容詞
(比較 **wickeder**; 最上 **wickedest**)
悪い, 邪悪(じゃ)な, 意地悪な

ˑwide [wáid ワイド]

──形容詞 (比較 **wider**; 最上 **widest**)

❶ 幅(はば)の広い
(同義語 broad, 対義語 narrow 狭(せま)い);
幅が…の

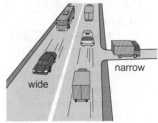

narrow
wide

▸a **wide** river 幅が広い川

ダイアログ
A: How **wide** is the road?
その道路の道幅はどれくらいですか?
B: It is ten meters **wide**.
10 メートルです.

➡ p.702

a b c d e f g h i j k l m n o p q r s t u v **w** x y z

ABCDEFGHIJKLMNOPQRSTUVWXYZ

✦who 代詞

❶ 《疑問代名詞》だれ, だれが
❷ 《関係代名詞》(1) …するところの
(2) そしてその人は

[húː フー]

(所有格 **whose** [húːz フーズ]; 目的格 **whom** [húːm フーム])

❶ 《疑問代名詞》だれ, だれが

ダイアログ

A: **Who**'s that woman? | あの女性はだれですか？
B: She's Ms. Ellen Baker, my English teacher. | 彼女はエレン・ベーカー, わたしの英語の先生です.

(♦ Who's は Who is の短縮形; 相手に直接 Who are you? とたずねるのは失礼になるので, May I ask [have] your name? などと言う)

▶**Who** is it? | (ノックの音などを聞いて)どちらさまですか？
(♦この場合 it を用いる)

ダイアログ

A: **Who** came to see me? | だれがわたしに会いに来たのですか？
B: Mary did. | メアリーです.

▶**Who** are you looking for? | だれをさがしているのですか？
(♦「だれを」は whom だが, 《口語》では who を用いる)
▶I wonder **who** he is. | 彼はだれだろう.
(♦ who 以下は「主語＋動詞」の語順) ➡ p.692 what ルール **1** **3**
▶Do you know **who** won? | だれが勝ったか知っていますか？
(♦この who は主語として使われているため, who 以下は「who ＋(助)動詞」の語順になる)

ダイアログ

A: **Who** do you think won the race? | だれがレースに勝ったと思いますか？ ➡ think ルール **2**
B: I think Tom did. | トムだと思います.

❷ 《関係代名詞》
(1) …するところの(♦先行詞は「人」を表す語句になる; 主格として用いる)
▶Jim is a boy **who** plays soccer very well. | ジムはサッカーがとてもうまい少年だ.
▶The girls **who** are talking are Ann and Emma. | おしゃべりしている女の子はアンとエマだ.
▶The man **who** called you left a message for you. | あなたに電話をしてきた男性がメッセージを残しました.
(2) そしてその人は(♦ who の前にコンマをつける)
▶They have a son, **who** lives in Paris. | 彼らには息子(むすこ)が1人いて, (彼は)パリに住んでいる.
(♦息子は1人しかいない; They have a son who lives in Paris. 「彼らにはパリに住んでいる息子が(1人)いる.」だと, 息子が2人以上いることになる ➡ (1))

700 seven hundred

✦why 副詞 間投詞

[hwái (ホ)ワイ]

---副詞 ❶〖疑問副詞〗**なぜ**, **どうして**（◆「理由・目的」をたずねる場合に用いる）

ダイアログ

A: **Why** were you absent yesterday?
なぜ昨日休んだのですか？（◆理由をたずねる）

B: Because I had a cold.
風邪(かぜ)をひいたからです.

ダイアログ

A: **Why** did you stay up late last night?
昨晩はどうして夜遅(おそ)くまで起きていたの？（◆目的をたずねる）

B: To finish my homework.
宿題を終わらせるためだよ.
➡ **because** くらべよう

▶I don't know **why** she was late for school.
彼女がなぜ学校に遅刻(ちこく)したのか, わたしは知らない.

（◆why 以下は「主語＋動詞」の語順；この文の why は ❷ の関係副詞と考えることもできる）➡ p.692 **what** ルール **1** **3**

▶**Why** do you think Bob had a quarrel with Tom?
なぜボブはトムと口論をしたと思う？
➡ **think** ルール **2**

❷〖関係副詞〗**…する**（**理由**）（◆先行詞は the reason だが, why か the reason のどちらか一方が省略されることが多い）

▶He's honest.　　That's (the reason) **why** I like him.
彼は正直です. だからわたしは彼が好きです.

▶Tell me (the reason) **why** you're crying.
なぜ泣いているの.（◆「あなたの泣いている理由をわたしに話して」から）

Why don't we ...?　（いっしょに）…しませんか？

Why don't you ...?　〖提案〗…してはどうですか？

▶**Why don't you** invite her to your birthday party**?**
彼女をあなたのバースデーパーティーにさそってみたらどうですか？

Why nót?

①《相手が否定文を使ったあとで》なぜそうしないのか, どうしてだめなのか？

ダイアログ

A: I do**n't** want to eat.
食べたくないんだ.

B: **Why not?**
どうして？

②《許可を求められて》もちろん, いいとも；《提案に》そうしよう.

ダイアログ

A: May I join you?
わたしも仲間に入れてもらっていい？

B: **Why not?**
もちろん.

---間投詞 [wái ワイ] 《主に米》（驚(おどろ)き・いらだち・反対・ためらいなどを表して）おや, まあ, なんだって, ええと

❷ 広大な，広々とした
▶the **wide** world　広大な世界
❸（範囲・知識などが）広い
▶This store has a **wide** variety of books.　この店は本の品ぞろえが豊富だ.
❹ 大きく開いた
▶Emily's eyes were **wide** with surprise.　エミリーは驚き，目を大きく見開いていた.

──**副詞**（比較・最上は形容詞に同じ）
広く；広範囲に；大きく開けて；すっかり
▶He opened the window **wide**.
彼は窓を大きく開けた.

fár and wíde　いたるところを[に]
（同義語 everywhere）

widely [wáidli ワイドり] **副詞**
広く，広範囲に

widen [wáidn ワイドゥン] **動詞**
他 …を広げる，広くする
──自 広くなる；（ちがいなどが）広がる

widow [wídou ウィドウ] **名詞** C 未亡人
（♦男性は widower [wídouər ウィドウア]）

width [wídθ ウィdrす] **名詞**
U C 幅，広さ ➡ length 参考

wife [wáif ワイふ] **名詞**
（複数 wives [wáivz ワイヴズ]）
C 妻，夫人（対義語 husband 夫）
▶They are husband and **wife**.
彼らは夫婦だ.（♦この場合，husband and wife に冠詞をつけない）

Wi-Fi [wáifài ワイふァイ] **名詞**
U【コンピューター】ワイファイ（♦無線 LAN の標準的な規格）➡ LAN

wild [wáild ワイるド]
──**形容詞**（比較 wilder；最上 wildest）
❶（動植物が）野生の（対義語 domestic, tame 飼いならされた）
▶**wild** animals　野生動物
❷（土地が）荒れた；未開の
▶**wild** land　荒れ地
❸（人・動物などが）乱暴な，荒々しい
▶a **wild** child　手に負えない子供
▶go **wild**　激怒する，興奮する
❹（天候・海などが）荒れた，激しい
▶a **wild** sea　荒海
❺ 熱狂的な；（…に）夢中になって（about ...）
▶Tigers fans are **wild about** the team's victory.

チームの勝利にタイガースのファンは熱狂している.
──**名詞**（複数 wilds [wáildz ワイるヅ]）
《the **wild** で》野生（の状態）；
《the **wilds** で》荒野，未開地
in the wíld　野生で

wildcat [wáildkæt ワイるドキャット] **名詞** C【動物】ヤマネコ

wilderness [wíldərnəs ウィるダネス]
（★発音に注意）**名詞**
（複数 wildernesses [-iz]）
C 荒野，荒れ地

wildlife [wáildlàif ワイるドらイふ] **名詞**
U 野生動物（全体），野生生物（全体）

will¹ **助動詞** ➡ p.703 will¹

will² [wíl ウィる] **名詞**
❶ U C 意志，意欲；望み
▶She has a strong **will**.
彼女は強い意志の持ち主だ.
❷ C 遺言；遺書
at wíll　思いのままに，自由に

willing [wíliŋ ウィりング] **形容詞**
❶《be willing to ＋動詞の原形で》…してもかまわない，…するのをいとわない
▶I'm **willing to** do the dishes.
食器はわたしが洗います.
❷《名詞の前で用いて》自発的な，進んでする
▶a **willing** worker　働き者

willingly [wíliŋli ウィりングり] **副詞**
快く，進んで

willow [wílou ウィろウ] **名詞**
C【植物】ヤナギ

win [wín ウィン]
──**動詞**（三単現 wins [-z]；過去・過分 won [wán ワン]；現分 winning）
──他 ❶（戦い・競技など）に勝つ（♦「（相手）に勝つ」は defeat, beat；対義語 lose …に負ける）
▶The Yankees **won** the game over the Mets two to one.
ヤンキースは2対1でメッツに勝った.（♦× The Yankees won the Mets. とはいわない）
❷（勝利・名声など）を勝ちとる，獲得する
▶Saki **won** (the) first prize in the English speech contest.
咲は英語弁論大会で1等賞をとった.

:will[1] 助動詞

❶《単なる未来》 …でしょう
❷《意志》 …するつもりだ
❸《依頼・勧誘》 …してくれませんか?
❹《習慣・傾向》 よく…する

[wíl ウィる；(弱く言うとき)əl(ア)る]

(過去) **would** [wúd ウッド]

ルール will の使い方

1《口語》では代名詞のあとの will をしばしば 'll と短縮します.
I will → **I'll**   they will → **they'll**
2 ただし, Yes, I will. のように will が文の最後にくるときは短縮しません.
3 will not は won't [wóunt ウォウント] と短縮します.

❶《単なる未来》…でしょう, …だろう(♦確定的なことや, 話し手の考え, 予想
などを述べるときに使う)

▶I **will** be fifteen next month. わたしは来月で 15 歳(ご)になる.
▶He'll be back in a minute. 彼はすぐに戻(ぎ)るでしょう.

ダイアログ
A: **Will** it rain tomorrow? あしたは雨が降るでしょうか?
B: No, it **won't**. いいえ, 降らないでしょう.

❷《意志》…するつもりだ(♦「be going to +動詞の原形」とは異なり, 発話の
時点で生じた意志や決意を表す → **go** 成句 **be going to** +**動詞の原形** ルール)

▶OK. I'll do it. わかりました. わたしがやります.
▶I **won't** forget you. あなたのことは忘れません.

❸《依頼・勧誘》《**Will you ...?** で》…してくれませんか?, …しませんか?
(♦ Will you ..., please? とするとよりていねいになる)

ダイアログ
A: **Will you** lend me the book? その本を貸してくれませんか?
B: Sure. Here you are. いいですよ. はいどうぞ.

ダイアログ
A: **Will you** have seconds? お代わりはいかがですか?
B: No, thank you. いいえ, けっこうです.

❹《習慣・傾向》よく…する, …するものだ(♦ I, we は主語にならない)

▶They **will** watch TV after 彼らはよく夕食後にテレビを見る.
dinner.
▶ことわざ Accidents **will** happen. 事故は起きるものだ.

❺《強い主張》どうしても…しようとする;《強い拒絶》《否定文で》どうしても
…しようとしない

▶My little sister **will** always いつも妹があとについてくる(からいや
come along with me. になる).
▶My car **won't** start. 車のエンジンがどうしてもかからない.

❻《強い命令》…しなさい

▶You **will** clean your room 今すぐ, 自分の部屋を掃除(ぼう)しなさい.
right now.

——**自** 勝つ（**対義語** lose 負ける）
▶Our team **won** in the finals.
決勝戦ではわたしたちのチームが勝った.
Yóu win. 《口語》あなたの言うとおりだ,
わたしの負けです；（クイズなどで）当たり.
——**名詞** （複数） **wins** [-z]
C 勝ち，勝利（**対義語** loss 敗北）

wind¹ [wínd ウィンド] 名詞

（複数） **winds** [wíndz ウィンヅ]
❶ U C《形容詞がつかないときはふつ
う the wind で》風
（♦「（快い）そよ風」は breeze）
▶a gentle **wind** 穏やかな風
▶The **wind** is rising [dropping].
風が強くなってきた[弱まってきた].
▶There was a strong **wind** today.
今日は風が強かった.
▶A cold north **wind** is blowing.
冷たい北風が吹いている.
❷ U 息，呼吸（同義語 breath）
❸《the **winds** で単数または複数あつ
かい》（オーケストラの）管楽器部（全体）
（♦一つひとつの管楽器は a wind
instrument という）

wind² [wáind ワインド]（★発音に注意）
動詞 （三単現） **winds** [wáindz ワインヅ]；
（過去・過分） **wound** [wáund ワウンド]；
（現分） **winding**）
他 （糸など）を巻く；（布など）を巻きつける
▶The nurse **wound** a bandage
around his arm.
看護師は彼の腕に包帯を巻いた.
——**自** （川・道などが）曲がる，くねる
▶The stream **winds** through the
woods.
その小川は森の中を曲がりくねって流
れている.

windmill [wíndmìl ウィンドミる] 名詞
C 風車（小屋）；風力発電機

風車　　　　　　　風力発電機

window [wíndou ウィンドウ]

名詞 （複数） **windows** [-z]
❶ C 窓 ➡ house 図
▶Will you open the **window**?
窓を開けていただけますか？
▶He closed [shut] the **window**.
彼は窓を閉めた.
▶Kate looked out of the **window**.
ケイトは窓の外を見た.
▶a **window** seat
（列車・飛行機などの）窓側の席
（♦通路側の席は an aisle seat）
❷ C 窓ガラス
▶Who broke the **window**?
だれが窓ガラスを割ったのですか？
❸ C ショーウインドー
（＝ show window）；（銀行などの）窓口；
窓のようなもの
❹ C 【コンピューター】ウインドウ
（♦ファイルやプログラムなどを別箇に
表示するための分割された画面）

windsurfing [wíndsə̀ːrfiŋ ウィンドサ～
フィング] 名詞
U 【スポーツ】ウインドサーフィン
（♦帆を取りつけたボードを使う波乗り）

windy [wíndi ウィンディ] 形容詞
（比較 **windier**；最上 **windiest**）
風の吹く，風の強い；風の当たる
▶It's **windy** today.
今日は風が強い.

wine [wáin ワイン] 名詞 **U C** ワイン
▶a glass of **wine**
グラス 1 杯のワイン

wing [wíŋ ウィング] 名詞

（複数） **wings** [-z]
❶ C （鳥の）翼；（昆虫の）羽
➡ feather 図
▶The eagle spread its **wings**.
ワシは翼を広げた.
❷ C （飛行機・風車などの）翼，羽
❸ C （建物の）そで；《the **wings** で》
（舞台の）そで
❹ C （サッカーなどの）ウイング；
ウイングの選手

wink [wíŋk ウィンク] 動詞 **自**
❶ （…に）ウインクする，（片目で）目くば
せする《at ...》；まばたきをする
❷ （星・光などが）またたく，きらめく；
（明かりなどが）点滅する

——**名詞 ❶** C ウインク, 目くばせ
❷《**a wink** で》またたく間, わずかな時間

winner [wínər ウィナ] **名詞**
C 勝者(**対義語** loser 敗者); 受賞者

✲winter [wíntər ウィンタ] **名詞**
（**複数** winters [-z]）
U C 冬, 冬季 ➡ spring **ルール**

▶I enjoy skiing in (the) **winter**.
わたしは冬にスキーを楽しむ.
（◆the を用いるのは主に《米》）

▶We had a very cold **winter** last
year. 去年の冬はとても寒かった.

▶this **winter** ことしの冬

▶the **winter** vacation 冬休み

✲wipe [wáip ワイプ] **動詞**
（**三単現** wipes [-s]; **過去・過分** wiped [-t];
現分 wiping）
他 …をふく, ぬぐう; （汚(ょご)れなど）をふき
取る

▶**Wipe** your mouth with your
napkin. ナプキンで口をふきなさい.

wiper [wáipər ワイパ] **名詞**
❶ C ふく人; ふくもの
❷ C （自動車の）ワイパー
（= windshield [wíndʃìːld ウィンドシール
ド] wiper）➡ cars 図

wire [wáiər ワイア] **名詞**
（**複数** wires [-z]）
❶ C U 針金; 電線, 電話線
▶a telephone **wire** 電話線
▶a **wire** fence 鉄条網(もう)
❷ C U《米口語》電報
（**同義語** telegram）
▶send a **wire** 電報を打つ

wireless [wáiərləs ワイアレス] **形容詞**
無線の, ワイヤレスの

Wisconsin [wiskánsn ウィスカンスン]
名詞 ウィスコンシン州
（◆アメリカ中北部の州; Wis., Wisc.
または【郵便】で WI と略す）

wisdom [wízdəm ウィズダム] **名詞**
U 知恵(え), 分別, 賢明(めい)さ
▶a person of **wisdom** 賢者(けんじゃ)

✲wise [wáiz ワイズ] **形容詞**
（**比較** wiser; **最上** wisest）
賢(かしこ)い, 賢明(けんめい)な, 分別のある
（**対義語** foolish, stupid 愚(おろ)かな）
▶make a **wise** decision
賢明な決断を下す

▶It was **wise** of you to reserve two
tickets. (=You were **wise** to
reserve two tickets.)
あなたが切符(きっぷ)を 2 枚予約したのは賢
明だった.

✲wish [wíʃ ウィッシ]
——**動詞**（**三単現** wishes [-iz];
過去・過分 wished [-t]; **現分** wishing）
——他 **❶**《**wish to** ＋動詞の原形で》
…したいと思う, …することを望む;
…を望む（◆want よりもかたい語）

▶Bob **wishes to** be a pilot.
ボブはパイロットになりたいと思ってい
る.

❷《**wish** ＋人＋ **to** ＋動詞の原形で》
（人）に…してもらいたい, （人）が…である
ことを望む
▶I **wished** Ann **to** play the piano.
アンにピアノをひいてほしかった.

❸《**wish** ＋人＋名詞で》（人）に（幸運・成
功などが）もたらされるよう祈(いの)る
▶I **wish** you a Merry Christmas
and a Happy New Year!
メリークリスマス, そしてよい年を！
（◆クリスマスカードに書かれることば）

❹《**wish** ＋ **that** 節で》
…であればよいのだが
（◆現在の事実と反対のことを仮定する表
現; that 節の中の動詞・助動詞は過去形
になる; be 動詞は主語が単数でも were
（《口語》では was）を用いる; that は省略
することが多い）➡ hope **くらべよう**

▶I **wish** he **were** [《口語》**was**] here
now. 彼が今ここにいたらなあ.
（◆実際には, 彼はここにいない）

▶I **wish** I **had** a car.
車があったらなあ.
（◆実際には, 車を持っていない）

▶I **wish** I **could** fly.
飛ぶことができたらなあ. （◆実際には,
飛べない）

——自 望む, ほしいと思う;《**wish for
...** で》…を望む
▶We **wish for** world peace.
わたしたちは世界平和を望んでいる.

——**名詞**（**複数** wishes [-iz]）
❶ C 願い; 願い事
▶make a **wish** 願い事をする
❷ C《ふつう **wishes** で》祝福のことば,
祈(いの)り

a
b
c
d
e
f
g
h
i
j
k
l
m
n
o
p
q
r
s
t
u
v
w
x
y
z

A B C D E F G H I J K L M N O P Q R S T U V W X Y Z

▶Please give your family my best **wishes**. どうぞご家族のみなさんによろしくお伝えください.

With (my) bést wíshes,
= ***Bést wíshes,*** ご多幸をお祈りします.
(♦手紙の結びなどに添(そ)えることば)

wishbone [wíʃbòun ウィッシボウン]
名詞 Ｃ (鳥の胸の)叉骨(さこつ)
(♦Ｙの形をした骨を2人で引っ張り合い, 長いほうを取った人の願い事がかなうといわれている)

wit [wít ウィット] 名詞 Ｕ 機知, ウイット
(♦内容があって, しかもおもしろいことを言う能力) ➡ **joke** くらべよう

witch [wítʃ ウィッチ] 名詞
(複数 **witches** [-iz])
Ｃ 魔女(まじょ), (女の)魔法使い
(対義語 wizard (男の)魔法使い)

✲with 前置詞 ➡ p.707 with

withdraw [wiðdrɔ́ː ウィずドゥロー] 動詞
(三単現 **withdraws** [-z];
過去 **withdrew** [wiðdrúː ウィずドゥルー];
過分 **withdrawn** [wiðdrɔ́ːn ウィずドゥローン]; 現分 **withdrawing**) 他
❶ …をひっこめる
▶He quickly **withdrew** his hand from the hot water in the bath.
彼は浴槽(よくそう)の湯からすぐに手をひっこめた.
❷ (預金)を(…から)ひき出す;
…を(…から)取り出す《from [out of] ...》
❸ (軍隊)を撤退(てったい)させる;
…を撤回(てっかい)する
――自 ひき下がる, 退く

withdrawn [wiðdrɔ́ːn ウィずドゥローン]
動詞 withdraw(…をひっこめる)の過去分詞

withdrew [wiðdrúː ウィずドゥルー] 動詞
withdraw(…をひっこめる)の過去形

✲within [wiðín ウィずイン] 前置詞
❶《時間・距離(きょり)》…以内に[で]
▶I'll be back **within** an hour.
1時間以内に戻(もど)ってきます.
(♦in an hour だと「1時間たてば, 1時間後に」という意味になる)
▶There are two libraries **within** one kilometer of our school.
わたしたちの学校から1キロ以内に図書館が2つある.

❷ …の内側に[で], …の内部に[で]
▶stay **within** the building
建物内にとどまる
❸ …の範囲(はんい)内で
▶live **within** one's income
収入の範囲内で生活する

✲without [wiðáut ウィずアウト]
前置詞 ❶ …なしで[に], …がなければ
▶We can't live **without** food and water. 食料や水がなければわたしたちは生きられない.
❷《without + ...ing で》
…しないで, …せずに
▶He left **without** saying goodbye.
彼はさよならも言わずに去った.

do withóut ... = go withóut ...
…なしで済ませる

witness [wítnəs ウィットネス] 名詞
(複数 **witnesses** [-iz]) Ｃ 目撃(もくげき)者, 証人(= eyewitness); Ｕ 証拠(しょうこ), 証言
――動詞 (三単現 **witnesses** [-iz];
過去・過分 **witnessed** [-t];
現分 **witnessing**) 他
❶ …を目撃する
▶They **witnessed** the accident.
彼らはその事故を目撃した.
❷ (証人として)…に立ち会う
❸ …を証言する; …の証拠となる
――自 (…を)証言する, 立証する《to ...》

wives [wáivz ワイヴズ] 名詞
wife(妻)の複数形

wizard [wízərd ウィザド] 名詞
Ｃ (男の)魔法(まほう)使い
(対義語 witch (女の)魔法使い)

woke [wóuk ウォウク] 動詞
wake(目が覚める)の過去形の一つ

woken [wóukən ウォウクン] 動詞
wake(目が覚める)の過去分詞の一つ

wolf [wúlf うるふ] 名詞 (複数 **wolves** [wúlvz うるヴズ]) Ｃ【動物】オオカミ

⁑with 前置詞

[wíð ウィず]

❶ 〖共同・同伴〗…といっしょに
❷ 〖携帯・所有〗…を身につけて
❸ 〖道具・手段〗…で，…を使って
❹ 〖覆い・供給〗…で，…を使って

❶ 〖共同・同伴〗…といっしょに，…とともに

▶I went shopping **with** Ann. | わたしはアンと買い物に行った．
▶I live **with** my big sister. | わたしは姉といっしょに住んでいる．
▶We have a turkey **with** cranberry sauce on Thanksgiving Day. | 感謝祭の日に，わたしたちはクランベリーソースをかけた七面鳥を食べる．
▶Are you **with** me? | わたしの話がわかりますか？
（♦「わたしについてきていますか？」が本来の意味）
▶He gets up **with** the sun. | 彼は日の出とともに起きる．

❷ 〖携帯・所有〗…を身につけて，…を持って；…の身につけて

▶a girl **with** blue eyes | 青い目の少女
▶a boy **with** a straw hat | 麦わら帽子(ぼう)をかぶった少年
▶I have no money **with** me now. | 今はお金の持ち合わせがない．

❸ 〖道具・手段〗…で，…を使って

▶Eat your soup **with** the spoon. | スプーンを使ってスープを飲みなさい．

❹ 〖覆い・供給〗…で，…を使って

▶Bob filled the glass **with** water. | ボブはグラスを水で満たした．
▶The village was covered **with** snow. | その村は雪に覆われていた．

❺ 〖関係・対象〗…に関して，…について

▶What's wrong **with** you? | どうしたんですか？

❻ 〖対立・比較(かく)〗…を相手に

▶She is still angry **with** me. | 彼女はまだわたしのことを怒(おこ)っている．
▶I had a quarrel **with** my little brother. | わたしは弟と口げんかをした．
▶I checked my answers **with** his. | わたしは自分の答えを彼の答えと照らし合わせた．

❼ 〖賛成〗…に賛成して，味方して

▶On this issue, I'm **with** you. | この件に関しては，きみに賛成だ．

❽ 〖状況(じょう)・状態〗…で，…の状態で；《**with** ＋人・物事＋形容詞［副詞］（句）で》（人・物事）を…の状態にしたままで

▶I did the job **with** pleasure. | わたしは喜んでその仕事をした．
▶Tom was sitting **with** his legs on the desk. | トムは机の上に両足を載(の)せてすわっていた．

❾ 〖原因・理由〗…のために

▶She turned red **with** anger. | 彼女は怒(おこ)りで（顔が）赤くなった．

with áll ... …にもかかわらず

▶**With all** that talent, he is still in the minor league. | あれだけの才能がありながら，彼はまだマイナーリーグにいる．

A B C D E F G H I J K L M N O P Q R S T U V W X Y Z

wolves [wúlvz ウるヴズ] 名詞
wolf (オオカミ)の複数形

:woman [wúmən ウマン] 名詞
(複数 **women** [wímin ウィミン])
C (成人した)**女性**, 婦人
(類語 lady ご婦人, 対義語 man 男性)
▶a **woman** writer 女流作家
(♦複数形は women writers; 職業に性別をつけるのは避(さ)けられる傾向(けいこう)にあるため, 単に writer ということも多い)
▶This book is very popular among young **women**.
この本は若い女性の間でとても人気がある.

wombat [wámbæt ワンバぁット] 名詞 C
【動物】ウォンバット
(♦オーストラリア産の有袋(ゆうたい)動物)

:women [wímin ウィミン] (★発音に注意)
名詞 woman(女性)の複数形

women's room [wíminz rù:m ウィミンズ ルーム] 名詞 C (米)(公共の)女性用トイレ (♦(英)ladies; 対義語 men's room 男性用トイレ)

:won [wán ワン] (★発音に注意) 動詞
win(…に勝つ)の過去形・過去分詞

:wonder [wándər ワンダ]
——動詞 (三単現 **wonders** [-z]; 過去・過分 **wondered** [-d]; 現分 **wondering**)
——他 ❶《wonder + wh- 節[if 節]で》…だろうかと思う
▶I **wonder why** she left so early.
彼女はどうしてあんなに早く帰ってしまったのだろう.
▶I **wonder if** the story is true.
その話は事実なのだろうか.
❷《wonder + that 節で》…ということに驚(おどろ)く, …だとは不思議(ふしぎ)だ
▶I **wonder (that)** she painted this picture in a few days.

彼女がこの絵を数日でえがいたとは驚きだ.
..., I wonder? …だろうか(♦ふつう疑問文のあとにつけて用いる)
▶What's this, **I wonder?**
これは何だろうか?
——自《**wonder at ...** で》
…に驚く, …を不思議に思う
(♦ be surprised at よりかたい言い方)
▶We **wondered at** his memory.
わたしたちは彼の記憶(きおく)力に驚いた.
——名詞 (複数 **wonders** [-z])
❶ U **驚き**; 不思議
(♦ surprise よりかたい語)
▶She turned around in **wonder**.
彼女は驚いて振(ふ)り返った.
❷ C 不思議なもの[人・こと]; 驚くべきもの[人]
▶the Seven **Wonders** of the World
世界の七不思議
It is nó wónder (that) ...
= **Nó wónder (that) ...**
…は少しも不思議ではない
▶**It's no wonder that** she won the tournament.
彼女がトーナメントで優勝したことは少しも不思議ではない.

:wonderful [wándərfl ワンダふる] 形容詞
(比較 **more wonderful**;
最上 **most wonderful**)
❶ **すばらしい**, すてきな
▶I had a **wonderful** Christmas.
わたしはすばらしいクリスマスを過ごした.
▶You look **wonderful** in your kimono. 着物姿がすてきですね.
❷ **不思議(ふしぎ)な**, 驚(おどろ)くべき
▶the **wonderful** world of the deep sea 深海の不思議な世界

wonderland [wándərlænd ワンダらぁンド] 名詞 U 不思議(ふしぎ)の国, おとぎの国;
C 《ふつう a wonderland または the wonderland で》すばらしいところ
▶*Alice's Adventures in Wonderland*
『不思議の国のアリス』 ➡ **Alice**

:won't [wóunt ウォウント]
《口語》will not の短縮形

:wood [wúd ウッド] 名詞

（複数）**woods** [wúdz ウッヅ]）

❶ **C** **U** 木材, 材木《◆種類を言うとき以外は a をつけず, 複数形にもしない）; **U** まき, たきぎ

▶Paper is made from **wood**.
紙は木材から作られる.

▶a piece of **wood** 1本のたきぎ

❷ **C**《しばしば **woods** で単数または複数あつかう》森, 林 ➡ **forest** くらべよう

▶I got lost in the **woods**.
わたしは森で道に迷った.

woodcutter [wúdkλtər ウッドカタ]
名詞 **C** きこり

wooden [wúdn ウドゥン] 形容詞
木でできた, 木製の, 木造の
▶a **wooden** house 木造の家

woodpecker [wúdpèkər ウッドペカ]
名詞 **C**【鳥類】
キツツキ

woof
[wúf ウふ]
間投詞 名詞
（複数）**woofs**
[-s]）
（イヌの（ような）低いうなり声）

wool [wúl ウる]（★発音に注意）
名詞 **U** 羊毛; 毛糸; 毛織物, ウール

▶This dress is made of **wool**.
このワンピースはウールでできている.

word [wə́:rd ワ〜ド] 名詞
（複数）**words** [wə́:rdz ワ〜ヅ]）

❶ **C** 語, 単語
▶an English **word** 英単語
▶What does this **word** mean?
この単語はどういう意味ですか?

❷ **C**《しばしば **words** で》ことば;《ふつう **a word** で》（短い）会話（同義語 talk）
▶a person of few **words**
口数の少ない人
▶Can I have **a word** with you?
ちょっとお話ししたいのですが.

❸《**words** で》歌詞（同義語 lyrics）

❹《one's **word** で》約束
（同義語 promise）
▶keep one's **word** 約束を守る
▶Ellen never breaks **her word**.
エレンは決して約束を破らない.

in a wórd = *in óne wórd*
ひと言で言えば, 要するに
▶**In a word**, the plan was a failure.
ひと言で言えば, 計画は失敗だった.

in óther words 言い換(か)えれば, つまり
▶**In other words**, we can't see her anymore.
言い換えれば, わたしたちはもう彼女に会うことができない.

word processor [wə́:rd prὰsesər ワ〜ド プラセサ] 名詞
C ワードプロセッサー, ワープロ(ソフト)

wore [wɔ́:r ウォーア] 動詞
wear（…を着ている）の過去形

work [wə́:rk ワ〜ク]

名詞	❶ 仕事; 勉強
	❷ 職場
	❸ 作品
動詞	🅐 ❶ 働く; 勉強する
	❷ （機械などが）動く

——名詞 （複数）**works** [-s]）

❶ **U** 仕事, 職; 勉強（対義語 play 遊び）
▶find **work** 仕事を得る
▶I have a lot of **work** to do. しなければならない仕事がたくさんある.

▶ことわざ All **work** and no play makes Jack a dull boy.
よく学び, よく遊べ.
（◆「勉強ばかりして遊ばないと子供はだめになる」の意味から）

くらべよう **work** と **job**

work: お金にならない場合もふくめて, 広く「仕事」を表します.（◆数えられない）
▶do volunteer **work**
ボランティアの仕事をする
▶He is out of **work**.
彼は失業中だ.

job: お金をもらってする具体的な「仕事」を指します.（◆数えられる）
▶find a **job** 仕事を見つける
▶a part-time **job** アルバイト

❷ **U** 職場, 仕事場
▶go to **work**
仕事に出かける, 出勤する
▶I saw him at **work** yesterday.
わたしは昨日, 職場で彼に会った.

❸ **C** 作品, 製品, 著作
▶the **works** of Natsume Soseki
夏目漱石の作品
❹《**works** で単数または複数あつかいで》
工場, 製作所 ➡ **factory**《くらべよう》

at wórk 仕事中で

──**動詞** **三単現** **works** [-s];
過去・過分 **worked** [-t]; **現分** **working**）

──**自** ❶ 働く, 作業をする; 勤める;
勉強する（**対義語** play 遊ぶ）
▶My father **works** for [at, in] a
bank. 父は銀行で働いている.
▶Mike is **working** hard to pass
the exam. 試験に合格するために,
マイクは一生懸命（淡）勉強している.
❷（機械などが）**動く**;（薬などが）効き目
がある;（計画などが）うまくいく
▶This old computer doesn't **work**
well. この古いコンピューターは正常
に機能しない.
▶The medicine **worked** on me
quickly. その薬はわたしにすぐ効いた.

──**他**（機械など）を動かす

wórk on ... …に取り組む, 従事する
▶He is **working** on his new novel.
彼は新しい小説に取り組んでいる.

wórk óut
①（問題など）を解く（**同義語** solve）;
（計画・解決策など）を考え出す
▶**work out** a solution
解決方法を見つける
②（物事が）（結局は）うまくいく;
（結局）…となる
③《**口語**》運動をする

workbook [wə́ːrkbùk ワ～クブック]
名詞 **C** 学習帳, 練習帳, ワークブック

worker [wə́ːrkər ワ～カ] **名詞**
C 働く人, 労働者; 勉強する人, 勉強家
▶My mother is an office **worker**.
母は会社員だ.

working [wə́ːrkiŋ ワ～キング]
──**動詞** work（働く）の現在分詞・動名詞
──**形容詞**《名詞の前に用いて》**働く**
▶a **working** woman 働く女性

workman [wə́ːrkmən ワ～クマン]
名詞（**複数** **workmen** [wə́ːrkmən ワ～
クマン]）**C** 労働者; 職人
（◆性差のない語は worker）

workshop [wə́ːrkʃàp ワ～クシャップ]
名詞 ❶ **C** 仕事場, 作業場

（◆単に shop ともいう）
❷ **C** 研究会, 講習会, ワークショップ

ᵗworld [wə́ːrld ワ～るド]

──**名詞**（**複数** **worlds** [wə́ːrldz ワ～る
ヅ]）❶《the world で》世界, 地球;
《単数あつかいで》世界じゅうの人々, 人類
▶all countries in **the world**
世界のすべての国々
▶travel around **the world**
世界じゅうを旅行する
❷ **C**《ふつう **the world** で》世の中;
《単数あつかいで》世間の人々
▶Let's make **the world** better.
よりよい世の中にしましょう.
❸ **C**《ふつう **the world** で》
…界, …の世界
▶**the** business **world** 実業界

all over the wórld 世界じゅうで[に]
▶Her songs are popular **all over
the world**.
彼女の歌は世界じゅうで人気がある.

in the wórld
一体全体（◆疑問文を強調する）
▶What **in the world** are you
saying? いったいあなたは何を言って
いるのですか？

It's a smáll wórld.
世間は狭（紫）いものですね.（◆思いがけな
い場所で知人に会ったときなどに用いる）

──**形容詞** 世界の, 世界的な
▶a **world** record 世界記録

World Cup [wə́ːrld kʌ́p ワ～るド カップ]
名詞《the World Cup で》ワールドカッ
プ（◆サッカーなどの世界選手権大会）

World Heritage Site [wə́ːrld
hérətidʒ sàit ワ～るド ヘリテッジ サイト]
名詞 **C**《the World Heritage Site
で》世界遺産（◆「世界遺産条約」に基（巻）
づいて指定された, 世界の貴重な自然物
や遺跡（巻）, 歴史的建造物など）

World War Ⅰ [wə́ːrld wɔ̀ːr wʌ́n ワ～る
ド ウォーア ワン] **名詞** 第一次世界大戦
（◆1914-18; the First World War
または the Great War ともいう）

World War Ⅱ [wə́ːrld wɔ̀ːr túː ワ～る
ド ウォーア トゥー] **名詞** 第二次世界大戦
（◆1939-45; the Second World War
ともいう）

worldwide [wə́ːrldwáid ワ～るドワイ
ド] **形容詞**《ふつう名詞の前で用いて》

世界的な, 世界じゅうに知れ渡った
——副詞 世界じゅうに, 世界的に

worm [wə́ːrm ワ〜ム] (★発音に注意)
名詞 C 虫(◆ミミズ・毛虫など体が柔らかくて細長く, 足のない虫を指す; アリやミツバチなどの昆虫は insect)

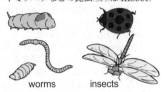

worms　　insects

worn [wɔ́ːrn ウォーン]
——動詞 wear(…を着ている)の過去分詞
——形容詞 着古した, 使い古した; 疲れきった
▸a **worn** coat　着古したコート

worn-out [wɔ́ːrnáut ウォーンアウト]
形容詞 (もはや使用できないほど)使い古した, すり切れた; (人が)疲れきった

worried [wə́ːrid ワ〜リド]
——動詞 worry(…を心配させる)の過去形・過去分詞
——形容詞 心配そうな, (…を)心配している《about [over] …》
▸a **worried** look　心配そうな顔
▸He was **worried about** you.
彼はあなたのことを心配していた.

worry [wə́ːri ワ〜リ]
——動詞 (三単現 **worries** [-z]; 過去・過分 **worried** [-d]; 現分 **worrying**)
——他 ❶ …を心配させる, 悩ませる; …を苦しめる
▸His illness is **worrying** her.
彼の病気が彼女を悩ませている.
▸What's **worrying** you?
何を悩んでいるの?
❷《**be worried about** [over] … で》…のことで心配している, 悩んでいる
➡ **worried**
——自 (…のことで)**心配する**, 悩む《about [over] …》
▸There's nothing to **worry about**.
何も心配はいりません.

Don't wórry.
① 心配しないで.
▸**Don't worry.** I'm all right.

心配しないで. わたしはだいじょうぶ.
② 気にしないで.(= Never mind. / That's OK. / No problem.)

ダイアログ
A: I'm sorry I'm late.
遅くなってごめんね.
B: **Don't worry.** I just came, too.
気にしないで. ぼくも来たばかりだよ.

——名詞 (複数 **worries** [-z])
❶ U 心配, 不安, 悩み
▸cause **worry**　不安を起こさせる
❷ C《ふつう **worries** で》心配事
▸He has a lot of **worries**.
彼には多くの心配事がある.

worse [wə́ːrs ワ〜ス]
——形容詞 (bad または ill の比較級; 最上級は worst)
❶《bad の比較級》**より悪い**, より劣った (対義語 better よりよい)
▸His handwriting is **worse** than mine.　彼の字はわたしのよりひどい.
❷《ill の比較級》《名詞の前には用いない》(病気・気分などが)**より悪い**

ダイアログ
A: How do you feel?　気分はどう?
B: **Worse** than yesterday.
昨日より悪いんだ.

——副詞 (badly または ill の比較級; 最上級は worst)**より悪く**, いっそうひどく (対義語 better よりよく)
▸Tom plays tennis **worse** than I.
トムはわたしよりテニスがへただ.

worship [wə́ːrʃip ワ〜シップ] 名詞
U 礼拝, 礼拝式; 崇拝
——動詞 (三単現 **worships** [-s]; 過去・過分 **worshiped**, 《英》**worshipped** [-t]; 現分 **worshiping**, 《英》**worshipping**)
——他 (神など)を礼拝する, (英雄など)を崇拝する

worst [wə́ːrst ワ〜スト]
——形容詞 (bad または ill の最上級; 比較級は worse)《ふつう **the worst** で》最も悪い, 最もひどい, 最低の (対義語 best 最もよい)
▸the **worst** result　最悪の結果
▸It was **the worst** experience of my life.

A B
C
D E F
G
H I J
K L M N
O
P
Q
R
S T U V
W
X Y
Z

それはわたしの人生で最悪の経験だった.

——副詞 (**badly** または **ill** の最上級; 比較級は **worse**) **最も悪く**, 最もひどく (対義語 **best** 最もよく)

▶This area was **worst** damaged by the flood. この地域は洪水(ﾂなみ)の被害(ﾋﾞ)が最も大きかったところだ.

wórst of áll 最も悪いことには

▶**Worst of all,** I ran out of money. 最も悪いことに, わたしはお金を使い果たしてしまった.

——名詞 《**the worst** で》最悪の事態

▶Expect the best, and prepare for **the worst**. 最高の結果を期待しつつ, 最悪の事態に備えよ.

at (the) wórst 最悪の場合でも[には], せいぜい (対義語 **at (the) best** よくても)

▶Our team will finish third **at the worst**. わたしたちのチームは悪くても3位には入るだろう.

worth [wə́ːrθ ワ〜す]

——形容詞《名詞の前には用いない; 前置詞とみなすこともある》

❶《**worth** ＋名詞で》(金銭的に)…の値打ちがある

▶This painting is **worth** a million yen. この絵には100万円の値打ちがある.

❷《**worth** ＋名詞[...ing]で》(物事が)…するだけの価値がある

▶The work is **worth** the trouble. その仕事は苦労するだけの価値がある.

▶This book is **worth reading** many times. この本は何回も読むだけの価値がある.

——名詞 Ｕ 価値, 値打ち

worthless [wə́ːrθləs ワ〜すれス] 形容詞 価値のない, 役に立たない

worthwhile [wə́ːrθhwáil ワ〜す(ホ)ワイル] 形容詞 やりがいのある

▶a **worthwhile** job やりがいのある仕事

worthy [wə́ːrði ワ〜ずィ] (★発音に注意) 形容詞

(比較 **worthier**; 最上 **worthiest**)

《名詞の前には用いない》

(…に / …するに)値(ﾀﾞ)する, ふさわしい (**of** ... / **to** ＋動詞の原形)

▶He is **worthy of** the prize. 彼はその賞を受賞するに値する.

would [wúd ウッド; (弱く言うとき) wəd ウド, d ドゥ] 助動詞 (will の過去形)

❶《時制の一致(ﾁ)を受け, will の過去形として》…でしょう, …だろう; …するつもりだ

▶I thought (that) he **would** be late for school. わたしは彼が学校に遅刻(ﾁこく)するだろうと思った.

▶Bob said (that) he **would** call me later. あとでわたしに電話するつもりだとボブは言った. (= Bob said, "I will call you later.")

❷《**Would you ...?** で》…してくださいませんか?

(♦ Will you ...? よりていねいな依頼(ﾗ)の表現)

▶**Would you** please tell me the way to the station?
駅へ行く道を教えていただけませんか?

❸〖過去の習慣〗よく…したものだった (♦ used to と異なり, 動作を表す動詞にだけ用いる ➡ **used**)

▶I **would** often go skiing with my family in those days.
そのころ, わたしは家族とよくスキーに行ったものだった.

❹〖過去の強い意志〗どうしても…しようとした (♦ 主に否定文で用いられる)

▶He **wouldn't** change his mind. 彼は頑(ﾞ)として自分の考えを変えようとしなかった.

❺《現在の事実に反することを仮定するときに用いて》(もし…ならば)…するのだが ➡ **if** ルール ❷

▶If I were you, I **would** tell the truth. もしわたしがあなたなら, 本当のことを話すだろう.

would like ... …がほしい(のですが) ➡ **like¹**

would like to ＋動詞の原形 …したい(のですが) ➡ **like¹**;

《**Would you like to** ＋動詞の原形 **?** で》…してはいかがですか?;

《**would like** ＋人＋ **to** ＋動詞の原形》(人)に…してほしい(のですが)

would love to ＋動詞の原形 …したい ➡ **love**

would ráther ... (*than* 〜) (〜するより)むしろ…したい ➡ **rather**

a
b
c
d
e
f
g
h
i
j
k
l
m
n
o
p
q
r
s
t
u
v
w
x
y
z

⁝wouldn't [wúdnt ウドゥント]
　《口語》would not の短縮形

wound¹ [wúːnd ウーンド]（★ wound²
　との発音のちがいに注意）名詞
　Ｃ（主に武器による）傷, けが;
　（感情への）痛手
　▶suffer a serious **wound**　重傷を負う
　——動詞 他 …を負傷させる, 傷つける
　（♦ふつう受け身の形で用いる）
　➡ injure くらべよう
　▶Six people **were wounded** in the
　　accident.　その事故で 6 名が負傷した.

wound² [wáund ワウンド]（★ wound¹
　との発音のちがいに注意）動詞
　wind²（…を巻く）の過去形・過去分詞

wounded [wúːndid ウーンディッド]
　形容詞 けがをした; 傷ついた

wove [wóuv ウォウヴ] 動詞
　weave（…を織る）の過去形

woven [wóuvn ウォウヴン] 動詞
　weave（…を織る）の過去分詞

wow [wáu ワウ] 間投詞《口語》
　（驚き・喜びなどを表して）うわあ, わあ

wrap [rǽp ラぁップ]（★発音に注意）動詞
　（三単現 **wraps** [-s]; 過去・過分 **wrapped**
　[-t]; 現分 **wrapping**）
　他《しばしば **up** をともなう》…を包む,
　くるむ
　▶I **wrapped (up)** the present in
　　colorful paper.
　　わたしはそのプレゼントをカラフルな
　　紙に包んだ.

wrapper [rǽpər ラぁパ] 名詞
　Ｃ 包み紙, 包装紙; 包装係

wrapping [rǽpiŋ ラぁピング] 名詞
　Ｃ Ｕ 包装材料, 包装紙

wrapping paper [rǽpiŋ pèipər ラぁ
　ピング ペイパ] 名詞 Ｕ 包装紙, 包み紙

wreath [ríːθ リーす]（★発音に注意）名詞
　Ｃ 花輪, 花の冠, リース

Christmas
wreath:
玄関のドアな
どに飾るクリ
スマスリース

wreck [rék レック]（★発音に注意）名詞

Ｃ（難破船・事故車・墜落した飛行機な
ど）の残がい; 難破船; 事故車;
《米》（自動車などの）事故
——動詞 他 …を破壊する; （船）を難破さ
せる（♦ふつう受け身の形で用いる）

wrestle [résl レスる]（★発音に注意）
　動詞 （三単現 **wrestles** [-z]; 過去・過分
　wrestled [-d]; 現分 **wrestling**）
　自 (人・問題などと)格闘する;
　(…と)レスリングをする《**with ...**》

wrestler [réslər レスら]（★発音に注意）
　名詞 Ｃ レスラー, レスリングの選手;
　（すもうの）力士（= sumo wrestler）

wrestling [résliŋ レスリング]（★発音に
　注意）名詞 Ｕ【スポーツ】レスリング;
　すもう（= sumo wrestling）

wrist [ríst リスト]（★発音に注意）名詞
　Ｃ 手首（♦ arm と hand の間の部分）
　➡ 巻頭カラー 英語発信辞典⑭,
　hand 図

wristwatch [rístwàtʃ リストワッチ]
　名詞 （複数 **wristwatches** [-iz]）
　Ｃ 腕時計
　（♦単に watch というほうがふつう）

⁝write [ráit ライト]（★発音に注意）
　動詞 （三単現 **writes** [ráits ライツ];
　過去 **wrote** [róut ロウト]; 過分 **written**
　[rítn リトゥン]; 現分 **writing**）
　——他 ❶（文字・文章・小説など）を書く
　➡ draw くらべよう; （曲）を作る
　▶**write** a short story
　　短編小説を書く
　▶Please **write** your name here.
　　ここに名前を書いてください.
　❷（人）に手紙を書く;
　《**write** ＋人＋手紙などまたは **write** ＋
　手紙など＋ **to** ＋人で》
　（人）に（手紙など）を書き送る
　▶**write** a letter
　　手紙を書く
　▶Please **write** me an e-mail.
　　(=Please **write** an e-mail **to** me.)
　　メールしてくださいね.（♦文末の語句が
　　強調される; 前者では「何を」書いたか,
　　後者は「だれに」書いたかに重点が置か
　　れる）
　——自 ❶ 書く, 字を書く
　▶Please **write** in English.
　　英語で書いてください.
　▶**write** in ink　インクで書く

❷ 手紙を書く;
《**write to ...** で》…に手紙を書く
▸**Write** soon, 手紙をください.
（◆手紙の最後に書かれることば）
▸Tom sometimes **writes to** me.
トムはときどきわたしに手紙をくれる.

write **báck**
（人に）手紙の返事を書く《to ...》

write **dówn** …を書き留める
▸**Write down** that idea.
その考えを書き留めておきなさい.

write **óut** …を全部［詳しく］書く

writer [ráitər ライタ]（★発音に注意）
名詞 C 筆者, 書く人; 作家, 著者; 記者

writing [ráitiŋ ライティング]
（★発音に注意）
──動詞 write（…を書く）の現在分詞・動名詞
──名詞（複数 writings [-z]）
❶ U 書くこと（対義語 reading 読むこと）
❷ U 筆跡
❸ U 書かれたもの;
《writings で》（ある人の）著作, 作品

written [rítn リトゥン]
（★発音に注意）
──動詞 write（…を書く）の過去分詞
──形容詞《名詞の前で用いて》
書いた, 書かれた; 書面の
（対義語 oral, spoken 口頭の）
▸**written** language 書きことば

wrong [rɔ́ːŋ ローング]
（★発音に注意）

形容詞	❶ 悪い
	❷ まちがった
	❸ 故障した; ぐあいが悪い
副詞	まちがって
名詞	❶ 悪

──形容詞（比較 more wrong;
最上 most wrong）
❶（道徳的に）悪い, 不正な
（対義語 right 正しい）
▸a **wrong** act 不正な行為
▸Stealing is **wrong**.
盗みを働くことは悪い.
❷ まちがった, 誤った
▸take a **wrong** train
乗る電車をまちがえる

▸Sorry, you have the **wrong**
number.
（電話で）番号をおまちがえのようです.
❸《名詞の前には用いない》
（機械などが）故障した, 調子が悪い;
（人が）ぐあいが悪い《with ...》
▸Something is **wrong with** this
TV.
このテレビはどこかおかしい.

ダイアログ
A: What's **wrong with** you?
どうしたの?
B: I have a slight fever.
ちょっと熱があってね.

──副詞 まちがって, 誤って
（対義語 right 正しく）
▸I spelled the word **wrong**.
わたしはその単語のつづりをまちがえた.

go **wróng**
① まちがえる
▸Where did I **go wrong**?
わたしはどこでまちがえたのだろう?
② うまくいかない, 失敗する
▸Everything went **wrong**.
何もかもうまくいかなかった.
③（機械などが）故障する

──名詞（複数 wrongs [-z]）
❶ U 悪, 不正（対義語 right 正義）
▸He can't tell right from **wrong**.
彼は善悪の区別がつかない.
❷ C 悪事, 不正な行い

be in the **wróng** まちがっている

wrote [róut ロウト]
（★発音に注意）動詞
write（…を書く）の過去形

WV 【郵便】ウエストバージニア州
（◆ West Virginia の略）

WWW [dʌ́blju:dʌ́blju:dʌ́blju: ダブリューダブリューダブリュー] 名詞
ワールドワイドウェブ
（◆ World Wide Web の略;
インターネット上で検索が可能な世界規模の情報ネットワーク）

WY 【郵便】ワイオミング州
（◆ Wyoming の略）

Wyoming [waióumiŋ ワイオウミング]
名詞 ワイオミング州
（◆ アメリカ北西部の州; Wy., Wyo.
または【郵便】で WY と略す）

Q レントゲン写真は何という？ ➡ X-ray をひいてみよう！

X, x [éks エクス] **名詞** （**複数** X's, x's または **Xs, xs** [-iz]）❶ **C U** エックス（♦アルファベットの 24 番めの文字）❷ **U** （ローマ数字の）10

Xing, XING [krɔ́ːsiŋ クロースィング] **名詞 C** 《主に交通標識で用いられて》交差点；踏切(ふみきり)；横断歩道；**C U** 横断（すること）（♦cross を X で表したもの）
▸Ped **Xing** （掲示）横断歩道

SCHOOL XING

（♦PED は *pedestrian* の略；pedestrian crossing とも書く）

Xmas [krísməs クリスマス] **名詞 C U** 《口語》クリスマス（♦正しくは Christmas とつづる；X'mas とつづるのは誤り）➡ **Christmas**

X-ray, x-ray [éksrèi エクスレイ] **名詞**（♦X ray, x ray ともつづる）❶ **C**《ふつう **X-rays** で》エックス線，レントゲン ❷ **C** エックス線写真，レントゲン写真；レントゲン検査 ▸have a chest **X-ray** 胸部レントゲン検査を受ける —— **形容詞** エックス線の，レントゲンの —— **動詞** 他 …のレントゲン写真を撮(と)る，…をレントゲンで調べる

xylophone [záiləfòun ザいらフォウン]（★発音に注意）**名詞 C** 【楽器】木琴(もっきん)，シロホン ➡ **musical instruments** 図

Q 「いいえ」なのに yes？ ➡ yes をひいてみよう！

Y, y [wái ワイ] **名詞** （**複数** Y's, y's または **Ys, ys** [-z]）**C U** ワイ（♦アルファベットの 25 番めの文字）

yacht [ját ヤット]（★発音に注意）**名詞 C** ヨット（♦主に宿泊(しゅくはく)施設(しせつ)を備えた大型のレース用・レジャー用の船に用いる；日本語でいう小型の「ヨット」はふつう《米》sailboat，《英》sailing boat という）

▸by **yacht** ヨットで（♦手段を表す by のあとは無冠詞）
▸sail a **yacht** ヨットを走らせる —— **動詞** 自 ヨットを走らせる；ヨットに乗る

A
B
C
D
E
F
G
H
I
J
K
L
M
N
O
P
Q
R
S
T
U
V
W
X
Y
Z

Yankee [jǽŋki ヤぁンキ] 名詞
C (《口語》)ヤンキー，アメリカ人
(♦アメリカ国外ではアメリカ人を指し，アメリカ国内では北部の人，特にニューイングランド地方の人を指して用いられる；しばしば軽べつ的な意味をもつ)

yard [já:rd ヤード]

yard¹ 名詞 庭
yard² 名詞 (長さの単位の)ヤード

˙yard¹

[já:rd ヤード] 名詞
(複数 yards [já:rdz ヤーヅ])

front yard　backyard

C 庭 ➡ garden (くらべよう)，backyard
▶a front **yard**
前庭(♦裏庭は backyard)
▶Mr. Brown's **yard** is large.
ブラウンさんの家の庭は広い.
▶We were playing in the **yard**.
わたしたちは庭で遊んでいた.
▶a **yard** sale　ヤードセール
(♦自宅の庭などで行う不要品セール)
➡ garage sale (文化)
❷ C 中庭；(学校・駅などの)構内；(教会などの)境内(けいだい)
▶a school**yard**　校庭
❸ C 作業場；…置き場
▶a coal **yard**　石炭置き場

˙yard²

[já:rd ヤード] 名詞
(複数 yards [já:rdz ヤーヅ])
C (長さの単位の)**ヤード**
(♦1ヤードは3フィート(feet)で，約91.4cm；ydまたはyd.(複数はydsまたはyds.)と略す)

yarn [já:rn ヤーン] 名詞
U (織物・編み物用の)糸，毛糸

yawn [jɔ́:n ヨーン] 名詞 C あくび
――動詞 ⾃ あくびをする

yd, yd. (長さの単位の)ヤード
(♦ yard の略；複数形は yds または yds.)

yea [jéi イェイ] 名詞
C 賛成票，賛成の返事

yeah [jéə イェア] 副詞 (《口語》)=yes(はい)

˙year

[jíər イア] 名詞
(複数 years [-z])
❶ C 年，1年(=calendar year)
(♦ this, last, next などとともに用いられる場合，前置詞をつけない)
▶this **year**　ことし
▶I'll be fifteen next **year**.
わたしは来年15歳(さい)になる.
▶She went to London last **year**.
彼女は去年ロンドンに行った.
▶the **year** before last
一昨年，おととし
▶the **year** after next　再来年
▶My uncle travels abroad every **year**.
おじは毎年，外国を旅行する.
▶every other **year**　1年おきに
▶I bought this bike two **years** ago.
わたしは2年前にこの自転車を買った.
▶I have lived in Kyoto for ten **years**.
わたしは京都に10年間住んでいる.
❷ C 《数を表す語とともに用いて》…歳，《years で》年齢(ねんれい)
▶I'm thirteen (**years** old).
わたしは13歳だ.
(♦ years old は省略できる)
▶He is two **years** younger than I (am) [me].
彼はわたしよりも2歳年下だ.
▶a seven-**year**-old girl　7歳の少女
(♦数を表す語とハイフン(-)で結ばれて「…歳の」という意味で使われる場合，year は複数形にならない)
❸ C 年度；学年
(=school year, academic year)
▶In Japan, the school **year** begins in April.
日本では，学年は4月から始まる.
▶I'm in the second **year** of junior high school.
(=I'm a second-**year** student in junior high school.)
わたしは中学2年生です.(♦ I'm in the eighth grade. というほうがふつう)
➡ grade 1つめの (参考)
áll (*the*) *yéar* *aróund* [*róund*]

一年じゅう
▶The top of the mountain is covered with snow **all (the) year round**.
その山の頂は一年じゅう雪におおわれている。

yéar after yéar
毎年毎年, 来る年も来る年も
▶They went to Hawaii in (the) summer **year after year**.
毎年毎年, 彼らは夏にハワイへ行った.

yéar by yéar
年々, 年ごとに
▶Prices go up **year by year**.
物価が年々上がる.

yearbook [jíərbùk イアブック] 名詞
❶ C 年鑑(かん), 年報
❷ C 《米》(高校・大学の)卒業記念アルバム

yearly [jíərli イアリ] 形容詞
毎年の, 年1回の; 1年間の
▶a **yearly** meeting 年1回の会合
▶a **yearly** income 年収
——副詞 毎年, 年に1回

yell [jél イェる] 動詞
自 大声で叫(さけ)ぶ, わめく, どなる
——名詞 ❶ C 叫び声, わめき声
❷ C 《米》エール(♦選手やチームに対する, 声を合わせた声援(えん))

yellow [jélou イェろウ]
——形容詞
(比較 **yellower**; 最上 **yellowest**)
❶ 黄色い, 黄色の
▶**yellow** tulips 黄色いチューリップ
❷ 皮膚(ふ)の黄色い, 黄色(しょく)人種の
(♦差別的な意味合いをふくむので, 使用を避(さ)ける傾向(けいこう)にある)
▶the **yellow** race 黄色人種
——名詞 (複数 **yellows** [-z])
❶ U 黄色; 黄色い服
▶She often wears **yellow**.
彼女はよく黄色の服を着ている.
❷ C U (卵の)黄身, 卵黄(らんおう)
(対義語 white(卵の)白身)

Yellow Pages [jélou pèidʒiz イェろウ ペイヂズ] 名詞 《複数あつかいで》
【商標】(電話帳の)職業別ページ;
職業別電話帳
(♦黄色の紙に印刷されていることから;
「個人別電話帳」は White Pages)

yen [jén イェン] 名詞
(複数 **yen**: 単複同形)
C 円(♦日本の貨幣(へい)単位; y または Y と略す; 記号は¥で, 数字の前に置く)
▶This bag is 3,000 **yen** [¥3,000].
このバッグは3,000円だ.
▶That's five hundred and ten **yen**, please.
(レジで)510円いただきます.

yes [jés イェス]
——副詞 ❶ (質問に答えて)**はい**, ええ, そうです; (否定の質問に答えて)**いいえ**
(対義語 no いいえ)

ダイアログ
A: Is she a student?
彼女は学生ですか?
B: **Yes**, she is. はい, そうです.

ダイアログ
A: Do you like dogs?
イヌは好きですか?
B: **Yes**, I do. ええ, 好きです.

ルール 「いいえ」でも Yes

疑問文が肯定(こうてい)でも否定でも, 答えの内容が肯定なら Yes を使います.

ダイアログ
A: Don't you like pizza?
ピザは好きではないのですか?
B: **Yes**, I do.
いいえ, 好きですよ.
➡ no 1つめの ルール

❷ (相手の発言に同意して) はい, そうです; (呼びかけに答えて)はい

ダイアログ
A: Let's have lunch.
お昼にしましょう.
B: **Yes**, let's.
はい, そうしましょう.

A
B
C
D
E
F
G
H
I
J
K
L
M
N
O
P
Q
R
S
T
U
V
W
X
Y
Z

ダイアログ
A: Come over here, Luke.
ルーク, こっちに来てくれないか.
B: **Yes**, Dad.　はい, 父さん.

❸《待っている人などに対して》何か, ご用は(◆相手が用件を告げるのを促(??)す)

ダイアログ
A: **Yes**?
(チケット売り場で)いかがなさいますか?
B: I'd like two tickets for tonight's concert.
今夜のコンサートのチケットを2枚ください.

——**名詞** (**複数** **yeses** または **yesses** [-iz])

C **U** 「はい」ということば [返事], 賛成
▸He said "**Yes**." 彼は「はい」と言った.
▸Answer with a **yes** or a **no**.
「はい」か「いいえ」で答えなさい.

ˈyesterday

[jéstərdèi イェスタデイ]
——**名詞** **U** 昨日 ➡ **last¹** **座考**
▸**yesterday**'s paper 昨日の新聞
▸**yesterday** morning
昨日の朝(に)
▸**yesterday** afternoon
昨日の午後(に)
▸**yesterday** evening
昨日の夕方 [晩] (に)
(◆ night を用いる場合は last night という; × yesterday night とはいわない)
▸**Yesterday** was my birthday.
昨日はわたしの誕生日だった.

(the) dáy before yésterday
おととい, 一昨日(◆《米》では副詞的に用いるとき the を省略する)
——**副詞** 昨日(は)
▸It rained **yesterday**.
昨日, 雨が降った.

▸What did you do **yesterday**?
あなたは昨日何をしましたか?

ˈyet

[jét イェット]
——**副詞** ❶《否定文で》**まだ**, 今のところは(◆ふつうは文末か, 否定語の直後に置く); **同義語** still)
▸Dinner is not ready **yet**.
夕食はまだ準備できていません.
▸I **haven't** finished my homework **yet**.
わたしはまだ宿題を終えていない.

ダイアログ
A: Have you had lunch?
昼食は済みましたか?
B: No, **not yet**.
いいえ, まだです.

ダイアログ
A: When do you plan to go to London?
ロンドンへはいつ行く予定ですか?
B: I haven't decided **yet**.
まだ決めていません.

❷《肯定(??)の疑問文で》**もう**, すでに
➡ **already** **ルール**
▸Has he come back to Japan **yet**?
彼はもう日本に戻(??)っていますか?
▸Have you finished writing the paper **yet**?
そのレポートはもう書き終わりましたか?

❸《進行形か継続(??)を表す動詞を用いた肯定文で》**まだ**, 今なお, 依然(??)として(◆ still のほうがふつう)
▸Fred **is sleeping yet**.
フレッドはまだ寝(??)ている.

and yet それでも, それにもかかわらず
▸Bob doesn't study much, **and yet** he always gets good grades.
ボブはあまり勉強をしないが, それにもかかわらずいつもいい成績をとる.

as yet 今までのところは
▸I haven't heard from Lisa **as yet**.
今のところ, リサから連絡(??)はない.

——**接続詞** それでも, それにもかかわらず
▸Ann was tired, **yet** she stayed up late last night.
アンは疲(??)れていたが, それでも昨夜は遅(??)くまで起きていた.

yield [jíːld イールド] **動詞** 他

❶ …を産出する; (結果など)を生む
▶These trees **yield** a lot of apples.
これらの木々にはリンゴの実がたくさんなる.
❷ …を(…に)譲(ゆず)る, あたえる; …を(…に)明け渡(わた)す《to ...》
━━⽬ ❶ (…に)負ける, 降伏(ごうふく)する《to ...》
▶They **yielded to** the enemy at last.
ついに彼らは敵に降伏した.
❷ (圧力を受けて)曲がる, へこむ; (力に)屈(くっ)する《to ...》

YMCA, Y.M.C.A. [wáièmsì:éi ワイエムスィーエイ] 名詞 キリスト教青年会 (♦the *Y*oung *M*en's *C*hristian *A*ssociation の略)

yogurt, yoghurt [jóugərt ヨウガト] (★発音に注意) 名詞 Ｕ Ｃ ヨーグルト (♦yoghourt ともつづる)

:**you** [júː ユー; (弱く言うとき)ju ユ]
代名詞 〖人称代名詞の二人称単数・複数の主格および目的格〗
❶《主格》あなたは[が], あなたたちは[が]
▶**You**'re so kind.
あなたはとても親切ですね.
▶Are **you** busy now?
今, 忙(いそが)しいですか?
▶**You** can do it!
あなたならできます.
▶**You** and I must go there.
あなたとわたしはそこへ行かなくてはならない. (♦I よりも You を先に言う)
➡ I ルール ❸

ダイアログ
A: Are **you** high school students?
あなたたちは高校生ですか?
B: No. We're college students.
いいえ. わたしたちは大学生です.

❷《目的格》あなたを[に], あなたたちを[に]
▶Emma likes **you**.
エマはきみのことが好きなんだよ.
▶I'll show **you** the picture tomorrow.
明日, その写真を見せてあげるね.
▶Please take me there with **you**.
わたしをいっしょにそこへ連れて行ってください.

参考 you の変化形と所有・再帰代名詞

主格	**you**	あなた(たち)は[が]
所有格	**your**	あなた(たち)の
目的格	**you**	あなた(たち)を[に]
所有代名詞	**yours**	あなた(たち)のもの
再帰代名詞	**yourself, yourselves**	あなた(たち)自身を[に]

❸ 人は, だれでも(♦相手をふくめて一般の人々を指す; 日本語には訳さない場合が多い)
▶**You** can learn a lot from your mistakes.
失敗からは多くを学ぶことができる.
▶**You** never know what will happen tomorrow.
明日, 何が起こるかはだれにもわからない.

:**you'd** [júːd ユード]
《口語》you would, you had の短縮形

:**you'll** [júːl ユーる]
《口語》you will の短縮形

:**young** [jʌ́ŋ ヤング]
(★発音に注意) 形容詞
(比較 younger; 最上 youngest)
❶ 若い, 幼い (対義語 old 年をとった)
▶a **young** man [woman]
若い男性[女性]
▶**young** people (=the **young**)
若者たち
▶He looks **young** for his age.
彼は年のわりには若く見える.
❷ 年下の, 年少の
▶a **younger** brother 弟
▶a **younger** sister 妹
▶My brother is two years **younger** than I (am) [me].
弟はわたしより2つ年下だ.
▶Who is the **youngest** in this picture? この写真の中ではだれがいちばん若いのですか?

:**your** [júər ユア] 代名詞
〖人称代名詞の二人称単数・複数 you の所有格〗あなたの, あなたたちの
➡ you 参考
▶I need **your** help. わたしにはあなた(たち)の助けが必要です.

ダイアログ
A: Is this **your** bag?
これはあなたのかばんですか？
B: Yes, it's mine. はい, わたしのです.

⁑you're [júər ユア]
《口語》you are の短縮形

⁑yours [júərz ユアズ] 代名詞
『人称代名詞の二人称単数・複数 you の所有代名詞』

❶ **あなたのもの, あなたたちのもの**
➡ you 屡屡
▶Which book is **yours**?
どの本があなたのものですか？
▶I've got new glasses, but **yours** look better.
新しいめがねを買ったのですが, あなたのめがねのほうがすてきですね.
(♦ yours は your glasses という複数形の名詞を表しているので, 動詞は look で受ける)
▶Is he a friend of **yours**?
彼はあなたの友達なのですか？

❷《Yours, で》(手紙の結びで)敬具, 草々
Sincerely (yóurs),
=《英》*Yours sincérely,*
(手紙の結びで)敬具, 草々

⁑yourself [juərsélf ユアセるふ]
代名詞 『人称代名詞の二人称単数 you の再帰代名詞』(複数 yourselves [juərsélvz ユアセるヴズ])

❶《動詞・前置詞の目的語となって》
あなた自身を[に] ➡ you 屡屡
(♦日本語に訳さないことが多い)
▶Enjoy **yourself** [**yourselves**]!
楽しんでくださいね！
▶Please make **yourself** at home.
どうぞ楽にしてください.
▶Take care of **yourself**.
体に気をつけてね.

❷《you の意味を強調して》
あなた自身; 自ら(♦強く発音する)
▶Do it **yourself**. 自分でやりなさい.

(all) by yoursélf
ひとりぼっちで; 独力で ➡ oneself
for yoursélf
自分のために; 自分で ➡ oneself
hélp yoursélf

(…を)自分で取って食べる《to ...》
▶Please **help yourself to** the cake.
どうぞケーキをご自由に召し上がってください.

yourselves [juərsélvz ユアセるヴズ]
代名詞 yourself(あなた自身を[に])の複数形 ➡ you 屡屡

(all) by yoursélves
自分たちだけで; 独力で ➡ oneself
▶Discuss and solve the problem **by yourselves**.
その問題は, あなたたち自身で話し合って解決しなさい.

youth [júːθ ユーす] 名詞 (複数 youths [júːθs ユーすス, júːðz ユーずズ])
❶ U 若さ; 若いころ, 青春時代
▶Ms. Green lived in Canada in her **youth**.
グリーン先生は若いころ, カナダに住んでいた.

❷ C 若い人, 青年
(♦しばしば軽べつ的な意味をもつ)
▶A group of **youths** were making noise in the park.
若者の一群が公園で騒(訊)いでいた.

youthful [júːθfl ユーすふる] 形容詞
若々しい, 若者らしい, はつらつとした

youth hostel [júːθ hàstl ユース ハストゥる] 名詞 C ユースホステル(♦主に若者のための, 安い料金で宿泊(訟)できる会員制の施設(霄); 単に hostel ともいう)

⁑you've [júːv ユーヴ]
《口語》you have の短縮形

yo-yo [jóujòu ヨウヨウ] 名詞 (複数 yo-yos [-z]) C (おもちゃの)ヨーヨー

yummy [jʌ́mi ヤミ] 形容詞
(比較 yummier; 最上 yummiest)
《口語》おいしい

YWCA, Y.W.C.A. [wáidʌ̀bljuːsìːéi ワイダブリュースィーエイ] 名詞 キリスト教女子青年会(♦ the Young *W*omen's *C*hristian *A*ssociation の略)

a b c d e f g h i j k l m n o p q r s t u v w x y z

Zz

Zz

Q「ジグザグ」って，どういう形？⇒ zigzag をひいてみよう！

Z, z [zí: ズィー] 名詞
（複数 **Z's, z's** または **Zs, zs** [-z]）
C U ズィー，ゼット
（♦アルファベットの 26 番めの文字）

zebra [zí:brə ズィーブラ] 名詞
（複数 **zebras** [-z] または **zebra**）
C【動物】シマウマ

zebra crossing [zí:brə krɔ̀:siŋ
ズィーブラ クロースィング] 名詞
C（英）横断歩道
（♦白ペンキのしま模様がシマウマを連想
させることから；（米）crosswalk）

▲イギリスでは，車は日本と同じ左側通行．
道路の手前側（右から車が来る側）に LOOK
RIGHT「右を見よ」と書いてある．

zero [zí:rou ズィーロウ]
──名詞（複数 **zeros** または **zeroes** [-z]）
❶ **C** 0，ゼロ，零(⁰)；0 の数字
▶How many **zeros** are there in a
billion?
10 億にはいくつゼロがありますか？
❷ **C U**（テストなどの）零点；
U（温度計などの）零度
▶I got a **zero** on the math test.
わたしは数学のテストで零点をとった．

▶It was five degrees below **zero**
this morning.
今朝は零下 5 度だった．

ルール 数字のゼロの読み方
❶ 数字のゼロはアルファベットのオー
(O)と似ています．そのため，電話番号
や郵便番号などを読むときに [óu オウ]
と発音されることがあります．
2390-7503 → two three nine **o**,
seven five **o** three
❷ 小数点の前のゼロは zero と読みま
すが，省略されることもあります．
0.5 → (**zero**) point five
❸ スポーツなどの点数のゼロはふつう
（米）nothing，（英）nil [níl ニる] などと発
音します．テニスでは love といいます．
▶We won the game 3 - **0**.
わたしたちはその試合に 3 対 0 で
勝った．
（♦ 3 - 0 は（米）three (to) nothing，
（英）three (to) nil と発音する）
▶30 - 0【テニス】30 対 0
（♦ thirty love と発音する）

──形容詞 0 の，ゼロの

Zeus [zú:s ズース] 名詞
【ギリシャ神話】ゼウス
（♦オリンポス山(Olympus)の神々の主
神で天の支配者；ローマ神話のジュピ
ター(Jupiter)にあたる）

zigzag [zígzæg ズィグザぁグ] 名詞
C ジグザグ，Z 字形
──副詞 ジグザグに，Z 字形に
──動詞（三単現 **zigzags** [z]；過去・過分
zigzagged [-d]；現分 **zigzagging**）
自 ジグザグに進む，Z 字形に進む

zip [zíp ズィップ] 名詞
❶ **C**（英）ファスナー，ジッパー，チャック
（♦（米）zipper）
❷ **U**《口語》活力，元気
❸ **C** ビュッという音

A B C D E F G H I J K L M N O P Q R S T U V W X Y Z

——**動詞** (**三単現** **zips** [-s];
過去・過分 **zipped** [-t]; **現分** **zipping**)
他 …をファスナーで開ける[閉める]
——**自**《口語》勢いよく動く[進む];
ファスナーで開く[閉まる]

zip code [zíp kòud ズィップ コウド]
名詞 **C** **U**《米》ジップコード, 郵便番号
(♦zip は *zone* *i*mprovement
*p*rogram [*p*lan] の略; 5 けたの数字で
表し, あて名の最後につける;
ZIP code とも書く;《英》postcode)
→ p.357 **How To Write a Letter of
Thanks**

zipper [zípər ズィパ] **名詞**
C《米》ジッパー, ファスナー, チャック
(♦《英》zip, zip fastener)

zodiac [zóudiæk ゾウディアック] **名詞**
❶《the zodiac で》【天文】黄道(こうどう)帯
(♦太陽・月・主要な惑星(わくせい)が通る天球上
の帯状の区域)
❷ **C** (星占(ぼし)いの) 十二宮; 十二宮図
(♦黄道帯に 12 の星座を配した図)
→ **horoscope** 区文化

zone [zóun ゾウン] **名詞**
C 地帯, 地域, 地区
▶a danger [safety] **zone**
危険[安全]地帯
▶a time **zone**
(標準)時間帯, タイムゾーン
(♦同じ時刻を使う地域; 世界は 24 のタ
イムゾーンに分かれており, タイムゾー
ンが変わることで時差が生じる)
▶a school **zone**
学校地区, 文教地区

▲学校地区の交通標識:「学校がある日は,
午前 8 時から 9 時半と午後 2 時半から 4
時の間は車の運転速度を時速 40 キロに制
限すること」と表示されている

zoo [zú: ズー] **名詞** (**複数** **zoos** [-z])
❶ **C** 動物園
▶I saw pandas at the Ueno **Zoo**.
わたしは上野動物園でパンダを見た.
▶a **zoo** keeper
動物園の飼育係
❷《the Zoo で》《英》ロンドン動物園

zoology [zouálədʒi ゾウアろヂィ]
(★発音に注意) **名詞** **U** 動物学

zoom [zú:m ズーム] **動詞** **自**
❶《口語》猛(もう)スピードで行く[する]
❷ 急上昇(じょうしょう)する, 急増する
❸ ブーンという音を立てる
zóom ín (カメラが)(…を)ズームレン
ズで大写しにする《on ...》
▶The camera **zoomed in on** the
bird.
カメラはその鳥にズームインした.
zóom óut (カメラが) ズームレンズで
被(ひ)写体から遠ざかる

zucchini [zukí:ni ズキーニ] **名詞**
(**複数** **zucchini** または **zucchinis** [-z])
C《米》【植物】ズッキーニ
(♦キュウリに似た野菜; カボチャの一種)

ZZZ, zzz [z: ズー] **間投詞**
(マンガなどで寝息(ねいき)やいびきの音を表
して)グーグー, ガーガー → **sound** 図

付　録

I. Eメールライティング

> ① From: Watanabe Yuki <y.watanabe@xxx.co.jp>
>
> ② To: Chris Hill <chris_123@xmail.com>
>
> ③ Subject: Your visit to us
>
> ④ Hi Chris,
>
> ⑤ How is it going? I hope you are doing well. We are looking forward to your visit. I am planning to show you around my favorite places. Is there anything you want to do during your visit?
>
> ⑥ Take care,
> Yuki

① 差出人，送信者

自分の E メールアドレスが From の欄に入ります.

② 宛先

E メールの送り先のメールアドレスが To の欄に入ります.

③ 件名

E メールの件名が Subject の欄に入ります. 日本語では「…について」のように書きますが, 英語では冒頭に about は不要です. また, 件名の頭に付く A, An や The などの冠詞は省略するのがふつうです.

件名の例

▶ Inquiry into your product（製品に関する問い合わせ）
▶ Invitation to our 1st anniversary party（1 周年記念パーティーへのご招待）

④ 書き始めのあいさつ

E メールの書き始めには「Hi（相手のファーストネーム），」などのあいさつが入ります. Hiのほかに HelloやDearも使われます. フォーマルな内容のEメールではDearが使われ, 敬称を付けて Dear Mr.[Ms.] Green, などとすることもできます. また, 特定の人物だけではなく Dear Customer Service,（カスタマーサービス御中）などと部署名を入れることもできます. いずれの場合も名前の後ろにはコンマを入れます.

⑤ 本文

メール本文では要件をできるだけ簡潔に伝えます. 初めてメールを送る相手の場合は, 最初に自己紹介を書きます. 長いメールでは改行して段落を分けると読みやすくなります.

自己紹介で使える表現

▶ My name is ... and I am a student at Minami Junior High School.
（わたしの名前は…です. 南中学校の生徒です.）

▸My name is ... and I am writing you to request information about ～.
（わたしの名前は…です．～についての情報を要求したくメールを差し出しました．）

▸How are you? （お元気ですか？）
▸How is everything? （調子はどうですか？）
▸How is [are] ... going? （…の調子はどうですか？）
▸I have not seen you for a long time. （ごぶさたしています．）
▸I am writing this e-mail because I would like to ....
（…したいと思い，この E メールを書いています．）
▸Please say hello to .... （…によろしくお伝えください．）

⑥ 結びのことば

最後に「Take care,」などの結びのことばを添え，その下に自分の名前を書きます．

▸Regards, / Best regards, / Sincerely, / Yours sincerely, / Best wishes,
　➡これらは日本語の「敬具」にあたります．
▸Take care, （体に気をつけて）/ With love, （愛を込めて）/ Your friend, （あなたの
　友人より）/ See you soon, （近いうちに会いましょう）

日本語訳

> クリスへ
>
> 調子はどうですか？元気にしているといいのですが．わたしたちはあなたの訪問を
> 心待ちにしています．わたしはあなたをお気に入りの場所に連れて行こうと思って
> います．滞在中に何かしたいことはありますか？
>
> 体に気をつけて．
> ユキより

返信メールの例

> From: Chris Hill <chris_123@xmail.com>
> 　To: Watanabe Yuki <y.watanabe@xxx.co.jp>
> Subject: ⑦ Re: Your visit to us
>
> Hi Yuki,
>
> I cannot wait to see you in two weeks! I heard that a famous festival
> will be held in your hometown. I want to go see it if possible.
> Please say hello to your parents.
>
> Best regards,
> Chris

⑦ メールの件名に付く「Re:」はそのメールが返信メールであることを示します. 通常, 返信ボタンを押すと自動的に「Re: (元のメールの件名)」という件名になります. この「Re:」は「…について」という意味のラテン語が由来です. また, 同様に件名に付く「Fwd:」は「…を転送する」という意味の forward の略で, そのメールが転送メールであることを示します.

日本語訳

> ユキへ
>
> 2週間後にあなたたちに会うのが待ちきれません！あなたの地元で有名なお祭りが開かれると聞きました. 可能ならそれを見に行きたいです.
> ご両親にもよろしくお伝えください.
>
> よろしくお願いします.
> クリスより

★Eメールでよく使われる略語

略語	元の形	意味
AKA	also known as	…としても知られる, また名を…
ASAP	as soon as possible	できるだけ早く
B4	before	…の前に
BTW	by the way	ところで
FYI	for your information	ご参考までに
IDK	I do not know	わかりません
IMO	in my opinion	わたしの意見では
LOL	laugh(ing) out loud	爆笑
NP	no problem	問題ありません
NRN	no response necessary／no reply needed	返信不要
PLS	please	お願いします
THX	thanks	ありがとう
TTYL	talk to you later	またあとで話しましょう

★Eメールでよく使われる顔文字など

欧米の顔文字は, 顔を横に倒した形で表現されます.

:) / XD / :D	笑顔
;)	ウインク
:(	しかめっ面
:-|	無表情, 真剣な顔
:_(	泣き顔
:-o	驚いた顔
:P	舌を出した顔
<3	ハート

II. 句読点・符号(ふごう)

.

period / full stop / dot（ピリオド，終止符(ふ)）

(1) 平叙(へいじょ)文・命令文の終わりを表します.
- ▶ I like dogs.（わたしはイヌが好きだ）
- ▶ Wait a minute.（少し待ちなさい）

(2) 略語を表します.
- ▶ Mr. (=Mister) Baker（ベーカー氏）
  （注）英国では Mr とピリオドをつけないことが多い.
- ▶ No. (=number) 7（第7番）
- ▶ Sun. (=Sunday)（日曜日）

★文末に略語が来るときは，ピリオドを重ねません.
- ▶ There are fifty states in the U.S.A.
  （アメリカには州が50ある）

(3) 小数点を表します.
- ▶ 0.5

,

comma（コンマ）

(1) 接続詞を用いて2つ以上の文をつなげます.
- ▶ I like dogs, but my brother does not.
  （わたしはイヌが好きですが，兄[弟]はイヌが好きではありません）
- ▶ Hurry up, or you will be late.（急がないと遅(おく)れるよ）

(2) 3つ以上の語句を同列に並べます. 接続詞の直前のコンマは省略されることもあります.
- ▶ I like dogs, horses(,) and giraffes.
  （わたしはイヌとウマとキリンが好きだ）
- ▶ He is young, ambitious(,) and full of energy.
  （彼は若く，野心的で，エネルギーにあふれている）

★形容詞が名前の前で用いられる場合は，2つのときでもコンマで並べます.
- ▶ a young, ambitious woman（若くて野心的な女性）

(3) 挿入(そうにゅう)・付加・語句の切れ目などを表します.
- ▶ I believe, of course, that I am right.
  （もちろん，わたしは自分が正しいと信じている）
- ▶ You are not lying, are you?（うそじゃないよね？）
- ▶ Even Ann, the smartest student in our class, could not solve the question.（クラスでいちばん頭のいい生徒であるアンでもその問題を解けなかった）
- ▶ Good morning, Bob.（おはよう，ボブ）
- ▶ "Good morning," said Emma.（「おはよう」とエマは言った）
  （注）次のような文末に置く副詞もふつうコンマで区切る. ただし，英国では省略することも多い.
  - ▶ I like tennis, too.（わたしもテニスが好きだ）
  - ▶ I do not like it, either.（わたしもそれは好きではない）

(4) 数字の区切りを表します.
- ▶ 1,000

?　　　　**question mark（疑問符(ふ), クエスチョンマーク）**

　主に疑問文のあとにつけて疑問を表します.
　　▶Do you like music?（音楽は好きですか？）
　　▶What kind of music do you like?
　　　（あなたはどんな音楽が好きですか？）
　　▶Really?（ほんとうですか？）
　　▶You did it, didn't you?（きみのしわざだろう？）

!　　　　**exclamation point [mark]（感嘆符(かんたん)(ふ), エクスクラメーションマーク）**

　主に感嘆文・命令文のあとにつけて強い感情を表します.
　　▶Look at the sunset! How beautiful!
　　　（ほら夕焼けを見てごらんよ！　なんてきれいなのだろう！）
　　▶It is really big!（ほんとうに大きいなあ！）
　　▶Hey, come here!（ねえ, こっちに来なよ！）
　　▶Great!（すばらしい！）

:　　　　**colon（コロン）**

　(1)具体的な例を示す場合に使います.
　　▶We visited the following cities: Nara, Kyoto, and Kobe.
　　　（わたしたちは次の都市を訪(おとず)れた. 奈良, 京都, そして神戸だ）
　(2)前の語・句・文を補足する語・句・文をつけ加える場合に使います.
　　▶He is interested in only one thing: making money.
　　　（彼は1つのことにしか関心がない. 金もうけだ）
　　▶Warning: smoking causes cancer.
　　　（警告. 喫煙(きつえん)はがんの原因）
　(3)時刻を表します.
　　▶7:00（7時）

;　　　　**semicolon（セミコロン）**

　関連する2つの文を接続詞を用いずにつなぐ場合に使います.
　　▶The door was closed; nobody seemed to be in the room.
　　　（ドアは閉まっていた. 部屋にはだれもいないようだった）
　　（注）これはややかたい文体で, ふつうは and を使う. このほかに「それ
　　　で」(so), 「つまり」(that is)のような意味も表す.

" "　　**quotation marks（引用符(ふ), クオーテーションマーク）**
または
' '
　　" "を double quotation marks（ダブルクオーテーションマーク）とい
　　い, ' 'を single quotation marks（シングルクオーテーションマーク）
　　といいます. ふつう米国では " "が, 英国では ' 'が使われます.
　(1)直接話法で発言の部分を表します.
　　▶"Come with us," she said.
　　　（「わたしたちといっしょに来て」と彼女は言った）
　★米国ではふつう, ピリオド・コンマ・クエスチョンマークなどは引用符の中
　　に入れます.

> ▶He asked me, "Are you free tomorrow?"
> （「あしたは暇(ﾋﾏ)？」と彼はわたしにたずねた）
> （注）""の中が平叙(ﾍｲｼﾞｮ)文で, 文全体が疑問文のときなどは, 次のようになる.
>   ▶Did you say, "I can," or "I can't"?
>   （あなたは「わたしにはできる」と言ったのですか，それとも「わたしにはできない」と言ったのですか？）

★" "の中でさらに引用符を用いるときは, ' 'を使います.
> ▶He said, "Someone cried, 'Help!'"
> （『『助けて！』という悲鳴が聞こえた」と彼は言った）

(2) 引用・作品名などを表します.
> ▶The author describes basketball as "the most exciting sport."（著者はバスケットボールを「最もエキサイティングなスポーツ」と述べている）
> ▶I watched "Dumbo" on TV.
> （わたしはテレビで『ダンボ』を見た）

★作品名はしばしばイタリック体でも表します.
> ▶*Romeo and Juliet*『ロミオとジュリエット』

(3) 強調したり, ふつうとはちがうニュアンスで用いたりしていることを表します.「いわゆる」「いわば」といった表現を使える場合もよくあります.
> ▶The "language" which helped us the most was gesture.
> （わたしたちにいちばん役立った「ことば」はジェスチャーだった）
> （注）ふつうジェスチャーはことばとは考えないが, ここでは「ことばのようにコミュニケーションに役立ったもの」という意味で language を使っていることが示されている.
> ▶That was their "democratic" style.
> （それが彼らのいわゆる「民主的な」やり方だった）

, **apostrophe**（アポストロフィ）

> ▶I'm (=I am) tired.（わたしは疲(ﾂｶ)れた）
> ▶My mother doesn't (=does not) know this.（母はこのことを知らない）
> ▶How's (=How is) it going?（調子はどう？）

(2) 名詞に 's をつけて所有格をつくります.
> ▶Tom's bike（トムの自転車）
> ▶a month's vacation（1か月の休み）

★名詞が s で終わるときは, ふつう 's とせず ' だけをつけます.
> ▶Chris' bike（クリスの自転車）
> ▶a boys' school（男子校）
> （注）Chris'の発音は[krís クリス], boys'の発音は[bɔ́iz ボイズ].

(3) アルファベット・数字の複数形をつくります.
> ▶two s's（2つの s）
> ▶three 7's（3つの 7）
> ▶in the 1980's（1980 年代に）
> （注）the 1980's は複数扱い.

— **dash**（ダッシュ）

> ▶Everybody—including our dog Shiro—got into the car.

（全員―飼い犬のシロもふくめて―車に乗りこんだ）

▶ The bag on the table—is it yours?
（テーブルの上のバッグ，それきみの？）

- **hyphen（ハイフン）**

(1) 複数の単語をつなげて複合語をつくります.
▶ a self-service gas station（セルフサービスのガソリンスタンド）
▶ She is left-handed.（彼女は左利(ざ)きだ）
(2) 21 から 99 までの数字を書くときに用います.
▶ thirty-five（35）
(3) 1 つの単語が 2 行にわたるとき，最初の行の終わりの部分につけて，次の行に続いていることを示します.

( ) **parentheses, round brackets（丸括弧(かっ)）**

補足説明を加えるときに用います.
▶ Mt. Fuji (3,776m) is the highest mountain in Japan.
（富士山(3,776 メートル)は日本でいちばん高い山だ）

[ ] **(square) brackets（角括弧(かっ)）**

引用文中に引用者のコメントや情報を加えるときに用います.
▶ He added, "I love my hometown [Sapporo]."
（「わたしは故郷[注:札幌(さっ)]を愛しています」と彼は言い添(そ)えた）

/ **slash（スラッシュ）**

(1) or（…かまたは〜）の意味で用います.
▶ If a student works part-time, he/she (=he or she) has to report it to the school.
（学生がアルバイトをする場合は，学校に届け出なければならない）
(2) per（…につき）の意味で用います.
▶ The price of this cheese is ¥200/100g (=200 yen per 100 grams).（このチーズの価格は 100 グラムにつき 200 円です）
(3) 日付を表します.
▶ 4/15/2021, 4/15/21 (=April 15, 2021)（2021 年 4 月 15 日）

A, B, ...
a, b, ... **italics（イタリック体）**

(1) 書名・作品名などを示します.
▶ He reads *The New York Times* every day.
（彼は毎日『ニューヨークタイムズ』を読んでいる）
▶ I like *Early Summer* best of Ozu Yasujiro's movies.
（わたしは小津安二郎の映画では，『麦秋』が最も好きだ）
(2) 語句を強調します.
▶ I have seen *beautiful* flowers, but I have never seen the *beauty* of flowers.
（わたしは美しい花を見たことはあるが，花の美しさを見たことはない）

Ⅲ. 世界の国名

国名（日本語）	国名（英語）	国名（カナ発音）
アイスランド	Iceland	[**ア**イスらんど]
アイルランド	Ireland	[**ア**イアらんど]
アゼルバイジャン	Azerbaijan	[アーザるバイ**ヂャ**ーン]
アフガニスタン	Afghanistan	[あふ**ギャ**ニスタぁン]
アメリカ合衆国	the United States of America	[ざ ユ(ー)**ナ**イティッド ステイツ アヴ ア**メ**リカ]
アラブ首長国連邦	the United Arab Emirates	[ざ ユ(ー)**ナ**イティッド **あ**ラブ エ**ミ**レッツ]
アルジェリア	Algeria	[ある**ヂ**(ア)リア]
アルゼンチン	Argentina	[アー**ヂェ**ンティーナ]
アルバニア	Albania	[ある**ベ**イニア]
アルメニア	Armenia	[アー**ミ**ーニア]
アンゴラ	Angola	[あん**ゴ**ウら]
アンティグア・バーブーダ	Antigua and Barbuda	[アン**ティ**ーガ アン バー**ブ**ーダ]
アンドラ	Andorra	[あん**ド**ーラ]
イエメン	Yemen	[**イ**ェメン]
イギリス	the United Kingdom	[ざ ユ(ー)**ナ**イティッド **キ**ングダム]
イスラエル	Israel	[**イ**ズリアる]
イタリア	Italy	[**イ**タり]
イラク	Iraq	[イ**ラ**ぁク]
イラン	Iran	[イ**ラ**ぁン]
インド	India	[**イ**ンディア]
インドネシア	Indonesia	[インド**ニ**ージャ]
ウガンダ	Uganda	[ユー**ギャ**ぁンダ]
ウクライナ	Ukraine	[ユー**ク**レイン]
ウズベキスタン	Uzbekistan	[ウズ**ベ**キスタぁン]
ウルグアイ	Uruguay	[**ユ**(ア)るグワイ]
エクアドル	Ecuador	[**エ**クワドー(ア)]
エジプト	Egypt	[**イ**ーヂプト]
エストニア	Estonia	[エス**ト**ウニア]
エスワティニ	Eswatini	[エスワ**ティ**ーニ]
エチオピア	Ethiopia	[イー**すィ**オウピア]
エリトリア	Eritrea	[エリ**トゥ**リーア]
エルサルバドル	El Salvador	[**エ**る **サ**ぁるヴァドー(ア)]
オーストラリア	Australia	[オースト**ゥ**レイリャ]
オーストリア	Austria	[**オ**(ー)ストリア]
オマーン	Oman	[オウ**マ**ーン]
オランダ	the Netherlands	[ざ **ネ**ざらんヅ]
ガーナ	Ghana	[**ガ**ーナ]
カーボベルデ	Cabo Verde	[カーボ **ヴァ** ～ド]
ガイアナ	Guyana	[ガイ**あ**な]
カザフスタン	Kazakhstan	[キャ**ザ**ぁクスターン]
カタール	Qatar	[**カ**ーター]
カナダ	Canada	[**キャ**ナダ]
ガボン	Gabon	[ギャ**ボ**ウン]
カメルーン	Cameroon	[キャ**メ**ルーン]

ガンビア	Gambia	［ギャンビア］
カンボジア	Cambodia	［キャンボウディア］
北マケドニア共和国	the Republic of North Macedonia	［ざ リパブリック アヴ ノーす マぁスィドウニア］
ギニア	Guinea	［ギニ］
ギニアビサウ	Guinea-Bissau	［ギニ ビサぁウ］
キプロス	Cyprus	［サイプラス］
キューバ	Cuba	［キューバ］
ギリシャ	Greece	［グリース］
キリバス	Kiribati	［キリバーティ, キリバぁス］
キルギス	Kyrgyzstan	［キルギスターン］
グアテマラ	Guatemala	［グワーテマら］
クウェート	Kuwait	［クウェイト］
クック諸島	the Cook Islands	［ざ クック アイらンヅ］
グレナダ	Grenada	［グレネイダ］
クロアチア	Croatia	［クロウエイシャ］
ケニア	Kenya	［ケニャ］
コートジボワール	Côte d'Ivoire	［コウト ディヴワー］
コスタリカ	Costa Rica	［コウスタ リーカ］
コソボ	Kosovo	［コソヴォウ］
コモロ	Comoros	［カモロウズ］
コロンビア	Colombia	［コらンビア］
コンゴ共和国	the Republic of the Congo	［ざ リパブリック アヴ ざ カンゴウ］
コンゴ民主共和国	the Democratic Republic of the Congo	［ざ デモクラぁティック リパブリック アヴ ざ カンゴウ］
サウジアラビア	Saudi Arabia	［サウディ アレイビア］
サモア	Samoa	［サモウア］
サントメ・プリンシペ	São Tomé and Príncipe	［サウト メイ アン プリンスィパ］
ザンビア	Zambia	［ザぁンビア］
サンマリノ	San Marino	［サぁン マリーノウ］
シエラレオネ	Sierra Leone	［スィエラ りオウン］
ジブチ	Djibouti	［チブーティ］
ジャマイカ	Jamaica	［ヂャメイカ］
ジョージア	Georgia	［ヂョーヂャ］
シリア	Syria	［スィリア］
シンガポール	Singapore	［スィンガポーア］
ジンバブエ	Zimbabwe	［ズィンバーブウェイ］
スイス	Switzerland	［スウィッツァらンド］
スウェーデン	Sweden	［スウィードゥン］
スーダン	Sudan	［スーダぁン］
スペイン	Spain	［スペイン］
スリナム	Suriname	［スリナーム］
スリランカ	Sri Lanka	［スリー らーンカ］
スロバキア	Slovakia	［スロウヴァーキア］
スロベニア	Slovenia	［スロウヴィーニア］
セーシェル	Seychelles	［セイシェるズ］
赤道ギニア	Equatorial Guinea	［イークウォトーリアる ギニ］
セネガル	Senegal	［セネゴーる］
セルビア	Serbia	［サ～ビア］
セントクリストファー・ネービス	Saint Christopher and Nevis	［セイント クリストファ アン ニーヴィス］
セントビンセントおよびグレナディーン諸島	Saint Vincent and the Grenadines	［セイント ヴィンセント アン ざ グレナディーンズ］

セントルシア	Saint Lucia	[セイント ルーシャ]
ソマリア	Somalia	[ソマーりア]
ソロモン諸島	the Solomon Islands	[ざ サロモン アイらンヅ]
タイ	Thailand	[タイらぁンド]
韓国	Korea (South Korea)	[コリーア(サウす コリーア)]
タジキスタン	Tajikistan	[タヂキスターン]
タンザニア	Tanzania	[タぁンザニーア]
チェコ	the Czech Republic	[ざ チェック リパブりック]
チャド	Chad	[チぁッド]
中央アフリカ	the Central African Republic	[ざ セントゥラる あふりカン リパブりック]
中国	China	[チャイナ]
チュニジア	Tunisia	[テューニズィア]
朝鮮民主主義人民共和国	the Democratic People's Republic of Korea (North Korea)	[ざ デモクラぁティック ピープるズ リパブりック アヴ コリーア(ノーす コリーア)]
チリ	Chile	[チり]
ツバル	Tuvalu	[トゥーヴァるー]
デンマーク	Denmark	[デンマーク]
ドイツ	Germany	[ヂャ〜マニ]
トーゴ	Togo	[トウゴウ]
ドミニカ共和国	the Dominican Republic	[ざ ドミニカン リパブりック]
ドミニカ国	Dominica	[ダミニーカ]
トリニダード・トバゴ	Trinidad and Tobago	[トゥリニダぁッド アン トベイゴウ]
トルクメニスタン	Turkmenistan	[タ〜クメニスターン]
トルコ	Turkey	[タ〜キ]
トンガ	Tonga	[タンガ]
ナイジェリア	Nigeria	[ナイヂ(ア)リア]
ナウル	Nauru	[ナウルー]
ナミビア	Namibia	[ナミビア]
ニウエ	Niue	[ニウーエイ]
ニカラグア	Nicaragua	[ニカラーグワ]
ニジェール	Niger	[ナイヂャ]
日本	Japan	[ヂャパぁン]
ニュージーランド	New Zealand	[ニュー ズィーらンド]
ネパール	Nepal	[ネポーる]
ノルウェー	Norway	[ノーウェイ]
バーレーン	Bahrain	[バーレイン]
ハイチ	Haiti	[ヘイティ]
パキスタン	Pakistan	[パぁキスタぁン]
バチカン市国	the Vatican City	[ざ ヴぁティカン スィティ]
パナマ	Panama	[パぁナマー]
バヌアツ	Vanuatu	[ヴぁヌアトゥー]
バハマ	Bahamas	[バハーマズ]
パプアニューギニア	Papua New Guinea	[パぁプア ニュー ギニ]
パラオ	Palau	[パらウ]
パラグアイ	Paraguay	[パぁラグワイ]
バルバドス	Barbados	[バーベイダス]
ハンガリー	Hungary	[ハンガリ]
バングラデシュ	Bangladesh	[バぁんグらデッシ]
東ティモール	Timor-Leste	[ティモー れステイ]
フィジー	Fiji	[ふィーヂー]
フィリピン	Philippines	[ふィりピーンズ]
フィンランド	Finland	[ふィンらンド]

ブータン	Bhutan	[ブーターン]
ブラジル	Brazil	[ブラズィる]
フランス	France	[ふラぁンス]
ブルガリア	Bulgaria	[バるゲ(ア)リア]
ブルキナファソ	Burkina Faso	[バ〜キナ ファソウ]
ブルネイ	Brunei	[ブルナイ]
ブルンジ	Burundi	[ブルンディ]
ベトナム	Viet Nam	[ヴィーエト ナーム]
ベナン	Benin	[ベニーン]
ベネズエラ	Venezuela	[ヴェネズウェイら]
ベラルーシ	Belarus	[べらルース]
ベリーズ	Belize	[べリーズ]
ペルー	Peru	[ペルー]
ベルギー	Belgium	[べるヂャム]
ポーランド	Poland	[ポウランド]
ボスニア・ヘルツェゴビナ	Bosnia and Herzegovina	[バスニア アン ハ〜ツェゴウヴィーナ]
ボツワナ	Botswana	[バツワーナ]
ボリビア	Bolivia	[ボりヴィア]
ポルトガル	Portugal	[ポーチュがる]
ホンジュラス	Honduras	[ハンデュラス]
マーシャル諸島	the Marshall Islands	[ざ マーシャる アイらンヅ]
マダガスカル	Madagascar	[マぁダギぁスカ]
マラウィ	Malawi	[マらウィ]
マリ	Mali	[マーり]
マルタ	Malta	[モーるタ]
マレーシア	Malaysia	[マれイジャ]
ミクロネシア連邦	Micronesia	[マイクロニージャ]
南アフリカ	South Africa	[サウす あふりカ]
南スーダン	South Sudan	[サウす スーダぁン]
ミャンマー	Myanmar	[ミャーンマー]
メキシコ	Mexico	[メクスィコウ]
モーリシャス	Mauritius	[モーリシャス]
モーリタニア	Mauritania	[モーリテイニア]
モザンビーク	Mozambique	[モウザンビーク]
モナコ	Monaco	[マナコウ]
モルディブ	Maldives	[モーるディーヴズ]
モルドバ	Moldova	[まるドウヴァ]
モロッコ	Morocco	[マラコウ]
モンゴル	Mongolia	[マンゴウりア]
モンテネグロ	Montenegro	[マンティニーグロウ]
ヨルダン	Jordan	[ヂョードゥン]
ラオス	Laos	[らーオウス]
ラトビア	Latvia	[らぁトヴィア]
リトアニア	Lithuania	[りすエイニア]
リビア	Libya	[リビア]
リヒテンシュタイン	Liechtenstein	[リクテンスタイン]
リベリア	Liberia	[らイビ(ア)リア]
ルーマニア	Romania	[ロウメイニア]
ルクセンブルク	Luxembourg	[らクセンバ〜グ]
ルワンダ	Rwanda	[ルアーンダ]
レソト	Lesotho	[れソウトウ]
レバノン	Lebanon	[れバノン]
ロシア連邦	Russia	[ラシャ]

Ⅳ. 不規則動詞・助動詞の変化表

（太字は重要語）

原形		過去形	過去分詞	現在分詞
awake	…の目を覚まさせる	awoke awaked	awoken awaked	awaking
be {am, is（注） {are	…である	**was** **were**	**been**	**being**
bear	…を運ぶ …を産む	**bore**	**borne** **born**	**bearing**
beat	…を打つ	beat	beat beaten	beating
become	…になる	**became**	**become**	**becoming**
begin	…を始める	**began**	**begun**	**beginning**
bend	…を曲げる	bent	bent	bending
bet	…をかける	bet betted	bet betted	betting
bind	…をしばる	bound	bound	binding
bite	…をかむ	**bit**	**bitten**	**biting**
bless	…を祝福する	blessed blest	blessed blest	blessing
blow	吹(ふ)く	blew	blown	blowing
break	…を壊(こわ)す	**broke**	**broken**	**breaking**
bring	…を持って来る	**brought**	**brought**	**bringing**
broadcast	…を放送する	broadcast broadcasted	broadcast broadcasted	broadcasting
build	…を建てる	**built**	**built**	**building**
burn	燃える	**burned** **burnt**	**burned** **burnt**	**burning**
burst	破裂(はれつ)する	burst	burst	bursting
buy	…を買う	**bought**	**bought**	**buying**
can	…することができる	**could**	―	―
cast	…に役を割り当てる	cast	cast	casting
catch	…を捕(つか)まえる	**caught**	**caught**	**catching**
choose	…を選ぶ	**chose**	**chosen**	**choosing**
cling	くっつく	clung	clung	clinging
come	来る	**came**	**come**	**coming**
cost	…がかかる	**cost**	**cost**	**costing**
creep	はう	crept	crept	creeping
cut	…を切る	**cut**	**cut**	**cutting**
deal	…を分配する	**dealt**	**dealt**	**dealing**
dig	…を掘(ほ)る	dug	dug	digging
dive	飛びこむ	dived dove	dived	diving
do, does	…をする	**did**	**done**	**doing**
draw	（絵など）をかく	**drew**	**drawn**	**drawing**
dream	夢を見る	dreamed dreamt	dreamed dreamt	dreaming
drink	…を飲む	**drank**	**drunk**	**drinking**
drive	…を運転する	**drove**	**driven**	**driving**
eat	…を食べる	**ate**	**eaten**	**eating**
fall	落ちる	**fell**	**fallen**	**falling**
feed	…にえさをあたえる	fed	fed	feeding

（注）be動詞の現在形 am, are, is の使い分けは p.56 be の ﾙｰﾙ 参照.

⟨13⟩

原形		過去形	過去分詞	現在分詞
feel	…を感じる	**felt**	**felt**	**feeling**
fight	戦う	**fought**	**fought**	**fighting**
find	…を見つける	**found**	**found**	**finding**
fit	…に合う	fitted fit	fitted fit	fitting
fly	飛ぶ	**flew**	**flown**	**flying**
forecast	…を予報する	forecast forecasted	forecast forecasted	forecasting
forget	…を忘れる	**forgot**	**forgotten** forgot	**forgetting**
forgive	…を許す	forgave	forgiven	forgiving
freeze	凍(こお)る	froze	frozen	freezing
get	…を得る	**got**	got gotten	**getting**
give	…をあたえる	**gave**	**given**	**giving**
go	行く	**went**	**gone**	**going**
grind	…をひいて粉にする	ground	ground	grinding
grow	成長する	**grew**	**grown**	**growing**
hang	…を掛(か)ける	hung	hung	hanging
have, has	…を持っている	**had**	**had**	**having**
hear	…が聞こえる	**heard**	**heard**	**hearing**
hide	…を隠(かく)す	hid	hidden	hiding
hit	…を打つ	**hit**	**hit**	**hitting**
hold	…を持つ	**held**	**held**	**holding**
hurt	…にけがをさせる	hurt	hurt	hurting
keep	…を持っている	**kept**	**kept**	**keeping**
kneel	ひざまずく	knelt kneeled	knelt kneeled	kneeling
knit	…を編む	knitted knit	knitted knit	knitting
know	…を知っている	**knew**	**known**	**knowing**
lay	…を置く	**laid**	**laid**	**laying**
lead	…を導く	**led**	**led**	**leading**
lean	寄りかかる	leaned leant	leaned leant	leaning
learn	…を習う	**learned** learnt	**learned** learnt	**learning**
leave	…を去る	**left**	**left**	**leaving**
lend	…を貸す	**lent**	**lent**	**lending**
let	…させる	**let**	**let**	**letting**
lie	横たわる	**lay**	**lain**	**lying**
light	…に火をつける	lighted lit	lighted lit	lighting
lose	…を失う	**lost**	**lost**	**losing**
make	…を作る	**made**	**made**	**making**
may	…してもよい	**might**	—	—
mean	…を意味する	**meant**	**meant**	**meaning**
meet	…と出会う	**met**	**met**	**meeting**
mistake	…をまちがえる	**mistook**	**mistaken**	**mistaking**
misunderstand	…を誤解する	misunderstood	misunderstood	misunderstanding
must	…しなければならない	**(must)**(注)	—	—
overcome	…に打ち勝つ	overcame	overcome	overcoming

(注) must には過去形がないので, have to の過去 had to で代用する. ただし, 従属節の中の must を時制の一致(いっち)で過去にするときは, must のまま用いてもかまわない.

原形		過去形	過去分詞	現在分詞
pay	…を払(はら)う	**paid**	**paid**	**paying**
prove	…を証明する	proved	proved proven	proving
put	…を置く	**put**	**put**	**putting**
quit	…をやめる	quit quitted	quit quitted	quitting
read	…を読む	**read** [réd]	**read** [réd]	**reading**
ride	…に乗る	**rode**	**ridden**	**riding**
ring	鳴る	**rang**	**rung**	**ringing**
rise	のぼる	**rose**	**risen**	**rising**
run	走る	**ran**	**run**	**running**
say	…を言う	**said**	**said**	**saying**
see	…が見える	**saw**	**seen**	**seeing**
seek	…をさがす	sought	sought	seeking
sell	…を売る	**sold**	**sold**	**selling**
send	…を送る	**sent**	**sent**	**sending**
set	…を置く	**set**	**set**	**setting**
shake	…を振(ふ)る	shook	shaken	shaking
shall	…だろう	**should**	―	―
shave	…をそる	shaved	shaved shaven	shaving
shine	輝(かがや)く …を磨(みが)く	shone shined	shone shined	shining
shoot	…を撃(う)つ	shot	shot	shooting
show	…を見せる	showed	shown showed	showing
shut	…を閉める	**shut**	**shut**	**shutting**
sing	歌う	**sang**	**sung**	**singing**
sink	沈(しず)む	**sank** **sunk**	**sunk**	**sinking**
sit	すわる	**sat**	**sat**	**sitting**
sleep	眠(ねむ)る	**slept**	**slept**	**sleeping**
slide	滑(すべ)る	slid	slid	sliding
smell	…のにおいをかぐ	**smelled** **smelt**	**smelled** **smelt**	**smelling**
speak	話す	**spoke**	**spoken**	**speaking**
speed	急ぐ	sped speeded	sped speeded	speeding
spell	…をつづる	**spelled** **spelt**	**spelled** **spelt**	**spelling**
spend	…を使う	**spent**	**spent**	**spending**
spill	…をこぼす	spilled spilt	spilled spilt	spilling
spin	…をつむぐ	spun	spun	spinning
split	…を割る	split	split	splitting
spoil	…をだめにする	spoiled spoilt	spoiled spoilt	spoiling
spread	…を広げる	**spread**	**spread**	**spreading**
spring	飛び上がる	**sprang** **sprung**	**sprung**	**springing**
stand	立つ	**stood**	**stood**	**standing**
steal	…を盗(ぬす)む	**stole**	**stolen**	**stealing**
stick	…を突(つ)き刺(さ)す	stuck	stuck	sticking
sting	…を針で刺す	stung	stung	stinging
strike	…を打つ	**struck**	**struck**	**striking**

原形		過去形	過去分詞	現在分詞
sweat	汗(鰺)をかく	sweat sweated	sweat sweated	sweating
sweep	…を掃(は)く	swept	swept	sweeping
swim	泳ぐ	swam	swum	swimming
swing	…を揺(ゆ)り動かす	swung	swung	swinging
take	…を取る	took	taken	taking
teach	…を教える	taught	taught	teaching
tear	…を引き裂(さ)く	tore	torn	tearing
tell	…を話す	told	told	telling
think	…だと思う	thought	thought	thinking
throw	…を投げる	threw	thrown	throwing
understand	…を理解する	understood	understood	understanding
wake	目が覚める	woke waked	woken waked	waking
wear	…を着ている	wore	worn	wearing
weep	しくしく泣く	wept	wept	weeping
will	…でしょう	would	—	—
win	…に勝つ	won	won	winning
wind	…を巻く	wound	wound	winding
write	…を書く	wrote	written	writing

V. 不規則形容詞・副詞の変化表

原級		比較(かく)級	最上級
bad	悪い		
badly	悪く	worse	worst
ill	病気で		
far	(距離(きょり))遠くに	farther	farthest
	(時間) 遠く	further	furthest
good	よい		
well	じょうずに	better	best
late	(時間)遅(おそ)い	later	latest
	(順序)遅い	latter	last
little	小さい	less	least
many	たくさんの	more	most
much			
old	年をとった	older	oldest
	年上の	elder	eldest

和 英 小 辞 典

　この「和英小辞典」は単なる小さな和英辞典ではありません. 英和辞典上の, 英語（見出し語または成句）の掲載ページや品詞が示されており, 知りたい意味・用法に簡単にたどりつけるようになっています.

　単純に日本語を英語に置き換(ゕ)えただけでは, 正しい英語を使えるようにはなりません.「和英小辞典」ですませるのではなく, 英和辞典で意味・用法を確認することにより, 英語の表現力は伸びます.

　この辞典についている2本のしおりひもを活用して,「和英小辞典」と英和辞典をいったりきたりしながら, 理解を深めましょう.

【使い方のヒント】

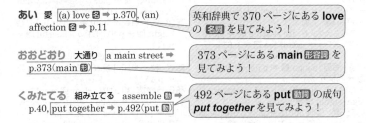

あい 愛　(a) love 名 ⇒ p.370, (an) affection 名 ⇒ p.11

> 英和辞典で 370 ページにある **love** の 名詞 を見てみよう！

おおどおり 大通り　a main street ⇒ p.373(main 形)

> 373 ページにある **main** 形容詞 を見てみよう！

くみたてる 組み立てる　assemble 動 ⇒ p.40, put together ⇒ p.492(put 動)

> 492 ページにある **put** 動詞 の成句 *put together* を見てみよう！

── 品詞の記号 ──

名	名詞	代	代名詞	動	動詞
助	助動詞	形	形容詞	副	副詞
前	前置詞	接	接続詞	間	間投詞
冠	冠詞	接頭辞	接頭辞		

和英

あ

あ

あい 愛 (a) love 图 ⇒ p.370, (an) affection 图 ⇒ p.11
―愛する love 動 ⇒ p.370

あいいろ 藍色 indigo 图 ⇒ p.319

あいかわらず 相変わらず as usual ⇒ p.667(usual 形), (as ...) as ever ⇒ p.206 (ever 副)

あいきょうのある 愛きょうのある charming 形 ⇒ p.109

アイコン an icon 图 ⇒ p.313

あいさつ greeting(s) 图 ⇒ p.275, compliments 图 ⇒ p.132
―あいさつする greet 動 ⇒ p.275;(会合などで改まって述べる)give [make] a speech ⇒ p.578(speech 图)

あいしょう 愛称 a nickname 图 ⇒ p.416

あいじょう 愛情 (a) love 图 ⇒ p.370, (an) affection 图 ⇒ p.11

アイス (氷)ice 图 ⇒ p.312
―アイスキャンディー 《米》【商標】a Popsicle;《英》an ice lolly
―アイスクリーム (an) ice cream 图 ⇒ p.312
―アイスコーヒー ice(d) coffee ⇒ p.124 (coffee 图)
―アイススケート ice skating 图 ⇒ p.313
―アイスティー ice(d) tea 图 ⇒ p.614
―アイスホッケー ice hockey 图 ⇒ p.312

あいず 合図 a sign 图 ⇒ p.555, a signal 图 ⇒ p.556
―合図する sign 動 ⇒ p.555, make a sign, signal 動 ⇒ p.556

あいだ 間 (期間)for 前 ⇒ p.242, during 前 ⇒ p.188, in 前 ⇒ p.318, within 前 ⇒ p.706; while 接 ⇒ p.697;(2者の)between 前 ⇒ p.65,(3者以上の)among 前 ⇒ p.23

あいて 相手 (競争相手)a rival 图 ⇒ p.517;(試合の)an opponent 图 ⇒ p.438

アイディア an idea 图 ⇒ p.313

アイドル an idol 图 ⇒ p.313
―アイドル歌手 a pop idol [star] ⇒ p.313(idol 图)

あいにく unfortunately 副 ⇒ p.662, unhappily, unluckily

アイロン an iron 图 ⇒ p.326
―アイロンをかける iron 動 ⇒ p.326, press 動 ⇒ p.480

あう¹ 合う (寸法・型などが)fit 動 ⇒ p.234, suit 動 ⇒ p.599;(調和する)match ⇒ p.381(match¹ 動), go (well) with ⇒ p.268(go 動); (時計・答えが)be correct ⇒ p.142(correct 形);(意見が)agree (with)

あう² 会う meet 動 ⇒ p.385, see 動 ⇒ p.540;(偶然(ぐう)に)run into ⇒ p.524(run 動)

あう³ 遭う (経験する)experience 動 ⇒ p.211;(事故に)have 動 ⇒ p.287

アウトドア outdoor 形 ⇒ p.441

あえて…する dare to ... ⇒ p.155(dare 動)

あお 青 blue 图 ⇒ p.71;(緑)green 图 ⇒ p.274 ―青い blue 形 ⇒ p.71;(緑の)green 形 ⇒ p.274

あおざめた 青ざめた pale 形 ⇒ p.449, white 形 ⇒ p.698
―青ざめる turn pale [white]

あおじろい 青白い pale 形 ⇒ p.449

あおむけに on one's back ⇒ p.47(back 图)

あか 赤 red 图 ⇒ p.504
―赤い red 形 ⇒ p.504

あかちゃん 赤ちゃん a baby 图 ⇒ p.47

あかり 明かり (the) light ⇒ p.359(light¹ 图)

あがる 上がる go up ⇒ p.268(go 動);(太陽などが)rise 動 ⇒ p.517;(雨が)stop (raining) 動 ⇒ p.591;(緊張(きんちょう)して)get nervous ⇒ p.413(nervous 形)

あかるい 明るい light ⇒ p.359(light¹ 形), bright 形 ⇒ p.81;(性格が)cheerful 形 ⇒ p.111
―明るく (性格が)cheerfully 副 ⇒ p.111

あき 秋 《米》fall 图 ⇒ p.217, autumn 图 ⇒ p.45

あきらかな 明らかな clear 形 ⇒ p.119, obvious 形 ⇒ p.426 ―明らかに clearly 副 ⇒ p.119, obviously 副 ⇒ p.426

あきらめる give up ⇒ p.263(give 動)

あきる 飽きる be [get] tired (of) ⇒ p.639 (tired 形)

あきれる (驚(おどろ)く)be amazed (at) ⇒ p.21 (amaze 動);(うんざりする)be disgusted (with) ⇒ p.173(disgust 動)

あく¹ 空く (空になる)be empty ⇒ p.198 (empty 形);(席が)be vacant ⇒ p.668 (vacant 形)

あく² 開く open 動 ⇒ p.436

あく³ 悪 evil 图 ⇒ p.207;(不正)wrong 图 ⇒ p.714

あくしゅ 握手 a handshake 图 ⇒ p.284
―握手する shake hands (with) ⇒ p.546 (shake 動)

アクション an action 图 ⇒ p.8
―アクション映画 an action movie

アクセサリー (装身具)jewelry 图 ⇒ p.332;(付属品)accessories 图 ⇒ p.6

アクセス access 图 ⇒ p.6

—アクセスする access 動 ➡ p.6
アクセル an accelerator
アクセント (an) accent 名 ➡ p.5, (a) stress 名 ➡ p.594
あくび a yawn 名 ➡ p.716 —あくびをする yawn 動 ➡ p.716, give a yawn
あくま 悪魔 a demon 名 ➡ p.163, a devil 名 ➡ p.167, Satan 名 ➡ p.528
あくむ 悪夢 a bad dream, a nightmare 名 ➡ p.417
あける[1] 開ける open 動 ➡ p.436
あける[2] 空ける (空にする)empty 動 ➡ p.198; (場所を)make room (for) ➡ p.520 (room 名)
あける[3] 明ける (夜が)break 動 ➡ p.79, dawn 動 ➡ p.157
あげる[1] (あたえる)give 動 ➡ p.263
あげる[2] 上げる・挙げる lift (up) 動 ➡ p.358, raise 動 ➡ p.498
あげる[3] 揚げる (油で)deep-fry 動 ➡ p.162;(たこを)fly ➡ p.238(fly[1] 動)
あご a jaw 名 ➡ p.331,(あごの先端(せんたん))a chin 名 ➡ p.113
あこがれる long (for) ➡ p.366(long[2] 動), adore 動 ➡ p.10 —あこがれ yearning, longing 名 ➡ p.366
あさ 朝 morning 名 ➡ p.398
—朝ごはん breakfast 名 ➡ p.80
—朝練 morning exercise
あざ (打ち身)a bruise
あさい 浅い shallow 形 ➡ p.547;(傷が) slight 形 ➡ p.563
あさって the day after tomorrow ➡ p.158(day 名)
あさねぼう 朝寝坊 (人)a late riser
—朝寝坊する get up late, oversleep 動 ➡ p.446
あさひ 朝日 the morning [rising] sun ➡ p.600(sun 名)
あざやかな 鮮やかな bright 形 ➡ p.81, vivid 形 ➡ p.675;(巧(たく)みな)skillful 形 ➡ p.562
アザラシ a seal ➡ p.535(seal[2] 名)
あし[1] 足 a foot 名 ➡ p.240;(イヌなどの)a paw 名 ➡ p.456
あし[2] 脚 a log 名 ➡ p.353
あじ 味 taste 名 ➡ p.613;(風味)flavor 名 ➡ p.236 —味がする taste 動 ➡ p.613
アジア Asia 名 ➡ p.37
—アジア(人)の Asian 形 ➡ p.37
—アジア人 an Asian 名 ➡ p.37
—アジア大陸 the Asian Continent
あしあと 足跡 a footprint 名 ➡ p.241
あしおと 足音 footsteps 名 ➡ p.241
アシカ a sea lion 名 ➡ p.535
あしくび 足首 an ankle 名 ➡ p.26
アジサイ a hydrangea
アシスタント an assistant 名 ➡ p.41
あした 明日 tomorrow 名 ➡ p.643
あしもと 足もと *one's* feet 名 ➡ p.225, p.240(foot 名)
あじわう 味わう taste 動 ➡ p.613;(うまさを楽しむ)enjoy 動 ➡ p.201
あずかる 預かる keep 動 ➡ p.337, take care of ➡ p.98(care 名)
あずける 預ける leave 動 ➡ p.352;(預金する)deposit 動 ➡ p.165
アスパラガス (an) asparagus 名 ➡ p.40
アスファルト asphalt
アスリート an athlete 名 ➡ p.41
アスレチック athletics 名 ➡ p.41
あせ 汗 (人・動物の)sweat 名 ➡ p.605; (人の)perspiration
—汗をかく perspire, sweat 動 ➡ p.605
あせる (いらいらする)become [get] impatient ➡ p.315(impatient 形);(あわてる)be in a hurry ➡ p.311(hurry 名)
あそこ(に) there 副 ➡ p.623, over there ➡ p.445(over 副)
あそび 遊び play 名 ➡ p.467, a game 名 ➡ p.255
—遊び場 a playground 名 ➡ p.468
あそぶ 遊ぶ play 動 ➡ p.467
あたいする 値する be worthy (of) ➡ p.712(worthy 形)
あたえる 与える give 動 ➡ p.263
あたたかい 暖かい・温かい warm 形 ➡ p.681;(温暖な)mild 形 ➡ p.390
あたたまる 暖まる・温まる (部屋などが) warm (up) 動 ➡ p.681;(体が)warm *oneself*
あたためる 暖める・温める warm (up) warm 動 ➡ p.681, heat (up) 動 ➡ p.293
あだな あだ名 a nickname 名 ➡ p.416
あたま 頭 a head 名 ➡ p.290;(髪(かみ))hair 名 ➡ p.280; (頭脳・知力)brains 名 ➡ p.77, (理性) (a) mind 名 ➡ p.390
あたらしい 新しい new 形 ➡ p.414, fresh 形 ➡ p.249 —新しく newly 副 ➡ p.414
あたり 当たり (的中・成功) a hit 名 ➡ p.299, a success 名 ➡ p.598; (割合)per 前 ➡ p.459
あたりに[を] 辺りに[を] around 副 ➡ p.35, about 副 ➡ p.4
あたりまえの 当たり前の natural 形 ➡ p.409, ordinary 形 ➡ p.439
あたる 当たる hit 動 ➡ p.299, strike 動 ➡ p.595;(くじに)win 動 ➡ p.702
あちこち here and there ➡ p.295(here 副)

和英

あ
か
さ
た
な
は
ま
や
ら
わ

あちら (場所, 方向)there 副 名 ⇒ p.623, over there ⇒ p.445(over 副);(人・もの)that 代 ⇒ p.624

あつい¹ 暑い hot 形 ⇒ p.306, very warm ⇒ p.681(warm 形)
—暑さ heat 名 ⇒ p.293

あつい² 熱い hot 形 ⇒ p.306

あつい³ 厚い thick 形 ⇒ p.629
—厚さ thickness

あつかう 扱う handle 動 ⇒ p.283, treat 動 ⇒ p.650, deal with ⇒ p.159(deal 動)

あっとうする 圧倒する overwhelm

アップ up 副 ⇒ p.664

アップルパイ (an) apple pie 名 ⇒ p.31

アップロードする upload 動 ⇒ p.665

あつまる 集まる gather 動 ⇒ p.257, meet 動 ⇒ p.385

あつめる 集める gather 動 ⇒ p.257, collect 動 ⇒ p.125;(お金を)collect 動 ⇒ p.125

あつりょく 圧力 (a) pressure 名 ⇒ p.481

あてさき あて先 an address 名 ⇒ p.9

あてな あて名 one's name and address 名 ⇒ p.9

あてにする 当てにする (たよる)rely on ⇒ p.508(rely 動)

あてる 当てる (ぶつける)hit 動 ⇒ p.299;(推測する)guess 動 ⇒ p.277;(指名する)call on

あと¹ (…の)after 前 ⇒ p.12
—あとで later 副 ⇒ p.348
—あとへ back 副 ⇒ p.47
—あとに behind 前副 ⇒ p.62

あと² 跡 a mark 名 ⇒ p.379,(通った跡)tracks 名 ⇒ p.646;(遺跡(いせき))ruins 名 ⇒ p.523

あとかたづけをする 後片付けをする clean 動 ⇒ p.118, put ... in order;(食事の)clear the table ⇒ p.608(table 名)

あどけない innocent 形 ⇒ p.321

アドバイス advice 名 ⇒ p.11
—アドバイスする advise 動 ⇒ p.11

アトラクション an attraction 名 ⇒ p.44

アドリブ an ad lib

アドレス an address 名 ⇒ p.9

アナウンサー an announcer 名 ⇒ p.27

アナウンス an announcement 名 ⇒ p.26
—アナウンスする announce 動 ⇒ p.26

あなた you 代 ⇒ p.719; your 代 ⇒ p.719; yours 代 ⇒ p.720; yourself 代 ⇒ p.720

あに 兄 one's (older [big]) brother 名 ⇒ p.83

アニメ(ーション) an animation 名 ⇒ p.26;(マンガ)an animated cartoon ⇒ p.26(animated 形)

—アニメ映画 an animation movie ⇒ p.26(animation 名)
—アニメ作家 an animation creator

あね 姉 one's (older [big]) sister 名 ⇒ p.558

あの that 形 ⇒ p.624; those 形 ⇒ p.632; the 冠 ⇒ p.626

アパート an apartment (house) 名 ⇒ p.30

あばれる 暴れる get violent;(もがく)struggle 動 ⇒ p.596

あびる 浴びる (入浴する)bathe 動 ⇒ p.54,(シャワーを)take a shower ⇒ p.553(shower 名)

アフターサービス customer service

あぶない 危ない dangerous 形 ⇒ p.155

あぶら 油,脂 oil 名 ⇒ p.430, fat 名 ⇒ p.222 —油絵 (an) oil painting ⇒ p.448(painting 名)

アブラムシ (アリマキ)a plant louse

アフリカ Africa 名 ⇒ p.12
—アフリカ(人)の African 形 ⇒ p.12
—アフリカ人 an African 名 ⇒ p.12

アプリケーション an application 名 ⇒ p.31
—アプリケーションソフト application software 名 ⇒ p.32

あぶる roast 動 ⇒ p.518, broil 動 ⇒ p.82

あふれる overflow 動 ⇒ p.445;(人で)be overcrowded

アボカド an avocado 名 ⇒ p.45

あまい 甘い sweet 形 ⇒ p.605;(考えが)optimistic —甘くする sweeten

あまぐ 雨具 rainwear, rain gear

アマチュア an amateur 名 ⇒ p.21

あまど 雨戸 a shutter 名 ⇒ p.554

あまのがわ 天の川 the Milky Way 名 ⇒ p.390

あまやかす 甘やかす spoil 動 ⇒ p.580

あまり¹ (あまりにも)too 副 ⇒ p.643
—あまり…ない not very [too] ... ⇒ p.671(very 動), not ... much ⇒ p.403(much 動);(回数)rarely 動 ⇒ p.499, seldom 動 ⇒ p.538

あまり² 余り the rest ⇒ p.512(rest² 名)

あまる 余る remain 動 ⇒ p.508, be left over

あみ 網 a net 名 ⇒ p.413
—網戸 a screen door

あみもの 編み物 knitting
—編み物をする knit 動 ⇒ p.342

あめ¹ 雨 rain 名 ⇒ p.498
—雨が降る rain 動 ⇒ p.498

あめ² 飴 《米》(a) candy 名 ⇒ p.96,《英》a sweet 動 ⇒ p.605

アメリカ America 名 ➡ p.23;（合衆国）the United States (of America) 名 ➡ p.663
―アメリカ（人）の American 形 ➡ p.23
―アメリカ人 an American 名 ➡ p.23

アメリカンフットボール (American) football 名 ➡ p.23

あやしい 怪しい strange 形 ➡ p.593, suspicious 形 ➡ p.605, doubtful 形 ➡ p.180 ―怪しむ suspect 動 ➡ p.604, doubt 動 ➡ p.180

あやとり あや取り cat's cradle

あやまり 誤り an error 名 ➡ p.203, a mistake 名 ➡ p.393
―誤る mistake 動 ➡ p.393, make a mistake 動 ➡ p.393(mistake 名)

あやまる 謝る apologize 動 ➡ p.30

あらい¹ 荒い rough 形 ➡ p.521

あらい² 粗い rough 形 ➡ p.521, coarse

あらう 洗う wash 動 ➡ p.682;（シャンプーで）shampoo 動 ➡ p.547

あらし 嵐 a storm 名 ➡ p.592

あらすじ あら筋 an outline 名 ➡ p.444, a plot 名 ➡ p.469

あらそう 争う（競争する）compete 動 ➡ p.132;（戦う）fight 動 ➡ p.228 ―争い（口論）a quarrel 名 ➡ p.493;（なぐり合い）a fight 名 ➡ p.228;（競争）competition 名 ➡ p.132

あらたまった 改まった formal 形 ➡ p.245

あらためて 改めて（ほかのときに）some other time, another time;（再び）again 副 ➡ p.13

あらためる 改める change 動 ➡ p.107, mend 動 ➡ p.387;（調べる）check 動 ➡ p.110

アラビア Arabia 名 ➡ p.33
―アラビア（風）の Arabian 形 ➡ p.33, Arabic 形 ➡ p.33
―アラビア人 an Arab 名 ➡ p.33

あらゆる（すべての）all 形 ➡ p.17;（どの…もみな）every 形 ➡ p.206

あられ hail 名 ➡ p.280
―あられが降る hail 動 ➡ p.280

あらわす 表す（見せる）show 動 ➡ p.553;（表現する）express 動 ➡ p.213;（意味する）mean 動 ➡ p.384(moan¹ 動), stand for ➡ p.585(stand 動);（象徴（しょうちょう）する）represent 動 ➡ p.510

あらわれる 現れる appear 動 ➡ p.31

アリ an ant 名 ➡ p.27

ありうる あり得る possible 形 ➡ p.475

ありえない あり得ない impossible 形 ➡ p.316

ありがとう Thank you. ➡ p.621(thank

）,（口語）Thanks. ➡ p.621(thank 名)

ありそうな likely 形 ➡ p.361, probable 形 ➡ p.484

アリバイ an alibi

ありふれた common 形 ➡ p.130, ordinary 形 ➡ p.439

ある¹（…である）be 動 ➡ p.56;（…がある）there is [are] ... ➡ p.623(there 副), be 動 ➡ p.56, have 動 ➡ p.287

ある² a 冠 ➡ p.2, one 形 ➡ p.432, some 形 ➡ p.572, a certain 形 ➡ p.105

あるいは or 接 ➡ p.438;（もしかすると）perhaps 副 ➡ p.459, maybe 副 ➡ p.383

アルカリ alkali 名 ➡ p.17
―アルカリの alkaline

あるく 歩く walk 動 ➡ p.679

アルコール alcohol 名 ➡ p.16

アルバイト a part-time job ➡ p.453 (part-time 形)
―アルバイトをする work part-time ➡ p.453(part-time 副)

アルバム an album 名 ➡ p.16

アルファベット the alphabet 名 ➡ p.20

アルミ（ニウム）《米》aluminum,《英》aluminium
―アルミ缶（かん）an aluminum can
―アルミ箔（はく）[ホイル] aluminum foil

あれ that 代 ➡ p.624; those 代 ➡ p.632

あれる 荒れる be [get] rough ➡ p.521 (rough 形);（天候などが）be stormy [rough] ➡ p.592(stormy 形)

アレルギー allergy 名 ➡ p.18
―アレルギーがある be allergic (to) ➡ p.18(allergic 形)

あわ 泡 a bubble 名 ➡ p.83;（集まったもの）foam 名 ➡ p.239

あわせる 合わせる put together ➡ p.492 (put 動);（適合させる）set 動 ➡ p.544

あわてる hurry 動 ➡ p.311;（動転する）panic

あわれな 哀れな poor 形 ➡ p.473, miserable 形 ➡ p.392

あん 案（計画）a plan 名 ➡ p.466;（考え）an idea 名 ➡ p.313

アンカー an anchor 名 ➡ p.24

あんがい 案外 unexpectedly 副 ➡ p.661

あんきする 暗記する learn by heart ➡ p.351(learn 動), memorize 動 ➡ p.386

アンケート a questionnaire 名 ➡ p.495
―アンケート用紙 a questionnaire 名 ➡ p.495

あんごう 暗号 (a) cipher, (a) code 名 ➡ p.123

アンコール an encore 名 ➡ p.198

あんじ 暗示 a hint 名 ➡ p.298, (a)

和英

あ
か
さ
た
な
は
ま
や
ら
わ

suggestion 名 ➡ p.599 —暗示する give a hint, suggest 動 ➡ p.599

あんしょうする 暗唱する recite 動 ➡ p.503 —暗唱 recitation 名 ➡ p.503

あんしょうばんごう 暗証番号 a personal identification number, a PIN, a PIN number

あんしん 安心 relief 名 ➡ p.507 —安心する be relieved ➡ p.507(relieve 動)

あんぜん 安全 safety 名 ➡ p.507, security 名 ➡ p.537 —安全な safe 形 ➡ p.526

アンダーライン an underline 名 ➡ p.660

あんてい 安定 —安定した stable ➡ p.583(stable¹ 形), steady 形 ➡ p.588

アンテナ an antenna 名 ➡ p.27, an aerial

あんな (あのような)such 形 ➡ p.598, like that;(あの・あれほどの)that 形 ➡ p.624

あんない 案内 guidance 名 ➡ p.278 —案内する guide 動 ➡ p.278, show 動 ➡ p.553, lead ➡ p.350(lead¹ 動) —案内係 a guide 名 ➡ p.278 —案内所 an information desk [office] ➡ p.320(information 名) —案内状 an invitation (card) 名 ➡ p.325 —案内図 a (guide) map

アンパイア an umpire 名 ➡ p.658

あんらくな 安楽な comfortable 形 ➡ p.127, easy 形 ➡ p.192

い

い 胃 a stomach 名 ➡ p.591

いい (よい)good 形 ➡ p.269;(肯定(ミミ)の応答)yes 副 ➡ p.717, all right ➡ p.515 (right¹ 形)

いいえ no 副 ➡ p.418

いいかえす 言い返す talk back ➡ p.609 (talk 動)

いいかえる 言い換える say ... in other words ➡ p.709(word 名)

いいかげんな (無責任な)irresponsible

いいつける 言いつける(命令)order 動 ➡ p.439, tell 動 ➡ p.616;(告げ口)tell on

いいつたえ 言い伝え a tradition 名 ➡ p.647

いいはる 言い張る insist (on) 動 ➡ p.322

イーメール (an) e-mail 名 ➡ p.197

いいわけ 言い訳 (an) excuse 名 ➡ p.209 —言い訳をする make an excuse (for) ➡ p.209(excuse 名)

いいん 委員 a committee member

—委員会 a committee 名 ➡ p.127
—委員長 a chairperson 名 ➡ p.106

いう 言う say 動 ➡ p.531, speak 動 ➡ p.577, talk 動 ➡ p.609, tell 動 ➡ p.616

いうまでもなく 言うまでもなく needless to say ➡ p.412(needless 形)

いえ 家 a house 名 ➡ p.307, (a) home 名 ➡ p.301

いえでする 家出する run away (from home) ➡ p.524(run 動)

イカ a squid 名 ➡ p.583, a cuttlefish

いか 以下 under 前 ➡ p.659, below 前 ➡ p.63, less than ➡ p.354(less 副 名)

いがい 以外 except (for) ➡ p.208(except 前)

いがいな 意外な unexpected 形 ➡ p.661 —意外に unexpectedly 副 ➡ p.661

いかが how 副 ➡ p.308;(勧(ミ)める)Would you like ...? ➡ p.712(would 動)

いがく 医学 medicine 名 ➡ p.385

いかす 生かす keep ... alive;(活用する) make use of ➡ p.666(use 名)

いかだ a raft 名 ➡ p.497

いかり¹ 怒り anger 名 ➡ p.25

いかり² (船の)an anchor 名 ➡ p.24

いき¹ 息 (a) breath 名 ➡ p.80 —息をする breathe 動 ➡ p.80

いき² 行き for 前 ➡ p.242, bound for ➡ p.76(bound³ 形), headed ➡ p.290

いぎ 異議 (an) objection 名 ➡ p.425

いぎ² 意義 meaning 名 ➡ p.384

いきいきした 生き生きした lively 形 ➡ p.364, vivid 形 ➡ p.675

いきおい 勢い power 名 ➡ p.477

いきかえる 生き返る come to life

いきなり suddenly ➡ p.599

いきのこる 生き残る survive 動 ➡ p.604

いきもの 生き物 a living thing 名 ➡ p.629, a creature 名 ➡ p.147

イギリス (Great) Britain 名 ➡ p.274, the United Kingdom 名 ➡ p.663 —イギリス(人)の British 形 ➡ p.82, English 形 ➡ p.200 —イギリス人 (男)an Englishman 名 ➡ p.200, (女)an Englishwoman;(全体)the British 名 ➡ p.82

いきる 生きる live ➡ p.364(live¹ 動) —生きている be alive ➡ p.17(alive 形)

いく 行く go 動 ➡ p.266, come 動 ➡ p.128

いくじなし 意気地なし a coward 名 ➡ p.146

いくつ (数が)how many ➡ p.379(many 形), (年齢(ミミ)が)how old ➡ p.308(how 副)

いくつかの some 形 ➡ p.572, any 形 ➡

p.28, several 形 ➡ p.545

いくら how much ➡ p.404(much 形)

いくらか some 代 ➡ p.572, a little 代 ➡ p.363;（疑問文で）any 代 ➡ p.28

いけ 池 a pond ➡ p.473

いけがき 生け垣 a hedge ➡ p.293

いけない （悪い）bad 形 ➡ p.49
　　―…してはいけない must not ➡ p.405
（must 助), Don't ..., may not ➡ p.382
（may 助)
　　―…しなければいけない must 助 ➡ p.405,
have to ... ➡ p.288(have 助)

いけばな 生け花 flower arrangement 名 ➡ p.238

いけん 意見 an opinion 名 ➡ p.438, an idea 名 ➡ p.313

いご 以後 after 前 ➡ p.12, since 前 ➡ p.557;（今後）from now on ➡ p.251(from 前)

いさましい 勇ましい brave 形 ➡ p.78

いさん 遺産 an inheritance,（文化的・歴史的遺産）heritage 名 ➡ p.296

いし¹ 石 (a) stone 名 ➡ p.591

いし² 意志 (an) intention 名 ➡ p.323, (a) will ➡ p.702(will² 名)

いじ 維持 maintenance 名 ➡ p.373
　　―維持する maintain 動 ➡ p.373

いしき 意識 (a) consciousness
　　―(無)意識的に (un)consciously

いじっぱりな 意地っぱりな stubborn 形 ➡ p.596

いじのわるい 意地の悪い mean ➡ p.384 (mean² 形), nasty 形 ➡ p.408

いじめ bullying ―いじめる bully 動 ➡ p.84, tease 動 ➡ p.615

いしゃ 医者 a doctor 名 ➡ p.175

いじゅうする 移住する （他国から）immigrate 動 ➡ p.315;（他国へ）emigrate 動 ➡ p.197

いじょう¹ 以上 more than ➡ p.398 (more 副), above 前 ➡ p.4, over 前 ➡ p.444

いじょう² 異状 trouble 名 ➡ p.652

いじょうな 異常な abnormal, unusual 形 ➡ p.664 ―異常に unusually 副 ➡ p.664

いしょく（する） 移植（する）transplant

いじわるな nasty 形 ➡ p.408, mean ➡ p.384(mean² 形)

いじん 偉人 a great person

いす a chair 名 ➡ p.106, a stool 名 ➡ p.591;（長い）a sofa 名 ➡ p.569

いずみ 泉 a spring 名 ➡ p.582;（噴水(ਵਿ)）a fountain 名 ➡ p.247

イスラムきょう イスラム教 Islam 名 ➡ p.327

―イスラム教徒 a Muslim 名 ➡ p.405

いせい 異性 the opposite sex

いせき 遺跡 ruins ➡ p.523(ruin 名), remains ➡ p.508(remain 動)

いぜんに 以前に ago 副 ➡ p.14, before 副 ➡ p.61;（かつて）once 副 ➡ p.432

いそがしい 忙しい busy 形 ➡ p.86

いそぐ 急ぐ hurry 動 ➡ p.311

いた 板 a board 名 ➡ p.72

いたい 痛い painful 形 ➡ p.448, sore 形 ➡ p.573 ―痛み (a) pain 名 ➡ p.448, (an) ache 名 ➡ p.7

いだいな 偉大な great 形 ➡ p.274

いたずら mischief 名 ➡ p.392, a trick 名 ➡ p.651

いたむ¹ 痛む ache 動 ➡ p.7, hurt 動 ➡ p.311

いたむ² 傷む （腐(⁵)る）spoil 動 ➡ p.580, go bad ➡ p.49(bad 形);（破損する）be damaged ➡ p.154(damage 動)

いためる 炒める fry 動 ➡ p.252

イタリア Italy 名 ➡ p.329
　　―イタリア（人）の Italian 形 ➡ p.329
　　―イタリア人 an Italian 名 ➡ p.329

いたるところに everywhere 副 ➡ p.207

いたわる （だいじにする）take good care of ➡ p.98(care 名);（親切にする）be kind to ➡ p.340(kind¹ 形)

いち¹ 一(の) one 名・形 ➡ p.432
　　―第一(の) the first 形 ➡ p.233, 1st

いち² 位置 a position 名 ➡ p.474, a place 名 ➡ p.465

いちがつ 一月 January 名 ➡ p.330

イチゴ a strawberry 名 ➡ p.594

いちじ 一時 （かつて）once 副 ➡ p.432;（しばらくの間）for a while ➡ p.697(while 名);（時刻）one o'clock ➡ p.427(o'clock 名)

いちじの 一次の (the) first 形 ➡ p.233

いちど 一度 once 副 ➡ p.432
　　―一度に at a time ➡ p.637(time 名)
　　―一度も…ない never 副 ➡ p.414

いちにち 一日 a [one] day 名 ➡ p.157;（終日）all day ➡ p.158(day 名)

いちねん 一年 a [one] year 名 ➡ p.716

いちば 市場 a market 名 ➡ p.380

いちばん 一番 （順番）(the) first place, the best ➡ p.64, number one 名 ➡ p.424;（最も）the ＋形容詞[副詞]の最上級

いちぶ 一部 (a) part 名 ➡ p.452,（1冊）a copy 名 ➡ p.141
　　―一部の some 形 ➡ p.572

イチョウ a ginkgo 名 ➡ p.259

いちらんひょう 一覧表 a list 名 ➡ p.362

いちりゅうの 一流の first-class 形 ➡

p.233
いちりんしゃ 一輪車 a monocycle 名 ➡ p.396
いちるい 一塁 first (base) 名 ➡ p.233
いつ when 副 ➡ p.694, what time ➡ p.637(time 名)
いつか (未来の)someday 副 ➡ p.571；(過去の)once 副 ➡ p.432, before 副 ➡ p.61
いっか 一家 one's family 名 ➡ p.218
いっかい 一階 《米》the first [《英》the ground] floor ➡ p.237(floor 名)
いっこ 一個 one 名 ➡ p.432
いっしゅうかん 一週間 a [one] week 名 ➡ p.687
いっしゅの 一種の a kind [sort] of ➡ p.340(kind² 名)
いっしゅん 一瞬 a moment 名 ➡ p.395, an instant 名 ➡ p.322
いっしょう 一生 (a) life 名 ➡ p.358
いっしょうけんめい 一生懸命 (very) hard ➡ p.285, as ... as possible ➡ p.475(possible 形)
いっしょに together 副 ➡ p.642, with 前 ➡ p.707
いっせいに all together ➡ p.642 (together 副), (all) at once ➡ p.432 (once 名)
いったい on earth ➡ p.190(earth 名), in the world ➡ p.710(world 名)
いっちする 一致する agree 動 ➡ p.14, accord
いっちょくせんに 一直線に straight 副 ➡ p.593
いつでも always 副 ➡ p.21, any time ➡ p.638(time 名), anytime 副 ➡ p.30
いっぱい 一杯 a cup [glass] (of) ➡ p.151 (cup 名)；(たくさん)a lot (of) ➡ p.369
—いっぱいである be full (of) ➡ p.253 (full 形), be filled (with) ➡ p.229(fill 動)
いっぱんの 一般の (全体的な)general 形 ➡ p.257；(ふつうの)common 形 ➡ p.130, popular 形 ➡ p.473
——一般的に generally 副 ➡ p.257
いっぽう 一方 (片側)one side；(片方)one 名 ➡ p.432；(もう片方)the other 代 ➡ p.442
いつまで how long ➡ p.366(long¹ 副)
いつまでも forever 副 ➡ p.244
いつも always 副 ➡ p.21；(たいてい) usually 副 ➡ p.667
—いつも…ない never 副 ➡ p.414
—いつもの usual 形 ➡ p.667
—いつものように as usual ➡ p.667 (usual 形)
いつわる 偽る lie ➡ p.358(lie² 動)

いでん 遺伝 heredity
—遺伝的に受け継ぐ inherit
—遺伝子 a gene 名 ➡ p.257
いてんする 移転する move 動 ➡ p.401
いと¹ 糸 (a) thread 名 ➡ p.633, (a) string ➡ p.595
いと² 意図 (an) intention 名 ➡ p.323
いど¹ 井戸 a well ➡ p.689(well² 名)
いど² 緯度 latitude 名 ➡ p.348
いどうする 移動する move 動 ➡ p.401
いとこ a cousin 名 ➡ p.146
いない 以内 within 前 ➡ p.706
いなか 田舎 the country 名 ➡ p.144；(故郷)one's home 名 ➡ p.301
いなずま 稲妻 lightning 名 ➡ p.359
イニシャル initials 名 ➡ p.321(initial 名)
イヌ a dog 名 ➡ p.175；(子イヌ)a puppy ➡ p.490 —イヌ小屋 a kennel 名 ➡ p.338, a doghouse
いね 稲 rice 名 ➡ p.515
いねむり 居眠り a doze, a nap 名 ➡ p.407
—居眠りする doze (off) 動 ➡ p.181
イノシシ a wild boar
いのち 命 life 名 ➡ p.358
いのる 祈る pray 動 ➡ p.478
いばる be (too) proud (of) ➡ p.487 (proud 形)
いはん 違反 (a) violation
—違反する violate
いびき a snore 名 ➡ p.566
—いびきをかく snore 動 ➡ p.566
いふく 衣服 clothes 名 ➡ p.122
イベント an event 名 ➡ p.205
いほうな 違法な illegal 形 ➡ p.314
いま¹ 今 now 副 名 ➡ p.423, at present ➡ p.479(present¹ 名), at the moment ➡ p.395(moment 名)；(このごろ)today 名 ➡ p.639；(すぐに)at once ➡ p.432(once 名), right now ➡ p.423(now 副)；(ちょうど今)just 副 ➡ p.336, just now ➡ p.423 (now 副)
—今ごろ now 副 ➡ p.423, this time
いま² 居間 a living room 名 ➡ p.364
いみ 意味 (a) meaning 名 ➡ p.384
—意味する mean ➡ p.384(mean¹ 動), stand for ➡ p.585(stand 動)
—意味のある (有意味な)meaningful 形 ➡ p.384, significant 形 ➡ p.556
イメージ an image 名 ➡ p.315
イモ 芋 (ジャガイモ)a potato 名 ➡ p.476；(サツマイモ)a sweet potato 名 ➡ p.606
いもうと 妹 one's (younger [little]) sister 名 ➡ p.558
いや (いいえ)no 副 ➡ p.418
いやいや unwillingly 副 ➡ p.664

いやがらせ harassment 名 ➡ p.285
いやがる don't like ➡ p.360(like¹ 動), dislike 動 ➡ p.173; (する気になれない)be unwilling (to) ➡ p.664(unwilling 形)
いやくひん 医薬品 (a) medicine 名 ➡ p.385
いやしい (下品な)mean ➡ p.384(mean² 形);(どん欲な)greedy 形 ➡ p.274
いやす (けがを)heal 動 ➡ p.291;(病気を)cure 動 ➡ p.151
いやな (不愉快(ふゆかい)な)unpleasant 形 ➡ p.664;(むかつくような)disgusting 形 ➡ p.173 ―いやだ dislike 動 ➡ p.173, hate 動 ➡ p.290
イヤホン earphone(s) 名 ➡ p.190
いやらしい dirty 形 ➡ p.171, nasty 形 ➡ p.408
イヤリング (a pair of) earrings ➡ p.190 (earring 名)
いよいよ at last ➡ p.347(last¹ 名), finally 副 ➡ p.229
いよく 意欲 (a) will ➡ p.702(will² 名)
―意欲的な ambitious 形 ➡ p.22
いらい¹ 依頼 a request 名 ➡ p.510
―依頼する ask 動 ➡ p.37, request 動 ➡ p.510
いらい² 以来 since 前接副 ➡ p.557
いらいらする be irritated ➡ p.326 (irritate 動)
イラスト an illustration 名 ➡ p.315
イラストレーター an illustrator 名 ➡ p.315
いらっしゃい (ようこそ)Welcome! 間 ➡ p.688; (こちらへ)Come here. ➡ p.295 (here 副)
いりぐち 入り口 an entrance 名 ➡ p.202
いりょうひん 衣料品 clothes 名 ➡ p.122, clothing 名 ➡ p.122
いる¹ 居る there is [are] ... ➡ p.623 (there 副), be 動 ➡ p.56;(家族などが) have 動 ➡ p.287
いる² 要る need 動 ➡ p.411, want 動 ➡ p.680
いるい 衣類 clothes 名 ➡ p.122, clothing 名 ➡ p.122
イルカ a dolphin 名 ➡ p.178
イルミネーション illumination 名 ➡ p.315
いれる 入れる put ... in(to) ➡ p.491(put 動);(ふくめる)include 動 ➡ p.317;(スイッチをつける)turn [switch] on ➡ p.655 (turn 動);(お茶などを)make 動 ➡ p.376
いろ 色 (a) color 名 ➡ p.125
いろいろな various 形 ➡ p.670, many kinds of ➡ p.340(kind² 名)

いろえんぴつ 色えんぴつ a colored pencil ➡ p.458(pencil 名)
いろがみ 色紙 colored paper
いわ 岩 (a) rock ➡ p.519(rock¹ 名)
いわい 祝い (a) celebration 名 ➡ p.103; (ことば)congratulations ➡ p.136 (congratulation 名)
―祝う celebrate 動 ➡ p.103, congratulate 動 ➡ p.136
イワシ a sardine 名 ➡ p.528
いわば so to speak ➡ p.578(speak 動), in a sense ➡ p.542(sense 名)
いわゆる what is called ➡ p.693(what 代), so-called 形 ➡ p.568
いんきな 陰気な gloomy 形 ➡ p.265, dark 形 ➡ p.156
インク ink 名 ➡ p.321
インコ a parakeet
いんさつ 印刷 print 名 ➡ p.483, printing 名 ➡ p.483
―印刷する print 動 ➡ p.483
―印刷所 a print(ing) office
いんしょう 印象 (an) impression 名 ➡ p.316
―印象的な impressive 形 ➡ p.316
―印象をあたえる impress 動 ➡ p.316
いんしょく 飲食 eating and drinking
―飲食物 food and drink ➡ p.240(food 名)
インスタントの instant 形 ➡ p.322
―インスタントコーヒー instant coffee ➡ p.124(coffee 名)
―インスタント食品 instant food(s) ➡ p.322(instant 形)
インストールする install 動 ➡ p.322
インストラクター an instructor 名 ➡ p.322
インスピレーション (an) inspiration 名 ➡ p.322
いんそつする 引率する lead ➡ p.350 (lead¹ 動)
インターチェンジ an interchange 名 ➡ p.323
インターネット the Internet 名 ➡ p.324, the Net ➡ p.413(net 名)
インターホン an intercom
いんたいする 引退する retire 動 ➡ p.513
インタビュー an interview 名 ➡ p.324
―インタビューする interview 動 ➡ p.324
インテリア interior decoration
インド India 名 ➡ p.319
―インド(人)の Indian 形 ➡ p.319
―インド人 an Indian 名 ➡ p.319
インフォメーション information 名 ➡ p.320

インプット―うたがう

あ か さ た な は ま や ら わ

インプット input 名 ⇒ p.321
インフルエンザ influenza 名 ⇒ p.320, flu 名 ⇒ p.238
インフレ inflation
いんようする 引用する quote 動 ⇒ p.496
いんりょうすい 飲料水 drinking water 名 ⇒ p.184
いんりょく 引力 gravitation 名 ⇒ p.273;（地球の重力）gravity 名 ⇒ p.273

う

ウイークエンド a weekend 名 ⇒ p.688
ウイークポイント a weak point ⇒ p.470 (point 名)
ウイスキー whisk(e)y 名 ⇒ p.697
ウイルス a virus 名 ⇒ p.674
ウインク a wink 名 ⇒ p.704 ―ウインクする wink (at) 動 ⇒ p.704
ウインドーショッピング window-shopping
ウインドサーフィン windsurfing 名 ⇒ p.704
ウインナー (a) Vienna sausage
ウール wool 名 ⇒ p.709
ウーロンちゃ 烏龍茶 oolong tea
うえ¹ 上，上に，上の （頂上）the top ⇒ p.644 (top¹ 名)；（表面に接触して）on 前 副 ⇒ p.434;（上方に）over 前 副 ⇒ p.444, above 前 副 ⇒ p.4;（上方へ）up 前 副 ⇒ p.664;（年上の）older;（上位の）upper 形 ⇒ p.665, higher;（すぐれた）better 形 ⇒ p.64
うえ² 飢え hunger 名 ⇒ p.310, starvation 名 ⇒ p.587 ―飢える go hungry, starve 動 ⇒ p.587
ウェイター a waiter 名 ⇒ p.678
ウェーブ a wave 名 ⇒ p.684
うえき 植木 （庭木）a garden tree
ウエスト a waist 名 ⇒ p.678
ウェディング a wedding 名 ⇒ p.687
ウェブ the Web 名 ⇒ p.687 ―ウェブサイト a website 名 ⇒ p.687
うえる 植える plant 動 ⇒ p.467
うお 魚 fish 名 ⇒ p.233
ウォーミングアップ a warm-up 名 ⇒ p.681 ―ウォーミングアップする warm up ⇒ p.681(warm 動)
うがい a gargle 名 ⇒ p.256 ―うがいをする gargle 動 ⇒ p.256
うかがう 伺う （訪問する）visit 動 ⇒ p.675;（場所に）call at ⇒ p.92(call 動)；（人のところに）call on ⇒ p.92(call 動), come and see ⇒ p.128(come 動)；（質問する）ask 動 ⇒ p.37
うかぶ 浮かぶ float 動 ⇒ p.237;（心の中に）

occur (to) 動 ⇒ p.426
うかべる 浮かべる float 動 ⇒ p.237
うかる 受かる （試験に）pass 動 ⇒ p.454
うき¹ 浮き （釣りの）a float 名 ⇒ p.237
うき² 雨季 the rainy season ⇒ p.498 (rainy 形)
うけいれる 受け入れる accept 動 ⇒ p.6, receive 動 ⇒ p.503
うけつけ 受付 a reception desk 名 ⇒ p.503, an information desk ⇒ p.320 (information 名)；（係）a reception clerk;（受理）(an) acceptance
うけとり 受取 (an) acceptance;（受領書）a receipt 名 ⇒ p.503
うけとる 受け取る receive 動 ⇒ p.503, get 動 ⇒ p.260;（同意して）accept 動 ⇒ p.6
うけみ 受け身 《文法》the passive voice ⇒ p.676(voice 名)
うけもつ 受け持つ be in charge of ⇒ p.109(charge 名)
うける 受ける （ボールなどを）catch 動 ⇒ p.102;（教育・試験などを）have 動 ⇒ p.287, get 動 ⇒ p.260, receive 動 ⇒ p.503, take 動 ⇒ p.610;（被害を）suffer 動 ⇒ p.599;（好まれる）be popular ⇒ p.473(popular 形)
うごかす 動かす move 動 ⇒ p.401;（機械などを）operate 動 ⇒ p.437, work 動 ⇒ p.709, run 動 ⇒ p.523 ―動く move 動 ⇒ p.401;work 動 ⇒ p.709
うごき 動き (a) movement 名 ⇒ p.402, motion 名 ⇒ p.400
ウサギ （飼いウサギ）a rabbit 名 ⇒ p.497,（野ウサギ）a hare 名 ⇒ p.286
ウシ a cow 名 ⇒ p.146
うしなう 失う lose 動 ⇒ p.368;（逃す）miss 動 ⇒ p.393
うしろ 後ろ the back 名 ⇒ p.47 ―後ろに behind 前 ⇒ p.62, at the back (of) ⇒ p.48(back 名)
うすい 薄い thin 形 ⇒ p.629;（飲み物などが）weak 形 ⇒ p.685;（色などが）light ⇒ p.359(light¹ 形), pale 形 ⇒ p.449
うすぐらい 薄暗い dim 形 ⇒ p.170
うすれる，うすらぐ 薄れる，薄らぐ fade (away) 動 ⇒ p.216
うそ a lie ⇒ p.358(lie² 名) ―うそをつく tell a lie ⇒ p.358(lie² 名), lie ⇒ p.358(lie² 動) ―うそつき a liar 名 ⇒ p.356
うた 歌 a song 名 ⇒ p.573 ―歌う sing 動 ⇒ p.557
うたがう 疑う suspect 動 ⇒ p.604;doubt 動 ⇒ p.180 ―疑い (a) suspicion 名 ⇒

[10]

p.605;(a) doubt 名 ➡ p.180

うち¹ 内 the inside 名 ➡ p.321
―内に inside 前 副 ➡ p.321;(期間)in 前 副 ➡ p.318, within 前 ➡ p.706, during 前 ➡ p.188
―内で（範囲の中で）of ➡ p.428, out of ➡ p.441(out 前)

うち² a house 名 ➡ p.307, (a) home 名 ➡ p.301;(家族)one's family 名 ➡ p.218
―うちに home 副 ➡ p.301, at home ➡ p.302(home 名)

うちあける 打ち明ける confide, tell honestly

うちあげる 打ち上げる（花火を）set off ➡ p.544(set 動);(ロケットを)launch 動 ➡ p.349

うちあわせ 打ち合わせ an arrangement 名 ➡ p.36 ―打ち合わせをする arrange 動 ➡ p.36, make an arrangement

うちがわ 内側 the inside 名 ➡ p.321

うちきな 内気な shy 形 ➡ p.554

うちゅう 宇宙 space 名 ➡ p.576, the cosmos ➡ p.142(cosmos² 名), the universe 名 ➡ p.663
―宇宙科学 space science
―宇宙食 space food
―宇宙人 an alien 名 ➡ p.17
―宇宙ステーション a space station 名 ➡ p.576
―宇宙船 a spaceship 名 ➡ p.576
―宇宙飛行士 an astronaut 名 ➡ p.41

うちわ a Japanese fan

うつ¹ 打つ hit 動 ➡ p.299, strike 動 ➡ p.595

うつ² 撃つ shoot 動 ➡ p.550, fire 動 ➡ p.232

うっかりして carelessly 副 ➡ p.99

うつくしい 美しい beautiful 形 ➡ p.58, lovely 形 ➡ p.370;(きれいな)pretty 形 ➡ p.481
―美しさ beauty 名 ➡ p.58
―美しく beautifully 副 ➡ p.58

うつす¹ 移す move 動 ➡ p.401;(病気などを)give 動 ➡ p.263

うつす² 映す（水面に)reflect 動 ➡ p.505,（映像を)project 動 ➡ p.485

うつす³ 写す（写真を)take (a picture) 動 ➡ p.610;(書き写す)copy 動 ➡ p.141

うったえる 訴える appeal (to) 動 ➡ p.31;(不平・苦情などを)complain 動 ➡ p.132

うつぶせに on one's stomach

うつる¹ 移る（移動する)move 動 ➡ p.401;（変わる)change 動 ➡ p.107;(病気になる)catch 動 ➡ p.102

うつる² 写る, 映る（写真に)be in a picture,（テレビに)be on TV;（水面・鏡などに)be reflected ➡ p.505(reflect 動)

うで 腕 an arm ➡ p.35(arm¹ 名);(技術)(a) skill 名 ➡ p.560
―腕ずもう arm wrestling
―腕立てふせ（米)a push-up ➡ p.491;《英》a press-up

うでどけい 腕時計 a watch 名 ➡ p.683

うどん noodles 名 ➡ p.420

ウナギ an eel 名 ➡ p.193

うなずく nod 動 ➡ p.419

うなる groan 動 ➡ p.276, growl 動 ➡ p.277

うぬぼれ（過大評価)conceit
―うぬぼれる be conceited, be vain 形 ➡ p.668(vain 形)

うばう 奪う rob ... (of) 動 ➡ p.518, steal 動 ➡ p.589

うま 馬 a horse 名 ➡ p.305

うまい（おいしい)good 形 ➡ p.269, delicious 形 ➡ p.163, tasty 形 ➡ p.613;（じょうずな)good 形 ➡ p.269
―うまく well ➡ p.688(well¹ 副)

うまれる 生まれる be born ➡ p.74(born 動)

うみ 海 the sea 名 ➡ p.535, the ocean 名 ➡ p.426

うむ 生む・産む give birth to, have 動 ➡ p.287;(卵を)lay ➡ p.349(lay¹ 動);(作り出す)produce 動 ➡ p.484

ウメ 梅 a Japanese apricot
―梅干し a pickled plum

うめる 埋める bury 動 ➡ p.85

うやまう 敬う respect 動 ➡ p.512, look up to ➡ p.368(look 動)

うら 裏 the back 名 ➡ p.47, the reverse (side) 名 ➡ p.513, the flip side;(野球で)the bottom
―裏に behind 前 副 ➡ p.62
―裏庭 a backyard 名 ➡ p.49
―裏門 a back gate ➡ p.257
―裏技 a trick 名 ➡ p.651

うらぎる 裏切る betray 動 ➡ p.64

うらぐち 裏口 a back door

うらない 占い fortune-telling

うらなう 占う（人を)tell a person's fortune

うらむ 恨む have ill feeling (against)

うらやむ envy 動 ➡ p.202

うりきれる 売り切れる be sold out ➡ p.538(sell 動)
―売り切れ《掲示》Sold Out. ➡ p.538 (sell 動)

うりだす 売り出す put ... on sale

うりば 売り場 a counter 名 ➡ p.144, a department 名 ➡ p.164

和英

あ

か

さ

た

な

は

ま

や

ら

わ

うる 売る sell 動 ➡ p.538

うるうどし うるう年 (a) leap year 名 ➡ p.351

うるさい noisy 形 ➡ p.419;（好みなどが）particular 形 ➡ p.453, picky

うれしい glad 形 ➡ p.264, happy 形 ➡ p.284 ―うれしさ joy 名 ➡ p.334

うれる 売れる sell (well) 動 ➡ p.538, be sold ➡ p.538(sell 動)

うわぎ 上着 a coat 名 ➡ p.123, a jacket 名 ➡ p.330

うわさ (a) rumor 名 ➡ p.523,（私生活などの）(a) gossip ➡ p.271

うわばき 上履き indoor shoes

うん 運 luck 名 ➡ p.371, fortune 名 ➡ p.246
―運がいい lucky 形 ➡ p.371
―運が悪い unlucky 形 ➡ p.664
―運よく fortunately 副 ➡ p.246
―運悪く unfortunately 副 ➡ p.662

うんが 運河 a canal 名 ➡ p.93

うんざりする （いや気がさす）be sick (of) ➡ p.554(sick 形),（飽^(あ)きた）be tired (of) ➡ p.639(tired 形)

うんちん 運賃 a fare 名 ➡ p.221

うんてんする 運転する（車を）drive 動 ➡ p.185;（機械を）operate 動 ➡ p.437, run 動 ➡ p.523

うんどう 運動 exercise 名 ➡ p.210, sport(s) 名 ➡ p.581;（社会的な）a campaign 名 ➡ p.93
―運動する get exercise
―運動場 a playground 名 ➡ p.468, a field 名 ➡ p.227
―運動選手 an athlete 名 ➡ p.41

うんどうかい 運動会 a field day 名 ➡ p.227, a sports day 名 ➡ p.581

うんどうぐつ 運動靴 sports shoes, sneakers 名 ➡ p.566

うんめい 運命 (a) fate 名 ➡ p.222, (a) destiny 名 ➡ p.166

え

え 絵 a picture 名 ➡ p.463, a painting ➡ p.448;（線画）a drawing 名 ➡ p.183

エアコン an air conditioner 名 ➡ p.15

エアロビクス aerobics 名 ➡ p.11

えいえんの 永遠の eternal 形 ➡ p.204
―永遠に forever 副 ➡ p.244

えいが 映画 a movie 名 ➡ p.402, a film 名 ➡ p.229;（全体を指して）the movies 名 ➡ p.402
―映画音楽 screen music
―映画監督 a (movie) director 名 ➡ p.171

―映画スター a movie [film] star ➡ p.586(star 名)
―映画ファン a movie fan

えいかいわ 英会話 English conversation ➡ p.139(conversation 名)

えいがかん 映画館 a movie theater ➡ p.402(movie 名), p.622(theater 名)

えいきゅうに 永久に forever 副 ➡ p.244

えいきょう 影響 (an) effect 名 ➡ p.193, (an) influence 名 ➡ p.320
―影響する influence 動 ➡ p.320

えいご 英語 English 名 ➡ p.200, the English language

えいこう 栄光 glory 名 ➡ p.265

えいさくぶん 英作文 English composition

エイズ AIDS 名 ➡ p.15

えいせい 衛星 a satellite 名 ➡ p.528
―衛星放送 satellite television
―気象衛星 a weather satellite ➡ p.528(satellite 名)

えいゆう 英雄 a hero 名 ➡ p.296

えいようのある 栄養のある nutritious 形 ➡ p.424

エース an ace 名 ➡ p.7
―エースピッチャー an ace pitcher

エープリルフール （日）April Fools' Day 名 ➡ p.33, All Fools' Day 名 ➡ p.18;（だまされた人）an April fool

えがお 笑顔 a smile 名 ➡ p.565

えき 駅 （鉄道の）a (railroad) station 名 ➡ p.587, p.498(railroad)
―駅員 a station employee;（駅全体の職員）the station staff
―駅長 a stationmaster 名 ➡ p.588
―駅ビル a station building

えきたい 液体 (a) liquid 名 ➡ p.362;（流体）(a) fluid 名 ➡ p.238

えくぼ a dimple 名 ➡ p.170

エゴ (an) ego 名 ➡ p.194
―エゴイズム egoism, selfishness

エコロジー ecology 名 ➡ p.193

えさ food 名 ➡ p.240;（釣^(つ)りの）bait ➡ p.50 ―えさをやる feed 動 ➡ p.225

エスエフ science fiction 名 ➡ p.533, sci-fi, SF ➡ p.546
―SF映画 an SF movie
―SF小説 an SF novel

エスカレーター an escalator 名 ➡ p.203

エスキモー an Inuit 名 ➡ p.325, an Eskimo 名 ➡ p.203

エスニックの ethnic 形 ➡ p.204

えだ 枝 a branch 名 ➡ p.78;（小枝）a twig 名 ➡ p.657;（大枝）a bough 名 ➡ p.76

エチケット etiquette 名 ➡ p.204

和英
あ か さ た な は ま や ら わ

エックスせん　エックス線　X-rays ➡ p.715
　(X-ray 名)
エッセイ　an essay 名 ➡ p.203
エネルギー　energy 名 ➡ p.199
えのぐ　絵の具　colors 名 ➡ p.125(color 名),
　paints ➡ p.448(paint 名)
えはがき　絵葉書　a picture postcard ➡
　p.475(postcard 名)
エビ　(小型の)a shrimp 名 ➡ p.553;(中型
　の)a prawn 名 ➡ p.478;(大型の)a lobster
　名 ➡ p.365
エピソード　an episode 名 ➡ p.202
エビフライ　a fried prawn
エプロン　an apron 名 ➡ p.33
えほん　絵本　a picture book 名 ➡ p.463
えもの　獲物　game, a catch 名 ➡ p.102
エラー　an error 名 ➡ p.203
　―エラーをする　make an error
えらい　偉い　great 形 ➡ p.274, important
　形 ➡ p.316
えらぶ　選ぶ　choose 動 ➡ p.113, select 動
　➡ p.538, elect 動 ➡ p.196
えり　襟　a collar 名 ➡ p.125
える　得る　get 動 ➡ p.260, win 動 ➡ p.702
エレキ(ギター)　an electric guitar
エレクトーン　an electronic [electric]
　organ ➡ p.440(organ 名)
エレベーター　(米)an elevator 名 ➡
　p.196,(英)a lift 名 ➡ p.358
えん　円　(円形)a circle 名 ➡ p.116;(日本円)
　yen 名 ➡ p.717
えんがん　沿岸　a coast 名 ➡ p.123
えんぎ　演技　a performance 名 ➡ p.459
　―演技する　perform 動 ➡ p.459
えんぎがよい　縁起がよい　lucky 形 ➡
　p.371
えんぎがわるい　縁起が悪い　unlucky 形
　➡ p.664
えんきする　延期する　postpone 動 ➡
　p.476, put off ➡ p.492(put 動)
えんげい　園芸　gardening 名 ➡ p.256
　―園芸家　a gardener 名 ➡ p.256
えんげき　演劇　drama 名 ➡ p.182, a play
　名 ➡ p.467
エンジニア　an engineer 名 ➡ p.200
えんしゅつする　演出する　direct 動 ➡
　p.170
えんじょ　援助　aid 名 ➡ p.15, help 名 ➡
　p.294, assistance 名 ➡ p.41
　―援助する　aid 動 ➡ p.15, help 動 ➡
　p.294, assist 動 ➡ p.41
えんじる　演じる　play 動 ➡ p.467, act 動
　➡ p.8
えんぜつ　演説　a speech 名 ➡ p.578
　―演説する　make a speech ➡ p.578

(speech 名)
えんそう　演奏　a (musical) performance
　名 ➡ p.459
　―演奏する　play 動 ➡ p.467, perform 動
　➡ p.459
　―演奏会　a concert 名 ➡ p.134,(独奏会)a
　recital 名 ➡ p.503
えんそく　遠足　an outing 名 ➡ p.444, an
　excursion 名 ➡ p.209
えんちょう　延長　(an) extension 名 ➡
　p.213
　―延長する　extend 動 ➡ p.213, prolong
えんとつ　煙突　a chimney 名 ➡ p.113
えんばん　円盤　a disk 名 ➡ p.173;(円盤投
　げ用)a discus
えんぴつ　a pencil 名 ➡ p.458
えんまんな　円満な　happy 形 ➡ p.284,
　peaceful 形 ➡ p.457

お

お　尾　a tail 名 ➡ p.609
オアシス　an oasis 名 ➡ p.425
おい　甥　a nephew 名 ➡ p.413
おいかける　追いかける　run after ➡ p.523
　(run 動), chase 動 ➡ p.109
おいこす　追い越す　pass ➡ p.454;(先に
　立つ)get ahead of
おいしい　good 形 ➡ p.269, nice 形 ➡
　p.416, delicious 形 ➡ p.163, tasty 形 ➡
　p.613
おいだす　追い出す　drive out ➡ p.185
　(drive 動), get out
おいつく　追いつく　catch up (with) ➡
　p.102(catch 動)
おいはらう　追い払う　drive (away) 動 ➡
　p.185
オイル　oil 名 ➡ p.430
おう¹　追う　(追いかける)run after ➡ p.523
　(run 動), chase 動 ➡ p.109;(追い求める)
　follow 動 ➡ p.240
おう²　負う　(責任・義務を)take 動 ➡ p.610;
　(武器などで)(傷を)be wounded ➡ p.713
　(wound¹ 動);(事故などで)(傷を)be
　injured ➡ p.321(injure 動);(恩恵を受
　ける)owe 動 ➡ p.446
おう³　王　a king 名 ➡ p.341
　―干冠　(おうかん)a crown ➡ p.150;(び
　んのふた)a cap 名 ➡ p.96
おうえん　応援　cheering, cheer 名 ➡
　p.111
　―応援する　cheer (for) ➡ p.111,
　《口語》root (for)
　―応援団　a cheering squad
おうぎ　扇　a (folding) fan ➡ p.219(fan¹
　名)

和英

あ
か
さ
た
な
は
ま
や
ら
わ

おうきゅうてあて 応急手当て　first aid
名 ➡ p.233

おうごん 黄金　gold 名 ➡ p.269
—黄金の　golden 形 ➡ p.269

おうし 雄牛　（去勢した）an ox 名 ➡ p.446;
（去勢していない）a bull 名 ➡ p.84

おうじ 王子　a prince 名 ➡ p.482

おうじょ 王女　a princess 名 ➡ p.483

おうじる 応じる　（答える）answer 動 ➡
p.27;（受ける）accept 動 ➡ p.6
—…に応じて　（…に従って）according to ➡
p.6(according 副)

おうせつま 応接間　a living room 名 ➡
p.364

おうだん 横断　(a) crossing 名 ➡ p.149
—横断する　cross 動 ➡ p.149, go across
—横断歩道　a pedestrian crossing ➡
p.457(pedestrian 名),《米》a crosswalk
名 ➡ p.149

おうひ 王妃　a queen 名 ➡ p.494

おうふくする 往復する　go and come
back, go and return
—往復切符　《米》a round-trip ticket ➡
p.635(ticket 名),《英》a return ticket ➡
p.635(ticket 名)

おうべい 欧米　Europe and America, the
West ➡ p.690(west 名)
—欧米の　European and American,
Western ➡ p.690(western 形)
—欧米諸国　Western countries
—欧米人　Europeans and Americans

おうぼ 応募　(an) application 名 ➡ p.31
—応募する　（求人などに）apply (for) 動 ➡
p.32;（コンテストなどに）enter 動 ➡ p.201
—応募者　（求人などの）an applicant 名 ➡
p.31;（コンテストなどの）an entry 名 ➡
p.202

オウム a parrot 名 ➡ p.452

おうよう 応用　(an) application 名 ➡ p.31
—応用する　apply ... (to) 動 ➡ p.32

おえる 終える　（完了(%)する）finish 動 ➡
p.231;（終了する）end 動 ➡ p.198
—…し終える　finish ...ing ➡ p.231
(finish 動)

おおあめ 大雨　a heavy rain ➡ p.498
(rain 名)

おおい¹ 多い　（数が）many 形 ➡ p.378, a
lot of ➡ p.369(lot 名), plenty of ➡ p.469
(plenty 名);（量が）much 形 ➡ p.403, a
lot of ➡ p.369(lot 名), plenty of ➡ p.469
(plenty 名);（回数が）often 副 ➡ p.430

おおい² 覆い　a cover 名 ➡ p.146
—覆いをかける　cover 動 ➡ p.146

おおいに very 副 ➡ p.671, (very) much
副 ➡ p.403

おおう 覆う　cover (with) 動 ➡ p.146

オーエル OL　an office worker ➡ p.430
(office 名)

おおがたの 大型の　large 形 ➡ p.346, big
形 ➡ p.66, large-sized

オオカミ a wolf 名 ➡ p.706

おおかれすくなかれ 多かれ少なかれ
more or less ➡ p.398(more 副)

おおきい[な] 大きい[な]　（形・大きさが）big
形 ➡ p.66, large 形 ➡ p.346;（背が）tall 形
➡ p.612;（程度が）big 形 ➡ p.66;（声が）
loud 形 ➡ p.369;（広い）wide 形 ➡ p.699

おおきく 大きく
—大きくする　make ... bigger
—大きくなる　（人が成長する）grow up ➡
p.277(grow 動)

おおきさ 大きさ　size ➡ p.560

おおく(の) 多く(の)　（数が）many 形 ➡
p.378, a lot of ➡ p.369(lot 名);（量が）
much ➡ p.403, a lot of ➡ p.369(lot
名);（大部分）most 形代 ➡ p.399

オーケー OK　O.K. ➡ p.431(OK¹ 形 間
名), okay 形 間 ➡ p.431

おおげさな 大げさな　exaggerated
—大げさに言う　exaggerate 動 ➡ p.208

オーケストラ an orchestra 名 ➡ p.439

おおごえ 大声　a loud voice ➡ p.676
(voice 名) —大声で　loud 形 ➡ p.369,
loudly 副 ➡ p.369, in a loud voice

オーストラリア Australia 名 ➡ p.44
—オーストラリア（人）の　Australian 形 ➡
p.45
—オーストラリア人　an Australian 名 ➡
p.45

おおぜい 大勢　many people

おおそうじ 大掃除　(a) general cleaning

オーダー an order 名 ➡ p.439
—オーダーする　order 動 ➡ p.439

オーディオ audio 形 ➡ p.44
—オーディオ装置　audio equipment, a
stereo 名 ➡ p.590

オーディション an audition 名 ➡ p.44

おおどおり 大通り　a main street ➡
p.373(main 形)

オートバイ a motorcycle 名 ➡ p.400

オートミール oatmeal 名 ➡ p.425

オーバー （衣服）an overcoat 名 ➡ p.445, a
coat 名 ➡ p.123;（大げさな）exaggerated

オーバースロー an overhand throw

オービー （卒業生）a graduate 名 ➡ p.272;
（ゴルフ）out of bounds

オーブン an oven 名 ➡ p.444
—オーブントースター　a toaster oven
—オーブンレンジ　an electric and
microwave oven

オープン open 形 ➡ p.436
—オープン戦（野球）an exhibition game

おおみそか the last day of the year, New Year's Eve 名 ➡ p.415

オオムギ 大麦 barley ➡ p.52

おおもじ 大文字 a capital letter 名 ➡ p.96

おおやけの 公の public 形 ➡ p.488, official 形 ➡ p.430
—公にする make ... public

オール（ボートの）an oar 名 ➡ p.425

オールスターの all-star
—オールスターゲーム an all-star game

オーロラ an aurora 名 ➡ p.44

おか 丘 a hill ➡ p.298

おかあさん お母さん a mother 名 ➡ p.399;（呼びかけ）Mother ➡ p.399 (mother), Mom ➡ p.395(mom 名), Mommy ➡ p.395(mommy 名)

おかげで thanks to ➡ p.621(thank 名)

おかしい（こっけいな）funny 形 ➡ p.253;（変な）strange 形 ➡ p.593;（正しくない）not fair, not proper

おかす 犯す，冒す（規則を）break 動 ➡ p.79;（罪を）commit 動 ➡ p.127;（危険を）risk 動 ➡ p.517, take [run] a risk ➡ p.517(risk 名)

おかず a dish 名 ➡ p.173

おがむ 拝む pray 動 ➡ p.478, worship 動 ➡ p.711

おがわ 小川 a stream 名 ➡ p.594, a brook 名 ➡ p.82

おかわり お代わり another helping ➡ p.295(helping 名)

おきあがる 起き上がる get up ➡ p.262 (get 動);（上体を起こす）sit up ➡ p.559(sit 動)

おきどけい 置き時計 a clock 名 ➡ p.120

おぎなう 補う make up for ➡ p.377 (make 動);（不足を）supplement;（空所を）fill in ➡ p.229(fill 動)

おきに［で］ 沖に［で］ off the shore, offshore

-おきに …置きに every other ➡ p.206 (every 形)

おきる 起きる（起床（ಓᐞ）する）get up ➡ p.262(get 動);（目を覚ます）wake up ➡ p.679(wake 動);（発生する）happen 動 ➡ p.284, occur 動 ➡ p.426, break out ➡ p.79(break 動)

おく¹ 置く（載(ᵖ)せる）put 動 ➡ p.491;（特定の場所に）set 動 ➡ p.544;（残して行く）leave 動 ➡ p.352

おく² 億 a hundred million
—10億 a billion 名 ➡ p.67

おく³ 奥（後ろ）the back 名 ➡ p.47;（深いところ）the depths ➡ p.165(depth 名)

おくがいの 屋外の outdoor 形 ➡ p.441, open-air 形 ➡ p.437
—屋外で outdoors 副 ➡ p.444

おくさん 奥さん a wife 名 ➡ p.702;（呼びかけ）ma'am 名 ➡ p.372

おくじょう 屋上 a roof 名 ➡ p.520

おくないの 屋内の indoor 形 ➡ p.319
—屋内で indoors 副 ➡ p.319

おくびょうな timid 形 ➡ p.638, cowardly —おくびょう者 a coward 名 ➡ p.146,《口語》a chicken 名 ➡ p.112

おくりもの 贈り物 a present ➡ p.480 (present² 名), a gift 名 ➡ p.259

おくる¹ 送る（品物を）send 動 ➡ p.539;（人を）take 動 ➡ p.610, drive 動 ➡ p.185, see ... off ➡ p.541(see 動);（年月を）spend 動 ➡ p.579, pass 動 ➡ p.454

おくる² 贈る（あげる）give 動 ➡ p.263;（プレゼントをする）present ➡ p.480 (present² 動)

おくれる 遅れる，後れる（時間に）be late (for) ➡ p.347(late 形);（進歩などが…より）fall behind ➡ p.218(fall 動),（遅れている）be behind ➡ p.62(behind 副);（時計が）lose 動 ➡ p.368,（遅れている）be slow ➡ p.564(slow 形)

おけ 桶（大型の）a tub 名 ➡ p.654;（手おけ）a pail 名 ➡ p.448

おこす 起こす（目を覚まさせる）wake up ➡ p.679(wake 動),（立たせる）raise 動 ➡ p.498;（引き起こす）cause 動 ➡ p.103, bring about ➡ p.81(bring 動)

おこたる 怠る neglect 動 ➡ p.412

おこない 行い conduct 名 ➡ p.135, behavior ➡ p.62

おこなう 行う（する）do 動 ➡ p.176;（会などを）hold 動 ➡ p.300;（試験などを）give 動 ➡ p.263

おこり 起こり（起源）the origin 名 ➡ p.440;（原因）the cause 名 ➡ p.103

おごり（ごちそうすること）a treat 名 ➡ p.650

おこりっぽい 怒りっぽい short-tempered

おこる¹ 怒る get angry ➡ p.25(angry 形),《口語》get mad ➡ p.372(mad 形);（しかる）scold ➡ p.533, tell off
—怒って angrily 副 ➡ p.25, in anger

おこる² 起こる（事件などが）happen 動 ➡ p.284, occur 動 ➡ p.426;（戦争・火事などが）break out ➡ p.79(break 動)

おごる（ごちそうする）treat 動 ➡ p.650

おさえる 押さえる，抑える hold 動 ➡ p.300;（感情を）control 動 ➡ p.139

和英

あ

か

さ

た

な

は

ま

や

ら

わ

おさない 幼い (very) young 形 ➡ p.719;（幼稚(よう)な）childish 形 ➡ p.112

おさななじみ 幼なじみ a childhood friend

おさまる 治まる（静まる）go down, die down;（やむ）stop 動 ➡ p.591

おさめる¹ 納める（払(はら)いこむ）pay 動 ➡ p.456

おさめる² 治める（統治する）rule (over) 動 ➡ p.523, govern 動 ➡ p.271

おじ an uncle 名 ➡ p.659

おしい 惜しい（残念な）(too) bad 形 ➡ p.49;（大切な）precious 形 ➡ p.478

おじいさん（祖父）a grandfather 名 ➡ p.272,《口語》a grandpa ➡ p.273;（老人）an old man

おしいれ 押し入れ a closet 名 ➡ p.121

おしえ 教え teachings 名 ➡ p.615;（教訓）a lesson 名 ➡ p.354

おしえる 教える（学問などを）teach 動 ➡ p.614;（ことばで説明する）tell 動 ➡ p.616;（実演などをして示す）show 動 ➡ p.553

おじぎ a bow ➡ p.76(bow¹ 名);（会釈(えしゃく)）a nod 名 ➡ p.419

―おじぎする bow (to) ➡ p.76(bow¹ 動), make a bow (to) ➡ p.376(make 動)

おじさん（おとなの男性）a gentleman 名 ➡ p.258;（呼びかけ）sir ➡ p.558;（おじ）an uncle 名 ➡ p.659

おしだす 押し出す（力ずくで）force out;（しぼって）press out

おしつける 押しつける push 動 ➡ p.491, press 動 ➡ p.480;（強制する）force ... (on) 動 ➡ p.241

おしっこ《口語》(a) pee

―おしっこをする pee

おしつぶす 押しつぶす crush 動 ➡ p.150

おしまい（終わり）an end 名 ➡ p.198

おしむ 惜しむ（残念に思う）feel sorry (for) ➡ p.573(sorry 形);（労力・金などを）spare ➡ p.577

おしゃべり（雑談）a chat 名 ➡ p.109

―おしゃべりする chat 動 ➡ p.109, talk 動 ➡ p.609;（ぺちゃくちゃしゃべる）chatter 動 ➡ p.110

―おしゃべりな talkative 形 ➡ p.612

おしゃれな（最新流行の）fashionable 形 ➡ p.221

―おしゃれをする be dressed nicely

おす¹ 押す（人・ものを）push 動 ➡ p.491, press 動 ➡ p.480;（印を）place 動 ➡ p.465, put 動 ➡ p.491

おす² 雄 a male 名 ➡ p.374,《口語》a he

―雄の male 形 ➡ p.374

おせじ お世辞（おべっか）flattery;（ほめこ

とば）a compliment 名 ➡ p.132

―お世辞を言う flatter 動 ➡ p.236, compliment 動 ➡ p.132

おせっかいな《口語》nosy

おせん 汚染 (a) pollution 名 ➡ p.472

―汚染する pollute 動 ➡ p.472

おそい 遅い（時間が）late 形 ➡ p.347;（動作・速度が）slow 形 ➡ p.564

おそう 襲う attack 動 ➡ p.43

おそく 遅く（時間が）late 形 ➡ p.347;（速度が）slowly 動 ➡ p.564

おそらく 恐らく probably 動 ➡ p.484

おそれ 恐れ (a) fear 名 ➡ p.224;（危険）(a) danger 名 ➡ p.155;（可能性）(a) possibility 名 ➡ p.475

―…のおそれがある be likely to ... ➡ p.361(likely 形)

おそれる 恐れる be afraid (of) ➡ p.11 (afraid 形), fear 動 ➡ p.224

おそろしい 恐ろしい terrible 形 ➡ p.619

―恐ろしく terribly 動 ➡ p.619

おそわる 教わる（習い覚える）learn 動 ➡ p.351;（教えられる）be taught ➡ p.614 (teach 動)

オゾン ozone 名 ➡ p.446

―オゾン層 the ozone layer ➡ p.350 (layer 名)

おたがいに[を] お互いに[を] each other ➡ p.189(each 代), p.443(other 代), one another ➡ p.433(one 代)

おだてる flatter ➡ p.236

オタマジャクシ a tadpole 名 ➡ p.609

おだやかな 穏やかな（天候・海などが）calm 形 ➡ p.92;（気候が）mild 形 ➡ p.390;（人・性質が）gentle 形 ➡ p.258;（音などが）quiet 形 ➡ p.495;―穏やかに gently 動 ➡ p.258, quietly ➡ p.496

おちこむ 落ち込む（落ちこんでいる）be depressed

おちついている 落ち着いている calm 形 ➡ p.92

おちつく 落ち着く（心・気持ちが）calm down ➡ p.92(calm 動);（場所に）settle down ➡ p.545(settle 動)

おちば 落ち葉 a fallen leaf ➡ p.350(leaf 名)

おちゃ お茶（日本茶）green tea 名 ➡ p.275;（紅茶）tea 名 ➡ p.614, black tea 名 ➡ p.69;（お茶の時間）a tea break 名 ➡ p.614

おちる 落ちる（落下する）fall 動 ➡ p.217, drop 動 ➡ p.186;（程度が下がる）go down ➡ p.267(go 動);（失敗する）fail (in) 動 ➡ p.216;（とれる）come out

おっと 夫 a husband 名 ➡ p.311

オットセイ a fur seal ⇒ p.535(seal² 名)
おでこ a forehead 名 ⇒ p.244
おてんば お転婆 a tomboy
おと 音 (a) sound ⇒ p.574(sound¹ 名);(騒音(穀)・雑音) (a) noise ⇒ p.419;(音色・音調)a tone 名 ⇒ p.643
おとうさん お父さん a father 名 ⇒ p.222;(呼びかけ)Father ⇒ p.222(father 名), Dad ⇒ p.154(dad 名), Daddy ⇒ p.154(daddy 名)
おとうと 弟 one's (younger [little]) brother 名 ⇒ p.83
おどかす 脅かす threaten 動 ⇒ p.633
おとぎばなし おとぎ話 a fairy tale 名 ⇒ p.217
おどける play the fool
おとこ 男 a man 名 ⇒ p.374;(性別を強調して)a male 名 ⇒ p.374
　一男の子 a boy 名 ⇒ p.77;(赤ん坊(穀))a baby boy ⇒ p.47(baby 名)
　一男らしい manly
おとしだま お年玉 a new year's gift
おとしもの 落とし物 a lost article
　一落とし物取扱(穀穀)所 the lost and found office 名 ⇒ p.369
おとす 落とす drop 動 ⇒ p.186;(失う)lose 動 ⇒ p.368
おどす 脅す threaten 動 ⇒ p.633
おとずれる 訪れる visit 動 ⇒ p.675,(人を)call on ⇒ p.92(call 動),(場所を)call at ⇒ p.92(call 動);(来る)come ⇒ p.128
おととい the day before yesterday ⇒ p.158(day)
おととし the year before last, two years ago
おとな 大人 a grown-up 名 ⇒ p.277, an adult 名 ⇒ p.10;(男の)a man 名 ⇒ p.374;(女の)a woman 名 ⇒ p.708
　一おとなになる grow up ⇒ p.277(grow 動)
おとなしい quiet 形 ⇒ p.495, gentle 形 ⇒ p.258
おどり 踊り a dance 名 ⇒ p.155;(踊ること)dancing 名 ⇒ p.155
おとる 劣る be inferior (to) ⇒ p.320 (inferior 形);(悪い)be worse (than) ⇒ p.711(worse 形)
おどる 踊る dance 動 ⇒ p.155
おとろえる 衰える become weak
おどろかす 驚かす surprise 動 ⇒ p.603
おどろき 驚き surprise 名 ⇒ p.603;(驚嘆(穀穀))wonder 名 ⇒ p.708
おどろく 驚く (びっくりする)be surprised ⇒ p.603(surprise 動), be astonished ⇒ p.41(astonish 動);(感心する)be amazed (by) ⇒ p.21(amaze 動), be so impressed (by) ⇒ p.316(impress 動)
　一驚いたことに to a person's surprise ⇒ p.604(surprise 名)
　一驚いて in surprise ⇒ p.604(surprise 名)
　一驚くべき surprising 形 ⇒ p.604, amazing 形 ⇒ p.22
おなじ 同じ the same 形 ⇒ p.527
　一同じくらい as ～ as ... ⇒ p.38(as 接)
おなら 《米》gas,《英》wind
　一おならをする pass gas, break wind
おに 鬼 (民話などの)an ogre;(鬼ごっこの)it;(悪魔(穀)のような)a demon 名 ⇒ p.163, a devil 名 ⇒ p.167
　一鬼ごっこ tag ⇒ p.609(tag² 名)
おにぎり a rice ball ⇒ p.50(ball 名)
おねしょ bed-wetting
　一おねしょする wet one's [the] bed
おの 斧 an ax 名 ⇒ p.46;(手おの)a hatchet
おば an aunt 名 ⇒ p.44
おばあさん (祖母)a grandmother 名 ⇒ p.273,《口語》a grandma 名 ⇒ p.273;(老人)an old woman
おばけ お化け (幽霊(穀))a ghost 名 ⇒ p.259;(異常に大きいもの)a monster 名 ⇒ p.396 一お化け屋敷(穀) a haunted house ⇒ p.290(haunted 形)
おばさん (おとなの女性)a lady 名 ⇒ p.344;(呼びかけ)ma'am 名 ⇒ p.372;(おば)an aunt 名 ⇒ p.44
おはよう Good morning. ⇒ p.398 (morning 名)
おび 帯 a belt 名 ⇒ p.63
おびえる be frightened (at, by) ⇒ p.250 (frighten 動)
おひとよしの お人好しの (気がいい)good-natured 形 ⇒ p.270
おひなさま a Girls' Festival doll
オフィス an office 名 ⇒ p.430
オペラ an opera 名 ⇒ p.437
オペレーター an operator 名 ⇒ p.437
おぼえている 覚えている remember 動 ⇒ p.508
おぼえる 覚える (習い覚える)learn 動 ⇒ p.351;(記憶(穀)する)memorize 動 ⇒ p.386, learn ... by heart ⇒ p.351(learn 動)
おぼれる (おぼれて死ぬ)drown 動 ⇒ p.186, be drowned ⇒ p.186(drown 動)
おまけ (景品)a giveaway;(割引)a discount 名 ⇒ p.172;(余分の)extra 形 ⇒ p.213
おまけに (そのうえ)besides 副 ⇒ p.64;(さらに悪いことに)to make matters worse

おまちどおさま お待ちどおさま I'm sorry. I've kept you waiting. / Thank you for waiting.

おまもり お守り a charm ⇒ p.109

おみくじ a fortune paper

おみこし a movable shrine

おむつ a diaper

オムレツ an omelet 名 ⇒ p.432

おめでとう Congratulations! ⇒ p.136 (congratulation 名)

おもい¹ 重い （重さが）heavy 形 ⇒ p.293; （重大な）serious 形 ⇒ p.543;（気分・頭が）be depressed, feel depressed

おもい² 思い （考え）(a) thought 名 ⇒ p.633;（気持ち）feelings 名 ⇒ p.225

おもいがけない 思いがけない unexpected 形 ⇒ p.661

おもいきって…する 思い切って…する dare to .. ⇒ p.155(dare 動)

おもいきり 思い切り （できるだけ）as ... as possible ⇒ p.475(possible 形), as ... as one can ⇒ p.94(can¹ 助)

おもいだす 思い出す remember 動 ⇒ p.508;（思い出させる）remind (of) 動 ⇒ p.509

おもいちがい 思い違い (a) misunderstanding 名 ⇒ p.394 —思い違いをする be mistaken ⇒ p.394(mistaken 形)

おもいつき 思いつき an idea 名 ⇒ p.313

おもいつく 思いつく think of ⇒ p.630 (think 動)

おもいで 思い出 a memory 名 ⇒ p.387

おもいやりがある 思いやりがある （親切だ）be kind (to) ⇒ p.340(kind¹ 形),（理解がある）be considerate (of) ⇒ p.137 (considerate 形)

おもう 思う （考える）think 動 ⇒ p.630;（推測する）suppose 動 ⇒ p.602, guess 動 ⇒ p.277;（信じる）believe 動 ⇒ p.62, be sure （sure 形）⇒ p.603;（想像する）imagine 動 ⇒ p.315;（心配する）be afraid ⇒ p.11(afraid 形);（希望する）want 動 ⇒ p.680, hope 動 ⇒ p.303;（意図する）be going to ... ⇒ p.266(go 動);（みなす）regard ... as ⇒ p.506(regard 動)

おもさ 重さ weight 名 ⇒ p.688 —重さがある weigh 動 ⇒ p.688

おもしろい （心をひかれる）interesting 形 ⇒ p.323;（こっけいな）funny 形 ⇒ p.253;（はらはらする）exciting 形 ⇒ p.209

おもちゃ a toy 名 ⇒ p.646 —おもちゃ屋 a toyshop 名 ⇒ p.646

おもて 表 （表面）the face 名 ⇒ p.215, the front 名 ⇒ p.250;（コインの）heads ⇒

p.290(head 名);（野球で）the top ⇒ p.644 (top¹ 名) —表に，表で outdoors 副 ⇒ p.444, outside 副 ⇒ p.444

おもな 主な main 形 ⇒ p.373, chief 形 ⇒ p.112, principal 形 ⇒ p.482 —主に mainly 副 ⇒ p.373, chiefly 副 ⇒ p.112

おもり a weight 名 ⇒ p.688;（釣りの）a sinker

おもわず 思わず in spite of oneself

おもんじる 重んじる （大切にする）make much of, value 動 ⇒ p.669

おや 親 （父または母）a parent 名 ⇒ p.452;（両親）parents ⇒ p.452(parent 名)

おやすみなさい お休みなさい Good night. ⇒ p.416(night 名)

おやつ a snack 名 ⇒ p.566, refreshment 名 ⇒ p.505

おやゆび 親指 （手の）a thumb 名 ⇒ p.635;（足の）a big toe ⇒ p.642(toe 名)

およぎ 泳ぎ swimming,（ひと泳ぎ）a swim 名 ⇒ p.606

およぐ 泳ぐ swim 動 ⇒ p.606

およそ about 副 ⇒ p.4, almost 副 ⇒ p.19

オランウータン an orangutan

オランダ Holland 名 ⇒ p.301, the Netherlands 名 ⇒ p.413 —オランダ(人)の Dutch 形 ⇒ p.188 —オランダ語 Dutch 名 ⇒ p.188 —オランダ人 （男性）a Dutchman 名 ⇒ p.188,（女性）a Dutchwoman

おり 檻 a cage 名 ⇒ p.90;（家畜などの）a pen ⇒ p.458(pen² 名)

オリーブ an olive 名 ⇒ p.431 —オリーブ油 olive oil

オリエンテーリング （スポーツ）orienteering 名 ⇒ p.440

おりかえし 折り返し （マラソンなどの）the turn 名 ⇒ p.655;（すぐに）soon 副 ⇒ p.573

おりがみ 折り紙 colored folding paper;（遊び）paper folding

オリジナル （原作）an original 名 ⇒ p.440 —オリジナルの［な］ original 形 ⇒ p.440

おりたたむ 折りたたむ fold 動 ⇒ p.239 —折りたたみ(式)の folding 形 ⇒ p.239

おりる 下りる，降りる （高いところから）come down ⇒ p.129(come 動), get down ⇒ p.261(get 動);（バス・列車・飛行機から）get off ⇒ p.262(get 動),（自動車から）get out of ⇒ p.262(get 動),（やめる）quit 動 ⇒ p.496, give up ⇒ p.263(give 動)

オリンピック （大会）the Olympic Games 名 ⇒ p.431, the Olympics 名 ⇒ p.432

おる¹ 折る （ものを壊す）break 動 ⇒ p.79;（たたむ）fold ⇒ p.239;（曲げる）bend 動

➡ p.63

おる² 織る weave ➡ p.687

オルガン （パイプオルガン）an organ 名 ➡ p.440, a pipe organ ➡ p.440（organ 名）

オルゴール a music box 名 ➡ p.405

おれい お礼 （感謝のことば）thanks ➡ p.621（thank 動）；（謝礼）a reward 名 ➡ p.514

おれる 折れる break 動 ➡ p.79；（譲歩（じょうほ）する）give in (to) ➡ p.263（give 動）

オレンジ an orange 名 ➡ p.439
　―オレンジ色（の） orange 形 ➡ p.439
　―オレンジジュース orange juice ➡ p.334（juice 名）

おろかな 愚かな foolish 形 ➡ p.240

おろす 下ろす，降ろす （高いところから）get ... down ➡ p.261（get 動），take ... down ➡ p.611（take 動）；（車から）drop 動 ➡ p.186；（預金を）draw 動 ➡ p.182；（すりおろす）grate

おわり 終わり an end 名 ➡ p.198

おわる 終わる （終わりになる）be over ➡ p.444（over 副），end 動 ➡ p.198；（完了（かんりょう）する）finish 動 ➡ p.231

おん 恩 （好意）kindness 名 ➡ p.340

おんがく 音楽 music 名 ➡ p.405
　―音楽家 a musician 名 ➡ p.405
　―音楽会 a concert 名 ➡ p.134；（独奏会）a recital 名 ➡ p.503
　―音楽室 a music room

おんし 恩師 one's former teacher

おんしつ 温室 a greenhouse 名 ➡ p.275
　―温室効果 the greenhouse effect 名 ➡ p.275

おんせん 温泉 a hot spring 名 ➡ p.306, a spa

おんたい 温帯 the Temperate Zone

おんだんな 温暖な warm 形 ➡ p.681, mild 形 ➡ p.390

おんちの 音痴の tone-deaf

おんど 温度 (a) temperature 名 ➡ p.617
　―温度計 a thermometer 名 ➡ p.628

おんどくする 音読する read aloud

おんどり 《米》a rooster 名 ➡ p.520,《英》a cock 名 ➡ p.123

おんな 女 a woman 名 ➡ p.708；（性別を強調して）a female 名 ➡ p.226
　―女の子 a girl 名 ➡ p.259；（赤ん坊（ぼう））a baby girl ➡ p.47（baby 名）

おんぷ 音符 a (musical) note 名 ➡ p.422

おんぶする carry ... on one's back ➡ p.47（back 名）

オンラインの［で］ online 形 副 ➡ p.436

おんわな 温和な （気候・人が）mild 形 ➡ p.390；（人が）gentle 形 ➡ p.258

か

カ 蚊 a mosquito 名 ➡ p.399

か¹ 科 （大学・病院の）department 名 ➡ p.164；（学校の）course 名 ➡ p.145；（動植物の）family 名 ➡ p.218

か² 課 （教科書の）a lesson 名 ➡ p.354；（会社などの）a section 名 ➡ p.537

ガ 蛾 a moth 名 ➡ p.399

ガーゼ gauze

カーテン a curtain 名 ➡ p.152

カード a card 名 ➡ p.98

ガード¹ （護衛（ごえい））guard 動 ➡ p.277；（バスケットボールの）a guard player
　―ガードマン a guard 名 ➡ p.277

ガード² （陸橋）an overpass

ガードレール a guardrail

カーナビ（ゲーション） (an) in-car navigation system

カーネーション a carnation 名 ➡ p.99

カーブ （道路の）a curve 名 ➡ p.152；（野球の）a curve (ball) ➡ p.152
　―カーブする curve 動 ➡ p.152

カール （髪（かみ）の）a curl 名 ➡ p.152

ガールスカウト （組織）the Girl Scouts 名 ➡ p.264；（団員）a girl scout

ガールフレンド a girlfriend 名 ➡ p.259

かい¹ 会 （会合）a meeting 名 ➡ p.386；（パーティー）a party 名 ➡ p.454；（団体）a club 名 ➡ p.122, a society 名 ➡ p.569；（同好会）a circle 名 ➡ p.116

かい² 甲斐 （価値のある）worth 形 ➡ p.712

かい³ 貝 a shellfish 名 ➡ p.549；（二枚貝）a clam 名 ➡ p.117

-かい¹ …回 （回数，度数）a time 名 ➡ p.637；（野球の）an inning 名 ➡ p.321；（ボクシングの）a round 名 ➡ p.521

-かい² …階 （各階）a floor 名 ➡ p.237；（…階建て）a story ➡ p.593（story² 名）

がい 害 （有害）harm 名 ➡ p.286；（損害）damage 名 ➡ p.154
　―害のある harmful 形 ➡ p.286
　―害する hurt 動 ➡ p.311, damage 動 ➡ p.154, do harm (to) ➡ p.286（harm 名）

かいいん 会員 a member 名 ➡ p.386

かいおうせい 海王星 Neptune 名 ➡ p.413

かいかい 開会 the opening of a meeting
　―開会する open 動 ➡ p.436
　―開会式 an opening ceremony ➡ p.105（opening 形）

かいがいの［からの］ 海外の［からの］ overseas 形 ➡ p.445, foreign 形 ➡ p.244
　―海外へ［に］ abroad 副 ➡ p.5, overseas 副 ➡ p.445

一海外ニュース　foreign news, news from abroad

一海外旅行　traveling abroad, an overseas trip

かいかく　改革　(a) reform 名 ➡ p.505
一改革する　reform 動 ➡ p.505

かいかん　会館　a hall 名 ➡ p.281

かいがん　海岸　the (sea)shore 名 ➡ p.551, the seaside 名 ➡ p.535, the beach 名 ➡ p.55, the coast 名 ➡ p.123

かいぎ　会議　a meeting 名 ➡ p.386;(公的な)a conference 名 ➡ p.135
一会議室　a conference room, a meeting room

かいきゅう　階級　a class 名 ➡ p.118;(軍隊などの)a rank 名 ➡ p.499

かいきょう　海峡　(広い)a channel 名 ➡ p.108;(狭い)a strait 名 ➡ p.593

かいぐん　海軍　the navy 名 ➡ p.410

かいけい　会計　(出納)accounting;(勘定書)《米》a check ➡ p.110,《英》a bill ➡ p.67(bill¹名);(支払い)a payment 名 ➡ p.456
一会計係（出納係）an accountant 名 ➡ p.6;(ホテル・レストランなどの)a cashier 名 ➡ p.101

かいけつ　解決　solution 名 ➡ p.570, settlement 名 ➡ p.545 一解決する　solve 動 ➡ p.570, settle 動 ➡ p.545

かいけん　会見　an interview 名 ➡ p.324
一会見する　have an interview (with) ➡ p.324(interview 名), interview 動 ➡ p.324

がいけん　外見　(an) appearance 名 ➡ p.31

カイコ　蚕　a silkworm 名 ➡ p.556

かいこ　解雇　(a) dismissal, (a) discharge;(一時的な)a layoff 名 ➡ p.350

かいご　介護　nursing 名 ➡ p.424, care 名 ➡ p.98

かいごう　会合　a meeting 名 ➡ p.386;(集まり)a get-together 名 ➡ p.258

がいこう　外交　diplomacy
一外交の　diplomatic 形 ➡ p.170
一外交官　a diplomat 名 ➡ p.170

がいこく　外国　a foreign country ➡ p.244(foreign 形)
一外国の　foreign 形 ➡ p.244
一外国へ[に]　abroad 副 ➡ p.5
一外国語　a foreign language ➡ p.346(language 名), p.244(foreign 形)
一外国人　a foreigner ➡ p.244

かいさいする　開催する　hold 動 ➡ p.300

かいさつ（ぐち）　改札（口）　a ticket gate

かいさんする　解散する　（会・団体などが）

break up;(国会が)be dissolved

かいし　開始　a start 名 ➡ p.586, a beginning 名 ➡ p.62 一開始する　start 動 ➡ p.586, begin 動 ➡ p.61

かいしゃ　会社　(組織)a company 名 ➡ p.131;(仕事をする場所)an office 名 ➡ p.430
一会社員　an office worker ➡ p.430(office 名), a company employee

かいじゅう　怪獣　a monster 名 ➡ p.396

がいしゅつ　外出する　go out ➡ p.268(go 動);(外出している)be out ➡ p.441(out 副)

かいじょう　会場　(集会場)a hall 名 ➡ p.281;(会合するところ)a meeting place

かいじょうで[に]　海上で[に]　at sea ➡ p.535(sea 名), on the sea, afloat
一海上の　marine 形 ➡ p.379

かいしょくする　外食する　eat out ➡ p.192(eat 動)

かいじょけん　介助犬　a service dog ➡ p.544

かいすい　海水　seawater ➡ p.536

かいすいよく　海水浴　swimming in the ocean

かいすうけん　回数券　(1片)a coupon (ticket) 名 ➡ p.145;(ひと続きの)a strip of coupons

かいせいの　快晴の　fine ➡ p.230(fine¹形), clear 形 ➡ p.119, fair ➡ p.217(fair¹形)

かいせつ　解説　an explanation 名 ➡ p.212;(論評)a commentary
一解説する　explain 動 ➡ p.212, comment (on) 動 ➡ p.127
一解説者　a commentator, a newscaster 名 ➡ p.414

かいぜん　改善　improvement 名 ➡ p.316
一改善する　improve 動 ➡ p.316, make ... better

かいそう　海草　seaweed 名 ➡ p.536

かいぞく　海賊　a pirate 名 ➡ p.465
一海賊船　a pirate ship

かいそくの　快速の　rapid 形 ➡ p.499, high-speed
一快速電車　a rapid-service train

かいたくする　開拓する　(耕す)cultivate 動 ➡ p.151 一開拓者　a pioneer 名 ➡ p.465

かいだん¹　階段　(屋外の)steps (step 名);(屋内の)stairs ➡ p.584(stair 名)

かいだん²　会談　talks ➡ p.609(talk 名)
一会談する　hold talks (with), talk together

かいだん³　怪談　a ghost story ➡ p.593(story¹名)

がいちゅう　害虫　a harmful insect, a

pest

かいちゅうでんとう 懐中電灯 《米》a flashlight 名 ➡ p.236,《英》a torch 名 ➡ p.645

かいちょう 会長 the president 名 ➡ p.480

かいつうする 開通する open 動 ➡ p.436

かいてい 海底 the bottom of the sea
―海底トンネル an undersea tunnel

かいていする 改訂する revise 動 ➡ p.514
―改訂版 a revised edition

かいてきな 快適な comfortable 形 ➡ p.127 , pleasant 形 ➡ p.468

かいてんする¹ 回転する turn 動 ➡ p.655

かいてんする² 開店する open 動 ➡ p.436

ガイド （案内人・案内書）a guide 名 ➡ p.278
―ガイドブック a guide 名 ➡ p.278, a guidebook 名 ➡ p.278

かいとう 解答 an answer 名 ➡ p.27
―解答する answer 動 ➡ p.27
―解答用紙 an answer sheet

かいぬし 飼い主 an owner 名 ➡ p.446, a master 名 ➡ p.381

かいはつ 開発 development 名 ➡ p.167
―開発する develop 動 ➡ p.167
―開発途上の国 a developing country ➡ p.167(developing 形)

かいばつ 海抜 above sea level ➡ p.535 (sea level 名)

かいひ 会費 a (membership) fee ➡ p.224 (fee 名)

がいぶ 外部 the outside 名 ➡ p.444
―外部の［に, で］ outside 形 副 ➡ p.444

かいふく 回復 recovery 名 ➡ p.504
―回復する recover (from) 動 ➡ p.504, get well ➡ p.688(well¹ 形), get better ➡ p.64(better 形), get over ➡ p.262(get 動)

かいぶつ 怪物 a monster 名 ➡ p.396

かいほうする¹ 開放する （開ける）open 動 ➡ p.436;（開けておく）leave ... open ➡ p.352(leave 動)

かいほうする² 解放する set ... free ➡ p.544(set 動), release 動 ➡ p.507

かいもの 買い物 shopping 名 ➡ p.551

がいや 外野 （野球）the outfield
―外野手 an outfielder
―外野席 the outfield stands

がいらいご 外来語 a loanword, a borrowed word

かいりゅう 海流 an ocean current

かいりょう 改良 (an) improvement 名 ➡ p.316 ―改良する improve ➡ p.316, make ... better

かいわ 会話 (a) conversation 名 ➡ p.139, a talk 名 ➡ p.609;（対話）(a) dialogue ➡ p.167
―会話する have a conversation (with) ➡ p.139(conversation 名), talk (with) 動 ➡ p.609

かう¹ 買う （品物を）buy 動 ➡ p.87, get ➡ p.260

かう² 飼う （所有する）have 動 ➡ p.287,（世話をする）keep 動 ➡ p.337;（家畜を飼育する）raise 動 ➡ p.498

ガウン a gown 名 ➡ p.271, a dressing gown

カウンセラー a counselor 名 ➡ p.144

カウンター （受付などの）a counter 名 ➡ p.144;（飲食店の）a counter 名 ➡ p.144, a bar 名 ➡ p.51;（ボクシングの）a counterpunch

かえす 返す return 動 ➡ p.513, give back ➡ p.263(give 動);（お金を）pay back;（もとの位置に）put back ➡ p.492 (put 動)

かえって （反対に）on the contrary ➡ p.139(contrary 名);（むしろ）rather 副 ➡ p.500

カエデ a maple (tree) ➡ p.379

かえり 帰り return 名 ➡ p.513;（帰り道）the way home

カエル a frog 名 ➡ p.250

かえる¹ 帰る （話し手が今いるところに）come back ➡ p.128(come 動),（話し手がもといたところに）go back ➡ p.267(go 動);（戻る）return ➡ p.513;（家に）come home, go home ➡ p.266(go 動)

かえる² 変える、替える、換える （変更する）change 動 ➡ p.107, turn 動 ➡ p.655;（交換する）change ➡ p.107, exchange 動 ➡ p.208;（取り替える）replace 動 ➡ p.509

かお 顔 （顔面）a face 名 ➡ p.215;（表情）a look 名 ➡ p.366

かおいろ 顔色 color 名 ➡ p.125

かおり 香り (a) smell 名 ➡ p.565, (a) scent ➡ p.532, (a) fragrance

がか 画家 a painter 名 ➡ p.448, an artist 名 ➡ p.37

かがいの 課外の extracurricular
―課外活動 extracurricular activities

かかえる 抱える hold ... in one's arms

かかく 価格 a price 名 ➡ p.482

かがく¹ 科学 science 名 ➡ p.533
―科学的な scientific 形 ➡ p.533
―科学者 a scientist 名 ➡ p.533

かがく² 化学 chemistry 名 ➡ p.111
―化学的な chemical 形 ➡ p.111
―化学者 a chemist 名 ➡ p.111

和英

あ
か
さ
た
な
は
ま
や
ら
わ

かかげる 掲げる （旗などを）fly ➡ p.238 (fly¹);（掲示(ﾟﾟ)などを）put up ➡ p.492 (put 動), hang up ➡ p.284(hang 動)

かかし a scarecrow 名 ➡ p.530

かかと （足・靴(ﾟ)の）a heel 名 ➡ p.293

かがみ 鏡 a mirror 名 ➡ p.392

かがむ stoop (down) 動 ➡ p.591, bend (down) 動 ➡ p.63

かがやく 輝く shine 動 ➡ p.550;（宝石などが）glitter 動 ➡ p.264;（星などが）twinkle 動 ➡ p.657
ー輝かしい bright 形 ➡ p.81

かかり 係 （係りの人）the person in charge

かかる¹ 掛かる （ぶらさがる）hang 動 ➡ p.284;（時間が）take 動 ➡ p.610;（金額が）cost 動 ➡ p.142;（かぎが）be locked;（音楽などが）be played;（攻める）attack 動 ➡ p.43;（成否に関係する）depend on ➡ p.164(depend 動);（電話がくる）get a call ➡ p.91(call 名);（医者に診(ﾟ)てもらう）see a doctor ➡ p.175(doctor 名)

かかる² （病気に）have 動 ➡ p.287, get 動 ➡ p.260, suffer (from) 動 ➡ p.599

ー(にも)かかわらず although 接 ➡ p.20, though 接 ➡ p.633, in spite of ➡ p.580 (spite 名)

かかわる 関わる concern *oneself* (with)

カキ¹ （貝）an oyster 名 ➡ p.446

カキ² 柿 a persimmon 名 ➡ p.460

かき 夏期, 夏季 summer 名 ➡ p.600, summertime
ー夏期休暇(ﾟﾟ) summer vacation 名 ➡ p.600
ー夏期講習 (a) summer school ➡ p.600 (summer 名)

かぎ 鍵 a key 名 ➡ p.338;（錠(ﾟﾟ)）a lock ➡ p.365
ーかぎをかける lock 動 ➡ p.365
ーかぎをあける unlock 動 ➡ p.664

かきこみ 書き込み a note 名 ➡ p.422

かきとめ 書留 （郵便）registered mail

かきとり 書き取り (a) dictation ➡ p.168

かきなおす 書き直す rewrite 動 ➡ p.514

かきね 垣根 a fence 名 ➡ p.226;（生け垣(ﾟ)）a hedge 名 ➡ p.293

かきまわす かき回す stir ➡ p.591

かきゅうせい 下級生 a younger student

かぎり 限り （限度,限界）a limit 名 ➡ p.361;（…するかぎり）as far as ➡ p.220 (far 副);（…しないかぎり）unless 接 ➡ p.663 ーできるかぎり … as ... as possible ➡ p.475(possible 形), as ... as *one* can ➡ p.95(can¹ 助)

かぎる 限る （制限する）limit 動 ➡ p.361;（いちばんよい）be the best ➡ p.64(best 形) ーーとはかぎらない not all ➡ p.421 (not 副), not always ➡ p.21(always 副)

かく¹ 書く,描く （文字・文章を）write 動 ➡ p.713;（つづりを）spell ➡ p.579;（えんぴつなどで絵を）draw ➡ p.182;（絵の具で絵を）paint 動 ➡ p.448

かく² 掻く scratch ➡ p.534

かく³ 欠く lack ➡ p.344

かく⁴ 角 an angle 名 ➡ p.25

かくー 各… each 形 ➡ p.189

かぐ¹ 家具 furniture 名 ➡ p.254
ー家具を備えつける furnish 動 ➡ p.254

かぐ² （においを）smell 動 ➡ p.565;（鼻をならして）sniff (at) 動 ➡ p.566

がく 額 （金額）a sum 名 ➡ p.600;（額縁(ﾟﾟ)）a (picture) frame 名 ➡ p.247

かくうの 架空の imaginary 形 ➡ p.315, unreal

かくえきていしゃ 各駅停車 （普通(ﾟﾟ)列車）a local train ➡ p.365(local 形) ➡ p.648 (train 名)

がくえん 学園 a school ➡ p.532(school¹ 名)
ー学園祭 a school festival 名 ➡ p.533

がくげいかい 学芸会 （劇中心の）a drama festival;（音楽中心の）a music festival

かくごする 覚悟する （用意ができている）be ready (for) ➡ p.501(ready 形)

かくじつな 確実な sure ➡ p.603, certain 形 ➡ p.105 ー確実に surely 副 ➡ p.603, certainly 副 ➡ p.105

がくしゃ 学者 a scholar 名 ➡ p.532

がくしゅう 学習 learning 名 ➡ p.351
ー学習する learn 動 ➡ p.351;study 動 ➡ p.596
ー学習塾(ﾟﾟ) a cram school 名 ➡ p.147

かくしんする 確信する be sure (of) ➡ p.603(sure 形), be convinced (of) ➡ p.139(convince 動)

かくす 隠す hide 動 ➡ p.296

がくせい 学生 a student 名 ➡ p.596
ー学生時代 *one's* school days
ー学生証 a student ID card ➡ p.313(ID card 名)

かくだいする 拡大する （レンズなどで）magnify;（サイズを）enlarge 動 ➡ p.201;（規模を）expand 動 ➡ p.211
ー拡大鏡 a magnifying glass ➡ p.264 (glass 名)

がくだん 楽団 a band 名 ➡ p.51, an orchestra 名 ➡ p.439

かくちょうする 拡張する expand 動 ➡

p.211, widen ➡ p.702

かくど 角度 an angle 名 ➡ p.25

かくとくする 獲得する get 動 ➡ p.260;
（賞などを）win 動 ➡ p.702

かくにんする 確認する make sure ➡
p.603(sure 形), confirm 動 ➡ p.135

がくねん 学年 （学校の1年）a school year
名 ➡ p.533;（…学年）a year 名 ➡ p.716,
《米》a grade 名 ➡ p.271
―学年末試験 final examinations ➡
p.208(examination 名), year-end
examinations

かくの 核の nuclear 形 ➡ p.424
―核実験 a nuclear test
―核兵器 a nuclear weapon ➡ p.686
(weapon 名)

がくひ 学費 school expenses ➡ p.211
(expense 名)

がくふ 楽譜 a (musical) score 名 ➡ p.533

かくめい 革命 a revolution 名 ➡ p.514

がくもん 学問 learning 名 ➡ p.351

がくようひん 学用品 school supplies;
（文房具）stationery 名 ➡ p.588

がくりょく 学力 academic competence,
scholastic ability
―学力テスト an achievement test 名 ➡
p.7

がくれき 学歴 one's educational
background, one's school education

かくれる 隠れる hide (oneself) 動 ➡
p.296

かくれんぼ(う) hide-and-seek 名 ➡
p.297

かけ 賭 a bet;（ギャンブル）gambling,
gamble 名 ➡ p.255

かげ¹ 影 a shadow 名 ➡ p.546;（シルエット）a silhouette 名 ➡ p.556

かげ² 陰 （日陰）(the) shade 名 ➡ p.546
―陰で（後ろで）behind 前 副 ➡ p.62

がけ 崖 a cliff 名 ➡ p.120

かけあし 駆け足 a run 名 ➡ p.523

かげえ 影絵 a silhouette 名 ➡ p.556, a
shadow picture

かげき 歌劇 an opera 名 ➡ p.437

かげぐちをいう 陰口を言う speak ill (of)
➡ p.578(speak 動)

かけざん 掛け算 multiplication
―掛け算をする multiply 動 ➡ p.404, do
multiplication

かけら （破片）a broken piece

かける¹ 掛ける （ぶらさげる）hang 動 ➡
p.284;（かぶせる）cover 動 ➡ p.146, put
動 ➡ p.491;（注ぐ）（水などを）pour 動 ➡
p.476;（作動させる）（CD などを）play 動 ➡
p.467;（かぎを）lock 動 ➡ p.365;（電話をす

る）call 動 ➡ p.91;（声をかける）speak to ➡
p.578(speak 動);（時間・金を費やす）
spend 動 ➡ p.579;（掛け算をする）
multiply 動 ➡ p.404;（すわる）sit (down)
動 ➡ p.559

かける² 欠ける lack 動 ➡ p.344;（一部が
壊れる）break off

かける³ 賭ける bet 動 ➡ p.64

かける⁴ 駆ける run 動 ➡ p.523

かこ 過去 the past 名 ➡ p.455

かご （編みかご）a basket 名 ➡ p.52;（鳥かご）a cage 名 ➡ p.90

かこい 囲い a fence 名 ➡ p.226

かこう 河口 the mouth of a river ➡
p.517(river 名)

かこうする 加工する process
―加工食品 processed food(s)

かこむ 囲む enclose 動 ➡ p.198,
surround 動 ➡ p.604;（丸で）circle 動 ➡
p.116

かさ 傘 （雨傘）an umbrella 名 ➡ p.658;
（日傘）a sunshade;（電灯の）a lampshade
―傘立て an umbrella stand ➡ p.585
(stand 名)

かさい 火災 a fire 名 ➡ p.232
―火災訓練 a fire drill ➡ p.232
―火災報知器 a fire alarm ➡ p.232

かさなる 重なる be piled (up) ➡ p.464
(pile 動);（日が）fall on ➡ p.218(fall 動)

かさねる 重ねる （積む）pile (up) 動 ➡
p.464;（きちんと積む）stack (up) 動 ➡
p.584;（繰り返す）repeat 動 ➡ p.509

かさばった bulky

かざり 飾り a decoration 名 ➡ p.161, an
ornament 名 ➡ p.440

かざる 飾る decorate 動 ➡ p.161

かざん 火山 a volcano 名 ➡ p.676

かし¹ 菓子 （ケーキ類）(a) cake 名 ➡ p.91;
（キャンディー・チョコレート類）(a) candy 名
➡ p.96, 《英》sweets ➡ p.605(sweet 名);
（クッキー類）a cookie, a cooky 名 ➡ p.140,
《英》a biscuit ➡ p.68
―菓子パン a sweet roll
―菓子屋 《米》a candy store, a candy
shop,《英》a sweet shop

かし² 歌詞 the words (of a song) 名 ➡
p.709;（ポピュラー音楽の）the lyrics 名 ➡
p.371

かじ¹ 火事 a fire 名 ➡ p.232

かじ² 家事 housework 名 ➡ p.307

かじ³ （船・飛行機の）a rudder

がし 餓死 starvation 名 ➡ p.587
―餓死する die of hunger ➡ p.168(die
動), starve (to death) ➡ p.587

かじかむ be numb with cold

和英

あ

か

さ

た

な

は

ま

や

ら

わ

かしきりの 貸し切りの chartered
―貸し切りバス a chartered bus

かしこい 賢い wise 形 ➡ p.705, clever 形
➡ p.119, smart 形 ➡ p.565

かじつ 果実 a fruit 名 ➡ p.252

かしや 貸し家 《米》a house for rent ➡
p.509(rent 名), 《英》a house to let ➡
p.354(let 動)

かしゅ 歌手 a singer 名 ➡ p.557

カジュアルな casual 形 ➡ p.101
―カジュアルウエア casual wear

かしょ 箇所 a place 名 ➡ p.465;(点)a
point 名 ➡ p.470

かしらもじ 頭文字 (姓名(談)の)an initial
名 ➡ p.321

かじる bite 動 ➡ p.69

かす 貸す (無料で)lend 動 ➡ p.353;(有料
で)rent (out) 動 ➡ p.509;(手を)give 動
➡ p.263

かず 数 a number 名 ➡ p.424
―数多くの a lot of ➡ p.369(lot 名),
many 形 ➡ p.378

ガス gas 名 ➡ p.256
―ガスストーブ a gas heater
―ガスレンジ a gas range

かすかな 微かな (音・色・光などが)faint 形
➡ p.217;(記憶(髭)などが)dim 形 ➡ p.170
―かすかに faintly;dimly 副 ➡ p.170

カスタネット castanets

カステラ sponge cake

かすみ 霞 (a) haze, (a) mist 名 ➡ p.393

かすむ (かすみがかかった)be hazy ➡ p.290
(hazy 形), be misty ➡ p.394(misty 形);
(目が)be dim ➡ p.170(dim 形)

かぜ¹ 風 (the) wind ➡ p.704(wind¹ 名);
(そよ風)a breeze 名 ➡ p.80
―風の強い, 風のある windy 形 ➡ p.704

かぜ² 風邪 (a) cold 名 ➡ p.124

かせい 火星 Mars 名 ➡ p.380

かせき 化石 a fossil 名 ➡ p.246

かせぐ 稼ぐ earn 動 ➡ p.190

カセット a cassette (tape) 名 ➡ p.101;
(ビデオカセット)a video cassette

かそうする 仮装する be dressed as
―仮装行列 a fancy dress parade

かぞえる 数える count 動 ➡ p.144

かぞく 家族 a family 名 ➡ p.218

ガソリン 《米》gasoline 名 ➡ p.257,《米口
語》gas 名 ➡ p.256,《英》petrol 名 ➡
p.461 ―ガソリンスタンド 《米》a gas
station 名 ➡ p.257;(給油のみ)a filling
station ➡ p.587(station 名)

かた¹ 肩 a shoulder 名 ➡ p.552

かた² 型 (種類)a type 名 ➡ p.657;(様式)a
style 名 ➡ p.597;(自動車などの)a model
名 ➡ p.395;(材料を流しこむための)a mold
➡ p.395(mold¹ 名)

かたい 堅い,硬い,固い (ものが)hard 形 ➡
p.285;(肉などが)tough 形 ➡ p.645;(変わ
らず確かな)firm ➡ p.232(firm¹ 形);(まじ
めな)serious 形 ➡ p.543;(厳しい)strict 形
➡ p.594

かたく 堅く,硬く,固く (かために)hard 副
➡ p.285;(しっかりと)tight 副 ➡ p.636,
tightly 副 ➡ p.636;(変わらず確かに)
firmly 副 ➡ p.233
―かたくなる harden ➡ p.285

かたくるしい 堅苦しい formal 形 ➡
p.245

かたち 形 (a) shape 名 ➡ p.547, (a) form
名 ➡ p.245

かたづける 片付ける (整とんする)put ... in
order;(しまう)put ... away ➡ p.492(put
動);(取り除く)clear (off) 動 ➡ p.119;(終
わらせる)finish 動 ➡ p.231;(解決する)
settle 動 ➡ p.545

カタツムリ a snail 名 ➡ p.566

かたな 刀 a sword 名 ➡ p.607

かたほう 片方 (2つのうちの一方)one 代 ➡
p.432;(もう一方)the other 代 ➡ p.442

かたまり 塊 a lump 名 ➡ p.371

かたまる 固まる become hard

かたみち 片道 one way
―片道切符(符) 《米》a one-way ticket ➡
p.436(one-way 形), p.635(ticket 名),
《英》a single (ticket) ➡ p.557(single
形), p.635(ticket 名)

かたむく 傾く (ななめになる)lean ➡
p.350(lean¹ 動);(日が)set 動 ➡ p.544

かたむける 傾ける lean ➡ p.350(lean¹
動);(耳を)listen (to) 動 ➡ p.362

かためる 固める harden 動 ➡ p.285;(強化
する)strengthen 動 ➡ p.594

かたる 語る talk (about) 動 ➡ p.609

カタログ a catalog,《英》a catalogue 名 ➡
p.102

かだん 花壇 a flower bed 名 ➡ p.238

かち¹ 価値 value 名 ➡ p.669, worth 名 ➡
p.712
―価値のある valuable 形 ➡ p.669, ... of
value ➡ p.669(value 名)
―価値のない valueless, ... of no value,
worthless ➡ p.712(worth 形)
―…の価値がある be worth ➡ p.712
(worth 形)

かち² 勝ち (a) victory 名 ➡ p.672

かちく　家畜　livestock；(人に飼いならされている動物)a domestic animal ➡ p.178 (domestic 形)

ガチョウ　a goose 名 ➡ p.270

カツ　a cutlet 名 ➡ p.153

かつ　勝つ　(試合に)win 動 ➡ p.702；(相手に)beat 動 ➡ p.58

カツオ　a bonito

がっかりする　be disappointed (at, with, in, by) ➡ p.171(disappoint 動), be discouraged ➡ p.172(discourage 動)

かっき　活気　life 名 ➡ p.358, energy 名 ➡ p.199
　―活気のある　lively 形 ➡ p.364
　―活気のない　dull 形 ➡ p.187

がっき¹　学期　(3学期制の)a (school) term 名 ➡ p.618；(2学期制の)a semester 名 ➡ p.539 一学期末試験　term examinations

がっき²　楽器　a musical instrument ➡ p.405(musical 形)

がっきゅう　学級　a class 名 ➡ p.118

かつぐ　担ぐ　(肩に)shoulder；(だます)play a trick ➡ p.651(trick 名), take in

かっこ　括弧　(丸かっこ)a parenthesis；(角かっこ)a bracket；(大かっこ)a brace

かっこ(う)　格好　(形)a shape 名 ➡ p.547；(外見)(an) appearance 名 ➡ p.31

カッコウ　a cuckoo 名 ➡ p.151

がっこう　学校　(a) school ➡ p.532 (school¹ 名)一学校給食　a school lunch ➡ p.371(lunch 名)

がっしゅく　合宿　a training camp
　―合宿する　have a training camp

がっしょう　合唱　a chorus 名 ➡ p.114
　―合唱する　sing in chorus 名 ➡ p.114

がっそう　合奏　an ensemble
　―合奏する　play together

かっそうろ　滑走路　a runway 名 ➡ p.524

ガッツ　guts

かつて　(以前)once 副 ➡ p.432, before 副 ➡ p.61 一かつての　former 形 ➡ p.246

かってな　勝手な　selfish 形 ➡ p.538
　―勝手に　(好きなように)as one likes, as one pleases

カット　(切ること)cut 名 ➡ p.153；(挿絵)an illustration 名 ➡ p.315, a picture 名 ➡ p.463

かつどう　活動　(an) activity 名 ➡ p.9
　―活動的な　active 形 ➡ p.9

かっぱつな　活発な　(活動的な)active 形 ➡ p.9 一活発に　actively

カップ　(賞杯)a cup 名 ➡ p.151, a trophy 名 ➡ p.652；(茶わん)a cup 名 ➡ p.151

カップラーメン　instant noodles (in a cup)

カップル　a couple 名 ➡ p.145

かつやく　活躍　activity 名 ➡ p.9
　―活躍する　be active ➡ p.9(active 形), play an active part (in)

かつようする　活用する　make use of ➡ p.666(use 名), make the most of

かつら　a wig；(一部につける)a hairpiece

かてい¹　家庭　a home 名 ➡ p.301, a family 名 ➡ p.218
　―家庭の, 家庭用の　home 形 ➡ p.301
　―家庭科　homemaking 名 ➡ p.302, home economics 名 ➡ p.302
　―家庭教師　a private teacher
　―家庭訪問　(先生の)a home visit (by a teacher)
　―家庭用品　household articles, household goods

かてい²　過程　(a) process 名 ➡ p.484

かど　角　a corner 名 ➡ p.141

カトリック　Catholicism
　―カトリックの　Catholic 形 ➡ p.103
　―カトリック教徒　a Catholic 名 ➡ p.103

かなう　(望み・願いが)come true ➡ p.653 (true 形)

かなしい　悲しい　sad 形 ➡ p.525
　―悲しそうに　sadly 副 ➡ p.525

かなしみ　悲しみ　sadness 名 ➡ p.525, sorrow 名 ➡ p.573

かなしむ　悲しむ　be sad (at, about) ➡ p.525(sad 形), feel sad (at, about)

カナダ　Canada ➡ p.93
　―カナダ(人)の　Canadian 形 ➡ p.93
　―カナダ人　a Canadian 名 ➡ p.93

かなづち　金づち　a hammer 名 ➡ p.282

かなもの　金物　hardware 名 ➡ p.286
　―金物屋　a hardware store

かならず　必ず　(きっと)surely 副 ➡ p.603, certainly 副 ➡ p.105, definitely 副 ➡ p.162；(常に)always 副 ➡ p.21
　―必ず…する　be sure to ... ➡ p.603 (sure 形), do not fail to ... ➡ p.216(fail 動)
　―必ずしも…ない　not always ➡ p.21 (always 副)

かなり　pretty 副 ➡ p.481, quite 副 ➡ p.496, fairly 副 ➡ p.217
　―かなりの　fair ➡ p.217(fair¹ 形), considerable 形 ➡ p.137

カナリア　a canary 名 ➡ p.93

カニ　a crab 名 ➡ p.146

カヌー　a canoe 名 ➡ p.96

かね¹　金　money 名 ➡ p.396

かね²　鐘　a bell 名 ➡ p.63

かねもちの　金持ちの　rich 形 ➡ p.515

あ か さ た な は ま や ら わ

和英
あ
か
さ
た
な
は
ま
や
ら
わ

かのうな 可能な possible 形 ➡ p.475
　—可能性 (a) possibility 名 ➡ p.475
かのじょ（は） 彼女（は） she 代 ➡ p.548；
　（女友達）a girlfriend 名 ➡ p.259
カバ a hippopotamus 名 ➡ p.298，《口語》a
　hippo 名 ➡ p.298
カバー a cover 名 ➡ p.146；（本の）a (book)
　jacket 名 ➡ p.330
　—カバーする cover 動 ➡ p.146
かばう protect 動 ➡ p.487
かばん a bag 名 ➡ p.49
かび mold ➡ p.395（mold² 名）
がびょう 画びょう 《米》a thumbtack，
　《英》a drawing pin
　—画びょうでとめる tack
かびん 花びん a vase 名 ➡ p.670
カブ a turnip 名 ➡ p.656
かぶ 株 （木の切り株）a stump 名 ➡ p.596；
　（株式）(a) stock 名 ➡ p.591
　—株主 a shareholder，《米》a
　stockholder
カフェテリア a cafeteria 名 ➡ p.90
かぶせる put ... on；（おおう）cover 動 ➡
　p.146
カプセル a capsule 名 ➡ p.97
かぶと a helmet 名 ➡ p.294
カブトムシ a beetle 名 ➡ p.61
かぶる （かぶる動作）put on ➡ p.492（put
　動）；（かぶっている状態・習慣）wear 動 ➡
　p.686；（おおわれている）be covered (with)
　➡ p.146（cover 動）
かふん 花粉 pollen 名 ➡ p.472
　—花粉症（しょう） hay fever 名 ➡ p.290，
　pollen allergy
かべ 壁 a wall 名 ➡ p.679
　—壁紙 wallpaper 名 ➡ p.680
かへい 貨幣 money 名 ➡ p.396
カボチャ a pumpkin 名 ➡ p.490
かま 釜 an iron pot
かまう 構う （気にする）mind 動 ➡ p.390，
　care (about) 動 ➡ p.98
カマキリ a praying mantis
かまわない 構わない do not care ➡ p.98
　（care 動）；（放っておく）leave ... alone ➡
　p.19（alone 形）
がまんする 我慢する （こらえる）stand 動
　➡ p.585；（苦痛などを）bear ➡ p.58（bear²
　動）；（しかたがないと耐（た）える）put up with
　➡ p.492（put 動）
　—我慢強い patient 形 ➡ p.456
かみ¹ 紙 paper 名 ➡ p.450
　—紙くず wastepaper 名 ➡ p.683
　—紙コップ a paper cup
かみ² 髪 （全体）hair 名 ➡ p.280；（1 本）a
　hair 名 ➡ p.280 —髪型 a hair style；（女

性の）(a) hairdo 名 ➡ p.281
かみ³ 神 a god 名 ➡ p.265；（一神教の）God
　名 ➡ p.265
かみそり a razor 名 ➡ p.500
かみなり 雷 thunder 名 ➡ p.635；
　（稲妻（いなずま））lightning 名 ➡ p.359
かむ¹ （がぶりと）bite 動 ➡ p.69；（もぐもぐと）
　chew 動 ➡ p.112
かむ² （鼻を）blow one's nose ➡ p.421（nose
　名）
ガム (chewing) gum ➡ p.278（gum¹ 名）
カメ （陸ガメ）a tortoise 名 ➡ p.645；（海ガ
　メ）a turtle 名 ➡ p.656
かめ （容器）a pot 名 ➡ p.476；（広口の）a jar
　名 ➡ p.331；（装飾（そうしょく）用）a vase 名 ➡
　p.670
カメラ a camera 名 ➡ p.93 —カメラマン
　（写真家）a photographer 名 ➡ p.462；（映
　画・テレビの）a cameraman 名 ➡ p.93
カメレオン a chameleon 名 ➡ p.107
かめん 仮面 a mask 名 ➡ p.380
がめん 画面 （映像が写される面）a screen
　名 ➡ p.534；（画像）a picture 名 ➡ p.463
カモ a (wild) duck 名 ➡ p.187
かもく 科目 a (school) subject 名 ➡ p.597
かもつ 貨物 freight 名 ➡ p.249，《英》
　goods ➡ p.270；（船荷）a cargo 名 ➡
　p.99
　—貨物船 a cargo boat, a cargo ship
　—貨物列車 a freight train 名 ➡ p.249,
　《英》a goods train
カモメ a (sea) gull 名 ➡ p.278
かやく 火薬 gunpowder
かゆい feel itchy 形 ➡ p.329, itch 動 ➡
　p.329
かよう 通う go to ➡ p.266（go 動）, attend
　動 ➡ p.43
かようきょく 歌謡曲 a popular song
がようし 画用紙 drawing paper
かようび 火曜日 Tuesday 名 ➡ p.654
から 殻 （貝・木の実の）a shell 名 ➡ p.549；
　（卵の）an eggshell
–から （場所・方向の始まり）from 前 ➡ p.251；
　（…から外へ）out of ➡ p.441（out 副）；（…か
　らはなれて）off 前 ➡ p.427；（時間・順序・範
　囲（はんい）の始まり）from 前 ➡ p.251；（…以来）
　since 前 ➡ p.557；（…のあと）after 前
　➡ p.12；（…の範囲の外へ）out of ➡ p.441
　（out 副）；（動作・作用などの始まるところ）
　from 前 ➡ p.251；（受け身の相手）by 前 ➡
　p.88；（変化の始まり）from 前 ➡ p.251；（原
　料，材料）from 前 ➡ p.251, of 前 ➡ p.428；
　（原因，理由）（…だから）because 接 ➡ p.59；
　（それで）so 接 ➡ p.567
カラー （色）(a) color 名 ➡ p.125

からい 辛い （ひりひりと）hot 形 ➡ p.306;
（塩辛い）salty 形 ➡ p.527

カラオケ karaoke

からかう tease 動 ➡ p.615;（笑いものにする）make fun of ➡ p.253(fun 名)

からし 辛子 mustard 名 ➡ p.406

カラス a crow 名 ➡ p.149

ガラス glass 名 ➡ p.264;（窓ガラス）a windowpane

からだ 体 （身体）a body 名 ➡ p.72;（体格）(a) build;（健康）health 名 ➡ p.291

からの 空の empty 形 ➡ p.198
　―空になる［する］ empty 動 ➡ p.198

かり¹ 借り a debt 名 ➡ p.160

かり² 狩り hunting 名 ➡ p.311, a hunt 名 ➡ p.311 ―狩りをする hunt 動 ➡ p.311

かりに 仮に if 接 ➡ p.314, suppose 動 ➡ p.602
　―仮の （一時的な）temporary 形 ➡ p.617

かりゅうに 下流に down (the river) ➡ p.180(down¹ 副)

かりる 借りる （無料で）borrow 動 ➡ p.74;（その場で使用する）use 動 ➡ p.666;（借りている）owe 動 ➡ p.446;（有料で）rent 動 ➡ p.509

かる 刈る （髪・草を）cut 動 ➡ p.153;（芝生を）mow 動 ➡ p.402;（穀物を）reap 動 ➡ p.502

かるい 軽い （重量が）light ➡ p.359(light² 形);（程度が）slight 形 ➡ p.563
　―軽く lightly 副 ➡ p.359, gently 副 ➡ p.258

カルシウム calcium

カルタ (playing) cards 名 ➡ p.98

かれ(は) 彼(は) he 代 ➡ p.290;（男友達）a boyfriend 名 ➡ p.77

カレー curry 名 ➡ p.152
　―カレーライス curry and rice ➡ p.152 (curry 名)

ガレージ a garage 名 ➡ p.256

かれらは 彼らは they 代 ➡ p.629

かれる¹ （声が）get hoarse

かれる² 枯れる （植物が）die 動 ➡ p.168;（しおれる）wither
　―枯れ葉 a dead leaf ➡ p.159(dead 形)

カレンダー a calendar 名 ➡ p.91

かろう 過労 overwork 名 ➡ p.446

カロリー a calorie 名 ➡ p.92

かわ¹ 川，河 a river 名 ➡ p.517;（流れ）a stream 名 ➡ p.594

かわ² 皮，革 （なめし皮）leather 名 ➡ p.352;（皮膚）skin 名 ➡ p.562;（果物などの）peel 名 ➡ p.457, skin 名 ➡ p.562
　―皮をむく，皮がむける peel ➡ p.457

がわ 側 a side 名 ➡ p.554

かわいい （きれいな）pretty 形 ➡ p.481;（愛らしい）cute 形 ➡ p.153, lovely 形 ➡ p.370

かわいがる love 動 ➡ p.370

かわいそう poor 形 ➡ p.473, pitiful

かわいらしい pretty 形 ➡ p.481

かわかす 乾かす dry (up) 動 ➡ p.187

かわく¹ 乾く dry 動 ➡ p.187, get dry

かわく² 渇く get thirsty;（渇いている）be thirsty ➡ p.631(thirsty 形)

かわった 変わった （珍しい）new 形 ➡ p.414, strange 形 ➡ p.593;（ちがった）different 形 ➡ p.169

かわら 瓦 a tile 名 ➡ p.636

かわり 代わり （代わりの人・もの）a substitute 名 ➡ p.597
　―代わりに instead 副 ➡ p.322;（…の代わりに）instead of ➡ p.322(instead 副), for 前 ➡ p.242

かわりやすい 変わりやすい changeable 形 ➡ p.108

かわる¹ 変わる change 動 ➡ p.107;（…に変わる）turn 動 ➡ p.655

かわる² 代わる，替わる （人と交替する）take *a person's* place ➡ p.466(place 名)

かわるがわる 代わる代わる （次々に・順に）in turn ➡ p.656(turn 名);（交互に）by turns ➡ p.656(turn 名)

かん¹ 缶 a can ➡ p.93(can² 名),《英》a tin 名 ➡ p.638
　―缶切り a can opener ➡ p.437(opener 名)
　―缶ジュース canned juice

かん² 勘 （感じ）a feeling 名 ➡ p.225;（直観）intuition

かん³ 管 a pipe 名 ➡ p.465, a tube 名 ➡ p.654

–かん …巻 a volume 名 ➡ p.676, vol. ➡ p.676

ガン （鳥）a wild goose

がん （病気）(a) cancer 名 ➡ p.96

かんがえ 考え an idea 名 ➡ p.313;（意見）an opinion 名 ➡ p.438, thoughts 名 ➡ p.633(thought 名);（考えること）thought 名 ➡ p.633, thinking;（意図）(an) intention 名 ➡ p.323 ―考え方 a way of thinking

かんがえる 考える （思考する）think (of, about) 動 ➡ p.630;（よく考える）think over ➡ p.630(think 動);（想像する）imagine 動 ➡ p.315;（予期する）expect 動 ➡ p.211;（意図する）think of ➡ p.630 (think 動);（見なす）regard ... as ➡ p.506 (regard 動);（解釈する）take 動 ➡ p.610

かんかく¹ 感覚 a sense 名 ➡ p.542

和英

あ か さ た な は ま や ら わ

かんかく² 間隔 (物体間の)(a) space 名 →
p.576;(時間の)an interval 名 → p.324
カンガルー a kangaroo 名 → p.337
かんきゃく 観客 (劇などの)an audience
名 → p.44;(スポーツなどの)a spectator 名
→ p.578
かんきょう 環境 (an) environment 名 →
p.202, surroundings 名 → p.604
　—環境問題 environmental problems →
p.202(environmental 形)
かんけい 関係 (a) relation 名 → p.507,
relationship 名 → p.507;(つながり)a
connection 名 → p.136
　—関係がある. 関係している　have
(something) to do with;(have
動), be connected with;(影響(えいきょう)をあたえ
る・重要である)concern 動 → p.133
かんげい 歓迎 (a) welcome 名 → p.688
　—歓迎する　welcome 動 → p.688, give a
welcome → p.688(welcome 名)
　—歓迎会　a welcome party → p.454
(party 名), a reception 名 → p.503
かんげきする 感激する　be deeply moved
かんけつな 簡潔な　brief 形 → p.81,
concise 形 → p.134
　—簡潔に　briefly and to the point
かんげんがく 管弦楽　orchestral music
　—管弦楽団　an orchestra 名 → p.439
かんこう 観光　sightseeing 名 → p.555
　—観光案内所　a tourist information
(center)
　—観光客　a tourist 名 → p.646
　—観光地　a tourist spot
　—観光バス　a sightseeing bus
　—観光旅行　a sightseeing tour
かんこく 韓国　South Korea,(大韓民国)
the Republic of Korea → p.343(Korea
名)
　—韓国(人)の　Korean 形 → p.343
　—韓国人　a (South) Korean 名 → p.343
がんこな 頑固な　stubborn 形 → p.596
かんさつ 観察 (an) observation 名 →
p.426 —観察する　observe 動 → p.426;
(行動を)watch 動 → p.683
かんし 冠詞 《文法》an article 名 → p.37
かんじ¹ 感じ (心持ち)a feeling 名 →
p.225;(印象)an impression 名 → p.316
　—感じがする　feel 動 → p.225, have a
feeling → p.225(feeling 名)
　—感じのいい　pleasant 形 → p.468,
charming 形 → p.109
かんじ² 漢字　a Chinese character →
p.109(character 名)
がんじつ 元日　New Year's Day →
p.415

かんしゃ 感謝　thanks → p.621(thank
名)
　—感謝する　thank 動 → p.621
　—感謝祭　Thanksgiving Day 名 → p.622
かんじゃ 患者　a patient 名 → p.456
かんしゅう 観衆　spectators 名 → p.578
がんしょ 願書　an application 名 → p.31
かんしょう 鑑賞 (an) appreciation 名 →
p.32 —鑑賞する　appreciate 動 → p.32
かんじょう¹ 感情　feelings 名 → p.225,
(an) emotion 名 → p.197
　—感情的な　emotional 形 → p.197
かんじょう² 勘定 (勘定書)a bill → p.67
(bill¹ 名), a check 名 → p.110
かんしょうする 干渉する　interfere
(with, in) 動 → p.324
かんしょうてきな 感傷的な　sentimental
形 → p.542
がんじょうな 頑丈な (強い)strong 形 →
p.595;(しっかりした)solid 形 → p.570
かんしょくする 間食する　eat between
meals → p.383(meal 名)
かんじる 感じる　feel 動 → p.225
かんしん 関心 (興味)(an) interest 名 →
p.323;(気がかりなこと)concern 名 →
p.133 —関心がある　be interested (in) 形
→ p.323, have an interest (in) → p.323
(interest 名)
かんしんする 感心する　admire 動 → p.10
かんじんな 肝心な　the most important
形 → p.316, essential 形 → p.203
-(に)かんする …に関する　about 前 →
p.4, on 前 → p.434
かんせい¹ 完成　completion
　—完成する　complete 動 → p.132, finish
動 → p.231
かんせい² 歓声　a cheer 名 → p.111, a
shout of joy
かんぜい 関税　customs → p.152(custom
名), duties → p.188(duty 名)
かんせつ 関節　a joint 名 → p.333
かんせつの 間接の　indirect 形 → p.319
　—間接的に　indirectly
かんぜんな 完全な (欠点のない)perfect 形
→ p.459;(全部そろった)complete 形 →
p.132 —完全に　perfectly 副 → p.459;
completely 副 → p.132
かんそう 感想　impression(s) 名 → p.316
かんぞう 肝臓　a liver 名 → p.364
かんそうした 乾燥した　dry 形 → p.187
　—乾燥機 (衣類の)a (clothes) dryer
[drier] → p.187
かんそく 観測 (an) observation 名 →
p.426
　—観測する　observe 動 → p.426

和英

あ
か
さ
た
な
は
ま
や
ら
わ

―観測所 an observatory

かんたい 寒帯 the Frigid Zone

かんだいな 寛大な generous (to) 形 ➡ p.258;（心が広い）broad-minded 形 ➡ p.82

かんだかい 甲高い high-pitched, shrill

がんたん 元旦 (the morning of) New Year's Day 名 ➡ p.415

かんだんけい 寒暖計 a thermometer 名 ➡ p.628

かんたんする 感嘆する admire 動 ➡ p.10

かんたんな 簡単な（やさしい）easy 形 ➡ p.192;（単純な）simple 形 ➡ p.556;（手軽な）light ➡ p.359(light² 形);（手短な）brief 形 ➡ p.81 ―簡単に easily 副 ➡ p.191; simply 副 ➡ p.556;briefly 副 ➡ p.81

かんちがい 勘違い (a) misunderstanding 名 ➡ p.394 ―かんちがいする misunderstand 動 ➡ p.394, mistake 動 ➡ p.393

かんどう 感動 emotion 名 ➡ p.197 ―感動させる move 動 ➡ p.401, impress 動 ➡ p.316, touch 動 ➡ p.645 ―感動する be moved [impressed, touched] ―感動的な moving 形 ➡ p.402, impressive 形 ➡ p.316, touching

かんとく 監督（仕事の）a supervisor 名 ➡ p.602, an overseer;（映画の）a director 名 ➡ p.171;（スポーツの）a manager 名 ➡ p.375 ―監督する（仕事を）supervise, oversee;（映画を）direct 動 ➡ p.170

かんな（道具）a plane ➡ p.466(plane² 名)

カンニング a cheat 名 ➡ p.110, cheating ―カンニングする cheat 動 ➡ p.110

かんねん 観念（意識）a sense 名 ➡ p.542;（考え）an idea 名 ➡ p.313

カンパ（寄付したお金）a contribution 名 ➡ p.139 ―カンパする contribute 動 ➡ p.139

かんぱ 寒波 a cold wave

かんぱい 乾杯 a toast ➡ p.639(toast² 名) ―乾杯する drink a toast, toast ➡ p.639(toast² 動)

がんばる（努力する）try hard;（へこたれない）hold on ➡ p.300(hold 動);（言い張る）insist (on) ➡ p.322(insist 動)

かんばん 看板 a sign 名 ➡ p.555, a signboard

かんぱん 甲板 a deck 名 ➡ p.161

かんびょうする 看病する take care of ➡ p.98(care 名), look after ➡ p.367(look 動), nurse 動 ➡ p.424

かんぶん 漢文（中国の古典）Chinese classics

かんぺきな 完ぺきな perfect 形 ➡ p.459, complete 形 ➡ p.132 ―完ぺきに perfectly 副 ➡ p.459, completely 副 ➡ p.132

かんゆうする 勧誘する（…することを）persuade ... to ... ➡ p.460(persuade 動), urge ... to ... ➡ p.666(urge 動)

かんり 管理 management 名 ➡ p.375 ―管理する manage 動 ➡ p.375 ―管理人 a manager 名 ➡ p.375;（ビルなどの）a janitor 名 ➡ p.330

かんりょうする 完了する complete 動 ➡ p.132, finish 動 ➡ p.231

き

き¹ 木（樹木）a tree 名 ➡ p.650;（木材）wood 名 ➡ p.708 ―木の wooden 形 ➡ p.709

き² 気（気持ち）a heart 名 ➡ p.292, a mind 名 ➡ p.390;（気質）(a) temper 名 ➡ p.617;（意向）(an) intention 名 ➡ p.323;（精神）mind 名 ➡ p.390 ―気が合う get on well (with) ―気がきく considerate 形 ➡ p.137 ―気がする（…という気がする）have a feeling ➡ p.225(feeling 名);（…したい気がする）feel like ...ing ➡ p.225(feel 動) ―気がつく（気づく）become aware (of) ➡ p.46(aware 形), notice 動 ➡ p.423, realize 動 ➡ p.502;（見い出す）find (out) 動 ➡ p.230;（意識を取り戻す）come to (oneself) ➡ p.129(come 動) ―気に入る like ➡ p.360(like¹ 動), be pleased (with) ➡ p.469(pleased 形) ―気にする worry (about) 動 ➡ p.711;（否定文・疑問文で）care (about) 動 ➡ p.98, mind 動 ➡ p.390 ―気になる（気にかかる）be anxious (about) 形 ➡ p.29;（…したい気持ちになる）feel like ...ing ➡ p.225(feel 動) ―気を失う faint 動 ➡ p.217 ―気をつける be careful (of, about) ➡ p.99(careful 形), watch 動 ➡ p.683

き³ 黄 yellow 名 ➡ p.717

ギア a gear 名 ➡ p.257

きあつ 気圧 atmospheric pressure, air pressure

キー a key 名 ➡ p.338 ―キーホルダー a key ring ➡ p.517(ring² 名)

キーボード（パソコンなどの）a keyboard 名 ➡ p.339;（鍵盤楽器）keyboard 名 ➡ p.339

きいろ(の) 黄色(の) yellow 名 形 ➡ p.717

ぎいん 議員（日本の国会の）a member of the Diet;（イギリス議会の）a member of

Parliament ➡ p.452(parliament 名);(ア
メリカ連邦(政)議会の)a member of
Congress

キウイ (鳥)a kiwi 名 ➡ p.341;(果物(淵))a
kiwi fruit 名 ➡ p.341

きえる 消える (火・明かりが)go out ➡
p.268(go 動), be put out ➡ p.492(put
動);(姿が)disappear ➡ p.171;(だんだ
ん薄(ホ)れていく)fade (away) 動 ➡ p.216

きおく 記憶 (a) memory 名 ➡ p.387
一記憶する memorize 動 ➡ p.386;(記憶
している)remember 動 ➡ p.508

きおん 気温 (a) temperature 名 ➡ p.617

きか(がく) 幾何(学) geometry 名 ➡
p.258

きかい¹ 機械 (1つの)a machine 名 ➡
p.372;(まとめて)machinery 名 ➡ p.372
一機械科 (学校の)a mechanics course

きかい² 機会 a chance 名 ➡ p.107, an
opportunity 名 ➡ p.438

ぎかい 議会 an assembly 名 ➡ p.40;(日本
の国会)the Diet 名 ➡ p.169;(アメリカ
連邦(政)議会)Congress 名 ➡ p.136(congress
名);(イギリスの国会)Parliament ➡ p.452
(parliament 名)

きがえ 着替え (服)spare clothes, a
change of clothes

きがえる 着替える change 動 ➡ p.107,
change one's clothes ➡ p.107(change 動)

きかく 企画 planning;(計画)a plan 名 ➡
p.466, a project 名 ➡ p.485

きかざる 着飾る dress up ➡ p.184(dress
動)

きかせる 聞かせる (話して)tell 動 ➡
p.616;(読んで)read 動 ➡ p.501;(歌って)
sing 動 ➡ p.557

きがるに 気軽に (快く)readily 動 ➡ p.501

きかん¹ 期間 a period 名 ➡ p.459

きかん² 機関 (エンジン)an engine 名 ➡
p.200;(手段)means 名 ➡ p.384, media
名 ➡ p.385
一機関車 an engine 名 ➡ p.200, a
locomotive 名 ➡ p.365

きかん³ 器官 an organ 名 ➡ p.440

きき 危機 a crisis 名 ➡ p.148

ききとる 聞き取る hear 動 ➡ p.291,
catch 動 ➡ p.102 一聞き取りテスト a
listening (comprehension) test

ききめ 効き目 (an) effect 名 ➡ p.193
一効き目のある effective 形 ➡ p.193

ききゅう 気球 a balloon 名 ➡ p.50

きぎょう 企業 (会社)an enterprise 名 ➡
p.201, a company 名 ➡ p.131

ききん 基金 (お金)a fund 名 ➡ p.253;(団
体)a foundation 名 ➡ p.247

キク 菊 a chrysanthemum 名 ➡ p.115

きく¹ 聞く, 聴く (音・声を耳で感じ取る)hear
動 ➡ p.291;(注意して)listen (to) ➡ p.362
(listen 動);(たずねる)ask 動 ➡ p.37;(聞き
入れる, 従う)obey 動 ➡ p.425, follow 動 ➡
p.240

きく² 効く, 利く (効果的である)be good
(for) ➡ p.269(good 形), be effective 形
➡ p.193;(作用する)work 動 ➡ p.709

きぐ 器具 (家庭用電気器具など) an
appliance 名 ➡ p.31

きげき 喜劇 a comedy 名 ➡ p.126
一喜劇の comic 形 ➡ p.127, comical 形
➡ p.127
一喜劇俳優 a comedian 名 ➡ p.126

きけん 危険 (a) danger 名 ➡ p.155, (a)
risk 名 ➡ p.517
一危険な dangerous 形 ➡ p.155
一危険信号 a danger signal

きげん¹ 機嫌 a mood 名 ➡ p.397, a
humor 名 ➡ p.310

きげん² 期限 a time limit, a deadline 名
➡ p.159

きげん³ 起源 the origin 名 ➡ p.440, the
beginning 名 ➡ p.62

きけんする 棄権する (競技を)withdraw
(from) ➡ p.706

きこう 気候 a climate 名 ➡ p.120

きごう 記号 a sign 名 ➡ p.555, a symbol
名 ➡ p.607

きこえる 聞こえる (耳で感じ取る) hear 動
➡ p.291;(受け取られる)sound ➡ p.574
(sound¹ 動)

きこくする 帰国する come home, go
home ➡ p.301(home 動)
一帰国子女 a returnee student

きざな affected

きざむ 刻む (切る)cut 動 ➡ p.153, chop
動 ➡ p.114;(彫(ほ)る)cut 動 ➡ p.153, carve
動 ➡ p.100

きし¹ 岸 (川の)a bank ➡ p.51(bank² 名);
(海・湖・大河の)a shore 名 ➡ p.551;(海岸)a
coast 名 ➡ p.123

きし² 騎士 a knight 名 ➡ p.342

キジ (鳥)a pheasant 名 ➡ p.461

きじ¹ 記事 an article 名 ➡ p.37, news 名
➡ p.414, a story 名 ➡ p.593(story¹ 名)

きじ² 生地 (布地)cloth 名 ➡ p.122;(服地)
material 名 ➡ p.381

ぎし 技師 an engineer 名 ➡ p.200

ぎしき 儀式 a ceremony 名 ➡ p.105

きじつ 期日 a (fixed) date 名 ➡ p.156;(最
終期限)a deadline 名 ➡ p.159, a time
limit

きしゃ¹ 記者 (新聞記者)a (newspaper)

和英

あ か さ た な は ま や ら わ

reporter 名 ⇒ p.510;(報道記者)a
newsperson, a newsman
―記者会見 a press conference
きしゃ² 汽車 a train 名 ⇒ p.648
ぎじゅつ 技術 (a) technique 名 ⇒ p.615;
(熟練を必要とする) (a) skill 名 ⇒ p.560;
(科学技術) technology 名 ⇒ p.615;(教科)
industrial arts
―技術的な technical 形 ⇒ p.615,
technological
―技術者 a technician 名 ⇒ p.615, an
engineer 名 ⇒ p.200
きじゅん 基準 a standard 名 ⇒ p.585
きしょう¹ 気象 weather 名 ⇒ p.686
―気象衛星 a weather satellite ⇒ p.528
(satellite 名)
―気象観測 weather observation(s)
―気象台 a weather station
―気象予報士 a certified weather
forecaster
きしょう² 記章 a badge 名 ⇒ p.49
キス a kiss 名 ⇒ p.341
―キスをする kiss 動 ⇒ p.341
きず 傷 (事故などによる)an injury 名 ⇒
p.321;(刃物(は)や銃(じゅう)などによる)a wound
⇒ p.713(wound¹ 名)
―傷跡(と) a scar 名 ⇒ p.530
きすう 奇数 an odd number ⇒ p.424
(number 名)
きずく 築く build 動 ⇒ p.84, construct 動
⇒ p.137
きずつく 傷つく (身体・心が)get hurt ⇒
p.311(hurt 動), get injured ⇒ p.321
(injure 動);(身体が)get wounded ⇒
p.713(wound¹ 動)
きずつける 傷つける (身体・心を)hurt 動
⇒ p.311, injure 動 ⇒ p.321;(身体を)
wound ⇒ p.713(wound¹ 動)
ぎせい 犠牲 (a) sacrifice 名 ⇒ p.525;(時
間・労力などの)(a) cost 名 ⇒ p.142;(犠牲
者)a victim 名 ⇒ p.672
―犠牲バント (野球)a sacrifice (bunt)
⇒ p.525
―犠牲フライ (野球)a sacrifice fly
きせいの 既製の ready-made 形 ⇒ p.501
―既製服 ready-made clothes
きせき 奇跡 a miracle 名 ⇒ p.392
きせつ 季節 a season 名 ⇒ p.535
きぜつする 気絶する faint 動 ⇒ p.217
きせる 着せる dress 動 ⇒ p.183, clothe 動
⇒ p.122
きせん 汽船 a steamboat, a steamship
きそ 基礎 (土台)a base 名 ⇒ p.52, a
foundation 名 ⇒ p.247;(基本)a basis
⇒ p.52, the basics

―基礎的な basic 形 ⇒ p.52,
fundamental 形 ⇒ p.253
きそく 規則 a rule 名 ⇒ p.523, a
regulation 名 ⇒ p.506
―規則的な regular 形 ⇒ p.506
―規則的に regularly 副 ⇒ p.506
きぞく 貴族 (男性)a nobleman;(女性)a
noblewoman;(全体)the nobility
きた 北 the north 名 ⇒ p.420
―北の north 形 ⇒ p.420, northern 形 ⇒
p.420
―北へ，北に north 副 ⇒ p.420,
northward 副 ⇒ p.421
―北風 a north wind
―北半球 the Northern Hemisphere ⇒
p.295(hemisphere 名)
ギター a guitar 名 ⇒ p.278
―ギター奏者 a guitarist 名 ⇒ p.278
きたい¹ 期待 (an) expectation 名 ⇒ p.211
―期待する expect 動 ⇒ p.211
きたい² 気体 gas 名 ⇒ p.256
ぎだい 議題 a subject 名 ⇒ p.597, a topic
名 ⇒ p.644
きたえる 鍛える train 動 ⇒ p.648;(体を)
build up
きたくする 帰宅する go home ⇒ p.266
(go 動), p.301(home 副), come home ⇒
p.128(come 動)
きたない 汚い (汚(よご)れている)dirty 形 ⇒
p.171;(乱雑な)messy 形 ⇒ p.388,
untidy;(いやしい)mean ⇒ p.384(mean²
形)
きち 基地 a base 名 ⇒ p.52
ぎちょう 議長 a chairperson 名 ⇒ p.106,
a chairman ⇒ p.106
きちょうな 貴重な precious 形 ⇒ p.478 ,
valuable 形 ⇒ p.669
―貴重品 valuables 名 ⇒ p.669
きちょうめんな 几帳面な precise 形 ⇒
p.478
きちんと (きれいに,整然と)neatly ;(規則的
に)regularly 副 ⇒ p.506;(時間どおりに)
punctually
きつい (仕事などが)hard 形 ⇒ p.285;(厳し
い)severe 形 ⇒ p.545;(きゅうくつな)tight
形 ⇒ p.636 ―きつく severely 副 ⇒
p.546, tightly 副 ⇒ p.636
きっかけ (機会)a chance 名 ⇒ p 107
きっかり exactly 副 ⇒ p.207, just 副 ⇒
p.336
きづく 気づく become aware (of, that) ⇒
p.46(aware 形), notice 動 ⇒ p.423;(気づ
いている)be aware (of, that) 形 ⇒ p.46
きっさてん 喫茶店 a coffee shop 名 ⇒
p.124, a tearoom 名 ⇒ p.615

和英

あ か さ た な は ま や ら わ

ぎっしり closely 副 ➡ p.121
キッチン a kitchen 名 ➡ p.341
キツツキ a woodpecker 名 ➡ p.709
きって 切手 a (postage) stamp 名 ➡ p.585
きっと surely 副 ➡ p.603, certainly 副 ➡ p.105
キツネ a fox 名 ➡ p.247
―きつね色 light brown
きっぱり flatly
きっぷ 切符 a ticket 名 ➡ p.635
―切符売場 (窓口)a ticket window; (売場全体)a ticket office 名 ➡ p.636
―往復切符 (米)a round-trip ticket ➡ p.635(ticket 名), (英)a return (ticket) ➡ p.513(return 形)
―片道切符 (米)a one-way ticket ➡ p.635(ticket 名), (英)a single (ticket) ➡ p.557(single 形)
きてき 汽笛 a (steam) whistle 名 ➡ p.697
きどう 軌道 (天体・ロケットなどの)an orbit 名 ➡ p.439
きとくの 危篤の critical 形 ➡ p.148, serious 形 ➡ p.543
きどる 気取る put on airs ➡ p.15(air 名)
―気取った affected
きにゅうする 記入する fill out ➡ p.229(fill 動), fill in ➡ p.229(fill 動)
きぬ 絹 silk 名 ➡ p.556
きねん 記念 (思い出)(a) memory 名 ➡ p.387
―記念する commemorate
―記念写真 a souvenir picture
―記念碑 a monument 名 ➡ p.396
―記念日 an anniversary 名 ➡ p.26
―記念品 a souvenir 名 ➡ p.576
きのう¹ 昨日 yesterday 名 ➡ p.718
きのう² 機能 a function 名 ➡ p.253
キノコ a mushroom 名 ➡ p.405
きのどくな 気の毒な sorry 形 ➡ p.573; (かわいそうな)poor 形 ➡ p.473
きば (ゾウ・イノシシなどの)a tusk; (イヌ・ヘビなどの)a fang
きばらし 気晴らし (a) recreation 名 ➡ p.504; (気分転換(かん))a change 名 ➡ p.107
きびしい 厳しい severe 形 ➡ p.545; (規則などが)strict 形 ➡ p.594; (程度が)hard 形 ➡ p.285; (指導などが)tough 形 ➡ p.645
―厳しく severely 副 ➡ p.546; strictly 副 ➡ p.594; hard 副 ➡ p.285
きふ 寄付 contribution 名 ➡ p.139, donation 名 ➡ p.179 ―寄付する contribute (to) 動 ➡ p.139; (慈善(ぜん)事業などに)donate (to) 動 ➡ p.179

ぎふ 義父 (夫または妻の父) a father-in-law 名 ➡ p.223; (継父(まま))a stepfather
きぶん 気分 a feeling 名 ➡ p.225, a mood 名 ➡ p.397
―気分がする feel 動 ➡ p.225
―気分屋 a moody person
きぼ 規模 a scale ➡ p.530(scale¹ 名)
ぎぼ 義母 (夫または妻の母)a mother-in-law 名 ➡ p.400; (継母(まま))a stepmother
きぼう 希望 (a) hope 名 ➡ p.303; (願い)a wish 名 ➡ p.705 ―希望する hope 動 ➡ p.303; wish 動 ➡ p.705
きほん 基本 basics, a basis 名 ➡ p.52, fundamentals ―基本的な basic 形 ➡ p.52, fundamental 形 ➡ p.253
きまえのよい 気前のよい generous 形 ➡ p.258, liberal 形 ➡ p.356
きまぐれな 気まぐれな changeable 形 ➡ p.108
きまつ 期末 the end of a term
―期末試験 term [final] examinations ➡ p.208(examination 名)
きまり 決まり (規則) a rule 名 ➡ p.523
きまり(が)わるい きまり(が)悪い be embarrassed ➡ p.197(embarrass 動)
きまる 決まる (決定される)be decided ➡ p.160(decide 動); (日取りなどが)be fixed ➡ p.235(fix 動), be arranged ➡ p.36(arrange 動)
きみ¹ 君 you 代 ➡ p.719
きみ² 黄身 (a) yellow 名 ➡ p.717
-ぎみ …気味 a bit of ➡ p.68(bit¹ 名), slight 形 ➡ p.563
きみがわるい 気味が悪い creepy
きみどり 黄緑 yellowish green
きみょうな 奇妙な strange ➡ p.593, odd 形 ➡ p.427
―奇妙なことに strangely 副 ➡ p.593
ぎむ 義務 (a) duty 名 ➡ p.188
―義務教育 compulsory education ➡ p.133(compulsory 形)
きむずかしい 気難しい hard to please
きめる 決める (決定する)decide 動 ➡ p.160; (日取りなどを)fix 動 ➡ p.235, arrange 動 ➡ p.36; (決心する) decide 動 ➡ p.160, make up one's mind ➡ p.391 (mind 名); (選ぶ)choose 動 ➡ p.113, select 動 ➡ p.538
きもち 気持ち feelings 名 ➡ p.225
―気持ちのよい nice 形 ➡ p.416, pleasant 形 ➡ p.468
―気持ちの悪い unpleasant 形 ➡ p.664
―気持ちよく (快適に)comfortably 副 ➡

p.127;（快く）willingly 副 ➡ p.702

きもの 着物 （和服）a kimono

ぎもん 疑問 （疑問点）a question 名 ➡ p.494;（疑い）a doubt 名 ➡ p.180
―疑問に思う doubt 動 ➡ p.180
―疑問のある doubtful 形 ➡ p.180
―疑問符(⁇) a question mark 名 ➡ p.495

きゃく 客 （招待客）a guest 名 ➡ p.278;（訪問客）a visitor 名 ➡ p.675;（店のお客）a customer 名 ➡ p.152;（乗客）a passenger 名 ➡ p.455

ぎゃく 逆 the reverse 名 ➡ p.513, the opposite 名 ➡ p.438 ―逆の reverse 形 ➡ p.513, opposite 形 ➡ p.438

ギャグ （芸人などの）a gag, a joke 名 ➡ p.333;（語呂⑤合わせ）a pun

ぎゃくてんする 逆転する （逆転して勝つ）come from behind and win

きゃくほん 脚本 （劇などの）a play 名 ➡ p.467;（映画などの）a scenario, a screenplay 一脚本家 （演劇の）a playwright;（映画などの）a scenario writer 名 ➡ p.714, a screenwriter

きゃくま 客間 （居間）a living room 名 ➡ p.364;（客を泊(と)める部屋）a guest room

キャスター （ニュースキャスター）an anchor 名 ➡ p.24

きゃっかんてきな 客観的な objective 形 ➡ p.426 一客観的に objectively

キャッチフレーズ a catchphrase

キャッチボール catch 名 ➡ p.102

キャッチャー a catcher 名 ➡ p.102

キャップ （ふた）a cap 名 ➡ p.96

ギャップ a gap 名 ➡ p.256

キャプテン a captain 名 ➡ p.97

キャベツ (a) cabbage 名 ➡ p.90

キャラメル a caramel 名 ➡ p.98

キャリア a career 名 ➡ p.99
―キャリアウーマン a career woman

キャンセル cancellation 名 ➡ p.93
―キャンセルする cancel 動 ➡ p.93

キャンディー 《米》(a) candy 名 ➡ p.96,《英》sweets 名 ➡ p.605;（棒つきの）《米》a lollipop 名 ➡ p.365

キャンバス （布地,画布）(a) canvas 名 ➡ p.96

キャンパス （大学構内）a campus 名 ➡ p.93

キャンプ （テントなどの集まり）a camp 名 ➡ p.93;（野球などの）a training camp;（キャンプすること）camping 名 ➡ p.93
―キャンプする camp 動 ➡ p.93, make camp ➡ p.93（camp 名）
―キャンプ場 《米》a campground 名 ➡

p.93,《英》a campsite
―キャンプファイア a campfire 名 ➡ p.93

キャンペーン a campaign 名 ➡ p.93

きゅう¹ 九（の） nine 名形 ➡ p.417
―第9（の） the ninth 名形 ➡ p.418, 9th

きゅう² 級 （学級・階級）a class 名 ➡ p.118;（学年・等級）a grade 名 ➡ p.271

きゅうか 休暇 《米》(a) vacation 名 ➡ p.668,《英》holidays 名 ➡ p.301;（休日）a holiday 名 ➡ p.301

きゅうがくする 休学する be absent [away] from school ➡ p.5（absent 形）

きゅうぎ 球技 a ball game

きゅうきゅうの 救急の first-aid
―救急車 an ambulance 名 ➡ p.22
―救急箱 a first-aid kit
―救急病院 an emergency hospital

きゅうぎょうする 休業する close ➡ p.120（close¹ 動）, be closed ➡ p.121（closed 形）

きゅうくつな 窮屈な （きつい）tight 形 ➡ p.636;（小さい）small 形 ➡ p.564;（かたくるしい）formal 形 ➡ p.245

きゅうけい 休憩 (a) rest ➡ p.512（rest¹ 名）
―休憩する rest ➡ p.512（rest¹ 動）, take a rest ➡ p.512（rest¹ 名）, take a break ➡ p.79（break 名）
―休憩時間 （仕事の）a break 名 ➡ p.79;（学校の）a recess 名 ➡ p.503
―休憩室 a lounge 名 ➡ p.369

きゅうこう 急行 （列車）an express (train) ➡ p.213

きゅうこん 球根 a bulb 名 ➡ p.84

きゅうしきの 旧式の old-fashioned 形 ➡ p.431

きゅうじつ 休日 a holiday 名 ➡ p.301

きゅうじゅう 九十（の） ninety 名形 ➡ p.417 ―第90（の） the ninetieth 名形 ➡ p.417, 90th

きゅうしゅうする 吸収する （液体などを）absorb 動 ➡ p.5;（知識などを）absorb 動 ➡ p.5, take in ➡ p.611（take in）

きゅうじょ 救助 (a) rescue 名 ➡ p.511, saving 名 ➡ p.529
―救助する rescue 動 ➡ p.511, save 動 ➡ p.529
―救助隊 a rescue party ➡ p.454（party 名）

きゅうじょう 球場 a baseball field,《米》a ball park ➡ p.452（park 名）, a stadium ➡ p.584

きゅうしょく 給食 （学校の）a school lunch ➡ p.371（lunch 名）,《英》a school meal

和英

あ
か
さ
た
な
は
ま
や
ら
わ

きゅうしん 球審 （野球）a home plate umpire

きゅうそく 休息 (a) rest ➡ p.512(rest¹ 名)

きゅうそくな 急速な rapid 形 ➡ p.499；（すばやい）quick 形 ➡ p.495
　―急速に rapidly 副 ➡ p.499；quickly 副 ➡ p.495

きゅうでん 宮殿 a palace 名 ➡ p.449

きゅうどう 弓道 Japanese archery

きゅうな 急な （急ぎの）urgent 形 ➡ p.666；（突然(とつぜん)の）sudden 形 ➡ p.599；（険しい）steep 形 ➡ p.589；（流れが速い）rapid 形 ➡ p.499
　―急に suddenly 副 ➡ p.599

ぎゅうにく 牛肉 beef 名 ➡ p.60

ぎゅうにゅう 牛乳 milk 名 ➡ p.390

きゅうびょう 急病 (a) sudden sickness

きゅうめい 救命 lifesaving
　―救命胴衣(どうい) a life jacket
　―救命ボート a lifeboat 名 ➡ p.358

きゅうゆう¹ 級友 a classmate 名 ➡ p.118

きゅうゆう² 旧友 an old friend ➡ p.431 （old 形）

きゅうよう¹ 休養 (a) rest ➡ p.512(rest¹ 名)
　―休養する rest ➡ p.512(rest¹ 動), have a rest ➡ p.512(rest¹ 名)

きゅうよう² 急用 urgent business

キュウリ a cucumber 名 ➡ p.151

きゅうりょう 給料 pay 名 ➡ p.456, (a) salary 名 ➡ p.526　―給料日 a pay day

きょう 今日 today 名副 ➡ p.639

ぎょう 行 a line 名 ➡ p.361

きょうい 胸囲 one's chest measurement；（女性の）one's bust (size) 名 ➡ p.86

きょういく 教育 education 名 ➡ p.193
　―教育の, 教育的な educational 形 ➡ p.193
　―教育する educate 動 ➡ p.193
　―教育実習生 a student teacher 名 ➡ p.596

きょういてきな 驚異的な wonderful 形 ➡ p.708, surprising 形 ➡ p.604

きょういん 教員 a teacher 名 ➡ p.614

きょうか 教科 a (school) subject 名 ➡ p.597

きょうかい¹ 教会 a church 名 ➡ p.115

きょうかい² 境界 a border 名 ➡ p.74, a boundary 名 ➡ p.76
　―境界線 a boundary (line) ➡ p.76

きょうかい³ 協会 an association 名 ➡ p.41, a society 名 ➡ p.569

きょうがく 共学 coeducation 名 ➡ p.124
　―共学の coeducational, coed 形 ➡ p.124

きょうかしょ 教科書 a textbook 名 ➡ p.620

きょうぎ 競技 （競争）a contest 名 ➡ p.138；（運動競技）athletics 名 ➡ p.41；（競技種目）an event 名 ➡ p.205
　―競技者 a player 名 ➡ p.468, a contestant；（陸上の）an athlete 名 ➡ p.41
　―競技場 （サッカーなどの）a playing field；（大きな）a stadium 名 ➡ p.584；（陸上の）an athletic field

きょうぎ 行儀 （作法）manners 名 ➡ p.375；（ふるまい）behavior 名 ➡ p.62
　―行儀がいい have good manners, be well-behaved, be well-mannered

きょうきゅう 供給 supply 名 ➡ p.602
　―供給する supply 動 ➡ p.602, provide 動 ➡ p.488

きょうくん 教訓 a lesson 名 ➡ p.354

きょうさんしゅぎ 共産主義 communism 名 ➡ p.130
　―共産主義者 a communist 名 ➡ p.130
　―共産党 the Communist Party

きょうし 教師 a teacher 名 ➡ p.614

ぎょうじ 行事 an event 名 ➡ p.205

きょうしつ 教室 a classroom 名 ➡ p.118；（けいこごとの）(a) school ➡ p.532(school¹ 名), (a) class 名 ➡ p.118

きょうじゅ 教授 a professor 名 ➡ p.485

きょうせいする 強制する force 動 ➡ p.241

きょうそう¹ 競争 competition 名 ➡ p.132, a contest 名 ➡ p.138
　―競争する compete (with) 動 ➡ p.132
　―競争相手 a rival 名 ➡ p.517

きょうそう² 競走 a race ➡ p.497(race¹ 名)；（短距離(きょり)）a dash 名 ➡ p.156
　―競走する race ➡ p.497(race¹ 動), run a race ➡ p.497(race¹ 名)

きょうそうきょく 協奏曲 a concerto

きょうだい 兄弟 （男の）a brother 名 ➡ p.83；（女の）a sister 名 ➡ p.558

きょうだん 教壇 a platform 名 ➡ p.467

きょうちょうする 強調する emphasize 動 ➡ p.197

きょうつうの 共通の common 形 ➡ p.130, mutual 形 ➡ p.406

きょうどう 共同の, 協同の cooperative, joint 形 ➡ p.333
　―共同声明 a joint statement

きょうとうせんせい 教頭先生 a head teacher, an assistant principal

きょうな 器用な （手仕事が）skillful 形 ➡ p.562, handy 形 ➡ p.284
　―器用に skillfully

きょうはく　脅迫　(a) threat 名 ⇒ p.633
　―脅迫する　threaten 動 ⇒ p.633
きょうふ　恐怖　(a) fear 名 ⇒ p.224, (a)
　terror 名 ⇒ p.620, horror 名 ⇒ p.305
きょうみ　興味　(an) interest 名 ⇒ p.323
　―興味深い　interesting 形 ⇒ p.323
　―興味をもつ　take an interest (in) ⇒
　p.323(interest 名);(興味をもっている)be
　interested (in) ⇒ p.323(interested 形),
　have an interest (in) ⇒ p.323(interest
　名)
きょうよう　教養　culture 名 ⇒ p.151
　―教養のある　cultured
きょうりゅう　恐竜　a dinosaur 名 ⇒
　p.170
きょうりょく　協力　cooperation 名 ⇒
　p.141
　―協力する　cooperate 動 ⇒ p.141
　―協力的な　cooperative
きょうりょくな　強力な　strong 形 ⇒
　p.595, powerful 形 ⇒ p.477
ぎょうれつ　行列　a line 名 ⇒ p.361;(行進)
　a parade 名 ⇒ p.451
きょうれつな　強烈な　strong 形 ⇒ p.595
きょか　許可　permission 名 ⇒ p.460
　―許可する　permit 動 ⇒ p.460, allow 動
　⇒ p.18
ぎょぎょう　漁業　fishing 名 ⇒ p.234, the
　fishing industry
きょく　曲　a tune 名 ⇒ p.654, music 名 ⇒
　p.405;(歌)a song 名 ⇒ p.573
きょくげい　曲芸　(軽業(かるわざ))acrobatics;(は
　なれ業)a stunt
きょくせん　曲線　a curve 名 ⇒ p.152
きょくたんな　極端な　extreme 形 ⇒ p.213
　―極端に　extremely 副 ⇒ p.213
きょくとう　極東　the Far East 名 ⇒ p.221
ぎょこう　漁港　a fishing port
きょじん　巨人　a giant 名 ⇒ p.259
ぎょせん　漁船　a fishing boat ⇒ p.234
　(fishing 名)
ぎょそん　漁村　a fishing village ⇒ p.673
　(village 名)
きょだいな　巨大な　huge 形 ⇒ p.307
ぎょっとする　be startled (at)
きょねん　去年　last year ⇒ p.716(year
　名)
きょひする　拒否する　refuse 動 ⇒ p.506
きょり　距離　(a) distance 名 ⇒ p.173
きらい　嫌い　(嫌う)do not like ⇒ p.360
　(like¹ 動), dislike ⇒ p.173;(ひどく嫌う)
　hate 動 ⇒ p.290
きらきらする　(宝石などが)glitter 動 ⇒
　p.264;(星や月が)twinkle 動 ⇒ p.657
きらくな　気楽な　easy 形 ⇒ p.192;(のんき

な)easygoing 形 ⇒ p.192
きり¹　霧　(濃(こ)い)(a) fog 名 ⇒ p.239;(薄(うす)い)
　(a) mist 名 ⇒ p.393
　―霧のかかった　foggy 形 ⇒ p.239, misty
　形 ⇒ p.394
　―霧雨　(a) drizzle
きり²　切り　(区切り)an end 名 ⇒ p.198;(限
　度)a limit 名 ⇒ p.361
ぎり　義理　(a) duty 名 ⇒ p.188
キリギリス　a grasshopper 名 ⇒ p.273
キリスト　Jesus Christ ⇒ p.114(Christ
　名)
　―キリスト教　Christianity 名 ⇒ p.114
　―キリスト教徒　a Christian 名 ⇒ p.114
きりたおす　切り倒す　cut down ⇒ p.153
　(cut 動)
きりつ　規律　(規則)a rule 名 ⇒ p.523;(統
　制)discipline 名 ⇒ p.172
きりつする　起立する　stand up ⇒ p.585
　(stand 動), rise 動 ⇒ p.517
きりぬき　切り抜き　《米》a clipping,《英》a
　cutting 名 ⇒ p.153
きりぬく　切り抜く　clip 動 ⇒ p.120
きりゅう　気流　an air current
きりょく　気力　(精神力)willpower;(精力)
　energy 名 ⇒ p.199
キリン　a giraffe 名 ⇒ p.259
きる¹　切る　(刃物(はもの)で)cut ⇒ p.153;
　(薄(うす)く)slice 動 ⇒ p.563;(たたき切る)
　chop 動 ⇒ p.114;(スイッチを)turn off ⇒
　p.655(turn 動), switch off ⇒ p.607
　(switch 動);(電話を)hang up ⇒ p.284
　(hang 動);(トランプを)shuffle
きる²　着る　(動作)put on ⇒ p.492(put 動);
　(状態)wear 動 ⇒ p.686, have ... on ⇒
　p.288(have 動)
きれ　切れ　(布)cloth 名 ⇒ p.122
きれいな　(美しい)beautiful 形 ⇒ p.58,
　lovely 形 ⇒ p.370;(かわいらしい)pretty
　形 ⇒ p.481;(清潔な)clean 形 ⇒ p.118;
　(澄(す)んだ)clear 形 ⇒ p.119;(きちんとした)
　neat 形 ⇒ p.411
　―きれいに　beautifully 副 ⇒ p.58;
　neatly;(すっかり)completely 副 ⇒ p.132
　―きれいにする　clean 動 ⇒ p.118, clear
　動 ⇒ p.119
きれる　切れる　(切れ味がよい)cut well ⇒
　p.153(cut 動), be sharp ⇒ p.548(sharp
　形),(切断される)break 動 ⇒ p.79;(なくな
　る)run out ⇒ p.524(run 動);(期限が終わ
　る)be up ⇒ p.664(up 動), run out ⇒
　p.523(run 動);(頭が鋭(するど)い)be sharp ⇒
　p.548(sharp 形);(かっとなる)lose one's
　temper
キロ　a kilo 名 ⇒ p.340;(キログラム)a

和英

あ
か
さ
た
な
は
ま
や
ら
わ

kilogram 名 ➡ p.340, (キロメートル)a
kilometer 名 ➡ p.340

きろく 記録 a record 名 ➡ p.504
　―記録する record 動 ➡ p.504
　―記録係 a recorder 名 ➡ p.504;(競技の)
　a scorer

キログラム a kilogram 名 ➡ p.340

キロメートル a kilometer 名 ➡ p.340

ぎろん 議論 an argument 名 ➡ p.34, (a)
discussion 名 ➡ p.172 ―議論する argue
(about) 動 ➡ p.34, discuss 動 ➡ p.172,
talk (of, about) 動 ➡ p.609

きわどい close ➡ p.121(close² 形)

きん 金 gold 名 ➡ p.269
　―金の (金でできた)gold 形 ➡ p.269;(金
　色の・金のような)golden 形 ➡ p.269
　―金髪 blond hair

ぎん 銀 silver 名 ➡ p.556
　―銀の, 銀色の silver 形 ➡ p.556

きんえんする 禁煙する quit smoking,
stop smoking

ぎんが 銀河 (天の川)the Milky Way 名 ➡
p.390, the Galaxy

きんがく 金額 an amount of money ➡
p.23(amount 名), a sum of money ➡
p.600(sum 名)

きんがしんねん 謹賀新年 (I wish you a)
Happy new year! ➡ p.415(new year 名)

きんがんの 近眼の nearsighted,
shortsighted 形 ➡ p.552

きんきゅう 緊急 (緊急のこと・場合) (an)
emergency 名 ➡ p.197
　―緊急の urgent 形 ➡ p.666

きんぎょ 金魚 a goldfish 名 ➡ p.269
　―金魚すくい goldfish scooping
　―金魚鉢 a goldfish bowl

キング (トランプの)a king 名 ➡ p.341

きんこ 金庫 a safe 名 ➡ p.526

ぎんこう 銀行 a bank ➡ p.51(bank¹ 名)
　―銀行員 a bank clerk
　―銀行口座 a bank account

きんし 禁止 prohibition
　―禁止する (法律や規則などで)prohibit 動
　➡ p.485;(私的に)forbid 動 ➡ p.241

きんしの 近視の nearsighted,
shortsighted 形 ➡ p.552

きんじょ 近所 the neighborhood 名 ➡
p.412 ―近所の neighboring 形 ➡ p.412,
nearby 形 ➡ p.410

きんせい 金星 Venus 名 ➡ p.671

きんぞく 金属 (a) metal 名 ➡ p.388

きんだい 近代 modern ages, modern
times ➡ p.395(modern 形)
　―近代の, 近代的な modern 形 ➡ p.395

きんちょう 緊張 tension 名 ➡ p.618

　―緊張した nervous 形 ➡ p.413
　―緊張する become tense, get nervous

ギンナン 銀杏 a ginkgo nut

きんにく 筋肉 (a) muscle 名 ➡ p.404
　―筋肉の, 筋肉の発達した muscular 形 ➡
　p.405

きんべんな 勤勉な diligent 形 ➡ p.170,
earnest 形 ➡ p.190, hard-working 形 ➡
p.286

きんむ 勤務 service 名 ➡ p.543, duty 名
➡ p.188
　―勤務する work 動 ➡ p.709, serve 動 ➡
　p.543
　―勤務時間 working hours

きんようび 金曜日 Friday 名 ➡ p.249

きんろうかんしゃのひ 勤労感謝の日
Labor Thanksgiving Day

く

く¹ 九(の) nine 名 形 ➡ p.417
　―第9(の) the ninth 名 形 ➡ p.418, 9th

く² 区 (都市の)a ward 名 ➡ p.681;(区域)a
district 名 ➡ p.174
　―区役所 a ward office

ぐあい 具合い (状態)a condition 名 ➡
p.134

クイーン (トランプの)a queen 名 ➡ p.494

くいき 区域 a zone 名 ➡ p.722, a district
名 ➡ p.174, an area 名 ➡ p.34

くいしんぼう 食いしん坊 a big eater ➡
p.192(eater 名)

クイズ a quiz 名 ➡ p.496

くう 食う eat 動 ➡ p.192, have 動 ➡
p.287;(虫が刺(さ)す)bite 動 ➡ p.69;(消費
する)use 動 ➡ p.666, consume 動 ➡
p.138, take 動 ➡ p.610

くうかん 空間 space 名 ➡ p.576;(余地)
room 名 ➡ p.520

くうき 空気 (気体)air 名 ➡ p.15;
(雰囲気(ふんいき))an atmosphere 名 ➡ p.43
　―空気入れ an air pump;(自転車の)a
　bicycle pump

くうぐん 空軍 the air force 名 ➡ p.16

くうこう 空港 an airport 名 ➡ p.16

ぐうすう 偶数 an even number ➡ p.424
(number 名)

ぐうぜん 偶然 chance 名 ➡ p.107;(偶然の
出来事)an accident 名 ➡ p.6
　―偶然に by chance ➡ p.107(chance 名)
　―偶然…する happen to ... ➡ p.284
　(happen 動)

くうそう 空想 a fancy 名 ➡ p.220, a
daydream 名 ➡ p.158
　―空想する fancy 動 ➡ p.220;(空想にふけ
　る)daydream 動 ➡ p.158

くうちゅうに 空中に in the air ➡ p.15〔**air** 名〕

くうはく 空白 a blank 名 ➡ p.70

くうふく 空腹 hunger 名 ➡ p.310
―空腹な hungry ➡ p.310

クーポン （クーポン券）a coupon 名 ➡ p.145

クーラー （エアコン）an air conditioner 名 ➡ p.15

くがつ 九月 September 名 ➡ p.543

くき 茎 a stem 名 ➡ p.589, a stalk 名 ➡ p.585

くぎ 釘 a nail 名 ➡ p.407

くぎづけになる 釘付けになる be glued (to)

くぎり 区切り （終わり）an end 名 ➡ p.198；（切れ目）a pause 名 ➡ p.456

くぎる 区切る （分ける）divide 動 ➡ p.174；（間をおく）put a pause；（句読点で）punctuate

くぐる （間を通り抜ける）go [pass] through ➡ p.268（go 動）, p.454（pass 動）；（下を通る）go [pass] under

くさ 草 grass 名 ➡ p.273；（雑草）a weed 名 ➡ p.687

くさい 臭い smell (bad) 動 ➡ p.565；（ひどく臭い）stink

くさった 腐った bad 形 ➡ p.49, rotten 形 ➡ p.521

くさり 鎖 a chain 名 ➡ p.105

くさる 腐る （食べ物などが）go bad ➡ p.49（bad 形）, spoil 動 ➡ p.580；（ふさぎこむ）be depressed

くし¹ （髪をとかす）a comb 名 ➡ p.126
―くしでとかす comb 動 ➡ p.126

くし² 串 （小さな）a skewer；（大きな）a spit

くじ (a) lot 名 ➡ p.369；（賞品つきの）a lottery 名 ➡ p.369

くじく （ねんざする）sprain 動 ➡ p.582；（勢いをそぐ）discourage 動 ➡ p.172

くじける be discouraged ➡ p.172（discourage 動）

クジャク （雄の）a peacock 名 ➡ p.457；（雌の）a peahen

くしゃみ a sneeze 名 ➡ p.566
―くしゃみをする sneeze 動 ➡ p.566

くじょう 苦情 a complaint 名 ➡ p.132
―苦情を言う complain (about, of) 動 ➡ p.132, make a complaint (about, of)

クジラ a whale 名 ➡ p.691

くしん 苦心 pains 名 ➡ p.448
―苦心する take pains ➡ p.448（pain 名）

くず waste 名 ➡ p.682,《米》trash 名 ➡ p.649―くず入れ［かご］（屋内の）a wastebasket 名 ➡ p.683；（屋外の）a trash can 名 ➡ p.649

ぐずぐずいう ぐずぐず言う grumble 動 ➡ p.277, complain (about)

くすくすわらう くすくす笑う giggle 動 ➡ p.259；（小さな声で）chuckle 動 ➡ p.115；（ばかにして）snicker

くすぐったい tickle 動 ➡ p.636

くすぐる tickle 動 ➡ p.636

くずす 崩す break 動 ➡ p.79；（両替する）change 動 ➡ p.107

くすり 薬 (a) medicine 名 ➡ p.385, a drug 名 ➡ p.186
―薬屋 （店）a pharmacy 名 ➡ p.461,《米》a drugstore 名 ➡ p.186,《英》a chemist 名 ➡ p.111

くすりゆび 薬指 the third finger, （特に左手の）the ring finger 名 ➡ p.231（finger 名）

くずれる 崩れる collapse, break down ➡ p.79（break 動）, crumble, give way；（形が）go out of shape

くせ 癖 a habit 名 ➡ p.280

-(の)くせに （…にもかかわらず）though 接 ➡ p.633, although 接 ➡ p.20

くだ 管 a pipe 名 ➡ p.465, a tube 名 ➡ p.654

ぐたいてきな 具体的な concrete 形 ➡ p.134；（明確な）specific 形 ➡ p.578

くだく 砕く break 動 ➡ p.79；（粉々にする）shatter；（押しつぶす）crush 動 ➡ p.150

くたくたな （疲れきった）dead tired, exhausted

くだける 砕ける break into pieces, be broken ➡ p.79（break 動）

くたびれる get [be] tired (of) ➡ p.639（tired 形）

くだもの 果物 (a) fruit 名 ➡ p.252
―果物屋 a fruit shop [store]

くだらない （取るに足りない）trivial 形 ➡ p.652；（価値のない）worthless 形 ➡ p.712；（ばかげた）silly 形 ➡ p.556

くだりざか 下り坂 a downward slope

くだりの 下りの down ➡ p.180（down¹ 形）

くだる 下る go down ➡ p.267（go 動）, climb down ➡ p.120（climb 動）

くち 口 （人間・動物・ビンなどの）a mouth 名 ➡ p.401；（味覚）taste 名 ➡ p.613；（ことば）words 名 ➡ p.709

ぐち a complaint 名 ➡ p.132, a grumble 動 ➡ p.277 ―ぐちをこぼす complain (about, of) 動 ➡ p.132, grumble (about, of) 動 ➡ p.277

くちごたえする 口答えする talk back (to) ➡ p.609（talk 動）, be a smart mouth

くちばし （ハト・スズメなどの）a bill ➡ p.67

(bill² 图);(ワシなどの)a beak 图 ➡ p.55

くちびる 唇 a lip 图 ➡ p.362

くちぶえ 口笛 a whistle 图 ➡ p.697
―口笛を吹く whistle 動 ➡ p.697

くちべに 口紅 (a) lipstick 图 ➡ p.362

くちょう 口調 a tone 图 ➡ p.643

くつ 靴 (短靴)a shoe 图 ➡ p.550;(長靴)a boot 图 ➡ p.74;(運動靴)a sneaker ➡ p.566
―靴ひも a shoestring ➡ p.550, a shoelace 图 ➡ p.550
―靴屋 (店)a shoe store;(人)a shoemaker 图 ➡ p.550

くつう 苦痛 pain 图 ➡ p.448

クッキー 《米》a cookie, a cooky 图 ➡ p.140,《英》a biscuit 图 ➡ p.68

くっきり clearly 副 ➡ p.119

くつした 靴下 (短い)a sock 图 ➡ p.569;(長い)a stocking 图 ➡ p.591

クッション a cushion 图 ➡ p.152

ぐっすり fast(fast¹ 副), sound ➡ p.222 p.574(sound² 副), well ➡ p.688(well¹ 副)

くっつく くっ付く stick (to) ➡ p.590 (stick¹), cling (to) 動 ➡ p.120

くっつける くっ付ける stick ➡ p.590 (stick¹);(接着剤で)paste 動 ➡ p.455, glue

くつろぐ relax 動 ➡ p.507, make *oneself* at home ➡ p.302(home 图)

くどい (ことば数の多い)wordy

くとうてん 句読点 《文法》a punctuation mark 图 ➡ p.490

くに 国 a country 图 ➡ p.144, a nation 图 ➡ p.408, a state 图 ➡ p.587;(政府)a government 图 ➡ p.271

くばる 配る hand out ➡ p.283(hand 動), pass out;(カードを)deal 動 ➡ p.159;(配達する)deliver 動 ➡ p.163

くび 首 (体の)a neck 图 ➡ p.411;(頭部)a head 图 ➡ p.290

くびわ 首輪 (イヌなどの)a collar 图 ➡ p.125

くふう 工夫 (考え)an idea 图 ➡ p.313;(方策)a device 图 ➡ p.167 ―工夫する (方法・装置などを)devise 動 ➡ p.167

くべつ 区別 (a) distinction 图 ➡ p.174
―区別する (…と〜を見分ける)tell ... from 〜 ➡ p.616(tell 動), distinguish ... from 〜 ➡ p.174(distinguish 動)

くぼみ a hollow 图 ➡ p.301, a pit 图 ➡ p.465

くぼむ become hollow 图 ➡ p.301(hollow 形), sink 動 ➡ p.558

クマ 熊 a bear ➡ p.55(bear¹ 图)

くみ 組 (学級)a class 图 ➡ p.118;(集団)a group 图 ➡ p.276;(競技のチーム)a team 图 ➡ p.615;(ひとそろい)a set 图 ➡ p.544;(一対)a pair 图 ➡ p.448

くみあい 組合 an association 图 ➡ p.41, a union 图 ➡ p.662

くみあわせ 組み合わせ (a) combination 图 ➡ p.126

くみあわせる 組み合わせる combine (with) 動 ➡ p.126;(競技で)match (against)

くみたてる 組み立てる assemble 動 ➡ p.40, put together ➡ p.492(put 動)

くむ¹ 組む (腕を)fold 動 ➡ p.239;(腕・脚を)cross 動 ➡ p.149;(力を合わせる)join forces (with);(競技などで)(2者が)pair (with)

くむ² 汲む (水を)draw 動 ➡ p.182;(ポンプで)pump (up) 動 ➡ p.490

クモ a spider 图 ➡ p.580
―クモの巣 a (spider's) web 图 ➡ p.687

くも 雲 a cloud 图 ➡ p.122

くもりの 曇りの cloudy 形 ➡ p.122

くもる 曇る (空が)become [get] cloudy ➡ p.122(cloudy 形);(ガラスなどが)fog up;(顔が)cloud 動 ➡ p.122

くやしい 悔しい (フラストレーションを感じる)feel frustrated;(後悔する)regret ➡ p.506;(残念に思う)be sorry ➡ p.573 (sorry 形);(がっかりさせる)disappointing

くやみ 悔やみ condolence

くやむ 悔やむ be sorry for ➡ p.573 (sorry 形), regret ➡ p.506;(人の死を)mourn 動 ➡ p.401

くよくよする worry (about) 動 ➡ p.711;(考えこむ)brood (over)

くらい¹ 暗い (光・色が)dark 形 ➡ p.156;(気持ちが)gloomy 形 ➡ p.265

くらい² 位 (地位)a rank 图 ➡ p.499;(数字)a place 图 ➡ p.465

-くらい (おおよその数・程度)about 副 ➡ p.4, around 副 ➡ p.35;(比較などの基準)as ... as ➡ p.38(as 接);(軽い程度)(少なくとも)at least ➡ p.352(least 图);(重い程度)(…できないくらい〜だ)too 〜 to ... ➡ p.643(too 副)

グライダー a glider 图 ➡ p.264

クライマックス a climax 图 ➡ p.120

グラウンド a ground ➡ p.276(ground¹ 图), a field 图 ➡ p.227;(学校の)a playground 图 ➡ p.468, a schoolyard 图 ➡ p.533

クラゲ a jellyfish 图 ➡ p.332

くらし 暮らし (a) life 图 ➡ p.358, (a) living 图 ➡ p.364

クラシック (音楽)classical music ➡

p.405(classical 形)
クラス a class ➡ p.118
―クラス会 a class reunion ➡ p.513
(reunion 名)
―クラスメート a classmate 名 ➡ p.118
くらす 暮らす live ➡ p.364(live¹ 動);(生
計を立てる)make a living ➡ p.364(living
名);(なんとかやっていく)get by
グラス a glass 名 ➡ p.264
グラタン gratin
クラッカー (食品・爆竹(ばくちく))a cracker 名 ➡
p.146
クラブ a club 名 ➡ p.122 ―クラブ活動
club activities ➡ p.122(club 名)
グラフ (図表)a graph 名 ➡ p.273
くらべる 比べる compare (with, to) 動
➡ p.131 ―…と比べて compared with …
➡ p.131(compare 動)
くらむ (目が)be dazzled ➡ p.158(dazzle
動), be blinded;(目まいがする)feel dizzy
➡ p.175(dizzy 形)
グラム a gram 名 ➡ p.272
くらやみ 暗闇 darkness 名 ➡ p.156, the
dark 名 ➡ p.156
クラリネット a clarinet 名 ➡ p.117
グランド a ground ➡ p.276(ground¹ 名)
クリ 栗 a chestnut 名 ➡ p.112
クリーニング (ドライクリーニング)dry
cleaning
クリーム cream 名 ➡ p.147;(化粧(けしょう)用)
(a) cream 名 ➡ p.147
グリーンピース green peas ➡ p.457(pea
名)
くりかえし 繰り返し (a) repetition 名 ➡
p.509;(歌などの)a refrain 名 ➡ p.505
くりかえす 繰り返す repeat 動 ➡ p.509
クリスチャン a Christian 名 ➡ p.114
クリスマス Christmas 名 ➡ p.114
―クリスマスイブ Christmas Eve 名 ➡
p.115
クリック a click 名 ➡ p.119
―クリックする click 動 ➡ p.119
クリップ a clip 名 ➡ p.120
くる 来る (近づく,到着(とうちゃく)する)come 動 ➡
p.128;(由来する,起因する)come from ➡
p.129(come 動)
―(状態・状況(じょうきょう)などが)…してくる get 動
➡ p.260, begin (to) 動 ➡ p.61
くるう 狂う (気が)go crazy, go mad ➡
p.372(mad 形);(調子・順序などが)go
wrong ➡ p.714(wrong 副), get out of
order;(計画などが)be upset ➡ p.665
(upset 形)
グループ a group 名 ➡ p.276
―グループ活動 a group activity

くるしい 苦しい (困難な)hard 形 ➡
p.285;(苦痛の)painful 形 ➡ p.448
くるしみ 苦しみ (a) suffering 名 ➡
p.599;(困難)(a) hardship 名 ➡ p.286;
(苦痛)pain 名 ➡ p.448
くるしむ 苦しむ suffer (from) 動 ➡
p.599
くるしめる 苦しめる worry 動 ➡ p.711,
give pain
くるぶし an ankle 名 ➡ p.26
くるま 車 (乗用車)a car 名 ➡ p.97;(車輪)
a wheel 名 ➡ p.691
―車いす a wheelchair 名 ➡ p.691
クルミ a walnut 名 ➡ p.680
グルメ (美食家)a gourmet 名 ➡ p.271
くれ 暮れ (年末)the year-end, the end of
the year
クレープ crepe, crêpe 名 ➡ p.148
グレープフルーツ a grapefruit 名 ➡
p.273
クレジット credit 名 ➡ p.147
―クレジットカード a credit card 名 ➡
p.148
クレヨン (a) crayon 名 ➡ p.147
くれる¹ 暮れる (日が)get dark ➡ p.156
(dark 形), grow dark;(年が)come to an
end ➡ p.199(end 名)
くれる² (あたえる)give 動 ➡ p.263
くろ(い) 黒(い) black 名 形 ➡ p.69;
(皮膚(ひふ)・髪(かみ)などが)dark 形 ➡ p.156
くろう 苦労 (めんどう)trouble 名 ➡
p.652;(骨折り)pains 名 ➡ p.448
―苦労する have trouble ➡ p.652
(trouble 名)
くろうと 玄人 (本職の人)a professional
名 ➡ p.485,《口語》a pro 名 ➡ p.484;(熟練
者)an expert 名 ➡ p.212
クローバー (a) clover 名 ➡ p.122
グローブ a glove 名 ➡ p.265
クロール the crawl 名 ➡ p.147
クローン a clone
クロスワードパズル a crossword
(puzzle) 名 ➡ p.149
くわえる¹ 加える (足す)add 動 ➡ p.9;
(仲間に入れる)let … join
くわえる² hold … in one's mouth
くわしい 詳しい (こと細かな)detailed 形
➡ p.166;(よく知っている)know a lot
(about)
―詳しく in detail ➡ p.166(detail 名)
くわわる 加わる join 動 ➡ p.333
ぐん 郡 (日本やアメリカの)a county 名 ➡
p.145;(イギリスの)a district 名 ➡ p.174
ぐんしゅう 群衆 a crowd 名 ➡ p.149
ぐんじん 軍人 (陸軍の)a soldier 名 ➡

和英

あ
か
さ
た
な
は
ま
や
ら
わ

p.570;(海軍の)a sailor **名** ➡ p.526;(空軍の)an airman;(将校)an officer **名** ➡ p.430

くんせいの くん製の smoked **形** ➡ p.566

ぐんたい 軍隊 armed forces ➡ p.35 (armed **形**)

くんれん 訓練 training **名** ➡ p.649, a drill **名** ➡ p.184
　─訓練する train **動** ➡ p.648, drill

け

け 毛 (髪(拙)の毛全体)hair ➡ p.280;(その他の体毛) hair **名** ➡ p.280;(1 本の毛)a hair **名** ➡ p.280;(動物の柔(拙)らかい毛)fur **名** ➡ p.254;(羊毛)wool **名** ➡ p.709;(羽毛(拙))a feather ➡ p.224

げい 芸 (演技)a performance **名** ➡ p.459;(芸当)a trick ➡ p.651

けいえい 経営 management **名** ➡ p.375
　─経営する manage **動** ➡ p.375,《口語》run ➡ p.523
　─経営者 a manager **名** ➡ p.375

けいか 経過 (成り行き)progress ➡ p.485
　─経過する (時が過ぎる)pass **動** ➡ p.454

けいかい 警戒 guard **名** ➡ p.277, caution **名** ➡ p.103 ─警戒する guard **動** p.277;(守る)protect **動** ➡ p.487

けいかいな 軽快な (軽い)light ➡ p.359 (light² **形**);(リズミカルな)rhythmical **形** ➡ p.514

けいかく 計画 a plan **名** ➡ p.466, a program **名** ➡ p.485;(大規模な)a project **名** ➡ p.485 ─計画する plan **動** ➡ p.466, make a plan ➡ p.466(plan **名**)

けいかん 警官 a police officer **名** ➡ p.472;(男性)a policeman **名** ➡ p.471;(女性)a policewoman **名** ➡ p.472

けいき 景気 (商売の)business **名** ➡ p.86;(一般的な)things **名** ➡ p.629

けいぐ 敬具 Sincerely yours, ➡ p.557 (sincerely **副**)

けいけん 経験 (an) experience **名** ➡ p.211
　─経験する experience **動** ➡ p.211
　─経験を積んだ experienced

けいこ (a) practice **名** ➡ p.477, a lesson **名** ➡ p.354
　─けいこする practice **動** ➡ p.477

けいこう 傾向 a tendency **名** ➡ p.618, a trend **名** ➡ p.650
　─…する傾向がある tend to … ➡ p.618 (tend **動**), be apt to … ➡ p.33(apt **形**)

けいこうペン 蛍光ペン a highlighter

けいこく 警告 (a) warning **名** ➡ p.681

　─警告する warn **動** ➡ p.681, give a warning

けいざい 経済 economy **名** ➡ p.193
　─経済の economic **形** ➡ p.193
　─経済的な economical **形** ➡ p.193
　─経済学 economics **名** ➡ p.193
　─経済学者 an economist **名** ➡ p.193

けいさつ 警察 the police **名** ➡ p.471
　─警察署 a police station **名** ➡ p.472

けいさん 計算 (a) calculation **名** ➡ p.91, figures **名** ➡ p.229
　─計算する calculate **動** ➡ p.91

けいじ¹ 掲示 a notice **名** ➡ p.423, a bulletin **名** ➡ p.84
　─掲示する put up a notice ➡ p.423 (notice **名**)
　─掲示板 《米》a bulletin board **名** ➡ p.84,《英》a notice board ➡ p.72(board **名**)

けいじ² 刑事 a (police) detective **名** ➡ p.167

けいしき 形式 (a) form **名** ➡ p.245
　─形式的な formal **形** ➡ p.245

げいじゅつ 芸術 (an) art **名** ➡ p.36
　─芸術的な artistic **形** ➡ p.37
　─芸術家 an artist **名** ➡ p.37
　─芸術作品 a work of art ➡ p.36(art **名**)

けいしょく 軽食 a light meal ➡ p.359 (light² **形**), a snack **名** ➡ p.566
　─軽食堂 a snack bar, a lunchroom

けいぞく 継続 continuation
　─継続する continue **動** ➡ p.138
　─継続的に continuously

けいそつな 軽率な (不注意な)careless **形** ➡ p.99;(早まった)hasty **形** ➡ p.286
　─軽率に carelessly **副** ➡ p.99

けいたいする 携帯する carry **動** ➡ p.100, bring **動** ➡ p.81
　─携帯用の portable **形** ➡ p.474
　─携帯電話 a cellular phone **名** ➡ p.104, a cell phone **名** ➡ p.104, a mobile (phone) **名** ➡ p.394

けいと 毛糸 wool **名** ➡ p.709, woolen yarn ─毛糸の woolen

けいど 経度 longitude **名** ➡ p.366

げいのう 芸能 (public) entertainment **名** ➡ p.202
　─芸能界 the entertainment world, (the world of) show business
　─芸能人 an entertainer **名** ➡ p.202

けいば 競馬 horse racing **名** ➡ p.305, the races

けいひ 経費 expenses **名** ➡ p.211, a cost **名** ➡ p.142

けいび 警備 guard **名** ➡ p.277, security

名 ➡ p.537
―警備員 a guard **名** ➡ p.277
けいひん 景品 (おまけ)《米》a giveaway,《英》a free gift;(賞品)a prize **名** ➡ p.484
けいべつする 軽べつする scorn, despise **動** ➡ p.166;(見下す)look down on ➡ p.367(look **動**)
けいほう 警報 (警告)a warning **名** ➡ p.681;(危険を知らせる音・光など)an alarm **名** ➡ p.16 ―警報器 an alarm **名** ➡ p.16
けいむしょ 刑務所 a prison **名** ➡ p.483
けいやく 契約 a contract **名** ➡ p.138 ―契約する contract **動** ➡ p.138, make a contract
けいゆで 経由で by way of ➡ p.685(way **名**), via **動** ➡ p.672
けいようし 形容詞 《文法》an adjective **名** ➡ p.10
けいれき 経歴 (学歴・職歴など)one's background **名** ➡ p.48;(職歴)one's career **名** ➡ p.99
けいろうのひ 敬老の日 Respect-for-the-Aged Day
ケーキ (a) cake **名** ➡ p.91
ケース¹ (場合)a case ➡ p.101(case² **名**)
ケース² (入れ物)a case ➡ p.101(case¹ **名**)
ケーブル (a) cable **名** ➡ p.90 ―ケーブルカー a cable car **名** ➡ p.90
ゲーム a game **名** ➡ p.255 ―ゲームセンター 《米》a video arcade,《英》an amusement arcade
けが (一般に)a hurt **名** ➡ p.311, an injury **名** ➡ p.321;(暴力などによる)a wound ➡ p.713(wound¹ **名**) ―けがをする hurt oneself ➡ p.311(hurt **動**), be injured ➡ p.321(injure **動**);be wounded ➡ p.713(wound¹ **動**) ―けが人 an injured person;a wounded person;(全体をまとめて)the injured;the wounded
げか 外科 surgery **名** ➡ p.603 ―外科医 a surgeon **名** ➡ p.603
けがわ 毛皮 (a) fur **名** ➡ p.254
げき 劇 a play **名** ➡ p.467;(戯曲(ぎきょく))a drama **名** ➡ p.182 ―劇的な dramatic **形** ➡ p.182 ―劇作家 a dramatist, a playwright
げきじょう 劇場 a theater **名** ➡ p.622
げきとつ 激突 a crash **名** ➡ p.147 ―激突する crash **動** ➡ p.147
げきれい 激励 encouragement **名** ➡ p.198 ―激励する encourage **動** ➡ p.198
げこうする 下校する go home (from school) ➡ p.266(go **動**), come home

(from school), leave school
けさ 今朝 this morning ➡ p.631(this **形**)
げし 夏至 the summer solstice
けしいん 消印 a postmark
けしき 景色 (全体の)scenery **名** ➡ p.530;(一場面)a scene ➡ p.530;(眺(なが)め)a view **名** ➡ p.673
けしゴム 消しゴム an eraser **名** ➡ p.203
げしゅくする 下宿する board ➡ p.72
けしょう 化粧 makeup **名** ➡ p.374 ―化粧する make (oneself) up ➡ p.377 (make **動**), put on makeup ―化粧品 cosmetics
けす 消す (火を)put out ➡ p.492(put **動**);(電灯・ガス・テレビなどを)turn off ➡ p.655 (turn off);switch off ➡ p.607(switch **動**);(文字などを)erase **動** ➡ p.203;(ふき取る)wipe off;(姿を)disappear **動** ➡ p.171
げすい 下水 (下水道)a drain **名** ➡ p.182
ゲスト a guest **名** ➡ p.278
けずる 削る (薄(うす)く削る)shave **動** ➡ p.548;(とがらす)sharpen **動** ➡ p.548
けた 桁 (数字の)a figure **名** ➡ p.229
げた 下駄 Japanese clogs ―げた箱 a shoe rack
けちな stingy ―けちをつける find fault (with) ➡ p.223(fault **名**)
ケチャップ ketchup **名** ➡ p.338,《主に米》catsup
けつあつ 血圧 blood pressure ➡ p.71 (blood **名**)
けつい 決意 determination **名** ➡ p.167
けつえき 血液 blood **名** ➡ p.71 ―血液型 a blood type
けっか 結果 a result **名** ➡ p.513, (an) effect **名** ➡ p.193
けっかく 結核 tuberculosis
けっかん¹ 血管 a blood vessel
けっかん² 欠陥 a defect **名** ➡ p.162 ―欠陥のある defective
げっかんの 月刊の monthly **形** ➡ p.396 ―月刊誌 a monthly (magazine) **名** ➡ p.396
げっきゅう 月給 monthly pay **名** ➡ p.456, (a) salary **名** ➡ p.526
けっきょく 結局 after all ➡ p.12(after **副**), in the end ➡ p.199(end **名**)
けっこう 結構 (よい)good **形** ➡ p.269, nice **形** ➡ p.416;(間に合う)do **動** ➡ p.176,(だいじょうぶ)all right ➡ p.18(all **副**);(いらない)No, thank you. ➡ p.621(thank **動**);(かなり)fairly **副** ➡ p.217
げっこう 月光 moonlight **名** ➡ p.397
けっこん 結婚 (a) marriage **名** ➡ p.380 ―結婚する marry **動** ➡ p.380, get

和英

あ
か
さ
た
な
は
ま
や
ら
わ

married (to) ➡ p.380(married 形);(結婚
している)be married ➡ p.380(married
形)
―結婚記念日 a wedding anniversary 名
➡ p.687
―結婚式 a wedding ceremony 名 ➡
p.687
けっさく 傑作 a masterpiece 名 ➡ p.381
けっして…ない 決して…ない never 副 ➡
p.414, by no means ➡ p.384(means 名)
げっしゃ 月謝 a monthly fee
けっしょう¹ 決勝 the final(s) 名 ➡ p.229,
the final game, the final match
けっしょう² 結晶 a crystal 名 ➡ p.150
げっしょく 月食 an eclipse of the moon,
a lunar eclipse ➡ p.192(eclipse 名)
けっしん 決心 determination 名 ➡ p.167
―決心する make up *one's* mind ➡ p.391
(mind 名), decide 動 ➡ p.160;(かたく決心
する)determine 動 ➡ p.167
けっせき 欠席 (an) absence 名 ➡ p.5
―欠席する be absent (from) ➡ p.5
(absent 形)
―欠席届 a report of absence, a notice
of absence
けつだん 決断 (a) decision 名 ➡ p.161
―決断する decide 動 ➡ p.160
けってい 決定 (a) decision 名 ➡ p.161
―決定する decide 動 ➡ p.160
けってん 欠点 a fault 名 ➡ p.223, a
weak point 名 ➡ p.685(weak 形)
けっぱくな 潔白な innocent 形 ➡ p.321
げっぷ a belch, a burp
―げっぷをする belch, burp
けつまつ 結末 an end 名 ➡ p.198;(物語な
どの)an ending 名 ➡ p.199
げつようび 月曜日 Monday 名 ➡ p.395
けつろん 結論 a conclusion 名 ➡ p.134
―結論を下す conclude 動 ➡ p.134
―結論として in conclusion 名 ➡ p.134
けとばす 蹴飛ばす kick (away) 動 ➡
p.339
けなす (悪口を言う)say bad things
(about);(非難する)criticize 動 ➡ p.148
げひんな 下品な vulgar
けむい 煙い smoky
けむし 毛虫 a (hairy) caterpillar 名 ➡
p.103
けむり 煙 smoke 名 ➡ p.566
けもの 獣 a beast 名 ➡ p.58
げり 下痢 diarrhea
ゲリラ a guerrilla
ける 蹴る kick 動 ➡ p.339
けれど(も) but 接 ➡ p.86, though 接 副
➡ p.633, although 接 ➡ p.20

ゲレンデ a ski slope, a ski run
けわしい 険しい steep 形 ➡ p.589
けん¹ 県 a prefecture 名 ➡ p.478
―県(立)の prefectural 形 ➡ p.478
―県知事 a governor 名 ➡ p.271
けん² 剣 a sword 名 ➡ p.607
けん³ 券 (切符(ぷ))a ticket 名 ➡ p.635
―券売機 a ticket machine,
a ticket-vending machine
げん 弦 (楽器の)a string 名 ➡ p.595
―弦楽器 a stringed instrument,(全体)
the strings ➡ p.595(string 名)
けんい 権威 authority 名 ➡ p.45;(人)an
authority 名 ➡ p.45
げんいん 原因 a cause 名 ➡ p.103;(起源)
(an) origin 名 ➡ p.440
―原因となる cause 動 ➡ p.103
けんか (口論)a quarrel 名 ➡ p.493, an
argument 名 ➡ p.34;(なぐり合い)a fight
名 ➡ p.228 ―けんかする quarrel 動 ➡
p.493;fight 動 ➡ p.228
げんかい 限界 a limit 名 ➡ p.361
けんがく 見学 a field trip 名 ➡ p.227
―見学する visit ... for study, take a
field trip to
げんかん 玄関 the hall 名 ➡ p.281, the
front door ➡ p.250(front 形), the
entrance 名 ➡ p.202
げんき 元気 (活力)energy 名 ➡ p.199;(活
気)vitality;(気分)spirits ➡ p.580(spirit
名);(体力)strength 名 ➡ p.594
―元気な (健康な)fine ➡ p.230(fine¹ 形),
well ➡ p.688(well¹ 形);(はつらつとした)
high-spirited;(陽気な)cheerful 形 ➡
p.111
―元気になる (病気などから)get well ➡
p.688(well¹ 形), get better ➡ p.64
(better 形)
―元気づける encourage 動 ➡ p.198,
cheer (up) 動 ➡ p.111
けんきゅう 研究 a study 名 ➡ p.596
―研究する study 動 ➡ p.596
―研究室 a study room;(化学などの)a
laboratory 名 ➡ p.344
―研究所 a research institute
げんきん 現金 cash 名 ➡ p.101
―現金にする cash 動 ➡ p.101
けんけつ 献血 a blood donation ➡ p.179
(donation 名)―献血する donate [give]
blood ➡ p.179(donate 動)
げんご 言語 (a) language 名 ➡ p.346
けんこう 健康 health 名 ➡ p.291
―健康な well ➡ p.688(well¹ 形),
healthy 形 ➡ p.291
―健康食品 health food

—健康診断(しん) a medical [physical] examination ➡ p.208(examination 名), a medical [physical] checkup ➡ p.111 (checkup 名)

げんこう 原稿 a manuscript 名 ➡ p.378
—原稿用紙 manuscript paper

けんこくきねんのひ 建国記念の日 National Foundation Day

げんこつ a (clenched) fist 名 ➡ p.234

けんさ 検査 (an) examination 名 ➡ p.208, a check ➡ p.110, a test 名 ➡ p.620 —検査する examine 動 ➡ p.208, check 動 ➡ p.110, test 動 ➡ p.620

げんざい 現在 the present ➡ p.479 (present¹ 名)
—現在の present ➡ p.479(present¹ 形), current 形 ➡ p.152
—現在は now 副 ➡ p.423, at present ➡ p.479(present¹ 名)

けんさく 検索 a search 名 ➡ p.535
—検索する search 動 ➡ p.535

げんさく 原作 the original (work) 名 ➡ p.440 —原作者 the (original) author 名 ➡ p.45

げんし 原子 an atom 名 ➡ p.43
—原子の atomic 形 ➡ p.43

げんじつ 現実 reality 名 ➡ p.502
—現実の actual 形 ➡ p.9, real 形 ➡ p.502
—現実的な realistic 形 ➡ p.502

げんしてきな 原始的な primitive 形 ➡ p.482
—原始時代 the primitive ages
—原始人 primitive people, a primitive man ➡ p.482(primitive 形)

けんじゅう 拳銃 a pistol 名 ➡ p.465

げんじゅうな 厳重な strict 形 ➡ p.594, severe 形 ➡ p.545
—厳重に strictly 副 ➡ p.594, severely 副 ➡ p.546

けんしょう 懸賞 a prize 名 ➡ p.484

げんしょう¹ 減少 (a) decrease 名 ➡ p.161
—減少する decrease 動 ➡ p.161

げんしょう² 現象 a phenomenon 名 ➡ p.461

けんすい 懸垂 《米》a chin-up, 《英》a pull-up

けんせつ 建設 construction 名 ➡ p.137
—建設する build 動 ➡ p.84, construct 動 ➡ p.137
—建設会社 a construction company

けんぜんな 健全な sound ➡ p.574 (sound² 形), healthy 形 ➡ p.291

げんそ 元素 an element 名 ➡ p.196

げんぞう 現像 development 名 ➡ p.167

—現像する develop 動 ➡ p.167

げんそく 原則 a principle 名 ➡ p.483
—原則として in principle

けんそんする 謙そんする be modest

げんだい 現代 the present day, the present age, today 名 ➡ p.639
—現代の modern 形 ➡ p.395, present-day 形 ➡ p.480, contemporary 形 ➡ p.138

けんだま 剣玉 a cup and ball

けんちく 建築 (建物) (a) building 名 ➡ p.84; (建てること)construction 名 ➡ p.137
—建築する build 動 ➡ p.84, put up ➡ p.492(put 動), construct 動 ➡ p.137
—建築家 an architect 名 ➡ p.33

けんていしけん 検定試験 a licensing examination

けんていする 検定する approve 動 ➡ p.32, authorize

げんど 限度 a limit 名 ➡ p.361

けんとう 見当 a guess 名 ➡ p.277
—見当をつける guess 動 ➡ p.277

けんとうする 検討する examine 動 ➡ p.208, consider 動 ➡ p.137, think ... over ➡ p.630(think 動)

けんびきょう 顕微鏡 a microscope 名 ➡ p.388

けんぶつ 見物 sightseeing 名 ➡ p.555
—見物する see the sights (of) ➡ p.555 (sight 名), visit ➡ p.675
—見物席 a seat 名 ➡ p.536; (競技場の)a stand 名 ➡ p.585

けんぽう 憲法 a constitution 名 ➡ p.137
—憲法記念日 Constitution (Memorial) Day

けんみつな 厳密な strict 形 ➡ p.594
—厳密に strictly 副 ➡ p.594

けんめいな 賢明な wise 形 ➡ p.705, sensible 形 ➡ p.542

けんめいに 懸命に hard 副 ➡ p.285

けんり 権利 a right ➡ p.515(right¹ 名)

げんり 原理 a principle 名 ➡ p.483

げんりょう 原料 (raw) materials ➡ p.381(material 名)

けんりょく 権力 power 名 ➡ p.477
—権力者 a powerful person, a power 名 ➡ p.477

げんろん 言論 speech

こ

こ 子 (子供)a child 名 ➡ p.112, 《口語》a kid ➡ p.339(kid¹ 名); (男の子)a boy 名 ➡ p.77; (女の子)a girl 名 ➡ p.259

ご¹ 五(の) five 名 形 ➡ p.234

—第5(の) the fifth 名形 ➡ p.228, 5th

ご² 語 (単語)a word 名 ➡ p.709；(言語)(a) language 名 ➡ p.346

ご³ 碁 go, the game of go

-ご …後 after 前接 ➡ p.12；(…後になって) later 副 ➡ p.348；(…後ずっと)since 前接 ➡ p.557

コアラ a koala (bear) 名 ➡ p.343

コイ (魚)a carp 名 ➡ p.99
—こいのぼり a carp streamer

こい¹ 恋 love 名 ➡ p.370
—恋をしている love 動 ➡ p.370, be in love (with) ➡ p.370(love 名)
—恋人 a sweetheart 名 ➡ p.606；(男)a boyfriend 名 ➡ p.77；(女)a girlfriend 名 ➡ p.259

こい² 濃い (色が)dark 形 ➡ p.156, deep 形 ➡ p.161；(濃度(ೇ)・密度が)thick 形 ➡ p.629；(お茶などが)strong 形 ➡ p.595

ごい 語彙 (a) vocabulary 名 ➡ p.675

こいし 小石 a small stone, a pebble 名 ➡ p.457

こイヌ 子イヌ a puppy 名 ➡ p.490

コイン a coin 名 ➡ p.124
—コインロッカー a coin-operated locker, a (paid) locker 名 ➡ p.365

こう this 代 ➡ p.631；(このように)like this ➡ p.360(like² 前), (in) this way ➡ p.684 (way 名)

こうい 好意・厚意 (親切)kindness 名 ➡ p.340 一好意的な kind ➡ p.340(kind¹ 形), friendly 形 ➡ p.250

こういう like this ➡ p.360(like² 前)

こういしつ 更衣室 a changing [locker] room

こううん 幸運 (good) luck 名 ➡ p.371, (good) fortune 名 ➡ p.246
—幸運な lucky 形 ➡ p.371, fortunate 形 ➡ p.246
—幸運にも luckily 副 ➡ p.371, fortunately 副 ➡ p.246

こうえい¹ 後衛 a back (player)

こうえい² 光栄 an honor, 《英》an honour 名 ➡ p.303

こうえん¹ 公園 a park 名 ➡ p.452

こうえん² 講演 a lecture 名 ➡ p.352
—講演する give a lecture ➡ p.352 (lecture 名)
—講演会 a lecture meeting
—講演者 a lecturer 名 ➡ p.352

こうえんする 後援する sponsor 動 ➡ p.581, support 動 ➡ p.602
—後援会 a support group；(芸能人の)a fan club

こうか¹ 効果 (an) effect 名 ➡ p.193

—効果的な effective 形 ➡ p.193

こうか² 硬貨 a coin 名 ➡ p.124

こうか³ 校歌 a school song

こうかい¹ 航海 a voyage 名 ➡ p.677
—航海する sail 動 ➡ p.526, make a voyage ➡ p.677(voyage 名), go by sea

こうかい² 後悔 (a) regret 名 ➡ p.506
—後悔する regret 動 ➡ p.506, feel sorry (for) ➡ p.573(sorry 形)

こうがい¹ 公害 (environmental) pollution 名 ➡ p.472

こうがい² 郊外 the suburbs ➡ p.597 (suburb 名)

こうかいする 公開する open ... to the public ➡ p.436(open 動)

こうかいどう 公会堂 a (public) hall 名 ➡ p.281

こうかいの 公開の public 形 ➡ p.488

こうかがくスモッグ 光化学スモッグ photochemical smog

こうがく 工学 engineering 名 ➡ p.200

ごうかく 合格 a pass 名 ➡ p.454, success 名 ➡ p.598
—合格する pass 動 ➡ p.454, succeed in ➡ p.598(succeed 動)
—合格点 a passing mark

こうかな 高価な expensive 形 ➡ p.211

ごうかな 豪華な luxurious, gorgeous 形 ➡ p.270

こうかん 交換 (an) exchange 名 ➡ p.208, a change 名 ➡ p.107
—交換する exchange 動 ➡ p.208, change 動 ➡ p.107

こうき¹ 校旗 a school flag 名 ➡ p.235

こうき² 後期 (2 学期制の)the second semester；(前期・後期の)the latter [second] half (of the period) ➡ p.348 (latter 形)

こうぎ¹ 抗議 a protest 名 ➡ p.487
—抗議する protest 動 ➡ p.487

こうぎ² 講義 a lecture 名 ➡ p.352

こうきしん 好奇心 curiosity 名 ➡ p.152
—好奇心の強い curious 形 ➡ p.152

こうきゅうな 高級な high-class , high-grade 一高級品 quality goods

こうぎょう¹ 工業 (an) industry 名 ➡ p.320
—工業高校 a technical high school
—工業地帯 an industrial zone

こうぎょう² 鉱業 mining 名 ➡ p.391, the mining industry

こうきょうがく 交響楽 a symphony
—交響楽団 a symphony orchestra, 《米》symphony 名 ➡ p.607

こうきょうきょく 交響曲 a symphony 名

⇒ p.607

こうきょうの 公共の public 形 **⇒ p.488**
　一公共施設(しせつ) public facilities
　一公共料金 public utility charges

こうくう 航空
　一航空会社 an airline (company) 名 ⇒ p.16
　一航空機 an aircraft 名 ⇒ p.15
　一航空便で by airmail 名 ⇒ p.16

こうけい 光景 a scene 名 ⇒ p.530, a sight 名 ⇒ p.555

ごうけい 合計 the sum 名 ⇒ p.600, a total 名 ⇒ p.645
　一合計で in all ⇒ p.17(all 代), altogether ⇒ p.20
　一合計する add up

こうげき 攻撃 (an) attack 名 ⇒ p.43, offense 名 ⇒ p.427
　一攻撃する attack 動 ⇒ p.43
　一攻撃的な aggressive 形 ⇒ p.14

こうけん 貢献 (a) contribution 名 ⇒ p.139 一貢献する contribute (to) 動 ⇒ p.139, make a contribution (to)

こうげん 高原 (高地)highlands 名 ⇒ p.297, heights ⇒ p.293(height 名)

こうご 口語 spoken language ⇒ p.581 (spoken 形)

こうこう 高校 a (senior) high school ⇒ p.297 一高校生 a high school student 名 ⇒ p.596(student 名)

こうごう 皇后 an empress 名 ⇒ p.198

こうこく 広告 an advertisement 名 ⇒ p.11,《口語》an ad 名 ⇒ p.9
　一広告する advertise 動 ⇒ p.10
　一広告代理店 an advertising agency

こうごに 交互に by turns ⇒ p.656(turn 名), alternately

こうさ 交差 (a) crossing, intersection 名 ⇒ p.324
　一交差する cross 動 ⇒ p.149
　一交差点 a crossing ⇒ p.149, an intersection ⇒ p.324

こうざ¹ 口座 (銀行の)an account 名 ⇒ p.6

こうざ² 講座 (放送・出版物の)a course 名 ⇒ p.145

こうさい 交際 (友好関係)friendship 名 ⇒ p.250 一交際する be friends (with) ⇒ p.250(friend 名);(特に異性と)go out (with) ⇒ p.268(go 動)

こうさく 工作 handicraft(s) 名 ⇒ p.283

こうざん¹ 高山 a high mountain ⇒ p.297(high 形)

こうざん² 鉱山 a mine ⇒ p.391(mine² 名)

こウシ 子ウシ a calf ⇒ p.91(calf¹ 名)

こうし 講師 a lecturer 名 ⇒ p.352, an instructor ⇒ p.322

こうじ 工事 construction 名 ⇒ p.137

こうしき 公式 (数学などの)a formula 名 ⇒ p.246
　一公式の (正式な)formal 形 ⇒ p.245; (公務の)official 形 ⇒ p.430
　一公式に formally, officially 副 ⇒ p.430

こうしゃ 校舎 a school building ⇒ p.84 (building 名), a schoolhouse 名 ⇒ p.533

こうしゃの 後者の the latter 形 ⇒ p.348

こうしゅう¹ 公衆 the public ⇒ p.488
　一公衆の public 形 ⇒ p.488
　一公衆電話 a public telephone ⇒ p.616 (telephone 名), a pay phone
　一公衆便所 a public rest room;(男性用)a men's room 名 ⇒ p.387;(女性用)a women's room 名 ⇒ p.708

こうしゅう² 講習 a (training) course 名 ⇒ p.145, a class 名 ⇒ p.118

こうしょう¹ 交渉 a negotiation 名 ⇒ p.412 一交渉する negotiate 動 ⇒ p.412

こうしょう² 校章 a school badge

こうじょう 工場 a factory 名 ⇒ p.216; (大規模な)a plant 名 ⇒ p.467

ごうじょうな 強情な stubborn 形 ⇒ p.596

こうしん 行進 a march 名 ⇒ p.379, a parade 名 ⇒ p.451
　一行進する march 動 ⇒ p.379, parade 動 ⇒ p.451
　一行進曲 a march 名 ⇒ p.379

こうすい 香水 perfume 名 ⇒ p.459

こうずい 洪水 a flood 名 ⇒ p.237
　一洪水になる, 洪水にさせる flood 動 ⇒ p.237

こうせい¹ 厚生 (public) welfare 名 ⇒ p.688

こうせい² 恒星 a (fixed) star 名 ⇒ p.586

こうせい³ 構成 composition 名 ⇒ p.133
　一構成する compose 動 ⇒ p.132, make up ⇒ p.377(make 動)

こうせいな 公正な fair ⇒ p.217(fair¹ 形)

こうせき 功績 (貢献(こうけん))(a) contribution 名 ⇒ p.139;(業績)achievements 名 ⇒ p.7

こうせん 光線 a ray 名 ⇒ p.500, a beam 名 ⇒ p.55;(光)light 名 ⇒ p.359(light 名)

こうぞう 構造 structure 名 ⇒ p.596
　一構造(上)の structural

こうそうの 高層の high-rise 形 ⇒ p.297
　一高層ビル a high-rise building;(超(ちょう)高層の)a skyscraper 名 ⇒ p.562

こうそく¹ 校則 school regulations ⇒ p.506(regulation 名), school rules ⇒ p.523(rule 名)

和英

あ
か
さ
た
な
は
ま
や
ら
わ

こうそく² 高速 high speed
―高速道路 《米》an expressway 名 ➡ p.213, a speedway, a freeway 名 ➡ p.249, 《英》a motorway 名 ➡ p.401

こうたいし 皇太子 the crown prince ➡ p.482(prince 名)
―皇太子妃⁽²⁾ the (crown) princess ➡ p.483(princess 名)

こうたいする 交代する, 交替する （順番に行う）take turns；(人と代わる)take a person's place ➡ p.466(place 名)
―交代で by turns ➡ p.656(turn 名)

こうだん 公団 a public corporation

こうちゃ 紅茶 (black) tea 名 ➡ p.614

こうちょうせんせい 校長先生 《米》a principal 名 ➡ p.483, 《英》a head teacher, the head of a school ➡ p.290(head 名)
―校長室 the principal's office ➡ p.483(principal 名)

こうつう 交通 traffic 名 ➡ p.648；(輸送・輸送機関)transportation 名 ➡ p.649
―交通機関 (a means of) transportation 名 ➡ p.649
―交通事故 a traffic accident ➡ p.648 (traffic 名)
―交通渋滞⁽ⁿⁱ)⁾ a traffic jam ➡ p.330 (jam² 名)
―交通標識 a traffic sign ➡ p.555(sign 名)

こうつごうな 好都合な convenient 形 ➡ p.139

こうてい¹ 校庭 a schoolyard 名 ➡ p.533；(運動場)a playground 名 ➡ p.468；(学校の構内)school grounds ➡ p.276(ground¹ 名)

こうてい² 皇帝 an emperor 名 ➡ p.197

こうていする 肯定する affirm

こうてつ 鋼鉄 steel 名 ➡ p.589

こうど 高度 (an) altitude 名 ➡ p.20, (a) height 名 ➡ p.293 ―高度な advanced 形 ➡ p.10, high 形 ➡ p.297

こうどう¹ 行動 action 名 ➡ p.8；(ふるまい)behavior 名 ➡ p.62
―行動する act 動 ➡ p.8, take action ➡ p.8(action 名)；behave 動 ➡ p.62

こうどう² 講堂 an auditorium 名 ➡ p.44, 《英》an assembly hall

ごうとう 強盗 (人)a robber 名 ➡ p.518

こうとうな 高等な high 形 ➡ p.297, higher
―高等学校 a (senior) high school 名 ➡ p.297
―高等専門学校 a technical college

こうないで 校内で in the school；(大学のキャンパスで)on campus

こうば 工場 a factory 名 ➡ p.216

こうはい 後輩 （下級生）a younger student

こうはん 後半 the latter half ➡ p.348 (latter 形), the second half ➡ p.281 (half 名)

こうばん 交番 a police box ➡ p.471 (police 名)

こうひょうする 公表する announce 動 ➡ p.26, make ... public ➡ p.488(public 形)

こうひょうな 好評な popular 形 ➡ p.473, well-received

こうふう 校風 school tradition(s), the character of a school

こうふく 幸福 happiness 名 ➡ p.284
―幸福な happy 形 ➡ p.284
―幸福に happily 副 ➡ p.284

こうぶつ¹ 好物 one's favorite (food) 名 ➡ p.223

こうぶつ² 鉱物 a mineral 名 ➡ p.391

こうふん 興奮 excitement 名 ➡ p.209
―興奮させるような exciting 形 ➡ p.209
―興奮する get excited；(興奮している)be excited ➡ p.209(excited 形)

こうへいな 公平な fair ➡ p.217(fair¹ 形)
―公平に fairly 副 ➡ p.217

こうほ 候補 （選挙の)a candidate 名 ➡ p.96

こうみんかん 公民館 a public hall, 《米》a community center ➡ p.130(community 名)

こうむいん 公務員 an official 名 ➡ p.430, a public servant ➡ p.543(servant 名)

コウモリ a bat ➡ p.54(bat² 名)

こうもん 校門 a school gate

こうよう¹ 紅葉 red leaves, colored leaves, autumn colors
―紅葉する turn red, turn yellow, change colors

こうよう² 公用 official business；(公務上の使用)public use ―公用語 (an) official language 名 ➡ p.430

こうりつの 公立の public 形 ➡ p.488
―公立学校 《米》a public school 名 ➡ p.489, 《英》a state school

ごうりてきな 合理的な reasonable 形 ➡ p.502, rational
―合理的に reasonably, rationally

ごうれい 号令 an order 名 ➡ p.439
―号令をかける order 動 ➡ p.439, give an order ➡ p.439(order 名)

こうろん 口論 a quarrel 名 ➡ p.493

こえ 声 (人の)a voice 名 ➡ p.676；(虫や鳥の鳴き声)a chirp；(鳥のさえずり)a song 名

➡ p.573
—声変わり the change of one's voice
こえだ 小枝 a twig 名 ➡ p.657
こえる 越える，超える （越えて向こう側へ行く）go over ➡ p.268(go 動), get over ➡ p.262(get 動), cross (over) ➡ p.149;（数・量が上回る）be over ➡ p.444(over 前 副), be more than ➡ p.398(more 副)
コース （進路・食事の）a course 名 ➡ p.145;（競泳・陸上などの定まった）a lane 名 ➡ p.346
コーチ a coach 名 ➡ p.123
—コーチする coach 動 ➡ p.123
こおった 凍った frozen 形 ➡ p.252
コート¹ （衣服）a coat 名 ➡ p.123, an overcoat ➡ p.445
コート² （テニスなどの）a court 名 ➡ p.145
コード （電気の）a cord 名 ➡ p.141
コーヒー coffee 名 ➡ p.124
コーラ (a) cola 名 ➡ p.124
コーラス a chorus 名 ➡ p.114
こおり 氷 ice 名 ➡ p.312
—氷砂糖 《米》rock candy, 《英》sugar candy
こおる 凍る freeze 動 ➡ p.249
ゴール （サッカーなどで）a goal 名 ➡ p.265;（陸上競技などの）a finish (line) 名 ➡ p.231 —ゴールキーパー a goalkeeper 名 ➡ p.265
コールドゲーム （野球）a called game
コオロギ a cricket 名 ➡ p.148(cricket² 名)
コーン （トウモロコシ）corn 名 ➡ p.141
ごかい 誤解 (a) misunderstanding 名 ➡ p.394
—誤解する misunderstand 動 ➡ p.394
ごがく 語学 language study
こかげ 木陰 the shade of a tree ➡ p.546 (shade 名)
こがす 焦がす burn 動 ➡ p.85
こがた 小型の small 形 ➡ p.564, small-sized
ごがつ 五月 May 名 ➡ p.382
こぎって 小切手 a check 名 ➡ p.110, 《英》a cheque 名 ➡ p.111
ゴキブリ a cockroach 名 ➡ p.123
こきゅう 呼吸 a breath 名 ➡ p.80;（呼吸すること）breathing
—呼吸する breathe 動 ➡ p.80
こきょう 故郷 one's home 名 ➡ p.301, one's hometown 名 ➡ p.303
こぐ 漕ぐ row ➡ p.522(row¹ 動)
ごく 語句 words and phrases
こくおう 国王 a king 名 ➡ p.341
こくがいの 国外の foreign 形 ➡ p.244
こくぎ 国技 a national sport

こくご 国語 （日本語）Japanese 名 ➡ p.331, the Japanese language ➡ p.346 (language 名);（自国語）one's native language ➡ p.409(native 形)
こくさいてきな 国際的な international 形 ➡ p.324;（全世界的な）global 形 ➡ p.264
—国際会議 an international conference
—国際空港 an international airport ➡ p.16(airport 名)
—国際電話 an international (phone) call
こくさんの 国産の domestic 形 ➡ p.178
—国産品 domestic products
こくじん 黒人 a black 名 ➡ p.69;（全体）black people ➡ p.69(black 形);（アメリカの）an African-American 名 ➡ p.12
こくせき 国籍 nationality 名 ➡ p.408
こくたい 国体 the National Athletic Meet
こくど 国土 a country 名 ➡ p.144
こくどう 国道 a national highway
こくないの 国内の domestic 形 ➡ p.178, home 形 ➡ p.302
—国内に［で］ in [inside] the country, at home ➡ p.301(home 名)
こくはく 告白 （罪などの）(a) confession 名 ➡ p.135 —告白する confess 動 ➡ p.135;（打ち明ける）tell frankly
こくばん 黒板 a blackboard 名 ➡ p.69, 《米》a chalkboard
—黒板消し an eraser 名 ➡ p.203, a blackboard eraser ➡ p.203(eraser 名)
こくふくする 克服する overcome 動 ➡ p.445, conquer 動 ➡ p.136
こくほう 国宝 a national treasure ➡ p.650(treasure 名)
こくみん 国民 （ある国の国民全体）a nation 名 ➡ p.408, a people ➡ p.458;（1人）a citizen 名 ➡ p.116
—国民の，国民的 national 形 ➡ p.408
—国民性 national character ➡ p.109 (character 名)
こくもつ 穀物 grain 名 ➡ p.272, cereals 名 ➡ p.105
こくりつの 国立の national 形 ➡ p.408
—国立公園 a national park ➡ p.409
こくれん 国連 （国際連合）the United Nations 名 ➡ p.663
コケ (a) moss 名 ➡ p.399
こげる 焦げる burn 動 ➡ p.85
ここ （場所）here 名 ➡ p.295;（最近の）the past 形 ➡ p.455
ごご 午後 afternoon 名 ➡ p.12;（時刻につけて）p.m. ➡ p.470

和英

あ
か
さ
た
な
は
ま
や
ら
わ

ココア cocoa 名 ➡ p.123, hot chocolate

こごえる 凍える freeze 動 ➡ p.249

ここちよい 心地よい comfortable 形 ➡ p.127, pleasant 形 ➡ p.468

こごとをいう 小言を言う （しかる）scold 動 ➡ p.533;（不平を言う）complain 動 ➡ p.132

こころ 心 （気持ち・感情）a heart 名 ➡ p.292, a feeling 名 ➡ p.225;（考え・精神）(a) mind 形 ➡ p.390 一心から (from the bottom of) one's heart ➡ p.292(heart 名), sincerely 副 ➡ p.557
一心のこもった hearty 形 ➡ p.292

こころあたたまる 心温まる heart-warming 形 ➡ p.292

こころあたり 心当たり an idea 名 ➡ p.313

こころがける 心掛ける （努める）try 動 ➡ p.653

こころづかい 心づかい consideration 名 ➡ p.137

こころみ 試み a try 名 ➡ p.653, an attempt 名 ➡ p.43, a trial 名 ➡ p.651

こころみる 試みる try (to ...) 動 ➡ p.653; attempt (to ...) 動 ➡ p.43

こころよい 快い pleasant 形 ➡ p.468
一快く willingly 副 ➡ p.702

ござ a mat 名 ➡ p.381

こさめ 小雨 a light rain;（こぬか雨）a fine rain, a drizzle

こし 腰 （くびれた部分）a waist 名 ➡ p.678;（背中の下部）a lower back ➡ p.47(back 名);（左右の張り出した部分）hips ➡ p.298 (hip 名)

こじ 孤児 an orphan 名 ➡ p.440

こしかける 腰かける sit 動 ➡ p.559

ゴシップ (a) gossip 名 ➡ p.271

ごじゅう 五十（の） fifty 名形 ➡ p.228
一第50（の） the fiftieth 名形 ➡ p.228, 50th

コショウ pepper 名 ➡ p.458

こしょう 故障 trouble 名 ➡ p.652
一故障する break (down) 動 ➡ p.79, go out of order
一故障している be out of order ➡ p.439 (order 名)

こじれる （人間関係などが）go sour, become complicated

こじん 個人 an individual 名 ➡ p.319
一個人の, 個人的な individual 形 ➡ p.319, personal 形 ➡ p.460, private 形 ➡ p.483
一個人的に personally 副 ➡ p.460
一個人面談 private consulting, private guidance

こす 越す, 超す （越えて向こう側へ行く）go over ➡ p.268(go 動), get over ➡ p.262 (get 動), cross (over) 動 ➡ p.149;（数・量などを上回る）be over ➡ p.444(over 副), be more than ➡ p.398(more 副);（時期を過ごす）spend ➡ p.579;（引っ越す）move 動 ➡ p.401

コスモス a cosmos ➡ p.142(cosmos² 名)

こする rub 動 ➡ p.522;（こすってきれいにする）scrub

こせい 個性 individuality, (a) personality 名 ➡ p.460

こぜに 小銭 (small) change 名 ➡ p.107, small money

ごぜん 午前 morning 名 ➡ p.398;（時刻につけて）a.m. ➡ p.21

こそこそと （ひそかに）secretly 副 ➡ p.537, in secret ➡ p.537(secret 名)

こたい 固体 a solid 名 ➡ p.570

こだい 古代 ancient times ➡ p.637(time 名)
一古代の ancient 形 ➡ p.24

こたえ 答え an answer 名 ➡ p.27

こたえる¹ 答える answer 動 ➡ p.27

こたえる² 応える （期待・要求などに）meet 動 ➡ p.385;（体に）be hard on ➡ p.285 (hard 形);（心に）come home to

こだま an echo 名 ➡ p.192
一こだまする echo 動 ➡ p.192

こだわる （考えなどに）stick (to) ➡ p.590 (stick¹ 動);（好みがうるさい）be particular (about) ➡ p.453(particular 形)

ごちそう （料理）a dish 名 ➡ p.173;（食事）a dinner 名 ➡ p.170

ごちそうさま It was good. / I really enjoyed the meal.

ちょう 誇張 (an) exaggeration
一誇張する exaggerate 動 ➡ p.208

こちら （場所）here 副 ➡ p.295;（方向）this way ➡ p.684(way 名);（もの・人を指して）this 代 ➡ p.631;（自分）I 代 ➡ p.312, we 代 ➡ p.685

こぢんまりとした （心地よい）cozy 形 ➡ p.146, little 形 ➡ p.363;（整然とした）little and tidy;（むだがなくまとまった）compact 形 ➡ p.131

こつ a knack 名 ➡ p.341

こっか¹ 国家 a nation 名 ➡ p.408, a state 名 ➡ p.587
一国家の national 形 ➡ p.408

こっか² 国歌 a national anthem ➡ p.27 (anthem 名)

こっかい 国会 （一般に）a national assembly;（日本の）the Diet 名 ➡ p.169;（アメリカの）Congress ➡ p.136(congress

图);(イギリスの)Parliament ➡ p.452 (parliament 图)
一国会議事堂 (日本の)the Diet Building; (アメリカの)the Capitol ➡ p.97;(イギリスの)the Houses of Parliament ➡ p.307(house 图)

こづかい 《米》an allowance 图 ➡ p.18, 《英》pocket money

こっき 国旗 a national flag ➡ p.408 (national 图)

こっきょう 国境 a border 图 ➡ p.74

コック a cook 图 ➡ p.139
一コック長 a chef 图 ➡ p.111

こっけいな funny 形 ➡ p.253, comical 形 ➡ p.127

こっそり secretly 副 ➡ p.537, in secret 图 ➡ p.537

こっち here 副 ➡ p.295, this 代 ➡ p.631

こづつみ 小包 (物)a package 图 ➡ p.447, a parcel 图 ➡ p.451;(小包郵便)parcel post

コップ (ガラスの)a glass 图 ➡ p.264

こてん 古典 the classics;(1編の作品)a classic 图 ➡ p.118
一古典の classic 形 ➡ p.118, classical 形 ➡ p.118
一古典音楽 classical music ➡ p.118 (classical 形)
一古典文学 classical literature, the classics

こと¹ 事 a thing 图 ➡ p.629;(事柄)a matter 图 ➡ p.382

こと² 琴 a Japanese harp with 13 strings

こどう 鼓動 (a) (heart)beat 图 ➡ p.58

こどく 孤独 solitude, loneliness 图 ➡ p.365
一孤独な solitary, lonely 形 ➡ p.365

ことし 今年 this year ➡ p.631(this 形)

ことづけ 言づけ a message 图 ➡ p.388

ことなる 異なる be different (from) ➡ p.169(different 形)
一異なった different 形 ➡ p.169

ことに 殊に especially 副 ➡ p.203

-ごとに …毎に every 形 ➡ p.206

ことば 言葉 (言語)(a) language 图 ➡ p.346;(個々のことば)a word 图 ➡ p.709;(言い方・話すことば)language 图 ➡ p.316, speech 图 ➡ p.578

こども 子供 a child 图 ➡ p.112,《口語》a kid 图 ➡ p.339(kid¹ 图)
一子供っぽい childish 形 ➡ p.112
一こどもの日 Children's Day

ことり 小鳥 a (little) bird 图 ➡ p.67

ことわざ a proverb 图 ➡ p.488, a saying 图 ➡ p.530

ことわり 断り (拒絶)a refusal 图 ➡ p.506;(許可)permission ➡ p.460

ことわる 断る (拒絶)refuse 動 ➡ p.506;(辞退する)decline 動 ➡ p.161;(許可を得る)get permission ➡ p.460 (permission 图)

こな 粉 powder 图 ➡ p.477
一粉雪 powder snow

こにもつ 小荷物 a parcel 图 ➡ p.451

こネコ 子ネコ a kitten 图 ➡ p.341;(幼児語)a kitty 图 ➡ p.341

この (手近の)this 形 ➡ p.631;(最近の)this 形 ➡ p.631, these ➡ p.628, last ➡ p.347(last¹ 形)

このあいだ この間 (先日)the other day ➡ p.158(day 图);(最近)recently 副 ➡ p.503

このごろ these days ➡ p.158(day 图), recently 副 ➡ p.503

このへん この辺 (近所に)near here, around here, in this neighborhood ➡ p.412(neighborhood 图)

このまえ この前 (先日)the other day ➡ p.158(day 图);(前回)the last time ➡ p.158(day 图)
一この前の (前回の)last ➡ p.347(last¹ 形);(先日の)the other ➡ p.442

このましい 好ましい (望みどおりの)desirable 形 ➡ p.165;(感じがいい)pleasant 形 ➡ p.468;(有利な)favorable 形 ➡ p.223;(適した)suitable 形 ➡ p.599

このまま as it is

このみ 好み taste 图 ➡ p.613

このむ 好む like ➡ p.360(like¹ 動)

このよ この世 this world

ごはん ご飯 (米飯)boiled rice;(食事)a meal 图 ➡ p.383

コピー a copy 图 ➡ p.141
一コピーする copy 動 ➡ p.141, make a copy ➡ p.141(copy 图)
一コピー機 a copy machine

こヒツジ 子ヒツジ a lamb 图 ➡ p.345

こびと 小人 a dwarf 图 ➡ p.345

こぶ (はれもの)a lump 图 ➡ p.371;(ぶつかってできたこぶ)a bump 图 ➡ p.84

こぶし a fist 图 ➡ p.234

こぼす (液体を)spill 動 ➡ p.580;(涙を)shed 動 ➡ p.549(shed² 動);(不平を)complain 動 ➡ p.132

こぼれる fall 動 ➡ p.217, drop 動 ➡ p.186;(液体が)spill 動 ➡ p.580

こま a top ➡ p.644(top² 图);(チェス・将棋の)a piece 图 ➡ p.463

ゴマ sesame 图 ➡ p.544 一ごまをする (愛

和英

あ **か** さ た な は ま や ら わ

想(ない)を言う)flatter 動 ➡ p.236

コマーシャル a commercial 名 ➡ p.127

こまかい 細かい (物事が小さい)small 形 ➡ p.564;(きめなどが)fine 形 ➡ p.230(fine¹ 形);(詳(な)しい)detailed 形 ➡ p.166;(神経が)sensitive 形 ➡ p.542
—細かく into pieces ➡ p.463(piece 名)

ごまかす cheat 動 ➡ p.110;(うそをつく)tell a lie ➡ p.358(lie² 名)

こまる 困る be troubled;(困った状態にある)be in trouble ➡ p.652(trouble 名);(とまどう)be at a loss ➡ p.369(loss 名)

ごみ 《米》trash 名 ➡ p.649,《英》rubbish ➡ p.522;(生ごみ)garbage 名 ➡ p.256;(ほこり)dust 名 ➡ p.188
—ごみ箱 《米》a trash can 名 ➡ p.649, a garbage can ➡ p.256(garbage 名),《英》a dustbin 名 ➡ p.188

こみいった 込み入った complicated 形 ➡ p.132

こみち 小道 (細道)a path ➡ p.456;(路地)a lane 名 ➡ p.346;(野山の)a trail 名 ➡ p.648

コミュニケーション communication 名 ➡ p.130

こむ 込む (混雑している)be crowded (with) ➡ p.149(crowd 動);(道路が)be heavy ➡ p.293(heavy 形)

ゴム rubber 名 ➡ p.522

こむぎ 小麦 wheat 名 ➡ p.691
—小麦粉 (wheat) flour ➡ p.238

こめ 米 rice 名 ➡ p.515

こめかみ a temple

コメディアン a comedian 名 ➡ p.126

コメディー a comedy 名 ➡ p.126

ごめん (自分の非をわびて)I'm sorry. ➡ p.573(sorry 形);(物事をする前に)Excuse me. ➡ p.210(excuse 動)

こもじ 小文字 a small letter 名 ➡ p.565

こもり 子守 baby-sitting;(人)a babysitter ➡ p.47
—子守をする babysit 動 ➡ p.47
—子守歌 a lullaby 名 ➡ p.371, a cradle song

こもる (気体などが充満(な)する)fill 動 ➡ p.229;(閉じこもる)shut *oneself* up (in)

こもん 顧問 an adviser ➡ p.11, a consultant 名 ➡ p.138

こや 小屋 a cabin 名 ➡ p.90, a hut 名 ➡ p.311;(物置き)a shed ➡ p.548(shed¹ 名)

コヤギ 子ヤギ a kid ➡ p.339(kid¹ 名)

こゆうの 固有の peculiar (to) ➡ p.457

こゆび 小指 (手の)a little finger 名 ➡ p.363;(足の)a little toe ➡ p.642(toe 名)

こよみ 暦 a calendar 名 ➡ p.91

こら (相手に呼びかけて)Hey! ➡ p.296(hey 間)

こらえる bear ➡ p.58(bear² 動), stand 動 ➡ p.585, put up with ➡ p.492(put 動)

ごらく 娯楽 (a) recreation ➡ p.504, an amusement 名 ➡ p.24, an entertainment 名 ➡ p.202
—娯楽番組 an entertainment program

コラム a column 名 ➡ p.126

ゴリラ a gorilla 名 ➡ p.270

こりる 懲りる (教訓を得る)learn a lesson (from) ➡ p.354(lesson 名)

こる 凝る (熱中している)be crazy (about) ➡ p.147(crazy 形);(肩(な)が)have a stiff neck [shoulder] ➡ p.552(shoulder 名)

コルク (a) cork 名 ➡ p.141

ゴルフ golf 名 ➡ p.269 —ゴルフ場 a golf course ➡ p.145(course 名)

これ this 代 ➡ p.631

これから (今後ずっと)from now on ➡ p.251(from 前), after this;(将来)in the future ➡ p.254(future 名);(今)now 副 ➡ p.423

コレクトコール a collect call 名 ➡ p.125

これほど such 形 ➡ p.598, this

-ころ …頃 (時期)time ➡ p.637;(…のとき)when 副 ➡ p.694

ゴロ (野球)a grounder

-ごろ …頃 (およそ)about 副 ➡ p.4,《口語》around ➡ p.35

ころがす 転がす roll 動 ➡ p.519

ころがる 転がる roll (over) 動 ➡ p.519;(倒(な)れる)fall 動 ➡ p.217, tumble 動 ➡ p.654

ころす 殺す kill 動 ➡ p.339;(意図して)murder 動 ➡ p.404

コロッケ a croquette

ころぶ 転ぶ fall (down) 動 ➡ p.217

ころもがえ 衣替え a seasonal change of clothing

コロン (文法)a colon 名 ➡ p.125

こわい (恐(な)ろしい)terrible 形 ➡ p.619, fearful 形 ➡ p.224;(厳しい)strict 形 ➡ p.594

こわがる be afraid (of) ➡ p.11(afraid 形);(一時的に)be scared (of) ➡ p.530(scared 形)

こわす 壊す (ものを)break 動 ➡ p.79, destroy 動 ➡ p.166;(健康を)harm 動 ➡ p.286

こわれる 壊れる break 動 ➡ p.79;(壊れている)be broken ➡ p.82(broken 形);(故障している)be out of order ➡ p.439(order 名)

こん 紺 dark blue, navy blue

こんかい 今回 this time ➡ p.631(this 形)

こんき 根気 patience ➡ p.456
　—根気のよい, 根気強い patient 形 ➡ p.456

こんきょ 根拠 grounds ➡ p.276(ground¹ 名), a basis 名 ➡ p.52, foundation 名 ➡ p.247;(理由)reason 名 ➡ p.502

コンクール a contest 名 ➡ p.138

コンクリート concrete 名 ➡ p.134

こんげつ 今月 this month 名 ➡ p.396
　—今月号 (月刊誌)the current issue

こんご 今後 after this, in the future ➡ p.254(future 名);(これからずっと)from now on ➡ p.251(from 前)

こんごう 混合 mixture 名 ➡ p.394
　—混合する mix 動 ➡ p.394, blend 動 ➡ p.70
　—混合ダブルス mixed doubles

コンサート a concert 名 ➡ p.134

こんざつする 混雑する be crowded (with) ➡ p.149(crowd 動)

こんしゅう 今週 this week ➡ p.687 (week 名)

こんじょう 根性 (意志の力)(a) will ➡ p.702(will² 名),《口語》guts;(性質)nature 名 ➡ p.410

コンセント《米》an outlet 名 ➡ p.444,《英》a socket 名 ➡ p.569

コンタクトレンズ (片方)a contact lens 名 ➡ p.138

こんだて 献立 (献立表)a menu 名 ➡ p.387

こんちゅう 昆虫 an insect 名 ➡ p.321,《米口語》a bug 名 ➡ p.84

コンディション (健康状態)condition 名 ➡ p.134

コンテスト a contest 名 ➡ p.138

コンテナ a container 名 ➡ p.138

こんど 今度 (今回)now 副 名 ➡ p.423, this time ➡ p.631(this 形);(次回)next time;(いつか)some day ➡ p.572(some 形);(最近)recently 副 ➡ p.503;(先日)the other day ➡ p.158(day 名)
　—今度の (今の)this 形 ➡ p.631;(次の)next 形 ➡ p.415;(この前の)last ➡ p.347 (last¹ 形)

コントロール control 名 ➡ p.139
　—コントロールする control 動 ➡ p.139

こんな (このような)such 形 ➡ p.598, like this ➡ p.360(like² 前);(この・これほどの)this 形 ➡ p.631;(この種の)this kind of ➡ p.340(kind² 名)

こんなん 困難 (a) difficulty 名 ➡ p.169;(めんどうなこと)trouble 名 ➡ p.652
　—困難な difficult 形 ➡ p.169, hard 形 ➡ p.285

こんにち 今日 today 名 副 ➡ p.639, nowadays 副 ➡ p.424

こんにちは (午前中)Good morning. ➡ p.398(morning 名);(午後)Good afternoon. ➡ p.13(afternoon 名);(一日じゅういつでも)Hello. ➡ p.294(hello 間) / Hi. ➡ p.296(hi 間)

コンパクト (化粧(けしょう)道具)a compact 名 ➡ p.131 —コンパクトな small 形 ➡ p.564, compact 形 ➡ p.131

コンパス (a pair of) compasses, a compass 名 ➡ p.131

こんばん 今晩 this evening ➡ p.631(this 形), tonight 名 副 ➡ p.643

こんばんは Good evening. ➡ p.205 (evening 名) / Hello. ➡ p.294(hello 間)

コンビ (2人組)a pair 名 ➡ p.448;(相棒)a partner 名 ➡ p.453

コンビニエンスストア a convenience store 名 ➡ p.139

コンピューター a computer 名 ➡ p.133

コンプレックス an inferiority complex

こんぽんてきな 根本的な fundamental 形 ➡ p.253, basic 形 ➡ p.52

コンマ 《文法》a comma 名 ➡ p.127

こんや 今夜 tonight 名 副 ➡ p.643, this evening ➡ p.631(this 形)

こんやく 婚約 an engagement 名 ➡ p.199
　—婚約する be engaged (to) ➡ p.199 (engage 動), get engaged (to)
　—婚約者 (女)one's fiancée;(男)one's fiancé

こんらん 混乱 confusion 名 ➡ p.136
　—混乱する get confused ➡ p.136 (confused 形)

こんろ a stove 名 ➡ p.593, a range 名 ➡ p.499

さ

さ 差 (a) difference 名 ➡ p.169

さあ (それでは)now 副 ➡ p.423;(急ぐように促(うなが)して)Come on. ➡ p.129(come 動);(ええと)well ➡ p.688(well¹ 副), Let me see. ➡ p.355(let 動)

サーカス a circus 名 ➡ p.116

サークル a circle 名 ➡ p.116

サービス service 名 ➡ p.543
　—サービス料 a service charge ➡ p.109 (charge 名)

サーブ (バレーボール, テニスなどで)a serve, a service 名 ➡ p.543
　—サーブする serve (a ball) 動 ➡ p.543

サーファー a surfer 名 ➡ p.603

和英

あ
か
さ
た
な
は
ま
や
ら
わ

サーフィン surfing 名 ➡ p.603
　―サーフィンをする surf 動 ➡ p.603
サイ a rhinoceros 名 ➡ p.514,《口語》a rhino 名 ➡ p.514
-さい …歳 ... year(s) old ➡ p.716(year 名), (an) age 名 ➡ p.13
さいあく(の) 最悪(の) the worst 形 ➡ p.711
さいがい 災害 (a) disaster 名 ➡ p.171
ざいがくする 在学する be in school
さいきん¹ 最近 lately 副 ➡ p.348, recently 副 ➡ p.503 ―最近の recent 形 ➡ p.503, the latest 形 ➡ p.348
さいきん² 細菌 bacteria 名 ➡ p.49, a germ 名 ➡ p.258
サイクリング cycling 名 ➡ p.153
さいご 最後 the last ➡ p.347(last¹ 名), the end 名 ➡ p.198
　―最後の the last ➡ p.347(last¹ 形), final 形 ➡ p.229
　―最後に (at) last ➡ p.347(last¹ 副 名), in the end ➡ p.199(end 名), finally 副 ➡ p.229
さいこう(の) 最高(の) (最も高い)the highest ➡ p.297(high 形);(最もよい)the best 形名 ➡ p.64
　―最高気温 the highest temperature;(天気予報で)high
　―最高記録 the best record
さいころ dice 名 ➡ p.168
ざいさん 財産 property 名 ➡ p.487, (a) fortune 名 ➡ p.246
さいじつ 祭日 a (national) holiday 名 ➡ p.301
さいしゅうする 採集する collect 動 ➡ p.125, gather 動 ➡ p.257
さいしゅうの 最終の the last ➡ p.347(last¹ 形)―最終回 (野球の)the last inning;(連続ドラマの)the last episode
さいしょ 最初 the first 名 ➡ p.233, the beginning ➡ p.62
　―最初の the first 形 ➡ p.233
　―最初に first 副 ➡ p.233
　―最初(のうち)は at first ➡ p.233(first 名)
さいしょうの 最小の,最少の (大きさが)the smallest;(量・程度が)the least 形 ➡ p.351;(限定)minimum 形 ➡ p.391
さいじょうの 最上の (最もよい)the best 形 ➡ p.64
さいしんの 最新の the latest 形 ➡ p.348, the newest
サイズ a size 名 ➡ p.560
　―サイズをはかる measure 動 ➡ p.384
さいぜん(の) 最善(の) the best 名形 ➡

p.64
さいそくする 催促する press 動 ➡ p.480
サイダー (soda) pop ➡ p.473(pop¹ 名)
さいだいの 最大の the largest 形 ➡ p.346, the biggest 形 ➡ p.67, the greatest;(限定)maximum 形 ➡ p.382
-(の)さいちゅうに …(の)最中に in the middle of ➡ p.389(middle 名);(…の間に)during 前 ➡ p.188
さいていの 最低の the lowest
さいてんする 採点する grade 動 ➡ p.271, mark 動 ➡ p.379
さいなん 災難 (a) misfortune 名 ➡ p.392
さいのう 才能 (生まれつきの) (a) talent 名 ➡ p.609, a gift 名 ➡ p.259;(能力)ability 名 ➡ p.1 ―才能のある talented 形 ➡ p.609, able 形 ➡ p.1
さいばいする 栽培する grow 動 ➡ p.276
さいばん 裁判 (a) trial 名 ➡ p.651;(訴訟(そしょう))(a) suit 名 ➡ p.599, a lawsuit, a case ➡ p.101(case² 名)
　―裁判する judge 動 ➡ p.334
　―裁判官 a judge 名 ➡ p.334
　―裁判所 (a) court 名 ➡ p.145
さいふ 財布 (小銭(こぜに)入れ)a (coin) purse 名 ➡ p.491;(札(さつ)入れ)a wallet 名 ➡ p.679
さいほう 裁縫 sewing 名 ➡ p.546, needlework
さいぼう 細胞 a cell 名 ➡ p.104
さいまつ 歳末
　―歳末の year-end
ざいもく 材木 wood 名 ➡ p.708;(角材などに加工した)《米》lumber 名 ➡ p.371,《英》timber 名 ➡ p.637
さいよう 採用 (案などの)adoption;(人の)employment 名 ➡ p.198
　―採用する (案などを)adopt 動 ➡ p.10;(人を)employ 動 ➡ p.198
ざいりょう 材料 material(s) 名 ➡ p.381;(料理などの)ingredients 名 ➡ p.321
さいりょうの 最良の the best 形 ➡ p.64
サイレン a siren 名 ➡ p.558
さいわい 幸い (幸福)happiness 名 ➡ p.284;(幸運)good luck ➡ p.371(luck 名)
サイン (署名)a signature 名 ➡ p.556;(有名人の)an autograph 名 ➡ p.45;(合図)a sign ➡ p.555;(野球の)a signal 名 ➡ p.556
　―サインする sign 動 ➡ p.555
　―サインペン a felt-tip(ped) pen 名 ➡ p.226
-さえ (…ですら)even 副 ➡ p.204
さえぎる (視界を)shut out ➡ p.554(shut 動);(発言・行動を)interrupt 動 ➡ p.324

さえずる sing ➡ p.557, chirp
さえる 冴える （澄(す)んでいる)be clear ➡
p.119(clear 形);(明るい)be bright ➡ p.81
(bright 形)
さお a pole ➡ p.471(pole¹ 名), a rod 名 ➡
p.519
さか 坂 a slope 名 ➡ p.564, a hill 名 ➡
p.298
さかあがり 逆上がり forward upward
circling
さかい 境 （地図上の境界線)a boundary 名
➡ p.76;(地形などによる区切り・その周辺)a
border 名 ➡ p.74
さかえる 栄える flourish, prosper 動 ➡
p.487
さかさまに 逆様に （上下が)upside down
➡ p.665(upside 名);(裏表が)inside out
➡ p.321(inside 名);(前後が)on
backward(s)
さがす （人・ものを)look for ➡ p.367(look
動),search for ➡ p.535(search 動);(場所
などを)search 動 ➡ p.535;(辞書などで)
look up ➡ p.368(look 動)
さかだち 逆立ち a handstand 名 ➡ p.284
―逆立ちする stand on one's hands, do a
handstand ➡ p.284(handstand 名)
さかな 魚 a fish 名 ➡ p.233
―魚釣(つ)り fishing 名 ➡ p.234
さからう 逆らう disobey, go against ➡
p.267(go 動)
さかり 盛り （絶頂)the height 名 ➡ p.293,
peak 名 ➡ p.457
さがる 下がる （垂れ下がる)hang 動 ➡
p.284;(下降する)go down ➡ p.267(go
動), fall 動 ➡ p.217, drop 動 ➡ p.186;(退
く)step [move] back ➡ p.47(back 動)
さかんな 盛んな （活発な)active 形 ➡ p.9;
（人気がある)popular 形 ➡ p.473
さき 先,先に,先へ （先端(たん))the end 名 ➡
p.198;(とがった先端)a point 名 ➡ p.470;
（順番が初めに)first 副 ➡ p.233;(順番が
…の前に)before ➡ p.61;(未来)(the)
future 名 ➡ p.254;(前方に)ahead 副 ➡
p.15
さぎょう 作業 work 名 ➡ p.709
―作業員 a worker 名 ➡ p.710
―作業服 work(ing) clothes
さく¹ 咲く bloom 動 ➡ p.71, blossom 動
➡ p.71;(咲き出す)come out ➡ p.129
(come 動)
さく² 割く,裂く （破る)tear ➡ p.615(tear²
動);(時間を)spare 動 ➡ p.577;(関係を)
separate 動 ➡ p.542
さく³ 柵 （木や金網(かなあみ)の)a fence 名 ➡
p.226

さくいん 索引 an index 名 ➡ p.319
さくしする 作詞する write the words
[(the) lyrics] (for a song)
さくじつ 昨日 yesterday 名 動 ➡ p.718
さくしゃ 作者 （著者)an author 名 ➡ p.45,
a writer 名 ➡ p.714
さくせん 作戦 operations;(戦術)tactics;
（戦略)strategy 名 ➡ p.594
さくねん 昨年 last year ➡ p.716(year
名)
さくばん 昨晩 last night ➡ p.416(night
名)
さくひん 作品 a (piece of) work 名 ➡
p.709
さくぶん 作文 (a) composition 名 ➡
p.133;(随筆(ずい))an essay 名 ➡ p.203
さくもつ 作物 a crop 名 ➡ p.149
サクラ 桜 （木)a cherry (tree) 名 ➡
p.111;(花)cherry blossoms 名 ➡ p.111
(cherry blossom 名)
サクランボ a cherry 名 ➡ p.111
さぐる 探る （手足などで)feel in ... (for) ➡
p.225(feel 動);(調べる)search 動 ➡ p.535
サケ a salmon 名 ➡ p.527
さけ 酒 （一般に)liquor 名 ➡ p.362,
alcohol 名 ➡ p.16;(a) drink 名 ➡ p.184
―酒を飲む drink ➡ p.184
さけび （ごえ) 叫び(声) a cry 名 ➡ p.150,
a shout 名 ➡ p.553;(悲鳴)a scream 名 ➡
p.534
さけぶ 叫ぶ cry 動 ➡ p.150, shout 動 ➡
p.553
さける¹ 避ける avoid 動 ➡ p.45
さける² 裂ける tear ➡ p.615(tear² 動)
さげる 下げる （低くする)lower 動 ➡
p.371;(つり下げる)hang 動 ➡ p.284;(後ろ
に動かす)move back
ササ 笹 bamboo grass;(ササの葉)a
bamboo leaf
ささえ 支え support 名 ➡ p.602, (a) help
名 ➡ p.294
サザエ a turban shell
ささえる 支える support 動 ➡ p.602;
（落ちないように)hold 動 ➡ p.300
ささげる devote 動 ➡ p.167
ささやく whisper 動 ➡ p.697
ささる 刺さる stick ➡ p.590(stick¹ 動)
さじ a spoon 名 ➡ p.581
さしあげる 差し上げる （持ち上げる)lift
up, raise 動 ➡ p.498;(あたえる)give 動 ➡
p.263;(プレゼントする)present ➡ p.480
(present² 動)
さしえ 挿絵 an illustration 名 ➡ p.315
―挿絵画家 an illustrator 名 ➡ p.315
さしこむ 差し込む put in, insert 動 ➡

和英

あ か さ た な は ま や ら わ

p.321；(光が)shine in

さしず 指図 directions 名 ➡ p.170, orders 名 ➡ p.439

さしだす 差し出す (手などを)hold out ➡ p.300(hold 動)一差し出し人 a sender

さしみ 刺身 thin slices of raw fish

さす¹ 刺す (刃物などで)stab 動 ➡ p.583；(針やとげなどで)prick；(蚊が)bite 動 ➡ p.69；(ハチが)sting 動 ➡ p.591；(野球で)throw out

さす² 指す (指差す)point (to, at) 動 ➡ p.470；(指名する)call on

さす³ 差す (入れる)put ... in ➡ p.491(put 動)；(光が)come into；(傘を)open

ざせき 座席 a seat 名 ➡ p.536

-させる，-せる (強制的に)make 動 ➡ p.376；(許可して)let 動 ➡ p.354；(たのんで)have 動 ➡ p.287, get 動 ➡ p.260

さそう 誘う invite 動 ➡ p.326, ask 動 ➡ p.37

サソリ a scorpion 名 ➡ p.534

さつ 札 《米》a bill 名 ➡ p.67(bill¹ 名)，《主に英》a (bank) note 名 ➡ p.422

-さつ …冊 book 名 ➡ p.73, (部)a copy 名 ➡ p.141；(巻)a volume 名 ➡ p.676

さつえいする 撮影する (写真を)take a picture (of) ➡ p.610(take 動)；(映画を)film 一撮影所 a movie studio

ざつおん 雑音 (a) noise 名 ➡ p.419

さっか 作家 a writer 名 ➡ p.714；(小説家)a novelist 名 ➡ p.423

サッカー soccer 名 ➡ p.568，《英》football 名 ➡ p.241

さっかく 錯覚 an illusion 名 ➡ p.315

さっき a little while ago

さっきょく 作曲 composition 名 ➡ p.133 一作曲する compose 動 ➡ p.132 一作曲家 a composer 名 ➡ p.133

さっさと (速く)quickly 動 ➡ p.495

ざっし 雑誌 a magazine 名 ➡ p.372

ざっしゅ 雑種 a cross-breed

さつじん 殺人 (a) murder 名 ➡ p.404 一殺人事件 a murder case

ざっそう 雑草 weed 名 ➡ p.687

さっそく 早速 at once ➡ p.432(once 名), right away ➡ p.516(right¹ 副)

ざつだん 雑談 a chat 名 ➡ p.109 一雑談する chat 動 ➡ p.109, have a chat ➡ p.109(chat 名)

ざっと (およそ)about 副 ➡ p.4；(簡単に)briefly 副 ➡ p.81

さっとう 殺到 a rush 名 ➡ p.524 一殺到する rush 動 ➡ p.524, make a rush

さっぱりした (服装が)neat 形 ➡ p.411；(料理が)plain 形 ➡ p.466, light ➡ p.359 (light² 形), refreshing 形 ➡ p.505, not heavy；(性格が)frank 形 ➡ p.248 一さっぱりする feel refreshed；(重荷などが下りて楽になる)feel relieved

さっぱり ない not ... at all ➡ p.17(all 代)

サツマイモ a sweet potato 名 ➡ p.606

さて well ➡ p.688(well¹ 間), now 副 ➡ p.423

サトイモ (a) taro

さとう 砂糖 sugar 名 ➡ p.599 一砂糖入れ a sugar bowl

さどう 茶道 tea ceremony

さなぎ a pupa

サバ a mackerel

さばく¹ 砂漠 (a) desert ➡ p.165(desert¹ 名)

さばく² 裁く judge 動 ➡ p.334

さび rust 名 ➡ p.524

さびしい 寂しい lonely 形 ➡ p.365, lonesome 形 ➡ p.365 一寂しがる. 寂しく思う feel lonely ➡ p.365(lonely 形)；(人の不在を)miss 動 ➡ p.393

さびる rust 動 ➡ p.524, gather rust 一さびた rusty 形 ➡ p.524

さべつ 差別 discrimination 名 ➡ p.172 一差別する discriminate (against) 動 ➡ p.172

さほう 作法 manners 名 ➡ p.375(manner 名), etiquette 名 ➡ p.204

サポーター (運動用の)an athletic supporter；(サッカーなどのファン)a supporter 名 ➡ p.602

サボテン a cactus 名 ➡ p.90

サボる (授業を)cut [skip] (a) class ➡ p.153(cut 動)

-さま …様 (男性に)Mr. 名 ➡ p.402；(既婚の女性に)Mrs. ➡ p.402；(未婚の女性に)Miss ➡ p.392；(未婚・既婚にかかわらず女性に)Ms. ➡ p.403

さまざまな various 形 ➡ p.670, many kinds of ➡ p.340(kind² 名), a large variety of ➡ p.669(variety 名)；(異なった)different 形 ➡ p.169

さます¹ 冷ます cool 動 ➡ p.140

さます² 覚ます wake up ➡ p.679(wake 動), awake 動 ➡ p.45

さまたげる 妨げる (心・休息を)disturb 動 ➡ p.174；(進行を)block 動 ➡ p.70

さまよう wander (about) 動 ➡ p.680

さむい 寒い cold 形 ➡ p.124

さむけ 寒け a chill 名 ➡ p.113

さむさ 寒さ (the) cold 名 ➡ p.124

サメ a shark 名 ➡ p.548

和英

あ か さ た な は ま や ら わ

さめる¹ 覚める wake up ➡ p.679(wake 動), awake 動 ➡ p.45

さめる² 冷める （温度が)get cold；(感情が) cool down

さめる³ （色が)fade 動 ➡ p.216

さもないと or 接 ➡ p.438

さや （豆の)a pod 名 ➡ p.470, a shell 名 ➡ p.549

さゆう 左右 right and left

さよう 作用 （働き)(an) action 名 ➡ p.8；(影響(えい))(an) effect 名 ➡ p.193

さようなら Goodbye. ➡ p.270(goodbye 間) / So long. ➡ p.568(so 副) / Bye. ➡ p.87(bye 間)

さら 皿 a dish 名 ➡ p.173；(平皿)a plate 名 ➡ p.467；(受け皿)a saucer 名 ➡ p.529

さらいげつ 再来月 the month after next

さらいしゅう 再来週 the week after next

さらいねん 再来年 the year after next ➡ p.716(year 名)

さらさらいう （川が)murmur 動 ➡ p.404；(木の葉が)rustle

ざらざらな rough 形 ➡ p.521

サラダ (a) salad 名 ➡ p.526

さらに besides 副 ➡ p.64, (and) what is more, in addition ➡ p.9(addition 名), (いっそう)even 副 ➡ p.204, still 副 ➡ p.590

サラブレッド a thoroughbred

サラリーマン （給料生活者)a salaried worker；(会社員) a company employee, an office worker ➡ p.430(office 名)

サル 猿 a monkey 名 ➡ p.396；(類人猿(るい)) an ape 名 ➡ p.30

さる 去る （その場をはなれる)leave 動 ➡ p.352, go away ➡ p.267(go 動)；(終わりになる)be over ➡ p.444(over 副)

さわがしい 騒がしい noisy 形 ➡ p.419

さわぐ 騒ぐ （音を立てる)make (a) noise ➡ p.419(noise 名)

さわやかな refreshing 形 ➡ p.505；(新鮮(しん)な)fresh 形 ➡ p.249

さわる 触る touch 動 ➡ p.645, feel 動 ➡ p.225

さん¹ 三(の) three 名 形 ➡ p.633
—第3(の) the third 名 形 ➡ p.631, 3rd

さん² 酸 (an) acid 名 ➡ p.7

—さん （男性に)Mr. 名 ➡ p.402；(既婚(きこん)の女性に)Mrs. 名 ➡ p.402；(未婚の女性に)Miss 名 ➡ p.392；(未婚・既婚にかかわらず女性に) Ms. 名 ➡ p.403

さんかく 三角, 三角形 a triangle 名 ➡ p.651

さんかする 参加する take part (in) ➡ p.453(part 名), join (in) 動 ➡ p.333, participate (in) 動 ➡ p.453
—参加者 a participant 名 ➡ p.453

さんがつ 三月 March 名 ➡ p.379

さんかんする 参観する visit 動 ➡ p.675
—参観日 Parents' Day, class observation day

さんぎいん 参議院 the House of Councilors —参議院議員 a member of the House of Councilors

さんぎょう 産業 (an) industry 名 ➡ p.320
—産業の industrial 形 ➡ p.319
—産業革命 the Industrial Revolution 名 ➡ p.319
—産業廃棄(はいき)物 industrial waste ➡ p.682(waste 名)

サングラス sunglasses 名 ➡ p.601

サンゴ coral 名 ➡ p.141
—サンゴ礁 a coral reef 名 ➡ p.141

さんこう 参考 (a) reference 名 ➡ p.505
—参考にする refer (to) 動 ➡ p.505
—参考書 （参考にする本・事典など)a reference book ➡ p.505(reference 名)；(学習参考書)a study aid

ざんこくな 残酷な cruel 形 ➡ p.150

さんじゅう 三十(の) thirty 名 形 ➡ p.631
—第30(の) the thirtieth 名 形 ➡ p.631, 30th

さんしょう 参照 reference 名 ➡ p.505
—参照する （あたって調べる)refer (to) ➡ p.505；(見る)see 動 ➡ p.540；(比較(ひかく)する)compare 動 ➡ p.131

さんすう 算数 arithmetic 名 ➡ p.35

さんせい 賛成 agreement 名 ➡ p.14
—賛成する agree (with, to) 動 ➡ p.14；(選ぶ・味方する)be for ➡ p.242(for 前)

さんせいの 酸性の acid 形 ➡ p.7
—酸性雨 acid rain ➡ p.7(acid 形)

さんそ 酸素 oxygen 名 ➡ p.446

さんだんとび 三段跳び the triple jump

さんちょう 山頂 the top of a mountain ➡ p.644(top¹ 名), a mountaintop

サンドイッチ a sandwich 名 ➡ p.528

ざんねんで 残念で sorry 形 ➡ p.573
—残念なこと (a) pity 名 ➡ p.465, disappointment 名 ➡ p.171
—残念に思う be sorry ➡ p.573(sorry 形), regret 動 ➡ p.506
—残念だ That's too bad. ➡ p.49(bad 形)

さんびか 賛美歌 a hymn 名 ➡ p.311

さんぶつ 産物 a product 名 ➡ p.484

さんぽ 散歩 a walk 名 ➡ p.679
—散歩する take a walk ➡ p.679(walk 名), walk 動 ➡ p.679

和英

あ
か
さ
た
な
は
ま
や
ら
わ

さんみゃく 山脈 a (mountain) range 名 ➡ p.499

さんりんしゃ 三輪車 a tricycle 名 ➡ p.651

さんるい 三塁 third (base) 名 ➡ p.631

し

し¹ 四(の) four 名 形 ➡ p.247

し² 市 a city 名 ➡ p.116

し³ 死 a death 名 ➡ p.160

し⁴ 詩 (1編の)a poem 名 ➡ p.470;(全体をまとめて)poetry 名 ➡ p.470

じ 字 (a, b, cなどの)a letter 名 ➡ p.355;(漢字などの)a character 名 ➡ p.109;(筆跡の)handwriting 名 ➡ p.284

-じ …時 o'clock 副 ➡ p.427

しあい 試合 (野球などの)a game 名 ➡ p.255;(テニスなどの)a match ➡ p.381 (match¹ 名)

しあげ 仕上げ finish 名 ➡ p.231

しあげる 仕上げる finish 動 ➡ p.231, complete 動 ➡ p.132

しあさって (3日後)three days from now

しあわせ 幸せ happiness 名 ➡ p.284

シーソー (a) seesaw 名 ➡ p.538

シイタケ a *shiitake* mushroom

シート¹ (座席)a seat 名 ➡ p.536

シート² (用紙・切手のシート)a sheet 名 ➡ p.549;(覆いの)a cover(ing) 名 ➡ p.146

シード (選手・チーム)a seed
　一シードする seed

シートベルト a seat belt 名 ➡ p.536, a safety belt 名 ➡ p.526

ジーパン jeans 名 ➡ p.332

シール a sticker 名 ➡ p.590, a seal ➡ p.535(seal¹ 名)

シーン (場面・場)a scene 名 ➡ p.530;(光景)a sight 名 ➡ p.555

しいん 子音 a consonant 名 ➡ p.137

じいん 寺院 a temple 名 ➡ p.617

ジーンズ jeans 名 ➡ p.332

しえい 市営の city 名 ➡ p.116, city-run, municipal 一市営バス a city bus

じえい 自衛 self-defense
　一自衛官 a Self-Defense Force(s) officer

ジェスチャー a gesture 名 ➡ p.258
　一ジェスチャーをする gesture 動 ➡ p.258

ジェットき ジェット機 a jet (plane) 名 ➡ p.332

ジェットコースター a roller coaster 名 ➡ p.519

シェパード a German shepherd

しお¹ 塩 salt 名 ➡ p.527
　一塩辛い salty 形 ➡ p.527

しお² 潮 (a) tide 名 ➡ p.636

しおひがり 潮干狩り clam [shellfish] gathering

しおり (本にはさむ)a bookmark 名 ➡ p.73;(案内書)a guide 名 ➡ p.278

しおれる (植物が)wilt;(枯れる)wither;(しょんぼりする)be depressed

シカ 鹿 a deer 名 ➡ p.162

-しか only 副 ➡ p.436

しがい 市外 (市の外)the outside of a city;(郊外)the suburbs ➡ p.597 (suburb 名)
　一市外局番 an area code 名 ➡ p.34
　一市外通話 a long-distance call

しかいいん 歯科医院 a dental clinic

しかいする 司会する (会議などで)chair, act as a chairperson;(番組・催し物で)host
　一司会者 (会議などの)a chairperson 名 ➡ p.106;(番組・催し物の)a master of ceremonies, a host ➡ p.305(host¹ 名)

しがいせん 紫外線 ultraviolet (rays) 名 ➡ p.658

しかえし 仕返し revenge 名 ➡ p.513
　一…に仕返しする get [take] (one's) revenge on ...

しかく¹ 資格 a qualification 名 ➡ p.493
　一資格がある be qualified ➡ p.493 (qualify 動)

しかく² 四角, 四角形 (正方形)a square 名 ➡ p.583 一四角の square 形 ➡ p.583

じかくする 自覚する be conscious (of) ➡ p.136(conscious 形), be aware (of) ➡ p.46(aware 形)

しかけ 仕掛け (装置)a device 名 ➡ p.167;(トリック)a trick 名 ➡ p.651

しかし but 接 ➡ p.86, however 副 ➡ p.307

しかた 仕方 (方法)a way 名 ➡ p.684;(…する方法)how to ... ➡ p.308(how 副)
　一しかたがない (避けられない)It can't be helped. ➡ p.294(help 動);(…してもむだだ)It is no use + ...ing ➡ p.666(use 名)

-しがち be apt to ... ➡ p.33(apt 形), tend to ... ➡ p.618(tend 動)

しがつ 四月 April ➡ p.32

じかに (直接に)directly 副 ➡ p.171;(個人的に)personally 副 ➡ p.460

しがみつく cling (to) 動 ➡ p.120 , stick (to) ➡ p.590(stick¹ 動)

しかも (そのうえ)besides 副 ➡ p.64, moreover 副 ➡ p.398;(それなのに)and yet ➡ p.718(yet 副)

しかる 叱る scold 動 ➡ p.533,《口語》tell off

和英

あ
か
さ
た
な
は
ま
や
ら
わ

しがん 志願 (申しこみ)(an) application 名
➡ p.31
―志願する (申しこむ)apply (for, to) 動
➡ p.32;(進み出る)volunteer 動 ➡ p.676
―志願者 (応募者)an applicant 名 ➡
p.676;(ボランティア)a volunteer 名 ➡ p.31

じかん 時間 (ある長さを持つ時)time 名 ➡
p.637;(1 時間)an hour 名 ➡ p.306;(時刻)
time 名 ➡ p.637;(区切られた一定の時間の
枠(𝑤))a period 名 ➡ p.459

じかんわり 時間割 a (class) schedule 名
➡ p.532

しき¹ 式 (儀式(𝑔))a ceremony 名 ➡ p.105

しき² 四季 (the) four seasons

じき 時期 time 名 ➡ p.637;(季節・盛(𝑠)り)a
season 名 ➡ p.535

しきさい 色彩 (a) color 名 ➡ p.125

しきする 指揮する (音楽の演奏を)conduct
動 ➡ p.135;(軍隊などを)command 動 ➡
p.127
―指揮者 a conductor 名 ➡ p.135

しきゅう 至急 right away ➡ p.516
(right¹ 副), as soon as possible ➡ p.573
(soon 副)

じぎょう 事業 (a) business 名 ➡ p.86;
(特に困難な)an enterprise 名 ➡ p.201

しぎょうしき 始業式 the opening
ceremony ➡ p.437(opening 形)

しく 敷く lay ➡ p.349(lay¹ 動);(広げる)
spread 動 ➡ p.582

しぐさ (身振(𝑔)り)a gesture 名 ➡ p.258

ジグザグ a zigzag 名 ➡ p.721

ジグソーパズル a jigsaw (puzzle) 名 ➡
p.332

しくみ 仕組み (構造)structure 名 ➡
p.596;(しかけ)(a) mechanism 名 ➡
p.385

しけい 死刑 the death penalty

しげき 刺激 stimulation;(刺激物)(a)
stimulus
―刺激する stimulate
―刺激的な stimulating, sensational 形
➡ p.542

しげみ 茂み (やぶ)a thicket;(低木の集ま
り)bush 名 ➡ p.86

しげる 茂る (草木が)grow thick

しけん 試験 (学力などをみる) an
examination 名 ➡ p.208,《口語》an
exam 名 ➡ p.208, a test ➡ p.620;(小
テスト)《米》a quiz 名 ➡ p.496;(ものの性能
などをみる)a test 名 ➡ p.620
―試験科目 subjects of examination
―試験管 a test tube ➡ p.654(tube 名)

しげん 資源 resources ➡ p.512(resource
名)

じけん 事件 (出来事)an event ➡ p.205,
an affair 名 ➡ p.11;(法的な事件)a case
➡ p.101(case² 名)

じげん 次元 (空間)a dimension;(水準)a
level 名 ➡ p.356

じこ¹ 事故 an accident 名 ➡ p.6

じこ² 自己 self ➡ p.538, oneself 代 ➡
p.433

じこく 時刻 time 名 ➡ p.637
―時刻表 《米》a (time) schedule 名 ➡
p.532,《英》a timetable 名 ➡ p.638;(列車
の)a train schedule

じごく 地獄 hell 名 ➡ p.293

しごと 仕事 work 名 ➡ p.709;(職)a job 名
➡ p.333;(商売)business 名 ➡ p.86;(家事)
chore 名 ➡ p.114 ―仕事をする work 動
➡ p.709, do *one's* job

じさ 時差 (a) time difference 名 ➡ p.638
―時差ぼけ jet lag 名 ➡ p.332

じさつ 自殺 (a) suicide 名 ➡ p.599
―自殺する commit suicide, kill *oneself*
➡ p.339(kill 動)

じさんする 持参する (持って来る)bring 動
➡ p.81;(持って行く)take 動 ➡ p.610,
carry 動 ➡ p.100

しじ¹ 指示 directions ➡ p.170(direction
名), instructions ➡ p.322(instruction
名)
―指示する direct 動 ➡ p.170, instruct
動 ➡ p.322

しじ² 支持 support 名 ➡ p.602
―支持する support 動 ➡ p.602, back up
➡ p.47(back 動)

じじつ 事実 (a) fact 名 ➡ p.216;(真実)
(the) truth 名 ➡ p.653

ししゃ¹ 死者 a dead person;(全体)the
dead

ししゃ² 支社 a branch (office) 名 ➡ p.78

ししゃかい 試写会 (映画の)a preview (of
a film) 名 ➡ p.481

じしゃく 磁石 a magnet 名 ➡ p.372;
(方位磁石)a compass 名 ➡ p.131

ししゃごにゅうする 四捨五入する round
(off)

ししゅう 刺しゅう embroidery 名 ➡
p.197

しじゅう 四十(の) forty 名 形 ➡ p.246

じしゅうする 自習する study by *oneself*
―自習時間 a self-study [free-study]
hour

ししゅつ 支出 (an) outgo, (an) expense
名 ➡ p.211

ししゅんき 思春期 adolescence

じしょ 辞書 a dictionary 名 ➡ p.168

じじょ 次女 the second daughter
じじょう 事情 （状況(じょうきょう)）circumstances ➡ p.116(circumstance 图), a situation 图 ➡ p.559;（理由・根拠(こんきょ)）a reason 图 ➡ p.502
じしょく 辞職 (a) resignation 图 ➡ p.511
　―辞職する resign 動 ➡ p.511,《口語》quit 動 ➡ p.496
じしん¹ 地震 an earthquake 图 ➡ p.191
じしん² 自信 confidence 图 ➡ p.135
　―自信のある confident 形 ➡ p.135
じしん³ 自身 oneself 代 ➡ p.433
しずかな 静かな （物音などがしない）quiet 形 ➡ p.495, silent 形 ➡ p.556;（落ち着いた）calm 形 ➡ p.92
　―静かに quietly 副 ➡ p.496, silently 副 ➡ p.556;calmly 副 ➡ p.92
しずく a drop ➡ p.186
システム a system 图 ➡ p.607
　―システムエンジニア a systems engineer
しずまる 静まる （心が）calm down ➡ p.92 （calm 動）;（風などが）die down;（物音などが）become quiet
しずむ 沈む （ものが）sink 動 ➡ p.558, go down ➡ p.267(go 動);（太陽・月が）set 動 ➡ p.544;（気分が）feel down
しずめる 沈める （ものを）sink 動 ➡ p.558
しせい 姿勢 (a) posture;（体の置き方）a position 图 ➡ p.474;（態度）an attitude 图 ➡ p.44
しせつ 施設 （建物・機関）an institution 图 ➡ p.322;（設備）facilities ➡ p.215 (facility 图)
しぜん 自然 nature 图 ➡ p.410
　―自然な, 自然の natural 形 ➡ p.409
　―自然に naturally 副 ➡ p.410;（ひとりでに）by itself ➡ p.329(itself 代), of itself
　―自然科学 natural science
　―自然保護 the conservation of nature
じぜん 慈善 charity 图 ➡ p.109
　―慈善事業 charitable work, charities
しそう 思想 (a) thought 图 ➡ p.633, an idea 图 ➡ p.313 ―思想家 a thinker
じそく 時速 speed per hour
しそん 子孫 a descendant 图 ➡ p.165
じそんしん 自尊心 pride 图 ➡ p.482
　―自尊心のある proud 形 ➡ p.487
した¹ 下, 下に, 下の （真下に）under 前 ➡ p.659;（低い位置に）below 前 ➡ p.63;（下方へ）down ➡ p.180(down¹ 副);（底, 低いところ）the bottom ➡ p.76, the foot 图 ➡ p.240;（年下の）younger;（下位の）lower 形 ➡ p.371;（劣(おと)った）worse 形 ➡ p.711
した² 舌 a tongue 图 ➡ p.643

したい 死体 a (dead) body 图 ➡ p.72
―したい want to ... ➡ p.680(want 動)
―しだい …次第 （…するとすぐ）as soon as ➡ p.573(soon 副);（…による）depend on ➡ p.164(depend 動)
じだい 時代 （時期, 年代）a period 图 ➡ p.459, an age 图 ➡ p.13, an era 图 ➡ p.203, (the) times ➡ p.638(time 图)
じたいする 辞退する decline 動 ➡ p.161
しだいに 次第に gradually 副 ➡ p.272, little by little ➡ p.363(little 代)
したう 慕う （尊敬して愛する）adore ➡ p.10;（…に愛着をもっている）be attached to ➡ p.43(attach 動);（尊敬する）respect ➡ p.512
したがう 従う （言いつけ・規則に）obey 動 ➡ p.425;（忠告・習慣などに）follow 動 ➡ p.240;（あとについて行く）follow 動 ➡ p.240
したがき 下書き （原稿(げんこう)などの）a draft 图 ➡ p.182;（下絵）a (rough) sketch 图 ➡ p.560
したがって 従って （だから）so 接 ➡ p.567, therefore 副 ➡ p.628;（…につれて）as 接 ➡ p.38
―したがる want to ... ➡ p.680(want 動)
したぎ 下着 underwear 图 ➡ p.661;（女性の）lingerie
したく 支度 preparation(s) 图 ➡ p.478
　―したくする prepare (for) 動 ➡ p.479, get ready (for) ➡ p.501(ready 形)
じたく 自宅 one's (own) house 图 ➡ p.307, one's home ➡ p.301
したしい 親しい （親密な）close ➡ p.121 (close² 形);（仲がよい）friendly 形 ➡ p.250
したじき 下敷き a plastic sheet (for writing)
したしむ 親しむ get close
したたる drip 動 ➡ p.184
しち 七(の) seven 图形 ➡ p.545
じち 自治 self-government
　―自治会 （地域の）a neighborhood self-governing body;（学生の）a student council [union] ➡ p.143(council 图)
しちがつ 七月 July 图 ➡ p.335
しちじゅう 七十(の) seventy 图形 ➡ p.545
シチメンチョウ 七面鳥 a turkey 图 ➡ p.654
しちゃくする 試着する try on ➡ p.653 (try 動)
シチュー (a) stew 图 ➡ p.590
しちょう 市長 a mayor 图 ➡ p.383
しちょうかくの 視聴覚の audio-visual 形 ➡ p.44

しちょうしゃ 視聴者 a (TV) viewer 名 ➡ p.673;（全体としての）an audience 名 ➡ p.44

しつ 質 quality 名 ➡ p.493

しっかくする 失格する be disqualified (from)

しっかり （かたく）tight(ly) 副 ➡ p.636;（安定して）firm(ly) ➡ p.232(firm¹ 形)
—しっかりした firm ➡ p.232(firm¹ 形), steady 形 ➡ p.588;（考えなどが）sound ➡ p.574(sound² 形);（信頼できる）reliable 形 ➡ p.507

しつぎょう 失業 unemployment
—失業する lose *one's* job ➡ p.333(job 名)

じっきょうほうそう 実況放送 an on-the-spot broadcast;（生放送）a live broadcast

しつけ discipline 名 ➡ p.172;（礼儀作法）manners 名 ➡ p.375

しっけ 湿気 moisture 名 ➡ p.395;（不快な）damp(ness);（空気中の）humidity 名 ➡ p.310

じっけん 実験 （科学的な）an experiment 名 ➡ p.211;（試作品の）a test 名 ➡ p.620
—実験する do an experiment ➡ p.211 (experiment 名)
—実験室 a laboratory 名 ➡ p.344

じつげん 実現 realization
—実現する realize 動 ➡ p.502, come true ➡ p.653(true 形)

しつこい （くどい）persistent;（料理などが）heavy

じっこう 実行 practice ➡ p.477
—実行する carry out ➡ p.100(carry 動), do 動 ➡ p.176

じっさい 実際 （現実）reality 名 ➡ p.502;（事実）a fact 名 ➡ p.216;（理論に対する）practice ➡ p.477
—実際の real 形 ➡ p.502, true 形 ➡ p.652, actual 形 ➡ p.9
—実際に really 副 ➡ p.502, actually 副 ➡ p.9
—実際には in reality ➡ p.502(reality 名)

しっそな 質素な simple 形 ➡ p.556, plain 形 ➡ p.466

しっと jealousy 名 ➡ p.332
—しっと深い jealous 形 ➡ p.332
—しっとする be jealous (of) ➡ p.332 (jealous 形), envy 動 ➡ p.202

しつど 湿度 humidity 名 ➡ p.310

じっと （動かずに）still 副 ➡ p.590;（我慢強く）patiently 副 ➡ p.456

じっとみるじっと見る stare (at) 動 ➡ p.586

しつないの 室内の indoor 形 ➡ p.319
—室内で indoors 副 ➡ p.319

じつの 実の true 形 ➡ p.652, real 形 ➡ p.502
—実は in fact ➡ p.216(fact 名), as a matter of fact ➡ p.216(fact 名), to tell (you) the truth ➡ p.653(truth 名)

しっぱい 失敗 (a) failure 名 ➡ p.216;（まちがい）a mistake 名 ➡ p.393
—失敗する fail 動 ➡ p.216

じつぶつ 実物 a real thing

しっぽ （動物の）a tail 名 ➡ p.609

しつぼう 失望 (a) disappointment 名 ➡ p.171—失望する be disappointed (at, with) ➡ p.171(disappoint 動)

しつめいする 失明する lose *one's* sight ➡ p.555(sight 名), go blind ➡ p.70(blind 形)

しつもん 質問 a question 名 ➡ p.494
—質問する ask 動 ➡ p.37, ask a question ➡ p.494(question 名)

じつようてきな 実用的な practical 形 ➡ p.477

じつりょく 実力 (real) ability 名 ➡ p.1
—実力のある （有能な）able 形 ➡ p.1

しつれい 失礼 （謝って）I'm sorry. ➡ p.573(sorry 形)/（物事をする前に）Excuse me. ➡ p.210(excuse 動)—失礼な rude 形 ➡ p.522, impolite 形 ➡ p.316

じつれい 実例 an example 名 ➡ p.208

しつれん 失恋 disappointed love
—失恋する be broken-hearted

していする 指定する appoint 動 ➡ p.32
—指定席 a reserved seat

してきする 指摘する point out ➡ p.471 (point 動)

してつ 私鉄 《米》a private railroad, 《英》a private railway

してん 支店 a branch 名 ➡ p.78
—支店長 a branch manager

しでん 市電 《米》a streetcar 名 ➡ p.594, 《英》a tram 名 ➡ p.649

じてん¹ 辞典 a dictionary 名 ➡ p.168

じてん² 事典 （百科事典）an encyclop(a)edia 名 ➡ p.198

じてんしゃ 自転車 a bicycle 名 ➡ p.65, 《口語》a bike 名 ➡ p.67

しどう 指導 guidance 名 ➡ p.278
—指導する guide 動 ➡ p.278, lead ➡ p.350(lead¹ 動), teach 動 ➡ p.614
—指導者 a leader 名 ➡ p.350, a teacher 名 ➡ p.614

じどう 児童 （子供）a child 名 ➡ p.112;（小学生）an elementary schoolchild

じどうしゃ 自動車 a car 名 ➡ p.97, 《米》

和英

あ か さ た な は ま や ら わ

---

an automobile 名 ➡ p.45,
《英》a motorcar
一自動車教習所 a driving school

じどうの 自動の automatic 形 ➡ p.45
一自動的に automatically
一自動ドア an automatic door
一自動販売(はん)機 a vending machine 名
➡ p.670

しとやかな graceful 形 ➡ p.271
一しとやかに gracefully

しな 品 (品物)an article 名 ➡ p.37;(商品)
goods 名 ➡ p.270;(品質)quality 名 ➡
p.493

しないに[の] 市内に[の] in the city
一市内通話 a local call

しなもの 品物 an article 名 ➡ p.37,
goods 名 ➡ p.270

シナリオ a scenario 一シナリオライター a
scenario writer, a scriptwriter

じなん 次男 the second son

しにものぐるいの 死に物狂いの
desperate 形 ➡ p.166
一死に物狂いで desperately 副 ➡ p.166

しぬ 死ぬ die (of, from) 動 ➡ p.168;(事故
や戦争で)be killed ➡ p.339(kill 動)
一死んだ,死んでいる dead 形 ➡ p.159

しのびこむ 忍び込む steal into ➡ p.589
(steal 動), sneak into

しば 芝 grass 名 ➡ p.273, a lawn 名 ➡
p.349
一芝刈(か)り機 a lawn mower 名 ➡ p.349

しはい 支配 rule 名 ➡ p.523
一支配する rule 動 ➡ p.523
一支配者 a ruler 名 ➡ p.523
一支配人 a manager 名 ➡ p.375

しばい 芝居 a play 名 ➡ p.467

しばしば often 副 ➡ p.430

しはつ 始発 (列車)the first train
一始発駅 a terminal 名 ➡ p.619

じはつてきな 自発的な voluntary 形 ➡
p.676 一自発的に voluntarily, of one's
own will

しばふ 芝生 grass 名 ➡ p.273, a lawn 名
➡ p.349

しはらい 支払い payment 名 ➡ p.456

しはらう 支払う pay 動 ➡ p.456

しばらく (少しの間)for a while ➡ p.697
(while 名);(ほんの少しの間)(for) a
minute 名 ➡ p.392;(長い間)for a long
time ➡ p.637(time 名)

しばる 縛る bind 動 ➡ p.67, tie 動 ➡
p.636

しびれる (手足が)go to sleep ➡ p.563
(sleep 名)

しぶい 渋い (味が)bitter 形 ➡ p.69;(かっ

こいい)cool 形 ➡ p.140;(地味な,落ち着い
た)quiet 形 ➡ p.495;(趣味(しゅ)がいい)be in
good taste

しぶき (a) spray 名 ➡ p.582, a splash 名
➡ p.580

じぶん 自分 (その人自身)oneself 代 ➡
p.433;(わたし)I 代 ➡ p.312
一自分で (強調して)oneself 代 ➡ p.433;
(人の助けなしで)by oneself ➡ p.433
(oneself 代);(自ら)for oneself ➡ p.436
(oneself 代)
一自分の one's (own) 代 ➡ p.433

じぶんかってな 自分勝手な selfish 形 ➡
p.538

しへい 紙幣 (硬貨(こう)に対し)paper money
名 ➡ p.451;(1 枚の札(さつ))《米》a bill ➡ p.67
(bill¹),《英》a (bank) note 名 ➡ p.422

しほう 四方 all directions ➡ p.170
(direction 名), all sides

しぼう¹ 死亡 death 名 ➡ p.160
一死亡する die 動 ➡ p.168;(事故や戦争で)
be killed ➡ p.339(kill 動)

しぼう² 脂肪 fat 名 ➡ p.222

しぼうする 志望する wish 動 ➡ p.705

しぼむ (植物などが)wither

しぼる 絞る,搾る wring;(水分を)squeeze
動 ➡ p.583

しほん 資本 (a) capital 名 ➡ p.96
一資本家 a capitalist
一資本主義 capitalism

しま¹ 島 an island 名 ➡ p.327
一島国 an island nation [country]

しま² 縞 a stripe 名 ➡ p.595

しまい 姉妹 a sister 名 ➡ p.558
一姉妹校 a sister school
一姉妹都市 a sister city,《英》a twin
town [city]

しまう (入れる)put 動 ➡ p.491;(しまってお
く)keep 動 ➡ p.337;(片づける)put away
➡ p.492(put 動)

シマウマ a zebra 名 ➡ p.721

-しましょう Let's .... ➡ p.355(let's)

-しませんか How about ...? ➡ p.309
(how 副)

しまった Oh, no! ➡ p.418(no 副) / Oops!
副 ➡ p.436(oops 副) / Oh, my God! ➡
p.265(god 名) / Gosh!

しまる 閉まる,締まる (店・戸などが)close ➡
p.120(close¹ 動);(戸などが)shut 動 ➡
p.554;(きつくなっている)be tightened

じまん 自慢 pride 名 ➡ p.482
一自慢する be proud (of) ➡ p.487(proud
形);(口に出して)boast (of) ➡ p.72(boast
動)

しみ 染み a stain 名 ➡ p.584, a spot 名 ➡

和英

**あ
か
さ
た
な
は
ま
や
ら
わ**

p.581 ―しみをつける　stain 🔲 ⇒ p.584

じみな　地味な　subdued

しみる　染みる　(ひりひりする)smart;(液体が)soak 🔲 ⇒ p.568

しみん　市民　a citizen 🔵 ⇒ p.116

ジム　(体育館)《口語》a gym ⇒ p.279

じむ　事務　office work, business 🔵 ⇒ p.86

　―事務員　a clerk 🔵 ⇒ p.119, an office worker ⇒ p.430(office 🔵)

　―事務室,事務所　an office 🔵 ⇒ p.430

しめい¹　氏名　a (full) name 🔵 ⇒ p.407

しめい²　使命　a mission 🔵 ⇒ p.393

しめいする　指名する　(役職などに)name;(先生があてる)call on

しめきり　締め切り　closing

　―締め切り日　a closing day, a deadline 🔵 ⇒ p.159

しめきる　締め切る,閉め切る　(期日を)close;(戸などを)(すっかり閉㋬ざす)close up, shut up

じめじめした　damp ⇒ p.154;(空気が)humid 🔶 ⇒ p.310

しめす　示す　(見せる)show 🔲 ⇒ p.553;(指し示す)point 🔲 ⇒ p.470;(意味する)mean ⇒ p.384(mean¹ 🔲)

しめる¹　閉める,締める　(店・戸などを)close ⇒ p.120(close¹ 🔲);(戸などを)shut 🔲 ⇒ p.554;(しっかり留める)fasten 🔲 ⇒ p.222;(結ぶ)tie 🔲 ⇒ p.636;(きつくする)tighten;(ひねって閉じる)turn off ⇒ p.655 (turn 🔲)

しめる²　占める　occupy 🔲 ⇒ p.426

しめる³　湿る　become damp ⇒ p.154 (damp 🔶);(少し)moisten;(ぬれる)get wet ⇒ p.691(wet 🔶)

　―湿った　moist 🔶 ⇒ p.395;(不快な)damp 🔶 ⇒ p.154;(空気が)humid 🔶 ⇒ p.310

じめん　地面　ground ⇒ p.276(ground¹ 🔵);(土地)land 🔵 ⇒ p.345

しも　霜　(a) frost 🔵 ⇒ p.252

　―霜柱　columns [needles] of frost

じもと　地元　(故郷)home 🔵 ⇒ p.301, hometown 🔵 ⇒ p.303

　―地元の　local 🔶 ⇒ p.365

しもやけ　霜焼け　frostbite

しもん　指紋　a fingerprint 🔵 ⇒ p.231

しや　視野　(a) view 🔵 ⇒ p.673

じゃあ　well ⇒ p.688(well¹ 🔲), then 🔲 ⇒ p.623

ジャージ　(運動用上下)a sweat suit;(上のみ)a sweat shirt ⇒ p.605, a jersey 🔵 ⇒ p.332;(下のみ)sweat pants ⇒ p.605

ジャーナリスト　a journalist 🔵 ⇒ p.334

ジャーナリズム　journalism 🔵 ⇒ p.334

シャープペンシル　a mechanical pencil ⇒ p.385(mechanical 🔶)

シャーベット　(a) sherbet 🔵 ⇒ p.549

しゃいん　社員　an employee 🔵 ⇒ p.198

しゃおんかい　謝恩会　a party held to thank teachers

しゃかい　社会　(a) society 🔵 ⇒ p.569;(世間)the world 🔵 ⇒ p.710

　―社会の　social 🔶 ⇒ p.568

　―社会科　social studies ⇒ p.569

　―社会主義　socialism

　―社会問題　a social problem ⇒ p.484 (problem 🔵)

ジャガイモ　a potato 🔵 ⇒ p.476

しゃがむ　crouch 🔲 ⇒ p.149;(完全に腰㋬を落として)squat

しゃくしょ　市役所　a city hall 🔵 ⇒ p.116, a municipal office

じゃぐち　蛇口　《米》a faucet 🔵 ⇒ p.223,《英》a tap ⇒ p.612(tap² 🔵)

じゃくてん　弱点　a weak point ⇒ p.685 (weak)

しゃくにさわる　get on *one's* nerves ⇒ p.413(nerve 🔵), irritate 🔲 ⇒ p.326

しゃげき　射撃　shooting

ジャケット　(上着)a jacket 🔵 ⇒ p.330;(レコードの)a jacket 🔵 ⇒ p.330

しゃこ　車庫　(自動車の)a garage 🔵 ⇒ p.256;(屋根と柱だけの)a carport 🔵 ⇒ p.100;(電車の)a train depot

しゃこうてきな　社交的な　sociable

しゃざい　謝罪　an apology 🔵 ⇒ p.31

　―謝罪する　apologize 🔲 ⇒ p.30

しゃしょう　車掌　a conductor 🔵 ⇒ p.135

しゃしん　写真　a picture 🔵 ⇒ p.463, a photograph 🔵 ⇒ p.462,《口語》a photo 🔵 ⇒ p.462

　―写真家　a photographer 🔵 ⇒ p.462

ジャズ　jazz (music) 🔵 ⇒ p.331

–しやすい　easy to ...

しゃせい　写生　sketching

　―写生する　sketch 🔲 ⇒ p.560

しゃせつ　社説　an editorial,《英》a leading article

しゃちょう　社長　a president 🔵 ⇒ p.480

シャツ　(ワイシャツなど)a shirt 🔵 ⇒ p.550;(下着)《米》an undershirt ⇒ p.660,《英》a vest 🔵 ⇒ p.672

しゃっきん　借金　(a) debt 🔵 ⇒ p.160

　―借金する　borrow money (from) ⇒ p.74(borrow 🔲);(借金をしている)owe 🔲 ⇒ p.446

しゃっくり　a hiccup 🔵 ⇒ p.296

　―しゃっくりする　hiccup 🔲 ⇒ p.296

和英

あ
か
さ
た
な
は
ま
や
ら
わ

シャッター a shutter 名 ➡ p.554

しゃどう 車道 a roadway, a road ➡ p.518

しゃぶる suck 動 ➡ p.598

シャベル a shovel 名 ➡ p.553

しゃべる talk 動 ➡ p.609;(雑談する)chat 動 ➡ p.109;(話す)speak 動 ➡ p.577

シャボンだま シャボン玉 soap bubbles

じゃま(を)する 邪魔(を)する (心・休息を)disturb 動 ➡ p.174;(発言・行動を)interrupt 動 ➡ p.324;(進行を)obstruct 動 ➡ p.426, block ➡ p.70;(視界を)shut out ➡ p.554(shut 動);(訪問する)visit 動 ➡ p.675, see 動 ➡ p.540

ジャム jam ➡ p.330(jam¹ 名)

しゃめん 斜面 a slope 名 ➡ p.564

じゃり 砂利 gravel
―じゃり道 a gravel road 名 ➡ p.518

しゃりょう 車両 (乗り物)a vehicle 名 ➡ p.670;(列車の)《米》a car ➡ p.97,《英》a carriage ➡ p.100

しゃりん 車輪 a wheel 名 ➡ p.691

しゃれ (冗談(じょうだん))a joke 名 ➡ p.333;(語呂(ごろ)合わせ)a pun

シャワー a shower 名 ➡ p.553

ジャングル the jungle 名 ➡ p.335

シャンデリア a chandelier 名 ➡ p.107

ジャンパー a jacket 名 ➡ p.330;(スポーツ用の)a windbreaker
―ジャンパースカート a jumper (skirt) 名 ➡ p.335

ジャンプ a jump 名 ➡ p.335
―ジャンプする jump 動 ➡ p.335

シャンプー (a) shampoo 名 ➡ p.547
―シャンプーする shampoo 動 ➡ p.547

ジャンボジェットき ジャンボジェット機 a jumbo (jet) 名 ➡ p.335

しゅう¹ 週 a week 名 ➡ p.687

しゅう² 州 (アメリカなどの)a state 名 ➡ p.587

じゆう 自由 freedom 名 ➡ p.248, liberty 名 ➡ p.356
―自由な free 形 ➡ p.248
―自由に freely 副 ➡ p.249
―自由の女神(めがみ)像 the Statue of Liberty 名 ➡ p.588

じゅう¹ 十(の) ten 名 形 ➡ p.618
―第10(の) the tenth 名 形 ➡ p.618, 10th

じゅう² 銃 a gun 名 ➡ p.278

-じゅう …中 (期間)all 形 ➡ p.17, all through ➡ p.634(through 前);(場所)all over ➡ p.445(over 前)

しゅうい 周囲 (周りの状況(じょうきょう))surroundings ➡ p.604(surrounding

名);(円周)(a) circumference

じゅうい 獣医 a veterinarian 名 ➡ p.672,《口語》a vet 名 ➡ p.672

じゅういち 十一(の) eleven 名 形 ➡ p.196
―第11(の) the eleventh 名 形 ➡ p.196, 11th

じゅういちがつ 十一月 November 名 ➡ p.423

しゅうかい 集会 a meeting 名 ➡ p.386, a gathering 名 ➡ p.257, an assembly 名 ➡ p.40

しゅうかく 収穫 a crop 名 ➡ p.149, a harvest 名 ➡ p.286
―収穫する harvest 動 ➡ p.286
―収穫高 a crop 名 ➡ p.149, a yield

しゅうがくりょこう 修学旅行 a school trip ➡ p.533, a school excursion
―修学旅行に行く go on a school trip

じゅうがつ 十月 October 名 ➡ p.427

しゅうかん¹ 習慣 (個人的な)a habit 名 ➡ p.280;(社会的な)a custom 名 ➡ p.152

しゅうかん² 週間 a week 名 ➡ p.687

しゅうかんの 週刊の weekly 形 ➡ p.688
―週刊誌 a weekly (magazine) 名 ➡ p.372

しゅうぎいん 衆議院 the House of Representatives 名 ➡ p.307(house 名)
―衆議院議員 a member of the House of Representatives

しゅうきょう 宗教 religion 名 ➡ p.507
―宗教(上)の religious 形 ➡ p.508

じゅうぎょういん 従業員 an employee 名 ➡ p.198

しゅうぎょうする 終業する close ➡ p.120(close¹ 動)
―終業式 a closing ceremony

しゅうきんする 集金する collect money

じゅうく 十九(の) nineteen 名 形 ➡ p.417
―第19(の) the nineteenth 名 形 ➡ p.417, 19th

シュークリーム a cream puff 名 ➡ p.147

じゅうご 十五(の) fifteen 名 形 ➡ p.227
―第15(の) the fifteenth 名 形 ➡ p.228, 15th

しゅうごう 集合 gathering 名 ➡ p.257
―集合する assemble 動 ➡ p.40, meet 動 ➡ p.385, gather 動 ➡ p.257
―集合時間 a meeting time
―集合場所 a meeting place

じゅうごや 十五夜 a night of the full moon

ジューサー a juicer

しゅうさい 秀才 a bright person

じゅうさん 十三(の) thirteen 名 形 ➡ p.631 ―第13(の) the thirteenth 名 形

→ p.631, 13th

しゅうじ 習字 （毛筆）calligraphy 名 → p.92

じゅうじ 十字 a cross 名 → p.149
―十字架（か） a cross 名 → p.149
―十字路 a crossroads 名 → p.149, an intersection 名 → p.324

じゅうしする 重視する take ... seriously → p.543(seriously 副), think ... important, put [lay] stress on, make much of

しゅうしふ 終止符 《文法》《米》a period → p.459,《英》a full stop 名 → p.253

しゅうしゅう 収集 collection 名 → p.125
―収集する collect 動 → p.125

じゅうしょ 住所 an address 名 → p.9
―住所録 an address book

しゅうしょくする 就職する get a job → p.333(job 名)
―就職試験 an employment test [examination]

じゅうしん 重心 the center of gravity

ジュース juice 名 → p.334;（清涼（せいりょう）飲料）soft drink 名 → p.570

しゅうせいする 修正する （まちがいを）correct 動 → p.142;（書物・法律などを）revise 動 → p.514

しゅうぜん 修繕 (a) repair 名 → p.509
―修繕する repair 動 → p.509, mend → p.387, fix 動 → p.235

じゅうたい¹ 渋滞 （交通の）a traffic jam → p.330(jam² 名)

じゅうたい² 重体，重態 (a) serious condition

じゅうだい 十代 one's teens

じゅうだいな 重大な （重要な）important 形 → p.316;（深刻な）serious 形 → p.543

じゅうたく 住宅 a house 名 → p.307
―住宅地（域） a residential area

しゅうだん 集団 a group 名 → p.276
―集団で in a group → p.276(group 名)

じゅうたん （床（ゆか）全面に敷（し）く）a carpet 名 → p.99;（一部に敷く）a rug 名 → p.522

しゅうちゅう 集中 concentration 名 → p.133
―集中する concentrate (on) 動 → p.133

しゅうてん 終点 a terminal 名 → p.619, the last station, the last stop

じゅうてん 重点 （重要点）an important point;（強調点）stress 名 → p.594, (an) emphasis 名 → p.197

シュート （サッカーなどの）a shot → p.552 (shot¹ 名);（野球のシュートボール）a screwball
―シュートする shoot 動 → p.550

しゅうと a father-in-law 名 → p.223

じゅうどう 柔道 judo

しゅうとめ a mother-in-law 名 → p.400

じゅうなな 十七（の） seventeen 名 形 → p.545 ―第 17（の） the seventeenth 形 → p.545, 17th

じゅうなんな 柔軟な flexible 形 → p.236;（体が）supple

じゅうに 十二（の） twelve 名 形 → p.656
―第 12（の） the twelfth 名 形 → p.656, 12th

じゅうにがつ 十二月 December 名 → p.160

じゅうにし 十二支 the twelve signs of the Japanese zodiac

しゅうにゅう 収入 (an) income 名 → p.317

しゅうにんする 就任する take [enter upon] office

-しゅうねん …周年 an anniversary 名 → p.26

じゅうはち 十八（の） eighteen 名 形 → p.194
―第 18（の） the eighteenth 名 形 → p.194, 18th
―十八番 （最も得意な芸・おはこ）one's specialty 名 → p.578

しゅうばん 週番 weekly duty 名 → p.188

じゅうびょうの 重病の seriously sick, seriously ill → p.543(seriously 副)

しゅうぶん 秋分 the autumn(al) equinox 名 → p.45
―秋分の日 Autumn(al) Equinox Day

じゅうぶんな 十分な enough 形 → p.201
―十分に enough 副 → p.201;（よく）well → p.688(well¹ 副)

しゅうまつ 週末 a weekend 名 → p.688

じゅうまん 十万（の） a hundred thousand → p.633(thousand 名)

じゅうみん 住民 a resident 名 → p.511

しゅうようする 収容する （入る）hold 動 → p.300;（座席がある）seat 動 → p.536

じゅうよう（せい） 重要（性） importance 名 → p.316
―重要な important 形 → p.316

じゅうよん 十四（の） fourteen 名 形 → p.247 ―第 14（の） the fourteenth 名 形 → p.247, 14th

しゅうり 修理 （複雑な）(a) repair 名 → p.509;（簡単な）mending;《口語》fixing
―修理する repair 動 → p.509;mend 動 → p.387;fix 動 → p.235

しゅうりょう 終了 an end 名 → p.198
―終了する be over → p.444(over 副), finish 動 → p.231

和英

あ
か
さ
た
な
は
ま
や
ら
わ

じゅうりょう 重量 weight 名 ➡ p.688
―重量あげ weightlifting 名 ➡ p.688
しゅうりょうする 修了する (学業の決められた課程を終えること) finish 動 ➡ p.231, complete 動 ➡ p.132
じゅうりょく 重力 (地球の) gravity 名 ➡ p.273;(一般の)gravitation 名 ➡ p.273
じゅうろく 十六(の) sixteen 名形 ➡ p.559 ―第16(の) the sixteenth 名形 ➡ p.559, 16th
しゅえい 守衛 a guard 名 ➡ p.277
しゅえん 主演 (男優)the leading actor;(女優)the leading actress
しゅかんてきな 主観的な subjective 形 ➡ p.597
しゅぎ 主義 a principle 名 ➡ p.483
じゅぎょう 授業 a lesson 名 ➡ p.354, a class 名 ➡ p.118
―授業参観日 a class-visit day, a school-visit day, 《米》an open house 名 ➡ p.437, 《英》an open day
―授業料 school fee(s)
じゅく 塾 a private supplementary school, a cram school 名 ➡ p.147
じゅくご 熟語 an idiom 名 ➡ p.313
しゅくじ 祝辞 (ことば)congratulations ➡ p.136(congratulation 名);(スピーチ)a speech of congratulation(s)
しゅくじつ 祝日 a national holiday 名 ➡ p.408
しゅくしょう 縮小 (a) reduction 名 ➡ p.505 ―縮小する make ... smaller, reduce 動 ➡ p.505
じゅくす 熟す ripen
―熟した ripe 形 ➡ p.517
じゅくすい 熟睡 a good sleep ➡ p.562 (sleep 名) ―熟睡する sleep well ➡ p.562(sleep 動), have a good sleep ➡ p.562(sleep 名)
しゅくだい 宿題 homework 名 ➡ p.303
じゅくどくする 熟読する read carefully
しゅくはくする 宿泊する stay (at, in) 動 ➡ p.588
しゅくふく 祝福 a blessing 名 ➡ p.70
―祝福する bless 動 ➡ p.70
しゅくめい 宿命 (a) fate 名 ➡ p.222, (a) destiny 名 ➡ p.166
じゅくれん 熟練 skill 名 ➡ p.560
―熟練した skilled 形 ➡ p.560, skillful 形 ➡ p.562
―熟練工 a skilled worker
しゅげい 手芸 handicrafts 名 ➡ p.283
―手芸品 a handicraft article
じゅけんする 受験する take an examination ➡ p.208(examination 名)

―受験科目 subjects of examination
―受験生 a student preparing for an entrance examination
―受験番号 an examinee's (seat) number
―受験料 an examination fee
しゅご 主語 《文法》a subject 名 ➡ p.597
しゅさいする 主催する organize 動 ➡ p.440
―主催者 an organizer 名 ➡ p.440
しゅじゅつ 手術 an operation 名 ➡ p.437
しゅしょう¹ 主将 a captain 名 ➡ p.97
しゅしょう² 首相 the prime minister 名 ➡ p.482
じゅしょうする 受賞する win a prize ➡ p.484(prize 名)
―受賞者 a (prize) winner 名 ➡ p.705
しゅしょく 主食 a staple (food) 名 ➡ p.586
しゅじん 主人 (夫)one's husband 名 ➡ p.311;(店の)a storekeeper 名 ➡ p.592;(所有者)a master 名 ➡ p.381
―主人公 a chief character;(男)a hero 名 ➡ p.296;(女)a heroine 名 ➡ p.296
じゅしん 受信 reception 名 ➡ p.503
―受信する receive 動 ➡ p.503
―受信機 (テレビ・ラジオの)a receiver ➡ p.503, a receiving set, a TV set ➡ p.544(set 名)
しゅだい 主題 the subject 名 ➡ p.597;(小説・音楽などの)the theme 名 ➡ p.623
しゅだん 手段 a means 名 ➡ p.384, a resort 名 ➡ p.512
しゅちょう 主張 a claim 名 ➡ p.117, insistence
―主張する insist (on, upon) 動 ➡ p.322
しゅつえん 出演 (an) appearance 名 ➡ p.31
―出演する appear 動 ➡ p.31
―出演者 a performer 名 ➡ p.459;(全体として)the cast 名 ➡ p.101
しゅっきんする 出勤する go to work ➡ p.709(work 名), go to one's office ➡ p.430(office 名)
しゅっけつ 出血 bleeding
―出血する bleed 動 ➡ p.70
しゅっけつをとる 出欠をとる take attendance [a roll-call] ➡ p.43 (attendance 名)
しゅっさんする 出産する give birth to
しゅつじょうする 出場する take part (in) ➡ p.453(part 名), participate (in) 動 ➡ p.453
―出場者 a participant 名 ➡ p.453
しゅっしんである 出身である (土地)come

from ➡ p.129(come 動), be from ➡ p.251(from 前);(学校)graduate from ➡ p.272(graduate 動)
―出身校 one's alma mater
―出身地 one's home ➡ p.301, one's hometown 名 ➡ p.303

しゅっせ 出世 (人生における)success in life;(会社などでの)promotion 名 ➡ p.486
―出世する succeed in life;be promoted ➡ p.486(promote 動)

しゅっせき 出席 (an) attendance 名 ➡ p.43, presence 名 ➡ p.479
―出席する attend 動 ➡ p.43;(出席している)be present (at) ➡ p.479(present¹ 形)
―出席簿 a roll book

しゅっちょう 出張 a business trip ➡ p.651(trip 名)―出張する go on a business trip (to) ➡ p.651(trip 名), go to ... on business ➡ p.86(business 名)

しゅっぱつ 出発 starting, departure 名 ➡ p.164
―出発する start 動 ➡ p.586, leave 動 ➡ p.352
―出発ロビー a departure lounge

しゅっぱん 出版 publication 名 ➡ p.489
―出版する publish 動 ➡ p.489
―出版社 a publishing company ➡ p.131(company 名)

しゅと 首都 a capital (city) 名 ➡ p.96
―首都圏(ﾀﾞ) the metropolitan area ➡ p.34(area 名);(東京の)the Tokyo metropolitan area

ジュニア (年少者)a junior 名 ➡ p.335

しゅにん 主任 a head 名 ➡ p.290, a chief 名 ➡ p.112

しゅび 守備 (守り)defense 名 ➡ p.162;(野球の)fielding ―守備をする defend ➡ p.162;(野球の)field;(ゴールを守る)guard

しゅふ¹ 主婦 a housewife 名 ➡ p.307

しゅふ² 首府 a capital (city) 名 ➡ p.96

しゅみ 趣味 (楽しみ)a hobby 名 ➡ p.299;(好みの)taste 名 ➡ p.613

じゅみょう 寿命 one's life span;(ものの)lifetime 名 ➡ p.358

しゅもく 種目 (競技の)an event 名 ➡ p.205

じゅもん 呪文 a spell

しゅやく 主役 the lead ➡ p.350(lead¹ 名), the leading part, the leading role ➡ p.350(leading 形)

じゅよう 需要 (a) demand (for) 名 ➡ p.163

しゅような 主要な main 形 ➡ p.373;(大きくて重要な)major 形 ➡ p.374

しゅりょう 狩猟 hunting 名 ➡ p.311;

(銃(ﾞ)による)shooting

しゅるい 種類 a kind ➡ p.340(kind² 名), a sort 名 ➡ p.574

しゅわ 手話 sign language 名 ➡ p.556

じゅわき 受話器 a receiver 名 ➡ p.503

じゅん 順 (順序)order ➡ p.439;(順番)a turn 名 ➡ p.655

じゅんい 順位 ranking

しゅんかん 瞬間 a moment 名 ➡ p.395, an instant 名 ➡ p.322

じゅんかん 循環 (a) circulation

じゅんきゅう(れっしゃ) 準急(列車) a semi-express train

じゅんけっしょう 準決勝 the semifinals

じゅんじょ 順序 order 名 ➡ p.439
―順序正しい systematic 形 ➡ p.607

じゅんすいな 純粋な (混じり気のない)pure 形 ➡ p.490;(純真な)innocent 形 ➡ p.321;(本物の)genuine 形 ➡ p.258
―純粋に purely

じゅんちょうな 順調な (よい)good 形 ➡ p.269 ―順調に well ➡ p.688(well¹ 副), all right ➡ p.18(all 副)

じゅんな 純な (混じり気のない)pure 形 ➡ p.490
―純金 pure gold ➡ p.490(pure 形)

じゅんばん 順番 a turn 名 ➡ p.655

じゅんび 準備 preparation(s) 名 ➡ p.478
―準備する prepare (for) 動 ➡ p.479, get ready (for) ➡ p.501(ready 形)
―準備体操 warm-up (exercise) 名 ➡ p.681

しゅんぶん 春分 the vernal equinox 名 ➡ p.671, the spring equinox ➡ p.203(equinox 名)
―春分の日 Vernal Equinox Day ➡ p.671(vernal equinox 名)

しよう¹ 使用 use 名 ➡ p.666
―使用する use 動 ➡ p.666

しよう² 私用 (個人的な用事)private business;(私的な目的)a private purpose

-しよう let's ... ➡ p.355

しょう¹ 賞 a prize 名 ➡ p.484

しょう² 章 a chapter 名 ➡ p.109

しょう³ 省 (日本やイギリスの)a ministry 名 ➡ p.391;(アメリカの)a department 名 ➡ p.164

-じょう …畳 mat 名 ➡ p.381

じょうえいする 上映する show 動 ➡ p.553, play 動 ➡ p.467

じょうえん 上演 a performance 名 ➡ p.459, a show 名 ➡ p.553
―上演する (興行主が)present ➡ p.480(present² 動);(演者が)perform 動 ➡

和英

あ
か
さ
た
な
は
ま
や
ら
わ

p.459, put on;（続けて上演される）run 動
➡ p.523

しょうか 消化 digestion 名 ➡ p.169
—消化する digest 動 ➡ p.169
—消化不良 indigestion

ショウガ ginger

しょうかする 消火する put out the fire
➡ p.232（fire 名）
—消火器 a fire extinguisher 名 ➡ p.213
—消火栓 a (fire) hydrant

しょうかい 紹介 introduction ➡ p.325
—紹介する introduce 動 ➡ p.325

しょうがい¹ 障害 （じゃま）an obstacle 名
➡ p.426;（身体的・精神的な）a handicap
名 ➡ p.283
—障がい者 a disabled person;（全体とし
て）the disabled
—障害物競走 （運動会の）an obstacle
race;（陸上競技の）a steeplechase

しょうがい² 生涯 （一生）a life 名 ➡ p.358

しょうがくきん 奨学金 a scholarship 名
➡ p.532

しょうがくせい 小学生
《米》an elementary schoolchild,《英》a
primary schoolchild;（男）a schoolboy
➡ p.533;（女）a schoolgirl ➡ p.533

しょうがつ 正月 (the) new year 名 ➡
p.415;（元日）New Year's Day ➡ p.415

しょうがっこう 小学校
《米》an elementary school 名 ➡ p.196,
《英》a primary school 名 ➡ p.482

しょうがない It can't be helped. ➡
p.294（help 動）

じょうき 蒸気 steam 名 ➡ p.589, vapor
名 ➡ p.669 —蒸気機関車 a steam
locomotive ➡ p.589（steam 名）

じょうぎ 定規 a ruler 名 ➡ p.523

じょうきゃく 乗客 a passenger 名 ➡
p.455

じょうきゅうせい 上級生 an older
student

じょうきゅうの 上級の （程度が高い）
advanced 形 ➡ p.10

しょうぎょう 商業 commerce 名 ➡
p.127, business 名 ➡ p.86
—商業の commercial 形 ➡ p.127
—商業高校 a commercial high school

じょうきょう 状況 the state of things,
circumstances ➡ p.116（circumstance
名）

じょうきょうする 上京する go (up) to
Tokyo, come (up) to Tokyo

しょうきょくてきな 消極的な （否定的な）
negative 形 ➡ p.412;（受け身の）passive
形 ➡ p.455

しょうきん 賞金 a prize (money) 名 ➡
p.484

しょうげき 衝撃 a shock 名 ➡ p.550

じょうげに 上下に up and down ➡ p.665
（up 副）

じょうけん 条件 a condition 名 ➡ p.134

しょうこ 証拠 proof 名 ➡ p.486;（法律用
語）evidence 名 ➡ p.207

しょうご 正午 noon 名 ➡ p.420;（12 時）
twelve o'clock

じょうざい 錠剤 a tablet 名 ➡ p.608

しょうじ 障子 a sliding paper door

しょうじき 正直 honesty 名 ➡ p.303
—正直な honest 形 ➡ p.303
—正直に honestly 副 ➡ p.303;（率直(きょく)
に）frankly 副 ➡ p.248

じょうしき 常識 （分別）common sense 名
➡ p.130;（だれもが知っていること）
common knowledge

しょうしゃ 商社 （貿易会社）a trading
company

じょうしゃする 乗車する get on ➡ p.262
（get 動）—乗車券 a ticket 名 ➡ p.635

しょうじょ 少女 a girl 名 ➡ p.259

しょうしょう 少々 （少量）a little 代 ➡
p.363;（少数）a few 代 ➡ p.226;（少しの間）
a minute ➡ p.392

しょうじょう 賞状 a certificate of merit

しょうすう¹ 小数 a decimal
—小数点 a decimal point

しょうすう² 少数 a small number, (a)
few 代 ➡ p.226 —少数の (a) few 形 ➡
p.226, a small number of

じょうずな 上手な good 形 ➡ p.269
—上手に well ➡ p.688（well¹ 副）

しょうせつ 小説 （長編の）a novel 名 ➡
p.423;（短編の）a story ➡ p.593（story¹
名）;（全体をまとめて）fiction 名 ➡ p.227
—小説家 a novelist 名 ➡ p.423

しょうぞうが 肖像画 a portrait 名 ➡
p.474

しょうたい¹ 招待 (an) invitation 名 ➡
p.325
—招待する invite 動 ➡ p.326
—招待状 an invitation (card) 名 ➡
p.325

しょうたい² 正体 （本当の姿）one's true
character,（身元）one's identity

じょうたい 状態 a condition 名 ➡ p.134,
a state 名 ➡ p.587

しょうだく 承諾 consent 名 ➡ p.137;
（許可）permission 名 ➡ p.460
—承諾する consent to ➡ p.137（consent
動）;permit 動 ➡ p.460

じょうたつ 上達 improvement 名 ➡

p.316, progress 名 ➡ p.485
一上達する improve 動 ➡ p.316, make progress ➡ p.485(progress 名)

じょうだん 冗談 a joke 名 ➡ p.333
一冗談を言う joke 動 ➡ p.333, make a joke, tell a joke ➡ p.333(joke 名)

しょうちする 承知する (知っている)know 動 ➡ p.342;(承諾(しょうだく)する)say yes (to);(許す)forgive 動 ➡ p.245

しょうちょう 象徴 a symbol 名 ➡ p.607
一象徴する symbolize

しょうてん¹ 商店 a store 名 ➡ p.592, a shop 名 ➡ p.551 一商店街 a shopping street ➡ p.594(street 名);(屋根のあるもの)a (shopping) mall ➡ p.374(mall 名)

しょうてん² 焦点 a focus 名 ➡ p.239
一焦点を合わせる focus (on) 動 ➡ p.239

しょうとうする 消灯する turn off the light ➡ p.655(turn 動), switch off the light ➡ p.607(switch 動)
一消灯時刻 lights-out

じょうとうな 上等な good in quality, high quality, excellent 形 ➡ p.208

しょうどく 消毒 disinfection, sterilization
一消毒する disinfect, sterilize

しょうとつ 衝突 (乗り物の)a crash 名 ➡ p.147
一衝突する crash 動 ➡ p.147, run into ➡ p.524(run 動), collide 動 ➡ p.125

しょうに 小児 an infant 名 ➡ p.320, a little child
一小児科医 a children's doctor, a pediatrician

しょうにん¹ 承認 approval 名 ➡ p.32
一承認する approve 動 ➡ p.32

しょうにん² 商人 (貿易商など)a merchant 名 ➡ p.387;(小売り商)(米)a storekeeper 名 ➡ p.592,《英》a shopkeeper 名 ➡ p.551

しょうにん³ 証人 a witness 名 ➡ p.706

じょうねつ 情熱 (a) passion 名 ➡ p.455
一情熱的な passionate

しょうねん 少年 a boy 名 ➡ p.77

じょうば 乗馬 (horseback) riding 名 ➡ p.515 一乗馬クラブ a riding club

しょうはい 勝敗 (試合の結果)the result of a game [match]

しょうばい 商売 (商(あきな)い)trade 名 ➡ p.647;(経営している仕事)business 名 ➡ p.86

じょうはつ 蒸発 evaporation
一蒸発する evaporate

しょうひ 消費 consumption 名 ➡ p.138
一消費する consume 動 ➡ p.138

一消費者 a consumer 名 ➡ p.138
一消費税 (the) consumption tax ➡ p.613(tax 名)

しょうひょう 商標 a trademark 名 ➡ p.647

しょうひん¹ 賞品 a prize 名 ➡ p.484

しょうひん² 商品 goods 名 ➡ p.270
一商品券 a gift certificate

じょうひん 上品 (上品さ)grace 名 ➡ p.271, elegance 名 ➡ p.196
一上品な graceful 形 ➡ p.271, elegant 形 ➡ p.196

しょうぶ 勝負 (試合)a game 名 ➡ p.255, a match ➡ p.381(match¹ 名)

じょうぶな 丈夫な (健康な)healthy 形 ➡ p.291;(強い)strong 形 ➡ p.595

しょうべん 小便 urine
一小便をする urinate

しょうぼう 消防 fire fighting
一消防士 a fire fighter 名 ➡ p.232, a fireman 名 ➡ p.232
一消防自動車 a fire engine 名 ➡ p.232
一消防署 a fire station 名 ➡ p.232

じょうほう 情報 information 名 ➡ p.320
一情報化社会 an information-intensive society

じょうみゃく 静脈 a vein 名 ➡ p.670

しょうめい¹ 証明 proof 名 ➡ p.486;(論証)demonstration 名 ➡ p.164
一証明する prove 動 ➡ p.487, demonstrate 動 ➡ p.163
一証明書 a certificate 名 ➡ p.105

しょうめい² 照明 lighting 名 ➡ p.359

しょうめん 正面 the front 名 ➡ p.250
一正面の front 形 ➡ p.250
一正面に in front of ➡ p.252(front 名)

じょうやく 条約 a treaty 名 ➡ p.650

しょうゆ しょう油 soy sauce 名 ➡ p.576, soy 名 ➡ p.576

じょうようしゃ 乗用車 a (passenger) car 名 ➡ p.97

しょうらい 将来 the future 名 ➡ p.254
一将来性のある promising 形 ➡ p.486

しょうり 勝利 (a) victory 名 ➡ p.672, a triumph 名 ➡ p.652
一勝利者 a victor, a winner 名 ➡ p.705

じょうりく 上陸 (a) landing 名 ➡ p.345
一上陸する land (at, in, on) 動 ➡ p.345

しょうりゃく 省略 (an) omission;(短縮)(an) abbreviation 一省略する omit 動 ➡ p.432;(短くする)shorten 動 ➡ p.552

じょうりゅう 上流 the upper stream
一上流階級 the upper class ➡ p.665（upper 形)

しょうりょうの 少量の a little 形 ➡

[67]

p.363

じょうろ a watering can
ショー a show 名 ➡ p.553
じょおう 女王 a queen 名 ➡ p.494
ショーウインドー a show window ➡ p.704(window 名)
ジョーク a joke 名 ➡ p.333
　―ジョークを言う joke 動 ➡ p.333, make a joke, tell a joke ➡ p.333(joke 名)
ショート (野球)a short(stop) 名 ➡ p.551
ショートカット a short haircut, short hair ➡ p.551(short 形)
ショートパンツ shorts 名 ➡ p.552
しょか 初夏 early summer
しょき¹ 初期 the beginning 名 ➡ p.62, the early days
　―初期の early 形 ➡ p.190
しょき² 書記 (会などの)a secretary ➡ p.537;(官庁の)a clerk
しょきゅうの 初級の (入門の)introductory;(初歩の)elementary 形 ➡ p.196;(初心者の)beginners'
ジョギング jogging
　―ジョギングをする jog 動 ➡ p.333
しょく 職 a job 名 ➡ p.333
しょくいん 職員 (1人)a staff member ➡ p.584(staff 名);(全体をまとめて)the staff 名 ➡ p.584
　―職員会議 (学校の)a teachers' meeting
　―職員室 (学校の)a teachers' room ➡ p.614(teacher 名), a staff room
しょくえん 食塩 salt ➡ p.527
しょくぎょう 職業 a job ➡ p.333, an occupation 名 ➡ p.426;(医師などの専門的な)a profession 名 ➡ p.485
しょくごに 食後に after a meal
しょくじ 食事 a meal 名 ➡ p.383
　―食事をする have a meal ➡ p.383(meal 名), eat 動 ➡ p.192
しょくたく 食卓 a (dining) table 名 ➡ p.608
しょくどう 食堂 (家庭などの)a dining room 名 ➡ p.170;(学校の)a lunchroom;(レストラン)a restaurant 名 ➡ p.512;(セルフサービスの)a cafeteria 名 ➡ p.90
　―食堂車 a dining car 名 ➡ p.170
しょくにん 職人 a craftsman 名 ➡ p.147
　―職人芸 craftsmanship
しょくパン 食パン bread 名 ➡ p.79
しょくひん 食品 food(s) 名 ➡ p.240
しょくぶつ 植物 a plant 名 ➡ p.467
　―植物園 a botanical garden 名 ➡ p.75
しょくみんち 植民地 a colony 名 ➡ p.125
しょくもつ 食物 food 名 ➡ p.240
しょくようの 食用の edible 形 ➡ p.193

しょくよく 食欲 (an) appetite 名 ➡ p.31
しょくりょう 食糧 food 名 ➡ p.240
　―食糧問題 a food problem
しょくりょうひん 食料品 foodstuffs, food 名 ➡ p.240
　―食料品店 a grocery (store) 名 ➡ p.276, a food store ➡ p.592(store 名)
じょげん 助言 advice 名 ➡ p.11
　―助言する advise 動 ➡ p.11
じょこうする 徐行する go slowly, go slow
しょさい 書斎 a study 名 ➡ p.596
じょし 女子 (女の子)a girl 名 ➡ p.259;(成人した女性)a woman 名 ➡ p.708
　―女子学生 a girl student
　―女子大学 a women's university, a women's college
　―女子トイレ (米)the ladies' room, women's room 名 ➡ p.708, (英)the ladies
じょしゅ 助手 an assistant 名 ➡ p.41
しょしゅう 初秋 (米)early fall ➡ p.217(fall 名), early autumn
しょしゅん 初春 early spring ➡ p.582(spring 名)
じょじょに 徐々に gradually 副 ➡ p.272, little by little ➡ p.363(little 代)
しょしんしゃ 初心者 a beginner 名 ➡ p.62
じょせい 女性 a woman 名 ➡ p.708;(性別を強調して)a female 名 ➡ p.226
　―女性的な feminine 形 ➡ p.226, womanly
しょぞくする 所属する belong (to) ➡ p.63(belong 動)
しょち 処置 (方策)measures 名 ➡ p.384;(治療(½よう))(a) treatment 名 ➡ p.650
　―処置する (あつかう)deal with ➡ p.159(deal 動);(対策をとる)take measures (against, toward) ;(手当てする)give (a) treatment, treat 動 ➡ p.650
しょちゅうみまい 暑中見舞い a summer greeting card, a letter of summer greetings
しょっき 食器 the dishes 名 ➡ p.173;(全体をまとめて)tableware
　―食器棚(⅔) a cupboard 名 ➡ p.151
ジョッキ a beer mug 名 ➡ p.404
ショック (a) shock 名 ➡ p.550
　―ショックをあたえる shock 動 ➡ p.550, give a shock
しょっちゅう often 副 ➡ p.430
しょっぱい salty ➡ p.527
ショッピング shopping 名 ➡ p.551
　―ショッピングセンター a shopping

center ➡ p.104(center 名)
しょてん 書店 《米》a bookstore 名 ➡ p.74,《英》a bookshop 名 ➡ p.74
しょとう 初冬 early winter
しょどう 書道 (Japanese) calligraphy 名 ➡ p.92
じょどうし 助動詞 《文法》an auxiliary verb, a helping verb
しょとうの 初等の elementary 形 ➡ p.196, primary 形 ➡ p.482
—初等教育 elementary education, primary education ➡ p.482(primary 形)
しょとく 所得 (an) income 名 ➡ p.317
—所得税 income tax
しょぶん 処分 (始末)disposal 名 ➡ p.173;(処罰(しょばつ))(a) punishment 名 ➡ p.490
—処分する dispose of, get rid of ➡ p.515(rid 動);punish 動 ➡ p.490
しょほ 初歩 the basics, the ABC('s) 名 ➡ p.1
しょみん 庶民 (common) people 名 ➡ p.458
しょめい 署名 a signature 名 ➡ p.556
—署名する sign 動 ➡ p.555
—署名運動 a signature-collecting campaign
しょもつ 書物 a book 名 ➡ p.73
じょやのかね 除夜の鐘 temple bells on New Year's Eve
しょゆう 所有 possession 名 ➡ p.475
—所有する have 動 ➡ p.287, own 動 ➡ p.446, possess 動 ➡ p.475
—所有者 an owner 名 ➡ p.446
—所有物 one's property 名 ➡ p.487, one's belongings 名 ➡ p.63
じょゆう 女優 an actress 名 ➡ p.9
しょり 処理 (処分)disposal 名 ➡ p.173
—処理する (処分する)dispose of:(あつかう)deal with ➡ p.159(deal 動), handle 動 ➡ p.283;(薬品などで)treat 動 ➡ p.650;(データを)process
しょるい 書類 papers 名 ➡ p.450(paper 名), a document 名 ➡ p.175
じらい 地雷 a landmine 名 ➡ p.345
しらが 白髪 (1本1本の)a white hair, a gray hair;(全体として)white hair, silver hair
シラカバ a white birch
しらせ 知らせ (ニュース)news 名 ➡ p.414
しらせる 知らせる (口頭・文書で)tell 動 ➡ p.616;(手段を問わず)let ... know, inform 動 ➡ p.320
しらべ 調べ (検査)(an) examination 名 ➡ p.208, inspection 名 ➡ p.322;(調査)(an)

investigation 名 ➡ p.325;(音楽の)a tune 名 ➡ p.654, a melody 名 ➡ p.386
しらべる 調べる (検査する)examine 動 ➡ p.208, inspect 動 ➡ p.322;(調査する)investigate 動 ➡ p.325, look into ➡ p.367(look 動);(辞書などをひく)look up (in) ➡ p.368(look 動), consult 動 ➡ p.137
しらんかおをする 知らん顔をする ignore 動 ➡ p.314
しり 尻 backsides, hips ➡ p.298(hip 名),《口語》bottom 名 ➡ p.76
しりあい 知り合い a friend 名 ➡ p.250, an acquaintance 名 ➡ p.8
しりあう 知り合う get to know ➡ p.260 (get 動), meet 動 ➡ p.385
シリアル (コーンフレークなどの)cereal 名 ➡ p.105
シリーズ a series 名 ➡ p.543
しりぞく 退く (さがる)draw back;(退職する)retire 動 ➡ p.513
じりつ 自立 independence 名 ➡ p.317
—自立する become independent (of);(…から自立している)be independent (of) ➡ p.319(independent 形)
しりつの¹ 市立の city, municipal
しりつの² 私立の private 形 ➡ p.483
しりょう 資料 material(s) 名 ➡ p.381, data 名 ➡ p.156
しりょく 視力 eyesight 名 ➡ p.214, vision 名 ➡ p.675
—視力検査 an eye test
しる¹ 知る (知識がある)know 動 ➡ p.342;(知識を得る)learn 動 ➡ p.351;(気がつく)(偶然(ぐうぜん)に・さがして)find 動 ➡ p.230;(見たりして)notice 動 ➡ p.423;(知り合いである)know 動 ➡ p.342
しる² 汁 (吸い物)soup 名 ➡ p.575;(果物(くだもの)・野菜などの)juice 名 ➡ p.334
しるこ 汁粉 sweet red bean soup
しるし 印 (目印)a mark 名 ➡ p.379;(合図・証拠(しょうこ))a token 名 ➡ p.642
—印をつける mark 動 ➡ p.379
じれったい be irritated ➡ p.326(irritate 動)
しろ 城 a castle 名 ➡ p.101
しろ(い) 白(い) white 形 ➡ p.698;(肌(はだ)が)fair ➡ p.217(fair¹ 形)
しろうと 素人 (アマチュア)an amateur 名 ➡ p.21;(専門外の人)a layperson
シロクマ 白熊 a polar bear ➡ p.471 (polar 形), a white bear ➡ p.55(bear¹ 名)
じろじろみる じろじろ見る stare (at) 動 ➡ p.586

和英

あ
か
さ
た
な
は
ま
や
ら
わ

しろみ 白身 （卵の）the white (of an egg) 名 ⇒ p.698;（魚の）white flesh

しん 心.芯 （果物などの）a core 名 ⇒ p.141;（えんぴつの）lead ⇒ p.350(lead² 名);（ろうそく・ランプの）a wick

しん- 新… new ⇒ p.414

しんか 進化 evolution 名 ⇒ p.207
—進化する evolve
—進化論 the theory of evolution

じんかく 人格 (a) character 名 ⇒ p.109;（個性）(a) personality 名 ⇒ p.460

しんがた 新型 a new model, a new style
—新型の new 形 ⇒ p.414

しんきゅうする 進級する be promoted ⇒ p.486(promote 動), advance 動 ⇒ p.10

しんきろう 蜃気楼 a mirage

しんくう 真空 a vacuum 名 ⇒ p.668

シングル （ホテルの）a single room
—シングル盤 a single 名 ⇒ p.557

シングルス （テニスなどの）a singles ⇒ p.557(single 名)

シンクロナイズドスイミング synchronized swimming

しんけい 神経 a nerve 名 ⇒ p.413

じんけん 人権 human rights ⇒ p.515 (right¹ 名)

しんけんな 真剣な serious 形 ⇒ p.543
—真剣に seriously 副 ⇒ p.543

しんこう¹ 進行 （物事の）progress 名 ⇒ p.485
—進行する make progress ⇒ p.485 (progress 名);（乗り物が）move 動 ⇒ p.401

しんこう² 信仰 faith 名 ⇒ p.217, (a) belief 名 ⇒ p.62, (a) religion 名 ⇒ p.507
—信仰する believe in ⇒ p.63(believe 動)

しんごう 信号 a signal 名 ⇒ p.556;（交差点の）a (traffic) light 名 ⇒ p.648

じんこう 人口 (a) population 名 ⇒ p.474

じんこうの 人工の artificial 形 ⇒ p.37
—人工衛星 an artificial satellite ⇒ p.37 (artificial)
—人工呼吸 artificial respiration

しんこきゅう 深呼吸 deep breathing;（1回の）a deep breath ⇒ p.80(breath 名)
—深呼吸する take a deep breath ⇒ p.80 (breath 名), breathe deeply

しんこくな 深刻な serious 形 ⇒ p.543
—深刻に seriously 副 ⇒ p.543

しんこんの 新婚の newly married ⇒ p.414(newly 副)
—新婚旅行 a honeymoon 名 ⇒ p.303

しんさ 審査 （優劣の）a judgment 名 ⇒ p.334;（検査）an examination 名 ⇒ p.208
—審査する judge 動 ⇒ p.334;examine 動 ⇒ p.208
—審査員 a judge 名 ⇒ p.334

しんさつ 診察 a medical examination ⇒ p.208(examination 名)
—診察する examine 動 ⇒ p.208
—診察室 a consultation room

しんし 紳士 a gentleman 名 ⇒ p.258
—紳士服 men's clothes, men's wear

しんしつ 寝室 a bedroom 名 ⇒ p.60

しんじつ 真実 truth 名 ⇒ p.653
—真実の true 形 ⇒ p.652

しんじゃ 信者 a believer

じんじゃ 神社 a shrine 名 ⇒ p.553

しんじゅ 真珠 a pearl 名 ⇒ p.457

じんしゅ 人種 a race 名 ⇒ p.497(race² 名)
—人種差別 racial discrimination

しんじる 信じる believe 動 ⇒ p.62;（存在・人柄などを）believe in ⇒ p.63(believe 動);（信用する）trust 動 ⇒ p.653

しんじん 新人 （新顔）a newcomer 名 ⇒ p.414;（芸能界の）a new face ⇒ p.414 (new 形);（野球界の）a rookie 名 ⇒ p.520

じんせい 人生 (a) life 名 ⇒ p.358
—人生観 a view of life

しんせいな 神聖な sacred 形 ⇒ p.525, holy 形 ⇒ p.301

しんせき 親せき a relative 名 ⇒ p.507

シンセサイザー a synthesizer 名 ⇒ p.607

しんせつ 親切 kindness 名 ⇒ p.340
—親切な kind ⇒ p.340(kind¹ 形), nice 形 ⇒ p.416
—親切に kindly 副 ⇒ p.340

しんぜん 親善 friendship 名 ⇒ p.250, goodwill 名 ⇒ p.270
—親善試合 a goodwill match

しんせんな 新鮮な fresh 形 ⇒ p.249

しんそう 真相 （真実）the truth 名 ⇒ p.653;（事実）the fact 名 ⇒ p.216

しんぞう 心臓 a heart 名 ⇒ p.292
—心臓移植 a heart transplant
—心臓病 a heart disease ⇒ p.172 (disease 名)
—心臓発作 a heart attack ⇒ p.292 (heart 名)

じんぞう じん臓 a kidney 名 ⇒ p.339

じんぞうの 人造の artificial 形 ⇒ p.37, man-made ⇒ p.375

しんたい 身体 a body 名 ⇒ p.72
—身体検査 a physical examination

しんだい 寝台 （列車などの）a berth;（ベッド）a bed 名 ⇒ p.59 —寝台車 a sleeping car 名 ⇒ p.563, a sleeper 名 ⇒ p.563

しんたいそう 新体操 rhythmic gymnastics

しんだん 診断 (a) diagnosis
―診断する diagnose
―健康診断 a medical examination ➡ p.208(examination 名)

しんちゅう 真ちゅう brass ➡ p.78

しんちょう 身長 height 名 ➡ p.293

しんちょうな 慎重な careful 形 ➡ p.99
―慎重に carefully 副 ➡ p.99

しんどう 震動, 振動 (a) vibration;(振⁽ふ⁾り子などの)a swing 名 ➡ p.606
―震動する, 振動する vibrate 動 ➡ p.672, shake 動 ➡ p.546;swing 動 ➡ p.606

しんにゅう 侵入 (押⁽お⁾し入ること)(an) intrusion;(侵略)(an) invasion 名 ➡ p.325
―侵入する intrude, break into ➡ p.79 (break 動);invade 動 ➡ p.325
―侵入者 an intruder, an invader 名 ➡ p.325

しんにゅうせい 新入生 a new student ➡ p.414(new 形), a new pupil;(高校・大学の)a freshman 名 ➡ p.249

しんにんの 新任の new 形 ➡ p.414

しんねん¹ 新年 a new year 名 ➡ p.415

しんねん² 信念 belief 名 ➡ p.62, faith 名 ➡ p.217

しんの 真の true 名 ➡ p.652, real 形 ➡ p.502

しんぱい 心配 (不安)anxiety 名 ➡ p.29;(悩⁽なや⁾み)worry 名 ➡ p.711
―心配する be anxious (about) ➡ p.29 (anxious 形), be worried (about) ➡ p.711(worry 動), worry (about) 動 ➡ p.711

しんぱん 審判 (事件などの)judgment 名 ➡ p.334;(審判員) an umpire 名 ➡ p.658, a referee 名 ➡ p.505, a judge 名 ➡ p.334
―審判をする act as umpire [referee, judge]

しんぴ 神秘 (a) mystery 名 ➡ p.406
―神秘的な mysterious 形 ➡ p.406

しんぴんの 新品の new 形 ➡ p.414, brand-new 形 ➡ p.78

しんぷ 神父 a priest 名 ➡ p.482, a father 名 ➡ p.222

シンフォニー a symphony 名 ➡ p.607

じんぶつ 人物 (人)a person 名 ➡ p.460;(登場人物)a character 名 ➡ p.109;(人格)character 名 ➡ p.109

しんぶん 新聞 a newspaper 名 ➡ p.415, 《口語》a paper 名 ➡ p.450
―新聞記事 a newspaper article
―新聞記者 a newspaper reporter
―新聞社 a newspaper company

しんぽ 進歩 progress 名 ➡ p.485

―進歩する make progress ➡ p.485 (progress 名), progress 動 ➡ p.485
―進歩的な progressive

しんぼう 辛抱 patience 名 ➡ p.456
―しんぼうする be patient ➡ p.456 (patient 形), put up with ➡ p.492(put 動)
―しんぼう強い patient 形 ➡ p.456
―しんぼう強く patiently 副 ➡ p.456

しんぼく 親睦 friendship 名 ➡ p.250
―親睦会 a social (gathering), 《米口語》a get-together 名 ➡ p.258

シンポジウム a symposium

シンボル a symbol 名 ➡ p.607

じんみん 人民 the people 名 ➡ p.458

しんや 深夜 the middle of the night
―深夜に late at night ➡ p.416(night 名)
―深夜放送 (ラジオの)a midnight radio program

しんゆう 親友 a good friend ➡ p.250 (friend 名)

しんよう 信用 trust 名 ➡ p.653
―信用する trust 動 ➡ p.653
―信用できる trustworthy

しんらい 信頼 trust 名 ➡ p.653
―信頼する trust (in) 動 ➡ p.653;(過去の経験などから)rely (on, upon) 動 ➡ p.508, depend (on, upon) 動 ➡ p.164
―信頼できる reliable 形 ➡ p.507, trustworthy

しんり¹ 心理 psychology 名 ➡ p.488;(心理状態)a state of mind
―心理学 psychology 名 ➡ p.488

しんり² 真理 (a) truth 名 ➡ p.653

しんりゃく 侵略 (an) invasion 名 ➡ p.325
―侵略する invade 動 ➡ p.325

しんりょうじょ 診療所 a clinic 名 ➡ p.120

しんりん 森林 a forest 名 ➡ p.244, woods 名 ➡ p.708(wood 名)

しんるい 親類 a relative 名 ➡ p.507

じんるい 人類 (全体)humanity 名 ➡ p.310, humankind 名 ➡ p.310, the human race 名 ➡ p.310

しんろ 進路 a course 名 ➡ p.145

しんわ 神話 a myth 名 ➡ p.406;(全体をまとめて)mythology
―ギリシャ神話 Greek mythology

す

す¹ 巣 (鳥・昆虫⁽こんちゅう⁾などの)a nest 名 ➡ p.413;(ハチの)a honeycomb ➡ p.303;(クモの)a web 名 ➡ p.687

一巣箱 a birdhouse

す² 酢 vinegar 名 ➡ p.674

ず 図 (図・図形)a figure 名 ➡ p.229;
(挿絵(さし)など)an illustration 名 ➡ p.315;
(線画)a drawing 名 ➡ p.183

ずあん 図案 a design 名 ➡ p.165

スイートピー a sweet pea 名 ➡ p.606

すいえい 水泳 swimming, swim 名 ➡
p.606

スイカ a watermelon 名 ➡ p.684

すいがい 水害 (洪水(こう))a flood 名 ➡
p.237;(洪水による被害(ひ))a flood
disaster

すいきゅう 水球 water polo ➡ p.473
(polo 名)

すいぎん 水銀 mercury 名 ➡ p.387

すいこむ 吸いこむ (息を)breathe in ➡
p.80(breathe 動)

すいさい 水彩 watercolor 名 ➡ p.684
一水彩画 a watercolor (painting) 名 ➡
p.684

すいさんぶつ 水産物 marine products

すいじ 炊事 cooking 名 ➡ p.140
一炊事する cook 動 ➡ p.139
一炊事道具 cooking utensils

すいしゃ 水車 a waterwheel
一水車小屋 a water mill

すいじゅん 水準 a standard 名 ➡ p.585,
a level 名 ➡ p.356

すいしょう 水晶 crystal 名 ➡ p.150;
(石英)quartz 名 ➡ p.494

すいじょうき 水蒸気 steam 名 ➡ p.589;
(自然現象)(water) vapor 名 ➡ p.669

すいじょうの[で] 水上の[で] on the
water
一水上スキー water-skiing 名 ➡ p.684

すいせい¹ 水星 Mercury 名 ➡ p.387

すいせい² 彗星 a comet 名 ➡ p.127

スイセン a narcissus 名 ➡ p.408;(ラッパ
ズイセン)a daffodil 名 ➡ p.154

すいせん 推薦 recommendation 名 ➡
p.504
一推薦する recommend 動 ➡ p.504
一推薦状 a (letter of) recommendation
名 ➡ p.504

すいせんトイレ 水洗トイレ a flush toilet

すいそ 水素 hydrogen 名 ➡ p.311

すいそう 水槽 a water tank;(魚などを飼
う)an aquarium 名 ➡ p.33

すいそうがく 吹奏楽 wind (instrument)
music
一吹奏楽団 a brass band 名 ➡ p.78
一吹奏楽器 a wind instrument ➡ p.704
(wind¹ 名)

すいそく 推測 a guess 名 ➡ p.277

一推測する guess 動 ➡ p.277, make a
guess, suppose 動 ➡ p.602

すいぞくかん 水族館 an aquarium 名 ➡
p.33

すいちゅうに[で] 水中に[で] in the
water ➡ p.683(water 名), under (the)
water ➡ p.683(water 名)
一水中めがね swimming goggles

すいちょくな 垂直な vertical 形 ➡ p.671
一垂直に vertically

スイッチ a switch 名 ➡ p.607
一スイッチを入れる turn [switch] on ➡
p.655(turn 動), p.607(switch 動)
一スイッチを切る turn [switch] off ➡
p.655(turn 動), p.607(switch 動)

すいでん 水田 a paddy (field) 名 ➡
p.447

すいとう 水筒 a canteen, a water bottle

すいどう 水道 (設備)a water supply;(水)
tap water ➡ p.612(tap² 名), running
water

すいはんき 炊飯器 a rice cooker ➡ p.140
(cooker 名)

ずいひつ 随筆 an essay 名 ➡ p.203
一随筆家 an essayist 名 ➡ p.203

すいぶん 水分 water;(果汁(じゅう)・樹液)juice
名 ➡ p.334

ずいぶん (非常に)very 副 ➡ p.671, a lot
名 ➡ p.369, very much ➡ p.403(much
副), really 副 ➡ p.502

すいへいな 水平な (平らな)level 形 ➡
p.356;(垂直に対して)horizontal 形 ➡
p.304
一水平線 the horizon 名 ➡ p.304

すいみん 睡眠 sleep 名 ➡ p.562

すいようび 水曜日 Wednesday 名 ➡
p.687

すいり 推理 reasoning
一推理する guess 動 ➡ p.277, reason
一推理小説 a mystery 名 ➡ p.406;
(探偵(たん)小説)a detective story

すいりょく 水力 water power ➡ p.477
(power 名)
一水力発電所 a hydroelectric power
plant

スイレン a water lily

すう 吸う (空気を)breathe 動 ➡ p.80;(液
体を)suck 動 ➡ p.598;(タバコを)smoke
動 ➡ p.566

すう– 数… several 形 ➡ p.545, some 形
➡ p.572

すうがく 数学 mathematics 名 ➡ p.381,
《米口語》math 名 ➡ p.381,《英口語》
maths ➡ p.381(math 名)

すうじ 数字 a number 名 ➡ p.424, a

figure 名 ➡ p.229

ずうずうしい （厚かましい）impudent；(恥(じ)知らずな)shameless

スーツ a suit 名 ➡ p.599
ースーツケース a suitcase 名 ➡ p.600

スーパー（マーケット） a supermarket 名 ➡ p.601

スープ soup 名 ➡ p.575

すえ 末 （終わり）the end 名 ➡ p.198；(…のあとで)after 前 ➡ p.12
ー末っ子 the youngest child

ずが 図画 （えんぴつ・ペンなどの)drawing 名 ➡ p.183；(絵の具などの)painting 名 ➡ p.448

スカート a skirt 名 ➡ p.562

スカーフ a scarf 名 ➡ p.530

ずかい 図解 (an) illustration 名 ➡ p.315
ー図解する illustrate 動 ➡ p.315

ずがいこつ 頭がい骨 a skull

スカイダイビング skydiving 名 ➡ p.562

スカウト （スカウトする人）a (talent) scout 名 ➡ p.534
ースカウトする scout 動 ➡ p.534

すがすがしい refreshing 形 ➡ p.505

すがた 姿 （体つき）a figure 名 ➡ p.229；(外観)(an) appearance 名 ➡ p.31
ー姿を消す disappear 動 ➡ p.171

すがる （しがみつく）cling (to) 動 ➡ p.120；(たよる)depend (on, upon) 動 ➡ p.164

ずかん 図鑑 an illustrated book

スカンク a skunk 名 ➡ p.562

すき¹ 好き like ➡ p.360(like¹ 動)、be fond of ➡ p.240(fond 形)；(大好き)love 動 ➡ p.370；((〜より)…のほうが)prefer ... (to) ➡ p.478(prefer 動)
ー大好きな favorite 形 ➡ p.223

すき² 隙 （空いている部分）an opening 名 ➡ p.437；(油断しているとき)an unguarded moment

スギ 杉 a Japanese cedar

-すぎ …過ぎ （時刻）past 前 ➡ p.455, after 前 ➡ p.12；(年齢(ねん))over 前 ➡ p.444；(程度)too 副 ➡ p.643

スキー skiing 名 ➡ p.560；(道具)(a pair of) skis ➡ p.560(ski 名)
ースキーをする ski 動 ➡ p.560

すききらい 好き嫌い likes and dislikes

スキップ a skip
ースキップする skip 動 ➡ p.562

すきとおった 透き通った clear 形 ➡ p.119

-(に)すぎない …(に)過ぎない only 副 ➡ p.436

すきま 隙間 an opening 名 ➡ p.437
ーすき間風 (a) draft 名 ➡ p.182

スキャンダル a scandal 名 ➡ p.530

スキューバ （潜水(せん)用呼吸器)a scuba 名 ➡ p.534 ースキューバダイビング scuba diving 名 ➡ p.534

すぎる 過ぎる （通って行く）pass 動 ➡ p.454；(通り抜(ぬ)ける)go through ➡ p.268 (go 動)；(時がたつ)pass 動 ➡ p.454；(数量・程度を超(こ)える)(あまりに)too ➡ p.643, over-接頭辞 ➡ p.445；(過ぎている)be over ➡ p.444(over 副), be more than ➡ p.397(more 副)

スキンダイビング skin diving 名 ➡ p.562

すく 空く （腹が）be hungry ➡ p.310 (hungry 形)；(乗り物などが)be not crowded ➡ p.149(crowd 動)

すぐ （まもなく）soon 副 ➡ p.573；(ただちに) at once ➡ p.432(once 名), right away ➡ p.516(right¹ 副)；(近くに)near 副 ➡ p.410；(簡単に)easily ➡ p.191

すくい 救い help 名 ➡ p.294

スクイズ a squeeze play

すくう¹ 救う save 動 ➡ p.529, rescue 動 ➡ p.511

すくう² scoop 動 ➡ p.533

スクーター a scooter

すくない 少ない （数が）few 形 ➡ p.226；(量が)little 形 ➡ p.363, small 形 ➡ p.564；(回数が)seldom 副 ➡ p.538, hardly ever ➡ p.286(hardly 副)

すくなくとも 少なくとも at least ➡ p.352(least 名)

スクラップ （不用品）scrap 名 ➡ p.534；(切り抜(ぬ)き)a clipping ースクラップブック a scrapbook 名 ➡ p.534

スクリーン a screen 名 ➡ p.534

スクリュー a screw 名 ➡ p.534

すぐれる 優れる （…より）be better (than) ➡ p.64(better 形), be superior (to) ➡ p.601(superior 形)

スケート skating 名 ➡ p.560
ースケートをする skate 動 ➡ p.560
ースケートリンク a skating rink

スケートボード （板）a skateboard 名 ➡ p.560；(スポーツ)skateboarding

スケール a scale 名 ➡ p.530(scale¹ 名)

スケジュール a schedule 名 ➡ p.532
ースケジュールを立てる make a schedule, plan a schedule

スケッチ a sketch 名 ➡ p.560
ースケッチをする make a sketch, sketch 動 ➡ p.560
ースケッチブック a sketchbook 名 ➡ p.560

スコア （競技の得点）a score 名 ➡ p.533

ースコアブック a scorebook 名 ➡ p.534
ースコアボード a scoreboard 名 ➡ p.534

すごい （ひどい）terrible 形 ➡ p.619;（激しい）heavy 形 ➡ p.293;（すばらしい）great 形 ➡ p.274, wonderful 形 ➡ p.708
ーすごく terribly 副 ➡ p.619;heavily 副 ➡ p.293;greatly 副 ➡ p.274, wonderfully, really 副 ➡ p.502

ずこう 図工 （図画工作）arts and crafts

すこし 少し （数が少しある）a few 形 ➡ p.226, some 形 ➡ p.572;（少ししかない）few 形 ➡ p.226;（量が少しある）a little 形 ➡ p.363, some 形 ➡ p.572;（少ししかない）little 形 ➡ p.363;（程度・時間が）a little 形 ➡ p.363;（わずかの間）(just) a minute 名 ➡ p.392, a while ➡ p.697

すこしも…ない 少しも…ない not ... at all ➡ p.17(all 代)

すごす 過ごす spend 動 ➡ p.579, pass 動 ➡ p.454

スコップ （小型の）a scoop 名 ➡ p.533;（シャベル）a shovel 名 ➡ p.553

すし 寿司 sushi
ーすし屋 a sushi shop, a sushi bar

すじ 筋 （物語の）a story 名 ➡ p.593(story[1] 名);（論理）logic 名 ➡ p.365;（線）a line 名 ➡ p.361
ー筋の通った logical 形 ➡ p.365

すす soot
すず[1] 鈴 a bell 名 ➡ p.63
すず[2] 錫 tin 名 ➡ p.638
ススキ Japanese pampas grass
すすぐ rinse (out) 動 ➡ p.517
すずしい 涼しい cool 形 ➡ p.140
すすむ 進む （前進する）go forward, go ahead ➡ p.267(go), advance 動 ➡ p.10;（はかどる,進歩する）make progress ➡ p.485(progress 名), advance 動 ➡ p.10, get ahead;（時計が）gain 動 ➡ p.255;（進んでいる）be fast ➡ p.222(fast[1] 形)

すずむ 涼む cool *oneself* ➡ p.140(cool 動)
すすめ 勧め （助言）advice 名 ➡ p.11;（推薦）recommendation 名 ➡ p.504
スズメ a sparrow 名 ➡ p.577
すすめる[1] 勧める （助言する）advise 動 ➡ p.11;（推薦）する）recommend 動 ➡ p.504;（差し出す）offer 動 ➡ p.430

すすめる[2] 進める （進行させる）go on with, go ahead with, advance 動 ➡ p.10;（時計を）set ... ahead
スズラン a lily of the valley
すすりなく すすり泣く sob 動 ➡ p.568
すそ 裾 （衣類の）a hem;（山の）a foot 名 ➡ p.240

スター a star 名 ➡ p.586
スタート a start 名 ➡ p.586
ースタートする start 動 ➡ p.586, make a start ➡ p.586(start 名)
ースタートライン a starting line
スタイル （型・流行）a style 名 ➡ p.597;（容姿）a figure 名 ➡ p.229
スタジアム a stadium 名 ➡ p.584
スタジオ a studio 名 ➡ p.596
スタッフ a staff member ➡ p.584(staff 名);（全体をまとめて）the staff 名 ➡ p.584
スタミナ stamina
スタンド （観客席）the stands ➡ p.585 (stand 名);（店）a stand 名 ➡ p.585;（電気スタンド）a desk lamp ➡ p.345(lamp 名);（ガソリンスタンド）a gas station ➡ p.257
スタンプ a stamp 名 ➡ p.585
ースタンプを押す stamp 動 ➡ p.585
スチュワーデス a flight attendant 名 ➡ p.237
ずつう 頭痛 a headache 名 ➡ p.291
すっかり （すべて）all 副 ➡ p.17;（完全に）completely 副 ➡ p.132, quite 副 ➡ p.496
ずっと （はるかに）much 副 ➡ p.403, far 副 ➡ p.220;（長い間）for a long time ➡ p.637(time 名), long ➡ p.366(long[1] 副);（まっすぐ先へ）straight 副 ➡ p.593;（初めから終わりまで続けて）（時間的に）all the time ➡ p.637(time 名), (all) through 副 ➡ p.634;（距離的に）all the way ➡ p.685(way 名)
すっぱい sour 形 ➡ p.575
ステーキ (a) steak 名 ➡ p.589
ステージ a stage 名 ➡ p.584
すてきな nice 形 ➡ p.416, wonderful 形 ➡ p.708
ステッカー a sticker 名 ➡ p.590
ステッキ a (walking) stick ➡ p.590 (stick[2] 名)
すでに （肯定文で）already 副 ➡ p.20;（疑問文で）yet 副 ➡ p.718
すてる 捨てる （投げ捨てる）throw away ➡ p.635(throw 動);（断念する）give up ➡ p.263(give 動), abandon 動 ➡ p.1
ステレオ （装置）a stereo (set) 名 ➡ p.590;（効果・方式）stereo ➡ p.590
ステンレス stainless steel 名 ➡ p.584
ストーブ a heater 名 ➡ p.293
ストッキング stockings ➡ p.591 (stocking 名)
ストップウオッチ a stopwatch
ストライキ (a) strike 名 ➡ p.595
ーストライキをする go on (a) strike
ストライク a strike 名 ➡ p.595

ストレス (a) stress 名 ⇒ p.594
ストロー a straw 名 ⇒ p.594
すな 砂 sand 名 ⇒ p.528
　―砂時計 a sandglass 名 ⇒ p.528
　―砂場 a sandbox 名 ⇒ p.528
　―砂浜 a sandy beach, sands ⇒ p.528(sand 名)
すなおな 素直な (優しく穏やかな) gentle 形 ⇒ p.258;(言うことをよくきく) obedient 形 ⇒ p.425
スナック (軽食)a snack 名 ⇒ p.566
　―スナック菓子 snack food
スナップ (写真)a snapshot 名 ⇒ p.566
すなわち that is ⇒ p.625(that 代), or 接 ⇒ p.438
スニーカー sneakers ⇒ p.566(sneaker 名)
すね (向こうずね)a shin
ずのう 頭脳 (知力)brains ⇒ p.77(brain 名), a head 名 ⇒ p.290;(理性)a mind 名 ⇒ p.390
スノーボード (板)a snowboard 名 ⇒ p.567;(スポーツ)snowboarding 名 ⇒ p.567
　―スノーボードをする snowboard 動 ⇒ p.567
スパイ a spy 名 ⇒ p.583
スパイス (a) spice 名 ⇒ p.579
スパゲッティ spaghetti ⇒ p.577
ずばぬけて ずば抜けて (最上級とともに)by far ⇒ p.220(far 副)
すばやい 素早い quick 形 ⇒ p.495
　―すばやく quickly 副 ⇒ p.495
すばらしい wonderful 形 ⇒ p.708,《口語》great 形 ⇒ p.274, fine ⇒ p.230(fine¹ 形), excellent 形 ⇒ p.208, splendid 形 ⇒ p.580
スピーカー a speaker 名 ⇒ p.578, a loudspeaker 名 ⇒ p.369
スピーチ a speech 名 ⇒ p.578
　―スピーチをする make a speech ⇒ p.578(speech 名)
スピード (a) speed 名 ⇒ p.579
ずひょう 図表 a chart 名 ⇒ p.109
スプーン a spoon 名 ⇒ p.581
ずぶぬれになる get wet through, get soaked, get drenched
スプレー a spray 名 ⇒ p.582
スペアの spare 形 ⇒ p.577
スペイン Spain 名 ⇒ p.577
　―スペイン(人)の Spanish 形 ⇒ p.577
　―スペイン語 Spanish 名 ⇒ p.577
　―スペイン人 a Spaniard 名 ⇒ p.577
スペース (余地・場所)room 名 ⇒ p.520, (a) space 名 ⇒ p.576

スペースシャトル a space shuttle 名 ⇒ p.576
スペード (トランプの)spades ⇒ p.577(spade² 名)
すべて all 代 ⇒ p.17, everything 代 ⇒ p.207 ―すべての all 形 ⇒ p.17, every 形 ⇒ p.206
すべりだい 滑り台 a slide 名 ⇒ p.563
すべる 滑る (滑るように動く)slide 動 ⇒ p.563;(つるっと滑る)slip 動 ⇒ p.563
　―滑りやすい slippery 形 ⇒ p.564
スペル spelling 名 ⇒ p.579
スポーク a spoke
スポーツ sports ⇒ p.581(sport 名)
　―スポーツをする do [play, enjoy] sports ⇒ p.581(sport 名)
　―スポーツウエア sportswear, sports clothes
　―スポーツカー a sports car ⇒ p.97(car 名)
　―スポーツマン an athlete 名 ⇒ p.41, a sportsman 名 ⇒ p.581
　―スポーツ用品 sporting goods ⇒ p.270(goods 名)
ズボン trousers 名 ⇒ p.652,《米》pants 名 ⇒ p.450
スポンサー a sponsor 名 ⇒ p.581
スポンジ a sponge 名 ⇒ p.581
スマートな (ほっそりした)slim 形 ⇒ p.563, slender 形 ⇒ p.563;(センスのよい)stylish 形 ⇒ p.597
すまい 住まい a house 名 ⇒ p.307
すます 済ます (終わらせる)finish 動 ⇒ p.231;(間に合わせる)do 動 ⇒ p.176;(…なしで間に合わせる)do without ⇒ p.176(do 動)
すみ¹ 墨 Chinese ink, India ink;(棒状の)an ink stick
すみ² 隅 a corner 名 ⇒ p.141
すみ³ 炭 charcoal 名 ⇒ p.109
すみません (自分の非をわびて)I'm sorry. ⇒ p.573(sorry 形);(物事をする前に)Excuse me. ⇒ p.210(excuse 動);(感謝して)Thank you. ⇒ p.621(thank 動)
スミレ a violet 名 ⇒ p.674;(三色スミレ)a pansy 名 ⇒ p.450
　―スミレ色 violet 名 ⇒ p.674
すむ¹ 住む live (in, at) ⇒ p.364(live¹ 動)
すむ² 済む (終わる)finish 動 ⇒ p.231, be over ⇒ p.444(over 副);(解決する)solve 動 ⇒ p.570
すむ³ 澄む become clear
　―澄んだ clear 形 ⇒ p.119
スムーズな smooth 形 ⇒ p.566
すもう 相撲 sumo wrestling ⇒ p.713

和英

あ
か
さ
た
な
は
ま
や
ら
わ

(wrestling 名)
―すもうを取る do sumo wrestling (with), wrestle (with)
―すもう取り a sumo wrestler ➡ p.713 (wrestler 名)

スモッグ smog 名 ➡ p.565

-すら even 副 ➡ p.204

スライド (映写用・顕微鏡(けんびきょう)用)a slide 名 ➡ p.563
―スライド映写機 a slide projector

すらすら (滑(なめ)らかに)smoothly 副 ➡ p.566;(簡単に)easily 副 ➡ p.191

スランプ a slump 名 ➡ p.564

すり (人)a pickpocket 名 ➡ p.463;(行為(こうい))pickpocketing

すりきれる 擦り切れる wear (out) 動 ➡ p.686

スリッパ slippers 名 ➡ p.564, mules

スリップ (車の)a skid;(女性用の下着)a slip 名 ➡ p.563 ―スリップする (車が)skid, slip 動 ➡ p.563

スリル a thrill 名 ➡ p.634
―スリルのある thrilling 形 ➡ p.634

する¹ (行う)do 動 ➡ p.176, play 動 ➡ p.467;(立場・状態にある)be 動 ➡ p.56;(人・ものを…にする)make 動 ➡ p.376;(決める)decide 動 ➡ p.160, take 動 ➡ p.610;(感じられる)feel 動 ➡ p.225;(値段である)cost 動 ➡ p.142

する² 擦る (こする)rub 動 ➡ p.522;(マッチを)strike 動 ➡ p.595

する³ (犯罪)pick

ずるい (正当でない)unfair 形 ➡ p.661;(悪賢(わるがしこ)い)cunning 形 ➡ p.151

するどい 鋭い sharp 形 ➡ p.548
―鋭く sharply 副 ➡ p.548

ずるやすみ ずる休み truancy,《米》hooky

ずるをする cheat 動 ➡ p.110

ずれ (意見などの)a gap 名 ➡ p.256, (a) difference 名 ➡ p.169

すれちがう すれ違う pass (by each other)

スローガン a slogan 名 ➡ p.564

すわる sit (down) 動 ➡ p.559, take a seat ➡ p.536(seat 名)

せ

せ, せい¹ 背 (背中, 背面)a back 名 ➡ p.47;(身長)height 名 ➡ p.293
―背が高い tall 形 ➡ p.612
―背が低い short 形 ➡ p.551

せい² 姓 a family name 名 ➡ p.219, a last name 名 ➡ p.347

せい³ 性 (a) sex 名 ➡ p.546

-せい(の) …製(の) made;(生産地を表して)made in ➡ p.376(make 動);(材料を表して)made of ➡ p.376(make 動), made from ➡ p.376(make 動)

-(の)せいで …のせいで (原因・理由)because of ➡ p.59(because 接), due to ➡ p.187(due 形) ―…のせいにする (罪などを)blame ... (for) 動 ➡ p.69

ぜい 税 (a) tax 名 ➡ p.613
―税務署 a tax office

せいい 誠意 sincerity
―誠意のある sincere 形 ➡ p.557

せいいっぱい 精いっぱい as hard as possible

せいえん 声援 cheering, a cheer 名 ➡ p.111 ―声援する cheer ➡ p.111;(勇気づける)encourage 動 ➡ p.198

せいおう 西欧 (ヨーロッパ西部)Western Europe, West Europe

せいかい 正解 a correct answer ➡ p.142 (correct 形), a right answer ➡ p.515 (right¹ 形)

せいかく 性格 (a) character 名 ➡ p.109, (a) personality 名 ➡ p.460

せいかくな 正確な correct 形 ➡ p.142, exact 形 ➡ p.207, right ➡ p.515(right¹ 形) ―正確に correctly 副 ➡ p.142, exactly ➡ p.207

せいかつ 生活 (a) life 名 ➡ p.358, (a) living 名 ➡ p.364
―生活する live ➡ p.364(live¹ 動), lead a life ➡ p.350(lead¹ 動);(生計を立てる)make a living (as, by) ➡ p.364(living 名), earn a living (as, by) ➡ p.364 (living 名)
―生活水準 a standard of living ➡ p.585(standard 名)
―生活費 the cost of living ➡ p.142(cost 名), living expenses ➡ p.211(expense 名)
―生活様式 a way of life, lifestyle 名 ➡ p.358

ぜいかん 税関 customs ➡ p.152(custom 名)

せいき 世紀 a century 名 ➡ p.105

せいぎ 正義 justice 名 ➡ p.336

せいきゅう 請求 a demand 名 ➡ p.163
―請求する ask (for, to) 動 ➡ p.37;(支払(しはら)いを)charge (for) 動 ➡ p.107
―請求書 a bill ➡ p.67(bill¹ 名),《米》a check 名 ➡ p.110

ぜいきん 税金 (a) tax 名 ➡ p.613

せいけつな 清潔な clean 形 ➡ p.118

せいげん 制限 a limit 名 ➡ p.361
―制限する limit ➡ p.361, set a limit on

せいこう 成功 success 名 ➡ p.598

一成功する　succeed (in) 動 ➡ p.598, be successful (in) ➡ p.598(successful 形)

せいざ　星座　a constellation;(星占(うらな)いの)a sign 名 ➡ p.555

せいさく　政策　a policy 名 ➡ p.472

せいさくする　製作する,制作する　(一般にものを作る)make 動 ➡ p.376;(映画などを)produce 動 ➡ p.484
一製作者,制作者　a maker 名 ➡ p.374;(映画などの制作者)a producer 名 ➡ p.484
一製作所　a factory 名 ➡ p.216

せいさん　生産　production 名 ➡ p.485
一生産する　produce 動 ➡ p.484, make 動 ➡ p.376
一生産者　producer 名 ➡ p.484
一生産物　product 名 ➡ p.484

せいじ　政治　politics 名 ➡ p.472;(統治)government 名 ➡ p.271
一政治の　political 形 ➡ p.472
一政治家　a statesman 名 ➡ p.587, a politician 名 ➡ p.472

せいしきな　正式な　formal 形 ➡ p.245;(公式の)official 形 ➡ p.430
一正式に　formally;officially 副 ➡ p.430

せいしつ　性質　(人・動物の)(a) nature 名 ➡ p.410;(物質などの)a property 名 ➡ p.487

せいじつ　誠実　sincerity
一誠実な　sincere 形 ➡ p.557
一誠実に　sincerely 副 ➡ p.557

せいしゅん　青春　youth 名 ➡ p.720
一青春時代(に)　(in) one's youth 名 ➡ p.720

せいしょ¹　聖書　the (Holy) Bible 名 ➡ p.65

せいしょ²　清書　a fair copy
一清書する　make a fair copy (of)

せいじょう　正常　normality
一正常な　normal 形 ➡ p.420

せいしょうする　斉唱する　sing in unison, sing together

せいしょうねん　青少年　the youth 名 ➡ p.720, young people ➡ p.458(people 名)

せいしん　精神　mind 名 ➡ p.390, spirit 名 ➡ p.580
一精神の,精神的な　mental 形 ➡ p.387
一精神的に　mentally

せいじん¹　成人　an adult 名 ➡ p.10, a grown-up 名 ➡ p.277
一成人する　(おとなになる)grow up ➡ p.277(grow);(成年に達する)come of age ➡ p.13(age 名)
一成人の日　Coming-of-Age Day

せいじん²　聖人　a saint 名 ➡ p.526

せいず　製図　drawing 名 ➡ p.183
一製図する　draw 動 ➡ p.182

せいぜい　(多くても)at (the) most ➡ p.399(most 代)

せいせいどうどうと　正々堂々と　fairly 副 ➡ p.217
一正々堂々の　fair ➡ p.217(fair¹ 形)

せいせき　成績　《米》a grade 名 ➡ p.271, 《英》a mark 名 ➡ p.379;(試験などの結果)a result 名 ➡ p.513
一成績表　《米》a report card ➡ p.510 (report 名),《英》a school report

せいそう　清掃　cleaning ➡ p.119

せいぞうする　製造する　make 動 ➡ p.376, produce 動 ➡ p.484;(大規模に)manufacture 動 ➡ p.378
一製造業　the manufacturing industry

せいぞん　生存　existence 名 ➡ p.211
一生存する　exist 動 ➡ p.211, live ➡ p.364(live¹ 動);(生き残る)survive 動 ➡ p.604
一生存競争　a struggle for existence
一生存者　a survivor 名 ➡ p.604

せいだいな　盛大な　grand 形 ➡ p.272

ぜいたく　luxury 名 ➡ p.371
一ぜいたくな　luxurious

せいちょう　成長,生長　growth 名 ➡ p.277
一成長する,生長する　grow 動 ➡ p.276

せいてん　晴天　fine weather

せいと　生徒　(小学生)a pupil 名 ➡ p.490;(中・高生)a student 名 ➡ p.596
一生徒会　a student council ➡ p.143 (council 名)
一生徒手帳　a student handbook

せいど　制度　a system 名 ➡ p.607

せいとう　政党　a (political) party 名 ➡ p.454

せいどう　青銅　bronze 名 ➡ p.82

せいとうな　正当な　(正しい)just 形 ➡ p.336;(もっともな)good 形 ➡ p.269
一正当化する　justify 動 ➡ p.336

せいとんする　整頓する　put ... in order

せいなん　西南　the southwest 名 ➡ p.576

せいねん　青年　a youth 名 ➡ p.720, a young man ➡ p.719(young 形), a young woman ➡ p.719(young 形);(全体をまとめて)young people ➡ p.719(young 形)

せいねんがっぴ　生年月日　the date of (one's) birth, one's date of birth ➡ p.68 (birth 名), p.156(date 名)

せいのう　性能　performance 名 ➡ p.459;(能率)efficiency
一性能のよい　efficient 形 ➡ p.193

せいひん　製品　a product 名 ➡ p.484

せいふ　政府　the government 名 ➡ p.271

せいぶ　西部　the western part, the west 名 ➡ p.690;(アメリカの)the west 名 ➡

和英

あ
か
さ
た
な
は
ま
や
ら
わ

p.690 ―西部の west 形 ➡ p.690,
western 形 ➡ p.690
せいふく¹ 制服 (a) uniform 名 ➡ p.662;
(学校の)a school uniform ➡ p.662
(uniform 名)
せいふく² 征服 conquest 名 ➡ p.136
―征服する conquer 動 ➡ p.136
―征服者 a conqueror 名 ➡ p.136
せいぶつ 生物 a living thing 名 ➡ p.364
(living 形);(全体をまとめて)life 名 ➡
p.358
―生物学 biology 名 ➡ p.67
―生物学者 a biologist
せいぶん 成分 an ingredient 名 ➡ p.321
せいぼ 聖母 the Virgin Mary 名 ➡ p.674
せいぼう 制帽 a uniform cap;(学校の)a
school cap
せいほうけい 正方形 a square 名 ➡
p.583
せいほく 西北 the northwest 名 ➡ p.421
―西北の northwest 形 ➡ p.421
せいみつな 精密な (正確な)precise 形 ➡
p.478;(詳(くわ)しい)detailed 形 ➡ p.166
せいめい¹ 生命 (a) life 名 ➡ p.358
―生命保険 life insurance
せいめい² 姓名 a full name 名 ➡ p.253
せいめい³ 声明 a statement 名 ➡ p.587,
an announcement 名 ➡ p.26
せいもん 正門 the front gate, the main
gate
せいゆう 声優 (テレビ・映画の)a dubbing
artist;(ラジオで)a radio actor [actress]
せいよう 西洋 the West ➡ p.690(west
名)
―西洋の Western ➡ p.690(western 形)
―西洋諸国 the Western countries
―西洋人 a Westerner
せいり 生理 (月経)a period
せいりする 整理する put ... in order, tidy
up
―整理券 a numbered ticket
―整理番号 a reference number
せいりつする 成立する (組織・団体などが)
be formed ➡ p.245(form 動);(協定・条約
などが)be concluded
せいりょういんりょう 清涼飲料 a soft
drink 名 ➡ p.199
せいりょく¹ 勢力 (勢い)power;(影響(えい
きょう)力)influence 名 ➡ p.320
―勢力のある powerful 形 ➡ p.477,
influential ➡ p.320
せいりょく² 精力 energy 名 ➡ p.199
―精力的な energetic 形 ➡ p.199
せいれき 西暦 the Christian era;(年数と
ともに用いて)A.D. ➡ p.9

せいれつする 整列する line up ➡ p.362
(line 動);(縦1列に)stand in a line ➡
p.361(line 名);(横1列に)stand in a row
セーター a sweater 名 ➡ p.605
セーフ safe 名 ➡ p.526
セーラーふく セーラー服 a sailor-suit
uniform for girl students
セール (安売り)a sale 名 ➡ p.526
セールスマン (男性の)a salesman 名 ➡
p.527;(女性の)a saleswoman 名 ➡
p.527;(性別を問わず)a salesperson 名 ➡
p.527
せおよぎ 背泳ぎ the backstroke
せかい 世界 the world 名 ➡ p.710
―世界記録 a world record ➡ p.710
(world 形)
―世界史 world history ➡ p.299
(history 名)
せかす 急かす hurry 動 ➡ p.311, rush 動
➡ p.524
セカンド (二塁(るい))second (base) ➡ p.536
(second¹ 名);(二塁手)a second baseman
せき¹ 席 a seat 名 ➡ p.536
せき² a cough 名 ➡ p.143
―せきをする cough 動 ➡ p.143, give
[have] a cough 名 ➡ p.143(cough 名)
せきがいせん 赤外線 infrared rays
せきじゅうじ(しゃ) 赤十字(社) the Red
Cross (Society) 名 ➡ p.505
せきたん 石炭 coal 名 ➡ p.123
せきどう 赤道 the equator 名 ➡ p.203
せきにん 責任 (a) responsibility 名 ➡
p.512
―責任のある responsible (for) 形 ➡
p.512
―責任者 a person in charge
せきゆ 石油 oil 名 ➡ p.430, petroleum 名
➡ p.461 ―石油ストーブ an oil heater
せけん 世間 (世の中)the world 名 ➡
p.710;(人々)people 名 ➡ p.458
―世間話 a chat 名 ➡ p.109
セし セ氏 Celsius 形 ➡ p.104, centigrade
形 ➡ p.104
せだい 世代 a generation 名 ➡ p.258
せつ¹ 説 (意見)an opinion 名 ➡ p.438;
(学説)a theory 名 ➡ p.623
せつ² 節 (詩・文章のひと区切り)a passage
名 ➡ p.455;(章より小さい区分)a
paragraph 名 ➡ p.451
せっかい 石灰 lime
せっかちな impatient 形 ➡ p.315;(急い
だ、あわてた)hasty 形 ➡ p.286
せっきょう 説教 a lecture;(宗教の)a
sermon 名 ➡ p.543 ―説教する lecture;
(宗教で)preach 動 ➡ p.478

和英

あ か さ た な は ま や ら わ

せっきょくてきな 積極的な （肯定(说)的な） positive 形 ➡ p.475;（活動的な）active 形 ➡ p.9 ―積極的に positively；actively

せっきん 接近 approach 名 ➡ p.32 ―接近する go near, come near, approach 動 ➡ p.32

せっく 節句 a seasonal festival

せっけい 設計 design 名 ➡ p.165 ―設計する design 動 ➡ p.165 ―設計図 a plan ➡ p.466

せっけん 石けん soap 名 ➡ p.568

ゼッケン a (racing) number

せっこう 石膏 plaster 名 ➡ p.467

ぜっこうの 絶好の the best 形 ➡ p.64, perfect 形 ➡ p.459

ぜっさん 絶賛 (a) high praise ➡ p.477 (praise 名) ―絶賛する praise very highly

せっしょくする 接触する touch 動 ➡ p.645;（連絡(%)する）contact 動 ➡ p.138

せっする 接する （触(氵)れる）touch 動 ➡ p.645;（隣(孝)り合う）(be) next to ➡ p.416 (next 形);（人と交わる）meet 動 ➡ p.385

せっせと （一心に）hard 副 ➡ p.285

せっせん 接戦 a close game ➡ p.121 (close² 形)

せつぞく 接続 (a) connection 名 ➡ p.136 ―接続する connect (to, with) 動 ➡ p.136, join 動 ➡ p.333 ―接続詞 《文法》a conjunction

ぜったい（に） 絶対（に）absolutely 副 ➡ p.5 ―絶対の. 絶対的な absolute 形 ➡ p.5

せっちゃくする 接着する glue ―接着剤 (an) adhesive, (a) glue 名 ➡ p.265

セット （ひとそろい）a set ➡ p.544;（試合の）a set 名 ➡ p.544 ―セットする set 動 ➡ p.544

せっとく 説得 persuasion ―説得する persuade 動 ➡ p.460

せつび 設備 equipment 名 ➡ p.203

せつぶん 節分 the eve of the first day of spring

ぜっぺき 絶壁 a cliff 名 ➡ p.120

ぜつぼう 絶望 despair 名 ➡ p.166 ―絶望する despair (of) 動 ➡ p.166, lose all hope ―絶望的な hopeless 形 ➡ p.304, desperate 形 ➡ p.166

せつめい 説明 (an) explanation 名 ➡ p.212 ―説明する explain 動 ➡ p.212 ―説明書 （機械などの）a manual 名 ➡ p.378

ぜつめつ 絶滅 extinction 名 ➡ p.213 ―絶滅する die out ➡ p.169(die 動), become extinct

せつやく 節約 (an) economy 名 ➡ p.193, (a) saving 名 ➡ p.529 ―節約する save 動 ➡ p.529;（出費を)cut down ➡ p.153 (cut 動), reduce 動 ➡ p.505

せつりつ 設立 foundation 名 ➡ p.247, establishment 名 ➡ p.204 ―設立する found 動 ➡ p.247(found² 動), establish 動 ➡ p.203 ―設立者 a founder 名 ➡ p.247

せともの 瀬戸物 china 名 ➡ p.113

せなか 背中 a back 名 ➡ p.47

ぜひ be sure to ... ➡ p.603(sure 形)

せびろ 背広 a (business) suit 名 ➡ p.599

せぼね 背骨 a backbone 名 ➡ p.48

せまい 狭い （面積が)small 形 ➡ p.564;（幅(氵)が)narrow 形 ➡ p.408

せまる 迫る （近づく)approach 動 ➡ p.32, draw near ➡ p.182(draw 動);（強制する)press 動 ➡ p.480

セミ a cicada 名 ➡ p.116

せめて at least ➡ p.352(least 名)

せめる¹ 責める blame 動 ➡ p.69

せめる² 攻める attack 動 ➡ p.43

セメント cement 名 ➡ p.104

ゼリー (a) jelly 名 ➡ p.332

せりふ one's lines ➡ p.361(line 名)

セルフサービス self-service 名 ➡ p.538

ゼロ (a) zero 名 ➡ p.721

セロハン cellophane

セロリ celery 名 ➡ p.103

せろん 世論 public opinion ➡ p.488 (public 名)

せわ 世話 （めんどうをみること）care 名 ➡ p.98;（手助け）help 名 ➡ p.294;（やっかい）trouble 名 ➡ p.652 ―世話をする take care of ➡ p.98(care 名), look after ➡ p.367(look 動)

せん¹ 千(の) a thousand 名 ➡ p.633

せん² 線 a line 名 ➡ p.361;（鉄道の番線）a track 名 ➡ p.646

せん³ 栓 （びんの)a stopper;（コルクの)a cork 名 ➡ p.141 ―栓抜き a bottle opener;（コルク用の)a corkscrew

ぜん 善 good 名 ➡ p.269

ぜん¹ 全… all 形 ➡ p.17, whole 形 ➡ p.698;（統計の)total 形 ➡ p.645

ぜん² 前… （以前の)former 形 ➡ p.246;（時間・順序が前の)previous 形 ➡ p.481

せんい 繊維 a fiber 名 ➡ p.227

ぜんい 善意 goodwill 名 ➡ p.270;（好意）kindness 名 ➡ p.340

せんいん 船員 a sailor 名 ➡ p.526

和英

あ
か
さ
た
な
は
ま
や
ら
わ

ぜんいん 全員 all (the members) 形 代 ➡ p.17

ぜんかいする 全快する completely recover, completely get over

せんきょ 選挙 an election 名 ➡ p.196
―選挙する elect 動 ➡ p.196
―選挙権 the right to vote ➡ p.515 （right¹ 名）

せんげつ 先月 last month ➡ p.347(last¹ 形)

せんげん 宣言 (a) declaration 名 ➡ p.161
―宣言する declare 動 ➡ p.161

せんご(に) 戦後(に) after the war
―戦後の postwar

ぜんご 前後 (位置・方向)front and back; (動く方向)back and forth ➡ p.48(back 副）;(時間的に前かあと)before or after;(…くらい)about 副 ➡ p.4

せんこう¹ 専攻 one's specialty 名 ➡ p.578, 《米》one's major 名 ➡ p.374
―専攻する specialize in ➡ p.578 (specialize 動), 《米》major in ➡ p.374 (major 動)

せんこう² 線香 an incense stick

ぜんこう 全校 the whole school ➡ p.532 (school¹ 名)
―全校集会 an assembly for the entire school
―全校生徒 all the students of a school

ぜんこく 全国 the whole country ➡ p.698(whole 形)
―全国的な nationwide
―全国(的)に all over the country ➡ p.144(country 名)

センサー a sensor

せんざい 洗剤 (a) detergent 名 ➡ p.167

せんしする 戦死する be killed in (a) war ➡ p.339(kill 動)

せんしつ 船室 a cabin 名 ➡ p.90

せんじつ 先日 the other day ➡ p.158 (day 名)

ぜんじつ 前日 the day before ➡ p.61 (before 副);(祝祭日などの)Eve ➡ p.204 (eve 名)

せんしゃ 戦車 a tank 名 ➡ p.612

せんしゅ 選手 (球技などの)a player 名 ➡ p.468;(運動選手全般)an athlete 名 ➡ p.41
―選手権 a championship 名 ➡ p.107

せんしゅう 先週 last week ➡ p.347(last¹ 形)

ぜんしゅう 全集 complete works ➡ p.132(complete 形)

ぜんしょうする¹ 全勝する win all the games

ぜんしょうする² 全焼する burn down ➡ p.85(burn 動)

ぜんしん¹ 前進 (an) advance 名 ➡ p.10
―前進する go forward, go ahead ➡ p.15(ahead 副), advance 動 ➡ p.10

ぜんしん² 全身 the whole body

せんしんこく 先進国 an advanced [a developed] country ➡ p.167(developed 形) p.144(country 名)

センス (a) sense 名 ➡ p.542

せんす 扇子 a folding fan

せんすい 潜水 diving 名 ➡ p.175
―潜水する dive 動 ➡ p.174
―潜水艦 a submarine 名 ➡ p.597

せんせい¹ 先生 (教師)a teacher 名 ➡ p.614;(医者)a doctor 名 ➡ p.175

せんせい² 宣誓 an oath 名 ➡ p.425
―宣誓する take an oath, swear 動 ➡ p.605

せんぜん(に) 戦前(に) before the war
―戦前の prewar

ぜんぜん 全然 (少しも…ない)not ... at all ➡ p.17(all 名);(まるで)quite 副 ➡ p.496

せんぞ 先祖 an ancestor 名 ➡ p.24

せんそう 戦争 (a) war 名 ➡ p.680

ぜんそく asthma 名 ➡ p.41

センター (中心となる場所や施設)a center 名 ➡ p.104;(野球)center (field) 名 ➡ p.104;(選手)a center (fielder) 名 ➡ p.104 ―センターライン a center line

ぜんたい 全体 the whole 名 ➡ p.698
―全体の whole 形 ➡ p.698, all 形 ➡ p.17

せんたく¹ 洗濯 (a) wash 名 ➡ p.682, washing 名 ➡ p.682
―洗濯する wash 動 ➡ p.682, do the washing
―洗濯機 a washing machine 名 ➡ p.682
―洗濯物 a wash 名 ➡ p.682, washing 名 ➡ p.682, the laundry 名 ➡ p.349

せんたく² 選択 (a) choice 名 ➡ p.113, (a) selection 名 ➡ p.538 ―選択する choose 動 ➡ p.113, select 動 ➡ p.538

センチ(メートル) a centimeter 名 ➡ p.104

ぜんちし 前置詞 《文法》a preposition 名 ➡ p.479

センチメンタルな sentimental 形 ➡ p.542

せんちょう 船長 a captain 名 ➡ p.97

せんでん 宣伝 (an) advertisement 名 ➡ p.11
―宣伝する advertise 動 ➡ p.10

セント a cent 名 ➡ p.104

せんとう¹ 先頭 the head 名 ➡ p.290, the lead ➡ p.350(lead¹ 名), the top ➡ p.644 (top¹ 名)

せんとう² 銭湯 a public bath

ぜんねん 前年 (前の年)the previous year;(昨年)last year ➡ p.347(last¹ 形)

せんねんする 専念する devote *oneself* (to) ➡ p.167(devote 動);(集中する) concentrate (on) 動 ➡ p.133

せんぱい 先輩 (上級生)an older student

せんばつ 選抜 a selection 名 ➡ p.538
─選抜する select 動 ➡ p.538
─選抜試験 a selective examination

せんぱつする 先発する (先に出発する) start in advance
─先発メンバー the starting line up

ぜんはん 前半 the first half ➡ p.281 (half 名)

ぜんぶ 全部 all 代 ➡ p.17;(全体)the whole 名 ➡ p.698
─全部の all 形 ➡ p.17, whole 形 ➡ p.698;(どれでもみな)every 形 ➡ p.206
─全部で in all ➡ p.17(all 代), altogether 副 ➡ p.20

せんぷうき 扇風機 an electric fan

せんべい 煎餅 a Japanese (rice) cracker

せんべつ 餞別 a farewell gift

ぜんぽうに[へ] 前方に[へ] ahead 副 ➡ p.15, forward 副 ➡ p.246

ぜんめつする 全滅する be completely destroyed ➡ p.166(destroy 動)

せんめん 洗面
─洗面器 a washbowl 名 ➡ p.682
─洗面所 (家庭の)a bathroom 名 ➡ p.54;(公共の)a rest room 名 ➡ p.513
─洗面台 a sink 名 ➡ p.558,《英》a washbasin 名 ➡ p.682

せんもん 専門 a specialty 名 ➡ p.578
─専門の, 専門的な special 形 ➡ p.578
─専門家 a specialist 名 ➡ p.578
─専門学校 a vocational school

ぜんや 前夜 (その前の夜)the night before;(祝祭日などの)Eve ➡ p.204(eve 名)

せんよう 専用 for ... only

せんりつ 旋律 a melody 名 ➡ p.386

ぜんりゃく 前略 Dear ... ➡ p.159(dear 形)

せんりょう 占領 occupation 名 ➡ p.426
─占領する occupy 動 ➡ p.426

せんろ 線路 a (railroad) track ➡ p.646

そ

そう¹ (相手のことば・様子などを指して)so 副 ➡ p.567, that 代 ➡ p.624;(程度を示して)so 副 ➡ p.567, such 形 ➡ p.598;(答えで)

yes 副 ➡ p.717;no 副 ➡ p.418;(相づち・軽い疑問などを示して)Is that so? ➡ p.567 (so), Really? ➡ p.502(really 副)

そう² 沿う, 添う (適合する)meet 動 ➡ p.385
─(に)沿って along 副 ➡ p.19

ゾウ an elephant 名 ➡ p.196

ぞう 像 an image 名 ➡ p.315;(彫刻(ちょうこく))a statue 名 ➡ p.588

そういう such 形 ➡ p.598, like that ➡ p.385

そうおん 騒音 (a) noise 名 ➡ p.419
─騒音公害 noise pollution

ぞうか¹ 増加 (an) increase 名 ➡ p.317
─増加する increase 動 ➡ p.317

ぞうか² 造花 an artificial flower ➡ p.37 (artificial形)

そうかい 総会 a general meeting

そうがく 総額 the total 名 ➡ p.645, the sum 名 ➡ p.600
─総額…になる amount to ➡ p.23 (amount動), total ➡ p.645

そうがんきょう 双眼鏡 binoculars ➡ p.67, field glasses

ぞうきん 雑巾 a rag;(ほこりを取る)a dustcloth

ぞうげ 象牙 ivory 名 ➡ p.329

そうげん 草原 grassland(s) ➡ p.273

そうこ 倉庫 a warehouse 名 ➡ p.681, a storehouse 名 ➡ p.592

そうごうの 総合の total 形 ➡ p.645
─総合的な general 形 ➡ p.257

そうさ¹ 捜査 (an) investigation 名 ➡ p.325
─捜査する investigate 動 ➡ p.325

そうさ² 操作 operation 名 ➡ p.437
─操作する operate 動 ➡ p.437

そうさく¹ 創作 creation 名 ➡ p.147;(作品)a work 名 ➡ p.709 ─創作する create 動 ➡ p.147;(小説を書く)write a novel

そうさく² 捜索 a search 名 ➡ p.535
─捜索する search 動 ➡ p.535
─捜索隊 a search party

そうじ¹ 掃除 cleaning ➡ p.119
─掃除する clean 動 ➡ p.118;(はき掃除) sweep 動 ➡ p.605;(ふき掃除)wipe 動 ➡ p.705
─掃除機 a (vacuum) cleaner 名 ➡ p.119

そうじ² 送辞 a farewell speech

そうしき 葬式 a funeral 名 ➡ p.253

そうしゃ 走者 a runner 名 ➡ p.524

そうじゅうする 操縦する (飛行機を)fly ➡ p.238(fly¹ 動);(機械を)operate 動 ➡ p.437
─操縦席 (飛行機の)a pilot's seat

そうしゅん 早春 early spring ➡ p.190

和英

あ
か
さ
た
な
は
ま
や
ら
わ

(early 形)
そうしょく 装飾 decoration 名 ➡ p.161
そうしんする 送信する transmit 動 ➡ p.649
ぞうせん 造船 shipbuilding
　―造船所 a shipyard 名 ➡ p.550
そうそう(に) 早々(に) (早い時期に)early 副 ➡ p.190;(すぐに)soon ➡ p.573, at once ➡ p.432(once 名), right away ➡ p.516(right¹ 形)
そうぞう¹ 想像 (an) imagination 名 ➡ p.315 ―想像する imagine 動 ➡ p.315
そうぞう² 創造 creation 名 ➡ p.147
　―創造する create 動 ➡ p.147
そうぞく 相続 inheritance
　―相続する inherit
　―相続人 (男)an heir 名 ➡ p.293, (女)an heiress
-そうだ (…の様子だ)look 動 ➡ p.366, seem 動 ➡ p.538;(たぶん…になるだろう)be likely to ... ➡ p.361(likely 形);(もう少しで…だ)nearly 副 ➡ p.410, almost 副 ➡ p.19;(当然…だ)should 助 ➡ p.552
-(だ)そうだ (…ということだ)I hear (that) ... ➡ p.292(hear 動), They say (that) .... ➡ p.629(they 代)
そうだいさ 壮大さ grandeur, magnificence ―壮大な grand 形 ➡ p.272, magnificent 形 ➡ p.373
そうたいする 早退する (学校を)leave school early, leave school earlier than usual
そうだん 相談 a talk 名 ➡ p.609, (a) consultation
　―相談する (話をする)talk over (with) ➡ p.609(talk 動), consult 動 ➡ p.137;(助言を求める)ask ... for advice
そうち 装置 a device 名 ➡ p.167;(舞台などの)a setting 名 ➡ p.544
そうちょう(に) 早朝(に) early in the morning ➡ p.190(early 副)
そうとう 相当 (かなり)pretty 副 ➡ p.481, quite 副 ➡ p.496 ―相当する (等しい)be equal to ➡ p.202(equal 形);(価値がある)be worth ➡ p.712(worth 形)
そうどう 騒動 (a) trouble 名 ➡ p.652, (a) fuss
そうなんする 遭難する have an accident ➡ p.6(accident 名)
ぞうに 雑煮 rice cake soup
そうべつ 送別 a farewell 名 ➡ p.221
　―送別会 a farewell party ➡ p.221 (farewell 名)
そうりだいじん 総理大臣 the prime minister 名 ➡ p.482

そうりつ 創立 foundation 名 ➡ p.247, establishment 名 ➡ p.204
　―創立する found ➡ p.247(found² 動), establish 動 ➡ p.203
　―創立記念日 the anniversary of the founding
　―創立者 a founder 名 ➡ p.247
そうりょう 送料 postage 名 ➡ p.475
そえる 添える (つける)attach (to) 動 ➡ p.43;(つけ加える)add (to) 動 ➡ p.9
　―…をそえて with 前 ➡ p.707
ソース sauce 名 ➡ p.529;(ウスターソース)Worcestershire sauce
ソーセージ (a) sausage 名 ➡ p.529
ソーダ soda 名 ➡ p.569
-そく …足 (靴などの)a pair of ➡ p.448 (pair 名)
ぞくご 俗語 slang 名 ➡ p.562
そくしんする 促進する promote 動 ➡ p.486
ぞくする 属する belong (to) 動 ➡ p.63
そくせきの 即席の (料理などが)instant 形 ➡ p.322;(その場の・準備なしの)offhand
ぞくぞくする (寒さ・恐怖で)feel a chill, have a chill ➡ p.113(chill 名), shiver 動 ➡ p.550;(興奮して震える)be thrilled
ぞくぞくと 続々と one after another ➡ p.433(one 代)
そくたつ 速達 special delivery
そくていする 測定する (長さ・量などを)measure 動 ➡ p.384;(重さを)weigh 動 ➡ p.688
そくど 速度 (a) speed 名 ➡ p.579
そくばく 束縛 (a) restriction 名 ➡ p.513
　―束縛する restrict ➡ p.513, tie 動 ➡ p.636
そくほう 速報 a newsflash
そくりょう 測量 a survey 名 ➡ p.604
　―測量する survey 動 ➡ p.604
ソケット a socket 名 ➡ p.569
そこ¹ (場所)there 副 ➡ p.623, that 代 ➡ p.624;(そのとき)then 副 ➡ p.623;(その点)that 代 ➡ p.624
そこ² 底 a bottom 名 ➡ p.76;(靴の)a sole ➡ p.570(sole² 名)
そこで (それで)so 接 ➡ p.567, therefore 副 ➡ p.628
-(し)そこなう miss 動 ➡ p.393, fail to ... ➡ p.216(fail 動)
そしき 組織 (an) organization 名 ➡ p.440
　―組織する organize 動 ➡ p.440
そして (…と)and 接 ➡ p.24;(それから)and then ➡ p.25(and 接)
そせん 祖先 an ancestor 名 ➡ p.24

そそぐ 注ぐ pour 動 ➡ p.476;(川が)flow (into) 動 ➡ p.238

そそっかしい careless 形 ➡ p.99

そだち 育ち (教育・しつけ)breeding

そだつ 育つ grow (up) 動 ➡ p.276, be raised ➡ p.498(raise 動), be brought up ➡ p.81(bring 動)

そだてる 育てる raise 動 ➡ p.498;(人を) bring up ➡ p.81(bring 動);(教育する) educate 動 ➡ p.193;(養成する)train 動 ➡ p.648

そちら (場所)there 副 名 ➡ p.623;(あなた)you 代 ➡ p.719

そつぎょう 卒業 graduation 名 ➡ p.272
―卒業する graduate (from) 動 ➡ p.272, 《英》(大学以外)finish 動 ➡ p.231
―卒業アルバム 《米》a yearbook 名 ➡ p.717
―卒業式 a graduation (ceremony) 名 ➡ p.272, 《米》a commencement 名 ➡ p.127
―卒業証書 a diploma 名 ➡ p.170, a graduation certificate
―卒業生 a graduate 名 ➡ p.272

ソックス socks ➡ p.569(sock 名)

そっくり (似ている)look just like ➡ p.366 (look 動), be just like ➡ p.360(like² 前), closely resemble ➡ p.511(resemble 動);(全部そのまま)all 副 ➡ p.17

そっち there 副 名 ➡ p.623

そっちょくな 率直な frank 形 ➡ p.248
―率直に frankly 副 ➡ p.248

-にそって …に沿って along 前 ➡ p.19

そっと (静かに)quietly 副 ➡ p.496;(軽く) lightly 副 ➡ p.359, softly 副 ➡ p.570

ぞっとする shiver 動 ➡ p.550, shudder 動 ➡ p.554

そで 袖 a sleeve 名 ➡ p.563

そと 外 (外部)the outside 名 ➡ p.444
―外の outside 形 ➡ p.444, outdoor 形 ➡ p.441
―外で、外に out 副 ➡ p.441, outside 副 ➡ p.444, outdoors 副 ➡ p.444

そとがわ 外側 the outside 名 ➡ p.444

そなえる 備える (用意する)prepare (for) 動 ➡ p.479;(備えつける)equip (with) 動 ➡ p.203

その (相手の近くの)that 形 ➡ p.624;(相手や読者もわかっていることについて)the 冠 ➡ p.626;(前の名詞を指して)its 代 ➡ p.329

そのうえ (しかも)besides 副 ➡ p.64, moreover 副 ➡ p.398;(さらに悪いことに) to make matters worse

そのうち (近いうちに)soon 副 ➡ p.573, before long ➡ p.61(before 前);(いつの日

か)some day ➡ p.572(some 形), someday 副 ➡ p.571

そのかわり その代わり instead 副 ➡ p.322

そのくせ still 副 ➡ p.590, and yet ➡ p.718(yet 副)

そのご その後 (そののち)after that, later 副 ➡ p.348;(そのとき以来)since then ➡ p.557(since 前)

そのころ (そのとき)then 副 名 ➡ p.623, at that time ➡ p.638(time 名);(その当時)in those days ➡ p.158(day 名)

そのた その他 the others ➡ p.442(other 代)

そのため (理由)for that reason;(目的)for that purpose;(結果)so 接 ➡ p.567, therefore 副 ➡ p.628

そのとき その時 then 副 名 ➡ p.623, at that time ➡ p.637(time 名)

そのば その場 the place 名 ➡ p.465, the spot 名 ➡ p.581
―その場で then and there, on the spot ➡ p.581(spot 名)

そのへん その辺 around there

そのほか (ほかの人・もの)the others ➡ p.442(other 代)

そのまま as it is, as they are

そのもの the very thing ➡ p.671(very 形);(それ自体)itself 代 ➡ p.329

ソバ buckwheat;(食品)buckwheat noodles

そば (わき)side 名 ➡ p.554
―そばに by 前 副 ➡ p.88;(並んで)beside 前 ➡ p.63;(近くに)near 前 副 ➡ p.410
―そばの nearby 形 ➡ p.410

そびえる rise 動 ➡ p.517

そふ 祖父 a grandfather 名 ➡ p.272

ソファー a sofa 名 ➡ p.569

ソフト (柔らかい)soft 形 ➡ p.569;(ソフトウエア)software 名 ➡ p.570
―ソフトウエア software 名 ➡ p.570
―ソフトクリーム soft-serve ice cream in a cone
―ソフトドリンク a non-alcoholic drink, a soft drink 名 ➡ p.570
―ソフトボール softball 名 ➡ p.570

ソプラノ soprano 名 ➡ p.573

そぼ 祖母 a grandmother 名 ➡ p.273

そぼくな 素朴な simple 形 ➡ p.556

そまつな 粗末な (貧弱な)poor 形 ➡ p.473;(簡素な)plain 形 ➡ p.466
―粗末にする (むだづかいする)waste 動 ➡ p.682;(いいかげんにあつかう)treat badly ➡ p.650(treat 動)

そむく 背く (従わない)do not obey ➡

p.425(obey 動);(裏切る)betray ➡ p.64
そめる 染める （染料(せんりょう)で)dye 動 ➡ p.188
そよかぜ そよ風 a breeze 名 ➡ p.80, a gentle wind
そら 空 the sky 名 ➡ p.562;(空中)the air 名 ➡ p.15
ソラマメ a broad bean
そり （小型の)a sled 名 ➡ p.562;(馬などがひく)a sleigh 名 ➡ p.563
そる 剃る shave 動 ➡ p.548
それ （相手の近くのもの・前に述べたことを指して)that 代 ➡ p.624;(前に述べたことを指して)it 代 ➡ p.327
それから （その次に)(and) then 副 ➡ p.623;(その後)after that
それくらい that much
それぞれ(の) each 形 代 ➡ p.189
それだけ （量・程度)that much;(全部)all 代 副 ➡ p.17
それっきり （それ以来)since then ➡ p.623 (then 副)
それで （だから)so 接 ➡ p.567;(そして)and 接 ➡ p.24
それでは then 副 ➡ p.623;(さて)now 副 ➡ p.423
それでも still 副 ➡ p.590, and yet ➡ p.718(yet 副)
それどころか on the contrary ➡ p.139 (contrary 名)
それとなく （遠回しに)indirectly
それとも or 接 ➡ p.438
それなら if so
それに besides 副 ➡ p.64
それはそうと(して) well ➡ p.688(well¹ 間);(ところで)by the way ➡ p.685(way 名)
それほど so 副 ➡ p.567, such 形 ➡ p.598
それる （的から)miss 動 ➡ p.393;(横道に)wander off
ソロ a solo 名 ➡ p.570
そろい 揃い a set 名 ➡ p.544
そろう 揃う （集まる)get together ➡ p.262(get together ➡;(同じである)be equal ➡ p.202(equal 形)
そろえる 揃える （整える)arrange 動 ➡ p.36, put ... in order;(長さを同じにする)make ... all the same length;(完全にする)complete 動 ➡ p.132
そろそろ （まもなく)soon 副 ➡ p.573;(ほとんど)almost 副 ➡ p.19
そろばん an abacus 名 ➡ p.1
そわそわする be restless ➡ p.512 (restless 形), be nervous ➡ p.413 (nervous 形)
そん 損 (a) loss 名 ➡ p.369

—損をする lose 動 ➡ p.368
そんがい 損害 damage 名 ➡ p.154
そんけい 尊敬 respect 名 ➡ p.512
—尊敬する respect 動 ➡ p.512, look up to ➡ p.368(look 動)
そんざい 存在 existence 名 ➡ p.211
—存在する exist 動 ➡ p.211
そんちょう¹ 村長 a mayor 名 ➡ p.383
そんちょう² 尊重 respect 名 ➡ p.512
—尊重する respect 動 ➡ p.512
そんな （そのような)such 形 ➡ p.598, like that;(その種の)that kind of
そんなに so 副 ➡ p.567, that 副 ➡ p.624

た

た¹ 田 （水田)a paddy (field) 名 ➡ p.447, a rice field 名 ➡ p.515
た² 他 the others ➡ p.442(other 代)
ダース a dozen 名 ➡ p.181
ターミナル a terminal 名 ➡ p.619
タイ （魚の)a sea bream
–たい …対 between 〜 and ... ➡ p.65 (between 前), versus 前 ➡ p.671;(点数)〜 to ... ➡ p.640(to 前)
(-し)たい （自分が…したい)want to ... ➡ p.680(want 動), hope to ... ➡ p.303 (hope 動), would like to ... ➡ p.712 (would 助);(人に … してもらいたい)want ＋人＋ to ... ➡ p.680(want 動), would like ＋人＋ to ... ➡ p.712(would 助)
だい¹ 代 （世代)a generation 名 ➡ p.258;(代金)a charge 名 ➡ p.109, a fare 名 ➡ p.221
だい² 題 a title 名 ➡ p.639
だい³ 台 （ものを置くための)a stand 名 ➡ p.585;(踏(ふ)み台)a stool
たいあたりする 体当たりする throw *oneself* (against, at)
たいい 大意 （概略(がいりゃく))an outline 名 ➡ p.444;(要約)a summary 名 ➡ p.600
たいいく 体育 （教科名)physical education 名 ➡ p.462, P.E. 名 ➡ p.456
—体育館 a gymnasium 名 ➡ p.279, 《口語》a gym 名 ➡ p.279
—体育祭 a field day 名 ➡ p.227,《英》a sports day 名 ➡ p.581
—体育の日 Health-Sports Day
だいいち 第一(の) （最初の)the first 形 ➡ p.233;(主要な)primary 形 ➡ p.482
—第一に first 副 ➡ p.233, first of all ➡ p.233(first 副)
—第一印象 the first impression ➡ p.316(impression 名)
たいいんする 退院する leave (the) hospital

和英

あ か さ た な は ま や ら わ

ダイエット a diet 名 ➡ p.169

たいおん 体温 (a) temperature 名 ➡ p.617 —体温計 a (clinical) thermometer 名 ➡ p.628

たいかい 大会 (総会)a general meeting; (競技大会)a meet ➡ p.385;(トーナメント)a tournament 名 ➡ p.646

たいかく 体格 a build

だいがく 大学 (総合大学)a university 名 ➡ p.663;(米)(単科大学)a college 名 ➡ p.125 —大学院 a graduate school —大学生 a college student ➡ p.596 (student 名), a university student ➡ p.663(university 名)

たいがくする 退学する leave school ➡ p.352(leave 動), quit school ➡ p.496 (quit 動)

たいき 大気 (空気)the air 名 ➡ p.15 —大気汚染(おせん) air pollution ➡ p.472 (pollution 名) —大気圏(けん) the atmosphere 名 ➡ p.43

だいぎし 代議士 (国会議員)a member of the Diet

たいきん 大金 a large sum of money ➡ p.600(sum 名)

だいきん 代金 the price 名 ➡ p.482; (お金)money 名 ➡ p.396

だいく 大工 a carpenter 名 ➡ p.99

たいくつな 退屈な boring 形 ➡ p.74, dull 形 ➡ p.187 —退屈する be bored (with) ➡ p.74(bored 形), be tired (of) ➡ p.639 (tired 形)

たいけん 体験 (an) experience 名 ➡ p.211 —体験する experience 動 ➡ p.211

たいこ 太鼓 a drum 名 ➡ p.187

たいこうする 対抗する (匹敵(ひってき)する) match ➡ p.381(match¹ 動);(競(きそ)う) compete 動 ➡ p.132

たいこうの 対校の interschool

ダイコン 大根 a Japanese radish

たいざい 滞在 a stay 名 ➡ p.588 —滞在する stay 動 ➡ p.588

たいさく 対策 measures 名 ➡ p.384

たいし 大使 an ambassador 名 ➡ p.22 —大使館 an embassy 名 ➡ p.197

たいじする 退治する get rid of ➡ p.515 (rid 動)

-(に)たいして …(に)対して (向けて) toward 前 ➡ p.646, to 前 ➡ p.640, for 前 ➡ p.242;(対抗(たいこう)して)against 前 ➡ p.13

たいした …ない 大して…ない not ... very ➡ p.671(very 副)

だいじな 大事な (大切な・重要な) important 形 ➡ p.316;(貴重な)valuable

形 ➡ p.669

たいしゅう 大衆 the (general) public 名 ➡ p.488 —大衆(向き)の popular 形 ➡ p.473

たいじゅう 体重 weight 名 ➡ p.688 —体重計 the (bathroom) scales ➡ p.530(scale² 名)

たいしょう¹ 対照 (a) contrast 名 ➡ p.139

たいしょう² 対象 (目標・的)an object 名 ➡ p.425;(主題)a subject 名 ➡ p.597

たいしょう³ 対称 symmetry

たいじょうする 退場する leave; (劇の脚本(きゃくほん)で)exit

だいじょうぶ (順調・問題ない)all right ➡ p.18(all 副), O.K. ➡ p.431(OK¹ 形 副); (安全な)safe 形 ➡ p.526;(確かな)sure 形 ➡ p.603

たいしょく 退職 (定年)(a) retirement; (辞職)(a) resignation 名 ➡ p.511 —退職する retire 動 ➡ p.513;(自分から) resign 動 ➡ p.511, quit 動 ➡ p.496

だいじん 大臣 a minister 名 ➡ p.391

ダイズ 大豆 a soybean 名 ➡ p.576

だいすきだ 大好きだ like ... very much ➡ p.360(like¹ 動), love 動 ➡ p.370, be very fond of ➡ p.240(fond 形) —大好きな favorite 形 ➡ p.223

-(に)たいする …(に)対する (向ける)to 前 ➡ p.640, for 前 ➡ p.242;(対抗(たいこう)する) against 前 ➡ p.13;(関する)on 前 ➡ p.434, in 前 ➡ p.318

たいせいよう 大西洋 the Atlantic (Ocean) 名 ➡ p.43

たいせき 体積 volume 名 ➡ p.676

たいせつな 大切な (重要な)important 形 ➡ p.316;(貴重な)valuable 形 ➡ p.669 —大切に carefully 副 ➡ p.99 —大切にする treasure 動 ➡ p.650

たいそう 体操 gymnastics 名 ➡ p.279, 《口語》gym 名 ➡ p.279;(運動)(an) exercise 名 ➡ p.210 —体操選手 a gymnast

だいたい 大体 (およそ)about 副 ➡ p.4; (ほとんど)almost 副 ➡ p.19;(たいてい) generally 副 ➡ p.257

だいたすう 大多数 the majority 名 ➡ p.374, most (of) 代 ➡ p.399 —大多数の most ➡ p.399

だいたんな 大胆な bold 形 ➡ p.73

だいち 大地 the earth ➡ p.190, the ground ➡ p.276(ground¹ 名)

タイツ tights

たいてい (ふつう)usually 副 ➡ p.667; (ほとんどの場合)mostly 副 ➡ p.399; (一般的に)generally 副 ➡ p.257

和英

あ
か
さ
た
な
は
ま
や
ら
わ

―たいていの　most 形 ➡ p.399

たいど 態度　(心がまえ)an attitude 名 ➡ p.44;(習慣的な態度)a manner 名 ➡ p.375

だいとうりょう 大統領　a president 名 ➡ p.480
―大統領選挙　the presidential election

だいどころ 台所　a kitchen 名 ➡ p.341
―台所仕事　kitchen work
―台所用品　kitchen utensils

タイトル a title 名 ➡ p.639
―タイトルマッチ　a title match

だいなしにする 台なしにする　spoil 動 ➡ p.580

ダイナマイト dynamite 名 ➡ p.188

ダイナミックな dynamic 形 ➡ p.188

ダイニング a dining room 名 ➡ p.170
―ダイニングキッチン　a kitchen with a dining area

たいはん 大半　(ほとんど)most 代 ➡ p.399

だいひょう 代表　(人)a representative 名 ➡ p.510
―代表する　represent 動 ➡ p.510

ダイビング diving 名 ➡ p.175
―ダイビングする　dive 動 ➡ p.174

タイプ (タイプライター)a typewriter 名 ➡ p.657;(型)a type 名 ➡ p.657
―タイプを打つ　type 動 ➡ p.657

だいぶ (かなり)pretty 副 ➡ p.481;(ずっと)much 副 ➡ p.403;(たくさん)a lot of ➡ p.369(lot 名)

たいふう 台風　a typhoon 名 ➡ p.657

だいぶつ 大仏　a great statue of Buddha

だいぶぶん 大部分　most (of) 代 ➡ p.399

たいへいよう 太平洋　the Pacific (Ocean) 名 ➡ p.447

たいへん 大変　(重大な)serious 形 ➡ p.543, terrible 形 ➡ p.619;(容易でない)hard 形 ➡ p.285, not easy ➡ p.192(easy 形);(とても)very 副 ➡ p.671, really 副 ➡ p.502

だいべん 大便　feces, excrement, stool(s)
―大便をする　have a bowel movement, relieve *oneself*

たいほ 逮捕　(an) arrest 名 ➡ p.36
―逮捕する　arrest 動 ➡ p.36

だいほん 台本　a script 名 ➡ p.534;(映画の)a scenario

タイミング timing 名 ➡ p.638

タイム (時間)time 名 ➡ p.637;(試合などの一時中止)a time-out 名 ➡ p.638
―タイムカプセル　a time capsule 名 ➡ p.638

だいめい 題名　a title 名 ➡ p.639

だいめいし 代名詞　《文法》a pronoun 名

➡ p.486

タイヤ a tire ➡ p.639(tire² 名),《英》a tyre 名 ➡ p.657

ダイヤ (列車の運行予定)a (train) schedule 名 ➡ p.532;(トランプの)diamond(s) 名 ➡ p.167

ダイヤモンド (a) diamond ➡ p.167

ダイヤル a dial 名 ➡ p.167
―ダイヤルする　dial 動 ➡ p.167

たいよう¹ 太陽　the sun ➡ p.600
―太陽の　sun, solar 形 ➡ p.570
―太陽エネルギー　solar energy ➡ p.570(solar 形)
―太陽系　the solar system 名 ➡ p.570
―太陽電池　a solar battery
―太陽熱　solar heat

たいよう² 大洋　the ocean ➡ p.426

たいらな 平らな　(でこぼこのない)flat ➡ p.236(flat¹ 形);(水平な)level 形 ➡ p.356, horizontal 形 ➡ p.304
―平らに　flat
―平らにする　smooth (out)

だいり 代理　a substitute 名 ➡ p.597
―代理をする　substitute 動 ➡ p.597
―代理店　an agency 名 ➡ p.14
―代理人　an agent 名 ➡ p.14

たいりく 大陸　a continent 名 ➡ p.138

だいりせき 大理石　marble 名 ➡ p.379

たいりつする 対立する　be against ➡ p.13(against 前), be opposed (to)

たいりょう(の) 大量(の)　a large quantity (of) ➡ p.493(quantity 名), a lot (of) 名 ➡ p.369
―大量生産　mass production 名 ➡ p.381 名 ➡ p.380

たいりょく 体力　physical strength, (physical) power(s)

タイル a tile 名 ➡ p.636

ダイレクトメール direct mail

たいわ 対話　(a) dialogue,《米》(a) dialog 名 ➡ p.167;(会話)(a) conversation 名 ➡ p.139

たいわん 台湾　Taiwan

たうえ 田植え　rice planting
―田植えをする　plant rice ➡ p.467(plant 動)

ダウンロード a download
―ダウンロードする　download 動 ➡ p.181

たえまなく 絶え間なく　continuously

たえる 耐える　(我慢(がまん)する)bear ➡ p.58(bear² 動), stand 動 ➡ p.585;(しかたないと耐える)put up with ➡ p.492(put 動);(もちこたえる)withstand

だえん だ円　an ellipse;(卵形)an oval 名 ➡ p.444

和英

あ か さ **た** な は ま や ら わ

たおす 倒す （なぐり倒す）knock down ➡ p.342(knock 働);（切り倒す）cut down ➡ p.153(cut 働);（投げ倒す）throw down;（負かす）beat 働 ➡ p.58;（ひっくり返す）tip over, knock over ➡ p.342(knock 働)

タオル a towel 名 ➡ p.646

たおれる 倒れる fall (down, over) 働 ➡ p.217

タカ a hawk 名 ➡ p.290

だが （2文を結んで）but 接 ➡ p.86

たかい 高い （高さが）high 形 ➡ p.297;（細長いものが）tall 形 ➡ p.612;（値段が）expensive 形 ➡ p.211, high 形 ➡ p.297;（地位・程度・温度が）high 形 ➡ p.297
ー高く high 副 ➡ p.297

たがいに[を] 互いに[を] each other ➡ p.189(each 代), one another ➡ p.433(one 代)

たかさ 高さ height 名 ➡ p.293
ー…の高さがある high 形 ➡ p.297, tall 形 ➡ p.612

たかだい 高台 （丘(おか)）a hill 名 ➡ p.298;（小高いところ）heights ➡ p.293(height 名)

たかとび 高跳び （走り高跳び）the high jump 名 ➡ p.297

たがやす 耕す （米）plow,（英）plough;（耕して栽培(さいばい)する）cultivate 働 ➡ p.151

たから 宝 (a) treasure 名 ➡ p.650
ー宝くじ a lottery 名 ➡ p.369
ー宝さがし a treasure hunt

だから （…, だから～）..., so ～ 接 ➡ p.567;（…だから，～）Because ... , ～ / ～ because ... ➡ p.59(because 接)

たき 滝 a waterfall 名 ➡ p.684, falls ➡ p.217(fall 名)

だきあう 抱き合う hug each other ➡ p.307(hug 働)

たきび たき火 a fire 名 ➡ p.232
ーたき火をする build [make] a fire ➡ p.232(fire 名)

たく 炊く （ご飯を）cook 働 ➡ p.139, boil 働 ➡ p.72

だく 抱く hold (... in one's arms) 働 ➡ p.300;（抱きしめる）hug 働 ➡ p.307

たくさん （多数の）many 形 ➡ p.378, a lot of ➡ p.369(lot 名);（多量の）much 形 ➡ p.403, a lot of ➡ p.369(lot 名);（十分な）enough 形 ➡ p.201

タクシー a taxi 名 ➡ p.613, a cab 名 ➡ p.90
ータクシー乗り場 a taxi stand
ータクシー料金 (the) taxi fare

たくはいびん 宅配便 door-to-door (delivery) service ➡ p.543(service 名), home-delivery service

たくましい （筋肉の発達した）muscular 形 ➡ p.405;（強い）strong 形 ➡ p.595

たくわえ 蓄え, 貯え （貯蔵）a store 名 ➡ p.592;（貯金）savings ➡ p.529(saving 名)

たくわえる 蓄える, 貯える （貯蔵する）store (up) 働 ➡ p.592;（貯金する）save 働 ➡ p.529

タケ 竹 (a) bamboo 名 ➡ p.50
ー竹ざお（竹の棒）a bamboo pole
ー竹の子 a bamboo shoot
ー竹やぶ a bamboo grove

-だけ （…のみ）only 副 ➡ p.436, alone 副 ➡ p.19, just 副 ➡ p.336;（…かぎり）as ～ as ... ➡ p.38(as 接);（…に見合う）worth 形 ➡ p.712, enough 形 ➡ p.201
ー～だけでなく…も not only ～ but (also) ... ➡ p.422(not 副), ... as well as ～ ➡ p.689(well¹ 副)

たけうま 竹馬 stilts ➡ p.591(stilt 名)

だげき 打撃 （痛手）blow ➡ p.71(blow² 名);（損害）damage ➡ p.154;（精神的な）shock ➡ p.550;（野球）batting

タコ an octopus 名 ➡ p.427

たこ 凧 a kite 名 ➡ p.341

ださい uncool, dowdy

たしかな 確かな sure 形 ➡ p.603, certain 形 ➡ p.105
ー確かに surely 副 ➡ p.603, certainly 副 ➡ p.105, definitely 副 ➡ p.162

たしかめる 確かめる （事実・したことを）make sure (of, that) ➡ p.603(sure 形);（照合する）check ➡ p.110

たしざん 足し算 addition 名 ➡ p.9
ー足し算をする add 働 ➡ p.9, do addition

だしゃ 打者 a batter 名 ➡ p.54

だじゃれ （くだらない冗談(じょうだん)）a boring joke;（へたな語呂(ごろ)合わせ）a poor pun

たしょう 多少 some 代形 ➡ p.572;（数が少し）a few 形 ➡ p.226;（量が少し）a little 形 ➡ p.363

たす 足す add 働 ➡ p.9

だす 出す （中から外へ）take out ➡ p.610 (take 働), let out;（差し出す）hold out ➡ p.300(hold 働);（提出する）hand in ➡ p.283(hand 働);（送る）send 働 ➡ p.539;（払(はら)う）pay 働 ➡ p.456
ー…し出す（…し始める）begin [start] to ..., begin [start] + ...ing ➡ p.61(begin 働), p.586(start 働)

たすう 多数 the majority 名 ➡ p.374
ー多数の many 形 ➡ p.378, a lot of ➡ p.369(lot 名)

たすかる 助かる （救われる）be saved ➡ p.529(save 働)

たすけ 助け help 名 ➡ p.294

たすける 助ける （手伝う）help 動 ➡ p.294;
（救助する）help 動 ➡ p.294, save 動 ➡
p.529

たずねる¹ 尋ねる ask 動 ➡ p.37

たずねる² 訪ねる visit 動 ➡ p.675, call
(on, at) 動 ➡ p.92

ただ （単に）only 副 ➡ p.436, just 副 ➡
p.336;（唯一の）only 形 ➡ p.436;（ふつ
うの）ordinary 形 ➡ p.439, common 形 ➡
p.130;（ほんの…に過ぎない）just 副 ➡
p.336, only 副 ➡ p.436;（無料の）free 形 ➡
p.248 ─ただで (for) free ➡ p.248

ただいま （現在）now 副 名 ➡ p.423;（たった
今）just 副 ➡ p.336;（今すぐ）right away
➡ p.516(right¹ 副)

たたかい 戦い a fight 名 ➡ p.228, a
fighting 名 ➡ p.229, a battle 名 ➡ p.54;
（戦争）a war 名 ➡ p.680

たたかう 戦う fight 動 ➡ p.228

たたく hit 動 ➡ p.299, strike 動 ➡ p.595;
（こぶしなどで）knock 動 ➡ p.342;（軽く）
pat ➡ p.456;（太鼓などを）beat 動 ➡
p.58;（手を）clap 動 ➡ p.117

ただし but 接 ➡ p.86

ただしい 正しい （道徳・事実に合った）right
➡ p.515(right¹ 形);（正確な）correct 形 ➡
p.142;（適切な）right ➡ p.515(right¹ 形)
─正しく right(ly) ➡ p.515(right¹ 副);
correctly 副 ➡ p.142

たたみ 畳 a straw mat

ただよう 漂う drift 動 ➡ p.184, float 動
➡ p.237

たちあがる 立ち上がる stand up ➡ p.585
(stand 動), rise 動 ➡ p.517

たちいりきんし 立ち入り禁止 《掲示》
Keep Off ➡ p.338(keep 動) / Keep Out
/ No Admittance / No Trespassing / Off
Limits ➡ p.361(limit 名) / Private

たちぎきする 立ち聞きする eavesdrop;
（偶然耳にする）overhear 動 ➡ p.445

たちどまる 立ち止まる stop 動 ➡ p.591

たちば 立場 a position 名 ➡ p.474, a
place 名 ➡ p.465

たちまち at once ➡ p.432(once 名)

ダチョウ an ostrich 名 ➡ p.440

たちよる 立ち寄る 《口語》drop by ➡
p.186(drop), drop in (on, at) ➡
p.186(drop 動)

たつ¹ 立つ．発つ （立っている）stand 動 ➡
p.585;（立ち上がる）stand up ➡ p.585
(stand 動);（出発する）leave 動 ➡ p.352,
start 動 ➡ p.586

たつ² 経つ （経過する）pass (by) 動 ➡ p.454

たつ³ 建つ be built ➡ p.84(build 動)

たつ⁴ 竜 a dragon 名 ➡ p.182

たっきゅう 卓球 table tennis 名 ➡
p.609;（一般に）ping-pong 名 ➡ p.464

ダッグアウト （野球）a dugout

タックル a tackle 名 ➡ p.609
─タックルする tackle 動 ➡ p.609

ダッシュ （突進）a dash 名 ➡ p.156;
《文法》（（─）の記号）a dash 名 ➡ p.156;
（（´）の記号）a prime
─ダッシュする dash 動 ➡ p.156

たっする 達する （ある場所に）reach 動 ➡
p.500, get to ➡ p.262(get 動);（ある数量
に）reach 動 ➡ p.500, amount (to) 動 ➡
p.23;（目的などを）achieve 動 ➡ p.7

だっせん 脱線 (a) derailment
─脱線する be derailed;（話が）get off the
subject

たった （わずか）only 副 ➡ p.436;（ちょうど）
just 副 ➡ p.336

タッチ a touch 名 ➡ p.645
─タッチアウトにする tag (out)

だって （なぜなら）because 接 ➡ p.59;（しか
し）but 接 ➡ p.86;（…でさえ）even 副 ➡
p.204;（…もまた）too 副 ➡ p.643

たつまき 竜巻 a tornado 名 ➡ p.645;
（つむじ風）a whirlwind

たて 縦 （長さ）length ➡ p.354
─縦の vertical 形 ➡ p.671

-(し)たて fresh 形 ➡ p.249

たてかける 立て掛ける lean ... against ➡
p.350(lean¹ 動), stand ... against ➡
p.585(stand 動)

たてもの 建物 a building 名 ➡ p.84

たてる¹ 立てる （棒などを）set up ➡ p.544
(set 動), stand 動 ➡ p.585;（計画などを）
make 動 ➡ p.376

たてる² 建てる build 動 ➡ p.84

たとえ （比喩）a metaphor;（例）an example
名 ➡ p.208

たとえ…だとしても even if ... ➡ p.205
(even 副), whatever ... 代 ➡ p.691

たとえば 例えば for example ➡ p.208
(example), such as ➡ p.598(such 形)

たとえる compare ... (to) ➡ p.131
(compare 動)

たな 棚 a shelf 名 ➡ p.549;（バス・列車の）a
rack 名 ➡ p.497

たなばた 七夕 the Festival of Altair and
Vega

たに 谷 a valley 名 ➡ p.669

たにん 他人 others ➡ p.442(other 代),
other people

タヌキ a raccoon dog 名 ➡ p.497

たね 種 （植物の）a seed 名 ➡ p.538;
（果物の）a stone ➡ p.591;（原因）

あ
か
さ
な
は
ま
や
ら
わ

(a) cause 名 ➡ p.103;(話題)a topic 名 ➡
p.644;(手品の)a trick 名 ➡ p.651
—一種をまく plant seeds ➡ p.467(plant
動), sow seeds ➡ p.576(sow 動)

たのしい 楽しい pleasant 形 ➡ p.468,
happy 形 ➡ p.284
—楽しく pleasantly, happily 副 ➡ p.284

たのしみ 楽しみ (a) pleasure 名 ➡ p.469

たのしむ 楽しむ enjoy (oneself) 動 ➡
p.201, have a good time ➡ p.638(time
名), have fun ➡ p.253(fun 名)

たのみ a request 名 ➡ p.510, a favor 名
➡ p.223

たのむ (依頼(いらい)する)ask 動 ➡ p.37;(注文す
る)order 動 ➡ p.439

たのもしい (たよりになる)reliable 形 ➡
p.507;(将来有望な)promising 形 ➡ p.486

たば 束 a bundle 名 ➡ p.84, a bunch 名
➡ p.84

タバコ (紙巻き)a cigarette 名 ➡ p.116;
(葉巻き)a cigar 名 ➡ p.116;(パイプ用の)
tobacco 名 ➡ p.116
—タバコを吸う smoke 動 ➡ p.566
—タバコ屋 a tobacco shop

たばねる 束ねる bundle (up), tie up ...
in a bundle ➡ p.636(tie 動)

たび¹ 旅 a trip 名 ➡ p.651, travel 名 ➡
p.649, a journey 名 ➡ p.334

たび² 足袋 traditional Japanese-style
socks

-たび …度(…するたびに)every time ... ➡
p.207(every 形)

たびたび many times ➡ p.637(time 名);
(しばしば)often 副 ➡ p.430

たびびと 旅人 a traveler 名 ➡ p.650

ダビング dubbing
—ダビングする dub (a tape) 動 ➡ p.187

タブー a taboo ➡ p.609

だぶだぶの loose 形 ➡ p.368, too big

タフな tough 形 ➡ p.645

ダブル double 名 ➡ p.179
—ダブルプレー a double play

ダブる (部分的に重なる)overlap;(繰(く)り返
す)repeat 動 ➡ p.509

ダブルス doubles ➡ p.179(double 名)

たぶん 多分 probably 副 ➡ p.484;(もしか
すると)perhaps 副 ➡ p.459, maybe 副 ➡
p.383

たべもの 食べ物 (a) food 名 ➡ p.240

たべる 食べる eat 動 ➡ p.192, have 動 ➡
p.287

たま 玉,球 a ball 名 ➡ p.50;(電球)a
(light) bulb 名 ➡ p.84;(銃(じゅう)の)a bullet
名 ➡ p.84

たまご 卵 an egg 名 ➡ p.193

たましい 魂 (a) soul 名 ➡ p.574, spirit 名
➡ p.580

だます (あざむく)deceive 動 ➡ p.160;
(ごまかす)cheat 動 ➡ p.110

たまに once in a while ➡ p.432(once 副),
occasionally 副 ➡ p.426;(めったに…ない)
seldom 副 ➡ p.538

タマネギ an onion 名 ➡ p.436

たまる 貯まる (貯金する)save ➡ p.529;
(集まる)gather ➡ p.257, collect 動 ➡
p.125

だまる 黙る become silent ➡ p.556
(silent 形), become quiet ➡ p.495(quiet
形), shut up ➡ p.554(shut 動)
—黙っている keep quiet [silent]

ダム a dam 名 ➡ p.154

-ため (利益)for 前 ➡ p.242, for the sake
of ➡ p.526(sake 名);(目的)for 前 ➡
p.242, to ... 前 ➡ p.640;(原因,理由)
because 接 ➡ p.59, because of ➡ p.59
(because 接)—…するために in order to
... ➡ p.439(order 名)

だめ (役に立たない)no good;(むだ)no use
➡ p.666(use 名);(義務)must 助 ➡ p.405;
(禁止)may not ➡ p.382(may 助)

ためいき ため息 a sigh 名 ➡ p.555
—ため息をつく sigh 動 ➡ p.555

ためし 試し a try 名 ➡ p.653, a trial 名
➡ p.651 —試しに…してみる try + ...ing
➡ p.653(try 動)

ためす 試す try 動 ➡ p.653;(テストする)
test 動 ➡ p.620

ためになる useful 形 ➡ p.667,
instructive;(…にとって)be good for ➡
p.269(good 形)

ためらう hesitate 動 ➡ p.296

ためる 貯める (蓄(たくわ)える)save ➡
p.529;(集める)collect 動 ➡ p.125

たもつ 保つ keep 動 ➡ p.337

たより 便り (手紙)a letter 名 ➡ p.355;
(知らせ)news 名 ➡ p.414

たよりになる reliable 形 ➡ p.507,
dependable;(助けになる)helpful 形 ➡
p.295

たよる (信頼(しんらい)する)rely (on, upon) 動 ➡
p.508;(依存(いぞん)する)depend (on, upon)
動 ➡ p.164

タラ a cod 名 ➡ p.123

-たら (仮定,条件)(もし…なら)if ... 接 ➡
p.314;(…のとき)when ... 接 ➡ p.694;(提
案,勧告(かんこく))(…してはどうか)Why don't
you ...? ➡ p.701(why 副), How about ...?
➡ p.309(how 副)

-だらけ (泥(どろ),血など)be covered with ➡
p.146(cover 動);(まちがいなど)be full of

和英

あ か さ た な は ま や ら わ

➡ p.253(full 形)

だらしない (服装・態度・行動などが)sloppy 形 ➡ p.564;(服装・部屋などが)untidy

ダリア a dahlia 名 ➡ p.154

だりつ 打率 a batting average

たりょうの 多量の much 形 ➡ p.403, a lot of ➡ p.369(lot 名)

たりる 足りる be enough ➡ p.201 (enough 副)

たる 樽 a barrel 名 ➡ p.52

だるい (手足が)heavy 形 ➡ p.293;(気力がない)sluggish

たるむ become slack;(気分が)become dull ➡ p.187(dull 形)

だれ (だれ,だれが)who 代 ➡ p.700;(だれの)whose 代 ➡ p.699;(だれを,だれに)whom 代 ➡ p.698,(口語)who

だれか (肯定(%)文で)somebody 代 ➡ p.570, someone 代 ➡ p.571;(疑問文・否定文などで)anybody 代 ➡ p.29, anyone 代 ➡ p.29

だれでも anybody 代 ➡ p.29, anyone 代 ➡ p.29;(みんなが)everybody 代 ➡ p.207, everyone 代 ➡ p.207

だれも…ない nobody 代 ➡ p.419, no one, none 代 ➡ p.419

たれる 垂れる hang 動 ➡ p.284;(液体が)drip 動 ➡ p.184, drop 動 ➡ p.186

タレント an entertainer 名 ➡ p.202, a personality 名 ➡ p.460

–だろう will ➡ p.703(will¹ 助), be going to ➡ p.266(go 動)

タワー a tower 名 ➡ p.646

だん 段 (階段の)a step 名 ➡ p.589;(段位)*dan*, a degree 名 ➡ p.162

たんい 単位 a unit 名 ➡ p.662;(学科の)a credit 名 ➡ p.147

たんか¹ 短歌 a 31-syllable Japanese poem

たんか² 担架 a stretcher 名 ➡ p.594

タンカー a tanker

たんきな 短気な short-tempered

タンク a tank 名 ➡ p.612

だんけつ 団結 union 名 ➡ p.662
―団結する unite 動 ➡ p.662, join together

たんけん 探検 (an) exploration 名 ➡ p.212;(探検旅行)(an) expedition 名 ➡ p.211
―探検する explore 動 ➡ p.212
―探検家 an explorer 名 ➡ p.212
―探検隊 an expedition 名 ➡ p.211

タンゴ a tango

たんご 単語 a word 名 ➡ p.709
―単語帳 a wordbook, a vocabulary book

だんご 団子 a dumpling

たんさん 炭酸 carbonic acid

だんし 男子 (男の子)a boy 名 ➡ p.77;(成人した男性)a man 名 ➡ p.374
―男子校 a boys' school ➡ p.77(boy 名)

たんしゅく 短縮 (a) reduction
―短縮する shorten 動 ➡ p.552

たんじゅんな 単純な simple 形 ➡ p.556

たんしょ 短所 (弱点)a weak point ➡ p.685(weak 形);(欠点)a fault 名 ➡ p.223

だんじょ 男女 man and woman, boy and girl
―男女共学 coeducation 名 ➡ p.124

たんじょう 誕生 birth 名 ➡ p.68
―誕生祝い a birthday present ➡ p.68 (birthday 名) ―誕生石 a birthstone

たんじょうび 誕生日 *one's* birthday 名 ➡ p.68

たんしん 単身 (単独で)alone 副 ➡ p.19;(独力で)by oneself ➡ p.433(oneself 代)

たんす a chest of drawers ➡ p.111(chest 名);(洋服だんす)a wardrobe 名 ➡ p.681

ダンス a dance 名 ➡ p.155;(ダンスすること)dancing 名 ➡ p.155
―ダンスをする dance 動 ➡ p.155
―ダンスパーティー a dance 名 ➡ p.155

たんすい 淡水 fresh water ➡ p.249 (fresh 形)

たんすう 単数 《文法》singular (number) 名 ➡ p.558

だんせい 男性 a man 名 ➡ p.374;(性別を強調して)a male 名 ➡ p.374
―男性的な masculine 形 ➡ p.380, manly

だんぜん 断然 far 副 ➡ p.220, much 副 ➡ p.403, by far ➡ p.220(far 副)

たんそ 炭素 carbon ➡ p.98

たんだい 短大 a junior college 名 ➡ p.335

だんたい 団体 a group 名 ➡ p.276
―団体競技 a team sport
―団体旅行 a group tour

だんだん 段々 gradually 副 ➡ p.272, little by little ➡ p.363(little 代), 比較級 ＋ and ＋比較級 ➡ p.24(and 接)

だんち 団地 a housing complex, a housing development

たんちょう 短調 a minor (key)

たんてい 探偵 a detective 名 ➡ p.167
―探偵小説 a detective story

たんなる 単なる only 副 ➡ p.436, just 副 ➡ p.336

たんに 単に only 副 ➡ p.436, just 副 ➡ p.336

たんにん 担任 (教師)a homeroom teacher ➡ p.302(homeroom 名)
―担任する take charge of, be in charge of ➡ p.109(charge 名);(教える)teach 動 ➡ p.614

たんぱ 短波 a shortwave
―短波放送 shortwave broadcasting

たんぱくしつ たん白質 protein

タンバリン a tambourine 名 ➡ p.612

ダンプカー 《米》a dump truck 名 ➡ p.188,《英》a dumper

たんぺん 短編 (短編小説)a short story ➡ p.551(short 形);(短編映画)a short film

たんぼ 田んぼ a paddy (field) 名 ➡ p.447

だんぼう 暖房 heating 名 ➡ p.293
―暖房器具 a heater 名 ➡ p.293

だんボール 段ボール (紙)cardboard 名 ➡ p.98 ―段ボール箱 a cardboard box ➡ p.77(box¹ 名)

タンポポ a dandelion 名 ➡ p.155

だんらく 段落 a paragraph 名 ➡ p.451

だんりょく 弾力 elasticity
―弾力のある elastic

だんろ 暖炉 a fireplace 名 ➡ p.232

ち

ち 血 blood 名 ➡ p.71
―血が出る bleed 動 ➡ p.70

チアリーダー a cheerleader 名 ➡ p.111

ちあん 治安 (秩序)order 名 ➡ p.439;(平和)the peace 名 ➡ p.457;(安全)security 名 ➡ p.537

ちい 地位 (a) position 名 ➡ p.474, (a) rank 名 ➡ p.499

ちいき 地域 an area 名 ➡ p.34, a district 名 ➡ p.174;(広い)a region 名 ➡ p.506
―地域社会 a local community

ちいさい 小さい (大きさ・広さが)small 形 ➡ p.564, little 形 ➡ p.363;(背が)short 形 ➡ p.551;(年齢が)young 形 ➡ p.719;(音声が)low 形 ➡ p.370

チーズ (a) cheese 名 ➡ p.111
―チーズケーキ (a) cheesecake

チーター a cheetah 名 ➡ p.111

チーム a team 名 ➡ p.615
―チームワーク teamwork 名 ➡ p.615

ちえ 知恵 (分別)wisdom 名 ➡ p.705;(考え)an idea 名 ➡ p.313

チェーン a chain 名 ➡ p.105
―チェーンストア a chain store 名 ➡ p.105

チェス chess 名 ➡ p.111

チェック (格子じま)(a) check 名 ➡ p.110;(照合)a check 名 ➡ p.110
―チェックをする check 動 ➡ p.110

チェロ a cello 名 ➡ p.104
―チェロ奏者 a cellist

ちか 地下 (地下室)a basement 名 ➡ p.52
―地下の[に, で] underground 形 ➡ p.660
―地下街 an underground market, an underground shopping center
―地下道 an underpass,《英》a subway 名 ➡ p.598

ちかい¹ 近い (距離が)near 形 ➡ p.410, close ➡ p.121(close² 形);(時期が)near ➡ p.410, close ➡ p.121(close² 形);(数量・程度が)almost 副 ➡ p.19, nearly 副 ➡ p.410
―…の近くに near 前 ➡ p.410, by 前 ➡ p.88
―近く(に) near 副 ➡ p.410, close ➡ p.121(close² 副)
―近くの nearby 形 ➡ p.410
―近いうちに, 近く soon 副 ➡ p.573, before long ➡ p.61(before 前)

ちかい² 誓い an oath 名 ➡ p.425, a vow

ちがい 違い (a) difference 名 ➡ p.169

-(に)ちがいない (理屈で考えて)must 助 ➡ p.405;(確信して)be sure ➡ p.603(sure 形)

ちかう 誓う swear 動 ➡ p.605, vow

ちがう 違う (異なっている)be different (from) ➡ p.169(different 形), differ (from) 動 ➡ p.169;(…ではない)be not ➡ p.421(not 副);(誤っている)be wrong ➡ p.714(wrong 形)

ちがく 地学 earth science

ちかごろ 近ごろ recently 副 ➡ p.503, lately 副 ➡ p.348

ちかづく 近づく approach 動 ➡ p.32;(近づいて来る)come up to ➡ p.129(come 動);(近づいて行く)go up to;(時間が)come soon

ちかてつ 地下鉄 《米》a subway 名 ➡ p.598,《英》an underground (railway) 名 ➡ p.660

ちかみち 近道 a shortcut 名 ➡ p.552

ちかよる 近寄る approach 動 ➡ p.32, come up (to) ➡ p.129(come 動), go up to

ちから 力 (体・ものの力)(a) power 名 ➡ p.477, force 名 ➡ p.241, strength 名 ➡ p.594;(能力)(a) power 名 ➡ p.477, (an) ability 名 ➡ p.1;(助力)help 名 ➡ p.294
―力の強い strong 形 ➡ p.595, powerful 形 ➡ p.477
―力の弱い weak 形 ➡ p.685

ちきゅう 地球 the earth 名 ➡ p.190
―地球温暖化 global warming 名 ➡

p.265
　一**地球儀**(ぎ) a globe 名 ➡ p.265
ちぎる (引きちぎる)tear ➡ p.615(tear²
動);(小さく分ける)break up
チキン chicken 名 ➡ p.112
ちく **地区** a district 名 ➡ p.174, an area
名 ➡ p.34
チケット a ticket 名 ➡ p.635
ちこくする **遅刻する** be late (for) ➡
p.347(late 形)
ちじ **知事** a governor 名 ➡ p.271
ちしき **知識** knowledge 名 ➡ p.343;
(情報)information 名 ➡ p.320
ちじょう **地上** (the) ground ➡ p.276
(ground¹ 名)
　一**地上に, 地上で** above (the) ground
ちじん **知人** an acquaintance 名 ➡ p.8
ちず **地図** (1 枚)a map 名 ➡ p.379;
(地図帳)an atlas 名 ➡ p.43
ちせい **知性** intellect;(知能)intelligence
名 ➡ p.323 一**知性のある, 知性的な**
intellectual 形 ➡ p.323
ちたい **地帯** a zone 名 ➡ p.722, an area
名 ➡ p.34
ちち¹ **父** a father 名 ➡ p.222
　一**父の日** Father's Day 名 ➡ p.223
ちち² **乳** milk 名 ➡ p.390;(乳房(ぼう))a
breast 名 ➡ p.80
ちぢむ **縮む** shrink 動 ➡ p.553
ちぢめる **縮める** shorten 動 ➡ p.552
ちちゅうかい **地中海**
the Mediterranean (Sea) 名 ➡ p.385
ちぢれる **縮れる** curl 動 ➡ p.152
　一**縮れた** curly 形 ➡ p.152
ちつじょ **秩序** order 名 ➡ p.439
ちっそ **窒素** nitrogen 名 ➡ p.418
ちっそく **窒息** a choke ➡ p.113,
suffocation 一**窒息死する** choke to
death, be suffocated
チップ (心づけ)a tip ➡ p.638(tip² 名)
　一**チップをやる** tip ➡ p.638(tip² 動)
ちてきな **知的な** intellectual 形 ➡ p.323,
intelligent 形 ➡ p.323
ちなんで after 前 ➡ p.12
ちのう **知能** intelligence 名 ➡ p.323
ちぶさ **乳房** a breast 名 ➡ p.80
ちへいせん **地平線** the horizon 名 ➡
p.304
ちほう **地方** (地域)a district 名 ➡ p.174,
an area 名 ➡ p.34;(いなか)the country
名 ➡ p.144 一**地方の** local 形 ➡ p.365
ちめい **地名** a place name
ちめいてきな **致命的な** fatal 形 ➡ p.222
ちゃ **茶** (日本茶)green tea 名 ➡ p.275;(紅
茶)tea 名 ➡ p.614, black tea 名 ➡ p.69

　一**茶さじ** a teaspoon 名 ➡ p.615
　一**茶の湯** a tea ceremony
チャーハン (Chinese) fried rice
チャーミングな charming 形 ➡ p.109;
(かわいい)pretty 形 ➡ p.481
チャイム chimes ➡ p.113(chime 名)
ちゃいろ(の) **茶色(の)** brown 名 形 ➡
p.83
ちゃくじつな **着実な** steady 形 ➡ p.588
　一**着実に** steadily 副 ➡ p.588, step by
step ➡ p.589(step 名)
ちゃくせきする **着席する** sit down ➡
p.559(sit 動), take one's seat ➡ p.536
(seat 名), be seated ➡ p.536(seat 動)
ちゃくりく **着陸** (a) landing 名 ➡ p.345
　一**着陸する** land 動 ➡ p.345
ちゃのま **茶の間** a living room ➡
p.364
チャレンジ a challenge 名 ➡ p.106,(物事
への挑戦(せん))a try 名 ➡ p.653, an
attempt 名 ➡ p.43 一**チャレンジする** (人
に)challenge 動 ➡ p.106;(物事に挑戦する)
try 動 ➡ p.653, tackle 動 ➡ p.609
ちゃわん **茶わん** (ご飯用の)a (rice) bowl
➡ p.76(bowl¹ 名);(湯のみ)a teacup,
(coffee) cup ➡ p.151(cup 名)
チャンス a chance 名 ➡ p.107, an
opportunity 名 ➡ p.438
チャンネル a channel 名 ➡ p.108
チャンピオン a champion 名 ➡ p.107,
《口語的に》a champ
ちゅう¹ **中** (平均)the average 名 ➡ p.45;
(中間)a medium 名 ➡ p.385
ちゅう² **注** a note 名 ➡ p.422
–ちゅう **…中** (…の間に)in 前 ➡ p.318,
during 前 ➡ p.188;(…以内に)within 前
➡ p.706;(…の最中)under 前 ➡ p.659, in
前 ➡ p.318, on 前 ➡ p.434;(…の数の中で)
out of ➡ p.441(out 副)
ちゅうい **注意** (注目)attention 名 ➡ p.43;
(用心・警戒(かい))care 名 ➡ p.98;(忠告)
advice 名 ➡ p.11;(警告)(a) warning 名
➡ p.681
　一**注意する** (注目する)pay attention (to)
➡ p.43(attention 名), p.456(pay 動);
(用心する)be careful ➡ p.99(careful 形);
(忠告する)advise 動 ➡ p.11
　一**注意深い** careful 形 ➡ p.99
　一**注意深く** carefully 副 ➡ p.99
チューインガム (chewing) gum ➡ p.278
(gum¹ 名)
ちゅうおう **中央** (中心)the center 名 ➡
p.104;(中心付近)the middle 名 ➡ p.389
　一**中央の** central 形 ➡ p.104, middle 形
➡ p.389

—中央アメリカ　Central America 名 ➡ p.104

ちゅうか 中華
—中華料理　Chinese food ➡ p.240(food 名), Chinese dishes
—中華料理店　a Chinese restaurant ➡ p.512(restaurant 名)

ちゅうがく 中学　a junior high school 名 ➡ p.335

ちゅうがくせい 中学生　a junior high school student ➡ p.335(junior high school 名)

ちゅうがっこう 中学校　a junior high school 名 ➡ p.335

ちゅうかん 中間　the middle 名 ➡ p.389
—中間に　halfway 副 ➡ p.281, midway 形 ➡ p.389
—中間試験　midterm examinations ➡ p.208(examination 名)

ちゅうきゅうの 中級の　intermediate

ちゅうけい 中継　a relay 名 ➡ p.507
—中継する　relay 動 ➡ p.507

ちゅうげん 中元　a midyear gift

ちゅうこく 忠告　advice 名 ➡ p.11
—忠告する　give advice ➡ p.11(advice 名), advise 動 ➡ p.11

ちゅうごく 中国　China 名 ➡ p.113
—中国(人)の　Chinese 形 ➡ p.113
—中国語　Chinese 名 ➡ p.113
—中国人　a Chinese 名 ➡ p.113

ちゅうこの 中古の　used ➡ p.666(used¹ 形), secondhand 形 ➡ p.537
—中古車　a used [secondhand] car ➡ p.666(used¹ 形)

ちゅうしする 中止する　(途中(ちゅう)でやめる) stop 動 ➡ p.591;(予定などを)call off ➡ p.92(call 動), cancel 動 ➡ p.93

ちゅうじつな 忠実な　faithful 形 ➡ p.217, true 形 ➡ p.652
—忠実に　faithfully 副 ➡ p.217

ちゅうしゃ¹ 駐車　parking 名 ➡ p.452
—駐車する　park 動 ➡ p.452
—駐車場　《米》a parking lot 名 ➡ p.452, 《英》a car park ➡ p.452(park 名)

ちゅうしゃ² 注射　an injection 名 ➡ p.321, 《口語的》a shot ➡ p.552(shot¹ 名)

–(の)**ちゅうじゅんに** …(の)中旬に　in the middle of ➡ p.389(middle 名)

ちゅうしょうてきな 抽象的な　abstract 形 ➡ p.5
—抽象画　an abstract painting

ちゅうしょく 昼食　lunch 名 ➡ p.371
—昼食時間　lunchtime ➡ p.371

ちゅうしん 中心　the center 名 ➡ p.104;(興味などの)the focus 名 ➡ p.239

—中心の　central 形 ➡ p.104
—中心人物　(指導者)the leader 名 ➡ p.350;(劇の)the central figure of a drama

ちゅうせん 抽選　lot 名 ➡ p.369

ちゅうたいする 中退する　leave school ➡ p.352(leave 動), quit school ➡ p.496(quit 動);(成績が悪くてやめる)drop out (of school) ➡ p.186(drop 動)

ちゅうだんする 中断する　stop 動 ➡ p.591

ちゅうどく 中毒　poisoning 名 ➡ p.471

ちゅうねん 中年　middle age ➡ p.13(age 名) 一中年の　middle-aged

チューブ　a tube 名 ➡ p.654

ちゅうもく 注目　attention 名 ➡ p.43
—注目する　pay attention to ➡ p.43 (attention 名)

ちゅうもん 注文　an order 名 ➡ p.439
—注文する　order 動 ➡ p.439

ちゅうりつ 中立　neutrality
—中立の　neutral 形 ➡ p.414
—中立国　a neutral country

チューリップ　a tulip 名 ➡ p.654

ちゅうりゅう 中流　(社会の)the middle class ➡ p.118(class 名);(川の)the middle of a river
—中流の　middle-class

チョウ　a butterfly 名 ➡ p.87
—チョウネクタイ　a bow (tie) ➡ p.76 (bow² 名)

ちょう¹ 腸　the bowels, the intestines

ちょう² 兆　a trillion 名 ➡ p.651

ちょう– 超…　super-, ultra-

ちょうかん 朝刊　a morning paper 名 ➡ p.398

ちょうこうそうの 超高層の　high-rise 形 ➡ p.297 一超高層ビル　a high-rise building, a skyscraper 名 ➡ p.562

ちょうこく 彫刻　(a) sculpture 名 ➡ p.535, (a) carving
—彫刻家　a sculptor 名 ➡ p.535

ちょうさ 調査　(an) investigation 名 ➡ p.325, (a) survey 名 ➡ p.604
—調査する　investigate 動 ➡ p.325, look into ➡ p.367(look 動)
—調査書　(成績の)a school report card, a school record ➡ p.504(record 名)

ちょうし 調子　(体のぐあい)condition 名 ➡ p.134, shape 名 ➡ p.547,《口語的》a way;(音の高低)tune 名 ➡ p.654;(声の)tone 名 ➡ p.643

ちょうしゅう 聴衆　an audience 名 ➡ p.44

ちょうしょ 長所　a strong [good] point ➡ p.470(point 名), a merit 名 ➡ p.387

和英

あ
か
さ
た
な
は
ま
や
ら
わ

ちょうじょ 長女　the eldest [elder] daughter ➡ p.157（daughter 图），《米》the <u>oldest</u> [older] daughter ➡ p.157（daughter 图）

ちょうじょう 頂上　the top ➡ p.644（top¹ 图），the summit ➡ p.600

ちょうしょく 朝食　breakfast 图 ➡ p.80

ちょうせつ 調節　(an) adjustment
ー調節する　adjust 動 ➡ p.10

ちょうせん¹ 挑戦　(スポーツなどで) a challenge 图 ➡ p.106；(試み) a try ➡ p.653
ー挑戦する　challenge 動 ➡ p.106
ー挑戦者　a challenger 图 ➡ p.107

ちょうせん² 朝鮮　Korea 图 ➡ p.343，(大韓(㊕)民国)the Republic of Korea ➡ p.343，(朝鮮民主主義人民共和国)the Democratic People's Republic of Korea ➡ p.343（Korea 图）
ー朝鮮(人)の　Korean 形 ➡ p.343

ちょうちょう¹ 長調　a major (key) 图 ➡ p.374

ちょうちょう² 町長　a mayor 图 ➡ p.383

ちょうちん a (paper) lantern 图 ➡ p.346

ちょうてん 頂点　the top ➡ p.644（top¹ 图），the peak 图 ➡ p.457；(三角形などの) the apex

ちょうど just 副 ➡ p.336；(ちょうど今)just [right] now ➡ p.336（just 副)

ちょうとっきゅう 超特急　a superexpress

ちょうなん 長男　the eldest [elder] son，《米》the oldest [older] son

ちょうのうりょく 超能力　supernatural power

ちょうほうけい 長方形　a rectangle 图 ➡ p.504

ちょうみりょう 調味料　(a) seasoning 图 ➡ p.536

ちょうり 調理　cooking 图 ➡ p.140
ー調理師　a cook 图 ➡ p.139

ちょうれい 朝礼　a morning assembly ➡ p.40（assembly 图）

ちょうわ 調和　harmony 图 ➡ p.286
ー調和する　harmonize (with), go well (with)

チョーク chalk 图 ➡ p.106

ちょきん 貯金　saving ➡ p.529（saving 图）；(銀行預金)a deposit 图 ➡ p.165
ー貯金する　save (money) 動 ➡ p.529
ー貯金通帳　a bankbook, a passbook
ー貯金箱　a bank ➡ p.51（bank¹ 图），a money box；(子供用のブタの形をした)a piggy bank ➡ p.464

ちょくせつの 直接の　direct 形 ➡ p.170

一直接に　direct 副 ➡ p.170, directly 副 ➡ p.171

ちょくせん 直線　a straight line ➡ p.593（straight 形）

ちょくつうの 直通の　direct；(乗り物) through

チョコレート (a) chocolate 图 ➡ p.113

ちょしゃ 著者　an author 图 ➡ p.45

ちょすいち 貯水池　a reservoir

ちょぞう 貯蔵　a store ➡ p.592；(貯蔵品)(a) stock ➡ p.591

ちょちく 貯蓄　savings ➡ p.529（saving 图）；a deposit 图 ➡ p.165

ちょっかく 直角　a right angle
ー直角三角形　《米》a right triangle，《英》a right-angled triangle

ちょっかん 直感　(an) intuition
ー直感的に　intuitively

チョッキ 《米》a vest 图 ➡ p.672，《英》a waistcoat

ちょっけい 直径　a diameter 图 ➡ p.167

ちょっこうする 直行する　go direct ➡ p.170（direct 副），go straight ➡ p.593（straight 副）

ちょっと (わずか)a little 形 ➡ p.363, a bit ➡ p.68（bit¹ 图）；(少しの間)(just) a minute ➡ p.392（minute 图），(just) a moment ➡ p.395（moment 图）；(呼びかけ)(親しい人に) Say. ；(ていねいに)Excuse me. ➡ p.210（excuse 動)

ちらかす 散らかす　(ごみなどを)litter 動 ➡ p.363

ちらかる 散らかる　(ものが)be scattered ➡ p.530（scatter 動）；(ごみなどが)be littered ➡ p.363（litter 動）；(場所が)be messy ➡ p.388（messy 形），be in a mess ➡ p.388（mess 图）

ちらし 散らし　(折りこみ広告)a leaflet 图 ➡ p.350；(宣伝用)a flyer, a flier 图 ➡ p.236；(手で配る)a handbill

ちり¹ 地理　(教科名)geography 图 ➡ p.258

ちり² dust 图 ➡ p.188
ーちり取り　a dustpan 图 ➡ p.188

ちりがみ ちり紙　(a) tissue 图 ➡ p.639

ちりょう 治療　(medical) treatment 图 ➡ p.650 一治療する　treat 動 ➡ p.650；(治す)cure 動 ➡ p.151

ちる 散る　(落ちる)fall 動 ➡ p.217；(散らばる)scatter 動 ➡ p.530

ちんぎん 賃金　wages ➡ p.678（wage 图）；(給料)pay 图 ➡ p.456

ちんつうざい 鎮痛剤　a painkiller

チンパンジー a chimpanzee 图 ➡ p.113

ちんぼつする 沈没する　sink 動 ➡ p.558

ちんもく 沈黙　silence 图 ➡ p.556

―沈黙した silent 形 ➡ p.556

ちんれつ 陳列 (an) exhibition 名 ➡ p.211, (a) display 名 ➡ p.173
―陳列する exhibit 動 ➡ p.210, display 動 ➡ p.173
―陳列室 a display room
―陳列品 an exhibit 名 ➡ p.210

つ

ツアー (団体旅行)a group tour;(パックツアー)a package tour ➡ p.646(tour 名)

つい¹ 対 a pair ➡ p.448

つい² (ほんのさっき)only 副 ➡ p.436, just 副 ➡ p.336;(うっかり)carelessly 副 ➡ p.99

ついか 追加 (an) addition 名 ➡ p.9
―追加の additional
―追加する add (to) ➡ p.9

ついきゅう 追求 pursuit 名 ➡ p.491
―追求する pursue 動 ➡ p.491

ついし(けん) 追試(験) a supplementary examination, 《米》a makeup 名 ➡ p.374, a makeup exam [test]

ついしん 追伸 a postscript 名 ➡ p.476, P.S. ➡ p.488

ついせき 追跡 a chase 名 ➡ p.109, pursuit 名 ➡ p.491 ―追跡する chase 動 ➡ p.109, pursue 動 ➡ p.491

-(に)ついて (関して)about 前 ➡ p.4, on 前 ➡ p.434;(議論・けんかの原因を示して)over 前 ➡ p.444;(…ごとに)a 冠 ➡ p.2, per 前 ➡ p.459

ついていく ついて行く (あとから)follow 動 ➡ p.240;(いっしょに)go with ➡ p.268(go 動);(遅(おく)れずに)keep up with ➡ p.338 (keep 動)

ついている be lucky ➡ p.371(lucky 形)

ついてくる ついて来る (あとから)follow 動 ➡ p.240;(いっしょに)come with ➡ p.128 (come 動)

ついとつする 追突する run into ... from behind ➡ p.523(run 動)

ついに at last ➡ p.347(last¹ 名);(最後に)in the end ➡ p.199(end 名);(結局)after all ➡ p.12(after 前)

ついやす 費やす (時間・費用をかける) spend 動 ➡ p.579

ついらく 墜落 a fall 名 ➡ p.217;(飛行機の)a crash 名 ➡ p.147 ―墜落する fall 動 ➡ p.217, crash 動 ➡ p.147

つうがく 通学 going to school ➡ p.532 (school¹ 名), a commute to school ➡ p.130(commute 名)
―通学する go to school ➡ p.266(go 動)

つうかする 通過する pass 動 ➡ p.454, go through ➡ p.268(go 動)

つうきん 通勤 a commute 名 ➡ p.130
―通勤する go to one's office ➡ p.430 (office 名), commute 動 ➡ p.130

つうこうにん 通行人 a passerby 名 ➡ p.455

つうじる 通じる (道などが)lead (to) ➡ p.350(lead¹ 動), go (to) 動 ➡ p.266; (電話が)get through ➡ p.262(get 動); (理解される)be understood ➡ p.660 (understand 動);(自分の意思を理解させる)make oneself understood ➡ p.660 (understand 動)

つうしん 通信 communication 名 ➡ p.130;(手紙)correspondence 名 ➡ p.142
―通信する communicate (with) 動 ➡ p.130
―通信衛星 a communications satellite ➡ p.130(communication 名)
―通信教育[講座] a correspondence course
―通信販売(はん) mail order 名 ➡ p.373

つうち 通知 (a) notice 名 ➡ p.423
―通知する inform 動 ➡ p.320, let ... know
―通知表 a report (card) 名 ➡ p.510

つうやく 通訳 interpretation;(通訳する人)an interpreter 名 ➡ p.324
―通訳する interpret 動 ➡ p.324
―同時通訳 simultaneous interpretation

つうようする 通用する (受け入れられる)be accepted ➡ p.6(accept 動);(使われている)be used ➡ p.666(use 動)

つうろ 通路 a passage 名 ➡ p.455; (座席の間の)an aisle 名 ➡ p.16

つえ 杖 a (walking) stick ➡ p.590(stick² 名)

つかい 使い (用件)an errand 名 ➡ p.203; (人)a messenger 名 ➡ p.388

つかいかた 使い方 how to use ➡ p.308 (how 副)

つかいすての 使い捨ての disposable, throwaway

つかう 使う (使用する)use 動 ➡ p.666;(時間・お金などを)spend 動 ➡ p.579;(雇(やと)う) employ 動 ➡ p.198, hire 動 ➡ p.298

つかえる 仕える serve 動 ➡ p.543

つかまえる 捕まえる catch 動 ➡ p.102

つかまる 捕まる (捕(と)らえられる)be caught ➡ p.102(catch 動), be arrested ➡ p.36(arrest 動);(放さない)hold on to ➡ p.300(hold 動)

つかむ (握(にぎ)る)catch 動 ➡ p.102, hold 動 ➡ p.300, grasp 動 ➡ p.273, grip 動 ➡

和英

あ
か
さ
た
な
は
ま
や
ら
わ

p.276, get ➡ p.260；(理解する)grasp 動
➡ p.273；(手に入れる)get 動 ➡ p.260

つかれ 疲れ fatigue

つかれる 疲れる get tired；(疲れている)be tired (from) ➡ p.639(tired 形)

つき¹ 月 (天体の)the moon 名 ➡ p.397；(暦(こよみ)の)a month ➡ p.396

つき² luck 名 ➡ p.371

-つき …付き with 前 ➡ p.707

-(に)つき (…ごとに)a 冠 ➡ p.2, per 前 ➡ p.459

つぎ(の) 次(の) next 形 ➡ p.415；(以下の)following 形 ➡ p.240
一次に next 副 ➡ p.415；(それから)then 副 ➡ p.623
一次から次へ one after another ➡ p.433 (one 代)

つきあう 付き合う associate with ➡ p.707(associate 動)；(異性と)go out with ➡ p.268(go 動)

つきあたり 突き当たり the end 名 ➡ p.198

つきあたる 突き当たる get to ➡ p.262 (get 動)

つきさす 突き刺す stick ➡ p.590(stick¹ 動)；(刃物(はもの)などで人を)stab 動 ➡ p.583

つきそう 付き添う (世話をする)take care of ➡ p.98(care 名), attend ➡ p.43；(いっしょに行く)go with ➡ p.268(go 動), accompany 動 ➡ p.6, escort 動 ➡ p.203

つぎつぎに 次々に one after another ➡ p.433(one 代)

つきひ 月日 (時)time 名 ➡ p.637；(日)days ➡ p.157(day 名)

つきゆびする 突き指する sprain one's finger ➡ p.582(sprain 動)

つく¹ 着く (到着(とうちゃく)する)get to ➡ p.262 (get 動), arrive (at, in) 動 ➡ p.36, reach 動 ➡ p.500；(席にすわる)sit ➡ p.559, take a seat ➡ p.536(seat 名)

つく² 付く.点く (くっつく)stick (to) ➡ p.590(stick¹ 動)；(汚(よご)れる)be marked (with) ➡ p.584(stain 名)；(点灯する)light ➡ p.359(light¹ 動)；(火事になる)catch fire ➡ p.232(fire 名)

つく³ 突く (棒などでつつく)poke 動 ➡ p.471；(刃物(はもの)で刺(さ)す)stab 動 ➡ p.583；(針で刺す)prick

つぐ¹ 接ぐ.継ぐ (つなぐ)set；(受け継ぐ)succeed (to) 動 ➡ p.598

つぐ² 注ぐ pour 動 ➡ p.476

つくえ 机 a desk 名 ➡ p.166

つくす 尽くす do 動 ➡ p.176, try 動 ➡ p.653

つぐなう 償う (埋(う)め合わせをする)make

up for ➡ p.377(make 動)；(罪などを)pay for, atone

つくりばなし 作り話 a made-up story, a fiction 名 ➡ p.227

つくる 作る.造る (製造する)make 動 ➡ p.376, produce 動 ➡ p.484；(大規模に)manufacture 動 ➡ p.378；(建造する)build 動 ➡ p.84, construct 動 ➡ p.137；(創作する)write 動 ➡ p.713, compose 動 ➡ p.132；(栽培(さいばい)する)grow 動 ➡ p.276, raise 動 ➡ p.498；(組織する)organize 動 ➡ p.440, form 動 ➡ p.245

つげぐちする 告げ口する tell on

つけもの 漬け物 vegetables preserved in salt, salted rice bran, or *miso*；(ピクルス)pickles ➡ p.463(pickle 名)

つける¹ 付ける.点ける (取りつける)attach ... (to) 動 ➡ p.43, fix ... (to) 動 ➡ p.235, put ... (on) ➡ p.491；(記入する)keep 動 ➡ p.337；(塗(ぬ)る)put ... (on), spread 動 ➡ p.582；(点火する)light ➡ p.359(light¹ 動), turn on ➡ p.655(turn 動)；(あとについていく)follow ➡ p.240

つける² 着ける (身につける)put on ➡ p.492(put 動)；(身につけている)wear 動 ➡ p.686

つける³ 浸ける.漬ける (ひたす)soak ➡ p.568；(少しひたす)dip (in) 動 ➡ p.170；(漬け物にする)pickle

つげる 告げる tell 動 ➡ p.616, say 動 ➡ p.531

つごう 都合 convenience 名 ➡ p.139
一都合のよい convenient 形 ➡ p.139
一都合の悪い inconvenient 形 ➡ p.317

ツタ (an) ivy 名 ➡ p.329

つたえる 伝える (知らせる)tell 動 ➡ p.616；(報じる)report 動 ➡ p.510；(事物を紹介(しょうかい)する)introduce ➡ p.325；(伝承する)hand down ➡ p.283(hand 動)；(伝導する)conduct 動 ➡ p.135

つたわる 伝わる (知れ渡(わた)る)spread 動 ➡ p.582；(紹介(しょうかい)される)be introduced ➡ p.325(introduce 動)；(光・音などが伝わる)travel 動 ➡ p.649

つち 土 earth 名 ➡ p.190；(泥(どろ))mud 名 ➡ p.404；(地面)the ground ➡ p.276 (ground¹ 名)

つつく poke ➡ p.471；(くちばしで)peck (at) ➡ p.457

つづく 続く (継続(けいぞく)する)continue 動 ➡ p.138, go on ➡ p.268(go 動), last ➡ p.347(last² 動)；(あとに従う)follow 動 ➡ p.240；(達する)lead to ➡ p.640(lead¹ 動)
一続いて one after another ➡ p.433 (one 代)

あ
か
さ
た
な
は
ま
や
ら
わ

つづける 続ける go on ➡ p.268(go 動), continue 動 ➡ p.138

つっこむ 突っ込む put ... into;(ぶつかる) run (into) ➡ p.524(run 動)

ツツジ an azalea ➡ p.46

つつしむ 慎む (気をつける)be careful (about, of) ➡ p.99(careful 形), watch 動 ➡ p.683

つつみ 包み a package 名 ➡ p.447;(小さな)a parcel 名 ➡ p.451
―包み紙 wrapping paper 名 ➡ p.713

つつむ 包む wrap (up) 動 ➡ p.713;(おおう)cover 動 ➡ p.146

つづり 綴り (a) spelling 名 ➡ p.579

つづる 綴る spell 動 ➡ p.579

つとめ 勤め,務め (仕事)work 名 ➡ p.709;(勤め口)job 名 ➡ p.333;(義務)(a) duty 名 ➡ p.188

つとめる¹ 努める try ➡ p.653, make an effort ➡ p.193(effort 名)

つとめる² 勤める work (for, at, in) 動 ➡ p.709

つな 綱 (太い)a rope 名 ➡ p.520;(やや細い)a cord 名 ➡ p.141
―綱引き (a) tug of war ➡ p.654(tug 名)
―綱渡り tightrope walking

つながる be connected (to, with) ➡ p.136(connect 動)

つなぐ (結ぶ)tie ... (to) 動 ➡ p.636;(接続する)connect ... (to, with) 動 ➡ p.136

つなみ 津波 a tsunami, a tidal wave

つねに 常に always ➡ p.21

つねる pinch 動 ➡ p.464, give a pinch

つの 角 (ウシ・ヒツジ・ヤギなどの)a horn 名 ➡ p.304;(シカの)an antler;(カタツムリの)a 名 ➡ p.27

つば 唾 spit 動 ➡ p.580;(だ液)saliva

ツバキ a camellia

つばさ 翼 a wing 名 ➡ p.704

ツバメ a swallow ➡ p.605(swallow² 名)

つぶ 粒 a grain 名 ➡ p.272;(水滴の)a drop 名 ➡ p.186

つぶす (押しつぶす)crush 動 ➡ p.150, smash 動 ➡ p.565;(時間を)kill 動 ➡ p.339

つぶやく murmur 動 ➡ p.404

つぶれる be crushed ➡ p.150(crush 動);(会社が)go bankrupt ➡ p.51(bankrupt 形);(計画などが)fail 動 ➡ p.216

つぼ 壷 a pot 名 ➡ p.476;(広口の)a jar ➡ p.331;(装飾用の)a vase 名 ➡ p.670

つぼみ a bud ➡ p.83

つま 妻 a wife 名 ➡ p.702

つまさき つま先 a tiptoe 名 ➡ p.639

つまずく stumble (on, over) 動 ➡ p.596

つまむ (拾い上げる)pick (up) 動 ➡ p.462;(鼻を)hold 動 ➡ p.300

つまらない (退屈な)dull 形 ➡ p.187, boring 形 ➡ p.74;(つまらなく思う)be bored ➡ p.74(bored 形);(取るに足りない)trifling

つまり (言い換えれば)that is ➡ p.625(that 代), or 接 ➡ p.438, in other words ➡ p.709(word 名);(要するに)in short ➡ p.552(short 名)

つまる 詰まる (ふさがる)be stopped (up)

つみ 罪 (法律上の)a crime 名 ➡ p.148;(道徳・宗教上の)a sin 名 ➡ p.557
―罪のある guilty 形 ➡ p.278;sinful
―罪のない innocent 形 ➡ p.321

つみき 積み木 a building block ,《米》block 名 ➡ p.70,《英》brick 名 ➡ p.80

つむ¹ 積む pile (up) 動 ➡ p.464;(荷を)load 動 ➡ p.364

つむ² 摘む pick 動 ➡ p.462

つめ 爪 (人の)a nail 名 ➡ p.407;(ネコ・タカなどの)a claw 名 ➡ p.118
―つめ切り nail clippers ➡ p.120(clipper 名)

つめこむ 詰め込む (ぎっしりと)cram 動 ➡ p.147, pack 名 ➡ p.447, stuff 動 ➡ p.596

つめたい 冷たい (温度・態度が)cold 形 ➡ p.124

つめる 詰める fill 動 ➡ p.229, pack 動 ➡ p.447, stuff 動 ➡ p.596;(席を)move over ➡ p.402(move 動)

つもりだ (予定)be going to ... ➡ p.266(go 動), will ➡ p.703(will¹ 助);(意図)intend to ... ➡ p.323(intend 動), mean to ... ➡ p.384(mean¹ 動);(判断)think 動 ➡ p.630;(信じている)believe 動 ➡ p.62

つや¹ 艶 (光沢)(a) gloss;(磨いて出るつや)(a) polish ➡ p.472
―つやのある glossy

つや² 通夜 a wake

つゆ¹ 露 dew 名 ➡ p.167

つゆ² 梅雨 the rainy season ➡ p.535(season 名)

つよい 強い (力などが)strong 形 ➡ p.595;(得意な)good (at) 形 ➡ p.269
―強く strongly 副 ➡ p.596;(しっかり・激しく)hard 副 ➡ p.285

つよさ 強さ strength 名 ➡ p.594

つらい 辛い hard 形 ➡ p.285, tough 形 ➡ p.645

つらら an icicle 名 ➡ p.313

つり¹ 釣り fishing 名 ➡ p.234
―釣りをする fish 動 ➡ p.233

つり² 釣り (つり銭)change 名 ➡ p.107

つりあい 釣り合い (重さ・力などの)balance

和英

あ
か
さ
た
な
は
ま
や
ら
わ

名 ➡ p.50；(組み合わせの)match ➡ p.381
(match¹ 名)

つりあう 釣り合う (重さ・力などが)balance
(with) 動 ➡ p.50；(組み合わせが)match
➡ p.381(match¹ 名)

つりかわ つり革 a strap 名 ➡ p.593

ツル 鶴 a crane 名 ➡ p.147

つる 釣る fish 動 ➡ p.233, catch 動 ➡
p.102

つるす 吊るす hang 動 ➡ p.284

つるつるした (滑らかな)smooth 形 ➡
p.566；(滑りやすい)slippery 形 ➡ p.564

-(に)つれて as 接 ➡ p.38

つれていく 連れて行く take 動 ➡ p.610

つれてくる 連れて来る bring 動 ➡ p.81

て

て 手 (手首から先)a hand 名 ➡ p.282；
(腕)an arm ➡ p.35(arm¹ 名)；(人手,手
間)a hand ➡ p.282, a help 名 ➡
p.294；(手段,方法)a way 名 ➡ p.684,
means 名 ➡ p.384；(能力,支配)ability
➡ p.1, control 名 ➡ p.139

-で (場所)at 前 ➡ p.42, in 前 ➡ p.318, on
前 ➡ p.434；(時間)in 前 ➡ p.318；(手段,方
法)by 前 ➡ p.88, on 前 ➡ p.434, in 前
➡ p.318；(道具)with 前 ➡ p.707；(材料,原料)
of 前 ➡ p.428, from 前 ➡ p.251；(原因,理
由)because of ➡ p.59(because 接), of 前
➡ p.428；(値段)for 前 ➡ p.242；(年齢,
速度)at 前 ➡ p.42；(判断のよりどころ)by 前
➡ p.88

であう 出会う meet 動 ➡ p.385

てあし 手足 (腕と脚)arms and legs；
(手と足)hands and feet

てあたりしだいに 手当たり次第に at
random ➡ p.499(random 名)

てあて 手当て (治療)(medical)
treatment 名 ➡ p.650
　一手当てする treat 動 ➡ p.650

ていあん 提案 a proposal 名 ➡ p.487；
(控えめな)a suggestion 名 ➡ p.599
　一提案する propose ➡ p.487, suggest
動 ➡ p.599

ティーシャツ a T-shirt 名 ➡ p.654

ディーブイディー (a) DVD 名 ➡ p.188

ていいん 定員 (収容能力)(a) capacity
名 ➡ p.96；(決まった数)a fixed number

ティーンエージャー a teenager 名 ➡
p.616

ていえん 庭園 a garden 名 ➡ p.256

ていか 定価 the fixed price

ていぎ 定義 a definition 名 ➡ p.162
　一定義する define 動 ➡ p.162

ていきあつ 低気圧 low (atmospheric)

pressure ➡ p.481(pressure 名)

ていきの 定期の regular 形 ➡ p.506
　一定期的に regularly 副 ➡ p.506
　一定期券 《米》a commuter pass,
《英》a season ticket 名 ➡ p.536

ていきゅうび 定休日 a regular holiday

ていきょう 提供 an offer 名 ➡ p.430
　一提供する (あたえる)give 動 ➡ p.263；(差
し出す)offer 動 ➡ p.430；(番組を)sponsor
動 ➡ p.581

ディクテーション (a) dictation 名 ➡
p.168

ていこう 抵抗 (a) resistance 名 ➡ p.511
　一抵抗する resist 動 ➡ p.511

ていこく 帝国 an empire 名 ➡ p.197

ていし 停止 a stop 名 ➡ p.591
　一停止する stop 動 ➡ p.591

ていじ 定時 a fixed time
　一定時制高校 a part-time high school

ていしゃ 停車 a stop 名 ➡ p.591
　一停車する stop 動 ➡ p.591

ていしゅつする 提出する hand in ➡
p.283(hand 動)

ていしょく 定食 a set meal

ディスカウント (割引)(a) discount 名 ➡
p.172
　一ディスカウントショップ 《米》a discount
store,《英》a cut-price shop

ディスクジョッキー a disc jockey 名 ➡
p.172, DJ 名 ➡ p.175

ディスコ a disco 名 ➡ p.172, a
discotheque

ディズニーランド Disneyland 名 ➡
p.173

ていせい 訂正 (a) correction 名 ➡ p.142
　一訂正する correct 動 ➡ p.142

ていたく 邸宅 a residence 名 ➡ p.511；
(大邸宅)a mansion 名 ➡ p.378

ティッシュ(ペーパー) (a) tissue 名 ➡
p.639

ていでん 停電 a power failure, a
blackout

ていど 程度 (度合い)(a) degree 名 ➡
p.162；(水準)a level 名 ➡ p.356

ていねいな (注意深い)careful 形 ➡ p.99；
(礼儀正しい)polite 形 ➡ p.472
　一ていねいに carefully 副 ➡ p.99；
politely 副 ➡ p.472

ていぼう 堤防 (堤)a bank ➡ p.51
(bank² 名),(人工の)an embankment, a
dike

でいりぐち 出入り口 a doorway 名 ➡
p.179

ていりゅうじょ 停留所 a stop 名 ➡ p.591

ディレクター a director 名 ➡ p.171

ていれする　手入れする　take care of ➡
p.98(care 名);(修理する)repair 動 ➡
p.509

データ　data 名 ➡ p.156
ーデータベース　a database

デート　a date 名 ➡ p.156
ーデートする　have a date (with) ➡
p.156(date 名)

テープ　(a) tape 名 ➡ p.612;(セロテープ)
《米》【商標】Scotch tape ➡ p.612(tape
名),《英》Sellotape;(紙テープ)a paper
streamer

テーブル　a table 名 ➡ p.608
ーテーブルクロス　a tablecloth 名 ➡ p.608

テープレコーダー　a tape recorder 名 ➡
p.613

テーマ　a theme 名 ➡ p.623, a topic 名 ➡
p.644

ておくれの　手遅れの　too late

てがかり　手がかり　a clue 名 ➡ p.122

でかける　出かける　(外出する)go out ➡
p.268(go 動);(出発する)start ➡ p.586,
leave 動 ➡ p.352

てがみ　手紙　a letter 名 ➡ p.355
ー手紙を書く　write (to) 動 ➡ p.713;(短い
手紙を)drop a line ➡ p.186(drop 動)

てがるな　手軽な　(容易な)easy ➡ p.192;
(使いやすい)handy 形 ➡ p.284
ー手軽に　easily 副 ➡ p.191

てき　敵　an enemy 名 ➡ p.199;(競争相手)
an opponent 名 ➡ p.438

できあがる　出来上がる　(完成する)be
completed ➡ p.132(complete 動)

てきい　敵意　(a) hostility
ー敵意のある　hostile 形 ➡ p.306

てきおうする　適応する　adapt oneself to
➡ p.9(adapt 動), adjust to

できごと　出来事　an occurrence;(大きな)
an event 名 ➡ p.205;(偶然の)a
happening 名 ➡ p.284

テキスト　(教科書)a textbook 名 ➡ p.620

てきする　適する　be suitable (for) ➡
p.599(suitable 形)

てきせつな　適切な　proper 形 ➡ p.486

できたての　出来立ての　just made, fresh
形 ➡ p.249, freshly made

てきとうな　適当な　(ふさわしい)suitable
形 ➡ p.599, good ➡ p.269

てきぱき　(すばやく)quickly 副 ➡ p.495;
(能率的に)efficiently

できる　(可能である)can ➡ p.94(can[1] 動),
be able to ➡ p.1(able 形);(すぐれている)
be good (at) ➡ p.269(good 形), do well;
(完成する)be ready ➡ p.501(ready 形),
be done ➡ p.176(do 動);(育つ)grow 動

➡ p.276;(作られる)be made (of, from) ➡
p.376(make 動)

できるだけ　as ... as one can ➡ p.95(can[1]
動), as ... as possible ➡ p.475(possible
形)

できれば　if possible ➡ p.475(possible
形), if you can

でぐち　出口　an exit 名 ➡ p.211, a way
out ➡ p.684(way 名)

テクニック　(a) technique 名 ➡ p.615;
(こつ)a knack 名 ➡ p.341

てくび　手首　a wrist 名 ➡ p.713

てこ　a lever 名 ➡ p.356

でこぼこの　rough 形 ➡ p.521

デコレーション　(a) decoration 名 ➡
p.161 ーデコレーションケーキ　a fancy
[decorated] cake ➡ p.91(cake 名)

てごろな　手ごろな　(値段が)reasonable 形
➡ p.502;(使いやすい)handy 形 ➡ p.284

デザート　(a) dessert 名 ➡ p.166

デザイナー　a designer 名 ➡ p.165

デザイン　(a) design 名 ➡ p.165
ーデザインする　design 動 ➡ p.165

でし　弟子　a pupil 名 ➡ p.490

デジタルの　digital 形 ➡ p.169
ーデジタルウォッチ　a digital watch

てじな　手品　magic 名 ➡ p.372, a magic
trick ー手品師　a magician 名 ➡ p.372

でしゃばる　出しゃばる　stick one's nose
(into)

-でしょう　(推量)(未来のことを)will ➡
p.703(will[1] 動), be going to ... ➡ p.266
(go 動);(話し手の考え)I suppose ... ➡
p.602(suppose 動), I think ... ➡ p.630
(think 動);(疑問)I wonder ... ➡ p.708
(wonder 動);(念を押(お)して)..., isn't it?;
(感嘆(かん))What ...! ➡ p.692(what 形),
How ...! ➡ p.308(how 形)

-です　be 動 ➡ p.56

てすう　手数　trouble 名 ➡ p.652
ー手数をかける　trouble 動 ➡ p.652

テスト　a test 名 ➡ p.620, an exam 名 ➡
p.208;(小テスト)《米》a quiz 名 ➡ p.496
ーテストする　test 動 ➡ p.620, give a test

てすり　手すり　a rail 名 ➡ p.498, a
handrail 名 ➡ p.284

てそう　手相　the lines in one's palm
ー手相占(うらな)い　palm reading
ー手相見　a palm reader

でたらめ　nonsense 名 ➡ p.420
ーでたらめな　(うその)false 形 ➡ p.218;
(成り行きまかせの)random 形 ➡ p.499

てぢかな[に]　手近な[に]　(near) at hand
➡ p.283(hand 名), (close) at hand ➡
p.283(hand 名)

てちょう 手帳 a (pocket) notebook 名 ➡ p.422;(日付入りの)a (pocket) diary 名 ➡ p.168

てつ(の) 鉄(の) iron ➡ p.326

てつがく 哲学 philosophy 名 ➡ p.461
　―哲学者 a philosopher ➡ p.461

デッキ (船の)a deck 名 ➡ p.161

てっきょう 鉄橋 a steel bridge;(鉄道の)《米》a railroad bridge, 《英》a railway bridge

てっきん 鉄琴 a glockenspiel

てっきんコンクリート 鉄筋コンクリート reinforced concrete

てづくりの 手作りの (手製の)handmade 形 ➡ p.283;(自家製の)homemade 形 ➡ p.302

てっこう 鉄鋼 steel 名 ➡ p.589

てっこうじょ 鉄工所 ironworks

デッサン a sketch 名 ➡ p.560

てつだい 手伝い help ➡ p.294;(人)a help ➡ p.294, a helper 名 ➡ p.295

てつだう 手伝う help 動 ➡ p.294

てつづき 手続き (a) procedure ➡ p.484

てっていてきな 徹底的な thorough 形 ➡ p.632
　―徹底的に thoroughly 副 ➡ p.632

てつどう 鉄道 《米》a railroad 名 ➡ p.498, 《英》a railway 名 ➡ p.498

デッドボール hit by a pitch

てっぺん the top ➡ p.644(top¹ 名), the summit ➡ p.600

てつぼう 鉄棒 (鉄の棒)an iron bar; (体操の)a horizontal bar

てっぽう 鉄砲 a gun ➡ p.278

てつやする 徹夜する stay up all night ➡ p.588(stay 動), p.416(night 名), sit up all night ➡ p.559(sit 動)

テニス tennis 名 ➡ p.618

てにもつ 手荷物 《米》baggage 名 ➡ p.50, 《英》luggage 名 ➡ p.371
　―手荷物(一時)預かり所 a baggage room

テノール tenor 名 ➡ p.618
　―テノール歌手 a tenor 名 ➡ p.618

てのひら 手のひら a palm ➡ p.449 (palm¹ 名)

では (それでは)then 副 ➡ p.623;(さて)now 副 ➡ p.423, well ➡ p.688(well¹ 間);(そうしてみると)so 接 ➡ p.567;(…の点で)in 前 ➡ p.318;(場所)in 前 ➡ p.318, at 前 ➡ p.42

デパート a department store 名 ➡ p.164

てばなす 手放す part with ➡ p.453(part 動)

てびき 手引き a guide 名 ➡ p.278

デビュー a debut 名 ➡ p.160
　―デビューする make one's debut ➡ p.160(debut 名)

てぶくろ 手袋 (5本指の)gloves ➡ p.265 (glove 名);(親指だけ分かれているもの)mittens ➡ p.394(mitten 名)

てぶらで 手ぶらで empty-handed

デフレ(ーション) deflation

てほん 手本 a model 名 ➡ p.395, an example ➡ p.208;(習字の)a copybook

てま 手間 (時間)time 名 ➡ p.637;(労力)labor 名 ➡ p.344

デマ a false rumor

てまね 手まね a gesture 名 ➡ p.258
　―手まねをする make gestures

でむかえる 出迎える meet 動 ➡ p.385

-ても, -でも¹ (たとえ…しても)even if … ➡ p.205(even 副);(…しても～しても)whether … or ～ ➡ p.697(whether 接);(どんなに…しても) however … 副 ➡ p.307;(…だが)but 接 ➡ p.86, though 接 ➡ p.633

デモ a demonstration 名 ➡ p.164
　―デモをする demonstrate 動 ➡ p.163

でも but 接 ➡ p.86, though 副 ➡ p.633

-でも² (…でさえ)even 副 ➡ p.204;(例えば)say 動 ➡ p.531;(すべての…)every 形 ➡ p.206, any 形 ➡ p.28

てもとに 手もとに at hand ➡ p.283 (hand 名)

デュエット a duet 名 ➡ p.187

てら 寺 a (Buddhist) temple ➡ p.617

テラス a terrace 名 ➡ p.619

てらす 照らす shine on;(光を当てる)light (up) ➡ p.359(light¹ 動)

デラックスな deluxe

デリケートな (微妙な)delicate 形 ➡ p.163;(感じやすい)sensitive 形 ➡ p.542

てる 照る shine 動 ➡ p.550

でる 出る (外に行く)go out ➡ p.268(go 動);(出発する)start 動 ➡ p.586, leave 動 ➡ p.352;(卒業する)graduate (from) 動 ➡ p.272;(現れる)appear ➡ p.31, come out ➡ p.129(come 動);(出席する)attend 動 ➡ p.43;(参加する)take part (in) ➡ p.453(part 名);(電話に)answer 動 ➡ p.27

テレビ (放送)television 名 ➡ p.616, TV 名 ➡ p.656;(受像機)a television (set) ➡ p.616, a TV (set) 名 ➡ p.656
　―テレビ局 a TV station ➡ p.587 (station 名)
　―テレビゲーム a video game 名 ➡ p.673

てれる 照れる feel shy, feel embarrassed ➡ p.197(embarrass 動)
　―照れ屋 a shy person ➡ p.554(shy 形)

テロ（リズム） terrorism
てわたす 手渡す hand (over) 動 ➡ p.282
てん¹ 点 （記号）a point 名 ➡ p.470;（小さな印）a dot 名 ➡ p.179;（問題点）a point ➡ p.470;（評価）a grade 名 ➡ p.271;（点数）a score 名 ➡ p.533;（競技の得点）a point ➡ p.470;（総得点）a score 名 ➡ p.533;（野球などの）a run 名 ➡ p.523;（サッカーなどの）a goal 名 ➡ p.265
てん² 天 （空）the sky 名 ➡ p.562, the heavens ➡ p.293(heaven 名);（神）God 名 ➡ p.265, Heaven ➡ p.293(heaven 名)
でんあつ 電圧 (a) voltage
てんいん 店員 a salesperson 名 ➡ p.527, a salesclerk 名 ➡ p.527, a clerk 名 ➡ p.119
でんえん 田園 the country 名 ➡ p.144;（田園地帯）the countryside 名 ➡ p.145
てんき 天気 the weather 名 ➡ p.686
　―天気予報 a weather forecast ➡ p.687
でんき¹ 電気 electricity 名 ➡ p.196;（電灯）an electric light, a light ➡ p.359 (light¹ 名)
　―電気の electric 形 ➡ p.196
　―電気釜 an electric rice cooker
　―電気器具 (electrical) appliances 名 ➡ p.31
　―電気スタンド （卓上の）a desk lamp;（床上の）a floor lamp
　―電気毛布 an electric blanket
でんき² 伝記 a biography 名 ➡ p.67
でんきゅう 電球 a light bulb ➡ p.84 (bulb 名)
てんきん 転勤 a transfer 名 ➡ p.649
　―転勤する be transferred (to) ➡ p.649 (transfer 動)
てんけいてきな 典型的な typical 形 ➡ p.657
てんけん 点検 a check 名 ➡ p.110, examination 名 ➡ p.208, (an) inspection 名 ➡ p.322
　―点検する check 動 ➡ p.110, examine 動 ➡ p.208
てんこう 天候 the weather 名 ➡ p.686
てんこうする 転校する transfer 動 ➡ p.619, change schools
　―転校生 a transfer (student)
てんごく 天国 heaven 名 ➡ p.293;（楽園）paradise 名 ➡ p.451
でんごん 伝言 a message 名 ➡ p.388
　―伝言する send ... a message, give ... a message
てんさい¹ 天才 （人）a genius 名 ➡ p.258;（才能）(a) genius 名 ➡ p.258

てんさい² 天災 a natural disaster
てんし 天使 an angel 名 ➡ p.25
てんじ¹ 展示 show 名 ➡ p.553, display 名 ➡ p.173
　―展示する exhibit 動 ➡ p.210, display 動 ➡ p.173
　―展示会 a show 名 ➡ p.553, an exhibition 名 ➡ p.211
てんじ² 点字 braille 名 ➡ p.77
でんし 電子 an electron 名 ➡ p.196
　―電子の electronic 形 ➡ p.196
　―電子オルガン an electronic organ ➡ p.440(organ 名)
　―電子顕微鏡 an electron microscope
　―電子工学 electronics 名 ➡ p.196
　―電子ブック an electronic book
　―電子レンジ a microwave (oven) 名 ➡ p.389
でんしゃ 電車 a train 名 ➡ p.648
　―電車賃 a (train) fare 名 ➡ p.221
てんじょう 天井 a ceiling 名 ➡ p.103
でんせつ 伝説 a legend 名 ➡ p.353
　―伝説（上）の, 伝説的な legendary
てんせん 点線 a dotted line
でんせん 電線 an electric wire
てんたい 天体 a heavenly body
　―天体望遠鏡 an astronomical telescope
でんたく 電卓 a desktop calculator;（小型の）a (pocket) calculator 名 ➡ p.91
でんち 電池 a cell 名 ➡ p.104, a battery 名 ➡ p.54
でんちゅう 電柱 a utility pole
テント a tent 名 ➡ p.618
でんとう¹ 伝統 (a) tradition 名 ➡ p.647
　―伝統的な traditional 形 ➡ p.647
　―伝統工芸 traditional crafts
でんとう² 電灯 an electric light, a light ➡ p.359(light¹ 名)
テントウムシ （米）a ladybug 名 ➡ p.344,（英）a ladybird 名 ➡ p.344
てんねんの 天然の natural 形 ➡ p.409
　―天然記念物 a natural monument
　―天然資源 natural resources ➡ p.512 (resource 名)
てんのう 天皇 an emperor 名 ➡ p.197
　―天皇陛下 His Majesty the Emperor
てんのうせい 天王星 Uranus 名 ➡ p.666
でんぱ 電波 a radio wave
てんぷくする 転覆する be turned upside down, be overturned
てんぷら 天ぷら a Japanese deep-fried dish
でんぷん 澱粉 starch 名 ➡ p.586
テンポ （曲の）a tempo

和英

あ
か
さ
た
な
は
ま
や
ら
わ

でんぽう 電報 a telegram 名 ⇒ p.616,《口語》a wire ⇒ p.705

てんもん(がく) 天文(学) astronomy 名 ⇒ p.41
― 天文学者 an astronomer 名 ⇒ p.41
― 天文台 an astronomical observatory

てんらんかい 展覧会 a show 名 ⇒ p.553, an exhibition 名 ⇒ p.211

でんりゅう 電流 (an) electric current ⇒ p.152

でんりょく 電力 (electric) power 名 ⇒ p.477
― 電力会社 an electric power company

でんわ 電話 (電話器・通話)a phone 名 ⇒ p.461, a telephone 名 ⇒ p.616;(通話)a call 名 ⇒ p.91
― 電話をする,電話をかける call 動 ⇒ p.91, phone 動 ⇒ p.461
― 電話帳 a telephone directory 名 ⇒ p.616, a (tele)phone book ⇒ p.462
― 電話番号 a (tele)phone number 名 ⇒ p.462
― 電話ボックス a telephone booth ⇒ p.616

と

と¹ 戸 a door 名 ⇒ p.179

と² 都 (東京都)the Tokyo metropolitan area, Tokyo Metropolis
― 都の,都立の metropolitan 形 ⇒ p.388
― 都知事 the Governor of metropolitan Tokyo

-と (…そして～)… and ～ 接 ⇒ p.24;(…か～)… or ～ 接 ⇒ p.438;(…といっしょに)with … 前 ⇒ p.707;(…に対抗して)against … 前 ⇒ p.13, with … 前 ⇒ p.707;(…するとき)when … 接 ⇒ p.694;(…ならば)if … 接 ⇒ p.314;(…ということ)that … 接 ⇒ p.624;(…と交換に)for 前 ⇒ p.242;(…ほど)as 接 ⇒ p.38

-ど …度 (回数)a time 名 ⇒ p.637;(温度,角度)a degree 名 ⇒ p.162

ドア a door 名 ⇒ p.179

とい 問い a question 名 ⇒ p.494

といあわせる 問い合わせる ask 動 ⇒ p.37, inquire 動 ⇒ p.321;(人物・身元などを)refer 動 ⇒ p.505
― 問い合わせ (an) inquiry 名 ⇒ p.321

-という (…と称する);(すべての)every 形 ⇒ p.206, all 形 ⇒ p.17;(…ということ)that … 接 ⇒ p.624;(…というのに)though … 接 ⇒ p.633;(…というのは)because … 接 ⇒ p.59

ドイツ Germany 名 ⇒ p.258
― ドイツ(人)の German 形 ⇒ p.258

― ドイツ語 German 名 ⇒ p.258
― ドイツ人 a German 名 ⇒ p.258

トイレ(ット) (家庭の)a bathroom 名 ⇒ p.54;(公共の建物などの)a rest room 名 ⇒ p.513 ― トイレットペーパー (a roll of) toilet paper

とう¹ 塔 (タワー)a tower 名 ⇒ p.646;(寺などの)a pagoda

とう² 党 a party 名 ⇒ p.454

-とう …等 (競技の)(the +)序数+ place ⇒ p.465;(賞の)(the +)序数+ prize 名 ⇒ p.484

どう¹ (疑問)what 代 ⇒ p.692, how 副 ⇒ p.308;(勧誘)What about …? ⇒ p.692 (what 代), How about …? ⇒ p.309(how 副);(注意をひいて)Say 動 ⇒ p.531(say 動)

どう² 銅 copper 名 ⇒ p.141;(青銅)bronze 名 ⇒ p.82 ― 銅メダル a bronze medal

どう³ 胴 (体の)a trunk 名 ⇒ p.653

とうあん 答案 (用紙)a paper 名 ⇒ p.450, an answer sheet

どうい 同意 agreement 名 ⇒ p.14
― 同意する agree (with, to) 動 ⇒ p.14

どういう what 形 ⇒ p.692, how 副 ⇒ p.308

どういたしまして (感謝に対して)You're welcome. ⇒ p.688(welcome 形) / Not at all. ⇒ p.17(all 代) / That's all right. ⇒ p.17(all 副);(謝罪に対して)Never mind. ⇒ p.391(mind 動) / That's all right. ⇒ p.17(all 副) / Not at all. ⇒ p.17(all 代) / That's OK. ⇒ p.431(OK¹ 形)

とういつ 統一 unity 名 ⇒ p.663
― 統一する unite 動 ⇒ p.662, unify

どうか (どうぞ)please 副 ⇒ p.468

トウガラシ red pepper

とうき 陶器 (陶磁器・瀬戸物)china(ware) 名 ⇒ p.113;(陶器類)pottery 名 ⇒ p.476

どうき 動機 a motive 名 ⇒ p.400

とうきゅう 投球 a pitch 名 ⇒ p.465, pitching

とうぎゅう 闘牛 a bullfight 名 ⇒ p.84
― 闘牛士 a bullfighter

どうきゅう 同級 the same class ⇒ p.527 (same 形)
― 同級生 a classmate 名 ⇒ p.118

どうぐ 道具 a tool 名 ⇒ p.644;(精密な)an instrument 名 ⇒ p.322

どうくつ 洞窟 a cave 名 ⇒ p.103

とうげ 峠 a mountain pass

とうけい 統計 statistics

とうこうする 登校する go to school ⇒ p.266(go 動)

どうさ 動作 (動き)a movement 名 ⇒

p.402;(ふるまい)manners ➡ p.375
(manner 名)

とうざい 東西　east and west

とうし 闘志　fight 名 ➡ p.228

とうじ 冬至　the winter solstice

とうじ(は) 当時(は)　(その時は)then 副 ➡
p.623, at that time ➡ p.638(time 名);
(その時代は)in those days ➡ p.158(day
名)

どうし 動詞　《文法》a verb 名 ➡ p.671

とうしする 凍死する　be frozen to death
➡ p.160(death 名)

とうじつ 当日　that day ➡ p.624(that 形)

どうして (なぜ)why 副 ➡ p.701;(どうやっ
て)how 副 ➡ p.308

どうしても (ぜひ)by all means ➡ p.384
(means 名);(どうやっても…ない)won't ➡
p.703(will[1] 助)

どうじに 同時に　at the same time ➡
p.638(time 名);(直ちに)at once ➡ p.432
(once 副)

とうしゅ 投手　a pitcher ➡ p.465
(pitcher[1] 名)

どうじょう 同情　sympathy 名 ➡ p.607;
(哀れみ)pity 名 ➡ p.465
─同情する　feel sympathy (for) ➡ p.607
(sympathy 名), feel pity (for) ➡ p.465
(pity 名)

とうじょうする 登場する　appear 動 ➡
p.31;(劇の脚本で)enter
─登場人物　a character 名 ➡ p.109

どうせ anyway ➡ p.30, after all

とうぜん 当然　naturally 副 ➡ p.410
─当然の　natural 形 ➡ p.409

とうせんする 当選する　(選挙で)be
elected ➡ p.196(elect 動);(懸賞で)
win a prize ➡ p.484(prize 名)

どうぞ please 副 ➡ p.468;(ものを渡すと
き)Here you are. ➡ p.296(here 副)

どうぞう 銅像　a bronze statue

どうそうかい 同窓会　(組織)an alumni
association;(会合)a (school) reunion
➡ p.513;(クラス会)a class reunion ➡
p.513(reunion 名)

とうだい 灯台　a lighthouse 名 ➡ p.359

とうちゃく 到着　arrival 名 ➡ p.36
─到着する　arrive (at, in) ➡ p.36, get
to ➡ p.262(get 動), reach 動 ➡ p.500

どうてん 同点　a tie ➡ p.636
─同点になる, 同点にする　tie 動 ➡ p.636

とうとう at last ➡ p.347(last[1] 名)

どうとく 道徳　moral ➡ p.397(moral 名);
(学科)moral education

とうなん[1] 東南　the southeast 名 ➡ p.576
─東南アジア　Southeast Asia 名 ➡ p.576

とうなん[2] 盗難　(a) theft, (a) robbery 名
➡ p.518

どうにか (なんとかして)somehow 副 ➡
p.571;(どうにか…する)manage to ... ➡
p.375(manage 動)

とうばん 当番　(順番)one's turn 名 ➡
p.655;(義務)duty 名 ➡ p.188

とうひょう 投票　voting, vote 名 ➡ p.676
─投票する　vote (on, for, against) 動 ➡
p.676
─投票所　a polling place
─投票日　an election day

とうふ 豆腐　tofu, soybean curd

とうぶ 東部　the east 名 ➡ p.191, the
eastern part

どうふうする 同封する　enclose 動 ➡
p.198

どうぶつ 動物　an animal 名 ➡ p.25;(生き
物)a living thing ➡ p.364(living 形)
─動物園　a zoo 名 ➡ p.722

とうぶん 当分　(for) some time ➡ p.572
(some 形);(さしあたり)for the present ➡
p.479(present[1] 名)

とうほく 東北　the northeast 名 ➡ p.420
─東北地方 (日本の)the Tohoku region
[area]

どうみゃく 動脈　an artery

とうみん 冬眠　winter sleep, hibernation
─冬眠する　hibernate

とうめいな 透明な　transparent 形 ➡
p.649, clear 形 ➡ p.119
─透明人間 (男)an invisible man;(女)an
invisible woman

どうも (ほんとうに)very 副 ➡ p.671;(どう
いう訳か)for some reason, somehow 副
➡ p.571

どうもうな 獰猛な　fierce 形 ➡ p.227

トウモロコシ 《米》corn 名 ➡ p.141,
《英》maze 名 ➡ p.383

どうやら (おそらく)likely 副 ➡ p.361;
(どうにかこうにか)somehow 副 ➡ p.571

とうよう 東洋　the East ➡ p.191(east
名), the Orient 名 ➡ p.440
─東洋の　Eastern ➡ p.191(eastern 形),
Oriental 形 ➡ p.440
─東洋人　an Oriental

どうよう 童謡　a children's song, a
nursery rhyme 名 ➡ p.424

どうようする 動揺する　be upset ➡ p.665
(upset 形), be shocked ➡ p.550(shock
動)

どうようの 同様の　similar 形 ➡ p.556
─…と同様に　like ➡ p.360(like[2] 副), as
～ as ... 接 ➡ p.38

どうりつの 道立の　(Hokkaido)

あ
か
さ
た
な
は
ま
や
ら
わ

prefectural 形 ➡ p.478
―県立高校 a prefectural high school
とうるい 盗塁 a steal
―盗塁する steal (a base) 動 ➡ p.589
どうろ 道路 a road 名 ➡ p.518; a street 名 ➡ p.594
―道路工事 (修理)road repairs [repairing]; (建設)road construction
―道路地図 a road map 名 ➡ p.518
―道路標識 a road sign ➡ p.518
とうろく 登録 (a) registration, register 名 ➡ p.506
―登録する register 動 ➡ p.506
とうろん 討論 (a) discussion 名 ➡ p.172, (a) debate 名 ➡ p.160
―討論する discuss 動 ➡ p.172, debate 動 ➡ p.160
―討論会 a discussion 名 ➡ p.172, a debate 名 ➡ p.160
どうわ 童話 a children's story; (おとぎ話) a fairy tale 名 ➡ p.217
とおい 遠い (距離が)far 形 ➡ p.220, a long way ➡ p.684(way 名); (遠くの) distant 形 ➡ p.174; (時間・関係などが) distant 形 ➡ p.174
―遠く(に) far (away) 副 ➡ p.220, a long way off, in the distance ➡ p.174 (distance 名)
とおざかる 遠ざかる go away ➡ p.267 (go 動), move away; (音が)die away ➡ p.169(die 動)
とおざける 遠ざける keep ... away (from) ➡ p.338(keep 動)
‐どおし …通し (…の間じゅう)all ... (long) ➡ p.17(all 形); (その間ずっと)all the time ➡ p.637(time 名)
とおす 通す (向こうへ出す)pass (through) 動 ➡ p.454; (中へ入れる) show ... into; (目を通す)look over ➡ p.368(look 動)
トースター a toaster 名 ➡ p.639
トースト toast ➡ p.639(toast¹ 名)
トーテムポール a totem pole 名 ➡ p.645
ドーナツ a doughnut 名 ➡ p.180
トーナメント a tournament 名 ➡ p.646
ドーピング doping
ドーベルマン Doberman (pinscher)
とおまわしの 遠回しの indirect 形 ➡ p.319, roundabout 形 ➡ p.522
―遠回しに indirectly, in a roundabout way
ドーム a dome 名 ➡ p.178
―ドーム球場 a domed baseball stadium
とおり 通り a street 名 ➡ p.594, an avenue 名 ➡ p.45, a road 名 ➡ p.518
‐とおり, ‐どおり …通り (…のように)as 接

前 ➡ p.38
とおりすぎる 通り過ぎる pass 動 ➡ p.454
とおる 通る (通過する)pass 動 ➡ p.454; (通り抜ける)go through ➡ p.268(go 動); (バスなどの便がある)run 動 ➡ p.523; (合格する)pass 動 ➡ p.454; (声などが伝わる)carry 動 ➡ p.100
とかい 都会 a city 名 ➡ p.116, a town 名 ➡ p.646
トカゲ a lizard 名 ➡ p.364
とかす¹ 溶かす (熱で)melt 動 ➡ p.386; (水で)dissolve
とかす² (くしで)comb 動 ➡ p.126; (ブラシで)brush 動 ➡ p.83
とがった sharp 形 ➡ p.548, pointed
トキ an ibis
とき 時 (時間)time 名 ➡ p.637; (…すると き)when ... 接副 ➡ p.694
ときどき 時々 sometimes 副 ➡ p.571, (every) now and then ➡ p.423(now 副)
どきどきする beat 動 ➡ p.58
ドキュメンタリー a documentary 名 ➡ p.175
どきょう 度胸 courage 名 ➡ p.145
―度胸のいい brave 形 ➡ p.78, courageous 形 ➡ p.145
とぎれる 途切れる (さえぎられる)be interrupted ➡ p.324(interrupt 動); (交通・交信などが中断する)be disrupted
とく¹ 得 (利益)a profit 名 ➡ p.485
―得する gain 動 ➡ p.255, make a profit ➡ p.485(profit 名); (節約になる) save 動 ➡ p.529
―得な profitable 形 ➡ p.485, economical 形 ➡ p.193
とく² 解く (ひも・結び目を)undo 動 ➡ p.661, untie; (問題を)solve ➡ p.570
とぐ 研ぐ (鋭くする)sharpen 動 ➡ p.548; (米を)wash 動 ➡ p.682
どく¹ 毒 (a) poison 名 ➡ p.471; (害毒) harm 名 ➡ p.286
―毒のある poisonous 形 ➡ p.471
―毒薬 (a) poison 名 ➡ p.471
どく² (わきへ)step aside ➡ p.590(step 動)
とくいな 得意な (誇らしい)proud (of) 形 ➡ p.487; (じょうずな)good (at) 形 ➡ p.269
―得意(客) a regular customer
―得意げに proudly 副 ➡ p.487
とくぎ 特技 a specialty 名 ➡ p.578
どくじの 独自の unique 形 ➡ p.662; (自分自身の)own 形 ➡ p.446
どくしゃ 読者 a reader 名 ➡ p.501
とくしゅう 特集 (記事)a feature (article) 名 ➡ p.224
―特集する feature 動 ➡ p.224

一特集号 a special issue ➡ p.327(issue
名)

とくしゅな 特殊な special 形 ➡ p.578,
unusual 形 ➡ p.664

どくしょ 読書 reading 名 ➡ p.501
一読書する read (a book) 動 ➡ p.501

どくしょう 独唱 a (vocal) solo 名 ➡
p.570
一独唱する sing a solo, sing alone
一独唱会 a (vocal) recital 名 ➡ p.503

とくしょく 特色 a feature 名 ➡ p.224;(ほ
かと異なる点)a characteristic 名 ➡ p.109

どくしんの 独身の single 形 ➡ p.557

どくせん 独占 a monopoly 名 ➡ p.396
一独占する monopolize, have ... to
oneself

どくそう 独奏 a solo 名 ➡ p.570
一独奏する play a solo
一独奏会 a recital 名 ➡ p.503
一独奏者 a soloist

どくそうてきな 独創的な original 形 ➡
p.440

とくだね 特種 a scoop 名 ➡ p.533

とくちょう 特徴 a characteristic 名 ➡
p.109;(目立つ)a feature 名 ➡ p.224
一特徴のある, 特徴的な characteristic 形
➡ p.109

とくてん¹ 得点 (競技の)a score 名 ➡
p.533, a point 名 ➡ p.470;(試験の)a
score 名 ➡ p.533
一得点する score 動 ➡ p.533

とくてん² 特典 (a) privilege 名 ➡ p.483

どくとくの 独特の (固有の)peculiar 形 ➡
p.457, own 形 ➡ p.446;(特徴(きき)的な)
characteristic 形 ➡ p.109

とくに 特に (ほかと比(き)べて)especially 副
➡ p.203;(1つ選んで)particularly 副 ➡
p.453;(わざわざ)specially 副 ➡ p.578

とくばい 特売 a (bargain) sale 名 ➡
p.526

とくはいん 特派員 a correspondent 名 ➡
p.142

とくべつな 特別な (一般とは異なった)
special 形 ➡ p.578;(とりわけ)particular
形 ➡ p.453 一特別に especially 副 ➡
p.203;particularly 副 ➡ p.453;specially
副 ➡ p.578

とくめいの 匿名の anonymous

とくゆうの 特有の peculiar 形 ➡ p.457,
own 形 ➡ p.446

どくりつ 独立 independence 名 ➡ p.317
一独立する become independent ➡
p.319(independent 形)
一独立国 an independent country

どくりょくで 独力で by oneself ➡ p.433

(oneself 代), for oneself ➡ p.433
(oneself 代)

とげ (動物・植物の)a prickle;(バラの)a
thorn 名 ➡ p.632;(木・竹の)a splinter

とけい 時計 (置き時計など)a clock 名 ➡
p.120;(腕(き)時計など)a watch 名 ➡ p.683
一時計屋 a watch store, a watch shop;
(人)a watchmaker

とける¹ 溶ける (熱で)melt 動 ➡ p.386;
(水などに)dissolve

とける² 解ける (ほどける)come undone,
come untied, come loose 形 ➡ p.368;
(解決される)be solved ➡ p.570(solve 動)

とげる 遂げる (目的を達する)achieve 動 ➡
p.7;(実現する)realize 動 ➡ p.502

どける get ... out of the way, move 動 ➡
p.401

どこ (場所)where 副 代 ➡ p.695;(箇所(じょ))
what 代 ➡ p.692
一どこ(で)でも everywhere 副 ➡ p.207;
(…するところならどこでも)wherever ... 接
➡ p.691
一どこにも…ない not ... anywhere ➡
p.30(anywhere 副)
一どこまで how far ➡ p.308(how 副),
p.220(far 副)

とこや 床屋 (店)a barbershop 名 ➡ p.52;
(人)a barber 名 ➡ p.51

ところ (場所)a place 名 ➡ p.465;(余地)
room 名 ➡ p.520, (a) space 名 ➡ p.576;
(点)a point 名 ➡ p.470

ところで (さて)well ➡ p.688(well¹ 副),
now 副 ➡ p.423;(それはそうと)by the
way ➡ p.685(way 名)

ところどころ 所々 in places, here and
there ➡ p.295(here 副)

とざん 登山 (mountain) climbing 名 ➡
p.120 一登山する climb a mountain ➡
➡ p.120(climb 動), p.401(mountain 名)

とし¹ 年 (時の単位)a year 名 ➡ p.716;(年
齢(れい))(an) age 名 ➡ p.13, year ➡ p.716
(year 名)
一年とった old 形 ➡ p.431
一年をとる grow older

とし² 都市 a city 名 ➡ p.116, a town 名
➡ p.646

としうえの 年上の older

とじこめる 閉じ込める shut up;(かぎをか
けて)lock up ➡ p.365(lock 動)

とじこもる 閉じこもる shut *oneself* up
(in), stay indoors

-として as 前 ➡ p.38

とじまりをする 戸締りをする lock up,
lock the doors ➡ p.365(lock 動)

どしゃぶり 土砂降り a heavy rain ➡

あ
か
さ
た
な
は
ま
や
ら
わ

p.498(rain 名)

としょ 図書 books ⇒ p.73(book 名)
－図書室 a library 名 ⇒ p.356, a
reading room
ドジョウ a loach
としょかん 図書館 a library 名 ⇒ p.356
としより 年寄り an old person ⇒ p.431
(old 形);(全体をまとめて)old people, the
aged ⇒ p.14(aged² 形)
とじる¹ 閉じる close ⇒ p.120(close¹ 動),
shut 動 ⇒ p.554
とじる² 綴じる file ⇒ p.229(file¹ 動)
ドシン と (衝突(しょう)音など)with a bump
⇒ p.84(bump 名);(落下音など)with a thud
どせい 土星 Saturn 名 ⇒ p.529
どそくで 土足で with one's shoes on
どだい 土台 (建物などの)a foundation
⇒ p.247;(物事の)a base 名 ⇒ p.52
とだな 戸棚 (食器用の)a cupboard 名 ⇒
p.151;(書類用の)a cabinet 名 ⇒ p.90;
(衣類用の)((米))a closet 名 ⇒ p.121
とたんに 途端に as soon as ⇒ p.573
(soon 副), the moment
とち 土地 land 名 ⇒ p.345, ground 名
⇒ p.276(ground¹ 名);(敷地(しき)の)a lot 名
⇒ p.369;(地域)an area 名 ⇒ p.34;(土)soil
名 ⇒ p.570 －土地の (地元の)local 形 ⇒
p.365;(土着の)native 形 ⇒ p.409
とちゅうで 途中で (道の半ばで)on one's
way (to) ⇒ p.685(way 名), on the way
⇒ p.685(way 名);(ことの半ばで)halfway
副 ⇒ p.281 －途中下車 a stopover
どちら (どれ)which 代 ⇒ p.696;(どこ)
where 副 代 ⇒ p.695;(だれ)who 代 ⇒
p.700
どちらも both 形 代 ⇒ p.75
とっきゅう 特急 a limited express
とっきょ 特許 a patent 名 ⇒ p.456
とっくに (ずっと前に)long ago ⇒ p.366
(long¹ 形);(すでに)already 副 ⇒ p.20
とっくん 特訓 (特別の訓練)special
training;(特別の授業)a special lesson
ドッジボール dodge ball ⇒ p.175
とっしん 突進 a rush 名 ⇒ p.524, a dash
名 ⇒ p.156 －突進する rush 動 ⇒ p.524,
dash 動 ⇒ p.156
とつぜん 突然 suddenly 副 ⇒ p.599
－突然の sudden 形 ⇒ p.599
どっち which 代 ⇒ p.696, where 副 代 ⇒
p.695
どっちみち (いずれにしても)anyway 副 ⇒
p.30;(結局は)after all ⇒ p.12(after 前)
とって 取っ手 a handle 名 ⇒ p.283;(引き
出し・戸の)a knob 名 ⇒ p.342
－(に)とって for 前 ⇒ p.242, to 前 ⇒ p.640

とっておく 取っておく keep 動 ⇒ p.337;
(使わないでおく)put aside ⇒ p.491(put
動), save 動 ⇒ p.529
とってかわる 取って代わる (人に)take a
person's place ⇒ p.466(place 名)
とってくる 取って来る get 動 ⇒ p.260, go
and get
とっぱする 突破する (障害物を)break
through;(障害などを)get over ⇒ p.262
(get 動);(試験を)pass 動 ⇒ p.454
トップ the top ⇒ p.644(top¹ 名);
(一番)the first 名 ⇒ p.233
どて 土手 a (river) bank ⇒ p.51(bank²
名)
とても (非常に)very 副 ⇒ p.671, so 副 ⇒
p.567, really 副 ⇒ p.502;(どうしても…な
い)hardly 副 ⇒ p.285, not ... possibly ⇒
p.475(possibly 副)
とどく 届く (達する)reach 動 ⇒ p.500;(手
に入る)(人が主語)get 動 ⇒ p.260, receive
動 ⇒ p.503;(ものが主語)be delivered (to)
⇒ p.163(deliver 動)
とどけ 届け a report 名 ⇒ p.510, (a)
notice 名 ⇒ p.423
とどける 届ける (送る)send 動 ⇒ p.539;
(持って行く)take 動 ⇒ p.610;(持って来る)
bring 動 ⇒ p.81;(配達する)deliver 動 ⇒
p.163;(報告する)report 動 ⇒ p.510
ととのえる 調える, 整える (準備する)get
ready ⇒ p.501(ready 形)
とどまる stay 動 ⇒ p.588, remain 動 ⇒
p.508
トナカイ a reindeer 名 ⇒ p.507
となり 隣 (家)the house next door;(人)a
next-door neighbor ⇒ p.416(next-door
形) －隣の next 形 ⇒ p.415, next-door
形 ⇒ p.416
どなる shout 動 ⇒ p.553
とにかく anyway 副 ⇒ p.30, at any rate
⇒ p.500(rate 名)
どの (どちらの)which 形 ⇒ p.696;(何とい
う)what 形 ⇒ p.692;(どの…でも)any 形
⇒ p.28;(どの…もみな)every 形 ⇒ p.206
どのくらい (数が)how many ⇒ p.308
(how 副);(量が)how much ⇒ p.308(how
副);(時間・長さが)how long ⇒ p.308(how
副);(距離(きょ)が)how far ⇒ p.308(how
副);(高さが)how high, how tall ⇒ p.612
(tall 形);(大きさが)how large ⇒ p.346
(large 形)
とばす 飛ばす fly ⇒ p.238(fly¹ 動),(吹(ふ)
き飛ばす)blow (off) ⇒ p.71(blow¹ 動);
(読み飛ばす)skip 動 ⇒ p.562
トビ a (black) kite 名 ⇒ p.341
とびあがる 飛び上がる jump (up) 動 ⇒

p.335

とびおきる 飛び起きる jump out of bed ➡ p.335（jump 動）

とびおりる 飛び降りる jump down

とびこえる 飛び越える jump over, jump across

とびこみ 飛び込み （競技の）diving 名 ➡ p.175;（1回ごとの）a dive 名 ➡ p.174
―飛び込み台 a diving board, a springboard

とびこむ 飛び込む jump into ➡ p.335（jump 動）, dive 動 ➡ p.174;（勢いよく入る）rush 動 ➡ p.524

とびだす 飛び出す run out

とびつく 飛びつく jump at ➡ p.42（at 前）

トピック a topic 名 ➡ p.644

とびのる 飛び乗る jump on

とびら 扉 （戸）a door 名 ➡ p.179;（本の）a title page

とぶ 飛ぶ, 跳ぶ （空を）fly ➡ p.238（fly¹ 動）;（はねる）jump 動 ➡ p.335, hop ➡ p.303

とほう 途方 （途方に暮れる）don't know what to do, be at a loss ➡ p.369（loss 名）

とぼける play ignorant

とぼしい 乏しい poor 形 ➡ p.473, short (of) 形 ➡ p.551

とほで 徒歩で on foot ➡ p.241（foot 名）

トマト tomato 名 ➡ p.642

とまる¹ 止まる, 留まる （停止する）stop 動 ➡ p.591;（鳥などが）perch

とまる² 泊まる stay (at, in, with) 動 ➡ p.588

とむ 富む be rich ➡ p.515（rich 形）

とめる¹ 止める, 留める （停止させる）stop 動 ➡ p.591;（電気・ガスなどを）turn off ➡ p.655（turn 動）;（固定する）fasten 動 ➡ p.222, pin 動 ➡ p.464;（気に）pay attention to ➡ p.456（pay 動）, p.43（attention 名）

とめる² 泊める put ... up ➡ p.492（put 動）, let ... stay

とも 友 a friend 名 ➡ p.250

ともだち 友達 a friend 名 ➡ p.250

ともなう 伴う go with ➡ p.268（go 動）, take 動 ➡ p.610

ともに 共に together ➡ p.642

どようび 土曜日 Saturday 名 ➡ p.529

トラ a tiger 名 ➡ p.636

トライ （ラグビーの）a try

ドライアイス dry ice

トライアングル a triangle 名 ➡ p.651

ドライバー （運転手）a driver 名 ➡ p.185;（ねじ回し）a screwdriver 名 ➡ p.534

ドライブ a drive 名 ➡ p.185

―ドライブイン a roadside restaurant

ドライヤー （ヘアードライヤー）a (hair) drier 名 ➡ p.184, a (hair) dryer 名 ➡ p.187, a blow drier

とらえる 捕らえる catch 動 ➡ p.102

トラクター a tractor 名 ➡ p.647

トラック¹ （米）a truck 名 ➡ p.652, （英）a lorry 名 ➡ p.368

トラック² （競技場）a track 名 ➡ p.646
―トラック競技 track events

ドラッグストア a drugstore 名 ➡ p.186

トラブル trouble 名 ➡ p.652

トラベラーズチェック a traveler's check 名 ➡ p.650

ドラマ a drama 名 ➡ p.182

ドラム a drum 名 ➡ p.187
―ドラム奏者 a drummer 名 ➡ p.187

トランク （大型の旅行かばん）a trunk 名 ➡ p.653;（かばん）a suitcase 名 ➡ p.600;（自動車の）（米）a trunk 名 ➡ p.653,（英）a boot

トランシーバー a transceiver

トランプ （札）a playing card ➡ p.468（card 名）;（遊び）(playing) cards ➡ p.98（card 名）

トランペット a trumpet 名 ➡ p.653
―トランペット奏者 a trumpeter 名 ➡ p.653

トランポリン a trampoline

とり 鳥 a bird 名 ➡ p.67
―鳥かご a (bird) cage 名 ➡ p.90
―とり肉 chicken 名 ➡ p.112

とりあえず （まず）first of all ➡ p.233（first 形）;（さしあたり）for the time being, for now ➡ p.423（now 名）

とりあげる 取り上げる （手に取る）take up ➡ p.611（take 動）, pick up ➡ p.463（pick 動）;（奪う）take away ➡ p.611（take 動）

とりあつかい 取り扱い （ものの）handling

とりいれ 取り入れ （収穫）a harvest 名 ➡ p.286

とりえ 取り柄 a good point, a strong point ➡ p.470（point 名）

トリオ a trio 名 ➡ p.651

とりかえす 取り返す get back ➡ p.261（get 動）, take back ➡ p.611（take 動）

とりかえる 取り替える change 動 ➡ p.107;（交換）する）exchange 動 ➡ p.208;（新しくする）renew 動 ➡ p.509

とりかかる 取り掛かる begin 動 ➡ p.61, start 動 ➡ p.586

とりかこむ 取り囲む surround 動 ➡ p.604

とりくむ 取り組む tackle 動 ➡ p.609

とりけす 取り消す （予約を）cancel 動 ➡

p.93, call off ⇒ p.92(call 働);(発言を)
take back
とりしらべ 取り調べ (警察の捜査(ほう)) (an)
investigation 名 ⇒ p.325
―取り調べる investigate 働 ⇒ p.325
とりだす 取り出す take out ⇒ p.611
(take 働)
トリック a trick 名 ⇒ p.651
とりつの 都会の metropolitan 形 ⇒ p.388
―都立高校 a Tokyo metropolitan high
school
とりのぞく 取り除く take off ⇒ p.611
(take 働), get rid of ⇒ p.515(rid 名),
remove 働 ⇒ p.509
とりはだ 鳥肌 goose bumps [pimples]
とりひき 取り引き (商売)business ⇒
p.86(business 名), trade ⇒ p.647
―取り引きする do business (with) ⇒
p.86(business 名), deal (with) 働 ⇒
p.159
ドリブル a dribble 名 ⇒ p.184
―ドリブルする dribble 働 ⇒ p.184
とりもどす 取り戻す get back ⇒ p.261
(get 働)
どりょく 努力 (an) effort 名 ⇒ p.193
―努力する make an effort ⇒ p.193
(effort 名), work hard ⇒ p.709(work 働)
―努力家 a hard worker ⇒ p.285(hard
形)
とりよせる 取り寄せる order 働 ⇒ p.439
ドリル (練習)a drill 名 ⇒ p.184;(工具)a
drill 名 ⇒ p.184
とる 取る，捕る，採る，撮る (手に持つ)take 働
⇒ p.610, get 働 ⇒ p.260, pick up ⇒
p.463(pick 働);(取って来る，取ってやる)get
働 ⇒ p.260;(手渡(だ)す)hand 働 ⇒ p.282;
(手に入れる)get 働 ⇒ p.260, win 働 ⇒
p.702(脱(ぬ)ぐ，取り外す)take off ⇒ p.611
(take 働);(盗(ぬす)む)steal 働 ⇒ p.589, take
働 ⇒ p.610;(捕(つか)まえる)catch 働 ⇒
p.102;(食べる)eat 働 ⇒ p.192, have 働 ⇒
p.287;(写す，記録する)(写真・ノートを)take
働 ⇒ p.610;(テープなどを)record 働 ⇒
p.504;(注文する)order 働 ⇒ p.439;(新聞
などを)take 働 ⇒ p.610;(時間・場所を占(し)
める)take up ⇒ p.611(take 働);(選ぶ)
choose 働 ⇒ p.113;(採用する)take
ドル a dollar 名 ⇒ p.178
どれ which 代 ⇒ p.696
―どれでも any (one) 形代 ⇒ p.28
どれい 奴隷 a slave 名 ⇒ p.562
―奴隷制度 slavery 名 ⇒ p.562
トレードする trade ⇒ p.647
―トレードマーク a trademark ⇒
p.647

トレーナー (人)a trainer 名 ⇒ p.648;
(シャツ)a sweatshirt 名 ⇒ p.605
トレーニング (a) training 名 ⇒ p.649
ドレス a dress 名 ⇒ p.183
ドレッシング (a) dressing 名 ⇒ p.184
とれる 取れる，捕れる，採れる，撮れる (外れ
る)come off ⇒ p.129(come 働);(外れてい
る)be off ⇒ p.427(off 働), be away ⇒
p.46(away 働);(痛みが)be gone;(捕(つか)えら
れる)be caught ⇒ p.102(catch 働);(生産
される)be produced ⇒ p.484(produce
働);(写真が)come out, turn out
どろ 泥 mud 名 ⇒ p.404, dirt 名 ⇒ p.171
―泥だらけの muddy 形 ⇒ p.404
ドロップ (あめ)a drop 名 ⇒ p.186
トロフィー a trophy 名 ⇒ p.652
どろぼう 泥棒 (こそどろ)a thief 名 ⇒
p.629;(強盗(ごう))a robber 名 ⇒ p.518;
(押(お)しこみ強盗)a burglar 名 ⇒ p.85
トロンボーン a trombone 名 ⇒ p.652
どわすれする 度忘れする (一瞬忘れる)
forget for the moment
トン (重さの単位)a ton 名 ⇒ p.643
ドン (強くぶつかる音・大砲(ほう)の音)bang 名
⇒ p.51
とんカツ 豚カツ a pork cutlet
どんかんな 鈍感な dull 形 ⇒ p.187
ドングリ an acorn 名 ⇒ p.7
とんち wit 名 ⇒ p.706
とんでもない (ひどい)terrible 形 ⇒
p.619;(強い否定)No way! ⇒ p.685(way 名)
どんどん (速く)fast ⇒ p.222(fast¹ 働),
rapidly 働 ⇒ p.499
どんな (何)what 代 ⇒ p.692;(どんな種類
の)what kind of ⇒ p.692(what 形);
(いかなる)any 形 ⇒ p.28;(もの)anything
どんなに (どれほど)how ⇒ p.308;
(どんなに…ても)however 働 ⇒ p.307
トンネル a tunnel 名 ⇒ p.654
どんぶり a bowl ⇒ p.76(bowl¹ 名)
トンボ a dragonfly 名 ⇒ p.182
とんや 問屋 (店)a wholesale store;
(人)a wholesale dealer
どんよりした (灰色の)gray 形 ⇒ p.273;
(陰気(いんき)な)gloomy 形 ⇒ p.265

な

な 名 a name 名 ⇒ p.407
ない (所有しない)do not have ⇒ p.287
(have 働), have no ... ⇒ p.287(have 働),
p.418(no 形);(存在しない)be not ⇒ p.56
(be 働), There is [are] no ... ⇒ p.623
(there 働);(…ではない)be not ... ⇒ p.56
(be 働)

–ない (…しない)do not ➡ p.176(do 動),
will not ➡ p.703(will¹ 動);(…できない)
cannot ➡ p.94(can¹ 動)

ないかく 内閣 a cabinet 名 ➡ p.90
―内閣総理大臣 the prime minister 名 ➡
p.482

ないしょ 内緒 (秘密)a secret 名 ➡ p.537
―ないしょの secret 形 ➡ p.537

ないぞう 内臓 internal organs ➡ p.324
(internal 形), guts

ナイター a night game

ナイフ a knife 名 ➡ p.342

ないぶ 内部 the inside 名 ➡ p.321

ないや 内野 the infield
―内野手 an infielder

ないよう 内容 content(s) ➡ p.138
(content¹ 名)

ナイロン nylon 名 ➡ p.424

なえ 苗 a young plant, a seedling
―苗木 a young plant

なお (まだ・いっそう)still 副 ➡ p.590

なおす 直す,治す (修理する)repair 動 ➡
p.509, mend 動 ➡ p.387,《口語》fix 動 ➡
p.235;(訂正(ていせい)する)correct 動 ➡ p.142;
(悪い癖(くせ)を取り除く)get rid of ➡ p.515
(rid 動), break ➡ p.79;(治療(ちりょう)する)
cure ➡ p.151, heal 動 ➡ p.291

なおる 直る,治る (修理される)be repaired
➡ p.509(repair 動), be mended ➡ p.387
(mend 動), be fixed ➡ p.235(fix 動);
(病気などが)get well ➡ p.688(well¹ 形),
recover ➡ p.504, be cured ➡ p.151
(cure 動)

なか¹ 中,中に,中へ,中で (内部)the inside
名 ➡ p.321;(内部に,内部で)in 前 ➡
p.318, inside 副前 ➡ p.321;(内部へ)into
前 ➡ p.324;(グループ名などの)in 前 ➡
p.318;(…の部分の)of 前 ➡ p.428;(3つ以
上のものの)among 前 ➡ p.23;(真中に)in
前 ➡ p.318
―…の中から(外へ) out of ➡ p.441(out
前)
―…の中を通って through 前 ➡ p.634

なか² 仲 (関係)a relationship 名 ➡ p.507

ながい 長い long ➡ p.366(long¹ 形)
―長く long ➡ p.366(long¹ 副)

ながいきする 長生きする live long

ながぐつ 長靴 (雨靴)rain boots;(ゴム長)
rubber boots;(ブーツ)boots ➡ p.74(boot
名)

ながさ 長さ length 名 ➡ p.354

ながし 流し (台所の)a (kitchen) sink 名
➡ p.558

ながす 流す (勢いよく)flush 動 ➡ p.238;
(血・涙(なみだ)を)shed ➡ p.549(shed² 動);

(ものを)wash away ➡ p.682(wash 動)

なかなおりする 仲直りする make up, be
friends again (with) ➡ p.250(friend 名),
make friends with ... again ➡ p.250
(friend 名)

なかなか (かなり)very 副 ➡ p.671, pretty
副 ➡ p.481, quite 副 ➡ p.496;(簡単には,
すぐには…ない)will not ➡ p.703(will¹ 動),
not ... easily ➡ p.191(easily 副)

なかにわ 中庭 a courtyard, a court 名 ➡
p.145

なかば 半ば the middle 名 ➡ p.389;
(半分)half 名 ➡ p.281

ながびく 長引く (延長された)be extended
➡ p.213(extend 動);(長い時間がかかる)
take long ➡ p.610(take 動)

なかま 仲間 a friend 名 ➡ p.250,
company 名 ➡ p.131, peers

なかみ 中身,中味 content(s) ➡ p.138
(content¹ 名)

ながめ 眺め a view 名 ➡ p.673

ながめる 眺める look at ➡ p.367(look
動);(注意して)watch ➡ p.683

ながもちする 長持ちする last long ➡
p.347(last² 動);(食べ物が)keep long ➡
p.337(keep 動)

なかゆび 中指 (手の)a middle finger ➡
p.231(finger 名);(足の)the third toe ➡
p.642(toe 名)

なかよし 仲良し a good friend ➡ p.250
(friend 名)

–ながら (同時に)as 接 ➡ p.38, while 接 ➡
p.697;(…だけれども)but 接 ➡ p.86,
though 接 ➡ p.633, although 接 ➡ p.20

ながれ 流れ a flow 名 ➡ p.238, a stream
名 ➡ p.594, a current 名 ➡ p.152

ながれぼし 流れ星 a shooting star 名 ➡
p.551

ながれる 流れる (水などが)flow 動 ➡
p.238, run 動 ➡ p.523;(中止になる)be
called off ➡ p.92(call 動)

なきごえ 泣き声,鳴き声 (人の)a cry 名 ➡
p.150;(鳥の)a song 名 ➡ p.573;(ネコの)a
meow 名 ➡ p.387;(鳥・虫の)a chirp

なきむし 泣き虫 a crybaby

なく¹ 泣く cry 動 ➡ p.150;weep 動 ➡
p.688;sob 動 ➡ p.568

なく² 鳴く (一般に)cry 動 ➡ p.150;(鳥がさ
えずる)sing 動 ➡ p.557

なぐさめ 慰め (a) comfort 名 ➡ p.127

なぐさめる 慰める comfort 動 ➡ p.127

なくす 無くす,亡くす (失う)lose 動 ➡
p.368;(規則・制度などを)do away with ➡
p.176(do 動)

なくなる 無くなる,亡くなる (ものをなくす)

[109]

lose 動 ⇒ p.368;(ものがなくなる)be gone,
be missing ⇒ p.393(missing 形);(使い
尽(⁽ʸ⁾)くす)run out of ⇒ p.524(run 動);
(死ぬ)pass away ⇒ p.455(pass 動),
die 動 ⇒ p.168

なぐる 殴る strike 動 ⇒ p.595, hit 動 ⇒
p.299;(なぐり倒(⁽ᵃ⁾)す)knock down ⇒
p.342(knock 動)

なげく 嘆く feel sad (about), grieve 動 ⇒
p.275

なげる 投げる (ほうる)throw 動 ⇒ p.634;
(目標に向かって)pitch 動 ⇒ p.465;(あきら
める)give up ⇒ p.263(give 動)

-(が)なければ without 前 ⇒ p.706

なごやかな 和やかな friendly 形 ⇒ p.250

なさけ 情け (親切)kindness 名 ⇒ p.340;
(同情)sympathy 名 ⇒ p.607;(慈悲)
mercy 名 ⇒ p.387 一情け深い kind ⇒
p.340(kind¹ 形), merciful

なさけない 情けない (恥(⁽ᵃ⁾)ずべき)
shameful;(哀(⁽ᵃ⁾)れな)pitiful;(みじめな)
miserable ⇒ p.392

ナシ a Japanese pear;(西洋ナシ)pear 名
⇒ p.457

-なしで without 前 ⇒ p.706

ナス an eggplant 名 ⇒ p.194

なぜ why 副 ⇒ p.701

なぜなら(ば) because 接 ⇒ p.59, since 接
⇒ p.557, for 接 ⇒ p.242

なぞ 謎 (不思議なこと)a mystery 名 ⇒
p.406;(なぞなぞ)a riddle 名 ⇒ p.515
一なぞの mysterious 形 ⇒ p.406

なだめる soothe, calm

なだらかな gentle 形 ⇒ p.258

なだれ a snowslide, an avalanche

なつ 夏 summer 名 ⇒ p.600
一夏休み (the) summer vacation 名 ⇒
p.600,《英》summer holidays

なつかしい 懐かしい (いとしい)dear 形 ⇒
p.159

なづける 名付ける (命名する)name 動 ⇒
p.407;(呼ぶ)call ⇒ p.91

ナッツ a nut 名 ⇒ p.424

なっとくする 納得する (理解する)
understand 動 ⇒ p.660

なでる stroke ⇒ p.595(stroke² 動), pet

-など and so on ⇒ p.25(and 接), etc. ⇒
p.204

なな 七(の) seven 名 形 ⇒ p.545
一第7(の) the seventh 名 形 ⇒ p.545,
7th

ななじゅう 七十(の) seventy 名 形 ⇒
p.545 一第70(の) the seventieth 名 形
⇒ p.545, 70th

ななめの 斜めの diagonal, slanting

なに, なん 何 (疑問)what 代 ⇒ p.692;
(驚(⁽ᵃ⁾)き)What! ⇒ p.692(what 間), Why!
⇒ p.701(why 間)

なにか 何か (ふつう肯定(⁽ᵃ⁾)文で)
something 代 ⇒ p.571;(疑問文や if 節で)
any 代 ⇒ p.28, anything 代 ⇒ p.29

なにも 何も…ない not ... anything ⇒
p.29(anything 代), nothing 代 ⇒ p.422

ナプキン (食事用)a napkin 名 ⇒ p.408

なふだ 名札 a name card

なべ (浅めで片手のもの)a pan 名 ⇒ p.449;
(深めで両手のもの)a pot 名 ⇒ p.476

なまいきな 生意気な impudent,《口語的》
cheeky

なまえ 名前 a name 名 ⇒ p.407

なまける 怠ける (働くことをいやがる)be
lazy ⇒ p.350(lazy 形);(サボる)neglect 動
⇒ p.412

ナマズ a catfish

なまぬるい 生ぬるい lukewarm;(十分冷
えていない)not cool [cold] enough

なまの 生の (熱を通していない)raw 形 ⇒
p.500, uncooked;(新鮮(⁽ᵃ⁾)な)fresh 形 ⇒
p.249;(録音でない)live ⇒ p.364(live² 形)
一生演奏 a live performance

なまり¹ 訛 an accent 名 ⇒ p.5

なまり² 鉛 lead ⇒ p.350(lead² 名)

なみ¹ 波 a wave 名 ⇒ p.684;(さざ波)a
ripple 名 ⇒ p.517

なみ² 並 (平均)an [the] average 名 ⇒
p.45 一並の average 形 ⇒ p.45

なみき 並木 a row of trees
一並木道 an avenue 名 ⇒ p.45

なみだ 涙 tears ⇒ p.615(tear¹ 名)

なめらかな 滑らかな smooth 形 ⇒ p.566
一滑らかに smoothly 副 ⇒ p.566

なめる lick 動 ⇒ p.356;(甘(⁽ᵃ⁾)くみる)make
light of ⇒ p.359(light² 形)

なやます 悩ます (心配をかけて)trouble 動
⇒ p.652;(じゃまをして)bother 動 ⇒ p.75;
(不安などで)worry 動 ⇒ p.711

なやみ 悩み (a) trouble 名 ⇒ p.652, (a)
worry 名 ⇒ p.711, a problem 名 ⇒ p.484

なやむ 悩む be worried ⇒ p.711(worried
形), be troubled ⇒ p.652(trouble 動)

-なら if 接 ⇒ p.314

ならう 習う (習得する)learn 動 ⇒ p.351;
(レッスンを受ける)take lessons ⇒ p.354
(lesson 名)

ならす¹ 鳴らす (音を出す)sound ⇒ p.574
(sound¹ 動);(ベルを)ring ⇒ p.516(ring¹
動);(警笛(⁽ᵃ⁾)を)blow

ならす² 慣らす,馴らす accustom 動 ⇒ p.7;
(訓練する)train 動 ⇒ p.648;(飼いならす)
tame 動 ⇒ p.612

-ならない (…しなければならない)have to ... ➡ p.287(have 動), must 助 ➡ p.405, 《口語》have got to ... ➡ p.289(have 助); (…してはならない)Don't ... ➡ p.176(do 助), must not ➡ p.405(must 助), should not ➡ p.552(should 助)

ならぶ 並ぶ stand in (a) line ➡ p.361 (line 名), line up ➡ p.362(line 動)

ならべる 並べる (列にして)line up ➡ p.362(line 動);(隣(_{とな})に)put ... side by side ➡ p.554(side 名)

なりたつ 成り立つ (構成されている)be made up (of), consist (of) ➡ p.137 (consist 動)

なりゆき 成り行き (経過)course 名 ➡ p.145;(結果)a result 名 ➡ p.513

なる¹ 成る (ある状態に至る)become 動 ➡ p.59, be 動 ➡ p.56, get 動 ➡ p.260;(ある状態に変わる)turn (into) 動 ➡ p.655, change (into) 動 ➡ p.107;(数に達する)come to;(時に達する)come;(成り立つ)be made (of) ➡ p.376(make 動), consist (of) 動 ➡ p.137
　──…するようになる come to ... ➡ p.128 (come 動)
　──…できるようになる learn to ... ➡ p.351 (learn 動)

なる² 鳴る (音が出る)sound ➡ p.574 (sound¹ 動);(ベルが)ring ➡ p.516(ring¹ 動);(警笛(_{けいてき})などが)blow ➡ p.71(blow¹ 動);(警報・目覚まし時計などが)go off ➡ p.268(go 動)

なる³ 生る (実をつける)bear

なるべく (できたら)if possible ➡ p.475 (possible 形);(できるだけ)as ... as possible [one can] ➡ p.475(possible 形)

なるほど (わかった)I see. ➡ p.541(see 動);(確かに)indeed 副 ➡ p.317, to be sure ➡ p.603(sure 形)

ナレーター a narrator 名 ➡ p.408

なれなれしい too familiar

なれる 慣れる, 馴れる (人が…に)get used [accustomed] to ➡ p.666(used² 形);(慣れている)be used [accustomed] to ➡ p.666(used² 形), p.7(accustom 動);(動物が)become tame ➡ p.612(tame 形);(動物がなれている)be tame ➡ p.612(tame 形)

なわ 縄 a rope 名 ➡ p.520

なわとび 縄跳び 《米》rope jumping, 《英》(rope) skipping ―縄跳びをする jump [skip] rope ➡ p.335(jump 動)

なん- 何… (どの,何という)what ... 形 ➡ p.692;(いくつの)how many ... ➡ p.308 (how 副);(いくらかの)some 形 ➡ p.572;

(多くの)many 形 ➡ p.378
　─何回[何度] how many times ➡ p.637 (time 名)
　─何歳(_{さい}) how old ➡ p.308(how 副)
　─何時 what time ➡ p.692(what 形);(いつ)when 副 代 ➡ p.694

なんきょく 南極 the Antarctic ➡ p.27, the South Pole 名 ➡ p.576
　─南極の Antarctic 形 ➡ p.27
　─南極大陸 Antarctica

なんせい 南西 the southwest 名 ➡ p.576
　─南西の southwest 形 ➡ p.576, southwestern

ナンセンス nonsense 名 ➡ p.420

なんだか somehow 副 ➡ p.571

なんて 何て (感嘆(_{かんたん}))how 副 ➡ p.308, what 形 ➡ p.692;(疑問)what 代 形 ➡ p.692

なんで 何で why 副 ➡ p.701

なんでも 何でも (どんなものでも) anything 代 ➡ p.29;(すべて)everything 代 ➡ p.207
　─なんでもない nothing 代 ➡ p.422

なんと 何と (感嘆(_{かんたん}))how 副 ➡ p.308, what 形 ➡ p.692;(疑問)what 代 形 ➡ p.692

なんど 何度 (回数・頻度(_{ひんど}))how many times ➡ p.637(time 名), how often ➡ p.308(how 副)

なんとう 南東 the southeast 名 ➡ p.576
　─南東の southeast 形 ➡ p.576, southeastern

なんとか (なんとかして)somehow 副 ➡ p.571 ─なんとか…する manage to ... ➡ p.375(manage 動)

なんとなく somehow 副 ➡ p.571

なんとも (まったく…ない)not ... at all ➡ p.17(all 代);(ほんとうに)very 副 ➡ p.671, really 副 ➡ p.502

ナンバー a number 名 ➡ p.424;(車の)a license number, a registration number

なんぶ 南部 the southern part, the south 名 ➡ p.575;(アメリカの)the South ➡ p.575(south 名)
　─南部の southern 形 ➡ p.576

なんべい 南米 South America 名 ➡ p.576

なんべん 何遍 how many times ➡ p.637 (time 名), how often ➡ p.308(how 副)

なんぼく 南北 (the) north and (the) south

なんみん 難民 a refugee 名 ➡ p.506

に

に 二(の) two 名 形 ➡ p.657

和英

あ
か
さ
た
な
は
ま
や
ら
わ

一第2(の) the second ➡ p.536(second¹ 名形), 2nd

-に (時刻)at 前 ➡ p.42;(日)on 前 ➡ p.434;(月・年)in 前 ➡ p.318;(期間)during 前 ➡ p.188;(地点)at 前 ➡ p.42;(広い場所・中に) in 前 ➡ p.318;(接して)on 前 ➡ p.434;(はなれて)to 前 ➡ p.640;(到着点)to 前 ➡ p.640;(行き先)for 前 ➡ p.242;(目的・対象) for 前 ➡ p.242, to 前 ➡ p.640;(変化)into 前 ➡ p.324;(原因)at 前 ➡ p.42, with 前 ➡ p.707;(受け身の相手)by 前 ➡ p.88;(割合)a 冠 ➡ p.2, per 前 ➡ p.459

にあう 似合う (服などが)look nice (on) ➡ p.416(nice 形), suit 動 ➡ p.599;(調和する)go well (with)

ニアミス a near miss 名 ➡ p.411

にえる 煮える (ゆだる)be boiled ➡ p.72 (boil 動);(火が通る)be cooked ➡ p.139 (cook 動)

におい (a) smell 名 ➡ p.565
一(…の)においがする smell (of) 動 ➡ p.565
一においをかぐ smell 動 ➡ p.565, sniff 動 ➡ p.566

におう smell 動 ➡ p.565

にかい 二階 《米》the second floor ➡ p.237(floor 名), 《英》the first floor ➡ p.237(floor 名)
一2階建て a two-story house

にがい 苦い bitter 形 ➡ p.69

にがす 逃がす (放してやる)set ... free ➡ p.248(free 形), let ... go ➡ p.355(let 動); (捕(と)らえそこなう)miss 動 ➡ p.393, fail to catch ➡ p.216(fail 動)

にがつ 二月 February 名 ➡ p.224

にがて[だ] 苦手だ be not good [poor / weak] at ➡ p.269(good 形), p.473(poor 形), p.685(weak 形)

にきび a pimple

にぎやかな (通りなどが)busy 形 ➡ p.86; (活気のある)lively 形 ➡ p.364;(騒(さわ)がしい)noisy 形 ➡ p.419

にぎる 握る (持つ)hold 動 ➡ p.300;(しっかり握る)grasp 動 ➡ p.273, grip 動 ➡ p.276

にぎわう be crowded ➡ p.150(crowd 名)

にく 肉 (食用の)meat 名 ➡ p.385;(人間や動物の)flesh 名 ➡ p.236
一肉屋 (人)a butcher 名 ➡ p.87;(店)a butcher shop ➡ p.87(butcher 名)

にくい 憎い (憎らしい)hateful

-(し)にくい be hard to ... ➡ p.285(hard 形), be difficult to ... ➡ p.169(difficult 形)

にくがん 肉眼 the naked eye

にくたい 肉体 a body 名 ➡ p.72

にくむ 憎む hate 動 ➡ p.290

にげる 逃げる run away ➡ p.524(run 動), get away ➡ p.261(get 動), escape (from) ➡ p.203

にこにこする smile (at) 動 ➡ p.565

にごる 濁る (泥(どろ)で)get muddy ➡ p.404 (muddy 形)
一濁った muddy, cloudy

にさん(の) 二,三(の) two or three; (少数の)a few ➡ p.226, a couple of ➡ p.145(couple 名)

にし 西 the west 名 ➡ p.690
一西の west 形 ➡ p.690, western 形 ➡ p.690
一西へ, 西に west 形 ➡ p.690, westward 副 ➡ p.690

にじ 虹 a rainbow 名 ➡ p.498

にじゅう 二十(の) twenty 名形 ➡ p.656
一第20(の) the twentieth 名形 ➡ p.656, 20th
一21 twenty-one 名形 ➡ p.432
一22 twenty-two 名形 ➡ p.657

にじゅうの[に] 二重の[に] double 形副 ➡ p.179 一二重唱(しょう)(曲), 二重奏(曲) a duet 名 ➡ p.187

ニシン a herring 名 ➡ p.296

ニス varnish 一ニスを塗(ぬ)る varnish

にせい 二世 (日系移民の2代目)a Nisei, a nisei;(王・女王の)the Second ➡ p.536 (second¹ 名)

にせの 偽の false 形 ➡ p.218

にせもの 偽物,偽者 a fake 名 ➡ p.217; (模造品)an imitation 名 ➡ p.315

にちじ 日時 the date and time

にちじょうの 日常の everyday 形 ➡ p.207, daily ➡ p.154
一日常会話 everyday conversation
一日常生活 everyday life ➡ p.207 (everyday 形), daily life ➡ p.154(daily 形)

にちぼつ 日没 (a) sunset 名 ➡ p.601

にちようだいく 日曜大工 (仕事)do-it-yourself 名 ➡ p.178; (人)a do-it-yourselfer

にちようび 日曜日 Sunday 名 ➡ p.600

にちようひん 日用品 daily necessities

にっかんの 日刊の daily ➡ p.154

にっき 日記 a diary 名 ➡ p.168

にっこう 日光 sunshine 名 ➡ p.601, the sun 名 ➡ p.600, sunlight ➡ p.601
一日光浴 sunbathing

にっこりする smile (at) 動 ➡ p.565

にっしゃびょう 日射病 sunstroke

にっしょく 日食 an eclipse of the sun, a

solar eclipse ➡ p.192(eclipse 名)

にっすう 日数 (the number of) days ➡ p.157(day 名);(期間)time 名 ➡ p.637

にっちゅう 日中 (昼間)the daytime 名 ➡ p.158, the day 名 ➡ p.157

にってい 日程 a schedule 名 ➡ p.532, a program

にっぽん 日本 Japan 名 ➡ p.331

にている 似ている look like ➡ p.367 (look 動), be like ➡ p.360(like² 前), resemble ➡ p.511

にど 2度 twice 副 ➡ p.656, two times;(再び)again 副 ➡ p.13

-には (時・場所に)in 前 ➡ p.318, on 前 ➡ p.434, at 前 ➡ p.42;(期間内に)within 前 ➡ p.706;(…までに)by 前 ➡ p.88;(…にとっては)for 前 ➡ p.242, to 前 ➡ p.640;(…するためには)to ... 前 ➡ p.640, in order to ... ➡ p.439(order 名)

にばい 2倍 twice 副 ➡ p.656;(2倍の数・量)double 名 ➡ p.179
　—…の2倍～な twice as ～ as ... ➡ p.656(twice 副)
　—2倍にする，2倍になる double 動 ➡ p.179

にばん(めの) 2番(目の) (the) second ➡ p.536(second¹ 名 形), number two

にぶい 鈍い dull 形 ➡ p.187

にふだ 荷札 (ひもでつける)a tag ➡ p.609 (tag¹);(はりつける)a label 名 ➡ p.344

にほん 日本 Japan 名 ➡ p.331
　—日本(人)の Japanese 形 ➡ p.331
　—日本海 the Sea of Japan, the Japan Sea 名
　—日本語 Japanese 名 ➡ p.331, the Japanese language ➡ p.346(language 名)
　—日本料理 Japanese food, Japanese dishes ➡ p.173(dish 名)

にほんじん 日本人 a Japanese 名 ➡ p.331;(全体)the Japanese 名 ➡ p.331

にもつ 荷物 (かばん)a bag ➡ p.49;(包み)a package 名 ➡ p.447;(旅行の手荷物)《米》baggage 名 ➡ p.50,《英》luggage 名 ➡ p.371

にゅういんする 入院する go into 《米》the) hospital ➡ p.305(hospital 名)
　—入院している be in 《米》the) hospital

にゅうかいする 入会する become a member of, join 動 ➡ p.333
　—入会金 an entrance fee, an admission fee ➡ p.10(fee 名)

にゅうがく 入学 (入ること)(an) entrance 名 ➡ p.202;(許可されること)admission 名 ➡ p.10

　—入学する enter (a) school ➡ p.201 (enter 動)
　—入学願書 an application form for admission
　—入学式 an entrance ceremony ➡ p.105(ceremony 名)
　—入学試験 an entrance exam(ination) ➡ p.208(examination 名)

ニュージーランド New Zealand 名 ➡ p.415
　—ニュージーランド(人)の New Zealand
　—ニュージーランド人 a New Zealander

にゅうしゃする 入社する enter a company, join a company

にゅうじょう 入場 entrance 名 ➡ p.202, admission 名 ➡ p.10
　—入場する enter 動 ➡ p.201
　—入場券 an admission ticket
　—入場料 an admission fee ➡ p.10 (admission 名)

にゅうしょうする 入賞する win a prize ➡ p.484(prize 名)

ニュース news 名 ➡ p.414
　—ニュースキャスター (総合司会的な)an anchor 名 ➡ p.24, an anchorperson;(ニュースを読むだけの)a newscaster 名 ➡ p.414

ニューヨーク (市)New York (City) 名 ➡ p.415;(州)New York 名 ➡ p.415

にらむ glare (at), look angrily (at)

にりゅうの 二流の second-class, second-rate

にる¹ 似る (姿形が…と)look like ➡ p.367 (look 動);(性質・行動・姿形が…と)be like ➡ p.360(like² 前)

にる² 煮る (ゆでる)boil 動 ➡ p.72;(調理する)cook 動 ➡ p.139;(とろ火で煮る)stew 動 ➡ p.590

にるい 二塁 second (base) ➡ p.536 (second¹ 名)
　—二塁手 a second baseman
　—二塁打 a two-base hit, a double

にわ 庭 (花などを植えた)a garden 名 ➡ p.256;(家のまわりの)a yard ➡ p.716 (yard¹ 名)

にわかあめ にわか雨 a shower 名 ➡ p.553

にわかに suddenly 副 ➡ p.599

ニワトリ a chicken 名 ➡ p.112;(おんどり)a rooster 名 ➡ p.520;(めんどり)a hen 名 ➡ p.295

にんき 人気 popularity 名 ➡ p.474
　—人気がある be popular ➡ p.473 (popular 形), be liked ➡ p.360(like¹ 動)

にんぎょ 人魚 a mermaid 名 ➡ p.388

和英

あ
か
さ
た
な
は
ま
や
ら
わ

にんぎょう　人形　a doll 名 ➡ p.178;(操(あや)り人形)a puppet 名 ➡ p.490
一人形劇　a puppet show
にんげん　人間　a human being 名 ➡ p.310
一人間の, 人間的な　human 形 ➡ p.310
一人間性　humanity 名 ➡ p.310, human nature
にんじょう　人情　human feelings
ニンジン　a carrot 名 ➡ p.100
にんずう　人数　the number of people
にんそう　人相　(顔かたち,目鼻立ち)features ➡ p.224(feature 名);(全体的な)looks ➡ p.366(look 名);(外見)appearance ➡ p.31
にんたい　忍耐　patience 名 ➡ p.456
一忍耐強い　patient 形 ➡ p.456
ニンニク　garlic 名 ➡ p.256
にんめい　任命　appointment 名 ➡ p.32
一任命する　name, appoint 動 ➡ p.32

ぬ

ぬいぐるみ　縫いぐるみ　a stuffed toy;(動物の)a stuffed animal 名 ➡ p.596
ぬう　縫う　sew 動 ➡ p.546
ぬかす　抜かす　(数に入れ忘れる)miss 動 ➡ p.393, leave out;(飛ばす)skip 動 ➡ p.562
ぬかるみ　mud 名 ➡ p.404
ぬく　抜く　(引き抜く)pull out ➡ p.489(pull 動);(追い越(こ)す)pass 動 ➡ p.454;(…の先へ行く)get ahead of;(負かす)beat 動 ➡ p.58;(省く)skip 動 ➡ p.562
ぬぐ　脱ぐ　take off ➡ p.611(take 動)
ぬぐう　wipe 動 ➡ p.705
ぬけめない　抜け目ない　smart 形 ➡ p.565, shrewd
ぬける　抜ける　(とれる,外れる)come out, come off ➡ p.129(come 動);(落ちる)fall (out) 動 ➡ p.217;(通る)go through ➡ p.268(go 動);(欠けている)be missing ➡ p.393(missing 形)
ぬすみ　盗み　(a) theft, stealing
ぬすむ　盗む　steal 動 ➡ p.589
ぬの　布　cloth 名 ➡ p.122
ぬま　沼　(湖)a lake 名 ➡ p.345;(池)a pond 名 ➡ p.473;(沼地)a swamp 名 ➡ p.605
ぬらす　wet
ぬる　塗る　(塗料(りょう)を)paint 動 ➡ p.448;(色を)color 動 ➡ p.125;(バターなどを)spread 動 ➡ p.582;(薬を)apply 動 ➡ p.32, put (on) ➡ p.491
ぬれる　get wet ➡ p.691(wet 形);(びしょぬれになる)get soaked ➡ p.568(soak 動)
一ぬれた　wet 形 ➡ p.691

ね

ね　根　a root 名 ➡ p.520
一根づく　take root
ねあがりする　値上がりする　go up (in price) ➡ p.268(go 動), rise 動 ➡ p.517
ねあげする　値上げする　raise the price (of) ➡ p.498(raise 動)
ねうち　値打ち　(価値)value 名 ➡ p.669;(値段)a price 名 ➡ p.482
ネガ　(写真の)a negative 名 ➡ p.412
ねがい　願い　(願望)a wish 名 ➡ p.705;(要求)a request 名 ➡ p.510
ねがう　願う　(望む)wish 動 ➡ p.705, hope 動 ➡ p.303;(たのむ)ask 動 ➡ p.37
ねかす　寝かす　put ... to bed;(横たえる)lay ➡ p.349(lay¹ 動)
ネギ　a leek
ネクタイ　a tie 名 ➡ p.636, a necktie 名 ➡ p.411
ネコ　a cat 名 ➡ p.101;(子ネコ)a kitten 名 ➡ p.341
ねごと　寝言　talking in one's sleep
一寝言を言う　talk in one's sleep
ねころぶ　寝転ぶ　lie ➡ p.356(lie¹ 動)
ねさがりする　値下がりする　go down (in price) ➡ p.267(go 動), drop 動 ➡ p.186
ねさげする　値下げする　cut the price (of)
ねじ　a screw 名 ➡ p.534
一ねじ回し　a screwdriver 名 ➡ p.534
ねじる　twist 動 ➡ p.657;(栓(せん)を)turn 動 ➡ p.655
ねすごす　寝過ごす　oversleep 動 ➡ p.446
ネズミ　a mouse 名 ➡ p.401;(ドブネズミなど大型の)a rat 名 ➡ p.500
ねたむ　be jealous [envious] (of) ➡ p.332(jealous 形), p.202(envious 形)
ねだん　値段　a price 名 ➡ p.482
ねつ　熱　heat 名 ➡ p.293;(体温)(a) temperature 名 ➡ p.617;(病気の)(a) fever 名 ➡ p.226;(熱中)enthusiasm 名 ➡ p.202
ねっきょう　熱狂　enthusiasm 名 ➡ p.202
一熱狂する　get excited ➡ p.209(excited 形), go wild ➡ p.702(wild 形)
一熱狂的な　enthusiastic 形 ➡ p.202
ネックレス　a necklace 名 ➡ p.411
ねっしん　熱心　eagerness
一熱心な　(切望して)eager 形 ➡ p.189;(まじめな)earnest 形 ➡ p.190;(勤勉な)hard-working 形 ➡ p.286
一熱心に　hard 副 ➡ p.285, eagerly 副 ➡ p.189
ねっする　熱する　heat 動 ➡ p.293;(熱中する)get enthusiastic ➡ p.202

和英

あ
か
さ
た
な
は
ま
や
ら
わ

(enthusiastic 形)

ねったい 熱帯 the tropics 名 ⇒ p.652
—熱帯の tropical 形 ⇒ p.652
—熱帯雨林 a tropical rain forest
—熱帯魚 a tropical fish ⇒ p.652
(tropical 形)

ねっちゅうしている 熱中している
(没頭(ぼっとう)している)be absorbed (in) ⇒ p.5
(absorb 動);(熱を入れている) be
enthusiastic (about) ⇒ p.202
(enthusiastic 形),《口語》be crazy
(about) ⇒ p.147(crazy 形)

ネット a net 名 ⇒ p.413;(インターネット)
the Net ⇒ p.413(net 名), the Internet
名 ⇒ p.324
—ネットワーク a network 名 ⇒ p.413

ねっとう 熱湯 boiling water ⇒ p.73
(boiling 形)

ねどこ 寝床 a bed 名 ⇒ p.59

-ねばならない have to ... ⇒ p.288(have
動), must 動 ⇒ p.405

ねばねばした sticky 形 ⇒ p.590

ねびき 値引き a discount 名 ⇒ p.172
—値引きする discount 動 ⇒ p.172

ねぼう 寝坊 oversleeping
—寝坊する get up late, oversleep 動 ⇒
p.446

ねぼける 寝ぼける be half asleep ⇒
p.281(half 副)

ねまき 寝巻き nightclothes;(パジャマ)
pajamas 名 ⇒ p.449;(婦人・子供用のゆった
りした寝巻き)a nightgown ⇒ p.417,
nightdress 名 ⇒ p.417

ねむい 眠い sleepy 形 ⇒ p.563

ねむり 眠り (a) sleep 名 ⇒ p.562
—眠って asleep 形 ⇒ p.40

ねむる 眠る sleep 動 ⇒ p.562;(眠りにつく)
fall asleep ⇒ p.40(asleep 形), go to
sleep ⇒ p.563(sleep 名)

ねらい (an) aim 名 ⇒ p.15

ねらう aim (at) 動 ⇒ p.15;(機会を)watch
(for)

ねる¹ 寝る (床(とこ)につく)go to bed ⇒ p.59
(bed 名);(寝ている)be in bed ⇒ p.59(bed
名);(眠(ねむ)る)sleep 動 ⇒ p.562;(横になる)
lie down ⇒ p.358(lie¹ 動)

ねる² 練る (こねる)knead ⇒ p.710(work
out ⇒ p.710(work 動);(文などを)polish
動 ⇒ p.472

ねん 年 (時間の単位)a year 名 ⇒ p.716;
(学年)a year 名 ⇒ p.716,《米》a grade 名 ⇒
p.271;(年号)a year 名 ⇒ p.716

ねんが 年賀 New Year's greetings
—年賀状 a New Year's card

ねんざ a sprain

—ねんざする sprain 動 ⇒ p.582

ねんじゅう 年中 (一年じゅう)all (the)
year round ⇒ p.716(year 名);(いつも)
always 副 ⇒ p.21

ねんちゅうぎょうじ 年中行事 an annual
event ⇒ p.27(annual 形)

ねんど 粘土 clay 名 ⇒ p.118

ねんぱいの 年配の elderly 形 ⇒ p.195

ねんまつ 年末 the end of the year

ねんりょう 燃料 fuel 名 ⇒ p.252

ねんれい 年齢 (an) age 名 ⇒ p.13

の

の 野 a field 名 ⇒ p.227;(平原)a plain 名
⇒ p.466

-の (…が持っている, …に属する)...'s ⇒ p.525
('s¹), of 前 ⇒ p.428;(…に関する)about 前
⇒ p.4, on 前 ⇒ p.434, of 前 ⇒ p.428;(…
のための)for 前 ⇒ p.242

のう¹ 能 (an) ability 名 ⇒ p.1

のう² 脳 (a) brain ⇒ p.77
—脳死 brain death ⇒ p.77(brain 名)
—脳波 brain waves

のうえん 農園 a farm 名 ⇒ p.221

のうか 農家 (農場経営者) a farmer 名 ⇒
p.221;(家庭)a farming family

のうぎょう 農業 farming ⇒ p.221,
agriculture 名 ⇒ p.14
—農業の agricultural 形 ⇒ p.14

のうじょう 農場 a farm 名 ⇒ p.221

のうそん 農村 a farm village

ノウハウ know-how ⇒ p.343

のうみん 農民 (農場主)a farmer 名 ⇒
p.221;(雇(やと)われて農場で働く人)a farm
worker

のうりつ 能率 efficiency
—能率的な efficient 形 ⇒ p.193

のうりょく 能力 (an) ability 名 ⇒ p.1;(潜
在(せんざい)的な)(a) capacity 名 ⇒ p.96;(実際に
発揮される)(a) capability
—…する能力がある be able to ... ⇒ p.1
(able 形), can 動 ⇒ p.94(can¹ 動)

ノート a notebook 名 ⇒ p.422;(メモ)
notes 名 ⇒ p.422

ノートパソコン a notebook (computer)
名 ⇒ p.422, a laptop 名 ⇒ p.346

ノーベルしょう ノーベル賞 a Nobel
Prize ⇒ p.419

のがれる 逃れる run away ⇒ p.524(run
動), escape 動 ⇒ p.203

のこぎり a saw ⇒ p.529(saw¹ 名)

のこす 残す leave 動 ⇒ p.352;(節約して)
save 動 ⇒ p.527

のこり 残り the rest ⇒ p.512(rest² 名)
—残り物 leftovers

和英

**あ
か
さ
た
な
は
ま
や
ら
わ**

のこる 残る （余っている）be left；（もとのままある）remain 動 ⇒ p.508；（とどまる）stay 動 ⇒ p.588

のせる 乗せる，載せる （車に）give ... a ride ⇒ p.515(ride 名)，give ... a lift, pick up ⇒ p.463(pick 動)；（置く）put ... (on) ⇒ p.491；（積む）load 動 ⇒ p.364；（記事などを）put ... (in)

のぞく¹ 除く （取り除く）take ... off ⇒ p.611(take 動), get rid of ⇒ p.515(rid 動), remove 動 ⇒ p.509
　—...を除いて　except ⇒ p.208

のぞく² look (into, in) 動 ⇒ p.366；（こっそり）peep (into, in) ⇒ p.457(peep¹ 動)

のぞみ 望み （願望）a wish 名 ⇒ p.705；（希望）a hope 名 ⇒ p.303

のぞむ 望む （願望する）wish 動 ⇒ p.705, want 動 ⇒ p.680；（希望する）hope 動 ⇒ p.303；（期待する）expect 動 ⇒ p.211

のち 後 （のちに）later 副 ⇒ p.348, afterward 副 ⇒ p.13；（…ののちに）after 前 接 ⇒ p.12

ノック a knock 名 ⇒ p.342
　—ノックする　knock (on, at) 動 ⇒ p.342

ノックアウト a knockout 名 ⇒ p.342
　—ノックアウトする　knock out ⇒ p.342(knock 動)

のっとる 乗っ取る （飛行機を）hijack 動 ⇒ p.298；（会社などを）take over

-ので （…だから）because 接 ⇒ p.59, since 接 ⇒ p.557

のど 喉 a throat 名 ⇒ p.634
　—のどぼとけ　one's Adam's apple ⇒ p.9(Adam 名)

のどかな （平和な）peaceful 形 ⇒ p.457

-のに but 接 ⇒ p.86, though 接 ⇒ p.633, although 接 ⇒ p.20, in spite of ⇒ p.580(spite 名)

のばす 延ばす，伸ばす （延期する）put off ⇒ p.492(put 動)；（延長する）extend 動 ⇒ p.213；（長くする）make ... longer；（まっすぐにする）straighten 動 ⇒ p.593；（発達させる）develop 動 ⇒ p.167

のはら 野原 a field 名 ⇒ p.227；（平原）a plain 名 ⇒ p.466

のびる 延びる，伸びる （延期になる）be put off ⇒ p.491(put 動)；（成長する）grow 動 ⇒ p.276；（進歩する）make progress ⇒ p.485(progress 名)

のぼせる （目が回る）be dizzy ⇒ p.175(dizzy 形)；（夢中になる）be crazy (about) ⇒ p.147(crazy 形)

のぼりの up 形 ⇒ p.664
　—のぼり列車　《米》an inbound train, 《英》an up train

のぼる go up ⇒ p.268(go up), climb 動 ⇒ p.120；（太陽などが）rise 動 ⇒ p.517, come up ⇒ p.129(come 動)

ノミ a flea 名 ⇒ p.236

のみ （道具）a chisel

のみこむ 飲み込む swallow ⇒ p.605(swallow¹ 動)；（理解する）understand 動 ⇒ p.660

のみもの 飲み物 (a) drink 名 ⇒ p.184

のむ 飲む （飲み物などを）drink 動 ⇒ p.184, have 動 ⇒ p.287；（薬などを）take 動 ⇒ p.610

のらイヌ 野良イヌ a stray dog ⇒ p.594(stray 形)

のらネコ 野良ネコ a stray cat ⇒ p.101(cat 名)

ノリ 海苔 dried seaweed

のり 糊 paste 名 ⇒ p.455, glue 名 ⇒ p.265

のりおくれる 乗り遅れる miss 動 ⇒ p.393

のりかえ 乗り換え (a) transfer 名 ⇒ p.649

のりかえる 乗り換える change 動 ⇒ p.107, transfer 動 ⇒ p.649

のりくみいん 乗組員 a crewmember, a crewman；（全体）a crew 名 ⇒ p.148

のりこす 乗り越す ride past

のりば 乗り場 （バスの）a bus stop 名 ⇒ p.86；（列車・電車の）a platform 名 ⇒ p.467

のりもの 乗り物 （陸上の）a vehicle 名 ⇒ p.670；（海上の）a vessel 名 ⇒ p.672；（空の）an aircraft 名 ⇒ p.15；（遊園地の）a ride
　—乗り物酔い　travel sickness, motion sickness

のる¹ 乗る （バス・電車などに）get on ⇒ p.262(get on)；（車などに）get in ⇒ p.261(get in)；（自転車・馬などに）ride ⇒ p.515；（乗り物を利用する）take 動 ⇒ p.610；（ものの上に）get on；（話などに）join

のる² 載る （…の上にある）be on ⇒ p.434(on 前), There is ... on ⇒ p.623(there 副)；（記事に書かれる）appear 動 ⇒ p.31, be reported ⇒ p.510(report 動)

のろい （遅い）slow 形 ⇒ p.564

のろのろ slowly 副 ⇒ p.564

のんきな easygoing 形 ⇒ p.192, carefree 形 ⇒ p.99

のんびりする relax 動 ⇒ p.507

ノンフィクション nonfiction 名 ⇒ p.420

は

は¹ 歯 a tooth 名 ⇒ p.644
　—歯ぐき　the gums ⇒ p.278(gum² 名)
　—歯ブラシ　a toothbrush 名 ⇒ p.644
　—歯磨き粉　toothpaste 名 ⇒ p.644

和英

は² 葉 a leaf ➡ p.350
は³ 刃 an edge 名 ➡ p.193;(刀などの)a blade 名 ➡ p.69
ば 場 (場所)a place 名 ➡ p.465;(機会)a chance 名 ➡ p.107;(演劇の)a scene 名 ➡ p.530
バー (酒場・横棒)a bar 名 ➡ p.51
ばあい 場合 (a) case ➡ p.101(case²名)
バーゲン(セール) a sale 名 ➡ p.526
パーセント percent,《主に英》per cent 名 ➡ p.459
パーティー a party 名 ➡ p.454
ハート a heart 名 ➡ p.292;(トランプ)a heart 名 ➡ p.292, hearts(一組)
—ハートのエース the ace of hearts
パート (人)a part-timer 名 ➡ p.454;(仕事)a part-time job ➡ p.453(part-time 形)
ハードウエア hardware 名 ➡ p.286
バードウオッチング birdwatching 名 ➡ p.68
ハードな hard 形 ➡ p.285;(スケジュールがぎっしりの)tight 形 ➡ p.636
パートナー a partner 名 ➡ p.453
ハードル a hurdle 名 ➡ p.311;(競技名)a hurdle race ➡ p.311(hurdle 名), the hurdles ➡ p.311(hurdle 名)
ハーフ (競技などの前半・後半)a half 名 ➡ p.281
—ハーフコート a half-length coat
—ハーフタイム (試合の中休み)half time
ハーブ an herb 名 ➡ p.295
パーフェクトな perfect 形 ➡ p.459
バーベキュー (料理名)barbecue 名 ➡ p.51;(パーティー)a barbecue 名 ➡ p.51
パーマ(ネント) a permanent (wave), a perm
ハーモニカ a harmonica 名 ➡ p.286, a mouth organ
はい¹ (質問に答えるとき)yes 間 ➡ p.717;(ものを手渡すとき・示すとき)Here it is. ➡ p.295(here 間) / Here you are. ➡ p.296(here 間);(出欠をとられたとき)Present. ➡ p.479(present¹形) / Here. ➡ p.295(here 間)/ Yes. ➡ p.717(yes 間)
はい² 灰 ash 名 ➡ p.37
はい³ 肺 a lung 名 ➡ p.371
ばい 倍 (2倍)twice ➡ p.656,(2倍の数・量)double 名 ➡ p.179;(…倍)... times 名 ➡ p.637(time 名)
パイ (a) pie 名 ➡ p.463
はいいろ(の) 灰色(の) gray 形 ➡ p.273,《英》grey 形 ➡ p.275
ハイウエー (高速道路)an expressway 名 ➡ p.213, a freeway 名 ➡ p.249

はいえい 背泳 the backstroke
はいえん 肺炎 pneumonia 名 ➡ p.470
バイオリン a violin 名 ➡ p.674
—バイオリン奏者 a violinist 名 ➡ p.674
はいきガス 排気ガス exhaust gas
ばいきん ばい菌 a germ 名 ➡ p.258
ハイキング hiking 名 ➡ p.298, a hike 名 ➡ p.298
バイキング (海賊)the Vikings;(食事)a smorgasbord
はいく 俳句 a haiku poem
バイク a motorbike 名 ➡ p.400, a motorcycle 名 ➡ p.400
はいけい¹ 背景 a background 名 ➡ p.48;(舞台(ぶたい)の)scenery 名 ➡ p.530
はいけい² 拝啓 Dear ..., ➡ p.159(dear 形)
はいざら 灰皿 an ashtray 名 ➡ p.37
はいし 廃止 abolition
—廃止する abolish,《口語的》do away with ➡ p.176(do 動)
はいしゃ 歯医者 a dentist 名 ➡ p.164
ハイジャック a hijack 名 ➡ p.298
—ハイジャックする hijack 動 ➡ p.298
はいたつ 配達 (a) delivery 名 ➡ p.163
—配達する deliver 動 ➡ p.163
—配達料 a delivery charge
ハイテク(ノロジー) high technology
—ハイテクの high-tech 形 ➡ p.298, hi-tech
ばいてん 売店 a stand 名 ➡ p.585;(駅などの)a kiosk 名 ➡ p.341
バイト a part-time job ➡ p.453(part-time 形)
パイナップル a pineapple 名 ➡ p.464
バイバイ (さようなら)bye-bye 間 ➡ p.87
バイパス a bypass 名 ➡ p.87
ハイヒール high heels, high-heeled shoes
パイプ (管)a pipe 名 ➡ p.465, a tube 名 ➡ p.654;(タバコの)a pipe 名 ➡ p.465
—パイプオルガン a (pipe) organ ➡ p.440(organ 名)
はいぼく 敗北 (a) defeat 名 ➡ p.162
はいやく 配役 the cast 名 ➡ p.101
はいゆう 俳優 an actor 名 ➡ p.9;(女性の)an actress 名 ➡ p.9
はいる 入る (部屋などに)enter 動 ➡ p.201, go into ➡ p.268(go 動), come into ➡ p.129(come 動);(学校などに)enter 動 ➡ p.201,(会社・クラブなどに)join 動 ➡ p.333;(入れ物などに入っている)be (in) ➡ p.56(be 動), p.318(in 前);(収容する)hold 動 ➡ p.300;(ある時期などが始まる)begin 動 ➡ p.61

あ か さ た な は ま や ら わ

パイロット a pilot 图 ➡ p.464
はう crawl 動 ➡ p.147
バウンド a bounce, a bound ➡ p.76
（bound² 图）―バウンドする bounce 動 ➡
p.76, bound 動 ➡ p.76(bound² 動)
ハエ a fly ➡ p.239(fly² 图)
はえる 生える （植物・毛・ひげが）grow 動 ➡
p.276
はか 墓 a grave ➡ p.273(grave¹ 图)
ばか （ばかな人）a fool 图 ➡ p.240
―ばかな foolish 形 ➡ p.240, stupid 形
➡ p.597, silly 形 ➡ p.556
はかい 破壊 destruction 图 ➡ p.166
―破壊する break 動 ➡ p.79, destroy 動
➡ p.166
はがき 葉書 a postcard 图 ➡ p.475;
《米》(官製の)a postal card 图 ➡ p.475
はがす tear (off) ➡ p.615(tear² 動);
（皮㉝などを)peel (off) 動 ➡ p.457
はかせ 博士 a doctor 图 ➡ p.175, Dr. ➡
p.182
はかり a scale, scales ➡ p.530(scale² 图);
（天びんばかり)a balance 图 ➡ p.50
-ばかり （…だけ)only 副 ➡ p.436;（いつも）
always 副 ➡ p.21;（ちょうど)just 副 ➡
p.336;（およそ)about 副 ➡ p.4, around 副
➡ p.35
はかる （長さ・高さ・大きさ・量を)measure 動
➡ p.384;（重さを)weigh 動 ➡ p.688;
（時間を)time;（体温などを)take ➡ p.617
(temperature)
はきけがする 吐き気がする feel like
throwing up, feel sick ➡ p.554(sick 形)
はく¹ 履く，穿く （動作)put on ➡ p.492(put
動);（着ている状態)wear 動 ➡ p.686
はく² 吐く （息などを)breathe out ➡ p.80
(breathe 動);（胃の中のものを) throw up
➡ p.635(throw 動), vomit 動 ➡ p.676;
（つばなどを)spit 動 ➡ p.580
はく³ 掃く sweep 動 ➡ p.605
はぐ tear (off) ➡ p.615(tear² 動);
（動物の皮㉝を)skin
はくさい 白菜 a Chinese cabbage
はくし¹ 白紙 （答案)a blank paper ➡
p.450(paper 图)
はくし² 博士 a doctor ➡ p.175
はくしゅ 拍手 clapping, a clap ➡
p.117;（拍手かっさい)applause 图 ➡ p.31,
a hand 图 ➡ p.282
―拍手する clap (one's hands) 動 ➡ p.117
はくじょうする 白状する confess 動 ➡
p.135
ハクション ahchoo,《英》atishoo
はくじん 白人 a white 图 ➡ p.698;
（全体をまとめて)white people

ばくぜんと 漠然と vaguely
―漠然とした vague 形 ➡ p.668
ばくだいな 莫大な great 形 ➡ p.274,
huge 形 ➡ p.307
ばくだん 爆弾 a bomb 图 ➡ p.73
ハクチョウ 白鳥 a swan 图 ➡ p.605
バクテリア bacteria 图 ➡ p.49
ばくはつ 爆発 an explosion 图 ➡ p.212;
（火山の)(an) eruption ―爆発する
explode 動 ➡ p.212, blow up ➡ p.71
(blow¹ 動);（火山が)erupt 動 ➡ p.203
はくぶつかん 博物館 a museum 图 ➡
p.405
はくらんかい 博覧会 a fair ➡ p.217(fair²
图);（大規模な)an exposition 图 ➡ p.213,
an expo 图 ➡ p.212
はぐるま 歯車 a gear 图 ➡ p.257
はけ 刷毛 a brush 图 ➡ p.83
はげ 禿げ （はげた部分)a bald spot
―はげ頭 a bald head
はげしい 激しい （強烈㉝な)hard,
violent 形 ➡ p.674;（大量の)heavy 形 ➡
p.293;（寒暑・苦痛などが厳しい)severe 形 ➡
p.545;（議論などが)heated
―激しく hard ➡ p.285, violently,
heavily 副 ➡ p.293
バケツ a bucket 图 ➡ p.83
はげます 励ます cheer up ➡ p.111(cheer
動), encourage 動 ➡ p.198
はげむ 励む work hard ➡ p.709(work
動)
ばけもの 化け物 （怪物㉝な)a monster 图 ➡
p.396;（幽霊㉝な)a ghost 图 ➡ p.259
はげる （頭が)become [get] bald ➡ p.50
(bald 形);（ペンキなどが)come off ➡ p.129
(come 動)
ばける 化ける change oneself into, turn
oneself into
はこ 箱 a box ➡ p.77(box¹ 图), a case ➡
p.101(case¹ 图)
はこぶ 運ぶ （ものを)carry 動 ➡ p.100,
take ➡ p.610, bring 動 ➡ p.81;
（物事が)go ➡ p.266
バザー a bazaar 图 ➡ p.55
はさまる 挟まる get caught (in,
between)
はさみ scissors 图 ➡ p.533;（カニなどの)
claws ➡ p.118(claw 图)
はさむ 挟む put ... between;（指などを)
catch ... in ➡ p.102(catch 動)
はさん 破産 (a) bankruptcy
―破産する go bankrupt 形 ➡ p.51
はし¹ 橋 a bridge 图 ➡ p.80
はし² 端 （細いものの先)an end ➡
p.198;（縁㉝)an edge 图 ➡ p.193;

（側）a side 名 ➡ p.554

はし³ （食事用の）chopsticks ➡ p.114 （chopstick 名）

はじ 恥 (a) shame 名 ➡ p.547

はしか measles 名 ➡ p.384

はしご a ladder 名 ➡ p.344

はじまり 始まり （開始）the beginning 名 ➡ p.62, a start ➡ p.586;（起源）the origin 名 ➡ p.440

はじまる 始まる begin 動 ➡ p.61, start 動 ➡ p.586

はじめ 初め, 始め the beginning ➡ p.62 一初め（のうち）は at first ➡ p.233 （first 名）

はじめて 初めて for the first time ➡ p.233（first 形）, first 副 ➡ p.233 一初めての first 形 ➡ p.233

はじめまして 初めまして （あいさつ）How do you do? ➡ p.309（how 副）/ Hello! ➡ p.294（hello 間）/ Hi! ➡ p.296（hi 間）

はじめる 始める begin 動 ➡ p.61, start 動 ➡ p.586

ばしゃ 馬車 （4輪の）a carriage 名 ➡ p.100;（荷物用の）a cart ➡ p.100

はしゃぐ romp

パジャマ pajamas,《英》pyjamas 名 ➡ p.449

ばしょ 場所 （ところ）a place 名 ➡ p.465, a site 名 ➡ p.559;（余地, 空間）room 名 ➡ p.520, (a) space 名 ➡ p.576;（位置）a location 名 ➡ p.365

はしら 柱 a pillar 名 ➡ p.464, a post ➡ p.475（post² 名）

はしる 走る run 動 ➡ p.523;（ゆっくり走る）《米》jog 動 ➡ p.333

はじる 恥じる be ashamed (of) ➡ p.37 （ashamed 形）

ハス a lotus 名 ➡ p.369

はず （予定）be to ...;（当然）should 助 ➡ p.552, must 助 ➡ p.405 一はずがない cannot ➡ p.94（can¹ 助）

バス¹ （乗り物）a bus 名 ➡ p.85 一バス代 a bus fare 一バス停 a bus stop ➡ p.86

バス² （ふろ）a bath 名 ➡ p.54

パス （球技・トランプなどの）a pass 名 ➡ p.454;（無料入場券など）a free pass ➡ p.454

はずかしい 恥ずかしい （恥と感じて）ashamed 形 ➡ p.37;（恥ずべき）shameful;（照れて）shy 形 ➡ p.554;（きまりが悪い）embarrassed 一恥ずかしがる be shy

バスケット （かご）a basket 名 ➡ p.52

バスケットボール basketball 名 ➡ p.52

はずす 外す （取り外す）take off ➡ p.611（take 動）, remove 動 ➡ p.509;（席をはなれる）leave 動 ➡ p.352

バスト a bust 名 ➡ p.86

パスポート a passport 名 ➡ p.455

はずむ 弾む bounce 動 ➡ p.76, bound ➡ p.76（bound² 動）

パズル a puzzle 名 ➡ p.492

はずれ 外れ （空くじ）a blank;（郊外（ふう））the suburbs ➡ p.597（suburb 名）

はずれる 外れる （外れてとれる）come off ➡ p.129（come 動）;（それる）miss 動 ➡ p.393;（予想などが）prove wrong

パスワード a password 名 ➡ p.455

パセリ parsley 名 ➡ p.452

パソコン a personal computer 名 ➡ p.460, a PC 名 ➡ p.456

はた 旗 a flag 名 ➡ p.235 一旗ざお a flagpole

はだ 肌 skin 名 ➡ p.562

バター butter 名 ➡ p.87

はだかの 裸の naked 形 ➡ p.407, bare 形 ➡ p.52 一はだかになる become naked;（服を脱（ぬ）ぐ）take off one's clothes ➡ p.122（clothes 名）

はたけ 畑 a field 名 ➡ p.227;（大規模な）a farm 名 ➡ p.221

はだし a bare foot 一はだしの, はだしで barefoot 形 副 ➡ p.52

はたす 果たす do 動 ➡ p.176;（実行する）carry out ➡ p.100（carry 動）;（義務・責任などを）fulfill,《英》fulfil 動 ➡ p.252;（目的を）achieve ➡ p.7

バタフライ （水泳）the butterfly (stroke) ➡ p.87（butterfly 名）

はたらき 働き （仕事）work 名 ➡ p.709;（作用）working;（機能）a function 名 ➡ p.253 一働き者 a hard worker ➡ p.285（hard 形）

はたらく 働く （労働する）work 動 ➡ p.709;（熱心に働く）labor;（作用する）work 名 ➡ p.709

バタン （音）bang 名 ➡ p.51 一バタンと閉める slam, bang 動 ➡ p.51

ハチ a bee 名 ➡ p.60 一ハチの巣（す） a honeycomb 名 ➡ p.303 一はちみつ honey 名 ➡ p.303

はち¹ 八（の） eight 名 形 ➡ p.194 一第8（の） the eighth 名 形 ➡ p.194, 8th

はち² 鉢 （どんぶり）a bowl ➡ p.76（bowl¹ 名）;（植木鉢（ばち））a pot ➡ p.476

はちがつ 八月 August 名 ➡ p.44

はちじゅう 八十（の） eighty 名 形 ➡ p.194 一第80（の） the eightieth 名 形 ➡ p.194,

和英

あ か さ た な は ま や ら わ

80th
―81 eighty-one
―82 eighty-two

はちゅうるい 爬虫類 （総称(しょう)）the reptiles

ばつ¹ 罰 (a) punishment 名 → p.490, (a) penalty 名 → p.458

ばつ² （×の印)an x

はつおん 発音 pronunciation 名 → p.486
―発音する pronounce 動 → p.486

ハッカ peppermint 名 → p.459

ハツカネズミ a mouse 名 → p.401

はっきり(と) clearly 副 → p.119;（記憶(きおく)などが)vividly ―はっきりした clear 形 → p.119, vivid 形 → p.675

ばっきん 罰金 a fine 名 → p.230(fine² 名)

バック （背景)a background 名 → p.48
―バック（アップ)する back up → p.47 (back 動)
―バックナンバー （雑誌などの)a back issue
―バックネット a backstop 名 → p.48
―バックミラー a rearview mirror 名 → p.502

パック （包み)a pack 名 → p.447;（厚紙の)a carton 名 → p.100

ばつぐんの 抜群の （ずば抜(ぬ)けてよい）outstanding 形 → p.444;（優秀(ゆうしゅう)な)excellent 形 → p.208

はっけん 発見 (a) discovery 名 → p.172
―発見する discover 動 → p.172
―発見者 a discoverer 名 → p.172

はつげんする 発言する speak 動 → p.577

はつこい 初恋 one's first love

はっこう 発行 publication 名 → p.489
―発行する publish 動 → p.489

バッジ a badge 名 → p.49

はっしゃ 発車 departure 名 → p.164
―発車する leave 動 → p.352, start 動 → p.586

はっしゃする 発射する （ロケットを)launch 動 → p.349;（銃(じゅう)を)fire 動 → p.232

ばっする 罰する punish 動 → p.490

バッタ a grasshopper 名 → p.273

バッター a batter 名 → p.54
―バッターボックス the batter's box → p.77(box¹ 名)

ばったり （偶然(ぐうぜん)に)by chance → p.107 (chance 名);（突然(とつぜん)に)suddenly 副 → p.599

バッティング batting

バッテリー （電池)a battery 名 → p.54;（野球の)a battery 名 → p.54

はってん 発展 development 名 → p.167;（成長)growth 名 → p.277;（進歩)progress 名 → p.485
―発展する develop 動 → p.167;grow → p.276;make progress → p.485 (progress 名)
―発展途上(とじょう)国 a developing country → p.167(developing 形)

はつでん 発電 generation of electricity
―発電する generate electricity
―発電所 a power station 名 → p.477

バット a bat → p.54(bat¹ 名)

はつばい 発売 sale 名 → p.526
―発売する sell 動 → p.538, put ... on sale

はっぴょう 発表 (an) announcement 名 → p.26 ―発表する announce 動 → p.26

はつめい 発明 invention 名 → p.325
―発明する invent 動 → p.325
―発明品 an invention 名 → p.325

はでな bright 形 → p.81, loud 形 → p.369

ハト a pigeon 名 → p.464;（小型の野バト)a dove → p.180(dove¹ 名)

パトカー a police car 名 → p.471, a patrol car → p.456

バドミントン badminton 名 → p.49

パトロール patrol 名 → p.456
―パトロールする patrol 動 → p.456

バトン a baton 名 → p.54

はな¹ 花 a flower 名 → p.238;（果樹の)a blossom 名 → p.71
―花が咲(さ)く bloom 動 → p.71, blossom 動 → p.71, come out → p.129(come 動)
―花屋 a flower shop → p.551(shop 名), a florist's → p.238(florist 名)

はな² 鼻 a nose 名 → p.421;（ゾウの)a trunk 名 → p.653

はなごえ 鼻声 a nasal voice

はなし 話 （談話)a talk 名 → p.609;（話題)a topic 名 → p.644, a subject 名 → p.597;（うわさ)a rumor 名 → p.523;（物語)a story → p.593(story¹ 名)
―話をする talk 動 → p.609, have a talk
―…という話だ I hear (that) .... → p.292 (hear 動)/ They say (that) .... → p.531 (say 動)

はなしあい 話し合い a talk 名 → p.609

はなしことば 話し言葉 spoken language → p.581(spoken 形)

はなす¹ 話す （言語を)speak 動 → p.577;（…について話す)talk about → p.609(talk 動);（告げる)tell 動 → p.616

はなす² 放す let ... go, let go (of) ➡ p.355 (let 動);release ➡ p.507;(自由にする) set ... free ➡ p.248(free 形)

はなす³ 離す part 動 ➡ p.452, separate 動 ➡ p.542

はなたば 花束 a bouquet 名 ➡ p.76

はなぢ 鼻血 a nosebleed, a bloody nose

バナナ a banana 名 ➡ p.51

はなび 花火 fireworks ➡ p.232(firework 名)
　―花火大会 a fireworks display

はなびら 花びら a petal 名 ➡ p.461

はなむこ 花婿 a bridegroom 名 ➡ p.80

はなよめ 花嫁 a bride 名 ➡ p.80
　―花嫁衣装(いしょう) a wedding dress ➡ p.183(dress 名)

はなれる (去る)leave 動 ➡ p.352;(別れる) separate 動 ➡ p.542;(はなれている)keep out of, stay away from ➡ p.588(stay 動)

はなわ 花輪 a (flower) wreath 名 ➡ p.713

はにかむ be shy ➡ p.554(shy 形)

パニック (a) panic 名 ➡ p.450

バニラ vanilla 名 ➡ p.669

はね 羽, 羽根 (翼(つばさ))a wing 名 ➡ p.704;(羽毛(うもう))a feather 名 ➡ p.224;(バドミントンの)a shuttlecock 名 ➡ p.554

ハネムーン a honeymoon 名 ➡ p.303

はねる (飛び上がる)jump 動 ➡ p.335;(ボールが)bounce 動 ➡ p.76, bound ➡ p.76 (bound² 動);(水が)splash 動 ➡ p.580; (車が)hit 動 ➡ p.299

パネル a panel 名 ➡ p.450

はは 母 a mother 名 ➡ p.399
　―母の日 Mother's Day 名 ➡ p.400

はば 幅 width 名 ➡ p.702
　―幅の狭(せま)い narrow 形 ➡ p.408
　―幅の広い wide 形 ➡ p.699, broad 形 ➡ p.82
　―幅跳(と)び 《米》the broad jump, 《英》the long jump ➡ p.335(jump 名)

パパ dad 名 ➡ p.154, daddy 名 ➡ p.154

はぶく 省く (節約する)save 動 ➡ p.529; (省略する)omit 動 ➡ p.432

ハプニング a happening 名 ➡ p.284

はへん 破片 a broken piece

ハマグリ a clam 名 ➡ p.117

はまべ 浜辺 a beach 名 ➡ p.55

はまる (ぴったり合う)fit 動 ➡ p.234; (熱中する)《口語》be hooked on

ハミング humming
　―ハミングする hum (a song) 動 ➡ p.307

ハム (食べ物)ham 名 ➡ p.282

ハムスター a hamster 名 ➡ p.282

はめる (手袋(てぶくろ)などを)put on ➡ p.492(put 動);(はめている)wear 動 ➡ p.686;(はめこむ)fit 動 ➡ p.234

ばめん 場面 a scene 名 ➡ p.530

はやい 早い, 速い (時刻・時刻が)early 形 ➡ p.190;(速度が)fast ➡ p.222(fast¹ 形); (動作が)quick 形 ➡ p.495;(速度・動作が) rapid 形 ➡ p.499

はやおきする 早起きする get up early ➡ p.190(early 形)

はやく 早く, 速く (時刻が)early 副 ➡ p.190;(すぐに)soon 副 ➡ p.573;(速度が) fast ➡ p.222(fast¹ 副);(動作が)quickly 副 ➡ p.495

はやくちことば 早口ことば a tongue twister 名 ➡ p.643

はやさ 速さ (速度)(a) speed 名 ➡ p.579

はやし 林 woods ➡ p.708(wood 名)

はやねする 早寝する go to bed early

はやり (a) fashion 名 ➡ p.221

はやる (音楽や服などが)(人気がある)be popular ➡ p.473(popular 形);(流行している) be in fashion ➡ p.221(fashion 名);(店が)do (a) good business; (病気が)go around ➡ p.267(go 動)

はら 腹 a stomach 名 ➡ p.591
　―腹が減った hungry 形 ➡ p.310

バラ a rose ➡ p.520(rose¹ 名)
　―バラ色の rosy 形 ➡ p.521, rose-colored

はらいもどし 払い戻し a refund
　―払い戻す refund

はらう 払う (代金・料金などを)pay 動 ➡ p.456;(注意などを)pay 動 ➡ p.456; (ほこりを)dust 動 ➡ p.188

パラシュート a parachute 名 ➡ p.451

パラソル (日傘(ひがさ))a parasol 名 ➡ p.451; (ビーチパラソル)a beach umbrella

はらはらする (不安で)feel uneasy ➡ p.661(uneasy 形);(緊張(きんちょう)で)be in suspense ➡ p.605(suspense 名)

ばらばらに (細かく)to pieces ➡ p.464 (piece 名);(別々に)separately 副 ➡ p.542

バランス balance 名 ➡ p.50

はり 針 (縫(ぬ)い針・注射針)a needle 名 ➡ p.412;(留め針)a pin 名 ➡ p.464;(時計の針)a hand 名 ➡ p.282;(釣(つ)り針)a hook 名 ➡ p.303;(ハチなどの)a sting 名 ➡ p.591

パリ Paris 名 ➡ p.452

はりがね 針金 (a) wire 名 ➡ p.705

ばりき 馬力 horsepower 名 ➡ p.305

はりきる 張り切る (活気がある)be full of energy ➡ p.199(energy 名);(燃えている) be fired up

バリケード a barricade 名 ➡ p.52
はる¹ 春 spring 名 ➡ p.582
　―春休み　(the) spring vacation
はる² 張る　(テントなどを)put up ➡ p.492
(put 動), set up ➡ p.544(set 動);(ロープなどを)stretch 動 ➡ p.594
はるか　(ずっと遠くに)far 副 ➡ p.220, far away ➡ p.220(far 副);(ずっと以前に)a long time ago ➡ p.14(ago 副);(程度がずっと)far ➡ p.220, much 副 ➡ p.403;(比較級や最上級を強めて)by far ➡ p.220(far 副)
バルコニー a balcony 名 ➡ p.50
はるばる all the way ➡ p.685(way 名)
パルプ (wood) pulp 名 ➡ p.490
バレエ　(舞踊(ぶよう))(a) ballet 名 ➡ p.50
パレード (a) parade 名 ➡ p.451
バレーボール volleyball 名 ➡ p.676
はれつ 破裂 a burst
　―破裂する blow up, burst 動 ➡ p.85
パレット a palette 名 ➡ p.449
はれの 晴れの fine ➡ p.230(fine¹ 形), sunny 形 ➡ p.601, fair ➡ p.217(fair¹ 形), clear 形 ➡ p.119
バレリーナ a ballerina
はれる¹ 晴れる　(天気が)clear (up) 動 ➡ p.119;(霧(きり)が)clear (away) 動 ➡ p.119;(気分が)feel refreshed;(疑いが)be cleared (away) ➡ p.119(clear 動)
はれる² 腫れる swell 動 ➡ p.606
ばれる come out ➡ p.129(come 動)
バレンタインデー Saint Valentine's Day 名 ➡ p.526
ハロウィーン Halloween 名 ➡ p.281
ハワイ　(州名・ハワイ島)Hawaii 名 ➡ p.290
　―ハワイの Hawaiian 形 ➡ p.290
はん¹ 半 (a) half 名 ➡ p.281
はん² 判　(印鑑(いんかん))a seal ➡ p.535(seal¹ 名), a stamp 名 ➡ p.585
　―判を押(お)す put one's seal (on), put one's stamp (on)
はん³ 班 a group 名 ➡ p.276
ばん¹ 晩 (an) evening 名 ➡ p.205, (a) night 名 ➡ p.416
ばん² 番　(順番)one's turn 名 ➡ p.655;(見張り)a watch 名 ➡ p.683
　―番をする watch (over) 動 ➡ p.683, keep an eye on ➡ p.214(eye 名)
-ばん(め) …番(め)　(番号)a number 名 ➡ p.424
パン bread 名 ➡ p.79
　―パン屋　(人)a baker 名 ➡ p.50;(店)a bakery 名 ➡ p.50
はんい 範囲 a range 名 ➡ p.499, an area
はんえい 繁栄 prosperity 名 ➡ p.487

　―繁栄する be successful ➡ p.598
(successful 形), prosper 動 ➡ p.487
はんが 版画 a (woodblock) print 名 ➡ p.483;(銅版画)an etching
ハンガー a hanger 名 ➡ p.284
ハンカチ a handkerchief 名 ➡ p.283
バンガロー　(山小屋)a cabin 名 ➡ p.90
パンク　(タイヤの)a flat tire ➡ p.236(flat¹ 形)
　―パンクする　(人・乗り物を主語にして)have a flat (tire);(タイヤを主語にして)go flat
ハンググライダー a hang glider 名 ➡ p.284
ばんぐみ 番組 a program 名 ➡ p.485
はんけい 半径 a radius 名 ➡ p.497
ばんけん 番犬 a watchdog
はんこう 反抗 resistance 名 ➡ p.511
ばんごう 番号 a number 名 ➡ p.424
ばんごはん 晩ご飯 (a) supper 名 ➡ p.602;(1日のうちで主要な食事)(a) dinner 名 ➡ p.170
はんざい 犯罪 a crime 名 ➡ p.148
　―犯罪者 a criminal 名 ➡ p.148
ばんざい 万歳　(かっさい)a cheer 名 ➡ p.111;(喜び・励(はげ)ましの叫(さけ)び声)hurray 間 ➡ p.311
ハンサムな good-looking 形 ➡ p.270, handsome 形 ➡ p.284
パンジー a pansy 名 ➡ p.450
はんしゃ 反射 reflection 名 ➡ p.505
　―反射する reflect 動 ➡ p.505
はんじょう 繁盛 prosperity 名 ➡ p.487
　―繁盛する do (a) good business, prosper 動 ➡ p.487
はんする 反する　(反対である)be contrary (to) ➡ p.138(contrary 形);(逆(ぎゃく)らう)be against ➡ p.13(against 前)
はんせい 反省 reflection;(後悔(こうかい))(a) regret 名 ➡ p.506
　―反省する　(よく考える)think over ➡ p.630(think 動), reflect (on, upon) 動 ➡ p.505;(後悔する)regret 動 ➡ p.506
ばんそう 伴奏 (an) accompaniment
　―伴奏する accompany 動 ➡ p.6
ばんそうこう an adhesive bandage, 《米》【商標】a Band-Aid 名 ➡ p.51
はんそく 反則　(競技などでの)a foul 名 ➡ p.246
パンダ a (giant) panda 名 ➡ p.450
はんたい 反対　(…の反対)the opposite 名 ➡ p.438;(…に対する) (an) objection 名 ➡ p.425;(逆)the reverse 名 ➡ p.513
　―反対の opposite 形 ➡ p.438;reverse 形 ➡ p.513
　―反対する object (to) 動 ➡ p.425;(反対

である)be against ➡ p.13(against 前);
(意見が合わない)disagree (with) 動 ➡
p.171

はんだん 判断 (a) judgment,《英》(a)
judgement 名 ➡ p.334;(決定)(a) decision
名 ➡ p.161 —判断する judge 動 ➡ p.334

ばんち 番地 a house number

パンチ a punch 名 ➡ p.490

パンツ (下着)underpants;(ズボン)pants
名 ➡ p.450

パンティー panties 名 ➡ p.450
—パンティーストッキング 《米》a pair of
pantyhose,《英》a pair of tights

ハンディキャップ a handicap 名 ➡ p.283

バント a bunt 名 ➡ p.84
—バントする bunt 動 ➡ p.84, hit a bunt

バンド[1] (楽団)a band 名 ➡ p.51

バンド[2] (ひも・輪)a band 名 ➡ p.51;(時計
の)a strap 名 ➡ p.593;(ベルト)a belt 名
➡ p.63

はんとう 半島 a peninsula 名 ➡ p.458

ハンドバッグ a handbag 名 ➡ p.283,
《米》a purse 名 ➡ p.491

ハンドボール handball 名 ➡ p.283

ハンドル (自動車の)a (steering) wheel 名
➡ p.691;(自転車・オートバイの)
handlebars ➡ p.283(handlebar 名);
(取っ手)a handle 名 ➡ p.283

はんにん 犯人 a criminal 名 ➡ p.148

ばんねん 晩年 one's later years

はんのう 反応 (a) reaction 名 ➡ p.501,
(a) response 名 ➡ p.512 —反応する
react 動 ➡ p.501, respond 動 ➡ p.512

ばんのうの 万能の all-around

ハンバーガー a hamburger 名 ➡ p.282,
a burger

ハンバーグ a hamburger 名 ➡ p.282, a
hamburger steak

はんばい 販売 (a) sale 名 ➡ p.526
—販売する sell 動 ➡ p.538
—販売係 a salesperson 名 ➡ p.527

パンフレット a brochure 名 ➡ p.82, a
pamphlet 名 ➡ p.449

はんぶん 半分 (a) half 名 ➡ p.281
—半分の half 形 ➡ p.281

ハンマー a hammer 名 ➡ p.282
—ハンマー投げ the hammer throw

はんらん[1] (川などの)a flood 名 ➡ p.237
—はんらんする flood 動 ➡ p.237

はんらん[2] 反乱 (a) revolt, (a) rebellion

ひ

ひ[1] 日 (太陽)the sun 名 ➡ p.600;(日光)
sunshine 名 ➡ p.601;(昼間)(a) day 名 ➡
p.157;(1 日)a day 名 ➡ p.157;(期日)a

date 名 ➡ p.156;(時代)days ➡ p.157
(day 名)

ひ[2] 火 (a) fire 名 ➡ p.232;(マッチ・ライター
などの)a light ➡ p.359(light[1] 名)
—火をつける (タバコなどに)light ➡ p.359
(light[1] 名);(放火する)set fire (to) ➡
p.232(fire 名)

び 美 beauty 名 ➡ p.58

ピアス earrings ➡ p.190(earring 名)

ピアニスト a pianist 名 ➡ p.462

ピアノ a piano 名 ➡ p.462

ヒアリング (聞き取り)listening
comprehension
—ヒアリングテスト a listening
(comprehension) test 名 ➡ p.133

ピーアール PR, P.R. 名 ➡ p.477

ヒーター a heater 名 ➡ p.293

ビーだま ビー玉 a marble 名 ➡ p.379;
(ビー玉遊び)marbles ➡ p.379(marble
名)

ピーティーエー a PTA, a P.T.A. ➡
p.488

ピーナッツ a peanut 名 ➡ p.457

ピーマン a green pepper 名 ➡ p.275

ビール beer 名 ➡ p.61

ビールス a virus 名 ➡ p.674

ヒーロー a hero 名 ➡ p.296

ひえる 冷える get cold ➡ p.124(cold 形)

ピエロ a clown 名 ➡ p.122

ひがい 被害 damage 名 ➡ p.154
—被害者 (犠牲(ぎせい)者・被災者)a victim 名
➡ p.672

ひかえめな 控え目な (慎(つつ)み深い)modest
形 ➡ p.395

ひがえり 日帰り (日帰り旅行)a day trip ➡
p.651(trip 名)

ひかく 比較 comparison 名 ➡ p.131
—比較する compare ... (with) 動 ➡ p.131
—比較的 comparatively 副 ➡ p.131,
relatively 副 ➡ p.507

ひかげ 日陰 (the) shade 名 ➡ p.546

ひがし 東 the east 名 ➡ p.191
—東の east 形 ➡ p.191, eastern 形 ➡
p.191
—東へ, 東に east 副 ➡ p.191, eastward
副 ➡ p.192

ぴかぴかの shiny 形 ➡ p.550

ひかり 光 light ➡ p.359(light[1] 名)

ひかる 光る (輝(かがや)く)shino 動 ➡ p.550;
(星などが)twinkle 動 ➡ p.657;(ぴかっと)
flash ➡ p.236

ひかんてきな 悲観的な pessimistic

ひきうける 引き受ける take 動 ➡ p.610,
undertake 動 ➡ p.661

ひきおこす 引き起こす cause 動 ➡ p.103,

bring about ➡ p.81(bring 動)

ひきざん 引き算 (a) subtraction 名 ➡ p.597
―引き算をする subtract 動 ➡ p.597

ひきずる 引きずる drag 動 ➡ p.182

ひきだし 引き出し a drawer 名 ➡ p.183

ひきだす 引き出す (金・結論・情報などを) draw 動 ➡ p.182

ビキニ a bikini

ひきにげ ひき逃げ (ひき逃げ事故) a hit-and-run (accident)

ひきのばす 引き伸ばす, 引き延ばす (写真を)enlarge 動 ➡ p.201;(延期する)put off ➡ p.492(put 動), delay 動 ➡ p.162

ひきょうな 卑怯な (ずるい)unfair 形 ➡ p.661;(卑劣な)mean ➡ p.384(mean² 形)

ひきわけ 引き分け a draw, a tie 名 ➡ p.636

ひく¹ (ものを引っ張る)draw 動 ➡ p.182, pull 動 ➡ p.489;(線を)draw 動 ➡ p.182;(注意を)attract 動 ➡ p.44, draw 動 ➡ p.182;(辞書などを)consult 動 ➡ p.137;(ことばを)look up (in) ➡ p.368(look 動);(数を)take, subtract 動 ➡ p.597;(風邪(ゕぜ)を)catch 動 ➡ p.102;(風邪をひいている)have ➡ p.124(cold 名)

ひく² (楽器を)play 動 ➡ p.467

ひく³ (車などが)run over ➡ p.524(run 動)

ひくい 低い (高さ・程度などが)low 形 ➡ p.370;(背丈(ゖたけ)が)short 形 ➡ p.551
―低くする lower 動 ➡ p.371

ピクニック a picnic 名 ➡ p.463

びくびくする (こわがる)be afraid ➡ p.11 (afraid 形);(不安がっている)be nervous ➡ p.413(nervous 形)

ひぐれ 日暮れ (日没(にちぼつ))(a) sunset 名 ➡ p.601

ひげ (あごひげ)a beard 名 ➡ p.58;(口ひげ) a mustache 名 ➡ p.406;(ネコなどの) whiskers ➡ p.697(whisker 名)

ひげき 悲劇 a tragedy 名 ➡ p.648
―悲劇的な tragic

ひけつ 秘けつ a secret 名 ➡ p.537, the key (to) 名 ➡ p.338

ひこう 飛行 (a) flight 名 ➡ p.237
―飛行場 (小規模な)an airfield;(大規模な)an airport 名 ➡ p.16
―飛行船 an airship 名 ➡ p.16

ひこうき 飛行機 an airplane 名 ➡ p.16, a plane 名 ➡ p.466(plane¹ 名)

ひざ (関節)a knee 名 ➡ p.342;(すわったときの両もも)a lap ➡ p.346(lap¹ 名)

ビザ (査証)a visa 名 ➡ p.674

ピザ a pizza 名 ➡ p.465

ひざまずく kneel (down) 動 ➡ p.342, go (down) on one's knees

ひさんな 悲惨な (みじめな)miserable 形 ➡ p.392;(痛ましい)tragic

ひじ an elbow 名 ➡ p.195
―ひじかけいす an armchair 名 ➡ p.35

ビジネス business ➡ p.86
―ビジネスマン (実業家)a businessperson 名 ➡ p.86;(男性実業家)a businessman 名 ➡ p.86;(女性実業家)a businesswoman 名 ➡ p.86;(会社員)an office worker ➡ p.430(office 名)

びじゅつ 美術 (an) art 名 ➡ p.36, the fine arts ➡ p.230(fine art 名)
―美術館 an art museum ➡ p.36(art 名)
―美術室 an art room
―美術品 a work of art ➡ p.36(art 名)

ひしょ 秘書 a secretary 名 ➡ p.537

ひじょう 非常 (非常事態)(an) emergency 名 ➡ p.197
―非常階段 a fire escape
―非常口 an emergency exit

ひじょうしきな 非常識な (愚(ぉろ)かな) absurd;(不合理な)unreasonable

ひじょうに 非常に very 副 ➡ p.671, very much ➡ p.403(much 副), so 副 ➡ p.567, really 副 ➡ p.502

びしょぬれになる get wet through, get soaked

びじん 美人 a beauty 名 ➡ p.58, a good-looking woman [girl]

ビスケット 《米》a cookie 名 ➡ p.140, 《英》a biscuit 名 ➡ p.68

ピストル a pistol 名 ➡ p.465, a gun 名 ➡ p.278

びせいぶつ 微生物 a microbe

ひそかに secretly 副 ➡ p.537

ひたい 額 a forehead 名 ➡ p.244

ビタミン vitamin 名 ➡ p.675
―ビタミン剤(ざい) a vitamin tablet

ひだり 左 the left 名 ➡ p.353(left² 名)
―左の left ➡ p.353(left² 形)
―左に, 左へ left ➡ p.353(left² 副)
―左利(き)きの left-handed 形 ➡ p.353, lefty

ひっかかる 引っ掛かる (くぎなどに)catch (on) 動 ➡ p.102

ひっかく scratch 動 ➡ p.534
―ひっかき傷 a scratch 名 ➡ p.534

ひっきする 筆記する take notes ➡ p.422 (note 名), write down ➡ p.714(write 動)
―筆記試験 a written exam(ination)
―筆記用具 writing materials ➡ p.381 (material 名)

ひっくりかえす ひっくり返す upset 動 ➡

p.665;(さかさまにする)turn ... upside down;(裏返す)turn (over) ➡ p.655

ひっくりかえる　ひっくり返る（転覆(沈)する)be turned upside down ➡ p.655 (turn 動), overturn;(倒(㑹)れる)fall down ➡ p.218(fall 動)

びっくりする　be surprised (at, to) ➡ p.603(surprise 動)
—びっくり箱　a jack-in-the-box 名 ➡ p.330

ひづけ　日付　a date 名 ➡ p.156
—日付を入れる,日付を書く　date 動 ➡ p.156
—日付変更(沈)線　the International Date Line 名 ➡ p.324

ひっこし　引っ越し　a move 名 ➡ p.401, (a) removal 名 ➡ p.509

ひっこす　引っ越す　move 動 ➡ p.401

ヒツジ　a sheep 名 ➡ p.549;(子ヒツジ)a lamb 名 ➡ p.345
—ヒツジ飼い　a shepherd 名 ➡ p.549
—ヒツジの肉　mutton 名 ➡ p.406

ひっしの　必死の　desperate 形 ➡ p.166
—必死に　desperately 副 ➡ p.166

ひっしゅうの　必修の　required
—必修科目　a required subject

ひつじゅひん　必需品　a necessity 名 ➡ p.411

ひったくる　snatch

ぴったり（すき間なく)close ➡ p.121(close² 副), closely ➡ p.121;(完全に)perfectly 副 ➡ p.459;(正確に)exactly 副 ➡ p.207

ピッチャー（投手)a pitcher ➡ p.465 (pitcher¹ 名);(水差し)a pitcher ➡ p.465 (pitcher² 名)

ヒット　a hit 名 ➡ p.299;(大当たり)a hit 名 ➡ p.299

ひっぱる　引っ張る　pull 動 ➡ p.489

ヒップ（腰(℅)の左右に張り出した部分)hips ➡ p.298(hip 名);(腰かけると下になる部分) backsides, bottom

ひつよう　必要　(a) need 名 ➡ p.411, (a) necessity 名 ➡ p.411
—必要な　necessary 形 ➡ p.411
—必要とする　need 動 ➡ p.411, require 動 ➡ p.511, demand 動 ➡ p.163
—…する必要がある　need to ➡ p.411 (need 動)

ひてい　否定　(a) denial
—否定する　deny 動 ➡ p.164
—否定的な　negative 形 ➡ p.412

ビデオ　video 名 ➡ p.672;(テープ)a video (tape) 名 ➡ p.672;(デッキ)a video (recorder), a VCR

ひでり　日照り　dry weather

ひと　人（個々の人)a person 名 ➡ p.460;(人々)people 名 ➡ p.458;(ほかの人々) other people;(人間)a human being 名 ➡ p.310;(性質)(a) personality 名 ➡ p.460, nature 名 ➡ p.410

ひどい（残酷(忌)な)cruel 形 ➡ p.150;(つらい)hard 形 ➡ p.285;(雨・雪が大量の)heavy 形 ➡ p.293;(寒暑・苦痛などが厳しい)severe 形 ➡ p.545;(非常に悪い)terrible 形 ➡ p.619, bad 形 ➡ p.49
—ひどく　heavily 副 ➡ p.293;severely 副 ➡ p.546;(《口語》)terribly 副 ➡ p.619, badly 副 ➡ p.49

ひとがら　人柄　(a) personality 名 ➡ p.460

ひとくち　一口（食べ物の)a bite 名 ➡ p.69, one bite;(飲み物の)a sip

ひとごみ　人込み　a crowd 名 ➡ p.149

ひとごろし　人殺し（殺人)(a) murder 名 ➡ p.404;(殺人者)a killer 名 ➡ p.339, a murderer 名 ➡ p.404

ひとさしゆび　人差し指　a forefinger, an index finger 名 ➡ p.319, the first finger

ひとしい　等しい　equal 形 動 ➡ p.202

ひとじち　人質　(a) hostage 名 ➡ p.305

ひとつ　1つ（数が1)one 名 ➡ p.432;(年齢(流)が1歳の)one (year old) 名 ➡ p.432
—1つの　one 形 ➡ p.432, a 冠 ➡ p.2, an 冠 ➡ p.24

ヒトデ　a starfish 名 ➡ p.586

ひとで　人手（働き手)a hand 名 ➡ p.282;(手助け)help 名 ➡ p.294

ひとなつっこい　人懐っこい　friendly 形 ➡ p.250

ひとなみの　人並みの（ふつうの)ordinary 形 ➡ p.439;(平均的な)average 形 ➡ p.45

ひとまえで　人前で　in public ➡ p.488 (public 名), in front of other people

ひとみ　瞳　a pupil

ひとめ¹　一目　(a) sight 名 ➡ p.555, a look 名 ➡ p.366;(ちらりと見ること)a glance 名 ➡ p.264
—一目で　at a glance ➡ p.264(glance 名), at first sight ➡ p.555(sight 名)

ひとめ²　人目　(public) notice 名 ➡ p.423, (public) attention 名 ➡ p.43

ひとり　1人,独り（1人の人)one 名 ➡ p.432, one person;(ただ1人で)alone 副 ➡ p.19 —一人っ子　an only child ➡ p.436(only 形)

ひとりごとをいう　独り言を言う　talk to *oneself* ➡ p.609(talk 動)

ひとりで　1人で,独りで（ひとりぼっちで)alone 副 ➡ p.19, by oneself ➡ p.433 (oneself 代);(自力で,独力で)oneself 代 p.433, by oneself ➡ p.433(oneself 代),

(all) on *one's* own ➡ p.446(own 形)
―ひとりでに by itself ➡ p.329(itself 代)
ひな (ひよこ)a chick 名 ➡ p.112
ひなたで[に] in the sun ➡ p.600(sun 名)
―ひなたぼっこをする sunbathe, bask in the sun
ひなまつり ひな祭り the Dolls' Festival, the Girls' Festival
ひなん¹ 避難 (an) evacuation 名 ➡ p.204, shelter 名 ➡ p.549
―避難する be evacuated, take shelter ➡ p.549(shelter 名)
―避難所 a shelter 名 ➡ p.549
―避難民 a refugee 名 ➡ p.506
ひなん² 非難 blame 名 ➡ p.69
―非難する blame 動 ➡ p.69
ビニール plastic ➡ p.467
―ビニールハウス a plastic greenhouse
―ビニール袋(ぶくろ) a plastic bag ➡ p.467 (plastic 名)
ひにく 皮肉 (an) irony 名 ➡ p.326
ひにち 日にち (日取り)the date 名 ➡ p.156;(日数)days ➡ p.157(day 名)
ひねる (体などを)twist 動 ➡ p.657;(栓(せん)などを)turn 動 ➡ p.655
ひのいり 日の入り (a) sunset 名 ➡ p.601
ひので 日の出 (a) sunrise 名 ➡ p.601
ひばな 火花 a spark 名 ➡ p.577
―火花が散る spark
ヒバリ a skylark 名 ➡ p.562, a lark 名 ➡ p.346
ひはん 批判 (a) criticism 名 ➡ p.148
―批判する criticize 動 ➡ p.148
ひび a crack 名 ➡ p.146
ひびき 響き (a) sound ➡ p.574(sound¹ 名)
ひびく 響く sound ➡ p.574(sound¹ 動);(反響(はんきょう)する)echo 動 ➡ p.192
ひひょう 批評 a comment 名 ➡ p.127;(文学作品・美術品などについての)(a) criticism 名 ➡ p.148
―批評する comment (on) 動 ➡ p.127; criticize 動 ➡ p.148
―批評家 a critic 名 ➡ p.148;(本や劇などの)a reviewer
ひふ 皮膚 skin 名 ➡ p.562
ひま 暇 (何かをする時間)time 名 ➡ p.637;(自由な時間)free time
―暇な free 形 ➡ p.248
ヒマワリ a sunflower 名 ➡ p.601
ひみつ 秘密 a secret 名 ➡ p.537
―秘密の secret 形 ➡ p.537
びみょうな 微妙な subtle 形 ➡ p.597, delicate 形 ➡ p.163
ひめ 姫 a princess 名 ➡ p.483

ひめい 悲鳴 a scream 名 ➡ p.534, a shriek 名 ➡ p.553
―悲鳴を上げる scream 動 ➡ p.534, shriek 動 ➡ p.553
ひも a string 名 ➡ p.595;(太めの)a cord 名 ➡ p.141
ひやかす 冷やかす tease 動 ➡ p.615
ひゃく 百(の) a hundred 名 形 ➡ p.310, one hundred ➡ p.310(hundred 名)
―第 100(の) the hundredth 名 形 ➡ p.310, 100th
ひゃくまん 百万(の) a million 名 形 ➡ p.390, one million ➡ p.390(million 名)
ひやけ 日焼け a suntan 名 ➡ p.601, a tan 名 ➡ p.612
―日焼けする (ほどよく)get tanned, get a tan;(過度に)get sunburned
ヒヤシンス a hyacinth 名 ➡ p.311
ひやす 冷やす cool 動 ➡ p.140, chill 動 ➡ p.113
ひゃっかじてん 百科事典 an encyclop(a)edia 名 ➡ p.198
ひゃっかてん 百貨店 a department store 名 ➡ p.164
ひゆ 比喩 a metaphor
ヒューズ a fuse 名 ➡ p.254
ビュッフェ a buffet 名 ➡ p.84
ひよう 費用 (an) expense 名 ➡ p.211, a cost 名 ➡ p.142
―費用がかかる cost 動 ➡ p.142
ヒョウ a leopard 名 ➡ p.354;(黒ヒョウ)a panther
ひょう¹ 表 a table 名 ➡ p.608, a list 名 ➡ p.362 ―表にする draw up a table (of), list 動 ➡ p.362, make a list (of) ➡ p.362 (list 名)
ひょう² 票 a vote 名 ➡ p.676
ひょう³ (空から降る)hail 名 ➡ p.280
―ひょうが降る hail 動 ➡ p.280
びよう 美容 (美)beauty 名 ➡ p.58
―美容院 a beauty shop ➡ p.551(shop 名), a beauty parlor ➡ p.58
―美容師 a beautician 名 ➡ p.58, a hairdresser 名 ➡ p.281
びょう¹ 秒 a second ➡ p.537(second² 名)
―秒針 a second hand
―秒読み a countdown
びょう² a tack ―びょうで留める tack
びょういん 病院 a hospital 名 ➡ p.305
ひょうか 評価 (an) evaluation, estimation ―評価する evaluate 動 ➡ p.204, estimate 動 ➡ p.204;(判断する)judge 動 ➡ p.334
ひょうが 氷河 a glacier 名 ➡ p.264
―氷河期 the ice age, the glacial period

和英

あ
か
さ
た
な
は
ま
や
ら
わ

びょうき 病気 (病気の状態)(a) sickness 名 → p.554;(病気そのもの)(a) disease 名 → p.172 一病気で, 病気の 《米》sick 形 → p.554, 《英》ill 形 → p.314

ひょうきんな funny 形 → p.253, comical 形 → p.127

ひょうげん 表現 (an) expression 名 → p.213 一表現する express 動 → p.213

ひょうご 標語 (学校などの)a motto 名 → p.401;(警察・政党などの)a slogan 名 → p.564

ひょうさつ 表札 a doorplate

ひょうざん 氷山 an iceberg 名 → p.312

ひょうし¹ 拍子 time

ひょうし² 表紙 a cover 名 → p.146

ひょうしき 標識 a sign 名 → p.555

びょうしつ 病室 a sickroom

ひょうじゅん 標準 (基準)a standard 名 → p.585;(平均)an average 名 → p.45

ひょうじょう 表情 an expression 名 → p.213, a look 名 → p.366

ひょうしょうする 表彰する honor
一表彰式 an awards ceremony
一表彰状 a testimonial
一表彰台 a winner's platform

ひょうてん 氷点 the freezing point 名 → p.249

びょうどう 平等 equality 名 → p.202
一平等な equal 形 → p.202
一平等に equally 副 → p.202

びょうにん 病人 (病気の人)a sick person → p.554(sick 形);(患者(かんじゃ))a patient 名 → p.456

ひょうばん 評判 (評価)(a) reputation 名 → p.510;(人気)popularity 名 → p.474

ひょうほん 標本 a specimen 名 → p.578

ひょうめん 表面 a surface 名 → p.603

ひょうろん 評論 (a) criticism 名 → p.148;(本・劇などの)(a) review 名 → p.514
一評論家 a critic 名 → p.148;a reviewer

ひよけ 日よけ (店先などの)a sunshade

ひよこ a chick 名 → p.112

ひょっとしたら, ひょっとして possibly 副 → p.475, by any chance

ビラ (壁(かべ)などの)a bill → p.67(bill¹ 名);(手で配る)a handbill

ひらおよぎ 平泳ぎ the breaststroke

ひらく 開く (開く, 開ける)open 動 → p.436;(つぼみが)open 動 → p.436;(咲(さ)く)come out → p.129(come 動);(会などを開く)hold 動 → p.300, give 動 → p.263, have 動 → p.287

ひらたい 平たい flat → p.236(flat¹ 形)

ピラミッド a pyramid 名 → p.492

ひらめく flash 動 → p.236

びり the last → p.347(last¹ 名), the bottom 名 → p.76

ピリオド a period 名 → p.459

ひりつ 比率 a ratio

ビリヤード billiards 名 → p.67

ひりょう 肥料 (a) fertilizer

ひる 昼 (昼間)(a) day 名 → p.157, the daytime 名 → p.158;(正午)noon 名 → p.420;(昼食)lunch 名 → p.371
一昼休み a lunch break → p.79(break 名)

ビル a building 名 → p.84

ひるね 昼寝 a nap 名 → p.407, an afternoon nap 一昼寝をする have [take] a nap → p.407(nap 名)

ひれ (魚の)a fin 名 → p.229

ひれい 比例 proportion 名 → p.487

ひろい 広い (面積が)large 形 → p.346, big 形 → p.66;(幅(はば)が)wide 形 → p.699, broad 形 → p.82 一広く wide 副 → p.699, widely 副 → p.702

ヒロイン a heroine 名 → p.296

ひろう¹ 拾う (拾い上げる)pick up → p.463 (pick 動);(見つける)find 動 → p.230;(タクシーを)get 動 → p.260, catch 動 → p.102

ひろう² 疲労 tiredness;(非常な疲労) fatigue

ひろがる 広がる spread 動 → p.582

ひろげる 広げる (開く)open 動 → p.436;(まわりに)spread 動 → p.582;(面積を) enlarge 動 → p.201;(幅(はば)を)widen 動 → p.702

ひろさ 広さ (面積)(an) area 名 → p.34;(幅(はば))width 名 → p.702

ひろば 広場 a (public) square 名 → p.583;(空き地)an open space → p.576 (space 名)

ひろま 広間 a hall 名 → p.281;(ホテルなどの)a saloon 名 → p.527

ひろまる 広まる spread 動 → p.582

ひろめる 広める spread 動 → p.582;(世の中に)make ... popular

ビワ a loquat

ひんのよい 品のよい refined, graceful 形 → p.271
一品のない vulgar, rude 形 → p.522

びん¹ 瓶 a bottle 名 → p.76;(広口の)a jar 名 → p.331

びん² 便 (飛行機の)a flight 名 → p.297;(バス・電車などの)a service 名 → p.543;(郵便)《米》mail 動 → p.373,《英》post → p.475(post¹ 名)

ピン a pin 名 → p.464
一ピンで留める pin (up) 動 → p.464

びんかんな 敏感な sensitive 形 → p.542

ひんけつ 貧血 anemia
ひんしつ 品質 quality 名 ➡ p.493
ひんじゃくな 貧弱な poor 形 ➡ p.473
ピンセット tweezers
びんせん 便箋 letter paper ➡ p.450
（paper）;（1 冊の）a letter pad
ピンチ （危機）a pinch 名 ➡ p.464
　—ピンチヒッター a pinch hitter
ヒント a hint 名 ➡ p.298
ピント （カメラなどの）a focus 名 ➡ p.239;
（要点）a point 名 ➡ p.470
ひんぱんな 頻繁な frequent 形 ➡ p.249
　—頻繁に frequently 副 ➡ p.249, often
副 ➡ p.430
びんぼう 貧乏 poverty 名 ➡ p.477
　—貧乏な poor 形 ➡ p.473
ピンポン ping-pong 名 ➡ p.464,（正式名）
table tennis 名 ➡ p.609

ふ

ふ 府 a prefecture 名 ➡ p.478
　—府の, 府立の prefectural 形 ➡ p.478
ぶ 部 （クラブ）a club 名 ➡ p.122;（部門）a
department 名 ➡ p.164;（部分）a part 名
➡ p.452;（冊）a copy 名 ➡ p.141
ファースト （一塁）first (base) 名 ➡
p.233;（一塁手）a first baseman
ファーストネーム a first name 名 ➡
p.233,《米》a given name 名 ➡ p.264
ファストフード fast food 名 ➡ p.222
　—ファストフード店 a fast-food
restaurant
ぶあいそうな 無愛想な （好意的でない）
unfriendly 形 ➡ p.662;（ぶっきらぼうな）
blunt
ファイト fight 名 ➡ p.228
ファウル （競技の反則）a foul 名 ➡ p.246;
（野球の）a foul 名 ➡ p.246
　—ファウルボール a foul ball
ファスナー a zipper 名 ➡ p.722
ファックス (a) facsimile, (a) fax 名 ➡
p.224;（機械）a fax 名 ➡ p.224, a fax
machine —ファックスで送る fax
ファッション (a) fashion 名 ➡ p.221
ファミコン 【商標】a Nintendo
ふあん 不安 uneasiness
　—不安な uneasy 形 ➡ p.661
ファン a fan ➡ p.219(fan² 名)
　—ファンレター a fan letter
ファンファーレ a fanfare
フィート a foot 名 ➡ p.240
フィギュアスケート figure skating 名 ➡
p.229
フィクション fiction 名 ➡ p.227
ふいの 不意の （突然(とつぜん)の）sudden 形 ➡

p.599;（思いがけない）unexpected 形 ➡
p.661
　—不意に （突然）suddenly 副 ➡ p.599;
（思いがけず）unexpectedly 副 ➡ p.661
フィルム (a) film 名 ➡ p.229
ぶいん 部員 a member 名 ➡ p.386
ふう 風 （やり方）a way 名 ➡ p.684;（人の様
子）a look 名 ➡ p.366;（型）a style 名 ➡
p.597, a type 名 ➡ p.657
ふうき 風紀 （公衆の道徳）(public) morals
➡ p.397(moral 名);（規律）discipline 名
➡ p.172
ふうけい 風景 （景色）scenery 名 ➡ p.530;
（眺(なが)め）a view 名 ➡ p.673
ふうしゃ 風車 a windmill 名 ➡ p.704
ふうせん 風船 a balloon 名 ➡ p.50
ふうそく 風速 the speed of the wind,
wind velocity
ブーツ boots ➡ p.74(boot 名)
ふうとう 封筒 an envelope 名 ➡ p.202
ふうふ 夫婦 a couple 名 ➡ p.145,
husband and wife ➡ p.311(husband
名)
ブーム （急激(きゅうげき)な人気）a boom 名 ➡ p.74
ふうりん 風鈴 a wind bell
プール a (swimming) pool 名 ➡ p.473
ふうん 不運 bad luck ➡ p.371(luck 名)
　—不運な unlucky 形 ➡ p.664,
unfortunate 形 ➡ p.661
　—不運にも unfortunately 副 ➡ p.662,
unluckily
ふえ 笛 （横笛）a flute 名 ➡ p.238;（縦笛）a
recorder 名 ➡ p.504;（合図の）a whistle
名 ➡ p.697
フェアな fair ➡ p.217(fair¹ 形)
　—フェアプレー fair play 名 ➡ p.217
フェイント a feint 名 ➡ p.225
　—フェイントをかける feint 動 ➡ p.225
フェリー（ボート） a ferryboat 名 ➡
p.226, a ferry 名 ➡ p.226
ふえる 増える （数量が）increase 動 ➡
p.317;（重量が）gain 動 ➡ p.255, put on
フェンシング fencing 名 ➡ p.226
　—フェンシングをする fence
フェンス a fence 名 ➡ p.226
フォアボール （フォアボールによる出塁(しゅつるい)）
a base on balls, a walk
フォーク （食器の）a fork 名 ➡ p.245
　—フォークボール a forkball
フォークソング a folk song 名 ➡ p.240
フォークダンス a folk dance 名 ➡ p.239
フォーム form 名 ➡ p.245
ふかい 深い deep 形 ➡ p.161
　—深く deep 副 ➡ p.161;（比ゆ的な意味で）
deeply 副 ➡ p.162

ふかいな 不快な unpleasant 形 ➡ p.664

ふかさ 深さ depth 名 ➡ p.165

ぶかつ 部活 club activities ➡ p.122(club 名)

ふかのうな 不可能な impossible 形 ➡ p.316

ふかんぜんな 不完全な imperfect 形 ➡ p.316, not perfect ➡ p.459(perfect 形)

ぶき 武器 a weapon 名 ➡ p.686, arms ➡ p.35(arm² 名)

ふきげん 不機嫌 a bad <u>mood</u> [humor] ➡ p.397(mood 名)
―不機嫌で in a bad mood ➡ p.397 (mood 名), in a bad humor

ふきそくな 不規則な irregular 形 ➡ p.326

ふきつな 不吉な unlucky 形 ➡ p.664

ふきとばす 吹き飛ばす blow (away, off) ➡ p.71(blow¹ 動)

ぶきみな 無気味な weird

ふきょう 不況 a depression 名 ➡ p.165

ぶきような 不器用な clumsy

ふきん 布巾 （食器をふく）a dish towel; （食卓(しょくたく)をふく）a duster 名 ➡ p.188

ふく¹ 服 clothes 名 ➡ p.122;（女性の）a dress 名 ➡ p.183;（ひとそろいの）a suit 名 ➡ p.599

ふく² 吹く （風が）blow ➡ p.71(blow¹ 動); （楽器を）play 動 ➡ p.467, blow ➡ p.71 (blow¹ 動)

ふく³ 拭く wipe 動 ➡ p.705;（水気を）dry 動 ➡ p.187

ふく– 副… vice- 接頭辞 ➡ p.672
―副会長 a vice-chairperson

フグ a globefish

ふくざつな 複雑な complicated 形 ➡ p.132

ふくし¹ 福祉 welfare 名 ➡ p.688
―福祉事業 welfare work

ふくし² 副詞 《文法》an adverb 名 ➡ p.10

ふくしゃ 複写 （複写物）a copy 名 ➡ p.141
―複写する copy 動 ➡ p.141, make a copy ➡ p.141(copy 名)

ふくしゅう¹ 復習 (a) review 名 ➡ p.514
―復習する review 動 ➡ p.514, go over

ふくしゅう² 復讐 revenge 名 ➡ p.513

ふくすう 複数 plural (number) 名 ➡ p.470

ふくせい 複製 (a) reproduction 名 ➡ p.510;（美術品）a replica 名 ➡ p.510

ふくそう 服装 clothes 名 ➡ p.122, dress 名 ➡ p.183

ふくつう 腹痛 (a) stomachache 名 ➡ p.591

ふくびき 福引き a lottery 名 ➡ p.369

ふくむ 含む （成分・内容がある）contain 動 ➡ p.138;（一部として入る）include 動 ➡ p.317

ふくめる 含める include 動 ➡ p.317
―…をふくめて including 動 ➡ p.317, （…といっしょに）with 前 ➡ p.707

ふくらはぎ a calf ➡ p.91(calf² 名)

ふくらます 膨らます （空気を入れて）blow up

ふくらむ 膨らむ swell 動 ➡ p.606; （パンなどが）rise

ふくれる 膨れる swell 動 ➡ p.606;（パンなどが）rise;（機嫌(きげん)が悪くなる）get sulky

ふくろ 袋 a bag 名 ➡ p.49

フクロウ an owl 名 ➡ p.446

ふけいき 不景気 hard times, a depression 名 ➡ p.165, a slump

ふけいざいな 不経済な （むだな）wasteful

ふけつな 不潔な dirty 形 ➡ p.171

ふける¹ 更ける get late, become late

ふける² 老ける grow old ➡ p.431(old 形)

ふこう 不幸 unhappiness
―不幸な unhappy 形 ➡ p.662; （運の悪い）unfortunate 形 ➡ p.661
―不幸にも unfortunately

ふごう 符号 a mark 名 ➡ p.379, a sign 名 ➡ p.555

ふごうかく 不合格 failure 名 ➡ p.216
―不合格になる fail 動 ➡ p.216

ふこうへい 不公平 unfairness
―不公平な unfair 形 ➡ p.661

ふさ 房 （糸・毛糸などの）a tuft;（果実の）a bunch 名 ➡ p.84

ブザー a buzzer 名 ➡ p.87

ふさい 夫妻 husband and wife ➡ p.311 (husband 名) ―…夫妻 Mr. and Mrs. … ➡ p.402(Mr. 名)

ふさく 不作 a poor crop ➡ p.149(crop 名), a bad crop

ふさぐ （閉じる）close ➡ p.120(close¹ 動); （覆(おお)う）cover 動 ➡ p.146;（埋(う)める）fill; （さえぎる）block ➡ p.70

ふざける （冗談(じょうだん)を言う）joke 動 ➡ p.333, 《口語》kid ➡ p.339(kid² 動);（ばかなまねをする）fool around

ふさわしい right ➡ p.515(right¹ 形), suitable (for) 形 ➡ p.599

ふし 節 （関節・竹の）a joint 名 ➡ p.333;（木の）a knot ➡ p.342;（音楽の）a melody 名 ➡ p.386, a song ➡ p.573

フジ (a) wisteria

ぶじ 無事 （安全）safety 名 ➡ p.526; （健康）good health ➡ p.291(health 名)
―無事な safe 形 ➡ p.526, OK ➡ p.431 (OK¹ 形);well ➡ p.688(well¹ 形)

和英

あ
か
さ
た
な
は
ま
や
ら
わ

一無事に safely 副 ➡ p.526; well ➡ p.688(well¹ 副)

ふしぎ 不思議 (a) wonder 名 ➡ p.708; (神秘)a mystery 名 ➡ p.406

一不思議な strange 形 ➡ p.593; (神秘的な)mysterious 形 ➡ p.406

一不思議に思う wonder 動 ➡ p.708

ふしぜんな 不自然な unnatural

ぶしつ 部室 a club room

ふじゆう 不自由 (不便) (an) inconvenience 名 ➡ p.317

一不自由な inconvenient 形 ➡ p.317; (不足して)short (of) 形 ➡ p.551; (体が) disabled 形 ➡ p.171

ふじゅうぶんな 不十分な insufficient, not enough ➡ p.201(enough 形)

ふしょう 負傷 (事故などによる) (an) injury 名 ➡ p.321; (武器による)a wound ➡ p.713(wound¹ 名)

一負傷する be injured ➡ p.321(injure 動); be wounded ➡ p.713(wound¹ 動)

一負傷者 an injured person; a wounded person

ぶじょく 侮辱 (an) insult 名 ➡ p.322

一侮辱する insult 動 ➡ p.322

ふじん¹ 婦人 a woman 名 ➡ p.708, a lady 名 ➡ p.344

ふじん² 夫人 (妻)a wife 名 ➡ p.702; (敬称(とぅ))Mrs. 名 ➡ p.402

ふしんせつ 不親切 unkindness

一不親切な unkind 形 ➡ p.663, not kind ➡ p.340(kind¹ 形)

ふすま a Japanese sliding door

ふせい 不正 wrong 名 ➡ p.714, dishonesty 一不正な wrong 形 ➡ p.714, dishonest 形 ➡ p.173

ふせぐ 防ぐ (保護する)protect 動 ➡ p.487, defend 動 ➡ p.162; (予防する)prevent 動 ➡ p.481

ふせんしょう 不戦勝 a win by default

ふそく 不足 (a) lack 名 ➡ p.344, (a) shortage 名 ➡ p.552

一不足の short 形 ➡ p.551

一不足する be short (of) ➡ p.551(short 形), lack 動 ➡ p.344

ふぞくする 付属する

一付属品 an attachment, accessories ➡ p.6(accessory 名)

ふた 蓋 (箱・缶(炊)・なべなどの)a lid 名 ➡ p.356; (びんなどの)a cap 名 ➡ p.96

ふだ 札 (荷札)a tag ➡ p.609(tag¹ 名); (名札・カード)a card ➡ p.98; (はり札)a label 名 ➡ p.344

ブタ a pig 名 ➡ p.464; (成長したブタ)a hog 名 ➡ p.300 ―ブタ肉 pork 名 ➡ p.474

ぶたい 舞台 a stage 名 ➡ p.584

ふたご 双子 twins ➡ p.657(twin 名)

ふたたび 再び again 副 ➡ p.13; (もう一度) once again ➡ p.432(once 副)

ふたつ 2つ(の) (年齢(淞))two (years old) 名 形 ➡ p.657; (両方)both 代 形 ➡ p.75

ふたり 2人 two people; (組になった)a pair 名 ➡ p.448, a couple 名 ➡ p.145

ふだん(は) 普段(は) usually 副 ➡ p.667

一ふだんの usual 形 ➡ p.667

一ふだん着 everyday clothes ➡ p.207 (everyday 形)

ふち 縁 an edge 名 ➡ p.193; (めがねの)a rim

ふちゅうい 不注意 carelessness 名 ➡ p.99 一不注意な careless 形 ➡ p.99

ぶちょう 部長 (クラブなどの)the president; (会社の)a manager 名 ➡ p.375, a director 名 ➡ p.171

ぶつ strike 動 ➡ p.595, hit 動 ➡ p.299

ふつう(は) 普通(は) usually 副 ➡ p.667

一ふつうの usual 形 ➡ p.667, ordinary 形 ➡ p.439, common 形 ➡ p.130; (平均の)average 形 ➡ p.45

ぶっか 物価 prices ➡ p.482(price 名)

ふっかつ 復活 (a) revival 名 ➡ p.514; (イエスの)the Resurrection

一復活祭 Easter 名 ➡ p.191

ぶつかる (当たる)hit 動 ➡ p.299, run into ➡ p.524(run 動); (出くわす)meet with ➡ p.386(meet 動); (相当する)fall on ➡ p.218(fall 動)

ぶっきょう 仏教 Buddhism 名 ➡ p.83

一仏教徒 a Buddhist 名 ➡ p.83

ぶっきらぼうな blunt

一ぶっきらぼうに bluntly

ぶつける (投げつける)throw ... (at) 動 ➡ p.634; (当てる)hit ... (against) 動 ➡ p.299, knock ... (against) 動 ➡ p.342

ぶっしつ 物質 matter 名 ➡ p.382

一物質の material 形 ➡ p.381

ぶつぞう 仏像 an image of Buddha

ぶったい 物体 an object 名 ➡ p.425

ふっとうする 沸騰する boil 動 ➡ p.72

ぶっとおしで ぶっ通しで (ずっと)all through; (休みなしで)without a break

フットボール football 名 ➡ p.241

ぶつぶついう ぶつぶつ言う (不平を言う) grumble 動 ➡ p.277, complain 動 ➡ p.132; (つぶやく)murmur 動 ➡ p.404

ぶつり(がく) 物理(学) physics 名 ➡ p.462

一物理学者 a physicist 名 ➡ p.462

ふで 筆 (毛筆)a writing brush; (絵筆)a paint brush

ブティック a boutique 名 ⇒ p.76
ふと （突然(紀紀))suddenly 副 ⇒ p.599；
（偶然(紀紀))by chance ⇒ p.107(chance 名)
ふとい 太い （太さが)thick 形 ⇒ p.629, big
形 ⇒ p.66；(線・文字などが)bold 形 ⇒ p.73；
（声が)deep 形 ⇒ p.161
ブドウ （実)grapes ⇒ p.273(grape 名)；
（木)a grapevine
　一ブドウ園 a vineyard 名 ⇒ p.674
　一ブドウ酒 wine 名 ⇒ p.704
ふとくいな 不得意な bad (at) 形 ⇒ p.49,
poor (at) 形 ⇒ p.473
ふとさ 太さ thickness
ふともも 太もも a thigh 名 ⇒ p.629
ふとる 太る get fat ⇒ p.222(fat 形)；(体重
が増える)gain weight ⇒ p.688(weight
名) 一太った fat 形 ⇒ p.222, overweight
形 ⇒ p.446
ふとん 布団 （日本の布団)a futon
フナ a crucian carp
ふなよいする 船酔いする get seasick ⇒
p.535(seasick 形)
ふね 船，舟 （大型の船)a ship 名 ⇒ p.550；
（小型の船・船一般)a boat 名 ⇒ p.72
ぶひん 部品 a part 名 ⇒ p.452
ふぶき 吹雪 a snowstorm 名 ⇒ p.567；
（大吹雪)a blizzard
ぶぶん 部分 (a) part 名 ⇒ p.452
ふへい 不平 a complaint 名 ⇒ p.132
　一不平を言う complain (about, of) 動 ⇒
p.132, grumble (about) 動 ⇒ p.277
ふべん 不便 (an) inconvenience 名 ⇒
p.317
　一不便な inconvenient 形 ⇒ p.317
ふぼ 父母 one's father and mother, one's
parents 名 ⇒ p.452
ふまじめな not serious ⇒ p.543(serious
形)
ふまん 不満 dissatisfaction
　一不満である be not satisfied (with) ⇒
p.529(satisfy 動), be dissatisfied (with)
ふみきり 踏切 a railroad crossing ⇒
p.498(railroad 名)
ふむ 踏む step on ⇒ p.589(step 動)
ふもと the foot 名 ⇒ p.240, the base 名 ⇒
p.52
ふやす 増やす increase 動 ⇒ p.317
ふゆ 冬 winter 名 ⇒ p.705
　一冬休み (the) winter vacation ⇒ p.705
（winter 名)
ふゆかいな 不愉快な unpleasant 形 ⇒
p.664
ぶよう 舞踊 dancing 名 ⇒ p.155
ふようの 不要の，不用の （不必要な)
unnecessary 形 ⇒ p.664；(役に立たない)

useless 形 ⇒ p.667
フライ¹ （野球のフライ球)a fly (ball) ⇒
p.238(fly¹ 名)
　一フライを打つ hit a fly (ball), fly
フライ² （料理)a deep-fried food
　一フライにする (deep-)fry 動 ⇒ p.162
フライドチキン fried chicken 名 ⇒ p.250
フライドポテト 《米)French fries 名 ⇒
p.249, 《英)chips ⇒ p.113(chip 名)
プライバシー privacy 名 ⇒ p.483
フライパン a frying pan 名 ⇒ p.252, a
frypan ⇒ p.252
ブラインド a blind 名 ⇒ p.70, 《米)a
window shade ⇒ p.546(shade 名)
ブラウス a blouse 名 ⇒ p.71
プラカード a placard 名 ⇒ p.465
ぶらさがる ぶら下がる hang 動 ⇒ p.284
ぶらさげる ぶら下げる （つるす)hang 動 ⇒
p.284；(持っている)carry 動 ⇒ p.100
ブラシ a brush 名 ⇒ p.83
　一ブラシをかける brush 動 ⇒ p.83
ブラジャー a brassiere, 《口語)a bra
プラス(の) plus 前 形 ⇒ p.470
フラスコ a flask
プラスチック plastic 名 ⇒ p.467
　一プラスチックの plastic 形 ⇒ p.467
ブラスバンド a brass band 名 ⇒ p.78
ぶらつく walk (about) 動 ⇒ p.679, stroll
動 ⇒ p.595
フラッシュ （写真の)(光)flashlight 名 ⇒
p.236；(装置)a flash ⇒ p.236
フラット （半音下げる)a flat ⇒ p.236(flat¹
名)；(かっきり)flat ⇒ p.236(flat¹ 副)
プラットホーム a platform 名 ⇒ p.467
プラネタリウム a planetarium 名 ⇒
p.466
ぶらぶらする walk (about) 動 ⇒ p.679,
stroll 動 ⇒ p.595；(時間を浪費(ろう)する)idle
(away) 動 ⇒ p.313
ふらふらと unsteadily
　一ふらふらする （めまいがする)feel dizzy
⇒ p.175(dizzy 形)；(よろよろ歩く)stagger
動 ⇒ p.584
プラモデル a plastic model
プラン a plan 名 ⇒ p.466
ぶらんこ a swing 名 ⇒ p.606
フランス France 名 ⇒ p.248
　一フランス(人)の French 形 ⇒ p.249
　一フランス語 French 名 ⇒ p.249
　一フランス人 （男)a Frenchman；
（女)a Frenchwoman
ブランド a brand 名 ⇒ p.78
　一ブランド商品 name brands
ふり 不利 (a) disadvantage 名 ⇒ p.171
フリーの （自由な)free 形 ⇒ p.248；

（仕事が）freelance
ーフリーダイヤル　a toll-free number
ふりかえる　振り返る　look back ➡ p.367
（look 動），turn around ➡ p.655(turn 動)
ふりこ　振り子　a pendulum 名 ➡ p.458
プリズム　a prism 名 ➡ p.483
ふりむく　振り向く　look back ➡ p.367
（look 動），turn around ➡ p.655(turn 動)
ふりょうの　不良の　bad 形 ➡ p.49
ふりをする　pretend 動 ➡ p.481
プリン　(a) custard pudding ➡ p.489
（pudding）
プリント　（印刷物）a handout 名 ➡ p.283;
（模様・写真）a print 名 ➡ p.483
ープリントする　（写真を）print 動 ➡ p.483
ふる¹　降る　（雨が）rain 動 ➡ p.498;（雪が）
snow 動 ➡ p.567;（落ちてくる）fall 動 ➡
p.217
ふる²　振る　shake 動 ➡ p.546, swing 動 ➡
p.606, wave 動 ➡ p.684;（しっぽを）wag
動 ➡ p.678;（断る）《口語》dump
ふるい　古い　old 形 ➡ p.431;（時代遅(おく)れの）
old-fashioned 形 ➡ p.431
ブルース　(the) blues
フルーツ　(a) fruit 名 ➡ p.252
フルート　a flute 名 ➡ p.238
ふるえる　震える　shake 動 ➡ p.546,
tremble 動 ➡ p.650;（特に寒さで）shiver
動 ➡ p.550
ふるさと　one's home 名 ➡ p.301, one's
hometown 名 ➡ p.303
ブルドーザー　a bulldozer 名 ➡ p.84
ブルドッグ　a bulldog 名 ➡ p.84
ブルペン　a bull pen
ふるほん　古本　a secondhand book ➡
p.537(secondhand 形), a used book ➡
p.666(used¹ 形)
ブレーキ　a brake 名 ➡ p.77
ーブレーキをかける　brake 動 ➡ p.77, put
on the brakes ➡ p.77(brake 名)
ブレザー　a blazer 名 ➡ p.70
プレゼント　a present ➡ p.480(present²
名)
プレハブ　a prefabricated house, a
prefab
ふれる　触れる　touch 動 ➡ p.645
ふろ　風呂　a bath 名 ➡ p.54
ーふろに入る　take a bath ➡ p.54(bath
名), bathe 動 ➡ p.54
ーふろ場　a bathroom 名 ➡ p.54
プロ　（選手）a professional 名 ➡ p.485,
《口語》a pro 名 ➡ p.484
ブローチ　a brooch 名 ➡ p.82
ふろく　付録　（おまけ）an extra;（巻末付録）
an appendix 名 ➡ p.31;（追加記事・別冊）a

supplement 名 ➡ p.602
プログラム　a program 名 ➡ p.485
ブロック　（建築用の）a concrete block ➡
p.70(block 名);（おもちゃ）a block 名 ➡
p.70;（バレーボールなどの）blocking
ブロッコリー　broccoli 名 ➡ p.82
プロパンガス　propane (gas)
プロペラ　a propeller 名 ➡ p.486
プロポーズ　a proposal 名 ➡ p.487
ープロポーズする　propose 動 ➡ p.487
プロレス(リング)　pro(fessional)
wrestling
ブロンズ　bronze 名 ➡ p.82
フロント　（ホテルなどの）the front desk 名
➡ p.252, the reception desk 名 ➡ p.503
ふん¹　分　a minute 名 ➡ p.392
ふん²　（鳥・動物の）droppings
ぶん¹　文　a sentence 名 ➡ p.542
ぶん²　分　（分け前）a share 名 ➡ p.547
ふんいき　雰囲気　(an) atmosphere 名 ➡
p.43
ふんか　噴火　(an) eruption
ー噴火する　erupt 動 ➡ p.203
ー噴火口　a crater 名 ➡ p.147
ぶんか　文化　(a) culture 名 ➡ p.151
ー文化の, 文化的の　cultural 形 ➡ p.151
ー文化の日　Culture Day
ぶんかい　分解　disassembly
ー分解する　take ... apart
ぶんがく　文学　literature 名 ➡ p.363
ー文学の, 文学的な　literary 形 ➡ p.363
ー文学作品　a literary work,（集合的に）
literature 名 ➡ p.363
ぶんこう　分校　a branch school
ぶんしゅう　文集　a collection of
compositions
ぶんしょう　文章　（文）a sentence 名 ➡
p.542;（書いたもの）writing 名 ➡ p.714
ふんすい　噴水　a fountain 名 ➡ p.247
ぶんすう　分数　a fraction 名 ➡ p.247
ぶんぽう　文法　grammar 名 ➡ p.272
ぶんぼうぐ　文房具　stationery 名 ➡ p.588
ー文房具店　a stationer's, a stationery
store
ふんまつ　粉末　powder 名 ➡ p.477
ぶんめい　文明　(a) civilization 名 ➡ p.117
ぶんや　分野　a field 名 ➡ p.227
ぶんりょう　分量　a quantity 名 ➡ p.493
ぶんるい　分類　(a) classification
ー分類する　classify 動 ➡ p.118
ぶんれつする　分裂する　split (up) 動 ➡
p.580

へ

ーへ　（到着(ちゃく)点・方向）to 動 ➡ p.640,（行き先・

方面) for 前 ⇒ p.242,(方向)toward 前 ⇒
p.646;(動作の対象)to 前 ⇒ p.640, for 前
⇒ p.242;(中へ)in 前 副 ⇒ p.318, into 前
⇒ p.324,(上へ)on 前 副 ⇒ p.434

ヘア hair 名 ⇒ p.280

ペア a pair 名 ⇒ p.448
　―ペアを組む　pair up (with)

へい 塀　(石やれんがの)a wall 名 ⇒ p.679;
(さく)a fence 名 ⇒ p.226

へいかい 閉会　closing 名 ⇒ p.122
　―閉会する　close ⇒ p.120(close¹ 動)
　―閉会式　a closing ceremony

へいき 兵器　a weapon 名 ⇒ p.686

へいきである 平気である　(気にかけない)
do not care ⇒ p.98(care 動), do not
mind ⇒ p.390(mind 動);(落ち着いている)
keep calm ⇒ p.92(calm 形);(だいじょう
ぶ)be OK ⇒ p.431(OK¹ 形)

へいきん 平均　(an) average 名 ⇒ p.45
　―平均の,平均的な　average 形 ⇒ p.45
　―平均する　average
　―平均点　the average score ⇒ p.45
(average 形)

へいこうな 平行な　parallel 形 ⇒ p.451
　―平行線　parallel lines ⇒ p.451
(parallel 形)
　―(種目)平行棒　parallel bars

へいじつ 平日　a weekday 名 ⇒ p.688

へいたい 兵隊　a soldier 名 ⇒ p.570

へいてんする 閉店する　close ⇒ p.120
(close¹ 動)

へいほう 平方　a square 名 ⇒ p.583

へいぼんな 平凡な　ordinary 形 ⇒ p.439,
common 形 ⇒ p.130

へいめん 平面　a plane ⇒ p.466(plane¹
名)

へいや 平野　a plain 名 ⇒ p.466

へいわ 平和　peace 名 ⇒ p.457
　―平和(的)な　peaceful 形 ⇒ p.457

ベーコン bacon 名 ⇒ p.49

ページ a page ⇒ p.447(page¹ 名)

ベージュ beige

ベース (野球の塁(&))a base 名 ⇒ p.52

ペース a pace 名 ⇒ p.447

–(する)べき (義務としてするのが当然だ)
should 助 ⇒ p.552, ought to ... ⇒ p.440
(ought 助);(…しなければならない)must
助 ⇒ p.405, have to ... ⇒ p.288(have 動)
　―…すべきでない　should not ⇒ p.552
(should 助), ought not to ... ⇒ p.440
(ought 助);(…してはならない)must not
⇒ p.405(must 助)

へきが 壁画　a wall painting

ペキン 北京　Beijing 名 ⇒ p.62, Peking

ヘクタール a hectare 名 ⇒ p.293

へこむ 凹む　dent, be dented

ベスト¹ one's best 名 ⇒ p.64, the best 名
⇒ p.64
　―ベストセラー　a bestseller 名 ⇒ p.64

ベスト² (服)a vest 名 ⇒ p.672

へそ a navel 名 ⇒ p.410

へたな 下手な　poor 形 ⇒ p.473, bad 形 ⇒
p.49

ペダル a pedal 名 ⇒ p.457

ぺちゃんこの flat ⇒ p.236(flat¹ 形)

べっそう 別荘　(小さい)a cottage 名 ⇒
p.143;(大きい)a villa 名 ⇒ p.673

ベッド a bed 名 ⇒ p.59

ペット a pet 名 ⇒ p.461

ペットボトル a plastic bottle ⇒ p.467
(plastic 形)

ヘッドホン headphones ⇒ p.291
(headphone 名)

ヘッドライト a headlight 名 ⇒ p.291, a
headlamp

べつの 別の　(もう1つの)another 形 ⇒
p.27;(ほかの)other 形 ⇒ p.442;(異なった)
different 形 ⇒ p.169
　―別のもの,別の人　another 代 ⇒ p.27;
other 代 ⇒ p.442
　―別に　(特に)particularly 副 ⇒ p.453;
(別々に分けて)separately 副 ⇒ p.542

べつべつの 別々の　(分かれた)separate 形
⇒ p.542;(ちがった)different 形 ⇒ p.169

ベテラン an expert 名 ⇒ p.212, a
veteran 名 ⇒ p.672

へとへとである be tired out ⇒ p.639
(tired 形), be exhausted

ペナント (旗)a pennant 名 ⇒ p.458
　―ペナントレース　a pennant race ⇒
p.458(pennant 名)

ベニヤいた ベニヤ板　plywood

ヘビ 蛇　a snake 名 ⇒ p.566

ベビー a baby 名 ⇒ p.47
　―ベビーシッター　a babysitter 名 ⇒ p.47

へや 部屋　a room 名 ⇒ p.520

へらす 減らす　reduce 動 ⇒ p.505, cut
down (on) ⇒ p.153(cut 動)

ぺらぺら (流ちょうに)fluently 副 ⇒ p.238;
(薄(う)い)thin 形 ⇒ p.629

ベランダ (1階から張り出した部分)a
veranda(h) 名 ⇒ p.671,(米)a porch 名 ⇒
p.474;(2階などの空中に張り出したもの)a
balcony 名 ⇒ p.50

へり an edge 名 ⇒ p.193

ペリカン a pelican 名 ⇒ p.458

ヘリコプター a helicopter 名 ⇒ p.293

へる 減る　(数量が)decrease 動 ⇒ p.161;
(体重が)lose ⇒ p.688(weight 名);(おなか
が)get hungry ⇒ p.310(hungry 形)

あ か さ た な は ま や ら わ

和英

ベル a bell 名 ➡ p.63;(玄関(げん)の) a doorbell 名 ➡ p.179

ベルト a belt 名 ➡ p.63

ヘルメット a helmet 名 ➡ p.294, a hard hat

へん 辺 (辺り)around 副前 ➡ p.35;(近く) near 副前 ➡ p.410;(図形の)a side 名 ➡ p.554

べん 便 (便利であること)convenience 名 ➡ p.139
ー便がいい convenient 形 ➡ p.139

-べん …弁 (方言)a dialect 名 ➡ p.167

ペン a pen ➡ p.458(pen¹ 名)
ーペン習字 penmanship 名 ➡ p.458
ーペンパル，ペンフレンド 《主に米》a pen pal 名 ➡ p.458,《主に英》a pen-friend 名 ➡ p.458

へんか 変化 (a) change 名 ➡ p.107;(多様性)variety 名 ➡ p.669, (a) variation 名 ➡ p.669
ー変化する change 動 ➡ p.107, vary 動 ➡ p.670
ー変化球 (カーブ)a curve 名 ➡ p.152;(シュート)a screwball

べんかい 弁解 an excuse 名 ➡ p.209
ー弁解する make an excuse (for) ➡ p.209(excuse 名)

ペンキ paint 名 ➡ p.448
ーペンキを塗(ぬ)る paint 動 ➡ p.448
ーペンキ屋 (人)a (house) painter 名 ➡ p.448

べんきょう 勉強 study 名 ➡ p.596, work 名 ➡ p.709
ー勉強する study 動 ➡ p.596, work 動 ➡ p.709
ー勉強家 a hard worker ➡ p.285(hard 形)

ペンギン a penguin 名 ➡ p.458

へんけん 偏見 (a) prejudice 名 ➡ p.478, (a) bias

べんご 弁護 (a) defense,《英》(a) defence 名 ➡ p.162
ー弁護する defend 動 ➡ p.162, stand up for
ー弁護士 a lawyer 名 ➡ p.349,《米》an attorney 名 ➡ p.44

へんこう 変更 a change 名 ➡ p.107
ー変更する change 動 ➡ p.107

へんじ 返事 an answer 名 ➡ p.27, a reply 名 ➡ p.510 ー返事をする answer 動 ➡ p.27, reply 動 ➡ p.510

へんしゅうする 編集する edit 動 ➡ p.193
ー編集者 an editor 名 ➡ p.193

べんじょ 便所 a rest room 名 ➡ p.513;(家庭の)a bathroom 名 ➡ p.54

べんしょう 弁償 compensation (for)
ー弁償する （代金を払う）pay (for) 動 ➡ p.456

へんそう 変装 (a) disguise 名 ➡ p.172
ー変装する disguise *oneself* ➡ p.172 (disguise 動)

ペンダント a pendant 名 ➡ p.458

ベンチ a bench 名 ➡ p.63

ペンチ combination pliers

べんとう 弁当 a lunch 名 ➡ p.371
ー弁当箱 a lunchbox 名 ➡ p.371

へんな 変な strange 形 ➡ p.593, odd 形 ➡ p.427, funny 形 ➡ p.253

べんぴ 便秘 constipation

べんりな 便利な convenient 形 ➡ p.139;(使いやすい)handy 形 ➡ p.284;(役に立つ)useful 形 ➡ p.667

べんろん 弁論 (演説)a speech 名 ➡ p.578
ー弁論大会 a speech contest 名 ➡ p.579

ほ

ほ¹ 帆 a sail 名 ➡ p.526

ほ² 穂 an ear

-ほ …歩 a step 名 ➡ p.589

ほいく 保育 child care
ー保育園 a day-care center 名 ➡ p.158, a nursery school 名 ➡ p.424
ー保育士 (保育園の)a nursery school teacher;(幼稚(ようち)園の)a kindergarten teacher ➡ p.614(teacher 名)

ボイコット a boycott 名 ➡ p.77
ーボイコットする boycott

ホイル foil 名 ➡ p.239

ぼいん 母音 a vowel 名 ➡ p.677

ほう¹ (方向)a way 名 ➡ p.684, a direction 名 ➡ p.170;(比べて)比較級＋than 接 ➡ p.620, rather 副 ➡ p.500
ー…のほうへ，…のほうに toward 前 ➡ p.646, to 前 ➡ p.640
ー…したほうがよい should 助 ➡ p.552

ほう² 法 (法律)a law 名 ➡ p.349

ぼう 棒 a stick ➡ p.590(stick² 名);(さお・柱)a pole ➡ p.471(pole¹ 名)

ぼうえい 防衛 defense 名 ➡ p.162
ー防衛する defend 動 ➡ p.162

ぼうえき 貿易 trade 名 ➡ p.647
ー貿易する trade (with) 動 ➡ p.647

ぼうえんきょう 望遠鏡 a telescope 名 ➡ p.616

ぼうおんの 防音の soundproof 形 ➡ p.574

ぼうか 防火 fire prevention
ー防火訓練 a fire drill 名 ➡ p.232

ぼうがい 妨害 (a) disturbance
ー妨害する disturb 動 ➡ p.174

ほうがく 方角 a way 图 ➡ p.684, a direction 图 ➡ p.170

ほうかごに 放課後に after school ➡ p.532(school¹ 图)

ほうがんなげ 砲丸投げ the shot put

ほうき a broom 图 ➡ p.82

ぼうぎょ 防御 defense 图 ➡ p.162
—防御する defend 動 ➡ p.162

ほうげん 方言 a dialect 图 ➡ p.167

ぼうけん 冒険 (an) adventure 图 ➡ p.10
—冒険する run a risk ➡ p.517(risk 图), venture 動 ➡ p.671
—冒険家 an adventurer 图 ➡ p.10

ほうけんてきな 封建的な feudal
—封建時代 the feudal age

ほうこう 方向 a way ➡ p.684, a direction 图 ➡ p.170

ぼうこう 暴行 (an act of) violence 图 ➡ p.674

ほうこく 報告 a report 图 ➡ p.510
—報告する report 動 ➡ p.510, make a report
—報告者 a reporter 图 ➡ p.510
—報告書 a report 图 ➡ p.510

ほうさく 豊作 a good crop ➡ p.149(crop 图)

ぼうし 帽子 (縁(ふち)のある)a hat 图 ➡ p.286; (縁のない)a cap 图 ➡ p.96

ほうしゃせん 放射線 radiation 图 ➡ p.497

ほうしゃのう 放射能 radioactivity 图 ➡ p.497

ほうしん 方針 (主義)a principle 图 ➡ p.483; (方策)a policy 图 ➡ p.472

ぼうすいの 防水の waterproof 形 ➡ p.684

ほうせき 宝石 a jewel 图 ➡ p.332, a gem 图 ➡ p.257; (宝石類)jewelry 图 ➡ p.332
—宝石商 (人)a jeweler 图 ➡ p.332; (店)a jeweler's shop, a jewelry shop

ほうそう¹ 放送 (放送すること) broadcasting 图 ➡ p.82; (1回の放送・番組)a broadcast 图 ➡ p.82
—放送する broadcast 動 ➡ p.82; (テレビで)televise
—放送局 a broadcasting station ➡ p.82(broadcasting 图)

ほうそう² 包装 wrapping
—包装する wrap 動 ➡ p.713
—包装紙 wrapping paper 图 ➡ p.713

ほうそく 法則 a law 图 ➡ p.349

ほうたい 包帯 a bandage 图 ➡ p.51
—包帯を巻く bandage 動 ➡ p.51

ぼうたかとび 棒高跳び the pole vault

ほうちょう 包丁 a kitchen knife

ぼうちょう 膨張 expansion, swelling
—膨張する expand 動 ➡ p.211, swell 動 ➡ p.606

ほうっておく 放って置く (一人にしておく) leave ... alone ➡ p.19(alone 形), let ... alone ➡ p.19(alone 形)

ぼうっと (はっきりしないで)vaguely; (疲(つか)れなどでぼんやりして)stupidly

ほうてい 法廷 a (law) court 图 ➡ p.145

ほうどう 報道 a report 图 ➡ p.510
—報道する report 動 ➡ p.510
—報道機関 the news media
—報道陣(じん) reporters ➡ p.510(reporter 图), the press 图 ➡ p.480

ぼうどう 暴動 a riot 图 ➡ p.517

ぼうはてい 防波堤 a breakwater

ほうび a reward 图 ➡ p.514, a present ➡ p.480(present² 图); (賞品)a prize 图 ➡ p.484

ぼうふう 暴風 a storm 图 ➡ p.592
—暴風雨 a rainstorm 图 ➡ p.498

ほうふな 豊富な rich 形 ➡ p.515, abundant

ほうほう 方法 (やり方)a way 图 ➡ p.684, (a) means 图 ➡ p.384, a method 图 ➡ p.388

ほうぼう 方々 everywhere 副 ➡ p.207

ほうむる 葬る bury 動 ➡ p.85

ほうめん 方面 (方向)a direction 图 ➡ p.170; (地域)an area 图 ➡ p.34; (分野)a field ➡ p.227

ほうもん 訪問 a visit 图 ➡ p.675, a call 图 ➡ p.91 —訪問する visit 動 ➡ p.675; (人を)call on ➡ p.92(call 動); (家を)call at ➡ p.92(call 動)
—訪問客 a visitor 图 ➡ p.675

ほうりだす ほうり出す throw out ➡ p.635(throw 動); (途中(とちゅう)でやめる)give up ➡ p.263(give 動)

ほうりつ 法律 a law 图 ➡ p.349; (法律全体)the law 图 ➡ p.349

ぼうりょく 暴力 violence 图 ➡ p.674
—暴力団 a gang 图 ➡ p.256
—暴力団員 a gangster 图 ➡ p.256

ボウリング bowling 图 ➡ p.76
—ボウリングをする bowl ➡ p.76(bowl² 動)
—ボウリング場 a bowling alley

ほうる throw 動 ➡ p.634

ホウレンソウ spinach 图 ➡ p.580

ほうろうする 放浪する wander 動 ➡ p.680

ほえる (イヌが)bark 動 ➡ p.52; (トラ・ライオンなどが)roar 動 ➡ p.518

ほお a cheek 图 ➡ p.111

和英
あかさたなはまやらわ

ボーイ （レストランの）a waiter 名 ➡ p.678;
（ホテルなどの）a bellboy

ボーイスカウト （組織）the Boy Scouts 名
➡ p.77;（団員）a boy scout

ボーイフレンド a boyfriend 名 ➡ p.77

ボーク （野球の）a balk
 ─ボークをする balk

ホース a hose 名 ➡ p.305

ポーズ （姿勢）a pose 名 ➡ p.474
 ─ポーズをとる pose 動 ➡ p.474

ボート a rowboat 名 ➡ p.522, a boat 名 ➡
p.72

ボーナス a bonus 名 ➡ p.73

ホーム¹ （駅の）a platform 名 ➡ p.467

ホーム² （野球の）home plate ➡ p.302;
（家庭）(a) home 名 ➡ p.301

ホームシックの homesick 形 ➡ p.302

ホームページ a website 名 ➡ p.687, a
Web site;（サイトのトップページ）a
homepage 名 ➡ p.302

ホームラン a home run 名 ➡ p.302, a
homer 名 ➡ p.302

ホームルーム （時間）a homeroom (hour)
名 ➡ p.302;（活動）homeroom activities

ホール （会館）a hall 名 ➡ p.281

ボール¹ （球）a ball 名 ➡ p.50;（野球の投球
の）a ball

ボール² （容器）a bowl ➡ p.76(bowl² 名)

ボールがみ ボール紙 cardboard 名 ➡
p.98

ボールペン a ball-point pen 名 ➡ p.50

ほか 外 （場所）somewhere else ➡ p.573
(somewhere 副), p.196(else 副);（もの・人）
another 代 ➡ p.27;other 代 ➡ p.442
 ─ほかの another 形 ➡ p.27;other 形 ➡
p.442;else 副 ➡ p.196
 ─…のほか （…を除いて）but 前 ➡ p.86,
except 前 ➡ p.208;（…に加えて）besides
前 ➡ p.64

ほがらかな 朗らかな （陽気な）cheerful 形
➡ p.111, merry 形 ➡ p.388;
（快活な）lively 形 ➡ p.364

ほかんする 保管する keep 動 ➡ p.337

ぼき 簿記 bookkeeping

ほきゅう 補給 supply 名 ➡ p.602
 ─補給する supply 動 ➡ p.602

ぼく I 代 ➡ p.312

ボクサー a boxer 名 ➡ p.77

ぼくし 牧師 a minister 名 ➡ p.391, a
clergyman

ぼくじょう 牧場 a stock farm;（大規模な）
a ranch;（牧草地）(a) pasture 名 ➡ p.455,
(a) meadow 名 ➡ p.383

ボクシング boxing 名 ➡ p.77
 ─ボクシングをする box ➡ p.77(box² 動)

ほくせい 北西 the northwest 名 ➡ p.421
 ─北西の northwest 形 ➡ p.421,
northwestern 形 ➡ p.421

ぼくそう 牧草 grass 名 ➡ p.273

ぼくちく 牧畜 stock farming, cattle
breeding

ほくとう 北東 the northeast 名 ➡ p.420
 ─北東の northeast 形 ➡ p.420,
northeastern 形 ➡ p.420

ほくとしちせい 北斗七星 the (Big)
Dipper ➡ p.170(dipper 名)

ほくぶ 北部 the north 名 ➡ p.420, the
northern part ➡ p.452(part 名)

ほくろ a mole ➡ p.395(mole² 名)

ほけつ 補欠 a substitute 名 ➡ p.597
 ─補欠選手 a substitute player

ポケット a pocket 名 ➡ p.470

ぼける （ピントが）be out of focus ➡ p.239
(focus 名)

ほけん¹ 保健 （健康）health 名 ➡ p.291
 ─保健室 the nurse's office ➡ p.424
(nurse 名)
 ─保健所 a health center
 ─保健体育 health and physical
education 名 ➡ p.291, P.E. ➡ p.456

ほけん² 保険 insurance 名 ➡ p.322
 ─保険をかける insure 動 ➡ p.322

ほご 保護 protection 名 ➡ p.487
 ─保護する protect 動 ➡ p.487
 ─保護者 （親）a parent 名 ➡ p.452;
（親以外の）a guardian
 ─保護者会 a PTA meeting

ぼご 母語 one's mother tongue 名 ➡
p.400, one's native language ➡ p.409
(native 形)

ほこう 歩行 walking 名 ➡ p.679
 ─歩行者 a walker, a pedestrian 名 ➡
p.457

ぼこう 母校 one's (old) school ➡ p.532
(school¹ 名)

ぼこく 母国 one's home country ➡ p.301
(home 形), one's native country

ほこり¹ 誇り pride 名 ➡ p.482

ほこり² dust 名 ➡ p.188

ほこる 誇る be proud (of) ➡ p.487
(proud 形)

ほし 星 a star 名 ➡ p.586

ほしい 欲しい want 動 ➡ p.680,（ていね
い）would like ➡ p.712(would 助)
 ─(人に)…してほしい want ＋人＋ to … ➡
p.680(want 動), would like ＋人＋ to … ➡
p.712(would 助)

ほしがる 欲しがる want 動 ➡ p.680

ほしくさ 干し草 hay 名 ➡ p.290

ほしブドウ 干しブドウ a raisin 名 ➡

p.499

ほしゅう 補習 （補習授業）
a supplementary lesson

ぼしゅうする 募集する （会員などを）
recruit 動 ➡ p.504;（集める）collect 動 ➡
p.125

ほじょ 補助 help 名 ➡ p.294
ー補助する help 動 ➡ p.294

ほしょう 保証,保障 guarantee 名 ➡
p.277;（安全などの確保）security 名 ➡
p.537
ー保証する guarantee 動 ➡ p.277

ほす 干す dry 動 ➡ p.187;（風・熱で）air

ボス a boss 名 ➡ p.75, a head 動 ➡ p.290

ポスター a poster 名 ➡ p.476

ポスト 《米》a mailbox 名 ➡ p.373,
《英》a postbox

ホストファミリー a host family ➡ p.305
（host¹ 名）

ほそい 細い thin 形 ➡ p.629;（体つきが）
slender 形 ➡ p.563, slim 形 ➡ p.563;
（幅(はば)が狭(せま)い）narrow 形 ➡ p.408

ほそう 舗装 (a) pavement 名 ➡ p.456
ー舗装されている be paved ➡ p.456
（pave 動）
ー舗装道路 a paved road, a pavement
名 ➡ p.456

ほぞん 保存 preservation;（データの）
saving ー保存する keep 動 ➡ p.337,
preserve 動 ➡ p.480;（データを）save 動
➡ p.529

ポタージュ potage

ホタル a firefly 名 ➡ p.232

ボタン¹ a button 名 ➡ p.87
ー…のボタンをかける button (up) 動 ➡
p.87
ー…のボタンを外す unbutton

ボタン² （植物）a (Japanese tree) peony

ぼち 墓地 a graveyard, a cemetery 名 ➡
p.104

ほっきょく 北極 the Arctic 名 ➡ p.33,
the North Pole 名 ➡ p.421
ー北極の Arctic 形 ➡ p.33
ー北極海 the Arctic Ocean ➡ p.426
（ocean 名）
ー北極星 the Polestar 名 ➡ p.471, the
North Star 名 ➡ p.421

ホック a hook 名 ➡ p.303

ホッケー (field) hockey 名 ➡ p.300

ほっさ 発作 a fit;（激しい）an attack 名 ➡
p.43

ほっそりした slender 形 ➡ p.563, slim 形
➡ p.563

ホッチキス a stapler 名 ➡ p.586

ポット （魔法(まほう)びん）a thermos 名 ➡

p.628;（つぼなど）a pot 名 ➡ p.476

ホットケーキ a pancake 名 ➡ p.449,
a hot cake 名 ➡ p.306

ほっとする （安心する）feel relieved;
（くつろぐ）feel relaxed

ホットドッグ a hot dog 名 ➡ p.306

ポップコーン popcorn 名 ➡ p.473

ポップス pop (music) ➡ p.473（pop² 形）

ボディー a body 名 ➡ p.72
ーボディーガード a bodyguard 名 ➡ p.72

ポテト potato 名 ➡ p.476
ーポテトサラダ potato salad
ーポテトチップス 《米》(potato) chips ➡
p.113（chip 名）,《英》(potato) crisps ➡
p.148（crisp 名）
ーポテトフライ French fries 名 ➡ p.249,
《英》chips ➡ p.113（chip 名）

ホテル a hotel 名 ➡ p.306;（小さな）an inn
名 ➡ p.321

-ほど （およそ）about 副 ➡ p.4, some 副 ➡
p.572

ほどう 歩道 《米》a sidewalk 名 ➡ p.555,
《英》a pavement 名 ➡ p.456
ー歩道橋 a pedestrian overpass

ほどく （結び目などを）undo 動 ➡ p.661,
untie

ほとけ 仏 （仏陀(ぶっだ)）Buddha 名 ➡ p.83

ほどける come undone, come untied,
come loose

ほとりに （接して）on 前 ➡ p.434;
（そばに）by 前 ➡ p.88

ほとんど almost 副 ➡ p.19, nearly 副 ➡
p.410
ーほとんどの most 形 ➡ p.399, almost
all ➡ p.19（almost 副）, almost every
ーほとんど…ない （量が）little 形 副 ➡
p.363;（数が）few 形 ➡ p.226;（程度が）
hardly 副 ➡ p.285, scarcely 副 ➡ p.530

ほにゅうるい ほ乳類 a mammal 名 ➡
p.374

ほね 骨 （人間・動物の）a bone 名 ➡ p.73;
（傘(かさ)の）a rib

ほのお 炎 a flame 名 ➡ p.235

ほのめかす suggest 動 ➡ p.599, hint 動
➡ p.298

ポプラ a poplar 名 ➡ p.473

ほぼ 保母 （保育士）a nursery school
teacher;a kindergarten teacher ➡
p.614（teacher 名）

ほほえましい heart-warming 形 ➡ p.292

ほほえみ a smile 名 ➡ p.565

ほほえむ smile 動 ➡ p.565

ほめる 褒める praise 動 ➡ p.477, speak
well of ➡ p.578（speak 動）

ほら （見てごらん）Look! ➡ p.366（look 動）;

和英

あ
か
さ
た
な
は
ま
や
ら
わ

（聞いてごらん）Listen! ➡ p.362(listen 動)
;（わかっただろう）See? ➡ p.540(see 動);
（ものを差し出して）Here it is. ➡ p.295
(here 副), Here you are. ➡ p.296(here
副)

ほらあな 洞穴 a cave 名 ➡ p.103
ボランティア （人)a volunteer 名 ➡ p.676
―ボランティア活動 volunteer activities
ほり 堀 a moat
ボリューム volume 名 ➡ p.676
ほりょ 捕虜 a prisoner (of war) 名 ➡
p.483, a POW
ほる¹ 掘る dig 動 ➡ p.169
ほる² 彫る carve 動 ➡ p.100
ボルト （電気の)a volt;（締め具の)a bolt 名
➡ p.73
ホルモン a hormone
ぼろ （布)(a) rag 名 ➡ p.497;
（服)rags ➡ p.497(rag 名)
ポロシャツ a polo shirt
ほろびる 滅びる （生物などが)die out
➡ p.169(die 動);（国などが)fall 動 ➡ p.217
ほろぼす 滅ぼす （破壊する)destroy 動
➡ p.166
ほん 本 a book 名 ➡ p.73
―本棚 本箱 a bookshelf 名 ➡ p.74,
a bookcase 名 ➡ p.73
―本屋 《主に米》a bookstore 名 ➡ p.74,
《主に英》a bookshop 名 ➡ p.74
ぼん 盆 （ものを載せる器)a tray 名 ➡
p.650;（仏教の行事)the *Bon* Festival
ほんきの 本気の serious 形 ➡ p.543
―本気で 本気に seriously 副 ➡ p.543, in
earnest ➡ p.190(earnest 名)
ぼんさい 盆栽 a bonsai, a dwarf tree
ほんしつ 本質 essence 名 ➡ p.203
―本質的な essential 形 ➡ p.203
ほんしゃ 本社 the main office, the head
office ➡ p.430(office 名)
ほんしん 本心 one's true intentions,
one's real intentions
ぼんち 盆地 a basin 名 ➡ p.52
ほんてん 本店 the main store, the head
store
ポンド （イギリスの通貨単位)a pound 名 ➡
p.476;（重さの単位)a pound 名 ➡ p.476
ほんとう 本当 （真実)(the) truth 名 ➡
p.653
―本当の true 形 ➡ p.652, real 形 ➡
p.502
―ほんとうに truly 副 ➡ p.653, really 副
➡ p.502
ほんの just 副 ➡ p.336, only 副 ➡ p.436
ほんのう 本能 instinct 名 ➡ p.322
―本能的に instinctively, by instinct

ほんぶ 本部 a center 名 ➡ p.104, the
head office ➡ p.430(office 名)
ポンプ a pump 名 ➡ p.490
ほんみょう 本名 a real name
ほんものの 本物の real 形 ➡ p.502,
genuine 形 ➡ p.258
ほんやく 翻訳 (a) translation 名 ➡ p.649
―翻訳する translate 動 ➡ p.649
―翻訳者 a translator 名 ➡ p.649
ぼんやりした （不注意な)careless 形 ➡
p.99;（はっきりしていない)vague 形 ➡
p.668
ほんるい 本塁 （野球)home plate 名 ➡
p.302 ―本塁打 a home run ➡ p.302,
a homer 名 ➡ p.302

ま

ま 間 （時間)time 名 ➡ p.637;（部屋)a room
名 ➡ p.520
まあ （驚き)Oh! ➡ p.430(oh 間), Well!
➡ p.688(well¹ 間), Oh, dear! ➡ p.159
(dear 形)
マーカー （蛍光ペン)a marker, a
marking pen, a highlighter
マーガリン margarine 名 ➡ p.379
マーク （印)a mark 名 ➡ p.379;
（記号)a symbol 名 ➡ p.607
マークする （監視する)watch 動 ➡ p.683
マーケット a market 名 ➡ p.380
マーチ （行進曲)a march 名 ➡ p.379
まあまあ （程度)not so bad ➡ p.49(bad
形),《口語》so-so 形 副 ➡ p.574;（なだめる
とき)Now, now.
まい– 毎… every ➡ p.206, each 形 ➡
p.189
-まい …枚 （紙)a sheet of ➡ p.549(sheet
名), a piece of ➡ p.463(piece 名);（パン・
ハムなど)a slice of ➡ p.563(slice 名)
マイク(ロホン) a microphone 名 ➡
p.388,《口語》a mike 名 ➡ p.389
まいご 迷子 a lost child ➡ p.369(lost 形)
―迷子になる get lost, lose one's way ➡
p.368(lose 動)
マイナス(の) minus 前 形 ➡ p.392;
（零下)below zero ➡ p.721(zero 名)
まいにち 毎日 every day ➡ p.158(day
名)
―毎日の everyday 形 ➡ p.207, daily 形
➡ p.154
マイル a mile 名 ➡ p.390
まいる 参る （行く)go 動 ➡ p.266;（来る)
come 動 ➡ p.128;（負ける)give up ➡
p.263(give 動);（耐えられない)cannot
stand ➡ p.585(stand 動)
まう 舞う dance 動 ➡ p.155

あ か さ た な **は** **ま** や ら わ

マウンテンバイク a mountain bike
マウンド （野球）a mound 名 ➡ p.401
まえ 前. 前の. 前に. 前へ （前方・前部）the
　front 名 ➡ p.250;（前方へ）forward 副 ➡
　p.246;（面前で・正面に）in front of ➡ p.252
　(front 名);（以前の）last ➡ p.347(last¹ 形),
　former 形 ➡ p.246;（以前に）before 副 ➡
　p.61;（今から…前に）ago 副 ➡ p.14
まかす 負かす beat 動 ➡ p.58, defeat 動
　➡ p.162
まかせる 任せる leave (to) 動 ➡ p.352
まがりかど 曲がり角 a corner 名 ➡ p.141
まがる 曲がる （道を）turn 動 ➡ p.655;（も
　のが）bend 動 ➡ p.63, curve 動 ➡ p.152
マカロニ macaroni 名 ➡ p.372
まき 薪 firewood 名 ➡ p.232, wood 名 ➡
　p.708
まきじゃく 巻き尺 a tape measure 名 ➡
　p.612
まきつく 巻きつく wind ➡ p.704(wind²
　動), coil 動 ➡ p.124
まきば 牧場 (a) meadow 名 ➡ p.383, (a)
　pasture 名 ➡ p.455
まぎらわしい 紛らわしい （誤解を生みやす
　い）misleading;（似ていてまちがえやすい）
　confusing 形 ➡ p.136
まぎわに 間際に just before ➡ p.336(just
　副)
まく¹ 巻く （ねじなどを）wind ➡ p.704
　(wind² 動);（紙などを）roll up ➡ p.519
　(roll 動)
まく² （種を）plant 動 ➡ p.467
まく³ （水を）water 動 ➡ p.683, sprinkle 動
　➡ p.582
まく⁴ 幕 a curtain 名 ➡ p.152;（劇の）an
　act 名 ➡ p.8
マグニチュード (a) magnitude 名 ➡
　p.373
まくら 枕 a pillow 名 ➡ p.464
　—まくらカバー a pillowcase 名 ➡ p.464
まくる roll up
まぐれ a fluke
マグロ a tuna 名 ➡ p.654
まけ 負け (a) defeat 名 ➡ p.162
まけおしみ 負け惜しみ sour grapes 名 ➡
　p.575
まける 負ける （敗北する）lose 動 ➡ p.368,
　be beaten ➡ p.58(beat 動);（値引きする）
　cut down ➡ p.153(cut 動), give a
　discount ➡ p.172(discount 名)
まげる 曲げる bend 動 ➡ p.63
まご 孫 a grandchild 名 ➡ p.272;
　（男の）a grandson 名 ➡ p.273;
　（女の）a granddaughter 名 ➡ p.272
まごころ 真心 sincerity

まごつく （混乱する）be confused ➡ p.136
　(confused 形);（どぎまぎする）be
　embarrassed ➡ p.197(embarrass 動)
まさか 「「ほんとう？」」Really? ➡ p.502
　(really 副), Do you really mean it?, No
　kidding! ➡ p.339(kid² 名);（「そんなはずは
　ない」）It can't be.
まさつ 摩擦 friction 名 ➡ p.249, rubbing
まさに （ちょうど）just 副 ➡ p.336, very 副
　➡ p.671;（確かに）exactly 副 ➡ p.207
まさる 勝る be better (than) ➡ p.64
　(better 形), be superior (to) ➡ p.601
　(superior 形)
まざる 混ざる. 交ざる mix 動 ➡ p.394
マジック （手品）magic 名 ➡ p.372;
　（ペン）a marker pen
まして （肯定文で）much more;
　（否定文で）much less
まじない a spell, a charm 名 ➡ p.109
まじめな （本気の）serious 形 ➡ p.543;
　（熱心な）earnest 形 ➡ p.190
　—まじめに seriously 副 ➡ p.543;
　earnestly 副 ➡ p.190
まじゅつ 魔術 magic 名 ➡ p.372
　—魔術師 a magician 名 ➡ p.372
まじょ 魔女 a witch 名 ➡ p.706
まじる 混じる. 交じる mix 動 ➡ p.394
まじわる 交わる cross 動 ➡ p.149
マス （魚）a trout 名 ➡ p.652
ます 増す increase 動 ➡ p.317
まず （最初に）first 副 ➡ p.233, first of all
　➡ p.233(first 副);（理由などを述べるとき
　に）to begin with ➡ p.62(begin 動);
　（たぶん）probably 副 ➡ p.484
まずい （よくない）not good ➡ p.269(good
　形), bad 形 ➡ p.49;（都合が悪い）
　inconvenient 形 ➡ p.317
マスク （面）a mask 名 ➡ p.380;（風邪のと
　きなどの）a flu mask
マスコット a mascot 名 ➡ p.380
マスコミ mass communication 名 ➡
　p.380;（新聞・テレビなど）the mass media
　名 ➡ p.381, the media 名 ➡ p.385
まずしい 貧しい poor 形 ➡ p.473
マスター （店などの）a manager 名 ➡ p.375
　—マスターする master 動 ➡ p.381
マスタード mustard 名 ➡ p.406
マスト a mast 名 ➡ p.381
ますます more and more ➡ p.397(more
　副);less and less;all the more
まずまず not so bad ➡ p.49(bad 形);
　（口語）so-so 形 ➡ p.574
まぜる 混ぜる. 交ぜる mix 動 ➡ p.394
-（し）ませんか （誘い. 提案）How about
　...? ➡ p.309(how 副), Will you ...? ➡

和英

あ
か
さ
た
な
は
ま
や
ら
わ

また （再び）again 副 ➡ p.13；（あとで）later 副 ➡ p.348；（同じく）(肯定（ﾃｲ）文で)too 副 ➡ p.643, also 副 ➡ p.20；（同じく）(否定文で)either 副 ➡ p.195；（そのうえ）and 接 ➡ p.24

まだ （いまだに）(肯定（ﾃｲ）文で)still 副 ➡ p.590；（いまだに）(否定文で)yet 副 ➡ p.718；（わずかに）only 副 ➡ p.436；（さらに）still 副 ➡ p.590；（もっと）more 副 ➡ p.397

またぐ step over

または or 接 ➡ p.438

まち 町，街 a town 名 ➡ p.646, a city 名 ➡ p.116
―町役場 a town hall 名 ➡ p.646

まちあいしつ 待合室 a waiting room 名 ➡ p.679

まちあわせる 待ち合わせる meet 動 ➡ p.385

まちがい 間違い （一般に)a mistake 名 ➡ p.393；（計算などの)an error 名 ➡ p.203
―まちがい電話 the wrong number ➡ p.714(wrong 形)

まちがいない 間違いない （確かである)be sure ➡ p.603(sure 形)；（満足のいく)be all right ➡ p.18(all 形)
―まちがいなく definitely 副 ➡ p.162

まちがう 間違う make a mistake ➡ p.393(mistake 名)
―まちがった wrong 形 ➡ p.714
―まちがって by mistake ➡ p.393(mistake 名)

まちがえる 間違える （ミスをする)make a mistake ➡ p.393(mistake 名)；（…を取りちがえる)take a wrong ... ➡ p.714(wrong 形), mistake ... for ➡ p.393(mistake 名)

まぢかに 間近に near 副 ➡ p.410, close at hand

マツ 松 a pine ➡ p.464
―松かさ a pine cone

まつ 待つ wait (for) 動 ➡ p.678；（楽しみにして)look forward to ➡ p.246(forward 副)；（心づもりをして)expect 動 ➡ p.211

まっか（な） 真っ赤（な） deep red；（暗い赤)crimson；（明るい赤)scarlet 名 形 ➡ p.530

まっくらな 真っ暗な pitch-black, pitch-dark

まっくろ（な） 真っ黒（な） black 名 形 ➡ p.69

まつげ an eyelash 名 ➡ p.214

マッサージ a massage
―マッサージする massage

まっさお（な） 真っ青（な） deep blue ➡ p.161(deep 形)；（顔色が)pale 形 ➡ p.449,

white 形 ➡ p.698

まっしろ（な） 真っ白（な） pure white ➡ p.490(pure 形), snow-white

まっすぐな 真っすぐな straight 形 ➡ p.593
―まっすぐに straight 副 ➡ p.593
―まっすぐにする straighten 動 ➡ p.593

まったく 全く （ほんとうに)really 副 ➡ p.502；（完全に)quite 副 ➡ p.496, completely 副 ➡ p.132
―全く…ない not ... at all ➡ p.17(all 代)

マッチ¹ a match ➡ p.381(match² 名)
―マッチ箱 a matchbox

マッチ² （試合)a match ➡ p.381(match¹ 名) ―マッチポイント (a) match point

マット a mat ➡ p.381
―マット運動 mat exercises

マットレス a mattress 名 ➡ p.382

まつばづえ 松葉づえ crutches ➡ p.150(crutch 名)

まつり 祭り a festival 名 ➡ p.226

-まで （地点・場所)to 前 ➡ p.640；（…までずっと)until 前 ➡ p.664, till 前 ➡ p.637；（時間の終わり)to 前 ➡ p.640；（…までには)by 前 ➡ p.88, before 前 ➡ p.61；（程度・強調)even 前 ➡ p.204

まと 的 （標的)a mark 名 ➡ p.379, a target 名 ➡ p.613；（対象)an object 名 ➡ p.425

まど 窓 a window 名 ➡ p.704
―窓ガラス a window(pane) 名 ➡ p.704

まどぐち 窓口 a window 名 ➡ p.704

まとまる （1つになる)get together ➡ p.262(get 動)；（はっきりした形をとる)take shape；（意見が一致（ﾁ）する)come to [reach] an agreement

まとめ （要約)a summary 名 ➡ p.600

まとめる （1つにする，集める)get ... together ➡ p.262(get 動), collect 動 ➡ p.125；（はっきりした形にする)get ... into shape；（要約する)summarize；（解決する)settle 動 ➡ p.545

マナー manners ➡ p.375(manner 名)

まないた まな板 a cutting board ➡ p.72(board 名)

まなつ 真夏 midsummer 名 ➡ p.389

まなぶ 学ぶ （習得する)learn 動 ➡ p.351；（勉強する)study 動 ➡ p.596

マニア a maniac 名 ➡ p.375

まにあう 間に合う （時間に)be in time (for) ➡ p.638(time 名)；（用が足りる)do 動 ➡ p.176；（十分である)be enough ➡ p.201(enough 形)

マニキュア (a) nail polish

マニュアル （手引き)a manual 名 ➡ p.378

まね (an) imitation 名 ➡ p.315
　―まねをする　imitate 動 ➡ p.315
マネージャー a manager 名 ➡ p.375
まねき 招き (an) invitation 名 ➡ p.325
マネキン (人形)a mannequin 名 ➡ p.375
まねく 招く (招待する)invite ... (to) ➡
　p.326, ask ... (to) 動 ➡ p.37;(もたらす)
　cause 動 ➡ p.103, bring about ➡ p.81
　(bring 動)
まばたき a blink;(意識的な)a wink 名 ➡
　p.704 ―まばたきをする　blink 動 ➡ p.70;
　(意識的に)wink 動 ➡ p.704
まひ 麻痺 paralysis
まぶしい dazzling
まぶた an eyelid 名 ➡ p.214
まふゆ 真冬 midwinter
マフラー (えり巻き)a scarf 名 ➡ p.530;
　(車などの消音器)a muffler 名 ➡ p.404
まほう 魔法 magic 名 ➡ p.372
　―魔法をかける　cast a spell (on)
　―魔法使い (男)a wizard 名 ➡ p.706;
　(女)a witch 名 ➡ p.706
まぼろし 幻 a vision 名 ➡ p.675,
　a phantom 名 ➡ p.461
ママ mom 名 ➡ p.395,《小児語》mommy 名
　➡ p.395
ままごと playing house
　―ままごとをする　play house ➡ p.307
　(house 名)
まめ[1] 豆 (ソラマメ・インゲンなど)a bean 名
　➡ p.55;(エンドウなど)a pea 名 ➡ p.457
まめ[2] (手足の)a blister
まもなく 間もなく soon 動 ➡ p.573,
　before long ➡ p.61(before 前)
まもる 守る (決まりなどを)obey 動 ➡
　p.425;(約束などを)keep 動 ➡ p.337;
　(保護する)protect 動 ➡ p.487;(攻撃などから)defend 動 ➡ p.162
まゆ[1] 眉 an eyebrow 名 ➡ p.214
まゆ[2] 繭 a cocoon
まよう 迷う (途方に暮れる)be at a loss
　➡ p.369(loss 名);(道に迷う)get lost ➡
　p.369(lost 形), lose one's way ➡ p.368
　(lose 動);(迷っている)be lost ➡ p.369
　(lost 形)
まよなか 真夜中 midnight 名 ➡ p.389
マヨネーズ mayonnaise 名 ➡ p.383
マラソン a marathon (race) 名 ➡ p.379
まり a ball 名 ➡ p.50
まる 丸 a circle 名 ➡ p.116
　―丸で囲む　circle 動 ➡ p.116
まる- 丸… full 形 ➡ p.253, whole 形 ➡
　p.698
まるい 丸い, 円い round 形 ➡ p.521
　―丸く (輪になって)in a circle ➡ p.116

(circle 名)
まるた 丸太 a log 名 ➡ p.365
　―丸太小屋　a log cabin ➡ p.365(log 名)
まるで (全く)quite 副 ➡ p.496;(全く…な
　い)not ... at all ➡ p.17(all 代);(あたかも)
　just like ➡ p.360(like[2] 前), as if ➡ p.39
　(as 接)
まるばつしきの ○×式の true-false
　―○×式テスト a true-false test
まれな 稀な rare 形 ➡ p.499(rare[1] 形), very
　few ➡ p.226(few 形)
まわす 回す (回転させる)turn 動 ➡ p.655;
　(こまなどを)spin 動 ➡ p.580;(手渡す)
　pass 動 ➡ p.454
まわりに 回りに, 周りに around 副 ➡ p.35
　―まわり道 a roundabout way, a detour
まわる 回る turn 動 ➡ p.655;(こまなどが)
　spin 動 ➡ p.580
まん 万 ten thousand ➡ p.633
　(thousand 名)
まんいち 万一 if ... should ➡ p.552
　(should 助), in case ➡ p.101(case[2] 名)
まんいんの 満員の full 形 ➡ p.253
マンガ comics ➡ p.127(comic 名);(数こま
　続きの)a comic strip 名 ➡ p.127;(風刺
　的な)a cartoon 名 ➡ p.100
　―マンガ家 a cartoonist 名 ➡ p.100
まんかいで 満開で in full bloom ➡ p.71
　(bloom 名)
まんげつ 満月 a full moon 形 ➡ p.397
　(moon 名)
マンション 《米》an apartment 名 ➡ p.30,
　《英》a flat ➡ p.236(flat[2] 名);(分譲の)
　高級マンション)a condominium 名 ➡
　p.135
まんぞく 満足 satisfaction 名 ➡ p.528
　―満足な satisfactory 形 ➡ p.528
　―満足する　be satisfied (with) ➡ p.529
　(satisfy 動)
まんてん 満点 a perfect score
マンドリン a mandolin 名 ➡ p.375
まんなか 真ん中 the center ➡ p.104,
　the middle 名 ➡ p.389
まんねんひつ 万年筆 a (fountain) pen
　➡ p.458(pen[1] 名)
まんびき 万引き shoplifting;(人)a
　shoplifter ―万引きする　shoplift
マンホール a manhole
マンモス a mammoth 名 ➡ p.374
まんるいホームラン 満塁ホームラン a
　grand slam, a bases-loaded homer

み

み 実 (果実)(a) fruit 名 ➡ p.252;(木の実)a
　nut 名 ➡ p.424;(イチゴなどの実)a berry

和英

あ
か
さ
た
な
は
ま
や
ら
わ

名 ➡ p.63

みあいけっこん 見合い結婚 an arranged marriage

みあげる 見上げる look up (at) ➡ p.366 (look 動)

みいだす 見いだす find 動 ➡ p.230

ミイラ a mummy ➡ p.404(mummy² 名)

みうしなう 見失う lose sight of ➡ p.555 (sight 名), miss 動 ➡ p.393

みえ 見え (見せびらかし)(a) show；(虚栄(惣)心)vanity ➡ p.669
―見えをはる show off

みえる 見える see 動 ➡ p.540；(目につく)show 動 ➡ p.553；(見ることができる)can see ➡ p.540(see 動)；((…のように)思われる)look ➡ p.366, seem 動 ➡ p.538
―…のように見える look like ➡ p.367 (look 動)

みおくる 見送る see off ➡ p.541(see 動)

みおとす 見落とす overlook 動 ➡ p.445

みおろす 見下ろす look down on ➡ p.367 (look 動)

みがく 磨く (きれいにする)polish 動 ➡ p.472, brush 動 ➡ p.83；(向上させる)improve ➡ p.316

みかけ 見掛け (an) appearance 名 ➡ p.31

みかた 味方 a friend 名 ➡ p.250, side ➡ p.554
―の味方をする take the side of

みかづき 三日月 a crescent

ミカン a Japanese orange, a satsuma (orange)

みかんせいの 未完成の unfinished, incomplete 形 ➡ p.317

みき 幹 a trunk 名 ➡ p.653

みぎ 右 the right ➡ p.516(right² 名)
―右の right ➡ p.516(right² 形)
―右に，右へ right ➡ p.516(right² 副)
―右利(ぎ)きの right-handed 形 ➡ p.516, righty

ミキサー (液状にする)a blender；(小麦粉・バターなどを混ぜる)a mixer ➡ p.394
―ミキサー車 a cement mixer (truck), a cement truck

みこし a movable shrine

みごとな 見事な wonderful 形 ➡ p.708, beautiful 形 ➡ p.58, splendid 形 ➡ p.580

みこみ 見込み (望み)(a) hope 名 ➡ p.303；(可能性)(a) chance 名 ➡ p.107

みこんの 未婚の unmarried；(独身の)single 形 ➡ p.557

ミサ (a) Mass 名 ➡ p.380

ミサイル a missile 名 ➡ p.393

みさき 岬 a cape ➡ p.96(cape¹ 名)

みじかい 短い short 形 ➡ p.551
―短く short
―短くする make ... short, shorten 動 ➡ p.552

みじめな 惨めな miserable 形 ➡ p.392

みじゅくな 未熟な (成熟していない)immature；(技術的に)unskillful

みしらぬ 見知らぬ strange 形 ➡ p.593, unfamiliar 形 ➡ p.661
―見知らぬ人 a stranger 名 ➡ p.593

ミシン a sewing machine 名 ➡ p.546

ミス (まちがい)a mistake 名 ➡ p.393, an error 名 ➡ p.203
―ミスをする make a mistake ➡ p.393 (mistake 名)

みず 水 water 名 ➡ p.683；(湯に対して)cold water ➡ p.124(cold 形)
―水をまく，水をやる water 動 ➡ p.683

みずいろ(の) 水色(の) (淡(惣)い青)light blue ➡ p.359(light¹ 形)

みずうみ 湖 a lake 名 ➡ p.345

みずぎ 水着 a swimsuit 名 ➡ p.606, a bathing suit 名 ➡ p.54；(男性の)swimming trunks 名 ➡ p.606, swim trunks

みずたまり 水たまり a pool 名 ➡ p.473

ミステリー (神秘)(a) mystery 名 ➡ p.406；(推理小説)a mystery (story) 名 ➡ p.406

みすてる 見捨てる desert ➡ p.165 (desert² 動), abandon 動 ➡ p.1

みずぶくれ 水膨れ a blister

みすぼらしい shabby 形 ➡ p.546, poor 形 ➡ p.473

みせ 店 a store 名 ➡ p.592, a shop 名 ➡ p.551

みせいねん 未成年 (未成年者)a minor 名 ➡ p.392；(未成年期)minority

みせびらかす 見せびらかす show off

みせる 見せる show 動 ➡ p.553, let ... see

みそ 味噌 fermented soybean paste
―みそ汁(⽄) *miso* soup

みぞ 溝 a ditch 名 ➡ p.174；(道路の側溝(惣))a gutter 名 ➡ p.279

みぞれ sleet ―みぞれが降る sleet

みだし 見出し (新聞の)a headline 名 ➡ p.291

みたす 満たす (いっぱいにする)fill 動 ➡ p.229；(満足させる)satisfy 動 ➡ p.529

みだす 乱す (平常の状態を)disturb 動 ➡ p.174

みだれる 乱れる (順序などが)be out of order ➡ p.439(order 名)；(秩序(惣)などが)be thrown into disorder

みち 道 (車の通る)a road 名 ➡ p.518；(通り)a street 名 ➡ p.594；(道筋)a way 名 ➡

p.684;(手段)a way 名 ➡ p.684;(進路)a course 名 ➡ p.145, a way 名 ➡ p.684

みぢかな 身近な familiar 形 ➡ p.218, close ➡ p.121(close² 形)

みちくさをくう 道草を食う waste *one's* time on the way ➡ p.682(waste 動), p.684(way 名);(立ち寄る)drop in ... on the way ➡ p.186(drop 動), p.684(way 名)

みちの 未知の unknown 形 ➡ p.663

みちばた 道端 a roadside 名 ➡ p.518

みちびく 導く lead ➡ p.350(lead¹ 動), guide 動 ➡ p.278

みちる 満ちる become [be] full (of) ➡ p.253(full 形), fill (with) 動 ➡ p.229

みつ (ハチの)honey 名 ➡ p.303;(花の)nectar

みつあみ 三つ編み 《米》braids, 《英》plaits

みつかる 見つかる be found ➡ p.230 (find 動)

みつける 見つける find 動 ➡ p.230;(調べたりして)find out ➡ p.230(find 動);(発見する)discover 動 ➡ p.172

ミッションスクール a Christian school

みっせつな 密接な close ➡ p.121(close² 形)

ミット a mitt 名 ➡ p.394

みつど 密度 (a) density

みっともない disgraceful

みつめる 見つめる gaze (at) 動 ➡ p.257, stare (at) 動 ➡ p.586

みていの 未定の undecided, unfixed

みとおし 見通し prospects ➡ p.487 (prospect 名)

みとめる 認める (承認(にんう)する)admit 動 ➡ p.10;(受け入れる)accept 動 ➡ p.6

みどり(の) 緑(の) green 名形 ➡ p.274
—みどりの日 Greenery Day

みな 皆 all 代 ➡ p.17;(人)everybody 代 ➡ p.207, everyone 代 ➡ p.207;(物事)everything 代 ➡ p.207

みなおす 見直す look over ... again ➡ p.366(look 動)

みなす 見なす look on ... as ➡ p.367(look 動), regard ... as ➡ p.506(regard 動), take it (that)

みなと 港 a harbor 名 ➡ p.285, a port 名 ➡ p.474

みなみ 南 the south 名 ➡ p.575
—南の south 形 ➡ p.575, southern 形 ➡ p.576
—南へ, 南に south 副 ➡ p.575, southward 副 ➡ p.576
—南半球 the Southern Hemisphere ➡ p.295(hemisphere 名)

みなもと 源 (水源)a source 名 ➡ p.575

みならう 見習う follow the example of

みなり 身なり (服装)dress 名 ➡ p.183

みなれた 見慣れた familiar 形 ➡ p.218
—見慣れない unfamiliar 形 ➡ p.661

みにくい 醜い ugly 形 ➡ p.658

ミニスカート a miniskirt

ミニチュア a miniature 名 ➡ p.391

みね 峰 a peak 名 ➡ p.457

ミネラル a mineral 名 ➡ p.391

みのがす 見逃す (見落とす)miss 動 ➡ p.393;(大目に見る)overlook 動 ➡ p.445

みのる 実る bear fruit

みはらし 見晴らし a view 名 ➡ p.673

みはり 見張り watch 名 ➡ p.683, guard 名 ➡ p.277;(人)a watch 名 ➡ p.683, a watchman, a guard 名 ➡ p.277

みはる 見張る watch 動 ➡ p.683, keep watch

みぶり 身振り a gesture 名 ➡ p.258

みぶん 身分 a (social) position 名 ➡ p.474
—身分証明書 an identification card ➡ p.313(identification 名), an ID (card) 名 ➡ p.313

みほん 見本 a sample 名 ➡ p.527

みまい 見舞い a visit 名 ➡ p.675
—見舞いに行く visit 動 ➡ p.675

みまわす 見回す look around ➡ p.367 (look 動)

みまん 未満 less than ➡ p.354(less 形 副), under 前 ➡ p.659

みみ 耳 an ear 名 ➡ p.189;(聴力(ちょうりょく))hearing 名 ➡ p.292;(聞く力)an ear 名 ➡ p.189
—耳が聞こえない deaf 形 ➡ p.159
—耳あか earwax
—耳かき an ear pick
—耳たぶ an earlobe

ミミズ an earthworm 名 ➡ p.191

みゃく 脈 a pulse 名 ➡ p.490
—脈拍(みゃくはく)数 a pulse 名 ➡ p.490, a heart rate

みやげ (人への)a present ➡ p.480 (present² 名);(自分用の記念品)a souvenir 名 ➡ p.576 —みやげ物店 a souvenir shop, a gift shop

みやこ 都 (首都)a capital 名 ➡ p.96

ミュージカル a musical 形 ➡ p.405

みょうじ 名字 *one's* family name 名 ➡ p.219, *one's* last name 名 ➡ p.347

みょうな 妙な strange 形 ➡ p.593

みらい 未来 (a) future 名 ➡ p.254

ミリ milli-
—ミリメートル a millimeter 名 ➡ p.390

みりょく 魅力 (an) attraction 名 ⇒ p.44, (a) charm 名 ⇒ p.109
―魅力的な attractive 形 ⇒ p.44, charming 形 ⇒ p.109

みる 見る (目でとらえる)see 動 ⇒ p.540; (目を向ける)look (at) 動 ⇒ p.366;(見守る) watch 動 ⇒ p.683;(調べる)check ⇒ p.110;look ... up (in, on) ⇒ p.368(look 動);(医者に診^{(みて}てもらう)see 動 ⇒ p.540; (世話をする)take care of ⇒ p.98(care 名), look after ⇒ p.367(look 動); (試^(ため)す)try 動 ⇒ p.653

ミルク milk 名 ⇒ p.390

みわける 見分ける tell the difference ⇒ p.169(difference 名), tell ... from ⇒ p.616(tell 動)

みわたす 見渡す (見下ろす)overlook 動 ⇒ p.445;(まわりを)look around ⇒ p.367 (look 動)

みんしゅう 民衆 the people 名 ⇒ p.458

みんしゅく 民宿 《米》a tourist home, 《英》a guesthouse

みんしゅてきな 民主的な democratic 形 ⇒ p.163
―民主主義 democracy 名 ⇒ p.163

みんぞく 民族 an ethnic group ⇒ p.204 (ethnic 形), a people ⇒ p.458
―民族衣装^(いしょう) a folk costume
―民族音楽 folk music 名 ⇒ p.240

みんな all 代 ⇒ p.17;(人)everybody 代 ⇒ p.207, everyone 代 ⇒ p.207; (物事)everything 代 ⇒ p.207

みんよう 民謡 a folk song 名 ⇒ p.240

みんわ 民話 a folk tale 名 ⇒ p.240

む

む 無 nothing 名 ⇒ p.422

むいしき 無意識 unconsciousness
―無意識の unconscious 形 ⇒ p.659
―無意識(のうち)に unconsciously

むいみ 無意味 (a) nonsense 名 ⇒ p.420
―無意味な meaningless, senseless

ムード (雰囲気^(ふんいき))(an) atmosphere ⇒ p.43;(気分)mood 名 ⇒ p.397

むかいの 向かいの opposite 形 ⇒ p.438
―…の向かいに opposite 前 ⇒ p.438; (渡^(わた)って向こうに)across 前 ⇒ p.8

むがいの 無害の harmless 形 ⇒ p.286

むかう 向かう, 向かって (…のほうへ進む) head for ⇒ p.290(head 動);(面する)face 動 ⇒ p.215;(…に逆^(さか)らって)against 前 ⇒ p.13;(…をねらって)at 前 ⇒ p.42; (…に対して)to 前 ⇒ p.640

むかえる 迎える (出迎える)meet 動 ⇒ p.385;(歓迎^(かんげい)する)welcome 動 ⇒ p.688

むかし 昔 (過去)the past 名 ⇒ p.455
―昔(は) a long time ago ⇒ p.366(long¹ 形);(大昔)in ancient times ⇒ p.637 (time 名)
―昔の old 形 ⇒ p.431
―昔々 once upon a time ⇒ p.432(once 副)

むかつく (はき気がする)feel sick ⇒ p.554 (sick 形);(腹が立つ)get angry ⇒ p.25 (angry 形), be disgusted ⇒ p.173 (disgust 動)

むかって 向かって (…のほうへ) for 前 ⇒ p.242;(…に逆^(さか)らって)against 前 ⇒ p.13; (…をねらって)at 前 ⇒ p.42;(…に対して)to 前 ⇒ p.640;(人と面と向かって)to a person's face

ムカデ a centipede

むき 向き (方向)(a) direction 名 ⇒ p.170, a way 名 ⇒ p.684;(適した)for 前 ⇒ p.242

ムギ 麦 (小麦)wheat 名 ⇒ p.691; (大麦)barley 名 ⇒ p.52
―麦茶 barley tea
―麦畑 a wheat field, a barley field
―麦わら帽子^(ぼうし) a straw hat ⇒ p.594 (straw 名)

むく¹ 向く (見る)look 動 ⇒ p.366;(向きを変える)turn 動 ⇒ p.655;(面する)face 動 ⇒ p.215;(適している)suit 動 ⇒ p.599, be suited (for)

むく² (果物^(くだもの)などの皮^(かわ)を)peel 動 ⇒ p.457

むくちな 無口な quiet 形 ⇒ p.495

–むけ …向け for 前 ⇒ p.242

むける 向ける turn 動 ⇒ p.655;point 動 ⇒ p.470

むげん 無限 infinity
―無限の (きわめられない)infinite 形 ⇒ p.320;(限度がない)limitless

むこう 向こう (別の側)the other side ⇒ p.554(side 名);(反対側)the opposite side ⇒ p.438(opposite 形)
―向こうに over there ⇒ p.445(over 副); (あちらの方向)that way ⇒ p.684(way 名)

むこうの 無効の invalid

むざい 無罪 innocence 名 ⇒ p.321
―無罪の innocent 形 ⇒ p.321;(裁判などで)not guilty ⇒ p.278(guilty 形)

むし 虫 a bug 名 ⇒ p.84;(昆虫^(こんちゅう))an insect 名 ⇒ p.321;(足のない虫)a worm 名 ⇒ p.711

むしあつい 蒸し暑い muggy, hot and humid

むしする 無視する ignore 動 ⇒ p.314

むしば 虫歯 a decayed tooth ⇒ p.160 (decay 動);(虫歯の穴)a cavity

むしめがね 虫眼鏡 a magnifying glass

➡ p.264(glass 图)

むじゃきな 無邪気な innocent 形 ➡ p.321
むじゅんする 矛盾する be against, contradict
むしろ rather (than) 副 ➡ p.500
むしんけいな 無神経な insensitive
むすうの 無数の numberless, countless 形 ➡ p.144
むずかしい 難しい （困難な）hard 形 ➡ p.285, difficult 形 ➡ p.169;（気難しい）hard to please
むすこ 息子 a son 图 ➡ p.573
むすびめ 結び目 a knot 图 ➡ p.342
むすぶ 結ぶ （ひもなどを）tie 動 ➡ p.636;（2つの場所などを）connect 動 ➡ p.136
むすめ 娘 a daughter 图 ➡ p.157;（若い女性）a girl 图 ➡ p.259
むせきにんな 無責任な irresponsible
むせん 無線 radio 图 ➡ p.497
むだ （浪費(ろう)）(a) waste 图 ➡ p.682;（無益）no use 图 ➡ p.666(use 图)
　―むだな wasteful;useless 形 ➡ p.667
むだづかい 無駄づかい (a) waste 图 ➡ p.682
　―むだづかいする waste 動 ➡ p.682
むだんで 無断で （許可なしで）without permission ➡ p.460(permission 图);（無届けで）without notice
むち a whip 图 ➡ p.697
　―むち打つ whip 動 ➡ p.697
むちゃな 無茶な unreasonable;（無謀(む)な）reckless 形 ➡ p.503
むちゅうである 夢中である （強く心がひかれている）be crazy (about) ➡ p.147(crazy 形);（没頭(ぼっ)している）be absorbed (in) ➡ p.5(absorb 動)
むてんかの 無添加の additive-free
むとんちゃくな 無とん着な indifferent (to) 形 ➡ p.319
むなしい 空しい vain 形 ➡ p.668, empty
むね 胸 （胸部）a chest 图 ➡ p.111;（乳房(ちぶ)）a breast 图 ➡ p.80;（心臓）a heart 图 ➡ p.292
むら 村 a village 图 ➡ p.673
　―村人 a villager 图 ➡ p.674
むらがる 群がる （人が）crowd 動 ➡ p.149;（鳥・動物が）flock 動 ➡ p.237;（虫が）swarm 動 ➡ p.605
むらさき（の） 紫（の） （赤みがかった）purple 图 形 ➡ p.490;（青みがかった）violet 图 形 ➡ p.674
むりな 無理な （不可能な）impossible 形 ➡ p.316;（むちゃな）unreasonable
むりょうの[で] 無料の[で] free 形 副 ➡ p.248

むれ 群れ （人の）a crowd 图 ➡ p.149;（ヒツジ・鳥の）a flock 图 ➡ p.237;（動物の）a herd 图 ➡ p.295;（魚の）a school ➡ p.532 (school² 图);（虫の）a swarm 图 ➡ p.605

め

め¹ 目 an eye 图 ➡ p.214;（視力）eyesight 图 ➡ p.214;（目つき）a look 图 ➡ p.366, eyes ➡ p.214(eye 图);（判断力）judgment 图 ➡ p.334;（鑑賞(かんしょう)力,注意）an eye 图 ➡ p.214
　一目がくらむ （強い光で）be dazzled ➡ p.158(dazzle 動)
　一目の見えない blind 形 ➡ p.70
　一目を通す look through ➡ p.368(look 動), look over ➡ p.368(look 動)
め² 芽 a sprout;（葉や花になる芽）a bud ➡ p.83 一芽が出る come up
めい 姪 a niece 图 ➡ p.416
めいあん 名案 a good idea ➡ p.313(idea 图)
めいかくな 明確な （はっきりした）clear 形 ➡ p.119;（確実な）definite 形 ➡ p.162
めいさく 名作 a masterpiece 图 ➡ p.381
めいさん 名産 a local specialty, a famous product
めいし¹ 名刺 a (business) card 图 ➡ p.98, a name card
めいし² 名詞 《文法》a noun 图 ➡ p.423
めいしゃ 目医者 an eye doctor ➡ p.175 (doctor 图)
めいしょ 名所 a famous place
めいじる 命じる order 動 ➡ p.439
めいしん 迷信 a superstition 图 ➡ p.602
　一迷信深い superstitious
めいじん 名人 （熟練者）an expert 图 ➡ p.212;（大家）a master 图 ➡ p.381
めいせい 名声 fame 图 ➡ p.218
めいちゅうする 命中する hit 動 ➡ p.299
めいぶつ 名物 a local specialty, a famous product
めいぼ 名簿 a list 图 ➡ p.362
めいめい each 代 副 ➡ p.189
めいよ 名誉 (an) honor 图 ➡ p.303
　一名誉ある honorable 形 ➡ p.303
めいれい 命令 an order 图 ➡ p.439
　一命令する order 動 ➡ p.439
めいろ 迷路 a maze ➡ p.383
めいろうな 明朗な （明るい）cheerful 形 ➡ p.111
めいわく 迷惑 trouble 图 ➡ p.652
　一迷惑をかける trouble 動 ➡ p.652
めうえ（のひと） 目上（の人） （地位が）one's superior 图 ➡ p.601;（年上の人）an older person

和英

あ
か
さ
た
な
は
ま
や
ら
わ

メーカー (製造業者)a manufacturer 名 ➡ p.378

メーデー May Day 名 ➡ p.383

メートル a meter ➡ p.388(meter¹ 名)

メール (電子メール)(an) e-mail, email 名 ➡ p.197,(郵便)mail ➡ p.373

めかた 目方 weight 名 ➡ p.688
—目方をはかる weigh 動 ➡ p.688

めがね 眼鏡 glasses ➡ p.264(glass 名)

メガホン a megaphone

めがみ 女神 a goddess 名 ➡ p.269

めぐすり 目薬 eye drops

めぐむ 恵む give 動 ➡ p.263

めくる turn (over) 動 ➡ p.655

めざす 目指す aim (at, to) 動 ➡ p.15

めざましい 目覚ましい remarkable 形 ➡ p.508, wonderful 形 ➡ p.708

めざましどけい 目覚まし時計 an alarm (clock) 名 ➡ p.16

めざめる 目覚める wake up ➡ p.679 (wake 動)

めし 飯 a meal 名 ➡ p.383;(炊(た)いた米)boiled rice

めじるし 目印 a mark 名 ➡ p.379

めす 雌 a female 名 ➡ p.226,(口語)a she

めずらしい 珍しい (まれな)rare ➡ p.499 (rare¹ 形);(ふつうでない)unusual 形 ➡ p.664

メダカ a (Japanese) killifish

めだつ 目立つ stand out ➡ p.585(stand 動)

めだま 目玉 an eyeball 名 ➡ p.214
—目玉焼き a fried egg;(片面焼きの)sunny-side up 形 ➡ p.601

メダル a medal 名 ➡ p.385

めつき 目つき a look 名 ➡ p.366

メッセージ (伝言)a message 名 ➡ p.388;(声明書)a statement 名 ➡ p.587

めったに…ない seldom 副 ➡ p.538, rarely 副 ➡ p.499

めでたい happy 形 ➡ p.284

メドレー (音楽)a medley;(メドレーリレー)a medley race

メニュー a menu 名 ➡ p.387

めまいがする feel dizzy ➡ p.175(dizzy 形)
—めまいのする(ような)dizzy 形 ➡ p.175

メモ a memo 名 ➡ p.386, a note 名 ➡ p.422 —メモする, メモを取る take a note ➡ p.422(note 名)
—メモ帳 a memo pad
—メモ用紙 memo paper

めもり 目盛り a scale ➡ p.530(scale¹ 名)

メリーゴーランド a merry-go-round 名 ➡ p.388,(米)a carousel

メロディー a melody 名 ➡ p.386

メロン a melon 名 ➡ p.386

めん¹ 面 (仮面)a mask ➡ p.380;(剣道(けんどう)の)a face guard;(物事の)a side 名 ➡ p.554;(表面)a surface 名 ➡ p.603

めん² 綿 cotton 名 ➡ p.143

めん³ 麺 noodles 名 ➡ p.420

めんかいする 面会する see 動 ➡ p.540, visit 動 ➡ p.675

めんきょ 免許 a license,(英)a licence 名 ➡ p.356

めんする 面する face 動 ➡ p.215

めんぜいの 免税の tax-free;(関税が)duty-free 形 ➡ p.188
—免税店 a duty-free shop

めんせき 面積 (an) area ➡ p.34

めんせつ 面接 an interview 名 ➡ p.324
—面接する interview 動 ➡ p.324
—面接試験 an interview 名 ➡ p.324, an oral examination ➡ p.439(oral 形)

めんだん 面談 an interview 名 ➡ p.324

めんどう 面倒 (やっかい)trouble 名 ➡ p.652;(世話)care 名 ➡ p.98
—めんどうな, めんどうくさい troublesome 形 ➡ p.652
—めんどうをかける trouble 動 ➡ p.652
—めんどうを見る take care of ➡ p.98 (care 名), look after ➡ p.367(look 動)

めんどり a hen 名 ➡ p.295

メンバー a member 名 ➡ p.386

も

-も (…もまた)too 副 ➡ p.643, also 副 ➡ p.20;either 副 ➡ p.195;so 副 ➡ p.567;(…も~も)and 接 ➡ p.24,(…も~も…ない)neither ... nor ~ ➡ p.413(neither 副);(…さえ)even 副 ➡ p.204;(~ほども…)as ... as ~ ➡ p.38(as 接);(せいぜい)at the most ➡ p.399(most 形);(すべて)all 代 ➡ p.17, everything 代 ➡ p.207, everyone 代 ➡ p.207

もう (今)now 副 ➡ p.423;(今ごろ)by now ➡ p.423(now 名);(すでに)(肯定(こうてい)文で)already 副 ➡ p.20,(疑問文・否定文で)yet 副 ➡ p.718;(まもなく)soon 副 ➡ p.573;(さらに)more 副 ➡ p.397, another 形 ➡ p.27
—もう一度 once more ➡ p.432(once 副), once again ➡ p.432(once 副)
—もう…でない no longer ➡ p.366(long¹ 副), not ... any longer ➡ p.366(long¹ 副), no more ➡ p.398(more 副)

もうかる (利益を得る)make money ➡ p.396(money 名);(採算がとれる)pay 動 ➡

もうけ　(a) profit 名 ➡ p.485
もうける　make money ➡ p.396(money 名), make a profit ➡ p.485(profit 名)
もうしこみ　申し込み　(書類などによる)an application ➡ p.31;(提案)a proposal 名 ➡ p.487
　―申込書　an application form
もうしこむ　申し込む　(書類などで)apply 動 ➡ p.32;(試合などを)challenge 動 ➡ p.106;(結婚を)propose 動 ➡ p.487
もうしでる　申し出る　offer 動 ➡ p.430
もうじゅう　猛獣　a fierce animal
もうしわけない　申し訳ない　I'm sorry. ➡ p.573(sorry 形)
もうすこし　もう少し　(量・程度)a little more;(数)a few more
　―もう少しで　almost 副 ➡ p.19, nearly 副 ➡ p.410
もうちょう　盲腸　(虫垂)an appendix 名 ➡ p.31 ―盲腸炎　appendicitis
もうどうけん　盲導犬　a guide dog ➡ p.278, Seeing Eye dog ➡ p.538
もうふ　毛布　a blanket 名 ➡ p.70
もうれつな　猛烈な　violent 形 ➡ p.674, hard 形 ➡ p.285 ―猛烈に　violently, (very) hard 副 ➡ p.285
もえる　燃える　burn 動 ➡ p.85
モーター　a motor 名 ➡ p.400, an engine ―モーターボート　a motorboat 名 ➡ p.400
モーテル　a motel 名 ➡ p.399
もがく　struggle 動 ➡ p.596
もぎしけん　模擬試験　a trial examination
もくげきする　目撃する　witness 動 ➡ p.706
　―目撃者　a witness 名 ➡ p.706
もくざい　木材　wood 名 ➡ p.708
もくじ　目次　(a table of) contents ➡ p.138(content¹ 名)
もくせい　木星　Jupiter 名 ➡ p.336
もくぞうの　木造の　wooden 形 ➡ p.709, built of wood
もくてき　目的　a purpose 名 ➡ p.490, a goal 名 ➡ p.265, an end 名 ➡ p.198
　―目的語　《文法》an object 名 ➡ p.425
　―目的地　a destination 名 ➡ p.166
もくどくする　黙読する　read silently
もくひょう　目標　an aim 名 ➡ p.15, a goal 名 ➡ p.265
もくようび　木曜日　Thursday 名 ➡ p.635
モグラ　a mole 名 ➡ p.395(mole¹ 名)
もぐる　潜る　dive 動 ➡ p.174
モクレン　a magnolia

もけい　模型　a model 名 ➡ p.395;(小型の)a miniature 名 ➡ p.391
もし　if 接 ➡ p.314
もじ　文字　a letter 名 ➡ p.355;(漢字などの)a character 名 ➡ p.109
もしかすると　maybe 副 ➡ p.383, perhaps 副 ➡ p.459, possibly 副 ➡ p.475
もしもし　Hello. ➡ p.294(hello 間);(呼びかけ)Excuse me. ➡ p.210(excuse 動)
もす　燃す　burn 動 ➡ p.85
もたもたする　be slow ➡ p.564(slow 形)
もち　rice cake ➡ p.515(rice 名)
もちあげる　持ち上げる　lift 動 ➡ p.358
もちいる　用いる　use 動 ➡ p.666
もちかえる　持ち帰る　(家に)take ... home, bring ... home;(飲食物を店から)《米》take out ➡ p.611(take 動),《英》take away
もちこむ　持ち込む　take ... into
もちだす　持ち出す　take out ➡ p.611(take 動)
もちぬし　持ち主　an owner 名 ➡ p.446
もちはこぶ　持ち運ぶ　carry 動 ➡ p.100
　―持ち運びのできる,持ち運びに便利な portable 形 ➡ p.474
もちもの　持ち物　(所持品)one's things ➡ p.629(thing 名)
もちろん　of course ➡ p.145(course 名), sure 副 ➡ p.603, certainly 副 ➡ p.105
もつ　持つ,持っている　(手に持っている)have 動 ➡ p.287;(握る)hold 動 ➡ p.300;(持ち運ぶ)carry 動 ➡ p.100;(身につける)have 動 ➡ p.287;(心に抱く)have 動 ➡ p.287;(所有する)have 動 ➡ p.287;(法的に所有する)own 動 ➡ p.446;(食物が腐らずに)keep;(持続する)last 動 ➡ p.347(last² 動)
もっきん　木琴　a xylophone 名 ➡ p.715
もったいない　wasteful
もっていく　持って行く　take 動 ➡ p.610
もってくる　持って来る　bring 動 ➡ p.81;(行って持って来る)go and get, fetch 動 ➡ p.226
もっと　more 副 ➡ p.397
モットー　a motto 名 ➡ p.401
もっとも　最も　(the) most 副 ➡ p.399
もっともな　(当然な)natural 形 ➡ p.409;(理屈に合った)reasonable 形 ➡ p.502
モップ　a mop 名 ➡ p.397
　―モップでふく　mop
もてなし　hospitality 名 ➡ p.305
もてなす　entertain 動 ➡ p.201, give entertainment, give hospitality
もてる　(人気がある)be popular (with) ➡ p.473(popular 形)
モデル　a model 名 ➡ p.395
もと　(原因)a cause 名 ➡ p.103;(起源)(an)

origin 名 ➡ p.440;(基礎)a base 名 ➡ p.52
―もとの (以前の)former 形 ➡ p.246
―もとは (初めは)originally 副 ➡ p.440
モトクロス motocross 名 ➡ p.400
もどす 戻す return 動 ➡ p.513, put back ➡ p.492(put 動)
もとめる 求める (たのむ)ask (for) 動 ➡ p.37;(さがす)look for ➡ p.367(look 動), find ➡ p.230
もともと (初めから)from the beginning;(本来は)originally 副 ➡ p.440;(生まれつき)by nature ➡ p.410(nature 名)
もどる 戻る return 動 ➡ p.513, go back ➡ p.267(go 動), come back ➡ p.128 (come 動), get back ➡ p.261(get 動)
モニター a monitor 名 ➡ p.396
もの 物 (物体)a thing 名 ➡ p.629;(何かあるもの)something 代 ➡ p.571;(品物)an article 名 ➡ p.37 ―…したものだ used to ... ➡ p.666(used² 動)
ものおき 物置き (建物の中の)a storeroom 名 ➡ p.592;(物置き小屋)a shed ➡ p.548 (shed¹);(ベランダなどに置く)a storage container
ものおぼえ 物覚え (記憶)(a) memory 名 ➡ p.387
ものがたり 物語 a story ➡ p.593(story¹ 名), a tale 名 ➡ p.609;(寓話)a fable 名 ➡ p.215
ものさし 物差し a ruler 名 ➡ p.523, a measure 名 ➡ p.384
ものすごい terrible 形 ➡ p.619, terrific 形 ➡ p.619 ―ものすごく terribly 副 ➡ p.619, awfully 副 ➡ p.46
ものほし 物干し (場所)a balcony for drying the wash;(物干し用のロープ)a clothesline
ものまね 物まね mimicry
―物まねをする mimic
モノレール a monorail 名 ➡ p.396
もはん 模範 a model 名 ➡ p.395, a good example ➡ p.208(example 名)
―模範的な model 形 ➡ p.395
―模範解答 a model answer
モミ fir (tree) 名 ➡ p.231
もみ 籾 (もみ米)paddy;(もみがら)chaff
モミジ (カエデ)a maple 名 ➡ p.379
もむ (マッサージする)massage
もめる (言い争う)quarrel 動 ➡ p.493
もめん 木綿 cotton 名 ➡ p.143
モモ 桃 a peach 名 ➡ p.457
もも (太もも)a thigh 名 ➡ p.629
―もも肉 (ニワトリなどの)dark meat;(ブタの)a ham ➡ p.282;(ウシの)a round

もや (a) haze, (a) mist ➡ p.393
もやす 燃やす burn 動 ➡ p.85
もよう 模様 (柄・図案)a pattern 名 ➡ p.456, a design 名 ➡ p.165;(様子・状態)a look 名 ➡ p.366
もよおし 催し (行事)an event 名 ➡ p.205;(集会)a meeting 名 ➡ p.386
もよおす 催す (開く・行う)hold 動 ➡ p.300, give 動 ➡ p.263, have 動 ➡ p.287
もらう get 動 ➡ p.260, have 動 ➡ p.287, receive 動 ➡ p.503
―(人に)…してもらいたい want ＋人＋ to ... ➡ p.680(want 動), would like ＋人＋ to ... ➡ p.712(would 助)
―…してもらう have 動 ➡ p.287, get 動 ➡ p.260
もらす 漏らす let out, leak 動 ➡ p.350
もり 森 woods ➡ p.708(wood 名), a forest 名 ➡ p.244
もる 漏る leak 動 ➡ p.350
モルタル mortar
モルモット a guinea pig
もれる 漏れる leak 動 ➡ p.350
もろい (壊れやすい)break easily ➡ p.79 (break 動)
もん 門 a gate 名 ➡ p.257
もんく 文句 (不平)a complaint 名 ➡ p.132;(語句)words ➡ p.709(word 名)
―文句を言う complain (about, of) 動 ➡ p.132;(けちをつける)find fault (with) ➡ p.223(fault 名)
モンタージュしゃしん モンタージュ写真 a montage 名 ➡ p.396
もんだい 問題 a question 名 ➡ p.494, a problem 名 ➡ p.484
―問題集 a workbook 名 ➡ p.710
―問題用紙 a question sheet

や

や 矢 an arrow 名 ➡ p.36
やあ (呼びかけ)Hello. ➡ p.294(hello 間), Hi. ➡ p.296(hi 間)
ヤード a yard ➡ p.716(yard² 名)
やおちょう(じあい) 八百長(試合) a fix, a fixed game ―八百長をする fix a game
やおや 八百屋 (店)a vegetable store, (英)a greengrocer's
やがいの 野外の outdoor 形 ➡ p.441
―野外コンサート an outdoor concert
やかましい (音・声などが)noisy 形 ➡ p.419;(規則などに)strict 形 ➡ p.594;(好みなどが)particular 形 ➡ p.453
やかん a kettle 名 ➡ p.338
ヤギ a goat 名 ➡ p.265;(子ヤギ)a kid ➡ p.339(kid¹ 名)

やきいも　焼き芋　a baked sweet potato

やきそば　焼きそば　noodles fried with meat or vegetables or seafood

やきつける　焼き付ける　（写真を）print 動 ➡ p.483

やきとり　焼き鳥　grilled chicken

やきにく　焼き肉　broiled meat

やきもち　焼きもち　jealousy 名 ➡ p.332
　一焼きもちを焼く　be [get] jealous ➡ p.332（jealous 形）

やきゅう　野球　baseball 名 ➡ p.52
　一野球場　a baseball stadium ➡ p.52（baseball 名）, a ballpark ➡ p.52, a baseball field

やく¹　役　（任務）a part 名 ➡ p.452;（仕事上の）a task 名 ➡ p.613;（演劇の）a role 名 ➡ p.519, a part ➡ p.452
　一役に立つ　useful 形 ➡ p.667, helpful 形 ➡ p.295

やく²　約　about 副 ➡ p.4, around 副 ➡ p.35, some 副 ➡ p.572

やく³　焼く　（燃やす）burn 動 ➡ p.85;（パン・ケーキなどを）bake ➡ p.50;（肉や魚を直接火にかけて）broil ➡ p.82, grill 動 ➡ p.275;（肉をオーブンで）roast 動 ➡ p.518;（油で）fry 動 ➡ p.252

やく⁴　訳　（翻訳(ほんやく)）(a) translation 名 ➡ p.649

やくしゃ　役者　an actor 名 ➡ p.9

やくしょ　役所　a public office, a government office

やくす　訳す　translate 動 ➡ p.649

やくそく　約束　a promise 名 ➡ p.486, one's word 名 ➡ p.709;（人に会う）an appointment 名 ➡ p.32
　一約束する　promise 動 ➡ p.486, give one's word;（面会・診察(しんさつ)など）make an appointment 名 ➡ p.32（appointment 名）

やくだつ　役立つ　be useful ➡ p.667（useful 形）, be helpful ➡ p.295（helpful 形）

やくにん　役人　a government official, a public servant ➡ p.543（servant 名）

やくひん　薬品　(a) medicine 名 ➡ p.385, a drug 名 ➡ p.186;（化学薬品）a chemical 名 ➡ p.111

やくわり　役割　（任務）a part 名 ➡ p.452;（仕事上の）a task 名 ➡ p.613

やけ　desperation
　一やけになる　get desperate 形 ➡ p.166

やけど　a burn 名 ➡ p.85, a scald
　一やけどする　（火で）burn 動 ➡ p.85, get burned ➡ p.85（burn 動）;（熱湯・蒸気で）scald

やける　焼ける　（燃える）burn 動 ➡ p.85, be

burned [burnt] ➡ p.85（burn 動）;（肌(はだ)が）be tanned ➡ p.612（tan 動）;（食べ物が）be baked ➡ p.50（bake 動）

やさい　野菜　vegetables ➡ p.670（vegetable 名）

やさしい¹　優しい　gentle 形 ➡ p.258, tender 形 ➡ p.618;（親切な）kind ➡ p.340（kind¹ 形）
　一優しく　gently 副 ➡ p.258, tenderly 副 ➡ p.618;（親切に）kindly 副 ➡ p.340

やさしい²　易しい　easy 形 ➡ p.192;（単純な）simple 形 ➡ p.556;（わかりやすい）plain 形 ➡ p.466

ヤシ　（木）a palm ➡ p.449（palm² 名）
　一ヤシの実　a coconut 名 ➡ p.123

やじ　booing 一やじを飛ばす　boo

やしなう　養う　（家族を）support 動 ➡ p.602;（子供を育てる）bring up ➡ p.81（bring 動）;（体力などを養成する）build up, develop 動 ➡ p.167

やじるし　矢印　an arrow (sign) 名 ➡ p.36

やすい　安い　cheap 形 ➡ p.110, inexpensive 形 ➡ p.320, low 形 ➡ p.370
　一安く　cheaply, at a low price ➡ p.482（price 名）

やすうり　安売り　a sale 名 ➡ p.526

やすみ　休み　（休息・休憩(きゅうけい)）(a) rest 名 ➡ p.512（rest¹ 名）;（休憩時間）a break 名 ➡ p.79, a recess 名 ➡ p.503;（休日）a holiday 名 ➡ p.301;（休暇(きゅうか)）(a) vacation 名 ➡ p.668;（欠席）(an) absence 名 ➡ p.5

やすむ　休む　（休憩(きゅうけい)する）rest ➡ p.512（rest¹ 動）, have [take] a rest ➡ p.512（rest¹ 名）;（欠席する・欠勤する）be absent (from) ➡ p.5（absent 形）, take a day off;（寝(ね)る）go to bed ➡ p.59（bed 名）;sleep 動 ➡ p.562

やすらかな　安らかな　peaceful 形 ➡ p.457
　一安らかに　peacefully 副 ➡ p.457, in peace ➡ p.457（peace 名）

やすり　a file 名 ➡ p.229（file² 名）;（紙やすり）sandpaper 名 ➡ p.528

やせいの　野生の　wild 形 ➡ p.702

やせる　（やせ細る）become [get] thin ➡ p.629（thin 形）;（節食・運動などをして）slim down;（体重が減る）lose weight ➡ p.688（weight 名）
　一やせた　slender 形 ➡ p.563, slim 形 ➡ p.563;（不健康に）thin 形 ➡ p.629

やたらに　very 副 ➡ p.671, really 副 ➡ p.502;（ものすごく）awfully 副 ➡ p.46

やちん　家賃　(a) rent 名 ➡ p.509

やつ　a fellow 名 ➡ p.226, a guy 名 ➡ p.279, he 代 ➡ p.290

やつあたりする 八つ当たりする take ... out on
やっかい trouble 名 ⇒ p.652;《世話》care 名 ⇒ p.98
　—やっかいな troublesome 形 ⇒ p.652
　—やっかいをかける trouble 動 ⇒ p.652, give ... trouble
やっきょく 薬局 a pharmacy 名 ⇒ p.461, 《米》a drugstore 名 ⇒ p.186, 《英》a chemist's
やった 《歓声》I did it!, Great! ⇒ p.274(great 形)
やっつける 《負かす》beat 動 ⇒ p.58
やっていく get along (with) ⇒ p.261(get 動)
やってくる やって来る come 動 ⇒ p.128
やってみる try 動 ⇒ p.653
やっと 《ついに》at last ⇒ p.347(last¹ 名), finally 副 ⇒ p.229;《かろうじて》just 副 ⇒ p.336
ヤッホー yoo-hoo
やど 宿 lodging;《ホテル》a hotel ⇒ p.306;《旅館》a Japanese-style hotel
やとう 雇う employ 動 ⇒ p.198
やどや 宿屋 an inn 名 ⇒ p.321;《日本旅館》a Japanese-style hotel ⇒ p.306
ヤナギ 柳 a willow (tree) 名 ⇒ p.702
やね 屋根 a roof 名 ⇒ p.520
　—屋根裏部屋 an attic 名 ⇒ p.44
やはり 《…もまた》《肯定文で》too 副 ⇒ p.643, also 副 ⇒ p.20;《否定文で》either 副 ⇒ p.195;《それでも》still 副 ⇒ p.590;《結局》after all ⇒ p.12(after 前)
やばんな 野蛮な savage 形 ⇒ p.529, barbarous
やぶ a thicket, bushes ⇒ p.86(bush 名)
やぶる 破る 《引き裂く》tear 動 ⇒ p.615(tear² 動);《壊す》break 動 ⇒ p.79;《約束などを》break 動 ⇒ p.79
やぶれる 破れる, 敗れる 《裂ける》tear ⇒ p.615(tear² 動), get torn ⇒ p.615(tear² 動);《負ける》lose 動 ⇒ p.368, be beaten ⇒ p.58(beat 動)
やま 山 a mountain 名 ⇒ p.401;《低い山》a hill 名 ⇒ p.298;《量が多いことを表して》a pile 名 ⇒ p.464
　—山火事 a forest fire
　—山小屋 a (mountain) hut 名 ⇒ p.311
　—山のぼり (mountain) climbing 名 ⇒ p.120
　—山道 a mountain path
やまびこ 山びこ an echo 名 ⇒ p.192
やみ 闇 darkness 名 ⇒ p.156, the dark 名 ⇒ p.156
やむ 止む stop 動 ⇒ p.591

やむをえない 《やむを得ず…する》cannot help + ...ing ⇒ p.95(can¹ 助)
やめる 止める, 辞める 《中止する・終わりにする》stop 動 ⇒ p.591, quit 動 ⇒ p.496, give up ⇒ p.263(give 動)《学校・会社などを》quit 動 ⇒ p.496;《定年で》retire (from) 動 ⇒ p.513
ややこしい 《複雑な》complicated 形 ⇒ p.132
やり a spear 名 ⇒ p.578;《競技用の》a javelin
　—やり投げ the javelin throw
やりがいのある worth doing ⇒ p.712 (worth 形), rewarding, challenging 形 ⇒ p.107
やりかた やり方 a way 名 ⇒ p.684;《…の仕方》how to ... ⇒ p.308(how 副)
やりとげる やり遂げる accomplish 動 ⇒ p.6
やりなおす やり直す do over again ⇒ p.444(over 副)
やる 《行う》do 動 ⇒ p.176;《スポーツなどを》play 動 ⇒ p.467;《あたえる》give 動 ⇒ p.263
やるき やる気 motivation
やわらかい 柔らかい, 軟らかい soft 形 ⇒ p.569;《肉などが》tender 形 ⇒ p.618
やわらぐ 和らぐ soften ⇒ p.570, be eased
やわらげる 和らげる soften 動 ⇒ p.570;《苦痛などを》ease

ゆ

ゆ 湯 hot water ⇒ p.306(hot 形);《ふろ》a bath 名 ⇒ p.54
ゆいいつの 唯一の the only 形 ⇒ p.436
ゆいごん 遺言 a will 名 ⇒ p.702(will² 名)
ゆう 結う 《髪を》do one's hair
ゆういぎな 有意義な meaningful 形 ⇒ p.384
ゆううつ depression 名 ⇒ p.165, a gloom, melancholy 名 ⇒ p.386
　—ゆううつな gloomy 形 ⇒ p.265, depressed
ゆうえつかん 優越感 a superiority complex
ゆうえんち 遊園地 《米》an amusement park 名 ⇒ p.24,《英》a funfair
ゆうかい 誘拐 kidnapping
　—誘拐する kidnap 動 ⇒ p.339
　—誘拐犯 a kidnapper
ゆうがいな 有害な harmful 形 ⇒ p.286
ゆうがた 夕方 (an) evening 名 ⇒ p.205
ゆうかん 夕刊 an evening (news)paper 名 ⇒ p.205

ゆうかんな 勇敢な brave 形 ➡ p.78
ゆうき 勇気 courage 名 ➡ p.145, bravery
　―勇気のある courageous 形 ➡ p.145,
　brave 形 ➡ p.78
　―勇気づける encourage 動 ➡ p.198
ゆうぎ 遊戯, 遊技 （遊び）play 名 ➡ p.467,
　a game 名 ➡ p.255;（幼稚(ぅ)園などの）
　dancing and playing games
　―遊戯場 a place of amusement
ゆうぐれ 夕暮れ （夕方）(an) evening 名 ➡
　p.205;（たそがれどき）dusk ➡ p.188
ゆうこう 友好 friendship 名 ➡ p.250
　―友好的な friendly 形 ➡ p.250
ゆうこうな 有効な good 形 ➡ p.269,
　valid
ゆうざいの 有罪の guilty 形 ➡ p.278
ゆうしゅうな 優秀な excellent 形 ➡
　p.208
ゆうしょう 優勝 （地位・タイトル）
　a championship 名 ➡ p.107;
　（勝利）a victory 名 ➡ p.672
　―優勝する win a championship, win a
　victory ➡ p.672(victory 名)
　―優勝カップ a trophy 名 ➡ p.652, a
　championship cup
　―優勝者 a champion 名 ➡ p.107, a
　winner 名 ➡ p.705
ゆうじょう 友情 friendship 名 ➡ p.250
ゆうしょく 夕食 (a) supper 名 ➡ p.602;
　（1日のうちで主要な食事）(a) dinner 名 ➡
　p.170
ゆうじん 友人 a friend 名 ➡ p.250
ゆうそうする 郵送する 《米》mail 動 ➡
　p.373, 《英》post ➡ p.475(post¹ 動)
ゆうだいな 雄大な grand 形 ➡ p.272
ゆうだち 夕立 a (rain) shower 名 ➡
　p.553―夕立が降る shower
ゆうとう 優等 honors ➡ p.303(honor 名)
　―優等生 an excellent student
ゆうどくな 有毒な poisonous 形 ➡ p.471
ユートピア a utopia 名 ➡ p.667,
　a Utopia 名 ➡ p.667
ゆうのうな 有能な able 形 ➡ p.1, capable
　形 ➡ p.96
ゆうひ 夕日 the evening sun, the setting
　sun ➡ p.600(sun 名)
ゆうびん 郵便 《米》mail 名 ➡ p.373,
　《英》post ➡ 475(post¹ 名)
　―郵便受け 《米》a mailbox 名 ➡ p.373,
　《英》a letter box 名 ➡ p.355
　―郵便切手 a postage stamp 名 ➡ p.475
　―郵便局 a post office 名 ➡ p.476
　―郵便配達人 a mail carrier
　―郵便番号 a postal code 名 ➡ p.475,
　《米》a zip code 名 ➡ p.722, 《英》a

postcode 名 ➡ p.476
　―郵便料金 postage 名 ➡ p.475
ユーフォー a UFO 名 ➡ p.658
ゆうべ 夕べ （昨夜・昨晩）last night ➡
　p.416(night 名), yesterday evening ➡
　p.718(yesterday 名);（夕方）(an) evening
　名 ➡ p.205
ゆうぼうな 有望な promising 形 ➡ p.486,
　hopeful 形 ➡ p.304
ゆうめいな 有名な famous 形 ➡ p.219,
　well-known 形 ➡ p.343;（悪名高い）
　notorious 形 ➡ p.423
　―有名人 a famous person, a big name,
　a celebrity
ユーモア humor 名 ➡ p.310
ゆうやけ 夕焼け a sunset 名 ➡ p.601
ゆうゆう （簡単に）easily 副 ➡ p.191
ゆうり 有利 (an) advantage 名 ➡ p.10
　―有利な advantageous
ゆうりょうの 有料の pay
　―有料トイレ a pay toilet
ゆうりょくな 有力な （影響(ょぅ)のある）
　influential 形 ➡ p.320;（主要な）leading
　形 ➡ p.350
ゆうれい 幽霊 a ghost 名 ➡ p.259
　―幽霊屋敷(ぃ) a haunted house ➡ p.290
　(haunted 形)
ゆうわく 誘惑 (a) temptation 名 ➡ p.618
　―誘惑する tempt 動 ➡ p.618
ゆか 床 a floor 名 ➡ p.237
ゆかいな 愉快な pleasant 形 ➡ p.468,
　amusing 形 ➡ p.24
　―愉快に pleasantly
　―愉快なこと［人］ fun 名 ➡ p.253
ゆかた 浴衣 a light cotton kimono 名 ➡
　p.143
ゆがむ be twisted ➡ p.657(twist 動), be
　distorted
ゆがめる distort
ゆき 雪 snow 名 ➡ p.567
　―雪が降る snow 動 ➡ p.567
ゆきさき 行き先 a destination 名 ➡
　p.166
ゆげ 湯気 steam 名 ➡ p.589
　―湯気を立てる steam 動 ➡ p.589
ゆけつ 輸血 (a) blood transfusion
ゆしゅつ 輸出 export 名 ➡ p.213
　―輸出する export ➡ p.213
　―輸出品 exported goods, exports ➡
　p.213(export 名)
ゆすぐ wash out, rinse (out) 動 ➡ p.517
ゆする¹ 揺する shake 動 ➡ p.546
ゆする² （脅(ぉど)して金を取る）blackmail
ゆずる 譲る （あたえる）give 動 ➡ p.263;
　（売る）sell 動 ➡ p.538;（地位・権利を）hand

和英

あ
か
さ
た
な
は
ま
や
ら
わ

over;(譲歩(じょう)する)give in (to)
ゆそう 輸送 transportation 名➡p.649
　―輸送する transport 動➡p.649
ゆたかな 豊かな rich 形➡p.515,
　wealthy 形➡p.686;(土地が)fertile 形➡
　p.226
ユダヤきょう ユダヤ教 Judaism
ゆだんする 油断する be careless ➡p.99
　(careless 形), be off one's guard ➡p.277
　(guard 名)
ゆっくり slowly 副➡p.564;(のんびりと)
　leisurely
ゆでたまご ゆで卵 a boiled egg ➡p.73
　(boiled 形)
ゆでる boil 動➡p.72
ゆでん 油田 an oil field
ユニークな unique 形➡p.662
ユニホーム (a) uniform 名➡p.662
ゆにゅう 輸入 import 名➡p.316
　―輸入する import 動➡p.316
　―輸入品 imported goods, imports ➡
　p.316(import 名)
ユネスコ UNESCO 名➡p.661
ゆび 指 (親指を除く手の)a finger 名➡
　p.231;(親指)a thumb 名➡p.635;
　(足の)a toe 名➡p.642
　―指先 a fingertip
　―指人形 a hand [glove] puppet
ゆびさす 指差す point at ➡p.470(point
　動), point to ➡p.470(point 動)
ゆびわ 指輪 a ring ➡p.517(ring² 名)
ゆみ 弓 a bow ➡p.76(bow² 名);
　(弓(きゅう)術)archery 名➡p.33
ゆめ 夢 a dream 名➡p.183
　―夢を見る have a dream ➡p.183
　(dream 名), dream 動➡p.183
ユリ a lily 名➡p.361
ゆりかご 揺りかご a cradle 名➡p.146
ゆるい loose 形➡p.368
ゆるし 許し (許可)permission 名➡
　p.460;(外出・休みなどの)leave
ゆるす 許す (許可する)allow 動➡p.18,
　permit 動➡p.460;(入場・入学などを)
　admit 動➡p.10;(罪などを)forgive 動➡
　p.245, excuse 動➡p.209
ゆるむ become loose ➡p.368(loose 形),
　loosen 動➡p.368;(気が)relax 動➡
　p.507
ゆるやかな (なだらかな)gentle 形➡
　p.258;(遅(おそ)い)slow 形➡p.564
ゆれる 揺れる shake 動➡p.546;
　(前後左右に)rock ➡p.519(rock² 動);
　(ひるがえる)wave 動➡p.684
ゆわかしき 湯沸かし器 (ガス)a gas
　water-heater

よ

よ¹ 世 (世の中)the world 名➡p.710;
　(人生)life 名➡p.358;(時代)an age 名➡
　p.13
よ² 夜 (a) night 名➡p.416
よあけ 夜明け (a) dawn 名➡p.157,
　daybreak 名➡p.158
よい 良い good 形➡p.269, fine ➡p.230
　(fine¹ 形), nice 形➡p.416;(正しい)right
　➡p.515(right¹ 形);(適した)good 形➡
　p.269, suitable 形➡p.599
　―…したほうがよい should 助➡p.552,
　had better ➡p.65(better 副)
　―…してもよい may 助➡p.382, can ➡
　p.94(can¹ 助)
よう¹ 用 something to do, business 名➡
　p.86
よう² 酔う (酒に)get drunk ➡p.187
　(drunk 形);(乗り物に)get sick ➡p.554
　(sick 形)
ようい 用意 preparation(s) 名➡p.478
　―用意する prepare (for) 動➡p.479, get
　ready (for) ➡p.501(ready 形)
　―用意ができている be ready (for) ➡
　p.501(ready 形)
ようが 洋画 (絵)a Western painting, a
　European painting;(外国映画)a foreign
　film
ようがん 溶岩 lava
ようきな 陽気な cheerful 形➡p.111,
　merry 形➡p.388 ―陽気に cheerfully
　副➡p.111, merrily 副➡p.388
ようきゅう 要求 a demand 名➡p.163;
　(要望)a request 名➡p.510
　―要求する demand 動➡p.163
ようご 養護 care 名➡p.98, nursing 名
　➡p.424
ようこそ welcome 間➡p.688
ようし¹ 用紙 paper 名➡p.450;(書式の印
　刷された)a form 名➡p.245
ようし² 養子 an adopted child
　―養子にする adopt 動➡p.10
ようし³ 要旨 (要点)the point 名➡p.470
ようじ¹ 用事 something to do, business
　名➡p.86
ようじ² 幼児 a little child, an infant 名
　➡p.320
ようじ³ 楊子, 楊枝 a toothpick 名➡p.644
ようしょく¹ 養殖 culture 名➡p.151,
　farming
ようしょく² 洋食 Western food
ようじんする 用心する take care ➡p.98
　(care 名), be careful (of) ➡p.99(careful
　形), watch out (for) ➡p.683(watch 動)

―用心深い careful 形 ➡ p.99, cautious
形 ➡ p.103
―用心深く carefully 副 ➡ p.99,
cautiously
ようす 様子 （外観）a look 名 ➡ p.366;
（状態）a condition 名 ➡ p.134, a state 名
➡ p.587
ようする 要する need 動 ➡ p.411,
require 動 ➡ p.511
ようするに 要するに in short ➡ p.552
(short 形), in a word ➡ p.709(word 名)
ようせい 妖精 a fairy ➡ p.217
ようせき 容積 （a) capacity 名 ➡ p.96
ようそ 要素 （構成しているもの）an element
名 ➡ p.196;（要因）a factor 名 ➡ p.216
ようだい 容態, 容体 condition 名 ➡ p.134
ようちえん 幼稚園 a kindergarten 名 ➡
p.340
ようちな 幼稚な childish 形 ➡ p.112
ようてん 要点 the point 名 ➡ p.470
ようび 曜日 the day of the week ➡
p.687(week 名)
ようひん 用品 （必要な品）supplies ➡
p.602(supply 名), necessities 名 ➡ p.411
(necessity 名)
ようふく 洋服 （和服に対して）Western
clothes;（服）clothes 名 ➡ p.122
―洋服だんす a wardrobe 名 ➡ p.681
ようほう 用法 how to use;（ことばの）
usage
ようもう 羊毛 wool 名 ➡ p.709
―羊毛の woolen
ようやく¹ at last ➡ p.347(last¹ 名),
finally 副 ➡ p.229
ようやく² 要約 a summary 名 ➡ p.600
ようりょう 要領 （要点）the point 名 ➡
p.470
―要領がいい clever 形 ➡ p.119
ヨーグルト yogurt, yoghurt 名 ➡ p.719
ヨーヨー a yo-yo 名 ➡ p.720
ヨーロッパ Europe 名 ➡ p.204
―ヨーロッパの European 形 ➡ p.204
―ヨーロッパ人 a European 名 ➡ p.204
よか 余暇 leisure 名 ➡ p.353
ヨガ yoga
よきん 預金 savings ➡ p.529(saving 名),
a deposit 名 ➡ p.165
―預金する deposit 動 ➡ p.165, make a
deposit
―預金口座 a bank account
よく¹ 良く （良好に・じょうずに）well ➡
p.688(well¹ 名);（十分に）well ➡ p.688
(well¹ 副), much ➡ p.403;（注意深く）
carefully 副 ➡ p.99;（しばしば）often 副 ➡
p.430;（たくさん）a lot ➡ p.369

よく² 欲 （a) desire 名 ➡ p.166, greed 名
➡ p.274
―欲の深い greedy 形 ➡ p.274
よく- 翌… the next 形 ➡ p.415, the
following 形 ➡ p.240
よくしつ 浴室 a bathroom 名 ➡ p.54
よくじつ 翌日 the next day ➡ p.415
(next 形), the following day ➡ p.240
(following 形)
よくそう 浴槽 a bathtub 名 ➡ p.54
よくばりな 欲張りな greedy 形 ➡ p.274
よくぼう 欲望 （a) desire 名 ➡ p.166
よけいな 余計な （余分な）extra 形 ➡
p.213;（不必要な）unnecessary 形 ➡ p.664
―余計なお世話だ. Mind your own
business. ➡ p.86(business 名)
―余計に （数が）too many ➡ p.378(many
形);（量が）too much ➡ p.643(too 副)
よける （避（さ）ける）avoid 動 ➡ p.45;
（わきへ寄る）step aside ➡ p.590(step);
（身をかわす）dodge
よげん 予言 a prediction, a prophecy
―予言する foretell, predict 動 ➡ p.478
よこ 横 （幅（ほ））width 名 ➡ p.702;
（わき）the side 名 ➡ p.554
―横の （水平の）horizontal 形 ➡ p.304
―横に （水平に）horizontally
―横になる lie (down) ➡ p.356(lie¹ 動)
―横顔 a profile 名 ➡ p.485
よこうえんしゅう 予行演習 （a)
rehearsal 名 ➡ p.507
よこぎる 横切る cross 動 ➡ p.149
よこく 予告 notice 名 ➡ p.423
―予告する give notice (of) ➡ p.423
(notice 名)
よごす 汚す make ... dirty, get ... dirty
よこたえる 横たえる lay ➡ p.349(lay¹ 動)
よこたわる 横たわる lie (down) ➡ p.356
(lie¹ 動)
よごれ 汚れ a dirty spot;（しみ）a stain 名
➡ p.584
よごれる 汚れる get dirty ➡ p.171(dirty
形)
―汚れた dirty 形 ➡ p.171
よさん 予算 a budget 名 ➡ p.83
よじのぼる climb (up) 動 ➡ p.120
よしゅう 予習 preparation (for lessons)
名 ➡ p.478
―予習する prepare (for) 動 ➡ p.479
よす stop 動 ➡ p.591
よせる 寄せる （近くへ）put ... close (to),
put ... near;（わきへ）put ... aside
よせん 予選 a preliminary;（レースの）
a heat
よそう 予想 （an) expectation 名 ➡ p.211

―予想する　expect 動 ➡ p.211, guess 動 ➡ p.277

よその　another ➡ p.27；other 形 ➡ p.442

よそみをする　よそ見をする　look aside, look away

よだれ　slobber

よつかど　四つ角　a crossing ➡ p.149, crossroads 名 ➡ p.149

-(に)よって　by 前 ➡ p.88

ヨット　(大型快速船)a yacht ➡ p.715；(小型帆船)a sailboat 名 ➡ p.526

よっぱらい　酔っ払い　a drunken person ➡ p.187(drunken 形), a drunk
―酔っ払い運転　drunken driving

よてい　予定　(計画)a plan 名 ➡ p.466；(日程)a schedule 名 ➡ p.532
―予定を立てる　make a plan ➡ p.466 (plan 名), plan 動 ➡ p.466

よなかに　夜中に　in the middle of the night, late at night ➡ p.416(night 名)

よのなか　世の中　the world ➡ p.710

よびかける　呼びかける　call (out) to ➡ p.91(call 動)；(訴える)appeal to ➡ p.31(appeal 動)

よびだす　呼び出す　call 動 ➡ p.91；(劇場などで)page ➡ p.448(page² 動)

よびの　予備の　spare 形 ➡ p.577

よぶ　呼ぶ　(声をかける)call 動 ➡ p.91；(来てもらう)call 動 ➡ p.91；(呼びにやる)send for；(名づける)call 動 ➡ p.91；(招く)invite 動 ➡ p.326

よふかしする　夜ふかしする　stay up (till) late at night ➡ p.416(night 名)

よふけに　夜更けに　late at night ➡ p.416 (night 名)

よぶんな　余分な　extra 形 ➡ p.213

よほう　予報　a forecast 名 ➡ p.241
―予報する　forecast ➡ p.241

よぼう　予防　prevention 名 ➡ p.481
―予防する　prevent 動 ➡ p.481
―予防接種，予防注射　(a) vaccination

よみもの　読み物　(本)a book 名 ➡ p.73；(全体をまとめて)reading 名 ➡ p.501

よむ　読む　read 動 ➡ p.501

よめ　嫁
(息子の妻)one's daughter-in-law；(妻)one's wife ➡ p.702

よやく　予約　a reservation 名 ➡ p.511；(医者・面会などの)an appointment 名 ➡ p.32
―予約する　reserve 動 ➡ p.511, (英) book 動 ➡ p.73；make an appointment ➡ p.32(appointment 名)
―予約席　a reserved seat ➡ p.511 (reserved 形)

よゆう　余裕　(余地)room 名 ➡ p.520；(時間の)time (to spare) 名 ➡ p.637
―…する余裕がある　can afford (to ...) ➡ p.11(afford 動)

…より　(比較)than 接 前 ➡ p.620；(場所・時間の起点)from 前 ➡ p.251；(…以来)since 接 前 ➡ p.557

よりかかる　寄り掛かる　lean (on, against) ➡ p.350(lean¹ 動)

よりみちする　寄り道する　(人のところに)drop in (on) ➡ p.186(drop 動), (場所に)drop in (at) ➡ p.186(drop 動)

よる¹　夜　(a) night 名 ➡ p.416, (an) evening 名 ➡ p.205

よる²　寄る　(近づく)come near, come close (to)；(立ち寄る)stop by ➡ p.592(stop 動), (人のところに)drop in (on) ➡ p.186(drop 動), (場所に)drop in (at) ➡ p.186(drop 動)

よる³　因る，拠る　(手段，行為，者)by 前 ➡ p.88；(原因)be caused by ➡ p.103(cause 動), be due to ➡ p.187(due 形)；(…しだい)depend on ➡ p.164(depend 動)；(基づく)be based (on) ➡ p.52(base 動)
―…によると，…によれば　according to ➡ p.6(according 前)

よろい　armor 名 ➡ p.35

よろこばす　喜ばす　please 動 ➡ p.468

よろこび　喜び　joy 名 ➡ p.334；(大喜び)delight 名 ➡ p.163；(楽しみ)pleasure 名 ➡ p.469

よろこぶ　喜ぶ　be glad ➡ p.264(glad 形)；be pleased ➡ p.469(pleased 形)
―(もの)を喜ぶ　(気に入る)be pleased with ➡ p.469(pleased 動)
―喜んで　with pleasure ➡ p.469 (pleasure 名)
―喜んで…する　be glad to ... ➡ p.264 (glad 形)

よろしい　all right ➡ p.18(all 形), good 副 ➡ p.269

よろよろする　stagger 動 ➡ p.584

よろん　世論　public opinion ➡ p.488 (public 形)―世論調査　a public opinion poll, poll 名 ➡ p.472

よわい　弱い　(力・勢いが)weak 形 ➡ p.685；(不得意な)weak (in) 形 ➡ p.685, poor (at) 形 ➡ p.473
―弱くする，弱める　(ガス・熱などを)turn down ➡ p.655(turn 動)
―弱くなる，弱まる　grow weak

よわみ　弱み　a weakness 名 ➡ p.686, a weak point ➡ p.685(weak 形)

よわむし　弱虫　a coward 名 ➡ p.146

よわる　弱る　grow weak, weaken 動 ➡

p.686

よん 四(の) four 名形 ➡ p.247
　—第4(の) the fourth 名形 ➡ p.247
よんじゅう 四十(の) forty 名形 ➡ p.246
　—第40(の) the fortieth 名形 ➡ p.246

ら

ラーメン Chinese noodles in soup
らいう 雷雨 a thunderstorm 名 ➡ p.635
ライオン a lion 名 ➡ p.362；(雌(め)の)a
　lioness
らいげつ 来月 next month ➡ p.396
　(month 名)
らいしゅう 来週 next week ➡ p.415
　(next 形), p.687(week 名)
ライセンス (a) license,《英》(a) licence 名
　➡ p.356
ライター a lighter 名 ➡ p.359
ライト (野球)right field；(選手)a right
　fielder
ライナー (野球)a line drive, a liner 名 ➡
　p.362
らいねん 来年 next year ➡ p.716(year
　名)
ライバル a rival 名 ➡ p.517
ライブの live ➡ p.364(live² 形)
　—ライブコンサート a live concert ➡
　p.364(live² 形)
ライフル (銃(じゅう))a rifle 名 ➡ p.515
らくえん 楽園 a paradise 名 ➡ p.451
らくがき 落書き (a) scribble；(公共の場所
　の)graffiti 名 ➡ p.272
ラクダ a camel 名 ➡ p.93
らくだい 落第 failure 名 ➡ p.216
　—落第する fail 動 ➡ p.216
らくてんてきな 楽天的な optimistic
　—楽天家 an optimist
らくな 楽な (安楽な)comfortable 形 ➡
　p.127, easy 形 ➡ p.192；(容易な)easy 形
　➡ p.192 —楽に easily 副 ➡ p.191, with
　ease ➡ p.191(ease 名)
ラグビー rugby 名 ➡ p.522
ラケット (テニス・バドミントンの)a racket
　名 ➡ p.497；(卓球(たっきゅう)の)a paddle 名 ➡
　p.447
-らしい (…のようだ)look 動 ➡ p.366,
　seem 動 ➡ p.538；(…といううわさだ)They
　say (that) ... ➡ p.629(they 代), p.531
　(say 動)；(…にふさわしい)like ➡ p.360
　(like² 前)
ラジオ (放送)the radio 名 ➡ p.497；
　(受信機)a radio 名 ➡ p.497
ラジカセ a radio cassette recorder
ラジコン radio control
らっかんてきな 楽観的な optimistic

ラッキーな lucky 形 ➡ p.371
ラッコ a sea otter 名 ➡ p.535
ラッシュ(アワー) (the) rush hour 名 ➡
　p.524
らっぱ a trumpet 名 ➡ p.653
ラップ (包むもの)plastic wrap
ラテン (ラテン系の・ラテン語の)Latin 形 ➡
　p.348
　—ラテンアメリカ Latin America 名 ➡
　p.348
　—ラテン音楽 Latin music
ラベル a label 名 ➡ p.344
ラムネ lemonade 名 ➡ p.353, lemon
　soda, lemon pop
ラン an orchid 名 ➡ p.439
らん 欄 (新聞などの)a column 名 ➡ p.126
ランキング ranking
ランク a rank 名 ➡ p.499
ランチ (昼食)lunch 名 ➡ p.371
ランドセル a (school) satchel
ランナー a runner 名 ➡ p.524
ランニング running 名 ➡ p.524
　—ランニングする go running, run 動 ➡
　p.523
　—ランニングホームラン
　an inside-the-park home run
ランプ a lamp 名 ➡ p.345
らんぼう 乱暴 violence 名 ➡ p.674
　—乱暴な (暴力的な)violent 形 ➡ p.674；
　(荒(あら)っぽい)rough 形 ➡ p.521

り

リーグ (連盟)a league 名 ➡ p.350
　—リーグ戦 (テニスなどの) a league
　match；(野球などの)a league game
リーダー (指導者)a leader 名 ➡ p.350
りえき 利益 (a) profit 名 ➡ p.485
りか 理科 science 名 ➡ p.533
りかい 理解 understanding 名 ➡ p.661
　—理解する understand 動 ➡ p.660
りく 陸 land 名 ➡ p.345
リクエスト a request 名 ➡ p.510
　—リクエストする request 動 ➡ p.510
りくぐん 陸軍 the army 名 ➡ p.35
りくじょう 陸上 land 名 ➡ p.345
　—陸上競技 track and field (events) 名
　➡ p.647
りくつ 理屈 (道理)reason 名 ➡ p.502；
　(論理)logic 名 ➡ p.365
りこうな 利口な smart 形 ➡ p.565,
　clever 形 ➡ p.119, bright 形 ➡ p.81
りこてきな 利己的な selfish 形 ➡ p.538
りこん 離婚 (a) divorce 名 ➡ p.175
　—離婚する divorce 動 ➡ p.175, get a
　divorce (from)

リサイクル recycling 名 ➡ p.504
—リサイクルする recycle 動 ➡ p.504
リサイタル a recital 名 ➡ p.503
りし 利子 interest 名 ➡ p.323
リス a squirrel 名 ➡ p.583
リスト （表）a list 名 ➡ p.362
リストラ restructuring
リズム rhythm 名 ➡ p.514
りせい 理性 reason 名 ➡ p.502
—理性的な rational
りそう 理想 an ideal 名 ➡ p.313
—理想の, 理想的な ideal 形 ➡ p.313
リゾート a resort 名 ➡ p.512
りそく 利息 interest 名 ➡ p.323
りつ 率 a rate 名 ➡ p.500;（百分率）a
percentage 名 ➡ p.459
りっこうほする 立候補する run (for)
—立候補者 a candidate 名 ➡ p.96
リットル a liter 名 ➡ p.363
りっぱな 立派な good 形 ➡ p.269,
wonderful 形 ➡ p.708, fine ➡ p.230
（fine¹ 形）—りっぱに well ➡ p.688(well¹
副), wonderfully
りっぽう 立方 a cube 名 ➡ p.151
—立方体 a cube 名 ➡ p.151
リハーサル （a) rehearsal 名 ➡ p.507
りはつし 理髪師 a barber 名 ➡ p.51
りはつてん 理髪店 《米》a barbershop 名
➡ p.52, 《英》a barber's (shop)
リハビリ(テーション) rehabilitation 名
➡ p.506
リフト （スキー場の）a (ski) lift 名 ➡ p.358
リボン a ribbon 名 ➡ p.515
リムジン a limousine 名 ➡ p.361
—リムジンバス （空港送迎用）a
limousine (bus) 名 ➡ p.361
リモコン (a) remote control ➡ p.139
（control 名）
りゃく 略 （ことばの短縮・略語）(an)
abbreviation
—略す （短縮する）abbreviate, shorten
動 ➡ p.552;（省く）omit 動 ➡ p.432
—略図 （絵）a rough sketch;
（地図）a rough map
りゆう 理由 (a) reason 名 ➡ p.502
りゅう 竜 a dragon 名 ➡ p.182
りゅうがくする 留学する study abroad
➡ p.5(abroad 副), go abroad to study
—留学生 （外国から来ている学生）a foreign
student;（外国へ行っている学生）a student
studying abroad
りゅうこう 流行 (a) fashion 名 ➡ p.221
—流行している be in fashion ➡ p.221
（fashion 名）;（人気がある）be popular ➡
p.473(popular 形);（病気が）go around ➡

p.267(go 動)
—流行する come into fashion
りゅうせい 流星 a shooting star 名 ➡
p.551
りゅうちょうな 流ちょうな fluent 形 ➡
p.238 —一流ちょうに fluently 副 ➡ p.238
リュックサック a rucksack, a backpack
名 ➡ p.48
りよう 利用 use 名 ➡ p.666
—利用する use 動 ➡ p.666, make use of
➡ p.666(use 動)
りょう¹ 量 quantity 名 ➡ p.493, amount
名 ➡ p.23
りょう² 漁 fishing 名 ➡ p.234
—漁師 a fisherman 名 ➡ p.234
りょう³ 良 （成績）B 名 ➡ p.47
りょう⁴ 猟 hunting 名 ➡ p.311, shooting
—猟犬 a hunting dog
—猟師 a hunter 名 ➡ p.311
りょう⁵ 寮 a dormitory 名 ➡ p.179,
《口語》a dorm 名 ➡ p.179
—寮生 a dormitory student
りょうかい 了解 understanding 名 ➡
p.661 —了解する （理解する）understand
動 ➡ p.660
りょうがえ 両替 exchange 名 ➡ p.208
—両替する change 動 ➡ p.107,
exchange 動 ➡ p.208
りょうがわ 両側 both sides ➡ p.554(side 名)
りょうきん 料金 （サービスに対して払う料
金）a charge 名 ➡ p.109;（運賃）a fare 名
➡ p.221;（入場料・会費など）a fee 名 ➡
p.224;（使用量などで決まる料金）a rate 名
➡ p.500 —料金所 （有料道路などの）a
tollgate 名 ➡ p.642
りょうしゅうしょ 領収書 a receipt 名 ➡
p.503
りょうしん¹ 両親 one's parents ➡ p.452
（parent 名）
りょうしん² 良心 (a) conscience 名 ➡
p.136 —良心的な conscientious
りょうど 領土 (a) territory 名 ➡ p.619
りょうほう 両方 both 代 ➡ p.75;（両方とも
…でない）neither 代 ➡ p.413, not ...
either ➡ p.195(either 代)
りょうり 料理 （調理）cooking 名 ➡ p.140;
（作られたもの）a dish 名 ➡ p.173;
（食べ物）food 名 ➡ p.240
—料理する （火を使って）cook 動 ➡ p.139;
（作る）make 動 ➡ p.376
—料理人 a cook 名 ➡ p.139
りょうりつする 両立する （両方をうまくや
る）do well in both
りょかん 旅館 （日本式の）
a Japanese-style hotel 名 ➡ p.306;

（ホテル）a hotel **名** ➡ p.306;
（小さな）an inn **名** ➡ p.321

りょこう 旅行 a trip **名** ➡ p.651, travel **名** ➡ p.649, a journey **名** ➡ p.334;
（周遊旅行）a tour **名** ➡ p.646
―旅行する travel **動** ➡ p.649, take a trip ➡ p.651（trip **名**）;（旅行に出かける）go on a trip [journey] ➡ p.651（trip **名**）, p.334（journey **名**）
―旅行者 a traveler **名** ➡ p.650, a tourist **名** ➡ p.646
―旅行代理店 a travel agency ➡ p.14（agency **名**）

リラックスする relax **動** ➡ p.507

リリーフ （野球）a relief pitcher ➡ p.507（relief **名**）―リリーフする relieve

りりく 離陸 (a) takeoff
―離陸する take off ➡ p.611（take **動**）

リレー a relay (race) **名** ➡ p.507

りろん 理論 (a) theory **名** ➡ p.623
―理論的な theoretical

りんかいがっこう 臨海学校 a seaside summer school

りんかんがっこう 林間学校 a summer camp in the woods ➡ p.600（summer camp **名**）

りんぎょう 林業 forestry

リンク （スケートの）a (skating) rink **名** ➡ p.517;（インターネットの）a link

リング （ボクシングの）a (boxing) ring ➡ p.517（ring² **名**）

リンゴ an apple **名** ➡ p.31

りんじの 臨時の （一時的な）temporary **形** ➡ p.617;（特別の）special **形** ➡ p.578
―臨時列車 a special train

リンス （リンス液）a conditioner **名** ➡ p.135

る

るい¹ 塁 （野球）a base **名** ➡ p.52

るい² 類 a kind ➡ p.340（kind² **名**）, a sort **名** ➡ p.574

るいじする 類似する be alike ➡ p.17（alike **形**）, be similar (to) ➡ p.556（similar **形**）―類似点 a similarity

ルーキー （新人）a rookie **名** ➡ p.520

ルーズな （だらしない）sloppy **形** ➡ p.564;（むとんちゃくな）careless **形** ➡ p.99

ルーズリーフ a loose-leaf notebook

ルート （道や線路）a route **名** ➡ p.522;（経路）a channel;（平方根）a root **名** ➡ p.520

ルール a rule **名** ➡ p.523

るす 留守 absence **名** ➡ p.5
―留守である be out ➡ p.441（out **副**）, be not in ➡ p.318（in **副**）, be not at home ➡ p.301（home **名**）

―留守番電話 an answering machine

ルネサンス the Renaissance **名** ➡ p.509

ルビー a ruby **名** ➡ p.522

れ

れい¹ 礼 （おじぎ）a bow ➡ p.76（bow¹ **名**）;（感謝）thanks ➡ p.621（thank **名**）;（謝礼）a reward ➡ p.514
―礼を言う thank **動** ➡ p.621

れい² 零 (a) zero **名** ➡ p.721
―零下 below zero ➡ p.63（below **動**）
―零点 (a) zero **名** ➡ p.721, no score ➡ p.533（score **名**）

れい³ 例 an example **名** ➡ p.208;（実例）a case ➡ p.101（case² **名**）

れい⁴ 霊 the spirit **名** ➡ p.580, the soul **名** ➡ p.574

レイアウト a layout **名** ➡ p.350

れいがい 例外 an exception **名** ➡ p.208

れいぎ 礼儀 （作法）manners ➡ p.375（manner **名**）
―礼儀正しい polite **形** ➡ p.472

れいじょう 礼状 a letter of thanks ➡ p.355（letter **名**）, a thank-you letter ➡ p.622（thank-you **形**）

れいせいな 冷静な calm **形** ➡ p.92, cool **形** ➡ p.140 ―冷静に calmly **副** ➡ p.92

れいぞうこ 冷蔵庫 a refrigerator **名** ➡ p.506,《口語》a fridge **名** ➡ p.250

れいだい 例題 an example problem

れいたんな 冷淡な cold **形** ➡ p.124, indifferent **形** ➡ p.319
―冷淡に coldly **副** ➡ p.125, indifferently

れいとうする 冷凍する freeze **動** ➡ p.249
―冷凍の frozen **形** ➡ p.252
―冷凍庫 a freezer **名** ➡ p.249
―冷凍食品 frozen food ➡ p.252（frozen **形**）

れいはいする 礼拝する worship **動** ➡ p.711 ―礼拝堂 a chapel **名** ➡ p.108

れいぶん 例文 an example (sentence)

れいぼう 冷房 air conditioning;（装置）an air conditioner ➡ p.15

レーサー a racing driver

レーザー a laser **名** ➡ p.347
―レーザー光線 laser beams

レース¹ （競走）a race ➡ p.497（race¹ **名**）

レース² （布）lace ➡ p.344

レーダー a radar **名** ➡ p.497

レール （鉄道の）a rail **名** ➡ p.498

れきし 歴史 history **名** ➡ p.299
―歴史上の historical **形** ➡ p.299
―歴史的な historic **形** ➡ p.299
―歴史家 a historian **名** ➡ p.299

レギュラー (選手)a regular (player) 形 名 ➡ p.506
レクリエーション (a) recreation 名 ➡ p.504
レコード (レコード盤(ばん))a record 名 ➡ p.504, a disk 名 ➡ p.173;(記録)a record 名 ➡ p.504
レジ (機械)a (cash) register 名 ➡ p.506;(場所)a checkout (counter) 名 ➡ p.111
—レジ係 (人)a cashier 名 ➡ p.101
レシート a receipt 名 ➡ p.503
レシーバー (スポーツで)a receiver 名 ➡ p.503;(受信機)a receiver 名 ➡ p.503
レジャー (余暇(よか)の遊び)recreation 名 ➡ p.504;(余暇)leisure 名 ➡ p.353
レストラン a restaurant 名 ➡ p.512
レスラー a wrestler 名 ➡ p.713
レスリング wrestling 名 ➡ p.713
—レスリングをする wrestle 動 ➡ p.713
レタス (a) lettuce 名 ➡ p.356
れつ 列 (横の列)a row ➡ p.522(row² 名);(順番などを待つ列)a line 名 ➡ p.361, 《英》a queue 名 ➡ p.495
れっしゃ 列車 a train 名 ➡ p.648
レッスン a lesson 名 ➡ p.354
レッテル (ラベル)a label 名 ➡ p.344
れっとう 列島 (a chain of) islands ➡ p.327(island 名)
れっとうかん 劣等感 an inferiority complex
レバー¹ (取っ手)a lever 名 ➡ p.356
レバー² (肝臓(かんぞう))(a) liver 名 ➡ p.364
レパートリー (a) repertory
レフェリー a referee 名 ➡ p.505
レフト (野球)left field;(選手)a left fielder
レベル a level 名 ➡ p.356
レポーター (報告者)a reporter 名 ➡ p.510;(報道記者)a correspondent 名 ➡ p.142
レポート (報告書)a report 名 ➡ p.510;(小論文·学生のレポート)a paper 名 ➡ p.450
レモネード 《米》lemonade 名 ➡ p.353, 《英》lemon squash
レモン a lemon 名 ➡ p.353
—レモン色 lemon yellow
れんあい 恋愛 love 名 ➡ p.370
—恋愛小説 a love story
れんが (a) brick 名 ➡ p.80
れんきゅう 連休 consecutive holidays, 《米》a long weekend
レンジ a stove 名 ➡ p.593, a range 名 ➡ p.499 —電子レンジ a microwave (oven) 名 ➡ p.389
れんしゅう 練習 (定期的な) (a) practice 名 ➡ p.477;(ある目的のための)training 名 ➡ p.649
—練習する practice 動 ➡ p.477;train 動 ➡ p.648
—練習試合 a practice game ➡ p.477 (practice 名)
—練習問題 an exercise 名 ➡ p.210
レンズ a lens 名 ➡ p.354
れんそう 連想 association 名 ➡ p.41
—連想する associate (with) 動 ➡ p.41;(思い出させる)remind (of) 動 ➡ p.509
れんぞく 連続 a series 名 ➡ p.543, (a) succession 名 ➡ p.598
レンタカー a rent-a-car 名 ➡ p.509, a rental car ➡ p.509(rental 形)
レンタルの rental 形 ➡ p.509
—レンタル DVD 店 a DVD rental shop
レントゲン (写真)an X-ray 名 ➡ p.715
—レントゲンを撮(と)る X-ray 動 ➡ p.715
れんめい 連盟 a league 名 ➡ p.350
れんらく 連絡 (人との)contact 名 ➡ p.138;(乗り継(つ)ぎ)connection 名 ➡ p.136
—連絡する contact 動 ➡ p.138, get in touch (with) ➡ p.645(touch 名);connect (with) 動 ➡ p.136

ろ

ろう wax 名 ➡ p.684
—ろう人形 a waxwork, a wax figure
ろうか 廊下 (家の)a hall 名 ➡ p.281;(大きな建物の)a corridor 名 ➡ p.142
ろうじん 老人 (男)an old man, an elderly man;(女)an old woman, an elderly woman;(全体をまとめて)old people ➡ p.431(old 形), elderly people ➡ p.195(elderly 形)
—老人ホーム a home for the aged, a nursing home ➡ p.424(nursing 名)
ろうそく a candle 名 ➡ p.96
—ろうそく立て a candlestick
ろうどう 労働 labor 名 ➡ p.344, work 名 ➡ p.709
—労働組合 《米》a labor union ➡ p.662 (union 名), 《英》a trade union ➡ p.662 (union 名)
—労働時間 working hours
—労働者 a worker 名 ➡ p.710, a laborer 名 ➡ p.344
ろうどくする 朗読する read ... aloud ➡ p.20(aloud 副)
ろうひ 浪費 (a) waste 名 ➡ p.682
—浪費する waste 動 ➡ p.682
ろうりょく 労力 (労働力)labor 名 ➡ p.344;(骨折り)(an) effort 名 ➡ p.193
ロータリー 《米》a rotary 名 ➡ p.521, a traffic circle, 《英》a roundabout 名 ➡

p.522

ロードショー a first-run movie

ロープ a rope 名 ➡ p.520
 ―ロープウエー a ropeway 名 ➡ p.520

ローマ Rome 名 ➡ p.520
 ―ローマの Roman 形 ➡ p.520
 ―ローマ数字 Roman numerals
 ―ローマ法王 the Pope

ローラー a roller 名 ➡ p.519

ローラースケート (靴(くつ))roller skates ➡
 p.520(roller skate 名)

ローン a loan 名 ➡ p.365

ろく 六(の) six 名 形 ➡ p.559
 ―第6(の) the sixth 名 形 ➡ p.559

ろくおん 録音 recording 名 ➡ p.504
 ―録音する record 動 ➡ p.504

ろくがする 録画する tape 動 ➡ p.612,
 record 動 ➡ p.504

ろくがつ 六月 June 名 ➡ p.335

ろくじゅう 六十(の) sixty 名 形 ➡ p.560
 ―第60(の) the sixtieth 名 形 ➡ p.560
 ―60年代 the sixties ➡ p.560

ロケ(ーション) (a) location 名 ➡ p.365

ロケット a rocket 名 ➡ p.519

ロシア Russia 名 ➡ p.524
 ―ロシア(人)の Russian 形 ➡ p.524
 ―ロシア語 Russian 名 ➡ p.524
 ―ロシア人 a Russian 名 ➡ p.524;
 (全体をまとめて)the Russians ➡ p.524
 (Russian 名)

ろせん 路線 a route 名 ➡ p.522, a line 名
 ➡ p.361

ロッカー a locker 名 ➡ p.365
 ―ロッカールーム a locker room 名 ➡
 p.365

ロック (音楽)rock (music) 名 ➡ p.519

ロバ a donkey 名 ➡ p.179

ロビー a lobby 名 ➡ p.365

ロボット a robot 名 ➡ p.519

ロマンス a romance 名 ➡ p.520

ロマンチックな romantic 形 ➡ p.520

ろんじる 論じる discuss 動 ➡ p.172, talk
 over ➡ p.609(talk 動)

ろんそう 論争 an argument 名 ➡ p.34

ロンドン London 名 ➡ p.365

ろんぶん 論文 a paper 名 ➡ p.450;
 (評論)an essay 名 ➡ p.203;
 (新聞や雑誌の論説)an article 名 ➡ p.37

ろんり 論理 logic 名 ➡ p.365
 ―論理的な logical 形 ➡ p.365

わ

わ¹ 和 (合計)the sum 名 ➡ p.600;(調和)
 harmony 名 ➡ p.286

わ² 輪 a ring ➡ p.517(ring² 名);(円)

a circle 名 ➡ p.116

ワークブック a workbook 名 ➡ p.710

ワープロ a word processor 名 ➡ p.709

ワールドカップ the World Cup 名 ➡
 p.710

ワールドシリーズ the World Series

ワイシャツ a shirt 名 ➡ p.550

ワイパー a (windshield) wiper 名 ➡
 p.705

わいろ a bribe 名 ➡ p.80

ワイン wine 名 ➡ p.704

わえいじてん 和英辞典
 a Japanese-English dictionary

わかい 若い young 形 ➡ p.719

わかさ 若さ youth 名 ➡ p.720

わかす 沸かす boil 動 ➡ p.72

わかば 若葉 young [fresh] leaves

わがままな selfish 形 ➡ p.538

わかもの 若者 (男)a young man ➡ p.719
 (young 形);(女)a young woman ➡
 p.719(young 形);(全体をまとめて)young
 people ➡ p.719(young 形)

わかりにくい 分かりにくい difficult (to
 understand) 形 ➡ p.169

わかりやすい 分かりやすい easy (to
 understand) 形 ➡ p.192

わかる 分かる (理解する)understand 動 ➡
 p.660, see 動 ➡ p.540;(知っている)know
 動 ➡ p.342;(やってみて知る)find (out) 動
 ➡ p.230;(判明する)turn out ➡ p.655
 (turn 動), prove 動 ➡ p.487

わかれ 別れ (a) parting, (a) farewell 名
 ➡ p.221;(別れのことば)(a) goodbye 名 ➡
 p.270

わかれる¹ 別れる part (from) 動 ➡ p.452,
 say goodbye (to) ➡ p.270(goodbye 名);
 (離婚(りこん)する)divorce 動 ➡ p.175

わかれる² 分かれる divide (into) 動 ➡
 p.174, separate (into) 動 ➡ p.542

わき 脇 (体のわき・ものの一方の側)a side 名
 ➡ p.554
 ―…のわきに by 前 ➡ p.88, beside 前 ➡
 p.63;(わきの下に)under one's arm ➡
 p.35(arm¹ 名)

わく¹ 沸く boil 動 ➡ p.72

わく² 湧く (水などが)spring (up)

わく³ 枠 a frame 名 ➡ p.247;(範囲(はんい)・限
 度)a limit 名 ➡ p.361

わくせい 惑星 a planet 名 ➡ p.466

ワクチン (a) vaccine 名 ➡ p.668

わくわくする be excited ➡ p.209
 (excited 形)

わけ 訳 (理由)(a) reason 名 ➡ p.502;
 (意味・道理)meaning 名 ➡ p.384, sense
 名 ➡ p.542

和英

あ
か
さ
た
な
は
ま
や
ら

わ

わけまえ 分け前 a share 名 ➡ p.547
わける 分ける （分割(ﾌﾞﾝ)する)divide 動 ➡
p.174；(分配する)share 動 ➡ p.547；(分類
する)classify 動 ➡ p.118；(引きはなす)
part ➡ p.452
わゴム 輪ゴム a rubber band 名 ➡ p.522
ワゴン （食事運搬(ｳﾝ)用)a (tea) wagon 名 ➡
p.678,《英》a trolley
わざ 技 （技術)(a) technique 名 ➡ p.615,
(a) skill 名 ➡ p.560
わざと on purpose ➡ p.491(purpose 名)
わざわい 災い （災難)a disaster 名 ➡
p.171；(不運)a misfortune 名 ➡ p.392
わざわざ（…する） bother(to ...) 動 ➡
p.75
ワシ an eagle 名 ➡ p.189
わしょく 和食 Japanese(-style) food
ワシントン （州)Washington 名 ➡ p.682；
(首都)Washington, D.C. 名 ➡ p.682
わすれっぽい 忘れっぽい forgetful 形 ➡
p.245
わすれもの 忘れ物 a thing left behind
わすれる 忘れる forget 動 ➡ p.244；
(置き忘れる)leave 動 ➡ p.352
わた 綿 cotton 名 ➡ p.143
わだい 話題 a topic 名 ➡ p.644, a subject
名 ➡ p.597
わたし 私 （わたしは[が])I 代 ➡ p.312；(わ
たしの)my 代 ➡ p.406；(わたしを[に])me
代 ➡ p.383；(わたしのもの)mine 代 ➡ p.391
(mine¹ 代)；(わたし自身)myself 代 ➡
p.406
　—わたしたち （わたしたちは[が])we 代 ➡
p.685；(わたしたちの)our 代 ➡ p.441；(わた
したちを[に]) us 代 ➡ p.666；(わたしたちの
もの)ours 代 ➡ p.441；(わたしたち自身)
ourselves 代 ➡ p.441
わたす 渡す hand 動 ➡ p.282, give 動 ➡
p.263, pass 動 ➡ p.454
わたりどり 渡り鳥 a migratory bird
わたる 渡る cross 動 ➡ p.149, go across
ワックス wax 名 ➡ p.684
　—ワックスを塗(ﾇ)る wax
ワット （電力の単位)a watt 名 ➡ p.684
ワッペン an emblem, a badge 名 ➡ p.49
わな a trap 名 ➡ p.649
ワニ （アフリカ産の)a crocodile 名 ➡ p.148；
(アメリカ産の)an alligator 名 ➡ p.18
わびる apologize 動 ➡ p.30
わふく 和服 Japanese clothes, (a)
kimono
わぶん 和文 Japanese writing
わめく shout 動 ➡ p.553, yell 動 ➡ p.717
わやくする 和訳する put ... into
Japanese ➡ p.491(put 動)

わら (a) straw 名 ➡ p.594
わらい 笑い a laugh 名 ➡ p.348；
(ほほえみ)a smile 名 ➡ p.565
　—笑い声 laughter 名 ➡ p.340
　—笑い話 a funny story, a joke 名 ➡
p.333
わらう 笑う laugh 動 ➡ p.348；(ほほえむ)
smile 動 ➡ p.565
わり 割 （…割)percent 名 ➡ p.459；
(割合)a rate 名 ➡ p.500；
　—わりに （…のわりに)for 前 ➡ p.242；
(比較(ﾋｶｸ)的)relatively 副 ➡ p.507
わりあい 割合 （率)a rate 名 ➡ p.500；
(比率) a ratio；(パーセンテージ)
percentage 名 ➡ p.459；(比較(ﾋｶｸ)的)
relatively 副 ➡ p.507
わりあてる 割り当てる （仕事・部屋などを)
assign 動 ➡ p.40
わりかんにする 割り勘にする split the
bill ➡ p.580(split 動), go fifty-fifty
わりこむ 割り込む （列に)cut (in, into) 動
➡ p.153；(話に)break (in, into)
わりざん 割り算 division
わりびき 割引 a discount 名 ➡ p.172
　—割引する give a discount ➡ p.172
(discount 名)
　—割引券 a discount ticket
わる 割る （壊(ｺ)す)break 動 ➡ p.79；
(計算で)divide 動 ➡ p.174
わるい 悪い bad 形 ➡ p.49；(まちがってい
る)wrong 形 ➡ p.714, bad 形 ➡ p.49；(調
子が)wrong 形 ➡ p.714, sick 形 ➡ p.554；
(質などが)poor 形 ➡ p.473, bad 形 ➡
p.49；(すまない)sorry 形 ➡ p.573
わるがしこい 悪賢い cunning 形 ➡ p.151
わるぎ 悪気 harm 名 ➡ p.286
わるくちをいう 悪口を言う speak badly
(about), say bad things (about)
ワルツ a waltz 名 ➡ p.680
わるもの 悪者 a bad person ➡ p.49(bad
形)
われる 割れる （壊(ｺ)れる)break 動 ➡ p.79；
(割り切れる)be divided ➡ p.174(divide
動)
わん¹ 湾 （大)a gulf 名 ➡ p.278；(小)a bay
名 ➡ p.55
わん² （食器)a bowl ➡ p.76(bowl¹ 名)
わんぱくな naughty 形 ➡ p.410,
mischievous 形 ➡ p.392
ワンパターンの stereotyped
ワンピース a dress 名 ➡ p.183
わんりょく 腕力 force 名 ➡ p.241
ワンワン （イヌがほえる声)bowwow 間 ➡
p.76
　—ワンワンほえる bark 動 ➡ p.52

ニューホライズン英和辞典 第9版

NEW HORIZON ENGLISH-JAPANESE DICTIONARY
9TH EDITION

1980年12月 1 日	初版発行
1990年10月 1 日	第 2 版発行
1992年10月 1 日	第 3 版発行
1996年10月23日	第 4 版発行
2001年11月 1 日	第 5 版発行
2005年11月 1 日	第 6 版発行
2011年12月 1 日	第 7 版発行
2015年12月 1 日	第 8 版発行
2020年12月 1 日	第 9 版第 1 刷発行
2021年12月 1 日	第 9 版第 2 刷発行

監修―――――笠島準一

発行者―――――千石雅仁

発行所―――――東京書籍株式会社

〒114-8524　東京都北区堀船 2-17-1

電話――販売　03 (5390) 7481

　　　　編集　03 (5390) 7537

印刷・製本―――図書印刷株式会社

落丁本・乱丁本はお取り替えいたします。
無断で転載, 複製, 複写することを禁じます。

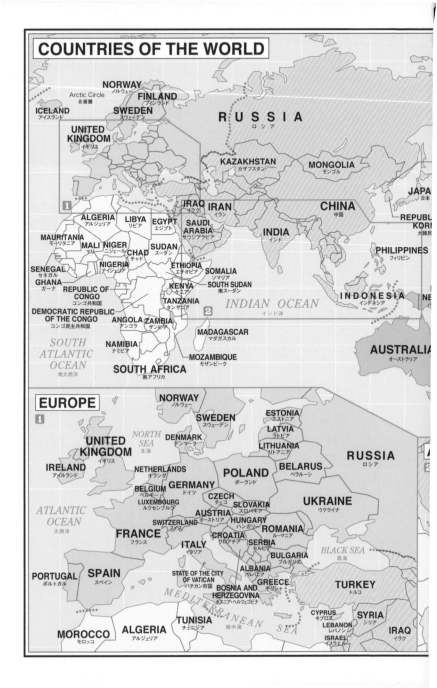